LONGMAN
Diccionario Pocket

Inglés-Español • Español-Inglés

Para estudiantes mexicanos

Longman

Pearson Education Limited
Edinburgh Gate
Harlow
Essex CM20 2JE
Inglaterra
y Compañías asociadas en todo el mundo

Visite nuestra página web: http://www.longman.com/dictionaries

Primera edición 2004
004
ISBN 0582 511577
ISBN 0582 854881

Directora general de diccionarios
Della Summers

Director de la obra
Rafael Alarcón Gaeta

Equipo lexicográfico
Carlos Villanueva Vázquez, Victoria de los Ángeles
Boschiroli, Carlos López Beltrán, Elena Odriozola,
Roy Russell, Alison Sadler, Francisco Segovia

Editora
Paola Rocchetti

Material suplementario
Victoria de los Ángeles Boschiroli, Carlos López
Beltrán, Gabriela Resnik

Revisores
Carlos Villanueva Vázquez, Carlos López Beltrán,
Francisco Segovia

Fonética
Dinah Jackson

Corrección de pruebas
Rita da Costa, Meic Haines

Asistencia editorial
Pauline Savill

Fotocomposición
Letterpart, Reigate, Surrey, UK

Impreso en Italia por
La Tipografica Varese S.p.A.

Coordinación y edición lexicográfica
Beatriz Galimberti Jarman

Gerente administrativo
Alan Savill

Asistencia administrativa
Denise McKeough, Janine Trainor

Coordinación de recursos editoriales
Sheila Dallas

Soporte técnico
Trevor Satchell, Kim Lee-Amies, Allan Ørsnes

Corpus y análisis computacional
Steve Crowdy

Diseño
Jonathan Barnard, Jenny Fleet, Marcela Grez,
Mick Harris, Phil Kay

Producción
Clive McKeough

ÍNDICE

BILINGUAL BREAKTHROUGH

by Jeremy Harmer

Versión en español en la página vi

For years teachers and methodologists have complained about bilingual dictionaries. Among their perceived weaknesses are the fact that the information they give is often misleading, that they give few, if any, examples and that they ignore collocational language combinations. In particular they have often been shown to be especially unreliable for students who wish to produce their own English with new or only partly-known words, by looking for English equivalents for words in their own language.

Despite these weaknesses, the problem for teachers has been that students, quite naturally, like bilingual dictionaries and insist on using them. What is needed, therefore, is a new approach to their design which will avoid all the pitfalls that have been identified, and, instead, not only help students to understand what English words mean, but also (and this is the crucial point) allow them to find the right English word for a word in their language and then use that English word appropriately, with confidence.

The **Longman Diccionario Pocket** is just such a dictionary. It is designed for secondary students in México. It is based on a corpus of English, of course, but it also uses a Mexican Spanish corpus especially created for this dictionary, with written and spoken samples relevant for teenagers. This ensures that the Spanish words for which students want English equivalents are words that they use themselves, and the Spanish equivalents for English words are words they are familiar with.

All the explanations in the **Longman Diccionario Pocket** are in Spanish, and the examples ('Tienes que escuchar este CD' for *tener* or 'Are you connected to the Internet?' for 'Internet') reflect the world that the students live in.

But what makes the **Longman Diccionario Pocket** significantly different from other bilingual dictionaries is that it is equally useful for students whether they want to find the meaning of an English word or find the English equivalent of a word in Spanish. For example, when users want to know what 'win' means they find the Spanish equivalent *ganar*. But if they need to know how to say *ganar* in English the dictionary helpfully tells them (in Spanish, but with English examples) that it can be either 'win', 'earn', 'beat' or 'gain' – and it explains what the difference is. When users look up the word 'answer' they are presented with all the collocations that are common with this word (not just 'answer a question', but you can 'answer the door', 'the phone', 'a letter', 'criticism'...). If students want to know how to translate *adolescente*, they are offered first the noun 'teenager' as an equivalent, with both Spanish and English versions of the sentence 'He's a typical teenager', and then the adjective with the example 'She has two teenage children'. The entry then explains that, although 'adolescent' exists in English, we use it in more technical or formal contexts. With this kind of clear information students can use the words 'teenager' and 'adolescent' with confidence, even if they had not previously come across them.

The **Longman Diccionario Pocket** is not the kind of bilingual dictionary we are used to. It is a radical rethink of what students need and how it can be provided. This is a bilingual dictionary that is not only reliable, but which also works. It is just the kind of tool that students at this age and level need in order to understand and produce English, and it has the great virtue of helping its users to build good learning habits as they go along.

The old bilingual dictionary is dead. Long live the new one!

Jeremy Harmer is an author of coursebooks and books about how to teach English. He has also been an English teacher for many years.

PREFACIO

ROMPIENDO LAS BARRERAS DEL DICCIONARIO BILINGÜE

por Jeremy Harmer

Versión en inglés en la página iv

Hace años que los docentes y especialistas en didáctica del inglés se quejan de los diccionarios bilingües. Mencionan defectos como el hecho de que la información suele ser engañosa, que dan pocos ejemplos (si los dan), y que no traen información sobre combinaciones colocacionales. Sin embargo, la principal objeción es que no resultan confiables para los estudiantes que desean expresarse en inglés utilizando palabras nuevas o que conocen sólo en parte, y que buscan en los diccionarios los equivalentes en inglés de palabras de su lengua nativa.

Para los docentes, el problema es que, naturalmente, a pesar de estos defectos, a los estudiantes les gustan los diccionarios bilingües e insisten en usarlos. Lo que hace falta, entonces, es un nuevo enfoque en la elaboración de estos diccionarios que evite los inconvenientes señalados y que no sólo ayude a los estudiantes a entender el significado de las palabras en inglés, sino que también (y esto es lo más importante) les permita encontrar la palabra inglesa que realmente equivale al vocablo español que han buscado. De este modo podrán usar el nuevo término con corrección y confianza.

El **Diccionario Pocket de Longman** es un diccionario que cumple con estas condiciones. Fue creado para estudiantes de secundaria en México. Naturalmente está basado en un corpus del inglés, o sea, una base de datos del inglés que se escribe y se habla hoy en día. Pero los redactores contaron también con un corpus del español mexicano compilado especialmente para este diccionario, con ejemplos de lengua oral y escrita relevantes para los adolescentes. Esto garantiza que las palabras del lado español, para las que los estudiantes pueden querer buscar equivalentes en inglés, son palabras que ellos realmente usan, y los equivalentes en español de las palabras del lado inglés son vocablos con los que están familiarizados.

Todas las explicaciones que se dan en el **Diccionario Pocket de Longman** están en español, y los ejemplos ('Tienes que escuchar este CD' en 'tener', o 'Are you connected to the Internet?' en *Internet*) reflejan el mundo de los estudiantes.

Pero lo que hace que el **Diccionario Pocket de Longman** sea significativamente diferente de otros diccionarios bilingües es que resulta útil tanto para los alumnos que quieran encontrar el significado de una palabra del inglés, como para aquellos que busquen el equivalente en inglés de una palabra del español. Por ejemplo, cuando un usuario desea saber qué quiere decir *win* se encuentra con el equivalente 'ganar'. Pero si necesita saber cómo decir 'ganar' en inglés, el diccionario le dice que puede ser *win*, *earn*, *beat* o *gain*, y explica (en español, pero con ejemplos en inglés) la diferencia entre estos verbos. Cuando un usuario va a la palabra *answer*, en la entrada encuentra las colocaciones más frecuentes de este verbo (no sólo *answer a question*, sino también *answer the door*, *the phone*, *a letter*, *criticism*...). Si un estudiante quiere saber cómo traducir 'adolescente', el primer equivalente que se le ofrece es el sustantivo *teenager*, con versiones en español y en inglés de la oración *He's a typical teenager*, y luego el adjetivo con el ejemplo *She has two teenage children*. A continuación la entrada explica que, aunque *adolescent* existe en inglés, se usa más en contextos técnicos o formales. Con este tipo de información clara los alumnos pueden sentirse seguros al usar las palabras *teenager* y *adolescent*, aunque no se hayan encontrado con ellas anteriormente.

El **Diccionario Pocket de Longman** no es el típico diccionario al que estamos acostumbrados. Significa un replanteo total de lo que los alumnos necesitan y cómo se lo puede presentar. Se trata de un diccionario bilingüe que, además de ser confiable, funciona. Es la clase de herramienta que los alumnos de esta edad y este nivel necesitan para codificar y decodificar palabras del inglés, y posee la gran virtud de colaborar en la creación de buenos hábitos de aprendizaje entre sus usuarios.

El antiguo diccionario bilingüe ha muerto. ¡Que viva el nuevo!

Jeremy Harmer es autor de libros de texto y libros sobre la enseñanza del inglés. Además, es profesor de inglés desde hace muchos años.

Diez cosas que necesitas saber sobre este diccionario

1 Este diccionario fue diseñado especialmente para estudiantes mexicanos que están aprendiendo inglés, por eso el español que se usa en el diccionario es **español mexicano**.

2 Para la confección de este diccionario se utilizó un **corpus** del inglés y un *corpus* del español mexicano. Un *corpus* es un conjunto muy grande de textos y grabaciones en un idioma, que se usa para decidir qué significados de las distintas palabras son más importantes, y también para contar con ejemplos reales del uso de las palabras. Está comprobado que el uso de *corpus* ayuda a producir diccionarios más confiables.

3 A veces es difícil entender qué significa o cómo se usa una palabra aislada, por eso este diccionario cuenta con **ejemplos de uso** que ilustran los contextos más frecuentes de todas las palabras que ofrecen dificultades y también de las palabras más usadas. En este diccionario hay más ejemplos que en los demás diccionarios para este nivel.

4 Para ayudar a comprender mejor los textos en inglés, este diccionario muestra las **frases** más típicas y las **expresiones idiomáticas** más frecuentes que se forman con muchas palabras. Por ejemplo, en *agreement*, hay frases como *to come to/reach an agreement*; en *bargain*, hay expresiones idiomáticas como *into the bargain*.

5 Para ayudar a producir mensajes que suenen más naturales, este diccionario muestra las **frases** más típicas y las **expresiones idiomáticas** más frecuentes que se forman con muchas palabras del español. Por ejemplo, en *prender*, hay frases como *prender la luz/la televisión*; en *mano*,

hay expresiones idiomáticas como *agarrarle/tomarle la mano a algo*.

6 En los casos en que se necesita explicar por qué distintas palabras en inglés corresponden a una palabra del español y viceversa, se da la información en un recuadro. Para la mayoría de las preposiciones, y también para los verbos y adjetivos más usados en español y en inglés, hay **recuadros** que explican las distintas traducciones.

7 Este diccionario presenta muchas **notas culturales** para aclarar conceptos o costumbres relacionados con alguna palabra inglesa que son poco conocidos en nuestra cultura. En estos casos, como por ejemplo *Christmas cracker* o *bed and breakfast*, puede no haber traducción al español, entonces la nota explica qué significa la palabra o expresión.

8 Las situaciones de comunicación más comunes están en la **Guía para comunicarse**. Allí se encuentran varias frases útiles en inglés con su traducción al español para distintas situaciones comunicativas. Por ejemplo, "Vivo en Morelia" se dice *I live in Morelia*.

9 Los problemas gramaticales más típicos para el estudiante hispanohablante que aprende inglés están tratados en la **Guía de gramática**. Allí aparecen explicaciones sencillas y con ejemplos sobre sustantivos contables e incontables, *phrasal verbs*, uso de adverbios en inglés, etc.

10 Este diccionario incluye cientos de **ilustraciones** que ayudan a comprender mejor el significado de varias palabras (ver, por ejemplo, las ilustraciones en las entradas *calzado* o *silla* y el **Diccionario ilustrado** en las páginas centrales).

Cómo usar este diccionario: Guía rápida

Entrada

bolsa *sustantivo & sustantivo plural*
- *s* **1** (de papel, plástico, etc.) bag: *una bolsa de dulces* a bag of candy **2** (de mujer) purse (AmE), handbag (BrE) **3** (bolsillo) pocket **4** (premio en dinero) prize money **5** (o Bolsa) (en finanzas) stock exchange, stock market
- **bolsas** *s pl* (debajo de los ojos) bags

Traducción de la palabra

Diferentes acepciones de la palabra

Ilustraciones con leyendas

purse (AmE)/ handbag (BrE)

grocery bag

satchel

backpack

carryall (AmE)/ holdall (BrE)

suitcase

Cuando una palabra tiene más de una función gramatical (por ej., verbo y sustantivo), es presentada de esta manera

Pronunciación, con indicación de acento tónico

answer /'ænsər/ *verbo & sustantivo*
- *v* **1** [tr/intr] contestar, responder: *He wouldn't answer me.* No me quiso contestar. **2 to answer the phone** contestar el teléfono **3 to answer the door** abrir la puerta [cuando alguien llama] **4 to answer a letter** contestar una carta | **to answer an advertisement** responder a un anuncio **5 to answer criticism/an accusation** responder a las críticas/a una acusación **6 to answer a description** responder a una descripción **7 to answer a need** responder a una necesidad

Clase de palabra

Ejemplo de uso de la palabra

Palabras que normalmente se usan juntas

Traducción del ejemplo

Phrasal verbs o verbos con partícula

answer back responder [irrespetuosamente]
answer sb back responderle a alguien [irrespetuosamente]
answer for sth responder por algo **answer for sb** responder por alguien
answer sb rendirle cuentas a alguien
- *s* **1** respuesta, contestación: *In answer to your question, it won't be possible.* En respuesta a su pregunta, no va a ser posible. | **there's no answer** (al llamar por teléfono o a la puerta) no contestan **2** resultado [de un cálculo] **3** solución [a un problema]

Indicador del contexto en el que se usa la palabra o expresión

Una de las 2,000 palabras más frecuentes en inglés (en rojo)

borrow /'barou/ *v* [tr/intr] ▶ ver recuadro

Las palabras clave son presentadas en recuadros

> **borrow**
>
> **1** Para decir que pedimos algo prestado y nos lo prestaron:
>
> *I borrowed Martin's camera.* Le pedí prestada la cámara a Martin. | *The costume's not mine. I borrowed it from a friend.* El disfraz no es mío. Me lo prestó un amigo. | *They borrowed money from the bank.* Pidieron un préstamo al banco.
>
> **2** Para pedir algo prestado:
>
> *Can I borrow the car?* ¿Me prestas el carro?
>
> **3** Para hablar de préstamos de una biblioteca:
>
> *You can borrow up to six books.* Puedes sacar hasta seis libros.

Preposición con la que se usa el verbo

CÓMO ENCONTRAR INFORMACIÓN EN ESTE DICCIONARIO

Las dos partes del diccionario bilingüe

Este diccionario tiene dos partes: la primera parte, **inglés-español**, tiene palabras inglesas con su traducción al español; la segunda parte, **español-inglés**, tiene palabras del español con su traducción al inglés. A veces, en español, usamos palabras de origen inglés, por ejemplo, *mouse*. Esta palabra, entonces, estará en los dos lados del diccionario.

Ejercicio 1

¿En qué parte hay que buscar cada palabra?

club	chamarra
descansar	máquina
rocket	CD
sympathy	chip
easy	e-mail

El orden alfabético

Las palabras de este diccionario están en orden alfabético, tanto en la parte inglés-español como en el lado español-inglés.

Ejercicio 2

¿En qué orden aparecen estas palabras en el lado inglés-español y en el lado español-inglés?

Saturday	pelo
cream	inútil
out	con
write	abrazar
shiny	local
kiss	entrada
belly	chicle
chess	naranja
mother	delantero
white	llevar

Ejercicio 3

Estas palabras del español y del inglés empiezan con la misma letra. ¿Cómo se ordenan alfabéticamente?

contra	phone
cine	practice
chileno	pillow
cofre	plug
cabaña	put
caber	packet
cantar	photo
cantante	penguin
charco	proud
celoso	party

Ejercicio 4

En cada grupo, hay una palabra que no respeta el orden alfabético. ¿Cuál es la intrusa?

mancha	salt	cabeza	giant
mandar	silver	caer	goal
malo	short	calle	goose
marca	smart	cálculo	great
marrano	special	caminar	grasp
más	stand	canoso	green

Los lemas formados por más de una palabra

En un diccionario, se llama **lema** a la palabra sobre la que se da información. A veces un lema está compuesto por dos o más palabras, como en el caso de *bed and breakfast*, *bad-tempered* o *acid rain*. En estos casos, los espacios en blanco o los guiones entre las palabras no cambian el orden alfabético. En los siguientes ejemplos, vemos que el orden depende de qué letra viene primero (la **o** o la **r**), y no de cuántas palabras forman la entrada:

air
air-conditioned
air conditioning
aircraft

Ejercicio 5

Ordenar alfabéticamente los siguientes lemas:

birthday	birth
bird of prey	birthplace
biscuit	bird
birthmark	birth rate

Las palabras compuestas

Las palabras compuestas son grupos de palabras que funcionan como si fueran una sola: *lista negra* y *agua potable* son palabras compuestas del español. En este diccionario, para encontrar una palabra compuesta del español hay que buscar en la primera palabra: *agua potable* está en *agua*, *alta fidelidad* en *alto*. En muchos casos hay flechitas que indican dónde encontrar la palabra compuesta buscada. Por ejemplo, si uno se olvida de que *agua potable* está en *agua* y la busca en *potable*, ahí encontrará una flechita que remite a *agua*.
Apple pie, *nursery school* y *ironong board* son palabras compuestas del inglés. En este diccionario, las palabras compuestas del inglés están bajo la primera palabra que las forma o como lema aparte.

Ejercicio 6

¿Dónde se encuentran las siguientes palabras compuestas del español?

cámara de video
papel de baño
luna de miel
cinta métrica

¿Hay otras palabras compuestas allí? Nombrar dos para cada palabra.

Ejercicio 7

Buscar la palabra *birthday* en el diccionario y escribir las palabras compuestas que se encuentren allí.

Las frases más comunes y las expresiones idiomáticas

Algunas palabras forman parte de frases de uso frecuente. Así, una palabra como *cama* se usa a menudo en frases como *irse a la cama* o *tender la cama*. En el diccionario, estas frases se encuentran en *cama*, porque el sustantivo es lo más importante de la frase. También en expresiones idiomáticas como *dar la cara* el sustantivo es la palabra central, entonces la expresión aparece en *cara*. En *ser caprichoso* la palabra más importante es el adjetivo *caprichoso*, entonces la frase se encuentra ahí.

En muchos casos es difícil saber cuál es la palabra más importante de una frase. Si, por ejemplo, se quiere buscar *¡Arriba las manos!*, tal vez uno busque primero en *arriba*. Allí hay una flechita que remite a *mano*.

Ejercicio 8

¿Dónde se pueden encontrar frases como éstas?

tener miedo
en un abrir y cerrar de ojos
ponerse celoso

Buscarlas en el diccionario para confirmar.

Ejercicio 9

Ésta es la entrada de *bomb* en el diccionario:

> **bomb** /bɑm/ *sustantivo & verbo*
> ■ s **1** bomba | to plant a bomb poner una bomba **2** the bomb la bomba atómica/de hidrógeno **3** to cost a bomb BrE (informal) salir en un dineral **4** to go like a bomb BrE (informal) ir/andar a gran velocidad

¿Qué frases comunes o expresiones idiomáticas hay?

Ejercicio 10

Se encuentran estas oraciones en un texto:

The teacher got angry.
He killed them all in cold blood.
Could you take a picture **of us?**

Si no se sabe qué significan las frases que aparecen en color, ¿dónde habría que buscarlas?

Buscarlas en el diccionario para confirmar.

Los *phrasal verbs* o verbos con partícula

Los *phrasal verbs* son construcciones formadas por un verbo y una partícula como *out*, *away*, *off* o *up*. Estas construcciones tienen un significado especial, por eso es importante presentarlas aparte. En este diccionario, todos los *phrasal verbs* están bajo el verbo (*get out* en *get*, *take away* en *take*, etc.). En la sección de gramática hay más información sobre los *phrasal verbs*.

Ejercicio 11

A partir de los ejemplos, pensar cuál puede ser el significado de cada *phrasal verb* y señalarlo con una flecha. En caso de dudas, consultar *take* en el diccionario. Allí se encontrarán los *phrasal verbs* al final y en orden alfabético.

a Take off your shoes   *anotar algo*
before coming in.

b I'm taking her out   *quitarse algo*
tonight.

c I have to take this   *llevar a alguien*
book back to the   *a algún lado*
library.

d I took down her   *devolver algo*
telephone number.

Los verbos irregulares

Algunos verbos del inglés tienen formas irregulares en el pasado y/o en el participio. El verbo *to take*, por ejemplo, tiene como forma del pasado *took* y como participio *taken*. Estas formas están en la entrada de *take*, y también en su lugar en el orden alfabético, con una indicación para mirar en *take*.

Otras formas irregulares, como por ejemplo las del verbo *to be* (*am*, *is*, etc.) también están mostradas en su lugar en el orden alfabético.

Ejercicio 12

Cada oración tiene un pasado o un participio irregular, que está destacado. Escribir al costado el infinitivo del verbo. En caso de dudas, consultar el diccionario:

She made **a mistake.** ....
Who gave **you this money?** ....
I've lost **my keys!** ....
Have you seen **Tom?** ....
I forgot **her birthday.** ....

Ejercicio 13

Completar el acróstico con las formas irregulares de los verbos. En caso de dudas, consultar el diccionario.

_ I _	pasado irregular de *hit*
_ R _ _ _ _	participio irregular de *break*
R _ _	pasado irregular de *run*
_ E _ _	pasado y participio irregular de *leave*
G _ _	pasado y participio irregular de *get*
_ _ U _ _	pasado y participio irregular de *find*
_ _ L _	pasado irregular de *fall*
_ A _	pasado y participio irregular de *sit*
_ R _ _ _ _	participio irregular de *write*

Los plurales irregulares

Algunos sustantivos del inglés tienen una forma plural irregular. Por ejemplo, la forma plural de *mouse* es *mice*. En estos casos, se presenta la forma plural en la entrada de *mouse*, y también en su lugar en el orden alfabético.

Los plurales regulares de la forma *-ies* (para palabras terminadas en consonante + *y* como *country*, *baby*, etc.) también están indicados junto a la entrada.

Ejercicio 14

Cada oración tiene un sustantivo plural irregular o terminado en *-ies*, que aparece en color. Escribir al costado el singular. En caso de dudas, consultar el diccionario:

a **Have you brushed your teeth?**
....

b **There are two new factories in the area.** ....

c **Ladies and gentlemen, welcome to Boston!** ....

d **Take your feet off the sofa!** ....

e **Where are the children?** ....

f **There are two men waiting for you.**
....

g **There are different kinds of dictionaries.** ....

h **They sell women's clothes.** ....

¿Qué palabra se usa?

A veces es difícil decidir qué palabra inglesa usar cuando tenemos dos opciones: *¿boat* o *ship*, *big* o *large*, *ache* o *pain*? Las explicaciones están del lado español, pero en cada una de las palabras en inglés hay una nota que remite a la palabra española, como se ve en la entrada de *big*:

big /bɪg/ *adj* (-gger, -ggest) **1** grande: *a big red nose* una nariz grande y roja | *How big is their new house?* ¿Qué tan grande es su nueva casa? | *There's a big age difference between them.* Hay una gran diferencia de edad entre ellos. **2** importante, grande: *The big game is on Friday.* El partido importante es el viernes. **3** your big sister/big brother (informal) tu hermana/hermano mayor **4** (exitoso, conocido) grande: *a big star* una gran estrella | **to be big** tener mucho éxito, ser muy importante: *The group is also big in the United States.* La banda también tiene mucho éxito en Estados Unidos. | **to make it big** triunfar, tener éxito ▶ ¿BIG o LARGE? ver **grande**

¿Qué significado?

Hay palabras que tienen muchos significados. En español, por ejemplo, la palabra *muñeca* se refiere a un juguete y también a una parte del brazo. En inglés, la palabra *letter* puede referirse a una carta o a una letra del alfabeto. Por eso, cuando buscamos en el diccionario una palabra, tenemos qué pensar en qué contexto aparece o en qué contexto queremos usarla para elegir el significado adecuado.

Ejercicio 15

Consultar la entrada *box* y fijarse en los diferentes significados de la palabra. Después elegir el significado adecuado de *box* para cada oración:

a **They booked a box for the concert.**
b **Write your name in this box.**
c **I keep old photos in this box.**
d **He was fouled in the box.**
e **Is there anything good on the box?**

CÓMO ENCONTRAR INFORMACIÓN

Respuestas

Ejercicio 1

en el lado I/E   easy; rocket; sympathy
en el lado E/I   chamarra; descansar; máquina
en ambos lados CD; chip; club; e-mail

Ejercicio 2

belly chess cream kiss mother
out Saturday shiny white write
abrazar chicle con delantero entrada
inútil llevar local naranja pelo

Ejercicio 3

cabaña caber cantante cantar celoso
charco chileno cine cofre contra
packet party penguin phone photo
pillow plug practice proud put

Ejercicio 4

malo va en primer lugar en la lista
silver va después de *short*
calle va después de *cálculo*
great va después de *grasp*

Ejercicio 5

bird bird of prey birth birthday
birthmark birthplace birth rate biscuit

Ejercicio 6

cámara de video   en *cámara*
papel higiénico   en *papel*
luna de miel   en *luna*
cinta adhesiva   en *cinta*
En *cámara*: cámara de diputados, cámara de
gas, etc. En *papel*: papel crepe, papel
aluminio, etc. En *luna*: luna creciente, luna
llena, etc. En *cinta*: cinta aislante

Ejercicio 7

birthday cake birthday card
birthday party birthday present

Ejercicio 8

tener miedo   en *miedo*
en un abrir y cerrar de ojos   en *ojo*
ponerse celoso   en *celoso*

Ejercicio 9

Frase común: *to plant a bomb*
Expresiones idiomáticas: *to cost a bomb, to
go like a bomb*

Ejercicio 10

to get angry   en *angry*
in cold blood   en *blood*
to take a picture en *picture*

Ejercicio 11

a quitarse algo
b llevar a alguien a algún lado
c devolver algo
d anotar algo

Ejercicio 12

She **made** a mistake.   to make
Who **gave** you this money? to give
I've **lost** my keys!   to lose
Have you **seen** Tom?   to see
I **forgot** her birthday.   to forget

Ejercicio 13

hit   left   fell
broken   got   sat
ran   found   written

Ejercicio 14

a tooth   e child
b factory   f man
c lady, gentleman g dictionary
d foot   h woman

Ejercicio 15

a palco   d área
b casilla   e la tele
c caja

A¹ (, **a**) /eɪ/ s (letra) A, a ▶ ver "Active Box" **letters** en **letter**

A² /eɪ/ s **1** (nota musical) la **2** calificación usada en exámenes, trabajos escolares, etc. ▶ ver recuadro en **grade 3 from A to B** de un lugar a otro

a /ə, acentuado eɪ/, también **an** /ən, acentuado æn/ *art* ▶ ver recuadro

aback /ə'bæk/ *adv* **to be taken aback** quedarse sorprendido -a/desconcertado -a

abandon /ə'bændən/ *v* [tr] abandonar, dejar abandonado -a

abbey /'æbi/ s abadía

abbreviate /ə'brivieɪt/ *v* [tr] abreviar

abbreviation /ə,brivi'eɪʃən/ s abreviatura

ABC /,eɪ bi 'si/ s abecedario

abdicate /'æbdɪkeɪt/ *v* [intr] abdicar

abduction /əb'dʌkʃən/ s secuestro

ability /ə'bɪləti/ s (pl **-ties**) aptitud, capacidad: *She has great musical ability.* Tiene una gran aptitud para la música. | *his ability to remember things* su capacidad para recordar cosas

abject /'æbdʒekt/ *adj* **abject poverty** la más absoluta pobreza

ablaze /ə'bleɪz/ *adj* **to be ablaze** estar en llamas

able /'eɪbəl/ *adj* **1 to be able to do sth** poder/saber hacer algo: *Is she able to walk without a cane?* ¿Puede caminar sin bastón? | *I've always wanted to be able to speak Japanese.* Siempre quise saber hablar japonés. ▶ ¿BE ABLE TO O CAN? ver **poder 2** capaz: *He's a very able student.* Es un alumno muy capaz.

ably /'eɪbli/ *adv* hábilmente

abnormal /æb'nɔrməl/ *adj* anormal

aboard /ə'bɔrd/ *adverbio & preposición*
- *adv* a bordo | **to go aboard** embarcar, subir a bordo
- *prep* a bordo de

abolish /ə'bɑlɪʃ/ *v* [tr] (3ª pers sing **-shes**) abolir

abolition /æbə'lɪʃən/ s abolición

abort /ə'bɔrt/ *v* **1** [tr] abandonar [un intento, una misión, etc.] **2** [intr] (en medicina) abortar

abortion /ə'bɔrʃən/ s aborto [provocado] | **to have an abortion** hacerse un aborto ▶ ¿ABORTION O MISCARRIAGE? ver **aborto**

abortive /ə'bɔrtɪv/ *adj* **an abortive attempt/ attack etc.** un intento/ataque etc. frustrado

1 En la mayoría de los casos el artículo **a** equivale a *un/una*. Cuando precede a un sonido vocálico se usa **an** en lugar de **a**:
a cat un gato | *an island* una isla

2 Usos de **a/an** que no corresponden a los de *un/una*:

PROFESIONES
My boyfriend is a musician. Mi novio es músico.

PERTENENCIAS
Do you have a car? ¿Tienes coche?

EXCLAMACIONES
What a ridiculous hat! ¡Qué sombrero más ridículo!

NÚMEROS
a thousand dollars mil dólares | *a hundred people* cien personas

PRECIO, FRECUENCIA, PROPORCIÓN
They cost $20 a dozen. Cuestan $20 la docena. | *I see her twice a week.* La veo dos veces por semana. | *100 miles an hour* 100 millas por hora

about /ə'baʊt/ *preposición & adverbio*
- *prep* **1** sobre, acerca de: *a book about dinosaurs* un libro sobre dinosaurios | *I'm thinking about dropping out of school.* Estoy pensando en dejar los estudios.
  2 what about/how about? (a) Para hacer una sugerencia: *How about a drink?* ¿Qué te parece si nos tomamos una copa? **(b)** Para pedirle la opinión a alguien: *What about Jack? Should we invite him?* ¿Y Jack? ¿Lo invitamos?
  3 Para indicar causa: *I could tell she was annoyed about something.* Me di cuenta de que estaba enojada por algo. | *They were very excited about the idea.* Estaban muy entusiasmados con la idea.
  4 BrE (por un lugar) por: *Their clothes were scattered about the room.* Su ropa estaba desperdigada por el cuarto.
- *adv* **1** alrededor de: *It's about seven o'clock.* Son alrededor de las siete. | *A pizza costs about $100.* Una pizza cuesta alrededor de $100.
  2 to be (just) about to do sth estar a punto de hacer algo: *I was just about to say that.* Estaba a punto de decir eso.
  3 BrE por todas partes, por ahí: *Don't leave your clothes lying about!* ¡No dejes la ropa tirada por todas partes.
  4 BrE por ahí, por aquí: *Is Patrick about?* ¿Patrick anda por aquí? | *There was nobody about.* No había nadie. ▶ **about** también forma parte de varios **phrasal verbs** como **bring about**, **come about**, etc. Éstos están tratados bajo el verbo correspondiente.

above /ə'bʌv/ *preposición & adverbio*
- *prep* **1** arriba de, (por) encima de, sobre: *There's a light above the door.* Hay una luz arriba

de la puerta. | *500 meters above sea level* 500 metros por encima del nivel del mar/500 metros sobre el nivel del mar **2** por encima de: *temperatures above 35 degrees* temperaturas por encima de los 35 grados **3** above all sobre todo ▪ *adv* **1** (en una posición más alta) (de) arriba: *I looked down from above*. Miré desde arriba. | *the room above* la habitación de arriba **2** (superior a un número): *children of 12 and above* los niños de 12 años o más **3** (en un texto) (más) arriba: *For more information, see above*. Para mayor información, ver arriba.

abreast /ə'brest/ *adv* to keep abreast of sth estar al día en algo

abroad /ə'brɔd/ *adv* en el extranjero/exterior, al extranjero/exterior | to go abroad viajar/ir al extranjero, viajar/ir al exterior

abrupt /ə'brʌpt/ *adj* **1** repentino -a, abrupto -a | to come to an abrupt halt/end detenerse/terminarse abruptamente **2** brusco -a, cortante

absence /'æbsəns/ *s* **1** falta (de asistencia) [al colegio, trabajo, etc.], ausencia: *her frequent absences from work* sus frecuentes faltas (de asistencia) al trabajo | in/during sb's absence en la ausencia de alguien **2** in the absence of sth a falta de algo

absent /'æbsənt/ *adj* **1** ausente | to mark sb absent ponerle falta a alguien: *The teacher marked her absent*. El profesor le puso falta. | to be absent (from sth) faltar (a algo): *children who are often absent from school* los niños que faltan a menudo a la escuela **2** ausente: *an absent expression* una expresión ausente

,**absent-'minded** *adj* distraído -a

absolute /'æbsəlut/ *adj* **1** (para enfatizar) absoluto -a, total: *The show was an absolute disaster*. El espectáculo fue un absoluto desastre. | absolute nonsense puras tonterías **2** (no relativo) absoluto -a

absolutely /æbsə'lutli/ *adv* **1** completamente, absolutamente: *Are you absolutely sure?* ¿Estás completamente segura? | *You have absolutely no idea*. No tienes la más mínima idea. **2** absolutely! ¡claro (que sí)!, ¡por supuesto (que sí)! | absolutely not! ¡de ninguna manera!, ¡en absoluto!

absorb /əb'sɔrb/ *v* [tr] **1** absorber **2** to be absorbed in sth estar absorto -a/concentrado -a en algo **3** asimilar [información]

absorbing /əb'sɔrbɪŋ/ *adj* absorbente

abstain /əb'steɪn/ *v* [intr] **1** (en una votación) abstenerse **2** (formal) (de fumar, beber, etc.) abstenerse: *He was advised to abstain from alcohol*. Se le aconsejó que se abstuviera de tomar alcohol.

absurd /əb'sɜrd/ *adj* absurdo -a, ridículo -a

abundance /ə'bʌndəns/ *s* **1** an abundance of abundante(s): *an abundance of resources* abundantes recursos **2** in abundance en abundancia

abuse¹ /ə'bjus/ *s* **1** abuso ▶ ver también drug **2** maltrato **3** insultos | to shout/hurl abuse at sb insultar a alguien a gritos

abuse² /ə'bjuz/ *v* [tr] **1** maltratar, abusar de **2** abusar de: *I think he is abusing his position*. Creo que está abusando de su posición. **3** insultar

abusive /ə'bjusɪv/ *adj* **1** insultante | to become abusive empezar a insultar **2** violento -a

abysmal /ə'bɪzməl/ *adj* pésimo -a, terrible

abyss /ə'bɪs/ *s* (pl -sses) (literario) abismo

academic /ækə'demɪk/ *adjetivo & sustantivo* ▪ *adj* **1** relacionado con el estudio: *the academic year* el año académico **2** capaz [con dotes para los estudios] **3** puramente teórico -a ▪ *s* profesor -a universitario -a

academy /ə'kædəmi/ *s* (pl -mies) academia

accelerate /ək'seləreɪt/ *v* **1** [intr] (al manejar) acelerar **2** (referido a procesos) [intr] acelerarse, [tr] acelerar

accelerator /ək'seləreɪtər/ *s* acelerador

accent /'æksent/ *s* **1** acento: *She has an American accent*. Tiene acento americano. **2** acento (prosódico)

accept /ək,sept/ *v* **1** [tr/intr] aceptar: *We don't accept credit cards*. No aceptamos tarjetas de crédito. | *She wouldn't accept payment from us*. No quiso aceptar que le pagáramos nada. **2** to accept that reconocer/admitir que: *She refused to accept that she was wrong*. Se negó a reconocer que estaba equivocada. ▶ ver también responsibility

acceptable /ək,septə'bɪləti/ *adj* aceptable: *I don't think it's acceptable for her to behave like that*. No me parece aceptable que se comporte así. | *Is that acceptable to you?* ¿Eso te resulta aceptable?

acceptance /ək'septəns/ *s* aceptación

accepted /ək'septɪd/ *adj* establecido -a, convencional

access /'ækses/ *sustantivo & verbo* ▪ *s* acceso: *Students need to have access to computers*. Los alumnos tienen que tener acceso a computadoras. ▪ *v* [tr] abrir, acceder a [un archivo]

accessible /ək'sesəbəl/ *adj* **1** (fácil de entender) accesible **2** (referido a un lugar: que es de fácil acceso): *The park is accessible by public transportation*. Se puede llegar al parque en transporte público.

accessory /ək'sesəri/ *s* (pl -ries) **1** (para la vestimenta) accesorio **2** (de un coche, un equipo de música, etc.) accesorio **3** cómplice: *an accessory to murder* un cómplice en el asesinato

accident /'æksədənt/ s **1** accidente | **to have an accident** tener/sufrir un accidente | **a car accident** un accidente de tránsito **2** percance, accidente **3 by accident (a)** sin querer **(b)** por casualidad

accidental /æksə'dentl/ adj **1** accidental **2** casual

accidentally /æksə'dentli/ adv **1** sin querer, accidentalmente **2** por casualidad

'accident-,prone adj propenso -a a los accidentes

acclaim /ə'kleɪm/ verbo & sustantivo
■ v [tr] aclamar: *His last play was acclaimed as a masterpiece.* Su última obra de teatro fue aclamada como una obra maestra.
■ s elogio(s)

accommodate /ə'kɑmədeɪt/ v [tr] **1** tener capacidad para **2** alojar, albergar

accommodating /ə'kɑmədeɪtɪŋ/ adj flexible

accommodations /əkɑmə'deɪʃənz/, también **accommodation** /ə,kɑmə'deɪʃən/ BrE s **1** (en un hotel, etc.) alojamiento **2** (más permanente) vivienda(s): *rental accommodations* viviendas rentadas

accompany /ə'kʌmpəni/ v [tr] (3ª pers sing -nies) **1** (formal) (ir con) acompañar **2** (en música) acompañar

accomplice /ə'kɑmplɪs/ s cómplice

accomplish /ə'kɑmplɪʃ/ v [tr] (3ª pers sing -shes) **1** cumplir (con) [una misión, una tarea] **2** lograr [un objetivo]

accomplished /ə'kɑmplɪʃt/ adj consumado -a: *an accomplished musician* un músico consumado

accomplishment /ə'kɑmplɪʃmənt/ s logro

accord /ə'kɔrd/ s **1 of your own accord** por decisión propia, (de) motu proprio **2** acuerdo

accordingly /ə'kɔrdɪŋli/ adv **1** como corresponde, en proporción **2** (formal) en consecuencia

ac'cording to prep **1** según: *According to Tom, she isn't coming.* Según Tom, no va a venir. | *Students are grouped according to ability.* Se agrupa a los alumnos según su capacidad. **2 to go according to plan** salir de acuerdo con lo previsto

account /ə'kaʊnt/ sustantivo, sustantivo plural & verbo
■ s **1** relato, descripción | **to give an account of sth** relatar/describir algo, informar sobre algo **2** cuenta [en un banco o una tienda] **3 to take sth into account** tener/tomar algo en cuenta: *We didn't take the time difference into account.* No tuvimos en cuenta la diferencia de horario. **4 by all accounts** según dicen **5 on account of** debido a, por causa de **6 on no account** bajo ningún concepto
■ **accounts** s pl libros (de contabilidad)
■ v **account for sth 1** representar algo: *Labor costs account for 40% of the total.* Los costos de

mano de obra representan el 40% del total. **2** explicar algo **3** dar cuenta de algo

accountable /ə'kaʊntəbəl/ adj que tiene la obligación de rendir cuentas a otros de las propias acciones | **to be accountable for sth** ser responsable de algo, tener que rendir cuentas de algo | **to hold sb accountable for sth** responsabilizar a alguien de algo

accountancy /ə'kaʊntənsi/ s contabilidad

accountant /ə'kaʊntənt/ s contador -a

accumulate /ə'kjumjəleɪt/ v **1** [tr] acumular **2** [intr] acumularse

accuracy /'ækjərəsi/ s precisión

accurate /'ækjərət/ adj **1** preciso -a [instrumento, medida, etc.] **2** exacto -a [descripción] **3** certero -a [disparo, etc.]

accusation /ækjə'zeɪʃən/ s acusación

accuse /ə'kjuz/ v **to accuse sb of (doing) sth** acusar a alguien de (hacer) algo: *How dare you accuse me of lying!* ¡Cómo te atreves a acusarme de mentir!

accused /ə'kjuzd/ adj **the accused** el/la acusado -a, los/las acusados -as

accustomed /ə'kʌstəmd/ adj (formal) **to be accustomed to (doing) sth** estar acostumbrado -a a (hacer) algo | **to become/grow accustomed to sth** acostumbrarse a algo

ace /eɪs/ sustantivo & adjetivo
■ s **1** (en naipes) as **2** (en tenis) (saque) as
■ adj (informal) **1 an ace striker** un delantero estrella **2** padrísimo -a, genial

ache /eɪk/ verbo & sustantivo
■ v [intr] doler [con un dolor no muy fuerte pero continuo]: *My legs are aching.* Me duelen las piernas. ▶ ¿ACHE O HURT? ver **doler**
■ s dolor [no muy fuerte pero continuo] | **aches and pains** achaques ▶ ¿ACHE O PAIN? ver **dolor**

achieve /ə'tʃiv/ v [tr] lograr, obtener

achievement /ə'tʃivmənt/ s logro

acid /'æsɪd/ sustantivo & adjetivo
■ s ácido
■ adj ácido -a, agrio -a

acidic /ə'sɪdɪk/ adj ácido -a

acidity /ə'sɪdəti/ s acidez

,acid 'rain s lluvia ácida

acknowledge /ək'nɑlɪdʒ/ v [tr] **1** reconocer, admitir **2 to be acknowledged as sth** ser reconocido -a como algo **3** acusar recibo de

acknowledgement /ək'nɑlɪdʒmənt/ sustantivo & sustantivo plural
■ s **1** admisión, reconocimiento **2** acuse de recibo **3 in acknowledgement of** en reconocimiento de/a
■ **acknowledgements** s pl menciones, agradecimientos

acne /'ækni/ s acné

acorn /'eɪkɔrn/ s bellota

acoustic /ə'kustɪk/ *adj* acústico -a: *an acoustic guitar* una guitarra acústica

electric guitar

acoustic guitar

acquaintance /ə'kweɪntns/ *s* **1** conocido -a **2 to make sb's acquaintance** (formal) conocer a alguien

acquainted /ə'kweɪntɪd/ *adj* (formal) **1 to be acquainted** conocerse [tener conocimiento]: *We are already acquainted.* Ya nos conocemos. | *I am acquainted with him.* Lo conozco. **2 to get acquainted** conocerse [trabar conocimiento] **3 to be acquainted with sth** tener conocimiento de algo

acquire /ə'kwaɪr/ *v* [tr] (formal) adquirir

acquisition /ækwə'zɪʃən/ *s* **1** (acción de adquirir) adquisición **2** (cosa adquirida) adquisición, compra

acquit /ə'kwɪt/ *v* [tr] (-tted, -tting) declarar inocente, absolver: *Simpson was acquitted of murder.* A Simpson lo declararon inocente del cargo de asesinato.

acre /'eɪkər/ *s* acre [0.405 hectáreas]

acrobat /'ækrəbæt/ *s* acróbata

acronym /'ækrənɪm/ *s* sigla

across /ə'krɔs/ *prep & adv* ▶ ver recuadro

acrylic /ə'krɪlɪk/ *adjetivo & sustantivo*
■ *adj* de acrílico, acrílico -a
■ *s* acrílico

act /ækt/ *verbo & sustantivo*
■ *v* **1** [intr] actuar, comportarse: *Stan was acting really weird last night.* Stan estaba actuando de manera muy extraña anoche. | *She acted as if she didn't know me.* Hizo como si no me conociera. **2** [intr] (tomar medidas) actuar **3** [intr] (en teatro, cine, etc.) actuar **4 to act the part of Romeo/the witch etc.** hacer el papel de Romeo/la bruja etc. **5** [intr] (hacer efecto) actuar **6 to act as sth** actuar/hacer de algo
■ *s* **1** (acción) acto | **an act of kindness/violence etc.** un acto caritativo/de violencia etc. **2** (fingimiento): *He wasn't frightened. It was all an act.* No estaba asustado. Era puro teatro. **3** (en una obra de teatro) acto **4** (de un artista, cómico, etc.) número, actuación **5 to get your act together** (informal) organizarse | *She acted as if* **6 to catch sb in the act** pescar a alguien in fraganti, agarrar a alguien con las manos en la masa

▶ **PREPOSICIÓN**

1 DE UN LADO A OTRO DE

CUANDO SE EXPRESA MOVIMIENTO

We walked across the field. Atravesamos el campo (caminando). | *A dog ran across the street.* Un perro cruzó la calle corriendo.

CUANDO NO SE EXPRESA MOVIMIENTO

He was lying across the bed. Estaba atravesado en la cama. | *They built a new bridge across the river.* Construyeron un nuevo puente sobre el río. | *Mark looked out across the valley.* Mark miró hacia el otro lado del valle.

2 AL OTRO LADO DE

They live across the street. Viven enfrente. | *Jim called to me from across the room.* Jim me llamó desde el otro lado del salón.

▶ **ADVERBIO**

1 DISTANCIAS, MEDIDAS

The river is two miles across. El río tiene dos millas de ancho.

2 ATRAVESANDO UN LUGAR

She walked across to the window. Fue hasta la ventana.

3 across también forma parte de varios **phrasal verbs** como **come across**, **put across**, etc. Éstos están tratados bajo el verbo correspondiente

acting /'æktɪŋ/ *sustantivo & adjetivo*
■ *s* **1** (profesión) teatro: *I want to get into acting.* Quiero dedicarme al teatro. **2** (en una obra) actuación
■ *adj* **acting vice-president** vicepresidente -a interino -a

action /'ækʃən/ *s* **1** acción | **to take action** tomar medidas | **to put sth into action** poner algo en marcha **2 in action** en acción **3 out of action** fuera de combate/circulación, descompuesto -a **4** acto: *You can't be held responsible for other people's actions.* No te pueden responsabilizar de los actos de los demás. **5** combates, acción | **killed/wounded/missing in action** muerto -a/herido -a/desaparecido -a en combate

action 'replay *s* BrE repetición de la jugada ▶ En inglés americano se usa **instant replay**

activate /'æktə'veɪʃən/ *v* [tr] activar, prender

actively /'æktɪvli/ *adv* activamente

activist /'æktəvɪst/ *s* militante, activista

activity /æk'tɪvəti/ *s* (pl -ties) actividad: *after-school activities* actividades fuera del horario escolar

actor /'æktər/ *s* actor

actress /'æktrəs/ *s* (pl -sses) actriz ▶ Algunas actrices prefieren el término **actor** para referirse a sí mismas

actual /'æktʃuəl/ adj **1** real, verdadero -a: *The actual cost was much higher.* El costo real fue mucho más alto. | *Were those his actual words?* ¿Ésas fueron sus palabras textuales? | **in actual fact** en realidad **2** auténtico -a: *This is the actual desk used by Shakespeare.* Éste es el auténtico escritorio que usaba Shakespeare.

actually /'æktʃuəli/ adv **1** (para contradecir, aclarar, expresar sorpresa) en realidad, de hecho: *I don't actually enjoy swimming.* En realidad no me gusta nadar. | *The movie wasn't bad. Actually it was pretty good.* No estuvo mal la película. De hecho, estuvo muy bien. | *Did she actually say that?* ¿De veras dijo eso? **2** (para dar énfasis) de verdad: *She actually expected me to do the work for her!* ¡En serio, ella pretendía que yo le hiciera el trabajo! | *I was so angry I actually slapped him.* Estaba tan enojada que hasta le di una cachetada.

acupuncture /'ækjəpʌŋktʃər/ s acupuntura

acute /ə'kjut/ adj **1 an acute pain** un dolor agudo | **an acute shortage** una gran escasez **2** perspicaz [persona, observación, etc.] **3** agudo -a [sentido del olfato, oído] **4 acute bronchitis/appendicitis etc.** bronquitis/ apendicitis etc. aguda

acutely /ə'kjutli/ adv terriblemente, sumamente

AD /ˌeɪ 'di/ (= **Anno Domini**) d.C.

ad /æd/ s (informal) ▸ ver **advertisement**

adamant /'ædəmənt/ adj **to be adamant that** insistir en que: *She is adamant that she will not change her mind.* Insiste en que no va a cambiar de opinión.

adapt /ə'dæpt/ v **1** [intr] adaptarse: *She found it hard to adapt to her new way of life.* Le resultó difícil adaptarse a su nuevo estilo de vida. **2** [tr] adaptar

adaptable /ə'dæptəbəl/ adj adaptable, flexible

adaptation /ædæp'teɪʃən/ s adaptación

adapter, también **adaptor** /ə'dæptər/ s **1** (para conectar aparatos entre sí) adaptador **2** (para enchufar varias cosas en el mismo enchufe) enchufe múltiple **3** (para enchufes extranjeros) adaptador

add /æd/ v **1** [tr] agregar, añadir: *I gave him some coins to add to his collection.* Le regalé unas monedas para agregar a su colección. **2** [tr/intr] sumar: *Add the totals together.* Sume los totales. **3 to add to sth** aumentar algo: *Every delay adds to the cost of the project.* Cada retraso aumenta el costo del proyecto.
add up not to add up (informal) no resultar explicable o coherente: *It just doesn't add up, she would never do a thing like that.* No tiene sentido, ella nunca haría algo así. **add sth up** sumar algo

added /'ædɪd/ adj **1 added advantage/bonus** ventaja adicional **2 with added vitamins** enriquecido -a con vitaminas

addict /'ædɪkt/ s adicto -a: *a heroin addict* un adicto a la heroína/un heroinómano | *He's a TV addict.* Es adicto a la televisión. ▸ ver también **drug**

addicted /ə'dɪktɪd/ adj adicto -a

addiction /ə'dɪkʃən/ s adicción

addictive /ə'dɪktɪv/ adj adictivo -a

addition /ə'dɪʃən/ s **1 in addition (to sth)** además (de algo) **2** (en aritmética) suma **3** (referido a una cosa, persona): *The tower is a later addition.* La torre es un añadido posterior. | *She will make a valuable addition to the team.* Será una valiosa adquisición para el equipo. **4** (acción de agregar) adición

additional /ə'dɪʃənəl/ adj adicional

additive /'ædətɪv/ s aditivo

address¹ /'ædres, ə'dres/ s (pl -sses) dirección, domicilio: *What's your address?* ¿Cuál es su dirección?

address² /ə'dres/ s (pl -sses) discurso

address³ /ə'dres/ v [tr] (3ª pers sing -sses) **1** ponerle la dirección a | **to be addressed to sb** estar dirigido -a a alguien **2** (formal) dirigirse a, hablarle a **3** pronunciar un discurso ante **4** tratar de encontrar una solución a, tratar de resolver **5 to address sb as sth** darle determinado tratamiento a alguien: *He should be addressed as "Your Excellency."* Hay que darle el tratamiento de "Excelencia."

adept /ə'dept/ adj **adept at sth/doing sth** experto -a en algo, hábil para hacer algo

adequate /'ædəkwət/ adj **1** suficiente **2** aceptable, adecuado -a

adequately /'ædəkwətli/ adv **1** suficientemente **2** de manera aceptable/adecuada

adhere /əd'hɪr/ v **adhere to sth 1** adherirse a algo, pegarse a algo **2** adherir a algo [a un tratado, una creencia, etc.]

adhesive /əd'hisɪv/ adjetivo & sustantivo
■ adj adhesivo -a
■ s adhesivo

adjacent /ə'dʒeɪsənt/ adj (formal) contiguo -a, vecino -a, colindante

adjective /'ædʒɪktɪv/ s adjetivo

adjoining /ə'dʒɔɪnɪŋ/ adj (formal) contiguo -a, vecino -a, colindante

adjourn /ə'dʒɜrn/ v **1** [tr] levantar, suspender, aplazar, posponer [una audiencia, una sesión, etc.] **2** [intr] levantar la sesión

adjudicate /ə'dʒudɪkeɪt/ v (formal) **1** [intr] arbitrar, juzgar, fallar **2** [tr] arbitrar en,

adjust /ə'dʒʌst/ v **1** [tr] regular, ajustar **2** [tr] adaptar, hacerle ajustes a **3** [intr] adaptarse, acostumbrarse

adjustable /ə'dʒʌstəbəl/ adj regulable, ajustable

adjustment /ə'dʒʌstmənt/ s **1** ajuste, modificación **2** adaptación

ad-lib /æd 'lɪb/ v [tr/intr] (-bbed, -bbing) improvisar

administer /əd'mɪnəstər/ v [tr] **1** administrar [una organización, fondos, etc.] **2 to administer justice/punishment** administrar justicia/ castigos **3 to administer a drug (to sb)** (formal) administrar(le) un medicamento (a alguien)

administration /əˌdmɪnə'streɪʃən/ s **1** administración **2** gobierno, gestión

administrative /əd'mɪnəstreɪtɪv/ adj administrativo -a

administrator /əd'mɪnəstreɪtər/ s administrador -a

admiral /'ædmərəl/ s almirante

admiration /ˌædmə'reɪʃən/ s admiración

admire /əd'maɪr/ v [tr] **1** (respetar) admirar **2** (mirar) admirar

admirer /əd'maɪrər/ s admirador -a

admission /əd'mɪʃən/ s **1** reconocimiento [de culpabilidad, fracaso, etc.] **2** admisión [a una universidad, una institución] **3** internamiento, ingreso [a un hospital] **4** entrada: *"Admission $10"* "Entrada $10"

admit /əd'mɪt/ v (-tted, -tting) **1** [tr] reconocer, admitir: *I must admit I didn't try very hard.* Tengo que reconocer que no me esforcé mucho. **2** [tr] (a un lugar) dejar entrar, permitir la entrada a **3** [tr] (como socio, alumno, etc.) admitir **4 to be admitted (to the hospital)** ser internado -a (en el hospital)

admittance /əd'mɪtns/ s (formal) entrada, ingreso: *"no admittance"* "prohibida la entrada"

admittedly /əd'mɪtɪdli/ adv adverbio que expresa que uno reconoce que algo es cierto: *Admittedly he's inexperienced, but he'll learn fast.* Hay que reconocer que le falta experiencia, pero ya aprenderá.

adolescence /ˌædl'esəns/ s adolescencia

adolescent /ˌædl'esənt/ adj & s adolescente

adopt /ə'dɑpt/ v **1** [tr/intr] adoptar [un niño] **2** [tr] adoptar [un método, una táctica, etc.] **3** [tr] aprobar, aceptar [por medio de una votación]

adopted /ə'dɑptɪd/ adj adoptado -a, adoptivo -a

adoption /ə'dɑpʃən/ s adopción

adorable /ə'dɔrəbəl/ adj adorable, encantador -a

adore /ə'dɔr/ v [tr] adorar

adorn /ə'dɔrn/ v [tr] (formal) adornar, decorar

adrift /ə'drɪft/ adj & adv a la deriva

adult /ə'dʌlt, 'ædʌlt/ sustantivo & adjetivo
- s adulto -a
- adj **1** adulto -a **2** para adultos [película, libro, etc.]

adultery /ə'dʌltəri/ s adulterio

adulthood /ə'dʌlthʊd/ s adultez, edad adulta

advance /əd'væns/ sustantivo, sustantivo plural, verbo & adjetivo
- s **1 in advance** por adelantado, con anticipación **2** avance **3** adelanto, anticipo
- **advances** s pl insinuaciones
- v **1** [intr] avanzar **2** [tr] hacer avanzar

3 promover [una causa] **4** [tr] (formal) presentar [una teoría, una propuesta]
- adj anticipado -a, previo -a

advanced /əd'vænst/ adj avanzado -a

advantage /əd'væntɪdʒ/ s **1** ventaja | **to have an advantage over sb** llevarle ventaja a alguien **2 to take advantage of sth** aprovechar algo **3 to take advantage of sb** aprovecharse de alguien **4** (en tenis) ventaja

advantageous /ˌædvæn'teɪdʒəs/ adj ventajoso -a, favorable

advent /'ædvent/ s **the advent of sth** el advenimiento de algo, la llegada de algo

adventure /əd'ventʃər/ s **1** aventura **2 adventure story** relato/novela de aventuras

adventurous /əd'ventʃərsəm/ adj **1** innovador -a **2** lleno -a de aventuras **3** aventurero -a, arriesgado -a, aventurado -a

adverb /'ædvərb/ s adverbio

adversary /'ædvərseri/ s (pl -ries) (formal) adversario -a

adverse /əd'vɜrs/ adj adverso -a, desfavorable

adversity /əd'vɜrsəti/ s adversidad

advert /'ædvɜrt/ BrE ▶ ver **advertisement**

advertise /'ædvərtaɪz/ v **1** [tr] anunciar, promocionar **2** [intr] anunciar, hacer publicidad **3 to advertise for sth** poner un anuncio pidiendo algo

advertisement / ˌædvər'taɪzmənt, BrE əd'vɜtɪsmənt/ s anuncio, publicidad | **an advertisement for sth** un anuncio/una publicidad de algo

advertising /'ædvərtaɪzɪŋ/ s **1** publicidad **2 advertising campaign** campaña publicitaria

advice /əd'vaɪs/ s **1** consejo(s) | **a piece/word of advice** un consejo | **to ask sb's advice** pedirle consejo a alguien | **to take/follow sb's advice** seguir el consejo/los consejos de alguien **2** to **seek professional/legal advice** hacerse asesorar por un profesional/un abogado

advisable /əd'vaɪzəbəl/ adj aconsejable

advise /əd'vaɪz/ v **1** [tr/intr] aconsejar | **to advise sb to do sth** aconsejarle/recomendarle a alguien que haga algo | **to advise sb against doing sth** aconsejarle a alguien que no haga algo: *I wanted to buy it but he advised me against it.* Yo quería comprarlo pero él me aconsejó que no lo hiciera. | **to advise against doing sth** desaconsejar hacer algo | **you would be well/ill advised to do sth** sería/no sería aconsejable que hiciera(s) algo **2 to advise (sb) on sth** asesorar (a alguien) en/sobre algo

adviser, también **advisor** AmE /əd'vaɪzər/ s asesor -a

advisory /əd'vaɪzəri/ adj consultivo -a

advocacy /'ædvəkəsi/ s **advocacy of sth** defensa/ promoción de algo

advocate¹ /'ædvəkeɪt/ v [tr] abogar por, propugnar

advocate² /'ædvəkət/ s defensor -a, partidario -a

aerial /'eriəl/ adjetivo & sustantivo
■ adj aéreo -a
■ s BrE antena [de TV, radio, etc.] ► En inglés americano se usa **antenna**

aerobics /e'roʊbɪks/ s aerobics

aerodynamic /ˌeroʊdaɪ'næmɪk/ adj aerodinámico -a

aeroplane BrE ► ver **airplane**

aerosol /'erəsɔl/ s aerosol

aesthetic BrE ► ver **esthetic**

affair /ə'fer/ s **1** asunto: *My private life is my own affair.* Mi vida privada es asunto mío. | *the Watergate affair* el caso Watergate ► ver también **current affairs 2** affaire, aventura | **to have an affair (with sb)** tener una aventura/un affaire (con alguien)

affect /ə'fekt/ v [tr] **1** afectar a, incidir en: *a disease that affects the nervous system* una enfermedad que afecta al sistema nervioso **2** (emocionalmente) afectar

affected /ə'fektɪd/ adj afectado -a, fingido-a [voz, risa, etc.]

affection /ə'fekʃən/ s cariño, afecto: *his affection for his sister* el cariño que le tenía a su hermana

affectionate /ə'fekʃənət/ adj cariñoso -a, afectuoso -a: *She was very affectionate toward her grandparents.* Era muy cariñosa con sus abuelos.

affiliate¹ /ə'fɪlieɪt/ v **to affiliate to sth** afiliarse a algo, hacerse miembro de algo | **to be affiliated to/with sth** estar afiliado -a a algo

affiliate² /ə'fɪliət/ s **1** socio -a [de una asociación o federación] **2** subsidiaria -a [de una empresa]

affinity /ə'fɪnəti/ s (pl -ties) afinidad | **affinity for/with sth/sb** afinidad con algo/alguien

affirm /ə'fɜrm/ v [tr] (formal) **1** declarar, afirmar **2** convalidar

affirmative /ə'fɜrmətɪv/ adjetivo & sustantivo
■ adj afirmativo -a
■ s **to answer in the affirmative** responder afirmativamente

afflict /ə'flɪkt/ v [tr] (formal) aquejar | **to be afflicted with/by sth** estar aquejado -a por/de algo

affliction /ə'flɪkʃən/ s (formal) mal, enfermedad

affluence /'æfluəns/ s riqueza, bienestar económico

affluent /'æfluənt/ adj de/en buena posición (económica), próspero -a

afford /ə'fɔrd/ v [tr] ► ver recuadro

affordable /ə'fɔrdəbəl/ adj accesible, asequible

afield /ə'fild/ adv **far afield** muy lejos | **farther afield** más lejos

---

afford

1 Usado con **can** y **could** puede expresar las siguientes ideas:

TENER SUFICIENTE DINERO PARA ALGO

I'd love to go with you but I can't afford it. Me encantaría ir con ustedes pero no tengo dinero. | *They couldn't afford the school fees.* No podían pagar las colegiaturas. | *He can't afford to buy a new computer.* No se puede comprar una computadora nueva.

TENER SUFICIENTE TIEMPO PARA ALGO

She can't afford the time. No dispone de tiempo.

PODER HACER ALGO SIN CREARSE PROBLEMAS

We can't afford to offend our best customer. No nos podemos dar el lujo de ofender a nuestro mejor cliente.

2 También significa *ofrecer* o *brindar.* Este uso es formal:

The job afforded him the opportunity to travel. El trabajo le brindó la oportunidad de viajar.

---

afloat /ə'floʊt/ adj a flote | **to stay afloat** (en el agua, económicamente) mantenerse a flote

afraid /ə'freɪd/ adj **1** I'm afraid... me temo que..., lo siento pero...: *I'm afraid you're too late.* Me temo que llega demasiado tarde. | *That's the most we can offer, I'm afraid.* Lo siento, pero eso es lo máximo que podemos ofrecer. | **I'm afraid so** lamentablemente sí, me temo que sí | **I'm afraid not** lamentablemente no, me temo que no **2 to be afraid** tener miedo, estar asustado -a: *He was afraid they would laugh at him.* Tenía miedo de que se rieran de él. | **to be afraid (of sth/sb)** tener(le) miedo (a algo/alguien) | **to be afraid to do sth/of doing sth** tener miedo de hacer algo: *I was afraid of hurting her.* Tenía miedo de lastimarla.

afresh /ə'freʃ/ adv **to start afresh** empezar de nuevo/de cero

Africa /'æfrɪkə/ s África

African /'æfrɪkən/ adj & s africano -a

after /'æftər/ preposición, adverbio & conjunción
■ prep **1** después de: *He plays tennis after school.* Juega tenis después de clase. | *I'm after her in the line.* Estoy después de ella en la cola. | *Shut the door after you.* Cierra la puerta cuando salgas.
2 day after day/year after year etc. día tras día/año tras año etc. ► ver también **time**
3 to be after sth/sb andar tras (de) algo/alguien, estar/andar buscando algo/a alguien: *Are you after anything in particular?* ¿Está buscando algo en especial? | *I think he's after your girlfriend.* Me parece que anda tras tu novia.
4 after all después de todo, al fin y al cabo
5 to name/call sb after sb ponerle a alguien el nombre de otra persona: *They named him George,*

---

after his grandfather. Le pusieron George, el nombre de su abuelo.
- **adv** después, más tarde: *Are you doing anything after?* ¿Vas a hacer algo después? | **the day after** el/al día siguiente | **not long after** poco (tiempo) después | **soon/shortly after** poco (tiempo) después, al poco rato
- **conj** después de (que): *Shortly after she left, Matt arrived.* Poco después de que se fue, llegó Matt.

'after-ef,fect s efecto (secundario), secuela

aftermath /'ɑːftərmæθ/ s secuelas [de una guerra, una catástrofe, etc.] | **in the aftermath of the war/the coup etc.** en el período subsiguiente a la guerra/al golpe etc.

afternoon /æftər'nuːn/ s (parte del día) tarde [desde el mediodía hasta alrededor de las seis]: *Can you come this afternoon?* ¿Puedes venir esta tarde? | *She goes for a walk in the afternoon.* Sale a caminar en la tarde. | *We could meet on Tuesday afternoon.* Nos podríamos reunir el martes en la tarde. | *It starts at two in the afternoon.* Empieza a las dos de la tarde. | *Do you want to go shopping tomorrow afternoon?* ¿Quieres ir de compras mañana en la tarde?

aftershave /'ɑːftərʃeɪv/, también **aftershave lotion** s loción para después de afeitarse

afterthought /'ɑːftərθɔːt/ s idea de último momento

afterward /'æftərwərd/, también **afterwards** /'æftərwərdz/ adv después | **two days/five years etc. afterward** dos días/cinco años etc. después

again /ə'gen/ adv **1** otra vez, de nuevo: *Try again.* Prueba otra vez./Vuelve a probar. | **once again** otra vez, una vez más | **never again** nunca más | **all over again** todo -a de nuevo: *I had to do it all over again.* Lo tuve que hacer todo de nuevo. | *They made the same mistakes all over again.* Volvieron a cometer los mismos errores. | **again and again** una y otra vez **2** **(but) then/there again** pero bueno: *He didn't succeed, but then again, few people do.* No lo logró, pero bueno, pocos lo logran.

against /ə'genst/ prep **1** (expresando oposición) en contra de, contra: *He voted against the motion.* Votó en contra de la moción. | *I had to swim against the current.* Tuve que nadar contra la corriente. | *Who are we playing against on Saturday?* ¿Contra quién jugamos el sábado? **2** (expresando contraste) contra: *a figure silhouetted against the sunlight* una figura que se recortaba contra la luz del sol **3** (expresando contacto) contra, en: *I leaned my bike against the wall.* Apoyé la bicicleta contra la pared.

age /eɪdʒ/ sustantivo & verbo
- **s 1** edad: *What age is she?* ¿Qué edad tiene? | *She's the same age as me.* Tiene la misma edad que yo. | *He's tall for his age.* Es alto para su edad. | **at the age of 12/45 etc.** a la edad de 12/45 etc. años, a los 12/45 etc. (años) | **4/18 etc. years of age** 4/18 etc. años de edad **2 under age**

menor de edad **3** (hecho de ser mayor) edad: *the experience that comes with age* la experiencia que viene con la edad **4** (de la historia) edad, era: *the Stone Age* la edad de piedra **5 ages** (informal) siglos, años: *It's been ages since I bought a new dress.* Hace siglos que no me compro un vestido. | *I haven't seen him for ages.* Hace años que no lo veo. **6 age group** grupo etario [grupo formado por las personas de determinada edad]
- **v** [tr/intr] (gerundio **ageing**, o **aging**) envejecer, avejentar

aged¹ /eɪdʒd/ adj **aged 12/17 etc.** de 12/17 etc. años (de edad): *a man aged between 25 and 30* hombre de entre 25 y 30 años

aged² /'eɪdʒɪd/ adj **1** anciano -a, muy mayor **2 the aged** los ancianos, las personas mayores

ageing /'eɪdʒɪŋ/ ▶ ver **aging**

agency /'eɪdʒənsi/ s (pl -cies) **1** agencia ▶ ver también **travel agency 2** organismo [gubernamental o internacional]

agenda /ə'dʒendə/ s **1** orden del día **2** agenda [lista de proyectos]

agent /'eɪdʒənt/ s **1** (de una empresa) agente, representante **2** (del servicio secreto) agente **3** (de un actor, etc.) representante, manager

aggravate /'ægrəveɪt/ v [tr] **1** agravar **2** irritar

aggravating /'ægrəveɪtɪŋ/ adj irritante

aggravation /ægrə'veɪʃən/ s **1** agravamiento **2** molestia

aggression /ə'greʃən/ s **1** agresividad **2** agresión

aggressive /ə'gresɪv/ adj agresivo -a | **to become/get aggressive** ponerse agresivo -a

agile /'ædʒəl, BrE 'ædʒaɪl/ adj ágil

agility /ə'dʒɪləti/ s agilidad

aging, también **ageing** /'eɪdʒɪŋ/ adjetivo & sustantivo
- **adj 1** entrado -a en años [persona] **2** vetusto -a [maquinaria]
- **s** envejecimiento

agitated /'ædʒəteɪtɪd/ adj alterado -a, agitado -a | **to get agitated** ponerse nervioso -a

agitation /ædʒə'teɪʃən/ s agitación, alteración

ago /ə'gou/ adv **a week/two years etc. ago** hace una semana/dos años etc.: *She left five minutes ago.* Se fue hace cinco minutos. | *How long ago did you learn of this?* ¿Cuánto hace que te enteraste de esto? | *She had a baby not long ago.* Tuvo un bebé hace poco. | *This method was used as long ago as 1870.* Este método ya se usaba en 1870. ▶ Las oraciones con **ago** van en el pretérito, nunca en los tiempos perfectos

agonize, -ise BrE /'ægənaɪz/ v [intr] angustiarse | **to agonize over/about sth** angustiarse por

agonizing, -ising BrE /'ægənaɪzɪŋ/ adj **1** angustioso -a [espera, momento] **2** desesperante [lentitud] **3** muy difícil [decisión]

ⓘ ¿Se dice *I arrived in Miami* o *I arrived to Miami*? Mira la entrada **arrive**.

agony /'ægəni/ s (pl -nies) **1** sufrimiento, dolor | **to be in agony** estar desesperado -a del dolor, estar desesperado -a por el dolor **2** (informal) tortura: *It was agony waiting for the results.* Esperar los resultados fue una tortura.

agree /ə'gri/ v **1** [intr] estar de acuerdo | **to agree with sb (on sth)** estar de acuerdo con alguien (en algo): *John thinks it's a good idea and I agree with him.* John piensa que es una buena idea y yo estoy de acuerdo con él. **2** [intr] ponerse de acuerdo: *They have yet to agree on a date.* Todavía tienen que ponerse de acuerdo en la fecha. **3** [tr] acordar: *It was agreed that all the money would go to charity.* Se acordó que todo el dinero se destinaría a obras de beneficencia. | **to agree to do sth** quedar en hacer algo: *We agreed to meet at Tim's.* Quedamos de vernos en casa de Tim. **4** [tr/intr] aceptar: *He agreed to let me have the day off.* Aceptó darme el día libre. | **to agree to sth** aceptar algo **5** [intr] coincidir [diferentes versiones] **6** [tr] aprobar
agree with sth estar de acuerdo con algo
agree with sb caerle bien a alguien: *Radishes don't agree with me.* Los rabanitos no me caen bien.

agreeable /ə'griəbəl/ adj **1** agradable **2 to be agreeable (to sth)** (formal) estar de acuerdo (en algo) **3 to be agreeable (to sb)** (formal) parecerle bien (a alguien)

agreed /ə'grid/ adj **1** convenido -a, acordado -a **2 to be agreed (on sth)** estar de acuerdo (en algo)

agreement /ə'grimənt/ s **1** (arreglo) acuerdo, trato | **to come to/reach an agreement** llegar a un acuerdo **2** (coincidencia de opiniones) acuerdo, consenso **3** (documento) acuerdo, convenio

agricultural /ægrɪ'kʌltʃərəl/ adj agrícola

agriculture /'ægrɪkʌltʃər/ s agricultura

ah! /ɑ/ interj ¡ah!

ahead /ə'hed/ adv **1** de adelante, (hacia) adelante: *The car ahead suddenly braked.* El coche de adelante frenó de golpe. | *She was staring straight ahead.* Miraba fijamente hacia adelante. | *Tom ran ahead.* Tom corrió adelante. | *There were three people ahead of Paul in the line.* Había tres personas delante de Paul en la cola. **2** (refiriéndose al futuro): *the months/years ahead* los años/meses venideros | *He has his whole life ahead of him.* Tiene toda la vida por delante. **3** (en competencias, etc.): *He is ahead.* Va ganando. **4 to be ahead of sb** estar más adelantado -a que alguien, llevarle ventaja a alguien **5** ahead of time antes de tiempo | ahead of schedule antes de lo planeado ► ahead también forma parte de varios phrasal verbs como **go ahead, plan ahead**, etc. Éstos están tratados bajo el verbo correspondiente

aid /eɪd/ sustantivo & verbo
■ s **1** ayuda, asistencia **2 in aid of** a beneficio de **3** soporte [para facilitar una tarea] **4 to come/go to sb's aid** venir/ir a ayudar a alguien, acudir en ayuda de alguien
■ v [tr] (formal) ayudar

AIDS /eɪdz/ s (= acquired immune deficiency syndrome) SIDA

aim /eɪm/ verbo & sustantivo
■ v **1 to aim for/at sth** aspirar/apuntar a algo: *She's aiming at a gold medal.* Aspira a una medalla de oro. | **to aim to do sth** proponerse hacer algo **2 to be aimed at sb** estar dirigido -a a alguien, apuntar a alguien: *TV advertising aimed at children* publicidad de televisión dirigida a los niños **3 to be aimed at doing sth** tener como objetivo hacer algo **4** [tr/intr] apuntar [con un arma, una piedra, etc.]: *He aimed the gun at my head.* Me apuntó a la cabeza con el revólver. **5** [tr] tirar, tratar de dar [un puñetazo, un golpe]
■ s **1** objetivo, propósito **2** puntería | **to take aim** apuntar [con un arma]

taking aim

aimless /'eɪmləs/ adj sin rumbo fijo, sin sentido

aimlessly /'eɪmləsli/ adv sin rumbo fijo, sin un objetivo claro

ain't /eɪnt/

> Ain't es la contracción de **am not, is not, are not, has not** o **have not**. La mayoría de los hablantes considera que su uso es incorrecto.

air /er/ sustantivo & verbo
■ s **1** aire | **by air** en avión, vía aérea **2** (aspecto) aire: *an air of authority/mystery* un aire de autoridad/misterio **3 to be on (the) air** estar en el aire, estar al aire, estar transmitiendo **4 to disappear/vanish into thin air** desaparecer sin dejar rastro, esfumarse **5 to put on airs/to give yourself airs** darse aires **6 to be up in the air** estar en el aire [planes, situación] **7 air pollution** contaminación ambiental **air travel** viajes aéreos/en avión ► ver también **open**
■ v **1** [tr] airear, [intr] airearse [ropa, sábanas, etc.] **2** [tr] airear, ventilar [un cuarto] **3** [tr] ventilar [opiniones, quejas]

'air-con,ditioned adj con aire acondicionado

'air con,ditioning s aire acondicionado

aircraft /'erkræft/ s (pl aircraft) aeronave, avión

airfare /'erfer/ s pasaje (de avión), tarifa aérea

airfield /'erfild/ s campo de aviación, aeródromo

'air force *s* fuerza aérea

'air ,hostess *s* (pl -sses) BrE azafata, aeromoza

airline /'erlaɪn/ *s* aerolínea, línea aérea

airmail /'ermeɪl/ *s* vía aérea, correo aéreo | **to send sth (by) airmail** mandar algo vía aérea

airplane /'erpleɪn/ AmE, **aeroplane** /'erəpleɪn/ BrE *s* avión

airport /'erpɔrt/ *s* aeropuerto

'air raid *s* ataque aéreo

airtight /'ertaɪt/ *adj* hermético -a, herméticamente cerrado -a

aisle /aɪl/ *s* pasillo [en un avión, un teatro]

ajar /ə'dʒɑr/ *adj* entreabierto -a

tail

wing

airplane

cockpit

undercarriage

akin /ə'kɪn/ *adj* (formal) **akin to sth** cercano -a/parecido -a a algo

alarm /ə'lɑrm/ *sustantivo & verbo*
- *s* **1** (miedo) alarma: *People fled in alarm.* La gente huyó alarmada. **2** (dispositivo) alarma: *The alarm went off.* Sonó la alarma. **3 to sound/raise the alarm** dar la voz de alarma **4** (también **alarm clock**) (reloj) despertador
- *v* [tr] alarmar

alarmed /ə'lɑrmd/ *adj* asustado -a, alarmado -a | **to be alarmed (at/by sth)** asustarse (por algo): *Don't be alarmed.* No te asustes.

alarming /ə'lɑrmɪŋ/ *adj* alarmante

albeit /ɔl'biːt/ *conj* (formal) aunque

album /'ælbəm/ *s* **1** (disco) álbum **2** (para fotos, etc.) álbum

alcohol /'ælkəhɔl/ *s* alcohol

alcoholic /ælkə'hɔlɪk/ *adj & s* alcohólico -a

alcoholism /'ælkəhɔlɪzəm/ *s* alcoholismo

ale /eɪl/ *s* tipo de cerveza

alert /ə'lɜrt/ *adjetivo, verbo & sustantivo*
- *adj* **1** alerta, atento -a | **to be alert to sth** estar alerta/atento -a a algo **2 an alert mind** una mente despierta
- *v* [tr] avisar, alertar | **to alert sb to sth** alertar a alguien sobre algo
- *s* **1** alerta **2 to be on the alert (for sth)** estar/mantenerse alerta (a algo)

A level /'eɪ levəl/ *s*

algebra /'ældʒəbrə/ *s* álgebra

alias /'eɪliəs/ *preposición & sustantivo*
- *prep* alias
- *s* (pl -ses) alias

alibi /'æləbaɪ/ *s* coartada

alien /'eɪliən/ *adjetivo & sustantivo*
- *adj* **1** ajeno -a, extraño -a | **alien to sb** ajeno -a a alguien **2** extraterrestre **3** (literario) extranjero -a
- *s* **1** extranjero -a **2** extraterrestre

alienate /'eɪliəneɪt/ *v* [tr] **1** perder el apoyo de **2 to be/feel alienated from sth** estar/sentirse marginado -a de algo, estar/sentirse alienado -a de algo: *young people who feel alienated from society* jóvenes que se sienten marginados/alienados de la sociedad

alight /ə'laɪt/ *adj* **1** ardiendo -a, ardiendo, prendido -a | **to set sth alight** prenderle fuego a algo **2** resplandeciente [cara, ojos]

align /ə'laɪn/ *v* [tr] **1 to align yourself with sb** alinearse con alguien **2** alinear

alignment /ə'laɪnmənt/ *s* **1** alineación **2** alineamiento

alike /ə'laɪk/ *adjetivo & adverbio*
- *adj* **to be alike** parecerse, ser parecido -a: *My sister and I are not at all alike.* Mi hermana y yo no nos parecemos en nada. | **to look alike** parecerse, ser parecido -a [en el aspecto, físicamente]
- *adv* **1** del mismo modo, de forma parecida **2** por igual: *a principal who is popular with students and teachers alike* un director querido por alumnos y profesores por igual

alive /ə'laɪv/ adj **1 to be alive** estar vivo -a, vivir: *None of my grandparents are alive.* Ninguno de mis abuelos vive. | **to stay alive** sobrevivir | **to keep sb alive** mantener vivo -a a alguien **2 to keep a tradition/hope etc. alive** mantener viva una tradición/una esperanza etc. **3 to be alive and well (a)** gozar de buena salud **(b)** seguir floreciendo **4 to be alive and kicking** estar vivito -a y coleando

all /ɔl/ *adjetivo, pronombre & adverbio*
■ *adj & pron* **1** todo -a: *He worked there all his life.* Trabajó allí toda su vida. | *I stayed in bed all day.* Me quedé todo el día en la cama. | *He talks about her all the time.* Habla de ella todo el tiempo. | *We are all invited.* Estamos todos invitados. | *He owns all of this land.* Es dueño de todas estas tierras. | *Listen, all of you.* Escuchen todos.
2 (uso enfático): *She had changed beyond all recognition.* Había cambiado tanto que estaba irreconocible. | *All I want is to sleep.* Lo único que quiero es dormir.
3 in all en total | **all in all** en general, en resumidas cuentas
4 not at all para nada, en absoluto: *"Does it bother you?" "Not at all."* –¿Le molesta? –Para nada. | *He hadn't changed at all.* No había cambiado en absoluto.
■ *adv* **1** todo -a, completamente: *I'm all wet!* ¡Estoy todo mojado! | *She was sitting all alone.* Estaba sentada completamente sola.
2 all along (informal) todo el tiempo, siempre
3 all but prácticamente, casi: *The meeting was all but over.* La junta prácticamente había terminado.
4 all over por todas partes: *I've been looking all over for that book.* Estuve buscando ese libro por todas partes. | **all over the floor/carpet etc.** por todo el suelo/toda la alfombra etc. | **to be all over** haber terminado: *I was glad when it was all over.* Me alegré cuando terminó. | *It's all over between us.* Lo nuestro se acabó. | **that's Sue/Pete etc. all over** eso es típico de Sue/Pete etc.
5 all the easier/more difficult etc. mucho más fácil/difícil etc. todavía
6 all the same de todos modos
7 all too soon/often etc. demasiado pronto/a menudo etc.
8 one all/three all etc. uno a uno/tres a tres etc.

,all-a'round AmE, **all-round** BrE *adj* **1** completo -a **2** general

,all 'clear *s* luz verde [permiso]

allegation /æləˈɡeɪʃən/ *s* acusación

allege /əˈledʒ/ *v* [tr] afirmar, alegar

alleged /əˈledʒd/ *adj* supuesto -a, presunto -a

allegedly /əˈledʒədli/ *adv* supuestamente

allegiance /əˈlidʒəns/ *s* lealtad

allergic /əˈlɜrdʒɪk/ *adj* **to be allergic to sth** ser alérgico -a a algo

allergy /ˈælərdʒi/ *s* (pl **-gies**) alergia

alleviate /əˈliviˌeɪt/ *v* [tr] aliviar, paliar

alley /ˈæli/, también **alleyway** /ˈæliweɪ/ *s* callejón

alliance /əˈlaɪəns/ *s* alianza

allied /əˈlaɪd/ *adj* **1 Allied** aliado -a [en las guerras mundiales] **2** relacionado -a, afín | **to be allied to sth** estar relacionado -a con algo

alligator /ˈæləɡeɪtər/ *s* caimán, cocodrilo

allocate /ˈæləkeɪt/ *v* [tr] asignar, destinar

allocation /æləˈkeɪʃən/ *s* asignación

allot /əˈlɑt/ *v* [tr] (-tted, -tting) asignar

allotment /əˈlɑtmənt/ *s* **1** asignación, adjudicación **2** en Gran Bretaña, parcela que el municipio alquila a particulares para el cultivo de verduras, etc.

,all-'out *adj* | **an all-out war** una guerra total/abierta | **an all-out strike** un paro general | **an all-out effort** un esfuerzo supremo

allow /əˈlaʊ/ *v* [tr] **1** dejar, permitir ► En esta acepción el verbo **to allow** se usa a menudo en la voz pasiva. Mira los ejemplos: *She's not allowed to go out on her own.* No la dejan salir sola. | *I can't come. I'm not allowed.* No puedo ir. No me dejan. | *Children are not allowed in this bar.* No dejan entrar niños en este bar. | *He's not allowed candy.* No lo dejan comer dulces. | *Fishing in the lake is not allowed.* No está permitido pescar en el lago. **2** (posibilitar) permitir: *The money she inherited allowed her to give up her job.* El dinero que heredó le permitió dejar el trabajo. **3** (al planear qué se va a necesitar): *We should allow about two hours for the trip.* Tenemos que calcular unas dos horas para el viaje.
allow for sth dejar un margen para algo, tener algo en cuenta

allowance /əˈlaʊəns/ *s* **1** mesada, mensualidad [que se le pasa a alguien para sus gastos] **2** viático, complemento [para gastos durante un viaje de trabajo] **3** (máximo permitido) *The baggage allowance is 75 pounds per person.* Se permite llevar hasta 75 libras de equipaje por persona. **4** subsidio, ayuda [de la seguridad social] **5 to make allowances (for sb)** ser tolerante/indulgente (con alguien) | **to make allowances for sth** tener algo en cuenta

alloy /ˈælɔɪ/ *s* aleación

all 'right, también **alright** /ɔlˈraɪt/ *adjetivo, adverbio & interjección*
■ *adj* **1** bien: *I hope she's all right.* Espero que esté bien. | *Is Thursday all right for you?* ¿Te viene bien el jueves? **2** (pasable): *"How was the hotel?" "It was all right."* –¿Qué tal el hotel? –No estaba mal. **3 that's all right (a)** (como respuesta a un agradecimiento) por nada **(b)** (como respuesta a una disculpa) está bien, no hay problema
■ *adv* **1** bien: *Did everything go all right?* ¿Salió todo bien? **2** (para expresar certeza): *She'll be back all right.* Seguro que vuelve.
■ *interj* **1** (para expresar acuerdo) okey, bueno: *"Let's go to a movie tonight." "All right."* –Vayamos al cine esta noche. –Okey. **2** (para

encabezar una sugerencia) bueno: *All right, let's get started.* Bueno, empecemos.

all-'round BrE ▶ ver **all-around**

all-time *adj* sin precedentes, de todos los tiempos: *an all-time high/low* un máximo/mínimo sin precedentes

ally¹ /'ælaɪ/ *s* (pl **allies**) aliado -a

ally² /ə'laɪ/ *v* (3ª pers sing **allies**, pasado & participio **allied**) **to ally yourself with/to sb** aliarse con alguien

almighty /ɔl'maɪti/ *adj* **1** todopoderoso -a **2** (informal) tremendo -a, de padre y señor mío, de armas tomar

almond /'ɑmənd/ *s* **1** (fruto) almendra **2** (también **almond tree**) (árbol) almendro

almost /'ɔlmoust/ *adv* casi: *He almost died.* Casi se muere. | *He will almost certainly have to have surgery.* Casi seguro que lo van a tener que operar. ▶ ver **casi**

alone /ə'loun/ *adj & adv* **1** solo -a: *She's not alone.* No está sola. | *I felt so alone.* Me sentí tan solo. | *At last they were alone together.* Por fin estaban juntos a solas. | *He was sitting there all alone.* Estaba sentado ahí completamente solo. | **to leave/let sb alone** dejar a alguien en paz/tranquilo -a | **to leave/let sth alone** dejar algo (en paz/tranquilo -a) **2** sólo: *The shirt alone costs $700.* Sólo la camisa cuesta $700. | **you/he etc. alone** sólo tú/él etc.: *He alone has the key to the safe.* Sólo él tiene la llave de la caja fuerte. **3 to go it alone** establecerse/empezar por su cuenta

along /ə'lɔŋ/ *prep & adv* ▶ ver recuadro

alongside /əlɔŋ'saɪd/ *preposición & adverbio* ■ *prep* **1** junto a **2** junto con ■ *adv* al lado: *He moored his boat alongside.* Amarró el bote al lado del nuestro/del suyo etc.

aloud /ə'laud/ *adv* **1** en voz alta **2** fuerte

alphabet /'ælfəbet/ *s* alfabeto, abecedario

alphabetical /ælfə'betɪkəl/ *adj* alfabético -a

already /ɔl'redi/ *adv* ya: *He had already left by the time I got there.* Ya se había ido cuando llegué. | *I think you've already met.* Creo que ya nos conocemos. | *Is it 5 o'clock already?* ¿Ya son las 5? ▶ ver nota en **ya**

alright /ɔl'raɪt/ ▶ ver **all right**

also /'ɔlsou/ *adv* **1** también: *We also visited the museum.* También visitamos el museo. | *He can also play the piano.* También sabe tocar el piano. ▶ **also** va antes del verbo principal y después del primer modal o auxiliar si los hay. Ver también la nota en **también 2** además: *It's raining. Also, I don't have enough money.* Está lloviendo. Además, no me alcanza el dinero.

altar /'ɔltər/ *s* altar

alter /'ɔltər/ *v* **1** [tr/intr] cambiar **2** [tr] arreglar [una prenda]

alteration /ɔltə'reɪʃən/ *s* **1** modificación, cambio **2** (de una prenda) arreglo

▶ **PREPOSICIÓN**

1 MOVIMIENTO (= por)

We went for a walk along the river. Fuimos a dar un paseo por el río.

2 POSICIÓN

There was a row of chairs along one of the walls. Había una hilera de sillas a lo largo de una de las paredes. | *The bathroom is along the hall from my room.* El baño queda en el pasillo pasando mi habitación.

▶ **ADVERBIO**

1 El adverbio **along** no tiene equivalente en castellano. Se usa con verbos de movimiento:

The dog was running along beside me. El perro iba corriendo a mi lado. | *There'll be another train along in a couple of minutes.* Dentro de un par de minutos viene otro tren.

2 A veces expresa *con alguien*:

We're going for a drink. Why don't you come along? Vamos a tomar algo. ¿Por qué no vienes con nosotros? | *Come along! We'll be late!* ¡Vamos, que se nos hace tarde! | *Mandy had brought a few friends along.* Mandy había traído a unos amigos.

3 Along with significa *junto con*:

He drowned, along with all the other passengers. Se ahogó, junto con todos los demás pasajeros.

4 along también forma parte de varios phrasal verbs como **get along**, **play along**, etc. Éstos están tratados bajo el verbo correspondiente

alternate¹ /'ɔltərnət, BrE ɔl'tɜnət/ *adj* **1** alternado -a **2** uno de cada dos: *He sees his father on alternate weekends.* Ve a su padre un fin de semana sí y otro no.

alternate² /'ɔltərneɪt/ *v* [tr/intr] alternar

alternative /ɔl'tɜnətɪv/ *sustantivo & adjetivo* ■ *s* **1** alternativa **2 to have no alternative (but to do sth)** no tener más remedio (que hacer algo) ■ *adj* alternativo -a: *alternative medicine* medicina alternativa

alternatively /ɔl'tɜnətɪvli/ *adv* si no

although /ɔl'ðou/ *conj* aunque, a pesar de que

altitude /'æltɪtud/ *s* altitud

altogether /ɔltə'geðər/ *adv* **1** totalmente, por completo: *I'm not altogether convinced he's right.* No estoy totalmente convencida de que tenga razón. **2** en general: *Altogether, it was a good trip.* En general, fue un buen viaje. **3** en total

aluminum /ə'lumɪnəm/ AmE, **aluminium** /ælju'mɪniəm/ BrE *s* **1** aluminio **2 aluminum foil** papel (de) aluminio, papel aluminio

always /'ɔlweɪz/ *adv* **1** siempre: *Have you always lived here?* ¿Siempre has vivido aquí? ▶ ver recuadro **adverbios de frecuencia 2** (para hacer una sugerencia) en todo caso, siempre: *You could always leave a message on his answering machine.* En todo caso le puedes dejar un mensaje en la contestadora.

---

adverbios de frecuencia

Los adverbios de frecuencia como **always**, **never**, **often**, **usually**, etc. van antes del verbo principal y después del primer modal o auxiliar si lo hay:

We usually go out on Saturdays. Solemos salir los sábados. | *I had never heard her sing.* Nunca la había oído cantar. | *Have you ever been to New York?* ¿Alguna vez has estado en Nueva York? | *She is always complaining.* Siempre se está quejando.

Si el verbo principal es el verbo **to be**, entonces van después del verbo:

I am always hungry. Siempre tengo hambre.

---

a.m., A.M. /ˌeɪ 'em/ de la mañana: *We open at 9 a.m.* Abrimos a las 9 de la mañana. ▶ El reloj de 24 horas se usa menos en inglés que en español. Es más frecuente el uso de **a.m.** y **p.m.**

am /əm, acentuado æm/ 1st pers sing of **be**

amalgamate /ə'mælgəmeɪt/ v **1** [tr] fusionar **2** [intr] fusionarse

amateur /'æmətʃər/ adj & s amateur, aficionado -a

amaze /ə'meɪz/ v [tr] asombrar, sorprender

amazed /ə'meɪzd/ adj muy asombrado -a, muy sorprendido -a | **to be amazed at sth** *I was amazed at the change in her.* Me asombró mucho ver cuánto había cambiado.

amazement /ə'meɪzmənt/ s (gran) asombro: *He gasped in amazement.* Dio un grito ahogado de asombro.

amazing /ə'meɪzɪŋ/ adj **1** fabuloso -a, increíble **2** asombroso -a

amazingly /ə'meɪzɪŋli/ adv increíblemente, asombrosamente

ambassador /æm'bæsədər/ s embajador -a

amber /'æmbər/ sustantivo & adjetivo
■ s **1** ámbar **2** (de color) ámbar | **on amber** en amarillo [semáforo]
■ adj **1** de ámbar **2** (de color) ámbar

ambiguity /æmbɪ'gjuəti/ s (pl -ties) ambigüedad

ambiguous /æm'bɪgjuəs/ adj ambiguo -a

ambition /æm'bɪʃən/ s ambición

ambitious /æm'bɪʃəs/ adj **1** (que ambiciona poder, riqueza, etc.) ambicioso -a, con aspiraciones **2** (que pretende hacer demasiado): *Isn't it a little ambitious to want to do it in a week?* ¿No es pretender demasiado querer hacerlo en una semana? **3** ambicioso -a [plan, propuesta, etc.]

ambulance /'æmbjələns/ s ambulancia

ambush /'æmbʊʃ/ sustantivo & verbo
■ s (pl -shes) emboscada
■ v [tr] (3ª pers sing -shes) tenderle una emboscada a

amen /eɪ'men/ interj & s amén

amend /ə'mend/ v [tr] corregir, enmendar

amendment /ə'mendmənt/ s enmienda

amends /ə'mendz/ s pl **to make amends (for sth)** hacer algo en reparación (por un daño o una ofensa que uno ha causado)

amenity /ə'menəti/ sustantivo & sustantivo plural
■ s (pl -ties) servicio, comodidad
■ **amenities** s pl instalaciones

America /ə'merɪkə/ s **1** América **2** Estados Unidos

American /ə'merɪkən/ adjetivo & sustantivo
■ adj **1** americano -a **2** estadounidense, norteamericano -a
■ s estadounidense, norteamericano -a

A,merican 'football s BrE futbol americano
▶ En inglés americano se usa **football**

football

helmet

pads

American football

amiable /'eɪmiəbəl/ adj amable

amicable /'æmɪkəbəl/ adj amistoso -a [acuerdo, solución, etc.]

amid /ə'mɪd/, también **amidst** /ə'mɪdst/ prep (formal) en medio de

amiss /ə'mɪs/ adverbio & adjetivo
■ adv **wouldn't go/come amiss** no estaría de más, no vendría mal: *An apology wouldn't go amiss.* No estaría de más que te disculparas.
■ adj **something was amiss** pasaba algo, había algún problema

ammunition /æmjə'nɪʃən/ s **1** municiones **2** argumentos [para apoyar una opinión, una postura]

amnesty /'æmnəsti/ s (pl -ties) amnistía

among /ə'mʌŋ/, también **amongst** /ə'mʌŋst/ prep entre [más de dos elementos o personas]: *You're among friends.* Estás entre amigos. | *They were arguing among themselves.* Estaban discutiendo entre ellos. ▶ ¿AMONG O BETWEEN? ver **entre**

amount /ə'maʊnt/ sustantivo & verbo
■ s **1** (de dinero) suma, cantidad **2** (de otras cosas) cantidad: *There are any amount of things you can do.* Hay cualquier cantidad de cosas que puedes hacer. | *No amount of lying will get him out of this one.* Por más que mienta, de ésta no se va a poder escapar. ▶ ver recuadro en **cantidad**
■ v **amount to sth 1** equivaler a algo, venir a ser lo mismo que algo **2** ascender a algo [a una suma de dinero] **3 not to amount to much**

no ser gran cosa: *Her contribution didn't amount to much.* Su aporte no fue gran cosa. | *He'll never amount to much.* Nunca llegará a nada.

amphibian /æm'fɪbiən/ *adj & s* anfibio

amphitheater AmE, **amphitheatre** BrE /'æmfəθiətər/ *s* anfiteatro

ample /'æmpəl/ *adj* **1** abundante, más que suficiente **2** amplio -a, generoso -a

amplification /æmpləfə'keɪʃən/ *s* **1** amplificación **2** ampliación

amplifier /'æmpləfaɪr/ *s* amplificador

amplify /'æmpləfaɪ/ *v* [tr] (-fies, -fied) **1** amplificar **2** ampliar, desarrollar con mayor detalle

amply /'æmpli/ *adv* ampliamente, más que suficientemente

amuse /ə'mjuz/ *v* [tr] **1** causarle gracia a, divertir **2** entretener | **to amuse yourself** entretenerse

amused /ə'mjuzd/ *adj* **1** to be amused *I was amused at his reaction.* Me causó gracia su reacción. **2** to keep sb amused tener/ mantener entretenido -a a alguien

amusement /ə'mjuzmənt/ *s* **1** diversión: *I watched with amusement as he tried to stand up.* Miré divertida cómo trataba de pararse. | *To our amusement, he fell into the water.* Se cayó al agua, lo cual nos causó mucha gracia. **2** entretenimiento **3** **amusement arcade** BrE maquinitas (de videojuegos) ▶ En inglés americano se usa **video arcade** **amusement park** parque de diversiones

amusing /ə'mjuzɪŋ/ *adj* gracioso -a, divertido -a

an /ən, acentuado æn/ ▶ ver **a**

anaemia BrE ▶ ver **anemia**

anaemic BrE ▶ ver **anemic**

anaesthetic BrE ▶ ver **anesthetic**

analogy /ə'nælədʒi/ *s* (pl -gies) analogía | **by analogy (with sth)** por analogía (con algo) | **to draw an analogy** hacer una analogía

analysis /ə'næləsɪs/ *s* (pl -ses /siz/) **1** análisis **2** **in the final/last analysis** a fin de cuentas

analyst /'ænl-ɪst/ *s* analista

analytic /ænl'ɪtɪk/, también **analytical** /ænl'ɪtɪkəl/ *adj* analítico -a

analyze AmE, **analyse** BrE /'ænlaɪz/ *v* [tr] analizar

anarchist /'ænərkɪst/ *adj & s* anarquista

anarchy /'ænərki/ *s* anarquía

anatomy /ə'nætəmi/ *s* (pl -mies) anatomía

ancestor /'ænsestər/ *s* antepasado -a

ancestry /'ænsestri/ *s* ascendencia, orígenes

anchor /'æŋkər/ *sustantivo & verbo*
- *s* **1** ancla | **to drop/weigh anchor** echar/levar anclas | **to be at anchor** estar anclado -a **2** AmE conductor -a [de un noticiero televisivo] **3** sostén [espiritual o emocional]
- *v* **1** [tr/intr] anclar **2** [tr] sujetar

ancient /'eɪnʃənt/ *adj* **1** antiguo -a [civilización, ciudad, etc.] **2** viejísimo -a

and /ən, ənd, acentuado ænd/ *conj* ▶ ver recuadro

anecdote /'ænɪkdoʊt/ *s* anécdota

anemia AmE, **anaemia** BrE /ə'nimiə/ *s* anemia

anemic AmE, **anaemic** BrE /ə'nimɪk/ *adj* anémico -a

anesthetic AmE, **anaesthetic** BrE /ænəs'θetɪk/ *s* anestesia | **under anesthetic** con anestesia | **a local/general anesthetic** anestesia local/general

angel /'eɪndʒəl/ *s* ángel

anger /'æŋgər/ *sustantivo & verbo*
- *s* enojo
- *v* **1** [tr] (hacer) enojar (a) **2** [intr] enojarse

angle /'æŋgəl/ *s* **1** (en geometría) ángulo **2** (manera de ver algo) perspectiva, ángulo **3** **at an angle** inclinado -a: *The tree was growing at an angle.* El árbol crecía inclinado.

angling /'æŋglɪŋ/ *s* pesca (con caña) [deportiva]

angrily /'æŋgrəli/ *adv* con enojo, con rabia

angry /'æŋgri/ *adj* (-grier, -griest) enojado -a: *I was angry with him for lying to me.* Estaba enojada con él por haberme mentido. | *Don't be angry.* No te enojes. | **to get angry** enojarse | **to make sb angry** hacer enojar a alguien

anguish /'æŋgwɪʃ/ *s* angustia

angular /'æŋgjələr/ *adj* **1** anguloso -a [rasgos, facciones] **2** angular [líneas, diseño]

animal /'ænəməl/ *s* animal

animate /'ænəmət/ *adj* animado -a, con vida

animated /'ænəmeɪtɪd/ *adj* **1** animado -a [debate, expresión, etc.] **2** **an animated film** una película de animación

animation /ænə'meɪʃən/ *s* **1** (en cinematografía) animación **2** (de una persona, su expresión, etc.) animación

ankle /'æŋkəl/ *s* tobillo

annex AmE, **annexe** BrE /'æneks/ *s* anexo [de un edificio]

anniversary /ænə'vɜrsəri/ *s* (pl -ries) aniversario

announce /ə'naʊns/ *v* [tr] anunciar

announcement /ə'naʊnsmənt/ *s* anuncio | **to make an announcement** anunciar algo: *I have an announcement to make.* Tengo algo que anunciar.

announcer /ə'naʊnsər/ *s* locutor -a

annoy /ə'nɔɪ/ *v* [tr] **1** molestar, irritar [actitud, comportamiento] **2** hacer enojar [persona]

annoyance /ə'nɔɪəns/ *s* **1** irritación, enojo, rabia | **to my/his etc. annoyance** *To his annoyance, she had already left.* Ella ya se había ido, lo cual le dio rabia. **2** molestia

annoyed /ə'nɔɪd/ *adj* molesto -a, enojado -a: *She was annoyed at being made to wait.* Estaba molesta porque la estaban haciendo esperar. | *What's he so annoyed about?* ¿Por qué está tan enojado? | **to get annoyed** molestarse, enojarse

annoying /ə'nɔɪ-ɪŋ/ *adj* molesto -a, irritante

annual /'ænjuəl/ *adj* anual

---

and

1 En la mayoría de los casos la conjunción **and** equivale a *y*:

a girl and a boy una niña y un niño

2 Otros usos de **and**:

TRAS CIERTOS VERBOS

I'll try and fix the TV. Trataré de arreglar el televisor. | *Come and sit here.* Ven a sentarte aquí. | *Go and see.* Vayan a ver.

EN ALGUNOS NÚMEROS

two hundred and four doscientos cuatro | *five hundred and fifty* quinientos cincuenta

ENTRE COMPARATIVOS, PARA EXPRESAR "CADA VEZ MÁS"

It's getting hotter and hotter. Está haciendo cada vez más calor. | *More and more people are leaving the country.* Cada vez más gente se está yendo del país.

EN REPETICIONES, PARA ENFATIZAR

It rained and rained. No paraba de llover. | *He repeated it again and again.* Lo repitió una y otra vez.

EN NOMBRES DE PLATOS Y BEBIDAS

fish and chips pescado frito con papas fritas | *a gin and tonic* un gin tonic

annually /'ænjuəli/ *adv* **1** anualmente, una vez al año **2** al año, cada año

anonymity /ænə'nɪməti/ *s* anonimato

anonymous /ə'nɑnəməs/ *adj* anónimo -a

anorak /'ænəræk/ *s* chaqueta impermeable con capucha

anorexia /ænə'reksiə/ *s* anorexia

anorexic /ænə'reksɪk/ *adj* anoréxico -a

another /ə'nʌðər/ *adj & pron* ▶ ver recuadro

answer /'ænsər/ *verbo & sustantivo*

▪ *v* **1** [tr/intr] contestar, responder: *He wouldn't answer me.* No me quiso contestar. **2** to **answer the phone** contestar el teléfono **3** to **answer the door** abrir la puerta [cuando alguien llama] **4** to **answer a letter** contestar una carta | to **answer an advertisement** responder a un anuncio **5** to **answer criticism/an accusation** responder a las críticas/a una acusación **6** to **answer a description** responder a una descripción **7** to **answer a need** responder a una necesidad

answer back responder [irrespetuosamente]

answer sb back responderle a alguien [irrespetuosamente]

answer for sth responder por algo **answer for sb** responder por alguien

answer to sb rendirle cuentas a alguien

▪ *s* **1** respuesta, contestación: *In answer to your question, it won't be possible.* En respuesta a su pregunta, no va a ser posible. | **there's no answer** (al llamar por teléfono o a la puerta) no contestan **2** resultado [de un cálculo] **3** solución [a un problema]

another

1 Cuando va seguido de un sustantivo singular, equivale a *otro* u *otra*:

Can you get another chair? ¿Puedes traer otra silla? | *We'll talk about that another time.* Hablaremos de eso en otro momento.

2 Cuando va seguido de un número y un sustantivo plural, equivale a *otros* u *otras*:

I ordered another two beers. Pedí otras dos cervezas. | *A room with a private bathroom costs another $200.* Una habitación con baño privado cuesta $200 más.

3 Cuando no va seguido de sustantivo, se puede usar tanto **another** como **another one**:

He dropped his ice cream cone so I had to buy him another (one). Se le cayó el helado así que tuve que comprarle otro.

4 La expresión **of one sort/kind or another** significa *de un tipo u otro*:

All these children have problems of one kind or another. Todos estos niños tienen problemas de un tipo o de otro. | *One way or another, it has to be ready by tomorrow.* Sea como sea, tiene que estar listo para mañana.

answerable /'ænsərəbəl/ *adj* to be **answerable to sb** ser responsable ante alguien, tener que rendirle cuentas a alguien

answering ma,chine, también **answerphone** /'ænsər,foun/ BrE *s* contestadora (telefónica)

ant /ænt/ *s* hormiga

antagonism /æn'tægənɪzəm/ *s* antagonismo

antagonize, -ise BrE /æn'tægənaɪz/ *v* [tr] contrariar, provocar la confrontación o el enfrentamiento

Antarctic /ænt'ɑrktɪk/ *s* **the Antarctic** la Antártida

Antarctica /ænt'ɑrktɪkə/ *s* la Antártida

antenna /æn'tenə/ *s* **1** (pl -nnae /-ni/) (de un insecto) antena **2** (pl -s) AmE (de televisión, radio, etc.) antena

anthem /'ænθəm/ *s* himno

anthology /æn'θɑlədʒi/ *s* (pl -gies) antología

anthropologist /ænθrə'pɑlədʒɪst/ *s* antropólogo -a

anthropology /ænθrə'pɑlədʒi/ *s* antropología

antibiotic /æntɪbaɪ'ɑtɪk/ *s* antibiótico

antibody /'æntɪbɑdi/ *s* (pl -dies) anticuerpo

anticipate /æn'tɪsəpeɪt/ *v* [tr] **1** prever: *It is anticipated that prices will rise.* Se prevé que subirán los precios. | *We don't anticipate any problems.* No creemos que vaya a haber problemas. **2** anticiparse a, prever [una reacción, etc.] **3** esperar [ansiosamente]

anticipation /æntɪsə'peɪʃən/ *s* **1** expectativa **2** **in anticipation of sth** previendo algo

anticlockwise BrE ▶ ver **counterclockwise**

antics /'æntɪks/ s pl payasadas, bromas

antidote /'æntɪdoʊt/ s antídoto: *There is no antidote to this poison.* No hay antídoto para este veneno.

antique /æn'tik/ *sustantivo & adjetivo*
■ *s* **1** antigüedad [objeto antiguo] **2 antique dealer** anticuario -a **antique store** anticuario, tienda de antigüedades
■ *adj* antiguo -a [mueble, joya, etc.]

antiquity /æn'tɪkwəti/ s **1** (época) antigüedad **2** (pl -ties) (objeto, edificio) antigüedad **3** (calidad de antiguo) antigüedad

antisocial /ˌɑnti'soʊʃəl/ *adj* **1** antisocial **2** poco sociable

antler /'æntlər/ s asta [de un ciervo]

anus /'eɪnəs/ s (pl -ses) ano

anxiety /æŋ'zaɪəti/ s (pl -ties) **1** preocupación, ansiedad **anxiety about sth** preocupación por algo **2 anxiety to do sth** ansias de hacer algo

anxious /'æŋkʃəs/ *adj* **1** preocupado -a, inquieto -a **to be anxious about sth** estar preocupado -a por algo **2** (deseoso): *We are anxious that no one else finds out.* No queremos que nadie más se entere. **to be anxious to do sth** estar ansioso -a por hacer algo **3 anxious moments/days etc.** momentos/días etc. de ansiedad

anxiously /'æŋkʃəsli/ *adv* ansiosamente, con ansiedad

any /'eni/ *adj & pron* ▶ ver recuadro

anybody /'enibɑdi/ ▶ ver anyone

anyhow /'enihaʊ/ *adv* **1** ▶ ver **anyway 2** (también **any old how**) de cualquier modo/ manera

anymore /eni'mɔr/ *adv* AmE ya: *She doesn't work here anymore.* Ya no trabaja más aquí.

anyone, también **anybody** /'eniwʌn/ *pron* ▶ ver recuadro

anyplace AmE ▶ ver **anywhere**

anything /'eniθɪŋ/ *pron* ▶ ver recuadro

anyway /'eniweɪ/ *adv* **1** igual, de todos modos: *My mother said no but we went anyway.* Mi mamá dijo que no pero nosotros igual fuimos. | *It's no problem. I have to go into town anyway.* No hay problema. De todos modos tengo que ir al centro. **2** (para cambiar de tema, resumir un cuento, etc.): *Anyway, to get back to what I was saying...* Pero bueno, volviendo a lo que estaba diciendo...

anywhere /'eniwer/, también **anyplace** AmE /'eniˌpleɪs/ *adv & pron* ▶ ver recuadro

apart /ə'pɑrt/ *adverbio & adjetivo*
■ *adv* **1** (expresando separación en el tiempo o el espacio): *The posts were three meters apart.* Había tres metros de distancia entre los postes. | *Our birthdays are only a week apart.* Hay sólo una semana entre nuestros cumpleaños. **2 to come/fall apart** desarmarse, romperse | **to take sth apart** desarmar algo | **apart:** *He sat apart from the rest of the group.* Se sentó aparte

---

any

▶ **ADJETIVO & PRONOMBRE**

1 CON UN VERBO EN NEGATIVO O CON PALABRAS DE SIGNIFICADO NEGATIVO COMO "HARDLY"

We don't have any pets in the house. No tenemos mascotas en casa. | *The recipe says butter, but I don't have any.* La receta dice mantequilla, pero no tengo. | *She didn't like any of the colors I'd chosen.* No le gustó ninguno de los colores que yo había elegido. | *There's hardly any room.* Casi no hay sitio. | *Few of them had any experience.* Pocos de ellos tenían experiencia.

2 EN PREGUNTAS

Is there any milk? ¿Hay leche? | *Are there any other questions?* ¿Hay alguna otra pregunta? | *Were any of her friends there?* ¿Estaba alguno de sus amigos?

3 DESPUÉS DE "IF"

If I need any help, I'll let you know. Si necesito ayuda, te aviso. | *If you find any shoes, they're mine.* Si encuentras unos zapatos, son míos.

4 EN ORACIONES AFIRMATIVAS (= cualquier, cualquiera)

You can get them in any supermarket. Los puedes conseguir en cualquier supermercado. | *Any suggestions will be welcome.* Se agradecerá cualquier sugerencia. | *Any other person would have understood.* Cualquier otra persona hubiera entendido.

▶ **ADVERBIO**

Se usa en oraciones negativas para agregar énfasis a una comparación:

She couldn't walk any further. No podía caminar más. | *The situation won't get any better.* La situación no va a mejorar. | *He doesn't work here any more.* Ya no trabaja más aquí.

---

del resto del grupo. | *They're living apart now.* Ahora están viviendo separados. **4 apart from**, **aside from** AmE aparte de: *Who was there apart from you and Tim?* ¿Quién estaba aparte de ti y de Tim?
■ *adj* separado -a: *I like to keep my work and my private life apart.* Me gusta mantener separados mi trabajo y mi vida privada.

apartment /ə'pɑrtmənt/ s AmE departamento

apathetic /æpə'θetɪk/ *adj* apático -a

apathy /'æpəθi/ s apatía

ape /eɪp/ *sustantivo & verbo*
■ *s* simio
■ *v* [tr] imitar

apologetic /əˌpɑlə'dʒetɪk/ *adj* **1 to be apologetic about sth** pedir disculpas por algo **2 an apologetic letter/message** una carta/un mensaje pidiendo disculpas

---

appealing

anyone

1 EN PREGUNTAS Y DESPUÉS DE **"IF"** (= alguien)
Is there anyone at home? ¿Hay alguien en casa? | *If anyone sees Lisa, tell her to call me.* Si alguien ve a Lisa, díganle que me llame. | *Do you know anyone else who might be interested?* ¿Conoces a alguien más a quien le pudiera interesar?

2 CON UN VERBO EN NEGATIVO O CON PALABRAS DE SIGNIFICADO NEGATIVO COMO **"HARDLY"** (= nadie)
She's new here and doesn't know anyone. Es nueva aquí y no conoce a nadie. | *There was hardly anyone there.* No había casi nadie.

3 EN ORACIONES AFIRMATIVAS (= cualquier persona, cualquiera)
Anyone can learn to swim. Cualquier persona puede aprender a nadar. | *Anyone else would have known I was joking.* Cualquier otra persona se habría dado cuenta de que estaba bromeando.

4 EN ORACIONES COMPARATIVAS (= nadie)
She's smarter than anyone I know. No conozco a nadie más inteligente que ella.

anything

1 EN PREGUNTAS Y DESPUÉS DE **"IF"** (= algo)
Did you buy anything? ¿Compraste algo? | *If anything happens, I'll be responsible.* Si pasa algo, el responsable soy yo. | *Would you like anything else to eat?* ¿Quieres comer algo más? | *Does she look anything like her sister?* ¿Se parece en algo a su hermana?

2 CON UN VERBO EN NEGATIVO O CON PALABRAS DE SIGNIFICADO NEGATIVO COMO **"HARDLY"** (= nada)
I didn't see anything. No vi nada. | *There was hardly anything left.* No quedaba casi nada.

3 EN ORACIONES AFIRMATIVAS (= cualquier cosa)
That cat will eat anything. Ese gato come cualquier cosa.

4 EN ORACIONES COMPARATIVAS (= nada)
It's better than anything I've tried before. No había probado nada mejor.

5 EN EXPRESIONES
anything but cualquier cosa menos: *His explanation was anything but clear.* Su explicación fue cualquier cosa menos clara. | *"Was she pleased?" "Anything but."* –¿Se quedó contenta? –Para nada. | **if anything** en todo caso: *I've put on weight, if anything.* En todo caso he engordado.

apologize, -ise BrE /ə'pɒlədʒaɪz/ v [intr] pedir perdón/disculpas: *Apologize to your mother for being so rude!* ¡Pídele perdón a tu madre por ser tan grosero!

anywhere

1 EN ORACIONES AFIRMATIVAS
You can buy apples anywhere. Puedes comprar manzanas en cualquier lado. | *Sit anywhere in the front three rows.* Siéntate en cualquier lado en las tres primeras filas. | *I'll let you know if I find anywhere nice to eat.* Te aviso si encuentro algún lugar bueno para comer.

2 EN PREGUNTAS
Did you go anywhere last night? ¿Fuiste a algún lado anoche?

3 CON UN VERBO EN NEGATIVO O CON PALABRAS DE SIGNIFICADO NEGATIVO COMO **"HARDLY"**
I can't find my keys anywhere. No encuentro mis llaves por ningún lado. | *There was hardly anywhere to sit.* No había casi ningún lugar donde sentarse. | *What they're offering isn't anywhere near enough.* Lo que ofrecen no es ni remotamente suficiente.

apology /ə'pɒlədʒi/ s (pl -gies) **1** disculpa: *a letter of apology* una carta de disculpa **2** **to make no apology for sth** no tener ningún reparo en algo

apostle /ə'pɒsəl/ s apóstol

apostrophe /ə'pɒstrəfi/ s apóstrofe, apóstrofo

appall AmE, **appal** BrE /ə'pɔl/ v [tr] (-lled, -lling) horrorizar

appalled /ə'pɔld/ adj horrorizado -a: *They were appalled by what they saw.* Se quedaron horrorizados con lo que vieron.

appalling /ə'pɔlɪŋ/ adj **1** horroroso -a, terrible **2** pésimo -a

apparatus /æpə'ræt̬əs/ s equipo, aparatos [de laboratorio o de gimnasia]

apparent /ə'pærənt/ adj **1** evidente, obvio -a | **to become apparent** hacerse evidente **2** aparente **3** **for no apparent reason** sin motivo aparente

apparently /ə'pærəntli/ adv según parece, aparentemente

appeal /ə'pil/ sustantivo & verbo
■ s **1** llamado, llamamiento | **an appeal for sth** una petición de algo, un llamado/un llamamiento pidiendo algo **2** atractivo, encanto **3** apelación
■ v [intr] **1** hacer un llamado (a la solidaridad): *Turkey has appealed to other countries for help.* Turquía ha hecho un llamado pidiendo la ayuda de otros países. **2** **it appeals to me/him etc.** me/le etc. atrae **2** apelar | **to appeal against a sentence/a decision** apelar (contra) una sentencia/una decisión

appealing /ə'pilɪŋ/ adj **1** atractivo -a **2** **an appealing look** una mirada suplicante

appear /ə'pɪr/ v [intr] **1** parecer: *She appeared very nervous.* Parecía muy nerviosa. | *He appeared to have forgotten.* Parecía haberse olvidado. **2** aparecer: *A face appeared at the window.* Apareció una cara en la ventana. **3** (en televisión) aparecer, salir **4** (en el teatro) actuar **5** (salir a la venta) aparecer **6** (ante un tribunal) comparecer **7** (hablando de visiones, fantasmas) aparecerse

appearance /ə'pɪrəns/ s **1** apariencia, aspecto | **to keep up appearances** guardar las apariencias | **to give the appearance of (being/ doing) sth** dar la impresión de (ser/hacer) algo **2** aparición **3** (en una película, obra, etc.) aparición **4** **to put in an appearance** hacer acto de presencia, aparecer

appendicitis /ə,pendə'saɪtɪs/ s apendicitis

appendix /ə'pendɪks/ s **1** (pl -dices) (de un libro) apéndice **2** (pl -dixes) (en anatomía) apéndice

appetite /'æpətaɪt/ s **1** apetito | **to lose your appetite** perder el apetito **2** **appetite for adventure/knowledge etc.** sed de aventura/ conocimientos etc.

appetizer /'æpə,taɪzər/ s AmE entrada, primer plato

applaud /ə'plɔd/ v **1** [intr] aplaudir **2** [tr] aplaudir a **3** [tr] (expresar aprobación de) aplaudir

applause /ə'plɔz/ s aplauso(s) | **a round of applause** un aplauso

apple /'æpəl/ s **1** manzana **2** **apple pie** pay de manzana **apple tree** manzano

appliance /ə'plaɪəns/ s **1** aparato, artefacto **2** **domestic/electrical appliances** electrodomésticos

applicable /'æplɪkəbəl/ adj **1** aplicable **2** **if applicable** (en formularios) si corresponde, si es pertinente

applicant /'æplɪkənt/ s candidato -a, aspirante | **an applicant for sth** un(a) candidato -a/un(a) aspirante a algo

application /æplɪ'keɪʃən/ s **1** solicitud | **an application for sth** una solicitud/una petición de algo **2** **application form** formulario/ machote **3** (uso, puesta en práctica) aplicación **4** (en computación) aplicación, programa

apply /ə'plaɪ/ v (3ª pers sing -lies, pasado & participio -lied) **1** [intr] presentarse, postularse | **to apply for a job/a scholarship** solicitar un trabajo/una beca **2** [intr] ser pertinente, tener vigencia | **to apply to sth/sb** concernir a algo/ alguien: *What I'm going to say applies to everyone.* Lo que voy a decir concierne a todo el mundo. **3** [tr] aplicar [una regla, un método, etc.] **4** [tr] aplicar (pintura, cosméticos, etc.)

appoint /ə'pɔɪnt/ v [tr] **1** nombrar: *She has been appointed principal.* La han nombrado directora. **2** (formal) fijar, concertar

appointment /ə'pɔɪntmənt/ s **1** (con el médico, el dentista, en la peluquería) cita, hora **2** (con un abogado, un profesor) entrevista, cita: *I've made an appointment to see your math teacher.* He pedido una entrevista con tu profesor de matemáticas. **3** nombramiento

appraisal /ə'preɪzəl/ s evaluación, valoración

appreciate /ə'priʃeɪt/ v **1** [tr] apreciar: *They don't appreciate good wine.* No saben apreciar un buen vino. **2** [tr] agradecer: *I'd appreciate it if you could let me know by Friday.* Le agradecería si me pudiera avisar antes del viernes. **3** [tr] darse cuenta de, comprender

appreciation /ə,priʃi'eɪʃən/ s **1** agradecimiento: *You could show a little more appreciation!* ¡Podrías demostrar un poco más de agradecimiento! **2** comprensión, evaluación

appreciative /ə'priʃətɪv/ adj **1** **an appreciative audience** un público conocedor/un público que sabe apreciar | **an appreciative glance** una mirada de admiración **2** **to be appreciative of sth** estar agradecido -a por algo

apprehension /æprɪ'henʃən/ s aprensión

apprehensive /æprɪ'hensɪv/ adj **1** temeroso -a, de preocupación [sonrisa, mirada] **2** **to be apprehensive about sth** *I was apprehensive about seeing her again.* Me preocupaba la idea de volver a verla.

apprentice /ə'prentɪs/ s aprendiz

apprenticeship /ə'prentɪʃɪp/ s aprendizaje

approach /ə'proutʃ/ verbo & sustantivo
■ v (3ª pers sing -ches) **1** [intr/tr] (en el espacio) acercarse (a) **2** [tr] dirigirse a (alguien) para proponerle o pedirle algo: *He approached the bank for a loan.* Pidió un préstamo en el banco. **3** [intr] (en el tiempo) acercarse **4** [tr] enfocar, abordar (un tema)
■ s (pl -ches) **1** punto de vista, enfoque: *Let's try a different approach.* Probemos otro enfoque. | *a new approach to teaching languages* una nueva manera de enfocar la enseñanza de idiomas **2** acción de acercarse: *At his approach, the dog began to growl.* Cuando se acercó, el perro empezó a gruñir.

approachable /ə'proutʃəbəl/ adj accesible [persona]

appropriate¹ /ə'proupriət/ adj apropiado -a, adecuado -a

appropriate² /ə'proupreit/ v [tr] (formal) apropiarse de

appropriately /ə'proupriətli/ adv apropiadamente, adecuadamente

approval /ə'pruvəl/ s **1** (permiso) autorización, aprobación **2** (agrado) aprobación **3** (de un plan, un proyecto) aprobación **4** **on approval** a prueba

approve /ə'pruv/ v **1** [intr] estar de acuerdo | **to approve of sth/sb** ver algo o a alguien con aprobación: *He doesn't approve of smoking.* No le parece bien que la gente fume. | *My parents don't*

ℹ️ Hay una tabla con los **números** en inglés y explicaciones sobre su uso en el apartado de gramática.

approve of *my friends.* A mis padres no les gustan mis amigos. **2** [tr] aprobar [un plan, una ley, etc.]

approving /əˈpruvɪŋ/ *adj* **an approving nod/glance etc.** un gesto/una mirada etc. de aprobación

approximate¹ /əˈprɑksəmət/ *adj* aproximado -a

approximate² /əˈprɑksəmət/ *v* (formal) **to approximate to sth** aproximarse a algo

approximately /əˈprɑksəmətli/ *adv* aproximadamente

apricot /ˈeɪprɪkɑt/ *s* chabacano

April /ˈeɪprəl/ *s* abril ▶ ver "Active Box" **months** en **month**

apron /ˈeɪprən/ *s* delantal, mandil

apt /æpt/ *adj* **1 to be apt to do sth** tener tendencia a hacer algo **2** apropiado -a, acertado -a

aptitude /ˈæptətud/ *s* aptitud: *She has an aptitude for music.* Tiene aptitud para la música.

aptly /ˈæptli/ *adv* apropiadamente, acertadamente

aquarium /əˈkweriəm/ *s* (pl **aquariums**, o **aquaria** /-riə/) **1** pecera **2** acuario

Aquarius /əˈkweriəs/ *s* **1** Acuario **2** persona del signo de Acuario: *She's an Aquarius.* Es (de) Acuario.

Arab /ˈærəb/ *adj* & *s* árabe

Arabic /ˈærəbɪk/ *adj* & *s* árabe [referido al idioma]

arbitrary /ˈɑrbəˌtreri/ *adj* arbitrario -a

arbitration /ɑrbəˈtreɪʃən/ *s* arbitraje

arc /ɑrk/ *s* arco [forma]

arcade /ɑrˈkeɪd/ *s* **1** maquinitas (de videojuegos) [el local] **2** galería [comercial]

arch /ɑrtʃ/ *sustantivo & verbo*
- *s* (pl **arches**) arco [en arquitectura]
- *v* [tr] (3ª pers sing **-ches**) arquear

archaic /ɑrˈkeɪ-ɪk/ *adj* arcaico -a

archbishop /ɑrtʃˈbɪʃəp/ *s* arzobispo

archeologist AmE, **archaeologist** BrE /ɑrkiˈɑlədʒɪst/ *s* arqueólogo -a

archeology AmE, **archaeology** BrE /ɑrkiˈɑlədʒi/ *s* arqueología

archer /ˈɑrtʃər/ *s* arquero -a [en tiro con arco]

archery /ˈɑrtʃəri/ *s* tiro con arco

architect /ˈɑrkətekt/ *s* arquitecto -a

architectural /ɑrkəˈtektʃərəl/ *adj* arquitectónico -a

architecture /ˈɑrkətektʃər/ *s* arquitectura

archive /ˈɑrkaɪv/ *s* archivo [de documentos históricos]

archway /ˈɑrtʃweɪ/ *s* arco [de entrada]

arctic /ˈɑrktɪk/ *adjetivo & sustantivo*
- *adj* ártico -a
- *s* **the Arctic** el Ártico

ardent /ˈɑrdnt/ *adj* ferviente, apasionado -a

arduous /ˈɑrdʒuəs/ *adj* arduo -a, difícil

are /ər, acentuado ɑr/ ▶ ver **be**

area /ˈeriə/ *s* **1** (de un país, una ciudad, etc.) zona, región: *Is there a good supermarket in the area?* ¿Hay algún supermercado bueno en la zona? **2** (de un edificio, etc.) zona, área: *a no-smoking area* una zona donde está prohibido fumar **3** (de estudio, actividad, etc.) área **4** (de un terreno) superficie **5** (de una figura geométrica) área **6 area code** AmE clave [telefónica]

arena /əˈrinə/ *s* **1** pista [de circo, etc.] **2** estadio, arena **3** ruedo [taurino]

aren't /ˈɑrənt/
- contracción de **are not**
- contracción de **am not** ▶ **aren't** en el sentido de **am not** se usa en preguntas, p ej: *I am your friend, aren't I?*

Argentina /ɑrdʒənˈtinə/ *s* Argentina

Argentine /ˈɑrdʒənˌtaɪn/ *adj* & *s* argentino -a

Argentinian /ɑrdʒənˈtɪniən/ *adj* & *s* argentino -a

arguable /ˈɑrgjuəbəl/ *adj* **1** discutible **2 it is arguable that** se podría argumentar/afirmar que

arguably /ˈɑrgjuəbli/ *adv* adverbio que expresa que hay razones para afirmar algo: *It is arguably her finest work.* Se podría afirmar que es su mejor trabajo.

argue /ˈɑrgju/ *v* **1** [intr] discutir, pelearse: *I could hear them arguing in the next room.* Los oía discutir en el cuarto de al lado. | **to argue with sb (about/over sth)** discutir/pelearse con alguien (por algo) **2 to argue for/against sth** presentar argumentos a favor/en contra de algo **3** [tr] sostener [una opinión]

argument /ˈɑrgjəmənt/ *s* **1** discusión, pelea | **to have an argument with sb (about/over sth)** discutir/pelearse con alguien (sobre/por algo) **2** razón, argumento | **an argument for/against sth** un argumento a favor/en contra de algo

argument

argumentative /ɑrgjəˈmentətɪv/ *adj* alegador -a

Aries /ˈeriz/ *s* **1** Aries **2** persona del signo de Aries: *I'm an Aries.* Soy (de) Aries.

arise /əˈraɪz/ *v* [intr] (pasado **arose**, participio **arisen**) **1** surgir | **to arise from sth** surgir de algo **2 should the need arise** de ser necesario, si hubiera necesidad

aristocracy /ærəˈstɑkrəsi/ *s* (pl **-cies**) aristocracia

aristocrat /əˈrɪstəˌkræt/ *s* aristócrata

aristocratic /əˌrɪstəˈkrætɪk/ *adj* aristocrático -a

arithmetic /əˈrɪθmətɪk/ *s* **1** aritmética **2** cálculos [aritméticos]

arm /ɑrm/ *sustantivo, sustantivo plural & verbo*
- *s* **1** brazo: *She broke her arm.* Se rompió el brazo. | **arm in arm (with sb)** del brazo (con alguien) | **with your arms folded/crossed** de brazos cruzados/con los brazos cruzados **2** (de un sillón, una butaca) brazo **3** (de una prenda de vestir) manga
- **arms** *s pl* **1** armas **2 to be up in arms** (informal) estar furioso -a
- *v* **1** [tr] armar [proveer de armas] **2** [intr] armarse [proveerse de armas]

armaments /'ɑrməmənts/ *s pl* armamento(s)

armchair /'ɑrmtʃer/ *s* sillón

armed /ɑrmd/ *adj* **1** armado -a [con armas] **2 the armed forces** las fuerzas armadas **3 armed robbery** robo a mano armada

armor AmE, **armour** BrE /'ɑrmər/ *s* **1** armadura: *a suit of armor* una armadura **2** blindaje

armored AmE, **armoured** BrE /'ɑrmərd/ *adj* blindado -a

armpit /'ɑrmpɪt/ *s* axila

army /'ɑrmi/ *s* (pl -mies) ejército | **to join the army** alistarse en el ejército

arose /ə'roʊz/ pasado de **arise**

around /ə'raʊnd/ *adv & prep* ▶ ver recuadro

arouse /ə'raʊz/ *v* [tr] **1 to arouse suspicion/interest** suscitar sospechas/interés **2** excitar [sexualmente]

arrange /ə'reɪndʒ/ *v* [tr] **1** concertar [una reunión], organizar [una fiesta, un viaje] | **to arrange to do sth** quedar en hacer algo: *We arranged to meet at the entrance.* Quedamos en encontrarnos en la entrada. | *I've arranged for him to pick you up.* Quedé con él para que te vaya a buscar. **2 as arranged** según lo previsto/convenido **3** ordenar, colocar **4** arreglar [música]

arrangement /ə'reɪndʒmənt/ *sustantivo & sustantivo plural*
- *s* **1** acuerdo, arreglo | **to come to some/an arrangement** llegar a un acuerdo **2** disposición **3** arreglo [floral]
- **arrangements** *s pl* preparativos, planes: *the arrangements for the party* los preparativos para la fiesta | *If you tell me what date you want to travel, I'll make all the arrangements.* Si me dice la fecha en la que quiere viajar, yo me ocupo de todo.

array /ə'reɪ/ *s* despliegue, exhibición

arrears /ə'rɪrz/ *s pl* **1 to be in arrears** estar atrasado -a [en un pago] **2** mensualidades atrasadas, pagos atrasados

arrest /ə'rest/ *verbo & sustantivo*
- *v* [tr] **1** detener, arrestar | **to arrest sb for (doing) sth** detener a alguien por (hacer) algo **2** (formal) detener, frenar [el desarrollo de algo]
- *s* detención, arresto | **to be under arrest** quedar/estar detenido -a, quedar/estar arrestado-a

---

around

▶ ADVERBIO

1 RODEANDO

Reporters crowded around as she came out. Los reporteros se amontonaron a su alrededor cuando salió.

2 MOVIMIENTO CIRCULAR

Water pushes the wheel around. El agua hace girar la rueda.

3 POR VARIAS PARTES

She leaves her things lying around. Deja sus cosas tiradas por ahí. | *I traveled around for a year before going to college.* Estuve viajando durante un año antes de empezar la universidad.

4 EN LOS ALREDEDORES

There was no one around, so I went in. No había nadie por ahí, así que entré.

5 EN EXISTENCIA

They're one of the best new bands around. De las nuevas bandas es una de las mejores.

6 around también forma parte de varios phrasal verbs como **ask around**, **push around**, etc. Éstos están tratados bajo el verbo correspondiente

▶ PREPOSICIÓN

1 EN TORNO A (= alrededor de)

We sat around the fire. Nos sentamos alrededor del fuego. | *He put his arm around her waist.* Le pasó el brazo por la cintura.

2 POR VARIAS PARTES DE (= por)

We took a walk around the town. Dimos un paseo por la ciudad.

3 CERCA DE (= por)

Is there a bank around here? ¿Hay algún banco por aquí?

4 DEL OTRO LADO

It's just around the corner. Queda aquí a la vuelta (de la esquina).

5 APROXIMADAMENTE (= alrededor de)

I'll be back around six. Vuelvo alrededor de las seis.

---

arrival /ə'raɪvəl/ *s* **1** llegada **2** aparición, llegada [de un invento, un producto] **3 a new/recent arrival (a)** (persona) un recién llegado/una recién llegada **(b)** (producto) una novedad

arrive /ə'raɪv/ *v* [intr] **1** llegar: *When we arrived at the house, no one was in.* Cuando llegamos a la casa, no había nadie. | *She arrived in Miami at 3 p.m.* Llegó a Miami a las 3 de la tarde. ▶ ver notas en **llegar 2** aparecer [un producto, un invento], llegar [a los comercios]

arrogance /'ærəgəns/ *s* arrogancia

arrogant /'ærəgənt/ *adj* arrogante

---

arrow /'ærou/ s **1** (dardo) flecha **2** (símbolo) flecha

arrows

arse /ɑrs/ s BrE (grosero) culo

arson /'ɑrsən/ s delito de provocar un incendio o incendios intencionalmente

art /ɑrt/ sustantivo & sustantivo plural
- s **1** arte: *a work of art* una obra de arte **2** (habilidad) arte: *the art of conversation* el arte de la conversación
- **arts** s pl **1** **the arts** la cultura [la música, el teatro, la literatura, etc.] **2** **(the) arts** (las) humanidades

artefact /'ɑrtɪˌfækt/ ► ver **artifact**

artery /'ɑrtəri/ s (pl -ries) arteria

'art ˌgallery s (pl -ries) **1** museo de arte **2** galería de arte

artichoke /'ɑrtɪtʃouk/ s alcachofa

article /'ɑrtɪkəl/ s **1** (en un periódico, una revista, etc.) artículo **2** (objeto) artículo: *household articles* artículos para el hogar | *an article of clothing* una prenda de vestir | *an article of furniture* un mueble **3** (en gramática) artículo | **the definite/indefinite article** el artículo definido/indefinido

articulate¹ /ɑr'tɪkjələt/ adj **1** que se expresa muy bien: *He is very articulate for a six-year-old.* Se expresa muy bien para tener seis años. **2** claro -a, articulado -a [razonamiento]

articulate² /ɑr'tɪkjəleɪt/ v **1** [tr] expresar [sentimientos] **2** [tr] articular [ideas] **3** [tr/intr] articular [al pronunciar]

artifact, también **artefact** /'ɑrtɪfækt/ s utensilio [de interés histórico o arqueológico]

artificial /ɑrtə'fɪʃəl/ adj **1** artificial **2** forzado -a, afectado -a **3** **artificial intelligence** inteligencia artificial

artificially /ɑrtə'fɪʃəli/ adv de forma artificial

artillery /ɑr'tɪləri/ s artillería

artist /'ɑrtɪst/ s artista

artistic /ɑr'tɪstɪk/ adj **1** artístico -a **2** **to be artistic** tener dotes artísticas

artwork /'ɑrtwɜrk/ s **1** ilustraciones **2** obra de arte

as /əz, acentuado æz/ conjunción, adverbio & preposición
- conj & adv **1** **as... as...** tan... como...: *I can't run as fast as I used to.* Ya no puedo correr tan rápido como antes. | *I'm as tall as him.* Soy tan alto como él. | *Try to eat as much as you can.* Trata de comer todo lo que puedas. | **as soon as possible** lo antes posible

2 como: *We left everything as it was.* Dejamos todo como estaba. | *Do as I say!* ¡Haz lo que te digo! | *She is very busy, as you know.* Está muy ocupada, como sabes.
3 cuando: *He came up to me as I was leaving.* Se me acercó cuando me estaba yendo.
4 mientras: *She sang as she worked.* Cantaba mientras trabajaba.
5 a medida que: *as time goes by* a medida que pasa el tiempo
6 como, ya que: *As I was tired, I decided not to go.* Como estaba cansada, decidí no ir.
7 **as for sth/sb** en cuanto a algo/alguien
8 **as if/as though** como si: *She behaved as if nothing had happened.* Se comportó como si no hubiera pasado nada.
9 **as it is** (tal) como están las cosas
10 **as of/as from** a partir de: *As of next year, learning English will be mandatory.* A partir del año que viene, será obligatorio aprender inglés.
11 **as to** (acerca) de: *She gave no explanation as to why she was late.* No dio ninguna explicación (acerca) de por qué había llegado tarde.
► ver también **just**, **such**
- prep **1** como, de: *I'm speaking as a friend.* Te hablo como amiga. | *She works as a hairdresser.* Trabaja de peluquera.
2 que: *Jim works in the same office as my sister.* Jim trabaja en la misma oficina que mi hermana.
3 **as a child/young man etc.** de niño -a/joven etc.: *I used to go there as a child.* Solía ir ahí de niña. ► ¿**AS** o **LIKE**? ver nota en **como**

asap /ˌeɪ es eɪ 'pi/ (= **as soon as possible**) lo antes posible

asbestos /æs'bestəs/ s asbesto

ascend /ə'send/ v [tr/intr] (formal) **1** ascender, subir **2** **in ascending order** en orden ascendente

ascent /ə'sent/ s **1** subida, cuesta **2** ascenso [de una montaña, etc.]

ascertain /æsər'teɪn/ v [tr] (formal) establecer, determinar

ascribe /ə'skraɪb/ v (formal) **to ascribe sth to sth/sb** atribuir algo a algo/alguien

ash /æʃ/ s **1** (pl ashes) ceniza **2** (también **ash tree**) (árbol) fresno **3** (madera) fresno

ashamed /ə'ʃeɪmd/ adj **I'm/he's etc. ashamed** me/le etc. da vergüenza, me/le etc. da pena: *I was ashamed that I hadn't thanked her.* Me daba vergüenza no haberle dado las gracias. | *I was ashamed to admit that I couldn't speak French.* Me daba vergüenza reconocer que no hablaba francés. | **to be ashamed of sth/sb/yourself** avergonzarse de algo/alguien/sí mismo

ashore /ə'ʃɔr/ adv **1** a/hacia la orilla, a tierra | **to go ashore** desembarcar **2** en tierra

ashtray /'æʃtreɪ/ s cenicero

ˌAsh 'Wednesday s miércoles de ceniza

Asia /'eɪʒə/ s Asia

Asian /'eɪʒən/ adj & s asiático -a

aside /ə'saɪd/ adv **1 to step aside** hacerse a un lado | **to take sb aside** llevar a alguien aparte **2 to put/set sth aside** reservar algo, apartar algo **3 aside from** AmE aparte de

ask /æsk/ v **1** [tr/intr] preguntar | **to ask sb sth** preguntarle algo a alguien: *I asked him the time. Le pregunté la hora.* | **to ask (sb) a question** hacer(le) una pregunta (a alguien) | **to ask (sb) about sth** preguntar(le) (a alguien) sobre algo | **to ask yourself** preguntarse | **don't ask me!** ¡qué sé yo!, ¡a mí me preguntas! | **if you ask me** para mí **2** [tr/intr] pedir: *If you need anything, you only have to ask.* Si necesitas algo, sólo tiene que pedirlo. | **to ask (sb) for sth** pedir(le) algo (a alguien): *He asked me for a pencil.* Me pidió un lápiz. | **to ask sb to do sth** pedirle a alguien que haga algo | **to ask to do sth** pedir hacer algo: *I asked to see the manager.* Pedí ver al gerente. **3** [tr] invitar: *I asked them to dinner.* Los invité a cenar. **4** [tr] (al vender algo) pedir: *How much is he asking for the car?* ¿Cuánto pide por el coche? **5 to ask for it** (informal) buscárselo: *It serves him right. He was asking for it.* Lo tiene merecido. Él se lo buscó. | **to be asking for trouble** (informal) buscarse problemas

ask after sb preguntar por alguien [por su salud]

ask around preguntar/averiguar (por ahí)

ask for sb preguntar por alguien, pedir hablar con alguien

ask sb in hacer pasar/entrar a alguien

ask sb out invitar a alguien a salir

asleep /ə'slip/ adj **to be asleep** estar dormido -a, estar durmiendo | **fast/sound asleep** profundamente dormido -a | **to fall asleep** dormirse, quedarse dormido -a | **half asleep** medio dormido -a

asparagus /ə'spærəgəs/ s espárrago(s)

aspect /'æspekt/ s aspecto

asphalt /'æsfɔlt/ s asfalto

asphyxiate /ə'sfɪksieɪt/ v **1** [tr] asfixiar **2** [intr] asfixiarse

aspiration /æspə'reɪʃən/ s aspiración

aspirin /'æsprɪn/ s (pl aspirin, o aspirins) aspirina

ass /æs/ s (pl asses) **1** AmE (grosero) culo **2** imbécil, idiota

assailant /ə'seɪlənt/ s (formal) agresor -a

assassin /ə'sæsən/ s asesino -a [de una persona importante], magnicida

assassinate /ə'sæsəneɪt/ v [tr] asesinar [a una persona importante]

assassination /ə,sæsə'neɪʃən/ s asesinato [de una persona importante], magnicidio

assault /ə'sɔlt/ sustantivo & verbo
■ s **1** agresión **2** asalto, ataque: *the assault on Tobruk* el asalto a Tobruk
■ v [tr] atacar, agredir

assemble /ə'sembəl/ v **1** [intr] reunirse, juntarse **2** [tr] reunir, juntar **3** [tr] armar, ensamblar

assembly /ə'sembli/ s (pl -blies) **1** reunión de los alumnos y profesores de un colegio antes de iniciarse el día, la semana escolar o por algún motivo especial **2** asamblea **3** armado, ensamble **4 assembly line** línea de montaje

assert /ə'sɜrt/ v [tr] **1** afirmar **2 to assert your authority** imponer su autoridad **3 to assert yourself** hacerse valer/oír, imponerse

assertion /ə'sɜrʃən/ s **1** afirmación, aseveración **2** reafirmación

assertive /ə'sɜrtɪv/ adj firme, que se hace valer

assess /ə'ses/ v [tr] (3ª pers sing **assesses**) **1** evaluar **2** calcular [el valor o costo de algo]

assessment /ə'sesmənt/ s **1** evaluación **2** cálculo [del valor o costo de algo]

asset /'æset/ sustantivo & sustantivo plural
■ s algo o alguien muy valioso: *Rachel is an asset to the department.* Rachel es una persona muy valiosa para el departamento.
■ **assets** s pl bienes, activos

assign /ə'saɪn/ v [tr] **1** asignar, destinar | **to assign sth to sb** asignarle algo a alguien **2** destinar, enviar: *I was assigned to the New York office.* Me destinaron a la oficina de Nueva York.

assignment /ə'saɪnmənt/ s **1** tarea, trabajo [para la escuela, la universidad, etc.] **2** misión [de un enviado especial, etc.] **3** asignación

assimilate /ə'sɪməleɪt/ v **1** [tr] asimilar **2** [intr] adaptarse, integrarse

assist /ə'sɪst/ v [tr/intr] (formal) ayudar, asistir

assistance /ə'sɪstəns/ s (formal) ayuda, asistencia: *financial assistance* ayuda económica | *Can I be of any assistance?* ¿Puedo ayudarla en algo?

assistant /ə'sɪstənt/ s **1** asistente, ayudante **2** (en un comercio) empleado -a, dependiente -a **3 assistant director** subdirector -a **assistant manager** subgerente

as,sistant pro'fessor s AmE profesor -a adjunto -a [en la universidad]

associate¹ /ə'souʃieɪt/ v **1 to associate sth/sb with sth** asociar algo/a alguien con algo **2 to be associated with sth** estar vinculado -a/relacionado -a con algo **3 to associate with sb** relacionarse con alguien

associate² /ə'souʃiət/ s socio -a, colega

association /ə,sousi'eɪʃən/ s **1** relación, vinculación **2 in association with** junto con, en colaboración con **3** asociación [organización]

assorted /ə'sɔrtɪd/ adj surtido -a, diverso -a

assortment /ə'sɔrtmənt/ s **1** variedad, surtido **2** colección [de cosas muy distintas entre sí]

assume /ə'sum/ v [tr] **1** suponer, dar por sentado: *Assuming (that) he agrees, when would he start?* Suponiendo que aceptara ¿cuándo empezaría? **2** tomar [el control, el poder] **3** asumir [una responsabilidad] **4 to assume an**

air/an expression of sth adoptar un aire/una expresión de algo **5 an assumed name** un alias, un seudónimo

assumption /ə'sʌmpʃən/ s supuesto, suposición | **to make the assumption that** suponer que | **on the assumption that** suponiendo que

assurance /ə'ʃʊrəns/ s **1** En español usamos el verbo *asegurar* para expresar la idea de este sustantivo: *despite my repeated assurances* a pesar de que se lo aseguré repetidamente | **to give sb an/your assurance that** asegurarle a alguien que **2** seguridad, convicción

assure /ə'ʃʊr/ v [tr] **1** asegurar **2 to assure success/victory** asegurar el éxito/la victoria

assured /ə'ʃʊrd/ adj **1** seguro -a **2** asegurado -a | **to be assured of sth** tener asegurado -a algo

asterisk /'æstərɪsk/ s asterisco

asthma /'æzmə/ s asma

astonish /ə'stɒnɪʃ/ v [tr] (3ª pers sing -shes) dejar perplejo -a, dejar impresionado -a

astonished /ə'stɒnɪʃt/ adj perplejo -a, impresionado -a

astonishing /ə'stɒnɪʃɪŋ/ adj asombroso -a, impresionante

astonished

astonishment /ə'stɒnɪʃmənt/ s perplejidad: *I stared in astonishment.* Me quedé mirando, perplejo.

astound /ə'staʊnd/ v [tr] dejar atónito -a

astounded /ə'staʊndɪd/ adj atónito -a

astounding /ə'staʊndɪŋ/ adj asombroso -a, increíble

astray /ə'streɪ/ adv **1 to go astray** perderse, extraviarse **2 to lead sb astray** descarriar a alguien, llevar a alguien por mal camino

astride /ə'straɪd/ prep **to sit astride sth** estar sentado -a en/sobre algo [con una pierna a cada lado]

astrology /ə'strɒlədʒi/ s astrología

astronaut /'æstrənɔt/ s astronauta

astronomer /ə'strɒnəmər/ s astrónomo -a

astronomical /æstrə'nɒmɪkəl/ adj astronómico -a

astronomy /ə'strɒnəmi/ s astronomía

astute /ə'stut/ adj perspicaz, inteligente

asylum /ə'saɪləm/ s **1** asilo (político) **2** hospital psiquiátrico, manicomio

at /ət/ acentuado æt/ prep ▶ ver recuadro

ate /eɪt/ pasado de **eat**

atheist /'eɪθiɪst/ s ateo -a

athlete /'æθlit/ s atleta

athletic /æθ'letɪk/ adj atlético -a

---

at

1 POSICIÓN (= en)

We met at my house. Nos reunimos en mi casa. | *There was no one at home.* No había nadie en casa.

2 TIEMPO

The train leaves at eight. El tren sale a las ocho. | *She often works at night.* A menudo trabaja de noche. | *What are you doing at Christmas?* ¿Qué vas a hacer en Navidad? | **at the moment** en este momento

3 DIRECCIÓN

I threw a book at him. Le aventé un libro. | *Look at that!* ¡Mira eso!

4 CAUSA

No one laughed at his jokes. Nadie se reía de sus bromas. | *We were horrified at the news.* Nos quedamos horrorizados con la noticia.

5 PRECIOS, VELOCIDAD, NIVEL, EDAD (= a)

CDs at ten dollars each CDs a diez dólares cada uno | *The train travels at 120 miles an hour.* El tren va a 120 millas por hora. | *I left home at 17.* Me fui de mi casa a los 17 años.

6 ESTADO, ACTIVIDAD

We were at dinner when the phone rang. Estábamos cenando cuando sonó el teléfono. | *The two countries were at war.* Los dos países estaban en guerra.

---

athletics /æθ'letɪks/ s BrE atletismo ▶ En inglés americano se usa **track and field**

atlas /'ætləs/ s (pl -ses) atlas

ATM /eɪ ti 'em/ s (= automated teller machine) AmE cajero (automático)

atmosphere /'ætməsfɪr/ s **1** (de un lugar, una reunión, etc.) ambiente, clima **2** (dentro de una habitación) ambiente **3** (de un planeta) atmósfera

atmospheric /ætməs'fɪrɪk/ adj **1** atmosférico -a **2** que crea un ambiente romántico, misterioso, etc.

atom /'ætəm/ s átomo

atomic /ə'tɒmɪk/ adj atómico -a: *atomic energy* energía atómica

atrocious /ə'troʊʃəs/ adj **1** pésimo -a, atroz: *His spelling is atrocious.* Su ortografía es pésima. **2** espantoso -a, atroz: *The weather was atrocious.* Hacía un tiempo espantoso.

atrocity /ə'trɒsəti/ s (pl -ties) atrocidad

attach /ə'tætʃ/ v [tr] (3ª pers sing -ches) **1** sujetar, amarrar **2** adjuntar **3 to attach importance/significance to sth** darle importancia a algo

attached /ə'tætʃt/ adj **to be attached to sth/sb** tenerle cariño a algo/alguien, sentir apego por algo/alguien | **to become attached to sth/sb** encariñarse con algo/alguien

---

attachment /ə'tætʃmənt/ s **1** cariño, apego **2** accesorio [de un aparato] **3** (archivo) adjunto [en computación]

attack /ə'tæk/ *sustantivo & verbo*
- *s* **1** (agresión) ataque, atentado: *an attack on enemy air bases* un ataque a bases aéreas enemigas | **to be/come under attack (from sth)** ser atacado -a (por algo) **2** (en medicina) ataque **3** (en deportes) ataque, ofensiva
- *v* [tr/intr] atacar

attacker /ə'tækər/ s agresor -a

attain /ə'teɪn/ v [tr] (formal) alcanzar, lograr

attainment /ə'teɪnmənt/ s (formal) logro

attempt /ə'tempt/ *verbo & sustantivo*
- *v* [tr] **1** intentar realizar [una tarea] **2** intentar contestar [una pregunta] **3** **to attempt to do sth** intentar hacer algo
- *s* intento | **an attempt to do sth/at doing sth** un intento de hacer algo | **to make no attempt to do sth** ni siquiera intentar hacer algo: *She made no attempt to hide her displeasure.* Ni siquiera intentó ocultar su malestar.

attempted /ə'temptɪd/ adj **attempted murder/robbery etc.** intento de asesinato/robo etc.

attend /ə'tend/ v **1** [tr] asistir a, ir a: *She didn't attend the meeting.* No asistió a la junta. **2** [intr] asistir
attend to sth ocuparse de algo **attend to sb** atender a alguien

attendance /ə'tendəns/ s **1** concurrencia **2** asistencia: *Attendance at the dress rehearsal is compulsory.* La asistencia al ensayo general es obligatoria.

attendant /ə'tendənt/ s empleado -a, encargado -a [en un lugar público como una alberca, un baño, etc.]

attention /ə'tenʃən/ s **1** atención: *Can I have your attention, please?* Su atención, por favor. | **to pay attention** prestar atención, atender: *Don't pay any attention to her.* No le hagas caso./No le prestes atención. | **to draw attention to sth** llamar la atención sobre algo | **to draw sb's attention to sth** hacer que alguien se fije en algo, hacerle notar algo a alguien | **the center/focus of attention** el centro/foco de atención **2** **attention!** ¡firme(s)!

attentive /ə'tentɪv/ adj **1** (que presta atención) atento -a **2** (amable) atento -a

attic /'ætɪk/ s desván, ático

attitude /'ætətud/ s actitud: *His attitude toward women has changed.* Su actitud hacia las mujeres ha cambiado.

attorney /ə'tɜrni/ s AmE abogado -a

At,torney 'General s **1** AmE procurador -a general **2** asesor legal del gobierno

attract /ə'trækt/ v [tr] **1** atraer | **to be attracted to sb** sentirse atraído -a por alguien **2** **to attract attention** llamar la atención: *I was trying not to attract attention.* Trataba de no llamar la

atención. | **to attract sb's attention** atraer, llamar la atención de alguien: *I tried to attract the waiter's attention.* Traté de llamar la atención del mesero.

attraction /ə'trækʃən/ s **1** atracción **2** atractivo

attractive /ə'træktɪv/ adj atractivo -a

attribute¹ /'ætrəbjut/ s atributo

attribute² /ə'trɪbjut/ v (formal) **to attribute sth to sth/sb** atribuirle algo a algo/alguien

aubergine /'oʊbərʒin/ s BrE berenjena
▶ En inglés americano se usa **eggplant**

auburn /'ɔbərn/ adj (de color) caoba

auction /'ɔkʃən/ *sustantivo & verbo*
- *s* subasta, remate
- *v* [tr] subastar, rematar

auctioneer /ɔkʃə'nɪr/ s subastador -a, rematador -a

audible /'ɔdəbəl/ adj audible

audience /'ɔdiəns/ s **1** (en un teatro, sala de conciertos, etc.) público **2** (de un programa de radio o TV) audiencia **3** (con un monarca, el Papa, etc.) audiencia

audiovisual /ˌɔdioʊ'vɪʒuəl/ adj audiovisual

audit /'ɔdɪt/ *sustantivo & verbo*
- *s* auditoría
- *v* [tr] auditar

audition /ɔ'dɪʃən/ *sustantivo & verbo*
- *s* prueba, audición
- *v* **1** [intr] presentarse a una prueba/una audición **2** [tr] hacerle una prueba/una audición a

auditorium /ɔdɪ'tɔriəm/ s (pl **auditoria**, o **auditoriums** /-riə/) auditorio

August /'ɔgəst/ s agosto ▶ ver "Active Box" **months** en **month**

aunt /ænt/ s tía

auntie, también **aunty** /'ænti/ s (informal) tía

au pair /oʊ 'per/ s

Así se le llama al joven, generalmente una muchacha, que vive un tiempo con una familia en un país extranjero para aprender el idioma. Los **au pairs** reciben alojamiento gratis y una pequeña mensualidad a cambio de ocuparse del cuidado de los niños y ayudar en las tareas de la casa.

austere /ɔ'stɪr/ adj austero -a

austerity /ɔ'sterəti/ s austeridad

Australia /ɔ'streɪljə/ s Australia

Australian /ɔ'streɪljən/ adj & s australiano -a

Austria /'ɔstriə/ s Austria

Austrian /'ɔstriən/ adj austríaco -a

authentic /ɔ'θentɪk/ adj auténtico -a

authenticity /ɔθən'tɪsəti/ s autenticidad

author /'ɔθər/ s autor -a, escritor -a

authoritarian /əˌθɔrə'teriən/ adj autoritario -a

authoritative /ə'θɒrəteɪtɪv/ adj **1** de gran autoridad [texto, obra] **2** fidedigno -a [fuente] **3** an authoritative voice/manner una voz/una actitud que denota autoridad

authority /ə'θɒrəti/ s (pl -ties) **1** (de una persona) autoridad **2** (organismo) autoridad | the authorities las autoridades **3** (experto) autoridad: one of the world's greatest authorities on tropical diseases una de las grandes autoridades mundiales en materia de enfermedades tropicales

authorization, -isation BrE /,ɔːθərə'zeɪʃən/ s autorización

authorize, -ise BrE /'ɔːθəraɪz/ v [tr] autorizar: I'm not authorized to sign checks. No estoy autorizada para firmar cheques.

autobiographical /,ɔːtəbaɪə'ɡræfɪkəl/ adj autobiográfico -a

autobiography /,ɔːtəbaɪ'ɒɡrəfi/ s (pl -phies) autobiografía

autograph /'ɔːtəɡræf/ s autógrafo

automatic /ɔːtə'mætɪk/ adjetivo & sustantivo
- adj automático -a
- s **1** automática [arma] **2** automático [coche con transmisión automática]

automation /ɔːtə'meɪʃən/ s automatización

automobile /'ɔːtəmə'biːl/ s AmE coche, carro, automóvil

autonomous /ɔː'tɒnəməs/ adj autónomo -a

autopsy /'ɔːtɒpsi/ s (pl -sies) autopsia

autumn /'ɔːtəm/ s **1** otoño ▶ En inglés americano se usa más **fall** ▶ ver "Active Box" **seasons** en **season** **2** [delante de otro sustantivo] otoñal, de otoño: typical autumn weather típico tiempo otoñal

auxiliary /ɔːɡ'zɪliəri/ adjetivo & sustantivo
- adj **1** auxiliar **2** auxiliary nurse auxiliar de enfermería **3** auxiliary verb (verbo) auxiliar
- s (pl -ries) ayudante, asistente

avail /ə'veɪl/ s to no avail en vano

availability /ə,veɪlə'bɪləti/ s **1** (de una persona) disponibilidad **2** the availability of sth la disponibilidad de algo [de un producto, un servicio], las posibilidades de acceso a algo [a un producto, un servicio]

available /ə'veɪləbəl/ adj **1** disponible: The shirt is available in black, white and cream. La camisa está disponible en negro, blanco y color crema. | They are readily available in any supermarket. Se consiguen fácilmente en cualquier supermercado. **2** disponible [asiento, espacio, etc.] **3** to be available estar libre/disponible [persona]

avalanche /'ævəlæntʃ/ s avalancha

avant-garde /,ævænt'ɡɑrd/ adj de vanguardia

avenue /'ævənu/ s **1** avenida **2** camino [posibilidad]

average /'ævrɪdʒ/ adjetivo, sustantivo & verbo
- adj **1** promedio, medio -a: His average speed was 110 mph. Iba a una velocidad promedio de 110 millas por hora. | the average family la familia media/la familia típica **2** mediocre, regular
- s promedio, media | on average en promedio
- v [tr] consumir, hacer etc. como promedio: I average about five cups of coffee a day. Me tomo, en promedio, cinco tazas de café al día.
  average out to average out at 15%/$100 a week etc. dar un promedio del 15%/de $100 por semana etc. average sth out calcular el promedio de algo

aversion /ə'vɜrʒən/ s aversión

avert /ə'vɜrt/ v [tr] **1** evitar [una crisis, una tragedia, etc.] **2** to avert your eyes/gaze apartar la vista/la mirada

aviation /eɪvi'eɪʃən/ s aviación

avid /'ævɪd/ adj ávido -a

avocado /,ævə'kɑdou/, también **avocado pear** s aguacate

avoid /ə'vɔɪd/ v [tr] **1** evitar | to avoid doing sth evitar hacer algo: I avoid going shopping on Saturdays. Evito ir de compras los sábados. **2** esquivar: The car swerved to avoid a dog. El coche viró bruscamente para esquivar un perro.

await /ə'weɪt/ v [tr] (formal) **1** aguardar, estar a la espera de **2** esperar

awake /ə'weɪk/ adjetivo & verbo
- adj **1** to be/stay awake estar/quedarse despierto -a | to keep sb awake no dejar dormir a alguien | to lie awake no poder dormirse **2** to be awake to sth estar/ser consciente de algo
- v (pasado awoke, participio awoken) (literario) **1** [intr] despertarse **2** [tr] despertar

awaken /ə'weɪkən/ v [tr] (literario) despertar [sospechas, interés, etc.]

award /ə'wɔrd/ verbo & sustantivo
- v [tr] **1** otorgar [un premio, un título, etc.] | to award sb sth otorgarle algo a alguien | to be awarded sth obtener/recibir algo **2** conceder [una indemnización]
- s **1** premio, galardón **2** indemnización [concedida en un juicio]

aware /ə'wer/ adj **1** to be aware of sth estar consciente de algo: He wasn't aware of the danger. No estaba consciente del peligro. | to be aware (that) saber que, estar consciente de que: I wasn't aware that I was doing anything wrong. No sabía que estaba haciendo algo que no debía. | not that I'm aware (of) que yo sepa, no **2** to become aware of sth darse cuenta de algo, tomar conciencia de algo **3** politically/environmentally etc. aware con conciencia política/ecológica etc.

awareness /ə'wernəs/ s conciencia [de un tema, un problema]

away /ə'weɪ/ adv & adj ▶ ver recuadro en página 26

ⓘ ¿Sabes cómo funcionan los **phrasal verbs**? Lee la explicación en el apartado de gramática.

away

ADVERBIO

1 ALEJAMIENTO

He walked slowly away. Se fue caminando lentamente. | *Go away!* ¡Vete! | *Keep away from the fire.* No te acerques al fuego.

2 DISTANCIA, TIEMPO

The beach is only five miles away. La playa queda a sólo cinco millas. | *Your birthday is only two weeks away.* Faltan sólo dos semanas para tu cumpleaños. | *to play away* jugar de visitante

3 AUSENCIA

She was away from school for a week. Faltó a la escuela durante una semana. | *I watered their plants while they were away.* Les regué las plantas mientras no estuvieron.

4 DESAPARICIÓN

The water had boiled away. El agua había hervido hasta consumirse.

5 ACCIÓN CONTINUA

I could hear him singing away in the bathroom. Lo oía cantando sin parar en el baño.

6 away también forma parte de varios **phrasal verbs** como **put away**, **give away**, etc. Éstos están tratados bajo el verbo correspondiente

ADJETIVO

away game partido de visitante | **away team** equipo visitante

---

awe /ɔ/ *s* respeto profundo | **to be in awe of sth/sb** sentirse intimidado -a por algo/alguien

awesome /'ɔsəm/ *adj* **1** (informal) fantástico -a, buenísimo -a **2** impresionante, imponente

awful /'ɔfəl/ *adj* **1** espantoso -a, horrible **2** (usado para enfatizar): *I felt like an awful fool.* Me sentí terriblemente tonta. | *I have an awful lot of work to do.* Tengo muchísimo trabajo que hacer. **3 to feel awful** sentirse muy mal | **to look awful** tener muy mala cara

awfully /'ɔfli/ *adv* adverbio usado para enfatizar: *I'm awfully sorry.* Lo siento muchísimo. | *It's awfully good of you.* Es muy amable de su parte.

awkward /'ɔkwərd/ *adj* **1** incómodo -a [pregunta, situación, etc.] **2** inoportuno -a [momento] **3** torpe [movimiento, además] **4** (expresando dificultad): *The village is awkward to get to.* Es complicado llegar al pueblo. **5** difícil [persona]

awoke /ə'wəʊk/ pasado de **awake**

awoken /ə'wəʊkən/ participio de **awake**

axe, también **ax** AmE /æks/ *sustantivo & verbo*
- *s* **1** hacha **2 to get the axe** (informal) ser eliminado -a [puesto de trabajo], ser cancelado -a [proyecto, servicio]
- *v* [tr] **1** eliminar [puestos de trabajo] **2** cancelar [un proyecto, un servicio]

axis /'æksɪs/ *s* (pl **axes**) eje

axle /'æksəl/ *s* eje [de un vehículo]

B¹ (, b) /biː/ s (letra) B, b ▶ ver "Active Box" **letters** en **letter**

B² s **1** (nota musical) si **2** calificación usada en exámenes, trabajos escolares, etc. ▶ ver recuadro en **grade**

B&B /ˌbiː ən ˈbiː/ ▶ ver **bed and breakfast**

B.A., también **BA** /biː ˈeɪ/ s (= **Bachelor of Arts**)

> Así se le llama al título que otorga una universidad en una carrera humanística tras un curso de tres o cuatro años de duración. Equivale aproximadamente a una licenciatura:
> *She has a B.A. in History.* Es licenciada en Historia.

baby /ˈbeɪbi/ s (pl -bies) **1** bebé | **a baby boy** un niño | **a baby girl** una niña **2** AmE (informal) cariño, mi amor [al dirigirse a la pareja]

'baby ˌcarriage s AmE carriola, carreola

babysit /ˈbeɪbisɪt/ v (gerundio -sitting, pasado & participio -sat) cuidar niños | **to babysit for sb** cuidarle los niños a alguien

babysitter /ˈbeɪbiˌsɪtər/ s baby sitter, niñero -a

bachelor /ˈbætʃələr/ s soltero | **an eligible bachelor** un buen partido

back /bæk/ sustantivo, adverbio, verbo & adjetivo

■ s **1** espalda | **to lie on your back** acostarse/ estar acostado -a boca arriba
2 columna (vertebral)
3 (de un vehículo, un edificio) parte de atrás
4 (de un salón, una casa) fondo: *a small store with an office in the back* una pequeña tienda con una oficina al fondo | **around/out back** AmE (informal), **round/out the back** BrE en el fondo, atrás
5 (de un asiento) respaldo
6 (de un papel, un cheque, etc.) parte de atrás, dorso: *Please write your name on the back.* Por favor escriba su nombre al dorso.
7 (de un libro) final: *at the back of the book* al final del libro
8 back to back (a) espalda contra espalda **(b)** con los respaldos tocándose **(c)** uno -a detrás del otro/de la otra
9 back to front al revés [con la parte de adelante para atrás]
10 behind sb's back a espaldas de alguien
11 at/in the back of my mind rondándome la cabeza: *The idea is always at the back of my mind.* Esa idea siempre me está rondando la cabeza.
12 get off my back! (informal) ¡deja/dejen de fastidiar!
13 to be on sb's back (informal) estar encima de alguien, no dejar a alguien en paz
14 to have your back to/against the wall estar entre la espada y la pared
■ adv ▶ ver recuadro
■ v **1** [tr] apoyar
2 [tr] financiar
3 [intr] retroceder: *He backed into the corner.* Retrocedió hasta el rincón. | *I backed out of the garage.* Salí del garage en reversa.
4 [tr] apostar a
back away retroceder
back down dar marcha atrás, desistir
back off no meterse
back onto sth (referido a un edificio) *The house backs onto a golf course.* La parte de atrás de la casa da a un campo de golf.
back out echarse para atrás, dar marcha atrás | **to back out of a deal/agreement etc.** no seguir adelante con un trato/un acuerdo etc.
back sth up 1 respaldar algo **2** (en computación) hacer una copia de seguridad de algo **back sb up** apoyar a alguien
■ adj **1** de atrás: *the back door* la puerta de atrás | *the back page* la última página
2 a back issue/number un número/ejemplar atrasado

backache /ˈbækeɪk/ s dolor de espalda

backbone /ˈbækboʊn/ s **1** columna (vertebral), espina dorsal **2** fortaleza

backfire /ˈbækfaɪr/ v [intr] tener el efecto opuesto al que uno busca: *His plan backfired (on him).* Le salió el tiro por la culata.

---

back *adverbio*

1 VUELTA A UNA CONDICIÓN ANTERIOR
He'll be back in an hour. Regresará en una hora. | *I couldn't get back to sleep.* No me pude volver a dormir.

2 DIRECCIÓN (= (para/hacia) atrás)
I didn't look back. No miré (para) atrás. | *He took a few steps back.* Dio unos pasos atrás.

3 RESPUESTA O REACCIÓN
He hit me, so I hit him back. Me pegó, entonces yo le pegué. | *Can you ask her to call me back?* ¿Le puede decir que me llame?

4 REFERIDO AL PASADO
back in the fifties allá por los años cincuenta | **three years/two months etc. back** hace tres años/dos meses etc.

5 EN EL ESPACIO
back and forth de aquí para allá

6 El adverbio **back** también forma parte de varios **phrasal verbs** como **put back**, **give back**, etc. Éstos están tratados bajo el verbo correspondiente.

ⓘ ¿Quieres una lista de frases útiles para hablar de ti mismo? Consulta la **guía de comunicación** al final del libro.

background /'bækgraʊnd/ s **1** Este término puede hacer referencia tanto a los orígenes de una persona o el ámbito social del cual proviene como a su formación o experiencia profesional: *He comes from a working-class background.* Se crió en un ambiente de clase trabajadora. | *His background is in computers.* Su experiencia profesional es en informática. **2** fondo | **in the background (a)** al fondo, en el fondo **(b)** en segundo plano

backing /'bækɪŋ/ s **1** apoyo, respaldo **2** apoyo, acompañamiento [en música]

backlash /'bæklæʃ/ s reacción (violenta)

backlog /'bæklɔg/ s trabajo atrasado acumulado: *We have an enormous backlog of orders.* Tenemos una enorme cantidad de pedidos pendientes. | *It will take a while to clear the backlog.* Va a llevar un tiempo ponerse al día con el trabajo.

backpack /'bækpæk/ *sustantivo & verbo*
■ s mochila
■ v **to go backpacking** viajar con mochila

,back 'seat s **1** asiento trasero, asiento de atrás **2** to take a back seat quedar relegado -a a un segundo plano

backside /'bæksaɪd/ s (informal) trasero

backstage /bæk'steɪdʒ/ *adv* entre bastidores, entre bambalinas

backstroke /'bækstroʊk/ s (estilo) dorso

backup /'bækʌp/ s **1** copia (de seguridad) **2** refuerzo, apoyo

backward /'bækwərd/ *adjetivo & adverbio*
■ adj **1** (hacia) atrás | **without a backward glance** sin mirar atrás **2** atrasado -a, retrasado -a
■ adv (también **backwards**) **1** (hacia) atrás: *a step backward* un paso atrás **2** al revés **3** backward and forward para atrás y para adelante, hacia atrás y hacia adelante

backyard /bæk'jɑrd/ s **1** AmE jardín [de atrás de una casa] **2** patio (de atrás)

bacon /'beɪkən/ s tocino

bacteria /bæk'tɪriə/ s pl bacterias

bad /bæd/ adj (comp **worse**, superlativo **worst**) **1** (desagradable) malo -a: *bad news* malas noticias | *a bad smell* mal olor **2** (de bajo nivel) malo -a: *a bad teacher* un mal profesor | **to be bad at sth** ser malo -a para/en algo **3** (nocivo) **to be bad for sth/sb** ser malo -a para algo/alguien, hacerle mal a algo/alguien: *Smoking is bad for your health.* Fumar es malo para la salud. **4** (serio, intenso) **bad wound/accident etc.** una herida/un accidente etc. grave | **a bad cold/headache etc.** un resfriado/dolor de cabeza etc. fuerte **5** (moralmente) malo -a **6** to go bad pudrirse, echarse a perder [alimentos] **7** not bad **(a)** (aceptable): *"How was the food?" "Not bad."* –¿Qué tal estuvo la comida? –No estuvo mal. **(b)** (bastante bueno): *That's not bad for a beginner.* No está nada mal para un principiante. **8** too bad **(a)** (expresando pena): *It's*

too bad you couldn't come to the party. ¡Qué lástima que no pudiste venir a la fiesta! **(b)** (expresando irritación) mala suerte: *"I don't have an umbrella." "Too bad. You'll have to get wet."* –No tengo paraguas. –Mala suerte. Tendrás que mojarte. **9** (culpable) **to feel bad about doing sth** sentirse mal por haber hecho algo **10** to have a bad heart/back etc. tener problemas de corazón/de espalda etc., estar malo -a del corazón/de la espalda etc.

badge /bædʒ/ s **1** (de un policía) placa **2** (de metal, prendido con alfiler) pin, botón **3** BrE (de un colegio, un club, etc.) escudo, insignia
▶ En inglés americano se usa **patch**

badger /'bædʒər/ s tejón

badly /'bædli/ adv (comparativo **worse**, superlativo **worst**) **1** (no bien) mal: *a badly written book* un libro mal escrito | *She did really badly on her exams.* Le fue realmente mal en los exámenes. **2** (muy): *The car was not badly damaged.* El carro no sufrió muchos daños. | *Two people were badly injured.* Dos personas resultaron gravemente heridas. | **to be badly in need of sth** tener mucha necesidad de algo, necesitar algo con urgencia | **to go badly wrong** salir muy mal

badminton /'bædmɪntən/ s bádminton

,bad-'tempered adj **1** (en una situación concreta) de mal humor, de mal genio **2** (como característica permanente) de mal carácter, de mal genio

shuttlecock
racket
badminton

baffle /'bæfəl/ v [tr] desconcertar, dejar perplejo -a

baffling /'bæflɪŋ/ adj desconcertante, incomprensible

bag /bæg/ s **1** bolsa: *a plastic bag* una bolsa de plástico **2** saco, costal: *a bag of rice* un saco de arroz **3** (de mujer) bolsa **4** maleta **5** bags under the/your eyes bolsas (debajo de los ojos) **6** bags of sth BrE (informal) un montón de algo

baggage /'bægɪdʒ/ s equipaje

baggy /'bægi/ adj (-ggier, -ggiest) holgado -a, guango -a: *baggy pants* pantalones holgados/pantalones guangos

bagpipe /'bægpaɪp/, también **bagpipes** s gaita [instrumento musical]

bail /beɪl/ *sustantivo & verbo*
■ s libertad bajo fianza | **to be released on bail** quedar en libertad bajo fianza
■ v **bail sb out** sacar a alguien de apuros

bait /beɪt/ s **1** carnada, cebo **2** (para atraer a alguien) señuelo | **to take the bait** morder el anzuelo, caer en la trampa

bake /beɪk/ v **1** [intr] hacer pan, pasteles, etc. **2** [tr] hacer [pan, pasteles, etc.], hornear

,baked 'beans s frijoles en salsa de tomate dulce, normalmente enlatados

baker /'beɪkər/ s **1** panadero -a **2** baker's BrE panadería ▶ En inglés americano se usa bakery

bakery /'beɪkəri/ s (pl -ries) panadería

balance /'bæləns/ sustantivo & verbo
■ s **1** (estabilidad) equilibrio | to keep/lose your balance mantener/perder el equilibrio **2** (entre distintos factores) equilibrio **3** (de una cuenta bancaria) saldo **4** (para pesar) balanza **5 on balance** teniéndolo todo en cuenta **6 to be/hang in the balance** pender de un hilo, estar en la cuerda floja
■ v **1** [intr] mantener el equilibrio | to balance on sth hacer equilibrio en/sobre algo **2** [tr] mantener el equilibrio entre **3 to balance sth against sth** sopesar algo con algo **4 to balance the books/budget** equilibrar las cuentas/el presupuesto

balanced /'bælənst/ adj equilibrado -a, ecuánime | **a balanced diet** una dieta balanceada/equilibrada

balcony /'bælkəni/ s balcón

bald /bɔld/ adj calvo -a, pelón -ona | **to go bald** quedarse calvo -a, quedarse pelón -ona

ball /bɔl/ s **1** pelota: a tennis ball una pelota de tenis **2** bola: a ball of wool una bola de estambre **3** baile [formal] **4 to be on the ball** (informal) estar atento -a/despierto -a **5 to have a ball** (informal) pasarla muy bien **6 to get/start the ball rolling** (informal) poner las cosas en marcha

ballad /'bæləd/ s balada, canción

ballerina /bælə'rinə/ s bailarina [de ballet]

ballet /bæ'leɪ, BrE 'bæleɪ/ s ballet

'ball game s **1** AmE partido [de beisbol, basquetbol o futbol] **2 a whole new ball game/a different ball game** otra historia

balloon /bə'lun/ s **1** (juguete) globo **2** (aerostático) globo

ballot /'bælət/ sustantivo & verbo
■ s **1** votación **2 ballot box** urna **ballot paper** boleta (electoral), papeleta
■ v [tr] llamar a votar

ballpark /'bɔlpɑrk/ s AmE **1** estadio/parque de beisbol **2 a ballpark figure** una cifra aproximada

ballpoint pen /,bɔlpɔɪnt 'pen/, también **ballpoint** /'bɔlpɔɪnt/ s pluma atómica, bolígrafo

ballroom /'bɔlrum/ s salón de baile

bamboo /bæm'bu/ s bambú

ban /bæn/ sustantivo & verbo
■ s prohibición: a ban on nuclear testing una prohibición de la realización de pruebas nucleares
■ v [tr] (-nned, -nning) prohibir | **to ban sb from doing sth** prohibirle a alguien hacer algo

banana /bə'nænə/ s plátano

band /bænd/ s **1** (de músicos) banda, grupo (musical) | **rock/jazz etc. band** banda de rock/jazz etc., grupo de rock/jazz etc. **2** (group) grupo (de ladrones, terroristas) banda, pandilla **3** (de tela) tira, faja ▶ ver también **rubber band**

bandage /'bændɪdʒ/ sustantivo & verbo
■ s venda
■ v [tr] vendar

Band-Aid® /'bænd eɪd/ s AmE curita®

bandit /'bændɪt/ s bandido -a, bandolero -a

bandwagon /'bændwægən/ s **to jump/climb on the bandwagon** subirse al carro/al tren [unirse a una corriente exitosa]

bang /bæŋ/ verbo, sustantivo, adverbio & interjección
■ v **1** [intr] hacer ruido: Who's banging next door? ¿Quién está haciendo ruido al lado? | **to bang on sth** golpear algo: She was banging on the door with her fists. Estaba golpeando la puerta con los puños. **2** [tr] (hacer ruido golpeando algo): He banged the phone down. Colgó el teléfono dando un golpe. | **to bang sth on sth** golpear algo en algo **3** [intr] golpearse [puerta, ventana, etc.] **4** [tr] darse un golpe en: I banged my head on the corner of the cupboard. Me di un golpe en la cabeza con la punta del armario.
■ s **1** explosión, estallido **2** golpe
■ adv (informal) justo, exactamente | **bang in the middle** justo en medio | **bang on time** a la hora exacta
■ interj ¡pum!

banger /'bæŋər/ s BrE (informal) **1** carchacha [coche viejo] **2** cohete, petardo **3** salchicha

bangs /bæŋz/ s pl AmE fleco, flequillo

banish /'bænɪʃ/ v [tr] **1 to banish sb from sth** expulsar/correr a alguien de algo | **to banish sb to Siberia/to an island etc.** desterrar a alguien a Siberia/a una isla etc. **2** hacer desvanecer/desaparecer

banister /'bænəstər/ s barandal

bank /bæŋk/ sustantivo & verbo
■ s **1** banco [institución, sucursal] **2** orilla, ribera [de un río]
■ v **1** [tr] depositar [en el banco] **2 to bank with National/First City etc.** tener una cuenta en National/First City etc., ser cliente de National/First City etc.
bank on sth dar algo por sentado, contar con algo

banker /'bæŋkər/ s banquero -a

,bank 'holiday s BrE (día) feriado

banknote /'bæŋknoʊt/ s billete (de banco)

bankrupt /'bæŋkrʌpt/ adjetivo & verbo
■ adj en quiebra, en bancarrota | **to go bankrupt** ir a la quiebra, quebrar
■ v [tr] llevar a la quiebra/a la bancarrota

bankruptcy /'bæŋkrʌptsi/ s (pl -cies) quiebra, bancarrota

banner /'bænər/ s pancarta

banquet /'bæŋkwɪt/ s banquete

baptism /'bæptɪzəm/ s bautizo, bautismo

baptize, -ise BrE /'bæptaɪz/ v [tr] bautizar

bar /bɑr/ sustantivo, verbo & preposición
- s **1** (establecimiento) bar **2** (mostrador) barra **3** (de metal, madera) barra **4** a bar of chocolate una barra/tablilla de chocolate, un chocolate **5** a bar of soap un jabón, una pastilla/ barra de jabón **6** (de una ventana) reja **7** (de una cárcel) barrote | behind bars tras las rejas **8** (en música) compás
- v [tr] (-rred, -rring) **1** prohibirle la entrada a, no admitir: He was barred from the club. Se le prohibió la entrada al club. **2** to bar sb from doing sth prohibirle a alguien hacer algo **3** atrancar [una puerta, una ventana] **4** bloquear [el paso, una calle] **5** to bar sb's way cerrarle el paso a alguien
- prep salvo, excepto

barbarian /bɑr'beriən/ s bárbaro -a

barbaric /bɑr'bærɪk/ adj salvaje, brutal

barbecue /'bɑrbɪkju/ s **1** parrillada, asado **2** parrilla

barbed 'wire, también **barb wire** AmE s alambre de púas

barber /'bɑrbər/ s **1** peluquero [de hombres] **2** barber's BrE peluquería [de hombres] ► En inglés americano se usa **barbershop**

barbershop /'bɑrbər,ʃɑp/ s AmE peluquería [de hombres]

barbecue

'bar chart s gráfica de barras

bare /ber/ adjetivo & verbo
- adj **1** desnudo -a, descubierto -a | in/with bare feet descalzo -a **2** (sin vegetación, sin adorno) pelón -ona, desnudo -a: The walls were completely bare. Las paredes estaban totalmente pelonas. **3** (básico, esencial): Sam does the bare minimum of work. Sam trabaja lo estrictamente necesario. | the bare essentials/ necessities lo mínimo indispensable **4** with your bare hands con las manos, sin herramientas ni armas
- v **1** to bare your teeth mostrar los dientes **2** to bare your breast/chest descubrirse el pecho

barefoot /'berfʊt/ adj & adv descalzo -a

barely /'berli/ adv apenas: I could barely stay awake. Apenas podía mantenerme despierto.
► **Barely** va antes del verbo principal y después del primer modal o auxiliar, si los hay

bargain /'bɑrgən/ sustantivo & verbo
- s **1** ganga: This skirt was a real bargain. Esta falda fue una verdadera ganga. **2** acuerdo | to make/strike a bargain hacer un trato, llegar a un acuerdo **3** into the bargain por si fuera poco: She's beautiful, rich, and smart into the bargain. Es preciosa, rica y, por si fuera poco, inteligente.
- v [intr] regatear, negociar
  bargain for sth 1 contar con algo: We didn't bargain for the cold weather. No contábamos con que iba a hacer frío. **2** more than I/you etc. bargained for He got more than he bargained for. Fue peor de lo que esperaba.

bargaining /'bɑrgənɪŋ/ s **1** negociaciones, tratativas **2** regateo

barge /bɑrdʒ/ sustantivo & verbo
- s barcaza
- v to barge into a room/house etc. irrumpir en un cuarto/una casa etc.
  barge in entrar como una tromba

baritone /'bærətoʊn/ s barítono

bark /bɑrk/ verbo & sustantivo
- v [intr] ladrar
- s **1** ladrido **2** corteza [de un árbol]

barley /'bɑrli/ s cebada

barmaid /'bɑrmeɪd/ s BrE mujer que atiende en la barra de un bar

barman /'bɑrmən/ s (pl -men) BrE barman

barn /bɑrn/ s **1** (para granos, forraje) granero **2** (para animales) establo

barometer /bə'rɑmətər/ s barómetro

barracks /'bærəks/ s cuartel

barrage /bə'rɑʒ, BrE 'bærɑʒ/ s a barrage of criticism/questions etc. una andanada de críticas/preguntas etc.

barrel /'bærəl/ s **1** barril **2** cañón [de un arma de fuego]

barren /'bærən/ adj **1** árido -a **2** estéril

barrette /bæ'ret/ s AmE broche [para el pelo]

barricade /'bærəkeɪd/ sustantivo & verbo
- s barricada
- v [tr] **1** cerrar con barricadas [una calle] **2** trancar [una puerta con muebles, etc.]

barrier /'bæriər/ s **1** barrera, valla (de contención) **2** a barrier to sth un obstáculo para algo

barrister /'bærəstər/ s abogado -a ► ver nota en **abogado -a**

barrow /'bæroʊ/ s carretilla [para transportar materiales, etc.]

bartender /'bɑrtendər/ s AmE persona que atiende en la barra de un bar

base /beɪs/ verbo & sustantivo
- v **1** to base sth on sth basar algo en algo: The film is based on her novel. La película está basada en su novela. **2** to be based in/at (a) tener su sede en (b) tener su oficina en

■ **s** **1** (parte de abajo) base **2** (de una lámpara) pie **3** (fundamento, punto de partida) base: *This village is a good base from which to explore the region.* Este pueblo es una buena base desde donde explorar la región. **4** (de una empresa, una organización) sede **5** (militar) base

baseball /'beɪsbɔl/ s **1** beisbol **2 baseball bat** bate de beisbol **baseball cap** gorra de beisbol **baseball player** beisbolista **baseball stadium** estadio de beisbol, parque de beisbol **baseball team** equipo de beisbol

basement /'beɪsmənt/ s sótano

bash /bæʃ/ *verbo & sustantivo*
■ **v** [tr] (3ª pers sing **-shes**) (informal) golpear, pegarle a | **to bash sb's head in** romperle la cara a alguien
■ **s** (pl **-shes**) **1** fiesta **2 to have a bash** BrE probar, hacer la prueba | **to have a bash at sth** BrE tratar de hacer algo

basic /'beɪsɪk/ *adj* **1** básico -a, fundamental: *the basic principles of mathematics* los principios básicos de las matemáticas **2** básico -a [conocimiento]: *My knowledge of German is pretty basic.* Mis conocimientos de alemán son bastante básicos. **3** rudimentario -a [herramienta, equipo] **4** sencillo -a, modesto -a [alojamiento]

basically /'beɪsɪkli/ *adv* **1** sencillamente: *Basically, I don't have enough money.* Sencillamente, no me alcanza el dinero. **2** esencialmente

basics /'beɪsɪks/ s pl **the basics (of sth)** lo básico/lo esencial (de algo)

basil /'beɪzəl, BrE 'bæzəl/ s albahaca

basin /'beɪsən/ s **1** cuenca [de un río] **2** BrE ► ver **sink** **3** BrE tazón ► En inglés americano se usa **bowl**

basis /'beɪsɪs/ s (pl **bases** /'beɪsiːz/) **1** base **2 on the basis of sth** sobre la base de algo, basado -a en algo **3 on a regular/daily etc. basis** regularmente/a diario etc.

basket /'bæskɪt/ s **1** canasta **2** (en basquetbol) canasta

basketball /'bæskɪtbɔl/ s **1** basquetbol **2 basketball court** cancha de basquetbol **basketball game** partido de basquetbol **basketball player** basquetbolista

bass /beɪs/ *sustantivo & adjetivo*
■ **s** **1** graves [en audio] **2** (también **bass guitar**) bajo **3** bajo [cantante] **4** contrabajo
■ **adj** **1** de bajo [voz] **2** bajo -a [instrumento] **3** grave [frecuencia, tono]

bat /bæt/ *sustantivo & verbo*
■ **s** **1** (de beisbol, cricket) bate **2** BrE (de tenis de mesa) raqueta ► En inglés americano se usa **paddle** **3** (animal) murciélago
■ **v** (**-tted, -tting**) **1** [intr] batear **2 not to bat an eyelid** ni pestañear, no inmutarse

baseball bat   golf club   tennis racket   pool cue

batch /bætʃ/ s (pl **-ches**) **1** (de trabajo, productos) lote **2** (de galletas, pan, etc.) tanda, hornada **3** (de personas) grupo, tanda

bath /bæθ/ *sustantivo & verbo*
■ **s** **1** baño [de tina] | **to take a bath** AmE, **to have a bath** BrE bañarse, darse un baño **2** BrE ► ver **bathtub**
■ **v** BrE **1** [tr] bañar **2** [intr] bañarse

bathe /beɪð/ *v* **1** [tr] lavar, enjuagar [una herida, los ojos] **2** [intr] bañarse [en la tina o en el mar, etc.]

bathrobe /'bæθroʊb/ s bata (de baño)

bathroom /'bæθrum/ s **1** (en una casa) (cuarto de) baño **2** AmE (en un lugar público) baño | **to go to the bathroom** ir al baño

bathtub /'bæθtʌb/ s AmE tina

baton /bæ'tan, BrE 'bætən/ s **1** (de director de orquesta) batuta **2** (en una carrera) testigo **3** (de policía) macana

battalion /bə'tæljən/ s batallón

batter /'bætər/ *sustantivo & verbo*
■ **s** **1** (para frituras) rebozado **2** (para hot cakes) masa, pasta
■ **v** **1 to batter (on) sth** aporrear algo: *They battered on the door.* Aporrearon la puerta. **2 to batter sb to death** matar a alguien a golpes

battered /'bætərd/ *adj* estropeado -a [mueble, maleta, etc.]

battery /'bætəri/ s (pl **-ries**) **1** batería [de coche] **2** pila, batería [para un juguete, un walkman]

battle /'bætl/ *sustantivo & verbo*
■ **s** **1** (entre ejércitos) batalla **2** (contra algo, entre rivales) lucha, batalla **3 to be fighting a losing battle** estar librando una batalla perdida
■ **v** **1 to battle with/against sth** luchar con/contra algo **2 to battle to do sth** luchar por hacer algo: *Doctors battled to save the boy's life.* Los médicos lucharon por salvarle la vida al niño. **3 to battle on** seguir luchando

battlefield /'bætlfild/, también **battleground** /'bætlgraʊnd/ s campo de batalla

battleship /'bætlʃɪp/ s acorazado

bawl /bɔl/ *v* **1** [tr/intr] vociferar, gritar **2** [intr] berrear

bay /beɪ/ s **1** bahía **2 to keep/hold sth at bay** contener algo, mantener algo a raya

'bay leaf s hoja de laurel

bayonet /'beɪənet/ s bayoneta

ⓘ ¿Se dice *I arrived in Miami* o *I arrived to Miami*? Mira la entrada **arrive**.

,bay 'window s ventana que sobresale de la pared, con tres lados acristalados

bazaar /bə'zɑr/ s **1** mercado, bazar [en un país oriental] **2** venta con fines benéficos

B.C., también **BC** /bi 'si/ (= before Christ) a.c.

be /bɪ, acentuado bi/ *verbo & verbo auxiliar*
▪ v **1** (descripciones) ser: *Laura is tall and thin.* Laura es alta y delgada. | *The game was exciting.* El partido fue apasionante.
2 (estado) estar: *She was very angry.* Estaba muy enojada. | **to be cold/hungry/thirsty etc.** tener frío/hambre/sed etc.: *I'm hot.* Tengo calor.
3 (posición) estar: *Where's Simon?* ¿Dónde está Simon? | *The children are upstairs.* Los niños están arriba.
4 (momento, lugar) ser: *The concert is on Saturday.* El concierto es el sábado. | *Where's the party?* ¿Dónde es la fiesta?
5 to have been to haber estado en: *I've never been to New York.* Nunca he estado en Nueva York. | **to have been** haber ido/venido: *He asked me if the doctor had been.* Me preguntó si había venido el médico.
6 (hora) ser: *What time is it?/What's the time?* ¿Qué hora es?/¿Qué horas son? | *It's five-thirty.* Son las cinco y media.
7 (edad): *How old are you?* ¿Cuántos años tienes? | *I'm twelve.* Tengo doce años.
8 (medidas) medir: *He's six feet tall.* Mide seis pies.
9 (profesiones) ser: *I'm a teacher.* Soy profesora.
10 (nacionalidades) ser: *Are you English?* ¿Usted es inglés? | *Where is she from?* ¿De dónde es?
11 (con "it", para identificarse): *Hello, it's Jane.* Hola, habla Jane. | *Who is it?* ¿Quién es?
12 (precios, costos): *How much is this shirt?* ¿Cuánto cuesta esta camisa? | *The CDs were $15 each.* Los CDs estaban a $15 cada uno.
13 there is/are hay: *There's a chicken in the oven.* Hay un pollo en el horno. | **there was/were** había, hubo: *Was there anyone at home?* ¿Había alguien en casa?
14 (instrucciones, órdenes): *Be good!* Pórtate bien. | *Be quiet!* ¡Cállate! | *Be careful.* Ten cuidado.
15 (tiempo, clima): *It's cold today.* Hace frío hoy. | *It was very windy.* Había mucho viento.
▪ v aux **1** (con el gerundio, para referirse a lo que está o estaba sucediendo) estar: *What are you doing?* ¿Qué estás haciendo? | *Jane was reading by the fire.* Jane estaba leyendo junto al fuego.
2 (con el gerundio, para referirse al futuro): *We're leaving tomorrow.* Nos vamos mañana. | *Are you going to the game?* ¿Vas a ir al partido?
3 (con el participio, en la voz pasiva): *Smoking is not permitted.* Está prohibido fumar. | *They were killed in a car accident.* Se mataron en un accidente automovilístico. | *I wasn't invited to the party.* No me invitaron a la fiesta.
4 (seguido de un infinitivo, en órdenes, reglas): *The children are to be in bed by ten.* Los niños tienen que estar en la cama antes de las diez.

beach /bitʃ/ s (pl beaches) playa: *We had a picnic on the beach.* Hicimos un picnic en la playa.

beacon /'bikən/ s **1** baliza, boya **2** radiofaro **3** fogata [en un lugar elevado]

bead /bid/ s **1** cuenta [de un collar, un rosario] **2** gota [de sudor o de rocío]

beak /bik/ s pico [de un pájaro]

beaker /'bikər/ s taza alta sin asa, generalmente de plástico

beam /bim/ *sustantivo & verbo*
▪ s **1** haz de luz [de una linterna, un reflector, etc.] **2** rayo [de luz, de radiación] **3** viga **4** sonrisa (radiante)
▪ v **1** [intr] sonreír (de oreja a oreja): *He beamed at me.* Me sonrió radiante. **2** [tr] transmitir [un programa, una señal]: *The program was beamed around the world.* El programa se transmitió a todo el mundo.

bean /bin/ s **1** frijol **2** ejote **3** grano [de café, cacao] ▶ ver también **broad bean, fava bean**

bear /ber/ *sustantivo & verbo*
▪ s oso -a
▪ v [tr] (pasado bore, participio borne) **1** aguantar, soportar: *I can't bear people smoking while I'm eating.* No soporto que la gente fume mientras estoy comiendo. **2** resistir [un peso] **3** to bear left/right dar vuelta a la izquierda/a la derecha **4** to bear (the) responsibility for sth ser responsable de algo, responsabilizarse por algo **5** to bear the cost/expense (formal) cargar con el costo/los gastos **6** bear with me espérame un momento **7** (formal) tener [firma, marca, etc.] **8** (formal) dar a luz [hijos] ▶ ver también **grudge, mind, resemblance**
bear down on sb venirse encima a alguien
bear sth out confirmar algo

bearable /'berəbəl/ adj tolerable, soportable

beard /bɪrd/ s barba

bearded /'bɪrdɪd/ adj con barba

bearer /'berər/ s **1 to be the bearer of good/bad news** ser portador -a de buenas/malas noticias **2** persona que lleva o ayuda a llevar algo

bearing /'berɪŋ/ s **1 to have a bearing on sth** ser relevante para algo, incidir en algo **2 to get/find your bearings** orientarse, ubicarse | **to lose your bearings** desorientarse

beast /bist/ s **1** bestia, animal **2** bruto -a

beat /bit/ *verbo & sustantivo*
▪ v (pasado beat, participio beaten /'bitn/) **1** [tr] ganarle a, derrotar: *My brother always beats me at tennis.* Mi hermano siempre me gana al tenis. **2** [tr] superar [una marca], batir [un récord] **3** to beat sb to it adelantársele a alguien **4** [tr] pegarle a: *He was beating the dog with a stick.* Le estaba pegando al perro con un palo. **5** [tr] tocar [un tambor] **6** [intr] golpear [lluvia], batir [olas]: *Rain was beating on the roof.* La lluvia golpeaba contra el techo.

7 [tr] batir [huevos, crema]
8 [intr] latir
9 [tr] (informal) ser mejor que: *It beats working in a bar!* ¡Es mejor que trabajar en un bar!
10 (it) beats me (informal) no tengo (ni) idea, no puedo entender: *"Why does he do it?" "Beats me." –¿Por* qué lo hace? –No tengo ni idea.
► ver también **track**
beat sb up darle una paliza a alguien, pegarle a alguien **beat up on sb** AmE darle una paliza a alguien, pegarle a alguien
■ s **1** (del corazón) latido
2 (de un tambor) redoble
3 ritmo: *a funky beat* un ritmo funk
4 tiempo [en un compás musical]
5 ronda [de un policía]

beautiful /'bjutəfəl/ *adj* precioso -a, hermoso -a: *It was a beautiful day.* Era un día precioso.

beautifully /'bjutəfli/ *adv* maravillosamente bien, magníficamente

beauty /'bjuti/ *s* (pl -ties) **1** (cualidad) belleza, hermosura **2** (persona, objeto) belleza **3 beauty queen** reina [en un concurso de belleza] **beauty parlor** AmE **beauty salon** salón de belleza **beauty spot** BrE lugar pintoresco

beaver /'bivər/ *s* castor

became /bɪ'keɪm/ pasado de **become**

because /bɪ'kɔz/ *conj* **1** porque: *She went to bed early because she was tired.* Se acostó temprano porque estaba cansada. **2 because of** por, a causa de: *We came home early because of the rain.* Volvimos a casa temprano por la lluvia. | *I missed the train because of you.* Se me fue el tren por tu culpa.

beckon /'bekən/ *v* [intr] hacer señas, [tr] hacerle señas a: *He beckoned to the attendant.* Le hizo señas al encargado. | *I beckoned her over.* Le hice señas para que se acercara.

become /bɪ'kʌm/ *v* [intr] (pasado **became**, participio **become**) ► ver recuadro

bed /bed/ *s* **1** cama: *a single bed* una cama individual | *a double bed* una cama matrimonial | *twin beds* camas gemelas | *He's still in bed.* Todavía no se ha levantado. | **to go to bed** acostarse, irse a la cama | **to get into bed** acostarse, meterse en la cama | **to make the/your bed** hacer la cama **2** lecho [de un río] **3** fondo [del mar o el océano] **4** arriate [sección de un jardín, etc. donde se plantan flores y arbustos]

bed and 'breakfast, también **B & B** /ˌbi ən 'bi/ *s*

> Así se le llama a una pensión o una residencia privada que ofrece alojamiento con desayuno. En Estados Unidos suelen ser elegantes y más caros que un hotel promedio mientras que en Gran Bretaña suelen ser más baratos que los hoteles.

become

1 Cuando va seguido de un adjetivo, **to become** generalmente equivale a *ponerse* o *hacerse*:

He becomes violent when he drinks. Se pone violento cuando bebe. | *It soon became obvious that she would not win.* Pronto se hizo evidente que no iba a ganar.

A veces **to become** + **adjetivo** corresponde en castellano a un verbo pronominal como *acostumbrarse, extinguirse*, etc.:

I gradually became accustomed to the idea. Poco a poco me fui acostumbrando a la idea. | *Dinosaurs became extinct millions of years ago.* Los dinosaurios se extinguieron hace millones de años.

2 Cuando va seguido de un sustantivo, **to become** generalmente equivale a *hacerse* o *convertirse en*:

We soon became friends. Pronto nos hicimos amigos. | *He became an accomplished musician.* Se convirtió en un músico consumado. | *William has become a father.* William ya es papá. | **what/whatever became of?** ¿qué se hizo de?/¿qué fue de la vida de?: *Whatever became of Kate?* ¿Qué fue de la vida de Kate? | **what will become of?** ¿qué va a ser de?: *What will become of him if I die?* ¿Qué va a ser de él si yo me muero?

bedclothes /'bedkloʊðz/ *s pl* ropa de la cama

bedding /'bedɪŋ/ *s* ropa de cama

bedroom /'bedrum/ *s* recámara

bedside /'bedsaɪd/ *s* **1** cabecera [usado a menudo al referirse a la cama de un enfermo]: *I spent the night at her bedside.* Pasé la noche junto a su cama/cabecera. **2 bedside table** buró, mesita de noche

bedsit /'bedsɪt/, también **bedsitter** /'bedsɪtər/ *s* BrE habitación alquilada que sirve de recámara, sala y cocina a la vez

bedspread /'bedspred/ *s* colcha

bedtime /'bedtaɪm/ *s* hora de acostarse

bee /bi/ *s* abeja

beech /bitʃ/ *s* **1** (también **beech tree**) (árbol) haya **2** (madera) haya

beef /bif/ *s* carne de res | **roast beef** rosbif

beefburger /'bifbɜrgər/, también **burger** /'bɜrgər/ *s* BrE hamburguesa ► También existe **hamburger**, que es inglés universal

beehive /'bihaɪv/ *s* colmena

been /bɪn/ participio de **be**

beep /bip/ *verbo & sustantivo*
■ *v* **1** [intr] hacer bip [un aparato electrónico] **2 to beep (your horn)** tocar/hacer sonar el claxon **3** [tr] mandarle un mensaje por bíper a
■ *s* **1** señal: *Please leave your message after the beep.* Por favor deje su mensaje después de la señal. **2** claxonazo

beeper /'bipər/ s bíper, radiolocalizador

beer /bɪr/ s cerveza: *Would you like another beer?* ¿Quieres otra cerveza?

beet /bit/ AmE, **beetroot** /'bitrut/ BrE s betabel

beetle /'bitl/ s escarabajo

before /bɪ'fɔr/ *preposición, adverbio & conjunción*
■ **prep 1** antes de, antes que: *before the end of the year* antes de fin de año | *He arrived home before me.* Llegó a casa antes que yo. | *Turn right just before you get to the intersection.* Dé vuelta a la derecha justo antes de llegar al cruce. **2** ante, delante de: *She knelt down before the altar.* Se arrodilló ante el altar. **3 to come before sth** estar antes que algo [en importancia]
■ **adv** antes: *a year before* un año antes | *We had been to Chile before.* Habíamos estado antes en Chile.
■ **conj 1** (en el tiempo) antes de que: *John wants to talk to you before you go.* John quiere hablarte antes de que te vayas. **2** (para impedir que pase algo) antes de que: *You'd better put your camera away before it gets stolen.* Más vale que guardes la cámara antes de que se la roben. **3 before you know it** antes de que te des cuenta: *It'll be dark before you know it.* Antes de que te des cuenta, ya va a ser de noche.

beforehand /bɪ'fɔrhænd/ *adv* antes, de antemano: *She had prepared everything beforehand.* Lo había preparado todo antes.

befriend /bɪ'frend/ v [tr] hacerse amigo -a de [de alguien que es nuevo en un lugar, necesita ayuda, etc.]

beg /beg/ v (-gged, -gging) **1** [tr] rogarle a: *I'm begging you for help.* Te ruego que me ayudes. | **to beg sb to do sth** rogarle a alguien que haga algo **2** [intr] rogar **3** [intr] pedir limosna, mendigar

began /bɪ'gæn/ pasado de **begin**

beggar /'begər/ s **1** limosnero, mendigo **2** BrE (informal) **a lucky/lazy etc. beggar** un suertudo/un vago etc.

begin /bɪ'gɪn/ v (pasado **began**, participio **begun**, gerundio **beginning**) **1** [tr/intr] empezar, comenzar: *The movie begins at 8 p.m.* La película empieza a las 8 de la noche. | *It began to rain.* Empezó a llover. | *I began working here in 1998.* Empecé a trabajar aquí en 1998. **2 to begin with (a)** para empezar, en primer lugar: *To begin with, you shouldn't take the car without asking.* Para empezar, no deberías llevarte el coche sin pedir permiso. **(b)** al principio: *To begin with, they were very enthusiastic.* Al principio estaban muy entusiasmados.

beginner /bɪ'gɪnər/ s principiante

beginning /bɪ'gɪnɪŋ/ s principio, comienzo: *It'll be ready at the beginning of next week.* Va a estar listo a principios de la semana que viene.

begrudge /bɪ'grʌdʒ/ v **to begrudge sb** envidiarle algo a alguien

beguile /bɪ'gaɪl/ v (formal) engatusar

begun /bɪ'gʌn/ participio de **begun**

behalf /bɪ'hæf/ s **on behalf of sb/on sb's behalf** de parte de alguien, en nombre de alguien

behave /bɪ'heɪv/ v **1** [intr] portarse, actuar: *She behaved bravely in a very difficult situation.* Se portó valientemente en una situación muy difícil. **2** [intr] comportarse, portarse: *Children these days just don't know how to behave.* Hoy en día los niños no saben cómo comportarse. **3 to behave yourself (a)** portarse bien: *If you behave yourself, I'll buy you an ice cream.* Si te portas bien, te compro un helado. **(b)** comportarse, portarse

behavior AmE, **behaviour** BrE /bɪ'heɪvjər/ s comportamiento, conducta | **good/bad behavior** buena/mala conducta

behead /bɪ'hed/ v [tr] decapitar

behind /bɪ'haɪnd/ *prep & adv* ▶ ver recuadro

beige /beɪʒ/ *adj & s* beige ▶ ver "Active Box" **colors** en **color**

being /'biɪŋ/ s **1** ser: *a human being* un ser humano **2 to come into being** nacer, ver la luz

belated /bɪ'leɪtɪd/ *adj* atrasado -a

belch /beltʃ/ v (3ª pers sing **-ches**) **1** [intr] eructar **2** [intr] salir [humo, fuego] **3** [tr] arrojar [humo, fuego]

Belgian /'beldʒən/ *adj & s* belga

Belgium /'beldʒəm/ s Bélgica

belief /bə'lif/ s **1** creencia, convicción | **contrary to popular belief** contrariamente a lo que la gente cree **2 beyond belief** increíblemente: *tired beyond belief* increíblemente cansados | *This is beyond belief!* ¡Esto es increíble! **3** fe, confianza

believable /bə'livəbəl/ *adj* creíble

believe /bə'liv/ v **1** [tr] (tomar como cierto) creer: *Don't believe everything you read.* No creas todo lo que leas. **2** [tr] (pensar) creer: *I believe she'll be back on Monday.* Creo que vuelve el lunes. **3** [intr] (ser creyente) creer, tener fe **4 believe it or not** aunque no lo crea(s) **5 can't/don't believe sth** (usado para expresar sorpresa): *I can't believe he's only 25!* ¡No puedo creer que sólo tiene 25 años!

believe in sth creer en algo: *Do you believe in ghosts?* ¿Tú crees en los fantasmas?

believer /bə'livər/ s **1** creyente **2 a firm/great believer in sth** un -a gran partidario -a de algo

bell /bel/ s **1** campana, timbre | **to ring the bell** tocar el timbre/la campana **2 it rings a bell** (informal) me suena (conocido -a): *Her name rings a bell.* Su nombre me suena.

belligerent /bə'lɪdʒərənt/ *adj* agresivo -a

bellow /'beloʊ/ v [tr/intr] gritar, vociferar

belly /'beli/ s (pl **-llies**) (informal) panza, barriga

belly button s (informal) ombligo

behind

▶ PREPOSICIÓN

1 POSICIÓN (= detrás de, atrás de)
The cat was hiding behind a tree. El gato estaba escondido atrás de un árbol. | *The park is **right behind** the supermarket.* El parque está justo detrás del supermercado.

2 RETRASO
*Work on the new building is three months **behind schedule**.* La construcción del edificio nuevo lleva tres meses de retraso. | *We're three points behind the Bears.* Los Bears nos llevan tres puntos de ventaja.

3 RESPONSABILIDAD
to be behind a plan/an attack etc. estar detrás de un plan/un atentado etc.: *Police think that a local gang is behind the robberies.* La policía piensa que una banda de la zona está detrás de los robos.

4 APOYO
to be behind sth/sb apoyar algo/a alguien: *Whatever you do, I'll be right behind you.* Hagas lo que hagas, te voy a apoyar. | **to be behind sb all the way** apoyar a alguien cien por ciento: *We're behind you all the way on this one.* Te apoyamos cien por ciento en esto.

▶ ADVERBIO

1 POSICIÓN (= atrás)
They live in a beautiful house with a huge lake behind. Viven en una casa preciosa con un enorme lago atrás. | *Several other runners were following close behind.* Varios corredores lo seguían de cerca.

2 RETRASO
to be behind with the payments/rent etc. estar retrasado -a con los pagos/la renta etc. | **to get behind with the payments/rent etc.** retrasarse con los pagos/la renta etc.

3 behind también forma parte de varios **phrasal verbs** como **leave behind, fall behind,** etc. Éstos están tratados bajo el verbo correspondiente.

belong /bɪ'lɒŋ/ *v* **to belong in/under etc. sth** ir en/abajo de etc. algo: *The books belong on that shelf.* Los libros van en ese estante.
belong to sb ser de alguien, pertenecer a alguien: *Who does this umbrella belong to?* ¿De quién es este paraguas? **belong to sth** ser socio -a de algo, pertenecer a algo

belongings /bɪ'lɒŋɪŋz/ *s* pertenencias

beloved /bɪ'lʌvɪd/ *adj* (literario) amado -a, querido -a

below /bɪ'loʊ/ *preposición & adverbio*
■ *prep* **1** bajo, abajo de: *Fish were swimming below the surface of the water.* Había peces nadando bajo la superficie del agua. **2** por debajo de: *Anything below $500 would be a good

price.* Cualquier precio por debajo de $500 estaría bien. | *The temperature fell **below freezing** yesterday.* Ayer, la temperatura llegó a bajo cero.
■ *adv* **1** de abajo: *Jack lives in the apartment below.* Jack vive en el departamento de abajo. **2** (en un texto) más abajo

belt /belt/ *s* **1** cinturón **2** banda [de un aparato] **3** región, cordón **4** **to have sth under your belt** tener algo en su haber: *They already have three hit records **under their belt**.* Ya tienen en su haber tres discos que fueron hits.

beltway /'beltweɪ/ *s* AmE (anillo) periférico

bemused /bɪ'mjuzd/ *adj* desconcertado -a

bench /bentʃ/ *s* (pl benches) **1** banco [de plaza, etc.] **2** **the bench** (en deportes) la banca/el banquillo de suplentes

park bench

bend /bend/ *verbo & sustantivo*
■ *v* (pasado bent, participio bent)
1 **to bend your knees/elbow etc.** flexionar las rodillas/el codo etc., doblar las rodillas/el codo etc. **2** **to bend down** agacharse **3** **to bend over** inclinarse, agacharse | **to bend over sth** inclinarse sobre algo **4** [tr] doblar: *You've bent the spoon.* Doblaste la cuchara. **5** [intr] doblarse **6** **to bend over backwards** desvivirse: *She bent over backwards to help him.* Se desvivió por ayudarlo.
■ *s* curva

beneath /bɪ'niθ/ *preposición & adverbio*
■ *prep* **1** bajo: *She felt the warm sand beneath her feet.* Sintió la arena cálida bajo sus pies. **2** **to be beneath sb** no ser digno -a de alguien
■ *adv* abajo

beneficial /benə'fɪʃəl/ *adj* beneficioso -a

benefit /'benəfɪt/ *verbo & sustantivo*
■ *v* [tr] beneficiar
■ *s* **1** ventaja, beneficio: *She had the **benefit** of a first-class education.* Tuvo la ventaja de una educación de primer nivel. **2** **for sb's benefit** para alguien, por el bien de alguien **3** **to be of benefit to sb** (formal) ser provechoso -a para alguien **4** **to give sb the benefit of the doubt** darle a alguien el beneficio de la duda **5** prestación, subsidio [de la seguridad social] **6** **benefit concert** recital a beneficio

bent[1] /bent/ *adj* **1** doblado -a, torcido -a **2** **to be bent on doing sth** estar decidido -a a hacer algo **3** BrE (informal) corrupto -a

bent[2] pasado & participio de bend

bereaved /bə'rivd/ *adj* **1** (formal) que ha sufrido la muerte de un ser querido: *a bereaved mother* una madre que ha perdido a su hijo **2** **the bereaved** los deudos

beret /bə'reɪ, BrE 'bereɪ/ *s* boina

berry /'beri/ s (pl -rries) baya [fruta pequeña del tipo de la mora, la frambuesa, etc.]

berserk /bər'sɜrk/ adj **to go berserk** (informal) ponerse como loco -a

berth /bɜrθ/ s **1** litera [en un barco] **2** muelle [para embarcaciones]

beset /bɪ'set/ v [tr] (pasado & participio **beset**, gerundio **besetting**) (formal) acuciar, agobiar

beside /bɪ'saɪd/ prep **1** al lado de, junto a: *Gary sat down beside me.* Gary se sentó a mi lado. **2** (en comparaciones) al lado de **3 to be beside the point** no tener nada que ver, no venir al caso **4 to be beside yourself (with anger)** estar fuera de sí | **to be beside yourself (with grief/joy etc.)** estar loco -a de dolor/alegría etc.

besides /bɪ'saɪdz/ adverbio & preposición
■ *adv* además, aparte: *I don't want to go and, besides, I don't have any money.* No quiero ir y, además, no tengo dinero.
■ *prep* además de, aparte de: *Who's going to be there besides David and me?* ¿Quién va a estar además de David y yo? | *Besides going to college, she works fifteen hours a week.* Aparte de ir a la universidad, trabaja quince horas por semana.

besiege /bɪ'sidʒ/ v **besieged by people/fans etc.** asediado -a por la gente/los fans etc.

best /best/ adjetivo, adverbio & sustantivo
■ *adj* **1** mejor, lo mejor: *He's the best player on the team.* Es el mejor jugador del equipo. | *It's best to clean the wall before you paint it.* Lo mejor es limpiar la pared antes de pintarla.
2 best friend mejor amigo -a
■ *adv* **1** mejor: *It works best if you oil it first.* Funciona mejor si primero lo aceitas. | *Which song do you like best?* ¿Qué canción te gusta más?
2 as best you/she etc. can lo mejor que puedas/pueda etc.
■ *s* **1 the best** el/la/lo mejor: *I've read all of her books but this one is by far the best.* He leído todos sus libros, pero éste es por mucho el mejor.
2 to want/deserve the best querer/merecer lo mejor
3 to do/try your best hacer todo lo posible, esforzarse lo más que se puede: *We'll do our best to finish on time.* Vamos a hacer todo lo posible para terminar a tiempo.
4 at best (a) cuando más, cuando mucho **(b)** en el mejor de los casos
5 at your/its best en su mejor momento, en su plenitud
6 to make the best of sth aprovechar algo (al máximo) | **to make the best of it** ponerle al mal tiempo buena cara
7 to be (all) for the best ser para bien

best 'man s
Así se le llama al hombre, generalmente un amigo o pariente, que acompaña al novio durante la ceremonia de boda y suele dar un discurso durante la fiesta.

bestseller /best'selər/ s bestseller

bet /bet/ verbo & sustantivo
■ *v* (pasado & participio bet, gerundio betting)
1 [tr/intr] apostar, jugar: *Sally bet me $5 I wouldn't pass.* Sally me apostó $5 a que no aprobaba. | **to bet sth on sth** apostarle algo a algo, jugarle algo a algo **2 I bet/I'll bet (a)** (para expresar certeza): *I bet it'll rain tomorrow.* Seguro que mañana llueve. | *"I was furious!" "I bet you were!"* –¡Estaba furiosa! –¡Me imagino! **(b)** (para expresar incredulidad): *"I was really worried about you." "Yeah, I bet."* –Estaba preocupadísima por ti. –Sí, seguro. **3 you bet (your life)** (para expresar acuerdo enfáticamente) por supuesto: *"Are you coming along?" "You bet!"* –¿Vienes con nosotros? –¡Por supuesto!
■ *s* **1 to have a bet on sth** apostarle a algo **2** apuesta **3 a good/safe bet** una buena opción/elección **4 your best bet** lo mejor que puedes/puede hacer, lo que más te/le conviene: *Your best bet would be to avoid the freeway.* Lo que más te conviene es evitar la autopista.

betray /bɪ'treɪ/ v [tr] **1** traicionar **2 to betray your principles/beliefs etc.** traicionar sus principios/convicciones etc. **3** revelar, delatar

betrayal /bɪ'treɪəl/ s traición

better /'betər/ adjetivo, adverbio, sustantivo & verbo
■ *adj* **1** mejor: *He's applied for a better job.* Se ha presentado para un trabajo mejor. | *Your computer is better than mine.* Tu computadora es mejor que la mía.
2 (recuperándose) mejor: *Eva had chicken pox but she's much better now.* Eva estuvo con varicela, pero ahora está mucho mejor. | **to get better** mejorarse: *I hope you get better soon.* Que te mejores (pronto). | **to feel better** sentirse mejor
3 (recuperado) bien (del todo): *Can we go swimming when I'm better?* ¿Podemos ir a la alberca cuando esté bien?
4 to get better mejorar [situación, calidad, etc.]
5 to have seen better days (informal) estar viejo -a [gastado, estropeado]
6 it would be better (to do sth) sería mejor (hacer algo), convendría (hacer algo)
7 the sooner the better/the bigger the better etc. cuanto antes mejor/cuanto más grande mejor etc.
■ *adv* **1** mejor: *Caroline knows Paris a lot better than I do.* Caroline conoce París mucho mejor que yo. | *I like this one better.* Me gusta más éste.
2 had better do sth frase usada para dar consejos o hacer advertencias: *It's late; you'd better get changed.* Es tarde, más vale que te cambies. | *Hadn't you better get ready for school?* ¿No deberías prepararte para la escuela?
■ *s* **1 to get the better of sb (a)** poder más que alguien [mal genio], vencer a alguien [miedo]: *Don't let your temper get the better of you.* No dejes que tu mal genio pueda más que tú. |

Curiosity got the better of him and he read Diane's letter. No pudo resistir la curiosidad y leyó la carta de Diane. **(b)** ganarle a alguien **2 for the better** para bien ▪ **v** [tr] **1** superar **2 to better yourself** superarse

better 'off *adj* **1** en mejor posición económica **2 you'd/we'd etc. be better off doing sth** te/nos etc. convendría hacer algo | **to be better off without sth/sb** estar mejor sin algo/alguien

between /bɪˈtwiːn/ *preposición & adverbio*
▪ **prep 1** entre: *Judy was sitting between Kate and me.* Judy estaba sentada entre Kate y yo. | *Try not to eat between meals.* Trate de no comer entre comidas. | *The project will cost between 10 and 12 million dollars.* El proyecto costará entre 10 y 12 millones de dólares.
2 (en repartos) entre: *Tom divided his money between his three children.* Tom repartió el dinero entre sus tres hijos.
3 (expresando cooperación) entre: *Between the four of us, we managed to lift it.* Entre los cuatro pudimos levantarlo.
4 (al comparar) entre: *What's the difference between the two computers?* ¿Qué diferencia hay entre las dos computadoras?
▪ **adv** (también **in between**) en medio: *two houses with a fence between* dos casas con una cerca en medio | *periods of frantic activity with brief pauses in between* períodos de gran actividad separados por breves pausas ▶ ¿AMONG O BETWEEN? ver nota en **entre**

beware /bɪˈwer/ *v* [intr] tener cuidado: *We were told to beware of signing anything.* Nos dijeron que tuviéramos cuidado de no firmar nada. | *Beware of the dog!* ¡Cuidado con el perro! ▶ Este verbo sólo se usa en el imperativo o el infinitivo.

bewildered /bɪˈwɪldərd/ *adj* desconcertado -a, perplejo -a

bewildering /bɪˈwɪldərɪŋ/ *adj* desconcertante, apabullante

beyond /bɪˈjɑnd/ *preposición & adverbio*
▪ **prep 1** del otro lado de, más allá de: *Beyond the mountains was the border territory.* Del otro lado de las montañas estaba la región fronteriza.
2 más allá de: *The ban was extended beyond 1998.* La veda se prolongó más allá de 1998. | *The party went on beyond midnight.* La fiesta siguió hasta pasada la medianoche.
3 (expresando imposibilidad): *The watch was beyond repair.* El reloj no tenía arreglo. | *The salaries they earn are beyond belief.* Los sueldos que ganan son increíbles. | *due to circumstances beyond our control* debido a circunstancias ajenas a nuestra voluntad
4 it's beyond me (why/how etc.) no puedo entender (por qué/cómo etc.): *It's beyond me*

why they got married. No puedo entender por qué se casaron.
▪ **adv** más allá: *the mountains and the plains beyond* las montañas y la llanura de más allá | *2004 and beyond* 2004 y más allá de esa fecha

bias /ˈbaɪəs/ *s* sesgo, tendencia | **bias against sth/sb** predisposición en contra de algo/alguien, prejuicio en contra de algo/alguien | **bias towards sth/sb** parcialidad a favor de algo/alguien

biased /ˈbaɪəst/ *adj* tendencioso -a, subjetivo -a | **to be biased against sth/sb** estar predispuesto -a en contra de algo/alguien, tener prejuicios contra algo/alguien | **to be biased towards sth/sb** favorecer algo/a alguien

bib /bɪb/ *s* babero

bible /ˈbaɪbəl/ *s* **1 the Bible** la Biblia **2** (ejemplar) biblia **3** (libro valioso) biblia: *the medical students' bible* la biblia de los estudiantes de medicina

bibliography /bɪbliˈɑɡrəfi/ *s* bibliografía

bicker /ˈbɪkər/ *v* [intr] discutir, pelearse

bicycle /ˈbaɪsɪkəl/ *s* bicicleta: *Jason was riding his bicycle out in the street.* Jason andaba en bicicleta por la calle.

bid /bɪd/ *sustantivo & verbo*
▪ **s 1** tentativa, intento | **bid to do sth** intento de hacer algo **2** oferta **3 to put in a bid** hacer una oferta
▪ **v** (pasado & participio bid, gerundio bidding) [tr/intr] hacer una oferta (de): *We bid $5000 for the painting.* Hicimos una oferta de $5000 por el cuadro.

big /bɪɡ/ *adj* (**-gger, -ggest**) **1** grande: *a big red nose* una nariz grande y roja | *How big is their new house?* ¿Qué tan grande es su nueva casa? | *There's a big age difference between them.* Hay una gran diferencia de edad entre ellos.
2 importante, grande: *The big game is on Friday.* El partido importante es el viernes.
3 your big sister/big brother (informal) tu hermana/hermano mayor **4** (exitoso, conocido) grande: *a big star* una gran estrella | **to be big** tener mucho éxito, ser muy importante: *The group is also big in the United States.* La banda también tiene mucho éxito en Estados Unidos. | **to make it big** triunfar, tener éxito ▶ ¿BIG O LARGE? ver **grande**

bigheaded /ˈbɪɡhedɪd/ *adj* engreído, creído -a

bigot /ˈbɪɡət/ *s* fanático -a, prejuicioso -a

bigoted /ˈbɪɡətɪd/ *adj* prejuicioso -a, intolerante

bigotry /ˈbɪɡətri/ *s* fanatismo, intolerancia

'big time s the big time el estrellato

bike /baɪk/ *s* **1** bicicleta, bici: *How old were you when you learned to ride a bike?* ¿Cuántos años tenías cuando aprendiste a andar en bicicleta? **2** (informal) moto

biker /ˈbaɪkər/ *s* motociclista

bikini /bɪˈkini/ *s* bikini

bilingual /baɪˈlɪŋɡwəl/ *adj* bilingüe

bill /bɪl/ *sustantivo & verbo*
- *s* **1** cuenta, factura: *a bill for $49.50* una cuenta de $49.50 **2** proyecto de ley **3** AmE billete: *a twenty-dollar bill* un billete de veinte dólares **4** BrE cuenta: *Can we have the bill please?* ¿Nos trae la cuenta, por favor? ▶ En inglés americano se usa **check 5 to foot the bill (for sth)** pagar (algo), correr con los gastos (de algo)
- *v* [tr] **1 to be billed as sth** ser promocionado -a como algo **2** pasarle la factura a

billboard /'bɪlbɔrd/ *s* espectacular, cartelera (publicitaria)

billfold /'bɪlfoʊld/ *s* AmE cartera, billetera

billiards /'bɪljərdz/ *s pl* billar [que se juega en mesa con troneras]

billion /'bɪljən/ *número* (pl billion, o billions) mil millones: *five billion dollars* cinco mil millones de dólares ▶ El plural es **billions** cuando no se menciona una cantidad concreta, como en **billions of years/dollars**

bin /bɪn/ *sustantivo & verbo*
- *s* BrE (para la basura) ▶ ver **garbage can**
- *v* [tr] (-nned, -nning) BrE (informal) tirar a la basura

binary /'baɪnəri/ *adj* binario -a

bind /baɪnd/ *verbo & sustantivo*
- *v* [tr] (pasado & participio bound) **1** (formal) amarrar, atar **2** (formal) unir [lazos, vínculos] **3** obligar [acuerdo, promesa]
- *s* **1** (informal) lata [cosa o actividad molesta] **2** lío, aprieto

binder /'baɪndər/ *s* carpeta

binding /'baɪndɪŋ/ *adj* vinculante

binge /bɪndʒ/ *s* **1** (de comida) comilona, atracón **2** (de bebida) borrachera **3 to go on a binge (a)** (de comida) darse un atracón **(b)** (de bebida) emborracharse

bingo /'bɪŋgoʊ/ *s* bingo

binoculars /bɪ'nɑkjələrz/ *s pl* binoculares: *a pair of binoculars* unos binoculares

biochemical /baɪoʊ'kemɪkəl/ *adj* bioquímico -a

biochemistry /baɪoʊ'kemɪstri/ *s* bioquímica

biodegradable /,baɪoʊdɪ'greɪdəbəl/ *adj* biodegradable

biographer /baɪ'ɑgrəfər/ *s* biógrafo -a

biographical /baɪə'græfɪkəl/ *adj* biográfico -a

biography /baɪ'ɑgrəfi/ *s* (pl -phies) biografía

biological /baɪə'lɑdʒɪkəl/ *adj* **1** biológico -a **2 biological warfare/weapons** guerra biológica/armas biológicas **3 biological mother/father** madre biológica/padre biológico

biologist /baɪ'ɑlədʒɪst/ *s* biólogo -a

biology /baɪ'ɑlədʒi/ *s* biología

bird /bɜrd/ *s* pájaro, ave

bird of 'prey *s* ave de rapiña

biro® /'baɪroʊ/ *s* BrE ▶ ver **ballpoint pen**

birth /bɜrθ/ *s* **1 to give birth (to)** dar a luz (a), parir **2** nacimiento, parto **3** cuna, origen | **by birth** de nacimiento

birthday /'bɜrθdeɪ/ *s* **1** cumpleaños: *Happy Birthday!* ¡Feliz cumpleaños! **2 birthday cake** pastel de cumpleaños **birthday card** tarjeta de cumpleaños **birthday party** fiesta de cumpleaños **birthday present** regalo de cumpleaños

birthmark /'bɜrθmɑrk/ *s* marca de nacimiento

birthplace /'bɜrθpleɪs/ *s* lugar de nacimiento, ciudad/pueblo natal

'birth rate *s* tasa de natalidad

biscuit /'bɪskɪt/ *s* **1** AmE bisquet **2** BrE galleta [dulce] ▶ En inglés americano se usa **cookie 3** BrE galleta (salada) ▶ En inglés americano se usa **cracker**

bishop /'bɪʃəp/ *s* **1** obispo **2** alfil

bit¹ /bɪt/ *s* **1** (informal) **a (little) bit** un poco, un poquito: *I'm a bit tired this morning.* Estoy un poco cansada esta mañana. | *Can you turn the radio down a bit?* ¿Puedes bajarle un poquito al radio? | **a bit like** un poco como, medio parecido -a a: *It's a bit like being told you're stupid.* Es un poco como que te digan que eres tonto. **2** (informal) **a bit of** un poco/poquito de: *I need a bit of help with this homework.* Necesito que me ayuden un poco con esta tarea. **3 not a bit** para nada: *I don't mind a bit.* No me importa para nada. | *He wasn't a bit sorry.* No le importó para nada. **4** pedacito, trocito: *The floor was covered with bits of glass.* El piso estaba lleno de pedacitos de vidrio. | **to bits** caerse a pedazos | **to blow sth to bits** volar algo en pedazos **5 quite a bit** bastante: *She's quite a bit older than me.* Es bastante mayor que yo. **6** (informal) (referido a tiempo) **a bit** un momentito, un ratito: *Could you wait a bit?* ¿Puedes esperar un momentito? | **for a bit** un ratito: *Let's sit here for a bit.* Sentémonos aquí un ratito. | **in a bit** enseguida **7 bit by bit** poco a poco, de a poco **8** (en informática) bit **9** (de un taladro) broca, barrena **10** (para un caballo) freno

bit² pasado de **bite**

bite /baɪt/ *verbo & sustantivo*
- *v* [tr/intr] (pasado bit, participio bitten) **1** morder: *Watch out for that dog, he bites.* Cuidado con ese perro, que muerde. | *I bit my tongue.* Me mordí la lengua. | *Don't bite your nails.* No te comas las uñas. | **to bite into sth** morder algo **2** picar: *She was bitten by a snake.* Le picó una víbora.
- *s* **1** mordida | **to have/take a bite of sth** darle una mordida a algo **2** picadura, mordedura: *insect bites* picaduras de insectos **3** (informal) **to have a bite (to eat)** comer algo

bitten /'bɪtn/ participio de **bite**

bitter /'bɪtər/ adj **1** amargado -a, resentido -a **2** amargo -a [decepción, derrota, etc.] | **a bitter blow** un duro golpe **3** acérrimo -a [enemigo, lucha] **4** amargo -a [gusto] **5** helado -a, glacial [frío, viento]

bitterly /'bɪtərli/ adv **1** amargamente | **bitterly disappointed** terriblemente decepcionado -a **2** **bitterly cold** a bitterly cold wind un viento helado | It was bitterly cold. Hacía muchísimo frío/un frío glacial.

bitterness /'bɪtərnəs/ s amargura, resentimiento

biweekly /baɪ'wikli/ adj quincenal

bizarre /bɪ'zɑr/ adj muy extraño -a, estrafalario -a

black /blæk/ adjetivo, sustantivo & verbo
■ adj **1** negro -a ▶ ver "Active Box" **colors** en **color 2** (de raza negra) negro -a **3** (sin leche) **black coffee** café negro/solo | **black tea** té negro/sin leche **4** (muy sucio) negro -a **5** (nefasto) negro -a: a black day for the nation un día negro para la nación **6** **black humor** humor negro | **black comedy** comedia negra **7** **black and blue** lleno -a de moretones
■ s **1** negro ▶ ver "Active Box" **colors** en **color 2** (también **Black**) (persona de raza negra) negro -a ▶ Muchas personas consideran que este sustantivo es ofensivo y prefieren usar **black person 3** **in black and white** por escrito
■ v **black out** desmayarse

blackberry /'blækberi/ s (pl -rries) mora

blackboard /'blækbɔrd/ s pizarrón

blackcurrant /'blæk,kɜrənt/ s grosella negra

black 'eye s ojo morado

blacklist /'blæklɪst/ sustantivo & verbo
■ s lista negra
■ v [tr] poner en la lista negra

blackmail /'blækmeɪl/ sustantivo & verbo
■ s chantaje
■ v [tr] chantajear

black 'market s mercado negro

blackout /'blækaʊt/ s (corte de electricidad) apagón

blacksmith /'blæksmɪθ/ s herrero -a

bladder /'blædər/ s vejiga

blade /bleɪd/ s **1** hoja [de un cuchillo, etc.] **2** brizna [de hierba] **3** aspa [de un ventilador] **4** cuchilla [de un patín] **5** pala [de un remo]

blame /bleɪm/ verbo & sustantivo
■ v [tr] **1** echarle la culpa a, culpar: They tried to blame everything on Joey. Trataron de echarle la culpa de todo a Joey. | You shouldn't blame yourself for what happened. No deberías culparte por lo que pasó. | **to be to blame (for sth)** ser responsable (de algo), tener la culpa (de algo) **2** **I don't blame you/him etc.** te/lo etc. entiendo perfectamente, no te/lo etc. culpo
■ s culpa, responsabilidad: I always get the blame. Siempre me echan la culpa a mí. | **to**

take the blame (for sth) cargar con la culpa (de algo), asumir la responsabilidad (de algo)

bland /blænd/ adj **1** (poco interesante) desabrido -a, sin interés **2** (sin gusto) desabrido -a, soso -a

blank /blæŋk/ adjetivo & sustantivo
■ adj **1** en blanco [página, cheque] **2** virgen [cassette] **3** inexpresivo -a [cara, mirada] **4** **to go blank** **(a)** apagarse [una pantalla] **(b)** (referido a persona) My mind went blank. Me quedé en blanco.
■ s **1** espacio en blanco **2** bala de salva **3** **to draw a blank** no lograr nada

blanket /'blæŋkɪt/ s cobija, manta

blare /bler/, también **blare out** v [intr] estar puesto -a a todo volumen

blasphemy /'blæsfəmi/ s blasfemia

blast /blæst/ sustantivo & verbo
■ s **1** explosión **2** ráfaga **3** **(at) full blast** a todo volumen **4** **to have a blast** (informal) pasarla muy bien
■ v [tr] **1** volar [con explosivos] | **to blast a hole/tunnel in sth** abrir un boquete/un túnel en algo **2** acribillar [a balazos, etc.]
blast off despegar [nave espacial]

blatant /'bleɪtnt/ adj descarado -a

blaze /bleɪz/ sustantivo & verbo
■ s **1** incendio **2** **a blaze of light/color** una explosión de luz/color **3** **a blaze of publicity** un derroche de publicidad
■ v [intr] **1** arder [fuego] **2** resplandecer

blazer /'bleɪzər/ s blazer, saco

bleach /blitʃ/ sustantivo & verbo
■ s blanqueador, cloro
■ v [tr] (3ª pers sing -ches) decolorar, blanquear

bleachers /'blitʃərz/ s pl AmE gradería

bleak /blik/ adj **1** sombrío -a, poco prometedor -a [futuro, perspectivas] **2** inhóspito -a [paisaje, lugar]

bleat /blit/ v [intr] balar [ovejas, cabras]

bleed /blid/ v [intr] (pasado & participio bled /bled/) sangrar | **to bleed to death** morirse desangrado -a

bleeding /'blidɪŋ/ s hemorragia

bleep /blip/ sustantivo & verbo
■ s pitido [de un aparato electrónico]
■ v [intr] sonar [con un pitido], emitir un pitido

bleeper /'blipər/ BrE ▶ ver **pager**

blemish /'blemɪʃ/ s (pl -shes) imperfección, marca

blend /blend/ verbo & sustantivo
■ v **1** [tr] mezclar, combinar: Blend all the ingredients together. Mezcle todos los ingredientes. | The book blends history and fiction. El libro combina historia y ficción. **2** [intr] mezclarse, combinarse
blend in 1 armonizar **2** pasar desapercibido -a, no desentonar
■ s mezcla, combinación

blender /'blendər/ s licuadora

bless /bles/ v [tr] (3ª pers sing -sses) **1** bendecir **2 to be blessed with sth** tener la suerte de contar con determinado don: *George was blessed with good looks.* George tenía la suerte de ser guapo. **3 bless you!** ¡salud! [cuando alguien estornuda]

blessed /'blesɪd/ adj **1** bendito -a **2 a blessed relief** un maravilloso alivio

blessing /'blesɪŋ/ s **1** bendición **2** aprobación, bendición **3 to be a mixed blessing** tener sus pros y sus contras **4 a blessing in disguise** algo que parece malo y resulta ser bueno

blew /blu/ pasado de **blow**

blind /blaɪnd/ adjetivo, sustantivo & verbo
■ adj **1** ciego -a | **to go blind** quedarse ciego -a | **the blind** los ciegos **2 to be blind to sth** ser ciego -a a algo, no ver algo
■ s persiana
■ v [tr] **1** encandilar, enceguecer **2** dejar ciego -a

blind 'date s cita a ciegas [con un desconocido o una desconocida]

blindfold /'blaɪndfoʊld/ verbo & sustantivo
■ v [tr] vendarle los ojos a
■ s venda [en los ojos]

blindly /'blaɪndli/ adj **1** a ciegas **2** ciegamente

blindness /'blaɪndnəs/ s ceguera

blink /blɪŋk/ verbo & sustantivo
■ v [tr/intr] parpadear | **to blink your eyes** parpadear
■ s parpadeo

bliss /blɪs/ s dicha, placer

blissful /'blɪsfəl/ adj maravillosamente placentero -a, delicioso -a

blister /'blɪstər/ s **1** ampolla [en la piel] **2** burbuja [en una capa de pintura]

blitz /blɪts/ s bombardeo, ataque relámpago

blizzard /'blɪzərd/ s tormenta de nieve y viento

bloated /'bloʊtɪd/ adj hinchado -a, abotagado -a

blob /blɑb/ s gota [de algo espeso como pintura]

block /blɑk/ sustantivo & verbo
■ s **1** bloque [de madera, piedra, hielo] **2** AmE cuadra: *The library is four blocks from here.* La biblioteca está a cuatro cuadras de aquí. **3** manzana [de casas] **4** BrE edificio: *a block of flats* un edificio de departamentos **5** grupo [de asientos] **6** sección, parte [de un texto] **7 block booking** reservación grupal/colectiva
■ v [tr] **1** bloquear [la entrada a un lugar, etc.] | **to block sb's way** obstruirle el paso a alguien **2** (también **block up**) tapar [un desagüe, etc.]: *My nose is blocked.* Tengo la nariz tapada. **3** impedir [la publicación de algo] **4** obstaculizar [un plan] **5** tapar [la luz]

blockade /blɑ'keɪd/ sustantivo & verbo
■ s bloqueo
■ v [tr] bloquear [un puerto, una ciudad]

blockage /'blɑkɪdʒ/ s bloqueo, obstrucción

blockbuster /'blɑkbʌstər/ s (informal) **1** (película) éxito de taquilla **2** (libro) éxito de ventas

block capitals, también **block letters** s pl letras de molde

bloke /bloʊk/ s BrE (informal) tipo [individuo]

blonde, también **blond** /blɑnd/ adj & s güero -a, rubio -a ► Generalmente se usa **blonde** para mujeres y **blond** para hombres

blood /blʌd/ s **1** sangre **2 in cold blood** a sangre fría **3 new blood** sangre nueva **4 blood group** grupo sanguíneo **blood pressure** presión (sanguínea) **blood vessel** vaso sanguíneo

bloodshed /'blʌdʃed/ s derramamiento de sangre, carnicería

'blood sports s pl deportes en los que se matan animales

bloodstream /'blʌdstrim/ s torrente sanguíneo

bloody /'blʌdi/ adjetivo & adverbio
■ adj (-dier, -diest) **1** BrE (grosero) pinche **2** ensangrentado -a
■ adv (-dier, -diest) BrE (grosero) adverbio que se usa para enfatizar: *That was bloody stupid!* ¡Fue una pinche estupidez!

bloom /blum/ sustantivo & verbo
■ s flor | **in bloom** en flor
■ v [intr] florecer

blossom /'blɑsəm/ sustantivo & verbo
■ s flor(es) [de un árbol o arbusto]
■ v [intr] florecer

blot /blɑt/ verbo & sustantivo
■ v [tr] (-tted, -tting) secar [presionando con un papel secante, un trapo, etc.]
blot sth out 1 borrar algo (de la mente) **2** ocultar/tapar algo
■ s **1** (de tinta, sangre) mancha, manchón **2** (en la reputación de alguien) mancha

blotch /blɑtʃ/ s (pl blotches) mancha [especialmente en la piel]

blouse /blaʊs, BrE blaʊz/ s blusa

blow /bloʊ/ verbo & sustantivo
■ v (pasado blew, participio blown) **1** [intr] soplar **2** [intr/tr] mover o moverse por la acción del viento: *The door blew open.* La puerta se abrió con una ráfaga de viento. | *The wind blew his hat off.* El viento le voló el sombrero. **3** [tr] tocar [un silbato, una trompeta, etc.] **4** [intr] sonar [silbato] **5** [intr] fundirse, quemarse [fusible] **6** [tr] quemar [un fusible] **7 to blow sth apart/to bits** hacer volar algo en pedazos **8 to blow your nose** sonarse la nariz
blow out apagarse [fuego, cerillo] **blow sth out** apagar algo
blow over disiparse, pasar [problemas, tormenta]
blow up 1 explotar **2** (informal) (de rabia) explotar **blow sth up 1** volar algo [un edificio, un puente, etc.] **2** inflar [un globo] **3** ampliar algo [una foto]

■ **s 1** (físico) golpe: *a blow to/on the head* un golpe en/a la cabeza **2** (moral) golpe: *a blow to his pride* un golpe para su orgullo **3 to come to blows** llegar a las manos

'blow-dry *verbo & sustantivo*
■ *v* [tr] (3ª pers sing -dries) secarse el cabello con secadora de mano y cepillo
■ *s* (pl -dries) peinado con secadora de mano y cepillo

blue /blu/ *adjetivo, sustantivo & sustantivo plural*
■ *adj* **1** azul ▶ ver "Active Box" **colors** en **color 2** (informal) deprimido -a **3** (informal) pornográfico -a, subido -a de tono
■ *s* **1** azul ▶ ver "Active Box" **colors** en **color 2 out of the blue** (informal) cuando menos me/se etc. lo esperaba
■ **blues** *s pl* **1** blues **2 to have the blues** (informal) estar deprimido -a

blueprint /'bluprɪnt/ *s* proyecto, modelo (a seguir)

bluff /blʌf/ *verbo & sustantivo*
■ *v* [tr/intr] engañar, blofear
■ *s* blof

blunder /'blʌndər/ *sustantivo & verbo*
■ *s* error garrafal, metida de pata
■ *v* [intr] **1** cometer un error, meter la pata **2 to blunder into sth** tropezarse con algo

blunt /blʌnt/ *adjetivo & verbo*
■ *adj* **1** mellado -a, desafilado -a [tijera, cuchillo] **2** sin punta, romo [lápiz] **3** demasiado directo -a [persona, respuesta, etc.] | **to be blunt with sb** ser muy directo con alguien
■ *v* [tr] desafilar, mellar [un cuchillo, una tijera]

blur /blɜr/ *sustantivo & verbo*
■ *s* **1** imagen/mancha borrosa **2** recuerdo borroso
■ *v* (-rred, -rring) **1** [intr] volverse borroso -a, desdibujarse **2** [tr] volver borroso -a, desdibujar

blurred /blɜrd/ *adj* borroso -a

blurt /blɜrt/ *v* **blurt sth out** soltar algo [un secreto, etc.]

blush /blʌʃ/ *verbo & sustantivo*
■ *v* [intr] (3ª pers sing -shes) ruborizarse, ponerse colorado -a: *He blushed with pride.* Se ruborizó de orgullo.
■ *s* (pl blushes) **1** rubor **2** ▶ **blusher**

blusher /'blʌʃər/ *s* rubor [cosmético], chapitas

board /bɔrd/ *sustantivo & verbo*
■ *s* **1** tabla [de madera] **2** tablero [de un juego de mesa] **3** tablero [para información] **4** (también **chalkboard**) pizarrón: *Copy down what I've written on the board.* Copien lo que escribí en el pizarrón. **5** directorio [de una empresa] **6 on board** a bordo **7 across the board** en general: *an across-the-board pay increase* un aumento de sueldo general **8 half board** BrE media pensión | **full board** pensión completa | **board and lodging** BrE comida y alojamiento ▶ ver también **chopping board**, **ironing board** en **ironing**, **surfboard**

■ *v* **1** [intr] (formal) embarcarse, embarcar **2** [tr] subir a
board sth up cubrir algo con tablas

ironing board

blackboard

cheeseboard   chopping board   chessboard

boarder /'bɔrdər/ *s* **1** interno -a [de un colegio] **2** huésped

'boarding pass, también **boarding card** *s* pase de abordar

'boarding school *s* (colegio) internado

boast /boʊst/ *verbo & sustantivo*
■ *v* [tr] presumir de, jactarse de, alardear de, [intr] presumir, jactarse, alardear: *He boasted that he was the best player.* Presumía de ser el mejor jugador.
■ *s* presunción, alarde

boat /boʊt/ *s* **1** lancha, bote: *There are boats to rent on the lake.* Hay lanchas para rentar en el lago. **2** barco | **by boat** en barco: *They crossed to Buenos Aires by boat.* Cruzaron a Buenos Aires en barco. ▶ **¿BOAT O SHIP?** ver **barco 3 to be in the same boat** estar en la misma situación ▶ ver también **motorboat**

bob /bɑb/ *verbo & sustantivo*
■ *v* [intr] (-bbed, -bbing) flotar | **to bob up and down** cabecear [barco]
■ *s* melena

bobby /'bɑbi/ *s* (pl -bbies) BrE old-fashioned policía

bodice /'bɑdɪs/ *s* corpiño, canesú [parte de arriba de un vestido de mujer]

bodily /'bɑdl-i/ *adj* corporal | **bodily functions** funciones fisiológicas, funciones corporales | **bodily harm** daño físico

body /'bɑdi/ *s* (pl -dies) **1** (de una persona) cuerpo **2** (muerto) cadáver, cuerpo **3** (organización) organismo, cuerpo **4** (de personas) grupo **5** (de un carro) carrocería **6 a body of evidence** un conjunto de pruebas **7** BrE ▶ ver **bodysuit 8 body building** fisicoculturismo **body language** lenguaje corporal **body odor** AmE, **body odour** BrE olor a transpiración

bodyguard /'bɑdigɑrd/ *s* guardaespaldas

bodysuit /'bɑdisut/ *s* AmE prenda elástica de mujer, similar a un leotardo

bodywork /'bɑdiwɜrk/ *s* carrocería

bog /bɑg/ *sustantivo & verbo*
■ *s* pantano, ciénaga
■ *v* [tr] **to get bogged down** quedarse empantanado -a

bogus /'bougəs/ adj falso -a

boil /bɔɪl/ verbo & sustantivo
■ v [tr/intr] hervir: *The kettle's boiling.* El agua está hirviendo. | *boiled rice* arroz hervido
boil away consumirse [hirviendo]
boil down to sth reducirse a algo: *What it boils down to is that he doesn't care.* Todo se reduce a que no le importa.
boil over hervir y derramarse
■ s **1 to bring sth to a boil** calentar algo hasta que suelte el hervor | **to come to a boil** romper/soltar el hervor **2** forúnculo

boiler /'bɔɪlər/ s **1** caldera **2** bóiler, calentador

boiling /'bɔɪlɪŋ/ adj hirviendo: *boiling water* agua hirviendo | *I'm boiling!* ¡Me estoy asando!

boiling point s punto de ebullición

boisterous /'bɔɪstərəs/ adj bullicioso -a, alborotado -a

bold /bould/ adj **1** osado -a, audaz **2** atrevido -a **3** muy definido -a [raya, forma] **4** enérgico -a [pincelada] **5** vivo -a [color] **6 in bold (type)** en negrita

boldly /'bouldli/ adv con osadía, con audacia

Bolivia /bə'lɪviə/ s Bolivia

Bolivian /bə'lɪviən/ adj & s boliviano -a

bolster /'boulstər/ verbo & sustantivo
■ v [tr] (también **bolster up**) fortalecer, aumentar
■ s almohada [cilíndrica]

bolt /boult/ sustantivo & verbo
■ s **1** pasador **2** perno **3 a bolt of lightning** un rayo
■ v **1** [intr] salir corriendo [una persona] **2** [intr] desbocarse [un caballo] **3** [tr] cerrar con pasador **4 to bolt sth to sth** atornillar algo a algo

bomb /bɑm/ sustantivo & verbo
■ s **1** bomba | **to plant a bomb** poner una bomba **2 the bomb** la bomba atómica/de hidrógeno **3 to cost a bomb** BrE (informal) salir en un dineral **4 to go like a bomb** BrE (informal) ir/andar a gran velocidad
■ v **1** [tr] bombardear **2** [intr] (informal) ser un fracaso

bombard /bɑm'bɑrd/ v [tr] **1** bombardear **2 to bombard sb with questions/information** bombardear a alguien con preguntas/información

bombardment /bɑm'bɑrdmənt/ s bombardeo

bomber /'bɑmər/ s **1** bombardero **2** persona que pone una bomba

bombing /'bɑmɪŋ/ s **1** bombardeo **2** atentado [consistente en poner una bomba]

bombshell /'bɑmʃel/ s (informal) bomba: *The news came as a complete bombshell.* La noticia cayó como una bomba.

bond /bɑnd/ sustantivo, sustantivo plural & verbo
■ s **1** lazo, vínculo **2** bono [financiero]
■ **bonds** s pl ataduras, cadenas
■ v **1** [tr] adherir, pegar **2** [intr] adherirse,

pegarse **3** [intr] trabar vínculos | **to bond with sb** crear lazos afectivos con alguien

bone /boun/ s **1** hueso **2** espina [de pescado] **3 bone dry** totalmente seco -a

bone ,marrow s médula (ósea)

bonfire /'bɑnfaɪr/ s fogata

Bonfire ,Night s

> Así se le llama en el Reino Unido a la noche del 5 de noviembre, cuando se hacen fogatas y se tiran fuegos artificiales para conmemorar el intento fallido de Guy Fawkes de volar el parlamento en 1605.

bonnet /'bɑnɪt/ s **1** gorrito, gorrita [de bebé] **2** BrE cajuela [de un coche] ► En inglés americano se usa **hood 3** sombrero [usado antiguamente por las mujeres]

bonus /'bounəs/ s (pl **bonuses**) **1** bono, bonificación **2** ventaja

bony /'bouni/ adj (-nier, -niest) **1** huesudo -a **2** óseo -a

boo /bu/ verbo & sustantivo
■ v **1** [tr] abuchear **2** [intr] rechiflar
■ s abucheo, rechifla

booby trap /'bubi træp/ s **1** trampa, broma **2** bomba [oculta en un paquete, un coche, etc.]

book /buk/ sustantivo, sustantivo plural & verbo
■ s **1** libro: *a book on Indian cooking* un libro de cocina india **2** cuaderno **3 a book of stamps** un librito de estampillas de correo **4 by the book** según las normas **5**
■ **books** s pl libros [contables] | **to do the books** llevar los libros/la contabilidad
■ v **1** [tr/intr] reservar: *I'd like to book a table for four.* Quisiera reservar una mesa para cuatro. **2** [tr] contratar [a un músico, un cantante, etc.] **3 to be booked up/to be fully booked (a)** estar completo -a [hotel, vuelo, etc.] **(b)** tener muchos compromisos **4** [tr] BrE amonestar [en fútbol] ► En inglés americano se usa **to yellow-card 5** [tr] AmE detener, fichar
book into sth to book into a hotel (a) registrarse en un hotel **(b)** reservar una habitación en un hotel

bookcase /'buk-keɪs/ s librero [mueble]

booking /'bukɪŋ/ s reservación: *I've made a booking for Saturday at 8.* Hice una reservación para el sábado a las 8.

booking ,office s BrE ventanilla (de venta de boletos) [en una estación o terminal] ► En inglés americano se usa **ticket office**

booklet /'buklət/ s folleto

bookmaker /'bukmeɪkər/ s corredor -a de apuestas

bookmark /'bukmɑrk/ sustantivo & verbo
■ s **1** (para libros) separador **2** (en computación) marcador
■ v [tr] (en computación) agregar a los favoritos, insertar un marcador en

bookseller /'bukselər/ s **1** librería [tienda o empresa] **2** librero -a

bookshelf /'bukʃelf/ s (pl -shelves /-ʃelvz/) estante (para libros)

bookstore /'bukstɔr/ AmE, **bookshop** /'bukʃɑp/ BrE s librería

boom /bum/ sustantivo & verbo
■ s **1** (en economía) boom, auge **2** estruendo
■ v [intr] **1** (en economía) experimentar un boom **2** retumbar, resonar

boost /bust/ verbo & sustantivo
■ v [tr] **1** aumentar, incrementar **2 to boost sb's morale** levantarle la moral a alguien **3 to boost sb's confidence** darle más confianza en sí mismo -a a alguien
■ s **1** espaldarazo [para la autoestima, etc.]: *The win was a tremendous boost to the team.* La victoria significó un espaldarazo tremendo para el equipo. **2** estímulo [para la economía] | **to give sth/sb a boost** darle un impulso a alguien/algo

boot /but/ sustantivo & verbo
■ s **1** bota **2** BrE (de un coche) ▶ ver **trunk** **3 to give sb the boot** (informal) **(a)** poner a alguien de patitas en la calle, echar a alguien (del trabajo) **(b)** dejar a alguien [en una relación amorosa] ▶ ver también **wellington**
■ v (también **boot up**) **1** [tr] encender, bootear **2** [intr] encenderse, bootear

booth /buθ/ s **1** cabina, caseta **2** reservado [en un restaurante] ▶ ver también **phone booth**

booty /'buti/ s botín [de un saqueo, etc.]

booze /buz/ sustantivo & verbo
■ s (informal) trago, bebida (alcohólica)
■ v [intr] (informal) tomar (bebidas alcohólicas)

border /'bɔrdər/ sustantivo & verbo
■ s **1** frontera: *on the border between Bolivia and Peru* en la frontera entre Bolivia y Perú **2** ribete, franja [para decorar] **3** arriate [sección de un jardín, etc. donde se plantan flores y arbustos]
■ v [tr] **1** bordear **2** limitar con **border on sth** ser rayano -a en algo, lindar con algo

borderline /'bɔrdərlaɪn/ adjetivo & sustantivo
■ adj **1 to be borderline** estar en el límite **2 a borderline case** un caso dudoso
■ s **to be on the borderline** estar en la frontera/en el límite [entre dos situaciones]

bore¹ /bɔr/ verbo & sustantivo
■ v [tr] **1** aburrir: *I won't bore you with the details.* No te voy a aburrir con los detalles. **2 to bore a hole** hacer un agujero, hacer una perforación
■ s **1** (tarea, actividad) fastidio, lata **2** (persona) pesado -a, plomo

bore² pasado de **bear**

bored /bɔrd/ adj aburrido -a: *I'm so bored with doing the same thing every day.* Estoy tan aburrido de hacer lo mismo todos los días. | **to get**

bored aburrirse | **to be bored stiff/to death/to tears** (informal) morirse de aburrimiento
▶ ¿BORED o BORING? ver **aburrido**

boredom /'bɔrdəm/ s aburrimiento

boring /'bɔrɪŋ/ adj aburrido -a: *She thinks school is boring.* La escuela le parece aburrida.
▶ ¿BORED o BORING? ver **aburrido**

born /bɔrn/ adj **1 to be born** nacer: *I was born on Christmas Day.* Nací el día de Navidad. **2** nato -a

borne /bɔrn/ participio de **bear**

borough /'bʌrou/ s ciudad pequeña o parte de una ciudad grande que tiene su propia municipalidad

borrow /'bɑrou/ v [tr/intr] ▶ ver recuadro en página 44

boss /bɔs/ sustantivo & verbo
■ s (pl **bosses**) **1** jefe -a **2 to be (the) boss** (informal) ser el/la que manda: *You have to let the horse know who's boss.* Tienes que hacerle saber al caballo quién es el que manda.
■ v [tr] (también **boss around**) mandonear

bossy /'bɔsi/ adj (-ssier, -ssiest) mandón -ona

botanical garden /bə,tænɪkəl 'gardn/ s jardín botánico

botany /'bɑtn-i/ s botánica

both /bouθ/ adj & pron **1** los/las dos, ambos -as: *He broke both legs.* Se rompió ambas piernas. | *Hold it in both hands.* Sujétalo con las dos manos. | *They both started speaking at the same time.* Los dos empezaron a hablar al mismo tiempo. | *Jim and I both love dancing.* Tanto a Jim como a mí nos encanta bailar. | *I can't decide – I'll take both of them.* No me puedo decidir, me llevo los dos. **2 both ... and ...** tanto ... como ...: *Both Tony and Rita agree with me.* Tanto Tony como Rita están de acuerdo conmigo. | *The book is both funny and moving.* El libro es divertido y emotivo a la vez.

bother /'bɑðər/ verbo & sustantivo
■ v **1** [tr] molestar: *Sorry to bother you, but do you know what time it is?* Perdone que lo moleste pero ¿qué horas son? **2** [tr] preocupar: *Going on my own doesn't bother me.* Ir sola no me preocupa. **3** [intr] molestarse: *"Should I wait for you?" "No, don't bother."* –¿Te espero? –No, no te molestes. | **to bother to do sth/to bother doing sth** tomarse la molestia de hacer algo: *She didn't even bother to call.* Ni se tomó la molestia de llamar. | *I never bother locking the door.* Nunca me tomo la molestia de cerrar la puerta con llave. **4 I/he etc. can't be bothered** (informal) me/le etc. da flojera: *I ought to go and see her but I can't be bothered.* Tendría que ir a verla, pero me da flojera. **5 I'm/he's etc. not bothered** (informal) me/le etc. da igual, no me/le etc. preocupa
■ s problema(s), inconveniente(s) | **it's no bother** no es molestia

borrow

1 Para decir que pedimos algo prestado y nos lo prestaron:

I borrowed Martin's camera. Le pedí prestada la cámara a Martin. | *The costume's not mine. I borrowed it from a friend.* El disfraz no es mío. Me lo prestó un amigo. | *They borrowed money from the bank.* Pidieron un préstamo al banco.

2 Para pedir algo prestado:

Can I borrow the car? ¿Me prestas el carro?

3 Para hablar de préstamos de una biblioteca:

You can borrow up to six books. Puedes sacar hasta seis libros.

bottle /'bɑtl/ *sustantivo & verbo*
■ *s* **1** (de leche, cerveza, vino) botella **2** (de perfume, shampoo) frasco **3** biberón, mamila
■ *v* [tr] embotellar

> A **milk/wine bottle** designa una botella para leche o vino, que puede estar vacía. A **bottle of milk/wine** hace referencia a una botella llena de leche o vino o al contenido de la misma.

'bottle bank *s* BrE contenedor [para vidrio que luego se recicla]

bottleneck /'bɑtlnek/ *s* cuello de botella

bottom /'bɑtəm/ *sustantivo, sustantivo plural & adjetivo*
■ *s* **1** (de una escalera, una colina, una página) pie: *He was standing at the bottom of the stairs.* Estaba parado al pie de la escalera. | *Write your name at the bottom.* Escribe tu nombre abajo. **2** (de un objeto) parte de abajo **3** (del mar, de un lago, de un recipiente) fondo: *It sank to the bottom of the lake.* Cayó al fondo del lago. **4** (en una lista, una jerarquía) último lugar: *The team is at the bottom of the league.* El equipo está en el último lugar en la clasificación. | *He is bottom of the class.* Es el último de la clase. **5** (de un jardín) fondo **6** (nalgas) trasero, cola **7 to get to the bottom of sth** llegar al fondo de algo
■ **bottoms** *s pl* pantalones [de pijama, etc.]
■ *adj* **1** de abajo, inferior: *the bottom shelf* el estante de abajo | *the bottom right-hand corner of the page* el ángulo inferior derecho de la página **2** último -a: *They're in the bottom three in the league.* Están entre los tres últimos en la clasificación.

bought /bɔt/ pasado & participio de **buy**

boulder /'boʊldər/ *s* roca [grande y redondeada]

bounce /baʊns/ *verbo & sustantivo*
■ *v* **1** [intr] rebotar, [tr] hacer rebotar, botar: *The ball bounced off the roof into the next yard.* La pelota rebotó contra el techo y cayó en el jardín de al lado. | *I was bouncing the ball against the wall.* Estaba botando la pelota contra la pared.

2 [intr] brincar, saltar **3** [intr] rebotar [cheque sin fondos]
bounce back recuperarse [de un contratiempo]
■ *s* rebote, bote

bouncer /'baʊnsər/ *s* guarura, gorila [que cuida la entrada de una discoteca o un bar]

bouncy /'baʊnsi/ *adj* (-cier, -ciest) alegre, lleno -a de vida [persona, personalidad]

bound¹ /baʊnd/ *adjetivo, verbo & sustantivo*
■ *adj* **1 to be bound to do sth** frase que expresa que algo es muy probable: *He's bound to forget.* Seguro que se olvida. | *It was bound to happen sooner or later.* Tarde o temprano tenía que pasar. **2** obligado -a: *I felt bound to tell him what was going on.* Me sentí obligada a contarle lo que estaba pasando. **3 bound for** con rumbo a
■ *v* [intr] desplazarse dando pasos o saltos largos
■ *s* gran salto

bound² pasado & participio de **bind**

boundary /'baʊndəri/ *s* (pl -ries) límite, frontera: *the city boundary* el límite de la ciudad | *the boundaries of technology* las fronteras de la tecnología

bounds /baʊndz/ *s pl* **out of bounds** frase que expresa que no está permitido el acceso a un lugar: *This office is out of bounds to students.* A los alumnos no se les permite la entrada a esta oficina.

bouquet /boʊ'keɪ/ *s* **1** (de flores) bouquet, ramo **2** (del vino) bouquet, aroma

bourgeois /bʊr'ʒwɑ/ *adjetivo & sustantivo*
■ *adj* burgués -esa
■ *s* (pl bourgeois) burgués -esa

bout /baʊt/ *s* **1** periodo | *a bout of depression* un periodo de depresión | *a bout of the flu* una gripe, una gripa **2** pelea, combate [de boxeo]

bow¹ /baʊ/ *verbo & sustantivo*
■ *v* **1** [intr] saludar [con una caravana], inclinarse [para saludar] **2 to bow your head** agachar la cabeza
■ *s* **1** caravana, reverencia | *to take a bow* saludar [un artista al público] **2** (también **bows**) proa

bow² /boʊ/ *s* **1** moño | *to tie sth in a bow* atar algo con un moño **2** (para flechas) arco **3** (de violín) arco

violin
bow

bow

bowel /'baʊəl/ s intestino

bowl /boʊl/ *sustantivo, sustantivo plural & verbo*
- *s* **1** (recipiente) tazón, bol **2** (también **bowlful**) (contenido) tazón, bol: *a bowl of rice/soup* un tazón de arroz/sopa **3** (grande, de plástico) palangana ▶ ver también **sugar bowl**
- **bowls** *s pl* BrE bochas [juego que se juega sobre césped con bolas de madera] | **to play bowls** jugar bochas
- *v* [tr/intr] **1** lanzar [en cricket, etc.] **2 to go bowling** ir a jugar boliche

bowler /'boʊlər/ s **1** lanzador -a [en cricket] **2** (también **bowler hat**) BrE sombrero de hongo, bombín

bowling /'boʊlɪŋ/ s **1** boliche **2 bowling alley** boliche

bow tie /'boʊ taɪ/ s corbata de moño

box /bɑks/ *sustantivo & verbo*
- *s* (pl **boxes**) **1** caja: *a cardboard box* una caja de cartón | *a box of chocolates* una caja de chocolates **2** casilla, recuadro [en una forma, un texto] **3** (también **telephone box**) BrE ▶ ver **phone booth 4** palco **5** apartado postal **6** área [en futbol] **7 the box** (informal) la tele
- *v* (3ª pers sing -xes) **1** [intr] boxear **2** [tr] (también **box up**) embalar

boxer /'bɑksər/ s boxeador -a

boxer shorts, también **boxers** /'bɑksərz/ *s pl* calzoncillo(s), boxers: *a pair of boxer shorts* unos calzoncillos

boxing /'bɑksɪŋ/ s **1** box, boxeo **2 boxing gloves** guantes de box

Boxing Day s Así se le llama al 26 de diciembre, feriado nacional en Inglaterra y Gales

box office s taquilla

boy /bɔɪ/ *sustantivo & interjección*
- *s* **1** niño, varón: *a boy of about nine* un niño de unos nueve años | *Their last child was a boy.* Su último hijo fue un varón. | *a little boy* un niñito **2** (joven) muchacho **3** (con respecto a los padres) hijo: *Her youngest boy has just left school.* Su hijo menor acaba de terminar el colegio.
- *interj* (para expresar admiración, alivio, enojo, etc.) *Boy, that's some car he has!* ¡Órale, qué cochecito tiene!

boycott /'bɔɪkɑt/ *verbo & sustantivo*
- *v* [tr] boicotear
- *s* boicot

boyfriend /'bɔɪfrend/ s novio: *Do you have a boyfriend?* ¿Tienes novio?

boyish /'bɔɪ-ɪʃ/ *adj* de niño, aniñado

boy scout s boy scout

bra /brɑ/ s brassier, sostén [prenda femenina]

brace /breɪs/ *sustantivo, sustantivo plural & verbo*
- *s* (también **braces** [pl]) frenos [para los dientes]
- **braces** *s pl* BrE (para pantalones) tirantes

▶ En inglés americano se usa **suspenders**
- *v* **to brace yourself** prepararse [para algo desagradable]

bracelet /'breɪslət/ s pulsera

bracket /'brækɪt/ *sustantivo & verbo*
- *s* **1** ménsula, soporte [de un estante, etc.] **2** AmE corchete: *in brackets* entre corchetes **3** BrE paréntesis ▶ En inglés americano se usa **parenthesis**
- *v* [tr] **1** AmE poner entre corchetes **2** BrE poner entre paréntesis

brag /bræg/ *v* [tr/intr] (-gged, -gging) presumir: *He was bragging about his new car.* Estaba presumiendo de su coche nuevo.

braid /breɪd/ s **1** galón, cinta **2** AmE trenza

braille /breɪl/ s braille

brain /breɪn/ s **1** (órgano) cerebro **2** (también **brains** [pl]) (mente) cabeza, cerebro: *Use your brain!* ¡Usa la cabeza! **3 to have sth on the brain** (informal) no poder sacarse algo de la cabeza **4 brain damage** daño cerebral **brain tumor** AmE **brain tumour** BrE tumor cerebral

brainstorm /'breɪnstɔrm/ AmE, **brainwave** /'breɪnweɪv/ BrE s idea brillante

brainwash /'breɪnwɑʃ/ *v* [tr] (3ª pers sing -shes) lavarle el cerebro a

brainy /'breɪni/ *adj* (-nier, -niest) (informal) listo -a, abusado

brake /breɪk/ *sustantivo & verbo*
- *s* freno [de un vehículo]
- *v* [intr] frenar

bramble /'bræmbəl/ s zarza [de las moras]

bran /bræn/ s salvado [de trigo, etc.]

branch /bræntʃ/ *sustantivo & verbo*
- *s* (pl **branches**) **1** (de un árbol) rama **2** (de un comercio) sucursal **3** (de una familia) rama **4** (de una disciplina) área, rama
- *v* (3ª pers sing -ches) **branch off** salir, abrirse [de una carretera principal] **branch out** diversificarse, diversificar nuestras/sus etc. actividades

brand /brænd/ *sustantivo & verbo*
- *s* marca: *What brand of soap do you use?* ¿Qué marca de jabón usas? ▶ ¿BRAND O MAKE? ver **marca**
- *v* [tr] **1 to brand sb (as) sth** tildar a alguien de algo, ponerle a alguien la etiqueta de algo: *He was branded a troublemaker.* Le pusieron la etiqueta de revoltoso. **2** marcar [el ganado]

brandish /'brændɪʃ/ *v* [tr] (3ª pers sing -shes) blandir

brand-new *adj* flamante, nuevo -a

brandy /'brændi/ s (pl -dies) brandy, coñac

brash /bræʃ/ *adj* que demuestra excesiva confianza en sí mismo, habla fuerte, etc.

brass /bræs/ s **1** latón, bronce [para herrajes, etc.] **2 the brass (section)** los bronces, los metales [en una orquesta] **3 brass band** banda (de música) [compuesta mayormente por bronces]

---

i ¿Se dice *on the table* o *in the table*? Mira la entrada **en**.

brat /bræt/ *s* (informal) mocoso -a, escuincle -a

bravado /brə'vɑdoʊ/ *s* bravuconada

brave /breɪv/ *adjetivo & verbo*
- *adj* valiente
- *v* [tr] hacerle frente a

bravely /'breɪvli/ *adv* valientemente

bravery /'breɪvəri/ *s* valentía, valor

brawl /brɔl/ *s* bronca, pleito

Brazil /brə'zɪl/ *s* Brasil

Brazilian /brə'zɪljən/ *adj & s* brasileño -a

breach /britʃ/ *sustantivo & verbo*
- *s* (pl **breaches**) **1** violación, infracción | **to be in breach of sth** haber infringido algo | **a breach of security** una falla en el sistema de seguridad, una violación del sistema de seguridad **2** ruptura, brecha
- *v* [tr] (3ª pers sing **-ches**) **1** violar, infringir **2** abrir una brecha en

bread /bred/ *s* pan: *whole wheat bread* pan integral | *white bread* pan blanco | *brown bread* pan negro | *a loaf of bread* un pan/una barra de pan | *a slice of bread* una rebanada de pan | *bread and butter* pan con mantequilla

breadcrumbs /'bredkrʌmz/ *s pl* pan molido

breadth /bredθ/ *s* ancho, anchura | **five meters/three feet etc. in breadth** cinco metros/tres pies etc. de ancho

breadwinner /'bredwɪnər/ *s* sostén del hogar

break /breɪk/ *verbo & sustantivo*
- *v* (pasado **broke**, participio **broken**) **1** (en pedazos) [tr] romper, partir, [intr] romperse, partirse: *He broke a window.* Rompió una ventana. | *The branch broke under his weight.* La rama se partió bajo su peso. | **to break sth in two/in half** partir algo en dos/por la mitad | **to break your leg/arm etc.** romperse la pierna/el brazo etc.
  2 (hablando de máquinas, mecanismos) [tr] romper, descomponer, [intr] romperse, descomponerse: *He's broken the computer.* Rompió la computadora. | *My watch has broken.* Se me descompuso el reloj.
  3 to break the law violar la ley
  4 to break a promise romper una promesa | **to break your word** no cumplir con su palabra
  5 to break even salir tablas [no tener ni ganancias ni pérdidas]
  6 to break loose/free (a) soltarse **(b)** liberarse
  7 to break a record batir/romper un récord
  8 dawn/the day was breaking estaba amaneciendo, rompía el día
  9 [intr] hacerse público -a [noticia, escándalo]
  10 [intr] desatarse [tormenta]
  11 [intr] cambiar [la voz de un varón durante la pubertad]
  12 [intr] romper [olas]

break away 1 soltarse **2 to break away from sb (a)** despegarse de alguien, adelantarse a alguien [en una carrera] **(b)** escapársele a alguien **3** separarse, escindirse

break down 1 descomponerse, averiarse: *The car broke down.* Se descompuso el coche. **2** fracasar: *Their marriage broke down.* Su matrimonio fracasó. **3** ponerse a llorar, quebrarse **break sth down** tumbar algo, derribar algo: *They had to break the door down.* Tuvieron que tumbar la puerta.

break in 1 entrar [forzando la entrada] **2** interrumpir

break into sth 1 to break into a house/a store etc. entrar en una casa/una tienda etc. [forzando la entrada] **2 to break into a run** echarse/largarse a correr | **to break into a gallop/trot** empezar a galopar/a trotar **3** introducirse/ingresar en algo [en un mercado, un área de actividad]

break off interrumpirse, parar **break sth off 1** cortar algo [con la mano]: *I broke off a piece of cheese.* Corté un pedazo de queso. **2** romper algo [un compromiso, relaciones diplomáticas, etc.]

break out 1 estallar [guerra, epidemia] **2 I broke out in spots/in a rash** me salieron granos/me salió un salpullido **3** escaparse **break through sth** abrirse paso a través de algo, atravesar algo

break up 1 romperse [en pedazos], deshacerse **2** terminar(se) [fiesta, reunión] **3** dispersarse [multitud] **4** separarse [pareja] **5** fracasar [matrimonio] **6** desintegrarse [familia] **7** romper, tronar [con el novio o la novia]: *Elizabeth has broken up with her boyfriend.* Elizabeth rompió con su novio. **8** BrE terminar [las clases] **break sth up 1** romper algo en pedazos **2** dividir algo **3** disolver [una manifestación] **4 to break up a fight** parar una bronca/un pleito
- *s* **1** pausa, descanso: *I worked five hours without a break.* Trabajé cinco horas sin parar. | **to have/take a break** hacer una pausa, tomarse un descanso
  2 vacaciones [de pocos días]: *Are you doing anything over the Easter break?* ¿Vas a hacer algo para las vacaciones de Semana Santa?
  3 pausa, corte: *a break in the conversation* una pausa en la conversación
  4 claro, espacio [en un bosque, etc.]
  5 fractura, rotura
  6 (también **break time**) BrE recreo ▶ En inglés americano se usa **recess**
  7 (informal) oportunidad | **my/his etc. lucky break** mi/su etc. oportunidad
  8 give me a break! ¡déjame en paz!, ¡no me vengas con ésas!
  9 to make a break for it tratar de escaparse

breakage /'breɪkɪdʒ/ *s* objeto que se ha roto: *All breakages must be paid for.* Se deberá pagar todo lo que se rompa.

breakdown /'breɪkdaʊn/ *s* **1** ruptura, colapso **2** falla, descompostura [mecánica]: *They had a breakdown on the way to the airport.* Se les

descompuso el coche camino al aeropuerto.
3 (también **nervous breakdown**) colapso nervioso | **to have/suffer a breakdown** tener/sufrir un colapso nervioso, tener/sufrir una crisis nerviosa **4** (de un gasto, un costo) desglose

breakfast /'brekfəst/ s **1** desayuno | **to have breakfast** desayunar, tomar el desayuno: *I haven't had breakfast yet.* Todavía no he desayunado. | **to have sth for breakfast** desayunar algo: *I have coffee and cereal for breakfast.* Desayuno café y cereales. **2 breakfast television** BrE programas de televisión emitidos a la mañana temprano **3 breakfast time** (hora del) desayuno

'**break-in** s robo [cuando los ladrones entran por la fuerza a un edificio]

breakthrough /'breɪkθru/ s paso adelante, avance | **to make a (major) breakthrough** dar un (gran) paso adelante

'**break-up** s **1** ruptura, separación [de una relación, un matrimonio] **2** disolución [de una organización, un estado]

breast /brest/ s **1** (de una mujer) pecho **2** (de un pájaro) pecho **3** (como alimento) pechuga: *a chicken breast* una pechuga de pollo **4 breast cancer** cáncer de mama

breaststroke /'breststrouk/ s (estilo de) pecho | **to do (the) breaststroke** nadar (estilo) pecho

breath /breθ/ s **1** aliento | **to be out of breath** estar sin aliento | **to hold your breath** contener la respiración | **to get your breath back** recobrar el aliento | **bad breath** mal aliento **2** **to take a breath** respirar [inhalar], tomar aliento: *I took a deep breath and dove in.* Respiré hondo y me sumergí. **3 a breath of fresh air (a)** una bocanada de aire fresco **(b)** un soplo de aire fresco **4** **to take sb's breath away** quitarle el aliento a alguien, dejar a alguien sin aliento **5 under your breath** entre dientes **6 breath test** prueba de nivel de alcohol

breathe /brið/ v **1** [tr/intr] respirar **2** **to be breathing down sb's neck** estar todo el tiempo encima de alguien, enchinchar a alguien
breathe in tomar aire, inhalar **breathe in sth** **to breathe in the fresh air/sea air etc.** respirar el aire fresco/aire de mar etc.
breathe out exhalar

breathing /'briðɪŋ/ s **1** respiración **2 breathing space** respiro

breathless /'breθləs/ adj sin aliento

breathtaking /'breθteɪkɪŋ/ adj impresionante, que quita el aliento

breed /brid/ verbo & sustantivo
■ v (pasado & participio **bred**) **1** [intr] reproducirse [animales] **2** [tr] criar [animales], cultivar [plantas] **3** [tr] engendrar, generar [violencia, resentimiento, etc.]
■ s **1** (de animal) raza **2** (de planta) variedad **3** (de computadoras, celulares, etc.) generación **4** (de persona) especie

breeder /'bridər/ s criador -a

breeding /'bridɪŋ/ s **1** reproducción [de animales] **2** cría [de animales para reproducción]

breeze /briz/ s brisa

brew /bru/ v **1** **to be brewing** avecinarse [tormenta, crisis] **2** [tr] elaborar, fabricar [cerveza] **3** [tr] preparar, hacer [té, café] **4** [intr] reposar, hacerse [té, café]

brewery /'bruəri/ s (pl **-ries**) fábrica de cerveza, cervecería

bribe /braɪb/ sustantivo & verbo
■ s soborno, mordida
■ v [tr] sobornar, dar mordida a: *They bribed him to keep quiet about it.* Lo sobornaron para que no dijera nada.

bribery /'braɪbəri/ s soborno

brick /brɪk/ sustantivo & verbo
■ s **1** ladrillo **2** BrE cubo [juguete]
■ v **brick sth up** tapiar algo

bridal /'braɪdl/ adj **1 bridal gown** traje de novia **2 bridal suite** suite nupcial **3 bridal wear** ropa para novias

bride /braɪd/ s novia [en una boda] | **the bride and groom** los novios

bridegroom /'braɪdgrum/ s novio [en una boda]

bridesmaid /'braɪdzmeɪd/ s dama de honor que acompaña a la novia en una boda

bridge /brɪdʒ/ sustantivo & verbo
■ s **1** puente **2** (de un barco) puente (de mando) **3 the bridge of your nose** el puente de la nariz **4** (juego) bridge
■ v [tr] **1** **to bridge the gap between sth and sth** reducir la brecha entre algo y algo **2** hacer un puente sobre

bridle /'braɪdl/ s brida

brief /brif/ adjetivo & verbo
■ adj **1** breve: *He paid us a brief visit.* Nos hizo una breve visita. **2** **to be brief** ser breve: *I know you're busy, so I'll be brief.* Sé que están ocupados, así que voy a ser breve. **3 in brief** en resumen, en pocas palabras
■ v **to brief sb on sth** informar a alguien sobre algo

briefcase /'brifkeɪs/ s portafolio(s), maletín

briefly /'brifli/ adv **1** brevemente **2** en resumen, en pocas palabras

briefs /brifs/ s pl **1** (de hombre) calzoncillos: *a pair of briefs* unos calzoncillos **2** (de mujer) pantaletas: *a pair of briefs* unas pantaletas

brigade /brɪ'geɪd/ s brigada

bright /braɪt/ adj **1** brillante [luz, destello], luminoso -a, con mucha luz [habitación]: *a bright sunny day* un día de sol radiante **2** fuerte, vivo [color]: *bright red lipstick* lápiz de labios rojo fuerte/intenso **3** listo -a, inteligente **4** brillante [idea]: *Whose bright idea was* *this?* ¿Quién tuvo esta brillante idea? **5** alegre [personalidad, sonrisa] **6** promisorio -a, brillante [futuro]

brighten /'braɪtn/, también **brighten up** v **1** [intr] salir el sol, depejarse [tiempo, cielo] **2** [tr] alegrar [una casa, un cuarto] **3** [intr] alegrarse [persona, cara]

brightly /'braɪtli/ adv **1** con mucha luz: *a brightly lit street* una calle muy iluminada | *The sun shone brightly.* El sol brillaba fuerte. **2 brightly colored** de colores vivos | **brightly painted** pintado -a de colores vivos **3** alegremente

brightness /'braɪtnəs/ s brillo

brilliance /'brɪljəns/ s **1** (de una persona) brillantez **2** (de un astro, una luz) brillo, resplandor

brilliant /'brɪljənt/ adj **1** brillante: *a brilliant young violinist* un joven y brillante violinista | **to be brilliant at sth** ser un genio para/en algo **2** BrE (informal) genial: *It was a brilliant party.* Fue una fiesta genial.

brim /brɪm/ s **1 to be full to the brim with sth** estar lleno -a hasta el borde de algo, estar rebosante de algo **2** ala [de un sombrero]

bring /brɪŋ/ v [tr] (pasado & participio **brought**) **1** traer: *I forgot to bring an umbrella.* Se me olvidó traer el paraguas. | *Could you bring me a glass of water?* ¿Me podrías traer un vaso de agua? ▶ En inglés también se usa **bring** cuando en español usaríamos *llevar*, como en el siguiente ejemplo: *He asked me to bring him a glass of water.* Me pidió que le llevara un vaso de agua. | **to bring sth with you** traer/llevar algo: *Bring your dictionaries with you tomorrow.* Traigan los diccionarios mañana. | **to bring sb with you** ir/venir con alguien: *Jenny brought her new boyfriend with her.* Jenny vino con su nuevo novio. ▶ ¿BRING O TAKE? ver **llevar 2** causar: *He's brought nothing but trouble.* No ha causado más que problemas. **3** (hacer venir) traer: *What brings you here?* ¿Qué te trae por aquí? **4 can't bring myself/couldn't bring himself etc. to do sth** no me atreví/no se atrevió etc. a hacer algo: *I can't bring myself to touch it.* No me atrevo a tocarlo. | *She couldn't bring herself to tell him the truth.* No se atrevió a decirle la verdad. **5 to bring sth to sb's attention/notice** hacerle ver/saber algo a alguien
bring sb around hacer volver en sí a alguien
bring sth back 1 traer algo, volver con algo: *He brought some wonderful presents back from Egypt.* Trajo unos regalos fabulosos de Egipto. **2** traer algo de vuelta, regresar algo **3** volver a implantar/introducir algo **4 to bring back memories** traer recuerdos
bring sth down 1 bajar algo [del piso de arriba] **2 to bring down prices/taxes etc.** bajar

los precios/los impuestos etc. **3 to bring down the government** derribar/derrocar al gobierno **4 to bring a plane down (a)** (con artillería) derribar un avión **(b)** (piloto) aterrizar un avión
bring sth forward adelantar algo [un viaje, una reunión, etc.]
bring sth in 1 entrar algo, traer algo [adentro] **2 to bring a law/system etc. in** introducir una ley/un sistema etc. **bring in sth** dejar algo [dinero] **bring sb in 1** hacer pasar/entrar a alguien **2** llamar/hacer venir a alguien
bring sth on causar/provocar algo [un dolor, una crisis]
bring sth out 1 sacar algo [de un recipiente, del bolsillo, etc.] **2** sacar algo [a la venta] **3** realzar/resaltar algo **4 to bring out the best/worst in sb** hacer aflorar las mejores/peores cualidades de alguien
bring sb round ▶ ver **bring sb around**
bring sb together juntar/unir a alguien
bring sth up 1 sacar (a relucir) algo, mencionar algo: *Why did you have to bring that up?* ¿Por qué qué tuviste que sacar eso a relucir? **2** vomitar algo **bring sb up** criar/educar a alguien: *He was brought up in Chile.* Se crió en Chile. | *She was brought up as a Catholic.* Tuvo una educación católica. | **well/badly brought up** bien/mal educado -a

brink /brɪŋk/ s **to be on the brink of sth** estar al borde de algo, estar a punto de hacer algo

brisk /brɪsk/ adj enérgico -a, rápido -a

bristle /'brɪsəl/ s **1** (de la barba) pelo **2** (de un cepillo) cerda

Britain /'brɪtn/ s Gran Bretaña

British /'brɪtɪʃ/ adjetivo & sustantivo
■ adj británico -a
■ s **the British** los británicos

Briton /'brɪtn/ s (formal) británico -a

brittle /'brɪtl/ adj quebradizo -a, frágil

broach /broʊtʃ/ v [tr] (3ª pers sing **-ches**) **to broach the subject/matter** sacar el tema

broad /brɔd/ adj **1** ancho -a [hombros, caderas, río] **2** amplio -a [espectro, gama] **3** amplio -a [definición, sentido]: *He gave us a broad outline of his plan.* Nos explicó el plan en líneas generales. **4 a broad grin/smile** una amplia sonrisa, una sonrisa de oreja a oreja **5 in broad daylight** a plena luz del día ▶ ¿BROAD O WIDE? ver **ancho**

broad bean s BrE haba ▶ En inglés americano se usa **fava bean**

broadcast /'brɔdkæst/ v (pasado & participio **broadcast**) [tr/intr] transmitir [por radio o televisión]

broadcaster /'brɔdkæstər/ s locutor -a, presentador -a

broadcasting /'brɔdkæstɪŋ/ s televisión, radiodifusión

ⓘ ¿Sabes cómo funcionan los **phrasal verbs**? Lee la explicación en el apartado de gramática.

broaden /'brɔdn/ v **1** [tr] ampliar [los conocimientos o la experiencia de alguien] **2** [intr] (también **broaden out**) ensancharse

broadly /'brɔdli/ adj en líneas generales, en general | **broadly speaking** (hablando) en términos generales

'**broad-minded** adj de mentalidad abierta, abierto -a

broccoli /'brɑkəli/ s brócoli

brochure /brou'ʃʊr, BrE 'brəʊʃə/ s folleto: travel brochures folletos de viaje

broke¹ /brouk/ adj (informal) **1** sin un quinto **2** **to go broke** quebrar [una empresa]

broke² pasado de **break**

broken¹ /'broukən/ adj **1** descompuesto -a [aparato] **2** roto -a [plato, vidrio, hueso] **3** discontinua [línea] **4** **a broken heart** un corazón destrozado/deshecho **5** **in broken English/French** etc. en inglés/francés etc. chapurreado **6** **a broken home/marriage** un hogar/matrimonio deshecho

broken

broken² participio de **break**

broker /'broukər/ s agente, corredor

bronze /brɑnz/ sustantivo & adjetivo
■ s **1** (metal) bronce **2** (obra) bronce [estatua]
■ adj **1** de bronce **2** dorado -a, de color bronce

brooch /broutʃ/ s (pl **brooches**) prendedor, broche

brood /brud/ v [intr] rumiar [cavilar obsesivamente] | **to brood over/about sth** darle vueltas a algo, rumiar algo

brook /brʊk/ s arroyo

broom /brum/ s escoba, cepillo [para barrer]

broomstick /'brumstɪk/ s escoba [de una bruja]

brother /'brʌðər/ s **1** (familiar) hermano: Does he have any brothers and sisters? ¿Tiene hermanos? | **elder/older/big brother** hermano mayor | **younger/little brother** hermano menor/ hermanito **2** (compañero) hermano **3** (religioso) hermano, monje

brotherhood /'brʌðərhʊd/ s hermandad

'**brother-in-law** s (pl **brothers-in-law**) cuñado

brought /brɔt/ pasado & participio de **bring**

brow /braʊ/ s **1** frente **2** ceja **3** **the brow of the hill** la cumbre del cerro

brown /braʊn/ adjetivo, sustantivo & verbo
■ adj **1** café ► ver "Active Box" **colors** en **color** **2** castaño -a [pelo] **3** moreno -a, bronceado -a | **to go brown** ponerse moreno -a, broncearse **4** **brown bread** pan negro **brown paper** papel de estraza **brown rice** arroz integral **brown sugar** azúcar morena

■ s café ► ver "Active Box" **colors** en **color**
■ v **1** [tr] dorar, tostar **2** [intr] dorarse, tostarse [alimentos]

Brownie /'braʊni/ s hadita [en el movimiento Scout británico]

brownie /'braʊni/ s brownie [trozo de pastel de chocolate y nueces]

browse /braʊz/ v [intr] **1** mirar, curiosear [en una tienda] **2** **to browse through a book/ magazine** hojear un libro/una revista

browser /'braʊzər/ s browser, navegador ► ver también **web browser**

bruise /bruz/ sustantivo & verbo
■ s (en la piel, en la fruta) moretón, magulladura
■ v [tr] magullar, [intr] magullarse

brunette /bru'net/ s morena [niña, mujer]

brunt /brʌnt/ s **to bear/take the brunt of sth** llevar/llevarse la peor parte de algo, ser el más afectado/la más afectada etc. por algo

brush /brʌʃ/ sustantivo & verbo
■ s (pl **brushes**) **1** cepillo **2** pincel **3** brocha **4** BrE escoba, cepillo [para barrer] **5** **to give sth a brush** cepillar/barrer algo **6** **a brush with death** un roce/un encuentro con la muerte **7** **a brush with the law** un roce con la policía
■ v (3ª pers sing **brushes**) **1** [tr] cepillar, cepillarse: Go and brush your hair. Ve a cepillarte el pelo. | He hasn't brushed his teeth. No se lavó los dientes. **2** **to brush sth off/away** quitar/sacar algo [con un cepillo o con la mano]: He brushed his hair out of his eyes. Se quitó el pelo de los ojos. | Let me brush that mud off. Déjame que te quite el barro. **3** [tr] rozar | **to brush against sth/sb** rozar algo/a alguien, pasar rozando algo/a alguien
brush sth aside hacer caso omiso de algo, dejar algo de lado
brush up on sth, también **brush sth up** pulir algo: I need to brush up my German before I go to Vienna. Tengo que pulir un poco mi alemán antes de ir a Viena.

brussels sprout /'brʌsəlz spraʊt/ s col de Bruselas

brutal /'brutl/ adj brutal, cruel

brutality /bru'tæləti/ s brutalidad

brutally /'brutl-i/ adv brutalmente

brute /brut/ sustantivo & adjetivo
■ s bestia
■ adj **brute force** fuerza bruta

B.S. /bi 'es/ AmE, **BSc** /ˌbi es 'si/ BrE s (= **Bachelor of Science**)

Así se le llama al título que otorga una universidad en una carrera científica tras un curso de tres o cuatro años de duración. Equivale aproximadamente a una licenciatura:

He has a B.S. from Duke University Tiene una licenciatura de Duke University.

bubble /'bʌbəl/ *sustantivo & verbo*
■ *s* **1** burbuja [en un líquido], pompa [de jabón], globo [hecho con un chicle] **2 to blow bubbles** hacer burbujas [en un líquido], hacer bombas [con un chicle], hacer pompas (de jabón) **3 bubble bath** baño de espuma **bubble gum** chicle (bomba)
■ *v* [intr] borbotear, burbujear | **to bubble up** salir a borbotones

bubbly /'bʌbli/ *adj* (-bblier, -bbliest) lleno -a de vida

buck /bʌk/ *sustantivo & verbo*
■ *s* **1** (informal) dólar [estadounidense o australiano] **2 to pass the buck** pasar la pelota **3** ciervo [macho]
■ *v* [intr] corcovear
buck sb up (informal) levantarle el ánimo a alguien

bucket /'bʌkɪt/ *s* **1** (recipiente) cubeta, balde **2** (también **bucketful**) (contenido) cubeta, balde: *a bucket of water* una cubeta de agua **3 to kick the bucket** (informal) estirar la pata

buckle /'bʌkəl/ *sustantivo & verbo*
■ *s* hebilla [de cinturón, zapatos, etc.]
■ *v* **1** (también **buckle up**) [tr] abrochar, [intr] abrocharse **2** [intr] doblarse [piernas] **3** [intr] deformarse, doblarse [metal]

bud /bʌd/ *s* capullo

Buddhism /'budɪzəm/ *s* budismo

Buddhist /'budɪst/ *s & adj* budista

buddy /'bʌdi/ *s* (pl -ddies) (informal) **1** amigo, cuate **2** AmE (al dirigirse a un hombre) mano

budge /bʌdʒ/ *v* (informal) **1** [intr] moverse **2** [tr] mover

budget /'bʌdʒɪt/ *sustantivo, verbo & adjetivo*
■ *s* presupuesto | **over budget** por encima de lo presupuestado | **to be on a tight budget** tener un presupuesto ajustado
■ *v* **to budget for sth** tener algo en cuenta [en la planificación de los gastos]
■ *adj* económico -a [barato]

buff /bʌf/ *s* **wine/computer/opera etc. buff** experto -a en vinos/computación/ópera etc.

buffalo /'bʌfəlou/ *s* (pl **buffalo**, o **buffaloes**) **1** búfalo [africano, asiático] **2** bisonte, búfalo [americano]

buffet¹ /bə'feɪ/ *s* buffet

buffet² /'bʌfɪt/ *v* [tr] azotar, zarandear [viento, lluvia, etc.]

bug /bʌg/ *sustantivo & verbo*
■ *s* **1** (informal) bicho **2** (informal) cualquier bacteria o virus que provoca enfermedades o malestares: *I've got a stomach bug.* Ando mal del estómago. **3** falla [en un programa informático] **4** micrófono [oculto]
■ *v* [tr] (-gged, -gging) **1** (informal) fastidiar **2** poner micrófonos (ocultos) en

buggy /'bʌgi/ *s* (pl -ggies) **1** AmE cochecito [de bebé] **2** carriola, carreola [plegable]

build /bɪld/ *v* (pasado & participio **built**) **1** [tr] construir, hacer: *They're building more homes near the lake.* Están construyendo más casas cerca del lago. | *Mike said he'd build us a closet.* Mike dijo que nos iba a hacer un clóset. **2** [intr] construir: *Are they going to build on this land?* ¿Van a construir en este terreno?
build on sth seguir avanzando sobre la base de algo
build sth up desarrollar algo | **to build your hopes up** hacerse ilusiones
build up to sth preparar el camino para algo

builder /'bɪldər/ *s* **1** albañil **2** constructor -a, contratista

building /'bɪldɪŋ/ *s* **1** edificio **2** construcción, edificación

'building ,site *s* obra (en construcción)

'build-up *s* **1** acumulación **2 build-up of traffic** congestionamiento de tráfico

built /bɪlt/ *pasado & participio de* **build**

'built-in *adj* **1 built-in closet** clóset, armario empotrado **2 built-in oven** horno empotrado **3 built-in microphone** micrófono incorporado

bulb /bʌlb/ *s* **1** (de luz) foco **2** (de una planta) bulbo

bulge /bʌldʒ/ *sustantivo & verbo*
■ *s* bulto
■ *v* **to bulge with sth** estar lleno -a/rebosante de algo

bulk /bʌlk/ *s* **1 the bulk of sth** el grueso de algo **2 in bulk** al por mayor, en cantidad

bulky /'bʌlki/ *adj* (-kier, -kiest) voluminoso -a

bull /bul/ *s* toro

bulldoze /'buldouz/ *v* [tr] pasarle el bulldozer a

bulldozer /'buldouzər/ *s* bulldozer

bullet /'bulɪt/ *s* **1** bala **2 bullet hole** agujero de bala **bullet wound** herida de bala

bulletin /'bulətɪn/ *s* **1** (en la radio o TV) boletín (informativo) **2** (informe periódico) boletín

'bulletin ,board *s* **1** AmE tablero (de anuncios) **2** lugar en un sistema informático donde se pueden leer y dejar mensajes

bullfight /'bulfaɪt/ *s* corrida de toros

'bull's-eye *s* blanco [en tiro]

bully /'buli/ *verbo & sustantivo*
■ *v* [tr] (3ª pers sing -llies, pasado & participio -llied) intimidar, acosar
■ *s* (pl -llies) buscapleitos, bravucón -ona

bum /bʌm/ *sustantivo & verbo*
■ *s* (informal) **1** AmE vago -a, flojo -a **2** AmE vagabundo -a **3** BrE trasero, pompas, pompis
■ *v* [tr] (-mmed, -mming) (informal) gorrear, gorronear: *Can I bum a cigarette off you?* ¿Te puedo gorrear un cigarrillo?
bum around vagabundear [viajar por placer]

bump /bʌmp/ *verbo & sustantivo*
■ *v* [tr] golpearse: *Be careful not to bump your head!* ¡Ten cuidado, no te vayas a golpear la cabeza!

bump into sb (informal) toparse con alguien
bump into sth/sb darse contra algo/alguien, chocar con algo/alguien
bump sb off (informal) liquidar a alguien
■ s **1** chichón, chipote **2** bache **3** golpe

bumper /'bʌmpər/ *sustantivo & adjetivo*
■ s **1** defensa [de un vehículo]
■ adj **1 a bumper crop/year** una cosecha/un año excepcional **2 bumper issue** número extra/especial [de una revista]

bumpy /'bʌmpi/ adj (-pier, -piest) **1** accidentado -a, irregular [superficie] **2** lleno -a de baches [camino, carretera] **3** referido a viajes: con sacudidas, traqueteo, turbulencia, etc.

bun /bʌn/ s **1** (pan) bollo [para hamburguesas] **2** BrE (pan dulce) bollo **3** (peinado) chongo

bunch /bʌntʃ/ s (pl **bunches**) **1 bunch of flowers** ramo de flores **2 bunch of grapes** racimo de uvas **3 bunch of bananas** penca de plátanos **4** (informal) grupo [de gente] **5 a bunch of** AmE (informal) un montón de, un bonche de: *a bunch of questions* un montón de preguntas

bundle /'bʌndl/ *sustantivo & verbo*
■ s atado, manojo
■ v **1 to bundle sb into/out of sth** meter a alguien en algo a empujones/sacar a alguien de algo a empujones **2 to come/be bundled with sth** venir con algo incluido [algo que se compra]

bung /bʌŋ/ s tapón [para tina, fregadero, etc.]

bungalow /'bʌŋɡəloʊ/ s casa de una sola planta

bunk /bʌŋk/ s bungalow
1 (también **bunk bed**) (en una recámara) litera
2 (en un barco) litera

bunker /'bʌŋkər/ s **1** búnker [refugio fortificado] **2** trampa de arena [en una cancha de golf]

buoy /'bui, BrE bɔi/ s boya

burden /'bɜrdn/ *verbo & sustantivo*
■ v **1 to burden sb with your problems** preocupar a alguien con los problemas de uno | **to burden sb with responsibilities** cargar a alguien de responsabilidades **2 to be burdened with bags/packages etc.** ir cargado -a de bolsas/paquetes etc.
■ s carga: *I don't want to be a burden on you.* No quiero ser una carga para ti.

bureau /'bjʊroʊ/ s (pl **bureaux**, o **bureaus** /-roʊz/) **1** agencia: *an employment bureau* una agencia de colocaciones **2** oficina, departamento [del Estado] **3** AmE cómoda **4** escritorio, secretaire

bureaucracy /bjʊ'rɑkrəsi/ s burocracia
bureaucrat /'bjʊrəkræt/ s burócrata
bureaucratic /bjʊrə'krætɪk/ adj burocrático -a
burger s ► ver **hamburger**

burglar /'bɜrɡlər/ s ladrón -ona [que entra a robar a una casa, una oficina, etc.] ► ¿BURGLAR, ROBBER O THIEF? ver **ladrón**

burglar a,larm s alarma contra robo(s)

burglarize /'bɜrɡləraɪz/ AmE, **burgle** /'bɜrɡəl/ BrE v [tr] robarle a, entrar a robar en: *We've been burglarized three times since we've lived here.* Nos han robado tres veces desde que vivimos aquí. | *The apartment had been burglarized.* Habían entrado a robar al departamento. ► ¿BURGLARIZE, ROB O STEAL? ver **robar**

burglary /'bɜrɡləri/ s (pl -ries) robo [cuando el ladrón entra a una casa, una oficina, etc.] ► ¿BURGLARY, ROBBERY O THEFT? ver **robo**

burial /'beriəl/ s entierro

burn /bɜrn/ *verbo & sustantivo*
■ v (pasado & participio **burned**, o **burnt**) **1** [tr] quemar: *I burned all his letters.* Quemé todas sus cartas. **2 to burn your arm/leg/sleeve etc.** on sth quemarse el brazo/la pierna/la manga etc. con algo **3** [intr] quemarse: *Quick! The toast is burning!* ¡Rápido! ¡Se está quemando el pan tostado! | **to burn to the ground** quemarse hasta los cimientos **4** [intr] arder: *Is the fire still burning?* ¿El fuego todavía arde? **5 to burn gas/oil** etc. funcionar con gas/diesel etc. **6** [tr] gastar, consumir: *His new car burns a lot of fuel.* Su coche nuevo gasta mucho combustible. **7** (también **to burn up**) (tener demasiado calor) arder
burn down incendiarse **burn sth down** incendiar algo
burn out apagarse **burn itself out** apagarse solo -a
■ s quemadura, quemada | **severe/minor burns** quemaduras leves/graves

burning /'bɜrnɪŋ/ adj **1** en llamas **2** ardiente **3 burning issue/question** tema/asunto candente

burnt¹ /bɜrnt/ adj quemado -a

burnt² pasado & participio de **burn**

burp /bɜrp/ *verbo & sustantivo*
■ v [intr] (informal) eructar
■ s (informal) eructo

burrow /'bɜroʊ/ s madriguera

bursary /'bɜrsəri/ s (pl -ries) BrE beca ► También se usa **scholarship**, que es inglés universal

burst /bɜrst/ *verbo & adjetivo*
■ v (pasado & participio **burst**) **1** [tr] reventar **2** [intr] reventarse [burbuja, globo]
burst in on sb irrumpir en el lugar donde está alguien: *I'm sorry to burst in on you like this.* Perdón por entrar así de sopetón.
burst into sth 1 to burst into a room irrumpir en una habitación, entrar a una habitación de sopetón **2 to burst into tears** romper a llorar | **to burst into song** ponerse a cantar **3 to burst into flames** estallar en llamas
burst out 1 to burst out laughing soltar una

carcajada **2 to burst out crying** ponerse a llorar

■ *adj* reventado -a, ponchado -a: *a burst pipe* una tubería reventada

bury /'beri/ *v* [tr] (3ª pers sing -ries) **1** (a un muerto) enterrar, sepultar **2** (un tesoro, un hueso, etc.) enterrar **3 to be buried under/in sth** estar sepultado -a bajo/adentro de algo **4 to bury your face/head in sth** hundir la cara/la cabeza en algo

bus /bʌs/ *s* (pl **buses**) **1** camión, autobús: *Hurry up or we'll miss the bus!* ¡Apúrate que perdemos el camión! | *Should we take a bus into town?* ¿Tomamos un camión hasta el centro? | **by bus** en camión, en autobús ► En inglés americano también se usa **bus** para referirse a los autobuses de larga distancia o para excursiones **2 bus driver** conductor -a, chofer ► **bus fare** costo del boleto o dinero necesario para pagarlo: *Don't forget your bus fare!* ¡No te olvides del dinero para el camión!

school bus

bush /bʊʃ/ *s* (pl **bushes**) arbusto, matorral

busily /'bɪzəli/ *adv* **to be busily doing sth** estar muy ocupado -a haciendo algo

business /'bɪznɪs/ *s* **1** negocios: *We do a lot of business with Italian companies.* Hacemos muchos negocios con empresas italianas. ► **¿BUSINESS o DEAL?** ver **negocio 2 on business** por trabajo: *Chris is in Dallas on business today.* Chris está en Dallas por trabajo hoy. **3 to go out of business** cerrar, quebrar [compañía, empresa] **4 business is good/bad** el negocio anda bien/mal | **business is slow** el negocio anda flojo **5 to run a business** tener una empresa, estar al frente de una empresa **6** asunto [personal]: *"How much do you earn?" "None of your business."* –¿Cuánto ganas? –No es asunto tuyo. | **mind your own business** ¿y a ti qué te importa? **7** (tema, actividad) asunto, cuestión **8 to have no business doing sth** no tener por qué hacer algo: *You had no business going into my private files!* ¡No tenías por qué meterte en mis archivos personales! **9 business card** tarjeta (de visita) [profesional] **business lunch** comida de trabajo **business trip** viaje de negocios

businesslike /'bɪznɪslaɪk/ *adj* **1** eficiente, profesional **2** formal

businessman /'bɪznɪsmən/ *s* (pl **-men**) hombre de negocios, ejecutivo

businesswoman /'bɪznɪswʊmən/ *s* (pl **-women**) mujer de negocios, ejecutiva

busk /bʌsk/ *v* [intr] En inglés británico **to busk** es cantar o tocar un instrumento en un lugar público para obtener dinero de los transeúntes. Quienes lo hacen se llaman **buskers**

'bus pass *s* (pl **-sses**) pase libre [para camiones o autobuses]

'bus stop *s* parada (del camión)

bust /bʌst/ *verbo, sustantivo & adjetivo*

■ *v* [tr] **1** (pasado & participio **bust**) (informal) romper **2** (pasado & participio **busted**) (informal) agarrar [a un delincuente]

■ *s* **1** busto, pecho **2** busto [escultura]

■ *adj* **1 to go bust** quebrar, ir a la bancarrota **2** (informal) roto -a, descompuesto -a

bustle /'bʌsəl/ *s* trajín, ajetreo ► ver **hustle**

busy /'bɪzi/ *adj* (-**sier**, -**siest**) **1** ocupado -a: *I'm very busy at the moment. Can I call you back?* Estoy muy ocupado en este momento. ¿Puedo llamarlo luego? | *The children were busy with their homework.* Los niños estaban ocupados haciendo la tarea. **2** (de mucha actividad) ajetreado -a, atareado -a: *I've had a really busy day.* Hoy tuve un día muy ajetreado. **3 a busy road/street** una carretera/calle de mucho tráfico | **a busy airport/station etc.** un aeropuerto/una estación etc. de mucho movimiento **4** (referido a una línea telefónica) ocupado -a: *The number's busy.* Está ocupado.

busybody /'bɪzibadi/ *s* (pl **-dies**) metiche

but /bət, acentuado bʌt/ *conjunción & preposición*

■ *conj* **1** pero: *It's cheap, but it's very good.* Es barato, pero es muy bueno. | *I'd love to stay, but I have to get up early tomorrow.* Me encantaría quedarme, pero mañana tengo que levantarme temprano. **2** (para expresar contrariedad) pero: *"I'm leaving this afternoon." "But you only arrived yesterday evening!"* –Me voy esta tarde. –¡Pero si apenas llegaste anoche! **3 but then (again)** pero la verdad es que: *We all did really well on our math test, but then again it was pretty easy.* Nos fue muy bien a todos en el examen, pero la verdad es que fue bastante fácil. **4** sino: *They own not one but three houses.* Tienen no una sino tres casas.

■ *prep* menos, salvo: *You can come any day but Monday.* Puedes venir cualquier día menos el lunes. | *Nobody but George knows the truth.* Nadie más que George sabe la verdad.

butcher /'bʊtʃər/ *sustantivo & verbo*

■ *s* **1** carnicero -a **2 butcher shop** AmE, **butcher's** BrE carnicería **3** (asesino) carnicero -a

■ *v* [tr] **1** matar, destazar **2** masacrar

butler /'bʌtlər/ *s* mayordomo

butt /bʌt/ *s* **1** AmE trasero, pompas, pompis **2 the butt of somebody's jokes** el blanco de las bromas de alguien

butter /'bʌtər/ *s* mantequilla: *a slice of bread and butter* una rebanada de pan con mantequilla

butterfly /'bʌtərflaɪ/ *s* (pl **-flies**) **1** mariposa **2 to have butterflies (in your stomach)** sentir mariposas en el estómago, tener ñáñaras

buttock /'bʌtək/ *s* nalga

button /'bʌtn/ *sustantivo & verbo*
- *s* **1** (de la ropa) botón | **to do up/undo a button** abrochar(se)/desabrochar(se) un botón **2** (de una máquina) botón **3** AmE (de metal, prendido con alfiler) botón, pin
- *v* (también **button up**) **1** [tr] abrochar, abotonar **2** [intr] abrocharse, abotonarse

buy /baɪ/ *verbo & sustantivo*
- *v* (pasado & participio **bought**) **1** [tr/intr] comprar: *Have you bought any Christmas presents yet?* ¿Ya compraste algún regalo de Navidad? | **to buy sth for sb** comprarle algo a alguien: *I want to buy some flowers for Mom.* Quiero comprarle unas flores a mi mamá. | **to buy sth from sb** comprarle algo a alguien [a quien lo vende]: *Jack bought the car from a friend.* Jack le compró el coche a un amigo. | **to buy sth for $100/$2000 etc.** comprar algo a/por $100/$2000 etc.: *I bought the printer for $70.* Compré la impresora por $70. **2** [tr] (informal) tragarse [una historia, una excusa, etc.]
  buy into sth 1 to buy into a business comprar acciones de una empresa **2** aceptar algo [una idea]
  buy sb off sobornar/comprar a alguien
  buy sth up apurarse a comprar algo
- *s* compra | **to be a good buy** ser una buena compra

buyer /'baɪər/ *s* comprador -a

buzz /bʌz/ *verbo & sustantivo*
- *v* [intr] (3ª pers sing **buzzes**) **1** zumbar, hacer un zumbido **2** tocar un timbre que produce un zumbido, como el de un interfón
- *s* **1** zumbido **2 to get a (real) buzz from sth** (informal) encontrar que algo es muy estimulante, emocionante o placentero

buzzer /'bʌzər/ *s* timbre [que produce un zumbido, como el de un interfón]

by /baɪ/ ▶ ver recuadro

bye /baɪ/, también **bye-bye** *interj* (informal) adiós, chao: *Bye Mary! See you tomorrow!* ¡Adiós, Mary! ¡Hasta mañana!

bystander /'baɪ,stændər/ *s* transeúnte o persona que está presente en un lugar cuando sucede algo

byte /baɪt/ *s* byte

by

▶ **PREPOSICIÓN**

1 CON LA PASIVA (= por)
a letter signed by the principal una carta firmada por el director | *a play by Shakespeare* una obra de Shakespeare | *Sylvie was hit by a car.* Sylvie fue atropellada por un coche./A Sylvie la atropelló un coche.

2 POSICIÓN (= junto a, al lado de)
Come and sit by me. Ven y siéntate junto a mí.

3 MEDIO, MÉTODO (= por)
I grabbed the hammer by the handle. Agarré el martillo por el mango. | *Send the letter by airmail.* Envíe la carta por avión. | **by train/plane/car etc.** en tren/avión/coche etc.: *We go to school by bus.* Vamos a la escuela en camión. | **by doing sth** haciendo algo: *She earns extra money by babysitting.* Gana un dinero adicional cuidando niños.

4 TIEMPO (= para)
I want you to finish the report by 5 p.m. Quiero que termines el informe para las 5 de la tarde.

5 COMO RESULTADO DE (= por)
by mistake/chance por error/casualidad: *Hugh locked the door by mistake.* Hugh cerró la puerta con llave por error. | **by accident** sin querer

6 CON NÚMEROS, MEDIDAS (= por)
The room is 6 meters by 4 meters. El cuarto tiene 6 metros por 4.

7 SECUENCIA
day by day día a día | **bit by bit** poco a poco | **one by one** uno por uno

▶ **ADVERBIO**

to go by pasar: *Several cars went by but nobody stopped.* Pasaron varios coches, pero nadie paró. | **to walk/run etc. by** pasar (caminando/corriendo) etc.: *Just at that moment a white car drove by.* Justo en ese momento pasó un coche blanco.

C¹, c /si/ s (letra) C, c ▶ ver "Active Box" **letters** en **letter**

C² /si/ s **1** (nota musical) do **2** calificación usada en exámenes, trabajos escolares, etc. ▶ ver recuadro en **grade**

cab /kæb/ s taxi

cabbage /'kæbɪdʒ/ s col

cabin /'kæbɪn/ s **1** camarote **2** cabina (de pasajeros) **3** cabaña

cabinet /'kæbənət/ s **1** armario **2** (también **Cabinet**) gabinete [de un gobierno]: *The Cabinet meets every Tuesday.* El gabinete se reúne todos los martes.

black cab

cable /'keɪbəl/ s **1** cable **2** (sistema de televisión) cable: *We saw it last week on cable.* Lo vimos la semana pasada por cable.

'cable car s teleférico

,cable 'television, también **cable TV** s televisión por cable

cactus /'kæktəs/ s (pl **cactuses** o **cacti** /-taɪ/) cactus, cacto

caesarean BrE ▶ ver **cesarean**

cafe, también **café** /kæ'feɪ, BrE 'kæfeɪ/ s café, cafetería

cafeteria /kæfə'tɪriə/ s **1** (en un colegio, una fábrica) comedor, cafetería **2** (en un lugar público) cafetería, café

caffeine /kæ'fin, BrE 'kæfin/ s cafeína

cage /keɪdʒ/ s jaula

cagey /'keɪdʒi/ adj (informal) reacio a dar información

cake /keɪk/ s **1** pastel: *a piece/slice of cake* un pedazo de pastel | *a birthday cake* un pastel de cumpleaños **2 a piece of cake** (informal) regalado -a [muy fácil]: *"How was the exam?" "A piece of cake."* –¿Qué tal el examen? –Regalado.

caked /keɪkt/ adj **to be caked with mud/blood** estar cubierto -a de barro seco/de sangre seca

calcium /'kælsiəm/ s calcio

calculate /'kælkjəleɪt/ v [tr] **1** (haciendo cuentas) calcular **2** (prever) calcular

calculation /kælkjə'leɪʃən/ s cálculo

calculator /'kælkjəleɪtər/ s calculadora

calendar /'kæləndər/ s calendario

calf /kæf/ s (pl **calves** /kævz/) **1** ternero -a **2** cría [de un mamífero grande, como un elefante o una ballena] **3** pantorrilla

caliber AmE, **calibre** BrE /'kæləbər/ s calibre, nivel

call /kɔl/ verbo & sustantivo

■ v **1 to be called** llamarse: *Their daughter's called Claire.* Su hija se llama Claire. | *What was that movie called?* ¿Cómo se llamaba esa película?

2 to call sb sth (a) (al dirigirse a una persona) decirle a alguien algo, llamar a alguien algo: *His name's Michael but everyone calls him Mike.* Se llama Michael pero todos le dicen Mike. | *He called me an idiot!* ¡Me llamó idiota! **(b)** (darle un nombre) ponerle algo a alguien: *They called him Daniel.* Le pusieron Daniel.

3 [tr/intr] (por teléfono) llamar: *I'll call you tomorrow.* Te llamo mañana.

4 [tr/intr] (para que alguien venga) llamar: *Will you call the kids, dinner's ready.* Llama a los niños, la cena está lista.

5 [intr] BrE pasar: *Natasha called to see you.* Natasha pasó a verte. ▶ En inglés americano se usa **to stop by** | **to call at the house/the office** etc. pasar por la casa/a la oficina etc.

6 BrE (tren) **to call at Richmond/Harlow** etc. parar en Richmond/Harlow etc. ▶ En inglés americano se usa **to stop at**

7 to call a meeting/an election/a strike etc. convocar a una junta/a elecciones/a un paro etc.

call back 1 volver a llamar: *Could you call back around 3?* ¿Podría volver a llamar a eso de las 3? **2** BrE volver a pasar [por la casa de alguien, etc.] | **call sb back** llamar a alguien [que llamó antes], devolverle la llamada a alguien

call for sb BrE pasar a buscar a alguien | **call for sth** reclamar algo

call in BrE pasar: *Could you call in at the bakery and pick up some rolls?* ¿Puedes pasar por la panadería y traer unos bolillos?

call sth off suspender/cancelar algo

call on sb pasar a ver a alguien

call sb out to call a plumber/doctor etc. out BrE llamar a un plomero/un médico etc. [hacerlo venir] ▶ En inglés americano se usa **to call for a plumber/doctor** etc.

call round BrE pasar [de visita]: *Your friend Alex called round earlier.* Pasó tu amigo Alex hace un rato.

call sb up 1 llamar a alguien (por teléfono) **2** llamar a alguien a filas

call upon sb (formal) ▶ ver **call on sb**

■ s **1** llamada: *Calls are cheaper after 6 p.m.* Las llamadas son más baratas después de las seis de la tarde. | *I had a call from Martha – she can't come.* Me llamó Martha; no puede venir. | **to make a phone call** hacer una llamada | **to give sb a call** llamar a alguien [por teléfono]: *If you have any problems, just give me a call.* Cualquier

ⓘ ¿Se dice *I arrived in Miami* o *I arrived to Miami*? Mira la entrada **arrive**.

problema que tengas, llámame.
2 to be on call estar de guardia
3 (pidiendo auxilio, etc.) llamado, grito
4 BrE visita ► El sinónimo **visit** se usa tanto en inglés americano como en inglés británico

'call box s (pl **-xes**) BrE cabina telefónica
► En inglés americano se usa **telephone booth**

caller /'kɔlər/ s persona que hace una llamada telefónica

calm /kɑm/ adjetivo, verbo & sustantivo
■ adj **1** (referido a una persona) tranquilo -a, calmado -a | **to keep/stay calm** mantener la calma **2** (referido a un lugar) tranquilo -a **3** (referido al mar, al tiempo) tranquilo -a, sereno -a
■ v [tr] calmar, tranquilizar
calm down calmarse, tranquilizarse: *Just calm down and tell me what happened.* Cálmate y cuéntame lo que pasó. **calm sb down** calmar/ tranquilizar a alguien
■ s calma, tranquilidad

calorie /'kæləri/ s caloría

calves /kævz/ plural of **calf**

camcorder /'kæmkɔrdər/ s cámara de video, videocámara

came /keɪm/ pasado de **come**

camel /'kæməl/ s camello

camera /'kæmrə/ s cámara: *a video camera* una cámara de video

cameraman /'kæmrəmæn/ s (pl **-men**) camarógrafo

camouflage /'kæməflɑʒ/ sustantivo & verbo
■ s camuflaje | **in camouflage** camuflado -a
■ v [tr] camuflar

camp /kæmp/ sustantivo & verbo
■ s **1** campamento ► ver también **summer**
2 campo [de refugiados, etc.] ► ver también **concentration camp**
■ v [intr] acampar | **to go camping** ir a acampar

campaign /kæm'peɪn/ sustantivo & verbo
■ s campaña ► ver también **advertising**
■ v [intr] hacer campaña: *The group is campaigning for equal pay for women.* El grupo está haciendo campaña para que a las mujeres se les pague lo mismo que a los hombres.

campsite /'kæmpsaɪt/, también **campground** AmE /'kæmpɡraʊnd/ s camping [sitio para acampar]

campus /'kæmpəs/ s (pl **-ses**) campus

can¹ /kən, acentuado kæn/ v [modal] ► ver recuadro

can² /kən/ s **1** lata [el recipiente]: *a can of tuna* una lata de atún **2** bidón

Canada /'kænədə/ s Canadá

Canadian /kə'neɪdiən/ adj & s canadiense

canal /kə'næl/ s canal: *the Suez Canal* el canal de Suez

cancel /'kænsəl/ v (-led, -ling AmE, -lled, -lling BrE) **1** cancelar, suspender **2** anular

---

can *verbo modal*

1 PERMISO (= puedo, puedes, etc.)
Can I go to the movies with Chris tonight? ¿Puedo ir al cine con Chris esta noche? | *You can watch television when you've finished your homework.* Puedes ver la tele cuando hayas terminado la tarea. | *She can't come out because she's grounded.* No puede salir porque está castigada.

2 CAPACIDAD FÍSICA (= puedo, puedes, etc.)
He's so tall he can touch the ceiling. Es tan alto que puede tocar el techo. | *He's broken his leg and can't walk.* Se rompió la pierna y no puede caminar.

3 HABILIDAD ADQUIRIDA (= sé, sabes, etc.)
Can you swim across the lake? ¿Puedes cruzar el lago a nado? | *I can't swim.* No sé nadar. | *They can all read and write now.* Ahora todos saben leer y escribir.

4 CON VERBOS DE LOS SENTIDOS
Can you hear me? ¿Me oyes? | *Well, I can't see anything.* Bueno, yo no veo nada.

5 POSIBILIDAD (= puedo, puedes, etc.)
That figure can't be right. Esa cifra no puede estar bien. | *You can get an application form from Reception.* Puedes conseguir una solicitud en Recepción.

6 PARA PEDIR AYUDA, FAVORES
Can you help with the suitcases? ¿Me puedes ayudar con las maletas?

---

cancellation /kænsə'leɪʃən/ s **1** cancelación, suspensión **2** anulación

Cancer /'kænsər/ s **1** Cáncer [signo] **2** persona del signo de Cáncer: *My boyfriend's a Cancer.* Mi novio es (de) Cáncer.

cancer /'kænsər/ s cáncer ► ver también **breast**

candidate /'kændədeɪt/ s **1** (en elecciones) candidato -a **2** (para un trabajo) candidato -a, postulante **3** BrE (en un examen) examinando-a, candidato -a

candle /'kændl/ s vela, velita

candlelight /'kændl,laɪt/ s **by candlelight** a la luz de las velas

candlestick /'kændlstɪk/ s candelero, candelabro

candy /'kændi/ s AmE dulces, golosinas, caramelos: *a piece of candy* un dulce/una golosina/un caramelo

cane /keɪn/ s **1** (para fabricar muebles) caña [de bambú, etc.] **2** (para ayudarse a caminar) bastón **3** (para castigos corporales) vara

cannabis /'kænəbɪs/ s hashish, marihuana

canned /kænd/ adj enlatado -a, de lata

cannon /'kænən/ s (pl **cannon** o **cannons**) cañón

ⓘ Hay una lista de **términos gramaticales** en el interior de la cubierta.

cannot /'kænɒt/ ► Éste es uno de los negativos de **can**, usado a menudo en el lenguaje escrito. Cuando se usa en la oralidad, resulta más enfático que **can't**: *We cannot expect teachers to be perfect.* No podemos pretender que los maestros sean perfectos. | *You cannot be serious!* ¡Me estás tomando el pelo!

canoe /kə'nu/ *sustantivo & verbo*
■ *s* canoa
■ *v* ir en canoa | **to go canoeing** ir/andar en canoa, practicar canotaje

'can ,opener *s* abrelatas

canopy /'kænəpi/ *s* (pl **-pies**) **1** enramada [en forma de techo], dosel **2** toldo **3** (de una cama) dosel

can't /kænt/ contracción de **cannot** ► **can't** es la forma que se usa normalmente en la oralidad y en textos escritos informales

canteen /kæn'tin/ *s* comedor [en una escuela o un lugar de trabajo]

canvas /'kænvəs/ *s* **1** lona [tela] **2** tela, lienzo [para pintar]

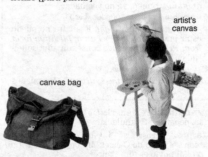

artist's canvas

canvas bag

canvass /'kænvəs/ *v* (3ª pers sing **-sses**) **1** [intr] hacer campaña **2** [tr] hacer un sondeo entre, encuestar

canyon /'kænjən/ *s* cañón [cañada profunda]

cap /kæp/ *s* **1** cachucha, gorra **2** tapa [de una pluma, etc.] **3** tapón [de una botella, del tanque de gasolina]

capability /keɪpə'bɪləti/ *s* (pl **-ties**) capacidad, aptitud

capable /'keɪpəbəl/ *adj* **1 to be capable of (doing) sth** ser capaz de (hacer) algo: *Is she capable of dressing herself?* ¿Es capaz de vestirse sola? | *He was capable of acts of great heroism.* Era capaz de actos de gran heroísmo. **2** capaz, competente: *a capable lawyer* una abogada capaz

capacity /kə'pæsəti/ *s* (pl **-ties**) **1** (de una sala, un tanque, etc.) capacidad | **filled to capacity** lleno -a hasta el tope **2** (aptitud) capacidad

cape /keɪp/ *s* **1** capa [prenda de abrigo] **2** cabo: *Cape Horn* el cabo de Hornos

capital /'kæptl/ *sustantivo & adjetivo*
■ *s* **1** (también **capital city**) (ciudad) capital **2** (también **capital letter**) (letra) mayúscula **3** (dinero) capital
■ *adj* **a capital S/T etc.** una S/T etc. mayúscula

capitalism /'kæpətlɪzəm/ *s* capitalismo

capitalist /'kæpətl-ɪst/ *s & adj* capitalista

capitalize /'kæpətlaɪz/ *v* **capitalize on sth** capitalizar algo, sacar provecho de algo

,capital 'punishment *s* pena de muerte

capitulate /kə'pɪtʃəleɪt/ *v* [intr] (formal) capitular

cappuccino /kæpə'tʃinoʊ/ *s* capuchino [café]

capricious /kə'prɪʃəs/ *adj* antojadizo -a

Capricorn /'kæprɪkɔrn/ *s* **1** Capricornio **2** persona del signo de Capricornio: *She's a Capricorn.* Es (de) Capricornio.

capsize /'kæpsaɪz/ *v* **1** [intr] voltearse, darse una vuelta de campana [embarcación] **2** [tr] voltear, hacer que se dé una vuelta de campana [una embarcación]

capsule /'kæpsəl/ *s* **1** (medicinal) cápsula **2** (espacial) cápsula

captain /'kæptən/ *sustantivo & verbo*
■ *s* **1** (de un barco o avión, en las fuerzas armadas) capitán -ana **2** (de un equipo) capitán -ana
■ *v* [tr] capitanear, ser el capitán/la capitana de

caption /'kæpʃən/ *s* **1** pie de foto/ilustración, epígrafe [de una foto o ilustración] **2** leyenda [de un dibujo cómico] **3** subtítulo [en televisión]

captivate /'kæptəveɪt/ *v* [tr] cautivar

captivating /'kæptəveɪtɪŋ/ *adj* cautivador -a

captive /'kæptɪv/ *adjetivo & sustantivo*
■ *adj* cautivo -a, en cautiverio | **to take sb captive** tomar a alguien prisionero -a | **to hold sb captive** mantener a alguien cautivo -a
■ *s* prisionero -a, cautivo -a

captivity /kæp'tɪvəti/ *s* cautiverio | **in captivity** en cautiverio

captor /'kæptər/ *s* (formal) captor -a

capture /'kæptʃər/ *verbo & sustantivo*
■ *v* [tr] **1** capturar **2** tomar [una ciudad] **3** captar [el espíritu de algo] **4 to capture sb's imagination** inspirar a alguien | **to capture sb's attention/interest** captar la atención/el interés de alguien
■ *s* **1** captura **2** toma [de una ciudad]

car /kɑr/ *s* **1** coche, carro | **by car** en coche/carro: *We came by car.* Vinimos en coche. **2** (de un tren) vagón **3 car bomb** coche bomba **car crash**, también **car accident** accidente (de coche)

caramel /'kærəmel/ *s* **1** dulce hecho con leche y azúcar **2** caramelo [azúcar derretida]

carat BrE ► ver **karat**

caravan /'kærəvæn/ *s* **1** BrE ► ver **trailer** **2** caravana [de vehículos, etc.]

carbohydrate /kɑrboʊ'haɪdreɪt/ *s* hidrato de carbono, carbohidrato

carbon /'kɑrbən/ s carbono

,carbon 'copy s (pl carbon copies) **1** copia al carbón **2** réplica exacta, calca

,carbon di'oxide s dióxido de carbono

,carbon mo'noxide s monóxido de carbono

'carbon ,paper s papel calca, papel carbón

,car 'boot ,sale s BrE venta de objetos de segunda mano en un estacionamiento

carburetor /'kɑrbəreɪtər/ AmE, **carburettor** /,kʌbjuˈretə/ BrE s carburador

carcass /'kɑrkəs/ s (pl -sses) restos, huesos [de un animal muerto]

card /kɑrd/ s **1** (postal, de cumpleaños, etc.) tarjeta **2** (de socio, de estudiante, etc.) credencial **3** (de crédito, etc.) tarjeta **4** (en un fichero) ficha **5** (para jugar) carta, naipe | to **play cards** jugar cartas **6** BrE cartulina **7** to **put/lay your cards on the table** poner las cartas sobre la mesa **8** to be in the cards AmE, to be on the cards BrE frase que expresa que es probable que algo suceda: *It's been in the cards for some time.* Hace tiempo que se veía venir.

cardboard /'kɑrdbɔrd/ s cartón | a cardboard **box/folder etc.** una caja/carpeta etc. de cartón

cardholder /'kɑrdhoʊldər/ s titular [de una tarjeta de crédito, etc.], tarjetahabiente

cardiac /'kɑrdiæk/ adj cardiaco -a

cardigan /'kɑrdɪɡən/ s suéter [abierto, de botones]

cardinal /'kɑrdn-əl/ sustantivo & adjetivo
- s cardenal [eclesiástico]
- adj **1** the cardinal rule/principle la regla/el principio cardinal **2** of cardinal importance de fundamental importancia **3** a cardinal sin/ error un pecado/error capital

,cardinal 'number s número cardinal

care /ker/ verbo & sustantivo
- v [intr] **1** (preocuparse, interesarse): *I don't care what you think.* No me importa lo que pienses. | *The only thing he cares about is money.* Lo único que le importa es el dinero.
  2 who cares?: *"We're going to be late." "Who cares?"* –Vamos a llegar tarde. –¿Y qué?/¿Y a mí qué?
  3 I /he etc. couldn't care less me/le etc. importa un comino/un cacahuate
  care for sth 1 cuidar algo **2** En preguntas y en oraciones negativas, es equivalente a to like: *Would you care for a drink?* ¿Le gustaría tomar algo? | *I didn't care for the way he looked at me.* No me gustó la manera como me miró. **care for sb 1** cuidar a alguien, ocuparse de alguien **2** querer a alguien, preocuparse por alguien: *She felt nobody cared for her.* Sentía que nadie la quería./Sentía que nadie se preocupaba por ella. | *I don't much care for him.* No me cae muy bien.
- s **1** (acción de cuidar) cuidado
  2 to take care of sth/sb **(a)** cuidar algo/a alguien **(b)** encargarse de algo/alguien, ocuparse de algo/alguien: *I'll take care of the food.*
Yo me encargo de la comida.
  3 (para no romper algo, no cometer errores, etc.) cuidado | to take care over/with sth poner cuidado en algo, esforzarse en algo
  4 take care! **(a)** (al despedirse de alguien) ¡que te/le vaya bien!, ¡cuídate! **(b)** ¡ten/tengan cuidado!

career /kəˈrɪr/ sustantivo & verbo
- s **1** (tipo de trabajo) profesión, carrera (profesional): *I'm interested in a career in teaching.* Me interesa la docencia como profesión. **2** (trayectoria laboral) carrera: *His acting career was over.* Su carrera como actor se había terminado.
- v to career along/down etc. sth ir por/bajar etc. algo a toda velocidad: *She was careering along the hall on roller skates.* Iba patinando a toda velocidad por el pasillo.

carefree /'kerfri/ adj sin preocupaciones, libre de preocupaciones

careful /'kerfəl/ adj **1** cuidadoso -a, prudente | to be careful with/about sth tener cuidado con algo, ser cuidadoso -a con algo | to be careful (not) to do sth tener cuidado de (no) hacer algo **2** (usado como interjección) cuidado: *Careful you don't fall!* ¡Cuidado, no te vayas a caer! **3** cuidadoso -a, detenido -a [examen, análisis]

carefully /'kerfəli/ adv con cuidado, cuidadosamente: *Drive carefully!* ¡Maneja con cuidado! | *Think carefully before you decide.* Piénsalo muy bien antes de decidir.

careless /'kerləs/ adj **1** descuidado -a **2** that was careless of you/him etc. qué poco cuidado tuviste/tuvo etc. **3** a careless mistake un error tonto [cometido por falta de atención]

carelessness /'kerləsnəs/ s falta de cuidado

carer /'kerər/ BrE ▶ ver caretaker 1

caress /kəˈres/ sustantivo & verbo
- s (pl -sses) caricia
- v [tr] (3ª pers sing -sses) acariciar

caretaker /'kerteɪkər/ s **1** AmE persona que se ocupa de cuidar de una persona mayor o enferma **2** BrE conserje ▶ En inglés americano se usa janitor

cargo /'kɑrɡoʊ/ s (pl -goes o -gos) cargamento

caricature /'kærəkətʃər/ sustantivo & verbo
- s caricatura
- v [tr] caricaturizar

caring /'kerɪŋ/ adj bondadoso -a, generoso -a

carnation /kɑrˈneɪʃən/ s clavel

carnival /'kɑrnəvəl/ s carnaval ▶ En los países anglosajones se trata de un festejo que puede tener lugar en cualquier época del año

carnivore /'kɑrnəvɔr/ s carnívoro -a

carnivorous /kɑrˈnɪvərəs/ adj carnívoro -a

carol /'kærəl/ s (también Christmas carol) villancico

carousel /ˌkærəˈsel/ s **1** banda transportadora **2** AmE carrusel

'car park s BrE estacionamiento ► En inglés americano se usa **parking lot** o **parking garage**

carpenter /'kɑrpəntər/ s carpintero -a

carpentry /'kɑrpəntri/ s carpintería

carpet /'kɑrpɪt/ *sustantivo & verbo*
■ s **1** tapete: *a Persian carpet* un tapete persa **2** alfombra
■ *v* [tr] alfombrar

carriage /'kærɪdʒ/ s **1** carruaje **2** BrE vagón ► En inglés americano se usa **car**

carriageway /'kærɪdʒweɪ/ s BrE cada uno de los sentidos de una autopista

carrier /'kæriər/ s **1** línea aérea **2** empresa de transportes **3** portador -a [de una enfermedad]

'carrier ,bag s BrE bolsa [de supermercado o tienda]

carrot /'kærət/ s zanahoria

carry /'kæri/ v (-rries, -rried) **1** [tr] llevar, cargar con: *Can you carry this bag for me?* ¿Me puedes llevar esta bolsa? | *I'm not going to carry that around all day.* No voy a estar cargando con eso todo el día. | *I carried the trunk out of the room.* Saqué el baúl del cuarto. **2** [tr] transportar, llevar [mercadería, pasajeros] **3** [tr] ser portador -a de [una enfermedad] **4** [tr] llevar encima [dinero]: *I don't usually carry that much cash with me.* Generalmente no llevo tanto dinero encima. **5** to carry arms portar armas, ir armado -a | to carry a gun estar armado -a **6** [intr] oírse desde lejos, transmitirse [sonido]: *She has the sort of voice that carries.* Tiene el tipo de voz que se oye desde lejos. **7** [tr] soportar, aguantar [un peso] **8** to get carried away entusiasmarse: *I got carried away and bought three pairs of shoes.* Me entusiasmé y me compré tres pares de zapatos. | *There's no need to get carried away.* No hay por qué pasarse./No hay por qué mandarse. **9** to carry sth too far exagerar algo

carry sth off lograr hacer algo sin problemas y sin quedar en ridículo

carry on seguir: *Carry on with your work.* Sigan trabajando. | to carry on doing sth seguir haciendo algo **carry on sth 1** continuar con algo **2** to carry on a conversation mantener una conversación

carry sth out 1 llevar algo a cabo, realizar algo **2** cumplir (con) algo [promesas, órdenes]

carry sth through llevar algo a cabo

'carry-on adj carry-on bags/baggage equipaje de mano

cart /kɑrt/ *sustantivo & verbo*
■ s **1** carreta, carro **2** AmE carrito [de supermercado]
■ *v* [tr] (informal) cargar (con), acarrear: *I've been carting these books around all day.* Llevo todo el día cargando estos libros de aquí para allá.

carton /'kɑrtn/ s **1** bote [envase tipo tetrapack] **2** cartón [envase para huevos]

cartoon /kɑr'tun/ s **1** caricaturas, dibujo(s) animado(s) **2** monitos, tira cómica **3** cómic, monitos, historieta

cartoonist /kɑr'tunɪst/ s caricaturista, monero -a

cartridge /'kɑrtrɪdʒ/ s cartucho

carve /kɑrv/ v **1** [tr/intr] esculpir, tallar: *a figure carved in/from marble* una figura esculpida/ tallada en mármol **2** [tr] grabar: *We carved our initials on a tree.* Grabamos nuestras iniciales en un árbol. **3** [tr/intr] cortar un trozo de carne asada, un pollo, etc. al servirlo

carve sth out to carve out a career/a reputation for yourself labrarse una carrera profesional/forjarse una reputación

carve sth up repartirse algo

carving /'kɑrvɪŋ/ s **1** (objeto) talla **2** (actividad) tallado

cascade /kæ'skeɪd/ *sustantivo & verbo*
■ s cascada
■ *v* [intr] caer en cascada

case /keɪs/ s **1** caso: *They made an exception in my case.* Hicieron una excepción en mi caso. | **it's a case of**: *It's a case of getting there early.* Es cuestión de llegar temprano. **2** (de una enfermedad) caso **3 to be the case** así: *That is not the case.* No es así. **4 in that case** en ese caso **5 in any case** de todos modos, en cualquier caso **6 (just) in case** por las dudas, por si (acaso): *We should leave early just in case.* Deberíamos salir temprano por las dudas. | *Take an umbrella in case it rains.* Llévate un paraguas por si llueve. **7** (para anteojos, un instrumento, etc.) estuche **8** (para viajes) maleta, petaca **9** (para embalar) caja, cajón **10** (de botellas de vino) caja [de doce botellas] **11** (en derecho) juicio, caso **12** (asunto policial) caso **13 the case for/against sth** los argumentos a favor/en contra de algo

cash /kæʃ/ *sustantivo & verbo*
■ s **1** efectivo | to pay (in) cash pagar en efectivo **2** dinero: *I'm a little short of cash.* Ando con poco dinero. **3 cash card** tarjeta de débito [para extraer dinero de cajeros automáticos] **cash desk** caja [en una tienda] **cash machine** BrE, también **cash dispenser** cajero (automático) ► En inglés americano se usa **ATM** **cash register** caja (registradora)
■ *v* [tr] (3ª pers sing **cashes**) cobrar [un cheque]

cash in canjear/cobrar algo [bonos, acciones, etc.]

cash in on sth sacar provecho de algo

cashew /'kæʃu/ s (también **cashew nut**) nuez de la India

cashier /kæ'ʃɪr/ s cajero -a [persona]

cashmere /'kæʒmɪr/ s cashmere

cashpoint /'kæʃpɔɪnt/ s BrE cajero (automático) ► En inglés americano se usa **ATM**

casino /kə'sinoʊ/ s casino

casket /'kæskɪt/ s **1** cofre [para joyas], alhajero **2** AmE ataúd

casserole /'kæsəroʊl/ s **1** (también **casserole dish**) cacerola o fuente con tapa que va al horno **2** guisado

cassette /kə'set/ s **1** cassette **2 cassette player** **(a)** (portátil) grabadora **(b)** (de un coche) (auto)estéreo **cassette recorder** grabadora, casetera

cast /kæst/ *verbo & sustantivo*
■ *v* [tr] (pasado & participio cast) **1** darle/asignarle un papel a: *Tom Cruise was cast as the vampire.* A Tom Cruise le dieron el papel del vampiro. **2** arrojar (al agua) [redes de pesca, etc.] **3 to cast a look/glance (at sth/sb)** mirar (algo/a alguien), echarle una mirada (a algo/alguien) | **to cast an/your eye over sth** echarle un vistazo a algo **4 to cast your vote** emitir su voto, votar

cast sth aside desechar algo, dejar algo a un lado/de lado **cast sb aside** dejar a alguien a un lado/de lado
■ *s* **1** elenco, reparto **2** yeso [para fracturas]

castaway /'kæstəweɪ/ s náufrago

caste /kæst/ s casta

,cast 'iron s hierro fundido, hierro colado

castle /'kæsəl/ s **1** castillo: *Windsor Castle* el castillo de Windsor **2** torre [en ajedrez]

castrate /'kæstreɪt/ *v* [tr] castrar

casual /'kæʒuəl/ *adj* **1** despreocupado -a, poco serio -a [persona, actitud]: *his casual attitude to work* su actitud despreocupada hacia el trabajo **2** superficial, poco serio -a [relación] **3** a **casual acquaintance** un conocido/una conocida **4** casual, informal, sport [ropa] **5** temporal, eventual [trabajo] **6** casual [encuentro] **7** a **casual remark** un comentario al pasar **8** a **casual glance** una ojeada rápida

casually /'kæʒuəli/ *adv* **1** como si no pasara nada, como quien no quiere la cosa **2** con ropa informal, sport **3** por casualidad

casualty /'kæʒəlti/ s (pl -ties) **1** víctima, baja **2** BrE sala de urgencias, sala de emergencias ► En inglés americano se usa **emergency room**

cat /kæt/ s **1** gato -a **2** felino

catalog AmE, **catalogue** BrE /'kætlɔg/ *sustantivo & verbo*
■ *s* catálogo
■ *v* [tr] catalogar

catalyst /'kætl-ɪst/ s catalizador

catapult /'kætəpʌlt/ *sustantivo & verbo*
■ *s* BrE ► ver **slingshot**
■ *v* **1** catapultar **2 to catapult sb to fame/stardom** catapultar a alguien a la fama/al estrellato

cataract /'kætərækt/ s catarata [en los ojos]

catastrophe /kə'tæstrəfi/ s catástrofe

catastrophic /kætə'strɑfɪk/ *adj* catastrófico -a

catch /kætʃ/ *verbo & sustantivo*
■ *v* (3ª pers sing -ches, pasado & participio caught) **1** [tr/intr] cachar, agarrar [una pelota, un objeto] **2** [tr] agarrar, atrapar [a un delincuente, a alguien que huye]: *You can't catch me!* ¡A que no me agarras! **3** [tr] cachar, pescar: *His mom caught him smoking in the backyard.* Su mamá lo cachó fumando en el jardín. **4** [tr] tomar [un tren, un camión] **5** [tr] pescarse, contagiarse [una enfermedad] | **to catch a cold** resfriarse **6** [tr] pescar: *They caught a salmon.* Pescaron un salmón. **7** [tr/intr] quedar o hacer que algo quede atorado: *My skirt caught in the car door.* La falda se me quedó atorada con la puerta del coche. | *He caught his finger in the drawer.* Se agarró el dedo en el cajón. **8** [tr] oír, entender: *I didn't catch your name.* No oí bien su nombre. **9 to catch sight of sth/sb** alcanzar a ver algo/a alguien | **to catch a glimpse of sth/sb** alcanzar a ver algo/a alguien

catch on 1 ponerse de moda, imponerse **2** darse cuenta

catch sb out cachar/agarrar a alguien (en un descuido)

catch up 1 to catch up with sb alcanzar a alguien: *He soon caught up with them.* Pronto los alcanzó. **2** ponerse al día [en los estudios, el trabajo] | **to catch up with sb** alcanzar a alguien, ponerse al nivel de alguien **3 to catch up on your sleep** recuperar el sueño perdido **4 to catch up on your work/your reading etc.** ponerse al día con el trabajo/la lectura etc. **catch sb up** BrE alcanzar a alguien
■ *s* (pl -ches) **1** trampa, truco: *It's so cheap, there must be a catch.* Es tan barato que debe haber alguna trampa. **2** atrapada [de una pelota] **3 to play catch** jugar a aventar y cachar una pelota **4** pesca [cantidad pescada] **5** gancho, cierre **6** (informal) buen partido [referido a una persona]

throwing a ball

catching a ball

catching /'kætʃɪŋ/ *adj* contagioso -a

catchphrase /'kætʃfreɪz/ s frase típica que caracteriza a un humorista, un político, etc.

catchy /'kætʃi/ adj (-chier, -chiest) pegajoso -a [melodía, canción]

catechism /'kætəkɪzəm/ s catecismo

categorical /kætə'gɔrɪkəl/ adj categórico -a, rotundo -a

categorically /kætə'gɔrɪkli/ adv categóricamente, rotundamente

categorize, -ise BrE /'kætəgəraɪz/ v [tr] catalogar, clasificar

category /'kætəgɔri/ s (pl -ries) categoría

cater /'keɪtər/ v [intr] hacer el servicio de banquetes, encargarse de la comida y la bebida
     cater to sth AmE, **cater for sth** BrE satisfacer algo [una necesidad, la demanda de algo]: *New York has shops to cater to every need.* En Nueva York hay tiendas para satisfacer todas las necesidades. **cater to sb** AmE, **cater for sb** BrE ofrecer servicios dirigidos a cierto sector de la población: *a travel company catering more to older people* una compañía de viajes que ofrece productos dirigidos más bien a la gente mayor

caterer /'keɪtərər/ s empresa o persona que se encarga del servicio de banquetes para una fiesta o evento

catering /'keɪtərɪŋ/ s **1** servicio de banquetes, catering **2** (también **the catering industry**) hostelería, catering

caterpillar /'kætərpɪlər/ s oruga, gusano

cathedral /kə'θidrəl/ s catedral

Catholic /'kæθəlɪk/ adj & s católico -a

Catholicism /kə'θɑləsɪzəm/ s catolicismo

cattle /'kætl/ s pl ganado (vacuno)

caught /kɔt/ pasado & participio de **catch**

cauldron /'kɔldrən/ s caldero, olla [grande]

cauliflower /'kɔlɪflaʊər/ s coliflor

cause /kɔz/ sustantivo & verbo
  ■ s **1** (razón) causa: *What was the cause of the accident?* ¿Cuál fue la causa del accidente? **2 cause for concern/celebration** motivo de preocupación/festejo: *There is no cause for alarm.* No hay razón para alarmarse. **3** (proyecto, ideal) causa
  ■ v [tr] **1** causar: *She's always trying to cause trouble.* Siempre está tratando de causar problemas. **2 to cause sth/sb to do sth** hacer que algo/alguien haga algo: *What caused the computer to crash?* ¿Qué hizo que la computadora dejara de funcionar?

causeway /'kɔzweɪ/ s carretera elevada

caustic /'kɔstɪk/ adj **1** mordaz, cáustico -a [comentario, lenguaje, etc.] **2** cáustico -a [sustancia]

caution /'kɔʃən/ sustantivo & verbo
  ■ s **1** precaución, cautela **2** amonestación, apercibimiento

  ■ v **1 to caution sb against sth/to caution sb not to do sth** advertirle a alguien que no haga algo **2** amonestar, apercibir

cautious /'kɔʃəs/ adj cauteloso -a, prudente

cautiously /'kɔʃəsli/ adv **1** cautelosamente **2 cautiously optimistic** mesuradamente optimista

cavalry /'kævəlri/ s caballería

cave /keɪv/ sustantivo & verbo
  ■ s cueva
  ■ v **cave in 1** hundirse, derrumbarse **2** ceder [ante presiones]

caveman /'keɪvmæn/ s (pl -men) cavernícola

cavern /'kævərn/ s caverna

cavity /'kævəti/ s (pl -ties) **1** cavidad **2** caries

CD /si 'di/ s (= **compact disc**) CD, compacto

C'D ,player s reproductor de CDs

CD-ROM /si di 'rɑm/ s (= **compact disc read-only memory**) CD-ROM

cease /sis/ v [intr] (formal) parar, cesar | **to cease to do sth/to cease doing sth** dejar de hacer algo

ceasefire /'sisfaɪr/ s cese al fuego, alto al fuego

ceaseless /'sisləs/ adj (formal) incesante

cedar /'sidər/ s cedro

cede /sid/ v [tr] ceder [territorios]

ceiling /'silɪŋ/ s **1** (de una habitación) techo, cielorraso **2** (de precios, salarios, etc.) tope, techo

celebrate /'seləbreɪt/ v [tr/intr] festejar, celebrar

celebrated /'seləbreɪtɪd/ adj célebre

celebration /selə'breɪʃən/ s festejo(s) | **in celebration of sth** para celebrar/festejar algo: *a party in celebration of their success* una fiesta para celebrar su triunfo

celebratory /'seləbrətɔri/ adj **a celebratory meal/drink etc.** una comida/copa etc. para festejar

celebrity /sə'lebrəti/ s (pl -ties) celebridad, famoso -a

celery /'seləri/ s apio

cell /sel/ s **1** celda **2** célula

cellar /'selər/ s **1** sótano **2** bodega [para guardar vino]

cellist /'tʃelɪst/ s (violon)chelista, (violon)cellista

cello /'tʃeloʊ/ s (violon)chelo, (violon)cello

'cell phone, también **cellphone** /'selfoʊn/ s (teléfono) celular

cellular /'seljələr/ adj celular

,cellular 'phone s (teléfono) celular

cement /sɪ'ment/ s **1** cemento **2** concreto, hormigón

cell phone

cemetery /'semətəri/ s (pl -ries) cementerio

censor /'sensər/ *verbo & sustantivo*
- **v** [tr] censurar [una película, un libro, etc.]
- **s** censor -a

censorship /'sensərʃɪp/ *s* censura

censure /'senʃər/ *verbo & sustantivo*
- **v** (formal) censurar, condenar [en una declaración]
- **s** (formal) censura, condena

census /'sensəs/ *s* (pl **censuses**) censo

cent /sent/ *s* centavo

centenary /sen'tenəri/ *s* centenario

centennial /sen'teniəl/ *s* AmE centenario

center AmE, **centre** BrE /'sentər/ *sustantivo & verbo*
- **s 1** (de un espacio, un objeto) centro, medio: *There was a table in the center of the room.* Había una mesa en el centro de la habitación. **2** (para una actividad) centro, núcleo: *a commercial/financial center* un centro comercial/financiero **3** (en futbol americano) centro **4** (en basquetbol) pivote **5** BrE (de una ciudad) centro ► En inglés americano se usan frases con **downtown**
- **v** [tr] centrar

center around/on sth girar en torno a algo, centrarse en algo

center 'forward *s* centro delantero -a

center 'half *s* (pl **center halves**) mediocampista

Centigrade /'sentəgreɪd/ *s* centígrado

centimeter AmE, **centimetre** BrE /'sentəmitər/ *s* centímetro

centipede /'sentəpid/ *s* ciempiés

central /'sentrəl/ *adj* **1** central: *central government* el gobierno central | *central Europe/Africa* Europa/África central | *central London* el centro de Londres **2** céntrico -a: *The hotel was very central.* El hotel era muy céntrico. **3** (muy importante) central: *He played a central part in Duke's victory.* Jugó un papel central en la victoria del Duke.

Central A'merica *s* América Central, Centroamérica

Central A'merican *adj* centroamericano -a

central 'heating *s* calefacción (central)

centralization,   -isation BrE /'sentrələ'zeɪʃən/ *s* centralización

centralize, -ise BrE /'sentrəlaɪz/ *v* [tr] centralizar

centrally /'sentrəli/ *adv* **1** centralmente: *centrally determined guidelines* directrices determinadas centralmente **2** en el centro: *a centrally located hotel* un hotel céntrico/ubicado en el centro

centre BrE ► ver **center**

century /'sentʃəri/ *s* (pl -ries) siglo: *the 21st century* el siglo XXI

ceramics /sə'ræmɪks/ *s* cerámica

cereal /'sɪriəl/ *s* **1** (planta, cultivo) cereal **2** (para el desayuno) cereal

cerebral /sə'ribrəl, BrE 'serɪbrəl/ *adj* **1** intelectual, cerebral **2** (en medicina) cerebral

ceremonial /serə'mouniəl/ *adj & s* ceremonial

ceremony /'serəmouni/ *s* (pl -nies) ceremonia

certain /'sɜrtn/ *adj* **1 to be certain** estar seguro -a: *I'm certain that I've met him before.* Estoy seguro de que lo conozco de algún lado. **2 for certain** a ciencia cierta, seguro: *We don't know for certain what caused it.* No sabemos a ciencia cierta cuál fue la causa. | *Josh will be there for certain.* Seguro que Josh va a estar. **3** (alguno, determinado) cierto -a: *There are certain things we don't talk about.* Hay ciertas cosas de las que no hablamos. | *A certain Mr Roberts called.* Te llamó un tal Roberts. **4 to a certain extent/degree** hasta cierto punto: *I agree with you to a certain degree.* Estoy de acuerdo contigo hasta cierto punto. **5 to make certain (that)** asegurarse (de que): *I had another look, just to make certain.* Le eché otra ojeada, sólo para asegurarme. **6** (referido a sucesos futuros) seguro -a: *They are certain to win.* Seguro que ganarán.

certainly /'sɜrtnli/ *adv* **1** sin duda, por supuesto: *He is certainly one of the world's best athletes.* Es sin duda uno de los mejores atletas del mundo. | *We'll certainly consider your suggestion.* Por supuesto que consideraremos su sugerencia. **2** (como respuesta) cómo no, por supuesto: *"Two cups of coffee, please." "Certainly, ma'am."* –Dos cafés, por favor. –Cómo no, señora. | *"Can I come too?" "Certainly not!"* –¿Yo también puedo ir? –¡De ninguna manera!

certainty /'sɜrtnti/ *s* (pl -ties) certeza, seguridad

certificate /sər'tɪfɪkət/ *s* **1** certificado **2** (de nacimiento) acta

certified /'sɜrtəfaɪd/ *adj* **1 a certified teacher** un maestro/una maestra con título **2 a certified nurse** un enfermero diplomado/una enfermera diplomada

certify /'sɜrtəfaɪ/ *v* [tr] (-fies, -fied) **1** certificar **2** declarar demente a

cesarian AmE, **caesarian** BrE /sə'zeriən/ *s* cesárea

chain /tʃeɪn/ *sustantivo & verbo*
- **s 1** (de metal) cadena | **in chains** encadenado -a **2** (de tiendas, hoteles, etc.) cadena
- **v** [tr] **1 to chain sth to sth** amarrar algo a algo [con una cadena] **2** (también **chain up**) encadenar [a una persona]

chainsaw /'tʃeɪnsɔ/ *s* motosierra

chain-smoke *v* [tr/intr] fumarse uno detrás del otro

chair /tʃer/ *sustantivo & verbo*
- **s 1** silla, sillón **2** presidente -a [de una reunión, un comité, etc.] **3** cátedra **4 the chair** (informal) la silla eléctrica
- **v** [tr] presidir [una reunión, un comité, etc.]

chairman /'tʃermən/ *s* (pl -men) **1** (de una junta, un comité, etc.) presidente **2** (de una empresa) presidente

chairperson /'tʃerpɜrsən/ s (pl chairpersons) presidente -a [de una junta, un comité, etc.] ▶ Se prefiere usar **chairperson** en lugar de **chairman** cuando la palabra puede hacer referencia tanto a un hombre como a una mujer

chairwoman /'tʃerwumən/ s (pl -women) **1** (de una junta, un comité, etc.) presidenta **2** (de una empresa) presidenta

chalet /'ʃæˈleɪ, BrE 'ʃæleɪ/ s **1** chalet, cabaña [tipo alpino] **2** BrE alojamiento tipo motel o bungalow en un lugar de vacaciones

chalk /tʃɔk/ sustantivo & verbo
■ s **1** gis: *a piece of chalk* un gis **2** (piedra) caliza
■ v [tr/intr] escribir con gis

challenge /'tʃæləndʒ/ sustantivo & verbo
■ s **1** desafío, reto **2** (cuestionamiento): *He resisted any challenge to his authority.* Se resistía a que se cuestionara su autoridad.
■ v [tr] **1** desafiar: *We challenged them to a game of tennis.* Los desafiamos a un partido de tenis. **2** constituir un desafío para **3** cuestionar [una decisión, la autoridad de alguien, etc.]

challenger /'tʃæləndʒər/ s retador -a, rival

challenging /'tʃæləndʒɪŋ/ adj que constituye un desafío porque requiere esfuerzo o habilidad: *a challenging problem* un problema que constituye un desafío

chamber /'tʃeɪmbər/ s **1** sala [en la que se reúne un organismo oficial] **2** cámara [de un cuerpo legislativo]: *the upper/lower chamber* la cámara alta/baja

chambermaid /'tʃeɪmbərmeɪd/ s camarera, mucama [de un hotel]

champagne /ʃæmˈpeɪn/ s champaña, champagne

champion /'tʃæmpiən/ sustantivo & verbo
■ s **1** campeón -ona: *the defending champion* el actual campeón/la actual campeona | *the world champion* el campeón/la campeona mundial **2** paladín
■ v [tr] defender, abogar por

championship /'tʃæmpiənʃɪp/ s campeonato

chance /tʃæns/ sustantivo, verbo & adjetivo
■ s **1** chance, posibilidad | **there's a chance (that)** es posible que, cabe la posibilidad de que: *There's a good chance that someone saw the robber.* Es muy posible que alguien haya visto al asaltante. | **not to have/stand a chance** no tener ningún chance **2** oportunidad, chance: *I'll explain if you'll give me the chance.* Si me das la oportunidad, te lo exlicaré. **3** casualidad | **by chance** por/de casualidad **4** **by any chance** por casualidad: *Are you making coffee, by any chance?* ¿Vas a hacer café, por casualidad? **5** **(the) chances are (that)** lo más probable es que **6** **no chance** (informal) ni por casualidad: *"Do*

you think she'll go out with me?" "No chance!" –¿Te parece que querrá salir conmigo? –¡Ni por casualidad! **7** **to take a chance** arriesgarse, correr el riesgo
■ v **to chance it** (informal) arriesgarse
■ adj **a chance encounter/discovery etc.** un encuentro/un descubrimiento etc. casual

chancellor /'tʃænsələr/ s **1** (también **Chancellor of the Exchequer**) (en Gran Bretaña) secretario de economía **2** presidente honorario de una universidad **3** (en Alemania y Austria) canciller [jefe del gobierno]

chandelier /ʃændəˈlɪr/ s araña [lámpara]

change /tʃeɪndʒ/ verbo & sustantivo
■ v **1** (a algo diferente) [intr] cambiar, [tr] cambiar (de): *The club changed its name in 1998.* El club cambió de nombre en 1998. | **to change from sth to sth** pasar de algo a algo: *The lights changed from green to red.* El semáforo pasó de verde a rojo. | **to change into sth** transformarse en algo, volverse algo **2** [tr] (una cosa por otra) cambiar: *Do you know how to change a tire?* ¿Sabes cambiar una llanta? | *Can I change these shoes?* ¿Puedo cambiar estos zapatos? | **to change schools/jobs etc.** cambiar de escuela/de trabajo etc. **3** [intr] (de ropa) cambiarse, [tr] cambiarse de: *Aren't you going to change?* ¿No te vas a cambiar? | *I changed my shirt.* Me cambié de camisa./Me cambié la camisa. | **to get changed** cambiarse: *Wait here while I get changed.* Espérame aquí mientras me cambio. | **to change into sth** (cambiarse y) ponerse algo: *At least change into a clean shirt.* Por lo menos ponte una camisa limpia. | **to change out of sth** quitarse/cambiarse algo **4** [intr] (en transportes) transbordar, cambiar **5** [tr] (dinero) cambiar: *I changed some pesos into dollars.* Cambié unos pesos a dólares. ▶ ver también **mind**
change over cambiar: *when we change over to the new system* cuando cambiemos/nos pasemos al nuevo sistema
■ s **1** cambio: *a change in the law* un cambio en la ley | **a change for the better/worse** un cambio para mejor/peor | **a change of heart** un cambio de idea/actitud | **to have a change of heart** cambiar de idea/actitud **2** **for a change** para variar: *Why don't we go to your house for a change?* ¿Por qué no vamos a tu casa, para variar? | **it makes a change** frase que expresa que un cambio es bienvenido: *It makes a change to eat out once in a while.* Es bueno salir a comer afuera de vez en cuando para variar. **3** (que se devuelve a quien paga algo) vuelto, cambio: *Here's your change.* Aquí tiene el vuelto. **4** (en monedas o billetes pequeños) cambio, feria: *I don't have any change.* No tengo cambio.

changeable /'tʃeɪndʒəbəl/ adj cambiante, inestable

changeover /'tʃeɪndʒoʊvər/ s cambio [de un sistema a otro] '**change purse** s AmE monedero

'**changing room** s **1** (en un gimnasio, etc.) vestidor **2** (en una tienda de ropa) vestidor, probador

channel /'tʃænl/ sustantivo & verbo
- s **1** (de televisión) canal: Which channel is it on? ¿En qué canal lo dan? **2** (de comunicación) canal, vía **3** (para la navegación, el riego) canal **4** the Channel, también the English Channel el Canal de la Mancha
- v [tr] (-led, -ling AmE, -lled, -lling BrE) canalizar

'**channel-,surf** AmE, **channel-hop** BrE v [intr] cambiar constantemente de canal

chant /tʃænt/ sustantivo & verbo
- s **1** (en un encuentro deportivo) cántico **2** (en una manifestación) consigna **3** canto: Gregorian chant canto Gregoriano
- v [tr/intr] **1** corear **2** cantar [cánticos, salmos, etc.]

chaos /'keɪɑs/ s caos: The kitchen was in chaos. La cocina era un caos.

chaotic /keɪ'ɑtɪk/ adj caótico -a

chap /tʃæp/ s BrE (informal) cuate, tipo: a nice chap un cuate simpático

chapel /'tʃæpəl/ s capilla

chaplain /'tʃæplɪn/ s capellán

chapped /tʃæpt/ adj agrietado -a

chapter /'tʃæptər/ s capítulo

char /tʃɑr/ v (-rred, -rring) **1** [tr] carbonizar **2** [intr] carbonizarse

character /'kærəktər/ s **1** personalidad, carácter | to be in/out of character (for sb) ser/no ser típico -a de alguien **2** (de un libro, una película, etc.) personaje **3** (de un edificio) estilo propio **4** (persona) tipo -a | a real character/quite a character todo un personaje, un personaje pintoresco

characteristic /,kærəktə'rɪstɪk/ sustantivo & adjetivo
- s característica
- adj característico -a | to be characteristic of sth/sb ser característico -a de algo/alguien

characteristically /,kærəktə'rɪstɪkli/ adv | she was characteristically blunt/brief etc. habló con la franqueza/brevedad etc. que la caracteriza

characterization, -isation BrE /,kærəktərə'zeɪʃən/ s **1** composición de personajes **2** caracterización

characterize, -ise BrE /'kærəktəraɪz/ v [tr] **1** caracterizar, distinguir **2** describir | to characterize sth/sb as sth definir algo/a alguien como algo

charade /ʃə'reɪd, BrE ʃə'rɑd/ s farsa

charcoal /'tʃɑrkoʊl/ sustantivo & adjetivo
- s **1** carbón **2** carboncillo
- adj (también charcoal grey) (de color) gris oscuro, (de color) gris marengo ▶ ver "Active Box" colors en color

charge /tʃɑrdʒ/ sustantivo & verbo
- s **1** cargo [dinero que se cobra por algo], recargo: There is no charge for making a reservation. Las reservaciones son sin cargo./No se cobran las reservaciones. | free of charge gratis **2** to be in charge ser el/la responsable | to be in charge of sth estar a cargo de algo, encargarse de algo: Andy's in charge of the music. Andy está a cargo de la música. | to take charge of sth hacerse cargo de algo **3** to be in/under sb's charge estar a cargo de alguien **4** (en los tribunales) acusación, cargo | to bring/press charges (against sb) presentar cargos (contra alguien) **5** (de un ejército) ataque, carga, (de un animal) embestida **6** (en electricidad) carga
- v **1** [tr/intr] cobrar: How much did they charge you for the flowers? ¿Cuánto te cobraron por las flores? | We charge by the hour. Cobramos por hora. **2** [tr] presentar cargos contra | to be charged with sth ser/estar acusado -a de algo **3** [intr] embestir, [tr] cargar/embestir contra **4** [intr] ir rápida y agresivamente: He charged into my office. Entró a mi oficina como una tromba. **5** (con energía eléctrica) [tr] cargar, [intr] cargarse

'**charge card** s **1** tarjeta de crédito **2** tarjeta de crédito/pago [emitida por una cadena de comercios]

chariot /'tʃæriət/ s cuadriga

charisma /kə'rɪzmə/ s carisma

charismatic /kærɪz'mætɪk/ adj carismático -a

charitable /'tʃærətəbəl/ adj **1** de caridad **2** caritativo -a

charity /'tʃærəti/ s **1** obras de beneficencia: He raised $2,000 for charity. Reunió $2.000 para obras de beneficencia. **2** (pl -ties) institución/organización de beneficencia **3** caridad, beneficencia

charm /tʃɑrm/ sustantivo & verbo
- s **1** encanto, atractivo **2** amuleto, dije **3** hechizo, conjuro **4** to work like a charm funcionar como por arte de magia
- v [tr] conquistar, cautivar

charming /'tʃɑrmɪŋ/ adj encantador -a

chart /tʃɑrt/ sustantivo & verbo
- s **1** gráfica, tabla **2** mapa [en meteorología] **3** carta de navegación **4** the charts el hit parade
- v [tr] hacer una gráfica de, registrar

charter /'tʃɑrtər/ sustantivo & verbo
- s **1** estatuto(s), carta **2** cédula real
- v [tr] fletar, alquilar

'**charter flight** s vuelo chárter

'**charter ,school** s AmE escuela que recibe fondos del estado pero los administra independientemente

chase /tʃeɪs/ verbo & sustantivo
- v **1** to chase (after) sb perseguir a alguien, dar caza a alguien: I chased after the thief, but he got away. Perseguí al ladrón, pero se escapó. **2** to chase sb away/off/out correr a alguien

3 [tr] estar/andar detrás de
chase sth down AmE atrapar algo **chase sb
down** AmE dar caza a alguien, perseguir a
chase sth up BrE averiguar qué pasa/pasó con
algo
■ *s* persecución, caza

chasm /'kæzəm/ *s* abismo, precipicio

chassis /'ʃæsi/ *s* (pl **chassis**) chasís

chastity /'tʃæstəti/ *s* castidad

chat /tʃæt/ *verbo & sustantivo*
■ *v* [intr] (-**tted**, -**tting**) platicar | **to chat to/with sb**
platicar con alguien | **to chat about sth** platicar
sobre/de algo
chat sb up BrE (informal) tratar de conquistar a
alguien [hablando]
■ *s* plática | **to have a chat with sb (about sth)**
platicar con alguien (sobre algo)

chatline /'tʃætlaɪn/, también **chat line** *s* servicio
telefónico que permite acceder a grupos de conversación con el fin de conocer gente, intercambiar
opiniones, etc.

'chat room *s* sala de chat, chat room

'chat show *s* BrE talk show ► En inglés americano se usa **talk show**

chatter /'tʃætər/ *verbo & sustantivo*
■ *v* [intr] **1** cotorrear | **to chatter away (to sb)**
cotorrear (con alguien) **2** rechinar [dientes]
■ *s* parloteo

chatty /'tʃæti/ *adj* (-**tier**, -**ttiest**) (informal)
1 hablador -a, platicador -a **2** entretenido -a y
lleno -a de noticias [carta]

chauffeur /'ʃoufər/ *s* chofer [de un coche parti-
cular]

chauvinism /'ʃouvənɪzəm/ *s* **1** **(male) chauvinism** machismo **2** chauvinismo, patriote-
rismo

chauvinist /'ʃouvənɪst/ *s & adj* **1** **(male) chauvinist** machista **2** chauvinista, patriotero -a

cheap /tʃip/ *adjetivo, adverbio & sustantivo*
■ *adj* **1** barato -a, económico -a **2** corriente
[de poca calidad] **3** AmE (informal) tacaño -a
4 bajo -a, despreciable [moralmente] | **a cheap
joke** una broma de mal gusto
■ *adv* (informal) **to get sth cheap** comprar/
conseguir algo barato | **not to come cheap** no
ser barato -a | **to be going cheap** estar barato -a
■ *s* **to do sth on the cheap** hacer algo escatimando
dinero/recursos

cheapen /'tʃipən/ *v* [tr] **1** abaratar **2** depre-
ciar, degradar

cheaply /'tʃipli/ *adv* barato, económicamente

cheapskate /'tʃipskeɪt/ *s* (informal) agarrado -a,
tacaño -a

cheat /tʃit/ *verbo & sustantivo*
■ *v* **1** [intr] (en un examen) copiar: *Any student
caught cheating will be expelled.* Se expulsará a
todo alumno que se descubra copiando. **2** [intr]
(en un juego) hacer trampa: *He always cheats at
cards.* Siempre hace trampa(s) cuando juega a
las cartas. **3** [tr] engañar, estafar | **to cheat sb**

out of sth quitarle algo a alguien con engaños
cheat on sb engañar a alguien [en una relación amorosa]
■ *s* tramposo -a

check /tʃek/ *verbo, sustantivo & adjetivo*
■ *v* **1** [tr/intr] checar, fijarse: *Check with your
parents to make sure it's OK.* Checa con tus
padres para confirmar que no hay problema. |
Could you check if we have any coffee? ¿Te
podrías fijar si tenemos café? | *Check your work
for mistakes before you hand it in.* Revisen el
trabajo por si hay errores antes de entregarlo.
2 [tr] frenar, detener
check in (en un aeropuerto, un hotel) registrarse
check sth in documentar algo [en el
aeropuerto]
check sth off ir marcando algo [en una lista]
check out irse [de un hotel], dejar la habitación: *Ms. Smith checked out this morning.* La
señora Smith se fue esta mañana. | **to check out
of a hotel** irse de un hotel **check sth out**
1 verificar/checar algo **2** (informal) probar algo
para ver qué tal es, ya sea usándolo, visitándolo,
etc.: *Have you checked out the new club yet?* ¿Ya
han estado en la nueva discoteca?
check up on sth verificar/confirmar algo
check up on sb controlar/vigilar a alguien
■ *s* **1** AmE cuenta [en un restaurante]: *Can you
get the check, please?* ¿Nos trae la cuenta, por
favor?
2 AmE cheque | **a check for $5000/$49.99** un
cheque de $5000/$49.99 | **to pay by check** pagar
con cheque
3 AmE marca, palomita [para señalar un elemento en una lista, etc.]
4 control, inspección: *a security check* un con-
trol de seguridad | *Have a check in your back-
pack first.* Revisa tu mochila primero. | **to carry
out/run a check on sth** realizar/hacer un control
en algo: *They ran a few checks on the system.*
Hicieron unos controles en el sistema. | **to keep
a check on sth** controlar/vigilar algo
5 **a check on sth** un freno a algo | **to keep/hold
sth in check** ponerle (un) freno a algo, controlar
algo
6 jaque [en ajedrez]
■ *adj* ► ver **checked**

checkbook AmE, **chequebook** BrE
/'tʃekbʊk/ *s* chequera

checked /tʃekt/, también **check** /tʃek/ *adj* de/a
cuadros, de/a cuadritos: *a checked tablecloth* un
mantel de cuadros

checkers /'tʃekərz/ *s* AmE damas [juego]

'check-in *s* **1** (también **check-in desk**) mostrador [en un aeropuerto] **2** documentación
[antes de tomar un vuelo]

'checking ac,count *s* AmE cuenta de cheques

checklist /'tʃeklɪst/ *s* lista (de control)

checkmate /'tʃekmeɪt/ *s* (jaque) mate

checkout /'tʃek-aʊt/ *s* caja [en un supermer-
cado]

ⓘ Hay una tabla con los **números** en inglés y explicaciones sobre su uso en el apartado de gramática.

checkpoint /'tʃekpɔɪnt/ s puesto de control

checkup /'tʃek-ʌp/ s **1** (con un médico) chequeo **2** (con un dentista) chequeo, control

cheek /tʃik/ s **1** mejilla, cachete **2** BrE descaro: *What a cheek!* ¡Qué descaro! | **to have the cheek to do sth** tener el descaro de hacer algo ▶ ver también **tongue**

cheeky /'tʃiki/ adj (-kier, -kiest) insolente, descarado -a: *He's so cheeky to his mother.* Es tan insolente con su madre. | *a cheeky grin* una sonrisa descarada

cheer /tʃɪr/ verbo & sustantivo
■ v **1** [tr/intr] aclamar, vitorear, animar **2** [tr] alegrar, levantarle el ánimo a
cheer sb on alentar a alguien, echarle porras a alguien
cheer up animarse: *Cheer up!* ¡Ánimo! **cheer sb up** levantarle el ánimo a alguien, animar/reanimar.
■ s porra, viva | **three cheers for the winners/the girls etc.!** ¡(que) vivan los ganadores/las niñas etc.!, ¡una porra para los ganadores/las niñas etc.!

cheerful /'tʃɪrfəl/ adj **1** alegre **2 to be cheerful (about sth)** estar contento -a (por algo)

cheerfully /'tʃɪrfəli/ adv alegremente

cheerfulness /'tʃɪrfəlnəs/ s alegría

cheering /'tʃɪrɪŋ/ s porras, vivas

cheerio! /tʃɪri'ou/ interj BrE (informal) ¡adiós!, ¡chao!

cheerleader /'tʃɪrlidər/ s porrista

cheers! /tʃɪrz/ interj
1 ¡salud! **2** BrE (informal) gracias
3 BrE (informal) adiós, chao

cheery /'tʃɪri/ adj (-rier, -riest) alegre

cheese /tʃiz/ s queso

cheeseburger /'tʃizbɜrgər/ s hamburguesa con queso

cheesecake /'tʃizkeɪk/ s pastel de queso, cheesecake

cheerleader

cheetah /'tʃitə/ s chita

chef /ʃef/ s chef

chemical /'kemɪkəl/ sustantivo & adjetivo
■ s sustancia química, producto químico
■ adj químico -a

chemist /'kemɪst/ s **1** químico -a **2** BrE farmacéutico -a ▶ En inglés americano se usa **pharmacist** | **chemist's (shop)** BrE farmacia ▶ En inglés americano se usa **drugstore** o **pharmacy**

chemistry /'keməstri/ s química

cheque /tʃek/ s BrE **1** cheque ▶ En inglés americano se usa **check** | **a cheque for £500/£4.99 etc.** un cheque de £500/£4.99 etc. | **to pay by cheque** pagar con cheque **2 cheque card,**

también **cheque guarantee card** tarjeta que hay que mostrar cuando se paga con cheque en Gran Bretaña y que garantiza el pago del mismo por parte del banco

chequebook BrE ▶ ver **checkbook**

cherish /'tʃerɪʃ/ v [tr] (3ª pers sing -shes) **1** adorar, apreciar [a una persona] **2** valorar mucho [una amistad, la independencia, etc.]: *his most cherished possession* su bien más preciado **3 to cherish the memory of sth/sb** atesorar el recuerdo de algo/alguien

cherry /'tʃeri/ sustantivo & adjetivo
■ s (pl -rries) **1** cereza **2** (también **cherry tree**) cerezo **3** (color) cereza
■ adj de color cereza

chess /tʃes/ s **1** ajedrez: *We played chess.* Jugamos ajedrez. **2 chess set** juego de ajedrez

chessboard /'tʃesbɔrd/ s tablero de ajedrez

chest /tʃest/ s **1** pecho [tórax] **2** arcón, baúl **3 to get sth off your chest** desahogarse hablando de algo

chestnut /'tʃesnʌt/ sustantivo & adjetivo
■ s **1** castaña **2** (también **chestnut tree**) castaño **3** (color) castaño
■ adj **1** castaño [pelo] **2** zaino -a [caballo]

chest of 'drawers s cómoda

chew /tʃu/ v [tr/intr] masticar
chew sth over darle vueltas a algo, pensar bien algo

'chewing gum s chicle, goma de mascar

chewy /'tʃui/ adj (-wier, -wiest) **1** duro -a, fibroso -a [carne] **2** chicloso -a [caramelo]

chick /tʃɪk/ s **1** pollito -a **2** polluelo -a

chicken /'tʃɪkən/ sustantivo, adjetivo & verbo
■ s **1** (carne) pollo: *fried chicken* pollo frito **2** (ave) pollo **3** (informal) (cobarde) gallina
■ adj (informal) gallina [cobarde]
■ v **chicken out** (informal) acobardarse

chickenpox /'tʃɪkənpɑks/ s varicela

chickpea /'tʃɪkpi/ s garbanzo

chicory /'tʃɪkəri/ s **1** achicoria **2** BrE endibia ▶ En inglés americano se usa **endive**

chief /tʃif/ adjetivo & sustantivo
■ adj **1** principal: *Our chief concern is safety.* Nuestra principal preocupación es la seguridad. **2** jefe -a
■ s **1** (de una tribu) jefe -a **2** (de una organización) jefe -a: *the chief of police* el jefe de policía

chiefly /'tʃifli/ adv principalmente

child /tʃaɪld/ s (pl children /'tʃɪldrən/) **1** niño -a: *a four-year-old child* un niño de cuatro años | *children's TV* televisión para niños | **as a child** cuando era niño -a, de niño -a **2** hijo -a, niño -a: *They have three children.* Tienen tres hijos. | **to be an only child** ser hijo -a único -a **3 to be child's play** ser un juego de niños

childbirth /'tʃaɪldbɜrθ/ s parto

childcare /'tʃaɪldker/ s cuidado de los niños mientras los padres trabajan

childhood /'tʃaɪldhʊd/ s niñez

childish /'tʃaɪldɪʃ/ adj infantil

childless /'tʃaɪldləs/ adj sin hijos

childlike /'tʃaɪldlaɪk/ adj de niño

childminder /'tʃaɪld,maɪndər/ s Así se le llama en Gran Bretaña a una persona que recibe niños en su propia casa y los cuida mientras los padres están en el trabajo

children /'tʃɪldrən/ plural of **child**

Chile /'tʃɪli/ s Chile

Chilean /'tʃɪliən/ adj & s chileno -a

chili AmE, **chilli** BrE /'tʃɪli/ s (pl -lies AmE, -llies BrE) **1** chile **2** chile en polvo

chill /tʃɪl/ verbo & sustantivo
- v **1** [tr] enfriar, [intr] enfriarse **2** to be/feel **chilled** estar helado -a
- s **1** frío, fresco **2** to catch/get a chill resfriarse **3** to send a chill down sb's spine darle escalofríos a alguien

chilling /'tʃɪlɪŋ/ adj escalofriante, espeluznante

chilly /'tʃɪli/ adj (-llier, -lliest) **1** (referido a la temperatura) frío -a, helado -a **2** (poco amistoso) frío -a

chime /tʃaɪm/ v **1** [intr] sonar [timbre, reloj] **2** [intr] repicar [campana] **3** to chime the **hour/five o'clock etc.** dar la hora/las cinco etc. [reloj de péndulo, carillón, etc.]

chimney /'tʃɪmni/ s chimenea

chimpanzee /tʃɪmpæn'zi/, también **chimp** /tʃɪmp/ s chimpancé

chin /tʃɪn/ s **1** barbilla, mentón **2** chin up! ¡ánimo!, ¡arriba el ánimo!

China /'tʃaɪnə/ s China

china /'tʃaɪnə/ sustantivo & adjetivo
- s **1** (material) loza [fina], porcelana **2** (vajilla) loza
- adj de loza, de porcelana

Chinese /tʃaɪ'niz/ adjetivo & sustantivo
- adj chino -a
- s **1** (idioma) chino **2** the Chinese los chinos

chink /tʃɪŋk/ s **1** rendija, grieta **2** tintineo

chinos /'tʃinoʊz/ s pl chinos [pantalones de algodón grueso, generalmente beige]

chip /tʃɪp/ sustantivo & verbo
- s **1** AmE papa frita [de bolsa] **2** BrE papa frita: egg and chips huevo frito con papas fritas ▶ En inglés americano se usa **French fry 3** (también **microchip**) chip **4** (de madera) astilla **5** (de piedra) esquirla **6** desportilladura **7** ficha [para apostar en la ruleta, etc.] **8** to **have a chip on your shoulder** (informal) ser un resentido/una resentida
- v (-pped, -pping) **1** [tr] desportillar **2** [intr] desportillarse

chip away to chip away at sth minar/socavar algo

chip in (informal) **1** intervenir [en un diálogo] **2** aportar, colaborar [con dinero]

chirp /tʃɜrp/, también **chirrup** /'tʃɪrəp/ v [intr] **1** trinar, gorjear [pájaro] **2** chirriar [insecto]

chirpy /'tʃɜrpi/ adj (-pier, -piest) BrE alegre, animado-a ▶ En inglés americano se usa **perky**

chisel /'tʃɪzəl/ sustantivo & verbo
- s cincel, formón
- v [tr] (-led, -ling AmE, -lled, -lling BrE) cincelar, tallar

chivalry /'ʃɪvəlri/ s caballerosidad

chives /tʃaɪvz/ s pl cebollines

chlorine /'klɔrin/ s cloro

chock-a-block /'tʃɑk ə blɑk/ adj (informal) al tope, atestado -a

chocolate /'tʃɑklɪt/ sustantivo & adjetivo
- s **1** chocolate: a bar of chocolate una barra de chocolate/un chocolate | a chocolate cake/ cookie etc. un pastel/una galleta etc. de chocolate **2** chocolate: a box of chocolates una caja de chocolates **3** (bebida) chocolate **4** (también **chocolate brown**) color chocolate
- adj de color chocolate

choice /tʃɔɪs/ sustantivo & adjetivo
- s **1** (posibilidad de elegir) elección, opción | to **have a choice** poder elegir: If you had a choice, where would you live? Si pudieras escoger ¿dónde vivirías? | to have no choice no tener más remedio, no tener (otra) alternativa: They had no choice but to pay. No tuvieron más remedio que pagar. **2** (acción de elegir) decisión, elección: It was a difficult choice Fue una decisión difícil. | I think you've made the right choice. Creo que has escogido bien. **3** opciones, selección: There is a choice of three main courses. Se puede escoger entre tres platos principales.
- adj (formal) seleccionado-a, escogido -a

choir /kwaɪr/ s coro

choke /tʃoʊk/ verbo & sustantivo
- v **1** [intr] asfixiarse, ahogarse | to choke on sth atorarse/atragantarse con algo | to choke to **death** morir asfixiado -a **2** [tr] estrangular **3** [tr] obstruir
- s ahogador

cholera /'kɑlərə/ s cólera [enfermedad]

cholesterol /kə'lestərɔl/ s colesterol

choose /tʃuz/ v [intr] (pasado chose, participio chosen) **1** escoger, elegir: Students may choose from a range of topics. Los alumnos pueden escoger entre una variedad de temas. | They chose Rickie as team captain. Eligieron a Rickie capitán del equipo. | I have to choose between selling the car and repairing it. Tengo que escoger entre vender el coche o repararlo. **2** to choose to do sth decidir hacer algo, optar por hacer algo: Mike chose to go abroad to study. Mike decidió ir a estudiar al extranjero. **3** querer: They can stay behind if they choose.

i ¿Quieres pedir una hamburguesa en inglés? Consulta la **guía de comunicación** al final del libro.

Si quieren pueden quedarse. **4 there's little/ not much to choose between them** no hay gran diferencia entre ellos

choosy /'tʃuzi/ adj (-sier, -siest) selectivo -a, exigente, quisquilloso -a | **to be choosy about sth** ser selectivo -a con algo

chop /tʃɑp/ verbo & sustantivo
- **v** [tr] (-pped, -pping) **1** (también **chop up**) picar, cortar en trocitos **2** (también **chop up**) partir, cortar [leña] **3 to chop sth into cubes/pieces etc.** cortar algo en cuadritos/trozos etc.
 chop sth down talar/cortar algo
 chop sth off cortar algo
- **s 1** chuleta: *pork chops* chuletas de cerdo **2** golpe, manotazo

chopper /'tʃɑpər/ s **1** (informal) helicóptero **2** BrE hacha [pequeña] ► En inglés americano se usa **hatchet**

'chopping board s tabla de picar

choppy /'tʃɑpi/ adj (-ppier, -ppiest) picado [mar]

chopsticks /'tʃɑpstɪks/ s pl palillos (chinos)

choral /'kɔrəl/ adj coral: *choral music* música coral

chord /kɔrd/ s acorde

chore /tʃɔr/ s **1** tarea: *household chores* tareas domésticas **2** lata [tarea aburrida]

choreographer /kɔri'ɑgrəfər/ s coreógrafo -a

choreography /kɔri'ɑgrəfi/ s coreografía

chorus /'kɔrəs/ s (pl -ses) **1** estribillo **2** (parte coral de una composición) coro **3** (grupo de cantantes) coro **4 the chorus** (en una ópera o un musical) el coro

chose /tʃouz/ pasado de **choose**

chosen /'tʃouzən/ participio de **choose**

Christ /kraɪst/ s Cristo

christen /'krɪsən/ v [tr] bautizar

christening /'krɪsənɪŋ/ s bautizo

Christian /'krɪstʃən/ s & adj cristiano -a

Christianity /krɪstʃi'ænəti/ s cristianismo

'Christian name s nombre (de pila)

Christmas /'krɪsməs/ s (pl -ses) **1** Navidad: *Merry Christmas!* ¡Feliz Navidad! | **at Christmas** en/para Navidad **2 Christmas cake** pastel típico de Navidad hecho con pasas, frutas confitadas, almendras, etc. **Christmas card** tarjeta de Navidad **Christmas carol** villancico **Christmas cracker** Así se le llama al pequeño paquete sorpresa de papel de colores que se coloca junto al plato de cada comensal en la comida navideña. Al abrirlo jalando de sus extremos con la ayuda de otro comensal, produce un estallido. Contiene un sombrero de papel en forma de corona, que se lleva puesto durante la comida, y un pequeño obsequio **Christmas present** regalo de Navidad **Christmas tree** árbol de Navidad

Christmas 'Day s (día de) Navidad

Christmas 'Eve s Nochebuena

chrome /kroum/, también **chromium** /kroumiəm/ s cromo

Christmas stocking
Christmas cracker
Christmas present

chromosome /'kroumǝsoum/ s cromosoma

chronic /'krɑnɪk/ adj crónico -a

chronicle /'krɑnɪkəl/ s crónica

chronological /krɑnə'lɑdʒɪkəl/ adj cronológico -a

chrysalis /'krɪsəlɪs/ s (pl -ses) crisálida

chrysanthemum /krɪ'sænθəməm/ s crisantemo

chubby /'tʃʌbi/ adj (-bbier, -bbiest) gordito -a

chuck /tʃʌk/ v [tr] (informal) **1** aventar, echar: *Chuck it out the window!* ¡Aviéntala por la ventana!* **2** AmE dejar, botar [un trabajo, un curso, etc.] **3** BrE cortar [a un novio, etc.] ► En inglés americano se usa **dump**
 chuck sth away tirar/echar algo a la basura
 chuck sth in BrE dejar algo [un trabajo, un curso, etc.]
 chuck sth out tirar/echar algo a la basura
 chuck sb out echar a alguien

chuckle /'tʃʌkəl/ v [intr] reírse [sin hacer mucho ruido] | **to chuckle about/over sth** reírse de/con algo

chum /tʃʌm/ s amigo -a, cuate

chunk /tʃʌŋk/ s trozo, pedazo

chunky /'tʃʌŋki/ adj (-kier, -kiest) **1** grueso -a [suéter] **2** grande, pesado -a [alhaja]

church /tʃɜrtʃ/ s **1** (pl **churches**) iglesia: *an old Norman church* una antigua iglesia normanda **2 to go to church** ir a la iglesia **3 the church**, también **the Church** la Iglesia

churchyard /'tʃɜrtʃjɑrd/ s cementerio, panteón [junto a una iglesia]

churn /tʃɜrn/ v **1** [tr] (también **churn up**) remover, batir **2** [intr] arremolinarse, revolverse
 churn sth out (informal) producir algo como salchichas [rápidamente y sin mucho cuidado]

chute /ʃut/ s **1** (para la basura o la ropa sucia) tiro, ducto **2** (de una alberca) tobogán

cider /'saɪdər/ s **1** AmE jugo de manzana **2** BrE sidra ► En inglés americano se usa **hard cider**

cigar /sɪ'gɑr/ s puro

cigarette /'sɪgəret/ s cigarro

cinch /sɪntʃ/ s **to be a cinch** (informal) ser pan comido

cinder /'sɪndər/ sustantivo & sustantivo plural
- **s** brasa
- **cinders s pl** cenizas, brasas

cinema /'sɪnəmə/ s **1** (arte, industria) cine: *German cinema* el cine alemán **2** BrE (edificio) cine ▶ En inglés americano se dice **movie theater** | **to go to the cinema** ir al cine ▶ En inglés americano se dice **to go to the movies**

cinnamon /'sɪnəmən/ s canela

circle /'sɜrkəl/ *sustantivo & verbo*
■ *s* **1** (en geometría) círculo **2** (de personas, objetos) círculo: *Stand in a circle.* Formen un círculo. **3** (en un teatro) anfiteatro alto **4** (grupo) círculo: *a wide circle of friends* un amplio círculo de amigos
■ *v* **1** [intr] volar en círculos **2** [tr] marcar con un círculo

circuit /'sɜrkɪt/ s **1** (de carreras) pista, circuito **2** (itinerario) circuito, recorrido **3** (en electricidad) circuito

circular /'sɜrkjələr/ *adjetivo & sustantivo*
■ *adj* circular
■ *s* circular

circulate /'sɜrkjəleɪt/ *v* **1** [intr] circular [sangre, aire] **2** [intr] circular [rumor], [tr] hacer circular [un rumor]

circulation /sɜrkjə'leɪʃən/ s **1** (sanguínea) circulación **2** (de un diario o revista) circulación

circumference /sər'kʌmfərəns/ s circunferencia

circumstance /'sɜrkəmstæns/ s **1** circunstancia **2** **in/under the circumstances** dadas las circunstancias **3** **under no circumstances** bajo ninguna circunstancia, de ningún modo

circus /'sɜrkəs/ s (pl -ses) circo

cistern /'sɪstərn/ s tanque, depósito [del sanitario]

cite /saɪt/ *v* [tr] (formal) citar, mencionar

citizen /'sɪtəzən/ s ciudadano -a: *a U.S. citizen* un ciudadano estadounidense

citizenship /'sɪtəzənʃɪp/ s ciudadanía

city /'sɪti/ s (pl -ties) **1** ciudad **2** **city centre** BrE centro (de la ciudad) ▶ En inglés americano se usan frases con **downtown** **3** **the City** la City [centro financiero de Londres]

civic /'sɪvɪk/ *adj* municipal | **civic center** lugar donde están reunidos los edificios de una municipalidad

civil /'sɪvəl/ *adj* **1** (no militar o religioso) civil **2** **civil war** guerra civil | **civil liberties/rights** libertades/derechos civiles

civil engi'neer s ingeniero -a civil

civilian /sə'vɪljən/ s & adj civil

civilization, -isation BrE /sɪvələ'zeɪʃən/ s civilización

civilized, -ised BrE /'sɪvəlaɪzd/ adj civilizado -a

civil 'servant s funcionario -a (público -a)

Civil 'Service s sistema de administración pública en el Reino Unido

clad /klæd/ *adj* **clad in sth** (formal) vestido -a con algo

claim /kleɪm/ *verbo & sustantivo*
■ *v* **1** [tr] sostener, afirmar: *He claimed that someone had tried to kill him.* Dijo que alguien había tratado de matarlo. | **to claim to be sth** decir/afirmar ser algo: *A man turned up claiming to be my brother.* Apareció un hombre que decía ser mi hermano. | *I don't claim to be an expert.* No pretendo ser un experto. ▶ ver también **responsibility** **2** [tr] reclamar, solicitar **3** [tr] cobrarse [una vida]
■ *s* **1** reclamo: *Her claim for compensation is being dealt with.* Se está atendiendo su reclamo de indemnización. | **to put in/make a claim (for sth)** hacer/presentar un reclamo (por algo) **2** afirmación

clairvoyant /kler'vɔɪənt/ s & adj clarividente

clam /klæm/ *sustantivo & verbo*
■ *s* almeja
■ *v* (-mmed, -mming) **clam up** (informal) quedarse callado -a

clamber /'klæmbər/ *v* [intr] treparse a un sitio o desplazarse con dificultad usando manos y piernas: *We all clambered onto the roof.* Todos nos encaramamos al techo.

clammy /'klæmi/ *adj* (-mmier, -mmiest) húmedo -a (y frío -a)

clamor AmE, **clamour** BrE /'klæmər/ *sustantivo & verbo*
■ *s* clamor
■ *v* [intr] **to clamor for sth** pedir algo a gritos, clamar por algo

clamp /klæmp/ *sustantivo & verbo*
■ *s* **1** prensa **2** inmovilizador [para vehículos]
■ *v* [tr] **1** **to clamp two things together** sujetar dos cosas [con una prensa, etc.] **2** ponerle un inmovilizador a [un coche]
clamp down **to clamp down on sth/sb** tomar medidas drásticas contra algo/alguien

clampdown /'klæmpdaʊn/ s medidas drásticas para poner freno a una actividad: *a clampdown on drug dealers* una agresiva campaña contra los narcotraficantes

clan /klæn/ s clan

clandestine /klæn'destɪn/ adj clandestino -a

clang /klæŋ/ *v* [intr] sonar con ruido metálico

clank /klæŋk/ *v* [intr] sonar con un ruido metálico sordo y pesado

clap /klæp/ *verbo & sustantivo*
■ *v* (-pping, -pped) **1** [intr] aplaudir **2** **to clap your hands** dar palmadas [al ritmo de una canción], golpear las manos
■ *s* **1** **to give sb a clap** aplaudir a alguien **2** **a clap of thunder** un trueno

clarification /klærəfə'keɪʃən/ s aclaración

clarify /'klærəfaɪ/ *v* [tr] (-fies, -fied) aclarar, poner en claro

clarinet /klærə'net/ s clarinete

clarity /'klærəti/ s claridad

clash /klæʃ/ *verbo & sustantivo*
- **v 1** [intr] (3ª pers sing **-shes**) chocar, enfrentarse | **to clash with sb** enfrentarse con alguien **2 to clash with sb (over sth)** tener un enfrentamiento con alguien (por algo), discutir con alguien (por algo) **3** desentonar: *That red clashes with her skirt.* Ese rojo desentona con su falda. **4** coincidir, encimar [fechas, eventos]
- **s** (pl **clashes**) choque, enfrentamiento

clasp /klæsp/ *sustantivo & verbo*
- **s** broche [de un bolso, collar, etc.]
- **v** [tr] agarrar, sujetar

class /klæs/ *sustantivo & verbo*
- **s** (pl **classes**) **1** (grupo de alumnos) clase: *What class are you in?* ¿En qué clase estás? **2** (lección) clase: *When's your next class?* ¿Cuándo tienes la próxima clase? | *He was told off for talking in class.* Lo regañaron por hablar en clase. **3** (social) clase: *a working class family* una familia de clase trabajadora **4** (en una clasificación) categoría, clase | **to be in a class of your own** ser único -a, ser incomparable **5** (estilo) clase: *She certainly has class.* La verdad es que tiene clase.
- **v** [tr] (3ª pers sing **-sses**) **to class sth/sb as sth** clasificar algo/a alguien como algo, catalogar algo/a alguien como algo

classic /'klæsɪk/ *adjetivo & sustantivo*
- **adj 1** clásico -a **2 a classic case/example etc.** un típico caso/ejemplo etc.
- **s** clásico

classical /'klæsɪkəl/ *adj* **1** clásico -a **2 classical music** música clásica

classics /'klæsɪks/ *s pl* estudio de las lenguas, literatura e historia de las antiguas Roma y Grecia

classified /'klæsəfaɪd/ *adj* confidencial, clasificado -a [documento, información]

classified 'ad, también **classified advertisement** *s* anuncio clasificado

classify /'klæsəfaɪ/ *v* [tr] (**-fies, -fied**) clasificar

classmate /'klæsmeɪt/ *s* compañero -a (de clase)

classroom /'klæsrum/ *s* salón de clases, aula

classy /'klæsi/ *adj* (**-ssier, -ssiest**) elegante, de categoría

clatter /'klætər/ *verbo & sustantivo*
- **v** [intr] hacer el ruido que hacen los objetos duros al golpearse: *The saucepan clattered to the floor.* La cacerola se cayó al suelo con un gran estruendo.
- **s** ruido que hacen los objetos duros al golpearse

clause /klɔz/ *s* cláusula

claustrophobia /klɔstrə'foubiə/ *s* claustrofobia

claustrophobic /klɔstrə'foubɪk/ *adj* claustrofóbico -a [persona], sofocante/asfixiante [ambiente, lugar]

claw /klɔ/ *sustantivo & verbo*
- **s 1** (de un felino o ave de rapiña) garra **2** (de un cangrejo, una jaiba, una langosta, etc.) tenaza
- **v** [tr] rasguñar | **to claw at sth** arañar algo

clay /kleɪ/ *s* barro, arcilla

clean /klin/ *adjetivo, verbo & adverbio*
- **adj 1** (sin suciedad) limpio -a: *Their house is always neat and clean.* Su casa siempre está limpia y ordenada. **2 clean water** agua limpia/potable | **clean air** aire puro **3** (referido a un juego, una pelea) limpio -a **4** sano -a [decente] **5** en blanco [hoja, papel] **6 to come clean** (informal) confesar, blanquear la situación
- **v** [tr/intr] limpiar
  clean sth out limpiar y ordenar algo **clean sb out** (informal) desplumar a alguien, dejar a alguien sin un peso
  clean up limpiar y ordenar **clean sth up** limpiar/sanear algo **clean yourself up** lavarse
- **adv** (informal) completamente: *I clean forgot about it.* Me olvidé completamente.

cleaner /'klinər/ *s* **1** afanador -a **2** limpiador [producto] **3 the cleaners** la tintorería

cleaning /'klinɪŋ/ *s* limpieza [acción de limpiar] | **to do the cleaning** hacer la limpieza

cleanliness /'klenlinəs/ *s* limpieza [cualidad de limpio], aseo

cleanly /'klinli/ *adv* limpiamente

cleanse /klenz/ *v* [tr] limpiar, lavar [la piel, una herida]

cleanser /'klenzər/ *s* crema limpiadora

cleanup /'klinʌp/ *s* limpieza [acción de limpiar]

clear /klɪr/ *adjetivo, verbo, adverbio & sustantivo*
- **adj 1** (fácil de entender) claro -a: *It wasn't clear what he wanted.* No estaba claro qué era lo que quería. | **to make yourself clear** explicarse (bien) **2** (obvio) claro -a | **to make sth clear** dejar algo en claro **3 to be clear about sth** tener algo en claro: *I'm not clear about what we're meant to do.* No tengo claro de qué se supone que tenemos que hacer. **4** transparente [vidrio], clara [agua] **5** (fácil de ver u oír) claro -a, nítido -a **6** despejado -a [cielo, día] **7** (sin obstáculos) libre, despejado -a ▶ ver también **conscience**
- **v 1 to clear sth from/off sth, to clear sth of sth** quitar/limpiar algo de algo: *I had to go out and clear the snow from the driveway.* Tuve que salir a quitar la nieve del camino. **2** despejar | **to clear a space in/on sth** hacer lugar en algo **3** [tr] declarar inocente, absolver: *He was eventually cleared of murder.* Finalmente lo declararon inocente del cargo de asesinato. **4 to clear sth with sb** obtener la autorización de alguien para algo **5** [tr] autorizar
  clear sth away retirar o guardar algo al ordenar
  clear off BrE (informal) largarse, irse: *Clear off!* ¡Lárgate!
  clear sth out hacer una limpieza en algo [tirando las cosas viejas, etc.]
  clear up 1 ordenar [recogiendo y limpiando] **2** despejarse [tiempo] **3** irse, curarse [un resfriado, etc.] **clear sth up 1** retirar o guardar algo al ordenar **2** aclarar algo [un malentendido, un punto]
- **adv 1 clear of sth** fuera de algo: *We'll soon be*

clear of the town. Pronto vamos a estar fuera de la ciudad. **2 to keep/steer/stand clear of sth/sb** mantenerse alejado -a de algo/alguien, no acercarse a algo/alguien **3 clear of sb** por delante de alguien ▶ ver también **loud**
■ **s to be in the clear (a)** estar fuera de toda sospecha **(b)** estar curado -a

clearance /'klɪrəns/ s **1** autorización **2** erradicación

clear-'cut adj claro -a, definido -a

clearing /'klɪrɪŋ/ s claro [en un bosque]

clearly /'klɪrli/ adv **1** claramente, obviamente: *He was clearly lying.* Claramente estaba mintiendo. **2** claramente, con claridad [hablar, ver, pensar, etc.]

clef /klef/ s clave [en música]

clench /klentʃ/ v (3ª pers sing -ches) **to clench your fist/your teeth** apretar el puño/los dientes

clergy /'klɜrdʒi/ s pl **the clergy** el clero

clergyman /'klɜrdʒimən/ s (pl -men) clérigo

clerical /'klerɪkəl/ adj **1** de oficina: *clerical work* trabajo de oficina | *a clerical worker* un oficinista **2** clerical

clerk /klɜrk, BrE klɑk/ s **1** oficinista, empleado -a **2** (también **desk clerk**) AmE recepcionista [de un hotel]

clever /'klevər/ adj **1** inteligente, listo: *She's much cleverer than her sister.* Es mucho más lista que su hermana. | *It was clever of you to notice.* Qué listo que te diste cuenta. **2** hábil **3** ingenioso -a [idea, solución, etc.]

cleverly /'klevərli/ adv con inteligencia, hábilmente

cleverness /'klevərnəs/ s **1** inteligencia **2** habilidad **3** brillantez, ingenio [de una idea, un plan]

cliché /kli'ʃeɪ, BrE 'kliʃeɪ/ s cliché, lugar común

click /klɪk/ verbo & sustantivo
■ **v 1** [intr] hacer clic [el sonido], [tr] disparar/accionar | **to click open/shut** abrirse/cerrarse con un clic | **to click your fingers/tongue** (hacer) chasquear los dedos/la lengua **2** hacer clic [con el mouse]: *Now click on 'Send'.* Ahora haz clic en "Enviar". **3 it clicked** (informal) se me/le etc. prendió el foco **4** [intr] (informal) congeniar

click

mouse

mousemat

■ **s 1** (sonido) ruido ligero, chasquido **2** (de un mouse) clic

client /'klaɪənt/ s cliente -a

clientele /klaɪən'tel/ s clientela

cliff /klɪf/ s acantilado

climate /'klaɪmət/ s **1** clima: *a hot/cold/mild climate* un clima caluroso/frío/templado **2 economic/political etc. climate** clima económico/político etc.

climatic /klaɪ'mætɪk/ adj climático -a

climax /'klaɪmæks/ s (pl -xes) clímax, apogeo

climb /klaɪm/ verbo & sustantivo
■ **v 1** [tr] (también **climb up**) subir: *The truck climbed slowly up the hill.* El camión subía lentamente la cuesta. **2** [tr] treparse, treparse a: *He had climbed a tree and couldn't get down.* Se había trepado a un árbol y no se podía bajar. | *She had to climb out of the window.* Tuvo que salir trepándose por la ventana. | *They climbed into the back of the truck.* Se treparon a la parte posterior del camión. **3** [tr/intr] escalar | **to go climbing** ir a escalar **4** [intr] subir, elevar [avión, sol, camino] **5** [intr] subir, ascender [temperatura, precios etc.]

climb down 1 bajarse, descender **2** BrE dar marcha atrás, meter reversa [aceptando la derrota] ▶ En inglés americano se usa **to back down**

■ **s 1** subida **2** ascenso, escalada

climber /'klaɪmər/ s escalador -a, montañista, alpinista

climbing /'klaɪmɪŋ/ s alpinismo, montañismo

clinch /klɪntʃ/ v [tr] (3ª pers sing -ches) **1** decidir, asegurar [un partido, un campeonato] **2** cerrar [un contrato, un acuerdo]

cling /klɪŋ/ v [intr] (pasado & participio **clung**) **to cling to/onto sth/sb** aferrarse a algo/alguien, abrazarse a algo/alguien

clingfilm /'klɪŋfɪlm/ s BrE película adherente (plástica) [para envolver alimentos] ▶ En inglés americano se usa **plastic wrap**

clinic /'klɪnɪk/ s **1** clínica **2** consulta [de un médico]

clinical /'klɪnɪkəl/ adj **1** clínico -a **2** frío -a, desapasionado -a

clink /klɪŋk/ verbo & sustantivo
■ **v** [intr] tintinear, [tr] hacer sonar
■ **s** tintineo

clip /klɪp/ sustantivo & verbo
■ **s 1** clip, gancho **2** pasador [para el pelo] **3** fragmento, corto [de una película, etc.]
■ **v** (-pped, -pping) **1** [tr] sujetar con un clip: *Clip the papers together.* Sujeta los papeles con un clip. | **to clip sth to/onto sth** sujetar algo a algo con un clip **2** [tr] podar, cortar | **to clip your nails** cortarse las uñas

clipboard /'klɪpbɔrd/ s **1** tabla con un portapapeles que sirve de apoyo al escribir **2** portapapeles [en computación]

clippers /'klɪpərz/ s pl **1** (para el pelo) maquinita **2** (para las uñas) cortauñas, alicate

clipboard

clipping /'klɪpɪŋ/ s **1** recorte [de diario, revista] **2** recortes [de uña, pelo, hierba, etc.]

clique /klik/ s camarilla, grupo cerrado

cloak /kloʊk/ s capa

cloakroom /'kloʊk-rum/ s **1** guardarropa **2** lugar donde los alumnos de un colegio dejan sus abrigos y otras pertenencias **3** BrE (en un lugar público) baño ▶ En inglés americano se usa **restroom 4** BrE (en una casa) baño de visitas

clock /klɑk/ s **1** reloj [de pie, de pared, etc.] | **the kitchen/church etc. clock** el reloj de la cocina/iglesia etc. **2 around the clock** (las) veinticuatro horas
clock in/on checar tarjeta [al entrar al trabajo]
clock off/out checar tarjeta [al salir del trabajo]

clockwise /'klɑk-waɪz/ adverbio & adjetivo
■ adv en el sentido de las agujas del reloj
■ adj **in a clockwise direction** en el sentido de las agujas del reloj

clockwork /'klɑk-wɜrk/ s **1** mecanismo de cuerda **2 a clockwork toy/train etc.** un juguete/tren etc. de cuerda **3 to go like clockwork** andar como un reloj

clog /klɑg/ v [tr] (-gged, -gging) (también **clog up**) obstruir, tapar: *The roads were clogged with traffic.* Las carreteras estaban obstruidas por el tráfico.

clone /kloʊn/ sustantivo & verbo
■ s clon
■ v [tr] clonar

close¹ /kloʊz/ v **1** (referido a puertas, libros, ojos) [tr] cerrar, [intr] cerrarse: *Do you mind if I close the window?* ¿Te importa si cierro la ventana? | *The door closed behind her.* La puerta se cerró tras ella. **2** [tr/intr] (referido a tiendas, oficinas) cerrar: *What time do you close?* ¿A qué horas cierran? **3** [intr/tr] (definitivamente) cerrar: *When did the factory close?* ¿Cuándo cerró la fábrica?
close down cerrar [empresa, institución, definitivamente]: *The store closed down two years ago.* La tienda cerró hace dos años. **close sth down** cerrar algo [una empresa, una institución, definitivamente]
close in 1 aproximarse [para atacar] | **to close in on sth/sb** acercarse a algo/alguien, cercar algo/a alguien **2 the days are/were closing in** los días se están/estaban haciendo más cortos

close² /kloʊs/ adjetivo & adverbio
■ adj **1** cercano -a | **to be close** quedar cerca: *The stores are quite close.* Las tiendas quedan bastante cerca. | **close to sth** cerca de algo | **to be close to tears** estar a punto de llorar **2** íntimo -a: *close friends* amigos íntimos | *We were very close as children.* Éramos muy unidos de niños. | **to be close to sb** llevarse muy bien con alguien, querer mucho a alguien **3 a close relation/relative** un pariente cercano/una parienta cercana **4** estrecho -a [relación,

cooperación] **5** minucioso -a, detenido -a [análisis] | **to pay close attention** prestar mucha atención | **to take a close look at sth** mirar algo con detenimiento | **to keep a close eye/watch on sth/sb** vigilar algo/a alguien de cerca, tener cuidado con algo/alguien **6** reñido -a [partido, competencia] **7** sofocante, húmedo -a [tiempo, día etc.]
■ adv **1 close by** cerca **2 close together** juntos -as **3 to get closer** acercarse **4 to come close to doing sth** estar cerca de hacer algo: *I came close to hitting him.* Estuve cerca de pegarle. **5 close up/close to/up close** de cerca

close³ /kloʊz/ s (formal) **1 at the close of** al final de **2 to draw to a close** acercarse/tocar a su fin

close⁴ /kloʊs/ s BrE cerrada ▶ Sólo se usa en nombres de calles: *26, Hillside Close* Cerrada de Hillside # 26

closed /kloʊzd/ adj cerrado -a: *All the stores were closed.* Todas las tiendas estaban cerradas.

close-knit /kloʊs 'nɪt/ adj unido -a [familia, comunidad]

closely /'kloʊsli/ adv **1** con atención, detenidamente: *She examined the letter closely.* Examinó la carta detenidamente. **2** estrechamente | **to work closely with sb** trabajar en estrecha colaboración con alguien **3** inmediatamente, apretadamente: *Jack left, closely followed by the others.* Jack se fue, seguido inmediatamente por los demás. **4 a closely fought contest/game etc.** un concurso/partido etc. muy reñido

closet /'klɑzɪt/ s AmE clóset

close-up /'kloʊs ʌp/ s primer plano, acercamiento [en fotografía]

closing /'kloʊzɪŋ/ adj **1** final, de cierre **2 closing date** fecha límite, fecha de cierre **3 closing time** hora de cierre

closure /'kloʊʒər/ s cierre [de una empresa, un hospital, etc.]

clot /klɑt/ s **1** coágulo **2** BrE (informal) tonto -a

cloth /klɔθ/ s **1** tela **2** trapo **3** (también **tablecloth**) mantel

clothe /kloʊð/ v [tr] vestir: *enough to feed and clothe her children* lo suficiente para alimentar y vestir a sus hijos | **fully clothed** totalmente vestido -a

clothes /kloʊðz/ s pl **1** ropa: *I need some new clothes.* Necesito ropa nueva. | *His clothes were dirty.* Tenía la ropa sucia. **2 clothes peg** BrE ▶ ver **clothespin**

clothesline /'kloʊzlaɪn/ s tendedero

clothespin /'kloʊzpɪn/ AmE, **clothes peg** BrE s pinza [para tender la ropa]

clothing /'kloʊðɪŋ/ s (formal) ropa, indumentaria | **an item/article of clothing** una prenda de vestir

cloud /klaʊd/ sustantivo & verbo
■ s nube
■ v **1** (también **cloud up/over**) [intr] empañarse,

[tr] empañar [una ventana, un espejo] **2** [intr] (también **cloud over**) ensombrecerse [cara, expresión]
cloud over nublarse
cloudy /'klaʊdi/ adj (-dier, -diest) **1** nublado -a **2** turbio -a [líquido]
clout /klaʊt/ sustantivo & verbo
■ s (informal) **1** influencia, peso **2** bofetada, cachetada
■ v [tr] (informal) darle una bofetada a
clove /kləʊv/ s **1** clavo de olor **2** a clove of garlic un diente de ajo
clover /'kləʊvər/ s trébol
clown /klaʊn/ s payaso -a
club /klʌb/ sustantivo, sustantivo plural & verbo
■ s **1** club **2** discoteca, antro **3** palo [de golf] **4** garrote, macana
■ clubs s pl trébol [palo de la baraja]
■ v [tr] (-bbed, -bbing) **1** macanear | to club sb to death matar a alguien a golpes [con un garrote, etc.] **2** to go clubbing ir a bailar
club together BrE cooperarse (entre varios), hacer una vaquita [poner dinero varias personas para comprar algo]: *They clubbed together to buy her some flowers.* Todos se cooperaron para comprarle unas flores.
clue /klu/ s **1** (para esclarecer un misterio, etc.) pista: *There are no clues to the killer's identity.* No hay pistas de la identidad del asesino. **2** (de un crucigrama) pista **3** not to have a clue (informal) no tener (ni) idea, no tener (ni) la menor idea
clump /klʌmp/ s **1** (de árboles) grupo **2** (de plantas, flores) macizo **3** (de hierba) montón
clumsy /'klʌmzi/ adj (-sier, -siest) **1** torpe **2** tosco -a
clung /klʌŋ/ pasado & participio de cling
cluster /'klʌstər/ sustantivo & verbo
■ s grupo, racimo
■ v [intr] to cluster together apiñarse | to cluster around sth/sb apiñarse alrededor de algo/alguien
clutch /klʌtʃ/ verbo, sustantivo & sustantivo plural
■ v (3ª pers sing -ches) **1** [tr] llevar/tener (apretado -a), aferrarse a **2** [tr] agarrarse de, tratar de agarrar **3** to clutch at sth/sb agarrarse de algo/alguien, tratar de agarrar algo/a alguien
■ s (pl -ches) clutch, embrague
■ clutches s pl in sb's clutches en las garras de alguien
clutter /'klʌtər/ sustantivo & verbo
■ s tiradero
■ v [tr] (también clutter up) abarrotar
cm (= centimeter) cm
Co. /kəʊ/ (= Company) Cía.
coach /kəʊtʃ/ sustantivo & verbo
■ s (pl coaches) **1** entrenador -a **2** BrE autobús [de larga distancia, para excursiones] ▶ En inglés americano se usa bus | by coach en autobús **3** carruaje (de caballos)

■ v [tr/intr] (3ª pers sing -ches) **1** entrenar **2** [tr] darle clases particulares a, [intr] dar clases particulares
coaching /'kəʊtʃɪŋ/ s **1** entrenamiento **2** clases (particulares)
coal /kəʊl/ s carbón
coalition /kəʊə'lɪʃən/ s coalición
'coal mine s mina de carbón
coarse /kɔrs/ adj **1** grueso -a [arena, grava, etc.] **2** áspero -a, burdo -a [textura, piel] **3** grosero -a, ordinario -a [persona, chiste]
coast /kəʊst/ sustantivo & verbo
■ s costa
■ v [intr] avanzar en punto muerto o sin pedalear
coastal /'kəʊstl/ adj costero -a
coastguard /'kəʊstgɑrd/ s Resguardo Marítimo, guardacostas
coastline /'kəʊstlaɪn/ s litoral, costa
coat /kəʊt/ sustantivo & verbo
■ s **1** (de mujer, hombre, niño) abrigo **2** (de médico, dentista) bata **3** (de pintura) mano, capa **4** (de un animal) pelaje
■ v [tr] cubrir, bañar [con una capa de algo]
'coat ,hanger s gancho [para colgar ropa]
coating /'kəʊtɪŋ/ s capa, baño [que cubre una superficie]
coax /kəʊks/ v [tr] (3ª pers sing -xes) **1** convencer, persuadir [con paciencia y habilidad] | to coax sb into doing sth/to coax sb to do sth convencer a alguien de que haga algo **2** to coax sth out of sb sonsacarle algo a alguien
cobble /'kɑbəl/ sustantivo & verbo
■ s adoquín
■ v cobble sth together (informal) improvisar algo [un plan, una comida, etc.]
cobblestone /'kɑbəl,stəʊn/ s adoquín
cobweb /'kɑbweb/ s telaraña
cocaine /kəʊ'keɪn/ s cocaína
cock /kɑk/ sustantivo & verbo
■ s BrE ▶ En inglés americano se usa rooster **1** gallo **2** macho de cualquier ave
■ v [tr] **1** to cock your head (to one side) ladear la cabeza **2** amartillar [un arma de fuego]
cockney /'kɑkni/ sustantivo & adjetivo
■ s cockney [persona del este de Londres, zona que generalmente se asocia con la clase obrera; también el acento y dialecto del inglés típicos de la zona]
■ adj cockney
cockpit /'kɑkpɪt/ s cabina (del piloto)
cockroach /'kɑk,rəʊtʃ/ s (pl -ches) cucaracha
cocktail /'kɑkteɪl/ s coctel
cocky /'kɑki/ adj (-kier, -kiest) (informal) gallito -a, arrogante
cocoa /'kəʊkəʊ/ s **1** cacao **2** chocolate [bebida]
coconut /'kəʊkənʌt/ s coco
cocoon /kə'kun/ s capullo [de una larva]
cod /kɑd/ s bacalao

code /koʊd/ s **1** código: *a code of conduct/ practice* un código de conducta/de práctica, un código ético **2** (de un mensaje secreto) código, clave **3** (también **dialling code** BrE) (de un número telefónico) código (de área) ▸ En inglés americano se usa **area code**

coed /koʊ'ed/ adj AmE mixto -a [referido a instituciones de enseñanza]

coercion /koʊ'ɜrʃən/ s coerción, coacción

coffee /'kɔfi/ sustantivo & adjetivo
■ s **1** café: *a cup of coffee* una taza de café **2** color café con leche
■ adj de color café con leche

'coffee ˌshop, también **coffee bar** s café, cafetería

'coffee ˌtable s mesa de centro

coffin /'kɔfɪn/ s ataúd, féretro

cog /kɑg/ s rueda dentada, piñón

coherent /koʊ'hɪrənt/ adj coherente

coil /kɔɪl/ sustantivo & verbo
■ s **1** (de soga, de alambre) rollo, rizo **2** (de humo) espiral **3** (de una serpiente) anillo
■ v [tr] enrollar, enroscar, [intr] enrollarse, enroscarse: *The snake was coiled around a branch.* La serpiente estaba enroscada en una rama.

coin /kɔɪn/ sustantivo & verbo
■ s moneda: *a 50-cent coin* una moneda de 50 centavos
■ v [tr] acuñar [una palabra]

coincide /koʊɪn'saɪd/ v [intr] coincidir

coincidence /koʊ'ɪnsədəns/ s coincidencia, casualidad: *What a coincidence!* ¡Qué coincidencia/casualidad! | **by coincidence** por/de casualidad

coke /koʊk/ s **1** coque **2** (informal) coca [la droga]

Coke® /koʊk/ s Coca®, Coca Cola®

cold /koʊld/ adjetivo & sustantivo
■ adj **1** (referido a la temperatura) frío -a: *a cold drink* una bebida fría | *It's very cold in here.* Aquí hace mucho frío. | *The weather turned cold.* Empezó a hacer frío. | **to be/feel cold** tener/sentir frío: *Are you cold?* ¿Tienes frío? | **to get/go cold** enfriarse: *The food went cold.* La comida se enfrió. **2** (poco amistoso) frío -a [persona, mirada, etc.] ▸ ver también **blood**, **foot**
■ s **1** resfriado, catarro | **to have a cold** estar resfriado -a | **to catch (a) cold** resfriarse **2** frío

ˌcold-'blooded adj **1** cruel, desalmado -a | **cold-blooded murder** asesinato a sangre fría **2** de sangre fría [animal]

coleslaw /'koʊlslɔ/ s ensalada de repollo, zanahoria y cebolla con mayonesa

collaborate /kə'læbəreɪt/ v [intr] colaborar

collaboration /kəˌlæbə'reɪʃən/ s colaboración | **in collaboration with** en colaboración con

collapse /kə'læps/ verbo & sustantivo
■ v [intr] **1** derrumbarse, desmoronarse [edificio] **2** venirse abajo, desmoronarse [economía, institución] **3** desplomarse [persona]
■ s **1** colapso, derrumbe, caída [de un sistema] **2** desmoronamiento, derrumbe [de un edificio] **3** caída, colapso [de una persona]

collar /'kɑlər/ s **1** cuello [de una prenda] **2** collar [de un gato o perro]

collarbone /'kɑlərboʊn/ s clavícula

colleague /'kɑlig/ s compañero -a de trabajo, colega

collect /kə'lekt/ verbo & adverbio
■ v **1** [tr] juntar, recoger: *I'll collect the dirty glasses.* Voy a recoger los vasos sucios. **2** [tr] coleccionar [monedas, antigüedades, etc.] **3** [intr] hacer una colecta: *They're collecting for charity.* Están haciendo una colecta para obras de beneficencia. **4** [tr] ir a buscar, recoger: *Dad's collecting us from school.* Mi papá nos va a ir a buscar a la escuela. **5** [intr] juntarse, reunirse **6 collected works** obras completas: *the collected works of Shakespeare* las obras completas de Shakespeare
■ adv **to call sb collect** AmE llamar a alguien por cobrar

collection /kə'lekʃən/ s **1** colección **2** serie, antología **3** recopilación [de información], recolección [de correo, basura]: *Your car is ready for collection.* Su coche está listo para que lo pase a buscar. **4** colecta **5** grupo

collective /kə'lektɪv/ adjetivo & sustantivo
■ adj colectivo -a
■ s cooperativa, colectivo

collector /kə'lektər/ s coleccionista

college /'kɑlɪdʒ/ s **1** AmE universidad | **to go to college** ir a la universidad **2** AmE facultad: *the College of Arts and Sciences* la Facultad de Humanidades y Ciencias

En Gran Bretaña **college** designa tres cosas diferentes. Es una institución de enseñanza terciaria, a menudo dedicada a un área de estudio en particular, como un **Art College** (Escuela de Bellas Artes). También es el nombre de cada una de las instituciones que forman parte de universidades como Oxford y Cambridge (como **King's College**, de la Universidad de Cambridge). Por último, también hay **colleges** donde se pueden cursar asignaturas de los últimos años de la enseñanza secundaria.

collide /kə'laɪd/ v [intr] chocar, estrellarse: *The car had collided with a truck.* El coche se había estrellado contra un camión.

collision /kə'lɪʒən/ s choque, colisión | **a head-on collision** un choque de frente

Colombia /kə'lʌmbiə/ s Colombia

Colombian /kə'lʌmbiən/ adj & s colombiano -a

colon /'koʊlən/ s **1** dos puntos [signo de puntuación] **2** colon

colonel /'kɜrnl/ s coronel

colonial /kə'loʊniəl/ adj colonial, colonialista

colony /'kɑləni/ s (pl -nies) colonia

color AmE, **colour** BrE /'kʌlər/ sustantivo, sustantivo plural & verbo

■ s **1** color: *What color's your car?* ¿De qué color es tu carro?
► ver "Active Box"
colors
2 (informal) to be/feel off color no sentirse muy bien
3 color scheme (combinación de) colores [en decoración de interiores] **color television** televisión a color

■ **colors** s pl (de un equipo, un club, etc.) colores

■ v [tr] **1** teñir, pintar **2** (también **color in**) colorear **3 to color sb's attitudes/views etc.** influir en las actitudes/opiniones etc. de alguien

color-blind AmE, **colour-blind** BrE adj **1** daltónico -a **2** no discriminatorio -a [respecto del origen étnico]

colored AmE, **coloured** BrE /'kʌlərd/ adj **1** de color, de colores: *colored glass* vidrio de colores | *a brightly colored shirt* una camisa de colores vivos **2** de color [persona]
► Muchas personas consideran que este uso es ofensivo y prefieren usar **black** o **Asian**

colorful AmE, **colourful** BrE /'kʌlərfəl/ adj **1** lleno -a de color, colorido -a, de colores vivos **2** pintoresco -a, interesante

coloring AmE, **colouring** BrE /'kʌlərɪŋ/ s **1** color de la piel, el pelo y los ojos: *She inherited her mother's coloring.* Heredó la tez y el color de pelo de su madre. **2** colorante **3** colorido [de un animal]

colorless AmE, **colourless** BrE /'kʌlərləs/ adj **1** incoloro -a **2** anodino -a, descolorido, gris [personalidad, estilo, etc.]

colossal /kə'lɑsəl/ adj colosal

colour /'kʌlər/ BrE ► ver **color**

column /'kɑləm/ s **1** columna **2** (de soldados, vehículos, etc.) columna, hilera, fila

coma /'koʊmə/ s coma [en medicina] | **to fall into a coma** entrar en coma

comb /koʊm/ sustantivo & verbo
■ s peine
■ v [tr] **1 to comb your hair** peinarse | **to comb sb's hair** peinar a alguien **2** peinar, rastrear: *Police combed the area for more bombs.* La policía peinó la zona en busca de más bombas.

combat¹ /'kɑmbæt/ s combate

combat² /'kɑm'bæt/ v [tr] (-ted, -ting AmE, -tted, -tting BrE) combatir (contra)

Active Box: colors

Los ejemplos de este **Active Box** son una guía para ayudarte a construir oraciones que hablan de los colores.

She was wearing red pants.	Traía puestos unos pantalones rojos.
It is black.	Es negro.
Blue is my favorite color.	El azul es mi color preferido.
I like yellow.	Me gusta el amarillo.
They painted the living room white.	Pintaron la sala de blanco.
She was dressed in blue.	Estaba vestida de azul.
The man in the gray suit.	El hombre del traje gris.

---

combination /kɑmbə'neɪʃən/ s combinación

combine /kəm'baɪn/ v **1** [tr] combinar | **to combine sth with sth** combinar algo con algo: *It's hard to combine family life with a career.* Es difícil combinar la vida familiar con una carrera. **2** [tr] mezclar, combinar [ingredientes], [intr] combinarse [sustancias]

come /kʌm/ v [intr] (pasado came, participio come)
► Come se combina con muchos sustantivos y adjetivos para formar distintas expresiones, como **to come to an agreement**, **to come true**, etc. Éstas están tratadas bajo el sustantivo o adjetivo correspondiente **1** venir: *Come with me.* Ven conmigo. | *Here comes Karen now.* Ahí viene Karen. | *I'm coming.* Ya voy. **2** llegar: *The letter came this morning.* La carta llegó esta mañana. **3** (en una secuencia) seguir: *What comes after "u"?* ¿Qué sigue después de la "u"? | **to come second/last etc.** llegar segundo -a/último -a etc., quedar en segundo/último etc. lugar **4** to come up/down to llegar hasta: *The water came up to their knees.* El agua les llegaba hasta las rodillas. **5** (referido a un producto) venir: *It doesn't come in my size.* No viene en mi talla. **6 to come undone** descoserse, desamararse | **to come loose** aflojarse **7 to come as a shock/surprise etc.** ser una sorpresa etc. **8 to come easily/naturally to sb** resultarle fácil a alguien: *Acting came naturally to her.* Actuar le resultaba fácil. **9 come to think of it** (informal) ahora que lo pienso
PHRASAL VERBS
come about surgir, darse: *How did this situation come about?* ¿Cómo surgió esta situación? | *How did it come about that you moved into his house?* ¿Cómo fue que te mudaste a su casa?
come across causar determinada impresión: *He comes across as a very nice guy.* Da la impresión de ser un chavo muy simpático. **come across sth** encontrar algo (por casualidad)

---

come across sb conocer a alguien, toparse con alguien

come along 1 llegar, presentarse [oportunidad, oferta, etc.] **2** venir [uniéndose a otras personas]: *We're going downtown, do you want to come along?* Vamos al centro ¿quieres venir? **3** progresar: *How's your French coming along?* ¿Cómo va tu francés?

come apart deshacerse

come around 1 venir (a casa): *Why don't you come around for a drink?* ¿Por qué no vienes a tomar algo? **2** convencerse: *She'll come around to the idea eventually.* Al final se va a convencer y va a aceptar la idea. **3** AmE volver en sí

come away 1 separarse, despegarse **2** irse: *Come away from there!* ¡Ven, no te acerques ahí!

come back volver

come by pasar [de visita] **come by sth** conseguir algo | **to be hard to come by** ser difícil de conseguir

come down 1 bajar: *Cell phones have come down in price.* Los teléfonos celulares han bajado de precio. **2** venirse abajo, caerse **come down to sth** reducirse a algo

come down with sth contraer algo [una enfermedad]

come forward presentarse

come from 1 ser originario de: *Where do you come from?* ¿De dónde eres? **2** venir de: *Many English words come from Latin.* Muchas palabras inglesas vienen del latín.

come in 1 entrar | **come in!** ¡adelante!, ¡pase!/¡pasa!/¡pasen! **2** llegar [noticias] **3 to have no money coming in/to have $600 a week coming in** etc. no tener ingresos/tener ingresos de $600 por semana etc.

come in for sth recibir algo [críticas, elogios]

come into sth 1 heredar algo **2** tener que ver con algo: *Where do I come into this?* ¿Qué tengo que ver yo con esto?

come off 1 salirse, desprenderse: *A button came off my shirt.* Se me cayó un botón de la camisa. **2** desaparecer, quitarse [mancha] **3** resultar: *I can't see their plan coming off.* No creo que su plan resulte. **4 come off it!** (informal) ¡cómo crees!, ¡no inventes! [expresando incredulidad]

come on 1 come on! ¡apúrate!, ¡ándale! **2** prenderse [luces, calefacción, etc.] **3** marchar [progresar]

come out 1 salir a la luz, revelarse **2** salir [a la venta] **3 to come out in support of sth** salir en apoyo de algo **4** desaparecer, quitarse [mancha] **5** salir [foto] **6** salir [sol, luna] **7 I came out in spots/a rash** etc. me salieron granos/me salió un salpullido etc. **8 to come out with sth** salir con algo [con un comentario, etc.] **9** salir del closet [homosexual]

come over 1 venir (a casa): *They came over last night.* Vinieron a casa anoche. **2** acercarse **come over sb** invadir a alguien, apoderarse de alguien [sensación, deseo, etc.]: *I'm sorry, I don't know what came over me.* Perdón, no sé qué me pasó.

come round BrE ▶ ver **come around**

come through sth pasar por algo, sobrevivir a algo [momentos difíciles, etc.]

come to volver en sí | **come to sth 1** salir/costar algo: *The meal came to $50.* La comida salió $50. | *How much does it come to?* ¿Cuánto es en total? **2** llegar a algo: *The project never came to anything.* El proyecto nunca llegó a nada. | **when it comes to (doing) sth** cuando se trata de (hacer) algo, en lo que respecta a (hacer) algo

come up 1 salir, surgir [tema] **2** surgir [problema] **3** salir [sol, luna]

come up against sth toparse/enfrentarse con algo **come up to sb** acercarse a alguien

come up with sth sugerir [una idea, un plan etc.]

comeback /'kʌmbæk/ *s* **to make a comeback (a)** volver a ponerse de moda o a tener éxito **(b)** reanudar una actividad después de cierto tiempo

comedian /kə'midiən/ *s* comediante, cómico/ actriz cómica

comedy /'kɑmədi/ *s* (pl -dies) **1** comedia **2 comedy program** AmE, **comedy programme** BrE programa cómico/humorístico

comet /'kɑmɪt/ *s* cometa [cuerpo celeste]

comfort /'kʌmfərt/ *sustantivo & verbo*
■ *s* **1** comodidad, confort | **in comfort** con comodidad **2** consuelo ▶ ver también **creature**
■ *v* [tr] consolar

comfortable /'kʌmfərtəbəl/ *adj* **1** cómodo -a | **to make yourself comfortable** ponerse cómodo -a **2** desahogado -a [económicamente] **3** amplio -a [mayoría, margen]

comfortably /'kʌmfərtbli/ *adv* cómodamente | **to be comfortably off** vivir holgadamente

comforting /'kʌmfərtɪŋ/ *adj* reconfortante

comic /'kɑmɪk/ *adjetivo & sustantivo*
■ *adj* cómico -a, gracioso -a
■ *s* **1** humorista, cómico/actriz cómica **2** revista de historietas, comic **3 comic book** AmE revista de historietas, comic **comic strip** tira cómica

comical /'kɑmɪkəl/ *adj* cómico -a, gracioso -a

coming /'kʌmɪŋ/ *sustantivo & adjetivo*
■ *s* **1 the coming of spring/the cell phone** etc. la llegada de la primavera/del teléfono celular etc. **2 the coming of Christ** el advenimiento de Cristo **3 comings and goings** (informal) ires y venires
■ *adj* próximo -a, que viene

comma /'kɑmə/ *s* coma [signo de puntuación]

command /kə'mænd/ *sustantivo & verbo*
- **s 1** orden **2** control [de una situación] | **to be in command** estar al mando | **to be in command of a situation** tener controlada una situación **3** comando [en computación] **4** dominio: *She has a good command of English.* Tiene un buen dominio del inglés.
- **v 1** [tr] ordenar | **to command sb to do sth** ordenarle a alguien que haga algo **2** [tr] comandar, estar al mando de **3** [intr] dar órdenes **4** [tr] inspirar [respeto, admiración], acaparar [la atención]

commander /kə'mændər/ *s* comandante

commemorate /kə'meməreit/ *v* [tr] conmemorar, recordar

commence /kə'mens/ *v* [intr/tr] (formal) comenzar

commend /kə'mend/ *v* [tr] (formal) elogiar

commendable /kə'mendəbəl/ *adj* (formal) loable, encomiable

comment /'kament/ *sustantivo & verbo*
- **s 1** comentario **2 no comment** sin comentarios
- **v** [intr] hacer comentarios, [tr] comentar: *Everyone commented on his new hairstyle.* Todos hicieron comentarios sobre su nuevo peinado.

commentary /'kamənteri/ *s* (pl -ries) **1** (en deportes) relato, comentario **2** (de un texto) comentario

commentator /'kaməntertər/ *s* **1** (en deportes) comentarista, relator -a **2** (en política, finanzas, etc.) comentarista, experto -a

commerce /'kamərs/ *s* comercio ▶ La palabra **trade** es más frecuente que **commerce** en inglés

commercial /kə'mərʃəl/ *adjetivo & sustantivo*
- **adj 1** comercial **2 commercial television/ radio** televisión/radiodifusión comercial
- **s** anuncio, comercial [en radio, TV]

commission /kə'mɪʃən/ *sustantivo & verbo*
- **s 1** (organización) comisión **2** (dinero) comisión | **on commission** por comisión **3** (para hacer un trabajo) comisión, encargo
- **v** [tr] comisionar, encargar | **to commission sb to do sth** comisionar a alguien para hacer algo, encargarle a alguien que haga algo

commissioner /kə'mɪʃənər/ *s* comisionado -a, comisario

commit /kə'mɪt/ *v* [tr] (-tted, -tting) **1** cometer [un delito, un pecado] **2** comprometer | **to commit yourself (to doing sth)** comprometerse (a hacer algo) **3** asignar [dinero, recursos]

commitment /kə'mɪtmənt/ *s* **1** compromiso: *her commitment to the cause* su compromiso con la causa **2** compromiso: *a prior commitment* un compromiso previo

committed /kə'mɪtɪd/ *adj* dedicado -a, comprometido -a

committee /kə'mɪti/ *s* comité, comisión | **to be on a committee** ser miembro de un comité/una comisión

commodity /kə'mɑdəti/ *s* (pl -ties) producto, mercancía

common /'kamən/ *adjetivo & sustantivo*
- **adj 1** (generalizado) común: *It's a common mistake.* Es un error común. **2** (compartido) común: *This problem is common to all big cities.* Este problema es común a todas las grandes ciudades. | *They shared a common interest in music.* Compartían el interés por la música. | *It's common knowledge that they have split up.* Todo el mundo sabe que se han separado. | **common ground** puntos en común **3** (referido a personas, sus modales, etc.) ordinario -a
- **s 1 in common** en común: *I have nothing in common with him.* No tengo nada en común con él. **2** terreno arbolado o cubierto de hierba para uso común de los habitantes de un pueblo o distrito ▶ ver también **house**

commonly /'kamənli/ *adv* generalmente, comunmente

commonplace /'kamənpleɪs/ *adj* común

common 'sense *s* sentido común

commotion /kə'mouʃən/ *s* alboroto, tumulto

communal /kə'mjunl/ *adj* comunitario -a, comunal

commune /'kamjun/ *s* comuna [comunidad donde se comparte todo]

communicate /kə'mjunəkeɪt/ *v* [intr] comunicarse, [tr] comunicar: *They communicated with each other frequently.* Se comunicaban seguido. | **to communicate sth to sb** comunicarle/transmitirle algo a alguien

communication /kə,mjunə'keɪʃən/ *sustantivo & sustantivo plural*
- **s 1** comunicación **2** (formal) (mensaje) comunicado
- **communications** *s pl* comunicaciones

communion /kə'mjunjən/ *s* (también **Holy Communion**) comunión, Sagrada Comunión | **to take communion** comulgar

Communism /'kamjənɪzəm/ *s* comunismo

Communist /'kamjənɪst/ *adj & s* comunista

community /kə'mjunəti/ *s* (pl -ties) **1** (de una localidad) comunidad **2** (de gente que tiene algo en común) comunidad, colonia

commute /kə'mjut/ *v* **1** [intr] viajar una distancia considerable a diario para ir al trabajo **2** [tr] conmutar

commuter /kə'mjutər/ *s* persona que viaja una distancia considerable a diario para ir al trabajo

compact /kəm'pækt/ *adj* compacto -a

compact 'disc *s* compact (disc), disco compacto

companion /kəm'pænjən/ *s* compañero -a

companionship /kəm'pænjənʃɪp/ *s* compañerismo, compañía

company /'kʌmpəni/ s (pl -nies) **1** empresa, compañía **2** (de una persona) compañía | **to keep sb company** hacerle compañía a alguien **3** (de actores, bailarines, etc.) compañía

comparable /'kɑmpərəbəl/ adj comparable | **to be comparable to/with sth** ser comparable a algo, poderse comparar con algo

comparative /kəm'pærətɪv/ adjetivo & sustantivo
■ adj **1** comparativo -a **2** relativo -a
■ s (en gramática) comparativo

comparatively /kəm'pærətɪvli/ adv relativamente

compare /kəm'per/ v **1** [tr] comparar | **to compare sth with/to sth** comparar algo con algo: *Their house is huge compared with ours.* Su casa es enorme comparada con la nuestra. **2** [intr] ser en comparación: *How does life in Argentina compare with life here?* ¿Cómo es la vida en Argentina en comparación con la vida aquí? | **to compare favorably with/to sth** ser bueno -a en comparación con algo

comparison /kəm'pærəsən/ s **1** comparación | **by/in comparison** en comparación: *We were wealthy in comparison with some families.* En comparación con algunas familias éramos ricos. **2 there's no comparison** no hay punto de comparación

compartment /kəm'pɑrtmənt/ s compartimiento, compartimento

compass /'kʌmpəs/ s (pl -sses) **1** brújula **2** (también **compasses**) compás [para trazar círculos]: *a pair of compasses* un compás

compassion /kəm'pæʃən/ s compasión

compassionate /kəm'pæʃənət/ adj compasivo -a

compatible /kəm'pætəbəl/ adj compatible

compel /kəm'pel/ v [tr] (-lled, -lling) **to compel sb to do sth** obligar a alguien a hacer algo | **be/feel compelled to do sth** verse/sentirse obligado -a a hacer algo

compelling /kəm'pelɪŋ/ adj **1** fascinante, cautivante [libro, película] **2** convincente [razones] **3** imperioso -a [necesidad]

compensate /'kɑmpənseɪt/ v [tr/intr] compensar | **to compensate for sth** compensar algo: *Their enthusiasm more than compensates for their lack of experience.* El entusiasmo que tienen compensa con creces su falta de experiencia. | **to compensate sb for sth** indemnizar/compensar a alguien por algo

compensation /kɑmpən'seɪʃən/ s **1** indemnización: *She received $25,000 in compensation.* Recibió $25.000 de indemnización. **2** recompensa

compete /kəm'pit/ v [intr] competir: *hundreds of candidates competing for two jobs* cientos de postulantes compitiendo por dos puestos | **to compete with/against sth/sb** competir con algo/alguien

competence /'kɑmpətəns/ s competencia, capacidad

competent /'kɑmpətənt/ adj **1** competente **2** (de nivel) aceptable

competition /kɑmpə'tɪʃən/ s **1** competencia: *There is fierce competition between the local teams.* Hay una competencia feroz entre los equipos locales. | *She is in competition with 200 other children for the place.* Está compitiendo por la vacante con otros 200 niños. **2** concurso, competencia | **to enter a competition** participar en un concurso

competitive /kəm'petətɪv/ adj **1** (referido a personas, actividades) competitivo -a **2** (referido a precios) competitivo -a

competitor /kəm'petətər/ s competidor -a, concursante

compilation /kɑmpə'leɪʃən/ s **1** compilación, recopilación **2 compilation album** compilación [de temas musicales]

compile /kəm'paɪl/ v [tr] compilar, recopilar

complacency /kəm'pleɪsənsi/ s complacencia, autocomplacencia

complacent /kəm'pleɪsənt/ adj autosatisfecho -a [persona], de autosatisfacción [sonrisa, actitud]

complain /kəm'pleɪn/ v [tr/intr] quejarse: *The children complain that there's nowhere for them to play.* Los niños se quejan de que no tienen donde jugar. | **to complain (to sb) about sth** quejarse de algo (a alguien), presentar una queja por algo (a alguien)
complain of sth quejarse de algo [de un dolor, un malestar, etc.]

complaint /kəm'pleɪnt/ s **1** queja, reclamo | **to make a complaint about sth** presentar una queja por algo **2** afección

complement¹ /'kɑmpləmənt/ v [tr] complementar

complement² /'kɑmpləmənt/ s **1** complemento **2 full complement** número completo, dotación completa

complementary /kɑmplə'mentri/ adj (formal) complementario -a

complete /kəm'plit/ adjetivo & verbo
■ adj **1** absoluto -a, total: *The party was a complete disaster.* La fiesta fue un absoluto desastre. **2** completo -a: *a complete set of knives* un juego completo de cuchillos **3** terminado -a **4 complete with sth** con algo incluido: *The computer comes complete with webcam.* La computadora viene con cámara web incluida.
■ v [tr] **1** terminar, completar [un trabajo] **2** completar [una colección, un juego] **3** llenar [una forma]

completely /kəm'plitli/ adv completamente, totalmente

completion /kəm'pliʃən/ s terminación | **on completion of sth** al terminar algo

---

i ¿Se dice *I arrived in Miami* o *I arrived to Miami*? Mira la entrada **arrive**.

complex /kəm'pleks, BrE 'kɑmpleks/ *adjetivo & sustantivo*
■ *adj* complejo -a, complicado -a
■ *s* (pl -xes) **1** (de edificios, instalaciones) complejo **2** (psicológico) complejo
complexion /kəm'plekʃən/ *s* cutis, tez
compliance /kəm'plaɪəns/ *s* (formal) **compliance with sth** cumplimiento de algo | **in compliance with sth** de acuerdo con algo, en cumplimiento de algo
complicate /'kɑmpləkeɪt/ *v* [tr] complicar
complicated /'kɑmpləkeɪtɪd/ *adj* complicado -a
complication /kɑmplə'keɪʃən/ *s* complicación
compliment[1] /'kɑmpləmənt/ *s* **1** cumplido, halago | **to pay sb a compliment** hacerle un cumplido/un halago a alguien **2** **with the compliments of (a)** con los atentos saludos de **(b)** cortesía de, gentileza de
compliment[2] /'kɑmpləment/ *v* [tr] **to compliment sb (on sth)** felicitar a alguien (por algo)
complimentary /kɑmplə'mentri/ *adj* **1** elogioso -a **2** de cortesía, de obsequio [boleto, bebida, etc.]
comply /kəm'plaɪ/ *v* [intr] (-plies, -plied) (formal) obedecer | **to comply with sth** cumplir con algo, obedecer/acatar algo
component /kəm'poʊnənt/ *s* componente, pieza
compose /kəm'poʊz/ *v* **1** **to be composed of** componerse de, estar compuesto -a de **2** [tr/intr] componer [música] **3** **to compose yourself** componerse, serenarse **4** [tr] escribir, redactar
composed /kəm'poʊzd/ *adj* compuesto -a, sereno -a
composer /kəm'poʊzər/ *s* compositor -a
composition /kɑmpə'zɪʃən/ *s* composición
compost /'kɑmpoʊst/ *s* composta, abono (natural)
composure /kəm'poʊʒər/ *s* compostura, serenidad
compound[1] /'kɑmpaʊnd/ *sustantivo & adjetivo*
■ *s* **1** compuesto **2** palabra compuesta
■ *adj* compuesto -a
compound[2] /'kɑm'paʊnd/ *v* [tr] (formal) agravar
comprehend /kɑmprɪ'hend/ *v* [tr/intr] (formal) comprender
comprehensible /kɑmprɪ'hensəbəl/ *adj* comprensible
comprehension /kɑmprɪ'henʃən/ *s* **1** comprensión **2** ejercicio de comprensión
comprehensive /kɑmprɪ'hensɪv/ *adj* completo -a, extenso -a
compre'hensive ,school, también **com-prehensive** *s*

> Así se les llama en Gran Bretaña a las instituciones estatales de enseñanza secundaria que admiten alumnos de cualquier nivel de aptitud. Comparar con **grammar school**.

compress /kəm'pres/(3ª pers sing -sses) *v* [tr/intr] comprimir, condensar
comprise /kəm'praɪz/ *v* [tr] (formal) **1** (también **be comprised of**) estar compuesto -a por, componerse de **2** constituir: *Women comprise over 50% of college students.* Las mujeres constituyen más del 50% del alumnado universitario.
compromise /'kɑmprəmaɪz/ *sustantivo & verbo*
■ *s* acuerdo [para llegar al cual las partes hacen concesiones]
■ *v* **1** [intr] ceder, transigir **2** **to compromise your principles, beliefs etc.** comprometer sus principios, ideales etc. **3** **to compromise yourself** ponerse en una situación comprometida [haciendo algo indebido, etc.]
compulsion /kəm'pʌlʃən/ *s* **1** compulsión **2** obligación
compulsive /kəm'pʌlsɪv/ *adj* compulsivo -a | **to be compulsive viewing/reading** ser verdaderamente fascinante
compulsory /kəm'pʌlsəri/ *adj* obligatorio -a
computer /kəm'pjutər/ *s* **1** computadora **2** **computer game** juego de computadora **computer system** sistema informático
computerize, -ise BrE /kəm'pjutəraɪz/ *v* [tr] computarizar, informatizar
computing /kəm'pjutɪŋ/ *s* computación, cómputo, informática
con /kɑn/ *verbo & sustantivo*
■ *v* [tr] (-nned, -nning) (informal) estafar, embaucar | **to con sb into doing sth** engañar a alguien para que haga algo
■ *s* estafa
conceal /kən'sil/ *v* [tr] **1** ocultar, esconder **2** (referido a sentimientos) ocultar, disimular | **to conceal sth from sb** ocultarle algo a alguien
concede /kən'sid/ *v* **1** [tr] admitir: *She conceded that I was right.* Admitió que yo tenía razón. | **to concede defeat** rendirse, darse por vencido -a **2** [intr] rendirse, darse por vencido -a **3** **to concede a goal/point etc.** permitir que a uno le metan un gol/le marquen un punto etc.
conceited /kən'sitɪd/ *adj* engreído -a
conceivable /kən'sivəbəl/ *adj* imaginable | **to be conceivable that**: *It is conceivable that the experts are wrong.* Cabe la posibilidad de que los expertos estén equivocados.
conceivably /kən'sivəbli/ *adv* adverbio usado para indicar posibilidad: *The painting could conceivably be genuine.* Cabe la posibilidad de que el cuadro sea auténtico.
conceive /kən'siv/ *v* **1** [tr] concebir [un plan] **2** [tr/intr] concebir [un hijo]
concentrate /'kɑnsəntreɪt/ *v* **1** [intr] concentrarse: *I found it impossible to concentrate on my work.* Me resultaba imposible concentrarme en mi trabajo. **2** [tr] concentrar [los esfuerzos, la energía, etc.]
concentrated /'kɑnsəntreɪtɪd/ *adj* concentrado -a [solución, líquido]

concentration /kɑnsən'treɪʃən/ s concentración: *her powers of concentration* su capacidad de concentración

concen'tration ˌcamp s campo de concentración

concept /'kɑnsept/ s concepto

conception /kən'sepʃən/ s **1** concepción **2** concepto, idea

concern /kən'sɜrn/ sustantivo & verbo
- s **1** preocupación: *There is growing concern for his safety.* Crece la preocupación por su seguridad. **2** inquietud, tema de interés **3 to be sb's concern** ser asunto/responsabilidad de alguien
- v [tr] **1** concernir: *This matter does not concern you.* Este asunto no te concierne. **2** tratar de/tratar sobre **3 to concern yourself with/about sth** preocuparse por algo, ocuparse de algo

concerned /kən'sɜrnd/ adj **1** preocupado -a: *I'm concerned about you.* Estoy preocupada por ti. **2** (implicado, afectado): *All those concerned will be informed.* Se informará a todos los interesados. | *Divorce is always painful, especially when children are concerned.* El divorcio siempre resulta doloroso, especialmente cuando hay niños de por medio. **3 as far as I'm/she's etc. concerned** por lo que a mí/ella etc. respecta, para mí/ella etc. **4** (interesado): *All we are concerned with is establishing the truth.* Lo único que nos importa es encontrar la verdad.

concerning /kən'sɜrnɪŋ/ prep sobre, relativo -a a

concert /'kɑnsərt/ s concierto, recital

concerted /kən'sɜrtɪd/ adj coordinado -a, conjunto -a | **to make a concerted effort to do sth** hacer un gran esfuerzo para hacer algo

'concert hall s sala de conciertos, auditorio

concerto /kən'tʃertoʊ/ s concierto [composición musical]

concession /kən'seʃən/ s **1** concesión: *The government will not make any concessions to terrorists.* El gobierno no hará concesiones de ningún tipo a los terroristas. **2** BrE descuento [para estudiantes, jubilados, etc.] ▶ En inglés americano se usa **discount**

con'cession ˌstand s AmE puesto [en un estadio, una estación, etc.]

concise /kən'saɪs/ adj conciso -a

conclude /kən'klud/ v **1 to conclude that** llegar a la conclusión de que, concluir que **2** [tr/intr] concluir, finalizar **3** [tr] llegar a [un acuerdo]

concluding /kən'kludɪŋ/ adj final

conclusion /kən'kluʒən/ s **1** conclusión: *I had come to the conclusion that he was lying.* Había llegado a la conclusión de que estaba mintiendo. | **to jump to conclusions** sacar conclusiones apresuradas, precipitarse (a sacar conclusiones) **2** final, conclusión

conclusive /kən'klusɪv/ adj **1** concluyente [prueba, argumento] **2** contundente [victoria]

concoct /kən'kɑkt/ v [tr] **1** inventarse, inventar [una historia] **2** tramar [un plan] **3** preparar [una comida]

concourse /'kɑŋkɔrs/ s hall, sala de espera [de un edificio público]

concrete¹ /kɑn'krit, BrE 'kɑŋkrit/ adj **1** de concreto, de hormigón **2** concreto -a

concrete² /'kɑŋkrit/ s concreto, hormigón

concurrent /kən'kɜrənt/ adj simultáneo -a

concurrently /kən'kɜrəntli/ adv simultáneamente, al mismo tiempo

concussion /kən'kʌʃən/ s conmoción (cerebral)

condemn /kən'dem/ v [tr] **1** condenar [un atentado, una decisión, etc.] **2 to be condemned to sth** ser/estar condenado -a a algo

condemnation /kɑndəm'neɪʃən/ s condena, censura

condensation /kɑndən'seɪʃən/ s condensación [humedad en ventanas, paredes, etc.]

condense /kən'dens/ v **1** [intr] condensarse **2** [tr] resumir [una obra literaria]

condescend /kɑndɪ'send/ v **to condescend to do sth** dignarse/rebajarse a hacer algo

condescending /kɑndɪ'sendɪŋ/ adj **a condescending attitude/tone etc.** una actitud/un tono etc. de superioridad

condition /kən'dɪʃən/ sustantivo, sustantivo plural & verbo
- s **1** estado, condiciones | **to be in good/poor etc. condition** estar en buenas/malas etc. condiciones | **to be in no condition to do sth** no estar en condiciones de hacer algo **2 to be out of condition** no estar en forma **3** condición: *I'll lend you the money on condition that you pay it back next month.* Te presto el dinero con la condición de que me lo devuelvas el mes que viene. **4** problema [de salud], afección: *He has a heart condition.* Tiene un problema cardíaco.
- **conditions** s pl (situación) condiciones: *adverse weather conditions* condiciones climáticas adversas | **working/living conditions** condiciones laborales/de vida
- v [tr] **1** condicionar [a una persona, su comportamiento] **2** acondicionar [el pelo]

conditional /kən'dɪʃənəl/ adj **1** (sujeto a condiciones) condicional | **to be conditional on/upon sth** estar supeditado -a a algo, depender de algo **2** (en gramática) condicional

conditioner /kən'dɪʃənər/ s **1** (para el pelo) acondicionador **2** (para la ropa) suavizante

condolence /kən'doʊləns/ s condolencia | **to offer your condolences** expresar sus condolencias, dar el pésame

condom /'kɑndəm/ s condón, preservativo

condone /kən'doʊn/ v [tr] tolerar, aprobar

conducive /kən'dusɪv/ adj (formal) **to be conducive to sth** ser propicio -a para algo, favorable

---

ⓘ ¿Quieres información sobre las diferencias entre los **artículos** en inglés y en español? Lee la explicación en el apartado de gramática.

conduct¹ /kən'dʌkt/ v **1** [tr] realizar [un experimento, una campaña, etc.] **2** [tr/intr] dirigir [una orquesta] **3** [tr] conducir [la electricidad, el calor]

conduct² /'kandʌkt/ s conducta

conductor /kən'dʌktər/ s **1** director -a (de orquesta/coro) **2** AmE inspector (de tren/boletos) **3** BrE cobrador -a [en un camión urbano] **4** conductor [de electricidad, de calor]

cone /koʊn/ s **1** barquillo, cono **2** piña [de un pino]

confectioners' sugar /kən,feɛkʃənərz 'ʃugər/ s AmE azúcar glass, azúcar en polvo

confederation /kən,fedə'reɪʃən/ s confederación

confer /kən'fɜr/ v (-rred, -rring) **1 to confer sth on/upon sb** otorgarle/conferirle algo a alguien **2** [intr] deliberar, consultar

conference /'kanfərəns/ s congreso, convención

confess /kən'fes/ v [tr/intr] (3ª pers sing -sses) **1** confesar: *She confessed that she didn't speak any French.* Confesó que no sabía hablar francés. | **to confess to (doing) sth** confesar (haber hecho) algo **2 to confess your sins** confesar sus pecados

confession /kən'feʃən/ s **1** (de un delito) confesión | **to make a confession** confesar: *I have a confession to make.* Tengo que confesar algo. **2** (sacramento) confesión | **to go to confession** ir a confesarse

confide /kən'faɪd/ v **to confide to sb that** confiarle a alguien que
confide in sb hacerle confidencias/una confidencia a alguien

confidence /'kanfədəns/ s **1** confianza: *I have confidence in his ability to do the job.* Tengo confianza en su capacidad para realizar el trabajo. **2** seguridad/confianza (en sí mismo -a) **3 to gain sb's confidence** ganarse la confianza de alguien **4 in (the strictest) confidence** en forma (estrictamente) confidencial

confident /'kanfədənt/ adj **1** seguro -a (de sí mismo -a) **2 to be confident of sth** estar seguro -a de algo: *We are confident of winning.* Estamos seguros de que ganaremos.

confidential /kanfə'denʃəl/ adj confidencial

confidently /'kanfədəntli/ adv **1** con seguridad (en sí mismo -a) **2** con certeza

configuration /kən,fɪgjə'reɪʃən/ s configuración

confine /kən'faɪn/ v [tr] **1 to be confined to sth** limitarse a algo, afectar sólo a algo | **to confine yourself to sth** ceñirse/limitarse a algo **2** recluir | **to be confined to bed** tener que guardar cama

confined /kən'faɪnd/ adj **a confined space** un espacio reducido

confinement /kən'faɪnmənt/ s reclusión, confinamiento

confirm /kən'fɜrm/ v [tr] confirmar

confirmation /kanfər'meɪʃən/ s confirmación

confirmed /kən'fɜrmd/ adj **a confirmed bachelor** un soltero empedernido

confiscate /'kanfɪskeɪt/ v [tr] confiscar

conflict¹ /'kanflɪkt/ s conflicto: *She was always in conflict with her parents.* Siempre tenía conflictos con sus padres.

conflict² /kən'flɪkt/ v [intr] discrepar | **to conflict with sth** discrepar con algo, estar reñido -a con algo

conflicting /kən'flɪktɪŋ/ adj contradictorio -a, encontrado -a

conform /kən'fɔrm/ v [intr] **1** adaptarse [a las convenciones sociales, etc.] **2 to conform to a standard/a rule** cumplir (con) una norma/una regla, ajustarse a una norma/una regla

confront /kən'frʌnt/ v [tr] **1** (al acusar a alguien) pedirle explicaciones a: *I confronted him, but he denied having anything to do with it.* Le pedí explicaciones, pero negó tener nada que ver con el asunto. | **to confront sb with the evidence** enfrentar a alguien con las pruebas **2** (en actitud amenazante) enfrentar: *I was confronted by two armed men.* Me enfrentaron dos hombres armados. **3 to be confronted with sth** verse enfrentado -a a algo, encontrarse frente a algo

confrontation /kanfrən'teɪʃən/ s enfrentamiento, confrontación

confuse /kən'fjuz/ v [tr] **1** confundir [a una persona] **2 to confuse sth/sb with sth/sb** confundir algo/a alguien con algo/alguien: *I always confuse her with her sister.* Siempre la confundo con su hermana.

confused /kən'fjuzd/ adj **1** confundido -a | **to get confused** confundirse **2** confuso -a

confusing /kən'fjuzɪŋ/ adj confuso -a

confusion /kən'fjuʒən/ s confusión: *There is a lot of confusion about the new rules.* Hay gran confusión sobre las nuevas normas.

congenial /kən'dʒinjəl/ adj agradable [persona, ambiente]

congenital /kən'dʒenətl/ adj congénito -a

congested /kən'dʒestɪd/ adj **1** congestionado -a [de tráfico], repleto -a (de gente) **2** tapado -a [nariz]

congestion /kən'dʒestʃən/ s **1** (de tráfico) congestión **2** (en medicina) congestión

conglomerate /kən'glamərət/ s grupo, conglomerado [de empresas]

congratulate /kən'grætʃəleɪt/ v [tr] felicitar | **to congratulate sb on sth** felicitar a alguien por algo: *Sue congratulated me on my engagement.* Sue me felicitó por mi compromiso.

congratulations /kən,grætʃə'leɪʃənz/ s pl felicitaciones | **congratulations!** ¡felicitaciones!, ¡felicidades!

i ¿Quieres estudiar vocabulario por temas? Consulta el **minidiccionario ilustrado**.

congregate /'kɑŋgrəgeɪt/ v [intr] congregarse, reunirse

congregation /kɑŋgrə'geɪʃən/ s **1** fieles **2** (número de) feligreses

congress /'kɑŋgrɪs/ s **1** congreso **2** Congress el Congreso [cuerpo legislativo de EU]

conifer /'kɑnəfər/ s conífera

conjecture /kən'dʒektʃər/ s (formal) conjetura

conjunction /kən'dʒʌŋkʃən/ s **1** in conjunction with junto con, conjuntamente con **2** conjunción

conjure /'kʌndʒər/ v conjure sth up **1** evocar algo **2** hacer/lograr algo (como por arte de magia)

conjurer, también **conjuror** /'kʌndʒərər/ s mago -a, prestidigitador -a

'con man s (pl con men) estafador

connect /kə'nekt/ v **1** [tr] conectar, [intr] conectarse: *Have you connected the printer?* ¿Has conectado la impresora? | *They are coming to connect the telephone tomorrow.* Mañana vienen a conectar el teléfono. **2** [tr] comunicar: *Highway 1 connects Los Angeles and Santa Barbara.* La autopista 1 comunica a Los Ángeles con Santa Bárbara. **3** [tr] relacionar, asociar: *At first they did not connect her with the crime.* Al principio no la relacionaron con el crimen. **4** [tr] (por teléfono) comunicar: *Hold the line, I'm trying to connect you.* No cuelgue, estoy tratando de comunicarlo. **5** [intr] (hablando de trenes, vuelos, etc.) conectar: *This train connects with the 11:20 to Greenville.* Este tren conecta con el de las 11.20 a Greenville.

connected /kə'nektɪd/ adj **1** conectado -a: *All the computers are connected to this printer.* Todas las computadoras están conectadas a esta impresora. **2** relacionado -a: *This is connected with what I was saying earlier.* Esto está relacionado con lo que decía antes.

connection /kə'nekʃən/ sustantivo & sustantivo plural
■ s **1** (entre ideas, sucesos, etc.) relación, conexión: *the connection between smoking and lung cancer* la relación entre el tabaquismo y el cáncer de pulmón: *That has no connection with what I was saying.* Eso no tiene relación con lo que estaba diciendo. **2** (telefónica, eléctrica) conexión **3** (en transportes) conexión, combinación **4** in connection with en relación con
■ **connections** s pl conexiones, contactos: *his Mafia connections* sus conexiones con la Mafia

connoisseur /kɑnə'sɜr/ s conocedor -a

conquer /'kɑŋkər/ v [tr] **1** conquistar, someter **2** vencer, dominar [miedos, timidez, etc.]

conquest /'kɑŋkwest/ s conquista

conscience /'kɑnʃəns/ s conciencia: *I can go out tonight with a clear conscience.* Esta noche puedo salir con la conciencia tranquila. | *She had a guilty conscience about leaving him on*

his own. Se sentía culpable por dejarlo solo. | to have sth on your conscience tener (un) cargo de conciencia por algo

conscientious /kɑnʃi'enʃəs/ adj responsable, concienzudo -a

conscious /'kɑnʃəs/ adj **1** consciente [paciente, enfermo] **2** to be conscious (of sth) ser consciente (de algo): *She was conscious of him watching her.* Era consciente de que él la estaba mirando. **3** deliberado -a, consciente | to make a conscious effort to do sth esforzarse para/por hacer algo, tratar deliberadamente de hacer algo

consciously /'kɑnʃəsli/ adv deliberadamente, conscientemente

consciousness /'kɑnʃəsnəs/ s **1** conocimiento | to lose/regain consciousness perder/recobrar el conocimiento **2** conciencia: *There is a growing consciousness of the risks involved.* Cada vez hay más conciencia de los riesgos que acarrea.

conscript /'kɑnskrɪpt/ s conscripto -a

conscription /kən'skrɪpʃən/ s conscripción

consecutive /kən'sekjətɪv/ adj seguido -a, consecutivo -a

consensus /kən'sensəs/ s consenso | to reach a consensus llegar a un consenso

consent /kən'sent/ sustantivo & verbo
■ s **1** consentimiento, permiso: *He refused to give his consent to the marriage.* Se negó a dar su consentimiento para el matrimonio. **2** by mutual/common consent de común acuerdo
■ v [intr] acceder, dar su consentimiento | to consent to sth acceder a algo, dar su consentimiento para algo

consequence /'kɑnsəkwens/ s **1** consecuencia | to take/suffer the consequences of sth pagar/sufrir las consecuencias de algo **2** to be of little/no consequence (formal) tener poca/no tener ninguna importancia

consequently /'kɑnsəkwentli/ adv por consiguiente, en consecuencia

conservation /kɑnsər'veɪʃən/ s **1** conservación, protección [del medio ambiente]: *wildlife conservation* conservación de la vida silvestre **2** conservation area área de conservación, zona protegida **3** ahorro: *energy conservation* ahorro de energía

Conservative /kən'sɜrvətɪv/ adj & s conservador -a [del Partido Conservador británico]

conservative /kən'sɜrvətɪv/ adj conservador -a [ideas, opiniones, etc.]

conservatory /kən'sɜrvətɔri/ s (pl -ries) **1** conservatorio **2** invernadero **3** habitación con techo de vidrio anexa a una casa

conserve /kən'sɜrv/ v [tr] **1** preservar, proteger **2** ahorrar, conservar [recursos naturales, etc.]

consider /kən'sɪdər/ v [tr] **1** (pensar en) considerar: *I need some time to consider your offer.* Necesito tiempo para considerar su oferta. | *Have you ever considered living abroad?* ¿Has pensado alguna vez en la posibilidad de irte a vivir al extranjero? **2** (ver como) considerar: *She is considered to be the best.* Se la considera la mejor. **3** tener en cuenta, tomar en consideración

considerable /kən'sɪdərəbəl/ adj considerable

considerably /kən'sɪdərəbli/ adv bastante, considerablemente

considerate /kən'sɪdərət/ adj considerado -a, comprensivo -a | **to be considerate towards sb** ser considerado -a con alguien

consideration /kən,sɪdə'reɪʃən/ s **1** (estudio, deliberación): *There are several proposals under consideration.* Se están considerando varias propuestas. | **to take sth into consideration** tener/tomar algo en cuenta **2** (hacia los demás) consideración | **to show consideration for sth/sb** tener consideración por algo/alguien | **out of consideration for** por respeto a **3** (factor) consideración

considering /kən'sɪdərɪŋ/ *preposición & conjunción*

■ *prep* teniendo en cuenta, si se tiene en cuenta
■ *conj* teniendo en cuenta que, si se tiene en cuenta que

consign /kən'saɪn/ v [tr] tirar [a la basura, etc.], relegar

consist /kən'sɪst/ v **consist of sth** consistir en/componerse de algo: *The collection consists of paintings, drawings and sculptures.* La colección se compone de pinturas, dibujos y esculturas.

consistency /kən'sɪstənsi/ s **1** regularidad **2** coherencia **3** (pl -cies) consistencia

consistent /kən'sɪstənt/ adj **1** constante, regular **2** coherente, sistemático -a **3 to be consistent with sth** concordar con algo, ser consecuente con algo

consistently /kən'sɪstəntli/ adv sistemáticamente, uniformemente

consolation /kɑnsə'leɪʃən/ s consuelo

console[1] /'kɑnsoʊl/ s consola: *a game console* una consola para juegos electrónicos

console[2] /kən'soʊl/ v [tr] consolar

consolidate /kən'sɑlədeɪt/ v [tr] consolidar

consonant /'kɑnsənənt/ s consonante

consortium /kən'sɔrtiəm/ s (pl consortiums o consortia /-tiə/) consorcio

conspicuous /kən'spɪkjuəs/ adj **1** que llama la atención: *I felt very conspicuous in my party dress.* Sentí que llamaba la atención con mi vestido de fiesta. **2 to be conspicuous by his/its etc. absence** brillar por su ausencia

conspiracy /kən'spɪrəsi/ s (pl -cies) conspiración

conspire /kən'spaɪr/ v [intr] **to conspire (with sb) to do sth** conspirar (con alguien) para hacer algo

constable /'kɑnstəbəl/ s agente (de policía) [en Gran Bretaña]

constant /'kɑnstənt/ adj constante

constantly /'kɑnstəntli/ adv constantemente

constipation /kɑnstə'peɪʃən/ s estreñimiento, constipación

constituency /kən'stɪtʃuənsi/ s (pl -cies) distrito electoral

constituent /kən'stɪtʃuənt/ s **1** persona residente en un distrito electoral determinado **2** componente

constitute /'kɑnstətut/ v [tr] constituir

constitution /kɑnstə'tuʃən/ s constitución [de un país]

constitutional /kɑnstə'tuʃənəl/ adj constitucional

constraint /kən'streɪnt/ s restricción

constrict /kən'strɪkt/ v [intr] estrecharse, constreñirse

construct /kən'strʌkt/ v [tr] construir

construction /kən'strʌkʃən/ s construcción

constructive /kən'strʌktɪv/ adj constructivo -a

construe /kən'stru/ v [tr] **to construe sth as sth** interpretar algo como algo

consul /'kɑnsəl/ s cónsul

consulate /'kɑnsəlɪt/ s consulado

consult /kən'sʌlt/ v [tr] consultar

consultancy /kən'sʌltənsi/ s (pl -cies) **1** consultora **2** asesoría, consultoría

consultant /kən'sʌltənt/ s **1** asesor -a, consultor -a **2** BrE especialista [médico] ► En inglés americano se usa **specialist**

consultation /kɑnsəl'teɪʃən/ s **1** (debate, pedido de opinión) consulta | **in consultation with sb** tras consultar a alguien **2** (con un profesional) consulta

consume /kən'sum/ v [tr] **1** consumir **2 to be consumed with guilt** sentir un enorme cargo de conciencia

consumer /kən'sumər/ s consumidor -a

consumption /kən'sʌmpʃən/ s consumo

contact /'kɑntækt/ *sustantivo & verbo*
■ *s* **1** (físico, comunicación, experiencia) contacto | **to get in contact (with sb)/to make contact (with sb)** ponerse en contacto (con alguien) | **to come into contact with sth** entrar en contacto con algo, encontrarse con algo **2** (persona) contacto **3** (en electricidad) contacto
■ *v* [tr] contactar, contactarse con

'contact ,lens s lente de contacto

contagious /kən'teɪdʒəs/ adj contagioso -a

contain /kən'teɪn/ v [tr] **1** (tener adentro) contener, tener **2** (no exteriorizar) contener | **to contain yourself** contenerse **3** controlar [un incendio, una epidemia, etc.]

container /kən'teɪnər/ s **1** recipiente, envase **2** contenedor [para transporte de carga]

contaminate /kən'tæmɪneɪt/ v [tr] contaminar

contamination /kən,tæmə'neɪʃən/ s contaminación

contemplate /'kɑntəmpleɪt/ v [tr] **1** pensar en, contemplar la posibilidad de | **to contemplate doing sth** pensar en hacer algo **2** (mirar) contemplar

contemporary /kən'tempəreri/ adjetivo & sustantivo
- **adj 1** (moderno) contemporáneo -a, actual **2** (de la misma época) contemporáneo -a
- **s** (pl -ries) contemporáneo -a

contempt /kən'tempt/ s **1** desprecio | **to be beneath contempt** ser absolutamente despreciable, no merecer el más mínimo respeto **2** (también **contempt of court**) desacato

contemptuous /kən'temptʃuəs/ adj despectivo -a, despreciativo -a | **to be contemptuous of sth/sb** tener una actitud despreciativa para con algo/alguien, desdeñar algo/a alguien

contend /kən'tend/ v **1 to contend (with sb) for sth** luchar por algo (con/contra alguien) **2 to contend that** sostener que
contend with sth lidiar con algo: *We've had all kinds of problems to contend with.* Hemos tenido que lidiar con todo tipo de problemas.

contender /kən'tendər/ s competidor -a | **a contender for sth** un candidato/una candidata a algo

content[1] /'kɑntent/ sustantivo & sustantivo plural
- **s** contenido
- **contents s pl 1** contenido: *the contents of the letter* el contenido de la carta **2** (también **table of contents**) índice

content[2] /kən'tent/ adjetivo & verbo
- **adj** contento -a, satisfecho-a | **to be content with sth** estar satisfecho -a con algo | **to be content to do sth** contentarse/conformarse con hacer algo
- **v** [tr] **to content yourself with sth** conformarse con algo

contented /kən'tentɪd/ adj satisfecho -a, contento -a

contention /kən'tenʃən/ s **1** argumento | **it is my/his etc. contention that** sostengo/sostiene etc. que **2** polémica

contentious /kən'tenʃəs/ adj polémico -a

contentment /kən'tentmənt/ s satisfacción, felicidad

contest[1] /'kɑntest/ s **1** concurso **2** lucha, contienda

contest[2] /kən'test/ v [tr] **1** impugnar, apelar [un testamento, una decisión] **2** presentarse como candidato -a a [persona], presentar un candidato/una candidata a [partido]

contestant /kən'testənt/ s concursante, participante

context /'kɑntekst/ s contexto

continent /'kɑntənənt/ s **1** continente **2 the Continent** BrE Europa occidental excluyendo las Islas Británicas

continental /kɑntən'entl/ adj **1** continental **2** relativo a Europa occidental excluyendo las Islas Británicas **3 continental breakfast** desayuno consistente en café, pan, bollos, etc. por oposición al desayuno tradicional británico de huevos, tocino, etc.

continental breakfast

contingency /kən'tɪndʒənsi/ s (pl -cies) **1** eventualidad, contingencia **2 contingency plan** plan alternativo/de emergencia

contingent /kən'tɪndʒənt/ s contingente

continual /kən'tɪnjuəl/ adj continuo -a, constante

continually /kən'tɪnjuəli/ adv continuamente, constantemente

continuation /kən,tɪnju'eɪʃən/ s **1** continuidad **2** continuación

continue /kən'tɪnju/ v **1** [intr] seguir, continuar: *The city's population will continue to grow.* La población de la ciudad seguirá creciendo. **2** [tr] seguir con, continuar (con) **3** [intr] seguir: *Continue along this road.* Siga por esta calle.

continued /kən'tɪnjud/ adj sostenido -a, continuo -a | **the continued existence of sth** la supervivencia/continuidad de algo

continuing /kən'tɪnjuɪŋ/ adj continuado -a

continuity /kɑntə'nuəti/ s continuidad

continuous /kən'tɪnjuəs/ adj **1** continuo -a, ininterrumpido -a **2 continuous assessment** evaluación continua

continuously /kən'tɪnjuəsli/ adv continuamente, sin parar

contour /'kɑntʊr/ s **1** contorno **2** (también **contour line**) cota

contraception /kɑntrə'sepʃən/ s anticoncepción | **method/means of contraception** método anticonceptivo

contraceptive /kɑntrə'septɪv/ sustantivo & adjetivo
- **s** anticonceptivo
- **adj** anticonceptivo -a

contract[1] /'kɑntrækt/ s contrato | **to be under contract (to sb)** tener contrato (con alguien)

contract[2] /kən'trækt/ v **1** [intr] contraerse **2** [tr] contraer [una enfermedad] **3 to contract (with sb) to do sth** firmar contrato (con alguien) para hacer algo

contraction /kən'trækʃən/ s **1** (reducción) contracción, retracción **2** (en el parto) contracción **3** (en gramática) contracción

contractor /'kɑntræktər/ s contratista

contradict /kɑntrə'dɪkt/ v [tr] **1** contradecir **2 to contradict yourself** contradecirse

contradiction /kɑntrə'dɪkʃən/ s contradicción

contradictory /kɑntrə'dɪktəri/ adj contradictorio -a

contrary /'kɑntreri/ sustantivo & adjetivo
- s (formal) **1 the contrary** lo contrario: *She wasn't disappointed. Quite the contrary – she was pleased.* No estaba desilusionada. Todo lo contrario, se quedó contenta. **2 on the contrary** al contrario, por el contrario **3 to the contrary** en contrario: *unless there is evidence to the contrary* salvo que haya pruebas en contrario
- adj **1** contrario -a, opuesto -a **2 contrary to popular belief/opinion** contrariamente a lo que la gente cree/opina

contrast¹ /'kɑntræst/ s **1** contraste **2 in contrast/by contrast** en comparación **3 in contrast to** a diferencia de

contrast² /kən'træst/ v **to contrast (sth) with sth** contrastar (algo) con algo

contribute /kən'trɪbjut/ v **1** [tr] contribuir con, aportar: *I contributed $100 to the campaign.* Contribuí con $100 a la campaña. **2 to contribute to sth** contribuir a algo: *Various factors contributed to his downfall.* Diversos factores contribuyeron a su caída. **3** [intr] participar, tomar parte [en un debate, una conversación] **4** [tr/intr] escribir [para una publicación conjunta]

contribution /kɑntrə'bjuʃən/ s **1** contribución, aporte **2** colaboración [para una publicación]

contributor /kən'trɪbjətər/ s colaborador -a

control /kən'troul/ sustantivo & verbo
- s **1** control | **to lose control (of sth)** perder el control (de algo) | **to be under control** estar bajo control | **to be out of control** estar fuera de control | **to get/go out of control** quedar fuera de control: *The situation is getting out of control.* La situación se está volviendo incontrolable. | *The truck went out of control.* El conductor perdió el control del camión. **2** control, dominio [de una zona, un país, etc.] | **to be in control of sth** controlar/dominar algo **3** botón, control [del volumen, etc.] | **the controls** los mandos
- v [tr] (-lled, -lling) **1** controlar | **to control yourself** controlarse, contenerse **2** controlar, regular [la temperatura, el volumen, etc.] **3** controlar, dominar [una zona, un país, etc.] **4** controlar [una epidemia, etc.]

controlled /kən'trould/ adj controlado -a

controversial /kɑntrə'vɜrʃəl/ adj polémico -a, controvertido -a

controversy /'kɑntrəvɜrsi/ s (pl -sies) polémica, controversia | **controversy surrounding/over sth** polémica en torno a/acerca de algo

convene /kən'vin/ v **1** [tr] convocar **2** [intr] reunirse

convenience /kən'vinjəns/ s **1** (de una persona) comodidad, conveniencia **2** (algo práctico) comodidad **3** (también **public convenience**) BrE (formal) baño (público) ▶ En inglés americano se usa **restroom**

con'venience ,store s AmE comercio que vende alimentos, periódicos, etc. y está abierto las 24 horas

convenient /kən'vinjənt/ adj **1** conveniente, oportuno -a: *at a convenient time* a una hora conveniente | *Would tomorrow be convenient?* ¿Le vendría bien mañana? **2** bien ubicado -a, práctico -a: *The hotel is convenient for the airport.* El hotel está bien ubicado para ir al aeropuerto.

conveniently /kən'vinjəntli/ adv **1** convenientemente | **to be conveniently situated/located** estar bien ubicado -a **2** (en sentido irónico) casualmente

convent /'kɑnvent/ s convento

convention /kən'venʃən/ s **1** (social) convención **2** (convenio) convención **3** (reunión) convención

conventional /kən'venʃənəl/ adj **1** (común) convencional, estándar **2** (tradicional) convencional **3** (no nuclear) convencional

converge /kən'vɜrdʒ/ v [intr] **1** confluir, converger **2 to converge on...** juntarse/reunirse en..., dirigirse a...

conversation /kɑnvər'seɪʃən/ s conversación, plática: *I only said it to make conversation.* Lo dije sólo por decir algo. | **to have a conversation (with sb)** tener una conversación (con alguien), platicar (con alguien)

converse /kən'vɜrs/ v [intr] conversar

conversion /kən'vɜrʒən/ s **1** transformación, conversión **2** remodelación [de un edificio, para darle otro uso] **3** conversión: *his conversion from Christianity to Islam* su conversión del cristianismo al islam

convert¹ /kən'vɜrt/ v **1** [tr] convertir, adaptar: *a converted barn* un granero convertido en vivienda | **to convert sth to/into sth** transformar/convertir algo en algo **2** [intr] convertirse, cambiar: *when we convert to the new system* cuando cambiemos al nuevo sistema **3 to convert to Judaism/Catholicism etc.** convertirse al judaísmo/al catolicismo etc.

convert² /'kɑnvɜrt/ s **1** converso -a **2 to become a convert to sth (a)** (a una religión) convertirse a algo **(b)** (a una idea, un producto, etc.) volverse partidario -a de algo, adoptar algo

convertible /kən'vɜrtəbəl/ adj & s convertible

convey /kən'veɪ/ v [tr] (formal) **1** transmitir [información, un mensaje], expresar [agradecimiento] **2** llevar, transportar

conveyor /kən'veɪər/ s, también **conveyor belt** s banda transportadora

convict¹ /kən'vɪkt/ v [tr] condenar | **to be convicted of sth** ser condenado -a por algo

convict² /'kɑnvɪkt/ s preso, recluso: *an escaped convict* un preso evadido

conviction /kən'vɪkʃən/ s **1** convicción **2 with/without conviction** con/sin convicción | **to lack conviction** no ser convincente | **to carry no conviction** no resultar para nada convincente **3** condena

convince /kən'vɪns/ v [tr] convencer: *I convinced him that it was worth going.* Lo convencí de que valía la pena ir.

convinced /kən'vɪnst/ adj convencido -a

convincing /kən'vɪnsɪŋ/ adj convincente

convoy /'kɑnvɔɪ/ s caravana, convoy

convulsion /kən'vʌlʃən/ s convulsión | **to have convulsions** tener convulsiones

cook /kʊk/ verbo & sustantivo
■ v **1** [intr] cocinar: *I can't cook.* No sé cocinar. **2** [tr] hacer, preparar [alimentos]: *How do you cook your rice?* ¿Cómo haces el arroz? | *This meat is not cooked.* Esta carne no está cocida. | **to cook (the) lunch/dinner** etc. hacer el almuerzo/la cena etc., preparar el almuerzo/la cena etc. **3** [intr] cocinarse, hacerse
cook sth up (informal) inventarse algo
■ s **1** cocinero -a **2 to be a good/poor** etc. **cook** cocinar bien/mal etc.

cookbook /'kʊkbʊk/, también **cookery book** BrE s libro de cocina

cooker /'kʊkər/ s BrE estufa [para cocinar]
▶ En inglés americano se usa **stove**

cookery /'kʊkəri/ s cocina [arte de cocinar]

cookie /'kʊki/ s AmE galleta [dulce]

cooking /'kʊkɪŋ/ s **1** (acción de cocinar): *I hate cooking.* Odio cocinar. | *Who does the cooking?* ¿Quién hace la comida? **2** comida, cocina: *I love Italian cooking.* Me encanta la comida italiana.

cool /kul/ adjetivo, verbo & sustantivo
■ adj **1** fresco -a: *Keep in a cool place.* Mantener en un lugar fresco. **2 to stay/keep cool** mantener la calma **3 to be cool towards sb** estar frío -a con alguien **4** (informal) chido -a, cool, buena onda
■ v **1** (también **cool down**) [tr] enfriar, [intr] enfriarse: *Let the engine cool down.* Deje que el motor se enfríe. **2** [intr] enfriarse [entusiasmo, pasión], calmarse [ánimos]
cool down/off calmarse [persona]
■ s **1 the cool** el fresco **2** (informal) **to keep/lose your cool** mantener/perder la calma

cooler /'kulər/ AmE, **coolbox** /'kulbɑks/ BrE s hielera portátil

coop /kup/ v **coop sb up** tener encerrado -a a alguien | **to be cooped up** estar encerrado -a

cooperate /kou'ɑpəreɪt/ v [intr] cooperar | **to cooperate with sb (to do sth)** cooperar con alguien (para hacer algo)

cooperation /kou,ɑpə'reɪʃən/ s cooperación

cooperative /kou'ɑprətɪv/ adjetivo & sustantivo
■ adj **1** dispuesto -a a ayudar, cooperativo -a **2** (referido al cooperativismo) cooperativo -a **3 a cooperative effort** un esfuerzo conjunto
■ s cooperativa

coordinate /kou'ɔrdneɪt/ v [tr] coordinar

coordination /kou,ɔrdn'eɪʃən/ s coordinación

cop /kɑp/ s (informal) policía

cope /koup/ v [intr] **1** arreglárselas: *I think I can cope.* Creo que me las puedo arreglar. | *I can't cope any more.* No puedo más. **2 to cope with sth (a)** poder con algo, darse abasto con algo: *Can you cope with all that?* ¿Puedes con todo eso? | *She can't cope with all the homework she has to do.* No se da abasto con toda la tarea que tiene que hacer. **(b)** aguantar(se) algo

copper /'kɑpər/ s **1** cobre **2** BrE (informal) policía **3 copper wire** alambre de cobre

copy /'kɑpi/ sustantivo & verbo
■ s (pl -pies) **1** copia **2** ejemplar [de un libro], número [de una revista], edición [de un diario]
■ v (-pies, -pied) **1** [tr] copiar, hacer una copia de **2** [tr] copiar [lo que hace otro]: *I copied the idea from a magazine.* Copié la idea de una revista. **3** [tr/intr] copiar [en un examen]
copy sth down anotar algo
copy sth out copiar algo

copyright /'kɑpiraɪt/ s derechos (de autor), copyright

coral /'kɔrəl/ s **1** coral **2 a coral reef** un arrecife de coral

cord /kɔrd/ sustantivo & sustantivo plural
■ s **1** cordón, cuerda **2** AmE cable [eléctrico]
■ **cords** s pl pantalones de pana

cordless /'kɔrdləs/ adj inalámbrico -a

cordon /'kɔrdn/ v **cordon sth off** acordonar algo

corduroy /'kɔrdərɔɪ/ s pana

core /kɔr/ s **1** corazón, centro [de una manzana o pera] **2** nudo, centro: *the core of the problem* el nudo del problema | **to the core** hasta la médula **3 core subject** asignatura obligatoria

coriander /'kɔriændər/ s cilantro

cork /kɔrk/ s corcho

corkscrew /'kɔrkskru/ s sacacorchos

corn /kɔrn/ s **1** AmE maíz | **corn on the cob** elote [en la mazorca] **2** BrE (cultivo) cereal
▶ El sinónimo **cereal** se usa tanto en inglés americano como en inglés británico **3** callo

corner /'kɔrnər/ sustantivo & verbo
■ s **1** ángulo, punta: *I caught my shirt on the corner of the table.* Me enganché la camisa con la punta de la mesa. **2 at/on the corner** en la esquina | **(just) around the corner** a la vuelta (nomás): *a store around the corner from my school* una tienda a la vuelta de mi colegio **3** rincón, esquina **4** (también **corner kick**) córner, tiro de esquina **5 to see sth out of the corner of your eye** ver algo de reojo

■ *v* **1** [tr] acorralar, arrinconar **2** to corner the market (in sth) acaparar el mercado (de algo) **3** [intr] doblar [coche]

cornerstone /'kɔrnərstoun/ *s* piedra angular

cornflakes /'kɔrnfleɪks/ *s pl* hojuelas de maíz

cornstarch /'kɔrnstartʃ/ AmE, **cornflour** /'kɔnflaʊə/ BrE *s* almidón de maíz, maicena®

coronation /kɔrə'neɪʃən/ *s* coronación

coroner /'kɔrənər/ *s* oficial responsable de llevar a cabo la investigación de la causa de una muerte violenta o repentina

corporal /'kɔrpərəl/ *s* cabo [en el ejército]

,**corporal 'punishment** *s* castigo corporal

corporate /'kɔrpərət/ *adj* **1** corporativo -a **2** conjunto -a, colectivo -a

corporation /kɔrpə'reɪʃən/ *s* corporación, empresa

corps /kɔr/ *s* (pl corps) cuerpo [grupo de personas]: *the diplomatic corps* el cuerpo diplomático

corpse /kɔrps/ *s* cadáver

correct /kə'rekt/ *adjetivo & verbo*
■ *adj* **1** (apropiado) correcto -a **2** (sin errores) correcto -a **3** (referido al comportamiento) correcto -a
■ *v* [tr] corregir | **correct me if I'm wrong** si no me equivoco

correction /kə'rekʃən/ *s* corrección

correctly /kə'rektli/ *adv* correctamente

correlation /kɔrə'leɪʃən/ *s* correlación | **a correlation with/between** una correlación con/entre

correspond /kɔrə'spand/ *v* [intr] **1** coincidir | **to correspond with/to sth** coincidir con algo: *His version corresponds with what she told us.* Su versión coincide con lo que nos dijo ella. **2** (equivaler) **to correspond to sth** corresponder a algo **3** (por carta) **to correspond (with sb)** escribirse/cartearse (con alguien), mantener correspondencia (con alguien)

correspondence /kɔrə'spandəns/ *s* **1** correspondencia **2** coincidencia, conexión

correspondent /kɔrə'spandənt/ *s* **1** corresponsal, enviado -a **2** especialista, columnista

corresponding /kɔrə'spandɪŋ/ *adj* correspondiente

corridor /'kɔridər/ *s* pasillo, corredor

corrugated /'kɔrəgeɪtɪd/ *adj* corrugado -a, ondulado -a | **corrugated iron** lámina acanalada

corrupt /kə'rʌpt/ *adjetivo & verbo*
■ *adj* corrupto -a
■ *v* [tr] corromper

corruption /kə'rʌpʃən/ *s* **1** corrupción **2** deformación [de una palabra]

cosmetic /kaz'metɪk/ *adj* **1** estético -a **2** cosmético -a, superficial

cosmetics /kaz'metɪks/ *s pl* cosméticos

cos,metic 'surgery *s* cirugía plástica | **to have cosmetic surgery** hacerse (la) cirugía plástica

cosmopolitan /kazmə'palətn/ *adj & s* cosmopolita

cost /kɔst/ *sustantivo, sustantivo plural & verbo*
■ *s* **1** (dinero) costo | **the cost of living** el costo de (la) vida **2** at all costs/at any cost a toda costa **3** whatever the cost cueste lo que cueste
■ **costs** *s pl* costos
■ *v* [tr] **1** (pasado & participio cost) costar: *This dress cost me $200.* Este vestido me costó $200. **2** (pasado & participio costed) calcular el costo de

co-star /'kou star/ *sustantivo & verbo*
■ *s* coprotagonista
■ *v* (-rred, -rring) to co-star with sb in a movie coprotagonizar una película con alguien

Costa Rica /kastə 'rikə/ *s* Costa Rica

Costa Rican /kastə 'rikən/ *adj & s* costarricense

'**cost-ef,fective** *adj* económico -a, rentable

costly /'kɔstli/ *adj* (-lier, -liest) costoso -a, caro -a

costume /'kastum/ *sustantivo & sustantivo plural*
■ *s* **1** disfraz **2** (regional, de época) traje
■ **costumes** *s pl* (en teatro) vestuario

cosy BrE ▶ ver **cozy**

cot /kat/ *s* **1** AmE catre **2** BrE cuna ▶ En inglés americano se usa **crib**

cottage /'katɪdʒ/ *s* casita generalmente pequeña y acogedora, a menudo en el campo

,**cottage 'cheese** *s* requesón, queso cottage

cotton /'katn/ *s* **1** algodón [material, planta] **2** AmE algodón [usado en cosmética, enfermería, etc.] **3** BrE hilo (de coser) ▶ En inglés americano se usa **thread 4 a cotton shirt** una camisa de algodón

,**cotton 'wool** *s* BrE algodón [usado en cosmética, enfermería, etc.] ▶ En inglés americano se usa **cotton**

couch /kautʃ/ *sustantivo & verbo*
■ *s* (pl couches) sofá: *They sat on the couch.* Se sentaron en el sofá.
■ *v* [tr] (3ª pers sing -ches) (formal) expresar

cough /kɔf/ *verbo & sustantivo*
■ *v* **1** [intr] toser **2** to cough (up) blood toser con sangre
cough (sth) up pagar (algo): *I had to cough up $200 for a new printer.* Tuve que pagar $200 por una nueva impresora.
■ *s* tos | **to have a (bad) cough** tener (mucha) tos

could /kʊd/ *v* [modal] ▶ ver recuadro

couldn't /'kʊdnt/ contracción de **could not**

could've /'kʊdəv/ contracción de **could have**

council /'kaʊnsəl/ *s* **1** consejo [grupo de personas] **2** concejo | **city/town council** ayuntamiento **3 council flat/house** BrE departamento/casa del ayuntamiento que se arrienda a gente de bajos ingresos

councilor AmE, **councillor** BrE /'kaʊnsələr/ *s* concejal -a

---

could

1 PERMISO

Could I use your phone? ¿Podría usar tu teléfono? | *He said I could go.* Dijo que me podía ir.

2 CAPACIDAD FÍSICA

He couldn't walk. No podía caminar.

3 HABILIDAD ADQUIRIDA

She could read when she was four. Sabía leer a los cuatro años.

4 CON VERBOS DE LOS SENTIDOS

I couldn't hear what she was saying. No oía lo que decía.

5 POSIBILIDAD

You could be right. A lo mejor tienes razón. | *You could have been killed.* Te podrías haber matado.

6 PEDIDOS

Could you close the door, please? ¿Podrías cerrar la puerta, por favor?

7 SUGERENCIAS

We could take a taxi. Podríamos tomar un taxi.

8 EXPRESANDO IRRITACIÓN

I could have killed him when he said that! ¡Lo podría haber matado cuando dijo eso!

counsel /'kaʊnsəl/ *sustantivo & verbo*
- **s** **1** (pl counsel) abogado -a **2** (literario) consejo(s)
- **v** (-led, -ling AmE, -lled, -lling BrE) (formal) **to counsel sb to do sth** aconsejar a alguien que haga algo

counseling AmE, **counselling** BrE /'kaʊnsəlɪŋ/ s counseling, asistencia psicológica

counselor AmE, **counsellor** BrE /'kaʊnsələr/ s persona que brinda asistencia psicológica

count /kaʊnt/ *verbo & sustantivo*
- **v** **1** [tr/intr] contar: *There were 23 of us, not counting the guide.* Éramos 23, sin contar al guía. **2** [intr] (ser considerado) contar: *This work counts as overtime.* Este trabajo cuenta como horas extra. **3** [tr] considerar: *I've always counted him as a friend.* Siempre lo he considerado un amigo. | **to count yourself lucky** considerarse afortunado -a **4** [intr] (ser válido) valer **5** [intr] (ser importante) contar, valer: *My opinion doesn't count for anything around here.* Mi opinión no cuenta para nada aquí.

  count sb in (informal) (incluir) contar con/a alguien

  count on sth contar con algo: *Can we count on your vote?* ¿Podemos contar con tu voto? **count on sb** contar con alguien

  count sb out (informal) (no incluir) no contar con/a alguien

  count toward sth (ser válido) contar para algo
- **s** **1** recuento | **to keep/lose count (of sth)** llevar/perder la cuenta (de algo) **2 on two/several etc. counts** en dos/varios etc. aspectos **3** conde

countable /'kaʊntəbəl/ adj contable, numerable [referido a un sustantivo, que se puede usar precedido del artículo "a" o de un número y generalmente se puede pluralizar]

countdown /'kaʊntdaʊn/ s cuenta regresiva: *the countdown to the take-off* la cuenta regresiva antes del despegue

counter /'kaʊntər/ *sustantivo, verbo & adverbio*
- **s** **1** (en un comercio) mostrador **2** AmE (en una cocina) superficie de trabajo **3** (en juegos de mesa) ficha **4** (de un grabador, etc.) contador
- **v** **1** [tr] contrarrestar **2** [tr/intr] responder, replicar **3** [tr] rebatir, refutar
- **adv to run/go counter to sth** ir en contra de algo

counteract /kaʊntər'ækt/ v [tr] contrarrestar

counterattack /'kaʊntərətæk/ s contraataque

counterclockwise /kaʊntər'klɑkwaɪz/ AmE, **anticlockwise** /ænti'klɑkwaɪz/ BrE *adverbio & adjetivo*
- **adv** en el sentido contrario al de las manecillas del reloj
- **adj in a counterclockwise direction** en el sentido contrario al de las manecillas del reloj

counterfeit /'kaʊntərfɪt/ adj falso -a [moneda, billete]

counterpart /'kaʊntərpɑrt/ s **1** homólogo -a, par [persona que tiene un cargo o rango equivalente] **2** equivalente

counterproductive /ˌkaʊntərprə'dʌktɪv/ adj contraproducente

countess /'kaʊntɪs/ s condesa

countless /'kaʊntləs/ adj infinidad de, muchísimos -as

country /'kʌntri/ s (pl -tries) **1** país: *a very poor country* un país muy pobre **2** patria: *He did it for his country.* Lo hizo por su patria. **3 the country** el campo: *a day in the country* un día en el campo **4** terreno, zona: *They were in familiar country now.* Ahora estaban en terreno conocido.

'country and ˌwestern, también **country music** s música country

countryman /'kʌntrimən/ s (pl -men) **1** (también **fellow countryman**) compatriota [hombre] **2** campesino

countryside /'kʌntrisaɪd/ s **1** campo, campiña **2** paisaje [en el campo]

countrywoman /'kʌntriwʊmən/ s **1** (también **fellow countrywoman**) compatriota [mujer] **2** campesina

county /'kaʊnti/ s (pl -ties) condado

coup /ku/ s **1** (también **coup d'etat**) (pl **coups d'etat**) golpe (de estado) **2** éxito, golpe maestro

couple /'kʌpəl/ *sustantivo & verbo*
- **s** **1** par: *Could you bring a couple more chairs?* ¿Puedes traer un par de sillas más? **2** a

---

ⓘ Hay una tabla con los **números** en inglés y explicaciones sobre su uso en el apartado de gramática.

couple of un par de, unos -as: *I'll only be a couple of minutes.* Vuelvo en un par de minutos. **3** pareja | **a married couple** un matrimonio
■ *v* [tr] **1** enganchar, acoplar **2 coupled with** junto con

coupon /'kupɑn/ *s* cupón, vale

courage /'kɜrɪdʒ/ *s* valor

courageous /kə'reɪdʒəs/ *adj* valiente, valeroso -a

courgette /kur'ʒet/ BrE ► ver **zucchini**

courier /'kuriər/ *s* mensajero -a

course /kɔrs/ *s* **1 of course** (pues) claro, por supuesto | **of course not** claro que no **2** (clases) curso | **a course in/on sth** un curso de algo: *a course on English literature* un curso de literatura inglesa **3** (de un avión, un barco) rumbo, ruta | **to be/go off course** haber perdido/perder el rumbo **4** (en una comida) plato | **first course** primer plato, entrada | **second/main course** segundo plato, plato principal/central **5** (de golf) campo **6** (de carreras de caballos) pista **7** (línea a seguir) camino, opción: *One course of action would be to increase the price.* Una medida a tomar sería aumentar el precio. **8** (de los acontecimientos) curso | **in/during the course of** en el transcurso de, durante **9** (en medicina) tratamiento | **a course of treatment** un tratamiento

coursebook /'kɔrsbuk/ *s* BrE libro de texto ► **textbook** se usa tanto en inglés británico como en inglés americano

court /kɔrt/ *sustantivo & verbo*
■ *s* **1** tribunal | **to go to court** ir a juicio | **to take sb to court** hacerle juicio a alguien, iniciarle una demanda a alguien **2 court case** causa (judicial) **3** cancha [de tenis o squash] **4** corte [de un monarca]
■ *v* **to court disaster** tentar a la suerte | **to court death** desafiar al destino

courteous /'kɜrtiəs/ *adj* cortés

courtesy /'kɜrtəsi/ *s* (pl -sies) **1** cortesía **2 (by) courtesy of** (por) gentileza de

court-'martial *s* (pl courts-martial) consejo de guerra

courtship /'kɔrtʃɪp/ *s* noviazgo, cortejo

courtyard /'kɔrtjɑrd/ *s* patio

cousin /'kʌzən/ *s* **first cousin** primo -a hermano -a | **second cousin** primo -a segundo -a

cove /kouv/ *s* caleta

cover /'kʌvər/ *verbo, sustantivo & sustantivo plural*
■ *v* **1** [tr] (también **cover up**) tapar, cubrir: *She covered him with a blanket.* Lo tapó con una cobija.
2 [tr] cubrir | **to be covered in/with sth** estar cubierto -a de algo
3 [tr] abarcar [un área]
4 [tr] recorrer [una distancia]
5 [tr] tratar [un tema, un punto]
6 [tr] ocuparse de: *He covers the southwestern region.* Se ocupa de la región sudoeste.

7 [tr] cubrir [un periodista una noticia]
8 [tr] (ser suficiente para) alcanzar: *My salary just about covers the rent.* Mi sueldo apenas alcanza para la renta.
9 to cover for sb sustituir a alguien [en un trabajo]
cover sth up encubrir algo **cover up for sb** encubrir a alguien
■ *s* **1** funda [una computadora, mueble, etc.] **2** tapa, funda [de un libro] | **to read sth from cover to cover** leerse algo de principio a fin **3** portada [de una revista] **4** resguardo | **to run for cover** correr a resguardarse | **to take cover (from sth)** resguardarse (de algo) **5** cobertura [de un seguro] **6** pantalla [para encubrir algo] **7 under cover of darkness** resguardado -a por la oscuridad
■ **covers** *s pl* **the covers** las cobijas, la ropa de la cama

coverage /'kʌvərɪdʒ/ *s* cobertura [periodística]

covering /'kʌvərɪŋ/ *s* **1** cubierta, recubrimiento **2** capa [de polvo, etc.]

covert /'kouvərt/ *adj* encubierto -a

'cover-up *s* encubrimiento

covet /'kʌvət/ *v* [tr] (formal) codiciar

cow /kau/ *s* vaca

coward /'kauərd/ *s* cobarde

cowardice /'kauərdɪs/ *s* cobardía

cowardly /'kauərdli/ *adj* cobarde

cowboy /'kaubɔɪ/ *s* **1** vaquero, cowboy **2** BrE (informal) transa [persona deshonesta, especialmente un plomero, un constructor, etc.]

coy /kɔɪ/ *adj* tímido -a [con connotaciones de coquetería y/o falsedad]

cozy AmE, **cosy** BrE /'kouzi/ *adj* (-ier, -iest) **1** acogedor -a **2 a cozy chat** una plática amena, una buena plática

crab /kræb/ *s* cangrejo [de mar]

crack /kræk/ *verbo & sustantivo*
■ *v* **1** [intr] resquebrajarse, agrietarse: *The ice cracked when I stepped on it.* El hielo se resquebrajó cuando lo pisé.
2 [tr] rajar: *a cracked mirror* un espejo rajado
3 [intr] crujir [rama] **4** [tr] hacer tronar [un látigo] **5** [tr] golpear: *She fell and cracked her head on the step.* Se cayó y se golpeó la cabeza contra el escalón. **6** [intr] quebrarse [emocionalmente, ante una situación muy dura] **7** [intr] quebrarse [la voz de alguien] **8** [tr] romper [un huevo], cascar [una nuez] **9** [tr] resolver [un problema], descifrar [un código]

crack
nutcracker

10 to crack a joke (informal) contar un chiste
11 to get cracking (informal) poner(se) manos a la obra
crack down to crack down (on sth/sb) tomar medidas duras (contra algo/alguien)
crack up (informal) quebrarse, sufrir un colapso nervioso
■ **s 1** abertura, rendija **2** grieta, rajadura **3** fisura, falla [en una relación, una política] **4** chasquido, estruendo **5 to have/take a crack at sth** (informal) tratar de hacer algo **6 at the crack of dawn** al amanecer, al alba

crackdown /'krækdaʊn/ s medidas duras: *They're having a **crackdown** on traffic offenses.* Están aplicando medidas duras contra las infracciones de tránsito.

cracked /krækt/ adj **1** rajado -a **2** resquebrajado -a, agrietado -a **3** (informal) chiflado -a, loco -a

cracker /'krækər/ s **1** galleta [salada] **2** ▶ ver **Christmas cracker** en **Christmas**

crackle /'krækəl/ verbo & sustantivo
■ **v** [intr] **1** crepitar, crujir **2** emitir ruidos como de interferencia
■ **s 1** crepitar, crujido **2** interferencia

cradle /'kreɪdl/ sustantivo & verbo
■ **s** cuna
■ **v** [tr] acunar

craft /kræft/ sustantivo & verbo
■ **s 1** (pl craft) embarcación, nave **2** (pl crafts) manualidad(es), artesanía(s) **3** profesión, oficio
■ **v** [tr] hacer a mano

craftsman /'kræftsmən/ s (pl -men) artesano -a

craftsmanship /'kræftsmənʃɪp/ s **1** destreza artesanal **2** trabajo [artesanal]

crafty /'kræfti/ adj (-tier, -tiest) astuto -a, pícaro -a

crag /kræg/ s risco

cram /kræm/ v (-mmed, -mming) **1 to cram sth into sth** meter algo en algo [a presión]: *I crammed as much as I could into one suitcase.* Metí todo lo que pude en una maleta. **2** [tr] abarrotar, colmar: *The shelves were crammed with books.* Los estantes estaban abarrotados de libros. **3 to cram into sth** meterse en algo, abarrotar algo: *Seven of us crammed into her car.* Nos metimos los siete en su coche. **4** [intr] machetear, estudiar [concentradamente, para un examen]

cramp /kræmp/ sustantivo & sustantivo plural
■ **s** calambre(s)
■ **cramps s pl** (también **stomach cramps**) retortijones (de estómago)

cramped /kræmpt/ adj **1** reducido [espacio] | **cramped conditions** falta de espacio **2 to be cramped** estar apretujado -a: *We're a little cramped in here.* Estamos un poco apretujados aquí. **3** apretado -a [letra]

crane /kreɪn/ sustantivo & verbo
■ **s 1** grúa **2** grulla
■ **v** [intr] **1** (también **crane forward**) estirarse **2 to crane your neck** estirar el cuello

crank /kræŋk/ s **1** (informal) fanático -a, maniático -a **2** manivela

crap /kræp/ s (grosero) **1** pendejadas **2 a load of crap** una porquería, una mierda

crash /kræʃ/ verbo & sustantivo
■ **v** (3ª pers sing -shes) **1** [tr] chocar: *He crashed his father's new car.* Chocó el coche nuevo de su padre. **2** [intr] chocar, estrellarse: *The plane crashed on takeoff.* El avión se estrelló al despegar. | **to crash into sth** chocar contra algo **3** [intr] (hacer mucho ruido): *The roof came crashing down.* El techo se vino abajo con gran estrépito. **4** [intr] congelarse [programa, computadora], caerse [sistema, red]
■ **s** (pl crashes) **1** choque, accidente | **car crash** choque (de coches) | **plane/train crash** accidente aéreo/ferroviario **2** estrépito **3** caída (de la bolsa)

'crash course s curso intensivo

'crash ,helmet s casco (protector)

,crash 'landing s aterrizaje forzoso

crate /kreɪt/ s cajón, huacal [para transportar bebidas, frutas, etc.]

crater /'kreɪtər/ s cráter

crave /kreɪv/ v [tr] **1** ansiar **2** (también **crave for**) tener antojo(s) de, morirse por

craving /'kreɪvɪŋ/ s antojo | **to have/get a craving for sth** tener antojo de algo

crawl /krɔl/ verbo & sustantivo
■ **v** [intr] **1** arrastrarse, gatear: *We crawled through a hole in the fence.* Pasamos arrastrándonos por un agujero del cerco. **2** pasearse [insecto]: *Flies were crawling all over the food.* Las moscas se paseaban por la comida. **3** (también **crawl along**) ir a paso de tortuga [vehículo] **4 to crawl to sb** arrastrarse/ humillarse ante alguien **5 to be crawling with sth** estar infestado -a/repleto -a de algo
■ **s 1** paso de tortuga **2** crol | **to do the crawl** nadar (de) crol

crayfish /'kreɪˌfɪʃ/ s (pl crayfish) cangrejo [de río]

crayon /'kreɪɑn/ s **1** lápiz de color **2** crayola

craze /kreɪz/ s furor, moda | **craze for sth** furor de/por algo

crazy /'kreɪzi/ adj (-zier, -ziest) (informal) **1** loco -a [persona] | **to go crazy (a)** volverse loco -a, enloquecerse **(b)** ponerse furioso -a/ponerse como loco -a **2 to be crazy about sth** estar/ser loco -a por algo | **to be crazy about sb** estar loco -a por alguien **3** disparatado -a [idea, acción]

creak /krik/ verbo & sustantivo
■ **v** [intr] crujir, chirriar
■ **s** crujido, chirrido

cream /krim/ *sustantivo & adjetivo*
- *s* **1** crema (de leche) **2** (en cosmética, farmacia) crema **3** (para zapatos) grasa, betún **4 the cream of sth** lo mejor/lo más selecto de algo **5** color crema
- *adj* de color crema

'cream cheese *s* queso crema

creamy /'krimi/ *adj* (-mier, -miest) cremoso -a

crease /kris/ *sustantivo & verbo*
- *s* **1** arruga **2** doblez, pliegue, raya [de un pantalón]
- *v* **1** [intr] arrugarse **2** [tr] arrugar

create /kri'eɪt/ *v* [tr] crear: *All it does is create more problems.* Lo único que hace es crear más problemas.

creation /kri'eɪʃən/ *s* creación

creative /kri'eɪtɪv/ *adj* creativo -a

creativity /,kriei'tɪvəti/ *s* creatividad

creator /kri'eɪtər/ *s* creador -a

creature /'kritʃər/ *s* **1** ser, criatura: *all living creatures* todos los seres vivos | *sea creatures* animales marinos **2** monstruo, ser (extraño) **3 a creature of habit** un animal de costumbres **4 creature comforts** comodidades (básicas)

crèche /kreʃ/ *s* **1** AmE pesebre [navideño] **2** BrE guardería (infantil)

credentials /krɪ'denʃəlz/ *s pl* **1** (conocimientos, experiencia) antecedentes, trayectoria **2** (de un embajador) credenciales

credibility /kredə'bɪləti/ *s* credibilidad

credible /'kredəbəl/ *adj* creíble, verosímil

credit /'kredɪt/ *sustantivo & verbo*
- *s* **1** crédito | **to buy sth on credit** comprar algo a crédito **2** mérito | **to give sb credit for sth** reconocerle a alguien el mérito de algo **3 to be a credit to sb** ser un orgullo para alguien | **to do sth/sb credit** ser motivo de orgullo para algo/alguien: *Your children really do you credit.* Puedes estar orgullosa de tus hijos. **4** depósito, suma acreditada [en una cuenta bancaria] **5 to be in credit** tener saldo positivo, tener fondos **6 the credits** los títulos, los créditos [en una película]
- *v* [tr] **1** creer **2** acreditar [dinero en una cuenta bancaria] **3 to credit sb with sth** atribuirle algo a alguien

'credit card *s* tarjeta de crédito

creditor /'kredətər/ *s* acreedor -a

creek /krik/ *s* **1** AmE arroyo **2** BrE brazo [de mar, de río], cala [ensenada pequeña] **3 to be up the creek** (informal) estar en un lío, estar en aprietos

creep /krip/ *verbo & sustantivo*
- *v* [intr] (pasado & participio **crept**) **1** (ir sigilosamente): *They crept into the room.* Entraron sigilosamente al cuarto. | *I crept upstairs.* Subí la escalera sin hacer ruido. **2** (aparecer): *A few mistakes have crept into the text.* Se colaron algunos errores en el texto. | *Doubts crept into her mind.* Le surgieron dudas.

creep up on sb 1 acercarse sigilosamente a alguien **2** suceder sin que uno se dé cuenta: *Old age creeps up on you.* La vejez se te viene encima sin que te des cuenta.
- *s* **1** (informal) asqueroso -a **2** BrE (informal) lambiscón -ona **3 to give sb the creeps** darle escalofríos a alguien

creepy /'kripi/ *adj* (-pier, -piest) tétrico -a, escalofriante

cremation /krɪ'meɪʃən/ *s* cremación

crematorium /kremə'tɔriəm/ *s* (pl **crematoriums** o **crematoria** /-riə/) crematorio

crematory /'krimətɔri, BrE 'kremətəri/ *s* (pl **-ries**) AmE crematorio

crept /krept/ pasado & participio de **creep**

crescendo /krə'ʃendoʊ/ *s* crescendo

crescent /'kresənt/ *s* **1** (arco) media luna **2** calle en forma de arco **3 crescent moon** media luna [cuarto creciente o menguante]

cress /kres/ *s* especie de berro de hoja diminuta

crest /krest/ *s* **1** (de un cerro, una sierra) cima **2** (de una ola) cresta **3** (de un ave) cresta **4** (de una ciudad, una organización, etc.) emblema

crevice /'krevɪs/ *s* grieta [en la roca]

crew /kru/ *s* **1** tripulación **2** equipo

'crew cut *s* corte de pelo a rape

crib /krɪb/ *s* **1** AmE cuna **2** BrE pesebre [navideño] ▶ En inglés americano se usa **crèche**

cricket /'krɪkɪt/ *s* **1** grillo **2** cricket

cricketer /'krɪkɪtə/ *s* jugador -a de cricket

crime /kraɪm/ *s* **1** delincuencia: *juvenile crime* delincuencia juvenil **2** delito, crimen: *They never found out who committed the crime.* Nunca se descubrió quién cometió el delito. **3 crime prevention** prevención de la delincuencia **crime rate** índice de criminalidad

criminal /'krɪmənəl/ *adjetivo & sustantivo*
- *adj* **1** delictivo -a | **a criminal offense** un delito **2** penal | **criminal record** antecedentes (penales) **3** vergonzoso -a [usado como crítica]
- *s* delincuente, criminal

crimson /'krɪmzən/ *adj & s* (color) carmesí

cringe /krɪndʒ/ *v* [intr] **1** encogerse [de miedo] **2** morirse de vergüenza/pena

cripple /'krɪpəl/ *sustantivo & verbo*
- *s* lisiado -a, inválido -a ▶ Algunas personas consideran que esta palabra es ofensiva y prefieren usar **disabled person**
- *v* [tr] **1** dejar lisiado -a/inválido -a **2** perjudicar seriamente

crippling /'krɪplɪŋ/ *adj* **1** que causa parálisis o invalidez **2** agobiante, nefasto -a

crisis /'kraɪsɪs/ *s* (pl **crises** /'kraɪsiz/) crisis

crisp /krɪsp/ *sustantivo & adjetivo*
- *s* (también **potato crisp**) BrE papa frita [de bolsa] ▶ En inglés americano se usa **chip** o **potato chip**
- *adj* **1** crujiente, crocante [tocino frito, galletas] **2** crujiente [capa de nieve, hojas secas]

3 fresco y crujiente [verduras] **4** frío -a y despejado -a [tiempo] **5** referido a cosas de tela o papel: limpio, bien planchado, y/o nuevo **6** referido a personas o su actitud: enérgico, casi brusco

crispy /'krɪspi/ *adj* (-pier, -piest) crujiente, crocante

criterion /kraɪ'tɪriən/ *s* (pl -ria /-riə/) criterio

critic /'krɪtɪk/ *s* **1** crítico -a [de arte, cine, etc.] **2** detractor -a, crítico -a

critical /'krɪtɪkəl/ *adj* **1** (que expresa desaprobación) crítico -a: *She's always so critical of everything he does.* Siempre está criticando todo lo que hace él. **2** (importante, decisivo) crucial, crítico -a | **to be critical to sth** ser crucial para algo **3** (grave, peligroso) crítico -a

critically /'krɪtɪkli/ *adv* **1** **critically ill/injured** gravemente enfermo -a/herido -a | **critically important** sumamente importante **2** con ojo crítico

criticism /'krɪtəsɪzəm/ *s* **1** (censura) crítica(s): *That is my only criticism.* Ésa es mi única crítica. | *He's never been able to accept criticism.* Nunca ha sido capaz de aceptar críticas. **2** (literaria, de arte, etc.) crítica

criticize, -ise BrE /'krɪtəsaɪz/ *v* [tr/intr] criticar

critique /krɪ'tik/ *s* crítica, estudio crítico

croak /krouk/ *verbo & sustantivo*
■ *v* **1** [intr] croar **2** [intr] hablar con voz ronca **3** [tr] decir con voz ronca
■ *s* **1** (también **croaking**) croar, canto [de las ranas] **2** sonido grave emitido al hablar

crochet /'krəʊʃeɪ/ *s* crochet

crockery /'krɑkəri/ *s* vajilla, loza

cup, bowl, plate

crocodile /'krɑkədaɪl/ *s* cocodrilo

crocus /'kroukəs/ *s* (pl crocuses) azafrán [flor]

croissant /krwa'sɑnt/ *s* cuernito, croissant

crook /krʊk/ *s* (informal) sinvergüenza

crooked /'krʊkɪd/ *adj* **1** (informal) deshonesto -a **2** torcido -a, chueco -a

crop /krɑp/ *sustantivo & verbo*
■ *s* **1** cultivo **2** cosecha **3** grupo, conjunto: *a new crop of young players* una nueva camada de jugadores jóvenes
■ *v* [tr] (-pped, -pping) **1** cortar muy corto [el pelo] **2** **to crop the grass** pastar
crop up surgir

cross /krɔs/ *verbo, sustantivo & adjetivo*
■ *v* (3ª pers sing -sses) **1** [tr/intr] (de un lado a otro) cruzar, atravesar: *We can cross over now.* Ahora podemos cruzar. **2** [intr] (intersectarse) cruzarse **3** [tr] (intersectar) cruzar **4** **to cross your arms/legs** cruzar los brazos/las piernas **5** [tr] (animales, plantas) cruzar **6** [tr/intr] (en deportes) cruzar: *He crossed to Zola.* Se la cruzó a Zola. **7** **to cross yourself** persignarse ► ver también **mind**
cross sth off tachar algo **cross sb off** tachar a alguien: *You can cross me off the list.* Puedes tacharme de la lista.
cross sth out tachar algo
■ *s* (pl crosses) **1** (objeto) cruz **2** **a cross between sth and sth** una cruza de algo con algo, una mezcla de algo y algo **3** (marca) cruz
■ *adj* BrE enojado -a: *Are you cross with me?* ¿Estás enojado conmigo? | *Don't be cross.* No te enojes. | **to get cross** enojarse

crossbar /'krɔsbɑr/ *s* **1** travesaño, horizontal [de una portería de futbol, etc.] **2** barra [de una bicicleta de hombre]

cross-'country *adjetivo & adverbio*
■ *adj* **1** a través del campo [carretera] **2** **cross-country running** campo traviesa [corriendo] **3** **cross-country skiing** esquí de fondo
■ *adv* a campo traviesa, a través del campo

cross-ex'amine *v* [tr] interrogar [a un testigo, etc.]

cross-'eyed *adj* bizco -a

crossing /'krɔsɪŋ/ *s* **1** (lugar para cruzar) cruce ► ver también **pedestrian crossing**, **zebra crossing** **2** (intersección) cruce **3** (viaje por mar) travesía, cruce

cross-legged /'krɔs legɪd/ *adv* **to sit cross-legged** estar sentado -a con las piernas cruzadas

crossly /'krɔsli/ *adv* BrE con enojo: *He looked at me crossly.* Me miró enojado.

crossover /'krɔsoʊvər/ *s* cambio que hace un actor, un cantante, etc. de una actividad artística a otra

cross-'purposes *s* **1** **to be at cross-purposes** no entenderse [dos personas], tener un enfoque diferente de las cosas **2** **to be talking at cross-purposes** estar hablando de cosas distintas

cross-'reference *s* remisión, referencia (cruzada) [en un texto]

crossroads /'krɔsroʊdz/ *s* **1** crucero, cruce **2** encrucijada

'cross ,section *s* **1** corte transversal **2** muestra [en encuestas]

crosswalk /'krɔswɔk/ *s* AmE paso de peatones

crossword /'krɔswɜrd/, también **crossword puzzle** *s* crucigrama

crotch /krɑtʃ/, también **crutch** /krʌtʃ/ BrE *s* (pl -ches) entrepierna

crouch /kraʊtʃ/ v [intr] (3ª pers sing -ches) **1** (también **crouch down**) agacharse **2** agazaparse

crow /krəʊ/ sustantivo & verbo
■ s **1** cuervo **2** as the crow flies en línea recta
■ v [intr] **1** cantar [gallo] **2** alardear | **to crow over/about sth** alardear de algo

crowbar /'krəʊbɑr/ s palanca, barra

crowd /kraʊd/ sustantivo & verbo
■ s **1** multitud: I lost him in the crowd. Lo perdí entre la multitud. | crowds of people multitudes de personas/montones de gente **2** público [en espectáculos deportivos] **3** (informal) grupo [de amigos, conocidos, etc.] **4** to go with/follow the crowd dejarse llevar por la corriente/seguir la corriente
■ v **1** [tr] atestar, abarrotar: Tourists crowded the streets. Las calles estaban atestadas de turistas. **2** to crowd around sth/sb amontonarse alrededor de algo/alguien **3** to crowd into/onto sth entrar/subir a un lugar gran cantidad de gente: Fans were crowding into the stadium. Los aficionados entraban en masa al estadio. | The passengers crowded onto the train. Los pasajeros se amontonaron en el tren.

crowded /'kraʊdɪd/ adj lleno -a (de gente): The train was very crowded. El tren iba muy lleno. | to be crowded with people/tourists etc. estar lleno -a de gente/turistas etc.

crown /kraʊn/ sustantivo & verbo
■ s **1** (de un monarca) corona **2** the Crown la Corona **3** (de un sombrero) copa **4** (de la cabeza) coronilla **5** (de una colina) cima **6** (moneda) corona **7** (en odontología) corona
■ v [tr] **1** coronar **2** to crown it all (informal) para colmo (de males)

crucial /'kruʃəl/ adj crucial | to be crucial to sth ser crucial para algo

crucifix /'krusəfɪks/ s (pl -xes) crucifijo

crucifixion /krusə'fɪkʃən/ s crucifixión

crucify /'krusəfaɪ/ v [tr] (-fies, -fied) **1** crucificar **2** (informal) destrozar

crude /krud/ adj **1** grosero -a **2** rudimentario -a **3** crude oil petróleo crudo

cruel /'kruəl/ adj cruel | to be cruel to sb ser cruel con alguien

cruelty /'kruəlti/ s (pl -ties) crueldad | cruelty to sth/sb crueldad con algo/alguien

cruise /kruz/ verbo & sustantivo
■ v **1** [intr] hacer un crucero **2** [intr] volar [a velocidad crucero], ir [a una velocidad constante]
■ s **1** crucero [viaje] | to go on a cruise hacer un crucero **2** cruise ship crucero [barco]

cruise 'missile s misil de crucero

cruiser /'kruzər/ s **1** crucero [de guerra] **2** lancha, yate, barco [con camarotes]

crumb /krʌm/ s **1** miga, migaja **2** a crumb of comfort un poco de consuelo

crumble /'krʌmbəl/ v **1** [intr] deshacerse, desmenuzarse [queso, galletas, etc.] **2** [tr] deshacer, desmenuzar **3** [intr] (también **crumble away**) desmoronarse [edificio, pared] **4** [intr] derrumbarse [poder, régimen, etc.] **5** [intr] flaquear [voluntad]

crumple /'krʌmpəl/ v (también **crumple up**) **1** [tr] arrugar, hacer bolita **2** [intr] arrugarse

crunch /krʌntʃ/ sustantivo & verbo
■ s **1** (pl -ches) crujido **2** when/if it comes to the crunch a la hora de la verdad
■ v (3ª pers sing -ches) **1** [intr] crujir **2** [tr/intr] morder, masticar [con ruido] | to crunch on sth morder/masticar algo

crunchy /'krʌntʃi/ adj (-chier, -chiest) crujiente [manzana, apio, etc.]

crusade /kru'seɪd/ s cruzada

crusader /kru'seɪdər/ s **1** cruzado [medieval] **2** persona que lucha denodadamente por una causa

crush /krʌʃ/ verbo & sustantivo
■ v [tr] (3ª pers sing -shes) **1** aplastar | to be crushed to death morir aplastado -a **2** machacar [ajo], picar [hielo], triturar [piedras] **3** aplastar, sofocar [una revuelta, una rebelión, etc.] **4** destruir [las esperanzas, el entusiasmo de alguien]
■ s **1** aglomeración, tumulto **2** (pl crushes) enamoramiento [típico de adolescente] | to have a crush on sb estar enamorado -a de alguien **3** orange/lemon etc. crush naranjada, limonada

crushing /'krʌʃɪŋ/ adj a crushing defeat/blow etc. una derrota/un golpe etc. aplastante

crust /krʌst/ s **1** corteza [de pan] **2** tapa [de masa] **3** the earth's crust la corteza terrestre

crusty /'krʌsti/ adj (-tier, -tiest) crujiente [pan]

crutch /krʌtʃ/ s (pl crutches) **1** muleta: She was on crutches. Andaba con muletas. **2** sostén, apoyo **3** BrE ▶ ver crotch

crux /krʌks/ s meollo, nudo | the crux of the matter el meollo del asunto

cry /kraɪ/ verbo & sustantivo
■ v (pasado & participio cried) **1** [intr] llorar: She was crying with frustration. Lloraba de frustración. | It's stupid to cry over that. Es una tontería llorar por eso. **2** [tr/intr] (también cry out) gritar | to cry for help pedir ayuda a gritos **3** to cry your eyes/heart out llorar a mares **4** to be crying out for sth pedir a gritos algo [necesitar algo urgentemente]
cry off BrE dar marcha atrás [con un plan]
■ s (pl cries) **1** grito **2** llanto **3** aullido, chillido **4** to have a (good) cry llorar (para desahogarse) **5** to be a far cry from sth estar lejos de ser algo

crypt /krɪpt/ s cripta

cryptic /'krɪptɪk/ adj enigmático -a, críptico -a

crystal /'krɪstəl/ s **1** cristal **2** crystal ball bola de cristal

,crystal 'clear adj **1** cristalino -a **2** clarísimo -a, bien claro -a

cub /kʌb/ s cachorro

Cuba /'kjubə/ s Cuba

Cuban /'kjubən/ adj & s cubano -a

cube /kjub/ s **1** (cuerpo geométrico) cubo **2** (potencia en matemática) cubo **3** (de carne, queso, etc.) cubo ▶ ver también **ice**

cubic /'kjubɪk/ adj cúbico -a

cubicle /'kjubɪkəl/ s **1** (en una tienda de ropa) vestidor **2** (en los vestidores de un gimnasio, etc.) cubículo **3** (en un baño público) baño

cuckoo /'kuku/ s cucú, cuco

cucumber /'kjukʌmbər/ s pepino

cuddle /'kʌdl/ sustantivo & verbo
■ s abrazo, apapacho
■ v **1** [tr] abrazar, apapachar **2** [intr] abrazarse, apapacharse
cuddle up to cuddle up to sb acurrucarse al lado de alguien

cuddly /'kʌdli/ adj (-lier, -liest) **1** adorable [que dan ganas de abrazarlo] **2** cuddly toy BrE (muñeco de) peluche ▶ En inglés americano se usa **stuffed animal**

cue /kju/ s **1** cue for sth señal/pie para algo | cue to do sth señal/pie para hacer algo **2** pie [para un actor] **3** (right) on cue justo en ese (mismo) momento **4** to take your cue from sb seguir el ejemplo de alguien **5** taco [de billar]

cuff /kʌf/ sustantivo & verbo
■ s **1** puño [parte de la manga] **2** palmada **3** AmE (de un pantalón) dobladillo
■ v [tr] darle una palmada a

'cuff link s mancuerna, mancuernilla

cuisine /kwɪ'zin/ s cocina, gastronomía

cul-de-sac /'kʌl də sæk/ s (pl cul-de-sacs) **1** calle sin salida, calle ciega **2** callejón sin salida

cull /kʌl/ verbo & sustantivo
■ v [tr] **1** recopilar, seleccionar [información, documentación, etc.] **2** hacer una matanza selectiva de
■ s matanza selectiva

culminate /'kʌlməneɪt/ v to culminate in sth terminar en algo

culmination /kʌlmə'neɪʃən/ s culminación

culprit /'kʌlprɪt/ s culpable

cult /kʌlt/ s **1** secta **2** culto **3** a cult movie/figure una película/una figura de culto

cultivate /'kʌltəveɪt/ v [tr] **1** (en agricultura) cultivar **2** (fomentar) cultivar

cultivated /'kʌltəveɪtɪd/ adj **1** culto -a **2** cultivado -a

cultivation /kʌltə'veɪʃən/ s cultivo

cultural /'kʌltʃərəl/ adj cultural

culture /'kʌltʃər/ s **1** cultura **2** cultivo [en biología] **3** culture shock shock cultural

cultured /'kʌltʃərd/ adj culto -a, refinado -a

cumbersome /'kʌmbərsəm/ adj **1** engorroso -a **2** voluminoso -a, incómodo-a

cumulative /'kjumjəleɪtɪv/ adj acumulativo -a | **cumulative total** total (acumulado)

cunning /'kʌnɪŋ/ adjetivo & sustantivo
■ adj **1** astuto -a **2** ingenioso -a [plan, recurso]
■ s astucia

cup /kʌp/ sustantivo & verbo
■ s **1** (recipiente) taza: *a cup of coffee* una taza de café
▶ ver recuadro
2 (también **cupful**) (contenido) taza
3 (trofeo, competencia) copa: *the Davis Cup* la Copa Davis **4** cup final BrE final de copa **cup tie** BrE partido de copa **5** not to be my/her etc. cup of tea no ser lo que más me/le etc. gusta, no ser mi/su etc. tipo
■ v [tr] (-pped, -pping) **to cup your hands** ahuecar las manos | **to cup your hands around sth** poner las manos alrededor de algo

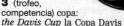
cup
spoon
saucer

¿a cup of coffee o a coffee cup?

A **cup of coffee** hace referencia a una taza llena de café o al contenido de la misma. A **coffee cup** designa una taza para café, que puede estar vacía.

---

cupboard /'kʌbərd/ s armario

curate /'kjurət/ s en la Iglesia Anglicana, clérigo asistente del párroco

curator /'kjureɪtər/ s **1** curador -a [de una exposición, etc.] **2** director -a, curador -a [de un museo]

curb /kɜrb/ verbo & sustantivo
■ v [tr] frenar, controlar
■ s **1** a curb on sth un freno a algo **2** AmE borde de la banqueta

cure /kjur/ verbo & sustantivo
■ v [tr] **1** curar **2** resolver, subsanar **3** curar [jamón, etc.] **4** curtir [cuero]
■ s **1** (para una enfermedad) cura **2** (para un problema) remedio, cura

curfew /'kɜrfju/ s toque de queda

curiosity /kjuri'asəti/ s curiosidad | out of curiosity por curiosidad

curious /'kjuriəs/ adj **1** (deseoso de saber) curioso -a: *I'm curious to know where she got the money.* Tengo curiosidad por saber dónde consiguió el dinero. | to be curious about sth/sb tener curiosidad por algo/por saber sobre alguien **2** (raro) curioso -a, extraño -a

curiously /'kjuriəsli/ adv **1** con curiosidad **2** curiosamente, extrañamente

curl /kɜrl/ *sustantivo & verbo*
- **s** **1** rizo, chino **2** espiral, voluta [de humo]
- **v** **1** [tr] enchinar, rizar **2** [intr] enchinarse, rizarse **3** [intr] (también **curl up**) enroscarse, enrollarse **4** [intr] subir en espiral, subir en espiral [humo]

curl up acurrucarse, hacerse un ovillo

curler /'kɜrlər/ *s* rulo [para rizarse el pelo]

curly /'kɜrli/ *adj* (-lier, -liest) chino -a, rizado -a: *She has curly hair.* Tiene el pelo chino.

currant /'kɜrənt/ *s* pasa de Corinto [pasa pequeña y oscura]

currency /'kɜrənsi/ *s* (pl -cies) **1** moneda, divisa: *foreign currency* moneda extranjera **2** aceptación | **to gain currency** difundirse, extenderse

current /'kɜrənt/ *adjetivo & sustantivo*
- **adj** **1** actual: *her current boyfriend* su novio actual | *the current issue of Vogue* el último número de Vogue **2** **to be current** **(a)** tener vigencia [idea] **(b)** ser común [práctica, costumbre]
- **s** (de agua, de aire, eléctrica) corriente

'current ac,count *s* BrE cuenta corriente
► En inglés americano se usa **checking account**

,current af'fairs *s pl* actualidades, temas de actualidad

currently /'kɜrəntli/ *adv* actualmente, en este momento

curriculum /kə'rıkjələm/ *s* (pl **curriculums** o **curricula** /-lə/) plan de estudios, programa

curry /'kɜri/ *s* (pl -rries) curry: *fish curry* pescado al curry

curse /kɜrs/ *verbo & sustantivo*
- **v** **1** [tr/intr] maldecir **2** **to be cursed with sth** tener la mala suerte de tener algo
- **s** **1** palabrota, mala palabra **2** maleficio, maldición | **to put a curse on sth/sb** hacerle un maleficio a algo/alguien **3** flagelo, maldición

cursor /'kɜrsər/ *s* cursor

cursory /'kɜrsəri/ *adj* rápido -a, superficial

curt /kɜrt/ *adj* brusco -a, seco -a

curtail /kər'teıl/ *v* [tr] (formal) **1** acortar [una visita] **2** recortar [gastos, servicios]

curtain /'kɜrtn/ *s* **1** cortina | **to draw the curtains** correr las cortinas **2** telón

curtsy, curtsey /'kɜrtsi/ *sustantivo & verbo*
- **s** (pl -sies o -seys) reverencia
- **v** [intr] (-sies o -seys, -sied o -seyed) hacer una reverencia

curve /kɜrv/ *sustantivo & verbo*
- **s** curva
- **v** [intr] **1** torcer [un camino], estar abombado -a [una superficie] **2** describir una curva

curved /kɜrvd/ *adj* curvo -a, encorvado -a

cushion /'kʊʃən/ *sustantivo & verbo*
- **s** **1** cojín, almohadón **2** colchón [de aire]
- **v** [tr] **1** amortiguar **2** **to cushion sb against sth** proteger a alguien de algo

cushy /'kʊʃi/ *adj* (-shier, -shiest) **a cushy job/number** (informal) un trabajito fácil

custard /'kʌstərd/ *s* **1** tipo de flan **2** BrE crema inglesa [crema de leche y yemas que se sirve fría o caliente para acompañar postres]

custody /'kʌstədi/ *s* **1** custodia, tenencia [de un menor] **2** **to be in custody** estar detenido -a | **to take sb into custody** detener a alguien ► ver también **remand**

custom /'kʌstəm/ *s* **1** costumbre **2** clientela

customary /'kʌstəmeri/ *adj* **1** habitual **2** **it is customary to do sth** se acostumbra hacer algo

customer /'kʌstəmər/ *s* cliente -a

customize, -ise BrE /'kʌstəmaız/ *v* [tr] personalizar, adaptar [a los requisitos personales]

customs /'kʌstəms/ *s pl* **1** aduana | **to go through customs** pasar por la aduana **2** (también **customs duty**) derechos de aduana

cut /kʌt/ *verbo & sustantivo*
- **v** (pasado & participio **cut**, gerundio **cutting**) **1** [tr/intr] cortar: *My mom cuts my hair.* Mi mamá me corta el pelo. | *These scissors don't cut.* Esta tijera no corta. | **to cut sth in half/in two** cortar algo por la mitad/en dos | **to cut yourself (on sth)** cortarse (con algo) **2** [tr] segar [la mies, el trigo] **3** [tr] reducir, recortar: *The budget was cut by 10%.* Recortaron el presupuesto en un 10%. **4** [tr] suprimir, cortar [un párrafo, una escena] **5** [tr/intr] (en juegos de cartas) cortar **6** **to cut sth short** terminar abruptamente algo **7** **to cut sb short** cortar/interrumpir a alguien **8** **to cut class/school** AmE irse de pinta

PHRASAL VERBS

cut across sth **1** tomar un atajo a través de algo: *We can cut across the park.* Podemos tomar un atajo a través del parque. **2** trascender algo [divisiones sociales, políticas, etc.]

cut back hacer recortes/economías | **to cut back on spending/staffing etc.** recortar los gastos/el personal etc. **cut sth back** **1** recortar/reducir algo [los gastos, las inversiones, etc.] **2** podar algo [una planta]

cut down reducir el consumo de algo: *I'm trying to cut down on smoking.* Estoy tratando de fumar menos. **cut sth down** **1** talar algo [un árbol] **2** reducir algo [los gastos, el consumo]

cut in **1** interrumpir | **to cut in on sth/sb** interrumpir algo/a alguien **2** meterse adelante [de otro vehículo]

cut sth off **1** cortar algo: *She cut a piece off the rope.* Le cortó un pedazo a la cuerda. **2** aislar algo [un lugar de otros]: *In winter the village is often cut off by snow.* En invierno muchas veces el pueblo queda aislado por la nieve. **3** cortar algo [la electricidad, el agua, etc.] **cut sb off** **1** cortarle a alguien [por teléfono]: *I got cut off.* Se me cortó. **2** desheredar a alguien

cut sth out **1** recortar algo [con tijera] **2** suprimir algo [un párrafo, una escena, etc.]

3 eliminar/suprimir algo [de la dieta] **4** tapar/quitar algo [la luz, el brillo] **5 cut it/that out!** ¡basta!, ¡ya párale! **6 to be cut out for sth/to be sth** (informal) estar hecho -a para algo, tener madera de/para algo
cut sth up cortar algo [en pedazos]

■ **s** **1** (herida) cortada, tajo
2 (en un neumático, un trozo de carne, etc.) tajo, incisión
3 (reducción) recorte: *a pay cut* un recorte salarial
4 (de pelo, de la ropa) corte
5 (de carne) corte
6 (supresión) corte
7 (informal) (en un reparto) tajada, parte
8 to be a cut above sth/sb estar por encima de algo/alguien, ser superior a algo/alguien

cutback /'kʌtbæk/ s recorte [en los gastos, de un servicio, etc.]

cute /kjut/ adj **1** encantador -a, mono -a: *What a cute little puppy!* ¡Qué cachorrito más encantador! **2** guapo -a, atractivo -a

cutlery /'kʌtləri/ s cubiertos

cutlet /'kʌtlət/ s chuleta [pequeña]

cutoff /'kʌtɔf/, también **cut-off** BrE s **1** cutoff (point) límite, línea divisoria **2** cutoff (date) fecha límite

cut-'price adj rebajado -a [con descuento]

cutting /'kʌtɪŋ/ *sustantivo & adjetivo*
■ s **1** (de una planta) esqueje **2** BrE recorte [de diario, revista] ▶ En inglés americano se usa **clipping**
■ *adj* **1** cortante [comentario, persona] **2 to be at the cutting edge (of sth)** estar a la vanguardia (de algo)

CV /si 'vi/ s (= **curriculum vitae**) BrE CV ▶ En inglés americano se usa **résumé**

cyberspace /'saɪbərspeɪs/ s ciberespacio

cycle /'saɪkəl/ *sustantivo & verbo*
■ s **1** ciclo **2** bicicleta
■ v [intr] ir en bicicleta | **to go cycling** (ir a) andar en bicicleta

cycling /'saɪklɪŋ/ s ciclismo

cyclist /'saɪklɪst/ s ciclista

cyclone /'saɪkloʊn/ s ciclón

cylinder /'sɪləndər/ s **1** cilindro **2** (de gas) cilindro, tanque **3** (de oxígeno) tubo

cylindrical /sə'lɪndrɪkəl/ adj cilíndrico -a

cymbal /'sɪmbəl/ s platillo [instrumento musical]

cynic /'sɪnɪk/ s cínico -a

cynical /'sɪnɪkəl/ adj cínico -a

cynicism /'sɪnɪsɪzəm/ s cinismo

cyst /sɪst/ s quiste

cystic fibrosis /ˌsɪstɪk faɪ'broʊsɪs/ s fibrosis quística

D¹, d /di/ *s* D, d ► ver "Active Box" **letters** en **letter**

D² *s* **1** (nota musical) re **2** calificación usada en exámenes, trabajos escolares, etc. ► ver recuadro en **grade**

dab /dæb/ *verbo & sustantivo*
- *v* (-bbed, -bbing) **1** to dab (at) your eyes/lips etc. limpiarse los ojos/los labios etc. [con toques suaves] **2** [tr] poner/aplicar un poquito de: *She dabbed some suntan lotion onto her shoulders.* Se puso un poquito de bronceador en los hombros.
- *s* poquito

dabble /'dæbəl/ *v* [intr] incursionar ocasionalmente en una actividad sin tomársela muy en serio

dad /dæd/ *s* (informal) papá

daddy /'dædi/ *s* (pl -ddies) (informal) papi

daffodil /'dæfədɪl/ *s* narciso [flor amarilla]

daft /dæft/ *adj* BrE (informal) menso -a, tonto -a

dagger /'dægər/ *s* daga

daily /'deɪli/ *adjetivo & adverbio*
- *adj* diario -a, cotidiano -a: *daily life* la vida diaria
- *adv* a diario, todos los días

dainty /'deɪnti/ *adj* (-tier, -tiest) delicado -a, fino -a

dairy /'deri/ *s* (pl -ries) **1** lechería [en un establecimiento agrícola] **2** dairy farm granja lechera **dairy farmer** productor -a de leche **dairy products/produce** (productos) lácteos

daisy /'deɪzi/ *s* (pl -sies) margarita

dam /dæm/ *sustantivo & verbo*
- *s* dique, presa
- *v* [tr] (-mmed, -mming) construir un dique/una presa en

damage /'dæmɪdʒ/ *sustantivo, sustantivo plural & verbo*
- *s* daño(s): *The storm caused considerable damage to the house.* La tormenta causó considerables daños a la casa.
- *damages s pl* daños y perjuicios
- *v* [tr] **1** dañar **2** ser perjudicial para, afectar

damaging /'dæmɪdʒɪŋ/ *adj* perjudicial

damn /dæm/ *adjetivo, sustantivo, interjección & verbo*
- *adj* (también **damned** /dæmd/) (informal) maldito -a
- *s* (informal) I don't/she doesn't etc. give a damn me/le etc. vale madres
- *interj* (informal) damn (it)! ¡maldita sea!

- *v* [tr] **1** (informal) (en exclamaciones): *Damn you!* ¡Vete al diablo! **2** condenar, criticar duramente

damning /'dæmɪŋ/ *adj* condenatorio -a, duramente crítico -a

damp /dæmp/ *adjetivo, sustantivo & verbo*
- *adj* húmedo -a ► ¿DAMP O HUMID? ver nota en **húmedo**
- *s* humedad
- *v* [tr] humedecer

dampen /'dæmpən/ *v* [tr] **1** humedecer **2** to dampen sb's enthusiasm hacerle perder el entusiasmo a alguien

dance /dæns/ *verbo & sustantivo*
- *v* [tr/intr] bailar
- *s* **1** (arte, composición, serie de pasos) baile, danza **2** (fiesta) baile

dancer /'dænsər/ *s* **1** (profesional) bailarín -ina **2** (no profesional): *He's a good dancer.* Baila bien.

dancing /'dænsɪŋ/ *s* baile [acción de bailar]

dandelion /'dændəlaɪən/ *s* diente de león [planta]

dandruff /'dændrəf/ *s* caspa

Dane /deɪn/ *s* danés -esa

danger /'deɪndʒər/ *s* **1** peligro, riesgo | in danger en peligro **2** to be in danger of sth estar en peligro de algo, correr peligro de algo | to be in danger of doing sth correr el riesgo de hacer algo

dangerous /'deɪndʒərəs/ *adj* peligroso -a

dangle /'dæŋgəl/ *v* **1** [intr] colgar [pender] **2** [tr] balancear, hacer oscilar

Danish /'deɪnɪʃ/ *adjetivo & sustantivo*
- *adj* danés -esa
- *s* **1** (idioma) danés **2** the Danish los daneses

dank /dæŋk/ *adj* frío -a y húmedo -a

dare /der/ *verbo & sustantivo*
- *v* ► dare a veces funciona como un verbo normal y va seguido de un infinitivo con to. A veces funciona como verbo modal y lo sigue un infinitivo sin to **1** [intr] atreverse, animarse: *Would you dare to do a parachute jump?* ¿Te atreverías a saltar en paracaídas? | *I didn't dare tell her.* No me atreví a decírselo. **2** how dare you/he etc.! ¡cómo te atreves/se atreve etc.! **3** don't you dare! ¡(que) ni se te ocurra! **4** I dare say me imagino, me imagino que sí **5** [tr] desafiar | to dare sb to do sth desafiar a alguien a hacer algo
- *s* desafío, reto

daren't /'derənt/ contracción de **dare not**

daring /'derɪŋ/ *adjetivo & sustantivo*
- *adj* **1** audaz **2** atrevido -a, osado -a
- *s* audacia, osadía

dark /dɑrk/ *adjetivo & sustantivo*
- *adj* **1** (sin luz) oscuro -a | to get/grow dark oscurecer, oscurecerse **2** oscuro -a [ojos, pelo] | dark blue/green etc. azul/verde etc. oscuro **3** moreno -a [persona]: *a tall, dark man* un hombre alto y moreno **4** sombrío -a, negro -a

■ **s** **1** the dark la oscuridad **2** before/after dark antes/después del anochecer

darken /'dɑrkən/ v **1** [tr] oscurecer: *a darkened room* un cuarto oscuro **2** [intr] oscurecerse

,**dark 'glasses** s pl lentes/anteojos oscuros

darkness /'dɑrknəs/ s oscuridad | in darkness a oscuras | darkness fell oscureció

darkroom /'dɑrkrum/ s cuarto oscuro [en fotografía]

darling /'dɑrlɪŋ/ sustantivo & adjetivo
■ **s** **1** mi amor, querido -a: *What's the matter, darling?* ¿Qué pasa, mi amor? **2** encanto [persona]
■ **adj** querido -a

dart /dɑrt/ sustantivo & verbo
■ **s** dardo | to play darts jugar dardos
■ **v** [intr] ir repentina y rápidamente: *The child darted into the road.* El niño salió disparado a la calle.

dash /dæʃ/ verbo & sustantivo
■ **v** (3ª pers sing -shes) **1** [intr] ir rápidamente: *Alice dashed into the house.* Alice se metió corriendo a la casa. | *He dashed off to catch the train.* Salió corriendo para no perder el tren. **2** I must dash tengo que ir **3** to dash sb's hopes frustrar/liquidar las esperanzas de alguien
dash sth off escribir/mandar algo [rápidamente]
■ **s** **1** chorrito: *a dash of lemon juice* un chorrito de jugo de limón **2** raya, guión **3** to make a dash for the door/exit etc. precipitarse hacia la puerta/salida etc.

dashboard /'dæʃbɔrd/ s tablero [de un coche]

data /'deɪtə, 'dætə/ s **1** datos **2** data processing procesamiento de datos

database /'deɪtəbeɪs/ s base de datos

date /deɪt/ sustantivo & verbo
■ **s** **1** fecha: *date of birth* fecha de nacimiento | to date hasta la fecha ▶ ver también out of date, up-to-date **2** cita [con un muchacho o una muchacha]: *Mike has a date tonight.* Mike tiene una cita esta noche. | *Did he ask you for a date?* ¿Te invitó a salir? **3** AmE persona con quien alguien sale en determinada ocasión: *Who's your date for tonight?* ¿Con quién vas a salir esta noche? **4** dátil
■ **v** **1** [tr] ponerle la fecha a, fechar **2** [tr] determinar la antigüedad de **3** [tr] salir con: *How long has he been dating Monica?* ¿Cuánto hace que sale con Mónica? **4** [intr] salir (juntos), salir con muchachos/muchachas: *We've been dating for six months.* Hace seis meses que salimos.
date back to date back to datar de, remontarse a
date from datar de

dated /'deɪtɪd/ adj pasado -a de moda, anticuado -a

daughter /'dɔtər/ s hija

'**daughter-in-law** s (pl daughters-in-law) nuera

daunting /'dɔntɪŋ/ adj abrumador -a, agobiante

dawdle /'dɔdl/ v [intr] perder el tiempo

dawn /dɔn/ sustantivo & verbo
■ **s** amanecer, alba
■ **v** [intr] amanecer
dawn on sb it dawned on me/him etc. that caí/cayó etc. en la cuenta de que

day /deɪ/ s **1** día: *I saw her again the following day.* La volví a ver al día siguiente. | *I've had an awful day.* Tuve un día espantoso. | all day todo el día | by day de día | day after day, también day in day out día tras día | day by day día a día | the day after tomorrow pasado mañana | the day before yesterday antier | one day (referido al pasado) un día | one/some day (referido al futuro) algún día | the other day el otro día ▶ ver "Active Box" days of the week en página 98 **2** in my/his etc. day en mis/sus etc. tiempos | to this day hasta ahora/hoy | these days hoy (en) día **3** to call it a day (informal) decidir dar algo por terminado

daycare center /'deɪker ,sentər/ s AmE guardería

daydream /'deɪdrim/ verbo & sustantivo
■ **v** [intr] soñar despierto -a
■ **s** fantasía, ensueño

daylight /'deɪlaɪt/ s luz del día | in broad daylight a plena luz del día

,**day 'off** s día libre

,**day re'turn** s BrE boleto de ida y vuelta [para el mismo día]

daytime /'deɪtaɪm/ s día [por oposición a noche] | in/during the daytime de día/durante el día

,**day-to-'day** adj diario -a, de todos los días

'**day trip** s excursión, paseo [de un día]

daze /deɪz/ s in a daze aturdido -a

dazed /deɪzd/ adj aturdido -a

dazzle /'dæzəl/ v [tr] **1** encandilar **2** deslumbrar

dazzling /'dæzlɪŋ/ adj deslumbrante

dead /ded/ adjetivo, adverbio & sustantivo
■ **adj** **1** muerto -a | a dead body un cadáver ▶ ver también drop **2** seco -a [árbol, planta, etc.] **3** gastado -a, descargado -a [pila] **4** (referido a líneas telefónicas): *All the lines were dead.* No había línea. **5** my foot/leg etc. has gone dead se me durmió el pie/la pierna etc.
■ **adv** **1** (informal) (para enfatizar): *You're dead right.* Tienes toda la razón. | *I'm dead against it.* Estoy absolutamente en contra. | it's dead easy/good etc. BrE es facilísimo/buenísimo etc. **2** justo, exactamente | dead ahead justo adelante/enfrente
■ **s** **1** the dead los muertos **2** in the dead of night/winter en plena noche/en pleno invierno

deaden /'dedn/ v [tr] **1** calmar [un dolor] **2** amortiguar [un ruido]

ⓘ ¿No sabes cómo pronunciar una determinada palabra? Consulta el recuadro de **símbolos fonéticos** en el interior de la cubierta.

Los ejemplos de este **Active box** son una guía para ayudarte a construir oraciones con los días de la semana:

We could go and see her **Thursday morning/afternoon**.	Podríamos ir a verla el jueves en la mañana/en la tarde.
What are you doing **Saturday night**?	¿Qué vas a hacer el sábado en la noche?
See you **on Tuesday**.	Nos vemos el martes.
We're not open **(on) Sundays**.	No abrimos los domingos.
There was an advertisement in **Friday's** paper.	Había un anuncio en el periódico del viernes.
I missed school **last Friday**.	Falté a clases el viernes pasado.
The party is **next Saturday**.	La fiesta es el sábado que viene.
She visits me **every Wednesday**.	Me visita todos los miércoles.
We meet **every other Thursday**.	Nos reunimos cada dos jueves.
We are leaving **a week from Monday**.	Nos vamos no este lunes sino el siguiente
He arrived **the Sunday before last**.	Llegó no el domingo pasado sino el anterior.
They are getting married **the Saturday after next**.	Se casan de este sábado en ocho.

,dead 'end s callejón sin salida

,dead 'heat s empate [en una competencia]

deadline /'dedlaın/ s fecha límite | **to meet/make a deadline** cumplir con un plazo

deadlock /'dedlɑk/ s punto muerto, estancamiento

deadly /'dedli/ adjetivo & adverbio
■ adj (-lier, -liest) **1** mortal, letal **2 deadly enemies** enemigos a muerte
■ adv **to be deadly serious** decirlo muy en serio, ir muy en serio

deaf /def/ adjetivo & sustantivo
■ adj sordo -a | **to go deaf** quedarse sordo -a
■ s **the deaf** los sordos

deafen /'defən/ v [tr] ensordecer

deafening /'defənıŋ/ adj ensordecedor -a

deafness /'defnəs/ s sordera

deal /dil/ sustantivo & verbo
■ s **1** trato | **to strike/make a deal** cerrar/hacer un trato | **it's a deal** trato hecho **2** negocio:

It's a good deal. Es buen negocio. | a multi-million dollar deal un negocio multimillonario **3** contrato **4 big deal!** (informal) ¡mira nada más! **5 a great/good deal** mucho: She earns a great deal of money. Gana mucho dinero.
■ v (pasado & participio **dealt**) **1** [tr/intr] repartir, dar [en juegos de cartas] **2** [intr] traficar con drogas, [tr] traficar
deal in sth 1 comerciar con algo **2** traficar con algo
deal with sth 1 ocuparse de algo **2** resolver algo **3** tratar de algo **deal with sb 1** tratar con alguien **2** tener relaciones comerciales con alguien **3** atender a alguien **4** castigar a alguien, encargarse de alguien

dealer /'dilər/ s **1** comerciante, vendedor -a **2** (de armas, drogas) traficante **3** persona que reparte las cartas en un juego

dealings /'dilıŋz/ s pl **1** relaciones, trato **2** transacciones, negocios **3 to have dealings with sb (a)** tratar con alguien **(b)** tener relaciones comerciales con alguien

dean /din/ s **1** decano -a **2** en la Iglesia Anglicana, clérigo a cargo de la administración de una catedral

dear /dır/ interjección, adjetivo & sustantivo
■ interj **oh dear!** ¡ah, caray!, ¡híjole! [expresando pena o contrariedad]
■ adj **1** (en el encabezamiento de una carta) querido -a, estimado -a: Dear Laura Querida Laura | Dear Sir Estimado Señor **2** (amado) querido -a **3** BrE caro -a ▶ También existe expensive, que es inglés universal
■ s **1** (al dirigirse a un familiar o amigo) querido -a, mi amor **2** (al dirigirse a un desconocido): Can I help you, dear? ¿En qué le puedo ayudar, señora?/¿En qué te puedo ayudar, muchacho? etc.

dearly /'dırli/ adv **1** muchísimo **2 to pay dearly for sth** pagar caro algo

death /deθ/ s **1** muerte | **to choke/starve etc. to death** morir ahogado -a/de hambre etc. | **to stab sb to death** matar a alguien a puñaladas | **to put sb to death** matar/ejecutar a alguien ▶ ver también **bored**, **matter**, **sick 2 death penalty** pena de muerte **death sentence** pena de muerte [condena] **death trap** (informal) trampa mortal

deathly /'deθli/ adjetivo & adverbio
■ adj **a deathly silence/hush** un silencio sepulcral
■ adv **deathly pale/cold** terriblemente pálido -a/frío -a

debatable /dı'beıtəbəl/ adj discutible, cuestionable

debate /dı'beıt/ sustantivo & verbo
■ s debate
■ v [tr/intr] debatir

debit /'debıt/ sustantivo & verbo
■ s débito
■ v [tr] debitar [una suma]

debris /dɪ'bri, BrE 'deɪbri/ s restos, escombros [que quedan tras un accidente, una explosión, etc.]

debt /det/ s **1** deuda | **to be in debt** estar endeudado -a, tener deudas | **to be $1,000/ $10,000 etc. in debt** deber $1.000/$10.000 etc. **2 to be in sb's debt** estar en deuda con alguien

debtor /'detər/ s deudor -a

debut /deɪ'bju, BrE 'deɪbju/ s **1** debut **2 debut album** primer álbum

decade /'dekeɪd/ s década

decadence /'dekədəns/ s decadencia

decadent /'dekədənt/ adj decadente

decaffeinated /di'kæfəneɪtɪd/ adj descafeinado -a

decay /dɪ'keɪ/ verbo & sustantivo
■ v **1** [intr] picarse [dientes] **2** [intr] descomponerse [alimentos, cadáver] **3** [intr] deteriorarse [zona, edificio]
■ s **1** caries **2** deterioro [de una zona, un edificio]

deceased /dɪ'sist/ adjetivo & sustantivo
■ adj (formal) difunto -a
■ s (formal) **the deceased** el difunto, la difunta

deceit /dɪ'sit/ s engaño(s)

deceitful /dɪ'sitfəl/ adj engañoso -a, mentiroso -a

deceive /dɪ'siv/ v [tr] engañar | **to deceive yourself** engañarse

December /dɪ'sembər/ s diciembre
► ver "Active Box" **months** en **month**

decency /'disənsi/ s **1** decencia, (buena) educación **2** decencia, decoro **3 to have the decency to do sth** tener la delicadeza de hacer algo

decent /'disənt/ adj **1** (adecuado) decente: a decent salary un sueldo decente **2** (amable) considerado -a, bueno -a **3** (moralmente) decente **4 to be decent** estar presentable

deception /dɪ'sepʃən/ s engaño(s)

deceptive /dɪ'septɪv/ adj engañoso -a

decide /dɪ'saɪd/ v **1** [tr/intr] decidir: We've decided to sell the house. Decidimos vender la casa. | **to decide against doing sth** decidir no hacer algo **2** [tr] (convencer) hacer decidir: What decided you to give up your studies? ¿Qué fue lo que te hizo decidir dejar los estudios? **3** [tr] (determinar) decidir: That goal decided the game. Ese gol decidió el partido.
decide on sth decidirse por algo: I decided on the red one. Me decidí por el rojo.

decided /dɪ'saɪdɪd/ adj **1** claro -a [ventaja, mejora] **2 to be decided (about/on sth)** estar decidido -a (a algo), estar convencido -a (de algo) **3** firme [opiniones]

decidedly /dɪ'saɪdɪdli/ adv decididamente

decimal /'desəməl/ adj & s decimal: the decimal system el sistema decimal

,decimal 'point s punto decimal

decimate /'desəmeɪt/ v [tr] diezmar

decipher /dɪ'saɪfər/ v [tr] descifrar

decision /dɪ'sɪʒən/ s decisión | **to make/take a decision** tomar una decisión

decisive /dɪ'saɪsɪv/ adj **1** decisivo -a **2** decidido -a **3** contundente

deck /dek/ s **1** cubierta [de un barco] **2** piso [de un autobús] **3** AmE baraja [conjunto de cartas] **4** patio o terraza con piso de madera

deckchair /'dektʃer/ s tumbona, silla de playa

declaration /deklə'reɪʃən/ s declaración

declare /dɪ'kler/ v [tr] **1** declarar | **to declare sth open** inaugurar oficialmente algo **2** declarar [para el pago de impuestos]

decline /dɪ'klaɪn/ sustantivo & verbo
■ s **1** descenso: a decline in profits un descenso en las ganancias **2 to go into decline** entrar en decadencia
■ v **1** [intr] decaer **2** [tr] (formal) rehusar | **to decline to do sth** rehusarse a hacer algo

decompose /dikəm'pouz/ v [intr] descomponerse [un organismo]

decor /'deɪkɔr/ s decoración

decorate /'dekəreɪt/ v [tr] **1** pintar, tapizar [con papel tapiz] **2** decorar, adornar **3 to decorate sb for sth** condecorar a alguien por algo

decorating the Christmas tree

decoration /dekə'reɪʃən/ s **1** adorno **2** decoración

decorative /'dekərətɪv/ adj decorativo -a

decorator /'dekəreɪtər/ s pintor -a [que también tapiza paredes]

decoy /di'kɔɪ/ s señuelo

decrease¹ /dɪ'kris/ v **1** [intr] disminuir, bajar **2** [tr] reducir, disminuir

decrease² /'dikris/ s descenso, disminución | a decrease in sth una disminución de/en algo

decree /dɪ'kri/ sustantivo & verbo
■ s decreto
■ v [tr] decretar

decrepit /dɪ'krepɪt/ adj decrépito -a

dedicate /'dedəkeɪt/ v **1 to dedicate yourself/ your life to sth** dedicarse/dedicar su vida a algo **2 to dedicate sth to sb** dedicarle algo a alguien

dedicated /'dedəkeɪtɪd/ adj dedicado -a

dedication /dedə'keɪʃən/ s **1** dedicación **2** dedicatoria

deduce /dɪ'dus/ v [tr] deducir: What can we deduce from these results? ¿Qué podemos deducir de estos resultados?

deduct /dɪ'dʌkt/ v [tr] descontar, deducir

deduction /dɪ'dʌkʃən/ s **1** deducción **2** descuento

deed /diːd/ s (formal) obra, acción

deem /diːm/ v [tr] (formal) considerar, estimar

deep /diːp/ adjetivo & adverbio
- adj **1** profundo -a: *a deep wound* una herida profunda | *The ditch is two meters deep.* La zanja tiene una profundidad de dos metros. **2** profundo -a [amor, admiración] **3** profundo -a [voz] **4** intenso -a **5** to take a deep breath respirar hondo
- adv **1** hondo, profundo **2** deep down en el fondo: *Deep down, I knew she was right.* En el fondo, sabía que ella tenía razón.

deepen /'diːpən/ v **1** [intr] hacerse más profundo -a, profundizarse **2** [tr] hacer más profundo -a, profundizar **3** [intr] agudizarse [crisis]

deep freeze s congelador

deeply /'diːpli/ adv **1** profundamente: *She is deeply grateful for all your help.* Te está profundamente agradecida por toda la ayuda que le diste. | *It is deeply worrying.* Es muy preocupante. **2** to sleep/breathe deeply dormir/respirar profundamente

deer /dɪr/ s (pl deer) venado, ciervo

default /dɪ'fɔːlt/ sustantivo & adjetivo
- s **1** by default por default **2** to win by default ganar por default [por incomparecencia del adversario] **3** (formal) cesación de pagos
- adj predeterminado -a, por omisión [en computación]

defeat /dɪ'fiːt/ sustantivo & verbo
- s **1** derrota **2** to admit defeat darse por vencido -a, reconocer la derrota
- v [tr] derrotar

defect¹ /'diːfekt/ s defecto, falla

defect² /dɪ'fekt/ v [intr] desertar

defective /dɪ'fektɪv/ adj defectuoso -a

defence BrE ▶ ver **defense**

defenceless BrE ▶ ver **defenseless**

defend /dɪ'fend/ v **1** [tr] defender: *They had to defend the town against rebel attacks.* Tuvieron que defender la ciudad contra los ataques de los rebeldes **2** [tr] defender, justificar **3** [intr] (en futbol, rugby) defenderse **4** the defending champion el defensor/la defensora del título **5** [tr] (en un juicio) defender

defendant /dɪ'fendənt/ s acusado -a

defense¹ AmE, **defence** BrE /dɪ'fens/ s **1** defensa **2** the defense (en un juicio) la defensa

defense² /'diːfens/ AmE, **defence** BrE /dɪ'fens/ s (en deportes) defensa

defenseless AmE, **defenceless** BrE /dɪ'fensləs/ adj indefenso -a

defensive /dɪ'fensɪv/ adj defensivo -a

defer /dɪ'fɜr/ v [tr] (-rred, -rring) postergar

deference /'defərəns/ s (formal) deferencia, respeto | in deference to sth/sb por respeto a algo/alguien

defiance /dɪ'faɪəns/ s (actitud/tono de) desafío, rebeldía | in defiance of sth haciendo caso omiso de algo, a desacato de algo

defiant /dɪ'faɪənt/ adj desafiante

deficiency /dɪ'fɪʃənsi/ s (pl -cies) deficiencia, carencia

deficient /dɪ'fɪʃənt/ adj deficiente

deficit /'defəsət/ s déficit

define /dɪ'faɪn/ v [tr] definir

definite /'defənət/ adj **1** claro -a, evidente **2** concreto -a, definitivo -a

definite article s artículo definido

definitely /'defənətli/ adv sin duda, decididamente: *She's definitely the best player.* Sin duda es la mejor jugadora. | definitely not de ninguna manera, para nada

definition /defə'nɪʃən/ s definición

definitive /dɪ'fɪnətɪv/ adj definitivo -a

deflate /dɪ'fleɪt/ v [intr] desinflarse

deflect /dɪ'flekt/ v [tr] desviar [una bala, una crítica etc.]

deform /dɪ'fɔrm/ v [tr] deformar

deformed /dɪ'fɔrmd/ adj deforme, deformado -a

deformity /dɪ'fɔrməti/ s (pl -ties) deformidad

defraud /dɪ'frɔd/ v [tr] defraudar, estafar | to defraud sb of thousands/hundreds etc. of dollars estafarle miles/cientos etc. de dólares a alguien

defrost /dɪ'frɔst/ v **1** [tr] descongelar **2** [intr] descongelarse

deft /deft/ adj hábil, diestro -a

defunct /dɪ'fʌŋkt/ adj desaparecido -a [organización]

defuse /dɪ'fjuz/ v [tr] **1** aliviar [la tensión, una crisis] **2** reducir la tensión de [una situación] **3** desactivar [una bomba]

defy /dɪ'faɪ/ v [tr] (-fies, -fied) desafiar, oponerse a

degenerate /dɪ'dʒenəreɪt/ v [intr] deteriorarse | to degenerate into sth degenerar en algo

degradation /degrə'deɪʃən/ s degradación

degrade /dɪ'greɪd/ v **1** [tr] denigrar, degradar **2** [intr] degradarse

degrading /dɪ'greɪdɪŋ/ adj denigrante, degradante

degree /dɪ'gri/ s **1** grado: *temperatures as high as 35 degrees* temperaturas de hasta 35 grados **2** grado, medida | to some/a certain degree en alguna/cierta medida **3** título (universitario)

| **to have a degree in history/philosophy etc.** tener título universitario en historia/filosofía etc., tener el título de licenciatura en historia/filosofía etc. **4 to do a degree** seguir una carrera (universitaria)

deity /'diəti, 'deɪti/ s (pl -ties) deidad

dejected /dɪ'dʒektɪd/ adj desilusionado -a, abatido -a

delay /dɪ'leɪ/ sustantivo & verbo
■ s demora, retraso
■ v **1** [tr] retrasar, aplazar: *I decided to delay my trip.* Decidí retrasar el viaje. **2** [intr] tardar | **to delay doing sth** tardar en hacer algo **3** [tr] demorar, retrasar: *Their flight was delayed by fog.* Su vuelo resultó demorado a causa de la niebla.

delegate¹ /'deləgət/ s delegado -a

delegate² /'deləgeɪt/ v **1** [tr/intr] delegar | **to delegate sth to sb** delegar algo en/a alguien **2 to delegate sb to do sth** encargarle a alguien que haga algo

delegation /delə'geɪʃən/ s delegación

delete /dɪ'lit/ v [tr] borrar, eliminar

deletion /dɪ'liʃən/ s supresión, eliminación

deliberate¹ /dɪ'lɪbərət/ adj deliberado -a

deliberate² /dɪ'lɪbəreɪt/ v [intr] deliberar

deliberately /dɪ'lɪbərətli/ adv deliberadamente, a propósito

deliberation /dɪ'lɪbə'reɪʃən/ s deliberación

delicacy /'delɪkəsi/ s (pl -cies) **1** exquisitez **2** delicadeza

delicate /'delɪkət/ adj delicado -a

delicatessen /delɪkə'tesən/ s delicatessen [tienda especializada en productos comestibles finos]

delicious /dɪ'lɪʃəs/ adj delicioso -a, riquísimo -a [comida, pastel]

delight /dɪ'laɪt/ sustantivo & verbo
■ s **1** placer | **to my/her etc. delight** para gran alegría mía/suya etc. **2** delicia **3 to take delight in doing sth** disfrutar haciendo algo
■ v **1** [tr] deleitar **2 to delight in doing sth** disfrutar haciendo algo

delighted /dɪ'laɪtɪd/ adj encantado -a | **to be delighted with/at sth** estar encantado -a/muy contento -a con algo

delightful /dɪ'laɪtfəl/ adj encantador -a

delinquency /dɪ'lɪŋkwənsi/ s delincuencia [especialmente juvenil]

delinquent /dɪ'lɪŋkwənt/ sustantivo & adjetivo
■ s delincuente
■ adj delictivo -a [conducta]: *delinquent children* niños que cometen delitos

delirious /dɪ'lɪriəs/ adj **to be delirious** delirar

deliver /dɪ'lɪvər/ v **1** [tr/intr] entregar [a domicilio] **2 to deliver a speech/lecture etc.** dar un discurso/una conferencia etc. **3 to deliver a baby** asistir a una madre en el parto **4 to deliver on sth** cumplir con algo

delivering newspapers

delivery /dɪ'lɪvəri/ s (pl -ries) **1** envío, reparto **2** parto

delude /dɪ'lud/ v **to delude yourself** engañarse

deluge /'deljudʒ/ sustantivo & verbo
■ s **1** diluvio **2** (de quejas, cartas) avalancha
■ v **to be deluged with orders/applications etc.** recibir una avalancha de pedidos/solicitudes etc.

delusion /dɪ'luʒən/ s falsa ilusión

deluxe, también **de luxe** /dɪ'lʌks/ adj de lujo

demand /dɪ'mænd/ sustantivo & verbo
■ s **1** exigencia, demanda **2** demanda, reclamación **3 demand for a product/service etc.** demanda de un producto/servicio etc. | **to be in demand** estar muy solicitado -a
■ v [tr] **1** exigir: *I demand to know what's going on!* ¡Exijo saber qué está sucediendo! **2** reclamar

demanding /dɪ'mændɪŋ/ adj exigente

demeaning /dɪ'minɪŋ/ adj degradante

demise /dɪ'maɪz/ s (formal) **1** desaparición **2** fallecimiento

demo /'demou/ s (informal) **1** manifestación [de protesta] **2** demo [de una grabación musical, un juego de PC]

democracy /dɪ'mɑkrəsi/ s (pl -cies) democracia

Democrat /'deməkræt/ s demócrata [del partido demócrata estadounidense]

democrat /'deməkræt/ s demócrata

Democratic /demə'krætɪk/ adj demócrata [del partido demócrata estadounidense]

democratic /demə'krætɪk/ adj democrático -a

demolish /dɪ'mɑlɪʃ/ v [tr] (3ª pers sing -shes) demoler

demolition /demə'lɪʃən/ s demolición

demon /'dimən/ s demonio

demonstrate /'demənstreɪt/ v **1** [tr] (probar) demostrar **2** [tr] mostrar, hacer una demostración de **3** [intr] manifestarse | **to demonstrate in support of/against sth** manifestarse en apoyo de/en contra de algo

demonstration /demən'streɪʃən/ s **1** manifestación | **a demonstration in support of/against sth** una manifestación en apoyo/en contra de algo **2** demostración

demonstrator /'demənstreɪtər/ s manifestante

ℹ️ Hay una lista de **términos gramaticales** en el interior de la cubierta.

demoralize, -ise BrE /dɪˈmɔrəlaɪz/ v [tr] desmoralizar

demoralizing, -ising BrE /dɪˈmɔrəlaɪzɪŋ/ adj desmoralizante

den /den/ s **1** guarida [de un animal] **2** guarida, antro **3** AmE cuarto de estar

denial /dɪˈnaɪəl/ s negativa, desmentido

denim /ˈdenəm/ s **1** (tela de) mezclilla **2** denim jacket chamarra de mezclilla denim jeans pantalones de mezclilla

Denmark /ˈdenmɑrk/ s Dinamarca

denomination /dɪˌnɑməˈneɪʃən/ s **1** valor, denominación **2** confesión [creencia religiosa]

denounce /dɪˈnaʊns/ v [tr] condenar: *The bishop denounced the movie as immoral.* El obispo condenó la película por inmoral.

dense /dens/ adj **1** espeso -a, tupido -a **2** denso -a [niebla, humo] **3** (informal) burro -a, tonto -a

density /ˈdensəti/ s (pl -ties) densidad

dent /dent/ sustantivo & verbo
▪ s abolladura, marca
▪ v [tr] **1** abollar **2** to dent sb's confidence hacerle perder la confianza a alguien

dental /ˈdentl/ adj **1** dental, odontológico -a **2** dental floss hilo dental

dentist /ˈdentɪst/ s dentista, odontólogo -a | to go to the dentist ir al dentista

deny /dɪˈnaɪ/ v [tr] (-nies, -nied) **1** negar, rechazar | to deny doing sth negar hacer algo/haber hecho algo **2** no conceder [permiso] **3** denegar [una visa] **4** negar [un derecho]

deodorant /diˈoʊdərənt/ s desodorante

depart /dɪˈpɑrt/ v [intr] partir, salir

department /dɪˈpɑrtmənt/ s **1** departamento [de una organización, empresa] **2** servicio [de un hospital] **3** departamento [de una tienda] **4** ministerio, departamento, secretaría: *the U.S. State Department* el Departamento de Estado de EU

de'partment ˌstore s tienda departamental

departure /dɪˈpɑrtʃər/ s partida, salida

depend /dɪˈpend/ v it/that depends depende: *"Are you going on Thursday?" "Well, it depends."* –¿Vas a ir el jueves? –Bueno, depende.
depend on/upon sth **1** depender de algo: *The island depends on tourism.* La isla depende del turismo. **2** confiar en algo depend on/upon sb **1** depender de alguien: *She depends on her daughter for transportation.* Depende de su hija para movilizarse. **2** confiar en alguien, contar con alguien

dependable /dɪˈpendəbəl/ adj confiable, de toda confianza

dependence /dɪˈpendəns/ también **dependency** /dɪˈpendənsi/ s dependence on/upon sth/sb dependencia de algo/alguien

dependent[1] /dɪˈpendənt/ adj **1** to be dependent on/upon sth/sb depender de algo/alguien **2** dependent children/relatives hijos/familiares dependientes

dependent[2] AmE, **dependant** BrE /dɪˈpendənt/ s dependiente (económico -a): *a single man with no dependents* un hombre soltero sin dependientes económicos

depict /dɪˈpɪkt/ v [tr] representar, describir

deplete /dɪˈplit/ v [tr] reducir

deplorable /dɪˈplɔrəbəl/ adj deplorable, lamentable

deplore /dɪˈplɔr/ v [tr] deplorar, condenar

deploy /dɪˈplɔɪ/ v [tr] desplegar [tropas, armas]

deport /dɪˈpɔrt/ v [tr] deportar

depose /dɪˈpoʊz/ v [tr] derrocar

deposit /dɪˈpɑzɪt/ sustantivo & verbo
▪ s **1** (primer pago) enganche, depósito | to put down a deposit on sth dar un enganche para algo, entregar un depósito para algo **2** (entregado como garantía) depósito **3** (en una cuenta bancaria) depósito **4** deposit account cuenta de ahorro(s)
▪ v [tr] **1** depositar [dinero, cosas de valor] **2** (formal) (poner) depositar

depot /ˈdipoʊ, BrE ˈdepoʊ/ s **1** depósito, almacén **2** BrE terminal [de autobuses]

depreciation /dɪˌpriʃiˈeɪʃən/ s depreciación

depress /dɪˈpres/ v [tr] (3ª pers sing -sses) deprimir

depressed /dɪˈprest/ adj deprimido -a | to get/become depressed deprimirse

depressing /dɪˈpresɪŋ/ adj deprimente

depression /dɪˈpreʃən/ s depresión

deprivation /ˌdeprəˈveɪʃən/ s **1** (penuria) privaciones **2** (de sueño, libertad) privación

deprive /dɪˈpraɪv/ v to deprive sb of sth privar a alguien de algo

deprived /dɪˈpraɪvd/ adj pobre, marginado -a

depth /depθ/ s **1** (dimensión) profundidad **2** (de conocimientos, etc.) profundidad | in depth en profundidad **3** to be out of your depth (a) sentirse perdido -a, no entender (b) no tocar fondo [en una alberca, etc.]

deputize, -ise BrE /ˈdepjətaɪz/ v to deputize for sb reemplazar a alguien

deputy /ˈdepjəti/ s (pl -ties) **1** segundo -a [asistente, sustituto] **2** diputado -a **3** deputy director subdirector -a deputy editor subdirector -a editorial deputy head BrE subdirector -a [de una escuela]

derelict /ˈderəlɪkt/ adj abandonado -a, en ruinas

derivative /dɪˈrɪvətɪv/ s derivado

derive /dɪˈraɪv/ v **1** to derive great pleasure/satisfaction from sth frase con la que se expresa que algo le proporciona un gran placer o le causa gran satisfacción a uno **2** to derive/be derived from sth derivar de algo

derogatory /dɪˈrɑgətɔri/ adj despectivo -a

descend /dɪ'send/ v [tr/intr] (formal) descender | **descend from** to be descended from sb descender de alguien

descendant /dɪ'sendənt/ s descendiente

descent /dɪ'sent/ s (formal) **1** descenso **2** to be of Polish/Spanish etc. descent ser de ascendencia polaca/española etc.

describe /dɪ'skraɪb/ v [tr] **1** describir: *Describe him to me.* Descríbamelo. **2** to describe sth/sb as sth calificar algo/a alguien de algo: *Conditions in the camps were described as atrocious.* Las condiciones en los campamentos fueron calificadas de atroces.

description /dɪ'skrɪpʃən/ s **1** descripción **2** of every description/of all descriptions de todo tipo | of some description de algún tipo

desert¹ /'dezərt/ s desierto

desert² /dɪ'zɜrt/ v **1** [tr] abandonar **2** [intr] desertar

deserted /dɪ'zɜrtɪd/ adj desierto -a

desert 'island s isla desierta

deserve /dɪ'zɜrv/ v [tr] **1** merecer, merecerse [un descanso, una explicación, etc.] | to deserve to win/to pass etc. merecer ganar/aprobar etc. **2** to deserve consideration/investigation etc. merecer ser considerado -a/investigado -a etc.

design /dɪ'zaɪn/ *sustantivo & verbo*
■ s **1** diseño **2** diseño, motivo ▶ ver también graphic design
■ v [tr] **1** diseñar **2** to be designed for sb/to do sth estar diseñado -a para alguien/para hacer algo: *The course is designed for beginners.* El curso está diseñado para principiantes.

designate /'dezɪgneɪt/ v [tr] **1** to designate sth as sth designar algo como algo **2** to designate sb as your spokesman/representative etc. nombrar a alguien su vocero/representante etc. **3** (en un mapa, etc.) indicar

designer /dɪ'zaɪnər/ *sustantivo & adjetivo*
■ s diseñador -a
■ adj designer jeans/clothes jeans/ropa de marca [de diseñadores famosos]

desirable /dɪ'zaɪrəbəl/ adj **1** deseable, conveniente **2** deseable, atractivo -a

desire /dɪ'zaɪr/ *sustantivo & verbo*
■ s **1** deseo | desire for sth deseo(s) de algo | desire to do sth deseo(s) de hacer algo | to have no desire to do sth no querer hacer algo **2** deseo [sexual]
■ v [tr] **1** (formal) desear **2** to leave a lot to be desired dejar mucho que desear

desk /desk/ s **1** escritorio **2** pupitre **3** recepción [en un hotel]

desktop /'desktɑp/ s **1** escritorio [en computación] **2** desktop computer computadora de escritorio desktop publishing autoedición

desolate /'desələt/ adj desolado -a

despair /dɪ'sper/ *sustantivo & verbo*
■ s desesperación | in despair desesperado -a, con desesperación

■ v [intr] **1** desesperarse **2** to despair of sb darse por vencido -a con alguien [haber perdido las esperanzas de que alguien cambie]: *My piano teacher despaired of me.* Mi profesora de piano se dio por vencida conmigo. **3** to despair of doing sth perder la esperanza de hacer algo

despatch BrE ▶ ver dispatch

desperate /'despərət/ adj **1** desesperado -a | to get/become desperate (empezar a) desesperarse **2** to be desperate for a drink/a cigarette etc. morirse por un trago/por un cigarrillo etc., estar desesperado -a por un trago/por un cigarrillo etc. | to be desperate to do sth morirse por hacer algo, estar desesperado -a por hacer algo **3** desesperante, urgente: *The situation is desperate.* La situación es desesperante.

desperately /'despərətli/ adv **1** desesperadamente, con desesperación **2** con urgencia **3** sumamente

desperation /despə'reɪʃən/ s desesperación

despicable /dɪ'spɪkəbəl/ adj despreciable, vil

despise /dɪ'spaɪz/ v [tr] despreciar

despite /dɪ'spaɪt/ prep a pesar de: *Despite our protests, the school was closed.* A pesar de nuestras protestas, la escuela se cerró.

despondent /dɪ'spɑndənt/ adj desanimado -a

dessert /dɪ'zɜrt/ s postre: *What's for dessert?* ¿Qué hay de postre?

dessertspoon /dɪ'zɜrtspun/ s **1** cuchara de postre **2** (también dessertspoonful) cucharada [de las de postre]

destination /destə'neɪʃən/ s destino [lugar]: *He never reached his destination.* Nunca llegó a su destino.

destined /'destənd/ adj **1** to be destined for sth estar destinado -a a algo | to be destined to do sth estar destinado -a a hacer algo **2** destined for con destino a: *a cargo destined for New York* un cargamento con destino a Nueva York

destiny /'destəni/ s (pl -nies) destino [historia, fortuna]

destitute /'destətut/ adj to be destitute estar en la miseria

destroy /dɪ'strɔɪ/ v [tr] **1** destruir **2** acabar con **3** sacrificar [un animal]

destroyer /dɪ'strɔɪər/ s destructor

destruction /dɪ'strʌkʃən/ s destrucción

destructive /dɪ'strʌktɪv/ adj destructivo -a

detach /dɪ'tætʃ/ v [tr] (3ª pers sing -ches) **1** desmontar, separar | to detach sth from sth quitarle algo a algo, separar algo de algo **2** to detach yourself (from sth/sb) distanciarse (de algo/alguien), tomar distancia (de algo/alguien)

detachable /dɪ'tætʃəbəl/ adj desmontable, que se puede quitar

detached /dɪˈtætʃt/ adj **1 detached house** casa de construcción independiente, que no está pegada a las casas vecinas **2** distante | to **remain detached** mantenerse al margen [no involucrarse afectivamente]

detachment /dɪˈtætʃmənt/ s **1** distancia **2** destacamento

detail /ˈdiːteɪl, dɪˈteɪl/ sustantivo & verbo
■ s detalle, pormenor: *I don't want to know the details.* No quiero conocer los detalles. | *For further details, please visit our web site.* Para más información, visite nuestra página web. | **in detail** en detalle, detalladamente | **in great detail** con lujo de detalles | **to go into detail(s)** entrar en detalles
■ v [tr] detallar

detailed /dɪˈteɪld, BrE ˈdiːteɪld/ adj detallado -a, minucioso -a

detain /dɪˈteɪn/ v [tr] **1** detener **2** entretener [retrasar]

detect /dɪˈtekt/ v [tr] **1** detectar **2** notar

detection /dɪˈtekʃən/ s detección

detective /dɪˈtektɪv/ s **1** investigador -a [de la policía] **2** detective **3 detective story** cuento policíaco/novela policíaca

detention /dɪˈtenʃən/ s **1** detención | **in detention** en custodia, detenido -a **2** en la escuela, castigo consistente en quedarse después de clases: *He got a detention.* Tuvo que quedarse después de clases. **3 detention center** AmE, **detention centre** BrE **(a)** correccional (de menores) **(b)** centro donde se alberga a refugiados e inmigrantes ilegales mientras se tramitan sus casos

deter /dɪˈtɜːr/ v [tr] (-rred, -rring) disuadir | **to deter sb from doing sth** disuadir a alguien de hacer algo

detergent /dɪˈtɜːrdʒənt/ s detergente

deteriorate /dɪˈtɪriəreɪt/ v [intr] deteriorarse

deterioration /dɪˌtɪriəˈreɪʃən/ s deterioro | **deterioration in sth** deterioro de algo

determination /dɪˌtɜːrməˈneɪʃən/ s resolución, determinación

determine /dɪˈtɜːrmɪn/ v [tr] **1** (establecer) determinar **2** (definir, dictar) determinar **3** (decidir) determinar

determined /dɪˈtɜːrmɪnd/ adj decidido -a | **to be determined to do sth** estar decidido -a a hacer algo

determiner /dɪˈtɜːrmənər/ s determinante

deterrent /dɪˈtɜːrənt/ s **1** (elemento) disuasivo | **to act as a deterrent to thieves/vandals etc.** actuar como (un) disuasivo para los ladrones/vándalos etc. **2 nuclear deterrent** armamento nuclear que un país tiene como disuasivo

detest /dɪˈtest/ v [tr] detestar

detonate /ˈdetn-eɪt/ v [tr] detonar

detour /ˈdiːtʊr/ s desviación, rodeo

detract /dɪˈtrækt/ v **to detract from sth** desmerecer algo

detriment /ˈdetrəmənt/ s **to the detriment of sth** en detrimento/perjuicio de algo

detrimental /detrəˈmentl/ adj perjudicial | **to be detrimental to sth** ser perjudicial para algo

devaluation /diːˌvæljuˈeɪʃən/ s devaluación

devalue /diːˈvæljuː/ v [tr/intr] devaluar

devastate /ˈdevəsteɪt/ v [tr] devastar

devastated /ˈdevəsteɪtɪd/ adj deshecho -a, destruido -a [emocionalmente]: *I was devastated by the news.* Quedé deshecha con la noticia.

devastating /ˈdevəsteɪtɪŋ/ adj **1** devastador -a **2** terrible, tremendo -a

develop /dɪˈveləp/ v **1** [intr] crecer, desarrollarse: *Children develop very quickly.* Los niños crecen muy rápido. | **to develop into sth** transformarse en algo: *She developed into a charming young woman.* Se transformó en una joven encantadora. **2** [tr] desarrollar [los músculos, etc.] **3** [tr] desarrollar, elaborar [un plan, un producto] **4** [tr] (empezar a tener): *She developed pneumonia.* Contrajo una neumonía. | *He developed a liking for Mexican food.* Empezó a gustarle la comida mexicana. **5** [tr] revelar [un rollo de fotos] **6** [tr] urbanizar

developed /dɪˈveləpt/ adj desarrollado -a

developer /dɪˈveləpər/ s (empresa) constructora, promotor inmobiliario

developing /dɪˈveləpɪŋ/ adj en vías de desarrollo

development /dɪˈveləpmənt/ s **1** desarrollo **2** suceso, novedad: *the latest developments in the peace talks* las últimas novedades de las negociaciones de paz **3** urbanización, desarrollo (inmobiliario) **4** conjunto, complejo [de edificios]: *a new housing development* un nuevo conjunto habitacional

deviate /ˈdiːvieɪt/ v **to deviate from sth** desviarse/apartarse de algo

deviation /diːviˈeɪʃən/ s desviación

device /dɪˈvaɪs/ s **1** aparato, artefacto, dispositivo: *a handy little device for peeling potatoes* un práctico aparatito para pelar papas **2 to leave sb to their own devices** dejar que alguien se las arregle como pueda, dejar que alguien se rasque con sus propias uñas

devil /ˈdevəl/ s **1** demonio **2 the Devil** el diablo **3** (informal) término usado para referirse, a menudo afectuosamente, a alguien pícaro: *the cunning devil* el muy astuto | *that little devil* ese pícaro/ese pingo **4 you lucky devil!** ¡qué suerte tienes! **5 talk of the devil** hablando del rey de Roma... **6 be a devil!** BrE frase usada para animar a alguien a hacer algo que no debe: *Go on, be a devil, have another piece!* Anda, no seas tonto, cómete otro pedazo.

devious /ˈdiːviəs/ adj ladino -a, taimado -a

devise /dɪˈvaɪz/ v [tr] idear, crear

devoid /dɪˈvɔɪd/ adj **to be devoid of sth** carecer de algo, estar desprovisto -a de algo

devolution /devə'luʃən/ s transferencia de poderes de un gobierno central a uno regional

devote /dɪ'vout/ v **1 to devote time/effort/ energy to sth** dedicar tiempo/esfuerzos/energía a algo: *She devoted her life to helping the poor.* Dedicó toda su vida a ayudar a los pobres. **2 to devote yourself to sth/sb** dedicarse a algo/ alguien **3 to devote money/resources to sth** destinar dinero/recursos a algo

devoted /dɪ'voutɪd/ adj **1** abnegado -a [padre, etc.] **2** ferviente [seguidor, admirador, etc.] **3 to be devoted to sth/sb (a)** tener devoción por algo/alguien **(b)** estar dedicado -a a algo/ alguien

devotion /dɪ'vouʃən/ s **1** devoción, cariño | **devotion to sb** devoción a/por alguien **2** devotion to sth dedicación a algo

devour /dɪ'vaur/ v [tr] devorar, devorarse [comida, libros]

devout /dɪ'vaut/ adj devoto -a

dew /du/ s rocío

diabetes /daɪə'bitiz/ s diabetes

diabetic /daɪə'betɪk/ adjetivo & sustantivo
- **adj 1** diabético -a **2** para diabéticos: *diabetic chocolate* chocolate para diabéticos
- **s** diabético -a

diabolical /daɪə'bɑlɪkəl/ adj **1** diabólico -a **2** BrE (informal) espantoso -a, terrible

diagnose /daɪəg'nous/ v [tr] **1** diagnosticar | **he was diagnosed with cancer/diabetes etc.** le diagnosticaron cáncer/diabetes etc. **2** encontrar [una falla, un problema]

diagnosis /daɪəg'nousɪs/ s (pl diagnoses /-siz/) diagnóstico

diagonal /daɪ'ægənl/ adj diagonal

diagonally /daɪ'ægənl-i/ adv en diagonal

diagram /'daɪəgræm/ s diagrama

dial /'daɪəl/ verbo & sustantivo
- **v** [tr/intr] (-led, -ling AmE, -lled, -lling BrE) marcar: *I dialed the wrong number.* Marqué mal el número.
- **s 1** carátula [de un reloj, un velocímetro, etc.] **2** cuadrante [de un radio]

dialect /'daɪəlekt/ s dialecto

'dialling code s BrE clave [telefónica]
► En inglés americano se usa **area code**

dialogue, también **dialog** AmE /'daɪəlɔg/ s diálogo

'dial tone AmE, **dialling tone** BrE s tono de marcar

diameter /daɪ'æmətər/ s diámetro: *It is two meters in diameter.* Tiene dos metros de diámetro.

diamond /'daɪmənd/ sustantivo & sustantivo plural
- **s 1** diamante, brillante **2** rombo **3** diamond anniversary AmE, diamond wedding (anniversary) BrE bodas de diamante
- **diamonds s pl** diamantes [palo de la baraja]

diaper /'daɪpər/ s AmE pañal

diaphragm /'daɪəfræm/ s **1** (músculo) diafragma **2** (aparato) diafragma

diarrhea AmE, **diarrhoea** BrE /daɪə'riə/ s diarrea

diary /'daɪri/ s (pl -ries) **1** diario [íntimo] | **to keep a diary** llevar un diario **2** BrE agenda

dice /daɪs/ sustantivo & verbo
- **s** (pl dice) | **to throw/roll the dice** tirar los dados **2** (juego de) dados | **to play dice** jugar a los dados
- **v** [tr] cortar en cuadritos

dictate /'dɪkteɪt/ v **1** [tr/intr] dictar **2** [tr] determinar, decidir **3** [tr] imponer [condiciones, etc.]
dictate to sb darle órdenes a alguien

dictation /dɪk'teɪʃən/ s dictado | **to take dictation** tomar dictado

dictator /'dɪkteɪtər/ s dictador -a

dictatorship /dɪk'teɪtərʃɪp/ s dictadura

dictionary /'dɪkʃəneri/ s (pl -ries) diccionario

did /dɪd/ pasado de **do**

didn't /'dɪdnt/ contracción de **did not**

die /daɪ/ v (pasado & participio died, gerundio dying) **1** [intr] morir, morirse | **to die of/from sth** morir(se) de algo: *They died of starvation.* murieron de hambre. | **to die for sth/sb** morir por algo/alguien: *He died for his country* Murió por su país. **2 to be dying for sth** morirse por algo: *I'm dying for a cup of coffee.* Me muero por una taza de café | **to be dying to do sth** morirse por hacer algo
die down 1 calmarse [tormenta, viento] **2** irse apagando [llamas] **3** decaer [interés], apagarse [risas, aplausos]
die off morir, ir muriendo
die out desaparecer

diesel /'dizəl/ s **1** diesel **2** (coche/motor etc.) diesel

diet /'daɪət/ sustantivo & verbo
- **s 1** dieta: *They live on a diet of fruit and insects.* Se alimentan de frutas e insectos. **2** dieta, régimen | **to be/go on a diet** estar/ ponerse a dieta
- **v** [intr] hacer dieta/régimen

differ /'dɪfər/ v [intr] **1** ser diferente, diferir | **to differ from sth/sb** diferenciarse de alguien/algo **2 to differ with sb on/about sth** discrepar con alguien sobre algo, no estar de acuerdo con alguien sobre algo

difference /'dɪfrəns/ s **1** diferencia: *I see no difference between them.* No veo ninguna diferencia entre ellos. | *There is a big difference in price.* Hay una gran diferencia de precio. **2** a difference of opinion una diferencia de opinión, una discrepancia | **to have your differences** tener sus diferencias **3 it makes no difference** no cambia las cosas, da igual: *Even if you'd tried to help it would have made no difference.* Aunque hubieras tratado de ayudar, no habrían cambiado las cosas. | **to make no difference to sb** darle lo mismo a alguien: *It makes no difference to her if I'm there or not.* Le da lo mismo que yo esté o no.

different /'dɪfrənt/ *adj* diferente, distinto -a | **different from sth/sb** diferente de algo/alguien, distinto -a de algo/alguien: *It's different from the one I saw in the store.* Es diferente del que vi en la tienda. ► Existen también las estructuras **different than sth/sb,** frecuente en el inglés americano oral y **different to sth/sb,** muy común en el inglés británico oral

differentiate /dɪfə'renʃieɪt/ *v* **1** (reconocer como distinto) **to differentiate between** distinguir entre: *Most people can't differentiate between the two drinks.* La mayoría de la gente no distingue entre las dos bebidas. | **to differentiate sth from sth** distinguir algo de algo **2** [tr] (hacer distinto) distinguir | **to differentiate sth from sth** distinguir algo de algo

differently /'dɪfrəntli/ *adv* (de manera) diferente

difficult /'dɪfəkʌlt/ *adj* **1** difícil: *It was difficult to concentrate.* Era difícil concentrarse. | **to make life/things difficult for sb** complicarle la vida a alguien **2** difícil [persona]: *a difficult customer* un cliente difícil | *He's just being difficult.* Se está haciendo el difícil.

difficulty /'dɪfɪkʌlti/ *s* (pl -ties) **1** problema | **to have difficulty (in) doing sth** tener problemas para hacer algo | **with difficulty** con dificultad: *She got out of her chair with difficulty.* Se levantó del sillón con dificultad. | **to be in difficulty/difficulties** tener problemas, estar en apuros | **to get/run into difficulties** empezar a tener problemas **2** dificultad

diffuse /dɪ'fjuːz/ *v* [tr] difundir

dig /dɪg/ *verbo & sustantivo*
■ *v* (gerundio **digging,** pasado & participio **dug**) **1** [intr] remover la tierra | **to dig for sth** excavar en busca de algo **2 to dig the garden** remover la tierra en el jardín **3 to dig a hole/tunnel etc.** cavar un pozo/túnel etc., hacer un pozo/túnel etc. **4 to dig sth into sth** clavar algo en algo | **to dig into sth** clavarse en algo
dig in (informal) empezar a comer
dig sth out 1 desenterrar algo **2** (informal) sacar algo [escondido o guardado]
dig sth up 1 arrancar algo, desenterrar algo **2** averiguar algo
■ *s* **1 to give sb a dig** darle un codazo a alguien [para que se calle, para despertarlo, etc.] **2 to have a dig at sb/sth** (informal) burlarse de alguien/algo **3** excavación [arqueológica]

digest /daɪ'dʒest/ *v* [tr] **1** digerir **2** asimilar [información, datos]

digestion /daɪ'dʒestʃən/ *s* digestión

digging the garden

digestive /daɪ'dʒestɪv/ *adj* digestivo -a

digger /'dɪgər/ *s* excavadora

digit /'dɪdʒɪt/ *s* dígito: *an eight-digit identification number* un número de identificación de ocho dígitos

digital /'dɪdʒɪtl/ *adj* digital: *digital television* televisión digital

dignified /'dɪgnəfaɪd/ *adj* digno -a

dignity /'dɪgnəti/ *s* dignidad

dike, también **dyke** /daɪk/ *s* **1** dique, terraplén **2** zanja, acequia

dilapidated /də'læpədeɪtɪd/ *adj* destartalado -a, derruido -a

dilemma /də'lemə/ *s* dilema | **to be in a dilemma** estar en un dilema

diligence /'dɪlədʒəns/ *s* diligencia, aplicación

diligent /'dɪlədʒənt/ *adj* **1** aplicado -a [alumno, trabajador, etc.] **2** concienzudo -a [trabajo, investigación, etc.]

dilute /dɪ'luːt/ *v* [tr] **1** diluir **2** debilitar, diluir

dim /dɪm/ *adjetivo & verbo*
■ *adj* (-mmer, -mmest) **1** tenue [luz] **2** borroso -a [figura, perfil, etc.] **3** vago -a [recuerdo, conciencia, etc.] **4** (informal) tonto -a, de pocas luces
■ *v* (-mmed, -mming) **1** [tr] bajar: *Can you dim the light a little?* ¿Puedes bajar un poquito la luz? **2 to dim your headlights** AmE bajar las luces [de un vehículo] **3** [intr] atenuarse

dime /daɪm/ *s* (moneda de) diez centavos [en EU y Canadá]

dimension /dɪ'menʃən/ *sustantivo & sustantivo plural*
■ *s* dimensión
■ **dimensions** *s pl* dimensiones

diminish /dɪ'mɪnɪʃ/ *v* (3ª pers sing -shes) **1** [tr] disminuir, reducir **2** [intr] disminuir, reducirse

diminutive /dɪ'mɪnjətɪv/ *adjetivo & sustantivo*
■ *adj* diminuto -a
■ *s* diminutivo

dimly /'dɪmli/ *adv* **1 dimly lit** poco iluminado -a **2** vagamente

din /dɪn/ *s* estruendo, barullo

dine /daɪn/ *v* [intr] (formal) cenar | **to dine on sth** cenar algo
dine out cenar fuera

diner /'daɪnər/ *s* **1** AmE restaurante, generalmente económico, decorado en el estilo de los años cincuenta **2** comensal

dinghy /'dɪŋi/ *s* (pl -ghies) **1** barco de vela [pequeño] **2** bote de goma

dingy /'dɪndʒi/ *adj* (-gier, -giest) sórdido -a [calle, habitación, etc.]

'dining room *s* comedor

dinner /'dɪnər/ *s* **1** cena ► ver abajo **2 what's for dinner?** ¿qué hay de cenar? **3 to have/eat dinner** cenar | **to have sth for dinner** cenar algo: *What do you want for dinner?* ¿Qué quieren cenar?

4 to ask sb to dinner invitar a alguien a cenar
5 to go out to dinner salir a cenar

> En algunas partes de Gran Bretaña, sobre todo en el norte del país, la comida principal o **dinner** se come al mediodía y equivale a nuestra *comida*.

'**dinner ,jacket** BrE ▶ ver **tuxedo**
'**dinner ,party** *s* (pl -ties) cena [con invitados]
dinnertime /'dɪnɚtaɪm/ *s* hora de cenar/comer
▶ ver nota en **dinner**
dinosaur /'daɪnəsɔr/ *s* dinosaurio
dip /dɪp/ *verbo & sustantivo*
■ *v* (-pped, -pping) **1 to dip sth in/into sth (a)** meter algo en algo: *I dipped my foot into the water.* Metí el pie en el agua. **(b)** sopear algo en algo **2** [intr] hundirse: *The sun dipped below the horizon.* El sol se hundió en el horizonte. **3** [intr] bajar [precio, temperatura] **4 to dip your headlights** BrE bajar las luces [de un vehículo]
dip into sth to dip into your savings recurrir a sus ahorros
■ *s* **1** (informal) chapuzón | **to go for a dip** (ir a) darse un chapuzón **2 a dip in sth** una baja en algo [temperaturas, precios] **3** bajada [en un camino] **4** dip [salsa para sopear papas fritas, verduras, etc.]
diploma /dɪ'ploumə/ *s* diploma | **to have a diploma in sth** ser diplomado -a en algo
diplomacy /dɪ'plouməsi/ *s* diplomacia
diplomat /'dɪpləmæt/ *s* diplomático -a
diplomatic /dɪplə'mætɪk/ *adj* diplomático -a
dire /daɪr/ *adj* **1** nefasto -a, terrible **2 to be in dire need of sth** tener una necesidad imperiosa de algo **3** (informal) espantoso -a
direct /də'rekt/ *adjetivo, verbo & adverbio*
■ *adj* **1** directo -a: *the most direct route* el camino más directo **2** directo -a [resultado, consecuencia] **3** directo -a [respuesta, persona]
■ *v* **1** [tr] (estar a cargo de) dirigir **2** [tr] dirigir: *My criticisms were directed at her, not at you.* Mis críticas iban dirigidas a ella, no a ti. **3 to direct sb to the station/the museum etc.** indicarle a alguien cómo llegar a la estación/al museo etc.: *Could you direct me to the hospital?* ¿Me podría indicar cómo llegar al hospital? **4** [tr/intr] (en cine, teatro) dirigir
■ *adv* directamente
di,rect 'billing AmE, **direct debit** BrE *s* cargo automático [para pagos regulares]
direction /də'rekʃən/ *sustantivo & sustantivo plural*
■ *s* **1** dirección, rumbo | **in the direction of** rumbo a, en dirección a | **in the opposite direction** en dirección contraria **2 under sb's direction** bajo la dirección de alguien
■ **directions** *s pl* **to ask sb for directions** pedirle indicaciones a alguien | **to give sb directions** darle indicaciones a alguien

directly /də'rektli/ *adv* **1** directamente **2 directly in front of/behind/opposite etc.** justo delante/detrás/enfrente etc.: *She lives directly opposite me.* Vive justo enfrente de mi casa. **3** directamente, abiertamente
director /də'rektər/ *s* **1** (de una empresa, una organización, etc.) director -a **2** (de una obra, una película) director -a
directory /də'rektəri/ *s* (pl -ries) **1** (de teléfonos) directorio (telefónico) **2** (lista) directorio **3** (en computación) directorio **4 directory assistance** AmE, **directory enquiries** BrE servicio telefónico que ofrece información sobre los números de los suscriptores
dirt /dɜrt/ *s* **1** suciedad **2** tierra | **a dirt track/road** un camino de terracería **3 to treat sb like dirt** tratar a alguien como a un perro
dirty /'dɜrti/ *adjetivo & verbo*
■ *adj* (-tier, -tiest) **1** sucio -a: *Your hands are dirty.* Tienes las manos sucias. **2 a dirty joke** un chiste colorado | **a dirty movie/magazine** una película/revista pornográfica **3** | **a dirty trick** una jugarreta **4 to do sb's dirty work** hacerle el trabajo sucio a alguien
■ *v* (-ties, -tied) **1** [tr] ensuciar **2** [intr] ensuciarse
disability /dɪsə'bɪləti/ *s* (pl -ties) discapacidad
disabled /dɪs'eɪbəld/ *adj* **1** discapacitado -a **2 the disabled** los discapacitados
disadvantage /dɪsəd'væntɪdʒ/ *s* desventaja | **to be at a disadvantage** estar en desventaja
disadvantaged /dɪsəd'væntɪdʒd/ *adj* desfavorecido -a
disadvantageous /ˌdɪsædvæn'teɪdʒəs/ *adj* desfavorable
disagree /dɪsə'gri/ *v* [intr] (pasado & participio disagreed) no estar de acuerdo: *I'm sorry but I disagree with you.* Perdóname, pero no estoy de acuerdo contigo. | **to disagree on/about sth** estar en desacuerdo en algo, no ponerse de acuerdo en algo: *We disagree on most things.* Estamos en desacuerdo en casi todo.
disagree with sb (hablando de comida) caerle mal a alguien: *Radishes disagree with me.* Los rabanitos me caen mal.
disagreeable /dɪsə'griəbəl/ *adj* desagradable
disagreement /dɪsə'grimənt/ *s* **1** desacuerdo **2** discusión
disappear /dɪsə'pɪr/ *v* [intr] desaparecer: *My keys have disappeared.* Han desaparecido mis llaves. | *He disappeared into the kitchen.* Se metió en la cocina. | **to disappear from view/sight** perderse de vista
disappearance /dɪsə'pɪrəns/ *s* desaparición
disappoint /dɪsə'pɔɪnt/ *v* [tr] decepcionar
disappointed /dɪsə'pɔɪntɪd/ *adj* decepcionado -a, desilusionado -a: *He's disappointed about not being able to go.* Está decepcionado porque no puede ir. | *I was disappointed with the hotel.*

---

i Las 2,000 palabras más importantes en inglés están señaladas en el texto.

disappointing

108 LONGMAN DICCIONARIO POCKET

El hotel me decepcionó. | *I'm disappointed in you, Sarah.* Me has decepcionado, Sarah.

disappointing /dɪsə'pɔɪntɪŋ/ adj decepcionante

disappointment /dɪsə'pɔɪntmənt/ s **1** (sentimiento) decepción, desilusión **2** (cosa o persona que decepciona): *The vacation was a real disappointment.* Las vacaciones nos decepcionaron. | **to be a disappointment to sb** defraudar/decepcionar a alguien

disapproval /dɪsə'pruvəl/ s desaprobación

disapprove /dɪsə'pruv/ v **to disapprove of sth/sb** considerar que algo no está bien, o que alguien no actúa o piensa, etc. como corresponde: *I disapprove of him going out every night.* No me parece bien que salga todas las noches. | *My parents disapprove of my boyfriend.* A mis padres no les gusta mi novio.

disarm /dɪs'ɑrm/ v **1** [tr] desarmar **2** [intr] desarmarse

disarmament /dɪs'ɑrməmənt/ s desarme

disarray /dɪsə'reɪ/ s (formal) **in disarray** **(a)** desarreglado -a, desordenado -a [habitación, ropa, etc.] **(b)** (referido a una organización, al gobierno): *The administration is in complete disarray.* Reina la confusión en el gobierno.

disassociate ▶ ver **dissociate**

disaster /dɪ'zæstər/ s **1** desastre, catástrofe **2** (fracaso) desastre

disastrous /dɪ'zæstrəs/ adj desastroso -a, catastrófico -a

disbelief /dɪsbə'lif/ s incredulidad

disc ▶ ver **disk**

discard /dɪ'skɑrd/ v [tr] (formal) tirar, desechar

discern /dɪ'sɜrn/ v [tr] (formal) distinguir, discernir

discernible /dɪ'sɜrnəbəl/ adj (formal) perceptible

discharge¹ /dɪs'tʃɑrdʒ/ v [tr] **1** (del hospital) dar de alta: *He was discharged from the hospital the same day.* Lo dieron de alta del hospital el mismo día. **2** (de las fuerzas armadas) dar de baja **3** arrojar, verter

discharge² /'dɪstʃɑrdʒ/ s **1** emisión, derrame **2** secreción **3** alta [del hospital] **4** (de las fuerzas armadas) baja

discipline /'dɪsəplɪn/ sustantivo & verbo
■ s disciplina
■ v [tr] disciplinar, sancionar

'disc ,jockey ▶ ver **disk jockey**

disclose /dɪs'kloʊz/ v [tr] (formal) revelar

disco /'dɪskoʊ/ s baile [fiesta con DJ]

discomfort /dɪs'kʌmfərt/ s incomodidad, molestia(s)

disconcerting /dɪskən'sɜrtɪŋ/ adj desconcertante

disconnect /dɪskə'nekt/ v [tr] desconectar

discontented /dɪskən'tentɪd/ adj descontento -a, inconforme

discount¹ /'dɪskaʊnt/ sustantivo & verbo
■ s descuento: *They gave me a 20% discount* Me hicieron el 20% de descuento. | **at a discount** con descuento
■ v [tr] rebajar [un producto]

discount² /dɪs'kaʊnt/ v [tr] descartar

discourage /dɪ'skɜrɪdʒ/ v [tr] **1** desalentar | **to discourage sb from doing sth** disuadir a alguien de hacer algo **2** desanimar

discover /dɪ'skʌvər/ v [tr] descubrir: *Pluto was discovered in 1930.* Plutón fue descubierto en 1930. | *Did you ever discover who sent you the flowers?* ¿Al final descubriste quién te mandó las flores?

discovery /dɪ'skʌvəri/ (pl -ries) s descubrimiento: *an important scientific discovery* un descubrimiento científico importante | *the discovery of oil in Texas* el descubrimiento de petróleo en Texas | **to make a discovery** hacer un descubrimiento

discredit /dɪs'kredɪt/ v [tr] desacreditar, desprestigiar

discreet /dɪ'skrit/ adj discreto -a

discreetly /dɪ'skritli/ adv discretamente

discrepancy /dɪ'skrepənsi/ s (pl -cies) discrepancia, diferencia

discretion /dɪ'skreʃən/ s **1** juicio, discreción | **at sb's discretion** a criterio de alguien, a discreción de alguien **2** (tacto) discreción

discriminate /dɪ'skrɪmənet/ v **1** [intr] **to discriminate (against sb)** discriminar (a alguien) **2** [tr/intr] distinguir

discrimination /dɪ,skrɪmə'neɪʃən/ s discriminación

discuss /dɪ'skʌs/ v [tr] (3ª pers sing -sses) hablar de: *Have you discussed this with your mother?* ¿Hablaste de esto con tu mamá?

discussion /dɪ'skʌʃən/ s conversación, discusión | **to have a discussion about sth** tener una conversación sobre algo, hablar de algo

disdain /dɪs'deɪn/ s desdén, desprecio

disease /dɪ'ziz/ s enfermedad, enfermedades: *a contagious disease* una enfermedad contagiosa | *the risk of heart disease* el riesgo de enfermedades cardíacas ▶ ¿DISEASE O ILLNESS? ver nota en **enfermedad**

disembark /dɪsɪm'bɑrk/ v [intr] desembarcar

disenchanted /dɪsɪn'tʃæntɪd/ adj desencantado -a, desilusionado -a

disfigure /dɪs'fɪgjər/ v [tr] desfigurar, afear

disgrace /dɪs'greɪs/ sustantivo & verbo
■ s **1** vergüenza: *The food was a disgrace.* La comida era una vergüenza. **2** oprobio, deshonra **3** **in disgrace** castigado -a: *We were sent to bed in disgrace.* Nos mandaron castigados a la cama.
■ v [tr] **1** hacerle pasar vergüenza a **2** **to disgrace yourself** hacer un papelazo

disgraceful /dɪs'greɪsfəl/ adj vergonzoso -a

disgruntled /dɪs'grʌntld/ adj descontento -a

¿No estás seguro de si se usa make o do? Mira las entradas hacer, make y do.

disguise /dɪsˈgaɪz/ *sustantivo & verbo*
- *s* **1** disfraz **2 in disguise** disfrazado -a
- *v* [tr] **1** disfrazar **2** disimular

disgust /dɪsˈgʌst/ *sustantivo & verbo*
- *s* indignación, asco | **in disgust** indignado -a: *We left in disgust.* Nos fuimos indignados. | **with disgust** con asco, con indignación
- *v* [tr] darle asco a, indignar: *You disgust me!* ¡Me das asco!

disgusting /dɪsˈgʌstɪŋ/ *adj* asqueroso -a, desagradable: *What's that disgusting smell?* ¿De qué es ese olor tan asqueroso?

dish /dɪʃ/ *sustantivo, sustantivo plural & verbo*
- *s* (pl **dishes**) **1** plato [sopero] **2** platón **3** platillo [comida]: *a seafood dish* un platillo de mariscos
- **the dishes** *s pl* los platos, los trastes | **to do/wash the dishes** lavar los platos/los trastes
- *v* **dish sth out** (informal) repartir algo
  dish sth up servir algo

disheartened /dɪsˈhɑrtnd/ *adj* descorazonado -a

disheveled AmE, **dishevelled** BrE /dɪˈʃevəld/ *adj* desaliñado -a, despeinado -a

dishonest /dɪsˈɑnɪst/ *adj* deshonesto -a

dishonestly /dɪsˈɑnɪstli/ *adv* de manera deshonesta

dishonesty /dɪsˈɑnɪsti/ *s* falta de honestidad

dishonor AmE, **dishonour** BrE /dɪsˈɑnər/ *sustantivo & verbo*
- *s* (formal) deshonra
- *v* [tr] (formal) deshonrar

dishonorable AmE, **dishonourable** BrE /dɪsˈɑnərəbəl/ *adj* deshonroso -a, falto -a de ética

'dish ,towel *s* AmE trapo [para secar los trastes]

dishwasher /ˈdɪʃwɑʃər/ *s* (electrodoméstico) lavavajillas, lavaplatos

'dish-washing ,liquid *s* AmE lavatrastes, lavavajillas [líquido]

disillusioned /dɪsəˈluːʒənd/ *adj* desilusionado -a

disinfect /dɪsɪnˈfekt/ *v* [tr] desinfectar

disinfectant /dɪsɪnˈfektənt/ *s* desinfectante

disintegrate /dɪsˈɪntəgreɪt/ *v* [intr] desintegrarse

disinterested /dɪsˈɪntrɪstɪd/ *adj* (formal) imparcial, desinteresado -a

disk, también **disc** BrE /dɪsk/ *s* **1** disco [en computación] ▶ ver también **floppy disk**, **hard disk 2** AmE disco [de cualquier tipo]

'disk drive *s* unidad de disco

diskette /dɪˈsket/ *s* diskette, disquete

'disk ,jockey AmE, **disc jockey** BrE *s* disc jockey

dislike /dɪsˈlaɪk/ *verbo & sustantivo*
- *v* [tr] encontrar algo o a alguien desagradable: *I dislike getting up early.* No me gusta levantarme temprano.
- *s* **1** aversión [de/por algo **2** | **took an instant dislike to her/to the house etc.** me cayó mal/la casa no me gustó etc. desde el principio

dislocate /dɪsˈloʊkeɪt/ *v* [tr] dislocarse

dislodge /dɪsˈlɑdʒ/ *v* [tr] sacar, hacer salir/caer

disloyal /dɪsˈlɔɪəl/ *adj* desleal | **to be disloyal to sb** ser desleal con alguien

dismal /ˈdɪzməl/ *adj* **1** lúgubre, deprimente **2** nefasto -a

dismantle /dɪsˈmæntl/ *v* [tr] desarmar

dismay /dɪsˈmeɪ/ *sustantivo & verbo*
- *s* (formal) consternación | **with/in dismay** consternado -a
- *v* [tr] (formal) consternar

dismiss /dɪsˈmɪs/ *v* [tr] (3ª pers sing -**sses**) **1** descartar **2** (formal) despedir [de un trabajo]

dismissal /dɪsˈmɪsəl/ *s* (formal) despido

dismissive /dɪsˈmɪsɪv/ *adj* desdeñoso -a

disobedience /dɪsəˈbiːdiəns/ *s* desobediencia

disobedient /dɪsəˈbiːdiənt/ *adj* desobediente

disobey /dɪsəˈbeɪ/ *v* [tr/intr] desobedecer

disorder /dɪsˈɔrdər/ *s* **1** desorden | **in disorder** desordenado -a **2** disturbios

disorganized, -ised BrE /dɪsˈɔrgənaɪzd/ *adj* desorganizado -a

disoriented /dɪsˈɔrientɪd/, **disorientated** /dɪsˈɔrienteɪtɪd/ BrE *adj* desorientado -a

disown /dɪsˈoʊn/ *v* [tr] desconocer, renegar de [una persona, una amistad, etc.]

disparity /dɪˈspærəti/ *s* (pl -**ties**) disparidad

dispatch, también **despatch** BrE /dɪˈspætʃ/ *v* [tr] (3ª pers sing -**ches**) enviar, despachar

dispel /dɪˈspel/ *v* [tr] (-**lled**, -**lling**) **1** disipar [temores, dudas, etc.] **2** erradicar [creencias, ideas, etc.]

dispense /dɪˈspens/ *v* [tr] (formal) **1** suministrar [alimentos, medicamentos] **2** expender [bebidas, golosinas, etc.]
dispense with sth prescindir de algo

dispenser /dɪˈspensər/ *s* **1** máquina (expendedora) **2** dispensador, despachador [para jabón líquido] ▶ ver también **cash**

disperse /dɪˈspɜrs/ *v* **1** [tr] dispersar **2** [intr] dispersarse

displace /dɪsˈpleɪs/ *v* [tr] **1** (sustituir) desplazar **2** (a personas) desplazar [obligar a abandonar su hogar y dirigirse a otro sitio]

display /dɪˈspleɪ/ *sustantivo & verbo*
- *s* **1** muestra, exhibición | **on display** en exhibición **2** despliegue **3** show, exhibición **4** pantalla
- *v* [tr] **1** exhibir **2** demostrar

disposable /dɪˈspoʊzəbəl/ *adj* desechable, descartable

disposal /dɪˈspoʊzəl/ *s* **1** eliminación [de residuos, etc.] **2 at your/my etc. disposal** a su/mi etc. disposición

dispose /dɪˈspoʊz/ *v* **dispose of sth** deshacerse de algo, desechar algo

disposed /dɪˈspoʊzd/ *adj* (formal) **to be disposed to do sth** sentirse dispuesto -a a hacer algo

disprove /dɪs'pruːv/ v to disprove a theory/an argument/an accusation refutar una teoría/un argumento/una acusación

dispute /dɪ'spjuːt/ sustantivo & verbo
- s 1 conflicto, disputa | to be in dispute with sb estar en conflicto con alguien 2 discusión 3 to be in dispute estar en discusión
- v [tr] discutir, cuestionar

disqualify /dɪs'kwɒləfaɪ/ v [tr] (-fies, -fied) descalificar

disregard /dɪsrɪ'gɑːrd/ v [tr] (formal) ignorar, no tomar en cuenta

disrepute /dɪsrɪ'pjuːt/ s to bring sth into disrepute desacreditar algo

disrespect /dɪsrɪ'spekt/ s falta de respeto

disrupt /dɪs'rʌpt/ v [tr] 1 trastornar, impedir el desarrollo normal de [un proceso, una reunión, etc.] 2 desbaratar [planes]

disruption /dɪs'rʌpʃən/ s trastornos

disruptive /dɪs'rʌptɪv/ adj que perturba el normal desarrollo de una actividad

dissatisfaction /dɪˌsætɪs'fækʃən/ s insatisfacción, descontento

dissatisfied /dɪˌsætɪsfaɪd/ adj descontento -a, insatisfecho -a | to be dissatisfied with sth/sb estar descontento -a con algo/alguien

dissect /dɪ'sekt/ v [tr] disecar, hacer la disección de

dissent /dɪ'sent/ s desacuerdo

dissertation /dɪsər'teɪʃən/ s tesina, tesis

dissident /'dɪsədənt/ s disidente

dissociate /dɪ'souʃieɪt/, **disassociate** /dɪsə'souʃieɪt/ v to dissociate yourself from sth/sb desvincularse de algo/alguien

dissolve /dɪ'zɑlv/ v 1 (en líquido) [intr] disolverse, [tr] disolver 2 [tr] (poner fin a) disolver

dissuade /dɪ'sweɪd/ v to dissuade sb (from doing sth) disuadir a alguien (de hacer algo)

distance /'dɪstəns/ sustantivo & verbo
- s 1 distancia: *a vast distance* una enorme distancia | *The coast is only a short distance away.* La costa no está muy lejos. | *I live within walking distance of school.* Puedo ir caminando de mi casa a la escuela. 2 at/from a distance de lejos | in the distance a lo lejos 3 to keep your distance (a) mantenerse alejado -a (b) guardar las distancias
- v to distance yourself from sth tomar distancia de algo | to distance yourself from sb distanciarse de alguien

distant /'dɪstənt/ adj 1 lejano -a, remoto -a: *distant lands* tierras lejanas | *in the distant past* en el pasado remoto 2 lejano -a [pariente] 3 distante [en el trato]

distaste /dɪs'teɪst/ s desagrado, rechazo

distill AmE, **distil** BrE /dɪ'stɪl/ v [tr] (-lled, -lling) destilar

distillery /dɪ'stɪləri/ s (pl -ries) destilería

distinct /dɪ'stɪŋkt/ adj 1 distinto -a | distinct from sth distinto -a de algo 2 claro -a [posibilidad, ventaja], inconfundible [olor]

distinction /dɪ'stɪŋkʃən/ s 1 distinción | to make/draw a distinction establecer una distinción | without distinction sin distinciones 2 honor 3 mención especial que se obtiene cuando un examen es muy bueno 4 with distinction con una notable actuación

distinctive /dɪ'stɪŋktɪv/ adj característico -a, inconfundible

distinguish /dɪ'stɪŋgwɪʃ/ v [tr] (3ª pers sing -shes) 1 distinguir: *How do you distinguish between the male and the female?* ¿Cómo distingues el macho de la hembra? | *He can't distinguish red from green.* No distingue el rojo del verde. 2 to distinguish yourself distinguirse, lucirse

distinguished /dɪ'stɪŋgwɪʃt/ adj 1 destacado -a 2 distinguido -a

distort /dɪ'stɔrt/ v [tr] 1 tergiversar 2 distorsionar

distortion /dɪ'stɔrʃən/ s 1 tergiversación 2 distorsión

distract /dɪ'strækt/ v [tr] distraer: *Don't distract me when I'm studying.* No me distraigas cuando estoy estudiando.

distraction /dɪ'strækʃən/ s distracción

distraught /dɪ'strɔt/ adj desesperado -a, angustiado -a

distress /dɪ'stres/ sustantivo & verbo
- s angustia | in distress (a) angustiado -a (b) en peligro [barco]
- v [tr] angustiar, afligir

distressed /dɪ'strest/ adj angustiado -a

distressing /dɪ'stresəl/ adj angustiante

distribute /dɪ'strɪbjət/ v [tr] distribuir, repartir

distribution /dɪstrə'bjuʃən/ s distribución

distributor /dɪ'strɪbjətər/ s 1 (empresa) distribuidor -a 2 (en un coche) distribuidor

district /'dɪstrɪkt/ s 1 zona [de una ciudad] 2 región [de un país] 3 distrito, circunscripción

distrust /dɪs'trʌst/ sustantivo & verbo
- s desconfianza
- v [tr] desconfiar de

disturb /dɪ'stɜrb/ v [tr] 1 molestar: *I hope I'm not disturbing you.* No te estoy molestando, ¿no? | *"Do not disturb"* "No molestar" 2 perturbar

disturbance /dɪ'stɜrbəns/ s 1 molestia(s) 2 disturbio(s), alboroto

disturbed /dɪ'stɜrbd/ adj trastornado -a

disturbing /dɪ'stɜrbɪŋ/ adj inquietante, perturbador -a

disused /dɪs'juzd/ adj en desuso

ditch /dɪtʃ/ sustantivo & verbo
- s (pl ditches) zanja, cuneta
- v [tr] (3ª pers sing -ches) (informal) 1 dejar [a un novio, etc.] 2 abandonar [un plan] 3 deshacerse de, botar [un objeto]

dither /'dɪðər/ *v* [intr] titubear

ditto /'dɪtəʊ/ *adv* ídem, igual

dive /daɪv/ *verbo & sustantivo*
- *v* [intr] (pasado **dived** o **dove** AmE, participio **dived**) **1** zambullirse, aventarse/echarse un clavado: *A man dove in and rescued her.* Un hombre se zambulló y la rescató. **2** aventarse: *The goalkeeper dived for the ball.* El portero se aventó para atrapar la pelota.
- *s* zambullida, clavado

diver /'daɪvər/ *s* buzo [nadador]

mask

diver

wetsuit   flippers

diverse /daɪ'vɜrs/ *adj* variado -a, diverso -a

diversify /dɑ'vɜrsəfaɪ/ *v* (-fies, -fied) **1** [intr] diversificarse **2** [tr] diversificar

diversion /dɑ'vɜrʒən/ *s* **1** distracción **2** BrE ▶ ver **detour**

diversity /dɑ'vɜrsəti/ *s* diversidad

divert /dɑ'vɜrt/ *v* [tr] **1** desviar **2** **to divert attention from sth** desviar la atención de algo

divide /dɑ'vaɪd/ *verbo & sustantivo*
- *v* **1** **to divide sth (up) into sth** dividir algo en algo: *The teacher divided the class into two groups.* La profesora dividió la clase en dos grupos. | **to divide (up) into sth** dividirse en algo: *We divided up into groups of four.* Nos dividimos en grupos de cuatro. **2** separar | **to divide sth from sth** separar algo de algo **3** **to divide sth between/among** dividir/repartir algo entre: *His fortune will be divided among his three children.* Su fortuna se va a dividir entre sus tres hijos. **4** [tr/intr] dividir: *100 divided by 20 is 5.* 100 dividido (entre/por) 20 es 5.
- *s* línea divisoria

di‚vided 'highway *s* AmE carretera/autopista de doble carril

dividend /'dɪvədend/ *s* dividendo | **to pay dividends** dar/rendir dividendos, reportar beneficios

divine /dɑ'vaɪn/ *adj* divino -a

diving /'daɪvɪŋ/ *s* **1** buceo, submarinismo **2** clavadismo, saltos de trampolín

'diving board *s* trampolín [en una alberca]

division /dɑ'vɪʒən/ *s* **1** (separación) división **2** (en matemática) división **3** departamento, sección **4** (desacuerdo) división **5** (en deporte) división

divorce /dɑ'vɔrs/ *sustantivo & verbo*
- *s* divorcio | **to get a divorce** divorciarse
- *v* **1** [tr] divorciarse de **2** [intr] divorciarse **3** **to get divorced** divorciarse

divorcee /dɑvɔr'si/ *s* **1** (también **divorcée**) AmE divorciada **2** BrE divorciado -a

divulge /dɑ'vʌldʒ/ *v* [tr] (formal) **1** divulgar **2** **to divulge sth to sb** revelarle algo a alguien

DIY /di aɪ 'waɪ/ *s* (= **do-it-yourself**) BrE ▶ ver **do-it-yourself**

dizzy /'dɪzi/ *adj* (-zzier, -zziest) mareado -a | **to feel dizzy (a)** marearse, sentirse mareado -a **(b)** sentir vértigo: *I felt dizzy.* Me dio vértigo.

DJ /'di dʒeɪ/ *s* (= **disk jockey**) DJ

do /du/ *verbo auxiliar, verbo & sustantivo*
- *v aux* ▶ ver recuadro en página 112
- *v* **1** hacer: *Are you doing anything this weekend?* ¿Van a hacer algo este fin de semana? | *Have you done your homework?* ¿Has hecho la tarea? | *I did German at college.* Estudié alemán en la universidad. ▶ ¿TO DO o TO MAKE? ver **hacer**
2 **what do you do for a living?** ¿a qué te dedicas?, ¿en/de qué trabajas?
3 **what can I do for you?** ¿en qué puedo ayudarlo?
4 **to do the dishes** lavar los platos/trastes
5 **to do your hair** peinarse | **to have your hair done** ir a la peluquería [a peinarse]
6 (desempeñarse, estar): *How did I do?* ¿Cómo estuve? | *The team is doing very well.* Al equipo le va muy bien. | *I did terribly in my audition.* Me fue horriblemente mal en la audición. | *How are you doing?* ¿Cómo te va?
7 (con períodos de tiempo): *He did five years in jail.* Pasó cinco años en la cárcel. | *I did two years as a teacher.* Trabajé dos años de profesor.
8 (hablando de alimentos) preparar, hacer: *Can you do the vegetables?* ¿Puedes preparar las verduras? | *She did roast chicken.* Hizo pollo al horno.
9 (hablando de productos en venta) tener, vender: *Do you do perfumed candles?* ¿Venden velas perfumadas?
10 (hablando de comidas) servir: *We don't do food in the evenings.* No servimos comida en la noche.
11 (con velocidades) ir a: *She was doing 120 mph.* Iba a 120 millas por hora.
12 (ser adecuado) alcanzar, servir: *Here's $20. That should do.* Toma $20. Te debería alcanzar. | *I have this old blanket. Will that do?* Tengo esta manta vieja. ¿Sirve? | **that will do!** ¡basta!

do away with sth eliminar algo, abolir algo

do for sb to be done for (informal) estar perdido -a: *If he finds me here, I'm done for!* ¡Si me encuentra aquí, estoy perdido!

do sth up 1 (referido a prendas, botones, etc.) **to do your shirt/jacket/buttons etc. up** abrocharse la camisa/el saco/los botones etc. | **to do your zipper up** subirse el cierre | **to do your laces up** amarrarse/atarse las agujetas, amarrarse los zapatos **2** **to do a house up** (informal) mejorar/remodelar una casa

do with sth 1 **could do with sth** frase que se usa para expresar que algo no vendría mal: *I could do with a drink.* No me vendría mal un trago. | *The door could do with some oil.* A la puerta no le vendría mal un poco de aceite. **2** **to be/to have to do with sth/sb** tener que ver con algo/alguien:

Her job is something to do with television. Su trabajo tiene algo que ver con la televisión. | *It has nothing to do with you.* No tiene nada que ver contigo.

do without sth prescindir de algo, arreglárselas sin algo: *I can't do without the car.* No puedo prescindir del coche.

■ *s* **1 the dos and don'ts (a)** las normas **(b)** lo que es aconsejable y lo que no es aconsejable hacer **2** BrE (informal) reunión, fiesta

docile /'dəsəl, BrE 'dousaıl/ *adj* dócil

dock /dɑk/ *sustantivo & verbo*
■ *s* **1** muelle, dársena | **the docks** el puerto **2 the dock** el banquillo (de los acusados)
■ *v* **1** [intr] llegar (a puerto) **2** [tr/intr] amarrar [un barco] **3** [intr] acoplarse [referido a una nave espacial]

doctor /'dɑktər/ *sustantivo & verbo*
■ *s* **1** doctor -a, médico -a | **to go to the doctor** ir al médico **2** doctor: *a Doctor of Philosophy* un doctor en filosofía
■ *v* [tr] falsear [cifras, pruebas, un informe]

doctorate /'dɑktərət/ *s* doctorado

doctrine /'dɑktrın/ *s* doctrina

document¹ /'dɑkjəmənt/ *s* documento

document² /'dɑkjə'ment/ *v* [tr] documentar

documentary /'dɑkjəmentri/ *sustantivo & adjetivo*
■ *s* (pl -ries) documental
■ *adj* documental

documentation /,dɑkjəmən'teıʃən/ *s* documentación

dodge /dɑdʒ/ *v* **1** [tr] esquivar **2** [intr] hacerse a un lado **3 to dodge behind a tree/a car etc.** esconderse detrás de un árbol/un carro etc. **4** [tr] eludir [a un perseguidor] **5 to dodge the issue/the question** eludir el tema

dodgy /'dɑdʒi/ *adj* (-dgier, -dgiest) BrE (informal) **1** no fiable: *He's a pretty dodgy character.* Es un personaje truculento.: *He has a dodgy heart.* Sufre del corazón. **2** delicado -a [situación]

doe /dou/ *s* hembra [de ciervo, conejo o liebre]

does /dəz/, acentuado dʌz/ 3ª pers sing de **do**

doesn't /'dʌzənt/ contracción de **does not**

dog /dɔg/ *sustantivo & verbo*
■ *s* perro -a
■ *v* **to be dogged by misfortune/ill health etc.** ser perseguido -a por la mala suerte/las enfermedades etc.

dogged /'dɔgıd/ *adj* tenaz, obstinado -a

dogsbody /'dɔgzbɑdi/ *s* (pl -dies) BrE persona que se ocupa de las tareas que nadie quiere hacer

doing /'duıŋ/ *s* **1 to be your/his etc. doing** ser cosa tuya/suya etc.: *This is your doing, isn't it?* Esto es cosa tuya ¿verdad? **2 to take some doing** costar mucho trabajo

do-it-yourself abreviatura **DIY** /,di aı 'waı/ *s* hágalo usted mismo [actividad que consiste en decorar o hacer arreglos en la casa uno mismo]

---

do *verbo auxiliar*

1 EN LA FORMACIÓN DEL INTERROGATIVO
Do you like apples? ¿Te gustan las manzanas? | *Does Matt play in your band?* ¿Matt toca en tu banda? | *What did you say?* ¿Qué dijiste?

2 EN LA FORMACIÓN DEL NEGATIVO
Don't touch that. No toques eso. | *We didn't go out.* No salimos. | *She doesn't live here.* No vive acá.

3 PARA NO REPETIR UN VERBO
She eats a lot more than I do. Come mucho más que yo. | *"Who made the cake?" "I did."* –¿Quién hizo el pastel? –Yo. | *"I love chocolate." "So do I."* –Me encanta el chocolate. –A mí también.

4 EN "QUESTION TAGS"
You know Tony, don't you? Conoces a Tony ¿no? | *She didn't stay, did she?* No se quedó ¿no?

5 PARA ENFATIZAR
Do be careful! ¡Ten cuidado, por favor! | *I did tell you. You must have forgotten.* Sí te lo dije. Lo debes haber olvidado.

---

dole /doul/ *s* BrE **the dole** el seguro de desempleo | **to be/go on the dole** cobrar/anotarse para cobrar un seguro de desempleo

doll /dɑl/ *s* muñeco -a

dollar /'dɑlər/ *s* dólar | **a dollar bill** un billete de dólar

dolphin /'dɑlfın/ *s* delfín

dome /doum/ *s* cúpula

domestic /də'mestık/ *adj* **1 domestic affairs/market** asuntos internos/mercado interno | **domestic flights** vuelos nacionales **2** doméstico -a, de la casa | **domestic appliance** electrodoméstico

domesticated /də'mestıkeıtıd/ *adj* **1** hogareño -a, de su casa **2** domesticado -a

dominance /'dɑmənəns/ *s* dominio, supremacía

dominant /'dɑmənənt/ *adj* dominante, predominante

dominate /'dɑməneıt/ *v* [tr/intr] dominar

domination /dɑmə'neıʃən/ *s* dominación

domineering /dɑmə'nırıŋ/ *adj* dominante, autoritario -a

Dominican /də'mınıkən/ *adj & s* **1** dominico -a **2** dominicano -a

Do,minican Re'public *s* República Dominicana

domino /'dɑmənou/ *s* **1** (pl -noes) ficha [de dominó] **2 dominoes** dominó | **to play dominoes** jugar dominó **3 domino effect** efecto dominó

donate /'douneıt/ *v* [tr] donar

donation /dou'neıʃən/ *s* donación | **to make a donation (to sth)** hacer una donación (para algo)

---

done¹ /dʌn/ *adj* **1** hecho -a, terminado -a **2** cocido -a **3** it's not the done thing no es bien visto **4** done! ¡(trato) hecho!

done² participio de **do**

donkey /'dɑŋki/ *s* burro

donor /'dəʊnər/ *s* donante

don't /dəʊnt/ contracción de **do not**

donut, también **doughnut** BrE /'dəʊnʌt/ *s* dona [rosquilla o esfera de masa dulce frita]

doom /dum/ *v* to be doomed to sth estar condenado -a a algo

door /dɔr/ *s* **1** puerta: *There's someone at the door.* Llaman a la puerta. | to answer/get the door (ir a) abrir la puerta **2** casa: *He lives two doors down from us.* Vive a dos casas de la nuestra. **3** (from) door to door de puerta en puerta, (de) puerta a puerta

doorbell /'dɔrbel/ *s* timbre [de la puerta de entrada]

doorknob /'dɔrnɑb/ *s* perilla [de una puerta]

doorman /'dɔrmæn/ *s* (pl -men) portero [de un edificio, etc.]

doormat /'dɔrmæt/ *s* tapete (de entrada) [para limpiarse los zapatos]

doorstep /'dɔrstep/ *s* **1** umbral [de la puerta de entrada] **2** on your doorstep en la puerta de su casa

door-to-door *adj* a domicilio

doorway /'dɔrweɪ/ *s* puerta, entrada [la abertura]

dope /dəʊp/ *sustantivo & verbo*
■ *s* (informal) **1** mota **2** bobo -a, zonzo -a
■ *v* [tr] (informal) drogar

dormant /'dɔrmənt/ *adj* **1** latente **2** a dormant volcano un volcán inactivo

dormitory /'dɔrmətɔri/ *s* (pl -ries) **1** AmE residencia universitaria **2** dormitorio [en un internado, un albergue, etc.]

dosage /'dəʊsɪdʒ/ *s* dosis

dose /dəʊs/ *s* dosis

dot /dɑt/ *sustantivo & verbo*
■ *s* **1** punto **2** on the dot en punto: *at five on the dot* a las cinco en punto
■ *v* [tr] (-tted, -tting) **1** ponerle punto(s) a **2** to be dotted with sth estar salpicado -a/lleno -a de algo: *The lake was dotted with boats.* El lago estaba salpicado de botes.

dot.com /dɑt 'kɑm/ *adj & s* punto com

dote /dəʊt/ *v* dote on sb adorar a alguien

doting /'dəʊtɪŋ/ *adj* his doting father/mother etc. su padre/madre etc. que lo adora

dotted 'line *s* **1** línea punteada **2** to sign on the dotted line firmar, comprometerse

double /'dʌbəl/ *adjetivo, verbo, sustantivo, sustantivo plural & adverbio*
■ *adj* **1** doble: *a double helping of ice cream* una porción doble de helado | *a double room* una habitación doble | *double doors* puerta de doble hoja **2** double figures dos cifras [números superiores

a 9]: *His score barely reached double figures.* Su puntaje apenas alcanzó las dos cifras. **3** BrE (usado al leer números): *My number is two nine double five.* Mi número es dos, nueve, cinco, cinco.
■ *v* **1** [tr] duplicar **2** [intr] duplicarse **3** [tr] (también double over) doblar **4** to double (up) as sth hacer las veces de algo
double back volver atrás
double up to double up with pain/laughter, también to be doubled up with pain/laughter retorcerse de dolor/desternillarse de la risa
■ *s* **1** habitación doble: *"I'd like a room, please." "Would that be a double or a single, sir?"*–Quisiera una habitación, por favor. –¿Doble o sencilla, señor? **2** whisky, coñac, etc. doble **3** (persona idéntica a otra): *Caroline is her mother's double.* Caroline es el vivo retrato de su madre. **4** (de un actor) doble
■ *doubles s pl* dobles [en tenis] | men's/women's/mixed doubles dobles masculinos/femeninos/mixtos
■ *adv* **1** to see double ver doble **2** to be bent double estar doblado -a en dos **3** to fold sth double doblar algo en dos

double-'barreled AmE, **double-barrelled** BrE *adj* **1** de dos cañones [fusil] **2** a double-barrelled name/surname BrE un apellido compuesto, un doble apellido

double bass /ˌdʌbəl 'beɪs/ *s* contrabajo

double 'bed *s* cama matrimonial

double-'breasted *adj* a double-breasted jacket/coat etc. un saco/un abrigo etc. cruzado

double-'check *v* **1** [intr] volver a mirar **2** [tr] revisar

double 'cream *s* BrE crema doble

double-'cross *v* [tr] (3ª pers sing -sses) traicionar

double-'decker, también **double-decker bus** *s* autobús/camión de dos pisos

double-'glazing *s* doble acristalamiento

doubly /'dʌbli/ *adv* doblemente

doubt /daʊt/ *sustantivo & verbo*

double decker

■ *s* **1** duda: *She expressed doubts about his ability.* Expresó dudas sobre su capacidad. **2** no doubt sin duda **3** to have your doubts (about sth/sb) tener (sus) dudas (sobre algo/alguien) **4** if/when in doubt en caso de duda **5** to be in doubt ser incierto -a [el futuro de algo o alguien] **6** beyond doubt fuera de duda, más allá de toda duda **7** without doubt sin (lugar a) dudas
■ *v* [tr] dudar (de): *I doubt she'll be back.* Dudo que vuelva.

ⓘ Hay una lista de **términos gramaticales** en el interior de la cubierta.

doubtful /'dautfəl/ adj **1** no convencido -a, dubitativo -a: *She agreed, but still looked doubtful.* Dijo que sí, pero no parecía convencida. | **to be doubtful about (doing) sth** tener (sus) dudas sobre (si hacer o no) algo **2** incierto -a [futuro] **3** poco probable **4** dudoso -a, cuestionable

doubtfully /'dautfəli/ adv sin convicción

doubtless /'dautləs/ adv (formal) seguramente, sin dudas

dough /dou/ s masa [para pan, bollos, etc.]

doughnut ▶ ver **donut**

douse, también **dowse** /daus/ v [tr] **1** apagar [el fuego con agua] **2** to douse sth/sb with sth empapar algo/a alguien con algo

dove¹ /dʌv/ s paloma [de las pequeñas, que se suelen usar como símbolo de la paz]

dove² /douv/ AmE pasado de **dive**

down /daun/ adverbio, preposición, adjetivo & sustantivo
■ **adv & prep** ▶ ver recuadro
■ **adj** **1** to be/feel down estar/sentirse deprimido -a **2** (informal) (para expresar la idea de "hecho"): *That's eight down, two to go.* Ya hicimos ocho, nos faltan dos. **3** (en informática): *The system is down.* Se cayó el sistema.
■ **s** **1** plumón [de ave] **2** pelusa [pelo de un bebé, etc.]

downcast /'daunkæst/ adj abatido -a

downfall /'daunfɔl/ s **1** caída, ruina **2** perdición: *Greed will be his downfall.* La codicia va a ser su perdición.

downgrade /'daungreid/ v [tr] **1** bajar de categoría, degradar **2** desvalorizar, minimizar la importancia de

downhearted /daun'hartid/ adj desmoralizado -a, desanimado -a

downhill /daun'hil/ adverbio & adjetivo
■ **adv** **1** cuesta/barranca abajo **2** to go downhill venirse abajo, ir de mal en peor
■ **adj** **1** en bajada [cuesta abajo] **2** downhill skiing esquí de montaña **3** it's downhill all the way/it's all downhill from here de aquí en adelante es todo fácil

download /'daunloud/ v [tr] bajar, descargar [de Internet]

downmarket /'daunmarkit/ BrE ▶ ver **downscale**

down payment s pago inicial, enganche | to make a down payment on sth hacer el pago inicial de algo, pagar el enganche de algo

downpour /'daunpɔr/ s aguacero, chaparrón

downright /'daunrait/ adverbio & adjetivo
■ **adv** sumamente: *She was downright rude.* Estuvo sumamente grosera.
■ **adj** a downright lie una mentira descarada

downscale /'daunskeil/ adj AmE de poca categoría, dirigido -a a sectores populares

downside /'daunsaid/ s inconveniente, desventaja

---

down

▶ **ADVERBIO**

1 ABAJO O HACIA ABAJO
Don't look down! ¡No mires para abajo! | *He came in with his head down.* Entró con la cabeza gacha.

2 HACIA EL SUR
I went down to Baltimore on the train. Fui a Baltimore en tren.

3 ALEJÁNDOSE DE QUIEN HABLA
They've gone down to the beach. Se fueron a la playa.

4 NÚMEROS, PRECIOS
Prices had come down. Los precios habían bajado. | *I'm down to my last $20.* Sólo me quedan $20. | *They were two goals down.* Iban perdiendo por dos goles. | **to be down to sb** corresponderle a alguien/depender de alguien | **down with the government/Jackson! etc.** ¡abajo el gobierno/Jackson! etc.

5 El adverbio **down** también forma parte de varios phrasal verbs como **go down**, **turn down**, etc. Éstos están tratados bajo el verbo correspondiente.

▶ **PREPOSICIÓN**

1 DIRECCIÓN
We ran down the hill. Corrimos cuesta abajo. | *The bathroom is down those stairs.* El baño está bajando esa escalera. | *I glanced down the list.* Recorrí la lista con la vista.

2 A LO LARGO DE (= por)
They live farther down the road. Viven un poco más allá por esta calle. | *I was walking down the street.* Iba caminando por la calle.

Down's syndrome s síndrome de Down

downstairs /'daunsterz/ adverbio, adjetivo & sustantivo
■ **adv** abajo: *He's downstairs in the kitchen.* Está abajo, en la cocina. | *I ran downstairs.* Bajé corriendo las escaleras.
■ **adj** de la planta baja, de abajo: a downstairs room una habitación de la planta baja
■ **s** the downstairs la planta baja

downstream /daun'strim/ adv río abajo

down-to-earth adj práctico -a, realista

downtown /'dauntaun/ adverbio & adjetivo
■ **adv** AmE en el centro [de una ciudad] | **to go downtown** ir al centro
■ **adj** AmE **1** downtown Los Angeles/San Francisco etc. el centro de Los Ángeles/San Francisco etc. **2** céntrico -a

downturn /'dauntɜrn/ s caída, baja [de la economía, etc.]: a downturn in orders una caída de los pedidos

---

ⓘ ¿Se dice on the table o in the table? Mira la entrada en.

downward /'daʊnwərd/ *adverbio & adjetivo*
- **adv** (también **downwards**) **1** hacia/para abajo **2** para abajo: *everyone from the director downward* todos, del director para abajo
- **adj 1** hacia abajo **2** a la baja

downwind /daʊn'wɪnd/ *adv* en la dirección del viento

dowry /'daʊri/ *s* (pl **-ries**) dote [bienes o dinero]

dowse ▶ ver **douse**

doze /doʊz/ *verbo & sustantivo*
- **v** [intr] dormitar
  doze off quedarse dormido -a
- **s to have a doze** echarse una siesta

dozen /'dʌzən/ *s* **1** docena: *six dozen boxes* seis docenas de cajas **2 dozens (of)** montones/cantidades (de): *I've been there dozens of times.* He estado allí montones de veces.

Dr. /'dɑktər/ (= **Doctor**) Dr., Dra.

drab /dræb/ *adj* **1** sin gracia, soso -a [ropa] **2** gris [habitación, edificio]

draft /dræft/ *sustantivo & verbo*
- **s 1** borrador [de un texto] **2 draft copy/version** borrador, versión preliminar **3 the draft** AmE el llamado a filas, la conscripción **4** (también **bank draft**) letra de cambio **5** AmE corriente [de aire] **6 on draft** AmE, también **on draught** BrE de barril [cerveza, sidra] | **draft beer** AmE cerveza de barril
- **v** [tr] **1** escribir un borrador de **2** llamar (a filas)

draftsman AmE, **draughtsman** BrE /'dræftsmən/ *s* (pl **-men**) dibujante (técnico)

drafty AmE, **draughty** BrE /'dræfti/ *adj* (**-tier**, **-tiest**) con mucha(s) corriente(s) [de aire]

drag /dræg/ *verbo & sustantivo*
- **v** (**-gged**, **-gging**) **1** [tr] arrastrar: *Don't drag your feet!* ¡No arrastres los pies! | *The protesters were dragged away by police.* La policía se llevó a los manifestantes a rastras. **2** [tr] hacer algo a la fuerza: *I managed to drag myself out of bed.* Logré levantarme a duras penas. | *I don't want to get dragged into their argument.* No quiero que me metan en su discusión. **3** [intr] (también **drag on**) hacerse eterno -a, alargarse **4** [intr] (hablando de una prenda de vestir) arrastrar: *Your skirt is dragging in the mud.* La falda te va arrastrando por el lodo. **5** [tr] dragar
- **s 1 a drag** (informal) una lata, un pesado/una pesada **2** fumada **3 a man in drag** un hombre vestido de mujer

dragon /'drægən/ *s* dragón

dragonfly /'drægənflaɪ/ *s* (pl **-flies**) libélula

drain /dreɪn/ *verbo & sustantivo*
- **v 1** [tr] escurrir [verduras, pasta, etc.] | **to drain sth from sth** vaciar/escurrir algo de algo **2** [intr] escurrirse [platos, etc.] **3** [tr] drenar **4** [intr] (también **drain away**) escurrirse [líquido] **5** [tr] vaciar [un vaso]
- **s 1** (de una tina, etc.) desagüe **2** (en la calle)

alcantarilla **3 the drains** (en una casa) el drenaje **4 to be a drain on sb's resources/the economy etc.** ser una sangría para los recursos de alguien/para la economía etc. **5 to go down the drain** desperdiciarse: *It's money down the drain.* Es tirar dinero a la basura.

drainage /'dreɪnɪdʒ/ *s* **1** alcantarillado, drenaje **2** drenaje

'drain board AmE, **draining board** BrE *s* escurridor (de platos)

drained /dreɪnd/ *adj* **to be/feel drained** estar/sentirse exhausto -a

drainpipe /'dreɪnpaɪp/ *s* caño del desagüe

drama /'drɑmə, 'dræmə/ *s* **1** obra (dramática) **2** teatro, arte dramático **3** drama, dramatismo **4 drama school** escuela de arte dramático **drama series** serie televisiva basada en una obra dramática

dramatic /drə'mætɪk/ *adj* **1** (notable, sorprendente) drástico -a, espectacular **2** (emocionante) dramático -a **3** (relativo al teatro) teatral, dramático -a **4** (exagerado) teatral

dramatically /drə'mætɪkli/ *adv* **1** espectacularmente, radicalmente **2** de manera teatral

dramatist /'dræmətɪst/ *s* dramaturgo -a

dramatize, -ise BrE /'dræmətaɪz/ *v* [tr] **1** adaptar [para el cine, la televisión, etc.] **2** dramatizar, exagerar

drank /dræŋk/ pasado de **drink**

drape /dreɪp/ *v* [tr] ▶ **To drape** significa colocar algo por encima de otra cosa de manera que cuelgue con elegancia, formando pliegues si se trata de una tela: *She draped a towel around her shoulders.* Envolvió sus hombros con una toalla. | *The casket had been draped in the national flag.* El féretro había sido cubierto con la bandera nacional.

drapes /dreɪps/ *s pl* AmE cortinas

drastic /'dræstɪk/ *adj* drástico -a

drastically /'dræstɪkli/ *adv* drásticamente

draught *s* BrE ▶ ver **draft 5, 6**

draughts /dræfts/ *s pl* BrE damas [juego] ▶ En inglés americano se usa **checkers**

draughtsman BrE ▶ ver **draftsman**

draughty BrE ▶ ver **drafty**

draw /drɔ/ *verbo & sustantivo*
- **v** (pasado **drew**, participio **drawn**) **1** [tr/intr] dibujar **2** [intr] moverse en determinada dirección: *The train drew into the station.* El tren entró a la estación. | **to draw alongside (sth/sb)** ponerse al lado (de algo/alguien) | **to draw level (with sb)** alcanzar (a alguien) [en una carrera, etc.] | **to draw near** acercarse

draw

3 to draw sb aside llevar a alguien aparte
4 to draw the curtains correr las cortinas
5 to draw a gun sacar una pistola | **to draw a sword** desenvainar una espada
6 to draw comfort from sth sentirse reconfortado -a por algo | **to draw (your) inspiration from sth** inspirarse en algo | **to draw a comparison/ distinction between sth and sth** establecer una comparación/distinción entre algo y algo | **to draw a parallel/an analogy between sth and sth** hacer un paralelo/una analogía entre algo y algo | **to draw a conclusion (from sth)** sacar una conclusión (de algo)
7 [tr] provocar [una reacción, una respuesta]
8 [tr] atraer: *What originally drew you to teaching?* ¿Qué fue lo que en un principio te atrajo de la docencia? | **to draw (sb's) attention to sth** hacer(le) notar algo (a alguien)
9 [tr] cobrar, percibir [un sueldo]
10 [tr] sacar [un naipe, un boleto en un sorteo, etc.] | **to draw lots** sortear [para decidir algo] | **to be drawn against sb** salir sorteado -a para jugar contra alguien
11 [tr/intr] BrE empatar ▶ En inglés americano se usa **tie**
draw back retroceder
draw in the nights/days are drawing in está anocheciendo más temprano
draw on sth echar mano de algo, recurrir a algo
draw out the days are drawing out está anocheciendo más tarde **draw sth out 1** retirar/ extraer algo [dinero del banco] **2** prolongar algo [una junta] **draw sb out** hacer hablar a alguien [procurando que se sienta cómodo]
draw up detenerse [un vehículo] **draw sth up 1 to draw up a list** preparar una lista **2 to draw up a contract** redactar un contrato **3 to draw up a chair** acercar una silla
▪ **s 1** empate
2 sorteo
drawback /'drɔbæk/ *s* desventaja, inconveniente | **drawback of/to sth** inconveniente/ desventaja de algo
drawer /drɔr/ *s* cajón, gaveta [de un mueble]
drawing /'drɔ-ɪŋ/ *s* **1** dibujo: *a drawing of a woman's head* un dibujo de la cabeza de una mujer
2 dibujo: *drawing classes* clases de dibujo
'drawing pin *s* BrE tachuela, chinche
▶ En inglés americano se usa **thumbtack**
'drawing room *s* sala, salón [de una casa]
drawl /drɔl/ *verbo & sustantivo*
▪ *v* [tr] decir arrastrando las palabras, [intr] hablar arrastrando las palabras
▪ *s* forma de hablar de quienes arrastran las palabras alargando las vocales
drawn¹ /drɔn/ *adj* demacrado -a
drawn² participio de **draw**
dread /dred/ *verbo & sustantivo*
▪ *v* [tr] tenerle terror a: *I dreaded our meetings.* Les tenía terror a nuestros encuentros. | *I dread to*

think what the children will do. No quiero ni pensar lo que van a hacer los niños.
▪ *s* terror, pánico
dreadful /'dredfəl/ *adj* **1** espantoso -a, terrible: *She looks dreadful in that dress.* Está espantosa con ese vestido. | *It was a dreadful mistake.* Fue un error terrible. **2** pésimo -a, espantoso -a [comida, actuación, etc.] **3 to feel dreadful** sentirse pésimo/muy mal
dreadfully /'dredfəli/ *adv* **1** terriblemente: *They're dreadfully busy.* Están terriblemente ocupados. **2** terriblemente mal: *They played dreadfully.* Jugaron terriblemente mal. **3** horrores, muchísimo: *He misses her dreadfully.* La extraña horrores.
dream /drim/ *sustantivo & verbo*
▪ *s* **1** sueño | **to have a dream about sth/sb** soñar con algo/alguien | **a bad dream** una pesadilla **2 a dream house/job etc.** una casa/un trabajo etc. de ensueño **3 to go around in a dream** vivir en las nubes
▪ *v* (pasado & participio **dreamed** o **dreamt**) **1** [tr/ intr] soñar: *I dreamed I was in the jungle.* Soñé que estaba en la selva. | **to dream about sth/sb** soñar con algo/alguien **2 to dream of/about doing sth** soñar con hacer algo: *He'd always dreamed of owning a Jaguar.* Siempre había soñado con tener un Jaguar. **3** [tr] soñar, imaginarse: *You must have dreamt it.* Debes haberlo soñado./Te lo debes haber imaginado. **4** considerar una posibilidad: *I wouldn't dream of letting her go on her own.* No se me ocurriría dejarla ir sola.
dreamer /'drimər/ *s* soñador -a
dreamy /'drimi/ *adj* (-mier, -miest) **1** fantasioso -a **2** soñador -a **3** de ensueño
dreary /'drɪri/ *adj* (-rier, -riest) deprimente, sombrío -a
dredge /dredʒ/ *v* [tr] dragar
dregs /dregz/ *s pl* **1** restos, borra [de té, café, etc.] **2 the dregs of society** la escoria de la sociedad
drench /drentʃ/ *v* [tr] (3ª pers sing -ches) empapar | **drenched to the skin** totalmente empapado -a, calado -a hasta los huesos
dress /dres/ *verbo & sustantivo*
▪ *v* (3ª pers sing -sses) **1** [intr] vestirse: *He always dresses well.* Siempre se viste bien. | *Dress warmly. It's cold out.* Abrígate. Afuera hace frío. **2** [tr] vestir **3** [tr] curar [una herida] **4** [tr] aliñar, aderezar [una ensalada]
dress up 1 disfrazarse | **to dress up as sth** disfrazarse de algo **2** ponerse elegante **dress sth up to dress sth up (as sth)** disfrazar algo (de algo): *However you dress it up, the job is basically that of a servant.* Por más que se lo disfrace, el trabajo es prácticamente el de una criada. **dress sb up to dress sb up as sth** disfrazar a alguien de algo
▪ *s* **1** (pl **dresses**) vestido [de mujer]: *She was wearing a red dress.* Llevaba puesto un vestido

rojo. **2** ropa, indumentaria: *informal dress* ropa informal **3** traje: *They were wearing Austrian national dress.* Iban vestidos con el traje nacional austríaco.

'dress ,circle *s* BrE anfiteatro alto [en un teatro]

dressed /drest/ *adj* vestido -a | **to get dressed** vestirse | **dressed in/as sth** vestido -a de algo

dresser /'dresər/ *s* **1** cómoda **2** BrE armario con puertas abajo y estantes en la parte superior

dressing /'dresɪŋ/ *s* **1** aliño, aderezo [para ensaladas] | **vinaigrette dressing** vinagreta **2** vendaje

'dressing gown *s* BrE bata (de baño)
▶ En inglés americano se usa **bathrobe** o **robe**

'dressing room *s* **1** camerino **2** vestidores [de un club deportivo]

'dressing ,table *s* tocador

dressmaker /'dresmeɪkər/ *s* modisto -a

'dress re,hearsal *s* ensayo general

drew /dru/ pasado de **draw**

dribble /'drɪbəl/ *v* **1** [intr] babear **2** [tr/intr] driblar, driblear: *He dribbled the ball past his opponent.* Dribló a su adversario. **3** [intr] salir poco a poco, salir a gotas **4 to dribble coffee/wine etc. down your front** derramarse café/vino etc. encima

dried¹ /draɪd/ *adj* **1** seco -a [flores, hongos] **2** en polvo [leche] **3 dried fruit** fruta seca [pasas de uva, ciruelas pasas, etc.]

dried² pasado & participio de **dry**

drier ▶ ver **dryer**

drift /drɪft/ *verbo & sustantivo*
■ *v* [intr] **1** desplazarse lentamente impulsado por el aire o el agua: *The raft drifted out to sea.* La balsa se fue lentamente mar adentro. | *We had drifted off course.* Habíamos perdido el rumbo. **2** ir a la deriva **3** cambiar de situación o caer en una situación sin proponérselo: *She drifted from one job to another.* Iba sin rumbo de un trabajo a otro. **4** acumularse [nieve, arena]
■ *s* **1** acumulación [de nieve] **2** sentido general | **to catch/get the drift** captar la idea | **if you get my drift** sabes a qué me refiero

drill /drɪl/ *sustantivo & verbo*
■ *s* **1** (herramienta) taladro **2** (de dentista) fresa, torno **3** (para aprender algo) ejercicio [mecánico] **4** (en el ejército) práctica, instrucción
■ *v* **1** [tr] (con un taladro) perforar | **to drill a hole (in sth)** hacer un agujero (en algo) **2** [tr]**to drill a tooth/a cavity** trabajar una muela/una caries con la fresa **3 to drill for sth** hacer perforaciones en busca de algo **4 to drill sb in sth** enseñarle algo a alguien [haciéndoselo repetir] **5** [tr] dar instrucción a [soldados] **6** [intr] entrenarse [soldados]

drily ▶ ver **dryly**

drink /drɪŋk/ *verbo & sustantivo*
■ *v* (pasado **drank**, participio **drunk**) **1** [tr/intr] tomar, beber | **to drink (to) sb's health** brindar por alguien, beber a la salud de alguien **2** [intr] tomar [bebidas alcohólicas] | **to drink and drive** manejar embriagado -a
drink to sth/sb brindar por algo/alguien
drink up terminar de tomar **drink sth up** terminar(se) (de tomar) algo: *Drink up your milk.* Termínate la leche.
■ *s* **1** bebida: *a hot drink* una bebida caliente | *Can I have a drink of water?* ¿Puedo tomar un poco de agua? **2** copa, trago [de bebida alcohólica]: *We had a drink to celebrate.* Nos tomamos una copa para festejarlo. | **to go (out) for a drink** ir/salir a tomar algo **3** (la) bebida [alcohólica]

drinker /'drɪŋkər/ *s* persona que suele tomar alcohol | **to be a heavy drinker** tomar mucho

'drinking ,water *s* agua potable

drip /drɪp/ *verbo & sustantivo*
■ *v* (-pped, -pping) **1** [intr] gotear: *The faucet is dripping.* La llave está goteando. | *Water was dripping from the ceiling.* Caía agua del techo. **2** [tr/intr] chorrear | **to be dripping with sth** chorrear (de) algo
■ *s* **1** (de líquido) gota **2** (sonido) goteo **3** (en medicina) goteo | **to put sb on a drip** ponerle suero a alguien

drive /draɪv/ *verbo & sustantivo*
■ *v* (pasado **drove**, participio **driven**) **1** [tr/intr] manejar: *I can't drive.* No sé manejar. | *She drives a red Honda.* Tiene un Honda rojo. **2** [intr] ir/venir en coche: *Should we drive or take the train?* ¿Vamos en coche o en tren? **3** [tr] llevar [en coche]: *Can you drive me to the airport?* ¿Me puedes llevar al aeropuerto? **4 to drive sb crazy** volver loco -a a alguien | **to drive sb to drink** llevar a alguien a la bebida **5 to drive sb to do sth** llevar/impulsar a alguien a hacer algo **6** [tr] clavar **7 what are you/is he etc. driving at?** ¿qué estás/está etc. tratando de decir?
drive sth away ahuyentar algo **drive sb away** ahuyentar a alguien, hacer que alguien se vaya
drive off irse **drive sth off** ahuyentar algo **drive sb off** ahuyentar a alguien
■ *s* **1** viaje [en carro]: *It's a three-day drive to Denver.* Son tres días de viaje en carro a Denver. | **to go for a drive** ir a pasear/ir de paseo [en carro] **2** (también **driveway**) entrada [para carros] **3** drive [golpe de tenis o golf] **4** campaña: *an economy drive* una campaña de ahorro **5** instinto, impulso **6** empuje **7 a four-wheel drive vehicle** un vehículo (de tracción) cuatro por cuatro **8** unidad de disco [en computación]

'drive-in *s* **1** autocinema **2** restaurante donde se puede pedir la comida desde el coche

driven /'drɪvən/ participio de **drive**

driver /'draɪvər/ *s* conductor -a, chofer: *The driver of the vehicle was killed.* El conductor del vehículo murió.: *a truck/taxi driver* un(a) camionero -a/taxista | *He's not a very good driver.* No maneja muy bien.

'driver's ,license AmE, **driving licence** BrE *s* licencia de conducir/conductor

driveway /'draɪweɪ/ *s* entrada [para coches]

driving /'draɪvɪŋ/ *s* actividad de manejar un vehículo: *I did most of the driving.* Manejé yo la mayor parte del viaje. | *His driving is terrible.* Maneja terriblemente mal.

'driving school *s* escuela de manejo

'driving test *s* examen de manejo

drizzle /'drɪzəl/ *sustantivo & verbo*
- *s* llovizna
- *v* [intr] lloviznar

drone /droʊn/ *verbo & sustantivo*
- *v* [intr] **1** zumbar **2** to drone on (about sth) hablar mucho y en forma aburrida (sobre algo)
- *s* ruido [de un avión, del tráfico, etc.]

drool /drul/ *v* [intr] **1** babear [un bebé, un perro] **2** to drool over sb/sth: *I hate to see her drooling over him like that.* Detesto ver cómo se le cae la baba por él.

droop /drup/ *v* [intr] **1** apachurrarse, ponerse mustio -a [planta] **2** caer [párpados] **3** (referido al estado de ánimo): *Our spirits drooped.* Nos desanimamos.

drop /drɑp/ *verbo & sustantivo*
- *v* **1** [tr] (-pped, -pping) dejar caer: *The dog dropped the stick at my feet.* El perro dejó caer el palito a mis pies. | *I must have dropped my wallet.* Se me debe haber caído la cartera. | *Don't drop it!* ¡Que no se te caiga! | to drop a bomb tirar/lanzar una bomba
2 [intr] caer(se): *I dropped into a chair, exhausted.* Caí exhausta en un sillón.
3 [intr] bajar, reducirse [precios, temperatura]
4 [tr] bajar, reducir [precios, temperatura]
5 [tr] abandonar [una idea, un plan], dejar [a un novio, etc.]: *I dropped history and did music instead.* Dejé historia e hice música. | *Just drop it!* ¡Ya párale! | to drop the subject cambiar de tema | to drop everything dejar(lo) todo: *I can't just drop everything at a moment's notice.* No puedo dejar todo de un momento para otro.
6 to let it drop/to let the matter drop olvidarlo [poner fin a una discusión, etc.]
7 [tr] sacar, no incluir: *He's been dropped from the team.* Lo sacaron del equipo.
8 [tr] (también **drop off**) dejar: *I can drop you on my way to work.* Te puedo dejar de camino al trabajo.
9 to work until you drop trabajar hasta no dar más
10 to drop dead caerse muerto -a | drop dead! (informal) ¡vete al diablo!

PHRASAL VERB

drop around ▶ ver **drop in** **drop sth around** llevar algo [a la casa de alguien]

drop back quedarse atrás/rezagado -a

drop behind quedarse atrás, retrasarse

drop by ▶ ver **drop in**

drop in venir, ir [a visitar a alguien]: *Drop in any time.* Ven cuando quieras. | to drop in on sb ir/pasar por la casa de alguien

drop off 1 dormirse **2** decaer [el interés], caer [la demanda] **drop sth off** llevar algo: *I'll drop the photos off on my way to work.* Te llevo las fotos de camino al trabajo. **drop sb off** dejar a alguien [en un lugar]: *Can you drop Tom off at school?* ¿Puedes dejar a Tom en el colegio?

drop out 1 abandonar | to drop out of a race abandonar una carrera | to drop out of college dejar la universidad **2** rechazar las convenciones sociales, adoptando un modo de vida alternativo

- *s* **1** gota | eye/ear drops gotas para los ojos/oídos
2 (un poquito) a drop of milk/vinegar etc. una gotita/un chorrito de leche/vinagre etc.: *I like a drop of whiskey now and again.* Me gusta tomarme un whiskicito de vez en cuando.
3 (distancia) caída: *It's a 100-meter drop from the edge of the road.* Hay una caída de 100 metros desde el borde de la carretera.
4 a drop in temperature/prices etc. un descenso de la temperatura/los precios etc.
5 at the drop of a hat en cualquier momento, de un momento para el otro
6 a drop in the ocean una insignificancia

dropping

falling

dropout /'drɑp-aʊt/ *s* persona que rechaza las convenciones sociales, adoptando un modo de vida alternativo

drought /draʊt/ *s* sequía

drove /droʊv/ pasado de **drive**

drown /draʊn/ *v* **1** (en el agua) [intr] ahogarse, [tr] ahogar **2** [tr] (también **drown out**) (un sonido) ahogar

drowsy /'draʊzi/ *adj* (-sier, -siest) somnoliento -a, adormecido -a | to feel drowsy sentir somnolencia

drug /drʌg/ *sustantivo & verbo*
- *s* **1** droga | **to take/use drugs** drogarse | **to be on drugs** drogarse **2** droga, fármaco **3 drug abuse** abuso de drogas **drug addict** drogadicto -a **drug trafficking** tráfico de drogas
- *v* [tr] (-gged, -gging) **1** drogar [a una persona, a un animal] **2** poner (una) droga en [una bebida]

drugstore /ˈdrʌgstɔr/ *s* AmE farmacia [donde también se venden bebidas, golosinas, etc.]

drum /drʌm/ *sustantivo, sustantivo plural & verbo*
- *s* **1** (instrumento musical) tambor **2** (de una máquina) tambor **3** (de petróleo) barril
- **drums** *s pl* batería | **to play (the) drums** tocar la batería
- *v* (-mmed, -mming) **1** [tr/intr] golpetear: *The rain drummed on the roof.* La lluvia golpeteaba en el techo. | **to drum your fingers (on sth)** tamborilear (con) los dedos (sobre algo) **2 to drum sth into sb** meterle algo en la cabeza a alguien
  drum sth up to drum up support (for sth) conseguir apoyo (para algo) | **to drum up interest (in sth)** despertar el interés (en algo)

drummer /ˈdrʌmər/ *s* baterista

drumstick /ˈdrʌmstɪk/ *s* **1** pata [de pollo o pavo] **2** baqueta [para tambor o batería]

drunk¹ /drʌŋk/ *adjetivo & sustantivo*
- *adj* **1** borracho -a | **to get drunk (on sth)** emborracharse (con algo) **2 to be drunk with happiness/joy** estar loco -a de alegría | **to be drunk with power** estar ebrio -a de poder
- *s* (también **drunkard**) borracho -a

drunk² participio de **drink**

drunken /ˈdrʌŋkən/ *adj* borracho -a, de borrachos

dry /draɪ/ *adjetivo & verbo*
- *adj* (drier, driest) **1** seco -a | **to run dry** secarse [un río, un lago, etc.] | **dry land** tierra firme **2** (referido al tiempo) seco -a, no lluvioso -a: *Tomorrow will be warm and dry.* Para mañana, cálido y seco. | *I hope it stays dry this weekend.* Espero que no llueva este fin de semana. **3** (referido al sentido del humor, etc.) mordaz **4** (referido al vino) seco -a
- *v* (pasado & participio dried) **1** [intr] secarse **2** [tr] secar | **to dry your eyes** secarse las lágrimas
  dry off ▸ ver **dry out**
  dry out secarse **dry sth out** secar algo
  dry up 1 secarse [un río, un lago, etc.] **2** BrE secar (los platos) **3** agotarse [el dinero, los recursos] **dry sth up** secar algo

dry-'clean *v* [tr] limpiar en seco

dry 'cleaner's *s* tintorería

dry 'cleaning *s* limpieza en seco

dryer, también **drier** /ˈdraɪər/ *s* **1** secadora (de pelo) **2** secadora (de ropa)

dryly, también **drily** /ˈdraɪli/ *adv* con mordacidad

dryness /ˈdraɪnəs/ *s* sequedad

dual /ˈduəl/ *adj* doble | **dual nationality/citizenship** doble nacionalidad/ciudadanía

dual 'carriageway BrE ▸ ver **divided highway**

dub /dʌb/ *v* [tr] (-bbed, -bbing) doblar | **to dub a film into English/Italian etc.** doblar una película al inglés/italiano etc.

dubious /ˈdubiəs/ *adj* **1 to be dubious (about sth)** tener sus dudas (sobre algo) **2** dudoso -a, discutible **3** sospechoso -a

duchess /ˈdʌtʃɪs/ *s* (pl -sses) duquesa

duck /dʌk/ *sustantivo & verbo*
- *s* pato -a
- *v* **1** [intr] agacharse | **to duck behind sth** agacharse atrás de algo **2 to duck your head** agachar la cabeza **3 to duck the issue/question** esquivar el tema/la pregunta
  duck out of (informal) **to duck out of (doing) sth** escaparse de (hacer) algo, eludir (hacer) algo

duckling /ˈdʌklɪŋ/ *s* patito -a

dud /dʌd/ *adjetivo & sustantivo*
- *adj* (informal) **1** que no funciona [pila, válvula, etc.] **2** falso -a [billete, moneda] **3** sin fondos [cheque]
- *s* (informal) algo que no funciona: *This battery's a dud.* Esta pila no funciona.

due /du/ *adjetivo, adverbio, sustantivo & sustantivo plural*
- *adj* **1 to be due** expresión que indica cuándo se espera que suceda algo: *When is your baby due?* ¿Para cuándo esperas? | *The flight is due at 9:30.* El vuelo llega a las 9.30. | *The meeting is due to start at three.* La junta está programada para las tres. | *She's not due back till Monday.* No vuelve hasta el lunes. | *My library books are due back tomorrow.* Tengo que devolver los libros a la biblioteca mañana. **2 due to** debido a: *The game was cancelled due to bad weather.* El partido se suspendió debido al mal tiempo. **3** (que le corresponde a alguien): *He never got the recognition due to him.* Nunca tuvo el debido reconocimiento. | *I think she's due for a pay raise.* Creo que le corresponde un aumento de sueldo. **4 with (all) due respect** con todo respeto **5 in due course** a su debido tiempo
- *adv* **due north/south/east/west** justo al norte/sur/este/oeste
- *s* **to give sb his/her due** para ser justos (con él/ella)
- **dues** *s pl* cuota

duel /ˈduəl/ *s* duelo [enfrentamiento]

duet /du'et/ *s* dúo

duffel coat, también **duffle coat** /ˈdʌfəl koʊt/ BrE ▸ ver **pea coat**

dug /dʌg/ pasado & participio de **dig**

duke /duk/ *s* duque

dull /dʌl/ *adjetivo & verbo*
- *adj* **1** aburrido -a, tedioso -a **2** sin brillo, opaco -a | **a dull blue/green etc.** un azul/verde etc. apagado **3** sordo -a [sonido] **4** referido a un

dolor: no muy fuerte pero constante **5** nublado -a [día, tiempo, cielo] **6** lerdo -a [intelectualmente] **7** desafilado -a [cuchillo, etc.]
■ *v* [tr] **1** calmar [un dolor] **2** embotar [los sentidos]

duly /'duːli/ *adv* **1** debidamente **2** como estaba previsto, a la hora prevista

dumb /dʌm/ *adj* **1** mudo -a | **deaf and dumb** sordomudo -a ▶ Algunas personas consideran que este adjetivo es ofensivo y prefieren usar **mute** **2** (informal) tonto -a

dummy /'dʌmi/ *s* (pl **dummies**) **1** maniquí **2** BrE (para bebés) ▶ ver **pacifier** **3** objeto que aparenta ser real, pero es inoperante o falso **4** (informal) tontito -a

dump /dʌmp/ *verbo & sustantivo*
■ *v* [tr] **1** dejar tirado -a, tirar **2** tirar, verter [basura, desechos] **3** botar, dejar [algo o a alguien que uno se quiere sacar de encima] **4** botar, dejar [a un novio, etc.]
■ *s* **1** basurero, tiradero **2** depósito [militar] **3** (informal) lugar de mala muerte **4 to be down in the dumps** (informal) estar deprimido -a

dune /dun/ *s* duna

dung /dʌŋ/ *s* bosta, estiércol

dungarees /dʌŋgə'riz/ *s pl* **1** AmE jeans, pantalones de mezclilla **2** BrE overol [pantalones con pechera] ▶ En inglés americano se usa **overalls**

dungeon /'dʌndʒən/ *s* calabozo, mazmorra

dunno /'dʌnoʊ/ (uso no estándar) no sé

duo /'duoʊ/ *s* dúo

dupe /dup/ *v* [tr] engañar | **to dupe sb into doing sth** engañar a alguien para que haga algo

duplicate¹ /'dupləkət/ *adjetivo & sustantivo*
■ *adj* **a duplicate copy** un duplicado | **a duplicate key** una copia de la llave
■ *s* copia, duplicado

duplicate² /'dupləkeɪt/ *v* [tr] **1** hacer copias de **2** repetir [reproducir]

durable /'durəbəl/ *adj* durable

duration /du'reɪʃən/ *s* (formal) duración | **for the duration of sth** mientras dure/duró algo, a lo largo de algo

during /'durɪŋ/ *prep* durante: *I fell asleep a couple of times during the trip.* Me dormí un par de veces durante el viaje. | *We lived with my aunt during the war.* Vivimos con mi tía durante la guerra. ▶ ¿DURING O FOR? ver nota en **durante**

dusk /dʌsk/ *s* anochecer | **at dusk** al anochecer

dust /dʌst/ *sustantivo & verbo*
■ *s* **1** polvo **2 to give sth a dust** quitarle el polvo a algo
■ *v* [tr/intr] quitarles el polvo a los muebles, sacudir (los muebles)
dust sth down/off quitarle el polvo a algo

dustbin /'dʌstbɪn/ BrE ▶ ver **garbage can**

duster /'dʌstər/ *s* franela, trapo [para quitar el polvo]

dustman /'dʌstmən/ *s* (pl **-men**) BrE basurero [recolector de basura] ▶ En inglés americano se usa **garbage collector**

dustpan /'dʌstpæn/ *s* recogedor (de basura)

dusty /'dʌsti/ *adj* (**-tier, -tiest**) cubierto -a de polvo, polvoriento-a

Dutch /dʌtʃ/ *adjetivo & sustantivo*
■ *adj* holandés -esa
■ *s* **1** (idioma) holandés **2 the Dutch** los holandeses

Dutchman /'dʌtʃmən/ *s* (pl **-men**) holandés

Dutchwoman /'dʌtʃwʊmən/ *s* (pl **-women**) holandesa

dutiful /'dutɪfəl/ *adj* responsable, obediente

duty /'duti/ *s* (pl **-ties**) **1** deber | **to do your duty** cumplir con su deber | **to have a duty to do sth** tener el deber de hacer algo **2** tarea, obligación **3 to be on/off duty** estar/no estar en servicio, estar/no estar de guardia **4** impuesto, tasa: *The duty on wine has gone up.* Ha subido el impuesto sobre el vino.

duty-'free *adj* **1** libre de impuestos **2 duty-free store** tienda libre de impuestos

duvet /du'veɪ/ *s* edredón

dwarf /dwɔrf/ *sustantivo & verbo*
■ *s* (pl **dwarfs** o **dwarves** /dwɔrvz/) enano -a
■ *v* [tr] hacer que parezca pequeño -a: *The cathedral is dwarfed by the surrounding buildings.* Los edificios que la rodean hacen que la catedral parezca pequeña.

dwell /dwel/ *v* [intr] (pasado & participio **dwelt** o **dwelled**) (literario) morar, vivir
dwell on/upon sth detenerse demasiado en algo

dwelling /'dwelɪŋ/ *s* (formal) vivienda

dwindle /'dwɪndl/ *v* [intr] (también **dwindle away**) irse reduciendo, ir disminuyendo | **to dwindle (away) to nothing** irse agotando hasta acabarse

dye /daɪ/ *sustantivo & verbo*
■ *s* tinte, anilina
■ *v* [tr] (3ª pers sing **dyes**, pasado & participio **dyed**, gerundio **dyeing**) teñir | **to dye sth black/red etc.** teñir algo de negro/rojo etc.: *She dyed her hair black.* Se tiñó (el cabello) de negro.

dying¹ /'daɪ-ɪŋ/ *adjetivo & sustantivo*
■ *adj* **1** moribundo -a **2** último -a: *his dying wish* su último deseo: *He scored in the dying minutes of the game.* Hizo un gol en los últimos minutos del partido.
■ *s* **the dying** los moribundos

dying² gerundio de **die**

dyke ▶ ver **dike**

dynamic /daɪ'næmɪk/ *adj* dinámico -a

dynamics /daɪ'næmɪks/ *s* dinámica

dynamite /'daɪnəmaɪt/ *s* dinamita

dynasty /'daɪnəsti, BrE 'dɪnəsti/ *s* (pl **-ties**) dinastía

dyslexia /dɪs'leksiə/ *s* dislexia

dyslexic /dɪs'leksɪk/ *adj & s* disléxico -a

E¹, e /i/ (letra) E, e ► ver "Active Box" **letters** en **letter**

E² s **1** (nota musical) mi **2** calificación usada en exámenes, trabajos escolares, etc. ► ver recuadro en **grade**

E³ (= **east**) E

each /itʃ/ *adjetivo, pronombre & adverbio*
■ *adj* cada: *Each bedroom has its own bathroom.* Cada habitación tiene su propio baño. ► ¿EACH O EVERY? ver **cada**
■ *pron* **1** cada uno -a: *I gave a piece of cake to each of them.* Le di un pedazo de pastel a cada uno. | *The children each have a bike.* Los niños tienen una bicicleta cada uno. **2 each and every one** todos -as y cada uno -a
■ *adv* cada uno -a: *The tickets are $10 each.* Los boletos cuestan $10 cada uno.

each 'other *pron* each other expresa que una acción es recíproca; en español esta idea de *el uno al otro* la expresan a menudo los verbos pronominales: *Do you know each other?* ¿Ustedes se conocen? | *They looked at each other.* Se miraron.

eager /'igər/ *adj* **1** impaciente, ansioso -a: *a line of eager children* una fila de niños impacientes: *We were all eager to get started.* Todos estábamos impacientes por empezar. **2 to be eager to please** esforzarse por complacer a los demás y caerles bien

eagerly /'igərli/ *adv* con impaciencia, ansiosamente

eagerness /'igərnəs/ s entusiasmo, ansiedad | **eagerness to do sth** entusiasmo por hacer algo, deseo/ansias de hacer algo

eagle /'igəl/ s águila

ear /ɪr/ s **1** oreja **2** oído | **to have an ear for music/languages etc.** tener oído para la música/los idiomas etc. **3** espiga [de trigo] **4 to be all ears** (informal) ser todo -a oídos **5 to play it by ear** ver sobre la marcha **6 to be up to your ears in debt/work etc.** (informal) estar lleno -a de deudas/trabajo etc.

earache /'ɪreɪk/ s dolor de oído

earl /ɜrl/ s conde

early /'ɜrli/ *adjetivo & adverbio*
■ *adj* (-lier, -liest) **1** al principio de: *in early April* en los primeros días de abril | *his early life* la primera parte de su vida | *a woman in her early thirties* una mujer de poco más de treinta años | **in the early morning/afternoon** en la mañana/tarde temprano

2 to be early llegar temprano: *You're early!* ¡Llegas temprano! | *The flight was an hour early.* El vuelo llegó una hora antes de lo previsto.
3 early death muerte prematura/temprana | **early retirement** jubilación anticipada
4 primero -a: *early settlers in Virginia* los primeros colonos de Virginia
5 at the earliest cuando muy temprano: *I won't be back till ten at the earliest.* No estaré de vuelta hasta las diez como muy temprano.
6 at/from an early age de/desde niño -a, desde una edad temprana
7 in the early hours (of the morning) en (las primeras horas de) la madrugada
8 to make an early start salir/empezar temprano
9 to have an early night acostarse temprano
■ *adv* **1** temprano: *I got up very early.* Me levanté muy temprano.
2 al principio de: *early next year* en los primeros meses del año que viene/en las primeras semanas del año que viene | *early in the morning* en la mañana temprano | *It happens early in the book.* Ocurre al principio del libro.
3 early on pronto

earmark /'ɪrmɑrk/ v **to be earmarked for sth** estar reservado -a para algo

earn /ɜrn/ v **1** [tr] ganar: *She earns $45,000 a year.* Gana $45.000 por año. **2** [tr] ganarse, merecerse: *Enjoy your vacation. You've earned it.* Disfruta de las vacaciones. Te las has ganado. **3 to earn a/your living** ganarse la vida

earnest /'ɜrnɪst/ *adj* **1** serio -a, formal **2 in earnest** en serio: *Then it started raining in earnest.* Entonces empezó a llover en serio. **3 to be in (deadly) earnest** decirlo (muy) en serio

earnings /'ɜrnɪŋz/ s pl **1** ingresos **2** ganancias

earphones /'ɪrfoʊnz/ s pl audífonos

earring /'ɪrɪŋ/ s arete, pendiente

earshot /'ɪrʃɑt/ s **within earshot** lo suficientemente cerca como para oír: *Everyone within earshot soon knew what she thought.* Todos los que podían oírla pronto supieron qué pensaba. | **out of earshot** demasiado lejos como para oír

earth /ɜrθ/ s **1 (the) earth**, también **(the) Earth** la tierra, el mundo: *the tallest building on earth* el edificio más alto del mundo | *the planet Earth* el planeta Tierra **2** (sustancia, superficie del planeta) tierra **3 to come back down to earth (with a bump)** bajar de las nubes (de golpe) **4 to cost/pay/charge the earth** (informal) costar/pagar/cobrar una fortuna **5 what/how/why etc. on earth?** (informal) ¿qué/cómo/por qué etc. diablos? **6** BrE (cable a) tierra ► En inglés americano se usa **ground**

earthly /'ɜrθli/ *adj* **1 there's no earthly reason** no hay absolutamente ninguna razón | **there's no earthly use/point** no tiene el más mínimo sentido **2** terreno -a, terrenal

earthquake /'ɜrθkweɪk/ s terremoto

ease /iz/ *sustantivo & verbo*
- *s* **1** with ease con facilidad **2** desenvoltura, soltura | to be/feel at ease estar/sentirse cómodo -a | to be/feel ill at ease estar/sentirse incómodo -a
- *v* **1** [tr] facilitar **2** [tr] mover o moverse lenta y cuidadosamente: *She eased herself up into a sitting position.* Se incorporó con cuidado hasta quedar sentada. **3** [tr] aliviar [un dolor, la tensión] **4** [tr] disminuir [la presión] **5** [intr] amainar [la lluvia, el viento] **6** to ease sb's mind tranquilizar a alguien
   ease off **1** aliviarse [un dolor] **2** disminuir [la presión] **3** amainar [la lluvia]
   ease up **1** ▶ ver ease off **2** tomarse las cosas con calma **3** to ease up on sb (empezar a) tratar mejor a alguien

easel /'izəl/ *s* caballete

easily /'izəli/ *adv* **1** (sin dificultad) fácilmente, fácil **2** (para enfatizar) con mucho, fácil: *She is easily the most intelligent student in the class.* Es, de lejos, la alumna más inteligente de la clase. **3** (para expresar probabilidad): *I'd better remind him. He could easily forget.* Más vale que se lo recuerde. No sería raro que se le olvidara.

east /ist/ *sustantivo, adjetivo & adverbio*
- *s* **1** (el) este: *Which way is east?* ¿Hacia dónde está el este? | *in the east of the country* en el este del país | to the east (of) al este (de) **2** the East (a) el Este, Oriente (b) el este [de EU]
- *adj* (del) este, oriental: *There was a strong east wind.* Había un fuerte viento (del) este.
- *adv* hacia el este, al este: *The house faces east.* La casa mira al este.

eastbound /'istbaʊnd/ *adj* que va/iba etc. en dirección este

Easter /'istər/ *s* Pascua ▶ Cuando se refiere a las vacaciones, equivale a *Semana Santa* | at Easter en Pascua, en Semana Santa

'Easter egg *s* huevo de Pascua

easterly /'istərli/ *adj* (del) este | in an easterly direction en dirección este

eastern, también **Eastern** /'istərn/ *adj* **1** oriental [asiático] **2** (del) este, oriental

eastward /'istwərd/, también **eastwards** /'istwərdz/ *adv* hacia el este

easy /'izi/ *adjetivo & adverbio*
- *adj* (-sier, -siest) **1** fácil: *It's easy to make a mistake.* Es fácil equivocarse. **2** tranquilo -a: *I would feel easier if I knew where she was.* Estaría más tranquila si supiera dónde está. **3** an easy life una vida fácil **4** to take the easy way out optar por el camino más corto **5** I'm easy (informal) me da lo mismo
- *adv* (-sier, -siest) **1** to take it/things easy tomarse las cosas con calma **2** take it easy! ¡cálmate! **3** to go easy on/with sth no pasarse con algo: *Go easy on the garlic.* No te pases con el ajo. **4** to go easy on sb no ser duro -a con alguien **5** that's/it's easier said than done es más fácil decirlo que hacerlo

easygoing /izi'goʊɪŋ/ *adj* **1** fácil de tratar, tolerante [persona] **2** tranquilo -a [temperamento, actitud]

eat /it/ *v* [tr/intr] (pasado ate, participio eaten) **1** comer: *Would you like something to eat?* ¿Quieres comer algo? **2** what's eating him/you etc.? (informal) ¿qué le/te etc. pica?, ¿qué te traes/se trae etc.? **3** to have sb eating out of your hand tener a alguien a sus pies
   eat away to eat away at sth/to eat sth away comerse algo, corroer algo
   eat into sth **1** comerse algo, corroer algo **2** to eat into sb's savings gastarse los ahorros de alguien
   eat out (salir a) comer fuera
   eat up terminar de comer eat sth up **1** terminar de comer algo **2** consumir/agotar algo [dinero, espacio, etc.]

eaten /'itən/ participio de eat

eater /'itər/ *s* **1** to be a big eater ser muy comilón -ona **2** to be a fussy eater ser remilgoso -a con la comida

eavesdrop /'ivzdrɑp/ *v* [intr] (-pped, -pping) to eavesdrop (on sth/sb) escuchar (algo/a alguien) [a escondidas]

ebb /eb/ *sustantivo & verbo*
- *s* **1** the ebb (tide) el reflujo [de la marea] **2** to be at a low ebb (a) estar deprimido -a (b) estar en un mal momento **3** the ebb and flow of sth el ir y venir de algo [de la demanda, la moda, etc.]
- *v* [intr] **1** bajar [la marea] **2** (también ebb away) decaer, flaquear

ebony /'ebəni/ *s* ébano

eccentric /ɪk'sentrɪk/ *adj & s* excéntrico -a

echo /'ekoʊ/ *sustantivo & verbo*
- *s* (pl echoes) **1** eco **2** reminiscencia, similitud
- *v* **1** [intr] resonar: *The hall echoed with laughter.* El salón resonó con risas. **2** [tr] hacerse eco de

eclipse /ɪ'klɪps/ *sustantivo & verbo*
- *s* eclipse
- *v* [tr] eclipsar

ecological /ikə'lɑdʒɪkəl/ *adj* ecológico -a

ecologically /ikə'lɑdʒɪkli/ *adv* ecológicamente, desde el punto de vista de la ecología

ecologist /ɪ'kɑlədʒɪst/ *s* ecologista

ecology /ɪ'kɑlədʒi/ *s* ecología

economic /ekə'nɑmɪk/ *adj* **1** económico -a ▶ ¿ECONOMIC O ECONOMICAL? ver **económico 2** rentable

economical /ekə'nɑmɪkəl/ *adj* **1** económico -a: *This car is very economical to run.* Éste es un coche muy económico. ▶ ¿ECONOMIC O ECONOMICAL? ver **económico 2** to be economical with the truth decir una/la verdad a medias

economically /ekə'nɑmɪkli/ *adv* **1** económicamente, desde el punto de vista de la economía **2** de manera económica

economics /ekə'nɑmɪks/ s **1** economía
▶ ¿ECONOMICS o ECONOMY? ver **economía 2 the economics of sth** los aspectos económicos de algo

economist /ɪ'kɑnəmɪst/ s economista

economize, -ise BrE /ɪ'kɑnəmaɪz/ v [intr] economizar | **to economize on sth** ahorrar (en) algo

economy /ɪ'kɑnəmi/ s (pl -mies) **1** economía
▶ ¿ECONOMY o ECONOMICS? ver **economía 2 to make economies** hacer economía **3 economy class** (clase) turista, clase económica **economy size/pack** presentación económica [de un producto]

ecstasy /'ekstəsi/ s (pl -sies) **1** éxtasis **2** (también **Ecstasy**) (droga) éxtasis **3 to go into ecstasies over sth** deshacerse en elogios por algo

ecstatic /ɪk'stætɪk/ adj contentísimo -a, eufórico -a

Ecuador /'ekwədɔr/ s Ecuador

Ecuadorian /ekwə'dɔriən/ adj & s ecuatoriano -a

edge /edʒ/ sustantivo & verbo
■ s **1** borde: *the edge of the bed* el borde de la cama | *on the edge of town* en las afueras de la ciudad | *at the water's edge* a/en la orilla del agua **2** filo **3 to have the edge on/over sb** tener (una) ventaja sobre alguien **4 to be on edge** estar nervioso -a **5 to take the edge off sb's hunger/pain** calmarle el hambre/el dolor a alguien
■ v [tr intr] mover o moverse lentamente: *The car edged forward.* El carro avanzó lentamente. | *He edged his chair closer to mine.* Poco a poco fue acercando su silla a la mía. | **to edge away (from sth/sb)** alejarse lentamente (de algo/alguien) | **to edge your way along sth** avanzar poco a poco por algo: *I edged my way through the crowd.* Me fui abriendo paso entre la multitud.

edible /'edəbəl/ adj comestible

edit /'edɪt/ v [tr] **1** editar [un libro, una película] **2** hacer modificaciones/recortes en, corregir [un texto para su publicación] **3** dirigir [un diario, una revista, etc.]

edition /ɪ'dɪʃən/ s edición

editor /'edətər/ s **1** (de un diario, una revista) director -a **2** (en una editorial) editor -a **3** (en cine) editor -a, montajista

educate /'edʒəkeɪt/ v [tr] educar

educated /'edʒəkeɪtɪd/ adj **1** culto -a, instruido -a **2 an educated guess** una conjetura basada en cierta información

education /edʒə'keɪʃən/ s **1** educación, formación **2** enseñanza, educación **3** pedagogía, ciencias de la educación

educational /edʒə'keɪʃənəl/ adj **1** educativo -a, educacional [sistema, institución, etc.] **2** educativo -a, instructivo -a [viaje, juguete, etc.]

eel /il/ s anguila

eerie /'ɪri/ adj **1** sobrecogedor [silencio] **2** inquietante [atmósfera, ruido]

effect /ɪ'fekt/ sustantivo, sustantivo plural & verbo
■ s **1** efecto | **to have an effect (on sth/sb)** surtir efecto (sobre algo/alguien), tener/producir un efecto (sobre algo/alguien): *Their taunts had no effect.* Sus provocaciones no surtieron efecto. **2 to put sth into effect** poner algo en práctica | **to come into effect** entrar en vigencia **3 to take effect (a)** hacer efecto [droga] **(b)** entrar en vigencia [ley] **4 in effect** de hecho, en realidad **5 to this effect** con este propósito **6 to do sth for effect** hacer algo para impresionar
■ **effects** s pl **1** (formal) pertenencias | **personal effects** efectos personales **2** efectos (visuales) | **special effects** efectos especiales
■ v [tr] (formal) **1** lograr [una reconciliación, una cura] **2** efectuar [un cambio]

effective /ɪ'fektɪv/ adj **1** efectivo -a, eficaz: *The policy has been effective in reducing crime.* La política ha resultado efectiva para reducir la delincuencia. **2** efectivo -a: *The commercials were simple but very effective.* Los anuncios eran simples pero muy efectivos.

effectively /ɪ'fektɪvli/ adv **1** eficazmente **2** de hecho

effectiveness /ɪ'fektɪvnəs/ s eficacia

efficiency /ɪ'fɪʃənsi/ s eficiencia, rendimiento

efficient /ɪ'fɪʃənt/ adj eficiente

efficiently /ɪ'fɪʃəntli/ adv eficientemente, con eficiencia

effort /'efərt/ s **1** esfuerzo | **to put a lot of effort into sth** esforzarse mucho en algo: *I put a lot of effort into organizing the party.* Me esforcé mucho en la organización de la fiesta. | **to put some effort into sth** esforzarse en algo **2** intento: *We worked all night in an effort to finish it on time.* Trabajamos toda la noche en un intento de terminarlo a tiempo. **3 to make an effort to do sth** hacer un esfuerzo por/para hacer algo **4 it's (not) worth the effort** (no) vale la pena

EFL /i ef 'el/ s (= English as a Foreign Language) inglés como lengua extranjera

e.g., también **eg** BrE /i 'dʒi/ (= for example) p. ej.

egg /eg/ sustantivo & verbo
■ s **1** huevo **2** óvulo **3 to put all your eggs in one basket** poner todos tus huevos en una sola canasta, jugar todo a una sola carta
■ v **egg sb on** incitar/empujar a alguien

yolk

egg

eggcup

eggplant /'egplænt/ s AmE berenjena

eggshell /'egʃel/ s cascarón de huevo

ego /'igoʊ/ s **1** ego **2 to boost sb's ego** alimentarle el ego a alguien

eh? /eɪ/ *interj* BrE **1** (para pedirle a alguien que repita lo que dijo) ¿qué?, ¿cómo? **2** (al final de una afirmación) ¿eh?, ¿no?

eight /eɪt/ *número* ocho

eighteen /eɪˈtin/ *número* dieciocho

eighteenth /eɪˈtinθ/ *número* **1** decimoctavo -a **2** dieciocho **3** decimoctavo, decimoctava parte

eighth /eɪtθ/ *número* **1** octavo -a **2** ocho **3** octavo, octava parte

eightieth /ˈeɪtiəθ/ *número* **1** octagésimo -a **2** ochentavo, octagésima parte

eighty /ˈeɪti/ *número* **1** ochenta **2 the eighties** los (años) ochenta **3 to be in your eighties** tener ochenta y pico/ochenta y tantos

either /ˈiðər/ *conjunción, adjetivo, pronombre & adverbio*
- *conj* **either... or...** **(a)** (en afirmaciones) o... o...: *Either he leaves or I do!* ¡O se va él o me voy yo! **(b)** (en negaciones) ni... ni...: *She hasn't been to either Rome or Florence.* No ha estado ni en Roma ni en Florencia.
- *adj & pron* **1** (en preguntas) alguno -a [de dos]: *Do either of you have a pencil?* ¿Alguno de ustedes tiene un lápiz? **2** (en afirmaciones) cualquiera (de los dos/de las dos): *In my opinion, either team could win.* Para mí, podría ganar cualquiera de los dos equipos. **3** (en negaciones) ninguno -a (de los dos/de las dos): *I've tried windsurfing and sailing, but I didn't like either much.* He probado el windsurf y la vela, pero ninguno de los dos deportes me gustó mucho. **4 either way (a)** en cualquiera de los dos casos **(b)** en una u otra dirección **5** ambos: *on either side* a ambos lados/a cada lado | *at either end of the beach* en los dos/en ambos extremos de la playa
- *adv* tampoco: *"I don't like rap." "I don't either."* –No me gusta el rap. –A mí tampoco.

eject /ɪˈdʒekt/ *v* **1** [tr] (formal) expulsar, evacuar [a una persona] **2** [tr] expulsar [un CD, un cassette, etc.] **3** [intr] eyectarse [de un avión]

elaborate¹ /ɪˈlæbərət/ *adj* **1** complicado -a, muy elaborado -a [comida, platillo] **2** intrincado -a [dibujo, talla] **3** detallado -a [plan]

elaborate² /ɪˈlæbəreɪt/ *v* [intr] dar más detalles | **to elaborate on sth** explicar algo en más detalle, desarrollar algo

elapse /ɪˈlæps/ *v* [intr] (formal) transcurrir

elastic /ɪˈlæstɪk/ *adjetivo & sustantivo*
- *adj* elástico -a
- *s* elástico

e,lastic 'band BrE ▶ ver **rubber band**

elbow /ˈelboʊ/ *sustantivo & verbo*
- *s* codo
- *v* [tr] darle un codazo a: *Dan elbowed his way through the crowd.* Dan se abrió paso a codazos entre la multitud.

elder /ˈeldər/ *adjetivo & sustantivo*
- *adj* mayor ▶ ver recuadro
- *s* your/his etc. **elders** tus/sus etc. mayores

¿elder o older?

elder sólo se usa para referirse a personas, especialmente a los miembros de una familia:

She has two elder brothers. Tiene dos hermanos mayores.

Como superlativo **elder** sólo se usa cuando se trata de dos personas:

Sarah is the elder of the two sisters. Sarah es la mayor de las dos hermanas.

elder no puede ir seguido de **than.** Para decir que una persona es mayor que otra, hay que usar **older:**

John is older than Lizzie. John es mayor que Lizzie.

elderly /ˈeldərli/ *adj* mayor, anciano -a | **the elderly** (los) ancianos

eldest /ˈeldɪst/ *adj* **1 eldest brother/sister/daughter etc.** hermano/hermana/hija etc. mayor [de varios] **2 the eldest** el/la mayor ▶ ver recuadro

¿eldest o oldest?

eldest sólo se usa para referirse a personas, especialmente a los miembros de una familia:

I'm the eldest of three sisters. Soy la mayor de tres hermanas.

elect /ɪˈlekt/ *v* [tr] elegir [mediante voto]

election /ɪˈlekʃən/ *s* elección, elecciones

electoral /ɪˈlektərəl/ *adj* electoral | **electoral college** colegio electoral

electorate /ɪˈlektərət/ *s* electorado

electric /ɪˈlektrɪk/ *adj* **1** eléctrico -a ▶ ¿ELECTRIC O ELECTRICAL? ver **eléctrico 2** electrizante

electrical /ɪˈlektrɪkəl/ *adj* eléctrico -a ▶ ¿ELECTRIC O ELECTRICAL? ver **eléctrico**

electrician /ɪlekˈtrɪʃən/ *s* electricista

electricity /ɪlekˈtrɪsəti/ *s* electricidad

e,lectric 'shock *s* descarga eléctrica, choque eléctrico

electrify /ɪˈlektrəfaɪ/ *v* [tr] (-fies, -fied) **1** electrificar **2** electrizar [al público]

electrocute /ɪˈlektrəkjut/ *v* [tr] electrocutar

electron /ɪˈlektrɑn/ *s* electrón

electronic /ɪlekˈtrɑnɪk/ *adj* electrónico -a

electronics /ɪlekˈtrɑnɪks/ *s* electrónica

elegance /ˈeləgəns/ *s* elegancia

elegant /ˈeləgənt/ *adj* elegante

element /'eləmənt/ s **1** elemento **2** an element of truth/risk etc. algo de verdad/cierto riesgo etc. **3** (en química) elemento **4** the elements los elementos, el (mal) tiempo

elementary /elə'mentri/ adj elemental, básico -a

ele'mentary ,school, también **grade school** s AmE en Estados Unidos escuela para niños entre 5 y 11 años

elephant /'eləfənt/ s elefante

elevator /'eləveɪtər/ s AmE elevador

eleven /ɪ'levən/ número once

eleventh /ɪ'levənθ/ número **1** undécimo -a **2** once **3** onceavo, onceava parte

elicit /ɪ'lɪsɪt/ v [tr] (formal) obtener [una respuesta, información, etc.]

eligible /'elədʒəbəl/ adj **1** que cumple con los requisitos establecidos para algo | to be eligible for sth/to do sth tener derecho a algo/a hacer algo **2** an eligible bachelor un buen partido

eliminate /ɪ'lɪmɪnənet/ v [tr] eliminar, erradicar

elimination /ɪ,lɪmə'neɪʃən/ s eliminación, erradicación

elite /eɪ'liːt/ s elite, élite

elm /elm/ s olmo

elope /ɪ'loʊp/ v [intr] fugarse [con el novio o la novia, etc.]

eloquent /'eləkwənt/ adj elocuente

El Salvador /el 'sælvədɔr/ s El Salvador

else /els/ adv ▶ ver recuadro

elsewhere /'elswer/ adv a/en otra(s) parte(s)

ELT /i el 'ti/ s (= English Language Teaching) enseñanza de inglés a hablantes de otras lenguas

elusive /ɪ'lusɪv/ adj **1** esquivo -a, huidizo -a **2** difícil de recordar [palabra]

e-mail, también **email** /'i meɪl/ sustantivo & verbo
■ s **1** (sistema) e-mail, correo electrónico **2** (mensaje) e-mail, mail
■ v [tr] **1** mandarle un e-mail/mail a [una persona] **2** mandar por e-mail/mail [un mensaje]

emanate /'eməneɪt/ v (formal) **emanate from sth** provenir/emanar de algo

emancipation /ɪ,mænsə'peɪʃən/ s emancipación

embankment /ɪm'bæŋkmənt/ s terraplén

embargo /ɪm'bɑrgoʊ/ s (pl -goes) embargo

embark /ɪm'bɑrk/ v [intr] embarcar, embarcarse: *He embarked for New York in 1892.* Se embarcó con destino a Nueva York en 1892.
embark on/upon sth emprender algo, embarcarse en algo

embarrass /ɪm'bærəs/ v [tr] (3ª pers sing -sses) apenar, avergonzar

embarrassed /ɪm'bærəst/ adj **1** I feel/she is etc. embarrassed me da/le da etc. pena, me da/le da etc. vergüenza: *He felt so embarrassed.* Le dio tanta pena/vergüenza. | *I was embarrassed by*

her directness. Su franqueza me hizo sentir incómoda. **2** an embarrassed silence un silencio incómodo

embarrassing /ɪm'bærəsɪŋ/ adj penoso -a, que da pena/vergüenza

embarrassment /ɪm'bærəsmənt/ s **1** pena, vergüenza, incomodidad **2** persona o cosa que hace sentir pena/vergüenza: *Her family was an embarrassment to her.* Se avergonzaba de su familia./Su familia la apenaba.

embassy /'embəsi/ s (pl -ssies) embajada

embedded /ɪm'bedɪd/ adj **to be embedded in sth (a)** estar incrustado -a en algo **(b)** estar muy arraigado -a en algo

ember /'embər/ s brasa

emblem /'embləm/ s emblema, símbolo

embodiment /ɪm'bɑdɪmənt/ s (formal) **the embodiment of sth** la encarnación/personificación de algo

embody /ɪm'bɑdi/ v [tr] (-dies, -died) (formal) encarnar, ser la encarnación/personificación de

embrace /ɪm'breɪs/ verbo & sustantivo
■ v **1** [tr] abrazar **2** [intr] abrazarse
■ s abrazo

embroider /ɪm'brɔɪdər/ v [tr/intr] bordar

embroidery /ɪm'brɔɪdəri/ s bordado(s)

embryo /'embrioʊ/ s embrión

emerald /'emərəld/ sustantivo & adjetivo
■ s esmeralda
■ adj de color esmeralda

emerge /ɪ'mɜrdʒ/ v [intr] (formal) **1** salir, aparecer | to emerge from sth salir de algo [de un lugar, de una experiencia] **2** surgir | it has emerged that ha trascendido que

emergence /ɪ'mɜrdʒəns/ s surgimiento

emergency /ɪ'mɜrdʒənsi/ s **1** (pl -cies) emergencia **2** de emergencia: *an emergency meeting* una junta de emergencia | **emergency brake** AmE freno de mano **emergency exit** salida de emergencia **emergency room** AmE (sala de) urgencias

emigrant /'eməgrənt/ s emigrante

emigrate /'eməgreɪt/ v [intr] emigrar

emigration /emə'greɪʃən/ s emigración

emission /ɪ'mɪʃən/ s emisión, emanación

emotion /ɪ'moʊʃən/ s emoción, sentimiento

emotional /ɪ'moʊʃənəl/ adj **1** emotivo -a, emocional **2** to become/get emotional emocionarse **3** afectivo -a [problema, desarrollo]

emotionally /ɪ'moʊʃənəli/ adv **1** emocionalmente, desde el punto de vista emocional/ afectivo **2** con emoción

emotive /ɪ'moʊtɪv/ adj que despierta sentimientos fuertes, cargado -a de emotividad

empathy /'empəθi/ s empatía

emperor /'empərər/ s emperador

emphasis /'emfəsɪs/ s (pl emphases /-siz/) **1** énfasis | to place/put emphasis on sth hacer hincapié/énfasis en algo **2** acento [prosódico], énfasis

emphasize, -ise BrE /'emfəsaɪz/ v [tr] hacer hincapié en, destacar

emphatic /ɪm'fætɪk/ adj **1** enfático -a [gesto] **2** categórico -a [victoria] **3** rotundo -a [negativa]

empire /'empaɪr/ s imperio

employ /ɪm'plɔɪ/ v [tr] emplear, contratar: *He was employed as a gardener.* Trabajaba de jardinero.

employee /ɪm'plɔɪ-i/ s empleado -a

employer /ɪm'plɔɪər/ s empleador -a, patrón -ona

employment /ɪm'plɔɪmənt/ s empleo, trabajo

empress /'emprɪs/ s (pl -sses) emperatriz

emptiness /'emptinəs/ s vacío, vacuidad

empty /'empti/ adjetivo & verbo
■ adj (-tier, -tiest) **1** vacío -a **2** vacío -a [amenaza], vano -a [promesa]
■ v (-ties, -tied) **1** [tr] vaciar | to empty sth into/onto sth vaciar algo en algo [recipiente], verter algo en algo [contenido]: *She emptied the bag onto the table.* Vació la bolsa en la mesa. **2** [intr] vaciarse, quedar vacío -a

empty-'handed adj con las manos vacías

enable /ɪ'neɪbəl/ v to enable sb to do sth permitirle a alguien hacer algo [hacérselo posible]

enamel /ɪ'næməl/ s esmalte

enchanting /ɪn'tʃæntɪŋ/ adj encantador -a

encircle /ɪn'sɜrkəl/ v [tr] rodear

enclose /ɪn'kloʊz/ v [tr] **1** adjuntar **2** encerrar, cercar

enclosure /ɪn'kloʊʒər/ s recinto

encore /'ɑŋkɔr/ sustantivo & interjección
■ s bis [en un concierto o recital]
■ interj encore! ¡encore!, ¡otra!

encounter /ɪn'kaʊntər/ verbo & sustantivo
■ v [tr] (formal) encontrar, encontrarse con
■ s encuentro, contacto

encourage /ɪn'kɜrɪdʒ/ v [tr] **1** alentar, apoyar | to encourage sb to do sth alentar/animar a alguien a hacer algo **2** estimular, fomentar

encouragement /ɪn'kɜrɪdʒmənt/ s aliento, estímulo

encouraging /ɪn'kɜrɪdʒɪŋ/ adj alentador -a

encyclopedia, también **encyclopaedia** BrE /ɪn,saɪklə'pidiə/ s enciclopedia

end /end/ sustantivo & verbo
■ s **1** (de un período de tiempo) fin, final: *They've given us until the end of the month to pay.* Nos han dado hasta fin de mes para pagar. | at the end of sth a fines de algo, al final de algo **2** (de un libro, una película, etc.) final **3** (de una calle) final **4** (de una cuerda, un palo, una mesa) extremo, punta **5** the deep/shallow end la parte honda/poco profunda [de una alberca] **6** fin, propósito **7** to be at an end haberse acabado/terminado | to come to an end llegar a su fin, terminarse | to put an end to sth poner fin a algo **8** in the end al final **9** to change ends cambiar de cancha [en un partido] **10** to be at the end of your rope AmE no poder más | to be at the end of your tether BrE no poder más **11** to be at a loose end no tener nada que hacer **12** to make ends meet hacer alcanzar el dinero, llegar a fin de mes **13** to get (hold of) the wrong end of the stick (informal) entender mal, entender cualquier cosa
■ v [tr/intr] terminar
  end in sth terminar en/con algo: *Their marriage ended in divorce.* Su matrimonio terminó en divorcio.
  end up terminar: *He'll end up in jail.* Va a terminar en la cárcel. | to end up doing sth terminar haciendo algo: *I always end up picking up the tab.* Siempre termino pagando yo la cuenta.

endanger /ɪn'deɪndʒər/ v [tr] poner en peligro

endeavor AmE, **endeavour** BrE /ɪn'devər/ sustantivo & verbo
■ s (formal) **1** esfuerzo, intento **2** emprendimiento
■ v (formal) to endeavor to do sth hacer todo lo posible por hacer algo, esforzarse por hacer algo

ending /'endɪŋ/ s **1** final [de un cuento, una película, etc.] **2** desinencia

endive /'endaɪv/ s AmE endivia, endibia

endless /'endləs/ adj **1** interminable, infinito -a **2** innumerable

endlessly /'endləsli/ adv **1** constantemente **2** infinitamente

endorse /ɪn'dɔrs/ v [tr] **1** aprobar, apoyar **2** endosar [un cheque]

endorsement /ɪn'dɔrsmənt/ v [tr] aprobación, apoyo

endow /ɪn'dau/ v to be endowed with sth estar dotado -a de algo, contar con algo

endurance /ɪn'dʊrəns/ s **1** (en sentido físico) resistencia **2** (mental, espiritual) entereza

endure /ɪn'dʊr/ v [tr] soportar, sufrir [un dolor, una desgracia, etc.]

enduring /ɪn'dʊrɪŋ/ adj perdurable, duradero -a

enemy /'enəmi/ s (pl -mies) enemigo -a

energetic /enər'dʒetɪk/ adj **1** dinámico -a [persona] | **to feel energetic** sentirse con energía **2** enérgico -a [ejercicio, actividad]

energy /'enərdʒi/ s energía

enforce /ɪn'fɔrs/ v [tr] hacer cumplir

enforcement /ɪn'fɔrsmənt/ s aplicación [acción de hacer cumplir una norma]

engage /ɪn'geɪdʒ/ v [tr] (formal) **1** captar, concitar [la atención, el interés de alguien] **2** contratar: *We engaged a nanny to take care of the children.* Contratamos una nana para que cuidara a los niños.

  engage in sth (formal) involucrarse en algo

  engage sb in sth to **engage sb in conversation** (formal) entablar conversación con alguien

engaged /ɪn'geɪdʒd/ adj **1** comprometido -a [para casarse] | **to get engaged** comprometerse | **to be engaged to sb** estar comprometido -a con alguien **2** BrE ocupado -a [línea telefónica] ► En inglés americano se usa **busy**

engagement /ɪn'geɪdʒmənt/ s **1** compromiso [para casarse] **2** noviazgo [después del compromiso] **3** (formal) compromiso [social, de negocios, etc.]

engine /'endʒɪn/ s **1** motor [de un vehículo] **2** BrE locomotora ► En inglés americano se usa **locomotive**

engineer /endʒə'nɪr/ s **1** ingeniero -a **2** maquinista (naval) **3** AmE (de un tren) maquinista **4** BrE técnico -a [que hace reparaciones]

engineering /endʒə'nɪrɪŋ/ s ingeniería

England /'ɪŋglənd/ s Inglaterra

English /'ɪŋglɪʃ/ adjetivo & sustantivo
- **adj 1** inglés -esa **2 English breakfast** desayuno tradicional británico, que incluye huevos, tocino, etc.
- **s 1** (idioma) inglés **2 the English** los ingleses

full English breakfast

Englishman /'ɪŋglɪʃmən/ s (pl -men) inglés

Englishwoman /'ɪŋglɪʃwumən/ s (pl -women) inglesa

engrave /ɪn'greɪv/ v [tr] grabar

engrossed /ɪn'groust/ adj to be engrossed in sth estar absorto -a/enfrascado -a en algo

enhance /ɪn'hæns/ v [tr] **1** realzar **2** aumentar, mejorar

enjoy /ɪn'dʒɔɪ/ v [tr] **1** disfrutar (de): *She knows how to enjoy life.* Sabe disfrutar de la vida. | *Did you enjoy the movie?* ¿Te gustó la película? | **he enjoys singing/working with children etc.** le gusta cantar/trabajar con niños etc. | **to enjoy yourself** divertirse, pasarla bien **2** tener, gozar de [buena salud, reputación, etc.]

enjoyable /ɪn'dʒɔɪəbəl/ adj agradable, entretenido -a

enjoyment /ɪn'dʒɔɪmənt/ s placer, disfrute

enlarge /ɪn'lɑrdʒ/ v [tr] ampliar, agrandar

enlargement /ɪn'lɑrdʒmənt/ s ampliación

enlighten /ɪn'laɪtn/ v (formal) to enlighten sb (as to sth/about sth) explicarle/aclararle algo a alguien

enlightened /ɪn'laɪtnd/ adj progresista

enlightenment /ɪn'laɪtnmənt/ s (formal) aclaración

enlist /ɪn'lɪst/ v **1** to enlist the help/services of sb conseguir el apoyo de alguien/contratar los servicios de alguien **2** [intr] alistarse

enormous /ɪ'nɔrməs/ adj enorme

enormously /ɪ'nɔrməsli/ adv enormemente, inmensamente

enough /ɪ'nʌf/ adverbio, adjetivo & pronombre
- **adv 1** bastante, suficiente: *He's old enough to understand.* Es lo bastante mayorcito como para entender. **2** ► Un adjetivo positivo como **friendly** (simpático) o **happy** (contento) seguido de **enough** puede indicar reserva (bastante simpático/contento, pero sólo hasta cierto punto): *She's nice enough, but she can be a little boring.* Es bastante simpática, pero a veces es un poco aburrida. **3** ► Un adjetivo negativo como **difficult** (difícil) o **bad** (malo) seguido de **enough** suele preceder a una frase que expresa que algo o alguien podría empeorar las cosas: *Things are bad enough without you interfering.* Las cosas ya andan bastante mal, como para que encima tú te metas. **4** oddly/funnily etc. enough curiosamente, aunque parezca raro ► ver también **sure**
- **adj & pron 1** suficiente, bastante: *We don't have enough glasses.* No tenemos suficientes vasos. | *I think we've done enough for one day.* Creo que ya hemos hecho suficiente por un día. **2** to have had enough (of sth/sb) estar harto -a (de algo/alguien) **3** that's enough! ¡basta!

enquire ► ver **inquire**

enquiry ► ver **inquiry**

enrage /ɪn'reɪdʒ/ v [tr] enfurecer

enrich /ɪn'rɪtʃ/ v [tr] (3ª pers sing -ches) enriquecer

enroll AmE, **enrol** BrE /ın'roʊl/ v (-lled, -lling) **1** [intr] inscribirse, matricularse | **to enroll in/on sth** inscribirse/matricularse en algo **2** [tr] inscribir, matricular

enrollment AmE, **enrolment** BrE /ın'roʊlmənt/ s **1** inscripción, inscripciones **2** matrícula [número de personas inscritas]

ensuing /ın'suıŋ/ adj **1** in the ensuing days/weeks etc. en los días/las semanas etc. siguientes **2** the ensuing war/conflict etc. la guerra/el conflicto etc. que tuvo lugar a continuación

ensure, también **insure** AmE /ın'ʃʊr/ v [tr] asegurar | **to ensure that** asegurarse de que

entail /ın'teıl/ v [tr] implicar, suponer

entangle /ın'tæŋgəl/ v [tr] enredar | **to become/get entangled in sth (a)** enredarse en algo **(b)** verse involucrado -a en algo

enter /'entər/ v **1** (formal) [tr] ingresar a, entrar a, [intr] ingresar, entrar: *He tried to enter the country with a false passport.* Trató de ingresar al país con un pasaporte falso. **2** [tr] (a una institución) ingresar a **3** (referido a competencias) [intr] presentarse, tomar parte, [tr] presentarse a, tomar parte en **4** [tr] (en computación) ingresar [información] **5** [tr] (al llenar un formulario) escribir
enter into sth 1 to enter into a contract/an agreement (formal) firmar un contrato/llegar a un acuerdo **2 to enter into discussions/negotiations etc.** (formal) iniciar conversaciones/negociaciones etc. **3 money/age etc. does not enter into it** el dinero/la edad etc. no tiene nada que ver

enterprise /'entərpraız/ s **1** empresa **2** emprendimiento **3** iniciativa [capacidad de tomar decisiones, etc.]

enterprising /'entərpraızıŋ/ adj emprendedor -a

entertain /entər'teın/ v **1** [intr] recibir invitados, [tr] invitar [agasajar] **2** [tr] entretener

entertainer /entər'teınər/ s artista [del mundo del espectáculo], animador -a

entertaining /entər'teınıŋ/ adj entretenido -a, divertido -a

entertainment /entər'teınmənt/ s **1** entretenimiento, diversión **2** espectáculo

enthralling /ın'θrɔlıŋ/ adj cautivante, apasionante

enthusiasm /ın'θuziæzəm/ s entusiasmo: *their enthusiasm for the idea* su entusiasmo por la idea

enthusiast /ın'θuziæst/ s entusiasta

enthusiastic /ın,θuzi'æstık/ adj entusiasta: *an enthusiastic audience* un público entusiasta | **to be enthusiastic about sth** estar entusiasmado -a con algo

entice /ın'taıs/ v [tr] atraer, tentar

entire /ın'taır/ adj todo-a, entero -a

entirely /ın'taırli/ adv totalmente, del todo

entitle /ın'taıtl/ v [tr] **1 to entitle sb to (do) sth** darle derecho a alguien a (hacer) algo | **to be entitled to (do) sth** tener derecho a (hacer) algo **2** intitular, titular

entitlement /ın'taıtlmənt/ s derecho [a hacer algo]

entrance /'entrəns/ s **1** entrada [lugar] | **the entrance to/of sth** la entrada a/de algo **2 entrance fee** boleto de entrada [dinero que se paga]

entrant /'entrənt/ s participante [en un concurso, una competencia]

entreé /'ɑntreı/ s AmE platillo principal

entrepreneur /,ɑntrəprə'nɜr/ s empresario -a

entrust /ın'trʌst/ v [tr] **to entrust sb with sth/to entrust sth to sb** confiarle algo a alguien [una responsabilidad, una tarea, el cuidado de algo]

entry /'entri/ s (pl -tries) **1** entrada, ingreso: *Turkey's entry into the EU* el ingreso de Turquía a la UE | **to gain entry** entrar **2** trabajo que se presenta a un concurso **3** entrada [en un diccionario, etc.] **4** anotación [en el diario de una persona]

envelope /'envəloʊp/ s sobre

enviable /'enviəbl/ adj envidiable

envious /'enviəs/ adj **1 to be envious of sb** envidiar a alguien, tenerle envidia a alguien | **to be envious of sth** envidiar algo | **to be envious** tener envidia **2** ▶ Cuando **envious** va delante de un sustantivo indica una característica más permanente y equivale a *envidioso -a*: *I'm not a naturally envious person.* No soy una persona envidiosa por naturaleza.

environment /ın'vaıərnmənt/ s **1** the environment el medio ambiente **2** ambiente, entorno

environmental /ın,vaıərn'mentl/ adj ambiental, ecológico -a | **environmental protection** protección del medio ambiente

environmentalist /ın,vaıərn'mentl-ıst/ s ecologista, ambientalista

en,vironmentally 'friendly adj ecológico -a, que no daña el medio ambiente

envisage /ın'vızıdʒ/ v [tr] prever, imaginarse [un suceso futuro]

envoy /'envɔı/ s enviado -a

envy /'envi/ verbo & sustantivo
■ v [tr] (-vies, -vied) envidiar
■ s envidia

enzyme /'enzaım/ s enzima

epic /'epık/ adjetivo & sustantivo
■ adj épico -a
■ s epopeya, épica

epidemic /epə'demık/ s epidemia

epilepsy /'epəlepsi/ s epilepsia

epileptic /epə'leptık/ adj & s epiléptico -a

episode /'epəsoʊd/ s **1** (de un programa de TV o radio) capítulo, episodio **2** (en la historia, en la vida de alguien) episodio

epitaph /'epətæf/ s epitafio

epitome /ɪˈpɪtəmi/ s **to be the epitome of sth** ser el arquetipo de algo, ser algo por excelencia

equal /ˈiːkwəl/ *adjetivo, sustantivo & verbo*
■ *adj* **1** igual: *A pound is equal to 454 grams.* Una libra equivale a 454 gramos. **2 equal opportunities/rights** igualdad de derechos/ oportunidades **3 on an equal footing/on equal terms** en igualdad de condiciones
■ *s* igual: *Young people want adults to treat them as equals.* Los jóvenes quieren que los adultos los traten como iguales.
■ *v* [tr] (-led, -ling AmE, -lled, -lling BrE) **1** ser igual a: *Four plus four equals eight.* Cuatro más cuatro es igual a ocho. **2** igualar

equality /ɪˈkwɒləti/ s igualdad

equalize, -ise BrE /ˈiːkwəlaɪz/ *v* **1** [intr] BrE igualar el marcador ▸ En inglés americano se usa **to tie 2** [tr] igualar, equiparar

equally /ˈiːkwəli/ *adv* **1** igualmente **2** en partes iguales, equitativamente **3** por igual, de la misma manera **4** por otro lado

equate /ɪˈkweɪt/ *v* **to equate sth with sth** equiparar algo con algo, pensar que algo equivale a algo

equation /ɪˈkweɪʒən/ s ecuación

equator /ɪˈkweɪtər/ s **the equator** el ecuador

equip /ɪˈkwɪp/ *v* [tr] (-pped, -pping) **1** equipar | **to equip sth/sb with sth** equipar algo/a alguien con algo **2 to equip sb to do sth** preparar a alguien para hacer algo

equipment /ɪˈkwɪpmənt/ s equipo, material

equitable /ˈekwətəbəl/ *adj* justo -a, equitativo -a

equivalent /ɪˈkwɪvələnt/ *adjetivo & sustantivo*
■ *adj* equivalente | **equivalent to sth** equivalente a algo
■ *s* equivalente

era /ˈɪrə, ˈerə/ s era, época

eradicate /ɪˈrædəkeɪt/ *v* [tr] erradicar

erase /ɪˈreɪs/ *v* [tr] borrar: *Important data had been erased from the disk.* Se había borrado información importante del disco.

eraser /ɪˈreɪsər/ s AmE **1** goma (de borrar) **2** borrador [para el pizarrón]

erect /ɪˈrekt/ *adjetivo & verbo*
■ *adj* **1** erecto -a **2** erguido -a, parado -a
■ *v* [tr] construir, erigir

erection /ɪˈrekʃən/ s erección

erode /ɪˈroʊd/ *v* **1** [tr] erosionar **2** [intr] erosionarse **3** [tr] minar, socavar

erosion /ɪˈroʊʒən/ s erosión

erotic /ɪˈrɑtɪk/ *adj* erótico -a

errand /ˈerənd/ s **to run an errand for sb** hacerle un mandado a alguien

error /ˈerər/ s error: *The letter was opened in error.* La carta fue abierta por error. | **human error** error humano

erupt /ɪˈrʌpt/ *v* [intr] **1** estallar [crisis, violencia, etc.] **2** entrar en erupción **3** estallar (en gritos)

eruption /ɪˈrʌpʃən/ s erupción

escalate /ˈeskəleɪt/ *v* **1** [intr] intensificarse, agravarse **2** [tr] intensificar, agravar **3** [intr] aumentar mucho, dispararse [precios, costos]

escalation /eskəˈleɪʃən/ s escalada [aumento, intensificación]

escalator /ˈeskəleɪtər/ s escalera eléctrica, escalera mecánica

escape /ɪˈskeɪp/ *verbo & sustantivo*
■ *v* **1** [intr] (de un lugar) escapar(se), fugarse: *Three men have escaped from the prison.* Tres hombres se han fugado de la cárcel. **2** (referido a un peligro) [intr] salvarse, escapar(se), [tr] salvarse de | **to escape unhurt** salir/resultar ileso -a **3 the name/date etc. escapes me** no me acuerdo del nombre/de la fecha etc. **4 to escape sb's attention/notice** pasarle desapercibido -a a alguien
■ *s* **1** (de un lugar) escape, fuga: *There's no escape.* No hay posibilidad de escapar. **2 to have a narrow/lucky escape** salvarse de milagro/por poco **3** (de la realidad) escape

escort¹ /ɪˈskɔrt/ *v* [tr] **1** escoltar **2** acompañar

escort² /ˈeskɔrt/ s **1** escolta **2** acompañante

Eskimo /ˈeskəmoʊ/ s esquimal ▸ Algunas personas consideran que usar **Eskimo** es ofensivo y prefieren usar **Inuit** o **Aleut**

ESL /i es ˈel/ (= **English as a Second Language**) inglés como segunda lengua

especially /ɪˈspeʃəli/ *adv* **1** (para hacer énfasis en algo) especialmente, particularmente: *She loves science, especially biology.* Le encanta la ciencia, especialmente la biología. **2** (específicamente) especialmente: *especially for you* especialmente para ti ▸ **¿ESPECIALLY O SPECIALLY?** ver **especialmente**

espionage /ˈespiɑnɑʒ/ s espionaje

essay /ˈeseɪ/ s **1** (ejercicio escolar de lengua) redacción, composición **2** (en la enseñanza superior) trabajo, monografía **3** (obra literaria) ensayo

essence /ˈesəns/ s esencia | **in essence** en esencia

essential /ɪˈsenʃəl/ *adjetivo & sustantivo*
■ *adj* esencial, fundamental
■ *s* requisito/cosa esencial, necesidad | **the bare essentials** lo imprescindible

establish /ɪˈstæblɪʃ/ *v* [tr] (3ª pers sing -shes) **1** (crear) fundar, establecer **2** (decidir, averiguar) establecer **3 to establish yourself (as sth)** establecerse (como algo), ganarse un nombre/ una reputación (como algo)

basket, *net*, *rod*, *reel*
fishing equipment

ⓘ ¿Quieres información sobre las diferencias entre los **posesivos** en inglés y en español? Lee la explicación en el apartado de gramática.

established /ɪˈstæblɪʃt/ *adj* **1** establecido -a **2** sólido -a, respetado -a [profesionista] **3** oficial [religión]

establishment /ɪˈstæblɪʃmənt/ *s* **1** establecimiento **2** (acción de establecer) establecimiento, creación **3 the Establishment** el establishment [las instituciones que detentan el poder efectivo]

estate /ɪˈsteɪt/ *s* **1** complejo habitacional **2** propiedad, finca [extensa, especialmente en el campo] **3** herencia **4** (también **estate car**) BrE camioneta, station (wagon) ▶ En inglés americano se usa **station wagon**

es'tate ˌagent *s* BrE **1** agente inmobiliario -a ▶ En inglés americano se usa **real estate agent** o **realtor** **2 estate agent's** inmobiliaria

esteem /ɪˈstim/ *s* estima, aprecio | **to hold sth/sb in high esteem** respetar algo/a alguien, tener buena opinión de algo/alguien

esthetic AmE, **aesthetic** BrE /esˈθetɪk/ *adj* estético -a

estimate¹ /ˈestəmət/ *s* **1** cálculo | **a rough estimate** un cálculo aproximado/estimativo **2** presupuesto [para un trabajo, un arreglo, etc.]

estimate² /ˈestəmeɪt/ *v* [tr] calcular

estimation /estəˈmeɪʃən/ *s* **1** opinión **2** cálculo

estuary /ˈestʃueri/ *s* (pl **-ries**) estuario

etching /ˈetʃɪŋ/ *s* aguafuerte, grabado

eternal /ɪˈtɜrnl/ *adj* eterno -a

eternity /ɪˈtɜrnəti/ *s* eternidad

ethical /ˈeθɪkəl/ *adj* ético -a

ethics /ˈeθɪks/ *s* ética

ethnic /ˈeθnɪk/ *adj* étnico -a

etiquette /ˈetɪket/ *s* etiqueta [normas de comportamiento]

EU /i ˈju/ (= **European Union**) UE

euphemism /ˈjufəmɪzəm/ *s* eufemismo

euro /ˈjʊroʊ/ *s* (pl **euro** o **euros**) euro

Europe /ˈjʊrəp/ *s* Europa

European /jʊrəˈpiən/ *adj* & *s* europeo -a

ˌEuropean 'Union *s* Unión Europea

evacuate /ɪˈvækjueɪt/ *v* [tr] evacuar [un edificio, a personas]

evade /ɪˈveɪd/ *v* [tr] eludir | **to evade the issue/question** etc. eludir el tema/la pregunta etc.

evaporate /ɪˈvæpəreɪt/ *v* **1** [intr] evaporarse **2** [tr] evaporar **3** [intr] desvanecerse [apoyo, esperanza]

evasion /ɪˈveɪʒən/ *s* **1** evasión **2** evasiva

evasive /ɪˈveɪsɪv/ *adj* evasivo -a

eve /iv/ *s* **on the eve of their departure/the election** etc. en la víspera de su partida/de las elecciones etc.

even /ˈivən/ *adverbio, adjetivo & verbo*
■ *adv* **1** incluso, hasta: *Everyone enjoyed it, even the children.* Todo el mundo lo disfrutó,

incluso los niños. | **even if/even though** aunque: *I'll finish it, even if it takes me all day.* Voy a terminarlo, aunque me lleve todo el día. | **not even** ni siquiera **2 even bigger/better** etc. todavía más grande/mejor etc. **3 even so/even then** aun así, de todos modos
■ *adj* **1** bien nivelado -a, liso -a [superficie] **2** parejo -a [color, distribución] **3** uniforme [ritmo] **4** constante [temperatura] **5 an even number** un número par **6** parejo -a [certamen, competencia] **7 to get even with sb** (informal) desquitarse con alguien, ponerse a mano con alguien
■ *v* **even sth out** nivelar/emparejar algo

evening /ˈivnɪŋ/ *s* **1** noche, tarde [a partir de alrededor de las seis]: *What are you doing this evening?* ¿Qué haces esta noche? | *We went to a concert in the evening.* Fuimos a un concierto por/en la noche. | *I have a class on Thursday evenings.* Tengo clase los jueves por/en la noche. | *They got here at ten o'clock in the evening.* Llegaron a las diez de la noche. | **good evening** buenas noches, buenas tardes ▶ ¿AFTERNOON, EVENING o NIGHT? ver **tarde**, **noche** **2 evening class** curso nocturno para adultos en el que se puede aprender desde un idioma extranjero hasta cocina, baile, natación, etc. **evening dress** ropa de etiqueta **evening meal** comida [por la noche] cena

evenly /ˈivənli/ *adv* **1** uniformemente **2** en partes iguales, equitativamente **3 evenly matched** del mismo nivel

event /ɪˈvent/ *s* **1** acontecimiento, suceso **2** evento **3 in any event/at all events** de cualquier modo, en cualquier caso **4 in the event** al final **5 in the event of fire/an accident** (formal) en caso de incendio/accidente

eventful /ɪˈventfəl/ *adj* accidentado -a, lleno -a de acontecimientos/incidentes [día, viaje, etc.]

eventual /ɪˈventʃuəl/ *adj* final

eventually /ɪˈventʃuəli/ *adv* **1** finalmente, al final **2** tarde o temprano, algún día

ever /ˈevər/ *adv* **1** (en preguntas y oraciones condicionales) alguna vez: *Have you ever been to China?* ¿Has estado alguna vez en China? | *if you're ever in Chicago* si alguna vez vas a Chicago **2** (con comparativos y superlativos) **better/worse etc. than ever** mejor/peor etc. que nunca | **the best meal I've ever had/the biggest mistake he's ever made etc.** la mejor comida que haya comido en mi vida/el error más grave que haya cometido en su vida etc. **3** (con negativos) nunca: *I don't think I've ever had oysters.* Creo que nunca he comido ostiones. | **hardly ever** casi nunca **4 ever since** **(a)** desde entonces: *We've been friends ever since.* Hemos sido amigos desde entonces. **(b)** desde: *ever since I met him* desde que lo conocí **5 for ever** para siempre ▶ ver **adverbios de frecuencia** en **always**

every /ˈevri/ *adj* ▶ ver recuadro

everybody /ˈevribɑdi/ *pron* ▶ ver **everyone**

every

1 every a veces equivale a *todos los* o *todas las* y a veces a *cada*:
Every student has to take the test. Todos los alumnos tienen que presentar el examen. | *Every page had a mistake on it.* En cada página había un error. | **every Sunday/Monday etc.** todos los domingos/lunes etc. | **every two months/five years etc.** cada dos meses/cinco años etc. | **every May/June etc.** todos los años en mayo/junio etc.

Para enfatizar se usa **every single**:
*He told Jan **every single** thing I said.* Le contó a Jan absolutamente todo lo que dije.

2 Usado en expresiones:
every now and then/every so often de vez en cuando/(una vez) cada tanto | **every other day/Monday etc.** día/lunes etc. por medio

everyday /ˈevrideɪ/ *adj* diario -a, cotidiano -a: *everyday life* la vida diaria

everyone /ˈevriwʌn/ *pron* todo el mundo, todos -as: *Everyone knows that's not true.* Todo el mundo sabe que eso no es verdad.

everything /ˈevriθɪŋ/ *pron* todo

everywhere /ˈevriwer/ *adv* por/a todos lados: *I've been everywhere looking for you!* ¡He andado buscándote por todos lados!

evict /ɪˈvɪkt/ *v* [tr] desalojar

evidence /ˈevədəns/ *s* **1** pruebas | **a piece of evidence** una prueba **2** (en un tribunal) declaración | **to give evidence** prestar declaración

evident /ˈevədənt/ *adj* evidente

evidently /ˈevədentli/ *adv* **1** aparentemente, según parece **2** claramente, evidentemente

evil /ˈiːvəl/ *adjetivo & sustantivo*
- *adj* **1** malvado -a **2** maligno -a **3** pernicioso -a
- *s* mal

evoke /ɪˈvoʊk/ *v* [tr] **1** evocar [un recuerdo, una atmósfera, etc.] **2** provocar [una respuesta, una reacción]

evolution /evəˈluːʃən/ *s* evolución

evolve /ɪˈvɑlv/ *v* [intr] desarrollarse, evolucionar

ewe /juː/ *s* oveja [hembra]

exact /ɪɡˈzækt/ *adj* **1** exacto -a | **to be exact** para ser exactos **2 the exact opposite** todo lo contrario

exacting /ɪɡˈzæktɪŋ/ *adj* exigente, riguroso -a

exactly /ɪɡˈzæktli/ *adv* **1** exactamente **2 not exactly (a)** no exactamente: *"Did she agree to do it?" "Well, not exactly."* –¿Aceptó hacerlo? –Bueno, no exactamente. **(b)** no precisamente: *Why is Tim on a diet? He's not exactly fat!* ¿Por qué está a dieta Tim? ¡No es precisamente gordo!/¡No es gordo, que digamos! **3 exactly!** exacto

exaggerate /ɪɡˈzædʒəreɪt/ *v* [tr/intr] exagerar

exaggerated /ɪɡˈzædʒəreɪtɪd/ *adj* exagerado -a

exaggeration /ɪɡˌzædʒəˈreɪʃən/ *s* exageración

exam /ɪɡˈzæm/ *s* **1** examen: *a chemistry exam* un examen de química | **to take an exam**, también **to sit an exam** BrE presentar (un) examen, hacer un examen: *He'll be taking his final exams in May.* Va a presentar los exámenes finales en mayo. **2** AmE examen [médico], chequeo

examination /ɪɡˌzæməˈneɪʃən/ *s* (formal) **1** (en educación) examen **2** (en medicina) examen, revisión **3** (observación) examen

examine /ɪɡˈzæmən/ *v* [tr] **1** examinar, estudiar **2** (en medicina) revisar, examinar

example /ɪɡˈzæmpəl/ *s* **1** ejemplo | **for example** por ejemplo **2 to set an example (to sb)** dar el ejemplo (a alguien)

exasperate /ɪɡˈzæspəreɪt/ *v* [tr] sacar de quicio

exasperation /ɪɡˌzæspəˈreɪʃən/ *s* exasperación

excavate /ˈekskəveɪt/ *v* [tr/intr] excavar

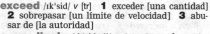
examining a patient

exceed /ɪkˈsid/ *v* [tr] **1** exceder [una cantidad] **2** sobrepasar [un límite de velocidad] **3** abusar de [la autoridad]

exceedingly /ɪkˈsidɪŋli/ *adv* extremadamente, sumamente

excel /ɪkˈsel/ *v* [intr] (-lled, -lling) destacarse | **to excel at/in sth** sobresalir en algo | **to excel yourself** lucirse

excellence /ˈeksələns/ *s* excelencia

excellent /ˈeksələnt/ *adj* excelente

except /ɪkˈsept/ *preposición & conjunción*
- *prep* **except (for)** menos, salvo
- *conj* **except (that)** salvo que

exception /ɪkˈsepʃən/ *s* **1** excepción | **with the exception of** a excepción de **2 to take exception to sth** (formal) sentirse ofendido -a por algo

exceptional /ɪkˈsepʃənəl/ *adj* excepcional

excerpt /ˈeksɜrpt/ *s* pasaje, fragmento [de una película, una pieza musical, etc.]

excess /ɪkˈses/ *s* **1** (pl -esses) exceso **2 in excess of** superior a **3 to excess** en exceso **4 excess baggage** exceso de equipaje

excessive /ɪkˈsesɪv/ *adj* excesivo -a

exchange /ɪksˈtʃeɪndʒ/ *sustantivo & verbo*
- *s* **1** intercambio | **in exchange (for)** a cambio (de): *What does he want in exchange?* ¿Qué quiere a cambio? **2** cambio (de divisas) | **foreign exchange** divisas **3 exchange rate** tipo/tasa de cambio **exchange program/visit**

programa/visita de intercambio [estudiantil, cultural]
■ *v* [tr] intercambiar | **to exchange sth for sth** cambiar algo por algo

excite /ɪkˈsaɪt/ *v* [tr] **1** despertar [interés, curiosidad, compasión] **2** excitar, estimular

excited /ɪkˈsaɪtɪd/ *adj* entusiasmado -a, excitado -a | **to get excited (about sth)** entusiasmarse (con algo)

excitement /ɪkˈsaɪtmənt/ *s* emoción, conmoción

exciting /ɪkˈsaɪtɪŋ/ *adj* **1** emocionante [película, aventura, etc.] **2** fascinante [lugar, posibilidad, etc.]

exclamation /ekskləˈmeɪʃən/ *s* exclamación

excla'mation ,point AmE, **exclamation mark** BrE *s* signo de admiración

exclude /ɪkˈskluːd/ *v* [tr] **1** excluir | **to exclude sth/sb from sth** excluir algo/a alguien de algo **2** descartar [una posibilidad]

excluding /ɪkˈskluːdɪŋ/ *prep* excluyendo, sin incluir

exclusion /ɪkˈskluːʒən/ *s* exclusión

exclusive /ɪkˈskluːsɪv/ *adj* **1** exclusivo -a **2** exclusive of sth sin incluir algo: *The price of the trip is $450, exclusive of meals.* El precio del viaje es $450, sin incluir los alimentos.

exclusively /ɪkˈskluːsɪvli/ *adv* exclusivamente

excursion /ɪkˈskɜːrʒən/ *s* excursión

excuse¹ /ɪkˈskjuːs/ *s* **1** razón, excusa: *What was his excuse for not sending the money?* ¿Qué razón dio para no haber mandado el dinero? | *There's no excuse for rudeness.* No hay excusa para la grosería./La grosería no tiene perdón. **2** pretexto, excusa | **to make excuses for sth/sb** tratar de justificar algo/a alguien

excuse² /ɪkˈskjuːz/ *v* [tr] **1 excuse me (a)** disculpa/disculpe etc., perdona/perdone etc.: *Excuse me! Are these your gloves?* Disculpe ¿estos guantes son suyos? **(b)** con permiso, al pedir permiso para pasar **(c)** AmE ¿cómo dijo?, ¿cómo? **(d)** AmE perdón [cuando uno pisó a alguien, etc.] **2** disculpar | **to excuse sb for (doing) sth** disculpar a alguien por haber hecho algo, disculparle algo a alguien **3** justificar **4 to excuse sb from doing sth** disculpar a alguien de hacer algo

execute /ˈeksɪkjuːt/ *v* [tr] **1** (matar) ejecutar **2** (formal) (llevar a cabo) ejecutar

execution /eksɪˈkjuːʃən/ *s* **1** (muerte) ejecución **2** (formal) (realización) ejecución

executioner /eksɪˈkjuːʃənər/ *s* verdugo

executive /ɪgˈzekjətɪv/ *s* **1** (persona) ejecutivo -a **2** (comité) ejecutivo **3 the executive** el (poder) ejecutivo

exempt /ɪgˈzempt/ *adjetivo & verbo*
■ *adj* **to be exempt (from sth)** estar exento -a (de algo)
■ *v* **to exempt sth/sb (from sth)** eximir algo/a alguien (de algo)

exemption /ɪgˈzempʃən/ *s* exención

exercise /ˈeksərsaɪz/ *sustantivo & verbo*
■ *s* **1** (físico) ejercicio: *I need to get more exercise.* Necesito hacer más ejercicio. **2** (de práctica) ejercicio
■ *v* **1** [intr] hacer ejercicio (físico) **2** [tr] ejercitar **3** [tr] ejercer, hacer uso de

exert /ɪgˈzɜːrt/ *v* [tr] **1** ejercer [presión, influencia, autoridad] **2 to exert yourself** hacer (un) esfuerzo, esforzarse

exertion /ɪgˈzɜːrʃən/ *s* esfuerzo

exhaust /ɪgˈzɔːst/ *verbo & sustantivo*
■ *v* [tr] **1** agotar, fatigar **2** agotar [reservas, suministros]
■ *s* **1** (también **exhaust pipe**) tubo de escape, mofle **2** (también **exhaust fumes**) gases [del tubo de escape]

exhausted /ɪgˈzɔːstɪd/ *adj* exhausto -a, agotado -a

exhausting /ɪgˈzɔːstɪŋ/ *adj* agotador -a

exhaustion /ɪgˈzɔːstʃən/ *s* agotamiento

exhibit /ɪgˈzɪbɪt/ *verbo & sustantivo*
■ *v* **1** [tr/intr] exponer [en un museo, una galería, etc.] **2** [tr] (formal) exhibir, mostrar
■ *s* **1** objeto u obra expuesta en un museo, galería, etc. **2** AmE exposición, muesta

exhibition /eksəˈbɪʃən/ *s* exposición, muestra

exhilarating /ɪgˈzɪləreɪtɪŋ/ *adj* que estimula y da placer

exile /ˈegzaɪl/ *sustantivo & verbo*
■ *s* **1** exilio **2** exiliado -a
■ *v* [tr] exiliar

exist /ɪgˈzɪst/ *v* [intr] **1** existir **2** subsistir | **to exist on sth** subsistir a base de algo

existence /ɪgˈzɪstəns/ *s* existencia | **to be in existence** existir

existing /ɪgˈzɪstɪŋ/ *adj* existente, actual

exit /ˈegzɪt/ *sustantivo & verbo*
■ *s* salida: *an emergency exit* una salida de emergencia | **to make an exit** salir: *He made a hasty exit.* Salió apresuradamente.
■ *v* (en computación) [tr] salir de, [intr] salir

expand /ɪkˈspænd/ *v* **1** [tr] expandir, [intr] expandirse [un servicio, una empresa] **2** [tr] dilatar, [intr] dilatarse [un metal] **3** [tr] expandir, [intr] expandirse [un gas]
expand on sth explayarse sobre algo, ampliar algo

expanse /ɪkˈspæns/ *s* extensión

expansion /ɪkˈspænʃən/ *s* **1** expansión **2** dilatación [de un metal] **3** expansión [de un gas]

expatriate /eksˈpeɪtriət/ *s & adj* expatriado -a [persona que por cualquier motivo vive fuera de su país]

expect /ɪkˈspekt/ *v* [tr] **1** esperar: *You don't expect me to pay, do you?* No esperarás que pague yo ¿no? | **to expect to do sth** pensar hacer algo: *I expect to be there by lunchtime.* Pienso estar allí antes del mediodía. **2 to expect sth of/from sb** pretender algo de alguien **3** suponer, imaginarse: *I expect you're tired.* Supongo que estarás cansada. | **I expect so** supongo (que sí)

expectant /ɪk'spektənt/ *adj* **1** expectante **2 an expectant mother** una (mujer) embarazada, una mujer en estado interesante/de embarazo

expectation /ˌekspek'teɪʃən/ *s* esperanza, expectativa | **in (the) expectation of sth** con la expectativa de algo | **contrary to expectation(s)** contrariamente a lo que se esperaba

expedition /ekspə'dɪʃən/ *s* expedición

expel /ɪk'spel/ *v* [tr] (-lled, -lling) expulsar: *He was expelled from school when he was 15.* Lo expulsaron del colegio cuando tenía 15 años.

expenditure /ɪk'spendətʃər/ *s* gasto(s)

expense /ɪk'spens/ *s* **1** gasto **2 at sb's expense (a)** a cargo de alguien: *We stayed there at his expense.* Nos quedamos ahí invitados por él. **(b)** a costa de alguien **3 all expenses paid** con todos los gastos pagados

expensive /ɪk'spensɪv/ *adj* caro -a: *It was an expensive mistake.* Fue un error que salió caro.

experience /ɪk'spɪriəns/ *sustantivo & verbo*
■ *s* experiencia | **to know sth from experience** saber algo por experiencia (propia)
■ *v* [tr] experimentar

experienced /ɪk'spɪriənst/ *adj* experimentado -a, con experiencia

experiment¹ /ɪk'sperəmənt/ *s* experimento

experiment² /ɪk'sperəment/ *v* [intr] experimentar, hacer experimentos | **to experiment on sth/sb** hacer experimentos con algo/alguien | **to experiment with sth** experimentar con algo

expert /'ekspərt/ *sustantivo & adjetivo*
■ *s* experto -a | **to be an expert on/in sth** ser (un) experto/(una) experta en algo
■ *adj* de experto -a: *We need your expert advice.* Necesitamos su asesoramiento de experto.

expertise /ekspər'tiz/ *s* conocimiento y experiencia, pericia

expiration /ekspə'reɪʃən/ AmE, **expiry** /ɪk'spaɪəri/ BrE *s* **1** vencimiento, término **2 expiration date** fecha de vencimiento

expire /ɪk'spaɪr/ *v* [intr] vencer(se) [contrato, pasaporte, etc.], terminar [mandato, período, etc.]

explain /ɪk'spleɪn/ *v* **1** [tr/intr] explicar | **to explain sth to sb** explicarle algo a alguien **2 to explain yourself (a)** (justificar) dar una explicación **(b)** (decir claramente) explicarse

explanation /eksplə'neɪʃən/ *s* explicación | **to give an explanation of sth** explicar algo

explanatory /ɪk'splænətɔri/ *adj* explicativo -a

explicit /ɪk'splɪsɪt/ *adj* explícito -a

explode /ɪk'sploʊd/ *v* **1** [intr] explotar, [tr] hacer explotar [una bomba, etc.] **2** [intr] explotar, estallar [de rabia]

exploit¹ /ɪk'splɔɪt/ *v* [tr] explotar [recursos, a personas]

exploit² /'eksplɔɪt/ *s* hazaña

exploitation /ˌeksplɔɪ'teɪʃən/ *s* explotación

exploration /eksplə'reɪʃən/ *s* **1** exploración **2** análisis, estudio

explore /ɪk'splɔr/ *v* **1** [tr/intr] explorar | **to explore for sth** explorar en busca de algo **2** [tr] investigar, analizar

explorer /ɪk'splɔrər/ *s* explorador -a

explosion /ɪk'sploʊʒən/ *s* explosión

explosive /ɪk'sploʊsɪv/ *adjetivo & sustantivo*
■ *adj* explosivo -a
■ *s* explosivo

export¹ /'eksport/ *s* **1** exportación **2** (artículo de) exportación

export² /ɪk'sport/ *v* [tr/intr] exportar

expose /ɪk'spoʊz/ *v* [tr] **1** dejar al descubierto, mostrar **2 to expose sth/sb to sth** exponer algo/a alguien a algo | **to expose yourself to sth** exponerse a algo **3** desenmascarar

exposure /ɪk'spoʊʒər/ *s* **1** exposición: *the risks of prolonged exposure to the sun* los riesgos de una prolongada exposición al sol **2** desenmascaramiento **3** congelamiento | **to die of exposure** morir congelado -a **4** (en fotografía) exposición

express /ɪk'spres/ *verbo, adjetivo & sustantivo*
■ *v* [tr] (3ª pers sing -sses) **1** expresar [una opinión, agradecimiento] **2** manifestar [un deseo, interés] **3 to express yourself** expresarse
■ *adj* expreso -a
■ *s* **1** expreso, tren rápido **2** autobús directo **3 express train** expreso, tren rápido

expression /ɪk'spreʃən/ *s* **1** frase, expresión **2** (en la cara) expresión **3** (señal) expresión, muestra | **as an expression of my/her etc. gratitude** como muestra de agradecimiento **4** expresividad

expressive /ɪk'spresɪv/ *adj* expresivo -a

expulsion /ɪk'spʌlʃən/ *s* expulsión

exquisite /ɪk'skwɪzɪt/ *adj* exquisito -a

extend /ɪk'stend/ *v* **1** [intr] extenderse: *The sea extended as far as the eye could see.* El mar se extendía hasta donde alcanzaba la vista. **2** [tr] extender, ampliar **3** [tr] extender [un plazo], prolongar [una estadía] **4 to extend credit** otorgar crédito **5 to extend a welcome to sb** darle la bienvenida a alguien **6** [tr] extender, tender [la mano], abrir [los brazos]

extension /ɪk'stenʃən/ *s* **1** ampliación, anexo: *the extension to the gallery* el anexo de la galería **2** extensión, prolongación [de una carretera, una línea de metro, etc.] **3** expansión [de la influencia, del poder] **4** extensión, anexo [línea telefónica] **5** teléfono (adicional) [en una recámara, etc.] **6** prórroga, extensión **7** (también **extension cord** AmE) extensión [para un cable]

extensive /ɪk'stensɪv/ *adj* **1** extenso -a **2** amplio -a, exhaustivo -a **3** importante [de envergadura]: *The storm caused extensive damage.* La tormenta provocó importantes daños.

extensively /ɪk'stensɪvli/ *adv* **1** exhaustivamente, ampliamente **2** **to travel extensively** viajar mucho

extent /ɪk'stent/ *s* **1** grado, medida | **to a certain extent/to some extent** hasta cierto punto, en alguna medida | **to a great/large extent** en gran medida/parte | **to a lesser/greater extent** en menor/mayor medida | **to such an extent that** hasta tal punto que | **to what extent** hasta qué punto, en qué medida **2** alcance [de un problema] **3** gravedad [de las heridas, los daños] **4** extensión [de un territorio]

exterior /ɪk'stɪriər/ *sustantivo & adjetivo*
▪ *s* **1** exterior [de un objeto] **2** apariencia [de una persona]
▪ *adj* exterior

exterminate /ɪk'stɜrməneɪt/ *v* [tr] exterminar

external /ɪk'stɜrnl/ *adj* **1** externo -a **2** **external affairs** asuntos exteriores | **external debt** deuda externa

extinct /ɪk'stɪŋkt/ *adj* **1** extinguido -a, extinto -a [animal, planta] | **to become extinct** extinguirse **2** extinto -a, apagado -a [volcán]

extinction /ɪk'stɪŋkʃən/ *s* extinción

extinguish /ɪk'stɪŋgwɪʃ/ *v* [tr] (3ª pers sing -shes) (formal) apagar, extinguir

extinguisher /ɪk'stɪŋgwɪʃər/ *s* extinguidor, extintor

extortionate /ɪk'stɔrʃənət/ *adj* exorbitante

extra /'ekstrə/ *adjetivo, adverbio & sustantivo*
▪ *adj* **1** (adicional, de más): *She asked for an extra pillow.* Pidió otra almohada. | *a mushroom pizza with extra cheese* una pizza de champiñones con una porción adicional de queso | **at no extra cost** sin costo adicional **2** **extra time** tiempo(s) extra, tiempo suplementario
▪ *adv* **1** más, aparte: *I had to pay $20 extra for a single room.* Tuve que pagar $20 más por una habitación individual. | **to be extra**: *Drinks are extra.* Las bebidas son aparte. **2** muy, particularmente: *extra strong coffee* café muy fuerte
▪ *s* **1** (de un coche, una computadora) extra, opcional | **optional extras** opcionales | **hidden extras** cargos adicionales [no explicitados] **2** (en una película) extra

extract¹ /ɪk'strækt/ *v* [tr] **1** extraer, sacar **2** **to extract a confession from sb** arrancarle una confesión a alguien | **to extract information from sb** sonsacarle información a alguien

extract² /'ekstrækt/ *s* **1** fragmento **2** extracto: *vanilla extract* extracto de vainilla

extraordinary /ɪk'strɔrdneri/ *adj* **1** extraordinario -a **2** increíble, asombroso -a

extravagance /ɪk'strævəgəns/ *s* **1** despilfarro, derroche **2** lujo

extravagant /ɪk'strævəgənt/ *adj* **1** derrochador -a, despilfarrador -a **2** lujoso -a, caro -a

extreme /ɪk'strim/ *adjetivo & sustantivo*
▪ *adj* **1** extremo -a: *people who live in extreme poverty* personas que viven en la pobreza extrema **2** extremista [opinión] | **the extreme left/right** la extrema izquierda/derecha
▪ *s* extremo | **to go to extremes** llegar a extremos | **to take sth to extremes** llevar algo al extremo

extremely /ɪk'strimli/ *adv* extremadamente, sumamente

extrovert /'ekstrəvɜrt/ *adj & s* extrovertido -a

extroverted /'ekstrəvɜrtɪd/ *adj* ▶ ver **extrovert**

eye /aɪ/ *sustantivo & verbo*
▪ *s* **1** ojo: *She has green eyes.* Tiene (los) ojos verdes. | **I/he couldn't believe my/his eyes** no podía creer lo que veía | **not to take your eyes off sth/sb** no quitarle los ojos de encima a algo/ alguien **2** **to have your eye on sb** estar vigilando a alguien | **to have your eye on sth/sb** echar el ojo a algo/alguien, tener la vista puesta en algo/ alguien **3** **to keep your eye on sth/sb** cuidar algo/a alguien **4** **to keep an eye out for sth/sb** mantenerse atento para ver algo o a alguien: *Keep an eye out for a narrow turn on the left.* Mantente atento y vas a ver una calle angosta a mano izquierda. **5** **to lay/set eyes on sth/sb** ver algo/a alguien **6** **before my/your very eyes** ante mis/sus propios ojos **7** **to catch sb's eye** llamarle la atención a alguien **8** **to turn a blind eye to sth** hacerse de la vista gorda frente a algo
▪ *v* [tr] (pasado & participio eyed, gerundio eyeing o eying) mirar [detenidamente]

eyeball /'aɪbɔl/ *s* globo ocular

eyebrow /'aɪbraʊ/ *s* ceja

'eye-,catching *adj* llamativo -a

eyelash /'aɪlæʃ/ *s* (pl -shes) pestaña

eyelid /'aɪlɪd/ *s* párpado

eyeliner /'aɪlaɪnər/ *s* delineador (de ojos)

'eye ,shadow *s* sombra (de ojos)

eyesight /'aɪsaɪt/ *s* vista, visión

eyesore /'aɪsɔr/ *s* adefesio

eyewitness /aɪ'wɪtnɪs/ *s* (pl -sses) testigo ocular

F¹, f /ef/ s (letra) F, f ▶ ver "Active Box" **letters** en **letter**

F² s **1** (nota musical) fa **2** calificación usada en exámenes, trabajos escolares, etc. ▶ ver recuadro en **grade**

fable /'feɪbəl/ s fábula

fabric /'fæbrɪk/ s tela

fabulous /'fæbjələs/ adj fabuloso -a, fantástico -a

facade, también **façade** /fə'sɑd/ s **1** (de un edificio) fachada **2** (apariencia) fachada

face /feɪs/ sustantivo & verbo
■ **s 1** cara: *He has a round face.* Tiene la cara redonda.
2 (expresión) cara: *a sad/happy face* una cara triste/alegre | **to make/pull a face** hacer una mueca | **to keep a straight face** no reírse, contener la risa
3 face to face cara a cara
4 to my/his etc. face en mi/su etc. propia cara: *I would never tell him to his face.* Nunca se lo diría en su propia cara.
5 face down/downward boca abajo
6 face up/face upward boca arriba
7 in the face of sth frente a algo
8 to lose face quedar mal | **to save face** quedar bien, librarla
9 cara [de una montaña, un acantilado]
10 cuadrante [de un reloj]
11 cara [de un cuerpo geométrico]
■ **v** [tr] **1** enfrentarse a, enfrentar: *He faces a prison sentence.* Se enfrenta a una pena de prisión. | *I can't face doing it all again.* Me muero si lo tengo que volver a hacer todo. | **to be faced with sth** estar frente a algo
2 afrontar, aceptar: *She has to face the fact that she will never walk again.* Tiene que afrontar el hecho de que no podrá volver a caminar. | **let's face it** seamos realistas: *Let's face it, I'm never going to pass this exam.* Seamos realistas, nunca voy a aprobar este examen.
3 ponerse/estar frente a: *They stood facing each other.* Estaban parados uno frente al otro.
4 dar a: *The house faces south.* La casa da al sur.
face up to sth 1 hacer frente a algo, enfrentar algo **2** aceptar algo

facelift /'feɪslɪft/ s **1** estiramiento facial, lifting (facial) **2 to give sth a facelift** remozar algo

face 'value s **1 to take sth at face value** aceptar algo sin desconfiar o sin buscar significados ocultos **2** valor nominal

facial /'feɪʃəl/ adjetivo & sustantivo
■ **adj** facial: *facial hair* vello facial
■ **s** limpieza facial, limpieza de cutis

facilitate /fə'sɪləteɪt/ v [tr] (formal) facilitar

facility /fə'sɪləti/ sustantivo & sustantivo plural
■ **s** función [de un programa informático, un aparato, etc.]
■ **facilities** s pl instalaciones, servicios: *The hotel has excellent facilities.* El hotel tiene unas instalaciones excelentes. | **sports/recreational facilities** instalaciones deportivas/recreativas

fact /fækt/ s **1** hecho **2 facts and figures** datos (concretos) **3 to know sth for a fact** saber algo a ciencia cierta **4** hechos reales: *The novel is based on fact.* La novela está basada en hechos reales. **5 in fact** de hecho, en realidad **6 the facts of life** la información básica sobre la sexualidad y la reproducción, especialmente en lo que concierne a cómo la adquieren los niños ▶ ver también **matter, matter-of-fact**

factor /'fæktər/ s factor

factory /'fæktəri/ s (pl -ries) fábrica

factual /'fæktʃuəl/ adj objetivo -a, basado -a en los hechos

faculty /'fækəlti/ s (pl -ties) **1** (capacidad) facultad **2** (de una universidad) facultad: *the Faculty of Engineering* la Facultad de Ingeniería **3 the faculty** AmE el personal/cuerpo docente

fad /fæd/ s **1** moda (pasajera) **2** manía [interés pasajero]

fade /feɪd/ v **1** [intr] perderse, desvanecerse **2** [intr] (también **fade away**) desaparecer (gradualmente) [sonido, música] **3** [tr] desteñir, [intr] desteñirse: *a pair of faded denim jeans* un par de jeans desteñidos

fag /fæg/ s BrE (informal) cigarro

fail /feɪl/ verbo & sustantivo
■ **v 1** [intr] fracasar **2 to fail to do sth** no hacer algo o no conseguir algo: *She failed to turn up for the interview.* No se presentó a la entrevista. | *The team failed to qualify for the championship.* El equipo no logró clasificar al campeonato. **3 to fail (an exam/a test)** reprobar (un examen/una prueba), no pasar (un examen/una prueba): *He failed his history test.* No aprobó la prueba de historia. **4 to fail a student** reprobar a un estudiante **5** [intr] fracasar [empresa, negocio] **6** [intr] fallar [motor, pieza] **7** [intr] perderse [cosecha] **8** fallar [memoria, salud]
■ **s 1 without fail** sin falta **2** reprobado

failing /'feɪlɪŋ/ adjetivo, sustantivo & preposición
■ **adj failing health** salud delicada | **failing memory** falta de memoria
■ **s** defecto, falla
■ **prep 1** a falta de **2 failing that** de no ser posible

failure /'feɪljər/ s **1** fracaso: *The project was doomed to failure.* El proyecto estaba condenado al fracaso. **2 failure to do sth** hecho de no hacer algo o no conseguir algo: *Her failure to call*

worried me. Me preocupó que no llamara.
3 fracasado -a, fracaso: *I feel like such a failure.*
Me siento un fracasado. **4** falla | **heart/kidney**
etc. **failure** falla cardiaca/renal etc. | **engine failure** falla en el motor

faint /feɪnt/ *adjetivo & verbo*
■ *adj* **1** débil [sonido], tenue [luz], suave [brisa]
2 **a faint hope** una leve esperanza | **a faint possibility** una posibilidad remota **3** **to feel faint** estar mareado -a, marearse
■ *v* [intr] desmayarse

faintly /'feɪntli/ *adv* **1** débilmente **2** algo, ligeramente

fair /fer/ *adjetivo, adverbio & sustantivo*
■ *adj* **1** justo -a: *It's not fair!* ¡No es justo! | **to be fair on sb** ser justo -a para alguien: *It's not fair on the children.* No es justo para los niños. | **to be fair to sb** ser justo -a con alguien: *The current law is not fair to women.* La ley actual no es justa con las mujeres. **2** **a fair amount of money/water/food** etc. bastante dinero/agua/comida etc. | **a fair number of cases/vehicles** etc. un número considerable de casos/vehículos etc., bastantes casos/vehículos etc. **3** (referido al pelo) güero -a, rubio -a **4** (referido a la piel) blanco -a **5** limpio -a, justo -a **6** pasable **7** **fair weather** buen tiempo **8** **fair enough** está bien, es entendible **9** **to be fair** para ser justo -a
■ *adv* **1** **to play fair** jugar limpio **2** **to win fair and square** ganar con todas las de la ley
■ *s* **1** feria, exposición: *a craft fair* una feria artesanal **2** (también **funfair** BrE) parque de diversiones

fairground /'fergraʊnd/ *s* terreno [para parques de diversiones]

fair-'haired *adj* ▶ ver **fair 3**

fairly /'ferli/ *adv* **1** bastante: *The house has a fairly large yard.* La casa tiene un jardín bastante grande. **2** con justicia

fairy /'feri/ *s* (pl -ries) hada

'fairy tale, también **fairy story** BrE *s* cuento de hadas

faith /feɪθ/ *s* **1** fe | **to have faith in sth/sb** tener fe en algo/alguien | **to lose faith in sth/sb** perder la fe en algo/alguien | **to put your faith in sth/sb** confiar en algo/alguien **2** (religión) fe **3** **in good faith** de buena fe

faithful /'feɪθfəl/ *adj* **1** fiel, leal: *a faithful friend* un amigo fiel **2** (en una relación amorosa) fiel | **to be faithful to sb** serle fiel a alguien **3** (verídico) fiel

faithfully /'feɪθfəli/ *adv* **1** con lealtad **2** **yours faithfully** BrE (al final de una carta) (lo/la etc. saluda) atentamente ▶ ver también **yours**

fake /feɪk/ *sustantivo, adjetivo & verbo*
■ *s* falsificación
■ *adj* **1** **fake diamonds** diamantes de imitación/falsos **2** **fake fur** piel sintética
■ *v* **1** [tr/intr] fingir, simular **2** [tr] falsificar, falsear

---

falcon /'fælkən/ *s* halcón

fall /fɔl/ *verbo, sustantivo & sustantivo plural*
■ *v* [intr] (pasado **fell**, participio **fallen**) **1** caerse: *I fell and hit my head.* Me caí y me golpeé la cabeza. **2** bajar, caer [precio, temperatura] **3** **to fall asleep** quedarse dormido -a **4** **to fall in love (with sb)** enamorarse (de alguien) **5** caer: *Christmas falls on a Saturday this year.* Navidad cae en sábado este año. **6** **night/darkness fell** cayó la noche
PHRASAL VERBS
fall apart desbaratarse, deshacerse
fall back on sth recurrir a algo
fall behind 1 quedarse atrás, quedarse rezagado -a **2** **to fall behind with sth** atrasarse con algo **fall behind sb** retrasarse en comparación con alguien, quedarse rezagado -a detrás de alguien
fall down 1 caerse: *She fell down and twisted her ankle.* Se cayó y se torció el tobillo. **2** fallar [argumento, teoría] **fall down sth** to **fall down the stairs** caerse por la escalera | **to fall down a hole** caerse en un pozo
fall for sth (informal) tragarse algo [un cuento, una excusa] **fall for sb** (informal) enamorarse de alguien
fall off 1 caerse, salirse **2** decaer, reducirse [demanda, ventas]
fall out 1 caerse [pelo, dientes] **2** pelearse: *I fell out with my brother years ago.* Me peleé con mi hermano hace años. **fall out of sth** caerse de algo: *He fell out of the window.* Se cayó por la ventana.
fall over caerse (al suelo) **fall over sth** tropezarse con algo: *He fell over a pile of books.* Se tropezó con una pila de libros.
fall through fracasar, quedar en la nada
■ *s* **1** caída | **to have a fall** caerse **2** caída: *the recent fall in prices* la reciente caída de los precios **3** AmE otoño ▶ ver "Active Box" **seasons** en **season 4** caída [de un gobierno, etc.]
■ *falls s pl* cataratas

fallen¹ /'fɔlən/ *adj* caído -a

fallen² participio de **fall**

false /fɔls/ *adj* **1** falso -a [información, acusación, etc.] **2** **false teeth** dentadura postiza | **false eyelashes/nails** pestañas/uñas postizas **3** **a false alarm** una falsa alarma

falsify /'fɔlsəfaɪ/ *v* [tr] (-fies, -fied) falsear, falsificar

falter /'fɔltər/ *v* [intr] titubear

fame /feɪm/ *s* fama | **to rise to fame** saltar a la fama

familiar /fə'mɪljər/ *adj* **1** conocido -a: *He was glad to be back in familiar surroundings.* Estaba contento de volver a estar en un entorno conocido. | *That name sounds familiar.* Ese nombre me suena. **2** **to be familiar with sth** estar familiarizado -a con algo, conocer algo **3** **to be too familiar with sb** tomarse demasiada confianza con alguien

---

familiarity /fə,mɪli'ærəti/ s **1** familiaridad **2** familiarity with sth conocimiento de algo

familiarize, -ise BrE /fə'mɪljəraɪz/ v to familiarize yourself with sth familiarizarse con algo

family /'fæmli/ s (pl -lies) **1** familia: *I come from a big family.* Vengo de una familia grande. **2** hijos | to start a family tener hijos **3** familia [de animales, plantas, etc.] **4 family name** apellido **family tree** árbol genealógico

famine /'fæmɪn/ s hambruna, hambre

famous /'feɪməs/ adj famoso -a: *Cuba is famous for its cigars.* Cuba es famosa por sus cigarros.

fan /fæn/ *sustantivo & verbo*
■ *s* **1** fan, admirador -a: *a chat room for fans of U2* una sala de chat para fans de U2 **2** fan, aficionado [de un equipo de futbol, etc.] **3** ventilador **4** abanico **5 fan club** club de fans **fan mail** cartas (de los fans)
■ *v* [tr] (-nned, -nning) **1** abanicar | to fan yourself abanicarse **2** avivar [el fuego, las llamas]

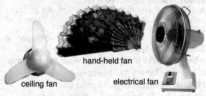

hand-held fan

ceiling fan

electrical fan

fanatic /fə'nætɪk/ s fanático -a

fanatical /fə'nætɪkəl/ adj fanático -a

fancy /'fænsi/ *verbo, sustantivo & adjetivo*
■ *v* [tr] (3ª pers sing -cies, pasado & participio -cied) **1** tener ganas de, querer: *I fancy a pizza.* Tengo ganas de comer una pizza. **2** (para expresar sorpresa o indignación): *Fancy walking out without paying!* ¡Pero mira que irse sin pagar! | *Fancy seeing you again!* ¡Qué casualidad volver a encontrarnos! | **fancy!/fancy that!** ¡imagínate! **3** BrE (informal) (sentirse atraído por): *All the girls fancied him.* Les gustaba a todas las muchachas. **4 to fancy yourself** BrE (informal) ser un creído/una creída.
■ *s* **he took a fancy to me/to the girl etc.** le caí bien/la muchacha le cayó bien etc.
■ *adj* (-cier, -ciest) **1** fino -a, elegante [hotel, restaurante] **2** complicado -a: *I'm only making pasta, nothing fancy.* Nomás voy a hacer pasta, nada complicado.

,fancy 'dress s BrE disfraz: *a fancy dress party* una fiesta de disfraces ▸ En inglés americano se usa **costume** y una fiesta de disfraces se dice **costume party**

fantasize, -ise BrE /'fæntəsaɪz/ v [intr] fantasear

fantastic /fæn'tæstɪk/ adj fantástico -a, genial

fantasy /'fæntəsi/ s (pl -sies) fantasía

FAQ /fæk, ef eɪ 'kju/ s (= **frequently asked questions**) sección de una página de Internet, etc. con una lista de las preguntas más frecuentes de los usuarios y sus correspondientes respuestas

far /fɑr/ *adverbio & adjetivo*
■ *adv* (comp farther o further, superlativo farthest o furthest) **1** lejos: *It's not far from the library.* No queda lejos de la biblioteca. | *Let's see who can swim the farthest.* A ver quién puede nadar más lejos. | **how far is it to the station/the hospital etc.?** ¿qué tan lejos queda la estación/el hospital etc.? | **far away** lejos **2** mucho: *It's far better this way.* Es mucho mejor así. | **by far** de lejos, con mucho: *They're the best team by far.* Es, de lejos, el mejor equipo. **3 as far as** hasta: *as far as the bridge* hasta el puente **4 as far as I'm/we're etc. concerned** por mí/nosotros etc., en lo que a mí/nosotros etc. respecta **5 as far as I know** que yo sepa **6 far from** lejos de: *Far from helping, you've made matters worse.* Lejos de ayudar, has empeorado las cosas. | *He's far from pleased.* No está contento ni mucho menos. **7 so far** hasta ahora **8 to go too far** ir demasiado lejos **9 to go far** llegar lejos: *That girl has talent. She'll go far.* Esa muchacha tiene talento. Va a llegar lejos. | *$1000 doesn't go very far these days.* Hoy en día no haces nada con $1000.
■ *adj* (comp farther o further, superlativo farthest o furthest) **1 in the far distance** a lo lejos **2 the far side/end** el otro lado | **the far end** la otra punta, el otro extremo **3 the far north/south etc.** el extremo norte/sur etc. **4 the far left/right** la extrema izquierda/derecha

faraway /'fɑrəweɪ/ adj **1** lejano -a, distante **2 a faraway look** una mirada perdida

farce /fɑrs/ s farsa

fare /fer/ *sustantivo & verbo*
■ *s* **fare** es tanto el precio de un boleto o un pasaje como el dinero para pagarlo: *They offered to pay my fare.* Se ofrecieron a pagarme el pasaje. | *I lost my bus fare and had to walk home.* Perdí el dinero del camión y tuve que volver a casa caminando. | *Air fares are coming down.* Las tarifas aéreas están bajando.
■ *v* [intr] (formal) **he fared well/badly** le fue bien/mal

farewell /fer'wel/ s **1 to say your farewells** despedirse **2 a farewell party** una (fiesta de) despedida

,far-'fetched adj rebuscado -a, jalado -a de los pelos

farm /fɑrm/ *sustantivo & verbo*
■ *s* granja, rancho
■ *v* [intr] dedicarse a la agricultura o la ganadería

farmer /'fɑrmər/ s granjero -a, ranchero -a

farmhouse /'fɑrmhaus/ s casa [de una granja]

farming /'fɑrmɪŋ/ s agricultura, ganadería

farmyard /'fɑrmjɑrd/ s corral

farsighted /'fɑr,saɪtɪd/ adj AmE **1** hipermétrope **2** con visión de futuro

fart /fɑrt/ verbo & sustantivo
■ v [intr] (informal) tirarse/echarse un pedo
■ s (informal) pedo

farther /'fɑrðər/ adv & adj ► ver **far**

farthest /'fɑrðəst/ adv & adj ► ver **far**

fascinate /'fæsəneɪt/ v [tr] fascinar

fascinating /'fæsəneɪtɪŋ/ adj fascinante

fascination /fæsə'neɪʃən/ s fascinación | **to have a fascination with/for sth** tener (una) fascinación por algo

fascism /'fæʃɪzəm/ s fascismo

fascist /'fæʃɪst/ s & adj fascista

fashion /'fæʃən/ s **1** moda | **to be in fashion** estar/ponerse de moda | **to be out of fashion** estar fuera/pasado -a de moda | **to go out of fashion** pasar de moda **2** (formal) manera, modo

fashionable /'fæʃənəbəl/ adj de moda, a la moda

fast /fæst/ adjetivo, adverbio, verbo & sustantivo
■ adj **1** rápido -a, veloz: a fast car un coche rápido | She's a fast reader. Lee rápido. ► ¿FAST O QUICK? ver **rápido 2** adelantado: My watch is five minutes fast. Mi reloj está cinco minutos adelantado/(se) adelanta cinco minutos. **3** (referido a colores) firme
■ adv **1** rápido: He drives too fast. Maneja demasiado rápido. | How fast can this car go? ¿Cuán rápido puede ir este coche? **2 fast asleep** profundamente dormido -a
■ v [intr] ayunar
■ s ayuno

fasten /'fæsən/ v **1** [tr] abrochar(se), ajustar(se) **2** [intr] abrocharse: The dress fastens at the back. El vestido se abrocha en la espalda. **3** [tr] asegurar, trancar [una ventana, puerta, etc.] **4** [tr] (con tornillos, pegamento, etc.) sujetar **5** [tr] (con una soga) amarrar

fast food s fast food [comida rápida]

fast food
fries
hotdog
cheeseburger
pizza

fast forward sustantivo & verbo
■ s botón de avance rápido [en una grabadora, un reproductor de CDs, etc.]
■ v [tr] (también **fast-forward**) adelantar [una cinta de video o un cassette]

fat /fæt/ adjetivo & sustantivo
■ adj (-tter, -ttest) **1** gordo -a: You're too fat. You need to get more exercise. Estás demasiado gordo. Tienes que hacer más ejercicio. | **to get fat** engordar **2** gordo -a: a big fat book un libro grande y gordo
■ s grasa(s): You should eat less fat. Deberías comer menos grasas.

fatal /'feɪtl/ adj **1** fatal, mortal: a fatal accident un accidente fatal **2** fatídico -a, fatal: She made the fatal mistake of giving him the money. Cometió el fatídico error de darle el dinero.

fate /feɪt/ s **1** destino, suerte **2** el destino

fateful /'feɪtfəl/ adj fatídico -a

father /'fɑðər/ sustantivo & verbo
■ s **1** padre: Her father is Canadian. Su padre es canadiense. **2 Father** padre: Father Thomas el padre Thomas
■ v **to father a child** tener un hijo ► El verbo **to father** sólo se usa cuando el sujeto es un varón

Father Christmas s BrE ► ver **Santa Claus**

father-in-law s (pl **fathers-in-law**) suegro

fatigue /fə'tig/ s fatiga, cansancio

fatten /'fætn/ v [tr] engordar [a cerdos, etc.]

fattening /'fætn-ɪŋ/ adj **to be fattening** engordar: Mayonnaise is fattening. La mayonesa engorda.

fatty /'fæti/ adj (-ttier, -ttiest) grasoso -a, con grasa [comida, carne]

faucet /'fɔsət/ s AmE llave (de agua)

fault /fɔlt/ sustantivo & verbo
■ s **1 to be sb's fault** ser culpa de alguien: It's all Martin's fault. Todo es culpa de Martin. **2 to be at fault** tener la culpa **3 to find fault with sth** encontrarle fallas a algo, criticar algo **4** (de una máquina, un sistema, etc.) falla **5** (referido al carácter) defecto **6** (en la corteza terrestre) falla
■ v [tr] criticar

faultless /'fɔltləs/ adj perfecto -a, impecable

faulty /'fɔlti/ adj (-tier, -tiest) defectuoso -a

fava bean /'fɑvə bin/ s AmE haba

favor AmE, **favour** BrE /'feɪvər/ sustantivo & verbo
■ s **1** favor | **to ask sb a favor/to ask a favor of sb** pedirle un favor a alguien: Can I ask you a favor? ¿Te puedo pedir un favor? | **to do sb a favor** hacerle un favor a alguien: Could you do me a favor and shut that window, please? ¿Me podrías hacer el favor de cerrar la ventana? **2 to be in favor of (doing) sth** estar a favor de (hacer) algo: Most of the students are in favor of the idea. La mayoría de los estudiantes está

a favor de la idea. **3 in sb's favor** a favor de alguien
■ **v** [tr] **1** ser partidario -a de, apoyar **2** favorecer

favorable AmE, **favourable** BrE /'feɪvərəbəl/ adj favorable

favorite AmE, **favourite** BrE /'feɪvərət/ adjetivo & sustantivo
■ **adj** preferido -a, favorito -a: *my favorite movie* mi película preferida
■ **s 1** (cosa, persona) preferido -a, favorito -a: *I like all her books, but this is my favorite.* Me gustan todos sus libros, pero éste es mi preferido. | *He always was Dad's favorite.* Siempre fue el preferido de mi papá. **2** (en apuestas) favorito -a

fax /fæks/ sustantivo & verbo
■ **s** (pl **faxes**) **1** fax | **to send sth by fax** mandar algo por fax **2** (también **fax machine**) fax
■ **v** (3ª pers sing **-xes**) **to fax sth to sb** mandarle algo por fax a alguien

fear /fɪr/ sustantivo & verbo
■ **s 1** miedo, temor | **fear of sth** miedo a algo **2** (preocupación) temor
■ **v 1** [tr] (estar preocupado) temer: *They fear that he may not recover.* Temen que no se recupere. **2** [tr] (tener miedo a) temer **3 to fear for sth** temer por algo: *He feared for her safety.* Temía por su seguridad.

fearful /'fɪrfəl/ adj **1 to be fearful of (doing) sth** temer (hacer) algo **2** atemorizado -a

fearless /'fɪrləs/ adj temerario -a, intrépido -a

feasibility /fizə'bɪləti/ s viabilidad

feasible /'fizəbəl/ adj viable

feast /fist/ s banquete, festín

feat /fit/ s hazaña

feather /'feðər/ s pluma [de un ave]

feature /'fitʃər/ sustantivo, sustantivo plural & verbo
■ **s** característica, rasgo
■ **features** s pl rasgos [de la cara]
■ **v** [tr] presentar: *featuring Marlon Brando as the Godfather* presentando a Marlon Brando como el Padrino

February /'febjueri/ s febrero ▶ ver "Active Box" **months** en **month**

fed /fed/ pasado & participio de **feed**

,fed 'up adj (informal) harto -a: *I'm fed up with being treated like a servant.* Estoy harta de que me traten como a una sirvienta. | **to get fed up with sth** hartarse/aburrirse de algo

fee /fi/ s **1** honorarios: *They paid all my medical fees.* Pagaron todos los honorarios de los médicos. **2** dinero que se paga para ser miembro de una institución, etc.: *school fees* cuotas del colegio | *There is no entrance fee.* No se cobra entrada.

feeble /'fibəl/ adj **1** débil **2 a feeble excuse** una excusa pobre

feed /fid/ v (pasado & participio **fed**) **1** [tr] darle de comer a [una persona, un animal] | **to feed the baby** darle de comer al bebé, darle de mamar al bebé, darle la mamila al bebé **2** [intr] comer | **to feed on sth** alimentarse de algo **3** [tr] alimentar

feedback /'fidbæk/ s comentario [evaluativo], retroalimentación

feel /fil/ verbo & sustantivo
■ **v** (pasado & participio **felt**) **1** [intr] sentirse: *I feel better today.* Hoy me siento mejor. | **to feel hungry/cold** tener hambre/frío | **to feel sick** tener ganas de vomitar | **to feel guilty** sentirse culpable

feeding a baby

2 [tr] sentir: *She felt something climbing up her leg.* Sintió que algo le subía por la pierna. **3 it feels great/strange etc.** se siente padre/extraño etc.: *It feels great to be home again.* Se siente padre estar de vuelta en casa. **4** [tr] pensar: *I feel we should do something to help them.* Pienso que deberíamos hacer algo para ayudarlos. **5** [tr] palpar, tocar: *She felt his ankle but it wasn't broken.* Le sintió el tobillo pero no estaba roto. **6** [intr] tantear **7 not to feel yourself** no sentirse bien
feel for sb I really feel for him/you etc. me da/me das etc. mucha pena, lo/te etc. compadezco
feel like sth 1 parecer algo: *I was there for two days but it felt like two weeks.* Estuve dos días, pero me parecieron dos semanas. **2** tener ganas de hacer algo: *I feel like a walk.* Tengo ganas de dar un paseo. | *She didn't feel like going to school.* No tenía ganas de ir al colegio.
■ **s 1** tacto, sensación
2 to have a modern/cozy etc. feel tener una onda moderna/una atmósfera acogedora etc.

feeling /'filɪŋ/ s **1** sentimiento, sensación: *feelings of guilt* sentimientos de culpa **2** opinión: *What are his feelings on the matter?* ¿Cuál es su opinión sobre el asunto? **3** to have/get the feeling (that) tener la impresión/la sensación de que **4** sensación: *a feeling of dizziness* una sensación de mareo **5** sensibilidad [en las piernas, los brazos, etc.] **6 I know the feeling** te entiendo perfectamente

feet /fit/ plural de **foot**

fell¹ /fel/ v [tr] talar

fell² pasado de **fall**

fellow /'feloʊ/ s **1** tipo, hombre **2 fellow countrymen** compatriotas **fellow passengers** compañeros -as de viaje

fellowship /'feloʊʃɪp/ s **1** camaradería **2** AmE beca

felt¹ /felt/ s fieltro

felt² pasado & participio de **feel**

felt tip 'pen, también **felt tip** s marcador, plumón

female /'fimeɪl/ adjetivo & sustantivo
■ adj **1** femenino -a: *the female sex* el sexo femenino ▶ ¿FEMALE O FEMININE? ver **femenino 2** hembra: *a female giraffe* una jirafa hembra
■ s **1** hembra **2** (formal) mujer

feminine /'femənɪn/ adj femenino -a ▶ ¿FEMALE O FEMININE? ver **femenino**

feminism /'femənɪzəm/ s feminismo

feminist /'femənɪst/ s & adj feminista

fence /fens/ sustantivo & verbo
■ s **1** (alrededor de un terreno, un jardín, etc.) cerca **2** (en eventos hípicos) valla
■ v **1** [tr] (también **fence off**) cercar **2** [intr] hacer esgrima

fencing /'fensɪŋ/ s **1** esgrima **2** cerco, cerca

fend /fend/ v **to fend for yourself** valerse por sí mismo -a

fender /'fendər/ s AmE salpicadera

fern /fɜrn/ s helecho

ferocious /fə'roʊʃəs/ adj **1** feroz, fiero -a **2 a ferocious battle** una batalla encarnizada

ferry /'feri/ sustantivo & verbo
■ s (pl -rries) **1** ferry, transbordador **2** lancha, panga
■ v [tr] (-rries, -rried) **to ferry sb from/to somewhere** llevar a alguien de/a un lugar

fertile /'fɜrtl, BrE 'fɜtaɪl/ adj fértil

fertilize, -ise BrE /'fɜrtlaɪz/ v [tr] **1** fecundar **2** fertilizar

fertilizer, -iser BrE /'fɜrtlaɪzər/ s fertilizante, abono

fester /'festər/ v [intr] infectarse

festival /'festəvəl/ s festival

fetch /fetʃ/ v [tr] (3ª pers sing -ches) **1 the painting/vase etc. fetched $100,000** el cuadro/jarrón etc. se vendió en $100.000 **2** BrE ir a buscar, ir por: *I had to fetch her from the station.* Tuve que ir a buscarla a la estación. ▶ También se usa **to get** en inglés universal **3** BrE **to fetch sb sth/to fetch sth for sb** traerle algo a alguien: *She fetched him his glasses.* Le trajo los lentes.

fete /feɪt/ s feria, kermés

fetus AmE, **foetus** BrE /'fitəs/ s (pl -ses) feto

feud /fjud/ sustantivo & verbo
■ s enemistad, disputa
■ v [intr] pelearse, enfrentarse | **to feud (with sb) over sth** pelearse/enfrentarse (con alguien) por algo

fever /'fivər/ s calentura, fiebre

feverish /'fivərɪʃ/ adj **1** con fiebre, afiebrado -a | **to be/feel feverish** tener fiebre, estar afiebrado -a **2** febril [actividad, movimiento]

few /fju/ adj & pron ▶ ver recuadro

fiancé /,fiɑn'seɪ/ s novio [después del compromiso], prometido

fianceé /,fiɑn'seɪ/ s novia [después del compromiso], prometida

fiasco /fi'æskoʊ/ s fiasco, fracaso

fib /fɪb/ sustantivo & verbo
1 (informal) mentirita | **to tell fibs** mentir
■ v [intr] (-bbed, -bbing) (informal) mentir

fiber AmE, **fibre** BrE /'faɪbər/ s **1** fibra **2** hebra

fiberglass AmE, **fibreglass** BrE /'faɪbərglæs/ s fibra de vidrio

fickle /'fɪkəl/ adj inconstante, cambiable

fiction /'fɪkʃən/ s **1** (en literatura) ficción **2** (apariencia, mentira) ficción

fictional /'fɪkʃənəl/ adj ficticio -a, ficcional

fictitious /fɪk'tɪʃəs/ adj ficticio -a

fiddle /'fɪdl/ verbo & sustantivo
■ v **1 to fiddle (around/about) with sth (a)** juguetear con algo **(b)** meter mano en algo, tocar algo **(c)** hacerle ajustes a algo **2** [tr] (informal) hacer chanchullos con, cucharear
■ s **1** violín **2** BrE (informal) chanchullo

fiddly /'fɪdli/ adj (-lier, -liest) (informal) engorroso -a

fidelity /fə'deləti/ s fidelidad

fidget /'fɪdʒət/ v [intr] moverse inquieto -a

field /fild/ sustantivo & verbo
■ s **1** campo [para cultivos, ganado, etc.] **2** cancha, campo **3** campo, área: *an expert in the field* un experto en el campo
■ v **1** [intr] fildear [en beisbol] **2** [tr] parar, atrapar [una pelota]

fielder /'fildər/ s fildeador -a

fiendish /'findɪʃ/ adj **1** diabólico -a [trama, plan] **2** endemoniado -a [pregunta, etc.]

fierce /fɪrs/ adj **1** feroz, bravo -a **2 a fierce attack** un ataque feroz **3 fierce opposition/competition** oposición/competencia encarnizada

fifteen /fɪf'tin/ número quince

fifteenth /fɪf'tinθ/ número **1** decimoquinto -a **2** quince **3** quinceavo, quinceava parte

fifth /fɪfθ/ number & sustantivo
■ número **1** quinto -a **2** cinco **3** quinto, quinta parte
■ s (también **fifth gear**) (en la caja de cambios) quinta

fiftieth /'fɪftiəθ/ número **1** quincuagésimo -a **2** cincuentavo, cincuentava parte

fifty /'fɪfti/ número **1** cincuenta **2 the fifties** los (años) cincuenta **3 to be in your fifties** tener cincuenta y pico/cincuenta y tantos

few

1¿ a few o **few?**

a few unos -as/algunos -as: *Let's wait a few minutes.* Esperemos unos minutos. | *There are a few things I'd like to ask.* Hay algunas cosas que quisiera preguntar. | **few** pocos -as: *Few of her friends know.* Pocos de sus amigos lo saben. | *The library had very few books on the subject.* La biblioteca tenía muy pocos libros sobre el tema.

2 Otras construcciones:

quite a few bastantes/unos -as cuantos -as: *He's made quite a few friends at his new school.* Se ha hecho bastantes amigos en el nuevo colegio. | *Don't eat any more cookies. You've eaten quite a few already.* No comas más galletas. Ya te has comido unas cuantas. | **the next few days/months etc.** los próximos días/meses etc. | **the last few days/months etc.** los últimos días/meses etc. | **fewer than** menos que: *Fewer than 20 people came.* Vinieron menos de 20 personas.

fifty-'fifty *adverbio & adjetivo*
- **adv 1** mitad y mitad **2 to go fifty-fifty (on sth)** ir a medias (en algo)
- **adj a fifty-fifty chance** un cincuenta por ciento de posibilidades

fig /fɪg/ s **1** higo **2 fig tree** higuera

fight /faɪt/ *verbo & sustantivo*
- **v** (pasado & participio **fought**) **1** (en una guerra) [intr] pelear, luchar, [tr] pelear contra, luchar contra: *They had fought the Russians at Stalingrad.* Habían peleado contra los rusos en Stalingrado. | **to fight a war/battle** librar una guerra/una batalla **2** (cuerpo a cuerpo) [intr] pelearse, [tr] pelearse con: *Two men were fighting in the street.* Dos hombres se estaban peleando en la calle. **3** (en boxeo) [intr] enfrentarse, [tr] enfrentarse a **4** [intr] (verbalmente) pelearse, discutir | **to fight over/about sth** pelearse/discutir por algo **5** [intr] luchar: *We must fight for our rights.* Debemos luchar por nuestros derechos. **6** [tr] combatir, luchar contra [la delincuencia, la pobreza, etc.]
fight back 1 contraatacar **2** defenderse
fight sb off resistir a alguien
- **s 1** (cuerpo a cuerpo) pelea, pleito | **to get into a fight** meterse en un pleito, meterse en una pelea | **to pick a fight** buscar pleito **2** (de palabra) pelea, discusión | **to have a fight with sb** pelearse con alguien, discutir con alguien **3** (en boxeo) combate, pelea **4** lucha: *the fight against crime* la lucha contra la delincuencia | *the fight for justice* la lucha por la justicia

fighter /'faɪtər/ s **1 to be a good fighter** ser bueno -a peleando **2** luchador -a **3** (también **fighter plane**) (avión) caza

figure / 'fɪgjər, BrE 'fɪgə/ *sustantivo & verbo*
- **s 1** cifra, número: *the unemployment figures* las cifras del desempleo **2** (del 0 al 9) dígito, cifra: *a six-figure number* un número de seis dígitos **3** (cantidad de dinero) cifra | **to put a figure on sth** hacer una estimación de algo **4** (cuerpo) figura, silueta **5** figura, personalidad **6** (forma) figura
- **v 1 to figure in sth** figurar en algo **2** [tr] calcular, figurarse: *I figured it was time we left.* Calculé que ya era hora de irnos. **3 it/that figures** (informal) no me extraña
figure sth out entender algo, desentrañar algo
figure sb out entender a alguien: *I can't figure her out.* No logro entenderla.

file /faɪl/ *sustantivo & verbo*
- **s 1** archivo, expediente, legajo | **to have a file on sb** tener fichado -a a alguien, tener un legajo/una ficha de alguien **2** carpeta, fólder **3** (en computación) archivo, fólder **4** (herramienta) lima **5 in single file** en fila india
- **v 1** [tr] archivar: *It's filed under "Paraguay".* Está archivado bajo "Paraguay". **2 to file past sth** pasar en fila por delante de algo **3** [tr] limar | **to file your nails** limarse las uñas

fill /fɪl/ v **1** [tr] (también **fill up**) llenar: *Crowds of people filled the streets.* Multitudes de personas llenaron las calles. | *I filled the bottle with water.* Llené la botella de agua. **2** [intr] (también **fill up**) llenarse: *The hall was starting to fill up.* La sala se estaba empezando a llenar. | **to fill with sth** llenarse de algo **3** [tr] (también **fill in**) rellenar [un pozo, una grieta]
fill in to fill in for sb reemplazar a alguien [en el trabajo] **fill sth in** ▶ ver **fill sth out fill sb in** poner a alguien al tanto
fill sth out completar algo, llenar algo [una solicitud, un cupón]

fillet, también **filet** AmE /fɪ'leɪ, BrE 'fɪlət/ s filete

filling /'fɪlɪŋ/ *sustantivo & adjetivo*
- **s 1** (en odontología) tapadura **2** (de alimentos) relleno
- **adj to be (very) filling** llenar (mucho) [comida]

film /fɪlm/ *sustantivo & verbo*
- **s 1** película, film **2** rollo **3** película [de grasa, aceite, etc.] **4 film industry** industria cinematográfica
- **v** [tr/intr] filmar, rodar

'film-,maker s director -a (de cine), realizador -a

'film star s estrella de cine

filter /'fɪltər/ *sustantivo & verbo*
- **s** filtro
- **v 1** [tr] filtrar **2** [intr] filtrarse **3 to filter in/out** entrar/salir (de a poco)

filth /fɪlθ/ s **1** mugre **2** obscenidad, porquería

filthy /'fɪlθi/ *adj* (-thier, -thiest) **1** mugroso -a **2** obsceno -a **3 filthy weather** (informal) tiempo asqueroso

fin /fɪn/ s aleta

final /'faɪnl/ *adjetivo, sustantivo & sustantivo plural*
■ *adj* **1** final: *the final chapter* el capítulo final **2** definitivo -a | **my/your** etc. **final offer** mi/tu etc. última oferta
■ *s* **1** final [en deportes, concursos] **2** AmE examen que se presenta al final de cada semestre
■ **finals** *s pl* BrE exámenes que se presentan al final de la carrera universitaria

finalist /'faɪnl-ɪst/ *s* finalista

finalize, -ise BrE /'faɪnlaɪz/ *v* [tr] ultimar, dar los últimos toques a

finally /'faɪnl-i/ *adv* **1** finalmente, al final: *The plane finally took off at 11:30.* Al final, el avión salió a las 11.30. **2** por último: *Finally, I would like to thank all my colleagues.* Por último, me gustaría agradecer a todos mis colegas.

finance /fə'næns, 'faɪnæns/ *sustantivo & verbo*
■ *s* **1** finanzas **2** financiación, fondos
■ *v* [tr] financiar

financial /fə'nænʃəl/ *adj* financiero -a, económico -a

financially /fə'nænʃəli/ *adv* económicamente

find /faɪnd/ *v* (pasado & participio **found**) **1** encontrar: *I can't find my keys.* No encuentro mis llaves. | *He found some money on the street.* Encontró dinero en la calle. **2** descubrir, encontrar: *She found that the door was locked.* Descubrió que la puerta estaba cerrada. **3** **I find it useful/easy** etc. me resulta útil/fácil etc., lo encuentro útil/fácil etc. | **I find him attractive/boring** etc. me parece atractivo/aburrido etc., lo encuentro atractivo/aburrido etc.
find out enterarse | **to find out about sth** (a) enterarse de algo (b) averiguar sobre algo **find out sth 1** descubrir algo **2** averiguar algo: *I'll find out what time it arrives.* Averiguaré a qué hora llega. **find sb out** descubrir a alguien [que hace algo a escondidas]

finding /'faɪndɪŋ/ *sustantivo & sustantivo plural*
■ *s* fallo (judicial)
■ **findings** *s pl* conclusiones

fine /faɪn/ *adjetivo, adverbio, sustantivo & verbo*
■ *adj* **1** (muy) bien: *"How are you?" "Fine, thanks."* –¿Cómo estás? –Muy bien, gracias. | **that's fine by/with me** por mí no hay problema **2** excelente [actuación, obra], fino -a [vino, producto] **3** bueno -a [referido al tiempo]: *If it's fine, we'll go for a walk.* Si hace buen tiempo, saldremos a dar un paseo. **4** fino -a [llovizna, hilo, cabello]
■ *adv* (muy) bien: *Tomorrow suits me fine.* Mañana me viene muy bien.
■ *s* multa
■ *v* [tr] multar

finely /'faɪnli/ *adv* finamente, (muy) fino: *Chop the onion finely.* Picar finamente la cebolla.

finger /'fɪŋgər/ *s* **1** dedo: *I've cut my finger.* Me corté el dedo. | **index/first finger** (dedo) índice | **little finger** dedo meñique | **middle finger** (dedo) medio | **ring/third finger** (dedo) anular **2** **not to lift a finger to help** no mover un dedo para ayudar

fingernail /'fɪŋgərneɪl/ *s* uña [de un dedo de la mano]

fingerprint /'fɪŋgərprɪnt/ *s* huella digital

fingertip /'fɪŋgərtɪp/ *s* **1** yema del dedo **2** **to have sth at your fingertips** tener algo al alcance de la mano, tener fácil acceso a algo

finish /'fɪnɪʃ/ *verbo & sustantivo*
■ *v* (3ª pers sing **-shes**) **1** [tr/intr] terminar, acabar: *I've finished my homework.* Terminé la tarea. | *What time does the game finish?* ¿A qué hora termina el partido? | **to finish doing sth** terminar/acabar de hacer algo **2** [tr] terminar: *Hurry up and finish your breakfast.* Apúrate y termina el desayuno. **3** **to finish first/second/last** etc. terminar primero -a/segundo -a/último -a etc.
finish sth off 1 terminar algo: *You can finish it off tomorrow.* Lo puedes terminar mañana. **2** terminarse algo: *I finished off the cake.* Me terminé el pastel.
finish up terminar: *We finished up in a nightclub.* Terminamos en una discoteca. **finish sth up** terminarse algo
finish with sth terminar/acabar con algo: *Have you finished with the scissors?* ¿Terminaste con la tijera? **finish with sb** BrE terminar con alguien ▶ También se usa **to break up with sb**, que es inglés universal
■ *s* (pl **-shes**) final, llegada | **a close finish** un apretado final

finished¹ /'fɪnɪʃt/ *adj* **1** **finished product/article** producto/artículo terminado **2** **to be finished** (a) estar acabado -a (b) (informal) haber terminado/acabado: *Hold on, I'm not finished yet.* Esperen, todavía no he terminado.

finished² *pasado & participio de* **finish**

'finish ,line AmE, **finishing line** BrE *s* meta [en una carrera]

finite /'faɪnaɪt/ *adj* finito -a

Finland /'fɪnlənd/ *s* Finlandia

Finn /fɪn/ *s* finlandés -esa

Finnish /'fɪnɪʃ/ *adjetivo & sustantivo*
■ *adj* finlandés -esa
■ *s* **1** (idioma) finlandés **2** **the Finnish** los finlandeses

fir /fɜr/, también **fir tree** *s* abeto

fire /faɪr/ *sustantivo & verbo*
■ *s* **1** (llamas) fuego | **to be on fire** estar en llamas | **to catch fire** prenderse fuego | **to set fire to sth/to set sth on fire** prenderle fuego a algo **2** incendio **3** (fogata) fuego | **to light a fire** hacer fuego **4** (de armas) fuego, disparos | **to come under fire** ser atacado -a | **to open fire**

(on sb) abrir fuego (sobre alguien) **5** BrE calefactor ► También existe **heater**, que es inglés universal
■ *v* **1** [tr/intr] disparar | **to fire at/on sth/sb** dispararle a algo/alguien: *The man started firing at the crowd.* El hombre comenzó a dispararle a la multitud. **2** [tr] despedir [de un trabajo]

'fire a,larm *s* alarma contra incendios

firearm /'faɪrɑrm/ *s* (formal) arma de fuego

'fire de,partment AmE, **fire brigade** BrE *s* (cuerpo de) bomberos

'fire ,engine ► ver **fire truck**

'fire es,cape *s* escalera de incendios

'fire ex,tinguisher *s* extintor (de incendios), extinguidor (de incendios)

firefighter /'faɪrfaɪtər/ *s* bombero -a

fireman /'faɪrmən/ *s* (pl -men) bombero

fireplace /'faɪrpleɪs/ *s* chimenea, hogar

'fire ,station *s* estación de bomberos

'fire truck *s* AmE camión de bomberos

firewood /'faɪrwʊd/ *s* leña

firework /'faɪrwɜrk/ *sustantivo & sustantivo plural*
■ *s* artículo de pirotecnia
■ **fireworks** *s pl* fuegos artificiales/de artificio

firing /'faɪrɪŋ/ *s* disparos, tiroteo

'firing squad *s* pelotón de fusilamiento

firm /fɜrm/ *adjetivo & sustantivo*
■ *adj* **1** (no blando) firme, duro -a **2** (estable) firme **3** a firm offer/date etc. una oferta/fecha etc. en firme | **a firm decision/belief etc.** una decisión/creencia etc. firme **4** (estricto) firme | **to be firm with sb** ser firme con alguien **5** (apretado) firme, fuerte
■ *s* firma, empresa

first /fɜrst/ *adjetivo, adverbio & sustantivo*
■ *adj* **1** primero -a: *We were first in line.* Estábamos primeros en la cola. **2** primordial [responsabilidad, objetivo, etc.] | **first things first** lo primero es lo primero **3** at first sight/glance a primera vista **4** first thing a primera hora **5** in the first place en primer lugar **6** (in the) first person (en) primera persona
■ *adv* **1** primero **2** to come first **(a)** (en una carrera, una competencia) salir primero -a **(b)** (tener prioridad) estar antes que nada **3** first of all **(a)** primero (que nada), antes que nada **(b)** (al justificar algo) en primer lugar, para empezar **4** por primera vez: *We first met at a party.* Nos conocimos por primera vez en una fiesta. **5** at first al principio **6** first come, first served frase que expresa que algo se asigna o se distribuye por orden de llegada
■ *s* **1** primero -a | **to be the first (to do sth)** ser el primero/la primera (en hacer algo) **2** the first (en fechas) el primero: *the first of May* el primero de mayo **3** from the first desde el principio **4** (también **first gear**) (en la caja de cambios) primera

first 'aid *s* primeros auxilios

scissors
bandaid (AmE)/
plaster (BrE)
bandages
first aid

,first 'class *adverbio & adjetivo*
■ *adv* **to travel first class** viajar en primera (clase)
■ **first-class** *adj* **1** de primera, de primer nivel: *a first-class doctor* un médico de primera **2** a **first-class ticket** un boleto de primera (clase)

firsthand /fɜrst'hænd/ *adjetivo & adverbio*
■ *adj* de primera mano: *firsthand information* información de primera mano
■ *adv* en forma directa: *He experienced war firsthand.* Tiene experiencia directa de lo que es una guerra.

firstly /'fɜrstli/ *adv* en primer lugar, primero

'first name *s* nombre (de pila)

,first-'rate *adj* de primera, de primer nivel

fish /fɪʃ/ *sustantivo & verbo*
■ *s* (pl fish) ► fishes es un uso anticuado **1** pez: *They keep tropical fish.* Tienen peces tropicales. **2** pescado: *Does she eat fish?* ¿Come pescado? | **fish and chips** pescado frito con papas fritas
■ *v* [intr] pescar | **to go fishing** ir(se) de pesca/a pescar
fish around revolver: *I fished around in my bag for some coins.* Revolví la bolsa buscando unas monedas.
fish sth out sacar algo

fisherman /'fɪʃərmən/ *s* (pl -men) pescador -a

fishing /'fɪʃɪŋ/ *s* pesca

'fishing rod, también **fishing pole** AmE *s* caña de pescar

fishmonger /'fɪʃmʌŋgər/ *s* BrE **1** pescadero -a, vendedor -a de pescado **2** fishmonger's pescadería

fishy /'fɪʃi/ *adj* (-shier, -shiest) **1** (informal) sospechoso-a [asunto]: *There's something fishy about this.* Aquí hay gato encerrado. **2** a fishy smell/taste un olor/gusto a pescado

fist /fɪst/ *s* puño

fit /fɪt/ *verbo, adjetivo & sustantivo*
■ *v* (pasado & participio -tted o fit AmE, gerundio -tting) **1** [tr/intr] Referido a prendas de vestir, **to fit** equivale a *quedar bien*, pero se puede usar con o sin complemento de persona: *Do the pants fit?* ¿Me queda bien el pantalón? | *The dress fitted perfectly.* El vestido le quedaba perfecto. | *These shoes don't fit me any more.* Estos zapatos ya no me quedan.

2 [intr] caber, [tr] hacer caber: *Will we all fit in your car?* ¿Cabemos todos en tu coche? | **to fit sth into sth** meter/hacer caber algo en algo: *I couldn't fit everything into one suitcase.* No pude meter todo en una maleta.
3 [tr] poner [alfombra, ducha], instalar [cocina, baño]
4 **to fit (sth) together** encajar (algo)
5 **to be fitted with sth** estar equipado -a con algo
6 [tr] concordar con [una descripción]
fit in 1 encajar: *I never really felt I fit in.* Siempre sentí que no encajaba. **2** **to fit in with sb's plans** ajustarse a los planes de alguien **fit sth in** hacerse tiempo para algo
■ *adj* (-tter, -ttest) **1** adecuado -a | **to be fit to do sth** **(a)** ser apto -a para hacer algo: *He's not fit to be the team captain.* No es apto para ser el capitán del equipo. **(b)** estar en condiciones de hacer algo: *He wasn't fit to drive.* No estaba en condiciones de manejar. | **to be fit to eat/drink** poder comer/beber, ser apto -a para el consumo
2 en buen estado físico | **to keep/stay fit** mantenerse en forma/en buen estado físico
■ *s* **1** to have/throw a fit (informal) enojarse mucho: *Dad's going to throw a fit when he sees this.* A mi papá le va a dar un ataque cuando vea esto.
2 ataque [de tos, risa, etc.]
3 convulsión
4 **to be a good/tight/perfect etc. fit** quedar bien/ajustado -a/perfecto -a etc.: *The pants are a perfect fit.* Los pantalones le quedan perfectos.

fitness /'fɪtnəs/ *s* **1** estado físico **2** idoneidad, capacidad **3** **fitness class** clase de gimnasia **fitness instructor** profesor -a de gimnasia

fitted /'fɪtɪd/ *adj* **fitted sheet** sábana de cajón | **fitted wardrobe** BrE clóset ▶ En inglés americano se usa **(built-in) closet** | **fitted kitchen** BrE cocina integral | **fitted carpet(s)** BrE alfombra, alfombrado [de pared a pared]

fitting /'fɪtɪŋ/ *sustantivo, sustantivo plural & adjetivo*
■ *s* prueba [en la modista, el sastre, etc.]
■ **fittings** *s pl* accesorios, artefactos
■ *adj* digno -a [final, homenaje]

five /faɪv/ *número* cinco

,five-a-'side, también **five-a-side football** *s* BrE futbolito, futbol de salón

fiver /'faɪvər/ *s* BrE (informal) (billete de) cinco libras

fix /fɪks/ *verbo & sustantivo*
■ *v* [tr] (3ª pers sing -xes) **1** arreglar: *Can you fix my bike for me?* ¿Me puedes arreglar la bicicleta? **2** fijar [una fecha, una hora] **3** **to fix sth to/onto sth** sujetar algo a algo **4** (informal) preparar [una comida, etc.]: *Can I fix you a drink?* ¿Te preparo un trago? **5** **to fix a game/the elections etc.** arreglar un partido/las elecciones etc.

fix sth up 1 arreglar/organizar algo [un encuentro, un viaje, etc.] **2** arreglar algo [una casa, una habitación, etc.] **fix sb up** (informal) **1** **to fix sb up with sth** conseguirle algo a alguien **2** **fix sb up with sb** hacerle el paro a alguien con alguien
■ *s* (pl fixes) (informal) **1** **to be in a fix** estar en un aprieto/apuro **2** dosis [de algo a lo que uno es adicto] **3** **a quick fix** una solución fácil

fixed /fɪkst/ *adj* **1** fijo -a **2** **of no fixed abode/address** sin domicilio fijo

fixture /'fɪkstʃər/ *s* **1** instalación fija de una casa, como los accesorios de baño, cocina, etc. **2** BrE partido, encuentro ▶ También existe **game** que es inglés universal

fizz /fɪz/ *verbo & sustantivo*
■ *v* [intr] (3ª pers sing -zzes) burbujear
■ *s* burbujeo, efervescencia

fizzy /'fɪzi/ *adj* (-zzier, -zziest) con gas, gasificado -a, gaseoso -a: *fizzy mineral water* agua mineral gasificada

flabby /'flæbi/ *adj* (-bbier, -bbiest) fofo -a

flag /flæg/ *sustantivo & verbo*
■ *s* bandera
■ *v* [intr] (-gged, -gging) flaquear [persona], decaer [entusiasmo, conversación]

flair /fler/ *s* **to have a flair for sth** tener talento (natural) para algo, tener facilidad para algo: *Jackie has a flair for design.* Jackie tiene un talento natural para el diseño.

flake /fleɪk/ *sustantivo & verbo*
■ *s* **1** copo [de nieve] **2** escama [de jabón, piel]
■ *v* [intr] (también **flake off/away**) descascararse [pintura], salirse [enduido, yeso]

flamboyant /flæm'bɔɪənt/ *adj* **1** extravagante [persona, estilo] **2** llamativo -a [ropa]

flame /fleɪm/ *s* llama | **to burst into flames** estallar en llamas

flamingo /fla'mɪŋgoʊ/ *s* (pl **-goes**) flamenco [ave]

flammable /'flæməbəl/ *adj* inflamable

flank /flæŋk/ *sustantivo & verbo*
■ *s* **1** costado [de un animal o una persona] **2** flanco [de un ejército]
■ *v* [tr] (formal) flanquear

flannel /'flænl/ *s* **1** franela [tela] **2** BrE toallita [para lavarse] ▶ En inglés americano se usa **washcloth**

flap /flæp/ *sustantivo & verbo*
■ *s* **1** solapa [de un sobre] **2** tapa [de un bolsillo] **3** extensión [de una mesa] **4** puerta [de una tienda de campaña] **5** alerón [de un avión]
■ *v* (-pped, -pping) **1** [tr] batir [las alas] **2** [intr] agitarse [cortinas, ropa tendida, etc.]

flare /fler/ *verbo & sustantivo*
■ *v* [intr] **1** llamear **2** (también **flare up**) estallar [violencia]
flare up recrudecer [enfermedad]
■ *s* bengala

flared /flerd/ *adj* **flared pants** pantalones acampanados, pantalones de pata de elefante | **a flared skirt** una falda con vuelo

flash /flæʃ/ *verbo & sustantivo*
- *v* (3ª pers sing **-shes**) **1** [intr] destellar | **to flash on and off** encenderse y apagarse (intermitentemente) **2** [tr] encender (una linterna, las luces, etc.): *The driver flashed his headlamps at me.* El conductor me hizo señales con las luces. **3** **to flash by/past (a)** pasar velozmente/como una bala **(b)** pasar(se) volando [tiempo] **4** [intr] aparecer rápidamente y de improviso: *An image flashed up on the screen.* De repente, apareció una imagen en la pantalla.
- *s* (pl **flashes**) **1** destello | **a flash of lightning** un relámpago **2** flash [de una máquina fotográfica] **3** **in/like a flash** en un dos por tres **4** **a flash of inspiration** un momento de inspiración

flashlight /'flæʃlaɪt/ *s* AmE linterna

flashy /'flæʃi/ *adj* (**-shier, -shiest**) ostentoso -a

flask /flæsk/ *s* **1** termo ▶ En inglés americano se usa **thermos®** **2** anforita

flat /flæt/ *adjetivo, sustantivo & adverbio*
- *adj* (**-tter, -ttest**) **1** plano -a, llano -a **2** desinflado -a [llanta] **3** referido a una bebida: que ha perdido la efervescencia **4** **E flat/B flat** etc. mi bemol/si bemol etc. **5** desafinado -a [en un tono más bajo del que corresponde] **6** fijo -a [precio, honorario, etc.] **7** de piso [zapato] **8** BrE gastado -a, descargado -a [batería, pila] ▶ En inglés americano se usa **dead**
- *s* **1** AmE ponchadura [de una llanta] **2** (en música) bemol **3** BrE departamento: *a block of flats* un edificio de departamentos ▶ En inglés americano se usa **apartment** **4** **the flat of your hand** la palma de la mano
- *adv* **1** **to lie flat (a)** acostarse **(b)** estar acostado -a **2** **in ten seconds/two minutes etc. flat** (informal) en menos de diez segundos/dos minutos etc. **3** **flat out** (informal) a toda velocidad [trabajar, etc.] **4** **to fall flat** no tener éxito [chiste, fiesta]

flatly /'flætli/ *adv* categóricamente [negarse, rechazar]

flatmate /'flætmeɪt/ *s* BrE persona con la que se comparte un departamento ▶ En inglés americano se usa **roommate**

flatten /'flætn/ *v* **1** [tr] (también **flatten out**) aplastar, aplanar **2** [tr] arrasar, tirar abajo **flatten out** volverse más llano -a [terreno, camino, etc.]

flatter /'flætər/ *v* [tr] **1** halagar: *I was flattered by her interest.* Me sentí halagada por su interés. **2** [tr] favorecer, sentar bien **3** **to flatter yourself** creerse que uno tiene ciertas habilidades o ha logrado algo: *Don't flatter yourself!* ¡No te engañes!

flattering /'flætərɪŋ/ *adj* favorecedor -a [color, peinado, etc.]

flattery /'flætəri/ *s* halagos

flaunt /flɔnt/ *v* [tr] hacer ostentación de

flavor AmE, **flavour** BrE /'fleɪvər/ *sustantivo & verbo*
- *s* **1** (de helados, chicles, etc.) sabor: *Which flavor do you want?* ¿Qué sabor quieres? **2** (cualidad de sabroso) sabor: *The meat didn't have much flavor.* La carne no tenía mucho sabor.
- *v* [tr] darle sabor a

flavoring AmE, **flavouring** BrE /'fleɪvərɪŋ/ *s* saborizante, aromatizante

flaw /flɔ/ *s* **1** (en un objeto) falla, imperfección **2** (en un argumento, un plan) falla, error **3** (en la personalidad) defecto

flawed /flɔd/ *adj* **to be flawed** tener fallas/defectos

flawless /'flɔləs/ *adj* perfecto -a, impecable

flea /fli/ *s* pulga

flee /fli/ *v* (pasado & participio **fled**) **1** [intr] huir **2** [tr] huir de

fleece /flis/ *s* **1** polar [chaqueta o suéter de abrigo o la tela con que se hacen estas prendas] **2** vellón

fleet /flit/ *s* flota [de barcos, de vehículos]

flesh /fleʃ/ *s* **1** carne [de una persona o de un animal] **2** pulpa [de una fruta] **3** **in the flesh** en persona **4** **my/his etc. own flesh and blood** alguien de mi/su etc. propia sangre

flew /flu/ pasado de **fly**

flex /fleks/ *verbo & sustantivo*
- *v* [tr] (3ª pers sing **-xes**) flexionar
- *s* (pl **flexes**) BrE cable [eléctrico] ▶ En inglés americano se usa **cord**

flexible /'fleksəbəl/ *adj* flexible

flick /flɪk/ *verbo & sustantivo*
- *v* **1** [tr] lanzar con un movimiento rápido de la mano, o del pulgar y un dedo: *They were flicking balls of paper at each other.* Se estaban aventando bolitas de papel. **2** [intr] moverse rápidamente: *The cow's tail flicked from side to side.* La cola de la vaca se sacudía de un lado para otro. **3** [tr] mover [un interruptor] **flick through sth** hojear algo
- *s* **1** movimiento rápido y repentino: *a flick of the wrist* un giro de la muñeca **2** **at the flick of a switch** con sólo accionar un interruptor, con sólo apretar un botón **3** (informal) película

flicker /'flɪkər/ *verbo & sustantivo*
- *v* [intr] parpadear [vela, luz]
- *s* parpadeo [de una luz, etc.]

flier ▶ ver **flyer**

flight /flaɪt/ *s* **1** vuelo **2** **in flight** en vuelo **3** tramo [de una escalera] **4** huida [de una situación de peligro]

'flight at,tendant *s* auxiliar de vuelo, sobrecargo

flimsy /'flɪmzi/ *adj* (**-sier, -siest**) **1** (muy) ligero -a, (muy) fino -a [ropa] **2** endeble [pared, mueble, etc.] **3** poco convincente [evidencia, excusa, etc.]

flinch /flɪntʃ/ v [intr] (3ª pers sing -ches) **1** retroceder, estremecerse [de miedo, de dolor, etc.] **2 to flinch from sth/from doing sth** rehuir algo/hacer algo

fling /flɪŋ/ verbo & sustantivo
■ v [tr] (pasado & participio flung) **1** tirar, aventar: *He flung his coat down on a chair.* Tiró su abrigo en una silla. | *She flung her arms around his neck.* Le echó los brazos al cuello. **2 to fling open a door/window** abrir una puerta/ventana de golpe
■ s (informal) aventura [amorosa]

flint /flɪnt/ s **1** sílex **2** pedernal, piedra [de un encendedor]

flip /flɪp/ v (-pped, -pping) **1** [tr] voltear, pasar [páginas] **2 to flip over** voltear: *He flipped over onto his back.* Se volteó y se puso boca arriba. | **to flip sth over** voltear algo **3 to flip a coin** echar un volado

'flip-flop sustantivo & verbo
■ s **1** AmE (informal) voltereta, bandazo [cambio de idea] **2** chancla, chancleta [de hule]
■ v [intr] (-pped, -pping) AmE (informal) dar una voltereta/un bandazo

flippant /'flɪpənt/ adj frívolo -a, displicente

flipper /'flɪpər/ s **1** (de una foca, etc.) aleta **2** (calzado para bucear) aleta

flirt /flɜrt/ verbo & sustantivo
■ v [intr] coquetear, flirtear
■ s persona que está siempre flirteando o coqueteando

float /floʊt/ verbo & sustantivo
■ v **1** [intr] flotar: *They floated down the river.* Fueron flotando río abajo. **2** [tr] hacer flotar **3** [tr] sugerir [una idea]
■ s **1** carro alegórico [de carnaval] **2** flotador [para pescar] **3** BrE flotador [para nadar] **4** refresco con helado

flock /flɑk/ sustantivo & verbo
■ s **1** rebaño **2** bandada **3** muchedumbre
■ v [intr] acudir en masa: *People flocked to see the show.* La gente acudió en masa a ver el espectáculo.

flog /flɑg/ v [tr] (-gged, -gging) **1** azotar **2** BrE (informal) vender

flood /flʌd/ verbo & sustantivo
■ v **1** [intr] inundarse **2** [tr] inundar **3** [intr] desbordarse [río] **4** [intr] llegar o ir a algún lugar en grandes números: *People flooded into the city.* La ciudad se inundó de gente.
■ s **1** inundación **2 a flood of complaints/letters etc.** una avalancha de quejas/cartas etc. **3 in floods of tears** hecho -a un mar de lágrimas

flooding /'flʌdɪŋ/ s inundación

floodlight /'flʌdlaɪt/ s reflector

floodlit /'flʌdlɪt/ adj iluminado -a con reflectores

floor /flɔr/ sustantivo & verbo
■ s **1** (de una habitación) suelo, piso | **on the floor** en el suelo **2** (de un edificio) piso: *We live*

on the third floor. Vivimos en el cuarto/tercer piso. ▶ ver nota abajo **3** (de un océano) fondo
■ v [tr] **1** derribar **2** dejar sin saber qué decir

---

first/second etc. floor

En inglés americano a menudo se le llama **first floor** al piso al nivel de la calle, que en muchos países latinoamericanos se llama *planta baja.* El piso superior a éste es entonces el *second floor,* etc.

---

floorboard /'flɔrbɔrd/ s duela

flop /flɑp/ verbo & sustantivo
■ v [intr] (-pped, -pping) **1 to flop into/onto etc. sth** dejarse caer en/sobre algo, desplomarse en/sobre algo: *They flopped down on the grass.* Se dejaron caer sobre la arena. **2** (informal) fracasar [película, espectáculo, etc.]
■ s (informal) fracaso

floppy /'flɑpi/ adjetivo & sustantivo
■ adj (-ppier, -ppiest) caído -a [orejas], de ala blanda [sombrero]
■ s (pl -ppies) disquete, diskette

floppy 'disk s disquete, diskette

florist /'flɔrɪst/ s **1** florista **2** AmE florería, floristería **3** (florist's BrE) florería, floristería

floss /flɔs/ sustantivo & verbo
■ s hilo dental
■ v [intr] (3ª pers sing -sses) usar hilo dental

flounder /'flaʊndər/ v [intr] **1** no saber qué decir o hacer o qué decisión tomar **2** dar manotazos [para mantenerse a flote]

flour /flaʊr/ s harina

flourish /'flɜrɪʃ/ v (3ª pers sing -shes) **1** [intr] crecer bien [plantas, jardín, etc.] **2** [intr] prosperar, florecer [empresa, economía, etc.] **3** [tr] agitar, blandir

flow /floʊ/ sustantivo & verbo
■ s **1** flujo **2 the flow of traffic** la circulación del tránsito **3** suministro **4 to interrupt sb's flow** hacerle perder el hilo a alguien **5 to go with the flow** (informal) ir con la corriente
■ v [intr] **1** fluir, correr [líquido]: *Tears flowed down her cheeks.* Le corrían lágrimas por las mejillas. | *The river flows into the lake.* El río desemboca en el lago. **2** circular [tráfico] **3** fluir [palabras, ideas]

flower /'flaʊər/ sustantivo & verbo
■ s flor
■ v [intr] florecer

flower bed /'flaʊərbed/ s arriate [sección de un jardín donde se plantan flores y arbustos]

flowerpot /'flaʊərpɑt/ s maceta

flown /floʊn/ participio de **fly**

flu /flu/ s gripa, gripe

fluency /'fluənsi/ s fluidez

fluent /'fluənt/ adj **1 to be fluent in Chinese/German etc.** hablar chino/alemán etc. con fluidez | **to speak fluent Chinese/German etc.**

---

i ¿Se dice *I arrived in Miami* o *I arrived to Miami?* Mira la entrada **arrive.**

hablar chino/alemán etc. con fluidez **2 to be a fluent reader** leer con fluidez

fluff /flʌf/ s pelusa

fluffy /'flʌfi/ adj (-ffier, -ffiest) **1** suave y peludito -a [animal] **2** esponjoso -a [toalla] **3** esponjoso -a [masa, pastel]

fluid /'fluɪd/ sustantivo & adjetivo
■ s (formal) líquido, fluido
■ adj **1** flexible **2** inestable, incierto -a [situación] **3** fluido -a [movimiento]

fluke /fluk/ s casualidad

flung /flʌŋ/ pasado & participio de **fling**

fluorescent /flʊ'resənt/ adj **1** fluorescente [tubo, iluminación] **2** fluorescente [color]

fluoride /'flɔraɪd/ s flúor

flurry /'flɜri/ s (pl -rries) **1 a flurry of activity** una explosión de actividad **2** ráfaga [de nieve]

flush /flʌʃ/ verbo & sustantivo
■ v (3ª pers sing -shes) **1 to flush the toilet** jalarle (al excusado) | **to flush sth down the toilet** tirar algo al inodoro, echar algo al excusado **2** [intr] sonrojarse, ponerse colorado -a
■ s (pl flushes) rubor

flustered /'flʌstərd/ adj nervioso -a

flute /flut/ s flauta (traversa)

flutter /'flʌtər/ verbo & sustantivo
■ v **1** [intr] ondear [bandera] **2** [intr] revolotear [pájaro, mariposa] **3** [tr] agitar, [intr] agitarse [alas] **4** [intr] palpitar [corazón]
■ s revoloteo [de alas]

fly /flaɪ/ verbo & sustantivo
■ v (3ª pers sing flies, pasado flew, participio flown) **1** [intr] (persona) ir en avión: *We flew from Lima to Buenos Aires.* Fuimos en avión de Lima a Buenos Aires. | **to fly in/out/back** llegar/salir/ volver [en avión]: *When do you fly out?* ¿Cuándo sale tu avión? **2** [intr] (pájaro, insecto) volar | **to fly away/off** irse volando **3** [intr] volar aviones, [tr] pilotear **4** [tr] llevar, traer [en avión, en helicóptero]: *He was flown to the city by helicopter.* Lo llevaron a la ciudad en helicóptero. **5** [intr] moverse muy rápido: *She flew down the stairs.* Bajó volando las escaleras. | **to fly open** abrirse de golpe [puerta] **6** [intr] pasar(se) volando [tiempo] **7** [tr] desplegar [una bandera] **8** [intr] ondear, flamear [bandera, pañuelo, etc.] ▶ ver **kite**
■ s (pl flies) **1** mosca **2** (también flies BrE) bragueta

flyer, también **flier** /'flaɪər/ s volante [papel]

flying /'flaɪ-ɪŋ/ sustantivo & adjetivo
■ s **1** vuelo(s), aviación **2** viajar en avión, volar: *fear of flying* miedo a volar
■ adj **1** volador -a: *flying insects* insectos voladores **2** que vuela [objeto]

flying 'saucer s platillo volador

flyover /'flaɪoʊvər/ BrE ▶ ver **overpass**

foal /foʊl/ s potro -a

foam /foʊm/ sustantivo & verbo
■ s **1** espuma **2** (también **foam rubber**) hule espuma
■ v [intr] hacer espuma

focus /'foʊkəs/ verbo & sustantivo
■ v (3ª pers sing -ses) **1 to focus on sth** concentrarse en algo **2** [tr/intr] enfocar [lente, cámara, etc.] **3 to focus (your eyes) on sth** fijar la vista en algo
■ s **1** eje [centro de atención] **2 in focus** enfocado -a | **out of focus** fuera de foco

fodder /'fɑdər/ s forraje

foetus BrE s ▶ ver **fetus**

fog /fɑg/ s niebla

foggy /'fɑgi/ adj (-ggier, -ggiest) de niebla [día]: *It was foggy.* Había niebla.

foil /fɔɪl/ sustantivo & verbo
■ s (también **tinfoil**) papel (de) aluminio
■ v [tr] (formal) frustrar [un plan, etc.]

fold /foʊld/ verbo & sustantivo
■ v **1** [tr] doblar [ropa, papel] | **to fold sth in half/in two** doblar algo por la mitad/en dos **2** (también **fold up**) [tr] plegar, [intr] plegarse | **a folding chair** una silla plegable **3 to fold your arms** cruzar los brazos **4** [intr] fracasar [negocio, espectáculo]
■ s pliegue

folder /'foʊldər/ s **1** (para papeles) carpeta, fólder **2** (en computación) carpeta, fólder

foliage /'foʊli-ɪdʒ/ s follaje

folk /foʊk/ adjetivo, sustantivo & sustantivo plural
■ adj folklórico -a | **folk music** música folk/folklórica
■ s gente: *city folk* gente de ciudad
■ folks s pl (informal) **1** gente **2** famila, parientes

follow /'fɑloʊ/ v **1** [tr/intr] seguir: *Follow that car!* ¡Siga a ese coche!: *Did you follow the instructions?* ¿Seguiste las instrucciones? **2** [tr/intr] ocurrir inmediatamente después: *in the weeks that followed* en las semanas siguientes | *The movie will be followed by a talk.* Después de la película habrá una charla. **3 as follows (a)** (para introducir algo): *The winning numbers were as follows.* Los números sorteados fueron los siguientes. **(b)** (al dar una explicación) de la siguiente manera **4** [tr/intr] entender, seguir [una explicación]
follow sb around andar siguiendo a alguien
follow sth through llevar algo a término, acabar [un plan, un proyecto, etc.]
follow sth up 1 investigar algo [una sugerencia, una pista, etc.] **2** consolidar/reforzar algo

follower /'fɑloʊər/ s seguidor -a

following /'fɑloʊɪŋ/ adjetivo, sustantivo & preposición
■ adj siguiente
■ s **1** seguidores **2 the following** lo siguiente

■ *prep* tras: *Following the success of her first movie, she moved to Hollywood.* Tras el éxito de su primera película, se mudó a Hollywood.

'follow-up *s* **1** seguimiento **2** continuación [de un libro, una película, etc.]

fond /fɑnd/ *adj* **1 to be fond of sb** tenerle cariño a alguien **2 I'm/she's etc. fond of (doing) sth** me gusta/le gusta etc. (hacer) algo: *He's very fond of criticizing.* Le gusta mucho criticar. **3** cariñoso -a [mirada, sonrisa] **4 to have fond memories of sth/sb** guardar buenos recuerdos de algo/alguien, recordar algo/a alguien con afecto

fondle /'fɑndl/ *v* [tr] acariciar

food /fud/ *s* **1** comida, alimento **2 to give sb food for thought** darle que pensar a alguien

'food ,poisoning *s* intoxicación [por ingesta de alimentos]

'food ,processor *s* procesador (de alimentos)

fool /ful/ *sustantivo & verbo*

■ *s* **1** tonto -a **2 to make a fool of yourself** hacer un papelón, hacer el ridículo **3 to make a fool (out) of somebody** poner en ridículo a alguien

■ *v* [tr] engañar

fool around 1 hacer tonterías **2 to fool around with sth** juguetear con algo

foolish /'fulɪʃ/ *adj* tonto -a: *It was **a foolish** thing to do.* Fue una tontería.

foolproof /'fulpruf/ *adj* infalible

foot /fʊt/ *s* **1** (pl **feet** /fit/) pie | **on foot** a pie **2 at the foot of the mountain/bed etc.** al pie de la montaña/cama etc. **3** (pl **feet** o **foot**) (unidad de longitud) pie [30.48 cm] ▶ver nota abajo **4 to be on your feet** estar parado -a | **to rise/get to your feet** ponerse de pie **5 to put your feet up** descansar **6 to put your foot down** no dar el brazo a torcer **7 to put your foot in it,** también **to put your foot in your mouth** BrE (informal) meter la pata **8 to get cold feet** echarse atrás [por miedo]

five/six etc. feet
En inglés la altura de las personas y de los objetos a menudo se expresa en pies (**feet** o **foot** o la abreviatura **ft.**) y pulgadas (**inches** o el símbolo "). **five foot seven/five feet seven/5 ft. 7"** (cinco pies y siete pulgadas) equivale a 1.70m, **six foot/six feet** (seis pies) equivale a 1.80m

football /'fʊtbɔl/ *s* **1** En EU **football** se usa para referirse al futbol americano. En Gran Bretaña significa futbol soccer **2** AmE balón (de futbol americano) **3 football game (a)** AmE partido de futbol (americano) **(b)** BrE partido de futbol (soccer) **football player (a)** AmE jugador de futbol (americano) **(b)** BrE futbolista

footballer /'fʊtbɔlər/ *s* BrE futbolista

footing /'fʊtɪŋ/ *s* **1 on a sound/firm footing** en una situación sólida ▶ver también **equal 2** equilibrio [al pisar] | **to lose/miss your footing** perder el equilibrio

footnote /'fʊtnoʊt/ *s* nota a pie de página

footpath /'fʊtpæθ/ *s* sendero, camino

footprint /'fʊtprɪnt/ *s* huella, pisada

footstep /'fʊtstep/ *s* **1** paso [sonido] **2 to follow in sb's footsteps** seguir los pasos de alguien

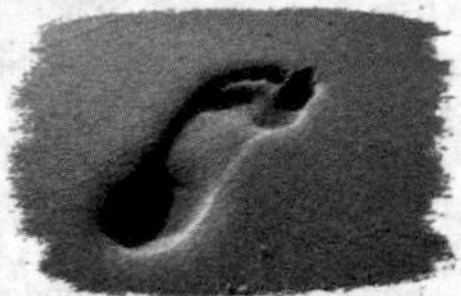

footprint

footwear /'fʊtwer/ *s* calzado

for /fər, acentuado fɔr/ *prep* ▶ver recuadro

forbid /fər'bɪd/ *v* [tr] (pasado **forbade**, participio **forbidden**) **1** (formal) prohibir: *Alcohol is forbidden.* Está prohibido consumir alcohol. | **to forbid sb to do sth/to forbid sb from doing sth** prohibirle a alguien hacer algo: *Her family forbade her to see him.* Su familia le prohibió verlo. **2 God/Heaven forbid** Dios me/nos libre

forbidding /fər'bɪdɪŋ/ *adj* intimidante [persona, actitud], imponente [lugar]

force /fɔrs/ *sustantivo & verbo*

■ *s* **1** (violencia) fuerza | **by force** por la fuerza **2** (influencia) fuerza **3** (grupo de gente) fuerza: *the security forces* las fuerzas de seguridad **4 to join forces (to do sth)** unirse (para hacer algo) **5 to be in force/to come into force** estar/entrar en vigencia

■ *v* [tr] **1** obligar | **to force sb to do sth** obligar a alguien a hacer algo **2** forzar [una puerta, una cerradura]: *They forced their way into the building.* Entraron al edificio por la fuerza.

force sth on sb imponerle algo a alguien

forced /fɔrst/ *adj* **1** forzado -a [sonrisa] **2** forzoso -a [aterrizaje]

forceful /'fɔrsfəl/ *adj* **1** firme, fuerte [carácter, personalidad] **2** convincente [argumento, motivo]

forcibly /'fɔrsəbli/ *adv* por la fuerza

fore /fɔr/ *s* **to come to the fore** saltar a un primer plano, empezar a destacarse

forearm /'fɔrɑrm/ *s* antebrazo

forecast /'fɔrkæst/ *sustantivo & verbo*

■ *s* pronóstico

■ *v* [tr] (pasado & participio **forecast** o **forecasted**) pronosticar

forefinger /'fɔrfɪŋgər/ *s* (dedo) índice

forefront /'fɔrfrʌnt/ **to be in/at the forefront of sth** estar a la vanguardia/al frente de algo

,foregone con'clusion *s* **to be a foregone conclusion** ser totalmente previsible

1 DESTINO, PROPÓSITO (= para)

I've got a present for Dave. Tengo un regalo para Dave. | *What's this button for?* ¿Para qué es este botón? | *Is this the train for New York?* ¿Éste es el tren que va a Nueva York? | *He plays for the Boston Red Sox.* Juega en los Boston Red Sox.

2 AYUDA

Let me carry that for you. Deja que yo te lleve eso. | *What can I do for you?* ¿En qué lo puedo ayudar?

3 CAUSA (= por)

She gave me $50 for washing her car. Me dio $50 por lavarle el coche. | *She won a prize for her poem.* Ganó un premio por su poema.

4 CON PERÍODOS DE TIEMPO

I've known Chris for years. Hace años que conozco a Chris. | *Bake the cake for 40 minutes.* Hornear el pastel durante 40 minutos. | *I'm going away for ten days.* Me voy por diez días.

¿Cuál es la diferencia entre **for** y **since**? **for** se usa con períodos de tiempo. **Since** se usa con una fecha o momento en el pasado y equivale a *desde*:

I've been here for half an hour./I've been here since five o'clock. Hace media hora que estoy aquí./Estoy aquí desde las cinco.

5 CON INFINITIVO

We were waiting for Joe to arrive. Estábamos esperando que llegara Joe.

6 CON CANTIDADES

a check for $1000 un cheque por $1000 | *We walked for miles.* Caminamos millas y millas.

7 CON OCASIONES

What are you doing for Christmas? ¿Qué van a hacer para Navidad?

8 SIGNIFICADO

M for monkey M de mono | *What's the Spanish for "oil"?* ¿Cómo se dice "oil" en español?

9 EXPRESIONES

to be for sth estar a favor de algo: *Is he for or against the proposal?* ¿Está a favor o en contra de la propuesta? | **to be (in) for it** tener problemas: *You'll be for it if they find out.* ¡Vas a sacar boleto si se enteran!

10 for también forma parte de varios **phrasal verbs** como **bargain for**, **stand for**, etc. Éstos están tratados bajo el verbo correspondiente

foreground /'fɔrgraʊnd/ s primer plano

forehead /'fɔrhed, 'fɔrɪd/ s frente [de la cara]

foreign /'fɔrɪn/ adj **1** extranjero -a: *foreign languages* idiomas extranjeros | *a foreign vacation* vacaciones en el extranjero **2** exterior [política, etc.]: *the French Foreign Ministry* el Ministerio de Relaciones Exteriores de Francia **3 to be foreign to sth/sb** serle ajeno -a a algo/alguien

foreigner /'fɔrənər/ s extranjero -a

foreman /'fɔrmən/ s (pl -men) capataz

foremost /'fɔrmoʊst/ adj principal, más destacado -a

forerunner /'fɔrrʌnər/ s precursor -a

foresee /fɔr'si/ v [tr] (pasado **foresaw**, participio **foreseen**) prever

foreseeable /fɔr'siəbəl/ adj **1** previsible **2 for/in the foreseeable future** en un futuro cercano

foresight /'fɔrsaɪt/ s previsión

forest /'fɔrɪst/ s bosque, selva

foretell /fɔr'tel/ v [tr] (pasado & participio **foretold**) (formal) predecir

forever /fɔ'revər/ adv **1** para/por siempre **2** siempre: *I'm forever telling him that.* Siempre le digo lo mismo. **3 to take/last forever** tardarse/durar una eternidad

foreword /'fɔrwərd/ s prólogo

forgave /fər'geɪv/ pasado de **forgive**

forge /fɔrdʒ/ verbo & sustantivo

■ v [tr] **1** falsificar | **a forged passport/banknote etc.** un pasaporte/billete etc. falso **2** forjar [vínculos, una alianza, etc.] | **forge ahead** avanzar a pasos agigantados

■ s fragua

forgery /'fɔrdʒəri/ s (pl -ries) falsificación

forget /fər'get/ v (pasado **forgot**, participio **forgotten**) **1** [tr/intr] olvidarse (de): *He never forgets my birthday.* Nunca se olvida de mi cumpleaños. | **to forget to do sth** olvidarse de hacer algo **2** [tr] olvidar: *I'll never forget him.* Nunca lo olvidaré. **3 to forget about sth/sb** olvidarse de algo/alguien: *I'd forgotten about Ellen.* Me había olvidado de Ellen. **4 forget it (a)** (usado como una respuesta a una disculpa) no es nada **(b)** (para decir enfáticamente que no) ni hablar, olvídate/olvídese

forgetful /fər'getfəl/ adj olvidadizo -a

forgive /fər'gɪv/ v [tr/intr] (pasado **forgave**, participio **forgiven**) perdonar | **to forgive sb for (doing) sth** perdonarle a alguien (que haya hecho) algo

forgiveness /fər'gɪvnəs/ s perdón

forgiving /fər'gɪvɪŋ/ adj magnánimo -a, dispuesto -a a perdonar

forgot /fər'gɑt/ pasado de **forget**

forgotten /fər'gɑtn/ participio de **forget**

fork /fɔrk/ sustantivo & verbo

■ s **1** tenedor **2** horqueta, horca [herramienta] **3** bifurcación

■ v [intr] **1** bifurcarse **2 to fork left/right** (persona) voltear a la izquierda/derecha

fork out (informal) **to fork out for sth** desembolsar para algo, pagar algo **fork out sth** (informal) **to fork out/over $500/$2000 etc.** desembolsar $500/$2000 etc.

form /fɔrm/ *sustantivo & verbo*
- **s 1** tipo: *a rare form of cancer* un tipo de cáncer poco frecuente **2** forma, formulario | **to fill in/out a form** llenar una forma, llenar un formulario **3** forma | **in the form of** en forma de **4** BrE año, grado [en la escuela] ▶ En inglés americano se usa **grade 5** BrE nivel: *The team's form has improved.* El nivel del equipo ha mejorado. **6 to be in good/top form** estar en forma, estar en buen estado físico
- **v 1** [tr] formar **2** [intr] formarse **3 to form an opinion/idea** formarse una opinión, hacerse una idea **4** [tr] constituir

formal /ˈfɔrməl/ *adj* **1** formal [cena, ropa] **2** oficial [declaración, anuncio] **3** formal [queja] **4 formal education** educación formal | **formal training** formación académica

formality /fɔrˈmæləti/ *s* **1** (pl **-ties**) formalidad, trámite **2** (en el trato) formalidad

formally /ˈfɔrməli/ *adv* **1** (anunciar, reconocer, etc.) oficialmente **2** (vestirse) formalmente

format /ˈfɔrmæt/ *sustantivo & verbo*
- **s** formato [de un libro, un programa, etc.]
- **v** [tr] (**-tted**, **-tting**) formatear [un texto, un disquete]

formation /fɔrˈmeɪʃən/ *s* formación

former /ˈfɔrmər/ *adjetivo & sustantivo*
- **adj** antiguo -a: *the former USSR* la antigua URSS | **former president/wife etc.** ex-presidente/ ex-esposa etc. | **in former times** en épocas pasadas
- **s the former** (formal) el/lo primero, la primera: *Of the two possibilities, the former seems more likely.* De las dos posibilidades, la primera parece más probable.

formerly /ˈfɔrmərli/ *adv* antiguamente

formidable /ˈfɔrmədəbəl, fɔrˈmɪdəbəl/ *adj* **1** impresionante [que inspira respeto o temor] **2** inmenso -a, tremendo -a [tarea, desafío]

formula /ˈfɔrmjələ/ *s* (pl **-las** o **-lae** /-li/) fórmula

forsake /fərˈseɪk/ *v* [tr] (pasado **forsook** /-ˈsʊk/, participio **forsaken** /-ˈseɪkən/) (formal) **1** abandonar **2** renunciar a [principios, ideales, etc.]

fort /fɔrt/ *s* fuerte

forthcoming /fɔrθˈkʌmɪŋ/ *adj* **1** próximo -a [evento, reunión, etc.] **2 no help/explanation etc. was forthcoming** no se recibió ninguna ayuda/explicación etc., no se brindó ninguna ayuda/explicación etc.

forthright /ˈfɔrθraɪt/ *adj* directo -a [persona, respuesta]

fortieth /ˈfɔrtiəθ/ *número* **1** cuadragésimo -a **2** cuarentavo, cuarentava parte

fortifications /ˌfɔrtəfəˈkeɪʃənz/ *s pl* fortificaciones

fortify /ˈfɔrtəfaɪ/ *v* [tr] (3ª pers sing **-fies**, pasado & participio **-fied**) **1** fortificar **2** fortalecer, dar fuerza a

fortnight /ˈfɔrtnaɪt/ *s* BrE quince días, quincena: *once a fortnight* cada quince días

fortnightly /ˈfɔrtnaɪtli/ *adjetivo & adverbio*
- **adj** BrE quincenal ▶ En inglés americano se usa **biweekly**
- **adv** BrE quincenalmente, cada quince días/dos semanas

fortress /ˈfɔrtrəs/ *s* (pl **-sses**) fortaleza

fortunate /ˈfɔrtʃənət/ *adj* afortunado -a, con suerte: *a very fortunate man* un hombre muy afortunado | *It was fortunate that he arrived when he did.* Fue una suerte que llegara en ese momento.

fortunately /ˈfɔrtʃənətli/ *adv* afortunadamente, por suerte

fortune /ˈfɔrtʃən/ *sustantivo & sustantivo plural*
- **s 1** fortuna | **to make a fortune** hacer una fortuna | **to cost/spend a fortune** costar/ gastarse una fortuna | **to be worth a fortune** valer una fortuna | **to have the good fortune to do sth** tener la buena suerte de hacer algo
- **fortunes s pl** suerte

forty /ˈfɔrti/ *número* **1** cuarenta **2 the forties** los (años) cuarenta **3 to be in your forties** tener cuarenta y pico/cuarenta y tantos

forward /ˈfɔrwərd/ *adverbio, adjetivo, verbo & sustantivo*
- **adv 1** (también **forwards**) hacia adelante: *She leaned forward to hear better.* Se inclinó hacia adelante para oír mejor. **2** (usado para expresar progreso): *I can't see any way forward.* No veo cómo salir adelante. **3 from that day/time etc. forward** a partir de ese día/momento etc. ▶ **forward** también forma parte de varios **phrasal verbs** como **come forward**, **look forward to**, etc. Éstos están tratados bajo el verbo correspondiente
- **adj 1** hacia adelante: *a sudden forward movement* un movimiento repentino hacia adelante **2 forward planning/thinking** previsión **3** (formal) delantero -a: *the forward section of the train* la parte delantera del tren **4** lanzado -a, atrevido -a
- **v to forward sth to sb** reenviarle algo a alguien
- **s** delantero -a

fossil /ˈfɑsəl/ *s* fósil

foster /ˈfɑstər/ *verbo & adjetivo*
- **v** [tr] **1** hospedar y cuidar transitoriamente (a un menor) sin adoptarlo legalmente **2** fomentar
- **adj foster father/mother** hombre/mujer que hospeda y cuida transitoriamente a un menor sin adoptarlo legalmente

fought /fɔt/ pasado & participio de **fight**

foul /faʊl/ *adjetivo, sustantivo & verbo*
- **adj 1** asqueroso -a [gusto, olor] **2 to be in a foul temper/mood** estar de muy mal humor **3** grosero -a [lenguaje, etc.] **4** horrible [tiempo, día, etc.]: *The weather's been foul all week.* El tiempo ha estado horrible toda la semana.

- *s* faul, falta
- *v* [tr] foulear, cometerle una falta a
  foul sth up (informal) arruinar algo [un plan, una prueba, etc.]
found¹ /faʊnd/ *v* [tr] fundar
found² pasado & participio de **find**
foundation /faʊn'deɪʃn/ *sustantivo & sustantivo plural*
- *s* **1** fundamento, base **2** fundación **3** base (de maquillaje)
- **foundations** *s pl* cimientos
founder /'faʊndər/ *s* fundador -a
fountain /'faʊntən/ *s* fuente [de una plaza, etc.]
'fountain pen *s* pluma (fuente)
four /fɔr/ *número* cuatro
fourteen /fɔr'tin/ *número* catorce
fourteenth /fɔr'tinθ/ *número* **1** decimocuarto -a **2** catorce **3** catorceavo, catorceava parte
fourth /fɔrθ/ *number & sustantivo*
- *número* **1** cuarto -a **2** cuatro **3** cuarto, cuarta parte
- *s* (también **fourth gear**) (en la caja de cambios) cuarta
fowl /faʊl/ *s* (pl **fowl** o **fowls**) ave (de corral)
fox /fɑks/ *s* (pl **foxes**) zorro
foyer /'fɔɪər/ *s* **1** foyer, vestíbulo [de un teatro, etc.] **2** AmE vestíbulo [en una casa]
fraction /'frækʃn/ *s* **1** (en matemáticas) fracción **2** (parte mínima) fracción: *a fraction of a second* una fracción de segundo
fracture /'fræktʃər/ *verbo & sustantivo*
- *v* [tr/intr] **to fracture your arm/skull etc.** fracturarse el brazo/el cráneo etc.
- *s* fractura
fragile /'frædʒəl, BrE 'frædʒaɪl/ *adj* frágil
fragment¹ /'frægmənt/ *s* fragmento
fragment² /fræg'ment/ *v* [intr] fragmentarse
fragrance /'freɪgrəns/ *s* **1** (olor) fragancia **2** (perfume) fragancia
fragrant /'freɪgrənt/ *adj* perfumado -a, aromático -a
frail /freɪl/ *adj* débil, frágil
frame /freɪm/ *sustantivo & verbo*
- *s* **1** marco [de una foto, una ventana, etc.] **2** armazón, estructura **3** cuadro [de una bicicleta] **4** armazón [de los anteojos] **5 to be in the right frame of mind for sth** estar de ánimo para algo
- *v* [tr] **1** enmarcar **2 to frame** (informal) tenderle una trampa a alguien
framework /'freɪmwɜrk/ *s* **1** armazón **2** marco [de ideas, de hechos, etc.]
France /fræns/ *s* Francia
frank /fræŋk/ *adj* franco -a: *I'll be perfectly frank with you.* Te voy a ser totalmente franco. | **to be frank** francamente: *To be frank, I don't know.* Francamente, no lo sé.
frankly /'fræŋkli/ *adv* con franqueza, francamente

frantic /'fræntɪk/ *adj* **1** frenético -a **2** desesperado-a: *I was frantic with worry.* Estaba desesperada de preocupación.
fraternity /frə'tɜrnəti/ *s* (pl -ties) **1 the legal/medical etc. fraternity** los abogados/los médicos etc. **2** en EU, asociación de estudiantes universitarios de sexo masculino **3** fraternidad
fraud /frɔd/ *s* **1** fraude, estafa **2** impostor -a
fraught /frɔt/ *adj* **1** tenso -a **2 to be fraught with problems** estar plagado -a de problemas
fray /freɪ/ *v* [intr] deshilacharse
freak /frik/ *sustantivo, adjetivo & verbo*
- *s* **1** bicho raro **2** (informal) fanático -a: *a fitness freak* un fanático de la actividad física
- *adj* **a freak accident** un accidente insólito | **a freak wave/storm** una ola/tormenta inusitada
- *v* (también **freak out**) (informal) friquearse
freckle /'frekəl/ *s* peca
free /fri/ *adjetivo, verbo & adverbio*
- *adj* **1** libre: *free elections* elecciones libres | **to be free to do sth** ser libre de hacer algo: *She is free to do what she likes.* Es libre de hacer lo que quiera. | **to set sb free** poner a alguien en libertad | **free speech** libertad de expresión
  2 gratis, gratuito -a: *Entrance to the museum is free.* El ingreso al museo es gratuito. | **a free gift** un regalo [para promoción]
  3 libre: *Are you free this weekend?* ¿Estás libre este fin de semana? | **free time** tiempo libre
  4 desocupado -a, libre: *Is this seat free?* ¿Este asiento está desocupado?
  5 free from/of sth sin algo, libre de algo: *free from artificial colorings* sin colorantes artificiales | **free from pain** libre de dolor
  6 -free sin, libre de: *a fat-free diet* una dieta sin grasas
  7 feel free frase con la que se le indica a alguien que no hay problema en que haga algo: *"Can I borrow your ruler?" "Feel free."* –¿Me prestas la regla? –Por supuesto. | *Feel free to ask questions.* Hagan todas las preguntas que quieran.
- *v* [tr] (pasado & participio **freed**) **1** liberar, soltar
  2 to free sb from/of sth liberar a alguien de algo **3** rescatar [de los escombros, etc.]
  4 (también **free up**) liberar [recursos], dejar libre [tiempo]
- *adv* **1** gratis | **free of charge/for free** gratis **2 to break free** soltarse, escaparse
freedom /'fridəm/ *s* libertad | **freedom of speech/choice etc.** libertad de expresión/elección etc.
free 'kick *s* tiro libre
freelance /'frilæns/ *adjetivo & adverbio*
- *adj* por cuenta propia, freelance
- *adv* por cuenta propia
freely /'frili/ *adv* **1 to move/travel freely** moverse/viajar libremente | **to speak freely** hablar abiertamente **2 I freely admit/acknowledge that** no tengo problemas en

admitir/reconocer que **3** generosamente, sin restricciones **4 to be freely available** conseguirse fácilmente

free-'range *adj* de granja [huevos, pollos, etc.]

freeway /'friweɪ/ *s* AmE autopista [especialmente en una ciudad]

freeze /friz/ *verbo & sustantivo*
■ *v* (pasado **froze**, participio **frozen**) **1** [intr] congelarse, [tr] congelar **2** [intr] helar **3** [intr] congelarse [persona] **4** [tr] congelar [salarios, precios] **5** [intr] quedarse inmóvil | **freeze!** ¡alto!
freeze over congelarse [la superficie de un lago, etc.]
■ *s* **1** congelación [de precios, salarios, etc.] **2** ola de frío

freezer /'frizər/ *s* **1** (también **deep freeze**) congelador **2** (compartimiento de refrigerador) congelador

freezing /'frizɪŋ/ *adjetivo & sustantivo*
■ *adj* **1** (informal) **I'm/he's etc. freezing!** ¡me estoy/se está etc. helando! | **it was/it is etc. freezing** hacía/hace etc. un frío terrible **2 in freezing temperatures/conditions** con temperaturas bajo cero
■ *s* **1 above/below freezing** sobre/bajo cero **2 freezing point** punto de congelación

freight /freɪt/ *s* **1** carga [mercadería] **2 freight train** AmE tren de carga

French /frentʃ/ *adjetivo & sustantivo*
■ *adj* francés -esa
■ *s* **1** (idioma) francés **2 the French** los franceses

French 'fries *s pl* papas (fritas) a la francesa

Frenchman /'frentʃmən/ *s* (pl **-men**) francés

French 'windows *s pl* puerta-ventana

Frenchwoman /'frentʃwʊmən/ *s* (pl **-women**) francesa

frenzied /'frenzid/ *adj* **1 frenzied activity** actividad frenética **2 a frenzied attack** un ataque salvaje

frenzy /'frenzi/ *s* **a frenzy of activity** una actividad frenética

frequency /'frikwənsi/ *s* (pl **-cies**) **1** (de un suceso) frecuencia **2** (de radio, etc.) frecuencia

frequent¹ /'frikwənt/ *adj* frecuente

frequent² /fri'kwent/ *v* [tr] (formal) frecuentar

frequently /'frikwəntli/ *adv* frecuentemente, con frecuencia

fresh /freʃ/ *adj* **1** (otro) nuevo -a, distinto -a: *She started again on a fresh sheet of paper.* Volvió a empezar en una hoja nueva. **2** (sin usar) limpio -a [sábana, toalla, etc.] **3 fresh fruit/milk/vegetables** fruta fresca/leche fresca/verduras

fresh bread

frescas **4** (referido a la temperatura) fresco -a: *a fresh breeze* una brisa fresca **5** (referido a cómo alguien se siente) descansado -a, fresco -a **6 fresh water** agua dulce **7 fresh air** aire fresco **8 fresh in your mind/memory** fresco -a en la memoria **9 to make a fresh start** empezar de cero

freshen /'freʃən/ *v* **freshen up** refrescarse, lavarse [las manos y la cara]

freshly /'freʃli/ *adv* **freshly ground/squeezed etc.** recién molido -a/exprimido -a etc.: *freshly baked bread* pan recién salido del horno

freshwater /'freʃwɔtər/ *adj* de agua dulce

friction /'frɪkʃən/ *s* **1** tensión, fricciones: *I don't want to cause any friction between them.* No quiero causar tensión entre ellos. **2** fricción

Friday /'fraɪdi, -deɪ/ *s* viernes ▶ ver "Active Box" **days of the week** en **day**

fridge /frɪdʒ/ *s* refrigerador

fridge-'freezer *s* refrigerador-congelador [con dos puertas]

fried¹ /fraɪd/ *adj* frito -a

fried² pasado & participio de **fry**

friend /frend/ *s* amigo -a: *She's my best friend.* Es mi mejor amiga. | *I invited a friend of his.* Invité a un amigo suyo. | **to be friends with sb** ser amigo -a de alguien | **to make friends** hacer(se) amigos -as | **to make friends with sb** hacerse amigo -a de alguien

friendly /'frendli/ *adjetivo & sustantivo*
■ *adj* (-lier, -liest) **1** simpático -a [persona, perro, etc.] **2** cordial [sonrisa, saludo, etc.] **3 to be friendly to/toward sb** ser simpático -a/amable con alguien **4 to be friendly with sb** ser amigo -a de alguien **5** acogedor -a **6** amistoso -a [partido, encuentro]
■ *s* (pl **-lies**) BrE amistoso [partido, encuentro]

friendship /'frendʃɪp/ *s* amistad

fright /fraɪt/ *s* **1** susto | **to give sb a fright** darle un susto a alguien | **to get/have a fright** asustarse **2** miedo

frighten /'fraɪtn/ *v* [tr] asustar
frighten sb away/off espantar/ahuyentar a alguien

frightened /'fraɪtnd/ *adj* asustado -a | **to be frightened of sth/sb** tenerle miedo a algo/alguien

frightening /'fraɪtnɪŋ/ *adj* que asusta, aterrador -a

frightful /'fraɪtfəl/ *adj* horrible, espantoso -a: *a frightful accident* un accidente horrible

frill /frɪl/ *s* olán

fringe /frɪndʒ/ *s* **1** flecos **2** BrE ▶ ver **bangs**

frivolous /'frɪvələs/ *adj* frívolo -a

fro /froʊ/ *adv* ▶ ver **to**

frog /frɔg/ *s* rana

from /frəm, acentuado frʌm/ *prep* ▶ ver recuadro

from

1 PUNTO DE PARTIDA, ORIGEN (= desde, de)

She drove all the way from Houston. Se vino en coche desde Houston. | *It is translated from the French.* Está traducido del francés. | *"Where are you from?" "I'm from Madrid."* –¿De dónde eres? –De Madrid. | *It was a present from my mother.* Fue un regalo de mi madre.

2 TIEMPO (= de)

The class is from 9 to 11. La clase es de 9 a 11. | **from now on** de ahora en más/de ahora en adelante | **a week/a year etc. from now** dentro de una semana/un año etc.

3 PRECIOS, NÚMEROS (= desde, de)

Prices range from $50 to $500. Los precios van desde $50 hasta $500.

4 DISTANCIA (= de)

20 kilometers from Boston a 20 kilómetros de Boston

5 EN RESTAS

I subtracted 45 from the total. Le resté 45 al total. | *3 from 10 is 7.* 10 menos 3 es 7.

6 CAUSA (= de, por)

He died from cancer. Murió de cáncer.

7 EXPRESIONES

to take sth (away) from sb quitarle algo a alguien | **to make sth from sth** hacer algo con/de algo: *sandals made from old car tires* sandalias hechas con llantas viejas

front /frʌnt/ *sustantivo & adjetivo*
■ *s* **1 the front** (la parte de) adelante: *Can I sit in the front, please?* ¿Me puedo sentar adelante, por favor? | *He sits at the front of the class.* Se sienta en las primeras filas. **2** (de un edificio) frente **3** (de una revista) portada **4 in front of sth** (a)delante de algo, enfrente de algo **5 in front of sb** (a)delante de alguien **6 the car/runner etc. in front** el coche/el corredor etc. de adelante **7 to be in front (a)** llevar la delantera **(b)** ir adelante **8 to lie on your front** ponerse/acostarse boca abajo **9** (en una guerra) frente
■ *adj* de adelante, delantero -a: *Two of his front teeth fell out.* Se le cayeron dos dientes de adelante. | *I don't like sitting in the front row.* No me gusta sentarme en la primera fila.

front

back

,front 'cover *s* portada
,front 'door *s* puerta de entrada

frontier /frʌn'tɪr/ *s* **1** frontera: *the frontier between Chile and Peru* la frontera entre Chile y Perú | *the frontier with Brazil* la frontera con Brasil **2 the frontiers of knowledge/science** etc. las fronteras del conocimiento/de la ciencia etc.

,front 'page *s* primera plana/página [de un periódico]

frost /frɔst/ *s* **1** escarcha **2** helada

frosting /'frɔstɪŋ/ *s* AmE glaseado, baño, betún [de un pastel]

frosty /'frɔsti/ *adj* (-ier, -iest) **1 a frosty day/night** un día/una noche de helada | **in frosty weather** cuando hay/había heladas **2** cubierto -a de escarcha **3** frío -a [recepción, bienvenida, etc.]

froth /frɔθ/ *sustantivo & verbo*
■ *s* espuma [en la superficie de un líquido]
■ *v* [intr] hacer espuma

frown /fraʊn/ *verbo & sustantivo*
■ *v* [intr] fruncir el ceño
frown on/upon sth desaprobar una conducta, actitud, etc.: *Divorce was frowned upon.* El divorcio estaba mal visto.
■ *s* ceño fruncido

froze /froʊz/ pasado de **freeze**

frozen¹ /'froʊzən/ *adj* **1** congelado -a [comida, agua] **2** congelado -a, helado -a [persona, pie, etc.]

frozen² participio de **freeze**

fruit /frut/ *s* (pl **fruit** o **fruits**) **1** fruta: *I eat a lot of fruit.* Como mucha fruta. **2** fruto, fruta **3** fruto [resultado]: *the fruit of more than ten years' hard work* el fruto de más de diez años de arduo trabajo **4 fruit salad** ensalada de fruta

fruitful /'frutfəl/ *adj* fructífero -a

fruition /fru'ɪʃən/ *s* **to come to fruition** concretarse

fruitless /'frutləs/ *adj* infructuoso -a, inútil

'fruit ma,chine *s* BrE (máquina) tragamonedas
▶ También existe **slot machine**, que es inglés universal

frustrated /'frʌstreɪtɪd/ *adj* descontento -a, frustrado -a | **to get frustrated** frustrarse

frustrating /'frʌstreɪtɪŋ/ *adj* frustrante

frustration /frʌ'streɪʃən/ *s* frustración | **in/with frustration** con frustración

fry /fraɪ/ *v* [tr/intr] (3ª pers sing **fries**, pasado & participio **fried**) freír

'frying ,pan *s* sartén

ft (= **foot**) pie(s) ▶ ver nota en **foot**

fuel /fjul/ *s* combustible

fugitive /'fjudʒətɪv/ *s* fugitivo -a

fulfill AmE, **fulfil** BrE /fʊl'fɪl/ *v* (-lled, -lling) **1 to fulfill my/your etc. promise** cumplir mi/tu etc. promesa | **to fulfill my/your etc. obligations** cumplir con mis/tus etc. obligaciones **2 to fulfill an ambition** hacer realidad una ambición **3 to fulfill a need** satisfacer una necesidad

4 to fulfill a function desempeñar una función
5 to fulfill sb's expectations colmar las expectativas de alguien

full /fʊl/ *adjetivo & adverbio*
- *adj* **1** lleno -a [lugar, recipiente, vehículo]: *The kitchen was full of smoke.* La cocina estaba llena de humo.
2 completo -a: *Give your full name and address.* Ponga su nombre y domicilio completos. | *the full price* el precio de lista
3 completo -a, detallado -a [descripción, informe]
4 (también **full up** BrE (informal)) lleno -a [después de comer]
5 at full speed/volume etc. a toda velocidad/a todo volumen etc.
6 in full view of the students/the neighbors etc. a la vista de los alumnos/vecinos etc.
7 to pay sth in full pagar la totalidad de algo
8 to the full al máximo
9 to be full of yourself ser engreído -a, ser/estar creído -a
- *adv* **1** de lleno, directamente: *The ball hit him full in the face.* El balón le pegó de lleno en la cara.
2 al máximo: *The heating was full on.* La calefacción estaba al máximo.
3 to know full well (that) saber muy bien que

fullback /'fʊlbæk/ *s* **1** corredor, fullback
2 defensa, zaguero -a [en futbol soccer]

full 'board *s* BrE pensión completa

,full-'length *adj* **a full-length dress/coat** un vestido/abrigo largo

,full 'moon *s* luna llena

,full-'scale *adj* **1** **a full-scale investigation** una investigación a fondo | **a full-scale war** una guerra declarada **2** a escala real

,full 'stop *s* BrE punto [al final de una oración]
▶ En inglés americano se usa **period**

,full-'time *adjetivo & adverbio*
- *adj* de tiempo completo
- *adv* tiempo completo

fully /'fʊli/ *adv* totalmente, del todo

fumble /'fʌmbəl/ *v* [intr] **1 to fumble with sth** manejar algo con torpeza: *He fumbled with the buttons of his shirt.* Trató torpemente de abrocharse/desabrocharse la camisa. **2 to fumble for sth** buscar algo a tientas

fume /fjum/ *v* [intr] estar furioso -a

fumes /fjumz/ *s pl* gases, emanaciones

fun /fʌn/ *sustantivo & adjetivo*
- *s* **1 to be fun** ser divertido -a | **to have fun** divertirse **2 to make fun of sth/sb** burlarse de algo/alguien **3 for fun** por gusto
- *adj* divertido -a: *We had a fun day at the beach.* Pasamos un día divertido en la playa. ▶ **fun** es divertido en el sentido de entretenido, a diferencia de **funny** que es divertido en el sentido de cómico

function /'fʌŋkʃən/ *sustantivo & verbo*
- *s* **1** función **2** evento, ceremonia
- *v* [intr] **1** funcionar **2 to function as sth** servir de algo, usarse como algo

fund /fʌnd/ *sustantivo, sustantivo plural & verbo*
- *s* fondo [de dinero]
- **funds** *s pl* fondos | **to raise funds for sth** recaudar fondos para algo
- *v* [tr] financiar

fundamental /fʌndə'mentl/ *adj* fundamental

funding /'fʌndɪŋ/ *s* fondos

'fund-,raising *s* recaudación de fondos

funeral /'fjunərəl/ *s* **1** funeral, entierro **2 funeral home** funeraria **funeral procession** cortejo fúnebre

funfair /'fʌnfer/ *s* BrE parque de diversiones ▶ También existe **amusement park**, que es inglés universal

fungus /'fʌŋɡəs/ *s* (pl -gi /-gaɪ/ o -guses) hongo

funky /'fʌŋki/ *adj* (-kier, -kiest) (informal) **1** funky: *funky rhythms* ritmos funkys **2** con onda, de moda

funnel /'fʌnl/ *s* **1** embudo **2** BrE chimenea [de un barco o una locomotora]

funny /'fʌni/ *adj* (-nnier, -nniest) **1** gracioso -a, cómico, divertido -a: *I don't find his jokes funny.* Sus chistes no me parecen graciosos./No les veo la gracia a sus chistes. **2** raro -a, extraño -a: *It's funny Brian didn't come.* Es raro que Brian no haya venido. | *There's something funny going on here.* Aquí pasa algo raro.

fur /fɜr/ *s* **1** pelo, pelaje **2** piel [de un animal] **3 fur coat** abrigo de piel

furious /'fjʊriəs/ *adj* **1** furioso -a | **to be furious at/about sth** estar furioso -a por algo **2** **a furious argument/battle** una discusión/batalla encarnizada **3** **a furious pace** un ritmo vertiginoso

furnace /'fɜrnɪs/ *s* **1** horno [de fundición], incinerador **2** AmE caldera [en sistemas de calefacción]

furnish /'fɜrnɪʃ/ *v* [tr] (3ª pers sing -shes) **1** amueblar **2** proporcionar | **to furnish sb with sth** proporcionar algo a alguien

furnishings /'fɜrnɪʃɪŋz/ *s pl* muebles, alfombras, cortinas, etc.

furniture /'fɜrnɪtʃər/ *s* muebles, mobiliario: *All the furniture was smashed.* Todos los muebles quedaron destrozados. | *a beautiful piece of furniture* un mueble precioso

furrow /'fɜroʊ/ *s* surco

furry /'fɜri/ *adj* (-rrier, -rriest) peludo -a [animal]

further /'fɜrðər/ *adverbio & adjetivo*
- *adv* **1** (aún) más: *This scandal will further damage his reputation.* Este escándalo va a dañar (aún) más su reputación. **2** (también **farther**) más lejos: *It was further than we thought.* Era más lejos de lo que pensábamos. | *How much further is it?* ¿Cuánto más falta? | **further along/down/up etc. (the road)** más

ⓘ ¿No estás seguro de si se usa **make** o **do**? Mira las entradas **hacer**, **make** y **do**.

adelante: *Their house is further along (the road).* Su casa está más adelante. **3** (en el tiempo) **further on** más tarde **4 to get further** avanzar
- *adj* más: *I wrote off for further details.* Escribí para pedir más detalles.

,**further edu'cation** *s* BrE cursos no formales para jóvenes y adultos

furthermore /'fɜrðərmɔr/ *adv* (formal) además, más aún

furthest /'fɜrðəst/ *adjetivo & adverbio*
- *adj* (también **farthest** /'furðəst/) más alejado -a, que está más lejos: *the seat furthest from the door* el asiento más alejado de la puerta
- *adv* (también **farthest**) más lejos: *He swam furthest.* Fue el que llegó más lejos nadando.

fury /'fjuri/ *s* furia

fuse /fjuz/ *sustantivo & verbo*
- *s* fusible
- *v* [intr] fundirse [fusible], quemarse [plancha, etc.]

fusion /'fjuʒən/ *s* fusión

fuss /fʌs/ *sustantivo & verbo*
- *s* **1** escándalo, alboroto: *I don't know what all the fuss is about.* No sé por qué tanto escándalo.

2 to kick up/make a fuss (about sth) armar/hacer un escándalo (por algo) **3 to make a fuss over sb** AmE, **to make a fuss of sb** BrE consentir/apapachar a alguien
- *v* [intr] (3ª pers sing **-sses**) preocuparse

fussy /'fʌsi/ *adj* (**-ssier**, **-ssiest**) **1** exigente, quisquilloso -a: *She's very fussy about what she eats.* Es muy melindrosa en lo que se refiere a la comida. **2** detallista **3 I'm/we're not fussy** me/nos da igual

futile /'fjutl, BrE 'fjutaɪl/ *adj* vano -a, inútil

future /'fjutʃər/ *sustantivo & adjetivo*
- *s* **1 the future** el futuro: *What are his plans for the future?* ¿Qué planes tiene para el futuro? **2 in future** de ahora en adelante: *In future, please ask before you borrow my bicycle.* De ahora en adelante, pídeme permiso antes de usarme la bicicleta. **3 in (the) future** en el futuro **4 in the near/immediate future** en un futuro cercano/inmediato **5** (referido a las perspectivas) futuro
- *adj* futuro -a | **future wife/husband etc.** futura esposa/futuro esposo etc.

fuzzy /'fʌzi/ *adj* (**-zzier**, **-zziest**) borroso -a

G¹, g /dʒi/ s (letra) G, g ▶ ver "Active Box" **letters** en **letter**

G² s (nota musical) sol

g (= gram) gr

gadget /'gædʒɪt/ s aparato

gag /gæg/ verbo & sustantivo
- **v** (-gged, -gging) **1** [tr] amordazar **2** [tr] silenciar **3** [intr] tener arcadas | **to make sb gag** darle náuseas a alguien
- **s 1** (informal) chiste **2** mordaza

gage AmE ▶ ver **gauge**

gain /geɪn/ verbo & sustantivo
- **v 1** [tr] conseguir [apoyo, la independencia, etc.] | **to gain experience** adquirir experiencia | **to gain control of sth** tomar el control de algo **2 to gain weight** aumentar de peso, engordar | **to gain 5/10 etc. kilos** aumentar 5/10 etc. kilos, engordar 5/10 etc. kilos **3** [intr] adelantar [reloj]
  gain on sb acercarse a alguien [que va delante]
- **s 1** aumento **2** avance, mejora

galaxy /'gæləksi/ s (pl -xies) galaxia

gale /geɪl/ s vendaval

gallant /'gælənt/ adj **1** aguerrido -a **2** galante

gallery /'gæləri/ s (pl -ries) **1** museo, galería (de bellas artes) **2** galería (de arte) **3** galería [en un teatro]

galley /'gæli/ s **1** cocina [en un barco o avión] **2** galera [barco]

gallon /'gælən/ s galón [3.78 litros en EU, 4.52 litros en GB]

gallop /'gæləp/ verbo & sustantivo
- **v** [intr] galopar, ir al galope
- **s** galope | **at a gallop** al galope

gallows /'gæloʊz/ s (pl gallows) horca, patíbulo

gamble /'gæmbəl/ verbo & sustantivo
- **v** [tr/intr] jugar [por dinero, a juegos de azar] | **to gamble sth on sth** apostarle algo a algo, jugarle algo a algo
- **s to be a gamble** ser una lotería, ser arriesgado -a | **to take a gamble** arriesgarse

gambler /'gæmblər/ s jugador -a [de juegos de azar]

gambling /'gæmblɪŋ/ s el juego [por dinero, a juegos de azar]

game /geɪm/ sustantivo, sustantivo plural & adjetivo
- **s 1** juego, partido, partida: card games juegos de cartas | a game of chess una partida de ajedrez | We played a game of hide-and-seek. Jugamos a las escondidas. | Did you see the game on TV last night? ¿Viste el partido por televisión anoche? **2** juego [en tenis]: Agassi leads, five games to two. Gana Agassi cinco juegos a dos. **3** caza [animales] **4 to play games (with sb)** jugar (con alguien) [engañarlo, tomarle el pelo, etc.] **5 to give the game away** delatarse **6 to be fair game** ser un blanco fácil
- **games** s pl BrE educación física: I was always hopeless at games. Siempre fui pésima en educación física.
- **adj to be game for sth/to do sth** estar dispuesto -a a algo/a hacer algo, animarse a hacer algo

'game show s programa de concursos [en TV]

gang /gæŋ/ sustantivo & verbo
- **s 1** pandilla [de alborotadores, vándalos, etc.] **2** banda [de criminales] **3** grupo, pandilla [de amigos] **4** cuadrilla
- **v gang up on sb** intimidar a alguien [grupo de personas]

gangster /'gæŋstər/ s pandillero -a, gángster

gangway /'gæŋweɪ/ s **1** escalerilla [de un avión], pasarela [de un barco] **2** BrE pasillo [en un avión, un teatro] ▶ También existe **aisle**, que es inglés universal

gap /gæp/ s **1** (entre objetos) espacio, separación: the gap between his two front teeth la separación que tiene entre los dos dientes delanteros **2** (en un texto) espacio en blanco **3** (en una cerca) abertura, hueco **4** brecha, diferencia: the widening gap between the rich and the poor la brecha cada vez mayor entre los ricos y los pobres | a big age gap una gran diferencia de edad

gape /geɪp/ v **to gape at sth/sb** mirar algo/a alguien boquiabierto -a

gaping /'geɪpɪŋ/ adj enorme [hueco, herida, etc.]

garage /gə'rɑʒ, BrE 'gærɑʒ/ s **1** garage, garaje **2** taller mecánico **3** BrE gasolinera ▶ En inglés americano se usa **gas station**

garbage /'gɑrbɪdʒ/ s AmE **1** basura **2** (informal) estupideces, tonterías

'garbage ,can s AmE bote (de la basura), basurero

'garbage col,lector s AmE basurero [persona]

'garbage ,dump s AmE tiradero (de basura), basurero

'garbage man s (pl -men) AmE basurero [persona]

garbled /'gɑrbəld/ adj confuso -a

garden /'gɑrdn/ s jardín ▶ **garden** se usa en inglés británico para referirse al área detrás o

garbage can

delante de una vivienda aunque ésta no tenga plantas ni flores. En inglés americano esto se llama **yard**

gardener /'gɑrdnər/ s jardinero -a

gardening /'gɑrdnɪŋ/ s jardinería | **to do the/ some gardening** trabajar en el jardín

gargle /'gɑrgəl/ v [intr] hacer gárgaras

garish /'gærɪʃ/ adj chillón -ona, estridente [referido a colores, ropa, etc.]

garland /'gɑrlənd/ s guirnalda

garlic /'gɑrlɪk/ s ajo

garment /'gɑrmənt/ s prenda [de vestir]

garnish /'gɑrnɪʃ/ verbo & sustantivo
- v [tr] (3ª pers sing -shes) decorar [un platillo]
- s (pl -shes) decoración [de un platillo]

garrison /'gærəsən/ s guarnición

garter /'gɑrtər/ s liga [para medias]

gas /gæs/ sustantivo & verbo
- s 1 (pl gases o gasses) gas 2 AmE gasolina 3 AmE gas, flatulencia 4 **gas cylinder** tanque de gas
- v [tr] (-ssed, -ssing) asfixiar con gas

gash /gæʃ/ s (pl gashes) tajo, corte profundo

gasoline /gæsə'lin/ s AmE gasolina

gasp /gæsp/ verbo & sustantivo
- v 1 [intr] jadear [por el cansancio] | **to be gasping for air/breath** respirar con dificultad, tratando de recobrar el aliento 2 [intr] dar un grito ahogado [de sorpresa, miedo, etc.]
- s grito ahogado [de sorpresa, miedo, etc.]

'gas ,station s AmE gasolinera

gate /geɪt/ s 1 (de un jardín) portón 2 (de una ciudad, un castillo) puerta 3 (en un aeropuerto) puerta (de embarque)

gatecrash /'geɪtkræʃ/ v (3ª pers sing -shes) [intr] colarse, [tr] colarse en [una fiesta]

gateway /'geɪtweɪ/ s entrada [abertura en un muro o cerco]

gate

gather /'gæðər/ v 1 [intr] juntarse, reunirse: A crowd had gathered. Se había juntado mucha gente. 2 [tr] juntar, reunir 3 [tr] deducir, tener entendido 4 **from what I can gather/as far as I can gather** según tengo entendido 5 [tr] juntar, recoger [frutas, hongos, etc.] 6 [tr] reunir [información, datos, etc.] 7 **to gather speed** cobrar velocidad

gathering /'gæðərɪŋ/ s reunión

gaudy /'gɔdi/ adj (-dier, -diest) chillón -ona, estridente [referido a colores, ropa, etc.]

gauge, también **gage** AmE /geɪdʒ/ sustantivo & verbo
- s medidor [de combustible, aceite, etc.]
- v [tr] medir, calcular

gaunt /gɔnt/ adj demacrado -a

gauze /gɔz/ s gasa

gave /geɪv/ pasado de **give**

gay /geɪ/ adjetivo & sustantivo plural
- adj 1 gay, homosexual 2 alegre 3 vistoso -a ▶ El significado actual más frecuente de **gay** es el de homosexual y por eso se tiende a evitar el uso del término en las demás acepciones
- **gays** s pl gays, homosexuales

gaze /geɪz/ verbo & sustantivo
- v **to gaze at sth/sb** quedarse mirando algo/a alguien
- s mirada [fija y larga]

GCSE /dʒi si es 'i/ s

> **¿Qué es?**
>
> Es un examen (**General Certificate of Secondary Education**), que los estudiantes ingleses y galeses presentan en varias materias a los 16 años.

> **¿Cómo se usa?**
>
> GCSE puede hacer referencia tanto al examen como al curso en el que se prepara o al certificado que se obtiene cuando se aprueba:
> *He takes his GCSEs this summer.* Va a presentar los GCSEs este verano. | *He did Spanish at GCSE.* Estudió español en cuarto y quinto del bachillerato. | *How many GCSEs do you have?* ¿Cuántos GCSEs tienes aprobados?

gear /gɪr/ sustantivo & verbo
- s 1 cambio, velocidad [en un coche, una bicicleta] | **to shift gear** cambiar de velocidad 2 equipo: *camping gear* equipo de camping 3 (informal) ropa 4 (informal) cosas, bártulos
- v 1 **to be geared to/toward sth/sb** estar orientado -a a alguien/algo: *The activities are geared toward younger children.* Las actividades están orientadas a niños más pequeños. 2 **to be geared up for sth/to do sth** estar preparado -a para algo/para hacer algo

gearbox /'gɪrbɑks/ s (pl -xes) caja de velocidades

geese /gis/ plural de **goose**

gel /dʒel/ s gel

gem /dʒem/ s 1 piedra preciosa 2 **to be a gem** ser una joya: *Your cousin is a real gem.* Tu prima es una verdadera joya.

Gemini /'dʒemənaɪ/ s 1 Géminis 2 persona del signo de Géminis: *She's a Gemini.* Es (de) Géminis.

gender /'dʒendər/ s 1 género, sexo 2 género [en lingüística]

gene /dʒin/ s gen

ⓘ ¿No estás seguro del significado de alguna **abreviatura**? Mira la lista de abreviaturas en el interior de la cubierta.

general /'dʒenərəl/ *adjetivo & sustantivo*
- *adj* **1** general: *a general strike* una huelga general **2** (sin detalles) general **3** **in general** en general **4** **as a general rule** por lo general, por regla general **5** **the general public** el público (en general)
- *s* (en el ejército) general

general e'lection *s* elecciones generales

generalization, **-isation** BrE /ˌdʒenərələˈzeɪʃən/ *s* generalización

generalize, -ise BrE /'dʒenərəlaɪz/ *v* **to generalize about sth** generalizar sobre algo

general 'knowledge *s* cultura general

generally /'dʒenərəli/ *adv* **1** generalmente: *She generally gets home about 7.* Generalmente llega a casa a eso de las 7. **2** (en opiniones generalizadas): *They're generally thought of as a punk band.* La mayoría de la gente los considera una banda punk. **3** en general: *It's nothing specific. I just feel generally unwell.* No es nada específico. Es que me siento mal en general. **4** **generally speaking** en general, por lo general: *Generally speaking, he's doing very well.* En general, le va muy bien.

general prac'titioner BrE ▶ ver **G.P.**

general-'purpose *adj* para todo uso, multiuso

generate /'dʒenəreɪt/ *v* [tr] generar

generation /dʒenəˈreɪʃən/ *s* **1** generación **2** **the generation gap** la brecha generacional

generator /'dʒenəreɪtər/ *s* generador

generosity /dʒenəˈrɑːsəti/ *s* generosidad

generous /'dʒenərəs/ *adj* **1** generoso -a: *It was very generous of him to offer.* Fue muy generoso de su parte ofrecerse. | **to be generous to sb** ser generoso -a con alguien **2** generoso -a, abundante: *The portions are generous.* Las porciones son generosas.

genetic /dʒəˈnetɪk/ *adj* genético -a

genetics /dʒəˈnetɪks/ *s* genética

genial /'dʒiːniəl/ *adj* simpático -a, cordial

genitals /'dʒenətlz/, también **genitalia** /ˌdʒenɪˈteɪliə/ *s pl* genitales

genius /'dʒiːniəs/ *s* (pl -ses) genio -a

genocide /'dʒenəsaɪd/ *s* genocidio

genre /'ʒɑːnrə/ *s* género [de una obra literaria]

gent /dʒent/ *s* BrE (informal) **1** caballero **2** **the gents** el baño (de hombres)

gentle /'dʒentl/ *adj* **1** dulce, delicado -a | **to be gentle with sth/sb** tratar algo/a alguien con delicadeza **2** **a gentle breeze/voice** una brisa/voz suave **3** **gentle exercise** ejercicios suaves

gentleman /'dʒentlmən/ *s* (pl -men) caballero

gentleness /'dʒentlnəs/ *s* delicadeza

gently /'dʒentli/ *adv* **1** con delicadeza **2** con suavidad, suavemente

genuine /'dʒenjuɪn/ *adj* **1** auténtico -a, genuino -a [cuadro, alhajas, etc.] **2** auténtico -a, genuino -a [interés, sentimiento]

genuinely /'dʒenjuɪnli/ *adv* verdaderamente, de verdad

geography /dʒiˈɑːgrəfi/ *s* geografía

geological /dʒiəˈlɑːdʒɪkəl/ *adj* geológico -a

geologist /dʒiˈɑːlədʒɪst/ *s* geólogo -a

geology /dʒiˈɑːlədʒi/ *s* geología

geometric /dʒiəˈmetrɪk/, también **geometrical** /dʒiəˈmetrɪkəl/ *adj* geométrico -a

geometry /dʒiˈɑːmətri/ *s* geometría

geranium /dʒəˈreɪniəm/ *s* geranio

geriatric /dʒeriˈætrɪk/ *adj* geriátrico -a

germ /dʒɜːrm/ *s* germen, microbio

German /'dʒɜːrmən/ *adjetivo & sustantivo*
- *adj* alemán -ana
- *s* **1** (idioma) alemán **2** alemán -ana

German 'measles *s* rubeola

Germany /'dʒɜːrməni/ *s* Alemania

gesture /'dʒestʃər/ *sustantivo & verbo*
- *s* gesto
- *v* [intr] hacer gestos | **to gesture at/toward sth** señalar algo

get /get/ *v* (pasado **got**, participio **gotten** AmE o **got** BrE, gerundio **getting**) ▶ ver recuadro

PHRASAL VERBS

get about BrE **1** circular [noticia, información] ▶ En inglés americano se usa **get around** **2** movilizarse, trasladarse ▶ En inglés americano se usa **get around**

get sth across hacer entender algo, comunicar algo

get ahead progresar

get along 1 andar: *How's she getting along at school?* ¿Cómo anda en la escuela?/¿Cómo le va en la escuela? **2** **to get along (with sb)** llevarse bien (con alguien)

get around 1 circular [noticia, información] **2** movilizarse **get around sth** eludir algo [una norma], sortear algo [un problema] **get around sb** convencer a alguien

get around to (doing) sth hacerse tiempo para (hacer) algo

get at sth (informal) querer decir algo: *I couldn't understand what he was getting at.* No logré entender qué quería decir. **get at sb** (informal) agarrarla con alguien, meterse con alguien

get away 1 irse **2** escaparse | **to get away from sth/sb** escaparse de algo/alguien | **to get away from it all** alejarse de todo

get away with sth hacer algo malo y salir impune: *You won't get away with this!* ¡Esto no se va a quedar así!

get back 1 volver **2** **to get back at sb** vengarse de alguien **get sth back** recuperar algo **get back to sb** llamar a alguien (más tarde)

get behind atrasarse | **to get behind with sth** atrasarse en algo

get by arreglárselas: *She has to get by on $100 a week.* Se las tiene que arreglar con $100 a la semana.

get down 1 bajar **2** levantarse [de la mesa] **get sb down** (informal) deprimir a alguien
get down to sth to get down to (doing) sth ponerse a hacer algo
get in 1 entrar **2** subirse [a un carro] **3** llegar [tren, avión] **4** llegar a casa **get in sth** subirse a algo [a un carro] **get sth in** meter algo [la ropa tendida, etc.]
get into sth 1 entrar a algo **2** (referido a prendas de vestir) *I can't get into these pants anymore.* Estos pantalones ya no me entran. **3** meterse en algo: *She wants to get into modeling.* Quiere meterse en la carrera de modelo.
get off 1 bajarse [de una bicicleta, un caballo, un tren, etc.] **2 get off!** ¡sácate!, ¡suelta! **3** salvarse [de un castigo] **4 to get off (work)** salir (del trabajo) **5 to get off with sb** BrE (informal) ligarse a alguien **get off sth** bajarse de algo [de una bicicleta, un caballo, un tren, etc.]
get on 1 subirse [a una bicicleta, un caballo, un tren, etc.] **2 to get on (with sb)** llevarse bien (con alguien) **3** (en una actividad): *How is he getting on in his new job?* ¿Cómo le va en su nuevo trabajo? **4 to get on with** seguir con algo **get on sth** subirse a algo [a una bicicleta, un caballo, un tren, etc.]
get onto sb ponerse en contacto con alguien
get onto sth empezar a hablar de algo
get out 1 salir, escaparse | **get out!** ¡vete/ váyase etc. de aquí! | **to get out of sth** salir/ escaparse de algo **2** bajarse [de un coche, etc.] **3** saberse, trascender [secreto, noticia]
get out of (doing) sth librarse de (hacer) algo **get sth out (of sth)** sacar algo (de algo): *He got the letter out of his pocket.* Sacó la carta de su bolsa. **get sth out of sb** sacarle algo a alguien
get over sth 1 reponerse de algo **2** superar algo [la timidez, un complejo] **get sth over with** acabar de una vez con algo
get round BrE ► ver **get around**
get through comunicarse [por teléfono] | **to get through to sb** comunicarse con alguien **get through sth 1** superar algo [un momento o una experiencia difícil] **2** gastarse algo [dinero, provisiones]
get through to sb I can't get through to her/them etc. no puedo lograr que me entienda/que me entiendan etc.
get together (with sb) juntarse (con alguien) **get sth/sb together** reunir algo/a alguien
get up levantarse **get sb up** despertar a alguien
get up to sth 1 hacer algo [alguna travesura] **2** llegar a algo: *Where did we get up to last week?* ¿A dónde llegamos la semana pasada?

get

1 CONSEGUIR
I couldn't get tickets for the concert. No pude conseguir boletos para el concierto. | *I couldn't get the car to start.* No pude hacer arrancar el coche

2 COMPRAR
What did you get Paul for his birthday? ¿Qué le compraste a Paul para el cumpleaños?

3 RECIBIR
I got an e-mail from her this morning. Recibí un e-mail de ella esta mañana. | *How much did you get for the car?* ¿Cuánto te dieron por el carro?

4 LLEGAR, IR
We didn't get home until five in the morning. No llegamos a casa hasta las cinco de la mañana. | *Do you know how to get to Lucy's?* ¿Sabes ir a la casa de Lucy?

5 TOMAR
I got the last train. Tomé el último tren.

6 EN ESTRUCTURAS EQUIVALENTES A VERBOS PRONOMINALES
Don't get angry. No te enojes. | *He got bored and left.* Se aburrió y se fue. | *Don't get your feet wet.* No te mojes los pies.

7 METER
to get sth into/out of etc. sth meter algo en algo/sacar algo de algo etc.: *I can't get the laces through the holes.* No puedo pasar las agujetas por los agujeros.

8 IR A BUSCAR
I went to get her from the airport. La fui a buscar al aeropuerto.

9 EXPRESANDO OPORTUNIDAD
to get to do sth: *He always gets to choose!* ¡Siempre elige él!

10 HACER
to get sth done: *I have to get this finished today.* Tengo que terminar esto hoy. | *You need to get that bike fixed.* Tienes que hacer reparar esa bicicleta.

11 ENTENDER
You just don't get it. Es que no entiendes.

12 CONTESTAR
to get the phone/the door contestar el teléfono/abrir la puerta

13 Las expresiones **to have got** y **to have got to** están tratadas bajo el verbo **to have**.

getaway /'getəweɪ/ s **1 to make a/your getaway** darse a la fuga, escaparse **2 getaway car** coche utilizado para darse a la fuga

'get-go s **from the get-go** AmE (informal) desde el principio

ghastly /'gæstli/ adj (-lier, -liest) **1** espantoso -a **2** to look ghastly tener muy mala cara

ghetto /'getou/ s (pl -s o -es) gueto

ghost /goust/ s **1** fantasma **2** to give up the ghost (informal) pasar a mejor vida [televisor, computadora, etc.] **3** ghost story historia de fantasmas

giant /'dʒaɪənt/ sustantivo & adjetivo
▪ s gigante
▪ adj gigantesco -a

giddy /'gɪdi/ adj (-ddier, -ddiest) mareado -a: *It made me feel giddy*. Me hizo marear.

gift /gɪft/ s **1** regalo: *It was a gift from my wife*. Fue un regalo de mi esposa. **2** don especial | to have a gift for (doing) sth tener un don especial para (hacer) algo **3** gift shop tienda de regalos

gift cer,tificate s AmE certificado de regalo(s)

gifted /'gɪftɪd/ adj **1** talentoso -a **2** muy inteligente

gift ,token, también **gift voucher** BrE s
▶ En inglés americano se usa *gift certificate*

gig /gɪg/ s (informal) actuación [de una banda musical]

gigabyte /'gɪgəbaɪt/ s gigabyte

gigantic /dʒaɪ'gæntɪk/ adj gigantesco -a

giggle /'gɪgəl/ verbo & sustantivo
▪ v [intr] reírse [tratando de disimular, cuando no corresponde]
▪ s risita | I/she etc. got (a fit of) the giggles (informal) me/le etc. dio un ataque de risa

giggling

gilt /gɪlt/ adj dorado -a

gimmick /'gɪmɪk/ s truco, ardid [publicitario]

gin /dʒɪn/ s gin, ginebra | a gin and tonic una ginebra con tónica, un gin tonic

ginger /'dʒɪndʒər/ sustantivo & adjetivo
▪ s jengibre
▪ adj BrE (referido al color del pelo): *the girl with ginger hair* la muchacha pelirroja ▶ También se usa **red**, que es inglés universal

gingerly /'dʒɪndʒərli/ adv con cautela

gipsy ▶ ver **gypsy**

giraffe /dʒə'ræf/ s jirafa

girl /gɜrl/ s **1** (pequeña) niña: *a little girl* una niñita **2** (mayor) muchacha, chica **3** hija

girlfriend /'gɜrlfrend/ s **1** novia **2** AmE amiga

gist /dʒɪst/ s the gist (of sth) lo esencial (de algo) | to get the gist (of sth) captar la idea (de algo)

give /gɪv/ v (pasado gave, participio given)
▶ ver recuadro
PHRASAL VERBS
give sth away 1 dar/regalar algo **2** revelar algo [un secreto] **give sb away** delatar a alguien **give yourself away** delatarse

give sth back devolver algo, regresar algo | to give sth back to sb/to give sb back sth devolverle/regresarle algo a alguien: *I must give Jane back the money I owe her*. Tengo que devolverle a Jane el dinero que le debo.

give in 1 (transigir) ceder | to give in to sth/sb ceder a algo/ante alguien **2** rendirse **give sth in** BrE entregar algo [un trabajo escolar] ▶ También existe **to hand sth in**, que es inglés universal

give sth out repartir algo

give up abandonar **give sth up 1** abandonar algo: *He's given up trying to teach me Russian*. Ha abandonado sus intentos de enseñarme ruso. **2** dejar algo: *He's given up smoking*. Ha dejado de fumar. | to give up doing sth dejar de hacer algo **give yourself up** entregarse

given¹ /'gɪvən/ adjetivo & preposición
▪ adj dado -a [momento, cantidad]
▪ prep dado -a: *given the circumstances* dadas las circunstancias

given² participio de **give**

glad /glæd/ adj (-dder, -ddest) **1** to be glad that alegrarse de que: *We're glad that you decided to stay*. Nos alegramos de que hayas decidido quedarte./Nos alegra que hayas decidido quedarte. | to be glad to see/hear (that) alegrarse de ver/oír que **2** to be glad to do sth tener buena disposición para hacer algo: *"Can you give me a hand?" "I'd be glad to."* –¿Me das una mano? –Con gusto. **3** to be glad of sth alegrarse de tener algo, agradecer algo

gladly /'glædli/ adv con gusto

glamorous /'glæmərəs/ adj glamoroso -a

glamour, también **glamor** AmE /'glæmər/ s glamour

glance /glæns/ verbo & sustantivo
▪ v **1** to glance at/through sth echarle un vistazo a algo, darle una ojeada a algo **2** to glance at/towards sb mirar a alguien
▪ s **1** mirada, vistazo | to cast/take a glance at sth echar un vistazo a algo **2** at a glance con sólo echar una mirada **3** at first glance a primera vista

gland /glænd/ s glándula

glare /gler/ verbo & sustantivo
▪ v [intr] **1** brillar de manera resplandeciente y deslumbrante **2** to glare at sb fulminar a alguien con la mirada
▪ s **1** resplandor **2** mirada [de furia, odio, etc.]

glaring /'glerɪŋ/ adj **1** resplandeciente, deslumbrante **2** evidente [error, omisión, etc.]

glass /glæs/ s **1** vidrio **2** (pl glasses) vaso, copa: *a glass of wine* un vaso de vino **3** cristalería

give

1 DAR

Se dice **to give sb sth** o **to give sth to sb**

He gave me the information I needed. Me dio la información que necesitaba. | *Give this to your brother.* Dale esto a tu hermano. | *How much did they give you for your old computer?* ¿Cuánto te dieron por la computadora vieja?

2 REGALAR

They gave her a CD player for Christmas. Le regalaron un reproductor de CDs para Navidad.

3 OFRECER

His parents gave a party for his graduation. Sus padres ofrecieron una fiesta cuando se graduó. | **to give a speech** pronunciar un discurso | **to give a wonderful/an excellent etc. performance** ofrecer una interpretación maravillosa/excelente etc.

4 DAR DINERO

Do you give to charity? ¿Das dinero para obras de beneficencia?

5 PASAR, CONTAGIAR

I don't want to give him my cold. No le quiero pasar el resfriado.

6 CEDER

The leather will give a little. La piel va a ceder un poco.

7 EXPRESIONES

don't give me that no me vengas con eso | **give or take a few minutes/inches etc.** minutos más, minutos menos/pulgada más, pulgada menos etc.

to give también forma parte de expresiones como **not to give a damn, to give way**, etc. Éstas están tratadas bajo el sustantivo correspondiente (**damn, way**, etc.).

glasses /'glæsɪz/ *s pl* anteojos, lentes: *I have another pair of glasses.* Tengo otro par de anteojos.

glaze /gleɪz/ *verbo & sustantivo*
- *v* [tr] vidriar
  glaze over his/their etc. eyes glazed over se le/les etc. pusieron los ojos vidriosos
- *s* **1** vidriado [de cerámica] **2** glaseado [en cocina]

gleam /glim/ *verbo & sustantivo*
- *v* [intr] brillar, relucir
- *s* **1** brillo **2** brillo, chispa [de humor, picardía, etc.]

glean /glin/ *v* **to glean sth from sth/sb** obtener algo de algo/alguien

glee /gli/ *s* regocijo

glide /glaɪd/ *v* [intr] **1** deslizarse **2** planear

glider /'glaɪdər/ *s* planeador

glimmer /'glɪmər/ *sustantivo & verbo*
- *s* **1** **a glimmer of hope** un rayito/un atisbo de esperanza **2** luz tenue | **a glimmer of light** una luz tenue
- *v* [intr] brillar débilmente

glimpse /glɪmps/ *sustantivo & verbo*
- *s* visión fugaz | **to get/catch a glimpse of sth** alcanzar a ver algo
- *v* [tr] alcanzar a ver

glint /glɪnt/ *verbo & sustantivo*
- *v* [intr] destellar, brillar
- *s* destello, brillo

glisten /'glɪsən/ *v* [intr] brillar

glitter /'glɪtər/ *verbo & sustantivo*
- *v* [intr] brillar, destellar
- *s* brillo, destello

gloat /gloʊt/ *v* **to gloat over sth** regodearse con algo

global /'gloʊbəl/ *adj* mundial, global | **global warming** calentamiento global

globe /gloʊb/ *s* **1** **the globe** el mundo **2** globo terráqueo **3** (literario) esfera

gloom /glum/ *s* **1** oscuridad, penumbra **2** tristeza

gloomy /'glumi/ *adj* (-mier, -miest) **1** desalentador -a **2** sombrío -a [expresión, mirada] **3** apesadumbrado -a [persona] **4** lúgubre [lugar]

glorious /'glɔriəs/ *adj* **1** glorioso -a **2** espléndido -a

glory /'glɔri/ *sustantivo & verbo*
- *s* (pl -ries) **1** gloria **2** esplendor **3** **the glories of sth** las maravillas de algo
- *v* (3ª pers sing -ries) **glory in sth** disfrutar de algo, enorgullecerse de algo

gloss /glɔs/ *sustantivo & verbo*
- *s* **1** brillo, lustre **2** (también **gloss paint**) (pintura) esmalte
- *v* (3ª pers sing -sses) **gloss over sth** restar(le) importancia a algo

glossary /'glɔsəri/ *s* (pl -ries) glosario

glossy /'glɔsi/ *adj* (-ssier, -ssiest) **1** brillante, lustroso -a **2** **glossy magazine** revista en papel satinado

glove /glʌv/ *s* guante

glow /gloʊ/ *sustantivo & verbo*
- *s* **1** brillo, resplandor **2** **to feel a glow of pride/satisfaction etc.** sentirse colmado -a de orgullo/satisfacción etc.
- *v* [intr] **1** brillar, resplandecer **2** tener la cara roja **3** **to glow with happiness/pride** estar radiante de felicidad/orgullo

glue /glu/ *sustantivo & verbo*
- *s* goma (de pegar), pegamento
- *v* [tr] (gerundio **gluing** o **glueing**) **to glue sth to sth** pegar algo a algo | **to glue sth together** pegar algo

gm. (= gram) gr

gnaw /nɔ/ v [tr/intr] **to gnaw (at) sth** roer algo
gnaw at sb carcomer a alguien [culpa], atormentar a alguien [problema, dolor]

go /goʊ/ *verbo & sustantivo*

■ *v* [intr] (pasado **went**, participio **gone**)
▶ ver recuadro
PHRASAL VERBS
go about BrE ▶ ver **go around** **go about sth**
hacer algo: *How do you go about getting a work
permit?* ¿Qué hay que hacer para obtener un
permiso de trabajo?
go after sth tratar de conseguir algo **go after
sb** ir tras alguien, perseguir a alguien
go against sth ir en contra de algo **go
against sb** **1** no serle favorable a alguien
[decisión, voto, etc.] **2** contrariar a alguien
go ahead **1** seguir adelante: *We're going
ahead with the changes.* Vamos a seguir adelante con los cambios. **2** llevarse a cabo
go along *as you/we etc. go along* sobre la
marcha
go along with sth aceptar algo [una sugerencia, etc.] **go along with sb** estar de acuerdo
con alguien
go around **1** girar, dar vueltas **2** andar
por ahí: *You shouldn't go around saying things
like that.* No deberías andar por ahí diciendo ese
tipo de cosas. **3** circular [rumor] **4** alcanzar: *Are there enough glasses to go around?*
¿Alcanzan los vasos para todos?
go away **1** irse **2** irse [de viaje] **3** irse,
pasarse [dolor] **4** desaparecer [problema]
go back volver
go back on sth faltar a algo [a su palabra, a
una promesa]
go by pasar **go by sth** guiarse por algo
go down **1** bajar **2** ponerse [sol] **3**
hundirse [barco] **4** caerse [avión] **5** (en
computación) caerse **6** **to go down well/badly
etc.** **(a)** caer bien/mal etc. [broma, comentario] **(b)** tener buena/mala etc. acogida [película, libro]
go down with sth BrE (informal) caer enfermo
-a de algo [una enfermedad leve]
go for sth **1** decidirse por algo, optar por
algo **2** ir tras algo **go for sb** **1** atacar a
alguien **2** *and that goes for you/him etc. too*
(informal) y eso también va para ti/él etc.
go in entrar
go in for sth **1** (hablando de preferencias): *I
don't go in for modern art.* No me gusta mucho el
arte moderno. **2** *to go in for a competition/
contest* tomar parte en una
competencia/concurso
go into sth **1** dedicarse a algo [a una profesión] **2** entrar en algo [en un tema, en detalles, etc.]
go off **1** irse | **to go off with sth** llevarse algo
2 explotar [bomba] **3** dispararse [revólver,
etc.] **4** sonar [alarma] **5** apagarse [luz,
calefacción, etc.] **6** BrE echarse a perder,
pasarse [alimento] ▶ En inglés americano se usa

to go bad **7** **to go off well/badly** salir bien/mal
go off sth/sb BrE (informal) perder el gusto por
algo/dejar de sentir simpatía por alguien: *I've gone
off salads.* Ya no me gustan las ensaladas.
go on **1** seguir: *Go on with what you were
doing.* Sigan con lo que estaban haciendo. | *Go
on, I'm listening.* Sigue, te escucho. | **to go on
doing sth** seguir haciendo algo **2** durar | **to go
on for weeks/three hours etc.** durar semanas,
tres horas etc. **3** pasar: *What's going on in
there?* ¿Qué pasa ahí? **4** pasar [tiempo] **5**
encenderse, prenderse [luz, calefacción, etc.]
6 (informal) dar la lata | **to go on at sb (to do sth)**
darle la lata a alguien (para que haga algo)
7 (para animar a hacer algo): *Go on. Have some
more cake.* Ándale. Sírvete más pastel.
go out **1** salir **2** apagarse [luz, vela, etc.]
go over sth **1** revisar algo **2** (repetir) repasar algo
go round BrE ▶ ver **go around**
go through ser aprobado -a [solicitud] **go
through sth** **1** pasar por algo [por una experiencia difícil] **2** revisar algo **3** repasar algo
4 consumir algo
go through with sth seguir adelante con algo,
cumplir con algo
go together quedar bien, pegar [combinar]
go up **1** subir, aumentar **2** ser construido
[edificio] **3** prenderse fuego, explotar | **to go
up in flames** incendiarse
go without (sth) arreglárselas (sin algo),
pasarla (sin algo)

■ *s* (pl **goes**) **1** **to have a go (at doing sth)**
intentar (hacer algo), hacer la prueba (de hacer
algo) **2** turno [en un juego]: *It's your go.* Te
toca a ti. **3** **to be on the go** no parar **4** **to
make a go of sth** sacar algo adelante

go-ahead *s* **to give sb the go-ahead** (informal)
darle el visto bueno a alguien

goal /goʊl/ *s* **1** gol | **to score a goal** anotar/
hacer un gol **2** portería **3** meta, objetivo

goalie /'goʊli/ *s* (informal) portero -a, arquero -a

goalkeeper /'goʊlkipər/, también **goaltender**
/'goʊltendər/ AmE *s* portero, arquero -a

goalpost /'goʊlpoʊst/ *s* poste [de la portería]

goat /goʊt/ *s* cabra

gobble /'gabəl/, también **gobble up** *v* [tr]
(informal) tragarse, zamparse

go-cart AmE, **go-kart** BrE *s* go-kart

god /gad/ *s* **1** dios **2** God Dios **3** **(my) God!**
(informal) ¡Dios mío! | **God knows!** (informal) vaya
uno a saber, y yo qué sé

godchild /'gadtʃaɪld/ (pl **godchildren**) *s* ahijado -a

goddaughter /'gadɔtər/ *s* ahijada

goddess /'gadɪs/ *s* (pl **-sses**) diosa

godfather /'gadfaðər/ *s* padrino

godmother /'gadmʌðər/ *s* madrina

godparent /'gadpərənt/ *s* padrino, madrina: *his
godparents* sus padrinos

godson /'gadsʌn/ *s* ahijado

go *verbo*

1 IR, IRSE

A UN LUGAR

Where are you going? ¿Adónde vas? | *Let's go and see if it's open.* Vamos a ver si está abierto. | *Dad went to get the paper.* Mi papá fue a comprar el periódico.

En este sentido el participio puede ser **gone** o **been: they've gone to church** quiere decir que se han ido a la iglesia y están allá, **they've been to church** quiere decir que ya volvieron.

to go home ir/irse a casa | **to go for a walk/run** salir a caminar/correr | **to go shopping/swimming** ir de compras/a nadar

DE UN LUGAR

I don't want to go yet. No me quiero ir todavía. | *We ought to be going.* Nos tendríamos que ir.

EN UN LUGAR

Where does this go? ¿Dónde va esto?

2 INTENCIÓN, SUCESO FUTURO

to be going to ir a: *I'm going to paint my room white.* Voy a pintar mi recámara de blanco. | *It's going to rain.* Va a llover.

3 CAMBIAR DE ESTADO

She went red. Se puso colorada. | *He's going deaf.* Se está quedando sordo. | *I'm going crazy!* ¡Me estoy volviendo loca!

4 DESARROLLARSE, SUCEDER

The party went really well. La fiesta salió muy bien. | *Everything's going fine.* Todo marcha bien. | *How's it going?* ¿Qué tal?

5 LLEGAR

The road goes all the way to Alaska. La carretera llega hasta Alaska.

6 ANDAR

The car won't go. El coche no anda.

7 DESAPARECER

My pencil's gone. Ha desaparecido mi lápiz. | *Has your headache gone?* ¿Se te ha quitado el dolor de cabeza?

8 PASAR, PASARSE

The summer's gone so fast! ¡El verano se ha pasado tan rápido!

9 DEJAR DE FUNCIONAR

The fuse has gone. Se ha quemado el fusible. | *His sight's starting to go.* Le está fallando la vista.

10 SONAR, EMITIR UN SONIDO

Then the bell went. Entonces sonó la campana. | *Cows go "moo".* Las vacas hacen "mu".

11 QUEDAR BIEN, PEGAR

This sauce doesn't go with fish. Esta salsa no queda bien con pescado.

goggles /'gɑgəlz/ *s pl* goggles, gafas

going /'goʊɪŋ/ *sustantivo & adjetivo*

- *s* **1** **to be good/heavy etc. going** (informal) Usado para referirse a la velocidad o facilidad con que se hace algo: *We got there in three hours, which was pretty good going.* Llegamos en tres horas, lo cual no estuvo nada mal. | *I find his novels heavy going.* Sus novelas me resultan pesadas. **2** **while the going's good** mientras se pueda

- *adj* **1** **the going rate** lo normal [el costo normal de un servicio o un trabajo] **2** **a going concern (a)** una empresa/un negocio en funcionamiento **(b)** una empresa/un negocio rentable

'go-kart BrE ▶ ver **go-cart**

gold /goʊld/ *sustantivo & adjetivo*

- *s* **1** oro **2** (color) dorado

- *adj* dorado -a: *gold shoes* zapatos dorados

golden /'goʊldən/ *adj* **1** de oro **2** dorado -a **3** **a golden opportunity** una oportunidad de oro

,golden 'raisin *s* AmE (uva) pasa rubia, (uva) pasa sultana

goldfish /'goʊldfɪʃ/ *s* (pl **goldfish**) pececito de colores

golf /gɑlf/ *s* **1** golf **2** **golf club (a)** club de golf **(b)** palo de golf **golf course** campo de golf

golfer /'gɑlfər/ *s* golfista

gone¹ /gɔn/ *prep* BrE **it was gone midnight/6 o'clock etc.** era pasada la medianoche/eran más de las seis etc.

gone² participio de **go**

gonna /'gɔnə, gənə/

> **gonna** es la contracción de **going to** cuando se usa para expresar una acción futura. Muchos hablantes consideran que su uso es incorrecto:
>
> *You're gonna like it.* Te va a gustar.

good /gʊd/ *adjetivo & sustantivo*

- *adj* (comparativo **better**, superlativo **best**) **1** bueno -a: *a good book* un buen libro | *a good opportunity* una buena oportunidad: *Did you have a good weekend?* ¿La pasaste bien el fin de semana? | *Fruit is good for you.* La fruta es buena para la salud. **2** **to be good at sth** ser bueno -a para algo: *I'm not very good at math.* No soy muy bueno para la matemática. **3** amable: *They were very good to me.* Fueron muy amables conmigo. **4** **to be/taste good** estar rico -a [comida] **5** educado -a [niño] | **to be good** portarse bien **6** **as good as** prácticamente **7** **(as) good as new** como nuevo -a

- *s* **1** bien | **to do sb good** hacerle bien a alguien | **it's for your/her etc. own good** es por tu/su etc. propio bien **2** **to be no good (a)** ser inútil: *It's no good complaining.* Es inútil quejarse. **(b)** no servir (para nada), no valer nada **3** **for good** para siempre

goodbye /gʊd'baɪ/ *interj* **1** adiós, hasta luego ▶ La forma coloquial **bye** es mucho más frecuente **2** **to say goodbye (to sb)** despedirse (de alguien)

,good-'humored AmE, **good-humoured** BrE *adj* **1** de buen humor [persona] **2** sin mala intención [bromas]

,good-'looking *adj* guapo, buen mozo

,good-'natured *adj* **1** amable [persona] **2** sin mala intención [broma]

goodness /'gʊdnəs/ *s* **1** bondad **2** (informal) **thank goodness!** ¡gracias a Dios! | **goodness knows!** ¡quién sabe! | **for goodness' sake!** ¡por Dios!

good 'night *interj* hasta mañana, buenas noches | **to say good night (to sb)** decir(le) hasta mañana (a alguien), dar(le) las buenas noches (a alguien)

goods /gʊdz/ *s pl* mercaderías, artículos | **manufactured goods** productos manufacturados

goodwill /gʊd'wɪl/ *s* buena voluntad

goof /guf/ *v* AmE (informal) regarla

goose /gus/ *s* (pl **geese** /gis/) ganso

gooseberry /'gʊsberi/ *s* (pl **-rries**) grosella espinosa, uva espina

'goose ,bumps, también **goose pimples** *s pl* piel de gallina, carne de gallina

gorge /gɔrdʒ/ *s* desfiladero, cañón

gorgeous /'gɔrdʒəs/ *adj* (informal) divino -a, precioso -a

gorilla /gə'rɪlə/ *s* gorila

gory /'gɔri/ *adj* (**-rier**, **-riest**) **1** sangriento -a, violento -a **2** **the gory details** los detalles escabrosos

gosh! /gɑʃ/ *interj* ¡híjole(s)!

gospel /'gɑspəl/ *s* **1** evangelio **2** (también **gospel music**) (música) gospel

gossip /'gɑsəp/ *sustantivo & verbo*
- *s* **1** chismoso -a **2** chismes, chismorreo
- *v* [intr] chismear, chismorrear | **to gossip about sb/sth** chismear de/sobre alguien/algo

got /gɑt/ pasado & participio de **get**

Gothic /'gɑθɪk/ *adj* gótico -a

gotta /'gɑtə/

> **gotta** es la contracción de **got to** o **have got to**. Muchos hablantes consideran que su uso es incorrecto:
> *I gotta go.* Me tengo que ir. | *You've gotta help me.* Me tienes que ayudar.

gotten /'gɑtn/ AmE participio de **get**

gouge /gaʊdʒ/ *v* [tr] hacer [un surco, un agujero]

gourmet /gʊr'meɪ/ *adjetivo & sustantivo*
- *adj* para/de gourmets
- *s* gourmet

govern /'gʌvərn/ *v* [tr/intr] gobernar

governess /'gʌvərnɪs/ *s* (pl **-sses**) institutriz

government /'gʌvərmənt/ *s* gobierno

governor /'gʌvərnər/ *s* **1** gobernador -a: *the governor of California* el gobernador de California **2** (de una escuela, un hospital) miembro del consejo directivo **3** BrE (de una cárcel) director -a ▶ En inglés americano se usa **warden**

gown /gaʊn/ *s* **1** vestido [de fiesta] **2** filipina, bata (quirúrgica)

G.P. /dʒi 'pi/ *s* (= general practitioner) BrE médico -a general

GPA /dʒi pi 'eɪ/ *s* ▶ ver **grade point average**

grab /græb/(**-bbed**, **-bbing**) *verbo & sustantivo*
- *v* [tr] **1** arrebatar: *The thief grabbed my camera and ran off.* El ladrón me arrebató la cámara y salió corriendo. **2** (informal) **to grab some food/sleep etc.** comer algo rápido/dormir un rato etc. **3** **to grab the chance/opportunity** aprovechar la oportunidad
- *s* **to make a grab for/at sth** tratar de agarrar algo

grace /greɪs/ *s* **1** gracia, elegancia **2** **to have the grace to do sth** tener la delicadeza de hacer algo **3** **a day's/week's etc. grace** un día/una semana etc. de gracia **4** **to say grace** bendecir la mesa [rezando antes de comer]

graceful /'greɪsfəl/ *adj* lleno -a de gracia, elegante

gracious /'greɪʃəs/ *adj* **1** cortés, gentil **2** refinado -a, lujoso -a

grade /greɪd/ *sustantivo & verbo*
- *s* **1** calificación, nota | **to get good grades** sacar buenas calificaciones/notas ▶ ver recuadro **grades** **2** categoría, calidad **3** **first/second/third etc. grade** AmE primer/segundo/tercer etc. grado, primer/segundo/tercer etc. curso: *Becky's in fifth grade.* Becky está en quinto grado. **4** **to make the grade** tener éxito, triunfar **5** AmE pendiente
- *v* [tr] **1** clasificar [por tamaño o calidad] **2** AmE corregir, calificar [exámenes, etc.]

> **grades**
> Las letras **A**, **B**, **C**, **D**, **E** y **F** se usan para calificar trabajos escolares, exámenes, etc. A es la calificación más alta y F la más baja. A veces, se agrega un signo más (+) o un signo menos (-) a la letra (por ejemplo, B+, A-) para lograr una mayor precisión en la nota.

'grade ,crossing *s* AmE crucero [ferroviario]

'grade point ,average *s* AmE (en EU) promedio [de calificaciones]

'grade ,school, también **elementary school** *s* AmE escuela primaria

gradient /'greɪdiənt/ *s* BrE pendiente ▶ En inglés americano se usa **grade**

gradual /'grædʒuəl/ *adj* gradual, paulatino -a

gradually /'grædʒuəli/ *adv* gradualmente, poco a poco

graduate¹ /'grædʒuət/ *sustantivo & adjetivo*
- **s 1** AmE egresado -a [de la secundaria]
  2 graduado -a (universitario), licenciado -a
- **adj** AmE **graduate student** estudiante de posgrado | **graduate course** curso de posgrado

graduate

graduate² /'grædʒueɪt/ *v* [intr] **1** graduarse, recibirse [en una universidad]: *Ruth has just graduated from Yale.* Ruth se acaba de graduar de Yale.
2 AmE egresar (de la secundaria)

graduation /grædʒu'eɪʃən/ *s* **1** (ceremonia de) graduación, (ceremonia de) entrega del título **2** after **graduation** después de graduarme/graduarse etc.

graft /græft/ *sustantivo & verbo*
- **s 1** injerto **2** AmE corrupción **3** BrE (informal) chamba dura
- **v** [tr] injertar

grain /greɪn/ *s* **1** grano | **a grain of rice/sand** etc. un grano de arroz/arena etc. **2** (cereal) grano **3** (de la madera) veta

gram /græm/ *s* gramo

grammar /'græmər/ *s* **1** gramática **2** **grammar book** gramática, libro de gramática

'grammar ,school *s*

> **grammar school** es un tipo de colegio secundario británico, para ingresar al cual hay que dar un examen de aptitud académica.

grammatical /grə'mætɪkəl/ *adj* gramatical, de gramática

gran /græn/ *s* BrE (informal) abuela, abuelita

grand /grænd/ *adjetivo & sustantivo*
- **adj 1** grandioso -a **2** muy ambicioso -a **3** con aires de grandeza, sangrón -ona
- **s** (pl grand) (informal) mil dólares/libras

grandchild /'græntʃaɪld/ *s* (pl -children) nieto -a

granddad /'grændæd/ también **grandad** /'grændæd/ *s* (informal) abuelo, abuelito

granddaughter /'grændɔtər/ *s* nieta

grandeur /'grændʒər/ *s* grandiosidad

grandfather /'grænfaðər/ *s* abuelo

grandma /'grænma/ *s* (informal) abuela, abuelita

grandmother /'grænmʌðər/ *s* abuela

grandpa /'grænpa/ *s* (informal) abuelo, abuelito

grandparent /'grænperənt/ *s* abuelo -a

Grand Prix /gran 'pri/ *s* Gran Premio: *the Brazilian Grand Prix* el Gran Premio de Brasil

grandson /'grænsʌn/ *s* nieto

grandstand /'grændstænd/ *s* tribuna [de un estadio]

granite /'grænɪt/ *s* granito

granny /'græni/ *s* (pl -nnies) (informal) abuela, abuelita

grant /grænt/ *verbo & sustantivo*
- **v** [tr] **1** **to take it for granted (that)** dar por sentado que **2** **to take sth for granted** dar algo por sentado, dar algo por (un) hecho **3** otorgar, conceder
- **s 1** subvención, subsidio **2** beca

grape /greɪp/ *s* **1** uva: *a bunch of grapes* un racimo de uvas **2** **grape juice** jugo de uva

grapefruit /'greɪpfrut/ *s* **1** (pl -fruit) toronja **2** **grapefruit juice** jugo de toronja

grapevine /'greɪpvaɪn/ *s* **1** **I/we etc. heard through the grapevine (that)** me/nos etc. contó/dijo un pajarito que **2** vid

graph /græf/ *s* gráfica

graphic /'græfɪk/ *adj* gráfico -a

,graphic de'sign *s* diseño gráfico

graphics /'græfɪks/ *s pl* gráficos, imágenes

grapple /'græpəl/ *v* [intr] luchar (cuerpo a cuerpo), forcejear
  grapple with sth lidiar con algo **grapple with sb** forcejear con alguien

grasp /græsp/ *verbo & sustantivo*
- **v** [tr] **1** agarrar, agarrarse de [con fuerza]: *Grasp the rope with both hands.* Agárrate fuerte de la cuerda con las dos manos. **2** captar, entender
- **s 1** **to fall/slip from sb's grasp** caérsele/resbalársele de la mano a alguien **2** comprensión **3** **to be within sb's grasp** estar al alcance de alguien

grass /græs/ *s* **1** pasto, zacate **2** césped: *"Please keep off the grass."* "Por favor, no pisar el césped." **3** (informal) mota, marihuana

grasshopper /'græshapər/ *s* chapulín, saltamontes

grassland /'græslænd/ *s* pastizal

,grass 'roots *s pl* bases [de un partido político]

grate /greɪt/ *verbo & sustantivo*
- **v 1** [tr] rallar: *grated cheese* queso rallado **2** [intr] ser irritante | **to grate on sb's nerves** crisparle los nervios a alguien **3** [intr] chirriar
- **s** rejilla [de la chimenea]

grateful /'greɪtfəl/ *adj* agradecido -a: *I'm very grateful to Paul for all his help.* Le estoy muy agradecida a Paul por toda su ayuda.

grater /'greɪtər/ *s* rallador

gratifying /'grætəfaɪ-ɪŋ/ *adj* (formal) gratificante

gratitude /'grætətud/ *s* gratitud

gratuity /grə'tuəti/ s (pl -ties) (formal) propina

grave /greɪv/ sustantivo & adjetivo
- s tumba
- adj grave, serio -a

gravel /'grævəl/ s grava

gravestone /'greɪvstoʊn/ s lápida

graveyard /'greɪvjɑrd/ s cementerio

gravity /'grævəti/ s **1** (fuerza) gravedad **2** (formal) (seriedad) gravedad

gravy /'greɪvi/ s salsa hecha con el jugo que suelta la carne al asarse

gray, también **grey** BrE /greɪ/ adjetivo & sustantivo
- adj **1** gris ▶ ver "Active Box" **colors** en **color 2 gray hairs** canas | **to go gray** ponerse canoso -a **3** gris [tiempo, día]
- s gris ▶ ver "Active Box" **colors** en **color**

graze /greɪz/ verbo & sustantivo
- v **1** [intr] pastar **2** [tr] rasparse: *He grazed his elbow on the wall.* Se raspó el codo con la pared. **3** [tr] rozar
- s raspada, rasguño

grease /gris/ sustantivo & verbo
- s grasa
- v [tr] **1** engrasar **2** enmantequillar, untar con aceite

greasy /'grisi/ adj (-sier, -siest) grasoso -a, graso -a

great /greɪt/ adj **1** (informal) chido -a, genial: *It was great to see him again.* Estuvo chido volver a verlo. | **to feel great** sentirse muy bien | **to have a great time** pasarla chido/genial **2** (informal) genial: *"The car won't start." "Oh, great!"* –No arranca el auto. –¡Genial! **3** gran, grande: *We're great friends.* Somos grandes amigas. | *He's not a great talker.* No es un gran platicador. **4 a great big house/car/dog etc.** una casa/un carro/un perro etc. enorme **5** gran, grande: *the great civilizations of the past* las grandes civilizaciones del pasado ▶ ver también **deal**

great-'grandaughter s bisnieta

great-'grandfather s bisabuelo

great-'grandmother s bisabuela

great-'grandson s bisnieto

greatly /'greɪtli/ adv muy, enormemente: *I was greatly impressed by their efficiency.* Quedé muy impresionada por su eficiencia.

Greece /gris/ s Grecia

greed /grid/ s **1** gula **2** codicia, ambición

greedily /'gridəli/ adv **1** vorazmente **2** con glotonería, con avidez

greedy /'gridi/ adj (-dier, -diest) **1** glotón -ona, tragón -ona **2** ambicioso -a, codicioso -a | **to be greedy for sth** tener avidez de algo

Greek /grik/ adjetivo & sustantivo
- adj griego -a
- s **1** griego -a **2** (idioma) griego

green /grin/ adjetivo, sustantivo, & sustantivo plural
- adj **1** (referido al color) verde: *The traffic lights are green.* El semáforo está en verde.

▶ ver "Active Box" **colors** en **color 2** (con vegetación) verde: *the green areas of the city* los espacios verdes de la ciudad **3** (no maduro) verde **4** sin experiencia **5** ecologista, verde
- s **1** verde ▶ ver "Active Box" **colors** en **color 2** (también **village green**) espacio verde en medio de un pueblo **3** green [en golf]
- **greens** s pl verduras (de hoja verde)

'green belt s cinturón ecológico [zona verde alrededor de una ciudad donde la edificación está estrictamente controlada]

green 'card s documento que permite a un extranjero residir y trabajar en EU

greenery /'grinəri/ s follaje

greengrocer /'gringroʊsər/ s **1** verdulero -a **2** BrE **greengrocer's** verdulería

greenhouse /'grinhaʊs/ s invernadero

'greenhouse ef,fect s efecto invernadero

greenhouse

green 'onion s AmE cebolla (de) cambray

greet /grit/ v [tr] **1** saludar **2 to be greeted with sth** ser recibido -a con algo: *The proposal was greeted with anger.* La propuesta fue recibida con enojo.

greeting /'gritɪŋ/ s saludo | **to return sb's greeting** devolverle el saludo a alguien

grenade /grə'neɪd/ s granada [arma]

grew /gru/ pasado de **grow**

grey BrE ▶ ver **gray**

greyhound /'greɪhaʊnd/ s galgo

grid /grɪd/ s **1** rejilla **2** cuadrícula **3** línea de salida, parrilla de salida

gridlock /'grɪdlɑk/ s paralización total del tránsito

grief /grif/ s dolor, pena

grievance /'grivəns/ s queja

grieve /griv/ v [intr] hacer el duelo | **to grieve for sb** llorar a alguien

grill /grɪl/ verbo & sustantivo
- v **1** [tr] asar [a la parrilla] **2** [tr] (informal) acribillar a preguntas
- s **1** parrilla **2 mixed grill** distintos tipos de carnes a la parrilla, servidos con tomates, hongos, salchichas, etc. **3** reja **4** BrE gratinador [en una estufa]

grille /grɪl/ s reja

grim /grɪm/ adj (-mmer, -mmest) **1** muy serio -a, adusto -a **2** muy malo -a, deprimente [noticias, perspectivas] **3** deprimente, lúgubre [lugar]

grimace /'grɪməs/ v [intr] hacer una mueca [de dolor o desagrado]

grime /graɪm/ s mugre

grimy /'graɪmi/ adj (-mier, -miest) mugriento -a, mugroso -a

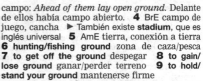

grow

grin /grɪn/ *verbo & sustantivo*
- **v** [intr] (-nned, -nning)
1 sonreír [de oreja a oreja o burlonamente] | **to grin at sb** sonreírle a alguien **2 to grin and bear it** ponerle buena cara y aguantar
- **s** sonrisa [burlona o de oreja a oreja]

grind /graɪnd/ *v* (pasado & participio **ground**)
1 [tr] moler [café, pimienta, etc.] **2** [tr] AmE moler [carne]
3 to grind your teeth hacer rechinar los dientes

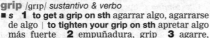

grinning

grip /grɪp/ *sustantivo & verbo*
- **s 1 to get a grip on sth** agarrar algo, agarrarse de algo | **to tighten your grip on sth** apretar algo más fuerte **2** empuñadura, grip **3** agarre, adherencia [de una llanta]
- **v** (-pped, -pping) **1** [tr] agarrar (fuerte), agarrarse (fuerte) de **2** [tr] agarrarse a, adherirse a [una superficie]

gripping /'grɪpɪŋ/ *adj* cautivante, absorbente

grit /grɪt/ *sustantivo & verbo*
- **s 1** grava **2** agallas
- **v** [tr] (-tted, -tting) **1 to grit your teeth** apretar los dientes **2** cubrir con grava [un camino]

groan /groʊn/ *verbo & sustantivo*
- **v** [intr] **1** gemir **2** refunfuñar, quejarse
- **s 1** gemido [de dolor] **2** gruñido, quejido

grocer /'groʊsər/ *s* tendero -a [dueño de una tienda de abarrotes]

grocery /'groʊsəri/ *sustantivo & sustantivo plural*
- **s** (pl -ries) **1** (también **grocery store** AmE) tienda de abarrotes **2 grocery cart** carrito [de supermercado]
- **groceries** *s pl* abarrotes

groin /grɔɪn/ *s* ingle

groom /grum/ *verbo & sustantivo*
- **v** [tr] cepillar [a un caballo]
- **s 1** novio [en una boda] **2** mozo -a de cuadra, cuidador -a de caballos

groove /gruv/ *s* surco, ranura

grope /groʊp/ *v* [intr] andar a tientas | **to grope for sth** buscar algo a tientas

gross /groʊs/ *adj* **1 gross profit/weight** ganancia bruta/peso bruto **2 gross injustice** grave injusticia **3** (informal) asqueroso -a, repugnante **4** obeso -a

grossly /'groʊsli/ *adv* exageradamente

ground¹ /graʊnd/ *sustantivo, sustantivo plural, verbo & adjetivo*
- **s 1** suelo: *We sat on the ground.* Nos sentamos en el suelo. | *We work long hours below ground.* Trabajamos muchas horas bajo tierra.
▶ ¿**GROUND** o **FLOOR**? ver **suelo 2** terreno, suelo: *stony ground* terreno pedregoso **3** terreno,

campo: *Ahead of them lay open ground.* Delante de ellos había campo abierto. **4** BrE campo de juego, cancha ▶ También existe **stadium**, que es inglés universal **5** AmE tierra, conexión a tierra **6 hunting/fishing ground** zona de caza/pesca **7 to get off the ground** despegar **8 to gain/lose ground** ganar/perder terreno **9 to hold/stand your ground** mantenerse firme
- **grounds** *s pl* **1** terreno [alrededor de una casa, un hospital, etc.] **2 grounds for sth** motivos para algo
- **v** [tr] **1** dejar en tierra [un avión] **2** (informal) **to ground sb** castigar a alguien no dejándolo salir: *You're grounded for a week.* No puedes salir por una semana.
- **adj** molido -a

ground² pasado & participio de **grind**

ground 'beef *s* AmE carne molida

ground 'floor *s* planta baja | **on the ground floor** en la planta baja ▶ ver recuadro en **floor**

grounding /'graʊndɪŋ/ *s* **a grounding in mathematics/chemistry etc.** conocimientos básicos de matemáticas/química etc.

groundless /'graʊndləs/ *adj* infundado -a

group /grup/ *sustantivo & verbo*
- **s 1** grupo, agrupación **2** grupo: *a pop group* un grupo de música pop
- **v 1** [tr] agrupar: *The stones can be grouped into four categories.* Las piedras se pueden agrupar en cuatro categorías. | **to group sth/sb together** agrupar algo/a alguien **2** [intr] agruparse, formar un grupo

grove /groʊv/ *s* bosquecillo, huerta

grovel /'grɑvəl/ *v* [intr] (-led, -ling AmE, -lled, -lling BrE) humillarse | **to grovel to sb** postrarse ante alguien

grow /groʊ/ *v* (pasado **grew**, participio **grown**) **1** [intr] crecer: *Hasn't she grown!* ¡Cómo ha crecido!/¡Qué grande está! | *He's grown two centimeters.* Ha crecido dos centímetros. **2** [tr] cultivar: *They grow their own vegetables.* Cultivan sus propias verduras. **3** [tr] **to grow a beard** dejarse (crecer) la barba **4** [intr] crecer, aumentar | **to grow in strength** ganar fuerza | *her music/this sport etc. is growing in popularity* crece la popularidad de su música/este deporte etc. **5** [intr] Seguido de algunos adjetivos, **to grow** indica un cambio de estado que en español se suele expresar con verbos pronominales o intransitivos | **to grow old** envejecer | **to grow impatient** impacientarse | **to grow tired** cansarse: *She grew tired of waiting.* Se cansó de esperar.

grow into sth convertirse en algo

grow on sb llegar a gustarle a alguien (con el tiempo)

grow out of sth quedarle pequeña una prenda a alguien porque ha crecido: *He'll grow out of that coat in no time.* Ese abrigo le va a quedar pequeño enseguida.

grow up 1 crecer [hacerse mayor] | **when**

ℹ ¿Quieres más información sobre los **verbos modales**? Hay una explicación en el apartado de gramática.

I/you etc. **grow up** cuando sea/seas etc. grande | **grow up!** ¡no seas infantil! **2** criarse: *I grew up on a farm.* Me crié en una granja.

growing /'groʊɪŋ/ *adj* **1** creciente, cada vez más | **a growing number** un número cada vez mayor **2 a growing boy/girl** un niño/una niña que está creciendo

growl /graʊl/ *verbo & sustantivo*
■ *v* [intr] gruñir [perro] | **to growl at sb** gruñirle a alguien
■ *s* gruñido [de perro]

grown[1] /groʊn/ *adj* **a grown man** un hombre hecho y derecho, un adulto

grown[2] participio de **grow**

,grown-'up *s & adj* adulto -a, mayor

growth /groʊθ/ *s* **1** crecimiento | **growth in/of sth** aumento/crecimiento de algo **2** crecimiento, desarrollo **3** tumor

grub /grʌb/ *s* **1** (informal) comida **2** larva

grubby /'grʌbi/ *adj* (-bier, -bbiest) mugriento -a

grudge /grʌdʒ/ *sustantivo & verbo*
■ *s* **to bear sb a grudge/to have a grudge against sb** guardarle rencor a alguien
■ *v* ▶ ver **begrudge**

grudgingly /'grʌdʒɪŋli/ *adv* de mala gana

gruesome /'grusəm/ *adj* espantoso -a, horripilante

gruff /grʌf/ *adj* brusco -a, antipático -a

grumble /'grʌmbəl/ *verbo & sustantivo*
■ *v* [intr] refunfuñar, rezongar | **to grumble about/at sth** refunfuñar/quejarse por algo
■ *s* queja

grumpy /'grʌmpi/ *adj* (-pier, -piest) gruñón -ona, de mal humor

grunt /grʌnt/ *verbo & sustantivo*
■ *v* [intr] gruñir
■ *s* gruñido

guarantee /gærən'ti/ *verbo & sustantivo*
■ *v* [tr] **1** garantizar, asegurar: *We guarantee to deliver the package before 10 o'clock.* Garantizamos la entrega del paquete antes de las 10. **2** garantizar [un producto]
■ *s* **1** garantía | **to be under guarantee** estar en garantía **2** (certeza) garantía

guard /gɑrd/ *sustantivo & verbo*
■ *s* **1** (vigilante) guardia **2 to be on guard** estar de guardia **3** (grupo) guardia | **under guard** custodiado -a por una guardia **4** protector **5 to be on your guard** estar alerta, tener cuidado **6 to catch sb off guard** agarrar desprevenido -a a alguien **7** BrE inspector -a (de tren), inspector -a (de boletos) ▶ En inglés americano se usa **conductor**
■ *v* [tr] custodiar, vigilar
guard against sth protegerse de algo, evitar algo

guarded /'gɑrdɪd/ *adj* cauteloso -a

guardian /'gɑrdiən/ *s* **1** tutor -a **2** guardián -ana

Guatemala /gwɑtə'mɑlə/ *s* Guatemala

Guatemalan /gwɑtə'mɑlən/ *adj & s* guatemalteco -a

guerrilla /gə'rɪlə/ *s* **1** guerrillero -a **2 guerrilla warfare** guerra de guerrillas

guess /ges/ *verbo & sustantivo*
■ *v* [tr/intr] (3ª pers sing -sses) **1** adivinar: *You have to guess the weight of the cake.* Tienes que adivinar el peso del pastel. | *I'd guess that he's about 50.* Diría que tiene alrededor de 50. | *You'll never guess who I've just seen.* A que no te imaginas a quién acabo de ver. | **guess what!** ¡adivina qué!: *Guess what! Jane's getting married!* ¡Adivina qué! ¡Se casa Jane! | **to guess right** adivinar, acertar | **to guess wrong** equivocarse **2** suponer, imaginarse: *I guess she didn't feel like coming.* Supongo que no tenía ganas de venir. | **I guess so/not** supongo que sí/no, me imagino que sí/no
■ *s* (pl -sses) intento o acción de adivinar: *"Did you know that?" "No, it was a guess."* –¿Lo sabías? –No, lo adiviné. | *I'll give you three guesses.* Te doy tres oportunidades para que adivines. | **At a guess, I'd say he's about 25.** Yo diría que tiene alrededor de 25. | **to take/make a guess** tratar de adivinar

guest /gest/ *s* **1** (a una casa) invitado -a **2** huésped **3** (en un programa) invitado -a

guesthouse /'gesthaʊs/ *s* **1** casa de huéspedes **2** AmE casa pequeña en el terreno de una más grande, para alojar invitados

guidance /'gaɪdns/ *s* orientación | **guidance on sth** orientación sobre algo

guide /gaɪd/ *sustantivo & verbo*
■ *s* **1** (en turismo) guía **2** (también **guidebook**) guía **3 (Girl) Guide** BrE (niña/muchacha) scout ▶ También existe **Girl Scout**, que es inglés universal
■ *v* [tr] **1** guiar, llevar | **a guided tour** una visita guiada **2** guiar, orientar

guidebook /'gaɪdbʊk/ *s* guía [libro]

guideline /'gaɪdlaɪn/ *s* pauta, directriz

guilt /gɪlt/ *s* **1** culpa **2** culpabilidad

guilty /'gɪlti/ *adj* (-tier, -tiest) **1** (con remordimientos) culpable | **to feel guilty about sth** sentirse culpable por algo **2** (de un delito) culpable | **to find sb guilty/not guilty of sth** declarar a alguien culpable/inocente de algo

guinea pig /'gɪni pɪg/ *s* conejillo de Indias, cobayo -a

guitar /gɪ'tɑr/ *s* guitarra

guitarist /gɪ'tɑrɪst/ *s* guitarrista

gulf /gʌlf/ *s* **1** golfo **2** brecha

gull /gʌl/ *s* gaviota

gullible /'gʌləbəl/ *adj* crédulo -a, incauto -a

gulp /gʌlp/ *v* **1** [tr] (también **gulp down**) tomarse de un trago **2** [intr] tragar saliva

gum /gʌm/ *s* **1** encía **2** chicle, goma de mascar

gun /gʌn/ *sustantivo & verbo*
- *s* arma (de fuego) ▶ **gun** también puede significar específicamente *revólver, rifle, escopeta*, etc.
- *v* (-nned, -nning) **gun sb down** balear a alguien

gunfire /'gʌnfaɪr/ *s* disparos

gunman /'gʌnmən/ *s* (pl -men) pistolero, hombre armado

gunpoint /'gʌnpɔɪnt/ *s* **at gunpoint** a punta de pistola

gunpowder /'gʌnpaʊdər/ *s* pólvora

gunshot /'gʌnʃɑt/ *s* **1** disparo **2 gunshot wound** herida de bala

gurgle /'gɜrgəl/ *v* [intr] **1** borbotear **2** gorjear [un bebé]

gush /gʌʃ/ *v* (3ª pers sing -shes) **to gush (out) from sth** salir a borbotones de algo

gust /gʌst/ *s* ráfaga

gut /gʌt/ *sustantivo, sustantivo plural & verbo*
- *s* **1** intestino **2 gut feeling** intuición **gut reaction** reacción instintiva
- **guts** *s pl* **1** (informal) agallas | **to have the guts**

to do sth tener agallas para hacer algo **2 to hate sb's guts** (informal) no poder ver a alguien ni en pintura **3** tripas
- *v* [tr] (-tted, -tting) **1** limpiar [un pescado] **2** destruir el interior de [un edificio] **3 to be gutted** BrE (informal) quedar destrozado -a

gutter /'gʌtər/ *s* **1** alcantarilla **2** canaleta

guy /gaɪ/ *s* **1** (informal) cuate, chavo: *a really nice guy* un cuate muy simpático **2 guys** se usa en lenguaje coloquial para dirigirse a un grupo de personas: *I'll see you guys later.* Los veo más tarde.

guzzle /'gʌzəl/ *v* [tr] (informal) **1** chupar [bebida] **2** gastar mucho [combustible]

gym /dʒɪm/ *s* gimnasio

gymnasium /dʒɪm'neɪziəm/ *s* (pl -nasiums o -nasia /-ziə/) gimnasio

gymnastics /dʒɪm'næstɪks/ *s* gimnasia

gynecologist AmE, **gynaecologist** BrE /gaɪnə'kɑlədʒɪst/ *s* ginecólogo -a

gypsy, también **gipsy** /'dʒɪpsi/ *s* (pl -sies) gitano -a

H, h /eɪtʃ/ s H, h ▸ ver "Active Box" **letters** en **letter**

ha /hɑ/ *interj* ¡ajá!

habit /'hæbɪt/ s **1** costumbre **2** to be in the habit of doing sth tener la costumbre de hacer algo **3** to get into/in the habit of doing sth acostumbrarse a hacer algo **4** out of habit/ from habit por costumbre **5** costumbre, vicio | to break/kick the habit dejar el vicio

habitat /'hæbətæt/ s hábitat

habitual /həˈbɪtʃuəl/ *adj* habitual

hack /hæk/ v [tr/intr] **1** cortar o descuartizar (algo) a cuchilladas, machetazos, etc. **2** (también **hack into**) hackear

hacksaw /'hæksɔ/ s sierra [para metales]

had /həd, acentuado hæd/ pasado & participio de **have**

hadn't /'hædnt/ contracción de **had not**

hag /hæg/ s vieja fea o desagradable

haggard /'hægərd/ *adj* demacrado -a

haggle /'hægəl/ v [intr] to haggle over the price of sth regatear el precio de algo

hah /hɑ/ *interj* ¡ajá!

ha 'ha! *interj* ¡ja, ja!

hail /heɪl/ *verbo & sustantivo*
- v **1** to hail a taxi/a cab parar un taxi, hacerle la parada a un taxi **2** [intr] granizar
  hail sb/sth as sth aclamar algo/a alguien como algo: *He was hailed as a hero.* Fue aclamado como un héroe.
- s **1** granizo **2** a hail of bullets/stones etc. una lluvia de balas/piedras etc.

hailstorm /'heɪlstɔrm/ s granizada

hair /her/ s **1** pelo, cabello: *She brushed her hair.* Se cepilló el pelo. | *He has short, dark hair.* Es moreno de pelo corto. **2** (en piernas, axilas, etc.) vello **3** (de un animal) pelo **4** dark-haired de cabello/pelo oscuro | short-haired de cabello/pelo corto ▸ ver también **fair-haired 5** to let your hair down (informal) relajarse

hairbrush /'herbrʌʃ/ s (pl -shes) cepillo (para el pelo)

haircut /'herkʌt/ s corte de cabello, corte de pelo | to have/get a haircut cortarse el cabello/el pelo

hairdo /'herdu/ s (informal) peinado

hairdresser /'herdresər/ s **1** peluquero -a **2** hairdresser's BrE peluquería

hairdryer /'herdraɪər/ s secadora (de cabello), secadora (de pelo)

hairpin /'herpɪn/ s pasador, horquilla

'hair-raising *adj* espeluznante

hairstyle /'herstaɪl/ s peinado

hairy /'heri/ *adj* (-rier, -riest) **1** peludo -a, velludo -a **2** (informal) espeluznante

half /hæf/ *sustantivo, adjetivo & adverbio*
- s (pl halves /hævz/) **1** mitad: *He spent half of the money on candy.* Se gastó la mitad del dinero en golosinas. | in half por la mitad: *She cut the apple in half.* Cortó la manzana por la mitad. | one/two etc. and a half uno/dos etc. y medio: *My son is two and a half.* Mi hijo tiene dos años y medio. | to cut/reduce sth by half reducir algo a la mitad
  2 half past one/two etc. la una/las dos etc. y media: *at half past three* a las tres y media
  3 (en deportes) the first/second half el primer/ segundo tiempo
- *adj* medio -a | half a mile/half a second/half an hour etc. media milla/medio segundo/media hora etc.: *He won by half a meter.* Ganó por medio metro. | half the population/half the books etc. la mitad de la población/de los libros etc.: *She only ate half her dinner.* Sólo comió la mitad de la comida.
- *adv* de algún modo: *I half expected her to shout at me.* De algún modo pensé que me iba a gritar. | half-full/half-empty medio lleno -a/medio vacío -a | half-open/half-closed entreabierto -a/entre-cerrado -a

halfbrother /'hæfbrʌðər/ s medio hermano

,half-'hearted *adj* no muy entusiasta

halfsister /'hæfsɪstər/ s media hermana

,half 'term s

> Así se les llama en Gran Bretaña a las vacaciones escolares, generalmente de una semana, que hay a mitad de cada trimestre.

halftime /'hæftaɪm/ s medio tiempo

halfway /hæfˈweɪ/ *adverbio & adjetivo*
- *adv* halfway between a mitad de camino entre | halfway up the stairs/through the season etc. a mitad de la escalera/la temporada etc.
- *adj* the halfway mark la mitad [del recorrido]

hall /hɔl/ s **1** vestíbulo **2** pasillo, corredor **3** salón [para actos, conciertos, etc.] **4** hall of residence residencia estudiantil [en una universidad]

hallo /həˈloʊ/ BrE ▸ ver **hello**

Halloween /hæləˈwin/ s

> Así se le llama a la noche del 31 de octubre, víspera del día de Todos los Santos. La tradición de que los niños se disfracen de brujas, fantasmas, etc. y salgan a hacer correrías se inició en EU y se extendió luego a otros países

hallucinate /həˈlusəneɪt/ v [intr] alucinar

hallucination /həˌlusəˈneɪʃən/ s alucinación

hallway /'hɔlweɪ/ *s* vestíbulo, hall

halo /'heɪloʊ/ *s* (pl -los o loes) aureola

halt /hɔlt/ *verbo & sustantivo*
■ *v* (formal) **1** [tr] detener, interrumpir **2** [intr] detenerse, interrumpirse
■ *s* **1 to come/grind to a halt** detenerse **2 to bring sth to a halt** detener/interrumpir algo

halve /hæv/ *v* [tr] **1** reducir a la mitad **2** partir en dos

halves plural de **half**

ham /hæm/ *s* jamón

hamburger /'hæmbɔrgər/ *s* **1** hamburguesa **2** AmE carne molida

hammer /'hæmər/ *sustantivo & verbo*
■ *s* martillo
■ *v* **1** [intr] martillar **2** [tr] clavar [un clavo]

hammock /'hæmək/ *s* hamaca

hamper /'hæmpər/ *verbo & sustantivo*
■ *v* [tr] obstaculizar
■ *s* canasta [navideña, de picnic]

hamster /'hæmstər/ *s* hámster

hand /hænd/ *sustantivo & verbo*
■ *s* **1** mano: *Go and wash your hands, please.* Ve a lavarte las manos, por favor. | **to hold hands** estar tomados -as de la mano, tomarse de la mano: *They held hands through the entire movie.* Estuvieron tomados de la mano durante toda la película. | **to hold sb's hand** darle la mano a alguien: *I held his hand and we crossed the street.* Le di la mano y cruzamos la calle. | **hands off!** ¡no toques!
2 ▶ ver también **left-handed, right-handed**
3 on hand/to hand a la mano [cerca] | **(near/close) at hand** (bien) a la mano
4 by hand a mano | **to deliver sth by hand** entregar algo personalmente/en mano
5 to give/lend sb a hand echarle una mano a alguien | **to need a hand** necesitar ayuda
6 in sb's hands/in the hands of sb en manos de alguien
7 to get/lay your hands on sth conseguir/encontrar algo, echarle el guante a algo
8 the situation/problem got out of hand la situación/el problema se me/le etc. salió de las manos
9 hand in hand de la mano
10 on the one hand... on the other hand... por un lado... por el otro...
11 to have your hands full estar muy ocupado -a
12 manecilla [del reloj]
13 mano [de naipes]
■ *v* **to hand sb sth/to hand sth to sb** pasarle algo a alguien, darle algo a alguien
hand sth around ofrecer algo, repartir algo
hand sth in 1 entregar algo [la tarea, una solicitud, etc.]: *I have to hand this essay in tomorrow.* Tengo que entregar esta redacción mañana. **2 to hand in your resignation** presentar la renuncia

hand sth out repartir algo
hand sth/sb over entregar algo/a alguien

handbag /'hændbæg/ *s* bolsa [de mujer]

handbook /'hændbʊk/ *s* manual

handbrake /'hændbreɪk/ *s* BrE freno de mano, freno de emergencia

handcuffs /'hændkʌfs/ *s pl* esposas

handful /'hændful/ *s* **1** puñado **2 a handful of people/cars etc.** unas pocas personas/unos pocos coches etc.

handicap /'hændikæp/ *s* **1** minusvalía, discapacidad **2** desventaja

handicapped /'hændikæpt/ *adj* **to be mentally/physically handicapped** ser discapacitado -a [físico, mental], ser minusválido -a ▶ Algunas personas consideran que el término **handicapped** es ofensivo y prefieren usar **to have learning difficulties** en lugar de **to be mentally handicapped** y **to have a disability** en lugar de **to be physically handicapped**

handkerchief /'hæŋkərtʃɪf/ *s* pañuelo [de mano]

handle /'hændl/ *verbo & sustantivo*
■ *v* [tr] **1** encargarse de, ocuparse de: *My assistant will handle the travel arrangements.* Mi asistente se encargará de los detalles del viaje. **2** soportar **3** tocar, manipular **4 to handle sth well/badly** manejar algo bien/mal
■ *s* **1** (también **door handle**) picaporte **2** (de una taza) asa **3** (de una sartén, una cacerola) mango **4** (de una maleta, una bolsa) asa **5** (de un cuchillo, un destornillador) mango

handlebars /'hændlbɑrz/ *s pl* manubrio

handmade /hænd'meɪd/ *adj* hecho -a a mano

handout /'hændaʊt/ *s* **1** notas [que se distribuyen en una clase, plática, etc.] **2** limosna

handshake /'hændʃeɪk/ *s* apretón de manos

handsome /'hænsəm/ *adj* **1** guapo, buen mozo **2 to make a handsome profit** obtener una importante ganancia

'hands-on *adj* **hands-on training** capacitación práctica

handwriting /'hændraɪtɪŋ/ *s* letra [forma en que alguien escribe]

handy /'hændi/ *adj* (-dier, -diest) **1** útil | **to come in handy** venir bien **2** (informal) **to have sth handy** tener algo a (la) mano

hang¹ /hæŋ/ *verbo & sustantivo*
■ *v* (pasado & participio hung) **1** [tr] colgar: *Hang your coat on the hook.* Cuelga el abrigo del gancho. **2** [intr] colgar, estar colgado -a **3** [intr] caer [tela, pelo] **4** [intr] flotar [niebla, olor, etc.] **5 to hang your head** agachar la cabeza
hang around (informal) **1** estar en un lugar sin hacer nada concreto: *They just hang around the mall all day.* Andan todo el día dando vueltas por el centro comercial. **2** quedarse esperando **3 to hang around with sb** andar/juntarse con alguien
hang on 1 agarrarse (fuerte) **2 hang on!**

(informal) ¡espera (un momento)!
hang sth out tender algo [la ropa lavada]
hang up colgar, cortar [el teléfono] | **to hang up on sb** colgarle/cortarle a alguien | **to hang sth up** colgar algo [una prenda de ropa]
■ *s* **to get the hang of (doing) sth** (informal) agarrarle la onda a (hacer) algo

hang² *v* [tr] (pasado & participio *hanged*) ahorcar, colgar | **to hang yourself** ahorcarse

hanger /'hæŋər/ ► ver **coat hanger**

'hang ˌglider *s* ala delta

hangover /'hæŋouvər/ *s* cruda

'hang-up *s* (informal) complejo, trauma

hankie, también **hanky** /'hæŋki/ *s* (pl **-kies**) (informal) pañuelo, pañuelito [para la nariz]

happen /'hæpən/ *v* [intr] **1** pasar, ocurrir: *Something strange happened to me today.* Hoy me pasó algo raro. **2 to happen to do sth** (cuando algo ocurre por casualidad): *If you happen to see him, could you tell him?* Si por casualidad lo ves ¿podrías avisarle? **3 it so happens that/as it happens** da la casualidad de que

happening /'hæpənɪŋ/ *s* suceso, acontecimiento

happily /'hæpəli/ *adv* **1** alegremente, felizmente **2** por suerte **3** con gusto

happiness /'hæpinəs/ *s* felicidad

happy /'hæpi/ *adj* (**-pier**, **-ppiest**) **1** feliz: *a happy ending* un final feliz **2** alegre: *She's a happy little girl.* Es una niñita alegre. **3** contento -a: *She seems a lot happier.* Se la ve mucho más contenta. **4 to be happy to do sth** hacer algo con gusto

harass /həˈræs, ˈhærəs/ *v* [tr] (3ª pers sing **-sses**) acosar

harassment /həˈræsmənt, ˈhærəs-/ *s* acoso

harbor AmE, **harbour** BrE /'hɑrbər/ *sustantivo & verbo*
■ *s* puerto [o bahía resguardada que sirve de fondeadero]
■ *v* [tr] **1 to harbor suspicions/doubts** albergar sospechas/dudas | **to harbour a grudge** guardar rencor **2** dar refugio a [un delincuente, un fugitivo]

hard /hɑrd/ *adjetivo & adverbio*
■ *adj* **1** duro -a: *a hard surface* una superficie dura
2 difícil [pregunta, examen, etc.]: *It's hard for her to accept defeat.* Le cuesta darse por vencida.
3 hard work ver ejemplos: *I want to thank you all for your hard work.* Quiero agradecerles a todos su gran esfuerzo. | *It was hard work persuading him.* Me costó trabajo convencerlo.
4 (severo) duro -a [persona], crudo -a [invierno] | **to be hard on sb** ser duro -a con alguien
5 to give sb a hard time (informal) hacerle pasar un mal rato a alguien
6 hard cash dinero en efectivo, dinero contante y sonante
7 hard copy impresión [de un documento de computadora]

8 hard facts/evidence hechos concretos/pruebas fehacientes
■ *adv* **1 to work hard** trabajar mucho, trabajar duro | **to think hard** pensar mucho | **to rain hard** llover fuerte | **to try hard** esforzarse
2 to push/kick hard empujar/dar una patada con fuerza
3 to be hard up andar/estar mal de dinero

hardback /'hɑrdbæk/ *s* libro de pasta dura

hard-'boiled *adj* **hard-boiled egg** huevo duro

hard 'disk *s* disco duro

harden /'hɑrdn/ *v* **1** [intr] endurecerse **2** [tr] endurecer

hardly /'hɑrdli/ *adv* **1** apenas, casi no: *I hardly know him.* Apenas lo conozco./Casi no lo conozco. | **hardly anyone/anything** casi nadie/nada: *She'd eaten hardly anything.* No había comido casi nada. | **hardly ever** casi nunca: *She hardly ever goes out.* No sale casi nunca. **2** A veces **hardly** se usa en lugar de **not** para enfatizar una negación o darle tono irónico: *It's hardly an ideal situation.* No es precisamente una situación ideal.

hardship /'hɑrdʃɪp/ *s* privaciones, penurias

hard 'shoulder BrE *s* acotamiento [de una carretera] ► En inglés americano se usa **shoulder**

hard 'up *adj* (informal) corto -a de dinero ► ver también **hard**

hardware /'hɑrdwer/ *s* **1** artículos de ferretería **2** (en computación) hardware **3 hardware store** ferretería

hard-'working *adj* trabajador -a

hardy /'hɑrdi/ *adj* (**-dier**, **-diest**) fuerte, resistente

hare /her/ *s* liebre

harm /hɑrm/ *sustantivo & verbo*
■ *s* **1** mal, daño: *One glass of wine won't do you any harm.* Una copita de vino no te va a hacer mal. | *Luckily they came to no harm.* Por suerte no les pasó nada. | **to do sb harm** hacerle mal/daño a alguien **2 there's no harm in asking/trying etc.** con preguntar/intentar etc. no se pierde nada **3 I/he etc. didn't mean any harm** no lo hice/hizo etc. con mala intención
■ *v* [tr] **1** dañar, perjudicar **2** lastimar, hacerle daño a

harmful /'hɑrmfəl/ *adj* perjudicial, nocivo -a: *harmful to health* nocivo para la salud

harmless /'hɑrmləs/ *adj* **1** inofensivo -a [persona, animal] **2** inocuo -a [sustancia] **3** inocente [diversión, broma]

harmony /'hɑrməni/ *s* (pl **-nies**) armonía

harness /'hɑrnɪs/ *sustantivo & verbo*
■ *s* (pl **-sses**) arnés
■ *v* [tr] (3ª pers sing **-sses**) **1** ponerle el arnés a **2** aprovechar [la energía del sol, el viento, etc.]

harp /hɑrp/ *s* arpa

harsh /hɑrʃ/ adj **1** severo -a [castigo] **2** duro -a [persona, palabras, condiciones] **3** crudo -a [invierno] **4** fuerte, chillón -ona [color] **5** áspero -a [voz]

harshly /'hɑrʃli/ adv **1** con severidad **2** de manera cortante [hablar, contestar]

harvest /'hɑrvɪst/ sustantivo & verbo
■ s cosecha
■ v [tr] cosechar

has /həz, acentuado hæz/ 3ª pers sing de **have**

hasn't /'hæzənt/ contracción de **has not**

hassle /'hæsəl/ sustantivo & verbo
■ s (informal) lata, lío: *It's such a hassle not having a washing machine.* Es una lata estar sin lavadora. | *It's not worth the hassle.* No vale la pena molestarse.
■ v [tr] (informal) fastidiar

haste /heɪst/ s prisa, apuro | **in haste** apresuradamente

hasten /'heɪsən/ v **1** [tr] acelerar, precipitar **2 to hasten to do sth** apresurarse a hacer algo

hastily /'heɪstəli/ adv **1** precipitadamente [obrar] **2** rápidamente [vestirse, comer, etc.]

hasty /'heɪsti/ adj (-stier, -stiest) **1** precipitado -a **2** rápido -a

hat /hæt/ s sombrero

hatch /hætʃ/ verbo & sustantivo
■ v (3ª pers sing -ches) **1** [intr] (también **hatch out**) salir del cascarón, nacer: *All the chicks have hatched now.* Todos los pollitos ya salieron del cascarón. **2** [intr] romperse [cascarón] **3 to hatch a plot/plan** tramar un complot/plan
■ s (pl **hatches**) **1** escotilla **2** ventanilla [entre la cocina y el comedor]

chicks hatching

hate /heɪt/ verbo & sustantivo
■ v [tr] **1** odiar, detestar: *She hates having her picture taken.* Odia que le saquen fotos. **2** (para pedir disculpas o expresar pena) **to hate to do sth:** *I hate to disappoint you, but it's been sold.* Lamento decepcionarlo, pero está vendido.
■ s **1** odio **2 my/his etc. pet hate** BrE lo que más detesto/detesta etc.

hateful /'heɪtfəl/ adj odioso -a, desagradable

hatred /'heɪtrəd/ s odio

haul /hɔl/ verbo & sustantivo
■ v [tr] mover algo pesado en determinada dirección: *I hauled myself into the saddle.* Me subí como pude a la montura.
■ s **1** botín **2** pesca [peces capturados] **3 a long haul** un largo camino

haunt /hɔnt/ verbo & sustantivo
■ v [tr] **1** rondar [fantasma] **2** perseguir, obsesionar [recuerdo, pensamiento, etc.]
■ s lugar frecuentado por alguien

haunted /'hɔntɪd/ adj embrujado -a [casa, castillo]

have¹ /hæv/ v [transitivo] ► ver recuadro en página 174

have² /həv, acentuado hæv/ v [auxiliar & modal] ► ver recuadro en página 174

haven /'heɪvən/ s refugio

haven't /'hævənt/ contracción de **have not**

havoc /'hævək/ s **to cause/wreak havoc** hacer estragos | **to play havoc with sth** desbaratar algo, hacer estragos con algo

hawk /hɔk/ s halcón

hay /heɪ/ s heno

'hay ,fever s fiebre del heno

hazard /'hæzərd/ s peligro, riesgo: *a health hazard* un peligro para la salud

hazardous /'hæzərdəs/ adj peligroso -a

haze /heɪz/ s **1** bruma, humo o partículas de polvo en el aire que dificultan la visión **2 a haze of dust/smoke etc.** una nube de polvo/humo etc.

hazel /'heɪzəl/ sustantivo & adjetivo
■ s avellano
■ adj (de color) avellana

hazelnut /'heɪzəlnʌt/ s avellana

hazy /'heɪzi/ adj (-zier, -ziest) **1** brumoso -a **2** vago -a [idea] **3** borroso -a [recuerdo]

he /hi/ pronombre & sustantivo
■ pron él ► Los pronombres de sujeto nunca se omiten en inglés: *He's my brother.* Es mi hermano.
■ s Se usa *it's a he* para especificar que un bebé es varón o que un animal es macho

head /hed/ sustantivo, sustantivo plural & verbo
■ s **1** cabeza: *I said the first thing that* **came into my head.** Dije lo primero que me vino a la cabeza. | **a head/per head** por cabeza: *$15 a head* $15 por cabeza | **from head to foot/toe** de la cabeza a los pies
2 jefe -a, director -a [de una organización]: *the head of the department* el jefe del departamento
3 cabecera [de una cama, una mesa]
4 BrE ► ver **head teacher**
5 cabeza [de una lista, una cola]
6 comienzo, cabeza [de una página]
7 to laugh/scream etc. your head off reírse/ gritar etc. como loco -a | **to get sth into your head** (informal) entender algo | **to be/go over your head** ser demasiado difícil de entender: *It was all way over my head.* Todo era demasiado difícil para mí nivel. | **to go to sb's head** subírsele a alguien a la cabeza [bebida alcohólica, éxito]
■ **heads** s pl cara [de una moneda]: *Heads or tails?* ¿Cara o cruz?/¿Águila o sol?
■ v **1 to head for/toward sth/sb** dirigirse a/hacia algo/alguien
2 to be heading for sth, también **to be headed**

have *verbo transitivo*

1 POSESIÓN (= tener)

They have a house in Acapulco. Tienen casa en Acapulco. | *He didn't **have** his passport with him.* No tenía el pasaporte.

También se usa **to have got**, sobre todo en inglés británico. **to have** y **to have got** significan lo mismo, pero forman el interrogativo y el negativo de manera diferente:

He has green eyes./*He's got green eyes.* Tiene (los) ojos verdes. | *He doesn't have time.*/*He hasn't got time.* No tiene tiempo. | *Do you have a computer?*/*Have you got a computer?* ¿Tienes computadora?

2 ACTIVIDADES, EXPERIENCIAS

Did you have a good vacation? ¿Pasaste bien las vacaciones? | *I had a quick shower.* Me di una ducha rápida. | *We're having a party.* Vamos a hacer una fiesta.

3 CONSUMIR

Have you had breakfast? ¿Has desayunado? | *I'll have the fish, please.* Para mí el pescado, por favor. | *Can I have a drink of water?* ¿Puedo tomar agua?

4 RECIBIR

Have you had any news from Michael? ¿Has tenido noticias de Michael? | *I had lots of phone calls.* Recibí muchas llamadas.

5 EXPRESIONES Y PHRASAL VERBS

to have sth done ver ejemplos: *I've had a dress made for the wedding.* Me mandé a hacer un vestido para la boda. | *Have you had your hair done?* ¿Has ido a la peluquería? | *She had her camera stolen.* Le robaron la cámara. | **to have had it** no dar más: *These jeans have had it.* Estos jeans no dan más. | **to have sth on/to have got sth on** tener puesto -a algo: *He had a black coat on.* Tenía puesto un abrigo negro. | **to have sth out**: *She had a tooth out.* Le sacaron una muela.

6 **have** también forma parte de muchas expresiones, como **to have a cold**, **to have a go**, etc. Éstas están tratadas bajo el sustantivo correspondiente

Hay un recuadro aparte para los usos de **have** como verbo auxiliar y modal

have *verbo auxiliar y verbo modal*

1 El auxiliar **to have** se usa seguido de un participio para formar los tiempos compuestos:

"Have you seen my keys?" "No, I haven't." –¿Has visto mis llaves? –No. | *He had lived there all his life.* Había vivido ahí toda su vida. | *You haven't told him, have you?* No le has contado ¿verdad?

2 El modal **to have** se usa en la estructura **to have to do sth** (*tener que hacer algo*):

I have to go and see my grandma. Tengo que ir a ver a mi abuela.

También se usa **to have got to do sth**, sobre todo en inglés británico. **to have** y **to have got** forman el negativo y el interrogativo de diferente manera:

Do we have to do this exercise?/*Have we got to do this exercise?* ¿Tenemos que hacer este ejercicio? | *We don't have to go.*/*We haven't got to go.* No hace falta que vayamos.

3 La construcción **to have just done sth** está tratada bajo la palabra **just**

Hay un recuadro aparte para los usos transitivos de **have**

headmaster /'hedmæstər/ s BrE director [de una escuela] ► En inglés americano se usa **principal**

headmistress /'hedmɪstrɪs/ s (pl -sses) BrE directora [de una escuela] ► En inglés americano se usa **principal**

,head 'office s oficina central

,head-'on *adverbio & adjetivo*
- *adv* de frente [chocar, atacar un problema]
- *adj* frontal [choque]

headphones /'hedfoʊnz/ s *pl* audífonos, auriculares

headquarters /'hedkwɔrtərz/, también **HQ** /,eɪtʃ 'kju/ s **1** oficina central, sede **2** cuartel general

,head 'start s ventaja | **to have a head start (over/on sb)** llevar(le) ventaja (a alguien)

,head 'teacher s BrE director -a [de escuela] ► En inglés americano se usa **principal**

headway /'hedweɪ/ s **to make headway** hacer progresos, avanzar

heal /hil/, también **heal up** v **1** [intr] curarse, cicatrizar **2** [tr] curar

health /helθ/ s **1** salud | **to be in good/poor health** estar bien/mal de salud **2 health center** centro médico **health club** gimnasio **health food** alimentos naturales

healthy /'helθi/ *adj* (-thier, -thiest) **1** sano -a, saludable [persona, dieta, comida] **2** robusto -a [empresa, organización, etc.] **3** sano -a [economía, cuentas, etc.]

---

for sth AmE ir rumbo a algo
3 [tr] (también **head up**) encabezar
4 [tr] cabecear [un balón]
headache /'hedeɪk/ s dolor de cabeza
heading /'hedɪŋ/ s título, encabezamiento [de un texto]
headlight /'hedlaɪt/, también **headlamp** /'hedlæmp/ BrE s faro (delantero) [de un vehículo]
headline /'hedlaɪn/ s **1** titular [en un periódico] **2** the **headlines** los títulos [en un noticiero]

he'll

heap /hip/ *sustantivo & verbo*
- *s* **1** pila **2 to collapse in a heap** desplomarse
- *v* [tr] **1** (también **heap up**) amontonar **2 to be heaped with sth** estar repleto -a de algo [plato, mesa, etc.]

hear /hɪr/ *v* (pasado & participio **heard**) **1** [tr/intr] oír, escuchar: *Can you hear that noise?* ¿Oyes ese ruido? | *I heard someone crying.* Oí llorar a alguien. **2** [tr] enterarse de: *I heard that she was sick.* Me enteré de que estaba enferma. | **to hear about/of sth** enterarse de algo **3 to hear a case** atender un caso [en tribunales]
hear from sb tener noticias de alguien
hear of sth/sb oír hablar de algo/alguien
hear sb out escuchar a alguien (hasta el final)

heard /hɜrd/ pasado & participio de **hear**

hearing /'hɪrɪŋ/ *s* **1** oído, audición **2** audiencia **3 to give sb a (fair) hearing** escuchar a alguien [dando explicaciones]

'hearing aid *s* audífono [para sordos]

hearse /hɜrs/ *s* coche fúnebre

heart /hɑrt/ *sustantivo & sustantivo plural*
- *s* **1** corazón **2 to break sb's heart (a)** romperle el corazón a alguien **(b)** partirle el alma a alguien **3** (centro) **in the heart of the country/city** en pleno campo/en el corazón de la ciudad **4 the heart of the matter/problem** el meollo del problema **5** corazón [de lechuga, alcachofa] **6 to know/learn sth by heart** saber(se)/aprender(se) algo de memoria **7 at heart/in your heart** en el fondo (de su alma) **8 my/his etc. heart sank** el corazón me/le etc. dio un vuelco **9 not to have the heart to do sth** no tener el valor para hacer algo **10 to take/lose heart** animarse/desanimarse
- **hearts** *s pl* corazones [palo de baraja]

'heart at,tack *s* ataque cardiaco

heartbeat /'hɑrtbit/ *s* latido [del corazón], pulso

heartbreaking /'hɑrtbreɪkɪŋ/ *adj* desgarrador -a, que parte el alma

heartbroken /'hɑrtbroʊkən/ *adj* desolado -a, acongojado -a

heartfelt /'hɑrtfelt/ *adj* sincero -a, de corazón

hearth /hɑrθ/ *s* hogar [de una chimenea]

heartily /'hɑrtl-i/ *adv* **1** abundantemente [comer] **2** alegremente [reír]

heartless /'hɑrtləs/ *adj* cruel

hearty /'hɑrti/ *adj* (-tier, -tiest) **1** abundante, sustancioso -a [comida] **2** caluroso -a [bienvenida] **3** sonoro -a [risa] **4** bullanguero -a

heat /hit/ *sustantivo & verbo*
- *s* **1** calor **2** temperatura **3** eliminatoria
- *v* **1** (también **heat up**) [tr] calentar, [intr] calentarse [referido a alimentos] **2** [tr] calentar [una casa]

heated /'hitɪd/ *adj* **1** climatizado -a **2** acalorado -a [debate, discusión]

heater /'hitər/ *s* **1** calefactor **2** calefacción [de un coche]

heath /hiθ/ *s* extensión de terreno cubierta de pasto y matorrales

heather /'heðər/ *s* brezo [arbusto pequeño con flores]

heating /'hitɪŋ/ *s* calefacción

'heat wave *s* ola de calor

heave /hiv/ *v* **1** [tr/intr] subir, empujar o jalar algo en determinada dirección haciendo mucha fuerza: *We heaved the sacks onto the truck.* Subimos los costales al camión. **2** [tr] arrojar con fuerza [algo pesado]

heaven /'hevən/ *s* **1** (también **Heaven**) cielo **2 for heaven's sake** por Dios **3 (good) heavens!** ¡Dios mío!

heavenly /'hevənli/ *adj* **1** celestial **2** (relativo al cielo) celeste **3** (informal) fantástico -a, maravilloso -a

heavily /'hevəli/ *adv* **1** mucho [llover, tomar]: *He drinks heavily.* Toma mucho. **2** muy [cargado, endeudado] **3** pesadamente

heavy /'hevi/ *adj* (-vier, -viest) **1** pesado -a: *This box is heavy.* Esta caja es pesada. | **how heavy is she/are you etc.?** ¿cuánto pesa/pesas etc.? **2** fuerte [lluvia, resfriado, multa] **3 heavy traffic** tráfico pesado **4 to be a heavy smoker/drinker** fumar/beber mucho

heavyweight /'heviweɪt/ *s* peso pesado

heckle /'hekəl/ *v* [tr] interrumpir, molestar [a un orador o un conferenciante con preguntas y comentarios agresivos]

hectare /'hekter/ *s* hectárea

hectic /'hektɪk/ *adj* agitado -a [vida, semana, etc.]

he'd /hid/
- contracción de **he had**
- contracción de **he would**

hedge /hedʒ/ *s* seto (vivo), cerco [de arbustos o árboles]

hedgehog /'hedʒhɑg/ *s* erizo

heel /hil/ *s* **1** talón **2** tacón [de un zapato] **3 to dig in your heels** mantenerse firme

hefty /'hefti/ *adj* (-tier, -tiest) (informal) **1** grandote -a [persona, objeto] **2** abultado -a [cuenta], fuerte [multa] **3** fuerte [puñetazo]

height /haɪt/ *s* **1** altura, estatura: *It is over 200 feet in height.* Tiene más de 200 pies de altura. **2 at the height of summer/the tourist season etc.** en pleno verano/en plena temporada turística etc. **3 to be the height of fashion** ser el último grito de la moda

heighten /'haɪtn/ *v* [tr] **1** aumentar, agudizar [la tensión] **2** acentuar [un efecto, una impresión]

heir /er/ *s* heredero -a | **the heir to sth** el heredero/la heredera de algo

heiress /'erɪs/ *s* (pl **-sses**) heredera [rica]

held /held/ pasado & participio de **hold**

helicopter /'helɪkɑptər/ *s* helicóptero

he'll /hil/ contracción de **he will**

---

i ¿Quieres información sobre las diferencias entre los **posesivos** en inglés y en español? Lee la explicación en el apartado de gramática.

hell /hel/ s **1** (también **Hell**) infierno **2 to be hell** (informal) ser un infierno: *The trip was absolute hell.* El viaje fue un verdadero infierno. **3 who/what/where etc. the hell?** (informal) ¿quién/qué/dónde diablos etc.? **4 a/one hell of a** (informal) (usado para enfatizar): *a hell of a lot of money* muchísimo dinero | *I had one hell of a time trying to get here.* Me costó muchísimo llegar aquí. **5 to run/work like hell** correr/ trabajar como loco -a | **to hurt like hell** doler muchísimo **6 (just) for the hell of it** (informal) porque sí (nomás) **7 all hell broke loose** (informal) se armó la bronca

hello /hə'lou/ interj **1** (al saludar) hola: *Hello, John. How are you?* Hola, John. ¿Cómo estás? | **to say hello to sb** saludar a alguien **2** (al contestar el teléfono) hola, bueno

helm /helm/ s timón

helmet /'helmət/ s casco

help /help/ verbo & sustantivo
■ v **1** [tr/intr] ayudar: *Can I help you?* ¿Lo puedo ayudar en algo? | *They helped me find somewhere to live.* Me ayudaron a encontrar un lugar para vivir.
2 help! ¡socorro!
3 to help yourself to rice/wine etc. servirse arroz/vino etc.: *Help yourselves to more salad.* Sírvanse más ensalada. | **help yourself** (como respuesta): *"Can I borrow this pencil?" "Help yourself."* –¿Me prestas este lápiz? –Ándale, tómalo.
4 I can't/couldn't help it (a) no puedo/no pude evitarlo **(b)** no es/no fue culpa mía | **I can't/couldn't help doing sth** no puedo/no pude evitar hacer algo: *I couldn't help overhearing what you said.* No pude evitar oír lo que decías.
help sb out echarle una mano a alguien
■ s **1** ayuda: *If I need any help, I'll let you know.* Si necesito ayuda, te aviso. | **to be a lot of help/a great help** ser de mucha/gran ayuda
2 with the help of sth con la ayuda de algo

helper /'helpər/ s ayudante, asistente

helpful /'helpfəl/ adj **1** útil: *I found her advice very helpful.* Sus consejos me resultaron muy útiles. **2** amable, servicial

helping /'helpɪŋ/ s porción: *an extra helping of carrots* una porción más de zanahoria | **to have second helpings** repetir: *It was so delicious we all had second helpings.* Estaba tan rico que todos repetimos. | **do you want second helpings?** ¿quieren repetir?, ¿quieren más?

helpless /'helpləs/ adj **1** indefenso -a **2** desvalido -a **3 to be helpless to do sth** ser incapaz de hacer algo

helpline /'helplaɪn/ s número de asistencia [de un servicio de atención al cliente o de asistencia comunitaria]

hem /hem/ s dobladillo, bastilla

hemisphere /'hemǝsfɪr/ s hemisferio

hen /hen/ s **1** gallina **2** hembra [de otras especies de ave]

hence /hens/ adv (formal) de ahí: *No sugar has been added, hence the sour taste.* No se le ha agregado azúcar, de ahí su sabor agrio.

her /hɜr/ adj & pron ► ver recuadro

herb /ɜrb/ s hierba [de uso culinario o medicinal]

herbal /'ɜrbəl/ adj de hierbas, a base de hierbas

herd /hɜrd/ sustantivo & verbo
■ s manada, hato
■ v [tr] **1** arrear **2 we were herded into a room/onto a bus etc.** nos metieron en un cuarto/un camión etc. como si fuéramos ganado

here /hɪr/ adv & interj ► ver recuadro

hereditary /hə'redəteri/ adj hereditario -a

heresy /'herəsi/ s (pl -sies) herejía

heretic /'herətɪk/ s hereje

heritage /'herətɪdʒ/ s patrimonio

hermit /'hɜrmɪt/ s ermitaño

hero /'hɪrou/ s (pl -roes) **1** héroe: *a war hero* un héroe de guerra **2** protagonista

heroic /hɪ'rouɪk/ adj heroico -a

heroin /'herouɪn/ s **1** heroína [droga] **2 heroin addict** heroinómano -a

heroine /'herouɪn/ s **1** protagonista **2** heroína [mujer valiente]

heroism /'herouɪzəm/ s heroísmo

heron /'herən/ s garza

herring /'herɪŋ/ s (pl herring o herrings) arenque

hers /hɜrz/ pron Como los pronombres posesivos ingleses no varían en género ni en número, **hers** puede equivaler a *(el) de ella, (la) de ella, (los) de ella, (las) de ella, (el) suyo, (la) suya,* etc.: *This is my coat. Hers is over there.* Éste es mi abrigo. El de ella está ahí. | *My parents are older than hers.* Mis padres son mayores que los suyos. | *We went with a friend of hers.* Fuimos con un amigo suyo.

herself /hər'self/ pron ► ver recuadro

he's /hiz/
■ contracción de **he is**
■ contracción de **he has**

hesitant /'hezətənt/ adj vacilante, inseguro -a | **to be hesitant about doing sth** dudar si hacer algo o no

hesitate /'hezəteɪt/ v [intr] **1** dudar, vacilar **2 to hesitate to do sth** dudar en hacer algo: *Don't hesitate to ask if you need anything.* No necesita algo, no dude en pedirlo.

hesitation /hezə'teɪʃən/ s vacilación | **without hesitation** sin dudar/vacilar | **to have no hesitation in doing sth** no tener ninguna duda en hacer algo

heterosexual /,hetərə'sekʃuəl/ adj & s heterosexual

hey! /heɪ/ interj ¡eh!: *Hey, look at this!* ¡Eh, miren esto!

heyday /'heɪdeɪ/ s **in its/her etc. heyday** en su apogeo, en su mejor época

hi /haɪ/ interj (informal) hola

her

▶ **ADJETIVO**

1 Puede equivaler a *su, sus* o *de ella*:

her car su coche | *her parents* sus padres | *This is her book, not yours.* Éste es el libro de ella, no el tuyo.

2 Los posesivos se usan en inglés en muchos contextos en los cuales usamos el artículo en español. Por ejemplo, delante de partes del cuerpo, pertenencias personales, etc.:

She broke her arm. Se rompió su brazo. | *She dropped her watch.* Se le cayó el reloj.

3 A veces *her* se usa como posesivo cuando se habla de autos, barcos o países:

America and her allies Estados Unidos y sus aliados

▶ **PRONOMBRE**

1 COMPLEMENTO DIRECTO (= la)

I saw her last night. La vi anoche.

2 COMPLEMENTO INDIRECTO (= le, se)

He told her to wait. Le dijo que esperara. | *I gave it to her.* Se lo di (a ella).

3 DESPUÉS DE PREPOSICIÓN

This is for her. Esto es para ella.

4 EN COMPARACIONES, CON EL VERBO TO BE (= ella)

He's not as smart as her. Él no es tan inteligente como ella. | *Is that her over there?* ¿Ésa de ahí es ella?

5 A veces **her** se usa para referirse a coches, barcos o países:

Fill her up, please. Llénelo, por favor.

hiccup, también **hiccough** /'hɪkʌp/ s **1** hipo | **to have the hiccups** tener hipo | **I got/you'll get etc. the hiccups** me dio/te va a dar etc. hipo **2** contratiempo

hid /hɪd/ pasado de **hide**

hidden¹ /'hɪdn/ adj oculto -a, escondido -a

hidden² participio de **hide**

hide /haɪd/ v (pasado hid, participio hidden) **1** [tr] esconder: *She hid the letter under a book.* Escondió la carta debajo de un libro. | **to hide sth from sb** esconder algo de alguien **2** [intr] esconderse: *I hid behind the curtains.* Me escondí detrás de las cortinas. **3** [tr] ocultar: *He couldn't hide his disappointment.* No pudo ocultar su desilusión.

hide-and-'seek s escondidas | **to play hide-and-seek** jugar a las escondidas

hideous /'hɪdiəs/ adj horrible, espantoso -a

hiding /'haɪdɪŋ/ s **1 to be in hiding** estar escondido -a | **to go into hiding** esconderse **2** (informal) **to give sb a hiding** darle una paliza a alguien | **to get a hiding** recibir una paliza

hierarchy /'haɪrɑrki/ s (pl -chies) jerarquía

hi-fi /haɪ 'faɪ/ s equipo de sonido, equipo de audio

here

▶ **ADVERBIO**

1 En la mayoría de los casos equivale a *aquí* o *acá*:

Is George here? ¿George está aquí? | *Come here!* ¡Ven aquí! | **around here** por aquí: *There aren't many stores around here.* No hay muchas tiendas por aquí.

2 Muchas veces se usa precedido de **over** sobre todo cuando hay cierta distancia entre el hablante y la persona con quien habla:

The kids are over here. Los niños están aquí.

3 Cuando la frase empieza por **here comes**, **here come**, **here is** o **here are** puede equivaler a *ahí* o *aquí*:

Here comes the train. Ahí viene el tren. | *Here he is now.* Aquí está.

Fíjate que cuando la oración empieza con **here** el sujeto va después del verbo, excepto cuando es un pronombre

4 Cuando se usa al ofrecer o entregar algo, equivale a *aquí*:

Here's the book you lent me. Aquí está el libro que me prestaste.

▶ **INTERJECCIÓN**

1 PARA OFRECER (= tome, toma)

Here, have my paper. Toma mi periódico.

2 PARA LLAMAR LA ATENCIÓN (= ¡ey!, ¡eh!)

Here, you! Give that back! ¡Ey! ¡Devuelvan eso!

herself

1 **herself** es la forma reflexiva de **she**. Su uso equivale en general al de los verbos reflexivos españoles o a oraciones con *sí misma*:

She's hurt herself. Se ha lastimado. | *She made herself a cup of coffee.* Se preparó un café. | *She is angry with herself.* Está enojada consigo misma. | *She was talking to herself.* Estaba hablando sola.

2 Tiene un uso enfático que equivale al de *ella misma*:

It's true. She told me herself. Es verdad. Me lo dijo ella misma.

3 La expresión **by herself** o **all by herself** significa *sola* (sin compañía o sin ayuda):

She lives by herself. Vive sola. | *Melanie did it all by herself.* Melanie lo hizo solita.

high /haɪ/ adjetivo, adverbio & sustantivo

■ adj **1** alto -a: *a very high fence* una cerca muy alta | *a ten-foot high wall* un muro de diez pies de alto | **to be 100/200 etc. meters high** medir 100/200 etc. metros de altura | **how high?** ¿qué tan alto?: *How high is Mount Everest?* ¿Qué tan alto es el Everest?/¿Cuál es la altura del Everest?

▶ ¿HIGH O TALL? ver recuadro en **alto**
2 (también **high up**) alto -a [techo, estante, etc.]
3 alto -a [presión, precio, etc.]: *Her blood pressure is very high.* Tiene la presión muy alta. | **to have a high temperature** tener mucha fiebre
4 to be high in fat/salt etc. tener un alto contenido de grasas/sal etc.
5 high season temporada alta
6 alto -a [nivel, calidad] | **to have a high opinion of sth/sb** tener una muy buena opinión de algo/alguien | **to have high hopes** tener grandes esperanzas | **to be in high spirits** estar de excelente humor
7 alto -a, agudo -a [sonido]
8 high winds vientos fuertes
9 to be high on sth (informal) haber tomado/fumado algo [una droga]
10 high tide/high water marea alta
■ *adv* **1** (a gran distancia del suelo) alto | **high above** arriba en lo alto
2 (a un nivel, valor elevado) alto
■ *s* **1** máximo: *Temperatures tomorrow will reach a high of seven degrees.* Mañana la temperatura alcanzará un máximo de siete grados.
2 (informal) viaje [por consumo de drogas]
3 to be on a high estar loco -a de contento -a

highbrow /'haɪbraʊ/ *adj* dirigido a un público de alto nivel cultural e intelectual

high-'class *adj* de primera (categoría)

High 'Court *s* tribunal de apelaciones en Inglaterra y Gales

higher edu'cation *s* educación superior

high 'heels *s pl* tacones, zapatos de tacón

high jump *s* salto de altura

highlands /'haɪləndz/ *s pl* tierras altas, altiplanicie

high-level *adj* de alto nivel

highlight /'haɪlaɪt/ *verbo, sustantivo & sustantivo plural*
■ *v* [tr] **1** destacar, llamar la atención sobre **2** marcar con resaltador/marcatextos **3** (en la computadora) seleccionar
■ *s* momento culminante
■ **highlights** *s pl* **1** rayitos, luces [en el pelo] **2** (de un partido) mejores jugadas

highlighter /'haɪlaɪtər/ *s* resaltador, marcatextos

highly /'haɪli/ *adv* **1** muy, altamente: *highly paid executives* ejecutivos muy bien pagados **2 to think highly of sb** tener muy buena opinión de alguien | **to speak highly of sb** hablar muy bien de alguien

Highness /'haɪnəs/ *s* (pl -sses) **His/Her/Your Highness** Su Alteza

high-'pitched *adj* agudo -a [sonido, voz]

high-'powered *adj* **1** muy potente, de gran potencia **2** poderoso -a

high-'pressure *adj* **1** muy estresante **2** de alta presión

high-rise *adj* **a high-rise building** un edificio de muchos pisos | **a high-rise apartment** un departamento [en un edificio de muchos pisos]

high school *s*

> En EU y Canadá un **high school** es un colegio secundario para alumnos de entre 14 y 18 años. En Gran Bretaña sólo se usa en los nombres de algunos colegios.

high-speed *adj* de/a alta velocidad

High Street *s* BrE

> Así se le llama a la calle principal de un barrio o un pueblo, donde se concentra la mayoría de los comercios. En Estados Unidos el equivalente es **Main Street**

high-tech, también **hi-tech** /haɪ 'tek/ *adj* de alta tecnología, moderno -a

highway /'haɪweɪ/ *s* AmE carretera, autopista

hijack /'haɪdʒæk/ *verbo & sustantivo*
■ *v* [tr] secuestrar [un avión, un barco, etc.]
■ *s* secuestro [de un avión, un barco, etc.]

hijacker /'haɪdʒækər/ *s* **1** secuestrador -a [de un autobús, tren, barco] **2** aeropirata, pirata (aéreo)

hike /haɪk/ *verbo & sustantivo*
■ *v* [intr] hacer caminatas | **to go hiking** ir/salir de caminata
■ *s* **1** caminata **2** (informal) gran aumento

hikers

hiker /'haɪkər/ *s* excursionista [que hace caminatas por el campo]

hilarious /hɪ'leriəs/ *adj* comiquísimo -a, graciosísimo -a

hill /hɪl/ *s* **1** colina, cerro **2** cuesta | **up/down the hill** cuesta arriba/abajo

hillside /'hɪlsaɪd/ *s* ladera

hilly /'hɪli/ *adj* (-llier, -lliest) accidentado -a, ondulado -a [con cerros, colinas, etc.]

hilt /hɪlt/ *s* empuñadura

him /hɪm/ *pron* **1** (como complemento directo) lo [referido a personas o animales]: *I congratulated him.* Lo felicité. **2** (como complemento indirecto) le, se: *She told him what had happened.* Le dijo lo que había pasado. | *I gave it to him.* Se lo di (a él). **3** (después de preposición, en comparaciones o tras el verbo "to be") él: *Are you going with him?* ¿Vas a ir con él? | *I'm younger than him.* Soy más joven que él. | *I don't think it's him.* Me parece que no es él.

himself /hɪm'self/ *pron* ▶ ver recuadro

hind /haɪnd/ *adj* **hind legs** patas traseras/de atrás

hinder /'hɪndər/ *v* [tr] entorpecer, dificultar

himself

1 himself es la forma reflexiva de **he.** Su uso equivale en general al de los verbos reflexivos españoles o a oraciones con *sí mismo*:

He enjoyed himself. Se divirtió. | *He looked at himself in the mirror.* Se miró en el espejo. | *He laughs at himself.* Se ríe de sí mismo. | *He was talking to himself.* Estaba hablando solo.

2 Tiene un uso enfático que equivale al de *él mismo*:

He can't even do it himself. Ni él mismo lo puede hacer.

3 La expresión **by himself** o **all by himself** significa *solo* (sin compañía o sin ayuda):

He came by himself. Vino solo. | *He can tie his shoes by himself.* Sabe amarrarse las agujetas solito.

hindrance /'hɪndrəns/ s obstáculo, escollo

hindsight /'haɪndsaɪt/ s **with (the benefit of) hindsight** en retrospectiva, a posteriori

Hindu /'hɪndu/ s & adj hindú

Hinduism /'hɪnduɪzəm/ s hinduismo

hinge /hɪndʒ/ *sustantivo & verbo*
- **s** bisagra
- **v hinge on sth** depender de algo

hint /hɪnt/ *sustantivo & verbo*
- **s 1** indirecta | **to drop a hint** soltar una indirecta | **to take a/the hint** darse por aludido -a, captar una indirecta **2** sugerencia: *helpful hints on buying a computer* sugerencias útiles a la hora de comprar una computadora **3** toque: *a hint of garlic* un toque de ajo **4** pista, indicio
- **v 1** [tr] insinuar, dar a entender **2 to hint at sth** insinuar algo, dar a entender algo

hip /hɪp/ s cadera

hippo /'hɪpoʊ/ s (pl -ppos) hipopótamo

hippopotamus /hɪpə'pɑtəməs/ s (pl -muses) hipopótamo

hire /haɪr/ *verbo & sustantivo*
- **v** [tr] **1** contratar [a una persona] **2** BrE alquilar [pagar para usar algo], rentar ▶ En inglés americano se usa **rent** | **hire sth out** BrE alquilar [dar en alquiler], rentar ▶ En inglés americano se usa **rent out**
- **s** BrE alquiler, renta ▶ En inglés americano se usa **rent** | **for hire** se alquila: *"Boats for hire."* "Se alquilan barcos."

his /hɪz/ *adj & pron* ▶ ver recuadro

Hispanic /hɪ'spænɪk/ *adjetivo & sustantivo*
- **adj 1** latino -a, hispano -a: *a Hispanic neighborhood in New York* un barrio latino en Nueva York **2** hispano -a **3 Hispanic Studies** carrera universitaria en la que se estudia la lengua y cultura de los países hispanohablantes y a veces también de los países de habla portuguesa
- **s** latino -a, hispano -a

his

▶ **ADJETIVO**

1 Puede equivaler a *su, sus* o de él:

his dog su perro | *his shirts* sus camisas | *This is his car, not yours.* Éste es el coche de él, no el tuyo.

2 Los posesivos se usan en inglés en muchos contextos en los cuales usamos el artículo en español. Por ejemplo, delante de partes del cuerpo, pertenencias personales, etc.:

He broke his leg. Se rompió la pierna. | *He forgot his umbrella.* Se le olvidó el paraguas.

▶ **PRONOMBRE**

Como los pronombres posesivos ingleses no varían en género ni en número, **his** puede equivaler a *(el) de él, (la) de él, (los) de él, (las) de él, (el) suyo, (la) suya*, etc.:

These keys must be his. Estas llaves deben ser de él. | *This isn't Tom's jacket. His is blue.* Éste no es el saco de Tom. El de él es azul. | *A friend of his painted this.* Un amigo suyo pintó esto.

hiss /hɪs/ *verbo & sustantivo*
- **v** (3ª pers sing **-sses**) **1** [intr] sisear una serpiente o emitir un sonido sibilante una máquina de vapor, un gato, etc. **2** [tr/intr] hacer un sonido sibilante en señal de desaprobación **3** [tr] decir entre dientes: *"Shut up!" she hissed.* –¡Cállate!– dijo entre dientes.
- **s** (pl **hisses**) **1** siseo de una serpiente o sonido sibilante emitido por una máquina de vapor, un gato, etc. **2** sonido sibilante que se hace en señal de desaprobación

historian /hɪ'stɔriən/ s historiador -a

historic /hɪ'stɔrɪk/ adj histórico -a: *a historic moment* un momento histórico

historical /hɪ'stɔrɪkəl/ adj histórico -a: *historical documents* documentos históricos

history /'hɪstəri/ s (pl -ries) **1** historia **2 to make history** hacer historia **3 to have a history of sth** tener un historial de algo

hit /hɪt/ *verbo & sustantivo*
- **v** [tr] (pasado & participio **hit**, gerundio **-tting**) **1** pegarle a: *Stop hitting her!* ¡Deja de pegarle! | **to hit sb over the head/on the nose etc.** pegarle a alguien en la cabeza/en la nariz etc. **2** darle a: *The stone hit me on the shoulder.* La piedra me dio en el hombro. **3** golpearse | **to hit sth on/against sth** golpearse algo con/contra algo: *I fell and hit my head on the table.* Me caí y me golpeé la cabeza con la mesa. **4** chocar contra: *The car hit a tree.* El carro chocó contra un árbol. **5** alcanzar: *Our ship was hit by a torpedo.* Nuestro barco fue alcanzado por un torpedo. | **to hit sb in the eye/on the arm etc.** darle a alguien en el ojo/en el brazo etc. [un proyectil]

6 golpear, castigar: *the areas worst hit by the drought* las zonas más golpeadas por la sequía
7 to hit it off (informal) simpatizar, congeniar
hit back devolver el golpe | **to hit back at sb** devolverle el golpe a alguien
hit on sb AmE (informal) **to hit on sb** tratar de ligarse a alguien **hit on sth to hit on an idea/a plan etc.** dar con una idea/un plan etc.
■ *s* **1** éxito, hit
2 impacto, golpe

hitch /hɪtʃ/ *verbo & sustantivo*
■ *v* (3ª pers sing **-ches**) **1** [intr] (también **hitch-hike**) irse de aventón: *I was planning to hitch to Los Angeles.* Pensaba irme hasta Los Ángeles de aventón. **2 I hitched a ride with him/them etc.** me dio/dieron etc. aventón: *We hitched a ride with a trucker as far as Madison.* Un camionero nos dio aventón hasta Madison.
■ *s* (pl **-ches**) problema: *a technical hitch* un problema técnico

hitchhiker /'hɪtʃhaɪkər/ *s* persona que pide aventón

hi-tech ▶ ver **high-tech**

HIV /eɪtʃ aɪ 'vi/ *s* (= **human immunodeficiency virus**) VIH, HIV | **to be HIV positive** ser VIH positivo -a

hive /haɪv/ *s* (también **beehive**) colmena

hoard /hɔrd/ *sustantivo & verbo*
■ *s* **1** tesoro **2** provisión [de comida]
■ *v* [tr] acopiar, almacenar

hoarding /'hɔrdɪŋ/ *s* BrE ▶ ver **billboard**

hoarse /hɔrs/ *adj* ronco -a

hoax /hoʊks/ *s* (pl **hoaxes**) engaño, farsa

hob /hɑb/ *s* BrE parrilla [con quemadores]

hobby /'hɑbi/ *s* (pl **-bbies**) hobby, pasatiempo

hockey /'hɑki/ *s* hockey ▶ Cuando no se especifica otra cosa, **hockey** significa hockey sobre hielo en inglés americano y hockey sobre césped en inglés británico

hoe /hoʊ/ *s* azadón

hog /hɑg/ *sustantivo & verbo*
■ *s* AmE cerdo, puerco
■ *v* [tr] (**-gged**, **-gging**) (informal) acaparar

hoist /hɔɪst/ *v* [tr] levantar, izar

hold /hoʊld/ *verbo & sustantivo*
■ *v* (pasado & participio **held**) **1** [tr] tener, sostener: *She was holding a knife in one hand.* Tenía un cuchillo en una mano. | *He held my books while I got the money out.* Me sostuvo los libros mientras yo sacaba el dinero.
2 to hold sb's hand tomar/agarrar a alguien de la mano | **to hold hands (with sb)** estar/ir de la mano (con alguien)
3 [tr] abrazar
4 [tr] agarrar: *Hold the rope tight.* Agarra fuerte la cuerda.
5 to hold a meeting/a party hacer una junta/una fiesta | **to hold elections/an election** celebrar elecciones

6 to hold a conversation mantener una conversación
7 [tr] tener capacidad para
8 [tr] guardar [información]
9 [tr] tener detenido -a a | **to hold sb prisoner/hostage** tener a alguien prisionero -a/de rehén
10 [tr] aguantar: *That branch won't hold his weight.* Esa rama no va a aguantar su peso.
11 to hold a post/job ocupar un puesto/un cargo
12 to hold the record for sth tener el récord de algo | **to hold a title** ostentar un título
13 [intr] seguir en pie: *What I said yesterday still holds.* Lo que dije ayer sigue en pie.
14 [intr] (en el teléfono) esperar | **to hold the line** no colgar: *Hold the line, please.* No cuelgue, por favor.
hold against to hold sth against sb echarle algo en cara a alguien, guardarle rencor a alguien por algo
hold sth back 1 contener algo **2 to hold back your laughter/tears etc.** aguantarse la risa/las lágrimas etc. **hold sb back 1** contener a alguien **2** frenar el desarrollo de alguien
hold sth down 1 sujetar algo **2** mantener algo [precios] **3 to hold down a job** mantener un trabajo **hold sb down** tener agarrado -a/detenido -a a alguien
hold on 1 agarrarse: *Hold on tight and don't let go.* Agárrate fuerte y no te sueltes. **2** esperar: *Hold on a minute.* Espérame un minuto. **3** mantenerse firme, aguantar
hold onto sth 1 agarrarse/estar agarrado -a de algo, detenerse de algo **2** guardar/conservar algo **hold onto sb** agarrarse/estar agarrado -a de alguien, detenerse de alguien
hold out 1 resistir, mantenerse firme **2** durar [provisiones, suministro]
hold sth up 1 levantar algo **2** retrasar algo **hold up sth to hold up a bank/a store etc.** asaltar un banco/una tienda etc. **hold sb up** demorar a alguien
■ *s* **1 to tighten/loosen your hold on sth** apretar más/soltar algo: *He tightened his hold on my arm.* Me apretó más el brazo. | **to take hold of sth** agarrar algo | **to keep hold of sth** no soltar algo
2 to get hold of sth conseguir algo: *Do you know where I can get hold of a secondhand piano?* ¿Sabes dónde puedo conseguir un piano usado? | **to get hold of sb** ubicar a alguien, conseguir a alguien | **to have a hold on/over sb** tener control sobre alguien
3 bodega [de un barco]

holdall /'hoʊldɔl/ *s* bolso

holder /'hoʊldər/ *s* titular, poseedor -a: *the name of the account holder* el nombre del titular de la cuenta/del cuentahabiente | *the world record holder* el poseedor del récord mundial | *holders of EU passports* las personas que poseen pasaportes de la UE

'**hold-up** s **1** embotellamiento, atasco **2** demora **3** asalto, atraco

hole /hoʊl/ s **1** agujero, hueco **2** hoyo, bache **3** (en golf) hoyo **4** (de un zorro, un oso, etc.) madriguera, (de un conejo) conejera, (de un ratón) ratonera **5** (informal) lugar de mala muerte, cuchitril

holiday /'hɑlədeɪ/ s **1** día festivo, feriado | **public holiday** feriado nacional ► ver también **bank holiday 2** BrE vacaciones: *We are going to Italy for our holidays.* Nos vamos a Italia de vacaciones. | **to be/go on holiday** vacacionar, estar/ir(se) de vacaciones ► En inglés americano se usa **vacation**

holidaymaker /'hɑlədeɪˌmeɪkər/ BrE ► ver **vacationer**

Holland /'hɑlənd/ s Holanda

hollow /'hɑloʊ/ adjetivo & sustantivo
- **adj 1** hueco -a **2 hollow words** palabras huecas | **hollow promises** promesas falsas
- **s** depresión [del terreno]

holly /'hɑli/ s acebo [planta con bayas rojas usada en decoraciones navideñas]

holocaust /'hɑləkɔst/ s holocausto

holy /'hoʊli/ adj (-lier, -liest) **1** santo -a, sagrado -a | **holy water** agua bendita **2** piadoso -a

homage /'hɑmɪdʒ/ s homenaje

home /hoʊm/ sustantivo, adverbio & adjetivo
- **s 1** (lugar donde uno vive) hogar, casa: *Most accidents happen in the home.* La mayoría de los accidentes suceden en el hogar. | **at home** en (su) casa: *He stayed at home and watched TV.* Se quedó en su casa a mirar la tele. | **to leave home (a)** salir de casa **(b)** irse de la casa de sus padres
2 to be/feel at home sentirse como en casa, sentirse a gusto | **to make yourself at home** ponerse cómodo -a
3 (en deportes) **to play/win/lose at home** jugar/ganar/perder en casa
4 país, ciudad, pueblo,etc. de donde uno es: *He misses his friends back at home.* Extraña a los amigos de su país/pueblo etc.
5 (propiedad) vivienda, casa: *affordable homes* viviendas a precios asequibles
6 (institución) casa hogar, hogar: *a retirement home* una casa hogar de ancianos
7 home address dirección particular **home comforts** s pl comodidades **home cooking** comida casera **home movies** s pl videos caseros
- **adv** a casa | **to get/go home** llegar/ir a casa | **to be home** estar [en su casa]: *Is Lee home?* ¿Está Lee?
- **adj 1 home town/country** ciudad/país natal **2** familiar, doméstico -a: *a happy home life* una vida familiar feliz
3 nacional: *the home market* el mercado nacional **4** de casa, local: *the home team* el equipo de casa

homeland /'hoʊmlænd/ s patria, tierra natal

homeless /'hoʊmləs/ adj sin hogar, sin techo | **the homeless** las personas sin hogar

homely /'hoʊmli/ adj (-lier, -liest) **1** AmE medio feo -a, feúcho -a **2** BrE ► ver **homey**

homemade /hoʊm'meɪd/ adj casero -a, hecho -a en casa

'**home page** s **1** página de inicio, página inicial **2** sitio (web)

,**home 'run** s jonrón, cuadrangular

homesick /'hoʊmsɪk/ adj **to be/feel homesick** extrañar [la casa, el país natal, etc.]: *He was homesick for Quito.* Extrañaba Quito.

homeward /'hoʊmwərd/ adjetivo & adverbio
- **adj the homeward journey** el viaje a casa
- **adv** (también **homewards** /'hoʊmwədz/ BrE) rumbo a casa

homework /'hoʊmwɜrk/ s tarea, deberes [de la escuela]

homey /'hoʊmi/ adj AmE (con calor) de hogar, familiar

homicide /'hɑməsaɪd/ s homicidio

homosexual /hoʊmə'sekʃuəl/ adj & s homosexual

homosexuality /ˌhoʊməsekʃu'æləti/ s homosexualidad

Honduran /hɑn'dʊrən/ adj & s hondureño -a

Honduras /hɑn'dʊrəs/ s Honduras

honest /'ɑnɪst/ adj **1** honrado -a, honesto -a | **to be honest with sb** ser sincero -a/honesto -a con alguien **2 an honest answer/opinion** una respuesta/opinión sincera

honestly /'ɑnɪstli/ adv **1** sinceramente: *He answered honestly.* Contestó sinceramente. | *It wasn't me. Honestly.* No fui yo. De verdad. **2** (para enfatizar) realmente **3** (expresando enojo): *Honestly! You could have told me before!* ¡La verdad, me lo podrías haber dicho antes! **4** honradamente

honesty /'ɑnəsti/ s **1** honestidad, honradez **2** sinceridad

honey /'hʌni/ s **1** miel **2** AmE (como apelativo) querido -a, cariño

honeymoon /'hʌnimun/ s luna de miel

honor AmE, **honour** BrE /'ɑnər/ sustantivo & verbo
- **s 1** honor **2 it is an honor to do sth** es un honor hacer algo | **to have the honor of doing sth** tener el honor de hacer algo **3** in sb's honor en honor a alguien **4** honor, condecoración **5 Your Honor** Su Señoría
- **v** [tr] **1** honrar **2 to be/feel honored (to do sth)** estar/sentirse honrado -a (de hacer algo) **3 to honor a promise/an agreement** cumplir una promesa/un acuerdo

honorable AmE, **honourable** BrE /'ɑnərəbəl/ adj respetable, honorable

honorary /'ɑnəreri/ adj honorario -a

hood /hʊd/ s **1** capucha **2** AmE cofre [de un coche]

---

i ¿Quieres pedir una hamburguesa en inglés? Consulta la **guía de comunicación** al final del libro.

hoof /huf/ s (pl **hooves** /huvz/ o **hoofs**) pezuña, casco [de un caballo]

hook /huk/ *sustantivo & verbo*
- s **1** gancho **2** anzuelo **3** off the hook descolgado [teléfono]
- v **1** [intr] engancharse **2** [tr] enganchar

hooked /hukt/ *adj* **1** (informal) enviciado -a | to get hooked on sth engancharse con/a algo, enviciarse con algo **2** ganchudo -a, con forma de gancho

hooligan /'huligən/ s hooligan, vándalo -a

hooliganism /'huligənizəm/ s vandalismo

hoop /hup/ s aro

hooray! /hu'rei/ *interj* ¡hurra!

hoot /hut/ v **1** [intr] ulular [búho] **2** [intr] tocar el claxon | to hoot at sb tocarle el claxon a alguien **3** to hoot your horn tocar el claxon

hoover /'huvər/ v BrE ▶ ver **vacuum**

Hoover® /'huvər/ s BrE aspiradora ▶ También existe **vacuum cleaner**, que se usa en inglés universal

hooves /huvz/(plural de **hoof**)

hop /hap/ *verbo & sustantivo*
- v [intr] (-pped, -pping) **1** brincar (en un solo pie), brincar de cojito **2** avanzar dando pequeños saltos | to hop across the lawn/over to the door etc. cruzar el césped/ir hasta la puerta etc. brincando en un solo pie **3** to hop out of bed/into the car etc. saltar de la cama/subirse al coche etc. [rápidamente]
- s saltito

hop hop

hope /houp/ *verbo & sustantivo*
- v **1** [tr] esperar: *I hope it doesn't rain.* Espero que no llueva. | *I was hoping that he'd be here.* Esperaba que estuviera aquí. | *She's hoping to study law at Harvard.* Espera poder estudiar abogacía en Harvard. **2** I hope so/not espero que sí/no **3** to hope for sth esperar algo/ esperar que suceda algo: *We're hoping for good weather.* Esperamos que haga buen tiempo. **4** I should hope so! es lo menos que podía/podían etc. hacer: *"She did apologize." "I should hope so too!"* –Pidió disculpas. –¡Es lo menos que podía hacer! | I should hope not! ¡nomás eso faltaba!
- s **1** esperanza: *There was no hope of escape.* No había ninguna esperanza de escapar. | *She has little hope of being selected.* Tiene pocas esperanzas de ser seleccionada. | *I came by in the hope of finding him at home.* Vine con la esperanza de encontrarlo en casa. | to get your hopes up hacerse ilusiones | to have high hopes tener muchas esperanzas **2** to be sb's last/only hope ser la última/única esperanza de alguien

hopeful /'houpfəl/ *adj* **1** ilusionado -a | to be hopeful that tener la esperanza de que **2** prometedor -a

hopefully /'houpfəli/ *adv* **1** con suerte **2** she asked/said hopefully preguntó/dijo esperanzada

hopeless /'houpləs/ *adj* **1** desesperado -a [situación] **2** inútil | to be hopeless at sth ser un desastre para algo **3** imposible, inútil

hopelessly /'houpləsli/ *adv* absolutamente, perdidamente

horde /hord/ s horda

horizon /hə'raizən/ *sustantivo & sustantivo plural*
- s the horizon el horizonte
- horizons s pl to broaden your horizons ampliar sus horizontes

horizontal /horə'zantl/ *adjetivo & sustantivo*
- adj horizontal
- s the horizontal la horizontal

hormone /'hormoun/ s hormona

horn /horn/ s **1** cuerno **2** claxon **3** (instrumento) cuerno

horoscope /'horəskoup/ s horóscopo

horrendous /hə'rendəs/ *adj* **1** espantoso -a, horrendo -a **2** (informal) terrible

horrible /'horəbəl/ *adj* **1** horrible **2** malo -a: *Don't be so horrible!* ¡No seas tan malo!

horrid /'horid/ *adj* (informal) **1** malo -a, horroroso -a [tiempo, olor] **2** malo -a: *Don't be so horrid to your sister!* ¡No seas tan malo con tu hermana!

horrific /hə'rifik/ *adj* horroroso -a, espantoso -a [accidente, heridas]

horrify /'horəfai/ v [tr] (3ª pers sing -fies, pasado & participio -fied) horrorizar: *I was horrified by what I saw.* Me quedé horrorizada por lo que vi.

horrifying /'horəfai-iŋ/ *adj* horripilante, horrendo -a

horror /'horər/ s **1** horror **2** to have a horror of sth tenerle terror a algo **3** horror movie, también horror film película de terror

horse /hors/ s **1** caballo **2** caballo [en un gimnasio]

horseback /'horsbæk/ s on horseback a caballo

'horseback ,riding s AmE **1** equitación **2** to go horseback riding ir a montar (a caballo)

horseman /'horsmən/ s (pl -men) jinete

horsepower /'horspaur/ s (pl horsepower) caballo de fuerza

'horse ,racing s carreras de caballos

'horse ,riding BrE ▶ ver **horseback riding**

horseshoe /'horʃ-ʃu/ s herradura

horsewoman /'horswumən/ s (pl -women) amazona

horticulture /'hortəkʌltʃər/ s horticultura

hose /houz/ s (también **hosepipe** BrE) manguera

hospice /'haspis/ s hospicio [para enfermos desahuciados]

---

i Hay una lista de **términos gramaticales** en el interior de la cubierta.

hospitable /hɑ'spɪtəbəl/ adj hospitalario -a | **to be hospitable to sb** ser hospitalario -a con alguien

hospital /'hɑspɪtl/ s hospital | **to be in the hospital** AmE, **to be in hospital** BrE estar en el hospital, estar internado -a | **to go to/into the hospital** AmE, **to go to/into hospital** BrE internarse, ser internado -a/hospitalizado -a

hospitality /hɑspə'tæləti/ s hospitalidad

host /hoʊst/ sustantivo & verbo
- **s 1** anfitrión -ona **2** conductor -a, presentador -a **3 a (whole) host of sth** una multitud/ gran cantidad de algo **4** host city sede
- **v** [tr] **1** ser (la) sede de **2** conducir, presentar [un programa de televisión]

hostage /'hɑstɪdʒ/ s rehén | **to hold/take sb hostage** tener/tomar a alguien de rehén

hostel /'hɑstl/ s albergue

hostess /'hoʊstɪs/ s (pl -sses) **1** anfitriona **2** conductora, presentadora **3** cabaretera, fichera

hostile /'hɑstl, BrE 'hɑstaɪl/ adj **1** hostil, agresivo -a **2** | **to be hostile to/toward sth** ser hostil a algo **3 hostile territory** territorio enemigo

hostility /hɑ'stɪləti/ s (pl -ties) hostilidad

hot /hɑt/ adj (-tter, -ttest) **1** caliente: a nice hot bath un buen baño caliente **2** caluroso -a: the hottest day of the year el día más caluroso del año | **to be hot (a)** (referido a personas) tener calor: I was hot and tired. Tenía calor y estaba cansada. **(b)** (referido al tiempo) hacer calor: It's hot in here. Hace calor aquí. **3** picoso -a: a hot curry un curry picoso **4** (informal) muy de moda: a hot new band una nueva banda que está muy de moda

'hot dog s hot dog, perro caliente

hotel /hoʊ'tel/ s hotel

hotly /'hɑtli/ adv **1** enérgicamente **2 hotly contested/debated** muy reñido -a/muy discutido -a

,hot-'water ,bottle s bolsa de agua caliente

hound /haʊnd/ sustantivo & verbo
- **s** sabueso, perro de caza
- **v** [tr] perseguir, acosar

hour /aʊr/ sustantivo & sustantivo plural
- **s 1** hora: an hour and a half una hora y media | I'll be back in an hour. Vuelvo en una hora. | I've been waiting here for hours. Hace horas que te estoy esperando. | **10/50 miles etc. an hour** 10/50 millas etc. por hora **2 on the hour** a la hora en punto
- **hours** s pl **opening hours** horario [de una tienda] | **office/visiting hours** horario de oficina/de visita

hourly /'aʊrli/ adjetivo & adverbio
- **adj 1 hourly departures/news programs etc.** salidas/noticieros etc. cada hora **2** por hora
- **adv** cada hora

house¹ /haʊs/ s (pl houses /'haʊzɪz/) **1** casa: an old house una casa antigua | I'm going over to Ashley's house. Me voy a la casa de Ashley.
▶ ¿HOUSE O HOME? ver nota en **casa**
2 the House of Representatives la Cámara de Representantes [en EU] | **the Houses of Congress** el Congreso [en EU] **3 the House of Commons** la Cámara de los Comunes [en el Reino Unido] **4 the House of Lords** la Cámara de los Lores [en el Reino Unido] **5 the Houses of Parliament** el Parlamento [en el Reino Unido] **6 to be on the house** ser cortesía de la casa

house² /haʊz/ v [tr] **1** alojar, dar alojamiento a **2** albergar

household /'haʊshoʊld/ adjetivo & sustantivo
- **adj** de/para la casa: household products productos para la casa
- **s** familia, grupo familiar

householder /'haʊshoʊldər/ s dueño -a de casa

housekeeper /'haʊskipər/ s ama de llaves

houseplant /'haʊsplænt/ s planta de interior

housewarming /'haʊswɔrmɪŋ/ s fiesta de inauguración [de una casa]

housewife /'haʊswaɪf/ s (pl -wives /waɪvz/) ama de casa

housework /'haʊswɜrk/ s quehaceres domésticos, tareas domésticas

housing /'haʊzɪŋ/ s vivienda(s)

'housing de,velopment AmE, **housing estate** BrE s complejo (habitacional)

hover /'hʌvər/ v [intr] **1** estar suspendido -a en el aire, planear **2 to hover by/around sth** rondar algo

hovercraft /'hʌvərkræft/ s aerodeslizador, hovercraft

how /haʊ/ adv & conj ▶ ver recuadro en página 184

however /haʊ'evər/ adv **1** sin embargo **2 however big/small/long etc. it is** por grande/ pequeño/largo etc. que sea | **however long it takes** se tarde lo que se tarde | **however much it costs** cueste lo que cueste

howl /haʊl/ verbo & sustantivo
- **v** [intr] aullar
- **s** aullido

HQ /eɪtʃ 'kju/ s (= headquarters)

hr. s (= hour) h

hub /hʌb/ s centro, eje central

huddle /'hʌdl/ v [intr] **1** (también **huddle together**) apiñarse, amontonarse **2** (también **huddle up**) acurrucarse

hue /hju/ s tono [de un color]

huff /hʌf/ s **in a huff** enojado -a, enfurruñado -a

ⓘ ¿Se dice on the table o in the table? Mira la entrada en.

how

▶ **ADVERBIO**

1 MODO (= cómo)

How are you? ¿Cómo está(s)?/¿Cómo te/le va? | *How do you spell "foyer"?* ¿Cómo se escribe "foyer"? | *How do I look in this dress?* ¿Cómo me queda este vestido?

2 EXCLAMACIONES (= qué)

"He lost his job." "How awful!" –Se quedó sin trabajo. –¡Qué horrible!

3 SEGUIDO DE ADJETIVOS Y ADVERBIOS (= lo, cuán)

I was surprised how easy it was. Me sorprendió lo fácil que era. | *It depends on how important it is.* Depende de lo importante que sea./Depende de cuán importante sea.

4 SUGERENCIAS

how about...? ¿qué tal...?: *How about going out to eat?* ¿Qué tal si vamos a comer fuera? | *I can't on Thursday. How about Friday?* El jueves no puedo. ¿Qué tal el viernes?

5 PRESENTACIONES

how do you do? mucho gusto/encantado -a Ésta es una expresión formal, a la que se responde con **how do you do?**

6 SORPRESA

how come: *"I won't be here tomorrow." "How come?"* –Mañana no voy a estar. –¿Cómo es eso? | *How come you didn't phone?* ¿Y por qué no llamaste?

7 **how tall, how old, how much, how many,** etc. están tratadas bajo el adjetivo, pronombre etc. correspondiente.

▶ **CONJUNCIÓN**

1 EN PREGUNTAS (= cómo)

Do you remember how we did it? ¿Te acuerdas de cómo lo hicimos?

2 EN OTRAS FRASES (= como)

I'll live my life how I like. Mi vida la voy a vivir como yo quiera.

hug /hʌg/ *verbo & sustantivo*
- **v** (-gged, -gging)
1 [intr] abrazarse
2 [tr] abrazar
- **s** abrazo

hugging

huge /hjudʒ/ *adj* enorme

hull /hʌl/ *s* casco [de un barco]

hullo /hə'loʊ/ BrE ▶ ver **hello**

hum /hʌm/ *verbo & sustantivo*
- **v** (-mmed, -mming) **1** [intr] tararear [con la boca cerrada] **2** [intr] zumbar
- **s** zumbido

human /'hjumən/ *adjetivo & sustantivo*
- **adj** humano -a | **human nature** (la) naturaleza humana | **the human race** el género humano |

human rights derechos humanos | **I'm/she's** etc. **only human** todos somos humanos
- **s** (también **human being**) ser humano

humane /hju'meɪn/ *adj* **humane methods/ treatment** métodos humanitarios/tratamiento humanitario | **humane conditions** condiciones humanas

humanitarian /hju,mænə'teriən/ *adj* **humanitarian aid/mission** ayuda/misión humanitaria

humanity /hju'mænəti/ *sustantivo & sustantivo plural*
- **s** humanidad
- **humanities** *s pl* humanidades

humble /'hʌmbəl/ *adj* humilde

humid /'hjumɪd/ *adj* húmedo -a [clima, día]

humidity /hju'mɪdəti/ *s* humedad

humiliate /hju'mɪlieɪt/ *v* [tr] humillar

humiliating /hju'mɪlieɪtɪŋ/ *adj* humillante

humility /hju'mɪləti/ *s* humildad

hummingbird /'hʌmɪŋbɜrd/ *s* colibrí

humor AmE, **humour** BrE /'hjumər/ *sustantivo & verbo*
- **s** **1** humor | **sense of humor** sentido del humor **2** gracia **3** **good humor** buen humor
- **v** [tr] seguirle la corriente a, darle el gusto a

humorous /'hjumərəs/ *adj* gracioso -a [situación, comentario] | **a humorous story** una historia humorística/cómica

hump /hʌmp/ *s* **1** loma, montículo **2** joroba

hunch /hʌntʃ/ *s* (pl hunches) corazonada, presentimiento

hundred /'hʌndrəd/ *número* **1** cien: *a hundred years* cien años ▶ Cuando **hundred** se usa como numeral, su plural es invariable: *two hundred kilometers* doscientos kilómetros | *a few hundred dollars* unos cientos de dólares **2** **hundreds of** cientos de

hundredth /'hʌndrədθ/ *número* **1** centésimo -a **2** centésimo

hung /hʌŋ/ pasado & participio de **hang**

hunger /'hʌŋgər/ *s* hambre

hungry /'hʌŋgri/ *adj* (-rier, -riest) **1** **to be hungry** tener hambre: *I'm hungry, let's eat.* Tengo hambre, comamos algo. **2** hambriento -a: *hungry children* niños hambrientos **3** **to go hungry** pasar hambre

hunk /hʌŋk/ *s* **1** trozo, pedazo **2** (informal) (hombre atractivo) papacito, papazote

hunt /hʌnt/ *verbo & sustantivo*
- **v** **1** [tr/intr] cazar | **to go hunting** ir de caza **2** **to hunt for sth/sb** buscar algo/a alguien | **hunt sb down** darle caza a alguien
- **s** **1** cacería, partida de caza **2** búsqueda: *the hunt for the murderer* la búsqueda del asesino

hunter /'hʌntər/ *s* cazador -a

hunting /'hʌntɪŋ/ *s* caza

hurdle /'hɜrdl/ *s* **1** valla **2** obstáculo

hurl /hɜrl/ *v* **1 to hurl sth across/over** etc. **sth** aventar algo a través/por encima etc. de algo **2 to hurl abuse at sb** lanzar insultos contra alguien

hurrah! /hʊˈrɑ/ ► ver **hooray!**

hurricane /ˈhɜrɪkeɪn/ *s* huracán

hurried /ˈhɜrid/ *adj* rápido -a, apresurado -a

hurry /ˈhɜri/ *verbo & sustantivo*
■ *v* (-rries, -rried) **1** [intr] apurarse, darse prisa: *If we hurry, we can catch the train.* Si nos apuramos, podemos agarrar el tren. | *He hurried back to the hotel.* Volvió de prisa al hotel. **2** [tr] apurar
hurry up apurarse, darse prisa: *Hurry up! We're late.* ¡Apúrale, que llegamos tarde! **hurry sb up** apurar a alguien **hurry sth up** acelerar algo
■ *s* **1 to be in a hurry** tener prisa **2 (there's) no hurry** no hay prisa **3 to be in no hurry** no tener ninguna prisa

hurt /hɜrt/ *verbo & adjetivo*
■ *v* (pasado & participio **hurt**) **1** [intr] doler: *My head hurts.* Me duele la cabeza. **2** [tr] lastimar: *I've hurt my hand.* Me lastimé la mano. | *Someone will get hurt.* Alguien se va a lastimar. | **to hurt yourself** lastimarse **3** [tr] (emocionalmente) lastimar, herir: *I was very hurt by what he said.* Me lastimó mucho lo que dijo./Me sentí muy dolida por lo que dijo. | **to hurt sb's feelings** herir a alguien
■ *adj* dolido -a [expresión, tono]

hurtful /ˈhɜrtfəl/ *adj* hiriente, doloroso -a

hurtle /ˈhɜrtl/ *v* **to hurtle down/through** etc. **sth** moverse rápidamente, sin control: *The truck came hurtling down the hill.* El camión se precipitó por la cuesta.

husband /ˈhʌzbənd/ *s* marido, esposo

hush /hʌʃ/ *verbo & sustantivo*
■ *v* (3ª pers sing **hushes**) **1** [intr] callarse | **hush!** ¡cállate!/¡cállese! **2** [tr] hacer callar
hush sth up acallar algo
■ *s* silencio

husky /ˈhʌski/ *adj* (-kier, -kiest) grave, ronco -a

hustle /ˈhʌsəl/ *verbo & sustantivo*
■ *v* **1** [tr] empujar [a una persona para que se mueva]: *She was hustled into the taxi.* La metieron en el taxi a empujones. **2** [intr] AmE correr **3** [tr] presionar
■ *s* **hustle and bustle** ajetreo

hut /hʌt/ *s* cabaña, choza

hutch /hʌtʃ/ *s* (pl **hutches**) **1** jaula [para conejos] **2** AmE armario con puertas abajo y estantes en la parte superior

hydrant /ˈhaɪdrənt/ *s* **1** hidrante (de incendios) **2** hidrante, llave pública

hydrogen /ˈhaɪdrədʒən/ *s* hidrógeno

hyena /haɪˈinə/ *s* hiena

hygienic /haɪˈdʒenɪk/ *adj* higiénico -a

hymn /hɪm/ *s* cántico, himno

hype /haɪp/ *sustantivo & verbo*
■ *s* propaganda, despliegue publicitario
■ *v* [tr] (también **hype up**) hacerle mucha propaganda a, dar un gran despliegue publicitario a

hyphen /ˈhaɪfən/ *s* guión [signo de puntuación]

hypnotism /ˈhɪpnətɪzəm/ *s* hipnotismo

hypnotist /ˈhɪpnətɪst/ *s* hipnotizador -a

hypnotize, -ise BrE /ˈhɪpnətaɪz/ *v* [tr] hipnotizar

hypochondriac /haɪpəˈkɑndriæk/ *s* hipocondríaco -a

hypocrisy /hɪˈpɑkrəsi/ *s* hipocresía

hypocrite /ˈhɪpəkrɪt/ *s* hipócrita

hypocritical /hɪpəˈkrɪtɪkəl/ *adj* hipócrita

hypothesis /haɪˈpɑθəsɪs/ *s* (pl **-theses** /-siz/) hipótesis

hypothetical /haɪpəˈθetɪkəl/ *adj* hipotético -a

hysterical /hɪˈsterɪkəl/ *adj* **1** histérico -a, en estado de histeria **2** (informal) comiquísimo -a, para morirse de (la) risa

hysterics /hɪˈsterɪks/ *s pl* **1** histeria | **to go into hysterics** ponerse histérico -a **2 in hysterics** (informal) muerto -a de (la) risa

I¹, i /aɪ/ s (pl **I's, i's**) (letra) I, i ▶ ver "Active Box" **letters** en **letter**

I² *pron* yo ▶ Los pronombres de sujeto nunca se omiten en inglés: *I'm 13.* Tengo 13 años. | *I love dancing.* Me encanta bailar.

ice /aɪs/ s **1** hielo **2 ice cube** cubito (de hielo)

iceberg /'aɪsbɜrg/ s iceberg

ice-'cold *adj* helado -a: *ice-cold drinks* bebidas heladas

ice 'cream s helado: *strawberry ice cream* helado de fresa

'ice ˌhockey s hockey sobre hielo ▶ En inglés americano se suele decir **hockey**

Iceland /'aɪslənd/ s Islandia

'ice ˌlolly s (pl **-llies**) BrE paleta (helada) ▶ En inglés americano se usa **Popsicle®**

'ice rink s pista de (patinaje sobre) hielo

'ice skate *verbo & sustantivo*
■ *v* [intr] patinar sobre hielo
■ *s* patín de hielo

'ice ˌskating s patinaje sobre hielo

icicle /'aɪsɪkəl/ s carámbano [de hielo]

icing /'aɪsɪŋ/ s BrE betún [de un pastel] ▶ En inglés americano se usa **frosting**

'icing ˌsugar s BrE azúcar glass ▶ En inglés americano se usa **confectioners' sugar**

icon /'aɪkɑn/ s (en computación) ícono

icy /'aɪsi/ *adj* (**icier, iciest**) **1** helado -a [viento, agua, manos, etc.] **2** cubierto -a de hielo [carretera], helado -a [estanque] **3** glacial [mirada]

ID /aɪ 'di/ s identificación, documento(s) de identidad

I'd /aɪd/
■ contracción de **I had**
■ contracción de **I would**

idea /aɪ'diə/ s **1** idea: *Where did you get that idea?* ¿De dónde sacaste esa idea? **2 to have no idea** no tener idea **3 to get the idea** captar la idea

ideal /aɪ'diəl/ *adjetivo & sustantivo*
■ *adj* ideal: *an ideal place for a picnic* un lugar ideal para un picnic
■ *s* ideal

idealism /aɪ'diəlɪzəm/ s idealismo

idealist /aɪ'diəlɪst/ s idealista

idealistic /aɪˌdiə'lɪstɪk/ *adj* idealista

ideally /aɪ'diəli/ *adv* **1** en una situación ideal: *Ideally, I'd like a balcony.* De ser posible, me gustaría tener balcón. | *Ideally, people should get more exercise.* Lo ideal sería que la gente hiciera más ejercicio. **2 to be ideally suited to/for sth** ser ideal para algo

identical /aɪ'dentɪkəl/ *adj* **1** idéntico -a: *Her dress was identical to mine.* Su vestido era idéntico al mío. **2 identical twins** gemelos (idénticos)

identification /aɪˌdentəfə'keɪʃən/ s **1** identificación **2** identificación, documento(s) de identidad

identify /aɪ'dentəfaɪ/ v [tr] (**-fies, -fied**) identificar
identify with sb identificarse con alguien

identity /aɪ'dentəti/ s (pl **-ties**) **1** identidad | **a case of mistaken identity** un caso de confusión de identidades **2 identity card** cédula de identidad

ideology /aɪdi'ɑlədʒi/ s (pl **-gies**) ideología

idiom /'ɪdiəm/ s expresión idiomática, modismo

idiot /'ɪdiət/ s idiota

idiotic /ɪdi'ɑtɪk/ *adj* idiota

idle /'aɪdl/ *adj* **1** holgazán -ana, flojo -a **2 idle moments/days etc.** ratos/días etc. de ocio **3** desocupado -a [trabajador] **4** parado -a [maquinaria] **5 idle curiosity** pura curiosidad **6 idle threats** amenazas vanas

idleness /'aɪdlnəs/ s **1** ocio, inactividad **2** holgazanería, flojera, haraganería

idol /'aɪdl/ s ídolo

idolize, -ise BrE /'aɪdlaɪz/ v [tr] idolatrar

idyllic /aɪ'dɪlɪk/ *adj* idílico -a

i.e. /aɪ 'i/ es decir

if /ɪf/ *conj* ▶ ver recuadro

igloo /'ɪglu/ s iglú

ignite /ɪg'naɪt/ v (formal) **1** [tr] prender fuego a, encender **2** [intr] prenderse fuego

ignition /ɪg'nɪʃən/ s **1** (en un carro) interruptor de ignición, interruptor de encendido **2** (sistema) ignición, encendido

ignorance /'ɪgnərəns/ s ignorancia

ignorant /'ɪgnərənt/ *adj* **1** ignorante | **to be ignorant of sth** ignorar/desconocer algo | **to be ignorant about sth** no saber nada de algo **2** bruto -a, maleducado -a

ignore /ɪg'nɔr/ v [tr] **1** ignorar, no hacerle caso a [una persona] **2** no hacer caso de, hacer caso omiso de [un consejo, una advertencia]

I'll /aɪl/
■ contracción de **I will**
■ contracción de **I shall**

ill /ɪl/ *adj* **1 to be ill** estar enfermo -a | **to feel ill** sentirse mal | **to fall ill** enfermarse | **to be taken ill** BrE enfermarse ▶ También se usa **to fall ill**, que es inglés universal ▶ **¿ILL O SICK?** ver recuadro en **enfermo 2** (malo) | **ill health** mala salud | **ill effects** efectos negativos/adversos | **ill feeling** rencor

if

1 EN ORACIONES CONDICIONALES (= si)

If you see him, tell him to call me. Si lo ves, dile que me llame. | *If I go to bed late, I can't get up in the morning.* Si me acuesto tarde, no me puedo levantar por la mañana. | *Mom will be mad if I tell her.* Mi mamá se va a enojar si se lo digo. | *I would help you if I could.* Te ayudaría si pudiera. | **if I were you** yo que tú/si yo fuera tú: *I'd go by train if I were you.* Yo que tú, iría en tren. | **if so** si es así

2 EN PREGUNTAS INDIRECTAS (= si)

She asked me if I had a girlfriend. Me preguntó si tenía novia.

3 EXPRESANDO DESEOS

if only: *If only he was taller!* ¡Ojalá fuera más alto! | *If only I hadn't spent all that money!* ¡Ay, si no me hubiera gastado todo ese dinero!

4 even if está tratado en **even**.

illegal /ɪˈliɡəl/ *adj* ilegal

illegible /ɪˈledʒəbəl/ *adj* ilegible

illegitimate /ɪləˈdʒɪtəmət/ *adj* ilegítimo -a

illicit /ɪˈlɪsɪt/ *adj* ilícito -a

illiterate /ɪˈlɪtərət/ *adj* analfabeto -a

illness /ˈɪlnəs/ *s* (pl -sses) enfermedad: *serious illnesses* enfermedades graves | *minor illnesses* afecciones leves ▶ ¿ILLNESS O DISEASE? ver recuadro en **enfermedad**

illogical /ɪˈlɑdʒɪkəl/ *adj* ilógico -a

ill-'treatment *s* maltrato, malos tratos

illuminate /ɪˈluməneɪt/ *v* [tr] (formal) iluminar

illuminating /ɪˈluməneɪtɪŋ/ *adj* (formal) esclarecedor -a

illusion /ɪˈluʒən/ *s* **1** ilusión **2 to be under the illusion (that)** hacerse ilusiones de que, creerse que

illustrate /ˈɪləstreɪt/ *v* [tr] ilustrar

illustration /ɪləˈstreɪʃən/ *s* **1** ilustración **2** ejemplo

I'm /aɪm/ contracción de **I am**

image /ˈɪmɪdʒ/ *s* imagen: *the company's public image* la imagen pública de la empresa

imaginary /ɪˈmædʒəneri/ *adj* imaginario -a

imagination /ɪˌmædʒəˈneɪʃən/ *s* imaginación

imaginative /ɪˈmædʒənətɪv/ *adj* imaginativo -a

imagine /ɪˈmædʒɪn/ *v* [tr] imaginar(se): *I can't imagine getting married.* No me imagino casándome. | *I imagine she knows.* Me imagino que lo sabe.

imbalance /ɪmˈbæləns/ *s* desequilibrio

imbecile /ˈɪmbəsəl/ *s* imbécil

imitate /ˈɪmɪteɪt/ *v* [tr] imitar

imitation /ɪməˈteɪʃən/ *sustantivo & adjetivo*
▪ *s* **1** (de una persona o una acción) imitación **2** (de un objeto) imitación
▪ *adj* (de) imitación

immaculate /ɪˈmækjələt/ *adj* inmaculado -a, impecable

immaterial /ɪməˈtɪriəl/ *adj* (formal) irrelevante

immature /ɪməˈtʃʊr/ *adj* inmaduro -a

immediate /ɪˈmidiət/ *adj* **1** inmediato -a **2 the immediate vicinity/area** las inmediaciones **3 immediate family** familiares más cercanos

immediately /ɪˈmidiətli/ *adv* **1** inmediatamente, de inmediato **2 immediately before/after sth** inmediatamente antes/después de algo | **immediately above/behind etc. sth/sb** justo arriba/detrás etc. de algo/alguien

immense /ɪˈmens/ *adj* inmenso -a, enorme

immerse /ɪˈmɜrs/ *v* [tr] **1 to be immersed in sth** estar absorto -a/inmerso -a en algo | **to immerse yourself in sth** concentrarse en algo [en el trabajo, etc.] **2** (formal) sumergir [en el agua]

immersion /ɪˈmɜrʒən/ *s* inmersión

immigrant /ˈɪməɡrənt/ *s* inmigrante

immigration /ɪməˈɡreɪʃən/ *s* **1** inmigración **2** control de migración

immobile /ɪˈmoʊbəl/ *adj* inmóvil

immobilize, -ise BrE /ɪˈmoʊbəlaɪz/ *v* [tr] inmovilizar

immortal /ɪˈmɔrtl/ *adj* inmortal

immortality /ɪˌmɔrˈtæləti/ *s* inmortalidad

immune /ɪˈmjun/ *adj* **immune (to sth)** inmune (a algo)

im'mune ˌsystem *s* sistema inmunológico, sistema inmune

immunity /ɪˈmjunəti/ *s* inmunidad

immunization, -isation BrE /ɪmjənəˈzeɪʃən/ *s* inmunización

immunize, -ise BrE /ˈɪmjənaɪz/ *v* **to immunize sb (against sth)** inmunizar a alguien (contra algo)

impact /ˈɪmpækt/ *s* **1** impacto, efecto **2** (de un choque) impacto

impair /ɪmˈper/ *v* [tr] afectar, dañar

impaired /ɪmˈperd/ *adj* **1** afectado-a **2 visually/hearing impaired** con discapacidad visual/auditiva

impart /ɪmˈpɑrt/ *v* [tr] (formal) **1** impartir | **to impart sth to sb** transmitirle/impartirle algo a alguien **2** conferir [una cualidad]

impasse /ˈɪmpæs/ *s* punto muerto, impasse [en una situación]

impassive /ɪmˈpæsɪv/ *adj* impasible

impatience /ɪmˈpeɪʃəns/ *s* impaciencia

impatient /ɪmˈpeɪʃənt/ *adj* **1** impaciente | **be impatient to do sth** estar impaciente por hacer algo **2** (irritable): *He gets impatient with his students.* Los alumnos le hacen perder la paciencia.

impede /ɪm'pid/ *v* [tr] obstaculizar, dificultar
impediment /ɪm'pedəmənt/ *s* **1** (problema físico) defecto **2** (dificultad) impedimento
impending /ɪm'pendɪŋ/ *adj* inminente
imperative /ɪm'perətɪv/ *adjetivo & sustantivo*
■ *adj* **1** imperioso -a | **it is imperative (that)** (formal) es imprescindible que **2** imperioso -a [gesto, tono de voz] **3** en imperativo [verbo, oración]
■ *s* **the imperative** el imperativo
imperfect /ɪm'pɜrfɪkt/ *adjetivo & sustantivo*
■ *adj* **1** imperfecto -a **2** con defectos
■ *s* **the imperfect** el (pretérito) imperfecto
imperfection /ɪmpər'fekʃən/ *s* imperfección, defecto
imperial /ɪm'pɪriəl/ *adj* **1** imperial **2** **the imperial system** Así se llama el sistema de pesos y medidas que incluye unidades como la pulgada (**inch**) la milla (**mile**), etc. Algunas unidades, como la pinta (**pint**) y el galón (**gallon**) tienen valores diferentes en EU y en Gran Bretaña ► Para más información ver el apartado sobre **Gran Bretaña** en el apéndice
imperialism /ɪm'pɪriəlɪzəm/ *s* imperialismo
impersonate /ɪm'pɜrsəneɪt/ *v* [tr] hacerse pasar por, imitar
impersonation /ɪmˌpɜrsə'neɪʃən/ *s* imitación [de una persona]
impertinent /ɪm'pɜrt-nənt/ *adj* impertinente
impetus /'ɪmpətəs/ *s* impulso, ímpetu
implausible /ɪm'plɔzəbəl/ *adj* inverosímil, poco convincente
implement¹ /'ɪmpləment/ *v* [tr] implementar, poner en práctica
implement² /'ɪmpləment/ *s* **1** instrumento, implemento **2** (de cocina) utensilio
implementation /ˌɪmpləmən'teɪʃən/ *s* implementación, puesta en práctica
implicate /'ɪmplɪkeɪt/ *v* **to implicate sb (in sth)** implicar/involucrar a alguien (en algo)
implication /ɪmplɪ'keɪʃən/ *s* **1** implicancia, consecuencia **2** insinuación **3** implicación [en un hecho delictivo]
implicit /ɪm'plɪsɪt/ *adj* **1** implícito -a **2** absoluto -a [fe, confianza]
implore /ɪm'plɔr/ *v* [tr] (formal) suplicar, implorar
imply /ɪm'plaɪ/ *v* [tr] (**-lies**, **-lied**) **1** insinuar **2** implicar, suponer
impolite /ɪmpə'laɪt/ *adj* descortés, maleducado -a
import¹ /'ɪmpɔrt/ *s* **1** importación **2** artículo importado, artículo de importación
import² /ɪm'pɔrt/ *v* [tr] importar
importance /ɪm'pɔrtns/ *s* importancia | **to be of no importance** no tener importancia
important /ɪm'pɔrtnt/ *adj* importante: *My free time is **important** to me.* Mi tiempo libre es importante para mí.

impose /ɪm'poʊz/ *v* **1** [tr] imponer | **to impose sth on sth/sb** imponerle algo a algo/alguien **2** **to impose (on/upon sb)** molestar/importunar (a alguien)
imposing /ɪm'poʊzɪŋ/ *adj* imponente
impossibility /ɪmˌpɑsə'bɪləti/ *s* imposibilidad
impossible /ɪm'pɑsəbəl/ *adj* **1** imposible **2** intolerable [situación] **3** insufrible, de trato difícil [persona]
impossibly /ɪm'pɑsəbli/ *adv* **impossibly difficult/high etc.** increíblemente difícil/alto -a etc.
impotence /'ɪmpətəns/ *s* impotencia
impotent /'ɪmpətənt/ *adj* impotente
impoverished /ɪm'pɑvərɪʃt/ *adj* empobrecido -a
impractical /ɪm'præktɪkəl/ *adj* poco práctico -a
impress /ɪm'pres/ *v* [tr] (3ª pers sing **-sses**) **1** impactar, dejar admirado -a | **to be impressed by/with sth** quedar muy bien impresionado -a por/con algo, quedar impactado -a por/con algo **2** **to impress sth on sb** recalcarle algo a alguien
impression /ɪm'preʃən/ *s* **1** impresión: *I got **the impression** he didn't like me.* Me quedé con la impresión de que no le caí bien. | **to make a good/bad etc. impression** causar una buena/mala etc. impresión **2** imitación [de la manera de hablar, actuar, etc. de alguien]
impressionable /ɪm'preʃənəbəl/ *adj* influenciable, impresionable
impressive /ɪm'presɪv/ *adj* impresionante, admirable
imprint /'ɪmprɪnt/ *s* huella, marca
imprison /ɪm'prɪzən/ *v* [tr] encarcelar
imprisonment /ɪm'prɪzənmənt/ *s* encarcelamiento
improbable /ɪm'prɑbəbəl/ *adj* **1** poco probable, improbable **2** inverosímil [historia, pretexto]
impromptu /ɪm'prɑmptu/ *adj* improvisado -a
improper /ɪm'prɑpər/ *adj* **1** indebido -a [uso] **2** deshonesto -a [propósito, fin] **3** indecoroso -a, inadecuado -a [conducta]
improve /ɪm'pruv/ *v* [tr/intr] mejorar
improve on/upon sth superar algo
improvement /ɪm'pruvmənt/ *s* mejora, mejoría | **to be an improvement on sth** ser mejor que/superior a algo
improvise /'ɪmprəvaɪz/ *v* [tr/intr] improvisar
impulse /'ɪmpʌls/ *s* **1** impulso **2** **on impulse** sin pensarlo, llevado -a por el impulso
impulsive /ɪm'pʌlsɪv/ *adj* impulsivo -a
in /ɪn/ *preposición, adverbio & adjetivo*
■ *prep* ► ver recuadro
■ *adv* **1** **to be in** estar [en casa, en el trabajo]: *She's never in when I call.* Nunca está cuando la llamo. | *I'm sorry but Mr Spencer's not in.* Lo siento pero el Sr. Spencer no está. | **to stay in** quedarse en casa

i ¿Quieres una lista de frases útiles para hablar de ti mismo? Consulta la **guía de comunicación** al final del libro.

2 (referido a algo que hay que entregar): *The homework has to be in by Friday.* Hay que entregar la tarea antes del viernes.
3 he's in for a surprise/a disappointment etc. se va a llevar una sorpresa/una decepción etc.: *Mom's in for a shock when she sees my grades.* Mi mamá se va a llevar un shock cuando vea mis calificaciones.
4 to have (got) it in for sb tenerle tirria a alguien, traerla contra alguien
5 to be in on sth estar metido -a en algo, tomar parte en algo
■ *adj* de moda: *Long skirts are in this summer.* Las faldas largas están de moda este verano.

inability /ɪnəˈbɪləti/ *s* **inability (to do sth)** incapacidad (para hacer algo): *his inability to make friends* su incapacidad para hacerse amigos

inaccurate /ɪnˈækjərət/ *adj* inexacto -a, erróneo -a

inactive /ɪnˈæktɪv/ *adj* inactivo -a

inadequacy /ɪnˈædəkwəsi/ *s* (pl -cies) **1** insuficiencia **2** ineptitud

inadequate /ɪnˈædəkwət/ *adj* **1** insuficiente, inadecuado -a **2** inepto -a

inadvertently /ɪnədˈvɜrtntli/ *adv* sin darse/darme etc. cuenta

inappropriate /ɪnəˈproʊpriət/ *adj* **1** inadecuado -a, poco apropiado -a **2** fuera de lugar [comentario, respuesta]

inaugural /ɪˈnɔgjərəl/ *adj* **1** inaugural **2** de apertura [sesión]

inaugurate /ɪˈnɔgjəreɪt/ *v* [tr] **1 to be inaugurated (as sth)** ser investido -a (como algo) **2** inaugurar

inbuilt /ˈɪnbɪlt/ *adj* **1** innato -a [referido a una característica personal] **2 inbuilt fax/modem** fax/modem incorporado

Inc. /ɪŋk/ (= **Incorporated**) S.A.

incapable /ɪnˈkeɪpəbəl/ *adj* **1 to be incapable of (doing) sth** ser incapaz de hacer algo **2** desvalido -a

incapacity /ɪnkəˈpæsəti/ *s* **incapacity (to do sth)** incapacidad (para hacer algo)

incentive /ɪnˈsentɪv/ *s* incentivo | **an incentive (for sb) to do sth** un incentivo (a alguien) para hacer algo

incessant /ɪnˈsesənt/ *adj* incesante

incessantly /ɪnˈsesəntli/ *adv* sin parar, incesantemente

incest /ˈɪnsest/ *s* incesto

inch /ɪntʃ/ *s* **1** (pl **inches**) pulgada [2,54 cm.] **2 to not give/budge an inch** no ceder ni un ápice

incidence /ˈɪnsɪdəns/ *s* (formal) índice: *a high incidence of heart disease* un elevado índice de enfermedades cardíacas

incident /ˈɪnsɪdənt/ *s* incidente | **without incident** sin incidentes

---

in *preposición*

1 LUGAR (= en)
We swam in the river. Nadamos en el río. | *the main character in the movie* el personaje principal de la película | **in here/in there** aquí/ahí: *It's freezing in here!* ¡Aquí hace un frío de morirse!

2 SUPERLATIVOS (= de)
the most expensive shirt in the store la camisa más cara de la tienda | *the best rock band in the country* la mejor banda de rock del país

3 MESES, ESTACIONES, PARTES DEL DÍA
I was born in May, 1986. Nací en mayo de 1986. | *He came in the afternoon.* Vino en la tarde. | *at six in the morning* a las seis de la mañana

4 DESPUÉS DE (= dentro de, en)
We're moving in two weeks. Nos mudamos dentro de dos semanas. | *I'll be ready in a few minutes.* En unos minutos estoy lista.

5 VESTIMENTA (= de)
a man in a blue coat un hombre de abrigo azul | *She was dressed in black.* Estaba vestida de negro.

6 MODO (= en)
He writes to me in English. Me escribe en inglés. | *in a low voice* en voz baja | *We stood in a line.* Nos pusimos en fila.

7 ÁREAS DE TRABAJO, DISCIPLINAS (= en)
Her father's in advertising. Su padre trabaja en publicidad.

8 SENTIMIENTOS, REACCIONES
She looked up in surprise. Levantó la vista sorprendida. | *He left in a rage.* Salió furioso.

9 TOTALIDAD
in all/in total en total: *There were six of us in all.* Éramos seis en total.

10 in también forma parte de varios **phrasal verbs** como **give in**, **go in**, etc. Éstos están tratados bajo el verbo correspondiente

---

incidentally /ɪnsəˈdentli/ *adv* por cierto, a propósito: *Incidentally, I saw Jane yesterday.* Por cierto, ayer vi a Jane.

incisive /ɪnˈsaɪsɪv/ *adj* **1** incisivo -a [comentario, sentido del humor] **2** agudo -a [mente]

incite /ɪnˈsaɪt/ *v* [tr] incitar a [la violencia, etc.] | **to incite sb to do sth** incitar a alguien a hacer algo

inclination /ɪŋkləˈneɪʃən/ *s* **1** deseo, ganas: *She had no inclination to go with them.* No tenía el menor deseo de acompañarlos. **2** inclinación, tendencia

incline /ˈɪŋklaɪn/ *s* pendiente

inclined /ɪn'klaɪnd/ *adj* **1 to be inclined to do sth (a)** tener (una) tendencia a hacer algo, tender a hacer algo **(b)** estar dispuesto -a a hacer algo **2 I am inclined to believe/think etc. (that)** me inclino a creer/pensar etc. (que): *I'm inclined to agree with you.* Me inclino a pensar lo mismo que usted.

include /ɪn'kluːd/ *v* [tr] **1** incluir **2 myself/you etc. included** incluso yo/tú etc.

including /ɪn'kluːdɪŋ/ *prep* incluido -a, contando: *There were ten of us including the teacher.* Éramos diez contando al profesor. | *It is $10, not including shipping and handling.* Son $10, sin incluir gastos de envío.

inclusive /ɪn'kluːsɪv/ *adj* **1** con todo incluido | **to be inclusive of sth** incluir algo **2** inclusive

incoherent /ˌɪnkoʊ'hɪrənt/ *adj* incoherente

income /'ɪŋkʌm/ *s* **1** ingresos: *people on a low income* gente de bajos ingresos **2 income tax** impuesto a la renta/a los ingresos

incoming /'ɪnkʌmɪŋ/ *adj* **incoming flights** los vuelos que llegan/llegaban | **incoming calls** llamadas entrantes/de entrada: *This phone only takes incoming calls.* Este teléfono es solamente para llamadas entrantes/para recibir llamadas.

incompetence /ɪn'kɑmpətəns/ *s* incompetencia, ineptitud

incompetent /ɪn'kɑmpətənt/ *adj* incompetente, inepto -a

incomplete /ˌɪnkəm'pliːt/ *adj* incompleto -a

incomprehensible /ɪn,kɑmpri'hensəbəl/ *adj* incomprensible

inconceivable /ˌɪnkən'siːvəbəl/ *adj* inconcebible

inconclusive /ˌɪnkən'kluːsɪv/ *adj* **1** no concluyente [pruebas, informe, análisis] **2** referido a una junta, un informe, etc.: que no llega a ninguna conclusión o decisión: *The talks were inconclusive.* Las conversaciones no fueron fructíferas.

incongruous /ɪn'kɑŋgruəs/ *adj* incongruente

inconsiderate /ˌɪnkən'sɪdərət/ *adj* desconsiderado -a

inconsistent /ˌɪnkən'sɪstənt/ *adj* **1** irregular [desempeño, trabajo, etc.] **2** cambiante [opinión, actitud] **3** contradictorio -a [versión, relato]

inconspicuous /ˌɪnkən'spɪkjuəs/ *adj* poco llamativo -a | **to look inconspicuous** no llamar la atención: *I tried to look inconspicuous.* Traté de no llamar la atención./Traté de pasar desapercibido.

inconvenience /ˌɪnkən'vinjəns/ *sustantivo & verbo*
- *s* **1** molestia(s) **2** inconveniente
- *v* [tr] causarle molestias/inconvenientes a

inconvenient /ˌɪnkən'vinjənt/ *adj* **1** inoportuno -a [hora, momento]: *Tomorrow's a little inconvenient.* Mañana no me viene muy bien. **2** poco práctico -a, incómodo -a

incorporate /ɪn'kɔrpəreɪt/ *v* [tr] incorporar | **to incorporate sth into sth** incorporar algo a algo

incorrect /ˌɪnkə'rekt/ *adj* incorrecto -a

increase¹ /ɪn'kriːs/ *v* [tr/intr] aumentar: *Prices have increased by 10%.* Los precios han aumentado (en) un 10%.

increase² /'ɪnkriːs/ *s* aumento | **an increase in sth** un aumento en/de algo | **to be on the increase** ir en aumento

increasing /ɪn'kriːsɪŋ/ *adj* creciente

increasingly /ɪn'kriːsɪŋli/ *adv* cada vez más

incredible /ɪn'kredəbəl/ *adj* increíble

incredibly /ɪn'kredəbli/ *adv* **1** increíblemente, aunque parezca increíble **2** (para intensificar) increíblemente

incubator /'ɪŋkjəbeɪtər/ *s* incubadora

incur /ɪn'kɜr/ *v* [tr] (-rred, -rring) **1** contraer [deudas] **2** incurrir en [gastos] **3** sufrir [pérdidas] **4** provocar [la ira]

indecent /ɪn'disənt/ *adj* indecente

indecisive /ˌɪndɪ'saɪsɪv/ *adj* indeciso -a

indeed /ɪn'did/ *adv* **1** (para enfatizar): *Thank you very much indeed.* Muchísimas gracias. | *"Do you know him?" "I do indeed."* –¿Lo conoces? – Lo conozco muy bien. **2** (para introducir información adicional) de hecho: *Many of the students, indeed about 60%, are from overseas.* Muchos de los estudiantes, de hecho alrededor del 60%, son extranjeros. **3** (para expresar desacuerdo o desaprobación): *"They said I was too old." "Too old indeed!"* –Dijeron que yo era demasiado viejo. –¡Sí, tú, muy viejo! | *"I got home at 3 a.m." "Did you indeed!"* –Llegué a casa a las 3 de la mañana. –Conque a las tres de la mañana...

indefensible /ˌɪndɪ'fensəbəl/ *adj* indefendible, injustificable

indefinite /ɪn'defənət/ *adj* indefinido -a | **indefinite leave/imprisonment etc.** licencia/prisión etc. por tiempo indeterminado

in,definite 'article *s* artículo indefinido

indefinitely /ɪn'defənətli/ *adv* indefinidamente, por tiempo indeterminado

indemnity /ɪn'demnəti/ *s* (pl -ties) **1** inmunidad **2** indemnización

independence /ˌɪndɪ'pendəns/ *s* independencia

independent /ˌɪndɪ'pendənt/ *adj* **1** independiente [persona, estado] **2** independiente, imparcial [investigación, informe]

independently /ˌɪndɪ'pendəntli/ *adv* independientemente

'in-depth *adj* **1** profundo -a [conocimiento] **2** a profundidad [análisis, investigación]

indescribable /ˌɪndɪ'skraɪbəbəl/ *adj* indescriptible

index /'ɪndeks/ *s* **1** (pl indexes) (de un libro) índice **2** (pl indexes) fichero **3** (pl indices /'ɪndəsiz/ o indexes) (en economía, etc.) índice

'index ,finger s (dedo) índice

India /'ɪndiə/ s (la) India

Indian /'ɪndiən/ adj & s **1** (de la India) indio -a **2** (de América) indio -a ▶ Muchas personas consideran que el uso de **Indian** para referirse a los aborígenes de América es ofensivo y prefieren usar **Native American**

indicate /'ɪndəkeɪt/ v **1** [tr] indicar, mostrar **2** [tr] (decir oralmente o por escrito) indicar, señalar **3** [intr] BrE poner la(s) direccional(es) ▶ En inglés americano se usa **to signal**

indication /ɪndə'keɪʃən/ s indicio

indicative /ɪn'dɪkətɪv/ adjetivo & sustantivo
■ adj indicativo -a
■ s (modo) indicativo

indicator /'ɪndəkeɪtər/ s **1** indicador **2** BrE direccional ▶ En inglés americano se usa **turn signal**

indices /'ɪndəsiz/ plural de index

indictment /ɪn'daɪtmənt/ s **1** to be an indictment of sth constituir una crítica/una condena a algo **2** AmE acusación (judicial)

indifference /ɪn'dɪfrəns/ s indiferencia

indifferent /ɪn'dɪfrənt/ adj **1** indiferente **2** regular, mediocre

indigenous /ɪn'dɪdʒənəs/ adj autóctono -a | indigenous to autóctono -a de

indigestion /ɪndɪ'dʒestʃən/ s indigestión | to get indigestion indigestarse

indignant /ɪn'dɪgnənt/ adj indignado -a | to be indignant at sth indignarse ante algo

indignity /ɪn'dɪgnəti/ s (pl -ties) humillación, indignidad

indirect /ɪndə'rekt/ adj **1** indirecto -a **2** indirect object objeto indirecto | indirect speech discurso indirecto/referido

indirectly /ɪndə'rektli/ adv indirectamente

indiscreet /ɪndɪ'skrit/ adj indiscreto -a

indiscretion /ɪndɪ'skreʃən/ s **1** falta de discreción **2** indiscreción, imprudencia

indiscriminate /ɪndɪ'skrɪmənət/ adj **1** indiscriminado -a **2** falto -a de criterio

indisputable /ɪndɪ'spjutəbəl/ adj irrefutable, indiscutible

indistinct /ɪndɪ'stɪŋkt/ adj **1** confuso -a [sonido] **2** borroso -a [imagen]

individual /ɪndə'vɪdʒuəl/ adjetivo & sustantivo
■ adj **1** (considerado por separado) individual schools/departments etc. cada colegio/ departamento etc. | each individual customer/ case etc. cada cliente/caso etc.: Each individual leaf is different. Cada hoja es diferente. | individual cases casos particulares **2** (para una persona) individual: individual portions of rice porciones individuales de arroz **3** (de cada

persona): It can be varied to suit individual needs. Puede adaptarse a las necesidades de cada uno. | Individual tastes vary enormously. Los gustos personales varían muchísimo. **4** (referido a un estilo) personal, propio -a
■ s individuo

individually /ɪndə'vɪdʒuəli/ adv por separado, individualmente

indoctrination /ɪn,dɑktrə'neɪʃən/ s adoctrinamiento

indoor /'ɪndɔr/ adj **1** cubierto -a, techado -a [alberca, estadio] **2** de salón, bajo techo [juegos, actividades] **3** de interior(es) [planta]

indoors /ɪn'dɔrz/ adv adentro | to go indoors entrar, ir adentro

induce /ɪn'dus/ v [tr] **1** to induce sb to do sth inducir/llevar a alguien a hacer algo **2** producir, provocar [una reacción, un cambio, etc.] **3** inducir, provocar [un parto], inducirle/ provocarle el parto a [una mujer]

inducement /ɪn'dusmənt/ s incentivo

induction /ɪn'dʌkʃən/ s **1** iniciación **2** induction course BrE curso introductorio, inducción [para un nuevo trabajo]

indulge /ɪn'dʌldʒ/ v **1** to indulge in sth permitirse algo, complacerse en algo **2** [tr] satisfacer [un gusto], consentir [un capricho] | to indulge yourself darse un/el gusto **3** [tr] darle el gusto a, consentir

indulgence /ɪn'dʌldʒəns/ s **1** excesos [con la comida, con la bebida, etc.], placeres **2** gusto, lujo **3** indulgencia

indulgent /ɪn'dʌldʒənt/ adj indulgente

industrial /ɪn'dʌstriəl/ adj **1** industrial **2** industrial park AmE, industrial estate BrE zona/parque industrial **3** industrial action BrE medidas de fuerza [acciones de protesta como huelgas, paros, etc. asociadas a una disputa laboral] ▶ En inglés americano se usa **job action**

industrialization, -sation BrE /ɪn,dʌstriələ'zeɪʃən/ s industrialización

industry /'ɪndəstri/ s (pl -tries) industria

inedible /ɪn'edəbəl/ adj **1** no comestible **2** incomible

ineffective /ɪnə'fektɪv/ adj ineficaz

inefficiency /ɪnə'fɪʃənsi/ s ineficiencia

inefficient /ɪnə'fɪʃənt/ adj ineficiente, poco eficiente

ineligible /ɪn'elədʒəbəl/ adj to be ineligible for sth/to do sth no tener derecho a algo/a hacer algo

inequality /ɪnɪ'kwɑləti/ s (pl -ties) desigualdad

inertia /ɪ'nɜrʃə/ s inercia

inescapable /ɪnə'skeɪpəbəl/ adj ineludible, inevitable

inevitable /ɪ'nevətəbəl/ adj inevitable

inexcusable /ɪnɪk'skjuzəbəl/ adj imperdonable, inexcusable

inexhaustible /ɪnɪg'zɔstəbəl/ *adj* inagotable

inexpensive /ɪnɪk'spensɪv/ *adj* económico -a, barato -a

inexperienced /ɪnɪk'spɪriənst/ *adj* inexperto -a, sin experiencia

inexplicable /ɪnɪk'splɪkəbəl/ *adj* inexplicable

infallible /ɪn'fæləbəl/ *adj* infalible

infamous /'ɪnfəməs/ *adj* infame, tristemente célebre

infancy /'ɪnfənsi/ *s* **1** (primera) infancia **2 to be in its infancy** estar en pañales

infant /'ɪnfənt/ *s* **1** (formal) bebé, niño -a **2 infant mortality** mortalidad infantil **infant school** BrE escuela para niños que tienen entre 4 y 7 años

infantile /'ɪnfəntaɪl/ *adj* infantil, pueril

infantry /'ɪnfəntri/ *s* infantería

infatuated /ɪn'fætʃueɪtɪd/ *adj* encaprichado -a | **to become infatuated with sb** encapricharse con alguien

infatuation /ɪn,fætʃu'eɪʃən/ *s* encaprichamiento, pasión [pasajera]

infect /ɪn'fekt/ *v* [tr] **1** contagiar, infectar | **to infect sb with sth** contagiarle algo a alguien **2** contagiar [un sentimiento]

infected /ɪn'fektɪd/ *adj* infectado -a | **to become infected (a)** (persona) contagiarse **(b)** (herida) infectarse

infection /ɪn'fekʃən/ *s* **1** (enfermedad) infección **2** (de una persona) contagio, (de una herida) infección

infectious /ɪn'fekʃəs/ *adj* contagioso -a

infer /ɪn'fɜr/ *v* [tr] (-rred, -rring) **1** inferir, deducir **2** insinuar ► Muchas personas consideran que el uso de **infer** con este significado es incorrecto

inference /'ɪnfərəns/ *s* **1** deducción, conclusión **2 by inference (a)** por deducción **(b)** por extensión

inferior /ɪn'fɪriər/ *adjetivo & sustantivo*
■ *adj* **1** inferior **2** (de calidad) inferior
■ *s* inferior

inferiority /ɪn,fɪri'ɔrəti/ *s* **1** inferioridad **2 inferiority complex** complejo de inferioridad

infertile /ɪn'fɜrtl, BrE ɪn'fɜtaɪl/ *adj* infértil, estéril

infertility /ɪnfər'tɪləti/ *s* infertilidad

infest /ɪn'fest/ *v* [tr] infestar

infidelity /ɪnfə'deləti/ *s* (pl -ties) infidelidad

infiltrate /ɪn'fɪltreɪt/ *v* **1** [intr] infiltrarse **2** [tr] infiltrarse en

infinite /'ɪnfənət/ *adj* infinito -a

infinitely /'ɪnfənətli/ *adv* infinitamente

infinitive /ɪn'fɪnətɪv/ *s* infinitivo

infinity /ɪn'fɪnəti/ *s* **1** infinito, infinitud **2** infinito

infirmary /ɪn'fɜrməri/ *s* (pl -ries) (en una cárcel, un colegio, etc.) enfermería

inflamed /ɪn'fleɪmd/ *adj* inflamado -a

inflammable /ɪn'flæməbəl/ *adj* inflamable

inflammation /ɪnflə'meɪʃən/ *s* inflamación

inflammatory /ɪn'flæmətɔri/ *adj* incendiario -a, provocador -a

inflatable /ɪn'fleɪtəbəl/ *adj* inflable

inflate /ɪn'fleɪt/ *v* **1** [tr] inflar **2** [intr] inflarse

inflation /ɪn'fleɪʃən/ *s* inflación

inflexible /ɪn'fleksəbəl/ *adj* **1** inflexible **2** rígido -a [material]

inflict /ɪn'flɪkt/ *v* [tr] **1** causar [daño] | **to inflict suffering/pain on sb** ocasionarle sufrimientos/dolor a alguien **2** to **inflict sth/sb on sb** endilgarle algo/alguien a alguien

influence /'ɪnfluəns/ *sustantivo & verbo*
■ *s* influencia | **to be a bad/good influence on sb** ser una buena/mala influencia para alguien
■ *v* [tr] influir en/sobre, influenciar

influential /ɪnflu'enʃəl/ *adj* influyente

influenza /ɪnflu'enzə/ *s* (formal) gripa, gripe

influx /'ɪnflʌks/ *s* (pl -xes) afluencia, oleada

inform /ɪn'fɔrm/ *v* **1** [tr] informar | **to inform sb of/about sth** informar a alguien de/sobre algo | **to keep sb informed (about/on sth)** mantener a alguien al tanto (de algo) **2 to inform on/against sb** delatar a alguien

informal /ɪn'fɔrməl/ *adj* **1** informal [ambiente, reunión] **2** informal [estilo, expresión] **3** informal [ropa]

informant /ɪn'fɔrmənt/ *s* informante

information /ɪnfər'meɪʃən/ *s* información | **information on/about sth** información sobre algo | **a piece of information** un dato

infor,mation 'superhighway *s* autopista de la información

infor'mation tech,nology *s* informática

informative /ɪn'fɔrmətɪv/ *adj* instructivo -a, informativo -a

informed /ɪn'fɔrmd/ *adj* **1** bien informado -a **2 to make an informed decision/choice** decidir/elegir con fundamento

informer /ɪn'fɔrmər/ *s* informante, delator -a

infrastructure /'ɪnfrə,strʌktʃər/ *s* infraestructura

infrequent /ɪn'frikwənt/ *adj* poco frecuente, infrecuente

infrequently /ɪn'frikwəntli/ *adv* raramente, rara vez

infringe /ɪn'frɪndʒ/ *v* [tr] **1** infringir [una regla] **2** violar [un derecho]

infringement /ɪn'frɪndʒmənt/ *s* violación, infracción

infuriate /ɪn'fjʊrieɪt/ *v* [tr] poner furioso -a a

infuriating /ɪn'fjʊrieɪtɪŋ/ *adj* exasperante

ingenious /ɪn'dʒinjəs/ *adj* ingenioso -a

ingenuity /ɪndʒə'nuəti/ *s* ingenio

i ¿Se dice *I arrived in Miami* o *I arrived to Miami?* Mira la entrada **arrive**.

ingredient /ɪn'griːdiənt/ s ingrediente

inhabit /ɪn'hæbɪt/ v [tr] habitar, poblar

inhabitant /ɪn'hæbətənt/ s habitante

inhale /ɪn'heɪl/ v
1 [tr] inhalar
2 [intr] aspirar
3 [intr] tragar el humo [al fumar]

ingredients

inherent /ɪn'hɪrənt/ adj inherente | **to be inherent in sth** ser inherente a algo

inherently /ɪn'hɪrəntli/ adv intrínsecamente

inherit /ɪn'herɪt/ v [tr] heredar

inheritance /ɪn'herɪtəns/ s herencia

inhibit /ɪn'hɪbɪt/ v [tr] **1** inhibir [un proceso] **2** inhibir, cohibir [a una persona] | **to inhibit sb from doing sth** impedirle a alguien hacer algo

inhibited /ɪn'hɪbɪtɪd/ adj inhibido -a, cohibido -a

inhospitable /ɪnhɑ'spɪtəbəl/ adj **1** inhóspito -a **2** poco hospitalario -a

inhuman /ɪn'hjumən/ adj inhumano -a

initial /ɪ'nɪʃəl/ adjetivo & sustantivo
■ adj inicial
■ s inicial

initially /ɪ'nɪʃəli/ adv al principio

initiate /ɪ'nɪʃieɪt/ v [tr] **1** iniciar, comenzar **2** poner en marcha [reforma] **3** to initiate sb into sth iniciar a alguien en algo

initiative /ɪ'nɪʃətɪv/ s **1** iniciativa: *Show some initiative!* ¡Muestra un poco de iniciativa! | **on your own initiative** por/con iniciativa propia **2** (plan) iniciativa **3** to take the initiative tomar la iniciativa

inject /ɪn'dʒekt/ v [tr] inyectar | **to inject sb with sth** inyectarle algo a alguien

injection /ɪn'dʒekʃən/ s inyección

injure /'ɪndʒər/ v [tr] herir, lesionar: *Two people were injured in the accident.* Dos personas resultaron heridas en el accidente. | *She injured her knee.* Se lesionó la rodilla. | **to injure yourself** resultar herido -a, lesionarse

injured /'ɪndʒərd/ adj **1** lesionado -a, herido -a [persona, brazo, etc.] **2** herido -a [orgullo] **3** dolido -a, ofendido -a [tono]

injury /'ɪndʒəri/ s (pl -ries) **1** herida, lesión **2** injury time BrE tiempo suplementario, tiempo de descuento [en deportes]

injustice /ɪn'dʒʌstɪs/ s injusticia

ink /ɪŋk/ s tinta | **in ink** con tinta: *Please write in ink.* Por favor, escriban con tinta.

inkjet printer /'ɪŋkdʒet prɪntər/ s impresora de inyección de tinta

inland /'ɪnlənd/ adjetivo & adverbio
■ adj del interior
■ adv tierra adentro, hacia el interior

Inland 'Revenue s ente recaudador de impuestos en Gran Bretaña ► El organismo equivalente en EU es el **IRS** o **Internal Revenue Service**

'in-laws s pl (informal) suegros

inlet /'ɪnlet/ s ensenada

inmate /'ɪnmeɪt/ s interno -a, recluso -a

inn /ɪn/ s posada, hostal

innate /ɪ'neɪt/ adj innato -a

inner /'ɪnər/ adj **1** interno -a, interior **2** íntimo -a

inner 'city s (pl -ties) zona con problemas socioeconómicos en el centro de una gran ciudad

inning /'ɪnɪŋ/ s entrada, inning [cada una de las partes de un partido de beisbol o cricket]

innocence /'ɪnəsəns/ s inocencia

innocent /'ɪnəsənt/ adj inocente: *He is innocent of the charges against him.* Es inocente de los cargos que le imputan.

innocuous /ɪ'nɑkjuəs/ adj **1** inofensivo -a [comentario] **2** inocuo -a [sustancia]

innovation /ɪnə'veɪʃən/ s innovación

innovative /'ɪnəveɪtɪv/ adj innovador -a

innuendo /ɪnju'endoʊ/ s (pl -s o -es) insinuación, insinuaciones

innumerable /ɪ'numərəbəl/ adj innumerable

inoculate /ɪ'nɑkjəleɪt/ v [tr] vacunar, inocular

inoculation /ɪnɑkjə'leɪʃən/ s **1** vacunación, inoculación **2** vacuna

input /'ɪnpʊt/ s **1** contribución, aporte **2** ingreso [de datos]

inquest /'ɪŋkwest/ s investigación judicial | **to hold an inquest into sth** llevar a cabo una investigación (judicial) sobre algo

inquire, también **enquire** /ɪn'kwaɪr/ v (formal) **1** [tr] preguntar **2** [intr] pedir información, averiguar: *I inquired about hotels in the center of town.* Pedí información sobre hoteles en el centro. | *I'll go and inquire.* Iré a averiguar.

inquiry, también **enquiry** /'ɪŋkwəri, BrE ɪn'kwaɪəri/ sustantivo & sustantivo plural
■ s (pl -ries) **1** pedido de información | **to make inquiries (about sth)** hacer averiguaciones (sobre algo), preguntar (sobre algo) **2** investigación
■ **inquiries** s pl informaciones [mostrador, oficina]

inquisitive /ɪn'kwɪzətɪv/ adj curioso -a, inquisitivo -a

insane /ɪn'seɪn/ adj **1** loco -a [persona], delirante [idea] **2** demente

insanity /ɪn'sænəti/ s **1** locura **2** demencia

inscribe /ɪn'skraɪb/ v **to inscribe sth on/in sth** grabar/escribir algo en algo

inscription /ɪn'skrɪpʃən/ s **1** (en una piedra) inscripción **2** (en un libro) dedicatoria

insect /'ɪnsekt/ s insecto

insecticide /ɪn'sektəsaɪd/ s insecticida

insecure /ɪnsɪ'kjʊr/ adj inseguro -a

insecurity /ɪnsɪ'kjʊrəti/ s inseguridad

insensitive /ɪn'sensətɪv/ adj **1** insensible [persona] **2** sin tacto, de poco tacto [comentario, pregunta] **3 to be insensitive to sth** ser insensible a algo

insert /ɪn'sɜrt/ v [tr] **1** meter, introducir **2** (en computación) insertar

inside¹ /ɪn'saɪd, 'ɪnsaɪd/ preposición & adverbio
- **prep** dentro de, adentro de: *What's inside this package?* ¿Qué hay dentro de este paquete?
- **adv** adentro: *The keys were inside.* Las llaves estaban adentro. | *It's raining. We'll have to go inside.* Llueve. Vamos a tener que entrar.

inside² /ɪn'saɪd, 'ɪnsaɪd/ s **1 the inside** el interior, el lado/la parte de adentro **2 inside out** al revés [con la parte de adentro para afuera]: *He has his sweater on inside out.* Trae el suéter puesto al revés. | **to turn sth inside out** voltear algo [como un calcetín] **3 to know sth inside out** saberse algo al dedillo/al derecho y al revés **4 my/your etc. insides** (informal) mis/tus etc. tripas

inside³ /'ɪnsaɪd/ adj **1** interior: *an inside pocket* un bolsillo interior **2 the inside lane** BrE el carril de baja velocidad ▶ En inglés americano se usa **slow lane 3 inside information** información privilegiada

insight /'ɪnsaɪt/ s **1** lucidez, perspicacia **2** percepción que ayuda a entender algo: *It gives you an insight into their way of life.* Te permite entender su manera de vivir.

insignificant /ɪnsɪg'nɪfəkənt/ adj insignificante

insincere /,ɪnsɪn'sɪr/ adj falso -a

insincerity /,ɪnsɪn'serəti/ s falsedad

insist /ɪn'sɪst/ v [intr] insistir | **to insist on (doing) sth** insistir en (hacer) algo: *He insisted on seeing the manager.* Insistió en ver al gerente. | **to insist that** insistir en que: *She insisted that she had seen him.* Insistió en que lo había visto.

insistence /ɪn'sɪstəns/ s insistencia, empeño

insistent /ɪn'sɪstənt/ adj insistente | **to be insistent that** insistir en que

insolence /'ɪnsələns/ s insolencia

insolent /'ɪnsələnt/ adj insolente

insomnia /ɪn'sɑmniə/ s insomnio

inspect /ɪn'spekt/ v [tr] **1** hacer una inspección de, inspeccionar [una fábrica, una escuela, etc.] **2** inspeccionar [un vehículo] **3** revisar [un producto, un documento]

inspection /ɪn'spekʃən/ s inspección, revisión

inspector /ɪn'spektər/ s **1** (en educación, sanidad laboral, etc.) inspector -a **2** (de policía) inspector -a **3** BrE (en el transporte) inspector -a

inspiration /ɪnspə'reɪʃən/ s inspiración

inspire /ɪn'spaɪr/ v [tr] **1** estimular, alentar **2** inspirar [respeto, confianza] **3 to inspire sb with confidence** inspirarle confianza a alguien | **to inspire sb with hatred/terror** infundirle odio/terror a alguien **4 to be inspired by sth** estar inspirado -a en algo [obra artística]

instability /ɪnstə'bɪləti/ s inestabilidad

install /ɪn'stɔl/ v [tr] instalar

installation /ɪnstə'leɪʃən/ s instalación

installment AmE, **instalment** BrE /ɪn'stɔlmənt/ s **1** abono, plazo | **to pay for sth in/by installments** pagar algo en abonos/a plazos **2** (de una serie de TV, etc.) capítulo, episodio **3** (de una publicación) fascículo, entrega

instance /'ɪnstəns/ s **1 for instance** por ejemplo **2** caso

instant /'ɪnstənt/ adjetivo & sustantivo
- **adj 1** instantáneo -a, inmediato -a **2 instant coffee** café instantáneo
- **s 1** instante **2 this instant** ya mismo

instantaneous /ɪnstən'teɪniəs/ adj instantáneo -a, inmediato -a

instantly /'ɪnstəntli/ adv instantáneamente, de inmediato

instant 'replay s AmE repetición de la jugada

instead /ɪn'sted/ adv **1 instead of** en lugar de, en vez de: *He took mine instead of his.* Se llevó el mío en lugar del suyo. **2** (en lugar de algo o alguien ya mencionado): *Lucy couldn't go, so I went instead.* Lucy no pudo ir, así que fui yo en su lugar. | *There was no rice, so we had potatoes instead.* No había arroz, así que comimos papas.

instigate /'ɪnstəgeɪt/ v [tr] instigar, promover

instill AmE, **instil** BrE /ɪn'stɪl/ v (-lled, -lling) **to instill a value in/into sb** inculcarle un valor a alguien | **to instill fear/hatred etc. in/into sb** infundirle temor/odio etc. a alguien

instinct /'ɪnstɪŋkt/ s instinto: *the instinct to survive* el instinto de supervivencia | *My first instinct was to say no.* Mi primera reacción fue decir que no.

instinctive /ɪn'stɪŋktɪv/ adj instintivo -a

institute /'ɪnstətut/ sustantivo & verbo
- **s** instituto
- **v** [tr] (formal) **1** establecer, instituir [un sistema, una norma, etc.] **2** iniciar [acciones legales]

institution /ɪnstə'tuʃən/ s **1** institución **2** casa hogar [para niños, ancianos] **3** hospital psiquiátrico

institutional /ɪnstə'tuʃənəl/ adj institucional

instruct /ɪn'strʌkt/ v [tr] **1** ordenar, indicar: *He instructed us not to leave the house.* Nos ordenó que no saliéramos de la casa. **2** instruir, darle instrucciones a | **to instruct sb in sth** instruir a alguien en algo, enseñarle algo a alguien

instruction /ɪn'strʌkʃən/ s **1** instrucción, orden: *He had instructions not to let anyone in.* Tenía instrucciones de no dejar entrar a nadie. **2** enseñanza, instrucción

instructive /ɪn'strʌktɪv/ adj instructivo -a

instructor /ɪn'strʌktər/ s instructor -a, profesor -a: *a skiing instructor* un instructor de esquí | *a swimming instructor* un profesor de natación

instrument /'ɪnstrəmənt/ s **1** instrumento | **scientific/surgical instruments** instrumental científico/quirúrgico **2** (en música) instrumento

musical instrument

surgical instruments

instrumental /ɪnstrə'mentl/ adj **1** to be **instrumental in (doing) sth** desempeñar un papel fundamental en (hacer) algo **2** (en música) instrumental

insufficient /ɪnsə'fɪʃənt/ adj insuficiente

insulate /'ɪnsəleɪt/ v [tr] aislar [cables, etc.]

insult¹ /ɪn'sʌlt/ v [tr] insultar

insult² /'ɪnsʌlt/ s **1** insulto **2** to add insult to injury por si fuera poco, para colmo

insulting /ɪn'sʌltɪŋ/ adj insultante, ofensivo -a

insurance /ɪn'ʃʊrəns/ s seguro | to take out insurance on/against sth adquirir un seguro para/contra algo

insure /ɪn'ʃʊr/ v [tr] **1** asegurar: *The painting is insured for $100,000.* El cuadro está asegurado por $100.000. | *Are you insured against theft?* ¿Tienes seguro contra robo? **2** AmE ▶ ver **ensure**

intact /ɪn'tækt/ adj intacto -a

intake /'ɪnteɪk/ s **1** consumo: *He needs to reduce his fat intake.* Tiene que reducir su consumo de grasas. **2** matrícula [de alumnos]: *The intake is down from last year.* La matrícula es más baja que el año pasado.

integral /'ɪntəgrəl, ɪn'tegrəl/ adj esencial | to be **an integral part of sth** ser parte esencial de algo

integrate /'ɪntəgreɪt/ v **1** [tr] integrar **2** [intr] integrarse

integration /ɪntə'greɪʃən/ s **integration (into sth)** integración (a/en algo)

intellectual /ɪntə'lektʃuəl/ adj & s intelectual

intellectually /ɪntə'lektʃuəli/ adv intelectualmente

intelligence /ɪn'telədʒəns/ s inteligencia

intelligent /ɪn'telədʒənt/ adj inteligente

intelligible /ɪn'telədʒəbəl/ adj comprensible, inteligible

intend /ɪn'tend/ v [tr] **1** to intend to do sth/to **intend doing sth** pensar hacer algo, tener la intención de hacer algo: *She intends to go to college.* Piensa ir a la universidad. | to intend sb **to do sth** (para expresar la intención de que alguien haga algo): *I intend Alan to oversee the whole*

process. Mi intención es que Alan supervise todo el proceso. **2** to be intended for sth/sb estar pensado -a para algo/alguien, ser para algo/alguien: *The book is intended for beginners.* El libro está pensado para principiantes. **3** to be intended as sth (para indicar intención): *It was intended as a compliment.* Te quise/quiso etc. hacer un elogio.

intense /ɪn'tens/ adj **1** intenso -a [dolor, calor] | with intense interest con sumo interés **2** intenso -a, fuerte [emoción] **3** vehemente, apasionado -a [persona]

intensely /ɪn'tensli/ adv profundamente, sumamente

intensify /ɪn'tensəfaɪ/ v (-fies, -fied) **1** [tr] intensificar **2** [intr] intensificarse

intensive /ɪn'tensɪv/ adj **1** intensivo -a **2** intensive care terapia intensiva

intent /ɪn'tent/ adjetivo & sustantivo
■ adj **1** to be intent on/upon doing sth estar decidido -a a hacer algo **2** atento -a, reconcentrado -a [expresión] | to be intent on/upon sth estar concentrado -a en algo
■ s **1** for/to all intents (and purposes) en la práctica, en realidad: *For all intents and purposes, their marriage was over.* En la práctica, su matrimonio ya se había terminado. **2** intención

intention /ɪn'tenʃən/ s intención | to have no **intention of doing sth** no tener la menor intención de hacer algo

intentional /ɪn'tenʃənəl/ adj intencional, adrede

intentionally /ɪn'tenʃənəli/ adv intencionadamente, deliberadamente

intently /ɪn'tentli/ adv atentamente, con atención

interact /ɪntər'ækt/ v [intr] interactuar

interaction /ɪntər'ækʃən/ s interacción

interactive /ɪntər'æktɪv/ adj interactivo -a

interchange¹ /'ɪntərtʃeɪndʒ/ s **1** intercambio, cambio **2** enlace, cruce [de carreteras]

interchange² /ɪntər'tʃeɪndʒ/ v [tr] intercambiar

interchangeable /ɪntər'tʃeɪndʒəbəl/ adj intercambiable

intercom /'ɪntərkɑm/ s **1** intercomunicador **2** interfón

interconnected /ɪntərkə'nektɪd/ adj interconectado -a

intercourse /'ɪntərkɔrs/ s (también sexual **intercourse**) (formal) relaciones (sexuales)

interest /'ɪntrəst/ sustantivo & verbo
■ s **1** interés: *She shows no interest at all in sports.* No muestra ningún interés por el deporte. | to take an interest in sth/sb interesarse por/en algo/alguien **2** pasatiempo o actividad desarrollada en el tiempo libre **3** to be of **interest** ser de interés | to be of no interest to sb no interesarle a alguien **4** (en finanzas) interés **5** (beneficio) interés: *It's in everyone's interest to solve this problem.* Es del interés de todos

resolver este problema. | **in the interests of fairness/safety etc.** para ser justos/por razones de seguridad etc.
■ *v* [tr] **1** interesar **2 to interest sb in sth** despertar el interés de alguien por algo

interested /'ɪntrəstɪd, 'ɪntərestɪd/ *adj* interesado -a | **to be interested in (doing) sth** estar interesado -a en (hacer) algo: *She's interested in starting her own business.* Está interesada en poner su propio negocio. | *He's not interested in politics.* No le interesa la política. | **I'd/he'd etc. be interested to do sth** me/le etc. interesaría hacer algo: *I'd be interested to see how he gets along.* Me interesaría ver cómo le va.

interesting /'ɪntrəstɪŋ, 'ɪntərestɪŋ/ *adj* interesante

interestingly /'ɪntrəstɪŋli, 'ɪntərestɪŋli/ *adv* curiosamente

interfere /ɪntər'fɪr/ *v* [intr] **1 to interfere (in sth)** entrometerse (en algo) **2 to interfere with sth (a)** afectar algo: *You mustn't let it interfere with your schoolwork.* No debes permitir que afecte tus estudios. **(b)** meter mano en algo, jugar con algo [y estropearlo, romperlo, etc.]

interference /ɪntər'fɪrəns/ *s* **1** intromisión **2** interferencia, ruido

interfering /ɪntər'fɪrɪŋ/ *adj* entrometido -a

interior /ɪn'tɪriər/ *s & adj* interior

interjection /ɪntər'dʒekʃən/ *s* interjección

interlude /'ɪntərlud/ *s* **1** intervalo **2** interludio

intermediate /ɪntər'midiət/ *adj* **1** de nivel intermedio [estudiante] **2** intermedio -a [etapa, nivel]

intermission /ɪntər'mɪʃən/ *s* intermedio

intermittent /ɪntər'mɪtnt/ *adj* intermitente

intern /ɪn'tɜrn/ *v* [tr] recluir

internal /ɪn'tɜrnl/ *adj* **1** interno -a: *internal bleeding* hemorragia interna | *a country's internal affairs* los asuntos internos de un país **2** nacional, doméstico -a: *an internal flight* un vuelo nacional/doméstico

In,ternal 'Revenue ,Service *s* ente recaudador de impuestos en EU

international /ɪntər'næʃənəl/ *adjetivo & sustantivo*
■ *adj* internacional
■ *s* **1** partido internacional **2** BrE internacional [jugador]

internationally /ɪntər'næʃənəli/ *adv* internacionalmente

Internet /'ɪntərnet/ *s* **the Internet** Internet: *Are you connected to the Internet?* ¿Tienes conexión a Internet?

,Internet 'Service Pro,vider *s* proveedor de Internet, ISP

interpret /ɪn'tɜrprɪt/ *v* **1** [tr] interpretar **2** [intr] traducir [oralmente], hacer de intérprete

interpretation /ɪn,tɜrprə'teɪʃən/ *s* interpretación

interpreter /ɪn'tɜrprətər/ *s* intérprete [traductor]

interrelated /,ɪntərɪ'leɪtɪd/ *adj* interrelacionado -a

interrogate /ɪn'terəgeɪt/ *v* [tr] interrogar

interrogation /ɪn,terə'geɪʃən/ *s* interrogatorio

interrogative /ɪntə'rɑgətɪv/ *adj* interrogativo -a

interrupt /ɪntə'rʌpt/ *v* [tr/intr] interrumpir: *I hope I'm not interrupting anything.* Espero no estar interrumpiendo.

interruption /ɪntə'rʌpʃən/ *s* interrupción

intersect /ɪntər'sekt/ *v* **1** [tr] cortar, cruzar **2** [intr] cortarse, cruzarse

intersection /'ɪntərsekʃən/ *s* intersección

interval /'ɪntərvəl/ *s* **1** intervalo | **at regular intervals** a intervalos regulares | **at hourly/six-month etc. intervals** cada hora/seis meses etc. **2 sunny intervals** períodos de sol **3** BrE (en un concierto, etc.) intermedio ▶ En inglés americano se usa **intermission**

intervene /ɪntər'vin/ *v* [intr] **1** intervenir | **to intervene in sth** intervenir en algo **2** interponerse

intervening /ɪntər'vinɪŋ/ *adj* **the intervening years/months etc.** los años/meses, etc. entre dos momentos determinados

intervention /ɪntər'venʃən/ *s* intervención

interview /'ɪntərvju/ *sustantivo & verbo*
■ *s* entrevista
■ *v* [tr] entrevistar

interviewee /,ɪntərvju'i/ *s* entrevistado -a

interviewer /'ɪntərvjuər/ *s* entrevistador -a

intestine /ɪn'testɪn/ *s* intestino | **the small/large intestine** el intestino delgado/grueso

intimacy /'ɪntəməsi/ *s* intimidad

intimate /'ɪntəmət/ *adj* **1** íntimo -a [amigo, amistad] **2** íntimo -a [ambiente, restaurante] **3 to have an intimate knowledge of sth** estar muy familiarizado -a con algo

intimidate /ɪn'tɪmədeɪt/ *v* [tr] intimidar

intimidating /ɪn'tɪmədeɪtɪŋ/ *adj* intimidante

into /'ɪntə, 'ɪntʊ, acentuado 'ɪntu/ *prep* ▶ ver recuadro

intolerable /ɪn'tɑlərəbəl/ *adj* insoportable, intolerable

intolerance /ɪn'tɑlərəns/ *s* intolerancia

intolerant /ɪn'tɑlərənt/ *adj* intolerante | **to be intolerant of sth** no tolerar algo, ser intolerante con algo

intonation /ɪntə'neɪʃən/ *s* entonación

intransitive /ɪn'trænsətɪv/ *adj* intransitivo -a

intricate /'ɪntrɪkət/ *adj* intrincado -a

intrigue¹ /ɪn'trig/ *v* [tr] intrigar

intrigue² /'ɪntrig/ *s* intriga

intriguing /ɪn'trigɪŋ/ *adj* intrigante

intrinsic /ɪn'trɪnzɪk/ *adj* intrínseco -a

into

1 MOVIMIENTO HACIA EL INTERIOR DE ALGO

He fell into the river. Se cayó al río. | *I got into bed.* Me metí en la cama.

2 SITUACIONES, OCUPACIONES

He was always getting into trouble. Siempre se estaba metiendo en problemas. | *I want to go into teaching.* Quiero dedicarme a la docencia.

3 CAMBIO

Make the dough into a ball. Haga una bola con la masa. | *Break the chocolate into pieces.* Quiebre el chocolate en pedazos.

4 CONTACTO

The car crashed into a tree. El coche se chocó contra un árbol.

5 DIRECCIÓN

She was staring into space. Estaba mirando fijamente al vacío.

6 TIEMPO

We talked long into the night. Nos quedamos platicando hasta bien entrada la noche.

7 DIVISIONES

12 into 36 is three. 36 entre 12 da tres.

8 INTERÉS

to be into sth: *Dave's really into sailing.* Dave tiene pasión por la náutica. | *I'm not into drugs.* No consumo drogas.

9 into también forma parte de varios **phrasal verbs** como **enter into**, **run into**, etc. Éstos están tratados bajo el verbo correspondiente

introduce /ɪntrə'dus/ *v* [tr] **1** presentar: *I was introduced to her father.* Me presentaron a su padre. | **to introduce yourself** presentarse **2** introducir [reformas, cambios, etc.] **3** establecer [un sistema, una política] **4** **to introduce sb to sth** iniciar a alguien en algo **5** presentar [un programa de TV, radio, etc.]

introduction /ɪntrə'dʌkʃən/ *s* **1** (acción de introducir algo) introducción

introduction

2 (de un libro) introducción **3** (acción de presentar a alguien) presentación **4** (primera experiencia) **sb's introduction to sth** la iniciación de alguien en algo

introductory /ɪntrə'dʌktəri/ *adj* **1** introductorio -a **2** **an introductory offer** una oferta por lanzamiento

introvert /'ɪntrəvɜrt/ *s* introvertido -a

intrude /ɪn'trud/ *v* [intr] entrometerse, importunar | **to intrude on/upon/into sth** inmiscuirse en algo

intruder /ɪn'trudər/ *s* intruso -a

intrusion /ɪn'truʒən/ *s* intromisión, invasión

intrusive /ɪn'trusɪv/ *adj* indiscreto -a, que invade la privacidad

intuition /ɪntu'ɪʃən/ *s* intuición

intuitive /ɪn'tuətɪv/ *adj* intuitivo -a

inundate /'ɪnəndeɪt/ *v* [tr] inundar | **to be inundated with calls/complaints etc.** recibir un aluvión de llamadas/quejas etc.

invade /ɪn'veɪd/ *v* [tr/intr] invadir

invader /ɪn'veɪdər/ *s* invasor -a

invalid[1] /ɪn'vælɪd/ *adj* **1** no válido -a [documento] **2** inválido -a [argumento]

invalid[2] /'ɪnvəlɪd/ *s* inválido -a

invaluable /ɪn'væljəbəl/ *adj* invaluable

invariably /ɪn'veriəbli/ *adv* invariablemente

invasion /ɪn'veɪʒən/ *s* invasión

invent /ɪn'vent/ *v* [tr] **1** inventar **2** inventar(se) [un pretexto]

invention /ɪn'venʃən/ *s* invento, invención

inventive /ɪn'ventɪv/ *adj* creativo -a, ingenioso -a

inventor /ɪn'ventər/ *s* inventor -a

inventory /'ɪnvəntɔri/ *s* (pl **-ries**) inventario

inverted commas /ɪn,vɜrtɪd 'kɑməz/ *s pl* BrE comillas ► También existe **quotation marks**, que es inglés universal | **in inverted commas** entre comillas

invest /ɪn'vest/ *v* [tr/intr] **to invest (sth) in sth** invertir (algo) en algo

investigate /ɪn'vestəgeɪt/ *v* [tr/intr] investigar

investigation /ɪn,vestə'geɪʃən/ *s* **investigation (into sth)** investigación (de/sobre algo)

investigative /ɪn'vestəgeɪtɪv/ *adj* de investigación [trabajo, periodismo]

investigator /ɪn'vestəgeɪtər/ *s* investigador -a, inspector -a

investment /ɪn'vestmənt/ *s* inversión

investor /ɪn'vestər/ *s* inversionista, inversor -a

invisible /ɪn'vɪzəbəl/ *adj* invisible

invitation /ɪnvə'teɪʃən/ *s* invitación: *an invitation to the party* una invitación para la fiesta

invite[1] /ɪn'vaɪt/ *v* [tr] **1** invitar: *I haven't been invited.* No me invitaron. | **to invite sb for dinner** invitar a alguien a comer | **to invite sb to sth/to do sth** invitar a alguien a algo/a hacer algo **2** **to invite questions/comments etc.** invitar a que se hagan preguntas/ comentarios etc. **3** **to invite trouble** buscarse problemas

invite sb back **1** invitar a alguien (a la casa de uno) [después de una salida] **2** devolverle/retribuirle la invitación a alguien

invite sb in invitar a alguien a pasar

invite sb out invitar a alguien (a salir)

invite sb over invitar a alguien (a casa)
invite sb round BrE ► ver **invite sb over**
invite² /'ɪnvaɪt/ s (informal) invitación
inviting /ɪn'vaɪtɪŋ/ adj tentador -a, apetitoso -a
invoice /'ɪnvɔɪs/ s factura
involve /ɪn'vɑlv/ v [tr] **1** implicar, suponer: *Catching the first train would involve getting up at five in the morning.* Tomar el primer tren implicaría levantarse a las cinco de la mañana. | *What does the job involve?* ¿En qué consiste el trabajo? **2** involucrar: *a riot involving 45 prisoners* un motín que involucró a 45 reclusos **3 to involve sb (in sth)** hacer participar a alguien (en algo) | **to be involved in sth** participar en algo, estar involucrado -a en algo | **to get involved in sth** meterse en algo: *He got involved in a fight.* Se metió en una bronca. **4 to involve sb in sth** implicar a alguien en algo **5 to be/get involved with sb** mantener/entablar una relación (amorosa) con alguien, estar enredado -a/enredarse con alguien
involved /ɪn'vɑlvd/ adj enrevesado -a, complicado -a
involvement /ɪn'vɑlvmənt/ s **1 involvement (in sth)** participación/intervención (en algo) **2** relación [amorosa]
inward /'ɪnwərd/ adverbio & adjetivo
■ adv (también **inwards**) hacia adentro, hacia el interior
■ adj **1** interior **2** hacia adentro
IQ /aɪ 'kju/ s (= **intelligence quotient**) CI [coeficiente intelectual]
Ireland /'aɪrlənd/ s Irlanda
iris /'aɪrɪs/ s (pl -ses) **1** lirio **2** iris
Irish /'aɪrɪʃ/ adjetivo & sustantivo
■ adj irlandés -esa
■ s **the Irish** los irlandeses
Irishman /'aɪrɪʃmən/ s (pl -men) irlandés
Irishwoman /'aɪrɪʃwʊmən/ s (pl -women) irlandesa
iron /'aɪərn/ sustantivo & verbo
■ s **1** hierro **2** plancha [para planchar]
■ v [tr/intr] planchar
iron sth out resolver algo
ironic /aɪ'rɑnɪk/ adj irónico -a
ironically /aɪ'rɑnɪkli/ adv irónicamente, con ironía
ironing /'aɪərnɪŋ/ s **1** ropa para planchar | **to do the ironing** planchar (la ropa) **2** ropa planchada **3 ironing board** burro de planchar
irony /'aɪrəni/ s (pl -nies) ironía
irrational /ɪ'ræʃənəl/ adj irracional
irregular /ɪ'regjələr/ adj irregular
irrelevant /ɪ'reləvənt/ adj irrelevante | **to be irrelevant to sth** no tener trascendencia en/para algo, ser irrelevante con respecto a algo
irrespective /ɪrɪ'spektɪv/ adv **irrespective of** independientemente de

irresponsible /ɪrɪ'spɑnsəbəl/ adj irresponsable
irrigation /ɪrɪ'geɪʃən/ s irrigación
irritate /'ɪrəteɪt/ v [tr] **1** irritar | **to get irritated (with sb)** irritarse (con alguien) **2** irritar [la piel, los ojos, etc.]
irritating /'ɪrəteɪtɪŋ/ adj irritante, molesto -a
irritation /ɪrə'teɪʃən/ s **1** irritación **2** inconveniente
IRS /aɪ ɑr 'es/ s (= **Internal Revenue Service**)
is /ɪz/ 3ª pers sing de **be**
Islam /'ɪzlɑm/ s Islam
Islamic /ɪz'læmɪk/ adj islámico -a, del Islam
island /'aɪlənd/ s isla: *They live on a small island.* Viven en una islita.
isle /aɪl/ s isla ► Este vocablo se usa sólo en contextos literarios o como parte de los nombres de algunas islas, p. ej. **the Isle of Cozumel**
isn't /'ɪzənt/ contracción de **is not**
isolate /'aɪsəleɪt/ v [tr] aislar
isolated /'aɪsəleɪtɪd/ adj aislado -a: *an isolated incident* un incidente aislado
isolation /aɪsə'leɪʃən/ s **1** aislamiento **2 in isolation** por separado, aisladamente
ISP /aɪ es 'pi/ s (= **Internet Service Provider**) proveedor de Internet, ISP
issue /'ɪʃu/ sustantivo & verbo
■ s **1** tema, cuestión: *Tony raised the issue of membership fees.* Tony planteó la cuestión de las cuotas de los socios. **2** (de una revista) número, edición **3 to take issue with sth/sb** discrepar con algo/alguien, estar en desacuerdo con algo/alguien **4 to make an issue of sth** darle a algo más importancia de la que tiene **5** (de un pasaporte) expedición **6** (de billetes, estampillas) emisión
■ v [tr] **1** emitir, hacer público [un comunicado] **2 to issue sb with sth** proveer a alguien de algo **3** expedir [un pasaporte] **4** emitir [billetes, estampillas]
IT /aɪ 'ti/ s (= **information technology**) informática
it /ɪt/ pron ► ver recuadro
Italian /ɪ'tæljən/ adjetivo & sustantivo
■ adj italiano -a
■ s **1** italiano -a **2** (idioma) italiano
italics /ɪ'tælɪks/ s pl cursiva
Italy /'ɪtl-i/ s Italia
itch /ɪtʃ/ verbo & sustantivo
■ v [intr] (3ª pers sing **itches**) **1** picar: *My arm is itching.* Me pica el brazo./Tengo comezón en el brazo. **2 to be itching to do sth** (informal) morirse de (las) ganas de hacer algo
■ s (pl **itches**) comezón, picazón
itchy /'ɪtʃi/ adj (-chier, -chiest) que pica [suéter, etc.]: *My eyes are itchy.* Me pican los ojos.
it'd /'ɪtəd/
■ contracción de **it had**
■ contracción de **it would**

it

1 Se usa para referirse a objetos o animales. También se puede referir a un bebé cuyo sexo se desconoce. Puede ocupar la posición de sujeto o de complemento. Cuando se usa como sujeto no tiene equivalente en español:

"Where's the letter?" "It's on your desk." –¿Dónde está la carta? –Está sobre tu escritorio. | *This horse needs a vet. It's not well.* Este caballo necesita un veterinario. No está bien. Usado como complemento directo equivale a *lo*:

What are they going to name it if it's a boy? ¿Cómo le van a poner si es niño?

Usado como complemento indirecto equivale a *le*:

Give it a kick. Dale una patada.

También puede seguir a una preposición:

I put a sheet over it. Lo cubrí con una sábana. | *a house with a stream behind it* una casa con un arroyo detrás

2 Usado en construcciones impersonales:

PARA HABLAR DEL TIEMPO, LA HORA, FECHAS Y DISTANCIAS:

It had been snowing. Había estado nevando. | *"What time is it?" "It's two o'clock."* –¿Qué hora es? –Son las dos. | *It's May 10th today.* Hoy es 10 de mayo. | *It's another 50 miles to Boston.* Todavía faltan 50 millas para Boston.

PARA IDENTIFICAR A PERSONAS O COSAS:

Hello, it's Jenny. Could I speak to Sarah? Bueno, soy/habla Jenny. ¿Podría hablar con Sarah? | *"What's in the package?" "It's a book."* –¿Qué hay en el paquete? –Es un libro.

PARA REFERIRSE A UNA SITUACIÓN:

How's it going, Bob? ¿Qué tal, Bob? | *I can't stand it any longer – I'm leaving.* No aguanto más; me voy.

OTROS USOS IMPERSONALES Y PASIVOS:

It looks like he's not coming. Parece que no va a venir. | *It's so nice to see you!* ¡Qué bueno verte! | *It is said that he's a millionaire.* Se dice que es millonario.

item /'aɪtəm/ *s* **1** elemento en una lista o un grupo: *item one on the agenda* el primer punto del orden del día | *There are over 100 items on the menu.* Hay más de 100 platos en el menú. |

each item in the catalog cada artículo del catálogo **2** *an item of clothing* una prenda de vestir | *an item of furniture* un mueble **3** nota (periodística), artículo: *a news item* una noticia

itinerary /aɪ'tɪnəreri/ *s* (pl -ries) itinerario

it'll /'ɪtl/ contracción de **it will**

it's /ɪts/
- contracción de **it is**
- contracción de **it has**

its /ɪts/ *adj* su, sus [de un objeto, un sustantivo abstracto, un animal o un bebé cuyo sexo se desconoce]: *The plan has its merits.* El plan tiene sus ventajas. ► Los posesivos se usan en inglés en muchos contextos en los que usamos el artículo en español, como delante de partes del cuerpo, pertenencias, etc.: *The dog hurt its leg.* El perro se lastimó la pata. | *The baby dropped its spoon.* Al bebé se le cayó la cuchara.

itself /ɪt'self/ *pron* ► ver recuadro

itself

1 itself es la forma reflexiva de it. Su uso equivale en general al de los verbos reflexivos españoles o a oraciones con *sí mismo* o *sí misma*:

The hedgehog curled itself into a ball. El erizo se hizo una bola. | *Germany's image of itself* la imagen que Alemania tiene de sí misma

2 A veces se usa para enfatizar:

The system itself is to blame. El propio sistema tiene la culpa. | *Life itself is a battle.* La vida misma es una lucha.

3 La expresión by itself o all by itself significa *solo* (sin compañía o sin ayuda):

I don't want to leave the dog by itself. No quiero dejar solo al perro. | *The door seemed to open by itself.* La puerta pareció abrirse sola.

4 in itself equivale a *en sí* o *de por sí*:

She passed. That in itself is quite an achievement. Aprobó. Eso de por sí ya es todo un logro.

I've /aɪv/ contracción de **I have**

ivory /'aɪvəri/ *sustantivo & adjetivo*
- *s* **1** marfil **2** (color) marfil
- *adj* de color marfil

ivy /'aɪvi/ *s* hiedra

J, j /dʒeɪ/ s J, j ▶ ver "Active Box" **letters** en **letter**

jab /dʒæb/ *verbo & sustantivo*
- *v* [tr/intr] (-bbed, -bbing) clavar, pinchar: *She jabbed the needle into my arm.* Me clavó la aguja en el brazo. | *He jabbed at me with a stick.* Me amenazó con un bastón.
- *s* **1** golpe con la punta de un objeto, como una pistola, un paraguas, etc. **2** puñetazo, golpe **3** BrE (informal) inyección, vacuna

jack /dʒæk/ s **1** gato [herramienta] **2** jota [en la baraja francesa]

jacket /'dʒækɪt/ s **1** saco [prenda de vestir] **2** (más casual) chamarra **3** (de un libro) sobrecubierta

jackhammer /'dʒæk,hæmər/ s AmE taladro neumático

jackpot /'dʒækpɑt/ s premio mayor, pozo [en juegos de azar]

jade /dʒeɪd/ s jade

jaded /'dʒeɪdɪd/ *adj* hastiado -a, harto -a

jagged /'dʒægɪd/ *adj* **1** dentado -a [borde] **2** con bordes irregulares [roca]

jaguar /'dʒægwɑr/ s jaguar

jail, también **gaol** BrE /dʒeɪl/ *sustantivo & verbo*
- *s* cárcel, prisión
- *v* [tr] encarcelar

jam /dʒæm/ *sustantivo & verbo*
- *s* **1** mermelada **2** embotellamiento, congestión **3 to get into a jam** (informal) meterse en apuros/aprietos | **to be in a jam** (informal) estar en apuros/aprietos
- *v* (-mmed, -mming) **1** [tr] atascar, atorar **2** [intr] atascarse, atorarse: *The paper has jammed.* Se atascó el papel. **3 to jam sth into/under etc. sth** meter algo en/abajo de etc. algo: *She jammed the letter into her pocket.* Se metió la carta en el bolsillo. **4** [tr] interferir [una señal de radio]

Jamaica /dʒə'meɪkə/ s Jamaica

Jamaican /dʒə'meɪkən/ *adj & s* jamaicano -a, jamaiquino -a

jangle /'dʒæŋgəl/ *v* [tr] hacer sonar, [intr] sonar [con sonido metálico]

janitor /'dʒænətər/ s AmE conserje

January /'dʒænjueri/ s enero ▶ ver "Active Box" **months** en **month**

Japan /dʒə'pæn/ s Japón

Japanese /dʒæpə'niz/ *adjetivo & sustantivo*
- *adj* japonés -esa
- *s* **1** (idioma) japonés **2** japonés -esa | **the Japanese** los japoneses

jar /dʒɑr/ *sustantivo & verbo*
- *s* frasco
- *v* (-rred, -rring) **1** [tr] hacer que (una parte del cuerpo) se resienta con un golpe **2 to jar on sb** irritar a alguien

jargon /'dʒɑrgən/ s jerga

jasmine /'dʒæzmɪn/ s jazmín

jaundice /'dʒɔndɪs/ s ictericia

javelin /'dʒævəlɪn/ s jabalina

jaw /dʒɔ/ *sustantivo & sustantivo plural*
- *s* **1** (de persona) mandíbula **2** (de animal) quijada
- **jaws** *s pl* fauces

jazz /dʒæz/ *sustantivo & verbo*
- *s* jazz
- *v* **jazz sth up** (informal) darle vida a algo

jealous /'dʒeləs/ *adj* **1** envidioso -a | **to be jealous of sth** tener envidia de algo, envidiar algo | **to be jealous of sb** tenerle envidia a alguien **2** celoso -a: *He gets jealous if I go out with my friends.* Se pone celoso si salgo con mis amigos.

jealousy /'dʒeləsi/ (pl -sies) s envidia, celos

jeans /dʒinz/ *s pl* jeans, pantalones de mezclilla: *She bought some new jeans.* Se compró unos jeans nuevos.

jeep, también **Jeep**® /dʒip/ s jeep

jeer /dʒɪr/ *v* **1** [intr] reírse [burlonamente] | **to jeer at sth/sb** burlarse de algo/alguien **2** [tr] abuchear

Jell-O®, también **jello** /'dʒelou/ s AmE gelatina [postre]

jelly /'dʒeli/ s (pl -llies) **1** jalea **2** BrE ▶ ver **Jell-O**®

jellyfish /'dʒelifɪʃ/ s (pl jellyfish o jellyfishes) aguamala

jeopardize, -ise BrE /'dʒepərdaɪz/ *v* [tr] arriesgar, poner en peligro

jeopardy /'dʒepərdi/ s **to be in jeopardy** peligrar | **to put/place sth in jeopardy** hacer peligrar algo

jerk /dʒɜrk/ *verbo & sustantivo*
- *v* [tr/intr] **1** mover repentina y bruscamente: *He jerked his hand away.* Sacó rápidamente la mano. | **to jerk at/on sth** darle un jalón a algo **2** [intr] (referido a vehículos): *The train jerked to a halt.* El tren se detuvo con una sacudida.
- *s* **1** sacudida **2** jalón **3** (informal) pendejo -a

jersey /'dʒɜrzi/ s **1** suéter **2** (en deportes) camiseta, jersey **3** (tela) jersey, tela de punto

jet /dʒet/ s **1** jet, avión [con motor a reacción] **2** chorro **3 jet engine** motor a reacción **jet lag** jet lag [sensación de cansancio y desorientación tras un viaje largo en avión] **jet plane**, también **jet aircraft** jet, avión a reacción

jetty /'dʒeti/ s (pl -**tties**) muelle, embarcadero

Jew /dʒu/ s judío -a

jewel /'dʒuəl/ sustantivo & sustantivo plural
■ s piedra preciosa, gema
■ **jewels** s pl joyas, alhajas

jeweler AmE, **jeweller** BrE /'dʒuələr/ s **1** joyero -a **2 jeweller's** BrE joyería

jewelry AmE, **jewellery** BrE /'dʒuəlri/ s alhajas, joyas | **a piece of jewelry** una alhaja, una joya

Jewish /'dʒuɪʃ/ adj judío -a

jigsaw /'dʒɪgsɔ/, también **jigsaw puzzle** s rompecabezas

jingle /'dʒɪŋgəl/ verbo & sustantivo
■ v **1** [intr] tintinear **2** [tr] hacer tintinear
■ s **1** jingle **2** tintineo

jinx /dʒɪŋks/ sustantivo & verbo
■ s (pl -**xes**) maldición, sal: *I think there's a jinx on this computer.* Creo que esta computadora está salada./Creo que a esta computadora le echaron la sal.
■ v (3ª pers sing -**xes**) [tr] echarle la sal a | **to be jinxed** estar salado -a

job /dʒab/ s **1** (empleo) trabajo | **to be out of a job** quedarse sin trabajo | **to lose your job** quedarse sin trabajo, perder el trabajo
▶ ¿JOB o WORK? ver **trabajo** **2** (tarea) trabajo: *I have a job for you.* Tengo un trabajo para ti. | *He did a poor job on the floor.* No se lució con el piso. **3** (responsabilidad): *It's my job to look after the money.* A mí me corresponde ocuparme de cuidar el dinero. **4 good job!** AmE (informal) ¡bien hecho! **5** BrE (informal) (problema): *I had an awful job getting the stain out.* Me costó muchísimo quitar la mancha. **6 it's a good job** BrE (informal) menos mal: *It was a good job he didn't see us.* Menos mal que no nos vio.

'job ,action s AmE medidas de fuerza [acciones de protesta como huelgas, paros, etc. asociadas a una disputa laboral]

jobless /'dʒabləs/ adj desempleado -a

jockey /'dʒaki/ s jockey

jog /dʒag/ verbo & sustantivo
■ v (-gged, -gging) **1** [intr] correr, trotar [como ejercicio] | **to go jogging** salir a correr/trotar **2** [tr] empujar [levemente], mover **3 to jog sb's memory** refrescarle la memoria a alguien
■ s **1 to go for a jog** salir a correr/trotar **2** empujoncito

jogger /'dʒagər/ s persona que hace jogging

jogging /'dʒagɪŋ/ s correr, trotar [como ejercicio]

join /dʒɔɪn/ verbo & sustantivo
■ v **1** [intr] hacerse socio -a, [tr] hacerse socio -a de [un club] **2** [intr] afiliarse, [tr] afiliarse a [un partido, un sindicato] **3** [tr] entrar a [una empresa, una organización] **4 to join the army/navy** etc. ingresar al ejército/a la armada etc. **5** [tr] unir | **to join sth to sth** unir algo con algo **6** [intr] confluir, [tr] desembocar en **7** [intr] entroncar, [tr] entroncar con **8** [tr] unirse a una persona o un grupo: *Does he want to join us for lunch?* ¿Quiere almorzar con nosotros? | *I joined them in Rome.* Nos encontramos en Roma./Los alcancé en Roma.
join in (sth) tomar parte (en algo)
join up enrolarse, enlistarse
■ s unión

joint /dʒɔɪnt/ sustantivo & adjetivo
■ s **1** articulación [de los huesos] **2** unión, junta **3** (informal) término usado para referirse a sitios como discotecas, bares, lugares para comer, etc.: *a hamburger joint* una hamburguesería **4** toque, churro **5** trozo de carne asado o para asar
■ adj conjunto -a: *It was a joint effort.* Fue un trabajo en equipo./Fue un esfuerzo conjunto.

joke /dʒouk/ sustantivo & verbo
■ s **1** chiste | **to tell a joke** contar un chiste **2** broma | **to play a joke on sb** hacerle/jugarle una broma a alguien
■ v [intr] **1** bromear, hacer bromas: *Don't joke about things like that.* No hagas bromas con cosas como ésa. **2 you must be joking!** ¡tú debes de estar loco -a! **3 (all) joking apart/aside** hablando en serio

joker /'dʒoukər/ s **1** (informal) bromista **2** comodín [en naipes]

jolly /'dʒali/ adjetivo & adverbio
■ adj (-llier, -lliest) alegre, jovial
■ adv BrE (informal) (usado para enfatizar): *Sounds like a jolly good idea.* Me parece una idea buenísima. | *He can jolly well do as he's told.* Que haga lo que se le dice y punto.

jolt /dʒoult/ sustantivo & verbo
■ s **1** sacudida **2** shock, golpe [anímico]
■ v **1** [intr] traquetear **2** [tr] sacudir

jostle /'dʒasəl/ v **1** [tr] empujar, zarandear **2** [intr] empujarse

jot /dʒat/ v (-tted, -tting) **jot sth down** apuntar algo, anotar algo [rápidamente]

journal /'dʒɜrnl/ s **1** publicación, revista [académica] **2** diario [de un viaje, etc.]

journalism /'dʒɜrnlɪzəm/ s periodismo

journalist /'dʒɜrnl-ɪst/ s periodista

journey /'dʒɜrni/ s viaje | **to go on a journey** ir de viaje, hacer un viaje ▶ ¿JOURNEY, TRIP, TRAVEL o VOYAGE? ver **viaje**

joy /dʒɔɪ/ s **1** alegría | **to jump for joy** saltar de alegría **2** placer: *She is a joy to teach.* Es un placer tenerla como alumna.

joyful /'dʒɔɪfəl/ *adj* alegre, feliz

joyriding /'dʒɔɪ,raɪdɪŋ/ s delito de robar un coche y salir a manejar por diversión

joystick /'dʒɔɪstɪk/ s **1** joystick **2** palanca (de mando) [de un avión]

Jr. (= **Junior**) AmE junior, hijo: *John Wallace, Jr.* John Wallace junior

jubilant /'dʒubələnt/ *adj* jubiloso- a, alborozado -a

jubilee /dʒubə'li/ s aniversario [especialmente a los 25 ó 50 años de un hecho]

Judaism /'dʒudeɪ-ɪzəm/ s judaísmo

judge /dʒʌdʒ/ *sustantivo & verbo*
■ s **1** (en derecho) juez -a **2** (en un concurso) juez -a **3** persona entendida: *I'm no judge of these things.* No soy experta en estas cosas.
■ v [tr/intr] **1** juzgar **2** **judging by/from sth** a juzgar por algo **3** calcular **4** **to be judged (to be) sth** ser considerado -a algo

judgment, también **judgement** /'dʒʌdʒmənt/ s **1** criterio: *Use your own judgment.* Actúa según tu criterio. **2** juicio, opinión **3** veredicto

judo /'dʒudoʊ/ s judo

jug /dʒʌg/ s **1** AmE jarro **2** BrE jarra
► En inglés americano se usa **pitcher**

juggle /'dʒʌgəl/ v **1** [tr] hacer malabarismos con **2** [intr] hacer malabarismos

juice /dʒus/ s jugo: *apple juice* jugo de manzana

juicy /'dʒusi/ *adj* (-cier, -ciest) **1** jugoso -a [fruta, carne, etc.] **2** (informal) jugoso -a [chisme, etc.]

jukebox /'dʒukbɑks/ s (pl -xes) rockola, jukebox

July /dʒʊ'laɪ/ s julio
► ver "Active Box" **months** en **month**

jumble /'dʒʌmbəl/ *sustantivo & verbo*
■ s revoltijo, mezcolanza
■ v [tr] (también **jumble up**) revolver, mezclar

jumble sale s BrE venta de ropa y objetos usados que se hace con fines benéficos
► En inglés americano se usa **rummage sale**

jumbo /'dʒʌmboʊ/, también **jumbo-sized** *adj* (informal) gigante, extra grande

jumbo jet, también **jumbo** s jumbo

jump /dʒʌmp/ *verbo & sustantivo*
■ v **1** [tr/intr] saltar, brincar: *He jumped the barrier.* Saltó la barrera. | *He jumped into the pool.* Brincó a la alberca. | *He jumped out of bed.* Se levantó (de la cama) de un brinco. | **to jump up and down** saltar, brincar **2** [intr] sobresaltarse, pegar un brinco | **to make sb jump** asustar a alguien
jump at sth no dejar pasar algo [una oportunidad, etc.]
■ s **1** salto, brinco **2** valla, obstáculo

jumping

jumper /'dʒʌmpər/ s **1** AmE jumper **2** BrE suéter ► También existe **sweater**, que es inglés universal

jump rope s AmE cuerda (de saltar), reata

junction /'dʒʌŋkʃən/ s entronque, cruce

June /dʒun/ s junio ► ver "Active Box" **months** en **month**

jungle /'dʒʌŋgəl/ s jungla, selva

junior /'dʒunjər/ *adjetivo & sustantivo*
■ *adj* **1** ► ver **Jr.** **2** (referido a personal) junior [de menor jerarquía] | **to be junior to sb** ser subalterno -a de alguien
■ s **1** **to be two years/six months etc. sb's junior** ser dos años/seis meses etc. menor que alguien **2** persona de bajo rango en una organización o profesión **3** AmE alumno del penúltimo año de la enseñanza secundaria o la universidad **4** (también **junior miss**) AmE tallas para jovencitas **5** BrE escolar de entre 7 y 11 años de edad

junior 'college s en EU y Canadá, establecimiento universitario que ofrece cursos de dos años

junior 'high school, también **junior high** s en EU, colegio secundario para alumnos de entre 12 y 14 años de edad

junior ,school s en Gran Bretaña, escuela para alumnos de entre 7 y 11 años de edad

junk /dʒʌŋk/ s **1** (informal) cachivaches **2** (informal) basura **3** muebles y otros objetos de segunda mano

junk food s comida chatarra, porquerías

junkie /'dʒʌŋki/ s (informal) yonqui, drogadicto -a

junk mail s publicidad que se recibe por correo

Jupiter /'dʒupətər/ s Júpiter

juror /'dʒʊrər/ s miembro del jurado

jury /'dʒʊri/ s (pl -ries) jurado

juggling

just /dʒʌst/ *adverbio & adjetivo*
- *adv* **1** justo, exactamente: *It's just what I wanted.* Es justo lo que quería. | *She looks just like her mother.* Es igualita a su madre.
2 sólo, nomás: *"Are there any letters?" "Just bills."* –¿Llegó alguna carta? –Sólo cuentas. | *I saw her just yesterday.* La acabo de ver ayer.
3 to have just done sth acabar de hacer algo: *He's just gone out.* Se acaba de ir.
4 to be just doing sth ver ejemplos: *He's just coming.* Ya viene. | *We were just leaving.* Ya nos íbamos.
5 to be just about to do sth/to be just going to do sth estar a punto de hacer algo: *I was just about to call the police.* Estaba a punto de llamar a la policía.
6 just before/after etc. justo antes/después etc.
| just over/under un poquito más/menos: *It's just over two meters.* Mide un poquito más de dos metros.
7 just as good/much etc. (as) (para reforzar una comparación): *She earns just as much as he does.* Gana tanto como él. | *This brand is just as good.* Esta marca es igual de buena.
8 (only) just justo: *We got there just in time.* Llegamos justo a tiempo. | *The rope was only just long enough.* La cuerda era justo del tamaño.
9 just about casi: *just about everyone* casi todos | *I've just about finished.* Ya casi termino.
10 (uso enfático y con imperativos): *We get along just fine.* Nos llevamos realmente bien. | *They'll just have to wait.* Van a tener que esperar y punto.

| *Just let me finish this.* Déjame terminar esto.
11 just now **(a)** hace un momento: *My keys were here just now.* Mis llaves estaban aquí hace un momento. **(b)** ahorita, en este momento: *I'm busy just now.* Ahorita estoy ocupada.
12 just in case por las dudas
13 it's just as well (that) menos mal (que)
- *adj* (formal) justo -a

justice /'dʒʌstɪs/ *s* **1** justicia | to bring sb to justice llevar a alguien ante la justicia **2** to do justice to sth/sb, to do sth/sb justice hacerle justicia/honor a algo/alguien: *This photo doesn't do her justice.* Esta foto no le hace justicia.
3 to do yourself justice mostrar lo que uno es capaz de hacer: *She didn't do herself justice in the interview.* No demostró toda su capacidad en la entrevista. **4** (también **Justice**) juez -a

justifiable /dʒʌstə'faɪəbəl/ *adj* justificable

justifiably /dʒʌstə'faɪəbli/ *adv* con (justificada/mucha) razón

justification /ˌdʒʌstəfə'keɪʃən/ *s* justificación

justified /'dʒʌstəfaɪd/ *adj* justificado -a | to be justified in doing sth tener motivos/razones para hacer algo

justify /'dʒʌstəfaɪ/ *v* [tr] (-fies, -fied) justificar

justly /'dʒʌstli/ *adv* **1** con razón **2** con justicia

jut /dʒʌt/, también **jut out** *v* [intr] (-tted, -tting) sobresalir [de una superficie]

juvenile /'dʒuvənl/ *adjetivo & sustantivo*
- *adj* **1** juvenil **2** infantil, pueril
- *s* menor

K, k /keɪ/ K, k ▶ ver "Active Box" **letters** en **letter**

kabob /kəˈbɑb/ AmE, **kebab** /kɪˈbæb/ BrE s brocheta

kaleidoscope /kəˈlaɪdəskoʊp/ s caleidoscopio

kangaroo /kæŋgəˈru/ s canguro

karat AmE, **carat** BrE /ˈkærət/ s quilate

karate /kəˈrɑti/ s karate

keen /kin/ adj **1** to be keen to do sth estar ansioso -a por/deseoso -a de hacer algo: *She's keen to get back to work.* Está ansiosa por volver al trabajo. **2 to be keen on sth/sb** (para expresar gustos): *I'm not very keen on tennis.* No me gusta mucho el tenis. **3** entusiasta **4** fuerte, vivo [interés] **5 a keen sense of humor/smell etc.** un agudo sentido del humor/del olfato etc.

keep /kip/ v (pasado & participio **kept**) **1** [intr] quedarse, mantenerse: *Sit down and keep quiet.* Siéntate y quédate callado. | *He runs to keep in shape.* Sale a correr para mantenerse en forma. **2** [tr] mantener: *My job keeps me very busy.* El trabajo me mantiene muy ocupada. | **to keep sth clean/hot etc.** mantener algo limpio -a/caliente etc. | **to keep sb waiting** hacer esperar a alguien **3** [tr] dejar: *They kept him in the hospital overnight.* Lo dejaron internado hasta el día siguiente. **4 to keep (on) doing sth (a)** seguir haciendo algo: *Keep trying./Keep on trying.* Sigue intentando. **(b)** (referido a acciones repetidas): *He keeps hitting me.* No deja de pegarme. | *I keep forgetting to mail this letter.* Siempre se me olvida mandar esta carta. | **to keep sb** quedarse con: *You can keep the book.* Te puedes quedar con el libro. **6** [tr] guardar: *Where do you keep the scissors?* ¿Dónde guardas la tijera? **7** [tr] entretener: *Sorry to keep you.* Perdón que lo entretenga. | *What kept you?* ¿Por qué te tardaste tanto? **8** [tr] criar [animales] **9** [tr] mantener [a una familia, etc.] **10** [intr] (referido a alimentos) conservarse (fresco -a) **11** [tr] llevar [un diario] **12 to keep sth/sb from doing sth** evitar que algo/alguien haga algo **13 to keep a promise** cumplir una promesa | **to keep an appointment** no faltar a una cita **14 to keep a secret** guardar un secreto **15 to keep sth from sb** ocultarle algo a alguien, no contarle algo a alguien **16 to keep sth to yourself** guardarse algo, no contar algo | **to keep yourself to yourself** ser solitario -a, no ser muy sociable **17 to keep at it** (informal) seguir dándole

PHRASAL VERBS

keep away no acercarse: *Keep away from the edge.* No te acerques al borde. **keep sth/sb away** mantener algo/a alguien alejado -a

keep back no acercarse, no avanzar **keep sth back** ocultar algo: *She was keeping something back from me.* Me estaba ocultando algo. **keep sb back** impedirle avanzar a alguien **keep sth down to keep prices down** mantener bajos los precios

keep off sth 1 no pisar algo [el césped] **2** no hablar de algo **keep sth off** proteger algo de algo: *Cover the food to keep the flies off.* Cubra la comida para protegerla de las moscas.

keep on 1 to keep on about sth (informal) no parar de hablar de algo **2 to keep on at sb** estar constantemente insistiéndole a alguien

keep out 1 no entrar | **keep out!** ¡prohibida la entrada! **2 to keep out of sth** no meterse en algo **keep sth/sb out** no dejar pasar algo/a alguien

keep to sth 1 cumplir (con) algo [una promesa, etc.] **2** no apartarse de algo [un camino, una carretera]

keep up 1 mantenerse a la par: *She's having trouble keeping up with the others in English.* Le está costando mantenerse al nivel de los demás en inglés. **2** mantenerse al tanto **keep sth up** seguir con algo, sostener algo

keeper /ˈkipər/ s **1** portero -a [en futbol] **2** guardabosque(s) **3** cuidador -a **4** curador -a

kennel /ˈkenl/ s **1** perrera [casita del perro] **2** (también **kennels** BrE) pensión (canina)

kept /kept/ pasado & participio de **keep**

kerb BrE ▶ ver **curb**

kerosene /ˈkerəsin/ s AmE querosén

ketchup /ˈketʃəp/ s catsup

kettle /ˈketl/ s **1** AmE olla **2** tetera [para hervir agua]

key /ki/ sustantivo, adjetivo & verbo
■ s **1** llave: *the front-door key* la llave de la puerta de entrada **2** tecla **3** the key to success/survival etc. la clave del éxito/de la supervivencia etc. **4** (en música) tono **5** (de un mapa, etc.) referencias
■ adj clave, fundamental
■ v key sth in ingresar algo [datos]

kettle

keyboard /ˈkibɔrd/ s teclado

keyhole /ˈkihoʊl/ s ojo de la cerradura

key ring s llavero

khaki /'kæki/ *sustantivo, adjetivo & sustantivo plural*
- **s** (color) caqui
- **adj** de color caqui ► ver "Active Box" **colors** en color
- **khakis** *s pl* AmE pantalón caqui

kick /kɪk/ *verbo & sustantivo*
- **v 1** [tr] patear, darle una patada a: *He kicked the ball over the wall.* Pateó la pelota al otro lado de la pared. **2** [tr] patear: *We had to kick the door down.* Tuvimos que derribar la puerta a patadas. **3** [intr] patalear [bebé, persona enojada] **4 to kick yourself** darse la cabeza contra la pared [por haberse equivocado, etc.] ► ver también **bucket**
  kick in (informal) **1** empezar a surtir efecto **2** entrar en vigor o empezar a actuar **3** AmE cooperar **kick in sth** AmE (informal) contribuir con algo
  kick off 1 (informal) empezar **2** dar la patada inicial, dar la patada de salida **kick sth off** (informal) empezar algo
  kick sb out (informal) correr a alguien, poner a alguien de patitas en la calle: *He was kicked out of college.* Lo corrieron de la universidad.
- **s 1** patada, puntapié **2 to get a kick out of doing sth** (informal) disfrutar haciendo algo: *He seems to get a kick out of annoying her.* Parece que disfruta haciéndola enojar. **3 to do sth for kicks** (informal) hacer algo por diversión/para divertirse

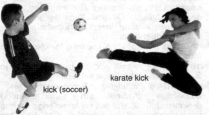

karate kick

kick (soccer)

kickoff /'kɪk-ɔf/ *s* comienzo, puntapié inicial

kid /kɪd/ *sustantivo & verbo*
- **s** (informal) **1** niño -a, escuincle -a: *He's only a kid.* No es más que un niño. **2** hijo -a: *How many kids do they have?* ¿Cuántos hijos tienen? **3** cabrito **4** cabritilla **5 kid brother/sister** (informal) hermano/hermana menor
- **v** (-dded, -dding) (informal) **1** [intr] bromear: *I was just kidding.* Era un chiste nada más. **2 to kid sb that** hacerle creer a alguien que | **to kid yourself** engañarse **3 no kidding!** (informal) **(a)** ¡no me digas! **(b)** no es broma

kidnap /'kɪdnæp/ *v* [tr] (-pped, -pping) secuestrar

kidnapper /'kɪdnæpər/ *s* secuestrador -a

kidnapping /'kɪdnæpɪŋ/ *s* secuestro

kidney /'kɪdni/ *s* riñón

kill /kɪl/ *verbo & sustantivo*
- **v 1** [tr/intr] matar **2 to be killed (a)** morir: *Three people were killed in the explosion.* Tres personas murieron en la explosión. **(b)** ser asesinado: *He was killed by the Mafia.* Lo mató la Mafia. **3 to kill yourself** suicidarse, matarse **4 to kill time** matar el tiempo
  kill sth/sb off acabar con algo/alguien, matar algo/a alguien
- **s 1** presa **2** cantidad de animales en una matanza

killer /'kɪlər/ *s* asesino -a

killing /'kɪlɪŋ/ *s* **1** asesinato **2** matanza **3 to make a killing** (informal) hacer un gran negocio

kilo /'kiloʊ/ *s* kilo

kilobyte /'kɪləbaɪt/ *s* kilobyte

kilogram, también **kilogramme** /'kɪləɡræm/ *s* kilogramo

kilometer AmE, **kilometre** BrE /kɪ'lɑmətər, 'kɪləmitər/ *s* kilómetro

kilt /kɪlt/ *s* falda escocesa

kin /kɪn/ *s pl* familiares, parientes ► ver también **next of kin**

kind /kaɪnd/ *sustantivo & adjetivo*
- **s 1** tipo, clase | **all kinds of** todo tipo/toda clase de **2 a kind of** una especie de **3 kind of** (informal) medio, un poco: *It seems kind of weird to me.* Me parece medio raro/un poco raro. **4 in kind** en especie
- **adj** (-der, -dest) amable, bueno -a: *They've been so kind to me.* Fueron tan amables conmigo.

kindly /'kaɪndli/ *adverbio & adjetivo*
- **adv 1** gentilmente, amablemente **2 (will you) kindly** (formal) hágame el favor de: *Kindly don't interfere!* ¡Hágame el favor de no entrometerse! **3 not to take kindly to sth/sb** no aceptar algo/a alguien de buen grado: *She does not take kindly to criticism.* No le caen bien las críticas.
- **adj** (-lier, -liest) bondadoso -a, cariñoso -a

kindness /'kaɪndnəs/ *s* **1** amabilidad, bondad **2** (pl -sses) acto de bondad

king /kɪŋ/ *s* **1** rey: *King Edward VII* el rey Eduardo VII **2** (en ajedrez) rey

kingdom /'kɪŋdəm/ *s* reino

kingfisher /'kɪŋ,fɪʃər/ *s* martín pescador

kinship /'kɪnʃɪp/ *s* parentesco

kiosk /'kiɑsk/ *s* quiosco

kipper /'kɪpər/ *s* arenque ahumado

kiss /kɪs/ *verbo & sustantivo*
- **v** (3ª pers sing kisses) **1** [tr] besar | **to kiss sb goodbye** darle a alguien un beso de despedida **2** [intr] besarse
- **s** (pl kisses) **1** beso | **to give sb a kiss** darle un beso a alguien **2 to give sb the kiss of life** hacerle respiración boca a boca a alguien

kit /kɪt/ *s* **1** equipo [ropa para deportes] **2** modelo para armar **3** kit, juego

kitchen /'kɪtʃən/ *s* cocina

kite /kaɪt/ *s* papalote | **to fly a kite** volar un papalote

kitten /'kɪtn/ s gatito -a

kitty /'kɪti/ s (pl **kitties**) vaca, fondo común

klutz /klʌts/ s (pl **-zes**) AmE (informal) torpe

km (= **kilometer**) km

knack /næk/ s (informal) habilidad, don | **to get the knack of sth** agarrarle la onda a algo

knead /nid/ v [tr] **1** amasar **2** masajear

knee /ni/ s rodilla | **on your knees** de rodillas, arrodillado -a: *He got down on his knees and prayed.* Se arrodilló para rezar.

kneecap /'nikæp/ s rótula

kneel /nil/, también **kneel down** v [intr] (pasado & participio **kneeled** o **knelt**) arrodillarse | **to be kneeling** estar arrodillado -a

knew /nu/ pasado de **know**

knickers /'nɪkərz/ BrE ▶ ver **panties**

knife /naɪf/ s (pl **knives** /naɪvz/) **1** cuchillo **2** navaja

knight /naɪt/ s **1** (en la Edad Media) caballero **2** (título honorífico británico) caballero **3** (en ajedrez) caballo

knit /nɪt/ v [tr/intr] tejer

knitting /'nɪtɪŋ/ s **1** actividad de tejer: *One of her hobbies is knitting.* Una de sus aficiones es tejer. **2** tejido [lo que se está tejiendo] **3** **knitting kneedle** aguja de tejer

knives /naɪvz/ plural de **knife**

knob /nɑb/ s **1** (de una puerta) perilla **2** (de un radio, etc.) perilla

knock /nɑk/ verbo & sustantivo
- v **1** [intr] llamar [a la puerta]: *Why don't you knock before you come in?* ¿Por qué no llamas antes de entrar? | **to knock at/on the door** tocar a la puerta, llamar a la puerta **2** **to knock your head/knee etc. on sth** golpearse la cabeza/rodilla etc. contra algo: *He knocked his head on the table.* Se golpeó la cabeza contra la mesa. **3** [tr] darle un golpe a | **to knock sb to the floor** tirar a alguien al suelo de un golpe **4** [tr] (informal) criticar

PHRASAL VERBS

knock sth down 1 derribar algo **2 to knock sth down to $100/$50 etc.** (informal) rebajar algo a $100/$50 etc. **3 to be/get knocked down** ser atropellado -a

knock off (informal) terminar de trabajar

knock sth off 1 tirar algo: *She knocked a vase off the shelf.* Tiró un florero de la repisa. **2** rebajar algo: *I got him to knock $10 off the price.* Logré que me rebajara $10. **3 knock it off!** (informal) ¡ya párala!, ¡ya basta!

knock sb out 1 noquear a alguien, dejar inconsciente a alguien **2** eliminar a alguien [de un campeonato, etc.]

knock sth over tirar algo [hacerlo caer]

knock sb over hacer caer a alguien (al suelo)

- s golpe: *a knock on the head* un golpe en la cabeza | *There was a knock at the door.* Alguien llamó a la puerta.

knockout /'nɑk-aʊt/ s **1** nocaut **2** eliminatoria

knot /nɑt/ sustantivo & verbo
- s **1** (para atar) nudo | **to tie a knot (in sth)** hacer un nudo (con algo) **2** (unidad de velocidad de un barco) nudo **3** (en la madera) nudo **4** (de personas) puñado
- v [tr] anudar, hacer un nudo en

know /noʊ/ v (pasado **knew**, participio **known**) **1** [tr/intr] saber: *He knows a lot about cars.* Sabe mucho de coches. | *I don't know where she lives.* No sé dónde vive. | *She's really upset, you know.* Está muy disgustada ¿sabías? | **to know how to do sth** saber (cómo) hacer algo **2** [tr] conocer: *Do you know Patrick Clark?* ¿Conoces a Patrick Clark? | **to know each other** conocerse: *Do you two know each other?* ¿Se conocen? | **to get to know sth/sb** (llegar a) conocer algo/a alguien ▶ ¿KNOW o MEET? ver recuadro en **conocer 3** [tr] conocer [un lugar]: *I know Paris well.* Conozco bien París. **4** [tr] reconocer: *I'd know him anywhere.* Lo hubiera reconocido en cualquier lado. **5 to let sb know** avisarle a alguien **6 as far as I know** que yo sepa **7 you never know** nunca se sabe **8 he/you etc. should know better** debería/deberías etc. saber que está mal

know of sth/sb conocer algo/a alguien, saber de algo/alguien: *Do you know of any good restaurants around here?* ¿Conoces algún restaurante bueno por aquí?

knowing /'noʊɪŋ/ adj **a knowing look/smile** una mirada/sonrisa cómplice

knowingly /'noʊɪŋli/ adv **1** intencionalmente **2** de manera cómplice, a sabiendas

knowledge /'nɑlɪdʒ/ s **1** conocimiento(s) | **knowledge of/about sth** conocimiento(s) de/sobre algo **2 without my knowledge** sin que yo lo supiera: *They recorded it without my knowledge.* Lo grabaron sin que yo lo supiera. **3 to my knowledge** que yo sepa **4 it's common knowledge (that)** todo el mundo sabe (que)

knowledgeable /'nɑlɪdʒəbəl/ adj conocedor -a, entendido -a: *He's very knowledgeable about wines.* Es muy conocedor de vinos.

known¹ /noʊn/ adj **1** conocido -a **2 to be known for sth** ser conocido -a por algo

known² participio de **know**

knuckle /'nʌkəl/ s nudillo

koala /koʊ'ɑlə/, también **koala bear** s koala

Korea /kə'riə/ s Corea

Korean /kə'riən/ adjetivo & sustantivo
- adj coreano -a
- s **1** coreano -a **2** (idioma) coreano

kph (= **kilometers per hour**) km/h

i ¿Se dice *on the table* o *in the table*? Mira la entrada **en**.

stepladder

ladder

L, l /el/ s L, l ▶ ver "Active Box" **letters** en **letter**

lab /læb/ s (informal) laboratorio

label /'leɪbəl/ *sustantivo & verbo*
- *s* **1** etiqueta **2** (también **record label**) sello (discográfico)
- *v* [tr] (-led, -ling AmE, -lled, -lling BrE) **1** etiquetar **2 to label sth/sb (as) sth** tildar algo/a alguien de algo, calificar algo/a alguien de algo

labor AmE, **labour** BrE /'leɪbər/ *sustantivo & verbo*
- *s* **1** trabajo, mano de obra **2** (trabajadores) mano de obra **3** (trabajo de) parto | **to be in/go into labor** estar/entrar en trabajo de parto **4 labor relations** relaciones laborales **5 Labour** BrE, también **the Labour Party** el Partido Laborista, los laboristas
- *v* [intr] **1** trabajar **2 to labor to do sth** esforzarse por hacer algo

laboratory /'læbrətɔri, BrE lə'bɑrətri/ s (pl -ries) laboratorio

labored AmE, **laboured** BrE /'leɪbərd/ *adj* **1** forzado -a [estilo] **2** dificultoso -a [respiración]

laborer AmE, **labourer** BrE /'leɪbərər/ s peón [de campo, en la construcción, etc.]

laborious /lə'bɔriəs/ *adj* laborioso -a

'labor union s AmE sindicato (de trabajadores)

labyrinth /'læbərɪnθ/ s laberinto

lace /leɪs/ *sustantivo & verbo*
- *s* **1** encaje, puntilla **2** (también **shoelace**) agujeta
- *v* (también **lace up**) [tr] amarrar, [intr] amarrarse [las agujetas]

lack /læk/ *sustantivo & verbo*
- *s* falta | **for/through lack of sth** por falta de algo
- *v* [tr] carecer de: *He lacks imagination.* Le falta imaginación.

lacking /'lækɪŋ/ *adj* **1 to be lacking** faltar **2 to be lacking in sth** carecer de algo

lacquer /'lækər/ s **1** laca [pintura] **2** (spray) fijador [para el pelo]

lacy /'leɪsi/ *adj* (-cier, -ciest) de encaje, con puntilla

lad /læd/ s (informal) muchacho, chavo

ladder /'lædər/ s **1** escalera [portátil] **2** BrE línea de puntos sueltos en una media: *There's a ladder in your tights.* Se te fue la media.
▶ En inglés americano se usa **run**

laden /'leɪdn/ *adj* **to be laden (with sth)** estar cargado -a (de algo)

ladies /'leɪdiz/ **1** (plural de **lady**) **2 the ladies' room** AmE, **the ladies** BrE el baño (de damas)

ladle /'leɪdl/ s cucharón

lady /'leɪdi/ s (pl -dies) **1** señora, dama: *Ladies and gentlemen.* Señoras y señores./Damas y caballeros. **2 Lady** Lady [tratamiento dado a la esposa o hija de un hombre que tiene el título de "Sir" o "Lord"]: *Lady Churchill* Lady Churchill ▶ ver también **ladies**

ladybug /'leɪdibʌg/ AmE, **ladybird** /'leɪdibɜrd/ BrE s catarina

lag /læg/ *verbo & sustantivo*
- *v* (-gged, -gging) **to lag behind** quedarse atrás | **to lag behind sth/sb** ir atrás de algo/alguien, ir a la zaga de algo/alguien
- *s* (también **time lag**) intervalo

lager /'lɑgər/ s cerveza (clara)

lagoon /lə'gun/ s laguna [de agua salada]

laid /leɪd/ pasado & participio de **lay**

laid-'back *adj* (informal) despreocupado -a, relajado -a

lain /leɪn/ participio de **lie**¹

lake /leɪk/ s lago

lamb /læm/ s cordero

lame /leɪm/ *adj* **1** cojo -a, renco -a **2** pobre [excusa]

lament /lə'ment/ *v* **1** [tr] lamentar, llorar **2** [intr] lamentarse | **to lament over sth** lamentarse de algo

lamp /læmp/ s lámpara

'lamp-post s poste (de luz)

lampshade /'læmpʃeɪd/ s pantalla [de una lámpara]

land /lænd/ *sustantivo & verbo*
- *s* **1** (extensión de terreno) tierra(s): *Who owns this land?* ¿Quién es el dueño de esta(s) tierra(s)? | **a piece of land** un terreno **2** (por oposición al mar) tierra | **by land** por tierra | **on land** en la tierra **3 the land** el campo | **to live off the land** vivir de la tierra | **to work the land** trabajar la tierra **4** (nación) tierra, país

■ *v* **1** [tr/intr] aterrizar **2** [intr] desembarcar **3** [tr] descargar, desembarcar [provisiones, pasajeros, etc.] **4** [intr] caer(se), ir/venir a parar: *I slipped and landed on my back.* Me resbalé y caí de espalda. **5** [tr] (informal) conseguir [un trabajo, un contrato, etc.]
land up terminar: *He'll land up in jail.* Terminará en la cárcel.
land sb with sth endilgarle algo a alguien: *I got landed with all the cleaning up afterwards.* Me endilgaron el trabajo de limpiar todo después.

landing /'lændɪŋ/ *s* **1** descanso (de la escalera) **2** aterrizaje **3** desembarco, descarga

landlady /'lændleɪdi/ *s* (pl -dies) **1** (de una vivienda o pieza alquilada) casera, dueña **2** BrE (de un pub) dueña, encargada

landlord /'lændlɔrd/ *s* **1** (de una vivienda o pieza alquilada) casero, dueño **2** BrE (de un pub) dueño, encargado

landmark /'lændmɑrk/ *s* **1** punto de referencia [para orientarse en un lugar] **2** hito

landowner /'lændoʊnər/ *s* terrateniente

landscape /'lændskeɪp/ *s* paisaje

landslide /'lændslaɪd/ *s* **1** derrumbe, desprendimiento (de tierra/rocas) **2** (también **landslide victory**) victoria aplastante

lane /leɪn/ *s* **1** camino [angosto] **2** carril | **the slow/right lane** el carril de baja velocidad/derecho | **the fast/left lane** el carril de alta velocidad/izquierdo **3** (en natación, atletismo) carril

language /'læŋgwɪdʒ/ *s* **1** idioma, lengua **2** lenguaje **3 bad language** malas palabras **4 language skills** habilidades lingüísticas

lantern /'læntərn/ *s* farol

lap /læp/ *sustantivo & verbo*
■ *s* **1** regazo: *She sat on her mother's lap.* Se sentó en el regazo de su madre. **2** vuelta [en una carrera]
■ *v* [tr] (-pped, -pping) **1** (también **lap up**) tomar [a lengüetazos] **2** lamer [las olas la orilla del mar, etc.] **3** sacarle una vuelta de ventaja a

lapel /lə'pel/ *s* solapa

lapse /læps/ *sustantivo & verbo*
■ *s* **1** descuido, error: *a lapse of concentration* un descuido **2** (también **time lapse**) lapso (de tiempo)
■ *v* [intr] **1** ir decayendo [conversación] **2** ir acabándose [relación] **3** vencer [contrato, suscripción] **4 to lapse into silence** quedarse callado -a | **to lapse into a coma** caer en coma

laptop /'læptɑp/ *s* laptop, computadora portátil

large /lɑrdʒ/ *adj* **1** grande: *He comes from a large family.* Viene de una familia grande. | *a large amount of money* una gran cantidad de dinero ▶ ¿BIG o LARGE? ver **grande 2** grandote -a, corpulento -a **3 the population/public etc. at large** la población/el público etc. en general

largely /'lɑrdʒli/ *adv* en gran parte/medida

,large-'scale *adj* a/en gran escala

lark /lɑrk/ *s* alondra

laser /'leɪzər/ *s* **1** láser **2 laser beam** rayo láser **laser printer** impresora láser

lash /læʃ/ *verbo & sustantivo*
■ *v* (3ª pers sing **lashes**) **1** [tr] azotar **2** [tr] amarrar
lash out to lash out at sb arremeter contra alguien [física o verbalmente]
■ *s* (pl **lashes**) **1** latigazo, azote **2** pestaña

last /læst/ *adjetivo, adverbio, pronombre & verbo*
■ *adj* **1** (más reciente) último -a, pasado -a: *the last time I saw her* la última vez que la vi | *last Sunday* el domingo pasado | **last night** anoche | **last week/year etc.** la semana pasada/el año pasado etc.
2 (final) último -a: *the last chapter* el último capítulo | **last thing at night** antes de acostarse | **last but one** penúltimo -a
■ *adv* **1** por última vez: *when I saw her last/when I last saw her* cuando la vi por última vez **2** (al final): *They interviewed me last.* Me entrevistaron al último./Fui el último que entrevistaron. | **last but not least** por último, pero no por eso menos importante
■ *pron* **1 the last** el/la último -a, los/las últimos -as: *They were the last to leave.* Fueron los últimos en irse.
2 at (long) last por fin
3 the week before last hace dos semanas, la semana antepasada | **the year before last** el año antepasado
4 the last of sth lo que queda/quedaba de algo: *We drank the last of the wine.* Nos tomamos lo que quedaba del vino.
■ *v* **1** [tr/intr] durar: *The drought could last for months.* La sequía podría durar meses.
2 to last sb alcanzarle a alguien, durarle a alguien: *This money should last you till Friday.* Este dinero te debería alcanzar hasta el viernes.

lasting /'læstɪŋ/ *adj* duradero -a

lastly /'læstli/ *adv* por último

,last-'minute *adj* de última hora, de último momento

'last name *s* apellido

latch /lætʃ/ *sustantivo & verbo*
■ *s* (pl **latches**) pasador [de una puerta]
■ *v* (3ª pers sing **-ches**) **latch on** (informal) **1** BrE entender, agarrar la onda **2 to latch on to sth (a)** pegarse a algo, adoptar algo [una moda, una tendencia] **(b)** BrE darse cuenta de algo **3 to latch on to sb** pegársele a alguien [seguirlo constantemente]

late /leɪt/ *adjetivo & adverbio*
■ *adj* **1** tarde: *Sorry I'm late.* Perdón por llegar tarde. | *The train was 25 minutes late.* El tren llegó 25 minutos tarde. | *We had a late breakfast.* Desayunamos tarde. | **to be late for sth** llegar tarde a algo
2 (hacia el fin de un período): *in the late eighteenth century* a fines del siglo dieciocho | *a man*

in his late forties un hombre muy entrado en los cuarenta | **it's getting late** se está haciendo tarde **3** difunto -a: *her late husband* su difunto esposo

■ *adv* **1** (hasta) tarde: *I have to work late tonight.* Tengo que trabajar hasta tarde esta noche. | *Our flight arrived two hours late.* Nuestro vuelo llegó dos horas tarde.

2 late at night en la noche tarde | **late in the afternoon** al final de la tarde

lately /'leɪtli/ *adv* últimamente

later /'leɪtər/ *adverbio & adjetivo*
■ *adv* **1** después, más tarde: *He died three weeks later.* Murió tres semanas después. | *I'll see you later.* Hasta luego. | *Later on* it started to rain. Más tarde empezó a llover. **2 no later than** a más tardar
■ *adj* **1** posterior **2 at a later date/stage** más adelante

latest /'leɪtɪst/ *adjetivo & sustantivo*
■ *adj* último -a [más reciente]: *their latest album* su último álbum
■ *s* **1 the latest** lo último: *the latest in educational software* lo último en software educativo **2 at the latest** a más tardar

lather /'læðər/ *s* espuma [de jabón]

Latin /'lætn, BrE 'lætɪn/ *sustantivo & adjetivo*
■ *s* latín
■ *adj* latino -a, en latín

Latin 'America *s* América Latina, Latinoamérica

Latin A'merican *adj & s* latinoamericano -a

latitude /'lætətud/ *s* latitud

latter /'lætər/ *adjetivo & pronombre*
■ *adj* **1** segundo -a: *in the latter half of 1996* en la segunda mitad de 1996 **2** último -a: *the latter part of his life* los últimos años de su vida
■ *pron* **the latter** se usa para referirse al último de dos elementos mencionados: *Of the two I prefer the latter.* De los dos prefiero el segundo. | *There are several hotels and hostels but the latter need to be reserved well in advance.* Hay varios hoteles y albergues pero estos últimos se deben reservar con mucha anticipación.

laugh /læf/ *verbo & sustantivo*
■ *v* [intr] reírse, reír: *I couldn't stop laughing.* No podía parar de reírme.
laugh at sth/sb reírse de algo/alguien
■ *s* **1** risa | **to give a laugh** reírse **2 to do sth for a laugh** hacer algo para divertirse **3 to have the last laugh** reír último

laughter /'læftər/ *s* risas: *You could hear laughter.* Se oían risas. | *He roared with laughter.* Se rió a carcajadas.

launch /lɔntʃ/ *verbo & sustantivo*
■ *v* [tr] (3ª pers sing -ches) **1** lanzar [un ataque, una campaña, un producto] **2** lanzar [un misil, un cohete, etc.] **3** botar [un barco]
launch into sth comenzar algo [un discurso, una perorata, etc.] | **to launch into an account of**

sth ponerse a contar algo
■ *s* (pl **launches**) **1** lanzamiento **2** lancha (de motor)

laundromat /'lɔndrəmæt/ AmE, **launderette** /lɔndə'ret/ BrE *s* lavandería (automática) [donde uno mismo lava la ropa]

laundry /'lɔndri/ *s* (pl **-dries**) **1** ropa [lavada o para lavar] | **to do the laundry** lavar la ropa **2** lavandería

lava /'lɑvə/ *s* lava

lavatory /'lævətɔri/ *s* (pl **-ries**) (formal) **1** excusado **2** baño

lavender /'lævəndər/ *s* lavanda

lavish /'lævɪʃ/ *adj* **1** espléndido -a, suntuoso -a **2 to be lavish with sth** ser muy generoso -a con algo

law /lɔ/ *s* **1 the law** la ley | **to be against the law** estar prohibido -a [por ley] | **to break the law** violar la ley | **by law** por ley | **law and order** el orden público **2** (norma legal) ley **3** derecho, abogacía | **law school** facultad de derecho

lawful /'lɔfəl/ *adj* legítimo -a, legal

lawn /lɔn/ *s* pasto, césped

lawnmower /'lɔnmouər/ *s* podadora (de pasto)

lawsuit /'lɔsut/ *s* juicio | **to file/bring a lawsuit against sb** llevar a alguien a juicio, entablar una demanda contra alguien

lawyer /'lɔjər/ *s* abogado -a ▶ ver recuadro en **abogado**

lay¹ /leɪ/ *verbo & adjetivo*
■ *v* [tr] (pasado & participio **laid**) **1** poner, colocar: *She laid her hand on his shoulder.* Le puso la mano en el hombro. **2 to lay the table** poner la mesa **3** poner [alfombras] **4** tender [cables, tuberías] **5** poner, echar [cimientos] **6** poner [un huevo] **7** poner, tender [una trampa] **8 to lay the blame (for sth) on sb** echarle la culpa (de algo) a alguien
PHRASAL VERBS
lay sth aside 1 dejar algo a un lado **2** dejar de lado algo **3** ahorrar algo, guardar algo
lay sth down 1 dejar algo [a un lado, en el suelo, etc.] **2 to lay down your arms** deponer las armas **3 to lay down rules/principles etc.** establecer normas/principios etc.
lay sb off despedir a alguien [por falta de trabajo]
lay sth on ofrecer algo [comida, alojamiento, etc.]
lay sth out 1 extender algo, desplegar algo **2** diseñar algo
■ *adj* **1** laico -a **2** lego -a

lay² pasado de **lie¹**

layer /'leɪər/ *s* capa: *a fine layer of dust* una fina capa de polvo

layman /'leɪmən/ *s* (pl **-men**) lego | **in layman's terms** en términos sencillos

layout /'leɪaʊt/ s **1** trazado [de una ciudad] **2** diseño [de un edificio, un jardín] **3** diseño [de una revista]

laze /leɪz/ v [intr] flojear, haraganear
laze around flojear, haraganear

lazy /'leɪzi/ adj (-zier, -ziest) **1** flojo -a, perezoso -a **2** a lazy day/afternoon etc. una tarde/un día etc. sin hacer nada

lb (pl **lbs**) (= **pound**) libra [= 0.454 kg]

lead¹ /liːd/ verbo & sustantivo
■ v (pasado & participio **led**) **1** [tr] llevar, guiar: A waiter led us to a table. Un mesero nos llevó a la mesa. | **to lead sb away** llevarse a alguien
2 [tr] ir adelante de, encabezar
3 [intr] ir adelante
4 to lead to/down to etc. sth llevar a algo, conducir a algo
5 to lead to confusion/chaos etc. llevar a la confusión/al caos etc.
6 [tr] conducir [un debate]
7 [tr] liderar [un equipo]
8 [tr] irle ganando a: Brazil led Germany 1-0. Brasil le iba ganando a Alemania por 1 a 0.
9 [intr] ir ganando: He was leading by two sets to one. Iba ganando por dos sets a uno.
10 to lead sb to do sth llevar a alguien a hacer algo
11 to lead sb to believe (that) hacer creer a alguien (que)
12 to lead a normal/quiet etc. life llevar una vida normal/tranquila etc.
13 to lead the way **(a)** ir adelante, hacer de guía **(b)** llevar la delantera
lead sb on (informal) engañar a alguien [especialmente con falsas promesas]
lead up to sth 1 preceder a algo: the events leading up to the coup los acontecimientos que precedieron al golpe de estado **2** preparar el terreno para algo
■ s **1** the lead la delantera, el primer lugar | to be in the lead llevar la delantera | to take the lead **(a)** tomar la delantera **(b)** tomar la iniciativa
2 ventaja
3 pista, indicio
4 (papel) protagónico | **lead singer/guitarist** cantante/guitarrista líder
5 BrE correa, traílla [de un perro] ▶ En inglés americano se usa **leash**
6 BrE cable (eléctrico) ▶ En inglés americano se usa **cord**
7 (en juegos de cartas) mano: Whose lead is it? ¿Quién es mano?

lead² /led/ s **1** plomo **2** mina [de un lápiz]

leaded /'ledɪd/ adj con plomo

leader /'liːdər/ s **1** líder, dirigente **2** primero -a [en una carrera, una competencia]

leadership /'liːdərʃɪp/ s **1** liderazgo **2** capacidad de mando, autoridad **3** dirigencia, conducción

leading /'liːdɪŋ/ adj protagónico -a, principal

leaf /liːf/ sustantivo & verbo
■ s (pl **leaves** /liːvz/) **1** hoja [de una planta, un árbol] **2** to take a leaf out of sb's book seguir el ejemplo de alguien **3** to turn over a new leaf empezar una nueva vida
■ v **leaf through sth** hojear algo

leaflet /'liːflət/ s folleto, volante

league /liːg/ s **1** (de equipos deportivos) liga **2** (de naciones, grupos políticos, etc.) liga, asociación **3** to be in league with sb estar aliado -a/confabulado -a con alguien **4** **league table** BrE tabla de posiciones, ranking ▶ En inglés americano se usa **standings**

leak /liːk/ verbo & sustantivo
■ v **1** [tr/intr] (referido a recipientes) tener una fuga: This pipe is leaking. Esta tubería tiene una fuga. | The roof leaks. El techo tiene goteras. **2** [intr] (referido a líquidos o gases): Plutonium was leaking out of the reactor. El reactor tenía una fuga de plutonio. **3** [tr] filtrar [información confidencial]
■ s **1** fuga, escape **2** filtración [de información]

lean /liːn/ verbo & adjetivo
■ v (pasado & participio **leaned** o **leant** BrE) **1** to lean forward inclinarse hacia adelante | to lean back recostarse | to lean out of the window asomarse por la ventana **2** [intr] inclinarse, estar inclinado -a [árbol, poste, etc.] **3** to lean against/on sth apoyarse contra/en algo | to lean sth against/on sth apoyar algo contra/en algo
■ adj **1** delgado -a **2** magro -a

leaning

leap /liːp/ verbo & sustantivo
■ v [intr] (pasado & participio **leaped** o **leapt**) **1** saltar, brincar: He leapt over the stream. Saltó por encima del arroyo. | I leapt up the stairs. Subí la escalera brincando. | to leap to your feet ponerse de pie de un salto/brinco **2** my/his etc. heart leapt (literario) me/le etc. dio un vuelco el corazón
■ s **1** salto, brinco **2** by/in leaps and bounds a pasos agigantados **3** fuerte subida, gran aumento

leap year s año bisiesto

learn /lɜːrn/ v [tr/intr] (pasado & participio **learned** o **learnt** /lɜːrnt/ BrE) **1** aprender: She's learning fast. Está aprendiendo muy rápido. **2** to learn

(how) to do sth aprender a hacer algo **3 to learn (of/about) sth** enterarse de algo

learner /'lɜrnər/ s **1** persona que está aprendiendo algo: *a book for learners of English* un libro para estudiantes de inglés | **to be a slow learner** tener dificultades de aprendizaje | **to be a quick learner** aprender rápido **2** (también **learner driver**) BrE persona que está aprendiendo a manejar ► En inglés americano se usa **student driver**

learning /'lɜrnɪŋ/ s **1** aprendizaje **2** erudición

lease /lis/ *sustantivo & verbo*
■ **s lease (on sth)** contrato de arrendamiento (de algo)
■ **v** [tr] **1** (también **lease out**) dar en arrendamiento **2** tomar en arrendamiento

leash /liʃ/ s (pl **leashes**) correa, traílla [de un perro]

least /list/ *pronombre, adverbio & adjetivo*
■ **pron 1** menos: *The least he could do is apologize.* Lo menos que puede hacer es disculparse. | *This is worrying, **to say the least**.* Esto es, como mínimo, preocupante. | **at least (a)** por lo menos, como mínimo **(b)** al menos **2 not in the least** en lo más mínimo: *He wasn't in the least worried.* No estaba preocupado en lo más mínimo.
■ **adv** menos: *I chose the least expensive one.* Elegí el menos caro. | *It happened when we least expected it.* Ocurrió cuando menos lo esperábamos. | *I wouldn't tell anyone, **least of all** her.* No se lo contaría a nadie, y menos a ella.
■ **adj 1** menor, menos **2 not the least bit** para nada, en lo más mínimo: *He wasn't the least bit sorry.* No estaba para nada arrepentido.

leather /'leðər/ s cuero, piel | **a leather jacket/ skirt** una chamarra/falda de cuero, una chamarra/falda de piel

leave /liv/ *verbo & sustantivo*
■ **v** (pasado & participio **left**) **1** [tr] irse de, salir de: *I left home at the age of 17.* Me fui de la casa a los 17 años.
2 [intr] irse, salir: *They're **leaving** for Rome tomorrow morning.* Salen para Roma mañana por la mañana.
3 [tr] (abandonar) dejar: *She left her job to have a baby.* Dejó su trabajo para tener un hijo. | **to leave school** dejar el colegio
4 [tr] (en cierto estado o lugar) dejar: *He left all the lights on.* Dejó todas las luces prendidas.
5 [tr] dejar (olvidado -a)
6 to be left quedar: *Is there any milk left?* ¿Quedó (algo de) leche? | **to be left over** sobrar: *There was a lot of food left over.* Sobró mucha comida.
7 [tr] (no hacer, comer, etc.) dejar: *Let's leave the dishes until later.* Dejemos los platos para después.
8 [tr] (en un testamento) dejar ► ver también **alone**

leave sth behind 1 dejar algo [no llevarlo] **2** dejarse (olvidado -a) algo

leave sth out omitir algo, no poner algo **leave sb out 1** dejar a alguien afuera, excluir a alguien **2 to feel left out** sentirse excluido -a
■ **s licencia** | **to be on leave** estar de licencia

leaves /livz/ plural de **leaf**

lecture /'lektʃər/ *sustantivo & verbo*
■ **s 1** conferencia | **to give a lecture (on sth)** dar una conferencia (sobre algo) **2** clase (teórica) **3** sermón [reprimenda, advertencia]
■ **v 1** [tr] sermonear | **to lecture sb about sth** darle sermones a alguien sobre algo **2** [intr] dar/dictar clase(s) [en la universidad] | **to lecture on/in sth** dar clase sobre/de algo

lecturer /'lektʃərər/ s **1** conferencista **2** BrE profesor -a (adjunto -a/asistente) [en la universidad]

led /led/ pasado & participio de **lead**

ledge /ledʒ/ s **1** cornisa **2** saliente [en una montaña, etc.]

leek /lik/ s puerro

left[1] /left/ *adjetivo, adverbio & sustantivo*
■ **adj** izquierdo -a
■ **adv** a la izquierda: *Turn left at the church.* Gire a la izquierda en la iglesia.
■ **s 1** izquierda | **on the/your left** a la izquierda | **to the left of sth/sb** a la izquierda de algo/ alguien **2 the left/the Left** (en política) la izquierda

left[2] pasado & participio de **leave**

left-'hand adj izquierdo -a | **on the left-hand side** a mano izquierda

left-'handed adj zurdo -a, de zurda

leftover /'leftoʊvər/ adj sobrante

leftovers /'leftoʊvərz/ s pl sobras

left-'wing adj de izquierda, izquierdista

leg /leg/ s **1** (de una persona) pierna **2** (de un animal) pata **3** (como alimento) pata [de pollo], pierna [de cordero, cerdo] **4** (de un mueble) pata **5** (de un pantalón) pierna **6** (de un viaje) etapa **7** (de una carrera) etapa, vuelta **8 to pull sb's leg** (informal) tomarle el pelo a alguien **9** BrE (en un campeonato) ronda

legacy /'legəsi/ s (pl **-cies**) herencia, legado

legal /'ligəl/ adj **1** (establecido por ley) legal **2** (relativo a la ley) legal, jurídico -a | **to take legal action (against sb)** iniciar acciones legales (contra alguien)

legalize, -ise BrE /'ligəlaɪz/ v [tr] legalizar

legally /'ligəli/ adv legalmente

legend /'ledʒənd/ s leyenda

legendary /'ledʒənderi/ adj legendario -a

leggings /'legɪŋz/ s pl malla(s) [pantalones ajustados]: *a pair of leggings* unas mallas

legislate /'ledʒəsleɪt/ v [intr] legislar

legislation /ledʒə'sleɪʃən/ s **1** legislación **2 a piece of legislation** una ley

legitimate /lɪˈdʒɪtəmət/ adj **1** legal, legítimo -a **2** fundado -a, válido -a [excusa, pregunta, etc.] **3** (referido a hijos) legítimo -a

leisure /ˈliːʒər, BrE ˈleʒə/ s **1** tiempo libre **2 at leisure** sin apuro **3 at your leisure** cuando pueda(s), cuando tenga(s) tiempo **4 leisure activities** actividades recreativas: *your leisure activities* tus actividades recreativas/lo que haces en tu tiempo libre **leisure centre** BrE centro deportivo ▶ En inglés americano se usa **recreation center leisure time** tiempo libre

leisurely /ˈliːʒərli, BrE ˈleʒəli/ adj pausado -a, tranquilo -a

lemon /ˈlemən/ s **1** limón (amarillo) **2 lemon juice** jugo de limón **lemon tree** limonero

lemonade /leməˈneɪd/ s **1** limonada **2** BrE gaseosa [transparente, de sabor cítrico]

lend /lend/ v [tr] (pasado & participio **lent**) prestar | **to lend sb sth/to lend sth to sb** prestarle algo a alguien: *She asked me to lend her some money.* Me pidió que le prestara dinero. | *I've lent my flashlight to John.* Le he prestado mi linterna a John.

length /leŋkθ/ s **1** largo, longitud: *The room is four meters in length.* El cuarto tiene cuatro metros de largo. **2** duración **3 to go to any/great lengths to do sth** hacer cualquier cosa/esforzarse mucho para hacer algo: *She'll go to any lengths to get what she wants.* Hace cualquier cosa por conseguir lo que quiere. **4 at length** largo y tendido, extensamente **5** trozo **6** (de tela) corte **7** (de una piscina) largo **8** (en una regata) largo **9** (en una carrera de caballos) cuerpo

lengthen /ˈleŋkθən/ v **1** [tr] alargar **2** [intr] alargarse, hacerse más largo -a

lengthwise /ˈleŋkθwaɪz/, también **lengthways** /ˈleŋkθweɪz/ adv a lo largo

lengthy /ˈleŋkθi/ adj (-thier, -thiest) larguísimo -a, prolongado -a

lenient /ˈliːniənt/ adj indulgente

lens /lenz/ s (pl **lenses**) **1** (de los anteojos) lente, cristal **2** (de una cámara, etc.) lente

Lent /lent/ s cuaresma

lent /lent/ pasado & participio de **lend**

lentil /ˈlentəl/ s lenteja

Leo /ˈliːoʊ/ s **1** Leo **2** persona del signo de Leo: *He's a Leo.* Es (de) Leo.

leopard /ˈlepərd/ s leopardo

leotard /ˈliːətɑːrd/ s leotardo [para ballet o gimnasia]

lesbian /ˈlezbiən/ s lesbiana

less /les/ adverbio, pronombre, adjetivo & preposición
■ **adv** menos: *The second test was less difficult than the first.* El segundo examen fue menos difícil que el primero. | **less and less** cada vez menos

■ **pron 1** menos: *She gave me less than him.* Me dio menos a mí que a él. **2 no less than** nada menos que, no menos de
■ **adj** menos
■ **prep** menos: *$500 less tax* $500 menos impuestos

lessen /ˈlesən/ v **1** [intr] disminuir **2** [tr] reducir

lesser /ˈlesər/ adj menor

lesson /ˈlesən/ s **1** clase: *a French lesson* una clase de francés | **to take lessons (in sth)** tomar clases (de algo) **2** lección | **let that be a lesson to you** que te sirva de lección **3 to learn your lesson** escarmentar **4 to teach sb a lesson** (informal) darle a alguien una lección

let /let/ v [tr] (pasado & participio **let**, gerundio **letting**) **1** dejar | **to let sb do sth** dejar hacer algo a alguien, dejar que alguien haga algo: *He doesn't let us play near the river.* No nos deja jugar cerca del río. | *Let me help you with that suitcase.* Déjame ayudarte con esa maleta. **2 to let sb have sth** darle algo a alguien: *I can let you have a copy.* Te puedo dar una copia. **3 to let yourself go (a)** dejarse llevar, relajarse **(b)** abandonarse **4 to let go (of sth/sb)** soltar (algo/a alguien) **5 to let sb know (sth)** avisarle (algo) a alguien **6** ▶ **let's**, la contracción de **let us**, se usa para hacer propuestas o exhortaciones. La forma negativa es **let's not**. En inglés británico también se usa **don't let's**: *Let's sit here.* Sentémonos aquí. | *Let's not argue.* No nos peleemos. **7 let's see** a ver, veamos **8 let alone** mucho menos: *He can't even get out of bed, let alone walk.* No puede ni levantarse de la cama, mucho menos caminar. **9** BrE alquilar, rentar [propietario] ▶ En inglés americano se usa **rent**

let sb down decepcionar a alguien, fallarle a alguien

let sth in dejar entrar algo [la luz, el aire] **let sb in** dejar entrar a alguien, hacer pasar a alguien

let sth off quemar algo [fuegos artificiales], disparar algo [un arma] **let sb off** perdonar a alguien: *The teacher let us off from doing homework today.* El maestro nos perdonó los deberes hoy.

let sth out dejar salir algo [el calor, el agua, etc.] | **to let out a scream/cry etc.** dejar escapar un alarido/un grito etc. **let sb out** dejar salir a alguien

letdown /ˈletdaʊn/ s (informal) chasco, decepción

lethal /ˈliːθəl/ adj letal, mortal

lethargic /ləˈθɑːrdʒɪk/ adj aletargado -a

lethargy /ˈleθərdʒi/ s letargo

let's /lets/ contracción de **let us** ▶ ver **let**

letter /ˈletər/ s **1** carta: *Can you mail this letter for me?* ¿Me echas esta carta en el buzón? **2** letra: *a three-letter word* una palabra de tres letras ▶ ver "Active Box" **letters 3 to do sth to the letter** hacer algo al pie de la letra

letterbox /ˈletərbɑks/ s (pl -xes) BrE buzón
► En inglés americano se usa **mailbox**

letterboxes

lettuce /ˈletɪs/ s lechuga

leukemia AmE, **leukaemia** BrE /luˈkimiə/ s leucemia

level /ˈlevəl/ sustantivo, adjetivo & verbo
■ *s* **1** nivel: *high levels of radiation* altos niveles de radiación **2** nivel, altura | **at eye level** a la altura de los ojos **3** (de un edificio) piso, nivel
■ *adj* **1** nivelado -a, derecho -a **2** **to be level with sth** estar a la (misma) altura de algo **3** **to be level (with sb)** ir empatado -a (con alguien) **4** **a level tablespoon/teaspoon etc.** una cucharada/una cucharadita etc. rasa
■ *v* [tr] (-led, -ling AmE, -lled, -lling BrE) **1** nivelar, alisar **2** reducir a escombros
level off/out nivelarse, estabilizarse
level with sb (informal) ser sincero -a con alguien

level 'crossing s BrE crucero [ferroviario]
► En inglés americano se usa **railroad crossing**

lever /ˈlevər, BrE ˈlivə/ s palanca

leverage /ˈlevərɪdʒ, BrE ˈlivərɪdʒ/ s influencia

levy /ˈlevi/ verbo & sustantivo
■ *v* (-vies, -vied) **to levy a tax (on sth)** aplicar un impuesto (a algo)
■ *s* (pl -vies) impuesto, gravamen

liability /laɪəˈbɪləti/ s (pl -ties) **1** **liability (for sth)** responsabilidad (por algo) **2** estorbo, problema

liable /ˈlaɪəbəl/ adj **1** **to be liable to do sth**: *The dog is liable to bite if provoked.* Es probable que el perro muerda si se lo provoca. **2** **to be liable (for sth)** ser responsable (por algo) **3** **to be liable to sth** **(a)** ser propenso -a a algo **(b)** estar sujeto -a a (pagar) algo [un impuesto, una multa]

liaise /liˈeɪz/ v **to liaise (with sb)** trabajar en colaboración (con alguien), hacer de enlace (con alguien)

liaison /liˈeɪzɑn/ s **1** coordinación, colaboración **2** aventura [sentimental]

liar /ˈlaɪər/ s mentiroso -a

libel /ˈlaɪbəl/ s calumnia(s), difamación

liberal /ˈlɪbərəl/ adjetivo & sustantivo
■ *adj* **1** (de mente abierta) tolerante, liberal **2** (en política) liberal **3** (referido a porciones, etc.) generoso -a
■ *s* liberal

liberate /ˈlɪbəreɪt/ v [tr] **1** **to liberate sb (from sth)** liberar a alguien (de algo) **2** liberar [un país, una ciudad] **3** poner en libertad [a un prisionero]

liberation /lɪbəˈreɪʃən/ s liberación, puesta en libertad

liberty /ˈlɪbərti/ s (pl -ties) **1** libertad **2** **to take liberties (with sth/sb)** tomarse libertades (con algo/alguien) **3** **to be at liberty to do sth** (formal) poder hacer algo

Libra /ˈlibrə/ s **1** Libra **2** persona del signo de Libra: *She's a Libra.* Es de Libra.

librarian /laɪˈbreriən/ s **1** bibliotecario -a **2** bibliotecólogo -a

library /ˈlaɪbreri/ s (pl -ries) biblioteca: *I borrowed this book from the library.* Saqué este libro de la biblioteca.

lice /laɪs/ plural de **louse**

license¹ AmE, **licence** BrE /ˈlaɪsəns/ s **1** licencia, permiso ► ver también **driver's license 2** licencia, libertad(es)

license² v [tr] autorizar la venta de [una droga, un producto] | **to be licensed to do sth** estar autorizado -a para hacer algo

'license ˌnumber s AmE (número de) placa, matrícula

'license plate AmE, **number plate** BrE s placa (de matrícula) [de un vehículo]

lick /lɪk/ verbo & sustantivo
■ *v* [tr] lamer
■ *s* **1** probadita [de un helado] **2** **a lick of paint** una manito de pintura

lid /lɪd/ s **1** tapa **2** párpado

lie¹ /laɪ/ v [intr] (pasado **lay**, participio **lain**, gerundio **lying**) **1** estar tendido -a, estar tirado -a | **to lie still/awake** estar quieto -a/despierto -a [en la cama, etc.] **2** tenderse, tirarse | **to lie on your back/front** ponerse boca arriba/boca abajo **3** estar (situado -a): *The town lies in a valley.* La ciudad está situada en un valle. **4 to lie in/with sth** estar en algo, radicar en algo: *The problem lies with the computer system.* El problema está en el sistema informático.

lie about/around 1 to leave sth lying about/around dejar algo tirado/botado **2** pasársela tirado -a: *He lies around the house all day.* Se la pasa todo el día tirado en casa.

lie ahead (hablando de lo que nos espera en el futuro): *the problems that lay ahead* los problemas que se venían | *Who knows what lies ahead?* ¿Quién sabe lo que nos espera en el futuro?

lie back recostarse

lie down tenderse, tirarse

lie in BrE dormir hasta tarde ▶ También existe **to sleep in**, que es inglés universal

lie² *verbo & sustantivo*

■ *v* [intr] (pasado & participio **lied**, gerundio **lying**) mentir | **to lie to sb (about sth)** mentirle a alguien (sobre algo)

■ *s* mentira | **to tell a lie** decir una mentira, mentir: *Don't tell lies!* ¡No digas mentiras!

lieutenant /luˈtenənt, BrE lefˈtenənt/ *s* teniente

life /laɪf/ *s* (pl **lives** /laɪvz/) **1** vida: *I've never seen him before in my life.* Nunca lo he visto en mi vida. | *social life* vida social | *family life* vida familiar | **to save sb's life** salvarle la vida a alguien | **to lose your life** perder la vida | **to be a matter of life and death** ser una cuestión de vida o muerte | **in real life** en la vida real | **way of life** modo de vida **2** (actividad, energía) vida | **to bring sth to life** hacerle cobrar vida a algo | **to come to life** animarse, cobrar vida **3** (también **life imprisonment)** cadena perpetua

'life belt *s* **1** AmE salvavidas, flotador **2** BrE salvavidas [en forma de aro] ▶ También existe **life buoy**, que es inglés universal

lifeboat /ˈlaɪfbəʊt/ *s* bote salvavidas

'life ˌbuoy *s* salvavidas [en forma de aro]

ˌlife exˈpectancy *s* esperanza de vida, expectativa de vida

'life ˌjacket *s* chaleco salvavidas

lifeless /ˈlaɪfləs/ *adj* **1** inerte, sin vida **2** anodino -a, sin vida

lifelong /ˈlaɪflɒŋ/ *adj* de toda la vida

lifestyle /ˈlaɪfstaɪl/ *s* estilo de vida

lifetime /ˈlaɪftaɪm/ *s* vida: *It's the chance of a lifetime.* Es la oportunidad de tu/su etc. vida.: *I don't think it will happen in my lifetime.* No creo que yo lo vaya a ver.

lift /lɪft/ *verbo & sustantivo*

■ *v* **1** [tr] levantar: *I helped him lift the box.* Lo ayudé a levantar la caja. | *Can you lift me up so I can see?* ¿Me puedes cargar para poder ver? |

He lifted the suitcase onto the bed. Subió la maleta a la cama. **2** [tr] levantar [un embargo, una veda, etc.] **3** [intr] disiparse [niebla, etc.] **4** [intr] elevarse [globo, etc.]

lift off despegar [nave espacial]

■ *s* **1** aventón: *Do you want a lift?* ¿Quieres que te dé aventón? | **to give sb a lift** darle aventón a alguien [en coche, etc.]: *I gave him a lift to the station.* Le di aventón hasta la estación. **2** BrE elevador ▶ En inglés americano se usa **elevator**

light /laɪt/ *sustantivo, adjetivo, verbo & adverbio*

■ *s* **1** (del sol, etc.) luz **2** (lámpara) luz | **to turn/switch/put the light on** prender la luz | **to turn/switch/put the light off** apagar la luz **3** (también **traffic light)** semáforo, luz: *He ran a red light.* Cruzó con luz roja.: *The lights are green.* El semáforo está en verde. **4** (de un coche) luz **5** a light fuego [para un cigarrillo]: *Do you have a light?* ¿Tienes fuego? **6 to set light to sth** prenderle fuego a algo **7 to come to light/be brought to light** salir a la luz

■ *adj* **1** (no oscuro) claro -a: *a light green dress* un vestido verde claro **2** (no pesado) liviano -a, ligero -a [objeto, comida]: *He gave me the lighter suitcase to carry.* Me dio la maleta más liviana para llevar. | *We had a light lunch.* Almorzamos liviano. **3** (no abrigado) liviano -a: *a light jacket* un saco liviano **4** suave [viento, golpe] **5** (con luz natural) luminoso -a

■ *v* (pasado & participio **lit** o **lighted**) **1** [tr] prender, encender **2** [intr] prender(se), encender(se): *The fire won't light.* El fuego no prende. **3** [tr] iluminar | **poorly lit** mal iluminado -a

light up iluminarse [la cara, los ojos]: *His face lit up with glee.* Se le iluminó la cara de alegría.

light sth up iluminar algo

■ *adv* **to travel light** viajar con lo mínimo

'light bulb *s* foco (de luz)

lighten /ˈlaɪtn/ *v* **1** [tr] aligerar, hacer más liviano -a **2** [tr] aclarar **3** [intr] aclararse, clarear

lighter /ˈlaɪtər/ *s* encendedor

lightheaded /laɪtˈhedɪd/ *adj* mareado -a

lighthearted /laɪtˈhɑrtɪd/ *adj* **1** alegre, de buen ánimo **2** en broma

lighthouse /ˈlaɪthaʊs/ *s* faro

lighting /ˈlaɪtɪŋ/ *s* iluminación

lightly /ˈlaɪtli/ *adv* **1** suavemente **2** ligeramente **3 to get off/escape lightly** salir bien librado -a

lightning /ˈlaɪtnɪŋ/ *sustantivo & adjetivo*

■ *s* **1** relámpagos: *thunder and lightning* truenos y relámpagos | **a flash of lightning** un relámpago | **to be struck by lightning** ser alcanzado -a

por un rayo **2 as quick as lightning/like lightning** (rápido -a) como un rayo
■ *adj* rapidísimo -a | **a lightning visit** una visita relámpago

lightweight /'laɪtweɪt/ *adjetivo & sustantivo*
■ *adj* **1** (que no es pesado o abrigado) liviano -a **2** (en boxeo) liviano -a
■ *s* (peso) liviano

likable, también **likeable** /'laɪkəbəl/ *adj* agradable, simpático -a

like /laɪk/ *preposición, verbo, sustantivo & conjunción*
■ *prep* **1** (similar a) como: *I want a bike like yours.* Quiero una bicicleta como la tuya. | **to look like sth/sb** parecerse a algo/alguien, ser parecido -a a algo/alguien: *She looks just like her mother.* Es igualita a su mamá. | **to taste like sth** saber a algo, tener gusto a algo **2 like this/that** así: *Do it like this.* Hazlo así. **3 what's she/it etc. like?** ¿cómo es?, ¿qué tal es?: *What was the hotel like?* ¿Cómo era el hotel? **4** (hablando de lo que es característico de una persona): *It's just like him to spoil things for others.* Es característico en él arruinarles las cosas a los demás. **5** (por ejemplo) como: *green vegetables like spinach* verduras de hoja como la espinaca
■ *v* [tr] ▶ ver recuadro
■ *s* **1 his/her etc. likes and dislikes** sus preferencias, lo que le gusta y lo que no le gusta **2 the likes of us/him etc.** (informal) la gente como nosotros/tipos como él etc.
■ *conj* (informal) **1** como si: *He acted like he hadn't seen us.* Hizo como si no nos hubiera visto. **2 like I say/said** como (ya) dije: *Like I said, we'll be on vacation in August.* Como ya dije, nos vamos de vacaciones en agosto.

likelihood /'laɪklihʊd/ *s* probabilidad(es), posibilidad(es)

likely /'laɪkli/ *adjetivo & adverbio*
■ *adj* (-lier, -liest) **1** probable: *Snow is likely tomorrow.* Es probable que nieve mañana. | **he's likely to notice/to turn up etc.** es probable que se dé cuenta/que aparezca etc. **2** (prometedor): *a list of likely candidates* una lista de candidatos con posibilidades
■ *adv* probablemente | **most likely** lo más probable: *Most likely he forgot.* Lo más probable es que se haya olvidado.

likeness /'laɪknəs/ *s* **1** parecido: *I see a strong likeness to his father.* Le veo un gran parecido con su padre. **2** (pl -sses) **to be a good likeness of sb** ser un buen retrato de alguien

likewise /'laɪk-waɪz/ *adv* (formal) **1** asimismo | **to do likewise** hacer lo mismo **2** lo mismo digo

liking /'laɪkɪŋ/ *s* **1 a liking for sth** una afición/un gusto por algo **2 to take a liking to sb**: *He appears to have taken a liking to your sister.* Parece que le gusta tu hermana. **3 to be to sb's liking** (formal) ser del agrado de alguien **4 for my/her etc. liking** para mi/su etc. gusto

---

like *verbo*

1 GUSTOS
Does she like science fiction? ¿Le gusta la ciencia ficción? | *She likes her coffee very strong.* Le gusta el café muy fuerte. | *How does he like his new school?* ¿Le gusta el colegio nuevo? | *I don't think he likes me.* Me parece que no le caigo bien.
To like puede ir seguido de un gerundio o de un infinitivo:
He likes playing tennis. Le gusta jugar tenis. | *I like to watch TV.* Me gusta ver televisión.
Ver la entrada **gustar**.

2 FÓRMULAS DE CORTESÍA
I'd like a cup of coffee, please. Quisiera un café, por favor. | *Would you like some more cake?* ¿Quieres un poco más de pastel? | *Would you like to go to the movies?* ¿Te gustaría ir al cine?

3 DESEOS
I'd like you to see this. Quisiera que vieras esto. | *I'd like you to meet Pete.* Quiero presentarte a Pete.

4 EXPRESIONES
if you like si quieres | **whatever you like** lo que quieras | **whether you like it or not** te guste o no (te guste)

---

lilac /'laɪlɑk/ *sustantivo & adjetivo*
■ *s* **1** (flor, árbol) lila **2** (color) lila
■ *adj* (de color) lila ▶ ver "Active Box" **colors** en **color**

lily /'lɪli/ *s* (pl -lies) **1** lirio **2 (white) lily** azucena

limb /lɪm/ *s* **limb** significa *extremidad* pero se usa en contextos en los cuales usamos *pierna* o *brazo* en español | **to break a limb** romperse una pierna o un brazo

lime /laɪm/ *sustantivo & adjetivo*
■ *s* **1** limón [verde] **2** tilo [árbol] **3** (también **lime green**) (color) verde limón **4** cal
■ *adj* de color verde limón

limelight /'laɪmlaɪt/ *s* **to be in the limelight** ser el centro de atención

limestone /'laɪmstoʊn/ *s* (piedra) caliza

limit /'lɪmɪt/ *sustantivo & verbo*
■ *s* **1** límite | **time/speed etc. limit** límite de tiempo/velocidad etc. **2 within limits** dentro de ciertos límites **3 to be over the limit** haber tomado demasiado [para manejar]
■ *v* [tr] **1** limitar: *Seating is limited to 500.* El número de asientos se limita a 500. **2 to limit yourself to sth** limitarse a algo

limitation /lɪmə'teɪʃən/ *s* limitación

limited /'lɪmɪtɪd/ *adj* limitado -a

limiting /'lɪmɪtɪŋ/ *adj* restrictivo -a

limousine /'lɪməzin/ *s* limusina

ⓘ ¿Se dice *I arrived in Miami* o *I arrived to Miami*? Mira la entrada **arrive**.

limp /lɪmp/ *adjetivo, verbo & sustantivo*
- **adj** **1** débil [apretón de manos] **2** sin fuerzas [cuerpo] **3** mustio -a [lechuga, etc.]
- **v** [intr] cojear, renquear
- **s** cojera, renquera | **to walk with a limp** cojear, renquear

line /laɪn/ *sustantivo & verbo*
- **s** **1** línea: *The ball went over the line.* El balón pasó la línea. | **in a straight line** en línea recta **2** fila, hilera | **in a line** en fila **3** AmE fila, cola [de personas, coches, etc.] | **to wait/stand in line** hacer fila/cola | **to get in line** ponerse en la fila/cola **4** cuerda, soga | **fishing line** sedal **5** (de teléfono) línea: *I have Mr. Ford on the line.* Tengo al Sr. Ford en la línea. | *Hold the line.* No cuelgue. | *It's a bad line.* Se oye muy mal. **6** (de ferrocarril) vía **7** (ruta) línea **8** **something along those lines** algo por el estilo **9** (de un texto) renglón, línea **10** (de una poesía) verso **11** **to drop sb a line** escribirle unas líneas a alguien **12** (de un actor) frase: *I have to learn my lines.* Tengo que aprenderme mi texto/mi papel. **13** **to be in line for sth** ser candidato -a a/para algo **14** **to be on the right lines** ir por el buen camino **15** **to draw the line (at sth)** Esta frase se usa para señalar el límite de lo que resulta aceptable: *I'd like to help him, but I draw the line at lying.* Me gustaría ayudarlo, pero no estoy dispuesta a mentir.
- **v** [tr] **1** forrar, recubrir | **to line sth with sth** forrar algo con algo **2** alinearse a los costados de, bordear
line up formar fila, hacer cola **line sth up 1** alinear algo **2** (informal) preparar algo, organizar algo: *John's lined up a band for the party.* John ha organizado una banda para la fiesta. **line sb up** poner a alguien en fila

lined /laɪnd/ *adj* **1** forrado -a [prenda, caja] **2** rayado -a [papel] **3** arrugado -a [cara]

lineman /ˈlaɪnmən/ *s* (pl -men) (en futbol americano) jugador -a de línea

linen /ˈlɪnən/ *s* **1** blancos [ropa de cama, manteles, etc.] **2** lino, hilo

liner /ˈlaɪnər/ *s* barco de pasajeros, buque de pasajeros | **an ocean liner** un transatlántico

linesman /ˈlaɪnzmən/ *s* (pl -men) juez de línea

lineup /ˈlaɪnʌp/ *s* **1** alineación [de un equipo para jugar un partido] **2** elenco [de una obra teatral], integrantes [de un grupo musical]

linger /ˈlɪŋgər/ *v* [intr] **1** demorarse [en un lugar] | **to linger over sth** demorarse con algo, entretenerse haciendo algo **2** (también **linger on**) perdurar [recuerdo], persistir [gusto, olor]

linguist /ˈlɪŋgwɪst/ *s* **1** persona que tiene facilidad para aprender idiomas: *I'm not much of a linguist.* No soy muy bueno para los idiomas. **2** lingüista

linguistics /lɪŋˈgwɪstɪks/ *s* lingüística

lining /ˈlaɪnɪŋ/ *s* forro

link /lɪŋk/ *verbo & sustantivo*
- **v** [tr] **1** relacionar, conectar [hechos, acontecimientos] | **to be linked to/with sth** estar relacionado -a/vinculado -a con algo **2** conectar [lugares]: *A tunnel links the hotel to the beach.* Un túnel conecta el hotel con la playa. **3** **to link arms** tomarse del brazo
link up conectar(se), relacionarse
- **s** **1** (entre hechos, acontecimientos) relación, conexión **2** (entre lugares, sistemas de comunicación) conexión: *Rail links between the two cities are very good.* La conexión ferroviaria entre las dos ciudades es muy buena. **3** (en una página web) link, liga **4** (entre países, organizaciones) vínculo, lazo **5** (en una cadena) eslabón

lion /ˈlaɪən/ *s* león

lip /lɪp/ *s* **1** labio | **to lick your lips** relamerse **2** **to read sb's lips** leerle los labios a alguien

lip-read /ˈlɪp rid/ *v* [intr] (pasado & participio lip-read /-red/) leer los labios

lipstick /ˈlɪpstɪk/ *s* lápiz labial, bilé | **to put (your) lipstick on** pintarse los labios

liqueur /lɪˈkɜr/ *s* licor

liquid /ˈlɪkwɪd/ *sustantivo & adjetivo*
- **s** líquido
- **adj** líquido -a

liquor /ˈlɪkər/ *s* AmE bebidas alcohólicas [fuertes]

'liquor store *s* AmE vinatería

lisp /lɪsp/ *verbo & sustantivo*
- **v** **1** [intr] cecear **2** [tr] decir ceceando
- **s** ceceo

list /lɪst/ *sustantivo & verbo*
- **s** lista: *I'm on the waiting list.* Estoy en lista de espera.
- **v** [tr] hacer una lista de, enlistar

listen /ˈlɪsən/ *v* [intr] **1** escuchar: *Listen! Did you hear that noise?* ¡Escucha! ¿Oíste ese ruido? | **to listen to sth/sb** escuchar algo/a alguien **2** hacer caso: *She never listens to me.* A mí nunca me hace caso.
listen (out) for sth/sb escuchar atentamente para oír algo, si viene alguien, etc.: *I was listening out for the mailman.* Estaba atento a ver si oía al cartero.

listener /ˈlɪsənər/ *s* **1** oyente [de radio] **2** **to be a good listener** saber escuchar

lit /lɪt/ pasado & participio de **light**

liter AmE, **litre** BrE /ˈlitər/ *s* litro

literacy /ˈlɪtərəsi/ *s* (nivel de) alfabetización

literally /ˈlɪtərəli/ *adv* literalmente, en sentido literal

literary /ˈlɪtəreri/ *adj* literario -a

literate /'lɪtərət/ adj **1** alfabetizado -a, que sabe leer y escribir **2 to be computer literate** saber usar una computadora

literature /'lɪtərətʃər/ s **1** literatura **2** información, bibliografía

litre BrE ▶ ver **liter**

litter /'lɪtər/ sustantivo & verbo
■ s **1** basura ▶ ¿LITTER, RUBBISH O GARBAGE? ver nota en **basura 2** camada [de perritos, gatitos, etc.]
■ v **to be littered with sth** estar cubierto -a/lleno -a de algo: *His desk was littered with papers.* Su escritorio estaba cubierto de papeles.

'litter bin BrE ▶ ver **garbage can, trashcan**

little /'lɪtl/ adjetivo, pronombre & adverbio
■ adj **1** (de tamaño) pequeño -a, chico -a: *This table is too little.* Esta mesa es demasiado pequeña. ▶ El uso de **little** delante de un sustantivo equivale en muchos casos al diminutivo español: *her little brother/sister* su hermanito/hermanita | *a little table* una mesita
2 (de edad) pequeño -a, chico -a: *when I was little* cuando era pequeña
3 (para enfatizar): *Poor little thing!* ¡Pobrecito! | *a little dog* un perrito
4 a little bit (of sth) un poquito (de algo) | **a little while** un ratito
■ pron (comparativo **less**, superlativo **least**) **1** poco: *I know very little about him.* Sé muy poco sobre él. | **as little as possible** lo menos posible
2 a little un poco, un poquito: *"Milk?" "Just a little, thanks."* –¿Leche? –Un poquito nomás, gracias.
■ adv **1** poco: *We see him very little these days.* Lo vemos muy poco ahora.
2 a little, también **a little bit** BrE un poco, un poquito
3 little by little poco a poco

lives¹ /lɪv/ v **1** [intr] (habitar) vivir: *Where do you live?* ¿Dónde vives? | *She lives in Toronto.* Vive en Toronto. **2** [intr] (estar vivo) vivir: *She lived to be 97.* Vivió hasta los 97 años. **3 to live a quiet/full etc. life** llevar una vida tranquila/plena etc. **4 to live it up** (informal) darse la gran vida
live for sth vivir para/por algo
live off sth vivir de algo, alimentarse de algo
live off sb vivir a costa de alguien
live on sth 1 vivir con algo: *She has to live on $35 a week.* Tiene que vivir con $35 por semana. **2** alimentarse de algo: *He lives on a diet of burgers and pizza.* Se alimenta a base de hamburguesas y pizza.
live together vivir juntos -as
live up to sth estar a la altura de algo
live with sth (aprender a) convivir con algo

live² /laɪv/ adjetivo & adverbio
■ adj **1** vivo -a **2** en vivo [actuación] **3** en directo, en vivo [transmisión] **4** Referido a municiones o balas, **live** significa que son de plomo y no de goma/de salva. Cuando se aplica a bombas, etc., indica que todavía pueden explotar
■ adv en vivo, en directo

livelihood /'laɪvlihʊd/ s (para referirse al modo de ganarse la vida): *Farming is their livelihood.* Viven de la agricultura.

lively /'laɪvli/ adj (-lier, -liest) **1** vivaz, animado -a [persona] **2** muy vivo -a [imaginación] **3** animado -a [debate]

liven /'laɪvən/ v **liven up** animarse **liven sth up** alegrar algo, darle vida a algo

liver /'lɪvər/ s hígado

lives /laɪvz/ plural de **life**

livestock /'laɪvstɑk/ s animales [de una explotación agrícola], ganado

livid /'lɪvɪd/ adj furioso -a

living /'lɪvɪŋ/ adjetivo & sustantivo
■ adj **1** vivo -a **2 living things/creatures** seres vivos **2 the living** los (que están) vivos
■ s **1** modo de ganarse la vida: *What does he do for a living?* ¿De qué trabaja? | **to make/earn a living** ganarse la vida **2** vida: *country living* la vida en el campo

'living room s sala (de estar)

living room
coffee table
lamp
sofa
TV

lizard /'lɪzərd/ s lagarto, lagartija

load /loʊd/ sustantivo & verbo
■ s **1** carga **2 a load of/loads of** (informal) un montón de/montones de: *We have loads of time.* Tenemos un montón de tiempo. | *That's a load of nonsense!* ¡Qué sarta de estupideces!
■ v **1** [tr/intr] cargar: *I loaded the suitcases into the car.* Cargué las maletas en el carro. | **to load a car/truck etc. (up) with sth** cargar un coche/un camión etc. de/con algo **2 to load a gun** cargar un arma | **to load a film** cargar un rollo [en una cámara] **3** [tr] cargar [un programa informático]
load down to be loaded down with sth estar cargado -a de algo

loaded /'loʊdɪd/ *adj* **1** cargado -a **2** (informal) forrado -a de lana, forrado -a de dinero **3** a **loaded question** una pregunta tendenciosa **4** AmE (informal) borracho -a, tomado -a

loaf /loʊf/ *s* (pl **loaves**) pan, barra (de pan): *a white loaf* un pan blanco/una barra de pan blanco | *a loaf of bread* un pan

loan /loʊn/ *sustantivo & verbo*
- *s* **1** préstamo, crédito | **to take out a loan** sacar un préstamo **2** **on loan** prestado -a, en préstamo
- *v* [tr] prestar, dar en préstamo

loathe /loʊð/ *v* [tr] detestar

loaves /loʊvz/ plural de **loaf**

lobby /'labi/ *sustantivo & verbo*
- *s* (pl **-bbies**) **1** lobby, vestíbulo **2** lobby, grupo de presión
- *v* (**-bbies, -bbied**) **1** [tr] cabildear, ejercer presión sobre **2** [intr] cabildear, ejercer presión

lobster /'labstər/ *s* langosta [de mar]

local /'loʊkəl/ *adjetivo & sustantivo*
- *adj* local, de la zona ► ver también **anesthetic**
- *s* **1** residente, vecino -a: *I asked one of the locals for directions.* Le pedí indicaciones a un vecino de la zona. **2** BrE pub del barrio donde uno vive

locally /'loʊkəli/ *adv* en la zona, a nivel local

locate /'loʊkeɪt/ *v* [tr] localizar, ubicar

location /loʊ'keɪʃən/ *s* **1** ubicación **2** lugar **3** **on location** fuera del estudio donde se filma una película: *He is on location in Africa.* Está filmando las escenas en exteriores en África.

lock /lak/ *verbo & sustantivo*
- *v* **1** [tr] cerrar (con llave) **2** [intr] cerrarse (con llave) **3** [intr] trabarse [frenos, mecanismo, etc.]
  lock sth away guardar algo bajo llave
  lock sb in encerrar/dejar encerrado -a a alguien
  lock sb out dejar afuera a alguien (sin llaves)
  lock up cerrar (con llave) | **lock sth up 1** guardar algo bajo llave **2** cerrar algo con llave **lock sb up** encerrar a alguien
- *s* **1** cerradura, cerrojo | **under lock and key** bajo llave **2** esclusa **3** mechón

locker /'lakər/ *s* locker, casillero

lodge /ladʒ/ *verbo & sustantivo*
- *v* **1** [intr] alojarse, hospedarse | **to lodge with sb** hospedarse en la casa de alguien **2** **to lodge a complaint/an appeal etc.** presentar una queja/una apelación etc.
- *s* **1** casa del cuidador de una mansión en el campo **2** refugio [en la montaña] **3** portería [de un edificio, una escuela, etc.]

lodger /'ladʒər/ *s* inquilino -a [de una habitación en una casa de familia]

lodging /'ladʒɪŋ/ *sustantivo & sustantivo plural*
- *s* alojamiento
- **lodgings** *s pl* habitación [alquilada en una casa de familia]

loft /lɔft/ *s* **1** (departamento) loft **2** pajar **3** BrE desván, ático

log /lɔg/ *sustantivo & verbo*
- *s* **1** tronco, leño **2** libro de bitácora
- *v* (**-gged, -gging**) [tr] registrar
  log on, también **log in** (en computación) entrar al sistema, iniciar una sesión
  log off, también **log out** (en computación) salir del sistema, finalizar una sesión

logic /'ladʒɪk/ *s* lógica

logical /'ladʒɪkəl/ *adj* lógico -a

logo /'loʊgoʊ/ *s* logo, logotipo

lollipop, también **lollypop** AmE /'lalipap/ *s* paleta [de dulce]

loneliness /'loʊnlinəs/ *s* soledad

lonely /'loʊnli/ *adj* (**-lier, -liest**) **1** solo -a [persona]: *Don't you ever feel lonely?* ¿Nunca te sientes solo? ► **¿LONELY** o **ALONE?** ver **solo** **2** solitario -a [lugar, vida]

loner /'loʊnər/ *s* solitario -a, ermitaño -a

long /lɔŋ/ *adjetivo, adverbio & verbo*
- *adj* **1** (referido a objetos, distancias) largo -a: *a long, black dress* un vestido negro largo | *The kitchen is four meters long.* La cocina mide cuatro metros de largo. | **to be a long way** quedar muy lejos: *It's a long way to the airport.* El aeropuerto queda muy lejos. **2** (referido a tiempo) largo -a: *It was a long wait.* Fue una larga espera. | **it's a long time** hace mucho tiempo: *It's a long time since we saw you.* Hace mucho tiempo que no te vemos. | **a long time ago** hace mucho tiempo: *It happened a long time ago.* Sucedió hace mucho tiempo. | **to be three hours/five minutes etc. long** durar tres horas/cinco minutos etc.
  3 **how long is/was...?** **(a)** (en el tiempo) ¿Cuánto dura/duró...?: *How long was the trip?* ¿Cuánto duró el viaje? **(b)** (en el espacio) ¿Qué largo tiene...?/¿Cuánto mide...?: *How long is that shelf?* ¿Qué largo tiene aquel estante?
- *adv* **1** mucho (tiempo): *Have you lived here long?* ¿Hace mucho tiempo que vives aquí? | *Those shoes didn't last very long.* Esos zapatos no duraron mucho. | *It took me longer than I'd planned.* Me llevó más tiempo de lo que había planeado. | *I haven't known her for long.* No hace mucho que la conozco. | *You can stay as long as you like.* Puedes quedarte el tiempo que quieras.
  2 **how long?** (en el tiempo): *How long have you been a teacher?* ¿Cuánto hace que eres maestro?
  3 **long before/after** mucho antes (de)/después (de)
  4 **no longer/not any longer**: *She no longer works here.* No trabaja más aquí. | *I can't wait any longer.* No puedo esperar más.
  5 **before long** poco después, dentro de poco
  6 **as/so long as** siempre que
  7 **long ago** hace mucho (tiempo)
  8 **all day/year etc. long** todo el día/año etc.
- *v* **to long to do sth** ansiar hacer algo | **to long for sth** ansiar algo, anhelar algo

,long-'distance adj **1** (de) larga distancia [llamada] **2** de fondo [corredor, carrera]

longing /'lɒŋɪŋ/ s anhelo o deseo ferviente: *her longing for a child* su ferviente deseo de tener un hijo

longitude /'lɒndʒətʊd/ s longitud

'long jump s salto de longitud

,long-'life adj de larga duración | **long-life milk** leche de larga vida

,long-'range adj **1** de largo alcance [misil] **2** a largo plazo [pronóstico, planes]

longsighted /lɒŋ'saɪtɪd/ adj BrE hipermétrope ▶ En inglés americano se usa **farsighted**

,long-'standing adj de mucho tiempo, antiguo -a: *a long-standing relationship* una relación de mucho tiempo

,long-'term adj a largo plazo

loo /luː/ s BrE (informal) baño

look /lʊk/ verbo, sustantivo & sustantivo plural
■ v [intr] **1** mirar: *I looked over the fence.* Miré por encima de la cerca. | *Look what I made!* ¡Mira lo que hice! **2** parecer, verse: *He looked sad.* Parecía triste./Tenía cara de triste. | *It looks like a gun.* Parece un revólver. | *You look as if you haven't slept all night.* Te ves como si no hubieras dormido en toda la noche. **3** buscar: *"I can't find my keys." "Where have you looked?"* –No encuentro las llaves. –¿Dónde has buscado? **4 to look sb in the eye** mirar a alguien a los ojos **5 to look south/east etc.** dar al sur/este etc. [edificio]

PHRASAL VERBS

look after sth/sb cuidar algo/a alguien | **to look after yourself** cuidarse

look ahead mirar hacia el futuro

look around 1 mirar **2** darse (la) vuelta, voltearse [para ver algo] **look around sth** ver algo, visitar algo

look at sth 1 mirar algo: *Richard looked at his watch.* Richard miró su reloj. **2** checar algo, revisar algo **3** estudiar algo [situación, posibilidades, etc.] **look at sb** mirar a alguien

look back mirar para atrás

look down on sth/sb menospreciar algo/a alguien

look for sth/sb buscar algo/a alguien

look forward to sth Esta frase se usa para hablar de un suceso futuro del que sabemos que será placentero: *I'm looking forward to seeing her again.* Tengo muchas ganas de volver a verla./Estoy deseando volver a verla.

look into sth investigar algo

look on mirar, quedarse mirando [sin hacer nada]

look out look out! ¡cuidado!

look out for sth/sb mirar atentamente para localizar algo/a alguien: *Look out for Jane at the conference.* Fíjate si ves a Jane en el congreso.

look sth/sb over echar(le) una ojeada a algo/alguien

look round BrE ▶ ver **look around**

look through sth 1 hojear algo **2** checar algo, revisar algo

look up 1 levantar la vista **2** (referido a situaciones) andar mejor **look sth up** buscar algo [en un diccionario, etc.] **look sb up** ir a visitar a alguien

look up to sb admirar a alguien
■ s **1 to have/take a look (at sth)** mirar (algo), echar(le) una mirada (a algo) **2 to have a look (for sth)** buscar (algo) **3** expresión de la cara o la mirada: *Did you see the look on her face?* ¿Viste la cara que tenía/que puso? | **to give sb a funny/severe etc. look** mirar a alguien de forma rara/muy serio -a etc.: *He gave me a funny look.* Me miró de forma rara. **4** aspecto, aire **5** moda, look: *the 60s look* la moda de los 60
■ **looks** s pl atractivo [físico], belleza

lookout /'lʊk-aʊt/ s **1 to be on the lookout for sth** andar a la caza/pesca de algo, estar atento -a a algo **2** vigía

loom /luːm/ v [intr] **1** surgir o alzarse como una figura imponente o amenazante: *The ship loomed up out of the fog.* El buque surgió imponente de entre la niebla. **2** avecinarse, acercarse [tormenta, conflicto, etc.]

loony /'luːni/ s & adj (pl -nies) (informal) chiflado -a

loop /luːp/ sustantivo & verbo
■ s **1** presilla, lazada **2** circuito, rizo
■ v **1 to loop sth over/around etc. sth** enrollar algo alrededor de algo **2** [intr] moverse en círculos

loophole /'luːphoʊl/ s aspecto de la redacción de una ley o norma que permite evadir su cumplimiento prestándose a abusos

loose /luːs/ adjetivo & sustantivo
■ adj **1** flojo -a: *a loose tooth* un diente flojo **2** suelto -a: *Her hair hung loose.* Tenía el pelo suelto. **3** flojo -a, holgado -a [ropa] **4** suelto -a: *There is a murderer loose.* Anda suelto un asesino. | **to break loose** soltarse
■ s **to be on the loose** andar suelto -a

loosely /'luːsli/ adv **1** con holgura, sin apretar **2 loosely translated** traducido -a aproximadamente | **to be loosely based on sth** estar basado -a a grandes rasgos en algo

loosen /'luːsən/ v **1** [tr] aflojar **2** [intr] aflojarse **loosen up** relajarse

loot /luːt/ sustantivo & verbo
■ s botín
■ v [tr/intr] saquear

lopsided /'lɒpsaɪdɪd/ adj torcido -a, chueco -a

lord /lɔːrd/ s **1** (también **Lord**) lord **2** (en la Edad Media) señor **3** (Dios, Jesús) Señor: *Thank the Lord.* Gracias al Señor. **4 good Lord!/oh Lord!** (informal) ¡Dios mío! **5 the Lords** la Cámara de los Lores [del parlamento británico]

lorry /'lɒri/ s (pl -rries) BrE camión ▶ En inglés americano se usa **truck**

lose /luz/ v [tr/intr] (pasado & participio lost) **1** perder: *I've lost my gloves.* He perdido mis guantes. | *He lost a leg in the accident.* Perdió una pierna en el accidente. | *We were losing 3-0.* Íbamos perdiendo 3 a 0. **2** atrasar [reloj] **3 to have nothing to lose** no tener nada que perder ► **to lose** también forma parte de expresiones como **to lose your nerve, to lose weight,** etc. Éstas están tratadas bajo el sustantivo correspondiente
lose out salir perdiendo | **to lose out to sb** salir perdiendo/perder terreno frente a alguien | **to lose out on sth** perderse algo [una oportunidad, un negocio]

loser /'luzər/ s perdedor -a | **you are/he is** etc. **a good/bad loser** eres/es etc. un buen/mal perdedor

loss /lɔs/ *sustantivo & sustantivo plural*
■ s (pl losses) **1** pérdida **2 to make a loss** sufrir una pérdida, perder | **to sell sth at a loss** vender algo perdiendo dinero **3 to be at a loss** no saber qué hacer/decir
■ **losses** s pl bajas [en una guerra]

lost¹ /lɔst/ *adj* **1** perdido -a | **to get lost** perderse **2 get lost!** ¡vete al diablo!, ¡esfúmate!

lost² pasado & participio de **lose**

lot /lɑt/ s **1 a lot** mucho -a: *There's a lot to do.* Hay mucho que hacer. | **a lot of** mucho(s) -a(s): *A lot of people came to the meeting.* Vino mucha gente a la junta. | **lots of** mucho(s) -a(s): *She's got lots of friends.* Tiene muchos amigos. **2 a lot quicker/better** etc. mucho más rápido/mejor etc. **3 the lot** todo -a: *She ate the lot.* Se lo comió todo. **4 thanks a lot** muchas gracias **5** AmE lote, terreno **6** (en una subasta) lote

lotion /'loʊʃən/ s loción

lottery /'lɑtəri/ s (pl -ries) lotería

loud /laʊd/ *adjetivo & adverbio*
■ *adj* **1** fuerte [ruido, música, etc.] **2** chillón -ona [color], llamativo -a [ropa]
■ *adv* **1** fuerte: *Could you speak a little louder?* ¿Puedes hablar un poco más fuerte? **2 out loud** en voz alta **3 loud and clear** perfectamente

loudspeaker /'laʊdspikər/ s bocina, altavoz

lounge /laʊndʒ/ *sustantivo & verbo*
■ s **1** sala [en un hotel, aeropuerto, etc.] **2** AmE bar **3** BrE sala (de estar), living ► También existe **living room,** que es inglés universal
■ v **lounge about/around** holgazanear, flojear

louse /laʊs/ s (pl lice /laɪs/) piojo

lousy /'laʊzi/ *adj* (-sier, -siest) (informal) pésimo -a, malísimo -a

lout /laʊt/ s patán

lovable, también **loveable** /'lʌvəbəl/ *adj* adorable

love /lʌv/ *sustantivo & verbo*
■ s **1** amor, cariño: *a mother's love for her child* el amor de una madre por su hijo | **to be in love**

(with sb) estar enamorado -a (de alguien) | **to fall in love (with sb)** enamorarse (de alguien) **2** (persona querida) amor: *He was my first love.* Fue mi primer amor. **3** afición, pasión: *She has a great love of music.* Tiene una gran afición por la música. **4 to make love (to sb)** hacer el amor (con alguien) **5 love from** (al final de una carta) un abrazo de, cariños de **6 to send/give your love to sb** mandarle recuerdos/cariños a alguien **7** En inglés británico **love** a veces se usa para dirigirse afectuosamente a alguien, conocido o desconocido, especialmente a una mujer o un niño. Puede equivaler a *mi amor, tesoro, señora,* etc. **8 love affair** aventura (sentimental), romance **love story** historia de amor
■ v [tr] **1** querer, amar: *Children need to feel loved.* Los niños tienen que sentirse queridos. | *I love you.* Te quiero./Te amo. **2** (para expresar gustos, deseos): *He loves pizza.* Le encanta la pizza. | *I'd love to meet her.* Me encantaría conocerla.

lovely /'lʌvli/ *adj* (-lier, -liest) **1** precioso -a, lindo -a **2** (muy agradable): *It was lovely to see you again.* Me encantó volver a verte. | *Have a lovely time!* ¡Que lo pases muy bien! **3** riquísimo -a

lover /'lʌvər/ s **1** (en una relación) amante **2** (muy aficionado) amante: *a music lover* un amante de la música

loving /'lʌvɪŋ/ *adj* cariñoso -a, afectuoso -a

low /loʊ/ *adjetivo, adverbio & sustantivo*
■ *adj* **1** (de o a poca altura) bajo -a: *the lowest shelf* el estante más bajo **2** (referido a cantidades, niveles) bajo -a: *It's low in calories.* Es bajo en calorías. **3** (referido a sonidos) bajo -a, apagado -a: *The volume is too low.* El volumen está muy bajo. **4** deprimido -a
■ *adv* bajo: *Turn the air conditioning down low.* Pon el aire acondicionado bien bajo.
■ s mínimo -a: *a low of 8°* una mínima de 8 grados

low 'calorie, también **low-cal** *adj* bajo -a en calorías

lower /'loʊər/ *adjetivo & verbo*
■ *adj* **1** inferior, de abajo: *the lower lip* el labio inferior | *the lower floors of the building* los pisos bajos del edificio **2** (referido a nivel, rango) más bajo -a
■ v [tr] **1** bajar **2 to lower your voice** bajar la voz

lower 'case s minúscula(s), letra(s) minúscula(s)

low-'fat *adj* de bajo contenido de grasas

low-'key *adj* sencillo -a, discreto -a

low 'tide s marea baja

loyal /'lɔɪəl/ *adj* leal, fiel

loyalty /'lɔɪəlti/ s (pl -ties) lealtad

LP /el 'pi/ s disco de larga duración, elepé

Ltd (= **Limited**) Ltda.

luck /lʌk/ s **1** suerte | **to be in luck/out of luck** tener/no tener suerte | **with any luck** con un poco de suerte **2 good luck!/best of luck!** ¡buena suerte! **3 hard luck!/bad luck!** ¡mala suerte!

luckily /'lʌkəli/ adv por suerte

lucky /'lʌki/ adj (-ckier, -ckiest) afortunado -a, suertudo -a | **to be lucky** tener suerte: *We've been very lucky with the weather.* Tuvimos mucha suerte con el tiempo. | *I was lucky enough to be invited.* Tuve la suerte de que me invitaran.

ludicrous /'ludɪkrəs/ adj ridículo -a, absurdo -a

luggage /'lʌgɪdʒ/ s equipaje

lukewarm
/luk'wɔrm/ adj
1 tibio -a
2 poco entusiasta

lull /lʌl/ verbo & sustantivo
- **v** [tr] arrullar, adormecer
- **s** pausa, momento de calma

luggage

lullaby /'lʌləbaɪ/ s (pl -bies) canción de cuna

lumber /'lʌmbər/ verbo & sustantivo
- **v 1 to lumber away/along etc.** irse/moverse etc. con pesadez: *The bear lumbered toward us.* El oso avanzaba pesadamente hacia nosotros. **2 to be/get lumbered with sth** tener que cargar con algo [con una actividad o una tarea no deseada]
- **s** madera [para construcción]

luminous /'lumənəs/ adj luminoso -a

lump /lʌmp/ sustantivo & verbo
- **s 1** pedazo [de queso, carbón, etc.] **2** terrón [de azúcar] **3** grumo [en una salsa, etc.] **4** bulto [en el cuerpo] **5 a lump in your throat** un nudo en la garganta
- **v lump sth/sb together** meter algo/a alguien en la misma bolsa

lump 'sum s pago único

lumpy /'lʌmpi/ adj (-pier, -piest) **1** con grumos [salsa] **2** con bultos [colchón]

lunatic /'lunətɪk/ s loco -a

lunch /lʌntʃ/ sustantivo & verbo
- **s** (pl **lunches**) **1** comida [del mediodía]: *I had fish for lunch.* Comí pescado. | **to have lunch** comer [a mediodía]: *What time do you have lunch?* ¿A qué horas comes? **2 lunch hour** hora de la comida
- **v** [intr] (3ª pers sing **-ches**) (formal) comer [a mediodía]

lunchtime /'lʌntʃtaɪm/ s hora de la comida [a mediodía]

lung /lʌŋ/ s pulmón

lurch /lɜrtʃ/ verbo & sustantivo
- **v** [intr] (3ª pers sing **-ches**) moverse a los sacudones: *The car lurched forward.* El carro dio una sacudida para adelante. | *He lurched to his feet.* Se paró tambaleándose.
- **s** (pl **lurches**) sacudón

lure /lʊr/ v [tr] atraer: *They were lured to Africa by the promise of gold.* Se fueron a África atraídos por la promesa del oro.

lurk /lɜrk/ v [intr] acechar

lush /lʌʃ/ adj exuberante

lust /lʌst/ sustantivo & verbo
- **s 1** deseo, lujuria **2** ansia(s), sed: *his lust for power* sus ansias de poder
- **v lust after sth** codiciar algo **lust after sb** desear a alguien

luxurious /lʌg'ʒʊriəs/ adj lujoso -a

luxury /'lʌkʃəri/ s (pl -ries) lujo | **a luxury hotel/apartment etc.** un hotel/un departamento etc. de lujo

lying /'laɪ-ɪŋ/ gerundio de **lie**

lyrics /'lɪrɪks/ s pl letra [de una canción]

M, m /em/ M, m ▶ ver "Active Box" **letters** en **letter**

M.A. /em 'eɪ/ s (= **Master of Arts**) título obtenido al completar una maestría en humanidades

Mac /mæk/ s AmE (informal) mano [al dirigirse a alguien]

mac /mæk/ s BrE impermeable, gabardina ▶ También existe **raincoat**, que es inglés universal

macabre /məˈkɑbrə/ adj macabro -a

macaroni /mækəˈrouni/ s macarrones

machine /məˈʃin/ s máquina

ma'chine gun s ametralladora

machinery /məˈʃinəri/ s maquinaria

macho /ˈmɑtʃou/ adj machista, de macho: *macho attitudes* actitudes machistas

mackerel /ˈmækərəl/ s macarela, caballa

mad /mæd/ adj (-dder, -ddest) **1** (informal) furioso -a: *Lisa was really mad at me.* Lisa estaba furiosa conmigo. | **to get/go mad** ponerse furioso -a **2** loco -a | **to go mad** volverse loco -a **3** **to be mad about sth** ser fanático -a de algo | **to be mad about sb** estar loco -a por alguien **4** **to laugh/shout like mad** reírse/gritar como loco -a | **to hurt like mad** doler horriblemente

madam /ˈmædəm/ s **1** (al dirigirse a una mujer) señora **2** (en una carta) señora: *Dear Madam* Estimada señora

maddening /ˈmædn-ɪŋ/ adj exasperante

made /meɪd/ pasado & participio de **make**

madly /ˈmædli/ adv **1** **to be madly in love (with sb)** estar perdidamente enamorado -a (de alguien) **2** como (un -a) loco -a

madness /ˈmædnəs/ s locura

magazine /mægəˈzin/ s revista

maggot /ˈmægət/ s gusano, larva

magic /ˈmædʒɪk/ s **1** magia **2** **like magic/as if by magic** como por arte de magia

magical /ˈmædʒɪkəl/ adj mágico -a

magician /məˈdʒɪʃən/ s mago -a

magistrate /ˈmædʒɪstreɪt/ s juez que se ocupa de faltas menores

magnet /ˈmægnət/ s imán

magnetic /mægˈnetɪk/ adj magnético -a

magnetism /ˈmægnətɪzəm/ s magnetismo

magnificence /mægˈnɪfəsəns/ s magnificencia

magnificent /mægˈnɪfəsənt/ adj magnífico -a

magnify /ˈmægnəfaɪ/ v [tr] (-fies, -fied) **1** ampliar [una imagen] **2** magnificar [un problema]

'magnifying ˌglass s (pl -sses) lupa

magnitude /ˈmægnətud/ s magnitud

mahogany /məˈhɑgəni/ s caoba | **a mahogany table/dresser** una mesa/un aparador de caoba

maid /meɪd/ s empleada (doméstica), sirvienta

maiden /ˈmeɪdn/ sustantivo & adjetivo
▪ s doncella
▪ adj maiden **voyage/flight** etc. viaje/vuelo etc. inaugural

'maiden name s nombre de soltera, apellido de soltera

mail /meɪl/ sustantivo & verbo
▪ s **1** correspondencia **2** the **mail** AmE el correo
▪ v AmE **to mail sth (to sb)** (a) mandar(le) algo (a alguien) por correo (b) mandar(le) algo (a alguien) por (e-)mail | **to mail sb** mandarle un (e-)mail a alguien

mailbox /ˈmeɪlbɑks/ s (pl -xes) **1** AmE buzón **2** (en computación) casilla de correo, buzón

mailer /ˈmeɪlər/ s **1** AmE sobre, caja, etc. que se usa para mandar algo por correo **2** AmE remitente **3** e-mail [servicio]

mailman /ˈmeɪlmæn/ s (pl -men) AmE cartero

'mail ˌorder s venta por correo | **by mail order** por correo

maim /meɪm/ v [tr] mutilar

main /meɪn/ adjetivo & sustantivo
▪ adj principal: *the main meal of the day* la comida principal del día | **the main thing** lo principal, lo más importante ▶ ver también **course**
▪ s tubería de distribución [de agua] | the **mains** BrE la red (de suministro)

mainland /ˈmeɪnlænd/ s **1** the **mainland** territorio de un país o continente, sin incluir sus islas: *Most of the islanders have moved to the mainland.* La mayoría de los isleños se mudaron a tierra firme. **2** **mainland Europe/China** etc. Europa/(la) China etc. continental

ˌmain 'line s línea principal [en una red ferroviaria]

mainly /ˈmeɪnli/ adv principalmente, sobre todo

ˌmain 'road s carretera principal

mainstream /ˈmeɪnstrim/ s the **mainstream** la corriente dominante

'Main Street s AmE **1** Así se le llama a la calle principal de una ciudad pequeña o mediana, donde se concentran la mayoría de los comercios y edificios gubernamentales **2** **Main Street America** los estadounidenses promedio: *The attacks had an effect on Main Street America.* Los atentados afectaron al ciudadano estadounidense promedio.

maintain /meɪn'teɪn/ v [tr] **1** (seguir teniendo) mantener **2** (conservar en buen estado) mantener **3** (afirmar) sostener

maintenance /'meɪntn-əns/ s **1** mantenimiento **2** alimentos, pensión alimenticia [dinero para mantener a un menor]

maize /meɪz/ s BrE maíz, elote ▶ En inglés americano se usa **corn**

majestic /mə'dʒestɪk/ adj majestuoso -a

majesty /'mædʒəsti/ s (pl -ies) **1** Your/Her/His Majesty su Majestad **2** majestuosidad

major /'meɪdʒər/ adjetivo, sustantivo & verbo
■ adj **1** muy importante: It played a major part in their success. Desempeñó un papel muy importante en relación con su éxito. | It's not a major problem. No es un problema serio. **2** principal: Europe's major cities las principales ciudades de Europa **3** (en música) mayor
■ s (en el ejército) mayor
■ v **major in sth** en EU, estudiar una materia como principal en un curso universitario: He majored in biology. Estudió biología en la universidad.

majority /mə'dʒɔrəti/ s (pl -ies) **1** mayoría: The majority oppose/opposes the plan. La mayoría se opone al plan. **2** to be in the majority ser mayoría **3** [delante de otro sustantivo] mayoritario -a, de la mayoría

make /meɪk/ verbo & sustantivo
■ v [tr] (pasado & participio made) **1** (crear, fabricar) hacer: She makes all her own clothes. Ella misma se hace toda la ropa. | All the furniture is made in our factory. Todos los muebles se hacen en nuestra fábrica. | to make breakfast/lunch etc. hacer el desayuno/la comida etc. | to make sb sth/make sth for sb hacerle algo a alguien: I'll make you a sandwich. Te voy a hacer un sándwich.
2 (realizar) hacer [una sugerencia, un comentario, una promesa, un esfuerzo]: I have to make a phone call. Tengo que hacer una llamada. | to make a mistake equivocarse, cometer un error | to make a decision tomar una decisión | to make a trip hacer un viaje
3 (tener determinado efecto): The snow makes driving difficult. La nieve dificulta el manejo. | to make sb sad/nervous poner triste/nervioso -a a alguien | to make sb happy/angry hacer feliz/hacer enojar a alguien
4 to make sb do sth **(a)** hacer hacer algo a alguien: This movie will make you laugh. Esta película te hará reír. **(b)** obligar a alguien a hacer algo, hacer que alguien haga algo: I didn't want to come, he made me. Yo no quería venir, él me obligó.
5 to make sth into sth convertir algo en algo: We made this room into a study. Convertimos este cuarto en estudio. | The book has been made into a movie. Hicieron una película basada en el libro.

6 to make sb sth nombrar a alguien algo, ascender a alguien a algo: They made him captain of the team. Lo nombraron capitán del equipo.
7 ganar [dinero]: She makes $30,000 a year. Gana 30,000 dólares al año.
8 ser: She'd make a fantastic teacher. Sería una profesora brillante.
9 (para expresar posibilidad, logro): Can you make the 13th? ¿Puedes el 13? | We didn't make the final. No llegamos a la final. | to make it **(a)** llegar (a tiempo): We only just made it. Llegamos justo. **(b)** ir, venir: I can't make it tonight. No puedo venir esta noche. **(c)** triunfar, tener éxito
10 (en sumas) ser: 2 and 2 make 4. 2 y 2 son 4. | If you include Dan, that makes five of us. Si cuentas a Dan, somos cinco.
11 (en cálculos, conjeturas): I make that $53 altogether. A mí me da $53 en total. | What time do you make it? ¿Qué horas tienes?
12 to make do (with sth) arreglárselas (con algo) ▶ **make** también forma parte de muchas expresiones como **to make friends**, **to make sure**, etc. Éstas están tratadas bajo el sustantivo, adjetivo, etc. correspondiente

PHRASAL VERBS
make for sth dirigirse hacia algo, ir para algo
make sth of sth/sb (para expresar o pedir opiniones, impresiones): I don't know what to make of it. No sé qué pensar. | What did you make of her boyfriend? ¿Qué te pareció su novio?
make off with sth escaparse con algo
make out (informal) **1** (pretender ser): He makes out he's a genius. Quiere hacer creer que es un genio. | She's not as poor as she makes out. No es tan pobre como dice. **2** to make out (with sb) AmE (informal) besarse y abrazarse (con alguien), hacer el amor (con alguien) **make sth out** to make out a check (for $50/$100 etc.) hacer un cheque (por $50/$100 etc.) | to make a check out to sb hacer un cheque a nombre de alguien **make sth/sb out 1** entender algo/a alguien: She couldn't make out the signature. No pudo entender la firma. | I can't make him out at all. La verdad que no logro entenderlo. **2** distinguir algo/a alguien
make up 1 hacer las paces **2** to make up for sth compensar algo **make up sth** componer algo, constituir algo: Women make up 56% of the population. Las mujeres constituyen el 56% de la población. **make sth up** inventar(se) algo [un pretexto, un cuento]
■ s marca [de un producto que se vende]

maker /'meɪkər/ s fabricante

makeshift /'meɪkʃɪft/ adj provisorio -a, improvisado -a

makeup /'meɪkʌp/ s **1** maquillaje **2** (de un equipo) formación, composición **3** (de una persona) forma de ser

---

ⓘ ¿No estás seguro de si se usa **make** o **do**? Mira las entradas **hacer**, **make** y **do**.

making /'meɪkɪŋ/ s **1** fabricación **2** in the **making** en formación/gestación **3** to be the **making of sb** (en la vida artística o profesional) consagrar a alguien **4** to have the makings of **sth** tener pasta de algo, tener condiciones para algo [persona], tener todos los ingredientes para algo [situación, cosa]

malaria /mə'leriə/ s malaria, paludismo

male /meɪl/ adjetivo & sustantivo
■ adj **1** macho [animal] **2** a male child un varón | male colleagues/friends colegas/amigos (hombres) | the male population la población masculina **3** de hombre, masculino -a: a male voice una voz de hombre
■ s macho, varón

malice /'mælɪs/ s mala intención, maldad

malicious /mə'lɪʃəs/ adj malintencionado -a, malicioso -a

malignant /mə'lɪɡnənt/ adj maligno -a

mall /mɔl/ s centro comercial

malnutrition /mælnu'trɪʃən/ s desnutrición

malt /mɔlt/ s malta

mammal /'mæməl/ s mamífero

mammoth /'mæməθ/ adjetivo & sustantivo
■ adj **1** titánico -a [tarea] **2** monumental [proyecto]
■ s mamut

man /mæn/ sustantivo & verbo
■ s (pl men /men/) **1** hombre: a young man un (hombre) joven | an old man un anciano **2** el hombre: the history of man la historia del hombre
■ v (-nned, -nning) **1** [tr] ocuparse de **2** [tr] tripular [una nave espacial, un barco]

manage /'mænɪdʒ/ v **1** [intr] arreglárselas: Don't worry about me, I'll manage. No te preocupes por mí, me las voy a arreglar. | How does she **manage** to stay so slim? ¿Cómo se las arregla para mantenerse tan delgada? **2** [tr] (para expresar posibilidad, logro): I can't manage Friday. El viernes no puedo. | Can you manage that suitcase? ¿Puedes con esa maleta? | I could manage $10. Podría poner $10. **3** [tr] dirigir, administrar [una empresa]

manageable /'mænɪdʒəbəl/ adj **1** manejable, fácil de manejar **2** (referido al pelo) dócil

management /'mænɪdʒmənt/ s **1** (actividad) administración, gestión **2** (directivos de una institución) gerencia, dirección **3** (campo de estudio) administración de empresas

manager /'mænɪdʒər/ s **1** (de un negocio, una empresa) gerente -a **2** (de un grupo musical, un cantante) manager, representante **3** (de un equipo de futbol, etc.) (director -a) técnico -a

manageress /'mænɪdʒərəs/ s (pl -sses) encargada

managerial /mænə'dʒɪriəl/ adj gerencial, directivo -a

managing di'rector s director -a ejecutivo -a

mandate /'mændeɪt/ s mandato

mandatory /'mændətɔri/ adj obligatorio -a

mane /meɪn/ s **1** (de un caballo) crin(es) **2** (de un león) melena **3** (de una persona) melena

maneuver AmE, **manoeuvre** BrE /mə'nuvər/ verbo & sustantivo
■ v [tr/intr] maniobrar: She maneuvered the car into a tiny space. Metió el carro en un lugar minúsculo haciendo maniobras.
■ s maniobra

mango /'mæŋɡou/ s (pl mangoes o mangos) mango [fruta]

manhood /'mænhʊd/ s **1** adultez, edad adulta [en los varones] **2** virilidad, hombría

mania /'meɪniə/ s **1** furor, moda **2** manía, obsesión

maniac /'meɪniæk/ s **1** maníaco -a **2** loco -a: He drives like a maniac. Maneja como un loco. **3** maniático -a, fanático -a

manic /'mænɪk/ adj (informal) maníaco -a

manicure /'mænɪkjʊr/ s manicure [arreglo de las manos]

manifest /'mænɪfest/ adjetivo & verbo
■ adj (formal) manifiesto -a, evidente
■ v (formal) [tr] evidenciar, mostrar | to manifest itself manifestarse

manifestation /mænɪfə'steɪʃən/ s (formal) manifestación, expresión

manifesto /mænɪ'festou/ s (pl -tos o -toes) **1** manifiesto **2** (también election manifesto) plataforma electoral

manipulate /mə'nɪpjəleɪt/ v [tr] **1** manipular **2** manejar [datos]

manipulation /mə,nɪpjə'leɪʃən/ s manipulación

manipulative /mə'nɪpjəleɪtɪv/ adj manipulador -a

mankind /mæn'kaɪnd/ s humanidad, género humano

manly /'mænli/ adj (-lier, -liest) masculino -a, viril

man-'made adj **1** sintético -a [tela] **2** artificial [lago, estanque, etc.]

manner /'mænər/ sustantivo & sustantivo plural
■ s **1** actitud, trato **2** (formal) manera, forma: in the same manner de la misma manera
■ manners s pl modales, educación | good/bad manners buenos/malos modales: It's bad manners to talk with your mouth full. Es de mala educación hablar con la boca llena.

mannerism /'mænərɪzəm/ s gesto, particularidad

manoeuvre BrE ▶ ver maneuver

manor /'mænər/ s (también manor house) mansión [casa rodeada de tierras]

manpower /'mænpaʊr/ s mano de obra, personal

mansion /'mænʃən/ s mansión

manslaughter /'mænslɔtər/ s homicidio no premeditado

ⓘ ¿No sabes cómo pronunciar una determinada palabra? Consulta el recuadro de **símbolos fonéticos** en el interior de la cubierta.

mantelpiece /'mæntlpis/ s repisa de la chimenea

manual /'mænjuəl/ adjetivo & sustantivo
- **adj** manual
- **s** manual

manufacture /mænjə'fæktʃər/ v [tr] fabricar, manufacturar

manufacturer /mænjə'fæktʃərər/ s fabricante

manure /mə'nʊr/ s estiércol, abono

manuscript /'mænjəskrɪpt/ s **1** original [para publicar] **2** manuscrito

many /'meni/ adj & pron **1** muchos -as: *There aren't many tickets left.* No quedan muchos boletos. | *Many of them died.* Muchos de ellos murieron. | *"Does he have any friends?" "Not many."* –¿Tiene amigos? –No muchos. | **too many** demasiados -as | **so many** tantos -as **2** **how many** cuántos -as: *How many children do they have?* ¿Cuántos hijos tienen? **3** **as many... as** tantos -as... como: *There haven't been as many accidents as last year.* No ha habido tantos accidentes como el año pasado. **4** **as many as (a)** todos -as los/las que: *You can have as many as you want.* Puedes tomar todos los que quieras. **(b)** nada menos que: *As many as 60% did not know.* Nada menos que un 60% no sabía. ► ver nota en **mucho -a**

map /mæp/ s mapa, plano

maple /'meɪpəl/ s arce, maple

marathon /'mærəθən/ sustantivo & adjetivo
- **s** maratón
- **adj** maratónico -a

mantelpiece / fireplace

looking at a map

marble /'mɑrbəl/ s **1** mármol | **a marble floor/statue etc.** un suelo/una estatua etc. de mármol **2** canica | **to play marbles** jugar canicas

March /mɑrtʃ/ s marzo ► ver "Active Box" **months** en **month**

march /mɑrtʃ/ verbo & sustantivo
- **v** [intr] (3ª pers sing **-ches**) **1** marchar: *200,000 people marched on the capital.* 200,000 personas marcharon hacia la capital. **2** **to march off/out** etc. irse/salir etc. con paso firme
- **s** (pl **marches**) marcha

marcher /'mɑrtʃər/ s manifestante

mare /mer/ s yegua

margarine /'mɑrdʒərɪn/ s margarina

margin /'mɑrdʒɪn/ s **1** margen **2** **to win by a narrow/wide etc. margin** ganar por estrecho/amplio etc. margen

marginal /'mɑrdʒənl/ adj **1** mínimo -a, leve **2** marginal

marginally /'mɑrdʒənl-i/ adv ligeramente, marginalmente

marijuana /mærə'wɑnə/ s marihuana

marina /mə'rinə/ s marina [para fondear barcos]

marine /mə'rin/ adjetivo & sustantivo
- **adj** marino -a: *marine life* vida marina
- **s** infante de marina | **the Marines** el cuerpo de Infantería de Marina

marital /'mærətl/ adj conyugal | **marital status** estado civil

mark /mɑrk/ verbo & sustantivo
- **v** [tr] **1** marcar, señalar: *A cross marks the spot.* Una cruz señala el lugar. | *The envelope was marked "urgent".* En el sobre decía "urgente". **2** dejar marcas/una marca en, manchar **3** conmemorar, celebrar [un aniversario] **4** (en futbol, basquet, etc.) marcar **5** BrE corregir, calificar [un trabajo escolar, un examen] ► En inglés americano se usa **grade**
  mark sth down rebajar (el precio de) algo
  mark sth up aumentar (el precio de) algo
- **s 1** mancha **2** **burn marks** quemaduras | **scratch marks** rasguños, arañazos **3** huella **4** marca | **a question/an exclamation etc. mark** un signo de interrogación/admiración etc. **5** señal: *as a mark of respect* en señal de respeto **6** BrE calificación, nota: *She got full marks.* Obtuvo la máxima calificación. ► En inglés americano se usa **grade 7** **to make your mark** dejar su impronta **8** **on your marks, get set, go!** en sus marcas, listos, ¡fuera!

marked /mɑrkt/ adj marcado -a, notable

marker /'mɑrkər/ s **1** indicador **2** (también **marker pen**) marcador, plumón

market /'mɑrkɪt/ sustantivo & verbo
- **s 1** (donde se compran alimentos, etc.) mercado, feria **2** (en economía) mercado **3** **on the market** a la venta, en el mercado
- **v** [tr] comercializar

marketing /'mɑrkɪtɪŋ/ s mercadotecnia, marketing, mercadeo

marketplace /'mɑrkɪtpleɪs/ s **1** lugar abierto donde se lleva a cabo una feria o un mercado **2** (en economía) mercado

market re'search s investigación de mercado(s)

marking /'mɑrkɪŋ/ s mancha [en la piel de un animal]

marmalade /'mɑrməleɪd/ s mermelada [de cítricos]

maroon /mə'run/ adj & s granate ► ver "Active Box" **colors** en **color**

marquee /mɑr'ki/ s **1** AmE marquesina [de un cine, etc.] **2** BrE carpa, toldo [donde se celebra un evento]

marriage /'mærɪdʒ/ s **1** matrimonio **2** boda, casamiento

married /'mærid/ adj casado -a: *She's married to a Chilean.* Está casada con un chileno. | **to get married** casarse

marrow /'mærou/ s **1** médula **2** BrE calabaza larga de pulpa blanca y cáscara verde

marry /'mæri/ v (-rries, -rried) **1** [intr] casarse **2 to marry sb (a)** casarse con alguien **(b)** casar a alguien

Mars /marz/ s Marte

marsh /marʃ/ s (pl **marshes**) pantano

marshal /'marʃəl/ sustantivo & verbo
■ s **1** mariscal **2** AmE oficial de policía a cargo de un distrito **3** BrE miembro del personal de vigilancia en un evento público
■ v [tr] (-led, -ling AmE, -lled, -lling BrE) **1** reunir [tropas] **2** ordenar [ideas, pensamientos]

marshmallow /'marʃ,melou/ s malvavisco, bombón

martial arts /,marʃəl 'arts/ s pl artes marciales

Martian /'marʃən/ adj & s marciano -a

martyr /'martər/ s mártir

martyrdom /'martərdəm/ s martirio

marvel /'marvəl/ sustantivo & verbo
■ s maravilla
■ v (-led, -ling AmE, -lled, -lling BrE) **to marvel at sth** maravillarse por algo

marvelous AmE, **marvellous** BrE /'marvələs/ adj maravilloso -a | **that's marvelous!** ¡qué maravilla!

Marxism /'marksızəm/ s marxismo

Marxist /'marksıst/ adj & s marxista

marzipan /'marzıpæn/ s mazapán

mascara /mæ'skærə/ s rímel, máscara (para pestañas)

mascot /'mæskat/ s mascota [de un equipo, un club, etc.]

masculine /'mæskjəlın/ adjetivo & sustantivo
■ adj masculino -a
■ s (en gramática) masculino

masculinity /mæskjə'lınəti/ s masculinidad

mash /mæʃ/ sustantivo & verbo
■ s BrE (informal) puré (de papas) ▶ También existe **mashed potatoes**, que es inglés universal
■ v [tr] (3ª pers sing -shes) hacer puré, moler

mask /mæsk/ sustantivo & verbo
■ s **1** (de gas) máscara **2** (de un cirujano) cubreboca **3** (para disfrazarse) máscara, careta
■ v [tr] disimular, ocultar

masked /mæskt/ adj enmascarado -a

mass /mæs/ sustantivo, adjetivo & verbo
■ s **1 a mass of sth** una masa/un montón de algo **2 the masses** las masas **3 masses of** BrE montones de, cantidades de **4** (también **Mass**) misa
■ adj masivo -a, de masas | **mass media** medios masivos (de comunicación) | **mass murderer** autor -a de una matanza | **mass transit** AmE transporte público

■ v **1** [tr] concentrar [tropas] **2** [intr] concentrarse [tropas, multitud] **3** [intr] juntarse

massacre /'mæsəkər/ sustantivo & verbo
■ s masacre
■ v [tr] masacrar

massage /mə'saʒ, BrE 'mæsaʒ/ sustantivo & verbo
■ s masaje
■ v [tr] masajear, dar masajes

massive /'mæsıv/ adj **1** enorme, grande **2 a massive heart attack** un infarto masivo

mass pro'duction s fabricación en serie

mast /mæst/ s **1** mástil **2** torre de transmisión

master /'mæstər/ sustantivo & verbo
■ s **1** amo, dueño | **to be your own master** no rendirle/darle cuentas a nadie **2 a master of sth** un(a) maestro -a de algo, un(a) experto -a en algo **3** (de un libro) original, (de un disco) master **4 master's (degree)** maestría, master | **Master of Arts/Science** Master en Humanidades/Ciencias **5 master copy** original **master plan** plan maestro
■ v [tr] **1 to master Chinese/the violin etc.** dominar el chino/el violín etc. **2** dominar, superar [el miedo]

masterpiece /'mæstərpis/ s obra maestra

mastery /'mæstəri/ s maestría, dominio: *her mastery of language* su dominio del idioma

mat /mæt/ s **1** tapete **2** (mantel) individual **3** posavasos **4** salvamanteles [que se pone abajo de una fuente caliente para proteger la mesa]

match /mætʃ/ sustantivo & verbo
■ s (pl **matches**) **1** cerillo **2** partido, juego [de futbol, tenis, etc.] **3 to be a good/perfect match for sth** combinar bien/perfecto con algo **4 to be no match for sb** no poder contra alguien, no estar a la altura de alguien
■ v (3ª pers sing -ches) **1** [tr] hacer juego con, combinar con **2** [intr] hacer juego, combinar: *a new dress with shoes to match* un vestido nuevo con zapatos que hacen juego **3** [tr] concordar con: *His story doesn't match the facts.* Su historia no concuerda con los hechos. **4** [intr] concordar **5** [tr] (también **match up**) establecer la conexión entre elementos que se corresponden: *The children have to match the animal pictures to the sounds.* Los niños tienen que encontrar el sonido que corresponde a cada animal. **6** [tr] igualar

match up 1 coincidir **2 to match up to sth** estar a la altura de algo

matchbox /'mætʃbaks/ s (pl -xes) caja de cerillos

matching /'mætʃıŋ/ adj que hace juego con otra cosa

mate /meıt/ sustantivo & verbo
■ s **1** pareja [de un animal] **2** (en un barco) oficial de cubierta **3** BrE (informal) cuate,

amigo -a **4** BrE (informal) (para dirigirse a un hombre) mano, güey
■ *v* **1** [intr] aparearse **2** [tr] cruzar, aparear [a dos animales]

material /mə'tɪriəl/ *s* **1** tela **2** (para fabricar algo) material **3** (para un libro, una película, etc.) material

materialist /mə'tɪriəlɪst/ *s* materialista

materialistic /mə͵tɪriə'lɪstɪk/ *adj* materialista

materialize, -ise BrE /mə'tɪriəlaɪz/ *v* [intr] concretarse

maternal /mə'tɜrnl/ *adj* **1** maternal **2** maternal grandfather/aunt etc. abuelo materno/tía materna etc.

maternity /mə'tɜrnəti/ *s* maternidad [hecho de ser madre]

math /mæθ/ AmE, **maths** /mæθs/ BrE *s* matemática(s)

mathematical /mæθə'mætɪkəl/ *adj* matemático -a

mathematician /mæθmə'tɪʃən/ *s* matemático -a

mathematics /mæθ'mætɪks/ *s* matemática(s)

maths BrE ► ver **math**

matinee /͵mætn'eɪ, BrE 'mætɪneɪ/ *s* matiné(e) [en la tarde]

matrimonial /͵mætrɪ'məʊniəl/ *adj* matrimonial, conyugal

matrimony /'mætrəməʊni/ *s* (formal) matrimonio

matte AmE, **matt** BrE /mæt/ *adj* mate

matter /'mætər/ *sustantivo & verbo*
■ *s* **1** asunto, cuestión: *This is a matter for the police.* Éste es un asunto para la policía. **2 the matter** (para referirse a algo que no anda bien): *What's the matter?* ¿Qué pasa? | *What's the matter with Jan?* ¿Qué le pasa a Jan? | *Is anything the matter?* ¿Pasa algo? | *There's something the matter with the phone.* Algo pasa con el teléfono. **3 as a matter of fact (a)** de hecho: *As a matter of fact I live next door to him.* De hecho vivo al lado de su casa. **(b)** es más: *I wasn't annoyed. As a matter of fact, I was pleased.* No me molestó. Es más, me alegró. **4 no matter how/where/what etc.** (en cualquier caso): *No matter how hard she tried, she couldn't open the door.* Por más que trataba, no podía abrir la puerta. | *No matter what I say, he disagrees.* Diga lo que diga, nunca está de acuerdo. **5** materia, sustancia: *organic matter* materia orgánica **6 to be a matter of practice/luck etc.** ser cuestión de práctica/suerte etc. **7 (in) a matter of days/seconds etc.** (en) cuestión de días/segundos etc. **8 it's only/just a matter of time** es (sólo) cuestión de tiempo **9 it's/that's a matter of opinion** es discutible, es cuestión de opinión/de gustos **10 a matter of life and death** una cuestión de vida o muerte
■ *v* [intr] importar: *It's the only thing that matters to him.* Es lo único que le importa. | **it doesn't matter** no importa

matter-of-'fact *adj* práctico -a, pragmático -a

mattress /'mætrəs/ *s* (pl **-sses**) colchón

mature /mə'tʃʊr/ *adjetivo & verbo*
■ *adj* maduro -a
■ *v* **1** [intr] madurar [persona] **2** [tr] añejar [vino], dejar madurar [queso]

maturity /mə'tʃʊrəti/ *s* madurez

maul /mɔl/ *v* [tr] referido a un animal salvaje: atacar y herir

mauve /moʊv/ *adj & s* lila, malva ► ver "Active Box" colors en color

maximize, -ise BrE /'mæksəmaɪz/ *v* [tr] **1** aumentar al máximo, maximizar [las ganancias, el ingreso, etc.] **2** (en computación) maximizar

maximum /'mæksəməm/ *adjetivo & sustantivo*
■ *adj* máximo -a
■ *s* máximo

May /meɪ/ *s* mayo ► ver "Active Box" months en month

may /meɪ/ *v* [modal] ► ver recuadro en página 228

maybe /'meɪbi/ *adv* tal vez, a lo mejor, quizá(s): *Maybe I was wrong.* Tal vez me equivoqué. | *Maybe you should lower the price.* A lo mejor tendrías que bajar el precio.

mayonnaise /'meɪəneɪz/ *s* mayonesa

mayor /'meɪər, mer/ *s* presidente -a municipal, alcalde

mayoress /'meɪərəs/ *s* (pl **-sses**) **1** alcaldesa, alcalde [mujer] **2** esposa de un alcalde

maze /meɪz/ *s* laberinto

MBA /em bi 'eɪ/ *s* (= **Master of Business Administration**) MBA [título obtenido al completar una maestría en Administración de Empresas]

me /mi/, acentuado mi/ *pron* **1** (como objeto directo o indirecto) me: *She hates me.* Me odia. | *Give me that letter.* Dame esa carta. **2** (después de una preposición) mí: *Is this for me?* ¿Es para mí? | *Are you angry with me?* ¿Estás enojado conmigo? **3** (en comparaciones) yo: *He's older than me.* Es mayor que yo. **4** (después del verbo "to be") yo: *That's me, on the left.* Ése soy yo, a la izquierda. **5 me too** yo también, a mí también

meadow /'medoʊ/ *s* pradera

meager AmE, **meagre** BrE /'migər/ *adj* magro -a, escaso -a

meal /mil/ *s* comida [desayuno, almuerzo, cena, etc.] | **to have a meal** comer | **to go out for a meal** ir a comer fuera | **midday meal** comida | **evening meal** cena

mean /min/ *verbo & adjetivo*
■ *v* [tr] (pasado & participio **meant**) **1** significar, querer decir: *What does "random access" mean?* ¿Qué significa "random access"?/¿Qué quiere decir "random access"? | *What do you mean by that?* ¿Qué quieres decir con eso? | *I know what you mean.* Te entiendo.

may

1 POSIBILIDAD

Tim may be able to help us. A lo mejor Tim nos puede ayudar./Puede ser que Tim nos pueda ayudar. | *He may have missed the train.* A lo mejor perdió el tren./Puede ser que haya perdido el tren.

2 PERMISO

En estos contextos el uso de **may** es más formal que el de **can**. Algunos hablantes consideran que es más cortés:

May I borrow your pencil? ¿Me prestaría el lápiz? | *You may go now.* Puede retirarse.

3 CONCESIÓN

She may be very intelligent but she's a bore. Será muy inteligente, pero es muy aburrida.

2 I mean frase que se usa para ampliar o corregir lo que se acaba de decir: *He's very rude, I mean, he never even says hello!* Es muy grosero, o sea, ¡ni siquiera saluda! | *She plays the violin, I mean the viola.* Toca el violín, o mejor dicho la viola.
3 decir en serio: *Did you really mean it?* ¿Lo dijiste en serio? | *Don't touch that! I mean it!* ¡No toques eso! ¡Lo digo en serio!
4 (para expresar intención): *I've been meaning to call you.* Tenía pensado llamarte. | *She didn't mean to upset you.* No quiso disgustarte./No fue su intención disgustarte. | *Sorry, I didn't mean to do that.* Perdóname, lo hice sin querer.
5 significar, implicar: *The closure will mean the loss of 200 jobs.* El cierre significará la pérdida de 200 puestos de trabajo.
6 significar: *Money doesn't mean much to him.* El dinero no significa mucho para él./El dinero no le importa mucho.: *Her job means a lot to her.* Su trabajo es muy importante para ella.
7 to mean well tener buenas intenciones
■ *adj* **1** malo -a: *Why are you being so mean to me?* ¿Por qué eres tan mala conmigo?
2 BrE tacaño -a, mezquino -a ▶ También existe **stingy**, que es inglés universal
3 (informal) genial, excelente

meander /mi'ændər/ *v* [intr] **1** serpentear **2** caminar sin prisa

meaning /'miːnɪŋ/ *s* significado, sentido

meaningful /'miːnɪŋfəl/ *adj* **1** significativo -a, importante **2** elocuente [mirada, sonrisa]

meaningless /'miːnɪŋləs/ *adj* sin sentido

means /miːnz/ *s* **1** medio, forma: *their only means of transportation* su único medio de transporte | **by means of** por medio de | **a means to an end** un medio para lograr un fin **2 by all means** cómo no, no faltaba más **3 by no means** para nada, en absoluto **4** medios, recursos [económicos]

meant /ment/ pasado & participio de **mean**

meantime /'miːntaɪm/ *s* **(in the) meantime** mientras tanto

meanwhile /'miːnwaɪl/ *adv* mientras tanto

measles /'miːzəlz/ *s* sarampión

measure /'meʒər/ *verbo & sustantivo*
■ *v* **1** [tr/intr] medir **2** [tr] tomarle las medidas a: *They measured her for her costume.* Le tomaron las medidas para el traje.
measure up (to sth) estar a la altura (de algo)
■ *s* **1** (para lograr algo) medida: *security measures* medidas de seguridad **2** (unidad para medir) medida **3 to be a measure of sth** (formal) ser una muestra de algo **4 for good measure** de pilón

measurement /'meʒərmənt/ *s* **1** medida | **to take sb's measurements** tomarle las medidas a alguien **2** medición

meat /miːt/ *s* carne | **cold meats** carnes frías

meatball /'miːtbɔl/ *s* albóndiga

mechanic /mɪ'kænɪk/ *s* mecánico -a

mechanical /mɪ'kænɪkəl/ *adj* mecánico -a

mechanics /mɪ'kænɪks/ *s* **1** mecánica **2 the mechanics of sth** el funcionamiento de algo | **the mechanics of doing sth** cómo se hace para hacer algo

mechanism /'mekənɪzəm/ *s* mecanismo

medal /'medl/ *s* medalla

medalist AmE, **medallist** BrE /'medl-ɪst/ *s* medallista, medalla [persona] | **gold/silver etc. medalist** medallista de oro/plata etc.

meddle /'medl/ *v* [intr] **1** meterse, entrometerse **2 to meddle with sth** jugar con algo

media[1] /'miːdiə/ *s pl* **1 the media** los medios (de comunicación) **2 media coverage** cobertura periodística **media studies** curso en el que se estudian los medios de comunicación modernos

media[2] plural de **medium**

mediaeval BrE ▶ ver **medieval**

mediate /'miːdieɪt/ *v* [intr] mediar, actuar de mediador -a

medical /'medɪkəl/ *adjetivo & sustantivo*
■ *adj* médico -a | **medical school/student** facultad/estudiante de medicina | **the medical profession** los médicos
■ *s* examen médico

medication /medɪ'keɪʃən/ *s* medicación, medicamento

medicine /'medəsən/ *s* **1** remedio, medicamento **2** medicina [campo de estudio]

medieval, también **mediaeval** BrE /mɪ'diːvəl/ *adj* medieval, de la Edad Media

mediocre /miːdi'oʊkər/ *adj* mediocre

meditate /'medəteɪt/ *v* [intr] meditar

meditation /medə'teɪʃən/ *s* meditación

Mediterranean /ˌmedətə'reɪniən/ *adjetivo & sustantivo*
■ *adj* mediterráneo -a
■ *s* **the Mediterranean (Sea)** el (mar) Mediterráneo

medium /'miːdiəm/ *sustantivo & adjetivo*
■ *s* **1** (pl **media** /-diə/) medio [de comunicación] **2** (pl **mediums**) médium

■ adj mediano -a: *a man of medium build* un hombre de complexión mediana

'medium-sized *adj* de tamaño mediano, mediano -a

meet /mit/ *v* (pasado & participio met) **1** [tr] conocer: *I met him in Paris.* Lo conocí en París. | **(it's) nice to meet you** encantado -a (de conocerlo -a), mucho gusto/un gusto **2** [intr] conocerse: *Haven't we met before?* ¿No nos conocemos de algún lado? **► ¿MEET O KNOW?** ver nota en **conocer** **3** [tr] encontrarse (con): *I'll meet you at the door.* Nos encontramos en la puerta./Te veo en la puerta. **4** [intr] encontrarse: *We arranged to meet for lunch.* Quedamos de comer juntos. **5** [tr] ir/venir a buscar a: *There was no one to meet me at the airport.* Nadie vino a buscarme al aeropuerto. **6** [intr] juntarse [carreteras, líneas]: *Our eyes met.* Nuestras miradas se cruzaron. **7** [tr] juntarse con **8** [intr] reunirse **9** [tr] jugar contra **10** [tr] cumplir con [un requisito] **11** [tr] satisfacer [una demanda, una necesidad]

meet up juntarse, encontrarse [para salir, etc.]
meet with sth to meet with success/failure tener éxito/fracasar **meet with sb** reunirse/encontrarse con alguien

meeting /'mitɪŋ/ *s* **1** junta: *She's in a meeting.* Está en una junta. | *I'd like to have a meeting with them.* Quisiera reunirme con ellos. **2** encuentro: *a chance meeting* un encuentro casual **3** **meeting place** lugar de encuentro

megabyte /'megəbaɪt/ *s* mega(byte)

megaphone /'megəfoʊn/ *s* megáfono

melancholy /'melənkali/ *adjetivo & sustantivo*
■ adj melancólico -a
■ s melancolía

mellow /'meloʊ/ *adj* **1** suave y cálido -a [color] **2** melodioso -a, suave [voz, música] **3** añejo -a [vino] **4** apacible [persona] **5** to feel mellow estar tranquilo -a y relajado -a

melodrama /'melədramə/ *s* melodrama

melodramatic /,melədrə'mætɪk/ *adj* melodramático -a

melody /'melədi/ *s* (pl -dies) melodía

melon /'melən/ *s* melón

melt /melt/ *v* **1** [tr] derretir, fundir **2** [intr] derretirse, fundirse **3** to melt in the/your mouth deshacerse en la boca **4** [intr] ablandarse [persona]
melt away desaparecer, esfumarse

member /'membər/ *s* **1** miembro [de una organización]: *a member of the family* un miembro de la familia | *a member of staff* un miembro del personal/un empleado **2** socio -a [de un club]

Member of 'Parliament, también **MP** /,em 'pi/ *s*

Así se le llama a un parlamentario británico. El cargo equivalente en otros sistemas políticos es el de *diputado*.

membership /'membərʃɪp/ *s* **1** membresía: *I've taken out a year's membership.* Me he hecho socio por un año. **2** membresía, socios **3** **membership card** credencial de socio **membership fee** cuota de membresía

membrane /'membreɪn/ *s* membrana

memento /mə'mentoʊ/ *s* (pl -toes o -tos) recuerdo, souvenir

memo /'memoʊ/ *s* memo

memoirs /'memwarz/ *s pl* memorias [autobiografía]

memorabilia /,memərə'bɪliə/ *s pl* objetos coleccionables, memorabilia

memorable /'memrəbəl/ *adj* memorable

memorandum /memə'rændəm/ *s* (pl memorandums o memoranda /-də/) memorándum

memorial /mə'mɔriəl/ *adjetivo & sustantivo*
■ adj conmemorativo -a
■ s monumento [conmemorativo]

memorize, -ise BrE /'meməraɪz/ *v* [tr] memorizar

memory /'memri/ *s* (pl -ries) **1** memoria | from memory de memoria **2** recuerdo: *That brings back memories!* ¡Eso me trae recuerdos! **3** (de una computadora) memoria **4** in memory of en memoria de

men /men/ plural de **man**

menace /'menəs/ *sustantivo & verbo*
■ s peligro, amenaza: *a menace to society* un peligro para la sociedad
■ v [tr] amenazar

menacing /'menɪsɪŋ/ *adj* amenazante, amenazador -a

mend /mend/ *v* [tr] **1** arreglar, reparar [un reloj, una bicicleta, zapatos, etc.] **2** remendar, zurcir [ropa]

mending /'mendɪŋ/ *s* **1** remiendo, zurcido | to do the mending remendar, zurcir **2** ropa para remendar/zurcir

menial /'miniəl/ *adj* menial se usa para describir tareas que son rutinarias y triviales o no requieren preparación o aptitudes especiales

meningitis /menən'dʒaɪtɪs/ *s* meningitis

menopause /'menəpɔz/ *s* menopausia

'men's room *s* AmE baño de hombres

menstruation /menstru'eɪʃən/ *s* menstruación

menswear /'menzwer/ *s* ropa de hombre

mental /'mentl/ *adj* **1** mental | a mental hospital un (hospital) psiquiátrico **2** (informal) absurdo, delirante

mentality /men'tæləti/ *s* (pl -ties) mentalidad

mentally /'mentl-i/ *adv* mentalmente | the mentally ill/handicapped los enfermos/discapacitados mentales

mention /'menʃən/ *verbo & sustantivo*
■ v [tr] **1** mencionar, decir: *Was my name mentioned?* ¿Se mencionó mi nombre? | *I'll mention it to her when I see her.* Se lo voy a decir cuando la vea. | **it's worth mentioning that** vale la pena/

cabe mencionar que **2 don't mention it** de/por nada, no hay de qué **3 not to mention** para no hablar de, sin contar
■ *s* mención

mentor /'mentɔr, -tər/ *s* mentor -a [guía, maestro]

menu /'menju/ *s* **1** (en un restaurante) menú: *the most expensive dish on the menu* el platillo más caro de los que había en el menú **2** (en computación) menú

meow AmE, **miaow** BrE /mi'aʊ/ *sustantivo & verbo*
■ *s* miau, maullido
■ *v* [intr] maullar

mercenary /'mɜrsəneri/ *sustantivo & adjetivo*
■ *s* (pl -ries) mercenario -a
■ *adj* interesado -a

merchandise /'mɜrtʃəndaɪz/ *s* **1** mercadería, mercancía **2** artículos promocionales [relacionados con un artista, evento u organización famosos]

merciful /'mɜrsɪfəl/ *adj* compasivo -a, clemente

merciless /'mɜrsɪləs/ *adj* **1** despiadado -a **2** implacable [calor]

Mercury /'mɜrkjəri/ *s* Mercurio

mercury /'mɜrkjəri/ *s* mercurio

mercy /'mɜrsi/ *s* **1** piedad, clemencia | **have mercy on him/us etc.** ten piedad de él/nosotros etc. **2 to be at the mercy of sth/sb** estar a merced de algo/alguien

mere /mɪr/ *adj* solo -a, mero -a: *The mere thought made her furious.* La sola idea la ponía furiosa. | *This was no mere coincidence.* No se trató de una mera coincidencia. | *He's a mere child.* Es un niño, nomás.

merely /'mɪrli/ *adv* simplemente, solamente

merge /mɜrdʒ/ *v* **1** [tr] fusionar, [intr] fusionarse [empresas] **2** [tr] fundir, [intr] fundirse [sonidos, colores] **3 to merge into the background** pasar inadvertido -a

merger /'mɜrdʒər/ *s* fusión [de empresas]

meringue /mə'ræŋ/ *s* merengue

merit /'merɪt/ *sustantivo & verbo*
■ *s* mérito, ventaja | **to judge sth on its (own) merits** juzgar algo según sus (propios) méritos
■ *v* [tr] merecer, ser digno -a de

mermaid /'mɜrmeɪd/ *s* sirena

merry /'meri/ *adj* (-rrier, -rriest) **1** alegre **2 merry Christmas!** ¡feliz Navidad!

'merry-go-,round *s* carrusel

mesh /meʃ/ *s* (pl meshes) malla [metálica, plástica, etc.] | **wire mesh** mosquitero [para ventanas, puertas, etc.]

mesmerize, -ise BrE /'mezməraɪz/ *v* [tr] hipnotizar, cautivar

mess /mes/ *sustantivo & verbo*
■ *s* **1** desorden: *Sorry about the mess.* Perdona el desorden. | *My hair is a mess!* ¡Mi pelo es un desastre! | **to be in a mess** estar hecho -a un

desastre/un lío [casa, cuarto, etc.] **2** mugre: *Clear up this mess!* ¡Limpia esta mugre! **3** (referido a situaciones) desastre: *His life was a mess.* Su vida era un desastre. | **to get sb into a mess** meter a alguien en un lío | **to make a mess of sth** arruinar algo **4** (en las fuerzas armadas) casino, comedor
■ *v* (3ª pers sing -sses) **mess around**, también **mess about 1** tontear **2 to mess around with sth** jugar con algo **3 to mess around with sb** tener una aventura con alguien **mess sb around** (informal) jugar con alguien, tomarle el pelo a alguien
mess sth up (informal) **1** arruinar algo [un plan, un trabajo, etc.] **2** desordenar algo **3** hacer algo muy mal
mess with sth/sb meterse con algo/alguien: *Don't mess with me.* No te metas conmigo.

message /'mesɪdʒ/ *s* **1** recado, mensaje: *Can I take a message?* ¿Quiere dejarle un recado? **2 to get the message** (informal) entender, darse cuenta

messenger /'mesəndʒər/ *s* mensajero -a

Messiah /mə'saɪə/ *s* Mesías

messy /'mesi/ *adj* (-ssier, -ssiest) **1** desordenado -a **2** (informal) difícil [desagradable]

met /met/ pasado & participio de **meet**

metabolism /mə'tæbəlɪzəm/ *s* metabolismo

metal /'metl/ *sustantivo & adjetivo*
■ *s* metal
■ *adj* de metal

metallic /mə'tælɪk/ *adj* metálico -a

metaphor /'metəfɔr/ *s* metáfora

meteor /'mitiər/ *s* meteorito

meteoric /miti'ɔrɪk/ *adj* meteórico -a

meteorite /'mitiəraɪt/ *s* meteorito

meter¹ /'mitər/ *s* **1** medidor, contador [del gas, de la electricidad] **2** taxímetro

meter² AmE, **metre** BrE /'mitər/ *s* metro

method /'meθəd/ *s* método: *teaching methods* métodos de enseñanza | *method of payment* forma de pago

methodical /mə'θɑdɪkəl/ *adj* metódico -a

Methodist /'meθədɪst/ *adj & s* metodista

methodology /meθə'dɑlədʒi/ *s* (pl -gies) metodología

methylated spirits /ˌmeθəleɪtɪd 'spɪrɪts/ *s* alcohol industrial

meticulous /mə'tɪkjələs/ *adj* meticuloso -a

metre BrE ▶ ver **meter**

metric /'metrɪk/ *adj* métrico -a: *the metric system* el sistema métrico decimal

Mexican /'meksɪkən/ *adj & s* mexicano -a

Mexico /'meksɪkoʊ/ *s* México

mg (= **milligram**) mg

miaow BrE ▶ ver **meow**

mice /maɪs/ *s* plural de **mouse**

microchip /'maɪkroʊtʃɪp/ *s* microchip

microphone /'maɪkrəfoun/ s micrófono
microprocessor /maɪkrou'prɑsesər/ s micro-
procesador
microscope /'maɪkrəskoup/ s microscopio
microscopic /maɪkrə'skɑpɪk/ adj microscópico
-a
microwave /'maɪkrəweɪv/ sustantivo & verbo
■ s (también **microwave oven**) (horno de)
microondas
■ v [tr] cocinar en el (horno de) microondas
mid /mɪd/ adj mid se usa para designar el punto
medio de un período: in mid May a mediados de
mayo | in the mid 70s a mediados de los 70 |
She's in her mid 20s. Tiene alrededor de 25 años.
| a mid-morning break un descanso a media
mañana
midair /mɪd'er/ sustantivo & adjetivo
■ s in midair en el aire
■ adj a **midair collision** un choque en el aire/en
vuelo
midday /'mɪd-deɪ/ s mediodía
middle /'mɪdl/ sustantivo & adjetivo
■ s **1** centro | in the middle (of sth) en medio/
mitad de algo: in the middle of the night en
medio de la noche | We were in the middle of
lunch. Estábamos en plena comida. **2** in the
middle of nowhere en medio de la nada
■ adj del medio: the middle drawer la gaveta del
medio | **middle age** madurez | **the Middle Ages**
la Edad Media | **in the middle distance** en
segundo plano [en un cuadro, etc.] ▶ ver también **finger**
middle-'aged adj de mediana edad, de edad
madura
middle 'class s the middle class(es) la clase
media
middle-'class adj de clase media
Middle 'East s the Middle East (el) Medio
Oriente
middleman /'mɪdlmæn/ s (pl -men) intermediario
middle 'name s

> Así se le llama al nombre que algunas per-
> sonas usan entre su primer nombre de pila
> y su apellido (por ejemplo **Jessica** en **Sarah
> Jessica Parker**). Se pueden tener varios
> **middle names**. Éstos no son necesaria-
> mente nombres de pila. Pueden ser, por
> ejemplo, el apellido materno, como en
> **Daniel Parker Stevens**.

middle school s **1** en EU, escuela para niños
de entre 11 y 14 años **2** en Gran Bretaña,
escuela para niños de entre 8 y 12 años
middleweight /'mɪdlweɪt/ s peso mediano
midfield /'mɪdfild/ s medio campo
midfielder /'mɪdfildər/, también **midfield
player** s mediocampista
midge /mɪdʒ/ s insecto que pica, similar a un jején

midget /'mɪdʒɪt/ s enano -a ▶ Algunas personas
consideran que este término es ofensivo
midnight /'mɪdnaɪt/ s medianoche
midriff /'mɪdrɪf/ s parte del cuerpo entre el pecho y
la cintura
midst /mɪdst/ s in the midst of sth en medio de
algo | in our/their etc. midst entre nosotros/ellos
etc.
midsummer /mɪd'sʌmər/ s la mitad del verano,
pleno verano
midway /'mɪdweɪ/ adv **1 midway through sth**
en mitad de algo [una película, un partido etc.]
2 midway between a medio camino entre
midweek /mɪd'wik/ adjetivo & adverbio
■ adj a midweek game un partido de mitad de
semana
■ adv a mitad/mediados de semana
midwife /'mɪdwaɪf/ s (pl -wives /-waɪvz/) partera,
comadrona
midwinter /mɪd'wɪntər/ s la mitad del invierno,
pleno invierno
might /maɪt/ verbo & sustantivo
■ v [modal] ▶ ver recuadro en página 232
■ s (formal) poderío | with all his/your etc. might
con todas sus/tus etc. fuerzas
might've /'maɪtəv/ contracción de **might have**
mighty /'maɪti/ adjetivo & adverbio
■ adj (-tier, -tiest) **1** poderoso -a **2** imponente
3 a mighty kick una tremenda patada
■ adv AmE (informal) muy: That food smells mighty
good. Esa comida huele muy bien.
migraine /'maɪgreɪn/ s migraña, jaqueca
migrant /'maɪgrənt/ s **1** migrante **2** ave
migratoria, animal migratorio **3 migrant
worker** trabajador -a itinerante
migrate /'maɪgreɪt/ v [intr] emigrar, migrar
migration /maɪ'greɪʃən/ s emigración, migración
migratory /'maɪgrətɔri/ adj migratorio -a
mike /maɪk/ s (informal) micrófono
mild /maɪld/ adj **1** templado -a [clima]: a mild
winter un invierno no muy frío **2** leve, ligero
-a [castigo, síntoma, etc.]: I had a mild case of
the flu. Estuve con un cuadro gripal leve.
3 suave, poco picoso -a [sabor, comida]
4 suave, dulce [modales] **5** suave [jabón,
detergente, etc.]
mildly /'maɪldli/ adv **1** levemente, ligeramente
2 to put it mildly por no decir algo peor
mile /maɪl/ s **1** milla [= 1.6 km]: You can see for
miles. Se puede ver a millas de distancia.
2 miles from anywhere/nowhere muy lejos de la
civilización **3 to be miles away (a)** estar
pensando en otra cosa **(b)** quedar lejísimos
4 miles (informal) mil veces: She's miles better
than you at tennis. Es mil veces mejor que tú
jugando tenis.

---

might *verbo modal*

1 POSIBILIDAD

They might come anyway. A lo mejor igual vienen. | *She might not have heard.* Puede ser que no haya oído./Podría ser que no hubiera oído.

A veces es el pasado de **may**:

I thought you might be angry with me. Pensé que a lo mejor estabas enojado conmigo.

might have seguido de un participio indica que algo que podría haber sucedido, no sucedió:

The way he was driving, they might have been killed. Con la manera como manejaba, se podrían haber matado.

A veces se usa para hacer reproches:

You might have told me she was coming! ¡Me podrías haber dicho que venía ella!

A veces expresa falta de sorpresa ante algo:

I might have known he'd forget. Debería haberme imaginado que se le iba a olvidar.

2 PERMISO

Este uso de **might** es o bien muy formal o humorístico:

Might I suggest the oysters, sir? ¿Me permite que le sugiera las ostras, señor? | *And what, might I ask, is that?* ¿Y eso qué es, si se puede preguntar?

---

mileage /'maɪlɪdʒ/ s **1** millaje ▶ El equivalente en los países que usan el sistema métrico es *kilometraje* **2 to get a lot of mileage out of sth** sacarle el jugo a algo

milestone /'maɪlstoʊn/ s **1** hito **2** mojón

militant /'mɪlətənt/ *adjetivo & sustantivo*
- **adj** combativo -a, militante
- **s** militante

military /'mɪləteri/ *adjetivo & sustantivo*
- **adj** militar
- **s the military** las fuerzas armadas, los militares

militia /mə'lɪʃə/ s milicia

milk /mɪlk/ *sustantivo & verbo*
- **s 1** leche **2 milk shake** malteada, licuado [de frutas, chocolate, etc.]
- **v** [tr] ordeñar

milkman /'mɪlkmæn/ s (pl **-men**) lechero

milky /'mɪlki/ *adj* (**-kier, -kiest**) **1** con (mucha) leche [café, té, etc.] **2** lechoso -a [color, líquido]

mill /mɪl/ *sustantivo & verbo*
- **s 1** molino **2** fábrica | **a paper mill** una fábrica de papel/una papelera | **a steel mill** una acería **3** molinillo [de café, pimienta, etc.]
- **v** [tr] moler [café, pimienta, etc.]

millennium /mɪ'leniəm/ s (pl **-nnia** /-niə/) milenio

milligram /'mɪləgræm/ s miligramo

milliliter AmE, **millilitre** BrE /'mɪləlitər/ s mililitro

---

millimeter AmE, **millimetre** BrE /'mɪləmitər/ s milímetro

million /'mɪljən/ *número* **1** millón: *a million years* un millón de años ▶ Cuando **million** se usa como numeral, su plural es invariable: *350 million dollars* 350 millones de dólares **2 millions of** millones de

millionaire /mɪljə'ner/ s millonario -a

millionth /'mɪljənθ/ *número* **1** millonésimo -a **2** millonésimo, millonésima parte

mime /maɪm/ *sustantivo & verbo*
- **s 1** mimo [actor] **2** mímica
- **v** [intr] hacer (la) mímica, [tr] hacer la mímica de

mimic /'mɪmɪk/ *verbo & sustantivo*
- **v** [tr] (pasado & participio **-cked**, gerundio **-cking**) imitar, remedar
- **s** imitador -a

mince /mɪns/ *verbo & sustantivo*
- **v** [tr] moler [carne]
- **s** BrE carne molida ▶ En inglés americano se usa **ground beef**

mincemeat /'mɪnsmit/ s **1** mezcla de pasas, especias, manzana y manteca, usada como relleno en repostería **2 to make mincemeat (out) of sb** (informal) hacer picadillo a alguien, hacer pinole a alguien

mince 'pie s pastelillo relleno de **mincemeat** que se come en la época de Navidad

mind /maɪnd/ *sustantivo & verbo*
- **s 1** mente, cabeza: *My mind was on other things.* Tenía la cabeza en otra cosa. | **to get sth/sb out of your mind** quitarse algo/a alguien de la cabeza: *I can't get her out of my mind.* No puedo quitármela de la cabeza. | **at the back of your mind** en el fondo
2 (intelecto) mente: *one of the greatest minds of the century* una de las mentes más brillantes del siglo
3 opinión | **to change your mind** cambiar de opinión/parecer | **to make up your mind** decidirse: *I can't make up my mind.* No me puedo decidir. | **to my mind** a mi parecer, en mi opinión | **to be in two minds** no poder decidir(se): *I'm in two minds about whether to accept.* No puedo decidir si aceptar o no.
4 to bear/keep (sth) in mind tener (algo) en cuenta
5 to cross/enter sb's mind ocurrírsele a alguien: *The thought never entered my mind.* Ni se me ocurrió.
6 to have sth/sb in mind tener algo/a alguien en mente
7 to be on sb's mind preocupar a alguien
8 to be/go out of your mind estar/volverse loco -a
9 to put sb's mind at rest tranquilizar a alguien
10 to put your mind to sth proponerse algo
11 to take sb's mind off sth distraer a alguien de algo, hacer olvidar algo a alguien
- **v 1** [tr/intr] importar: *Her parents don't mind how late she stays out.* A sus padres no les

---

importa a qué hora regresa a casa. | **do you mind...?/would you mind...?** ¿te/le importa...?/ ¿te/le importaría...?: *Do you mind if I close the window?* ¿Te importa si cierro la ventana? | *Would you mind waiting a moment?* ¿Le importaría esperar un momento?
2 never mind (informal) no te preocupes, no se preocupe(n)
3 I wouldn't mind a cup of coffee/a break etc. (informal) no me vendría nada mal un café/un descanso etc.
4 [intr] (informal) tener cuidado
5 never you mind (informal) ¿a ti qué te importa?
6 [tr] cuidar
7 don't mind him/me etc. (informal) no le/me etc. hagas caso
8 [tr] BrE (informal) tener cuidado con: *Mind the cat!* ¡Ten cuidado con el gato! | **mind (out)!** ¡aguas!, ¡cuidado!

minder /'maɪndər/ s BrE guardaespaldas ▶ También existe **bodyguard**, que es inglés universal

mindful /'maɪndfəl/ adj (formal) **mindful of sth** consciente de algo, atento -a a algo

mindless /'maɪndləs/ adj **1** sin sentido [violencia, vandalismo] **2** tonto -a [trabajo, entretenimiento]

mine /maɪn/ pronombre, sustantivo & verbo
■ **pron** Como los pronombres posesivos ingleses no varían ni en género ni en número, **mine** puede equivaler a *(el) mío, (la) mía, (los) míos* o *(las) mías*: *"Whose scarf is this?" "It's mine."* –¿De quién es esta bufanda? –Es mía. | *some friends of mine from school* unos amigos míos del colegio | *Can I borrow your shirt? Mine's dirty.* ¿Me prestas tu camisa? La mía está sucia.
■ **s 1** (yacimiento) mina **2** (artefacto explosivo) mina
■ **v 1** [intr] realizar excavaciones mineras **2** [tr] extraer [minerales] **3** [tr] sembrar minas en

minefield /'maɪnfild/ s **1** campo minado **2** terreno conflictivo

miner /'maɪnər/ s minero -a

mineral /'mɪnərəl/ s mineral

'**mineral ,water** s agua mineral

mingle /'mɪŋgəl/ v **1** [tr] mezclar **2** [intr] mezclarse **3 to mingle together** confundirse [sonidos, perfumes] **4** [intr] circular [en una reunión social]: *She mingled with the audience after the show.* Circuló entre el público después del espectáculo.

miniature /'mɪniətʃər/ adjetivo & sustantivo
■ **adj 1** en miniatura [tren] **2** enano -a [planta, animal]
■ **s** miniatura

minibus /'mɪnibʌs/ s (pl -buses) minibús

minicab /'mɪnikæb/ s BrE tipo de taxi que no se puede parar en la calle sino que debe pedirse por teléfono

minimal /'mɪnəməl/ adj mínimo -a

minimize, -ise BrE /'mɪnəmaɪz/ v [tr] **1** reducir al mínimo, minimizar **2** (en computación) minimizar

minimum /'mɪnəməm/ adjetivo & sustantivo
■ **adj** mínimo -a
■ **s** mínimo | **to keep sth to a minimum** reducir algo al mínimo

mining /'maɪnɪŋ/ s **1** minería **2 a mining company** una compañía minera **the mining industry** la industria minera

miniskirt /'mɪniskɜrt/ s minifalda

minister /'mɪnəstər/ s **1** pastor -a, clérigo -a **2** secretario -a, ministro -a: *the Minister of Agriculture* la Secretaria de Agricultura

ministerial /mɪnə'stɪriəl/ adj ministerial

ministry /'mɪnəstri/ s (pl -tries) **1** ministerio, secretaría: *the Ministry of Defense* el Ministerio de Defensa **2 the ministry** el ministerio (religioso), el sacerdocio

minivan /'mɪnivæn/ s AmE van, combi

mink /mɪŋk/ s visón

minor /'maɪnər/ adjetivo & sustantivo
■ **adj 1** (no muy importante) leve [herida], menor [operación], secundario -a [camino] **2** (tono musical) menor
■ **s** menor (de edad)

minority /mə'nɔrəti/ s (pl -ties) **1** minoría: *ethnic minorities* minorías étnicas **2 to be in the/a minority** estar en minoría **3 minority interests/culture** intereses/cultura de las minorías, intereses/cultura de una minoría

mint /mɪnt/ sustantivo & verbo
■ **s 1** pastilla de menta **2** menta **3** casa de la moneda
■ **v** [tr] acuñar

minus /'maɪnəs/ preposición & sustantivo
■ **prep 1** menos: *17 minus 12 is five* 17 menos 12 es (igual a) cinco **2 minus 15/30 etc. degrees** 15/30 etc. grados bajo cero: *The temperature can go as low as minus 20.* La temperatura puede descender hasta los 20 grados bajo cero. **3** (informal) sin: *He came home minus his coat.* Volvió a casa sin su abrigo.
■ **s 1** (también **minus sign**) signo (de) menos **2** desventaja | **pluses and minuses** pros y contras

minute[1] /'mɪnɪt/ sustantivo & sustantivo plural
■ **s 1** minuto **2** minuto, momento: *She was here a minute ago.* Estuvo aquí hace un momento. | **in a minute** enseguida | **wait a minute/just a minute** espera/espere (un momento) **3 at the last minute** en el último momento **4 the minute (that)** en cuanto: *The minute I saw him, I knew something was wrong.* En cuanto lo vi, supe que pasaba algo. | **(at) any minute/any minute now** de un momento a otro **5 this minute** ahora mismo, inmediatamente
■ **minutes s pl** acta(s) | **to take the minutes** levantar el acta/las actas

minute² /maɪˈnjuːt/ *adj* **1** diminuto -a [letra] **2** mínimo -a [cantidad] **3** minucioso -a | **in minute detail** con todo detalle

miracle /ˈmɪrəkəl/ *s* **1** milagro **2** **by a miracle** de milagro | **to work miracles** hacer milagros

miraculous /mɪˈrækjələs/ *adj* milagroso -a

mirage /mɪˈrɑːʒ/ *s* espejismo

mirror /ˈmɪrər/ *sustantivo & verbo*
■ *s* **1** espejo **2** espejo (retrovisor)
■ *v* [tr] reflejar

misbehave /ˌmɪsbɪˈheɪv/ *v* [intr] portarse mal

miscalculate /mɪsˈkælkjəleɪt/ *v* [tr/intr] calcular mal

miscarriage /ˈmɪskærɪdʒ/ *s* **1** aborto (espontáneo) | **to have a miscarriage** perder un/el bebé **2** **a miscarriage of justice** un fallo injusto o errado

miscellaneous /ˌmɪsəˈleɪniəs/ *adj* diverso -a, heterogéneo -a

mischief /ˈmɪstʃɪf/ *s* **1** travesuras | **to get into mischief** hacer travesuras **2** malicia

mischievous /ˈmɪstʃəvəs/ *adj* **1** travieso -a **2** malicioso -a

misconception /ˌmɪskənˈsepʃən/ *s* falsa idea | **it is a popular/common misconception that** es un error difundido/común creer que

misconduct /mɪsˈkɑːndʌkt/ *s* mala conducta [en el ejercicio de una profesión]

miser /ˈmaɪzər/ *s* avaro -a

miserable /ˈmɪzərəbəl/ *adj* **1** triste, deprimido -a | **you look/she looks etc. miserable** tienes/tiene etc. cara de estar triste: *Don't look so miserable!* ¡Alégrate un poco! **2** deprimente: *The weather was miserable.* Hacía un tiempo deprimente. **3** amargado -a: *He's a miserable old devil.* Es un viejo amargado. **4** miserable: *a miserable salary* un sueldo miserable

miserably /ˈmɪzərəbli/ *adv* **1** con tristeza, con abatimiento **2** **to fail miserably** fracasar de manera lamentable

misery /ˈmɪzəri/ *s* (pl -ries) **1** sufrimiento **2** **to put sb out of his/her etc. misery** dejar de torturar a alguien: *Put us out of our misery and tell us what happened.* Deja de torturarnos y cuéntanos qué pasó. **3** BrE (informal) (referido a personas) **you're/she's etc. such a misery** eres/es etc. tan amargado -a

misfortune /mɪsˈfɔːrtʃən/ *s* desgracia | **to have the misfortune to do sth** tener la desgracia/la mala suerte de hacer algo

misgiving /mɪsˈɡɪvɪŋ/ *s* **1** recelo | **with misgiving** con recelo **2** **to have misgivings about sth** tener dudas sobre algo

misguided /mɪsˈɡaɪdɪd/ *adj* **1** mal encaminado -a [intento, esfuerzo] **2** insensato -a, errado -a [persona]

mishap /ˈmɪshæp/ *s* contratiempo

misinform /ˌmɪsɪnˈfɔːrm/ *v* [tr] informar mal

misinterpret /ˌmɪsɪnˈtɜːrprɪt/ *v* [tr] malinterpretar

misjudge /mɪsˈdʒʌdʒ/ *v* [tr] **1** juzgar mal a, equivocarse al juzgar a **2** calcular mal

mislay /mɪsˈleɪ/ *v* [tr] (pasado & participio **mislaid**) **to have mislaid sth** no recordar dónde se dejó algo: *I seem to have mislaid my gloves.* Me parece que se me perdieron los guantes./No sé dónde dejé los guantes.

mislead /mɪsˈliːd/ *v* [tr] (pasado & participio **misled** /-ˈled/) confundir, inducir a error | **to mislead sb about sth** engañar a alguien acerca de algo

misleading /mɪsˈliːdɪŋ/ *adj* engañoso -a

mismanagement /mɪsˈmænɪdʒmənt/ *s* mala administración

misprint /ˈmɪsprɪnt/ *s* error de imprenta, errata

misread /mɪsˈriːd/ *v* [tr] (pasado & participio **misread** /-ˈred/) **1** leer mal **2** malinterpretar

Miss /mɪs/ *s* Srta., señorita

miss /mɪs/ *verbo & sustantivo*
■ *v* ▸ ver recuadro
miss sb to miss out on sth perderse algo: *I felt I was missing out on all the fun.* Sentía que me estaba perdiendo toda la diversión. **miss sth out** BrE saltar(se) algo ▸También existe **to skip sth**, que es inglés universal **miss sb out** BrE dejar a alguien afuera, excluir a alguien ▸También existe **to leave sb out**, que es inglés universal
■ *s* (pl **misses**) **1** tiro errado, error **2** **to give sth a miss** (informal) decidir no hacer algo: *I think I'll give rehearsals a miss this week.* Creo que esta semana no voy a ir al ensayo.

missile /ˈmɪsəl/, BrE ˈmɪsaɪl/ *s* **1** misil **2** proyectil

missing /ˈmɪsɪŋ/ *adj* **1** **to be missing** faltar: *There's a button missing from this shirt.* A esta camisa le falta un botón. **2** que falta/faltaba etc.: *I found the missing piece of the jigsaw.* Encontré la pieza que faltaba del rompecabezas. **3** desaparecido -a | **missing person** persona extraviada **4** **to go missing** desaparecer

mission /ˈmɪʃən/ *s* misión

missionary /ˈmɪʃəneri/ *s* (pl -ries) misionero -a

mist /mɪst/ *sustantivo & verbo*
■ *s* neblina
■ *v* **mist up**, también **mist over** empañarse **mist sth up** empañar algo

mistake /mɪˈsteɪk/ *sustantivo & verbo*
■ *s* error, equivocación | **to make a mistake** equivocarse, cometer un error | **by mistake** por error
■ *v* [tr] (pasado **mistook**, participio **mistaken**) **1** **to mistake sth/sb for sth/sb** confundir algo/a alguien con algo/alguien: *I'm always being mistaken for my sister.* Siempre me confunden con mi hermana. **2** **there's no mistaking sth/sb** algo/alguien es inconfundible: *There's no mistaking that accent.* Ese acento es inconfundible. **3** interpretar mal

miss *verbo*

1 UN PROGRAMA, UN PARTIDO, UNA OPORTUNIDAD (= perderse)

He missed the game because of an injury. Se perdió el partido porque estaba lesionado. | *I had to miss breakfast because I was late.* No pude desayunar porque estaba retrasada.

UN ENSAYO, UNA REUNIÓN (= faltar a)

2 LLEGAR TARDE (= perderse, perder)

We missed the start of the movie. Nos perdimos el principio de la película. | *Hurry up, we're going to miss the flight.* Apúrate que vamos a perder el vuelo.

3 EXTRAÑAR, ECHAR DE MENOS

I really miss Steve. Extraño mucho a Steve. | *The thing I miss most about California is the climate.* Lo que más extraño de California es el clima.

4 ERRAR, NO DAR EN EL BLANCO

He missed an easy catch. Erró una atajada fácil.

5 EVITAR UNA CONSECUENCIA NO DESEADA

The bullet only just missed me. La bala me pasó rozando. | *The two planes missed each other by a few meters.* Los dos aviones no chocaron por unos pocos metros.

6 NO VER, NO NOTAR

They missed each other in the crowd. No se vieron en medio de la multitud. | *a mistake that everyone else had missed* un error que los demás no habían notado | **you can't miss it** lo vas a ver enseguida

7 EXPRESIÓN

to miss the point no entender

mistaken /mɪˈsteɪkən/ *adj* **1** equivocado -a | **if I'm not mistaken** si no me equivoco **2** (referido a ideas) erróneo -a, equivocado -a **3** **mistaken identity** confusión de identidades

mistakenly /mɪˈsteɪkənli/ *adv* erróneamente

Mister /ˈmɪstər/ *s* forma completa de **Mr** señor

mistletoe /ˈmɪsəltoʊ/ *s* muérdago

mistook /mɪˈstʊk/ pasado de **mistake**

mistreat /mɪsˈtrit/ *v* [tr] maltratar

mistress /ˈmɪstrəs/ *s* (pl **-sses**) **1** amante [mujer] **2** dueña, ama [de un animal] **3** BrE profesora ▶ También existe **teacher**, que es inglés universal

mistrust /mɪsˈtrʌst/ *sustantivo & verbo*
- *s* desconfianza
- *v* [tr] desconfiar de

misty /ˈmɪsti/ *adj* (**-tier, -tiest**) neblinoso -a

misunderstand /ˌmɪsʌndərˈstænd/ *v* [tr/intr] (pasado & participio **misunderstood**) entender mal

misunderstanding /ˌmɪsʌndərˈstændɪŋ/ *s* malentendido

misuse¹ /mɪsˈjus/ *s* **1** uso indebido [de equipos, recursos] **2** abuso [de poder] **3** malversación [de fondos]

misuse² /mɪsˈjuz/ *v* [tr] **1** abusar de [el poder, la autoridad] **2** utilizar/emplear mal [un equipo, una palabra]

mix /mɪks/ *verbo & sustantivo*
- *v* (3ª pers sing **-xes**) **1** [tr] mezclar: *I mixed the flour and sugar together.* Mezclé la harina con el azúcar. **2** [intr] mezclarse **3** [intr] ser sociable, circular [en una reunión social] | **to mix with sb** tratarse/relacionarse con alguien
  mix sth up 1 confundir algo **2** mezclar algo **mix sb up 1** confundir a alguien: *People mix her up with her sister.* La gente la confunde con su hermana. **2** **to be mixed up in sth** estar metido -a en algo | **to get mixed up in sth** meterse en algo, verse involucrado -a en algo
- *s* mezcla, combinación

mixed /mɪkst/ *adj* **1** mixto -a, variado -a: *a mixed salad* una ensalada mixta **2** diverso -a: *The play received mixed reviews.* La obra recibió críticas muy diversas. | **to have mixed feelings (about sth)** tener sentimientos encontrados (acerca de algo)

mixer /ˈmɪksər/ *s* **1** batidora **2** **to be a good/bad mixer** ser/no ser una persona sociable

mixture /ˈmɪkstʃər/ *s* **1** mezcla, combinación **2** (medicamento) preparado

mix-up *s* (informal) confusión

ml (= **milliliter**) ml

mm (= **millimeter**) mm

moan /moʊn/ *verbo & sustantivo*
- *v* **1** [intr] gemir, quejarse [de dolor] **2** [tr/intr] quejarse | **to moan about sth** quejarse de algo
- *s* gemido, quejido

mob /mɑb/ *sustantivo & verbo*
- *s* **1** muchedumbre **2** **the mob** las masas **3** **the Mob** la mafia
- *v* [tr] (**-bbed, -bbing**) asediar, acosar

mobile /ˈmoʊbəl, BrE ˈmoʊbaɪl/ *sustantivo & adjetivo*
- *s* **1** móvil [objeto de adorno] **2** BrE (teléfono) celular ▶ En inglés americano se usa **cell phone**
- *adj* **1** **mobile library/clinic** biblioteca/clínica ambulante | **mobile home** trailer **2** **to be mobile** tener movilidad: *She's less mobile now that she has arthritis.* Tiene menor movilidad ahora que sufre de artritis.

mobile 'phone *s* BrE teléfono celular ▶ En inglés americano se usa **cell phone**

mobility /moʊˈbɪləti/ *s* movilidad

mobilize, -ise /ˈmoʊbəlaɪz/ *v* **1** [tr] movilizar **2** [intr] movilizarse

mock /mɑk/ *verbo, adjetivo, sustantivo & sustantivo plural*
- *v* **1** [tr] burlarse de **2** [intr] burlarse
- *adj* **1** **a mock exam/interview** un examen/una

entrevista de práctica **2** (de) imitación [producto, estilo]: *a mock Tudor house* una casa imitación estilo Tudor **3** fingido -a [sorpresa, seriedad, etc.]

■ *s* **to make (a) mock of sth** poner algo en ridículo

■ **mocks** *s pl* BrE exámenes de práctica que se hacen como preparación para los **GCSEs** y **A levels** en Gran Bretaña

mockery /'mɑkəri/ *s* **1** burla **2** **to make a mockery of sth** poner algo en ridículo

,modal 'verb, también **modal** /'məʊdl/ *s* verbo modal/de modalidad ▶ Un verbo modal es un verbo como **can**, **will**, **might**, etc. que no agrega **s** en la tercera persona del singular, no tiene infinitivo con **to**, gerundio, ni participio y forma el negativo y el interrogativo sin usar el auxiliar **to do**

mode /məʊd/ *s* **1** (formal) modo, medio | **mode of production** modo de producción | **mode of transportation** medio de transporte **2** modo, modalidad [de operación]

model /'mɑdl/ *sustantivo, adjetivo & verbo*

■ *s* **1** (copia a escala) maqueta, modelo **2** (de modas, de un pintor) modelo **3** (ejemplo) modelo **4** (de un automóvil, una máquina) modelo

■ *adj* **1** **a model car/airplane** un coche/avión para armar **2** **a model parent/pupil** etc. un padre/alumno etc. modelo

■ *v* (-led, -ling AmE, -lled, -lling BrE) **1** [tr] lucir **2** [intr] modelar **3** **to model sth on sth/sb** tomar algo/a alguien como modelo para algo: *He had modeled himself on Martin Luther King.* Había tomado como modelo a Martin Luther King.

modeling AmE, **modelling** BrE /'mɑdl-ɪŋ/ *s* modelaje, profesión/trabajo de modelo: *a career in modeling* una carrera como modelo

modem /'məʊdəm/ *s* módem

moderate[1] /'mɑdərət/ *adjetivo & sustantivo*

■ *adj* **1** (en cantidad, grado, nivel) moderado -a **2** (en política) moderado -a

■ *s* moderado -a

moderate[2] /'mɑdəreɪt/ *v* (formal) **1** [tr] moderar **2** [intr] calmarse [viento]

moderately /'mɑdərətli/ *adv* **1** relativamente **2** con moderación

moderation /mɑdə'reɪʃən/ *s* moderación | **in moderation** con moderación

modern /'mɑdərn/ *adj* moderno -a: *modern art* arte moderno | *modern languages* lenguas modernas

modernity /mɑ'dɜrnəti/ *s* modernidad

modernize, -ise BrE /'mɑdərnaɪz/ *v* **1** [tr] modernizar **2** [intr] modernizarse

modest /'mɑdɪst/ *adj* **1** modesto -a | **to be modest about sth** no hacer alarde de algo **2** moderado -a [aumento, éxito, mejora] **3** modesto -a [suma, ingreso] **4** modesto -a [casa, estilo de vida, etc.] **5** recatado -a

modesty /'mɑdəsti/ *s* **1** modestia **2** pudor

modify /'mɑdəfaɪ/ *v* [tr] (-fies, -fied) (formal) modificar

modular /'mɑdʒələr/ *adj* modular, (dividido -a) en módulos

module /'mɑdʒul/ *s* módulo

moist /mɔɪst/ *adj* húmedo -a

moisten /'mɔɪsən/ *v* **1** [tr] humedecer **2** [intr] humedecerse

moisture /'mɔɪstʃər/ *s* humedad

moisturize, -ise BrE /'mɔɪstʃəraɪz/ *v* [tr] hidratar

moisturizer, -iser BrE /'mɔɪstʃəraɪzər/ *s* hidratante, humectante

molar /'məʊlər/ *s* muela, molar

mold AmE, **mould** BrE /məʊld/ *sustantivo & verbo*

■ *s* **1** moho, hongos **2** molde [en cocina]

■ *v* [tr] moldear

moldy AmE, **mouldy** BrE /'məʊldi/ *adj* (-dier, -diest) con moho, con hongos

mole /məʊl/ *s* **1** topo **2** lunar **3** espía

molecular /mə'lekjələr/ *adj* molecular

molecule /'mɑləkjul/ *s* molécula

molest /mə'lest/ *v* [tr] abusar de [sexualmente]

molten /'məʊltn/ *adj* fundido -a, líquido -a

mom /mɑm/ AmE, **mum** /mʌm/ BrE *s* (informal) mamá: *My mom's a teacher.* Mi mamá es maestra.

moment /'məʊmənt/ *s* **1** momento: *I need to sit down for a moment.* Tengo que sentarme un momento. | **in a moment** enseguida | **just a moment/wait a moment** un momento **2** **at the moment** ahora, en este momento | **for the moment** por el momento **3** **the moment (that)** en cuanto: *Call me the moment you arrive.* Llámame en cuanto llegues. | **(at) any moment** en cualquier momento | **at/until the last moment** a/para último momento

momentarily /mɑmən'terəli, BrE 'məʊməntərəli/ *adv* **1** por un momento, momentáneamente **2** AmE enseguida

momentary /'məʊmənteri/ *adj* momentáneo -a

momentous /məʊ'mentəs/ *adj* trascendental

momentum /məʊ'mentəm/ *s* **1** impulso, empuje | **to gain/gather momentum** cobrar/adquirir impulso **2** (en física) momento (cinético)

mommy /'mɑmi/ AmE, **mummy** BrE *s* (pl -mmies) (informal) mami

monarch /'mɑnərk/ *s* monarca

monarchy /'mɑnərki/ *s* (pl -chies) monarquía

monastery /'mɑnəsteri/ *s* (pl -ries) monasterio

Monday /'mʌndi, -deɪ/ *s* lunes ▶ ver "Active Box" **days of the week** en **day**

monetary /'mɑnəteri/ *adj* monetario-a

money /'mʌni/ *s* **1** dinero: *Do you have any money?* ¿Tienes dinero? | **to earn/make money** ganar/hacer dinero | **to save/spend money** ahorrar/gastar dinero **2** **to get your money's**

---

worth sacarle jugo al dinero **3 to be made of money** (informal) tener mucho dinero, ser millonario -a

monitor /'mɑnətər/ *sustantivo & verbo*
- *s* (en computación, en medicina, etc.) monitor
- *v* [tr] **1** controlar, monitorear **2** escuchar [transmisiones de radio, llamadas telefónicas]

monk /mʌŋk/ *s* monje

monkey /'mʌŋki/ *s* mono, chango

monogamous /mə'nɑgəməs/ *adj* monógamo -a

monogamy /mə'nɑgəmi/ *s* monogamia

monologue, también **monolog** AmE /'mɑnl-ɔg/ *s* monólogo

monopolize, -ise BrE /mə'nɑpəlaɪz/ *v* [tr] monopolizar

monopoly /mə'nɑpəli/ *s* (pl -lies) **monopoly (on/of sth)** monopolio (de algo)

monotonous /mə'nɑtn-əs/ *adj* monótono -a

monoxide /mə'nɑksaɪd/ *s* monóxido

monsoon /mɑn'sun/ *s* monzón

monster /'mɑnstər/ *s* monstruo

monstrosity /mɑn'strɑsəti/ *s* (pl -ties) monstruosidad

monstrous /'mɑnstrəs/ *adj* monstruoso -a, gigantesco -a

month /mʌnθ/ *s* mes: *a six-month-old baby* un bebé de seis meses | *I haven't seen him for months.* Hace meses que no lo veo. | **this/next month** este mes/el mes que viene | **once/twice etc. a month** una vez/dos veces etc. por/al mes ► ver "Active Box" **months**

monthly /'mʌnθli/ *adjetivo & adverbio*
- *adj* mensual
- *adv* mensualmente

monument /'mɑnjəmənt/ *s* monumento | **a monument to sth/sb** un monumento a algo/alguien

monumental /mɑnjə'mentl/ *adj* **1** monumental [tarea] **2** garrafal [error] **3** excepcional [logro] **4** monumental [escultura, etc.]

mood /mud/ *s* **1** humor [estado de ánimo] | **to be in a good/bad etc. mood** estar de buen/mal etc. humor | **to be in the mood for (doing) sth** estar de humor para (hacer) algo, tener ganas de (hacer) algo: *I'm in no mood for jokes!* ¡No estoy de humor para chistes! **2** mal humor | **to be in a mood** estar de mal humor **3** (en gramática) modo

moody /'mudi/ *adj* (-dier, -diest) **1** malhumorado -a **2** temperamental

moon /mun/ *s* **1** luna: *There is no life on the moon.* No hay vida en la luna. | *a full moon* una luna llena | *a new moon* una luna nueva **2 once in a blue moon** muy de vez en cuando **3 over the moon** BrE (informal) loco-a de contento-a

moonlight /'munlaɪt/ *s* luz de la luna

The elections will be in July.	Las elecciones serán en julio.
We moved here last April.	Nos cambiamos aquí en abril de este año./Nos cambiamos aquí en abril del año pasado.
They're getting married next September.	Se casan en septiembre.
The festival takes place every December.	El festival se lleva a cabo todos los años en diciembre.
He was born on February 8th.	Nació el 8 de febrero.

En inglés británico también se puede escribir **on 8th February** en el último ejemplo. Al hablar se dice **on February the eighth** o, en inglés británico, **on the eighth of February**.

moonlit /'munlɪt/ *adj* iluminado -a por la luz de la luna [paisaje, calle, etc.] | **a moonlit night** una noche de luna

moor /mor/ *sustantivo & verbo*
- *s* páramo
- *v* [tr/intr] atracar, amarrar

mooring /'morɪŋ/ *sustantivo & sustantivo plural*
- *s* atracadero
- **moorings** *s pl* amarras

moorland /'morlənd/ *s* páramo

mop /mɑp/ *sustantivo & verbo*
- *s* **1** trapeador, mechudo **2** pelambre
- *v* [tr] (-pped, -pping) **1** trapear **2** secar [una superficie] **3** secarse [la cara]
  mop sth up secar algo [un líquido]

moped /'moʊped/ *s* bicimoto

moral /'mɔrəl/ *adjetivo, sustantivo & sustantivo plural*
- *adj* **1** moral **2 moral support** apoyo moral
- *s* moraleja
- **morals** *s pl* moral, ética

moped

morale /mə'ræl/ *s* moral [estado de ánimo]

morality /mə'ræləti/ *s* moralidad, moral

morally /'mɔrəli/ *adv* moralmente, desde el punto de vista moral

morbid /'mɔrbɪd/ *adj* morboso -a

more /mɔr/ *adverbio, adjetivo & pronombre*
- *adv* **1** (en el comparativo de adjetivos y adverbios de dos o más sílabas) más: *She's more intelligent than her brother.* Es más inteligente que el hermano. | *The rain started to fall more heavily.* Empezó a llover más fuerte.
 2 (con mayor frecuencia, en mayor medida) más: *You need to practice more.* Tienes que practicar más. | *Children watch TV more than they used to.* Los niños miran más televisión que antes.
 3 **more or less** más o menos
 4 **more and more** cada vez más
- *adj* más: *two more chairs* dos sillas más | *Would you like some more coffee?* ¿Quieres más café? | *More people are getting divorced than ever before.* Se está divorciando más gente que nunca.
- *pron* **1** más: *He earns more than I do.* Gana más que yo. | *more than 200 people* más de 200 personas
 2 **no/not more than 10/50 etc.** no más de 10/50 etc.: *He was no more than a boy.* No era más que un niño.
 3 **the more... the more** cuanto más... más: *The more he has, the more he wants.* Cuanto más tiene, más quiere. | **the more... the less** cuanto más... menos ▶ ver también **any** , **once**

moreover /mɔr'ouvər/ *adv* (formal) además, lo que es más

morning /'mɔrnɪŋ/ *s* **1** mañana: *I got a card from them this morning.* Recibí una postal de ellos esta mañana. | *We could go shopping in the morning.* Podríamos ir de compras por/en la mañana. | *at 8 o'clock in the morning* a las 8 de la mañana | *on Sunday morning* el domingo por/en la mañana | *on the morning of July 15th* la mañana del 15 de julio | **yesterday/tomorrow morning** ayer/mañana por la mañana, ayer/mañana en la mañana **2** (good) morning! ¡buenos días! **3** morning paper/coffee etc. periódico/café etc. de la mañana

moron /'mɔrɑn/ *s* (informal) imbécil

mortal /'mɔrtl/ *adj* & *s* mortal

mortality /mɔr'tæləti/ *s* mortalidad

mortar /'mɔrtər/ *s* **1** (para la construcción) argamasa, mortero **2** (para moler) mortero, molcajete **3** (arma pesada) mortero

mortgage /'mɔrgɪdʒ/ *sustantivo & verbo*
- *s* hipoteca
- *v* [tr] hipotecar

mortuary /'mɔrtʃueri/ *s* (pl -ries) morgue

mosaic /mou'zeɪ-ɪk/ *s* mosaico

Moslem ▶ ver **Muslim**

mosque /mɑsk/ *s* mezquita

mosquito /mə'skitou/ *s* (pl -toes o -tos) **1** mosco, mosquito, zancudo **2** **mosquito net** mosquitero

moss /mɔs/ *s* (pl **mosses**) musgo

most /moust/ *adjetivo, adverbio & pronombre*
- *adj* **1** la mayoría de: *He gets along well with most people.* Se lleva bien con la mayoría de la gente. | *I see her most days.* La veo casi todos los días.
 2 más: *Who has the most money?* ¿Quién tiene más dinero? | *the player who scores the most points* el jugador que consigue el mayor número de puntos
- *adv* **1** (en el superlativo de adjetivos y adverbios de dos o más sílabas) más: *the most beautiful girl in the world* la muchacha más hermosa del mundo | *the question most frequently asked* la pregunta formulada con más frecuencia
 2 (con la mayor frecuencia, en la mayor medida) más: *Which band do you listen to most?* ¿Cuál es el grupo musical que escuchas más? | **most of all** más que nada
- *pron* **1** la mayoría, la mayor parte: *All the rooms have a TV and most have bathrooms.* Todas las habitaciones tienen televisión y la mayoría tiene baño. | *most of the time* la mayor parte del tiempo
 2 (la mayor cantidad): *Dan contributed most.* Dan fue el que más aportó. | *The most I can give you is $100.* Lo máximo que te puedo dar es $100.
 3 **at most** como máximo
 4 **to make the most of sth** aprovechar algo al máximo, sacarle el mejor partido posible de algo

mostly /'moustli/ *adv* principalmente, en su mayoría

motel /mou'tel/ *s* motel

moth /mɔθ/ *s* **1** mariposa nocturna, mariposa de la luz **2** (también **clothes moth**) polilla

mother /'mʌðər/ *sustantivo & verbo*
- *s* madre
- *v* to mother sb tratar a alguien como si uno fuera su madre

motherhood /'mʌðərhud/ *s* maternidad

'mother-in-,law *s* (pl mothers-in-law) suegra

'Mother's Day *s* día de la madre

,mother 'tongue *s* lengua materna

motif /mou'tif/ *s* **1** tema **2** motivo

motion /'mouʃən/ *sustantivo & verbo*
- *s* **1** movimiento: *the motion of the train* el movimiento del tren **2** (formal) ademán, movimiento **3** moción: *The motion was carried.* La moción fue aprobada. **4** **to put/set sth in motion** poner algo en marcha **5** **in slow motion** en cámara lenta **6** **to go through the motions (of doing sth)** cumplir con la formalidad (de hacer algo)
- *v* to motion (for) sb to do sth hacerle señas a alguien para que haga algo

motionless /'mouʃənləs/ *adj* inmóvil

,motion 'picture *s* AmE película

motivate /'moutəveɪt/ *v* [tr] **1** motivar **2** **politically motivated** motivado -a por razones políticas

i ¿Se dice *I arrived in Miami* o *I arrived to Miami*? Mira la entrada **arrive**.

motivation /moʊtə'veɪʃən/ s **1** motivación **2** motivo

motive /'moʊtɪv/ s motivo, móvil: *the motive for the murder* el móvil del crimen

motor /'moʊtər/ s motor

motorbike /'moʊtərbaɪk/ BrE ▶ ver **motorcycle**

motorboat /'moʊtərboʊt/ s lancha a motor

motorcycle /'moʊtərsaɪkəl/ s motocicleta, moto

motorist /'moʊtərɪst/ s automovilista, conductor -a

'motor ˌracing s automovilismo, carreras de coches

motorway /'moʊtərweɪ/ s BrE autopista
▶ En inglés americano se usa **freeway**

motto /'mɑtoʊ/ s (pl **mottoes** o **mottos**) lema

mould BrE ▶ ver **mold**

mouldy BrE ▶ ver **moldy**

mound /maʊnd/ s **1** montículo **2** montón, pila

mount /maʊnt/ *verbo & sustantivo*
- *v* **1** [intr] (también **mount up**) acumularse, aumentar **2** [tr] organizar, montar [una campaña, una manifestación] **3** [tr] montar [un ataque] **4** [tr] montarse en, subirse a [un caballo, una bicicleta] **5** [intr] montar [en un caballo] **6** montar [una foto, un cuadro, etc.]
- *s* **1 Mount** es parte del nombre de algunas montañas. A veces no se traduce al español: *Mount Sinai* el Monte Sinaí | *Mount Everest* el Everest **2** (de un jinete) cabalgadura **3** (de una lámina, una foto, etc.) marialuisa

mountain /'maʊntn/ s **1** montaña **2** **mountain bike** bicicleta de montaña **3** (informal) montaña, montón **4 to make a mountain out of a molehill** hacer una montaña de un grano de arena

handlebars
brakes
wheel   pedal

mountaineer /maʊntn'ɪr/ s alpinista

mountaineering /maʊntn'ɪrɪŋ/ s alpinismo

mountainous /'maʊntn-əs/ *adj* montañoso -a

mountainside /'maʊntnsaɪd/ s ladera de la/una montaña

mourn /mɔrn/ *v* **1 to mourn (for)** sb llorar a alguien **2** [tr] llorar [la pérdida de algo]

mourner /'mɔrnər/ s doliente, deudo -a

mourning /'mɔrnɪŋ/ s duelo, luto | **to be in mourning** estar de duelo/luto

mouse /maʊs/ s (pl **mice** /maɪs/) **1** ratón **2** (en computación) ratón, mouse

mousse /mus/ s **1** (en cocina) mousse, espuma **2** (para el pelo) mousse, espuma

moustache BrE ▶ ver **mustache**

mouth /maʊθ/ s (pl **mouths** /maʊðz/) **1** boca: *Don't talk with your mouth full!* ¡No hables con la boca llena! **2** (de una cueva, un túnel) entrada **3** (de un recipiente, etc.) boca **4** (de un río) desembocadura, barra **5 to keep your mouth shut** (informal) no decir (una) palabra, quedarse callado -a

mouthful /'maʊθfʊl/ s **1** (de comida) bocado **2** (de líquido) trago

mouthpiece /'maʊθpis/ s **1** (de un teléfono) micrófono **2** (de una organización) portavoz

mouthwash /'maʊθwɑʃ/ s enjuague bucal

move /muv/ *verbo & sustantivo*
- *v* **1** [tr] mover: *I couldn't move my leg.* No podía mover la pierna. **2** [intr] moverse: *Don't move, or I'll shoot!* ¡Si te mueves, disparo! | *She could hear someone moving around upstairs.* Oía que alguien se movía en el piso de arriba. **3** [tr] cambiar de lugar: *You've moved all the furniture.* Cambiaste todos los muebles de lugar. **4** [intr] cambiarse de lugar: *I'm going to move, I can't see a thing here.* Me voy a cambiar de lugar, porque aquí no veo nada. | *He's been moved into a different class.* Lo cambiaron a otra clase. **5** [intr] (también **move away**) cambiarse: *They moved to Germany.* Se cambiaron a Alemania. **6 to move house** BrE cambiarse (de casa) **7** [tr] emocionar, conmover **8 to move sb to do sth** llevar a alguien a hacer algo

PHRASAL VERBS
move in cambiarse, mudarse [a una casa]: *When are you moving in?* ¿Cuándo te cambias? | **to move in with sb** irse a vivir con alguien
move off ponerse en marcha, arrancar
move on 1 seguir (viaje) **2** (en una discusión) seguir [pasar a lo siguiente]: *Let's move on to the next point.* ¿Pasamos al siguiente punto?
move out cambiarse, mudarse [de una casa]
move over correrse [hacia un lado]
- *s* **1** paso [para lograr un objetivo] | **a good move** una buena decisión **2** mudanza **3** jugada: *It's your move.* Te toca a ti./Es tu turno. **4 to make a move (a)** actuar **(b)** mover(se): *He made a move for his gun.* Se movió como para agarrar el revólver. **(c)** BrE (informal) irse **5 to get a move on** (informal) apurarse, moverse

movement /'muvmənt/ s **1** (cambio de posición) movimiento **2** (en política, arte) movimiento **3** (en música) movimiento

movie /'muvi/ s película | **to go to the movies** ir al/a cine

moviemaker /'muvimeɪkər/ s AmE cineasta, realizador -a (de cine)

'movie star s AmE estrella de cine

'movie ,theater s cine [lugar]

moving /'muvɪŋ/ adj **1** conmovedor-a **2** movible **3** móvil, en movimiento | **fast/ slow moving** rápido/lento

mow /moʊ/ v [tr] (participio **mown** o **mowed**) cortar [el pasto]

mow sb down masacrar/aniquilar a alguien

mower /'moʊər/ s podadora (de pasto)

MP /em 'pi/ s (= **Member of Parliament**) ▶ ver **Member of Parliament**

mph (= **miles per hour**) millas por hora

Mr. /'mɪstər/ s Sr., señor

Mrs. /'mɪsəz/ s Sra., señora

M.S. /em 'es/ (= **Master of Science**) título obtenido al completar una maestría en ciencias exactas

Ms. /mɪz, məz/ s Sra., señora

¿Ms., Mrs. o Miss?

Se usa **Ms.** cuando no se quiere hacer distinción en cuanto al estado civil. Un número cada vez mayor de mujeres prefiere este tratamiento al uso de **Mrs.** o **Miss**.

MSc /,em es 'si/ s (= **Master of Science**) título obtenido al completar una maestría en ciencias exactas

much /mʌtʃ/ adverbio, adjetivo & pronombre
- **adv 1** mucho: I feel much better. Me siento mucho mejor. | He doesn't go out much. No sale mucho. | Thank you very much! ¡Muchísimas gracias! | It's much too big. Es demasiado grande.
2 too much demasiado
3 so much tanto: I miss her so much. La extraño tanto.
4 much as I love him/I like it etc. a pesar de quererlo como lo quiero/a pesar de que me gusta tanto etc.
- **adj & pron 1** mucho -a: There isn't much time. No hay mucho tiempo. | Was there much traffic? ¿Había mucho tránsito? | He didn't say much. No dijo mucho.
2 how much...? ¿cuánto -a...?: How much money do you have? ¿Cuánto dinero tienes?
3 too much demasiado -a
4 so much tanto -a: Don't waste so much paper. No desperdicies tanto papel.
5 much of gran parte de: Much of the city was destroyed. Gran parte de la ciudad fue destruida.
6 not much of a: I'm not much of a cook. No soy muy bueno como cocinero./No soy un gran cocinero.

muck /mʌk/ sustantivo & verbo
- **s 1** porquería **2** BrE estiércol, abono ▶ También existe **manure**, que es inglés universal
- **v muck about/around** BrE (informal) tontear

mucus /'mjukəs/ s mucosidad

mud /mʌd/ s lodo, barro

muddle /'mʌdl/ sustantivo & verbo
- **s 1** lío **2** BrE desorden ▶ También existe **mess**, que es inglés universal **3 to get into a muddle (a)** desordenarse **(b)** armarse un lío, confundirse
- **v** [tr] **1** confundir **2** (también **muddle up**) desordenar **3 to get sth/sb muddled up** confundir algo/a alguien: I always get those two movies muddled up Siempre confundo esas dos películas.

muddy /'mʌdi/ adj (-ddier, -ddiest) **1** enlodado -a [ropa, zapatos, etc.] **2** turbio -a [agua]

muesli /'mjusli/ s mezcla de cereales, pasas, frutos secos, etc. que se toma para el desayuno

muffin /'mʌfən/ s **1** panquecito **2 English muffin** tipo de bolillo que se come tostado

muffled /'mʌfəld/ adj sordo -a [ruido], apagado -a [voz], ahogado -a [grito]

mug /mʌg/ sustantivo & verbo
- **s** taza [alta y sin platillo]
- **v** [tr] (-gged, -gging) asaltar, atracar

mug

mugger /'mʌgər/ s asaltante, agresor -a

mugging /'mʌgɪŋ/ s asalto, atraco [en la vía pública]

mule /mjul/ s **1** mula **2** pantufla [sin talón]

mull /mʌl/ v **mull sth over** meditar sobre algo

multi-colored AmE, **multi-coloured** BrE /mʌlti'kʌlərd/ adj multicolor

multimedia /mʌlti'midiə/ adj multimedia

multinational /mʌltɪ'næʃənl/ adj & s multinacional

multiple /'mʌltəpəl/ adjetivo & sustantivo
- **adj** múltiple
- **s** múltiplo

,multiple scle'rosis s esclerosis múltiple

multiplication /,mʌltəplə'keɪʃən/ s multiplicación

multiply /'mʌltəplaɪ/ v (-plies, -plied) **1** [tr] multiplicar **2** [intr] multiplicarse

multiracial /mʌltɪ'reɪʃəl/ adj multirracial, plurirracial

,multi-'storey adj BrE **multi-storey car park** estacionamiento [de varios pisos] ▶ En inglés americano se usa **parking garage**

multitude /'mʌltətud/ s (formal o literario) **1** multitud **2 a multitude of problems/uses etc.** una infinidad de problemas/usos etc.

mum BrE ▶ ver **mom**

mumble /'mʌmbəl/ v **1** [intr] mascullar, hablar entre dientes **2** [tr] decir entre dientes, mascullar

mummy /'mʌmi/ s (pl -mmies) **1** momia **2** BrE (informal) ► ver **mommy**

mumps /mʌmps/ s paperas

munch /mʌntʃ/ v (3ª pers sing -ches) **to munch (on/at) sth** masticar algo, mascar algo

mundane /mʌn'deɪn/ adj rutinario -a

municipal /mju'nɪsəpəl/ adj municipal

mural /'mjʊrəl/ s mural

murder /'mɜrdər/ sustantivo & verbo
- s **1** asesinato, homicidio ► ¿MURDER O ASSASSINATION? ver nota en **asesinato 2 to be murder** (informal) ser la muerte, ser insoportable **3 to get away with murder** (informal) hacer cualquier cosa [sin ser castigado]
- v [tr] asesinar ► ¿MURDER O ASSASSINATE? ver nota en **asesinar**

murderer /'mɜrdərər/ s asesino -a, homicida ► ¿MURDERER O ASSASSIN? ver nota en **asesino**

murderous /'mɜrdərəs/ adj asesino -a

murky /'mɜrki/ adj (-kier, -kiest) oscuro -a, turbio -a

murmur /'mɜrmər/ sustantivo & verbo
- s **1** murmullo **2 without a murmur** sin decir palabra
- v [tr/intr] murmurar

muscle /'mʌsəl/ s **1** músculo **2** fuerza **3 political/military etc. muscle** poder político/militar etc.

muscular /'mʌskjələr/ adj **1** musculoso -a **2** muscular

muse /mjuz/ v **to muse on/about sth** meditar sobre algo

museum /mju'ziəm/ s museo

mushroom /'mʌʃrum/ s hongo, champiñón

music /'mjuzɪk/ s **1** música | **a piece of music** una obra musical **2** partitura | **to read music** leer música

musical /'mjuzɪkəl/ adjetivo & sustantivo
- adj **1** musical **2** bueno -a para la música [persona]
- s musical

musician /mju'zɪʃən/ s músico -a

Muslim /'mʌzləm/, **Moslem** /'mɑzləm/ adj & s musulmán -ana

muslin /'mʌzlən/ s muselina

mussel /'mʌsəl/ s mejillón

must /məst/, acentuado mʌst/ verbo & sustantivo
- v [modal] ► ver recuadro
- s **a must** algo que es imprescindible o muy aconsejable hacer: *This movie is a must.* Tienes que ver esta película. | *Warm clothes are a must on this trip.* Para este viaje, es imprescindible llevar ropa de abrigo.

mustache AmE, **moustache** BrE /'mʌstæʃ, BrE mə'stɑʃ/ s bigote(s)

mustard /'mʌstərd/ s mostaza

---

must verbo modal

1 OBLIGACIÓN (= debo, debes, tengo que, tienes que, etc.)

All passengers must wear seatbelts. Todos los pasajeros deben usar cinturones de seguridad. | *It's late. I really must go.* Es tarde. De verdad me tengo que ir. | *"Are you coming?" "Must I?"* –¿Vienes? –¿Tengo que ir? | *Must you always be so unpleasant?* ¿Tienes que ser siempre tan desagradable? | *"Can I put the radio on?" "If you must."* –¿Puedo poner el radio? –Si no hay más remedio...

mustn't expresa prohibición:

You mustn't tell anyone. No se lo debes decir a nadie.

2 CONJETURA (= debo, debes, etc.)

She must be almost 80 by now. Ya debe tener casi 80 años. | *You must be crazy.* Tú debes estar loco.

Para hacer conjeturas sobre el pasado se usa **must have** seguido de un participio:

He must have been drunk. Debe haber estado borracho.

3 INTENCIÓN, INVITACIONES, RECOMENDACIONES (= tengo que, tienes que, etc.)

I must phone them. Los tengo que llamar. | *You must come around for lunch sometime.* Tienes que venir a almorzar algún día. | *You must see this movie.* Tienes que ver esta película.

---

muster /'mʌstər/ v **1** [tr] (también **muster up**) juntar [coraje], obtener [apoyo], reunir [fuerzas] **2** [tr] reunir, [intr] reunirse [ejército, tropas]

mustn't /'mʌsənt/ contracción de **must not**

musty /'mʌsti/ adj (-tier, -tiest) con olor a humedad | **to smell musty** tener olor a humedad

mute /mjut/ adjetivo & sustantivo
- adj mudo -a
- s **1** mudo -a **2** sordina [de un instrumento musical]

muted /'mjutɪd/ adj **1** apagado -a [color] **2** sordo -a [ruido], apagado -a [voz, tono] **3** débil [crítica, apoyo]

mutilate /'mjutleɪt/ v [tr] mutilar

mutiny /'mjutn-i/ s (pl -nies) motín

mutter /'mʌtər/ v [tr/intr] murmurar

mutton /'mʌtn/ s carne de un ovino mayor que un cordero

mutual /'mjutʃuəl/ adj **1** mutuo -a **2 a mutual friend/interest** un(a) amigo -a/un interés en común

mutually /'mjutʃuəli/ adv **1 mutually beneficial** beneficioso -a para ambos -as | **mutually acceptable** aceptable para todos **2 to be mutually exclusive** excluirse mutuamente

---

i ¿Quieres estudiar vocabulario por temas? Consulta el **minidiccionario ilustrado**.

muzzle /'mʌzəl/ *sustantivo & verbo*
- *s* **1** hocico **2** bozal **3** boca [de un arma de fuego]
- *v* [tr] **1** ponerle un bozal a **2** amordazar

my /maɪ/ *adj* mi, mis: *my sister* mi hermana | *my parents* mis padres ► Los posesivos se usan en inglés en muchos contextos en los que usamos el artículo en español, como delante de partes del cuerpo, pertenencias personales, etc.: *I've hurt my hand.* Me lastimé la mano.

myself /maɪ'self/ *pron* ► ver recuadro

mysterious /mɪ'stɪriəs/ *adj* misterioso -a

mystery /'mɪstəri/ *s* (pl -ries) **1** misterio | **to be a mystery to sb** ser un misterio para alguien **2** novela/obra de teatro/película de misterio **3** **mystery tour** viaje a un destino desconocido

mystical /'mɪstɪkəl/, también **mystic** /'mɪstɪk/ *adj* místico -a

mystify /'mɪstɪfaɪ/ *v* [tr] (-fies, -fied) desconcertar, dejar perplejo -a a

myth /mɪθ/ *s* mito

mythical /'mɪθɪkəl/ *adj* mítico -a

---

myself

1 **myself** es la forma reflexiva de I. Su uso equivale en general al de los verbos reflexivos españoles o a oraciones con *mí mismo -a*:

I hurt myself. Me lastimé. | *I bought myself a new computer.* Me compré una computadora nueva. | *I'm pleased with myself.* Estoy contenta conmigo misma. | *I was just talking to myself.* Estaba hablando solo.

2 Tiene un uso enfático que a veces equivale al de *yo mismo -a*:

I saw them myself. Yo misma los vi. | *I'm a stranger here myself.* Yo tampoco soy de aquí.

3 La expresión **by myself** o **all by myself** significa *solo -a* (sin compañía o sin ayuda):

I don't like going to the movies by myself. No me gusta ir al cine sola. | *Look! I did it all by myself!* ¡Mira! ¡Lo hice sola!

---

mythology /mɪ'θɑlədʒi/ *s* (pl -gies) mitología

N¹, n /en/ s N, n ► ver "Active Box" **letters** en **letter**

N² (= **north**) N

nag /næg/ v (-gged, -gging) **1 to nag sb (to do sth)** moler a alguien para que haga algo, enchinchar a alguien para que haga algo **2** [intr] rezongar **3** [tr] preocupar [problema] | **to nag at sb** acosar a alguien [las dudas]

nagging /'nægɪŋ/ adj **1 a nagging pain** un dolor persistente | **a nagging doubt** una duda acuciante **2 a nagging husband/wife etc.** un marido rezongón/una esposa rezongona etc.

nail /neɪl/ sustantivo & verbo
■ s **1** uña | **to bite your nails** comerse las uñas **2** clavo **3 to hit the nail on the head** dar en el clavo, darle al clavo **4 nail file** lima de uñas **nail polish**, también **nail varnish** BrE esmalte para uñas
■ v [tr] clavar | **to nail sth to sth** clavar algo a/en algo
nail sth down clavar algo **nail sb down 1** sacarle a alguien una respuesta concreta **2 to nail sb down to sth** lograr que alguien se comprometa a algo

naive /naɪ'iv/ adj ingenuo -a

naked /'neɪkɪd/ adj **1** desnudo -a **2 with/to the naked eye** a simple vista **3 a naked bulb** un foco pelón | **a naked flame** una llama viva

name /neɪm/ sustantivo & verbo
■ s **1** nombre: *Write your full name.* Escriba su nombre completo. | *What's your name?* ¿Cómo te llamas? | *My name's Peter.* Me llamo Peter. | *an Italian by the name of Lomazzo* un italiano llamado Lomazzo
2 to put your name down for sth apuntarse para algo
3 fama, nombre | **to make a name for yourself** hacerse un nombre
4 to call sb names insultar a alguien
5 in the name of sth/sb en nombre de algo/alguien
■ v [tr] **1** llamar: *We decided to name her Sarah.* Decidimos llamarla Sarah./Decidimos ponerle Sarah (de nombre). | *He was named after his grandfather.* Le pusieron el nombre de su abuelo.
2 (identificar) nombrar
3 (referido a fechas, precios) fijar
4 (para un cargo) nombrar

namely /'neɪmli/ adv concretamente, a saber

namesake /'neɪmseɪk/ s tocayo -a

nanny /'næni/ s (pl -nnies) niñera

nap /næp/ s siesta | **to take a nap** echarse una siesta

nape /neɪp/ s **the nape of your/the neck** la nuca

napkin /'næpkɪn/, también **table napkin** s servilleta

nappy /'næpi/ s (pl -ppies) BrE pañal ► En inglés americano se usa **diaper**

narcotic /nɑr'kɑtɪk/ sustantivo & adjetivo
■ s narcótico
■ adj narcótico -a

narrate /'næreɪt/ v [tr] narrar

narrative /'nærətɪv/ sustantivo & adjetivo
■ s **1** narración **2** narrativa
■ adj narrativo -a

narrator /'næreɪtər/ s narrador -a

narrow /'næroʊ/ adjetivo & verbo
■ adj **1** estrecho -a, angosto -a: *a narrow corridor* un pasillo estrecho **2 a narrow victory/defeat** una victoria/una derrota por escaso margen **3 to have a narrow escape** salvarse por un pelo
■ v **1** [intr] estrecharse, angostarse, [tr] estrechar, angostar **2** [intr] reducirse, [tr] reducir
narrow sth down reducir algo: *They have narrowed the list down to six names.* Redujeron la lista a seis nombres.

narrowly /'næroʊli/ adv por poco: *The car narrowly missed a cyclist.* El coche por poco atropella a un ciclista.

narrow-'minded adj de mentalidad cerrada, intolerante

nasal /'neɪzəl/ adj nasal

nasty /'næsti/ adj (-tier, -tiest) **1** malo -a | **to be nasty to sb** ser malo -a con alguien **2** horrible, asqueroso -a [olor, sabor]: *It tastes nasty* Tiene un sabor horrible. **3** feo -a [cortadura, herida] **4** serio -a [accidente] **5** desagradable [sorpresa, experiencia, etc.] | **to have a/the nasty habit of doing sth** tener la mala costumbre de hacer algo

nation /'neɪʃən/ s nación

national /'næʃənl/ adjetivo & sustantivo
■ adj nacional
■ s ciudadano -a: *US nationals* ciudadanos estadounidenses

national 'anthem s himno nacional

National 'Health ,Service s en Gran Bretaña, sistema estatal que provee atención médica gratuita para toda la población

nationalism /'næʃənlɪzəm/ s nacionalismo

nationalist /'næʃənl-ɪst/ adj & s nacionalista

nationality /næʃə'næləti/ s (pl -ties) nacionalidad

nationalize, -ise BrE /'næʃnəlaɪz/ v [tr] nacionalizar

nationally /'næʃənl-i/ adv a nivel nacional, por/en todo el país

national 'park s parque nacional

nationwide /ˌneɪʃən'waɪd/ *adjetivo & adverbio*
- **adj** nacional
- **adv** a nivel nacional, por/en todo el país

native /'neɪtɪv/ *adjetivo & sustantivo*
- **adj 1** natal: *a visit to his native Poland* una visita a su Polonia natal | **native land** tierra natal **2 native language** lengua materna | **native speaker** hablante nativo -a **3** autóctono -a | **native to China/India etc.** autóctono -a de la China/la India etc., originario -a de la China/la India etc. **4 a native New Yorker/Bosnian etc.** una persona nacida en Nueva York/Bosnia etc.
- **s 1** (referido a personas) **a native of Texas/Maine etc.** una persona nacida en Texas/Maine etc. **2** (referido a plantas, especies) **to be a native of Australia/South America etc.** ser autóctono -a de Australia/Sudamérica etc., ser originario -a de Australia/Sudamérica etc. **3** indígena, nativo -a ▶ Este uso de **native** puede resultar ofensivo

natural /'nætʃərəl/ *adj* **1** natural, normal | **it's only natural that** es natural/lógico que **2** natural: *natural resources* recursos naturales **3** innato -a, nato -a: *a natural ability* una habilidad innata | *He's a natural actor.* Es un actor nato.

naturalist /'nætʃərəlɪst/ *s* naturalista

naturally /'nætʃərəli/ *adv* **1** naturalmente, por supuesto **2** naturalmente, por naturaleza: *He is not naturally aggressive.* No es agresivo por naturaleza. **3 to come naturally to sb** no costarle nada a alguien, resultarle fácil a alguien **4** con naturalidad

nature /'neɪtʃər/ *s* **1** (también **Nature**) la naturaleza **2** (carácter) naturaleza | **to be in sb's nature (to do sth)** ser típico de alguien (hacer algo) **3** (tipo) naturaleza: *comments of a personal nature* comentarios de naturaleza personal

naughty /'nɔti/ *adj* (-tier, -tiest) **1** malo -a, travieso -a [referido a niños y su comportamiento]: *You're a naughty girl!* ¡Eres muy mala!/¡Te portas muy mal! | *Has he been naughty?* ¿Se ha portado mal? **2** atrevido -a

nausea /'nɔʃə, 'nɔziə/ *s* náusea(s)

nauseating /'nɔzieɪtɪŋ/ *adj* **1** nauseabundo -a **2** repugnante

nauseous /'nɔʃəs, -ziəs/ *adj* **to feel nauseous** tener ganas de vomitar | **to make sb nauseous** darle ganas de vomitar a alguien

nautical /'nɔtɪkəl/ *adj* náutico -a

naval /'neɪvəl/ *adj* naval

nave /neɪv/ *s* nave central [de una iglesia]

navel /'neɪvəl/ *s* ombligo

navigate /'nævəgeɪt/ *v* **1** [intr] (en un barco, un avión) navegar [determinar el rumbo] **2** [intr] (en un coche) hacer de copiloto **3** [tr] gobernar, llevar el timón de [un barco] **4** [tr] navegar por [el mar, un río, etc.]

navigation /nævə'geɪʃən/ *s* navegación

navigator /'nævəgeɪtər/ *s* navegante

navy /'neɪvi/ *sustantivo & adjetivo*
- **s 1** (pl -vies) marina, armada **2 the Navy**, también **the navy** la marina, la armada **3** (también **navy blue**) azul marino
- **adj** (también **navy blue**) azul marino ▶ ver "Active Box" **colors** en **color**

NE (= northeast) NE

near /nɪr/ *adverbio, preposición & adjetivo*
- **adv 1** cerca | **to come/get etc. near** acercarse: *Don't come any nearer!* ¡No te acerques más! **2 near perfect/impossible etc.** casi perfecto/imposible etc.
- **prep** (también **near to**) cerca de: *They live near the school.* Viven cerca de la escuela. | *near the end of the movie* casi al final de la película
- **adj 1** cercano -a: *the nearest town* el pueblo más cercano | *Which station is nearer?* ¿Cuál de las estaciones está más cerca? **2 in the near future** en un futuro cercano/próximo **3 the nearest thing to** lo más parecido a

nearby /nɪr'baɪ/ *adjetivo & adverbio*
- **adj** cercano -a
- **adv** cerca: *There were some children playing nearby.* Había unos niños jugando cerca.

nearly /'nɪrli/ *adv* **1** casi: *It's nearly Christmas.* Estamos casi en Navidad. | **very nearly** por poco: *He very nearly died.* Por poco se muere. **2 not nearly as good/bad etc. as...** no tan bueno -a/malo -a etc. como... ni mucho menos, ni por casualidad tan bueno -a/malo -a etc. como ... **3 to be not nearly enough** no ser suficiente ni mucho menos

neat /nit/ *adj* **1** arreglado -a, ordenado -a | **neat and clean** limpio -a y ordenado -a **2** pulcro -a **3 neat handwriting** buena letra **4** AmE genial, padre **5** ingenioso -a **6** solo -a [referido a bebidas alcohólicas]

neatly /'nitli/ *adv* **1** ordenadamente, cuidadosamente **2** perfectamente **3** con habilidad

necessarily /ˌnesə'serəli/ *adv* necesariamente | **not necessarily** no necesariamente

necessary /'nesəseri/ *adj* **1** necesario -a: *It won't be necessary for him to be present.* No será necesario que él esté presente. | **if necessary** si fuera necesario **2** inevitable

necessity /nə'sesəti/ *s* **1 the necessity for sth** la necesidad de algo | **out of necessity** por necesidad **2** (pl -ties) (cosa necesaria) necesidad | **the bare necessities** las necesidades básicas

neck /nek/ *s* **1** cuello: *He hurt his neck.* Se lastimó el cuello. **2** (de una camisa, un vestido, etc.) cuello, escote **3** (de una botella) cuello **4 to be up to your neck in work/debt etc.** (informal) estar hasta el cuello de trabajo/deudas etc. **5 to be breathing down sb's neck** (informal) estar encima de alguien **6 to be neck and neck** (informal) ir cabeza con cabeza, ir parejos -as ▶ ver también **pain**

necklace /'nek-ləs/ *s* collar

neckline /'nek-laın/ s escote

nectarine /nektə'rin/ s nectarina [durazno sin pelusa]

need /nid/ *verbo & sustantivo*

■ *v* [tr] ▶ ver recuadro

■ *s* **1 need (for sth/to do sth)** necesidad (de algo/de hacer algo) | **there's no need** no es necesario: *There's no need for you to come with me.* No es necesario que me acompañes. | **to be in need of sth** necesitar algo **2 if need(s) be** si fuera necesario

needle /'nidl/ s aguja

needless /'nid-ləs/ *adj* **1** innecesario -a **2 needless to say** de más está decir (que): *Needless to say, she was furious.* De más está decir que se puso furiosa.

needlework /'nidlwɜrk/ s labores de bordado, costura, etc.

needn't /'nidnt/ contracción de **need not**

needy /'nidi/ *adjetivo & sustantivo*
■ *adj* (-dier, -diest) necesitado -a
■ *s* **the needy** los necesitados

negative /'negətɪv/ *adjetivo & sustantivo*
■ *adj* negativo -a
■ *s* negativo [de una foto]

neglect /nɪ'glekt/ *verbo & sustantivo*
■ *v* [tr] **1** descuidar **2 to neglect to do sth** no hacer algo [por descuido, olvido, etc.]
■ *s* descuido, abandono

negligence /'neglɪdʒəns/ s negligencia

negligent /'neglɪdʒənt/ *adj* negligente

negligible /'neglɪdʒəbəl/ *adj* insignificante

negotiate /nɪ'goʊʃieɪt/ *v* **1** [tr/intr] negociar **2** [tr] salvar [un obstáculo] **3** [tr] tomar [una curva]

negotiation /nɪ,goʊʃi'eɪʃən/ s negociación

neigh /neɪ/ *verbo & sustantivo*
■ *v* [intr] relinchar
■ *s* relincho

neighbor AmE, **neighbour** BrE /'neɪbər/ s **1** vecino -a **2** prójimo

neighborhood AmE, **neighbourhood** BrE /'neɪbərhʊd/ s **1** barrio **2** vecindario [vecinos] **3 in the neighborhood** en los alrededores **4 in the neighborhood of 30%/$5 million etc.** alrededor del 30%/de $5 millones etc.

neighboring AmE, **neighbouring** BrE /'neɪbərɪŋ/ *adj* vecino -a, cercano -a

neither /'niðər, BrE 'naɪðə/ *adjetivo, pronombre, adverbio & conjunción*
■ *adj & pron* ninguno de los dos, ninguna de las dos: *Neither team played well.* Ninguno de los dos equipos jugó bien | *I asked them, but neither of them wants to go.* Los invité pero ninguno de los dos quiere ir. | *"Tea or coffee?" "Neither, thanks."* –¿Té o café? –Ninguno de los dos, gracias.
■ *adv* **1 neither... nor** ni... ni: *Neither his mother nor his father spoke English.* Ni su madre ni su padre hablaban inglés. **2 me neither** (informal)

---

1 PRECISAR (= necesitar)

I need the money. Necesito el dinero. | *He badly needs help.* Necesita ayuda urgentemente. | **to need sb to do sth** necesitar que alguien haga algo | **to need cleaning/fixing etc.**: *That fence needs fixing.* Hay que arreglar esa cerca.

2 PARA EXPRESAR OBLIGACIÓN O NECESIDAD

to need to do sth tener que hacer algo: *Do we need to make a reservation?* ¿Tenemos que reservar?/¿Es necesario reservar?

Se puede usar **needn't** en lugar de **don't need to** o **doesn't need to** para formar el negativo:

He needn't come if he doesn't want to./He doesn't need to come if he doesn't want to. No es necesario que venga si no quiere.

Este uso corresponde al de un verbo modal y por lo tanto no agrega s en la tercera persona del singular ni va seguido de **to**.

Para expresar que se hizo algo que no era necesario, se usa la estructura **needn't have done sth**:

You needn't have bothered. No era necesario que te molestaras.

---

yo tampoco, a mí tampoco: *"I don't want to go." "Me neither."* –No quiero ir. –Yo tampoco.
■ *conj* tampoco: *She couldn't swim and neither could her boyfriend.* No sabía nadar y su novio tampoco. ▶ ver **tampoco**

neon /'nian/ s neón

nephew /'nefju/ s sobrino: *all his nephews and nieces* todos sus sobrinos (y sobrinas)

Neptune /'neptun/ s Neptuno

nerve /nɜrv/ *sustantivo & sustantivo plural*
■ *s* **1** nervio **2** agallas, valor | **to lose your nerve** acobardarse, no tener valor [para enfrentarse a algo o alguien] **3** descaro: *What a nerve!* ¡Qué descaro!
■ **nerves** *s pl* **1** nervios **2 to get on sb's nerves** (informal) irritar a alguien, sacar a alguien de quicio

'nerve-,racking *adj* que destroza los nervios

nervous /'nɜrvəs/ *adj* **1** nervioso -a | **to be nervous about sth** estar nervioso -a por algo | **to be nervous of sth** tenerle miedo a algo | **to make sb nervous** poner nervioso -a a alguien **2 the nervous system** el sistema nervioso

,nervous 'breakdown s colapso nervioso

nervousness /'nɜrvəsnəs/ s nerviosismo

nest /nest/ s nido

nestle /'nesəl/ *v* [tr/intr] poner, ponerse o estar en una posición cómoda o protegida: *He nestled his head against her shoulder.* Recostó la cabeza contra su hombro. | *a village nestling in a*

---

i Las 2,000 palabras más importantes en inglés están señaladas en el texto.

wooded valley un pueblo enclavado en un valle boscoso | **to nestle against sb** acurrucarse contra alguien

net /net/ *sustantivo, adjetivo & verbo*
- *s* **1** red **2** **the Net** la red [Internet] | **to surf the Net** navegar por Internet, navegar por la red **3** tul **4** **net curtains** cortinas de tela ligera
- *adj* (también **nett** BrE) neto -a [ingreso, ganancia, peso]
- *v* [tr] (-tted, -tting) **1** ganar [dinero] **2** pescar [con red]

netball /'netbɔl/ *s* deporte parecido al básquet, practicado especialmente por niñas en Gran Bretaña

Netherlands /'neðərləndz/ *s* **the Netherlands** los Países Bajos

netting /'netɪŋ/ *s* malla [tejido]

nettle /'netl/ *s* ortiga

network /'netwɜrk/ *s* **1** (de radio o televisión) cadena **2** (de carreteras, ferrocarriles) red **3** (de personas, organizaciones) red **4** (en computación) red

neurotic /nʊ'rɑtɪk/ *adj & s* neurótico -a

neutral /'nutrəl/ *adjetivo & sustantivo*
- *adj* **1** neutral **2** neutro -a [color]
- *s* punto muerto

never /'nevər/ *adv* **1** nunca: *She's never been to Russia.* Nunca ha estado en Rusia. | *I'll never forget her.* Nunca la voy a olvidar. | En los siguientes contextos **never** equivale a un simple negativo: *I never knew you played the guitar!* ¡No sabía que tocabas la guitarra! | *I e-mailed her but she never answered.* Le mandé un e-mail pero me never me contestó. **3** **never again** nunca más: *This must never happen again.* Esto no debe pasar nunca más. **4** **never ever** jamás: *I'll never ever forgive him.* Jamás lo perdonaré.
▶ ver también **mind** y el recuadro **adverbios de frecuencia** en **always**

nevertheless /,nevərðə'les/ *adv* sin embargo, no obstante

new /nu/ *adj* **1** nuevo -a: *my new shoes* mis zapatos nuevos | **as good as new** como nuevo -a **2** (desconocido) nuevo -a: *This is all new to me.* Todo esto es nuevo para mí. **3** (inexperto o recién incorporado) nuevo -a: *She's new to the area.* Es nueva en la zona. **4** (diferente) otro -a, nuevo -a: *I started on a new sheet of paper.* Empecé en otra hoja.

newborn /'nubɔrn/ *adj* recién nacido -a

newcomer /'nukʌmər/ *s* **1** recién llegado -a **2** **to be a newcomer to sth** ser nuevo -a en algo

newly /'nuli/ *adv* **newly built/married etc.** recién construido -a/casado -a etc.

news /nuz/ *s* **1** noticia(s): *the news of their accident* la noticia de su accidente | *I have some bad news for you.* Tengo malas noticias para ti. | **a piece of news** una noticia | **to break the news (to sb)** dar(le) la (mala) noticia (a alguien)

2 **the news** el noticiero **3** **that's news to me!** ¡para mí es una novedad!

newsagent /'nuzeɪdʒənt/ *s* BrE **1** dueño o empleado de una tienda donde se venden periódicos, revistas, golosinas, etc. **2** **newsagent's** tienda donde se venden periódicos, revistas, golosinas, etc.

newscaster /'nuzkæstər/ *s* AmE locutor -a, presentador -a [de un noticiero]

newsletter /'nuzletər/ *s* boletín informativo [de un club, una organización]

newspaper /'nuzpeɪpər/ *s* **1** periódico, diario **2** papel de periódico

newsreader /'nuzridər/ *s* BrE locutor -a, presentador -a [de un noticiero] ▶ En inglés americano se usa **newscaster**

newsstand /'nuzstænd/ *s* puesto de periódicos

newt /nut/ *s* tritón [anfibio parecido a una salamandra]

New 'Year *s* **1** Año Nuevo: *Happy New Year!* ¡Feliz Año Nuevo! **2** **in the New Year**, también **in the new year** a principios del año que viene, en el año que viene

New Year's 'Day *s* el día de Año Nuevo

New Year's 'Eve *s* Noche Vieja, (el día de) Fin de Año

New Zealand /nu 'zilənd/ *s* Nueva Zelanda

New Zealander /nu 'ziləndər/ *s* neozelandés -esa

next /nekst/ *adjetivo, pronombre & adverbio*
- *adj* **1** próximo -a, siguiente: *the next day* el día siguiente/al día siguiente | *I will be busy for the next few days.* Los próximos días voy a estar ocupado. | *Who's next?* ¿Quién sigue? | **next time** la próxima vez | **next Monday/month etc.** el lunes/mes etc. que viene, el lunes/mes etc. próximo | **next May/July etc.** el próximo mayo/julio etc.
2 de al lado: *the next room* la habitación de al lado
- *pron* **1** siguiente: *Next, please!* ¡El siguiente, por favor! | **the next** el/la siguiente, los/las siguientes
2 **the year/Sunday etc. after next** dentro de dos años/domingos etc., el año/el domingo etc. que viene no, el siguiente
- *adv* **1** después, luego: *What comes next?* ¿Qué sigue después? | *What should we do next?* ¿Y ahora qué hacemos?
2 **next to** al lado de, junto a: *I sat next to Jan.* Me senté al lado de Jan.
3 **next to nothing** casi nada

next 'door *adv* al lado: *Who lives next door?* ¿Quién vive al lado? | *the house next door* la casa de al lado

'next-door *adj* de al lado: *my next-door neighbors* mis vecinos de al lado

next of 'kin *s* (pl next of kin) familiar más cercano -a

---

i ¿No estás seguro de si se usa **make** o **do**? Mira las entradas **hacer**, **make** y **do**.

nibble /'nɪbəl/ v **to nibble (on/at) sth** mordisquear algo

Nicaragua /ˌnɪkə'rɑgwə/ s Nicaragua

nibbling

Nicaraguan /ˌnɪkə'rɑgwən/ adj & s nicaragüense

nice /naɪs/ adj **1** bonito -a, lindo -a: *What a nice dress!* ¡Qué vestido más bonito! | *You look nice today.* ¡Qué linda te ves! | *If it's a nice day we can go out.* Si hace buen tiempo podemos salir. **2** rico -a: *Those cookies look nice.* Esas galletas parecen ricas. | **to taste nice** estar rico -a | **to smell nice** oler bien **3** Referido a personas o actitudes **nice** puede significar amable, simpático -a o bueno -a: *It was nice of him to ask us.* Fue amable de su parte invitarnos. | *She's one of the nicest people I know.* Es una de las personas más buenas/simpáticas que conozco. | **to be nice to sb** ser amable/bueno -a con alguien **4 nice to meet you/nice meeting you** encantado -a (de conocerlo -a)

nice-'looking adj atractivo -a, guapo -a

nicely /'naɪsli/ adv **1** bien **2** amablemente, de buenos modos

niche /nɪtʃ, BrE niʃ/ s **1** (en el mercado, una organización) espacio, nicho **2** (en una pared) nicho

nick /nɪk/ sustantivo & verbo
- s **1 in the nick of time** justo a tiempo **2** muesca, mella **3 the nick** BrE (informal) **(a)** la delegación (de policía) **(b)** el bote, la cárcel
- v [tr] **1** rasguñar **2** BrE (informal) robar, volarse **3** BrE (informal) cachar [cometiendo un delito]

nickel /'nɪkəl/ s **1** en EU y Canadá, moneda de cinco centavos **2** níquel

nickname /'nɪkneɪm/ sustantivo & verbo
- s sobrenombre
- v [tr] **to nickname sb Curly/Ginger etc.** ponerle Curly/Ginger etc. de sobrenombre a alguien

nicotine /'nɪkətin/ s nicotina

niece /nis/ s sobrina: *my nephews and nieces* mis sobrinos (y sobrinas)

night /naɪt/ s **1** noche: *It's very cold here at night.* Aquí hace mucho frío de noche. | *at 11 o'clock at night* a las 11 de la noche | *on Friday night* el viernes en la noche | **last night** anoche | **all night (long)** toda la noche ▶ ¿NIGHT o EVENING? ver nota en **noche 2 good night!** ¡buenas noches!, ¡hasta mañana! | **night night!** (informal) ¡buenas noches!, ¡hasta mañana! **3 to have an early/a late night** acostarse temprano/tarde **4** to have a night out salir [de noche] **5 night train/flight etc.** tren/vuelo etc. de la noche, tren/vuelo etc. nocturno -a

nightclub /'naɪtklʌb/ s discoteca

nightdress /'naɪtdres/ s (pl -sses) camisón

nightfall /'naɪtfɔl/ s anochecer

nightgown /'naɪtgaʊn/ s camisón

nightie /'naɪti/ s (informal) camisón

nightingale /'naɪtɪŋgeɪl/ s ruiseñor

nightlife /'naɪtlaɪf/ s vida nocturna

nightly /'naɪtli/ adjetivo & adverbio
- adj **1** de todas las noches **2** nocturno -a
- adv todas las noches

nightmare /'naɪtmer/ s pesadilla

nighttime /'naɪt-taɪm/ s noche [horas de oscuridad] | **at nighttime** de noche

nil /nɪl/ s **1** nulo -a **2** BrE cero: *The score was three nil.* El resultado fue tres a cero. ▶ También se puede decir **nothing**, que es inglés universal

nimble /'nɪmbəl/ adj ágil

nine /naɪn/ número nueve

nineteen /naɪn'tin/ número diecinueve

nineteenth /naɪn'tinθ/ número **1** decimonoveno -a **2** diecinueve **3** diecinueveavo, diecinueveava parte

ninetieth /'naɪntiəθ/ número **1** nonagésimo -a **2** noventavo, noventava parte

ninety /'naɪnti/ número (pl -ties) **1** noventa **2 the nineties** los (años) noventa **3 to be in your nineties** tener noventa y pico/noventa y tantos

ninth /naɪnθ/ número **1** noveno -a **2** nueve **3** noveno, novena parte

nip /nɪp/ v (-pped, -pping) **1** [tr] mordisquear **2 to nip out/down etc.** BrE (informal) salir/bajar etc. un momento ▶ También existe **to dash out/down, etc.**, que es inglés universal

nipple /'nɪpəl/ s **1** pezón, tetilla **2** AmE chupón, mamila [de un biberón]

nitrogen /'naɪtrədʒən/ s nitrógeno

no /noʊ/ adv, adj & s ▶ ver recuadro en página 248

nobility /noʊ'bɪləti/ s nobleza

noble /'noʊbəl/ adj **1** (bueno) noble, generoso -a **2** (de la nobleza) noble

nobody /'noʊbʌdi/ pronombre & sustantivo
- pron nadie: *Nobody came.* No vino nadie.
- s (pl -dies) (don) nadie

nocturnal /nɑk'tɜrnl/ adj nocturno -a

nod /nɑd/ verbo & sustantivo
- v (-dded, -dding) **1** [tr/intr] asentir | **to nod one's head** asentir (con la cabeza) **2** [intr] saludar con la cabeza | **to nod to sb** saludar a alguien con la cabeza **3** [intr] hacer un gesto con la cabeza: *He nodded at her to sit down.* Le hizo un gesto con la cabeza para indicarle que se sentara.
- **nod off** quedarse dormido -a
- s movimiento de la cabeza | **to give (sb) a nod of approval/thanks etc.** hacerle a alguien una señal de aprobación/agradecimiento etc. con la cabeza

noise /nɔɪz/ s ruido | **to make a noise** hacer ruido: *Don't make so much noise!* ¡No hagas tanto ruido!

no

▶ **ADVERBIO**

1 PARA CONTESTAR O EXPRESAR DESACUERDO (= no)
"Would you like some coffee?" "No, thanks."
–¿Quieres un café? –No, gracias.
Generalmente se completa la negación con
un verbo auxiliar en negativo:
"Is she Italian?" "No, she isn't." –¿Es italiana?
–No. | *"Did you go on your own?" "No, I
didn't."* –¿Fuiste sola? –No. | **to say no** decir
que no

2 DELANTE DE COMPARATIVOS
no later/fewer etc. than: *no later than Thurs-
day* el jueves a más tardar | *no fewer than ten*
no menos de diez | *It's no bigger than a credit
card.* No es más grande que una tarjeta de
crédito.

▶ **ADJETIVO**

1 En los casos en que en inglés se usa **no**
delante de un sustantivo, en español se suele
aplicar la negación al verbo:
There are no tickets left. No quedan entradas.
| *He has no time to help.* No tiene tiempo para
ayudar. | **to be no fool/no expert etc.** no ser
ningún tonto/experto etc.

2 EN PROHIBICIONES
no smoking/swimming etc. prohibido fumar/
nadar etc.

▶ **SUSTANTIVO**
La traducción es *no*. El plural inglés es **noes**:
a definite no un no rotundo
ver también el recuadro **no** en el lado español

noisily /'nɔɪzəli/ *adv* ruidosamente, haciendo
ruido

noisy /'nɔɪzi/ *adj* (-sier, -siest) ruidoso -a: *a noisy
engine* un motor ruidoso | *It's very noisy in here.*
Hay mucho ruido aquí.

nomad /'noʊmæd/ *s* nómada

nomadic /noʊ'mædɪk/ *adj* nómada

nominal /'nɑmənl/ *adj* **1** simbólico -a [suma]
2 nominal

nominally /'nɑmənl-i/ *adv* en teoría

nominate /'nɑməneɪt/ *v* [tr] **1** proponer, postu-
lar [a un candidato] | **to nominate sb as presi-
dential candidate/class representative etc.**
postular a alguien como candidato a la
presidencia/como delegado de clase etc. | **to
nominate sth/sb for sth** nominar algo/a alguien
para algo [para un Oscar, etc.] **2** nombrar | **to
nominate sb (as) your representative** nombrar a
alguien (su) representante

nomination /nɑmə'neɪʃən/ *s* **1** postulación
2 nombramiento **3** nominación

nominee /nɑmə'ni/ *s* nominado -a, candidato -a

nonalcoholic /ˌnɑnælkə'hɔlɪk/ *adj* sin alcohol

none /nʌn/ *pron & adv* ▶ ver recuadro

none

1 **none** a veces equivale a *nada* o *ninguno -a*:
None of this will affect you. Nada de esto te
afectará. | *She had four children but none
survived.* Tuvo cuatro hijos pero ninguno
sobrevivió.

2 A veces no tiene equivalente en la oración
española:
I wanted some cake but there was none left.
Quería pastel pero no quedaba más.

3 Cuando **none of** va seguido de un sustantivo
plural, el verbo puede ir en singular o en
plural. El plural es más frecuente en el lenguaje hablado:
*None of the guests have arrived yet./None of
the guests has arrived yet.* Todavía no ha
llegado ninguno de los invitados.

4 EXPRESIONES
none other than ni más ni menos que: *It turned
out to be none other than her own son.* Resultó
ser ni más ni menos que su propio hijo. | **none
the wiser/worse**: *I was none the wiser for his
explanation.* Su explicación no me ayudó para
nada. | *She seems to be none the worse for her
experience.* La experiencia no parece haberle
hecho nada mal. | **none too clean/pleased**: *His
hands were none too clean.* No tenía las manos
nada limpias. | *She was none too pleased when
she heard.* No se quedó contenta ni mucho
menos cuando se enteró.

nonetheless /ˌnʌnðə'les/ *adv* (formal) no obstante

non-existent /ˌnɑn ɪg'zɪstənt/ *adj* inexistente

non-fiction *s* obras que no pertenecen al género
de ficción

nonprofit /nɑn'prɑfɪt/ AmE, **non-
profitmaking** /nɑn'prɑfɪtmeɪkɪŋ/ BrE *adj* sin
fines de lucro

nonsense /'nɑnsens/ *s* disparates, tonterías:
Don't talk nonsense! ¡No digas disparates!

nonsmoker /nɑn'smoʊkər/ *s* no fumador -a

nonsmoking /nɑn'smoʊkɪŋ/ *adj* para no fumadores

non-stop /ˌnɑn 'stɑp/ *adverbio & adjetivo*
■ *adv* **1** sin parar **2** sin escalas
■ *adj* **1** directo -a, sin escalas **2** ininterrumpido -a

noodles /'nudlz/ *s pl* fideos

noon /nun/ *s* mediodía | **at noon** a(l) mediodía: *at
twelve noon* a las doce del mediodía

'no one ▶ ver **nobody**

noose /nus/ *s* **1** soga [en un patíbulo u horca]
2 lazo [hecho con una soga]

nor /nɔr/ *conjunción & adverbio*
■ *conj* tampoco: *"I can't understand it." "Nor can
I."* –No puedo entenderlo. –Yo tampoco. | *I don't*

smoke and nor does James. Yo no fumo y James tampoco. ▶ ver también **tampoco**

■ *adv* ▶ ver **neither**

norm /nɔrm/ s norma

normal /'nɔrməl/ *adj* normal | **to be/get back to normal** haber vuelto a la normalidad

normality /nɔr'mæləti/ s normalidad

normally /'nɔrməli/ *adv* normalmente

north /nɔrθ/ *sustantivo, adjetivo & adverbio*
■ *s* (el) norte: *Which way is north?* ¿Hacia dónde está el norte?: *in the north of the country* en el norte del país | **to the north (of)** al norte (de)
■ *adj* (del) norte, septentrional: *the north coast of Africa* la costa septentrional de África
■ *adv* **1** hacia el norte, al norte: *We sailed north.* Navegamos hacia el norte. **2 up north** en el norte

North A'merica s América del Norte, Norteamérica

North A'merican *adj & s* norteamericano -a

northbound /'nɔrθbaʊnd/ *adj* que va/iba en dirección norte

northeast /nɔrθ'ist/ *sustantivo, adjetivo & adverbio*
■ *s* (el) noreste, (el) nororiente
■ *adj* (del) noreste/nororiente, nororiental
■ *adv* hacia el noreste/nororiente, en dirección nororiental

northeastern /nɔrθ'istərn/ *adj* (del) noreste/nororiente, nororiental

northerly /'nɔrðərli/ *adj* (del) norte | **in a northerly direction** en dirección norte

northern, también **Northern** /'nɔrðərn/ *adj* (del) norte, norteño -a

northerner, también **Northerner** /'nɔrðərnər/ s norteño -a

North 'Pole s the North Pole el Polo Norte

northward /'nɔrθwərd/, también **northwards** /'nɔrθwərdz/ *adv* hacia el norte

northwest /nɔrθ'west/ *sustantivo, adjetivo & adverbio*
■ *s* (el) noroeste, (el) noroccidente
■ *adj* (del) noroeste/noroccidente, noroccidental
■ *adv* hacia el noroeste/noroccidente, en dirección noroccidental

northwestern /nɔrθ'westərn/ *adj* (del) noroeste/noroccidente, noroccidental

Norway /'nɔrwei/ s Noruega

Norwegian /nɔr'widʒən/ *adjetivo & sustantivo*
■ *adj* noruego -a
■ *s* **1** noruego -a **2** (idioma) noruego

nose /noʊz/ s **1** nariz | **to blow your nose** sonarse la nariz **2 (right) under sb's nose** delante de las narices de alguien **3 to poke/ stick your nose into sth** (informal) entrometerse en algo **4 to turn your nose up at sth** despreciar algo **5** (de un avión) nariz

nosebleed /'noʊzblid/ s hemorragia nasal

nostalgia /nɑ'stældʒə/ s nostalgia **(for sth)** nostalgia (de algo)

nostril /'nɑstrəl/ s fosa nasal, agujero de la nariz

nosy, también **nosey** /'noʊzi/ *adj* (-sier, -siest) metiche, entrometido -a

not /nɑt/ *adv* **1** no: *We are not open on Sundays.* Los domingos no abrimos. | *"Can we go to the park?" "Not today."* –¿Podemos ir al parque? –Hoy no. | *I told you not to touch it.* Te dije que no lo tocaras. ▶ **not** se reduce a **n't** cuando se combina con verbos auxiliares o modales en una contracción: *They aren't here.* No están aquí. | *I didn't know.* No sabía. ▶ **¿NO o NOT?** ver recuadro en la entrada del lado español **no 2 I hope not** espero que no **3 not at all** para nada, en absoluto **4 not a/not one** ni uno -a: *Not one of the students knew the answer.* Ni uno de los alumnos supo la respuesta. **5 not even** ni siquiera **6 not only... (but) also** no sólo... sino (que) también: *She's not only funny, she's also intelligent.* No es sólo divertida, sino también inteligente.

notable /'noʊtəbəl/ *adj* notorio -a, destacado -a | **to be notable for sth** destacarse por algo

notably /'noʊtəbli/ *adv* **1** en particular **2** notablemente

notch /nɑtʃ/ *sustantivo & verbo*
■ *s* (pl notches) muesca
■ *v* (3ª pers sing -ches) **notch sth up** (informal) anotarse algo [un éxito, una victoria]

note /noʊt/ *sustantivo, sustantivo plural & verbo*
■ *s* **1** nota | **to make a note of sth** apuntar/ anotar algo **2 to take note of sth** prestar atención a algo, tener en cuenta algo **3** (en música) nota **4** (del) nota **5** BrE billete: *a five-pound note* un billete de cinco libras ▶ En inglés americano se usa **bill**
■ *notes* s *pl* apuntes | **to take notes** tomar apuntes
■ *v* [tr] **1** observar, fijarse en **2** tener en cuenta **3** señalar **4** (también **note down**) apuntar, anotar

notebook /'noʊtbʊk/ s **1** cuaderno, libreta **2** notebook, computadora portátil

noted /'noʊtɪd/ *adj* **noted for sth** conocido -a por algo

noteworthy /'noʊtwɜrði/ *adj* notable, digno -a de destacar

notebook and pencils

nothing /'nʌθɪŋ/ *pronombre & adverbio*
■ *pron* **1** nada: *There was nothing to do.* No había nada que hacer. | *I have nothing to wear.* No tengo nada que ponerme. | *We had nothing but problems.* No tuvimos más que problemas. ▶ **¿NOTHING o ANYTHING?** ver recuadro en **nada 2** cero: *We beat them three to nothing.* Les ganamos tres a cero. **3 for nothing (a)** gratis **(b)** en vano

---

ℹ️ ¿No estás seguro del significado de alguna **abreviatura**? Mira la lista de abreviaturas en el interior de la cubierta.

4 to have nothing to do with sth no tener nada que ver con algo | **to have nothing to do with sb** no ser problema de alguien, no importarle a alguien
5 nothing much no mucho, poca cosa
■ *adv* **1 to be nothing like sth/sb** no parecerse en nada a algo/alguien
2 to be nothing short of a miracle/tragedy etc. no ser ni más ni menos que un milagro/una tragedia etc.

notice /'noʊtɪs/ *verbo & sustantivo*
■ *v* **1** [tr] darse cuenta de: *Max noticed that I was getting nervous.* Max se dio cuenta de que me estaba poniendo nerviosa. **2** [intr] darse cuenta: *I said hello but she didn't notice.* La saludé pero no se dio cuenta. **3 to be/get noticed** hacerse notar, llamar la atención
■ *s* **1 not to take any notice/to take no notice (of sth)** no hacer caso (de algo) | **not to take any notice/to take no notice (of sb)** no hacerle caso (a alguien) **2** letrero **3** aviso dado con anticipación: *They only gave me two days' notice.* Me avisaron con sólo dos días de anticipación. | *It's very short notice.* Me avisas con muy poco tiempo. | **until further notice** hasta nuevo aviso | **without notice** sin previo aviso | **at a moment's notice** de un momento para (el) otro **4** (en el trabajo) **to hand in/give in your notice** presentar la renuncia | **to give sb their notice** despedir a alguien [con previaso]

noticeable /'noʊtɪsəbəl/ *adj* **1** evidente [mejora, diferencia] **2 to be noticeable** notarse: *It's hardly noticeable.* Apenas se nota.

noticeboard /'noʊtɪsbɔrd/ *s* BrE tablero (de anuncios) ▶ En inglés americano se usa **bulletin board**

notify /'noʊtəfaɪ/ *v* [tr] (-fies, -fied) (formal) avisar, notificar | **to notify sb of sth** avisar a alguien de algo

notion /'noʊʃən/ *s* **1** idea: *She has no notion of the difficulties involved.* No tiene idea de las dificultades que implica. **2 the notion that** la creencia/idea de que

notorious /noʊ'tɔriəs/ *adj* famoso -a [por algo malo] | **to be notorious for sth** ser conocido -a por algo

nought /nɔt/ *s* BrE cero ▶ También existe **zero**, que es inglés universal

noun /naʊn/ *s* sustantivo, nombre

nourish /'nɜrɪʃ/ *v* [tr] (3ª pers sing -shes) **1** nutrir **2** fomentar

nourishing /'nɜrɪʃɪŋ/ *adj* nutritivo -a

nourishment /'nɜrɪʃmənt/ *s* (formal) alimento

novel /'nɑvəl/ *sustantivo & adjetivo*
■ *s* novela
■ *adj* novedoso -a

novelist /'nɑvəlɪst/ *s* novelista

novelty /'nɑvəlti/ *s* (pl -ties) **1** novedad **2** lo novedoso

November /noʊ'vembər/ *s* noviembre ▶ ver "Active Box" **months** en **month**

novice /'nɑvɪs/ *s* principiante, novato -a

now /naʊ/ *adverbio & conjunción*
■ *adv* **1** ahora, ahorita | **right now** ahora mismo | **by now** ya: *She should be back by now.* Ya debería haber vuelto. | **from now on** a partir de ahora | **for now** por ahora **2** (al decir cuánto hace de algo): *It's been over five years now.* Ya pasaron más de cinco años. **3** (tras una pausa) bueno, bien: *Now, who wants to go first?* Bueno ¿quién quiere ser el primero?
■ *conj* (también **now that**) ahora (que): *now they've gone* ahora que se fueron

nowadays /'naʊədeɪz/ *adv* hoy (en) día

nowhere /'noʊwer/ *adv* **1** a/en ningún lado: *"Where are you going?" "Nowhere."* –¿Adónde vas? –A ningún lado. | *They have nowhere to live.* No tienen donde vivir. **2 to be nowhere to be found/seen** no aparecer/estar por ningún lado: *My passport was nowhere to be found.* Mi pasaporte no aparecía por ningún lado. **3 nowhere near** **(a)** lejísimos: *We were nowhere near her house.* Estábamos lejísimos de su casa. **(b)** ni remotamente, ni mucho menos: *The house is nowhere near finished.* La casa no está terminada ni mucho menos.

nuclear /'nukliər/ *adj* nuclear

nucleus /'nukliəs/ *s* (pl **nuclei**) núcleo

nude /nud/ *adjetivo & sustantivo*
■ *adj* desnudo -a
■ *s* **1 in the nude** desnudo -a **2** (en arte) desnudo

nudge /nʌdʒ/ *verbo & sustantivo*
■ *v* [tr] **1** codear **2 to nudge sth/sb toward sth** empujar suavemente algo/a alguien hacia algo
■ *s* codazo (suave) | **to give sb a nudge** darle un pequeño codazo a alguien

nuisance /'nusəns/ *s* **1** lata, fastidio | **what a nuisance!** ¡qué lata!, ¡qué fastidio! **2** persona molesta: *Sorry to be a nuisance, but could you help me with this?* Perdona que te moleste, pero ¿me podrías ayudar con esto? | *He's a nuisance.* Es un pesado. | *Stop being a nuisance!* ¡Deja de dar la lata!

null /nʌl/ *adj* **null and void** nulo -a

numb /nʌm/ *adjetivo & verbo*
■ *adj* **1** entumido -a, dormido -a [dedos, cara, etc.] **2** atontado -a | **numb with shock/fear etc.** paralizado -a del susto/de miedo etc.
■ *v* [tr] **1** insensibilizar **2** adormecer

number /'nʌmbər/ *sustantivo & verbo*
■ *s* **1** número: *an odd number* un número impar **2** (de teléfono) número: *You have the wrong number.* Número equivocado. **3** número, cantidad: *The number of accidents has increased.* Aumentó el número de accidentes. | **a number of** varios -as | **any number of** una infinidad de **4** BrE (de un coche) (número de) placa, matrícula ▶ En inglés americano se usa **license number**

■ *v* [tr] **1** numerar **2** ser en total: *The victims number at least 7,000.* El número de víctimas es de por lo menos 7,000. **3** his/their etc. days are numbered tiene/tienen etc. los días contados

'number ,plate *s* BrE placa (de matrícula)
▶ En inglés americano se usa **license plate**

numerical /nu'merɪkəl/ *adj* numérico -a

numerous /'numərəs/ *adj* (formal) numeroso -a

nun /nʌn/ *s* monja

nurse /nɜrs/ *sustantivo & verbo*
■ *s* enfermero -a
■ *v* **1** [tr] cuidar **2** to nurse an ambition/a grudge tener una ambición/guardar rencor **3** [tr/intr] amamantar **4** [intr] mamar, tomar (el) pecho

nursery /'nɜrsəri/ *s* (pl -ries) **1** habitación de un niño o niños pequeños **2** vivero **3** BrE guardería [infantil] ▶ En inglés americano se usa **daycare center 4** **nursery education** enseñanza preescolar **nursery rhyme** canción infantil **nursery school** kinder, jardín de niños

nursing /'nɜrsɪŋ/ *s* enfermería

'nursing home *s* (casa) hogar de ancianos

nurture /'nɜrtʃər/ *v* [tr] **1** cuidar [una planta] **2** nutrir, cultivar [una amistad, el talento]

nut /nʌt/ *s* **1** fruto seco [nuez, almendra, avellana, etc.] **2** tuerca **3** (informal) loco -a, chiflado -a

nutcase /'nʌtkeɪs/ *s* loco -a, chiflado -a

nutmeg /'nʌtmeg/ *s* nuez moscada

nutrient /'nutriənt/ *s* nutriente

nutrition /nu'trɪʃən/ *s* nutrición

nutritional /nu'trɪʃənl/ *adj* nutricional

nutritious /nu'trɪʃəs/ *adj* nutritivo -a

nuts /nʌts/ *adj* (informal) **1 to be nuts** estar chiflado -a/loco -a | **to go nuts** volverse loco -a **2 to be nuts about sb** estar loco -a por alguien | **to be nuts about sth** enloquecerse por algo

nutshell /'nʌtʃel/ *s* **(to put it) in a nutshell** (para decirlo) en pocas palabras

nutter /'nʌtər/ *s* BrE (informal) loco -a, chiflado -a

nutty /'nʌti/ *adj* (-ttier, -ttiest) **1 a nutty flavor** un sabor a fruto seco **2** (informal) loco -a, descabellado -a [idea]

NW (= **northwest**) NO

nylon /'naɪlɑn/ *s* nylon

O, o /oʊ/ *s* **1** O, o ▸ ver "Active Box" **letters** en **letter** **2** (al leer un número) cero

oak /oʊk/ *s* roble

oar /ɔr/ *s* remo

oasis /oʊˈeɪsɪs/ *s* (pl oases /-siz/) oasis

oath /oʊθ/ *s* (pl oaths /oʊðz/) **1** juramento | **to be under oath** estar bajo juramento **2** juramento, maldición

oats /oʊts/ *s pl* **1** avena **2** hojuelas de avena

obedience /əˈbidiəns/ *s* **obedience (to sth)** obediencia (a algo)

obedient /əˈbidiənt/ *adj* obediente

obese /oʊˈbis/ *adj* (formal) obeso -a

obey /əˈbeɪ/ *v* [tr/intr] obedecer

obituary /əˈbɪtʃueri/ *s* (pl -ries) obituario

object¹ /ˈɑbdʒɪkt/ *s* **1** (cosa) objeto **2** (propósito) objetivo **3** (en gramática) complemento, objeto

object² /əbˈdʒekt/ *v* **1** [intr] oponerse: *I don't think anyone will object.* No creo que nadie se oponga. | *I object to being spoken to like that.* No voy a permitir que me hablen de ese modo. **2** [tr] objetar

objection /əbˈdʒekʃən/ *s* inconveniente, objeción: *I have no objection to her being invited.* No tengo inconveniente en que la inviten. | **to make an objection** hacer una objeción

objective /əbˈdʒektɪv/ *sustantivo & adjetivo*
■ *s* objetivo
■ *adj* objetivo -a

obligation /ɑbləˈgeɪʃən/ *s* obligación | **to be under no obligation to do sth** no tener obligación de hacer algo | **without obligation** sin compromiso

obligatory /əˈblɪgətɔri/ *adj* (formal) obligatorio -a

oblige /əˈblaɪdʒ/ *v* **1** [tr] obligar | **to be/feel obliged to do sth** estar/sentirse obligado -a a hacer algo **2** **I'd be glad/happy to oblige** frase con la que se expresa buena disposición para hacer un favor: *If you need help, I'd be happy to oblige.* Si necesita ayuda, estoy a sus órdenes.

obliged /əˈblaɪdʒd/ *adj* (formal) **(I'm) much obliged (to you)** (le) estoy muy agradecido -a | **I'd be obliged if** le agradecería que

obliging /əˈblaɪdʒɪŋ/ *adj* servicial

obliterate /əˈblɪtəreɪt/ *v* [tr] **1** arrasar **2** borrar [un recuerdo, etc.]

oblivion /əˈblɪviən/ *s* **1** olvido **2** estado de no estar consciente o de no ser consciente de algo

oblivious /əˈblɪviəs/ *adj* **to be oblivious to/of sth** no tener conciencia de algo, estar ajeno -a a algo

oblong /ˈɑblɔŋ/ *adjetivo & sustantivo*
■ *adj* rectangular
■ *s* rectángulo

obnoxious /əbˈnɑkʃəs/ *adj* detestable, odioso -a

obscene /əbˈsin/ *adj* obsceno -a

obscure /əbˈskjʊr/ *adjetivo & verbo*
■ *adj* **1** poco claro -a, oscuro -a **2** oscuro -a, poco conocido -a
■ *v* [tr] ocultar

observant /əbˈzɜrvənt/ *adj* observador -a

observation /ɑbzərˈveɪʃən/ *s* **1** observación | **to keep sb under observation** (a) mantener a alguien bajo vigilancia **(b)** (en el hospital) mantener a alguien en observación **2** observación, comentario | **to make an observation** hacer una observación

observe /əbˈzɜrv/ *v* [tr] **1** observar [mirar] **2** notar **3** observar [una norma, una regla] **4** celebrar, festejar [una fiesta religiosa] **5** (formal) observar [comentar]

observer /əbˈzɜrvər/ *s* observador -a

obsess /əbˈses/ *v* [tr] (3ª pers sing -sses) obsesionar: *She's obsessed with losing weight.* Está obsesionada con adelgazar.

obsession /əbˈseʃən/ *s* **obsession (with/for sth/sb)** obsesión (con/por algo/alguien)

obsessive /əbˈsesɪv/ *adj* obsesivo -a | **to be obsessive about sth** ser obsesivo -a con algo/maniático -a de algo

obstacle /ˈɑbstɪkəl/ *s* obstáculo: *an obstacle to progress* un obstáculo para el progreso

obstruct /əbˈstrʌkt/ *v* [tr] obstruir

obtain /əbˈteɪn/ *v* [tr] (formal) obtener

obvious /ˈɑbviəs/ *adj* obvio -a, evidente

obviously /ˈɑbviəsli/ *adv* evidentemente, obviamente: *He obviously hadn't heard me.* Evidentemente no me había oído. | *"Does he know yet?" "Obviously not."* –¿Ya lo sabe? –Es obvio que no.

occasion /əˈkeɪʒən/ *s* **1** ocasión | **on this/that occasion** en esta/aquella ocasión | **on several occasions** en varias oportunidades **2** ocasión, acontecimiento **3** (formal) motivo, oportunidad

occasional /əˈkeɪʒənl/ *adj* **1** (usado para referirse a algo que sucede esporádicamente): *She gets occasional headaches.* Tiene dolores de cabeza de vez en cuando. | *He smokes the occasional cigar.* Se fuma un puro de vez en cuando. **2** **occasional showers** chaparrones aislados

occasionally /əˈkeɪʒənl-i/ *adv* cada tanto, de vez en cuando ▸ ver recuadro **adverbios de frecuencia** en **always**

occupation /ɑkjəˈpeɪʃən/ *s* **1** (actividad profesional) ocupación **2** (actividad en el tiempo libre) pasatiempo, ocupación **3** (de un territorio, un edificio, etc.) ocupación

occupational /ˌɑkjə'peɪʃənl/ *adj* ocupacional | **occupational hazard** gajes del oficio, riesgo ocupacional | **occupational therapy** terapia ocupacional

occupied /'ɑkjəpaɪd/ *adj* **1** ocupado -a **2 to be occupied with sth** estar ocupado -a con algo | **to keep sb/yourself occupied** mantener a alguien/mantenerse ocupado -a

occupy /'ɑkjəpaɪ/ *v* [tr] (-pies, -pied) **1** ocupar [el tiempo, un espacio] **2** ocupar [un país, un edificio, etc.] **3 to occupy yourself** ocupar el tiempo

occur /ə'kɜr/ *v* [intr] (-rred, -rring) **1** (formal) suceder, ocurrir **2** presentarse, darse [fenómeno, enfermedad, etc.] **3 to occur to sb** ocurrírsele a alguien: *It didn't occur to me to call.* No se me ocurrió llamar por teléfono.

occurrence /ə'kɜrəns/ *s* **1** hecho, incidente | **to be a common/rare occurrence** ser/no ser frecuente **2** incidencia, frecuencia

ocean /'ouʃən/ *s* océano

o'clock /ə'klɑk/ *adv* **two/three** etc. **o'clock** las dos/tres etc.

October /ɑk'toubər/ *s* octubre ▶ ver "Active Box" **months** en **month**

octopus /'ɑktəpəs/ *s* (pl **-ses**) pulpo

odd /ɑd/ *adj* **1** raro -a: *It's odd that she hasn't written.* Es raro que no haya escrito. **2 an odd number** un número impar **3 twenty/thirty** etc. **odd** veinte/treinta etc. y tantos -as **4 odd socks/gloves** etc. **(a)** medias/guantes etc. sin compañero -a **(b)** medias distintas/guantes distintos etc. **5 odd pieces of material/wood** etc. restos de tela/pedazos sueltos de madera etc. **6 to be the odd one out** ser la excepción **7** BrE ▶ ver **occasional 1**

oddly /'ɑdli/ *adv* **1** extrañamente **2 oddly enough** por raro que parezca

odds /ɑdz/ *s pl* **1** probabilidades | **the odds are (that)** lo más probable es que **2 against all (the) odds** aunque parezca increíble **3 to be at odds (with sb) over sth** estar enfrentado -a (con alguien) por algo **4 odds and ends** (informal) cosas sueltas, chucherías

odor AmE, **odour** BrE /'oudər/ *s* (formal) olor

of /ə, əv, acentuado ɑv/ *prep* **1** de: *a cup of coffee* una taza de café | *a girl of eight* una niña de ocho años | *the city of New Orleans* la ciudad de Nueva Orleans | *It was very kind of her.* Fue muy amable de su parte. | *There were six of them and four of us.* Ellos eran seis y nosotros cuatro. **2** (con posesivos) de: *a friend of Sam's* un amigo de Sam | *a friend of hers* un amigo suyo | *She wants to have a car of her own.* Quiere tener un coche propio. **3** (indicando causa) de: *She died of cancer.* Murió de cáncer. **4** (en fechas) de: *the 27th of July* el 27 de julio **5** AmE (al decir la hora): *It's a quarter of seven.* Son cuarto para las siete.

off /ɔf/ *adv, prep & adj* ▶ ver recuadro

---

off
▶ **ADVERBIO & PREPOSICIÓN**

1 ALEJAMIENTO, SEPARACIÓN
We're off to Paris for a few days. Nos vamos unos días a París. | *I can't get the lid off this jar.* No le puedo quitar la tapa a este frasco. | *She jumped off the wall.* Saltó del muro.

2 DESCUENTOS
I got 10% off. Me hicieron un 10% de descuento. | *20% off the total* 20% de descuento sobre el total

3 NO ASISTENCIA
I have the day off tomorrow. Mañana tengo el día libre. | *He's been off school for a week.* Hace una semana que falta a la escuela. | *I was off for a week with a bad cold.* Estuve una semana sin ir al trabajo porque estaba muy resfriado.

4 DISTANCIA
Spring is still a long way off. Todavía falta mucho para la primavera. | *The town was another three miles off.* Faltaban otras tres millas hasta la ciudad. | *an island off the coast of Florida* una isla frente a la costa de Florida | *a street off Ocean Avenue* una calle que sale de Ocean Avenue

5 EXPRESIONES
how are you off for time/money? ¿cómo andas de tiempo/dinero? | **off and on/on and off**: *We've been going out together for five years off and on.* En total hace cinco años que salimos juntos, pero con interrupciones.

6 off también forma parte de varios **phrasal verbs** como **put off**, **take off**, etc. Éstos están tratados bajo el verbo correspondiente. Ver también las entradas **badly**, **better**, **worse**, **color** y **chance**.

▶ **ADJETIVO**

1 LUCES, APARATOS (= apagado -a)
The lights were off. Las luces estaban apagadas.

2 LLAVES DE AGUA (= cerrado -a)

3 NO PUESTO
Cook with the lid off. Cocine destapado.

4 CANCELACIONES
The party's off. Se canceló la fiesta.

5 ALIMENTOS
The meat was off. La carne estaba en mal estado. | *This milk is off.* Esta leche se echó a perder.

6 El adjetivo off también se usa en la expresión **to have an off day** (*tener un mal día*).

---

offend /ə'fend/ *v* [tr] ofender | **to be offended** ofenderse, estar ofendido -a

offender /ə'fendər/ *s* **1** infractor -a, delincuente **2** culpable [causa de un problema]

offense¹ AmE, **offence** BrE /əˈfens/ s
1 infracción | **a criminal offense** un delito
2 to take offense (at sth) ofenderse (por algo)

offense² /ˈɔfens/ s AmE (en deportes) ataque

offensive /əˈfensɪv/ adjetivo & sustantivo
- **adj 1 offensive (to sb)** ofensivo -a (para
alguien) **2** muy desagradable [olor] **3** ofensivo -a [táctica]
- **s 1** ofensiva **2 to be on the offensive** estar a
la ofensiva, tener una actitud agresiva

offer /ˈɔfər/ verbo & sustantivo
- **v 1 to offer sb sth/to offer sth to sb** ofrecerle
algo a alguien **2 to offer (to do sth)** ofrecerse
(a hacer algo): *It was nice of her to offer.* Fue muy
amable en ofrecerse.
- **s 1** ofrecimiento, oferta: *an offer of help* un
ofrecimiento de ayuda **2** oferta [reducción de
precio]

offhand /ɔfˈhænd/ adverbio & adjetivo
- **adv** así de pronto
- **adj** poco atento -a, brusco -a

office /ˈɔfɪs/ s **1** (edificio) oficina **2** (cuarto)
oficina, despacho **3** AmE consultorio [de
médico] **4** cargo | **in office** en el cargo, en el
poder **5 office hours** horario de trabajo

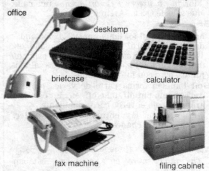

office

desklamp

briefcase

calculator

fax machine

filing cabinet

officer /ˈɔfəsər/ s **1** oficial [en el ejército, etc.]
2 agente [de policía] **3** funcionario -a

official /əˈfɪʃəl/ adjetivo & sustantivo
- **adj** oficial
- **s 1** funcionario -a [del gobierno] **2** dirigente [de un sindicato]

'off-,licence s BrE vinatería ▶ En inglés americano se usa **liquor store**

offline /ɔfˈlaɪn/ adjetivo & adverbio
- **adj** desconectado -a
- **adv** sin conexión (a Internet)

,off-'peak adj **1** reducido -a [tarifa] **2** de
menor consumo [período] **3 off-peak travel**
viaje fuera de las horas pico/en temporada baja

'off-,putting adj desagradable, molesto -a

offshore /ɔfˈʃɔr/ adjetivo & adverbio
- **adj 1** costa afuera [exploración] **2** costero
-a [pesca] **3** de tierra [viento] **4** costa afuera
[corriente] **5** costera [isla]
- **adv** cerca de la costa

offside /ɔfˈsaɪd/ adjetivo & adverbio
- **adj** fuera de lugar, fuera de juego, offside
- **adv** fuera de lugar, fuera de juego, en offside

offspring /ˈɔfsprɪŋ/ s (pl **offspring**) (formal)
1 hijo(s), descendencia **2** cría(s)

often /ˈɔfən/ adv **1** a menudo, con frecuencia: *I
don't see them very often.* No los veo muy a
menudo. **2 how often?** ¿qué tan seguido?, ¿con
qué frecuencia? ▶ ver recuadro **adverbios de
frecuencia** en **always**

oh /oʊ/ interj **1** ah: *Oh, I didn't know.* Ah, no
sabía. **2** ay: *Oh, how awful!* ¡Ay, qué horror!
3 (al contradecir a alguien): *"He said he's going in
your car." "Oh no he's not."* –Dijo que va a ir en
tu coche. –Ah no, en mi coche no.

oil /ɔɪl/ sustantivo, sustantivo plural & verbo
- **s 1** petróleo **2** (en cocina, mecánica) aceite
3 oil painting (pintura al) óleo **oil rig** plataforma petrolera **oil slick** marea negra **oil
tanker** petrolero **oil well** pozo petrolero
- **oils** s pl óleos | **to paint in oils** pintar con óleos
- **v** [tr] aceitar, engrasar

oily /ˈɔɪli/ adj (-lier, -liest) **1** graso -a, grasoso -a
[piel] **2** grasiento -a [trapo, etc.] **3** aceitoso
-a, grasoso -a [sustancia, comida]

ointment /ˈɔɪntmənt/ s pomada, ungüento

OK, también **okay** /oʊˈkeɪ/ adjetivo, interjección,
adverbio, verbo & sustantivo
- **adj 1** bien: *I feel OK now.* Ahora me siento
bien.
2 (para pedir o dar permiso): *Is it OK if I do it
tomorrow?* ¿Está bien si lo hago mañana?/¿Hay
algún problema si lo hago mañana? | *If it's OK
with your Dad, it's OK by me.* Si tu papá está de
acuerdo, yo no tengo problema.
3 (para decir que algo es aceptable pero no muy
bueno): *It's OK, but I liked the other one better.* No
está mal, pero el otro me gustó más.
- **interj** (para expresar acuerdo o introducir un
comentario) bueno, okey: *"How about going out
for dinner?" "OK."* –¿Qué tal si salimos a cenar?
–Bueno. | *OK, let's get started.* Bueno,
empecemos.
- **adv** bien: *He's doing OK at school.* Va bien en la
escuela.
- **v** [tr] (informal) darle el visto bueno a
- **s to give/get the OK** dar/conseguir permiso

old /oʊld/ adj **1** (no nuevo) viejo -a: *a pair of old
shoes* un par de zapatos viejos **2** (para hablar
de la edad): *I'm twelve years old.* Tengo doce
años. | *How old are you?* ¿Cuántos años tienes? |
Tina's older than me. Tina es mayor que yo. | **a
five-year-old (boy/girl)** un niño/una niña de
cinco años **3** (no joven) mayor, viejo -a | **the old**
los ancianos **4** (referido a instituciones, edificios)
antiguo -a: *the oldest university in the country* la

universidad más antigua del país **5** (de antes) **my old teacher/job etc.** mi antigua maestra/mi antiguo trabajo etc.

,old 'age s vejez

,old-'fashioned adj **1** pasado -a de moda **2** anticuado -a **3** tradicional

,Old 'Testament s **the Old Testament** el Antiguo Testamento

olive /'ɑlɪv/ sustantivo & adjetivo

■ s **1** aceituna **2** **olive oil** aceite de oliva

■ adj (también **olive green**) (de color verde) olivo

Olympic Games /ə,lɪmpɪk 'geɪmz/ s pl **the Olympic Games**, también **the Olympics** los Juegos Olímpicos, las Olimpiadas

omelette, también **omelet** AmE /'ɑmlət/ s omelette, omelet

omen /'oʊmən/ s presagio

ominous /'ɑmənəs/ adj que presagia algo malo

omit /oʊ'mɪt/ v [tr] (-tted, -tting) **1** omitir **2** **to omit to do sth** omitir hacer algo

on /ɔn, ɑn/ preposición, adjetivo & adverbio

■ prep ▶ ver recuadro

■ adj **1** prendido -a, encendido -a [luz, horno, etc.] **2** abierto -a [llave de agua] **3** puesto -a: *He had his jacket on.* Tenía el saco puesto. | *Cook with the lid on.* Cocinar con la tapa puesta. **4** (referido a espectáculos, eventos): *What's on at the movies?* ¿Qué dan en el cine? | *Is the party still on?* ¿Se hace la fiesta?

■ adv **1** **on and on** interminablemente **2** **from then/that day etc. on** a partir de entonces/ese día etc. **3** **to play/read etc. on** seguir tocando/leyendo etc. ▶ El adverbio **on** también forma parte de varios phrasal verbs como **carry on, put on**, etc. Éstos están tratados bajo el verbo correspondiente

once /wʌns/ adverbio & conjunción

■ adv **1** una vez | **once a week/month etc.** una vez a la semana/al mes etc. | **once or twice** una o dos veces, un par de veces | **once more/once again** una vez más | **once in a while** una vez cada tanto, de vez en cuando **2** **at once (a)** de inmediato **(b)** a la vez **3** **all at once** de repente **4** en una época, alguna vez: *an island that once belonged to Portugal* una isla que en una época perteneció a Portugal | **once upon a time there was...** había una vez... **5** **for once** por una vez: *Will you just listen, for once?* ¿Quieres escuchar, por una vez? **6** **once and for all** de una vez por todas

■ conj una vez que: *Once he arrives, we can start.* Una vez que él llegue, podemos empezar.

one /wʌn/ number, pronombre & adjetivo

■ número **1** uno -a, un: *One cup of coffee and two beers, please.* Un café y dos cervezas, por favor. **2** la una: *I have a meeting at one.* Tengo una reunión a la una. **3** **one or two** uno -a o dos, un par de: *We've made one or two changes.* Hemos hecho un par de cambios.

■ pron **1** (en lugar de un sustantivo que ya se mencionó) uno -a: *This suitcase is too small, I*

---

on preposición

1 POSICIÓN (= sobre, en)

I left it on your desk. Lo dejé sobre tu escritorio | *on page 44* en la página 44 | *He grew up on a farm.* Se crió en una granja. | **on the left/right** a la izquierda/derecha

2 DÍAS, FECHAS

It's closed on Mondays. Los lunes está cerrado. | *on the 22nd of April* el 22 de abril

3 TELEVISIÓN, RADIO

Is there anything good on TV? ¿Hay algo bueno en la tele? | *I heard it on the radio.* Lo oí en el radio.

4 TEMA (= sobre)

a book on gardening un libro sobre jardinería

5 APARATOS, MÁQUINAS

I was on the phone. Estaba hablando por teléfono. | *I did it on the computer.* Lo hice en la computadora.

6 CONSUMO

She's on antibiotics. Está tomando antibióticos.

7 ACTIVIDADES

They met on a trip to Spain. Se conocieron en un viaje a España. | *She's on vacation.* Está de vacaciones.

8 INVITACIONES

It's on the house. La casa invita.

9 MOMENTO (= al)

On hearing the news she fainted. Al escuchar la noticia se desmayó. | *on his arrival in Ireland* al llegar a Irlanda

---

need a bigger one. Esta maleta es demasiado pequeña, necesito una más grande. | **the one** el/la: *the one I like best* el que más me gusta | *the one in the box* la que está en la caja | **the ones** los/las: *the most expensive ones* las más caras | **this one** éste -a | **that one** ése -a | **which one?** ¿cuál? **2** **one by one** uno a uno/una a una, uno por uno/una por una **3** **one after the other/one after another** uno tras otro/una tras otra **4** (formal) (uso impersonal) uno -a: *One has to be careful.* Uno tiene que tener cuidado.

■ adj **1** **one day/afternoon etc.** un día/una tarde etc. **2** uno -a: *There's one person I have to thank.* Hay una persona a la que debo agradecer. | *If there's one thing I hate it's his liver.* Si hay algo que odio es el hígado. **3** único -a: *My one worry is that she won't pass.* Mi única preocupación es que no apruebe.

,one an'other pron por **one another** expresa que una acción es recíproca. En español esta idea de *el uno al otro* la expresan a menudo los verbos pronominales: *They shook hands with one another.* Se dieron la mano. | *You have to try and help one another.* Tienen que tratar de ayudarse mutuamente.

'one-off BrE *adjetivo & sustantivo*
- *adj* único -a: *a one-off payment* un pago único
- *s* acontecimiento excepcional

oneself /wʌn'self/ *pron* (formal) ▶ ver recuadro

one-'way *adj* **1** de un solo sentido **2** sencillo, de ida

ongoing /'ɔngoʊɪŋ/ *adj* en curso [proceso]

onion /'ʌnjən/ *s* cebolla

online /ɔn'laɪn/ *adjetivo & adverbio*
- *adj* **1** online, en línea: *online shopping* compras online/por Internet **2** conectado -a
- *adv* online, por Internet

onlooker /'ɔnlʊkər/ *s* espectador -a

only /'oʊnli/ *adverbio, adjetivo & conjunción*
- *adv* **1** sólo: *I only wanted to help.* Sólo quería ayudar. | *I only heard yesterday.* Apenas lo supe ayer. **2** exclusivamente: *Parking is for customers only.* El estacionamiento es exclusivamente para clientes. **3** only just **(a)** hace muy poco: *She's only just left.* Acaba de irse. **(b)** apenas: *There's only just room for a bed.* Apenas hay lugar para una cama. **4** not only... but (also) no sólo... sino también **5** to be only too pleased/happy etc. to do sth estar encantado -a de hacer algo
- *adj* **1** único -a **2** the only thing is el único problema es que ▶ ver también **child**
- *conj* (informal) lo que pasa es que: *I'd help you, only I'm really busy.* Yo te ayudaría, lo que pasa es que estoy muy ocupada.

onset /'ɔnset/ *s* llegada [del invierno], inicio [de hostilidades, de la pubertad, etc.]

onslaught /'ɑnslɔt/ *s* embestida

onto /'ɔntə, 'ɔntʊ/ acentuado 'ɔntu/ *prep* **1** (expresando movimiento) a: *He climbed onto the roof.* Subió al techo. | *Water was dripping onto the floor.* Caían gotas de agua al piso. | *The cat jumped onto the table.* El gato se subió a la mesa de un salto. **2** to be onto sb (informal) andar tras alguien, seguirle la pista a alguien **3** to be onto a good thing/a winner (informal) haber dado con algo bueno

onward /'ɔnwərd/ *adjetivo & adverbio*
- *adj* hacia adelante: *the onward march of scientific progress* el avance del progreso científico
- *adv* (también **onwards**) **1** from two o'clock/ 1998 etc. onward desde las dos/desde 1998 etc. en adelante **2** (hacia) adelante

oops! /ʊps/ *interj* ¡uy!

ooze /uz/ *v* **1** [tr] exudar [humedad, etc.] **2** to ooze pus supurar **3** to ooze from/out of sth salir lentamente de algo **4** to ooze (with) charm/confidence etc. irradiar encanto/ confianza etc.

opaque /oʊ'peɪk/ *adj* opaco -a

open /'oʊpən/ *adjetivo, verbo & sustantivo*
- *adj* **1** abierto -a: *Who left the window open?* ¿Quién dejó la ventana abierta? | *We're open until 8 pm on Thursdays.* Los jueves tenemos abierto hasta las 8 de la noche. **2** open

1 oneself es la forma reflexiva del pronombre impersonal **one**. Su uso equivale en general al de los verbos reflexivos españoles:
One can easily hurt oneself. Uno se puede lastimar muy fácilmente./Es fácil lastimarse.

2 Tiene un uso enfático que equivale al de *uno mismo*:
It's quicker to do it oneself. Es más rápido hacerlo uno mismo.

3 La expresión **by oneself** significa *solo -a* (sin compañía ni ayuda).

country(-side) campo abierto **3** in the open air al aire libre **4** (referido a personas, actitudes, etc.) abierto -a **5** to be open with sb ser sincero -a con alguien
- *v* **1** [tr] abrir: *She opened her eyes.* Abrió los ojos. **2** [intr] abrir, abrirse: *What time does the bank open?* ¿A qué horas abre el banco? **3** [tr] inaugurar, abrir [un edificio nuevo, etc.] **4** [intr] estrenarse [película, etc.] **5** [tr] iniciar, [intr] iniciarse [reunión, etc.]

open into/onto sth dar a algo: *The kitchen opens onto the back yard.* La cocina da al patio trasero.

open up abrir(se) **open sth up** abrir algo
- *s* (out) in the open **(a)** al aire libre **(b)** (no oculto) a la luz

open-'air *adj* al aire libre

opener /'oʊpənər/ *s* destapador, abridor

opening /'oʊpənɪŋ/ *sustantivo & adjetivo*
- *s* **1** (hueco) abertura **2** (de un evento) apertura **3** (de un edificio nuevo) inauguración **4** (de una novela, una película) comienzo **5** (trabajo) vacante **6** oportunidad
- *adj* **1** opening ceremony/speech etc. ceremonia/discurso etc. inaugural | opening chapter capítulo inicial **2** opening hours horario (de atención al público) **3** opening night noche de estreno

openly /'oʊpənli/ *adv* abiertamente

open-'minded *adj* abierto -a [actitud] | to be open-minded tener una actitud abierta

openness /'oʊpən-nəs/ *s* **1** honestidad, franqueza **2** actitud abierta

opera /'ɑprə/ *s* **1** ópera **2** opera house teatro de ópera

operate /'ɑpəreɪt/ *v* **1** [tr] usar, manejar [una máquina] **2** [intr] funcionar [máquina] **3** [tr] aplicar [un sistema] **4** [intr] funcionar [sistema, servicio] **5** [intr] (en cirugía) operar | to operate on sb operar a alguien: *They had to operate on his spine.* Tuvieron que operarlo de la columna. **6** [intr] operar [empresa, delincuentes]

operation /ɑpə'reɪʃən/ *s* **1** (en cirugía) operación | to have an operation: *She had an operation on her knee.* La operaron de la rodilla.

2 (de la policía, de rescate, etc.) operación **3** funcionamiento **4 to be in operation (a)** estar en funcionamiento [máquina] **(b)** estar en vigencia [ley]

operational /ɑpə'reɪʃənl/ *adj* **1** en servicio **2** de operación

operator /'ɑpəreɪtər/ *s* **1** operador -a, telefonista **2** operario -a [de una máquina] **3** a **computer operator** un(a) operador -a de computadora **4** operador -a [empresa]

opinion /ə'pɪnjən/ *s* opinión: *What's your opinion of her as a teacher?* ¿Qué opinas de ella como profesora? | **in my opinion** en mi opinión

o'pinion poll *s* encuesta de opinión

opponent /ə'pounənt/ *s* **1** contrincante, adversario -a **2** opositor -a | **to be an opponent of sth** oponerse a algo

opportunity /ɑpər'tunəti/ *s* (pl **-ties**) oportunidad: *I haven't had the opportunity to thank him yet.* Todavía no he tenido la oportunidad de agradecerle. | **to take the opportunity to do sth** aprovechar la oportunidad para hacer algo

oppose /ə'pouz/ *v* [tr] **1** oponerse a **2** (en competencias, elecciones, etc.) enfrentarse a

opposed /ə'pouzd/ *adj* **1** opuesto -a [principios, ideas] **2 to be opposed to sth** oponerse a algo, estar en contra de algo **3 as opposed to** a diferencia de, en contraposición a

opposing /ə'pouzɪŋ/ *adj* contrario -a, opuesto -a

opposite /'ɑpəzɪt/ *adjetivo, adverbio, preposición & sustantivo*
- *adj* **1** contrario -a **2 in the opposite direction** en (la) dirección contraria **3** de enfrente: *the building opposite* el edificio de enfrente: *on the opposite side of the road* al otro lado de la calle/en la acera de enfrente **4 the opposite sex** el sexo opuesto
- *adv* enfrente: *the man who lives opposite* el hombre que vive enfrente
- *prep* frente a: *We put the piano opposite the couch.* Pusimos el piano frente al sofá.
- *s* contrario | **the opposite** lo contrario: *She's the complete opposite of her sister.* Es todo lo contrario de su hermana.

opposition /ɑpə'zɪʃən/ *s* **1 opposition (to sth/sb)** oposición (a algo/alguien) **2 the opposition (a)** el bando contrario **(b)** (en política) la oposición

oppress /ə'pres/ *v* [tr] (3ª pers sing **-sses**) **1** oprimir **2** agobiar

oppressed /ə'prest/ *adj* oprimido -a

oppression /ə'preʃən/ *s* opresión

oppressive /ə'presɪv/ *adj* **1** opresivo -a **2** sofocante, agobiante

opt /ɑpt/ *v* **to opt for sth** optar por algo | **to opt to do sth** decidir hacer algo
opt out salirse, no participar | **to opt out of sth** salirse de algo, decidir no participar en algo

optical /'ɑptɪkəl/ *adj* óptico -a: *optical instruments* instrumentos ópticos

microscope

telescope

a pair of binoculars

optician /ɑp'tɪʃən/ *s* ▶ ver **optometrist**

optimism /'ɑptəmɪzəm/ *s* optimismo

optimist /'ɑptəmɪst/ *s* optimista

optimistic /ɑptə'mɪstɪk/ *adj* optimista: *Tom's optimistic about finding a job.* Tom es optimista y piensa que va a encontrar trabajo.

option /'ɑpʃən/ *s* opción: *I had no option but to accept.* No me quedó otra opción que aceptar.

optional /'ɑpʃənl/ *adj* optativo -a, opcional | **an optional extra** un opcional

optometrist /ɑp'tɑmətrɪst/ *s* optometrista

or /ər, ɔr/ *conj* **1** o, u: *Is he sick or something?* ¿Está enfermo o algo así? **2** (tras un verbo en negativo) ni: *They don't eat meat or fish.* No comen carne ni pescado. **3** (también or else) o, si no: *Hurry, or you'll miss the train.* Apúrate o vas a perder el tren. **4 a minute/a mile etc. or so** alrededor de un minuto/una milla etc. ▶ ver también **either, else**

oral /'ɔrəl/ *adjetivo & sustantivo*
- *adj* oral
- *s* (examen) oral

orange /'ɔrɪndʒ/ *sustantivo & adjetivo*
- *s* **1** (fruta) naranja **2** (color) naranja ▶ ver "Active Box" **colors** en **color**
- *adj* (de color) naranja ▶ ver "Active Box" **colors** en **color**

orbit /'ɔrbɪt/ *sustantivo & verbo*
- *s* órbita
- *v* **1** [tr] girar alrededor de **2** [intr] girar, estar en órbita | **to orbit around sth** girar alrededor de algo

orchard /'ɔrtʃərd/ *s* huerta [de árboles frutales]

orchestra /'ɔrkɪstrə/ *s* orquesta

orchid /'ɔrkɪd/ *s* orquídea

ordeal /ɔr'dil/ *s* suplicio, terrible experiencia

order /'ɔrdər/ *sustantivo & verbo*
- *s* **1** (secuencia) orden: *in alphabetical order* en orden alfabético **2** (mandato) orden: *He gave the order to fire.* Dio la orden de disparar. **3** (en un restaurante) orden: *The waiter came to take our order.* El mesero vino a tomar nuestra orden. **4** (en un comercio) pedido | **to place an order (for sth)** hacer un pedido (de algo), encargar algo **5 in order to** para, a fin de: *politicians who make promises in order to win votes* políticos que hacen promesas para obtener votos | **in order that** (formal) para que **6 to be in order (a)** estar en orden **(b)** estar permitido -a **7 to be out of order (a)** estar desordenado

-a **(b)** no funcionar **8 order form** formulario de pedidos

■ **v** **1** [tr/intr] (en un restaurante) pedir, ordenar: *Are you ready to order?* ¿Ya decidieron qué van a pedir? **2** [tr] ordenar | **to order sb to do sth** ordenarle a alguien que haga algo **3** [tr] (poner en orden) ordenar **4** [tr] (en un comercio) pedir | **to order sth for sth/sb** encargar algo para algo/alguien
  order sb about BrE mangonear a alguien
  order sb around mandonear a alguien

orderly /'ɔrdərli/ *adj* **1** arreglado -a, ordenado -a **2** ordenado -a, tranquilo -a

ordinarily /ɔrdn'erəli/ *adv* generalmente

ordinary /'ɔrdneri/ *adj* **1** común: *Ordinary people can't afford it.* La gente común no puede pagarlo. **2** común y corriente, normal **3** **out of the ordinary** fuera de lo común

ore /ɔr/ *s* mineral

organ /'ɔrgən/ *s* **1** (parte del cuerpo) órgano **2** (instrumento) órgano

organic /ɔr'gænɪk/ *adj* orgánico -a, biológico -a: *organic food* alimentos orgánicos

organization, -isation BrE /,ɔrgənə'zeɪʃən/ *s* organización

organize, -ise BrE /'ɔrgənaɪz/ *v* **1** [tr] organizar [una fiesta, una marcha, etc.] **2** [tr] organizar, [intr] organizarse [personas] **3** [tr] ordenar [los pensamientos, las ideas]

organized, -ised BrE /'ɔrgənaɪzd/ *adj* organizado -a | **to get (yourself) organized** organizarse

organizer, -iser BrE /'ɔrgənaɪzər/ *s* organizador -a ▶ ver también **personal organizer**

Orient /'ɔriənt/ *s* **the Orient** (el) Oriente

orient /'ɔriənt/ AmE, **orientate** /'ɔrienteɪt/ BrE *v* [tr] orientar | **to orient sth/sb to/toward sth** orientar algo/a alguien hacia algo | **to orient yourself** adaptarse, orientarse

orientation /,ɔriən'teɪʃən/ *s* orientación

origin /'ɔrədʒɪn/ *s* **1** (principio, causa) origen **2** (también **origins**) (clase social, nacionalidad) origen

original /ə'rɪdʒənl/ *adjetivo & sustantivo*
■ *adj* **1** (primero) original **2** (novedoso) original **3** (no copiado) original
■ *s* original | **in the original** en la versión original

originally /ə'rɪdʒənl-i/ *adv* en un principio: *Originally, we had planned to go to Scotland.* En un principio, habíamos planeado ir a Escocia. | *She is originally from Poland.* Es oriunda de Polonia.

originate /ə'rɪdʒəneɪt/ *v* **1** [intr] originarse | **to originate in/from sth** originarse en algo **2** [tr] crear

ornament /'ɔrnəmənt/ *s* adorno

ornamental /ɔrnə'mentl/ *adj* ornamental, de adorno

ornate /ɔr'neɪt/ *adj* **1** ornamentado -a **2** (en exceso) recargado -a

orphan /'ɔrfən/ *sustantivo & verbo*
■ *s* huérfano -a
■ *v* **to be orphaned** quedar huérfano -a

orphanage /'ɔrfənɪdʒ/ *s* orfanatorio

orthodox /'ɔrθədaks/ *adj* ortodoxo -a

ostrich /'astrɪtʃ/ *s* (pl **-ches**) avestruz

other /'ʌðər/ *adjetivo & pronombre*
■ *adj* **1** otro -a: *She has three other brothers.* Tiene otros tres hermanos. | *They live on the other side of the lake.* Viven del otro lado del lago. | **the other one** el otro/la otra: *Here's one of the gloves. Where's the other one?* Aquí está uno de los guantes. ¿Dónde está el otro? **2** **some other time** en algún otro momento **3** **the other day** el otro día **4** **other than** aparte de, salvo: *Other than that, it was a very nice party.* Aparte de eso, fue una fiesta muy agradable. ▶ ver también **every** y recuadro en **otro**
■ *pron* **1** **the other** el otro/la otra: *I'll take this bed and you can have the other.* Yo ocupo esta cama y tú puedes usar la otra. | **others** otros -as: *Others are not so sure.* Otros no están tan seguros. | *Some houses were in better condition than others.* Algunas casas estaban en mejores condiciones que otras. | **the others** los/las demás **2** **somehow or other** de alguna forma | **something or other** algo ▶ ver también **none**

otherwise /'ʌðərwaɪz/ *adverbio & conjunción*
■ *adv* **1** aparte/fuera de eso, por lo demás: *The dress is a little long, but otherwise it fits all right.* El vestido es un poco largo, pero aparte de eso le queda bien. **2** **to think otherwise** pensar de otra manera **3** **to do/decide etc. otherwise** hacer/decidir etc. otra cosa
■ *conj* si no

otter /'atər/ *s* nutria

ouch! /autʃ/ *interj* ¡ay!

oughtn't /'ɔtnt/ contracción de **ought not**

ought to /'ɔt tu/ *v* [modal] ▶ ver recuadro

ounce /auns/ *s* **1** onza [=28.35gm] **2** **an ounce of sense/intelligence etc.** una pizca de sentido común/inteligencia etc.

our /aur/ *adj* nuestro -a, nuestros -as: *Our daughter lives in France.* Nuestra hija vive en Francia. | *our customers* nuestros clientes ▶ Los posesivos se usan en inglés en muchos contextos en los que usamos el artículo en español, como delante de partes del cuerpo, pertenencias personales, etc.: *We jumped in the pool with our clothes on.* Nos echamos a la alberca con la ropa puesta.

ours /aurz/ *pron* Como los pronombres posesivos ingleses no varían en género ni en número, **ours** puede equivaler a *(el) nuestro, (la) nuestra, (los) nuestros* o *(las) nuestras*: *This is your room. Ours is next door.* Ésta es tu recámara. La nuestra está al lado. | *It's a little joke of ours.* Es un chistecito nuestro.

ourselves /aur'selvz/ *pron* ▶ ver recuadro

ⓘ ¿No sabes cómo pronunciar una determinada palabra? Consulta el recuadro de **símbolos fonéticos** en el interior de la cubierta.

ought to *verbo modal*

1 CONSEJOS, RECOMENDACIONES (= debería, deberías, etc.)

You ought to see a doctor. Deberías ir al médico. | *You ought to have apologized.* Te deberías haber disculpado.

2 El negativo de **ought to** es **ought not to** o **oughtn't to**, que es más frecuente en inglés británico:

He ought not to have taken it without permission. No debería haberlo tomado sin permiso.

3 PROBABILIDAD (= debería, deberías, etc.)

They ought to be there by now. Ya deberían haber llegado.

ourselves

1 ourselves es la forma reflexiva de **we.** Su uso equivale en general al de los verbos reflexivos españoles:

We all introduced ourselves. Todos nos presentamos. | *Let's make ourselves comfortable.* Pongámonos cómodos.

2 Tiene un uso enfático que equivale al de *nosotros mismos* o *nosotras mismas*:

We had to do it ourselves. Tuvimos que hacerlo nosotros mismos.

3 La expresión **by ourselves** o **all by ourselves** significa *solos* o *solas* (sin compañía o sin ayuda):

We would prefer to live by ourselves. Preferiríamos vivir solos. | *We learned to do it all by ourselves.* Aprendimos solas a hacerlo.

out /aʊt/ *adverbio, adjetivo & preposición*

■ *adv & adj* **1** afuera: *They're out in the back yard.* Están afuera en el jardín.

2 (referido a personas) **to be out** no estar: *You were out when I called.* Cuando fui no estabas.

3 (referido a luces) **to be out** estar apagado -a: *The lights were out.* Las luces estaban apagadas.

4 (referido al sol) **to be out** *The sun was out.* Hacía sol.

5 (de una competencia) **to be out** estar/quedar eliminado -a

6 (referido a publicaciones) **to be out** salir, haber salido: *Their album is out this week.* Su álbum sale esta semana. | *Her new novel's out.* Ya salió su nueva novela.

7 (referido a posibilidades) **to be out** quedar descartado -a: *Skiing's out because it's too expensive.* Esquiar queda descartado porque es demasiado caro.

8 BrE (referido a cálculos) **to be out** estar errado -a/equivocado -a | **to be out by $5/to be $5 out** errar/equivocarse por $5

9 to be out for sth/to do sth (indicando propósito): *You're out for only one thing: his money.* Lo único que quieres es su dinero. | *He's*

just out to get attention. Lo que busca es llamar la atención. ▶ **out** también forma parte de varios phrasal verbs como **take out, turn out**, etc. Éstos están tratados bajo el verbo correspondiente

■ **out of** *prep* ▶ ver recuadro

outage /'aʊtɪdʒ/ *s* AmE corte de electricidad, apagón

outbreak /'aʊtbreɪk/ *s* **1** estallido [de la guerra, de violencia] **2** brote [de una enfermedad]

outburst /'aʊtbɜrst/ *s* **1** arrebato [de ira] **2** estallido [de risa] **3** estallido [de energía, actividad]

outcome /'aʊtkʌm/ *s* resultado

outcry /'aʊtkraɪ/ *s* (pl **-cries**) protesta(s)

outdated /aʊt'deɪtɪd/ *adj* anticuado -a

outdo /aʊt'du/ *v* [tr] (3ª pers sing **-does** /-'dʌz/, pasado **-did** /-'dɪd/, participio **-done** /-'dʌn/) superar

outdoor /'aʊtdɔr/ *adj* **outdoor activities/pool** actividades/alberca al aire libre | **outdoor clothing** ropa para actividades al aire libre

outdoors /aʊt'dɔrz/ *adverbio & sustantivo*

■ *adv* afuera, al aire libre

■ *s* **the outdoors** la naturaleza

outer /'aʊtər/ *adj* exterior, externo -a | **outer space** el espacio exterior

outfit /'aʊtfɪt/ *s* **1** conjunto [de ropa] **2 a cowboy outfit** un disfraz de vaquero

outgoing /'aʊtɡoʊɪŋ/ *adj* **1** sociable **2 the outgoing president/government etc.** el presidente/gobierno etc. saliente **3 outgoing mail/calls** correo saliente/llamadas salientes | **outgoing flights** vuelos de salida

outgrow /aʊt'ɡroʊ/ *v* [tr] (pasado **-grew** /-'ɡru/, participio **-grown** /-'ɡroʊn/) **1 to have outgrown your coat/your dress etc.** frase que expresa que alguien ha crecido mucho y el abrigo, el vestido, etc. le queda chico: *Lucy's already outgrown her uniform.* A Lucy ya le queda chico el uniforme. **2** dejar atrás [una actividad, un interés]

out of *preposición*

1 DENTRO DE UN GRUPO MAYOR (= de)

Which do you like best out of these? ¿Cuál te gusta más de éstos? | *two out of (every) ten women* dos de cada diez mujeres

2 RAZÓN (= por)

out of curiosity/interest por curiosidad/interés

3 MATERIAL, ORIGEN (= de)

It's made out of glass. Es de vidrio. | *I got the idea out of a magazine.* Saqué la idea de una revista. | **to be out of sth** haberse quedado sin algo: *We're out of milk.* No tenemos más leche./Se nos acabó la leche.

4 out of también forma parte de expresiones como **out of control, out of order**, etc. Éstas están tratadas bajo el sustantivo correspondiente.

outing /'aʊtɪŋ/ s excursión, paseo

outlaw /'aʊtlɔ:/ *verbo & sustantivo*
- *v* [tr] declarar ilegal
- *s* forajido -a, malhechor -a

outlet /'aʊtlet/ s **1** desahogo, válvula de escape **2** punto de venta **3** canal de desagüe

outline /'aʊtlaɪn/ *sustantivo & verbo*
- *s* **1** bosquejo, esbozo **2** contorno
- *v* [tr] **1** delinear, esbozar **2** contornear, trazar

outlive /aʊt'lɪv/ *v* [tr] **1** vivir más tiempo que **2 to outlive its usefulness** no ser más de utilidad, ya no servir

outlook /'aʊtlʊk/ s **1 outlook (on sth)** actitud (ante algo) **2** perspectivas, pronóstico: *The outlook for tomorrow is more rain.* Las perspectivas para mañana son de más lluvia.

outnumber /aʊt'nʌmbər/ *v* [tr] superar [en cantidad]

out of 'date *adj* **1** desactualizado -a [publicación] **2** vencido -a [medicamento] **3** pasado -a de moda [ropa]

output /'aʊtpʊt/ s **1** producción **2** salida [de electricidad]

outrage¹ /'aʊtreɪdʒ/ s **1** indignación **2** atrocidad **3** escándalo

outrage² /aʊt'reɪdʒ/ *v* [tr] indignar: *People were outraged.* La gente se indignó.

outrageous /aʊt'reɪdʒəs/ *adj* **1** escandaloso -a, atroz **2** estrafalario -a, extravagante

outright¹ /aʊt'raɪt/ *adv* **1** abiertamente **2** completamente **3 to win (sth) outright** ganar (algo) indiscutiblemente **4 to be killed outright** morir en el acto

outright² /'aʊtraɪt/ *adj* **1** indiscutible [ganador] **2** descarado -a [mentira] | **an outright refusal** una negativa rotunda **3** absoluto -a [prohibición, abolición]

outset /'aʊtset/ s **at/from the outset** al/desde el principio

outside¹ /aʊt'saɪd, 'aʊtsaɪd/ *preposición, sustantivo & adverbio*
- *prep* (también **outside of** AmE) **1** fuera de, afuera de: *outside the building* fuera del edificio | *He left it outside the door.* Lo dejó en la puerta. **2** en las afueras de: *a small town just outside Kansas City* un pueblo en las afueras de Kansas City **3 outside office hours** fuera del horario de oficina
- *s* **1 the outside** el exterior | **from the outside** desde afuera, desde el exterior **2 on the outside** por afuera, en apariencia
- *adv* afuera, fuera: *We waited outside.* Esperamos afuera. | **to go outside** salir: *I went outside to get some fresh air.* Salí para tomar un poco de aire fresco.

outside² /'aʊtsaɪd/ *adj* **1** externo -a, exterior [aspecto, pared, etc.] **2** externo -a [ayuda, intervención] **3 outside interests** intereses fuera de los del trabajo/estudio etc.

outsider /aʊt'saɪdər/ s **1** extraño -a [persona que no pertenece a determinado grupo] **2** competidor con pocas posibilidades de ganar

outskirts /'aʊtskɜrts/ s pl **the outskirts** las afueras: *They live on the outskirts of Paris.* Viven en las afueras de París.

outspoken /aʊt'spoʊkən/ *adj* muy franco -a | **to be an outspoken critic/opponent of sth** criticar algo abiertamente/oponerse abiertamente a algo

outstanding /aʊt'stændɪŋ/ *adj* **1** notable, excepcional **2** destacado -a [característica, ejemplo] **3** pendiente [deuda, asunto] **4** pendiente de pago [suma]

outstretched /aʊt'stretʃt/ *adj* extendido -a

outward /'aʊtwərd/ *adj* **1** externo -a, aparente **2 outward journey/flight etc.** viaje/vuelo etc. de ida

outwardly /'aʊtwərdli/ *adv* en apariencia, exteriormente

outwards /'aʊtwərdz/, también **outward** /'aʊtwərd/ AmE *adv* hacia afuera

outweigh /aʊt'weɪ/ *v* [tr] superar, pesar más que

oval /'oʊvəl/ *sustantivo & adjetivo*
- *s* óvalo
- *adj* ovalado -a

ovary /'oʊvəri/ s (pl -ries) ovario

oven /'ʌvən/ s horno

over /'oʊvər/ *adverbio, preposición & adjetivo*
- *adv* ▶ ver recuadro
- *prep* **1** encima de, por encima de: *There was a sign over the door.* Había un letrero encima de la puerta. | *She was wearing a jacket over her sweater.* Traía una chaqueta encima del suéter. | *I put a blanket over him.* Lo tapé con una cobija./Le puse una cobija encima. **2 over the road/street** enfrente: *There's a drugstore over the road.* Hay una farmacia enfrente. **3** más de: *It cost over $5,000.* Costó más de $5,000. **4** durante, a lo largo de: *I saw Hugh over the summer.* Vi a Hugh durante el verano. | *over a period of ten years* a lo largo de un período de diez años **5 over here/over there** aquí/allá **6** por, a causa de: *a fuss over nothing* un escándalo por nada | *They quarreled over their inheritance.* Pelearon a causa de la herencia. **7 over the phone/radio** por teléfono/radio **8 over and above** sth encima de algo: *$1,000 over and above what he already owed* $1,000 encima de lo que ya debía
- *adj* **to be over** haber(se) terminado: *when this program is over* cuando haya terminado este programa

overall /oʊvər'ɔl/ *adjetivo, adverbio, sustantivo & sustantivo plural*
- *adj* **1** total **2** general **3 overall winner** ganador -a absoluto -a
- *adv* **1** en total **2** en general

over *adverbio*

1 AL PISO O HACIA ABAJO

I saw him push the bike over. Lo vi tirar la bicicleta de un empujón.

2 A O HACIA UN LUGAR

I went over to say hello to Pete. Fui/me acerqué a saludar a Pete. | *Come over for dinner tomorrow.* Ven a cenar mañana.

3 POR ENCIMA

Planes fly over every few minutes. Pasan aviones muy seguido.

4 CON NÚMEROS, CANTIDADES (= más)

scores of 86 or over puntajes de 86 o más

5 EXPRESIONES

(all) over again (todo) de nuevo: *We had to start all over again.* Tuvimos que empezar todo de nuevo. | **over and over again** una y otra vez

6 Over también forma parte de varios phrasal verbs como **fall over, take over**, etc. Éstos están tratados bajo el verbo correspondiente.

- **s** BrE bata [de médicos, personal de limpieza, etc.]
- **overalls** **s pl** **1** AmE overol [pantalón con pechera] **2** BrE overol [de manga larga]

overboard /'ouvərbɔrd/ *adv* **1** por la borda, al agua **2 to go overboard** (informal) exagerar [al hacer algo]

overcame /ouvər'keim/ pasado de **overcome**

overcast /'ouvərkæst/ *adj* nublado -a, cubierto -a

overcharge /ouvər'tʃɑrdʒ/ *v* [tr/intr] cobrar de más: *She overcharged me by $20.* Me cobró $20 de más.

overcoat /'ouvərkout/ *s* abrigo [largo]

overcome /ouvər'kʌm/ *v* (pasado -came, participio -come) **1** [tr] vencer [la timidez, el temor] **2** [tr] superar [un problema] **3** [tr/intr] vencer [a un enemigo, un contrincante] **4 overcome with emotion/grief etc.** embargado -a por la emoción/abrumado -a por la pena etc. **5 to be overcome by fumes/smoke** sufrir principio de asfixia (debido a las emanaciones/al humo)

overcrowded /ouvər'kraudid/ *adj* **1** abarrotado -a (de gente) [autobús, playa, etc.] **2** superpoblado -a [ciudad, planeta]

overcrowding /ouvər'kraudiŋ/ *s* hacinamiento

overdid /ouvər'did/ pasado de **overdo**

overdo /ouvər'du/ *v* [tr] (3ª pers sing -does, pasado -did, participio -done) **1 to overdo it** **(a)** exagerar **(b)** trabajar demasiado **2** cocer demasiado [la carne, las verduras, etc.]

overdone /ouvər'dʌn/ participio de **overdo**

overdose /'ouvərdous/ *s* sobredosis

overdraft /'ouvərdræft/ *s* sobregiro [en una cuenta bancaria]

overdue /ouvər'du/ *adj* **1** vencido -a [factura] **2** referido a un libro que se sacó de una biblioteca: pasado del plazo de devolución

overestimate /ouvər'estəmeit/ *v* [tr] sobreestimar

overflow¹ /ouvər'flou/ *v* **1** [intr] desbordarse [líquido, recipiente] **2** [tr] desbordar: *The river overflowed its banks.* El río desbordó su cauce. **3** [intr] desbordarse [río]

overflow² /'ouvərflou/ *s* **1** desborde **2** desagüe **3** exceso [de huéspedes, asistentes, etc.]

overgrown /ouvər'groun/ *adj* **1** cubierto -a (de vegetación) **2** que ha crecido demasiado

overhaul¹ /ouvər'hɔl/ *v* [tr] poner a punto, hacerle una revisión general a

overhaul² /'ouvərhɔl/ *s* puesta a punto, revisión

overhead¹ /ouvər'hed/ *adv* en lo alto: *The moon shone overhead.* La luna brillaba en lo alto. | *A plane flew overhead.* Pasó un avión.

overhead² /'ouvərhed/ *adj* **overhead cables** cables aéreos

overhear /ouvər'hir/ *v* [tr/intr] (pasado & participio -heard /-'hɜrd/) oír [accidentalmente]: *I couldn't help overhearing their conversation.* No pude evitar oír su conversación.

overjoyed /ouvər'dʒɔid/ *adj* contentísimo -a, encantado -a: *They were overjoyed at the prospect of moving to Miami.* Estaban contentísimos con la perspectiva de irse a vivir a Miami.

overland /'ouvərlænd/ *adverbio & adjetivo*

- **adv** por tierra
- **adj** por tierra

overlap¹ /ouvər'læp/ *v* (-pped, -pping) **1** [intr] superponerse [en parte] **2** [tr] superponer, encimar **3 to overlap (with sth)** coincidir en parte (con algo)

overlap² /'ouvərlæp/ *s* superposición

overleaf /'ouvər,lif/ *adv* a la vuelta de la página, al dorso

overload¹ /ouvər'loud/ *v* [tr] sobrecargar

overload² /'ouvərloud/ *s* sobrecarga

overlook /ouvər'luk/ *v* [tr] **1** dar a: *My room overlooks the sea.* Mi ventana da al mar. **2** pasar por alto [no ver] **3** dejar pasar [perdonar]: *I decided to overlook his rudeness.* Decidí dejar pasar su grosería.

overnight¹ /ouvər'nait/ *adv* **1** de noche: *They traveled overnight.* Viajaron de noche. | **to stay overnight** quedarse a pasar la noche, quedarse a dormir **2** de la noche a la mañana

overnight² /'ouvərnait/ *adj* **1 overnight trip** viaje de noche | **overnight flight/train** vuelo/tren nocturno | **overnight stay** estancia de una noche **2 to be an overnight success** ser un éxito de la noche a la mañana

overpass /'ouvərpæs/ (pl -sses) *s* AmE paso a desnivel, paso elevado

overpower /ouvər'paur/ *v* [tr] dominar, reducir

---

i ¿Se dice *I arrived in Miami* o *I arrived to Miami*? Mira la entrada **arrive**.

overpowering /ouvər'pauriŋ/ *adj* **1** fuertísimo -a [olor] **2** agobiante [calor]

overrated /ouvər'reitid/ *adj* sobrevalorado -a

overreact /ouvəri'ækt/ *v* [intr] reaccionar de manera exagerada

override /ouvər'raid/ *v* [tr] (pasado -rode, participio -ridden) **1** anular [un fallo, una norma] **2** hacer caso omiso de [un deseo, un consejo] **3** prevalecer sobre

overrule /ouvər'rul/ *v* [tr] **1** desestimar [una objeción] **2** anular [un fallo]

overseas[1] /ouvər'siz/ *adv* en el extranjero/exterior, al extranjero/exterior

overseas[2] /'ouvərsiz/ *adj* extranjero -a, exterior

oversee /ouvər'si/ *v* [tr] (pasado -saw, participio -seen) supervisar

overshadow /ouvər'ʃædou/ *v* [tr] **1** empañar, ensombrecer [un acontecimiento] **2** hacerle sombra a [una persona]

oversight /'ouvərsait/ *s* descuido

oversleep /ouvər'slip/ *v* [intr] (pasado & participio -slept) quedarse dormido -a, dormirse [no despertarse]: *He overslept and missed the train.* Se quedó dormido y perdió el tren.

overt /ou'vərt/ *adj* (formal) **1** abierto -a [oposición, crítica] **2** declarado -a [hostilidad]

overtake /ouvər'teik/ *v* (pasado -took, participio -taken) **1** [tr/intr] rebasar [un vehículo a otro] **2** [tr] sobrepasar

overthrow[1] /ouvər'θrou/ *v* [tr] (pasado -threw, participio -thrown) derrocar

overthrow[2] /'ouvərθrou/ *s* derrocamiento

overtime /'ouvərtaim/ *s* **1** horas extra **2** AmE tiempo suplementario [en deportes]

overtone /'ouvərtoun/ *s* tono, trasfondo

overtook /ouvər'tuk/ pasado de **overtake**

overture /'ouvərtʃər/ *s* **1** obertura **2 to make overtures to sb** procurar un acercamiento con alguien

overturn /ouvər'tərn/ *v* **1** [tr] dar la vuelta a, [intr] volcarse [vehículo] **2 to overturn a decision/verdict** etc. anular una decisión/un fallo etc.

overview /'ouvərvju/ *s* visión general

overweight /ouvər'weit/ *adj* excedido -a de peso, gordo -a | **to be 10 kilos/20 pounds etc. overweight** tener 10 kilos/20 libras etc. de más, tener un sobrepeso de 10 kilos/20 libras etc.

overwhelm /ouvər'welm/ *v* [tr] **1** abrumar: *She was overwhelmed with grief.* Estaba abrumada por el dolor. **2** aplastar [derrotar]

overwhelming /ouvər'welmiŋ/ *adj* **1** agobiante, incontenible **2 an overwhelming majority** una mayoría abrumadora

overworked /ouvər'wərkt/ *adj* sobrecargado -a de trabajo

ow! /au/ *interj* ¡ay!

owe /ou/ *v* [tr] deber [dinero, un favor]

'owing to *prep* debido a

owl /aul/ *s* lechuza, búho, tecolote

own /oun/ *adjetivo, pronombre & verbo*

■ *adj* **1** propio -a: *He wants his own computer.* Quiere su propia computadora. | *I prefer to do it my own way.* Prefiero hacerlo a mi manera. **2 own goal** autogol

■ *pron* **1 my own/your own etc.** el mío/el tuyo etc., la mía/la tuya etc.: *The bed was comfortable but I prefer my own.* La cama era cómoda pero prefiero la mía. | **of my/your etc. own** propio -a: *At last she would be able to have a room of her own.* Por fin podría tener su propia recámara. **2 (all) on my/your etc. own** solo -a: *He lives on his own.* Vive solo. **3 to get your own back (on sb)** (informal) vengarse (de alguien), desquitarse

■ *v* [tr] tener, ser dueño -a de: *He owns two houses on Long Island.* Tiene dos casas en Long Island. | *Who owns the land?* ¿De quién es la tierra?

own up 1 confesar **2 to own up to (doing) sth** admitir haber hecho algo

owner /'ounər/ *s* propietario -a, dueño -a

ownership /'ounərʃip/ *s* propiedad [hecho de ser propietario]

ox /aks/ *s* (pl oxen /'aksən/) buey

oxygen /'aksidʒən/ *s* oxígeno

oyster /'ɔistər/ *s* ostión, ostra

oz (= ounce) onza

ozone /'ouzoun/ *s* **1** ozono **2 ozone layer** capa de ozono

owl

P, p /piː/ s P, p ► ver "Active Box" **letters** en **letter**

p /piː/ s (= **pence**) penique

PA /piː 'eɪ/ s (= **personal assistant**) BrE secretario -a privado -a, asistente -a personal

pace /peɪs/ sustantivo & verbo
- s **1** paso **2** ritmo | **to keep pace with sth** mantener el ritmo de algo | **to keep pace with sb** seguirle el ritmo a alguien
- v **to pace up and down (a room/a corridor etc.)** caminar de arriba para abajo (por una habitación/un pasillo etc.)

pacemaker /'peɪsmeɪkər/ s marcapasos

pacifier /'pæsəfaɪər/ s AmE chupón

pacifist /'pæsəfɪst/ s pacifista

pacify /'pæsəfaɪ/ v [tr] (-fies, -fied) **1** tranquilizar **2** pacificar

pack /pæk/ verbo & sustantivo
- v **1** [intr] hacer las maletas, empacar (la ropa) **2** [tr] llevar, poner en la maleta: *Don't forget to pack your swimsuit.* No te olvides de llevar el traje de baño. | **to pack a bag/suitcase** empacar, hacer una maleta **3** [tr] envasar, empaquetar **4** [tr] embalar **5** [tr] abarrotar, llenar hasta el tope [un lugar]
  pack sth in BrE **1** (informal) dejar algo [el trabajo, una actividad] **2 pack it in!** ¡ya párale!
  pack sb off (informal) despachar a alguien [mandarlo a algún lugar]
  pack up 1 (informal) dejar (de trabajar) [por el día] **2** BrE (informal) descomponerse [dejar de funcionar]
- s **1** paquete: *a free information pack* un paquete de información gratis ► ¿PACK, PACKAGE, PACKET O PARCEL? ver **paquete 2** AmE (de cigarros, galletas, etc.) paquete **3** (también **backpack**) mochila **4** manada, jauría **5** BrE baraja [conjunto de cartas] ► En inglés americano se usa **deck**

package /'pækɪdʒ/ sustantivo & verbo
- s paquete ► ¿PACK, PACKAGE, PACKET O PARCEL? ver **paquete**
- v [tr] envasar

'package tour, también **package holiday** BrE s paquete turístico

packaging /'pækɪdʒɪŋ/ s empaque, envoltura

packed /pækt/ adj **1** abarrotado -a (de gente): *The train was packed.* El tren iba abarrotado. **2 packed with sth/packed full of sth** lleno -a de algo: *The guide is packed with useful information.* La guía está llena de información útil.

,packed 'lunch s (pl -ches) BrE comida fría que se lleva al colegio, a una excursión, etc.

packet /'pækɪt/ s BrE paquete: *a packet of biscuits* un paquete de galletas ► ¿PACK, PACKAGE, PACKET O PARCEL? ver **paquete**

packing /'pækɪŋ/ s **1 to do your packing** hacer las maletas, empacar **2** embalaje

pact /pækt/ s pacto

pad /pæd/ sustantivo & verbo
- s **1** almohadilla | **knee pads** rodilleras | **shoulder pads** hombreras **2** (de algodón) mota **3** (para escribir) bloc
- v (-dded, -dding) [tr] acolchar

padding /'pædɪŋ/ s relleno, acolchado

paddle /'pædl/ sustantivo & verbo
- s **1** pala [remo corto o de dos hojas] **2** AmE raqueta [de ping-pong]
- v **1** [tr/intr] remar, palear **2** [intr] BrE mojarse los pies [en el mar, etc.]

padlock /'pædlɑk/ sustantivo & verbo
- s candado
- v [tr] cerrar con candado

page /peɪdʒ/ sustantivo & verbo
- s página: *on page 31* en la página 31
- v [tr] **1** mandarle un mensaje a [a través de un beeper] **2** vocear

pageant /'pædʒənt/ s **1** (también **beauty pageant**) concurso (de belleza) **2** espectáculo en el cual se representa un hecho histórico

pager /'peɪdʒər/ s beeper, radiolocalizador

paid /peɪd/ pasado & participio de **pay**

pain /peɪn/ s **1** dolor: *He woke up with a terrible pain in his stomach.* Se despertó con un dolor de estómago terrible. | *I have a pain in my foot.* Me duele el pie. | **to be in pain:** *Are you in pain?* ¿Te duele? | **to feel pain:** *Do you feel any pain?* ¿Te duele? ► ¿PAIN O ACHE? ver nota en **dolor 2 to be a pain (in the neck)** (informal) **(a)** ser un plomo **(b)** ser una lata **3 to take pains over/with sth** esmerarse/esforzarse con algo

pained /peɪnd/ adj afligido -a, apenado -a

painful /'peɪnfəl/ adj **1** doloroso -a | **to be painful** doler **2** doloroso -a [recuerdo] **3** difícil [decisión]

painfully /'peɪnfəli/ adv **1** con dolor **2 to be painfully clear/obvious** ser a todas luces evidente **3 to be painfully shy/slow etc.** ser terriblemente tímido -a/lento -a etc.

painkiller /'peɪnkɪlər/ s analgésico, calmante

painless /'peɪnləs/ adj **1** sin dolor, indoloro -a **2** (informal) fácil

painstaking /'peɪnzteɪkɪŋ/ adj concienzudo -a, minucioso -a

paint /peɪnt/ sustantivo & verbo
- s pintura
- v [tr/intr] pintar | **to paint sth red/blue etc.** pintar algo de rojo/azul etc.

paintbrush /'peɪntbrʌʃ/ s (pl -shes) pincel, brocha

ⓘ ¿Quieres información sobre las diferencias entre los **artículos** en inglés y en español? Lee la explicación en el apartado de gramática.

painter /'peɪntər/ s pintor -a

painting /'peɪntɪŋ/ s **1** cuadro, pintura **2** (actividad) pintura

pair /per/ s **1** par: *a pair of shoes* un par de zapatos | *a pair of gloves* un par de guantes | *a pair of scissors* una(s) tijera(s) | *a pair of shorts* un short/unos shorts | *a pair of pants* un pantalón/unos pantalones **2** pareja | **to work in pairs** trabajar de a dos

pair off juntarse por parejas **pair sb off to pair sb off (with sb)** enganchar a alguien (con alguien)

pair up formar pareja **pair sb up** poner a alguien en parejas

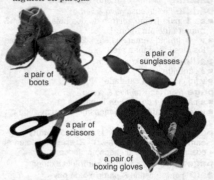

a pair of sunglasses

a pair of boots

a pair of scissors

a pair of boxing gloves

pajamas AmE, **pyjamas** BrE /pə'dʒaməz/ s pl pijama: *a pair of pajamas* un/una pijama

Pakistan /ˌpækɪ'stæn/ s Pakistán

Pakistani /ˌpækɪ'stæni/ adj & s pakistaní

pal /pæl/ s (informal) amigo -a, cuate

palace /'pæləs/ s palacio

palate /'pælət/ s paladar

pale /peɪl/ adjetivo & verbo
- adj **1** claro -a: *pale green* verde claro **2** pálido -a | **to go/turn pale** ponerse pálido -a
- v [intr] ponerse pálido -a, palidecer

palm /pɑm/ s **1** palma [de la mano] **2** (también **palm tree**) palmera

palm sth off to palm sth off on sb endilgarle algo a alguien [algo que no necesita o no quiere] **palm sb off to palm sb off with sth** hacer callar a alguien con algo

paltry /'pɔltri/ adj mísero -a: *a paltry 2% pay increase* un mísero aumento de sueldo del 2%

pamper /'pæmpər/ v [tr] apapachar, mimar

pamphlet /'pæmflət/ s panfleto, folleto

pan /pæn/ s **pan** significa indistintamente *cacerola*, *olla* o *sartén*. En inglés americano también puede hacer referencia a un *molde* o *placa* para horno

Panama /'pænəmɑ/ s Panamá

Panamanian /ˌpænə'meɪniən/ adj & s panameño -a

pancake /'pænkeɪk/ s **1** (grueso) hot cake **2** (delgado) crepa

panda /'pændə/ s (oso -a) panda

pander /'pændər/ v **pander to sth/sb** ser complaciente con algo/alguien

pane /peɪn/ s vidrio, cristal [de una ventana, etc.] ▶ ver también **window**

panel /'pænl/ s **1** panel [de una puerta, una pared] **2** panel, jurado **3** **instrument/control panel** panel (de instrumentos/control), tablero

pang /pæŋ/ s sensación o sentimiento fuerte y repentino: *hunger pangs* retortijones de hambre | *pangs of guilt* remordimiento de conciencia

panic /'pænɪk/ sustantivo & verbo
- s pánico | **in a panic** presa del pánico
- v [intr] (-cked, -cking) dejarse llevar por el pánico

pant /pænt/ v [intr] jadear

panther /'pænθər/ s pantera

panties /'pæntiz/ s pl calzones, pantaletas: *a pair of panties* unos calzones/unas pantaletas

pantomime /'pæntəmaɪm/ s **1** en Gran Bretaña, obra teatral cómica que se suele representar durante la época navideña **2** pantomima

pants /pænts/ s pl **1** AmE pantalones **2** BrE calzoncillos ▶También existe **underpants**, que es inglés universal **3** BrE calzones, pantaletas, pantys ▶También existe **panties**, que es inglés universal

pantyhose /'pæntihoʊz/ AmE s pl pantimedias, medias

paper /'peɪpər/ sustantivo, sustantivo plural & verbo
- s **1** papel: *a piece of paper* un (pedazo de) papel **2** diario, periódico: *yesterday's paper* el periódico de ayer **3** ponencia, trabajo [académico] **4** examen escrito o una de sus partes **5** **on paper (a)** por escrito **(b)** en teoría
- **papers** s pl **1** papeles **2** documentos [de identidad]
- v [tr] tapizar [paredes]

paperback /'peɪpərbæk/ s libro de pasta blanda

paperwork /'peɪpərwɜrk/ s **1** trabajo administrativo **2** papeleo

Pap smear /'pæp smɪr/, también **Pap test** s AmE Papanicolau

par /pɑr/ s **1** **to be on a par with sth** estar a la par/al mismo nivel de algo **2** **below par** por debajo de las expectativas | **to feel below/under par** no sentirse del todo bien

parachute /'pærəʃut/ sustantivo & verbo
- s paracaídas
- v [intr] lanzarse en paracaídas

parade /pə'reɪd/ sustantivo & verbo
- s desfile
- v **1** [intr] desfilar **2** **to parade around** exhibirse **3** [tr] hacer ostentación de

paradise /'pærədaɪs/ s paraíso

paradox /'pærədɑks/ s (pl -xes) paradoja

paraffin /'pærəfɪn/ s BrE querosén ▶En inglés americano se usa **kerosene**

paragraph /'pærəgræf/ s párrafo

Paraguay /'pærəgwaɪ/ s Paraguay

Paraguayan /pærə'gwaɪən/ adj & s paraguayo -a

parallel /'pærəlel/ adjetivo & sustantivo
- **adj** paralelo -a
- **s** **1** paralelo **2 in parallel** en paralelo

paralysis /pə'ræləsɪs/ s parálisis

paralyze AmE, **paralyse** BrE /'pærəlaɪz/ v [tr] paralizar

paramedic /pærə'medɪk/ s paramédico -a

paramilitary /pærə'mɪləteri/ adj paramilitar

paramount /'pærəmaʊnt/ adj primordial

paranoia /pærə'nɔɪə/ s paranoia

paranoid /'pærənɔɪd/ adj **1** paranoico -a **2** (en psiquiatría) paranoico -a, paranoide

paraphrase /'pærəfreɪz/ v [tr] parafrasear

parasite /'pærəsaɪt/ s parásito

parcel /'pɑrsəl/ s paquete ▶ ¿PACK, PACKAGE, PACKET O PARCEL? ver **paquete**

pardon /'pɑrdn/ interjección, verbo & sustantivo
- **interj** **1** pardon?, también **pardon me?** AmE ¿mande?, ¿cómo?
2 pardon me (a) (para disculparse) perdón **(b)** AmE (para abordar a alguien) perdone/perdona, disculpe/disculpa
- **v** [tr] **1** indultar **2** (formal) perdonar, disculpar
- **s** **1** indulto **2** perdón

parcel

parent /'perənt/ s padre o madre indistintamente: *my parents* mis padres ▶ ver también **single parent**

parental /pə'rentl/ adj de los padres

parentheses /pə'renθəsiz/ s pl paréntesis | **in parentheses** entre paréntesis

parenthood /'perənthʊd/ s paternidad o maternidad indistintamente

parish /'pærɪʃ/ s (pl -shes) parroquia

park /pɑrk/ sustantivo & verbo
- **s** parque
- **v** [intr] estacionarse, [tr] estacionar | **no parking** prohibido estacionarse

parking /'pɑrkɪŋ/ s lugar para estacionarse: *There's plenty of parking nearby.* Hay mucho lugar para estacionarse cerca.

'parking ga,rage s AmE estacionamiento [de varios pisos]

'parking lot s AmE estacionamiento [al aire libre]

'parking ,meter s parquímetro

'parking ,ticket s multa [por mal estacionamiento]

parliament, también **Parliament** /'pɑrləmənt/ s parlamento

parliamentary /pɑrlə'mentri/ adj parlamentario -a

parody /'pærədi/ sustantivo & verbo
- **s** (pl -dies) parodia
- **v** [tr] parodiar

parole /pə'roʊl/ s libertad condicional

parrot /'pærət/ s perico, loro

parsley /'pɑrsli/ s perejil

parsnip /'pɑrsnɪp/ s chirivía, pastinaca [hortaliza de forma similar a la de una zanahoria y de color blanco amarillento]

part /pɑrt/ sustantivo, verbo & adverbio
- **s** **1** parte: *What part of England does he come from?* ¿De qué parte de Inglaterra es? | *I only saw the first part of the program.* Sólo vi la primera parte del programa. **2** (de una máquina) pieza **3** (también **spare part**) refacción **4** (función) papel: *Sports play a big part in his life.* El deporte tiene un papel muy importante en su vida. **5** (en una obra) papel: *He plays the part of Hamlet.* Hace (el papel) de Hamlet. **6 to take part (in sth)** participar (en algo) **7 on my/his etc. part** de mi/su etc. parte: *It was a mistake on her part.* Fue un error de su parte. **8 for the most part** en general **9 in part** en parte **10 for my/his etc. part** por mi/su etc. parte **11** AmE raya [del pelo]
- **v** **1 to be parted from sb** estar separado -a de alguien **2 to part your hair** peinarse con raya **3** [tr] abrir **4** [intr] abrirse
part with sth **1** desprenderse de algo **2** desembolsar algo
- **adv** en parte: *part written, part spoken* en parte escrito, en parte oral

partial /'pɑrʃəl/ adj **1** (no completo) parcial **2 to be partial to sth** tener debilidad por algo, ser aficionado -a a algo **3** (con parcialidad) parcial

partially /'pɑrʃəli/ adv parcialmente

participant /pɑr'tɪsəpənt/ s participante

participate /pɑr'tɪsəpeɪt/ v **to participate (in sth)** participar (en algo)

participation /pɑr,tɪsə'peɪʃən/ s participación

participle /'pɑrtəsɪpəl/ s participio

particle /'pɑrtɪkəl/ s partícula

particular /pər'tɪkjələr/ adjetivo, sustantivo & sustantivo plural
- **adj** **1** particular: *on that particular occasion* en esa ocasión particular | *for no particular reason* por ninguna razón en particular **2** especial, particular **3 to be particular about sth** ser exigente con algo
- **s in particular** en especial, en particular
- **particulars** s pl datos personales

particularly /pər'tɪkjələrli/ adv particularmente, especialmente: *I'm not particularly interested.* No me interesa particularmente. | *"Did* *you enjoy the movie?" "Not particularly." –¿*Te gustó la película? –No mucho.

parting /'pɑrtɪŋ/ s **1** despedida **2** BrE raya [del pelo] ▶ En inglés americano se usa **part**

partition /pɑr'tɪʃən/ s **1** tabique **2** división [de un país]

partly /'pɑrtli/ adv en parte, parcialmente

partner /'pɑrtnər/ s **1** (en un baile, un juego) pareja, compañero -a **2** (en una empresa) socio -a **3** (en una relación) pareja, compañero -a

partnership /'pɑrtnərʃɪp/ s **1** asociación o colaboración entre dos personas, dos organizaciones, etc.: *a partnership between parents and the school* una empresa conjunta entre los padres y la escuela | **in partnership with sth/sb** en asociación con algo/alguien **2** (en los negocios) sociedad | **to be in partnership** estar asociado -a | **to go into partnership** asociarse

,part of 'speech s categoría gramatical, clase de palabra

,part-'time adjetivo & adverbio
■ adj de medio tiempo, de tiempo parcial
■ adv a medio tiempo, a tiempo parcial

party /'pɑrti/ s (pl -ties) **1** fiesta | **to have/give a party** hacer una fiesta, dar una fiesta **2** partido [político] **3** grupo, partida: *a party of schoolchildren* un grupo de estudiantes **4** parte [en cuestiones legales]

pass /pæs/ verbo & sustantivo
■ v (3ª pers sing -sses) **1** [tr] pasar por: *I pass the club on my way to school.* Paso por la puerta del club de camino a la escuela. | *We passed each other on the stairs.* Nos cruzamos en las escaleras. **2** [intr] pasar **3** **to pass through/ behind etc.** pasar por/detrás de etc.: *The new road passes right behind our house.* La nueva carretera pasa justo detrás de nuestra casa. **4** [intr] pasar [tiempo, tormenta] **5** [intr] pasarse [dolor, mal humor] **6** **to pass the time** pasar el rato **7** [tr/intr] aprobar, pasar [un examen, una materia] **8** [tr] aprobar [una ley] **9** [tr] (entregar) pasar, alcanzar **10** (en deportes) [tr] pasar, [intr] pasar el balón, hacer un pase
PHRASAL VERBS
pass sth around **1** servir/ofrecer algo **2** hacer circular algo
pass away fallecer
pass by pasar: *Several cars passed by, but nobody stopped.* Pasaron varios coches, pero nadie paró. **pass sb by** pasar a alguien de largo
pass for sth/sb pasar por algo/alguien: *She could pass for a boy with that haircut.* Podía pasar por un muchacho con ese corte de pelo.
pass sth/sb off as sth/sb hacer pasar algo/a alguien por algo/alguien
pass sth on pasar algo [un mensaje, etc.]
pass out desmayarse
pass sth round ▶ ver **pass sth around**
pass sth up desaprovechar algo [una oportunidad]

■ s (pl passes) **1** (en deportes) pase **2** (permiso) pase **3** (para el transporte) abono, (de jubilado, estudiante, etc.) pase **4** (en un examen) aprobado **5** (entre montañas) paso **6** **to make a pass at sb** insinuársele a alguien

passable /'pæsəbəl/ adj **1** aceptable, pasable **2** transitable

passage /'pæsɪdʒ/ s **1** (también **passageway**) pasillo, pasadizo **2** (en un texto) pasaje, trozo **3** (acción de pasar) paso **4** (en anatomía) conducto

passenger /'pæsəndʒər/ s pasajero -a

passerby /pæsər'baɪ/ s (pl passers-by) transeúnte

passing /'pæsɪŋ/ sustantivo & adjetivo
■ s **1** transcurso, paso [del tiempo] **2** **in passing** de pasada, de paso
■ adj **1** que pasa(n), que pasaba(n): *with each passing day* con cada día que pasaba **2** **a passing reference/comment etc.** una referencia hecha al pasar/un comentario hecho al pasar etc. **3** **a passing interest/phase etc.** un interés pasajero/una etapa pasajera etc.

passion /'pæʃən/ s pasión

passionate /'pæʃənət/ adj **1** apasionado -a [creencia, interés] **2** encendido -a [discurso, defensa] **3** apasionado -a [beso, amor, etc.]

passive /'pæsɪv/ adjetivo & sustantivo
■ adj **1** pasivo -a **2** en pasiva [verbo, frase, etc.]
■ s (también **passive voice**) pasiva | **in the passive** en voz pasiva

passport /'pæspɔrt/ s pasaporte

password /'pæswɜrd/ s contraseña, clave (de acceso)

past /pæst/ adjetivo, preposición, sustantivo & adverbio
■ adj **1** anterior, pasado -a: *He has learned from past experience.* Ha aprendido de experiencias anteriores. **2** último -a, pasado -a: *Tim's been in Spain for the past three months.* Tim ha estado en España los últimos tres meses. **3** **to be past** haber terminado: *Winter is past.* El invierno ya pasó. **4** **past champion/president etc.** ex campeón -ona/presidente -ta etc.
■ prep **1** después de, pasando: *a mile past the bridge* una milla después del puente **2** (con verbos de movimiento): *Will you go past the drugstore?* ¿Vas a pasar por la farmacia? | *She walked straight past me.* Pasó de largo por mi lado. **3** (hablando de la hora): *It's ten past nine.* Son las nueve y diez. | *It was already past ten o'clock.* Ya eran más de las diez. **4** **to be past sth** haber pasado cierto límite: *It's past your bedtime.* Ya pasó la hora de acostarte./Ya deberías estar acostada. **5** **I wouldn't put it past him/her etc. (to do sth)** lo/la etc. creo muy capaz (de hacer algo)
■ s **1** pasado **2** **the past**, también **the past tense** el pasado
■ adv **1** **to drive/walk etc. past** pasar en carro/

caminando etc.: *Just at that moment, Hal drove past.* Justo en ese momento pasó Hal en su carro. **2 to go past** pasar: *Several weeks went past.* Pasaron varias semanas.

pasta /'pɑstə/ s pasta(s) [spaghettis, ravioles, etc.]

paste /peɪst/ *sustantivo & verbo*
- **s 1** engrudo, pegamento **2** pasta [mezcla] **3** (de anchoas, aceitunas, etc.) pasta, (de carne, pescado, etc.) tipo de paté
- **v** [tr] **1** (con engrudo, etc.) pegar **2** (en computación) pegar

pastel /pæ'stel, BrE 'pæstl/ *adjetivo & sustantivo*
- **adj** pastel [referido a colores]
- **s** pastel [para pintar]

pastime /'pæstaɪm/ s pasatiempo

pastor /'pæstər/ s pastor -a [de una iglesia]

,past 'participle s participio (pasado)

,past 'perfect s pretérito pluscuamperfecto, antecopretérito

pastry /'peɪstri/ s **1** masa [para tartas, pasteles] **2** (pl -tries) pastelito

pasture /'pæstʃər/ s pastura

pat /pæt/ *verbo & sustantivo*
- **v** [tr] (-tted, -tting) darle palmaditas/una palmadita a
- **s 1** palmadita **2 a pat on the back** una felicitación

patch /pætʃ/ *sustantivo & verbo*
- **s** (pl **patches**) **1** remiendo, parche **2** mancha: *damp patches on the wall* manchas de humedad en la pared **3** zona: *a patch of ice on the road* una zona de hielo en el camino | *a bald patch* una calva **4** huerta [parte de un terreno dedicada al cultivo de verduras] **5 not to be a patch on sth** no ser ni por asomo algo | **not to be a patch on sb** no llegarle ni a los talones a alguien **6 a bad patch** una mala racha
- **v** [tr] (3ª pers sing -ches) parchar, remendar **patch sth up** arreglar algo [una disputa] | **to patch things up with sb** arreglar las cosas con alguien

patchwork /'pætʃwɜrk/ s patchwork [labor hecha con retazos de telas de colores]

patchwork hat

patchy /'pætʃi/ *adj* (-chier, -chiest) **1 patchy fog** bancos de niebla | **patchy drizzle** llovizna aisladas **2** fragmentario -a [conocimiento] **3** disparejo -a [interpretación] **4** irregular [servicio]

pâté /pɑ'teɪ, BrE 'pæteɪ/ s paté

patent /'pætnt/ *sustantivo, verbo & adjetivo*
- **s** patente [de un invento, etc.]
- **v** [tr] patentar
- **adj** patente [mentira, etc.]

patently /'pætntli/ *adv* **patently obvious/false etc.** a todas luces evidente/falso -a etc.

paternal /pə'tɜrnl/ *adj* **1** paternal **2 paternal grandmother/aunt etc.** abuela/tía etc. paterna

paternity /pə'tɜrnəti/ s paternidad

path /pæθ/ s (pl **paths** /pæðz/) **1** sendero **2** paso | **to make a path for sb** abrirle paso a alguien **3** trayectoria **4** camino [curso de acción] | **the path to freedom/happiness etc.** el camino a la libertad/la felicidad etc.

pathetic /pə'θetɪk/ *adj* **1** (informal) lamentable **2** patético -a

pathology /pə'θɑlədʒi/ s patología

patience /'peɪʃəns/ s **1** paciencia | **to lose (your) patience** perder la paciencia **2** BrE **to play patience** jugar (al) solitario ▶ En inglés americano se usa **to play solitaire** | **a game of patience** un solitario ▶ En inglés americano se usa **a game of solitaire**

patient /'peɪʃənt/ *sustantivo & adjetivo*
- **s** paciente: *The doctor is seeing a patient right now.* Ahorita la doctora está atendiendo a un paciente.
- **adj** paciente | **to be patient** ser paciente, tener paciencia

patio /'pætioʊ/ s patio [parte pavimentada de un jardín]

patriot /'peɪtriət/ s patriota

patriotic /peɪtri'ɑtɪk/ *adj* patriótico -a

patrol /pə'troʊl/ *sustantivo & verbo*
- **s** patrulla, ronda | **to be on patrol** patrullar
- **v** [tr/intr] (-lled, -lling) patrullar

patron /'peɪtrən/ s **1** (de una organización) patrocinador -a, (de un artista) mecenas **2** (de un comercio) cliente

patronize, -ise BrE /'peɪtrənaɪz/ v [tr] **1** tratar con condescendencia **2** (formal) ser cliente de

patronizing, -sing BrE /'peɪtrənaɪzɪŋ/ *adj* condescendiente

patter /'pætər/ *verbo & sustantivo*
- **v** [intr] golpetear, tamborilear
- **s** golpeteo, tamborileo

pattern /'pætərn/ s **1** patrón, pauta: *behavior patterns* patrones de conducta **2** dibujo, diseño **3** (en costura) patrón, molde **4** (en gramática) estructura

patterned /'pætərnd/ *adj* estampado -a, con dibujos

pause /pɔz/ *verbo & sustantivo*
- **v** [intr] detenerse
- **s** pausa

pave /peɪv/ v [tr] **1** embaldosar, pavimentar **2 to pave the way (for sth)** allanar el camino (para algo)

pavement /'peɪvmənt/ s **1** AmE pavimento **2** BrE ▶ ver **sidewalk**

pavilion /pə'vɪljən/ s pabellón

'**paving stone** s losa [de piedra], laja

paw /pɔ/ *sustantivo & verbo*
■ s **1** pata, garra **2** (informal) forma peyorativa de referirse a la mano de una persona
■ v [tr] manosear

pawn /pɔn/ *verbo & sustantivo*
■ v [tr] empeñar
■ s **1** (en ajedrez) peón **2** (persona que es usada) títere

pawnbroker /'pɔnbroʊkər/ s prestamista

pay /peɪ/ *verbo & sustantivo*
■ v (pasado & participio paid) **1** [tr/intr] pagar: *We paid $220,000 for this house.* Pagamos $220,000 por esta casa. | *How much did you pay for the tickets?* ¿Cuánto te costaron los boletos? | *I paid the taxi driver.* Le pagué al taxista. | **to be/get paid** cobrar | **to pay by check/credit card** pagar con cheque/tarjeta de crédito **2** [intr] valer la pena **3** [intr] ser rentable, dar ganancias **4 to pay your way** mantenerse, hacerse cargo de los propios gastos **5** ▶ ver también **attention, compliment, visit**
PHRASAL VERBS
pay sth back devolver algo: *Did I pay you back that $5?* ¿Te devolví aquellos $5? **pay sb back** devolverle dinero/$50 etc. a alguien: *He hasn't paid me back.* No me devolvió el dinero. | *Could you lend me $20? I'll pay you back tomorrow.* ¿Me prestarías $20? Te los devuelvo mañana.
pay sth in depositar algo
pay off dar frutos **pay sth off** terminar de pagar algo
pay up (informal) pagar [cuando uno se resiste a hacerlo]
■ s **1** sueldo, paga **2 pay day** día de pago **pay raise/increase** aumento de sueldo

payable /'peɪəbəl/ *adj* **1** pagadero -a **2 to make a check payable to sb** emitir un cheque a nombre de alguien

payment /'peɪmənt/ s **1** pago: *He received no payment for his work.* No recibió pago alguno por el trabajo. **2 as/in payment for sth** en pago por algo

'**pay phone** s teléfono público

payroll /'peɪroʊl/ s nómina

PC /pi 'si/ *sustantivo, sustantivo & adjetivo*
■ s (= personal computer) PC, computadora
■ s (= police constable) BrE agente (de policía)
■ adj (= politically correct) políticamente correcto -a

PE /pi 'i/ s (= physical education) educación física

pea /pi/ s chícharo

peace /pis/ s **1** paz **2** tranquilidad [calma] | **peace and quiet** paz y tranquilidad **3 peace of mind** tranquilidad [no preocupación] **4 to make (your) peace with sb** hacer las paces con alguien **5 peace talks** negociaciones de paz

peaceful /'pisfəl/ *adj* **1** pacífico -a **2** tranquilo -a

peach /pitʃ/ *sustantivo & adjetivo*
■ s (pl **peaches**) **1** (fruta) durazno **2** (color) durazno
■ adj de color durazno

'**pea coat**, también **pea jacket** AmE s abrigo de largo tres cuartos con capucha

peacock /'pikɑk/ s pavo real

peak /pik/ *sustantivo, verbo & adjetivo*
■ s **1** punto máximo, apogeo **2** pico, cumbre **3** visera
■ v [intr] alcanzar su punto máximo
■ adj **1 peak rate** tarifa en horas pico | **peak season** temporada alta **2 peak times/hours** horas pico

peanut /'pinʌt/ *sustantivo & sustantivo plural*
■ s cacahuate
■ **peanuts** s pl (informal) una miseria: *They work for peanuts.* Trabajan por una miseria.

'**peanut ,butter** s mantequilla de cacahuate

pear /per/ s **1** pera **2 pear tree** peral

pearl /pɜrl/ s perla

peasant /'pezənt/ s campesino -a

peat /pit/ s turba

pebble /'pebəl/ s piedrita, guijarro

peck /pek/ *verbo & sustantivo*
■ v [tr/intr] picotear, picar
■ s **1 to give sb a peck on the cheek** darle un besito a alguien en la mejilla **2** picotazo

peckish /'pekɪʃ/ *adj* **to be/feel peckish** BrE (informal) tener un poco de hambre

peculiar /pɪ'kjuljər/ *adj* **1** extraño -a, raro -a **2 to be peculiar to sth/sb** ser característico -a de algo/alguien, ser exclusivo -a de algo/alguien

peculiarity /pɪˌkjuli'ærəti/ s (pl **-ties**) peculiaridad

peculiarly /pɪ'kjuljərli/ *adv* **1** particularmente **2** de una manera extraña **3 peculiarly American/male** etc. típicamente americano -a/masculino -a etc.

pedal /'pedl/ *sustantivo & verbo*
■ s pedal
■ v [intr] (-led, -ling AmE, -lled, -lling BrE) pedalear

pedantic /pə'dæntɪk/ *adj* puntilloso -a

pedestrian /pə'destriən/ s peatón -ona

pe,destrian 'crossing s BrE paso de peatones ▶ En inglés americano se usa **crosswalk**

pedigree /'pedəgri/ *sustantivo & adjetivo*
■ s **1** pedigree, pedigrí **2** genealogía
■ adj con pedigree/pedigrí, de raza

pee /pi/ *verbo & sustantivo*
■ v [intr] hacer(se) del uno, hacer(se) pipí/pis
■ s pipí, pis

peek /pik/ *verbo & sustantivo*
■ v [intr] **1 to peek (at sth)** mirar (algo) [a hurtadillas] **2 to peek out** asomar la cabeza
■ s **to take a peek at sth/sb** echarle una miradita a algo/alguien

peel /pil/ *verbo & sustantivo*
- *v* **1** [tr] pelar **2** [intr] pelarse, descarapelarse [nariz, espalda, etc.] **3** [intr] descarapelarse [pintura]
  peel off 1 descarapelarse [pintura] **2** pelarse, descarapelarse [piel] **peel sth off** despegar algo
- *s* cáscara [de una naranja, una manzana]

peep /pip/ *verbo & sustantivo*
- *v* [intr] **1** echar un vistazo: *I opened the door a crack and peeped out.* Abrí apenas la puerta y eché un vistazo. **2** espiar: *I caught him peeping through the keyhole.* Lo pesqué espiando por el agujero de la cerradura. **3** asomar(se): *The sun peeped through the clouds.* El sol se asomó entre las nubes.
- *s* **1 to take a peep at sth** echarle un vistazo a algo, espiar algo **2 not a peep** (informal) ni una palabra, ni mu

peer /pɪr/ *sustantivo & verbo*
- *s* **1** (de la misma edad o condición social) par, igual **2** (miembro de la nobleza británica) par
- *v* **to peer at/through etc.** mirar algo esforzándose por ver con claridad: *He peered at the map.* Escudriñó el mapa. | *Someone was peering through the window.* Alguien estaba atisbando por la ventana.

peeved /pivd/ *adj* (informal) molesto -a [enojado]

peg /peg/ *sustantivo & verbo*
- *s* **1** gancho [en la pared para colgar abrigos] **2** (también **tent peg**) estaca **3** (también **clothes peg**) BrE pinza [para tender la ropa] ► En inglés americano se usa **clothespin**
- *v* [tr] (-gged, -gging) (también **peg out**) tender, colgar [la ropa]

pelican /'pelɪkən/ *s* pelícano

pellet /'pelət/ *s* **1** bolita [de papel, pan, etc.] **2** perdigón

pelt /pelt/ *verbo & sustantivo*
- *v* **1 to pelt sb with sth** lanzarle algo a alguien **2 to be pelting down** estar lloviendo a cántaros **3 to pelt along/down etc.** ir muy rápido: *He pelted down the road.* Corrió como loco por la calle.
- *s* **1** piel, cuero **2 at full pelt** a toda máquina

pen /pen/ *s* **1** (también **fountain pen**) pluma (fuente) **2** (también **ballpoint pen**) bolígrafo, pluma atómica **3** corral

penalize, -ise BrE /'pinlaɪz/ *v* [tr] **1** perjudicar, colocar en desventaja **2** penalizar, sancionar

penalty /'penlti/ *s* (pl -ties) **1** multa **2** pena | **the death penalty** la pena de muerte **3** (en futbol americano, etc.) castigo **4** (en futbol, etc.) penalty, penal

pence /pens/ BrE plural de **penny**

pencil /'pensəl/ *s* lápiz | **in pencil** con lápiz

'pencil ,sharpener *s* sacapuntas

pendant, también **pendent** /'pendənt/ *s* colgante [alhaja]

pending /'pendɪŋ/ *preposición & adjetivo*
- *prep* (formal) en espera de
- *adj* (formal) pendiente

pendulum /'pendʒələm/ *s* péndulo

penetrate /'penətreɪt/ *v* **1** [tr/intr] penetrar | **to penetrate through sth** atravesar algo **2** [tr] infiltrarse en

penetrating /'penətreɪtɪŋ/ *adj* penetrante [mirada, voz, pregunta]

'pen friend *s* BrE ► ver **pen pal**

penguin /'peŋgwɪn/ *s* pingüino

penicillin /penə'sɪlən/ *s* penicilina

peninsula /pə'nɪnsələ/ *s* península

penis /'pinɪs/ *s* pene

penitentiary /penə'tenʃəri/ *s* (pl -ries) penitenciaría, prisión

penknife /'pennaɪf/ *s* (pl -knives /-naɪvz/) navaja

penniless /'penɪləs/ *adj* pobre, sin un centavo

penny /'peni/ *s* **1** (pl pennies) (en EU) (moneda de un) centavo: *It costs a few pennies.* Cuesta unos centavos. | *a bag full of pennies* una bolsa llena de monedas de un centavo **2** (en Gran Bretaña) (moneda de un) penique ► Cuando se refiere a precios el plural es **pence**. Cuando designa la moneda, el plural es **pennies**

'pen pal *s* AmE persona, generalmente residente en el extranjero, con la cual uno mantiene correspondencia

pension /'penʃən/ *s* jubilación, pensión

pensioner /'penʃənər/ *s* jubilado -a, pensionado -a

pentagon /'pentəgɑn/ *s* **1** pentágono **2 the Pentagon** el Pentágono [el ministerio/la secretaría de Defensa de EU]

penultimate /pɪ'nʌltəmət/ *adj* penúltimo -a

people /'pipəl/ *s* **1** [pl] (la) gente: *People think we are sisters.* La gente cree que somos hermanas. **2** [pl] personas: *There were five people waiting.* Había cinco personas esperando. ► ver recuadro en **gente** y nota en **persona 3** [pl] ciudadanos, habitantes: *the people of Rome* los ciudadanos de Roma | **the people** (la gente común) el pueblo: *The people rose up against him.* El pueblo se sublevó contra él. **4** [sing] (nación) pueblo ► Este sentido es numerable y tiene plural: *all the peoples of the world* todos los pueblos del mundo

pepper /'pepər/ *s* **1** pimienta **2** pimiento (morrón): *a red pepper* un pimiento rojo

peppermint /'pepərmɪnt/ *s* **1** menta **2** pastilla de menta

per /pər/ *prep* por: *$60 per person per night* $60 por persona por noche | *He charges $30 per lesson.* Cobra $30 la clase.

perceive /pər'siv/ *v* [tr] (formal) **1** considerar, ver **2** percibir, notar

percent, también **per cent** /pər'sent/ *adj & adv* por ciento: *I agree with you one hundred percent.* Estoy cien por ciento de acuerdo contigo.

percentage /pər'sentɪdʒ/ s porcentaje

perception /pər'sepʃən/ s **1** punto de vista, concepción **2** percepción **3** perspicacia

perceptive /pər'septɪv/ adj perspicaz

perch /pɜrtʃ/ sustantivo & verbo
- **s** (pl perches) percha [de un ave]
- **v 1 to be perched on sth** estar encaramado -a en algo, estar (sentado -a) sobre algo **2 to perch yourself on sth** encaramarse en algo, sentarse en (el borde de) algo **3** [intr] posarse [ave]

percussion /pər'kʌʃən/ s percusión

perennial /pə'reniəl/ adj **1** eterno -a [problema, cuestión, etc.] **2** perenne [planta]

perfect¹ /'pɜrfɪkt/ adjetivo & sustantivo
- **adj 1** perfecto -a **2** ideal: *This rug is perfect for my bedroom.* Este tapete es ideal para mi recámara. **3** (usado para enfatizar): *I felt like a perfect idiot.* Me sentí como una verdadera idiota. | *a perfect stranger* un perfecto desconocido
- **s the perfect (tense)** el pretérito perfecto compuesto

perfect² /pər'fekt/ v [tr] perfeccionar

perfection /pər'fekʃən/ s **1** perfección | **to perfection** a la perfección **2** perfeccionamiento

perfectionist /pər'fekʃənɪst/ s perfeccionista

perfectly /'pɜrfɪktli/ adv **1** (a la perfección) perfectamente **2** (usado para enfatizar) perfectamente, totalmente | **to know perfectly well** saber muy bien

perform /pər'fɔrm/ v **1** [intr] actuar ▶ La traducción también puede ser cantar, bailar o tocar según se trate de cantantes, bailarines o músicos **2** [tr] interpretar [una pieza de música] **3** [tr] representar [una obra de teatro] **4** [tr] practicar [una operación quirúrgica] **5** [tr] desempeñar [una tarea] **6 to perform well/badly etc.** tener un buen/mal etc. desempeño

performance /pər'fɔrməns/ s **1** (en el teatro, el cine) función, representación **2** (de un músico) interpretación **3** (de un actor) actuación, interpretación **4** (de un coche, un motor) rendimiento, desempeño **5** (de un estudiante, un trabajador) desempeño **6** (de funciones, tareas) desempeño

performer /pər'fɔrmər/ s **1** (en teatro) actor, actriz **2** (en música) intérprete **3** (en un circo) artista

perfume /'pɜrfjum, pər'fjum/ s **1** perfume **2** (literario) aroma [de una flor]

perhaps /pər'hæps/ adv a lo mejor, tal vez, quizá(s): *Perhaps she didn't hear you.* A lo mejor no te oyó. | **perhaps not** puede que no, quizás no

peril /'perəl/ s (formal) peligro, riesgo

period /'pɪriəd/ sustantivo & adjetivo
- **s 1** período | **over a period of time** a lo largo de un período **2** (en la historia) época **3** regla, período (menstrual) **4** AmE punto [en puntuación] **5** tiempo [de un partido de hockey] **6** hora [en la escuela]: *What do you have first period?* ¿Qué tienes en la primera hora?
- **adj period costume/furniture etc.** traje/muebles etc. de época

periodic /pɪri'ɑdɪk/, también **periodical** /pɪri'ɑdɪkəl/ adj periódico -a

peripheral /pə'rɪfərəl/ adjetivo & sustantivo
- **adj** secundario -a
- **s** (en computación) periférico

perish /'perɪʃ/ v [intr] (3ª pers sing -shes) (literario) perecer, fallecer

perishable /'perɪʃəbəl/ adj perecedero -a

perjury /'pɜrdʒəri/ s perjurio

perk /pɜrk/ sustantivo & verbo
- **s** (de un trabajo) beneficio (adicional)
- **v perk up** animarse **perk sb up** animar a alguien

perky /'pɜrki/ adj (-kier, -kiest) alegre

perm /pɜrm/ sustantivo & verbo
- **s** permanente [en el cabello]
- **v to get/have your hair permed** hacerse (un) permanente

permanent /'pɜrmənənt/ adjetivo & sustantivo
- **adj 1** permanente **2** irreparable [daño, pérdida]
- **s** AmE permanente [en el cabello]

permanently /'pɜrmənəntli/ adv permanentemente, para siempre

permissible /pər'mɪsəbəl/ adj (formal) permisible, tolerable

permission /pər'mɪʃən/ s permiso: *Did he give you permission to use the car?* ¿Te dio permiso de usar el carro?

permit¹ /pər'mɪt/ v (-tted, -tting) [tr] (formal) permitir: *Smoking is not permitted.* No se permite fumar. | **to permit sb to do sth** permitirle a alguien hacer algo | **weather permitting** si el tiempo lo permite, si hace buen tiempo

permit² /'pɜrmɪt/ s permiso: *a work permit* un permiso de trabajo

perpetual /pər'petʃuəl/ adj perpetuo -a, eterno -a

perplexed /pər'plekst/ adj perplejo -a

persecute /'pɜrsɪkjut/ v [tr] perseguir [por razones políticas, religiosas]

persecution /pɜrsɪ'kjuʃən/ s persecución

perseverance /pɜrsə'vɪrəns/ s perseverancia

persevere /pɜrsə'vɪr/ v **to persevere (with sth)** perseverar (en algo), seguir insistiendo (con algo)

persist /pər'sɪst/ v [intr] **1** persistir, insistir | **to persist in doing sth** insistir en hacer algo **2** persistir, seguir

persistence /pər'sɪstəns/ s **1** tenacidad, perseverancia **2** persistencia

persistent /pər'sɪstənt/ adj **1** persistente [tos, lluvia, etc.] **2** tenaz, insistente [persona] **3** continuo -a, repetido -a [intento]

person /'pɜrsən/ s **1** (pl **people**) persona: *the person I want to talk to* la persona con la que quiero hablar | *There were several people waiting.* Había varias personas esperando. **2** (pl **persons**) ► Este plural sólo se utiliza en lenguaje formal o técnico: *a person or persons unknown* una persona o personas desconocidas **3 in person** personalmente, en persona **4** (pl **persons**) (en gramática) persona

personal /'pɜrsənl/ adj **1** personal: *personal problems* problemas personales | *I know from personal experience.* Lo sé por experiencia propia. **2** privado -a, personal: *his personal life* su vida privada (dirigido a una persona) personal [comentario, etc.] | **it's nothing personal** no tengo nada en tu/su etc. contra

personality /pɜrsə'næləti/ s (pl **-ties**) **1** (carácter) personalidad **2** (persona famosa) personalidad, figura

personalized, -ised BrE /'pɜrsənlaɪzd/ adj **1** personalizado -a [servicio] **2** con membrete [papel] **3** con las iniciales [camisa, pañuelo, etc.]

personally /'pɜrsənl-i/ adv **1** (al dar una opinión) personalmente: *Personally, I think it's a bad idea.* Personalmente, creo que es una mala idea. **2** (referido a una persona en particular) personalmente: *I'm holding you personally responsible.* Te hago personalmente responsable. **3 to know sb personally** conocer a alguien personalmente **4 to take it personally** ofenderse, tomárselo personalmente

,personal 'organizer s agenda

,personal 'stereo s walkman®

personnel /pɜrsə'nel/ s **1** (empleados) personal **2** (departamento) personal

perspective /pər'spektɪv/ s **1** (punto de vista) perspectiva **2** (en dibujo) perspectiva **3 to keep things in perspective** no exagerar la importancia de algo

perspiration /pɜrspə'reɪʃən/ s (formal) transpiración, sudor

perspire /pər'spaɪr/ v [intr] (formal) transpirar, sudar

persuade /pər'sweɪd/ v [tr] **1 to persuade sb to do sth** convencer a alguien de que haga algo: *They persuaded her to let them stay.* La convencieron de que los dejara quedarse. **2 to persuade sb of sth** convencer a alguien de algo

persuasion /pər'sweɪʒən/ s **1** persuasión, insistencia **2** (formal) convicción, opinión

persuasive /pər'sweɪsɪv/ adj convincente, persuasivo -a

pertinent /'pɜrtn-ənt/ adj pertinente

perturb /pər'tɜrb/ v [tr] preocupar, perturbar

perturbed /pər'tɜrbd/ adj preocupado -a, perturbado -a

Peru /pə'ru/ s (el) Perú

Peruvian /pə'ruviən/ adj & s peruano -a

perverse /pər'vɜrs/ adj **1** retorcido -a, difícil [persona] **2** malsano -a, morboso -a [satisfacción]

pervert[1] /pər'vɜrt/ v [tr] pervertir, desviar

pervert[2] /'pɜrvərt/ s degenerado -a, pervertido -a

pessimism /'pesəmɪzəm/ s pesimismo

pessimist /'pesəmɪst/ s pesimista

pessimistic /pesə'mɪstɪk/ adj pesimista

pest /pest/ s **1** animal o insecto dañino **2** (informal) pesado -a

pester /'pestər/ v [tr] darle la lata a, [intr] dar la lata: *The children were pestering me for a story.* Los niños me estaban dando la lata para que les contara un cuento.

pesticide /'pestəsaɪd/ s pesticida

pet /pet/ *sustantivo & adjetivo*
- s **1** mascota, animal [doméstico]: *Do you have any pets?* ¿Tienes alguna mascota?/¿Tienes algún animalito? **2** preferido -a, consentido -a: *the teacher's pet* el preferido de la maestra
- adj **1** preferido -a [tema, teoría, etc.] **2 her pet monkey/rabbit etc.** el mono/el conejo etc. que tiene de mascota **3 one of my/her etc. pet peeves** AmE, **one of my/her etc. pet hates** BrE una de las cosas que más odio/odia etc.

petal /'petl/ s pétalo

peter /'pitər/ v **peter out 1** perderse [camino, sendero] **2** decaer [conversación]

petition /pə'tɪʃən/ *sustantivo & verbo*
- s petición
- v [tr] elevar una petición a

petrified /'petrəfaɪd/ adj **1** aterrado -a **2** petrificado -a [bosque, madera, etc.]

petrol /'petrəl/ s BrE gasolina ► En inglés americano se usa **gasoline** o **gas**

petroleum /pə'trouliəm/ s petróleo

'petrol ,station s BrE gasolinera ► En inglés americano se usa **gas station**

petticoat /'petikout/ s fondo [prenda interior femenina]

petty /'peti/ adj (-ttier, -ttiest) **1** insignificante, nimio -a **2 petty crime** delitos menores, contravenciones **3 petty cash** caja chica [dinero] **4** mezquino -a

pew /pju/ s banco [de iglesia]

phantom /'fæntəm/ *sustantivo & adjetivo*
- s (literario) fantasma
- adj **1** imaginario -a **2** fantasma

pharmaceutical /farmə'sutɪkəl/ adj farmacéutico -a

pharmacist /'farməsɪst/ s farmacéutico -a, farmacista

pharmacy /'farməsi/ s **1** (pl **-cies**) (comercio) farmacia **2** (carrera) farmacia

phase /feɪz/ *sustantivo & verbo*
- s fase, etapa
- v **phase sth in** introducir algo gradualmente **phase sth out** eliminar algo gradualmente

Ph.D. /pi eɪtʃ 'di/ s (= **Doctor of Philosophy**)
1 doctorado **2** doctor -a [en cualquier rama del saber]

pheasant /'fezənt/ s (pl -s o pheasant) faisán

phenomenal /fɪ'nɑmənl/ adj fenomenal

phenomenon /fɪ'nɑmənən/ s (pl phenomena /-nə/) fenómeno

phew! /fju/ interj ¡puf!, ¡fiu!

philosopher /fɪ'lɑsəfər/ s filósofo -a

philosophical /fɪlə'sɑfɪkəl/ adj filosófico -a

philosophy /fɪ'lɑsəfi/ s (pl -phies) filosofía

phobia /'foʊbiə/ s fobia

phone /foʊn/ sustantivo & verbo
- **s 1** teléfono | **by phone** por teléfono **2 to be on the phone (a)** estar hablando por teléfono **(b)** tener teléfono
- **v** [tr/intr] (también **phone up** BrE) llamar (por teléfono): *Don't phone me at work.* No me llames al trabajo. | *I phoned to confirm.* Llamé por teléfono para confirmar.

'phone book s directorio (telefónico)

'phone booth AmE, **phone box** BrE s caseta (telefónica/de teléfonos)

'phone call s llamada (telefónica)

phonecard /'foʊnkɑrd/ s tarjeta telefónica

'phone-in s programa de radio o televisión al que el público llama para hacer preguntas, expresar opiniones, etc.

'phone ˌnumber s número de teléfono

phoney, también **phony** AmE /'foʊni/ adjetivo & sustantivo
- **adj** (informal) falso -a, fingido -a
- **s** farsante

photo /'foʊtoʊ/ s foto | **to take a photo** sacar/tomar una foto

photocopier /'foʊtəkɑpiər/ s fotocopiadora

photocopy /'foʊtəkɑpi/ sustantivo & verbo
- **s** (pl -pies) fotocopia
- **v** [tr] (-pies, -pied) fotocopiar

photograph /'foʊtəgræf/ sustantivo & verbo
- **s** fotografía | **to take a photograph** sacar/tomar una fotografía
- **v** [tr] fotografiar, sacarle/tomarle una foto a

photographer /fə'tɑgrəfər/ s fotógrafo -a

photographic /foʊtə'græfɪk/ adj fotográfico -a

photography /fə'tɑgrəfi/ s fotografía

ˌphrasal 'verb s

> Un **phrasal verb** es un verbo compuesto por un verbo principal y un adverbio o una preposición o ambos, como **to give up**, **to look up to**, etc. Los **phrasal verbs** aparecen bajo el verbo principal en el diccionario.

phrase /freɪz/ sustantivo & verbo
- **s** frase, expresión
- **v** [tr] expresar, formular

physical /'fɪzɪkəl/ adjetivo & sustantivo
- **adj** físico -a
- **s** (también **physical examination**) examen médico, reconocimiento médico

physically /'fɪzɪkli/ adv **1** físicamente **2 physically impossible** materialmente imposible

ˌphysical 'therapist s AmE fisioterapeuta, kinesiólogo -a

ˌphysical 'therapy s AmE fisioterapia, kinesiología

physician /fɪ'zɪʃən/ s (formal) médico -a

physicist /'fɪzəsɪst/ s físico -a

physics /'fɪzɪks/ s física

physiology /fɪzi'ɑlədʒi/ s fisiología

physiotherapist /ˌfɪzioʊ'θerəpɪst/ s BrE fisioterapeuta, kinesiólogo -a ▶ En inglés americano se usa **physical therapist**

physiotherapy /ˌfɪzioʊ'θerəpi/ s BrE fisioterapia, kinesiología

physique /fɪ'zik/ s físico [cuerpo]

pianist /pi'ænɪst/ s pianista

piano /pi'ænoʊ/ s piano: *He plays the piano beautifully.* Toca el piano maravillosamente.

pick /pɪk/ verbo & sustantivo
- **v** [tr] **1** elegir, escoger **2** cortar [una flor] **3** recoger, pizcar [fruta, etc.] **4 to pick sth off/from sth** quitar algo de algo: *She was picking pieces of lint off her sweater.* Se estaba quitando pelusas del suéter. | **to pick a lock** forzar una cerradura | **to pick your nose** hurgarse la nariz, meterse los dedos en/a la nariz | **to pick your teeth** escarbarse los dientes **5 to pick a fight/a quarrel with sb** buscar pleito(s) con alguien **6 to pick your way through/across etc.** caminar con mucho cuidado por/a través de etc. **7 to pick sb's pocket** bolsear a alguien
  PHRASAL VERBS
  pick on sb traerla con/contra alguien, traer a alguien de encargo
  pick sth/sb out 1 identificar algo/a alguien **2** (percibir) distinguir algo/a alguien
  pick up 1 repuntar: *Sales should pick up before Christmas.* Las ventas deberían repuntar antes de Navidad. **2** aumentar [viento] **pick up sth to pick up speed** aumentar la velocidad **pick sth up 1** levantar/recoger algo **2** pasar a buscar algo **3** aprender algo: *You'll soon pick up the language.* No vas a tardar en aprender el idioma. **4** adquirir algo [una mala costumbre] **5** contagiarse algo, pescarse algo **pick sb up 1** levantar a alguien, alzar a alguien **2** pasar a buscar a alguien **3** llevarse (preso -a) a alguien **4** ligarse a alguien [en una fiesta, un bar, etc.]
- **s 1 take your pick** elige el/la que quieras | **to have your pick of sth/sb** tener para elegir entre algo/alguien **2 the pick of sth** lo mejor de algo **3** pico, piqueta [herramienta]

pickax AmE, **pickaxe** BrE /'pɪk-æks/ s pico, piqueta [herramienta]

picket /'pɪkɪt/ verbo & sustantivo
■ v **1** [intr] hacer piquetes/un piquete [manifestarse los obreros impidiendo el acceso a una fábrica, etc.] **2** [tr] hacer piquetes/un piquete en
■ s **1** piquete [manifestación obrera que impide el acceso a una fábrica, etc.] **2 picket fence** AmE barda/cerca de madera [hecha de tablas verticales terminadas en punta]

pickle /'pɪkəl/ sustantivo & sustantivo plural
■ s **1** AmE pepinillos en vinagre **2** BrE salsa agridulce que se usa para acompañar sándwiches u otros platos
■ **pickles** s pl encurtidos

pickpocket /'pɪkpɑkɪt/ s bolsista, carterista

pickup /'pɪkʌp/, también **pickup truck** s camioneta

picky /'pɪki/ adj (-ckier, -ckiest) (informal) maniático -a, quisquilloso -a

picnic /'pɪknɪk/ s picnic | **to have a picnic** hacer un picnic

picture /'pɪktʃər/
sustantivo & verbo
■ s **1** cuadro
2 dibujo | **to draw a picture** hacer un dibujo
3 foto | **to take a picture (of sth/sb)** sacar(le) una foto (a algo/alguien), tomar una foto (de algo/alguien) **4** imagen, idea [mental] **5** imagen [de televisión] **6** película | **to go to the pictures** BrE ir al cine **7 to get the picture** (informal) entender: *Do you get the picture?* ¿Entiendes?
■ v [tr] imaginarse, ver

having a picnic

picturesque /pɪktʃə'resk/ adj pintoresco -a

pie /paɪ/ s pay

piece /pis/ sustantivo & verbo
■ s **1** pedazo, trozo | **to smash/tear sth to pieces** romper algo en mil pedazos/en pedacitos **2** (elemento de un conjunto) pieza | **to take sth to pieces** desarmar algo **3 a piece of** se usa seguido de algunos sustantivos no contables para designar una unidad: *a piece of furniture* un mueble | *a piece of advice* un consejo **4** (de música) pieza **5** moneda: *a 50-cent piece* una moneda de 50 centavos **6 to go to pieces** derrumbarse [anímicamente] **7 in one piece (a)** sano -a y salvo -a [persona] **(b)** intacto -a [objeto] **8 to give sb a piece of your mind** hacerle saber a alguien lo que uno piensa **9 to be a piece of cake** (informal) ser pan comido
■ v **piece sth together** reconstruir algo sobre la base de la información disponible: *He eventually pieced together what had happened.* Con el tiempo, ató cabos y pudo deducir qué había sucedido.

a piece of cheese

a piece of pizza

pier /pɪr/ s muelle, embarcadero

pierce /pɪrs/ v [tr] **1** perforar, atravesar **2 to have your ears pierced** hacerse perforar las orejas

piercing /'pɪrsɪŋ/ adj **1** agudo -a [grito] **2** penetrante [ojos, mirada]

pig /pɪg/ s **1** cerdo -a, puerco -a **2** (informal) glotón -ona, tragón -ona

pigeon /'pɪdʒən/ s paloma

pigeonhole /'pɪdʒənhoʊl/ s casillero

piglet /'pɪglət/ s cerdito -a, puerquito -a

pigsty /'pɪgstaɪ/ s (pl -sties) pocilga, chiquero

pigtail /'pɪgteɪl/ s coleta [de pelo]

pile /paɪl/ sustantivo, sustantivo plural & verbo
■ s **1** pila, montón **2 a pile of/piles of** (informal) un montón de/montones de, un chorro de
■ **piles** s pl BrE hemorroides ► También se usa **haemorrhoids,** que en inglés americano se escribe **hemorrhoids**
■ v [tr] **1** amontonar **2 piled (high) with sth** colmado -a de algo
pile into sth (informal) meterse en algo [apretujados y en forma desordenada]
pile up acumularse, amontonarse **pile sth up** amontonar algo, apilar algo

'pile-up s (informal) choque múltiple, carambola

pilgrim /'pɪlgrəm/ s peregrino -a

pilgrimage /'pɪlgrəmɪdʒ/ s peregrinaje

pill /pɪl/ s **1** pastilla, píldora **2 the pill** la píldora (anticonceptiva): *She's on the pill.* Está tomando la píldora.

pillar /'pɪlər/ s pilar, columna

pillow /'pɪloʊ/ s almohada

pillowcase /'pɪloʊkeɪs/ s funda [de almohada]

pilot /'paɪlət/ sustantivo & verbo
■ s **1** (en un avión) piloto **2 a pilot project/ program etc.** un proyecto/programa etc. piloto
■ v [tr] pilotear

pimple /'pɪmpəl/ s barro, grano [en la piel]

PIN /pɪn/ s (= **personal identification number**) número confidencial, NIP [clave para un cajero automático]

pin /pɪn/ sustantivo & verbo
■ s **1** alfiler **2** AmE prendedor, broche **3** AmE botón, pin **4 pins and needles** hormigueo [en los pies, las piernas, etc.]

v [tr] (-nned, -nning) **1 to pin sth together** prender algo con alfileres | **to pin sth to/on sth (a)** (con alfileres) prender algo en algo **(b)** (con chinches) clavar algo en algo **2** inmovilizar, sujetar [a una persona]
pin sth down identificar algo [la causa de algo, un problema] **pin sb down** hacer que alguien se defina

pinball /'pınbɔl/ s pinball, flipper

pincer /'pınsər/ sustantivo & sustantivo plural
- **s** pinza [de un cangrejo, una langosta]
- **pincers s pl** tenaza

pinch /pıntʃ/ verbo & sustantivo
- **v** (3ª pers sing -ches) **1** [tr] pellizcar **2** (zapatos) [tr] apretar, [intr] quedar ajustados **3** [tr] (informal) volar, robar
- **s** (pl **pinches**) **1 a pinch of salt/pepper etc.** una pizca de sal/pimienta etc. **2** pellizco **3 in a pinch** AmE, **at a pinch** BrE si fuera necesario, en el último de los casos

pine /paın/ sustantivo & verbo
- **s 1** pino [árbol] **2** pino [madera] | **a pine table/bed etc.** una mesa/cama etc. de pino
- **v** [intr] (también **pine away**) languidecer **pine for sth/sb** añorar algo/a alguien

pineapple /'paınæpəl/ s piña [fruta comestible]

ping-pong /'pıŋpɑŋ/ s (informal) ping-pong

pink /pıŋk/ adjetivo & sustantivo
- **adj 1** rosado -a, rosa [cielo, vestido, etc.] ► ver "Active Box" **colors** en **color 2** sonrosado -a [mejillas]
- **s** rosado, rosa ► ver "Active Box" **colors** en **color**

pinnacle /'pınəkəl/ s (punto más alto) pináculo

pinpoint /'pınpɔınt/ v [tr] **1** identificar **2** ubicar exactamente

pint /paınt/ s **1** pinta [= 0.47 litros en EU y 0.57 litros en Gran Bretaña] **2** BrE (informal) (pinta de) cerveza | **to go for a pint** ir a tomar una cerveza

pinup /'pınʌp/ s foto de alguien atractivo, como una estrella de cine, un cantante pop, etc. o persona que aparece en dicha foto

pioneer /paıə'nır/ sustantivo & verbo
- **s** pionero -a, precursor -a
- **v** [tr] ser pionero -a en

pious /'paıəs/ adj **1** devoto -a **2** santurrón -ona

pip /pıp/ s BrE semilla, pepita [de manzana, naranja, etc.] ► También existe **seed**, que es inglés universal

pipe /paıp/ sustantivo & verbo
- **s 1** tubo **2** pipa | **to smoke a pipe** fumar en pipa **3** flauta **4 the pipes** la gaita
- **v** [tr] transportar [por tuberías, gasoducto] **pipe down** (informal) callarse (la boca)

pipeline /'paıp-laın/ s **1** gasoducto, oleoducto **2 to be in the pipeline** estar en camino [algo que ha sido planeado]

piracy /'paırəsi/ s piratería

pirate /'paırət/ sustantivo & verbo
- **s** pirata
- **v** [tr] piratear

Pisces /'paısiz/ s **1** Piscis **2** persona del signo de Piscis: *My sister's a Pisces.* Mi hermana es (de) Piscis.

piss /pıs/ s (grosero) **1** meados **2 to take the piss out of sb** BrE tomarle el pelo a alguien

pissed /pıst/ adj (grosero) **1** AmE encabronado -a, enchilado -a ► También existe **pissed off**, que es inglés universal **2** BrE borracho -a

pistol /'pıstl/ s pistola

piston /'pıstən/ s pistón

pit /pıt/ sustantivo & verbo
- **s 1** hoyo, pozo, fosa **2** mina **3** AmE hueso [de fruta] **4 the pit** AmE, **the pits** BrE los pits **5 the pit of your stomach** la boca del estómago **6 the pit** el foso (de la orquesta) **7 to be the pits** (informal) ser lo peor que hay
- **v** (-tted, -tting) **pit sb against sth/sb 1** enfrentar a alguien con algo/alguien **2 to pit your wits/strength etc. against sb** medir su inteligencia/fuerza etc. contra alguien

pitch /pıtʃ/ sustantivo & verbo
- **s 1** (pl -ches) punto, grado [de tensión, emoción, etc.] **2** tono [de una nota, un instrumento, etc.] **3** lanzamiento [en béisbol] **4** BrE cancha, campo ► En inglés americano se usa **field**
- **v** (3ª pers sing -ches) **1** [tr] aventar, arrojar [con fuerza] **2** [tr/intr] (en béisbol) pichar, lanzar **3 to pitch forward/backward etc.** caer(se) de bruces/de espaldas etc. **4** [tr] armar [una tienda de campaña] | **to pitch camp** acampar **5** [intr] cabecear [barco, avión] **6** [tr] dirigir [un producto, una charla, etc.]: *The movie is pitched at a preteen audience.* La película se dirige a un público preadolescente.
pitch in (informal) echar una mano | **to pitch in with sth** colaborar con algo

pitch 'black adj **1** oscurísimo -a, oscuro -a como boca de lobo **2** renegrido -a, negro -a como el carbón

pitcher /'pıtʃər/ s **1** jarra **2** (en béisbol) pitcher, lanzador -a

pitfall /'pıtfɔl/ s escollo

pitiful /'pıtıfəl/ adj **1** penoso -a **2** lamentable [muy pobre]

pittance /'pıtns/ s miseria: *She earns a pittance.* Gana una miseria.

pity /'pıti/ sustantivo & verbo
- **s 1 it's a pity (that)** es una lástima/pena que: *It's a pity you can't come.* Es una lástima que no puedas venir. | **what a pity!** ¡qué lástima!/¡qué pena! **2** lástima, compasión | **to take pity on sb** apiadarse de alguien
- **v** [tr] (-ties, -tied) compadecer a, compadecerse de

pivot /'pıvət/ s **1** eje **2** pivote

pizza /'pitsə/ s pizza

placard /'plækərd/ s **1** pancarta **2** cartel, letrero

placate /'pleɪkeɪt/ v [tr] aplacar

place /pleɪs/ *sustantivo & verbo*
■ *s* **1** lugar, sitio: *Do you know any good places to eat?* ¿Conoces algún lugar bueno para comer? | *Keep it in a safe place.* Guárdalo en un lugar seguro. | **in place** en su lugar
2 (informal) casa: *They have a place in the country.* Tienen una casa en el campo. | *We went to Jeff's place for coffee.* Fuimos a la casa de Jeff a tomar un café.
3 to take place tener lugar, suceder
4 (en un curso, un equipo) lugar, plaza: *She got a place on the swim team.* Se ganó un lugar en el equipo de natación
5 (para sentarse) lugar, asiento: *Save me a place.* Guárdame un lugar.
6 to take the place of sth/sb reemplazar a algo/alguien, ocupar el lugar de algo/alguien
7 in first/second etc. place en primer/segundo etc. lugar
8 in the first/second place en primer/segundo lugar, primero/segundo
9 (situación) lugar | **to put sb in his/her etc. place** poner a alguien en su lugar [bajarle los humos]
10 all over the place (informal) **(a)** por todos lados, por todas partes **(b)** (hecho -a) un caos, desordenado -a
11 out of place fuera de lugar: *I felt really out of place.* Me sentí totalmente fuera de lugar.
■ *v* [tr] **1** colocar, poner
2 (identificar) ubicar: *I'm sure I've met him before, but I can't place him.* Estoy segura de que lo conozco, pero no lo ubico.
3 to place an advertisement poner un anuncio [en un diario, revista, etc.] | **to place an order/a bet** hacer un pedido/una apuesta

placid /'plæsɪd/ *adj* plácido -a, tranquilo -a

plague /pleɪg/ *sustantivo & verbo*
■ *s* **1** peste, plaga **2 a plague of rats/locusts etc.** una plaga de ratas/langostas etc.
■ *v* [tr] acosar, asediar

plaice /pleɪs/ *s* platija [pescado plano, similar al lenguado]

plain /pleɪn/ *adjetivo, sustantivo & adverbio*
■ *adj* **1** evidente, claro -a: *It's plain that he's not interested.* Es evidente que no le interesa. | **to make it plain that** dejar en claro que **2** sencillo -a: *a very plain dress* un vestido muy sencillo **3** liso -a: *a plain carpet* un tapete liso | **plain paper** papel sin renglones **4** feo -a, feúcho -a
■ *s* llanura
■ *adv* (informal) sencillamente: *It's just plain stupid.* Es sencillamente una estupidez.

plainclothes /pleɪn'kloʊz/ *adj* de civil [policía]

plainly /'pleɪnli/ *adv* **1** claramente **2** con sencillez **3** sin rodeos **4** evidentemente

plaintiff /'pleɪntɪf/ *s* demandante

plait /pleɪt, BrE plæt/ *verbo & sustantivo*
■ *v* [tr] trenzar
■ *s* trenza ▶ En inglés americano se usa **braid**

plan /plæn/ *sustantivo & verbo*
■ *s* **1** plan: *I don't have any plans for the weekend.* No tengo planes para el fin de semana. | **to go according to plan** salir según lo planeado **2** plano **3** esquema
■ *v* **1** [tr/intr] planear: *She'd been planning the trip for months.* Hacía meses que estaba planeando el viaje. **2 to plan on doing sth/to plan to do sth** pensar hacer algo **3 to plan ahead** planear las cosas de antemano

plane /pleɪn/ *s* **1** avión | **by plane** en avión **2** plano [nivel] **3** cepillo de carpintero

planet /'plænɪt/ *s* planeta

plank /plæŋk/ *s* tablón, tabla

planning /'plænɪŋ/ *s* **1** planificación **2 planning permission** permiso de construcción

plant /plænt/ *sustantivo & verbo*
■ *s* **1** (vegetal) planta **2** (fábrica) planta **3** (equipos) maquinaria **4 plant pot** maceta
■ *v* [tr] **1** plantar, sembrar **2** poner [una bomba] **3** (informal) **to plant a kiss on sb's cheek/head etc.** plantarle un beso a alguien en la mejilla/la cabeza etc. | **to plant your feet on the table etc.** plantar los pies en la mesa etc.
4 to plant sth on sb endilgarle algo a alguien [para incriminarlo]

plantation /plæn'teɪʃən/ *s* plantación

plaque /plæk/ *s* **1** placa **2** placa dental

plaster /'plæstər/ *sustantivo & verbo*
■ *s* **1** yeso, revoque **2 in plaster** enyesado -a | **to put sb's arm/leg etc. in plaster** enyesarle el brazo/la pierna etc. a alguien **3** BrE curita® ▶ En inglés americano se usa **Band-Aid®**
■ *v* [tr] **1 to plaster sth with sth** cubrir/llenar algo de algo: *Her bedroom walls were plastered with posters.* Las paredes de su recámara estaban cubiertas de pósters. **2** revocar

'plaster cast *s* yeso [para fracturas]

plastic /'plæstɪk/ *sustantivo & adjetivo*
■ *s* plástico
■ *adj* de plástico: *a plastic bag* una bolsa de plástico

plasticine® /'plæstəsin/ *s* BrE plastilina

,plastic 'surgery *s* cirugía plástica

,plastic 'wrap *s* AmE plástico [para envolver o cubrir alimentos]

plate /pleɪt/ *s* **1** plato **2** plancha [de metal] **3** placa [con una inscripción] **4** placa (de matrícula) [de un vehículo] **5** lámina [en un libro]

plateau /plæ'toʊ/ *s* (pl plateaus o plateaux /-'toʊz/) meseta

platform /'plætfɔrm/ *s* **1** (en una estación de trenes) andén **2** (para oradores) tarima, estrado **3** (de un partido político, etc.) plataforma

platinum /'plætn-əm/ *s* platino

ⓘ ¿Se dice on the table o in the table? Mira la entrada **en.**

platoon /plə'tun/ s sección [del ejército, al mando de un teniente]

plausible /'plɔːzəbəl/ adj **1** verosímil **2** creíble

play /pleɪ/ verbo & sustantivo
- v **1** [tr] jugar (a): Does she play hockey? ¿Juega hockey? | Let's play pirates. Juguemos a los piratas.
2 [intr] jugar: He plays for the Mariners. Juega para los Mariners. | They're playing with the train set. Están jugando con el trenecito.
3 to play (against) sb jugar contra alguien: They are playing the Pumas tomorrow. Juegan contra los Pumas mañana.
4 [tr/intr] tocar [un instrumento musical]: My sister plays the flute. Mi hermana toca la flauta.
5 [intr] oírse: Music was playing in the background. Se oía música en el fondo.
6 to play a CD/tape etc. poner un CD/un cassette etc.
7 [tr] hacer (el papel) de, interpretar el papel de [un personaje en teatro, cine, etc.]
8 to play a trick/joke on sb hacerle una broma a alguien
9 to play the fool/the innocent etc. hacerse el tonto/el inocente etc.
10 to play (it) safe ir a lo seguro, no arriesgarse
PHRASAL VERBS
play at sth 1 jugar a algo **2** to play at doctors/soldiers etc. jugar a los doctores/a los soldados etc.
play sth back poner [una grabación]
play sth down restarle importancia a algo
play on sth explotar algo [los miedos, las preocupaciones de alguien]
play up BrE **1** portarse mal **2** andar mal [televisor, carro, etc.] **play sth up** exagerar algo
- s **1** obra (de teatro) | to put on a play poner en escena una obra
2 (actividad recreativa) juego
3 (en deportes, etc.) juego: Rain stopped play. La lluvia puso fin al juego.
4 to come into play entrar en juego [factores]

'Play-Doh® s masa (para modelar)

player /'pleɪər/ s **1** jugador -a **2** músico -a | guitar/violin etc. player guitarrista/violinista etc.

playful /'pleɪfəl/ adj **1** juguetón -ona [gatito, niño, etc.] **2** pícaro -a [beso, sonrisa] **3** juguetón -ona [humor]

playground /'pleɪɡraʊnd/ s **1** patio [de una escuela] **2** zona de un parque destinada a juegos infantiles

slide   swing   seesaw

playgroup /'pleɪɡrup/ s tipo de jardín infantil organizado por los padres de los niños

'playing card s carta, naipe

'playing field s campo deportivo, cancha de deportes

'play-off s **1** (en futbol) (partido de) desempate **2** (en beisbol) the play-offs los play offs

playtime /'pleɪtaɪm/ s (hora del) recreo

playwright /'pleɪraɪt/ s dramaturgo -a

plc /pi el 'si/ (= public limited company) en Gran Bretaña, tipo de sociedad comercial similar a una sociedad anónima

plea /pli/ s **1** pedido, ruego: a plea for help un pedido de ayuda | to make a plea for sth hacer un llamado a algo, pedir/solicitar algo **2** to enter a plea of guilty/not guilty declararse culpable/inocente [acusado], presentar un alegato de culpabilidad/inocencia [abogado]

plead /plid/ v (pasado & participio pleaded o pled AmE) **1** [intr] suplicar, rogar: Amy pleaded with them to help her. Amy les suplicó que la ayudaran. | to plead for sth suplicar (por) algo **2** to plead guilty/not guilty declararse culpable/inocente

pleasant /'plezənt/ adj agradable

pleasantly /'plezəntli/ adv **1** agradablemente **2** amablemente

please /pliz/ interjección & verbo
- interj por favor ► please se usa en inglés con más frecuencia que por favor en español. También se usa en contextos en los cuales en español se emplean otras fórmulas de cortesía: Sit down, please. Siéntese, por favor. | "More coffee?" "Yes, please." –¿Más café? –Sí, gracias. | Please may I use your phone? ¿Podría usar el teléfono? | "May I sit here?" "Please do." –¿Puedo sentarme aquí? –¡Cómo no!
- v [tr/intr] **1** complacer: He's always been hard to please. Siempre ha sido difícil de complacer. **2** to please yourself: She can please herself as far as I'm concerned. Por mí, puede hacer lo que quiera. **3** whatever you please/wherever they please etc. lo que quieras/donde quieran etc.

pleased /plizd/ adj **1** contento -a: She's pleased about the results. Está contenta con los resultados. | I'm so pleased you can come. Me alegro tanto de que puedas venir. | to be pleased to do sth alegrarse de hacer algo: We are pleased to be able to help. Nos alegramos de poder ayudar. **2** pleased to meet you (formal) encantado -a (de conocerlo/la)

pleasing /'plizɪŋ/ adj (formal) **1** agradable **2** satisfactorio -a [resultado]

pleasurable /'pleʒərəbəl/ adj (formal) placentero -a

pleasure /'pleʒər/ s **1** placer: This car is a pleasure to drive. Es un placer manejar este carro. **2** it's a pleasure/my pleasure (formal) no hay de qué, de/por nada **3** with pleasure (formal) con gusto **4** to take pleasure in sth/in doing sth disfrutar con algo/haciendo algo

pleat /plit/ s tabla, pliegue [en una prenda]

pleated /'plitɪd/ *adj* tableado -a

pled /pled/ AmE pasado & participio de **plead**

pledge /pledʒ/ *sustantivo & verbo*
■ *s* promesa, compromiso
■ *v* [tr] **1** prometer [dinero, apoyo, etc.] **2 to pledge yourself to do sth** comprometerse a hacer algo

plentiful /'plentɪfəl/ *adj* abundante

plenty /'plenti/ *pronombre & adverbio*
■ *pron* **1** mucho -a: *There's plenty to do in the city.* Hay mucho que hacer en la ciudad. | *We have plenty of time.* Tenemos mucho tiempo./ Tenemos tiempo de sobra. **2** suficiente: *No, thank you. I've had plenty.* No gracias. He comido suficiente.
■ *adv* **plenty more** mucho -a más, muchos -as más: *There's plenty more space upstairs.* Hay mucho más lugar arriba.

pliers /'plaɪərz/ *s pl* alicates: *a pair of pliers* unos alicates

plight /plaɪt/ *s* situación [mala]: *These children are in a terrible plight.* Estos niños están en una situación terrible.

plod /plɑd/ *v* (-dded, -dding) **to plod along/ through etc. sth** caminar lenta y pesadamente por/a través de etc. algo

plot /plɑt/ *sustantivo & verbo*
■ *s* **1** conspiración, complot **2** argumento, trama **3** lote | **a plot of land** un terreno
■ *v* (-tted, -tting) **1** [tr] tramar **2** [intr] conspirar **3** [tr] marcar [un punto en un mapa] **4** [tr] trazar [un rumbo]

plow AmE, **plough** BrE /plaʊ/ *sustantivo & verbo*
■ *s* arado
■ *v* [tr/intr] arar
plow sth back reinvertir algo
plow into sth estrellarse contra algo
plow on seguir adelante
plow through sth leerse algo [pesado y largo]

ploy /plɔɪ/ *s* treta

pluck /plʌk/ *v* [tr] **1** puntear [una cuerda, una guitarra, etc.] **2** depilarse [las cejas] **3** desplumar [un ave] **4 to pluck sth from/off sth** (literario) arrancar algo de algo

plug /plʌg/ *sustantivo & verbo*
■ *s* **1** clavija, enchufe [de un aparato eléctrico] **2** tapón [de una tina, etc.] **3** (informal) **to give a book/film etc. a plug** hacerle propaganda a un libro/una película etc.
■ *v* [tr] (-gged, -gging) **1** (también **plug up**) tapar **2** (informal) hacerle propaganda a
plug sth in enchufar algo

plum /plʌm/ *s* **1** ciruela **2 plum tree** ciruelo

plumage /'plumɪdʒ/ *s* plumaje

plumber /'plʌmər/ *s* plomero -a

plumbing /'plʌmɪŋ/ *s* tuberías, instalación de agua

plummet /'plʌmɪt/ *v* [intr] caer en picada

plump /plʌmp/ *adj* **1** rellenito -a [persona, mejillas] **2** gordo -a [pollo, etc.] **3** mullido -a [almohadón, cojín]

plunder /'plʌndər/ *v* [tr] saquear

plunge /plʌndʒ/ *verbo & sustantivo*
■ *v* [intr] **1** caer: *The van plunged into the river.* La camioneta cayó al río. **2** caer en picada, derrumbarse [precios] **3 to plunge into sth (a)** echarse un clavado en algo **(b)** aventarse a algo [sin pensarlo] **4 to plunge sth/sb into sth** sumir algo/a alguien en algo: *The country was plunged into war.* El país se vio sumido en la guerra. **5 to plunge sth into sth** hundir/meter/clavar algo en algo
■ *s* **1 to take the plunge** decidirse, aventarse **2** caída [abrupta], derrumbe

plural /'plʊrəl/ *adj & s* plural

plus /plʌs/ *preposición, sustantivo & adjetivo*
■ *prep* **1** más: *Three plus six is nine.* Tres más seis es nueve. **2** más, además de: *all the household chores, plus the cooking* todas las tareas de la casa, además de cocinar
■ *s* (pl **pluses** o **-sses**) **1** ventaja **2** signo (de) más
■ *adj* **1** en exceso de: *$5,000 plus* más de $5,000/en exceso de $5,000 | *a man of 50 plus* un hombre de más de 50/un hombre de 50 y pico **2 a plus factor/point** un elemento a favor/una ventaja

Pluto /'plutoʊ/ *s* Plutón

plutonium /plu'toʊniəm/ *s* plutonio

plywood /'plaɪwʊd/ *s* madera laminada

p.m., P.M. /pi 'em/ p.m., de la tarde/noche: *at 3 p.m.* a las 3 de la tarde

pm ▸ ver **p.m.**

pneumatic /nʊ'mætɪk/ *adj* neumático -a: *a pneumatic drill* un taladro neumático

pneumonia /nʊ'moʊnjə/ *s* neumonía, pulmonía

PO (= Post Office) correo

poach /poʊtʃ/ *v* **1** [tr] cocer a fuego lento [en líquido], escalfar | **poached egg** huevo escalfado, huevo poché **2** [tr/intr] cazar/pescar furtivamente **3** [tr] robarse [empleados, jugadores, ideas]

pocket /'pɑkɪt/ *sustantivo & verbo*
■ *s* **1** (de una prenda de vestir) bolsa, bolsillo **2** (presupuesto) bolsillo: *prices to suit every pocket* precios para todos los bolsillos **3 pocket calculator/dictionary etc.** calculadora/diccionario etc. de bolsillo **pocket knife** navaja **pocket money** domingo [dinero que se le da a un niño semanalmente para sus gastos] ▸ ver también **pick**
■ *v* [tr] **1** embolsarse **2** meterse en el bolsillo

pocketbook /'pɑkɪtbʊk/ *s* AmE **1** cartera, billetera **2** monedero, portamonedas

'pocket-size, también **pocket-sized** *adj* (de) tamaño bolsillo, de bolsillo

pod /pɑd/ *s* vaina [de un vegetal]

podium /'poʊdiəm/ *s* estrado, podio

poem /'pouəm/ s poema

poet /'pouɪt/ s poeta, poetisa

poetic /pou'etɪk/ adj poético -a

poetry /'pouətri/ s poesía [el arte, el género]

poignant /'pɔɪnjənt/ adj conmovedor -a

point /pɔɪnt/ sustantivo & verbo
▪ s **1** (idea, tema) punto: *There is one point on which we all agree.* Hay un punto en el que todos estamos de acuerdo. | *That's a very good point.* Eso es muy cierto./Tienes mucha razón. | **to make a point** señalar algo: *He made a very interesting point.* Señaló algo muy interesante. | **to have a point** tener razón: *I think Richard has a point there.* Creo que Richard tiene razón en eso. | **I see his/your etc. point** lo/te etc. entiendo
2 to make a point of doing sth proponerse hacer algo, preocuparse por hacer algo
3 (cosa más importante) **the point is (that)** el problema es que | **that's the point** ése es el problema: *I don't want to marry him – that's the point.* No me quiero casar con él. Ése es el problema. | **that's not the point** no se trata de eso | **that's beside the point** eso no viene al caso | **to get to the point** ir al grano
4 (en el tiempo) momento: *At that point it started to rain.* En ese momento, empezó a llover. | **to be on the point of doing sth** estar a punto de hacer algo
5 (lugar) punto: *the point where two lines cross each other* el punto donde se cruzan dos líneas
6 (lógica) sentido: *What's the point in waiting?* ¿Qué sentido tiene esperar? | *There's no point in trying to persuade him.* No tiene sentido tratar de convencerlo.
7 (de una aguja, etc.) punta
8 (en un juego o competencia) punto: *They beat us by six points.* Nos ganaron por seis puntos.
9 (en números) punto (decimal)
10 point of view punto de vista
11 up to a point hasta cierto punto
12 boiling/freezing point punto de ebullición/ congelamiento
▪ v **1 to point at/to sth/sb** señalar algo/a alguien [con el dedo]
2 to point sth at sth/sb apuntarle a algo/ alguien con algo
3 [tr] indicar: *A sign pointed the way to the beach.* Un letrero indicaba el camino a la playa. | **point sth out (to sb)** señalar(le) algo (a alguien)

,point-'blank adjetivo & adverbio
▪ adj **1 at point-blank range** a quemarropa
2 a point-blank refusal una negativa categórica
▪ adv **1** a quemarropa **2** de plano, categóricamente [rehusarse] **3** a boca de jarro [preguntar]

pointed /'pɔɪntɪd/ adj **1** puntiagudo -a **2 a pointed remark/look etc.** una observación/una mirada etc. intencionada

pointer /'pɔɪntər/ s **1** puntero [en computación, etc.] **2** sugerencia **3 a pointer (to sth)** un indicador (de algo)

pointless /'pɔɪntləs/ adj **1** sin sentido **2** inútil

poise /pɔɪz/ s **1** aplomo **2** elegancia

poised /pɔɪzd/ adj **1** listo -a, preparado -a | **to be poised to do sth** estar listo -a/preparado -a para hacer algo **2** desenvuelto -a, aplomado -a

poison /'pɔɪzən/ sustantivo & verbo
▪ s veneno
▪ v [tr] **1** envenenar **2** contaminar

poisoning /'pɔɪzənɪŋ/ s envenenamiento, intoxicación ▶ ver también **food poisoning**

poisonous /'pɔɪzənəs/ adj venenoso -a

poke /pouk/ verbo & sustantivo
▪ v **1** [tr/intr] golpear o tocar con algo puntiagudo: *You nearly poked me in the eye!* ¡Casi me picas un ojo! **2** [tr] sacar por o meter en una abertura: *Sheila poked her head around the door.* Sheila asomó la cabeza por la puerta. | *He poked his finger into the gap.* Metió el dedo en el hueco. | **to poke through/out of sth** asomarse por algo
▪ s acción de golpear con algo puntiagudo: *I gave her a poke in the ribs.* Le di un codazo en las costillas./Le clavé el dedo en las costillas.

poker /'poukər/ s **1** póker, póquer **2** atizador

pokey, también **poky** /'pouki/ adj (-kier, -kiest) minúsculo -a

Poland /'poulənd/ s Polonia

polar /'poulər/ adj polar

'polar bear s oso -a polar

Pole /poul/ s polaco -a

pole /poul/ s **1** palo **2** (telegráfico) poste **3** (en geografía, electricidad) polo **4 to be poles apart** ser polos opuestos

'pole vault s salto con garrocha

police /pə'lis/ sustantivo plural & verbo
▪ s pl **1 the police** la policía: *The police is after them.* La policía anda tras ellos. **2** policías: *armed police* policías armados
▪ v [tr] **1** vigilar, mantener el orden (público) en **2** supervisar (a)

po'lice car s patrulla [coche de la policía]

po'lice force s (cuerpo de) policía

policeman /pə'lismən/ s (pl -men) policía [hombre]

po'lice ,officer s (agente/oficial de) policía

po'lice ,station s delegación de policía

policewoman /pə'liswumən/ s (pl -women) policía [mujer]

policy /'pɑləsi/ s (pl -cies) **1 policy (on sth)** política (en materia de/en lo que respecta a algo) **2** póliza

polio /'pouliou/ s polio

Polish /'pəʊlɪʃ/ *adjetivo & sustantivo*
- *adj* polaco -a
- *s* **1** (idioma) polaco **2 the Polish** los polacos

polish /'pɑlɪʃ/ *verbo & sustantivo*
- *v* [tr] (3ª pers sing **-shes**) **1** bolear, darle grasa a [los zapatos] **2** limpiar, sacarle brillo a [la plata, etc.]
  polish sth off (informal) chutarse algo, escabecharse algo [un pastel, una pizza, etc.]
  polish sth up pulir algo, perfeccionar algo
- *s* (pl **-shes**) **1** grasa [para zapatos] **2** lustrador de muebles **3** limpiador de metales **4 to give sth a polish** lustrar algo, sacarle brillo a algo ▶ ver también **nail**

polished /'pɑlɪʃt/ *adj* **1** lustrado -a [piso, etc.], boleado -a [zapato, etc.] **2** pulido -a [actuación] **3** refinado -a [persona, estilo]

polite /pə'laɪt/ *adj* cortés, (bien) educado -a [persona]: *She wasn't very polite to me.* No fue muy cortés conmigo. | *It's not polite to talk with your mouth full.* No es de buena educación hablar con la boca llena.

political /pə'lɪtɪkəl/ *adj* político -a | **political asylum** asilo político

po,litically cor'rect *adj* políticamente correcto -a [referido al lenguaje y las actitudes que procuran no ofender a las minorías étnicas, a las mujeres, etc.]

politician /pɑlə'tɪʃən/ *s* político -a

politics /'pɑlətɪks/ *s* **1** (actividad) política **2** (disciplina de estudio) ciencias políticas **3 your/his etc. politics** tu/su etc. orientación política

poll /pəʊl/ *sustantivo, sustantivo plural & verbo*
- *s* (también **opinion poll**) encuesta (de opinión), sondeo (de opinión)
- **polls** *s pl* **the polls** las elecciones | **to go to the polls** votar [en las elecciones]
- *v* [tr] **1** encuestar **2** obtener [votos]

pollen /'pɑlən/ *s* **1** polen **2 pollen count** índice de concentración de polen en el aire

pollute /pə'lut/ *v* [tr/intr] contaminar ▶ ¿**POLLUTE** O **CONTAMINATE?** ver **contaminar**

pollution /pə'luʃən/ *s* contaminación ▶ ¿**POLLUTION** O **CONTAMINATION?** ver **contaminación**

polo /'pəʊləʊ/ *s* polo [deporte]

'polo neck *s* BrE suéter de cuello de tortuga ▶ En inglés americano se usa **turtleneck**

polyester /'pɑliestər/ *s* poliéster

polystyrene /pɑli'staɪrin/ *s* BrE poliestireno ▶ En inglés americano se usa **styrofoam®**

pompous /'pɑmpəs/ *adj* pomposo -a, pedante

pond /pɑnd/ *s* estanque, laguna

ponder /'pɑndər/ *v* **to ponder (on/over) sth** meditar (sobre/acerca de) algo

pony /'pəʊni/ *s* (pl **-nies**) pony

ponytail /'pəʊniteɪl/ *s* cola de caballo [peinado]

poodle /'pudl/ *s* poodle, caniche

pool /pul/ *sustantivo, sustantivo plural & verbo*
- *s* **1** (también **swimming pool**) alberca **2** pool [juego parecido al billar] **3** charco [de sangre, etc.] **4** laguna [entre las rocas, etc.] **5** reserva [de trabajadores, voluntarios, etc.] **6** vaca [de dinero]

pool table

- **pools** *s pl* **the pools** juego de azar que consiste en tratar de acertar los resultados de los partidos de fútbol de una fecha
- *v* [tr] **1** reunir: *We pooled all our money and bought a pizza.* Reunimos todo el dinero que teníamos y compramos una pizza./Hicimos una vaca y compramos una pizza. **2** poner en común [ideas]

poor /pʊr/ *adjetivo & sustantivo plural*
- *adj* **1** pobre: *Her family was very poor.* Su familia era muy pobre. **2** (deficiente) pobre: *Her work is very poor.* Su trabajo es muy pobre. | *He's a poor swimmer.* No es buen nadador. | *She suffers from poor health.* Su salud es precaria. **3** (para expresar compasión) pobre: *The poor girl was soaked.* La pobre niña estaba empapada. | *You poor thing!* ¡Pobrecito!
- *s pl* **the poor** los pobres

poorly /'pʊrli/ *adverbio & adjetivo*
- *adv* mal: *a poorly paid job* un trabajo mal pagado
- *adj* BrE (informal) mal [de salud]: *He's feeling poorly.* Se siente mal.

pop /pɑp/ *verbo & sustantivo*
- *v* (**-pped, -pping**) **1 to pop sth in/on etc. sth** (informal) poner algo rápida o repentinamente en determinado lugar: *I popped the bread in the oven.* Metí el pan en el horno. | *Harry popped his head around the door.* Harry asomó la cabeza por la puerta. **2** [intr] saltar [corcho] **3** [tr/intr] reventar [globo]
  pop in hacer una visita muy corta: *I only popped in to say hello.* Sólo pasé un momento a saludar.
  pop out 1 salir un momentito **2 to pop out (of sth)** asomarse (de algo), saltar (de algo)
  pop up aparecer [de repente]
- *s* **1** (también **pop music**) música pop **2** sonido que produce un globo al reventarse, un corcho al saltar, etc. | **to go pop** reventar **3** AmE (informal) papá, pa **4** (informal) refresco [efervescente], gaseosa **5 pop concert** recital de música pop **pop singer** cantante pop

popcorn /'pɑpkɔrn/ *s* palomitas de maíz

pope /pəʊp/ *s* papa | **the Pope** el Papa

poplar /'pɑplər/ *s* chopo, álamo

poppy /'pɑpi/ *s* (pl **-ppies**) amapola

Popsicle ® /'pɑpsɪkəl/ *s* AmE paleta (helada)

ⓘ Las 2,000 palabras más importantes en inglés están señaladas en el texto.

popular /'pɒpjələr/ adj **1** (que le gusta a mucha gente): *a popular teacher* una profesora popular entre los alumnos/una profesora muy querida | **to be popular with sb** tener mucho éxito con alguien **2 a popular belief/misconception** una creencia generalizada/un error generalizado **3** (del o para el pueblo) popular: *the popular press* la prensa popular

popularity /pɒpjə'lærəti/ s popularidad

popularize, -ise BrE /'pɒpjələraɪz/ v [tr] popularizar

populate /'pɒpjəleɪt/ v **to be populated (by)** estar habitado -a (por) | **densely/sparsely etc. populated** densamente/escasamente etc. poblado -a

population /pɒpjə'leɪʃən/ s **1** población | **what's the population of Tokyo/Boston etc.?** ¿cuántos habitantes tiene Tokio/Boston etc.? **2 population explosion** explosión demográfica

porcelain /'pɔrsəlɪn/ s porcelana

porch /pɔrtʃ/ s (pl **porches**) **1** porche **2** AmE (más grande, con columnas) porche

porcupine /'pɔrkjəpaɪn/ s puercoespín

pore /pɔr/ *sustantivo & verbo*
- s poro
- v **pore over sth** mirar algo detenidamente

pork /pɔrk/ s **1** (carne de) cerdo, (carne de) puerco **2 pork chop** chuleta de cerdo

pornography /pɔr'nɑgrəfi/ s pornografía

porous /'pɔrəs/ adj poroso -a

porridge /'pɑrɪdʒ/ s plato consistente en avena arrollada cocida en agua o leche, que se come en el desayuno

port /pɔrt/ s **1** puerto **2** (en computación) puerto **3** oporto **4** babor

portable /'pɔrtəbəl/ adj portátil

porter /'pɔrtər/ s **1** (en una estación, un aeropuerto) maletero -a **2** (en un tren) pórter **3** (en un hospital) camillero -a **4** (de un hotel) botones

porthole /'pɔrthoʊl/ s ojo de buey, claraboya [en un barco], ventanilla [en un avión]

portion /'pɔrʃən/ s **1** parte: *a large portion of the money* una buena parte del dinero **2** porción

portrait /'pɔrtrɪt/ s retrato

portray /pɔr'treɪ/ v [tr] **1** representar, describir | **to portray sth/sb as sth** mostrar algo/a alguien como algo **2** interpretar [un papel dramático]

portrayal /pɔr'treɪəl/ s **1** representación, descripción **2** interpretación [de un papel dramático]

Portugal /'pɔrtʃəgəl/ s Portugal

Portuguese /pɔrtʃə'giz/ *adjetivo & sustantivo*
- *adj* portugués -esa
- s **1** (idioma) portugués **2 the Portuguese** los portugueses

pose /poʊz/ *verbo & sustantivo*
- v **1** [tr] representar [un problema, una amenaza] **2** [tr] plantear [una pregunta] **3 to**

pose (for sth/sb) posar (para algo/alguien) **4 to pose as sb** hacerse pasar por alguien
- s pose

posh /pɑʃ/ adj **1** elegante, pípiris (nais) [barrio, hotel, ropa] **2** BrE de clase alta, pípiris (nais) [persona, manera de hablar]

position /pə'zɪʃən/ *sustantivo & verbo*
- s **1** posición | **in position** en su lugar | **in a sitting position** sentado -a | **in a kneeling position** de rodillas **2** situación | **to be in a/no position to do sth** estar/no estar en condiciones de hacer algo **3 position (on sth)** postura (en relación con algo): *the position of the Church on this issue* la postura de la Iglesia en relación con este tema **4** (en una carrera, una competencia) lugar **5** (formal) (trabajo) puesto
- v [tr] ubicar, colocar

positive /'pɑzɪtɪv/ adj **1** positivo -a **2** segurísimo -a: *"Are you sure it was him?" "Positive."* –¿Estás seguro de que fue él? –Segurísimo. | **to be positive about sth/(that)** estar seguro -a de algo/de que **3 a positive miracle/disgrace etc.** un verdadero milagro/una verdadera vergüenza etc.

positively /'pɑzətɪvli/ adv **1** (para enfatizar): *This is positively the last time I'm doing this.* Esta es definitivamente la última vez que hago esto. | *She was positively ecstatic at the news.* Se puso absolutamente eufórica con la noticia. **2** positivamente | **to think positively** ser positivo -a

possess /pə'zes/ v [tr] (3ª pers sing -sses) (formal) **1** tener, poseer **2 what possessed you/him etc.?** frase usada para expresar incredulidad: *What possessed you to tell your mother?* ¿Cómo se te ocurrió contarle a tu madre?

possession /pə'zeʃən/ s **1** pertenencia **2** (formal) posesión | **to be in possession of sth/to have sth in your possession** estar en posesión de algo/tener algo en su posesión

possessive /pə'zesɪv/ adj posesivo -a

possibility /pɑsə'bɪləti/ s (pl -ties) **1** (probabilidad) posibilidad: *There is a possibility that he may never recover.* Existe la posibilidad de que no se recupere. **2** (opción) posibilidad **3 to have possibilities** tener posibilidades/potencial

possible /'pɑsəbəl/ adj posible: *It is possible they may still be alive.* Es posible que aún estén con vida. | **if possible** si es/fuera posible, de ser posible | **as soon/quickly etc. as possible** lo más pronto/rápido etc. posible, tan pronto/rápido etc. como sea posible

possibly /'pɑsəbli/ adv **1** posiblemente **2 possibly** se usa con **can** y **could** para pedir algo de manera cortés o para agregar énfasis: *Could you possibly help us?* ¿Podría ayudarnos, por favor? | *I couldn't possibly accept!* ¡No puedo aceptar de ninguna manera! | *We did everything we possibly could.* Hicimos todo lo que estuvo a nuestro alcance.

post /poust/ *sustantivo & verbo*
- *s* **1** poste **2** puesto [de trabajo] **3** BrE correspondencia ▶ En inglés americano se usa **mail** **4** BrE **the post** (sistema postal) el correo ▶ En inglés americano se usa **the mail**
- *v* [tr] **1** **to keep sb posted (about sth)** mantener a alguien informado -a (acerca de algo) **2** destinar [a un soldado, un diplomático] **3** apostar [guardias] **4** BrE **to post sth (to sb)** mandar(le) algo (a alguien) [por correo] ▶ En inglés americano se usa **to mail**

postage /'poustɪdʒ/ *s* **1** franqueo | **postage and handling** gastos de envío **2** **postage stamp** estampilla (postal), timbre (postal)

postal /'poustl/ *adj* postal, de correo

postbox /'poustbɑks/ *s* (pl -xes) BrE buzón ▶ En inglés americano se usa **mailbox**

postcard /'poustkɑrd/ *s* tarjeta (postal), postal

postcode /'poustkoud/ *s* BrE código postal ▶ En inglés americano se usa **zip code**

poster /'poustər/ *s* póster

posterity /pɑ'sterəti/ *s* (formal) posteridad

postgraduate /poust'grædʒuɪt/ *sustantivo & adjetivo*
- *s* estudiante de posgrado ▶ En EU también se puede referir a quien prosigue sus estudios tras haber terminado la enseñanza secundaria
- *adj* de posgrado

postman /'poustmən/ *s* (pl -men) BrE cartero ▶ En inglés americano se usa **mailman**

postmark /'poustmɑrk/ *s* sello, matasellos

post-mortem /poust 'mɔrtəm/ *s* autopsia

'post ,office *s* oficina de correos

postpone /pous'poun/ *v* [tr] posponer

posture /'pɑstʃər/ *s* **1** postura [del cuerpo] **2** actitud, postura

postwar /poust'wɔr/ *adj* de posguerra

postwoman /'poustwumən/ *s* (pl -women BrE) cartero [mujer]

pot /pɑt/ *s* **1** tetera, cafetera **2** olla: *pots and pans* ollas y sartenes **3** tarro: *a pot of honey* un tarro de miel **4** maceta **5** (informal) mota, marihuana **6** **to go to pot** (informal) echarse a perder **7** **pot plant** planta de interior

potato /pə'teɪtou/ *s* (pl -toes) papa: *roast potatoes* papas al horno | *mashed potato* puré de papas

po'tato chip *s* AmE papa frita [de paquete]

potent /'poutnt/ *adj* potente

potential /pə'tenʃəl/ *adjetivo & sustantivo*
- *adj* potencial, en potencia
- *s* **1** potencial **2** **potential for sth** posibilidades de algo: *The potential for abuse is obvious.* Las posibilidades de abuso son evidentes.

potentially /pə'tenʃəli/ *adv* potencialmente, en potencia

pothole /'pɑthoul/ *s* bache

potted /'pɑtɪd/ *adj* **a potted history/version etc.** una historia/una versión etc. resumida

potter /'pɑtər/ *sustantivo & verbo*
- *s* alfarero -a, ceramista
- *v* BrE ▶ ver **putter**

pottery /'pɑtəri/ *s* **1** (objetos) cerámica(s) **2** (actividad) alfarería, cerámica **3** (pl -ries) (fábrica, taller) alfarería

potty /'pɑti/ *sustantivo & adjetivo*
- *s* (pl -tties) bacinica, nica
- *adj* (-ttier, -ttiest) BrE (informal) loco -a

pouch /pautʃ/ *s* (pl pouches) **1** bolsa, bolsillo **2** (de canguro) bolsa

poultry /'poultri/ *s* **1** aves de corral **2** carne de ave

pounce /pauns/ *v* **1** **to pounce (on sth/sb)** abalanzarse (sobre algo/alguien) **2** **to pounce on sb's mistakes** saltar para señalar los errores de alguien

pound /paund/ *sustantivo & verbo*
- *s* **1** (unidad de peso) libra [= 0.45 kg] **2** (moneda) libra: *a five pound note* un billete de cinco libras
- *v* **1** **to pound (on) sth** golpear algo (con fuerza) **2** [intr] latir (con fuerza) **3** [tr] machacar

pour /pɔr/ *v* **1** [tr] verter, echar: *Pour the milk into a pitcher.* Vierta la leche en una jarra. **2** [tr] servir [algo líquido]: *She poured herself a glass of juice.* Se sirvió un vaso de jugo. **3** **to pour from/out of etc. sth** salir a chorros de algo **4** **to pour (down)** llover a cántaros

pouring

pour in 1 caer a chorros [lluvia, agua] **2** llover [ofrecimientos, donaciones] **pour sth in** añadir algo

pour out salir [grandes cantidades de personas] **pour sth out 1** servir algo [un líquido] **2** **to pour sth out to sb** desahogarse contándole algo a alguien

pout /paut/ *v* [intr] **1** hacer muecas **2** hacer pucheros

poverty /'pavərti/ *s* pobreza

powder /'paudər/ *sustantivo & verbo*
- *s* polvo
- *v* [tr] **to powder your face/nose** empolvarse la cara/la nariz

power /paur/ *sustantivo & verbo*
- *s* **1** poder | **to be in power** estar en el poder **2** energía: *nuclear power* energía nuclear **3** fuerza **4** potencia: *a world power* una potencia mundial **5** facultad: *the power of speech* la facultad del habla **6** **to do everything in your power** hacer todo lo que esté en sus manos **7** **the powers that be** (informal) los que mandan **8** **to do sb a power of good** hacerle

mucho bien a alguien **9 power cut** BrE apagón, corte de luz **power plant** central eléctrica
■ *v* propulsar | **to be powered by electricity/batteries** etc. funcionar con electricidad/con pilas etc.

powerful /'pauərfəl/ *adj* **1** poderoso -a [organización, persona] **2** potente [máquina, arma] **3** fuerte [músculos, nadador] **4** potente [droga] **5** de gran fuerza, convincente [argumento] **6** de gran impacto [película, obra]

powerless /'pauərləs/ *adj* impotente: *We were powerless to prevent it.* No pudimos hacer nada para impedirlo.

PR /pi 'ar/ *s* (= **public relations**) RR.PP. [relaciones públicas]

practicable /'præktɪkəbəl/ *adj* factible

practical /'præktɪkəl/ *adj* **1** (concreto) práctico -a **2** (pragmático) realista **3** (factible) práctico -a **4** (útil) práctico -a **5 practical joke** broma [que se hace, no simplemente de palabra]

practically /'præktɪkli/ *adv* **1** prácticamente **2** de manera práctica

practice[1] /'præktɪs/ *s* **1** práctica, entrenamiento: *We have soccer practice today.* Hoy tenemos entrenamiento de futbol. **2** práctica, costumbre | **it's common/standard practice** es lo que se acostumbra hacer **3 in practice** en la práctica **4** bufete [de abogados], consultorio [de médicos] **5** ejercicio [de una profesión] **6 to be out of practice** estar falto -a de práctica, estar fuera de práctica

practice[2] AmE, **practise** BrE *v* **1** [tr/intr] practicar: *He wanted to practice his English on me.* Quería practicar inglés conmigo. **2** [tr] practicar [una religión, una costumbre] **3** [tr/intr] ejercer | **to practice law/medicine** ejercer la abogacía/la medicina, ejercer como abogado -a/médico -a

practicing AmE, **practising** BrE /'præktɪsɪŋ/ *adj* **a practicing Catholic/Muslim** etc. un católico/musulmán etc. practicante

practise BrE ▶ ver **practice**[2]

practitioner /præk'tɪʃənər/ *s* (formal) **1 a medical/legal practitioner** un -a médico -a/abogado -a **2** persona que ejerce una profesión, emplea una técnica, etc.

pragmatic /præg'mætɪk/ *adj* pragmático -a

prairie /'preri/ *s* pradera

praise /preɪz/ *verbo & sustantivo*
■ *v* [tr] **1** elogiar, alabar **2 to praise God** alabar a Dios
■ *s* **1** elogios | **to be full of praise for sth** no tener más que elogios para algo **2** alabanza

pram /præm/ *s* BrE carriola, carreola ▶ En inglés americano se usa **baby carriage**

prawn /prɔn/ *s* camarón, langostino

pray /preɪ/ *v* [intr] rezar, orar: *We're praying for good weather tomorrow.* Estamos rezando para que mañana haga buen tiempo.

prayer /prer/ *s* oración [rezo]

preach /pritʃ/ *v* (3ª pers sing **-ches**) **1** [intr] predicar **2** [tr] dar [un sermón] **3** [tr] predicar [la tolerancia, etc.] **4** [tr] pregonar [las virtudes de algo] **5** [intr] dar un sermón, sermonear

preacher /'pritʃər/ *s* predicador -a

precarious /prɪ'keriəs/ *adj* precario -a

precaution /prɪ'kɔʃən/ *s* precaución | **to take the precaution of doing sth** tener la precaución de hacer algo

precede /prɪ'sid/ *v* [tr] (formal) preceder (a)

precedence /'presədəns/ *s* **to take/have precedence over sth/sb** tener prioridad sobre algo/alguien, tener precedencia sobre algo/alguien

precedent /'presədənt/ *s* (formal) precedente | **to set/create a precedent** sentar/crear un precedente

preceding /prɪ'sidɪŋ/ *adj* anterior [en el tiempo o el espacio]

precinct /'prisɪŋkt/ *s* **1** AmE distrito [policial] **2** AmE delegación de policía **3 pedestrian precinct** BrE zona peatonal | **shopping precinct** BrE centro comercial ▶ En inglés americano se usa **shopping mall**

precious /'preʃəs/ *adjetivo & adverbio*
■ *adj* precioso -a: *He wasted precious time.* Desperdició un tiempo precioso. | *These pictures are very precious to her.* Estas fotos tienen gran valor para ella.
■ *adv* **precious little/few** muy poco -a/muy pocos -as

precipice /'presəpɪs/ *s* precipicio

precise /prɪ'saɪs/ *adj* **1** preciso -a, exacto -a | **to be precise** para ser exacto -a **2** preciso -a [descripción] **3** meticuloso -a [persona]

precisely /prɪ'saɪsli/ *adv* **1** exactamente | **at two/three** etc. **o'clock precisely** a las dos/tres etc. en punto **2** precisamente, justamente **3** cuidadosamente, con precisión

precision /prɪ'sɪʒən/ *s* precisión

preconceived /prikən'sivd/ *adj* preconcebido -a

predator /'predətər/ *s* depredador -a, predador -a

predecessor /'predɪsesər/ *s* antecesor -a, predecesor -a

predicament /prɪ'dɪkəmənt/ *s* situación difícil, predicamento

predict /prɪ'dɪkt/ *v* [tr] predecir, pronosticar

predictable /prɪ'dɪktəbəl/ *adj* predecible, previsible

prediction /prɪ'dɪkʃən/ *s* predicción, pronóstico

predominant /prɪ'dɑmənənt/ *adj* predominante

predominantly /prɪ'dɑmənəntli/ *adv* predominantemente

preempt /pri'empt/ *v* [tr] **1** adelantarse a [lo que alguien va a decir o hacer] **2** evitar [que algo suceda]

preface /'prefəs/ *s* prefacio

prefect /'priːfekt/ s en Gran Bretaña, alumno o alumna de los cursos superiores de una escuela secundaria que ayuda a mantener la disciplina

prefer /prɪ'fɜr/ v [tr] (-rred, -rring) preferir: *I prefer cats to dogs.* Prefiero los gatos a los perros. | *I'd prefer it if you didn't smoke.* Preferiría que no fumaras. | **to prefer to do sth, to prefer doing sth** preferir hacer algo

preferable /'prefərəbəl/ adj preferible

preferably /'prefərəbli/ adv de ser posible, preferiblemente

preference /'prefərəns/ s **1** preferencia: *It comes in light or dark green. Do you have any preference?* Viene en verde claro y oscuro. ¿Tiene alguna preferencia? **2 to give preference to sb** dar preferencia a alguien

prefix /'priːfɪks/ s (pl -xes) prefijo

pregnancy /'pregnənsi/ s (pl -cies) embarazo

pregnant /'pregnənt/ adj **1** embarazada | **to be three/six etc. months pregnant** estar embarazada de tres/seis etc. meses | **to get pregnant** quedar embarazada **2** preñada [animal]

prehistoric /priːhɪ'stɔrɪk/ adj prehistórico -a

prejudice /'predʒədɪs/ sustantivo & verbo
- s prejuicio
- v [tr] **1** afectar la imparcialidad de | **to prejudice sb against sth/sb** predisponer a alguien en contra de algo/alguien **2** perjudicar

prejudiced /'predʒədɪst/ adj prejuiciado -a, prejuicioso -a | **to be prejudiced against sth/sb** tener prejuicios en contra de algo/alguien

preliminary /prɪ'lɪmɪnəri/ adjetivo & sustantivo plural
- adj preliminar
- **preliminaries** s pl **1** prolegómenos **2 the preliminaries** (en deportes) la ronda clasificatoria

prelude /'preljud/ s **1 a prelude to sth** el preludio de algo **2** (en música) preludio

premature /primə'tʃʊr, BrE 'premətʃə/ adj prematuro -a

premeditated /prɪ'medəteɪtɪd/ adj premeditado -a

premier /prɪ'mɪr, BrE 'premiə/ sustantivo & adjetivo
- s primer -a ministro -a
- adj mejor, principal

premiere /prɪ'mɪr, BrE 'premieə/ s estreno, première

premises /'premɪsɪz/ s pl **1** local [de una tienda, un restaurante] **2** oficinas [de una empresa] **3** instalaciones [de un club, un hospital, una escuela] **4 on/off the premises** dentro/fuera del local

premium /'primiəm/ s **1** prima [de un seguro] **2 to be at a premium** escasear

premonition /primə'nɪʃən/ s premonición

preoccupation /priˌɑkjə'peɪʃən/ s **1** preocupación **2 preoccupation with sth** gran interés en algo, preocupación por algo

preoccupied /pri'ɑkjəpaɪd/ adj absorto -a, preocupado -a

preparation /prepə'reɪʃən/ sustantivo & sustantivo plural
- s preparación
- **preparations** s pl preparativos | **to make preparations for sth/to do sth** hacer preparativos para algo/para hacer algo

preparatory /prə'pærətɔri/ adj preparatorio -a, preliminar

prepare /prɪ'per/ v **1** [tr] preparar **2** [intr] prepararse | **to prepare for sth/to do sth** prepararse para algo/para hacer algo

prepared /prɪ'perd/ adj **1 to be prepared to do sth** estar dispuesto -a a hacer algo **2 to be prepared for sth** estar preparado -a para algo

preposition /prepə'zɪʃən/ s preposición

preposterous /prɪ'pɑstərəs/ adj absurdo -a

prep school /'prep skul/ s **1** en Estados Unidos, establecimiento privado que prepara a los alumnos para el ingreso a la enseñanza superior **2** en Gran Bretaña, escuela privada para niños de entre 8 y 13 años

prerequisite /pri'rekwɪzət/ s **prerequisite (for/of sth)** prerrequisito (para/de algo)

preschool /'priskul/ adjetivo & sustantivo
- adj preescolar [educación], de edad preescolar [niño]
- s AmE jardín de niños

prescribe /prɪ'skraɪb/ v [tr] **1** (medicamentos) prescribir, recetar **2** (formal) (estipular) prescribir

prescription /prɪ'skrɪpʃən/ s **1** receta [de medicamentos] **2** acción de prescribir un medicamento

presence /'prezəns/ s **1** presencia | **in the presence of sb/in sb's presence** en (la) presencia de alguien, delante de alguien **2** (de un actor, etc.) presencia, carisma **3 presence of mind** presencia de ánimo, aplomo

present¹ /'prezənt/ adjetivo & sustantivo
- adj **1 to be present (at sth)** estar presente (en algo) [persona] **2 to be present (in sth)** encontrarse (en algo), estar presente (en algo) [sustancia] **3** actual: *in the present situation* en la situación actual | **at the present time** en este momento | **to the present day** hasta el presente **4 the present tense** el (tiempo) presente
- s **1** regalo | **to give sb a present** hacerle un regalo a alguien **2 the present** el presente **3 at present** en este momento

present² /prɪ'zənt/ v [tr] **1 to present sb with sth/to present sth to sb** hacerle entrega de algo a alguien **2** poner en escena [una obra de teatro] **3 to present a radio/TV program** presentar un programa de radio/de televisión **4 to present a problem** constituir un problema: *His inability to speak Portuguese presents a problem.* El hecho de que no hable portugués constituye un problema. | **to present a challenge/**

threat representar un desafío/una amenaza **5 to present itself** presentarse [oportunidad]

presentable /prɪˈzentəbəl/ adj presentable | **to make yourself presentable** arreglarse

presentation /ˌprizənˈteɪʃən, BrE prezənˈteɪʃən/ s **1** presentación | **to give a presentation (on sth)** hacer una presentación (sobre algo) **2** entrega [de premios, etc.] **3** (aspecto) presentación

'present-day adj actual, de hoy en día

presenter /prɪˈzentər/ s conductor -a, presentador -a

presently /ˈprezəntli/ adv (formal) **1** en un momento, enseguida: *The doctor will be here presently.* El doctor estará aquí en un momento. **2** en este momento, actualmente **3** al poco rato, enseguida

present 'participle s participio presente, gerundio

preservation /ˌprezərˈveɪʃən/ s conservación, preservación

preservative /prɪˈzɜrvətɪv/ s conservante, preservante

preserve /prɪˈzɜrv/ verbo & sustantivo
■ v [tr] **1** conservar, preservar **2 to preserve sth/sb from sth** proteger algo/a alguien de algo **3** conservar [alimentos]
■ s **1** dominio exclusivo: *Banking used to be a male preserve.* El trabajo bancario era un dominio exclusivo de los hombres. **2** mermelada **3** AmE reserva [de flora y fauna]

preside /prɪˈzaɪd/ v **to preside (at/over sth)** presidir (algo)

presidency /ˈprezədənsi/ s (pl -cies) presidencia

president, también **President** /ˈprezədənt/ s presidente -a

presidential /ˌprezəˈdenʃəl/ adj presidencial

press /pres/ verbo & sustantivo
■ v (3ª pers sing -sses) **1** [tr] apretar | **to press on/against sth** apretar algo **2 to press a button** apretar un botón | **to press the doorbell** tocar el timbre | **to press the accelerator** pisar el acelerador **3** [tr] planchar **4** [tr] prensar [flores], moler [uvas, aceitunas] **5** presionar | **to press for sth** presionar para que se haga algo: *She pressed for changes in the law.* Presionó para que se modificara la ley. | **to press sb for sth** insistirle a alguien para que haga algo: *He was pressing me for an answer.* Me insistía para que le diera una respuesta.
press ahead with sth seguir adelante con algo
press on (with sth) seguir adelante (con algo)
■ s (pl presses) **1 the press** la prensa: *Several reports appeared in the press.* Aparecieron varios artículos en la prensa. **2** (máquina) prensa **3** (también **printing press**) imprenta **4 press conference** conferencia de prensa

press clipping AmE, **press cutting** BrE recorte de prensa **press release** comunicado de prensa

pressed /prest/ adj **to be pressed for time/money** estar escaso -a de tiempo/dinero

pressing /ˈpresɪŋ/ adj apremiante, urgente

'press-up BrE ▶ ver push-up

pressure /ˈpreʃər/ sustantivo & verbo
■ s **1** presión **2** (que se ejerce sobre alguien) presión: *She is under a lot of pressure at work.* Está sometida a mucha presión en el trabajo. | **to put pressure on sb (to do sth)** presionar a alguien (para que haga algo)
■ v **to pressure sb (to do sth/into doing sth)** presionar a alguien (para que haga algo)

'pressure ˌcooker s olla express

'pressure group s grupo de presión

pressurize, -ise BrE /ˈpreʃəraɪz/ v ▶ ver pressure

prestige /preˈstiʒ/ s prestigio

prestigious /preˈstɪdʒəs/ adj prestigioso -a

presumably /prɪˈzuməbli/ adv presumably **they'll let us know/you've seen this before etc.** supongo que nos avisarán/que ya has visto esto etc.: *Presumably they know by now.* Supongo que ya lo saben.

presume /prɪˈzum/ v [tr] **1** suponer: *I presumed that he had been delayed.* Supuse que se había retrasado. **2** (formal) **to presume to do sth** atreverse a hacer algo

presumption /prɪˈzʌmpʃən/ s **1** presunción **2** audacia, atrevimiento

presumptuous /prɪˈzʌmptʃuəs/ adj atrevido -a

presuppose /ˌprisəˈpouz/ v [tr] (formal) presuponer

pretend /prɪˈtend/ verbo & adjetivo
■ v [intr] **1** fingir: *She pretended that she hadn't seen me.* Fingió que no me había visto./Hizo como si no me hubiera visto. | **to pretend to be asleep/dead etc.** hacerse el dormido/el muerto etc., hacerse la dormida/la muerta etc.: *The children pretended to be asleep.* Los niños se hicieron los dormidos. **2** [tr] pretender: *I don't pretend to be an expert.* No pretendo ser un experto. **3** (en juegos infantiles): *Let's pretend we're on the moon.* ¿Jugamos a que estábamos en la luna?
■ adj (informal) **a pretend gun** una pistola de mentiritas | **pretend money** dinero de mentiritas

pretense AmE, **pretence** BrE /ˈpritens, BrE prɪˈtens/ s **1** acción de fingir algo: *It was all a pretense.* Era puro teatro. | *How long are you going to keep up this pretense?* ¿Cuánto tiempo más vas a seguir fingiendo? **2 under false pretenses** de manera fraudulenta

pretentious /prɪˈtenʃəs/ adj pretencioso -a

pretext /ˈpritekst/ s pretexto

pretty /ˈprɪti/ adverbio & adjetivo
■ adv (informal) **1** bastante: *I'm pretty sure.* Estoy bastante seguro. | *Dad was pretty angry.*

Mi papá estaba bastante enojado. **2 pretty much/pretty well** prácticamente, casi: *The town looks pretty much the same.* El pueblo está casi igual.
■ *adj* (-ttier, -ttiest) **1** bonito -a, lindo -a: *What pretty flowers!* ¡Qué flores tan bonitas! **2 he was/you were etc. not a pretty sight** ofrecía/ ofrecías etc. un espectáculo lamentable

prevail /prɪ'veɪl/ *v* [intr] **1** predominar [costumbre, actitud] **2** imponerse, prevalecer
prevail on/upon sb to prevail on/upon sb to do sth convencer a alguien de que haga algo

prevailing /prɪ'veɪlɪŋ/ *adj* **1** reinante [situación] **2** predominante [tendencia, punto de vista]

prevalent /'prevələnt/ *adj* **1** corriente, frecuente **2** predominante

prevent /prɪ'vent/ *v* [tr] **1 to prevent an accident** prevenir un accidente, evitar un accidente | **to prevent an illness** prevenir una enfermedad **2** impedir | **to prevent sb from doing sth** impedir que alguien haga algo

prevention /prɪ'venʃən/ *s* prevención

preventive /prɪ'ventɪv/, también **preventative** /prɪ'ventətɪv/ *adj* preventivo -a

preview /'privju/ *s* **1** preestreno **2** anticipo

previous /'priviəs/ *adj* **1 the previous day/year** el día/año anterior | **a previous marriage** un matrimonio anterior | **previous experience** experiencia previa **2 previous to sth** antes de algo: *Previous to that I worked in Berlin.* Antes de eso trabajé en Berlín.

previously /'priviəsli/ *adv* anteriormente, antes | **two months/ten years etc. previously** dos meses/diez años etc. antes

prewar /pri'wɔr/ *adj* de preguerra

prey /preɪ/ *sustantivo & verbo*
■ *s* presa ▶ ver también **bird of prey**
■ *v* **prey on sth** alimentarse de algo **prey on sb** **1** aprovecharse de alguien **2 to prey on sb's mind** preocupar a alguien

price /praɪs/ *sustantivo & verbo*
■ *s* **1** precio: *I got it for half price.* Lo conseguí a mitad de precio. | **to go up/come down in price** subir/bajar de precio **2 at any price** a toda costa | **not at any price** por nada del mundo, de ninguna manera
■ *v* **to be priced at $50/$20 etc.** estar a $50/$20 etc.: *The rackets are priced at $75.* Las raquetas están a $75. | **to be moderately/reasonably priced** tener un precio razonable: *These shoes are very reasonably priced.* Estos zapatos tienen un precio muy razonable.

priceless /'praɪsləs/ *adj* **1** de valor inestimable **2** (informal) para morirse de risa

pricey, también **pricy** /'praɪsi/ *adj* (-cier, -ciest) (informal) caro -a

prick /prɪk/ *verbo & sustantivo*
■ *v* **1** [tr] picar, pinchar: *I pricked my finger on the needle.* Me piqué el dedo con la aguja. | **to**

prick yourself picarse, pincharse **2 to prick up its ears** parar las orejas [animal] | **to prick up your ears** parar la oreja [persona]
■ *s* piquete, pinchazo

prickle /'prɪkəl/ *s* espina, púa

cactus

hedgehog

prickly /'prɪkli/ *adj* (-lier, -liest) que pica [barba, suéter], espinoso -a [planta]

pricy ▶ ver **pricey**

pride /praɪd/ *sustantivo & verbo*
■ *s* **1** orgullo **2** soberbia, orgullo **3 to take pride in (doing) sth** estar orgulloso -a de (hacer) algo, enorgullecerse de (hacer) algo **4 to hurt sb's pride** herir a alguien en su orgullo/amor propio **5 to be sb's pride and joy** ser el orgullo de alguien
■ *v* **to pride yourself on sth** preciarse de algo, estar orgulloso -a de algo

priest /prist/ *s* sacerdote, cura

priesthood /'pristhud/ *s* **the priesthood** el sacerdocio

primarily /praɪ'merəli, BrE 'praɪmərəli/ *adv* principalmente, fundamentalmente

primary /'praɪmeri/ *adjetivo & sustantivo*
■ *adj* **1** principal **2** primario -a
■ *s* (pl -ries) (también **primary election**) elecciones internas, (elecciones) primarias

'primary ,school *s* BrE en Gran Bretaña, escuela para niños de entre 5 y 11 años ▶ La institución paralela en EU se llama **elementary school**

prime /praɪm/ *adjetivo, sustantivo & verbo*
■ *adj* **1** principal **2** excelente, de primera **3 a prime example** un ejemplo perfecto
■ *s* **to be in your prime/in the prime of life** estar en la flor de la vida
■ *v* **to prime sb (for sth/to do sth)** preparar a alguien (para algo/para hacer algo)

,prime 'minister, también **Prime Minister** *s* primer -a ministro -a

primitive /'prɪmətɪv/ *adj* primitivo -a

primrose /'prɪmrouz/ *sustantivo & adjetivo*
■ *s* **1** (planta, flor) primavera, prímula **2** (color) amarillo claro
■ *adj* de color amarillo claro

prince /prɪns/ *s* príncipe

princess /'prɪnsəs/ *s* (pl -sses) princesa

principal /'prɪnsəpəl/ *adjetivo & sustantivo*
■ *adj* principal
■ *s* AmE director -a [de una escuela]

principle /'prɪnsəpəl/ s **1** principio: *It's against her principles.* Va contra sus principios. | **on principle** por principio **2** **in principle** en principio

print /prɪnt/ *verbo & sustantivo*
- *v* **1** [tr/intr] imprimir **2** [tr] publicar **3** [tr] estampar [una tela]
 print sth off/out imprimir algo
- *s* **1** texto (impreso): *columns of print* columnas de texto | **in print** publicado -a: *She loves to see her name in print.* Le encanta ver su nombre publicado. **2** letra: *in large print* en letra grande **3** **to be out of print** estar agotado -a | **to be in print** estar a la venta **4** (cuadro) grabado **5** (de una foto) copia **6** huella, marca **7** estampado, tela estampada

printer /'prɪntər/ s **1** (máquina) impresora **2** (persona) tipógrafo -a | **the printer's** la imprenta

printing /'prɪntɪŋ/ s **1** (técnica) imprenta **2** (proceso) impresión **3** **printing error** error de imprenta

printout /'prɪntaʊt/ s copia impresa

prior /'praɪr/ *adverbio & adjetivo*
- *adv* (formal) **prior to (doing) sth** antes de (hacer) algo
- *adj* (formal) **a prior engagement** un compromiso previo

prioritize, -ise BrE /praɪ'ɔrətaɪz/ *v* [tr] priorizar

priority /praɪ'ɔrəti/ s (pl **-ties**) prioridad | **to have/take priority over sth** tener prioridad sobre algo | **to get your priorities right** saber qué es lo más importante

prise /praɪz/ BrE ▶ ver **pry**

prison /'prɪzən/ s **1** cárcel, prisión: *He was sentenced to seven years in prison.* Fue condenado a siete años de prisión. | **to send sb to prison/to put sb in prison** meter preso -a a alguien, encarcelar a alguien **2** **prison camp** campo de prisioneros

prisoner /'prɪzənər/ s **1** preso -a, recluso -a **2** prisionero -a | **to take sb prisoner** hacer prisionero -a a alguien

pristine /'prɪstin/ *adj* inmaculado -a, impecable | **in pristine condition** en perfecto estado

privacy /'praɪvəsi, BrE 'prɪvəsi/ s intimidad, privacidad

private /'praɪvət/ *adjetivo & sustantivo*
- *adj* **1** (para uso individual) particular, privado -a: *a private tutor* un profesor particular **2** (secreto) privado -a, personal: *private letters* cartas personales | *my private life* mi vida privada **3** **private school** escuela particular/privada, colegio particular/privado | **private hospital** hospital privado | **private enterprise** la empresa privada **4** privado -a [lugar] **5** reservado -a [persona]
- *s* **1** **in private** en privado **2** (también **Private**) soldado (raso)

privately /'praɪvətli/ *adv* **1** en privado **2** **privately educated** educado -a en una escuela particular/privada, educado -a en un colegio particular/privado | **privately owned** privado -a [tierra, empresa, etc.]

privatize, -ise /'praɪvətaɪz/ *v* [tr] privatizar

privilege /'prɪvəlɪdʒ/ s privilegio

privileged /'prɪvəlɪdʒd/ *adj* privilegiado -a

prize /praɪz/ *sustantivo, adjetivo & verbo*
- *s* premio
- *adj* **1** **prize pigs/tomatoes** cerdos/jitomates premiados **2** **a prize idiot/fool etc.** (informal) un -a idiota/tonto -a etc. de primera
- *v* [tr] preciar, valorar: *his most prized possession* su bien más preciado

pro /proʊ/ s **1** (informal) profesional, profesionista: *a golf pro* un jugador profesional de golf **2** **the pros and cons** los pros y los contras

probability /prɑbə'bɪləti/ s (pl **-ties**) probabilidad | **in all probability**: *In all probability he missed the flight.* Es muy probable que haya perdido el vuelo.

probable /'prɑbəbəl/ *adj* probable: *It is probable that she will make a full recovery.* Es probable que se recupere por completo.

probably /'prɑbəbli/ *adv* probablemente: *She'll probably call later.* Probablemente llame más tarde./Es probable que llame más tarde.

probation /proʊ'beɪʃən/ s **on probation (a)** en libertad provisional/bajo palabra **(b)** a prueba [empleado]

probe /proʊb/ *verbo & sustantivo*
- *v* **1** **to probe (into) sth** investigar algo **2** [tr] sondear, tantear
- *s* **1** sonda **2** investigación

problem /'prɑbləm/ s **1** problema: *That's your problem.* Es problema tuyo. **2** **no problem (a)** (informal) de nada: *"Thanks very much for all your help." "No problem."* –Muchas gracias por tu ayuda. –De nada. **(b)** sí, no hay problema: *"Could you drive me to the airport?" "No problem."* –¿Me puedes llevar al aeropuerto? –Sí, no hay problema.

problematic /prɑblə'mætɪk/, también **problematical** /ˌprɑblə'mætɪkəl/ *adj* problemático -a

procedure /prə'sidʒər/ s trámite, procedimiento | **to be standard procedure** ser la norma/lo habitual

proceed /prə'sid/ *v* [intr] **1** **to proceed (with sth)** (formal) continuar/seguir adelante (con algo) **2** **he proceeded to drink it/sell it etc.** acto seguido se lo tomó/lo vendió etc. **3** (formal) dirigirse: *Please proceed to the nearest exit.* Por favor, diríjanse a la salida más próxima. **4** (formal) proceder, obrar

proceedings /prə'sidɪŋz/ s pl **1** **the proceedings** (el desarrollo de) los acontecimientos **2** acciones legales, trámites

proceeds /'prousidz/ s pl dinero recaudado [en un concierto, etc.]

process /'prases/ sustantivo & verbo
■ s (pl -sses) **1** proceso **2** to be in the process of doing sth estar haciendo algo: *They are in the process of moving to new premises.* Se están mudando a un local nuevo. **3** in the process entretanto
■ v [tr] **1** procesar [alimentos] **2** to process information procesar información | to process an application procesar/dar curso a una solicitud **3** to process a roll of film revelar un rollo (de película)

processing /'prasesɪŋ/ s **1** (de alimentos) procesamiento **2** (en fotografía) revelado **3** (en computación) procesamiento

procession /prə'seʃən/ s desfile, procesión

processor /'prasesər/ s procesador ▶ ver también **food processor**

proclaim /prou'kleɪm/ v [tr] (formal) proclamar, declarar

prod /prad/ v (-dded, -dding) **1** to prod (at) sth/sb picar algo/a alguien, empujar algo/a alguien **2** to prod sb into doing sth empujar a alguien para que haga algo

prodigy /'pradədʒi/ s (pl -gies) prodigio

produce¹ /prə'dus/ v [tr] **1** producir [trigo, petróleo, vino, etc.] **2** causar, producir [una reacción, un efecto] **3** dar [un resultado] **4** sacar [un revólver, una carta, etc.] **5** presentar [pruebas] **6** (en cine, TV) producir, realizar

produce² /'pradus/ s productos: *dairy produce* productos lácteos

producer /prə'dusər/ s **1** (país, empresa) productor -a **2** (en cine, TV, teatro) productor -a, realizador -a

product /'pradʌkt/ s **1** producto **2** to be the product of sth ser producto de algo

production /prə'dʌkʃən/ s **1** (fabricación, cultivo) producción **2** (película, programa) producción **3** on production of sth contra presentación de algo, con la presentación de algo **4** production line línea de producción

productive /prə'dʌktɪv/ adj productivo -a, provechoso -a

productivity /proudək'tɪvəti/ s productividad

profession /prə'feʃən/ s profesión: *He's a lawyer by profession.* Es abogado de profesión. | the medical/teaching etc. profession los médicos/los docentes etc.

professional /prə'feʃənl/ adjetivo & sustantivo
■ adj profesional
■ s profesional, profesionista

professionalism /prə'feʃənlɪzəm/ s profesionalismo, profesionalidad

professor /prə'fesər/ s profesor -a [de universidad] ▶ En EU todos los profesores de universidad que tienen un doctorado son **professors**. En Gran Bretaña el término **professor** se aplica únicamente a los catedráticos

proficiency /prə'fɪʃənsi/ s competencia

proficient /prə'fɪʃənt/ adj a proficient reader un lector/una lectora competente | to be proficient in English/French etc. hablar bien inglés/francés etc.: *She is proficient in three languages.* Habla bien tres idiomas.

profile /'proufaɪl/ s perfil | in profile de perfil

profit /'prafɪt/ sustantivo & verbo
■ s ganancia(s), utilidades: *They sold the business at a huge profit.* Sacaron enormes ganancias de la venta del negocio. | to make/turn a profit sacar ganancias, obtener utilidades | to make a profit of sacar una ganancia de, obtener utilidades de: *I made a profit of $50.* Saqué una ganancia de $50.
■ v to profit (from sth) beneficiarse (con algo)

profitable /'prafɪtəbəl/ adj **1** rentable, redituable **2** fructífero -a, provechoso -a

profound /prə'faund/ adj fuerte, profundo -a

profoundly /prə'faundli/ adv profundamente | to be profoundly deaf padecer de sordera total

program AmE, **programme** BrE /'prougræm/ sustantivo & verbo
■ s **1** (de TV, radio) programa **2** (en computación) programa ▶ En esta acepción también se usa la grafía **program** en Gran Bretaña **3** (de actividades) programa: *the US space program* el programa espacial de EU **4** (de un concierto, un espectáculo, etc.) programa
■ v [tr] (-mmed, -mming) **1** programar [una videocasetera, un horno, etc.] **2** to be programmed to do sth estar programado -a para hacer algo **3** (en computación) programar ▶ En esta acepción también se usa la grafía **program** en Gran Bretaña

programmer /'prougræmər/ s programador -a

programming /'prougræmɪŋ/ s programación

progress¹ /'pragres, BrE 'prougres/ s **1** progreso(s) | to make progress progresar **2** in progress (formal) en curso: *The meeting was in progress when I arrived.* La junta ya había comenzado cuando llegué. **3** avance

progress² /prə'gres/ v [intr] (3ª pers sing -sses) **1** avanzar, progresar **2** desarrollarse [acontecimientos] **3** pasar [tiempo]

progressive /prə'gresɪv/ adj **1** progresista, avanzado -a **2** progresivo -a

prohibit /prou'hɪbɪt/ v [tr] (formal) **1** prohibir: *Smoking is prohibited.* Está prohibido fumar. | to prohibit sb from doing sth prohibirle a alguien hacer algo **2** to prohibit sth/sb from doing sth impedir que algo/alguien haga algo

prohibition /,prouə'bɪʃən/ s prohibición

project¹ /'prɑdʒekt/ s **1** proyecto **2** (en la escuela) trabajo [sobre un tema específico]: *a project on pollution* un trabajo sobre la polución **3 the projects** en EU, complejos de viviendas construidas por el estado para familias de escasos recursos

project² /prə'dʒekt/ v **1** [tr] pronosticar, prever [las ventas, las ganancias, etc.] **2** [intr] sobresalir **3** [tr] proyectar [sobre una pantalla]

projection /prə'dʒekʃən/ s **1** proyección **2** saliente

projector /prə'dʒektər/ s proyector

prolific /prə'lɪfɪk/ adj prolífico -a

prologue /'proʊlɑg/ s **prologue (to sth)** prólogo (de algo)

prolong /prə'lɔŋ/ v [tr] alargar, prolongar

prolonged /prə'lɔŋd/ adj prolongado -a

promenade /,prɑmə'neɪd/ s malecón

prominence /'prɑmənəns/ s importancia

prominent /'prɑmənənt/ adj **1** destacado -a **2** prominente

promiscuous /prə'mɪskjuəs/ adj promiscuo -a

promise /'prɑmɪs/ verbo & sustantivo
■ v [tr/intr] prometer: *He promised to fix it.* Prometió que lo iba a arreglar. | **to promise sb sth** prometerle algo a alguien
■ s **1** promesa | **to break/keep a promise** romper/cumplir una promesa **2 to show (a lot of) promise** prometer (mucho)

promising /'prɑmɪsɪŋ/ adj prometedor -a

promote /prə'moʊt/ v [tr] **1** promocionar [un producto] **2** ascender: *She has been promoted to sales manager.* La ascendieron a gerente de ventas. **3** promover, fomentar

promoter /prə'moʊtər/ s promotor -a

promotion /prə'moʊʃən/ s **1** ascenso [en el trabajo] | **to get a promotion** ser ascendido -a **2** promoción

prompt /prɑmpt/ verbo, adjetivo & adverbio
■ v **1** [tr] provocar, dar lugar a | **to prompt sb to do sth** mover a alguien a hacer algo: *What prompted you to change your plans?* ¿Qué te movió a cambiar los planes? **2** [tr] hacerle de apuntador a, [intr] hacer de apuntador
■ adj **1** rápido -a, pronto -a **2** puntual
■ adv en punto

promptly /'prɑmptli/ adv **1** rápidamente, con prontitud **2** puntualmente **3** de inmediato

prone /proʊn/ adj **to be prone to sth** ser propenso -a a algo | **to be prone to do sth** tener tendencia a hacer algo

pronoun /'proʊnaʊn/ s pronombre

pronounce /prə'naʊns/ v [tr] **1** pronunciar **2** declarar: *She pronounced herself satisfied.* Se declaró satisfecha.

pronounced /prə'naʊnst/ adj pronunciado -a, marcado -a

pronunciation /prə,nʌnsi'eɪʃən/ s pronunciación

proof /pruf/ s **1** prueba(s): *They have no proof that it was him.* No tienen pruebas de que haya sido él. **2 proof of identity** identificación: *You need proof of identity.* Necesitas una identificación.

prop /prɑp/ verbo, sustantivo & sustantivo plural
■ v [tr] (-pped, -pping) **to prop sth (up) against sth** apoyar algo contra algo, recargar algo contra algo
prop sth up 1 apuntalar algo, sostener algo **2** mantener algo a flote
■ s **1** puntal **2** sostén, apoyo
■ **props** s pl utilería, attrezzo

propaganda /prɑpə'gændə/ s propaganda [política]

propel /prə'pel/ v [tr] (-lled, -lling) propulsar

propeller /prə'pelər/ s hélice

proper /'prɑpər/ adj **1** adecuado -a, apropiado -a: *I didn't have the proper clothes for sailing.* No tenía la ropa adecuada para navegar. **2** correcto -a [pronunciación] **3** (socialmente aceptable) **to be proper** estar bien, ser lo correcto **4** propiamente dicho -a: *It's not part of the city proper.* No forma parte de la ciudad propiamente dicha. ▶ En esta acepción el sustantivo precede al adjetivo **5** BrE (real, auténtico) *my first proper boyfriend* mi primer novio en serio | *a proper meal* una comida como es debido

properly /'prɑpərli/ adv bien, como es debido

,proper 'noun s nombre propio

property /'prɑpərti/ s (pl -ties) **1** propiedad, bienes: *This is government property.* Esto es propiedad del gobierno. | *He left all his property to his son.* Dejó todos sus bienes a su hijo. | *stolen property* objetos robados **2** propiedad inmobiliaria, bienes raíces **3** inmueble **4** (cualidad) propiedad

prophecy /'prɑfəsi/ s (pl -cies) profecía

prophesy /'prɑfəsaɪ/ v [tr] (-sies, -sied) predecir, vaticinar

prophet /'prɑfɪt/ s profeta/profetisa

proportion /prə'pɔrʃən/ sustantivo & sustantivo plural
■ s **1** porcentaje **2** proporción | **in proportion to sth** en proporción a algo **3 in proportion with sth** en proporción con algo, proporcionado -a con respecto a algo | **out of proportion (with sth)** desproporcionado -a (con respecto a algo) **4 to get things out of proportion** exagerar (las cosas)
■ **proportions** s pl dimensiones

proportional /prə'pɔrʃənl/ adj **proportional (to sth)** proporcional (a algo)

proposal /prə'poʊzəl/ s **1** propuesta **2** propuesta de matrimonio, proposición matrimonial

propose /prə'poʊz/ v **1** [tr] proponer **2 to propose (to sb)** proponer(le) matrimonio (a alguien) **3 to propose to do sth, to propose**

doing sth (formal) pensar hacer algo: *What do you propose to do about it?* ¿Qué piensa hacer al respecto?

proposition /prɑpə'zɪʃən/ s propuesta, proposición

proprietor /prə'praɪətər/ s dueño -a, propietario -a

prose /prouz/ s prosa

prosecute /'prɑsəkjut/ v **1** [tr] procesar: *He was prosecuted for theft.* Fue procesado por robo. **2** [intr] entablar una demanda

prosecution /prɑsə'kjuʃən/ s **1 the prosecution** la acusación **2** proceso, juicio

prosecutor /'prɑsəkjutər/ s fiscal

prospect /'prɑspekt/ *sustantivo & sustantivo plural*
■ s **1** posibilidad, posibilidades: *There's little prospect of reaching an agreement.* Hay pocas posibilidades de alcanzar un acuerdo. **2** perspectiva: *The prospect of speaking in public terrifies me.* La perspectiva de hablar en público me llena de terror.
■ **prospects** *s pl* perspectivas (de futuro), porvenir: *a man with no prospects* un hombre sin perspectivas de futuro

prospective /prə'spektɪv/ *adj* posible, futuro -a

prospectus /prə'spektəs/ s (pl **-ses**) folleto informativo [de un establecimiento educativo]

prosper /'prɑspər/ v [intr] prosperar

prosperity /prɑ'sperəti/ s prosperidad

prosperous /'prɑspərəs/ *adj* próspero -a

prostitute /'prɑstətut/ s prostituto -a

prostitution /prɑstə'tuʃən/ s prostitución

protagonist /prou'tægənɪst/ s protagonista

protect /prə'tekt/ v [tr/intr] proteger | **to protect sth/sb from sth** proteger algo/a alguien de algo | **to protect (sth/sb) against sth** proteger (algo/a alguien) contra algo

protection /prə'tekʃən/ s protección

protective /prə'tektɪv/ *adj* **1** protector -a [casco, goggles, etc.], de protección [ropa] **2** protector -a [persona, gesto]

protein /'proutin/ s proteína

protest¹ /'proutest/ s protesta: *a strike in protest against the layoffs* un paro en señal de protesta contra los despidos | **under protest** bajo protesta

protest² /prə'test/ v [tr/intr] protestar | **to protest (against/about) sth** protestar contra/por algo

Protestant /'prɑtəstənt/ *adj & s* protestante

protester /'proutestər/ s manifestante

prototype /'proutətaɪp/ s prototipo

protrude /prou'trud/ v [intr] sobresalir | **to have protruding teeth** tener los dientes salidos

proud /praud/ *adj* **1** (satisfecho) orgulloso -a | **to be proud of sth/sb** estar orgulloso -a de algo/alguien **2** (en sentido negativo) arrogante, orgulloso -a

proudly /'praudli/ *adv* con orgullo

prove /pruv/ v (participio **proved** o **proven**) **1** [tr] probar, demostrar: *They couldn't prove that she was guilty.* No pudieron probar que fuera culpable. | **to prove sb right/wrong** demostrar que alguien tiene razón/está equivocado -a **2 to prove to be useful/easy etc.** resultar ser útil/fácil etc. **3 to prove yourself** demostrar tener capacidad para algo

proven¹ /'pruvən/ *adj* comprobado -a, probado -a

proven² participio de **prove**

proverb /'prɑvɜrb/ s proverbio

provide /prə'vaɪd/ v [tr] **1** proporcionar, suministrar [dinero, información, etc.] | **to provide sb with sth** proporcionarle algo a alguien: *I was provided with a car and a guide.* Me proporcionaron un coche y un guía. **2** ofrecer [un servicio]
provide for sb mantener a alguien **provide for sth** prever algo, tener algo en cuenta [una eventualidad, una necesidad, etc.]

provided /prə'vaɪdɪd/, también **provided that** *conj* siempre que, siempre y cuando

providing /prə'vaɪdɪŋ/, también **providing that** *conj* ▶ ver **provided**

province /'prɑvɪns/ s **1** provincia **2 to be sb's province** ser el terreno de alguien: *That's not really my province.* En realidad ése no es mi terreno.

provincial /prə'vɪnʃəl/ *adj* **1** provincial **2** pueblerino -a, provinciano -a

provision /prə'vɪʒən/ *sustantivo & sustantivo plural*
■ s **1** suministro, provisión **2** previsiones: *There is no provision for disabled people.* No se han tomado previsiones para las necesidades de los discapacitados. | **to make provision(s) for sb** asegurar el futuro económico de alguien
■ **provisions** *s pl* provisiones, víveres

provisional /prə'vɪʒənl/ *adj* provisional

proviso /prə'vaɪzou/ s condición | **with the proviso that** con la condición de que

provocation /prɑvə'keɪʃən/ s provocación

provocative /prə'vɑkətɪv/ *adj* **1** provocador -a **2** provocativo -a

provoke /prə'vouk/ v [tr] **1** provocar [a una persona] **2** provocar [una respuesta] **3** producir [una reacción] **4 to provoke sb to do sth, to provoke sb into doing sth** empujar a alguien a hacer algo, hacer que alguien haga algo

prow /prau/ s proa

prowl /praul/ *verbo & sustantivo*
■ v **to prowl around/about** merodear, rondar
■ s **to be on the prowl** estar al acecho

prude /prud/ s mojigato -a

prudent /'prudnt/ *adj* prudente

prune /prun/ *verbo & sustantivo*
■ v [tr] **1** podar **2** recortar [los costos, el presupuesto]
■ s ciruela pasa, ciruela seca

pry /praɪ/ v (pries, pried) **1 to pry (into sth)** entrometerse (en algo) **2 to pry sth off (sth)** sacar algo (de algo) [haciendo palanca] | **to pry sth open** abrir algo a la fuerza

P.S. /pi 'es/ (= postscript) PD

psalm /sɑm/ s salmo

pseudonym /'sudnɪm/ s seudónimo

psychiatric /saɪki'ætrɪk/ adj psiquiátrico -a

psychiatrist /saɪ'kaɪətrɪst/ s psiquiatra

psychiatry /saɪ'kaɪətri/ s psiquiatría

psychic /'saɪkɪk/ adjetivo & sustantivo
- adj **1** parapsicológico -a **2 to be psychic** ser adivino -a **3** psíquico -a
- s vidente

psychoanalysis /ˌsaɪkouə'næləsɪs/ s psicoanálisis

psychological /saɪkə'lɑdʒɪkəl/ adj psicológico -a

psychologist /saɪ'kɑlədʒɪst/ s psicólogo -a

psychology /saɪ'kɑlədʒi/ s psicología

psychopath /'saɪkəpæθ/ s psicópata

pub /pʌb/ s bar [especialmente en Gran Bretaña e Irlanda]

puberty /'pjubərti/ s pubertad

pubic /'pjubɪk/ adj púbico -a

public /'pʌblɪk/ adjetivo & sustantivo
- adj público -a: public opinion la opinión pública | public transportation transporte público | to make sth public divulgar algo, hacer público algo
- s **1** the (general) public el público (en general) **2** in public en público -a

publication /pʌblə'keɪʃən/ s publicación

publicity /pə'blɪsəti/ s **1** publicidad **2** publicity campaign campaña publicitaria publicity stunt ardid publicitario

publicize, -ise BrE /'pʌbləsaɪz/ v [tr] **1** dar a conocer, divulgar **2** publicitar, promocionar

publicly /'pʌblɪkli/ adv públicamente

public re'lations s relaciones públicas

'public ˌschool s **1** AmE escuela pública **2** BrE colegio particular tradicional y muy exclusivo como Eton o Harrow

publish /'pʌblɪʃ/ v [tr] (3ª pers sing -shes) **1** publicar **2** hacer público -a

publisher /'pʌblɪʃər/ s **1** editorial, casa editora **2** editor -a

publishing /'pʌblɪʃɪŋ/ s **1** mundo editorial **2** publishing house editorial

pudding /'pudɪŋ/ s **1** crema [postre] **2** budín **3** BrE postre ▶ También existe dessert, que es inglés universal

puddle /'pʌdl/ s charco

Puerto Rican /ˌpɔrtə 'rikən, ˌpwertou-/ adj & s puertorriqueño -a

Puerto Rico /ˌpɔrtə 'rikou, ˌpwertou-/ s Puerto Rico

puff /pʌf/ verbo & sustantivo
- v **1** [intr] resoplar, jadear **2** [tr] echar: Don't puff smoke into my face. No me eches humo en la cara. **3 to puff at/on sth** fumar algo: He sat in his chair puffing at his pipe. Estaba sentado en su sillón fumando su pipa.
  puff sth out to puff out your cheeks/chest inflar las mejillas/el pecho
  puff up hincharse **puff sth up**, también **puff sth out** erizar [las plumas]
- s **1** fumada [de un cigarro] **2** bocanada [de humo] **3** ráfaga [de aire] **4** soplido

puffy /'pʌfi/ adj (-ffier, -ffiest) hinchado -a [ojos, cara, etc.]

pull /pul/ verbo & sustantivo
- v **1** [intr] jalar, tirar: You have to pull hard. Tienes que jalar fuerte. **2** [tr] jalar, tirar de [una soga, el pelo, etc.] | **to pull sth into/away from etc.**: Pull the chair nearer to the fire. Acerca la silla al fuego. | **to pull sth open**: I managed to pull the drawer open. Logré abrir la gaveta de un jalón. **3** [tr] jalar, tirar de [una carreta, etc.] **4** [tr] jalar [el gatillo] **5 to pull a gun/knife on sb** amenazar a alguien con un revólver/un cuchillo **6 to pull a muscle** desgarrar(se) un músculo **7 to pull yourself together** calmarse **8** ▶ ver también **leg**, **weight**

PHRASAL VERBS

pull sth apart 1 separar algo **2** desarmar algo, desbaratar algo

pull away 1 arrancar [vehículo] **2** zafarse, soltarse

pull sth down 1 bajar algo **2** demoler algo, tirar abajo algo

pull in 1 parar [vehículo] **2** llegar [tren]

pull sth off 1 arrancar algo **2** quitarse algo [una prenda de vestir] **3** conseguir algo, lograr algo

pull sth on ponerse algo

pull out 1 arrancar [vehículo] **2** cambiar de carril [para pasar a otro vehículo] **3 to pull out (of sth)** abandonar (algo), retirarse (de algo)

pull sth out sacar algo

pull over acercarse a la banqueta y parar

pull through recuperarse, reponerse

pull up 1 parar [vehículo] **2 to pull up a chair** acercar una silla **pull sth up** arrancar algo [una planta]

- s **1 to give sth a pull** jalar/tirar de algo, darle un jalón/tirón a algo **2** fuerza [de gravedad, de una corriente] **3** the pull of sth la atracción de algo

pulley /'puli/ s polea

pullover /'pulouvər/ s suéter

pulp /pʌlp/ s pulpa

pulpit /'pulpɪt/ s púlpito

pulsate /'pʌlseɪt/ v [intr] latir, palpitar: pulsating rhythm ritmo palpitante

pulse /pʌls/ sustantivo & sustantivo plural
- s pulso
- **pulses** s pl legumbres (secas)

ⓘ ¿Quieres información sobre las diferencias entre los **posesivos** en inglés y en español? Lee la explicación en el apartado de gramática.

pump /pʌmp/ *sustantivo & verbo*
- **s** **1** bomba (de agua) **2** bomba [de gasolinera] **3** bomba (de aire) **4** zapato de mujer sencillo y liviano | **ballet pumps** zapatillas de ballet **5** BrE tenis [de lona]
- **v** **1** [tr/intr] bombear **2** **to pump sb for information** (informal) tratar de (son)sacarle información a alguien **3** **to pump money into sth** invertir (dinero) en algo
  pump sth up inflar algo

pumpkin /'pʌmpkɪn/ *s* calabaza

pun /pʌn/ *s* juego de palabras

punch /pʌntʃ/ *verbo & sustantivo*
- **v** [tr] (3ª pers sing -ches) **1** darle un puñetazo a **2** perforar [un boleto] | **to punch a hole in sth** hacerle un agujero a algo
- **s** (pl **punches**) **1** puñetazo **2** ponche **3** perforadora [para papel]

punchline /'pʌntʃlaɪn/ *s* remate [de un chiste]

punch-up *s* BrE (informal) pelea [a los puñetazos]

punctual /'pʌŋktʃuəl/ *adj* puntual

punctuality /pʌŋktʃu'æləti/ *s* puntualidad

punctuate /'pʌŋktʃueɪt/ *v* [tr] **1** ponerle signos de puntuación a, puntuar **2** **to be punctuated by/with sth** ser interrumpido -a por algo

punctuation /pʌŋktʃu'eɪʃən/ *s* puntuación

punctu'ation mark *s* signo de puntuación

puncture /'pʌŋktʃər/ *sustantivo & verbo*
- **s** **1** piquete **2** BrE ponchadura [de una llanta] ▶ En inglés americano se usa **flat**
- **v** **1** [tr] ponchar **2** [intr] poncharse

punish /'pʌnɪʃ/ *v* [tr] (3ª pers sing -shes) castigar

punishment /'pʌnɪʃmənt/ *s* castigo

punk /pʌŋk/ *s* **1** (también **punk rock**) punk **2** (también **punk rocker**) punk **3** AmE vándalo -a

pup /pʌp/ *s* **1** cachorro -a **2** cría [de foca, nutria, etc.]

pupil /'pjupəl/ *s* **1** pupila [del ojo] **2** BrE alumno -a ▶ También existe **student**, que es inglés universal

puppet /'pʌpɪt/ *s* títere, marioneta

puppy /'pʌpi/ *s* (pl -ppies) cachorro -a

purchase /'pɜrtʃəs/ *verbo & sustantivo*
- **v** [tr] (formal) comprar, adquirir
- **s** (formal) compra, adquisición

pure /pjʊr/ *adj* **1** puro -a: *pure wool* pura lana **2** **by pure chance/coincidence** de pura casualidad

puree, también **purée** /pjʊ'reɪ, BrE 'pjʊəreɪ/ *s* puré

purely /'pjʊrli/ *adv* puramente, meramente | **purely and simply** lisa y llanamente

purge /pɜrdʒ/ *verbo & sustantivo*
- **v** **to purge sth (of sth/sb)** purgar algo (de algo/alguien) [un partido político, una organización]
- **s** purga

purify /'pjʊrəfaɪ/ *v* [tr] (-fies, -fied) purificar

purity /'pjʊrəti/ *s* pureza

purple /'pɜrpəl/ *sustantivo & adjetivo*
- **s** morado, violeta
- **adj** púrpura, morado -a ▶ ver "Active Box" **colors** en **color**

purpose /'pɜrpəs/ *s* **1** propósito, motivo: *He went there with the purpose of seeing his son.* Fue allí con el propósito de ver a su hijo. **2** **to do sth on purpose** hacer algo a propósito/adrede **3** claridad de objetivos: *a woman full of purpose* una mujer con objetivos claros

purposeful /'pɜrpəsfəl/ *adj* decidido -a [actitud, mirada, etc.]

purposely /'pɜrpəsli/ *adv* intencionadamente, a propósito

purr /pɜr/ *v* [intr] ronronear

purse /pɜrs/ *sustantivo & verbo*
- **s** **1** AmE bolsa [de mujer] **2** BrE monedero ▶ En inglés americano se usa **change purse**
- **v** **to purse your lips** fruncir los labios

pursue /pər'su/ *v* [tr] (formal) **1** hacer, forjarse [una carrera profesional] **2** adoptar [una política] **3** tratar de alcanzar [una meta] **4** **to pursue the matter** continuar con el tema **5** perseguir

pursuit /pər'sut/ *s* (formal) **1** **the pursuit of happiness/fame** etc. la búsqueda de la felicidad/la fama etc. **2** **in pursuit** en persecución: *He ran off in pursuit of the thief.* Salió corriendo tras el ladrón. **3** actividad

push /pʊʃ/ *verbo & sustantivo*
- **v** (3ª pers sing -shes) **1** [tr/intr] empujar: *Can you push harder?* ¿Puedes empujar más fuerte? | *He tried to push me into the water.* Trató de tirarme al agua (de un empujón). | *We pushed the car off the road.* Sacamos el coche de la carretera empujándolo. **2** [tr] apretar [un botón] **3** [tr] vender [drogas] **4** **to push past sb** empujar a alguien a un lado para pasar | **to push your way through/toward etc.** abrirse paso a los empujones entre/hacia etc. **5** **to push sb to do sth** empujar a alguien para que haga algo **6** **to be pushed for time** (informal) andar corto -a de tiempo **7** **to be pushing 40/50 etc.** andar cerca de los 40/50 etc.
  push ahead (with sth) seguir adelante (con algo)
  push sb around (informal) mandonear/mangonear a alguien
  push off largarse, irse
- **s** (pl **pushes**) **1** **to give sth/sb a push** darle un empujón a algo/alguien **2** **at the push of a button** con sólo apretar un botón **3** **to give sb the push** (informal) correr a alguien [de un trabajo, etc.] | **to get the push** (informal): *He got the push.* Lo corrieron.

pushchair /'pʊʃtʃer/ *s* BrE carriola, carreola [plegable] ▶ En inglés americano se usa **stroller**

push-up, press-up BrE *s* flexión (de brazos), lagartija

pushy /'pʊʃi/ *adj* (-shier, -shiest) agresivo -a, avasallador -a

pussy /'pʊsi/ s (pl -ssies) (informal) (también **pussycat**) gatito

put /pʊt/ v [tr] (pasado & participio put) **1** poner: *Put the bags on the table.* Pon las bolsas sobre la mesa. | *The delay put us all in a bad mood.* La demora nos puso a todos de mal humor. **2 to put sb out of work/out of a job** dejar a alguien sin trabajo **3** (escribir) poner: *Put your name at the top of the page.* Pon tu nombre en la parte de arriba de la hoja. **4** decir, expresar | **to put it another way** por decirlo de otra manera | **to put a question to sb** hacerle una pregunta a alguien **5 to put sth to sb** proponerle algo a alguien [un plan, una idea] ► **to put** también forma parte de expresiones como **to put sth behind you, to put an end to sth,** etc. Búscalas bajo **behind, end,** etc.

PHRASAL VERBS

put sth across comunicar algo [ideas, etc.]

put sth aside 1 dejar algo a un lado **2** guardar algo, reservar algo

put sth away guardar algo

put sth back 1 volver a poner algo (en su lugar) **2** posponer algo **3** retrasar algo [un reloj]

put sth down 1 dejar algo: *He put his suitcase down in the hall.* Dejó su maleta en la entrada. **2** anotar algo, apuntar algo **3** sacrificar algo [un animal] **4** sofocar algo [una rebelión, etc.] **put sb down** menospreciar a alguien

put sth down to sth atribuirle algo a algo: *He puts everything down to stress.* Se lo atribuye todo al estrés.

put sth forward 1 presentar algo [una propuesta] **2** plantear algo [una idea, un argumento] **3** proponer algo [un plan] **4** adelantar algo [un reloj] **put sb forward** proponer a alguien [para un cargo]

put sth in 1 instalar algo [calefacción, un baño, etc.] **2** colocar algo [un vidrio doble, etc.] **3** invertir algo [tiempo, esfuerzo] **4** presentar algo [un pedido, un reclamo]

put sth off postergar algo **put sb off 1 to put sb off (doing) sth** quitarle a alguien las ganas de hacer algo **2** distraer a alguien

put sth on 1 ponerse algo [una prenda de ropa, perfume, etc.] **2 to put lipstick/make-up on** pintarse los labios/maquillarse **3** prender algo [la luz, un aparato, etc.] **4** poner algo [música] **5 to put on weight** engordar: *I put on weight when I gave up smoking.* Engordé cuando

dejé de fumar. | **to put on two pounds/five pounds** etc. engordar dos libras/cinco libras etc. **6** dar/ofrecer algo [un concierto] **7** poner algo en escena [una obra de teatro] **8** fingir algo

put sth out 1 apagar algo [las luces, un incendio] **2** sacar algo [la basura] **3 to put your tongue out** sacar la lengua **put sb out 1** molestar a alguien: *Would it put you out if I brought a friend?* ¿Te molestaría que trajera a un amigo? | *Don't put yourself out on my account.* No te molestes por mí. **2 to be/feel put out** ofenderse/sentirse ofendido -a

put sb through comunicar a alguien [por teléfono]: *I'll put you through to the sales department.* Lo comunico con el departamento de ventas. **put sb through sth 1** hacer pasar a alguien por algo [una situación desagradable] **2** someter a alguien a algo [a una prueba]

put sth together 1 juntar algo **2** armar algo [un mueble] **3** preparar algo: *The band is putting a new album together.* La banda está preparando un nuevo álbum.

put sth up 1 construir algo [un edificio] **2** armar/montar algo [una carpa] **3** poner algo [en la pared] **4** subir algo [los precios, los impuestos, etc.] **5 to put your hand up** levantar la mano **put sb up** alojar/darle alojamiento a alguien

put up with sth/sb aguantar algo/a alguien, soportar algo/a alguien

putter /'pʌtər/ AmE, **potter** BrE v [intr] hacer talacha, talachear [hacer pequeños trabajos en la casa, el jardín, etc.]

puzzle /'pʌzəl/ *sustantivo & verbo*
■ *s* **1** rompecabezas **2** enigma
■ *v* **1** [tr] desconcertar
2 to puzzle over sth cavilar sobre algo

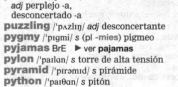
puzzle

puzzled /'pʌzəld/ *adj* perplejo -a, desconcertado -a

puzzling /'pʌzlɪŋ/ *adj* desconcertante

pygmy /'pɪɡmi/ s (pl -mies) pigmeo

pyjamas BrE ► ver **pajamas**

pylon /'paɪlən/ s torre de alta tensión

pyramid /'pɪrəmɪd/ s pirámide

python /'paɪθən/ s pitón

Q, q /kju/ s Q, q ▶ ver "Active Box" **letters** en **letter**

quack /kwæk/ *verbo & sustantivo*
- **v** [intr] hacer cua cua, graznar
- **s** graznido

quadruple /kwɑ'druːpəl/ *verbo & adjetivo*
- **v** **1** [tr] cuadruplicar **2** [intr] cuadruplicarse
- **adj** cuádruple

quail /kweɪl/ *sustantivo & verbo*
- **s** (pl quail o quails) codorniz
- **v** to quail (at sth) temblar (ante algo)

quaint /kweɪnt/ *adj* **1** pintoresco -a **2** anticuado y extraño

quake /kweɪk/ *sustantivo & verbo*
- **s** terremoto
- **v** [intr] temblar

qualification /ˌkwɑləfə'keɪʃən/ s **1** título, certificado ▶ El término **qualification** tiene una aplicación muy amplia e incluye desde los exámenes que se dan en la escuela secundaria hasta un doctorado **2** requisito, cualidad **3** clasificación [en una competencia deportiva] **4** salvedad, reserva

qualified /'kwɑləfaɪd/ *adj* **1** titulado -a, recibido -a **2** capacitado -a: *I don't feel qualified to give an opinion.* No me siento capacitada para opinar. **3** con reservas [aprobación, aceptación, etc.]

qualifier /'kwɑləfaɪər/ s eliminatoria

qualify /'kwɑləfaɪ/ v (-fies, -fied) **1** [intr] recibirse | to qualify as a doctor/teacher etc. recibirse de médico -a/maestro -a etc. **2** to qualify sb to do sth habilitar a alguien para hacer algo **3** to qualify (for sth) (en deportes) clasificar(se) (para algo) **4** to qualify (for a discount/a grant etc.) tener derecho (a un descuento/una beca etc.) **5** [intr] contar | to qualify as sth contar/considerarse como algo **6** [tr] hacer una salvedad en relación con (una afirmación)

qualifying /'kwɑləfaɪ-ɪŋ/ *adj* eliminatorio -a

quality /'kwɑləti/ *sustantivo & adjetivo*
- **s** (pl -ties) **1** calidad: *high quality* alta calidad | *The recording is of very poor quality.* La grabación es de muy mala calidad. **2** cualidad
- **adj** de calidad

qualm /kwɑm/ s to have no qualms about doing sth no tener escrúpulos para hacer algo

quandary /'kwɑndəri/ s to be in a quandary (about/over sth) estar en un dilema (con respecto a algo)

quantity /'kwɑntəti/ s (pl -ties) cantidad

quarantine /'kwɔrəntin/ s cuarentena

quarrel /'kwɔrəl/ *sustantivo & verbo*
- **s** **1** discusión, pelea | to have a quarrel (with sb) discutir/pelearse (con alguien) **2** to have no quarrel with sth no tener objeciones a algo

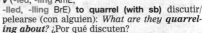

quarrelling

- **v** (-led, -ling AmE, -lled, -lling BrE) to quarrel (with sb) discutir/pelearse (con alguien): *What are they quarreling about?* ¿Por qué discuten?

quarry /'kwɔri/ s (pl -rries) **1** cantera **2** presa

quart /kwɔrt/ s cuarto de galón [= 1.137 litros]

quarter /'kwɔrtər/ s **1** cuarto, cuarta parte: *Cut the tomatoes into quarters.* Corte los jitomates en cuartos. | *The theater was only a quarter full.* Sólo una cuarta parte del teatro estaba llena. **2** (en expresiones de tiempo) a quarter of an hour un cuarto de hora | three quarters of an hour tres cuartos de hora | quarter of two/three etc. AmE, quarter to two/three etc. BrE un cuarto para las dos/tres etc. | quarter after two/three etc. AmE, quarter past two/three etc. BrE las dos/tres etc. y cuarto **3** (en EU y Canadá) moneda de veinticinco centavos **4** cuarto de libra [4 onzas] **5** barrio

quarterback /'kwɔrtərbæk/ s mariscal de campo

quarterfinal /kwɔrtər'faɪnl/ s cuartos de final

quarterly /'kwɔrtərli/ *adjetivo & adverbio*
- **adj** trimestral
- **adv** trimestralmente

quartet /kwɔr'tet/ s cuarteto

quartz /kwɔrts/ s cuarzo

quash /kwɑʃ/ v [tr] (3ª pers sing -shes) (formal) **1** anular [un veredicto, un fallo, etc.] **2** aplastar, sofocar [una rebelión]

quay /kiː, ki/ s muelle

queen /kwin/ s **1** reina: *Queen Victoria* la Reina Victoria **2** (en ajedrez, juegos de cartas) reina

queer /kwɪr/ *adjetivo & sustantivo*
- **adj** **1** raro -a **2** maricón ▶ Este uso de **queer** es ofensivo
- **s** maricón ▶ Este uso de **queer** es ofensivo

quell /kwel/ v [tr] **1** calmar [el miedo, las dudas] **2** sofocar [un disturbio] **3** acallar [la oposición]

quench /kwentʃ/ v (3ª pers sing -ches) to quench your thirst quitar/saciar la sed

query /'kwɪri/ *sustantivo & verbo*
- **s** (pl -ries) pregunta, consulta
- **v** [tr] (-ries, -ried) cuestionar

quest /kwest/ s (literario) búsqueda

question /'kwestʃən/ *sustantivo & verbo*
- **s** **1** pregunta | **to ask (sb) a question** hacer(le) una pregunta (a alguien) | **to answer a question** contestar una pregunta **2** cuestión: *the question of the environment* la cuestión del medio ambiente **3** duda: *There's no question that she should have won.* No hay duda de que debería haber ganado. | **beyond question** fuera de duda | **to call sth into question** cuestionar algo | **without question (a)** sin duda alguna **(b)** sin cuestionamientos **4** **there's no question of me/him** etc. **doing sth** de ninguna manera voy/va etc. a hacer algo | **to be out of the question** ser imposible **5** **the day/person** etc. **in question** (formal) el día/la persona etc. en cuestión
- **v** [tr] **1** interrogar **2** cuestionar

'question mark s signo de interrogación

questionnaire /kwestʃə'ner/ s cuestionario

'question tag s

> Un **question tag** es una fórmula equivalente a ¿no?, ¿no es cierto?, etc. que se agrega al final de la oración sobre todo en el inglés británico. Si la oración es afirmativa, la **question tag** se forma con el negativo del verbo modal o auxiliar:
>
> *They're Scottish, aren't they?* Son escoceses ¿no? | *James can drive, can't he?* James sabe manejar ¿no?
>
> Si no hay verbo modal o auxiliar, se usa la forma correspondiente del auxiliar **to do**:
>
> *You speak German, don't you?* Hablas alemán ¿no?
>
> Si la oración es negativa, el verbo auxiliar o modal va en afirmativo:
>
> *You didn't see them, did you?* Tú no los viste ¿o sí?

queue /kju/ *sustantivo & verbo*
- **s** BrE fila, cola [de personas, coches, etc.]
  ▶ En inglés americano se usa **line**
- **v** [intr] (también **queue up**) BrE formar fila, hacer cola ▶ En inglés americano se usa **to wait/stand in line**

quibble /'kwɪbəl/ v **to quibble (about/over sth)** crear/poner problemas (por algo) [por una nimiedad]

quick /kwɪk/ *adjetivo & adverbio*
- **adj** **1** rápido -a: *Have you finished already? That was quick!* ¿Ya terminaste? ¡Qué rápido! | *Be quick! The bus is coming!* ¡Apúrale! ¡Ahí viene el camión! | **to be quick to do sth** no tardar en hacer algo **2** breve: *I need to make a quick phone call.* Tengo que hacer una llamada

breve. **3** (inteligente) rápido -a
- **adv** rápido, rápidamente

quicken /'kwɪkən/ v **1** [intr] acelerarse **2 to quicken your pace** acelerar el paso

quickly /'kwɪkli/ *adv* rápido, rápidamente

quid /kwɪd/ s (pl **quid**) BrE (informal) libra [moneda]: *ten quid* diez libras

quiet /'kwaɪət/ *adjetivo & sustantivo*
- **adj** **1** callado -a: *He's a quiet, serious boy.* Es un niño callado y serio. | callado -a | **be quiet!** ¡cállate!/¡cállense! **2** silencioso -a [motor] | **in a quiet voice** en voz baja **3** tranquilo -a [calle, pueblo, vida]
- **s** **1** silencio **2 on the quiet** (informal) a escondidas

quieten /'kwaɪətn/, también **quiet** /'kwaɪət/ AmE v **to quieten (down)** calmarse, tranquilizarse | **to quieten sb (down)** calmar/tranquilizar a alguien

quietly /'kwaɪətli/ *adv* **1** silenciosamente, sin hacer ruido | **to speak quietly** hablar en voz baja **2** discretamente

quilt /kwɪlt/ s edredón, colcha

quintet /kwɪn'tet/ s quinteto

quirk /kwɜrk/ s rareza, peculiaridad

quit /kwɪt/ v (pasado & participio quit, gerundio quitting) **1** [tr] dejar | **to quit your job/school** etc. dejar el trabajo/la escuela etc. | **to quit doing sth** dejar de hacer algo **2** [intr] renunciar, dejar el trabajo **3** [intr] abandonar

quite /kwaɪt/ *adv* **1** bastante: *She's quite young.* Es bastante joven. **2** totalmente: *I'm not quite sure.* No estoy totalmente seguro. | *You're quite right.* Tienes toda la razón. | *"Are you ready?" "Not quite."* ¿Estás listo? –No del todo. **3 quite a lot** bastante: *I go there quite a lot.* Voy bastante a ese lugar. | *We had quite a lot of problems.* Tuvimos bastantes problemas. | **quite a few** unos -as cuantos -as, bastantes: *Quite a few people didn't turn up.* Hubo unas cuantas personas que no aparecieron. | **quite a bit** bastante

quiver /'kwɪvər/ v [intr] temblar [de furia, nervios, etc.]

quiz /kwɪz/ s (pl **quizzes**) **1** concurso **2 quiz show** programa de preguntas y respuestas

quota /'kwoutə/ s **1** cupo **2** cuota

quotation /kwou'teɪʃən/ s **1** cita [de un libro, etc.] **2** presupuesto [cálculo del costo de un trabajo]

quo'tation ,marks s pl comillas

quote /kwout/ *verbo & sustantivo*
- **v** **1** quote (from) sth/sb citar algo/a alguien **2** [tr] presupuestar, [intr] hacer un presupuesto [por un trabajo, un arreglo, etc.]
- **s** **1** cita [de un libro, etc.] **2** presupuesto

ℹ️ Hay una tabla con los **números** en inglés y explicaciones sobre su uso en el apartado de gramática.

R, r /ɑr/ s R, r ▶ ver "Active Box" **letters** en **letter**

rabbit /'ræbɪt/ s conejo

rabies /'reɪbiz/ s rabia [enfermedad]

race /reɪs/ sustantivo & verbo
■ s **1** carrera **2** raza | **race relations** relaciones (inter)raciales
■ v **1** [intr] correr (carreras), competir | **to race against sb** correr contra alguien **2** [tr] echarle una carrera a, correr contra **3** [tr] correr con [un caballo, un carro] **4** **to race in/out etc.** entrar/salir etc. corriendo: *I raced downstairs to open the door.* Corrí escaleras abajo para abrir la puerta. | **to race through sth** hacer algo rápidamente **5** **to race by/past** pasar volando [las horas, los meses, etc.] **6** [intr] acelerar(se) [pulso, corazón]

'**race car** AmE, **racing car** BrE s coche de carreras

racecourse /'reɪs-kɔrs/ s **1** AmE pista, circuito **2** BrE ▶ ver **racetrack 2**

racehorse /'reɪshɔrs/ s caballo de carreras

racetrack /'reɪs-træk/ s **1** pista, circuito **2** AmE hipódromo

racial /'reɪʃəl/ adj racial

racing /'reɪsɪŋ/ s (las) carreras | **motor/horse etc. racing** carreras de autos/caballos etc.

racing car BrE ▶ ver **race car**

racism /'reɪsɪzəm/ s racismo

racist /'reɪsɪst/ adj & s racista

rack /ræk/ sustantivo & verbo
■ s **1** (para platos) escurridor **2** (para revistas) revistero **3** **the rack** (instrumento de tortura) el potro ▶ ver también **roof rack**
■ v **to rack your brain** devanarse los sesos

spice rack   newspaper rack

racket /'rækɪt/ s **1** (también **racquet** BrE) raqueta **2** (informal) barullo, bulla **3** (informal) mangoneo, chanchullo

radar /'reɪdɑr/ s radar

radiance /'reɪdiəns/ s **1** brillo **2** resplandor

radiant /'reɪdiənt/ adj **1** radiante | **to be radiant with joy/health** estar radiante de alegría/salud **2** resplandeciente

radiate /'reɪdieɪt/ v **1** [tr/intr] irradiar [calor, entusiasmo] **2** **to radiate from sth** salir de algo [calles]

radiation /reɪdi'eɪʃən/ s radiación

radiator /'reɪdieɪtər/ s radiador

radio /'reɪdiou/ sustantivo & verbo
■ s radio | **on the radio** en/por la radio
■ v **1** [tr] transmitir por radio [un mensaje, una posición] **2** [tr] llamar por radio a [un lugar] **3** **to radio for help** pedir ayuda por radio

radioactivity /ˌreɪdiouæk'tɪvəti/ s radiactividad

'**radio ˌstation** s (estación/emisora de) radio

radish /'rædɪʃ/ s rábano, rabanito

radius /'reɪdiəs/ s (pl **radii** /-diaɪ/) radio | **within a 200-mile/10-meter etc. radius** en un radio de 200 millas/10 metros etc.

raffle /'ræfəl/ s rifa

raft /ræft/ s balsa

rafter /'ræftər/ s viga

rag /ræg/ sustantivo & sustantivo plural
■ s trapo
■ **rags** s pl harapos

rage /reɪdʒ/ sustantivo & verbo
■ s **1** furia | **(to be) in a rage** (estar) furioso -a | **to fly into a rage** enfurecerse **2** **to be all the rage** (informal) ser el último grito de la moda
■ v [intr] **1** continuar con toda su furia [tormenta] **2** causar estragos [incendio] **3** **to rage at/against sth** protestar furiosamente por/contra algo

ragged /'rægɪd/ adj **1** hecho -a jirones [ropa] **2** harapiento -a, andrajoso -a [persona] **3** deshilachado-a [borde]

raging /'reɪdʒɪŋ/ adj **1** enloquecedor -a [sed, dolor de cabeza] **2** altísimo -a [fiebre] **3** embravecido -a [mar]

raid /reɪd/ sustantivo & verbo
■ s **1** (operación militar) **a raid (on sth)** un ataque (a algo), una incursión (sobre algo) **2** (operación policial) redada **3** (robo) **a raid (on sth)** un asalto/atraco (a algo)
■ v [tr] **1** allanar **2** tomar por asalto [un pueblo, un territorio] **3** asaltar, atracar [un banco] **4** saquear [el refrigerador, la alacena, etc.]

raider /'reɪdər/ s saqueador -a, asaltante

rail /reɪl/ s **1** barandal **2** pasamanos **3** **clothes rail** perchero | **towel rail** toallero **4** riel [de vías ferroviarias] **5** **by rail** por ferrocarril

railing /'reɪlɪŋ/, también **railings** /'reɪlɪŋz/ s verja, rejas

railroad /'reɪlroud/ AmE, **railway** /'reɪlweɪ/ BrE s **1** ferrocarril **2** línea de ferrocarril **3** (también **railroad/railway line**, **railroad/railway track**) vía(s)

'railroad ,crossing s AmE crucero [ferroviario]

'railroad ,station AmE, **railway station** BrE s estación de ferrocarril, estación de tren

rain /reɪn/ sustantivo & verbo
- s lluvia: *I got caught in the rain.* Me agarró la lluvia. | *It looks like rain.* Parece que va a llover.
- v [intr] llover: *It was raining hard.* Llovía mucho.
rain off, rain out to be rained out AmE, **to be rained off** BrE suspenderse por lluvia [partido]

rainbow /'reɪnboʊ/ s arco iris

raincoat /'reɪnkoʊt/ s impermeable, gabardina

rainfall /'reɪnfɔl/ s precipitaciones

'rain ,forest s selva tropical

rainy /'reɪni/ adj (-nier, -niest) lluvioso -a, de lluvia | **the rainy season** la estación de lluvias

raise /reɪz/ verbo & sustantivo
- v [tr] **1** levantar: *Raise your hand if you know the answer.* Levanten la mano si saben la respuesta. **2** aumentar, subir [los impuestos, los precios, etc.] **3** to raise standards mejorar el nivel **4** criar [hijos, animales] **5** provocar [la risa] **6** suscitar [dudas] **7** despertar [sospechas] **8** plantear [una cuestión, una objeción] **9** sacar [un tema] **10** recaudar, reunir [fondos] **11** reclutar [un ejército] **12 to raise your eyebrows** arquear las cejas **13 to raise your glass (to sb)** brindar (por alguien) ► ver también **voice**
- s AmE aumento (de sueldo)

raisin /'reɪzən/ s (uva) pasa [negra]

rake /reɪk/ sustantivo & verbo
- s rastrillo [herramienta]
- v **1 to rake (over) sth** rastrillar algo **2** [tr] (también **rake up**) juntar con un rastrillo [hojas] **rake sth in to be raking it in** (informal) estar ganando dinero a manos llenas **rake sth up** (informal) sacar a relucir algo [un tema, el pasado]

rally /'ræli/ verbo & sustantivo
- v (-llies, -llied) **1 to rally to sb's defense/support** unirse en defensa/apoyo de alguien **2** [tr] congregar, unir [seguidores, etc.] **3** [tr] reunir [apoyo] **4** [intr] recuperarse **rally around** juntarse [para ayudar]
- s (pl -llies) **1** (reunión política) mitin **2** (carrera de autos) rally **3** (en tenis) peloteo, punto

RAM /ræm/ s (= **random access memory**) (memoria) RAM

ram /ræm/ verbo & sustantivo
- v (-mmed, -mming) **1 to ram (into) sth/sb** chocar (contra) algo/a alguien, embestir (contra) algo/a alguien **2 to ram sth into sth** meter/clavar algo en algo
- s carnero

ramble /'ræmbəl/ verbo & sustantivo
- v [intr] **1 to go rambling** ir de caminata [por el campo] **2** divagar **ramble on to ramble on (about sth/sb)** hablar

mucho y de forma aburrida (sobre algo/alguien)
- s caminata [por el campo]

ramp /ræmp/ s rampa

rampage¹ /ræm'peɪdʒ/ v [intr] hacer destrozos, arrasar

rampage² /'ræmpeɪdʒ/ s **to go on the rampage (a)** salir a hacer destrozos [persona] **(b)** arrasar con todo [animal]

rampant /'ræmpənt/ adj **1** endémico -a [problema] **2** galopante [inflación]

ramshackle /'ræmʃækəl/ adj destartalado -a [casa, etc.]

ran /ræn/ pasado de **run**

ranch /ræntʃ/ s (pl -ches) rancho (ganadero)

rancid /'rænsɪd/ adj rancio -a

random /'rændəm/ adj **1** (hecho -a) al azar [inspección, etc.] **2** aleatorio -a [muestra] **3 at random** al azar

rang /ræŋ/ pasado de **ring**

range /reɪndʒ/ sustantivo & verbo
- s **1** variedad, gama: *a wide range of subjects* una amplia variedad de temas **2** rango [dentro del cual varía un valor]: *Your weight is within the normal range for your height.* Tu peso está dentro del rango normal para tu altura. | *There wasn't anything in my price range.* No había nada dentro de mi presupuesto. **3** línea, gama [de productos] **4** alcance [de un arma, un transmisor, etc.] | **range of vision** campo visual | **within range** dentro del alcance, a tiro | **out of range** fuera del alcance **5** (de montañas) cadena
- v **1 to range from/between sth to sth** variar entre algo y algo, ir de algo a algo: *Prices range from $5 to $50.* Los precios varían entre $5 y $50. **2** [tr] acomodar, disponer [sillas, adornos, etc.]

rank /ræŋk/ sustantivo & verbo
- s **1** rango: *He was promoted to the rank of general.* Lo ascendieron al rango de general. **2 the ranks** la tropa **3** nivel [social] **4 the rank and file** las bases [de un partido político o sindicato]
- v **1 to rank among sth** estar entre algo: *She ranks among the greatest of American poets.* Está entre las más grandes poetas estadounidenses. **2** [tr] clasificar | **to rank sth/sb as sth** considerar algo/a alguien (como) algo

ransack /'rænsæk/ v [tr] **1** saquear **2** revolver [un cajón, una habitación]

ransom /'rænsəm/ s **1** rescate [dinero en un secuestro] **2 to hold sb (to) ransom** extorsionar a alguien [tratar de imponerle algo a la fuerza]

rap /ræp/ verbo & sustantivo
- v [tr/intr] (-pped, -pping) golpear [con los nudillos]
- s **1** golpe, golpecito **2** (en música) rap

rape /reɪp/ *verbo & sustantivo*
- *v* [tr] violar [a una persona]
- *s* **1** violación **2** canola, colza [planta de flor amarilla]

rapid /'ræpɪd/ *adj* rápido -a

rapidly /'ræpɪdli/ *adv* rápidamente

rapids /'ræpɪdz/ *s pl* rápidos

rapist /'reɪpɪst/ *s* violador -a

rapport /ræ'pɔr/ *s* (buena) relación [entre personas] | **to establish a rapport with sb** establecer una buena relación con alguien

rapture /'ræptʃər/ *s* **1** éxtasis **2 to go into raptures over/at sth** deshacerse en elogios respecto de algo

rare /rer/ *adj* **1** raro -a, poco común: *It's rare for her to miss a rehearsal.* Es raro que falte a un ensayo. **2** excepcional, poco frecuente [caso, visita] | **on rare occasions** en contadas ocasiones **3** (referido al punto de cocción de la carne) a la inglesa

rarely /'rerli/ *adv* rara vez, casi nunca ▸ ver nota **adverbios de frecuencia** en **always**

rarity /'rerəti/ *s* (pl -ties) **1 to be a rarity** ser una rareza, ser algo fuera de lo común **2** cosa rara, objeto raro **3** lo raro

rash /ræʃ/ *adjetivo & sustantivo*
- *adj* precipitado -a, imprudente
- *s* (pl -shes) salpullido | **to come out/break out in a rash** salir salpullido

raspberry /'ræzberi/ *s* (pl -rries) frambuesa

rat /ræt/ *s* **1** rata **2** (informal) canalla

rate /reɪt/ *sustantivo & verbo*
- *s* **1** ritmo [al que sucede algo] | **at a rate of** a razón de | **at this rate** a este paso **2** tasa [de inflación, interés, etc.] **3** índice [de delincuencia] **4** tarifa: *There is a reduced rate for children.* Hay una tarifa reducida para niños. | *We pay an hourly rate of $10.* Pagamos $10 por hora. | **rate of pay** sueldo **5 at any rate** de todos modos, por lo menos
- *v* **1** [tr] considerar, clasificar **2 to be rated as sth/to rate as sth** estar considerado -a como algo: *He is rated as one of the best guitarists around.* Se lo considera uno de los mejores guitarristas que hay. **3 to rate sth/sb highly** tener una excelente opinión de algo/alguien

rather /'ræðər/ *adv* **1** bastante: *I was rather surprised to see him.* Me sorprendió bastante verlo. **2 I would/he would etc. rather do sth** preferir/prefiere etc. hacer algo: *I 'd rather stay here.* Prefiero quedarme aquí. | **I would rather you/he etc. did sth** preferiría que hicieras/hiciera etc. algo: *I'd rather you didn't smoke.* Preferiría que no fumaras. **3 rather than** (a) en lugar de, antes que: *I'd go in the spring rather than the summer.* Yo iría en primavera en lugar de en verano. (b) más que: *It was a discussion rather than a lecture.* Fue un debate más que una conferencia. **4 or rather** o mejor dicho

rating /'reɪtɪŋ/ *s* **1** clasificación | **popularity rating** índice de popularidad **2 the ratings** el rating, el índice de audiencia

ratio /'reɪʃioʊ/ *s* proporción: *The ratio of nurses to doctors is two to one.* La proporción de enfermeros con respecto a médicos es de dos a uno.

ration /'ræʃən/ *verbo & sustantivo*
- *v* [tr] racionar
- *s* ración

rational /'ræʃənl/ *adj* racional

rationale /ræʃə'næl/ *s* razones, lógica: *the rationale behind their decision* las razones de su decisión/la lógica de su decisión

rationalize, -ise BrE /'ræʃnəlaɪz/ *v* [tr] **1** racionalizar, justificar **2** (en una empresa) racionalizar

rationing /'ræʃənɪŋ/ *s* racionamiento

'**rat race** *s* **the rat race** (informal) la constante competencia en la vida

rattle /'rætl/ *verbo & sustantivo*
- *v* **1** [tr] sacudir [haciendo ruido], hacer sonar **2** [intr] hacer ruido, vibrar **3 to rattle along/past etc.** ir/pasar etc. traqueteando **4** [tr] (informal) poner nervioso -a a
  rattle sth off decir algo de un tirón/jalón
- *s* **1** ruido [de algo suelto, una vibración, etc.] **2** sonaja **3** matraca

rattlesnake /'rætlsneɪk/ *s* serpiente (de) cascabel

ravage /'rævɪdʒ/ *v* [tr] arrasar, devastar

rave /reɪv/ *verbo & sustantivo*
- *v* [intr] **1 to rave at sth/sb** despotricar contra algo/alguien **2** delirar **3 to rave about/over sth** hablar maravillas de algo
- *s* fiesta rave [fiesta que suele durar toda la noche y generalmente se asocia con la música house, el consumo de drogas, etc.]

raven /'reɪvən/ *s* cuervo

ravenous /'rævənəs/ *adj* muerto -a de hambre

ravine /rə'vin/ *s* barranca, quebrada

raw /rɔ/ *adj* **1** crudo -a [carne, verduras, etc.] **2** sin refinar [azúcar] **3** crudo -a [seda] **4 raw materials** materia(s) prima(s) **5** en carne viva [piel] **6** enrojecido -a [manos] **7** fuerte y frío, cortante [viento] **8** novato -a

ray /reɪ/ *s* rayo [de luz, de sol]

razor /'reɪzər/ *s* **1** (con hojas) rastrillo (de rasurar) **2** (eléctrica) rasuradora **3** navaja

'**razor blade** *s* hoja de rasurar

Rd. (= Road) ▸ ver **road 2**

reach /ritʃ/ *verbo & sustantivo*
- *v* (3ª pers sing -ches) **1** [tr] llegar a [un lugar], llegarle a [una persona]: *The letter took four days to reach me.* La carta tardó cuatro días en llegarme. **2 to reach for sth** tratar de agarrar algo, alargar la mano para agarrar algo

3 [intr] alcanzar, llegar [hasta algo]: *I can't reach.* No alcanzo. | *The water reached up to my knees.* El agua me llegaba a las rodillas. **4** [tr] (también **reach down**) alcanzar, pasar [un objeto] **5** [tr] llegar a, alcanzar [determinada edad, temperatura, etc.]: *They reached the semifinals.* Llegaron a las semifinales. **6** [tr] llegar a [un acuerdo, una decisión] **7** [tr] localizar, ubicar [a una persona]: *Where can I reach you in an emergency?* ¿Donde lo puedo localizar en caso de emergencia?

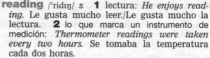

reaching

■ s **1 out of (your) reach** fuera del alcance, fuera de mi/su etc. alcance | **within (your) reach** al alcance, a mi/su etc. alcance **2 within (easy) reach of sth** (muy) cerca de algo

react /ri'ækt/ v [intr] **1 to react (to sth/sb)** reaccionar (ante algo/alguien) | **to react by doing sth**: *She reacted by walking out.* Su reacción fue irse. **2 to react (against sth/sb)** reaccionar (en contra de algo/alguien)

reaction /ri'ækʃən/ s **reaction (to sth)** reacción (a/ante algo)

read /rid/ v (pasado & participio **read** /red/) **1** [tr/intr] leer: *He was reading a magazine.* Estaba leyendo una revista. | **to read about/of sth** leer sobre algo | **to read (sth) to sb** leerle (algo) a alguien **2** [tr] decir [texto, cartel]: *It should read 'Benson', not 'Fenton'.* Debería decir 'Benson', no 'Fenton'. **3** [tr] marcar [termómetro, etc.]

PHRASAL VERBS

read into to read sth into sth interpretar algo de determinada manera: *You're reading too much into it.* Le estás dando demasiada importancia.

read sth out leer algo [en voz alta]

read sth through leer algo del principio al fin

read up to read up on sth investigar algo, leyendo sobre el tema **read sth up** repasar/estudiar algo

readable /'ridəbəl/ adj **1** ameno -a, fácil de leer **2** legible

reader /'ridər/ s **1** lector -a **2 to be a fast/slow reader** leer rápido/despacio

readership /'ridərʃip/ s lectores

readily /'redl-i/ adv **1** fácilmente **2** de buena gana

readiness /'redinəs/ s **1 readiness to do sth** (buena) disposición para hacer algo **2 in readiness (for sth)**: *The whole town was cleaned up in readiness for her visit.* Limpiaron toda la ciudad para que estuviera lista para su visita.

reading /'ridiŋ/ s **1** lectura: *He enjoys reading.* Le gusta mucho leer./Le gusta mucho la lectura. **2** lo que marca un instrumento de medición: *Thermometer readings were taken every two hours.* Se tomaba la temperatura cada dos horas.

ready /'redi/ adj (-dier, -diest) **1 ready (for sth/to do sth)** listo -a (para algo/para hacer algo): *We're ready to leave now.* Ya estamos listos para salir. | *When will lunch be ready?* ¿Cuándo va a estar listo el almuerzo? | **to get ready** prepararse | **to get sth ready** preparar algo **2 ready (for sth/to do sth)** preparado -a/listo -a (para algo/para hacer algo): *He doesn't feel ready to get married.* Siente que no está preparado para casarse. **3 to be ready to do sth (a)** estar a punto de hacer algo: *I was just about ready to give up.* Estaba casi a punto de abandonar. **(b)** estar dispuesto -a a hacer algo **4 ready cash/money** dinero en efectivo

,ready-'made adj **1 a ready-made suit** un traje de confección | **ready-made curtains** cortinas ya hechas **2** (referido a comidas) (comprado -a) hecho -a

real /ril/ adj **1** auténtico -a: *real gold* oro auténtico **2** real, concreto -a: *in real life* en la vida real **3** verdadero -a: *What's the real reason you were late?* ¿Cuál es la verdadera razón por la que llegaste tarde? **4** (para enfatizar) verdadero -a: *He's a real idiot.* Es un verdadero idiota.

'real es,tate s AmE inmuebles, bienes raíces

'real estate ,agent AmE s agente inmobiliario -a

realistic /riə'listik/ adj realista

reality /ri'æləti/ s (pl -ties) **1** realidad **2 in reality** en realidad

realization, -isation BrE /riələ'zeiʃən/ s **1** hecho de darse cuenta de algo: *She finally came to the realization that Jeff had been lying.* Finalmente se dio cuenta de que Jeff había estado mintiendo. **2** logro

realize, -ise BrE /'riəlaiz/ v [tr] **1 to realize (that)** darse cuenta de (que): *Do you realize you're an hour late?* ¿Te das cuenta de que llegas una hora tarde? | **to realize sth** darse cuenta de algo **2** cumplir [una ambición] **3** lograr [un objetivo]

really /'riəli/ adv **1** realmente, en realidad: *I don't really know.* Realmente no sé. **2** muy: *It's really kind of you.* Es muy amable de tu parte. **3** mucho: *It really annoys me.* Me molesta mucho. **4** (usado para enfatizar): *I'm fine, really!* Estoy bien, te juro. | *I really don't mind.* De verdad que no me importa. **5 really? (a)** (para expresar sorpresa) ¿de veras?, ¿en serio? **(b)** (para expresar interés) ¿ah sí? **6 really!** (para expresar sorpresa) ¡no te/le puedo creer! **7 not really** la verdad que no

realtor /'riəltər, -ɔr/ s AmE agente inmobiliario -a

reap /rip/ v [tr] **1** cosechar [granos] **2 to reap the benefits/rewards of sth** beneficiarse con/ cosechar los frutos de algo

reappear /riə'pɪr/ v [intr] reaparecer, volver

rear /rɪr/ sustantivo, verbo & adjetivo
■ s **1 the rear** la parte trasera/de atrás **2 at the rear (of)** en la parte trasera/de atrás (de), al fondo (de)
■ v [tr] criar
■ adj trasero -a, de atrás

rearrange /riə'reɪndʒ/ v [tr] **1** cambiar de lugar, reacomodar **2** cambiar [de día, hora, etc.]

reason /'rizən/ sustantivo & verbo
■ s **1** motivo, razón: *We can only guess at his reasons.* Sólo podemos conjeturar cuáles fueron sus motivos | *I see no reason why she can't come.* No veo por qué ella no puede venir. | **the reason I bought it/she lied etc. was...** lo compré/ mintió etc. porque... | **reason for sth** motivo para/de algo: *What was the reason for the delay?* ¿Cuál fue el motivo del retraso? | **reason(s) for doing sth** motivo(s) para hacer algo **2 to listen to reason/to see reason** atender razones/entrar en razón **3 within reason** dentro de lo razonable **4** (facultad) razón
■ v **1 to reason (that)** pensar que **2** [intr] razonar
reason with sb hacer entrar en razón a alguien

reasonable /'rizənəbəl/ adj **1** (sensato) razonable: *Be reasonable!* ¡Sé razonable! **2** aceptable [resultado, calidad]: *She has a reasonable chance of passing the exam.* Tiene bastantes posibilidades de aprobar el examen. **3** (adecuado, no excesivo) razonable

reasonably /'rizənəbli/ adv **1** bastante **2** razonablemente

reasoning /'rizənɪŋ/ s razonamiento

reassurance /riə'ʃurəns/ s **1** acción de tranquilizar a alguien: *She needs constant reassurance that she is doing the right thing.* Necesita que le digan constantemente que está haciendo lo que corresponde. **2** comentario o declaración que busca tranquilizar

reassure /riə'ʃur/ v [tr] tranquilizar, asegurar

reassuring /riə'ʃurɪŋ/ adj tranquilizador -a

rebate /'ribeɪt/ s reembolso

rebel¹ /'rebəl/ s rebelde

rebel² /rɪ'bel/ v [intr] (-lled, -lling) rebelarse

rebellion /rɪ'beljən/ s **1** rebelión **2** rebeldía

rebellious /rɪ'beljəs/ adj rebelde

rebound /'ribaʊnd, rɪ'baʊnd/ v **1 to rebound (off sth)** rebotar (contra algo) **2 to rebound on sb** volverse en contra de alguien

rebound² /'ribaʊnd/ s **on the rebound (a)** de rebote **(b)** por despecho

rebuild /ri'bɪld/ v [tr] (pasado & participio rebuilt) reconstruir

rebuke /rɪ'bjuk/ verbo & sustantivo
■ v [tr] (formal) reprender
■ s (formal) reprimenda

recall /rɪ'kɔl/ v [tr] **1** (formal) recordar | **to recall doing sth** recordar haber hecho algo **2** retirar [un producto del mercado] **3** retirar [a un embajador de un país] **4** convocar [el parlamento]

recap /'rikæp/ sustantivo & verbo
■ s resumen
■ v [tr/intr] (-pped, -pping) resumir

recapture /ri'kæptʃər/ v [tr] **1** recuperar, recobrar [la juventud, etc.] **2** capturar [a alguien que se había escapado] **3** reconquistar, volver a tomar [una ciudad, un territorio]

recede /rɪ'sid/ v [intr] **1 to recede (into the distance)** ir perdiéndose (en la distancia) **2** desvanecerse [posibilidad] **3** alejarse [peligro] **4** retirarse, bajar [agua, marea] **5** (referido al cabello): *His hair was beginning to recede.* Se le estaban empezando a formar entradas. | **a receding hairline** entradas [en el cabello]

receipt /rɪ'sit/ sustantivo & sustantivo plural
■ s **1** recibo (for sth) recibo (de algo): *Can I have a receipt please?* ¿Me puede dar un recibo, por favor? **2** (formal) recepción, recibo [acción de recibir]
■ **receipts** s pl recaudación, ingresos

receive /rɪ'siv/ v [tr] **1** (formal) recibir **2** sufrir [una herida]

receiver /rɪ'sivər/ s **1** auricular, bocina [del teléfono] | **to pick up/put down the receiver** levantar/colgar el auricular **2** receptor [de radio, TV]

recent /'risənt/ adj **1** reciente **2 in recent years** en los últimos años

recently /'risəntli/ adv **1** hace poco, hacía poco: *She had recently gotten married.* Hacía poco que se había casado. | **until recently** hasta hace poco **2** últimamente **3** (antes de participio pasado) recientemente, recién: *a recently published biography* una biografía recientemente publicada

reception /rɪ'sepʃən/ s **1** (evento social) recepción **2** acogida, recibimiento **3** (en radio, TV) recepción **4** BrE (en un hotel, una oficina) recepción **5 reception desk** (mesa de) recepción

receptionist /rɪ'sepʃənɪst/ s recepcionista

receptive /rɪ'septɪv/ adj receptivo -a, dispuesto -a a escuchar | **receptive to sth** abierto -a a algo

recess /'rises/ s (pl -sses) **1** (en el parlamento) receso **2** (en una audiencia judicial) intermedio **3** (en el colegio) recreo **4** (en una pared) hueco

recession /rɪ'seʃən/ s recesión

recharge /'ritʃɑrdʒ/ v [tr] recargar [una batería, etc.]

recipe /'resəpi/ s **1** recipe (for sth) receta (de algo): *Can you give me the recipe for this cake?* ¿Me puedes dar la receta de este pastel? **2 to be a recipe for disaster** ser una invitación al desastre

recipient /rɪ'sɪpiənt/ s (formal) **1** destinatario -a [de una carta, un e-mail] **2** receptor -a [de un órgano trasplantado]

reciprocal /rɪ'sɪprəkəl/ adj (formal) recíproco -a

reciprocate /rɪ'sɪprəkeɪt/ v [tr] (formal) **1** retribuir, devolver [una invitación, hospitalidad] **2** corresponder a [afecto, amor]

recital /rɪ'saɪtl/ s **1** recital [de música clásica, poesía] **2** relato

recite /rɪ'saɪt/ v **1** [tr/intr] recitar **2** [tr] enumerar

reckless /'rekləs/ adj **1** insensato -a **2** imprudente, irresponsable | **reckless driving** imprudencia para manejar

reckon /'rekən/ v [tr] **1 to reckon (that)** creer/pensar que: *Do you reckon they'll get married?* ¿Crees que se van a casar? | *How much do you reckon she earns?* ¿Cuánto calculas que gana? **3 to be reckoned to be sth** considerarse como algo
reckon on tener pensado, pensar: *We didn't reckon on spending so much.* No teníamos pensado gastar tanto.
reckon with sth tener en cuenta algo **reckon with sb** vérselas con alguien

reckoning /'rekənɪŋ/ s cálculos | **by my reckoning** según mis cálculos

reclaim /rɪ'kleɪm/ v [tr] **1** reclamar [equipaje, un objeto perdido] **2** ganar [terreno, al mar, al desierto, etc.]

reclamation /reklə'meɪʃən/ s recuperación, reciclaje

recline /rɪ'klaɪn/ v **1 to recline in/on sth** (formal) tenderse en algo, tumbarse en algo **2** [tr] reclinar, [intr] reclinarse | **reclining seats** asientos reclinables

recognition /rekəg'nɪʃən/ s **1** reconocimiento | **to have changed beyond recognition** estar irreconocible **2** (aprecio) reconocimiento | **in recognition of sth** en reconocimiento a algo **3** (aceptación) reconocimiento **4** (de un país) reconocimiento

recognize, -ise BrE /'rekəgnaɪz/ v [tr] **1** reconocer **2** (aceptar, admitir) **to recognize (that)** reconocer que

recoil /'rɪkɔɪl/ v [intr] **1** retroceder **2 to recoil from sth** rehuir algo

recollect /rekə'lekt/ v [tr] recordar

recollection /rekə'lekʃən/ s recuerdo | **to have no recollection of sth** no recordar algo

recommend /rekə'mend/ v [tr] recomendar

recommendation /,rekəmən'deɪʃən/ s recomendación | **on sb's recommendation** por recomendación de alguien

reconcile /'rekənsaɪl/ v **1 to be reconciled (with sb)** reconciliarse (con alguien), estar reconciliado -a (con alguien) **2 to reconcile sth with sth** conciliar algo con algo

reconciliation /,rekənsɪli'eɪʃən/ s **1** reconciliación **2** conciliación

reconsider /rikən'sɪdər/ v **1** [tr] reconsiderar **2** [intr] recapacitar

reconstruct /rikən'strʌkt/ v [tr] reconstruir

record[1] /'rekərd/ s **1** registro | **to keep a record of sth** llevar un registro de algo | **on record**: *Last winter was the warmest on record.* El invierno pasado fue el más cálido del que se tenga registro. **2** récord | **to break/beat a record** batir un récord **3** disco [de música] **4** trayectoria, antecedentes ▶ ver también **criminal 5 to put/set the record straight** poner las cosas en su lugar

record[2] /rɪ'kɔrd/ v **1** [tr] registrar, anotar **2** [tr/intr] grabar **3** [tr] registrar [temperaturas, velocidades, etc.]

'record ,company s (compañía) discográfica

recorder /rɪ'kɔrdər/ s **1** grabadora ▶ ver también **cassette recorder** en **cassette, tape recorder 2** flauta dulce **3** AmE funcionario del Registro Civil

recording /rɪ'kɔrdɪŋ/ s grabación

'record ,player s tocadiscos

recover /rɪ'kʌvər/ v **1 to recover (from sth)** recuperarse/reponerse (de algo) **2** [tr] recuperar [bienes robados, la salud, el equilibrio]

recovery /rɪ'kʌvəri/ s **1 recovery (from sth)** recuperación (de algo) **2** recuperación [de bienes robados, dinero, etc.]

recreation /rekri'eɪʃən/ s **1** esparcimiento **2** pasatiempo

recre'ation ,center s AmE centro deportivo

recruit /rɪ'krut/ verbo & sustantivo
■ v [tr/intr] **1** contratar, seleccionar [personal]: *I was recruited as Tom's replacement.* Me contrataron para reemplazar a Tom. | *They are recruiting for salespeople at the moment.* Están buscando vendedores en este momento. **2** reclutar [soldados]
■ s **1** (en el ejército) recluta **2** (de una organización) miembro

recruitment /rɪ'krutmənt/ s **1** contratación, selección [de personal] **2** reclutamiento [de soldados]

rectangle /'rektæŋgəl/ s rectángulo

rectify /'rektəfaɪ/ v [tr] (-fies, -fied) (formal) rectificar

recuperate /rɪ'kupəreɪt/ v **1 to recuperate (from sth)** recuperarse/reponerse (de algo) **2** [tr] recuperar [las pérdidas, los costos]

recur /rɪ'kɜr/ v [intr] (-rred, -rring) (formal) repetirse

recycle /riˈsaɪkəl/ v [tr] reciclar

red /red/ adjetivo & sustantivo

recycling bin

■ adj (-dder, -ddest)
1 rojo -a, colorado -a ▶ ver "Active Box" **colors** en **color 2 to have red hair** ser pelirrojo-a **3** (referido al rostro, las mejillas) colorado -a | **to go red** ponerse rojo -a/colorado -a **4 red wine** vino tinto

■ s rojo, colorado ▶ ver "Active Box" **colors** en color

redeem /rɪˈdim/ v [tr] **1** redimir **2 to redeem yourself** rehabilitarse [haciendo méritos] **3** desempeñar [un objeto empeñado]

redemption /rɪˈdempʃən/ s redención

redevelopment /ridəˈveləpmənt/ s reurbanización

redhead /ˈredhed/ s pelirrojo -a

red-ˈhot adj al rojo vivo

redo /riˈdu/ v (pasado **redid**, participio **redone**) rehacer

red ˈtape s trámites (burocráticos), papeleo

reduce /rɪˈdus/ v [tr] **1** reducir: *They have reduced inflation by 2%.* Redujeron la inflación en un 2%. **2** rebajar: *The shirt was reduced from $40 to $20.* Rebajaron la camisa de $40 a $20. **3 to reduce sth to rubble/ashes** reducir algo a escombros/cenizas **4 to reduce sb to tears/silence** hacer llorar/callar a alguien

reduction /rɪˈdʌkʃən/ s **1 reduction (in sth)** reducción (de algo) **2** rebaja, descuento | **a reduction of $10/5% etc.** una rebaja de $10/del 5% etc.

redundancy /rɪˈdʌndənsi/ s (pl -cies) BrE despido [por cese de actividad o reducción de personal de una empresa]

redundant /rɪˈdʌndənt/ adj **1** superfluo -a **2** BrE desempleado -a | **to make sb redundant** despedir a alguien [por falta de trabajo] ▶ También existe **to lay sb off**, que es inglés universal

reed /rid/ s **1** junco **2** lengüeta [de un instrumento musical]

reef /rif/ s arrecife

reek /rik/ v [intr] apestar | **to reek of sth (a)** apestar a algo **(b)** oler a algo [a algo sospechoso, sucio, etc.]

reel /ril/ sustantivo & verbo
■ s **1** (de película, cable) rollo **2** (en pesca) carrete **3** (de hilo) carrete
■ v [intr] **1** tambalearse **2** dar vueltas [cabeza] **reel sth off** recitar algo de un tirón/de un jalón

refer /rɪˈfɜr/ v [tr] (-rred, -rring) remitir, mandar: *My doctor has referred me to a dermatologist.* Mi médico me mandó a un dermatólogo.
refer to sth consultar algo **refer to sth/sb** referirse a algo/alguien

referee /refəˈri/ sustantivo & verbo
■ s **1** árbitro, réferi **2** BrE ▶ ver **reference 4**
■ v **1** [tr] arbitrar en, actuar como réferi en **2** [intr] arbitrar, actuar como réferi

reference /ˈrefrəns/ s **1** referencia: *He made no reference to what had happened.* No hizo referencia alguna a lo ocurrido. | **with reference to** (formal) en relación con, con referencia a **2** (búsqueda de información) consulta **3** (carta) referencia **4** AmE persona que da referencias sobre el desempeño de alguien en un trabajo

refill¹ /riˈfɪl/ v [tr] volver a llenar, recargar

refill² /ˈrifɪl/ s **1** repuesto, recarga **2** (al ofrecer bebidas): *Can I give you a refill?* ¿Te sirvo otro trago?/¿Te sirvo más té? etc.

refine /rɪˈfaɪn/ v [tr] **1** perfeccionar [un método, una técnica, etc.] **2** refinar

refined /rɪˈfaɪnd/ adj **1** refinado -a [azúcar, aceite] **2** refinado -a, fino -a [persona, modales]

refinement /rɪˈfaɪnmənt/ s **1** perfeccionamiento, mejora **2** refinamiento

refinery /rɪˈfaɪnəri/ s (pl -ries) refinería

reflect /rɪˈflekt/ v **1** [tr] (devolver) reflejar [el calor, la luz, etc.] **2** [tr] (mostrar) reflejar **3 to reflect (on/upon sth)** reflexionar (sobre algo) **reflect on sth** to reflect badly/well on sth dar una mala/buena imagen de algo **reflect on sb** dar una (mala) impresión de alguien

reflection /rɪˈflekʃən/ s **1** reflejo **2** reflexión | **on reflection** pensándolo bien **3 to be no reflection on sth/sb** no significar una crítica de algo/alguien

reflex /ˈrifleks/ s (pl -xes) **1** reflejo **2 reflex action** acto reflejo

reform /rɪˈfɔrm/ verbo & sustantivo
■ v **1** [tr] reformar **2** [intr] reformarse
■ s reforma

refrain /rɪˈfreɪn/ v [intr] (formal) abstenerse | **to refrain from (doing) sth** abstenerse de (hacer) algo

refresh /rɪˈfreʃ/ v [tr] (3ª pers sing -shes) **1** refrescar **2 to refresh sb's memory (of/about sth)** refrescarle la memoria a alguien (acerca de algo)

refreshing /rɪˈfreʃɪŋ/ adj **1** refrescante **2** reconfortante, alentador -a

refreshment /rɪˈfreʃmənt/ sustantivo & sustantivo plural
■ s (formal) comida y bebida
■ **refreshments** s pl bebidas y alimentos livianos que se sirven o se pueden comprar en el intervalo de un espectáculo, en una reunión de trabajo, etc.: *Refreshments will be served.* Se ofrecerá un pequeño refrigerio.

refrigerate /rɪ'frɪdʒəreɪt/ v [tr] refrigerar

refrigerator /rɪ'frɪdʒəreɪtər/ s refrigerador

refuge /'refjudʒ/ s refugio | **to take/seek refuge (in sth)** refugiarse/buscar refugio (en algo)

refugee /refju'dʒi/ s refugiado -a

refund¹ /'rifʌnd/ s reembolso, devolución

refund² /ri'fʌnd/ v [tr] reembolsar, devolver [dinero]

refurbish /rɪ'fɜrbɪʃ/ v [tr] renovar

refusal /rɪ'fjuzəl/ s **1** refusal (to do sth) negativa (a hacer algo) **2** rechazo [de un ofrecimiento, una invitación] **3** denegación [de una solicitud]

refuse¹ /rɪ'fjuz/ v **1** to refuse (to do sth) negarse (a hacer algo) **2** [tr] negar: *The government refused him a visa.* El gobierno le negó la visa. **3** [tr] rechazar [un ofrecimiento, una invitación]

refuse² /'refjus/ s (formal) residuos [basura]

regain /rɪ'geɪn/ v [tr] recuperar | **to regain control (of sth)** recuperar el control (de algo)

regal /'rigəl/ adj majestuoso -a

regard /rɪ'gɑrd/ sustantivo, sustantivo plural & verbo
- **s 1** consideración, respeto: *She has no regard for other people's feelings.* No tiene consideración por los sentimientos de los demás. | **without regard to sth** sin tener en cuenta/consideración algo **2** in this/that regard (formal) en este/ese sentido **3** with/in regard to (formal) con respecto a
- **regards s pl** saludos: *John sends his regards.* John manda saludos. | **(best) regards** (al final de una carta) saludos
- **v to regard sth/sb as sth** considerar algo/a alguien (como) algo: *I've always regarded him as a friend.* Siempre lo he considerado un amigo. | **to regard sth/sb with admiration/contempt etc.** sentir admiración/desprecio etc. por algo/ alguien

regarding /rɪ'gɑrdɪŋ/ prep (formal) con respecto a

regardless /rɪ'gɑrdləs/ adv pase lo que pase | **regardless of** independientemente de, sin tener en cuenta

reggae /'regeɪ/ s (música) reggae

regime /reɪ'ʒim/ s régimen [sistema]

regiment /'redʒəmənt/ s regimiento

region /'ridʒən/ s **1** región **2** (somewhere) in the region of alrededor de

regional /'ridʒənl/ adj regional

register /'redʒəstər/ sustantivo & verbo
- **s 1** registro **2** BrE (en el colegio) ► ver roll 5
- **v 1** [tr] registrar [un nacimiento, una muerte] **2** [tr] matricular [un vehículo, un barco] **3** [intr] inscribirse: *Have you registered to vote?* ¿Te has inscrito para votar? **4** [tr] denotar, mostrar [sorpresa, desaprobación, etc.] **5** [tr] registrar [temperatura, velocidad, etc.]

registered /'redʒəstərd/ adj certificado -a [carta, paquete]

registrar /'redʒəstrɑr/ s **1** BrE ► ver recorder **3 2** (en una universidad británica) jefe del departamento de admisiones **3** (en un hospital británico) médico -a interno -a

registration /redʒə'streɪʃən/ s **1** inscripción, matrícula [de alumnos] **2** registro [de una muerte] **3** matrícula [de un barco, un vehículo] **4** BrE ► ver registration number

regi'stration ‚number s BrE (número de) placa

'registry ‚office, también **register office** s BrE registro civil, juzgado de paz

regret /rɪ'gret/ verbo & sustantivo
- **v** [tr] (-tted, -tting) lamentar, arrepentirse de: *I regret selling that painting.* Lamento haber vendido ese cuadro. | *You won't regret it if you go.* Si vas, no te arrepentirás. | **I regret to inform you that** (formal) lamento informarle que
- **s 1** pesar, pena **2** to have no regrets (about sth) no arrepentirse (de algo)

regrettable /rɪ'gretəbəl/ adj lamentable

regular /'regjələr/ adjetivo & sustantivo
- **adj 1** regular [pulso, respiración, ingresos, etc.] | **at regular intervals (a)** (en el espacio) a intervalos regulares **(b)** (en el tiempo) con regularidad | **on a regular basis** regularmente **2** (frecuente) habitual [cliente, usuario]: *He's a regular visitor here.* Viene aquí con regularidad. **3** (acostumbrado, usual): *He's not our regular mailman.* No es el cartero de siempre. **4** (en gramática) regular
- **s** (informal) cliente asiduo -a

regularly /'regjələrli/ adv **1** regularmente, con regularidad **2** a menudo

regulate /'regjəleɪt/ v [tr] **1** regular, reglamentar [una industria, una profesión] **2** regular [la temperatura, etc.]

regulation /regjə'leɪʃən/ s **1** norma: *health and safety regulations* normas sanitarias y de seguridad **2** regulación, reglamentación

rehearsal /rɪ'hɜrsəl/ s ensayo

rehearse /rɪ'hɜrs/ v [tr/intr] ensayar

reign /reɪn/ sustantivo & verbo
- **s** reinado
- **v** [intr] **1** reinar **2** the reigning champion el/la campeón -ona actual

reimburse /riːm'bɜrs/ v [tr] reembolsar: *We will reimburse you for your travel expenses.* Le reembolsaremos los gastos de viaje.

rein /reɪn/ s rienda

reindeer /'reɪndɪr/ s (pl reindeer) reno

reinforce /riːn'fɔrs/ v [tr] **1** reafirmar [los prejuicios, la conducta] **2** reforzar [una estructura]

reinforcement /riːn'fɔrsmənt/ sustantivo & sustantivo plural
- **s 1** reafirmación **2** refuerzo
- **reinforcements s pl** refuerzos [tropas]

reinstate /ˌriːnˈsteɪt/ v [tr] reincorporar [a un empleado]

reject¹ /rɪˈdʒekt/ v [tr] rechazar

reject² /ˈriːdʒekt/ s **1** artículo defectuoso **2** marginado -a

rejection /rɪˈdʒekʃən/ s **1** rechazo **2** respuesta negativa [a una solicitud de empleo]

rejoice /rɪˈdʒɔɪs/ v (literario) **to rejoice (at/in sth)** alegrarse mucho/regocijarse (por algo)

rejoin /riˈdʒɔɪn/ v [tr] **1** volver a reunirse con **2** reincorporarse a

relapse /rɪˈlæps/ s recaída | **to have a relapse** sufrir una recaída

relate /rɪˈleɪt/ v **1 to relate (to sth)** relacionarse/estar relacionado -a con algo **2 to relate sth (to sth)** relacionar algo (con algo) **3** [tr] (formal) relatar
relate to sth (entender) sentirse identificado -a con algo **relate to sb** llevarse bien con alguien

related /rɪˈleɪtɪd/ adj **1** relacionado -a **2 to be related** ser parientes, estar emparentados -as: *Are you and Harry related?* ¿Tú y Harry son parientes? | **to be related to sb** ser pariente de alguien, estar emparentado -a con alguien

relation /rɪˈleɪʃən/ *sustantivo & sustantivo plural*
■ s **1** pariente: *He's no relation.* No es pariente (mío/suyo). | *Is she any relation to you?* ¿Es pariente tuya? **2 relation (of sth to sth/between)** relación (de algo con algo/entre) | **in relation to** en relación con
■ **relations** s pl relaciones: *diplomatic relations* relaciones diplomáticas

relationship /rɪˈleɪʃənʃɪp/ s **1** (entre personas) relación: *The police have a good relationship with the community.* La policía tiene una buena relación con la comunidad. **2** (entre ideas, hechos) **relationship (to sth/between)** relación (con algo/entre) **3** (amorosa) relación **4** (lazo familiar) parentesco

relative /ˈrelətɪv/ *sustantivo & adjetivo*
■ s pariente
■ adj **1** relativo -a **2 relative to** en relación con

relatively /ˈrelətɪvli/ adv relativamente | **relatively speaking** en términos relativos

relax /rɪˈlæks/ v (3ª pers sing **-xes**) **1** [intr] tranquilizarse, relajarse **2** [intr] aflojarse, relajarse [músculos] **3** [tr] aflojar [la disciplina, las restricciones]

relaxation /ˌriːlækˈseɪʃən/ s **1** descanso o distensión: *I play the piano for relaxation.* Toco el piano para relajarme. **2** relajación [de los músculos] **3** disminución [del control, de las restricciones, etc.]

relaxed /rɪˈlækst/ adj **1** relajado -a [persona] **2** distendido -a [ambiente, atmósfera]

relaxing /rɪˈlæksɪŋ/ adj relajante

relay¹ /ˈriːleɪ/ s **1** (también **relay race**) carrera de relevos **2 to do sth in relays** hacer algo por relevos

relay² /ˈriːleɪ, rɪˈleɪ/ v [tr] (pasado & participio **relayed**) **1** transmitir **2** (en radio, TV) transmitir, retransmitir

release /rɪˈliːs/ *verbo & sustantivo*
■ v [tr] **1** poner en libertad **2 to release your grip/hold on sth** soltar algo **3** publicar, dar a conocer [una noticia] **4** estrenar [una película] **5** sacar (a la venta), lanzar [un disco]
■ s **1** liberación **2** película, disco o video: *their new release* su nuevo disco/video | *the latest video releases* los videos más recientes **3** estreno [de una película] **4** lanzamiento [de un disco]

relegate /ˈrelɪɡeɪt/ v [tr] **1** relegar **2** BrE (en deportes) **to be relegated to the second/third etc. division** descender a segunda/tercera etc. (división)

relegation /ˌreləˈɡeɪʃən/ s BrE (en deportes) descenso

relent /rɪˈlent/ v [intr] ceder [tras haberse negado a algo]

relentless /rɪˈlentləs/ adj **1** implacable [persona] **2** incesante [lucha, embate]

relevance /ˈreləvəns/ s **1** pertinencia, relación **2 to have little/no relevance to sth** tener poco que ver/no tener nada que ver con algo

relevant /ˈreləvənt/ adj pertinente [información, documentos, página, etc.] | **to be relevant to sth:** *That is not relevant to the point we are discussing.* Eso no tiene nada que ver con el tema que estamos tratando.

reliability /rɪˌlaɪəˈbɪləti/ s **1** confiabilidad [de estadísticas, una máquina, etc.] **2** formalidad, responsabilidad [de una persona]

reliable /rɪˈlaɪəbəl/ adj **1** confiable [estadísticas, una máquina, etc.] | **reliable sources** fuentes fidedignas **2** responsable, que inspira confianza [persona] **3** seguro -a [método]

reliance /rɪˈlaɪəns/ s **reliance on sth/sb** dependencia de algo/alguien

relic /ˈrelɪk/ s **1** vestigio [de algo ocurrido en el pasado] **2** reliquia

relief /rɪˈliːf/ s **1** alivio | **to my/our etc. great relief** por suerte, para gran alivio mío/nuestro etc. **2** ayuda [humanitaria] **3** (suplente) relevo **4** (en arte, geografía) relieve

relieve /rɪˈliːv/ v [tr] **1** aliviar, paliar **2 to relieve yourself** orinar **3** relevar, reemplazar **4 to relieve sb of sth** (formal) ayudar a alguien con algo [con un bulto pesado, una tarea, etc.]

relieved /rɪˈliːvd/ adj aliviado -a

religion /rɪˈlɪdʒən/ s religión

religious /rɪˈlɪdʒəs/ adj religioso -a

relish /ˈrelɪʃ/ *verbo & sustantivo*
■ v [tr] (3ª pers sing **-shes**) referido a perspectivas o experiencias: encontrarlas agradables: *I didn't relish the prospect of spending Christmas with*

them. No me hacía ninguna gracia la perspectiva de pasar la Navidad con ellos.
■ **s with (great) relish** con (gran) placer/entusiasmo

reluctance /rɪ'lʌktəns/ s renuencia [hecho de ser reacio a hacer algo] | **to show great reluctance to do sth** mostrarse muy reacio -a a hacer algo

reluctant /rɪ'lʌktənt/ adj reacio -a: *She was very reluctant to intervene*. Se mostró muy reacia a intervenir./No quería intervenir.

reluctantly /rɪ'lʌktəntli/ adv de mala gana

rely /rɪ'laɪ/ v (-lies, -lied) **rely on sth** depender de algo: *The island relies on tourism for its income*. La isla depende del turismo para sus ingresos. **rely on sb** confiar en alguien | **to rely on sb for sth** depender de alguien para algo | **to rely on sb to do sth** contar con que alguien haga algo

remain /rɪ'meɪn/ v [intr] (formal) **1** (en determinado estado) permanecer: *Please remain seated*. Por favor, permanezcan sentados. **2** (en un lugar) quedarse **3** (seguir existiendo) quedar **4** **it remains to be seen** está por verse

remainder /rɪ'meɪndər/ s **1** resto | **the remainder of sth** el resto de algo **2** (de una resta o división) saldo

remaining /rɪ'meɪnɪŋ/ adj restante, que queda(n)/quedaba(n)

remains /rɪ'meɪnz/ s pl **1** restos **2** ruinas

remake /'riːmeɪk/ s remake, nueva versión [de una película]

remand /rɪ'mænd/ verbo & sustantivo
■ v BrE **to be remanded in custody** quedar en prisión preventiva
■ s BrE **to be on remand** estar en prisión preventiva

remark /rɪ'mɑrk/ sustantivo & verbo
■ s comentario
■ v [tr] comentar, observar
remark on/upon sth comentar algo, decir algo acerca de algo

remarkable /rɪ'mɑrkəbəl/ adj notable, extraordinario -a | **to be remarkable for sth** destacarse por algo

remarkably /rɪ'mɑrkəbli/ adv extraordinariamente, notablemente

remedy /'remədi/ sustantivo & verbo
■ s (pl -dies) remedio, solución
■ v [tr] (-dies, -died) remediar

remember /rɪ'membər/ v **1** [tr] acordarse de, recordar: *I hope he remembered the wine*. Espero que se haya acordado del vino. | *Remember to lock the door*. Acuérdate de cerrar la puerta con llave. | *I remember telling her*. Me acuerdo de habérselo dicho. **2** [intr] acordarse, recordar: *I can't remember*. No me acuerdo. **3** **to remember (that)** tener en cuenta que **4** [tr] (conmemorar) recordar a **5** (para mandar saludos): *Remember me to Terry*. Dale saludos/recuerdos a Terry.

remind /rɪ'maɪnd/ v [tr] **1** recordar: *Why didn't you remind me?* ¿Por qué no me lo recordaste? | *Remind me to go to the bank*. Recuérdame que vaya al banco. | **that reminds me!** ¡a propósito! **2** **to remind sb of sth/sb** recordarle algo/alguien a alguien: *The scenery reminded her of Scotland*. El paisaje le recordó Escocia.

reminder /rɪ'maɪndər/ s **1** recordatorio **2** (por escrito) nota

reminiscent /remə'nɪsənt/ adj **to be reminiscent of sth** hacer recordar algo

remnant /'remnənt/ s **1** **the remnants (of sth)** los restos (de algo) **2** retazo [de tela]

remorse /rɪ'mɔrs/ s remordimiento

remorseless /rɪ'mɔrsləs/ adj **1** implacable [persona] **2** incontenible [avance]

remote /rɪ'moʊt/ adj **1** remoto -a [pasado, galaxia] **2** apartado -a [lugar] **3** remoto -a [posibilidad] **4** distante [persona]

re,mote con'trol s control remoto

removable /rɪ'muːvəbəl/ adj desmontable, removible

removal /rɪ'muːvəl/ s **1** traslado [de un mueble, basura, etc.] **2** eliminación [de manchas, del vello] **3** extirpación [de un quiste, de las amígdalas, etc.] **4** BrE mudanza ▶ También existe **move**, que es inglés universal

remove /rɪ'muːv/ v [tr] **1** sacar, quitar: *Three bullets were removed from his chest*. Le sacaron tres balas del pecho. **2** (formal) quitarse [una prenda de vestir] **3** eliminar [una mancha, un problema] **4** **to remove sb from office** destituir/remover a alguien de su cargo

Renaissance /'renə,zɑns, BrE rə'neɪsəns/ s **the Renaissance** el Renacimiento

rename /riː'neɪm/ v [tr] cambiarle el nombre a

render /'rendər/ v [tr] **1** **to render sth useless/unsafe etc.** hacer que algo resulte inservible/inseguro -a etc. **2** **to render assistance/a service** (formal) prestar ayuda/un servicio **3** traducir

rendezvous /'rɑndeɪvu/ s (pl rendezvous /-vuz/) **1** encuentro **2** lugar de reunión

renew /rɪ'nu/ v [tr] **1** renovar [un contrato, un pasaporte, etc.] **2** reemplazar, cambiar [una pieza, un repuesto] **3** reanudar [un ataque, las relaciones, etc.]

renewable /rɪ'nuəbəl/ adj renovable

renewal /rɪ'nuəl/ s **1** renovación **2** reanudación

renounce /rɪ'naʊns/ v [tr] **1** renunciar a [un cargo, un derecho, etc.] **2** abjurar de [creencias, valores, etc.]

renovate /'renəveɪt/ v [tr] remodelar

renovation /renə'veɪʃən/ s remodelación

renowned /rɪ'naʊnd/ adj renombrado -a | **to be renowned for/as sth** ser famoso -a por/como algo

---

ⓘ ¿No sabes cómo pronunciar una determinada palabra? Consulta el recuadro de **símbolos fonéticos** en el interior de la cubierta.

rent /rent/ *sustantivo & verbo*
- **s** renta | **for rent** se renta
- **v** **1** [tr/intr] rentar | **to rent (sth) from sb** rentarle (algo) a alguien: *I rent the house from my uncle.* Le rento la casa a mi tío. ► **¿RENT O HIRE?** ver **alquilar 2** [tr] (también **rent out**) rentar: *We rent out the house to tourists.* Rentamos la casa a turistas.

rental /'rentl/ *s* renta [de un video, un televisor, etc.]

reopen /ri'oʊpən/ *v* [tr/intr] reabrir, volver a abrir

reorganize, -ise BrE /ri'ɔrgənaɪz/ *v* **1** [tr] reorganizar **2** [intr] reorganizarse

rep /rep/ *s* (= **representative**) (informal) representante, delegado -a

repaid /ri'peɪd/ pasado & participio de **repay**

repair /rɪ'per/ *verbo & sustantivo*
- **v** [tr] **1** arreglar, reparar [algo roto] | **to get sth repaired** hacer arreglar algo **2** reparar [un error, un daño]
- **s** **1** arreglo, reparación | **to be beyond repair** no tener arreglo | **to be under repair** estar en arreglo/reparación **2 to be in good/poor repair** estar en buen/mal estado

repairing a bicycle

repay /ri'peɪ/ *v* [tr] (pasado & participio **repaid**) **1** devolver [una suma de dinero, un acto de bondad] **2** pagar [una deuda, un préstamo] **3 to repay sb** devolverle dinero/un favor etc. a alguien: *How can I ever repay you?* ¿Cómo voy a poder devolverte el favor?

repayment /ri'peɪmənt/ *s* **1** (cantidad pagada) pago, plazo **2** (acto de pagar) pago

repeat /rɪ'pit/ *verbo & sustantivo*
- **v** **1** [intr/tr] repetir **2** [tr] contar, decir [un secreto a otra persona]: *Don't repeat this to anyone.* No le cuentes esto a nadie. **3 to repeat yourself** repetirse
- **s** repetición [de un programa de TV, etc.]

repeated /rɪ'pitɪd/ *adj* repetido -a, reiterado -a

repeatedly /rɪ'pitɪdli/ *adv* en reiteradas ocasiones, repetidamente

repel /rɪ'pel/ *v* [tr] (-lled, -lling) **1** repugnar, causar rechazo a **2** repeler

repellent /rɪ'pelənt/ *s* repelente

repent /rɪ'pent/ *v* (formal) **1** [intr] arrepentirse **2 to repent (of) sth** arrepentirse de algo

repentance /rɪ'pentns/ *s* arrepentimiento

repercussion /ripər'kʌʃən/ *s* repercusión, consecuencia

repertoire /'repərtwɑr/ *s* repertorio

repetition /repə'tɪʃən/ *s* repetición

repetitive /rɪ'petətɪv/ *adj* repetitivo -a

replace /rɪ'pleɪs/ *v* [tr] **1** reemplazar (a): *They are not going to replace her when she leaves.* No la van a reemplazar cuando se vaya. **2 to replace sth/sb with sth/sb** sustituir algo/a alguien por algo/alguien: *The company is replacing its DC10s with Boeing 747s.* La empresa va a sustituir los DC10 por Boeings 747. **3** cambiar [algo gastado o roto] **4** volver a poner (en su lugar)

replacement /rɪ'pleɪsmənt/ *s* **1** (persona) sustituto -a **2** objeto que sustituye a otro: *You'll have to get a replacement for the one you broke.* Tendrás que reemplazar el que rompiste. **3** (acto de reemplazar) sustitución, reposición

replay /'ripleɪ/ *s* **1** partido de desempate **2** (en TV) repetición (de la jugada)

reply /rɪ'plaɪ/ *verbo & sustantivo*
- **v** [tr/intr] (-plies, -plied) responder, contestar: *I haven't replied to his letter yet.* Todavía no he contestado su carta.
- **s** (pl -plies) respuesta: *We've had 250 replies.* Recibimos 250 respuestas. | *There's no reply.* No contestan.

report /rɪ'pɔrt/ *sustantivo & verbo*
- **s** **1** informe **2** nota, informe, reportaje [en TV, radio, periódico] **3** noticia: *Reports are just coming in of an earthquake in Turkey.* Nos están llegando noticias de un terremoto en Turquía. **4** BrE ► ver **report card**
- **v** **1** [tr/intr] decir, informar: *70 people are reported to have died.* Se dice que murieron 70 personas. **2 to report (on sth)** (en periodismo) informar/reportar (sobre algo) **3** [tr] denunciar, reportar [un delito, a una persona] **4** [tr] reportar, dar parte de [un accidente] **5 to report to** presentarse en: *Please report to reception.* Sírvase presentarse en recepción. **6 to report to sb** estar bajo las órdenes de alguien

re'port card *s* AmE boleta (de calificaciones)

reportedly /rɪ'pɔrtɪdli/ *adv* según se dice/informa

reporter /rɪ'pɔrtər/ *s* periodista, reportero -a

represent /reprɪ'zent/ *v* [tr] **1** representar **2 to represent sth/sb as sth** mostrar algo/a alguien como algo

representation /reprɪzen'teɪʃən/ *s* representación

representative /reprɪ'zentətɪv/ *sustantivo & adjetivo*
- **s** **1** representante, delegado -a **2** (también **Representative**) AmE miembro de la Cámara Baja en el Congreso de Estados Unidos, cargo equivalente al de un un diputado
- **adj** representativo -a

repress /rɪ'pres/ *v* [tr] (3ª pers sing -sses) **1** reprimir **2** contener

repressed /rɪ'prest/ *adj* reprimido -a

repressive /rɪ'presɪv/ *adj* represivo -a

ℹ ¿Quieres más información sobre los **verbos modales**? Hay una explicación en el apartado de gramática.

reprieve /rɪ'priv/ *sustantivo & verbo*
- *s* **1** indulto **2** aplazamiento [de algo desagradable o no deseado]
- *v* [tr] indultar

reprimand /'reprəmænd/ *verbo & sustantivo*
- *v* [tr] reprender
- *s* reprimenda

reprisal /rɪ'praɪzəl/ *s* represalia

reproach /rɪ'proʊtʃ/ *sustantivo & verbo*
- *s* (pl -ches) reproche | **beyond/above reproach** irreprochable
- *v* (3ª pers sing -ches) **to reproach sb (for sth)** reprochar a alguien (por algo)

reproduce /riprə'dus/ *v* **1** [tr] reproducir **2** [intr] reproducirse

reproduction /riprə'dʌkʃən/ *s* reproducción

reproductive /riprə'dʌktɪv/ *adj* reproductor -a

reptile /'reptaɪl/ *s* reptil

republic /rɪ'pʌblɪk/ *s* república

Republican /rɪ'pʌblɪkən/ *adj & s* republicano -a [referido al partido político estadounidense o a uno de los partidos republicanos de Irlanda del Norte]

republican /rɪ'pʌblɪkən/ *adj & s* republicano -a

repulsive /rɪ'pʌlsɪv/ *adj* repulsivo -a

reputable /'repjətəbəl/ *adj* de confianza, de buena reputación

reputation /repjə'teɪʃən/ *s* reputación | **to have a reputation for sth** tener fama de algo

reputed /rɪ'pjutɪd/ *adj* supuesto -a | **to be reputed to be/do sth** tener fama de ser/hacer algo: *She is reputed to be a millionaire.* Tiene fama de ser millonaria./Se dice que es millionaria.

reputedly /rɪ'pjutɪdli/ *adv* según se dice

request /rɪ'kwest/ *sustantivo & verbo*
- *s* solicitud, pedido: *his request for political asylum* su solicitud de asilo político | **to make a request for sth** hacer una solicitud de algo, pedir algo | **at sb's request** a pedido de alguien
- *v* (formal) **to request sth (from/of sb)** solicitar(le) algo (a alguien) | **to request sb to do sth** solicitarle/pedirle a alguien que haga algo

require /rɪ'kwaɪr/ *v* [tr] **1** requerir, necesitar **2 to require sb to do sth** (formal) exigirle a alguien que haga algo | **to require sth of sb** exigirle algo a alguien

requirement /rɪ'kwaɪrmənt/ *s* **1** necesidad **2** requisito

rescue /'reskju/ *verbo & sustantivo*
- *v* [tr] rescatar, salvar
- *s* **1** rescate | **to go/come to sb's rescue** ir/venir en auxilio de alguien **2 a rescue attempt/operation** un intento/una operación de rescate

research /'risɜrtʃ, rɪ'sɜrtʃ/ *sustantivo & verbo*
- *s* **research (into/on sth)** investigación (de/sobre algo) [en el campo académico]
- *v* [tr/intr] (3ª pers sing -ches) investigar | **to research (into) sth** investigar algo

researcher /rɪ'sɜrtʃər/ *s* investigador -a [académico]

resemblance /rɪ'zembləns/ *s* parecido, semejanza | **to bear little/no resemblance to sth** tener poca/no tener ninguna semejanza con algo

resemble /rɪ'zembəl/ *v* [tr] (formal) asemejarse a

resent /rɪ'zent/ *v* [tr] sentir enojo por (algo que se considera injusto): *He resented having to ask her for permission.* Le molestaba tener que pedirle permiso.

resentful /rɪ'zentfəl/ *adj* **1** (cargado -a) de resentimiento [mirada, silencio] **2 to be resentful at/about sth** estar resentido -a por algo | **to be resentful of sb's success/popularity etc.** envidiar el éxito/la popularidad etc. de alguien

resentment /rɪ'zentmənt/ *s* resentimiento

reservation /rezər'veɪʃən/ *s* **1** (de una mesa, entradas, etc.) reservación | **to make a reservation** hacer una reservación **2** (duda) reserva | **to have reservations (about sth)** tener reservas (respecto de algo) **3** (de indígenas americanos) reservación **4** AmE (de flora y fauna) reserva

reserve /rɪ'zɜrv/ *verbo & sustantivo*
- *v* [tr] reservar
- *s* **1** (provisión) reserva | **to have/keep sth in reserve** tener algo de reserva **2** (timidez, introversión) reserva **3** (en deportes) reserva **4** BrE (de flora y fauna) reserva ▶ ver **preserve**

reserved /rɪ'zɜrvd/ *adj* reservado -a

reservoir /'rezərvwar/ *s* presa [para almacenamiento de agua]

reshuffle /ri'ʃʌfəl/ *s* **1** reorganización **2 a cabinet reshuffle** una reorganización del gabinete/una crisis ministerial

reside /rɪ'zaɪd/ *v* [intr] (formal) residir

residence /'rezədəns/ *s* **1** (formal) (casa) residencia **2 to take up residence (in sth)** instalarse (en algo) **3** (permiso para vivir en un país) residencia ▶ ver también **hall**

resident /'rezədənt/ *sustantivo & adjetivo*
- *s* **1** residente [en una casa] **2** vecino -a, habitante [de un barrio, una zona] **3** huésped [de un hotel]
- *adj* **1 to be resident in** (formal) residir en **2** residente [médico, tutor]

residential /rezə'denʃəl/ *adj* **1** residencial **2** con alojamiento [curso] **3** con internado [escuela]

residue /'rezədu/ *s* residuo(s)

resign /rɪ'zaɪn/ *v* **1** [intr] renunciar: *She resigned from the committee.* Renunció a su cargo en el comité. **2** [tr] renunciar a **3 to resign yourself to sth** resignarse a algo

resignation /rezɪg'neɪʃən/ *s* **1** renuncia **2** resignación

resigned /rɪ'zaɪnd/ *adj* **to be resigned to (doing) sth** estar resignado -a a (hacer) algo

resilience /rɪˈzɪljəns/, también **resiliency** /rɪˈzɪljənsi/ s **1** poder de recuperación [de una persona] **2** elasticidad [de un material]

resilient /rɪˈzɪljənt/ adj **1 to be very resilient** tener un gran poder de recuperación [persona] **2** elástico -a [material]

resist /rɪˈzɪst/ v **1** [tr] resistir [un ataque] **2** [tr] resistirse a [un cambio, etc.] **3** [intr] (oponer resistencia) resistir **4** [tr] (hablando de tentaciones) resistir, resistirse a

resistance /rɪˈzɪstəns/ s **resistance (to sth)** resistencia (a algo): *There has been a lot of resistance to the new system.* Hubo mucha resistencia al nuevo sistema.

resistant /rɪˈzɪstənt/ adj **to be resistant to sth (a)** ser resistente a algo **(b)** resistirse a algo

resit¹ /riˈsɪt/ v [tr] (gerundio -tting, pasado & participio -sat) BrE ► ver **retake¹**

resit² /ˈriːsɪt/ s BrE ► ver **retake²**

resolute /ˈrezəluːt/ adj resuelto -a, firme

resolutely /ˈrezəluːtli/ adv con firmeza

resolution /rezəˈluːʃən/ s **1** resolución [decisión] **2** solución [de un problema] **3** (formal) determinación [de una persona] **4 to make a resolution to do sth** tomar la determinación de hacer algo

resolve /rɪˈzɑlv/ verbo & sustantivo
■ v [tr] **1** resolver [un problema, un conflicto] **2 to resolve to do sth** resolver hacer algo | **to resolve that** resolver que
■ s determinación

resort /rɪˈzɔːrt/ sustantivo & verbo
■ s **1** centro vacacional, resort ► ver también **seaside 2 as a last resort** como último recurso
■ v **resort to sth** recurrir a algo

resounding /rɪˈzaʊndɪŋ/ adj **1 a resounding success/victory** un éxito clamoroso/una victoria arrasadora **2** estrepitoso -a

resource /ˈriːsɔːrs, rɪˈsɔːrs/ s recurso

resourceful /rɪˈsɔːrsfəl/ adj de recursos: *He showed himself to be quite resourceful.* Demostró que era una persona de numerosos recursos.

respect /rɪˈspekt/ sustantivo & verbo
■ s **1** (estima) respeto: *I have great respect for her as a writer.* Le tengo gran respeto como escritora. **2** (consideración) respeto: *She shows no respect for other people's feelings.* No muestra ningún respeto por los sentimientos de los demás. | **with (all due) respect** con el debido respeto **3** in **this/every respect** en este aspecto/en todos los aspectos **4 with respect to** (formal) con respecto a
■ v [tr] respetar

respectable /rɪˈspektəbəl/ adj **1** respetable **2** presentable: *Do I look respectable?* ¿Estoy presentable? **3** bastante bueno -a [resultado, puntaje, etc.]

respectful /rɪˈspektfəl/ adj respetuoso -a

respective /rɪˈspektɪv/ adj respectivo -a: *We said goodbye and went our respective ways.* Nos dijimos adiós y seguimos nuestros respectivos caminos.

respite /ˈrespɪt/ s respiro

respond /rɪˈspɑnd/ v [intr] **1** responder, reaccionar: *The government responded by sending in troops.* El gobierno respondió enviando tropas. **2** (formal) responder [contestar]

response /rɪˈspɑns/ s **1** reacción, respuesta | **in response to** en respuesta a **2** respuesta [a una pregunta]

responsibility /rɪˌspɑnsəˈbɪləti/ s (pl -ties) **1** (autoridad) responsabilidad **2** (tarea, obligación) responsabilidad | **to have a responsibility to sb** tener ciertas responsabilidades para con alguien **3** (culpa) responsabilidad | **to accept/take responsibility (for sth)** hacerse responsable (de algo), asumir la responsabilidad (en/por algo) | **to claim responsibility (for sth)** reclamar/reivindicar la autoría (de algo)

responsible /rɪˈspɑnsəbəl/ adj **1** responsable: *I felt responsible for the accident.* Me sentía responsable del accidente. | *Those responsible will be punished.* Los responsables serán castigados. **2** (a cargo) **to be responsible (for sth/sb)** estar a cargo (de algo/alguien) **3 a responsible job/position** un trabajo/cargo de responsabilidad **4** (sensato) responsable

responsive /rɪˈspɑnsɪv/ adj que reacciona rápida y positivamente: *a very responsive audience* un público muy receptivo | *The brakes are not very responsive.* Los frenos no responden muy bien. | **to be responsive to sth** ser sensible a algo, atender algo (rápidamente/eficientemente)

rest /rest/ sustantivo & verbo
■ s **1 the rest (a)** el resto: *He ate the rest of the pizza.* Se comió el resto de la pizza. **(b)** los/las demás: *The rest were Japanese.* Los demás eran japoneses. **2** descanso: *I need a rest.* Necesito un descanso. | *Try to get some rest.* Trata de descansar. | **to take a rest** descansar **3 to come to rest** detenerse **4 give it a rest!** (informal) ¡ya basta! **5 to lay/put sth to rest** acallar algo [rumores], disipar algo [temores] ► ver también **mind**
■ v **1** [tr/intr] descansar **2** [intr] estar recargado -a, estar apoyado -a: *The ladder was resting against the wall.* La escalera estaba recargada contra la pared. **3** [tr] recargar, apoyar

ˈrest ˌarea s AmE zona para detenerse y descansar al costado de una carretera

restaurant /ˈrestərənt/ s restaurante

restful /ˈrestfəl/ adj tranquilo -a, relajante

restless /ˈrestləs/ adj **1** inquieto -a, impaciente | **to get/grow restless** impacientarse **2 to have a restless night** pasar una mala noche

i ¿Se dice *I arrived in Miami* o *I arrived to Miami*? Mira la entrada **arrive**.

restoration /restə'reɪʃən/ s **1** (de un edificio, un cuadro, etc.) restauración **2** (de la monarquía, la democracia, etc.) restablecimiento, restauración **3** (formal) (de bienes, territorios) restitución

restore /rɪ'stɔr/ v [tr] **1** devolver [la salud, la confianza en sí mismo, etc.] **2** restablecer [la paz, el orden] **3** restaurar [un edificio, un cuadro, etc.] **4** reinstaurar [la democracia] **5** restaurar, restablecer [la monarquía]

restrain /rɪ'streɪn/ v [tr] **1** (a una persona, un animal) contener | **to restrain sb from doing sth** contener a alguien para que no haga algo | **to restrain yourself** contenerse: *I could hardly restrain myself from hitting him.* Me costó mucho contenerme para no pegarle. **2** (un impulso) contener

restrained /rɪ'streɪnd/ adj **1** (referido al comportamiento) medido -a **2** (referido a estilos, colores) sobrio -a

restraint /rɪ'streɪnt/ s **1** compostura, moderación **2** restricción, limitación **3** (formal) fuerza [para controlar a alguien]

restrict /rɪ'strɪkt/ v [tr] **1** restringir, limitar **2** **to restrict yourself to (doing) sth** limitarse a (hacer) algo

restricted /rɪ'strɪktɪd/ adj **1** reducido -a, limitado -a **2** **to be restricted to** estar restringido -a/limitado -a a

restriction /rɪ'strɪkʃən/ s **restriction (on sth)** restricción/limitación (a algo)

restroom /'restrum/ s AmE baño (público)

result /rɪ'zʌlt/ sustantivo & verbo
■ s resultado | **as a result** en consecuencia | **as a result of sth** como consecuencia de algo
■ v **to result (from sth)** ser el resultado (de algo) **result in sth** tener algo como resultado

resume /rɪ'zum/ v (formal) **1** [tr] reanudar **2** [intr] reanudarse **3** **to resume your seat** regresar a su asiento

résumé /'rezəmeɪ/ s AmE currículum (vitae)

resurgence /rɪ'sɜrdʒəns/ s resurgimiento

resurrect /rezə'rekt/ v [tr] resucitar, desempolvar [algo olvidado, antiguo, etc.]

resurrection /rezə'rekʃən/ s resurrección

resuscitate /rɪ'sʌsəteɪt/ v [tr] resucitar

retail /'riteɪl/ sustantivo & verbo
■ s **1** venta al menudeo **2** **retail price** precio (de venta) al público
■ v **to retail for/at $15 etc.** venderse a $15 etc.

retailer /'riteɪlər/ s minorista, detallista

retain /rɪ'teɪn/ v [tr] (formal) **1** conservar **2** retener [en la memoria] **3** retener [agua, calor, humedad, etc.]

retake¹ /ri'teɪk/ v [tr] (pasado **retook** /-'tʊk/, participio **retaken** /-'teɪkən/) **1** volver a presentar [un examen] **2** retomar, volver a tomar [una ciudad, un territorio]

retake² /'riteɪk/ s BrE examen extraordinario [que se presenta cuando se ha reprobado antes]

retaliation /rɪ,tæli'eɪʃən/ s represalia | **in retaliation for** en represalia por

retarded /rɪ'tɑrdɪd/ adj retrasado -a (mental) ▶ Hoy en día este adjetivo se considera ofensivo

retch /retʃ/ v [intr] (3ª pers sing -ches) darle náuseas a

rethink /ri'θɪŋk/ v [tr] (pasado & participio **rethought** /-'θɔt/) replantearse

retire /rɪ'taɪr/ v [intr] **1** jubilarse **2** (formal) (irse) retirarse **3** (formal) (irse a la cama) retirarse

retired /rɪ'taɪrd/ adj jubilado -a

retirement /rɪ'taɪrmənt/ s jubilación

retiring /rɪ'taɪrɪŋ/ adj **1** retraído -a **2** **the retiring principal/chairperson etc.** el director/presidente etc. saliente

retrace /ri'treɪs/ v [tr] **1** seguir [la misma ruta] **2** reconstruir [los movimientos de alguien] **3** **to retrace your steps** volver sobre sus pasos

retract /rɪ'trækt/ v **1** [intr] (formal) retractarse **2** [tr] (formal) retractarse de [una declaración, confesión, etc.] **3** [tr] retraer, [intr] retraerse [garras] **4** [tr] replegar, [intr] replegarse [tren de aterrizaje]

retreat /rɪ'trit/ verbo & sustantivo
■ v [intr] **1** retroceder **2** retirarse [ejército] **3** **to retreat from/to sth** refugiarse de/en algo
■ s **1** retirada [de un ejército] **2** **to make/beat a retreat** batirse en retirada **3** refugio **4** retiro [religioso]

retribution /retrɪ'bjuʃən/ s (formal) **1** castigo **2** represalias, venganza

retrieval /rɪ'trivəl/ s recuperación

retrieve /rɪ'triv/ v [tr] **1** recuperar **2** **to retrieve the situation** salvar/enmendar la situación

retrospect /'retrəspekt/ s **in retrospect** en retrospectiva, analizándolo ahora

retrospective /retrə'spektɪv/ adjetivo & sustantivo
■ adj **1** retroactivo -a [decisión, aumento de salario] **2** retrospectivo -a
■ s (exposición) retrospectiva

return /rɪ'tɜrn/ verbo & sustantivo
■ v **1** [intr] regresar, volver: *We are returning to Boston the same day.* Regresaremos a Boston el mismo día. **2** [tr] devolver, regresar [dinero, un libro, etc.] **3** [tr] volver a poner, regresar: *I returned the book to the shelf.* Volví a poner el libro en el estante. **4** [intr] volver a aparecer [síntomas, dolor] **5** [tr] devolver, regresar [una llamada, un favor, etc.] **6** [tr] retribuir [el amor de alguien]
■ s **1** regreso | **on my/his etc. return** a mi/su etc. regreso **2** devolución, restitución **3** (de un síntoma, un dolor) reaparición **4** (de una actividad, un estado) retorno, vuelta: *the return to democracy* el retorno a la democracia **5** return

(on sth) (en finanzas) rendimiento (de algo)
6 BrE ▶ ver **round trip 1 7** (tecla) retorno
8 in return (for sth) a cambio (de algo) **9 many happy returns** que cumplas muchos más (años)
10 return fare BrE ▶ ver **round trip 2 return ticket** BrE ▶ ver **round trip 2**

reunion /ri'junjən/ s **1** reencuentro
2 reunión [de ex alumnos, antiguos colegas]

reunite /riju'naɪt/ v **1** [tr] reunificar, [intr] reunificarse **2** [tr] volver a reunir **3 to be reunited (with sb)** volver a reunirse (con alguien)

rev /rev/, también **rev up** v [tr/intr] (-vved, -vving) acelerar

revamp /ri'væmp/ v [tr] (informal) renovar

reveal /rɪ'vil/ v [tr] **1** dejar al descubierto
2 revelar

revealing /rɪ'vilɪŋ/ adj revelador -a

revel /'revəl/ v (-led, -ling AmE, -lled, -lling BrE)
revel in sth regodearse en algo, deleitarse con algo | **to revel in doing sth** regodearse/deleitarse haciendo algo: *She reveled in making me suffer.* Se regodeaba haciéndome sufrir.

revelation /revə'leɪʃən/ s **1** revelación **2 to be a revelation (to sb)** ser una revelación (para alguien)

revenge /rɪ'vendʒ/ sustantivo & verbo
■ s venganza | **to get/take (your) revenge (on sb)** vengarse (de alguien)
■ v [tr] vengar

revenue /'revənu/, también **revenues** s ingresos [del Estado, de una organización]

reversal /rɪ'vɜrsəl/ s **1** (en una política, un proceso) giro, vuelco **2** (de roles) inversión **3** (problema) revés

reverse /rɪ'vɜrs/ verbo, sustantivo & adjetivo
■ v **1** [intr] meter reversa: *She reversed out of the garage.* Salió del garaje en reversa. **2** [tr] meter reversa con **3** [tr] revertir [una tendencia, un proceso] **4** [tr] revocar [un fallo] **5 to reverse the order of sth** invertir el orden de algo **6 to reverse the charges** BrE llamar por cobrar ▶ En inglés americano se usa **to call sb collect**
■ s **1 the reverse (of sth)** lo contrario (de algo) | **quite the reverse** todo lo contrario **2** (también **reverse gear**) reversa **3** reverso [de una moneda] **4** dorso [de una hoja de papel]
■ adj **1 in reverse order** en orden inverso
2 the reverse side el dorso

revert /rɪ'vɜrt/ v **revert to sth** volver a algo [a un estado anterior] **revert to sb** revertir a alguien [propiedad]

review /rɪ'vju/ sustantivo & verbo
■ s **1** revisión | **to be under review** estar siendo revisado -a/reconsiderado -a **2** crítica, reseña **3** AmE repaso [para un examen, etc.] | **to do some review work** repasar **4** revista [inspección de tropas, etc.]
■ v **1** [tr] examinar **2** [tr] reseñar **3** [tr] pasar revista a [tropas] **4 to review (for an exam/a test)** AmE repasar (para un examen/una prueba)

reviewer /rɪ'vjuər/ s crítico -a [de cine, libros, etc.]

revise /rɪ'vaɪz/ v **1** [tr] cambiar, modificar
2 [tr] revisar: *a revised edition* una edición revisada **3 to revise (for an exam/a test)** BrE repasar (para un examen/una prueba) ▶ En inglés americano se usa **to review**

revision /rɪ'vɪʒən/ s **1** corrección [de un informe, etc.] **2** BrE repaso [para un examen, etc.] ▶ En inglés americano se usa **review** | **to do some/your revision** repasar ▶ En inglés americano se usa **to do some review work**

revival /rɪ'vaɪvəl/ s **1** revival, resurgimiento [en moda, literatura, decoración, etc.] **2** reactivación [económica] **3** reposición [de una obra de teatro] **4** renacimiento **5** (también **revival meeting**) reunión evangélica

revive /rɪ'vaɪv/ v **1** [tr] revivir, reanimar, [intr] revivir, reanimarse [enfermo] **2** [tr] reactivar, [intr] reactivarse [economía] **3** [tr] revitalizar, [intr] revitalizarse [planta, persona] **4** [tr] reavivar [recuerdos, temores] **5** [tr] restablecer [una tradición]

revolt /rɪ'voult/ verbo & sustantivo
■ v **1 to revolt (against sth/sb) (a)** sublevarse (contra algo/alguien) **(b)** rebelarse (contra algo/alguien) **2** [tr] darle asco a, repugnar: *I was revolted by the way he ate.* Me daba asco su forma de comer.
■ s **1** sublevación, revuelta **2** rebelión

revolting /rɪ'voultɪŋ/ adj asqueroso -a, repugnante

revolution /revə'luʃən/ s revolución

revolutionary /revə'luʃəneri/ adj & s revolucionario -a

revolve /rɪ'vɑlv/ v **1** [intr] girar **2** [tr] (hacer) girar **3 to revolve around sth** girar en torno a/alrededor de algo

re,volving 'door s puerta giratoria

reward /rɪ'wɔrd/ sustantivo & verbo
■ s recompensa
■ v [tr] recompensar | **to reward sb for sth** recompensar a alguien por algo

rewarding /rɪ'wɔrdɪŋ/ adj gratificante

rewind /ri'waɪnd/ v (pasado & participio **rewound**)
1 [tr] rebobinar **2** [intr] rebobinarse

rewrite /ri'raɪt/ v [tr] (pasado **rewrote**, participio **rewritten**) volver a escribir, reescribir

rhetoric /'retərɪk/ s retórica

rhinoceros /raɪ'nɑsərəs/ s (pl **-ses** o **rhinoceros**) rinoceronte

rhyme /raɪm/ sustantivo & verbo
■ s **1** (poesía) rima **2** palabra que rima
3 (técnica) rima
■ v [tr/intr] rimar

rhythm /'rɪðəm/ s ritmo

rib /rɪb/ s costilla

ribbon /'rɪbən/ s **1** listón, cinta **2 to be in ribbons** estar hecho -a jirones

---

i ¿Quieres información sobre las diferencias entre los **artículos** en inglés y en español? Lee la explicación en el apartado de gramática.

'rib cage s caja torácica

rice /raɪs/ s arroz

,rice 'pudding s arroz con leche

rich /rɪtʃ/ adj **1** rico -a: *Her family is very rich.* Su familia es muy rica. | **to get rich** hacerse rico -a | **the rich** los ricos **2** rico -a [en nutrientes, ideas, etc.]: *Oranges are rich in vitamin C.* Las naranjas son ricas en vitamina C. **3** Cuando se refiere a una salsa, un postre, etc. **rich** significa que tiene un alto contenido graso, de azúcares o de huevos **4** intenso -a [color]

riches /'rɪtʃɪz/ s pl (literario) riquezas

richly /'rɪtʃli/ adv **1** suntuosamente [ornamentado, bordado, etc.] **2** **richly colored** de colores intensos **3** **richly deserved** bien merecido -a

rickety /'rɪkəti/ adj destartalado -a, desvencijado -a

rid /rɪd/ adjetivo & verbo
- **adj** **1** **to get rid of sth** **(a)** quitarse algo de encima, eliminar algo: *I can't get rid of this cough.* No puedo quitarme de encima esta tos. **(b)** deshacerse de algo **2** **to get rid of sb** deshacerse de alguien, quitarse a alguien de encima: *You won't get rid of me that easily.* No te vas a deshacer de mí tan fácilmente.
- **v** [tr] (pasado & participio rid, gerundio ridding) **to rid sth/sb of sth** librar a algo/alguien de algo

ridden /'rɪdn/ participio de ride

riddle /'rɪdl/ s **1** adivinanza **2** misterio, enigma

riddled /'rɪdld/ adj **to be riddled with sth** estar lleno -a/plagado -a de algo

ride /raɪd/ verbo & sustantivo
- **v** (pasado rode, participio ridden) **1** [intr] montar/andar a caballo, [tr] montar | **to go riding** ir a montar/andar a caballo **2** [tr/intr] desplazarse en bicicleta, moto, etc.: *Can you ride a bike?* ¿Sabes andar en bicicleta? | *She got on her bike and rode off.* Se subió a la bicicleta y se fue. **3** AmE (en tren, metro, etc.) [tr] ir en, [intr] ir
- **s** **1** cabalgata **2** vuelta, paseo [en bicicleta, moto] | **to go for a ride** ir a dar una vuelta **3** viaje **4** aventón: *Do you want a ride?* ¿Quieres que te dé (un) aventón?/¿Quieres que te lleve? | **to give sb a ride** darle (un) aventón a alguien, llevar a alguien [en coche, moto, etc.]: *I gave him a ride to the airport.* Le di (un) aventón hasta el aeropuerto/Lo llevé hasta el aeropuerto. **5** juego [en un parque de diversiones]

rider /'raɪdər/ s **1** jinete **2** ciclista **3** motociclista

ridge /rɪdʒ/ s **1** cresta [de un cerro] **2** sierra, cadena **3** saliente, lomo [en una superficie]

ridicule /'rɪdəkjul/ sustantivo & verbo
- **s** ridículo
- **v** [tr] burlarse de

ridiculous /rɪ'dɪkjələs/ adj ridículo -a

riding /'raɪdɪŋ/ s equitación

rife /raɪf/ adj **1** **to be rife** abundar [delito, corrupción] **2** **to be rife with corruption/ problems etc.** ser sumamente corrupto -a/estar plagado -a de problemas etc.

rifle /'raɪfəl/ s rifle, escopeta

rift /rɪft/ s ruptura

rig /rɪg/ verbo & sustantivo
- **v** [tr] (-gged, -gging) amañar, arreglar [una elección, un concurso, etc.]
- **s** **1** plataforma petrolera **2** AmE (informal) camión [de carga]

right /raɪt/ adjetivo, adverbio, sustantivo & verbo
- **adj** **1** correcto -a: *the right answer* la respuesta correcta | *Is that the right time?* ¿Es ésa la hora? | *that's right* sí, así es
  2 **to be right (about sth)** tener razón (en algo): *You're quite right.* Tienes toda la razón.
  3 como debería ser: *I knew something wasn't right.* Yo sabía que pasaba algo/que algo andaba mal. | **to put sth right** arreglar algo
  4 derecho -a [mano, lado, etc.]
  5 adecuado -a, indicado -a
  6 bien: *It's not right that he should pay.* No está bien que él pague. | *You were right to tell me.* Hiciste bien en contarme.
  7 **right?** ¿no (es así)?, ¿verdad?: *There were two men, right?* Había dos hombres ¿no es así?
  8 BrE (informal) verdadero -a: *I feel like a right idiot.* Me siento una verdadera idiota.
- **adv** **1** justo | **right in front of sth/sb** justo delante de algo/alguien | **right behind sth/sb** justo detrás de algo/alguien
  2 enseguida: *I'll be right with you.* Enseguida estoy con usted. | **right away** enseguida, inmediatamente | **right now** **(a)** en este momento: *She's busy right now.* Está ocupada en este momento. **(b)** enseguida
  3 bien, correctamente: *They haven't spelled my name right.* No han escrito bien mi nombre. | *You guessed right.* Acertaste.
  4 **to get sth right** **(a)** acertar algo [una respuesta] **(b)** hacer algo bien
  5 a la derecha: *Turn right at the light.* Dé vuelta a la derecha en el semáforo.
  6 BrE bien: *Right! Let's get started.* ¡Bien! Empecemos.
- **s** **1** derecho | **to have the right to (do) sth** tener derecho a (hacer) algo: *You had no right to interfere.* No tenías derecho a interferir. | **right of way** preferencia [al manejar]
  2 **the right** **(a)** la derecha: *the door on the right* la puerta de la derecha **(b)** (en política) la derecha
  3 bien: *the difference between right and wrong* la diferencia entre el bien y el mal
  4 **to be in the right** tener razón
  5 **in his/its etc. own right** por derecho propio, propiamente dicho -a
- **v** [tr] **to right a wrong** reparar un daño

'right ,angle s ángulo recto

righteous /'raɪtʃəs/ adj **1** con pretensiones de superioridad moral: *He was full of righteous indignation.* Sentía que tenía todos los motivos para estar indignado. **2** recto -a, honrado -a

rightful /'raɪtfəl/ adj legítimo -a

right-'hand adj the right-hand lane el carril de la derecha | the bottom right-hand corner el ángulo inferior derecho | on the right-hand side a mano derecha

right-'handed adj diestro -a [que usa la mano derecha]

rightly /'raɪtli/ adv con razón | quite rightly con toda la razón | rightly or wrongly para bien o para mal

right 'wing s the right wing el ala derecha

right-'wing adj de derecha, derechista

rigid /'rɪdʒɪd/ adj **1** estricto -a, inflexible **2** (referido a materiales) rígido -a

rigor AmE, **rigour** BrE /'rɪgər/ s rigor

rim /rɪm/ s **1** borde [de un vaso, etc.] **2** rin, aro [de una rueda] **3** armazón [de anteojos]

rind /raɪnd/ s **1** cáscara [de limón, naranja, queso] **2** orilla [del tocino]

ring¹ /rɪŋ/ s **1** anillo **2** círculo: *We sat in a ring.* Nos sentamos en círculo. **3** aro [de cebolla, etc.] **4** rodaja [de piña] **5** quemador [de una estufa] **6** sonido [de un timbre] | a ring at the door: *There was a ring at the door.* Sonó el timbre de la puerta. **7** to give sb a ring BrE llamar a alguien [por teléfono] ▶ También se usa to give sb a call, que es inglés universal **8** a drug/spy ring una red de narcotráfico/espionaje **9** cuadrilátero, ring [en boxeo, lucha] **10** pista [en un circo] **11** ruedo [en las corridas de toros] **12** to run rings around sb (informal) darle las tres y las malas a alguien

ring² v (pasado rang, participio rung) **1** [tr] tocar [un timbre] **2** [intr] sonar: *The telephone's ringing.* Suena el teléfono. **3** [intr] resonar, retumbar [oídos] **4** (también ring up) BrE [tr] llamar a, [intr] llamar [por teléfono] ▶ También se usa to call, que es inglés universal **5** to ring for sth BrE llamar para pedir algo

ring back BrE volver a llamar ▶ Se usa también to call back, que es inglés universal ring sb back BrE volver a llamar a alguien [que llamó antes], devolverle la llamada a alguien ▶ Se usa también to call sb back, que es inglés universal

ring off BrE cortar, colgar [el teléfono] ▶ Se usa también to hang up, que es inglés universal

ring³ v [tr] (pasado & participio ringed) **1** rodear **2** marcar [con un círculo [un error, una falta, etc.] **3** ponerle un anillo a [un ave]

ringleader /'rɪŋlidər/ s cabecilla

'ring road s BrE ▶ ver beltway

rink /rɪŋk/ s pista [de patinaje] ▶ ver también ice rink

rinse /rɪns/ verbo & sustantivo
- v [tr] **1** enjuagar | to rinse sth out enjuagar algo **2** lavar [verduras]
- s **1** to give sth a rinse darle un enjuague a algo **2** matizador [colorante temporal para el cabello]

riot /'raɪət/ sustantivo & verbo
- s **1** disturbios, motín **2** to run riot descontrolarse
- v [intr] causar disturbios, amotinarse

rioting /'raɪətɪŋ/ s disturbios

rip /rɪp/ verbo & sustantivo
- v (-pped, -pping) **1** [tr] romper, rasgar **2** [intr] romperse, rasgarse **3** to rip sth open abrir algo [rasgándolo]
rip sb off (informal) estafar a alguien
rip sth off/out arrancar algo
rip sth up romper algo en pedazos [rasgándolo]
- s rasgadura

ripe /raɪp/ adj **1** maduro -a [fruta, queso] **2** to be ripe for sth estar en el momento justo para algo

ripen /'raɪpən/ v [tr] hacer madurar, [intr] madurar [fruta]

'rip-off s (informal) robo, estafa [referido a un precio, etc.]

ripple /'rɪpəl/ verbo & sustantivo
- v [intr] **1** rizarse [agua] **2** [intr] mecerse [pastos, campos de trigo, etc.]
- s **1** a ripple of applause/laughter etc. un murmullo de aplausos/risas etc. **2** rizo [en la superficie del agua]

rise /raɪz/ verbo & sustantivo
- v [intr] (pasado rose, participio risen /'rɪzən/) **1** aumentar, subir | to rise by $5,000/2% etc. aumentar $5,000/el 2% etc. | rising unemployment/tension etc. creciente desempleo/tensión etc. **2** subir [nivel de un río, marea, camino] **3** levantarse [niebla, humo] **4** pararse | to rise to your feet ponerse de pie **5** elevarse [en rango, importancia] **6** alzarse, subir de tono [voz] **7** salir [sol, luna, etc.] | the rising sun el sol naciente **8** esponjarse [masa, pastel] **9** (también rise up) (literario) sublevarse | to rise against sth/sb sublevarse contra algo/alguien
- s **1** aumento [de cantidad, población, etc.]: *a rise in temperature* un aumento de la temperatura **2** aumento, subida [de precios, costos, etc.] **3** ascenso [a la fama, el poder, etc.] **4** to give rise to sth dar origen a algo **5** subida [en un camino] **6** BrE aumento [de sueldo] ▶ En inglés americano se usa raise

risk /rɪsk/ sustantivo & verbo
- s riesgo: *There is a risk of brain damage.* Hay riesgo de daño cerebral. | to take a risk correr un riesgo | to run the risk of doing sth correr el riesgo de hacer algo | to be at risk estar en riesgo, peligrar | at your own risk bajo tu/su etc. propia responsabilidad
- v [tr] **1** arriesgar | to risk your neck (informal)

arriesgar el pellejo **2 to risk arrest/defeat etc.** exponerse a la detención/derrota etc., arriesgarse a ser detenido -a/derrotado -a etc. **3 to risk doing sth** arriesgarse a hacer algo

risky /'rɪski/ adj (-kier, -kiest) riesgoso -a

rite /raɪt/ s rito

rival /'raɪvəl/ sustantivo, adjetivo & verbo
■ **s & adj** rival
■ **v** (-led, -ling AmE, -lled, -lling BrE) **to rival sth/sb** competir con algo/alguien: *Not many people can rival him for nerve.* Pocas personas pueden competir con él en cuanto a agallas.

rivalry /'raɪvəlri/ s (pl -ries) rivalidad

river /'rɪvər/ s río: *the river Nile* el río Nilo

river ˌbank, riverbank /'rɪvərbæŋk/ s ribera

riverside /'rɪvərsaɪd/ s ribera | **a riverside apartment/house** un apartamento/una casa a orillas del río

rivet /'rɪvət/ verbo & sustantivo
■ **v** [tr] **1 riveted to/on sth** clavado -a a/en algo, ojos, vista: *He sat riveted to the TV screen.* Estaba sentado con la mirada clavada en la pantalla del televisor. **2** remachar
■ **s** remache

riveting /'rɪvətɪŋ/ adj fascinante

road /roʊd/ s **1** carretera | **by road** por tierra **2** calle | **just down the road** aquí nomás | **across/over the road** enfrente ▶ **Road**, escrito con mayúscula, forma parte de nombres de calles como **Maple Road, Richmond Road**, etc. **3 the road to success/stardom etc.** el camino al éxito/al estrellato etc.

ˈroad ˌaccident s accidente de tránsito

roadblock /'roʊdblɑk/ s retén, control [en una carretera]

ˈroad conˌstruction s AmE obras viales

ˈroad rage s conducta violenta del conductor de un vehículo hacia otro conductor

roadside /'roʊdsaɪd/ s borde de la carretera

ˈroad sign s señal de tránsito

roadway /'roʊdweɪ/ s calzada

roadwork /'roʊdwɜrk/ AmE, **roadworks** /'roʊdwɜrks/ BrE s pl obras viales

roam /roʊm/ v **1** [intr] vagar, deambular **2** [tr] vagar por, deambular por

roar /rɔr/ verbo & sustantivo
■ **v 1** [intr] rugir [león, viento, fuego] **2** [tr] bramar, gritar **3 to roar (with laughter)** reírse a carcajadas **4 to roar past/overhead etc.** pasar haciendo un gran estruendo
■ **s 1** rugido **2** estruendo [del tráfico]

roaring /'rɔrɪŋ/ adj **1 a roaring fire** un buen fuego **2 to do a roaring trade (in sth)** vender algo como pan caliente

roast /roʊst/ verbo, adjetivo & sustantivo
■ **v 1** [tr] asar, hacer al horno **2** [intr] asarse **3** [tr] tostar [café, cacahuates, etc.]

■ **adj** roast lamb/chicken etc. cordero/pollo etc. al horno, cordero/pollo etc. asado
■ **s** plato consistente en cualquier tipo de carne asada al horno

rob /rɑb/ v [tr] (-bbed, -bbing) asaltar, atracar [un banco] | **to rob sb of sth** robarle algo a alguien: *She felt she had been robbed of the Olympic gold medal.* Sentía que le habían robado la medalla olímpica de oro. ▶ **¿ROB, STEAL O BURGLE?** ver nota en **robar**

robber /'rɑbər/ s asaltante, ladrón ▶ **¿ROBBER, THIEF O BURGLAR?** ver nota en **ladrón**

robbery /'rɑbəri/ s (pl -ries) **1** robo **2** asalto, robo: *armed robbery* asalto/robo a mano armada ▶ **¿BURGLARY, ROBBERY O THEFT?** ver nota en **robo**

robe /roʊb/ s **1** toga [de un juez, un universitario] **2** bata [de baño, para levantarse de la cama]

robin /'rɑbɪn/ s **1** (pájaro americano) mirlo primavera, zorzal petirrojo **2** (pájaro europeo) petirrojo

robot /'roʊbɑt/ s robot

robust /roʊ'bʌst/ adj **1** robusto -a, fuerte **2** enérgico -a [defensa, discurso]

rock /rɑk/ sustantivo & verbo
■ **s 1** roca **2** AmE piedra **3** (también **rock music**) rock **4 to be on the rocks** (informal) andar muy mal [matrimonio] **5** scotch/vodka etc. **on the rocks** whisky/vodka etc. en las rocas **6 rock band** banda de rock
■ **v 1** [tr] mecer **2** [intr] mecerse **3** [tr] mecer [a un bebé] **4** [intr] sacudirse, temblar **5** [tr] sacudir, hacer temblar

ˌrock and 'roll, también **rock 'n' roll** s rock and roll

ˌrock 'bottom s (informal) **to be at rock bottom** estar por los suelos | **to hit/reach rock bottom** tocar fondo

ˈrock ˌclimbing s escalada en roca

rocket /'rɑkɪt/ sustantivo & verbo
■ **s** cohete, misil
■ **v** [intr] dispararse [precios, etc.]

ˈrocking chair s mecedora

rocky /'rɑki/ adj (-kier, -kiest) **1** rocoso -a, pedregoso -a **2** (informal) incierto -a, inestable

rod /rɑd/ s **1** barra [de metal] **2** vara **3** (también **fishing rod**) caña (de pescar)

rode /roʊd/ pasado de **ride**

rodent /'roʊdnt/ s roedor

rogue /roʊɡ/ s **1** pícaro -a, pillo -a **2** sinvergüenza

role /roʊl/ s **1** papel, rol | **to play a major/key etc. role (in sth)** desempeñar un papel importante/clave etc. (en algo) **2** (en teatro, cine) papel **3 role model** modelo (de rol)

roll /roʊl/ verbo & sustantivo
■ **v 1** [intr] rodar: *The ball rolled into the street.* El balón rodó a la calle. **2** [tr] hacer rodar [una canica, etc.] **3** [tr] tirar [los dados] **4** [intr]

(girar): *The dog had been rolling in the mud.* El perro se había estado revolcando en el lodo. | *He rolled onto his back.* Se puso boca arriba. **5 to be rolling in it** (informal) nadar en lana, pudrirse en lana **6** [tr] enrollar | **to roll a cigarette** liar un cigarro **7** [intr] rolar [barco], balancearse [avión]
roll sth down to roll the window down bajar la ventanilla
roll in (informal) llegar a carretadas, llegar por toneladas: *The money came rolling in after the appeal on TV.* El dinero empezó a llegar a carretadas tras el llamado por televisión.
roll sth out desenrollar algo, estirar algo
roll over darse vuelta
roll up (informal) aparecer [llegar] **roll sth up** to roll the window up subir la ventanilla | **to roll your sleeves up** remangarse
■ *s* **1** rollo [de papel, película, etc.] **2** fajo [de billetes] **3** bolillo: *a cheese roll* una torta de queso **4** cabeceo [de un barco, un avión] **5** AmE lista [en el colegio] | **to call (the) roll** pasar lista
'roll call *s* acto de pasar lista
roller /'roʊlər/ *s* **1** rodillo **2** tubo [para rizar el pelo]
Rollerblades® /'roʊlərbleɪdz/ *s pl* patines en línea, rollerblades
'roller ,coaster *s* montaña rusa
'roller skate *s* patín (de ruedas)
rolling /'roʊlɪŋ/ *adj* ondulado -a [colinas, paisaje]
'rolling pin *s* rodillo (de cocina)
ROM /rɑm/ *s* (= read-only memory) ROM

Rollerblades

romance /'roʊmæns, roʊ'mæns/ *s* **1** romance [relación] **2** amor **3** romanticismo **4** historia de amor [novela]
romantic /roʊ'mæntɪk/ *adj & s* romántico -a
roof /ruf/ *s* **1** techo, tejado **2 the roof of the/your mouth** el paladar **3 to hit the roof** (informal) ponerse furioso -a
'roof rack *s* (parrilla) portaequipajes
rooftop /'ruftɑp/ *s* techo
rook /rʊk/ *s* **1** grajo [pájaro europeo] **2** torre [en ajedrez]
room /rum/ *s* **1** cuarto, habitación | **a meeting room** una sala de juntas **2** lugar, espacio: *There wasn't enough room to lie down.* No había lugar suficiente para acostarse. | **to make room for sth/sb** hacer lugar para algo/hacerle lugar a alguien **3 room for doubt** lugar a dudas | **there's room for improvement** queda margen para mejorar **4 room and board** AmE pensión completa

roommate /'rum-meɪt/ *s* persona con la que se comparte un departamento o una recámara
'room ,service *s* room service, servicio de habitaciones
'room ,temperature *s* temperatura ambiente
roomy /'rumi/ *adj* (-mier, -miest) amplio -a
rooster /'rustər/ *s* AmE gallo
root /rut, rʊt/ *sustantivo & verbo*
■ *s* **1** (de una planta, del pelo) raíz **2** (de un problema) raíz | **the root cause (of sth)** la causa fundamental (de algo) **3 to take root** arraigarse **4 to put down roots** echar raíces
■ *v* **to root in/through sth** hurgar en algo
root for sb (informal) **1** alentar a alguien **2** pensar en algo/o y desearle suerte
root sth out 1 erradicar algo [la corrupción, el racismo, etc.] **2** (informal) buscar algo
rope /roʊp/ *sustantivo & verbo*
■ *s* **1** reata, cuerda **2 to know the ropes** (informal) estar al tanto de todo **3 to show sb the ropes** (informal) poner a alguien al tanto
■ *v* **to rope sth to sth** atar/amarrar algo a algo
rope sb in (informal) **to rope sb in to do sth** enganchar a alguien para hacer algo
rope sth off acordonar algo: *Police have roped off the street where the bomb was found.* La policía acordonó la calle donde se encontró la bomba.
rose¹ /roʊz/ *s* rosa [flor]
rose² pasado de **rise**
rosette /roʊ'zet/ *s* escarapela
roster /'rɑstər/ *s* lista (de turnos)
rosy /'roʊzi/ *adj* (-sier, -siest) **1** sonrosado -a **2** halagüeño -a [futuro, perspectiva]
rot /rɑt/ *v* (-tted, -tting) **1** [tr] pudrir **2** [intr] pudrirse
rota /'roʊtə/ *s* BrE ▶ ver **roster**
rotate /'roʊteɪt/ *v* **1** [intr] girar **2** [tr] (hacer) girar **3** [tr/intr] (para hacer una tarea): *We rotate the boring jobs.* Nos rotamos para hacer los trabajos aburridos.
rotation /roʊ'teɪʃən/ *s* rotación | **to do sth in rotation** rotarse para hacer algo
rotten /'rɑtn/ *adj* **1** podrido -a **2** (informal) malo -a, malvado -a | **a rotten thing to do** una maldad **3** (informal) pésimo -a: *I'm a rotten cook.* Soy un pésimo cocinero.
rough /rʌf/ *adjetivo, sustantivo, verbo & adverbio*
■ *adj* **1** áspero -a **2** con baches [camino, sendero] **3** aproximado -a [cálculo, idea] | **rough**

petal

leaf

stem

rose

copy/draft borrador **4** brusco -a [juego, persona] **5** peligroso -a [zona, colonia] **6** (informal) malo -a: *I've had a really rough day.* He tenido un día verdaderamente malo. | **to feel rough** BrE sentirse mal **7** injusto -a, duro -a **8** picado -a [mar] **9** tormentoso -a [tiempo] ■ *s* **1 to take the rough with the smooth** aceptar lo bueno y lo malo **2 in rough** en borrador ■ *v* **to rough it** (informal) vivir sin comodidades ■ *adv* **to play rough** jugar duro [con agresividad, violencia] | **to sleep rough** BrE dormir a la intemperie

roughly /ˈrʌfli/ *adv* **1** aproximadamente | **roughly speaking** en líneas generales **2** bruscamente

round /raʊnd/ *adjetivo, adverbio, preposición, sustantivo & verbo*
■ *adj* **1** redondo -a **2 in round figures** en números redondos
■ *adv* BrE **1** a un lugar o en un lugar: *Do you want to come round to my house?* ¿Quieres venir a mi casa? | *He's round at David's.* Está en la casa de David. **2 all round (a)** alrededor **(b)** en todos los aspectos **3 round about** en los alrededores **4 round about** 10 o'clock/the same time etc. alrededor de las 10/la misma hora etc. **5** ▶ En inglés americano se usa **around** en lugar de **round**. Lo mismo sucede con muchos **phrasal verbs** como **show around, turn around**, etc. Éstos están tratados bajo el verbo correspondiente
■ *prep* BrE ▶ ver **around**
■ *s* **1** ronda: *the latest round of peace talks* la última ronda de negociaciones de paz **2** (del cartero, lechero, etc.) ronda, recorrido | **to be (out) on your rounds** estar de ronda, estar haciendo visitas a domicilio [médico] **3** (de bebidas) ronda: *It's your round.* Esta ronda te toca a ti. **4** (en golf) vuelta **5** (en boxeo) round, asalto **6** (en una competencia) vuelta **7 a round (of ammunition)** una bala **8 a round of applause** un aplauso
■ *v* [tr] **to round the corner** dar la vuelta a la esquina | **to round a bend** dar una curva
round sth down redondear algo [una cifra, a un número menor]
round sth off (with sth) rematar algo (con algo)
round sth up 1 reunir algo [el ganado, las ovejas] **2** redondear algo [una cifra, a un número mayor] **round sb up 1** reunir a alguien **2** capturar a alguien

roundabout /ˈraʊndəbaʊt/ *sustantivo & adjetivo*
■ *s* BrE **1** ▶ ver **traffic circle 2** carrusel
■ *adj* **a roundabout route** un camino menos directo | **in a roundabout way** de una manera indirecta

'**round trip** *s* **1** viaje de ida y vuelta **2 round-trip ticket, return ticket** BrE boleto/pasaje de ida y vuelta, boleto/pasaje redondo

rouse /raʊz/ *v* [tr] **1** (literario) despertar | **to rouse sb from his/her etc. sleep** despertar a alguien (de su sueño) **2** provocar | **to rouse sb to action** incitar a alguien a la acción

rousing /ˈraʊzɪŋ/ *adj* vehemente, motivador -a [discurso]

route /ruːt, raʊt/ *s* camino, ruta

routine /ruːˈtiːn/ *sustantivo & adjetivo*
■ *s* **1** rutina **2** (en comedia, danza, etc.) rutina, número
■ *adj* **1** de rutina **2** rutinario -a

routinely /ruːˈtiːnli/ *adv* habitualmente

row[1] /roʊ/ *sustantivo & verbo*
■ *s* **1** hilera, fila | **in a row/in rows** en hilera(s), en fila(s) **2 three/four etc. times in a row** tres/cuatro etc.veces seguidas
■ *v* [tr/intr] remar: *She rowed across the lake.* Cruzó el lago a remo.

row[2] /raʊ/ *s* BrE (informal) **1** pelea | **to have a row (with sb)** pelearse (con alguien) **2 row (about/over sth)** disputa (por algo) [en el ámbito público] **3** barullo, bulla

rowdy /ˈraʊdi/ *adj* (-dier, -diest) **1** escandaloso -a, ruidoso -a [persona] **2** tumultuoso -a, ruidoso -a [reunión]

row house /ˈroʊ haʊs/ *s* AmE casa en una hilera de viviendas iguales o parecidas con medianeras compartidas

royal /ˈrɔɪəl/ *adj* real

royalty /ˈrɔɪəlti/ *s* realeza

rub /rʌb/ *verbo & sustantivo*
■ *v* (-bbed, -bbing) **1** [tr] frotar: *Rub the cream into the leather using a cloth.* Aplique la crema al cuero frotando con un trapo. | **to rub your eyes** restregarse/refregarse los ojos | **to rub your hands (together)** frotarse las manos **2** [intr] rozar [zapatos, cuello, etc.] **3 to rub it in** (informal) restregarle una derrota, un fracaso, etc. en la nariz a alguien
rub sth down 1 secar algo [con una toalla, etc.] **2** lijar algo
rub off to rub off on sb contagiársele a alguien [optimismo, mal humor, etc.] **rub sth off** quitar algo [restregándolo]
rub sth out borrar algo
■ *s* **to give sth a rub (a)** frotar algo **(b)** masajear algo [la espalda, los pies, etc.]

rubber /ˈrʌbər/ *s* **1** goma, caucho, hule **2** AmE (informal) condón **3** BrE goma (de borrar), borrador ▶ También existe **eraser**, que es inglés universal

,**rubber 'band** *s* liga (elástica)

rubbish /ˈrʌbɪʃ/ BrE *s* **1** basura ▶ En inglés americano se usa **garbage** o **trash 2** (informal) estupideces, disparates

'**rubbish ,dump** BrE ▶ ver **garbage dump**

rubble /ˈrʌbəl/ *s* escombros

ruby /ˈruːbi/(pl **-bies**) *s* rubí

rucksack /ˈrʌksæk/ s BrE mochila ▶ También existe **backpack**, que es inglés universal

rudder /ˈrʌdər/ s timón

rude /rud/ adj **1** grosero -a, maleducado -a: He was very rude. Estuvo muy grosero. | It's rude to ask people's age. Es de mala educación preguntar la edad. | **to be rude to sb** ser grosero -a/maleducado -a con alguien **2** grosero -a [broma] **3** obsceno -a [foto, libro, etc.]

ruffle /ˈrʌfəl/ v [tr] **1** alborotar [el pelo de alguien] **2** rizar, agitar [el agua]

ruffled /ˈrʌfəld/ adj alterado -a

rug /rʌg/ s **1** alfombra, tapete **2** manta [de viaje]

rugby /ˈrʌgbi/ s rugby

rug

rugged /ˈrʌgɪd/ adj **1** escarpado -a [montaña], accidentado -a [terreno] **2** anguloso -a [cara, facciones]

ruin /ˈruɪn/ verbo & sustantivo
■ v **1** estropear [los planes, una prenda, las vacaciones, etc.] **2** arruinar [económicamente]
■ s **1** ruina [de un edificio] **2** ruina [económica] **3** **to be in ruins** estar en ruinas

rule /rul/ sustantivo & verbo
■ s **1** regla, norma | **to be against the rules** estar prohibido -a **2** dominio, gobierno **3** reinado **4** **as a (general) rule** por regla general | **a rule of thumb** una regla general
■ v **1** [tr/intr] gobernar, reinar | **to rule over sth/sb** gobernar algo/a alguien **2** [tr/intr] fallar, dictaminar
rule sth out descartar algo **rule sb out** excluir a alguien

ruler /ˈrulər/ s **1** gobernante, soberano -a **2** regla [para trazar líneas]

ruling /ˈrulɪŋ/ sustantivo & adjetivo
■ s fallo, resolución
■ adj dominante, gobernante

rum /rʌm/ s ron

rumble /ˈrʌmbəl/ verbo & sustantivo
■ v [intr] **1** retumbar [truenos, tráfico] **2** hacer ruido [estómago]
■ s ruido sordo

rummage /ˈrʌmɪdʒ/ v [intr] hurgar, revolver | **to rummage about/around** hurgar, revolver [buscando algo] | **to rummage through sth** hurgar en algo, revolver algo

ˈrummage sale s venta de ropa y objetos usados que se hace con fines benéficos

rumor AmE, **rumour** BrE /ˈrumər/ s rumor | **rumor has it that** corre la voz de que, se rumora que

rump /rʌmp/ s **1** ancas **2** filete de cadera

run /rʌn/ verbo & sustantivo
■ v (pasado ran, participio run, gerundio running)
1 [tr/intr] correr: I run four miles every morning. Corro cuatro millas todas las mañanas. | Some children ran past me. Unos niños pasaron corriendo a mi lado. | He ran upstairs. Subió las escaleras corriendo.
2 [tr] llevar, dirigir [un negocio]
3 [tr] organizar, ofrecer [un curso]
4 [intr] (referido a servicios de transporte): The number 22 runs every ten minutes. El 22 pasa cada diez minutos. | **to run late** ir retrasado -a | **to run on time** salir/pasar/llegar a tiempo
5 [intr] correr [líquidos]: The sweat was running down his face. El sudor le corría por la cara. | I must have left a faucet running. Debo haber dejado una llave abierta. | His nose was running. Le estaba goteando la nariz.
6 [tr] pasar: She ran her fingers through her hair. Se pasó los dedos por el pelo. | **to run your eye over sth** echarle un vistazo a algo
7 [intr] extenderse: The road runs along the valley. La carretera corre a lo largo del valle. | There was a barbed-wire fence running around the building. Había un cerco de alambre de púas alrededor del edificio.
8 [intr] funcionar, [tr] hacer funcionar: Don't run the engine for too long. No hagas funcionar el motor demasiado tiempo. | A car was waiting with the engine running. Había un coche esperando con el motor encendido. | **to run on diesel/batteries etc.** funcionar con diesel/con pilas etc.
9 [tr] ejecutar [un programa de computadora]
10 **to run a bath** preparar un baño
11 [intr] postularse, presentarse: He's going to run for president. Se va a postular para presidente.
12 [intr] **to run smoothly** marchar sobre ruedas
13 [intr] estar en cartel: The play ran for two years. La obra estuvo dos años en cartel.
14 [tr] mantener: I can't afford to run a car. No me alcanza el dinero para mantener un coche.
15 [intr] desteñirse [color]
16 **to be running short of/low on sth** estar quedándose sin algo | **time is running short** se está acabando el tiempo
17 **to run in the family** ser una característica familiar
18 **to be running at 10%/20% etc.** ser del 10%/20% etc.: Inflation was running at 15%. La tasa de inflación era del 15%.
19 **to run wild** comportarse como un salvaje
20 **to run dry** secarse [un pozo, un río]

PHRASAL VERBS
run across sth encontrar algo [inesperadamente, por casualidad] **run across sb** encontrarse a alguien
run after sb correr tras alguien, perseguir a alguien
run away (from sth/sb) escaparse (de algo/alguien)
run down gastarse [pila, batería] **run sb**

down **1** atropellar a alguien [con un vehículo] **2** (informal) criticar a alguien

run into sth **1** chocar contra algo [con un vehículo] **2** to run into trouble/problems tropezarse con problemas | to run into debt endeudarse | run into sb **1** encontrarse a alguien **2** atropellar a alguien [con un vehículo]

run off escaparse, salir corriendo

run out **1** acabarse | to run out of sth quedarse sin algo **2** vencer [visa, contrato]

run sb over atropellar a alguien [con un vehículo]: *He was run over by a truck.* Lo atropelló un camión.

run through sth ensayar/repasar algo

▪ *s* **1** carrera | to go for a run ir a correr | to make a run for it tratar de escaparse [corriendo] **2** (en beisbol, etc.) carrera **3** AmE línea de puntos sueltos en una media: *There's a run in your pantyhose.* Se te fue la media. **4** to be on the run estar fugitivo -a **5** a run of good/bad luck una racha de buena/mala suerte **6** in the long run a largo plazo, a la larga | in the short run a corto plazo

runaway /'rʌnəweɪ/ *adjetivo & sustantivo*
▪ *adj* **1** fuera de control, desenfrenado -a **2** fugitivo -a **3** aplastante [victoria] **4** arrollador -a [éxito]
▪ *s* niño que se escapó de su casa

run-'down *adj* **1** venido -a a menos, deteriorado -a [edificio] **2** cansado -a

rung[1] /rʌŋ/ *s* peldaño, escalón

rung[2] participio de **ring**

runner /'rʌnər/ *s* corredor -a

runner-'up *s* (pl **runners-up**) to be runner-up quedar en segundo lugar

running /'rʌnɪŋ/ *adjetivo, sustantivo & adverbio*
▪ *adj* **1** running water agua corriente **2** a running battle/argument una lucha/discusión continua
▪ *s* **1** acción de correr o deporte: *He's good at running and swimming.* Es buen corredor y nadador. **2** the running of sth la conducción de algo [de una empresa, un país] **3** to be in the running (for sth) estar en carrera (para algo)
▪ *adv* three years/five times etc. running tres años seguidos/cinco veces seguidas etc., tres años consecutivos/cinco veces consecutivas etc.

runny /'rʌni/ *adj* (-nnier, -nniest) **1** I have/he has etc. a runny nose me/le etc. gotea la nariz **2** líquido -a

runway /'rʌnweɪ/ *s* pista (de aterrizaje)

rural /'rʊrəl/ *adj* rural

rush /rʌʃ/ *verbo & sustantivo*
▪ *v* (3ª pers sing **rushes**) **1** [intr] correr: *Everyone was rushing to buy the new album.* Todo el mundo corría a comprar el nuevo álbum. | *David rushed into the bathroom.* David entró corriendo al baño. **2** [intr] apurarse **3** [tr] hacer algo muy rápido: *Don't rush your food.* No coman a la carrera. | to rush (into) things precipitarse, tomar decisiones precipitadas **4** [tr] apurar, carrerear | to rush sb into sth apurar a alguien a hacer algo **5** [tr] llevar rápidamente: *She was rushed to the hospital with appendicitis.* La llevaron de urgencia al hospital porque tenía apendicitis.

rush around correr de un lado para otro

▪ *s* (pl -shes) **1** desbandada | to make a rush for sth precipitarse hacia algo **2** momento en que mucha gente trata de hacer lo mismo: *Let's leave early and avoid the rush.* Salgamos temprano para no coincidir con la hora en que sale todo el mundo. **3** prisa: *There's no rush.* No hay prisa. | to be in a rush estar apurado -a, tener prisa **4** junco

rushed /rʌʃt/ *adj* (hecho -a) a la carrera

'rush hour *s* hora pico

Russia /'rʌʃə/ *s* Rusia

Russian /'rʌʃən/ *adjetivo & sustantivo*
▪ *adj* ruso -a
▪ *s* **1** (idioma) ruso **2** ruso -a

rust /rʌst/ *sustantivo & verbo*
▪ *s* óxido, herrumbre
▪ *v* **1** [tr] oxidar **2** [intr] oxidarse

rustle /'rʌsəl/ *verbo & sustantivo*
▪ *v* [intr] crujir, susurrar
▪ *s* crujido, susurro

rusty /'rʌsti/ *adj* (-tier, -tiest) **1** oxidado -a **2** (referido a destrezas, conocimientos): *My German is very rusty.* Tengo muy olvidado el alemán. | *If you don't practice, you get rusty.* Si no practicas, le pierdes el toque.

rut /rʌt/ *s* **1** to be (stuck) in a rut estar estancado -a [en una rutina] **2** surco [en un camino]

rutabaga /rutə'beɪgə/ *s* AmE rutabaga [tubérculo comestible de color amarillento]

ruthless /'ruθləs/ *adj* despiadado -a, implacable

ruthlessly /'ruθləsli/ *adv* sin piedad

rye /raɪ/ *s* centeno

S¹, s /es/ s S, s ▶ ver "Active Box" **letters** en **letter**

S² (= **south**) S

sabotage /'sæbətɑʒ/ *verbo & sustantivo*
■ *v* [tr] sabotear
■ *s* sabotaje

saccharin /'sækərɪn/ s sacarina

sachet /sæ'ʃeɪ, BrE 'sæʃeɪ/ s sobre [de azúcar, sal]

sack /sæk/ *sustantivo & verbo*
■ *s* **1** saco, costal **2 to give sb the sack** BrE (informal) correr a alguien [del trabajo] ▶ También existe **to fire sb**, que es inglés universal | **to get the sack** BrE (informal): *You'll get the sack.* Te van a correr. ▶ También existe **to get fired**, que es inglés universal
■ *v* [tr] BrE (informal) correr [del trabajo]: *He was sacked.* Lo corrieron. ▶ También existe **to fire**, que es inglés universal

sacred /'seɪkrɪd/ *adj* sagrado -a

sacrifice /'sækrəfaɪs/ *verbo & sustantivo*
■ *v* [tr] sacrificar
■ *s* sacrificio | **to make sacrifices** hacer sacrificios

sad /sæd/ *adj* (**-dder, -ddest**) **1** triste: *He looked sad.* Se veía triste. | *We were sad to see her go.* Nos apenó verla irse. **2** lamentable [estado, situación] **3** (informal) aburrido -a, deprimente [que da pena]

sadden /'sædn/ *v* [tr] entristecer, apenar

saddle /'sædl/ s **1** silla (de montar), montura **2** asiento [de una bicicleta]

sadness /'sædnəs/ s tristeza

safe /seɪf/ *adjetivo & sustantivo*
■ *adj* **1** seguro -a: *Will my car be safe here?* ¿Es seguro este lugar para dejar el coche? | *Is it safe to swim here?* ¿Se puede nadar aquí sin peligro? | **to be on the safe side** por las dudas **2 a safe driver** un conductor/una conductora prudente **3** sin lesiones o daños: *Thank God you're safe!* ¡Gracias a Dios no te pasó nada! | **to be safe from sth** estar a salvo de algo | **safe and sound** sano -a y salvo -a | **better safe than sorry** más vale prevenir que lamentar
■ *s* caja fuerte

safeguard /'seɪfgɑrd/ *sustantivo & verbo*
■ *s* salvaguarda | **as a safeguard** como medida preventiva
■ *v* [tr] salvaguardar, proteger

safely /'seɪfli/ *adv* **1** sin correr riesgos: *He cannot safely be left on his own.* No se lo puede dejar solo sin que corra riesgos. **2** sin problemas/percances **3** sin lugar a dudas [suponer, decir]

safety /'seɪfti/ s seguridad: *road safety* seguridad en la carretera

'safety belt s cinturón de seguridad

'safety pin s seguro, alfiler de seguridad

sag /sæg/ *v* [intr] (**-gged, -gging**) **1** pandearse, combarse [por el peso] **2** hundirse [cama, sillón]

Sagittarius /sædʒə'teriəs/ s **1** Sagitario **2** persona del signo de Sagitario: *My sister's a Sagittarius.* Mi hermana es (de) Sagitario.

said /sed/ pasado & participio de **say**

sail /seɪl/ *verbo & sustantivo*
■ *v* **1** [intr] navegar | **to go sailing** salir a navegar **2** [tr] navegar por | **to sail the Atlantic** cruzar el Atlántico **3** [tr] timonear, navegar [un barco] **4** [intr] zarpar, hacerse a la mar [de un puerto]
■ *s* **1** vela [de una embarcación] **2 to set sail** zarpar, hacerse a la mar

sailboat /'seɪlboʊt/ AmE, **sailing boat** BrE s velero, bote de vela

sailing /'seɪlɪŋ/ s vela, navegación (deportiva)

sailor /'seɪlər/ s marinero -a

saint /seɪnt/ s santo -a: *Saint John* San Juan | *Saint Mary* Santa María

sake /seɪk/ s **for the sake of sth/sb, for sth's/sb's sake** por (el bien de) algo/alguien: *They decided to stay together for their children's sake.* Decidieron seguir juntos por el bien de los niños. | **for heaven's/goodness' sake!** ¡por el amor de Dios!

salad /'sæləd/ s ensalada: *a potato salad* una ensalada de papas

salami /sə'lɑmi/ s salami

salary /'sæləri/ s (pl **-ries**) sueldo, salario ▶ ¿SALARY o WAGE? ver recuadro en **wage**

sale /seɪl/ *sustantivo & sustantivo plural*
■ *s* **1** venta | **for/on sale** en venta, a la venta | **"for sale"** "se vende" **2** barata: *There's a sale (on) at Saks.* Hay barata en Saks. | *the January sales* las baratas de enero
■ **sales** *s pl* (sección de) ventas

'sales as,sistant s vendedor -a, dependiente -a

salesman /'seɪlzmən/ s (pl **-men**) vendedor, dependiente

salesperson /'seɪlzpɜrsən/ s (pl **-people**) vendedor -a, dependiente -a

saleswoman /'seɪlzwʊmən/ s (pl **-women**) vendedora, dependienta

saliva /sə'laɪvə/ s saliva

salmon /'sæmən/ s salmón

salon /sə'lɑn, BrE 'sælən/ s **1** peluquería **2** salón (de belleza)

saloon /sə'lun/ s **1** bar **2** (también **saloon car**) BrE sedán ▶ En inglés americano se usa **sedan**

ⓘ Hay una tabla con los **números** en inglés y explicaciones sobre su uso en el apartado de gramática.

salsa /'sælsə/ s **1** (baile) salsa **2** salsa cruda a base de tomate con la que se acompañan diversos platos

salt /sɔlt/ s sal

salted /'sɔltɪd/ adj salado -a, con sal: *salted peanuts* cacahuates salados

salty /'sɔlti/ adj (-tier, -tiest) salado -a [con mucha sal]

salvage /'sælvɪdʒ/ verbo & sustantivo
■ *v* [tr] **1** rescatar [los restos de un naufragio, bienes, etc.] **2** salvar [la reputación, el orgullo, etc.]
■ *s* salvamento, rescate

same /seɪm/ adjetivo, pronombre & adverbio
■ *adj* the same el mismo/la misma: *We live in the same street.* Vivimos en la misma calle. | *She goes to the same school as me.* Va a la misma escuela que yo. | *We left the very same day.* Nos fuimos ese mismo día. | at the same time al mismo tiempo | it comes/amounts to the same thing viene a ser lo mismo
■ *pron* **1** the same lo mismo, igual: *It's not the same any more.* Ya no es lo mismo. **2** (the) same to you! ¡igualmente! **3** all/just the same de todos modos **4** same here (informal) yo también
■ *adv* **1** the same de la misma manera, igual: *Everyone was dressed the same.* Todo el mundo estaba vestido de la misma manera. **2** (the) same as igual que, como: *He's sixteen, same as you.* Tiene dieciséis años, igual que tú.

sample /'sæmpəl/ sustantivo & verbo
■ *s* muestra
■ *v* [tr] probar, degustar

sanction /'sæŋkʃən/ sustantivo & verbo
■ *s* **1** sanción | to impose sanctions against/on sb imponerle sanciones a alguien **2** autorización
■ *v* [tr] sancionar, aprobar

sanctuary /'sæŋktʃueri/ s (pl -ries) **1** refugio | to seek/take sanctuary (in sth) buscar refugio (en algo)/refugiarse (en algo) **2** reserva, santuario [de animales]

sand /sænd/ s arena

sandal /'sændl/ s sandalia, huarache

sandcastle /'sændkæsəl/ s castillo de arena

sandpaper /'sændpeɪpər/ s lija de papel

sandwich /'sændwɪtʃ/ s (pl -ches) sándwich, torta: *a tomato and mayonnaise sandwich* un sándwich/una torta de tomate y mayonesa

sandy /'sændi/ adj (-dier, -diest) arenoso -a

sane /seɪn/ adj **1** cuerdo -a, en su sano juicio **2** sensato -a

sang /sæŋ/ pasado de **sing**

sanitary napkin /'sænəteri ˌnæpkɪn/, también **sanitary pad** s toalla sanitaria/femenina

sanity /'sænəti/ s **1** cordura **2** sensatez

sank /sæŋk/ pasado de **sink**

Santa Claus /'sæntə klɔz/ s Santa Claus, Papá Noel

sap /sæp/ sustantivo & verbo
■ *s* **1** savia **2** ingenuo -a, infeliz
■ *v* [tr] (sapped, sapping) socavar, minar

sapphire /'sæfaɪr/ s zafiro

sarcasm /'sɑrkæzəm/ s sarcasmo

sarcastic /sɑr'kæstɪk/ adj sarcástico -a

sardine /sɑr'din/ s sardina

sash /sæʃ/ s (pl sashes) faja [en la cintura, etc.]

sass /sæs/ v [tr] (3ª pers sing sasses) AmE (informal) faltarle el/al respeto a

sassy /'sæsi/ adj (-ssier, -ssiest) AmE **1** fresco -a, insolente **2** provocativo -a

sat /sæt/ pasado & participio de **sit**

satchel /'sætʃəl/ s mochila [de escolar]

satellite /'sætlaɪt/ s **1** satélite **2** satellite dish antena parabólica **satellite television** televisión vía satélite

satin /'sætn/ s satín

satisfaction /sætɪs'fækʃən/ s satisfacción

satisfactory /sætɪs'fæktəri/ adj satisfactorio -a

satisfied /'sætɪsfaɪd/ adj **1** satisfecho -a: *I'm not satisfied with your work.* No estoy satisfecho con tu trabajo. **2** to be satisfied that estar convencido -a de que

satisfy /'sætɪsfaɪ/ v [tr] (-fies, -fied) **1** satisfacer **2** cumplir [un requisito, una condición] **3** to satisfy sb that convencer a alguien de que

satisfying /'sætɪsfaɪ-ɪŋ/ adj que satisface

saturate /'sætʃəreɪt/ v [tr] **1** empapar **2** saturar

Saturday /'sætərdi, -deɪ/ s sábado ▶ ver "Active Box" days of the week en day

Saturn /'sætərn/ s Saturno

sauce /sɔs/ s salsa

saucepan /'sɔs-pæn/ s olla, cacerola

saucer /'sɔsər/ s platito [de una taza]

sauna /'sɔnə/ s sauna | to have/take a sauna darse un (baño) sauna

sausage /'sɔsɪdʒ/ s salchicha

sausage 'roll s salchicha envuelta en masa de hojaldre

savage /'sævɪdʒ/ adjetivo, sustantivo & verbo
■ *adj* **1** salvaje [animal] **2** brutal [ataque, asesinato]
■ *s* salvaje
■ *v* [tr] atacar con fiereza

save /seɪv/ verbo & sustantivo
■ *v* **1** [tr] salvar: *Nothing was saved from the fire.* No se salvó nada del fuego. **2** [tr/intr] (también save up) ahorrar [dinero] | to save (up) for sth/to do sth ahorrar para algo/para hacer algo **3** [tr] guardar [tiempo, combustible, etc.]: *We'll save time if we take a taxi.* Vamos a ahorrar tiempo si tomamos un taxi. **4** [tr] guardar [para utilizar más tarde]: *I'll save you a seat.* Te guardo un asiento. **5** [tr]

juntar [cupones, estampillas, etc.] **6** [tr] (en computación) salvar, guardar **7** [tr] (en deportes) atajar, parar **8 to save sb (doing) sth** ahorrarle a alguien (hacer) algo: *She did it to save me the trouble.* Lo hizo para ahorrarme la molestia.
- **s** (en deportes) atajada, parada

saving /ˈseɪvɪŋ/ *sustantivo & sustantivo plural*
- **s** ahorro: *a saving of 15% on the normal price* un ahorro del 15% respecto del precio habitual
- **savings s pl** ahorros

savior AmE, **saviour** BrE /ˈseɪvjər/ *s* salvador -a

savory AmE, **savoury** BrE /ˈseɪvəri/ *adj* **1** salado -a [por oposición a dulce] **2** sabroso -a

saw¹ /sɔ/ *sustantivo & verbo*
- **s** sierra
- **v** [tr] (participio **sawn** o **sawed** AmE) cortar (con una sierra)
  saw sth off cortar algo (con una sierra)
  saw sth up cortar algo en pedazos (con una sierra)

saw² pasado de **see**

sawdust /ˈsɔdʌst/ *s* aserrín

saxophone /ˈsæksəfoʊn/ *s* saxofón

say /seɪ/ *verbo & sustantivo*
- **v** (pasado & participio **said**) **1** [tr/intr] decir: *What did you say?* ¿Qué dijiste? | *I asked her but she wouldn't say.* Le pregunté pero no quiso decir nada. | **to say yes/no** decir que sí/que no | **to say sth to sb** decirle algo a alguien ▶ ¿SAY O TELL? ver recuadro en **decir** **2** [tr] marcar, decir: *The clock says nine thirty.* El reloj marca las nueve y media. | *What do the instructions say?* ¿Qué dicen las instrucciones? **3** (en suposiciones o aproximaciones): *Say you won the lottery, what would you do?* Imagínate que te toca la lotería ¿qué harías? | *It'll take me a while, say a week.* Me va a llevar un tiempo, digamos una semana. **4 it goes without saying that** está de más decir que **5 you don't say!** (informal) ¡no me digas!
- **s to have a say (in sth)** tener voz (en algo) | **to have your say** dar su opinión

saying /ˈseɪ-ɪŋ/ *s* dicho, refrán

scab /skæb/ *s* costra [de una lastimadura]

scaffolding /ˈskæfəldɪŋ/ *s* andamio(s)

scald /skɔld/ *v* [tr] escaldar, quemar

scale /skeɪl/ *sustantivo, sustantivo plural & verbo*
- **s 1** (tamaño) dimensión, escala: *The scale of the problem is staggering.* La dimensión del problema es pasmosa. **2** (sistema de medición) escala: *on a scale of 1 to 10* en una escala de 1 a 10 | *a large-scale map* un mapa a gran escala **3** (en música) escala **4** escama [de un pez, un reptil]
- **scales s pl** (también **scale** AmE) balanza, báscula

- **v** [tr] escalar
  scale sth back/down reducir algo [las operaciones, el gasto, etc.]

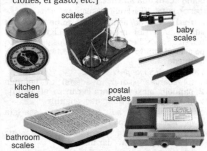

scales
baby scales
kitchen scales
postal scales
bathroom scales

scallion /ˈskæljən/ *s* cebollita/cebolla de cambray

scalp /skælp/ *s* cuero cabelludo

scalpel /ˈskælpəl/ *s* bisturí, escalpelo

scampi /ˈskæmpi/ *s* langostinos/camarones grandes, generalmente servidos salteados o empanizados

scan /skæn/ *verbo & sustantivo*
- **v** [tr] (-nned, -nning) **1** (también **scan through**) leer rápidamente [para hacerse una idea general o buscando un dato concreto] **2** escudriñar [el horizonte, etc.] **3** (en computación) escanear **4** (en medicina) hacerle una ecografía/una tomografía/una resonancia magnética a
- **s** ecografía, tomografía, resonancia magnética

scandal /ˈskændl/ *s* escándalo

scandalize, -ise BrE /ˈskændlaɪz/ *v* [tr] escandalizar

scandalous /ˈskændl-əs/ *adj* escandaloso -a

scanner /ˈskænər/ *s* **1** escáner **2** cualquier aparato como un ecógrafo, un tomógrafo, etc. usado para hacer ciertos estudios médicos **3** (en un aeropuerto) detector de metales **4** (en la caja de una tienda) lector de código de barras

scapegoat /ˈskeɪpɡoʊt/ *s* chivo expiatorio

scar /skɑr/ *sustantivo & verbo*
- **s** cicatriz
- **v** [tr] (-rred, -rring) dejar una cicatriz en | **to be scarred** tener cicatrices/una cicatriz

scarce /skers/ *adj* escaso -a | **to be scarce** escasear

scarcely /ˈskersli/ *adv* **1** apenas: *The city has scarcely changed.* La ciudad apenas ha cambiado. **2** no... ni mucho menos: *She's scarcely the best person to ask.* No es la persona más indicada para preguntarle ni mucho menos.

scarcity /ˈskersəti/ *s* (pl -ties) escasez

scare /sker/ *verbo & sustantivo*
- **v** [tr] asustar
  scare sb off/away 1 ahuyentar a alguien **2** asustar a alguien [para desalentarlo de hacer algo]

■ **s** **1** susto | **to give sb a scare** (informal) darle un susto a alguien **2** pánico [generalizado] | **a bomb scare** una amenaza de bomba

scarecrow /'skerkrou/ s espantapájaros

scared /skerd/ adj asustado -a | **to be scared (of sth/sb)** tener(le) miedo (a algo/alguien): *I'm scared of dogs.* Les tengo miedo a los perros. | **to be scared stiff/to death** (informal) estar muerto -a de miedo

scarf /skɑrf/ sustantivo & verbo
■ **s** (pl **scarves** /skɑrvz/ o **scarfs**) **1** bufanda **2** pañuelo, mascada [para la cabeza, el cuello]
■ **v** [tr] AmE (informal) zamparse, engullir

scarlet /'skɑrlət/ adj & s (rojo) escarlata
▶ ver "Active Box" **colors** en **color**

scary /'skeri/ adj (-rier, -riest) (informal) que asusta | **to be scary** asustar, dar miedo

scatter /'skætər/ v **1** [tr] dispersar, [intr] dispersarse **2** [tr] esparcir, desparramar, [intr] esparcirse, desparramarse

scattered /'skætərd/ adj **1** esparcido -a, desparramado -a **2** aislado -a: *scattered showers* chubascos aislados

scenario /sɪ'neriou/ s perspectiva | **the worst-case scenario** la peor de las posibilidades

scene /sin/ s **1** (en teatro, cine) escena **2** (vista o cuadro) escena **3** (lugar) escena, escenario: *Firefighters arrived at the scene within minutes.* Los bomberos llegaron a la escena en minutos. **4** (discusión en público) escena | **to make a scene** hacer una escena, hacer escenas **5** (entorno) ambiente: *the fashion scene* el ambiente de la moda **6 behind the scenes** entre bastidores/bambalinas

scenery /'sinəri/ s **1** paisaje **2** escenografía, decorado

scenic /'sinɪk/ adj panorámico -a

scent /sent/ s **1** perfume [cosmético] **2** aroma, perfume **3** rastro

scented /'sentɪd/ adj perfumado -a

sceptic BrE ▶ ver **skeptic**

sceptical BrE ▶ ver **skeptical**

scepticism BrE ▶ ver **skepticism**

schedule /'skedʒʊl, BrE 'ʃedjul/ sustantivo & verbo
■ **s** **1** agenda (de actividades), programa (de actividades): *I have a very busy schedule for today.* Tengo una agenda muy apretada para hoy. | **ahead of/behind schedule** adelantado o retrasado con respecto a lo previsto: *The building was finished three months ahead of schedule.* El edificio se terminó tres meses antes de lo previsto. | *The building of the stadium is behind schedule.* La construcción del estadio va atrasada. | **on schedule** al día [trabajo, proyecto] **2** AmE horario
■ **v** [tr] programar [una reunión, un evento]

scheme /skim/ sustantivo & verbo
■ **s** **1** plan [para hacer algo arriesgado o ilegal] **2** BrE programa ▶ En inglés americano se usa

program (término que existe también en inglés británico, aunque se escribe **programme**) ▶ ver también **color**
■ **v** to **scheme (to do sth)** intrigar (para hacer algo) | **to scheme against sb** conspirar contra alguien

schizophrenia /skɪtsə'friniə/ s esquizofrenia

schizophrenic /skɪtsə'frenɪk/ adj & s esquizofrénico -a

scholar /'skɑlər/ s **1** erudito -a, estudioso -a **2** becario -a

scholarship /'skɑlərʃɪp/ s **1** beca **2** erudición

school /skul/ s **1** escuela, colegio: *Which school do you go to?* ¿A qué escuela vas? | *He's not old enough to go to school.* No tiene edad para ir a la escuela. | **to be at school (a)** estar en la escuela/el colegio **(b)** (estar escolarizado) ir a la escuela/al colegio **2** clases: *There's no school tomorrow.* Mañana no hay clases. **3** escuela [de arte dramático, de danza, etc.] **4** facultad: *the school of medicine* la facultad de medicina **5** school of thought escuela (de opinión/de pensamiento) **6 the school year** el año escolar

schoolboy /'skulbɔɪ/ s escolar [varón]

schoolchild /'skul-tʃaɪld/ s (pl -children) escolar

schoolgirl /'skulgɜrl/ s escolar [niña]

schoolteacher /'skultitʃər/ s maestro -a, profesor -a

science /'saɪəns/ s ciencia

,science 'fiction s ciencia ficción

scientific /saɪən'tɪfɪk/ adj científico -a

scientist /'saɪəntɪst/ s científico -a

sci-fi /saɪ 'faɪ/ s (informal) ciencia ficción

scissors /'sɪzərz/ s pl tijeras: *a pair of scissors* unas tijeras

scoff /skɔf/ v **1** to **scoff (at sth)** burlarse (de algo) **2** [tr] BrE (informal) zamparse, tragarse

scold /skoʊld/ v to **scold sb (for sth)** reprender/regañar a alguien (por algo)

scoop /skup/ sustantivo & verbo
■ **s** **1** pala [para arroz, harina, etc.] **2** cuchara [para servir helado] **3** cucharada: *a scoop of ice cream/mashed potatoes* una bola de helado/una cucharada de puré **4** primicia
■ **v** to **scoop sth out/up etc.** sacar/recoger etc. algo [con una cuchara, la mano ahuecada, etc.]

ice cream scoop

scooter /'skutər/ s **1** (también **motor scooter**) motoneta, Vespa® **2** patín del diablo

scope /skoup/ s **1** alcance | **beyond/within the scope of sth** fuera/dentro del alcance de algo **2 scope for sth/to do sth** posibilidades de algo/hacer algo

scorch /skɔrtʃ/ v (3ª pers sing -ches) **1** [tr] chamuscar, quemar [levemente] **2** [intr] chamuscarse, quemarse [levemente]

scorching /'skɔrtʃɪŋ/ adj abrasador -a: It was a scorching hot day. Era un día de calor abrasador.

score /skɔr/ sustantivo, sustantivo plural & verbo
■ s **1** (en deportes, juegos) resultado: The final score was 35-17. El resultado final fue 35 a 17. | What's the score? ¿Cómo van? | to keep (the) score llevar la cuenta [de los tantos] **2** (en un examen, un concurso) puntaje, puntuación **3** partitura **4** on that score en ese sentido: I have no worries on that score. En ese sentido, no me preocupo. **5** to know the score (informal) saber bien cómo son las cosas
■ scores s pl docenas: scores of tourists docenas de turistas
■ v **1** [tr/intr] anotar: Denver scored in the final minute of the game. Denver anotó en el minuto final del partido. **2** [tr] sacar: I scored 19 out of 20. Saqué 19 sobre 20. **3** [tr] valer: A basket from behind this line scores three points. Una canasta desde atrás de esta línea vale tres puntos. **4** [intr] (en un juego de cartas, de mesa) anotar [el puntaje]

scoreboard /'skɔrbɔrd/ s marcador

scorer /'skɔrər/ s persona que anota uno o más tantos: the team's top goal scorer el mejor goleador del equipo

scorn /skɔrn/ sustantivo & verbo
■ s desdén, desprecio
■ v [tr] (formal) desdeñar

Scorpio /'skɔrpioʊ/ s **1** Escorpio, Escorpión **2** persona del signo de Escorpio: My son's a Scorpio. Mi hijo es (de) Escorpio.

scorpion /'skɔrpiən/ s escorpión, alacrán

Scot /skɑt/ s escocés -esa

Scotch /skɑtʃ/ s (pl -ches) whisky [escocés]

'Scotch tape® s AmE cinta Scotch®, (cinta) diurex®

Scotland /'skɑtlənd/ s Escocia

Scotsman /'skɑtsmən/ s (pl -men) escocés

Scotswoman /'skɑtswʊmən/ s (pl -women) escocesa

Scottish /'skɑtɪʃ/ adj escocés -esa

scour /skaʊr/ v [tr] **1** to scour sth (for sth/sb) recorrer algo (en busca de algo/alguien) **2** fregar, tallar

Scout /skaʊt/ s **1** (también Boy Scout) (boy) scout **2** (también Girl Scout) (niña/muchacha) scout

scout /skaʊt/ sustantivo & verbo
■ s explorador -a [de reconocimiento]
■ v to scout around (for sth) explorar (en busca de algo)

scowl /skaʊl/ verbo & sustantivo
■ v [intr] fruncir el ceño | to scowl at sb mirar a alguien con el ceño fruncido
■ s ceño fruncido

scramble /'skræmbəl/ verbo & sustantivo
■ v [intr] **1** to scramble up/over etc. sth trepar con dificultad por/pasar con dificultad por encima de etc. algo **2** to scramble for sth/to do sth pelearse por algo/por hacer algo
■ s batalla, trifulca: the scramble for the best seats la batalla para conseguir los mejores asientos

scrambled 'eggs s pl huevos revueltos

scrap /skræp/ sustantivo, sustantivo plural & verbo
■ s **1** pedacito: a scrap of paper un pedacito de papel **2** (de tela) retazo **3** chatarra **4** (informal) pelea **5** scrap iron/metal chatarra **6** scrap paper papel para borrador
■ scraps s pl sobras [de comida]
■ v [tr] (-pped, -pping) (informal) **1** descartar [un proyecto, una idea] **2** deshuesar, desarmar [un vehículo, una máquina]

scrapbook /'skræpbʊk/ s álbum de recortes

scrape /skreɪp/ verbo & sustantivo
■ v **1** [tr] to scrape sth off/away quitar algo raspándolo: I scraped the mud off my boots. Les quité el barro a las botas raspándolas. **2** [tr] rasparse [la rodilla, el codo]: She fell down and scraped her knee. Se cayó y se raspó la rodilla. **3** [tr] hacer chirriar, [intr] chirriar [silla, uñas, etc.] | to scrape along/against sth rozar algo
scrape by arreglárselas apenas [con el dinero que se gana]
scrape through (sth) pasar (algo) de panzazo
scrape sth together/up juntar algo a duras penas
■ s chirrido

scratch /skrætʃ/ verbo & sustantivo
■ v (3ª pers sing -ches) **1** [tr] rascar(se): Don't scratch those bites! ¡No te rasques esos piquetes! **2** [intr] rascarse **3** [tr] rayar **4** [tr/intr] arañar [lastimar]: The dog was scratching at the door. El perro estaba arañando la puerta.
■ s (pl -ches) **1** rayón [con algo puntiagudo] **2** rasguño **3** to have a scratch rascarse **4** from scratch (empezando) de/desde cero: I had to start from scratch again. Tuve que volver a empezar de cero. **5** to be/come up to scratch estar a la altura de lo que debería ser, ser satisfactorio -a

scrawl /skrɔl/ verbo & sustantivo
■ v [tr] garabatear
■ s garabato(s)

scream /skrim/ verbo & sustantivo
■ v [tr/intr] gritar | to scream in terror/fear gritar de terror/miedo | to scream with laughter reírse a carcajadas
■ s **1** grito: screams of terror gritos de terror **2** to be a scream (informal) ser divertidísimo -a

screech /skritʃ/ verbo & sustantivo
■ v (3ª pers sing -ches) **1** [tr/intr] chillar **2** [intr] rechinar [frenos, ruedas]
■ s (pl -ches) **1** chillido **2** rechinido

---

i ¿Se dice on the table o in the table? Mira la entrada **en**.

screen /skrin/ *sustantivo & verbo*
- *s* **1** pantalla **2** cine: *a play adapted for the screen* una obra adaptada al cine **3** biombo
- *v* [tr] **1** someter a un chequeo [para detectar una enfermedad] **2** investigar los antecedentes de **3** emitir [un programa de televisión]

screw /skru/ *sustantivo & verbo*
- *s* tornillo
- *v* **1** to screw sth to/onto etc. sth atornillar algo a algo **2** to screw sth on/onto sth enroscar(le) algo a algo **3** to screw sth (up) into a ball hacer una bola con algo
  screw sth up 1 estrujar algo **2** (informal) arruinar algo **3** to screw up your face/eyes hacer una mueca

screwdriver /'skrudraɪvər/ *s* desarmador, destornillador

scribble /'skrɪbəl/ *verbo & sustantivo*
- *v* [tr/intr] garabatear
- *s* garabato(s)

script /skrɪpt/ *s* **1** guión [de una película, etc.] **2** alfabeto, escritura: *in Arabic script* en alfabeto arábigo

scripture /'skrɪptʃər/ *s* **1** (también the Holy Scriptures) las Sagradas Escrituras **2** escrito sagrado

scroll /skroʊl/ *sustantivo & verbo*
- *s* pergamino, rollo
- *v* to scroll up/down (en computación) desplazar el texto hacia arriba/abajo

scrounge /skraʊndʒ/ *v* [tr/intr] (informal) gorrear, gorronear: *He's always scrounging cigarettes from me.* Vive gorreándome cigarrillos.

scrounger /'skraʊndʒər/ *s* (informal) gorrón -ona

scrub /skrʌb/ *verbo & sustantivo*
- *v* [tr/intr] (-bbed, -bbing) tallar, fregar
- *s* **1** to give sth a scrub tallar algo **2** matorrales

scruff /skrʌf/ *s* by the scruff of the neck por el pescuezo

scruffy /'skrʌfi/ *adj* (-ffier, -ffiest) **1** desaliñado -a **2** raído -a

scrum /skrʌm/ *s* melée, scrum [en rugby]

scruples /'skrupəlz/ *s pl* escrúpulos

scrupulous /'skrupjələs/ *adj* escrupuloso -a

scrupulously /'skrupjələsli/ *adv* meticulosamente, escrupulosamente

scrutinize, -ise BrE /'skrutnaɪz/ *v* [tr] examinar

scrutiny /'skrutn-i/ *s* examen

scuba diving /'skubə daɪvɪŋ/ *s* buceo [con tanques de oxígeno]

scuff /skʌf/ *v* [tr] raspar, estropear [el cuero de los zapatos]

scuffle /'skʌfəl/ *s* refriega, trifulca

sculptor /'skʌlptər/ *s* escultor -a

sculpture /'skʌlptʃər/ *s* escultura

scum /skʌm/ *s* **1** espuma [en la superficie del caldo, etc.] **2** (informal) escoria (humana)

scurry /'skɜri/ *v* [intr] (-rries, -rried) caminar a paso rápido y corto | to scurry away/off irse corriendo

scuttle /'skʌtl/ *v* [intr] caminar a paso rápido y corto: *The crab scuttled under a rock.* El cangrejo se metió a toda velocidad debajo de una roca.

scythe /saɪð/ *s* guadaña

SE (= southeast) SE

sea /si/ *s* **1** mar: *a house by the sea* una casa junto al mar | *We spent three months at sea.* Pasamos tres meses navegando. | by sea por/en barco **2** a sea of people/faces etc. un mar de gente/miles de caras etc. **3** [delante de otro sustantivo] marino a, de mar: *The sea air will do him good.* El aire marino le va a hacer bien.

sea bed /'sibed/ *s* fondo del mar

seafood /'sifud/ *s* mariscos

seagull /'sigʌl/ *s* gaviota

seal /sil/ *sustantivo & verbo*
- *s* **1** foca **2** sello **3** seal of approval aprobación
- *v* [tr] **1** (también seal up) cerrar (herméticamente), sellar [una entrada, un túnel, etc.] **2** cerrar [un sobre, un paquete]

'sea ,level *s* nivel del mar

seam /sim/ *s* **1** costura [en una prenda, etc.] **2** veta

search /sɜrtʃ/ *sustantivo & verbo*
- *s* (pl searches) **1** search (for sth/sb) búsqueda (de algo/alguien) | in search of sth en busca de algo **2** (por parte de la policía, etc.) registro, cateo
- *v* (3ª pers sing -ches) **1** [intr] buscar: *They are still searching for a solution.* Todavía están buscando una solución. **2** [tr] (cuando lo hace la policía, etc.) registrar, catear | to search sth/sb for sth registrar algo/a alguien en busca de algo

searching /'sɜrtʃɪŋ/ *adj* inquisitivo -a

searchlight /'sɜrtʃlaɪt/ *s* buscador, reflector [para buscar algo]

seashell /'siʃel/ *s* concha (marina)

seashore /'siʃɔr/ *s* the seashore la playa, la orilla del mar

seasick /'sisɪk/ *adj* to be/feel seasick estar/sentirse mareado -a [por el movimiento de un barco] | to get seasick marearse

seaside /'sisaɪd/ *s* **1** the seaside la playa, la costa **2** seaside resort lugar de vacaciones

season /'sizən/ *sustantivo & verbo*
- *s* **1** estación [del año] ▶ ver "Active Box" seasons **2** temporada: *Plums are in season now.* Ahora es temporada de ciruelas. | the football/baseball etc. season la temporada de futbol/beisbol etc. | high/low season temporada alta/baja
- *v* [tr] sazonar, condimentar

seasonal /'sizənl/ *adj* **1** estacional, temporalero -a [trabajo, trabajador] **2** de temporada/estación [fruta, verdura]

Active Box: seasons

Los ejemplos de este **Active Box** son una guía para ayudarte a construir oraciones que hablan de las estaciones del año.

We often eat outside *in summer*.	A menudo comemos fuera en verano.
We'll come and visit you *in the summer*.	Los vendremos a visitar durante el verano.
They're going to the Caribbean **next** *winter*.	Van a ir al Caribe el invierno próximo.
Last fall we went on vacation to Florida.	El otoño pasado nos fuimos de vacaciones a Florida.
We first met in the *spring of 1999*.	Nos conocimos en la primavera de 1999.

seasoning /'sizənɪŋ/ s condimento

season ticket s abono [para el transporte público, el teatro]

seat /sit/ *sustantivo & verbo*
- **s 1** asiento: *There are no seats left on that flight.* En ese vuelo no quedan asientos. **2 to take/have a seat** sentarse, tomar asiento **3 the back/front seat** el asiento trasero/delantero [en un coche] **4** (en un órgano legislativo) escaño, curul **5 to have a seat on the board** ser miembro de la junta directiva
- **v** [tr] **1 to be seated** (formal) **(a)** estar sentado -a **(b)** sentarse **2 to seat 50/700 etc. people** tener capacidad para 50/700 etc. personas [auditorio, teatro, etc.]

seat belt s cinturón de seguridad

seating /'sitɪŋ/ s asientos

seaweed /'siwid/ s algas, alga

secluded /sɪ'kludɪd/ adj **1** apartado -a [lugar] **2** en reclusión, solitario -a [vida]

second /'sekənd/ *number, sustantivo, sustantivo plural & verbo*
- **número 1** segundo -a **2** dos ► ver también **thought**
- **s 1** (unidad de tiempo) segundo **2** (también **second gear**) (en la caja de cambios) segunda **3 second hand** segundero
- **seconds s pl** (en una comida): *We all went back for seconds.* Todos nos volvimos a servir./Todos repetimos.
- **v** [tr] secundar [una moción, una propuesta]

secondary /'sekənderi/ adj **1** secundario -a **2 secondary education** educación secundaria

secondary school s (escuela) secundaria

second best adj segundo -a mejor: *the second best score* el segundo mejor puntaje | **to be second best** ser la segunda opción [no lo que uno preferiría]

second-class *adjetivo & adverbio*
- **adj a second-class ticket** un boleto de segunda clase
- **second class** *adv* **to travel second class** viajar en segunda clase

secondhand /sekənd'hænd/ *adj & adv* de segunda mano, usado -a

secondly /'sekəndli/ *adv* en segundo lugar [al hacer una enumeración]

second-rate adj de segunda categoría

secrecy /'sikrəsi/ s **1** confidencialidad **2 in secrecy** en secreto

secret /'sikrɪt/ *adjetivo & sustantivo*
- **adj** secreto -a | **to keep sth secret** mantener algo en secreto
- **s 1** secreto | **to keep a secret** guardar un secreto **2 in secret** en secreto

secretarial /sekrə'teriəl/ adj **secretarial work** trabajo de secretario -a | **a secretarial course** un (curso de) secretariado

secretary /'sekrəteri/ s (pl -ries) secretario -a

Secretary of State s **1** AmE Secretario -a de Estado [cargo equivalente al de un Ministro/Secretario de Relaciones Exteriores] **2** BrE ministro -a, secretario -a | **Secretary of State for Defence/Health etc.** Ministro de Defensa/Salud etc., Secretario -a de Defensa/Salud etc.

secretive /'sikrətɪv/ adj reservado -a, hermético -a | **to be secretive about sth** ser reservado -a acerca de algo

secretly /'sikrɪtli/ adv en secreto, a escondidas

sect /sekt/ s secta

section /'sekʃən/ s **1** parte, sección: *The rocket is built in three sections.* El cohete se construye en tres partes. | *the smoking section of the restaurant* el área para fumadores del restaurante **2** (de un periódico) sección **3** (de la población, la sociedad) sector **4** (de una organización) sección **5** (en arquitectura, dibujo) corte

sector /'sektər/ s sector | **the public/private sector** el sector público/privado

secure /sɪ'kjʊr/ *adjetivo & verbo*
- **adj 1** seguro -a: *a secure job* un trabajo seguro **2** bien cerrado -a [ventana, puerta], seguro -a [cárcel]
- **v** [tr] **1** lograr [un acuerdo, la liberación de alguien, etc.] **2** cerrar bien, sujetar bien **3** asegurar [el futuro de algo o alguien]

securely /sɪ'kjʊrli/ adv **securely fastened/locked etc.** bien sujeto -a/cerrado -a etc.

security /sɪ'kjʊrəti/ s **1** seguridad **2** (para un préstamo) garantía **3 security forces** fuerzas de seguridad **security guard** guardia de seguridad

sedan /sɪ'dæn/ s sedán

sedate /sɪ'deɪt/ *adjetivo & verbo*
- **adj 1** solemne [paso, desfile] **2** reposado -a [estilo de vida]
- **v** [tr] sedar

sedation /sɪ'deɪʃən/ s sedación | **to be under sedation** estar sedado -a

sedative /'sedətɪv/ adj & s sedante

seduce /sɪ'dus/ v [tr] **1** seducir **2** tentar

seduction /sɪ'dʌkʃən/ s seducción

seductive /sɪ'dʌktɪv/ adj **1** seductor -a **2** tentador -a

see /si/ v (pasado **saw**, participio **seen**) **1** [tr/intr] ver: *We had already seen the movie.* Ya habíamos visto la película. | *I can't see from here.* No veo desde aquí. | *I went to see her in the hospital.* La fui a ver al hospital. | *"Can we go to the beach tomorrow?" "We'll see."* –¿Podemos ir a la playa mañana? –Ya veremos. **2** [tr/intr] ver, entender: *Oh, I see!* ¡Ah, ya veo! | *Do you see what I mean?* ¿Entiende lo que le quiero decir? **3** [tr] ver, averiguar: *I'll see what time the train leaves.* Voy a ver a qué hora sale el tren. | *Go and see if Molly's ready.* Vayan a ver si Molly está lista. **4** [tr] salir con: *She's seeing somebody else now.* Ahora está saliendo con otro. **5** [tr] estar con: *We saw the Clarks last night.* Anoche estuvimos con los Clark. **6** **to see (that)** asegurarse de que: *See that he brushes his teeth.* Asegúrate de que se lave los dientes. **7** **let's see/let me see** (vamos) a ver, veamos **8** **see you (later)!** (informal) ¡hasta luego! **9** **to see sb home/to the door etc.** acompañar a alguien a (su) casa/hasta la puerta etc.

see about sth 1 ocuparse de algo: *She's gone to see about her passport.* Fue a sacarse/renovar etc. el pasaporte./Fue a averiguar por el pasaporte. | *I'll see about getting the tickets.* Yo me encargo de sacar los boletos. **2** **we'll (soon) see about that!** ¡eso ya lo veremos!

see sb off despedir a alguien [que se va]

see sb out acompañar a alguien hasta la puerta: *Don't worry, I'll see myself out.* No te preocupes, no es necesario que me acompañes.

see through sth no dejarse engañar por algo
see sth through llevar algo a buen término
see through sb conocer bien a alguien: *I can see right through you.* Te conozco muy bien.

see to sth 1 ocuparse de algo | **to see to it that** ocuparse/encargarse de que **2** **to get sth seen to** hacer arreglar algo

seed /sid/ s (pl **seeds** o **seed**) **1** semilla **2** **number one/three etc. seed** (en tenis) primer -a/tercer -a etc. cabeza de serie, primer -a/tercer -a etc. sembrado -a

seedy /'sidi/ adj (**-dier**, **-diest**) (informal) de mala muerte [hotel, bar]

,seeing 'eye dog® AmE perro guía

seek /sik/ v [tr] (pasado & participio **sought**) (formal) **1** buscar: *young people seeking employment* jóvenes que buscan trabajo **2** **to seek to do sth** intentar hacer algo **3** **to seek advice/help etc.** pedir consejo/ayuda etc.

seem /sim/ v parecer: *Henry didn't seem very sure.* Henry no parecía estar muy seguro. | *We seem to have lost the map.* Parece que hemos perdido el mapa. | *it seems to me/us etc. (that)* me/nos etc. parece que | **it seems as if/as though...** parece que...: *It seems as if you've made a few enemies here.* Parece que te has hecho algunos enemigos aquí. | **to seem like** parecer: *Teri seemed like a nice girl.* Teri parecía una niña agradable. | *It seems like we're both looking for the same thing.* Parece que los dos estamos buscando lo mismo.

seemingly /'simɪŋli/ adv aparentemente

seen /sin/ participio de **see**

seep /sip/ v **to seep into/through etc.** filtrarse a/por etc.

seesaw /'sisɔ/ s subeibaja

seethe /sið/ v [intr] **1** **to be seething with tourists/ants etc.** ser un hervidero de turistas/ estar plagado -a de hormigas etc. **2** **he is/was etc. seething (with rage)** está que explota/estaba que explotaba etc. (de furia)

'see-through adj transparente [tela, prenda]

segment /'segmənt/ s **1** (de la sociedad, la población) segmento, sector **2** (de una naranja, etc.) gajo **3** (en geometría) segmento

segregate /'segrəgeɪt/ v **to segregate sb (from sb)** segregar a alguien (de alguien)

seize /siz/ v [tr] **1** agarrar: *She seized my hand.* Me agarró de la mano. | **to seize sth from sb** arrebatarle algo a alguien **2** tomar [un edificio, una ciudad] | **to seize power** tomar el poder **3** incautar [drogas, bienes, etc.] **4** **to seize an opportunity/a chance** aprovechar una oportunidad

seize on sth aferrarse a algo [a una idea, una excusa]

seize up 1 atascarse [motor] **2** agarrotarse [músculos]

seldom /'seldəm/ adv rara vez, muy pocas veces
▶ ver **adverbios de frecuencia** en **always**

select /sɪ'lekt/ verbo & adjetivo
■ v [tr] seleccionar, elegir
■ adj **1** selecto -a **2** exclusivo -a [restaurante, hotel, etc.]

selection /sɪ'lekʃən/ s **1** selección **2** surtido: *We stock a wide selection of swimwear.* Tenemos en stock un amplio surtido de trajes de baño.

selective /sɪ'lektɪv/ adj selectivo -a

self /self/ s (pl **selves** /selvz/) carácter o comportamiento habitual de una persona: *He's not his usual smiling self.* No está tan sonriente como de costumbre.

,self-'centered AmE, **self-centred** BrE adj egocéntrico -a

,self-'confident adj seguro -a de sí mismo -a, con confianza en sí mismo -a

,self-'conscious adj **self-conscious (about sth)** cohibido -a (por algo), acomplejado -a (por algo)

,self-con'trol s autocontrol

,self-de'fense AmE, **self-defence** BrE s **1** defensa propia **2** defensa personal

,self-em'ployed *adj* independiente, por cuenta propia [trabajador]

,self-es'teem *s* autoestima

,self-'interest *s* interés personal

selfish /'selfɪʃ/ *adj* egoísta

,self-'pity *s* autocompasión

,self-'portrait *s* autorretrato

,self-re'liant *adj* independiente

,self-re'spect *s* amor propio

,self-'satisfied *adj* engreído -a, pagado -a de sí mismo -a

self-'service *adj* de autoservicio

sell /sel/ *v* (pasado & participio sold) **1** [tr] vender: *I sold the bike to my cousin.* Le vendí la bicicleta a mi primo. **2** [intr] venderse: *Her latest CD is selling very well.* Su último CD se está vendiendo muy bien. | **to sell at/for $10/ $500 etc.** venderse a/en $10/$500 etc.

sell sth off liquidar algo

sell out agotarse: *Tickets sold out within a week.* Los boletos se agotaron en una semana. | *Sorry, we've sold out of newspapers.* Lo siento, no nos quedan más periódicos.

sell up BrE vender todo

'sell-by date *s* fecha de vencimiento

seller /'selər/ *s* vendedor -a

Sellotape® /'seləteɪp/ *s* BrE cinta Scotch®, (cinta) diurex® ▶ En inglés americano se usa **Scotch tape®**

sellout /'selaʊt/ *s* espectáculo con lleno total: *The concert was a sellout.* El concierto tuvo un lleno total.

selves /selvz/ plural de **self**

semester /sə'mestər/ *s* semestre

semi¹ /'semaɪ/ *s* AmE tráiler, camión con remolque

semi² /'semi/ *s* BrE (informal) ▶ ver **semi-detached house**

semicircle /'semisɜrkəl/ *s* **1** semicircunferencia **2** semicírculo

semicolon /'semikoʊlən/ *s* punto y coma

,semi-detached 'house *s* una de dos casas iguales que comparten la medianera

semifinal /'semifaɪnl/ *s* semifinal

seminar /'semənɑr/ *s* seminario [curso universitario]

semi-detached house

senate, también Senate /'senət/ *s* senado

senator, también Senator /'senətər/ *s* senador -a

send /send/ *v* [tr] (pasado & participio sent) **1** mandar, enviar [una carta, un paquete, etc.]: *I sent her an e-mail yesterday.* Le mandé un e-mail ayer. **2** mandar [a una persona a un lugar]: *I sent him to buy some bread.* Lo mandé a comprar pan. **3** producir un determinado efecto: *The punch sent him sprawling across the floor.* El golpe lo dejó tendido en el suelo.

PHRASAL VERBS

send away ▶ ver **send off**

send sth back mandar algo de vuelta, devolver algo

send for sth pedir algo | **to send for help/an ambulance etc.** (mandar) pedir ayuda/una ambulancia etc. send for sb (mandar) llamar a alguien

send sth in mandar algo, enviar algo [por correo] send sb in **1** hacer pasar a alguien **2** enviar (a) alguien [tropas, etc.]

send off **to send off for sth** escribir pidiendo algo send sth off mandar algo, despachar algo [por correo] send sb off BrE (en futbol) expulsar a alguien

send sth out **1** mandar algo, enviar algo [invitaciones, etc.] **2** emitir algo [una señal, luz, calor] send sb out mandar afuera a alguien, hacer salir a alguien

send sth/sb up (informal) burlarse de algo/alguien

sender /'sendər/ *s* remitente

'send-off *s* (informal) despedida

senile /'sinaɪl/ *adj* senil

senior /'sinjər/ *adjetivo & sustantivo*

■ *adj* de mayor rango/antigüedad | **to be senior to sb** tener un cargo más alto que alguien

■ *s* **1** to be two/five etc. years sb's senior ser dos/cinco etc. años mayor que alguien **2** AmE alumno del último año de la escuela secundaria o la universidad ▶ ver también **Sr.**

,senior 'citizen, también senior *s* persona de la tercera edad

,senior 'high school *s* en EU, centro donde se imparte el segundo ciclo de la enseñanza secundaria a alumnos de entre 14 y 18 años

seniority /sin'jɔrəti/ *s* antigüedad [años trabajados]

sensation /sen'seɪʃən/ *s* **1** sensación **2** sensibilidad **3** to cause a sensation causar sensación

sensational /sen'seɪʃənl/ *adj* **1** sensacional **2** (también sensationalist) sensacionalista

sense /sens/ *sustantivo & verbo*

■ *s* **1** sentido común, sensatez: *She has no sense at all.* No tiene ni el más mínimo sentido común. **2** sensación: *a sense of complete helplessness* una sensación de total indefensión **3** to make sense tener sentido: *These instructions don't make sense to me.* Para mí estas instrucciones no tienen sentido. | **to make sense of sth** entender algo | **to make sb see sense** hacer que alguien entre en razón **4** sentido [vista, olfato, etc.] | **sense of direction** sentido de orientación | **sense of humor** sentido del humor | **sense of time** noción del tiempo **5** sentido [de una palabra, etc.]

6 to come to your senses entrar en razón **7 in a sense** en cierto sentido
■ *v* [tr] sentir, percibir

senseless /'senslǝs/ *adj* **1** sin sentido, absurdo -a **2** inconsciente, sin sentido | **to beat/knock sb senseless** pegarle a alguien hasta dejarlo inconsciente

sensibility /sensǝ'bɪlǝti/ *s* (pl -ties) sensibilidad

sensible /'sensǝbǝl/ *adj* **1** sensato -a [persona, decisión] **2** cómodo -a y práctico -a [ropa, zapatos]

sensibly /'sensǝbli/ *adv* **1** con sensatez, con buen criterio **2 to dress sensibly** vestirse con ropa cómoda y práctica

sensitive /'sensǝtɪv/ *adj* **1** sensible [a los sentimientos de otros, al frío, a la luz, etc.] **2** susceptible: *Lara's very sensitive about her nose.* Lara es muy susceptible respecto de su nariz. **3** delicado -a [piel, tema, cuestión]

sensitivity /sensǝ'tɪvǝti/ *s* **1** sensibilidad [a los sentimientos de otros] **2** susceptibilidad [a las críticas] **3** sensibilidad [de la piel] **4** confidencialidad, lo delicado [de una cuestión, un tema]

sensual /'senʃuǝl/ *adj* sensual

sensuous /'senʃuǝs/ *adj* sensual

sent /sent/ pasado & participio de **send**

sentence /'sentns/ *sustantivo & verbo*
■ *s* **1** oración [en gramática] **2** condena ▶ ver también **death**
■ *v* [tr] condenar | **to sentence sb to five/ten etc. years (in prison)** condenar a alguien a cinco/diez etc. años (de prisión)

sentiment /'sentǝmǝnt/ *s* **1** (formal) sentimiento, opinión **2** sentimentalismo

sentimental /sentǝ'mentl/ *adj* **1** sentimental **2** sensiblero -a

separate¹ /'seprǝt/ *adj* **1** separado -a **2** distinto -a: *He has been warned on three separate occasions.* Se le han hecho advertencias en tres oportunidades distintas.

separate² /'sepǝreɪt/ *v* **1** [tr] separar: *The two towns are separated by a river.* Las dos ciudades están separadas por un río. **2** [tr] dividir, [intr] dividirse: *We separated into four groups.* Nos dividimos en cuatro grupos. **3** [intr] separarse [pareja]

separately /'seprǝtli/ *adv* por separado

separation /sepǝ'reɪʃǝn/ *s* separación

September /sep'tembǝr/ *s* septiembre ▶ ver "Active Box" **months** en **month**

sequel /'sikwǝl/ *s* **1 sequel (to sth)** continuación (de algo) [de una película, un libro] **2** secuela

sequence /'sikwǝns/ *s* **1** sucesión [de acontecimientos] **2** orden | **to be in sequence/out of sequence** estar/no estar en orden **3** secuencia [en cine, TV]

sequin /'sikwɪn/ *s* lentejuela

sergeant /'sɑrdʒǝnt/ *s* sargento

serial /'sɪriǝl/ *sustantivo & adjetivo*
■ *s* serie [de TV, radio]
■ *adj* en serie | **serial killer** asesino -a en serie, asesino -a serial

series /'sɪriz/ *s* (pl **series**) **1** serie: *a series of lectures* una serie de conferencias **2** sucesión, serie [de acontecimientos] **3** serie [de TV, radio]

serious /'sɪriǝs/ *adj* **1** serio -a [accidente, problema], grave [error, enfermedad] **2 to be serious** hablar en serio: *He's not serious, is he?* No habla en serio ¿no?/No lo dice en serio ¿no? | *Jane's serious about becoming a nun.* Jane habla en serio cuando dice que quiere ser monja. **3** serio -a [persona, cara]

seriously /'sɪriǝsli/ *adv* **1** en serio | **to take sth/sb seriously** tomarse algo/a alguien en serio **2** gravemente, seriamente

sermon /'sɜrmǝn/ *s* sermón

servant /'sɜrvǝnt/ *s* criado -a

serve /sɜrv/ *verbo & sustantivo*
■ *v* **1** [tr/intr] servir: *Breakfast is served between 7 and 9.* El desayuno se sirve entre las siete y las nueve. | **to serve sth (up)** servir algo **2** [tr] atender: *Are you being served?* ¿La atienden? **3 to serve with/in sth** (en las fuerzas armadas) servir en algo | **to serve on a committee** integrar un comité **4** [tr] proveer servicios en (un lugar): *the buses that serve the surrounding towns* los camiones que van a los pueblos de alrededor **5 it serves you/her etc. right** lo tienes/tiene etc. bien merecido **6** [tr] cumplir [una condena, años en prisión] **7** [tr/intr] sacar [en tenis, etc.] **serve sth out** completar algo [una condena, un mandato]
■ *s* saque: *It's my serve.* Me toca sacar a mí.

server /'sɜrvǝr/ *s* **1** (en computación) servidor **2** (en tenis) servidor -a

service /'sɜrvɪs/ *sustantivo, sustantivo plural & verbo*
■ *s* **1** servicio | **the postal/fire etc. service** el servicio postal/de bomberos etc. | **military service** servicio militar **2** (en un restaurante, etc.) servicio: *Service is not included.* El servicio no está incluido. **3** (de un vehículo) servicio, revisión **4** oficio religioso | **morning/evening service** oficio matutino/vespertino **5** (en tenis) saque **6 dinner service** vajilla **7 to be of service** (formal) ayudar **8 service charge** cargo por servicio **9 service station** estación de servicio
■ *services s pl* **1** (en una carretera) área de servicios **2 the services** las fuerzas armadas
■ *v* [tr] hacerle el servicio/la revisión a [un carro]

serviette /sɜrvi'et/ *s* BrE servilleta ▶ También existe **napkin**, que es inglés universal

serving /'sɜrvɪŋ/ *s* porción

session /ˈseʃən/ s sesión

set /set/ verbo, sustantivo & adjetivo

■ v (pasado & participio set, gerundio setting)
▶ Set también forma parte de muchas expresiones como to set sail, to set your heart on sth, etc. Éstas están tratadas bajo el sustantivo correspondiente 1 [tr] fijar: Have they set a date for the elections? ¿Ya han fijado la fecha de las elecciones? | Don't set yourself unrealistic goals. No te fijes metas inalcanzables.
2 to set an example dar ejemplo
3 to set a record marcar/establecer un récord
4 [tr] programar, poner: I've set the VCR to record that program. He programado la video para grabar esa película. | Set the oven to 180°. Ponga el horno a 180°.
5 [tr] ambientar: The novel is set in 17th century Japan. La novela está ambientada en el Japón del siglo XVII.
6 [tr] poner, asignar [una tarea escolar]
7 to set fire/light to sth prender(le) fuego a algo | to set sb free poner a alguien en libertad | to set sth/sb loose soltar algo/a alguien | to set to to work ponerse a trabajar
8 [tr] (formal) poner, depositar: She set the tray down on the bed. Puso la charola sobre la cama.
9 [intr] cuajar [gelatina], fraguar [cemento]
10 [intr] ponerse [sol]
PHRASAL VERBS
set about sth to set about doing sth ponerse a hacer algo: I set about clearing up the mess. Me puse a ordenar el lío que había.
set sth aside apartar/reservar algo [dinero]
set sth back retrasar algo [un proceso] set sb back (informal) to set sb back $50/$300 etc. costarle $50/$300 etc. a alguien
set off salir: We set off very early the next morning. Salimos muy temprano a la mañana siguiente. set sth off 1 desencadenar algo 2 hacer explotar algo [una bomba] 3 hacer sonar algo [una alarma]
set out 1 salir: We set out for Bogotá the next day. Salimos para Bogotá al día siguiente.
2 to set out to do sth proponerse hacer algo
set sth up 1 poner algo [un negocio, una empresa] 2 crear algo [un organismo] 3 organizar algo [una junta] 4 montar algo [una tienda de campaña] 5 preparar algo [una cámara, un equipo]

■ s 1 juego: a set of knives/tools un juego de cuchillos/herramientas
2 aparato: a TV set un aparato de televisión
3 (en el teatro) escenografía
4 (en cine, televisión) set
5 (en tenis) set
6 (de personas) grupo
■ adj 1 situado -a
2 fijo -a: a set amount una cantidad fija | set book/text BrE libro o texto que forma parte del programa de un curso | set menu/meal menú fijo
3 to be set on doing sth estar decidido -a a hacer algo

4 to be all set (to do sth) (informal) estar listo -a (para hacer algo) | get set: On your marks, get set, go! En sus marcas, listos, ¡fuera!

setback /ˈsetbæk/ s revés, contratiempo

settee /seˈtiː/ s sofá

setting /ˈsetɪŋ/ s 1 escenario [de una novela, una película, etc.] 2 entorno 3 the setting of the sun la puesta del sol

settle /ˈsetl/ v 1 [tr] acomodar, [intr] acomodarse 2 [intr] asentarse [polvo], formar una capa [nieve] 3 to settle on sth posarse sobre algo [pájaro, insecto] 4 to settle an argument/a dispute etc. resolver una discusión/una disputa etc. 5 [tr] decidir: That's settled, then. Queda decidido, entonces. | that settles it! ¡listo!, ¡asunto arreglado! 6 to settle a bill/an account etc. pagar una factura/una cuenta etc. 7 [tr] calmar [los nervios], [intr] calmarse [persona] 8 [intr] establecerse [en un país, una ciudad] 9 [tr] colonizar
PHRASAL VERBS
settle back recostarse
settle down 1 acomodarse 2 sentar cabeza 3 calmarse
settle for sth conformarse con algo
settle in adaptarse | to settle into sth adaptarse a algo
settle on sth decidirse por algo
settle up arreglar las cuentas | to settle up with sb pagarle a alguien

settled /ˈsetld/ adj estable

settlement /ˈsetlmənt/ s 1 acuerdo 2 asentamiento

setup /ˈsetʌp/ s 1 (informal) forma de organizar o disponer las cosas: once people have gotten used to the new setup una vez que la gente se haya acostumbrado al nuevo sistema 2 (en computación) configuración

seven /ˈsevən/ número siete

seventeen /sevənˈtiːn/ número diecisiete

seventeenth /sevənˈtiːnθ/ número 1 decimoséptimo -a 2 diecisiete 3 diecisieteavo, diecisieteava parte

seventh /ˈsevənθ/ número 1 séptimo -a 2 siete 3 séptimo, séptima parte

seventieth /ˈsevəntiəθ/ número 1 septuagésimo -a 2 setentavo, septuagésima parte

seventy /ˈsevənti/ número (pl -ties) 1 setenta 2 the seventies los (años) setenta 3 to be in your seventies tener setenta y pico/setenta y tantos

sever /ˈsevər/ v [tr] (formal) 1 seccionar, cortar [un dedo, una pierna, etc.] 2 romper [relaciones, vínculos]

several /ˈsevərəl/ adj & pron varios -as: I asked her several times. Se lo pedí varias veces. | several of my friends varios de mis amigos

severe /sə'vɪr/ adj **1** grave [herida, lesión] **2** serio -a [problema, dificultad] **3** fuerte [dolor] **4** fuerte, duro -a [invierno] **5** duro -a [crítica, golpe] **6** severo -a [persona, expresión]

severely /sə'vɪrli/ adv **1** gravemente, seriamente **2** duramente **3** con severidad

sew /soʊ/ v [tr/intr] (participio sewed o sewn) coser **sew sth on** coser algo: *Could you sew this button on for me?* ¿Me podrías coser este botón? **sew sth up** coser algo [un agujero, etc.]

sewage /'suɪdʒ/ s aguas residuales, aguas negras

sewer /'suər/ s alcantarillado, cloacas

sewing /'soʊɪŋ/ s costura [actividad, labor]

sewn /soʊn/ participio de **sew**

sex /seks/ s (pl **sexes**) **1** sexo **2** to have sex (with sb) tener relaciones sexuales (con alguien)

sexism /'seksɪzəm/ s sexismo

sexist /'seksɪst/ adj & s sexista

sexual /'sekʃuəl/ adj sexual | **sexual intercourse** relaciones sexuales

sexuality /sekʃu'æləti/ s **1** sexualidad **2** orientación sexual

sexy /'seksi/ adj (-xier, -xiest) sexy

shabby /'ʃæbi/ adj (-bbier, -bbiest) **1** muy gastado -a [ropa, sofá] **2** mal arreglado -a [persona] **3** injusto -a, mezquino -a [trato] | **a shabby trick** una jugada sucia

shack /ʃæk/ s choza, jacal

shade /ʃeɪd/ sustantivo, sustantivo plural & verbo
■ s **1** sombra | **in the shade (of sth)** a la sombra (de algo): *I'd prefer to sit in the shade.* Preferiría sentarme a la sombra. ► **¿SHADE O SHADOW?** ver **sombra 2** pantalla [de una lámpara] **3** AmE persiana **4** tono [de un color] **5** a shade taller/darker etc. apenas un poquito más alto -a/oscuro -a etc. **6** shades of meaning matices de significado
■ **shades** s pl (informal) lentes oscuros/de sol
■ v [tr] proteger [de la luz, el sol], dar sombra a

shadow /'ʃædoʊ/ sustantivo & verbo
■ s **1** sombra ► **¿SHADE O SHADOW?** ver **sombra 2** without/beyond a shadow of a doubt sin sombra de duda
■ v [tr] hacer un seguimiento de

shady /'ʃeɪdi/ adj (-dier, -diest) **1** sombreado -a **2** turbio -a [negocio, asunto]

shaft /ʃæft/ s **1** asta [de un arpón, una flecha] **2** mango [de un palo de golf, un hacha] **3** cubo [del elevador] **4** pozo [de una mina] **5** a shaft of light/sunlight un rayo de luz/de sol

shaggy /'ʃægi/ adj (-ggier, -ggiest) **1** largo -a y enmarañado -a [barba, pelo] **2** lanudo -a [animal]

shake /ʃeɪk/ verbo & sustantivo
■ v (pasado **shook**, participio **shaken**) **1** [intr] temblar | **to shake with fear/anger etc.** temblar de miedo/ira etc. **2** [tr] sacudir, agitar **3** to

shake hands with sb/to shake sb's hand darle la mano a alguien [como saludo] | **to shake hands** darse la mano **4** to shake your head **(a)** negar con la cabeza **(b)** sacudir la cabeza [con incredulidad, asombro, etc.] **5** [tr] impresionar, conmocionar: *Mark was very shaken by the news.* Mark quedó muy impresionado con la noticia. **6** to shake sb's confidence/faith etc. hacer tambalear la confianza/la fe etc. de alguien **shake sth/sb off** quitarse algo/a alguien de encima: *I can't seem to shake off this cold.* Parece que no me puedo quitar de encima este resfriado. **shake sth up** reorganizar algo
■ s **1** to give sth a shake sacudir algo | a shake of the head: *A shake of the head was her only answer.* Su respuesta consistió en negar con la cabeza. **2** ► ver **milk shake** en **milk**

shaken /'ʃeɪkən/ participio de **shake**

shakeup /'ʃeɪkʌp/ s reorganización

shaky /'ʃeɪki/ adj (-kier, -kiest) **1** tembloroso -a **2** poco firme **3** poco exhaustivo -a, escaso -a

shall /ʃəl/ acentuado /ʃæl/ v [modal] (contracción 'll, negativo shan't, o, más formal, shall not) ► ver recuadro

shallow /'ʃæloʊ/ adj **1** poco profundo -a, somero -a | the shallow end la parte menos profunda [de una alberca] **2** superficial

shambles /'ʃæmbəlz/ s (informal) to be a shambles **(a)** estar hecho -a un desastre **(b)** ser un caos

shame /ʃeɪm/ sustantivo & verbo
■ s **1** what a shame! ¡qué lástima! | it's a shame (that) es una lástima que **2** vergüenza, pena: *I thought I would die of shame.* Creí que me iba a morir de vergüenza. **3** deshonra **4** shame on you! ¡debería darte vergüenza! **5** to put sb to shame hacerle pasar vergüenza a alguien [por ser mucho mejor]
■ v [tr] **1** avergonzar, apenar **2** deshonrar

shameful /'ʃeɪmfəl/ adj vergonzoso -a

shameless /'ʃeɪmləs/ adj descarado -a

shampoo /ʃæm'pu/ sustantivo & verbo
■ s **1** shampoo **2** lavado [en la peluquería]
■ v [tr] lavar | to shampoo your hair lavarse el pelo

shan't /ʃænt/ contracción de **shall not**

shantytown /'ʃænti,taʊn/ s ciudad perdida

shape /ʃeɪp/ sustantivo & verbo
■ s **1** forma: *What shape is the table?* ¿Qué forma tiene la mesa? | a card in the shape of a heart una tarjeta con forma de corazón **2** figura **3** to be in good/bad shape estar en buen estado/estar mal **4** (buen estado físico) to stay/keep in shape mantenerse en forma | to be out of shape no estar en forma **5** to take shape tomar forma
■ v [tr] **1** determinar, dar forma a **2** to shape sth into sth formar algo con algo: *Shape the dough into balls.* Forme bolas con la masa.

shall

1 SUGERENCIAS Y PREGUNTAS
Este uso es más frecuente en inglés británico. Sólo es posible con I y we:
Shall I open the window? ¿Abro la ventana? | *What shall I wear?* ¿Qué me pongo? | *Shall we ask her?* ¿Le preguntamos?

2 FUTURO
Este uso es formal y mucho más frecuente en inglés británico (aunque cada vez se usa menos). Sólo es posible con I y we. En el lenguaje hablado se usa will o la contracción 'll:
I shall have finished by Friday. Para el viernes, ya voy a haber terminado. | *We shall be at home on Saturday.* Estaremos en casa el sábado.

shapeless /'ʃeɪpləs/ *adj* **1** sin forma **2** sin estructura clara

share /ʃer/ *verbo & sustantivo*
■ *v* **1** [tr/intr] compartir: *I share a room with my sister.* Comparto un cuarto con mi hermana. **2** [tr] (también **share out**) repartir | **to share sth between/among sb** repartir(se)

sharing

algo entre alguien: *We shared the money among the four of us.* Nos repartimos el dinero entre los cuatro. **3** [tr] compartir [una opinión] **4** to **share a secret/problem etc. with sb** confiar un secreto/un problema etc. a alguien
■ *s* **1** parte: *I calculated my share of the check.* Calculé cuánto era mi parte de la cuenta. | *They want a share in the profits.* Quieren una participación en las ganancias. **2** acción [en finanzas]

shark /ʃɑrk/ *s* tiburón

sharp /ʃɑrp/ *adjetivo, adverbio & sustantivo*
■ *adj* **1** filoso -a: *a sharp knife* un cuchillo filoso **2** con punta [lápiz, vara] **3** cerrado -a [giro, curva, etc.] **4** punzante [dolor] **5** agudo -a [sonido] **6** fuerte [sabor] **7** brusco -a [aumento, caída] **8** nítido -a [imagen] **9** listo -a, abusado -a | **to have a sharp mind** ser listo-a/abusado-a **10** cortante [respuesta, tono] | **to be sharp with sb** ser cortante/brusco -a con alguien **11** cortante [viento] **12** AmE elegante **13** F sharp/C sharp etc. fa/do etc. sostenido
■ *adv* **1** at ten thirty/two o'clock etc. **sharp** a las diez y media/las dos etc. en punto **2** to **sing/play sharp** desafinar [en un tono más alto del que corresponde]
■ *s* (en música) sostenido

sharpen /'ʃɑrpən/ *v* [tr] **1** afilar [un cuchillo] **2** sacarle punta a [un lápiz]

sharpener /'ʃɑrpənər/ *s* **1** sacapuntas [para lápices] **2** afilador [para cuchillos]

sharply /'ʃɑrpli/ *adv* **1** con dureza [hablar] **2** abruptamente [aumentar, bajar] **3** marcadamente [contrastar]

shatter /'ʃætər/ *v* **1** [tr] hacer añicos, [intr] hacerse añicos **2** to **shatter sb's hopes/illusions** destruir las esperanzas/ilusiones de alguien

shattered /'ʃætərd/ *adj* **1** destrozado -a [anímicamente] **2** BrE (informal) agotado -a [de cansancio]

shattering /'ʃætərɪŋ/ *adj* demoledor -a, tremendo -a

shave /ʃeɪv/ *verbo & sustantivo*
■ *v* **1** [tr] rasurar, afeitar | **to shave your head** raparse (la cabeza) | **to shave your legs/armpits** rasurarse las piernas/las axilas, afeitarse las piernas/las axilas **2** [intr] rasurarse, afeitarse **shave sth off** to **shave your beard/your mustache off** rasurarse la barba/el bigote, afeitarse la barba/el bigote
■ *s* afeitada, rasurada | **to have a shave** rasurarse, afeitarse

shaver /'ʃeɪvər/ *s* rasuradora

'shaving cream *s* crema de afeitar/rasurar

shawl /ʃɔl/ *s* chal, rebozo

she /ʃi, acentuado ʃi/ *pronombre & sustantivo*
■ *pron* **1** ella ▶ Los pronombres de sujeto nunca se omiten en inglés: *What did she say?* ¿Qué dijo? **2** **she** también se usa a veces para referirse a un barco, un coche, un tren o un país
■ *s* hembra: *Is your dog a he or a she?* Tu perro ¿es macho o hembra?

shear /ʃɪr/ *v* (participio **sheared** o **shorn**) **1** [tr] trasquilar, esquilar **2** (también **shear off**) [tr] cortar, partir, [intr] cortarse, partirse

shears /ʃɪrz/ *s pl* tijeras (de podar), podaderas: *a pair of shears* unas tijeras de podar

sheath /ʃiθ/ *s* (pl **sheaths** /ʃiðz/) funda [de una espada, etc.]

she'd /ʃid/
■ contracción de **she had**
■ contracción de **she would**

shed /ʃed/ *sustantivo & verbo*
■ *s* cobertizo
■ *v* [tr] (pasado & participio **shed**, gerundio **shedding**) **1** dar [luz] **2** perder [hojas, pelo] **3** cambiar de, mudar [la piel] **4** librarse de [las inhibiciones, kilos de más] **5** derramar [lágrimas, sangre]

sheep /ʃip/ *s* (pl **sheep**) oveja

sheepish /'ʃipɪʃ/ *adj* avergonzado -a

sheer /ʃɪr/ *adj* **1** puro -a | **sheer chance/coincidence etc.** pura suerte/casualidad etc. **2** the **sheer weight/size etc. of sth** el mero peso/tamaño etc. de algo **3 a sheer drop** una caída vertical **4** transparente, muy fino -a [tela]

sheet /ʃit/ s **1** sábana **2** hoja [de papel] **3** chapa [de metal] | **a sheet of glass** un vidrio/ una placa de vidrio **4** capa [de hielo]

sheik, también **sheikh** /ʃik, ʃeɪk/ s jeque

shelf /ʃelf/ s (pl **shelves** /ʃelvz/) entrepaño, anaquel

she'll /ʃil/ contracción de **she will**

shell /ʃel/ *sustantivo & verbo*
■ **s 1** cáscara [de un huevo, una nuez] **2** caparazón, carapacho [de una tortuga, un crustáceo] **3** concha [de un molusco] **4** proyectil
■ **v** [tr] bombardear

shellfish /ʃelfɪʃ/ s (pl **shellfish**) **1** marisco(s) **2** crustáceo(s)

shelter /ʃeltər/ *sustantivo & verbo*
■ **s 1** shelter (from sth) resguardo (de algo) | **to take/seek shelter (from sth)** refugiarse/buscar refugio (de algo), resguardarse (de algo) **2** refugio: *an air-raid shelter* un refugio antiaéreo
■ **v 1 to shelter sth/sb (from sth)** proteger algo/a alguien (de algo), resguardar algo/a alguien (de algo) **2** [tr] ocultar [a un delincuente, un fugitivo] **3 to shelter (from sth)** resguardarse/ refugiarse (de algo)

sheltered /ʃeltərd/ *adj* **1 to lead a sheltered life** vivir en una burbuja, llevar una vida protegida **2** protegido -a, resguardado -a [lugar]

shelve /ʃelv/ v [tr] archivar [un proyecto, etc.]

shelves /ʃelvz/ plural de **shelf**

shepherd /ʃepərd/ s pastor -a

sherry /ʃeri/ s (pl -rries) jerez

she's /ʃiz/
■ contracción de **she is**
■ contracción de **she has**

shield /ʃild/ *sustantivo & verbo*
■ **s** escudo
■ **v to shield sth/sb (from sth)** proteger algo/a alguien (de algo)

shift /ʃɪft/ *verbo & sustantivo*
■ **v 1** [intr] moverse: *Donna shifted uncomfortably in her seat.* Donna se movió incómoda en su asiento. **2** [tr] (informal) mover: *Can you help me shift this table?* ¿Me ayudas a mover esta mesa? **3** [tr] desplazar, [intr] desplazarse [atención, énfasis] **4 to shift the blame (for sth) onto sb** echarle la culpa (de algo) a alguien
■ **s 1 a shift in sth** un cambio en algo [en la opinión, el énfasis, etc.] **2** turno | **to work shifts** trabajar por turnos | **day/night shift** turno diurno/nocturno **3** (también **shift key**) tecla de mayúsculas

shifty /ʃɪfti/ *adj* (-tier, -tiest) **1** sospechoso -a [persona] **2** huidizo -a [mirada]

shimmer /ʃɪmər/ v [intr] brillar [como la seda, un lago a la luz de la luna, etc.]

shin /ʃɪn/ s espinilla, canilla [de la pierna]

shine /ʃaɪn/ *verbo & sustantivo*
■ **v** (pasado & participio **shone**) **1** [intr] brillar: *Her eyes shone.* Le brillaban los ojos. | *The light was shining in my eyes.* La luz me daba en los ojos. **2 to shine a light/a flashlight etc.** iluminar con una luz/una linterna etc. **3 to shine (at/in sth)** destacarse (en algo), ser brillante (en algo): *She never shone academically.* Nunca se destacó en los estudios.
■ **s** brillo

shiny /ʃaɪni/ *adj* (-nier, -niest) reluciente, brillante

ship /ʃɪp/ *sustantivo & verbo*
■ **s** barco, buque | **by ship** por/en barco | **on board (the) ship** a bordo
■ **v** [tr] (-pped, -pping) mandar, enviar: *I'm having my car shipped out later.* Después mando el coche.

shipment /ʃɪpmənt/ s **1** cargamento **2** envío

shipping /ʃɪpɪŋ/ s **1** barcos, buques **2** transporte, envío **3 shipping company/ industry** compañía/industria naviera **shipping lane** ruta de navegación

shipwreck /ʃɪp-rek/ *sustantivo & verbo*
■ **s** naufragio
■ **v to be shipwrecked** naufragar

shirk /ʃɜrk/ v **1 to shirk your duties/ responsibilities etc.** eludir sus obligaciones/ responsabilidades etc. **2** [intr] flojear, haraganear

shirt /ʃɜrt/ s camisa

shiver /ʃɪvər/ *verbo & sustantivo*
■ **v** [intr] temblar, tiritar | **to be shivering with cold/fear etc.** estar temblando de frío/miedo etc.
■ **s** escalofrío: *The scream sent shivers down my spine.* El grito me dio escalofríos.

shock /ʃɑk/ *sustantivo & verbo*
■ **s 1** shock, golpe: *The news came as a complete shock to her.* La noticia fue un shock tremendo para ella. **2** susto, impresión **3** (en medicina) shock | **to be in shock/to be suffering from shock** estar en estado de shock **4** (también **electric shock**) (leve) toque (eléctrico), (de gran intensidad) choque (eléctrico) **5** sacudida, temblor [de un terremoto, una explosión]
■ **v 1** [tr] impresionar, conmocionar: *I was shocked to hear that she had died.* Me quedé impresionada cuando me enteré de que había muerto. **2** [tr/intr] escandalizar

shocking /ʃɑkɪŋ/ *adj* **1** escandaloso -a **2** terrible, impresionante **3** BrE (informal) espantoso -a

shoddy /ʃɑdi/ *adj* (-ddier, -ddiest) **1** de mala calidad **2** sucio -a, mezquino

shoe /ʃu/ *sustantivo & verbo*
■ **s 1** zapato **2** herradura **3 to be in sb's shoes** estar en el lugar de alguien: *If I were in her shoes I'd resign.* Si estuviera en su lugar,

renunciaría.
- **v** [tr] (pasado & participio shod) ponerle herraduras a [un caballo]

shoelace /'ʃuleɪs/ s agujeta

'**shoe ,polish** s grasa [para zapatos]

'**shoe store** AmE, **shoe shop** BrE s zapatería

shoestring /'ʃustrɪŋ/ s **on a shoestring** con poquísimo dinero

shone /ʃəʊn, BrE ʃɒn/ pasado & participio de **shine**

shook /ʃʊk/ pasado de **shake**

shoot /ʃut/ verbo & sustantivo
- **v** (pasado & participio shot) **1** [tr] pegarle un tiro/balazo a, dispararle a: *They shot him in the leg.* Le pegaron un tiro en la pierna. | **to shoot sb dead** matar de un tiro/a tiros a alguien | **to shoot yourself** pegarse un tiro **2** **to shoot (at sth/sb)** disparar(le a algo/alguien) **3** [tr] disparar [una pistola], lanzar [una flecha] **4** [tr/intr] cazar **5** [tr] fusilar **6** [intr] (en deportes) disparar, chutar: *He shot at the goal.* Disparó a la portería. **7** **to shoot up/past etc. sth** subir algo/pasar por al lado de algo etc. como un bólido: *He shot up the stairs.* Subió la escalera como un bólido. **8** [tr] lanzar [una mirada]
shoot sth down derribar algo [un avión]
shoot sb down matar a alguien de un tiro/a tiros
shoot up **1** dispararse [precios] **2** dar el estirón [niño] **3** crecer de golpe [planta] **4** (informal) arponearse [inyectarse drogas]
- **s** **1** brote, retoño **2** rodaje, sesión de fotografías

shooting /'ʃutɪŋ/ s **1** asesinato, incidente [relacionado con armas de fuego] **2** balacera, tiroteo **3** caza **4** filmación

shop /ʃɑp/ sustantivo & verbo
- **s** **1** BrE tienda, comercio: *a clothes shop* una tienda de ropa | *a furniture shop* una mueblería ▶ En inglés americano se usa **store 2** taller [mecánico, de reparación, etc.]
- **v** [intr] (-pped, -pping) hacer compras | **to go shopping** ir de compras | **to shop for sth** buscar algo [en las tiendas]: *We're shopping for Christmas presents.* Andamos buscando regalos de Navidad.
shop around comparar precios [en distintas tiendas]

'**shop as,sistant** s BrE vendedor -a, dependiente -a ▶ También existe **sales assistant**, que es inglés universal

shopkeeper /'ʃɑpkipər/ s BrE comerciante, tendero -a ▶ En inglés americano se usa **storekeeper**

shoplifting /'ʃɑplɪftɪŋ/ s robo de mercancías en una tienda: *He was accused of shoplifting.* Lo acusaron de robar mercancías.

shopping /'ʃɑpɪŋ/ s **1** hacer compras | **to do the shopping** hacer las compras **2** compras **3** shopping bag bolsa (de compras)

'**shopping ,center** AmE, **shopping centre** BrE s centro comercial

'**shopping mall** s AmE centro comercial

shore /ʃɔr/ s **1** orilla: *on the shores of the Mediterranean* a orillas del Mediterráneo **2** tierra (firme), costa: *a mile off shore* a una milla de la costa | **to go on shore** desembarcar **3** playa

shorn /ʃɔrn/ participio de **shear**

short /ʃɔrt/ adjetivo, adverbio & sustantivo
- **adj 1** corto -a [pelo, falda, etc.] | **a short way** cerca: *They only live a short way from here.* Viven muy cerca de aquí. **2** chaparro -a, bajo -a [persona] **3** corto -a [tiempo, visita, etc.], breve [demora] | **a short time ago** hace poco **4** (para expresar falta de algo): *I'm still $10 short.* Todavía me faltan $10. | *We're short of milk.* Queda poca leche. | *I'm a little short of money.* Ando un poco corto de dinero. **5** **to be short for sth** ser el apócope/el diminutivo de algo **6** **for short** para abreviar **7** **in short** en resumen **8** **to have a short memory** tener mala memoria **9** **to have a short temper** tener muy mal carácter ▶ ver también **notice**, **term**
- **adv** ▶ ver **cut**, **run**, **stop**, **supply**
- **s 1** (informal) corto(metraje) **2** BrE (informal) trago [de bebida fuerte] **3** (informal) ▶ ver **short circuit**

shortage /'ʃɔrtɪdʒ/ s escasez

,**short 'circuit** s cortocircuito

shortcoming /'ʃɔrtkʌmɪŋ/ s defecto, deficiencia

'**short ,cut** s **1** atajo | **to take a short cut** tomar un atajo, (a)cortar camino **2** **a short cut to (doing) sth** una fórmula mágica/un método mágico para (hacer) algo

shorten /'ʃɔrtn/ v **1** [tr] acortar **2** [intr] acortarse

shorthand /'ʃɔrthænd/ s taquigrafía

'**short list** s lista final de candidatos

'**short-list** v BrE **to be short-listed for sth** ser preseleccionado -a para algo

,**short-'lived** adj efímero -a, pasajero -a

shortly /'ʃɔrtli/ adv **1** dentro de poco **2** poco: *shortly before/after midnight* poco antes/después de medianoche

shorts /ʃɔrts/ s pl **1** short(s), pantalón corto: *a pair of shorts* un short/unos shorts **2** AmE calzoncillos

,**short-'sighted** adj **1** miope, corto -a de vista **2** con escasa visión de futuro

,**short-'term** adj a corto plazo

shot¹ /ʃɑt/ s **1** tiro, balazo **2** disparo, tiro [en futbol] **3** golpe [en golf, tenis] **4** toma [en una película] **5** foto [en fotografía] **6** (informal) intento | **to have a shot (at doing sth)** hacer la prueba (de hacer algo) **7** inyección **8** **like a shot** inmediatamente, sin pensarlo

shot² pasado & participio de **shoot**

shotgun /'ʃɑtgʌn/ s escopeta

should /ʃəd, acentuado ʃʊd/ v [modal] (contracción 'd, negativo shouldn't, o, más formal, should not) ▶ ver recuardo

shoulder /'ʃəʊldər/ sustantivo & verbo
▪ s **1** hombro **2 a shoulder to cry on** un paño de lágrimas **3** AmE acotamiento [de una carretera]
▪ v [tr] cargar con [la culpa, una responsabilidad]
'**shoulder bag** s bolsa [que se lleva colgada del hombro]
'**shoulder blade** s omóplato
shouldn't /'ʃʊdnt/ contracción de **should not**
should've /'ʃʊdəv/ contracción de **should have**
shout /ʃaʊt/ verbo & sustantivo
▪ v [tr/intr] **1** gritar: I shouted for help. Grité pidiendo ayuda./Pedí ayuda a gritos. **2 to shout to sb/to shout at sb** gritarle a alguien: She shouted to me to call an ambulance. Me gritó que llamara a la ambulancia. ▶ Para expresar agresividad o enojo por parte de quien grita, se usa **to shout at sb**: Don't shout at me! ¡No me grites!
shout sb down hacer callar a alguien a gritos
▪ s grito
shove /ʃʌv/ verbo & sustantivo
▪ v **1** [tr/intr] empujar **2 to shove sth into/under etc. sth** (informal) meter algo en/debajo de etc. algo [rápidamente o sin cuidado]: He shoved the clothes into the bag. Metió la ropa en el bolso.
▪ s empujón
shovel /'ʃʌvəl/ sustantivo & verbo
▪ s pala
▪ v [tr] (-led, -ling AmE, -lled, -lling BrE) mover con una pala: We shoveled the snow off the driveway. Sacamos la nieve del camino con una pala.
show /ʃoʊ/ verbo & sustantivo
▪ v (participio shown) **1** [tr] (hacer ver) mostrar, enseñar | **to show sb sth/to show sth to sb** mostrarle algo a alguien: Show me what you've bought. Muéstrame lo que has comprado. | Have you shown Pat the photos? | Have you shown the photos to Pat? ¿Le has enseñado las fotos a Pat? **2** [tr] (dejar en claro) mostrar, demostrar **3** [tr] (expresar) demostrar, mostrar [interés, enojo, etc.], exteriorizar [los sentimientos] **4** [tr] (presentar) mostrar [un pasaporte, un boleto] **5 to show sb how to do sth** enseñarle a alguien cómo hacer algo **6** [intr] (dejarse ver) notarse: His happiness showed in his face. La felicidad se le notaba en la cara. **7** [tr] dar, proyectar: The local movie theater is showing Tarzan. En el cine del barrio están dando Tarzán. ▶ ver también **rope**
PHRASAL VERBS
show sb around (sth) enseñarle un lugar a alguien recorriéndolo con él o ella
show sb in hacer pasar a alguien
show off presumir, lucirse **show sth off 1** realzar/hacer resaltar algo **2** presumir algo, lucir algo
show sb out acompañar a alguien a la puerta

should
1 Para expresar que algo es aconsejable o deseable:
You should seek advice. Deberías asesorarte. | The oven should be very hot. El horno tiene que estar bien caliente. | I shouldn't have lent it to her. No se lo debería haber prestado.
2 Para indicar probabilidad:
She should be back by two. Debería estar de regreso antes de las dos. | How should I know? ¿Cómo lo voy a saber?
3 Las expresiones **I should think** so y **I should think not** se usan como respuesta para expresar acuerdo, indignación, etc. enfáticamente:
"He apologized." "I should think so too!" –Pidió disculpas. –¡Era lo menos que podía hacer! | "I don't want to pay more than $100." "I should think not!" –No quiero pagar más de $100. –¡No, desde luego!

show round BrE ▶ ver **show around**
show up (informal) aparecer **show sth up** revelar algo **show sb up** hacerle pasar vergüenza/pena a alguien, poner por los suelos a alguien
▪ s **1** espectáculo [en teatro] **2** programa [en TV, radio] **3** desfile [de modas], exposición [de cuadros, artesanías, etc.], exhibición [aeronáutica, etc.] **4 to be on show** estar en exhibición **5 for show** para aparentar **6 a show of strength** una demostración de fuerza
'**show ,business** s el mundo del espectáculo
showdown /'ʃoʊdaʊn/ s confrontación
shower /ʃaʊr/ sustantivo & verbo
▪ s **1** (aparato) regadera **2** (baño) regaderazo | **to take a shower** AmE, **to have a shower** BrE darse un regaderazo, bañarse **3** chubasco: scattered showers chubascos aislados | heavy showers chaparrones **4 a shower of sparks/confetti etc.** una lluvia de chispas/confetti etc.
▪ v **1** [intr] darse un regaderazo, bañarse **2 to shower sb with sth** colmar a alguien de algo [de besos, regalos, etc.]
shown /ʃoʊn/ participio de **show**
'**show-off** s (informal) fanfarrón -ona
showroom /'ʃoʊrʊm/ s salón/sala de exposición [de carros, muebles, etc.]
shrank /ʃræŋk/ pasado de **shrink**
shred /ʃred/ sustantivo & verbo
▪ s **1 there isn't a shred of doubt/evidence etc.** no existe la menor duda/la más mínima prueba etc. **2 to be in shreds/to be torn to shreds** estar hecho -a jirones
▪ v [tr] (-dded, -dding) destruir [cortando en tiras]
shrewd /ʃrud/ adj **1** sagaz **2** acertado -a, inteligente [decisión, inversión]
shriek /ʃrik/ verbo & sustantivo
▪ v [tr/intr] chillar
▪ s chillido, grito

shrill /ʃrɪl/ adj estridente, agudo -a

shrimp /ʃrɪmp/ s En inglés americano, **shrimp** es un término general que se aplica a camarones o langostinos de diferentes tipos y tamaños. En inglés británico se reserva para los más pequeños

shrine /ʃraɪn/ s santuario

shrink /ʃrɪŋk/ verbo & sustantivo
- v (pasado **shrank**, participio **shrunk**) **1** [intr] encoger(se) **2** [intr] reducirse **3 to shrink from sth** rehuir algo, eludir algo
- s (informal) psicoanalista, psiquiatra

shrivel /'ʃrɪvəl/, también **shrivel up** v (-led, -ling AmE, -lled, -lling BrE) [intr] marchitarse, secarse

shroud /ʃraʊd/ v [tr] **1 shrouded in mist** envuelto -a en neblina **2 shrouded in secrecy/ mystery** cubierto -a por un velo de silencio/ misterio

shrub /ʃrʌb/ s arbusto

shrug /ʃrʌg/ verbo & sustantivo
- v [intr] (-gged, -gging) encogerse de hombros | **to shrug your shoulders** encogerse de hombros | **shrug sth off** hacer caso omiso de algo
- s **with a shrug** encogiéndose de hombros

shrunk /ʃrʌŋk/ participio de **shrink**

shudder /'ʃʌdər/ verbo & sustantivo
- v [intr] **1** estremecerse, temblar | **to shudder with sth** estremecerse/temblar de algo **2** dar una sacudida
- s **1** estremecimiento **2** sacudida

shuffle /'ʃʌfəl/ v **1 to shuffle along/across sth** ir por/cruzar algo arrastrando los pies **2 to shuffle your feet** mover los pies **3** [tr/intr] barajar

shut /ʃʌt/ verbo & adjetivo
- v (pasado & participio **shut**, gerundio **shutting**) **1** [tr] cerrar: *Could you shut the door, please?* ¿Podrías cerrar la puerta, por favor? **2** [intr] cerrarse **3 to shut sth in the door/drawer etc.** agarrarse algo con la puerta/el cajón etc.: *He shut his finger in the door.* Se agarró el dedo con la puerta. **4** [intr] cerrar [temporaria o definitivamente]: *The stores shut at 5.30.* Las tiendas cierran a las 5.30.

PHRASAL VERBS

shut sb away encerrar a alguien **shut yourself away** encerrarse
shut down cerrar [dejar de operar]: *The factory is going to shut down next year.* La fábrica va a cerrar el año que viene. **shut sth down** cerrar algo [una fábrica, una mina, etc.]
shut sb in encerrar a alguien
shut off apagarse [máquina, calefacción, etc.] **shut sth off 1** apagar algo [un motor, una máquina] **2** cortar algo [el agua, la electricidad, etc.]
shut sth out no dejar entrar algo **shut sb out** dejar a alguien afuera

shut up callarse **shut sth up** cerrar [temporalmente] **shut sb up** hacer callar a alguien
- adj cerrado -a: *Is the door completely shut?* ¿Está bien cerrada la puerta?

shutter /'ʃʌtər/ s postigo, contraventana

shuttle /'ʃʌtl/ s
1 puente aéreo
2 (también **space shuttle**) transbordador espacial
3 servicio de enlace [de trenes, autobuses, etc.]

window   shutter

shy /ʃaɪ/ adjetivo & verbo
- adj (**shier**, **shiest** o **shyer**, **shyest**) tímido -a
- v **shy away from sth** rehuir algo

shyly /'ʃaɪli/ adv con timidez, tímidamente

shyness /'ʃaɪnəs/ s timidez

sick /sɪk/ adjetivo & sustantivo plural
- adj **1** enfermo -a | **to be out sick** AmE, **to be off sick** BrE estar de incapacidad, faltar por enfermedad ▸ ¿**SICK** o **ILL**? ver recuadro en **enfermo**
2 (con náuseas) **to be sick** vomitar, volver (el estómago) | **to feel sick** tener ganas de vomitar
3 (informal) **to be sick of sth/sb** estar harto -a de algo/alguien: *I'm sick of doing your work for you.* Estoy harta de hacer tu trabajo. | **sick and tired of sth/sb** absolutamente harto -a de algo/ alguien | **sick to death of sth/sb** absolutamente harto -a de algo/alguien
4 to make sb sick enfermar a alguien, dar coraje a alguien
5 de mal gusto
- s pl **the sick** los enfermos

sickening /'sɪkənɪŋ/ adj indignante, que da coraje

sickly /'sɪkli/ adj (-lier, -liest) **1** enfermizo -a **2** (referido a sabores) empalagoso -a **3** (referido a olores) nauseabundo -a

sickness /'sɪknəs/ s **1** (pl -sses) enfermedad **2** náusea(s)

side /saɪd/ sustantivo, adjetivo & verbo
- s **1** lado: *the French side of the border* el lado francés de la frontera | **by sb's side** al lado de alguien | **side by side** juntos -as, uno al lado del otro/una al lado de la otra | **on either side** a cada lado
2 borde
3 (de un edificio, un coche, etc.) costado
4 (de una montaña) ladera
5 (de un cubo) cara
6 (de un disco, una hoja) lado, cara, (de una moneda) cara
7 from side to side de un lado a otro | **from all sides** de todos lados
8 (de un problema, una situación) aspecto, lado
9 (en una disputa) parte | **to be on sb's side** estar del lado de alguien: *I thought you were on my side!* ¡Pensé que estabas de mi lado! | **to take**

sides tomar partido **10** (del cuerpo) costado **11 to get on sb's good/bad side** (informal) ganarse la simpatía/antipatía de alguien **12** BrE (en deportes) equipo ▶ También existe **team**, que es inglés universal
■ *adj* **1** lateral: *a side entrance* una entrada lateral: *a side view* una vista lateral **2 a side dish/order** un platillo para acompañar, una guarnición | **a side salad** una ensalada como guarnición **3 a side street/road** una calle/un camino lateral
■ *v* **to side with/against sb** ponerse del lado de/ponerse en contra de alguien

sideboard /'saɪdbɔrd/ *s* trinchador, aparador

'side ef,fect *s* efecto secundario, efecto colateral

sideline /'saɪdlaɪn/ *s* **1** actividad suplementaria **2 the sidelines** contracancha [zona que rodea el campo de juego]

sidetrack /'saɪdtræk/ *v* **to get sidetracked** dejarse desviar de un tema

sidewalk /'saɪdwɔk/ *s* AmE banqueta

sideways /'saɪdweɪz/ *adverbio & adjetivo*
■ *adv* **1** hacia un lado, de lado **2 to glance sideways** mirar de reojo
■ *adj* **1** lateral [movimiento] **2** de reojo [mirada]

siege /sidʒ/ *s* sitio

sieve /sɪv/ *sustantivo & verbo*
■ *s* cernidor, cedazo
■ *v* [tr] cernir [harina, azúcar, etc.], colar [salsa, etc.]

sift /sɪft/ *v* **1** [tr] tamizar, cernir **2 to sift through sth** examinar algo

sigh /saɪ/ *verbo & sustantivo*
■ *v* [intr] suspirar
■ *s* suspiro

sight /saɪt/ *s* **1** (sentido) vista: *She's losing her sight.* Está perdiendo la vista. **2** acto de ver algo: *They waited for hours for a sight of the singer.* Esperaron durante horas para ver a la cantante. **3** (lo que se ve) imagen, escena **4 to see the sights** ver los lugares de interés turístico **5 at first sight** a primera vista **6 in/within sight** a la vista **7 out of sight** fuera de la vista **8 to know sb by sight** conocer a alguien de vista **9 I/he etc. can't stand the sight of them** no los puedo/puede etc. ni ver

sightseeing /'saɪtsiɪŋ/ *s* visitas a lugares de interés turístico | **to go sightseeing** ir a visitar lugares de interés turístico

sign /saɪn/ *sustantivo & verbo*
■ *s* **1** señal, indicio: *There was no sign of her.* No había señal de ella.: *There were signs that someone had already been there.* Había indicios de que ya había estado alguien allí. **2** letrero, señal [de tránsito] **3** signo: *the signs of the Zodiac* los signos del zodíaco **4** seña

■ *v* **1** [tr/intr] firmar **2** [tr] contratar, fichar **3** [intr] firmar (contrato), fichar
sign up 1 to sign up for sth anotarse/inscribirse en algo **2 to sign up with sb** firmar contrato/fichar con alguien | **sign sb up** contratar/fichar a alguien

signal /'sɪgnəl/ *sustantivo & verbo*
■ *s* **1** (gesto) seña **2** (indicación) señal **3** (en radio, televisión) señal **4** (en el ferrocarril) señal
■ *v* (-led, -ling AmE, -lled, -lling BrE) **1 to signal (to) sb to do sth** hacerle señas a alguien de/para que haga algo **2** [tr] indicar **3** [intr] poner la direccional

signature /'sɪgnətʃər/ *s* firma

significance /sɪg'nɪfəkəns/ *s* importancia, trascendencia

significant /sɪg'nɪfəkənt/ *adj* importante, trascendente

signify /'sɪgnəfaɪ/ *v* [tr] (3ª pers sing -fies, pasado & participio -fied) **1** significar, indicar **2** manifestar

'sign ,language *s* lenguaje de señas

signpost /'saɪnpoʊst/ *s* señal [vial]

silence /'saɪləns/ *sustantivo & verbo*
■ *s* silencio | **in silence** en silencio
■ *v* [tr] (hacer) callar

silent /'saɪlənt/ *adj* **1** callado -a, silencioso -a | **to fall silent** quedarse en silencio **2 silent movies** películas mudas **3** (referido a una letra) muda

silently /'saɪləntli/ *adv* silenciosamente, en silencio

silhouette /sɪlu'et/ *sustantivo & verbo*
■ *s* silueta
■ *v* **to be silhouetted against sth** recortarse contra algo

silicon /'sɪlɪkən/ *s* silicón, silicio

silk /sɪlk/ *s* **1** seda **2 a silk shirt/tie** una camisa/corbata de seda

sill /sɪl/ *s* alféizar

silly /'sɪli/ *adj* (-lier, -liest) **1** tonto -a, ridículo -a **2 that was a silly thing to do/say** lo que hiciste/dijiste fue una tontería

silver /'sɪlvər/ *s* **1** plata **2** platería **3 a silver bracelet/tray** una pulsera/bandeja de plata **4 silver paint/a silver car** pintura plateada/un coche plateado **5 silver medal** medalla de plata

similar /'sɪmələr/ *adj* parecido -a, similar | **to be similar to sth** ser parecido -a a algo: *Those shoes are very similar to mine.* Esos zapatos son muy parecidos a los míos.

similarity /sɪmə'lærəti/ *s* (pl -ties) similitud, parecido

similarly /'sɪmələrli/ *adv* **1** de manera similar **2** asimismo

simmer /'sɪmər/ *v* [tr/intr] hervir [a fuego lento]

simple /'sɪmpəl/ *adj* **1** simple, sencillo -a [vestido, decoración, etc.] **2** simple, sencillo -a [explicación, respuesta, etc.] **3** sencillo -a, fácil [tarea] **4** (para enfatizar) sencillo -a, puro -a **5** (natural, no refinado) sencillo -a

simplicity /sɪm'plɪsəti/ *s* **1** sencillez **2** facilidad, simplicidad

simplify /'sɪmpləfaɪ/ *v* [tr] (3ª pers sing -fies, pasado & participio -fied) simplificar

simply /'sɪmpli/ *adv* **1** sencillamente, de manera sencilla **2** simplemente, sencillamente: *The food was simply fantastic.* La comida era sencillamente fantástica.

simulation /sɪmjə'leɪʃən/ *s* simulación

simultaneous /saɪməl'teɪniəs/ *adj* simultáneo -a

simultaneously /saɪməl'teɪniəsli/ *adv* simultáneamente

sin /sɪn/ *sustantivo & verbo*
■ *s* pecado
■ *v* [intr] (-nned, -nning) pecar

since /sɪns/ *prep, adv & conj* ▶ ver recuadro

sincere /sɪn'sɪr/ *adj* sincero -a

sincerely /sɪn'sɪrli/ *adv* **1** sinceramente **2 sincerely (yours)** AmE, **yours sincerely** BrE (al final de una carta) ▶ ver recuadro en **yours**

sincerity /sɪn'serəti/ *s* sinceridad

sing /sɪŋ/ *v* [tr/intr] (pasado sang, participio sung) cantar: *Sing us a song!* ¡Cántanos una canción! | **to sing (sth) for sb** cantar (algo) para alguien | **to sing to sb** cantarle a alguien

singer /'sɪŋər/ *s* cantante

singing /'sɪŋɪŋ/ *s* canto

single /'sɪŋgəl/ *adjetivo, sustantivo, sustantivo plural & verbo*
■ *adj* **1** solo -a, único -a: *Write your answer on a single sheet of paper.* Escriban la respuesta en una sola hoja. **2** soltero -a **3 single bed** cama individual | **single room** habitación individual **4 every single word/day etc.** absolutamente todas las palabras/todos los días etc. **5 a single ticket** BrE un boleto sencillo/de ida ▶ También existe **one-way ticket**, que es inglés universal
■ *s* **1** single, sencillo [disco] **2** BrE boleto sencillo/de ida ▶ También existe **one-way ticket**, que es inglés universal
■ **singles** *s pl* singles [en tenis]
■ *v* **single sth out** señalar algo **single sb out 1** señalar a alguien **2 to single sb out for praise/criticism** alabar/criticar a alguien en particular

single 'file *s* **in single file** en fila india

single-'handedly, también **single-handed** *adv* en solitario, sin ayuda de nadie

single-'minded *adj* resuelto -a, decidido -a

single 'parent *s* **1** padre o madre, no necesariamente soltero, que cría solo a sus hijos **2 single-parent family** familia monoparental

singular /'sɪŋgjələr/ *adjetivo & sustantivo*
■ *adj* singular
■ *s* singular | **in the singular** en singular

sinister /'sɪnɪstər/ *adj* siniestro -a

sink /sɪŋk/ *verbo & sustantivo*
■ *v* (pasado sank o sunk, participio sunk) **1** [tr] hundir **2** [intr] hundirse **3** [intr] dejarse caer: *She sank into an armchair with a sigh.* Se dejó caer en un sillón con un suspiro. **4** [intr] reducirse **5 to sink sth into sth (a)** clavar algo en algo **(b)** invertir algo en algo
sink in it hasn't sunk in yet todavía no lo he/ha etc. comprendido del todo
■ *s* **1** (en la cocina) fregadero **2** AmE (en el baño) lavabo

sip /sɪp/ *verbo & sustantivo*
■ *v* [tr] (-pped, -pping) tomar/beber a sorbos
■ *s* sorbo

sipping

Sir /sər, acentuado sɜːr/ *s* **1** Sir: *Sir Winston Churchill* Sir Winston Churchill **2** (en una carta) **Dear Sir** Estimado señor

sir /sər, acentuado sɜːr/ *s* **1** señor: *Can I help you, sir?* ¿En qué puedo ayudarlo, señor? **2** BrE palabra usada por los niños de las escuelas británicas para dirigirse a un maestro o profesor

siren /'saɪrən/ *s* sirena [de una ambulancia, etc.]

sister /'sɪstər/ *s* **1** (miembro de la familia) hermana **2** (también **Sister**) (religiosa) hermana, monja **3** (también **Sister**) BrE enfermera jefe **4 sister company** empresa asociada **sister ship** barco gemelo '**sister-in-,law** *s* (pl sisters-in-law) cuñada

sit /sɪt/ *v* (pasado & participio sat, gerundio sitting) **1** [intr] estar sentado -a: *The children were sitting on the floor.* Los niños estaban sentados en el suelo. **2** [intr] (también **sit down**) sentarse **3 to sit sb on/by sth** sentar a alguien en/al lado de algo **4** [intr] estar ubicado -a **5 to sit an exam** BrE presentar (un) examen, hacer un examen ► También se usa **to take an exam**, que es inglés universal

sit around estar sentado sin hacer nada productivo: *They just sit around drinking coffee all day.* Se pasan todo el día sentados tomando café.

sit back 1 recostarse, ponerse cómodo -a **2** cruzarse de brazos

sit down sentarse

sit in on sth asistir a algo

sit up incorporarse

sitcom /'sɪtkɑm/ *s* (= **situation comedy**) comedia

site /saɪt/ *s* **1** (también **web site**) sitio (web) **2** yacimiento **3** sitio donde tuvo lugar un hecho importante **4** emplazamiento | **a building/construction site** una obra

sitting /'sɪtɪŋ/ *s* **1** turno [de comidas] **2** sesión [del Parlamento]

'**sitting room** *s* sala (de estar)

situated /'sɪtʃueɪtɪd/ *adj* ubicado -a, situado -a

situation /sɪtʃu'eɪʃən/ *s* **1** situación **2** ubicación **3 situations vacant** ofertas de empleo/trabajo

six /sɪks/ *número* seis

sixteen /sɪk'stin/ *número* dieciséis

sixteenth /sɪks'tinθ/ *número* **1** decimosexto -a **2** dieciséis **3** dieciseisavo, decimosexta parte

sixth /sɪksθ/ *número* **1** sexto -a **2** seis **3** sexto, sexta parte

'**sixth form** *s*

> Así se les llama en Gran Bretaña a los dos últimos años de la enseñanza media, el sexto y el séptimo (**lower sixth** y **upper sixth** respectivamente). Durante ellos se preparan los **A Levels**, exámenes que son requisito para entrar a la universidad.

sixtieth /'sɪkstiəθ/ *número* **1** sexagésimo -a **2** sesentavo, sesentava parte

sixty /'sɪksti/ *número* **1** sesenta **2 the sixties** los (años) sesenta **3 to be in your sixties** tener sesenta y pico/sesenta y tantos

sizable, también **sizeable** /'saɪzəbəl/ *adj* considerable

size /saɪz/ *s* **1** tamaño **2** talla: *What size is the dress?* ¿Qué talla es el vestido? | *What size shoes do you take?* ¿Qué número calza? **3** magnitud, dimensión [de un problema]

sizzle /'sɪzəl/ *v* [intr] crepitar, chisporrotear

skate /skeɪt/ *sustantivo & verbo*
- **s** patín
- **v** [intr] patinar | **to go skating** ir a patinar

ice skates

skateboard

roller skate

skateboard /'skeɪtbɔrd/ patineta

skating /'skeɪtɪŋ/ *s* **1** patinaje sobre hielo **2** patinaje

skeleton /'skelətn/ *sustantivo & adjetivo*
- **s** esqueleto
- **adj a skeleton staff/service** personal/servicio de guardia [durante un día festivo, una huelga, etc.]

skeptic AmE, **sceptic** BrE /'skeptɪk/ *s* escéptico -a

skeptical AmE, **sceptical** BrE /'skeptɪkəl/ *adj* escéptico -a

skepticism AmE, **scepticism** BrE /'skeptəsɪzəm/ *s* escepticismo

sketch /sketʃ/ *sustantivo & verbo*
- **s** (pl **sketches**) **1** boceto, bosquejo **2** sketch
- **v** [tr/intr] (3ª pers sing -ches) dibujar, bosquejar

ski /ski/ *sustantivo & verbo*
- **s** esquí
- **v** [intr] (pasado & participio skied, gerundio skiing) esquiar | **to go skiing** ir a esquiar

skid /skɪd/ *verbo & sustantivo*
- **v** [intr] (-dded, -dding) patinar, derrapar [vehículo]
- **s** patinazo, derrape

skies /skaɪz/ plural de **sky**

skiing /'ski-ɪŋ/ *s* esquí

skilful BrE ► ver **skillful**

skilfully BrE ► ver **skillfully**

skill /skɪl/ *s* habilidad, destreza: *my driving skill* mi habilidad al volante | *language skills* competencias lingüísticas | **skill at sth** habilidad para algo | **skill in doing sth** habilidad para hacer algo

skilled /skɪld/ *adj* **1** calificado -a | **to be skilled at/in sth** ser experto -a en algo **2 a skilled job** un trabajo especializado

skillful AmE, **skilful** BrE /'skɪlfəl/ *adj* **1** hábil, diestro -a **2** habilidoso -a

skillfully AmE, **skilfully** BrE /'skɪlfəli/ *adv* hábilmente, con habilidad

skim /skɪm/ *v* (-mmed, -mming) **1** [tr] (también **skim through**) echar(le) una mirada a **2** [tr] pasar rozando

,**skim 'milk** AmE, **skimmed milk** BrE *s* leche descremada

skin /skɪn/ *sustantivo & verbo*
- **s** **1** piel, cutis **2** piel [de zorro, oso, etc.] **3** cáscara, piel **4** nata **5 by the skin of your**

teeth (informal) por un pelo
■ **v** [tr] (-nned, -nning) **1** desollar [un animal]
2 pelar [fruta, verdura]
skinhead /'skɪnhed/ s skinhead, cabeza rapada
skinny /'skɪni/ adj (-nnier, -nniest) (informal) flaco -a
skip /skɪp/ verbo & sustantivo
■ **v** (-pped, -pping) **1** [intr] brincar, saltar [avanzar dando saltitos]: *She skipped along beside her mother.* Iba brincando al lado de su madre. **2** [tr] (informal) **to skip class** faltar a clase | **to skip breakfast/lunch etc.** saltarse el desayuno/el almuerzo etc. **3** [tr] (también **skip over**) saltarse [un párrafo, un capítulo, etc.] **4** [intr] (también **skip rope** AmE) saltar la cuerda, brincar la reata
■ **s 1** brinco, saltito **2** BrE contenedor [de basura]
'skipping ,rope s BrE reata, cuerda (de saltar)
▶ En inglés americano se usa **jump rope**
skirt /skɜrt/ sustantivo & verbo
■ **s** falda
■ **v** [tr] rodear, bordear
skull /skʌl/ s cráneo
sky /skaɪ/ s (pl skies) cielo, firmamento: *There wasn't a cloud in the sky.* No había ni una nube en el cielo.
skylight /'skaɪlaɪt/ s claraboya, tragaluz
skyscraper /'skaɪˌskreɪpər/ s rascacielos
slab /slæb/ s losa [de cemento, piedra, etc.], placa [de mármol]
slack /slæk/ adjetivo & verbo
■ **adj 1** flojo -a **2** de poca actividad **3** descuidado -a, negligente
■ **v** [intr] (también **slack off**) aflojar (el ritmo de trabajo)
slam /slæm/ v (-mmed, -mming) **1 to slam the door (shut)** dar un portazo, azotar la puerta | **the door slammed (shut)** la puerta se cerró de un portazo **2 to slam sth down** (indicando un movimiento rápido y violento): *He slammed the phone down.* Colgó el teléfono dando un golpe. | *He slammed the hood down in despair.* Desesperado, azotó el cofre. **3** [tr] (informal) criticar duramente
slang /slæŋ/ s argot, jerga | **a slang word/expression** una palabra/expresión argótica
slant /slænt/ verbo & sustantivo
■ **v** [intr] inclinarse
■ **s 1 at/on a slant** inclinado -a **2** enfoque, sesgo
slap /slæp/ verbo & sustantivo
■ **v** [tr] (-pped, -pping) **1** pegarle a [con la palma de la mano] | **to slap sb across the face** darle una cachetada a alguien, cachetear a alguien | **to slap sb on the back** darle una palmadita en la espalda a alguien **2** (indicando un movimiento rápido y violento): *I slapped the money down on the counter.* Planté el dinero sobre el mostrador. **slap sth on** dar algo [una mano de pintura, etc.] rápidamente y sin cuidado]

■ **s 1** palmada, cachetada | **to give sb a slap** pegarle a alguien **2 to feel/be like a slap in the face** ser como una bofetada/cachetada **3 l/she etc. got a slap on the wrist** (informal) me/le etc. dieron un jalón de orejas
slash /slæʃ/ verbo & sustantivo
■ **v** [tr] (3ª pers sing -shes) **1** acuchillar | **to slash your wrists** cortarse las venas **2** (informal) recortar [en forma drástica]
■ **s** (pl -shes) **1** tajo, cuchillada **2** barra (oblicua): *forward slash* barra hacia adelante
slate /sleɪt/ s pizarra
slaughter /'slɔtər/ sustantivo & verbo
■ **s 1** masacre **2** matanza
■ **v** [tr] **1** masacrar **2** matar [un animal] **3** (informal) darle una paliza a [otro equipo, un contrincante]
slave /sleɪv/ sustantivo & verbo
■ **s 1** esclavo -a **2 to be a slave to sth** ser esclavo -a de algo
■ **v** [intr] (también **slave away**) trabajar como (un) burro/(una) burra | **to slave at/over sth** trabajar como (un) burro/(una) burra con/en algo
slavery /'sleɪvəri/ s esclavitud
sleazy /'slizi/ adj (-zier, -ziest) (informal) sórdido -a, de mala muerte
sled /sled/ AmE, **sledge** /sledʒ/ BrE s trineo
sleek /slik/ adj **1** liso y brillante [cabello] **2 a sleek car** un auto de líneas elegantes
sleep /slip/ verbo & sustantivo

sled/sledge

■ **v** (pasado & participio slept) **1** [intr] dormir **2 to sleep on it** (informal) consultarlo con la almohada **3 to sleep 5/10 etc. people** tener camas para 5/10 etc. personas
PHRASAL VERBS
sleep in dormir hasta tarde
sleep sth off 1 dormir para reponerse de algo **2 to sleep it off** dormir la cruda
sleep through dormir de un tirón **sleep through sth** seguir durmiendo pese a algo
sleep together tener relaciones (sexuales)
sleep with sb acostarse con alguien
■ **s 1** estado de estar dormido: *He talks in his sleep.* Habla dormido. | *I had no sleep at all last night.* Ayer no dormí en toda la noche. | **to go to sleep** dormirse **2 to have a sleep** echarse un sueño/un sueñito
sleeper /'slipər/ s **1 to be a heavy/light sleeper** tener el sueño pesado/ligero **2** tren con coches cama
'sleeping bag s bolsa de dormir
sleepless /'sliplɪs/ adj **a sleepless night** una noche en vela
sleepy /'slipi/ adj (-pier, -piest) **1** somnoliento -a | **to be/feel sleepy** tener sueño **2 a sleepy village** un pueblo muy tranquilo

sleet /slit/ s aguanieve

sleeve /sliv/ s **1** manga | **long-/short-sleeved** de manga larga/corta **2** funda [de un disco] **3 to have sth up your sleeve** (informal) tener algo escondido en/bajo la manga

sleeveless /'slivləs/ adj sin mangas

sleigh /sleɪ/ s trineo

slender /'slendər/ adj **1** esbelto -a **2** remoto -a, escaso -a [posibilidad]

slept /slept/ pasado & participio de **sleep**

sleigh

slice /slaɪs/ sustantivo & verbo
- s **1** rebanada [de pan] **2** pedazo [de pastel] **3** tajada [de carne] **4** rodaja [de jitomate, cebolla, etc.] **5** rebanada [de jamón] **6** (informal) parte [del mercado, las ganancias, etc.]
- v **1** [tr] (también **slice up**) cortar [en rebanadas, tajadas, etc.] **2 to slice through sth** cortar algo [con facilidad] **3 to slice sth off** cortar algo

slick /slɪk/ adjetivo & sustantivo
- adj **1** con mucha labia **2 a slick performance/production** una interpretación/ producción lograda **3** hábil [maniobra, movimiento]
- s ▶ ver **oil**

slide /slaɪd/ verbo & sustantivo
- v (pasado & participio **slid** /slɪd/) **1** (sobre una superficie) [tr] deslizar, [intr] deslizarse **2 to slide sth into your pocket/bag etc.** deslizar algo en el bolsillo/la bolsa etc. **3 to slide into a room/out of a house etc.** deslizarse dentro de una habitación/fuera de una casa etc.
- s **1** resbaladilla **2** diapositiva, transparencia **3** (de los precios, etc.) caída **4** BrE (para el pelo) broche ▶ En inglés americano se usa **barrette**

,sliding 'door s puerta corrediza

slight /slaɪt/ adj **1** ligero -a, leve: *I had a slight headache.* Tenía un ligero dolor de cabeza. **2 I haven't/he hasn't etc. the slightest idea** no tengo/no tiene etc. ni la más mínima idea **3 not in the slightest** en lo más mínimo

slightly /'slaɪtli/ adv **1 slightly bigger/higher/ better etc.** un poco más grande/más alto/mejor etc., ligeramente más grande/más alto/mejor etc. | **to be slightly hurt** resultar levemente herido -a **2 to move/change etc. slightly** moverse/cambiar etc. ligeramente

slim /slɪm/ adjetivo & verbo
- adj (-mmer, -mmest) **1** delgado -a **2** poco voluminoso -a **3** escaso -a, remoto -a [posibilidad]
- v [intr/tr] (-mmed, -mming) (también **to slim down** AmE) adelgazar: *I'm trying to slim down.* Estoy tratando de adelgazar.
slim sth down reducir algo

slime /slaɪm/ s **1** cualquier sustancia viscosa como la lama **2** baba [de caracol, etc.]

slimy /'slaɪmi/ adj (-mier, -miest) **1** viscoso -a **2** obsecuente

sling /slɪŋ/ verbo & sustantivo
- v [tr] (pasado & participio **slung**) **1** tirar, aventar **2** colgar
- s **1** cabestrillo **2** canguro [para cargar bebés]

slingshot /'slɪŋʃɑt/ s AmE resortera

slip /slɪp/ verbo & sustantivo
- v (-pped, -pping) **1** [intr] resbalarse **2 to slip past sb** pasar sigilosamente por al lado de alguien | **to slip through sth** meterse/salir etc. sigilosamente por algo **3** [tr] (indicando un movimiento rápido, fluido o disimulado): *He slipped his arm around her waist.* Le pasó el brazo por la cintura. | *I slipped a note into his hand.* Le pasé una nota disimuladamente. **4** [intr] escaparse [de la mano, etc.]: *The knife slipped.* Se me escapó el cuchillo. **5** [intr] empeorar **6 it completely slipped my/his etc. mind.** me olvidé/se olvidó etc. totalmente

PHRASAL VERBS
slip into sth ponerse algo [una prenda de ropa]
slip sth off quitarse algo [una prenda de ropa]
slip sth on ponerse algo [una prenda de ropa]
slip out **1** escaparse, irse sin ser visto **2** escaparse [palabras, secreto]: *It just slipped out.* Se me escapó.
slip out of sth **1** quitarse algo [una prenda de ropa] **2 to slip out of the room/house etc.** escabullirse de la habitación/la casa etc.
slip up cometer un error
- s **1 a slip of paper** un papelito **2** error, desliz | **a slip of the tongue/pen** un lapsus **3 to give sb the slip** (informal) zafarse de alguien **4** fondo

slipper /'slɪpər/ s pantufla

slippery /'slɪpəri/ adj **1** resbaloso -a **2 to be a slippery customer** (informal) no ser de fiar

slit /slɪt/ sustantivo & verbo
- s rendija, abertura
- v [tr] (pasado & participio **slit**, gerundio **slitting**) **1** abrir | **to slit sth open** abrir algo [con un cuchillo] **2 to slit sb's throat** degollar a alguien, cortarle el cuello a alguien

sliver /'slɪvər/ s **1** astilla [de vidrio, madera] **2** tajada fina [de queso, carne, etc.]

slob /slɑb/ s (informal) fodongo -a, flojo -a

slog /slɑg/ verbo & sustantivo
- v [intr] (-gged, -gging) (informal) **1** desplazarse con dificultad: *We slogged up the hill.* Subimos la cuesta con dificultad. **2 to slog through sth** leerse algo [pesado y largo]
- s **to be a slog** BrE (informal) dar mucho trabajo

slogan /'sloʊgən/ s **1** eslogan **2** consigna

slope /sloʊp/ sustantivo & verbo
- s **1** pendiente, ladera **2** pista (de esquí) **3** ángulo

■ **v** [intr] tener pendiente/inclinación | **to slope down/up to sth** bajar/subir hacia algo

sloppy /'slɑpi/ adj (-ppier, -ppiest) **1** descuidado -a **2** holgado -a, guango -a **3** sensiblero -a

slot /slɑt/ sustantivo & verbo
■ **s 1** ranura, surco **2** (en radio, televisión) espacio **3** (en un ránking) puesto
■ **v to slot into sth** encajar en algo

'slot ma,chine s **1** máquina tragamonedas **2** BrE máquina expendedora ► También existe **vending machine**, que es inglés universal

slow /sloʊ/ adjetivo & verbo
■ **adj 1** lento -a: a very slow process un proceso muy lento **2 to be slow to do sth/in doing sth** tardar en hacer algo **3** atrasado -a: My watch is ten minutes slow. Mi reloj anda diez minutos atrasado. **4 business/trade is slow** hay poco movimiento en el negocio **5** corto -a (de entendederas)
■ **v 1** [tr] hacer más lento **2** [intr] disminuir/bajar la velocidad
slow down, también **slow up** disminuir la velocidad, aflojar (el paso) **slow sth down** hacer más lento algo **slow sb down** hacer ir más lento a alguien

slowly /'sloʊli/ adv **1** lentamente, despacio **2** poco a poco

,slow 'motion s **in slow motion** en cámara lenta

slug /slʌg/ s tlaconete, babosa

slum /slʌm/ s zona de viviendas precarias dentro de una ciudad

slump /slʌmp/ verbo & sustantivo
■ **v** [intr] **1** caer [ventas, ganancias] **2 to slump into a chair/onto the bed etc.** desplomarse en una silla/sobre la cama etc.
■ **s 1** caída **2** recesión

slung /slʌŋ/ pasado & participio de **sling**

slur /slɜr/ s injuria

slush /slʌʃ/ s nieve derretida

sly /slaɪ/ adj (slier, sliest o slyer, slyest) **1** astuto -a **2** pícaro -a

smack /smæk/ verbo & sustantivo
■ **v** [tr] pegarle a
■ **s** palmada | **to give sb a smack** darle una palmada a alguien, pegarle a alguien

small /smɔl/ adj **1** (de tamaño) chico -a, pequeño -a **2** sin importancia, pequeño -a [problema, error, etc.] **3** (joven) pequeño -a **4 a small "a"/"b" etc.** una "a"/"b" etc. minúscula **5 a small fortune** una pequeña fortuna **6 to make sb feel small** hacer sentir a alguien poca cosa

'small ad s BrE ► ver **classified ad**

smallpox /'smɔlpɑks/ s viruela

'small talk s **to make small talk** platicar de cosas triviales para mantener un diálogo con alguien en una reunión social, etc.

smart /smɑrt/ adj **1** listo -a, inteligente: He's a smart kid. Es un niño listo. **2** BrE elegante [traje, abrigo] **3** BrE elegante [hotel, restaurante]

smash /smæʃ/ verbo & sustantivo
■ **v** (3ª pers sing **-shes**)
1 [tr] romper, hacer añicos **2** [intr] romperse, hacerse añicos **3 to smash against/into sth** estrellarse contra algo **4 to smash sb's face/head in** (informal) partirle la cara a alguien
smash sth up destrozar algo
■ **s** (pl **-shes**)
1 estrépito **2** (también **smash hit**) (informal) éxito **3** BrE (informal) choque, accidente [de tránsito]

smashing

smear /smɪr/ sustantivo & verbo
■ **s 1** mancha **2** calumnia **3** (también **smear test**) BrE Papanicolau ► En inglés americano se usa **Pap smear** o **Pap test**
■ **v** [tr] **1 to smear sth with cream/grease etc. (a)** embadurnar algo con crema/grasa etc. **(b)** manchar algo con crema/grasa etc. **2 to smear cream/grease etc. over sth** embadurnar algo con crema/grasa etc.

smell /smel/ sustantivo & verbo
■ **s 1** olor **2** olfato
■ **v** (pasado & participio **smelled** o **smelt** BrE) **1** [intr] oler | **to smell of/like sth** oler a algo, tener olor a algo **2** [intr] oler mal, tener mal olor **3** [tr] oler, sentir olor a: I can smell gas. Huelo gas. **4** [tr] oler, sentir el olor de: Smell my new perfume. Huele mi nuevo perfume.

smelly /'smeli/ adj (-lier, -liest) hediondo -a, con (mal) olor

smile /smaɪl/ verbo & sustantivo
■ **v** [intr] sonreír | **to smile at sb** sonreírle a alguien
■ **s** sonrisa | **to give sb a smile** sonreírle a alguien

smirk /smɜrk/ sustantivo & verbo
■ **s** sonrisita
■ **v** [intr] sonreír [con burla, suficiencia, etc.]

smog /smɑg/ s smog [mezcla de emanaciones y niebla]

smoke /smoʊk/ sustantivo & verbo
■ **s** humo
■ **v 1** [tr/intr] fumar **2** [intr] echar humo **3** [tr] ahumar

smoker /'smoʊkər/ s fumador -a

smokestack /'smoʊkstæk/ s AmE chimenea [de un barco o una fábrica]

smoky, también **smokey** /'smoʊki/ adj (-kier, -kiest) **1** lleno -a de humo **2** ahumado -a

smolder AmE, **smoulder** BrE /'smoʊldər/ v [intr] arder [sin llamas]

smooth /smuð/ *adjetivo & verbo*
- *adj* **1** (parejo, sin irregularidades) suave, liso -a **2** sin grumos, cremoso -a **3** (referido a movimientos) suave, fluido -a **4** (referido a bebidas) suave **5 a smooth salesman** un vendedor con mucha labia
- *v* [tr] **1** (también **smooth out**) alisar, extender **2** (también **smooth down**) alisar
smooth sth over allanar algo [dificultades, diferencias, etc.]

smoothly /'smuðli/ *adv* **to go smoothly** marchar/salir bien [sin problemas]

smother /'smʌðər/ *v* [tr] **1** asfixiar **2** sofocar [las llamas]

smudge /smʌdʒ/ *sustantivo & verbo*
- *s* mancha
- *v* [tr] (hacer) correr, [intr] correrse [tinta, maquillaje]

smug /smʌg/ *adj* (-gger, -ggest) **a smug expression/smile** una expresión/sonrisa de suficiencia | **to be/look smug** estar/parecer muy satisfecho -a consigo mismo -a

smuggle /'smʌgəl/ *v* [tr] contrabandear, hacer contrabando de | **to smuggle sth out of/into the country** sacar algo del país/meter algo en el país de contrabando

smuggler /'smʌglər/ *s* contrabandista

snack /snæk/ *s* **to have a snack** tomar un tentempié

snacks

bar of chocolate

potato chips

'snack bar *s* cafetería

snag /snæg/ *s* inconveniente

snail /sneɪl/ *s* caracol

'snail mail *s* (informal) Se usa **snail mail** para referirse humorísticamente al correo normal por oposición al electrónico.

snake /sneɪk/ *s* serpiente, culebra

snap /snæp/ *verbo, sustantivo & adjetivo*
- *v* (-pped, -pping) **1** [tr] romper, quebrar **2** [intr] romperse, quebrarse **3 to snap sth shut** cerrar algo [como un monedero o algo que tiene un broche que hace "clic"] **4 to snap your fingers** tronar los dedos **5** [intr] decir bruscamente | **to snap at sb** hablarle a alguien de mal modo
- *s* **1** chasquido **2** AmE broche a/de presión **3** BrE ▶ ver **snapshot**
- *adj* **a snap decision/judgement** una decisión precipitada/un juicio precipitado

snapshot /'snæpʃɑt/ *s* foto

snarl /snɑrl/ *v* [intr] gruñir

snatch /snætʃ/ *v* [tr] (3ª pers sing -ches) **1** (agarrar) quitar, arrebatar **2** (robar) arrebatar **3** aprovechar **4** secuestrar

sneak /snik/ *verbo & sustantivo*
- *v* (pasado & participio sneaked o snuck AmE) **1 to sneak in/out** entrar/salir a escondidas | **to sneak past sb** pasar por al lado de alguien sin ser visto -a **2 to sneak sth up/in etc.** subir/meter etc. algo a escondidas **3 to sneak a look (at sth)** mirar (algo) con disimulo
sneak on sb (informal) acusar a alguien
sneak up to sneak up on sb aparecérsele de repente a alguien
- *s* (informal) **1** AmE taimado -a **2** BrE soplón -ona, rajón -ona

sneaker /'snikər/ *s* AmE (zapato) tenis

sneer /snɪr/ *verbo & sustantivo*
- *v* **1** [intr] adoptar un aire despectivo | **to sneer at sth/sb** burlarse de algo/alguien **2** [tr] decir despectivamente
- *s* mueca (de desprecio)

sneeze /sniz/ *verbo & sustantivo*
- *v* [intr] estornudar
- *s* estornudo

snicker /'snɪkər/ AmE, **snigger** /'snɪgər/ BrE *verbo & sustantivo*
- *v* [intr] reírse (por lo bajo) | **to snicker at sth/sb** reírse de algo/alguien
- *s* risita

sniff /snɪf/ *verbo & sustantivo*
- *v* **1** [intr] inspirar ruidosamente por la nariz cuando se está resfriado o llorando **2** [tr/intr] oler | **to sniff at sth** olfatear algo **3** [tr] aspirar, inhalar [cemento, cocaína, etc.]
- *s* **to take a sniff of sth** oler algo

snip /snɪp/ *v* [tr] (-pped, -pping) cortar (con tijera) | **to snip sth off** cortar algo

sniper /'snaɪpər/ *s* francotirador -a

snippet /'snɪpɪt/ *s* **a snippet of information/news** un dato

snob /snɑb/ *s* esnob, snob

snobbery /'snɑbəri/ *s* esnobismo, snobismo

snooker /'snʊkər, BrE 'snukə/ *s* juego similar al billar con quince bolas rojas y seis de colores

snoop /snup/ *v* [intr] **to snoop around/about** fisgonear

snooze /snuz/ *verbo & sustantivo*
- *v* [intr] (informal) echarse un sueñito
- *s* (informal) **to have a snooze** echarse un sueñito

snore /snɔr/ *v* [intr] roncar

snorkel /'snɔrkəl/ *s* esnórquel

snort /snɔrt/ *v* [intr] resoplar

snot /snɑt/ *s* (informal) mocos

snout /snaʊt/ *s* hocico

snow /snoʊ/ *sustantivo & verbo*
- *s* nieve
- *v* **1** [intr] nevar: *It's snowing.* Está nevando.

---

i Hay una tabla con los **números** en inglés y explicaciones sobre su uso en el apartado de gramática.

2 to be snowed in estar aislado -a por la nieve
3 to be snowed under (with work) estar lleno -a de trabajo

snowball /'snoʊbɔl/ *sustantivo & verbo*
■ *s* bola de nieve
■ *v* [intr] crecer

snowboarding /'snoʊbɔrdɪŋ/ *s* snowboarding

snowdrift /'snoʊdrɪft/ *s* masa de nieve acumulada por el viento

snowfall /'snoʊfɔl/ *s* nevada

snowflake /'snoʊfleɪk/ *s* copo de nieve

snowman /'snoʊmæn/ *s* (pl **-men**) muñeco/mono de nieve

snowplow AmE, **snowplough** BrE /'snoʊplaʊ/ *s* (vehículo) quitanieves

snowy /'snoʊi/ *adj* (**-wier, -wiest**) **1** nevado -a **2 a snowy day** un día de nieve

snub /snʌb/ *v* [tr] (**-bbed, -bbing**) desairar

snuck /snʌk/ AmE pasado & participio de **sneak**

snug /snʌg/ *adj* (**-gger, -ggest**) **1** acogedor -a **2** cómodo -a y a gusto

snuggle /'snʌgəl/ *v* **to snuggle up (together)** acurrucarse (bien juntos) | **to snuggle up to sth/sb** acurrucarse junto a algo/alguien | **to snuggle down** acurrucarse

snuggle

so /soʊ/ *adverbio & conjunción*
■ *adv* **1** tan | **so good/big etc. (that)** tan bueno -a/grande etc. (que): *She drives so fast!* ¡Maneja tan rápido!: *He's so fat that he can hardly move.* Es tan gordo que casi ni puede moverse. | **so much/many** tanto -a/tantos -as
2 I think so creo que sí | **I don't think so** creo que no, no creo | **I hope so** espero que sí, eso espero | **I told you so** te lo dije
3 if so si es así
4 so am I/so can she/so will my dad etc. yo también/ella también/mi papá también etc. ► ver también la entrada **también**
5 bueno: *So, what did you think of the play?* Bueno ¿qué te pareció la obra?
6 10 miles/5 hours etc. or so alrededor de 10 millas/5 horas etc.
7 and so on etcétera
8 so (what)? (informal) ¿y (qué)?: *"You're late." "So what?"* —Llegaste tarde. –¿Y qué?
■ *conj* **1** así que: *I heard a noise so I got out of bed.* Oí un ruido así que me levanté.
2 so (that) para que: *I left the light on so she wouldn't be scared.* Dejé la luz prendida para que no tuviera miedo.
3 so as (not) to para (no): *I took my shoes off so*

as not to wake everyone up. Me quité los zapatos para no despertar a todo el mundo.

soak /soʊk/ *v* **1** [tr] poner/dejar en remojo **2 to leave sth to soak** dejar algo remojando/en remojo **3** [tr] empapar | **to get soaked** empaparse **4 to soak through sth** filtrarse por algo **soak sth up** absorber algo

soaked /soʊkt/ *adj* empapado -a

soaking /'soʊkɪŋ/, también **soaking wet** *adj* empapado -a

soap /soʊp/ *s* jabón

'soap ,opera, también **soap** *s* telenovela

soapy /'soʊpi/ *adj* (**-pier, -piest**) jabonoso -a

soar /sɔr/ *v* [intr] **1** dispararse [precios] **2** volar alto **3** subir, trepar [avión, cohete, etc.]

sob /sɑb/ *verbo & sustantivo*
■ *v* [intr] (**-bbed, -bbing**) sollozar
■ *s* sollozo

sober /'soʊbər/ *adjetivo & verbo*
■ *adj* **1** (no ebrio) sobrio -a **2** (sencillo, discreto) sobrio -a **3** serio -a
■ *v* **sober up l/he etc. sobered up** se me/le etc. pasó la borrachera **sober sb up** quitarle la borrachera a alguien

'so-called *adj* dizque, supuesto -a: *a so-called expert* dizque un experto/un supuesto experto

soccer /'sɑkər/ *s* futbol (soccer) ► ver nota en **football**

sociable /'soʊʃəbəl/ *adj* sociable

social /'soʊʃəl/ *adj* **1** (relativo a la sociedad) social: *social problems* problemas sociales **2** (relativo a actividades, reuniones, etc.) social: *my social life* mi vida social

socialism /'soʊʃəlɪzəm/ *s* socialismo

socialist /'soʊʃəlɪst/ *s & adj* socialista

socialize, -ise BrE /'soʊʃəlaɪz/ *v* [intr] hacer vida social | **to socialize with sb** tener trato social con alguien

,social se'curity *s* **1** AmE seguro social [sistema de seguros estatal] **2** BrE seguridad social, asistencia social ► En inglés americano se usa **welfare**

'social ,worker *s* trabajador -a social, asistente social

society /sə'saɪəti/ *s* (pl **-ties**) **1** sociedad: *We live in a multicultural society.* Vivimos en una sociedad multicultural. **2** (asociación) sociedad **3** (clase alta) sociedad

sociologist /soʊsi'ɑlədʒɪst/ *s* sociólogo -a

sociology /soʊsi'ɑlədʒi/ *s* sociología

sock /sɑk/ *s* calcetín: *a pair of socks* un par de calcetines

socket /'sɑkɪt/ *s* **1** (en la pared) enchufe **2** (en un aparato eléctrico) enchufe **3** (en una computadora) socket **4** (donde se atornilla un foco) socket

soda /'soʊdə/ *s* **1** (también **soda pop**) AmE refresco **2** (también **soda water**) soda

sodden /'sɑdn/ adj empapado -a

sofa /'soʊfə/ s sofá

soft /sɔft/ adj **1** blando -a | **to go soft** ablandarse **2** suave [piel, cabello, toalla] **3** suave [música, voz] | **in a soft voice** en voz baja **4** suave [color, iluminación] **5** suave [brisa, lluvia] **6** (no estricto) blando -a | **to be soft on sb/sth** ser blando -a con alguien/algo **7** (informal) fácil

softball /'sɔftbɔl/ s softbol

'**soft drink** s refresco

,**soft 'drug** s droga blanda

soften /'sɔfən/ v **1** [tr] suavizar, ablandar [hacer menos duro] **2** [intr] suavizarse, ablandarse [hacerse menos duro] **3** [tr] suavizar [una actitud, un golpe] **4** [intr] suavizarse [expresión, actitud, voz]

softhearted /sɔft'hɑrtɪd/ adj de buen corazón

softly /'sɔftli/ adv **1** suavemente **2** en voz baja

software /'sɔft-wer/ s software

soggy /'sɑgi/ adj (-ggier, -ggiest) húmedo -a y blando -a

soil /sɔɪl/ sustantivo & verbo
■ **s 1** suelo: *fertile soil* suelo fértil **2** **on Italian/ French etc. soil** (formal) en suelo italiano/francés etc.
■ **v** [tr] (formal) ensuciar

solar /'soʊlər/ adj solar

'**solar ,system** s sistema solar

sold /soʊld/ pasado & participio de **sell**

soldier /'soʊldʒər/ s soldado

,**sold 'out** adj agotados -as [entradas, pasajes, etc.] | **the concert/game etc. was sold out** no quedaban localidades para el concierto/partido etc., las localidades para el recital/partido etc. estaban agotadas

sole /soʊl/ adjetivo & sustantivo
■ **adj 1** único -a **2** **sole importer** importador exclusivo | **sole rights** derechos exclusivos
■ **s 1** planta [del pie] **2** suela [de un zapato] **3** lenguado

solely /'soʊli/ adv únicamente, solamente

solemn /'sɑləm/ adj **1** solemne, serio -a **2** **a solemn promise** una promesa solemne

solicitor /sə'lɪsətər/ s BrE abogado -a ▶ También existe **lawyer**, que es inglés universal y **attorney**, que se usa en inglés americano

solid /'sɑlɪd/ adjetivo & sustantivo
■ **adj 1** sólido -a **2** **solid foods** alimentos sólidos **3** **to be frozen solid** estar totalmente congelado -a **4** sólido -a, fuerte [mueble] **5** **made of solid gold/oak etc.** de oro/roble etc. macizo **6** **solid evidence** pruebas contundentes **7** **two solid hours/weeks etc.** dos horas/ semanas etc. seguidas
■ **s** sólido

solidarity /sɑlə'dærəti/ s solidaridad

solidify /sə'lɪdəfaɪ/ v [intr] (3ª pers sing -fies, pasado & participio -fied) solidificarse

solitaire /'sɑləter/ s AmE (juego de cartas) solitario | **to play solitaire** jugar solitario | **a game of solitaire** un solitario

solitary /'sɑləteri/ adj **1** solo -a **2** solitario -a

solo /'soʊloʊ/ adjetivo & sustantivo
■ **adj 1** **a solo piece** una pieza para (instrumento) solista **2** **a solo flight/voyage** un vuelo/viaje en solitario
■ **s** solo [en música]

soloist /'soʊloʊɪst/ s solista

soluble /'sɑljəbəl/ adj soluble

solution /sə'luʃən/ s **1** (a un problema, un crucigrama, etc.) solución **2** (líquido) solución

solve /sɑlv/ v [tr] **1** resolver, solucionar [un problema] **2** resolver, esclarecer [un misterio, un caso, etc.]

somber AmE, **sombre** BrE /'sɑmbər/ adj **1** sombrío -a [humor, ceremonia] **2** sombrío -a [habitación] **3** apagado -a [color]

some /səm/, acentuado sʌm/ adj, pron & adv ▶ ver recuadro

somebody /'sʌmbɑdi/ ▶ ver **someone**

someday /'sʌmdeɪ/ adv algún día

somehow /'sʌmhaʊ/ adv de alguna manera: *Somehow she managed to get here on time.* De alguna manera, se las arregló para llegar a tiempo. | **somehow or other** de una u otra forma

someone /'sʌmwʌn/, también **somebody** /'sʌmbɑdi, 'sʌmbədi/ pron ▶ ver recuadro

someplace /'sʌmpleɪs/ adv AmE ▶ ver **somewhere**

somersault /'sʌmərsɔlt/ s **1** maroma, marometa | **to do a somersault** dar maromas/ marometas, echar maromas/marometas **2** salto mortal | **to do a somersault** ejecutar un salto mortal

something /'sʌmθɪŋ/ pron ▶ ver recuadro

sometime /'sʌmtaɪm/ adv en un momento, día, etc. no definido: *Can we meet sometime this afternoon?* ¿Nos podemos reunir esta tarde en algún momento? | *Our house was built sometime around 1900.* Nuestra casa fue construida alrededor del 1900. | *They're going to find out sometime.* Algún día se van a enterar.

sometimes /'sʌmtaɪmz/ adv a veces: *Kate sometimes comes with me.* Kate a veces me acompaña. ▶ ver **adverbios de frecuencia** en **always**

somewhat /'sʌmwʌt/ adv (formal) algo, un poco: *She was somewhat annoyed.* Estaba algo molesta.

somewhere /'sʌmwer/, también **someplace** /'sʌmpleɪs/ AmE adv ▶ ver recuadro

son /sʌn/ s hijo

song /sɔŋ/ s canción

'**son-in-law** s (pl sons-in law) yerno

some

ADJETIVO & PRONOMBRE

1 A veces equivale a *unos/unas, algunos/algunas* o *parte* pero muchas veces no tiene equivalente en español, sobre todo cuando precede o sustituye a un sustantivo singular:
We need some bread. Necesitamos pan. | *He brought some cookies.* Trajo (unas) galletas. | *Some of the cups were broken.* Algunas de las tazas estaban rotas. | *I left some of the paper in the box.* Dejé parte del papel en la caja.

En oraciones negativas no se usa **some** sino **any**.

2 **some** se usa en oraciones interrogativas cuando se espera una respuesta afirmativa:
The coffee is still hot. Would you like some? El café todavía está caliente. ¿Quieres (un poco)?

3 A veces equivale a *bastante* o *unos cuantos/unas cuantas*:
It was some time before the ambulance arrived. Pasó bastante tiempo antes de que llegara la ambulancia. | *I've known them for some years now.* Ya hace unos cuantos años que los conozco.

ADVERBIO

1 Se usa en aproximaciones:
some 30 people unas treinta personas | *It cost some $2000.* Costó unos $2000.

2 **some more** significa *más*:
We need some more envelopes. Necesitamos más sobres.

someone

1 En general equivale a *alguien*:
Someone has taken my chocolate. Alguien se ha llevado mi chocolate.

En oraciones negativas no se usa **someone** ni **somebody** sino **anyone** o **anybody**.

En oraciones interrogativas **someone/somebody** se usa cuando se espera una respuesta afirmativa:
Did someone help you? ¿Te ayudó alguien?

2 **someone else** equivale a *otra persona/otro -a*:
She's seeing someone else now. Ahora está saliendo con otro.

soon /sun/ *adv* **1** pronto: *They'll be going soon.* Se van a ir pronto. | **soon after** poco después **2** **how soon...?** ¿qué tan pronto...?: *How soon could you start?* ¿Qué tan pronto podrías empezar? **3** **the sooner the better** cuanto antes mejor: *The sooner we leave the better.* Cuanto antes salgamos mejor. **4** **as soon as** en cuanto: *We came as soon as we heard the news.* Vinimos en cuanto oímos la noticia. **5** **I'll call you/I'll fix it as soon as possible** te llamaré/lo

something

1 En general equivale a *algo*:
I have something in my eye. Tengo algo en el ojo.

En oraciones negativas no se usa **something** sino **anything**.

En oraciones interrogativas **something** se usa cuando se espera una respuesta afirmativa:
Would you like something to eat? ¿Quieres comer algo?

2 **something else** equivale a *otra cosa*:
I would prefer something else. Preferiría otra cosa.

3 **APROXIMACIONES**

something like 100 cars/$400 etc. unos 100 autos/unos $400 etc.

4 **EXPRESIONES**

to be (really) something ser extraordinario -a: *It was really something to see the dolphins.* Fue extraordinario ver a los delfines. | **or something** o algo por el estilo: *Her name was Judith or Julie, or something.* Se llamaba Judith o Julie o algo por el estilo.

somewhere

1 En general equivale a *en algún lugar/lado* o a *algún lugar/lado*:
They live somewhere near Detroit. Viven en algún lugar cerca de Detroit. | *Let's go somewhere different tonight.* Vayamos a algún lugar distinto esta noche.

En oraciones negativas no se usa **somewhere** sino **anywhere**.

En oraciones interrogativas **somewhere** se usa cuando se espera una respuesta afirmativa:
Did you manage to find somewhere to eat? ¿Pudiste encontrar algún lugar para comer?

2 **somewhere else** equivale a *en otro lugar/lado* o a *otro lugar/lado*:
Let's go somewhere else for our vacation this year. Vayamos a otro lugar de vacaciones este año.

3 **APROXIMACIONES**

somewhere around alrededor de: *A good one costs somewhere around $600.* Uno bueno cuesta alrededor de $600.

arreglaré en cuanto pueda **6** **sooner or later** tarde o temprano **7** **I'd sooner** preferiría: *I'd sooner die than marry you!* ¡Preferiría morirme antes que casarme contigo!

soot /sʊt/ *s* hollín

soothe /suð/ *v* [tr] **1** tranquilizar **2** calmar

sophisticated /səˈfɪstəkeɪtɪd/ adj **1** sofisticado -a [persona, gustos] **2** sofisticado -a [arma, sistema]

soprano /səˈprænoʊ/ s soprano

sordid /ˈsɔːrdɪd/ adj sórdido -a

sore /sɔːr/ adjetivo & sustantivo
- adj **1** adolorido -a, dolorido -a: *My finger's really sore.* Tengo el dedo muy adolorido./Me duele mucho el dedo. | *I have a sore throat.* Me duele la garganta. **2** AmE (informal) enojado -a
- s llaga

sorrow /ˈsɑːroʊ/ s pesar, pena

sorry /ˈsɑːri/ adj (-rrier, -rriest) **1** sorry/I'm sorry **(a)** (para pedir perdón) perdón/ perdóname/perdóneme etc., disculpa/ discúlpame/disculpe etc.: *Sorry, did I step on your foot?* Perdón ¿te pisé? | *I'm sorry to bother you.* Disculpe que lo moleste. | *I'm terribly sorry.* Lo siento mucho. **(b)** (para expresar desacuerdo) discúlpame/discúlpeme etc.: *I'm sorry, but that isn't what I said.* Discúlpame, pero eso no es lo que dije. **2** to say sorry pedir perdón **3** I feel sorry for him/them etc. me da/me dan etc. lástima **4** to be sorry lamentar: *I'm sorry you had to wait.* Lamento que haya tenido que esperar. | *I'm sorry I'm late.* Perdón por llegar tarde. **5** sorry? ¿cómo?, ¿perdón?

sort /sɔːrt/ sustantivo & verbo
- s **1** tipo, clase: *What sort of music do you like?* ¿Qué tipo de música te gusta? | all sorts of toda clase de, todo tipo de: *They sell all sorts of things.* Venden todo tipo de cosas. **2** sort of (informal) como, un poco: *She looked sort of tense.* Parecía como tensa. | a sort of BrE una especie de: *a sort of greenish blue* una especie de azul verdoso
- v [tr] clasificar, separar [en pilas, montones, etc.]
  sort sth out **1** organizar algo: *I must sort out my CDs.* Tengo que organizar los CDs. **2** solucionar algo: *I'll try and sort things out and call you back.* Trataré de solucionar las cosas y después te vuelvo a llamar.

SOS /es oʊ 'es/ s SOS

so-so adv (informal) más o menos: *"How are you feeling?" "So-so."* –¿Cómo te sientes? –Más o menos.

sought /sɔːt/ pasado & participio de **seek**

soul /soʊl/ s **1** alma **2** not a soul ni un alma **3** (también soul music) música soul

sound /saʊnd/ sustantivo, verbo, adjetivo & adverbio
- s **1** ruido: *a strange sound* un ruido extraño **2** sonido **3** volumen **4** by the sound of it según parece
- v **1** [intr] sonar, parecer [por lo que alguien dice]: *The hotel sounds absolutely awful.* El hotel suena absolutamente espantoso. | *Her boyfriend sounds like a nice guy.* Su novio parece ser un buen cuate. | it sounds as if he's happy/as if there's trouble etc. parece que está contento/que hay problemas etc. **2** [intr] to sound upset/ excited etc. sonar disgustado -a/entusiasmado -a

etc.: *You sound upset. What's the matter?* Suenas disgustada. ¿Qué pasa? **3** [intr] sonar: *That piano sounds terrible!* ¡Ese piano suena horrible! **4** [intr] sonar [timbre] **5** to sound the alarm dar la voz de alarma
  sound sb out tantear a alguien
- adj **1** sensato -a **2** sound knowledge sólidos conocimientos **3** en buenas condiciones
- adv sound asleep profundamente dormido -a

'sound bite s fragmento de un discurso o declaración, en particular de un político, que condensa un mensaje

'sound ef,fects s pl efectos de sonido

soundly /ˈsaʊndli/ adv **1** to sleep soundly dormir profundamente **2** to be soundly beaten recibir una buena paliza [en un partido de futbol, etc.]

soundproof /ˈsaʊndpruːf/ adj con aislamiento acústico

soundtrack /ˈsaʊndtræk/ s banda sonora

soup /suːp/ s sopa: *tomato soup* sopa de tomate

sour /saʊr/ adj **1** ácido -a, agrio -a **2** agrio -a, cortado -a [leche] **3** to go/turn sour **(a)** cortarse, agriarse [leche] **(b)** echarse a perder [una relación, un plan]

source /sɔːrs/ s **1** fuente [de ingresos, proteínas, etc.] **2** origen [de un problema] **3** fuente [de información] **4** nacimiento [de un río]

south /saʊθ/ sustantivo, adjetivo & adverbio
- s (el) sur: *Which way is south?* ¿Hacia dónde está el sur? | *the south of Mexico* el sur de México | to the south (of) al sur (de)
- adj (del) sur, meridional: *a small town on the south coast* una pequeña ciudad en la costa sur
- adv **1** hacia el sur, al sur: *We sailed south.* Navegamos hacia el sur. **2** down south en el sur

South 'Africa s Sudáfrica

South 'African adj & s sudafricano -a

South A'merica s América del Sur, Sudamérica

South A'merican adj & s sudamericano -a

southbound /ˈsaʊθbaʊnd/ adj que va/iba en dirección sur

southeast /saʊθˈiːst/ sustantivo, adjetivo & adverbio
- s (el) sureste, (el) suroriente: *the southeast of Italy* el sureste/suroriente de Italia
- adj (del) sureste/suroriente, suroriental: *southeast wind* viento del sureste/suroriente
- adv hacia el sureste/suroriente, en dirección suroriental

southeastern /saʊθˈiːstərn/ adj (del) sudeste/ suroriente, suroriental

southerly /ˈsʌðərli/ adj (del) sur | in a southerly direction en dirección sur

southern, también **Southern** /ˈsʌðərn/ adj (del) sur, sureño -a

southerner, también **Southerner** /ˈsʌðərnər/ s sureño -a

,**South 'Pole** *s* **the South Pole** el Polo Sur

southward /'sauθwərd/, también **southwards** /'sauθwədz/ *adv* hacia el sur

southwest /sauθ'west/ *sustantivo, adjetivo & adverbio*
- *s* (el) suroeste, (el) suroccidente: *the southwest of the U.S.* el suroeste/suroccidente de los EU
- *adj* (del) suroeste/suroccidente, suroccidental: *A southwest wind was blowing.* Soplaba viento del suroeste/suroccidente.
- *adv* hacia el suroeste/suroccidente, en dirección suroccidental

southwestern /sauθ'westərn/ *adj* (del) suroeste/suroccidente, suroccidental

souvenir /suvə'nır/ *s* souvenir, recuerdo

sovereign /'savrın/ *s & adj* soberano -a

sow¹ /sou/ *v* [intr] (pasado **sowed**, participio **sowed** o **sown**) plantar [semillas]

sow² /sau/ *s* puerca, cerda [animal]

soy bean /'sɔɪ bin/, también **soya bean** /'sɔɪə bin/ *s* frijol de soya

'**soy sauce** *s* salsa de soya

spa /spɑ/ *s* **1** balneario [de aguas termales] **2** AmE jacuzzi

space /speıs/ *sustantivo & verbo*
- *s* **1** lugar: *There's space for a table and two chairs.* Hay lugar para una mesa y dos sillas. **2** lugar, espacio: *a parking space* un lugar para estacionar | *I cleared a space for my new computer.* Hice lugar para mi computadora nueva. **3** espacio: *outer space* el espacio (exterior) **4** **in/within the space of** en el plazo de
- *v* [tr] (también **space out**) espaciar, dejar separación entre

spaceship /'speısʃıp/, también **spacecraft** /'speıskræft/ *s* nave espacial

'**space ,shuttle** *s* transbordador espacial

spacious /'speıʃəs/ *adj* amplio -a

spade /speıd/ *sustantivo & sustantivo plural*
- *s* pala
- **spades** *s pl* espadas [palo de la baraja francesa]

spaghetti /spə'geti/ *s* spaghettis

Spain /speın/ *s* España

spam /spæm/ *s* spam [publicidad no deseada que se recibe por e-mail]

span /spæn/ *v* [tr] (-nned, -nning) **1** extenderse a lo largo de, abarcar **2** extenderse sobre, cruzar

Spaniard /'spænjərd/ *s* español -a

Spanish /'spænıʃ/ *adjetivo & sustantivo*
- *adj* español -a
- *s* **1** (idioma) español, castellano **2** **the Spanish** los españoles

spank /spæŋk/ *v* [tr] pegarle a, darle (unas) nalgadas a

spanner /'spænər/ *s* BrE llave inglesa, perico
▶ En inglés americano se usa **wrench**

spare /sper/ *adjetivo, verbo & sustantivo*
- *adj* **1** **a spare key/battery etc.** una llave/pila etc. de repuesto | **spare part** refacción **2** de más: *Do you have a spare pencil?* ¿Tienes un lápiz de más? **3** **spare room** cuarto de huéspedes **4** **spare time** tiempo libre **5** **spare tire** llanta de refacción
- *v* [tr] **1** disponer de, dar: *I can't spare the time.* No dispongo del tiempo. | *Could you spare me a couple of minutes?* ¿Tienes un par de minutos? **2** **time/money etc. to spare** tiempo/dinero etc. de sobra **3** **to spare sb the trouble** ahorrarle a alguien la molestia **4** **to spare no expense** no escatimar gastos
- *s* refacción

spark /spɑrk/ *sustantivo & verbo*
- *s* chispa
- *v* [tr] (también **spark off**) provocar [disturbios, una discusión]

sparkle /'spɑrkəl/ *verbo & sustantivo*
- *v* [intr] brillar
- *s* brillo

sparkler /'spɑrklər/ *s* luz de bengala

sparkling /'spɑrklıŋ/ *adj* **sparkling mineral water** agua mineral con gas | **sparkling white wine** vino blanco espumoso

sparrow /'spærou/ *s* gorrión

sparse /spɑrs/ *adj* escaso -a, ralo -a

spasm /'spæzəm/ *s* espasmo

spat /spæt/ pasado & participio de **spit**

spate /speıt/ *s* **a spate of burglaries/murders etc.** una serie de robos/asesinatos etc.

spatter /'spætər/ *v* [tr] salpicar

speak /spik/ *v* (pasado **spoke**, participio **spoken**) **1** [intr] hablar | **to speak to sb**, también **to speak with sb** AmE hablar con alguien: *Could I speak to Alan, please?* ¿Podría hablar con Alan? | **to speak about sth** hablar de algo | **not to be on speaking terms with sb** no hablarse con alguien [por haberse peleado, etc.] **2** [tr] hablar: *Do you speak English?* ¿Hablas inglés? **3** **so to speak** por así decirlo
speak for sb hablar en nombre de alguien, hablar por alguien **speak for sth 1** **to speak for itself/themselves** hablar por sí solo/solos, ser elocuente/elocuentes **2** **to be spoken for** estar reservado -a
speak up hablar más alto

space shuttle

speaker /'spikər/ s **1** orador -a **2** Spanish/ English etc. **speaker** hispanohablante/ angloparlante etc., hablante del español/inglés etc. **3** bocina [de una radio, etc.]

spear /spɪr/ sustantivo & verbo
- **s** lanza, arpón
- **v** [tr] clavarle una lanza/un arpón/un tenedor a

special /'speʃəl/ adjetivo & sustantivo
- **adj** especial: special treatment trato especial: Are you looking for anything special? ¿Busca algo en especial? | nothing special nada especial | special occasion ocasión especial | special offer oferta especial
- **s 1** especial [programa de radio o televisión] **2** plato del día

special ef'fects s pl efectos especiales

specialist /'speʃəlɪst/ s especialista

specialize, -ise BrE /'speʃəlaɪz/ v to specialize in sth especializarse en algo

specialized, -ised BrE /'speʃəlaɪzd/ adj especializado -a

specially /'speʃəli/ adv **1** especialmente **2** (informal) en particular

specialty /'speʃəlti/ AmE, **speciality** /ˌspeʃi'æləti/ BrE s (pl -ties) **1** (tema) especialidad **2** (plato) especialidad

species /'spiʃiz/ s (pl species) especie

specific /spɪ'sɪfɪk/ adj **1** específico -a, en particular: I'm not talking about any specific person. No hablo de ninguna persona en particular. **2** preciso -a: They gave us very specific instructions. Nos dieron instrucciones muy precisas.

specify /'spesəfaɪ/ v [tr] (-fies, -fied) especificar

specimen /'spesəmən/ s **1** muestra **2** ejemplar, espécimen

speck /spek/ s **1** mota [de polvo] **2** mancha [de sangre, grasa, etc.]

speckled /'spekəld/ adj moteado -a

specs /speks/ s pl (informal) ▶ ver spectacles en spectacle

spectacle /'spektəkəl/ sustantivo & sustantivo plural
- **s** espectáculo
- **spectacles** s pl (formal) anteojos

spectacular /spek'tækjələr/ adj espectacular

spectator /'spekteɪtər/ s espectador -a

speculate /'spekjəleɪt/ v [intr] **1** hacer conjeturas, especular **2** especular [con dinero, etc.]

sped /sped/ pasado & participio de speed

speech /spitʃ/ s (pl speeches) **1** discurso | to give/make a speech dar un discurso **2** the power of speech el habla **3** freedom of speech libertad de expresión **4** parlamento [en una pieza teatral]

speechless /'spitʃləs/ adj mudo -a [por la sorpresa, el enojo, etc.]: He was speechless with rage. Estaba mudo de la rabia.

'speech marks s pl comillas

speed /spid/ sustantivo & verbo
- **s 1** velocidad: What speed were you traveling at? ¿A qué velocidad iba? | at top speed a toda velocidad **2** rapidez
- **v** [intr] (pasado & participio sped o speeded) **1** to speed by/off etc. pasar/escapar etc. a toda velocidad **2** to be speeding exceder el límite de velocidad
  speed up 1 (ir más rápido) acelerar **2** (trabajar más rápido) acelerar **speed sth up** acelerar algo

speedboat /'spidbout/ s lancha (rápida)

speedy /'spidi/ adj (-dier, -diest) pronto -a, rápido -a: a speedy recovery una pronta recuperación

spell /spel/ verbo & sustantivo
- **v** (pasado & participio spelled o spelt BrE) [tr] deletrear, escribir: Could you spell your last name for me, please? ¿Me podría deletrear su apellido, por favor? | How do you spell "Birmingham"? ¿Cómo se escribe "Birmingham"?
  spell sth out explicar algo en detalle
- **s 1** hechizo | to put a spell on sb hechizar a alguien **2** temporada, racha

spelling /'spelɪŋ/ s **1** ortografía **2** grafía

spelt /spelt/ BrE pasado & participio de spell

spend /spend/ v [tr] (pasado & participio spent) **1** gastar: I spent $700 on a new dress. Gasté $700 en un vestido nuevo. **2** pasar: We spent the afternoon playing cards. Pasamos la tarde jugando a las cartas.

spending /'spendɪŋ/ s gasto(s)

spent /spent/ pasado & participio de spend

sperm /spɜrm/ s **1** (pl sperm o sperms) espermatozoide **2** esperma

sphere /sfɪr/ s **1** esfera **2** ámbito

spherical /'sfɪrɪkəl/ adj esférico -a

spice /spaɪs/ s especia

spicy /'spaɪsi/ adj (-cier, -ciest) muy condimentado -a, picoso -a

spider /'spaɪdər/ s araña

spike /spaɪk/ s **1** pincho, pico [de metal] **2** espina, púa [de una planta]

spill /spɪl/ verbo & sustantivo
- **v** (pasado & participio spilled o spilt BrE) **1** [tr] derramar, tirar **2** [intr] derramarse
  spill over extenderse
- **s** derrame | oil spill derrame de petróleo

spilt /spɪlt/ BrE pasado & participio de spill

spin /spɪn/ verbo & sustantivo
- **v** (pasado & participio spun, gerundio spinning) **1** [tr] hacer girar **2** [intr] girar **3** my/her etc. head was spinning me/le etc. daba vueltas la cabeza **4** [tr/intr] hilar **5** [tr] centrifugar
  spin sth out estirar algo
- **s 1** to give sth a spin hacer girar algo **2** to go into a spin entrar en barrena **3** to go for a spin (informal) ir a dar un paseo [en coche]

spinach /'spɪnɪtʃ/ s espinaca(s)

spinal /'spaɪnl/ *adj* de la columna (vertebral) | **spinal column** columna vertebral | **spinal cord** médula espinal

'spin ,doctor *s* asesor político especializado en presentar la información de modo que resulte favorable para el gobierno o un partido

spine /spaɪn/ *s* **1** columna (vertebral) **2** espina, púa **3** lomo [de un libro]

spineless /'spaɪnləs/ *adj* pusilánime, cobarde

spinster /'spɪnstər/ *s* soltera, solterona

spiral /'spaɪrəl/ *sustantivo, adjetivo & verbo*
- *s* espiral
- *adj* de espiral | **spiral staircase** escalera de caracol
- *v* [intr] (-led, -ling AmE, -lled, -lling BrE) **1** subir/caer en espiral **2** dispararse [los precios]

spire /spaɪr/ *s* aguja [en una iglesia, torre, etc.]

spirit /'spɪrɪt/ *sustantivo & sustantivo plural*
- *s* **1** (alma) espíritu **2** (fantasma) espíritu **3** (actitud) espíritu: *a true spirit of cooperation* un verdadero espíritu de cooperación
- **spirits** *s pl* **1** ánimo | **to be in high/low spirits** estar animado -a/desanimado -a **2** BrE bebidas alcohólicas [fuertes] ▶ En inglés americano se usa **liquor**

spiritual /'spɪrɪtʃuəl/ *adj* espiritual

spit /spɪt/ *verbo & sustantivo*
- *v* (pasado & participio spat o spit AmE, gerundio spitting) **1** [intr] escupir | **to spit at sb** escupirle a alguien **2** **to spit sth out** escupir algo **3** **it's spitting (with rain)** está lloviznando, está chispeando **4** **to be the spitting image of sb** ser el (vivo) retrato de alguien
- *s* **1** saliva, baba **2** espetón

spite /spaɪt/ *sustantivo & verbo*
- *s* **1** **in spite of** a pesar de: *in spite of the bad weather* a pesar del mal tiempo **2** rencor, maldad: *She just broke it out of spite.* Lo rompió sólo por rencor.
- *v* [tr] hacer enojar a, molestar

spiteful /'spaɪtfəl/ *adj* rencoroso -a

splash /splæʃ/ *verbo & sustantivo*
- *v* (3ª pers sing -shes) **1** **to splash on/over sth** salpicar algo: *The wine splashed all over my shirt.* El vino me salpicó toda la camisa. **2** [tr] mojar | **to splash sth on sth** mojar algo con algo: *He splashed some cold water on his face.* Se mojó la cara con agua fría. **3** [intr] (también **splash around/about**) chapotear
  splash out **to splash out on sth** (informal) gastarse un dineral en algo
- *s* (pl **splashes**) **1** ruido de algo que cae al agua **2** mancha [de sangre, tinta, etc.] **3** **to make a splash** (informal) causar sensación **4** **a splash of milk/brandy etc.** un chorrito de leche/coñac etc.

splatter /'splætər/ *v* [tr] salpicar [de sangre, pintura, etc.] | **to splatter on/over sth** salpicar algo

splendid /'splendɪd/ *adj* espléndido -a

splint /splɪnt/ *s* entablillado

splinter /'splɪntər/ *sustantivo & verbo*
- *s* astilla
- *v* [intr] astillarse

split /splɪt/ *verbo, sustantivo & sustantivo plural*
- *v* (pasado & participio split, gerundio splitting) **1** [intr] partirse, abrirse: *The wood had split in two.* La madera se había partido en dos. **2** [tr] partir, abrir **3** (también **split up**) [tr] dividir, [intr] dividirse: *The class split into four groups.* La clase se dividió en cuatro grupos. **4** (también **split up**) [tr] escindir, [intr] escindirse **5** [tr] repartir: *They split the money between them.* Se repartieron el dinero entre ellos.
  split up separarse [pareja] | **to split up with sb** separarse de alguien, terminar con alguien
- *s* **1** abertura [en una falda] **2** escisión
- **splits** *s pl* **to do the splits** hacer un split

,split 'second *s* **a split second** una fracción de segundo

splitting /'splɪtɪŋ/ *adj* **a splitting headache** un dolor de cabeza espantoso

splutter /'splʌtər/ *v* [tr/intr] farfullar

spoil /spɔɪl/ *v* (pasado & participio spoiled o spoilt BrE) **1** [tr] estropear **2** [tr] malcriar

spoiled[1] /spɔɪld/, también **spoilt** /spɔɪlt/ BrE *adj* malcriado -a, consentido -a

spoiled[2], también **spoilt** BrE pasado & participio de **spoil**

spoilsport /'spɔɪlspɔrt/ *s* (informal) aguafiestas

spoke[1] /spoʊk/ *s* rayo [de una rueda]

spoke[2] pasado de **speak**

spoken /'spoʊkən/ participio de **speak**

spokesman /'spoʊksmən/ *s* (pl -men) vocero

spokesperson /'spoʊkspərsən/ *s* (pl spokespeople) vocero -a

spokeswoman /'spoʊkswʊmən/ *s* (pl -women) vocera

sponge /spʌndʒ/ *sustantivo & verbo*
- *s* **1** esponja **2** BrE ▶ ver **sponge cake**
- *v* (informal) **to sponge off sb** vivir a costillas de alguien

'sponge cake *s* pastel

sponsor /'spɑnsər/ *sustantivo & verbo*
- *s* patrocinador -a
- *v* [tr] patrocinar, financiar

sponsored /'spɑnsərd/ *adj*

A **sponsored** walk, por ejemplo, es una caminata que un grupo de personas hace para recaudar fondos con fines benéficos. Cada participante tiene que obtener el apoyo de sus amigos y familiares, que se comprometen a pagarle una determinada cantidad de dinero por cada milla recorrida. Para pedir este apoyo se pregunta Will you **sponsor** me? Además de **sponsored** walks se hacen **sponsored** swims, **sponsored** runs, etc.

sponsorship /'spɒnsərʃɪp/ s auspicio, patrocinio

spontaneous /spɒn'teɪniəs/ adj espontáneo -a

spooky /'spuki/ adj (-kier, -kiest) (informal) que da miedo, espeluznante

spool /spul/ s carrete

spoon /spun/ sustantivo & verbo
- s **1** cuchara **2** (también **spoonful**) cucharada
- v **to spoon sth into/over** etc. **sth** poner algo en/sobre etc. algo (con una cuchara)

sport /spɔrt/ s deporte

sporting /'spɔrtɪŋ/ adj **sporting events/activities** eventos deportivos/actividades deportivas

sports /spɔrts/ adj deportivo -a, de deportes: a sports club un club deportivo

'sports car s (coche/carro) deportivo

'sports ˌcenter AmE, **sports centre** BrE s centro deportivo

sportsman /'spɔrtsmən/ s (pl -men) deportista [hombre]

sportswoman /'spɔrtswʊmən/ s (pl -women) deportista [mujer]

sporty /'spɔrti/ adj BrE (informal) **to be sporty** ser deportista: She's very sporty. Es muy deportista.

spot /spɒt/ sustantivo, sustantivo plural & verbo
- s **1** lugar, sitio: a beautiful spot for a picnic un lugar precioso para un picnic **2** mancha **3** **on the spot** (a) de inmediato (b) en el lugar de los hechos **4** **to put sb on the spot** poner a alguien en un aprieto **5** spot, espacio: an advertising spot un spot publicitario **6** BrE grano, barro, espinilla [en la piel] ▶ En inglés americano se usa también **pimple**
- **spots** s pl lunares [en una tela]
- v [tr] (-tted, -tting) **1** descubrir [un error] **2** ubicar, divisar

spotless /'spɒtləs/ adj **1** impecable **2** intachable

spotlight /'spɒtlaɪt/ s **1** reflector **2** **to be in the spotlight** ser el centro de atención

spotted /'spɒtɪd/ adj a/de lunares

spotty /'spɒti/ adj (-tier, -ttiest) BrE (informal) con granos [en la piel]

spouse /spaʊs/ s (formal) cónyuge

spout /spaʊt/ sustantivo & verbo
- s pico [de una tetera, una regadera de jardín, etc.]
- v **1** [intr] salir, manar [en grandes cantidades] **2** [tr] expulsar [lava, humo, etc.]

sprain /spreɪn/ verbo & sustantivo
- v **to sprain your ankle/wrist** etc. hacerse un esguince en el tobillo/la muñeca etc.
- s esguince

sprang /spræŋ/ pasado de **spring**

sprawl /sprɔl/ v [intr] **1** (también **sprawl out**) sentarse o tumbarse despatarrado **2** extenderse [ciudad]

spray /spreɪ/ sustantivo & verbo
- s **1** aerosol **2** **hair spray** spray (fijador) **3** rocío producido por la rompiente de las olas, una catarata, etc.
- v **1** [tr] rociar [las plantas] **2** [tr] fumigar [los cultivos] **3** [tr] echar [agua, perfume, desodorante de ambientes] **4** [intr] salir [en forma de lluvia]

spread /spred/ verbo & sustantivo
- v **1** [tr] (también **spread out**) extender: Alex spread the map out on the floor. Alex extendió el mapa sobre el suelo. **2** [tr] propagar, [intr] propagarse [fuego, enfermedad, etc.] **3** [tr] propagar, [intr] propagarse [rumor, ideas, etc.]: News spread quickly through the school. La noticia se propagó rápidamente por la escuela. **4** [tr] extender | **to spread butter/jelly** etc. **on the bread** untar el pan con mantequilla/mermelada etc.: Spread a little butter on the bread. Unte el pan con un poco de mantequilla. **5** (también **spread out**) [tr] estirar, extender, [intr] estirarse, extenderse | **to be evenly spread** estar distribuido -a de forma pareja
- s **1** propagación, difusión **2** cualquier pasta untable como una margarina, un queso untable, etc.

spreadsheet /'spredʃit/ s hoja de cálculo

spree /spri/ s **to go on a shopping/spending** etc. **spree** salir a comprarse de todo/a gastar a lo loco etc.

spring /sprɪŋ/ sustantivo & verbo
- s **1** primavera ▶ ver "Active Box" **seasons** en **season** **2** **spring weather/morning** etc. clima/mañana etc. de primavera **3** resorte **4** manantial
- v [intr] (pasado **sprang** o **sprung** AmE, participio **sprung**) **1** brincar, saltar **2** **to spring open/shut** abrirse/cerrarse de un golpe **3** **tears sprang into my/his** etc. **eyes** se me/le etc. llenaron los ojos de lágrimas
  spring from sth surgir de algo, originarse en algo
  spring sth on sb (informal) decirle algo a alguien de buenas a primeras

springboard /'sprɪŋbɔrd/ s trampolín

ˌspring-'clean v [tr/intr] hacer una limpieza general (de)

ˌspring-'cleaning s limpieza general

ˌspring 'onion s cebollita/cebolla (de) cambray

springtime /'sprɪŋtaɪm/ s primavera: These flowers bloom in the springtime. Estas flores florecen en primavera.

sprinkle /'sprɪŋkəl/ v [tr] **1** **to sprinkle sth with sugar/cheese** etc. espolvorear algo con azúcar/queso etc. | **to sprinkle sugar/cheese** etc. **on sth** espolvorear algo con azúcar/queso etc. | **to sprinkle water/perfume** etc. **on sth** rociar algo con agua/perfume etc. **2** AmE **it's sprinkling** está lloviznando, está chispeando

sprinkler /'sprɪŋklər/ s **1** aspersor, regador **2** rociador [contra incendios]

sprint /sprɪnt/ *verbo & sustantivo*
- *v* [intr] correr
- *s* **1** (en ciclismo) sprint **2** (en atletismo) carrera (corta)

sprout /spraʊt/ *verbo & sustantivo*
- *v* [intr] **1** (también **sprout up**) aparecer por todas partes **2** brotar, salir [hojas, brotes] **3** brotar [plantas, semillas] **4** salir, crecer [pelo, alas, cuernos]
- *s* **1** brote **2** ▶ ver **brussels sprout**

sprung /sprʌŋ/ participio de **spring**

spun /spʌn/ pasado & participio de **spin**

spur /spɜr/ *sustantivo & verbo*
- *s* **1 to do sth on the spur of the moment** hacer algo de un momento para otro **2** estímulo **3** espuela
- *v* [tr] (-rred, -rring) (también **spur on**) alentar

spurt /spɜrt/ *verbo & sustantivo*
- *v* [intr] salir a chorros
- *s* chorro

spy /spaɪ/ *sustantivo & verbo*
- *s* (pl **spies**) espía
- *v* [intr] (**spies**, **spied**) espiar | **to spy on sb** espiar a alguien

squabble /'skwɑbəl/ *verbo & sustantivo*
- *v* **to squabble (about/over sth)** pelearse/discutir (por algo)
- *s* pelea, discusión

squad /skwɑd/ s **1** selección, equipo [en deportes] **2** brigada **3** pelotón

squadron /'skwɑdrən/ s escuadrón

squalid /'skwɑlɪd/ *adj* **1** sucio -a, miserable **2** sórdido -a

squalor /'skwɑlər/ s miseria

squander /'skwɑndər/ *v* [tr] despilfarrar, derrochar

square /skwer/ *adjetivo, sustantivo & verbo*
- *adj* **1** cuadrado -a **2 square meters/feet etc.** metros/pies etc. cuadrados **3 a square meal** una comida decente **4 to be (all) square** (informal) estar/quedar a mano **5** anguloso -a [cara, barbilla, etc.]
- *s* **1** cuadrado **2** plaza: *There's a market in the square every Friday.* Hay mercado en la plaza todos los viernes. **3 to be back to square one** estar como al principio **4** casilla [en un juego de mesa]
- *v* [tr] elevar al cuadrado
  square up arreglar cuentas **square up to sb** plantarse frente a alguien [dispuesto a pelear]

,square 'root s raíz cuadrada

squash /skwɑʃ/ *verbo & sustantivo*
- *v* (3ª pers sing -shes) **1** [tr] aplastar, apachurrar | **to get squashed** aplastarse **2 to squash into a car/elevator etc.** apretujarse en un coche/un elevador etc. | **to squash sth into a suitcase/drawer etc.** meter algo todo apretujado en una maleta/un cajón etc.
- *s* **1** squash **2 it's a squash** estamos/van etc. todos -as apachurrados -as **3** tipo de calabaza **4** BrE refresco con sabor a frutas preparado con un concentrado que se diluye con agua

squat /skwɑt/ *verbo & adjetivo*
- *v* [intr] (-tted, -tting) **1** (también **squat down**) ponerse en cuclillas **2** hacer paracaidismo [vivir ilegalmente en un inmueble]
- *adj* rechoncho -a

squatter /'skwɑtər/ s paracaidista [persona que ocupa ilegalmente un inmueble]

squawk /skwɔk/ *verbo & sustantivo*
- *v* [intr] graznar
- *s* graznido

squeak /skwik/ *verbo & sustantivo*
- *v* [intr] **1** chillar [ratón] **2** rechinar [puerta, bisagra] **3** rechinar [zapatos]
- *s* **1** chillido [de un ratón] **2** rechinido [de una puerta, bisagra] **3** rechinido [de los zapatos]

squeaky /'skwiki/ *adj* (-kier, -kiest) **1** chillón -ona [voz] **2 a squeaky door** una puerta que rechina/rechinaba

squeal /skwil/ *verbo & sustantivo*
- *v* [intr] chillar
- *s* chillido

squeamish /'skwimɪʃ/ *adj* impresionable

squeeze /skwiz/ *verbo & sustantivo*
- *v* **1** [tr] apretar **2** [tr] exprimir [limones, naranjas, etc.] **3 to squeeze into/between etc.** meterse/pasar por etc. [refiriéndose a espacios muy reducidos]: *We all squeezed into the elevator.* Todos nos metimos en el elevador. | *Can I squeeze past?* ¿Me dejas un lugarcito para pasar? | **to squeeze sth into sth** meter algo (todo apretujado) en algo
- *s* **1 it was a (tight) squeeze** íbamos/estaban etc. todos -as apretados -as **2** apretón **3** chorrito

squid /skwɪd/ s (pl **squid** o **squids**) calamar

squint /skwɪnt/ *verbo & sustantivo*
- *v* [intr] **1** entrecerrar los ojos, mirar entrecerrando los ojos **2** bizquear, ser bizco -a
- *s* **to have a squint** bizquear, ser bizco -a

squirm /skwɜrm/ *v* [intr] **1** retorcerse **2 to squirm with embarrassment** morirse de vergüenza, chivearse de vergüenza

squirrel /'skwɜrəl/ s ardilla

squirt /skwɜrt/ *verbo & sustantivo*
- *v* **1** [tr] echar un chorro de **2** [intr] salir a chorros
- *s* chorrito

Sr. (= **Senior**) padre: *James Wilson Sr.* James Wilson padre

St.
- (= **Street**) calle
- (= **Saint**) S., Sto., Sta.

stab /stæb/ *verbo & sustantivo*
- *v* [tr] (**-bbed, -bbing**) **1** apuñalar **2** (también **stab at**) pinchar
- *s* **1** puñalada **2 to have a stab at (doing) sth** (informal) probar (hacer) algo

stabbing /'stæbɪŋ/ *adjetivo & sustantivo*
- *adj* **a stabbing pain** un dolor punzante
- *s* apuñalamiento

stability /stə'bɪləti/ *s* estabilidad

stabilize, -ise BrE /'steɪbəlaɪz/ *v* **1** [tr] estabilizar **2** [intr] estabilizarse

stable /'steɪbəl/ *adjetivo & sustantivo*
- *adj* **1** (que no se mueve) estable **2** estable [relación, país, condición, etc.] **3** equilibrado -a
- *s* caballeriza

stack /stæk/ *sustantivo, sustantivo plural & verbo*
- *s* pila, montón
- *stacks s pl* (informal) **1 2** un montón: *We have stacks of time.* Tenemos un montón de tiempo.
- *v* [tr] (también **stack up**) apilar

stadium /'steɪdiəm/ *s* (pl **-diums** o **-dia** /-diə/) estadio

staff /stæf/ *sustantivo & verbo*
- *s* personal
- *v* [tr] **to be staffed by volunteers/students etc.** estar atendido -a por voluntarios/estudiantes etc.

stag /stæg/ *s* ciervo, venado

stage /steɪdʒ/ *sustantivo & verbo*
- *s* **1** etapa: *Children go though various stages of development.* Los niños atraviesan varias etapas de desarrollo. **2 at this stage** a estas alturas: *At this stage, it's hard to say what will happen.* A estas alturas, es difícil saber qué va a pasar. **3 in stages**, también **by stages** por etapas, poco a poco **4** escenario | **to go on stage** salir a escena **5 the stage** las tablas [el teatro]
- *v* [tr] **1** poner en escena, montar **2 to stage a demonstration/strike etc.** organizar una manifestación/huelga etc.

stagger /'stægər/ *v* **1** [intr] caminar a tumbos: *We staggered home about two o'clock in the morning.* Llegamos tambaleándonos a casa cerca de las dos de la mañana. **2** [tr] escalonar

staggered /'stægərd/ *adj* pasmado -a | **to be staggered at sth** quedarse pasmado -a por algo

staggering /'stægərɪŋ/ *adj* pasmoso -a

stain /steɪn/ *sustantivo & verbo*
- *s* mancha
- *v* [tr] manchar

,stainless 'steel *s* acero inoxidable

stair /ster/ *sustantivo & sustantivo plural*
- *s* escalón
- **stairs s pl** escalera(s) | **to go up/down the stairs** subir/bajar las escaleras | **to run up/down the stairs** subir/bajar las escaleras corriendo | **to fall down the stairs** caerse por las escaleras: *I fell down the stairs and broke my leg.* Me caí por las escaleras y me rompí la pierna. ▶ ¿STAIRS o STAIRCASE? ver nota en **escalera**

staircase /'sterkeɪs/ *s* escalera ▶ ¿STAIRCASE o STAIRS? ver nota en **escalera**

stairway /'sterweɪ/ *s* escalera

stake /steɪk/ *sustantivo & sustantivo plural*
- *s* **1 to be at stake** estar en juego **2 to have a stake in sth** tener participación en algo **3** estaca
- **stakes s pl** **1** apuesta **2** | **the stakes are high** es mucho lo que está en juego **3 to raise the stakes** aumentar la tensión [en un conflicto]

stale /steɪl/ *adj* **1** duro -a [pan, pastel, etc.] **2** viciado -a [aire, atmósfera, etc.] **3** aburrido -a [en un trabajo, una situación]

stalk /stɔk/ *sustantivo & verbo*
- *s* tallo
- *v* [tr] acechar

stalker /'stɔkər/ *s* persona que acecha a otra

stall /stɔl/ *sustantivo, sustantivo plural & verbo*
- *s* puesto
- **stalls s pl** BrE luneta
- *v* **1** [intr] pararse [motor]: *The car stalled as he tried to pull away.* El se paró el motor cuando trataba de irse. **2 I stalled the engine/I stalled** se me paró el motor **3** [intr] (informal) hacer maniobras dilatorias, andar con evasivas **4** [tr] (informal) **to stall sb** entretener a alguien [para ganar tiempo]

stallion /'stæljən/ *s* semental [caballo]

stamina /'stæmənə/ *s* resistencia, aguante

stammer /'stæmər/ *verbo & sustantivo*
- *v* [tr/intr] tartamudear
- *s* **to have a stammer** tartamudear

stamp /stæmp/ *sustantivo & verbo*
- *s* **1** (de correo) timbre **2** (distintivo oficial) sello **3** (aparato para sellar) sello
- *v* **1 to stamp around** ir y venir pisando fuerte | **to stamp on sth** aplastar algo con el pie | **to stamp your foot** dar patadas en el suelo **2** [tr] sellar

stamp sth out erradicar algo

stance /stæns/ *s* postura, posición

stand /stænd/ *verbo & sustantivo*
- *v* (pasado & participio **stood**) **1** [intr] estar parado -a: *He was standing by the door.* Estaba parado junto a la puerta. **2 to stand still** quedarse quieto -a **3 to stand back/aside** apartarse

4 [intr] (también **stand up**) pararse, ponerse de pie: *He stood up and opened the door.* Se paró y abrió la puerta.
5 [intr] estar: *The house stands on a hill.* La casa está en un cerro.
6 [tr] soportar, aguantar: *She can't stand this kind of music.* No soporta este tipo de música. | *I can't stand our English teacher.* No aguanto a la profesora de inglés.
7 [intr] seguir en pie: *What I said still stands.* Lo que dije sigue en pie.
8 to know where sb stands on sth saber cuál es la posición de alguien con respecto a algo
9 [tr] resistir
10 [intr] BrE postularse, presentarse [como candidato] ► También existe **to run**, que es inglés universal
11 to stand in sb's way, también **stand in the way** interponerse en el camino de alguien
12 it stands to reason es lógico
13 to stand a chance (of doing sth) tener la posibilidad (de hacer algo)
14 to stand on your own two feet valerse por uno mismo

PHRASAL VERBS
stand around estar (parado -a) sin hacer nada
stand by 1 quedarse cruzado -a de brazos [sin hacer nada] **2** estar preparado -a, estar listo -a **stand by sth** mantener algo [promesa, acuerdo] **stand by sb** apoyar a alguien
stand for sth 1 ser la sigla/la abreviatura de algo, significar algo: *"BBC" stands for "British Broadcasting Corporation".* "BBC" es la sigla de "British Broadcasting Corporation". **2 I etc. won't stand for sth** no voy/va etc. a tolerar algo: *I won't stand for this sort of behavior.* No voy a tolerar esta clase de conducta. **3** representar algo [una idea, una creencia]
stand in to stand in (for sb) sustituir (a alguien)
stand out destacarse
stand up sostenerse [idea, propuesta, etc.]
stand sb up dejar plantado -a a alguien
stand up for sth/sb defender algo/a alguien
stand up to sb/sth hacerle frente a alguien/algo
■ *s* **1** perchero: *a coat stand* un perchero **2** atril **3** puesto: *a hotdog stand* un puesto de hot dogs **4** postura, punto de vista | **to take a stand on sth** adoptar una posición respecto de algo **5** tribuna [en un estadio] **6** AmE estrado

standard /'stændərd/ *sustantivo & adjetivo*
■ *s* **1** nivel, estándar: *standard of living* nivel de vida | **to meet a standard** alcanzar un nivel **2** punto de vista, criterio
■ *adj* estándar, normal: *the standard rate* la tarifa estándar

standardize, -ise BrE /'stændərdaɪz/ *v* [tr] estandarizar, normalizar

standby /'stændbaɪ/ *sustantivo & adjetivo*
■ *s* **to be on standby (a)** estar en estado de alerta **(b)** estar en lista de espera
■ *adj* **1** de emergencia **2** stand-by [pasaje]

'stand-in *s* suplente, doble [en una película]

standing /'stændɪŋ/ *adjetivo, sustantivo & sustantivo plural*
■ *adj* **1 a standing joke** algo que siempre es motivo de bromas: *His clothes are a standing joke at school.* La ropa que usa siempre es motivo de bromas en la escuela. **2 standing order** transferencia automática **3 a standing invitation** una invitación a ir a algún lugar cuando uno quiera **4 standing ovation** ovación de pie
■ *s* **1** posición, reputación: *social standing* posición social **2 of many years' standing** con muchos años de antigüedad | **of 5/10 years' standing** de 5/10 años de antigüedad
■ **standings** *s pl* AmE tabla de posiciones, ranking

standoff /'stændɔf/ *s* impasse [en un enfrentamiento]

standpoint /'stændpɔɪnt/ *s* punto de vista

standstill /'stændstɪl/ *s* **to be at a standstill** estar paralizado -a [tráfico, trabajo] | **to bring sth to a standstill** paralizar algo, detener algo | **to come to a standstill** paralizarse, detenerse (por completo)

stank /stæŋk/ pasado de **stink**

staple /'steɪpəl/ *sustantivo, verbo & adjetivo*
■ *s* grapa
■ *v* [tr] engrapar
■ *adj* básico -a [alimento, dieta]

stapler /'steɪplər/ *s* engrapadora

star /stɑr/ *sustantivo & verbo*
■ *s* **1** (cuerpo celeste) estrella **2** (persona famosa) estrella: *a movie star* una estrella del cine: *a rock star* una estrella del rock **3** (forma) estrella **4 two-star/four-star etc.** de dos/cuatro etc. estrellas: *a four-star hotel* un hotel de cuatro estrellas
■ *v* (-rred, -rring) [intr/tr] ver ejemplos: *a movie starring Brad Pitt* una película estelarizada por Brad Pitt | *He's already starred in six movies.* Ya ha estelarizado seis películas.

stardom /'stɑrdəm/ *s* estrellato

stare /ster/ *verbo & sustantivo*
■ *v* [intr] mirar (fijamente) | **to stare at sth/sb** mirar algo/a alguien (fijamente)
■ *s* mirada

stark /stɑrk/ *adjetivo & adverbio*
■ *adj* **1** austero -a **2** marcado -a, claro -a: *in stark contrast* en marcado contraste **3** crudo -a, duro -a [realidad, etc.]
■ *adv* stark naked completamente desnudo -a

,Stars and 'Stripes *s* **the Stars and Stripes** la bandera de EU

'star sign *s* signo (del zodíaco)

start /stɑrt/ *verbo & sustantivo*
■ *v* **1** [tr/intr] empezar: *Are you ready to start?* ¿Están listos para empezar? | *Have you started that book yet?* ¿Ya empezaste ese libro? | **to start**

doing sth/to start to do sth empezar a hacer algo, ponerse a hacer algo: *It started raining.* Empezó a llover. | *She started to shiver.* Se puso a temblar. | **to start all over again** volver a empezar desde cero
2 [intr] empezar, iniciarse: *What time does the movie start?* ¿A qué horas empieza la película? | *How did the fire start?* ¿Cómo se inició el incendio?
3 [tr] provocar: *Are you trying to start a fight?* ¿Quieres provocar una pelea?
4 to start with (a) al principio **(b)** para empezar
5 [intr] (también **start out**) salir [iniciar un viaje]
6 (también **start up**) [intr] arrancar [coche, motor], [tr] hacer arrancar, poner en marcha
7 [tr/intr] (también **start up**) arrancar [computadora]
8 [tr] (también **start up**) poner, establecer [una empresa, una organización]
9 prices start at $15/$50 etc. los precios van de $15/$50 etc. para arriba
10 [intr] nacer [río]
11 [intr] sobresaltarse
PHRASAL VERBS
start off 1 empezar: *Let's start off by reviewing what we did last week.* Empecemos por repasar lo que hicimos la semana pasada. **2** ponerse en camino **start sth off** empezar algo, iniciar algo
start on sth empezar a hacer algo, empezar con algo
start out 1 empezar **2** ponerse en camino
start over AmE volver a empezar
■ *s* **1** principio: *the start of the show* el principio del espectáculo
2 to get off to a good/bad start empezar bien/mal
3 (right) from the start desde el principio
4 for a start para empezar
5 susto, sobresalto
starter /'stɑrtər/ *s* BrE entrada, primer plato ▶ En inglés americano se usa **appetizer**
startle /'stɑrtl/ *v* [tr] asustar, sobresaltar
starvation /stɑr'veɪʃən/ *s* hambre, inanición
starve /stɑrv/ *v* **1** [intr] morirse de hambre, pasar hambre **2** [tr] matar de hambre a
starving /'stɑrvɪŋ/ *adj* **1** (informal) muerto -a de hambre: *Is dinner ready yet? I'm starving!* ¿Está lista la comida? ¡Estoy muerta de hambre! **2** hambriento -a: *starving children* niños hambrientos
stash /stæʃ/ *v* [tr] (3ª pers sing **-shes**) (también **stash away**) (informal) esconder
state /steɪt/ *sustantivo, sustantivo plural, adjetivo & verbo*
■ *s* **1** (condición) estado: *What state was the car in?* ¿En qué estado estaba el coche? | *state of mind* estado de ánimo **2** (también **State**) (administración nacional) Estado: *The cost is refunded by the State.* El costo es reembolsado por el Estado. **3** (nación) estado **4** (también **State**)

(unidad administrativa) estado: *the state of California* el estado de California **5 to be in a state** estar muy angustiado -a, estar muy mal
■ *s pl* **the States** (informal) (los) Estados Unidos: *She lives in the States.* Vive en Estados Unidos.
■ *adj* **state visit/opening etc.** visita/inauguración etc. oficial
■ *v* [tr] **1** decir, manifestar **2** establecer, estipular
statement /'steɪtmənt/ *s* **1** declaración | **to make/issue a statement** hacer/emitir una declaración **2** estado de cuenta
state-of-the-'art *adj* **state-of-the-art technology/design** tecnología de punta/diseño de vanguardia
'state ,school *s* **1** AmE universidad mantenida por el gobierno del estado en el cual se encuentra **2** BrE escuela pública ▶ En inglés americano se usa **public school**
statesman /'steɪtsmən/ *s* (pl **-men**) estadista
static /'stætɪk/ *adjetivo & sustantivo*
■ *adj* estacionario -a [que no cambia]
■ *s* (también **static electricity**) electricidad estática
station /'steɪʃən/ *sustantivo & verbo*
■ *s* **1** estación: *Could you take me to the station?* ¿Me podrías llevar a la estación? **2** radio, emisora
■ *v* **to be stationed somewhere** estar destinado -a en algún lugar
stationary /'steɪʃəneri/ *adj* detenido -a [tren, coche, etc.]
stationer's /'steɪʃənərz/ *s* BrE papelería ▶ En inglés americano se usa **stationery store**
stationery /'steɪʃəneri/ *s* **1** artículos de escritorio **2** papel de carta **3 stationery store** AmE papelería
'station ,wagon *s* camioneta, station (wagon)
statistics /stə'tɪstɪks/ *s pl* estadísticas
statue /'stætʃu/ *s* estatua
stature /'stætʃər/ *s* (formal) **1** talla **2** estatura
status /'steɪtəs, 'stæ-/ *s* **1** condición: *as proof of my student status* como prueba de mi condición de estudiante | *marital status* estado civil **2** estatus
staunch /stɔntʃ/ *adj* incondicional, acérrimo -a [oponente, defensor, etc.]
stave /steɪv/ *v* **stave off sth to stave off disaster/a crisis** evitar el desastre/una crisis | **to stave off hunger** matar el hambre, engañar al estómago
stay /steɪ/ *verbo & sustantivo*
■ *v* [intr] **1** quedarse, seguir: *Stay where you are!* ¡Quédate donde estás! | *Can you stay a little longer?* ¿Puedes quedarte un poquito más? **2 to stay awake/calm/dry etc.** mantenerse despierto -a/tranquilo -a/seco -a etc. | **to stay open** permanecer abierto -a | **to stay alive** mantenerse vivo -a/con vida **3** (en un hotel, una ciudad, etc.) quedarse: *How*

long are you staying in Denver? ¿Cuánto tiempo te quedas en Denver? | **to stay with sb** quedarse en la casa de alguien

PHRASAL VERBS

stay away from sb no acercarse a alguien

stay away from sth no acercarse a algo: *Stay away from the river. It's dangerous.* No te acerques al río: es peligroso.

stay behind quedarse: *I had to stay behind after school.* Tuve que quedarme después de clase.

stay in quedarse en casa: *We just stayed in and watched television.* Nos quedamos en casa mirando televisión.

stay on quedarse [más tiempo]: *Sharon always stays on after 5:30.* Sharon siempre se queda después de las 5.30. | **to stay on at school** seguir estudiando

stay out to stay out late/until three etc. no volver a casa hasta tarde/hasta las tres etc.

stay out of sth no meterse en algo: *Stay out of this, Fraser!* ¡No te metas en esto, Fraser!

stay up quedarse levantado -a
■ *s* estancia, estadía

steady /'stedi/ *adjetivo & verbo*
■ *adj* (-dier, -diest) **1** firme: *Keep the camera steady.* Mantén firme la cámara. **2** sostenido -a, continuo -a [aumento, mejora, etc.] **3** regular [velocidad, movimiento] **4** estable, fijo -a
■ *v* [tr] (-dies, -died) **1** mantener firme **2 to steady your nerves** calmarse

steak /steɪk/ *s* **1** bistec, steak: *steak and fries* bistec con papas fritas **2** (de pescado) rodaja

steal /stil/ *v* (pasado **stole**, participio **stolen**) [tr/intr] robar | **to steal (sth) from sb** robarle (algo) a alguien: *I stole $5 from my sister.* Le robé $5 a mi hermana. ▶ **¿STEAL OR ROB?** ver recuadro en **robar**

stealth /stelθ/ *s* **by stealth** furtivamente

stealthy /'stelθi/ *adj* (-thier, -thiest) furtivo -a

steam /stim/ *sustantivo & verbo*
■ *s* **1** vapor **2 to let/blow off steam** descargar energías, desahogarse **3 to run out of steam** perder empuje/ímpetu **4 steam engine** motor de vapor **steam train** locomotora de vapor
■ *v* **1** [tr] cocinar al vapor **2** [intr] humear **steam up** empañarse

steamed 'up *adj* **1** empañado -a **2** (informal) enojado -a, bravo -a: *What are you so steamed up about?* ¿Por qué estás tan enojado?

steamer /'stimər/ *s* barco/buque de vapor

steamroller /'stimroʊlər/ *s* aplanadora

steel /stil/ *s* acero

steep /stip/ *adj* **1** empinado -a: *a very steep hill* una cuesta muy empinada **2** marcado -a [aumento, descenso] **3** (informal) caro -a

steeple /'stipəl/ *s* campanario

steer /stɪr/ *v* **1** [intr] manejar, llevar la dirección/el timón **2** [tr] llevar, conducir **3 to steer the conversation away from sth/toward sth** desviar la conversación de algo/llevar la conversación hacia algo **4 to steer sb toward sth/away from sth** conducir a alguien hacia algo/alejar a alguien de algo **5 to steer clear of sth/sb** (informal) evitar algo/a alguien

'steering wheel *s* volante

stem /stem/ *sustantivo & verbo*
■ *s* **1** tallo **2** pie [de una copa]
■ *v* [tr] (-mmed, -mming) contener [el flujo de la sangre, las lágrimas, etc.]
stem from sth provenir de algo, ser producto de algo

stench /stentʃ/ *s* (pl **stenches**) hedor

step /step/ *sustantivo, sustantivo plural & verbo*
■ *s* **1** paso: *He took a step backward.* Dio un paso atrás. | **to be in step/out of step with sb** llevar el paso/no llevar el paso de alguien **2** paso: *an important first step* un primer paso importante | **to take steps to do sth** tomar medidas para hacer algo | **step by step** paso a paso **3** escalón **4 to watch your step (a)** mirar por dónde se camina **(b)** andarse con cuidado **5** paso [de baile]
■ *steps* *s pl* **1** (en un edificio) escalera(s) **2** BrE (de travesaños) ▶ **stepladder**
■ *v* [intr] (-pped, -pping) **1 to step forward/back** dar un paso adelante/atrás | **to step in sth** pisar algo | **to step on sth** pisar algo | **to step over sth** pasar por encima de algo **2 to step out of line** pasarse de la raya, desobedecer

step aside dar un paso al costado

step down dejar un cargo

step in intervenir

step sth up intensificar algo, redoblar algo

stepbrother /'stepbrʌðər/ *s* hermanastro

,step-by-'step *adj* paso a paso

stepchild /'step-tʃaɪld/ *s* (pl **-children**) hijastro -a

stepdaughter /'stepdɔtər/ *s* hijastra

stepfather /'stepfɑðər/ *s* padrastro

stepladder /'steplædər/ *s* escalera(s) [de tijera]

stepmother /'stepmʌðər/ *s* madrastra

'step-,parent *s* padrastro o madrastra indistintamente

'stepping-,stone *s* **1** escalón [para llegar a algo mejor] **2** cada una de las piedras colocadas para cruzar un arroyo, riachuelo, etc.

stepsister /'stepsɪstər/ *s* hermanastra

stepson /'stepsʌn/ *s* hijastro

stereo /'steriou/ *sustantivo & adjetivo*
■ *s* **1** equipo (estéreo/estereofónico) **2 in stereo** en estéreo
■ *adj* estereofónico -a

stereotype /'steriotaɪp/ *s* estereotipo

sterile /'sterəl, BrE 'steraɪl/ *adj* **1** (esterilizado) estéril **2** (que no puede tener hijos) estéril

---

i ¿Se dice *I arrived in Miami* o *I arrived to Miami?* Mira la entrada **arrive**.

sterilize, -ise BrE /'sterəlaɪz/ v [tr] **1** esterilizar [jeringas, instrumentos, etc.] **2** esterilizar [a una persona]

sterling /'stɜːrlɪŋ/ sustantivo & adjetivo
■ s libra (esterlina): *ten pounds sterling* diez libras esterlinas
■ adj **sterling silver** plata de ley

stern /stɜːrn/ adjetivo & sustantivo
■ adj severo -a
■ s popa [en un barco]

stew /stu/ sustantivo & verbo
■ s guisado, puchero: *lamb stew* guisado de cordero
■ v **1** [tr] guisar [carne, pescado, etc.] **2** [tr] cocer, hacer compota de [fruta]

steward /'stuərd/ s **1** camarero [en un barco] **2** auxiliar de vuelo [hombre] ► Actualmente se prefiere el término **flight attendant**, que se usa tanto para hombres como para mujeres **3** (en una carrera) comisario -a

stewardess /'stuərdes/ s (pl -sses) aeromoza, azafata ► Actualmente se prefiere el término **flight attendant**, que se usa tanto para hombres como para mujeres

stick /stɪk/ verbo, sustantivo & sustantivo plural
■ v (pasado & participio stuck) **1** [tr] clavar: *The nurse stuck a needle in my arm.* La enfermera me clavó una aguja en el brazo.
2 [tr] pegar, [intr] pegarse: *We stuck our vacation photos in the album.* Pegamos las fotos de las vacaciones en el álbum. | **to stick sth to sth** pegar algo a algo
3 [tr] (informal) poner: *Stick the boxes in the kitchen.* Pon las cajas en la cocina.
4 [intr] atorarse
5 I can't stick that guy/that kind of music etc. BrE (informal) no soporto a ese tipo/esa clase de música etc.

PHRASAL VERBS
stick around (informal) quedarse: *I think I'll just stick around here for a while.* Me parece que me voy a quedar un rato.
stick at sth BrE persistir en algo
stick by sb no abandonar a alguien **stick by sth** mantener algo [una opinión, una versión de algo, etc.]
stick out sobresalir, salir **stick sth out 1** sacar algo, extender algo | **to stick your tongue out** sacar la lengua **2** (informal) aguantarse algo
stick to sth seguir con algo: *We decided to stick to our original plan.* Decidimos seguir con nuestro plan original
stick together 1 pegarse **2** (informal) mantenerse unidos -as
stick up 1 sobresalir **2** estar parado -a [cabello] **stick up for sb** (informal) defender a alguien
■ s **1** ramita, palo
2 (también **walking stick**) bastón
3 (en hockey) bastón

4 a stick of chewing gum un chicle | **a stick of celery** un tallo de apio | **a stick of dynamite** un cartucho de dinamita
■ **sticks** s pl **(out) in the sticks** (informal) en medio del campo

sticker /'stɪkər/ s **1** etiqueta (autoadhesiva), calcomanía **2** estampita [para coleccionar]

'stick shift s AmE **1** palanca de velocidades/ cambios **2** coche de velocidades

sticky /'stɪki/ adj (-kier, -kiest) **1** pegajoso -a: *My hands are sticky.* Tengo las manos pegajosas. | **sticky candy** dulces pegajosos **2** pegajoso -a: *a hot sticky day* un día caluroso y pegajoso **3** (informal) complicado -a

stiff /stɪf/ adjetivo & adverbio
■ adj **1** entumecido, agarrotado: *I woke up with a stiff neck.* Me desperté con tortícolis. | *I have a stiff back.* Me duele la espalda. **2** duro -a [manija, cajón, puerta, etc.] **3** duro -a, rígido -a [papel, cartón] **4** firme [mezcla, masa] **5** severo -a, duro -a: *a stiff fine* una multa severa | **stiff competition** competencia dura **6 a stiff wind/breeze** un viento/una brisa fuerte **7 a stiff drink** una bebida fuerte
■ adv (informal) **bored stiff** aburrido -a como una ostra | **scared stiff** muerto -a de miedo | **worried stiff** preocupadísimo -a

stifle /'staɪfəl/ v [tr] **1** ahogar, reprimir **2** contener [un bostezo, un grito]

stifling /'staɪflɪŋ/ adj sofocante

stiletto /stɪ'letoʊ/(pl -ttos o -ttoes) s zapato de tacón aguja, stiletto

still /stɪl/ adverbio & adjetivo
■ adv **1** todavía, aún: *I still love him.* Todavía lo quiero. | *You still haven't finished your homework.* Todavía no has terminado la tarea. **2** aun así, igual: *He was tired but he still won the race.* Estaba cansado pero aun así ganó la carrera.
■ adj **1 to keep/stand still** estarse quieto -a **2** calmo -a: *The lake was completely still.* El lago estaba totalmente calmo. **3** BrE sin gas [agua]

,still 'life s (pl still lifes) naturaleza muerta

stilted /'stɪltɪd/ adj forzado -a, poco natural

stilts /stɪlts/ s pl zancos

stimulate /'stɪmjəleɪt/ v [tr] **1** (propiciar) estimular **2** (interesar, animar) estimular

stimulating /'stɪmjəleɪtɪŋ/ adj estimulante

stimulus /'stɪmjələs/ s (pl stimuli /-laɪ/) **1** estímulo [para el desarrollo, el crecimiento, etc.] **2** estímulo [visual, táctil, etc.]

sting /stɪŋ/ verbo & sustantivo
■ v (pasado & participio stung) **1** [tr] picar: *Lucy was stung by a wasp.* A Lucy la picó una avispa. **2** [intr] arder: *This may sting a little.* Esto puede arder un poco.
■ s piquete [de insecto]

stingy /'stɪndʒi/ adj (-gier, -giest) (informal) tacaño -a

stink /stɪŋk/ *verbo & sustantivo*
- *v* [intr] (pasado **stank**, participio **stunk**) **1** apestar | **to stink of sth** apestar a algo **2** (informal) dar asco, apestar: *The way they treated her really stinks.* Da asco la forma en que la trataron.
- *s* tufo, hedor

stinking /'stɪŋkɪŋ/ *adjetivo & adverbio*
- *adj* **1** maloliente, apestoso -a **2** (informal) a **stinking cold** un resfriado espantoso
- *adv* (informal) **stinking drunk** borracho -a perdido -a | **stinking rich** asquerosamente rico -a

stint /stɪnt/ *s* temporada, período

stir /stɜr/ *verbo & sustantivo*
- *v* (-rred, -rring) **1** [tr] revolver: *Stir the paint well.* Revuelva bien la pintura. **2** [intr] moverse, agitarse
  stir up sth provocar algo, suscitar algo
- *s* **1** **to give sth a stir** revolver algo **2** **to cause a stir** causar revuelo

'stir-fry *v* [tr] (3ª pers sing -fries, pasado & participio -fried) freír a fuego fuerte, revolviendo constantemente

stirring /'stɜrɪŋ/ *adj* emocionante, conmovedor -a

stirrup /'stɜrəp/ *s* estribo

stitch /stɪtʃ/ *sustantivo, sustantivo plural & verbo*
- *s* (pl **stitches**) **1** (en costura) puntada **2** (en tejido) punto **3** (para una herida) punto **4** (dolor) punzada
- **stitches** *s pl* **to have sb in stitches** hacer morir de risa a alguien
- *v* [tr] (3ª pers sing -ches) coser

stock /stɑk/ *sustantivo & verbo*
- *s* **1** reserva: *stocks of coal* reservas de carbón **2** mercadería, existencia | **in stock** en existencia: *We should have it in stock next week.* La semana próxima deberíamos tenerlo en existencia. | **to be out of stock** estar agotado -a **3** caldo **4** valor, acción **5** **to take stock (of sth)** hacer un balance (de algo) [de una situación, etc.]
- *v* [tr] **to stock sth** tener algo en existencia, vender algo
  stock up abastecerse **stock up on sth** abastecerse de algo

stockbroker /'stɑkbroʊkər/ *s* corredor -a de bolsa

'stock ex,change *s* bolsa (de valores)

stocking /'stɑkɪŋ/ *s* media [de mujer: de nylon, etc.]

'stock ,market *s* mercado (de valores), bolsa (de valores)

stockpile /'stɑkpaɪl/ *v* [tr] hacer acopio de

stocky /'stɑki/ *adj* (-ckier, -ckiest) chaparro -a y fornido -a

stodgy /'stɑdʒi/ *adj* (-dgier, -dgiest) pesado -a [comida, pastel, etc.]

stole /stoʊl/ pasado de **steal**

stolen /'stoʊlən/ participio de **steal**

stomach /'stʌmək/ *sustantivo & verbo*
- *s* **1** estómago | **it turns/turned etc. my stomach** me revuelve/revolvió etc. el estómago **2** panza, barriga
- *v* [tr] aguantar, soportar

stomachache /'stʌməkeɪk/ *s* dolor de estómago: *I've got a stomachache.* Me duele el estómago.

stone /stoʊn/ *s* **1** piedra **2** (material) piedra | **a stone wall** un muro de piedra **3** (rubí, diamante, etc.) piedra: *precious stones* piedras preciosas **4** (pl **stone** o **stones**) unidad de peso que equivale a 6.35 kg. ▶ Los británicos suelen expresar el peso de una persona en **stones** y **pounds** (libras). Los americanos sólo lo expresan en pounds **5** BrE hueso [de fruta] ▶ En inglés americano se usa pit

,stone-'cold *adj* **1** helado -a **2** **to be stone-cold sober** no haber tomado ni una gota

stoned /stoʊnd/ *adj* (informal) pasado -a, hasta atrás

stony /'stoʊni/ *adj* (-nier, -niest) **1** pedregoso -a **2** hostil [silencio] **3** frío -a [mirada, expresión, etc.]

stood /stʊd/ pasado & participio de **stand**

stool /stul/ *s* taburete, banco

stoop /stup/ *v* [intr] (también **stoop down**) agacharse
  stoop to doing sth llegar tan bajo como para hacer algo, rebajarse a algo

stop /stɑp/ *verbo & sustantivo*
- *v* (-pped, -pping) **1** [intr] parar, detenerse: *The taxi stopped outside a big hotel.* El taxi paró frente a un gran hotel. | *My watch has stopped.* Se me paró el reloj.
  2 [tr] parar, detener: *We were stopped by the police.* Nos paró la policía. | *Can you stop the car for a minute?* ¿Puedes parar un momentito? | **to stop doing sth** dejar de hacer algo, parar de hacer algo: *I've stopped smoking.* Ya dejé de fumar. | *Has it stopped raining?* ¿Ya paró de llover?
  3 **stop it!** ¡ya párale!
  4 [tr] impedir | **to stop sb (from) doing sth** impedir que alguien haga algo
  5 [intr] parar: *At one o'clock we stop for lunch.* A la una paramos para comer.
  6 **to stop short of (doing) sth** no llegar a (hacer) algo
  stop by pasar [por un lugar]: *He always stops by when he's in town.* Siempre que está en la ciudad pasa por aquí.
  stop off parar: *Can we stop off at the supermarket?* ¿Podemos parar en el supermercado?
- *s* **1** parada (del camión): *I get off at the next stop.* Me bajo en la próxima parada. | *This is my stop.* Me bajo aquí.
  2 **to come to a stop** **(a)** detenerse, pararse **(b)** interrumpirse
  3 **to put a stop to sth** poner fin a algo

stoplight /'stɑplaɪt/ *s* AmE semáforo

stopover /'stɑpoʊvər/ s escala [en un vuelo]

stopper /'stɑpər/ s tapón

stopwatch /'stɑpwɑtʃ/ s (pl -ches) cronómetro

storage /'stɔrɪdʒ/ s almacenamiento | **storage space** lugar para guardar cosas

store /stɔr/ sustantivo & verbo
- **s 1** AmE tienda: *a record store* una tienda de discos **2** tienda (departamental): *The stores were packed with Christmas shoppers.* Las tiendas estaban llenas de gente haciendo compras de Navidad. **3** reserva, provisión **4** bodega, almacén **5 to have sth in store for sb** tenerle algo reservado a alguien: *He still had a few surprises in store for us.* Todavía nos tenía reservadas algunas sorpresas.
- **v** [tr] **1** guardar **2** almacenar

storekeeper /'stɔrkipər/ s AmE comerciante, tendero -a

storeroom /'stɔr-rum/ s bodega, depósito

storey /'stɔri/ BrE ► ver **story 3**

stork /stɔrk/ s cigüeña

storm /stɔrm/ sustantivo & verbo
- **s 1** tormenta **2 a storm of protest/criticism** una ola de protestas/críticas
- **v 1** [tr] asaltar, tomar por asalto **2 to storm in/out/off etc.** entrar/salir/irse etc. furioso -a

stormy /'stɔrmi/ adj (-mier, -miest) **1** tormentoso -a [tiempo, noche] **2** tormentoso -a [relación]

story /'stɔri/ s (pl -ries) **1** cuento, historia | **to tell/read sb a story** contarle/leerle un cuento a alguien **2** noticia, nota **3** piso: *a five-story apartment building* un edificio de departamentos de cinco pisos

stout /staʊt/ adj robusto -a

stove /stoʊv/ s **1** AmE (para cocinar) estufa | **to leave sth on the stove** dejar algo en el fuego **2** (para dar calor) calentador

straddle /'strædl/ v [tr] **1** sentarse a horacajadas de **2** extenderse a ambos lados de [un río, una frontera, etc.]

straggler /'stræglər/ s rezagado -a

straggly /'strægli/ adj (-gglier, -ggliest) desgreñado -a

straight /streɪt/ adjetivo & adverbio
- **adj 1** recto -a [línea, borde, carretera] **2** lacio **3** derecho -a: *Is my tie straight?* ¿Tengo la corbata derecha? **4** seguidos -as, consecutivos -as [victorias, derrotas] **5** directo -a [respuesta] **6** heterosexual **7 to be straight with sb** ser franco -a con alguien **8 to get sth straight** poner algo en claro
- **adv 1** derecho: *The truck was heading straight for them.* El camión iba derecho hacia ellos. **2 to sit/stand up straight** sentarse/pararse derecho -a **3 straight after** enseguida de **4** sin parar: *fourteen hours straight* catorce horas sin parar **5 I can't see/think straight** no veo bien/no puedo pensar **6 straight home**

derechito/directamente a casa | **straight from school/work etc.** directamente de la escuela/del trabajo etc.

straightaway /streɪtə'weɪ/ adv BrE enseguida, inmediatamente ► También existe **right away**, que es inglés universal

straighten /'streɪtn/ v **1** (también **straighten out**) [tr] enderezar, [intr] enderezarse **2** [intr] (también **straighten up**) (erguirse) enderezarse **3** [tr] (también **straighten up**) ordenar **4 to straighten things out** arreglar las cosas

straightforward /streɪt'fɔrwərd/ adj **1** sencillo -a **2** franco -a

strain /streɪn/ sustantivo & verbo
- **s 1** estrés, presiones: *the strain of being a teacher* el estrés de ser maestro **2** sobreexigencia **3** (fuerza física) tensión, presión **4** (de un virus) cepa
- **v 1** [tr] lesionarse [la espalda, etc.] **2** [tr] forzarse [un músculo] **3 to strain your eyes** forzar la vista **4 to strain to hear/see sth** esforzarse para oír/ver algo **5** [tr] colar, escurrir **6** [tr] sobreexigir [recursos] **7** [tr] provocar tirantez en [una relación]

strained /streɪnd/ adj **1** tenso -a: *Janet looked strained.* Janet parecía tensa. **2** tirante, tenso -a [relaciones]

strainer /'streɪnər/ s colador

strait /streɪt/ s **1** (también **straits**) estrecho: *the Florida Straits* el Estrecho de la Florida **2 to be in dire straits** estar en una situación desesperada

straitjacket /'streɪtdʒækɪt/ s camisa de fuerza

strand /strænd/ s **1** hebra | **a strand of hair** un pelo **2** línea argumental, hilo

stranded /'strændɪd/ adj varado -a

strange /streɪndʒ/ adj **1** extraño -a, raro -a: *He's such a strange child.* Es un niño tan extraño. **2** desconocido -a

strangely /'streɪndʒli/ adv **1** de manera extraña **2 strangely enough** curiosamente

stranger /'streɪndʒər/ s desconocido -a

strangle /'stræŋgəl/ v [tr] estrangular

strap /stræp/ sustantivo & verbo
- **s 1** correa [de un reloj, un bolso, etc.] **2** tirante [de un vestido] **3** tira [de un zapato]
- **v** [tr] (-pped, -pping) **1 to strap sth on** sujetar/amarrar algo (con correas) **2 to strap sb in** ponerle el cinturón de seguridad a alguien

strategic /strə'tidʒɪk/ adj **1** (que forma parte de un plan) estratégico -a: *a strategic move* una medida estratégica **2** estratégico -a: *strategic weapons* armas estratégicas

strategy /'strætədʒi/ s (pl -gies) estrategia

straw /strɔ/ s **1** paja | **straw hat/basket etc.** sombrero/cesta etc. de paja **2** popote **3 to be the last/final straw** ser el colmo, ser la gota que derrama el vaso

strawberry /'strɔberi/ s (pl -rries) fresa | **strawberry jam/ice cream** mermelada/helado de fresa

stray /streɪ/ *verbo, adjetivo & sustantivo*
- **v** [intr] **1** alejarse **2** desviarse
- **adj a stray dog/cat etc.** un perro/gato etc. callejero
- **s** animal callejero o perdido

streak /strik/ *sustantivo & verbo*
- **s** **1** raya, mechón **2** veta [de la personalidad de alguien] **3** **to be on a losing/winning streak** estar en una racha perdedora/ganadora
- **v** **1** **to streak past/across etc.** pasar/cruzar etc. como un rayo **2** **to be streaked with paint/ sweat etc.** estar chorreado -a de pintura/sudor etc.

stream /strim/ *sustantivo & verbo*
- **s** **1** arroyo **2** (de gente, coches) caravana, fila **3** (de cartas, preguntas) torrente **4** (de insultos) sarta
- **v** **to stream out** **(a)** salir a chorros [líquido] **(b)** referido a gente o vehículos: salir en grandes cantidades

streamer /'strimər/ s serpentina

streamline /'strimlaɪn/ v [tr] hacer más eficiente, racionalizar

streamlined /'strimlaɪnd/ adj aerodinámico -a

street /strit/ s **1** calle: *a busy street* una calle con mucho tránsito ▶ La palabra **Street** forma parte del nombre de muchas calles (**Oxford Street, Washington Street**, etc.). No se suele omitir al dar una dirección, como en cambio sucede en español **2** **the street/the streets** la calle: *She's been living on the streets for years.* Hace años que vive en la calle. **3** **to be streets ahead of sb** BrE (informal) estar muy por encima de alguien

streetcar /'stritkɑr/ s AmE tranvía

'street ,light, también **streetlight** /'stritlaɪt/ s poste del alumbrado

strength /streŋkθ/ s **1** fuerza(s): *with all my strength* con todas mis fuerzas **2** resistencia [de una pared, una cuerda, etc.] **3** solidez [de una creencia, una relación] **4** poderío: *military strength* poderío militar **5** concentración [de una solución] **6** punto fuerte **7** **on the strength of sth** sobre la base de algo, como resultado de algo

strengthen /'streŋkθən/ v **1** [tr] fortalecer [los músculos, el cuerpo] **2** [tr] reforzar [un edificio, los cimientos, etc.] **3** [tr] afianzar, [intr] afianzarse [relación, vínculo] **4** [tr] consolidar [un equipo, la economía, etc.]

strenuous /'strenjuəs/ adj **1** extenuante, agotador -a [actividad, ejercicio] **2** enérgico -a, denodado -a [esfuerzos]

stress /stres/ *sustantivo & verbo*
- **s** (pl **stresses**) **1** estrés, tensión | **to be under a lot of stress** estar sometido -a a (un) gran estrés **2** hincapié **3** acento **4** (en un material, una estructura) presión
- **v** [tr] (3ª pers sing **-sses**) **1** hacer hincapié en, destacar **2** acentuar

stressed /strest/, también **stressed out** adj estresado -a

stressful /'stresfəl/ adj estresante

stretch /stretʃ/ *verbo & sustantivo*
- **v** (3ª pers sing **-ches**) **1** [tr] estirar **2** [intr] estirarse: *If I stretch I can reach it.* Si me estiro, lo alcanzo. **3** **to stretch your legs** (informal) estirar las piernas **4** (referido a prendas de ropa) [tr] estirar, [intr] estirarse **5** [intr] extenderse: *Their land stretches for miles.* Sus tierras se extienden millas y millas. **6** [tr] tender, extender **7** [intr] alcanzar [dinero, ahorros, etc.]
- **stretch out** (informal) tenderse/tumbarse [en una cama, un sillón]
- **s** (pl **stretches**) **1** trecho [de un camino, río, etc.] **2** período | **at a stretch** sin parar **3** (en gimnasia) elongación **4** **to work at full stretch** trabajar al máximo

stretcher /'stretʃər/ s camilla

strewn /strun/ adj desparramado -a

stricken /'strɪkən/ adj (formal) **1** afectado -a, devastado -a [zona] **2** **poverty stricken** sumamente pobre, asolado -a por la pobreza | **panic stricken** presa del pánico | **to be grief stricken** estar acongojado -a

strict /strɪkt/ adj **1** (padres, profesor, etc.) estricto -a, severo -a **2** (normas, instrucciones, etc.) estricto -a

strictly /'strɪktli/ adv **1** estrictamente | **that's not strictly true** eso no es del todo cierto | **strictly speaking** para ser exactos -as **2** **strictly prohibited/forbidden** terminantemente prohibido -a

stride /straɪd/ *verbo & sustantivo*
- **v** (pasado y participio **strode**) **to stride into/out of/across sth** entrar en/salir de/cruzar algo a grandes pasos: *He strode across the room.* Cruzó la habitación a grandes pasos.
- **s** **1** tranco, zancada **2** **to take sth in your stride** tomarse algo con tranquilidad

strike /straɪk/ *verbo & sustantivo*
- **v** (pasado y participio **struck**) **1** **it struck me that** me di cuenta (de) que, se me ocurrió que | **it strikes me that** se me ocurre que | **to strike sb as interesting/strange etc.** parecerle a alguien interesante/extraño a etc. | **I was struck by their enthusiasm/her beauty etc.** me llamó la atención su entusiasmo/su belleza etc. **2** [intr] hacer huelga **3** [tr] (formal) pegarle a [accidentalmente] **4** [tr] (formal) golpear, pegarle a **5** [tr] caer en: *Their house was struck by lightning.* Cayó un rayo en su casa. **6** [tr] encender, prender [un cerillo] **7** [tr/intr] dar la hora]: *The clock struck four.* El reloj dio las cuatro.
- **strike back** contraatacar
- **strike up sth** **to strike up a conversation/a friendship** entablar una conversación/una amistad
- **s** **1** huelga | **to be (out) on strike** estar en huelga, estar de paro | **to go on strike** ir a (la) huelga, irse a (la) huelga **2** ataque

striker /'straɪkər/ s **1** huelguista **2** delantero [en fútbol]

striking /'straɪkɪŋ/ adj **1** sorprendente **2** atractivo -a

string /strɪŋ/ sustantivo, sustantivo plural & verbo
- s **1** cordel, mecate **2** **a string of pearls/beads** etc. una sarta de perlas/cuentas etc. **3** serie [de preguntas, ataques] **4** cadena [de hoteles, tiendas] **5** cuerda [de violín, guitarra] **6** **with no strings attached** sin condiciones **7** **to pull strings** mover los hilos, usar sus contactos
- **strings** s pl cuerdas [instrumentos musicales]
- v [tr] (pasado & participio strung) colgar, tender

string sb along (informal) crearle a alguien falsas expectativas

string sth out estirar/alargar algo [una reunión, una conversación]

stringent /'strɪndʒənt/ adj riguroso -a

strip /strɪp/ verbo & sustantivo
- v (-pped, -pping) **1** (también **strip off**) [tr] desnudar, desvestir, [intr] desnudarse, desvestirse: *We stripped off and jumped in the water.* Nos desnudamos y nos tiramos al agua. | **to strip off your clothes** desnudarse, quitarse la ropa **2** [tr] quitarle la pintura/el papel etc. a [un mueble, una pared, etc.] **3** **to strip sb of sth** quitarle algo a alguien **4** [tr] (también **strip down**) desarmar, desmontar
- s **1** tira [de papel, tela, etc.] **2** franja [de tierra] **3** BrE equipo [que viste un jugador de futbol, rugby, etc.] ▶ En inglés americano se usa **uniform**

stripe /straɪp/ s raya, franja [de color]

striped /straɪpt/ adj a rayas

stripy, también **stripey** /'straɪpi/ BrE ▶ ver **striped**

strive /straɪv/ v [intr] (pasado strove, participio striven) (formal) **to strive for sth** esforzarse por lograr algo | **to strive to do sth** esforzarse por hacer algo

strode /stroud/ pasado & participio de **stride**

stroke /strouk/ sustantivo & verbo
- s **1** **at one stroke/at a stroke** de un solo golpe: *All our problems were solved at one stroke.* Todos nuestros problemas se resolvieron de un solo golpe. **2** ataque de apoplejía **3** brazada **4** estilo [en natación] **5** **on the stroke of six/seven** etc. a las seis/siete etc. en punto **6** **a stroke of luck/genius** un golpe de suerte/una genialidad
- v [tr] acariciar

stroking a dog

stroll /stroul/ verbo & sustantivo
- v **to stroll across/around/along sth** pasear por algo
- s paseo | **to go for a stroll** salir a pasear

stroller /'stroulər/ s carriola, carreola [plegable]

strong /strɔŋ/ adj **1** (persona, músculos, etc.) fuerte **2** (cordel, tela, etc.) resistente, fuerte **3** (líder, divisa, etc.) fuerte **4** (relación, vínculo) sólido -a, fuerte **5** (olor, sabor, etc.) fuerte **6** (viento, corriente) fuerte **7** **there's a strong possibility/chance that** hay muchas posibilidades de que **8** **your/his** etc. **strong point** tu/su etc. punto fuerte **9** **500/10,000** etc. **strong** de 500/10,000 etc.: *a 50,000 strong crowd* una multitud de 50,000 personas **10** **strong language** lenguaje subido de tono, lenguaje adulto

strongly /'strɔŋli/ adv **1** fuertemente, firmemente **2** **to smell/taste strongly of sth** tener mucho olor/sabor a algo

strove /strouv/ pasado de **strive**

struck /strʌk/ pasado & participio de **strike**

structural /'strʌktʃərəl/ adj estructural

structure /'strʌktʃər/ sustantivo & verbo
- s estructura
- v [tr] estructurar

struggle /'strʌgəl/ verbo & sustantivo
- v [intr] **1** luchar | **I/we** etc. **struggle to do sth** me/nos etc. cuesta hacer algo **2** forcejear: *She struggled desperately with her attacker.* Forcejeó desesperadamente con su atacante. **3** **to struggle toward/into** etc. avanzar con dificultad hacia/entrar con dificultad en etc.

struggle on seguir luchando
- s **1** lucha: *the struggle for independence* la lucha por la independencia **2** forcejeo

strung /strʌŋ/ pasado & participio de **string**

,strung 'out adj esparcido -a

strut /strʌt/ verbo & sustantivo
- v [intr] (-tted, -tting) **to strut into the house/office** etc. entrar a la casa/oficina etc. pavoneándose | **to strut around** pavonearse
- s puntal

stub /stʌb/ sustantivo & verbo
- s **1** colilla **2** talón [de una entrada, un cheque, etc.]
- v (-bbed, -bbing) **to stub your toe** golpearse el dedo del pie

stub sth out apagar algo [un cigarrillo]

stubble /'stʌbəl/ s **1** barba [de unos pocos días] **2** rastrojo

stubborn /'stʌbərn/ adj **1** terco -a, testarudo -a **2** persistente [tos] **3** rebelde [mancha]

stuck¹ /stʌk/ adj **1** **to be stuck** estar atorado -a: *The car was stuck in the snow.* El coche estaba atorado en la nieve. | *Can you help me with my homework? I'm stuck.* ¿Me ayudas con la tarea? Estoy atorada. **2** **to get stuck** quedarse atorado -a: *I got stuck on the third question.* Me quedé atorada con la tercera pregunta. **3** (sin poder salir) atrapado -a, encerrado -a **4 to be stuck with sth/sb** tener que aguantarse algo/a alguien

stuck² pasado & participio de **stick**

,stuck-'up *adj* (informal) estirado -a, engreído -a

stud /stʌd/ *s* **1** estoperol **2** broquel **3** semental [caballo]

student /'studnt/ *s* **1** estudiante: *a language student* un estudiante de lenguas (extranjeras) **2** alumno: *the best student in the class* el mejor alumno de la clase **3** student driver persona que está aprendiendo a manejar

studio /'studioʊ/ *s* **1** estudio [de grabación, televisión, cine] **2** estudio [de un artista] **3** (también **studio apartment** AmE) departamento [pequeño]

studious /'studiəs/ *adj* estudioso -a

study /'stʌdi/ *sustantivo, sustantivo plural & verbo*
- *s* (pl -dies) **1** estudio, investigación **2** (habitación) estudio
- **studies** *s pl* estudios, estudio
- *v* (-dies, -died) **1** [tr/intr] estudiar: *I'm studying for my exams.* Estoy estudiando para los exámenes. | *She wants to study law.* Quiere estudiar derecho. **2** [tr] examinar, estudiar

stuff /stʌf/ *sustantivo & verbo*
- *s* (informal) **1** cosas: *Your stuff's in my room.* Tus cosas están en mi recámara. **2** cualquier sustancia o material: *What's this stuff on the floor?* ¿Qué es esto que hay en el piso?
- *v* [tr] **1** meter [rápidamente]: *I stuffed the letter into my pocket.* Me metí la carta en el bolsillo. **2** retacar: *He stuffed his bag with clothes and left.* Retacó la maleta de ropa y se fue. **3** rellenar [jitomates, pollo, etc.] **4 to stuff yourself** (informal) atiborrarse de comida **5** embalsamar [un animal]

,stuffed 'animal *s* AmE (muñeco de) peluche

stuffing /'stʌfɪŋ/ *s* **1** (de un cojín, un muñeco, etc.) relleno **2** (en cocina) relleno

stuffy /'stʌfi/ *adj* (-ffier, -ffiest) **1** referido a ambientes: con aire viciado: *It's very stuffy in here.* Aquí falta el aire/el aire está muy viciado. **2** acartonado -a

stumble /'stʌmbəl/ *v* [intr] tropezar(se), trastabillar
stumble across sth, también **stumble on sth** encontrar por casualidad, toparse con algo

stump /stʌmp/ *sustantivo & verbo*
- *s* **1** tocón [base de tronco que queda tras talar un árbol] **2** muñón
- *v* [tr] dejar sin saber qué decir, desorientar

stun /stʌn/ *v* [tr] (-nned, -nning) **1** dejar pasmado -a **2** aturdir [con un golpe]

stung /stʌŋ/ pasado & participio de **sting**

stunk /stʌŋk/ participio de **stink**

stunning /'stʌnɪŋ/ *adj* **1** impresionante, despampanante [belleza, silueta, etc.] **2** deslumbrante [paisaje, vista, etc.] **3** apabullante [revelación, victoria, etc.]

stunt /stʌnt/ *sustantivo & verbo*
- *s* **1** escena peligrosa [en una película] **2** truco: *a publicity stunt* un truco publicitario **3** stunt man doble
- *v* [tr] atrofiar, detener [el crecimiento, el desarrollo, etc.]

stupid /'stupɪd/ *adj* **1** tonto -a, estúpido -a: *Don't be so stupid!* ¡No seas tan tonto! | *It was a really stupid thing to do.* Fue una verdadera estupidez. **2** (informal) (expresando irritación) maldito -a: *I can't get this stupid door open!* ¡No puedo abrir esta maldita puerta!

stupidity /stu'pɪdəti/ *s* estupidez

stupor /'stupər/ *s* **in a drunken stupor** completamente borracho -a

sturdy /'stɜrdi/ *adj* (-dier, -diest) **1** sólido -a, resistente **2** robusto -a, fuerte

stutter /'stʌtər/ *verbo & sustantivo*
- *v* [tr/intr] tartamudear
- *s* **to have a stutter** tartamudear

sty /staɪ/ *s* **1** (pl sties) chiquero **2** (también **stye**) (pl styes) perrilla

style /staɪl/ *sustantivo & verbo*
- *s* **1** (forma, modo) estilo: *his style of leadership* su estilo de liderazgo **2** (en arte) estilo **3** (de una prenda) modelo **4** moda **5 to have style** tener estilo
- *v* **to style sb's hair** peinar a alguien [hacerle un peinado]

stylish /'staɪlɪʃ/ *adj* elegante

styrofoam® /'staɪrəfoʊm/ *s* AmE poliestireno

sub /sʌb/ *s* (informal) **1** submarino **2** AmE torta de carnes, quesos, etc. hecha con un pan alargado y suave **3** suplente [en deportes] **4** AmE suplente [en la enseñanza]

subconscious /sʌb'kɑnʃəs/ *s* & *adj* subconsciente

subdue /səb'du/ *v* [tr] dominar, someter

subdued /səb'dud/ *adj* **1** tenue **2** apagado -a

subject¹ /'sʌbdʒɪkt/ *sustantivo & adjetivo*
- *s* **1** tema: *a book on the subject* un libro sobre el tema | **to change the subject** cambiar de tema: *Don't try to change the subject.* No trates de cambiar de tema. **2** materia, asignatura: *English is my favorite subject.* Inglés es mi materia preferida. **3** (de un experimento, una investigación, etc.) sujeto **4** súbdito -a **5** (en gramática) sujeto
- *adj* **subject to sth** sujeto -a a algo

subject² /səb'dʒekt/ *v* **to subject sth/sb to sth** someter algo/a alguien a algo

subjective /sʌb'dʒektɪv/ *adj* subjetivo -a

subjunctive /səb'dʒʌŋktɪv/ *s* subjuntivo

submarine /'sʌbmərin/ *s* submarino

,submarine 'sandwich *s* AmE torta de carnes, quesos, etc. hecha con un pan alargado y suave

submerge /səb'mɜrdʒ/ *v* **1** [tr] sumergir **2** [intr] sumergirse

submission /səb'mɪʃən/ *s* sumisión

submit /səb'mɪt/(-tted, -tting) v **1 to submit to sb/sth** someterse a alguien/algo **2** [tr] presentar, entregar [un contrato, una tarea, una solicitud, etc.]

subordinate /sə'bɔːdənət/ adjetivo & sustantivo
■ *adj* secundario -a, subalterno -a | **to be subordinate to sb** estar subordinado -a a alguien
■ *s* subalterno -a, subordinado -a

subpoena /sə'piːnə/ s citatorio, citación

subscribe /səb'skraɪb/ v **1 to subscribe to a newspaper/magazine etc. (a)** suscribirse a un periódico/una revista etc. **(b)** estar suscrito -a a un periódico/una revista etc. **2 to subscribe to an idea/opinion etc.** (formal) suscribir una idea/opinión etc.

subscription /səb'skrɪpʃən/ s suscripción

subsequent /'sʌbsəkwənt/ adj (formal) posterior | **subsequent to sth** con posterioridad a algo: *subsequent to his death* con posterioridad a su muerte

subsequently /'sʌbsəkwentli/ adv (formal) posteriormente

subside /səb'saɪd/ v [intr] **1** apagarse [risa, gritos] **2** calmarse [dolor] **3** amainar [tormenta] **4** hundirse [edificio, pavimento]

subsidence /səb'saɪdns, 'sʌbsɪdəns/ s hundimiento [de un edificio, el pavimento, etc.]

subsidiary /səb'sɪdieri/ sustantivo & adjetivo
■ *s* (pl -ries) subsidiaria, filial
■ *adj* secundario -a

subsidize, -ise BrE /'sʌbsədaɪz/ v [tr] subvencionar, subsidiar

subsidy /'sʌbsədi/ s (pl -dies) subsidio

substance /'sʌbstəns/ s sustancia

substantial /səb'stænʃəl/ adj **1** abultado -a, cuantioso -a **2** grande, importante

substantially /səb'stænʃəli/ adv considerablemente: *Prices have increased substantially.* Los precios han aumentado considerablemente.

substitute /'sʌbstətuːt/ sustantivo & verbo
■ *s* **1** sustituto -a **2** (en deportes) suplente **3** AmE (en la enseñanza) suplente
■ *v* **to substitute X for Y** sustituir Y por X: *You can substitute yogurt for the cream.* Puede sustituir la crema por yogurt.

,substitute 'teacher AmE, **supply teacher** BrE s suplente [en la enseñanza]

subtitles /'sʌbtaɪtlz/ s pl subtítulos

subtle /'sʌtl/ adj **1** sutil [cambio, diferencia] **2** sutil [chiste] **3** sutil [olor, sabor] **4** discreto -a, delicado -a [comentario, persona]

subtract /səb'trækt/ v [tr] restar: *What do you get if you subtract 15 from 100?* ¿Cuánto da si le restas 15 a 100?

subtraction /səb'trækʃən/ s resta

suburb /'sʌbɜːb/ s colonia (residencial) [en las afueras de una ciudad], suburbio | **the suburbs** las zonas residenciales, los suburbios

suburban /sə'bɜːbən/ adj suburbano -a

subway /'sʌbweɪ/ s **1** AmE metro **2** BrE pasaje subterráneo

succeed /sək'siːd/ v **1** [intr] Este verbo expresa la idea de *lograr* o *conseguir* algo: *If you don't succeed the first time, keep trying.* Si no lo logras la primera vez, sigue intentando. | **to succeed in doing sth** lograr hacer algo, conseguir hacer algo: *They succeeded in reaching the summit.* Lograron llegar a la cima. **2** [tr] (en un cargo) suceder **3 to succeed to the throne** acceder al trono **4** [intr] (en una profesión) tener éxito, triunfar

succeeding /sək'siːdɪŋ/ adj sucesivo -a

success /sək'ses/ s (pl -sses) **1** (logro) éxito: *I tried to calm her down, but without success.* Traté de tranquilizarla, pero no tuve éxito. **2** (referido a fiestas, películas, etc.) éxito: *The party was a great success.* La fiesta fue todo un éxito.

successful /sək'sesfəl/ adj **1** exitoso -a: *a successful advertising campaign* una campaña publicitaria exitosa **2 to be successful in doing sth** lograr hacer algo: *The company has been very successful in selling its products to teenagers.* La empresa ha logrado vender muy bien sus productos entre los adolescentes. **3** de éxito, exitoso -a [artista, profesional]: *a successful singer* una cantante de éxito **4** (referido a películas, espectáculos) **to be successful** ser un éxito, tener mucho éxito: *The movie was hugely successful in Europe.* La película fue un éxito enorme en Europa.

succession /sək'seʃən/ s **1 five times/three years etc. in succession** cinco veces seguidas/tres años seguidos etc. **2 a succession of** una serie de **3** sucesión

successive /sək'sesɪv/ adj sucesivo -a

successor /sək'sesər/ s sucesor -a

succumb /sə'kʌm/ v (formal) **to succumb (to sth)** sucumbir (a algo)

such /sʌtʃ/ adjetivo, adverbio & pronombre
■ *adj & adv* **1** tan: *I feel like such an idiot!* ¡Me siento tan idiota! | *He has such enormous feet!* ¡Tiene unos pies tan enormes! | **such... (that)** tan... que: *It's such a tiny kitchen there's no room for a dishwasher.* Es una cocina tan diminuta que no hay lugar para un lavaplatos.
2 tal, semejante: *In such a situation you should call the police immediately.* En tal situación, debería llamar a la policía de inmediato. | *Such behavior is unacceptable.* Semejante conducta es inaceptable. | **such as** (tal/tales) como, como por ejemplo: *big cities such as Buenos Aires* grandes ciudades como Buenos Aires | **I did/I said etc. no such thing!** ¡yo no hice/no dije etc. tal cosa! | **there's no such thing** no hay tal cosa: *There's no such thing as a perfect marriage.* El matrimonio perfecto no existe.
■ *pron* **as such** propiamente dicho: *He doesn't have a diploma as such.* No tiene título propiamente dicho.

suck /sʌk/ v **1** [tr] chupar **2 to suck sth up** sorber algo **3** [intr] AmE (informal) ser un asco: *Their new CD sucks.* Su nuevo CD es un asco.

sudden /'sʌdn/ adj **1** repentino -a: *a sudden change of plan* un cambio de planes repentino **2 all of a sudden** de repente: *All of a sudden the lights went out.* De repente, las luces se apagaron.

suddenly /'sʌdnli/ adv de repente: *Suddenly I heard a noise.* De repente, oí un ruido.

suds /sʌdz/ s pl **1** espuma [del jabón] **2** AmE (informal) chela, cerveza

sue /su/ v **1** [tr] demandar | **to sue sb for sth** demandar a alguien por algo **2** [intr] entablar una demanda

suede /sweɪd/ s ante, gamuza

suffer /'sʌfər/ v **1** [tr/intr] sufrir: *The doctors said he didn't suffer.* Los médicos dijeron que no sufrió. | **to suffer from sth** sufrir de algo: *Many people suffer from depression.* Muchas personas sufren de depresión. **2** [intr] verse afectado -a: *His work is suffering.* Su trabajo se está viendo afectado. **3 to suffer a loss/a defeat etc.** sufrir una pérdida/una derrota etc.

sufferer /'sʌfərər/ s asthma/hay fever etc. sufferers las personas que sufren de asma/fiebre del heno etc.

sufficient /sə'fɪʃənt/ adj suficiente

suffix /'sʌfɪks/ s (pl -xes) sufijo

suffocate /'sʌfəkeɪt/ v **1** [tr] asfixiar **2** [intr] asfixiarse, morir asfixiado -a

suffocating /'sʌfəkeɪtɪŋ/ adj sofocante, asfixiante

sugar /'ʃʊgər/ s azúcar

'sugar bowl s azucarera

suggest /səg'dʒest/ v [tr] **1** sugerir: *She suggested that we write to the manager.* Sugirió que le escribiéramos al gerente. | **to suggest doing sth** sugerir que se haga algo: *Tim suggested going together in one car.* Tim sugirió que fuéramos todos en un solo carro. **2** recomendar **3** indicar: *All the evidence seems to suggest that he is guilty.* Todas las pruebas parecen indicar que es culpable. **4** insinuar

suggestion /səg'dʒestʃən/ s **1** sugerencia: *Do you have a better suggestion?* ¿Tienes una sugerencia mejor? | **to make a suggestion** hacer una sugerencia **2** insinuación

suicidal /suə'saɪdl/ adj **1** suicida: *suicidal tendencies* tendencias suicidas **2 to be suicidal (a)** (referido a una acción) ser suicida, ser una verdadera locura: *It would be suicidal to attack in daylight.* Sería una verdadera locura atacar durante el día. **(b)** (referido a una persona) querer suicidarse

suicide /'suəsaɪd/ s suicidio | **to commit suicide** suicidarse

suit /sut/ sustantivo & verbo
■ s **1** (de saco y pantalones o falda) traje **2 to follow suit** hacer lo mismo **3** (en juegos de naipes) palo **4** (en derecho) juicio
■ v [tr] **1** estar bien para: *Does Thursday suit everybody?* ¿El jueves está bien para todos? **2** quedarle bien a: *Short hair doesn't suit me.* El pelo corto no me queda bien. **3 suit yourself** haz lo que quieras

suitable /'sutəbəl/ adj adecuado -a, apropiado -a

suitably /'sutəbli/ adv **to be suitably dressed/prepared etc.** estar vestido -a/preparado -a etc. como corresponde

suitcase /'sutkeɪs/ s maleta, petaca

suite /swit/ s **1** (en un hotel) suite **2** juego | **a three-piece suite** juego de sala compuesto por un sofá y dos sillones

suited /'sutɪd/ adj **1 to be suited to sth** ser adecuado -a para algo, servir para algo **2 to be ideally suited for sth** ser ideal para algo

sulfur AmE, **sulphur** BrE /'sʌlfər/ s azufre

sulk /sʌlk/ v [intr] estar enfurruñado -a, tener cara larga: *Stop sulking!* ¡Cambia esa cara!

sullen /'sʌlən/ adj malhumorado -a

sultan /'sʌltən/ s sultán

sultana /sʌl'tænə/ s BrE (uva) pasa rubia, (uva) pasa sultana ▶ En inglés americano se usa **golden raisin**

sum /sʌm/ sustantivo & verbo
■ s **1** suma: *a small sum of money* una pequeña suma de dinero **2** suma, total **3** BrE cuenta, operación [aritmética]
■ v (-mmed, -mming) **sum up to sum up** en resumen, para resumir **sum sth up 1** resumir algo **2** evaluar algo

summarize, -ise BrE /'sʌməraɪz/ v [tr/intr] resumir

summary /'sʌməri/ s (pl -ries) resumen

summer /'sʌmər/ s **1** verano ▶ ver "Active Box" seasons en **season 2 summer clothes/dress** ropa/vestido de verano | **summer vacation** vacaciones de verano

summertime /'sʌmərtaɪm/ s verano

summit /'sʌmɪt/ s **1** (de una montaña) cumbre **2** (conferencia, junta) cumbre

summon /'sʌmən/ v [tr] (formal) **1** citar, llamar: *He was summoned to the principal's office.* Lo llamaron a la oficina del director. **2** (también **summon up**) juntar, armarse de [coraje, fuerza, etc.]

summons /'sʌmənz/ s (pl -ses) citación, citatorio

sun /sʌn/ sustantivo & verbo
■ s **1** sol: *The sun's come out.* Salió el sol. | *Let's go and sit in the sun.* Vamos a sentarnos al sol. **2** (astro) sol
■ v (-nned, -nning) **to sun yourself** tomar (el) sol, asolearse

---

ⓘ ¿No estás seguro de si se usa **make** o **do**? Mira las entradas **hacer**, **make** y **do**.

sunbathe /'sʌnbeɪð/ v [intr] tomar (el) sol, asolearse

sunblock /'sʌnblɑk/ s bloqueador solar

sunburn /'sʌnbɜrn/ s quemaduras de sol

sunburned /'sʌnbɜrnd/, también **sunburnt** /'sʌnbɜrnt/ adj quemado -a [por exceso de sol]

sundae /'sʌndi, -deɪ/ s sundae

Sunday /'sʌndi, -deɪ/ s domingo ▶ ver "Active Box" days of the week en day

sundry /'sʌndri/ adj **1** all and sundry todo el mundo **2** (formal) diversos -as

sunflower /'sʌnflaʊər/ s girasol

sung /sʌŋ/ participio de sing

sunglasses /'sʌnglæsɪz/ s pl lentes oscuros/de sol

sunk /sʌŋk/ participio de sink

sunken /'sʌŋkən/ adj hundido -a

sunlight /'sʌnlaɪt/ s luz del sol

sunny /'sʌni/ adj (-nnier, -nniest) **1** de sol, soleado -a: a sunny day un día de sol | It's sunny. Hace sol. **2** alegre

sunrise /'sʌnraɪz/ s **1** amanecer: We leave at sunrise. Nos vamos al amanecer. **2** salida del sol: a beautiful sunrise una hermosa salida de sol

sunscreen /'sʌnskrin/ s filtro solar

sunset /'sʌnset/ s **1** atardecer: before sunset antes del atardecer **2** puesta de sol: a beautiful sunset una hermosa puesta de sol

sunshine /'sʌnʃaɪn/ s sol [luz y calor]: sitting in the sunshine sentado al sol

sunstroke /'sʌnstroʊk/ s insolación | to get sunstroke insolarse

suntan /'sʌntæn/ s bronceado | to get a suntan broncearse

'suntan ˌlotion, también **suntan oil** s bronceador

super /'supər/ adjetivo, adverbio & sustantivo
- **adj** genial: That's a super idea! ¡Es una idea genial!
- **adv** súper: The computer was super expensive. La computadora salió súper cara.
- **s** (informal) ▶ ver superintendent

superb /su'pɜrb/ adj magnífico -a

superficial /supər'fɪʃəl/ adj **1** superficial [conocimientos, inspección] **2** superficial [herida] **3** superficial [persona, actitud]

superfluous /su'pɜrfluəs/ adj superfluo -a | to be superfluous estar de más

superglue® /'supərglu/ s pegamento/adhesivo instantáneo

superintendent /ˌsupərɪn'tendənt/ s **1** AmE persona a cargo de todas las escuelas de un distrito **2** AmE conserje, portero -a [de un edificio de departamentos] **3** BrE inspector -a (de policía)

superior /sə'pɪriər/ adjetivo & sustantivo
- **adj 1** superior: Our product is superior to theirs. Nuestro producto es superior al suyo.

2 de calidad **3** superior [oficial, autoridad] **4** a superior look/smile una mirada/sonrisa de superioridad
- **s** superior

superiority /sə,pɪri'ɔrəti/ s **1** (mejor calidad) superioridad **2** (arrogancia) superioridad

superlative /sə'pɜrlətɪv/ adjetivo & sustantivo
- **adj** (muy bueno) extraordinario -a
- **s** the superlative el superlativo

supermarket /'supərmɑrkɪt/ s supermercado

supermodel /'supərmɑdl/ s supermodelo

supernatural /supər'nætʃərəl/ sustantivo & adjetivo
- **s** the supernatural lo sobrenatural
- **adj** sobrenatural

supersede /supər'sid/ v [tr] reemplazar

supersonic /supər'sɑnɪk/ adj supersónico -a

superstar /'supərstɑr/ s superestrella

superstition /supər'stɪʃən/ s superstición

superstitious /supər'stɪʃəs/ adj supersticioso -a

superstore /'supərstɔr/ s supermercado [grande]

supervise /'supərvaɪz/ v [tr] supervisar

supervision /supər'vɪʒən/ s supervisión

supervisor /'supərvaɪzər/ s supervisor -a

supper /'sʌpər/ s cena

supple /'sʌpəl/ adj flexible

supplement¹ /'sʌpləmənt/s **1** (de la dieta) suplemento **2** (de un periódico) suplemento **3** cargo adicional

supplement² /'sʌpləment/ v [tr] complementar

supplementary /sʌplə'mentəri/ adj adicional

supplier /sə'plaɪər/ s proveedor -a

supply /sə'plaɪ/ sustantivo, sustantivo plural & verbo
- **s** (pl -lies) **1** suministro, provisión **2** to be in short supply escasear: Gasoline was in short supply. La gasolina escaseaba. **3** the gas/ water etc. supply el suministro de gas/agua etc.
- **supplies** s pl provisiones, víveres
- **v** [tr] (-plies, -plied) suministrar | to supply sb with sth suministrarle algo a alguien, proporcionarle algo a alguien | to supply sth to sb suministrarle algo a alguien, proporcionarle algo a alguien

sup'ply ˌteacher BrE ▶ ver substitute teacher

support /sə'pɔrt/ verbo & sustantivo
- **v** [tr] **1** apoyar, respaldar: We all support the proposal. Todos apoyamos la propuesta. | We'll support you, whatever career you choose. Te apoyaremos, sea cual sea la carrera que elijas. **2** sostener **3** mantener: I can't support a family on my salary. No puedo mantener una familia con mi sueldo. **4** BrE irle a: I support Arsenal. Le voy al Arsenal.
- **s 1** apoyo | in support of en apoyo de **2** ayuda

supporter /sə'pɔrtər/ s **1** partidario -a **2** AmE suspensorio **3** BrE miembro de la porra de un equipo

suppose /sə'pouz/ v [tr] **1** suponer, imaginarse: *I suppose we'll never know.* Supongo que nunca lo sabremos. | *I suppose your job must be very dangerous at times.* Me imagino que tu trabajo debe ser muy peligroso a veces. **2 to be supposed to** **(a)** (para expresar lo que se espera que suceda): *There's supposed to be a train at four o'clock.* Se supone que a las cuatro pasa un tren. | *This was supposed to be a vacation!* ¡Se suponía que éstas iban a ser unas vacaciones! **(b)** (para expresar lo que se debe hacer): *I'm supposed to be home by midnight.* Se supone que tengo que estar en mi casa antes de la medianoche. | *You're not supposed to look.* No debes mirar. **(c)** (para expresar una opinión o creencia generalizada): *The book is supposed to be very interesting.* Dicen que el libro es muy interesante. **3 I suppose so** supongo que sí, si no hay más remedio | **I suppose not** supongo que no **4 suppose.../supposing...** ¿y si...?: *Suppose your mom found out...* ¿Y si tu mamá se enterara?

supposedly /sə'pouzɪdli/ adv supuestamente

suppress /sə'pres/ v [tr] (3ª pers sing -sses) **1** sofocar, reprimir [una rebelión, etc.] **2** ocultar [pruebas, la verdad] **3** contener [un deseo, la risa]

supremacy /sə'preməsi/ s supremacía

supreme /sə'prim/ adj supremo -a

surcharge /'sɜrtʃɑrdʒ/ s recargo

sure /ʃʊr/ adjetivo & adverbio
■ adj **1** seguro -a: *I'm sure it was him.* Estoy seguro de que era él.: *Are you sure about that?* ¿Estás segura de eso? | *I'm not sure of the exact date.* No estoy segura de la fecha exacta. **2 to make sure** asegurarse: *I made sure that the doors were all locked.* Me aseguré de que todas las puertas estuvieran cerradas con llave. **3 a sure sign of sth** una señal clara de algo **4 sure of myself/himself etc.** seguro -a de mí/sí etc. mismo -a **5 he's sure to pass/call etc.** seguro que aprueba/que llama etc. | **be sure to tell him/call me etc.** no dejes de decírselo/de llamarme etc.
■ adv **1 for sure** con seguridad: *We don't know for sure what happened.* No sabemos con seguridad qué pasó. | **one thing's for sure** una cosa es segura, de una cosa no cabe duda | **that's for sure** no te quepa la menor duda **2 sure enough** como era de esperar: *Sure enough, Mike got lost.* Como era de esperar, Mike se perdió. **3** (informal) claro: *"Can I phone my Dad?" "Sure!"* –¿Puedo llamar a mi papá? –¡Claro!

surely /'ʃʊrli/ adv **1** (para expresar sorpresa o incredulidad): *Surely you don't find him attractive!* ¡No me digas que te parece atractivo!

2 sin duda: *There must surely be an explanation.* Sin duda debe haber una explicación.

surf /sɜrf/ verbo & sustantivo
■ v **1** [intr] surfear | **to go surfing** ir a surfear **2 to surf the Net** navegar por Internet
■ s olas

surfing

surface /'sɜrfəs/ sustantivo & verbo
■ s **1** superficie **2 on the surface** en apariencia
■ v [intr] salir a la superficie, emerger

surfboard /'sɜrfbɔrd/ s tabla de surf

surfing /'sɜrfɪŋ/ s surf

surge /sɜrdʒ/ verbo & sustantivo
■ v **to surge forward** abalanzarse
■ s **1** oleada [de entusiasmo, emoción] **2 a surge in prices/profits etc.** un aumento repentino de los precios/las ganancias etc.

surgeon /'sɜrdʒən/ s cirujano -a

surgery /'sɜrdʒəri/ s **1** cirugía | **to have surgery** ser sometido -a a una intervención quirúrgica, ser operado -a: *He had to have surgery on his knee.* Tuvieron que operarlo de la rodilla. **2** (pl -ries) BrE consulta [de un médico] **3** (pl -ries) BrE consultorio [de un médico, etc.]
► En inglés americano se usa **office**

surgical /'sɜrdʒɪkəl/ adj quirúrgico -a

surname /'sɜrneɪm/ s apellido

surpass /sər'pæs/ v [tr] (3ª pers sing -sses) superar

surplus /'sɜrplʌs/ sustantivo & adjetivo
■ s excedente, superávit
■ adj excedente, de más

surprise /sər'praɪz/ sustantivo & verbo
■ s sorpresa: *I have a little surprise for you.* Tengo una sorpresita para ti. | **to take sb by surprise** tomar a alguien por sorpresa, sorprender a alguien
■ v [tr] **1** (darle una sorpresa a) sorprender **2** (descubrir) sorprender

surprised /sər'praɪzd/ adj **1** sorprendido -a [persona] | **to be surprised** sorprenderse: *Andrew was very surprised when I walked in.* Andrew se sorprendió mucho cuando entré. | *"She finally left him." "I'm not surprised!"* –Al final lo dejó. –¡No me sorprende! | *I was surprised by her behavior./I was surprised at her behavior.* Me sorprendió su conducta. **2** de sorpresa [expresión, mirada]

surprising /sər'praɪzɪŋ/ adj sorprendente

surprisingly /sər'praɪzɪŋli/ adv sorprendentemente

surrender /sə'rendər/ verbo & sustantivo
■ v **1** [intr] rendirse **2** [tr] (formal) entregar [a las autoridades]
■ s rendición

surrogate mother /ˌsʌrəgət ˈmʌðər/ s madre sustituta, madre de alquiler

surround /səˈraʊnd/ v [tr] rodear | **surrounded by sth/sb** rodeado -a de algo/alguien

surrounding /səˈraʊndɪŋ/ adjetivo & sustantivo plural
■ adj de alrededor, circundante
■ **surroundings** s pl alrededores, entorno

surveillance /sərˈveɪləns/ s **1** vigilancia | **to keep sth/sb under surveillance** mantener algo/a alguien bajo vigilancia **2** **surveillance cameras** cámaras de vigilancia **surveillance equipment** equipo para vigilancia

survey¹ /ˈsɜːrveɪ/ s **1** encuesta, estudio **2** levantamiento [en topografía]

survey² /sərˈveɪ/ v [tr] **1** encuestar **2** estudiar [una escena, un mapa, etc.] **3** hacer el levantamiento de [en topografía]

survival /sərˈvaɪvəl/ s supervivencia

survive /sərˈvaɪv/ v **1** [tr] sobrevivir a, [intr] sobrevivir: *The refugees may not survive the winter.* Es posible que los refugiados no sobrevivan al invierno. **2** [tr] superar [una crisis], [intr] perdurar **3** **to survive on sth** sobrevivir a base de algo, sobrevivir con algo

survivor /sərˈvaɪvər/ s sobreviviente

susceptible /səˈseptəbəl/ adj **to be susceptible to sth** ser propenso -a a algo

suspect¹ /səˈspekt/ v [tr] **1** sospechar: *The police suspect that she has already left the country.* La policía sospecha que ya se ha ido del país. **2** **to suspect sb** sospechar de alguien | **to suspect sb of (doing) sth** sospechar que alguien hizo algo

suspect² /ˈsʌspekt/ s & adj sospechoso -a

suspend /səˈspend/ v [tr] **1** suspender [las negociaciones, un partido, la venta de un producto] **2** suspender [a una persona] | **to suspend sb from sth** suspender a alguien de algo **3** (formal) **to suspend sth from sth** colgar algo de algo

suspenders /səˈspendərz/ s pl **1** AmE (para pantalones) tirantes **2** BrE ligas [de un liguero]

suspense /səˈspens/ s suspenso | **to keep sb in suspense** tener a alguien en suspenso/en vilo

suspension /səˈspenʃən/ s **1** (postergación) suspensión, aplazamiento **2** (sanción) suspensión **3** (en un vehículo) suspensión

suspicion /səˈspɪʃən/ s **1** sospecha: *She had a suspicion that Steve might be right.* Tenía la sospecha de que quizás Steve tuviera razón. **2** desconfianza **3** **on suspicion of** bajo sospecha de

suspicious /səˈspɪʃəs/ adj **1** desconfiado -a | **to be suspicious of sth/sb** desconfiar de algo/ alguien **2** sospechoso -a: *a suspicious package* un paquete sospechoso

suspiciously /səˈspɪʃəsli/ adv **1** sospechosamente, con actitud sospechosa **2** con desconfianza

sustain /səˈsteɪn/ v [tr] **1** sostener [el crecimiento] **2** mantener [el entusiasmo] **3** mantener [el entusiasmo] **3** mantener [el entusiasmo] **3** mantener [el entusiasmo] **4** (formal) sufrir [heridas, bajas, etc.]

SW (= **southwest**) SO

swagger /ˈswægər/ v [intr] caminar con aire arrogante

swallow /ˈswɑːloʊ/ verbo & sustantivo
■ v **1** [tr] tragar, tragarse **2** [intr] tragar **3** [tr] (informal) (aceptar) tragar: *I find that story hard to swallow.* Ese cuento yo no me lo trago.
swallow sth up tragarse algo
■ s **1** golondrina **2** trago

swam /swæm/ pasado de **swim**

swamp /swɑmp/ sustantivo & verbo
■ s pantano
■ v **to be swamped with letters/calls etc.** (informal) recibir una avalancha de cartas/llamadas etc. |
to be swamped with work (informal) estar inundado -a de trabajo

swan /swɑn/ s cisne

swap, también **swop** /swɑp/ v (-pped, -pping) **to swap sth (with sb)** cambiarle algo (a alguien), intercambiar algo (con alguien): *I swapped hats with Natasha.* Le cambié el sombrero a Natasha. | **to swap sth for sth** cambiar algo por algo | **to swap places (with sb)** cambiar de lugar (con alguien): *Will you swap places so I can sit with Mick?* ¿Cambiamos de lugar para que yo pueda sentarme con Mick? | **to swap sth around** (informal) cambiar algo de lugar

swarm /swɔrm/ sustantivo & verbo
■ s **1** enjambre **2** multitud
■ v **to swarm through sth/out of sth etc.** atravesar algo/salir de algo etc. [grandes cantidades de personas, en forma desordenada] | **to be swarming with people/tourists etc.** estar repleto -a de gente/turistas etc.

sway /sweɪ/ v **1** [intr] balancearse **2** [tr] convencer, hacer cambiar de opinión

swear /swer/ v (pasado **swore**, participio **sworn**) **1** [intr] decir malas palabras/groserías | **to swear at sb** insultar a alguien [usando malas palabras]: *He was arrested for swearing at a policeman.* Lo llevaron preso por insultar a un policía. **2** [tr/intr] jurar, prometer | **to swear to do sth** jurar hacer algo: *Do you swear to tell the truth?* ¿Jura decir la verdad?
swear by sth (informal) tenerle (una) fe ciega a algo
swear sb in tomarle juramento a alguien

'swear word s mala palabra

sweat /swet/ verbo, sustantivo & sustantivo plural
■ v **1** [intr] sudar **2** **to sweat it out** sudarla, aguantar [esperando ayuda, una decisión, etc.]
■ s sudor
■ **sweats** s pl AmE **1** ► ver **sweatsuit** **2** ► ver **sweat pants**

sweater /ˈswetər/ s suéter

'sweat ˌpants s pl AmE pants [pantalones]

sweatshirt /'swetʃɜrt/ s sudadera

sweatsuit /'swetsut/ s AmE pants [conjunto]

sweaty /'sweti/ adj (-tier, -tiest) **1** sudado -a **2 sweaty socks/shirts etc.** medias/camisas etc. con olor a sudor

Swede /swid/ s sueco -a

swede /swid/ s BrE rutabaga [tubérculo comestible de color amarillento] ▶ En inglés americano se usa **rutabaga**

Sweden /'swidn/ s Suecia

Swedish /'swidɪʃ/ adjetivo & sustantivo
- **adj** sueco -a
- **s 1** (idioma) sueco **2 the Swedish** los suecos

sweep /swip/ v (pasado & participio **swept**) **1 to sweep the floor/the kitchen etc.** barrer el suelo/la cocina etc. | **to sweep the chimney** deshollinar la chimenea **2 to sweep into/out of a room** irrumpir en/salir de una habitación [con aire de autoridad, confianza en sí mismo, etc.] **3** [tr] azotar [viento, olas, tormentas] **4 to sweep the country** arrasar en todo el país [moda, manía] **5** [tr] quitar, meter, etc. con un movimiento rápido de la mano o del brazo
sweep sth away arrasar con algo: *Many houses were swept away by the floods.* Las inundaciones arrasaron con muchas casas.
sweep sth up barrer, limpiar **sweep sth up** barrer (y recoger) algo

sweeping /'swipɪŋ/ adj **1** radical [reforma, cambio, etc.] **2 a sweeping statement** una generalización

sweet /swit/ adjetivo & sustantivo
- **adj 1** dulce [bebida, pastel, etc.] **2** dulce, amable [persona, sonrisa] **3** agradable [música, voz, etc.] **4** lindo -a, mono -a
- **s** BrE **1** dulce, golosina, caramelo ▶ En inglés americano se usa **(piece of) candy 2** postre ▶ También existe **dessert**, que es inglés universal

sweetcorn /'switkɔrn/ s elote

sweeten /'switn/ v [tr] **1** endulzar **2** (también **sweeten up**) (informal) ablandar, convencer

sweetener /'switn-ər/ s endulzante, edulcorante

sweetheart /'swithɑrt/ s (al dirigirse a alguien) mi amor, cariño

sweetly /'switli/ adv con dulzura, de un modo agradable

sweetness /'switnəs/ s **1** dulzor [de una fruta, un postre, etc.] **2** dulzura [de una persona, sonrisa, etc.]

sweet po'tato s camote

swell /swel/ verbo & sustantivo
- **v** (participio **swollen**) **1** [intr] (también **swell up**) hincharse, inflamarse **2** [intr] aumentar
- **s** oleaje

swelling /'swelɪŋ/ s hinchazón, inflamación

swept /swept/ pasado & participio de **sweep**

swerve /swɜrv/ v [intr] dar un volantazo, virar bruscamente: *The car swerved across the road into a wall.* El coche viró bruscamente, atravesó la calle y se estrelló contra una pared.

swift /swift/ adjetivo & sustantivo
- **adj 1** rápido -a: *with one swift movement* con un movimiento rápido **2 to be swift to do sth** no tardar en hacer algo: *The police were swift to react.* La policía no tardó en reaccionar.
- **s** pájaro pequeño similar a una golondrina

swiftly /'swiftli/ adv rápidamente

swim /swɪm/ verbo & sustantivo
- **v** (pasado **swam**, participio **swum**, gerundio **swimming**) **1** [intr] nadar: *I can't swim.* No sé nadar. | **to go swimming** ir a nadar **2** [tr] cruzar a nado: *the first person to swim the English Channel* la primera persona que cruzó el Canal de la Mancha a nado **3 my head is/was swimming** me da/daba vueltas la cabeza **4 to be swimming in oil/sauce etc.** nadar en aceite/salsa etc.
- **s** nadada | **to go for a swim** ir a nadar

swimmer /'swɪmər/ s nadador -a

swimming /'swɪmɪŋ/ s natación

'swimming ,costume BrE ▶ ver **swimsuit**

'swimming pool s alberca

'swimming trunks s pl traje de baño [de varón]

swimsuit /'swɪmsut/ s traje de baño [de mujer]

swindle /'swɪndl/ verbo & sustantivo
- **v** [tr] estafar: *He swindled his customers out of $200,000.* Estafó $200,000 a sus clientes.
- **s** estafa

swing /swɪŋ/ verbo & sustantivo
- **v** (pasado & participio **swung**) **1** [intr] oscilar, balancearse: *The pendulum continued to swing to and fro.* El péndulo siguió oscilando de un lado a otro. **2** [tr] balancear **3** [tr/intr] moverse o hacer que algo se mueva describiendo una curva: *The door swung shut behind her.* La puerta se cerró tras ella. | *He swung the sacks off the truck as if they were empty.* Descargaba las bolsas del camión como si estuvieran vacías. | **to swing open/shut** abrirse/cerrarse [una puerta, un portón] **4** [intr] cambiar, oscilar [estado de ánimo, opinión] **5** [intr] columpiarse
swing around, también **swing round** BrE girar sobre sus talones
- **s 1** columpio **2** cambio [de humor] **3** viraje [de la opinión pública] **4 to take a swing at sth/sb** tratar de pegarle a algo/a alguien

swipe /swaɪp/ verbo & sustantivo
- **v 1 to swipe at sth/sb** (informal) tratar de pegarle a algo/a alguien **2** [tr] (informal) pegarle a **3** [tr] (informal) robar **4 to swipe a card** pasar una tarjeta por un lector de banda magnética
- **s** (informal) **to take a swipe at sth/sb** tratar de pegarle a algo/a alguien

swirl /swɜrl/ *verbo & sustantivo*
- *v* [intr] arremolinarse, girar
- *s* remolino

Swiss /swɪs/ *adjetivo & sustantivo*
- *adj* suizo -a
- *s* **the Swiss** los suizos

switch /swɪtʃ/ *verbo & sustantivo*
- *v* (3ª pers sing **-ches**) **1** [tr] cambiar, cambiar de: *I switched jobs in June.* Cambié de trabajo en junio. **2** [intr] cambiar | **to switch to sth** pasar/ cambiar a algo: *He switches easily from Spanish to English.* Pasa con facilidad del español al inglés. | **to switch over to sth** cambiar a algo **3** [tr] intercambiar, cambiar: *Someone has switched the labels.* Alguien intercambió las etiquetas. | **to switch places (with sb)** cambiar de lugar con alguien: *I switched places with Jan so she could see.* Cambié de lugar con Jan para que ella pudiera ver.

  switch off apagarse **switch sth off** apagar algo

  switch on prenderse, encenderse **switch sth on** prender algo, encender algo
- *s* (pl **switches**) **1** apagador, switch: *a light switch* un apagador de la luz **2** cambio

switchboard /'swɪtʃbɔrd/ *s* conmutador

Switzerland /'swɪtsərlənd/ *s* Suiza

swivel /'swɪvəl/ *v* (-led, -ling AmE, -lled, -lling BrE) **1** [tr] hacer girar **2** [intr] girar

swollen¹ /'swoʊlən/ *adj* hinchado -a, inflamado -a

swollen² participio de **swell**

swoop /swup/ *verbo & sustantivo*
- *v* [intr] **1** **to swoop (down)** descender en picada **2** hacer una redada [la policía]
- *s* redada

swop ▶ ver **swap**

sword /sɔrd/ *s* espada

swordfish /'sɔrdfɪʃ/ *s* (pl **swordfish**) pez espada

swore /swɔr/ pasado de **swear**

sworn¹ /swɔrn/ *adj* **1** **to be sworn enemies** ser enemigos -as a muerte **2** **sworn statement** declaración jurada

sworn² participio de **swear**

swot /swɑt/ *s* BrE (informal) (alumno muy estudioso) matado -a

swum /swʌm/ participio de **swim**

swung /swʌŋ/ pasado & participio de **swing**

syllable /'sɪləbəl/ *s* sílaba

syllabus /'sɪləbəs/ *s* (pl **syllabuses** o **syllabi** /-baɪ/) programa [de una materia]

symbol /'sɪmbəl/ *s* símbolo: *The dove is a symbol of peace.* La paloma es un símbolo de paz.

symbolic /sɪm'bɑlɪk/ *adj* simbólico -a | **to be symbolic of sth** simbolizar algo

symbolize, -ise BrE /'sɪmbəlaɪz/ *v* [tr] simbolizar

symmetrical /sɪ'metrɪkəl/ *adj* simétrico -a

symmetry /'sɪmətri/ *s* simetría

sympathetic /sɪmpə'θetɪk/ *adj* **1** comprensivo -a **2** **to be sympathetic to/towards sth** mostrarse favorable a algo

sympathize, -ise BrE /'sɪmpəθaɪz/ *v* [intr] ser comprensivo -a | **to sympathize with sth (a)** comprender algo **(b)** estar de acuerdo con algo | **to sympathize with sb** compadecer a alguien

sympathy /'sɪmpəθi/ *sustantivo & sustantivo plural*
- *s* **1** lástima, compasión: *I have no sympathy for him.* No siento ninguna lástima por él. **2** **to have sympathy with sth** apoyar algo [una causa, un objetivo, etc.]
- *sympathies* *s pl* **1** simpatías **2** condolencias

symphony /'sɪmfəni/ *s* (pl **-nies**) sinfonía

symptom /'sɪmptəm/ *s* **1** síntoma **2** **to be a symptom of sth** ser un síntoma de algo

synagogue /'sɪnəgɑg/ *s* sinagoga

syndicate /'sɪndəkət/ *s* grupo, consorcio

syndrome /'sɪndroʊm/ *s* síndrome

synonym /'sɪnənɪm/ *s* sinónimo

syntax /'sɪntæks/ *s* sintaxis

synthesizer, -iser BrE /'sɪnθəsaɪzər/ *s* sintetizador

synthetic /sɪn'θetɪk/ *adj* sintético -a

syringe /sə'rɪndʒ/ *s* jeringa

syrup /'sɜrəp/ *s* **1** almíbar: *peaches in syrup* duraznos en almíbar **2** jarabe: *maple syrup* miel de maple: *cough syrup* jarabe para la tos

system /'sɪstəm/ *s* **1** sistema: *the public transportation system* el sistema de transporte público | *a computer system* un sistema informático | *the tax system* el sistema fiscal **2** cuerpo, organismo | **to get sth out of your system** desahogarse (de algo)

systematic /sɪstə'mætɪk/ *adj* sistemático -a

T, t /tiː/ T, t ▶ ver "Active Box" **letters** en **letter**

tab /tæb/ s **1** tecla Tab, tabulador: *Press tab.* Pulse la tecla Tab. **2 to pick up the tab (for sth)** pagar la cuenta (de algo), correr con los gastos (de algo)

table /ˈteɪbəl/ s **1** mesa: *Maggie was already sitting at the table.* Maggie ya estaba sentada a la mesa. | **to set the table** poner la mesa **2** cuadro, tabla [en un texto, en computación] | **table of contents** índice **3 two/ten etc. times table** tabla del dos/diez etc.

tablecloth /ˈteɪbəlklɔθ/ s mantel

tablespoon /ˈteɪbəlspuːn/ s **1** cucharada grande **2** cuchara (de servir)

tablet /ˈtæblət/ s tableta, pastilla

table tennis s ping-pong, tenis de mesa

tabloid /ˈtæblɔɪd/ s tabloide | **the tabloid press** la prensa amarillista/sensacionalista

taboo /təˈbuː/ *sustantivo & adjetivo*
■ s tabú
■ *adj* tabú | **a taboo subject** un tema tabú

tack /tæk/ *sustantivo & verbo*
■ s tachuela, chinche [para tapicería, etc.]
■ *v* **1** [tr] clavar **2** [intr] navegar de ceñida, hacer bordadas **3** [tr] hilvanar

tackle /ˈtækəl/ *sustantivo & verbo*
■ s **1** (en futbol americano, rugby) tacle, tacleada **2** (en futbol) entrada **3 fishing tackle** aparejos de pesca
■ *v* [tr] **1** abordar, tratar de resolver [un problema] **2** encarar [una tarea] **3 to tackle sb about sth** encarar a alguien por (el tema de) algo **4** (en futbol americano) taclear **5** (en futbol) hacerle una entrada a

tackling

tacky /ˈtæki/ *adj* (**-ckier**, **-ckiest**) (informal) **1** naco -a **2** cursi

taco /ˈtɑkoʊ/ s taco [platillo]

tact /tækt/ s tacto, prudencia

tactful /ˈtæktfəl/ *adj* con tacto, prudente

tactic /ˈtæktɪk/ *sustantivo & sustantivo plural*
■ s táctica
■ **tactics** *s pl* (en la guerra) táctica

tactless /ˈtæktləs/ *adj* falto -a de tacto

tadpole /ˈtædpoʊl/ s renacuajo

tag /tæg/ *sustantivo & verbo*
■ s etiqueta
■ *v* [tr] (**-gged**, **-gging**) ponerle una etiqueta a **tag along** (informal) ir con alguien: *Is it all right if I tag along?* ¿Les importa si me les pego?/¿Les importa si voy con ustedes?

tail /teɪl/ *sustantivo, sustantivo plural & verbo*
■ s **1** (de un animal) cola, rabo **2** (de un avión) cola
■ **tails** *s pl* **1** frac **2** ▶ see **heads** en **head**
■ *v* [tr] (informal) seguir **tail off 1** decaer [ventas, interés] **2** apagarse [voz]

tailback /ˈteɪlbæk/ s BrE fila [de automóviles]

tailor /ˈteɪlər/ *sustantivo & verbo*
■ s sastre
■ *v* **to tailor sth to sth** hacer algo a la medida de algo

tailor-made *adj* hecho -a a la medida

tailpipe /ˈteɪlpaɪp/ s AmE tubo de escape

take /teɪk/ *v* [tr] (pasado **took**, participio **taken**) ▶ ver recuadro en página 368. Las expresiones como **to take part, to take offense**, etc. están tratadas bajo el sustantivo correspondiente.

PHRASAL VERBS

take after sb parecerse a alguien

take sth apart desarmar/desmontar algo

take sth away 1 quitar algo: *They took away his passport and locked him up.* Le quitaron el pasaporte y lo metieron en la cárcel. | **to take sth away from sb** quitarle algo a alguien: *Don't take his toys away from him!* ¡No le quites los juguetes! **2 to take sth away from sth** restarle algo a algo **take sb away** llevarse a alguien [a la cárcel, un hospital, etc.]

take sth back 1 devolver/regresar algo [a una tienda] **2** retirar algo [un comentario]

take sth down 1 desarmar/desmontar algo **2** anotar algo

take sb in 1 recoger/acoger a alguien **2 to be taken in** ser engañado -a **take sth in 1** asimilar algo [una noticia, información] **2** achicar algo, meterle a algo [un vestido, etc.]

take off 1 despegar [avión] **2** (informal) largarse [irse] **3** tomar vuelo **take sth off 1** quitarse algo [una prenda de ropa, el maquillaje, etc.] **2 to take sth off the bed/table etc.** quitar algo de la cama/la mesa etc. **3 to take a day/week etc. off** tomarse un día/una semana etc. (libre)

take sth on hacerse cargo de algo, aceptar algo: *I've taken too much work on recently.* Me he hecho cargo de demasiado trabajo últimamente. **take on sth** adquirir algo [interés, importancia] **take sb on 1** enfrentarse a alguien **2** contratar a alguien, tomar a alguien: *The*

team has taken on a new coach. El equipo ha contratado a un nuevo entrenador.
take sth out 1 sacar algo [de una bolsa, etc.]: *He took out a penknife and began to peel the orange.* Sacó una navaja y empezó a pelar la naranja. **2 to take sb's tooth out** sacarle una muela/un diente a alguien **3 to take out insurance/a loan etc.** sacar un seguro/un préstamo etc. **take sb out** llevar a alguien a algún lado: *Richard took me out for a meal.* Richard me llevó a comer fuera. | *I'd like to take her out.* Me gustaría invitarla a salir.
take sth out on sb 1 to take your anger/frustration etc. out on sb desquitarse la rabia/frustración etc. con alguien **2 to take it out on sb** agarrársela(s) con alguien
take over hacerse cargo: *John Dale will take over when Michael leaves the company.* John Dale se hará cargo cuando Michael se vaya de la empresa. **take sth over** hacerse cargo de algo [un negocio, una empresa, etc.]
take to sb l/they etc. took to him immediately me/les etc. cayó bien de inmediato
take sth up 1 acortar algo [una prenda de ropa] **2 to take sth up with sb** tratar algo con alguien **take up sth 1** empezar a hacer algo | **to take up golf/tennis etc.** empezar a jugar golf/tenis etc. | **to take up the piano/the violin etc.** empezar a estudiar piano/violín etc. **2** llevar algo, ocupar algo: *My English homework took up the whole evening.* La tarea de inglés me llevó toda la tarde.
take sb up on sth aceptarle un ofrecimiento a alguien: *I might take you up on that.* A lo mejor te acepto el ofrecimiento.
taken /'teɪkən/ participio de **take**
'take-off *s* despegue [de un avión]
takeout /'teɪk'aʊt/ AmE, **takeaway** /teɪkəweɪ/ BrE *s*

> Así se le llama a una comida hecha que se compra para llevar a casa:
> *We always have a takeout on Friday.* Los viernes siempre compramos comida hecha. También se le llama **takeout** al comercio que vende comida para llevar. Son muy típicos los locales que venden comida china. A **takeout pizza/takeout Chinese** es una pizza/una comida china comprada en uno de estos locales.

talcum powder /'tælkəm ˌpaʊdər/, también **talc** /tælk/ *s* talco
tale /teɪl/ *s* **1** cuento **2 to tell tales** (informal) chismosear, ir con el cuento
talent /'tælənt/ *s* talento
talented /'tæləntɪd/ *adj* talentoso -a
talk /tɔk/ *verbo, sustantivo & sustantivo plural*
■ *v* **1** [intr] (decir cosas) hablar, (conversar) platicar, hablar: *We talked all night.* Platicamos toda la noche. | **to talk about sth** platicar/hablar de

---

take

1 LLEVAR (A UN LUGAR)
Can you take this upstairs, please? ¿Puedes llevar esto arriba, por favor? | *She took the children to school.* Llevó a los niños a la escuela.

2 LLEVAR (TIEMPO)
to take five minutes/two hours etc. llevar/tomar cinco minutos/dos horas etc.: *It took me two hours to do my homework.* Me llevó dos horas hacer la tarea.

3 TOMAR, TOMARSE (UNA MEDICINA)
Take a couple of aspirins. Tómate un par de aspirinas.

4 TOMAR (CLASES DE), CURSAR
I'm going to take Spanish next year. Voy a tomar español el año que viene. | **to take a test** hacer una prueba/presentar (un) examen | **to take an exam** presentar (un) examen/hacer un examen

5 REQUERIR
it takes courage/patience etc. se necesita valor/paciencia etc. | **it takes a lot of money/$500 etc.** se necesita mucho dinero/$500 etc.

6 TOMAR, AGARRAR
He took a pencil from your desk. Tomó un lápiz de tu escritorio. | *Someone's taken my camera!* ¡Alguien se llevó mi cámara!

7 ACEPTAR
Do you take credit cards? ¿Aceptan tarjetas de crédito?

8 OCUPAR
Excuse me, is this seat taken? Perdón ¿este asiento está ocupado?

9 CALZAR, USAR
What size do you take? ¿Qué número calzas?/¿Qué talla usa?

10 TOMAR (UNA CALLE, UN TAXI, UN TREN, ETC.)
Take the second on the right. Tome la segunda a la derecha. | *We took the first train to Rye.* Tomamos el primer tren a Rye.

11 ANOTAR
I took down his number. Anoté su número. | *Can I take a message?* ¿Quiere dejar un mensaje?

12 TOMAR/SACAR (UNA FOTO)
Can I take your photo? ¿Puedo tomarte una foto?

13 CONSIDERAR
to take sth seriously/lightly tomarse algo en serio/a la ligera

14 MEDIR
to take sb's temperature/blood pressure etc. tomarle la temperatura/la presión etc. a alguien

---

algo | **to talk to sb**, también **to talk with sb** AmE hablarle a alguien: *Sorry, were you talking to me?* Perdón, ¿me hablabas a mí? | **to talk to yourself** hablar solo -a **2** [intr] (chismosear) hablar: *If they see us together, people will talk.* Si nos ven juntos, la gente va a hablar. **3 to talk nonsense/sense** decir tonterías/cosas sensatas **4 to know what you are talking about** saber de qué habla uno

PHRASAL VERBS

talk back to sb contestarle (mal) a alguien

talk down to sb tratar a alguien como si fuera tonto -a

talk sb into sth convencer a alguien de que haga algo: *Kath talked me into helping her.* Kath me convenció de que la ayudara.

talk sb out of sth convencer a alguien de que no haga algo: *Dad talked me out of buying it.* Mi papá me convenció de que no lo comprara.

talk sth over discutir algo

■ *s* **1** plática, conversación | **to have a talk (with sb)** hablar (con alguien) [sobre un tema serio]: *You and I need to have a talk.* Tú y yo tenemos que hablar. **2** (conferencia) plática | **to give a talk** dar una plática

■ **talks** *s pl* conversaciones

talkative /'tɔkətɪv/ *adj* platicador -a

'talk show *s* AmE talk-show

tall /tɔl/ *adj* **1** alto -a: *He's the tallest boy in the class.* Es el niño más alto de la clase. | **one of the tallest buildings in the world** uno de los edificios más altos del mundo | **to be six feet/ten centimeters/seventy meters etc. tall** medir seis pies/diez centímetros/setenta metros etc. (de altura): *The statue was just three inches tall.* La estatuilla sólo medía tres pulgadas (de altura). | **how tall are you/is he etc.?** ¿cuánto mides/mide etc.?: *How tall is your dad?* ¿Cuánto mide tu papá? ► ¿TALL O HIGH? ver **alto 2 a tall tale**, también **a tall story** BrE un cuento chino

tambourine /tæmbə'rin/ *s* pandero

tame /teɪm/ *adjetivo & verbo*

■ *adj* manso -a, domesticado -a

■ *v* [tr] domesticar, domar

tamper /'tæmpər/ *v* **tamper with sth 1** meter mano en algo [y cambiarlo, estropearlo, etc.]: *The brakes had been tampered with.* Alguien había metido mano en los frenos. **2** adulterar algo [un documento, alimentos]

tampon /'tæmpɑn/ *s* tampón [higiénico]

tan /tæn/ *verbo, sustantivo & adjetivo*

■ *v* (-nned, -nning) [intr] broncearse, [tr] broncear

■ *s* bronceado | **to get a tan** broncearse

■ *adj* **1** (de) color canela, (de) color café claro **2** AmE bronceado -a

tangerine /tænd3ə'rin/ *s* tangerina

tangle /'tæŋɡəl/ *verbo & sustantivo*

■ *v* [intr] (también **tangle up**) enredarse

■ *s* enredo

tangled /'tæŋɡəld/ *adj* (también **tangled up**) enredado -a | **to get tangled (up)** enredarse

tank /tæŋk/ *s* **1** tanque: *gas tank* tanque de gasolina **2** pecera **3** (vehículo militar) tanque

tanker /'tæŋkər/ *s* **1** buque cisterna **2** pipa [camión]

tanned /tænd/ *adj* bronceado -a

tantrum /'tæntrəm/ *s* berrinche | **he had/threw a tantrum** hizo un berrinche

tap /tæp/ *verbo & sustantivo*

■ *v* (-pped, -pping) **1** [tr/intr] dar un golpecito en, golpear levemente: *He tapped the screen with his finger.* Golpeó levemente la pantalla con el dedo. | **to tap sb on the shoulder** tocarle el hombro a alguien | **to tap your feet** mover los pies [al ritmo de la música o con impaciencia] **2** [tr] (también **tap into**) aprovechar **3** [tr] intervenir [una línea telefónica] **4** [tr] interceptar [una llamada]

■ *s* **1** BrE ► ver **faucet 2** golpecito

tape /teɪp/ *sustantivo & verbo*

■ *s* **1** cinta [para grabar] **2** cassette **3** cinta (adhesiva) **4** cinta [de tela]

■ *v* [tr] **1** grabar **2 to tape sth to sth** pegar algo a algo [con cinta adhesiva]

tape sth up pegar algo con cinta adhesiva

'tape ,measure *s* cinta métrica, metro

'tape re,corder *s* grabadora

tar /tɑr/ *s* chapopote, alquitrán

target /'tɑrɡɪt/ *sustantivo & verbo*

■ *s* **1** blanco | **to hit the target** dar en el blanco **2** objetivo, meta **3** blanco [de críticas]

■ *v* [tr] tener como objetivo | **to target sth at sb** dirigir algo a alguien

tarmac /'tɑrmæk/ *s* **1** asfalto **2 the tarmac** la pista [de aterrizaje]

tart /tɑrt/ *s* pay

tartan /'tɑrtn/ *s* **1** tela escocesa **2** dibujo escocés

task /tæsk/ *s* tarea

taste /teɪst/ *sustantivo & verbo*

■ *s* **1** sabor: *It had a bitter taste.* Tenía sabor amargo. | **sense of taste** sentido del gusto **2** gusto: *We both have the same taste in music.* Los dos tenemos el mismo gusto en materia de música. | **to have good/bad taste** tener buen/mal gusto **3 to have a taste (of sth)** probar (algo) **4 in good/bad taste** de buen/mal gusto

■ *v* **1 to taste of sth** tener sabor a algo | **to taste bitter/sour etc.** tener sabor amargo/agrio etc. **2** [tr] probar

tasteful /'teɪstfəl/ *adj* de buen gusto

tasteless /'teɪstləs/ *adj* **1** de mal gusto [vestido, decoración, muebles] **2** de mal gusto [comentario, broma] **3** desabrido -a, soso -a

tasty /'teɪsti/ *adj* (-tier, -tiest) sabroso -a

tattered /'tætərd/ *adj* hecho -a jirones, destartalado -a

tattle /'tætl/ *v* AmE chismosear, ir con el cuento

tattoo /tæ'tu/ *sustantivo & verbo*
- **s** tatuaje
- **v** [tr] tatuar

taught /tɔt/ pasado & participio de **teach**

taunt /tɔnt/ *verbo & sustantivo*
- **v** [tr] burlarse de, provocar | **to taunt sb with/ about sth** provocar a alguien con algo/burlarse de alguien por algo
- **s** burla

Taurus /'tɔrəs/ *s* **1** Tauro **2** persona del signo de Tauro: *My husband's a Taurus.* Mi marido es (de) Tauro.

taut /tɔt/ *adj* **1** tenso -a, tirante [cuerda, cable] **2** tenso -a [expresión, cara]

tax /tæks/ *sustantivo & verbo*
- **s** (pl taxes) impuesto
- **v** [tr] (3ª pers sing -xes) **1** gravar **2** cobrarle impuestos a **3** to tax sb's patience/strength poner a prueba la paciencia/resistencia de alguien

taxation /tæk'seɪʃən/ *s* **1** impuestos, cargas fiscales **2** sistema tributario

taxi /'tæksi/ *sustantivo & verbo*
- **s** (también **taxicab**) taxi
- **v** [intr] rodar [avión]

'taxi ˌdriver *s* taxista

'taxi stand, también **taxi rank** BrE *s* sitio/ parada de taxis

taxpayer /'tækspeɪər/ *s* contribuyente

'tax reˌturn *s* declaración de impuestos

tea /ti/ *s* **1** té: *a cup of tea* una taza de té | *mint tea* té de yerbabuena **2** BrE merienda, té **3** BrE cena [que se toma muy temprano]
▶ ver también **cup**

teabag /'tibæg/ *s* bolsita de té

teach /titʃ/ *v* (3ª pers sing -ches, pasado & participio taught) **1** [tr] enseñar [inglés, matemáticas, etc.]: *She teaches French to elementary school children.* Enseña francés a niños de primaria. **2** [tr] dar clase(s) a [adultos, niños, etc.]: *Do you prefer teaching adults or children?* ¿Prefieres darles clase a adultos o a niños? **3** [intr] trabajar [como maestro o profesor], dar clase(s): *I teach at the local school.* Trabajo en la escuela del barrio. **4** to teach sb (how) to do sth enseñarle a alguien a hacer algo **5** enseñar [valores, actitudes] **6** that'll teach you! (informal) ¡así vas a aprender! ▶ ver también **lesson**

teacher /'titʃər/ *s* maestro -a, profesor -a: *my music teacher* mi profesor de música

teaching /'titʃɪŋ/ *sustantivo & sustantivo plural*
- **s** enseñanza, docencia
- **teachings s pl** enseñanzas

teacup /'tikʌp/, también **tea cup** *s* taza (de té)
▶ ver nota en **cup**

team /tim/ *sustantivo & verbo*
- **s** equipo: *a soccer team* un equipo de futbol
- **v** team up asociarse | **to team up with sb** asociarse con alguien

'team-mate, también **teammate** /'tim,meɪt/ *s* compañero -a de equipo

teapot /'tipɑt/ *s* tetera [para hacer té]

coffee pot

teapot

tear¹ /ter/ *verbo & sustantivo*
- **v** (pasado tore, participio torn) **1** [tr] romper, rasgar | **to tear sth out** arrancar algo **2** [intr] romperse, rasgarse **3** to tear away/off salir disparado -a **4** to tear sth off (sth) arrancar algo (de algo) **5** to be torn between sth and sth debatirse entre algo y algo
  tear sth apart destrozar algo **tear sb apart** desgarrar a alguien
  tear sth down demoler algo, tirar abajo algo
  tear sth up hacer pedazos algo, romper algo
- **s** rasgadura, rasgón

tear² /tɪr/ *s* lágrima | **to be in tears** estar llorando | **to burst into tears** ponerse a llorar

tearful /'tɪrfəl/ *adj* emotivo -a

tease /tiz/ *v* **1** [tr] tomarle el pelo a, vacilar a: *She's always teasing her little brother.* Siempre le está tomando el pelo a su hermanito. | **to tease sb about sth** tomarle el pelo a alguien por algo, vacilar a alguien por algo **2** [intr] vacilar: *I was only teasing.* Lo dije nomás por vacilar.

teaspoon /'tispunful/ *s* **1** cucharita **2** (también **teaspoonful**) cucharadita

teatime /'titaɪm/ *s* BrE **1** hora de la merienda **2** hora de la cena

'tea ˌtowel BrE ▶ ver **dish towel**

technical /'teknɪkəl/ *adj* técnico -a | **a technical problem/hitch** un problema técnico/una dificultad técnica

'technical ˌcollege *s* escuela técnica

technicality /teknɪ'kæləti/ *sustantivo & sustantivo plural*
- **s** (pl -ties) tecnicismo
- **technicalities s pl** detalles técnicos

technically /'teknɪkli/ *adv* **1** en rigor **2** desde el punto de vista técnico

technician /tek'nɪʃən/ *s* técnico -a

technique /tek'nik/ *s* técnica

technological /teknə'lɑdʒɪkəl/ *adj* tecnológico -a

technology /tek'nɑlədʒi/ *s* (pl -gies) tecnología

teddy /'tedi/ *s* (pl -ddies) (también **teddy bear**) osito de peluche

tedious /'tidiəs/ *adj* tedioso -a, aburridor -a

tee /ti/ *s* **1** (para sostener la pelota) tee **2** tee, punto de salida

teenage /'tineɪdʒ/ adj **1** (también **teenaged**) adolescente: *a teenage girl* una adolescente **2** para adolescentes

teenager /'tineɪdʒər/ s adolescente

teens /tinz/ s pl
1 adolescentes
2 adolescencia | **to be in your teens** ser adolescente

teenagers

'tee ,shirt
▶ ver **T-shirt**

teeth /tiθ/ plural de **tooth**

teethe /tið/ v **1** the baby is/was etc. **teething** al bebé le están/estaban etc. saliendo los dientes **2 teething pains** AmE, **teething troubles** BrE problemas de implementación

telecommunications /,teləkəmjunə'keɪʃənz/ s pl telecomunicaciones

telegram /'teləɡræm/ s telegrama

telephone /'telɪfoʊn/ sustantivo & verbo
■ s **1** teléfono: *The telephone was ringing.* El teléfono estaba sonando. | **by telephone** por teléfono, telefónicamente **2 to be on the telephone (a)** estar hablando por teléfono **(b)** tener teléfono
■ v [tr/intr] (formal) llamar (por teléfono): *She telephoned to say that she was ill.* Llamó para avisar que estaba enferma.

'telephone book s directorio telefónico

'telephone booth AmE, **telephone box** BrE s caseta telefónica

'telephone call s llamada telefónica

'telephone di,rectory s (pl **-ries**) directorio telefónico

'telephone ,number s número de teléfono

telescope /'teləskoʊp/ s telescopio

televise /'teləvaɪz/ v [tr] televisar, transmitir por televisión

television /'telɪvɪʒən/ s **1** (también **television set**) televisor **2** televisión: *What's on television tonight?* ¿Qué dan esta noche en la televisión? | **to watch television** ver la televisión **3 television program** programa de televisión **television series** serie de televisión

telephone box

tell /tel/ v (pasado & participio **told**) **1** [tr] decir: *She told me she didn't want it.* Me dijo que no lo quería. | **I told you so!** ¡te lo dije! ▶ ¿TELL O SAY? ver **decir 2 to tell sb about sth** contarle a alguien de algo: *Tell us about your trip to Japan.* Cuéntanos de tu viaje a Japón. **3 to tell a story/joke** contar un cuento/un chiste **4 to tell the truth/a lie** decir la verdad/una mentira **5 to tell sb to do sth** decirle a alguien que haga algo: *He told me to shut the door.* Me dijo que cerrara la puerta. **6** [tr/intr] darse cuenta: *How can you tell?* ¿Cómo te das cuenta? | **you can/could tell (that)** se nota/se notaba que: *You can tell he's not well.* Se nota que no está bien. **7 to tell sth from sth** distinguir algo de algo: *Can you tell a counterfeit bill from a real one?* ¿Puedes distinguir un billete falso de uno verdadero? | **to tell the difference** notar la diferencia **8 to tell on sb** (informal) ir con el chisme [sobre alguien]: *If you tell on me I'll never speak to you again!* Si vas con el chisme, no te vuelvo a hablar en la vida. **9 to tell (the) time** decir la hora **10 you're telling me!** (informal) ¡dímelo a mí!, ¡y me lo dices a mí!

tell sth apart distinguir algo (de otra cosa): *You can't tell the two paintings apart.* Es imposible distinguir las dos pinturas. **tell sb apart** distinguir a alguien (de otra persona): *I can never tell the twins apart.* Nunca puedo distinguir a los gemelos (entre sí).

tell sb off to tell sb off (for doing sth) regañar a alguien (por hacer algo): *My dad told me off for swearing.* Mi papá me regañó por decir malas palabras. | **to get told off (for doing sth)** llevarse un regaño (por hacer algo)

,telling-'off s **to get a telling-off** llevarse un regaño | **to give sb a telling-off** regañar a alguien

telly /'teli/ s (pl **-llies**) BrE (informal) tele | **to watch telly** ver la tele

temper /'tempər/ s **1** genio **2 to be in a temper** BrE estar de mal humor ▶ También existe **to be in a bad mood**, que es inglés universal | **to be in a bad/foul temper** estar de un humor de perros **3 to keep/lose your temper** conservar la calma/perder los estribos

temperamental /temprə'mentl/ adj **1** temperamental **2** caprichoso -a

temperate /'temprət/ adj templado -a

temperature /'temprətʃər/ s **1** temperatura **2** (de una persona) temperatura | **to have a temperature/to be running a temperature** tener fiebre | **to take sb's temperature** tomarle la temperatura a alguien

template /'templeɪt/ s **1** (en computación) plantilla **2** (para dibujar, recortar) plantilla

temple /'templ/ s **1** templo **2** sien

temporary /'tempəreri/ adj **1** temporal **2** provisional

tempt /tempt/ v [tr] **1** tentar | **to be tempted to do sth** estar tentado -a de hacer algo **2** to **tempt sb to do sth** convencer a alguien de que haga algo, tentar a alguien para que haga algo

temptation /temp'teɪʃən/ s tentación | **to resist the temptation (to do sth)** resistir la tentación (de hacer algo)

tempting /'temptɪŋ/ adj tentador -a

ten /ten/ número diez

tenant /'tenənt/ s inquilino -a

tend /tend/ v [tr] **1** to **tend to do sth** tener tendencia a hacer algo, tender a hacer algo: *He tends to catch colds easily.* Tiene tendencia a resfriarse con facilidad. **2** (formal) cuidar, atender

tendency /'tendənsi/ s (pl -cies) tendencia, inclinación: *people with artistic tendencies* personas con inclinaciones artísticas | **a tendency to/toward sth** una tendencia a/hacia algo | **to have a tendency to do sth** tener tendencia a hacer algo, soler hacer algo

tender /'tendər/ adjetivo & verbo
■ adj **1** tierno -a, blando -a [carne, verduras] **2** adolorido -a, sensible [parte del cuerpo] **3** cariñoso -a, tierno -a
■ v **1** to **tender for sth** presentarse a una licitación para algo **2** to **tender your resignation** (formal) presentar la renuncia

tenderly /'tendərli/ adv cariñosamente, tiernamente

tenderness /'tendərnəs/ s **1** ternura **2** sensibilidad, dolor

tenement /'tenəmənt/ s, también **tenement building** s vecindad [edificio]

tenner /'tenə/ s BrE (informal) billete de diez libras

tennis /'tenɪs/ s tenis

tenor /'tenər/ s tenor

tenpin 'bowling BrE ▶ ver **bowling**

tense /tens/ adjetivo, verbo & sustantivo
■ adj **1** tenso -a, nervioso -a **2** tenso -a [músculo]
■ v [intr] (también **tense up**) tensionarse, ponerse tenso -a
■ s tiempo [verbal]: *the present/past tense* el (tiempo) presente/pasado

tension /'tenʃən/ s **1** (nerviosismo) tensión **2** (hostilidad) tensión: *racial tensions* tensiones raciales **3** (tirantez) tensión

tent /tent/ s tienda (de campaña) | **to put up a tent** montar una tienda (de campaña)

tentacle /'tentəkəl/ s tentáculo

tentative /'tentətɪv/ adj **1** provisional, tentativo -a **2** vacilante

tenth /tenθ/ número **1** décimo -a **2** diez **3** décimo, décima parte

tepid /'tepɪd/ adj **1** tibio -a **2** tibio -a, poco entusiasta

term /tɜrm/ sustantivo, sustantivo plural & verbo
■ s **1** término: *a medical term* un término médico **2** plazo: *the term of the loan* el plazo del préstamo | **a 30-year/six-month etc. prison term** una condena de prisión de 30 años/seis meses etc. | **in the long/short term** a largo/corto plazo **3** term of office mandato **4** trimestre [en la enseñanza]
■ **terms** s pl **1** (de un contrato, una oferta) términos, condiciones **2** in **financial/political etc. terms** desde el punto de vista financiero/político etc. | **in terms of** en función de **3** to **be on good/bad etc. terms with sb** tener buenas/malas etc. relaciones con alguien **4** to **come to terms with sth** aceptar algo
■ v [tr] llamar, calificar de: *The campaign could hardly be termed a success.* La campaña difícilmente podría calificarse de exitosa.

terminal /'tɜrmənl/ sustantivo & adjetivo
■ s **1** (de autobuses, aviones, etc.) terminal **2** (en computación) terminal
■ adj

terminate /'tɜrməneɪt/ v (formal) **1** [tr] rescindir **2** [intr] vencer, caducar **3** to **terminate at** terminar (el recorrido) en **4** [tr] interrumpir [un embarazo]

terminus /'tɜrmənəs/ s (pl termini /-naɪ/ o terminuses) **1** terminal [de autobuses] **2** estación terminal [de trenes]

terrace /'terəs/ s **1** (de un bar, un restaurante) terraza **2** (para cultivos) terraza **3** BrE hilera de casas iguales o parecidas con medianeras compartidas

terraced 'house s BrE casa en una hilera de viviendas iguales o parecidas con medianeras compartidas
▶ En inglés americano se usa **row house**

terrain /tə'reɪn/ s terreno [desde el punto de vista de sus características: llano, escarpado, etc.]

terraced houses

terrible /'terəbəl/ adj **1** terrible: *She still has terrible nightmares.* Sigue teniendo unas pesadillas terribles. **2** pésimo -a: *I'm a terrible cook.* Soy un pésimo cocinero.

terribly /'terəbli/ adv **1** terriblemente | **terribly worried** terriblemente preocupado -a, preocupadísimo -a **2** pésimo, terriblemente mal

terrific /tə'rɪfɪk/ adj (informal) **1** estupendo -a, padre **2** tremendo -a

terrified /'terəfaɪd/ adj aterrorizado -a | **I'm terrified of heights/spiders etc.** me da pánico la altura/les tengo terror a las arañas etc.

terrify /'terəfaɪ/ v [tr] (3ª pers sing -fies, pasado & participio -fied) aterrar

terrifying /'terəfaɪ-ɪŋ/ adj aterrador -a

territory /'terətɔri/ s (pl -ries) **1** (tierra) territorio **2** (de un animal) territorio **3** (de conocimiento, experiencia) campo, terreno

terror /'terər/ s terror | **in terror** aterrorizado -a

terrorism /'terərɪzəm/ s terrorismo

terrorist /'terərɪst/ s & adj terrorista

test /test/ sustantivo & verbo
- s **1** prueba, examen: driving test examen de manejo | **to take a test** hacer una prueba, presentar (un) examen **2** análisis, examen: a blood test un análisis de sangre | an eye test un examen de la vista **3** prueba [de un producto, una máquina] **4** **a test of strength/of our friendship etc.** una prueba de resistencia/de nuestra amistad etc. | **to put sth to the test** poner algo a prueba
- v **1** tomarle pruebas de evaluación a | **to test sb on sth** revisarle algo a alguien, hacerle una prueba de algo a alguien: Can you test me on my German? ¿Me revisas el alemán? | **to test sb's knowledge of sth** evaluar los conocimientos que tiene alguien de algo **2** examinar, analizar | **to test sth for sth** analizar algo para determinar la presencia de algo | **to test sb for sth** hacerle un análisis a alguien para determinar si tiene algo **3** poner a prueba [una máquina, un arma etc.] **4** probar, someter a pruebas [un fármaco, un producto, etc.] **5** comprobar [la temperatura, el funcionamiento de algo]

testify /'testəfaɪ/ v [tr/intr] (3ª pers sing -fies, pasado & participio -fied) declarar, atestiguar

testimony /'testəmouni/ s (pl -nies) testimonio, declaración

'test tube s tubo de ensayo, probeta

tether /'teðər/ ▶ ver **end**

text /tekst/ s **1** (escrito) texto **2** (de un discurso, una nota) texto **3** (también **text message**) (por celular) mensaje (de texto)

textbook /'tekstbʊk/ s libro (de texto)

textile /'tekstaɪl/ s textil

texture /'tekstʃər/ s textura, consistencia

than /ðən/, acentuado ðæn/ conj & prep ▶ ver recuadro

thank /θæŋk/ v [tr] **1** ▶ ver también entrada **thank you 2** agradecerle a, darle las gracias a | **to thank sb for (doing) sth** agradecerle algo a alguien/agradecerle a alguien que haya hecho algo: She thanked me for the flowers. Me agradeció las flores. **3** **thank God/goodness** gracias a Dios

thankful /'θæŋkfəl/ adj agradecido -a | **to be thankful for sth** agradecer algo, estar agradecido -a por algo

thankfully /'θæŋkfəli/ adv por suerte, gracias a Dios

thanks /θæŋks/ interjección & sustantivo plural
- interj (informal) **1** gracias | **no thanks** no gracias **2** **thanks for (doing) sth** gracias por (hacer) algo: Thanks for doing the dishes. Gracias por lavar los trastes.

1 EN COMPARACIONES (= que, de, de lo que)
You're taller than me. Eres más alta que yo. | It's more than 500 miles. Son más de 500 millas. | It's a lot cheaper than I thought. Es mucho más barato de lo que pensé.

2 EN EXPRESIONES

I would rather... than/I would sooner... than prefiero... a: I'd rather walk than go in his car. Prefiero ir a pie que ir en su coche./Antes que ir en su coche, prefiero ir a pie. | **no sooner had I finished/had he left etc. than** en cuanto terminé/se fue etc.: No sooner had I walked in than the phone rang. En cuanto entré, sonó el teléfono.

Fíjate que el verbo va delante del sujeto en la expresión anterior y que **than** no tiene equivalente en la estructura española.

- s pl **1** agradecimiento: a letter of thanks una carta de agradecimiento **2** **thanks to** gracias a: Thanks to people like you, these children will get a good education. Gracias a gente como usted, estos niños van a recibir una buena educación.

Thanks'giving /θæŋks'gɪvɪŋ/, también **Thanksgiving Day** s ▶ ver nota

Muchos de los primeros colonos ingleses que llegaron a América del Norte murieron de hambre durante su primer invierno en el nuevo mundo. Fueron los indígenas quienes les enseñaron a cultivar maíz y otros alimentos para poder subsistir. Los colonos celebraron su primera cosecha conjuntamente con los indígenas con una comida y ofrecieron una ceremonia de acción de gracias. Esto es lo que se conmemora en Estados Unidos en **Thanksgiving**, el cuarto jueves de noviembre, que es feriado nacional. Las familias se reúnen y preparan una comida especial de pavo al horno, pan de maíz, tarta de calabaza, etc.

Thanksgiving dinner

'thank you interj **1** gracias: "How are you?" "Fine, thank you." –¿Cómo estás? –Bien, gracias. | **no thank you** no gracias **2** **thank**

you for (doing) sth gracias por (hacer) algo: *Thank you for washing the car.* Gracias por lavar el carro.

that /ðət, acentuado ðæt/ *adj, pron, adv & conj* ▶ ver recuadro

thatched /θætʃt/ *adj* **thatched cottage** casita con techo de paja | **thatched roof** techado de paja

thaw /θɔ/ *verbo & sustantivo*
■ *v* **1** [tr] derretir, [intr] derretirse **2** (también **thaw out**) [tr] descongelar, [intr] descongelarse
■ *s* deshielo

the /ðə, acentuado ði/ *art* ▶ ver recuadro

theater AmE, theatre BrE /ˈθiətər/ *s* **1** teatro [edificio] **2** teatro [actividad] **3** (también **movie theater**) AmE cine [edificio] **4** BrE quirófano, sala de operaciones

theatrical /θiˈætrɪkəl/ *adj* **1** teatral, de teatro **2** (exagerado, fingido) teatral

theft /θeft/ *s* robo ▶ ¿BURGLARY, ROBBERY O THEFT? ver nota en **robo**

their /ðer/ *adj* su, sus, de ellos/ellas: *their son* su hijo/el hijo de ellos | *their daughters* sus hijas/las hijas de ellos ▶ Los posesivos se usan en inglés en muchos contextos en los cuales usamos el artículo en español, como delante de partes del cuerpo, pertenencias personales, etc.: *They washed their hands.* Se lavaron las manos. | *They had lost their tickets.* Habían perdido los boletos. ▶ **their** también se usa con pronombres de tercera persona del singular, como **someone**, **everyone**, etc.: *Everyone brought their own food.* Cada uno se trajo su propia comida.

theirs /ðerz/ *pron* Como los pronombres posesivos ingleses no varían en género ni en número, **theirs** puede equivaler a *(el) de ellos/ellas, (la) de ellos/ellas, (los) de ellos/ellas, (las) de ellos/ellas, (el) suyo, (la) suya,* etc.: *When my car broke down, I borrowed theirs.* Cuando se me rompió el carro, me prestaron el suyo. | *She's a friend of theirs.* Es amiga suya./Es amiga de ellos. ▶ **theirs** también se usa con pronombres de tercera persona del singular, como **someone**, **everyone**, etc.: *No one would admit that the dog was theirs.* Nadie quería reconocer que el perro fuera suyo.

them /ðəm, acentuado ðem/ *pron* **1** (como complemento directo) los, las: *Have you seen my keys? I can't find them.* ¿Has visto mis llaves? No las encuentro. **2** (como complemento indirecto) les, se: *I told them I'd be late.* Les dije que iba a llegar tarde. | *I sent it to them.* Se lo mandé (a ellos). **3** (después de preposición, en comparaciones o tras el verbo "to be") ellos, ellas: *I spoke to them yesterday.* Hablé con ellos ayer. | *We played better than them.* Jugamos mejor que ellos. | *It was them who told my parents.* Fueron ellos los que se lo dijeron a mis padres. **4** (usado en lugar de "him" o "her") le: *If anyone calls, tell them I'll be back later.* Si llama alguien, dile que vuelvo más tarde.

theme /θim/ *s* tema

ˈtheme park *s* parque temático

---

that

▶ ADJETIVO & PRONOMBRE

1 that equivale a *ese, esa, aquel* o *aquella* o a sus formas pronominales acentuadas y también al pronombre **eso**:

Who's that man? ¿Quién es ese hombre?/¿Quién es aquel hombre? | *I prefer that color.* Prefiero ese color./Prefiero aquel color. | *I prefer that one over there.* Prefiero aquél (de allá). | *What's that?* ¿Qué es eso? | *That's why she doesn't like it.* Por eso no le gusta. | *Do it like that.* Hazlo así.

El plural de **that** es **those**, que está tratado aparte.

2 Por teléfono:

Is that Sophie? ¿(Hablo con) Sophie?

3 EXPRESIONES

that is es decir: *We can go on Friday. If you're free, that is.* Podemos ir el viernes. Es decir, si puedes. | **that's that!** ¡punto!: *You're not going and that's that!* ¡Dije que no vas y punto!

▶ ADVERBIO

USOS

that big/tall etc. así de grande/alto -a etc.: *The fish I caught was that big.* El pescado que saqué era así de grande. | **it's not that big/tall etc.** no es tan grande/alto -a etc.: *Come on, he's not that stupid!* ¡Vamos, no es tan estúpido! | **not all that big/tall etc.**: *The food wasn't all that good.* La comida no era tan buena.

▶ CONJUNCIÓN

1 PARA INTRODUCIR SUBORDINADAS (= que)

Los paréntesis significan que se suele omitir en el lenguaje hablado:

She said (that) she was tired. Dijo que estaba cansada. | *The fact that you didn't know is no excuse.* El hecho de que no supieras no es excusa.

2 COMO PRONOMBRE RELATIVO (= que)

Los paréntesis significan que se suele omitir en el lenguaje hablado:

Did you get the books (that) I sent? ¿Recibiste los libros que envié? | *the day (that) she was born* el día en que nació

3 EXPRESANDO CONSECUENCIA

so... that/such... that tan... que: *He's so annoying that no one will work with him.* Es tan fastidioso que nadie quiere trabajar con él. | *She got such bad grades that she wasn't allowed to go.* Sacó tan malas notas que no la dejaron ir.

4 CON SUPERLATIVOS (= que)

the greatest player that ever lived el mejor jugador que haya existido

---

ˈtheme tune *s* tema musical

themselves /ðəmˈselvz/ *pron* ▶ ver recuadro

ⓘ ¿Quieres más información sobre los **verbos modales**? Hay una explicación en el apartado de gramática.

the

1 El artículo definido **the** no varía ni en género ni en número y equivale a *el, la, los* y *las*:

the sun el sol | *the moon* la luna | *the clouds* las nubes | *the birds* los pájaros

2 También se usa delante de adjetivos sustantivados:

You're asking the impossible. Estás pidiendo lo imposible | *the British* los británicos

3 Su uso difiere del de los artículos españoles en los siguientes ejemplos:

They pay me by the hour. Me pagan por hora. | *Monday the first* el lunes primero
Otras diferencias de uso están explicadas en la entrada **el**.

4 La siguiente expresión establece relaciones directa o inversamente proporcionales:

the... the: *The more I see him, the more I like him.* Cuanto más lo veo, más me gusta. | *The less said about it the better.* Cuanto menos se diga sobre el asunto, mejor.

themselves

1 **themselves** es la forma reflexiva de **they**. Su uso equivale en general al de los verbos reflexivos españoles o a oraciones con *sí mismos/sí mismas*:

They bought themselves a new car. Se compraron otro coche. | *They should be proud of themselves.* Deberían sentirse orgullosos (de sí mismos).

2 Tiene un uso enfático que equivale al de *(ellos/ellas) mismos -as*:

They painted the house themselves. Ellos mismos pintaron la casa. | *Doctors themselves say the treatment doesn't always work.* Los médicos mismos dicen que el tratamiento no siempre surte efecto.

3 La expresión **by themselves** o **all by themselves** significa *solos -as* (sin compañía o sin ayuda):

They did it all by themselves. Lo hicieron solos.

4 **themselves** también se usa con pronombres de tercera persona del singular, como **anyone**, **someone**, etc.:

If anyone wants a drink, they can help themselves. Si alguien quiere tomar algo, se puede servir.

then /ðen/ *adv* **1** (para ese) entonces, en aquella época: *Won't you be away on vacation then?* ¿No vas a estar de vacaciones para ese entonces? | *I lived in Paris then.* Vivía en París en aquella época. | **by then** para entonces: *I will have finished by then.* Para entonces, ya habré terminado. | **from then on** a partir de ese momento |

just then en ese momento: *Just then the phone rang.* En ese momento, sonó el teléfono. | **until then** hasta ese momento: *They had never used a computer until then.* Jamás habían usado una computadora hasta ese momento. ► ver también **there** **2** después: *We had lunch and then went to the store.* Almorzamos y después fuimos a la tienda. **3** entonces: *If she's going, then I'm going too.* Si ella va, entonces yo también voy. **4** **but then (again)** pero bueno: *I don't spend much, but then I don't go out much.* No gasto mucho dinero, pero bueno, tampoco salgo mucho.

theoretical /θiə'retɪkəl/ *adj* **1** (relacionado con la teoría) teórico -a **2** (no existente) teórico -a

theory /'θiəri/ *s* (pl **-ries**) teoría | **in theory** en teoría

therapeutic /θerə'pjutɪk/ *adj* **1** terapéutico -a **2** relajante

therapist /'θerəpɪst/ *s* terapeuta, terapista

therapy /'θerəpi/ *s* (pl **-pies**) terapia | **to be in therapy** estar en terapia

there /ðer/ *pron & adv* ► ver recuadro en página 376

thereabouts /ðerə'baʊts/ *adv* **1** **two hours/six miles etc. or thereabouts** alrededor de dos horas/seis millas etc. **2** **in 1900/at 9 o'clock etc. or thereabouts** alrededor del año 1900/de las nueve etc.: *We met at ten o'clock or thereabouts.* Nos vimos alrededor de las diez.

thereby /ðer'baɪ/ *adv* (formal) de ese modo, así

therefore /'ðerfɔr/ *adv* (formal) por lo tanto, en consecuencia

thermal /'θɜrməl/ *adj* **1** térmico -a [energía] **2** termal **3** térmico -a [ropa interior]

thermometer /θər'mɑmətər/ *s* termómetro

Thermos® /'θɜrməs/, también **Thermos® flask** *s* termo

these /ðiz/ *adj & pron* **these** es el plural de **this** y equivale a *estos, estas* o a sus formas pronominales acentuadas: *Where did you get these cushions?* ¿Dónde compraste estos cojines? | *I'll take four of these.* Voy a llevar cuatro de éstas.

thesis /'θisɪs/ *s* (pl **-ses** /-siz/) **1** tesis [de licenciatura, maestría, etc.] **2** tesis, tesis

they /ðeɪ/ *pron* ellos -as ► Los pronombres de sujeto nunca se omiten en inglés: *They never go on vacation.* Nunca salen de vacaciones.: *They're English books.* Son libros de inglés. ► **they** también se usa para referirse a una persona o a personas cuya identidad no se especifica: *If anyone saw anything, will they please contact the police.* Si alguien vio algo, que por favor se ponga en contacto con la policía. | *They've closed the factory.* Han cerrado la fábrica.

they'd /ðeɪd/
■ contracción de **they had**
■ contracción de **they would**

they'll /ðeɪl/ contracción de **they will**

they're /ðər/ contracción de **they are**

there

PRONOMBRE

Seguido del verbo **to be**, **there** forma una unidad que equivale a *haber*. El verbo va en singular o en plural según se use con un sustantivo singular o plural:

There's a bus stop on the corner. Hay una parada en la esquina. | *Is there any coffee?* ¿Hay café? | *There are three bedrooms upstairs.* Hay tres recámaras arriba. | *There was a terrible storm.* Hubo una tormenta terrible. | *Were there many people?* ¿Había mucha gente?* | *There seems to be a misunderstanding.* Parece haber un malentendido. | *There might be a problem.* Podría haber un problema. | *There must be some mistake.* Debe haber un error. | *There were five of us.* Éramos cinco.

ADVERBIO

1 En la mayoría de los casos equivale a *ahí, allí* o *allá*:

The book is there, on the table. El libro está ahí, en la mesa. | *We know you're in there!* ¡Sabemos que están ahí adentro! | *Leave your boots out there.* Deja las botas ahí fuera.

Fíjate que cuando la oración empieza con **there** el sujeto va después del verbo, excepto cuando es un pronombre:

There's Peter. Ahí está Peter. | *There he is.* Ahí está.

2 Muchas veces se usa precedido de *over*, sobre todo para indicar mayor distancia:

He lives in Canada and we're going over there to see him. Vive en Canadá y vamos a ir allá a verlo.

3 También se usa para llamar la atención sobre algo:

Look! There's a squirrel! ¡Mira! ¡Una ardilla! | *There goes the phone again!* ¡Otra vez el teléfono!

4 Expresiones:

there and then/then and there en el acto/en ese mismo momento | **there you are/there you go** aquí tiene/tienes

---

they've /ðeɪv/ contracción de **they have**

thick /θɪk/ *adjetivo, adverbio & sustantivo*

■ *adj* **1** grueso -a | **it is three feet/one centimeter etc. thick** tiene tres pies/un centímetro etc. de espesor **2** espeso -a: *a thick soup* una sopa espesa **3** denso -a [nube, humo] **4** denso -a [vegetación, bosque] **5** poblado -a [barba]: *He has thick hair.* Tiene mucho pelo. **6** cerrado -a, fuerte [acento] **7** BrE (informal) burro -a: *He's a bit thick.* Es medio burro.

■ *adv* **to cut/slice sth thick** cortar algo grueso | **to spread sth thick** untar algo formando una capa gruesa

■ *s* **1 to be in the thick of sth** estar en el centro de algo **2 through thick and thin** en las buenas y en las malas

thicken /'θɪkən/ *v* [tr] espesar, [intr] espesarse

thickly /'θɪkli/ *adv* **1 thickly cut** cortado grueso/cortada gruesa | **thickly sliced** cortado -a en rebanadas gruesas | **thickly padded/carpeted** bien acolchado -a/con gruesas alfombras | **to spread sth thickly** untar algo formando una capa gruesa **2** densamente, copiosamente

thickness /'θɪknəs/ *s* **1** espesor, grosor **2** capa

thief /θiːf/ *s* (pl **thieves** /θiːvz/) ladrón -ona ► ¿ROBBER o THIEF? ver nota en **ladrón**

thigh /θaɪ/ *s* muslo

thimble /'θɪmbəl/ *s* dedal

thin /θɪn/ *adjetivo, adverbio & verbo*

■ *adj* (-nner, -nnest) **1** fino -a, delgado -a [vestido, libro, etc.] **2** delgado -a, flaco -a [persona] **3** aguado -a, poco espeso -a [sopa, salsa] **4** ralo -a, poco abundante [pelo] **5 to be thin on the ground** escasear ► ver también **thick**

■ *adv* (-nner, -nnest) **to cut/slice sth thin** cortar algo fino -a/en rebanadas finas

■ *v* (-nned, -nning) **1** [tr] diluir, rebajar **2** (también **thin out**) [tr] entresacar, [intr] ralear

thing /θɪŋ/ *sustantivo & sustantivo plural*

■ *s* **1** cosa: *Can you bring me a few things from the house?* ¿Me puedes traer algunas cosas de la casa? | *That was a stupid thing to say.* Decir eso fue una estupidez. | *A funny thing happened yesterday.* Ayer pasó algo curioso. | **the main thing** lo principal/lo más importante **2** (referido a personas o animales): *You poor thing!* ¡Pobrecito! | *She's such a sweet thing.* Es tan dulce. **3 you won't feel a thing/I didn't see a thing etc.** no vas a sentir nada/no vi nada etc.: *I don't know a thing about opera.* No sé nada de ópera. **4 first/last thing** a primera hora/a última hora **5 to be just the thing** ser lo ideal **6 the thing is** la cosa es que **7 for one thing** para empezar **8 it's a good thing (that)** menos mal que **9 it's just one of those things** son cosas que pasan **10 to do my/your etc. own thing** (informal) hacer lo que me/te etc. late, hacer lo mío/lo tuyo etc. ► ver también **such**

■ **things** *s pl* cosas: *The way things are, we won't be able to go.* Tal como están las cosas, no vamos a poder ir. | *How are things with you?* ¿Qué tal andas?

think /θɪŋk/ *verbo & sustantivo*

■ *v* (pasado & participio **thought**) **1** [tr] pensar: *She thinks I'm crazy.* Piensa que estoy loca. | *I didn't think anyone would believe me.* No pensé que nadie me fuera a creer. | **what do you think of...?** ¿qué te/le parece...? **2** [intr] (reflexionar) pensar: *Think carefully before you decide.* Piensa bien antes de decidirte.

---

i ¿Se dice *I arrived in Miami* o *I arrived to Miami*? Mira la entrada **arrive**.

| **to think about/of sth** pensar en algo: *I've been thinking about what you said.* Estuve pensando en lo que dijiste.
3 [tr/intr] (considerar) pensar: *I thought we could eat out tonight.* Pensé que podríamos comer fuera esta noche. | **to think of/about doing sth** pensar en hacer algo: *Have you ever thought about buying a car?* ¿Alguna vez pensaste en comprar un coche?
4 [tr] creer: *I think so.* Creo que sí. | *I don't think so.* Creo que no./No creo. | *I think he's gone out.* Creo que salió.
5 not to think much of sb/sth no tener una buena opinión de algo/alguien | **to think highly of sb** tener muy buena opinión de alguien
6 [tr/intr] imaginarse: *I can't think why he bought it.* No puedo imaginarme por qué lo compró. | *Who'd have thought it?* ¿Quién lo hubiera dicho? | *Just think!* ¡Imagínate! | **I should think so (a)** me imagino que sí **(b)** ¡era lo menos que podías/podían etc. hacer!: *"I apologized." "I should think so!"* –Pedí disculpas. –¡Era lo menos que podías hacer!
7 to think twice (before doing sth) pensarlo dos veces (antes de hacer algo)
think of sth 1 I thought of a name/a solution etc. se me ocurrió un nombre/una solución etc.: *Richard thought of a way of getting out.* A Richard se le ocurrió una forma de salir.
2 recordar: *I can't think of the lead singer's name.* No recuerdo el nombre del cantante principal. **think of sb 1** pensar en alguien: *It was nice of you to think of me.* Qué amable de tu parte pensar en mí. **2 I thought of sb for the job/to do the job etc.** se me ocurrió alguien para el puesto/para hacer el trabajo etc.: *Can you think of anyone who could do it?* ¿Se te ocurre alguien que pudiera hacerlo?
think sth out pensar bien algo
think sth over pensar algo
think sth up idear algo, inventar algo
■ *s* **to have a think (about sth)** pensar (algo): *Have a think and let me know.* Piénsalo y avísame.

thinker /ˈθɪŋkər/ *s* pensador -a

thinking /ˈθɪŋkɪŋ/ *s* **1** opinión, ideas **2 quick thinking** rapidez mental ▶ ver también **wishful thinking**

thinly /ˈθɪnli/ *adv* **1 thinly cut** cortado fino/cortada fina | **thinly sliced** cortado -a en rebanadas finas/delgadas | **to spread sth thinly** untar una capa delgada de algo **2 thinly populated** escasamente poblado -a **3 thinly disguised/veiled etc.** apenas disimulado -a/velado -a etc.

third /θɜrd/ *number & sustantivo*
■ *número* **1** tercer, tercero -a **2** tres **3** tercio, tercera parte
■ *s* (también **third gear**) (en la caja de cambios) tercera

thirdly /ˈθɜrdli/ *adv* en tercer lugar

third 'party *s* (pl **-ties**) **third party insurance** seguro contra daños a terceros

Third 'World *s* **the Third World** el Tercer Mundo

thirst /θɜrst/ *s* **1** sed **2 thirst for knowledge/power** etc. ansia(s) de conocimiento/poder etc.

thirsty /ˈθɜrsti/ *adj* (-tier, -tiest) sediento -a | **to be thirsty** tener sed

thirteen /θɜrˈtin/ *número* trece

thirteenth /θɜrˈtinθ/ *número* **1** decimotercero -a **2** trece **3** treceavo, decimotercera parte

thirtieth /ˈθɜrtiəθ/ *número* **1** trigésimo -a **2** treinta **3** treintavo, treintava parte

thirty /ˈθɜrti/ *número* (pl **-ties**) **1** treinta **2 the thirties** los (años) treinta **3 to be in your thirties** tener treinta y pico/treinta y tantos

this /ðɪs/ *adj, pron & adv* ▶ ver recuadro en página 378

thistle /ˈθɪsəl/ *s* cardo

thongs /θɔŋz/ *s pl* AmE chanclas, chancletas [de hule]

thorn /θɔrn/ *s* espina [de una planta]

thorough /ˈθɜroʊ/ *adj* **1** minucioso -a, a fondo **2** meticuloso -a

thoroughly /ˈθɜroʊli/ *adv* **1** meticulosamente **2 thoroughly depressing/miserable etc.** totalmente deprimente/completamente infeliz etc.

those /ðoʊz/ *adj & pron* **those** es el plural de **that** y equivale a *esos, esas, aquellos o aquellas o a* sus formas pronominales acentuadas: *Who are those people?* ¿Quiénes son esas personas?/¿Quiénes son aquellas personas? | *I prefer those shoes.* Prefiero esos zapatos./Prefiero aquellos zapatos. | *I prefer those over there.* Prefiero aquéllos (de allá).

though /ðoʊ/ *conjunción & adverbio*
■ *conj* **1** aunque: *Though she was only seven, she played the piano brilliantly.* Aunque sólo tenía siete años, tocaba el piano maravillosamente. **2** pero: *I bought it in Colombia, though it's probably cheaper here.* Lo compré en Colombia, pero es probable que sea más barato aquí. ▶ ver también **as, even**
■ *adv* (informal) (sin embargo): *We had to stand in line for an hour. It was worth it, though.* Tuvimos que hacer una hora de cola, pero valió la pena.

thought¹ /θɔt/ *s* **1** pensamiento, idea | **the thought of (doing) sth** la sola idea de hacer algo: *The thought of food makes me feel sick.* La sola idea de comer me da náuseas. **2** reflexión | **to give sth a lot of thought** pensar/reflexionar mucho algo | **to be lost/deep in thought** estar abstraído -a en sus/mis etc. pensamientos **3** (filosofía) pensamiento **4 on second thoughts** pensándolo bien

thought² pasado & participio de **think**

thoughtful /ˈθɔtfəl/ *adj* **1** pensativo -a **2** amable, considerado -a

thoughtless /ˈθɔtləs/ *adj* desconsiderado -a

this

ADJETIVO & PRONOMBRE
1 this equivale a *este, esta* o a sus formas pronominales acentuadas y también al pronombre *esto*:
Do you like this skirt? ¿Te gusta esta falda? | *I prefer this color.* Prefiero este color. | *I'd get this one.* Yo me compraría ésta. | *What's this?* ¿Qué es esto? | *Do it like this.* Hazlo así. El plural de **this** es **these**, que está tratado aparte.
2 Por teléfono:
Hello Ellie, this is Paul. Hola Ellie, habla Paul.
ADVERBIO
this big/tall etc. así de grande/alto -a etc.: *He's this tall.* Es así de alto. | *Give me this much.* Dame un tanto así. | *We can't call this late.* No podemos llamar tan tarde.

thousand /'θaʊzənd/ *número* **1** mil: *a thousand years* mil años ▶ Cuando **thousand** se usa como numeral, su plural es invariable: *two thousand kilometers* dos mil kilómetros | *a few thousand dollars* unos miles de dólares **2 thousands of** miles de
thousandth /'θaʊzəndθ/ *número* **1** milésimo -a **2** milésimo, milésima parte
thrash /θræʃ/ *v* [tr] (3ª pers sing **-shes**) **1** (como castigo) darle una paliza a **2** (informal) (vencer) darle una paliza a
thrash around sacudirse, retorcerse
thread /θred/ *sustantivo & verbo*
■ *s* **1** hilo: *a needle and thread* una aguja e hilo **2** (en una historia, conversación, etc.) hilo
■ *v* [tr] **1** enhebrar **2 to thread sth through sth** pasar algo por algo [un cable, un alambre, etc.] **3 to thread sth onto sth** enhebrar algo con algo
threat /θret/ *s* **1** amenaza: *a death threat* una amenaza de muerte **2** (peligro) amenaza | **a threat to sb/sth** una amenaza para alguien/algo
threaten /'θretn/ *v* [tr] **1** amenazar: *Don't you threaten me!* ¡No me amenaces! | **to threaten to do sth** amenazar con hacer algo | **to threaten sb with sth** amenazar a alguien con algo **2** (poner en peligro) amenazar
three /θri/ *número* tres
three-dimensional *adj* tridimensional
threshold /'θreʃhoʊld/ *s* **1** umbral **2 pain threshold** umbral de dolor, resistencia al dolor
threw /θru/ pasado de **throw**
thrill /θrɪl/ *sustantivo & verbo*
■ *s* emoción: *the thrill of driving a fast car* la emoción de manejar un carro veloz | **to get a thrill out of doing sth** disfrutar de hacer algo
■ *v* [tr] emocionar
thrilled /θrɪld/ *adj* contentísimo -a, encantado -a | **to be thrilled with sth** estar/quedarse contentísimo -a con algo | **to be thrilled to do sth** estar encantado -a/contentísimo -a de hacer algo

thriller /'θrɪlər/ *s* **1** novela de suspenso **2** película de suspenso
thrilling /'θrɪlɪŋ/ *adj* emocionante
thrive /θraɪv/ *v* [intr] (pasado **thrived** o **throve**, participio **thrived**) **1** prosperar [empresa, economía] **2** crecer bien [planta] **3 she thrives on pressure/hard work etc.** rinde mucho bajo presión/está muy bien cuando tiene mucho trabajo etc.
thriving /'θraɪvɪŋ/ *adj* próspero -a, floreciente
throat /θroʊt/ *s* **1** garganta: *I have a sore throat.* Me duele la garganta. **2** cuello
throb /θrɑb/ *verbo & sustantivo*
■ *v* [intr] (**-bbed, -bbing**) **1 my head/foot etc. was throbbing** tenía un dolor punzante en la cabeza/el pie etc. **2** vibrar [motor] **3** latir con fuerza, latir a toda velocidad
■ *s* vibración
throne /θroʊn/ *s* trono
throttle /'θrɑtl/ *v* [tr] estrangular
through, también **thru** AmE /θru/ *preposición, adverbio & adjetivo*
■ *prep* **1** a través de, por: *I pushed my way through the crowd.* Me abrí camino a través de la multitud. | *I saw her through the window.* La vi por la ventana. | *The bullet went right through his leg.* La bala la atravesó la pierna de lado a lado.
2 (del principio al fin) (durante) todo -a: *We worked through the night to finish it.* Trabajamos toda la noche para terminarlo.
3 a causa de, por
4 a través de, gracias a: *I got the job through a friend.* Conseguí el trabajo a través de un amigo.
5 May through July/Monday through Friday etc. AmE de mayo a julio (inclusive)/de lunes a viernes (inclusive) etc.
■ *adv* **1** (de un lado a otro): *Let me through!* ¡Déjenme pasar! | *There was a gap in the fence so we climbed through.* Como había una abertura en la cerca, nos metimos por ahí.
2 (del principio al fin) **all night through** toda la noche | **I slept/he yawned etc. all the way through** dormí/bostezó etc. desde que empezó hasta que terminó [la película, la conferencia, etc.]
3 through and through de cabo a rabo
■ *adj* **1 to be through (with sth/sb)** haber terminado (algo/con alguien) | **to be through doing sth** haber terminado de hacer algo
2 through train/service etc. tren directo/servicio directo etc. | **no through road** calle sin salida ▶ **through** también forma parte de varios phrasal verbs como **to look through, to sit through**, etc. Éstos están tratados bajo el verbo correspondiente
throughout /θru'aʊt/ *preposición & adverbio*
■ *prep* **1** en todo -a: *throughout the country* en todo el país **2** (durante) todo -a: *throughout the concert* durante todo el concierto
■ *adv* **1** it's painted white/carpeted etc. **throughout** está todo -a pintado -a de blanco/alfombrado -a etc. **2** del principio al fin, todo

el tiempo: *He remained calm throughout.* Mantuvo la calma del principio al fin.

throw /θrəʊ/ *verbo & sustantivo*
- *v* (pasado **threw**, participio **thrown**) **1** [tr/intr] aventar, tirar: *The crowd began throwing bottles.* La muchedumbre empezó a aventar botellas. | **to throw sth at sth/sb** aventarle/tirarle algo a algo/alguien [para pegarle]: *Someone threw a rock at the car.* Alguien le aventó/tiró una piedra al coche. | **to throw sth to sb** aventarle/tirarle algo a alguien [para que lo cache]: *The goalkeeper threw the ball to Alan.* El arquero le tiró la pelota a Alan. | **to throw sb sth** aventarle/tirarle algo a alguien [para que lo cache]: *Throw me a towel, will you?* ¿Me tiras/avientas una toalla?
  2 [tr] aventar, tirar: *He threw me to the ground.* Me aventó al suelo.
  3 to throw your arms around sb's neck echarle los brazos al cuello a alguien | **to throw your head back** echar la cabeza para atrás
  4 to throw sb into jail meter a alguien preso -a | **to throw sb into confusion** dejar a alguien desorientado -a
  5 [tr] (informal) desconcertar
  6 [tr] proyectar [una sombra] ▶ ver también **fit**, **weight**
  throw sth away 1 tirar algo [a la basura] **2** desperdiciar algo [una oportunidad]
  throw sth out 1 tirar algo [a la basura] **2** rechazar algo **throw sb out** correr a alguien
  throw up (informal) vomitar, volver el estómago
- *s* **1** tiro, lanzamiento: *his third throw* su tercer tiro/su tercer lanzamiento
  2 tiro, marca: *a throw of over 80 meters* una marca de más de 80 metros
  3 (en un juego de dados) tiro: *It's your throw.* Te toca tirar.

thrown /θrəʊn/ participio de **throw**

thru /θru/ AmE ▶ ver **through**

thrust /θrʌst/ *verbo & sustantivo*
- *v* [tr] (pasado & participio **thrust**) empujar | **to thrust sth into sth** meter algo en algo [con fuerza o brusquedad] | **to thrust at sb (with sth)** lanzarle una estocada a alguien (con algo)
  thrust on/upon **to thrust sth on/upon sb** imponerle algo a alguien [una responsabilidad, una tarea]
- *s* **1** estocada **2 the (main) thrust of sth** la idea central de algo

thud /θʌd/ *sustantivo & verbo*
- *s* ruido sordo
- *v* [intr] (-dded, -dding) producir un ruido sordo al caerse, golpear contra algo, etc.: *The ball thudded into a tree.* La pelota pegó en un árbol con un ruido sordo. | *Her heart began to thud violently.* El corazón le empezó a latir con fuerza.

thug /θʌg/ *s* matón

thumb /θʌm/ *sustantivo & verbo*
- *s* **1** pulgar [de la mano] **2 to give sth the thumbs up/down** (informal) aprobar/rechazar

algo **3 to be under sb's thumb** estar dominado -a por alguien
- *v* (informal) **to thumb a ride** AmE, **to thumb a lift** BrE pedir aventón
  thumb through sth hojear algo

thumbtack /'θʌmtæk/ *s* AmE tachuela, chinche

thump /θʌmp/ *verbo & sustantivo*
- *v* **1** [tr] darle un puñetazo/un golpe a **2** [intr] golpear [con fuerza] **3** [intr] latir con fuerza
- *s* **1** puñetazo, golpe [con el puño] **2** ruido sordo

thunder /'θʌndər/ *sustantivo & verbo*
- *s* **1** truenos ▶ ver también **clap** **2** estruendo
- *v* [intr] **1** tronar **2** bramar

thunderstorm /'θʌndərstɔrm/ *s* tormenta eléctrica

Thursday /'θɜrzdi, -deɪ/ *s* jueves ▶ ver "Active Box" **days of the week** en **day**

thus /ðʌs/ *adv* (formal) **1** así **2** (también **thusly** AmE) de esa manera

thwart /θwɔrt/ *v* [tr] frustrar [un plan, etc.]

tick /tɪk/ *sustantivo & verbo*
- *s* **1** tictac **2** BrE ▶ ver **check 3**
- *v* **1** [tr] BrE marcar (con una palomita) [algo en un texto] **2** [intr] hacer tictac
  tick away, también **tick by** transcurrir, pasar [tiempo, minutos]
  tick sth off BrE ir marcando algo [en una lista] ▶ En inglés americano se usa **check sth off tick sb off** (informal) **1** AmE fastidiar, irritar **2** BrE regañar a alguien

ticket /'tɪkɪt/ *s* **1** (para el cine, un concierto, etc.) boleto, entrada **2** (para el camión, el tren, etc.) boleto **3** (por una infracción) multa: *I got a ticket.* Me pusieron una multa. **4** (que indica el precio de algo) etiqueta

'ticket ,office *s* AmE taquilla [en una estación o terminal]

tickle /'tɪkəl/ *v* **1** [tr] hacerle cosquillas a **2** [tr] hacer picar, [intr] picar [suéter, tela]

'tidal wave *s* tsunami, ola gigante

tide /taɪd/ *s* marea | **the tide is in/out** la marea está alta/baja | **at high/low tide** cuando la marea está alta/baja

tidy /'taɪdi/ *adjetivo & verbo*
- *adj* (-dier, -diest) ordenado -a ▶ ver también **neat**
- *v* [tr/intr] (3ª pers sing -dies, pasado & participio -died) (también **tidy up**) ordenar

tie /taɪ/ *verbo & sustantivo*
- *v* (pasado & participio **tied**, gerundio **tying**) **1** [tr] amarrar | **to tie sth/sb to sth** amarrar algo/a alguien a algo: *They tied him to a tree.* Lo amarraron a un árbol. **2** [tr] amarrarse [las agujetas], hacerse el nudo de [la corbata] | **to tie a knot in sth** hacerle un nudo a algo **3** [intr] empatar
  tie sb down amarrar a alguien [quitarle libertad]

tie sth up **1** amarrar algo **2** to be tied up estar invertido -a [dinero, capital] **3** cerrar algo [un trato] **tie sb up** **1** amarrar a alguien **2** to be tied up estar ocupado -a

■ *s* **1** corbata **2** (vínculo) lazo **3** empate **4** lastre, atadura

tier /tɪr/ *s* **1** (de asientos) grada **2** (de un pastel) piso

tiger /'taɪgər/ *s* tigre

tight /taɪt/ *adjetivo, adverbio & sustantivo plural*

■ *adj* **1** ajustado -a, apretado -a: *tight leather pants* pantalones de cuero ajustados | *My shoes were too tight.* Los zapatos me quedaban demasiado apretados. **2** tirante [cordel, cuerda, piel, etc.] **3** ajustado -a [tornillo, tapa, nudo] **4** estricto -a: *Security is very tight.* Las medidas de seguridad son muy estrictas. **5** ajustado -a, escaso -a | **time is tight** ando/anda etc. corto -a de tiempo | **money is tight** ando/anda etc. corto -a de dinero **6** **a tight bend** una curva cerrada **7** parejo -a, reñido -a

■ *adv* fuerte: *Hold on tight.* Agárrate fuerte.

■ **tights** *s pl* **1** mallas **2** BrE ▶ ver **pantyhose**

tighten /'taɪtn/ *v* **1** [tr] apretar, ajustar **2** [tr] tensar **3** [intr] tensarse **4** [tr] (también **tighten up**) hacer más estricto -a **5** **to tighten your hold/grip on sth** agarrar algo más fuerte

tightly /'taɪtli/ *adv* **1** firmemente, fuerte **2** estrictamente

tightrope /'taɪtroʊp/ *s* cuerda floja

tile /taɪl/ *s* **1** teja **2** azulejo **3** mosaico

tiled /taɪld/ *adj* **1** de tejas **2** azulejado -a **3** de mosaicos

till /tɪl/ *preposición & sustantivo*

■ *prep* ▶ ver **until**

■ *s* BrE caja (registradora) ▶ En inglés americano se usa **cash register**

tilt /tɪlt/ *v* **1** [tr] inclinar **2** [intr] inclinarse

timber /'tɪmbər/ *s* **1** árboles [talados para madera] **2** BrE ▶ ver **lumber**

time /taɪm/ *sustantivo & verbo*

■ *s* ▶ ver recuadro

■ *v* [tr] **1** elegir el momento/la hora de [una llegada, una partida, un anuncio] **2** to be timed to do sth estar programado -a para hacer algo **3** to be well/badly timed ser oportuno -a/no ser oportuno -a **4** tomar el tiempo de, medir con un cronómetro

'time ˌlimit *s* límite de tiempo, plazo

timely /'taɪmli/ *adj* (-lier, -liest) oportuno -a

ˌtime 'off *s* días (libres)

timer /'taɪmər/ *s* reloj [de una estufa, etc.]

times /taɪmz/ *prep* (al multiplicar) por: *Two times two is four.* Dos por dos son cuatro.

timetable /'taɪmteɪbəl/ *s* BrE **1** (de trenes, autobuses, etc.) horario ▶ En inglés americano se usa **schedule** **2** (de clases) horario ▶ En inglés americano se usa **schedule**

---

time *sustantivo*

1 TIEMPO

Do you have time for a coffee? ¿Tienes tiempo para un café? | *Learning a language takes time.* Aprender un idioma lleva tiempo. | *I don't have to wear glasses all the time.* No tengo que usar anteojos todo el tiempo. | **a long time** mucho (tiempo): *She took a long time.* Tardó mucho (tiempo). | **I haven't seen her etc. for some time** hace tiempo que no la veo etc. | **to take your time** tomarse su tiempo: *Take your time. There's no hurry.* Tómate tu tiempo. No hay apuro. | **to have a good/great etc. time** pasarla bien/genial etc.: *Did you have a good time in Dallas?* ¿La pasaron bien en Dallas? | **in time**: *We got there in time for lunch.* Llegamos a tiempo para almorzar. | *You'll get used to it in time.* Con el tiempo te acostumbrarás.

2 HORA

What time is it?/What's the time? ¿Qué hora es?/¿Qué horas son? | *It's time to go home.* Es hora de que nos vayamos a casa. | **on time** a tiempo: *Try to be on time.* Traten de llegar a tiempo/de ser puntuales.

3 VEZ

Every time I call, he's out. Cada vez que llamo, no está. | *I go to the gym three times a week.* Voy al gimnasio tres veces por semana. | **next time I see her** la próxima vez que la vea | **the last time I went out with him** la última vez que salí con él | **three times as long/big etc.; three times longer/bigger etc.** tres veces más largo -a/grande etc. | **two/five etc. at a time** de uno en uno/de cinco en cinco etc. | **at times** a veces | **from time to time** de vez en cuando

4 MOMENTO

Have I come at a bad time? ¿Vine en mal momento? | **by the time** para cuando: *By the time you get this letter, I'll be in Canada.* Para cuando recibas esta carta, estaré en Canadá. | **this time tomorrow/next year etc.** mañana a esta hora/el año que viene a esta altura etc. | **for the time being** por ahora/por el momento | **at all times** en todo momento | **at the time** en aquel momento | **time after time/time and time again** una y otra vez

5 ÉPOCA, PERÍODO

the happiest time of my life la época más feliz de mi vida | **for a time** por un tiempo/por una época | **in a week's time/a month's time etc.** dentro de una semana/un mes etc.

6 COMPÁS

in time to the music al compás de la música

7 Las expresiones como **to bide your time, once upon a time**, etc. están tratadas en **bide, once**, etc.

---

timid /'tɪmɪd/ *adj* **1** tímido -a **2** poco aventurado -a

timing /'taɪmɪŋ/ *s* momento elegido para hacer algo: *That was good timing!* ¡Elegiste un buen momento para llegar!

tin /tɪn/ *s* **1** estaño **2** hojalata **3** BrE lata [el recipiente]: *a tin of soup* una lata de sopa ► También existe **can**, que es inglés universal

tinfoil /'tɪnfɔɪl/ *s* papel de aluminio

tinge /tɪndʒ/ *sustantivo & verbo*
■ *s* **1** tinte [de la piel, etc.] **2** dejo, matiz [de emoción, tristeza, etc.]
■ *v* to be tinged with sth tener un dejo de algo, estar teñido -a de algo [emoción, tristeza]

tingle /'tɪŋgəl/ *v* my fingers/legs etc. were tingling sentía un hormigueo en los dedos/las piernas etc.

tinned /tɪnd/ BrE ► ver **canned**

'tin ,opener *s* BrE ► ver **can opener**

tinsel /'tɪnsəl/ *s* guirnaldas [para adornar el árbol de Navidad]

tint /tɪnt/ *sustantivo & verbo*
■ *s* **1** tinte, matiz **2** tinte
■ *v* [tr] teñir

tinted /'tɪntɪd/ *adj* **1** ahumado -a [lentes], polarizado -a [vidrios] **2** teñido -a [pelo]

tiny /'taɪni/ *adj* (-nier, -niest) **1** diminuto -a **2** ínfimo -a

tip /tɪp/ *sustantivo & verbo*
■ *s* **1** extremo, punta | it's on the tip of my tongue lo tengo en la punta de la lengua **2** propina **3** consejo | to give sb a tip (on sth) darle un consejo a alguien (para algo)
■ *v* (-pped, -pping) **1** [tr] inclinar | to tip sth back/up etc. echar hacia atrás/levantar algo etc. **2** [intr] inclinarse | to tip back/up etc. reclinarse/levantarse etc. [asientos] **3** to tip sth into/onto sth **(a)** tirar/derramar algo en algo **(b)** verter/echar algo en algo: *I tipped the milk into the bowl.* Vertí la leche en el bol. | to tip sth out tirar algo [vaciando una taza, etc.] **4** [tr] darle propina a **5** he's being tipped to win the Oscar/to succeed the director etc. los pronósticos coinciden en que va a ganar el Oscar/va a suceder al director etc.
tip sb off alertar a alguien
tip over caerse **tip sth over** volcar algo

tiptoe /'tɪptoʊ/ *sustantivo & verbo*
■ *s* on tiptoe(s) de puntitas
■ *v* [intr] caminar de puntitas | to tiptoe into/out of a room entrar a/salir de una habitación de puntitas

tire¹ /taɪr/ *v* **1** [intr] cansarse **2** [tr] cansar **3** to tire of sb cansarse/hartarse de alguien | to tire of (doing) sth hartarse de (hacer) algo, cansarse de (hacer) algo
tire sb out agotar a alguien **tire yourself out** agotarse

tire² AmE, **tyre** BrE /taɪr/ *s* llanta

tired /taɪrd/ *adj* **1** cansado -a | tired out agotado -a **2** to be tired of sb estar cansado -a/harto -a de alguien | to be tired of (doing) sth estar cansado -a/harto -a de (hacer) algo: *She was tired of being a secretary.* Estaba harta de ser secretaria. ► ver también **sick**

tiresome /'taɪrsəm/ *adj* **1** tedioso -a **2** pesado -a

tiring /'taɪrɪŋ/ *adj* cansador -a

tissue /'tɪʃu/ *s* **1** pañuelo de papel, kleenex **2** (en biología) tejido

tit /tɪt/ *s* **1** paro [pequeño pájaro europeo] **2** (informal) teta

title /'taɪtl/ *s* **1** título [de un libro, una canción, etc.] **2** tratamiento, título **3** título (de nobleza) **4** (en deportes) título

'title ,holder *s* campeón -ona

'title role *s* papel protagónico

T-junction /'ti dʒʌŋkʃən/ *s* BrE crucero [en forma de T]

to¹ /tə, acentuado tu/ **1** (parte del infinitivo o usado para sustituirlo): *to think* pensar | *to walk* caminar | *He wants to stay.* Se quiere quedar. | *"Why don't you go with them?" "Because I don't want to."* —¿Por qué no vas con ellos? —Porque no quiero. **2** (expresando propósito) para: *I'm saving up to buy a bike.* Estoy ahorrando para comprarme una bicicleta. **3** to tell/ask etc. sb to do sth decirle/pedirle etc. a alguien que haga algo: *They told me to wait.* Me dijeron que esperara. **4** to be easy to do/hard to understand etc. ser fácil de hacer/difícil de entender etc.

to² /tə, acentuado tu/ *prep* ► ver recuadro en página 382

to³ /tu/ *adv* to and fro de un lado a otro

toad /toʊd/ *s* sapo

toast /toʊst/ *sustantivo & verbo*
■ *s* **1** pan tostado: *I made some toast.* Hice pan tostado. | a piece/slice of toast una rebanada de pan tostado **2** brindis
■ *v* [tr] **1** brindar a la salud de, brindar por **2** tostar

toaster /'toʊstər/ *s* tostador

tobacco /tə'bækoʊ/ *s* tabaco

tobacconist /tə'bækənɪst/ *s* **1** encargado de una casa de artículos para fumadores **2** (también tobacconist's BrE) tabaquería

today /tə'deɪ/ *adverbio & sustantivo*
■ *adv* **1** hoy: *Are you going to work today?* ¿Vas a trabajar hoy? **2** hoy en día, actualmente **3** a week (from) today, también today week BrE de hoy en una semana: *I leave school a week today.* De hoy en una semana termino la escuela.
■ *s* **1** hoy: *Have you read today's paper yet?* ¿Ya leíste el periódico de hoy? **2** hoy, hoy en día: *today's women* las mujeres de hoy

toddler /'tɑdlər/ *s* niño que está aprendiendo a caminar

to *preposición*

1 DESTINO (= a)

She went to Australia. Se fue a Australia. | *I walked over to the window.* Fui a la ventana. | *I'm going to bed.* Me voy a dormir.

2 DIRECCIÓN (= para)

Can you move to the right a little? ¿Te puedes correr un poco para la derecha?

3 POSICIÓN (= a)

To your left is the abbey. A su izquierda está la abadía. | *20 miles to the south of Chicago* 20 millas al sur de Chicago

4 ALCANCE (= hasta, a)

The water came up to my knees. El agua me llegaba hasta las rodillas. | *She can count to ten.* Sabe contar hasta diez. | *from Monday to Friday* de lunes a viernes | *It's only two weeks to Christmas.* Sólo faltan dos semanas para Navidad.

5 CON COMPLEMENTO INDIRECTO (= a)

He gave the money to his wife. Le dio el dinero a su esposa. | *Say something to me!* ¡Dime algo!

6 PARA CON, HACIA

to be kind/cruel etc. to sb ser amable/cruel etc. con alguien: *You were very rude to him.* Estuviste muy grosera con él.

7 PERTENENCIA, RELACIÓN (= de)

the key to the back door la llave de la puerta de atrás | *She's assistant to the manager.* Es asistente del gerente.

8 COMPARACIONES (= a)

I prefer chicken to fish. Prefiero el pollo al pescado. | *They beat us by two goals to one.* Nos ganaron por dos goles a uno.

9 LÍMITES

two to three weeks/20 to 30 people etc. entre dos y tres semanas/entre 20 y 30 personas etc.

10 HORA

ten to five diez para las cinco | *twenty to one* veinte para la una

11 RESULTADO

to my surprise/relief etc. para mi sorpresa/alivio etc.

toe /toʊ/ *s* **1** dedo [del pie] | **big toe** dedo gordo [del pie] **2** punta [de una media, un zapato, etc.] **3 to step on sb's toes** AmE, **to tread on sb's toes** BrE **(a)** pisar a alguien **(b)** ofender a alguien **4 to keep sb on their toes** mantener despierto -a/alerta a alguien

toenail /'toʊneɪl/ *s* uña [de los pies]

toffee /'tɔfi/ *s* dulce hecho de mantequilla y azúcar

together /tə'geðər/ *adv* **1** (en un lugar) junto -a: *Put it all together in that drawer.* Ponlo todo junto en ese cajón. **2** (en compañía) juntos -as:

The teacher doesn't let us sit together. La profesora no nos deja sentarnos juntos. **3** al mismo tiempo, a la vez: *You need to press the two buttons together.* Tiene que apretar los dos botones a la vez. **4 to tie sth together** amarrar algo | **to add sth together** sumar algo | **to join sth together** unir algo | **to mix sth and sth together** mezclar algo con algo **5 together with** junto con

toilet /'tɔɪlət/ *s* **1** excusado **2** BrE (en una casa) (cuarto de) baño | **to go to the toilet** ir al baño **3** BrE baño (público) ▶ En inglés americano se usa **restroom**

'toilet ˌpaper *s* papel del baño, papel higiénico

toiletries /'tɔɪlətriz/ *s pl* artículos de tocador

token /'toʊkən/ *sustantivo & adjetivo*

■ *s* **1** ficha [para una máquina, etc.] **2** muestra [de afecto, gratitud, etc.] ▶ ver también **gift token**

■ *adj* **a token gesture/payment** un gesto/pago simbólico

told /toʊld/ pasado & participio de **tell**

tolerance /'tɑlərəns/ *s* tolerancia

tolerant /'tɑlərənt/ *adj* tolerante | **to be tolerant of sth/sb** ser tolerante con algo/alguien

tolerate /'tɑləreɪt/ *v* [tr] tolerar

toll /toʊl/ *sustantivo & verbo*

■ *s* **1** cuota [en una carretera] **2** número de víctimas | **death toll** número de víctimas fatales **3 it has taken its toll on his health/marriage etc.** ha afectado su salud/matrimonio etc. .

■ *v* [intr] sonar [campana]

tomato /tə'meɪtoʊ, BrE tə'mɑtoʊ/ *s* (pl -toes) jitomate

tomb /tum/ *s* tumba

tomboy /'tɑmbɔɪ/ *s* niña poco femenina

tombstone /'tumstoʊn/ *s* lápida

tomorrow /tə'mɑroʊ/ *adverbio & sustantivo*

■ *adv* mañana: *See you tomorrow!* ¡Hasta mañana! | *What are you doing tomorrow?* ¿Qué vas a hacer mañana? | **tomorrow morning/night etc.** mañana en la mañana/noche etc.: *I'll do it tomorrow morning.* Lo haré mañana en la mañana. | **the day after tomorrow** pasado mañana

■ *s* **1** mañana: *tomorrow's meeting* la junta de mañana **2** el (día de) mañana: *tomorrow's computers* las computadoras del mañana

ton /tʌn/ *s* **1** (pl tons o ton) tonelada ▶ ver nota **2 tons of sth** (informal) montones de algo **3 to weigh a ton** (informal) pesar una tonelada

> a ton equivale a 907 kg en el sistema americano y a 1,016 kg en el británico. La tonelada métrica (1,000 kg) se conoce como **metric ton** o **tonne**.

tone /toʊn/ *sustantivo & verbo*

■ *s* **1** tono [de voz] **2** (de un instrumento, una voz) timbre, tono **3** (atmósfera, carácter) tono

4 (de un color) tono **5** (sonido) tono: *Leave a message after the tone.* Deje su mensaje después del tono.

■ *v* **tone sth down** bajar el tono de algo

tongue /tʌŋ/ *s* **1** lengua | **to stick your tongue out at sb** sacarle la lengua a alguien **2** **tongue in cheek** en broma, en tono irónico: *"You're going to enjoy this," he said, tongue in cheek.* –Esto te va a gustar –dijo en tono irónico.
3 (literario) lengua | **mother tongue** lengua materna ▶ ver también **slip, tip**

tonic /'tɑnɪk/ *s* **1** (también **tonic water**) agua quina **2** tónico, reconstituyente

tonight /tə'naɪt/ *adverbio & sustantivo*
■ *adv* esta noche: *Call me tonight.* Llámame esta noche.
■ *s* esta noche: *tonight's news bulletin* el noticiero de esta noche

tonne /tʌn/ *s* (pl **tonnes** o **tonne**) tonelada [métrica]

tonsils /'tɑnsəlz/ *s pl* amígdalas

too /tu/ *adv* **1** demasiado: *She was driving too fast.* Manejaba demasiado rápido. | *It's too cold to go out.* Hace demasiado frío para salir. | **too much/many** demasiado -a, demasiados -as | **too little** demasiado poco -a | **too few** demasiado pocos -as | **much too expensive/young etc.** carísimo -a/jovencísimo -a etc. | **far too expensive/young etc.** carísimo -a/jovencísimo -a etc. | **he wasn't too happy/pleased etc.** no estaba muy feliz/contento etc. que digamos **2** también: *"I'm really hungry." "Me too."* –Tengo mucha hambre. –Yo también.

took /tʊk/ pasado de **take**

tool /tul/ *s* herramienta

tool kit *s* caja de herramientas

tooth /tuθ/ *s* (pl **teeth**) **1** diente, muela | **to clean/brush your teeth** lavarse los dientes | **I/he etc. had a tooth out** me/le etc. sacaron una muela, /me/le etc. sacaron un diente **2** (de un peine, un serrucho) diente **3** **to get your teeth into sth** (informal) hincarle el diente a algo **4** **to have a sweet tooth** ser goloso -a **5** **to grit your teeth** apretar los dientes [seguir adelante a pesar de las dificultades]

toothpaste

toothbrush

brushing teeth

toothache /'tuθeɪk/ *s* dolor de muelas | **I have/he has etc. a toothache** me/le etc. duele una muela

toothbrush /'tuθbrʌʃ/ *s* (pl **-shes**) cepillo de dientes

toothpaste /'tuθpeɪst/ *s* pasta de dientes

toothpick /'tuθpɪk/ *s* palillo (de dientes)

top /tɑp/ *sustantivo, adjetivo & verbo*
■ *s* **1** cumbre, cima [de una montaña]
2 copa [de un árbol]
3 borde [de un vaso]: *I filled the glass right to the top.* Llené el vaso hasta el borde.
4 (en una clasificación, una lista): *They are at the top of the league.* Están a la cabeza de la liga. | *Your name is at the top of the list.* Tu nombre está primero en la lista.
5 parte superior [de una página]: *at the top of the page* en la parte superior de la página
6 parte superior [de una mesa, un armario, etc.], tapa [de un piano]
7 tapa [de un frasco, etc.], tapón [de una botella]
8 capuchón [de un bolígrafo]
9 cualquier prenda liviana que cubre la parte superior del cuerpo y se usa con faldas o pantalones: *She was wearing a sleeveless beige top.* Traía una blusa beige sin mangas.
10 parte de arriba [de un conjunto]: *your sweatsuit top/your bikini top* la parte de arriba de tus pants/de tu bikini
11 **the top** la cima [en una profesión, una organización, etc.]: *She is at the top of her profession.* Se encuentra en la cima de su profesión.
12 **the top of the street** el final de la calle
13 **at the top of the table** en la cabecera (de la mesa)
14 **on top** (por) encima: *Sprinkle the cheese on top.* Espolvoree el queso por encima.
15 **on top of (a)** encima de, arriba de: *It's on top of the refrigerator.* Está encima del refrigerador. **(b)** encima de, además de
16 **to be on top of things/of the situation** tener el control de las cosas/de la situación
17 **off the top of your head** (informal) sin pensarlo mucho
18 **at the top of your voice** con toda su fuerza [gritar]
19 **to be on top of the world** sentirse la mujer/el hombre más feliz del planeta
20 **from top to bottom** de arriba a abajo
■ *adj* **1** (más alto): *It's in the top drawer.* Está en el primer cajón. | *They live on the top floor.* Viven en el último piso. | *She always got top grades.* Siempre se sacaba la calificación más alta.
2 mejor: *one of the world's top tennis players* una de las mejores tenistas del mundo
3 **top speed/temperature etc.** velocidad/temperatura etc. máxima
■ *v* [tr] (-pped, -pping) **1** superar
2 estar primero a en, estar a la cabeza de
3 **to be topped with** estar cubierto -a de/con
4 **and to top it all** y para colmo
top sth up llenar algo [un vaso, etc.]

top 'hat *s* sombrero de copa

topic /'tɑpɪk/ *s* tema

topical /'tɑpɪkəl/ *adj* de interés, de actualidad [tema, asunto]

topless /'tɑpləs/ adj topless [con el torso desnudo]

topping /'tɑpɪŋ/ s cualquier ingrediente o baño que se pone encima de un helado, una pizza, etc.: *ice cream with chocolate topping* helado con salsa de chocolate | *What topping do you want on your pizza?* ¿De qué quiere la pizza?

topple /'tɑpəl/ v **1** [intr] (también **topple over**) caerse, perder el equilibrio **2** [intr] trastabillar **3** [tr] derribar **4** [tr] derrocar

top-'secret adj ultrasecreto -a

torch /tɔrtʃ/ s (pl **torches**) **1** BrE linterna ▶ En inglés americano se usa **flashlight 2** antorcha

tore /tɔr/ pasado de **tear**

torment[1] /'tɔrment/ s tormento

torment[2] /tɔr'ment/ v [tr] **1** atormentar **2** martirizar: *He loves to torment his little sister.* Le encanta martirizar a su hermanita.

torn /tɔrn/ participio de **tear**

tornado /tɔr'neɪdou/ s (pl -does) tornado

torrent /'tɔrənt/ s **1** (de agua) torrente **2** a **torrent of abuse/criticism** una catarata de insultos/críticas

tortoise /'tɔrtəs/ s tortuga [de tierra]

torture /'tɔrtʃər/ sustantivo & verbo
■ s **1** (de un prisionero, etc.) tortura **2** (sufrimiento) tortura
■ v [tr] **1** torturar **2** atormentar

Tory /'tɔri/ s (pl -ries) conservador -a [del Partido Conservador británico]

toss /tɔs/ verbo & sustantivo
■ v (3ª pers sing -sses) **1** [tr] tirar: *He tossed his jacket onto the bed.* Tiró la chamarra sobre la cama. **2** [tr] zarandear [un barco] **3** to **toss and turn** dar vueltas [en la cama, sin poder dormir] **4** [tr] mezclar [una ensalada] **5** [tr] darle la vuelta a [un crepe, etc.] **6** to **toss a coin** echar un volado [para decidir algo] | to **toss (up) for it** echar un volado para decidir **7** to **toss your head** echar la cabeza para atrás
■ s to **decide sth on the toss of a coin** decidir algo echando un volado | to **win/lose the toss** ganar/perder el sorteo [en un encuentro deportivo]

total /'toutl/ adjetivo, sustantivo & verbo
■ adj **1** a **total diasaster** un desastre total, un verdadero desastre | a **total stranger** un perfecto deconocido/una perfecta deconocida **2** total [número, costo, etc.]
■ s total | in **total** en total
■ v [tr] (-led, -ling AmE, -lled, -lling BrE) **1** ascender a: *Sales totaled $350,000 last year.* Las ventas ascendieron a $350,000 el año pasado. **2** (también **total up**) sumar | to **total (up) the scores** sumar los puntajes

totally /'toutl-i/ adv totalmente, completamente

totter /'tɑtər/ v [intr] tambalearse

touch /tʌtʃ/ verbo & sustantivo
■ v (3ª pers sing -ches) **1** [tr] tocar: *Someone touched me on the shoulder.* Alguien me tocó el hombro. **2** [intr] tocarse: *Our knees were touching.* Nuestras rodillas se tocaban. **3** [tr] emocionar: *It touched me that the old man remembered me.* Me emocionó que el viejo se acordara de mí. **4** [tr] (en oraciones negativas) probar: *You haven't touched your food.* No has probado la comida. **5** [tr] alcanzar: *She's a fantastic tennis player. No one can touch her.* Es una tenista brillante. Nadie la alcanza.

touch down aterrizar

touch on sth, también **touch upon sth** tocar algo, mencionar algo

touch sth up retocar algo, arreglar algo

■ s **1** tacto | to **the touch** al tacto **2** roce, caricias **3** to **be in touch (with sb)** estar en contacto (con alguien) | to **get in touch (with sb)** ponerse en contacto (con alguien) | to **keep in touch (with sb)** mantenerse en contacto (con alguien) | to **lose touch (with sb)** perder contacto (con alguien) **4** to **be in touch/out of touch with sth** estar/no estar al tanto de algo **5** detalle **6** to **put the finishing/final touches to sth** darle los toques finales a algo **7** to **lose your touch** perder el toque **8** poquito, pizca **9** toque [de distinción, etc.]

touchdown /'tʌtʃdaun/ s **1** aterrizaje **2** (en futbol americano) anotación, touchdown **3** (en rugby) try, tanto

touched /tʌtʃt/ adj to **be touched** emocionarse, conmoverse

touching /'tʌtʃɪŋ/ adj conmovedor -a, enternecedor -a

touchy /'tʌtʃi/ adj (-chier, -chiest) **1** susceptible **2** a **touchy subject** un tema delicado

tough /tʌf/ adj **1** difícil: a **tough question** una pregunta difícil **2** fuerte [persona] **3** resistente [material] **4** severo -a, duro -a | to **get tough with sb** ponerse duro -a con alguien **5** duro -a [carne, verdura, etc.] **6** (informal) (injusto) duro -a | **tough luck** mala suerte

toughen /'tʌfən/ v [tr] endurecer, hacer más fuerte/resistente

tour /tur/ sustantivo & verbo
■ s **1** gira, tour | to **be on tour** estar de gira/de tour **2** visita: *We were given a guided tour of the house and gardens.* Hicimos una visita guiada de la casa y los jardines. **3** viaje: *We're going on a ten-day tour of Egypt.* Vamos a hacer un viaje de diez días por Egipto.
■ v **1** [tr] hacer un tour por, recorrer: *They were touring the Greek islands.* Estaban haciendo un tour por las islas de Grecia. **2** [intr] viajar: *They spent the summer touring in the Middle East.* Pasaron el verano viajando por Medio Oriente. **3** [intr] hacer una gira **4** [tr] hacer una gira por

tourism /'turɪzəm/ s turismo

tourist /'turɪst/ s turista

tournament /'turnəmənt/ s torneo

tow /toʊ/ *verbo & sustantivo*
- **v** [tr] remolcar
  tow sth away llevarse algo [un vehículo]
- **s** **1** **to give sb a tow** llevar a alguien a remolque **2** **to arrive with sb in tow** (informal) llegar con alguien (a la zaga): *They arrived with all the kids in tow.* Llegaron con todos los niños.

toward /tɔrd/ AmE, también **towards** /tɔrdz/ *prep* **1** (en dirección a) hacia: *I saw a man coming toward me.* Vi a un hombre que venía hacia mí. **2** (para lograr algo) hacia, por: *the first step toward an agreement* el primer paso hacia un acuerdo **3** (hablando de actitudes, sentimientos) hacia: *my feelings toward him* mis sentimientos hacia él **4** **to give sb money toward sth** darle dinero a alguien para ayudar a pagar algo **5** cerca de, hacia: *farther toward the coast* más cerca de la costa

towel /'taʊəl/ *s* toalla

tower /'taʊər/ *sustantivo & verbo*
- **s** torre
- **v** **to tower above sb** ser mucho más alto -a que alguien | **to tower above sth** elevarse por encima de algo

'tower block *s* BrE edificio [de muchos pisos]

town /taʊn/ *s* **1** ciudad, pueblo: *the town of Hudson* la ciudad de Hudson | *The whole town knows about it.* Todo el pueblo lo sabe. ▶ ¿TOWN o CITY? ver nota en **ciudad** **2** (zona comercial) centro: *I got it from a store in town.* Lo compré en una tienda del centro. | **to go into town** ir al centro **3** **to go to town on sth** (informal) echar la casa por la ventana para algo **4** **to go out on the town** (informal) irse de reventón

church tower

,town 'hall *s* ayuntamiento [edificio]

toy /tɔɪ/ *sustantivo & verbo*
- **s** juguete | **toy train/gun etc.** tren/pistola etc. de juguete
- **v** **toy with sth** **1** contemplar/considerar algo [una idea] **2** juguetear con algo

trace /treɪs/ *verbo & sustantivo*
- **v** [tr] **1** localizar, rastrear | **to trace a call** rastrear una llamada **2** establecer el origen de: *Her problems can be traced back to childhood.* Sus problemas se originaron en su infancia. | *He can trace his family back to the 17th century.* Los orígenes de su familia se remontan al siglo XVII. **3** detallar **4** calcar **5** trazar, dibujar
- **s** **1** rastro | **to disappear/vanish without trace** desaparecer sin dejar rastro **2** vestigio, rastro

track /træk/ *sustantivo, sustantivo plural & verbo*
- **s** **1** camino, senda: *We drove up the track to the farm.* Fuimos por el camino hasta la granja. **2** pista: *a running track* una pista de atletismo **3** vía [del ferrocarril] **4** tema, track [de un CD] **5** **to be on the right/wrong track** estar bien/mal encaminado -a **6** **to keep track of sth** mantenerse al tanto de algo, llevar un control de algo | **to keep track of sb** seguirle la pista a alguien | **to lose track of sth/sb** perderle la pista a algo/alguien **7** **off the beaten track** fuera de las rutas turísticas
- **tracks** *s pl* huellas [de un animal, un vehículo]
- **v** [tr] rastrear, seguir la pista de
  track sth down ubicar/encontrar algo | **track sb down** dar con alguien, localizar a alguien

,track and 'field *s* AmE atletismo

'track ,record *s* trayectoria [de una persona, empresa, etc.]

tracksuit /'træksut/ BrE ▶ ver **sweatsuit**

trade /treɪd/ *sustantivo & verbo*
- **s** **1** comercio: *Trade between Japan and Europe is increasing.* El comercio entre Japón y Europa está aumentando. **2** actividad comercial en determinado campo: *the hotel trade* la hotelería **3** oficio | **by trade** de oficio: *a jeweler by trade* un joyero de oficio
- **v** **1** [intr] comerciar, hacer negocios **2** [tr/intr] AmE hacer un canje, hacer un cambio | **to trade (sb) sth for sth** cambiar(le a alguien) algo por algo: *I'll trade you this CD for your computer game.* Te cambio este CD por tu juego de computadora.
  trade sth in **to trade sth in for sth** entregar algo en parte de pago por algo: *I traded my old car in for a new model.* Entregué mi coche viejo en parte de pago por un modelo nuevo.

trademark /'treɪdmɑrk/ *s* marca (registrada)

trader /'treɪdər/ *s* **1** comerciante **2** (en la Bolsa) operador -a

,trade 'union *s* BrE sindicato (de trabajadores) ▶ En inglés americano se usa **labor union**

tradition /trə'dɪʃən/ *s* tradición

traditional /trə'dɪʃənəl/ *adj* tradicional

traffic /'træfɪk/ *sustantivo & verbo*
- **s** **1** (de coches, camiones, etc.) tránsito, tráfico: *heavy traffic* tránsito pesado/mucho tráfico **2** (de aviones, barcos, etc.) tráfico **3** (de artículos ilegales) tráfico
- **v** (pasado & participio -cked) **to traffic in sth** traficar con algo

'traffic ,circle *s* AmE glorieta [en una calle, una carretera]

'traffic jam *s* embotellamiento

trafficker /'træfɪkər/ *s* traficante: *a drug trafficker* un narcotraficante

'traffic light *s* semáforo

'traffic ,warden *s* agente de tránsito

tragedy /'trædʒədi/ *s* (pl -dies) tragedia

tragic /'trædʒɪk/ *adj* trágico -a

trail /treɪl/ *verbo & sustantivo*
- *v* **1** [intr/tr] arrastrar **2 to trail along behind sth/sb** ir atrás de algo/alguien **3** [intr] ir perdiendo
- *s* **1** rastro, pista | **to be on sb's trail** estar sobre la pista de alguien **2 a trail of blood/ smoke etc.** un reguero de sangre/una estela de humo etc. **3** camino, senda

trailer /'treɪlər/ **1** remolque **2** AmE tráiler, cámper **3** avance [de una película]

train /treɪn/ *sustantivo & verbo*
- *s* **1** tren: *When is the next train to Greenwich?* ¿Cuándo sale el próximo tren a Greenwich? | **by train** en tren **2 train of events** serie de sucesos | **my/her etc. train of thought** el hilo de mis/sus etc. pensamientos
- *v* **1** [intr] capacitarse, entrenarse | **to train as a doctor/lawyer etc./to train to be a doctor/lawyer etc.** estudiar medicina/derecho etc. **2** [tr] capacitar, entrenar **3** [tr] adiestrar, amaestrar **4** [tr/intr] entrenar [en deportes]

trainee /treɪ'ni/ *s* **1** pasante, aprendiz **2 trainee manager** persona que está haciendo prácticas de gerencia **trainee teacher** (maestro -a) practicante [que hace práctica docente]

trainer /'treɪnər/ *s* **1** entrenador -a **2** adiestrador -a, amaestrador -a **3** BrE (zapato) tenis
▶ En inglés americano se usa **sneaker**

training /'treɪnɪŋ/ *s* **1** capacitación, formación **2** entrenamiento | **to be in training for sth** estar entrenando para algo

trait /treɪt/ *s* rasgo, característica [de la personalidad]

traitor /'treɪtər/ *s* traidor -a

tram /træm/ *s* BrE tranvía ▶ En inglés americano se usa **streetcar**

tramp /træmp/ *sustantivo & verbo*
- *s* vagabundo -a
- *v* [intr] caminar (pesadamente)

trample /'træmpəl/ *v* [tr] pisotear | **to trample on/over sth** pisotear algo | **to be trampled to death** morir aplastado -a

trampoline /træmpə'lin/ *s* cama elástica, tumbling

trance /træns/ *s* **to be in a trance** estar en trance

tranquil /'træŋkwəl/ *adj* tranquilo -a [lugar, ambiente, etc.]

tranquilizer AmE, **tranquillizer** BrE /'træŋkwəlaɪzər/ *s* tranquilizante

transfer¹ /træns'fɜr/ *v* (-rred, -rring) **1** [tr] trasladar, [intr] trasladarse [empleado] **2** [tr] transferir [fondos] **3** [tr] transferir [el poder] **4** [tr] pasar [una llamada], comunicar [a alguien que llama] **5** [intr] hacer transbordo, transbordar

transfer² /'trænsfər/ *s* **1** traslado [de un empleado] **2** transferencia [de dinero] **3** traspaso [de poderes] **4** transbordo [en transportes] **5** calcomanía **6** BrE pase [de un jugador a otro equipo]

transform /træns'fɔrm/ *v* [tr] transformar | **to transform sth into sth** transformar algo en algo

transformation /trænsfər'meɪʃən/ *s* transformación

translate /'trænzleɪt/ *v* [tr/intr] traducir | **to translate (sth) from French into German etc.** traducir (algo) del francés al alemán etc.

translation /trænz'leɪʃən/ *s* traducción | **translation from Russian into English etc.** traducción del ruso al inglés etc. | **to read sth in translation** leer la versión traducida de algo

translator /'trænzleɪtər/ *s* traductor -a

transmission /trænz'mɪʃən/ *s* **1** (por radio, televisión) transmisión **2** (de una enfermedad) transmisión

transmit /trænz'mɪt/ *v* [tr] (-tted, -tting) **1** transmitir [un programa] **2** transmitir, contagiar [una enfermedad]

transmitter /trænz'mɪtər/ *s* transmisor

transparent /træns'pærənt/ *adj* transparente

transplant¹ /'trænsplænt/ *s* transplante: *a heart transplant* un transplante de corazón

transplant² /træns'plænt/ *v* [tr] **1** (en jardinería) transplantar **2** (en medicina) transplantar

transport /træns'pɔrt/ *v* [tr] transportar

transportation /trænspər'teɪʃən/ AmE, **transport** /'trænspɔrt/ BrE *s* transporte: *public transportation* transporte público | *Do you have your own transportation?* ¿Dispone de vehículo propio?

trap /træp/ *sustantivo & verbo*
- *s* **1** (para animales) trampa: *a mouse trap* una ratonera **2** (engaño) trampa | **to fall/walk into a trap** caer en una trampa
- *v* [tr] (-pped, -pping) **1** atrapar **2** cazar [con trampas] **3** (dedo, pierna, etc.) *I trapped my finger in the door.* El dedo se me quedó atorado en la puerta.

trapdoor /træp'dɔr/ *s* trampilla [abertura con una puerta en el suelo o el cielorraso]

trash /træʃ/ *s* **1** AmE basura **2** (informal) basura, porquería(s): *There's so much trash on TV these days.* Hoy en día dan tanta basura en la televisión.

trashcan /'træʃkæn/ *s* AmE bote (de la basura), basurero

traumatic /trɔ'mætɪk/ *adj* traumático -a

travel /'trævəl/ *verbo & sustantivo*
- *v* (-led, -ling AmE, -lled, -lling BrE) **1** [intr] viajar | **to travel by train/car etc.** viajar en tren/coche etc. **2** [intr] ir: *The car was traveling at 95 mph.* El coche iba a 95 millas por hora. | *News travels fast.* Las noticias vuelan. **3** [tr] hacer, recorrer: *We traveled 200 miles before lunch.* Hicimos 200 millas antes del almuerzo.
- *s* viajes: *foreign travel* los viajes al extranjero
▶ ¿**TRAVEL**, **JOURNEY**, **TRIP** O **VOYAGE**? ver nota en **viaje**

'travel ,agency *s* (pl -cies) agencia de viajes

ⓘ Hay una tabla con los **números** en inglés y explicaciones sobre su uso en el apartado de gramática.

'travel ,agent s **1** agente de viajes **2** travel agent's BrE agencia de viajes

traveler AmE, **traveller** BrE /'trævələr/ s viajero -a

'traveler's check AmE, **traveller's cheque** BrE s cheque de viajero

tray /treɪ/ s charola, bandeja

drinks tray

office tray

tea tray

baking tray

treacherous /'tretʃərəs/ adj **1** (desleal) traicionero -a, traidor -a **2** (peligroso) traicionero -a

treachery /'tretʃəri/ s traición

tread /tred/ verbo & sustantivo
■ v (pasado trod, participio trodden) **1** to tread in/on sth pisar algo **2** to tread carefully andarse con cuidado ▶ ver también toe **3** to tread mud into the carpet enlodar la alfombra [pisándola]
■ s (de una llanta) banda de rodamiento

treason /'trizən/ s traición [a la patria]

treasure /'treʒər/ sustantivo & verbo
■ s tesoro
■ v [tr] atesorar | to treasure the memory of sth recordar algo con cariño | a treasured possession un bien preciado

treasurer /'treʒərər/ s tesorero -a

treasury /'treʒəri/ s the Treasury organismo gubernamental encargado de administrar la hacienda pública

treat /trit/ verbo & sustantivo
■ v [tr] **1** tratar: He treats me like a child. Me trata como a un niño. | We were not badly treated. No nos trataron mal. | She treats everything as a joke. Se lo toma todo a broma. **2** tratar, atender [a un paciente] **3** invitar | to treat sb to sth invitar a alguien a algo, comprarle algo a alguien: They treated me to dinner. Me invitaron a cenar. | I treated him to some ice cream. Le compré un helado. **4** to treat yourself to sth darse el gusto de (hacer) algo **5** tratar [el metal, la madera, etc.]
■ s **1** gusto que se le da a alguien haciéndole un regalo, llevándolo a algún lugar, etc.: He took me to

a concert as a special treat. Me llevó a un concierto para darme un gusto. **2** (this is) my treat invito yo **3** placer

treatment /'tritmənt/ s **1** tratamiento **2** trato

treaty /'triti/ s (pl -ties) tratado

treble /'trebəl/ sustantivo & verbo
■ s **1** (el) triple **2** agudos **3** soprano
■ v **1** [tr] triplicar **2** [intr] triplicarse

tree /tri/ s árbol ▶ tree también forma parte del nombre de muchos tipos de árbol, como apple tree (manzano) o pine tree (pino). Éstos aparecen en el diccionario bajo apple, pine etc.

trek /trek/ verbo & sustantivo
■ v [intr] (-kked, -kking) **1** caminar **2** to go trekking ir de caminata
■ s caminata

tremble /'trembəl/ v [intr] temblar | to tremble with anger/cold etc. temblar de rabia/frío etc.

tremendous /trɪ'mendəs/ adj **1** tremendo -a [ruido, pelea, esfuerzo, etc.] | a tremendous amount muchísimo **2** formidable

tremendously /trɪ'mendəsli/ adv muchísimo, tremendamente

tremor /'tremər/ s temblor [de tierra]

trench /trentʃ/ s (pl trenches) **1** zanja, surco **2** trinchera

trend /trend/ s **1** tendencia | trend in/toward sth tendencia en/hacia algo **2** moda | to set the trend marcar tendencias

trendy /'trendi/ adj (-dier, -diest) de moda, bien/ muy acá

trespass /'trespæs/ v [intr] (3ª pers sing -sses) entrar sin permiso a una propiedad privada

trespasser /'trespæsər/ s intruso -a [que entra sin permiso a una propiedad privada]

trial /'traɪəl/ s **1** juicio | to be on trial (for sth) estar siendo juzgado -a (por algo) **2** prueba: clinical trials pruebas clínicas | to take sth on trial llevar/comprar algo a prueba | to do sth by trial and error hacer algo por prueba y error **3** trial period período de prueba

triangle /'traɪæŋgəl/ s triángulo

tribe /traɪb/ s tribu

tribute /'trɪbjut/ s tributo, homenaje | to pay tribute to sb rendirle tributo/homenaje a alguien

trick /trɪk/ sustantivo & verbo
■ s **1** trampa, ardid | a dirty/mean trick una mala pasada **2** broma | to play a trick on sb hacerle una broma a alguien **3** secreto: The trick is to bend your knees as you catch the ball. El secreto está en doblar las rodillas al cachar la pelota. **4** a drop of oil/a dab of glue etc. should do the trick con una gota de aceite/un poco de pegamento etc. se arregla **5** the tricks of the trade los trucos del oficio **6** (en magia, prestidigitación) truco **7** to use every trick in the book usar todas las artimañas habidas y por haber

■ *v* [tr] engañar | **to trick sb into doing sth** engañar a alguien para que haga algo | **to trick sb out of sth** birlarle algo a alguien

trickle /'trɪkəl/ *verbo & sustantivo*
■ *v* [intr] **1** gotear, caer [poco a poco] **2** **to trickle in/out** entrar/salir poco a poco
■ *s* **1** hilito [de agua, sangre, etc.] **2** **a trickle of customers/visitors** etc. algún que otro cliente/visitante etc.

'trick ,question *s* pregunta capciosa

tricky /'trɪki/ *adj* (-ckier, -ckiest) **1** complicado -a, difícil [decisión, problema] **2** delicado -a [situación]

tried /traɪd/ *pasado & participio de* **try**

trifle /'traɪfəl/ *s* **1** **a trifle nervous/angry** etc. (formal) ligeramente nervioso -a/enojado -a etc. **2** postre inglés a base de bizcocho, crema, gelatina y frutas **3** (algo sin importancia) tontería

trigger /'trɪɡər/ *sustantivo & verbo*
■ *s* gatillo
■ *v* [tr] (también **trigger off**) desencadenar [un acontecimiento], traer [un recuerdo]

trillion /'trɪljən/ *número* **1** billón ▶ En inglés a **billion** no es un billón sino mil millones: *a trillion dollars* un billón de dólares ▶ Cuando **trillion** se usa como numeral, su plural es invariable: *six trillion dollars* seis billones de dólares **2** **trillions of** (informal) infinidad de

trim /trɪm/ *verbo & sustantivo*
■ *v* [tr] (-mmed, -mming) **1** recortar [el pelo, la barba, etc.] **2** recortar [el presupuesto, el personal]
■ *s* **1** recorte: *My hair needs a trim.* Tengo que recortarme el pelo./Tengo que cortarme las puntas. **2** elemento decorativo como el ribete de una prenda o un cojín, el tapizado de un coche, etc.

trimming /'trɪmɪŋ/ *sustantivo & sustantivo plural*
■ *s* ribetes
■ **trimmings** *s pl* guarnición [en un plato]

trip /trɪp/ *sustantivo & verbo*
■ *s* viaje | **a business/road trip** un viaje de negocios/por carretera | **to go on a trip** irse de viaje ▶ ¿TRIP, JOURNEY, TRAVEL O VOYAGE? ver nota en **viaje**
■ *v* (-pped, -pping) **1** [intr] tropezarse | **to trip on/over sth** tropezarse con algo **2** [tr] ponerle una zancadilla a
trip up 1 tropezarse **2** equivocarse **trip sb up 1** ponerle una zancadilla a alguien **2** hacer que alguien se equivoque

triple /'trɪpəl/ *adjetivo, sustantivo & verbo*
■ *adj* triple
■ *s* (en beisbol) triplete
■ *v* **1** [tr] triplicar **2** [intr] triplicarse

triplet /'trɪplət/ *s* trillizo -a

triumph /'traɪəmf/ *sustantivo & verbo*
■ *s* triunfo: *a brave woman's triumph over adversity* el triunfo de una mujer valiente sobre la adversidad
■ *v* [intr] triunfar | **to triumph over sth/sb** triunfar sobre algo/alguien

trod /trɑd/ *pasado de* **tread**

trodden /'trɑdn/ *participio de* **tread**

trolley /'trɑli/ *s* **1** (también **trolley car**) AmE tranvía **2** BrE carrito [de supermercado, para equipaje] ▶ En inglés americano se usa **cart**

trombone /trɑm'boʊn/ *s* trombón

troop /trup/ *verbo & sustantivo plural*
■ *v* **to troop in/out** entrar/salir en tropel | **to troop into/out of somewhere** entrar en tropel a algún lugar/salir en tropel de algún lugar
■ **troops** *s pl* tropas

trophy /'troʊfi/ *s* (pl -phies) trofeo

tropical /'trɑpɪkəl/ *adj* tropical

tropics /'trɑpɪks/ *s pl* **the tropics** el trópico

trot /trɑt/ *verbo & sustantivo*
■ *v* [intr] (-tted, -tting) **1** trotar **2** **to trot down to the pharmacy/the bakery** etc. ir corriendo a la farmacia/la panadería etc.
■ *s* trote

trouble /'trʌbəl/ *sustantivo, sustantivo plural & verbo*
■ *s* **1** problema(s): *What's the trouble?* ¿Cuál es el problema?/¿Qué pasa? | *We're having trouble with the air conditioning.* Tenemos problemas con el aire acondicionado. | **to have trouble doing sth** tener problemas para hacer algo | **the trouble with** lo que pasa con: *The trouble with Pete is that he doesn't listen.* Lo que pasa con Pete es que no escucha. | **the trouble is** el problema es: *The trouble is, I don't have any money.* El problema es que no tengo dinero. **2** problemas [de salud]: *stomach/heart trouble* problemas de estómago/corazón **3** molestia: *It's no trouble.* No es ninguna molestia. | **to go to a lot of trouble over sth/to do sth** tomarse muchas molestias con algo/para hacer algo **4** disturbios, líos **5** **to be in trouble (with sb)** tener problemas (con alguien): *She's always in trouble at school.* Siempre tiene problemas en la escuela. | **to get into trouble** meterse en un lío/en líos: *I'll get into trouble if I'm late.* Me voy a meter en un lío si llego tarde. | **to be asking for trouble** (informal) buscársela: *You're asking for trouble if you leave the car unlocked.* Te la estás buscando si no cierras el coche con llave.
■ **troubles** *s pl* problemas [económicos, sentimentales]
■ *v* [tr] **1** preocupar **2** (formal) molestar: *I'm sorry to trouble you.* Lamento molestarte.

troubled /'trʌbld/ *adj* **1** difícil [época, tiempo, etc.] **2** plagado -a de problemas [economía, zona, etc.] **3** preocupado -a, afligido -a

troublemaker /'trʌbəlmeɪkər/ *s* alborotador -a

troublesome /'trʌbəlsəm/ *adj* **1** molesto -a **2** problemático -a, conflictivo -a

trough /trɔf/ *s* **1** bebedero **2** comedero

trousers /'trauzərz/ *s pl* BrE pantalones
► En inglés americano se usa **pants**

trout /traut/ *s* (pl **trout**) trucha

trowel /'trauəl/ *s* **1** pala [chica, para jardinería] **2** cuchara [de albañil]

truant /'truənt/ *adjetivo & sustantivo*
■ *adj* **to be truant** AmE faltar a la escuela [sin permiso]
■ *s* **1** alumno que falta a la escuela sin permiso **2** **to play truant** BrE faltar a la escuela, irse de pinta

truce /trus/ *s* tregua

truck /trʌk/ AmE *s* camión [de carga]

trudge /trʌdʒ/ *v* [intr] caminar, avanzar [pesadamente o con dificultad]

true /tru/ *adj* **1** (basado en hechos) real, verdadero -a: *a true story* una historia real | **to be true (that)** ser cierto (que): *Is it true you're leaving?* ¿Es cierto que te vas? | **to come true** hacerse realidad: *It's like a dream come true.* Es como un sueño hecho realidad. **2** (genuino) verdadero -a: *true love* amor verdadero | *the true value of the necklace* el valor real del collar **3** **to remain true to sth/sb** mantenerse fiel a algo/alguien

truly /'truli/ *adv* **1** verdaderamente: *a truly wonderful performance* una actuación verdaderamente maravillosa **2** de veras, de verdad: *I'm truly sorry.* Lo siento de veras./Lo siento de verdad. ► ver también **well, yours**

trumpet /'trʌmpɪt/ *s* trompeta

truncheon /'trʌnʃən/ *s* macana, cachiporra [de un policía]

trunk /trʌŋk/ *sustantivo & sustantivo plural*
■ *s* **1** tronco **2** AmE cajuela [de un coche] **3** trompa [de un elefante] **4** baúl [para guardar cosas]
■ **trunks** *s pl* traje de baño [de varón]

trust /trʌst/ *sustantivo & verbo*
■ *s* **1** confianza: *a position of trust* un cargo de confianza | **trust in sth/sb** confianza en algo/alguien | **to hold sth in trust** mantener algo en fideicomiso
■ *v* **1** [tr] confiar en: *I trust her completely.* Confío plenamente en ella. | **to trust sb to do sth** confiar en que alguien va a hacer algo: *I trusted you not to tell anyone.* Confié en que no se lo ibas a decir a nadie. **2** **to trust sb with sth** confiarle algo a alguien: *Hundreds of people trusted him with their money.* Cientos de personas le confiaron su dinero. **3** **I trust (that) you are well/you will forgive me etc.** (formal) espero que esté bien/que me perdone etc.
trust to sth confiar en algo: *We'll have to trust to luck.* Tendremos que confiar en la suerte.

trusted /'trʌstɪd/ *adj* de confianza

trustee /trʌ'sti/ *s* fideicomisario -a

trustworthy /'trʌstwɜrði/ *adj* confiable

truth /truθ/ *s* verdad: *We never found out the truth.* Nunca descubrimos la verdad. | **to tell the truth** decir la verdad: *You must tell me the truth.* Tienes que decirme la verdad. | **to tell you the truth** la verdad es que: *To tell you the truth, I don't like her.* La verdad es que no me gusta.

truthful /'truθfəl/ *adj* **1** sincero -a **2** veraz

try /traɪ/ *verbo & sustantivo*
■ *v* (3ª pers sing **tries**, pasado & participio **tried**)
1 **to try to do sth** tratar de hacer algo: *He's only trying to help.* Sólo está tratando de ayudar.
► Además de **try** se puede decir **try and**, que es un poco más coloquial: *Try to be a little more polite./Try and be a little more polite.* Trata de ser un poquito más cortés. | **to try not to do sth** tratar de no hacer algo: *I tried not to laugh.* Traté de no reírme.
2 [intr] esforzarse: *I'm not very good at French, but at least I try.* No soy muy bueno para el francés, pero al menos me esfuerzo. | **to try hard** esforzarse mucho
3 **to try sth** tratar de hacer algo: *He tried a double somersault.* Trató de hacer un doble salto mortal.
4 [tr] (experimentar) probar: *I've tried all kinds of diets but nothing works.* Probé todo tipo de dietas pero nada funciona.
5 [tr] (degustar) probar: *Try some of this cake.* Prueba un poco de este pastel.
6 **to try the door/window etc.** tratar de abrir la puerta/la ventana etc.
7 [tr] juzgar: *He is being tried for murder.* Lo están juzgando por asesinato.
try sth on probarse algo: *Can I try this shirt on please?* ¿Podría probarme esta camisa?
try sth out probar algo, poner a prueba algo
■ *s* (pl **tries**) **1** intento | **to have a try** hacer un intento | **it was/it's worth a try** valió/vale la pena intentarlo
2 **to give sth a try** **(a)** hacer el intento (de algo), intentar algo: *I don't know if I can persuade her but I'll give it a try.* No sé si podré convencerla pero haré el intento. **(b)** probar algo, ver qué tal es algo: *Let's give that new restaurant a try.* Probemos ese restaurante nuevo.
3 (en rugby) try, anotación [en tierra]

trying /'traɪ-ɪŋ/ *adj* difícil

T-shirt /'ti ʃɜrt/ *s* playera, camiseta

tub /tʌb/ *s* **1** AmE tina **2** maceta **3** bote: *a tub of margarine* un bote de margarina

tube /tub/ *s* **1** (cilindro) tubo **2** (envase) tubo **3** **the tube** **(a)** AmE la tele **(b)** BrE el metro
► En inglés americano se usa **the subway**

tuck /tʌk/ *v* **1** **to tuck sth behind/under sth** poner algo atrás/abajo de algo, meter algo atrás/abajo de algo **2** **to tuck sth into sth** meter algo en algo: *Tuck your shirt into your pants!* ¡Métete la camisa en el pantalón! **3** **to tuck sth around sth** envolver algo con algo: *I tucked the blanket* *around her legs.* Le envolví las piernas con la cobija.

tuck sth away **1 (to be) tucked away** (estar) escondido -a [difícil de encontrar]: *I found the key tucked away at the back of the cupboard.* Encontré la llave escondida en el fondo del armario. **2** (informal) ahorrar, guardar [dinero]

tuck in (informal) **tuck in!** ¡al ataque! [empiecen a comer] **tuck sth in** meter algo adentro: *Tuck your shirt in.* Fájate la camisa. **tuck sb in**, también **tuck sb up** arropar a alguien

tuck into sth (informal) atacar algo [comida]

Tuesday /'tuzdi, -deɪ/ s martes ▶ ver "Active Box" **days of the week** en **day**

tuft /tʌft/ s **1** (de pelo) mechón **2** (de hierba) manojo

tug /tʌg/ *verbo & sustantivo*
- *v* [tr/intr] (**-gged**, **-gging**) jalar (de) | **to tug at sth** jalar (de)
- *s* **1** jalón | **to give sth a tug** darle un jalón a algo **2** (también **tugboat**) remolcador

tuition /tu'ɪʃən/ s **1** BrE clases [individuales o para pocas personas]: *private tuition* clases particulares **2** (también **tuition fees** BrE) cuota, colegiatura

tulip /'tulɪp/ s tulipán

tumble /'tʌmbəl/ *verbo & sustantivo*
- *v* [intr] **1** caerse: *I tumbled backward.* Me caí para atrás. **2** caer [precios]
- **tumble down** venirse abajo
- *s* caída

tummy /'tʌmi/ s (pl **-mmies**) (informal) barriga, pancita | **tummy ache** dolor de barriga

tumor AmE, **tumour** BrE /'tumər/ s tumor

tuna /'tunə/ s (pl tuna) (también **tuna fish**) atún

tune /tun/ *sustantivo & verbo*
- *s* **1** tonada, melodía **2 in tune** afinado -a | **out of tune** desafinado -a
- *v* [tr] **1** afinar [un instrumento musical] **2** afinar [un motor] **3 to tune to a station** sintonizar una estación de radio | **stay tuned!** manténgase en nuestra sintonía!

tune in sintonizar un canal de televisión o una estación de radio

tune up afinar

tunnel /'tʌnl/ *sustantivo & verbo*
- *s* túnel
- *v* (**-led**, **-ling** AmE, **-lled**, **-lling** BrE) **to tunnel under/through sth** hacer un túnel bajo/a través de algo

turban /'tɜrbən/ s turbante

turbulence /'tɜrbjələns/ s **1** turbulencia **2** agitación

turbulent /'tɜrbjələnt/ *adj* **1** turbulento -a **2** agitado -a [carrera, período, etc.]

turf /tɜrf/ s **1** césped **2** AmE territorio [de una pandilla]

Turk /tɜrk/ s turco -a

Turkey /'tɜrki/ s Turquía

turkey /'tɜrki/ s **1** guajolote **2** pavo

Turkish /'tɜrkɪʃ/ *adjetivo & sustantivo*
- *adj* turco -a
- *s* (idioma) turco

turkey

turmoil /'tɜrmɔɪl/ s agitación | **to be in turmoil** ser un caos

turn /tɜrn/ *verbo & sustantivo*
- *v* **1** [intr] voltearse: *She turned to speak to me.* Se volteó para hablarme. | **to turn away** darse la vuelta: *I turned away so she couldn't see my face.* Me di la vuelta para que no me viera la cara.
2 [tr] voltear: *The dog turned his head toward the sound.* El perro volteó la cabeza hacia el lugar de donde venía el sonido.
3 [intr] torcer: *The river turns east after a few miles.* El río tuerce hacia el este después de unas pocas millas.
4 [tr] hacer girar: *He turned the key in the lock.* Hizo girar la llave en la cerradura.
5 [intr] girar: *The wheels slowly began to turn.* Lentamente las ruedas comenzaron a girar.
6 [intr] ponerse, volverse: *The weather had turned cold.* El tiempo se había puesto frío. | **to turn into sth** convertirse en algo
7 [tr] volver: *It turned the water red.* Volvió el agua roja./Hizo que el agua se pusiera roja. | **to turn sth/sb into sth** transformar algo/a alguien en algo, convertir algo/a alguien en algo
8 to turn the page pasar la página
9 to turn left/right dar vuelta a la izquierda/derecha, voltear a la izquierda/derecha: *Turn left at the next intersection.* Dé vuelta a la izquierda en el próximo crucero. | **to turn off (the road/the freeway etc.)** salir (de la carretera/la autopista etc.)
10 to turn thirty/forty etc. cumplir treinta/cuarenta etc.: *He turned forty last week.* Cumplió cuarenta la semana pasada.
11 to turn sth inside out voltear algo (al revés): *Turn the sweater inside out to iron it.* Voltea el suéter del revés para plancharlo.
12 to turn sth upside down **(a)** poner algo boca abajo **(b)** revolver algo [buscando otra cosa]

PHRASAL VERBS

turn against sb ponerse en contra de alguien **turn sb against sb** poner a alguien en contra de alguien

turn around voltearse: *I just turned around and walked out.* Simplemente me volteé y me fui. **turn sth around**, también **turn sth round** **1** voltear algo: *Turn the card around so we can all see it.* Voltea la carta para que todos la veamos. **2 to turn a company around** sanear una empresa

turn sb away **1** no dejar entrar a alguien: *They turned away anyone who wasn't well dressed.* No dejaban entrar a nadie que no estuviera bien vestido. **2** negarle ayuda a alguien

---

i ¿Se dice *on the table* o *in the table*? Mira la entrada **en**.

turn back volver: *It was getting dark, so we decided to turn back.* Estaba oscureciendo así que decidimos volver.

turn sth down **1** bajarle (el volumen) a algo: *Can you turn the TV down, please?* ¿Puedes bajarle a la tele, por favor? **2** rechazar algo: *She turned down several job offers.* Rechazó varias ofertas de trabajo. **turn sb down** rechazar a alguien

turn sth in entregar algo [un trabajo]

turn sth off **1** apagar algo: *I turned off the lights and went to bed.* Apagué las luces y me metí a la cama. **2** cerrar algo [una llave de agua] **3** cortar algo: *We'll have to turn the electricity off for a couple of hours.* Vamos a tener que cortar la electricidad por un par de horas. **turn sb off** (informal) hacerle perder el interés a alguien, sacarle las ganas a alguien

turn sth on **1** prender algo [la luz, el radio, el motor] **2** abrir algo [una llave de agua] **3** conectar algo [la electricidad, el gas] **turn on sb** atacar a alguien **turn sb on** (informal) excitar a alguien

turn out **1** salir: *Everything will turn out fine.* Todo saldrá bien. **2** **it turned out that** resultó que: *It turned out that he was her cousin.* Resultó que él era su primo. **3** presentarse, asistir **turn sth out** to turn the light out apagar la luz **turn sb out** correr a alguien [para que se vaya]

turn over voltearse: *He turned over and went to sleep.* Se volteó y se durmió. **turn sth over** voltear algo: *Turn the steaks over.* Voltea los filetes. **turn round** BrE ▶ ver **turn around turn sth round** BrE ▶ ver **turn sth around**

turn to sth **1** recurrir a algo **2** **to turn to page 15/100 etc.** ir a la página 15/100 etc. **turn to sb** recurrir a alguien

turn up **1** aparecer: *Don't worry, it's bound to turn up somewhere.* No te preocupes, seguro que aparece por algún lado. **2** llegar: *Steve turned up late as usual.* Steve llegó tarde como de costumbre. **turn sth up** subirle (el volumen) a algo: *Can you turn the TV up?* ¿Puedes subirle a la tele?

■ **s** **1** turno | **it's my/his etc. turn** me toca a mí/le toca a él etc.: *Whose turn is it?* ¿A quién le toca? | *It's your turn to drive.* Te toca manejar a ti. | **to take it in turns/to take turns** turnarse **2** **in turn** uno por uno **3** calle [donde hay que voltear]: *It's the second turn on the left.* Es la segunda (calle) a la izquierda. | *We missed the turn.* Nos pasamos (de donde teníamos que dar vuelta). | **to make a left/right turn** dar vuelta a la izquierda/derecha **4** vuelta: *Give it another turn.* Dale otra vuelta. **5** **at the turn of the century** al final del siglo **6** **turn of events** giro [de los acontecimientos] **7** **turn of phrase** manera de expresarse **8** **to do sb a good turn** hacerle un favor a alguien **9** **to take a turn for the better/worse** mejorar/empeorar

turning /'tɜrnɪŋ/ *s* BrE ▶ ver **turn 3**

turning point *s* momento decisivo

turnip /'tɜrnɪp/ *s* nabo

turnout /'tɜrnaʊt/ *s* **1** número de asistentes **2** participación [en una elección]

turnover /'tɜrnoʊvər/ *s* **1** facturación, volumen de ventas **2** movimiento [de mercaderías, de personal] **3** tipo de empanada **4** pérdida de posesión (del balón)

turn ,signal *s* AmE direccional

turntable /'tɜrnteɪbəl/ *s* tornamesa

turquoise /'tɜrkwɔɪz/ *sustantivo & adjetivo*
■ **s** **1** azul turquesa ▶ ver "Active Box" **colors** en **color** **2** turquesa
■ **adj** azul turquesa ▶ ver "Active Box" **colors** en **color**

turret /'tɜrət/ *s* **1** torre [pequeña] **2** torreta [de un tanque]

turtle /'tɜrtl/ *s* tortuga

turtleneck /'tɜrtl,nek/ *s* AmE suéter de cuello de tortuga, suéter de cuello alto/volcado

tusk /tʌsk/ *s* colmillo [de un elefante]

tutor /'tutər/ *s* **1** profesor -a particular **2** profesor que guía y supervisa a un alumno universitario

tutorial /tu'tɔriəl/ *s* en la universidad, reunión de un alumno o un pequeño grupo de alumnos con un profesor que actúa como guía

tuxedo /tʌk'sidoʊ/ *s* AmE smoking

TV /ti 'vi/ *s* **1** (también **TV set**) televisor **2** tele, televisión: *We were watching TV when he phoned.* Estábamos mirando la tele cuando llamó. | *What's on TV tonight?* ¿Qué pasan hoy en la tele? **3** **TV program** programa de televisión **TV series** serie de televisión

tweezers /'twizərz/ *s pl* pinza [de depilar, etc.]

twelfth /twelfθ/ *número* **1** duodécimo -a **2** doce **3** doceavo, doceava parte

twelve /twelv/ *número* doce

twentieth /'twentiəθ/ *número* **1** vigésimo -a **2** veinte **3** veinteavo, veinteava parte

twenty /'twenti/ *number & sustantivo*
■ *número* **1** veinte **2** **the twenties** los (años) veinte **3** **to be in your twenties** tener veintipico, tener veintitantos años
■ *s* AmE billete de veinte

twice /twaɪs/ *adv* dos veces | **twice a day/week** dos veces al día/a la semana | **twice as much/many** el doble: *She earns twice as much as me.* Gana el doble que yo. | **twice as big/long etc.** el doble de grande/largo -a etc.

twiddle /'twɪdl/ *v* **1** [tr] girar [un dial, una perilla] **2** **to twiddle with sth** juguetear con algo

twig /twɪg/ *s* ramita

twilight /'twaɪlaɪt/ *s* crepúsculo

twin /twɪn/ *sustantivo & adjetivo*
■ *s* **1** cuate -ta, gemelo -a **2** **twin beds** camas gemelas **twin brother/sister** hermano

mellizo/hermana melliza **twin room** habitación con camas gemelas

■ *adj* gemelo -a, cuate -a

twinge /twɪndʒ/ *s* **1** jalón, punzada **2 I felt a twinge of guilt/regret etc.** por un momento me sentí culpable/arrepentida etc.

twinkle /'twɪŋkəl/ *verbo & sustantivo*

■ *v* [intr] **1** titilar **2** brillar

■ *s* **a twinkle in sb's eye** un brillo pícaro en la mirada de alguien

twirl /twɜrl/ *v* **1** [intr] girar, dar vueltas **2** [tr] hacer girar, hacer dar vueltas

twist /twɪst/ *verbo & sustantivo*

■ *v* **1** [intr] retorcerse, enrollarse **2** [tr] retorcer, enrollar **3 to twist your ankle** torcerse el tobillo **4 to twist the top/cap etc. off** desenroscar el tapón/la tapa etc. **5** [intr] serpentear **6** [tr] tergiversar

■ *s* **1** vuelta, giro **2** recodo [de un río, un camino] **3** giro [de los acontecimientos, etc.] **4 a twist of lemon** una cascarita de limón

twisted /'twɪstɪd/ *adj* **1** (doblado) retorcido -a **2** (tortuoso) retorcido -a

twitch /twɪtʃ/ *verbo & sustantivo*

■ *v* (3ª pers sing -ches) **1** [intr] temblar **2** [tr] mover [la cola, las orejas, etc.]

■ *s* (pl -ches) tic: *a nervous twitch* un tic nervioso

two /tu/ *número* **1** dos **2 in two** en dos: *I broke it in two.* Lo partí en dos. **3 to put two and two together** atar cabos

two-'faced *adj* falso -a [persona]

two-'way *adj* **two-way traffic/street** tránsito/calle de doble sentido | **a two-way mirror** vidrio con apariencia de espejo, que permite ver desde el otro lado | **a two-way radio** un aparato emisor y receptor de radio

tycoon /taɪ'kun/ *s* magnate

tying /'taɪ-ɪŋ/ gerundio de **tie**

type /taɪp/ *sustantivo & verbo*

■ *s* **1** (clase) tipo: *You need a special type of paper.* Necesitas un tipo especial de papel. **2** (de persona) tipo: *He's not my type.* No es mi tipo.

■ *v* [tr/intr] escribir a máquina, tipear

typewriter /'taɪpraɪtər/ *s* máquina de escribir

typhoid /'taɪfɔɪd/ *s* (fiebre) tifoidea

typical /'tɪpɪkəl/ *adj* típico: *a typical middle-class family* una típica familia de clase media | *It's typical of him to lose his temper.* Es típico de él perder los estribos.

typically /'tɪpɪkli/ *adv* **1** típicamente **2** generalmente

typing /'taɪpɪŋ/ *s* **1** acción de escribir a máquina **2** mecanografía

typist /'taɪpɪst/ *s* mecanógrafo -a

tyranny /'tɪrəni/ *s* (pl -nnies) tiranía

tyrant /'taɪrənt/ *s* tirano -a

tyre BrE ▶ ver **tire²**

U, u /ju/ s U, u ► ver "Active Box" **letters** en **letter**

UFO /'jufou, ju ef 'ou/ s (= **unidentified flying object**) OVNI

ugh! /ug, ʌk/ *interj* ¡puaj!

ugly /'ʌgli/ *adj* (**-lier, -liest**) **1** feo -a **2** muy desagradable

UK /ju 'keɪ/ s (= **United Kingdom**) Reino Unido ► ver recuadro en **United Kingdom**

ulcer /'ʌlsər/ s **1** úlcera **2** llaga [en la boca]

ultimate /'ʌltəmət/ *adjetivo & sustantivo*
■ *adj* **1** final [objetivo, responsabilidad] **2 the ultimate insult/disgrace** el peor de los insultos/la peor de las vergüenzas | **the ultimate challenge/ sacrifice** el mayor de los desafíos/sacrificios
■ *s* **the ultimate in sth** la última palabra en algo

ultimately /'ʌltəmətli/ *adv* en última instancia, a la larga

umbrella /ʌm'brelə/ s **1** paraguas **2** (también **beach umbrella**) sombrilla

umpire /'ʌmpaɪr/ s árbitro [en tenis, beisbol]

unable /ʌn'eɪbəl/ *adj* to be unable to do sth no poder hacer algo, ser incapaz de hacer algo: *Many people were unable to escape from the building.* Mucha gente no pudo escapar del edificio.

umbrella

unacceptable /ʌnək'septəbəl/ *adj* inaceptable, inadmisible

unaffected /ʌnə'fektɪd/ *adj* **1 unaffected by sth** no afectado -a por algo **2** natural [persona, actitud]

unaided /ʌn'eɪdɪd/ *adv* sin ayuda

unambiguous /ʌnæm'bɪgjuəs/ *adj* inequívoco -a

unanimous /ju'nænəməs/ *adj* **1** unánime **2 to be unanimous in supporting/rejecting etc. sth** apoyar/rechazar algo etc. de forma unánime | **to be unanimous in one's condemnation of sth/opposition to sth etc.** condenar/oponerse a algo etc. de forma unánime

unarmed /ʌn'ɑrmd/ *adj* desarmado -a [sin armas]

unattended /ʌnə'tendɪd/ *adj* no vigilado -a, solo -a

unattractive /ʌnə'træktɪv/ *adj* poco atractivo -a

unavailable /ʌnə'veɪləbəl/ *adj* **1 to be unavailable** no conseguirse, no estar disponible [artículo, producto] **2 he is/they are etc. unavailable** no puede/no pueden etc. atenderlo

unavoidable /ʌnə'vɔɪdəbəl/ *adj* inevitable

unaware /ʌnə'wer/ *adj* **to be unaware of sth** no ser/estar consciente de algo | **to be unaware that** no ser consciente de que, no saber que

unbearable /ʌn'berəbəl/ *adj* insoportable

unbeatable /ʌn'bitəbəl/ *adj* **1** insuperable [calidad, precio] **2** invencible [equipo, deportista]

unbeaten /ʌn'bitn/ *adj* invicto -a

unbelievable /ʌnbɪ'livəbəl/ *adj* increíble

unbroken /ʌn'broukən/ *adj* **1** ininterrumpido -a: *25 years of unbroken peace* 25 años de paz ininterrumpida **2** no superado -a [récord]

uncanny /ʌn'kæni/ *adj* (**-nnier, -nniest**) extraordinario -a, asombroso -a

uncertain /ʌn'sɜrtn/ *adj* **1** poco seguro -a | **to be uncertain about sth** no estar seguro -a de algo **2** incierto -a: *an uncertain future* un futuro incierto

uncertainty /ʌn'sɜrtnti/ s (pl **-ties**) **1** inseguridad **2** incertidumbre

unchanged /ʌn'tʃeɪndʒd/ *adj* **to be/remain unchanged** seguir siendo el mismo/la misma etc.: *My feelings are unchanged.* Mis sentimientos siguen siendo los mismos.

uncle /'ʌŋkəl/ s tío

unclear /ʌn'klɪr/ *adj* **1** poco claro -a [explicación, texto] **2 to be unclear about sth** no tener claro algo: *I am unclear about what happened.* No tengo claro qué sucedió.

uncomfortable /ʌn'kʌmftərbəl/ *adj* **1** (no confortable) incómodo -a: *This chair is so uncomfortable!* ¡Esta silla es tan incómoda! **2** (tenso, embarazoso) incómodo -a: *an uncomfortable silence* un silencio incómodo | *I always feel uncomfortable with him.* Siempre me siento incómodo con él.

uncommon /ʌn'kɑmən/ *adj* raro -a, poco común

unconscious /ʌn'kɑnʃəs/ *adj* **1** (sin sentido) inconsciente: *She was found unconscious but alive.* La encontraron inconsciente pero viva. **2** inconsciente, involuntario -a [deseo, reacción] **3 to be unconscious of sth** no ser consciente de algo

uncover /ʌn'kʌvər/ v [tr] **1** descubrir, revelar [un plan, la verdad, etc.] **2** destapar [una olla]

undecided /ʌndɪ'saɪdɪd/ *adj* **1 to be undecided about sth** estar indeciso -a sobre algo **2** sin definición [torneo, elección, etc.]

undeniable /ʌndɪ'naɪəbəl/ *adj* innegable

under /'ʌndər/ *preposición & adverbio*
■ **prep** **1** debajo de, abajo de: *It's under the couch.* Está debajo del sofá. **2** menos de: *It took me just under four hours.* Me llevó poco menos de cuatro horas. **3 to be under pressure** estar sometido -a a presión **4 to be under discussion** estar a discusión, estarse discutiendo **5 to be under attack** ser objeto de ataques: *The town is under attack.* Están atacando la ciudad. **6** bajo: *under Communist rule* bajo el régimen comunista | *Everything is now under control.* Ahora todo está bajo control. **7 the under-fives/under-fifteens etc.** los menores de cinco/quince etc. años **8** a su mando: *She has a team of salespeople under her.* Tiene un equipo de vendedores a su mando. ▶ ver también **underway**
■ **adv** **1** menos: *Everything costs $5 or under.* Todo cuesta $5 o menos. | *children aged 12 and under* niños de 12 años para abajo **2** abajo, debajo

undercover /ʌndər'kʌvər/ *adj* encubierto -a

underdeveloped /ˌʌndərdɪ'veləpt/ *adj* subdesarrollado -a

underestimate /ʌndər'estəmeɪt/ *v* [tr] subestimar

undergo /ʌndər'goʊ/ *v* [tr] (pasado **underwent**, participio **undergone** /-'gɔn/) **1** experimentar, sufrir [un cambio, una transformación] **2 to undergo surgery** ser sometido -a a una intervención quirúrgica

undergraduate /ʌndər'grædʒuɪt/ *s* estudiante (universitario -a) [de grado]

underground¹ /'ʌndərgraʊnd/ *adjetivo & sustantivo*
■ **adj** **1** subterráneo -a **2** clandestino -a
■ **s the underground** **(a)** la resistencia **(b)** BrE el metro ▶ En inglés americano se usa **subway**

underground² /ʌndər'graʊnd/ *adv* **1** bajo tierra **2 to go underground** pasar a la clandestinidad

undergrowth /'ʌndərgroʊθ/ *s* maleza

underline /'ʌndərlaɪn/ *v* [tr] **1** subrayar **2** destacar

underlying /'ʌndərlaɪ-ɪŋ/ *adj* subyacente

undermine /'ʌndərmaɪn/ *v* [tr] minar, debilitar | **to undermine sb's authority** desautorizar a alguien

underneath /ʌndər'niθ/ *preposición, adverbio & sustantivo*
■ **prep** debajo de, abajo de: *I left the key underneath a rock.* Dejé la llave debajo de una piedra.
■ **adv** **1** abajo, debajo: *She was wearing a black jacket with a white shirt underneath.* Tenía puesto un saco negro con una camisa blanca abajo. **2** en el fondo: *She seems aggressive, but underneath she's very nice.* Parece agresiva pero en el fondo es muy simpática.
■ **s the underneath** la parte de abajo, la parte inferior

underpaid /ʌndər'peɪd/ *adj* mal pagado -a

underpants /'ʌndərpænts/ *s pl* **1** (de hombre) calzoncillos **2** AmE (de mujer) calzones, pantaletas

undershirt /'ʌndərʃɜrt/ *s* AmE camiseta [prenda interior]

underside /'ʌndərsaɪd/ *s* **the underside** la parte inferior, la parte de abajo

understand /ʌndər'stænd/ *v* (pasado & participio **understood**) **1** [tr/intr] entender, comprender: *I'm sorry, I don't understand.* Perdón, pero no entiendo. | *She doesn't understand English.* No entiende inglés. **2** [tr/intr] comprender: *My parents don't understand me.* Mis padres no me comprenden. **3** [tr] interpretar: *I understood it to mean that the flight had been canceled.* Yo lo interpreté como que habían cancelado el vuelo. **4** (formal) **to understand (that)** tener entendido que: *I understand you've recently moved here.* Tengo entendido que se acaban de mudar a esta zona.

understandable /ʌndər'stændəbəl/ *adj* comprensible

understandably /ʌndər'stændəbli/ *adv* como es/era de esperar, como es/era lógico: *She was understandably annoyed.* Estaba enojada, como era de esperar.

understanding /ʌndər'stændɪŋ/ *sustantivo & adjetivo*
■ **s** **1** acuerdo, arreglo: *I'm sure we can come to some understanding.* Seguro que podemos llegar a un acuerdo. **2** idea, comprensión: *our understanding of how the brain functions* nuestra idea de cómo funciona el cerebro **3** comprensión: *You could show a little understanding.* Podrías mostrar un poco de comprensión. **4 my/his etc. understanding of sth** mi/su etc. interpretación de algo
■ **adj** comprensivo -a

understatement /'ʌndərsteɪtmənt/ *s* Cuando algo se califica de **understatement** quiere decir que se queda corto en lo que expresa: *To say it was disappointing would be an understatement.* Decir que fue decepcionante sería quedarse corto.

understood /ʌndər'stʊd/ *pasado & participio de* **understand**

undertake /ʌndər'teɪk/ *v* [tr] (pasado **undertook**, participio **undertaken** /-'teɪkən/) (formal) **1** asumir [una responsabilidad] **2** emprender [una tarea] **3 to undertake to do sth** comprometerse a hacer algo

undertaker /'ʌndərteɪkər/ *s* **1** empleado o director de una empresa funeraria **2 the undertaker's** BrE la empresa/agencia funeraria

undertaking /'ʌndərteɪkɪŋ/ *s* **1** empresa [intento] **2** (formal) compromiso, promesa

undertook /ʌndər'tʊk/ *pasado de* **undertake**

underwater /ˌʌndərˈwɔtər/ *adjetivo & adverbio*
■ *adj* submarino -a
■ *adv* debajo del agua, por abajo del agua

underway, también **under way** /ˌʌndərˈweɪ/ *adj* **to be underway (a)** estar llevándose a cabo **(b)** estar en movimiento [tren, nave]

underwear /ˈʌndərwer/ *s* ropa interior

underwent /ˌʌndərˈwent/ pasado de **undergo**

undesirable /ˌʌndɪˈzaɪrəbəl/ *adj* **1** indeseable [persona, conducta] **2** no deseado -a [efecto, consecuencia]

undid /ʌnˈdɪd/ pasado de **undo**

undisturbed /ˌʌndɪˈstɜrbd/ *adj* **1** sin ser molestado -a **2** sin ser tocado -a

undo /ʌnˈdu/ *v* [tr] (pasado **undid**, participio **undone**) **1** deshacer [un paquete, un nudo] **2 to undo your buttons/your shirt etc.** desabrocharse los botones/la camisa etc. | **to undo your laces** desamarrarse las agujetas **3** reparar [un error, un daño] | **to undo sb's good work** estropear el buen trabajo de alguien

undone[1] /ʌnˈdʌn/ *adj* **1** desamarrado -a, deshecho -a, desabrochado -a | **to come undone** desamarrarse, deshacerse, desabrocharse **2 to leave sth undone** dejar algo sin hacer

undone[2] participio de **undo**

undoubted /ʌnˈdaʊtɪd/ *adj* indudable

undoubtedly /ʌnˈdaʊtɪdli/ *adv* sin duda, indudablemente

undress /ʌnˈdres/ *v* (3ª pers sing -sses) **1** [intr] desvestirse **2** [tr] desvestir

undressed /ʌnˈdrest/ *adj* desvestido -a | **to get undressed** desvestirse

undue /ʌnˈdu/ *adj* (formal) demasiado -a, excesivo -a

unduly /ʌnˈduli/ *adv* (formal) excesivamente, demasiado

unearth /ʌnˈɜrθ/ *v* [tr] **1** sacar a la luz **2** desenterrar

unease /ʌnˈiz/ *s* malestar, desazón

uneasy /ʌnˈizi/ *adj* (-sier, -siest) **1** inquieto -a, preocupado -a: *I'm uneasy about this whole affair.* Todo este asunto me tiene inquieto. **2 an uneasy silence** un silencio incómodo

unemployed /ˌʌnɪmˈplɔɪd/ *adj* desempleado -a: *She's been unemployed for six months.* Hace seis meses que está desempleada. | **the unemployed** los desempleados

unemployment /ˌʌnɪmˈplɔɪmənt/ *s* desempleo

unequal /ʌnˈikwəl/ *adj* desigual

uneven /ʌnˈivən/ *adj* **1** disparejo -a [superficie] **2** irregular [respiración, distribución]

uneventful /ˌʌnɪˈventfəl/ *adj* sin incidentes, tranquilo -a

unexpected /ˌʌnɪkˈspektɪd/ *adj* inesperado -a

unexpectedly /ˌʌnɪkˈspektɪdli/ *adv* inesperadamente, sorpresivamente

unfair /ʌnˈfer/ *adj* **1** injusto -a: *It's so unfair!* ¡No es justo! **2 to be unfair on sb** ser injusto -a con alguien **3 unfair competition** competencia desleal

unfaithful /ʌnˈfeɪθfəl/ *adj* infiel | **to be unfaithful to sb** serle infiel a alguien

unfamiliar /ˌʌnfəˈmɪljər/ *adj* **1** desconocido -a: *in unfamiliar surroundings* en un entorno desconocido **2 to be unfamiliar with sth** no conocer algo

unfashionable /ʌnˈfæʃənəbəl/ *adj* pasado -a de moda

unfasten /ʌnˈfæsən/ *v* [tr] desabrochar | **to unfasten your coat/pants etc.** desabrocharse el abrigo/los pantalones etc.

unfavorable AmE, **unfavourable** BrE /ʌnˈfeɪvərəbəl/ *adj* **1** desfavorable [situación, trato] **2** negativo -a, desfavorable [informe]

unfinished /ʌnˈfɪnɪʃt/ *adj* sin terminar, inconcluso -a

unfit /ʌnˈfɪt/ *adj* **1 to be unfit** no estar en forma **2 unfit for sth** no idóneo -a para algo, no apto -a para algo | **unfit to do sth** no idóneo -a para hacer algo, no apto -a para hacer algo

unfold /ʌnˈfoʊld/ *v* **1** [tr] desdoblar, desplegar **2** [intr] desarrollarse

unforeseen /ˌʌnfərˈsin/ *adj* imprevisto -a

unforgettable /ˌʌnfərˈgetəbəl/ *adj* inolvidable

unforgivable /ˌʌnfərˈgɪvəbəl/ *adj* imperdonable

unfortunate /ʌnˈfɔrtʃənət/ *adj* **1** desafortunado -a: *It was an unfortunate accident.* Fue un accidente desafortunado. | *I was unfortunate enough to live next door to him.* Tuve la mala suerte de ser su vecino. **2** lamentable **3** desacertado -a, inoportuno -a

unfortunately /ʌnˈfɔrtʃənətli/ *adv* lamentablemente, desafortunadamente

unfriendly /ʌnˈfrendli/ *adj* (-lier, -liest) antipático -a, poco amistoso -a | **to be unfriendly to/toward sb** ser antipático -a con alguien

ungrateful /ʌnˈgreɪtfəl/ *adj* desagradecido -a

unhappiness /ʌnˈhæpinəs/ *s* **1** tristeza **2** descontento, disconformidad

unhappy /ʌnˈhæpi/ *adj* (-ppier, -piest) **1** infeliz, desdichado -a: *an unhappy childhood* una niñez infeliz | *I'd never been so unhappy in my life.* Nunca en la vida me había sentido tan desdichada. **2** no contento -a: *She's unhappy in her job.* No está contenta con su trabajo. | **to be unhappy with/about sth** estar disconforme con algo, estar descontento -a con algo

unharmed /ʌnˈhɑrmd/ *adj* ileso -a

unhealthy /ʌnˈhelθi/ *adj* (-thier, -thiest) **1** poco saludable, insalubre: *a very unhealthy lifestyle* un estilo de vida muy poco saludable **2** enfermo -a, de mala salud **3** morboso -a, malsano -a

unheard-of /ʌnˈhɜrd ɑv/ adj insólito -a, sin precedentes

unhelpful /ʌnˈhelpfəl/ adj **1** poco servicial [personal] **2** que no ayuda [respuesta, sugerencia]

uniform /ˈjunəfɔrm/ sustantivo & adjetivo
■ **s 1** uniforme | **in uniform** de uniforme **2** AmE equipo [que lleva un jugador de futbol, rugby, etc.]
■ adj uniforme

unify /ˈjunəfaɪ/ v [tr] (3ª pers sing **-fies**, pasado & participio **-fied**) unificar

unimportant /ʌnɪmˈpɔrtnt/ adj sin importancia

uninhabited /ʌnɪnˈhæbɪtɪd/ adj deshabitado -a

unintentional /ʌnɪnˈtenʃənl/ adj involuntario -a, no deliberado -a

uninterested /ʌnˈɪntrəstɪd/ adj indiferente | **to be uninterested in sth/sb** no tener interés en algo/alguien

uninterrupted /ˌʌnɪntəˈrʌptɪd/ adj **1** ininterrumpido -a, sin interrupciones **2** **an uninterrupted view** una vista despejada

union /ˈjunjən/ s **1** (también **labor union** AmE) sindicato (de trabajadores) **2** unión [de países, estados]

Union 'Jack s **the Union Jack** la bandera del Reino Unido

unique /juˈnik/ adj **1** único -a **2** **to be unique to sth/sb** ser peculiar de algo/alguien, ser propio -a de algo/alguien

unison /ˈjunəsən/ s **1** **to say sth/speak/sing in unison** decir algo/hablar/cantar al unísono **2** **to act/work in unison** actuar/trabajar en forma conjunta

unit /ˈjunɪt/ s **1** unidad: *Turn to unit six in your textbooks.* Vayan a la unidad seis en el libro. **2** (departamento) unidad **3** (de medición) unidad **4** **kitchen/bathroom unit** módulo de cocina/baño

unite /juˈnaɪt/ v **1** [intr] unirse **2** [tr] unir **3** **to unite against sth/sb** unirse contra algo/alguien

united /juˈnaɪtɪd/ adj **1** unido -a **2** conjunto -a

U,nited 'Kingdom s **the United Kingdom** el Reino Unido

El nombre oficial del país es **the United Kingdom of Great Britain and Northern Ireland**. (**Great Britain** incluye a Inglaterra, Escocia y Gales, pero no a Irlanda del Norte.) En contextos menos formales, se suele usar **the UK** o incluso **Great Britain** o **Britain** para referirse al Reino Unido.

U,nited 'States s **the United States (of America)** los Estados Unidos (de América)

El nombre oficial del país es **the United States of America (USA)**. En contextos menos formales se usa **the US**, **the States** o **America**. Cuando **the United States (of America)** es el sujeto de la oración, el verbo va en singular:
The United States is opposed to the plan. Los Estados Unidos se oponen al plan.

unity /ˈjunəti/ s **1** unión **2** unidad

universal /junəˈvɜrsəl/ adj **1** (de todos por igual) general, universal **2** (del mundo entero) universal

universally /junəˈvɜrsəli/ adv mundialmente, universalmente

universe /ˈjunəvɜrs/ s **the universe** el universo

university /junəˈvɜrsəti/ s (pl **-ties**) universidad | **to go to university** BrE ir a la universidad

unjust /ʌnˈdʒʌst/ adj injusto -a

unkind /ʌnˈkaɪnd/ adj **1** poco amable: *It was very unkind of you to say that to her.* Fue muy poco amable de tu parte decirle eso. | **to be unkind to sb** tratar mal a alguien **2** desagradable, hiriente

unknown /ʌnˈnoʊn/ adj **1** desconocido -a [cantidad, destino, territorio] **2** desconocido -a [cantante, actor]

unleaded /ʌnˈledɪd/ adj sin plomo

unless /ʌnˈles/ conj **1** a menos que, si no: *He won't go to sleep unless you read him a story.* No se va a dormir a menos que le leas un cuento. **2** **unless I'm very much mistaken** si no me equivoco

unlike /ʌnˈlaɪk/ prep **1** a diferencia de: *Unlike his father, he had no musical talent.* A diferencia de su padre, no tenía talento para la música. **2** **to be unlike sth/sb** ser diferente de algo/alguien **3** **to be unlike sb to do sth** ser raro que alguien haga algo: *It's unlike Frank to forget my birthday.* Es raro que Frank se haya olvidado de mi cumpleaños.

unlikely /ʌnˈlaɪkli/ adj (**-lier, -liest**) **1** poco probable: *in the unlikely event of a fire* en el caso poco probable de que se produjera un incendio | *It's unlikely that he'll come.* Es difícil que venga. | *They're unlikely to agree.* Es muy poco probable que accedan. **2** increíble, inverosímil

unlimited /ʌnˈlɪmɪtɪd/ adj ilimitado -a

unload /ʌnˈloʊd/ v [tr/intr] descargar

unlock /ʌnˈlɑk/ v [tr] abrir [algo que estaba cerrado con llave]

unlucky /ʌnˈlʌki/ adj (**-ckier, -ckiest**) **1** desafortunado -a, sin suerte: *An unlucky defeat cost them the title.* Una derrota desafortunada les costó el título. | *It was unlucky for her that the boss walked in.* Tuvo la mala suerte de que entrara el jefe. **2** **to be unlucky** tener mala suerte: *He was so unlucky.* Tuvo tan mala suerte. **3** que trae mala suerte: *It's unlucky to walk under a ladder.* Pasar por debajo de una escalera trae mala suerte.

unmarried /ʌn'mærid/ *adj* soltero -a, no casado -a

unmistakable /ʌnmɪ'steɪkəbəl/ *adj* inconfundible

unnatural /ʌn'nætʃərəl/ *adj* **1** anormal **2** artificial, poco natural [color] **3** forzado -a

unnecessary /ʌn'nesəseri/ *adj* **1** innecesario -a **2** de más

unnoticed /ʌn'noʊtɪst/ *adj* **to go unnoticed** pasar desapercibido -a/inadvertido -a: *His absence had not gone unnoticed.* Su ausencia no había pasado desapercibida.

unofficial /ʌnə'fɪʃəl/ *adj* no oficial, extraoficial

unorthodox /ʌn'ɔrθədɑks/ *adj* poco ortodoxo -a

unpack /ʌn'pæk/ *v* **1** [tr] deshacer [una maleta] **2** [intr] desempacar

unpaid /ʌn'peɪd/ *adj* **1** pendiente: *a pile of unpaid bills* una pila de cuentas pendientes **2** no remunerado -a

unpleasant /ʌn'plezənt/ *adj* **1** desagradable [olor, efecto, sorpresa] **2** desagradable [persona, comentario]: *She was pretty unpleasant to me.* Estuvo bastante desagradable conmigo.

unplug /ʌn'plʌg/ *v* [tr] (-gged, -gging) desenchufar

unpopular /ʌn'pɑpjələr/ *adj* **1** poco popular, no querido -a **2 to be unpopular with sb** caerle mal a alguien

unprecedented /ʌn'presədentɪd/ *adj* sin precedentes

unpredictable /ʌnprɪ'dɪktəbəl/ *adj* imprevisible, impredecible

unqualified /ʌn'kwɑləfaɪd/ *adj* no calificado -a, no titulado -a

unravel /ʌn'rævəl/ *v* (-led, -ling AmE, -lled, -lling BrE) **1** [tr] deshacer, desenredar **2** [intr] deshacerse, deshilacharse **3** [tr] desentrañar [hechos, una historia]

unreal /ʌn'riəl/ *adj* **1** increíble, irreal **2** no real

unrealistic /ʌnriə'lɪstɪk/ *adj* poco realista

unreasonable /ʌn'rizənəbəl/ *adj* **1** poco razonable **2** excesivo -a

unrelated /ʌnrɪ'leɪtɪd/ *adj* **1** no relacionado -a | **to be unrelated to sth** no estar relacionado -a con algo **2** no emparentado -a

unreliable /ʌnrɪ'laɪəbəl/ *adj* **1** no confiable, poco confiable **2** irresponsable

unrest /ʌn'rest/ *s* descontento, malestar

unruly /ʌn'ruli/ *adj* **1** indisciplinado -a, revoltoso -a **2** rebelde [pelo]

unsafe /ʌn'seɪf/ *adj* **1** peligroso -a **2** inseguro -a [en peligro]

unsatisfactory /ʌn,sætɪs'fæktəri/ *adj* insatisfactorio -a

unscrew /ʌn'skru/ *v* [tr] **1** desenroscar **2** desatornillar

unscrupulous /ʌn'skrupjələs/ *adj* inescrupuloso -a

unseen /ʌn'sin/ *adjetivo & adverbio*
■ *adj* invisible, oculto -a
■ *adv* sin ser visto -a

unsettled /ʌn'setld/ *adj* **1** inestable [situación, lugar] **2** no resuelto -a **3 unsettled weather** tiempo inestable

unshaven /ʌn'ʃeɪvən/ *adj* sin rasurar

unskilled /ʌn'skɪld/ *adj* **1** no calificado -a [trabajador] **2** no especializado -a [trabajo]

unspoiled /ʌn'spɔɪld/, también **unspoilt** /ʌn'spɔɪlt/ *BrE adj* referido a un lugar: no estropeado por el desarrollo, la edificación, etc.

unstable /ʌn'steɪbəl/ *adj* **1** inestable [edificio, estructura] **2** inestable [situación, país] **3** (mentalmente) inestable

unsteady /ʌn'stedi/ *adj* (-dier, -diest) **1** inseguro -a [al caminar] **2** poco firme

unstuck /ʌn'stʌk/ *adj* **to come unstuck** despegarse

unsuccessful /ʌnsək'sesfəl/ *adj* **1 to be unsuccessful in sth** no tener éxito en algo: *The team was unsuccessful in its attempt to cross Antarctica.* El equipo no tuvo éxito en su intento de cruzar la Antártida. | **to be unsuccessful in doing sth** no lograr hacer algo **2** infructuoso -a [esfuerzo, intento]

unsuccessfully /ʌnsək'sesfəli/ *adv* sin éxito

unsuitable /ʌn'sutəbəl/ *adj* **1** inadecuado -a, inapropiado -a **2** poco idóneo -a

unsure /ʌn'ʃʊr/ *adj* **1** no seguro -a, poco seguro -a: *We were unsure which road to take.* No estábamos seguros de qué camino tomar. | **to be unsure about/of sth** no estar seguro -a de algo: *Is there anything you're unsure about?* ¿Hay algo de lo que no estés seguro? **2 to be unsure of yourself** sentirse inseguro -a, no tenerse confianza

unsympathetic /ʌnsɪmpə'θetɪk/ *adj* indiferente, poco comprensivo -a

unthinkable /ʌn'θɪŋkəbəl/ *adj* impensable

untidy /ʌn'taɪdi/ *adj* (-dier, -diest) desordenado -a

untie /ʌn'taɪ/ *v* [tr] (pasado & participio untied, gerundio untying) desamarrar

until /ən'tɪl/, también **till** /tɪl/ *preposición & conjunción*
■ *prep* **1** hasta: *She's on vacation until next Monday.* Está de vacaciones hasta el próximo lunes. **2** hasta llegar a: *Stay on this road until the traffic light.* Siga por esta calle hasta llegar al semáforo.
■ *conj* hasta que: *He kept practicing until he got it right.* Siguió practicando hasta que le salió bien.

ⓘ ¿Quieres más información sobre los **verbos modales**? Hay una explicación en el apartado de gramática.

untouched /ʌn'tʌtʃt/ *adj* **1** no afectado -a: *an area untouched by the war* una zona no afectada por la guerra **2** intacto -a **3** to leave your food/drink etc. untouched no probar la comida/ bebida etc.

untrue /ʌn'tru/ *adj* falso -a

unused¹ /ʌn'juzd/ *adj* sin usar

unused² /ʌn'just/ *adj* to be unused to sth/sb no estar acostumbrado -a a algo/alguien

unusual /ʌn'juʒuəl/ *adj* **1** raro -a [inusual] | it's unusual for sb to do sth es raro que alguien haga algo **2** original [regalo, diseño]

unusually /ʌn'juʒuəli/ *adv* excepcionalmente, inusitadamente

unveil /ʌn'veɪl/ *v* [tr] **1** revelar **2** descubrir [una placa, un monumento]

unwanted /ʌn'wʌntɪd/ *adj* **1** no deseado -a, indeseado -a: *an unwanted pregnancy* un embarazo no deseado **2** que no se necesita

unwelcome /ʌn'welkəm/ *adj* **1** no bienvenido -a: *They made me feel unwelcome.* Me hicieron sentir que no era bienvenida. **2** no deseado -a [publicidad] **3** desagradable [noticia, suceso]

unwell /ʌn'wel/ *adj* to be/feel unwell estar/ sentirse mal

unwilling /ʌn'wɪlɪŋ/ *adj* reacio -a, involuntario -a | to be unwilling to do sth no estar dispuesto -a a hacer algo, ser reacio -a a hacer algo

unwind /ʌn'waɪnd/(pasado & participio unwound) *v* **1** [intr] relajarse **2** [tr] desenrollar **3** [intr] desenrollarse

unwise /ʌn'waɪz/ *adj* imprudente

unwittingly /ʌn'wɪtɪŋli/ *adv* sin darse cuenta

unwound /ʌn'waʊnd/ pasado & participio de unwind

up /ʌp/ *adverbio, adjetivo, preposición & sustantivo*
■ *adv & adj* ▶ ver recuadro. Up también forma parte de varios **phrasal verbs** como look up, take up etc. Éstos están tratados bajo el verbo correspondiente.
■ *prep* **1** (dirección): *We walked slowly up the hill.* Subimos la cuesta lentamente. | *I climbed up the ladder.* Subí la escalera. **2** (a lo largo de) por: *They live just up the road.* Viven un poco más allá (por esta calle). | *We went on a boat trip up the Mississippi.* Dimos un paseo en barco por el Mississippi.
■ *s* ups and downs altibajos

upbringing /'ʌpbrɪŋɪŋ/ *s* crianza, educación

update¹ /ʌp'deɪt/ *v* [tr] **1** actualizar [un archivo, un informe, etc.] **2** to update sb on sth poner a alguien al día sobre algo **3** modernizar [la casa, el vestuario, etc.]

update² /'ʌpdeɪt/ *s* to give sb an update on sth poner a alguien al tanto de las últimas noticias/ novedades

upgrade¹ /'ʌpgreɪd/ *v* **1** [tr] actualizar [en computación] **2** [intr] cambiar [a algo mejor]

upgrade² *s* actualización [en computación]

upheaval /ʌp'hivəl/ *s* revuelo, agitación

uphill /ʌp'hɪl/ *adjetivo & adverbio*
■ *adj* **1** cuesta arriba, en subida: *It's uphill all the way.* Todo el camino es cuesta arriba. **2** an uphill struggle una dura batalla
■ *adv* cuesta arriba

uphold /ʌp'hoʊld/ *v* [tr] (pasado & participio upheld /-'held/) **1** mantener [una ley, un principio, etc.] **2** confirmar [una decisión legal]

upholstery /ə'poʊlstəri/ *s* tapiz [de un sofá, un coche]

upkeep /'ʌpkip/ *s* mantenimiento

upon /ə'pɑn/ *prep* **1** (para expresar proximidad en el tiempo): *Christmas is almost upon us.* Ya casi tenemos la Navidad encima. **2** (formal) al: *Upon arrival, please proceed to passport control.* Al llegar, sírvase dirigirse al control de inmigración. **3** (formal) sobre: *She placed the box with great care upon the table.* Puso la caja sobre la mesa con mucho cuidado. **4** (para expresar gran cantidad): *row upon row of tulips* fila tras fila de tulipanes | *thousands upon thousands of letters* miles y miles de cartas ▶ ver también once

upper /'ʌpər/ *adj* **1** superior, de arriba: *His upper lip was swollen.* Tenía el labio superior hinchado. | *the upper floors* los pisos superiores | *the upper branches* las ramas de más arriba **2** alto -a: *the upper classes* las clases altas

upper-'class *adj* de clase alta

upright /'ʌpraɪt/ *adjetivo & adverbio*
■ *adj* **1** vertical: *in an upright position* en posición vertical **2** honrado -a, recto -a
■ *adv* en posición vertical

uprising /'ʌpraɪzɪŋ/ *s* levantamiento

uproar /'ʌp-rɔr/ *s* **1** alboroto **2** protesta airada

uproot /ʌp'rut/ *v* [tr] **1** arrancar [una planta] **2** desarraigar

upset¹ /ʌp'set/ *adjetivo & verbo*
■ *adj* **1** disgustado -a: *She's upset because Jamie forgot her birthday.* Está disgustada porque Jamie se olvidó de su cumpleaños. | upset about/by sth disgustado -a por algo | to get upset ponerse mal, disgustarse: *Don't get upset. I'm sure he didn't mean it.* No te pongas mal. Estoy seguro de que no lo hizo a propósito. **2** to have an upset stomach estar mal del estómago
■ *v* [tr] (pasado & participio upset, gerundio upsetting) **1** darle un disgusto a, disgustar **2** AmE derrotar **3** desbaratar [un plan] **4** volcar [un frasco, la leche] **5** alterar [el equilibrio]

upset² /'ʌpset/ *s* **1** inconveniente **2** sorpresa **3** to have a stomach upset estar mal del estómago

upside down /ˌʌpsaɪd 'daʊn/ *adv* **1** al revés, boca abajo: *You're looking at the map upside down.* Estás mirando el mapa al revés. | *I put the glasses upside down to drain.* Puse los vasos

up

ADVERBIO & ADJETIVO

1 ARRIBA O HACIA ARRIBA

Dave's up in his room. Dave está arriba en su recámara. | *Move the picture up a little.* Pon el cuadro un poquito más arriba.

2 NO ACOSTADO NI SENTADO

to be up estar levantado -a/estar parado -a: *Are you still up?* ¿Todavía estás levantado? | *Could you get me my glasses while you're up?* ¿Me alcanzas los anteojos, ya que estás parado?

3 TERMINADO

your time is up/the two months were up etc. se te acabó el tiempo/se habían cumplido los dos meses etc.

4 EN O HACIA EL NORTE

I had to fly up to Canada. Tuve que volar a Canadá. | *They live up north.* Viven en el norte.

5 NÚMEROS, PRECIOS

Inflation is up by 1.5%. La inflación aumentó un 1.5%. | *Travel fares are going up again.* Las tarifas del transporte van a volver a subir.

6 SUCESOS

what's up? ¿qué pasa? | *what's up with you/him etc.?* ¿qué te/le etc. pasa? | *something is/was etc. up* algo pasa/pasaba etc.

7 HASTA

up to hasta: *These watches can cost up to a thousand dollars each.* Estos relojes pueden costar hasta mil dólares cada uno. | *The work could take up to four weeks.* El trabajo podría llevar hasta cuatro semanas.

8 PUNTAJES

to be two goals/ten points etc. up ir ganando por dos goles/diez puntos etc.

9 DECISIONES

it's up to you/him etc.: "*Do you want to go?*" "*It's up to you.*" –¿Quieres ir? –Como tú quieras. | *It's entirely up to you whether you come or you stay.* La decisión es tuya, puedes ir o quedarte.

10 EXPRESIONES

up and down: *He was jumping up and down with excitement.* Estaba que brincaba del entusiasmo. | *She was pacing impatiently up and down.* Caminaba con impaciencia de un lado para otro. | **to be up against sth/sb** vérselas con algo/alguien; enfrentarse a algo/alguien | **to be up to something** estar tramando algo | **to be up to no good** estar haciendo de las suyas | **to be up to the job/the task** tener las condiciones necesarias para el trabajo/la tarea | **not to be up to much** dejar bastante que desear

boca abajo para que se escurrieran. **2 to turn the house/room upside down** dejar la casa/el cuarto patas arriba [buscando algo]

upstairs /ʌp'sterz/ *adverbio & adjetivo*
- *adv* **1** arriba [en el piso superior]: *The bathroom is upstairs on the right.* El baño está arriba a la derecha. **2 to go/run etc. upstairs** subir/ subir corriendo etc.: *She's gone upstairs to lie down.* Subió a acostarse. | *The children raced upstairs to find their presents.* Los niños subieron corriendo a buscar los regalos.
- *adj* **an upstairs window/room etc.** una ventana/un cuarto etc. del piso de arriba

upstream /ʌp'strim/ *adv* río arriba

upsurge /'ʌpsɜrdʒ/ *s* **upsurge (in sth)** aumento repentino (de algo)

uptake /'ʌpteɪk/ *s* **to be slow/quick on the uptake** (informal) ser lento -a/rápido -a (de entenderas)

,up-to-'date *adj* **1** moderno -a [computadora, tecnología] **2** actualizado -a [guía, mapa, lista]: *We must have up-to-date information.* Necesitamos información actualizada. **3 to be/keep up to date with sth** estar/mantenerse al día con algo

upturn /'ʌptɜrn/ *s* repunte | **upturn in sth** repunte de/en algo

upward /'ʌpwərd/ *adj* **1** hacia arriba, cuesta arriba **2** ascendente [tendencia]

upward, también **upwards** /'ʌpwərdz/ *adv* **1** hacia arriba: *She pointed upward.* Señaló hacia arriba. **2 salaries/prices etc. are moving upward** los salarios/precios etc. están aumentando **3 upward of** más de, arriba de: *Upward of 20,000 people were at the game.* En el partido había más de 20,000 personas.

uranium /jʊ'reɪniəm/ *s* uranio

Uranus /jʊ'reɪnəs, 'jʊrənəs/ *s* Urano

urban /'ɜrbən/ *adj* urbano -a

urge /ɜrdʒ/ *verbo & sustantivo*
- *v* **to urge sb to do sth** pedirle insistentemente a alguien que haga algo, instar a alguien a hacer algo
  urge sb on animar a alguien
- *s* ganas, impulso | **urge to do sth** ganas de hacer algo

urgency /'ɜrdʒənsi/ *s* **1** urgencia **2** insistencia

urgent /'ɜrdʒənt/ *adj* **1** urgente: *an urgent message* una mensaje urgente | **to be in urgent need of sth** tener una urgente necesidad de algo **2** insistente

urgently /'ɜrdʒəntli/ *adv* urgentemente, con urgencia

urine /'jʊrɪn/ *s* orina

Uruguay /'jʊrəgweɪ/ *s* Uruguay

Uruguayan /jʊrə'gwaɪən/ *adj & s* uruguayo -a

ⓘ ¿Se dice *I arrived in Miami* o *I arrived to Miami*? Mira la entrada **arrive**.

U.S. /ju 'es/, también **U.S.A.** /ju es 'eɪ/ s (= **United States (of America)**) EU, EUA, Estados Unidos

> **the US** se usa tanto en el lenguaje hablado como escrito:
> *She studied in the US.* Estudió en Estados Unidos.
> También se puede usar delante de otro sustantivo:
> *a US citizen/soldier* un ciudadano/soldado estadounidense

us /əs/, acentuado ʌs/ *pron* **1** (como complemento directo o indirecto) nos: *He didn't see us.* No nos vio. | *He gave us the money.* Nos dio el dinero. **2** (después de preposición, en comparaciones o tras el verbo "to be") nosotros -as: *Do you want to come with us?* ¿Quieres venir con nosotros? | *They're bigger than us.* Son más grandes que nosotros. | *It was us.* Fuimos nosotros.

usage /'juːsɪdʒ/ s uso

use¹ /juz/ *v* [tr] **1** usar, utilizar [un objeto, un recurso]: *Can I use your telephone?* ¿Puedo usar tu teléfono?: *I don't use the car to go to work.* No uso el coche para ir a trabajar. **2** consumir [electricidad, etc.] **3** usar [a una persona]: *I feel I've been used.* Me siento usado. **4** usar, emplear [una palabra, una expresión]
use sth up terminar algo [gastarlo todo]

use² /jus/ s **1** uso: *The drug has many uses.* El fármaco tiene muchos usos. **2** uso: *The pool is for the use of guests only.* La alberca es para uso exclusivo de los huéspedes del hotel. **3 to be in use** estar en uso **4 to be no use** no servir para nada: *This corkscrew's no use at all.* Este sacacorchos no sirve para nada. | *It's no use. I can't fix it.* Es inútil. No puedo arreglarlo. | *He's no use.* Es un inútil. | **it's no use talking to him/calling them etc.** es inútil hablarle/llamarlos etc. **5 to be of use (to sb)** (formal) serle útil (a alguien), servir(le a alguien) **6 to make use of sth** hacer uso de algo, aprovechar algo **7 what's the use?** ¿qué sentido tiene?, ¿de qué sirve?

used¹ /just/ *adj* **to be used to (doing) sth** estar acostumbrado -a a (hacer) algo: *We're used to getting up early.* Estamos acostumbrados a levantarnos temprano. | **to get used to (doing) sth** acostumbrarse a (hacer) algo: *I'll have to get used to walking to work.* Tendré que acostumbrarme a ir caminando al trabajo. ▶ No confundir con el verbo modal **used to**. Ver más abajo

used² /juzd/ *adj* usado -a, de segunda mano

used to /'just tu/ *v* [modal] ▶ ver recuadro

> **used to**
>
> **1** **used to** se usa para referirse a algo que sucedía antes y ya no sucede o que era así antes y ya no lo es. Equivale al uso del imperfecto en español:
> *We used to go for walks together in the park.* Íbamos a caminar juntos por el parque./ Solíamos ir a caminar juntos por el parque. | *She used to be really thin.* Antes era delgadísima. | *"Do you play tennis?" "No, but I used to."* –¿Juegas tenis? –No, pero antes jugaba.
> **2** Su negativo e interrogativo se forman con el auxiliar **did** y la forma **use**:
> *You didn't use to smoke.* Antes no fumabas. | *Didn't he use to have a beard?* ¿Antes no tenía barba?
> **3** No confundir con el adjetivo **used**. Ver más arriba

useful /'jusfəl/ *adj* útil | **to come in useful** venir bien, ser útil

usefulness /'jusfəlnəs/ s utilidad

useless /'jusləs/ *adj* **1** inservible | **to be useless** no servir para nada: *These scissors are useless.* Estas tijeras no sirven para nada. **2** (informal) inútil: *She's useless in the kitchen.* Es una inútil para la cocina.

user /'juzər/ s usuario -a

,user-'friendly *adj* fácil de usar, amigable

usual /'juʒuəl/ *adj* **1** de siempre, de costumbre: *at the usual time* a la hora de siempre: *He ate less than usual.* Comió menos que de costumbre. **2 as usual** como de costumbre, como es usual

usually /'juʒuəli/ *adv* generalmente, normalmente ▶ ver recuadro **adverbios de frecuencia** en **always**

utility /ju'tɪləti/ s (pl -ties) servicio público [agua, electricidad, etc.]

utmost /'ʌtmoʊst/ *adjetivo & sustantivo*
- *adj* sumo -a
- *s* **to do your utmost (to do sth)** (formal) hacer todo lo posible (para hacer algo)

utter /'ʌtər/ *adjetivo & verbo*
- *adj* total
- *v* [tr] (formal) pronunciar

U-turn /'ju tɜrn/ s **1** vuelta en U | **to do a U-turn** dar vuelta en U **2** cambio de ciento ochenta grados [en una política]

V, v /viː/ s V, v ► ver "Active Box" **letters** en **letter**

vacancy /'veɪkənsi/ s (pl -cies) **1** habitación libre **2** vacante

vacant /'veɪkənt/ adj **1** libre, vacío -a **2** vacante **3** ausente [expresión, mirada]

vacation /veɪ'keɪʃən, BrE və'keɪʃən/ sustantivo & verbo
- s **1** AmE vacaciones: *We are on vacation for the next two weeks.* Estamos de vacaciones los próximos quince días. **2** (en la universidad) vacaciones
- v [intr] AmE vacacionar, estar/ir de vacaciones

vacationer /veɪ'keɪʃənər/ s AmE turista, vacacionista

vaccination /væksə'neɪʃən/ s vacunación | **to have a measles/polio etc. vaccination** vacunarse contra el sarampión/la polio etc.

vaccine /væk'siːn/ s vacuna

vacuum /'vækjum/ sustantivo & verbo
- s **1** ► ver **vacuum cleaner 2** vacío **3 to leave a vacuum in sb's life** dejar un vacío en la vida de alguien
- v **1** [intr] pasar la aspiradora **2** [tr] pasar la aspiradora por

vacuum ˌcleaner s aspiradora

vagina /və'dʒaɪnə/ s vagina

vague /veɪg/ adj **1** vago -a [idea, recuerdo] **2** vago -a, impreciso -a [descripción, respuesta] | **to be vague about sth** ser poco preciso -a acerca de algo **3** impreciso -a [contorno]

vaguely /'veɪgli/ adv **1** (un poco) vagamente, levemente: *Her face is vaguely familiar.* Su cara me resulta vagamente familiar. **2** (de forma poco clara) vagamente: *I vaguely remember it.* Lo recuerdo vagamente.

vacuuming

vain /veɪn/ adj **1** vanidoso -a **2** vano -a: *in a vain attempt to find her* en un vano intento de encontrarla **3 in vain** en vano

valentine /'væləntaɪn/ s ► ver nota en **Valentine's day**

'Valentine's Day s

El 14 de febrero se celebra **Valentine's Day**, el día de San Valentín o día de los enamorados. En esa fecha se le mandan tarjetas, flores o chocolates a la persona de quien uno está enamorado. A **valentine** o a **valentine card** es la tarjeta, que generalmente se envía de forma anónima. Sb's **valentine** es la persona de quien alguien está enamorado y a quien le manda la tarjeta o el regalo.

valid /'vælɪd/ adj **1** válido -a [pasaporte, pasaje] **2** válido -a [razón, comentario]

valley /'væli/ s valle

valuable /'væljəbəl/ adjetivo & sustantivo plural
- adj **1** valioso -a [anillo, cuadro, etc.] **2** valioso -a [consejo, tiempo, etc.]
- **valuables** s pl objetos de valor

valuation /vælju'eɪʃən/ s tasación, avalúo

value /'vælju/ sustantivo, sustantivo plural & verbo
- s **1** valor: *the value of the house* el valor de la casa **2** (importancia) valor **3 it's/they're good value (for money)** la relación calidad-precio es buena
- **values** s pl valores: *social values* valores sociales
- v [tr] **1** valorar, apreciar: *I value my health too much to smoke.* Valoro mucho mi salud como para fumar. **2** tasar

valve /vælv/ s válvula

vampire /'væmpaɪr/ s vampiro

van /væn/ s **1** (para mercancías) camioneta, vagoneta **2** (para pasajeros) van, monovolumen

vandal /'vændl/ s vándalo

vandalism /'vændlɪzəm/ s vandalismo

vandalize, -ise BrE /'vændlaɪz/ v [tr] destrozar, destruir [un coche, un edificio, etc. a propósito]

vanilla /və'nɪlə/ s **1** vainilla **2 vanilla ice cream** helado de vainilla

vanish /'vænɪʃ/ v [intr] desaparecer ► ver también **air, trace**

vanity /'vænəti/ s (pl -ties) vanidad

vantage point /'væntɪdʒ pɔɪnt/ s posición (estratégica)

vapor AmE, **vapour** BrE /'veɪpər/ s vapor

variable /'veriəbəl/ adj & s variable

variant /'veriənt/ s variante

variation /veri'eɪʃən/ s variación | **variation in sth** variación con respecto a algo

---

varied /'verid/ adj variado -a

variety /və'raɪəti/ s (pl -ties) **1 a variety of** una variedad de: *a variety of colors* una variedad de colores **2** diversidad **3** variedad [de una planta]

various /'veriəs/ adj varios -as, diversos -as: *I tried various places.* Probé en varios lugares.

varnish /'vɑrnɪʃ/ sustantivo & verbo
■ s barniz
■ v [tr] (3ª pers sing -shes) barnizar

vary /'veri/ v [tr/intr] (3ª pers sing varies, pasado & participio varied) variar | **to vary in price/size etc.** variar en precio/tamaño etc.

vase /veɪs, veɪz, BrE vɑz/ s florero

vast /væst/ adj **1** enorme, vasto -a **2 the vast majority** la inmensa mayoría

vastly /'væstli/ adv ampliamente

VAT /vi eɪ 'ti, væt/ s (= value added tax) IVA

vat /væt/ s **1** barril **2** tanque

vault /vɔlt/ sustantivo & verbo
■ s **1** bóveda (de seguridad) **2** bóveda, panteón
■ v [tr] saltar [apoyándose en las manos, con una garrocha] | **to vault over sth** saltar por encima de algo

VCR /vi si 'ɑr/ s (= video cassette recorder) video [aparato], videocasetera

VDT /vi di 'ti/ s (= visual display terminal) monitor, pantalla

veal /vil/ s ternera

veer /vɪr/ v **to veer to the left/right** voltear a la izquierda/derecha [bruscamente] | **to veer off course** salirse del rumbo

vegetable /'vedʒtəbəl/ s **1** verdura **2 vegetable soup** sopa de verduras

vegetarian /vedʒə'teriən/ s & adj vegetariano -a

vegetation /vedʒə'teɪʃən/ s vegetación

vehicle /'viɪkəl/ s vehículo

veil /veɪl/ s velo

vein /veɪn/ s **1** vena **2** veta

Velcro® /'velkrou/ s velcro

velvet /'velvɪt/ s terciopelo | **velvet curtains/a velvet dress etc.** cortinas/un vestido etc. de terciopelo

vending machine /'vendɪŋ mə.ʃin/ s máquina expendedora

vendor /'vendər/ s vendedor -a

veneer /və'nɪr/ s **1** enchapado [de cedro, etc.] **2** barniz, apariencia [de respetabilidad, etc.]

Venezuela /venə'zweɪlə/ s Venezuela

Venezuelan /venə'zweɪlən/ adj & s venezolano -a

vengeance /'vendʒəns/ s **1** venganza **2 with a vengeance** con todo, con ganas

venom /'venəm/ s **1** (sustancia tóxica) veneno **2** (odio) veneno

venomous /'venəməs/ adj **1** venenoso -a [serpiente] **2** venenoso -a, envenenado -a [mirada, comentario]

vent /vent/ sustantivo & verbo
■ s **1** rejilla, ducto [de ventilación] **2 to give vent to sth** (formal) dar rienda suelta a algo
■ v **to vent sth (on sth/sb)** desahogar algo (en algo/alguien)

ventilation /ventl'eɪʃən/ s ventilación

ventilator /'ventleɪtər/ s **1** extractor (de aire) **2** respirador (artificial)

venture /'ventʃər/ sustantivo & verbo
■ s empresa [proyecto]
■ v **1 to venture out** aventurarse/arriesgarse a salir **2 to venture an opinion** (formal) aventurar una opinión

venue /'venju/ s lugar, local [en que se lleva a cabo una reunión, un evento, etc.]

Venus /'vinəs/ s Venus

veranda, también **verandah** /və'rændə/ s portal, porche

verb /vɜrb/ s verbo

verbal /'vɜrbəl/ adj verbal, de palabra

verdict /'vɜrdɪkt/ s **1** veredicto **2** juicio, opinión

verge /vɜrdʒ/ sustantivo & verbo
■ s **1 to be on the verge of sth** estar al borde de algo | **to be on the verge of doing sth** estar a punto de hacer algo **2** BrE borde de la carretera/del camino
■ v **verge on sth** rayar en algo

verify /'verəfaɪ/ v [tr] (-fies, -fied) **1** checar, verificar [hechos, información] **2** confirmar, corroborar [una sospecha, una declaración]

versatile /'vɜrsətl/ adj versátil

verse /vɜrs/ s **1** estrofa **2** poesía, verso **3** versículo

version /'vɜrʒən/ s versión

versus /'vɜrsəs/ prep **1** contra **2** frente a, en oposición a

very /'veri/ adverbio & adjetivo
■ adv **1** muy: *He's very tall.* Es muy alto. | *I'm very sorry.* Lo siento mucho. | *"Are you hungry?" "Not very."* –¿Tienes hambre? –No mucha. **2 very much** mucho: *I'm very much better, thanks.* Estoy mucho mejor, gracias. **3 very well** muy bien, bueno **4** (para enfatizar): *by Friday at the very latest* para el viernes a más tardar | *a room of your very own* una recámara para ti solita
■ adj **1** mismo -a: *He died in this very room.* Murió en este mismo cuarto. | *You're the very person I want to speak to.* Eres justo la persona con la que quiero platicar. **2** mero -a: *The*

very thought of it makes me feel sick. La mera idea me da náuseas./Me dan náuseas de sólo pensarlo. **3** (para enfatizar): *right from the very beginning* desde el primer momento | *I stayed till the very end.* Me quedé hasta el último minuto.

vessel /'vesəl/ s (formal) **1** nave [embarcación] **2** vasija

vest /vest/ s **1** AmE chaleco [de un traje, etc.] **2** chaleco [antibalas, etc.] **3** BrE camiseta [prenda interior] ▸ En inglés americano se usa **undershirt**

vet /vet/ sustantivo & verbo
■ s **1** veterinario -a **2** AmE (informal) veterano -a [de guerra]
■ v [tr] **1** investigar, averiguar los antecedentes de **2** revisar [un discurso, un informe]

veteran /'vetərən/ sustantivo & adjetivo
■ s **1** veterano -a (de guerra) **2** (persona con experiencia) veterano -a
■ adj veterano -a

veto /'vitou/ verbo & sustantivo
■ v [tr] vetar
■ s (pl -es) veto

via /'vaɪə, 'viə/ prep **1** vía **2** a través de [una persona]

viable /'vaɪəbəl/ adj viable

vibrate /'vaɪbreɪt/ v [intr] vibrar

vicar /'vɪkər/ s En la Iglesia Anglicana el **vicar**, que puede ser tanto un hombre como una mujer, es el equivalente del párroco en la Iglesia Católica

vice /vaɪs/ s **1** vicio **2** delincuencia

vice 'president s vicepresidente -a

vice versa /vaɪs 'vɜrsə/ adv viceversa

vicinity /və'sɪnəti/ s **in the vicinity (of sth)** (formal) en las cercanías (de algo)

vicious /'vɪʃəs/ adj **1** brutal [ataque, asesino, etc.] **2** feroz [perro] **3** despiadado -a [campaña, persona] **4** malicioso -a [rumor, chisme] **5** **a vicious circle**, también **a vicious cycle** AmE un círculo vicioso

victim /'vɪktɪm/ s **1** víctima **2** **to fall victim to sth** ser víctima de algo

victimize, -ise BrE /'vɪktəmaɪz/ v [tr] tratar injustamente, discriminar

victorious /vɪk'tɔriəs/ adj ganador -a, victorioso -a

victory /'vɪktəri/ s (pl -ries) victoria, triunfo: *their victory over Italy* su victoria sobre Italia

video /'vɪdiou/ sustantivo & verbo
■ s **1** video [cinta] **2** videoclip **3** (también **video cassette recorder**) BrE video [aparato], videocasetera ▸ También existe **VCR**, que es

inglés universal **4** **video camera** videocámara, cámara de video **video game** videojuego
■ v [tr] grabar [con una videocasetera]

'video ar,cade s AmE arcada (de videojuegos)

videotape /'vɪdioutеɪp/ s video(casete), (cinta de) video

view /vju/ sustantivo & verbo
■ s **1** **view (on/about sth)** opinión (sobre algo) | **in my/your etc. view** en mi/tu etc. opinión **2** (idea) visión **3** (referido al campo de visión): *I had a good view of the stage.* Veía bien el escenario. | *There was a woman blocking my view.* Había una mujer que no me dejaba ver bien. **4** (panorama) vista **5** **in view of** (formal) en vista de **6** **with a view to doing sth** con miras a hacer algo, con la idea de hacer algo ▸ ver también **point**
■ v [tr] **1** (formal) ver, mirar **2** **to view sth (as sth)** ver/considerar algo (como algo)

viewer /'vjuər/ s **1** televidente **2** visor [de diapositivas]

viewpoint /'vjupɔɪnt/ s punto de vista

vigil /'vɪdʒəl/ s vigilia

vigilant /'vɪdʒələnt/ adj alerta, atento -a

vigorous /'vɪgərəs/ adj **1** enérgico -a [ejercicio] **2** enérgico -a [defensor, campaña] **3** vigoroso -a [persona, crecimiento]

vile /vaɪl/ adj **1** horrendo -a [sabor, tiempo] **2** de perros [humor]

villa /'vɪlə/ s Una **villa** es una casa de campo grande, con jardín. En Gran Bretaña también se usa para referirse a una casa que se alquila para vacacionar en otro país europeo

village /'vɪlɪdʒ/ s pueblo, pueblito

villager /'vɪlɪdʒər/ s vecino -a [habitante de un pueblo]

villain /'vɪlən/ s villano -a, malo -a [de una película, un cuento]

vine /vaɪn/ s vid, parra

vinegar /'vɪnɪgər/ s vinagre

vineyard /'vɪnjərd/ s viñedo, viña

vintage /'vɪntɪdʒ/ adjetivo & sustantivo
■ adj **1** añejo -a **2** **vintage car** coche antiguo [fabricado entre 1919 y 1930] **3** clásico -a, típico -a
■ s cosecha

vinyl /'vaɪnl/ s vinilo, plástico

violate /'vaɪəleɪt/ v [tr] (formal) **1** violar [un reglamento, una norma] **2** violar [la privacidad] **3** profanar

pepper · salt · oil · vinegar

violence /'vaɪələns/ s **1** (fuerza física) violencia **2** (intensidad) violencia

violent /'vaɪələnt/ adj **1** violento -a [persona, crimen, etc.] **2** violento -a, de violencia [película, etc.] **3** violento -a [tormenta, explosión]

violet /'vaɪələt/ sustantivo & adjetivo
■ s **1** (flor) violeta **2** (color) violeta
■ adj violeta ▶ ver "Active Box" colors en color

violin /vaɪə'lɪn/ s violín

virgin /'vɜrdʒɪn/ adj & s virgen

Virgo /'vɜrgoʊ/ s **1** Virgo **2** persona del signo de Virgo: *She's a Virgo.* Es (de) Virgo.

virtual /'vɜrtʃuəl/ adj **1** (casi total): *Their victory is a virtual certainty.* Su triunfo es prácticamente un hecho. **2** (en computación) virtual | **virtual reality** realidad virtual

virtually /'vɜrtʃuəli/ adv prácticamente

virtue /'vɜrtʃu/ s **1** (de una persona) virtud **2** (ventaja) virtud **3** by virtue of en virtud de

virus /'vaɪrəs/ s (pl -ses) **1** (microorganismo) virus **2** (en computación) virus

visa /'vizə/ s visa

vis-à-vis /viz ə 'vi/ prep (formal) **1** con respecto a, en relación con **2** frente a

visibility /vɪzə'bɪləti/ s visibilidad

visible /'vɪzəbəl/ adj **1** visible | to be visible verse **2** evidente, notorio -a [cambio, mejora, etc.]

vision /'vɪʒən/ s **1** (sentido) vista, visión **2** (imagen mental) visión **3** (experiencia religiosa) visión **4** visión (de futuro), imaginación

visit /'vɪzɪt/ verbo & sustantivo
■ v **1** [tr] visitar [una ciudad, un país] **2** [tr] visitar, ir a ver [a una persona] **3** to be visiting estar de visita [en una ciudad, etc.] **4** to visit the dentist/doctor etc. ir al dentista/al médico etc.
■ s visita | to pay sb a visit visitar/ir a ver a alguien

visitor /'vɪzətər/ s **1** visitante [a un museo, un país] **2** visita: *You have a visitor.* Tienes (una) visita.

visual /'vɪʒuəl/ adj visual

visualize, -ise BrE /'vɪʒuəlaɪz/ v [tr] imaginar, imaginarse | to visualize yourself doing sth verse haciendo algo

vital /'vaɪtl/ adj vital, fundamental

vitality /vaɪ'tæləti/ s vitalidad

vitally /'vaɪtl-i/ adv vitally important de vital importancia

vitamin / 'vaɪtəmən, BrE 'vɪtəmɪn/ s vitamina

vivid /'vɪvɪd/ adj **1** vívido -a [recuerdo, descripción] **2** fértil [imaginación] **3** vivo -a [color]

V-neck /'vi nɛk/ s a V-neck (sweater) un suéter de cuello (en) V

vocabulary /voʊ'kæbjəleri/ s (pl -ries) vocabulario, léxico

vocal /'voʊkəl/ adj **1** vocal: *vocal cords* cuerdas vocales **2** que hace oír su opinión: *They are a small but very vocal minority.* Son una minoría reducida, pero se hacen oír.

vocalist /'voʊkəlɪst/ s cantante, vocalista

vocals /'voʊkəlz/ s pl parte cantada de una pieza de música: *with Alec Henderson on vocals.* con Alec Henderson como vocalista

vocation /voʊ'keɪʃən/ s vocación: *She has no vocation for nursing.* No tiene vocación de enfermera.

vocational /voʊ'keɪʃənl/ adj profesional [formación, título] | vocational course curso orientado a preparar para un oficio o una profesión

vodka /'vɑdkə/ s vodka

vogue /voʊg/ s moda (de algo) | to be in vogue estar de moda

voice /vɔɪs/ sustantivo & verbo
■ s **1** voz | to lose your voice quedarse afónico -a | to raise/lower your voice levantar/bajar la voz | to keep your voice down hablar bajo **2** (opinión) voz | to have a voice in sth tener voz en algo **3** voice mail buzón de voz
■ v [tr] (formal) expresar [una opinión, una objeción]

void /vɔɪd/ adjetivo & sustantivo
■ adj nulo -a ▶ ver también null
■ s vacío

volatile /'vɑlətl, BrE 'vɑlətaɪl/ adj **1** volátil, inestable **2** imprevisible, voluble

volcano /vɑl'keɪnoʊ/ s (pl -noes) volcán

volley /'vɑli/ s **1** andanada, ráfaga [de disparos] **2** lluvia [de piedras, golpes] **3** sarta [de insultos] **4** volea [en tenis]

volleyball /'vɑlibɔl/ s volibol, volleyball

volt /voʊlt/ s voltio

voltage /'voʊltɪdʒ/ s voltaje

volume /'vɑljəm/ s **1** (capacidad, cantidad) volumen **2** (nivel de sonido) volumen **3** (libro) volumen

voluntary /'vɑlənteri/ adj **1** (sin remuneración) voluntario -a **2** (por propia voluntad) voluntario -a

volunteer /vɑlən'tɪr/ sustantivo & verbo
■ s voluntario -a
■ v **1** to volunteer (to do sth) ofrecerse (a hacer algo) | to volunteer for the army/navy etc. alistarse como voluntario -a en el ejército/la armada etc. **2** [tr] ofrecer [por propia iniciativa]

vomit /'vɑmɪt/ verbo & sustantivo
■ v [tr/intr] vomitar
■ s vómito

vote /voʊt/ *sustantivo & verbo*
- *s* **1** voto **2** votación | **to take a vote on sth, to put sth to a vote** someter algo a votación **3 the vote** el derecho al voto
- *v* **1** [intr] votar | **to vote for/against sth/sb** votar por/en contra de algo/alguien | **to vote Democrat/Republican** etc. votar por los demócratas/republicanos etc. **2 she was voted most promising player/best director** etc. salió elegida (como) la jugadora más prometedora/la mejor directora etc. **3** [tr] aprobar [una asignación de fondos] **4** [tr] (informal) votar por: *I vote we eat out.* Voto por salir a comer afuera.

voter /'voʊtər/ *s* votante

voting /'voʊtɪŋ/ *s* votación

vouch /vaʊtʃ/ *v* **vouch for sth** dar fe de algo **vouch for sb** responder por alguien

voucher /'vaʊtʃər/ *s* **1** vale **2** voucher

vow /vaʊ/ *sustantivo & verbo*
- *s* voto, promesa
- *v* **to vow (that)** jurar (que) | **to vow to do sth** jurar hacer algo

vowel /'vaʊəl/ *s* vocal [sonido, letra]

voyage /'vɔɪ-ɪdʒ/ *s* viaje [por mar, por el espacio] ▶ ¿VOYAGE, JOURNEY, TRIP O TRAVEL? ver nota en **viaje**

vs. (= **versus**) vs., v.: *Italy vs. France* Italia vs. Francia

vulgar /'vʌlgər/ *adj* **1** ordinario -a, grosero -a **2** de mal gusto, vulgar

vulture /'vʌltʃər/ *s* **1** buitre **2** zopilote, aura

W¹, w /'dʌbəlju/ s W, w ▶ ver "Active Box" **letters** en **letter**

W² (= **west**) O

wade /weɪd/ v [intr] caminar con esfuerzo en el agua, el lodo, etc. | **to wade across sth** vadear algo

wade through sth leerse algo [pesado y largo]

wafer /'weɪfər/ s **1** oblea **2** hostia **3** (galleta) barquillo

wag /wæg/ v (-gged, -gging) [tr] mover, [intr] moverse: *He was wagging his tail./His tail was wagging.* Movía la cola.

wage /weɪdʒ/ *sustantivo & verbo*
■ s (también **wages**) salario, sueldo ▶ ver abajo
■ v **to wage (a) war** librar una guerra | **to wage war on sth/sb** luchar contra algo/alguien

> **¿wage o salary?**
>
> a **wage** se paga por hora, por día o por semana por trabajos generalmente manuales, mientras que a **salary**, se paga mensualmente por trabajos profesionales o de oficina.

wagon, también **waggon** BrE /'wægən/ s **1** carreta **2** BrE vagón ▶ En inglés americano se usa **car**

wail /weɪl/ *verbo & sustantivo*
■ v **1** [intr] gemir, lamentarse **2** [intr] aullar [viento, sirena]
■ s **1** gemido **2** aullido [del viento, de una sirena]

waist /weɪst/ s **1** (parte del cuerpo) cintura **2** (de una prenda) talle, cintura

waistband /'weɪstbænd/ s pretina, cintura

waistcoat /'weɪskəʊt/ s BrE chaleco [de un traje, etc.] ▶ En inglés americano se usa **vest**

waistline /'weɪstlaɪn/ s cintura, talle

wait /weɪt/ *verbo & sustantivo*
■ v **1** [intr] esperar | **to wait for sth/sb** esperar algo/a alguien | **to keep sb waiting** hacer esperar a alguien | **wait a minute/second** espera (un momento), un momentito | **to wait and see** esperar a ver **2** **to wait your turn** esperar su turno/que le toque **3** **I can't wait to get home/for vacation etc.** (informal) no veo la hora de llegar a casa/de que empiecen las vacaciones etc.

wait around quedarse esperando [sin hacer otra cosa]

wait on sb atender a alguien
wait up (for sb) esperar levantado -a (a alguien)
■ s espera: *We had a long wait.* Tuvimos una espera larga./Tuvimos que esperar mucho.

waiter /'weɪtər/ s mesero

'waiting room s sala de espera

waitress /'weɪtrəs/ s (pl -sses) mesera

waive /weɪv/ v **1** **to waive your right to do sth** renunciar a su derecho a hacer algo **2** **to waive a charge/a fine etc.** no aplicar un cargo/una multa etc.

wake /weɪk/ *verbo & sustantivo*
■ v (pasado **woke**, participio **woken**) **1** [tr] despertar **2** [intr] despertarse: *I woke early that morning.* Me desperté temprano esa mañana.

wake up despertarse: *What time did you wake up?* ¿A qué horas te despertaste? **wake sb up 1** despertar a alguien **2** hacer reaccionar a alguien

wake up to sth darse cuenta de algo
■ s **1** **in the wake of the scandal/the drought etc.** tras el escándalo/la sequía etc. **2** **to leave sth in your wake** dejar algo a su paso **3** velorio **4** estela [de un barco]

Wales /weɪlz/ s Gales

walk /wɔk/ *verbo & sustantivo*
■ v **1** [intr] caminar, ir a pie: *She can hardly walk.* Apenas puede caminar. | *He walks to work.* Va al trabajo a pie. **2** **to walk ten miles/a long way etc.** caminar diez millas/un largo trecho etc. | **I/we etc. couldn't walk another step** no podía/podíamos etc. dar un paso más **3** **to walk the dog** (sacar a) pasear al perro **4** **to walk sb home** acompañar a alguien a la casa **5** **to go walking** ir a hacer excursiones a pie

PHRASAL VERBS

walk away 1 irse, alejarse: *Don't walk away when I'm talking to you!* ¡No te vayas cuando te estoy hablando! **2** **to walk away unhurt** salir ileso -a

walk in entrar: *Everyone went quiet when I walked in.* Todos se callaron cuando entré.

walk into sb llevarse a alguien por delante: *I turned the corner and walked straight into her.* Di vuelta la esquina y justo me la llevé por delante. **walk into sth 1** entrar a algo: *He walked into the room and looked at us.* Entró a la habitación y nos miró. **2** llevarse algo por delante: *He was looking the other way and walked into a tree.* Estaba mirando para otro lado y se llevó un árbol por delante.

walk off with sth (informal) **1** llevarse algo [robándolo]: *Someone's walked off with my new jacket!* ¡Alguien se llevó mi chamarra nueva! **2** llevarse algo [un premio]

walk out 1 salir(se) **2** irse [enojado, etc.]: *We had a fight and he walked out.* Tuvimos una pelea y él se fue. **3** retirarse [de una negociación, etc.] **4** hacer abandono del trabajo

walk out on sb abandonar a alguien

walk over to walk over (to sth/sb) acercarse (a algo/a alguien): *She walked over to the window.* Se acercó a la ventana.

walk up to walk up (to sth/sb) acercarse (a algo/a alguien): *He walked up to me and kissed me.* Se me acercó y me dio un beso.

■ *s* **1** caminata: *It's a long walk.* Es una caminata larga. | *It's a five-minute walk.* Son cinco minutos a pie. | **to go for a walk** ir a caminar, (ir a) dar un paseo | **to take the dog for a walk** (sacar a) pasear al perro **2** camino **3** forma de caminar **4 from all walks of life** de todas las profesiones

walker /'wɔkər/ *s* **1 to be a fast/slow walker** caminar rápido/lento **2** excursionista

'walking stick *s* bastón

Walkman® /'wɔkmən/ *s* walkman®

wall /wɔl/ *s* **1** pared **2** muro, muralla **3** barda **4 to drive sb up the wall** (informal) sacar a alguien de quicio

walled /wɔld/ *adj* **1** cercado -a **2** amurallado -a

wallet /'wɑlɪt/ *s* cartera

wallpaper /'wɔlpeɪpər/ *s* papel tapiz

walnut /'wɔlnʌt/ *s* nuez de Castilla

waltz /wɔlts/ *sustantivo & verbo*
■ *s* (pl **waltzes**) vals
■ *v* [intr] (3ª pers sing **-zes**) bailar el vals

wand /wɑnd/ *s* (también **magic wand**) varita mágica

wander /'wɑndər/ *v* **1** [intr] vagar, deambular | **to wander around (sth)** dar vueltas (por algo): *We spent the day wandering around the market.* Pasamos el día dando vueltas por el mercado. | **to wander the streets** vagar por las calles **2** [intr] (también **wander off**) alejarse **3 to wander off the point** desviarse del tema

wane /weɪn/ *verbo & sustantivo*
■ *v* [intr] decaer
■ *s* **to be on the wane** estar decayendo

wannabe /'wʌnəbi/ *s* (informal) persona que quiere ser como alguien famoso: *Madonna wannabes* muchachas que quieren ser como Madonna

want /wʌnt/ *verbo & sustantivo*
■ *v* [tr] **1** querer: *Do you want a drink?* ¿Quieres un trago? | **to want to do sth** querer hacer algo: *She wants to go home.* Quiere irse a su casa. | **to want sb to do sth** querer que alguien haga algo: *They want you to give them a ride.* Quieren que les des un aventón. **2** necesitar: *Mom wants you in the kitchen.* Mamá te necesita en la cocina. | *You're wanted on the phone.* Hay una llamada para ti. **3** necesitar: *The car wants washing.* El coche necesita un lavado. **4 you want to do sth** (al dar un consejo) deberías hacer algo: *You want to see a doctor about that cough.* Deberías ir al médico por esa tos.
■ *s* **for want of sth** a falta de algo: *We watched TV*

for want of anything better to do. Miramos televisión a falta de algo mejor que hacer. | *It's not for want of trying.* No será porque no lo haya intentado.

'want ad *s* AmE anuncio (clasificado)

wanted /'wʌntɪd/ *adj* buscado por la policía: *He's a wanted man.* Lo busca la policía./Tiene orden de aprensión.

war /wɔr/ *s* **1** guerra | **to be at war (with sb)** estar en guerra (con alguien) **2 a war against/on sth** una guerra contra algo | **to declare war on sb** declararle la guerra a alguien **3** (de precios, etc.) guerra

ward /wɔrd/ *sustantivo & verbo*
■ *s* sala [en un hospital]
■ *v* **ward sth off** protegerse de algo

warden /'wɔrdn/ *s* **1** AmE (de una cárcel) director -a **2** BrE (en un parque nacional, una reserva) guardabosque ► ver también **traffic warden**

warder /'wɔrdər/ *s* BrE guardia [en una cárcel]

wardrobe /'wɔrdroʊb/ *s* **1** (ropa) guardarropa **2** BrE (mueble) clóset ► En inglés americano se usa **closet**

warehouse /'werhaʊs/ *s* bodega, depósito

warfare /'wɔrfer/ *s* **nuclear warfare** guerra nuclear | **gang warfare** guerra entre pandillas

warhead /'wɔrhed/ *s* cabeza [de un misil]

warm /wɔrm/ *adjetivo & verbo*
■ *adj* **1** caliente: *Relax in a warm bath.* Relájese dándose un baño caliente. **2** tibio -a: *The water is only just warm.* El agua está apenas tibia. **3 to be warm** (persona) no tener frío: *Are you warm enough?* ¿No tienes frío? | **to get warm** calentarse | **to keep warm** mantener el calor **4** caliente: *It's nice and warm in here.* Aquí está bien calentito. **5** cálido -a [país, clima] | **to be warm** hacer calor: *It's very warm today.* Hace mucho calor hoy. **6** abrigador -a, caliente [chamarra, guantes, etc.] **7** afectuoso -a, cálido -a [persona, sonrisa, etc.] **8** caluroso -a [bienvenida, etc.]
■ *v* **1** [tr] calentar: *I warmed my hands over the fire.* Me calenté las manos en el fuego. **2** [intr] calentarse
warm up 1 entrar en calor, hacer ejercicios de calentamiento [atleta] **2** calentarse [motor, máquina] **warm sth up** calentar algo

warming /'wɔrmɪŋ/ *s* calentamiento

warmly /'wɔrmli/ *adv* **1** afectuosamente, calurosamente **2 to dress up warmly** abrigarse

warmth /wɔrmθ/ *s* **1** calor **2** calidez

'warm-up *s* calentamiento [en deportes]

warn /wɔrn/ *v* [tr] **1** advertir, avisar: *They had been warned of the risks.* Les habían advertido que había riesgos. | *I warned him about the stairs.* Le avisé que había una escalera./Le avisé que la escalera era peligrosa. **2 to warn sb to do sth** aconsejarle a alguien que haga algo, advertirle a alguien que haga algo: *I warned him* *to slow down.* Le aconsejé que bajara la velocidad. | **to warn sb against doing sth** aconsejarle a alguien que no haga algo

warning /'wɔrnɪŋ/ s **1** advertencia **2** aviso **3** amonestación

warp /wɔrp/ v [intr] combarse, arquearse

warped /wɔrpt/ adj retorcido -a [mente, sentido de humor]

warrant /'wɔrənt/ s orden: *a search warrant* una orden de cateo

warranty /'wɔrənti/ s (pl -ties) garantía [de compra]

warren /'wɔrən/ s **1** conejera **2** laberinto

warrior /'wɔriər/ s guerrero -a

warship /'wɔrʃɪp/ s buque de guerra

wart /wɔrt/ s verruga

wartime /'wɔrtaɪm/ s **in wartime** durante la guerra

wary /'weri/ adj (-rier, -riest) **1** cauteloso -a **2 to be wary of sth/sb** no fiarse de algo/alguien **3 to be wary of doing sth** cuidarse de hacer algo

was /wəz/, acentuado waz/ pasado de **be**

wash /wɑʃ/ verbo & sustantivo

■ v (3ª pers sing -shes) **1** [tr] lavar: *Could you wash the car for me?* ¿Me podrías lavar el coche? | **to wash your hands/hair** lavarse las manos/el pelo: *How often do you wash your hair?* ¿Cada cuánto te lavas el pelo? **2** [intr] lavarse: *She washed, dressed and had her breakfast.* Se lavó, se vistió y tomó el desayuno. **3** arrastrar [mar, olas, etc.]: *The body was washed out to sea.* El cadáver fue arrastrado mar adentro.

wash sth away arrasar algo [lluvias, inundaciones]

wash off quitarse [mancha, al lavar] **wash sth off** quitar algo [con agua]

wash up 1 AmE lavarse: *Go wash up before lunch.* Ve a lavarte antes de almorzar. **2** BrE lavar los platos/los trastes ► También se usa **to do/wash the dishes**, que es inglés universal **wash sth up 1** traer algo [a la costa, a la orilla] **2** BrE lavar algo [platos, cubiertos, etc.]

■ s **1** lavada: *That shirt could do with a wash.* A esa camisa no le vendría mal una lavada. | **to have a wash** lavarse | **to have a quick wash** darse una lavada | **to give sth a wash** lavar algo **2 to be in the wash** estar lavándose [ropa] **3** estela [de un barco]

washable /'wɑʃəbəl/ adj lavable

washbasin /'wɑʃbeɪsən/, también **washbowl** /'wɑʃboʊl/ AmE s lavabo, lavamanos

washcloth /'wɑʃklɔθ/ s AmE toallita [para lavarse]

washing /'wɑʃɪŋ/ s BrE ropa [en relación con su lavado] | **to do the washing** lavar la ropa

'washing ma,chine s lavadora

'washing ,powder s BrE detergente (para la ropa)

,washing-'up s BrE platos sucios | **to do the washing-up** lavar los platos/los trastes ► También existe **to do/wash the dishes**, que es inglés universal

,washing-'up ,liquid s BrE lavatrastes, lavavajillas [líquido] ► En inglés americano se usa **dish-washing liquid**

washroom /'wɑʃrum/ s AmE baño(s) [en un lugar público]

wasn't /'wɑzənt/ contracción de **was not**

wasp /wɑsp/ s avispa

waste /weɪst/ sustantivo, verbo & adjetivo

■ s **1** desperdicio, derroche: *What a waste!* ¡Qué desperdicio! | **to go to waste** desperdiciarse **2 a waste of time** una pérdida de tiempo: *The meeting was a waste of time.* La reunión fue una pérdida de tiempo. **3 it was a waste of money** fue tirar el dinero: *That car was a waste of money.* Comprar ese coche fue tirar el dinero. **4** residuos, desperdicios: *nuclear waste* residuos nucleares

■ v [tr] **1** desperdiciar [recursos, espacio] **2** perder [tiempo]: *There's no time to waste!* ¡No hay tiempo que perder! | **to waste no time (in) doing sth** no perder tiempo en hacer algo **3** tirar [el dinero] | **to waste money on sth** tirar el dinero en algo **4** desperdiciar [una oportunidad]

waste away consumirse

■ adj | **waste products** productos de desecho

wastebasket /'weɪstbæskɪt/ s AmE papelera, bote (de la basura)

wasted /'weɪstɪd/ adj inútil, perdido -a

wasteful /'weɪstfəl/ adj **1** despilfarrador -a, derrochador -a **2 a wasteful system/habit** un sistema poco económico/una costumbre poco económica

wasteland /'weɪstlænd/ s páramo, baldío

wastepaper basket /weɪst'peɪpər ,bæskɪt/, también **wastepaper bin** BrE s papelera, bote (de la basura)

watch /wɑtʃ/ verbo & sustantivo

■ v (3ª pers sing -ches) **1** [tr/intr] mirar, observar: *We sat watching the birds and the squirrels.* Estábamos sentados mirando los pájaros y las ardillas. | **to watch sb do sth/to watch sb doing sth**: *She likes to sit and watch the children playing.* Le gusta sentarse a ver jugar a los niños. **2 to watch television/a movie** ver televisión/una película **3** [tr] tener cuidado con | **watch it! (a)** ¡cuidado! **(b)** ¡ojo! [como amenaza] **4** [tr] cuidar, vigilar **5** [tr] espiar, vigilar

PHRASAL VERBS

watch for sth estar(se) atento -a a algo **watch for sb** estar(se) atento -a a ver si viene alguien **watch out** tener cuidado

watch out for sth/sb 1 estar(se) atento -a a ver si se ve algo/a alguien **2** tener cuidado con algo/alguien

---

watch over sth vigilar algo **watch over sb** cuidar a alguien

■ s (pl **watches**) **1** reloj (de pulsera) **2 to keep watch** hacer guardia | **to keep a watch on sth/sb** vigilar algo/a alguien

watchful /'wɑtʃfəl/ adj atento -a, vigilante

water /'wɔtər/ sustantivo, sustantivo plural & verbo

■ s agua: *Can I have a drink of water, please?* ¿Me das agua, por favor?

■ **waters** s pl aguas: *British territorial waters* aguas territoriales británicas

■ v **1** [tr] regar **2** my/his etc. eyes were watering me/le etc. lloraban los ojos **3** it makes my mouth /it made our mouths etc. water se me hace/se nos hacía etc. agua la boca

water sth down 1 suavizar algo **2** aguar algo

watercolor AmE, **watercolour** BrE /'wɔtərkʌlər/ sustantivo & sustantivo plural

■ s acuarela [cuadro]

■ **watercolors** s pl acuarelas [material]

watercress /'wɔtərkres/ s berro

waterfall /'wɔtərfɔl/ s cascada

waterfront /'wɔtərfrʌnt/ s zona que bordea un lago o un río en una ciudad

'watering can s regadera [para plantas]

watermelon /'wɔtərmelən/ s sandía

waterproof /'wɔtərpruf/ adj impermeable

'water-,skiing s esquí acuático | **to go water-skiing** (ir a) hacer esquí acuático

'water ,sports s pl deportes acuáticos

watertight /'wɔtərtaɪt/ adj **1** hermético -a [recipiente] **2** estanco -a [compartimento] **3** irrebatible [argumento]

waterway /'wɔtərweɪ/ s vía navegable

watery /'wɔtəri/ adj **1** aguado -a [sopa, etc.] **2** débil [luz] **3** pálido -a [color]

watt /wɑt/ s vatio

wave /weɪv/ sustantivo & verbo

■ s **1** (en el mar) ola **2** movimiento de la mano para saludar: *With a wave of his hand he was gone.* Hizo adiós con la mano y se fue. **3** (de sonido, radio) onda **4** (de protestas, delitos,etc.) ola **5** (en el pelo) onda

■ v **1 to wave (your hand)** saludar con la mano, hacer adiós con la mano | **to wave at/to sb** **(a)** hacerle señas a alguien **(b)** saludar a alguien [con la mano], hacerle adiós a alguien | **to wave sb on/through** hacerle señas a alguien para que siga/pase **2** [tr] agitar [una bandera, un pañuelo] **3** [intr] flamear, agitarse

waving goodbye

wave sth aside desechar algo [una idea, una objeción]

wave sb off despedir a alguien

wavelength /'weɪvleŋθ/ s **1** longitud de onda **2 to be on the same wavelength/on a different wavelength** estar en la misma onda/en ondas diferentes

waver /'weɪvər/ v [intr] **1** flaquear **2** titubear **3** temblar [voz]

wavy /'weɪvi/ adj (-vier, -viest) **1** ondulado -a [pelo] **2** ondulado -a [línea, borde]

wax /wæks/ s cera

way /weɪ/ sustantivo & adverbio

■ s ► ver recuadro en página 410

■ adv **1** way too long/slow etc. demasiado largo -a/lento -a etc.: *The movie was way too long.* La película era demasiado larga. | **way above/below sth** muy por encima/por debajo de algo | **way ahead** muy por delante | **way behind (sb)** muy a la zaga (de alguien) **2 way back in the 20s/70s etc.** allá por los 20/los 70 etc. **3** way off muy lejos, en la lejanía **4 way out (a)** errado -a por mucho [cálculo, etc.] **(b)** muy lejos

,way 'out s (pl ways out) salida

WC /dʌbəlju 'si/ s (= **water closet**) **1** baño [habitación] **2** (taza del) excusado

we /wi/ pron nosotros ► Los pronombres de sujeto nunca se omiten en inglés: *We had breakfast early.* Desayunamos temprano.

weak /wik/ adj **1** (físicamente) débil: *She's still very weak.* Todavía está muy débil. **2** (de carácter) débil **3** (referido a conocimientos, destrezas) flojo -a **4** (poco poderoso) débil, endeble **5** (referido a excusas, argumentos) poco convincente, pobre **6** claro -a, poco cargado -a [café, té]

weaken /'wikən/ v **1** [tr/intr] disminuir [poder, influencia] **2** [intr] debilitarse, [tr] debilitar [físicamente]: *Her father was weakening daily.* Su padre se estaba debilitando día a día. **3** [tr] debilitar, hacer más endeble [una estructura]

weakness /'wiknəs/ s **1** (falta de fuerza) debilidad **2** (falta de carácter) debilidad **3** (falta de poder) debilidad **4** flaqueza, falla **5 to have a weakness for sth** tener debilidad por algo

wealth /welθ/ s **1** riqueza **2 a wealth of information/material etc.** gran abundancia de información/material etc. | **a wealth of experience** una vasta experiencia

wealthy /'welθi/ adj (-thier, -thiest) **1** adinerado -a, rico -a **2 the wealthy** los ricos

weapon /'wepən/ s arma

wear /wer/ verbo & sustantivo

■ v (pasado **wore**, participio **worn**) **1** [tr] traer, tener puesto -a: *He was wearing a blue shirt.* Traía una camisa azul. | *Why aren't you wearing your glasses?* ¿Por qué no tienes puestos los lentes? | *What dress should I wear?* ¿Qué vestido

way *sustantivo*

1 MANERA, FORMA

This is the best way to do it. Ésta es la mejor manera de hacerlo. | *I have no way of contacting him.* No tengo forma de contactarlo. | **one way or another** de una u otra forma | **in a way** en cierto modo/de alguna manera | **way of life** estilo de vida

2 CAMINO

We came back a different way. Volvimos por un camino distinto. | *Can you tell me the way to the library?* ¿Me puede decir cómo llegar a la biblioteca? | **to lose your way** perderse | **on the way** en el camino: *We stopped on the way to get the paper.* Paramos en el camino para comprar el periódico. | **on my way home/to school etc.** camino a casa/al colegio etc.: *I can get the milk on my way home.* Puedo comprar la leche de camino a casa. | **to make your way to/toward sth** dirigirse a algo/ir hacia algo: *We made our way to the exit.* Nos dirigimos a la salida. | **to pave the way for sth** allanar el terreno para algo

3 LADO, DIRECCIÓN

Which way did he go? ¿Para qué lado se fue? | *Face this way.* Miren para este lado.

4 DISTANCIA

There's some way to go yet. Todavía falta un trecho. | *I ran all the way home.* Corrí todo el camino hasta la casa. | **a long way** muy lejos: *It's a long way to the coast.* La costa queda muy lejos.

5 PASO

It was blocking my way. Me impedía el paso. | **to be in the way** estorbar/molestar: *Your bike's in the way there.* Tu bicicleta estorba ahí. | *Am I in your way if I sit here?* ¿Te molesto si me siento aquí? | **to get out of the way** hacerse a un lado/quitarse: *Get out of my way!* ¡Sal de ahí!/¡Quítate! | **to make way for sth/sb** dejar pasar algo/a alguien, abrirle paso a algo/alguien

6 LADO

the right way around al derecho | **the wrong way around** al revés

7 OTRAS EXPRESIONES

by the way a propósito | **to get your (own) way** salirse con la suya | **give way** BrE ceda el paso | **the floor/ceiling gave way** el suelo/techo se hundió | **to go out of your way to do sth** esforzarse mucho por hacer algo | **to learn sth the hard way** aprender algo a las malas | **no way!** ¡ni hablar! | **to pay your way** pagar su parte/pagar lo suyo

me pongo? **2** [tr] gastar, [intr] gastarse [alfombra, llantas, etc.] | **I've worn a hole in my pants/sleeve etc.** se me ha hecho un agujero en los

pantalones/la manga etc. [con el uso] **3** [intr] durar: *These shoes have worn well.* Estos zapatos han durado bastante.

PHRASAL VERBS

wear away borrarse, gastarse **wear sth away** erosionar algo, desgastar algo

wear down gastarse [tacón, llanta, etc.] **wear sth down** desgastar/gastar algo **wear sb down** hacer que alguien ceda, minar la resistencia de alguien

wear off pasar, pasarse: *The novelty will soon wear off.* Pronto pasará la novedad.

wear out gastarse [zapatos, ropa]: *These shoes have worn out quickly.* Estos zapatos se gastaron muy pronto. **wear sth out** agotar algo [la ropa, los zapatos] **wear sb out** agotar a alguien

■ s **1** desgaste | **wear and tear** desgaste natural **2** uso: *I got years of wear out of those boots.* Esas botas me dieron años de uso. **3** ropa: *casual wear* ropa sport | *evening wear* ropa de vestir

weary /'wɪri/ *adj* (**-rier, -riest**) **1** cansado -a **2** **to be weary of sth** estar cansado -a de algo

weather /'weðər/ *s* **1** tiempo: *What's the weather like?* ¿Cómo está el tiempo? **2** **to be under the weather** no andar bien [persona]

'weather ˌforecast *s* pronóstico del tiempo

weave[1] /wiv/ *v* (pasado **wove**, participio **woven**) **1** [tr] tejer [en un telar] **2** [tr] entretejer

weave[2] *v* [intr] (pasado & participio **weaved**) serpentear, zigzaguear

web /web/ *s* **1** telaraña **2** **the (World-Wide) Web** la Red, la Web **3** **a web of lies/deceit** una maraña de mentiras/falsedades

'web ˌbrowser *s* navegador [en computación]

'web page *s* página web

website /'websaɪt/ *s* sitio web

we'd /wid/
■ contracción de **we had**
■ contracción de **we would**

wedding /'wedɪŋ/ *s* **1** boda **2** **wedding cake** pastel de boda(s) **wedding dress** vestido de novia **wedding ring** anillo de bodas

wedge /wedʒ/ *sustantivo & verbo*
■ s **1** cuña **2** (de pastel, queso) pedazo [triangular]
■ v **1** **to be wedged between two things** estar apretado -a/apretujado -a entre dos cosas | **to be wedged between two people** estar entre dos personas sin poder moverse **2** **to wedge sth open** ponerle una cuña a algo [para mantenerlo abierto]

Wednesday /'wenzdi, -deɪ/ *s* miércoles ▶ ver "Active Box" **days of the week** en **day**

wee /wi/ *adj* (informal) pequeñito -a, chiquito -a: *a wee boy* un niño pequeñito -a /un niñito | **a wee bit** un poquitito

weed /wid/ *sustantivo & verbo*
- **s** mala hierba, maleza
- **v** to weed the garden desmalezar el jardín
  weed sth out eliminar algo **weed sb out** descartar a alguien

week /wik/ *s* **1** semana **2** a week from Tuesday AmE, a week on Tuesday BrE de este martes en ocho | **Tuesday week** de este martes en ocho | **a week from today/tomorrow, a week today/tomorrow** BrE dentro de una semana/de mañana en ocho

weekday /'wikdeɪ/ *s* día de semana

weekend /'wikend/ *s* fin de semana | **on the weekend** AmE, **at the weekend** BrE el fin de semana | **on weekends** AmE, **at weekends** BrE los fines de semana | **a long weekend** un fin de semana largo

weekly /'wikli/ *adjetivo, adverbio & sustantivo*
- **adj** semanal: *weekly magazine* revista semanal
- **adv** semanalmente
- **s** (pl **-lies**) semanario

weep /wip/ *v* [tr/intr] (pasado & participio **wept**) llorar

weigh /weɪ/ *v* **1** [intr] pesar: *How much do you weigh?* ¿Cuánto pesas? | *I weigh 168 pounds.* Peso 168 libras. **2** [tr] pesar: *Weigh the flour and add it to the mixture.* Pese la harina y agréguesela a la mezcla. **3** [tr] (también **weigh up**) considerar | **to weigh sth against sth** comparar algo con algo **4** to weigh against/in favor of pesar a favor/en contra de **5** to weigh on sb's mind pesar en la conciencia de alguien
  weigh sb down 1 pesarle mucho a alguien | **to be weighed down with sth** estar/ir cargado -a de algo **2** abrumar a alguien
  weigh sth out pesar algo
  weigh sth up sopesar algo **weigh sb up** evaluar a alguien

weight /weɪt/ *sustantivo & verbo*
- **s 1** peso: *The fruit is sold by weight.* La fruta se vende por peso. | **to put on weight** engordar, subir de peso | **to lose weight** adelgazar, bajar de peso **2** a (heavy) weight un objeto pesado, un peso: *I mustn't lift heavy weights.* No debo levantar objetos pesados. **3** pesa **4** to carry weight tener peso [opinión] **5** to pull your weight poner de su parte **6** to throw your weight around/about (informal) mangonear **7** that's a weight off my/your etc. mind me saqué/te sacaste etc. un peso de encima
- **v** [tr] (también **weight down**) darle peso a

weightless /'weɪtləs/ *adj* ingrávido -a

weightlifting /'weɪtlɪftɪŋ/ *s* halterofilia, levantamiento de pesas

weir /wɪr/ *s* dique, presa

weird /wɪrd/ *adj* **1** (informal) (fuera de lo común) raro -a **2** (misterioso) inquietante

welcome /'welkəm/ *verbo, adjetivo & sustantivo*
- **v** [tr] **1** darle la bienvenida a **2** recibir con gusto [sugerencias, etc.]

- **adj 1** bienvenido -a **2** (agradable, bien recibido): *A glass of water would be very welcome.* Me vendría muy bien un vaso de agua. **3** to be welcome to do sth (para ofrecer algo): *You're welcome to borrow my racket.* Puedes usar mi raqueta, si quieres./Si quieres usar mi raqueta, con todo gusto. **4** you're welcome de nada
- **s** recibimiento, acogida

welfare /'welfer/ *s* **1** bienestar **2** AmE seguridad social **3** asistencia social **4** the welfare state el Estado de bienestar, el Estado benefactor

we'll /wil/
- contracción de **we will**
- contracción de **we shall**

well /wel/ *adverbio, interjección, adjetivo, sustantivo & verbo*
- **adv** (comp **better**, superlativo **best**) **1** bien: *Did you sleep well?* ¿Dormiste bien? | **to go well** salir bien | **well done!** ¡muy bien! | **to do well (a)** tener buen desempeño: *He's not doing very well at school.* No le está yendo muy bien en la escuela. **(b)** estar bien [paciente] **2** well and truly completamente: *I got well and truly soaked.* Me empapé de la cabeza a los pies. **3** as well también ► ver nota en **también 4** as well as además de **5** may/might/could well (para expresar probabilidad): *It may well rain.* Es muy probable que llueva. | *She could well be right.* Podría ser que tuviera razón. **6** may/might as well (para hacer sugerencias o expresar que algo se hizo en vano): *We may as well get started.* ¿Por qué no empezamos? | *We might as well stay and see the movie.* Ya que estamos, mejor nos quedamos y vemos la película. | *I might just as well not have bothered.* Más me hubiera valido no haberme molestado. **7** can't/couldn't very well do sth (para expresar que algo no es aconsejable): *I can't very well leave him on his own.* No me parece bien dejarlo solo. | *I couldn't very well tell her the truth.* ¿Cómo iba a decirle la verdad?
- **interj 1** (empezando o continuando con un tema) bueno, bien: *Well, what are we going to do today?* Bueno, ¿qué hacemos hoy? **2** (expresando duda, vacilación) bueno, pues...: *"Can you lend me $50?" "Well, I'll think about it."* –¿Me puedes prestar $50? –Bueno, lo voy a pensar. **3** (también **oh well**) (expresando resignación) bueno **4** (expresando sorpresa): *Well, well, if it isn't Richard!* ¡Vaya, vaya, si es Richard! **5** (en tono de pregunta) ¿y?: *Well? How did it go?* ¿Y? ¿Cómo estuvo?
- **adj** (comparativo **better**, superlativo **best**) **1** bien: *"How are you?" "I'm very well, thank you."* –¿Cómo estás? –Muy bien, gracias. **2** get well soon! ¡que te mejores pronto! **3** it's just as well (that) menos mal (que)

■ **s 1** aljibe, pozo
2 ▶ ver **oil**
■ *v* [intr] (también **well up**) brotar
,well-be'haved *adj* bien portado -a, bien educado -a ǀ **to be well-behaved** portarse bien, ser bien educado -a
,well-'being *s* bienestar
,well-'dressed *adj* bien vestido -a
,well-'earned *adj* bien merecido -a
wellington /'welɪŋtən/, también **'wellington boot** *s* BrE bota de hule
,well-'kept *adj*
1 bien cuidado -a [jardín, edificio]
2 celosamente guardado -a [secreto]
,well-'known *adj*
1 conocido -a, famoso -a **2** it is a **well-known fact that** es sabido que
,well-'meaning *adj* bien intencionado -a
,well-'off *adj* (comp **better off**) de posición acomodada, rico -a ǀ **to be well off** tener una buena posición económica
,well-'timed *adj* oportuno -a
,well-to-'do *adj* de posición acomodada, rico -a
Welsh /welʃ/ *adjetivo & sustantivo*
■ *adj* galés -esa
■ *s* **1** (idioma) galés **2** the Welsh los galeses
Welshman /'welʃmən/ *s* (pl -men) galés
Welshwoman /'welʃwumən/ *s* (pl -women) galesa
went /went/ pasado de **go**
wept /wept/ pasado & participio de **weep**
were /wər, acentuado wɜr/ pasado de **be**
we're /wɪr/ contracción de **we are**
weren't /wɜrnt/ contracción de **were not**
west /west/ *sustantivo, adjetivo & adverbio*
■ *s* **1** (el) oeste, occidente: *Which way is west?* ¿Hacia dónde está el oeste? ǀ *the west of Ireland* el oeste de Irlanda ǀ **to the west (of)** al oeste (de) **2** the West **(a)** Occidente **(b)** el oeste [de EU]
■ *adj* (del) oeste, occidental: *the west coast of Australia* la costa occidental de Australia
■ *adv* hacia el oeste, al oeste: *I live just west of Madison* Vivo al oeste de Madison.
westbound /'westbaʊnd/ *adj* que va/iba en dirección oeste
westerly /'westərli/ *adj* **1** (del) oeste/occidente **2** occidental, al oeste ǀ **in a westerly direction** en dirección oeste/occidental
western, también **Western** /'westərn/ *adjetivo & sustantivo*
■ *adj* **1** (como concepto político) occidental **2** del oeste/occidente, occidental
■ *s* película/historia de vaqueros

westward /'westwərd/, también **westwards** /'westwərdz/ *adv* hacia el oeste
wet /wet/ *adjetivo & verbo*
■ *adj* (-tter, -ttest) **1** mojado -a: *My hair's wet.* Tengo el pelo mojado. ǀ **to get wet** mojarse ǀ **to get your shoes/your hair etc. wet** mojarse los zapatos/el pelo etc. ǀ **wet through** empapado -a **2** lluvioso -a [día, tiempo] ǀ **the wet** la lluvia **3** fresco -a [pintura]
■ *v* [tr] (pasado & participio **wet** o **wetted**, gerundio **wetting**) **1** mojar **2** to wet yourself orinarse, hacerse pipí (encima) ǀ **to wet the bed** orinarse en la cama, hacerse pipí en la cama
,wet 'blanket *s* (informal) aguafiestas
we've /wiv/ contracción de **we have**
whack /wæk/ *verbo & sustantivo*
■ *v* [tr] (informal) darle un trancazo a
■ *s* (informal) **to give sth/sb a whack** pegarle a algo/alguien [con fuerza]
whale /weɪl/ *s* ballena
wharf /wɔrf/ *s* (pl **wharfs** o **wharves** /wɔrvz/) muelle
what /wʌt/ *adjetivo & pronombre*
■ *adj* **1** qué: *What kind of dog is that?* ¿Qué tipo de perro es ese? ǀ *I don't know what dress to wear.* No sé qué vestido ponerme.
2 what a good idea!/what a beautiful day! etc. ¡qué buena idea!/¡qué bonito día! etc.: *What a shame you can't come!* ¡Qué lástima que no puedas venir! ǀ **what stupid people!/what lovely flowers! etc.** ¡qué gente más mensa!/¡qué flores más preciosas! etc.
3 what food there was/what money they had etc. (toda) la comida que había/(todo) el dinero que tenían etc.
■ *pron* **1** qué: *What are you doing?* ¿Qué estás haciendo? ǀ *I don't know what you're talking about.* No sé de qué estás hablando.
2 lo que: *I didn't see what happened.* No vi lo que pasó.
3 so what? ¿y qué?
4 what? ¿qué?, ¿cómo?
5 what about?: *What about a glass of wine?* ¿Qué tal si tomamos una copa de vino? ǀ *What about Jim? Is he coming with us?* ¿Y Jim? ¿Viene con nosotros?
6 what for?/para qué?: *What's this button for?* ¿Para qué es este botón?
7 what if...? ¿y si...?: *What if you lose it?* ¿Y si la pierdes?
whatever /wʌt'evər/ *pronombre, adverbio & adjetivo*
■ *pron* **1** lo que, todo lo que: *Take whatever you need.* Toma lo que necesites. **2** whatever you decide/whatever he suggests etc. decidas lo que decidas/sugiera lo que sugiera etc.: *Whatever he does, she always complains.* Haga lo que haga, ella siempre se queja. **3** whatever you do (al hacer recomendaciones) sobre todo: *Whatever you do, don't tell her.* Sobre todo, no se lo cuentes a ella. **4** or whatever o lo que sea: *a pizza, a*

sandwich, or whatever una pizza, un sándwich o lo que sea **5** qué (diablos): *Whatever are you talking about?* ¿Qué diablos estás diciendo? | **whatever next!** ¡es el colmo!
■ *adv* (también **whatsoever** /wʌtsou'evər/) absolutamente: *There's no doubt whatever.* No hay absolutamente ninguna duda.
■ *adj* cualquier: *I'll take whatever flight is available.* Tomaré cualquier vuelo que esté disponible.

wheat /wit/ *s* trigo

wheel /wil/ *sustantivo & verbo*
■ *s* **1** rueda **2** volante, timón
■ *v* **1** [tr] empujar [una bicicleta, etc.] **2** [tr] llevar [a una persona en silla de ruedas, etc.] **3** [intr] revolotear [pájaro] **4** [intr] dar vueltas [avión] **5 to wheel around** darse media vuelta

wheelbarrow /'wilbærou/ *s* carretilla

wheelchair /'wil-tʃer/ *s* silla de ruedas

wheeze /wiz/ *v* [intr] respirar con dificultad

when /wen/ *adverbio, pronombre & conjunción*
■ *adv* cuándo: *When is he coming?* ¿Cuándo viene? | *I don't know when she left.* No sé cuándo se fue.
■ *pron* en que: *There are times when I want to give up.* Hay momentos en que abandonaría todo.
■ *conj* **1** cuando: *I met him when I was living in Paris.* Lo conocí cuando vivía en París. **2** si: *Why throw it away when it still works?* ¿Por qué tirarlo si todavía funciona?

whenever /wen'evər/ *conj* **1** cada vez que, siempre que: *Whenever I go it's always closed.* Cada vez que voy, está cerrado. **2** cuando: *Do it whenever it's convenient.* Hazlo cuando te acomode.

where /wer/ *adverbio, pronombre & conjunción*
■ *adv* dónde: *Where did you buy it?* ¿Dónde lo compraste? | *I asked her where she lived.* Le pregunté dónde vivía.
■ *pron* donde: *the store where I bought it* la tienda donde lo compré
■ *conj* donde: *Sit where you like.* Siéntate donde quieras.

whereabouts /'werəbauts/ *adverbio & sustantivo*
■ *adv* por dónde, en qué parte de
■ *s* paradero

whereas /wer'æz/ *conj* (formal) mientras que [al establecer contrastes]

wherever /wer'evər/ *conjunción & adverbio*
■ *conj* **1** dondequiera que: *wherever I go* dondequiera que vaya/voy **2** donde: *Sleep wherever you like.* Duerme donde quieras.
■ *adv* (de) dónde diablos, (de) dónde: *Wherever did you get that idea?* ¿De dónde diablos sacaste esa idea?

whet /wet/ *v* (-tted, -tting) **1 to whet sb's appetite** abrirle el apetito a alguien **2 to whet sb's appetite for sth** avivar el interés de alguien por algo

whether /'weðər/ *conj* **1** si: *I'm not sure whether she's coming.* No estoy seguro de si va a venir o no. | *She doesn't know whether he's in London or New York.* No sabe si está en Londres o Nueva York. ► ¿WHETHER o IF? ver **si** **2 whether you like it or not/whether she comes or not etc.** te guste o no te guste/venga o no venga etc.: *You're going whether you like it or not.* Vas a ir, te guste o no te guste.

which /wɪtʃ/ *pronombre & adjetivo*
■ *pron* **1** cuál: *Which of these books is yours?* ¿Cuál de estos libros es tuyo? | *He asked me which I liked best.* Me preguntó cuál me gustaba más. **2** que, cual: *the house which is for sale* la casa que está en venta | *the car which we bought* el coche que compramos | *the club to which he belongs* el club al cual pertenece ► Los dos ejemplos anteriores son formales. En el lenguaje hablado es más frecuente omitir **which** y decir *the car we bought* y *the club he belongs to*
■ *adj* **1** cuál, qué: *Which one do you like?* ¿Cuál te gusta? | *I couldn't decide which CD to buy.* No podía decidir qué CD comprar. **2** (como relativo): *It doesn't matter which school he goes to.* No importa a qué escuela va. | *I arrived at 7, by which time he'd gone.* Llegué a las 7, y (para esa hora) ya se había ido. **3 in which case** en cuyo caso

whichever /wɪtʃ'evər/ *pron & adj* **1** el (que), la (que): *You can take whichever you like.* Puedes tomar el que quieras. **2 whichever way you look at it/whichever day you go go etc.** lo mires como lo mires/vayas el día que vayas etc.

whiff /wɪf/ *s* olor, dejo

while /waɪl/ *conjunción & sustantivo*
■ *conj* **1** mientras | *while you're at it* ya que estás **2** mientras que: *He has plenty of money while I have none.* Tiene mucho dinero, mientras que yo no tengo un centavo. **3** (formal) aunque, a pesar de que: *While I sympathize with you, I can't help you.* Aunque comprendo su situación, no lo puedo ayudar.
■ *s* **1 a while** un rato, un tiempo: *Can you stay a while?* ¿Te puedes quedar un rato?: *We lived in Miami for a while.* Vivimos un tiempo en Miami. **2 to be worth sb's while** valer la pena para alguien

whilst /waɪlst/ *conj* BrE (formal) ► ver **while**

whim /wɪm/ *s* antojo, capricho

whimper /'wɪmpər/ *verbo & sustantivo*
■ *v* [intr] lloriquear
■ *s* gemido, quejido

whine /waɪn/ *verbo & sustantivo*
■ *v* **1** [tr/intr] quejarse **2** [intr] aullar [perro]
■ *s* gemido

whip /wɪp/ *sustantivo & verbo*
■ *s* **1** látigo **2** (de un jinete) fuete
■ *v* (-pped, -pping) **1** [tr] azotar **2** [tr/intr] mover o moverse rápidamente: *She whipped around to face him.* Giró sobre sus talones y quedó frente a frente con él. | **to whip sth out/off** sacar algo

---

ℹ ¿Se dice *on the table* o *in the table*? Mira la entrada **en**.

rápidamente, quitarse algo rápidamente **3** [tr] batir: *whipped cream* crema batida
whip sth up 1 conseguir algo [apoyo] **2** despertar algo [entusiasmo] **3** improvisar algo [una comida]

whirl /wɜrl/ *verbo & sustantivo*
■ *v* **1** [intr] dar vueltas, girar [bailarín]: *Couples were whirling around the dance floor.* Las parejas daban vueltas/giraban por la pista de baile. **2** [intr] arremolinarse [polvo, hojas] **3** [tr] arremolinar **4** [intr] dar vueltas [cabeza]
■ *s* **1** remolino [de polvo] **2 my/her etc. head was in a whirl** la cabeza me/le etc. daba vueltas

whirlpool /'wɜrlpul/ *s* remolino [en el agua]
whirlwind /'wɜrlwɪnd/ *sustantivo & adjetivo*
■ *s* torbellino
■ *adj* **a whirlwind romance/tour** un romance arrollador/una gira relámpago

whirr /wɜr/ *verbo & sustantivo*
■ *v* [intr] (-rred, -rring) zumbar [máquina]
■ *s* ruido, zumbido

whisk /wɪsk/ *verbo & sustantivo*
■ *v* [tr] batir
whisk sth away retirar algo rápidamente
whisk sb away/off llevar(se) a alguien a toda velocidad
■ *s* batidor

whiskers /'wɪskərz/ *s pl* **1** (de un animal) bigotes **2** (de un hombre) patillas, pelos de la barba
whiskey, también **whisky** /'wɪski/ *s* (pl -skeys, -skies) whisky ▶ **whiskey** se usa para referirse al que se hace en Irlanda, Estados Unidos y Canadá mientras que **whisky** se usa para referirse al que se hace en Escocia

whisper /'wɪspər/ *verbo & sustantivo*
■ *v* **1** [tr/intr] cuchichear, susurrar **2** [intr] susurrar [viento, hojas]
■ *s* **1** susurro **2** rumor

whistle /'wɪsəl/ *verbo & sustantivo*
■ *v* **1** [tr/intr] silbar **2** [intr] pitar
■ *s* **1** silbido, chiflido **2** silbato, pito

white /waɪt/ *adjetivo & sustantivo*
■ *adj* **1** blanco -a ▶ ver "Active Box" **colors** en **color 2** (por enfermedad, susto, etc.) pálido -a **3** (color de piel) blanco -a **4 white coffee** café con leche **5 white wine** vino blanco
■ *s* **1** blanco ▶ ver "Active Box" **colors** en **color 2** (también **White**) (referido a personas) blanco -a **3** (de un huevo) clara **4** (del ojo) blanco

white-'collar *adj* administrativo -a, no manual [trabajador, trabajo]

white 'lie *s* mentira piadosa

whiz kid, también **whizz kid** /'wɪzkɪd/ *s* (informal) genio

who /hu/ *pron* **1** (en preguntas directas o indirectas) quién, a quién: *Who are these people?* ¿Quiénes son estas personas? | *She asked me who had done it.* Me preguntó quién lo había hecho. ▶ En los siguientes ejemplos, en los cuales **who** es complemento en lugar de sujeto, se usaría **whom**

en lenguaje muy formal: *I'm not sure who she's invited.* No sé bien a quién invitó. | *Who were you talking to?* ¿Con quién estabas hablando? ▶ comparar con **whom 2** (relativo) que: *the people who moved in next door* la gente que se mudó al lado | *I phoned my sister, who's a doctor.* Llamé a mi hermana, que es doctora.

who'd /hud/
■ contracción de **who had**
■ contracción de **who would**

whoever /hu'evər/ *pron* **1** quien, quienquiera: *I can take whoever wants to go.* Yo puedo llevar a quien quiera ir. **2** quien [la persona que]: *Whoever did this will be punished.* Quien haya hecho esto será castigado. **3** quién (diablos)

whole /houl/ *adjetivo & sustantivo*
■ *adj* **1 the whole country/the whole morning etc.** todo el país/toda la mañana etc.: *The whole town was there.* Toda la ciudad estaba ahí. **2** (informal) (para enfatizar): *I'm sick of the whole thing.* Estoy harto de todo el asunto. **3** entero -a
■ *s* **1 the whole of** todo -a: *the whole of next week* toda la semana que viene **2 as a whole** en su totalidad, como un todo **3 on the whole** en general

wholehearted /houl'hartɪd/ *adj* incondicional [apoyo, aprobación]

wholemeal /'houlmil/ *adj* BrE integral [pan, harina] ▶ También existe **whole wheat**, que es inglés universal

wholesale /'houlseɪl/ *adjetivo & adverbio*
■ *adj* **1** mayorista, al mayoreo **2** total [destrucción] **3** radical [reforma]
■ *adv* al mayoreo

wholesaler /'houlseɪlər/ *s* mayorista

wholesome /'houlsəm/ *adj* **1** saludable **2** sano -a [moralmente]

'whole wheat *s* AmE integral [pan, harina]

who'll /hul/ contracción de **who will**

wholly /'houli/ *adv* totalmente

whom /hum/ *pron* **1** (formal) (a) quién: *Whom did you see?* ¿A quién viste? | *To whom are you speaking?* ¿Con quién está hablando? | *I don't know to whom you are referring.* No sé a quién se refiere. ▶ Las siguientes son alternativas más frecuentes y menos formales de los ejemplos anteriores: *Who did you see?, Who are you speaking to?, I don't know who you are referring to?, I don't know who you are referring to* **2** quien, el cual/la cual etc.: *His wife, whom I had met earlier, was older.* Su esposa, a quien yo ya conocía, era mayor. | *The club has 200 members, most of whom are men.* El club tiene 200 socios, la mayoría de los cuales son hombres.

whoops! /wʊps/ *interj* ¡epa!, ¡uy!

who's /huz/
■ contracción de **who is**
■ contracción de **who has**

whose /huz/ *adj & pron* **1** (en preguntas directas e indirectas) de quién: *Whose car is this?* ¿De quién es este coche? | *I don't know whose book this is.* No sé de quién es este libro. | *Whose are these shoes?* ¿De quién son estos zapatos? **2** (uso relativo) cuyo -a: *a friend whose house is in the same area* un amigo cuya casa está en la misma zona

who've /huv/ contracción de **who have**

why /waɪ/ *adv* **1** por qué: *Why is she crying?* ¿Por qué está llorando? | *Why don't you take a break?* ¿Por qué no te tomas un descanso? | **why not?** ¿por qué no? **2** (uso relativo) **that's why he resigned/I didn't tell you etc.** fue por eso que renunció/que no te lo dije etc.

wicked /'wɪkɪd/ *adj* **1** malvado -a **2** pícaro -a [sonrisa, etc.] **3** (informal) (para referirse a algo que gusta mucho): *That's a wicked car.* Ese coche está padrísimo.

wicker /'wɪkər/ *s* mimbre | **a wicker basket/chair etc.** una cesta/silla etc. de mimbre

wide /waɪd/ *adjetivo & adverbio*
■ *adj* **1** ancho -a: *a very wide street* una calle muy ancha | **to be two meters/miles etc. wide** tener dos metros/millas etc. de ancho | **how wide?**: *How wide is the door?* ¿Qué tan ancha es la puerta? ► ¿WIDE O BROAD? ver **ancho** **2** amplio -a [gama, surtido, etc.]: *It comes in a wide variety of colors.* Viene en una amplia gama de colores. **3** amplio -a [margen], grande [brecha, diferencia]
■ *adv* **1** **wide apart** bien separados -as | **wide open** bien abierto -a, abierto -a de par en par **2** **wide awake** bien despierto -a

widely /'waɪdli/ *adv* **1** ampliamente, mucho: *widely publicized* ampliamente publicitado | **it is/they are etc. widely available** se puede/se pueden etc. conseguir con facilidad | **it is/they are etc. widely used** es/son etc. de uso corriente, es muy usado -a/son muy usados -as etc. **2** **to vary/differ widely** variar mucho/ser muy diferente

widen /'waɪdn/ *v* **1** [tr] ensanchar **2** [intr] ensancharse **3** [tr] ampliar **4** [intr] ampliarse

wide-'ranging *adj* **1** amplio -a [debate, poderes] **2** diverso -a [intereses]

widespread /waɪd'spred/ *adj* **1** extendido -a [uso] **2** (muy) difundido -a [costumbre] **3** generalizado -a [crítica, apoyo]

widow /'wɪdoʊ/ *s* viuda

widowed /'wɪdoʊd/ *adj* viudo -a

widower /'wɪdoʊər/ *s* viudo

width /wɪdθ/ *s* ancho | **two meters/five inches etc. in width** dos metros/cinco pulgadas etc. de ancho

wield /wild/ *v* [tr] **1** detentar [el poder] **2** blandir [un arma]

wife /waɪf/ *s* (pl **wives** /waɪvz/) esposa, mujer

wig /wɪg/ *s* peluca

wiggle /'wɪgəl/ *v* **1** [tr] menear **2** [intr] menearse **3** [tr] mover [los dedos de los pies]

wild /waɪld/ *adjetivo & sustantivo*
■ *adj* **1** silvestre [flor, planta] **2** agreste [paisaje, región] **3** salvaje [animal] **4** alocado -a [risa] **5** **to go wild (a)** enloquecerse **(b)** enfurecerse **6** estruendoso -a [aplauso] **7** alocado -a [persona], descontrolado -a [fiesta] **8** sin fundamento [conjetura, acusación] **9** tormentoso -a [día, tiempo]
■ *s* **1** **the wild** la naturaleza | **in the wild** en la naturaleza, en su hábitat natural [no en cautiverio] **2** **the wilds of Alaska/Africa etc.** las zonas más remotas de Alaska/África etc.

wilderness /'wɪldərnəs/ *s* zona silvestre, jungla

wildlife /'waɪldlaɪf/ *s* fauna y flora, vida silvestre

wildly /'waɪldli/ *adv* **1** como loco -a **2** a rabiar [aplaudir] **3** a lo loco [reírse]

will¹ /wɪl/ *v* [modal] (contracción 'll, negativo **won't**, o, más formal, **will not**) ► ver recuadro

will² *sustantivo & verbo*
■ *s* **1** **will (to do sth)** voluntad (de hacer algo) **2** testamento **3** deseo(s) **4** **against your will** contra tu voluntad
■ *v* **to will sb to do sth** desear con todas las fuerzas que alguien haga algo

willful AmE, **wilful** BrE /'wɪlfəl/ *adj* **1** terco -a, testarudo -a **2** deliberado -a [daño, negligencia]

willfully AmE, **wilfully** BrE /'wɪlfəli/ *adv* deliberadamente

---

will *verbo modal*

1 FUTURO
There will be a party next Friday. Habrá una fiesta el próximo viernes. | *When will you be arriving?* ¿Cuándo llegas? | *You won't leave me, will you?* No me vas a dejar ¿no?

2 VOLUNTAD
He won't tell me. No me quiere decir. | *The car won't start.* El coche no arranca.

3 PEDIDOS, SUGERENCIAS
Will you call me later? ¿Me llamas luego? | *Shut the door, will you?* ¿No me cierras la puerta? | *Won't you have some more cake?* ¿No quieres más pastel?

4 HÁBITOS, COSAS INEVITABLES
He will keep interrupting! ¡Siempre está interrumpiendo! | *Accidents will happen.* Es inevitable que ocurran accidentes./Son cosas que pasan.

5 CAPACIDAD
The hall will seat 2,000 people. La sala tiene capacidad para 2,000 personas.

6 CONJETURAS
"There's someone at the door." "That'll be Nick." —Llaman a la puerta. –Debe ser Nick.

willing /'wɪlɪŋ/ adj **1** dispuesto -a | **to be willing to do sth** estar dispuesto -a a hacer algo **2** servicial

willingly /'wɪlɪŋli/ adv **1** con gusto **2** por propia voluntad

willingness /'wɪlɪŋnəs/ s buena voluntad | **willingness to do sth** buena disposición para hacer algo

willow /'wɪlou/, también **willow tree** s sauce

willpower /'wɪlpaʊr/ s (fuerza de) voluntad

wilt /wɪlt/ v [intr] **1** marchitarse **2** sentirse sin fuerzas [a causa del calor]

win /wɪn/ verbo & sustantivo
■ v (pasado & participio **won**, gerundio **winning**) **1** [tr/intr] ganar: *We're winning by two goals to one.* Vamos ganando dos a uno. | *She won first prize.* Ganó el primer premio. | **to win at sth** ganar a algo **2** [tr] obtener [una victoria] **3** [tr] ganarse [amigos] **4** [tr] ganarse [apoyo, reconocimiento]
win sth/sb back recuperar algo/a alguien
win sb over, también **win sb round** BrE conquistar/convencer a alguien
■ s victoria, triunfo: *Saturday's win over the Tigers* la victoria del sábado frente a los Tigers | *Our team's had three wins so far.* Nuestro equipo ha ganado tres veces hasta ahora.

wince /wɪns/ v [intr] **1** hacer una mueca de dolor **2** hacer un gesto que expresa vergüenza

wind¹ /wɪnd/ s **1** viento **2** **to get/catch wind of sth** (informal) enterarse de algo **3** **to get your wind (back)** recobrar el aliento **4** BrE gas, flatulencia ▶ En inglés americano se usa **gas**

wind² /waɪnd/ v (pasado & participio **wound**) **1** **to wind sth around** sth enrollar/enroscar algo alrededor de algo **2** **to wind a tape forward/back** adelantar/rebobinar un cassette **3** **to wind the window up/down** subir/bajar la ventanilla **4** [intr] serpentear
wind down relajarse [persona]
wind up to wind up in jail/at sb's house etc. (informal) ir a parar a la cárcel/a la casa de alguien etc. **wind sth up 1** darle cuerda a algo **2** poner fin a algo **3** liquidar algo [un negocio], interrumpir algo [la producción, las operaciones] **wind sb up** BrE (informal) provocar a alguien, fastidiar a alguien

windmill /'wɪndmɪl/ s molino (de viento)

windmill

window /'wɪndou/ s **1** ventana: *Can I open the window?* ¿Puedo abrir la ventana? **2** (también **windowpane**) vidrio (de la ventana) **3** ventanilla [en un coche] **4** (también **store window**)

aparador | **to go window shopping** (ir a) mirar aparadores **5** (en computación) ventana

windowsill /'wɪndousɪl/ s alféizar (de la ventana), repisa (de la ventana)

windshield /'wɪndʃild/ AmE, **windscreen** /'wɪndskrin/ BrE s parabrisas

'windshield ,wiper AmE, **windscreen wiper** BrE s limpiador (del parabrisas)

windsurfing /'wɪndsɜrfɪŋ/ s windsurf

windy /'wɪndi/ adj (-dier, -diest) ventoso -a, con mucho viento

wine /waɪn/ s vino

wineglass /'waɪnglæs/ s (pl -sses) copa [para vino]

wing /wɪŋ/ s **1** (de un pájaro, un insecto, un avión) ala **2** (de un edificio) ala **3** (en política) ala

wink /wɪŋk/ verbo & sustantivo
■ v **1** [intr] guiñar un ojo, hacer guiños | **to wink at sb** guiñarle un ojo a alguien **2** [intr] titilar
■ s **1** guiño **2** **not to sleep a wink/not to get a wink of sleep** no pegar un/el ojo

winner /'wɪnər/ s ganador -a

winning /'wɪnɪŋ/ adjetivo & sustantivo plural
■ adj **1** **the winning team/side** el equipo ganador | **the winning goal** el gol de la victoria **2** **a winning smile** una sonrisa encantadora
■ **winnings** s pl ganancias [obtenidas en el juego]

winter /'wɪntər/ sustantivo & verbo
■ s **1** invierno ▶ ver "Active Box" **seasons** en **season 2** **winter vacation/clothes etc.** vacaciones/ropa etc. de invierno
■ v [intr] invernar, pasar el invierno

wipe /waɪp/ verbo & sustantivo
■ v **1** [tr] limpiar | **to wipe your feet** limpiarte los zapatos [al entrar a un lugar]: *Wipe your feet before you come in.* Límpiate los zapatos antes de entrar. | **to wipe your eyes** secarse las lágrimas **2** **to wipe sth off/from sth** limpiar algo de algo [con un trapo] **3** **to wipe sth over/across sth** pasar algo por algo: *She wiped a hand over her eyes.* Se pasó una mano por los ojos. **4** [tr] borrar [datos, una grabación]
wipe sth down limpiar algo
wipe out AmE (informal) estrellarse **wipe sth out 1** aniquilar algo, exterminar algo **2** erradicar algo **wipe sb out** (informal) agotar a alguien
wipe sth up limpiar/secar algo [un líquido derramado]
■ s **to give sth a wipe** limpiar algo, pasarle un trapo a algo

wiper /'waɪpər/ ▶ ver **windshield wiper**

wire /waɪr/ sustantivo & verbo
■ s **1** alambre **2** cable **3** AmE telegrama
■ v [tr] **1** (también **wire up**) hacer la instalación eléctrica de [una casa], instalar el cableado de [un enchufe] **2** conectar | **to wire sth (up) to sth** conectar algo a algo **3** girar [dinero]

4 AmE telegrafiar [una noticia], mandar un telegrama a [una persona]

wired /waɪrd/ adj AmE (informal) excitado -a, nervioso -a

wireless /'waɪrlɪs/ adj inalámbrico -a

wiring /'waɪrɪŋ/ s cableado, instalación eléctrica

wisdom /'wɪzdəm/ s **1** sabiduría **2** sensatez, prudencia [de una decisión, etc.]

'wisdom tooth s (pl **wisdom teeth**) muela del juicio

wise /waɪz/ adj **1** sensato -a, prudente: *It would be wise to make a reservation.* Sería prudente hacer una reserva. **2** sabio -a **3** **to be none the wiser** seguir en las mismas [sin entender]

wish /wɪʃ/ verbo & sustantivo

■ v (3ª pers sing -shes) **1** [tr] (para expresar un deseo): *I wish I didn't have to go.* Ojalá no tuviera que ir. | *I wish you'd hurry up!* ¡Apúrate, por favor! | *He wished it were Friday already.* Hubiera deseado que ya fuera viernes. **2 to wish for sth** desear algo **3** [tr] (formal) querer: *I wish to make a complaint.* Quiero presentar una queja. **4 to wish sb luck/a happy birthday etc.** desearle suerte/feliz cumpleaños etc. a alguien

■ s (pl wishes) **1** deseo | **a wish for sth/to do sth** un deseo de algo/de hacer algo | **against sb's wishes** en contra de la voluntad de alguien **2 to make a wish** pedir un deseo **3 (with) best wishes (a)** (al final de una carta) saludos, un saludo afectuoso/cariñoso **(b)** (en una tarjeta) (con) mis/nuestros mejores deseos

,wishful 'thinking s Se dice que algo es **wishful thinking** cuando expresa la ilusión o el deseo de que algo bueno esté sucediendo o vaya a suceder, aunque en realidad sea muy poco probable

wistful /'wɪstfəl/ adj nostálgico -a, pensativo -a

wit /wɪt/ sustantivo & sustantivo plural

■ s **1** agudeza, ingenio **2** persona ocurrente **3** inteligencia

■ wits s pl **1** inteligencia | **to keep your wits about you** estar alerta **2 to scare/frighten sb out of their wits** (informal) darle un susto horrible a alguien **3 to be at your wits' end** estar desesperado -a

witch /wɪtʃ/ s (pl witches) bruja

witchcraft /'wɪtʃkræft/ s brujería

'witch ,doctor s brujo, hechicero

with /wɪð, wɪθ/ prep ▶ ver recuadro

withdraw /wɪθ'drɔ/ v (pasado withdrew, participio withdrawn) **1** [tr] retirar, sacar [dinero] **2** [tr] retirar [una oferta, el apoyo, un producto del mercado] **3** [tr] (formal) retractarse de [una acusación, un comentario] **4 to withdraw (from sth)** retirarse (de algo) [de un concurso, una carrera, etc.]

withdrawal /wɪθ'drɔəl/ s **1** retiro [de dinero, apoyo, una oferta, etc.] **2** retiro, retirada [de tropas] **3 withdrawal symptoms** síndrome de abstinencia

withdrawn /wɪθ'drɔn/ adj retraído -a

---

with

1 Equivale a *con* en la mayoría de los contextos:
I saw her with him. La vi con él. | *I'll be right with you.* Enseguida estoy con usted. | *What are you going to buy with the money?* ¿Qué vas a comprar con el dinero? | *Cut it with the scissors.* Córtalo con las tijeras. | *a house with a garage* una casa con garage | *Careful with that knife.* Cuidado con ese cuchillo.

2 EXCEPCIONES

CAUSA

I was shivering with cold. Estaba temblando de frío. | *She's sick with worry.* Está preocupadísima.

CARACTERÍSTICA

the girl with long hair la niña de pelo largo | *that guy with glasses* ese cuate de anteojos

EMPLEO

Are you still with GEC? ¿Sigues trabajando en GEC?

3 La expresión coloquial **with it** significa *moderno, con onda* o *lúcido*:
Your mom's so with it! ¡Tu mamá es tan moderna! | *I'm not feeling very with it today.* Hoy no ando muy lúcida.

4 La expresión **I'm not with you** significa *no te entiendo*.

5 with también forma parte de varios **phrasal verbs** como **put up with**, **deal with**, etc. Éstos están tratados bajo el verbo correspondiente

---

wither /'wɪðər/ v (también **wither away**) [intr] marchitarse, [tr] marchitar

withhold /wɪθ'hoʊld/ v [tr] (pasado & participio withheld) **1** retener [un pago] **2** ocultar [información] **3** no revelar [el nombre de alguien]

within /wɪð'ɪn/ prep **1** (en expresiones de tiempo): *An ambulance arrived within minutes.* Llegó una ambulancia a los pocos minutos. | *He was back within the hour.* Volvió en menos de una hora. **2** (en expresiones de distancia): *The hotel is within a mile of the airport.* El hotel queda a menos de una milla del aeropuerto. | *The school is within walking distance.* A la escuela se puede ir a pie. **3** (formal) dentro de: *the changes within the department* los cambios dentro del departamento **4 within the law** dentro de la ley

without /wɪð'aʊt/ prep sin: *I can't see without my glasses.* No veo sin anteojos. | *She left without him.* Se fue sin él. | *You have to do it without looking.* Debes hacerlo sin mirar. | *She left without my knowing.* Se fue sin que yo supiera. ▶ ver también **do without**, **go without**

withstand /wɪθ'stænd/ v [tr] (pasado & participio withstood) soportar, resistir

---

witness /'wɪtnəs/ *sustantivo & verbo*
- *s* (pl -sses) **witness (to sth)** testigo (de algo)
- *v* [tr] **1** presenciar, ser testigo de **2** atestiguar [una firma]

witty /'wɪti/ *adj* (-ttier, -ttiest) ingenioso -a, ocurrente

wives /waɪvz/ plural de **wife**

wizard /'wɪzərd/ *s* **1** mago, brujo **2** (experto) genio: *She's a wizard at chess.* Es un genio jugando al ajedrez.

wizard

wobble /'wɑbəl/ *v*
1 [intr] tambalearse [mesa, silla] **2** [intr] temblar [gelatina]
3 [tr] mover, sacudir
4 [intr] ir/venir tambaleándose

wobbly /'wɑbli/ *adj* (-lier, -liest) (informal)
1 desvencijado -a, que se tambalea [mesa, silla, etc.] **2** flojo -a [diente]
3 tembloroso -a [voz]

wok /wɑk/ *s* wok [especie de sartén muy hondo usado en la cocina china]

woke /wouk/ pasado de **wake**

woken /'woukən/ participio de **wake**

wolf /wʊlf/ *sustantivo & verbo*
- *s* (pl wolves /wʊlvz/) lobo -a
- *v* [tr] (informal) (también **wolf down**) tragarse, devorar(se)

woman /'wʊmən/ *s* (pl women /'wɪmɪn/) mujer: *a women's magazine* una revista para mujeres | *a woman doctor* una doctora

womb /wum/ *s* útero

won /wʌn/ pasado & participio de **win**

wonder /'wʌndər/ *verbo & sustantivo*
- *v* **1** [tr/intr] preguntarse: *He wondered if she knew.* Se preguntaba si ella sabía. | *I wonder what's in this box.* ¿Qué habrá en esta caja? **2** [tr] (para hacer pedidos y sugerencias corteses): *I wonder if I could use your phone?* ¿Podría usar su teléfono? | *We were wondering if you'd like to go to the movies.* Estábamos pensando si te gustaría ir al cine. **3 to wonder at sth** extrañarse de algo, maravillarse con/de algo
- *s* **1** asombro **2** maravilla **3 (it's) no wonder** no me sorprende (que) **4 it's a wonder (that)** es increíble que **5 to do/work wonders** hacer maravillas

wonderful /'wʌndərfəl/ *adj* maravilloso -a | **that's wonderful!/how wonderful!** ¡qué maravilla!

won't /wount/ contracción de **will not**

wood /wʊd/ *s* **1** madera, leña **2** bosque | **the woods** el bosque

wooden /'wʊdn/ *adj* **1** de madera: *a wooden box* una caja de madera **2** inexpresivo -a [actuación]

woodland /'wʊdlənd/ *s* bosque

woodpecker /'wʊdpekər/ *s* pájaro carpintero

woodwind /'wʊdwɪnd/ *s* instrumentos de viento de madera

woodwork /'wʊdwɜrk/ *s* **1** zócalos, molduras, puertas y ventanas de madera en una casa o habitación **2** BrE
▶ ver **woodworking**

woodpecker

woodworking /'wʊdwɜrkɪŋ/ *s* AmE carpintería [actividad]

wool /wʊl/ *s* lana

woolen AmE, **woollen** BrE /'wʊlən/ *adjetivo & sustantivo plural*
- *adj* de lana: *a white woolen sweater* un suéter de lana blanco
- **woolens** *s pl* prendas de lana

woolly, también **wooly** AmE /'wʊli/ *adj* (-llier, -lliest) **1** de lana **2** confuso -a, falto -a de claridad [argumentos, pensamiento]

word /wɜrd/ *sustantivo & verbo*
- *s* **1** palabra: *He didn't say a word.* No dijo ni una palabra. | *What's the French word for 'house'?* ¿Cómo se dice 'casa' en francés? | **in other words** es decir, dicho de otro modo **2** noticia: *Word soon got around.* La noticia no tardó en difundirse./Pronto se corrió la voz. | **not to breathe a word (about sth)** no decir ni una palabra (de algo) | **the word is that/word has it that** se dice que **3 to give sb your word (that)** darle su palabra a alguien (de que) | **to keep your word** cumplir su palabra **4 to have a word with sb** hablar con alguien | **to have the last/final word** tener la última palabra **5 to say the word** dar la orden **6 in a word** en una palabra **7 to put in a (good) word for sb** recomendar a alguien **8 to take sb's word for it** creerle a alguien **9 word for word** textualmente **10 a word of advice** un consejo | **a word of warning** una advertencia
- *v* [tr] **1** redactar [un documento] **2** formular [una pregunta]

wording /'wɜrdɪŋ/ *s* redacción, formulación

'word ,processing *s* procesamiento de textos

'word ,processor *s* procesador de textos

wore /wɔr/ pasado de **wear**

work /wɜrk/ *verbo, sustantivo & sustantivo plural*
- *v* **1** [intr] trabajar: *She works for Microsoft.* Trabaja para Microsoft. | *He works as a salesman.* Trabaja de vendedor. | *You need to work on your pronunciation.* Tienes que mejorar tu pronunciación. | *He spent his life working for peace.* Dedicó su vida a trabajar por la paz. **2** [intr] funcionar: *The elevator isn't working.* El elevador no funciona. **3** [intr] funcionar, resultar: *Your idea will never*

work. Tu idea no funcionará nunca.
4 to work (its way) loose aflojarse [tornillo, etc.]
5 [tr] trabajar [a una persona]
6 [tr] trabajar [el cuero, la arcilla, etc.]
7 [tr] explotar [una mina], trabajar [la tierra]
PHRASAL VERBS
work out 1 salir, resultar **2** solucionarse
3 hacer ejercicio **4 to work out at $10 each/ $20 an hour etc.** salir a $100 cada uno/$20 la hora etc. **work sth out 1** calcular algo **2** descifrar algo, entender algo **3** idear algo [un plan, una solución] **4** decidir algo: *Have you worked out which class you're going to take?* ¿Has decidido qué curso vas a tomar?
work up sth Expresando la idea de generar: *I can't work up much enthusiasm for this trip.* No me entusiasma mucho este viaje. | *We went for a walk to work up an appetite.* Salimos a caminar para que se nos abriera el apetito. **work sb up** excitar/alterar a alguien | **to get worked up** ponerse nervioso -a/ansioso -a
work up to sth armarse de valor para hacer algo
■ *s* **1** (empleo) trabajo: *She's at work.* Está en el trabajo. | *I finish work at 5:30.* Salgo del trabajo a las 5:30. | **to be out of work** estar sin trabajo
▶ ¿WORK O JOB? ver **trabajo**
2 (tiempo y esfuerzo) trabajo: *It must have taken a lot of work.* Debe haber llevado mucho trabajo. | **to get down to work** empezar/ponerse a trabajar
3 (resultado de trabajar) trabajo: *an example of his work* una muestra de su trabajo | *This is an excellent piece of work.* Éste es un excelente trabajo.
4 (de literatura, pintura, etc.) obra | **a work of art** una obra de arte
■ **works** *s pl* **1** fábrica
2 obras [de construcción, reparación]

workable /'wɜrkəbəl/ *adj* viable

worker /'wɜrkər/ *s* trabajador -a, obrero -a

workforce /'wɜrkfɔrs/ *s* **1** personal [de una empresa] **2** población (económicamente) activa [de un país]

working /'wɜrkɪŋ/ *adjetivo & sustantivo plural*
■ *adj* **1** que trabaja(n) [madre, padres] **2** (económicamente) activo -a [población] **3** de trabajo [condiciones, horas] **4** laboral [día, semana] **5 to have a working knowledge of sth** tener conocimientos básicos de algo **6 to be in good/perfect working order** funcionar bien/perfectamente
■ **workings** *s pl* **the workings of sth** el funcionamiento de algo

working 'class *s* clase trabajadora

working-'class *adj* de clase trabajadora

workload /'wɜrkloʊd/ *s* (volumen de) trabajo

workman /'wɜrkmən/ *s* (pl **-men**) obrero

workmanship /'wɜrkmənʃɪp/ *s* trabajo [habilidad con que se hace algo y calidad de lo hecho]: *a high standard of workmanship* un trabajo de gran calidad

workmate /'wɜrkmeɪt/ *s* compañero -a de trabajo

workout /'wɜrk-aʊt/ *s* ejercicio, sesión de ejercicios

workplace /'wɜrkpleɪs/ *s* lugar de trabajo

workshop /'wɜrkʃɑp/ *s* **1** (de reparación) taller **2** (grupo de estudio) taller

workstation /'wɜrksteɪʃən/ *s* (en computación) terminal (de trabajo)

worktop /'wɜrktɑp/, también **work surface** *s* BrE superficie de trabajo [en una cocina]
▶ En inglés americano se usa **counter**

world /wɜrld/ *sustantivo & adjetivo*
■ *s* **1** mundo: *the tallest building in the world* el edificio más alto del mundo | **all over the world** en/por todo el mundo | **the whole world** todo el mundo **2** (campo de actividad) mundo: *the world of show business* el mundo del espectáculo **3 to do sb a world of good** hacerle muchísimo bien a alguien **4 to think the world of sb** tener un altísimo concepto de alguien
■ *adj* mundial: *a world record* un récord mundial | *the World Cup* el Mundial/la Copa del Mundo

world-'famous *adj* mundialmente famoso -a

worldly /'wɜrldli/ *adj* (-lier, -liest) **1** mundano -a | **worldly goods** bienes materiales **2** con mundo | **to be worldly** ser un hombre/una mujer de mundo

worldwide /wɜrld'waɪd/ *adjetivo & adverbio*
■ *adj* mundial
■ *adv* mundialmente, en/por todo el mundo

worm /wɜrm/ *s* gusano, lombriz

worn /wɔrn/ participio de **wear**

worn 'out *adj* **1** agotado -a [persona] **2 worn-out** muy gastado -a, raído -a: *a pair of worn-out jeans* unos jeans muy gastados

worried /'wɜrid/ *adj* preocupado -a | **to be worried about sth/sb** estar preocupado -a por algo/ alguien | **to get worried** preocuparse | **to be worried (that)** tener miedo de (que): *I'm worried that we won't have enough money.* Tengo miedo de que no nos alcance el dinero.

worry /'wɜri/ *verbo & sustantivo*
■ *v* (-rries, -rried) **1 to worry (about sth/sb)** preocuparse (por algo/alguien) **2** [tr] inquietar, preocupar: *It worries me that she hasn't called.* Me preocupa que no haya llamado.
■ *s* (pl **-rries**) **1** problema, preocupación | **money worries** problemas de dinero **2** (intranquilidad) preocupación

worrying /'wɜri-ɪŋ/ *adj* preocupante, inquietante

worse /wɜrs/ *adjetivo, sustantivo & adverbio*
■ *adj* comparativo de **bad 1** peor: *The weather is worse than yesterday.* Hace peor tiempo que ayer. | **to get worse** empeorar **2 to make matters/things worse** por si fuera poco, para

colmo de males

■ **s** lo peor: *Worse was yet to come.* Todavía faltaba lo peor.

■ **adv** comparativo de **badly** peor: *I did worse than you on my exams.* Me fue peor que a ti en los exámenes.

worsen /'wɜrsən/ v [tr/intr] empeorar

worse 'off adj en peor situación

worship /'wɜrʃɪp/ *verbo & sustantivo*
■ **v** (-ped, -ping AmE, -pped, -pping BrE) **1** [tr] rendir culto a **2** [intr] rendir culto **3** [tr] (querer mucho) adorar
■ **s** culto

worshiper AmE, **worshipper** BrE /'wɜrʃɪpər/ s fiel, adorador -a

worst /wɜrst/ *adjetivo, adverbio & sustantivo*
■ **adj** superlativo de **bad** peor: *He's the worst player on the team.* Es el peor jugador del equipo. | *What's the worst thing that can happen?* ¿Qué es lo peor que puede pasar?
■ **adv** superlativo de **badly** peor: *the worst-dressed man* el hombre peor vestido | *the cities worst affected by the war* las ciudades más afectadas por la guerra
■ **s 1 the worst** lo peor, el/la peor, los/las peores: *She's the worst in the class.* Es la peor de la clase. **2 at (the) worst, if the worst comes to the worst** en el peor de los casos

worth /wɜrθ/ *adjetivo & sustantivo*
■ **adj 1** con (un) valor de, por (un) valor de: *paintings worth millions of dollars* cuadros con (un) valor de millones de dólares | **to be worth $100/a fortune etc.**: valer $100/una fortuna etc.: *How much is it worth?* ¿Cuánto vale?/¿Qué valor tiene? **2 to be worth doing sth** valer la pena hacer algo | **it's not worth it** no vale la pena ▶ ver también **while**
■ **s 1** (mérito, importancia) valor, valía **2** valor (monetario) | **$8,000 worth of jewelry/$500 worth of goods etc.** joyas por (un) valor de $8,000/artículos por (un) valor de $500 etc. **3** (en tiempo): *I have a week's worth of work left.* Me queda trabajo como para una semana.

worthless /'wɜrθləs/ adj **1** inútil **2** sin valor | **to be worthless** no tener ningún valor

worthwhile /wɜrθ'waɪl/ adj valioso -a, que vale la pena | **to be worthwhile doing sth** valer la pena hacer algo

worthy /'wɜrði/ adj (-thier, -thiest) **1** digno -a [oponente, sucesor] **2** noble [causa] **3** honorable, respetable [persona] **4 to be worthy of sth** ser digno -a de algo

would /wʊd/ v [modal] (contracción 'd, negativo **wouldn't**, o, más formal, **would not**) ▶ ver recuadro

'would-be adj **a would-be pop star/artist etc.** un -a aspirante a estrella de pop/artista etc.

wouldn't /'wʊdnt/ contracción de **would not**

would've /'wʊdəv/ contracción de **would have**

---

would

1 CONDICIONAL
She'd be furious if she knew. Se pondría furiosa si lo supiera. | *What would you do if you won the lottery?* ¿Qué harías si te sacaras la lotería? | *I would help her if she asked me.* Yo la ayudaría si me lo pidiera. | *I would've bought the cheapest one.* Yo habría comprado el más barato.

2 VOLUNTAD
He wouldn't stay. No se quiso quedar.

3 OFRECIMIENTOS, PEDIDOS
Would you like some coffee? ¿Quieres café? | *Would you close the door, please?* ¿Puede cerrar la puerta, por favor?

4 ESTILO INDIRECTO
She said she would try and come. Dijo que trataría de venir. | *I thought she would like it but she hated it.* Pensé que le iba a gustar pero le pareció horrible.

5 HECHOS HABITUALES EN EL PASADO
We would often have lunch together. A menudo comíamos juntos. | *She would always insist on paying.* Siempre insistía en pagar.

6 DESAPROBACIÓN
You would go and spoil everything! ¡Típico de ti, ir y echarlo todo a perder!

---

wound¹ /wund/ *sustantivo & verbo*
■ **s** herida
■ **v** [tr] herir

wound² /waund/ pasado & participio de **wind**

wove /woʊv/ pasado de **weave**

woven /'woʊvən/ participio de **weave**

wow! /waʊ/ interj (informal) ¡guau!

wrap /ræp/ v [tr] (-pped, -pping) **1** envolver: *Wrap the plates in newspaper.* Envuelva los platos en papel de periódico. **2 to wrap sth around sth/sb:** *She wrapped a scarf around her neck.* Se puso un pañuelo alrededor del cuello. | *I wrapped my arms around his neck.* Le rodeé el cuello con los brazos. **3 to be wrapped up in sth** estar absorto -a en algo, estar muy metido -a en algo | **to be wrapped up in sb** no vivir más que para alguien

wrap up to wrap up warm/well abrigarse bien

wrap sth up 1 envolver algo **2** (informal) terminar algo

wrapper /'ræpər/ s envoltura, papel

wrapping /'ræpɪŋ/, también **wrappings** /'ræpɪŋz/ s envoltura, envoltorio

'wrapping ,paper s papel de regalo

wreath /riθ/ s corona [de flores]

wreck /rek/ *verbo & sustantivo*
■ **v** [tr] **1** estropear, arruinar **2** destrozar **3 to be wrecked** naufragar
■ **s 1** restos de un barco que naufragó, de un

vehículo accidentado, etc. **2 to be a nervous wreck** (informal) tener los nervios destrozados

wreckage /'rekɪdʒ/ s restos [de un vehículo, un edificio, etc. después de un accidente]

wrench /rentʃ/ *verbo & sustantivo*
- *v* [tr] (3ª pers sing -ches) **1 to wrench sth off/from sth** arrancar algo de algo | **to wrench sth/yourself free** soltar algo/soltarse **2** torcerse, dislocarse
- *s* **1** (pl wrenches) AmE llave inglesa, perico **2** dolor [de una despedida] **3** jalón

wrestle /'resəl/ *v* **1** [intr] luchar **2 to wrestle with sth** luchar con algo [un paquete, un problema, etc.]

wrestling /'reslɪŋ/ s lucha (libre)

wretched /'retʃɪd/ *adj* **1** desgraciado -a, desdichado -a **2** (informal) maldito -a

wriggle /'rɪgəl/ *v* **1** [intr] moverse, no quedarse quieto -a: *Stop wriggling!* ¡Quédate quieto! **2 to wriggle under/through etc. sth** colarse por debajo de algo/a través de algo etc. **3 to wriggle free** escurrirse, soltarse

wring /rɪŋ/ *v* [tr] (pasado & participio wrung) **1 to wring sth from/out of sb** arrancarle algo a alguien [dinero, una confesión] **2** (también **wring out**) retorcer, escurrir **3 to wring sb's neck** (informal) retorcerle el pescuezo a alguien

wrinkle /'rɪŋkəl/ *sustantivo & verbo*
- *s* arruga
- *v* **1** [tr] arrugar [un papel, una tela] **2** [intr] arrugarse [papel, tela] **3 to wrinkle your nose/forehead** arrugar la nariz/fruncir el ceño

wrist /rɪst/ s muñeca [articulación]

writ /rɪt/ s orden judicial

write /raɪt/ *v* (pasado wrote, participio written) **1** [tr/intr] escribir | **to write to sb** escribirle a alguien **2** [tr] componer [música] **3** [tr] hacer, extender [un cheque]

PHRASAL VERBS
write away ▶ ver **write off**
write back (to sb) contestar(le a alguien)
write sth down apuntar algo
write in escribir [a una empresa, un programa de radio, etc.]: *Hundreds of viewers wrote in to complain.* Cientos de televidentes escribieron para quejarse.
write off to write off for sth escribir pidiendo algo **write sth off 1** dar algo por perdido -a: *They wrote the project off as a complete disaster.* Dieron el proyecto por perdido, considerándolo un desastre absoluto. **2** BrE destrozar algo [un vehículo en un accidente] **3** cancelar algo [una deuda] **write sb off** descartar a alguien [por inútil, inepto, etc.]
write sth out 1 escribir algo **2** hacer/extender algo [un cheque] **3** pasar algo en limpio
write sth up redactar algo, pasar algo en limpio

write-off s BrE **to be a write-off** **(a)** quedar destrozado -a [vehículo] **(b)** ser un desastre [día, velada, etc.]

writer /'raɪtər/ s escritor -a

writhe /raɪð/ *v* **to writhe in pain/agony** retorcerse de dolor

writing /'raɪtɪŋ/ *sustantivo & sustantivo plural*
- *s* **1** (forma de comunicación) escritura | **in writing** por escrito **2** obra literaria: *This is some of her best writing.* Éste es uno de sus mejores libros/poemas etc. **3** actividad de escribir: *She lives for her writing.* Vive para escribir. **4** (manera de escribir) letra: *Your writing is very neat.* Tienes muy buena letra.
- **writings** *s pl* escritos, obras

writing paper s papel de cartas

written¹ /'rɪtn/ *adj* **1** por escrito **2** escrito -a [examen, prueba]

written² participio de **write**

wrong /rɔŋ/ *adjetivo, adverbio & sustantivo*
- *adj* **1** equivocado -a | **to be wrong** estar mal, estar equivocado -a [respuesta, suma, etc.] | **this is the wrong house/street etc.** ésta no es la casa/la calle etc., me equivoqué/nos equivocamos de casa/calle etc.: *You have the wrong number.* Se equivocó de número. | *It's the wrong color.* No es el color que quiero/que necesitamos etc. | *We're going in the wrong direction.* Vamos mal en esta dirección. **2 to be wrong** equivocarse [persona]: *I'm sorry, I was wrong.* Perdón, me equivoqué. **3** (moralmente) malo -a: *I haven't done anything wrong.* No he hecho nada malo. | *It's wrong to steal.* Robar está mal. **4** (referido a problemas): *What's wrong?* ¿Qué pasa? | *What's wrong with him?* ¿Qué le pasa? | *There's something wrong with the car.* Al coche le pasa algo.
- *adv* **1** mal: *You've spelled my name wrong.* Escribiste mal mi nombre. **2 to go wrong** **(a)** descomponerse [aparato] **(b)** equivocarse **(c)** salir mal, fracasar **3 to get an answer wrong** equivocarse en una respuesta | **you've got it wrong/she's got it wrong etc.!** ¡entendiste/entendió etc. mal! | **don't get me wrong** no me malinterpretes
- *s* **1** mal **2** injusticia **3 to be in the wrong** estar equivocado -a

wrongful /'rɔŋfəl/ *adj* **wrongful arrest/dismissal** arresto/despido injusto

wrongly /'rɔŋli/ *adv* **1** mal, equivocadamente **2** injustamente

wrote /roʊt/ pasado de **write**

wrung /rʌŋ/ pasado & participio de **wring**

wry /raɪ/ *adj* irónico -a

X, x /eks/ s X, x ► ver "Active Box" **letters** en **letter**

Xmas /'krɪsməs/ s (informal) Navidad

X-ray /'eks reɪ/ sustantivo, sustantivo plural & verbo
■ s radiografía
■ **X-rays** s pl rayos x
■ v [tr] hacer una radiografía de

xylophone /'zaɪləfoʊn/ s xilófono

Y, y /waɪ/ s Y, y ► ver "Active Box" **letters** en **letter**

yacht /jɑt/ s yate, velero

yachting /'jɑtɪŋ/ s navegación (a vela) [deporte]

Yank s BrE (informal) gringo -a, yanqui [norteamericano -a]

yank /jæŋk/ v **to yank (at/on) sth** (informal) jalar de algo

Yankee /'jæŋki/ s (informal) yanqui [persona del norte de EU]

yacht

yard /jɑrd/ s **1** AmE jardín **2** yarda [= 0.9 metros] **3** patio

yardstick /'jɑrdstɪk/ s patrón, criterio

yarn /jɑrn/ s **1** hilo **2** (informal) historia, cuento

yawn /jɔn/ verbo & sustantivo
■ v [intr] bostezar
■ s bostezo

yawning /'jɔnɪŋ/ adj **a yawning gap/gulf** una brecha abismal

yeah /jeə/ interj (informal) sí

year /jɪr/ s **1** año: He's four years old. Tiene cuatro años. | a six-year-old girl una niña de seis años | **all (the) year round** durante todo el año ► ver también **old 2 in/for years** hace

años: I haven't been there in years. Hace años que no voy allí. | **it's years since I saw her/I went to a concert etc.** hace años que no la veo/que no voy a un concierto etc. **3** BrE (en los estudios) año, curso: What year are you in? ¿En qué año estás?

yearly /'jɪrli/ adjetivo & adverbio
■ adj anual | **on a yearly basis** cada año, una vez al año
■ adv anualmente: We pay our fees yearly. Pagamos nuestras cuotas anualmente. | twice yearly dos veces al año

yearn /jɜrn/ v **to yearn for sth/to do sth** anhelar algo/hacer algo

yearning /'jɜrnɪŋ/ s **yearning for sth/to do sth** anhelo de algo/de hacer algo

yeast /jist/ s levadura

yell /jel/ verbo & sustantivo
■ v **1** [tr/intr] (también **yell out**) gritar: I yelled in pain. Grité de dolor. **2 to yell at sb** gritarle a alguien
■ s grito

yellow /'jeloʊ/ sustantivo & adjetivo
■ s amarillo
■ adj amarillo -a ► ver "Active Box" **colors** en **color**

yelp /jelp/ v [intr] **1** aullar [animal] **2** gritar [persona]

yes /jes/ interjección & sustantivo
■ interj sí: "Would you like some more?" "Yes, please." –¿Quieres más? –Sí, por favor.
■ s (pl **yeses**) sí

yesterday /'jestərdi, -deɪ/ adverbio & sustantivo
■ adv ayer: What did you do yesterday? ¿Qué hiciste ayer? | **yesterday morning/afternoon etc.** ayer por/en la mañana/tarde etc. | **the day before yesterday** anteayer
■ s ayer: Do we still have yesterday's paper? ¿Todavía tenemos el periódico de ayer?

yet /jet/ adverbio & conjunción
■ adv **1** (en preguntas) ya: Are you ready yet? ¿Ya estás listo? ► ver recuadro en **ya**
2 (en frases negativas) todavía: I haven't finished yet. Todavía no he terminado. | "Should I tell her?" "Not yet." –¿Se lo digo? –Todavía no.
3 as yet hasta ahora: As yet, there's been no news. Hasta ahora no ha habido noticias.
4 (referido al futuro) todavía: They'll be hours yet. Todavía faltan horas para que lleguen. | He may yet succeed. Todavía puede ser que lo logre.
5 (para enfatizar) aún, todavía: That one is yet more expensive. Ése es aún más caro. | **yet again** otra vez
6 (después de un superlativo) hasta ahora: It's their best record yet. Es su mejor disco hasta ahora.
■ conj pero, sin embargo: a simple yet effective solution una solución simple pero eficaz

yew /ju/, también **yew tree** s tejo [tipo de árbol]

yield /jiːld/ *verbo & sustantivo*
- *v* **1** [tr] rendir, producir **2** to yield (to sth/sb) ceder (ante algo/alguien)
- *s* rendimiento

yogurt, también **yoghurt** /ˈjəʊɡərt, BrE ˈjɒɡət/ *s* yoghurt: *strawberry yogurt* yoghurt de fresa

yolk /jəʊk/ *s* yema [de huevo]

you /jə, jʊ, acentuado juː/ *pron* ▶ ver recuadro

you'd /juːd/
- contracción de you had
- contracción de you would

you'll /juːl/
- contracción de you will
- contracción de you shall

young /jʌŋ/ *adjetivo & sustantivo*
- *adj* joven: *You're still young.* Todavía eres joven. | *She's a year younger than you.* Es un año menor que tú. | *I have a younger brother.* Tengo un hermano menor. | *a young man/woman* un joven/una joven | *young people* los jóvenes
- *s* **1 the young** los jóvenes **2** cría(s)

your /jər, acentuado jɔːr/ *adj* **1** tu(s), su(s): *Is that your sister?* ¿Ésa es tu hermana? ▶ Los posesivos se usan en inglés en muchos contextos en los que usamos el artículo en español, como delante de partes del cuerpo, pertenencias personales, etc.: *You've had your hair cut.* Te has cortado el pelo. | *Put your shoes on.* Ponte los zapatos. **2** (uso impersonal): *It's good for your health.* Es bueno para la salud. | *Your ears never stop growing.* Las orejas nunca paran de crecer.

you're /jʊr/ contracción de **you are**

yours /jʊrz/ *pron* **1** Como los pronombres posesivos ingleses no varían en género ni en número, **yours** puede equivaler a *(el) tuyo/suyo, (la) tuya/suya, (los) tuyos/suyos, (las) tuyas/suyas, (el) de usted(es), etc.*: *Are they friends of yours?* ¿Son amigos tuyos? | *This is my pencil. That's yours.* Éste es mi lápiz. Aquél es el suyo. **2** (al final de una carta) **yours truly**, también **sincerely (yours), yours sincerely** (lo/la saluda) atentamente ▶ ver nota

---
yours truly, sincerely (yours), etc.

Al final de una carta formal encabezada **Dear Sir/Madam**, se usa **yours truly** en inglés americano y **yours faithfully** en inglés británico.

Si se menciona el nombre del destinatario en el encabezamiento (**Dear Mr. Whitlam/ Dear Ms. Jarman**), la firma va precedida de **sincerely (yours)** en inglés americano o de **yours sincerely** en inglés británico.

Para cerrar una carta menos formal, se usa **yours**:

Yours, John. Saludos, John.
---

yourself /jɔːrˈself/ *pron* (pl **-selves** /-ˈselvz/) ▶ ver recuadro

---
you

1 Como sujeto puede equivaler a *tú*, *usted* o *ustedes*. Los pronombres de sujeto nunca se omiten en inglés:

Do you want a cup of coffee? ¿Quieres un café? | *You both have to sign it.* Tienen que firmarlo los dos.

2 Como complemento directo puede equivaler a *te, lo, los, la* o *las*:

I can't hear you. No te oigo. | *Let me help you.* Permítame que la ayude. | *I haven't seen you for so long.* Hace tanto tiempo que no los veo.

3 Como complemento indirecto puede equivaler a *te, le* o *les*:

Did I give you the money back? ¿Te devolví el dinero?

4 Después de una preposición o en comparaciones puede equivaler a *ti, tú, usted* o *ustedes*:

Can you take her with you? ¿La pueden llevar con ustedes? | *He's older than you.* Es mayor que tú.

5 Uso impersonal:

Fruit is good for you. La fruta es buena para la salud./La fruta hace bien. | *You can buy them anywhere.* Se pueden comprar en cualquier parte. | *You never know what might happen.* Uno nunca sabe qué puede suceder.

6 Al dirigirse a alguien:

You idiot! ¡Idiota! | *You boys stay here.* Niños, ustedes quédense aquí.

---
yourself

1 yourself/yourselves son las formas reflexivas de **you**. Su uso equivale en general al de los verbos pronominales españoles o a oraciones con *tú mismo -a, usted(es) mismo(s) -a(s)*:

Did you hurt yourself? ¿Te lastimaste? | *Behave yourselves!* ¡Pórtense bien! | *You look pleased with yourself.* Parece que estás contento contigo mismo. | *You're talking to yourself.* Estás hablando solo.

2 Tiene un uso enfático que equivale al de *tú mismo -a, usted(es) mismo(s) -a(s)*:

Why don't you do it yourself? ¿Por qué no lo haces tú mismo?

3 La expresión **(all) by yourself/yourselves** significa *solo(s), sola(s)* (sin compañía o sin ayuda):

You can't walk home by yourselves. No pueden irse caminando a casa solos. | *Did you make this all by yourself?* ¿Lo hiciste tú solito?
---

youth /juːθ/ *s* **1** (etapa de la vida) juventud | *in my/his etc. youth* cuando era joven, en mi/su etc. juventud **2** (gente joven) juventud **3** (pl **youths** /juːðz/) joven

youthful /'juːθfəl/ *adj* juvenil
'youth ,hostel *s* albergue juvenil
you've /juv/ contracción de **you have**

Z, z /zed, ziː/ *s* Z, z ► ver "Active Box" **letters** en **letter**

zeal /ziːl/ *s* fervor, celo

zebra /'ziːbrə, BrE 'zebrə/ *s* (pl zebras o zebra) cebra

,zebra 'crossing *s* BrE paso de peatones ► En inglés americano se usa **crosswalk**

zero /'zɪroʊ/ *número* (pl -os o -oes) cero

zest /zest/ *s* **1** zest (for sth) entusiasmo/pasión (por algo) **2** (de naranja, limón, etc.) cáscara

zigzag /'zɪgzæg/ *sustantivo, adjetivo & verbo*
■ *s* zigzag
■ *adj* en zigzag
■ *v* [intr] (-gged, -gging) zigzaguear

zinc /zɪŋk/ *s* zinc

zip /zɪp/ *sustantivo & verbo*
■ *s* **1** AmE (informal) cero, nada **2** AmE (informal) código postal **3** BrE ► ver **zipper**
■ *v* (-pped, -pping) to zip sth open/shut abrir/cerrar algo [que tiene cierre] zip sth up subir el cierre de algo

'zip code *s* AmE código postal

zipper /'zɪpər/ *s* AmE cierre, zíper

zodiac /'zoʊdiæk/ *s* the zodiac el zodíaco ► ver también **sign**

zone /zoʊn/ *s* zona

zoo /zuː/ *s* zoológico

zoology /zoʊ'ɑlədʒi/ *s* zoología

zoom /zuːm/ *verbo & sustantivo*
■ *v* [intr] to zoom off/past etc. (informal) salir/pasar etc. a toda velocidad zoom in to zoom in on sth/sb enfocar de cerca algo/a alguien [con una cámara cinematográfica, etc.]
■ *s* ► ver **zoom lens**

'zoom ,lens *s* teleobjetivo, zoom

zucchini /zʊ'kini/ *s* AmE calabacita

zebra

DICCIONARIO ILUSTRADO

Food and drink A2 – A3

Fruit A4

Vegetables A5

Clothes A6 – A7

Parts of the body A8

School
A9

Electronics and telecommunications
A10 – A11

Sports A12 – A13

Prepositions A14 – A15

Adjectives
A16

Food and drink

bread

eggs

milk

butter

meat

cheese

fish

sugar

cereal

rice

pasta

pizza

burger

fries (AmE)/chips (BrE)

chips (AmE)/crisps (BrE)

cake

cookies (AmE)/
biscuits (BrE)

jam

marmalade

chocolates

ice cream

chocolate

candy (AmE)/sweets (BrE)

tea

coffee

1 lemonade
2 orange juice
3 cola
4 water
5 white wine
6 beer
7 red wine

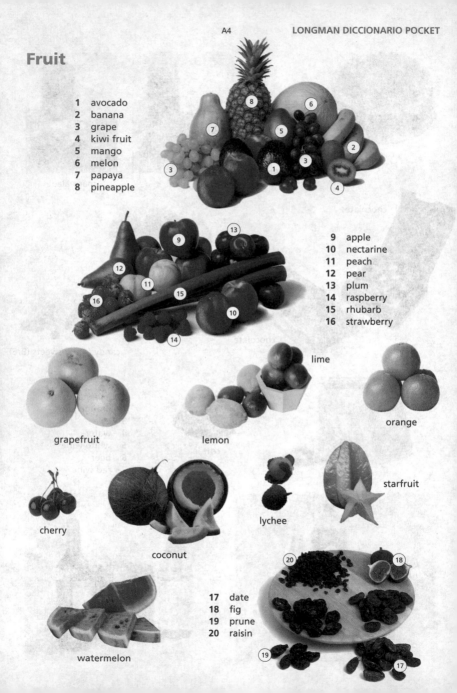

Fruit

1 avocado
2 banana
3 grape
4 kiwi fruit
5 mango
6 melon
7 papaya
8 pineapple

9 apple
10 nectarine
11 peach
12 pear
13 plum
14 raspberry
15 rhubarb
16 strawberry

lime

grapefruit

lemon

orange

cherry

coconut

lychee

starfruit

watermelon

17 date
18 fig
19 prune
20 raisin

Vegetables

1 mushroom
2 runner bean
3 spinach
4 green onion (AmE)/spring onion
5 watercress
6 zucchini (AmE)/courgette (BrE)

7 asparagus
8 celery
9 eggplant (AmE)/
   aubergine (BrE)
10 French bean
11 lettuce
12 peas

beetroot

carrot

13 broccoli
14 cabbage
15 cauliflower

cucumber

red pepper

garlic

onion

leek

green pepper

potato

pumpkin

radish

squash

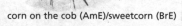

corn on the cob (AmE)/sweetcorn (BrE)

tomato

turnip

Clothes

sweatshirt

jeans

coat

dress

1 T-shirt
2 shorts
3 shirt
4 tie
5 jacket
6 trousers
7 jacket
8 blouse
9 skirt

10   sweat suit (AmE)/
      tracksuit (BrE)
11   bikini
12   swimsuit
13   swimming trunks
14   sneakers (AmE)/
      trainers (BrE)

men's shoes

women's shoes

ankle socks

socks

gloves

nightgown

15   robe (AmE)/
      dressing gown (BrE)
16   pajamas (AmE)/
      pyjamas (BrE)

briefcase

handbag

Parts of the body

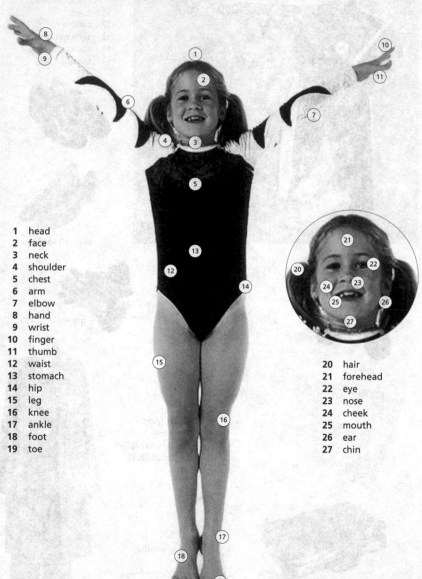

1   head
2   face
3   neck
4   shoulder
5   chest
6   arm
7   elbow
8   hand
9   wrist
10   finger
11   thumb
12   waist
13   stomach
14   hip
15   leg
16   knee
17   ankle
18   foot
19   toe

20   hair
21   forehead
22   eye
23   nose
24   cheek
25   mouth
26   ear
27   chin

School

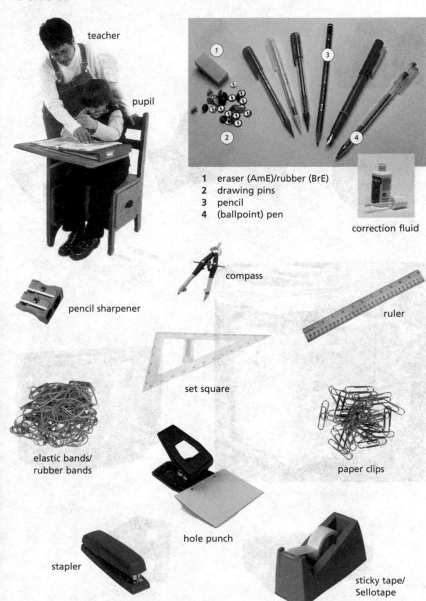

teacher

pupil

1　eraser (AmE)/rubber (BrE)
2　drawing pins
3　pencil
4　(ballpoint) pen

correction fluid

compass

pencil sharpener

ruler

set square

elastic bands/
rubber bands

paper clips

hole punch

stapler

sticky tape/
Sellotape

Electronics and telecommunications

camera

camera film

camera lens

CD player

CD-Rom

clock radio

photocopier

calculator

television

video recorder

video cassette

personal organiser

floppy disks/diskettes

1 computer
2 mouse
3 mousemat

laptop

printer

console and gamepad

joystick

answering machine

fax machine

cell phone (AmE)/
mobile phone (BrE)

telephone

pager

Sports

badminton

basketball

boxing

baseball

fishing

cycling

climbing

golf

football (AmE)/
American
football (BrE)

gymnastics

ice hockey

karate

rollerblading/
in-line skating

running/jogging

sailing

scuba diving

skate boarding

skiing

soccer (AmE)/
football (BrE)

squash

surfing

tennis

windsurfing

Prepositions

from

to

1 in front of
2 behind
3 over
4 under
5 in
6 out

up

down

onto

off

on   off

round

between

against

beside/next to

across

away from

towards

7 outside
8 inside
9 into
10 through
11 out of

12 at the top
13 in the middle
14 at the bottom
15 on top of
16 under/underneath

along

Adjectives – opposites

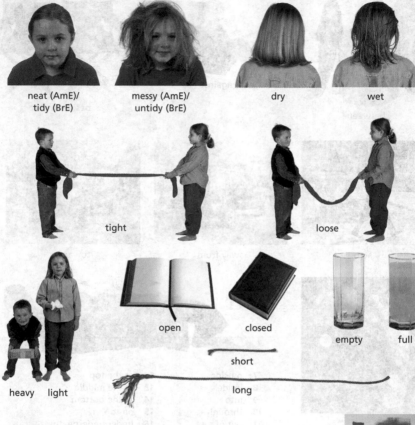

neat (AmE)/
tidy (BrE)

messy (AmE)/
untidy (BrE)

dry

wet

tight

loose

open

closed

empty   full

heavy   light

short

long

near/close

far

1 narrow
2 wide
3 hard
4 soft

A, a
- *s* A, a ▶ ver "Active Box" **letras del alfabeto** en **letra**

a *prep* ▶ ver recuadro

abadía *s* abbey

abajo *adverbio, preposición & interjección*
- *adv* **1** (posición, dirección) **aquí/ahí abajo** down here/down there: *Ponlo ahí abajo.* Put it down there. | **para abajo** down: *Si miro para abajo, me da vértigo.* If I look down, I get vertigo. | **el cajón/el anaquel de abajo** **(a)** (el último) the bottom drawer/shelf **(b)** (el siguiente) the next drawer/shelf down **2** (en una casa, un edificio) downstairs: *El baño está abajo.* The bathroom is downstairs. **3 tirar la puerta abajo** to break the door down: *Tiraron la puerta abajo para entrar.* They broke the door down to get in. | **tirar una pared/un edificio abajo** to knock a wall/a building down **4 venirse abajo (a)** (derrumbarse) to collapse: *El estante se vino abajo.* The shelves collapsed. **(b)** (deteriorarse) to fall apart: *Esta casa se está viniendo abajo.* This house is falling apart.
- **abajo de** *prep* **1 abajo de la mesa/de la cama etc.** under the table/the bed etc. **2 abajo de la rodilla/la cintura etc.** below the knee/the waist etc.
- *interj* **¡abajo el dictador/el presidente etc.!** down with the dictator/the president etc!

abandonado, -a *adj* (casa, pueblo, persona) abandoned: *un hogar para niños abandonados* a home for abandoned children

abandonar *v* **1** (a una persona) to abandon **2** (un país, una ciudad) to leave: *Tuvieron que abandonar el país.* They had to leave the country. **3** (un plan, una idea) to abandon **4 abandonar los estudios** to drop out of school/college etc.: *Abandonó los estudios para ponerse a trabajar.* She dropped out of college in order to start work.

abanicar *v* (en beisbol) to fan

abanicarse *v* to fan yourself: *Se abanicaba con una revista.* She was fanning herself with a magazine.

abanico *s* **1** (objeto) fan **2 un amplio abanico de posibilidades/opciones** a wide range of possibilities/options

abarcar *v* **1** (comprender) to cover: *El programa abarca desde el siglo XVI hasta la revolución.* The syllabus covers the period from the 16th century to the revolution. **2** (ocupar) to extend over: *El parque abarca 285.000 hectáreas.* The park extends over 285,000 hectares. **3** (en

---

a *preposición*

1 = TO

DIRECCIÓN

Nos vamos al club. We are going to the club. | *el vuelo a Nueva York* the flight to New York

INTENCIÓN, FINALIDAD

Salgo a comprar leche. I'm going out to buy some milk. | *Se fue a buscar a su novia.* He went to get his girlfriend.

2 = AT

HORAS

Se despertó a las ocho. She woke up at eight. | *No puedes llamar a estas horas.* You can't call at this time.

EDADES

A los quince años ya era famoso. At fifteen he was already famous.

PRECIOS

Tienen camisas a $150. They have shirts at $150. | *¿A cuánto/a cómo están las peras?* How much are the pears?

VELOCIDADES

Iban a 100 km por hora. They were going at 100 kilometers an hour.

3 OTROS CASOS

TRAS

a la semana/a los dos días etc. a week later/two days later etc.: *A los tres días estaba listo.* It was ready three days later.

DISTANCIAS

Está a 50 km de la capital. It's 50 kilometers from the capital. | *Vive a media hora del centro.* He lives half an hour from the center of town.

RESULTADOS DEPORTIVOS

El partido terminó 0 a 0. The game ended zero-zero. | *Ganamos por 2 a 1.* We won 2-1.

COMPLEMENTOS VERBALES

Invitaron a Matías. They invited Matías. | *Le di las llaves a Rita.* I gave Rita the keys./I gave the keys to Rita. | *Les expliqué el problema a los niños.* I explained the problem to the children.

4 Las expresiones como **al sur**, **a mano**, **a la derecha**, etc. están tratadas bajo el sustantivo correspondiente.

---

duración) to span: *el periodo que abarca de 1970 a 1995* the period spanning from 1970 to 1995

abarrotado, -a *adj* **1** (de gente) packed: *El estadio estaba abarrotado de gente.* The stadium was packed with people. **2** (de objetos) crammed: *anaqueles abarrotados de libros* shelves crammed with books

abarrotes *s pl* **1** (tienda) grocery store (AmE), grocer's (shop) (BrE): *En la esquina hay unos abarrotes.* There's a grocery store on the corner. **2** (mercancías) groceries

abastecer v abastecer a alguien (de algo) to supply sb (with sth)

abasto s no me doy/se da etc. abasto I/he etc. can't cope: *Tengo tanto trabajo que no me doy abasto.* I can't cope with all the work I have.

abdomen s abdomen

abdominal adjetivo & sustantivo plural
- **adj** abdominal
- **abdominales s pl** (ejercicios) sit-ups: *Hace abdominales todas las mañanas.* She does sit-ups every morning.

abecedario s alphabet

abedul s (árbol, madera) birch (pl -ches)

abeja s bee: *Me picó una abeja.* I was stung by a bee.

   abeja reina queen bee

abejorro s bumblebee

abertura s opening

abeto s **1** (árbol) fir **2** (madera) deal

abiertamente adv openly: *Lo dijo abiertamente.* She said it openly.

abierto, -a adj ▶ ver recuadro

open

closed

abismo s **1** (brecha) gulf: *el abismo entre ricos y pobres* the gulf between rich and poor **2** (profundidad) abyss

ablandar v ablandar algo **(a)** (a propósito) to soften something: *Ablande la mantequilla con una cuchara de madera.* Soften the butter with a wooden spoon. **(b)** (accidentalmente) to make sth go soft: *El calor ablanda el asfalto.* The heat makes the tarmac go soft.

   ablandarse v (mantequilla, cera) to soften up

abofetear v to slap

abogacía s law: *Quiere estudiar abogacía.* She wants to study law.

abogado, -a s lawyer: *Su madre es abogada.* Her mother is a lawyer./Her mother is an attorney.

> En inglés hay varios términos que significan *abogado*. **Lawyer** es el término más general y en inglés americano también se usa **attorney** como término general.
>
> El abogado que defiende a su cliente en los tribunales se llama **barrister** en Gran Bretaña mientras que el **solicitor** británico se ocupa de muchas de las tareas que en otros países realizan los notarios.

abolición s abolition

abolir v to abolish

abierto -a

1 La traducción **open** es válida en la mayoría de los contextos:

Las ventanas estaban abiertas. The windows were open. | *Duerme con la boca abierta.* He sleeps with his mouth open. | *una zona con pocos espacios abiertos* an area with few open spaces

2 Excepción:

REFERIDO A LLAVES DE AGUA

La llave está abierta. The faucet is running. | *Dejaste la llave abierta.* You left the faucet running.

abolladura s dent

abollar v to dent

   abollarse v to get dented

abonado, -a adjetivo & sustantivo
- **adj** estar abonado -a al cable to have cable (television) | estar abonado -a a Internet to have an Internet account
- **s** subscriber

abonar v **1** (pagar) to pay: *¿Hay que abonar en efectivo?* Do you have to pay cash? **2** (fertilizar) to fertilize

abono s **1** (de transporte) season ticket: *un abono mensual* a monthly season ticket | sacar un abono to buy a season ticket **2** (a Internet) account: *un abono a Internet* an Internet account **3** (fertilizante) fertilizer

abordar v **1** (un tema, a una persona) to approach **2** (una embarcación) to board

aborigen adjetivo & sustantivo
- **adj** (lengua, población, etc.) indigenous
- **s los aborígenes de la región/del continente etc.** the indigenous people of the region/of the continent etc. ▶ En inglés el término **aborigine** se aplica casi exclusivamente a los aborígenes australianos

aborrecer v to detest

abortar v **1** (voluntariamente) to have an abortion, (accidentalmente) to have a miscarriage **2** (en computación) to cancel, to abort

aborto s (provocado) abortion, (accidental) miscarriage

abotonar v abotonarle el vestido/la camisa etc. a alguien to do up sb's dress/shirt etc., to button up sb's dress/shirt etc.

   abotonarse v abotonarse la camisa/el vestido etc. to do up your dress/your shirt etc., to button up your shirt/your dress etc.: *Abotónate los puños.* Do your cuffs up./Button your cuffs up.

abrazado, -a adj abrazado -a (a algo/alguien) with your arms around sth/sb: *Se durmió abrazado al osito.* He went to sleep with his arms around his teddy bear.

abrazar v abrazar a alguien to give sb a hug, to hug sb

   abrazarse v **1** (dos o más personas) to hug each other: *Se abrazaron con fuerza.* They hugged each other tightly. **2 abrazarse a algo/con alguien** to hug sth/sb: *Se abrazó a su muñeca.* She hugged her doll.

abrazo *s* **1** hug | **darle un abrazo a alguien** to give sb a hug: *Ven a darme un abrazo.* Come and give me a hug. **2** (al final de una carta): *Un abrazo, Juan.* All the best, Juan./Love, Juan. ▶ **Love** es más afectuoso que **All the best**

abrelatas *s* can opener, tin opener (BrE)

abreviar *v* (una palabra) to abbreviate: *¿Cómo se abrevia "usted"?* How do you abbreviate "usted"?

abreviatura *s* abbreviation: *"Sr." es la abreviatura de "señor".* "Sr." is the abbreviation of "señor".

abridor *s* **1** (de botellas) bottle opener **2** (de latas) tin opener

abrigado, -a *adj* **estar bien abrigado -a** to be wearing warm clothes

abrigador, -a *adj* (ropa, cobija) warm: *un suéter muy abrigador* a very warm sweater

abrigar *v* (dar calor) to be warm: *Esta camisa no abriga nada.* This shirt isn't at all warm.

abrigarse *v* **abrigarse bien** to wrap up warm: *Abríguense bien si van al partido.* Wrap up warm if you're going to the game.

abrigo *s* **1** (prenda) coat: *Me quité el abrigo.* I took my coat off. | *Ponte el abrigo.* Put your coat on. **2 ropa/prendas de abrigo** warm clothing/garments

abril *s* April ▶ ver "Active Box" **meses** en **mes**

abrir *v* ▶ ver recuadro

abrochar *v* **1 abrochar un botón** to do a button up **2 abrocharle el abrigo/la camisa a alguien** to do sb's coat/shirt up: *¿Me abrochas el vestido?* Can you do my dress up for me?

abrocharse *v* **1 abrocharse la camisa/el abrigo** to do your shirt/coat up: *Abróchate el pantalón.* Do your pants up. **2 abrocharse un collar/una pulsera etc.** to fasten a necklace/a bracelet etc.

abrupto, -a *adj* **1** (descenso, reducción) sharp **2** (cambio, partida, final) abrupt **3** (terreno) rugged

absolutamente *adv* absolutely: *Estoy absolutamente segura.* I'm absolutely sure.

absoluto, -a *adj* **1** (total) total, absolute ▶ **absolute** se suele usar para cosas negativas: *El recital fue un éxito absoluto.* The concert was a total success. | *un absoluto desastre* an absolute disaster **2 en (lo) absoluto** **(a)** (como respuesta) not at all: *-¿Está cansado? –En lo absoluto.* "Are you tired?" "Not at all." **(b)** (con un verbo en negativo) in the slightest: *No me importa en absoluto lo que digan.* I don't care in the slightest what they say. **3** (mayoría, poder, etc.) absolute

absolver *v* **1** (en un juicio) to acquit **2** (en la confesión) to absolve

---

abrir

1 La traducción **to open** es válida en la mayoría de los contextos, tanto para *abrir* como para *abrirse*:

¿Le importa si abro la ventana? Do you mind if I open the window? | *Se abrió la puerta y apareció la directora.* The door opened and the principal appeared. | *Abran el libro en la página 19.* Open your books on page 19. | *Abre la boca.* Open your mouth. | *Quiero abrir mis regalos.* I want to open my presents. | *¿A qué horas abre la biblioteca?* What time does the library open? | *Quisiera abrir una cuenta corriente.* I'd like to open a checking account.

2 Excepciones:

REFERIDO A LLAVES DE AGUA (= to turn on)

Abre la llave del agua caliente. Turn the hot water faucet on.

REFERIDO A CIERRES, CREMALLERAS (= to come undone)

Se te ha abierto el cierre. Your zipper has come undone.

---

absorbente *adj* **1** (papel, material) absorbent **2** (persona) domineering **3** (trabajo, actividad) demanding

absorber *v* to absorb

absorto, -a *adj* **(estar) absorto -a en algo** (to be) engrossed in sth

abstemio, -a *adjetivo & sustantivo*
■ *adj* teetotal
■ *s* teetotaler (AmE), teetotaller (BrE)

abstención *s* abstention

abstenerse *v* **1** (no votar) to abstain **2 abstenerse de hacer algo** to refrain from doing sth

abstinencia *s* abstinence

abstracto, -a *adj* **1** (concepto, idea) abstract **2** (arte) abstract

absurdo, -a *adj* absurd

abuchear *v* to boo

abuelo, -a *s* **abuelo** grandfather | **abuela** grandmother | **abuelos** (abuelo y abuela) grandparents ▶ Existen términos más coloquiales y cariñosos, como **grandad** para abuelo y **grandma** para abuela: *Mi abuelo vive solo.* My grandad lives on his own. | *A los niños los cuida la abuela.* The children are taken care of by their grandmother. | *Mis abuelos son españoles.* My grandparents are Spanish.

abundancia *s* **1** (gran cantidad) abundance | **en abundancia** in abundance **2 vivir en la abundancia** to be very well-off

abundante *adj* **1 abundante comida/agua etc.** plenty of food/water etc. **2** (porción) generous

---

abundar v Existe el verbo **to abound**, pero es bastante formal. **There are many...** o **There is plenty of...**, en cambio, se pueden usar en cualquier contexto: *En este bosque abundan los pinos.* There are many pine trees in this wood. | *donde abunda el agua* where there is plenty of water

aburrido, -a *adjetivo & sustantivo*
- *adj* **1** bored **2** boring ▶ ver recuadro
- *s* bore: *Eres un aburrido.* You're a bore.

¿bored o boring?

bored se usa cuando alguien se aburre:

Me fui porque estaba aburrida. I left because I was bored. | **estar aburrido -a de hacer algo** to be fed up with doing sth: | *Estaban aburridos de jugar cartas.* They were fed up with playing cards.

boring se usa cuando algo o alguien aburre:

una clase aburrida a boring class | *La obra me pareció aburridísima.* I thought the play was incredibly boring.

---

aburrimiento s **1** (estado) boredom | **morirse de aburrimiento** to get bored to tears: *En el pueblo nos morimos de aburrimiento.* We get bored to tears in our village. **2** (cosa aburrida) bore: *El viaje en tren es un aburrimiento.* The train trip is a bore.

aburrir v to bore: *Aburre a la gente con sus cuentos.* He bores people with his stories.

aburrirse v **1** to get bored: *Me aburro en la casa de mi abuela.* I get bored at my grandma's. **2 aburrirse de hacer algo** to get fed up with doing sth: *Me aburrí de escucharlo.* I got fed up with listening to him.

abusado, -a *adjetivo & interjección*
- *adj* **1** (listo) smart, bright | **ser muy abusado -a para algo** to be brilliant at sth: *Es muy abusado para las matemáticas.* He's brilliant at math. **2 ponerse abusado -a** to watch out
- *¡abusado! interj* watch out!

abusar v **1 abusar del vino/chocolate etc.** to drink too much wine/to eat too much chocolate etc. **2 abusar de la generosidad de alguien** to take advantage of sb's generosity

abuso s **ser un abuso** to be totally unreasonable: *$50 la entrada es un abuso.* $50 for a ticket is totally unreasonable.

acá *adv* **1** (de lugar) here | **acá abajo/arriba** down here/up here | **acá adentro/afuera** in here/out here **2** (de tiempo) **de entonces para acá** since then: *De entonces para acá, no he dejado de tomar la medicina.* I haven't stopped taking the medicine since then. | **¿de cuándo acá?** (expresando irritación) since when? **3 bien acá,** o **muy acá (a)** (de moda) very trendy: *un restaurante bien acá* a very trendy restaurant **(b)** (referido a personas) really cool

acabar v **1** (terminar) to finish: *Cuando acabes, avísame.* When you've finished, let me know. | *¿Acabaste tu tarea?* Have you finished your homework? | **acabar de hacer algo** to finish doing sth: *Cuando acabes de comer, podemos salir.* When you've finished eating, we can go out. **2 acabar haciendo algo/por hacer algo** to end up doing sth: *Van a acabar rompiéndolo.* They're going to end up breaking it. **3** (hablando de acciones recientes) **acabar de hacer algo** to have just done sth: *Acabo de verlo.* I've just seen him. | *Se notaba que acababa de levantar.* You could tell he had just got up. **4 acabar en algo (a)** (palabra) to end in sth: *palabras que acaban con 'Z'* words that end in 'Z' **(b)** (objeto) to end in sth: *Acaban en punta.* It ends in a point./It has a pointed end.

acabarse v **1** (concluir) to finish, to end: *¿Qué día acaban las clases?* What day does school finish?/When's the last day of term? | *cuando acabe la película* when the movie's finished/after the movie **2 se acabó el pan/el café** there isn't any bread/coffee left | **se acabaron los chocolates/las galletas** there aren't any chocolates/cookies left: *Se habían acabado las entradas.* There weren't any tickets left. | **se me/le/nos etc. acabó el dinero** I/he/we etc. ran out of money: *Se me está acabando la paciencia.* I'm running out of patience. **3 ¡se acabaron las peleas/las discusiones!** that's enough fighting/arguing!

academia s **1** (instituto privado) school **2** (sociedad de artes, letras, etc.) academy (pl -mies)

acampar v to camp: *Acampamos cerca del río.* We camped near the river. | **ir a acampar** to go camping

acantilado s cliff

acaparar v (monopolizar) to hog: *No acapares la computadora.* Don't hog the computer.

acariciar v **1** (a un animal) to stroke: *Se agachó para acariciar al gato.* She bent down to stroke the cat. **2** (a una persona) **acariciar a alguien** to stroke sb's head/face etc.: *¿Puedo acariciar al bebé?* Can I stroke the baby's head? ▶ Se menciona la parte del cuerpo que se acaricia

acaso *adv* **por si acaso** just in case: *Lleva dinero por si acaso.* Take some money just in case.

acatar v (una orden, una norma) to obey

acatarrado, -a *adj* **estar acatarrado -a** to have a cold

acatarrarse s to catch a cold

acceder v **1** (en computación) **acceder a algo** to access sth **2** (aceptar) **acceder a hacer algo** to agree to do sth

accesible *adj* **1** (precio, producto) affordable **2** (persona) accessible **3** (lenguaje) accessible

acceso s **1 tener acceso a algo** to have access to sth: *No teníamos acceso a esa información.* We didn't have access to that information.

2 (entrada, a un edificio) entrance | **los accesos a la ciudad** the roads into the city

accesorio s accessory (pl -ries)

accidentado, -a adj **1** (terreno) rough, rugged **2** (viaje, semana) eventful

accidente s accident: *Tuvo un accidente con el coche.* She had a car accident.
accidente aéreo/de avión plane crash (pl -shes) **accidente de trabajo** accident at work **accidente de tráfico** road accident **accidente geográfico** geographical feature

acción s **1** (actividad) action: *La acción transcurre en Berlín en 1939.* The action takes place in Berlin in 1939. **2 una buena acción** a good deed: *mi buena acción del día* my good deed for the day **3** (de una empresa) share

accionista s shareholder, stockholder (AmE)

aceite s (para cocinar, en mecánica) oil
aceite de girasol sunflower oil **aceite de maíz** corn oil **aceite de oliva** olive oil

aceituna s olive

acelerador s accelerator | **pisar el acelerador** to put your foot on the accelerator

acelerar v **1** (manejando) to accelerate **2** (un proceso) **acelerar algo** to speed sth up

acelga s chard, swiss chard

acento s **1** (ortográfico) accent: *"Examen" no lleva acento.* There's no accent on the word "examen". **2** (pronunciación) accent: *Habla con acento francés.* He speaks with a French accent.

acentuar v **1** (al escribir) **se acentúa/no se acentúa** it has an accent/it doesn't have an accent **2** (al hablar) to stress: *Se acentúa la segunda sílaba.* You stress the second syllable.

acepción s sense, meaning

aceptable adj passable: *Habla un inglés aceptable.* He speaks passable English.

aceptar v **1** (una oferta, un regalo, etc.) to accept: *Me invitaron a ir con ellos y acepté.* They invited me to go with them and I accepted. **2** (admitir) to admit | **aceptar la derrota** to admit defeat | **aceptar hacer algo** to agree to do sth: *Aceptó venir con nosotros.* He agreed to come with us.

acera s sidewalk (AmE), pavement (BrE): *Iba en bicicleta por la acera.* She was riding her bicycle along the sidewalk. | **la acera de enfrente** the other side of the road: *Me gritó desde la acera de enfrente.* He shouted to me from the other side of the road.

acerca de prep about: *Habló acerca de la situación en el colegio.* He talked about the situation at school.

acercar v **1 acercar algo a algo** to move sth closer to sth: *Acerca el sofá a la ventana.* Move the couch closer to the window. **2 acercar a alguien a/hasta un lugar** to give someone a ride somewhere (AmE), to give someone a lift somewhere (BrE): *Me acercó hasta la estación.* He gave me a ride to the station.

acercarse v **1** (a algo o alguien) to get close: *No te acerques tanto al televisor.* Don't get so close to the television. **2 acercársele a alguien** (para hablarle, etc.) to go up to sb, to come up to sb ▶ Se usa **to come up to sb** cuando el movimiento es hacia el hablante: *Se me acercó para platicar.* He came up to me to have a chat. **3** (en el tiempo) to approach: *Se acercaba el día de la operación.* The day of the operation was approaching.

acero s steel
acero inoxidable stainless steel

acertado, -a adj **una decisión/una elección acertada** the right decision/the right choice

acertar v **1** (adivinar) to guess: *Tienes que tratar de acertar el resultado del partido.* You have to try to guess the result of the game. **2 acertar una respuesta** to get an answer right | **acertar el número ganador** to pick the winning number

achicar v **achicar un vestido/una falda etc.** to take a dress/a skirt etc. in: *Tuve que achicar los pantalones.* I had to take the pants in.

achicarse v **1** (encoger) to shrink: *El suéter se achicó al lavarlo.* The sweater shrank in the wash. **2** (acobardarse) to be intimidated: *Los muchachos no se achicaron.* The boys weren't intimidated.

achicharrarse v **1** (tener mucho calor) to roast: *¡Me estoy achicharrando!* I'm roasting! **2** (cocinarse demasiado) to get burned to a crisp: *Se me achicharraron las hamburguesas.* The hamburgers got burned to a crisp.

achicopalado, -a adj down, downhearted

acidez s **1** acidity **2 acidez (estomacal)** heartburn

ácido, -a adjetivo & sustantivo
■ adj (referido al sabor) acidic, tart
■ **ácido** s **1** (en química) acid **2** (droga) acid

acierto s good decision: *Comprar esta casa fue un acierto.* Buying this house was a good decision.

aclarar v **1** (explicar) to clear up, to clarify: *Quisiera aclarar algunos puntos.* I'd like to clear up a few points./I'd like to clarify a few points. | **aclararle a alguien que...** to make (it) clear to sb that...: *Nos aclaró que no sabía mucho sobre el tema.* She made it clear to us that she didn't know much about the subject. **2** (amanecer) to get light: *Me despierto apenas empieza a aclarar.* I wake as soon as it starts to get light. **3** (despejarse) to clear up: *Parece que va a aclarar.* It looks as if it's going to clear up.

acné s acne: *Tiene acné.* He has acne.

acobardarse v to lose your nerve: *Se acobardó y no se lo dijo.* She lost her nerve and didn't tell him.

acogedor, -a adj **1** (ambiente, casa) cozy (AmE), cosy (BrE) **2** (ciudad) welcoming, friendly

acoger v **acoger a alguien** to take sb in

acomedido, -a adj obliging, eager to help

acomodado, -a adj (adinerado) well-off: *una familia acomodada* a well-off family

acomodador, -a s usher

acomodar v **1** (colocar) to put: *Ya acomodé nuestras cosas en el clóset.* I've put our things in the closet. **2** (convenir) to suit: *¿A qué horas te acomoda?* What times suit you?/What times are best for you?
acomodarse v **1** (instalarse) to make yourself comfortable: *Nos acomodamos en el asiento de atrás.* We made ourselves comfortable in the back seat. **2** **acomodarse los anteojos/la corbata** to adjust your glasses/your tie

acompañante s **1** (de una persona) ver ejemplos: *Puedes venir con un acompañante.* You can bring someone with you. | *Es acompañante asiduo de la estrella.* He is a constant companion of the star. ▶ **companion** se usa cuando el énfasis está en la relación entre las personas **2** (en un vehículo) passenger: *el asiento del acompañante* the passenger seat **3** (músico) accompanist

acompañar v **1** (ir con) to go with, (venir con) to come with: *El perro lo acompaña a todas partes.* His dog goes everywhere with him. ▶ Si se trata de acompañar al hablante, se usa **to come with**: *¿Me acompañas al supermercado?* Will you come to the supermarket with me? ▶ Existe también **to accompany**, que es más formal **2** **acompañar a alguien hasta la puerta** to see sb to the door: *Te acompaño hasta la puerta.* I'll see you to the door. **3** (a un cantante o músico) to accompany: *Daniel nos acompañó con la guitarra.* Daniel **accompanied** us on the guitar.

acomplejado, -a adj Ver ejemplos: *una niña muy acomplejada* a girl with a lot of hang-ups | *Está acomplejado por su acné.* He has a complex about his acne.

acondicionado ▶ ver **aire**

acondicionador s (para el pelo) conditioner
acondicionador de aire air-conditioning unit

aconsejable adj advisable

aconsejar v **1** to advise: *¿Qué me aconsejas?* What do you advise me to do? **2** **aconsejarle a alguien que haga algo** to advise sb to do sth: *Nos aconsejaron que llegáramos temprano.* They advised us to get there early.

acontecimiento s event: *un acontecimiento histórico* a historic event: *Fue todo un acontecimiento.* It was quite an occasion.

acordar v (convenir) to agree
acordarse v to remember: *–¿Dónde lo pusiste? –No me acuerdo.* "Where did you put it?" "I can't remember." | **acordarse de algo/alguien** to remember sth/sb: *¿Te acuerdas de Betty?* Do you remember Betty? | **acordarse de hacer algo** to remember to do sth: *Acuérdate de traerme los libros.* Remember to bring me the books. | *No se*

acordó de llamarla. He forgot to call her. | **acordarse de haber hecho algo** to remember doing sth: *No me acuerdo de haber dicho eso.* I don't remember saying that.

acorde s (en música) chord

acordeón s **1** (instrumento) accordion **2** (para copiar en un examen) crib sheet, crib

acortar v **acortar un vestido/una falda etc.** to take up a dress/a skirt etc.: *¿Me ayudas a acortar estos pantalones?* Can you help me take up these pants?
acortarse v (días) to get shorter: *Se están empezando a acortar los días* The days are beginning to get shorter.

acosar v to harass | **acosar sexualmente a alguien** to sexually harass sb

acoso s harassment
acoso sexual sexual harassment

acostado, -a adj **1** (en la cama) in bed: *Estaban todos acostados.* They were all in bed. **2** **estar acostado -a en el suelo/en el pasto etc.** to be lying on the floor/on the grass etc.

acostar v **acostar a alguien** to put sb to bed
acostarse v **1** (irse a dormir) to go to bed: *Anoche me acosté tarde.* I went to bed late last night. **2** (tenderse) to lie down: *Me voy a acostar un rato.* I'm going to lie down for a while.

acostumbrado, -a adj **estar acostumbrado -a a (hacer) algo** to be used to (doing) sth: *El equipo está acostumbrado a ganar.* The team is used to winning.

acostumbrar v **acostumbrar a alguien a hacer algo** to get sb used to doing sth: *Lo acostumbraron a comer de todo.* They got him used to eating all sorts of things.
acostumbrarse v **acostumbrarse a (hacer) algo** to get used to (doing) sth: *No me puedo acostumbrar a comer tan temprano.* I can't get used to having lunch so early.

acotamiento s (en la carretera) shoulder (AmE), hard shoulder (BrE)

acreedor, -a s creditor

acribillar s **1** **acribillar a alguien a tiros/a balazos** to riddle sb with bullets, to gun sb down **2** **acribillar a alguien a preguntas** to bombard sb with questions

acrobacia s **hacer acrobacias** to do acrobatics
acrobacia aérea aerobatics

acróbata s acrobat

acta s (de una junta) minutes pl: *¿Quién redactó el acta de la junta?* Who wrote up the minutes of the meeting?
acta de nacimiento birth certificate

actitud s attitude: *Me sorprendió su actitud hacia sus padres.* I was surprised by his attitude toward his parents.

actividad s activity (pl -ties): *Tengo muchas actividades después de clase.* I do a lot of activities after school.

activo, -a adj active

---

i *¿Se dice I arrived in Miami o I arrived to Miami? Mira la entrada **arrive**.*

acto s **1** (acción) act: *un acto de valor* an act of bravery | *No es responsable de sus actos.* She isn't responsible for her actions. **2** (ceremonia) ceremony (pl -nies): *Nos invitaron al acto de inauguración.* We were invited to the opening ceremony. **3 en el acto** immediately, there and then: *Me contestaron en el acto.* They gave me an answer immediately./They gave me an answer there and then. **4** (de una obra de teatro) act

actor, actriz s actor actor | actriz actress (pl -sses), actor ▶ ver nota en **actress**

actuación s **1** (de un actor, una banda, etc.) performance: *La actuación de Roberts es excelente.* Roberts gives an excellent performance. **2** (arte dramático) acting

actual adj **1** (situación, circunstancias, etc.) current, present: *los actuales dueños de la escuela* the current owners of the school/the present owners of the school **2 la sociedad/el mundo actual** society/the world today: *los problemas de la sociedad actual* the problems of society today **3 la Alemania/el México etc. actual** present-day Germany/Mexico etc.

actualidad s **1 en la actualidad (a)** (en este momento) currently: *En la actualidad reside en Brasil.* He is currently living in Brazil. **(b)** (hoy en día) nowadays: *En la actualidad eso se hace por computadora.* Nowadays that is done by computer. **2** (realidad actual) current situation: *la actualidad en Medio Oriente* the current situation in the Middle East **3 un tema de (gran) actualidad** a (highly) topical subject

actualizar v **1** (información, software, etc.) to update **2 mantenerse actualizado -a** (persona) to keep up to date

actualmente adv **1** (en este momento) currently: *Actualmente viven en Madrid.* They are currently living in Madrid. **2** (hoy en día) nowadays: *Actualmente la gente vive más tiempo.* Nowadays people live longer.

actuar v **1** (comportarse) to behave: *Actuó muy mal, y lo sabe.* He behaved very badly and he knows it. **2** (obrar) to act: *Actuó sin reflexionar.* He acted without thinking. **3** (como actor) to act: *Había actuado en muchas películas.* He had acted in many movies. | *No sabe actuar.* He can't act.

acuarela s (técnica, material, cuadro) watercolor (AmE), watercolour (BrE)

Acuario s Aquarius: *Soy (de) Acuario.* I'm an Aquarius./I'm an Aquarian.

acuario s **1** (edificio) aquarium **2** (pecera) fish tank, aquarium

acuático, -a adj **1 deportes acuáticos** water sports **2 aves/plantas acuáticas** water birds/plants, aquatic birds/plants | **animales acuáticos** aquatic animals

acuerdo s **1 estar de acuerdo** to agree: *Laura está de acuerdo conmigo.* Laura agrees with me. | *No están de acuerdo en nada.* They don't agree

about anything. **2 ponerse de acuerdo** to agree: *Nos pusimos de acuerdo para ir juntos.* We agreed to go together. | *A ver si nos ponemos de acuerdo sobre esto.* Let's see if we can agree about this./Let's see if we can reach an agreement about this. **3 de acuerdo** all right, OK: *–¿Paso por ti a las 8? –De acuerdo.* "Should I come by and get you at 8?" "All right./OK." **4** (trato) agreement: *un acuerdo entre el club y los jugadores* an agreement between the club and the players | **llegar a un acuerdo** to reach an agreement **5 de acuerdo con** (según) according to: *De acuerdo con las últimas encuestas, ha perdido popularidad.* According to the latest polls, his popularity has declined.

acumular v to accumulate

acumularse v **1** (nieve, arena, basura) to pile up, to accumulate ▶ **to accumulate** es más formal **2** (trabajo) to mount up

acupuntura s acupuncture

acurrucarse v to curl up: *Me acurruqué en el sillón para mirar la tele.* I curled up in the chair to watch television.

acusación s accusation ▶ En contextos legales también se usa **charge**

acusado, -a s **el acusado/la acusada** the accused | **los acusados/las acusadas** the accused

acusar v **acusar a alguien de algo** to accuse sb of sth: *La acusó de mentirosa.* He accused her of lying. ▶ En contextos legales también se usa **to charge sb with sth**

acústica s (de un recinto) acoustics pl

acústico, -a adj acoustic

adaptador s (para un enchufe) adapter

adaptar v to adapt

adaptarse v to adapt: *Me adapté enseguida al nuevo colegio.* I adapted to my new school in no time.

adecuado, -a adj **1** (apropiado) suitable: *No es un regalo adecuado para una muchacha joven.* It isn't a suitable present for a young girl. | **el momento adecuado/la palabra adecuada** the right moment/the right word: *No era el momento adecuado para sacar el tema.* It wasn't the right moment to bring the subject up. **2** (suficiente en cantidad o calidad) adequate: *una alimentación adecuada* an adequate diet

adelantado, -a adj **1** (hablando de relojes) fast: *Tu reloj está adelantado.* Your watch is fast. **2 por adelantado** in advance: *Tuve que pagar todo por adelantado.* I had to pay for everything in advance. **3** (hablando de un trabajo) emplos: *El otro grupo va más adelantado.* The other group is further ahead. | *Voy bastante adelantada con el trabajo sobre los Incas.* I've done quite a lot on my project about the Incas. **4** (país, alumno) advanced: *Es la alumna más adelantada de la clase.* She is the most advanced student in the class. **5 adelantado -a a su**

ⓘ Hay una lista de **términos gramaticales** en el interior de la cubierta.

época/tiempo ahead of your time: *un científico adelantado a su tiempo* a scientist who was ahead of his time

adelantar *v* **1 adelantar un viaje/una fiesta etc.** to bring a trip/a party etc. forward: *Nos adelantaron el examen para el 9.* They brought the exam forward to the 9th. **2 adelantar un reloj** to put a clock/watch forward **3** (una suma de dinero) to advance: *Me adelantaron $1000 del sueldo.* They advanced me $1000 against my pay. **adelantarse** *v* **1** (verano, frío) to come early: *El verano se adelantó este año.* Summer came early this year. **2 mi/tu etc. reloj se adelanta** my/your etc. watch gains: *Llevé el reloj a arreglar porque se adelantaba.* I took my watch to be fixed because it was gaining. **3 se adelantó a su época/a su tiempo** she was ahead of her time/he was ahead of his time

adelante *adverbio, preposición & interjección*
▪ *adv* **1** (lugar) in front: *Me senté adelante de todo.* I sat right in front. | *el taxi de adelante* the taxi in front | **hasta adelante** in front: *Nos sentamos hasta adelante.* We sat in front. | **hasta adelante de la fila** at the front of the line **2** (dirección) forward: *Dio un paso adelante.* She took a step forward. | *Se inclinó hacia adelante.* He leaned forward. **3 más adelante (a)** (en el espacio) further on: *Está unos kilómetros más adelante.* It's a few kilometers further on. **(b)** (en el tiempo) later: *Más adelante se radicó en Lima.* Later he settled in Lima. **4 seguir adelante** to carry on: *Siguieron adelante a pesar de todo.* They carried on in spite of everything.
▪ *prep* **adelante de algo/alguien** in front of sth/sb
▪ **¡adelante!** *interj* **1** (invitando a pasar, desde adentro) come in: *–Permiso. –Adelante.* "Excuse me." "Come in." **2** (desde afuera) go in: *Adelante, está abierto.* Go in, it's open.

adelanto *s* **1** (científico, etc.) advance: *los adelantos en las comunicaciones* advances in communications **2** (de dinero) advance: *Tuvo que pedir un adelanto.* He had to ask for an advance.

adelgazar *v* to lose weight: *Tengo que adelgazar.* I have to lose weight. | **adelgazar un kilo/veinte kilos etc.** to lose a kilo/twenty kilos etc.: *Adelgazó cinco kilos.* He lost five kilos.

además *adverbio & preposición*
▪ *adv* **1** (para agregar información) besides: *Es tarde. Además, estoy cansado.* It's late. Besides, I'm tired. **2** (también) also, as well: *Estudia ingeniería y además trabaja.* She studies engineering and she also works./She studies engineering and she works as well.
▪ **además de** *prep* apart from, as well as: *Además de bonita, es inteligente.* Apart from being pretty, she's also smart./She's smart as well as pretty. ▶ En preguntas siempre se usa **apart from**: *¿Qué te gusta hacer, además de tocar la guitarra?* What do you like doing, apart from playing the guitar?

adentro *adverbio & preposición*
▪ *adv* **1** inside: *Abre el cajón y dime qué hay adentro.* Open the drawer and tell me what's inside. ▶ Si se trata de un edificio, también se dice **indoors**: *Vamos a tener que comer adentro.* We're going to have to eat inside./We're going to have to eat indoors. **2 aquí/ahí adentro** in here/in there: *Ponlo aquí adentro.* Put it in here.
▪ **adentro de** *prep* inside: *Van una adentro de la otra.* They go one inside the other.

aderezo *s* **1** (para ensaladas) dressing **2** (condimento) seasoning

adhesivo, -a *adj* sticky, adhesive

adicción *s* addiction: *Se recuperó de su adicción a la heroína.* He recovered from his heroin addiction. | **crear adicción** to be addictive: *El tabaco crea adicción.* Tobacco is addictive.

adicto, -a *adjetivo & sustantivo*
▪ *adj* addicted: *Es adicto a los calmantes.* He's addicted to painkillers.
▪ *s* addict: *Crece el número de adictos a Internet.* The number of Internet addicts is increasing.

adiestrar *v* to train

adiós *interj* **1** (al despedirse) bye, goodbye | **hacerle adiós (con la mano) a alguien** to wave goodbye to sb: *Hazle adiós a la abuela.* Wave goodbye to grandma. **2** (al pasar por el lado de alguien) hi, hello

aditivo *s* additive

adivinanza *s* riddle: *¿Sabes alguna adivinanza?* Do you know any riddles?

adivinar *v* **1** (acertar) to guess: *Adivina cuántos años tiene.* Guess how old she is. | **¿a que no adivinas quién/cómo etc.?** you'll never guess who/how etc.: *¿A que no adivinas a quién vi?* You'll never guess who I saw! ▶ ver **pensamiento 2 adivinarle el futuro a alguien** to tell sb's fortune

adivino, -a *s* fortune-teller

adjetivo *s* adjective

adjuntar *v* **1** (a un e-mail, a un informe) to attach: *Le adjunto el documento.* I am attaching the document. **2** (a una carta, en un sobre) to enclose: *Adjunte su currículum a la carta.* Enclose your resumé with the letter.

adjunto, -a *adj* **1** (a un e-mail, a un informe) attached: *el gráfico adjunto* the attached graph | *No pude abrir el documento adjunto.* I couldn't open the attachment. **2** (a una carta, en un sobre) enclosed: *Ver el currículum adjunto.* See the enclosed resumé. **3** (ayudante) assistant

administración *s* **1** (de fondos) management: *la administración de los recursos naturales* the management of natural resources **2** (secretaría) Administration **3** (gobierno) administration
Administración de Empresas Business Studies **la Administración Pública** the civil service

---

ⓘ ¿Quieres información sobre las diferencias entre los **artículos** en inglés y en español? Lee la explicación en el apartado de gramática.

administrador, -a s manager: *Es administradora de un hotel.* She's a hotel manager.

administrar v **1** (dinero) to manage: *No sabe administrar bien el dinero.* She isn't good at managing her money. **2** (un servicio) to run, (una empresa) to run, to manage

administrativo, -a adjetivo & sustantivo
■ adj **1** el personal **administrativo** the administrative staff, the admin staff **2** trabajo **administrativo** administrative work, admin work
■ s (empleado) administrative assistant, admin assistant

admirable adj **1** (coraje, honestidad, etc.) admirable **2** (conocimientos, currículum, etc.) impressive

admiración s admiration: *Siento una gran admiración por ella.* I have great admiration for her. ▶ ver **signo**

admirador, -a s admirer

admirar v to admire: *Lo admiro por su honestidad.* I admire him for his honesty.

admisión s admission

admitir v **1** (reconocer) to admit: *Admito que me equivoqué.* I admit that I made a mistake. **2** (como alumno, socio, etc.) to admit

ADN s (= ácido desoxirribonucleico) DNA

adolescencia s adolescence

adolescente sustantivo & adjetivo
■ s teenager: *Es un adolescente típico.* He's a typical teenager. ▶ ver **abajo**
■ adj teenage: *Tiene dos hijos adolescentes.* She has two teenage children. ▶ Existe también **adolescent** pero se usa en contextos más técnicos o formales

adolorido, -a adj estar **adolorido -a** to be in pain: *Está muy adolorida.* She's in a lot of pain. | tengo la pierna/la mano etc. **adolorida** my leg/hand etc. hurts: *Tenía el ojo adolorido.* My eye hurts. | *Tengo todo el cuerpo adolorido.* My whole body hurts.

adonde pron where: *el hospital adonde lo llevaron* the hospital where he was taken

adónde pron where: *¿Adónde va Lucas?* Where's Lucas going?

adoptado, -a adj adopted: *Su hija menor es adoptada.* Their youngest daughter is adopted.

adoptar v **1** (a un niño) to adopt **2** (una actitud, una medida) to take, to adopt

adoptivo, -a adj **1** (hijo) adopted: *Tienen dos hijos adoptivos.* They have two adopted children. **2** (madre, padre, familia) adoptive **3** mi/su etc. patria **adoptiva** my/his etc. adopted country

adoquinado, -a adjetivo & sustantivo
■ adj cobbled
■ **adoquinado** s cobbles pl

adorar v **1** (querer mucho) to adore: *Tu abuela te adora.* Your grandmother adores you. **2** (disfrutar mucho de) to love, to adore: *Adoro el chocolate.* I love chocolate./I adore chocolate. **3** (a una divinidad) to worship

adornar v to decorate ▶ Existe también **to adorn**, pero se usa en contextos formales o literarios

adorno s **1** (objeto) ornament: *Los anaqueles estaban llenos de adornos.* The shelves were full of ornaments. **2** (navideño) decoration: *Compré unos adornos para el árbol.* I bought some decorations for the tree.

adquirir v **1** (experiencia) to gain, (conocimientos) to acquire **2** (comprar) to buy, to purchase ▶ **to purchase** se usa en contextos más formales

aduana s customs sing | pasar por la **aduana** to go through customs

adulterio s adultery

adulto, -a s & adj adult

adverbio s adverb

adversario, -a s opponent: *Derrotó a su adversario en cuatro sets.* He beat his opponent in four sets.

advertencia s warning: *Es la última advertencia que te hago.* This is the last warning I'm going to give you.

advertir v to warn: *Le advertí que no lo hiciera.* I warned him not to do it.

aéreo, -a adj **1** una vista/una foto **aérea** an aerial view/photo **2** un ataque **aéreo** an air raid | el tráfico **aéreo** air traffic ▶ ver **fuerza, línea, puente, vía**

aerobics s aerobics

aerolínea s airline

aeromodelismo s model airplane making (AmE), model aeroplane making (BrE)

aeromoza s stewardess (pl -sses) ▶ Las aeromozas prefieren el término **flight attendant** para referirse a sí mismas

aeropuerto s airport: *Nos vamos a encontrar en el aeropuerto.* We're going to meet at the airport. | *¿Cuánto se tarda en llegar al aeropuerto?* How long does it take to get to the airport?

aerosol s aerosol

afanador, -a s (limpiador) cleaner

afectado, -a adj **1** (perjudicado) affected: *una de las zonas afectadas por la inundación* one of the areas affected by the flood **2** (poco natural) affected

afectar v **1** (conmover) to upset, to affect: *La muerte de su abuelo lo afectó muchísimo.* His grandfather's death upset him terribly. ▶ **to affect** se usa en contextos más formales **2** (incumbir, perjudicar) to affect: *medidas que afectan a los estudiantes universitarios* measures that affect college students

afecto s affection: *La trata con mucho afecto.* He treats her with great affection. | tenerle afecto a **alguien** to be fond of sb: *Le tengo mucho afecto.* I'm very fond of him.

afectuoso, -a adj affectionate

afeitarse v **1** to shave: *Se afeita todos los días.* He shaves every day. **2 afeitarse las piernas/ las axilas etc.** to shave your legs/your armpits etc.: *Se quiere afeitar la cabeza.* He wants to shave his head. **3 afeitarse la barba/el bigote** to shave your beard/your mustache off (AmE), to shave your beard/your moustache off (BrE): *Se había afeitado el bigote.* He had shaved his mustache off.

afeminado, -a adj effeminate

aferrarse v **aferrarse a algo** to cling to sth

afición s interest, love: *Comparten la afición por la fotografía.* They share **an interest in** photography./They share a **love of** photography.

aficionado, -a adjetivo & sustantivo
- **adj 1 ser aficionado -a a algo** to be fond of sth: *Es aficionado a la pesca.* He's fond of fishing. **2** (no profesional) amateur
- **s 1 los aficionados al tenis/al buceo etc.** tennis/diving etc. fans. | **los aficionados a la informática** computer enthusiasts | **los aficionados a la música/a la ópera** music/opera lovers **2** (no profesional) amateur

afilado, -a adj sharp

afilar v to sharpen

afiliarse v **afiliarse a un partido/a un sindicato** to join a party/a labour union

afinar v (un piano, una guitarra) to tune

afirmación s statement

afirmar v to say, to state: *Afirmó que en un mes estaría jugando nuevamente.* He said that he would be playing again within a month.
▶ **to state** se usa en contextos más formales o enfáticos

afirmativo, -a adj affirmative

afligido, -a adj upset: *Están afligidos por la noticia.* They are **upset at** the news.

aflojar v (un tornillo, una tuerca) to loosen

aflojarse v **1 aflojarse la corbata/el cinturón** to loosen your tie/your belt **2** (tornillo, tuerca) to work loose **3 aflojarse con un cien/con una buena lana etc.** to cough up a hundred/a tidy sum etc.: *Nos tuvimos que aflojar con cincuenta pesos cada uno.* We had to cough up fifty pesos each.

afluente s tributary (pl -ries)

afónico, -a adj **estar afónico -a** to have lost your voice: *Estoy afónica.* I've lost my voice. | **quedarse afónico -a** to lose your voice: *Nos quedamos afónicos de tanto gritar.* We shouted so much that we lost our voices.

afortunado, -a adj fortunate, lucky

África s Africa

africano, -a adj & s African

afrontar v **afrontar un desafío/el futuro** to face a challenge/the future | **afrontar un problema/la realidad** to face up to a problem/to reality

afuera adverbio, preposición & sustantivo plural
- **adv 1** (lugar) outside: *Los niños están jugando afuera.* The children are playing outside. | *De afuera parece enorme.* From the outside it looks huge. **2 ir a comer/cenar etc. afuera** to go out for a meal/for dinner etc. **3** (del país) abroad: *Quiero estudiar afuera.* I want to go abroad to study.
- **afuera de** prep outside: *afuera de la ciudad* outside the city
- **afueras** s pl **las afueras** the outskirts: *en las afueras de Veracruz* on the outskirts of Veracruz

agacharse v **1** (ponerse en cuclillas) to crouch down **2** (inclinarse) to bend down

agalla sustantivo & sustantivo plural
- **s** (de un pez) gill
- **agallas** s pl (coraje) guts | **tener agallas** to have guts

agarrado, -a adj **1 agarrado -a de/a algo** holding on to sth: *Estaba agarrado de la soga.* He was holding on to the rope. **2** (tacaño) tight, tight-fisted

agarrar v **1 agarrar a alguien de la mano/del brazo (a)** (para cruzar la calle, etc.) to take sb's hand/arm: *La agarró de la mano para cruzar.* He took her hand to cross the road. **(b)** (con violencia) to grab sb by the hand/arm: *Me quise escapar pero me agarró del brazo.* I tried to escape but he grabbed me by the arm. **2** (tomar) to take: *Alguien agarró mi calculadora.* Somebody's taken my calculator. **3** (atrapar) to catch: *Lo agarraron robando en una tienda.* He was caught shoplifting. | *Los agarraron con 3 kilos de cocaína.* They were caught with 3 kilos of cocaine on them. **4 agarrar un catarro/una pulmonía etc.** to catch a cold/to catch pneumonia etc. **5 agarrarla con alguien** to take it out on sb: *No la agarres conmigo.* Don't take it out on me. **6 agarrar (por) una calle/una carretera etc. (a)** (ir por) to take a street/road etc., to go along a street/road etc.: *Conviene agarrar la avenida.* The best idea is to take the boulevard./ The best idea is to go along the boulevard. **(b)** (girar por) to turn up a street/road etc., to turn down a street/road etc.: *Agarra por la que viene.* Turn up the next street./Turn down the next street.

agarrarse v (sostenerse) to hold on: *¡Agárrate fuerte!* Hold on tight! | **agarrarse de algo** to hold on to sth: *Se agarró del barandal.* He held on to the handrail.

agave s agave

agencia s **1** (comercial) agency (pl -cies) **2** (estatal) department

agencia de empleo employment agency (pl -cies) **agencia de noticias** news agency (pl -cies) **agencia de publicidad** advertising agency (pl -cies) **agencia de viajes** travel agency (pl -cies) **agencia funeraria** funeral home (AmE), undertaker's (BrE)

agenda s datebook (AmE), diary (pl -ries) (BrE): *Lo apunté en mi agenda.* I wrote it in my datebook.
agenda electrónica PDA, personal digital assistant

agente s **1** **agente (de policía)** police officer **2** (representante) representative
agente aduanal customs officer **agente de bolsa** stockbroker **agente de viajes** travel agent **agente secreto** secret agent

ágil adj (persona, mente, animal) agile

agilidad s (de una persona, un animal) agility

agilizar s (un proceso, el tránsito) to speed up

agitado, -a adj **1** (ajetreado) hectic: *Lleva una vida muy agitada.* She leads a very hectic life. **2** (alterado) agitated, worked up **3** (sin aliento) out of breath **4** (mar) choppy

agitar s **1** (un frasco, una botella) to shake: *Agite bien antes de usar.* Shake well before use. **2** (un pañuelo, los brazos) to wave

agitarse v **1** (alterarse) to get out of breath: *Cuando discute, se agita mucho.* **2** (en el viento) (bandera) to flap, (árbol) to wave

agobiante adj **1** (calor) stifling, oppressive: *Hace un calor agobiante.* The heat is stifling./ The heat is oppressive. **2** (angustiante) ver ejemplos: *Es una situación agobiante.* It's a desperate situation. | *Vivir en la ciudad me resulta agobiante.* I find living in the city oppressive.

agobiar v **1** (abrumar) to overwhelm: *Se sentía agobiado por tantos problemas.* He felt overwhelmed by so many problems. **2** (calor) ver ejemplo: *Este calor me agobia.* I find this heat stifling./I find this heat oppressive.

agonía s **1** (que precede a la muerte) **tener una lenta/terrible etc. agonía** to die a slow/terrible etc. death **2** (angustia) anguish

agonizar s **estar agonizando** to be dying

agosto s August ▶ ver "Active Box" **meses** en **mes**

agotado, -a adj **1** (persona) exhausted: *Terminamos agotados.* We were exhausted when we finished. **2** **estar agotado -a** **(a)** (entradas, pasajes, etc.) to be sold out: *Las entradas para el recital están agotadas.* The tickets for the concert are sold out. **(b)** (libro) to be sold out [cuando es temporalmente], to be out of print [cuando ya no se publica]

agotador, -a adj exhausting

agotamiento s **1** (cansancio) exhaustion **2** (por el uso) exhaustion

agotar v **1** **agotar a alguien** to wear sb out: *Me agota su interminable plática.* His constant chattering wears me out. **2** (recursos) to exhaust
agotarse v **1** (cansarse) to wear yourself out: *Me agoté subiendo la escalera.* I wore myself out climbing the stairs. **2** (localidades, pasajes, libro, etc.) to sell out: *La primera edición se agotó en una semana.* The first edition sold out in a week.

agradable adj **1** (persona, lugar, temperatura) nice, pleasant: *una muchacha muy agradable* a very nice girl/a very pleasant girl **2** (viaje, tarde) nice, enjoyable: *Pasamos un día muy agradable en el campo.* We had a very nice day in the country./We had a very enjoyable day in the country.

agradecer v **1** **agradecerle (algo) a alguien** to thank sb (for sth): *Le mandé un e-mail para agradecerle.* I sent her an e-mail to thank her. | *Me olvidé de agradecerle la postal.* I forgot to thank him for the postcard. | *Ni me lo agradeció.* She didn't even thank me for it. **2** (sentir gratitud por) to be grateful for: *Le agradezco muchísimo lo que hizo por mí.* I'm very grateful for what she did for me.

agradecido, -a adj grateful: *Estoy muy agradecido por la ayuda que nos dieron.* I'm very grateful for the help they gave us. | *Le quedaría muy agradecido si me pudiera enviar más información.* I would be very grateful if you could send me more information.

agradecimiento s gratitude

agrandar v **1** **agrandar un vestido/una falda etc.** to let a dress/a skirt etc. out: *Tuve que agrandar los pantalones.* I had to let the pants out. **2** (una casa, un cuarto) to extend
agrandarse v **1** (aumentar de tamaño) to get larger/bigger: *Las pupilas se agrandan en la oscuridad.* Your pupils get larger in the dark./ Your pupils get bigger in the dark. **2** (estirar) to stretch: *Se me agrandó el suéter.* The sweater stretched.

agrario, -a adj **1** (zona, región) agricultural **2** (sociedad) agrarian

agravar v **agravar un problema** to make a problem worse: *La tormenta agravó la situación.* The storm made the situation worse. ▶ Existe también **to aggravate**, pero es más formal
agravarse v **1** (crisis, problema) to get worse, to worsen **2** (enfermo) to get worse, to deteriorate

agredir v **1** (físicamente) to assault, to attack: *El cantante agredió a uno de los fotógrafos.* The singer assaulted one of the photographers. **2** (verbalmente) to attack, (con grosería) to be insulting to: *Deja de agredirme.* Stop being insulting to me.

agregar v to add: *Agrégale un poco más de leche.* Add a little more milk. | *–Y no es culpa mía –agregó.* "And it isn't my fault," she added.

agresión s **1** (militar) aggression **2** (a un individuo) assault, attack **3** (verbal) attack

agresivo, -a aggressive

agrícola adj agricultural

agricultor, -a s farmer

agricultura s farming, agriculture

agridulce adj sweet-and-sour: *salsa agridulce* sweet-and-sour sauce

agrietarse v **1** (manos, piel) to get chapped **2** (revoque, tierra) to crack

agrio, -a adj **1** (referido al sabor) sour | **ponerse agrio -a** to go sour: *La leche se puso agria.* The milk went sour. **2** (persona) bad-tempered **3** (cara, expresión) sour **4** (discusión, pelea) bitter

agrónomo, -a s agronomist

agrupación s group

agua sustantivo & interjección
- s **1** water: *Un vaso de agua, por favor.* A glass of water, please. **2 se me hace agua la boca** it makes my mouth water **3 echarle aguas a alguien** to let sb know, to tip sb off
  agua con gas sparkling water **agua corriente** running water **agua de la llave** tap water **agua destilada** distilled water **agua dulce** fresh water **agua mineral** mineral water **agua natural** **(a)** (de la llave) tap water **(b)** (sin gas) still water **agua oxigenada** peroxide, hydrogen peroxide **agua potable** drinking water **agua salada** salt water **agua fresca** (fruit) juice drink **agua sin gas** still water **agua quina** tonic water
- **¡aguas!** interj careful!, watch out!: *¡Aguas con el vidrio!* Careful with the glass!

aguacate s avocado

aguacero s downpour: *Cayó un aguacero.* There was a downpour.

aguafiestas s spoilsport, killjoy

aguamala s jellyfish (pl -fish): *Me picó una aguamala.* I was stung by a jellyfish.

aguantar v ▶ ver recuadro

aguante s **tener aguante** **(a)** (tener resistencia física) to have stamina **(b)** (tener paciencia) to be patient: *¡Qué aguante tienes!* You're so patient!

aguardar v **1** to await, to wait for ▶ **to await** es más formal: *Aguardaban la llegada del presidente.* They were awaiting the arrival of the president./They were waiting for the president to arrive. **2 aguarde, por favor** (por teléfono) hold on, please

aguarrás s turpentine

agudo, -a adjetivo & sustantivo plural
- adj **1** (dolor) sharp **2** (crisis) acute, severe **3** (grito, voz) high-pitched (si es desagradable) shrill **4** (ángulo) acute **5 una palabra aguda** a word which is stressed on the last syllable
- **agudos** s pl **los agudos** the treble: *Sube un poco los agudos.* Turn the treble up a little.

aguijón s (de un insecto) stinger (AmE), sting (BrE)

águila s **1** (animal) eagle **2** (de una moneda) heads: *Salió águila.* It came up heads. | **águila o sol** heads or tails | **echar (una moneda) a águila o sol** to toss a coin, to flip a coin

aguinaldo s **1** (de un trabajador) En los países anglosajones no existe el aguinaldo. Si quieres explicar qué es, di *it's a bonus that workers get at*

---

aguantar

1 En el sentido de soportar algo o a alguien desagradable, usa **to put up with**:

Sólo la aguanto porque es tu novia. I only put up with her because she's your girlfriend.

Si la oración es negativa o interrogativa, usa **to stand** o **to bear**, siempre con **can** o **could** (**to bear** es un poco más formal):

A ese tipo no lo aguanto. I can't stand that guy./I can't bear that man. | *¿Cómo aguantas el calor aquí adentro?* How can you stand the heat in here?/How can you bear the heat in here? | *No podía aguantar el dolor.* He couldn't bear the pain./He couldn't stand the pain.

2 En el sentido de sostener un peso, usa **to take** (**the weight of**):

¿Aguantará los diccionarios este anaquel? Do you think this shelf will take the weight of the dictionaries? | *Esta bolsa no va a aguantar tanto peso.* This bag won't take that much weight.

3 En el sentido de contener, guíate por estos ejemplos:

Aguanta la respiración. Hold your breath. | *No pude aguantar la risa.* I couldn't stop myself from laughing.

4 Si te refieres a las ganas de ir al baño, usa **to hold on**:

¿Puedes aguantar hasta que lleguemos? Can you hold on until we get there?

Christmas **2** (propina de Navidad) Christmas tip, Christmas box (pl boxes) (BrE)

aguja s **1** (de coser) needle **2** (de una jeringa) needle **3** (de un reloj) hand **4** (de una brújula, una balanza, etc.) needle
aguja de tejer knitting needle

agujero s hole: *Tengo un agujero en el bolsillo.* I have a hole in my pocket. | **hacer un agujero** to make a hole
agujero de ozono ozone hole, hole in the ozone layer **agujero negro** black hole

agujeta s (del zapato) lace, shoelace: *Tienes las agujetas desamarradas.* Your laces are undone.
- **agujetas** s pl (dolor) aching muscles, stiffness: *Amanecí con agujetas.* I woke up with aching muscles.

ahí adv **1** there: *Ahí está Emilia.* There's Emilia. | *Fuimos a la casa de Pablo y comimos ahí.* We went to Pablo's and had lunch there. ▶ Si uno puede señalar el lugar al que se refiere, a menudo se dice **over there**: *–¿Has visto mis anteojos? –Están ahí.* "Have you seen my glasses?" "They're over there." | **ahí abajo/arriba** down there/up there: *Deja las botellas ahí abajo.* Leave the bottles down there. | **ahí adentro/afuera** in there/out there: *Dejé la bicicleta ahí afuera.* I left my bike out there. **2** (con verbos como venir, llegar, etc.)

here: *Ahí llegan los niños.* Here come the children. **3 por ahí (a)** (de lugar) over there somewhere: *–¿Dónde pongo esto? –Déjalo por ahí.* "Where should I put this?" "Leave it over there somewhere." **(b)** (en aproximaciones) something like that: *Gana un millón al año o por ahí.* He earns a million a year or something like that.

ahijado, -a s ahijado godson | ahijada goddaughter ► Si no se especifica el sexo, se usa **godchild** (plural **godchildren**): *No tengo ahijados.* I don't have any godchildren.

ahogado, -a adj **1 morir ahogado -a** to drown: *Muchos murieron ahogados.* Many people drowned. **2** (borracho) plastered, paralytic (BrE)

ahogar v (en el agua) to drown
ahogarse v **1** (en el agua) to drown: *No sabía nadar y casi se ahoga.* He couldn't swim and he nearly drowned. **2** (por falta de aire) to suffocate: *Me estoy ahogando.* I'm suffocating.

ahora adv **1** (en este momento, en la actualidad) now: *Ahora viven en la capital.* They live in the capital city now. **2** (en este preciso momento) right now: *¿Tiene que ser ahora?* Does it have to be right now? | *Ahora está ocupada.* She's busy at the moment./She's busy right now. **3** (dentro de un momento) in a moment, in a minute: *Ahora la llamo.* I'll call her in a moment./I'll call her in a minute. | *–¡Mamá! –¡Ahora voy!* "Mom!" "I'm just coming!" **4 por ahora** for now, for the moment: *Deja tus cosas aquí por ahora.* Leave your things here for now./Leave your things here for the moment. **5 hasta ahora** so far, up until now: *Hasta ahora no he tenido ningún problema con el coche.* I haven't had any problems with the car so far./I haven't had any problems with the car up until now. **6 de ahora en adelante/desde ahora** from now on: *Voy a tener más cuidado de ahora en adelante.* I'll be more careful from now on.

ahorcado s (juego) hangman: *Estaban jugando ahorcado.* They were playing hangman.

ahorcar v **1** (en la horca, en un árbol) to hang **2** (con las manos, con una media, etc.) to strangle
ahorcarse v to hang oneself

ahorita o **ahoritita** adv right now: *Ahorita no está. ¿Quiere dejarle un recado?* She's not here right now. Do you want to leave a message? | *Dile que ahorita voy.* Tell him I'll be right there.

ahorrador, -a adj **1** (cuidadoso con el dinero) thrifty **2** (con hábitos de ahorro) good at saving

ahorrar v (dinero, tiempo, agua, energía) to save: *Si lo haces en la computadora, ahorras tiempo.* If you do it on the computer, you save time. | *Había ahorrado $1000.* She had saved $1000. ► Cuando no se menciona la cantidad de dinero, se suele usar **to save up**: *Estoy ahorrando para un DVD.* I'm saving up for a DVD player.
ahorrarse v **1** (dinero) to save, to save yourself: *Fui caminando y me ahorré el camión.* I

walked and saved (myself) the bus fare. **2 ahorrarse el viaje/la molestia** to save yourself the trip/the bother

ahorro sustantivo & sustantivo plural
■ s (acción de ahorrar) saving: *el ahorro de energía* energy saving
■ **ahorros** s pl (dinero) savings: *Se gastó todos los ahorros en una cámara digital.* She spent all her savings on a digital camera.

ahumado, -a adj **salmón/tocino ahumado** smoked salmon/bacon

aire s **1** air: *El aire fresco te va a hacer bien.* The fresh air will do you good. **2 al aire libre** in the open air: *Es mejor hacer ejercicio al aire libre.* It's better to exercise in the open air. | *un concierto de rock al aire libre* an open-air rock concert **3 en el aire** in the air, in mid-air: *El avión explotó en el aire.* The plane exploded in the air./The plane exploded in mid-air. **4 tomar el aire** (disfrutar del aire libre) to get some fresh air: *Salimos a tomar el aire.* We went out to get some fresh air. | **tomar aire** (respirar hondo) to take a deep breath **5 estar en el aire** (sin definirse) to be up in the air: *Todavía todo está en el aire.* Everything is still up in the air. **6 estar al aire** (en radio, televisión) to be on air, to be on the air

aire acondicionado air conditioning: *¿Hay aire acondicionado en la habitación?* Does the room have air conditioning?

airear v (una habitación, las sábanas) to air
airearse v **1** (tomar el aire) to get some fresh air: *Salgan a airearse un poco.* Go out for a while and get some fresh air. **2** (ventilarse) to air: *Abre la ventana para que se airee el cuarto.* Open the window and let the room air.

aislado, -a adj **1** (zona, vida) isolated **2 quedar aislado -a (de algo)** to be cut off (from sth) **3** (hecho, caso) isolated: *casos aislados de cólera* isolated cases of cholera | *chaparrones aislados* isolated showers

aislamiento s isolation

aislante adj **un material aislante** an insulating material

aislar v **1** (a un país, una comunidad) to isolate **2** (un gen, un virus) to isolate **3** (un cable) to insulate
aislarse v (persona) **aislarse de algo/alguien** to cut yourself off from sth/sb

ajedrez s chess: *¿Juegas ajedrez?* Do you play chess?

ajeno, -a adj (de otra persona) somebody else's, (de otras personas) other people's: *No te puedes portar así en casa ajena.* You can't behave like that in somebody else's house. | *el respeto por la propiedad ajena* respect for other people's property

ajetreado, -a adj hectic, busy

ajo s **1** garlic **2 estar en el ajo** to be mixed up in it: *Todos ellos estaban en el ajo.* They were all mixed up in it. ► ver **cabeza, diente**

ajustado, -a *adj* tight: *La blusa le queda demasiado ajustada.* The blouse is too tight for her. ▶ Cuando se trata del estilo de la prenda, se dice **tight-fitting**: *una muchacha con jeans ajustados* a girl in tight-fitting jeans

ajustar *v* **1** (el volumen, la temperatura, etc.) to adjust **2** (un tornillo, una tuerca) to tighten, to tighten up

al¹ contracción de **a+el** ▶ ver **a**

al² *conj* ▶ ver recuadro

ala *s* **1** (de un ave, un insecto, un avión) wing **2** (de un edificio) wing **3** (de una organización política) wing **4** (de un sombrero) brim
ala delta **(a)** (deporte) hang-gliding: *hacer ala delta* to go hang-gliding **(b)** (aparato) hang-glider **ala pivote** forward-center

alabar *v* to praise

alacena *s* kitchen cupboard

alacrán *s* scorpion

aladeltismo *s* hang-gliding

alambrada *s* wire fence

alambre *s* **1** (de metal) wire **2** (platillo) Kabob (AmE), kebab (BrE)
alambre de púa(s) barbed wire

álamo *s* poplar

alargado, -a *adj* long

alargar *v* **1** alargar un vestido/una falda etc. to let a dress/a skirt etc. down **2** (en el tiempo) to prolong
alargarse *v* **1** (días) to get longer: *Ya se empiezan a alargar los días.* The days are beginning to get longer. **2** (junta, conferencia) to go on: *Estas juntas siempre se alargan demasiado.* These meetings always go on for too long.

alarido *s* **1** (de terror, histeria) shriek **2** (de dolor) howl

alarma *s* **1** (dispositivo) alarm: *Sonó la alarma.* The alarm went off. ▶ ver **falso 2 dar la alarma** to raise the alarm **3** (preocupación) alarm
alarma antirrobo **(a)** (de un coche) car alarm, anti-theft alarm **(b)** (de una casa) burglar alarm **alarma contra incendios** fire alarm

alarmar *v* to alarm
alarmarse *v* to be alarmed: *No hay por qué alarmarse.* There's no reason to be alarmed.

albahaca *s* basil

albañil *s* builder

alberca *s* pool, swimming pool

albergue *s* **1** albergue (juvenil) youth hostel: *¿Sabes si hay un albergue en Oaxaca?* Do you know if there's a youth hostel in Oaxaca? **2** (de montaña) refuge **3** (para gente necesitada) hostel, refuge

albino, -a *s* albino

albóndiga *s* meatball

---

al *conjunción*

1 CUANDO
Usa **when** seguido de sujeto y verbo:
Tome una pastilla al acostarse y otra al levantarse. Take one tablet when you go to bed and another one when you get up.

2 COMO
Usa **as** seguido de sujeto y verbo:
Al ver que no venía nadie, se fue. As he could see that nobody was coming, he left.

3 SI
Usa **if** seguido de sujeto y verbo o **by** seguido de gerundio:
Al pagar por adelantado, ahorras $450. If you pay in advance, you save $450./By paying in advance, you save $450.

---

alborotar *v* alborotar a alguien **(a)** (excitar) to get sb excited **(b)** (revolucionar) to get sb stirred up
alborotarse *v* **1** (entusiasmarse) to get very excited **2** (haciendo mucho ruido, etc.) to get very rowdy

alboroto *s* commotion: *Se armó tanto alboroto que vino la policía.* There was such a commotion that the police came.

álbum *s* **1** álbum (de fotos) (photo) album **2** álbum (de estampitas) (sticker) book, (sticker) album **3** álbum (de timbres) (stamp) album **4** (disco) album

albur *s* (juego de palabras) double entendre: *Nunca entiende los albures.* She never understands double entendres.

alcachofa *s* artichoke

alcance *s* **1** (en sentido económico) está a mi/su etc. alcance I/he etc. can afford it: *un producto al alcance de todo el mundo* a product that anyone can afford | está fuera de mi/tu etc. alcance I/you etc. can't afford it: *Las cuotas del club están fuera de nuestro alcance.* We can't afford the club membership fees. **2** al alcance de la mano to hand: *En una cocina chiquita todo está al alcance de la mano.* Everything is at hand in a small kitchen. **3** darle alcance a alguien to catch up with sb **4** (de un arma, un telescopio, etc.) range

alcancía *s* piggy bank, coin box (pl -xes) (AmE), money box (pl -xes) (BrE)

alcantarilla *s* drain

alcantarillado *s* sewerage system, drains

alcanzar *v* **1** (ser suficiente) to be enough: *¿Alcanzan las sillas?* Are there enough chairs? | no me/te etc. alcanza I/you etc. don't have enough: *No me alcanzó el tiempo.* I didn't have enough time. | *No le alcanza el dinero para comprarse el que le gusta.* She doesn't have enough money to buy the one she likes. **2** (llegar) to reach: *Pablito no alcanza el timbre.* Pablito can't reach the doorbell. **3** alcanzar a

---

alguien to catch up with someone: *Si corres, la alcanzas.* If you run, you'll catch up with her. **4** (un tren, un autobús) to catch: *Vamos a tener que correr para alcanzar el tren.* We're going to have to run to catch the train. **5** (pasar) to pass: *¿Me alcanzas el martillo?* Can you pass me the hammer? **6 alcanzar a hacer algo** to manage to do sth: *No alcancé a contestar la última pregunta.* I didn't manage to answer the last question. **7** (una temperatura, una altura, etc.) to reach: *La temperatura alcanzó los 38 grados.* The temperature reached 38 degrees.

alcaparra s caper

alce s moose (pl moose), elk (pl elk)

alcohol s **1** (para desinfectar) rubbing alcohol (AmE), surgical spirit (BrE) **2** (bebidas alcohólicas) alcohol **3** (sustancia química) alcohol ► ver **bebida**

alcohólico, -a adjetivo & sustantivo
■ *adj* **1** (bebida) alcoholic **2 ser alcohólico -a** to be an alcoholic
■ *s* alcoholic

alcoholismo s alcoholism

alebrestarse v to get all worked up

alegrar v **1** (poner contento) **alegrar a alguien** to make sb happy: *La noticia nos alegró mucho.* The news made us very happy. **2 alegrar una casa/un cuarto** to brighten up a house/a room
alegrarse v to be pleased: *No sabes cómo se alegró cuando le conté.* You can't imagine how pleased she was when I told her. | **me alegro (mucho)** I'm (very) glad, I'm (very) pleased: *Me alegro de que te guste.* I'm glad you like it./I'm pleased you like it. | **me alegro mucho por ti/por ellos etc.** I'm very happy for you/for them etc.

alegre adj **1** (referido a personas) happy, cheerful: *Daniel es un cuate muy alegre.* Daniel is a very happy guy./Daniel is a very cheerful guy. | *Estaba muy alegre.* She was very happy./She was very cheerful. **2** (habitación, casa) bright **3** (color) bright **4** (música) lively **5** (por haber bebido) **estar alegre** to be tipsy

alegría s **1** joy: *la alegría de volver a verla* the joy of seeing her again | **¡qué alegría!** that's wonderful!: *¿Entonces vienes? ¡Qué alegría!* So you're coming! That's wonderful! **2 darle una alegría a alguien** to make sb happy: *Ve a decírselo a tu abuela. Le va a dar una gran alegría.* Go and tell your grandma. It'll make her very happy.

alejar v **alejar algo/a alguien de algo** to move sth/sb away from sth: *¡Cuidado! Aleja eso del fuego.* Be careful! Move that away from the fire.
alejarse v se suele usar un phrasal verb con **away**. Ver ejemplos: *No te alejes demasiado.* Don't go too far away. | *Aléjate del borde.* **Move away from** the edge.

alemán, -ana adjetivo & sustantivo
■ *adj & s* German | **los alemanes** (the) Germans
■ **alemán** s (idioma) German

Alemania s Germany

alentar v **1 alentar a un jugador/a un equipo** to cheer a player/a team on: *Fuimos a alentar al equipo del colegio.* We went to cheer the school team on. **2** (apoyar) to encourage: *Mi papá me alentó a seguir adelante.* My father encouraged me to carry on.

alergia s **1** allergy (pl -gies) **2 tenerle alergia a algo** to be allergic to sth: *Les tengo alergia a los mariscos.* I'm allergic to shellfish.

alérgico, -a adj **1 ser alérgico -a a algo** to be allergic to sth: *Soy alérgica a las plumas.* I'm allergic to feathers. **2** (reacción) allergic

alero s **1** (en basquetbol) forward **2** (de una casa) eaves pl

alerta sustantivo & adjetivo
■ *s* **1 en estado de alerta** on alert: *La policía de la zona está en estado de alerta.* The police in the area are on alert. **2 dar la/el alerta** to raise the alarm **3** (aviso) warning: *una alerta meteorológica* a weather warning
alerta roja red alert
■ *adj* **estar alerta** to be alert

aleta s **1** (de un pez) fin **2** (para buceo) flipper

alfabético, -a adj alphabetical

alfabeto s alphabet

alfarería s pottery

alfarero, -a s potter

alfil s bishop

alfiler s pin
alfiler de seguridad safety pin

alfombra s **1** (de pared a pared) carpet **2** (que cubre parte del piso) rug

alfombrar v to carpet

algas s pl seaweed sing

álgebra s algebra

algo pron & adv ► ver recuadro en página 440

algodón s **1** (tejido, planta) cotton | **una camisa/un vestido de algodón** a cotton shirt/dress **2** (en cosmética, enfermería, etc.) cotton (AmE), cotton wool (BrE): *Tengo que comprar algodón.* I have to buy some cotton. | *un algodón* a piece of cotton

alguien pron ► ver recuadro en página 440

algún ► ver **alguno**

alguno, -a adj & pron ► ver recuadro en página 440

alhaja s piece of jewelry (AmE), piece of jewellery (BrE): *una alhaja muy cara* a very expensive piece of jewelry ► Se usa **jewelry** (o **jewellery** en inglés británico) para hablar de *alhajas* en general: *No usa alhajas.* She doesn't wear jewelry.

alhajero s jewelry box (pl boxes) (AmE), jewellery box (pl boxes) (BrE)

aliado, -a adjetivo & sustantivo
■ *adj* allied: *las tropas aliadas* the allied troops
■ *s* ally (pl allies)

alianza s **1** (entre personas, países, etc.) alliance **2** (anillo) wedding ring

algo

▶ PRONOMBRE

1 EN ORACIONES AFIRMATIVAS (= something)

Tengo algo que decirte. I have something to tell you. | *Aquí pasa algo.* There's something going on here.

2 EN PREGUNTAS Y EN ORACIONES CON "IF" (= anything)

¿Algo más? Anything else? | *Si necesitas algo, pídemelo.* If you need anything, ask me.

Pero se suele usar **something** cuando se espera una respuesta afirmativa:

¿Tienes algo que decirme? Have you got something to tell me?

3 EXPRESIONES

algo es algo it's better than nothing | **o algo así** or something like that | **por algo será** there must be a reason for it

▶ ADVERBIO (= a little, slightly)*Está algo nerviosa.* She's a little nervous./She's slightly nervous.

alguien

1 EN ORACIONES AFIRMATIVAS (= someone, somebody)

Buscan a alguien con experiencia. They are looking for someone with experience.

2 EN PREGUNTAS Y EN ORACIONES CON "IF" (= anyone, anybody)

¿Conoces a alguien que nos pueda ayudar? Do you know anyone who can help us? | *Avísame si viene alguien.* Let me know if anyone comes.

Pero se suele usar **someone** o **somebody** cuando se espera una respuesta afirmativa:

¿Es alguien que conozco? Is it someone I know?

aliarse *v* **aliarse con alguien** to form an alliance with sb

alias *adv & s* alias

alicates *s pl* **1** (herramienta) pliers **2** (para las uñas) nail clippers

aliciente *s* incentive

aliento *s* **1** (olor) breath: *Tiene mal aliento.* She has bad breath. **2** (respiración) breath | **sin aliento** out of breath: *Llegó sin aliento.* He was out of breath when he arrived. | **me quedé/se quedó etc. sin aliento** (de la impresión, etc.) I was/he was etc. speechless: *Me quedé sin aliento cuando lo vi.* I was speechless when I saw him. **3** (ánimo) encouragement: *unas palabras de aliento* a few words of encouragement

alimentación *s* diet: *una alimentación sana* a healthy diet

alimentar *v* **1** (ser nutritivo) to be nutritious: *El pan blanco no alimenta mucho.* White bread isn't very nutritious. **2** (darle de comer a) to feed **alimentarse** *v* **1** **alimentarse de algo** to live on

alguno -a

▶ ADJETIVO

1 En oraciones afirmativas se traduce por **some**:

Algún día te lo contaré. I'll tell you some day. | *Algunas personas resultaron heridas.* Some people were hurt.

Pero cuando el sustantivo singular español implica más de uno, en inglés se usa un sustantivo plural:

Ya leí algún artículo sobre el tema. I've read some articles on the subject./I've read one or two articles on the subject.

2 En oraciones interrogativas se traduce por **any**:

¿Has visto alguna película interesante últimamente? Have you seen any interesting movies recently?

3 Algunas combinaciones tienen traducciones especiales:

Algunas veces me acuesto temprano. Sometimes I go to bed early. | *Lo había guardado en algún lugar.* I had put it away somewhere. | *¿Alguna vez estuviste en su casa?* Have you ever been to her house? | **no hay razón alguna/peligro alguno** there is no reason at all/no danger at all

▶ PRONOMBRE

1 Cuando significa uno se traduce por **one**:

Alguno de nosotros tiene que hacerlo. One of us has to do it. | *Necesito un almanaque. ¿Tienes alguno?* I need a calendar. Do you have one?

2 Cuando significa más de uno se traduce por **some** en oraciones afirmativas y por **any** en oraciones interrogativas:

Algunos de ellos ya pagaron. Some of them have already paid. | *Me olvidé de comprar huevos. ¿Tienes alguno?* I forgot to get eggs. Do you have any?

sth: *Se alimenta de arroz y verduras.* She lives on rice and vegetables. **2** **alimentarse bien** to eat well

alimenticio, -a *adj* (nutritivo) nutritious

alimento *s* food: *alimentos nutritivos* nutritious foods
alimentos chatarra *s pl* junk food

alineación *s* (en fútbol) line-up

alinear *v* **1** (para un partido) ver ejemplos: *Campos no podrá alinear por estar lesionado.* Campos won't be in the line-up due to injury. | *Si no se recupera Hugo, alinearemos a Jorge.* If Hugo isn't well enough, we'll play Jorge. **2** (las llantas de un coche) to align

i Hay una tabla con los **números** en inglés y explicaciones sobre su uso en el apartado de gramática.

aliviarse v **1** (curarse) to get better | **aliviarse (de algo)** to get over sth: *Ya se alivió de la gripa.* She's got over the flu now. **2** (dar a luz) to have your baby

alivio s relief: *¡Qué alivio!* What a relief! | *Sentí un gran alivio cuando se fue.* I felt a great sense of relief when he left.

allá adv **1** (lugar) there: *Allá está Pablo.* There's Pablo. ► Si uno puede señalar el lugar al que se refiere, a menudo se dice **over there**: *Está allá, al lado del supermercado.* It's over there, next to the supermarket. | **allá abajo/arriba** down there/up there: *allá arriba, en el último anaquel* up there, on the top shelf | **allá adentro/afuera** in there/out there **2 más allá (a)** (para aquel lado) further over, further over that way: *Pon el florero más allá.* Move the vase further over that way./Move the vase further over. **(b)** (más adelante) further on: *La playa está dos kilómetros más allá.* The beach is two kilometers further on. | **más allá del puente/del aeropuerto etc.** beyond the bridge/the airport etc. **3 allá por los 80/por 1995 etc.** back in the 80s/in 1995 etc. | **allá tú/él etc.** that's your/his etc. problem: *Si igual quiere ir, allá él.* If he still wants to go, that's his problem.

allí adv there: *Allí estaba, esperándonos.* There she was, waiting for us. ► Si uno puede señalar el lugar al que se refiere, a menudo se dice **over there**: *Viven allí, en aquel edificio.* They live over there, in that building. | **allí abajo/arriba** down there/up there: *allí arriba, en el último anaquel* up there, on the top shelf | **allí adentro/afuera** in there/out there

alma s **1** soul **2 un amigo/una amiga del alma** a very close friend **3 con toda el alma/mi alma** with all my heart: *Lo quiero con toda mi alma.* I love him with all my heart. **4 no había ni un alma** there wasn't a soul there

almacén s **1** (tienda grande) department store **2** (depósito) warehouse

almacenar v **1** (mercancías) to store **2** (en informática) to store

almanaque s calendar

almeja s clam

almendra s almond

almendro s almond tree

almíbar s syrup: *duraznos en almíbar* peaches in syrup

almidón s starch

almirante s admiral

almohada s pillow

almorzar v **1** to have a mid-morning snack | **almorzar chilaquiles/una torta etc.** to have chilaquiles/a roll etc. for mid-morning snack

almuerzo s (a media mañana) mid-morning snack

alojamiento s accommodations (AmE), accommodation (BrE): *El precio incluye el alojamiento.* The price includes accommodations.

alojar v **alojar a alguien** to put sb up: *la familia que nos alojó* the family that put us up

alojarse v to stay: *Se alojaron en un hotel cerca de la playa.* They stayed in a hotel near the beach.

alondra s lark

alpinismo s climbing, mountaineering

alpinista s climber, mountaineer

alpiste s birdseed

alquilar v ► ver recuadro en página 442

alquiler s **1** (pago) rent: *Todavía no han pagado el alquiler.* They haven't paid the rent yet. **2** (acción de alquilar) ver ejemplos: *alquiler de bicicletas* bicycle rental (AmE) /bicycle hire (BrE) | *un coche de alquiler* a rental car (AmE) /a hire car (BrE)

alquitrán s tar

alrededor adverbio, preposición & sustantivo plural

■ adv around | **a mi/tu/su etc. alrededor** around me/you/her etc.: *Miré a mi alrededor.* I looked around me.

■ **alrededor de** prep **1** (en torno a) around: *Se sentaron alrededor de la mesa.* They sat around the table. **2** (aproximadamente) around: *Dura alrededor de una hora.* It lasts around an hour.

■ **alrededores** s pl **en los alrededores de la ciudad** on the outskirts of the city | **en los alrededores del estadio/de la catedral etc.** in the area around the stadium/the cathedral etc.

alta s **dar de alta a alguien** (a un enfermo) to discharge sb: *Mañana lo dan de alta.* He's being discharged tomorrow.

altar s altar

altavoz s (en un lugar público) loudspeaker | **anunciar algo por los altavoces** to announce sth over the loudspeakers

alterar v **1** (cambiar) to alter, to change **2** (disgustar) to upset

alterarse v to get upset

alternativa s alternative: *No me queda otra alternativa.* I have no alternative.

alternativo, -a adj **1** (no convencional) alternative: *el rock alternativo* alternative rock **2** (de segunda opción) alternative: *una solución alternativa* an alternative solution

altibajos s pl ups and downs: *Su trabajo tiene altibajos.* Her work has its ups and downs.

altiplano s high plateau

altitud s altitude: *a 5,860 metros de altitud* at an altitude of 5,860 meters

alto, -a adjetivo, adverbio, sustantivo & interjección

■ adj ► ver recuadro en página 442

alta costura s haute couture, high fashion **alta fidelidad** s hi-fi: *un equipo de alta fidelidad* a hi-fi system **alta mar** s *en alta mar* on the high seas **alta sociedad** s high society

■ adv **1** (hablar) loudly: *No hablen tan alto.* Don't talk so loudly. | *Habla más alto que no te oigo.* Speak up, I can't hear you. **2** (volar) high: *Volaba muy alto.* It was flying very high

alquilar

1 Cuando quien alquila es el inquilino o el usuario:

UNA VIVIENDA (= to rent)

El verano pasado alquilamos un departamento en Acapulco. Last summer we rented a house in Acapulco.

UNA BICICLETA, UN VEHÍCULO, ROPA (= to rent AmE, to hire BrE)

Alquilaron un coche por dos semanas. They rented a car for two weeks.

UN VIDEO, UN DVD (= to rent)

¿Alquilamos una película para esta noche? Do you want to rent a movie for tonight?

2 Cuando quien alquila es el propietario:

UNA VIVIENDA (= to rent out)

Me fui a vivir con mis padres y alquilé el departamento. I moved in with my parents and rented out my apartment. | *Se alquila.* For rent. (AmE)/To let. (BrE)

VEHÍCULOS, BICICLETAS, ROPA (= to rent out AmE, to hire out BrE)

¿Alquilan bicicletas? Do you rent out bicycles?

VIDEOS, DVDS (= to rent out)

■ **alto** s **1** (altura) ¿cuánto tiene/mide de alto? how high is it?, how tall is it?: *¿Cuánto mide de alto el librero?* How tall is the bookcase? | **tiene/mide 30 metros de alto** it's 30 meters high/tall: *La barda tiene dos metros de alto por siete de largo.* The wall is two meters high and seven meters long. ▶ En el recuadro se explica cuándo usar **high** y cuándo **tall** **2** (pausa) **hacer un alto (en el camino)** to stop (along the way) **3** (semáforo en rojo) red light: *Nos paró la policía porque nos pasamos un alto.* We were stopped by the police because we went through a red light.
alto al fuego cease-fire
■ **¡alto!** *interj* stop!, halt!

high

low

altura s **1** (alto, estatura) height: *la altura del edificio* the height of the building | **¿cuánto tiene/mide de altura?** how high/tall is it?: *¿Cuánto mide de altura el librero?* How tall is the bookcase? ▶ En el recuadro **alto -a** se explica cuándo usar **high** y cuándo **tall** | **tiene/mide cinco metros de altura** it's five meters high/tall: *La montaña tiene 5,000 metros de altura.* The mountain is 5,000 meters high. **2** (de vuelo, sobre el nivel del mar) height, altitude: *El avión empezó a perder altura.* The plane began to lose height./The plane began to lose altitude. | *un refugio de montaña a 3,000 metros de altura* a mountain

alto -a *adjetivo*

1 Para referirse a personas, edificios y árboles se usa **tall**:

Es muy alto para su edad. He's very tall for his age. | *Es más alta que su mamá.* She's taller than her mother. | *el edificio más alto del mundo* the tallest building in the world

2 Tall se usa también para otros objetos angostos y altos:

una columna alta a tall column | *Ponlas en un florero más alto.* Put them in a taller vase.

3 Para referirse a objetos de mayor longitud que alturas como *bardas* y *muros* se usa **high**:

Construyeron un muro aún más alto. They built an even higher wall.

4 Con sustantivos abstractos como *precio, calidad*, etc. se usa **high**:

Siempre saca la calificación más alta. She always gets the highest grade.

5 Para referirse a la posición o el nivel de algo se usa **high**:

un anaquel alto a high shelf | *El desempleo está muy alto.* Unemployment is very high. | *No alcanzo al timbre, está muy alto.* I can't reach the bell, it's too high.

6 Para referirse a sonidos se usa **loud**:

El volumen de la tele está demasiado alto. The television's on too loud.

7 Para referirse a funcionarios, directivos, etc. se usa **high-ranking**:

un alto ejecutivo a high-ranking executive

8 *clase alta, temporada alta*, etc. están tratadas bajo el sustantivo correspondiente.

refuge at an altitude of 3,000 meters **3** (referido a calles) **¿a qué altura de la 43/de la avenida etc. queda?** how far along 43rd Street/along the avenue etc. is it? **4 a esta altura/a estas alturas** ver ejemplos: *A estas alturas ya deben estar terminando el álbum.* They should be finishing the album by now. | *A esta altura ya no me importa.* At this stage I no longer care. | **a esta altura de su carrera/su vida etc.** at this stage of her career/life etc. **5 estar a la altura de alguien** to be on a par with sb: *El boxeador no estuvo a la altura de su rival.* The boxer wasn't on a par with his opponent. | **estar a la altura de las circunstancias** to be up to it: *Su sustituto no estuvo a la altura de las circunstancias.* His replacement wasn't up to it.

alubia s bean

alucinación s hallucination

alud s **1** (de nieve) avalanche **2** (de barro, piedras) landslide **3 un alud de quejas/cartas etc.** an avalanche of complaints/letters etc.

aludido, -a *adj* **no darse por aludido -a** not to take the hint: *No se dio por aludida.* She didn't take the hint.

alumbrar v Ver ejemplos: *Esta lámpara no alumbra mucho.* This lamp doesn't give out much light. | *Alumbré el camino con la linterna.* I lit the way with the flashlight. | *Cuando lo alumbraron los faros pude ver quién era.* When the headlights shone on him, I saw who it was.

aluminio s aluminum (AmE), aluminium (BrE) | **una cacerola/un cucharón de aluminio** an aluminum saucepan/ladle (AmE), an aluminium saucepan/ladle (BrE) ▶ ver **papel**

alumno, -a s student: *el mejor alumno de la clase* the best student in the class ▶ En inglés británico se usa **pupil** para referirse a los alumnos de primaria y a veces a los de secundaria

alzar v **1** (una copa, un trofeo, el telón) to raise | **alzar la mano (a)** (en el colegio) to put your hand up **(b)** (para llamar la atención de alguien, para pegarle, etc.) to raise your hand: *¡No me alces la mano!* Don't raise your hand to me! **2 alzar la mirada/la vista** to look up **3 alzar los hombros** to shrug your shoulders **4 alzar los precios/las tarifas** to put prices up **5 alzar el vuelo** to fly off **6 una veda** to lift a ban | **alzarle el castigo a alguien** to let sb off a punishment ▶ ver también **voz**

alzarse v **alzarse con la victoria/con el triunfo** to win: *Brasil volvió a alzarse con la copa.* Brazil won the cup again.

amabilidad s kindness | **¿tendría la amabilidad de ayudarme/esperar etc.?** would you be so kind as to help me/wait etc.?

amable adj **1** kind: *Fue muy amable conmigo.* She was very kind to me. **2 muy amable** (como agradecimiento) thank you: –*Siéntese.* –*Muy amable.* "Have a seat." "Thank you." **3 si fuera tan amable** if you would be so kind

amaestrado, -a adj trained

amaestrar v to train

amamantar v **1** (a un bebé) to breastfeed **2** (un animal a su cría) to suckle

amanecer sustantivo & verbo
■ s **1** (hora) dawn: *Salimos al amanecer.* We left at dawn. **2** (salida del sol) sunrise: *Vimos el amanecer juntos.* We watched the sunrise together.
■ v to get light: *Está amaneciendo.* It's getting light./Dawn is breaking.

amante s **1** (de una persona) lover **2 los amantes de la ópera/el arte etc.** opera lovers/art lovers etc.

amapola s poppy (pl -ppies)

amar v to love: *Te amo.* I love you.
amarse v to love each other

amargado, -a adj **1** (resentido) bitter: *una vieja amargada* a bitter old woman **2** (disgustado) fed up: *Estoy amargado porque perdió mi equipo.* I'm fed up because my team lost.

amargar v **amargarle el día/la vida etc. a alguien** to ruin sb's day/life etc.
amargarse v to get upset: *No te amargues por eso.* Don't get upset about that.

amargo, -a adj bitter: *naranjas amargas* bitter oranges

amargura s bitterness

amarillento, -a adj yellowish

amarillo, -a adjetivo & sustantivo
■ adj yellow ▶ ver **página, tarjeta**
■ amarillo s yellow ▶ ver "Active Box" **colores** en **color**

amarra s mooring rope | **echar amarras** to moor | **soltar amarras** to cast off

amarrar v **1** (atar) to tie: *Amarró la cuerda al árbol.* He tied the rope to the tree. | **amarrar a alguien** to tie sb up **2** (una embarcación) to moor: *Amarraron el yate.* They moored the yacht. **3** (un negocio, etc.) **estar amarrado/ tener algo amarrado** to be all sewn up/to have sth all sewn up

amarrarse v **1 amarrarse las agujetas/ los zapatos** to do your shoes up, to tie your shoelaces | **amarrarse el pelo** to tie your hair back **2** (frenar bruscamente) to slam the brakes on: *Se amarró cuando vio al perro, pero ya no pudo evitarlo.* He slammed the brakes on when she saw the dog, but couldn't avoid hitting it.

amasar v **1** (en cocina) to knead **2 amasar una fortuna** to amass a fortune

amateur adj & s amateur

amatista s amethyst

Amazonas s **el Amazonas** the Amazon

amazónico, -a adj Amazonian

ámbar s amber

ambición s ambition: *Su ambición es tocar en una banda de rock.* Her ambition is to play in a rock band.

ambicioso, -a adj (persona, proyecto) ambitious

ambientado, -a adj set: *una novela ambientada en los años cuarenta* a novel set in the forties

ambiental adj environmental: *contaminación ambiental* environmental pollution ▶ ver **música**

ambiente s **1** (entorno) environment: *un ambiente de trabajo agradable* a pleasant working environment **2** (atmósfera) atmosphere: *un ambiente tenso* a tense atmosphere **3** (actividad, animación) great atmosphere, life ▶ ver **medio**

ambiguo, -a adj ambiguous

ambos, -as adj & pron both: *Ambos equipos tienen 20 puntos.* Both teams have 20 points. | *A ambos nos gusta el tenis.* We both like tennis.

ambulancia s ambulance: *¡Llamen a la ambulancia!* Call an ambulance!

ambulante ▶ ver **vendedor**

amén *interj* amen

amenaza *s* threat | **amenaza de bomba** bomb threat **amenaza de muerte** death threat

amenazante *adj* threatening

amenazar *v* to threaten | **amenazar a alguien de muerte** to threaten to kill sb: *Lo habían amenazado de muerte.* They had threatened to kill him. | **amenazar (a alguien) con hacer algo** to threaten to do sth: *Nos amenazó con denunciarnos a la policía.* He threatened to report us to the police.

ameno, -a *adj* entertaining

América *s* the Americas, America ▶ Se usa más **the Americas** porque **America** también significa *Estados Unidos* en inglés: *el río más largo de América* the longest river in the Americas **América Central** Central America **América del Norte** North America **América del Sur** South America **América Latina** Latin America

americano, -a *adj s*

> **American** significa fundamentalmente *estadounidense.* Para expresar *del continente americano* se suele usar **in the Americas, from the Americas,** etc. si hay riesgo de ambigüedad:
>
> *la principal cadena montañosa americana* the main mountain chain in the Americas | *el continente americano* the American continent
>
> *Los americanos* se dice **(the) Americans** si se refiere a los estadounidenses y **(the) people from the Americas** si designa a los habitantes del continente.

ametralladora *s* machine gun

amígdalas *s pl* tonsils | **me/lo etc. operaron de las amígdalas** I had my tonsils out/he had his tonsils out etc.

amigo, -a *sustantivo & adjetivo*

■ *s* friend: *Laura es mi mejor amiga.* Laura is my best friend. | **un amigo mío/nuestro etc./una amiga mía/nuestra etc.** a friend of mine/ours etc.: *un gran amigo suyo* a great friend of hers | **ser amigo -a de alguien** to be a friend of sb's: *Es amigo mío.* He's a friend of mine. | *Era amiga de mi mamá.* She was a friend of my mother's. | **hacerse amigo -a de alguien** to make friends with sb: *Me hice amiga de los vecinos.* I made friends with the neighbors. | **hacerse amigos -as** to become friends: *Nos hicimos amigas enseguida.* We became friends right away.

■ *adj* **ser muy amigos -as** to be very good friends | **ser muy amigo -a de alguien** to be a good friend of sb's: *Es muy amiga nuestra.* She's a good friend of ours.

amistad *sustantivo & sustantivo plural*

■ *s* (relación) friendship: *mi amistad con Juan* my friendship with Juan | **entablar amistad con alguien** to make friends with sb

■ **amistades** *s pl* (amigos) friends: *todas sus amistades* all her friends

amistoso, -a *adj* **1** (saludo, tono, relación) friendly **2 partido amistoso** exhibition game (AmE), friendly (BrE)

amnistía *s* amnesty (pl -ties)

amo, -a *s* owner | **ama de casa** housewife (pl -wives) ▶ Actualmente se prefiere el término **homemaker,** que se puede aplicar tanto a la mujer como al hombre que se ocupa de la casa y no trabaja fuera

amolado, -a *adj* **1** (referido a personas) in a bad way: *Salió de la operación pero está bastante amolado.* He got through the operation but he's in a pretty bad way. **2** (referido a cosas) beat-up, on its last legs: *Mi coche está muy amolado, no creo que llegue a Acapulco.* My car's on its last legs, I don't think it'll get to Acapulco.

amolar *v* **1** (perjudicar) **amolar/amolarse a alguien** to mess things up for sb: *Ahora sí que me amolaron.* Now they've really messed things up for me. | *Se lo amolaron por copiar en el examen.* They came down hard on him for cheating in the exam. **2 ¡no la amueles!** you're kidding!: *–Lo detuvieron. –¡No la amueles!* "He's been arrested." "You're kidding!" **3 ya ni la amuelas/ya ni la amuelan etc.** you're/they're etc. hopeless, you're/they're etc. the limit **4** (estropear) to ruin, to bust

amolarse *v* (estropearse) to be ruined, to bust

amonestación *s* (a un jugador) yellow card, booking (BrE)

amonestar *v* (a un jugador) to yellow-card, to book (BrE): *Lo amonestaron por demorar un tiro libre.* He was yellow-carded for delaying a free kick.

amontonar *v* **amontonar algo** to pile sth up: *una cantidad de ropa amontonada en una silla* lots of clothes piled up on a chair

amontonarse *v* **1** (apilarse) to pile up: *La basura se amontonaba en las calles.* Garbage was piling up in the streets. **2** (personas) to crowd together: *Se amontonaron alrededor del escenario.* They crowded together around the stage.

amor *s* **1** (sentimiento) love: *el amor por la música* the love of music | *su amor por Romeo* her love for Romeo | **¡por (el) amor de Dios!** for goodness' sake! **2 hacer el amor** to make love **3** (persona amada) love: *Sí, mi amor.* Yes, my love.

amor propio pride

amordazar *v* to gag

amoroso, -a *adj* **vida amorosa** love life | **relaciones amorosas** relationships

amortiguador *s* shock absorber

ampliación s **1** (de una foto) enlargement **2** (del vocabulario) widening **3** (de un plazo) extension

ampliar v **1** (una foto) to enlarge **2** (el vocabulario) to widen **3** (un plazo) to extend **4** (una casa) to extend

amplificador s amplifier

amplio, -a adj **1** (casa, habitación) spacious, large **2** (sofá, cama) large **3** (chaqueta, pantalones, etc.) loose-fitting **4** (gama, margen) wide **5 en el sentido amplio de la palabra/del término** in the broad sense of the word/term

ampolla s **1** (en la piel) blister **2** (de vidrio) vial

amputar v to amputate

amueblado, -a adj furnished

amueblar v to furnish

amuleto s charm, amulet

anafre s portable stove

analfabetismo s illiteracy

analfabeto, -a adjetivo & sustantivo
■ adj illiterate
■ s illiterate person (pl illiterate people)

analgésico s painkiller ▶ También existe **analgesic**, pero es un término técnico

análisis s **1** (en medicina) test: *un análisis de sangre/orina* a blood/urine test | **hacerse análisis** to have tests done: *Se tiene que hacer unos análisis.* He has to have some tests done. **2** (de un texto, de un problema) analysis (pl -lyses) | **hacer un análisis de algo** to analyze sth (AmE), to analyse sth (BrE)

analista s analyst
analista de sistemas systems analyst

analizar v to analyze (AmE), to analyse (BrE)

anaquel s **1** (entrepaño) shelf (pl shelves) **2** (mueble) set of shelves, shelving unit

anaranjado, -a adjetivo & sustantivo
■ adj orange
■ **anaranjado** s orange ▶ ver "Active Box" **colores** en **color**

anarquía s anarchy

anarquista adj & s anarchist

anatomía s anatomy

ancho, -a adjetivo & sustantivo
■ adj **1** (calle, río, cinturón, tela) wide: *una ancha avenida* a wide boulevard **2** (frente, cara, hombros, caderas) broad: *un hombre de cara ancha* a man with a broad face | *Es ancho de hombros.* He has broad shoulders. **3** (boca) wide **4** (pantalón, saco) loose-fitting
■ **ancho** s width: *el ancho de la tela* the width of the material | **¿cuánto tiene/mide de ancho?** how wide is it?: *¿Cuánto tiene de ancho esta puerta?* How wide is this door? | **tiene/mide dos metros de ancho** it's two meters wide: *La cama mide 90 cm de ancho.* The bed is 90 cm wide.
ancho de banda bandwidth

anchoa s anchovy (pl -vies)

anciano, -a sustantivo & adjetivo
■ s (persona) **anciano** elderly man (pl men) | **anciana** elderly woman (pl women) | **los ancianos** the elderly
■ adj elderly

ancla s anchor

ándale, ándele interj **1** (para apurar a alguien) hurry up!, come on! **2** (para animar a alguien) come on! **3** (para expresar sorpresa) well, well, well!: *Ándale, conque tienes un Mercedes.* Well, well, well! So you've got a Mercedes. **4** (para mostrar acuerdo) sure, right: *–¿Me invitas a comer? –Ándale.* "Can I stay to lunch?" "Sure."

andamio s scaffolding

andar v **1** (estar) to be: *¿Cómo andas?* How are you?/How are you doing? | *–¿Dónde está papá? –Anda por el jardín.* "Where's Dad?" "He's in the garden." | *Siempre anda quejándose.* He's always complaining. | **andar cansado-a/triste etc.** to be tired/sad etc.: *Ando preocupada por los exámenes.* I'm worried about the exams. **2 ¿en qué anda/andas etc.?** what's he up to?/what are you up to? etc. **3 me anda por salir de vacaciones/por ver a los abuelos etc.** I can't wait to go on vacation/to see my grandparents etc. | **me anda (del baño)** I'm dying to go to the bathroom **4** andar bien/mal **(a)** (radio, aspiradora, etc.) to be working well/not to be working well: *El coche anda mal.* There's something wrong with the car. **(b)** (negocio) to be going well/badly **(c)** (persona) *Anda mal de dinero.* He has money problems. | *Sonia anda mal de salud.* Sonia's not very well. **5 andar por los quince/los veinte etc.** to be about fifteen/twenty etc.: *Debe andar por los cuarenta.* She must be about forty. **6 andar con alguien** to be going out with sb: *No les gusta el chavo con el que ando.* They don't like the boy I'm going out with. **7** (trabajar) **andar de algo** to be working as sth: *La última vez que lo vi andaba de jardinero.* The last time I saw him he was working as a gardener. ▶ ver **bicicleta, caballo, moto**

andén s (en una estación) platform: *¿De qué andén sale el tren?* Which platform does the train leave from?

Andes s pl **los Andes** the Andes

andinismo s climbing, mountaineering

andinista s climber, mountaineer

andino, -a adj Andean

anécdota s anecdote | **contar una anécdota** to tell an anecdote

anemia s anemia (AmE), anaemia (BrE) | **tener anemia** to be anemic (AmE), to be anaemic (BrE)

anestesia s anesthesia (AmE), anaesthesia (BrE) | **con/sin anestesia** with/without an anesthetic (AmE), with/without an anaesthetic (BrE) | **ponerle/darle anestesia a alguien** to give sb an anesthetic (AmE), to give sb an anaesthetic (BrE) **anestesia general/local** general/local anesthetic (AmE), general/local anaesthetic (BrE)

anestesiar s to anesthetize (AmE), to anaesthetize (BrE)

anestesista s anesthetist (AmE), anaesthetist (BrE)

anexo s **1** (de un edificio) annex (AmE), annexe (BrE) **2** (a un texto, a un documento) appendix (pl -dices)

anfetamina s amphetamine

anfibio, -a adjetivo & sustantivo
■ adj **1** (animal, planta) amphibious **2** (vehículo) amphibious
■ **anfibio** s amphibian

anfitrión, -ona s **anfitrión** host | **anfitriona** hostess (pl -sses)

ángel s angel
ángel de la guarda guardian angel

anginas s pl **1** (amígdalas) tonsils **2** (inflamación) tonsillitis sing

anglicano, -a adj & s Anglican ▶ La rama americana de la Iglesia Anglicana se llama **Episcopalian** o **Episcopal Church**. Los miembros de dicha iglesia se conocen como **Episcopalians**

anglosajón, -ona adjetivo & sustantivo
■ adj **1** (de los pueblos de lengua inglesa) **la cultura anglosajona** the culture of the English-speaking nations | **el mundo anglosajón** the English-speaking world **2** (del pueblo de la antigüedad) Anglo-Saxon
■ s los anglosajones **(a)** (la gente de habla inglesa) English-speaking people **(b)** (en la antigüedad) the Anglo-Saxons

angosto, -a adj narrow

anguila s eel

ángulo s **1** (en geometría) angle: un ángulo recto/agudo/obtuso a right/acute/obtuse angle | un ángulo de 30° a 30° angle **2** (punto de vista) angle **3** (esquina) corner

angustia s **1** (sufrimiento) distress, anguish **2** (inquietud) anxiety

angustiar v me angustia **(a)** (me hace sufrir) it distresses me **(b)** (me inquieta) it makes me anxious
angustiarse v **1** (sufrir) to get distressed, to get upset **2** (inquietarse) to get anxious

anillo s ring: un anillo de brillantes a diamond ring
anillo de bodas wedding ring **anillo periférico** beltway (AmE), ring road (BrE)

animado, -a adj **1** (referido a personas) cheerful: Lo vi muy animado. He seemed very cheerful. **2** (entretenido) lively: una animada conversación a lively conversation **3** (película) animated ▶ ver **dibujo**

animador, -a s **1** (de dibujos, películas, etc.) animator **2** (en una colonia de vacaciones) monitor **3** (de fiestas infantiles) children's entertainer

animal s **1** animal: ¿Te gustan los animales? Do you like animals? **2** (mascota) pet: ¿Tienes algún animal? Do you have any pets? **3** (persona bruta) brute, (persona ignorante) idiot: ¡Es una animal! She's such a brute!/She's such an idiot!
animal doméstico domestic animal **animal salvaje** wild animal

cat · goldfish · dog · rabbit · hamster

animar v **1** animar a alguien **(a)** (levantarle el ánimo) to cheer sb up **(b)** (a un equipo, un jugador) to cheer sb on **2** (alentar) animar a alguien a hacer algo to encourage sb to do sth: La animé a que se presentara al concurso. I encouraged her to enter the competition. **3** animar una fiesta to liven up a party
animarse v **1** (alegrarse) to cheer up: ¡Anímate un poco! Cheer up a little! **2** (atreverse) animarse a hacer algo to dare do sth: No me animo a decirle la verdad. I don't dare tell her the truth. | ¿Te animas a echarte un clavado del trampolín más alto? Do you dare dive off the top board? | ¡a que no te animas! I dare you!

ánimo s **1** levantarle/subirle el ánimo a alguien to cheer sb up **2** ¿cómo estás/está etc. de ánimo? how are you/is he etc. feeling? **3** estar/andar con el ánimo por los suelos to be really down **4** darle ánimos a alguien **(a)** (a un equipo, un jugador) to cheer sb on **(b)** (a una persona desanimada) to encourage sb

anís s **1** (semilla) aniseed **2** (bebida) anisette

aniversario s **1** anniversary (pl -ries) **2** aniversario (de boda) (wedding) anniversary

ano s anus

anoche adv last night: ¿Qué hiciste anoche? What did you do last night? | ¿Qué tal la fiesta de anoche? How was last night's party?

anochecer verbo & sustantivo
■ v to get dark: ¿A qué horas anochece? What time does it get dark?/What time does night fall?
■ s **1** nightfall, dusk **2** al anochecer at dusk: Al anochecer empieza a refrescar un poco. At dusk it begins to get a little cooler./When night falls it begins to get a little cooler.

anónimo, -a *adjetivo & sustantivo*
■ *adj* anonymous ▶ ver **sociedad**
■ **anónimo** s anonymous letter

anorexia s anorexia

anoréxico, -a *adj & s* anorexic

anormal *adj* abnormal

anotar *v* **1** (escribir) **anotar algo** to write sth down: *Anoté la dirección en un papel.* I wrote the address down on a piece of paper. **2** (marcar) to score: *Anotaron seis goles en dos partidos.* They scored six goals in two games.

ansias s *pl* **tener ansias de aventuras/libertad etc.** to long for adventure/freedom etc. | **tener ansias de aprender/viajar etc.** to long to learn/travel etc.

ansiedad s anxiety | **con ansiedad** anxiously

ansioso, -a *adj* anxious, worried

Antártico s **el (océano) Antártico** the Antarctic Ocean

antártico, -a *adj* Antarctic

Antártida s **la Antártida** the Antarctic, Antarctica

ante¹ *prep* **1** (en presencia de) before: *Tuvo que declarar ante el juez.* She had to give evidence before the judge. **2** (frente a) faced with: *¿Qué haría usted ante tal situación?* What would you do if you were faced with such a situation? **3** (en deportes) **jugar ante alguien** to play against sb | **perder ante alguien** to lose to sb: *Boston perdió ante Toronto.* Boston lost to Toronto. **4 ante todo (a)** (sobre todo) above all: *Ante todo, conserven la calma.* Above all, keep calm. **(b)** (antes que nada) first and foremost: *Ante todo, quiero pedirles disculpas.* First and foremost, I want to apologize.

ante² s suede | **zapatos/guantes de ante** suede shoes/gloves

anteanoche *adv* the night before last

anteayer *adv* the day before yesterday

antebrazo s forearm

antecedente *sustantivo & sustantivo plural*
■ s (de una enfermedad) Se usa la palabra **history**: *¿Hay algún antecedente de diabetes en la familia?* Is there any history of diabetes in the family?
■ **antecedentes** s *pl* **1** (profesionales, académicos) record *sing*: *Tiene excelentes antecedentes académicos.* She has an excellent academic record. **2 tener antecedentes (penales)** to have a (criminal) record

antecesor, -a s **1** (predecesor) predecessor **2** (antepasado) ancestor

antecopretérito s past perfect

antefuturo s future perfect

antelación ▶ ver **anticipación**

antemano de antemano in advance, beforehand: *Lo sabíamos de antemano.* We knew in advance./We knew beforehand.

antena s **1** (de TV, radio) antenna (pl -nnas) (AmE), aerial (BrE) **2** (de un insecto) antenna (pl -nnae)

antena parabólica satellite dish (pl -shes)

anteojos s *pl* glasses: *¿Laura usa anteojos?* Does Laura wear glasses?

protective goggles

swimming goggles   sunglasses   glasses

antepasado, -a *adjetivo & sustantivo*
■ *adj* **la semana antepasada/el año antepasado etc.** the week before last/the year before last etc.
■ s (antecesor) ancestor

antepenúltimo, -a *adj* antepenultimate

antepospretérito s conditional perfect

antepresente s present perfect

anterior *adj* previous: *el capítulo anterior* the previous chapter | *La habían visto con él el día anterior.* They had seen her with him the day before./They had seen her with him the previous day. | **anterior a algo** before sth: *La noche anterior al viaje no pude dormir.* The night before the trip I couldn't sleep.

antes *adv* **1** (previamente) before: *¿Por qué no me lo dijiste antes?* Why didn't you tell me before? | **antes de** algo before sth: *Nos vemos antes de la clase.* I'll see you before class. | *Llámame antes de salir.* Call me before you leave. | **antes que alguien** before sb: *Yo llegué antes que ella.* I got here before her./I got here before she did. **2** (en una época anterior) Esto se suele expresar en inglés con el modal **used to**, sin necesidad de usar un adverbio: *Antes me gustaba pero ahora no lo puedo ver.* I used to like him but now I can't stand him. | *Antes no usabas lentes ¿no?* You didn't use to wear glasses, did you? **3** (en el espacio) **está antes del cine/de la plaza etc.** it's before the movie theater/the square etc. **4** (en una fila, etc.) first: *Disculpe, yo estaba antes.* Excuse me, I was here first. | **antes que alguien** before sb: *Ellos están antes que nosotros.* They're before us. **5 antes que nada** first of all: *Antes que nada, miremos el mapa.* First of all, let's look at the map. **6 lo antes posible** as soon as possible **7** (por suerte) **antes no te reprobó/antes di que no perdimos etc.** you were lucky he didn't fail you/we were lucky not to lose etc.: *Antes di que estás vivo.* You're lucky to be alive.

antes de ayer the day before yesterday

antibiótico s antibiotic

anticipación s **1 con anticipación** in advance: *Hay que sacar los boletos con anticipación.* You have to get the tickets in advance. **2 con dos días/un mes etc. de anticipación** two days/a month etc. in advance

anticipar *v* **1** (adelantar) **anticipar algo** to move sth up (AmE), to bring sth forward (BrE): *Anticiparon el examen.* They moved the test up. **2** (prever) to anticipate **3** (pagar por adelantado) to pay in advance

anticipo *s* (del sueldo, etc.) advance: *Voy a pedir un anticipo.* I'm going to ask for an advance.

anticonceptivo, -a *adjetivo & sustantivo*
■ *adj* contraceptive
■ **anticonceptivo** *s* contraceptive

anticuado, -a *adj* (ropa, persona, idea) old-fashioned: *Sus papás son muy anticuados.* His parents are very old-fashioned.

anticuario, -a *sustantivo*
■ *s* (persona) antique dealer
■ **anticuario** *s* (tienda) antique shop

antídoto *s* antidote | **un antídoto contra algo** an antidote to sth

antier *adv* the day before yesterday

antifaz *s* mask

antiguamente *adv* in the past

antigüedad *sustantivo & sustantivo plural*
■ *s* **1** (de un fósil, un edificio, etc.) age **2** la **Antigüedad** antiquity **3** (en el trabajo) seniority
■ **antigüedades** *s pl* antiques: *Compran y venden antigüedades.* They buy and sell antiques. | *una tienda de antigüedades* an antique shop

antiguo, -a *adj* **1** (edificio, ciudad) old: *una preciosa casa antigua* a beautiful old house **2** (mueble, jarrón, joya) antique, old **3** (anterior) former: *su antiguo socio* his former partner **4** (civilización, sociedad) ancient: *las antiguas civilizaciones de América* the ancient civilizations of the Americas
el Antiguo Testamento the Old Testament

old

modern

antílope *s* antelope

antipático, -a *adjetivo & sustantivo*
■ *adj* unfriendly, unpleasant ▶ **unpleasant** expresa mayor desagrado que **unfriendly**
■ *s* En inglés se usa el adjetivo: *Es una antipática.* She's very unfriendly./She's very unpleasant.

antisemita *adjetivo & sustantivo*
■ *adj* anti-Semitic
■ *s* anti-Semite

antojarse *v* **1** Este verbo no tiene equivalente en inglés. La idea se puede expresar con las frases **to take it into your head that** o **to have a sudden urge to do sth.** Guíate por los ejemplos: *Se le antojó que tenía que verla.* He got it into his head that he had to see her. | *Se le antojó salir a*

la una de la mañana. She had a sudden urge to go out at one in the morning. **2 hacer lo que se me/te etc. antoja** to do as I/you etc. please: *Yo con mi dinero hago lo que se me antoja.* I do as I please with my money. **3 cuando se me/te etc. antoja** when I/you etc. feel like it, when I/you etc. please: *Se levanta cuando se le antoja.* She gets up when she feels like it./She gets up when she pleases.

antojitos *s pl* appetizers, snacks

antojo *s* **tener antojo (de algo)** to have a craving (for sth): *Tengo antojo de higos.* I have a craving for figs.

antorcha *s* torch (pl -ches)

antropología *s* anthropology

antropólogo, -a *s* anthropologist

anual *adj* annual

anular *verbo & sustantivo*
■ *v* **1** (un gol) to disallow **2** (una reservación, un contrato) to cancel **3** (un matrimonio) to annul
■ *s* (dedo) ring finger

anunciar *v* **1** (dar aviso de) to announce: *Anunciaron su compromiso matrimonial.* They announced their engagement. | *¿Ya anunciaron nuestro vuelo?* Have they called our flight yet? **2** (hacer publicidad de) to advertise: *En ese horario está prohibido anunciar cigarros y bebidas alcohólicas.* It is illegal to advertise cigarettes and alcohol at those times.

anuncio *s* **1** (publicidad en TV, radio) advertisement, commercial: *un anuncio de una marca de jeans* an advertisement for a brand of jeans/a commercial for a brand of jeans **2** (publicidad en un periódico, una revista) ad, advertisement **3** (pidiendo algo) ad, advertisement: *Había un anuncio pidiendo voluntarios.* There was an ad asking for volunteers./There was an advertisement asking for volunteers. **4** (avisando algo) announcement | **hacer un anuncio** to make an announcement

anzuelo *s* hook

añadir *v* to add

añicos *s pl* **hacerse añicos** to shatter into tiny pieces, to shatter: *El jarrón se hizo añicos.* The vase shattered into tiny pieces./The vase shattered.

año *s* **1** (para expresar edad) **tener 7/16 etc. años** to be 7/16 etc. years old ▶ Al hablar de la edad de una persona frecuentemente se omite **years old**: *Tengo 17 años.* I'm 17./I'm 17 years old. | *Ese edificio tiene más de 100 años.* That building is over 100 years old. | **¿cuántos años tienes/tiene etc.?** how old are you/is he etc.?: *¿Cuántos años tiene tu amiga?* How old is your friend? **2 una niña de seis años/un hombre de cuarenta años etc.** a six-year-old girl/a forty-year-old man etc., a girl of six/a man of forty etc. **3** (período, momento) year: *¿En qué año naciste?* What year were you born? | *Vivimos dos años en Miami.* We lived in Miami for two years. | *Hace un año* *que no lo veo.* I haven't seen him for a year. | **el año pasado** last year: *Se casó el año pasado.* He got married last year. | **el año que viene** next year: *El año que viene voy a aprender a manejar.* Next year I'm going to learn to drive. **4 los años cincuenta/setenta etc.** the fifties/seventies etc.: *Todo esto pasó en los años sesenta.* All of this happened in the sixties. | *una película de los años cincuenta* a fifties movie **5** (curso escolar) grade (AmE), year (BrE): *¿En que año estás?* What grade are you in?

año académico academic year **año bisiesto** leap year **año luz** light year **año nuevo** New Year: *¡Feliz año nuevo!* Happy New Year!

apachurrar s **1** (un insecto, una lata, una caja) to crush: *Apachurró la lata de cerveza.* He crushed the beer can. | **lo apachurró un autobús/un camión etc.** he was run over by a bus/a truck etc. **2** (una tecla, un botón, el acelerador) to press
apachurrarse v to get squashed

apagado, -a adj **1 estar apagado -a (a)** (luz, aparato) to be off: *La calefacción estaba apagada.* The heating was off. | *¿Qué haces ahí con la luz apagada?* What are you doing there with the light off? **(b)** (fuego) to be out **2** (persona) subdued: *Está un poco apagada hoy.* She's a little subdued today. **3** (color) dull

apagador s switch (pl switches)

apagar v **1 apagar la luz/la radio etc.** to turn the light/the radio etc. off, to switch the light/the radio etc. off: *Apaga la computadora.* Turn the computer off./Switch the computer off. **2 apagar un incendio/un cigarro** to put a fire/a cigarette out: *Los bomberos apagaron el incendio en una hora.* The fire fighters put the fire out in an hour.
apagarse v **1** (luz, vela) to go out: *De repente se apagó la luz.* Suddenly the light went out. **2** (calefacción, aparato) to go off: *La calefacción se apaga a las once.* The heating goes off at eleven.

apagón s outage (AmE), power cut (BrE)

apapachar v **1** (abrazar, etc.) to cuddle **2** (mimar, consentir) to pamper

apapacho s Para expresar esta idea en inglés, se usa un verbo. Si quieres decir por ejemplo *Le gusta mucho el apapacho* y te refieres a que le gusta recibir abrazos, etc., di **he/she likes to be cuddled** pero si hablas de que a alguien le gusta que lo consientan entonces di **he/she likes to be pampered**

aparador s **1** (mueble de comedor) sideboard **2** (de una tienda) store window (AmE), shop window (BrE) | **ir a ver/mirar aparadores** to go window-shopping

aparato s **1** (máquina) machine: *un aparato para grabar CDs* a machine to record CDs **2** (instrumento técnico) device: *aparatos detectores de explosivos* devices to detect explosives **3** (electrodoméstico) appliance

aparecer v **1** (mostrarse) to appear: *Aparecieron manchas en la pared.* Stains appeared on the wall. **2** (ser encontrado) to turn up: *Tus llaves no han aparecido.* Your keys haven't turned up. **3** (llegar) to show up, to turn up: *Apareció a las 8, medio dormido.* He showed up at 8 o'clock, half asleep./He turned up at 8 o'clock, half asleep.
aparecerse v **se le apareció el diablo/un espíritu etc.** the Devil/a spirit etc. appeared to him

aparentar v **1** (parecer) to look: *Tiene 40 años, pero aparenta menos.* She's 40, but she looks younger. **2** (presumir) to show off: *Sólo lo hacen para aparentar.* They do it just to show off.

aparición s **1** (en cine, televisión) appearance **2** (de una publicación) publication, appearance, (de un disco) release: *la inminente aparición de su último álbum* the imminent release of their latest album **3 hacer su aparición** to appear

apariencia s appearance | **las apariencias engañan** appearances can be deceptive

apartado, -a adjetivo & sustantivo
■ **adj 1** (lugar) isolated **2 apartado -a de algo** a long way out of sth: *una casa apartada del pueblo* a house a long way out of the village
■ **apartado** s (de un texto) section
apartado postal P.O. Box

apartamento s apartment, flat (BrE): *¿Vives en casa o apartamento?* Do you live in a house or an apartment?

apartar v **1** (poner a un lado) **apartar algo** to put sth to one side: *Aparta las peras maduras.* Put the ripe pears to one side. **2** (reservar) ver ejemplos: *¿Me puede apartar el lugar un momento?* Can you save my place for me a moment? | *Le pedí que me apartara el libro.* I asked her to put the book on one side for me. | *Perdone, ¿ese lugar está apartado?* Excuse me, is that seat taken? **3 apartar los ojos/la mirada** to avert your eyes/your gaze

aparte adverbio, preposición & adjetivo
■ **adv 1** (por separado) separately: *¿Me los puede envolver aparte?* Can you wrap them separately? **2 poner algo aparte** to put sth to one side: *Puse mis CDs aparte.* I put my CDs to one side. **3** (no incluido en un precio) extra: *Las bebidas son aparte.* Drinks are extra.
■ **aparte de** prep apart from, as well as: *Aparte de cansada, estoy deprimida.* Apart from being tired, I'm depressed./As well as being tired, I'm depressed. ► En preguntas y negaciones siempre se usa **apart from**: *¿Qué hiciste, aparte de tomar el sol?* What did you do, apart from sunbathing? | *Aparte de eso no me dijo nada.* Apart from that she didn't say anything.
■ **adj** (separado) separate: *Duerme en un cuarto aparte.* She sleeps in a separate bedroom.

apasionado, -a adj passionate

apasionante adj fascinating, thrilling

apasionar *v* me apasiona la música/mi trabajo etc. I love music/my work etc.

apelar *v* apelar **(una sentencia)** to appeal (against a sentence)

apellido *s* last name, surname
apellido de casada married name **apellido de soltera** maiden name

apenado, -a *v* **1** (con vergüenza) ashamed, embarrassed ► **embarrassed** se usa cuando se trata más de timidez que de conciencia de haber obrado mal: *¿No está apenado por lo que hizo?* Aren't you ashamed of what you did? **2** (triste) sad

apenar *v* **1** (hacer sentir vergüenza a) me/le etc. apena I'm/he's etc. ashamed, I'm/he's etc. embarrassed: *Me apena reconocerlo.* I'm ashamed to admit it. ► ver nota en **apenado 2** (entristecer) to sadden: *Me apena que no haya hecho amigos.* It saddens me that he hasn't made any friends.
apenarse *v* **1** (sentir vergüenza, avergonzarse) to be embarrassed **2** (sentir tristeza, entristecerse) to be sad, to be saddened

apenas *adverbio & conjunción*
■ *adv* **1** (sólo) only: *Tiene apenas tres años.* She's only three. | *–Me voy. –¡Pero apenas son las 10!* "I'm going." "But it's only 10 o'clock!" **2** (casi no) hardly: *Apenas me conocen.* They hardly know me. | *Apenas le alcanzó para el boleto.* She hardly had enough for the ticket.
■ *conj* as soon as: *Apenas lo vi, lo reconocí.* As soon as I saw him, I recognized him.

apéndice *s* **1** (órgano) appendix (pl -dixes) **2** (de un texto) appendix (pl -dices)

apendicitis *s* appendicitis | **operarse de apendicitis** to have your appendix out

aperitivo *s* aperitif

apertura *s* **1** (inauguración) opening: *la ceremonia de apertura del museo* the opening ceremony for the museum **2** (a otras ideas, culturas, etc.) opening-up **3** (en economía) opening-up

apestar *v* to stink | apestar **a algo** to stink of sth

apetito *s* appetite | me/le etc. abrió el apetito it gave me/him etc. an appetite

apilar *v* apilar **algo (a)** (ordenadamente) to put sth in a pile: *Apila los libros en el rincón.* Put the books in a pile in the corner. **(b)** (desordenadamente) to pile sth up
apilarse *v* to pile up: *Las papeles se iban apilando sobre el escritorio.* Papers were piling up on the desk.

apio *s* celery

aplanadora *s* road roller, steamroller

aplastante *s* una derrota aplastante a crushing defeat | una victoria aplastante a resounding win | una mayoría aplastante an overwhelming majority

aplastar *v* **1** (estrujar) to crush: *El árbol se cayó y aplastó un coche.* The tree fell and crushed a car. **2** (hacer puré con) to mash: *Aplaste las papas con un tenedor.* Mash the potatoes with a fork. **3** (una rebelión, una huelga) to crush

aplaudir *v* to clap: *El público los aplaudió sin parar.* The audience kept on clapping. ► Existe el verbo **to applaud**, que se usa en contextos más formales

aplauso *s* round of applause: *¡Un aplauso para Sandra!* Let's have a round of applause for Sandra! ► **applause**, que es incontable, se puede usar para traducir el plural *aplausos*: *Hubo fuertes aplausos.* There was loud applause.

aplazar *v* aplazar **algo** to put sth back, to postpone sth

aplicación *s* **1** (uso) application, use **2** (en computación) application

aplicado, -a *adj* **1** (alumno) hard-working **2** ciencia/tecnología aplicada applied science/technology

aplicar *v* **1** (una crema, un cosmético) to apply **2** (una ley) to enforce, to implement **3** (un método) to use, to apply **4** (una pena) to apply, to impose **5** (un plan) to implement **6** (una inyección) to administer

apoderarse *v* apoderarse **de algo** (de tierras, bienes, etc.) to seize sth

apodo *s* nickname

aportación *s* **1** (de dinero) contribution **2** (de ideas, trabajo, etc.) contribution

aportar *v* **1** (ideas, sugerencias) to come up with: *Todos tenemos que aportar ideas.* We all have to come up with ideas. **2** (dinero) to contribute: *Cada uno aportaba lo que podía.* Everyone contributed what they could.

aporte ► ver aportación

apostar *v* **1** to bet | **(qué/cuánto) te apuesto (a) que...** I bet you...: *Te apuesto a que llega tarde.* I bet you she's late. **2** to bet | apostarle $200/$400 etc. a algo to bet $200/$400 etc. on sth: *Le apostó $200 al caballo negro.* He bet $200 on the black horse.

apóstol *s* apostle

apóstrofe o **apóstrofo** *s* apostrophe

apoyar *v* **1** (poner) apoyar **algo en/contra algo** to lean sth on/against sth: *Apoya la escalera contra la pared.* Lean the ladder against the wall. | *Apoyó la cabeza en la almohada.* She leaned/rested her head on the pillow. **2** (respaldar) to support: *La mayoría apoya al nuevo gobierno.* The majority supports the new government.
apoyarse *v* apoyarse **en/contra algo** to lean on/against sth: *Se apoyó en el mostrador.* He leaned on the counter.

apoyo *s* support: *No puedo hacerlo sin tu apoyo.* I can't do it without your support. | **contar con el apoyo de alguien** to have sb's support

apreciar v **1 apreciar a alguien** to be fond of sb, to think highly of sb ▶ **to be fond of sb** implica más afecto, **to think highly of sb** que se tiene buena opinión de alguien: *A Javier lo aprecio mucho.* I'm very fond of Javier. | *Sus colegas la aprecian mucho.* Her colleagues think very highly of her. **2** (valorar) to appreciate: *Aprecio mucho lo que hiciste por mí.* I really appreciate what you did for me.

aprecio s **sentir aprecio por alguien** to be fond of sb, to think highly of sb ▶ ver nota en **apreciar**

aprender v to learn: *Estoy aprendiendo ruso.* I'm learning Russian. | **aprender a hacer algo** to learn to do sth: *Me gustaría aprender a manejar.* I'd like to learn to drive.

aprenderse v **1** to learn: *Me lo tengo que aprender para mañana.* I have to learn it for tomorrow. **2 aprenderse algo de memoria** to learn sth by heart: *Me aprendí la canción de memoria.* I learned the song by heart.

aprendizaje s learning

apresurarse v **1** to hurry up: *¡Apresúrense!* Hurry up! | **2 apresurarse a hacer algo** to hasten to do sth: *Se apresuró a decir que no.* She hastened to say no.

apretado, -a adj **1** (falda, pantalón) tight: *Estos pantalones me quedan demasiado apretados.* These pants are too tight on me. **2** (en un lugar) cramped: *Íbamos muy apretados en el coche.* We were very cramped in the car. **3** (tornillo, tuerca) tight

apretar v **1** (hacer presión sobre) to squeeze: *¡No me aprietes el brazo!* Don't squeeze my arm! **2 apretar un botón** to press a button: *Aprieta el botón de pausa.* Press the pause button. **3 apretar el acelerador/el freno** to press the accelerator/the brake: *Apretó el acelerador a fondo.* She pressed the accelerator right down. **4** (ser ajustado) (zapatos, ropa) to be tight: *¿Cómo me aprietan estos zapatos!* These shoes are really tight! **5** (ajustar) (un tornillo, un nudo) to tighten **6 apretar los dientes** to grit your teeth | **apretar los puños** to clench your fists

apretón de manos s handshake

aprieto s difficult situation | **estar en un aprieto/en aprietos** to be in a difficult situation/in trouble | **sacar a alguien de un aprieto** to get sb out of a difficult situation/out of trouble | **poner a alguien en un aprieto** to put sb in a difficult situation

aprisa adv fast, quickly: *Corre más aprisa que yo.* He runs faster than me. | *¡Aprisa, que no llegamos!* Hurry up, or we won't get there in time!

aprobación s **1** (visto bueno) approval **2** (de una ley) passing

aprobado, -a s (calificación) pass: *Le pusieron aprobado.* They gave him a pass.

aprobar v **1** (un examen, una materia, a un alumno) to pass: *¿Aprobaste?* Did you pass? | *No sé si voy a aprobar este examen.* I don't know if

I'm gong to pass this test. | *Nos aprobó a todos.* She passed us all. | **aprobar/pasar de panzazo** to just scrape through: *Aprobé de panzazo.* I just scraped through. **2** (una ley, un proyecto) to pass **3** (un plan, un presupuesto) to approve

apropiado, -a adj suitable

aprovechado, -a s En inglés se usa la expresión **to take advantage**: *Ese tipo es un aprovechado.* That guy takes advantage of people.

aprovechar v **1** (el día, el tiempo, el sol) to make the most of: *Salgamos temprano para aprovechar el día.* Let's leave early to make the most of the day. | **aprovechar bien algo** to make good use of sth, to make the most of sth: *Aprovecha bien el tiempo.* Make good use of your time./Make the most of your time. | **aprovechar algo al máximo** to make the most of sth **2** (una oportunidad, una ocasión) to take advantage of: *Aprovechó la oportunidad para irse.* He took advantage of the opportunity to leave. **3** (usar) to use: *Aproveché la tela para hacer una falda.* I used the material to make a skirt. **4 aprovechar para hacer algo** to take the opportunity to do sth: *Aprovecha para conocer gente.* Take the opportunity to meet people.

aprovecharse v **aprovecharse de alguien/algo** to take advantage of sb: *Se aprovechan de la ignorancia de la gente.* They take advantage of people's ignorance.

aproximado, -a adj approximate

aptitud sustantivo & sustantivo plural
■ s aptitude: *una prueba de aptitud* an aptitude test
■ **aptitudes** s pl aptitude sing | **tener aptitudes para algo** to have an aptitude for sth

apto, -a adj **apto -a para algo/alguien** suitable for sth/sb

apuesta s bet: *una apuesta de $100* a $100 bet | **hacer una apuesta** to have a bet | **hacerle una apuesta a alguien** to have a bet with sb: *Le hice una apuesta a Gerardo.* I had a bet with Gerardo.

apuntar v **1** (escribir) **apuntar algo** to write sth down: *Apuntó el número en un papel.* She wrote the number down on a piece of paper. **2** (inscribir) **apuntar a alguien en algo** to write somebody's name down for something: *Mi papá me apuntó en el curso de alemán.* My dad wrote my name down for the German course. **3** (con un arma) to aim | **apuntarle a algo/alguien** to aim at sth/sb: *Me apuntó a la cabeza.* He aimed at my head. **4** (señalar) (flecha, veleta) to point: *La flecha apunta hacia la izquierda.* The arrow points to the left.

apuntarse v (inscribirse) to join: *Se apuntó en las clases de guitarra.* She joined the guitar lessons.

apuntes s pl notes: *¿Me prestas tus apuntes?* Can I borrow your notes? | **tomar apuntes** to take notes

apuñalar v to stab

apurar *v* to hurry: *Tranquila, nadie te apura.* Take it easy, no one's hurrying you.
apurarse *v* to hurry up: *Apúrate que perdemos el tren.* Hurry up or we'll miss the train.

apuro *s* (aprieto) **estar en un apuro/en apuros** to be in a difficult situation/in trouble | **sacar a alguien de un apuro** to get sb out of a difficult situation/out of trouble | **poner a alguien en un apuro** to put sb in a difficult situation

aquel, aquella *adjetivo & pronombre*
■ *adj* **1** (en el espacio) that (pl those): *¿Te gusta aquella muchacha?* Do you like that girl? | *¿Me pasas aquellos libros?* Can you pass me those books? ▶ Para indicar mayor distancia se suele agregar **over there**: *El libro va en aquel anaquel.* The book goes on that shelf **over there**.
2 (en el tiempo) that (pl those): *Aquel día me había levantado tarde.* I'd gotten up late that day. | *¿Te acuerdas de aquella vez que nos disfrazamos de brujas?* Do you remember that time we dressed up as witches? | **en aquella época** in those days
■ *pron* ▶ ver **aquél**

aquél, aquélla *pron* that one (pl those): *Aquéllos son los más baratos.* Those are the cheapest. ▶ Para indicar mayor distancia se suele agregar **over there**: *Esa revista no, aquélla.* Not that magazine, that one **over there**.

aquello *pron* that: *¿Qué es aquello de allá?* What's that over there? | **aquello que me dijiste/que te pregunté etc.** what you told me/I asked you etc.: *¿Te acuerdas de aquello que te conté?* Do you remember what I told you?

aquí *adv* **1** here: *Aquí están tus llaves.* Here are your keys. | **aquí abajo/arriba** down here/up here: *Aquí arriba hay menos gente.* It's less crowded up here. | **aquí adentro/afuera** in here/out here: *Ponlos aquí adentro.* Put them in here. **2 por aquí (a)** (para indicar el camino) this way: *Por aquí, por favor.* This way, please. **(b)** (en un lugar impreciso) around here: *Creo que vive por aquí.* I think he lives around here.

árabe *adjetivo & sustantivo*
■ *adj* Arab, Arabic ▶ **Arabic** se usa para referirse a todo lo relacionado con el idioma: *la comida árabe* Arab food | *una palabra árabe* an Arabic word
■ *s* **1** (persona) Se usa **Arab** para referirse a un hombre y **Arab woman**, **Arab girl**, etc. para referirse a una mujer | **los árabes** the Arabs **2** (idioma) Arabic

arado *s* plow (AmE), plough (BrE)

araña *s* **1** (insecto) spider **2** (lámpara) chandelier

arañar *v* to scratch
arañarse *v* to scratch yourself: *Córtale las uñas para que no se arañe.* Cut his nails so he doesn't scratch himself.

arañazo *s* scratch (pl -ches)

arar *v* to plow (AmE), to plough (BrE)

arbitrario, -a *adj* arbitrary

árbitro *s* **1** (en fútbol, básquet, boxeo) referee **2** (en tenis, béisbol) umpire

árbol *s* tree
árbol de Navidad Christmas tree **árbol genealógico** family tree

leaves
tree
branch
shadow
trunk

arbusto *s* bush (pl -shes)

arcada *sustantivo & sustantivo plural*
■ *s* (en arquitectura) arcade
■ **arcadas** *s pl* **tener arcadas** to retch

archipiélago *s* archipelago

archivar *v* **1** (un documento) to file **2** (un caso, una investigación) to close the file on

archivo *s* **1** (en computación) file: *Guarde el archivo.* Save the file. **2** (lugar) archive

arcilla *s* clay

arco *s* **1** (en fútbol, hockey, etc.) goal | **tirar al arco** to shoot at goal **2** (arma) bow **3** (de un violín) bow **4** (en arquitectura) arch (pl -ches)
arco iris rainbow

arder *v* **1** (ojos, herida) to sting: *Me arden los ojos por el cloro.* My eyes are stinging from the chlorine. **2** (estar muy caliente) to burn: *Te arde la cara, tal vez tengas fiebre.* Your face is burning, maybe you have a fever. **3** (quemarse) to burn: *La leña ardía en la chimenea.* The firewood was burning in the grate. **4 la cosa está que arde** things are extremely tense

ardido, -a *adj* (herido, dolido) hurt, upset

ardilla *s* squirrel

ardor *s* burning sensation
ardor de estómago heartburn

área *s* **1** (zona) area: *un área de clima seco* an area with a dry climate **2** (en futbol, hockey, etc.) **área (grande)** penalty area **3** (sector) field: *el área de investigación y desarrollo* the field of research and development
área chica six-yard box

arena *s* sand

arenque *s* herring

arete *s* earring

Argentina *s* Argentina

argentino, -a *adjetivo & sustantivo*
■ *adj* Argentine, Argentinian
■ *s* Argentine, Argentinian | **los argentinos** (the) Argentines, (the) Argentinians

argolla *s* (cualquier aro) ring

argumento *s* **1** (de una novela, una película, etc.) plot, storyline **2** (razón) argument

árido, -a *adj* arid

ⓘ ¿No estás seguro del significado de alguna **abreviatura**? Mira la lista de abreviaturas en el interior de la cubierta.

Aries s Aries: *Soy Aries.* I'm an Aries./I'm an Arian.

arisco, -a adj **1** (persona) unsociable, unfriendly **2** (animal) unfriendly

aristocracia s aristocracy (pl -cies)

aristócrata s aristocrat

aritmética s arithmetic

arma s **1** (pistola, espada, etc.) weapon: *El arma estaba cargada.* The weapon was loaded. ▶ Se usa el sustantivo plural **arms** para referirse a las armas en contextos relativos a su venta, fabricación, etc.: *el tráfico de armas* the arms trade **2** (recurso) weapon: *Su mejor arma es el sarcasmo.* Her best weapon is sarcasm.
arma biológica biological weapon **arma blanca** En inglés no hay un término equivalente. Hay que mencionar el arma concreta: *Lo agredieron con un arma blanca.* He was attacked with a knife/a machete, etc. **arma de fuego** firearm **arma nuclear** nuclear weapon

armada s navy (pl -vies)

armadura s suit of armor (AmE), suit of armour (BrE)

armamento s weapons pl, arms pl ▶ ver nota on **arma**

armar v **1** (una máquina, un mueble) to assemble **2** (un rompecabezas) to do **3 armar una tienda** to put a tent up ▶ ver **escándalo, lío**

armario s **1** (para ropa) closet (AmE), wardrobe (BrE) **2** (para otros usos) cupboard

armazón s **1** (de lentes) frames pl: *Quiero un armazón de carey.* I want tortoiseshell frames. **2** (de un edificio) framework

armonía s harmony

armónica s harmonica, mouth organ

aro s **1** (cualquier argolla) ring **2** (en básquet) hoop **3** (en el circo, para gimnasia, etc.) hoop

aroma s **1** (de flores) scent, fragrance **2** (del café) aroma **3** (de un vino) bouquet

aromático, -a adj aromatic

aromatizante o **aromatizante ambiental** s air freshener

arpa s harp

arpón s harpoon

arqueología s archeology (AmE), archaeology (BrE)

arqueólogo, -a s archeologist (AmE), archaeologist (BrE)

arquero, -a s goalkeeper

arquitecto, -a s architect

arquitectura s architecture

arracada s hoop earring

arraigado, -a adj (hábito, prejuicio) deep-rooted

arraigarse v (en un país, etc.) to settle

arrancar v **1 arrancar una hoja/una página** to tear a page out **2 arrancar una flor** to pick a flower | **arrancar una planta** to pull a plant up **3 arrancarle algo a alguien** to snatch sth from sb: *Le arrancó la cámara y salió corriendo.* He snatched the camera from her and ran off. **4** (vehículo) to start: *El coche no arranca.* The car won't start.

arrasar v **1** (fuego, ejército) **arrasar (con) algo** to completely destroy sth: *Las llamas arrasaron con todo.* The flames completely destroyed everything. **2** (tener mucho éxito) to be hugely successful **3** (en un concurso, una competencia) to sweep the board

arrastrar v **1** to drag: *El caballo lo arrastró unos metros.* The horse dragged him along for several meters. | *La corriente lo arrastraba mar adentro.* The current was carrying him out to sea. **2 arrastrar los pies** to drag your feet **3** (con el mouse) to drag
arrastrarse v **1** (persona) to crawl, to drag yourself: *Se arrastró hasta la puerta.* He crawled to the door./He dragged himself to the door. ▶ **to drag yourself** implica que uno tiene dificultad para desplazarse porque está herido, etc. **2** (serpiente) to slither along

arrayán s myrtle

arrear v (ganado) to drive, to herd

arrecife s reef: *un arrecife de coral* a coral reef

arreglado, -a adj **1** (solucionado, resuelto) arranged: *Está todo arreglado.* Everything's arranged. | *Tenemos todo arreglado para la fiesta.* We have everything arranged for the party. **2** (referido a torneos, partidos, etc.) fixed: *El partido estaba arreglado.* The game was fixed. **3** (bien vestido, etc.) **estar/venir arreglado -a** to look smart (AmE), to look smart (BrE): *¡Qué arreglada viniste hoy!* You look very sharp today! **4** (ordenado) neat (AmE), tidy (BrE): *Siempre tiene el cuarto muy arreglado.* His room is always very neat. **5** (reparado) fixed: *El coche ya está arreglado.* The car's fixed now. **6** (fregado) **estar arreglado -a** ver ejemplos: *Estás arreglado si esperas que ella te ayude.* If you think she's going to help you, you're in for a shock. | *Ahora sí que estamos arreglados.* Now we've had it.

arreglar v **1** (reparar) (un coche, un aparato) to fix, to repair, (zapatos) to mend, to repair: *No me pudo arreglar la computadora.* He couldn't fix the computer. | **mandar a arreglar algo** to get sth fixed/repaired/mended: *Tengo que mandar a arreglar la aspiradora.* I have to get the vacuum cleaner fixed. **2** (ordenar) **arreglar algo** to tidy sth (up), to straighten sth (up) (AmE): *Arregla el cuarto de visitas porque viene tu primo.* Tidy the spare room up, you're cousin's coming. **3** (solucionar) **arreglar algo** to sort sth out: *Esto lo vamos a arreglar entre nosotros.* We'll sort this out between ourselves.
arreglarse v **1** (prepararse) to get ready: *Necesita horas para arreglarse.* She needs hours to get ready. **2** (vestir bien, etc.) Si se trata de vestir con elegancia, se dice **to dress nicely**. Preocuparse por el aspecto personal en general es **to take care over**

your appearance: *Ya no se arregla como antes.* She doesn't dress as nicely as she used to. | *Se arregla mucho.* She takes great care over her appearance.
3 (ponerse de acuerdo) **arreglarse (con alguien)** to settle things (with sb): *Se arreglaron entre ellos antes de que llegara la policía.* They settled it between themselves before the police arrived.
4 arreglárselas (con algo) to manage (with sth): *De alguna manera nos las vamos a arreglar.* We'll manage somehow. **5 arreglárselas** to manage: *¿Cómo se las arregla para estar siempre tan elegante?* How does she manage to look so smart all the time? **6** (solucionarse) to sort itself out: *Las cosas no se arreglan solas.* Things don't sort themselves out on their own.

arreglo *s* **1** (reparación) Existe el sustantivo **repair** pero a menudo se usa el verbo: *Hacen todo tipo de arreglos.* They do all types of repairs. | *¿Cuánto te costó el arreglo de la lavadora?* How much did it cost you to get the washing machine fixed? | **no tiene arreglo (a)** (aparato) it can't be fixed, it's beyond repair **(b)** (persona) he/she's a hopeless case **2** (acuerdo) arrangement, agreement | **llegar a un arreglo (con alguien)** to come to an agreement (with sb): *Llegamos a un arreglo con los vecinos.* We came to an agreement with the neighbors. **3** (musical) arrangement

arrendar *v* ▶ Cuando quien arrienda es el inquilino o el usuario, se usa **to rent**. En cambio, cuando el que arrienda es el propietario, se dice **to rent out**: *Arrendó una casa en las afueras de México.* She rented a house on the outskirts of Mexico. | *Le arrendó la casa a un americano.* She rented the house out to an American.

arrepentido, -a *adj* **estar arrepentido -a** to be sorry, to regret it ▶ **to regret it** es más formal o más enfático: *Sabe que actuó mal y está arrepentido.* He knows he behaved badly and he's sorry./He knows he behaved badly and he regrets it. | **estar arrepentido -a de algo** to be sorry about sth, to regret sth: *Está arrepentido de lo que hizo.* He's sorry about what he did./He regrets what he did. | **estar arrepentido -a de haber hecho algo** to be sorry you did sth, to regret doing sth: *Estoy arrepentido de habérselo dicho.* I'm sorry I told her./I regret telling her.

arrepentirse *v* to be sorry, to regret it ▶ **to regret it** es más formal o más enfático: *Te vas a arrepentir.* You'll be sorry./You'll regret it. | **arrepentirse de algo** to be sorry about sth, to regret sth: *Me arrepentí de lo que había hecho.* I was sorry about what I had done./I regretted what I had done. | **arrepentirse de haber hecho algo** to be sorry you did sth, to regret doing sth: *Se va a arrepentir de haber dicho que no.* He'll be sorry he said no./He'll regret saying no.

arrestar *v* to arrest

arresto *s* arrest
arresto domiciliario house arrest

arriar *v* (una bandera, las velas) to lower

arriba *adverbio, preposición & interjección*
■ *adv* **1** (posición) **aquí/allá arriba** up here/up there: *Ponlo allá arriba.* Put it up there | **el anaquel/el cajón de arriba (a)** (el siguiente) the next shelf/drawer up **(b)** (el primero) the top shelf/drawer
2 desde arriba (a) (desde un avión, un piso superior) from above: *Visto desde arriba parecía diminuto.* Seen from above it looked tiny. **(b)** (desde la parte de arriba de un edificio, una montaña) from the top: *Desde arriba se veía toda la ciudad.* From the top you could see the whole city.
3 para arriba up: *Miren para arriba.* Look up. | *niños de siete años para arriba* children aged seven and above
4 (en una casa, un edificio) upstairs: *El baño está arriba.* The bathroom is upstairs.
5 mirar a alguien de arriba abajo to look sb up and down | **limpiar la casa de arriba abajo** to clean the house from top to bottom
■ **arriba de** *prep* **1** (sobre) **arriba de la mesa/del escritorio** on the table/the desk
2 arriba del ropero/del armario on top of the wardrobe/the closet
3 (en una posición más alta que) above: *arriba de las nubes* above the clouds | *el departamento de arriba del nuestro* the apartment above ours
■ **¡arriba!** *interj* ver ejemplos: *¡Arriba todo el mundo!* Come on, everybody up! | *¡Arriba ese ánimo!* Cheer up! | *¡Arriba Toluca!* Come on, Toluca! ▶ ver **mano**

arriesgado, -a *adj* **1** (peligroso) risky **2** (valiente, atrevido) daring

arriesgar *v* to risk: *Arriesgó la vida tratando de salvarla.* He risked his life trying to save her.
arriesgarse *v* to risk it: *Podría funcionar, pero no me quiero arriesgar.* It could work, but I don't want to risk it. | **arriesgarse mucho/demasiado** to take a big risk/to take too much of a risk | **arriesgarse a hacer algo** to risk doing sth: *Te arriesgas a perderlo todo.* You risk losing everything. | **arriesgarse a que** *No quiero arriesgarme a que me vean.* I don't want to risk being seen./I don't want to run the risk of being seen.

arrimar *v* **arrimar algo a algo** to move sth closer to sth: *Arrima el sofá a la pared.* Move the couch closer to the wall.
arrimarse *v* (acercarse) **arrimarse a algo** to move closer to sth: *Arrímate al fuego.* Move closer to the fire.

arrodillarse *v* to kneel down

arrogante *adj* arrogant

arrojar *v* (una piedra, un balón) to throw

arroyo *s* stream

arroz *s* rice
arroz con leche rice pudding

arruga *s* **1** (en la piel) wrinkle **2** (en la ropa) crease

ⓘ Hay una lista de **términos gramaticales** en el interior de la cubierta.

arrugado, -a adj **1** (ropa) creased **2** (cara) wrinkled, lined **3** (papel) crumpled

arrugar v **1** (una camisa, una sábana, etc.) to crease **2** (una hoja de papel, el periódico etc.) to crumple
arrugarse v **1** (ropa) to get creased: *Se le arrugó la falda.* Her skirt got creased. ▶ Cuando se trata de una característica de una tela, se usa **to crease**: *El lino se arruga mucho.* Linen creases a lot. **2** (piel, cara) to get wrinkled

arruinar v (echar a perder) to ruin: *El marido le arruinó la vida.* Her husband ruined her life.
arruinarse v **1** (estropearse) to be ruined: *Se mojó y se arruinó.* It got wet and was ruined. **2** (económicamente) to go bankrupt

arte s **1** art: *el arte moderno* modern art ▶ ver **bello, obra 2 como por arte de magia** as if by magic **3 tener arte para hacer algo** to be good at doing sth
artes marciales s pl martial arts **artes plásticas** s pl plastic arts

artesanía sustantivo & sustantivo plural
■ s (trabajo artesanal) craftwork: *la artesanía típica de la zona* typical local craftwork
■ **artesanías** s pl (objetos) handicrafts: *Les venden sus artesanías a los turistas.* They sell their handicrafts to tourists.

artesano, -a s **artesano** craftsman (pl -men) | **artesana** craftswoman (pl -women)

Ártico s **el (océano) Ártico** the Arctic (Ocean)

ártico, -a adj Arctic

articulación s (en anatomía) joint

artículo s **1** (en un periódico, una revista) article **2** (en gramática) article **3** (producto) item **4** (de la Constitución, de una ley) article
artículos de limpieza s pl cleaning products **artículos de tocador** s pl toiletries

artificial adj artificial ▶ ver **fuego, inteligencia, respiración**

artillería s artillery

artista s **1** (pintor, escultor) artist **2** (de cine, de teatro) actor ▶ También se puede usar **actress** si se trata de una mujer, pero muchas actrices prefieren el término **actor**

artístico, -a adj artistic

artritis s arthritis

arzobispo s archbishop

as s (en cartas, dados) ace: *el as de diamantes* the ace of diamonds

asado, -a adj **1** (al horno) roast, roasted, baked ▶ ver nota abajo **2** (a las brasas) barbecued: *cordero asado* barbecued lamb

La traducción puede ser **roast, roasted** o **baked** según qué se asa y cómo se prepara. **roast** se usa sobre todo hablando de carnes que se hacen al horno en su jugo o con aceite, etc.: **roast chicken** (pollo asado), **roast lamb** (cordero asado). **roasted** se usa sobre todo hablando de vegetales: **roasted tomatoes** (jitomates asados). **baked** se usa para hablar de pescados y de frutas: **baked salmon** (salmón asado), **baked apples** (manzanas asadas). Las *papas asadas* se conocen como **baked potatoes** si se hacen con su cáscara. Si se pelan y se asan con aceite, mantequilla, etc. se llaman **roast potatoes**.

asaltante s **1** (ladrón) robber **2** (agresor) attacker

asaltar v **1** (un banco, un comercio) to rob: *Habían asaltado un banco.* They had robbed a bank. **2** (a una persona) to mug: *Me asaltaron en la calle.* I was mugged in the street.

asalto s **1** robbery (pl -ries): *un asalto a un banco* a bank robbery **2** (militar) assault
asalto a mano armada armed robbery (pl -ries)

asamblea s **1** (junta) meeting **2** (cuerpo legislativo) assembly (pl -lies)

asar v **1** (al horno) (carne, verduras con aceite, etc.) to roast, (pescado, fruta, papas con cáscara) to bake: *Mañana vamos a asar un pollo.* Tomorrow we're going to roast a chicken. | *Asé unas manzanas.* I baked some apples. **2** (a las brasas) to barbecue
asarse v **me estoy asando** I'm roasting, I'm boiling

ascender v **1** (de categoría deportiva) to be promoted: *Ascendieron a la primera división el año pasado.* They were promoted to the first division last year. **2** (en el trabajo) to be promoted | **ascender a alguien (a supervisor -a/director -a etc.)** to promote sb (to supervisor/director etc.) **3** (una montaña) to climb **4** (avión) to climb

ascenso s **1** (en deporte) promotion: *Consiguieron el ascenso a primera división.* They gained promotion to the first division. **2** (en el trabajo) promotion: *Me ofrecieron un ascenso.* I was offered a promotion. **3** (de una montaña) ascent: *El ascenso no fue fácil.* The ascent was not easy.

asco s **1 dar asco** to be disgusting: *Esta cocina da asco.* This kitchen is disgusting. ▶ Cuando se trata de repulsión moral, se usa **it makes you sick**: *Da asco ver cómo tratan a los animales.* It makes you sick to see how they treat the animals. **2 me/le etc. da asco** I think/he thinks etc. it's disgusting: *El olor a pescado le da asco.* She thinks the smell of fish is

ⓘ ¿Quieres información sobre las diferencias entre los **artículos** en inglés y en español? Lee la explicación en el apartado de gramática.

disgusting./She can't stand the smell of fish.
3 **¡qué asco!** how disgusting!, how revolting! |
¡qué asco de tiempo! what horrible weather!
4 **ser un asco** to be disgusting: *Este lugar es un
asco.* This place is disgusting. **5** **hecho -a un
asco** in a disgusting state: *Dejaron la casa hecha
un asco.* They left the house in a disgusting
state.

aseado -a *adj* clean

asegurar *v* **1** (afirmar) to assure: *Te lo aseguro.*
I assure you. | *Nos aseguró que el lavaplatos
tenía menos de un año.* He assured us that the
dishwasher was less than a year old. **2** (un
coche, una casa, etc.) to insure
asegurarse *v* **asegurarse de que** to make sure
that: *Asegúrate de que el gas esté apagado.* Make
sure the gas is off.

aseo *s* (de la casa) cleaning | **hacer el aseo** to do
the cleaning
aseo personal personal hygiene

aserrín *s* sawdust

asesinar *v* to murder: *Lo asesinaron a sangre
fría.* He was murdered in cold blood. ▶ Existe el
verbo to **assassinate**, pero sólo se usa cuando se
trata de una persona importante: *cuando asesinaron a Kennedy* when Kennedy was assassinated

asesinato *s* murder | **cometer un asesinato** to
commit murder ▶ Existe el sustantivo **assassination**, pero sólo se usa cuando se trata de una
persona importante

asesino, -a *s* murderer ▶ Existe el sustantivo
assassin, pero sólo se usa para referirse a quien
mata a una persona importante
asesino -a serial/en serie serial killer

asesor, -a *s* adviser, consultant ▶ **adviser** se
suele usar en contextos políticos y **consultant** en
contextos comerciales

asesorar *v* to advise
asesorarse *v* **asesorarse con alguien** to consult sb

asfaltar *v* to tarmac

asfalto *s* tarmac

asfixia *s* suffocation ▶ Existe el sustantivo
asphyxia, pero es un término técnico

asfixiar *v* to suffocate
asfixiarse *v* to suffocate ▶ Existe el verbo **to
asphyxiate**, pero es un término técnico

así *adverbio, adjetivo & conjunción*
■ *adv & adj* **1** (de esa manera, como eso) like
that, (de esta manera, como esto) like this: *No me
mires así.* Don't look at me like that. | *Yo nunca
haría una cosa así.* I'd never do anything like
that. **2** **así de grande/alto etc.** this big/this
small etc. | **es así de fácil/sencillo etc.** it's as
easy/as simple etc. as that | **así es** that's right:
–¿Ustedes son primos? –Así es. "Are you cous-
ins?" "That's right." | **o algo así** or something:
Creo que son novios, o algo así. I think they're
going out together, or something.
■ *conj* (entonces) then: *Quédate a cenar; así lo*

conoces. Stay for dinner; then you can meet him.
| **así que** so: *Ya terminé, así que me voy.* I've
finished, so I'm going. | *¿Así que te vas a
Europa?* So you're off to Europe?

Asia *s* Asia

asiático, -a *adjetivo & sustantivo*
■ *adj* Asian
■ *s* Asian | **los asiáticos** (the) Asians

asiento *s* seat | **tomar asiento** to sit down:
Tomen asiento, por favor. Please sit down.
▶ También existe **to take a seat**, que es más
formal

asignar *v* **1** (un rol, una tarea) to assign
2 (una cantidad de dinero, una vivienda) to allocate

asilo *s* **1** **asilo (político)** (political) asylum
2 (hogar para niños) children's home **3** **asilo
de ancianos** retirement home, nursing home

asimilar *v* to assimilate

asistencia *s* **1** (acto de presencia) attendance:
La asistencia al acto es obligatoria. Attendance
at the ceremony is compulsory. **2** (ayuda)
assistance
asistencia médica medical attention: *No recibieron asistencia médica.* They did not receive
medical attention. ▶ Cuando se trata del servicio, se dice **health care**: *el derecho a la asistencia
médica gratuita* the right to free health care

asistente *s* **1** (ayudante) assistant **2** (concu-
rrente) **los asistentes a la junta/a la ceremonia**
those present at the meeting/the ceremony
asistente social social worker

asistir *v* **asistir (a una clase/a una conferencia/a
una junta etc.)** to attend (a class/a lecture/a
meeting etc.)

asma *s* asthma: *Tiene asma.* He has asthma. |
un ataque de asma an asthma attack

asmático, -a *adj & s* asthmatic

asociación *s* **1** (agrupación) association
2 **asociación de ideas** association of ideas

asociar *v* **asociar (algo/a alguien con algo/
alguien)** to associate (sth/sb with sth/sb): *Aso-
cian el rock con la droga.* They associate rock
music with drugs.
asociarse *v* **asociarse (con alguien)** to go into
partnership (with sb)

asolear *v* **asolear la ropa** to hang the washing
out in the sun
asolearse *v* to sunbathe

asomar *v* **asomar la cabeza por la ventana** to
stick your head out of the window
asomarse *v* **1** **asomarse por la ventanilla** to
lean out of the window **2** **asomarse a la
ventana/la puerta** to go to the window/door, to
look out of the window/door

asombrado, -a *adj* **1** **estar asombrado -a** to
be amazed **2** **quedarse asombrado -a (por
algo)** to be amazed (at sth): *Se quedó asombrado
por lo que oyó.* He was amazed at what he heard.

asombrar v to amaze: *Me asombra ver lo rápido que aprende.* It amazes me to see how quickly he learns. ▶ En oraciones negativas se usa **to surprise**: *No me asombra que esté harta.* It doesn't surprise me that she's fed up.

asombrarse v to be amazed

asombro s amazement: *Me miraron con asombro.* They looked at me in amazement.

asombroso, -a adj amazing

aspa s **1** (de un molino) sail **2** (de un ventilador) blade

aspecto s **1** (apariencia) appearance: *su aspecto distinguido* his distinguished appearance | **tener buen/mal aspecto** to look good/bad: *Este pollo tiene muy buen aspecto.* This chicken looks very good. | **tener (el) aspecto de algo** to look like sth: *Tiene el aspecto de un cangrejo.* It looks like a crab. | *Tiene aspecto de extranjero.* He looks foreign. **2** (faceta) aspect: *el aspecto más importante del debate* the most important aspect of the debate | **en ese aspecto** in that respect: *En ese aspecto tienes razón.* You're right in that respect.

áspero, -a adj (piel, tela) rough: *Tiene las manos ásperas.* His hands are rough.

aspiración s ambition: *Su máxima aspiración es ser futbolista.* His greatest ambition is to be a soccer player.

aspiradora s vacuum cleaner | **pasar la aspiradora** to vacuum: *Pasa la aspiradora por el comedor.* Vacuum the dining room.

aspirante s **1** (a un trabajo) candidate: *Hay varios aspirantes al puesto de gerente.* There are several **candidates for** the position of manager. **2** (a un título) challenger: *Es un firme aspirante al título.* He's a strong **challenger for** the title.

aspirar v **1** (inspirar) to inhale, to breathe in **2** **aspirar a algo** to aspire to sth: *No aspiro a nada mejor.* I don't aspire to anything better. | *Todos aspiran al título de campeón.* They all aspire to become champion. | **aspirar a hacer algo** to hope to do sth, to aspire to do sth ▶ **to aspire to do sth** es más formal: *Aspira a convertirse en actor.* He hopes to become an actor. **3** (aspiradora) to suck

aspirina® s aspirin: *Me voy a tomar una aspirina.* I'm going to take an aspirin.

asqueroso, -a adj (repugnante) disgusting, revolting: *un olor asqueroso* a disgusting smell

asta s **1** (de una bandera) flagpole **2** **a media asta** at half mast

asterisco s asterisk

astilla s splinter: *Me clavé una astilla en el dedo.* I got a splinter in my finger.

astillero s shipyard

astro s **1** (hombre famoso) star **2** (en astronomía) star

astrología s astrology

astrólogo, -a s astrologer

astronauta s astronaut

astronomía s astronomy

astronómico, -a adj **1** (precio, sueldo) astronomical **2** (de la astronomía) astronomical

astrónomo, -a s astronomer

astuto, -a adj **1** (listo) shrewd **2** (malicioso) cunning, crafty

asumir v **asumir un cargo** to take up a post | **asumir una responsabilidad** to take on a responsibility

asunto s **1** (cuestión) matter: *un asunto de vida o muerte* a matter of life and death ▶ A veces no se traduce: *¿Me explicas el asunto de la beca?* Can you explain to me about the grant? **2** **no es asunto mío/tuyo etc.** it's none of my/your etc. business

asustar v to frighten, to scare: *¡Ay, me asustaste!* Oh, you frightened me!/Oh, you gave me a fright! | *El trueno lo asustó.* The thunder frightened him.

asustarse v to be scared: *No te asustes, no pasa nada.* Don't be scared, it's all right. | *Se asustó con el ruido.* She was scared by the noise.

atacar v **1** (agredir) to attack **2** (un problema) to tackle: *medidas para atacar el desempleo* measures to tackle unemployment **3** (criticar) to attack

atacarse v **1** **atacarse de palomitas/dulces etc.** to stuff yourself with popcorn/candy etc. **2** **atacarse de (la) risa** to have a fit of the giggles

atajar v **1** (una pelota, un objeto) to catch **2** (un penalty) to save

atajo s short cut | **tomar un atajo** to take a short cut

ataque s **1** (físico, verbal) attack **2** **me/le etc. dio un ataque** I/he etc. had a fit: *Cuando lo vio casi le da un ataque.* When she saw it she nearly had a fit. **3** **le dio un ataque de furia/celos** she had a fit of rage/jealousy | **le dio un ataque de risa/llanto** she had a fit of the giggles/she burst into tears

ataque al corazón, **ataque cardiaco** heart attack **ataque de tos** coughing fit

atar v to tie: *Lo amordazaron y lo ataron a una silla.* They gagged him and tied him to a chair.

atarantado, -a adj groggy, dazed

atarantar v **atarantar a alguien** to make sb's head spin

atarantarse v to get flustered: *Me ataranté y no pude contestar las preguntas.* I got flustered and couldn't answer the questions.

atardecer s **1** (puesta del sol) sunset: *Fuimos a ver el atardecer.* We went to watch the sunset. **2** (hora) dusk | **al atardecer** at dusk

atareado, -a adj busy

atascarse v **1** (vehículo) to get stuck: *El coche se atascó en la arena.* The car got stuck in the sand. **2** (llenarse) to be packed: *En Navidad las tiendas se atascan de gente.* The stores are packed with people at Christmas time.

ataúd s casket (AmE), coffin

atención s **1** (cuidado) attention: *Su atención, por favor.* Your attention, please. **2** leer/escuchar con atención to read/to listen carefully **3** poner/prestar atención to pay attention | prestarle atención a alguien to listen to sb: *¿Me estás prestando atención?* Are you listening to me? | prestar(le) atención a algo to pay attention to sth: *No presta atención a lo que le digo.* He doesn't pay attention to what I tell him. **4** llamar la atención (atraer la atención) to attract attention: *Habla así para llamar la atención.* She talks like that to attract attention. **5** me llama/me llamó la atención que I'm/I was surprised (that): *Me llama la atención que no haya llegado.* I'm surprised she hasn't arrived. **6** (servicio) service: *La atención es muy buena.* The service is very good.

atención al cliente customer services
atención médica ▶ ver asistencia médica

atender v **1** (a un cliente, en una tienda) to serve: *¿Lo atienden?* Are you being served? | *Trabaja en un banco atendiendo al público.* He works in a bank dealing with the public. **2** (en una oficina, un consultorio, etc.) to see: *Nos atendieron enseguida.* We were seen immediately. **3** (poner atención) to pay attention

atentado s **1** (terrorista) terrorist attack: *el atentado contra la embajada* the terrorist attack on the embassy **2** (contra una persona) un atentado contra el presidente/el Papa etc. an assassination attempt on the president/the Pope etc.

atentamente adv **1** (leer, escuchar) carefully **2** (lo saluda) atentamente (en una carta) sincerely (yours) (AmE), yours sincerely (BrE) ▶ ver recuardro en yours

atentar v atentar contra alguien to attempt to assassinate sb

atento, -a adj **1** estar atento -a (a algo) to pay attention (to sth): *No estás atento, concéntrate.* You're not paying attention, concentrate. | *No está atenta a lo que pasa a su alrededor.* She doesn't pay attention to what goes on around her. | *Tienes que estar atento al tránsito.* You have to watch the traffic. **2** (considerado) thoughtful: *una muchacha muy atenta* a very thoughtful girl

ateo, -a s atheist: *Es ateo.* He's an atheist.

aterrador, -a adj terrifying

aterrizaje s landing
aterrizaje forzoso emergency landing

aterrizar v to land: *Aterrizaron en el aeropuerto de Miami.* They landed at Miami airport.

aterrorrizar v to terrify

ático s attic

atinar v **1** (dar en el blanco) atinarle a algo/alguien to hit sth/sb: *Le atinó al primer disparo.* He hit it on the first shot. **2** (acertar) to guess

right: *No sabía la respuesta pero le atiné.* I didn't know the answer but I guessed right.

atizar v **1** (el fuego) to poke, to stoke up **2** atizarle una paliza/una patada etc. a alguien to beat sb up/to kick sb etc.: *Le atizó una patada y salió corriendo.* He kicked him and ran off.

Atlántico s el Atlántico the Atlantic

atlántico, -a adj Atlantic

atlas s atlas (pl -ses): *Búscalo en el atlas.* Look it up in the atlas.

atleta s athlete

atlético, -a adj athletic

atletismo s track and field (AmE), athletics sing (BrE)

atmósfera s atmosphere

atmosférico, -a adj atmospheric

atole s **1** Si quieres explicar qué es el atole, di *it's a thick, hot drink made of milk, cornmeal and sugar, usually flavored with chocolate or fruit pulp* **2** darle atole con el dedo a alguien to put one over on sb, to take sb in

atolondrado, -a adj scatterbrained

atómico, -a adj atomic

átomo s atom

atontado, -a adj (por un golpe, etc.) stunned, dazed

atorado, -a adj stuck, jammed: *La llave se quedó atorada en la cerradura.* The key got stuck in the lock.

atorarse v **1** (persona) to get stuck: *Me atoré en la tercera pregunta.* I got stuck on the third question. **2** (coche, elevador) to get stuck, (papel, mecanismo) to jam: *El coche se atoró en la arena.* The car got stuck in the sand. | *Se atoró el papel en la fotocopiadora.* The paper jammed in the photocopier.

atormentar v to torment

atornillar v to screw: *Atornillé la repisa a la pared.* I screwed the shelf to the wall.

atracar v **1** atracar un banco/un supermercado etc. to hold up a bank/a supermarket etc. | atracar a alguien to mug sb **2** (barco) to dock: *La nave atracó en el puerto.* The ship docked at the port.

atracción s **1** (de un lugar) attraction: *las atracciones turísticas de Cartagena* the tourist attractions in Cartagena **2** sentir atracción por alguien to be attracted to sb **3** (en física) attraction

atraco s **1** (a un banco, una tienda) hold-up: *Este mes ha habido varios atracos a bancos.* This month there have been several bank hold-ups. **2** (a una persona) mugging **3** (injusticia) ver ejemplo: *El partido fue un atraco.* They stole the game from us. | *Estos precios son un atraco.* These prices are daylight robbery.

atraco a mano armada armed robbery

atractivo, -a *adjetivo & sustantivo*
■ *adj* attractive
■ **atractivo** *s* **1** (de un lugar, una actividad, etc.) attraction: *uno de los atractivos del hotel* one of the attractions of the hotel **2** (de una persona) appeal | **no sé qué atractivo le encuentras** I don't know what you see in him/her

atraer *v* **1** (interesar) **me/nos etc. atrae** it appeals to me/us etc.: *No me atrae mucho la idea.* The idea doesn't appeal to me very much. **2** sentirse atraído -a por alguien to feel attracted to sb **3** (captar) to attract: *promociones para atraer clientes* special promotions to attract customers

atragantarse *v* **atragantarse (con algo)** to choke (on sth)

atrapado, -a *adj* **quedar atrapado -a (a)** (en una trampa, etc.) to get caught, to get trapped **(b)** (en un edificio, un cuarto) to get shut in

atrapar *v* to catch

atrás *adverbio & preposición*
■ *adv* **1** (lugar) at the back: *Siempre se sienta atrás.* He always sits at the back. | *el coche de atrás* the car behind **2** (dirección) back: *Dio un paso atrás.* She took a step back. | *Muévelo un poco para atrás.* Move it back a little. **3** dejar algo/a alguien atrás to leave sth/sb behind: *Los dejamos atrás enseguida.* We left them behind right away. **4** estar/ponerse hasta atrás **(a)** (borracho) to be/to get plastered **(b)** (drogado) to be/to get high **5** quedarse atrás to get left behind: *Corrí para no quedarme atrás.* I ran so I wouldn't get left behind.
■ *prep* atrás de algo/alguien behind sth/sb: *Mira atrás de la puerta.* Look behind the door. | **atrás de mí/de ti etc.** behind me/him etc.: *Se sentó atrás de mí.* He sat behind me.

atrasado, -a *adj* **1** (en la escuela, con un trabajo, etc.) **estar atrasado -a** to be behind: *Estoy un poco atrasada.* I'm a bit behind. | **el trabajo atrasado** the backlog of work **2** (reloj) **estar atrasado** to be slow: *Tienes el reloj atrasado.* Your watch is slow. **3** (país, mentalidad) backward **4** números atrasados (de una publicación) back numbers, back issues

atrasar *v* **1** atrasar un reloj to put a clock/watch back: *Tienes que atrasar el reloj cuatro horas.* You have to put your watch back four hours. **2** (posponer) atrasar un viaje/una junta to postpone a trip/a meeting | atrasar la fecha de algo to postpone the date of sth
atrasarse *v* **1** (en la escuela, con el trabajo, etc.) to get behind: *Me atrasé porque falté mucho.* I got behind because I missed a lot of classes. **2** (reloj) to lose time: *Si la pila está baja, se atrasa.* If the battery's low, it loses time. | *Se atrasa 3 minutos cada 24 horas.* It loses 3 minutes every 24 hours.

atraso *s* **1** delay: *Hay dos horas de atraso.* There's a two-hour delay. | **con una hora/dos semanas etc. de atraso** an hour/two weeks etc.

late: *El vuelo llegó con una hora de atraso.* The flight was an hour late. **2** (en el desarrollo) backwardness | **atraso tecnológico/económico etc.** technological/economic etc. backwardness

atravesar *v* **1** (un objeto) atravesar algo to go through sth: *La bala atravesó la puerta del coche.* The bullet went through the car door. **2** (un río, una cordillera, un país) to cross **3** atravesar una crisis/un mal momento to go through a crisis/a bad period

atreverse *v* **atreverse a hacer algo** to dare do sth: *No se atrevió a decírselo.* She didn't dare tell him.

atrevido, -a *adj* **1** (valiente) brave **2** (diseño, proyecto) bold, daring **3** (escote, bikini) provocative, daring

atribuir *v* **1** atribuirle algo a algo to put sth down to sth: *Se lo atribuyó al calor.* He put it down to the hot weather. ► También existe to **attribute sth to sth**, que es más formal **2** atribuirle un atentado/un asesinato etc. a alguien to blame an attack/a killing etc. on sb
atribuirse *v* atribuirse un atentado/un asesinato etc. to claim responsibility for an attack/a murder etc. ►

atril *s* **1** (para partituras) music stand **2** (para libros) lectern

atropellar *v* lo atropelló un coche/un camión etc. **(a)** (tirándolo al suelo) he was knocked down by a car/a truck etc. **(b)** (pasándole por encima) he was run over by a car/a truck etc.

atroz *adj* **1** (historia, crimen) terrible **2** (tiempo, condiciones, comida) atrocious, terrible

atún *s* tuna fish, tuna

audaz *adj* daring

audición *s* **1** (prueba) audition **2** (capacidad auditiva) hearing

audiencia *s* **1** (de un programa de radio, TV, etc.) audience **2** (entrevista) meeting ► Se usa **audience** si se trata de una audiencia con un monarca o con el Papa

audífono *sustantivo & sustantivo plural*
■ *s* (para sordos) hearing aid
■ **audífonos** *s pl* (para escuchar música) headphones, earphones ► **earphones** son los pequeños, como los de los walkman

auditorio *s* (sala) concert hall

aula *s* **1** (en una escuela) classroom **2** (en la universidad) lecture hall, lecture theatre (BrE): *en el aula 2* in lecture hall 2

aullar *v* to howl

aullido *s* howl

aumentar *v* **1** aumentar dos kilos/medio kilo etc. to put on two kilos/half a kilo etc. | **aumentar de peso** to put on weight **2** (precios, impuestos) to go up, to increase: *Ha aumentado el costo de la vida.* The cost of living has gone up. **3** (desempleo, delincuencia) to rise: *Está* *aumentando el desempleo.* Unemployment is rising. **4** (pedidos, demanda) to increase **5 aumentarle el sueldo a alguien** to give sb a raise (AmE), to give sb a rise (BrE): *A mi papá le han aumentado el sueldo.* They gave my dad a raise. **6 aumentar el precio de algo** to put up the price of sth | **aumentar los impuestos** to increase taxes

aumento s **1 el aumento de la leche/del pan** etc. the increase in the price of milk/bread etc.: *Han anunciado un aumento de impuestos.* They have announced an increase in taxes. **2 el aumento del desempleo/de la delincuencia** etc. the rise in unemployment/crime etc. **3 el aumento de los pedidos/la demanda** etc. the increase in orders/demand etc. **4 aumento (de sueldo)** (pay) raise (AmE), (pay) rise (BrE): *Pedí un aumento.* I asked for a raise. **5 lentes con mucho aumento** glasses with very strong lenses

aun *conj* **1** (incluso) even: *aun los más experimentados* even the most experienced people **2 y aun así** but even so: *Nos hicieron descuento y aun así salió carísimo.* They gave us a discount, but even so it worked out really expensive.

aún *adv* **1** still **2** yet **3** even ► ver también recuadro en **todavía**

aunque *conj* **1** (incluso si) even if: *Dile que es lindo aunque no te guste.* Tell her it's nice even if you don't like it. | *Aunque supiera, no te lo diría.* Even if I knew, I wouldn't tell you. **2** (a pesar de que) although, even though: *Aunque sus padres son mexicanos, no habla español.* Although/Even though her parents are Mexican, she doesn't speak Spanish. **3 aunque sea un rato/un poco** etc. even if it's only for a while/even if it's just a little etc.

auricular *sustantivo & sustantivo plural*
■ *s* (del teléfono) receiver
■ **auriculares** *s pl* headphones, earphones ► **earphones** son los pequeños, como los de los walkman

aurora *s* dawn

ausencia *s* absence

ausente *adj* (de una clase, una junta, etc.) absent | **estar ausente** to be absent: *¿Quién estuvo ausente el día de la prueba?* Who was absent on the day of the test?

Australia *s* Australia

australiano, -a *adjetivo & sustantivo*
■ *adj* Australian
■ *s* Australian | **los australianos** (the) Australians

Austria *s* Austria

austríaco -a, austriaco -a *adjetivo & sustantivo*
■ *adj* Austrian
■ *s* Austrian | **los austríacos/los austriacos** (the) Austrians

auténtico, -a *adj* **1** (cuero) real, genuine **2** (cuadro, documento) genuine, authentic **3** (interés, razón) genuine, real

auto *s* car

autoadherible *adj* self-adhesive

autobiografía *s* autobiography

autobús *s* bus (pl buses) | **en autobús** by bus | **tomar/perder el autobús** to take/miss the bus

autodidacta *adj* self-taught

autódromo *s* circuit, racetrack

autoestéreo *s* car stereo

autogol *s* own goal

autógrafo *s* autograph: *Le pedimos un autógrafo.* We asked her for her autograph.

automático, -a *adj* automatic ► ver **cajero**

automóvil *s* car, automobile (AmE)

automovilismo *s* (deporte) car racing (AmE), motor racing (BrE): *un campeón de automovilismo* a car racing champion

automovilista *s* driver

autonomía *s* autonomy

autopista *s* freeway (AmE), motorway (BrE) | **ir por la autopista** to take the freeway

autopsia *s* post-mortem, autopsy (pl -sies) | **hacerle una autopsia a alguien** to perform a post-mortem/an autopsy on sb

autor, -a *s* **1** (escritor) author: *el autor de esta novela* the author of this novel **2** (de un asesinato, un atentado) perpetrator

autoridad *sustantivo & sustantivo plural*
■ *s* **1** (poder) authority: *Le falta autoridad.* She lacks authority. **2** (experto) authority (pl -ties): *Es una autoridad en temas de ecología.* He is an authority on environmental subjects.
■ **autoridades** *s pl* authorities: *las autoridades de la escuela* the school authorities

autoritario, -a *adj* authoritarian

autorización *s* authorization

autorizar *v* to authorize | **autorizar a alguien a hacer algo** to give sb permission to do sth, to authorize sb to do sth ► **to authorize sb to do sth** se usa en contextos formales: *El profesor los autorizó a salir temprano.* The teacher gave them permission to leave early. | *Fueron autorizados a ingresar al país.* They were authorized to enter the country.

autorretrato *s* self-portrait

autoservicio *s* **1** (tienda) supermarket **2** (restaurante) self-service restaurant **3** (gasolinera) (self-service) gas station (AmE), (self-service) petrol station (BrE)

auxiliar *s* (verbo) auxiliary (pl -ries)

auxilio *sustantivo & interjección*
■ *s* help | **pedir auxilio** to ask for help
■ **¡auxilio!** *interj* help!

avalancha *s* **1** (de nieve) avalanche **2** (de lodo, piedras) landslide **3 una avalancha de llamadas/quejas** etc. a flood of calls/complaints etc. | **una avalancha de cartas/pedidos etc.** a deluge of letters/orders etc.

avance s (de una película) trailer, preview

avanzar v **1** (ir hacia adelante) to move forward: *La cola avanzaba lentamente.* The line moved forward slowly. ▶ También existe **to advance**, que se usa por ejemplo para referirse al movimiento de un ejército, o cuando se menciona hacia dónde: *Les dieron la orden de avanzar.* They were given the order to advance. | *Avanzó hacia ellos blandiendo un cuchillo.* He advanced toward them waving a knife. **2** (progresar) (persona) to make progress, (ciencia, conocimientos) to advance: *No avanza mucho en sus estudios.* He isn't making much progress in his studies. | *una ciencia que avanza velozmente* a rapidly advancing science

avaro adjetivo & sustantivo
■ adj miserly
■ s miser

ave s bird
ave de rapiña bird of prey **aves de corral** s pl poultry *sing*

pelican

parrot

penguin

chicks

beak

swan

nest

eagle

gull

goose

wings

avellana s hazelnut

avemaría o **Ave María** s Hail Mary (pl -rys) | **rezar un avemaría** to say a Hail Mary

avena s **1** (cereal) oats pl **2** (harina) oatmeal
avena en hojuelas porridge oats, rolled oats

avenida s avenue

aventar v **1** to throw: *La novia aventó el ramo.* The bride threw her bouquet. | **aventarle algo a alguien (a)** (para pasárselo) to throw sb sth, to throw sth to sb: *Le aventé las llaves.* I threw him the keys./I threw the keys to him. **(b)** (para agredir) to throw sth at sb: *Le aventó una piedra.* She threw a stone at him. **2** (empujar) to push: *¡No me avientes!* Don't push me! | *Vamos a aventarlo a la alberca.* Let's push him into the swimming pool.
aventarse v **1** (arrojarse) to throw yourself: *Se aventó de la camioneta.* She threw herself from

the van. | *Se aventó desde el trampolín de diez metros.* She dived off the ten-meter board. | *Me aventé por la pelota.* I dived for the ball. | **aventarse al agua/al río etc.** to jump into the water/the river etc., to dive into the water/the river etc. ▶ **to dive** se usa si se hace de cabeza: *Se aventó vestido a la alberca.* She jumped into the swimming pool with all her clothes on. **2** (atreverse) **aventarse a hacer algo** to dare to do sth: *No me aventé a preguntárselo.* I didn't dare ask him. **3** (para enfatizar) ver ejemplos: *Se aventó la carrera en tres años.* She finished her degree in just three years. | *Se aventaron una improvisación sensacional.* They came out with an amazing improvisation. | *¡Se aventaron ocho goles!* They notched up eight goals!

aventón s **1** (transporte) **pedir (un) aventón** to hitch (a ride), to hitch (a lift) (BrE): *Decidieron pedir un aventón para volver.* They decided to hitch a ride back. | **darle (un) aventón a alguien** to give sb a ride (AmE), to give sb a lift (BrE) | **irse/viajar de aventón** to hitchhike: *Nos fuimos a Roma de aventón.* We hitchhiked to Rome. | *Viajé por todo el país de aventón.* I hitchhiked around the country. **2** (empujón) **darle un aventón a alguien** to push sb: *Me dio un aventón.* He pushed me. | **a aventones** ver ejemplos: *Lo metieron en el coche a aventones.* They shoved him into the car. | *La policía los sacó a aventones.* The police pushed them outside./The police shoved them out. | **al aventón** any which way (AmE), any old how (BrE): *Esto está hecho al aventón.* This has been done any which way.

aventura s **1** (peripecia) adventure | **un libro/una película de aventuras** an adventure story/movie **2** (romance) fling

aventurero, -a sustantivo & adjetivo
■ s adventurer
■ adj adventurous

avergonzado, -a adj **estar/sentirse avergonzado -a (de algo)** to be/feel ashamed (of sth), to be/feel embarrassed (about sth) ▶ **embarrassed** se usa cuando se está avergonzado por timidez y **ashamed** cuando uno ha hecho algo malo: *Estoy avergonzada de lo que hice anoche.* I'm ashamed of what I did last night.

avergonzar v **1** **me/nos etc. avergüenza reconocerlo** I'm/we're etc. ashamed to admit it **2** **me avergüenza lo que hice/mi comportamiento etc.** I'm ashamed of what I did/of my behavior etc.
avergonzarse v **1** to be ashamed of yourself: *¡Deberías avergonzarte!* You should be ashamed of yourself! **2** **avergonzarse de algo/alguien** to be ashamed of sth/sb: *No te avergüences de tus orígenes.* Don't be ashamed of your roots.

averiguar v **1** **averiguar algo** to find sth out: *No pude averiguar nada.* I couldn't find anything out. | *¿Me podrías averiguar su número de teléfono?* Can you find out his telephone number for me? **2** **averiguar por algo** to enquire about sth: *Llamo para averiguar por los cursos.* I'm calling to enquire about the courses.

avestruz s ostrich (pl -ches)

aviación s **1** (fuerza aérea) air force **2** (sistema de transporte) aviation

avión s **1** plane ► El término americano **airplane** y el británico **aeroplane** son algo más formales **2** viajar/ir en avión to fly: *Me encanta viajar en avión.* I love flying. | *Fuimos en avión.* We flew. **3** mandar una carta/un paquete por avión to send a letter/a package (by) airmail

avioneta s light plane, light aircraft (pl -craft)

avisar v **1** (decir) **avisarle algo a alguien** to let sb know sth: *Me avisó que iba a llegar tarde.* He let me know that he was going to be late. **2** (advertir) to warn: *No digas que no te avisé.* Don't say I didn't warn you.

aviso s **1** (anuncio) **hasta nuevo aviso** until further notice | **sin previo aviso** without prior warning **2** (advertencia) warning

avispa s wasp: *Me picó una avispa.* I was stung by a wasp.

axila s armpit, underarm

ay *interj* **1** (de dolor) ouch!: *¡Ay! ¡No me jales del pelo!* Ouch! Don't pull my hair! **2** (de contrariedad) oh!, oh, dear!: *¡Ay! ¡Qué pena!* Oh! What a shame! **3** (ante un pequeño accidente) oops!: *¡Ay! ¡Casi me caigo!* Oops! I nearly fell over!

ayer *adv* yesterday | **la clase/el periódico etc. de ayer** yesterday's class/newspaper etc. | **ayer por/en la mañana** yesterday morning: *Llegó ayer por la mañana.* She arrived yesterday morning. | **ayer por/en la tarde** yesterday afternoon, yesterday evening ► ver también **tarde**

ayuda s help: *¿Necesitan ayuda?* Do you need any help? | *sin la ayuda de nadie* without anybody's help

ayudante s assistant: *Tuvo que tomar un ayudante.* She had to hire an assistant. ► En contextos menos formales se usa **helper**: *La maestra pidió un ayudante.* The teacher asked for a helper.

ayudar v to help: *¿Quieres que te ayude?* Do you want me to help you? | **ayudar a alguien a hacer algo** to help sb to do sth: *¿Me ayudas a hacer este ejercicio?* Can you help me do this exercise? | **ayudar a alguien con algo** to help sb with sth

ayunar v to fast

ayunas s pl **en ayunas** Ver ejemplos: *Estoy en ayunas.* I haven't eaten anything. | *Para hacerse el análisis, hay que ir en ayunas.* You mustn't eat anything before you have the test done.

ayuno s **hacer ayuno** to fast

ayuntamiento s **1** (división administrativa) municipality **2** (edificio) city hall (AmE), town hall (BrE)

azabache s jet: *Era negro como el azabache.* It was jet black.

azafata s flight attendant

azafrán s saffron

azar s **al azar** at random ► ver **juego**

azotador s (oruga) caterpillar

azotar v **1** (con un látigo) to whip **2** (caerse) to fall, to fall over: *No vio el escalón y azotó.* He didn't see the step and fell.

azotarse v (exagerar) to make a big thing of it

azotea s **1** (de un edificio) roof ► Como en los países anglosajones la mayoría de los techos son a dos aguas, se dice **flat roof** si se quiere especificar que se trata de una azotea **2** andar/estar mal de la azotea not to be all there, to be funny in the head

azteca *adj & s* Aztec

azúcar s sugar: *una cucharadita de azúcar* a teaspoon of sugar

azúcar glas confectioners' sugar (AmE), icing sugar (BrE) **azúcar morena** brown sugar

azucarera s sugar bowl

azucena s lily (pl -lies)

azul *adjetivo & sustantivo*
- *adj* blue ► ver **príncipe**
- *s* blue ► ver "Active Box" **colores** en **color**

azul clarito, azul cielo light blue **azul marino** navy blue

azulejo s tile

B, b s B, b ▶ ver "Active Box" **letras del alfabeto** en **letra**

baba s **1** (de persona) dribble, drool (AmE) **2** (de perro, caballo, etc.) slaver **3** (de caracol, babosa) slime **4 se le cae la baba por ella/él** (le gusta mucho) he's besotted with her/she's besotted with him | **se le cae la baba por su nieto/su hija** he dotes on his grandson/his daughter

babero s bib

babosa s slug

baboso, -a adjetivo & sustantivo
■ adj (tonto) daft, silly
■ s **1** (animal) slug **2** (persona) silly fool, dimwit

bacalao s cod ▶ El bacalao seco se conoce como **salt cod**

bache s **1** pothole: una calle llena de baches a street full of potholes **2** (mal momento) bad patch | **pasar por un bache** to go through a bad patch: El equipo está pasando por un bache. The team is going through a bad patch.

bachillerato s Si quieres explicar qué es el bachillerato, di it's the course and qualification taken in the final years of secondary school. It's roughly equivalent to high school in the US

bacinica s **1** (para niños) potty **2** (antigua) chamber pot

bacteria s germ ▶ Existe la palabra **bacterium**, pero pertenece al lenguaje técnico. Su plural, **bacteria**, sí se usa en el lenguaje corriente: Los antibióticos atacan a las bacterias. Antibiotics attack bacteria.

bahía s bay

bailar v **1** (danzar) to dance: ¿Sabes bailar salsa? Can you dance salsa? | Bailas muy bien. You're a good dancer. | **sacar a bailar a alguien** to ask sb to dance | **ir/salir a bailar** to go clubbing **2** (un trompo, una pirinola) to spin **3** (robar) to swipe: Le bailaron el reloj a la entrada del concierto. They swiped his watch as he went into the concert. **4 bailar a alguien** to thrash sb: Lo bailó en dos sets. He thrashed him in two sets.

bailarín, -ina s dancer

baile s **1** (fiesta) dance ▶ Se usa **ball** para referirse a un baile de gala **2** (composición) dance: un baile típico de mi país a traditional dance from my country **3** (acción) dancing: clases de baile dancing lessons ▶ ver **pista**

baja s **1** (descenso) drop, fall: una baja de los precios a drop in prices/a fall in prices **2** (en la guerra) casualty (pl -ties)

bajada s **1** (acción) descent ▶ Este término es bastante formal. Ver alternativa en el ejemplo: La bajada es más fácil. The descent is easier./Going down is easier. **2** (en una carretera, una calle) downhill stretch (pl -ches) | **ir en bajada** to go downhill **3** (referido a cifras, temperaturas) una bajada de algo a drop in sth, a fall in sth: una brusca bajada de la temperatura a sharp drop in temperatures

bajar v **1** (ir hacia abajo) to go down, to come down ▶ Se usa **to come down** cuando el movimiento es hacia el hablante: Bajé a abrir la puerta. I went down to open the door. | ¿Bajas a comer? Are you coming down to eat? | **bajar la escalera/una cuesta etc.** to go down the stairs/down a hill etc., to come down the stairs/down a hill etc. ▶ Se usa **to come down** cuando el movimiento es hacia el hablante | **bajar por la escalera** to walk down the stairs **2** (de un tren, un auto, etc.) ▶ ver **bajarse 3** (temperatura) to go down, to drop **4** (precio) to come down: Los precios de las computadoras están bajando. Computer prices are coming down. **5 bajar de peso** to lose weight | **bajar un kilo/medio kilo etc.** to lose a kilo/half a kilo etc. **6 bajar los precios** to lower prices | **bajarle el sueldo a alguien** to cut sb's salary | **bajar el desempleo** to bring down unemployment **7 bajarle a la música/al radio etc.** to turn the music/the radio etc. down | **bajar la voz** to lower your voice: Bajó la voz para que yo no oyera. He lowered his voice so that I wouldn't hear. | ¡Baja la voz! Keep your voice down. **8 bajar algo de un lugar** to get sth from somewhere: Baja la maleta del desván. Get the case down from the attic. **9 bajar algo de Internet** to download sth from the Internet: Puedes bajar el programa gratis. You can download the program for free.

bajarse v **1** (de un tren, un autobús, un caballo, una moto) to get off: Yo me bajo en la próxima parada. I'm getting off at the next stop. | Se cayó al bajarse del caballo. She fell as she was getting off the horse. **2** (de un coche) to get out: No se bajaron del taxi. They didn't get out of the taxi. **3 bajarse de un muro/una mesa etc.** to get down off a wall/a table etc. | **bajarse de un árbol** to get down out of a tree | **bajarse de un salto** to jump down: Se bajó del muro de un salto. He jumped down off the wall. **4 bajarle el susto a alguien** to help sb get over the shock | **bajarle la borrachera a alguien** to sober sb up

bajista s bass player

bajo, -a adjetivo, adverbio, preposición & sustantivo
■ adj ▶ ver recuadro en página 464
■ **bajo** adv **1** (hablar) softly **2** (volar) low **3 caer muy bajo/tan bajo** to stoop very low/so low
■ **bajo** prep **1** (debajo de) under: Dormimos bajo

un puente. We slept under a bridge. | *con un periódico bajo el brazo* with a newspaper under his arm | **bajo el sol/la lluvia** in the sun/the rain: *Me encanta caminar bajo la lluvia.* I love walking in the rain. **2 bajo la dirección/la protección** etc. **de alguien** under sb's direction/protection etc. ▶ ver **cero, fianza, juramento**
■ **bajo** s **1** (instrumento) bass, bass guitar **2** (bajista) bass player **3** (cantante) bass

bala s bullet | **hecho la bala/como bala** like a shot | **echar bala** to spray bullets everywhere ▶ ver **prueba**

balacear v **1** (a una persona) to gun down **2** (un coche, un edificio) to spray with bullets

balacera s shooting, shootout

balancear v (una cuna, a un bebé) to rock

balancearse v **1** (en una mecedora) to rock **2** (lancha) to roll

balanza s scale (AmE), scales pl (BrE): *¿Tienes una balanza?* Do you have a scale?

balazo s **1** (tiro) shot | **pegarle un balazo a alguien** to shoot sb: *Le pegaron un balazo en la cabeza.* He was shot in the head. **2** (herida) bullet wound

balcón s balcony (pl -nies)

balde s **1** bucket: *un balde de agua* a bucket of water **2 de/en balde** in vain

baliza s **1** (en navegación) buoy, marker **2** (en aviación) runway light

ballena s whale

ballet s ballet

balneario s (de aguas termales) spa

balón s (en deportes) ball

balonmano s handball

balsa s raft

bambú s bamboo

banca s **1** (en una plaza, parque, etc.) bench (pl -ches) **2** (en la escuela) desk: *Somos compañeros de banca.* We share a desk. **3 la banca** the banks: *la banca privada* private banks **4 banca (de suplentes)** (substitutes') bench

bancario, -a adj **un crédito bancario/una cuenta bancaria** a bank loan/a bank account | **instituciones/operaciones bancarias** banking institutions/transactions

bancarrota s bankruptcy | **estar/quedar en bancarrota** to be/to go bankrupt

banco s **1** (establecimiento) bank: *Trabaja en un banco.* She works in a bank. **2** (en una iglesia) pew **3** (taburete) stool
banco de arena sandbank **banco de datos** database, data bank **banco de sangre** blood bank

banda s **1** (musical) band: *Toco en una banda de rock.* I play in a rock band. **2** (de delincuentes) gang
banda ancha broadband **banda sonora** soundtrack **banda terrorista** terrorist group

bandeja s **1** tray **2 ponerle/servirle algo en bandeja de plata a alguien** to hand sth to sb on a plate

bandera s flag
bandera blanca/roja white/red flag

banderín s **1** (de un equipo, un club, etc.) pennant **2 banderín (del corner)** (corner) flag
banderines de colores (para adornar calles, etc.) colored bunting

bandido, -a s **1** (hablando de un niño) rascal, little rascal **2** (persona deshonesta) crook **3** (bandolero) bandit

bando s side: *Se pasó al otro bando.* He went over to the other side.

banquero, -a s banker

banqueta s (acera) sidewalk (AmE), pavement (BrE): *Iba en bicicleta por la banqueta.* She was riding her bicycle along the sidewalk. | **la banqueta de enfrente** the other side of the road: *Me gritó desde la banqueta de enfrente.* He shouted to me from the other side of the road.

banquete s banquet, dinner

banquillo s **1 banquillo (de suplentes)** (substitutes') bench **2** (de los acusados) dock

bañar v **1** (a un bebé) to bath **2** (un pastel) to cover

bañarse v **1** (en la tina) to take a bath, to have a bath **2** (en la regadera) to take a shower, to have a shower: *Se levantó y se bañó.* She got up and took a shower./She got up and had a shower. **3** (en el mar, un río, etc.) to have a swim, to go for a swim

baño s **1** (en una casa, un hotel) bathroom: *El baño está arriba.* The bathroom is upstairs. | *Quisiera una habitación con baño.* I'd like a room with a bathroom. **2** (en una escuela, un restaurante, etc.) bathroom (AmE), toilet (BrE): *¿Dónde queda el baño?* Where's the bathroom? **3** (acción de bañarse en la tina) bath, (en la regadera) shower | **darse un baño** **(a)** (en la tina) to take a bath, to have a bath: *Me di un baño antes de acostarme.* I took a bath before I went to bed./I had a bath before I went to bed. **(b)** (en la regadera) to take a shower, to have a shower: *Me gustaría darme un baño.* I'd like to take a shower./I'd like to have a shower. **4 un reloj con baño de plata/de oro** a silver-plated/gold-plated watch

baño maría bain-marie: *a baño maría* in a bain-marie

bar s bar

baraja s (mazo) deck (AmE), pack (BrE): *la baraja francesa/española* the French/Spanish deck of cards

barajar v (cartas) to shuffle

barandal s **1** (de una escalera) banister **2** (de un balcón) rail **3** (de una cuna) bar

barata s (en una tienda) sale: *Lo compré en una barata.* I bought it in a sale. | *La mayoría de las tiendas están de barata.* Most of the stores are having sales.

barato, -a adjetivo & adverbio
▪ **adj** cheap: *¿Tiene algo más barato que esto?* Do you have anything cheaper than this?
▪ **barato** adv **comprar algo barato/comer barato** to buy sth cheaply/to eat cheaply

barba s **1** beard: *Tiene barba.* He has a beard. | *un hombre de barba* a man with a beard/a bearded man | **dejarse la barba** to grow a beard: *Se está dejando la barba.* He's growing a beard. **2 hacerle la barba a alguien** to suck up to sb: *Le está haciendo la barba al maestro.* She's sucking up to the teacher.

barbacoa s La barbacoa no es muy conocida en el mundo anglosajón. Para explicar qué es di *it's mutton or goat meat cooked in a hole in the ground, covered with bunches of maguey leaves.* La palabra inglesa **barbecue** significa *parrillada* o *asado.*

barbaridad s **1 hacer una barbaridad** to do something stupid | **decir barbaridades** to talk nonsense **2 ¡qué barbaridad!** (para expresar indignación) that's outrageous! **3 4 costar/gastar una barbaridad** to cost/spend a fortune

bárbaro, -a adjetivo & sustantivo
▪ **adj** **1** (incivilizado, bruto) **ser bárbaro -a** to be a brute: *¡No seas tan bárbaro!* Don't be such a brute! **2 ¡qué bárbaro!** **(a)** (para expresar admiración) wow!: *¡Qué bárbaro! ¡Qué gol metió!* Wow! What a goal! **(b)** (para enfatizar) God!: *¡Qué bárbaro! ¡Qué frío está haciendo!* God, it's

freezing! **3 tener unas ganas bárbaras de hacer algo** to be dying to do sth: *Tengo unas ganas bárbaras de verlo.* I'm dying to see him.
▪ **s** (en historia) Barbarian

barbero, -a adj & s **ser (un) barbero/(una) barbera** to be a bootlicker

barbilla s chin

barca s boat
barca de remos rowboat (AmE), rowing boat (BrE)

barco s **1** ship, boat ▶ En general **ship** se usa para referirse a un barco grande y **boat** a uno pequeño **2 ir/viajar en barco** to go/travel by sea, to go/travel by boat
barco de vapor steamship **barco de vela** **(a)** (grande) sailing ship, sailing boat **(b)** (pequeño) sailboat (AmE), sailing boat (BrE)

barda s **1** (cerca) fence **2** (muro) wall **3** (en beisbol) wall | **volarse la barda** to hit the ball over the wall

barítono s & adj baritone

barman s bartender (AmE), barman (pl -men) (BrE)

barniz s **1** (para madera) varnish **2** (para cerámica) glaze **3 barniz (de uñas)** nail polish, nail varnish (BrE)

barnizar v **1** (madera) to varnish **2** (cerámica) to glaze

barómetro s barometer

barón, -onesa s **barón** baron | **baronesa** baroness

barquillo s (de helado) cone

barra s **1** (en un bar) bar: *Me tomé un café en la barra.* I had a coffee at the bar. **2** (de chocolate) bar **3** (de metal) bar **4** (signo ortográfico) slash

barrendero, -a s road sweeper

barrer v **1** (el suelo) to sweep **2 barrer la cocina/el comedor** to sweep the kitchen floor/the dining room floor **3 barrer las hojas/los vidrios rotos** to sweep up the leaves/the broken glass **4** (vencer) to sweep the board: *Los cubanos barrieron en casi todas las divisiones.* The Cubans swept the board in almost every division. | **barrer con alguien** to trounce sb, to wipe the floor with sb: *El cuadro barrió con sus oponentes.* The team trounced their opponents.
barrerse v **1** (en beisbol, futbol, etc.) to slide **2** (tornillo, birlo, etc.) to lose its thread

barrera s **1** (para impedir el paso) barrier: *La barrera estaba baja.* The barrier was down. **2** (en un tiro libre) wall **3** (obstáculo) barrier **4** (en una plaza de toros: cerca) barrier, (asientos) front row: *Tenemos boletos de barrera de sol.* We have tickets for the cheaper front row seats, in the sun.

barricada s barricade

barriga *s* **1** (internamente) stomach, tummy (pl -mmies) ▶**tummy** es característico del lenguaje infantil, pero también lo puede usar un adulto: *Me duele la barriga.* I have a stomach ache./I have a tummy ache. **2** (panza) belly (pl -llies): *una barriga enorme* a huge belly

barril *s* barrel

barrio *s* **1** area, neighborhood (AmE), neighbourhood (BrE): *Vivo en un barrio tranquilo.* I live in a quiet area./I live in a quiet neighborhood. ▶ Cuando se trata de un barrio con características especiales, se usa **quarter**: *el Barrio Latino* the Latin Quarter **2** *el supermercado/el colegio/la escuela etc. del barrio* the local supermarket/school etc. | *un cine de barrio* a local movie theater (AmE), a local cinema (BrE)

barrios bajos *s pl* rough parts of town, poor neighborhoods (AmE)

barro *s* **1** (lodo) mud **2** (en cerámica) clay | *una olla/un jarrón de barro* an earthenware pot/jug **3** (en la piel) pimple, spot (BrE): *¡No te aprietes los barros!* Don't squeeze your pimples! | *Tiene la cara llena de barros.* He has a really pimply face. | *me/le etc. salió un barro* I/he etc. got a pimple

barullo *s* (ruido) racket | *armar/hacer barullo* to make a racket: *No armen tanto barullo.* Don't make such a racket.

basar *v* basar algo en algo to base sth on sth

basarse *v* **1** *basarse en algo* (libro, teoría, decisión) to be based on sth: *La película se basa en una novela de Chandler.* The film is based on a novel by Chandler. **2** *¿en qué te basas para decir/negar etc.?* what grounds do you have for saying/denying etc.?

báscula *s* scales *pl*: *Se compraron una báscula para pesar al bebé.* They bought some scales to weigh the baby.

base *sustantivo femenino, sustantivo masculino & femenino & sustantivo plural*

▪ *s fem* **1** (de un triángulo, una pirámide) base **2** (de una columna, un jarrón, etc.) base **3** (en beisbol) base | *me/le etc. dieron base por bolas* they walked me/him etc. **4** (fundamento) basis: *la base de una buena relación* the basis of a good relationship **5** *un plato a base de pescado/carne etc.* a fish-based/meat-based etc. dish **6** *con base en/sobre la base de* on the basis of: *con base en los últimos resultados* on the basis of the latest results **7** (militar) base

base de datos database

▪ *s masc & fem* (en basquet) guard

▪ *bases s pl* **1** (de un concurso) rules **2** *las bases* (de un partido político, etc.) the grass roots

básico, -a *adj* basic

basquetbol o **basquet** *s* basketball: *un partido de basquetbol* a basketball game | *jugar basquetbol* to play basketball

basketball
jersey (AmE)/ vest (BrE)
basket
ball
basketball shoe (AmE)/ trainer (BrE)
shorts

basta *interj* that's enough!

bastante *adjetivo, pronombre & adverbio*

▪ *adj & pron* **1** (cantidad considerable) *bastante trabajo/espacio/dinero etc.* quite a lot of work/room/money etc.: *Habían tomado bastante cerveza.* They had drunk quite a lot of beer. | *bastantes cosas/amigos etc.* quite a few things/friends etc., quite a lot of things/friends etc.: *Tuvo bastantes faltas de ortografía.* He made quite a few spelling mistakes./He made quite a lot of spelling mistakes. | *hace bastante calor/frío* it's quite hot/cold | *queda bastante por hacer/estudiar etc.* there's quite a lot left to do/to study etc. **2** (suficiente) enough: *Ya tengo bastantes problemas.* I have enough problems as it is. | *Ya es bastante por hoy.* That's enough for today.

▪ *adv* **1** (considerablemente) *bastante caro -a/sucio -a etc.* quite expensive/dirty etc.: *Estoy bastante cansada.* I'm quite tired. | *bastante mejor/más grande/más alto -a etc.* quite a lot better/bigger/taller etc.: *Agrégale bastante más leche.* Add quite a lot more milk. | *trabaja/gana etc. bastante* he works/earns etc. quite a lot: *Me dolió bastante.* It hurt quite a lot. **2** (lo suficiente) enough: *No comes bastante.* You don't eat enough. | *No estudia bastante.* He doesn't work hard enough.

bastar *v* to be enough: *Creo que basta por hoy.* I think that's enough for today. | *¿Basta con esto?* Is this enough?

bastarse *v bastarse a/por sí mismo -a* to manage on your own

bastilla *s* hem

bastón *s* (para caminar) walking stick, stick

bastos *s pl* La baraja española no es muy conocida en el mundo anglosajón. Para explicar que son bastos di *It is one of the four suits in a Spanish pack of cards.*

basura *s* **1** (desperdicios) garbage (AmE), rubbish (BrE): *¿Dónde tiras la basura?* Where do you put the garbage? ▶ También existe la palabra **litter**, que se usa para referirse a la basura que la gente tira en los lugares públicos: *No tire basura en la calle.* Don't drop litter in the street. **2** *sacar la basura* to take the garbage out (AmE), to take the rubbish out (BrE) **3** *tirar algo a la basura* to throw sth away: *Tiré esos papeles a la basura.* I threw those papers away. **4** *ser una*

basura **(a)** (libro, película, etc.) to be trash, to be rubbish (BrE) **(b)** (persona) to be a swine

basurero s **1** (persona) garbage collector (AmE), dustman (pl -men) (BrE) **2** (vertedero) garbage dump (AmE), rubbish dump (BrE) **3** (en la cocina) trash can (AmE), bin (BrE) ► El basurero más grande que se pone en la calle para la recolección de residuos se llama **garbage can** en EU y **dustbin** en Gran Bretaña

basurero nuclear nuclear waste dump

bat s bat

bata s **1** (para estar en casa) dressing gown, robe (AmE) **2** **bata (de baño)** bathrobe, robe (AmE) **3** (de médico, dentista) coat

batalla s battle

batallón s batallion

bateador, -a s (en beisbol) batter

batear v [vt] to hit, [vi] to bat

batería sustantivo femenino & sustantivo masculino & femenino
■ **s fem** **1** (instrumento musical) drums pl | **tocar la batería** to play the drums **2** (de un vehículo) battery (pl -ries): *Me quedé sin batería.* My battery's flat. **3** (para celulares, laptops, etc.) battery (pl -ries)
batería de cocina cookware set
■ **s masc & fem** ► ver **baterista**

baterista s drummer

batido s milk shake: *un batido de fresa* a strawberry milk shake

batidor s (para batir a mano) whisk

batidora s (eléctrica) mixer

batir v **1** (huevos, mantequilla, etc.) to beat **2** (claras de huevos) to whisk, to beat **3** (crema) to whip **4** (un récord) to beat

batirse v **1** **batirse a/en duelo** to fight a duel **2** (ensuciarse) to get messed up: *Se batió toda la cocina.* The whole kitchen got messed up./The whole kitchen was a mess. | **batirse con algo** to get covered in sth

batuta s baton

baúl s (arcón) trunk, chest

bautizar v **1** (a una persona) to baptize, to christen **2** (un barco) to name

bautizo s **1** (sacramento) baptism **2** (ceremonia) christening

bazo s spleen

bebé s baby (pl -bies) | **estar esperando un bebé** to be expecting a baby

beber v to drink: *No bebe café.* She doesn't drink coffee. | *Bebe demasiado.* He drinks too much.

beberse v to drink: *Se bebieron toda la cerveza.* They drank all the beer. | *Me lo bebí todo.* I drank all of it.

bebida s **1** drink **2** **la bebida** (la adicción) drink, drinking | **dejar la bebida** to give up drink/drinking
bebidas alcohólicas/sin alcohol s pl alcoholic/non-alcoholic drinks

water   tea

coffee   orange juice

beca s **1** (de una entidad privada, un gobierno extranjero) scholarship **2** (del estado) grant

beige adj & s beige ► ver "Active Box" **colores** en **color**

beisbol s baseball | **jugar beisbol** to play baseball

beisbolista s baseball player

belga adjetivo & sustantivo
■ adj Belgian
■ s Belgian | **los belgas** (the) Belgians

Bélgica s Belgium

bélico, -a adj **1** un **conflicto/enfrentamiento bélico** a military conflict/confrontation **2** la **industria bélica** the arms industry

belleza s **1** (cualidad) beauty **2** **ser una belleza** to be absolutely beautiful

bello, -a adj beautiful
bellas artes s pl fine art

bellota s acorn

bemol adj mi/la etc. **bemol** E/A etc. flat

bendecir v to bless

bendición s **1** (en religión) blessing **2** **ser una bendición** to be a blessing

beneficencia s charity | **vivir de la beneficencia** to live on charity

beneficiar v to benefit
beneficiarse v **beneficiarse (con/de algo)** to benefit (from sth)

beneficio sustantivo & sustantivo plural
■ s **1** (ventaja) benefit **2** **a/en beneficio de algo/alguien** in aid of sth/sb: *un festival a beneficio de las víctimas del terremoto* a festival in aid of the earthquake victims
■ **beneficios** s pl (ganancias) profits

benéfico, -a adj un **concierto/un festival benéfico** a charity concert/festival | una **organización/una institución benéfica** a charity

bengala s flare ► ver **luz**

berberecho s cockle

berenjena s eggplant (AmE), aubergine (BrE)

bermudas s pl Bermuda shorts

berrinche s tantrum | **hacer un berrinche** to have a tantrum

berro s watercress

besar v to kiss | **besar a alguien en la mejilla/la boca** to kiss sb on the cheek/lips
besarse v to kiss each other: *Nos besamos en la mejilla.* We kissed each other on the cheek.
► Se usa también **to kiss** cuando quienes se besan son una pareja: *Se besaron apasionadamente.* They kissed passionately.

beso s **1** kiss | **darle un beso a alguien** to give sb a kiss: *Dale un beso a tu abuela.* Give your grandma a kiss. **2** (al final de una carta): *Un beso, Ana* Lots of love, Ana

bestia *adjetivo & sustantivo*
- *adj* **1** (poco inteligente) dumb, thick (BrE) **2** (poco delicado) rough
- *s* **1** (animal) beast **2** (persona poco inteligente) dummy (pl -mmies), dimwit **3** (persona poco delicada) **ser una bestia** to be very rough **4** (persona violenta) animal **5 comer como una bestia/a lo bestia** to eat like a horse | **trabajar como una bestia/a lo bestia** to slog your guts out | **manejar a lo bestia** to drive like a maniac

besugo s red bream (pl red bream)

betabel s beet (AmE), beetroot (BrE)

betún s **1** (para zapatos) polish, shoe polish **2** (para galletas, pasteles) icing, frosting (AmE)

biblia s Bible | **la Biblia** the Bible

bibliografía s **1** (para un curso) booklist **2** (en un libro) bibliography (pl -phies)

biblioteca s **1** (sala) library (pl -ries): *Estudio en la biblioteca.* I study in the library. **2** (conjunto de libros) library (pl -ries), collection of books: *una biblioteca completísima* a very extensive library/a very extensive collection of books

bibliotecario, -a s librarian

bicarbonato s bicarbonate

bicho s **1** (insecto) bug, creepy-crawly (pl -lies): *Me picó un bicho.* Something's bitten me. **2** (cualquier animal) animal, critter (AmE) **3** ¿**qué bicho te/le etc. picó?** what's up with you/him etc.?
bicho raro weirdo

bici s bike ▶ ver ejemplos en **bicicleta**

bicicleta s **1** bike, bicycle ▶ **bike** es más coloquial y más frecuente: *Fui a dar una vuelta en bicicleta.* I went for a ride on my bike. **2 andar en bicicleta** to ride a bike: *No sabe andar en bicicleta.* She can't ride a bike. | *Fuimos a andar en bicicleta.* We went for a ride on our bikes. **3 ir/venir en bicicleta** to cycle: *Voy al colegio en bicicleta.* I cycle to school. | *Vino en bicicleta.* He cycled here./He came on his bike.
bicicleta de carreras racing bike **bicicleta de montaña** mountain bike

bicimoto s moped

bidé o **bidet** s bidet

bidón s can

bien *adverbio, adjetivo, sustantivo, interjección & sustantivo plural*
- *adv & adj* **1** (satisfactoriamente) well: *Lo sé muy bien.* I know that very well. | *Llegamos bien.* We arrived safely. | *No ando muy bien.* I'm not very well. ▶ Cuando te preguntan cómo estás puedes decir **very well** o **fine**: *–¿Cómo estás? –Bien ¿y tú?* "How are you?" "Fine, and you?"
2 bien vestido -a/alimentado -a etc. well dressed/well fed etc. ▶ Estos adjetivos compuestos se escriben con guión cuando van delante de

un sustantivo: *una niña bien vestida* a well-dressed girl | *Están muy bien entrenados.* They are very well trained.
3 está bien (de acuerdo) all right then: *Está bien, no lo hagas.* All right then, don't do it.
4 (correcto) right: *Esta cuenta no está bien.* This sum isn't right. | *No está bien que digas eso.* It's not right for you to say that.
5 (muy) very, really: *Le gusta el café bien caliente.* He likes his coffee very hot./He likes his coffee really hot.
6 (suficiente) enough: *Con eso ya está bien.* That's enough.
7 o bien... o bien either... or ▶ **hacer bien, llevarse bien, pasarla bien,** etc. se tratan bajo el verbo correspondiente
- *s* **1 el bien** (lo bueno) good: *el bien y el mal* good and evil **2 por mi/tu/su etc. bien** for my/your/his etc. own good: *Lo hace por tu bien.* He's doing it for your own good.
- ¡**bien! interj 1** (para expresar entusiasmo) great!: *–¡Y de postre, helado! –¡Bien!* "And we've got ice cream for dessert!" "Great!" **2** (para expresar aprobación) well done!: *–Aprobé matemáticas. –¡Bien!* "I've passed math" "Well done!"
- **bienes** s *pl* possessions: *Heredó todos sus bienes.* She inherited all his possessions.

bienestar s well-being

bienvenida s welcome | **darle la bienvenida a alguien** to welcome sb

bienvenido, -a *adjetivo & interjección*
- *adj* welcome
- ¡**bienvenido -a! interj** welcome! | ¡**bienvenido -a casa!** welcome home! | ¡**bienvenido -a nuestra ciudad/a este país etc.!** welcome to our city/this country etc.!

bigote s **1** (de persona) mustache (AmE), moustache (BrE): *Tiene bigote.* He has a mustache. | *Me voy a afeitar el bigote.* I'm going to shave off my mustache. | **dejarse el bigote** to grow a mustache **2** (de gato) whiskers *pl*

bikini s bikini

bilé o **bilet** s lipstick

bilingüe *adj* bilingual

bilis s bile

billar s **1** billiards *sing*, pool ▶ **pool** es la variedad que se juega con quince bolas numeradas | **jugar billar** to play pool, to play billiards **2** (lugar) pool hall, billiard hall

billete s **1** (de dinero) bill (AmE), note (BrE) | **un billete de cien/mil etc. pesos** a one hundred/one thousand etc. peso bill **2** (de lotería) ticket

billón s trillion ▶ En inglés **billion** equivale a mil millones

binario, -a *adj* binary

bingo s **1** (juego) bingo | **jugar bingo** to play bingo **2** (local) bingo hall

biodegradable *adj* biodegradable

biografía s biography (pl -phies)

biología s biology

biológico, -a adj **1** (relativo a cultivos, alimentos, etc.) organic **2** (relativo a la biología) biological

biólogo, -a s biologist

biombo s screen

biopsia s biopsy (pl -sies)

bioquímico, -a s biochemist ▶ La persona que trabaja haciendo análisis de laboratorio se llama **laboratory analyst**

bis s (en un concierto, recital) encore | **hacer un bis** to play/sing an encore

bisabuelo, -a s **bisabuelo** great-grandfather | **bisabuela** great-grandmother | **bisabuelos** (bisabuelo y bisabuela) great-grandparents

bisagra s hinge

bisiesto adj **ser bisiesto** to be a leap year

bisnieto, -a s **bisnieto** great-grandson | **bisnieta** great-granddaughter | **bisnietos** (bisnietos y bisnietas) great-grandchildren

bisonte s bison (pl bison)

bistec s steak

bisturí s scalpel

bit s bit

bizco, -a adj cross-eyed

bizcocho s pastry (pl -tries)

blanca s **1** (en música) half note (AmE), minim (BrE) **2** (en ajedrez) white piece

blanco, -a adjetivo, sustantivo & sustantivo plural
■ adj **1** (camisa, papel, casa, etc.) white ▶ ver "Active Box" **colores** en **color 2** (piel, cutis) fair **3** (pálido) pale **4** (raza, persona) white ▶ ver **bandera, vino**
■ s (persona de raza blanca) **blanco** white man (pl men) | **blanca** white woman (pl women) | **los blancos** white people
■ **blanco** s **1** (color) white ▶ ver "Active Box" **colores** en **color 2** (objetivo) target | **tirar al blanco** to shoot at the target | **dar en el blanco** (al tirar) to hit the target **3 en blanco** (hoja, papel, etc.) blank: un cheque en blanco a blank check | Deja un espacio en blanco después del título. Leave a blank space after the title. | Complete los espacios en blanco. Fill in the blanks. **4 una película/una foto en blanco y negro** a black and white movie/photograph | **la televisión en blanco y negro** black and white television **5 el blanco del ojo** the white of the eye
■ **blancos** s pl (sábanas, manteles, etc.) household linen

blancura s whiteness

blando, -a adj **1** (cama, almohada, mantequilla, masa) soft | **ponerse blando -a** to go soft: Las galletas se pusieron blandas. The cookies have gone soft. **2** (benévolo) **ser blando -a con alguien** to be soft on sb

blanqueador s bleach

blanquear v **1** (dinero) to launder **2** (con pintura, cal) to whitewash

blindado, -a adj (coche, puerta) armored (AmE), armoured (BrE)

bloc o **block** s pad, notepad

bloque s **1** (de piedra, de cemento) block **2** (de países, partidos) bloc **3** (de legisladores) (parliamentary) group

bloquear v **1** (una calle, la salida) to block **2** (radiaciones) **bloquear algo** to block sth out **3** (en deportes) **bloquear a alguien** to block sb
bloquearse v **1** (al hablar) to get tongue-tied **2** (teléfonos, líneas) to jam **3** (servidor) to go down, (página web) to freeze

bloqueo s **1** (de una calle) road block **2** (a un país) blockade: el bloqueo comercial a la isla the trade blockade of the island **3** (en medicina) sedation

blusa s blouse

bobina s **1** (de hilo) reel, (de máquina de coser) spool **2** (en electricidad) coil

bobo, -a s adjetivo & sustantivo
■ adj dumb (AmE), silly
■ s idiot

boca s **1** (parte del cuerpo) mouth **2 boca abajo (a)** (referido a personas) on your stomach: Se puso boca abajo. He lay down on his stomach. | Duerme boca abajo. He sleeps on his stomach. **(b)** (referido a objetos) face down: Dejó el libro boca abajo. He left the book face down. **3 boca arriba (a)** (referido a una persona) on your back: Pónganse boca arriba. Lie down on your backs. | Duerme boca arriba. He sleeps on his back. **(b)** (referido a un objeto) face up **4 callarse la boca** to shut up **5 no abrir la boca** not to open your mouth: No abrió la boca en toda la noche. He didn't open his mouth all night. **6 con la boca abierta** (sorprendido) dumbfounded: Se quedó con la boca abierta. She was dumbfounded.

boca del estómago pit of the stomach

bocacalle s (calle) side street: una bocacalle de la Avenida Juárez a side street off Juárez Avenue

bocadillo s canapé

boceto s **1** (de una obra artística) sketch (pl -ches) **2** (de un proyecto) outline

bochorno s **1** (calor) mugginess, closeness | **hace/hacía bochorno** it's/it was muggy, it's/it was very close **2** (en la menopausia) hot flash (pl -shes) (AmE), hot flush (pl -shes) (BrE)

bocina s **1** (de un equipo de música, una computadora) speaker **2** (del teléfono) receiver **3** (de un vehículo) horn | **tocar la bocina** to sound your horn, to honk your horn

boda s (ceremonia, fiesta) wedding: El sábado que viene tenemos una boda. We have a wedding this Saturday.
bodas de oro/plata golden/silver wedding anniversary **boda civil** registry office wedding **boda religiosa** church wedding

bodega s **1** (edificio para almacenar cosas) warehouse, (habitación para almacenar cosas) storeroom **2** (donde se produce el vino) winery (pl -ries) **3** (para almacenar vino) cellar **4** (en un barco, un avión) hold

bofetada s ▶ ver **cachetada**

bofetada | **darle una bofetada a alguien** to slap sb's face: *Me contestó y le di una bofetada.* He answered back and I slapped his face.

bohemio, -a *adj* & s bohemian

boicotear *v* to boycott

boiler s (hot) water heater, boiler

boina s beret

bola s **1** (cuerpo esférico) ball **2** (gran cantidad) **una bola de algo** a whole load of sth: *Llegó con una bola de paquetes.* She arrived with a whole load of parcels. | *Hace una bola de años que no lo veo.* I haven't seen him in years. **3** (en beisbol) ball **4 hacerse bolas** to get in a muddle, to get mixed up **5 se armó la bola** it was chaos, all hell broke loose
bola de cristal crystal ball **bola de nieve** snowball

bolear *v* **1** (los zapatos) to shine, to polish **2** (en tenis) to volley: *Para jugar dobles hay que saber bolear.* You have to know how to volley to play doubles. **3** (jugar informalmente) to knock around

bolero s **1** (persona) shoeshine boy, shoeshine man (pl men) **2** (género musical) bolero

boleta s **1 boleta (electoral)**, voting paper, voting slip **2 boleta (de calificaciones)**, report card (AmE), (school) report (BrE)

boletín s **1** (publicación) newsletter **2 boletín (informativo)** news bulletin

boleto s **1** (de autobús, de tren, etc.) ticket: *Un boleto para Guadalajara, por favor.* A ticket to Guadalajara, please. | *¿Ya compraste los boletos?* Did you get the tickets? **2** (tarifa) fare: *¿Cuánto cuesta el boleto de tren?* How much is the train fare? **3** (para un espectáculo) ticket **4 de boleto** ver ejemplos: *Tenemos que acabar esto de boleto.* We have to finish this a.s.a.p. | *Ve, pero de boleto.* Go on, but be quick. **5** (problema) problem, bummer
boleto de ida one-way (ticket), single (ticket) (BrE) **boleto de ida y vuelta**, **boleto redondo** round trip (ticket) (AmE), return (ticket) (BrE)

boliche s **1** (juego) bowling, tenpin bowling (BrE) | **ir a jugar boliche** to go bowling **2** (local) bowling alley

bolígrafo s ballpoint pen

bolillo s **1** (pan) bread roll, roll **2 me/le etc. importa un bolillo** I/she etc. couldn't care less

Bolivia s Bolivia

boliviano, -a *adjetivo* & *sustantivo*
■ *adj* Bolivian
■ s (persona) Bolivian | **los bolivianos** (the) Bolivians

bolos s (juego) bowling, tenpin bowling (BrE) | **ir a jugar bolos** to go bowling

bolsa *sustantivo* & *sustantivo plural*
■ s **1** (de papel, plástico, etc.) bag: *una bolsa de dulces* a bag of candy **2** (de mujer) purse (AmE), handbag (BrE) **3** (bolsillo) pocket **4** (premio en dinero) prize money **5** (o **Bolsa**) (en finanzas) stock exchange, stock market
■ **bolsas** s *pl* (debajo de los ojos) bags
bolsa de agua caliente hot water bottle **bolsa de dormir** sleeping bag **bolsa de (la) basura** garbage sack (AmE), bin bag (BrE)

purse (AmE)/
handbag (BrE)

grocery bag

satchel

backpack

carryall (AmE)/ holdall (BrE)

suitcase

bolsillo s **1** pocket | **el bolsillo de mi saco/de mi pantalón etc.** my jacket pocket/my trouser pocket etc. **2 una edición/una calculadora etc. de bolsillo** a pocket edition/a pocket calculator etc.

bolsita de té s teabag

bomba s **1** (explosivo) bomb | **poner/tirar una bomba** to plant/to drop a bomb: *Pusieron una bomba en la embajada.* They planted a bomb in the embassy. **2** (en una gasolinera) gas pump (AmE), petrol pump (BrE) **3 bomba (de aire)** pump **4 bomba (de agua)** (water) pump **5 ser una bomba de tiempo** to be a time bomb
bomba atómica atomic bomb

bombardear *v* to bombard

bombardeo s bombing

bombero, -a s **bombero** fireman (pl -men), firefighter | **bombera** firefighter | **los bomberos** the fire department (AmE), the fire brigade (BrE)

bombo s (instrumento) bass drum

bombón s (malvavisco) marshmallow

bondad s kindness | **tener la bondad de hacer algo** to be kind enough to do sth: *Tuvo la bondad de ayudarme.* He was kind enough to help me.

bongó s bongo

bonito, -a *adj* **1** (mujer, cara, vestido) pretty **2** (día, paisaje, cuadro) nice

bono s **1** (vale) voucher **2** (en finanzas) bond

boquilla s **1** (de un instrumento) mouthpiece **2** (para un cigarrillo) cigarette holder

bordado, -a *adjetivo* & *sustantivo*
■ *adj* embroidered: *sábanas bordadas a mano* hand-embroidered sheets
■ **bordado** s **1** (decoración) embroidered pattern: *un bordado en el bolsillo* an embroidered

pattern on the pocket ► El sustantivo **embroidery** es incontable: *con bordados y encaje* with embroidery and lace **2** (actividad) embroidery

bordar *v* to embroider

borde *s* **1** (de una mesa, un pañuelo, un camino, etc.) edge: *el borde de la alberca* the edge of the swimming pool **2** (de una taza, un vaso) brim: *Llenó las copas hasta el borde.* She filled the glasses to the brim. **3** **borde (de la banqueta)** curb (AmE), kerb (BrE) **4** **estar al borde de la quiebra/la locura etc.** to be on the verge of bankruptcy/madness etc. **5** **estar al borde de la muerte** to be at death's door

bordo *s* **a bordo** on board: *Hay 60 pasajeros a bordo.* There are 60 passengers on board. | **a bordo de un avión/un barco** on board a plane/a ship: *Iban a bordo de un 737.* They were on board a 737.

borrachera *s* **ponerse/agarrar una borrachera** to get drunk: *Agarraron una borrachera espantosa.* They got absolutely plastered.

borracho, -a *adjetivo & sustantivo*
■ *adj* drunk: *Estaban todos borrachos.* They were all drunk.
■ *s* drunk: *un bar lleno de borrachos* a bar full of drunks

borrador *s* **1** (para el pizarrón) eraser (AmE), board rubber (BrE) **2** (versión preliminar) rough draft | **hacer algo en borrador** to do sth in rough: *Hazlo primero en borrador.* Do it in rough first.

borrar *v* **1** (con goma) **borrar algo** to erase sth, to rub sth out (BrE) **2** (el pizarrón) to clean **3** (en computación) to delete **4** (una grabación) to erase

borrón *s* smudge

borroso, -a *adj* **1** (imagen, foto) blurred **2** (idea, recuerdo) vague

bosque *s* wood, forest ► A veces se usa el plural **woods** en lugar de **wood. forest** implica un bosque de mayor extensión: *un paseo por el bosque* a walk in the woods

bostezar *v* to yawn

bostezo *s* yawn

bota *s* boot
botas de esquí *s pl* ski boots **botas de hule** *s pl* rubber boots, wellington boots (BrE)

hiking boots

rubber boots (AmE)/ wellington boots (BrE)

ski boots

cowboy boots

soccer shoes (AmE)/ football boots (BrE)

botadero *s* ► ver **basurero 2**

botana *s* appetizer, snack

botánica *s* botany

botar *v* **1** (pelota) to bounce: *Esta pelota no bota.* This ball doesn't bounce. **2** (una cerradura) to break **3** **botar a alguien** **(a)** (de un lugar) to throw sb out: *Nos botaron a la calle.* They threw us out in the street. **(b)** (del trabajo) to fire sb, to sack sb (BrE): *La quieren botar del trabajo.* They want to fire her.

botarse *v* (despilfarrar) to blow: *Se botaron cuanto tenían.* They blew everything they had.

bote *s* **1** (embarcación) boat **2** (de una pelota) bounce **3** **bote (de la basura)** (en la cocina) trash can (AmE), bin (BrE) ► El bote más grande que se pone en la calle para la recolección de residuos se llama **garbage can** en EU y **dustbin** en Gran Bretaña **4** (cárcel) slammer, pen (AmE), nick (BrE): *Lo metieron al bote.* He got put in the slammer.

bote de vela sailing boat **bote inflable** inflatable dinghy **bote salvavidas** lifeboat

botella *s* **1** (de refresco, cerveza, etc.) bottle: *Trajo una botella de vino.* She brought a bottle of wine. | *botellas de cerveza vacías* empty beer bottles ► ver nota en **bottle 2** (biberón) bottle, baby's bottle: *Toma su botella cada cuatro horas.* He has a bottle every four hours.

botín *s* **1** (bota corta) ankle boot **2** (de un robo) haul

botiquín *s* (armario) bathroom cabinet
botiquín de primeros auxilios first-aid kit, first-aid box

botón *s* **1** (de la ropa) button **2** (de un aparato) button **3** (insignia) pin, button (AmE), badge (BrE)

botones *s* bellboy, bellhop (AmE)

boulevard *s* boulevard

bóveda *s* vault

box o **boxeo** *s* (deporte) boxing

boxeador, -a *s* boxer

boxear *v* to box

boya *s* **1** (señal) buoy **2** (de una caña de pescar) float

bozal *s* muzzle

bracero, -a *s* seasonal farm worker

bragueta *s* fly, flies *pl* (BrE)

brasa *s* **1** ember **2** **pollo/pescado etc. a la(s) brasa(s)** barbecued chicken/fish etc., chargrilled chicken/fish etc.

brasier *s* bra

Brasil *s* Brazil

brasileño, -a *adjetivo & sustantivo*
■ *adj* Brazilian
■ *s* Brazilian | **los brasileños** (the) Brazilians

bravo, -a *adjetivo & interjección*
■ *adj* **1** (agresivo, peligroso) fierce: *Es un perro muy bravo.* The dog is very fierce. **2** (picante) hot: *Estos chiles están muy bravos.* These chilies are really hot. **3** (referido al mar) rough **4** (enojado) mad | **ponerse bravo -a** to get mad:

Se va a poner brava cuando se entere. She's going to get mad when she finds out.
■ ¡bravo! *interj* bravo!

brazada *s* (al nadar) stroke

brazo *s* **1** (miembro) arm: *Se rompió el brazo.* He broke his arm. | **en brazos** in your arms: *Tenía a su hija en brazos.* He was carrying his daughter in his arms. | **del brazo** arm in arm: *Iban del brazo.* They were walking along arm in arm. | **con los brazos cruzados** with your arms crossed: *Estaba parada con los brazos cruzados.* She was standing with her arms crossed. | **estar/quedarse de brazos cruzados** to do absolutely nothing **2** (de un asiento) arm **3** (de un río) branch

brecha *s* **1** (camino) **2** (división) rift
brecha generacional generation gap

breve *adj* **1** brief, short: *una breve visita a Cuba* a brief visit to Cuba/a short visit to Cuba **2** **en breve** shortly: *El embajador regresará en breve a su país.* The ambassador will return home shortly.

brigada *s* **1** (militar) brigade **2** (policial) squad

brillante *adjetivo & sustantivo*
■ *adj* **1** (luz, color) bright **2** (pelo, tela, zapatos) shiny **3** (ojos) sparkling **4** (metal) gleaming **5** (muy inteligente) brilliant
■ *s* diamond

brillar *v* **1** (sol, luz, pelo) to shine **2** (brillante, ojos) to sparkle **3** (metal) to gleam

brillo *s* **1** (del pelo) shine, (de una estrella) brightness, (del metal) gleam, (de un brillante) sparkle | **sacarle brillo al piso/a un mueble etc.** to polish the floor/a piece of furniture etc. **2** (para labios) lip gloss **3** (para uñas) clear nail polish

brilloso, -a *adj* shiny

brincar *s* to jump | **brincar una barda/un muro etc.** to jump over a fence/wall etc. ► ver **reata**

brinco *s* jump | **dar/pegar un brinco** to jump: *Dio un brinco del susto.* She jumped in fright.

brindar *v* (al beber) to drink a toast | **brindar por algo/alguien** to drink a toast to sth/sb ► Al proponer un brindis también se suele decir **here's to...**: *¡Brindemos por los novios!* Here's to the bride and groom!/Let's drink a toast to the bride and groom!

brindis *s* toast | **hacer un brindis** to drink a toast

brisa *s* breeze

británico, -a *adjetivo & sustantivo*
■ *adj* British
■ *s* los británicos the British

brocha *s* (de pintor) brush, paintbrush

broche *s* **1** (cierre en un monedero, etc.) clasp **2** (joya) brooch **3** (para el pelo) barrette (AmE), hair slide (BrE)

brocheta *s* kabob (AmE), kebab (BrE)

brócoli *s* broccoli

broma *s* **1** joke: *Me pareció una broma pesada.* I thought the joke was in bad taste. | **hacerle/ jugarle una broma a alguien** to play a joke on sb **2** **lo dije/lo dijo etc. en/de broma** I/he etc. was only joking | **hacer algo en broma** to do something as a joke: *Lo hizo en broma.* He did it as a joke. **3** ¡ni en broma! no way!, you must be joking! **4** **tomar(se) algo en/a broma** to take sth as a joke, to make a joke out of sth

bromear *v* to joke

bronca *s* (lío, pelea) fight, row (BrE) | **se armó/se va a armar etc. bronca** there was/there's going to be etc. trouble

bronce *s* **1** (para estatuas, medallas) bronze **2** (para manijas, herrajes) brass

bronceado, -a *adjetivo & sustantivo*
■ *adj* (piel, piernas, cara, etc.) tanned, brown | **estar bronceado -a** to have a tan, to be brown: *Estaba muy bronceada.* She had a deep tan./She was very brown.
■ **bronceado** *s* tan, suntan

bronceador *s* suntan lotion

broncearse *v* to get a tan

bronquitis *s* bronchitis

brotar *v* (planta, hoja) to sprout

brote *s* **1** (de una planta) shoot **2** (de una enfermedad) outbreak **3** (de violencia, racismo, etc.) outbreak

bruja *s* **1** (hechicera) witch (pl -ches) **2** (mujer vieja y fea) old hag **3** (mujer mala) witch (pl witches)

brujería *s* witchcraft

brujo *s* **1** (de una tribu) witchdoctor **2** (hechicero) wizard

brújula *s* compass (pl -sses)

brusco, -a *adj* **1** (movimiento) abrupt **2** (cambio) abrupt, sudden

brutal *adj* **1** (crimen, represión) brutal **2** (persona) cruel

bruto, -a *adj* **1** (ignorante) dumb (AmE), thick (BrE) **2** (violento) rough **3** (poco delicado) crude, insensitive **4** **ingresos brutos/ganancia bruta** gross income/gross profit | **ganar $10.000/ $5000 brutos** to earn $1.000/$500 before tax ► ver **producto**

bucear *v* to dive | **ir a bucear** to go diving ► Si se bucea con esnórquel, se dice **to go snorkelling**. Si se usa un tanque de oxígeno, **to go scuba diving**

buceo *s* diving ► Si se bucea con snorkel, se dice **snorkelling**. Si se usa un tanque de aire, **scuba diving**

budín *s* pudding

budismo *s* Buddhism

budista *adj & s* Buddhist

buen ► ver **bueno**

bueno, -a *adjetivo, sustantivo & interjección*
■ *adj* ► ver recuadro
■ *s* (en una película) goody (pl -dies) ► Para hombres también se usa **good guy**: *Ahora llega el*

bueno y la salva. Now the good guy comes along and saves her.

■ **bueno** *interj* **1** (expresando acuerdo) all right: *–¿Me acompañas? –Bueno.* "Will you come with me?" "All right." ▶ Pero para aceptar algo que alguien te ofrece, di **yes, please**: *–¿Quieres más jugo? –Bueno.* "Would you like more juice?" "Yes, please." **2** (para calmar a alguien) all right: *Bueno, no te enojes.* All right, don't get angry. **3** (expresando enojo) all right: *¡Bueno, basta! ¡Me cansé!* All right, that's it! I've had enough! **4** (al contestar el teléfono) hello

buey *sustantivo & adjetivo*
■ *s* (animal) ox (pl oxen)
■ *adj* (tonto) silly, daft | **hacerse buey** to be silly, to be daft

búfalo *s* buffalo

bufanda *s* scarf (pl scarves)

bufete *s* practice: *un bufete de abogados* a law firm/a law practice

búho *s* owl

buitre *s* vulture

bujía *s* (del coche) spark plug

bulevar *s* boulevard

bulimia *s* bulimia

bulla *s* **hacer/meter bulla** to make a racket

bulto *s* **1** (protuberancia) bulge **2** (en el cuerpo) lump: *Tengo un bulto en el brazo.* I have a lump on my arm. **3** (de equipaje) item of luggage: *Sólo se pueden llevar dos bultos.* You can only take two items of luggage. | *Viaja con muchos bultos.* She travels with a lot of luggage. **4** (forma imprecisa) figure, shape

buñuelo *s* fritter

buque *s* ship
buque cisterna tanker **buque de guerra** warship **buque pesquero** fishing boat

burbuja *s* bubble

burla *s* **hacerle burla a alguien** to make fun of sb: *Los compañeros le hacen burla.* His classmates make fun of him.

burlarse *v* **burlarse de algo/alguien** to make fun of sth/sb

buró *s* bedside table

burocracia *s* red tape, bureaucracy

burro, -a *sustantivo & adjetivo*
■ *s* **1** (animal) donkey **2** (persona) dimwit, idiot
burro de planchar *s masc* ironing board
■ *adj* (poco inteligente) dumb (AmE), thick (BrE)

buscador *s* (en Internet) search engine

buscar *v* **1** (tratar de encontrar) **buscar algo** to look for sth: *¿A quién estás buscando?* Who are you looking for? ▶ Si no se menciona lo que se busca, se usa **to look**: *Ya busqué en todas partes.* I've already looked everywhere. | **se busca** wanted **2** (recoger) **ir a buscar algo/a alguien** to pick sth/sb up: *¿Me puedes ir a buscar las*

---

1 La traducción **good** es válida en la mayoría de los contextos:

¡Qué buena idea! What a good idea! | *¿Conoces un buen restaurante por aquí?* Do you know a good restaurant round here? | *Sé buena y cómetelo todo.* Be good and eat it all up. | *Es bueno comer mucha fruta.* Eating a lot of fruit is good for you. | *Lo bueno es que es gratis.* The good thing is that it's free.

2 EXCEPCIONES

Referido a personas bondadosas, se usa **nice** o **kind**:

Tu mamá es muy buena. Your mom's really nice./Your mom's really kind.

Referido a personas atractivas, se usa **gorgeous**:

¡Qué bueno está tu primo! Your cousin is gorgeous!

Usado para intensificar:

Nos metió en un buen lío. He got us into a real mess. | *Me llevé un buen regaño.* I got a real telling-off. | *Tuvimos que esperar un buen rato.* We had to wait a really long time.

3 **Buen viaje, buen provecho, buenas tardes**, etc. están tratados bajo el sustantivo correspondiente.

---

medicinas a la farmacia? Can you pick my medicines up from the pharmacy? | *Mis padres me fueron a buscar al colegio.* My parents picked me up from school. **3** (traer) to get: *Carlos fue a buscar a mi mamá.* Carlos went to get my mom. | *Ve a buscar la cámara.* Go and get the camera. **4** **buscar algo en el diccionario** to look sth up in the dictionary | **buscar algo en Internet** to look for sth on the Internet, to search for sth on the Internet

búsqueda *s* search (pl -ches) | **búsqueda (de algo/alguien)** search (for sth/sb)

busto *s* **1** (de una mujer) bust, breasts *pl* | **tener mucho/poco busto** to have big/small breasts **2** (estatua) bust

butaca *s* **1** (en cine, teatro) seat **2** (sillón) armchair

buzo, -a *adjetivo & sustantivo*
■ *adj* (listo) smart, sharp | **ponerse buzo -a para algo** to watch out for sth
■ *s* (buceador) diver

buzón *s* **1** (en la calle) mailbox (pl -xes) (AmE), postbox, letterbox (pl -xes) (BrE) **2** (de una casa) mailbox (pl -xes) (AmE), letterbox (pl -xes) (BrE) **3** **buzón (electrónico)** e-mail address | **enviar algo al buzón de alguien** to e-mail sth to sb: *Me enviaron la contraseña a mi buzón.* They e-mailed me my password. **4** **buzón (de voz)** voice mail

byte *s* byte

ⓘ ¿No sabes cómo pronunciar una determinada palabra? Consulta el recuadro de **símbolos fonéticos** en el interior de la cubierta.

C, c s C, c ▶ ver "Active Box" **letras del alfabeto** en **letra**

cabalgata s ride

caballa s mackerel

caballería s cavalry (pl -ries)

caballero s **1** (hombre educado) gentleman (pl -men): *Es todo un caballero.* He's a real gentleman. **2** (hombre) man (pl men): *zapatos para caballeros* men's shoes **3** (de la Edad Media) knight

caballete s **1** (para pintar) easel **2** (de una mesa) trestle

caballitos s pl merry-go-round sing

caballo s **1** (animal) horse | **montar/andar a caballo** to ride, to ride a horse: *¿Sabes montar a caballo?* Can you ride (a horse)? | **ir a montar/andar a caballo** to go horseback riding (AmE), to go riding: *Podríamos ir a montar a caballo.* We could go horseback riding. **2** (en ajedrez) knight **3** (en naipes) La baraja española no es muy conocida en el mundo anglosajón. Para explicar qué es el caballo di *It's a card in the Spanish deck, equivalent to a queen* **4** (en gimnasia) horse, vaulting horse

mane

tail

leg

hoof

horse

caballo de carreras racehorse **caballo de fuerza** horsepower

cabaña s (construcción) cabin

cabecear v **1** (en futbol) to head the ball **2** (dormitar) to nod off

cabecera s **1** (parte de la cama) headboard | **junto a la cabecera de alguien** at sb's bedside **2** **en/a la cabecera (de la mesa)** at the head of the table

cabecilla s ringleader

cabello s hair

caber v **1** (un objeto en una caja, un mueble en una pieza, etc.) to fit: *El regalo no cabe en la caja.* The present won't fit in the box. **2** (haber lugar para) Se usa la construcción **there is room**: *En esta maleta no cabe nada más.* There's no room for anything else in this suitcase. | *¿Quepo yo también?* Is there room for me as well?

cabestrillo s sling: *Llevaba el brazo en un cabestrillo.* She had her arm in a sling.

cabeza s **1** (parte del cuerpo) head: *Se golpeó la cabeza.* She banged her head. **2** (mente) mind: *Tiene la cabeza en otro lado.* Her mind is elsewhere. | *Ni se me pasó por la cabeza.* It never even entered my mind. | **la fama/el dinero etc. se le subió a la cabeza** fame/money etc. has gone to his head **3** **$200/$500 etc. por cabeza** $200/$500 etc. each, $200/$500 etc. a head **4** **estar/ir a la cabeza** to be in the lead: *Simonet va a la cabeza.* Simonet is in the lead. **5** (de un clavo, un alfiler) head

cabeza de ajo bulb of garlic **cabeza dura** s, adj ser muy **cabeza dura**/ser un **cabeza dura** to be very pig-headed

cabezazo s **1** **darse un cabezazo** to bang your head **2** (en futbol) header

cabezón, -ona adj (terco) pig-headed

cabina s **1** (del piloto) cockpit **2** (para los pasajeros) cabin **3** (de un camión) cab **4** **cabina (de teléfonos)** telephone booth (AmE), phone box (BrE)

cable s **1** (de un aparato eléctrico) cord (AmE), lead (BrE), flex (BrE) | (del tendido eléctrico, telefónico) wire, cable ▶ **cable** se usa para cables gruesos **2** (sistema de TV) cable, cable television: *¿Tienes cable?* Do you have cable (television)?

cabo s **1** **al fin y al cabo** after all **2** **al cabo de unos días/tres meses etc.** after a few days/three months etc. **3** **llevar a cabo una investigación/una reforma etc.** to carry out an investigation/a reform etc. **4** (en el ejército) corporal **5** (en geografía) cape

cabra s goat

cabrito s kid

caca s poop (AmE), poo (BrE) | **caca de perro** dog poop (AmE), dog poo (BrE) ▶ Esto es lo que diría un niño. Un adulto usaría **dog mess** | **hacer caca** to do a poop (AmE), to do a poo (BrE) | **hacerse caca (encima)** to mess yourself

cacahuate s peanut

cacao s cocoa

cacarear v **1** (gallo) to crow **2** (gallina) to cluck

cacería s hunting expedition | **ir de cacería** to go hunting

cacerola s (con mango) saucepan

cachar v **1** (sorprender) to catch: *La maestra lo cachó copiando.* The teacher caught him cheating. **2** (una pelota, etc.) to catch: *A ver si la cachas.* Let's see if you can catch it.

cacharro s pot

cachetada s **darle una cachetada a alguien** slap sb's face: *Me contestó y le di una cachetada.* He answered back and I slapped his face.

cachete s cheek

cachivache s piece of junk ► *Se usa* junk *para referirse a cachivaches en general: un cuarto lleno de cachivaches* a room full of junk

cachorro s **1** (de un perro) puppy (pl -ppies) **2** (de un león, un puma, etc.) cub

cachucha s (gorro) cap: *una cachucha de beisbol* a baseball cap

cacique s chieftain

cactus s cactus (pl cactuses o cacti)

cada adj **1** (referido a los elementos de un grupo) each: *Cada alumno tiene su computadora.* Each student has his or her own computer. | **cada uno -a** each: *Cuestan $50 cada uno.* They cost $50 each. | *Hay dos para cada uno.* There are two each. | *Les di una galleta a cada uno.* I gave each of them a cookie. | **cada quien** everyone: *Cada quien sabe lo que tiene que hacer.* Everyone knows what they have to do. **2** (de frecuencia) **cada domingo/cada semana** etc. every Sunday/every week etc.: *Me pagan cada semana.* I get paid every week./I get paid weekly. | **cada tres horas/cada dos días** etc. every three hours/every two days etc.: *Me lo dice cada vez que lo veo.* He tells me every time I see him. **3** (de progresión) **cada vez más gordo/insoportable etc.** fatter and fatter/more and more unbearable etc.: *Hace cada vez más frío.* It's getting colder and colder. **4** (en exclamaciones) ver ejemplos: *¡Dice cada cosa!* He says some really strange things! | *¡Viene con cada idea!* He comes up with the weirdest ideas!

cadáver s body (pl -dies), dead body (pl -dies), corpse

cadena s **1** (para amarrar algo) chain **2** (o **cadenita**) (joya) chain: *una cadenita de oro* a gold chain **3** (de hoteles, supermercados, etc.) chain **4** (de televisión) channel
cadena perpetua life imprisonment

cadera s (parte del cuerpo) hip

cadete s (de escuela militar) cadet

caducar v **1** (pasaporte, permiso, oferta) to expire **2** (medicamento) to expire

caducidad s ► ver **fecha**

caer v **1** (persona) ver ejemplos: *¿Qué tal te cayó el novio de Vicky?* What did you think of Vicky's boyfriend? | **caer bien/mal:** *Pedro me cae bien.* I like Pedro. | *Ese tipo de gente me cae muy mal.* I really don't like people like that. **2** **me cayó mal lo que me dijo/lo que hizo etc.** I was upset by what he said/what he did etc. **3** **el café/el vino etc. me cae mal** coffee/wine etc. doesn't agree with me: *Le cayó mal la comida.* The food didn't agree with him. **4** (precipitarse) to fall: *La piedra cayó en la fuente.* The stone fell into the fountain. **5** **cayó un chaparrón** there was a downpour | **cayó una nevada** it snowed **6** (entender) to get it: *¡Ah claro, ahora caigo!* Oh, of course, now I get it! **7** (aparecer) to turn up:

Cayó con dos amigas. She turned up with a couple of friends. **8** **cae en jueves/domingo** etc. it falls on a Thursday/Sunday etc. **9** (dictadura, gobierno) to fall **10** (precios, ventas) to drop

caerse v **1** to fall: *Se cayó y se rompió el tobillo.* He fell and broke his ankle. | *Te vas a caer al agua.* You're going to fall into the water. | *Se cayó por la escalera.* He fell down the stairs. | *Se cayeron del andamio.* They fell off the scaffolding. ► Cuando no se trata de caerse de una altura sino de caerse al ir caminando, etc., y no hay complemento, se usa to fall over: *¡Ay, casi me caigo!* Oops, I nearly fell over! **2** **se me cayó el lápiz/la taza etc.** I dropped my pencil/the cup etc. ► Si se trata de algo que uno lleva puesto, se usa to fall off: *Se me cayeron los lentes.* My glasses fell off. **3** **se me/le etc. cayó un diente** one of my teeth/his teeth etc. fell out | **se me/le etc. está cayendo el pelo** I'm losing my hair/he's losing his hair etc.

café s **1** (bebida, planta) coffee: *Me gusta el café fuerte.* I like my coffee strong. | *Nos tomamos un café.* We had a cup of coffee. **2** (cafetería) café: *Te espero en el café.* I'll wait for you in the café. **3** (color) brown ► ver "Active Box" **colores** en **color**
café con leche coffee with cream (AmE), white coffee (BrE) ► En un bar o un restaurante se pide un **latte café instantáneo** instant coffee **café negro** black coffee

cafeína s caffeine

cafetal s coffee plantation

cafetera s **1** (para hacer café) coffee maker **2** (para servir café) coffee pot

cafetería s **1** café **2** (en una escuela) cafetería, dining room

cafetero, -a s coffee grower

caída s **1** (accidente) fall **2** (de un dictador, etc.) fall **3** (en los precios, las ventas, etc.) drop, fall **4** **la caída del cabello** hair loss

caído, -a adjetivo & sustantivo plural
■ adj **1** (hoja, árbol) fallen **2** (párpados) drooping **3** (pechos) sagging
■ **caídos** s pl **los caídos** (en una guerra) the fallen

caimán s alligator

caja s **1** (de cartón, madera, etc.) box (pl -xes): *una caja de zapatos* a shoe box | *una caja de chocolates* a box of chocolates **2** (para transportar frutas, botellas) crate **3** (en un supermercado) checkout **4** (en una tienda) cash desk **5** (en un banco) window **6** (ataúd) coffin, casket (AmE)
caja de ahorros (a) (entidad) savings bank **(b)** (cuenta) savings account **caja de velocidades** gearbox (pl -xes) **caja fuerte** safe **caja negra** black box, flight recorder **caja registradora** cash register, till

---

ℹ️ *¿No estás seguro del significado de alguna* **abreviatura**? *Mira la lista de abreviaturas en el interior de la cubierta.*

cajero, -a s **1** (persona) cashier **2 cajero automático** ATM (AmE), cash machine (BrE)

cajeta s Si quieres explicar qué es la cajeta, di *It's a type of sweet spread made by boiling milk and sugar together*

cajetilla s (de cigarros) pack (AmE), packet (BrE)

cajón s drawer: *Ponlo en el segundo cajón.* Put it in the second drawer.

cajuela s (de un coche) trunk (AmE), boot (BrE)

cal s lime

calabacita s zucchini (AmE), courgette (BrE)

calabaza s pumpkin

calabozo s **1** (celda) cell **2** (prisión antigua) dungeon

calado, -a adj **estar calado -a hasta los huesos** to be soaked to the skin

calamar s squid (pl squid)

calambre s cramp | **me/le dio etc. un calambre** I/she etc. got a cramp (AmE), I/she etc. got cramp (BrE)

calar v **1** (lluvia, agua) to soak through: *Con impermeable y todo el agua te calaba.* Even with a raincoat and everything you got soaked through. **2** (frío) to get into your bones: *Hacía un frío que calaba.* It was the sort of cold that gets into your bones. **3** (un melón, una sandía, etc.) to cut a slice off

calavera s skull

calcar v to trace

calcetín s sock: *Usan calcetines blancos.* They wear white socks.

calcinado, -a adj charred

calcio s calcium

calcomanía s decal (AmE), transfer (BrE)

calculadora s calculator

calcular v **1** (suponer) to figure: *Calculo que llegaremos a las 3.* I figure we'll get there at 3. **2** (aritméticamente) **calcular algo** to work out: *Calcula cuánta tela necesitas.* Work out how much material you need.

cálculo s **1** (cuenta) calculation: *Tengo que hacer unos cálculos.* I have to make some calculations. **2** (estimación) estimate: *Presentó un cálculo de los costos.* He presented an estimate of the costs. **3** (en medicina) stone

cálculos en la vesícula s pl gallstones

cálculos en los riñones s pl kidney stones

caldera s boiler

caldo s **1** (para cocinar) stock: *caldo de verduras* vegetable stock **2** (para tomar) clear soup

calefacción s heating: *Enciende la calefacción.* Put the heating on.

calefacción central central heating

calendario s calendar

calentador s **1** (para el agua) water heater **2** (para calefaccionar) heater

calentamiento s (en deportes) warm-up: *ejercicios de calentamiento* warm-up exercises

calentamiento global global warming

calentar v **1 calentar algo** (comida) to heat sth up: *Lo calenté en el microondas.* I heated it up in the microwave. **2 calentar el motor** to warm the engine up

calentarse v **1** (objeto) to get hot, (plancha, horno, comida) to heat up, (motor) to warm up: *Espera a que se caliente la plancha.* Wait till the iron heats up. **2** (en deportes) to warm up: *Corrieron un rato para calentarse.* They jogged for a while to warm up.

calentura s fever: *¿Tiene calentura?* Does he have a fever?

calibre s (de un arma) caliber (AmE), calibre (BrE)

calidad s quality: *¿Es de buena calidad?* Is it good quality? | *ropa de la mejor calidad* top-quality clothes

cálido, -a adj (clima, persona, color) warm

calidoscopio s kaleidoscope

caliente adj hot: *Cuidado, que está caliente.* Be careful, it's hot. | *Necesito un baño caliente.* I need a hot bath.

calificación s (nota) grade (AmE), mark (BrE): *Tienes que mejorar las calificaciones.* You have to improve your grades.

calificado, -a adj **1** (obrero, mano de obra) skilled **2** (profesional) qualified

calificar v **1** (un trabajo, un examen) to grade (AmE), to mark (BrE) **2** (a un alumno) to give a grade to (AmE), to give a mark to (BrE) **3** (en una competencia) to qualify: *México y Korea calificaron al mundial.* Mexico and Korea qualified for the World Cup. | *Con un empate califican a la siguiente ronda.* A draw will get them through to the next round.

callado, -a adj **1 estar callado -a** to be quiet: *Estás muy callada. ¿Qué te pasa?* You're very quiet. What's the matter? **2 ser callado -a** to be quiet: *Es muy callado.* He's very quiet. **3 quedarse callado -a** Ver ejemplos: *Ahora siéntate aquí y quédate callado.* Now sit down here and be quiet. | *Cuando le pregunté se quedó callada.* When I asked her she didn't say anything.

callar v **hacer callar a alguien** to get sb to be quiet: *¿Puedes hacer callar a los niños?* Can you get the children to be quiet? ▶ Para expresar irritación se usa **to get sb to shut up**: *Le pegué un codazo para hacerla callar.* I jabbed her with my elbow to get her to shut up.

callarse v to go quiet: *Todos se callaron cuando apareció ella.* They all went quiet when she appeared. ▶ Para pedirle a alguien que se calle se usa **be quiet** o **shut up**, que suena más grosero: *Cállate, por favor.* Be quiet, please. | *¡Cállense la boca!* Shut up!

calle s **1** street, road: *¿En qué calle vives?* What street do you live in?/What road do you live in? ▶ **street** y **road** se escriben con mayúscula en nombres de calles: **Washington Street**, **Elm Road**, etc. **2 en la calle** (afuera) out: *Me pasé todo el día en la calle.* I was out all day.

i ¿Se dice *I arrived in Miami* o *I arrived to Miami*? Mira la entrada **arrive**.

3 quedarse en la calle (a) (sin trabajo) to lose your job **(b)** (en bancarrota) to lose everything **4** (de una piscina, una pista de atletismo) lane **calle de un solo sentido** one-way street **calle de doble sentido** two-way street **calle peatonal** pedestrian street

callejero, -a adj **1 perro callejero** stray dog **2 artista/músico callejero** street artist/ musician **3 puesto callejero** street stall

callejón s alley **callejón sin salida** dead end: *Estamos en un callejón sin salida.* We have reached a dead end.

callo s (en los pies) corn

calma s calm | **mantener la calma** to keep calm | **perder la calma** to lose your cool: *Ahí perdí la calma y le grité.* At that point I lost my cool and shouted at him. | **tómatelo con calma** take it easy | **tómate las cosas con calma** take it easy/ take things easy

calmante s **1** (para dolores) painkiller **2** (sedante) tranquilizer

calmar v **1** (el dolor) to relieve: *Le dieron algo para calmarle el dolor.* They gave him something to relieve the pain. **2 calmar la sed** to quench your thirst **3 calmar a alguien** to calm sb down: *Las aeromozas trataban de calmar a la gente.* The flight attendants tried to calm people down. **calmarse** v to calm down: *Cálmate, no ha pasado nada.* Calm down, it's all right.

calor s **1** heat: *No quiero salir con este calor.* I don't want to go out **in this heat.** | **hacer calor** to be hot: *¡Qué calor hace!* It's so hot! | *Ayer hizo muchísimo calor.* It was terribly hot yesterday. | **tener calor** to be hot: *Tengo mucho calor.* I'm very hot. **2 entrar en calor** to warm up: *ejercicios para entrar en calor* warm-up exercises

caloría s calorie: *alimentos bajos en calorías* low-calorie foods

calumnia s lie: *¡Eso es una calumnia!* That's a lie! ► En lenguaje legal se usa **slander** si la calumnia es oral y **libel** si se hace por escrito. Estos sustantivos son incontables y por lo tanto no tienen plural ni pueden ir precedidos de **a**

caluroso, -a adj **1** (clima, día, lugar) hot **2** (aplauso) warm

calvo, -a adj bald: *Es calvo y usa lentes.* He's bald and wears glasses. | **quedarse calvo -a** to go bald

calzado, -a adjetivo & sustantivo
■ adj (con zapatos puestos) **estar calzado -a** to have your shoes on: *Ve tú, que estás calzada.* You go, you've got your shoes on.
■ **calzado** s footwear: *calzado cómodo* comfortable footwear

calzador s shoehorn

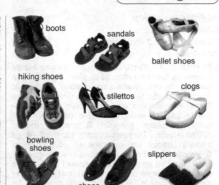

boots · sandals · ballet shoes · hiking shoes · clogs · stilettos · bowling shoes · slippers · shoes

calzar v **calzar del 6/8 etc.** to take a size 6/8 etc., to wear a size 6/8 etc.: *Carlos calza del 7.* Carlos takes a size 7./Carlos wears a size 7. | *¿Qué número calzas?* What size do you take?/What size do you wear?
calzarse v to put your shoes on: *Espera que me calzo.* Just wait while I put my shoes on.

calzón, calzones s (de mujer) panties, knickers (BrE), pants (BrE): *unos calzones de encaje* a pair of lace panties

calzoncillo, calzoncillos s underpants: *unos calzoncillos blancos* a pair of white underpants

cama s bed | **estar en cama** to be in bed: *Está en cama con fiebre.* He's in bed with a temperature. | **irse a la cama** to go to bed | **tender la cama** to make the bed
cama individual single bed **cama matrimonial** double bed

camada s (cría) litter

camaleón s chameleon

cámara s **1** (de fotos, de cine) camera: *¿Trajiste la cámara?* Have you brought your camera? **2 en cámara lenta** in slow motion **3** (de una llanta) inner tube **4** (institución, recinto) chamber **cámara de diputados** Chamber of Deputies **cámara de gas** gas chamber **Cámara de Representantes** House of Representatives **Cámara de Senadores** Senate **cámara de video** camcorder, video camera

shutter · camera · rewind button · lens

camarógrafo, -a s **camarógrafo** cameraman | **camarógrafa** camerawoman

camarón s prawn

camarote s cabin

cambiante *adj* changeable

cambiar *v* ▶ ver recuadro

cambio s **1** (alteración) change | **un cambio de planes/de táctica** a change of plan/of tactic | **un cambio de temperatura/de clima** a change in temperature/in the climate **2** (en una tienda) Existe el sustantivo **exchange** pero es más frecuente usar el verbo: *No hacen cambios.* They don't exchange goods. **3** (dinero) change: *¿Tiene cambio?* Do you have any change? **4** (al manejar) **hacer los cambios** to change gear **5 en cambio** whereas: *Tú sales mucho, en cambio yo no.* You go out a lot, whereas I don't. **6 a cambio (de algo)** in exchange (for sth): *¿Qué te dieron a cambio?* What did they give you in exchange?

camello s camel

camellón s median strip (AmE), central reservation (BrE)

camerino s (en un teatro) dressing room

camilla s stretcher

caminar *v* to walk: *Caminamos 5 kilómetros.* We walked 5 kilometers. | **ir/salir a caminar** to go for a walk: *Fuimos a caminar por la playa.* We went for a walk on the beach. | **ir/venir caminando** to walk: *–¿Cómo viniste? –Caminando.* "How did you get here?" "I walked."

caminata s walk: *una caminata de tres kilómetros* a three-kilometer walk

camino s **1** (ruta) way: *No conozco el camino.* I don't know the way. **2** (viaje) journey: *Hizo todo el camino solo.* He did the whole trip on his own. **3** **camino (de tierra)** (dirt) track **4** (sendero) path **5 de camino** on the way: *Mi casa está de camino.* My house is on the way. | **de camino al colegio/al trabajo etc.** on your way to school/work etc.: *Te lo alcanzo de camino al colegio.* I'll bring it over on my way to school. **6 a medio camino (entre)** halfway (between): *A medio camino nos paramos a cargar gasolina.* We stopped halfway to get some gas. | *a medio camino entre Aguas Calientes y Guadalajara* halfway between Aguas Calientes and Guadalajara **7 por el camino** on the way: *A lo mejor lo perdiste por el camino.* Maybe you lost it on the way.

camión s **1** (de carga) truck, lorry (pl -rries) (BrE) **2** (autobús) bus (pl -ses): *¿Dónde tomas el camión?* Where do you catch the bus? | **en camión** by bus

camión de la basura garbage truck (AmE), dustcart (BrE) **camión de mudanzas** moving van (AmE), removal van (BrE) **camión de volteo** dump truck (AmE), dumper truck (BrE)

camionero, -a s **1** (de camión de carga) truck driver, lorry driver (BrE) **2** (de autobús) bus driver

---

cambiar, cambiarse

1 La traducción **to change** es válida en la mayoría de los casos:

Tengo que cambiarle la pila al reloj. I have to change the battery in my watch. | *Este barrio ha cambiado mucho.* This area has changed a lot. | *Si no te gusta, lo puedes cambiar.* If you don't like it, you can change it. | *Tengo que cambiar dinero.* I have to change some money.

2 Cuando significa:

CANJEAR, SE DICE (= to trade AmE, to swap)

cambiarle algo a alguien por algo to trade sth for sth (AmE), to swap sb sth for sth (BrE): *Te cambio la mochila por el walkman.* I'll trade you my backpack for your Walkman. | *¡te lo cambio!* I'll trade you! (AmE), I'll swap you! (BrE)

AL MANEJAR (= to change gear)

¡Cambia a segunda! Change to second gear!

3 La traducción de *cambiar de* y *cambiarse de* suele ser **to change** (es decir, no se traduce *de*):

cambiar de canal to change channels | **cambiar de forma/de color** to change shape/color | **cambiar de idea/de opinión** to change your mind: *Cambié de idea, voy a ir.* I've changed my mind, I'm going to go. | **cambiar de actitud/de enfoque** to change your attitude/your approach | **cambiarse de ropa/zapatos etc.** to change your clothes/shoes etc.: *Cámbiate de camisa.* Change your shirt. | **cambiarse de colegio/club etc.** to change schools/clubs etc.: *Me voy a cambiar de colegio.* I'm going to change schools.

Cuando significa cambiar de casa o trasladar se dice **to move**:

¿Cuándo se cambian? When are you moving? | **cambiar a alguien de habitación/de colegio etc.** to move sb to another room/school etc.: *Nos cambiaron de aula.* We were moved to another classroom. | **cambiar algo de lugar** to move sth: *Cambiamos la cama de lugar.* We moved the bed.

cambiarse (de ropa) se dice **to change** o **to get changed**:

¿No te vas a cambiar? Aren't you going to change?/Aren't you going to get changed?

---

camioneta s **1** (de uso comercial) van **2** (coche familiar) station wagon (AmE), estate car (BrE)

camisa s (de hombre o de mujer) shirt **camisa de fuerza** straitjacket

camiseta s **1** (prenda exterior) T-shirt **2** (prenda interior) undershirt (AmE), vest (BrE) **3** (de un equipo deportivo) jersey (AmE), shirt (BrE), (de un ciclista) jersey: *la camiseta del América* the America jersey

---

ⓘ ¿Quieres información sobre las diferencias entre los **artículos** en inglés y en español? Lee la explicación en el apartado de gramática.

camisón s nightdress (pl -sses)

camote s **1** sweet potato **2 hacerse camote** to get into a muddle, to get mixed up: *Me hice camote con las fórmulas.* I got into a muddle with the formulae.

campamento s **1 irse de campamento** to go camping: *Nos vamos de campamento a la montaña.* We're going camping in the mountains. **2** (grupo de carpas) camp

campana s (de una iglesia, en el colegio) bell | **tocar la campana** to ring the bell

campanada s **1** (de un reloj) stroke | **sonaron tres/cuatro etc. campanadas** the clock struck three/four etc. **2** (de una campana) **se escucharon tres/cinco etc. campanadas** the bell chimed three/five etc. times

campanario s bell tower

campaña s campaign
  campaña electoral electoral campaign
  campaña publicitaria advertising campaign

campeón, -ona s champion: *el campeón de Europa* the European champion

campeonato s championship

campesino, -a s country person (pl country people): *Era hijo de campesinos.* His parents were country people. ▶ En contextos históricos o relativos al tercer mundo se usa **peasant**: *Explotaban a los campesinos.* They exploited the peasants.

camping s **1** (lugar) campsite **2** (actividad) camping | **irse de camping** to go camping

campo s **1** (campiña) country: *Vive en el campo.* She lives in the country. **2** (plantación, extensión de terreno) field **3** (terreno de juego) field (AmE), pitch (pl -ches) (BrE) | **ganar/jugar en campo contrario** to win/play away **4** (área) field: *el campo de los estudios sociales* the field of social studies
  campo de beisbol baseball field **campo de concentración** concentration camp **campo de deportes** playing field **campo de futbol** soccer field (AmE), football pitch (BrE) **campo de golf** golf course

camuflaje s camouflage

camuflarse v to camouflage yourself

cana s (pelo blanco) gray hair (AmE), grey hair (BrE)

Canadá s Canada

canadiense adjetivo & sustantivo
■ adj Canadian
■ s Canadian | **los canadienses** (the) Canadians

canal s **1** (de TV) channel: *¿En qué canal dan la película?* What channel is the movie on? **2** (de agua) channel, canal ▶ **channel** se usa para los canales naturales y **canal** para los artificiales: *el canal de la Mancha* the English Channel | *el canal de Panamá* the Panama canal
  canal de riego irrigation channel, irrigation canal

canario s canary (pl -ries)

canasta s **1** (de mimbre, plástico, etc.) basket **2** (juego de cartas) canasta **3** (en basquetbol) basket

breadbasket
shopping basket
sewing basket
hamper (AmE)/
laundry basket (BrE)
wicker basket

cancelar v (un vuelo, una junta) to cancel

Cáncer s Cancer: *Soy Cáncer.* I'm a Cancer./I'm a Cancerian.

cáncer s cancer: *cáncer de piel* skin cancer

cancha s **1 cancha (de futbol/de rugby)** (soccer/rugby) field (AmE), (football/rugby) pitch (pl -ches) (BrE) **2 cancha (de tenis/de basquetbol)** (tennis/basketball) court
  cancha de arcilla clay court **cancha de pasto** grass court

canciller s **1** (ministro) Foreign Minister ▶ El puesto equivalente en Estados Unidos lo ocupa el **Secretary of State** y en Gran Bretaña el **Foreign Secretary** **2** (jefe de estado) chancellor

cancillería, Cancillería s Foreign Ministry ▶ La institución equivalente en Estados Unidos es el **State Department** y en Gran Bretaña el **Foreign Office**

canción s song
  canción de amor love song **canción de cuna** lullaby (pl -bies)

candado s padlock

candidato, -a s candidate

canela s cinnamon

canelones s pl canelloni sing

cangrejo s **1** (de mar) crab **2** (de río) crayfish (pl crayfish)

canguro s **1** (animal) kangaroo **2** (para bebés) sling, baby sling

caníbal adj & s cannibal

canica s **1** marble | **jugar canicas** to play marbles **2 se le botó la canica** he went bonkers, he flipped his lid

canino, -a adjetivo & sustantivo
■ adj canine
■ s canine tooth (pl teeth), canine

canjear v **canjear algo (por algo)** to exchange sth (for sth): *Canjeó los patines por una cámara de fotos.* She exchanged her skates for a camera.

canoa s canoe

canoso, -a adj **1** (persona) gray-haired (AmE), grey-haired (BrE) | **ser canoso -a** to have gray hair **2** (pelo) gray (AmE), grey (BrE)

cansado, -a adj **1** (agotado) tired: *Estoy muy cansado.* I'm very tired. **2** (harto) **estar cansado -a de algo** to be tired of sth, to be fed up with sth | **estar cansado -a de hacer algo** to be tired of doing sth, to be fed up with doing sth: *Estoy cansada de hacer todo sola.* I'm tired of doing everything on my own./I'm fed up with doing everything on my own. | **me tiene cansado -a** I'm tired of him/it etc., I'm fed up with him/it etc. **3** (que cansa) tiring: *Manejar tantas horas es muy cansado.* Driving for so many hours is very tiring.

cansancio s tiredness | **estar muerto -a de cansancio** to be absolutely worn out

cansar v **1** **cansar a alguien** to tire sb out: *La caminata nos cansó.* The walk tired us out. **2** (ser agotador) to be tiring

cansarse v **1** (físicamente) to get tired: *Si te cansas, siéntate.* If you get tired, sit down. ► Si se trata de agotarse por tratar de hacer demasiado, se usa **to tire yourself out**: *Despacio, no te canses.* Slowly, don't tire yourself out. **2** (hartarse) **cansarse de algo/alguien** to get tired of sth/sb, to get fed up with sth/sb | **cansarse de hacer algo** to get tired of doing sth, to get fed up with doing sth: *Se cansó de esperar.* She got tired of waiting./She got fed up with waiting.

cantante s singer

cantar v **1** (persona) to sing **2** (pájaro) to sing **3** (gallo) to crow

cantera s (de piedras) quarry (pl -rries)

cantidad s ► ver recuadro

cantimplora s water bottle, canteen

canto s **1** (actividad artística) singing: *clases de canto* singing lessons **2** (de las aves) song **3** (borde) edge | **de canto** on its side

caña s cane

caña de azúcar sugar cane **caña de bambú** bamboo cane **caña de pescar** fishing rod

cañería s (sistema de caños) pipes pl

caño s pipe, drain

cañón s **1** (arma) cannon **2** (de una escopeta) barrel **3** (en geografía) canyon

caoba s mahogany

caos s chaos | **ser un caos/estar hecho -a un caos** to be in chaos: *El tránsito era un caos.* The traffic was in chaos./It was chaos on the roads.

caótico, -a adj chaotic

capa s **1** (de pintura, barniz, etc.) coat **2** (nivel, estrato) layer: *capas de chocolate y de crema* layers of chocolate and cream **3** (abrigo) cloak **capa de ozono** ozone layer

capacidad s **1** (aptitud) ability (pl -ties) | **capacidad de/para hacer algo** ability to do sth: *su capacidad para convencer a la gente* his ability to persuade people | **tener capacidad para algo** to have an aptitude for sth: *Tiene capacidad*

---

cantidad

1 Para hablar de una cantidad de algo, usa **amount** si se trata de algo incontable y **number** si de algo contable:

la cantidad de agua/sal/mantequilla que necesito the amount of water/salt/butter I need | *depende de la cantidad de horas/páginas/alumnos* it depends on the number of hours/pages/students

En lugar de **amount** también se puede usar **quantity,** que es más formal:

enormes cantidades de comida huge quantities of food

También se usa **quantity** cuando se establece un contraste entre calidad y cantidad:

La calidad es más importante que la cantidad. Quality is more important than quantity.

2 Cuando cantidad implica *mucho -a* o *muchos -as,* se traduce por **a lot of, lots of, how much, how many,** etc. Mira los ejemplos:

Perdió una cantidad de sangre. She lost a lot of blood. | *Había cantidades de gente.* There were lots of people there. | *¡Qué cantidad de niños!* What a lot of children! | *Mira la cantidad de ropa que trajo.* Look how many clothes she's brought.

3 Cuando se refiere a una suma de dinero, se usa **amount** o **sum,** que es más formal:

No puede pagar la cantidad que piden. He can't pay the amount they are asking.

---

para los idiomas. She has an aptitude for languages. | **capacidad de aprendizaje/de adaptación** ability to learn/to adapt **2** (de un recipiente, de un recinto, en informática) capacity (pl -ties)

capacitación s training

capacitado, -a adj qualified | **estar capacitado -a para algo** to be qualified for sth

caparazón s shell

capataz, -a s capataz foreman (pl -men) | capataza forewoman (pl -women)

capaz adj **1** (competente, hábil) able, capable: *Es un alumno muy capaz.* He's a very able student./He's a very capable student. **2** **ser capaz de hacer algo (a)** (por capacidad) to be able to do sth: *No fue capaz de encontrar la solución.* He wasn't able to find the solution. **(b)** (por atrevimiento, etc.) to be capable of doing sth: *Es muy capaz de salir sin permiso.* He's quite capable of going out without permission. | **ser capaz de cualquier cosa** to be capable of anything | **no eres/no fuiste etc. capaz de** (reproche) you don't/you didn't etc. even bother to: *¡Y no fuiste capaz de avisarme!* And you didn't even bother to let me know! **3** **capaz que** perhaps, maybe: *Capaz que ya lo sabe.* Perhaps he already knows./Maybe he already knows.

capicúa adj & s un (número) **capicúa** a number that reads the same both ways

capilla s chapel

capital sustantivo femenino & sustantivo masculino
■ **s fem** **1** (ciudad principal) capital: *Soy de la capital. I'm from the capital.* **2** (centro importante) capital: *la capital mundial de la moda* the fashion capital of the world
■ **s masc** (dinero, bienes) capital

capitalismo s capitalism

capitalista adj & s capitalist

capitán, -ana s (de un equipo, en el ejército, de un barco) captain

capítulo s **1** (de un libro) chapter **2** (de una serie de TV) episode

capricho s whim: *No es un capricho, lo necesito. It isn't a whim, I need it.*

caprichoso, -a adj **1** (obstinado) stubborn **2** (cambiante, voluble) capricious, unpredictable

caprichudo, -a adj stubborn

Capricornio s Capricorn: *Es Capricornio. He's a Capricorn./He's a Capricornian.*

cápsula s **1** (de un medicamento) capsule **2** (de una nave espacial) capsule **3** (en radio, televisión) report, update

captar v **1** (una idea, una indirecta) to get: *No captó la indirecta. He didn't get the hint.* **2** (un concepto) to grasp **3** (un canal, una transmisión) to get **4** **captar el interés/la atención de alguien** to capture sb's interest/attention

captura s capture

capturar v to capture

capturista s data entry clerk

capucha s hood

capuchino s (café) cappuccino

capullo s **1** (de una flor) bud **2** (de un insecto) cocoon

caqui adjetivo & sustantivo
■ adj khaki
■ s **1** (color) khaki ▶ ver "Active Box" **colores** en **color** **2** (fruta) persimmon

cara s **1** (rostro) face: *una cara redonda* a round face **2** (expresión, aspecto) **tener cara de cansado -a/dormido -a etc.** to look tired/sleepy etc.: *Tenía cara de preocupada.* She looked worried. | **tener mala cara** (persona) not to look well: *Tienes mala cara.* You don't look well. **3** **cara a cara** face to face **4** **dar la cara por alguien** to stick up for sb, to stand up for sb: *Tienes que dar la cara por tus amigos.* You have to stick up for your friends. **5** **me echó en cara que no hubiera ido/que no la hubiera ayudado etc.** she had a go at me for not going/for not helping her etc. **6** **partirle/romperle la cara a alguien** to smash sb's face in

caracol s **1** (de tierra) snail **2** (de mar) sea snail

carácter s **1** (modo de ser) character | **tener mucho carácter** to have a strong character | **tener mal carácter** to be bad-tempered **2** (en imprenta, informática) character

característica s (rasgo típico) characteristic, feature

característico, -a adj characteristic

caracterizarse v **caracterizarse por algo** to be characterized by sth

carambola s **1** (jugada) cannon **2** (juego) billiards sing **3** (choque) pile-up

caramelo s **1** (azúcar derretida) caramel **2** (golosina) piece of candy (AmE), sweet (BrE)

carátula s **1** (de un reloj) face, dial **2** (de un libro, una revista) cover

caravana s **1** (de coches, etc.) long line **2** (en el desierto) caravan **3** (reverencia) bow | **hacer una caravana** to bow, to make a bow

caray interj **1** (expresando irritación) for heaven's sake!, jeez! (AmE) **2** (expresando sorpresa) good heavens!, jeez! (AmE)

carbón s **1** (mineral) coal **2** (vegetal) charcoal

carboncillo s charcoal | **dibujar algo a carboncillo** to draw sth in charcoal

carburador s carburetor (AmE), carburettor (BrE)

carcacha s old heap, old banger (BrE)

carcajada s roar of laughter: *Oíamos carcajadas.* We could hear roars of laughter. | **soltar una carcajada** to burst out laughing | **reírse a carcajadas** to laugh your head off, to roar with laughter

cárcel s prison, jail: *Le dieron 20 años de cárcel.* She got 20 years in prison./She got 20 years in jail. | **meter a alguien en la cárcel** to put sb in prison, to put sb in jail

cardenal s **1** (eclesiástico) cardinal **2** (pájaro) cardinal

cardíaco -a o **cardiaco -a** adj **un problema cardíaco** a cardiac problem, a heart problem ▶ ver **ataque, paro**

cardinal adj ▶ ver **punto**

cardiólogo, -a s cardiologist

cardo s thistle

carecer v **carecer de algo** to lack sth

careta s (máscara) mask

carga s **1** (peso) load: *una carga de 25 kilos* a 25 kilo load | *No puedo con tanta carga.* I can't handle such a heavy load. **2** (responsabilidad) burden: *No quiero ser una carga para ustedes.* I don't want to be a burden to you. **3** (de un avión, un barco) cargo: *una carga de té* a cargo of tea **4** (de un camión) load **5** (acción) loading: *horarios de carga y descarga* loading and unloading times **6** (en electricidad) charge **7** (de un arma) charge **8** (en deportes) charge, shoulder charge

cargado, -a *adj* **1 cargado -a de algo** loaded with sth: *anaqueles cargados de libros* shelves loaded with books | *Llegó cargada de paquetes.* She arrived **loaded down** with packages. **2** (arma) loaded **3** (café, té) strong

cargador *s* **1** (para pilas, baterías) charger **2** (de un arma) magazine

cargamento *s* **1** (de un barco, un avión) cargo (pl cargoes o cargos) **2** (de un camión) load

cargar *v* **1** (llevar) to carry: *No puedo cargar tanto peso.* I can't carry all this weight. | **cargar con algo** to carry sth: *Cargó con su maleta y la de ella.* He carried his suitcase and hers. **2** (un coche, un camión) to load: *Los hombres empezaron a cargar el camión.* The men began to load the truck. **3** (llevar consigo) to carry: *No cargues tanto dinero, es peligroso.* Don't carry so much money on you, it's dangerous. **4 cargar gasolina** to get some gas (AmE), to get some petrol (BrE) **5** (datos, un programa) to load **6** (un arma) to load, (una pluma) to fill, (una batería) to charge

cargarse *v* (asesinar) to do in, to bump off: *Se lo cargaron en la puerta de su casa.* They did him in at his front door.

cargo *s* **1 estar a cargo de algo** to be in charge of sth: *¿Quién está a cargo de la comida?* Who's in charge of the food? | **estar a cargo de alguien** to be responsible for sb: *Estoy a cargo de 50 alumnos.* I'm responsible for 50 students./I have 50 students in my charge. **2 hacerse cargo de algo** to take care of sth: *¿Te puedes hacer cargo de la bebida?* Can you take care of the drinks? | *Se hizo cargo de la empresa cuando murió su padre.* He took charge of the company when his father died. | **hacerse cargo de alguien** to take care of sb: *Ella se hizo cargo de los niños.* She took care of the children. **3** (puesto) post: *Tiene el cargo de supervisor.* He holds the post of supervisor. **4** (cobro) charge: *sin cargos extra* at no extra charge **5** (acusación) charge

Caribe *s* Caribbean

caribeño, -a *adjetivo & sustantivo*
■ *adj* Caribbean
■ *s* **los caribeños** (the) Caribbeans

caricatura *sustantivo & sustantivo plural*
■ *s* (dibujo) caricature
■ **caricaturas** *s pl* (dibujos animados) cartoons

caricia *s* **hacerle una caricia a alguien** to stroke sb's head/face etc. ► ver **acariciar**

caridad *s* charity | **vivir de la caridad** to live on charity

caries *s* **1** (agujero) cavity (pl -ties) **2** (proceso) **la caries dental** tooth decay

cariño *sustantivo & sustantivo plural*
■ *s* **1** affection: *Les falta cariño.* They don't get enough affection. **2 tenerle cariño a alguien** to be fond of sb: *Le tengo mucho cariño a Sofía.* I'm very fond of Sofía. | **tenerle cariño a algo** to be very attached to sth, to be fond of sth: *Le tengo cariño a esta casa.* I'm very attached to this

house. | **agarrarle/tomarle cariño a algo/alguien** to get to like sth/to grow fond of sb:
■ *s* **cariños** *s pl* **1** (al final de una carta) love: *Cariños, Valeria.* Love, Valeria. **2 cariños a tu madre/a Juan etc.** give my love to your mother/to Juan etc., say hello to your mother/to Juan etc. for me

cariñoso, -a *adj* affectionate

carisma *s* charisma

carnada *s* bait

carnal, -a *s* **1** (hermano) brother **2** (hermana) sister **3** (al dirigirse a un amigo) buddy (AmE), mate (BrE)

carnaval *s* carnival ► ver nota en **carnival**

carne *s* **1** (para comer) meat: *Manuel no come carne.* Manuel doesn't eat meat. **2** (del cuerpo) flesh **3 ser de carne y hueso** to have feelings: *Yo también soy de carne y hueso.* I have feelings too.
carne de cerdo pork **carne de gallina** goose bumps (AmE), goose pimples (BrE): *Se me pone la carne de gallina de pensarlo.* I get goose bumps when I think about it. **carne de res** beef **carne molida** ground beef (AmE), mince (BrE) **carnes frías** *pl* cold cuts (AmE), cold meat (BrE)

carnero *s* ram

carnicería *s* **1** (tienda) butcher shop (AmE), butcher's (BrE): *Tengo que ir a la carnicería.* I have to go to the butcher shop. **2** (matanza) massacre

carnicero, -a *s* butcher

carnívoro, -a *adj* carnivorous

caro, -a *adj* **1** expensive: *Se compra ropa cara.* He buys expensive clothes. | *un restaurante carísimo* a really expensive restaurant **2 costarle/salirle caro a alguien** to be expensive: *La bicicleta me costó carísima.* The bike was really expensive.

cheaper city car

expensive sports car

carpa *s* (de un circo) big top, tent

carpeta *s* **1** (para papeles) file, folder **2** (en computación) folder

carpintería *s* **1** (taller) carpenter's workshop (AmE), carpenter's (BrE) **2** (actividad) carpentry

carpintero, -a *s* carpenter

carreola *s* **1** (tipo silla plegable) stroller (AmE), pushchair (BrE), buggy (pl -ggies) (BrE) **2** (en la que el niño va acostado) baby carriage (AmE), pram (BrE)

carrera *s* **1** (en deportes) race: *una carrera de coches* a car race | **jugar/echar carreras** to have a race: *Vamos a jugar unas carreras.* Let's have a race. | **echarle unas carreras a alguien** to race sb: *¡Te echo unas carreras!* I'll race you! **2** (en la universidad) degree course: *Ahora hay muchas carreras nuevas.* There are a lot of new degree courses now. | *No terminó la carrera.* He didn't finish his degree. | **hacer/estudiar una carrera** to do a degree: *¿Qué carrera vas a estudiar?* What degree are you going to do? | *Hice la carrera de Historia.* I did a history degree./I did a degree in history. **3** (en una profesión) career: *Dejó su carrera de modelo para ser actriz.* She abandoned her career as a model to become an actress. **4 hacer carrera** to be successful: *Quiere hacer carrera como abogado.* He wants to be a successful lawyer.

carrera de sacos sack race **carrera de obstáculos (a)** (en atletismo, equitación) steeplechase **(b)** (de niños) obstacle race **carrera de relevos** relay race

carreta s (cubierta) wagon, (descubierta) cart

carrete s spool (AmE), reel (BrE): *un carrete de hilo* a spool of cotton

carretera s road, highway (AmE): *la carretera a Cancún* the road to Cancun | **por carretera** by road

carretera de cuota toll road, tollway (AmE), turnpike (AmE) **carretera de doble carril** divided highway (AmE), dual carriageway (BrF)

carretilla s wheelbarrow

carril s (de una calle, carretera) lane: *el carril de la derecha* the right-hand lane | **cambiarse de carril** to change lane
carril lento/rápido slow/fast lane

carriola s ▶ ver **carreola**

carrito s (de supermercado, aeropuerto) cart (AmE), trolley (BrE)
carritos chocones s pl bumper cars (AmE), dodgem cars (BrE)

carro s **1** (coche) car | **en carro** by car: *¿Fuiste en carro?* Did you go by car?/Did you drive? | *Los llevé en carro hasta el aeropuerto.* I drove them to the airport. **2** (tirado por caballos) cart **3** (de supermercado) cart (AmE), trolley (BrE)
carros chocones s pl bumper cars (AmE), dodgem cars (BrE) **carro de bomberos** fire truck (AmE), fire engine (BrE)

carrocería s bodywork

carroza s **1** (de carnaval, etc.) float **2** (antigua) carriage

carruaje s carriage

carrusel s merry-go-round, carousel (AmE)

carta s **1** letter: *Me escribió una carta.* She wrote me a letter. | **mandar una carta** to send a letter: *Le mandé la carta a la nueva dirección.* I sent the letter to her new address. ▶ Si se trata de llevar la carta al correo o echarla al buzón, se dice **to post a letter**: *Tengo que mandar esta carta.* I have to post this letter. **2** (naipe) card: *¿Jugamos a las cartas?* Do you want to play cards? ▶ Se dice **hand** para referirse a las cartas que le tocan a uno en una mano: *Tengo cartas muy malas.* I've got a terrible hand. | **dar las**

cartas to deal the cards | **echarle las cartas a alguien** to tell sb's fortune **3** (menú) menu: *¿Me trae la carta, por favor?* Can you bring me the menu, please?
carta certificada registered letter **carta de recomendación** letter of recommendation, reference **cartas de tarot** tarot cards **cartas de póker** también **cartas francesas** French playing cards **cartas españolas** Spanish playing cards

cartel s **1** (publicitario) poster **2** (también **cártel**) cartel

cartelera s (de espectáculos, en un periódico) listings pl, entertainment section | **estar en cartelera** to be showing: *La película todavía está en cartelera.* The movie is still showing.

cartera s (billetera) wallet, billfold (AmE)

carterista s pickpocket

cartero, -a s **cartero** letter carrier (AmE), mailman (pl -men) (AmE), postman (pl -men) (BrE) | **cartera** letter carrier (AmE), mailwoman (pl -women) (AmE), postwoman (pl -women) (BrE)

cartón s **1** cardboard: *una caja de cartón* a cardboard box **2** (de huevos) box (pl boxes) **3** (de cerveza) pack, crate

cartucho s **1** (de tinta) cartridge **2** (de un arma) cartridge

cartulina s construction paper (AmE), card (BrE): *Recorte un círculo de cartulina.* Cut out a circle of construction paper.

casa s ▶ ver recuadro en página 484
casa de cambio bureau de change **Casa de Gobierno** presidential palace **casa de huéspedes** guesthouse **casa de muñecas** dollhouse (AmE), doll's house (BrE) **casa discográfica** record company **casa hogar** children's home

casado, -a adjetivo & sustantivo
■ adj married | **estar casado -a con alguien** to be married to sb: *Está casado con una modelo.* He's married to a model.
■ s **casado** married man (pl men) | **casada** married woman (pl women) ▶ ver **recién**

casarse v to get married: *¿Cuándo se casa Elena?* When's Elena getting married? | **casarse con alguien** to marry sb: *Se casó con un francés.* She married a Frenchman. | *¿Te quieres casar conmigo?* Will you marry me? | **casarse por la iglesia** to get married in church | **casarse por lo civil** to get married in a civil ceremony (AmE), to get married in a registry office (BrE) ▶ Esta traducción implica que uno se casa sólo por lo civil, ya que en los países anglosajones no hay ceremonia civil para la gente que opta por un matrimonio religioso

cascabel s (instrumento) bell

cascada s waterfall

cascanueces s nutcracker

1 Para referirse al edificio, se usa **house**:

Están construyendo una casa de dos pisos. They are building a two-story house. | *¿Vives en casa o en departamento?* Do you live in a house or an apartment?

2 En las expresiones que se refieren a la casa como el lugar donde uno vive, se usa **home**:

estar/quedarse en la casa to be/to stay at home: *Se quedó en la casa todo el día.* He stayed at home all day. | *–¿Y tu hermana? –Está en la casa.* "What about your sister?" "She's at home." | **irse a la casa** to go home: *Me fui a la casa a las cinco.* I went home at five. | **irse de su casa** to leave home: *Se fue de su casa a los 18 años.* He left home at 18.

3 Para referirse a la casa de alguien en particular se puede usar **house** pero es muy frecuente omitir el sustantivo:

Me quedé en la casa de mi abuela. I stayed at my grandma's./I stayed at my grandma's house. | *La fiesta fue en la casa de Juan.* The party was at Juan's. | *Sugirió que nos reuniéramos en su casa.* He suggested we meet at his house.

4 Cuando significa comercio, se traduce por **store** en inglés americano y **shop** en inglés británico:

una casa de artículos de cuero a leather goods store

cáscara s **1** (de una manzana) peel **2** (de una pera, una papa) skin **3** (de un cítrico) peel, rind **4** (de un plátano) skin: *una cáscara de plátano* a banana skin **5** (de un huevo, una nuez) shell **6** (del queso) rind

casco s **1** (para la cabeza) helmet **2** (botella) bottle

casero, -a *adjetivo & sustantivo*
▪ *adj* **1** (comida, pan) homemade **2** (referido a una persona) home-loving
▪ *s* (propietario) **casero** landlord | **casera** landlady (pl -dies)

caseta s (en una carretera) **caseta (de cobro)** toll barrier
caseta de teléfonos telephone booth (AmE), telephone box (pl -xes) (BrE)

casetera s cassette player, cassette deck

casi *adv* **1** Cuando significa prácticamente, se traduce por **nearly** o **almost**: *Estoy casi lista.* I'm nearly ready./I'm almost ready. | *¡Uy, casi lo rompo!* Oops, I nearly broke it! ▶ Fíjate que en el ejemplo anterior el verbo va en pasado en inglés **2** (seguido de un adverbio negativo) Cuando le sigue un adverbio negativo, en inglés se usa **hardly** y no se usa negación en el verbo: *Casi no se oye la música.* You can hardly hear the music. | *Casi ni se conocen.* They hardly know each other. | *Casi no quedaba agua.* There was hardly any water

left. | **casi nada** hardly anything: *No compró casi nada.* He hardly bought anything. | **casi nadie** hardly anybody: *No había casi nadie.* There was hardly anyone there. | **casi nunca** hardly ever: *Casi nunca lo veo.* I hardly ever see him.

casilla s **1** (de un crucigrama, un tablero de juego de mesa) square **2** (de una forma) box (pl -xes) **3** **casilla (electoral)** polling station

casillero s (armario) locker

casino s **1** (para jugar) casino **2** (club) club

caso s **1** (situación) case: *El suyo es un caso especial.* Hers is a special case. | **en ese caso** in that case: *En ese caso, avíseme.* In that case, let me know. **2** **en el mejor de los casos** at best | **en el peor de los casos** if the worst comes to the worst **3** **hacerle caso a alguien** to do as sb says: *Háganle caso a su papá.* Do as your dad says. | **no hacerle caso a alguien** not to take any notice of sb: *No me hagas caso.* Don't take any notice of me. **4** **yo en tu caso** if I were you: *Yo en tu caso haría lo mismo.* If I were you, I'd do the same. **5** **en todo caso (a)** (si es necesario) always: *En todo caso, pueden quedarse a dormir aquí* You can always stay the night here. **(b)** (sea como sea) in any case: *En todo caso, lo que él dice no es cierto.* In any case, what he says is not true. **6** (en medicina) case: *un caso grave* a serious case **7** (policial) case: *un caso de falsificación* a case of forgery

caspa s dandruff

cassette s cassette, tape

castaña s chestnut

castaño, -a *adjetivo & sustantivo*
▪ *adj* brown
▪ **castaño** s **1** (color) brown ▶ ver "Active Box" colores en color **2** (árbol) chestnut (tree)

castañuelas s *pl* castanets

castellano s Spanish

castigar *v* to punish | **castigar a alguien por hacer algo** to punish sb for doing sth

castigo s punishment
castigo físico corporal punishment

castillo s castle
castillo de arena sandcastle

castor s beaver

castrar *v* (a un gato, un perro, etc.) to neuter ▶ Existe el verbo **to castrate**, que es más técnico

casual *adj* **1** **un encuentro casual** a chance meeting **2** **un comentario casual** a casual remark **3** (moda, vestido) casual

casualidad s **1** coincidence: *¡Qué casualidad!* What a coincidence! **2** **de casualidad** by chance: *Nos encontramos de casualidad.* We met by chance. **3** **por casualidad (a)** (en preguntas) by any chance: *¿Tienes un bolígrafo, por casualidad?* You wouldn't have a pen by any chance, would you? **(b)** (de casualidad) by chance

casualmente *adv* as it happens: *Casualmente pensaba llamarte.* As it happens, I was thinking of calling you.

catalán, -ana *adjetivo & sustantivo*
- *adj* Catalan
- *s* (persona) Catalan | **los catalanes** (the) Catalans
- **catalán** *s* (idioma) Catalan

catálogo *s* catalog (AmE), catalogue (BrE)

catarata *s* **1** (salto de agua) waterfall **2** (en el ojo) cataract

catarina *s* ladybug (AmE), ladybird (BrE)

catarro *s* (resfriado) cold | **tener catarro** to have a cold

catástrofe *s* catastrophe, disaster

catcher *s* catcher

catear *v* **1** (una casa, un edificio) to search **2** (a una persona) to search, to frisk

catecismo *s* **1** (libro) catechism **2** (instrucción) **ir al catecismo/tener catecismo** to go to catechism/to have catechism: *Tengo catecismo los viernes por la tarde.* I have catechism on Friday afternoons.

catedral *s* cathedral

catedrático, -a *s* professor

categoría *s* **1** (clase) category (pl -ries): *Está en la categoría junior.* She's in the junior category. **2 de (primera) categoría** first-rate: *un hotel de categoría* a first-rate hotel

católico, -a *adjetivo & sustantivo*
- *adj* Catholic | **ser católico -a** to be a Catholic
- *s* Catholic

catorce *número* **1** (número, cantidad) fourteen **2** (en fechas) fourteenth

catre *s* folding bed, camp bed

catsup *s* ketchup

cauce *s* **1** (curso de un río) course **2** (lecho de un río) bed

caucho *s* (material) rubber

caudillo *s* leader

causa *s* **1** (razón) cause: *la causa del problema* the cause of the problem **2 a causa de** because of: *Suspendieron el viaje a causa de su enfermedad.* They canceled the trip because of his illness. **3 por mi/su etc. causa** because of me/because of her etc. **4** (ideal, finalidad) cause: *Es por una buena causa.* It's for a good cause.

causar *v* **1** (ser la causa de) to cause: *Nos causó muchos problemas.* It caused us a lot of problems. **2 causarle alegría/tristeza a alguien** to make sb happy/sad

cautela *s* caution | **con cautela** cautiously

cautiverio *s* captivity | **en cautiverio** in captivity: *tigres en cautiverio* tigers in captivity

cautivo, -a *sustantivo & adjetivo*
- *s* captive, prisoner
- *adj* captive | **tener a alguien cautivo -a** to hold sb captive

cavar *v* to dig

caverna *s* cave

caviar *s* caviar

caza *sustantivo femenino & sustantivo masculino*
- *s fem* hunting, shooting ▶ **hunting** se usa para hablar de la caza mayor y de la caza del zorro y **shooting** para la caza con escopeta: *la caza del jabalí* boar hunting | **ir/salir de caza** to go hunting, to go shooting

  caza de brujas witch-hunt **caza submarina** underwater fishing
- *s masc* (avión) fighter, fighter plane

cazador, -a *s* hunter
  cazador -a furtivo -a poacher

cazar *v* **1** (animales en general) to hunt, to shoot ▶ **to shoot** se usa cuando se caza con escopeta: *Cazaban y pescaban para subsistir.* They hunted and fished to survive. | *Su padre lo llevaba a cazar.* His father used to take him shooting. | **ir/salir a cazar** to go hunting, to go shooting **2** (si se menciona el animal) to shoot, to catch ▶ **to shoot** se usa cuando se caza con escopeta: *Cazaron dos tigres.* They shot two tigers. | *Les gustaba cazar mariposas.* They liked catching butterflies.

cazuela *s* (recipiente de barro) dish (pl -shes), casserole: *una cazuela de barro* an earthenware dish/casserole | **a la cazuela** casseroled: *champiñones a la cazuela* mushroom casserole

CD *s* CD: *Me regaló dos CDs.* He gave me two CDs.

CD-ROM *s* CD-ROM

cebada *s* barley

cebo *s* **1** (para atraer animales) bait **2** (señuelo) **usar algo como cebo** to use sth as bait

cebolla *s* onion: *cebolla picada* chopped onion
  cebolla de cambray, cebollita de cambray green onion (AmE), scallion (AmE), spring onion (BrE)

cebollinos o **cebollines** *s pl* chives

cebra *s* zebra

cecear *v* to lisp

ceder *v* **1** (transigir) to give way: *Finalmente tuvo que ceder.* He finally had to give way. | **ceder a algo** to give in to sth: *No cedió a las demandas de los secuestradores.* He didn't give in to the demands of the kidnappers. **2 cederle algo a alguien** (ganancias, bienes, herencia) to give sth away to sb: *Le cedió una casa a cada uno de sus hijos.* He gave each of his children a house. | **cederle el asiento a alguien** to give up your seat to sb | **cederle la palabra a alguien** to give sb the floor: *Me cedió la palabra.* She gave me the floor. **3** (pantalón, zapatos, etc.) to give: *El cuero siempre cede un poco.* Leather always gives a little. **4** (techo, estante) to give way

cedro *s* **1** (árbol) cedar, cedar tree **2** (madera) cedar, cedarwood

cegar *v* to blind

ceguera *s* blindness

---

ceja s eyebrow: *Se depila las cejas.* She plucks her eyebrows.

celda s **1** (en la cárcel) cell **2** (en una planilla de cálculo) cell

celebración s (festejo) celebration

celebrar v **1** (festejar) to celebrate **2** (una junta, elecciones) to hold: *La junta se celebrará en Tijuana.* The meeting will be held in Tijuana. **3 celebrar misa** to say mass

celeste *adjetivo & sustantivo*
■ *adj* light blue
■ s (color) light blue ▶ ver "Active Box" **colores** en **color**

celo *sustantivo & sustantivo plural*
■ s **(estar) en celo** (hembra) (to be) in heat (AmE), (to be) on heat (BrE)
■ **celos** *s pl* jealousy *sing*: *Lo hizo por celos.* She did it out of jealousy. | **tener celos de algo/ alguien** to be jealous of sth/sb | **me/le etc. da celos** it makes me/him etc. jealous: *Me da celos verlos juntos.* It makes me jealous to see them together. | **darle celos a alguien** to make sb jealous: *Salió con su amigo para darle celos.* She went out with his friend to make him jealous.

celofán s Cellophane®

celoso, -a *adj* jealous: *Es muy celosa.* She's very jealous | *un novio celoso* a jealous boyfriend | **estar celoso -a (de alguien)** to be jealous (of sb): *Está celosa de su hermana.* She's jealous of her sister. | **ponerse celoso -a** to get jealous

célula s **1** (en biología) cell **2** (de una organización) cell

celular s (teléfono) cell phone (AmE), mobile (BrE): *¿Tienes mi número de celular?* Do you have my cell phone number?

celulitis s cellulite

cementerio s cemetery (pl -ries) ▶ Se usa **graveyard** para referirse a un cementerio que está junto a una iglesia
cementerio de automóviles scrap yard

cemento s **1** (en la construcción) cement **2** (pegamento) adhesive
cemento de contacto contact adhesive

cena s dinner, supper: *¿Está la cena?* Is dinner ready? ▶ Para algunas personas **dinner** implica una comida más formal que la cena de todos los días

cenar v **1** to have dinner, to have supper ▶ ver nota en **cena**: *¿Qué hay de cenar?* What's for dinner? | *¿A qué horas cenan?* What time do you have dinner? **2 cenar pescado/pastas etc.** to have fish/pasta etc.: for dinner, to have fish/ pasta etc. for supper: *Cenamos pollo con arroz.* We had chicken and rice for dinner.

cenicero s ashtray

ceniza *sustantivo & sustantivo plural*
■ s ash ▶ ver **miércoles**
■ **cenizas** *s pl* (de una persona) ashes

censo s census (pl -ses)
censo de población population census

censura s censorship

censurar v **1** (un libro, una película, etc.) to censor **2** (reprobar) to censure

centavo s cent | **no tiene/no tengo etc. ni un centavo** he's/I'm etc. flat broke

centena s hundred: *unidades, decenas y centenas* units, tens and hundreds

centenar *sustantivo & sustantivo plural*
■ s **un centenar de personas/metros etc.** about a hundred people/meters etc.
■ **centenares** *s pl* (muchos) hundreds: *Había centenares de personas.* There were hundreds of people.

centenario s centenary (pl -ries), centennial (AmE)

centeno s rye: *pan de centeno* rye bread

centésimo, -a *adjetivo & sustantivo*
■ *adj* hundredth
■ **centésimo** s (fracción) hundredth

centígrado, -a *adj* centigrade, Celsius: *25 grados centígrados* 25 degrees centigrade/25 degrees Celsius

centímetro s (unidad) centimeter (AmE), centimetre (BrE)
centímetro cuadrado square centimeter
centímetro cúbico cubic centimeter

centinela s **1** (soldado) sentry (pl -tries) **2** (persona que vigila) lookout

centolla s crab

central *adjetivo & sustantivo*
■ *adj* **1** (zona, punto) central ▶ ver **calefacción 2** (gobierno, banco, oficina) central **3** (principal) central, main
■ s **1 central (eléctrica)** power plant (AmE), power station (BrE): *una central nuclear* a nuclear power plant **2** (oficina central) head office, headquarters *sing*: *La central de la empresa está en Italia.* The company's head office is in Italy./The company's headquarters is in Italy.
central camionera bus station

centrar v to center (AmE), to centre (BrE)

céntrico, -a *adj* **un hotel céntrico/una calle céntrica** a downtown hotel/a downtown street (AmE), a central hotel/a central street (BrE)

centrifugar v to spin

centro s **1** (parte central) center (AmE), centre (BrE): *el centro de un círculo* the center of a circle **2** (de un pueblo, una ciudad) downtown (AmE), centre (BrE): *No podría vivir en el centro.* I couldn't live downtown./I couldn't live in the centre. | **ir al centro** to go downtown (AmE), to go to the centre (BrE) **3** (en futbol) cross (pl -sses) | **tirarle un centro a alguien** to cross to sb
centro cultural arts center (AmE), arts centre (BrE) **centro comercial** shopping mall, shopping center (AmE), shopping centre (BrE)

Centroamérica s Central America

centroamericano, -a *adj* Central American

centrodelantero s center forward (AmE), centre forward (BrE)

ceño s **fruncir el ceño** to frown

cepillar v **1** (la ropa, el calzado, etc.) to brush **2** (la madera) to plane
cepillarse v **cepillarse el pelo/los dientes** to brush your hair/teeth

cepillo s brush (pl -shes) ▶ **hairbrush** es un cepillo para el pelo y **clothes brush** uno para la ropa
cepillo de carpintero plane **cepillo de dientes** toothbrush (pl -shes)

scrubbing brush

hairbrush

paintbrush

nailbrush

toothbrush

cera s **1** (de vela, para pisos) wax **2 cera (para depilar)** (hair-removing) wax **3** (en las orejas) wax, earwax
cera de abejas beeswax

cerámica s **1** (material) ceramic | **un jarrón/un plato de cerámica** a ceramic vase/plate **2** (actividad, artesanía) pottery, ceramics **3** (objeto) piece of pottery

cerca adverbio & sustantivo
▪ adv **1 cerca de la escuela/del club etc.** near the school/the club etc., close to the school/the club etc.: *El hotel está muy cerca del aeropuerto.* The hotel is very near the airport./The hotel is very close to the airport. | **cerca de mí/de nosotros etc.** near me/us etc.: *Se sentó cerca de nosotros.* She sat near us. ▶ Cuando está sobreentendido cerca de qué, se usa **nearby**: *¿Hay algún restaurante cerca?* Is there a restaurant nearby? | *Queda cerca.* It's nearby./It's not far. **2 cerca de** (casi) almost, nearly: *Ayer hizo cerca de 30 grados.* Yesterday it was almost 30 degrees./Yesterday it was nearly 30 degrees. **3 de cerca** close up: *Míralo de cerca.* Look at it close up. | *De cerca no es tan linda.* She doesn't look so pretty close up. **4 estar cerca** (en el tiempo) to be getting close
▪ s fence

cercano, -a adj **1 un/una pariente cercano -a** a close relative **2 un pueblo cercano/una ciudad cercana** a nearby village/a nearby town | **el pueblo más cercano/la ciudad más cercana** the nearest village/the nearest town **3 en un futuro cercano** in the near future **4 cercano -a a algo/alguien** close to sth/sb: *un restaurante cercano al hotel* a restaurant close to the hotel

cercar v **1** (rodear) to surround **2** (poner un cerco alrededor de) **cercar un campo/un terreno** to fence off a field/a piece of land

cerdo, -a sustantivo
▪ s **1** (animal) pig ▶ Éste es el término genérico. También existe **hog**, más común en inglés americano. Para referirse a una hembra se dice **sow 2 comer como un cerdo** to stuff yourself **3** (mala persona) swine
▪ **cerdo** s (carne) pork: *No come cerdo.* He doesn't eat pork. ▶ ver **chuleta**

cereal s **1** cereal **2** (o **cereales**) (para el desayuno) cereal

cerebral adj **una lesión cerebral** brain damage | **un tumor cerebral** a brain tumor (AmE), a brain tumour (BrE) ▶ ver **conmoción**, **derrame**

cerebro s **1** (órgano) brain: *el cerebro humano* the human brain **2** (persona) brains *sing*: *el cerebro de la banda* the brains behind the gang **3** (inteligencia) brains *pl* ▶ ver **fuga**, **lavado**

ceremonia s (acto) ceremony (pl -nies)

cereza s (fruta) cherry (pl -rries)

cerezo s cherry tree

cerillo s **1** (para prender) match (pl -ches) | **prender un cerillo** to light a match **2** (en un supermercado) packer

cero número **1** zero ▶ ver nota **2 bajo cero** below zero: *diez grados bajo cero* ten degrees below zero **3 empezar de/desde cero** to start from scratch

---

zero, nought, nil, nothing

Al leer un número de varias cifras se suele usar **zero**. En inglés británico, el cero también se lee como si fuera la letra **o**:

Mi extensión es cuatro ocho cero uno. My extension is four eight zero one./My extension is four eight oh one.

En matemáticas se dice **zero** o **nought**:

cero punto cinco zero point five/nought point five

En resultados deportivos se dice **nothing** o **zero** en inglés americano y **nil** en inglés británico. En tenis se usa **love**:

Ganamos tres a cero. We won three to nothing./We won three nil. | *quince cero* fifteen love

---

cerrada s cul-de-sac (pl cul-de-sacs o culs-de-sac)

cerrado, -a adj ▶ ver recuadro en página 488

cerradura s lock

cerrajero, -a s locksmith

cerrar v ▶ ver recuadro en página 488

cerro s **1** (colina) hill **2** (montaña) mount: *el cerro Otto* Mount Otto

cerrojo s bolt | **echar el cerrojo** to bolt the door

certamen s competition, contest

ⓘ ¿No estás seguro del significado de alguna **abreviatura**? Mira la lista de abreviaturas en el interior de la cubierta.

cerrado -a

1 La traducción **closed** es válida en la mayoría de los contextos. También existe **shut**, que es más frecuente en el lenguaje hablado y sólo tiene el significado básico (referido a puertas, ventanas, etc.):

La ventana está cerrada. The window is closed./The window is shut. | *Tenía los ojos cerrados.* Her eyes were closed./Her eyes were shut. | *Todos los restaurantes estaban cerrados.* All the restaurants were closed.

2 Excepciones:

cerrado con llave se dice **locked**:

La puerta estaba cerrada con llave. The door was locked.

REFERIDO A LLAVES DE AGUA (= off)

La llave está cerrada. The faucet is off.

REFERIDO A LA MANERA DE HABLAR

un acento cerrado a broad accent/a thick accent

POCO TOLERANTE (= narrow-minded)

Sus padres son muy cerrados. His parents are very narrow-minded.

REFERIDO A CURVAS (= sharp)

una curva cerrada a sharp bend

cerrar

1 La traducción **to close** es válida en la mayoría de los contextos, tanto para *cerrar* como para *cerrarse*. **To shut** es frecuente en el lenguaje hablado para hablar de cerrar puertas, ventanas, etc. pero no se usa, por ejemplo, para cuentas de banco:

¿Cierro la ventana? Should I shut the window?/Should I close the window? | *Cierra los ojos.* Shut your eyes./Close your eyes. | *¿A qué hora cierra el correo?* What time does the post office close? | *La puerta se cerró tras ella.* The door closed behind her. | *Cerré mi cuenta de ahorros.* I closed my savings account.

2 Excepciones:

cerrar con llave se dice **to lock**:

Cerré el cajón con llave. I locked the drawer.

REFERIDO A LLAVES DE AGUA (= to turn off)

Cierra la llave del agua caliente. Turn the hot water faucet off.

Cuando una tienda o fábrica cierra para siempre, a menudo se usa **to close down**:

¿Ha cerrado el restaurante chino? Has the Chinese restaurant closed down?

REFERIDO A ROPA (= to do up, to fasten)

El vestido cierra atrás. The dress does up at the back./The dress fastens at the back. | *No me cierra la falda.* I can't do my skirt up.

REFERIDO A SOBRES (= to seal)

---

certeza *s* certainty | **saber algo con certeza** to know sth for certain, to know sth for sure | **tener la certeza de que** to be certain that

certificado, -a *adjetivo & sustantivo*
- *adj* (referido a envíos) registered: *una carta certificada* a registered letter | *Lo voy a mandar certificado.* I'm going to send it by registered mail.
- **certificado** *s* certificate: *un certificado médico* a medical certificate

cerveza *s* beer: *¿Nos tomamos una cerveza?* Shall we have a beer?
cerveza de barril draft beer (AmE), draught beer (BrE) **cerveza clara** lager **cerveza oscura** dark beer, stout **cerveza sin alcohol** alcohol-free beer

cesar *v* **sin cesar** incessantly, constantly

césped *s* **1** (en un jardín) lawn | **cortar el césped** to mow the lawn **2** (en una plaza, un parque) grass: *Prohibido pisar el césped.* Keep off the grass. **3** (en tenis) grass **4** (planta) grass

cesta *s* basket

cesto *s* **1** basket **2** **cesto (de los papeles)** wastebasket (AmE), wastepaper basket (BrE)

chabacano *s* (fruta) apricot

chácharas *s pl* junk *sing*, knickknacks

chafa *adj* trashy, rubbishy (BrE): *Es muy barato, pero es bien chafa.* It's very cheap, but it's really trashy.

chal *s* shawl

chaleco *s* vest (AmE), waistcoat (BrE)
chaleco antibalas bulletproof vest **chaleco salvavidas** life jacket

chamaco, -a *s* kid

chamarra *s* jacket

chamba *s* **1** (trabajo en general) work: *En este momento tenemos mucha chamba.* There's a lot of work to do. **2** (empleo) job: *Me pidió a ver si le podía conseguir una chamba.* He asked me to try to get him a job.

chambrita *s* baby's sweater

champán, champaña *s* champagne

champiñón *s* mushroom

champú *s* shampoo

chancla *s* **1** (con tira entre los dedos) thong (AmE), flip-flop (BrE) **2** (pantufla) slipper

chango *s* **1** monkey **2** **hacer changuitos** to cross your fingers

chantaje *s* blackmail ▶ **blackmail** es incontable y no puede ir precedido de artículo: *¡Esto es un chantaje!* This is blackmail! | **hacerle chantaje a alguien** to blackmail sb

chantajear *v* to blackmail

chantajista *s* blackmailer

chao *interj* ciao!, bye!

---

chapa *sustantivo & sustantivo plural*
- **s** **1** (cerradura) lock **2** (lámina de metal) sheet **3** (insignia) badge
- **chapas** *s pl* (en los cachetes) **tener chapas** to have rosy cheeks

chaparro, -a *adj* short

chaparrón *s* downpour

chapopote *s* tar

chapotear *v* (en el agua) to splash around

chapulín *s* grasshopper

chapurrear *v* **chapurrear el inglés/el francés etc.** to speak very bad English/French etc.

chapuzón *s* **darse un chapuzón** to go for a dip, to have a dip

chaqueta *s* jacket | **chaqueta de mezclilla** denim jacket

charco *s* puddle | **un charco de sangre/aceite** a pool of blood/oil

charlar *v* to chat | **charlar con alguien** to chat to sb | **charlar de algo** to chat about sth

charlatán, -ana *adjetivo & sustantivo*
- **adj** (conversador) talkative
- **s** (persona conversadora) chatterbox (pl -xes)

charol *s* patent leather | **zapatos de charol** patent leather shoes

charola *s* tray

charro, -a *adjetivo & sustantivo*
- **adj** **1** **2** (de mal gusto) garish, showy **3** (tímido) shy, timid **4** (referido a un sindicato) in league with the bosses
- **charro** *s* Si quieres explicar qué es un charro di it's the Mexican equivalent of a cowboy

chárter *adj & s* charter: *un vuelo chárter* a charter flight

chasco *s* **llevarse un chasco** to be let down

chasis *s* chassis (pl chassis)

chasquido *s* **1** (de la lengua) click **2** (de los dedos) snap

chatarra *s* (material) scrap, scrap metal
► ver **alimento**

chatear *v* to chat (on the Internet)

chato, -a *adj* **1** (nariz) snub **2** (casa, edificio) low, squat

chavo, -a *s* **1** (niño) **chavo** kid, boy | **chava** kid, girl | **chavos** (niños y niñas) kids: *un chavo de primaria* an elementary school kid | *el vocabulario de un chavo de tres años* the vocabulary of a three-year-old **2** (hijo) **chavo** son | **chava** daughter | **chavos** (hijos e hijas) kids: *¿Cuántos chavos tiene Felipe?* How many kids does Felipe have? **3** (novio) **chavo** boyfriend | **chava** girlfriend: *Su nuevo chavo es futbolista.* Her new boyfriend is a soccer player.

checar *v* **1** to check: *Checó el horario de la película.* She checked the times of the movie. | **checar el e-mail** to check your e-mail **2 checar (tarjeta) (a)** (al entrar al trabajo) to clock in:

Tienes que checar antes de las ocho. You have to clock in before eight. **(b)** (al salir del trabajo) to clock out

chelista *s* cellist

chelo *s* cello

cheque *s* check (AmE), cheque (BrE): *¿Puedo pagar con cheque?* Can I pay by check? | *un cheque sin fondos* a bad check | *un cheque por $450* a check for $450 | **hacerle un cheque a alguien** to write sb a check | **cobrar un cheque** to cash a check

cheque de viajero traveller's check

chequeo *s* check-up | **hacerse un chequeo** to have a check-up

chequera *s* checkbook (AmE), cheque book (BrE)

chicano, -a *s* Chicano, Mexican-American

chícharo *s* pea

chicharra *s* **1** (cigarra) cicada **2** (timbre, sonido) buzzer

chichón *s* bump | **hacerse un chichón** to get a bump

chicle
- **s** chewing gum ► **chewing gum** es incontable. Para referirse a **un chicle** hay que decir **a piece of chewing gum**: *No me gusta el chicle.* I don't like chewing gum. | *Le ofrecí un chicle.* I offered her a piece of chewing gum. | **mascar chicle** to chew gum

chico, -a *adjetivo & sustantivo*
- **adj** **1** (de tamaño) small: *la habitación más chica del hotel* the smallest room in the hotel | **me/le etc. queda chico -a** it's too small for me/her etc.: *Estos zapatos me quedan chicos.* These shoes are too small for me. **2** (de edad) young: *Juan es el más chico de los hermanos.* Juan is the youngest of the brothers. **3** (inmenso) enormous, massive: *Llegó en chica limusina.* She arrived in an enormous limousine.
- **s** (muchacho) **chico** guy | **chica** girl | **chicos** (muchachos y muchachas) guys

chiflado, -a *sustantivo & adjetivo*
- **s** nutcase, nutter (BrE)
- **adj** crazy, nuts | **estar chiflado -a por algo/alguien** to be crazy about sth/sb: *Está chiflado por las carreras de coches.* He's crazy about motor racing.

chiflar *v* (persona, viento) to whistle

chilango, -a *s* person from Mexico City

Chile *s* Chile

chile *s* **1** chili (AmE), chilli (BrE) **2 estar a medios chiles** to be a bit tipsy

chilena *s* overhead kick

chileno, -a *adjetivo & sustantivo*
- **adj** Chilean
- **s** Chilean | **los chilenos** (the) Chileans

chillar v **1** (persona) (gritar) to scream **2** (persona) (llorar) to cry **3** (cerdo) to squeal **4** (ratón, murciélago) to squeak **5** (gaviota) to screech

chillido s **1** (grito) scream | **dar/pegar un chillido** to scream **2** (de un cerdo) squeal ▶ Si se trata de *chillidos* continuos, se usa **squealing 3** (de un ratón, un murciélago) squeak ▶ Si se trata de *chillidos* continuos, se usa **squeaking 4** (de una gaviota) screech (pl -ches) ▶ Si se trata de *chillidos* continuos, se usa **screeching**

chillón, -ona adj **1** (color) garish, lurid **2** (voz) shrill

chimenea s **1** (hogar) fireplace: *La sala tiene chimenea.* There's a fireplace in the living room. | **prender/encender la chimenea** to light a fire | **2** (conducto) chimney **3** (de un barco) funnel

chimpancé s chimpanzee

chimuelo, -a adj **estar chimuelo -a** to have a tooth missing, to be missing a tooth

China s **(la) China** China

chinche s **1** (insecto) bedbug **2** (clavito) thumbtack (AmE), drawing pin (BrE)

chino, -a adjetivo & sustantivo
▪ adj **1** (de la China) Chinese **2** (rizado) curly: *Tiene el pelo chino.* He has curly hair.
▪ s (persona de la China) **chino** Chinese man (pl men) | **china** Chinese woman (pl women) | **los chinos** the Chinese
▪ **chino** s **1** (idioma) Chinese | **está/estaba etc. en chino** it's/it was etc. all Greek to me **2** (rizo) curl

chip s chip, microchip

chipote s bump: *Me salió un chipote.* It came up in a bump.

chiquear v to spoil: *Le gusta que la chiqueen.* She likes being spoiled.
chiquearse v to spoil yourself

chiquero s (para cerdos) pigsty (pl -sties)

chirriar v **1** (frenos, ruedas) to screech **2** (puerta, gozne) to creak

chirrido s **1** (de frenos, ruedas) screech ▶ Si se trata de *chirridos* continuos, se usa **screeching 2** (de una puerta, un gozne) creak ▶ Si se trata de *chirridos* continuos, se usa **creaking**

chisme s **1** gossip ▶ **gossip** es incontable y no puede ir precedido de **a**: *¿Quieres que te cuente un chisme?* Do you want to hear some gossip? | *Vengo con muchos chismes.* I have lots of gossip to tell you. | **contar chismes/andar con chismes** to gossip | **ir con el chisme** to tell on me/us etc.: *Si vas con el chisme, te mato.* If you tell on me, I'll kill you. **2** (cosa) thingamajig, thingy: *Pásame ese chisme.* Pass me that thingamajig.

chismoso, -a sustantivo & adjetivo
▪ s gossip
▪ adj **ser muy chismoso -a** to be a real gossip

chispa sustantivo & interjección
▪ s **1** (de fuego, de electricidad) spark **2** (vivacidad) wit | **tener chispa** to be witty **3** **está que echa chispas** he's/she's hopping mad
▪ **¡chispas!** interj jeez! (AmE), blimey! (BrE)

chistar v **sin chistar** without a word

chiste s **1** joke | **contar un chiste** to tell a joke **2** **lo dije/lo dijo etc. de chiste** I/he etc. was joking | **ni de chiste** no way: *Yo ni de chiste me meto al mar.* No way am I going in the sea.
chiste colorado, chiste de color dirty joke

chistoso, -a adj (referido a una persona) funny

chivas s pl things, stuff *sing*: *Voy por mis chivas al coche.* I'm going to get my things from the car.

chivearse v to get embarrassed, to go all shy:

chivo, -a s goat
chivo expiatorio scapegoat

chocar v **1** (estrellarse) to crash | **chocar a alguien** to crash into sb: *El taxi me chocó.* The taxi crashed into me. | **chocar contra algo** to crash into sth: *Chocó contra un árbol.* It crashed into a tree. **2** **me/le etc. choca que...** it annoys me/him etc. that..., it bugs me/him etc. that...: *Le choca que fumen en su casa.* It annoys her if people smoke in her house. | **me choca su novio/tu amiga etc.** I can't stand her boyfriend/ your friend etc.

chocho, -a adjetivo, sustantivo & sustantivo plural
▪ adj (anciano) gaga, senile
▪ **chocho** s (pastilla) pill, tablet
▪ **chochos** s pl **1** (drogas) drugs **2** **ni con chochos** no way: *Ya ni con chochos llegamos.* There's no way we'll get there in time now.

chocolate s **1** chocolate | **pastel/helado de chocolate** chocolate cake/chocolate ice cream **2** (golosina individual) chocolate: *Me regaló una caja de chocolates.* He gave me a box of chocolates. **3** (bebida caliente) hot chocolate

chofer s **1** (de un autobús, camión, etc.) driver **2** (de un particular, de una empresa) chauffeur

chongo s bun | **hacerse un chongo** to put your hair up in a bun

choque s **1** (colisión) crash (pl -shes): *un choque de trenes* a train crash **2** (enfrentamiento) clash (pl -shes), conflict

chorcha s get-together: *Estábamos en plena chorcha cuando llegó el maestro.* We were just having a get-together when the teacher arrived.

chorrear v **1** (ropa, tela, etc.) to be dripping wet: *Las cobijas chorreaban (agua).* The blankets were dripping wet. **2** **chorrear aceite/ pintura etc.** to be dripping with oil/paint etc. **3** (perder líquido) (botella, tanque) to leak **4** (verter por accidente) to spill: *Chorreó café en la alfombra.* He spilled coffee on the carpet. | **chorrear el mantel de vino/la alfombra de café etc.** to spill wine on the tablecloth/coffee on the carpet etc.

---

i *¿Se dice on the table o in the table? Mira la entrada* **en**.

chorrearse v **se chorreó la camisa de cerveza/la falda de café etc.** she spilled beer down her shirt/coffee on her skirt etc.

chorro s **1** Se usa **jet** cuando el líquido sale con fuerza y **trickle** o **dribble** para referirse a un chorrito débil: *Un chorro de agua le dio en la cara.* A jet of water hit him in the face. | *Apenas salía un chorrito de agua de la manguera.* There was hardly a trickle/dribble of water coming out of the hose. ▶ **dash** se usa para referirse a chorritos de leche, aceite, etc.: *Le agregó un chorrito de coñac.* He added a dash of brandy. | **salir a chorros** to pour out, to gush out **2** (mucho) **un chorro** a lot: *Te extrañé un chorro.* I missed you a lot. | **un chorro de problemas/amigos etc.** lots of problems/friends etc.: *Tienen un chorro de dinero.* They have lots of money.

chotear v to make fun of: *Lo choteaban porque se pintaba el pelo.* They made fun of him because he dyed his hair.

choza s hut

chubasco s heavy shower, downpour

chueco, -a adj **1** (torcido) crooked **2** (falto de honestidad) crooked, two-faced **3** (de procedencia dudosa) ver ejemplos: *Todo lo que venden es chueco.* Everything they sell is contraband. | *El documento era chueco.* The document was a fake.

chulear v **chulear a alguien** to compliment sb | **chulearle algo a alguien** to compliment sb on sth: *Me chulearon mucho mi nuevo coche.* I got lots of compliments about my new car.

chuleta s chop | **chuleta de cerdo/de cordero** pork/lamb chop

chulo, -a s (casa) lovely, neat (AmE), (bebé) cute, (mujer) pretty

chupar v **1** (un caramelo, etc.) to suck **2** (absorber) to soak up, to absorb **3** (tomar alcohol) to drink

chupón s **1** (de bebé) pacifier (AmE), dummy (pl -mmies) (BrE) **2** (de una mamila) nipple (AmE), teat (BrE)

churro s **1** Si quieres explicar qué son los churros, puedes decir *They are coils of fried dough, sometimes with a sweet filling* **2** (suerte) **¡qué churro!** what a fluke! | **de (puro) churro** it was sheer luck **3** (película mala) load of trash, turkey (AmE)

chutar v to shoot

Cía. (= compañía) Co.

cibercafé s Internet café, cybercafé

ciberespacio s cyberspace

cibernauta s cybernaut

cibernética s cybernetics sing

cibernético, -a adj cybernetic

cicatriz s scar

cicatrizar v to heal, to heal up

ciclismo s cycling

ciclista s cyclist

ciclo s **1** (de cine) season: *un ciclo de cine japonés* a season of Japanese movies **2** (de conferencias) series **3** (sucesión de fases) cycle: *el ciclo del agua* the water cycle

ciclón s cyclone

ciego, -a adjetivo & sustantivo
■ adj blind | **quedarse ciego -a** to go blind: *Se está quedando ciego.* He's going blind.
■ s blind person ▶ Para referirse a los ciegos en general se usa **blind people** o **the blind**

cielo s **1** (firmamento) sky: *un cielo despejado* a clear sky **2** (en religión) heaven | **irse al cielo** to go to heaven

cielo raso ceiling

ciempiés s centipede

cien número **1** a hundred, one hundred ▶ **a hundred** es más frecuente que **one hundred** pero tras **mil** siempre se usa **one hundred**: *Hay cien invitados.* There are a hundred guests. | *dos mil cien* two thousand one hundred **2** **cien por ciento** a hundred per cent: *Es cien por ciento algodón.* It's a hundred per cent cotton.

ciencia s science: *los avances de la ciencia* advances in science

ciencia ficción science fiction **ciencias exactas** s pl exact sciences **ciencias naturales** s pl natural science(s) **ciencias sociales** s pl social science(s)

científico, -a adjetivo & sustantivo
■ adj scientific
■ s scientist

ciento número & sustantivo plural
■ número **1** (en cifras) a hundred, one hundred ▶ **a hundred** es más frecuente que **one hundred** pero tras **mil** siempre se usa **one hundred**: *ciento veinte* a hundred and twenty/one hundred and twenty | *tres mil ciento veinte dólares* three thousand one hundred and twenty dollars **2** **el 30/el 15 etc. por ciento** 30/15 etc. per cent: *el 30 por ciento de la gente* 30 per cent of people
■ **cientos** s pl (centenares) hundreds: *Llegaron cientos de turistas.* Hundreds of tourists came.

cierre s **1** (de una fábrica, una empresa, etc.) closure **2** (de un collar, etc.) clasp, fastener **3** (de cremallera) zipper (AmE), zip (BrE) | **subirse el cierre** to do your zipper up (AmE), to do your zip up (BrE): *Súbeme el cierre, por favor.* Can you do my zipper up, please? | *Se subió el cierre de la falda.* She did up the zipper on her skirt. | **bajarse el cierre** to undo your zipper (AmE), to undo your zip (BrE): *No me puedo bajar el cierre.* I can't undo my zipper. **4** (en beisbol) bottom

cierto, -a adj **1** (verdadero) true: *Eso no es cierto.* That's not true. | *¿Es cierto que te vas a Chile?* Is it true you're going to Chile? **2** **¿(no es) cierto?** ▶ Para traducir esta frase, usa un **question tag**. Mira la nota en esa entrada: *Es* *bonito, ¿no es cierto?* It's pretty, isn't it? | *Nos gritó, ¿cierto?* She shouted at us, didn't she? **3** (indefinido) **cierto placer/cierto encanto etc.** a certain pleasure/a certain charm etc.: *Lo que dice tiene cierta lógica.* There's a certain logic in what she says. **4** (determinado) certain: *Ciertas personas no están de acuerdo.* Certain people don't agree.

ciervo *s* deer (pl deer) ▶ **deer** es el término genérico. Para hablar de un macho se dice **stag** o **buck** y para referirse a una hembra **doe**

cifra *s* **1** (cantidad) figure: *Necesito la cifra exacta.* I need the exact figure. **2** (dígito) figure, digit: *un número de seis cifras* a six-figure number/a six-digit number

cigarra *s* cicada

cigarro *s* cigarette: *una caja de cigarros* a pack of cigarettes

cigüeña *s* stork

cilantro *s* coriander, cilantro (AmE)

cilindro *s* (en geometría, en mecánica) cylinder

cima *s* summit, top

cimientos *s pl* foundations

cinc *s* ▶ ver **zinc**

cincel *s* chisel

cinco *número* **1** (número, cantidad) five **2** (en fechas) fifth

cincuenta *número* fifty | **los años cincuenta** the fifties

cine *s* **1** (lugar) movie theater (AmE), cinema (BrE): *La dan en un cine del centro.* It's showing at a movie theater downtown. | **ir al cine** to go to the movies (AmE), to go to the cinema (BrE): *Me invitaron a ir al cine con ellos.* They asked me to go to the movies with them. **2** (arte, industria) cinema: *el cine mexicano* Mexican cinema | **una actriz/un crítico de cine** a movie actor/critic (AmE), a film actor/critic (BrE) | **el cine mudo** silent movies (AmE), silent films (BrE)

cineasta *s* moviemaker (AmE), film maker (BrE)

cinematográfico, -a *adj* **la industria cinematográfica** the movie industry (AmE), the film industry (BrE) | **una producción/una adaptación cinematográfica** a movie production/adaptation (AmE), a film production/adaptation (BrE)

cínico, -a *adjetivo & sustantivo*
■ *adj* cynical
■ *s* cynic

cinta *s* **1** (de audio, de video) tape **2** (para el pelo, un paquete, etc.) ribbon **cinta aislante** insulating tape **cinta métrica** tape measure

cintura *s* **1** (de una persona) waist: *¿Cuánto mides de cintura?* What is your waist measurement? **2** (de una prenda) waist **3** **meter en cintura (a alguien)** to bring sb into line, to make sb toe the line

cinturón *s* belt **cinturón de seguridad** seat belt

ciprés *s* cypress (pl -sses)

circo *s* circus (pl -ses)

circuito *s* **1** (eléctrico) circuit **2** (automovilístico) circuit, track **circuito cerrado** closed circuit: *cámaras de circuito cerrado* closed-circuit TV cameras

circulación *s* **1** (de la sangre) circulation **2** (de una publicación) circulation **3** (tránsito) traffic

circular *adjetivo, verbo & sustantivo*
■ *adj* circular, round
■ *v* **1** (en un vehículo) to drive: *Por aquí no se puede circular.* You can't drive along here. **2** (vehículos) to drive: **3** (sangre) to circulate **4** (agua) to flow
■ *s* (carta) circular

círculo *s* circle | **en círculo** in a circle: *Siéntense en círculo.* Sit in a circle. **el Círculo Polar Ártico/Antártico** the Arctic/the Antarctic Circle **círculo vicioso** vicious circle

circunferencia *s* circumference

circunstancias *s pl* (situación) circumstances | **dadas las circunstancias** under the circumstances

ciruela *s* plum **ciruela pasa** prune

ciruelo *s* plum tree

cirugía *s* surgery **cirugía estética** cosmetic surgery **cirugía plástica** plastic surgery

cirujano, -a *s* surgeon

cisne *s* swan

cisterna *s* cistern

cita *s* **1** (con un profesional) appointment | **hacer una cita (con alguien)** to make an appointment (with sb): *Hice una cita con el abogado.* I made an appointment with the lawyer. **2** (para salir con un muchacho, una muchacha) date: *Pedro me llamó para pedirme una cita.* Pedro called to ask me for a date. **3** (en un texto) quotation: *una cita de García Márquez* a quotation from García Márquez

citar *v* **1** **citar a alguien para las tres/las cinco etc.** to give sb an appointment for three/five etc. o'clock | **citar a alguien a declarar** to call sb as a witness **2** (a un autor) to quote: *Citó a Fuentes.* He quoted Fuentes.
citarse *v* to arrange to meet: *Se citaron en el bar a las dos.* They arranged to meet in the bar at two.

cítrico *s* citrus fruit

ciudad s **1** city (pl -ties), town ▶ ver abajo **2** mi/tu etc. **ciudad natal** my/your etc. home city, my/your etc. home town **ciudad perdida** shanty town

---

¿city o town?

En inglés la palabra **city** se suele reservar para ciudades grandes. Para ciudades chicas se usa **town**:

la ciudad de Caracas the city of Caracas | *una ciudad de 30,000 habitantes* a town with a population of 30,000 | *la vida en la gran ciudad* life in the big city

---

ciudadanía s citizenship: *Pidió la ciudadanía italiana.* He applied for Italian citizenship.

ciudadano, -a s citizen

cívico, -a adj civic: *derechos y deberes cívicos* civic rights and responsibilities

civil adjetivo & sustantivo
■ adj **1** (autoridades, aviación) civil **2** (población) civilian **3** (derecho, responsabilidad) civil ▶ ver **estado, registro**
■ s **1** (persona) civilian: *Murieron varios civiles.* Several civilians were killed. **2 de civil (a)** (militar) in civilian clothes **(b)** (policía) in plain clothes ▶ ver **casarse**

civilización s civilization: *la civilización inca* the Inca civilization

civilizado, -a adj civilized

clandestino, -a adj clandestine

clara s **clara (de huevo)** (egg) white: *Bata las claras aparte.* Beat the whites separately.

claridad s **1** (de una idea, una explicación) clarity | **con claridad** clearly **2** (luz) light

clarinete s clarinet

clarinetista s clarinettist

claro, -a adjetivo, interjección & adverbio
■ adj **1** (no confuso) clear: *Las instrucciones son claras.* The instructions are clear. | **dejar algo (en) claro** to make sth clear
2 (color) light: *La alfombra es verde claro.* The carpet is light green. ▶ Para decir que alguien tiene *ojos claros* en inglés hay que especificar el color: *Tiene ojos claros.* He has blue/green/gray eyes.
3 (sonido, voz) clear: *Habló con voz clara.* He spoke in a clear voice. **4** (piel, pelo) fair
■ **claro** interj of course, sure: *–¿Vienes mañana? –Claro.* "Are you coming tomorrow?" "Of course."/Sure." | *–¿Puedo usar el teléfono? –Sí, claro.* "Can I use the phone?" "Sure./Of course you can." | **claro que sí** of course | **claro que no** of course not
■ **claro** adv **1** clearly: *Lo dijo muy claro.* She said it very clearly.
2 hablar claro (sin rodeos) to say what you

mean: *¿Por qué no hablas claro?* Why don't you say what you mean? | *Te voy a hablar claro.* I'll be straight with you.

clase s **1** (lección) class (pl -sses), lesson ▶ ver abajo **2 dar/dictar clase (de algo)** to teach (sth): *Daba clases en un colegio del barrio.* He used to teach at a local school. | *Da clases de historia.* She teaches history. **3** (grupo escolar) class (pl -sses): *Invité a los niños de mi clase.* I invited the kids from my class. **4** (aula) classroom **5** (tipo) sort, kind: *No me gusta esa clase de música.* I don't like that sort of music. **6** (en el transporte público) class: *boletos de segunda clase* second-class tickets **7 clase (social)** (social) class: *gente de distintas clases sociales* people of different social classes
clase alta/baja/media upper/lower/middle class **clase ejecutiva** (en avión) business class **clase de manejo** driving lesson **clase trabajadora** working class **clase particular** private class, private lesson **clase turista** economy class

---

lesson, class, lecture

class es más frecuente en inglés americano y **lesson** en inglés británico:

una clase de inglés an English class/an English lesson | *Hoy tengo clase de guitarra.* I have a guitar class today./I've got a guitar lesson today.

En los ejemplos que siguen, la primera traducción corresponde a un contexto escolar y la segunda a una clase de idioma, música, etc. fuera de la escuela:

El jueves no hay clase. There's no school on Thursday./There's no lesson on Thursday. | *Faltó a clase.* She missed school./She didn't come to the lesson.

lecture se usa para referirse a las clases que se dictan a grupos grandes de alumnos en la universidad.

---

clásico, -a adjetivo & sustantivo
■ adj **1** (ropa, muebles, estilo) classic **2** (típico) classic: *Es la clásica niña mimada.* She's the classic spoilt child. **3** (de la antigüedad griega y romana) classical ▶ ver **música**
■ **clásico** s **1** (en futbol) big game (AmE), big match (BrE): *el clásico América-Millonarios* the big game between América and Millonarios **2** (en literatura, cine, etc.) classic

clasificación s **1** (acción de clasificarse) qualification: *Se aseguraron la clasificación.* They made sure of qualification. | *un partido de clasificación* a qualifying game **2** (ordenamiento) classification

clasificar v **1** to classify **2** (en deportes) to qualify: *Clasificaron para el Mundial.* They qualified for the World Cup. | **clasificar para la**

---

i ¿Sabes cómo funcionan los **phrasal verbs**? Lee la explicación en el apartado de gramática.

segunda ronda/para las semifinales etc. to go through to the second round/the semi-finals etc.

claustrofobia s claustrophobia

claustrofóbico, -a adj claustrophobic

clausura s **1** (de un evento) **ceremonia/sesión de clausura** closing ceremony/session **2** (de un local, un negocio) closure

clausurar s **clausurar un bar/una discoteca etc.** to close a bar down/to close a club down etc.

clavada s (en basquetbol)

clavadista s diver

clavado adjetivo & sustantivo
- adj **1 estar clavado -a de/con alguien** to be crazy about sb **2 estar clavado -a en algo** to be wrapped up in sth
- s **tirarse un clavado** to dive

clavar v **1** (con clavos) to nail: *Clavó el letrero en el árbol.* He nailed the sign to the tree. **2** (meter) to stick: *Le clavó el puñal en la espalda.* She stuck the knife in his back. | **clavar un clavo** to hammer in a nail | **clavarle las uñas/los dientes a alguien** to sink your nails/teeth into sb: *Me clavó los dientes en el brazo.* He sank his teeth into my arm. **3 clavar la vista/la mirada en algo** to stare at sth | **clavarle la mirada a alguien** to stare at sb

clavarse v **clavarse una astilla** to get a splinter in your finger/hand etc. | **clavarse una aguja/un alfiler etc. en el dedo** to stick a needle/pin etc. in your finger

clave sustantivo & adjetivo
- s **1** (código) code | **en clave** coded, in code: *un mensaje en clave* a coded message/a message in code **2 clave (Lada)** area code (AmE), dialling code (BrE) **3** (de un misterio) key **4** (instrumento) harpsichord
clave de sol/de fa treble/bass clef
- adj key: *un factor clave* a key factor

clavel s carnation

clavícula s collarbone

clavija s plug: *Le cambié la clavija a la plancha.* I changed the plug on the iron.

clavo s **1** nail | **dar en el clavo** to hit the nail on the head **2 clavo (de olor)** clove

claxon s horn | **tocar el claxon** to sound your horn, to honk your horn

cliente s **1** (de una tienda) customer **2** (de una empresa) client, customer **3** (de un profesional) client

clima s **1** (de una región) climate: *un país de clima tropical* a country with a tropical climate **2** (de una situación) atmosphere: *Había un clima de tensión.* There was a tense atmosphere. **3 clima (artificial)** air conditioning

climatizado, -a adj **1** (local) air-conditioned **2** (piscina) heated

clímax s climax (pl -xes)

clínica s clinic

clip s **1** (o **video clip**) clip, video clip **2** (para papeles) paperclip

cloaca s sewer

cloch s ► ver **clutch**

cloro s chlorine

clorofila s chlorophyll

clóset s closet (AmE), wardrobe (BrE) ► En inglés británico se dice **fitted wardrobe** cuando se quiere especificar que es empotrado

club s club: *un club de tenis* a tennis club | *Nos vemos en el club.* I'll see you at the club.

clutch s clutch (pl -ches) | **meter el clutch** to let the clutch in, to put the clutch down | **sacar el clutch** to let the clutch out

cm (= **centímetro**) cm

coágulo s clot

coartada s alibi: *una coartada perfecta* a perfect alibi

cobarde adjetivo & sustantivo
- adj cowardly: *una actitud cobarde* a cowardly attitude | **ser cobarde** to be a coward: *No seas tan cobarde.* Don't be such a coward.
- s coward

cobardía s cowardice

cobija s blanket

cobra s cobra

cobrar v **1** (por un servicio o producto) to charge: *Cobra $150 la clase.* She charges $150 a class. | *¿Cuánto te cobró por arreglarte la bicicleta?* How much did he charge to fix your bike? | *¿Me cobra, por favor?* Can I pay, please? | **cobrarle algo a alguien** to charge sb for sth: *No nos cobró los cafés.* He didn't charge us for the coffees. | **cobrarle de más/de menos a alguien** to overcharge/to undercharge sb: *Me cobraron de más.* They overcharged me. **2 llamar por cobrar** to make a collect call (AmE), to reverse the charges (BrE) | **llamar a alguien por cobrar** to call sb collect (AmE), to call sb and reverse the charges (BrE) **3** (recibir el sueldo) to be paid: *Hace dos meses que no cobran.* They haven't been paid for two months. | *Lo compraré cuando cobre.* I'll buy it when I get paid. ► Cuando se especifica la cantidad, se dice to get: *Cobra $5,000 de jubilación.* She gets a pension of $5,000. **4 cobrar un cheque** to cash a check (AmE), to cash a cheque (BrE)

cobre s **1** copper | **una olla/una moneda de cobre** a copper pot/coin **2 enseñar/mostrar el cobre** to show your true colors

coca s **1** (cocaína) coke **2** (planta) coca

Coca® o **Coca Cola®** s Coke®

cocaína s cocaine

cocer v **1** (cocinar) to cook **2** (hervir) to boil

coche s car | **en coche** by car: *Fuimos en coche.* We went by car. | *Juan los llevó en coche a la estación.* Juan drove them to the station.
coche bomba car bomb **coche cama** sleeping car, sleeper **coche comedor** dining car

cochino, -a *adjetivo & sustantivo*
■ *adj* **1** (sucio) filthy, disgusting: *¡No seas cochina!* Don't be so disgusting! **2** (en el comportamiento) dirty
■ *s* (animal) pig ► ver nota en **cerdo**
■ **cochino** *s* (o **cochinito**) **1** (alcancía) piggy bank **2** (ahorro) **hacer su cochinito** to save up

cocido, -a *adj* **1** (no crudo) cooked | **bien cocido** (referido al bistec) well done **2** (hervido) boiled

cocina *s* **1** (lugar) kitchen: *Desayunamos en la cocina.* We had breakfast in the kitchen. **2** (actividad) cooking, cookery: *un curso de cocina.* a cooking course/a cookery course **3** (comida) cuisine: *cocina internacional* international cuisine
cocina integral fitted kitchen

cocinar *v* to cook: *¿Sabes cocinar?* Can you cook? ► Cuando se piensa en la tarea doméstica, se dice **to do the cooking**: *En mi casa cocina mi papá.* In my house it's Dad who does the cooking.

cocinero, -a *s* cook: *Es muy buena cocinera.* She's a very good cook.

coco *s* **1** (fruto) coconut **2** (cabeza) head | **te/le etc. patina el coco** you're/he's etc. nuts **3** (golpe) **darse un coco** to bang your head **4** (ser imaginario) bogeyman
coco rallado dessicated coconut

cocodrilo *s* crocodile

coctel *s* **1** (bebida) cocktail **2** (reunión) cocktail party (pl -ties)
coctel de camarones shrimp cocktail

codazo *s* **darle/pegarle un codazo a alguien (a)** (por descuido o con violencia) to elbow sb **(b)** (como señal) to nudge sb | **abrirse paso a codazos** to elbow your way through

codificar *v* to encode

código *s* code: *un código secreto* a secret code
código civil civil code **código de barras** bar code **código penal** penal code **código postal** zipcode (AmE), postcode (BrE)

codo *sustantivo & adjetivo*
■ *s* **1** elbow **2** **hablar hasta por los codos** to talk nineteen to the dozen
■ *adj* stingy, tight-fisted

codorniz *s* quail (pl quail o quails)

coeficiente *s* coefficient
coeficiente intelectual IQ ► **IQ** se pronuncia leyendo las letras por separado

cofre *s* **1** (para joyas, etc.) chest **2** (de un coche) hood (AmE), bonnet (BrE)

coger *v* **1** (tomar, agarrar) to take: *Coge lo que quieras.* Take whatever you want. | *Lo cogí de la mano para cruzar la calle.* I took his hand to cross the road./I took him by the hand to cross the road. **2** (recoger) (flores, hongos, etc.) to pick

coherencia *s* **1** (lógica) logic **2** (entre los principios y la conducta, etc.) consistency

coherente *adj* **1** (explicación, declaración) coherent **2** (actitud, conducta) **coherente (con algo)** consistent (with sth)

cohete *s* **1** (nave espacial) rocket **2** (en pirotecnia) rocket

coincidencia *s* coincidence

coincidir *v* **1** (ocurrir al mismo tiempo) **coincidir (con algo)** to coincide (with sth): *Su cumpleaños coincide con el de Juan.* Her birthday coincides with Juan's. ► Si la coincidencia causa inconvenientes, se usa **to clash**: *Me coinciden los horarios de las dos clases.* The times of the two classes clash. **2** (versiones, descripciones) to match

cojear *v* **1** (persona) to limp **2** (mueble) to wobble

cojín *s* cushion

cojo, -a *adj* **estar cojo -a** to be lame | **quedarse cojo -a** to go lame | **un caballo/perro etc. cojo** a lame horse/dog etc.

col *s* cabbage
col de Bruselas Brussels sprout

cola *s* **1** (de gente que espera) line (AmE), queue (BrE): *Hay mucha cola.* There's a long line. | **hacer cola** to wait in line (AmE), to queue (BrE): *Hay que hacer cola para entrar.* You have to wait in line to get in. | **saltarse la cola** to cut in line (AmE), to jump the queue (BrE) **2** (de un animal) tail **3** (de una persona) bottom, butt (AmE) **4** (de un avión) tail **5** (de un vestido) train **6** (bebida) cola **7** (pegamento) glue
cola de caballo (peinado) ponytail

colaboración *s* collaboration | **en colaboración (con alguien)** in collaboration (with sb)

colaborador, -a *s* **1** (ayudante) collaborator **2** (de un periódico o revista) contributor

colaborar *v* **1** (contribuir) **colaborar con algo** to contribute sth: *Colaboró con $500.* He contributed $500. **2** (ayudar) to collaborate, to help

coladera *s* **1** (en la calle) drain **2** (de un lavabo) wastepipe, drain (AmE), plughole (BrE)

colador *s* **1** (para pasta, verduras) colander **2** (para té) (tea) strainer

colar *v* **1** (pasta, verduras) to drain **2** (té) to strain **3** (café) to filter
colarse *v* **1** (en una cola) to cut in line (AmE), to jump the queue (BrE): *Ése se está queriendo colar.* He's trying to cut in line. **2** (en el autobús, el tren) to sneak on without paying **3** (en un partido, un recital) to get in without paying **4** (en una fiesta) to gatecrash

colcha *s* bedspread

colchón *s* mattress (pl -sses)

colchoneta *s* **1** (inflable) air bed **2** (para gimnasia) mat

colección *s* collection

coleccionar *v* to collect

coleccionista *s* collector

colecta *v* collection | **hacer una colecta** to make a collection

colectivo, -a *adj* collective: *un esfuerzo colectivo* a collective effort

colega *s* colleague

colegial, -a *s* **colegial** schoolboy | **colegiala** schoolgirl

colegiatura (que se paga por educación) tuition (AmE), fees *pl* (BrE)

colegio *s* school: *¿A qué colegio vas?* What school do you go to? | *Ayer no fui al colegio.* I didn't go to school yesterday. | *Te veo mañana en el colegio.* I'll see you tomorrow at school.
colegio de curas/monjas Catholic school **colegio oficial/público** public school (AmE), state school (BrE) **colegio particular/privado** private school

cólera *s* (enfermedad) cholera: *una epidemia de cólera*

colesterol *s* cholesterol

coleta *sustantivo & sustantivo plural*
■ *s* ponytail
■ **coletas** *s pl* (dos) bunches: *Se peina de coletas.* She wears her hair in bunches.

colgado, -a *adj* **1** hanging: *un murciélago colgado de una rama* a bat **hanging from** a branch | *un calendario colgado en la pared* a calendar **hanging on** the wall **2 dejar a alguien colgado -a** to leave sb in the lurch

colgante *s* pendant

colgar *v* **1 colgar algo** **(a)** (un abrigo, un vestido etc.) to hang sth up: *Cuelga la chaqueta ahí.* Hang your jacket up there. **(b)** (un cuadro, un espejo, etc.) to hang sth: *Colgó un cartel en la puerta.* He hung a sign on the door. **2** (por teléfono) to hang up | **colgarle a alguien** to hang up on sb: *¡Me colgó!* He hung up on me! **3** (ahorcar) to hang
colgarse *v* (retrasarse) to be late, to get held up: *A las siete, no te vayas a colgar.* At seven, don't be late.

colibrí *s* hummingbird

cólico *s* **colic** ▶ **colic** es incontable. No puede ir precedido de **a** y no tiene plural: *Está con cólicos.* He has colic.
cólico renal renal colic

colilla *s* cigarette butt, cigarette end (BrE)

colina *s* hill

colirio *s* eye drops *pl*

collar *s* **1** (alhaja) necklace: *un collar de perlas* a pearl necklace **2** (de un perro, un gato) collar

colmena *s* beehive

colmillo *s* **1** (de una persona, un perro, etc.) canine **2** (de un elefante) tusk **3** (de un vampiro) fang

colmo *s* **1 ser el colmo** to be the limit: *¡Esto es el colmo!* This is the limit! **2 para colmo** to top it all: *Y para colmo, empezó a llover.* And to top it all, it started to rain.

colocar *v* **1** (poner) to place, to put **2** (emplear) **colocar a alguien** to find sb a job
colocarse *v* **colocarse de algo** to find a job as sth

Colombia *s* Colombia

colombiano, -a *adjetivo & sustantivo*
■ *adj* Colombian
■ *s* Colombian | **los colombianos** (the) Colombians

colonia *s* **1** (territorio) colony (pl -nies) | **(la época de) la colonia** the colonial era **2** (de extranjeros) community (pl -ties) **3** (barrio) **colonia (residencial)** housing development (AmE), housing estate (BrE) **4** (perfume) cologne

colonial *adj* colonial

colonización *s* colonization

colonizador, -a *s* colonizer

color *sustantivo & sustantivo plural*
■ *s* color (AmE), colour (BrE): *¿De qué color es tu bicicleta?* What color is your bike? | **una foto/una impresora etc. a color** a color photo/printer etc. (AmE), a colour photo/printer etc. (BrE) | **lápices/gises etc. de colores** colored pencils/chalks etc. (AmE), coloured pencils/chalks etc. (BrE) ▶ ver "Active Box" **colores**
■ **colores** *s pl* (lápices) colored pencils (AmE), coloured pencils (BrE): *una caja de doce colores* a box of twelve colored pencils

colorado, -a *adj* **1 ponerse colorado -a** to blush **2** (grosero) ▶ ver **chiste**

colorante *s* coloring (AmE), colouring (BrE)

colorear *v* **colorear algo** to color sth in (AmE), to colour sth in (BrE)

colorete *s* blusher, blush (AmE)

columna *s* **1** (pilar) column **2 columna (vertebral)** spine **3** (en un texto) column **4** (en periodismo) column

columpiarse *v* to swing

columpio *s* swing: *Se cayó del columpio.* She fell off the swing.

coma *sustantivo femenino & sustantivo masculino*
■ *s fem* (signo de puntuación) comma
■ *s masc* (en medicina) coma | **estar en coma** to be in a coma

comadreja *s* weasel

comadrona *s* midwife (pl -wives)

comal *s* (para cocinar) griddle | **al comal** grilled: *pescado al comal* grilled fish

comandante *s* **1** (piloto) captain **2** (grado militar) major
comandante en jefe commander in chief

comando *s* **1** (en computación) command **2** (grupo armado) squad: *un comando terrorista* a terrorist squad

combate *s* combat

combatir *v* to combat

combi *s* **1** (camioneta) combi, combi van **2** (como medio de transporte) minibus (pl -ses)

Active Box: colores

Los ejemplos de este **Active Box** son una guía para ayudarte a construir oraciones que hablan de los colores.

una camisa blanca	a white shirt
Mi color preferido es el azul.	Blue is my favorite color.
Me gusta el rojo.	I like red.
*Prefiero **el verde**.*	I prefer **the green one**.
la mujer del abrigo gris	the woman **in the gray** coat
*Estaba vestida **de** negro.*	She was dressed **in** black.
Pintó la habitación de rosa.	She painted the room pink.

combinación s **1** (mezcla) combination: *una rara combinación de colores* an unusual combination of colors **2** (de una caja fuerte) combination

combinar v **1** (armonizar) to go well, to go: *El negro combina con todo.* Black goes well with everything./Black goes with everything. **2** (mezclar) to combine

combustible s fuel

comedia s comedy (pl -dies)

comedor s **1** (en una casa) dining room **2** (en una escuela) cafeteria, lunchroom (AmE) **3** (o **juego de comedor**) dining room suite

comelón, -ona adj **ser muy comelón -ona** to be a big eater

comentar v **1** (decir) **comentar que** to mention that, to comment that | **comentarle algo a alguien** to mention sth to sb: *¿Le comentaste que nos vamos de vacaciones?* Did you mention to her that we're going on vacation? **2** (hablar de) to talk about: *Estuvimos comentando la película.* We talked about the film.

comentario s (opinión) comment, remark | **hacer un comentario** to make a comment, to make a remark: *Siempre hace comentarios estúpidos.* He always makes stupid comments./He always makes stupid remarks. | **sin comentarios** no comment

comentarista s commentator
comentarista deportivo sports commentator

comenzar v **1** to begin, to start **2** **comenzar a hacer algo** to begin to do sth, to start to do sth: *Comezó a llover.* It started to rain./It started raining.

comer v **1** to eat: *No comiste el pollo.* You didn't eat your chicken. | *Come mucho.* He eats a lot. | **darle de comer a alguien** to feed sb: *¿Le diste de comer al perro?* Have you fed the dog? | **comer bien/mal** (referido a los hábitos alimenticios)

to eat well/not to eat well: *Tú no comes bien.* You don't eat well. **2** (referido a la comida del mediodía) to have lunch: *Ayer comí con Elena.* I had lunch with Elena yesterday. | **¿qué hay de comer?** what's for lunch? | **comer ensalada/arroz etc.** to have salad/rice etc. for lunch: *Al mediodía come sólo fruta.* She only has fruit for lunch. **3** (en ajedrez, damas, etc.) to take: *Le comí la torre.* I took her rook.

comerse v **1** to eat: *Se comió toda la pizza.* She ate all the pizza. | **cómetelo todo/me lo comí todo etc.** eat it all up/I ate it all up etc. **2** (al escribir) **se comió la hache/el acento** he missed out the "h"/he missed out the accent **3** (al hablar) **se come las eses** he doesn't pronounce his S's ▶ ver **uña**

comercial adjetivo & sustantivo
- **adj** commercial
- **s** (en televisión) commercial, advert (BrE)

comercializar v to market

comerciante s storekeeper (AmE), shopkeeper (BrE)

comercio s **1** (tienda) store (AmE), shop (BrE): *una calle con muchos comercios* a street with a lot of stores on it **2** (actividad) trade: *Aumentó el comercio con Brasil.* Trade with Brazil has increased.
comercio exterior/interior foreign/domestic trade **comercio internacional** (carrera universitaria) international business studies

comestible adjetivo & sustantivo plural
- **adj** edible
- **comestibles** s pl groceries

cometa s comet: *el cometa Halley* Halley's Comet

cometer v **1** **cometer un error/una falta** to make a mistake: *Comete muchas faltas de ortografía.* He makes lots of spelling mistakes. **2** **cometer un delito** to commit a crime **3** **cometer un pecado** to commit a sin

cómic s comic

cómico, -a adjetivo & sustantivo
- **adj** **1** (divertido) funny: *el programa más cómico de la televisión* the funniest program on television **2** **un actor/personaje cómico** a comedy actor/character
- **s** cómico comedian, comic | **cómica** comedienne, comic

comida s **1** (alimento) food: *Había mucha comida.* There was a lot of food. | *Me encanta la comida china.* I love Chinese food. **2** (desayuno, almuerzo, etc.) meal: *¿Las comidas están incluidas?* Are meals included? | **hacer la comida** **(a)** (de la noche) to make dinner **(b)** (del mediodía) to make lunch **(c)** (sin especificar) to do the cooking: *Hoy te toca a ti hacer la comida.* It's your turn to do the cooking today.
comida corrida set meal **comida para llevar** takeout food (AmE), takeaway food (BrE)

comienzo s beginning | **al comienzo** at the beginning | **a comienzos del siglo/del año** etc. at the beginning of the century/the year etc.

comillas s pl quotation marks, inverted commas (BrE) | **entre comillas** in quotation marks, in inverted commas (BrE)

comino s **me importa un comino** I couldn't care less

comisión s **1** (porcentaje de dinero) commission: *Cobran una comisión del 10%.* They charge 10% commission. **2** (junta) committee

comité s committee

como adv, prep & conj ▶ ver recuadro

cómo adv **1** (en preguntas directas e indirectas) how: *¿Cómo te sientes?* How do you feel? | *No entiendo cómo funciona.* I don't understand how it works. | *¿Cómo está su madre?* How's your mother? | *¿cómo es tu hermana/la profesora* etc.? what's your sister like?/what's the teacher like? etc.: *–¿Cómo es el profesor nuevo? –Insoportable.* –What's the new teacher like? –Unbearable. ▶ Para preguntar cómo es físicamente se dice **what does the new teacher look like? 2** (para pedirle a alguien que repita lo que dijo) **¿cómo?** sorry?: *¿Cómo? No te oí.* Sorry? I didn't hear what you said. | *¿Cómo dijiste?* What did you say? **3** (para expresar disgusto o sorpresa) **¿cómo?** what?: *–Perdí los $200. –¿Cómo?* "I lost the $200." "What?" | **¿cómo que te olvidaste/que no hiciste la tarea** etc.? what do you mean, you forgot?/what do you mean, you didn't do your homework? etc.: *¿Cómo que no te ayudé?* What do you mean, I didn't help you? **4** (para preguntar un precio) **¿a cómo está/están** etc...? how much is/are etc...?: *¿A cómo está el kilo de jitomate?* How much are the tomatoes a pound? **5** (en exclamaciones): *¡Cómo me gusta!* I really like it! | *¡Cómo nos divertimos!* We had great fun! | *¡Cómo llueve!* It's absolutely pouring down! **6 ¡cómo no!** of course!: *–¿Me ayudarías con esto? –¡Cómo no!* "Could you help me with this?" "Of course!"

cómoda s (mueble) chest of drawers, dresser (AmE)

comodidad s **1** (conveniencia) convenience: *la comodidad de vivir al lado del colegio* the convenience of living next door to the school **2** (confort) comfort: *la comodidad de un hotel de cinco estrellas* the comfort of a five star hotel

comodín s joker

cómodo, -a adj **1** (confortable) comfortable: *un sofá muy cómodo* a very comfortable couch | **ponerse cómodo -a** to make yourself comfortable **2** (práctico) convenient: *Me resulta más cómodo tomar el tren.* It's more convenient for me to go by train.

compact o **compact disc** s **1** (disco) CD, compact disc **2** (reproductor) CD player

compacto, -a adjetivo & sustantivo
■ **adj** compact
■ **compacto** s ▶ ver **compact**

---

como

1 IGUAL A, DEL MISMO MODO QUE (= like)

Quiero unos patines como los de Pati. I want some skates like Pati's. | *Come como un cerdo.* He eats like a pig.

Cuando va seguido de verbo, usa **the way**:

Hazlo como te dijo la maestra. Do it the way the teacher told you. | *Deja todo como estaba.* Leave everything the way it was.

En expresiones:

como siempre/como de costumbre as usual: *Llegó tarde, como siempre.* He was late, as usual. | **como si** as if: *Me miró como si no me conociera.* He looked at me as if he didn't know me.

2 SEGÚN (= as, like)

Como te expliqué, no tengo dinero. As I explained to you, I don't have any money./Like I explained to you, I don't have any money.

3 PARA INTRODUCIR EJEMPLOS (= such as, like)

anfibios como la rana y el sapo amphibians such as frogs and toads/amphibians like frogs and toads

4 EN EL PAPEL DE (= as)

con Harrison Ford como Indiana Jones with Harrison Ford as Indiana Jones

5 APROXIMADAMENTE (= about)

Cuesta como cien pesos. It costs about a hundred pesos.

6 PUESTO QUE (= as, since)

Como no entendía, le pregunté a la profesora. As I didn't understand, I asked the teacher./Since I didn't understand, I asked the teacher.

7 SI (= if)

Como lo pierdas, te mato. If you lose it, I'll kill you.

8 QUE

Vas a ver como le gusta. She'll like it, you'll see. | *Todos vieron como me pegó.* Everyone saw him hit me.

---

compadecer v **compadecer a alguien** to sympathize with sb: *Te compadezco, el dolor de muelas es terrible.* I sympathize with you, toothache is horrible.

compadecerse v **compadecerse de alguien** to feel sorry for sb: *Deja de compadecerte de ti mismo.* Stop feeling sorry for yourself.

compañerismo s comradeship, camaraderie

compañero, -a s **1** (de clase) classmate: *Invitó a varios de sus compañeros.* He invited several of his classmates. | *Fuimos compañeros de colegio.* We were at school together. | **mi compañero -a de banco** the boy/girl who sits next to me **2** (de trabajo) colleague **3** (pareja) partner

---

ⓘ ¿No estás seguro del significado de alguna **abreviatura**? Mira la lista de abreviaturas en el interior de la cubierta.

compañía s **1** (empresa) company (pl -nies) **2 hacerle compañía a alguien** to keep sb company: *¿Por qué no te quedas y me haces compañía?* Why don't you stay and keep me company? **compañía aérea** airline

comparación s comparison | **en comparación con algo/alguien** compared to sth/sb: *Es brillante en comparación con el resto de la clase.* She is brilliant compared to the rest of the class. | **hacer una comparación** to draw a comparison

comparar v to compare | **comparar algo/a alguien con algo/alguien** to compare sth/sb to sth/sb: *No puedes comparar su estilo con el de Oasis.* You can't compare their style to Oasis's.

compartir v **compartir (algo con alguien)** to share (sth with sb)

compás s **1** (instrumento) compass (pl -sses) **2** (ritmo) rhythm, beat | **al compás de la música** in time to the music, to the beat of the music **3** (serie de notas) bar: *el primer compás* the opening bar

compasión s pity | **sentir compasión por alguien** to feel pity for sb | **tener compasión de alguien** to have pity on sb

compatible adj compatible

compatriota s (varón) fellow countryman (pl -men), (mujer) fellow countrywoman (pl women)

compensar v **1** (contrarrestar) to make up for: *Su entusiasmo compensa su falta de experiencia.* His enthusiasm makes up for his lack of experience. **2** (valer la pena) to be worth it: *No compensa hacerlo por ese dinero.* It's not worth doing it for that amount of money. **3** (retribuir) **compensar a alguien por algo** to repay sb for sth: *Lo hago para compensarte por todo lo que me ayudaste.* I'm doing it to repay you for all your help. **4** (indemnizar) to compensate

competencia s **1** (en deportes) competition: *una competencia deportiva* a sports competition **2** (rivalidad) competition | **hacerle la competencia a alguien** to compete with sb **3 la competencia** (los rivales) the competition **4** (aptitud) competence

competidor, -a s competitor

competir v to compete | **competir con algo/alguien** to compete with sth/sb: *No pueden competir con los clubes grandes.* They can't compete with the big clubs. | **competir por algo** to compete for sth: *Competía por el título mundial.* He was competing for the world title.

competitivo, -a adj competitive

complejo, -a adjetivo & sustantivo
■ adj complex: *un tema complejo* a complex issue
■ **complejo** s **1** (en psicología) complex (pl -xes): *Tiene muchos complejos.* He has a lot of complexes./He has a lot of hang-ups. **2** (instalaciones) complex (pl -xes)
    complejo de inferioridad inferiority complex
    complejo deportivo sports complex
    complejo turístico tourist complex

complemento s **1** (alimenticio, vitamínico) supplement **2** (accesorio) accessory (pl -ries) **3** (de un verbo) object

completar v **1** (terminar) to finish, to complete **2 completar una forma** to fill in a form, to fill out a form

completo, -a adj **1** (sin faltar nada) complete: *las obras completas de Carrasquilla* the complete works of Carrasquilla **2** (lleno) full: *El hotel está completo.* The hotel is full. **3 por completo** completely: *Se me olvidó por completo.* I completely forgot.

complicado, -a adj complicated

complicar v **1** to complicate: *No compliques más las cosas.* Don't complicate things even more. **2 complicar a alguien en algo** to involve sb in sth

complicarse v to get complicated: *Las cosas se complicaron cada vez más.* Things got more and more complicated.

cómplice s accomplice

complot s conspiracy (pl -cies)

componer v **1** (una sinfonía) to compose **2** (una canción) to write **3** (reparar) to fix

componerse v **1 componerse de** to be made up of: *El equipo se compone de once jugadores.* The team is made up of eleven players. **2** (mejorar) (tiempo) to improve, (persona) to get better: *Cuando me componga, te paso a ver.* I'll come and see you when I get better.

comportamiento s behavior (AmE), behaviour (BrE)

comportarse v to behave: *Se comportó como un idiota.* He behaved like an idiot.

composición s **1** (redacción) essay, composition **2** (pieza musical) composition

compositor, -a s composer

compota s compote: *compota de ciruelas* plum compote

compra s **1 ir de compras** to go shopping: *Fueron de compras al centro.* They've gone shopping in town. | *Fue de compras con su mamá.* She went shopping with her mom. | **hacer la compra** to do the shopping: *Ya hice la compra para la fiesta.* I've already done the shopping for the party. **2 ser una buena compra** to be a good buy **3** (acción de comprar) purchase: *la compra de la casa* the purchase of the house/ buying the house ▶ **purchase** es una palabra formal

comprar v **1** to buy: *Compré dos libros por $100.* I bought two books for $100. | **comprarle algo a alguien** **(a)** (comprar algo para alguien) to buy sth for sb, to buy sb sth: *¿Le compraste algo a Juliana?* Have you bought anything for Juliana?/Have you bought Juliana anything? **(b)** (comprar algo de alguien) to buy sth from sb: *Le compré los patines a mi primo.* I bought the skates from my cousin. **2** (sobornar) to bribe, to buy off: *Seguro que compraron al árbitro.* I bet they bribed the referee.

comprender *v* **1** (entender) to understand **2** (abarcar) to include

comprensión *s* understanding | **comprensión de textos** reading comprehension **comprensión oral** listening comprehension

comprensivo, -a *adj* understanding

comprimido *s* tablet

comprimir *v* (en computación) to zip ► También existe **to compress**, que se usa en contextos más formales o técnicos

comprobar *v* **1** (verificar) to check: *Vamos a comprobar si lo que dijo es cierto.* Let's check if what he said is true. **2 está comprobado que** it has been proved that: *Está comprobado que la mujer vive más que el hombre.* It has been proved that women live longer than men.

comprometerse *v* **1 comprometerse a hacer algo** to promise to do sth: *Me comprometí a ayudarla.* I promised to help her. **2** (para casarse) **comprometerse (con alguien)** to get engaged (to sb)

comprometido, -a *adj* (para casarse) **estar comprometido -a (con alguien)** to be engaged (to sb)

compromiso *s* **1** (obligación) **por compromiso** out of a sense of duty: *Acepté por compromiso.* I agreed out of a sense of duty. | **sin compromiso** with no obligation: *Pruébeselo sin compromiso.* Try it with no obligation. **2** (para casarse) engagement

compuesto, -a *adjetivo & sustantivo*
- *adj* **1** estar compuesto -a de/por to be made up of: *Nuestro equipo está compuesto por cuatro personas.* Our team is made up of four people. **2** (oración, palabra) compound
- **compuesto** *s* (en química) compound

computación *s* La asignatura se llama **IT**, que se pronuncia letra por letra. Para referirse a todo lo relacionado con las computadoras se dice **computers** o, en inglés británico, también **computing**: *Tenemos computación en la tercera hora.* We have IT third period. | *Sabe mucho de computación.* He knows a lot about computers./He knows a lot about computing.

computadora *s* computer

comulgar *v* to take communion

común *adj*
1 (normal, no especial) ordinary: *la gente común* ordinary people | *vino común* ordinary wine | **común y corriente** perfectly ordinary: *una persona común y corriente* a perfectly ordinary person **2** (frecuente) common:

screen

speakers

keyboard

computer

un error común a common mistake | **por lo común** generally: *Por lo común a esta hora ya está aquí.* She's generally here by this time. **3** (compartido) common: *Tienen características comunes.* They have some common characteristics. | **tener mucho/muy poco en común** to have a lot/very little in common: *No tienen nada en común.* They have nothing in common.
► ver **sentido**

comunicación *s* **1** (entre personas) comunicación **2** (telefónica) **se cortó la comunicación** the line went dead

comunicar *v* **1 comunicarle algo a alguien** to inform sb of sth: *Nos comunicó su decisión.* He informed us of his decision. | **comunicarle a alguien que** to inform sb that: *Tengo el placer de comunicarle que...* I am pleased to inform you that... **2** (por teléfono) **comunicar a alguien** to put sb through: *¿Me comunica con Ventas?* Could you put me through to Sales?

comunicarse *v* **1** (relacionarse, transmitirse información) to communicate: *Nos comunicamos por e-mail.* We communicate by e-mail. **2** (ponerse en contacto) to get in touch: *No pude comunicarme con ella.* I couldn't get in touch with her./I couldn't contact her. **3** (referido a habitaciones) to be connected: *El comedor se comunica con la cocina.* The dining room is connected to the kitchen.

comunidad *s* community (pl -ties)

comunión *s* communion | **hacer la (primera) comunión** to take (your first) communion

comunismo *s* communism

comunista *adj & s* communist

con *prep* ► ver recuadro

concebir *v* **1** (una idea, un plan) to conceive **2** (entender) to understand

conceder *v* **1** (un préstamo, una entrevista) to give **2** (un deseo) to grant **3** (una beca, un premio) to give ► También existe **to award** pero es más formal

concejal, -a *s* councilor (AmE), councillor (BrE)

concejo *s* council
concejo municipal city council, town council

concentración *s* **1** (de la atención) concentration: *Este ejercicio requiere mucha concentración.* This exercise requires a lot of concentration. **2** (de una sustancia) concentration **3** (acumulación) concentration
► ver **campo**

concentrado, -a *adj* **1** (atento) **estar concentrado -a (en algo)** to be concentrating (on sth): *Estaba tan concentrada que no te oí.* I was concentrating so hard that I didn't hear you. **2** (sustancia) concentrated: *jugo de naranja concentrado* concentrated orange juice **3** (acumulado) concentrated: *La industria está concentrada en las ciudades.* Industry is concentrated in the cities.

con

1 La traducción **with** es válida en la mayoría de los contextos:

Ven con nosotros. Come with us. | *¿Con qué lo abriste?* What did you open it with? | *un niño con pecas* a boy with freckles | *Estaba satisfecha con el trabajo.* She was happy with the work they'd done.

2 Excepciones:

MODO O MANERA CON CIERTOS SUSTANTIVOS

con cuidado carefully | *con ironía* ironically | *con amor* lovingly

HACIA (= to/towards)

ser amable/cruel/malo con alguien to be kind/cruel/mean to sb | *Es muy fría con él.* She's very cold towards him.

NOMBRES DE ALGUNOS ALIMENTOS (= and)

pan con mantequilla bread and butter | *galletas con queso* cheese and crackers

CONTENIDO

un frasco con bichos a jar with insects in it

concentrar *v* **concentrar la atención en algo** to focus your attention on sth | **concentrar los esfuerzos en algo** to concentrate your efforts on sth

concentrarse *v* (fijar la atención) **concentrarse (en algo)** to concentrate (on sth): *Le cuesta concentrarse.* He finds it hard to concentrate. | *Concéntrate en lo que te estoy diciendo.* Concentrate on what I'm saying to you.

concepto *s* **1** (idea) concept **2** (opinión) opinion | **tener buen/mal concepto de alguien** to have a high/low opinion of sb **3 bajo ningún concepto** under any circumstances: *No deben entrar ahí bajo ningún concepto.* You must not go in there under any circumstances.

concha *s* shell, seashell

conciencia *s* **1** (moral) conscience: *Tengo la conciencia tranquila.* I have a clear conscience. | **me/le etc. remuerde la conciencia** I feel/he feels etc. guilty **2** (percepción) awareness: *Ahora hay más conciencia del problema.* There is more awareness of the problem now. | **tener conciencia de algo** to be aware of sth: *No tienen conciencia del peligro.* They are not aware of the danger. | **tomar conciencia de algo** to become aware of sth

concierto *s* **1** (evento) concert **2** (obra) concerto

conclusión *s* **1** conclusion **2 llegar a la conclusión de que** to come to the conclusion that, to reach the conclusion that: *He llegado a la conclusión de que está loco.* I've come to the conclusion that he's crazy. | **sacar una conclusión (de algo)** to draw a conclusion (from sth) | **sacar la conclusión de que** to come to the conclusion that

concretar *v* **1** (una fecha) to set, to fix **2** (detalles) to settle

concreto, -a *adjetivo & sustantivo*
■ *adj* **1** (dato, pregunta) specific **2** (fecha, hora) definite
■ *concreto s* (material) concrete

concurrido, -a *adj* (bar, restaurante) busy, popular | **estar muy concurrido -a** to be very busy, to be very crowded

concursante *s* contestant

concursar *v* **1** (participar) to take part: *No van a concursar.* They're not going to take part. **2** (competir) **concursar por algo** to compete for sth

concurso *s* **1** (competencia) competition: *un concurso literario* a literary competition **2** (en televisión) game show, quiz show
concurso de belleza beauty contest

condado *s* county (pl -ties)

conde, -esa *s* **1** (en Gran Bretaña) **conde** earl | **condesa** countess (pl -sses) **2** (en otros países) **conde** count | **condesa** countess (pl -sses)

condecoración *s* medal

condecorar *v* to decorate, to award a medal to
▶ Estas traducciones se suelen usar en la voz pasiva: *Lo condecoraron por su valor.* He was decorated for bravery./He was awarded a medal for bravery.

condena *s* (judicial) sentence: *Ya cumplió su condena.* He has served his sentence.

condenado, -a *adj* (maldito) damned
condenado a muerte *s* condemned man
condenada a muerte *s* condemned woman

condenar *v* **condenar a alguien a algo** to sentence sb to sth: *Lo condenaron a dos años de cárcel.* He was sentenced to two years in prison. | *Fueron condenados a muerte.* They were condemned to death./They were sentenced to death. | **condenar a alguien por algo** to convict sb of sth: *Lo condenaron por robo.* He was convicted of robbery.

condición *sustantivo & sustantivo plural*
■ *s* condition | **con una condición** on one condition: *Puedes ir con una condición: que estés en casa antes de las doce.* You can go on one condition: you have to be home by twelve. | **a condición de que/con la condición de que** on condition that: *Te lo presto con la condición de que lo cuides.* I'll lend it to you on condition that you look after it.
■ *condiciones s pl* **1** (situación) conditions: *Viven en condiciones espantosas.* They live in appalling conditions. | **en buenas/malas etc. condiciones** in good/bad etc. condition: *La casa está en buenas condiciones.* The house is in good condition. **3 estar en condiciones de hacer algo** (tener estado físico) to be fit to do sth: *No está en condiciones de manejar.* She's not fit to drive./She's not in a fit state to drive. **4** (aptitudes) talent: *Tiene condiciones para la pintura.*

She has a talent for painting. | *No tiene condiciones para ser profesor.* He's not cut out to be a teacher.
condiciones de trabajo working conditions
condiciones de vida living conditions

condicional *adj & s* conditional

condimentar *v* **1** (con sal, pimienta, etc.) to season **2** (una ensalada) to dress, to put dressing on ▶ **dressing** es un condimento ya preparado

condimento *sustantivo & sustantivo plural*
■ *s* seasoning: *condimento para aves* seasoning for poultry
■ **condimentos** *s pl* En inglés se mencionan específicamente condimentos concretos. Por ejemplo, si son especias, **spices**, si son hierbas **herbs**, si es sal, pimienta, etc. **salt**, **pepper**, etc.

condón *s* condom

conducir *v* **1** (manejar) to drive **2** (un programa de TV, radio) to present, (un noticiero) to read **3 conducir el calor/la electricidad** to conduct heat/electricity **4** (llevar a) **conducir a algo** to lead to sth | **conducir a alguien a un lugar** to lead sb somewhere, to take sb somewhere

conducta *s* behavior (AmE), behaviour (BrE)

conductor, -a *s* **1** (de un vehículo) driver **2** (de un programa de TV, radio) presenter **3** (de un noticiero) anchor (AmE), newsreader (BrE)

conectar *v* **1 conectar algo a algo** to connect sth to sth: *Se puede conectar la cámara a la computadora.* The camera can be connected to the computer. **2** (un aparato eléctrico) to plug in
conectarse *v* **1** (a Internet) to connect: *No me pude conectar.* I couldn't connect. **2 conectarse con alguien** to get in touch with sb, to contact sb

conejillo de Indias *s* guinea pig: *Los usaron de conejillo de Indias.* They were used as guinea pigs.

conejo, -a *s* rabbit

conexión *s* connection: *la conexión a Internet* connection to the Internet

conferencia *s* **1** (charla, exposición) lecture: *una conferencia sobre Rulfo* a lecture on Rulfo **2** (congreso) conference
conferencia de prensa press conference

confesar *v* **1** to confess: *Confesó que había sido él.* He confessed that it had been him. | **confesar la verdad** to tell the truth | **confesar un delito** to confess to a crime | **confesar haber hecho algo** to confess to having done sth: *Confesó haber robado la cámara.* He confessed to having stolen the camera. **2 confesar a alguien** (sacerdote) to hear sb's confession
confesarse *v* to go to confession

confesión *s* confession

confesionario *s* confessional

confeti *s* confetti

confiable *adj* **1** (información) reliable **2** (persona) reliable, trustworthy ▶ **reliable** implica una persona responsable, formal, y **trustworthy** que merece confianza por su honestidad

confianza *s* **1** (fe) confidence, trust: *gente que no inspira confianza* people who don't inspire confidence | **tener confianza en alguien** to trust sb: *No tengo confianza en él.* I don't trust him. | **tener confianza en sí mismo -a** to have self-confidence: *Tiene mucha confianza en sí misma.* She has a lot of self-confidence. **2 de confianza** trustworthy, reliable: *Es un empleado de confianza.* He's a trustworthy employee. ▶ ver nota en **confiable 3 tener confianza con alguien** to know sb well: *No tengo mucha confianza con Lucía.* I don't know Lucía very well.

confiar *v* **1 confiar en alguien** to trust sb: *Confía en mí.* Trust me. **2** (esperar) **confiar en que** to hope that: *Confío en que haga buen tiempo.* I hope the weather will be fine.
confiarse *v* to be too confident: *Se confió y le fue mal.* He was too confident and things went badly for him | **confiarse en algo** to rely on sth: *No te confíes en que te van a ayudar.* Don't rely on them helping you.

confidencial *adj* confidential

confirmar *v* to confirm: *Te llamo mañana para confirmar.* I'll call you tomorrow to confirm. | *¿Has confirmado el vuelo?* Have you confirmed the flight?

confiscar *v* to confiscate, to seize

conflicto *s* conflict

conformarse *v* **conformarse con algo** **(a)** (resignarse) to make do with sth, to settle for sth: *Se tuvo que conformar con la mitad.* He had to make do with half./He had to settle for half. **(b)** (contentarse) to be happy with sth: *Me conformo con aprobar.* I'd be happy with a pass. | *¡No te conformas con nada!* You're never satisfied!

conforme *adj* **estar conforme (con algo)** **(a)** (satisfecho) to be happy (with sth): *No está conforme con el sueldo.* He's not happy with the salary. **(b)** (de acuerdo) to agree (with sth)

confundir *v* **1** (desorientar) to confuse: *Me estás confundiendo.* You're confusing me. **2** (ser confuso) to be confusing: *Esos carteles confunden.* Those signs are confusing. **3 confundir a alguien con alguien** to mistake sb for sb: *Me confundió con mi hermana.* He mistook me for my sister.
confundirse *v* (equivocarse) to go wrong: *No te puedes confundir.* You can't go wrong. | **me confundí de puerta/de casa etc.** I got the wrong door/house etc.: *Se confundió de palabra.* He used the wrong word.

confusión *s* **1** (equivocación) mix-up **2** (desconcierto) confusion

confuso, -a *adj* **1** (idea, explicación) confused **2** (recuerdo) hazy

congelado, -a adj **1** frozen **2 estar conge-**
lado -a (a) (persona) to be freezing: *Estoy con-*
gelada. I'm freezing. **(b)** (agua, comida) to be
frozen: *El agua estaba congelada.* The water was
frozen.

congelador s **1** (electrodoméstico) freezer
2 (de un refrigerador) freezer compartment

congelar v (comida) to freeze
congelarse v **1** (agua, río) to freeze **2** (persona) to freeze: *Te vas a congelar sin abrigo.*
You'll freeze without a coat.

congestionado, -a adj **1** (calle, zona) congested, busy **2** (persona) **estar congestionado**
-a to be suffering from congestion

congreso s **1** (reunión) conference **2 el**
Congreso (de la Unión) (órgano legislativo) Congress

cónico, -a adj conical

conjugación s conjugation

conjunción s (clase de palabra) conjunction

conjuntivitis s conjunctivitis

conjunto s **1** (de ropa) Si nos referimos a todo
lo que se lleva puesto en determinada ocasión,
usamos la palabra **outfit**. Cuando se trata de dos
piezas, fíjate en el ejemplo: *un conjunto ideal para*
un casamiento an ideal outfit for a wedding | *un*
conjunto de falda y suéter a matching skirt and
sweater **2** (de música clásica) ensemble **3** (de
música popular) group, band **4** (de obras)
collection: *un conjunto de fotografías* a collection of photographs **5** (en matemática) set

conmemorar v to commemorate

conmigo pron with me: *¿Vienes conmigo?* Are
you coming with me? | *Es muy simpática con-*
migo. She's very nice to me. | **conmigo mismo -a**
with myself

conmoción s shock
conmoción cerebral concussion

conmovedor, -a adj moving, touching

conmover v **1** (emocionar) to move: *La escena*
la conmovió. The scene moved her. **2** (estreme-
cer) to shake: *La noticia conmovió a la población.*
People were shaken by the news.
conmoverse v to be moved: *Me conmoví con la*
película. I was moved by the movie.

conmutador s switchboard

cono s cone

conocer v ▶ ver recuadro

conocido, -a adjetivo & sustantivo
■ adj **1** (famoso) well-known: *una actriz cono-*
cida a well-known actress **2** (familiar) familiar:
Aquí hay muchas caras conocidas. There are a
lot of familiar faces here.
■ s acquaintance: *un conocido mío* an acquaintance of mine

conocimiento sustantivo & sustantivo plural
■ s **1** (saber) knowledge **2** (sentido) **perder/**
recobrar el conocimiento to lose/to regain
consciousness

conocer

1 *conocer* y *conocerse* pueden equivaler a **to**
know o **to meet**.
to know significa tener trato con alguien o
saber cómo es alguien o algo:
La conozco desde hace mucho. I've known her
for a long time. | *A Pancho lo conozco muy*
bien. I know Pancho very well.
to meet significa conocer a alguien por primera vez:
La conocí en una fiesta. I met her at a party. |
Nos conocimos en un viaje a Chile. We met on
a trip to Chile. | *Se conocieron en 1999.* They
met in 1999.
to meet es más frecuente en los siguientes
contextos, pero fíjate en el tiempo verbal:
¿Conoces al hermano de Sol? Have you met
Sol's brother?/Do you know Sol's brother? |
Todavía no conozco a tu novio. I haven't met
your boyfriend yet. | *¿De dónde se conocen?*
Where did you meet?
Cuando se trata de si se conoce o no un lugar,
se puede usar **to know** pero es más frecuente
to have been to:
No conozco Uruguay. I haven't been to Uru-
guay. | *¿Conoces Cancún?* Have you been to
Cancún?
to know of se usa en el sentido de *saber de la*
existencia de:
¿Conoces algún dentista bueno? Do you know
of a good dentist?

■ **conocimientos** s pl knowledge sing: *Tiene*
conocimientos de inglés. She has some knowledge of English

Cono Sur s Southern Cone

conquista s (de un territorio) conquest

conquistador, -a s **1** (de América) conquistador (pl conquistadors) **2** (de otras regiones)
conqueror

conquistar v **1** (un territorio) to conquer
2 (cautivar) **conquistar a alguien** to win sb's
heart

consciente adj **1 ser/estar consciente de**
algo to be aware of sth: *No es consciente del*
peligro. He is not aware of the danger. **2 estar**
consciente to be conscious: *El enfermo estaba*
consciente. The patient was conscious.

conscripción s **hacer la conscripción** to do
your military service

conscripto s conscript

consecuencia s consequence | **a consecuen-**
cia de algo as a result of sth

consecutivo, -a adj in a row, consecutive:
Ganaron cuatro partidos consecutivos. They won
four games in a row./ They won four consecutive
games.

conseguir v ▶ ver recuadro en página 504

conseguir

1 OBTENER (= to get)
Consiguió una beca para estudiar en Canadá.
He got a scholarship to study in Canada.
En oraciones negativas, **to get** a menudo se
usa con **can't** o **couldn't**:
No consigue trabajo. He can't get a job./He
can't get work.
Para expresar dificultad, se puede usar **to
manage to get**:
¿Conseguiste boletos? Did you manage to get
tickets?
Si se trata de lugares, se usa **to find**:
No conseguimos lugar para sentarnos. We
couldn't find a place to sit. | *¿Consiguieron
hotel?* Did you find a hotel?

2 LOGRAR (= to achieve)
Consiguió su objetivo. She achieved her
objective. | **conseguir hacer algo** to manage
to do sth: *Al final consiguió convencerla.* He
managed to persuade her in the end. | **conseguir que alguien haga algo** to get sb to do sth:
Conseguí que me lo prestara. I got him to lend
it to me.

consejo s (recomendación) piece of advice: *Te
voy a dar un consejo.* I'm going to give you a
piece of advice. ► **advice**, que es incontable, es
la traducción de *consejos* o de *consejo* en general:
Me dio muchos consejos útiles. He gave me lots of
useful advice. | *Seguí el consejo de la profesora.* I
followed the teacher's advice. | **pedirle consejo a
alguien** to ask sb's advice: *Fui a pedirle consejo.* I
went to ask her advice.

consentido, -a *adjetivo & sustantivo*
■ *adj* (malcriado) spoiled, spoilt (BrE)
■ *s* (favorito) favorite (AmE), favourite (BrE): *Es el
consentido del patrón.* He's the boss's favorite. |
la consentida del profesor teacher's pet

consentir v **1** (mostrarle cariño a) to spoil, to
pamper: *Le gusta que lo mimen.* He likes being
spoiled./He likes being pampered. **2** (malcriar)
to spoil

conservación s conservation

conservador, -a *adj & s* conservative

conservante s preservative

conservar v **1** (preservar) (alimentos) to preserve, (el calor) to retain **2** (guardar) to keep:
Conservar en el refrigerador. Keep refrigerated.
conservarse v **1** (preservarse) (alimentos) to
keep: *Se conserva varios meses.* It keeps for several months. **2** **se conserva muy bien** (persona)
she looks very well for her age/he looks very
well for his age **3** (subsistir) to survive: *Todavía se conserva la fachada.* The façade still sur-
vives.

conservatorio s conservatoire

considerable *adj* **1** (tamaño) considerable
2 (suma, cifra) substantial, considerable
considerado, -a *adj* considerate
considerar v **1** (analizar) to consider: *Conside-
remos otras opciones.* Let's consider other alter-
natives. **2** (tener en cuenta) to bear in mind:
Hay que considerar que todavía es muy joven.
You have to bear in mind that he's still very
young. **3** (pensar) to believe, to consider: *Con-
sidero que se equivocó.* I believe he made a
mistake./I consider he made a mistake. **4** **considerar a alguien algo** to consider sb to be sth: *Se
lo considera el mejor.* He is considered to be the
best.
consigna s slogan: *Gritaban consignas contra el
gobierno.* They were shouting anti-government
slogans.
consigo *pron* **1** (con él) with him **2** (con ella)
with her **3** (con ellos, con ellas) with them
4 (con usted, con ustedes) with you: *Recuerde
llevar el pasaporte consigo.* Remember to take
your passport with you. **5** **consigo mismo**
with himself | **consigo misma** with herself:
Estaba enojada consigo misma. She was angry
with herself.
consistencia s consistency (pl -cies)
consistir v **consistir en algo** **(a)** (componerse
de) to consist of sth: *El complejo consiste en cinco
edificios.* The complex consists of five
buildings./The complex comprises five buildings. **(b)** (al definir algo) ver ejemplos: *El juego
consiste en acumular puntos.* The object of the
game is to accumulate points. | *¿En qué consiste
la felicidad?* What is happiness?
consola s console
consola de juegos game console
consolar v **consolar a alguien** to console sb | **me
consuela pensar que/ver que etc.** it is some
comfort to think that/to see that etc.
consolarse v to console yourself: *Me compré un
montón de ropa para consolarme.* I bought lots of
clothes to console myself. | *Yo con eso no me
consuelo.* I don't take any comfort from that.
consonante s consonant
conspiración s conspiracy (pl -cies), plot
conspirar v **1** **conspirar contra algo/alguien**
to conspire against sth/sb, to plot against sb
2 **conspirar para hacer algo** to conspire/plot to
do sth
constante *adj* (continuo) constant
constar v **1** **me consta/le consta que** I
know/he knows that: *Me consta que hiciste todo
lo posible.* I know you did everything you could.
2 **que conste que** I want to make it quite clear
that: *Que conste que yo no sabía nada.* I want to
make it quite clear that I didn't know anything
about it. **3** **constar de algo** to consist of sth: *El
libro consta de dos partes.* The book consists of
two parts.
constelación s constellation

constitución, Constitución s constitution

constitucional adj constitutional

construcción s **1 en construcción** under construction: *El edificio está en construcción.* The building is under construction. **2** (edificio) structure: *una construcción sólida* a solid structure

constructor, -a s builder

construir v **1** (una casa, un puente) to build **2** (una frase, una oración) to construct

consuelo s **1 ser un consuelo** to be comforting: *Es un consuelo verla tan contenta.* It's comforting to see her so happy. **2 tener el consuelo de** to have the comfort of: *Al menos tengo el consuelo de saber que está bien.* At least I have the comfort of knowing that he's all right. **3 si te sirve de consuelo** if it's any consolation

cónsul s consul

consulado s consulate

consulta s **1** (pregunta) question | **hacerle una consulta a alguien** to ask sb a question **2** (de un médico) consultation: *¿Cuánto cobra la consulta?* How much does he charge for a consultation? **3 dar consulta** to give consultations: *Los miércoles no da consulta.* She doesn't give consultations on Wednesdays. | **horas de consulta** (de un médico) office hours (AmE), surgery hours (BrE)

consultar v **1** (a una persona) to ask, to consult ▶ **to consult** se usa cuando se trata de profesionales: *¿Te puedo consultar algo?* Can I ask you something? | *Consultó a un especialista.* He consulted a specialist. | **consultar (algo) con alguien** to ask sb (about sth), to consult sb (about sth): *Consúltalo con tus padres.* Ask your parents about it. | *Consulté con un arquitecto.* I consulted an architect. **2 consultar (en) un diccionario** to look in a dictionary, to look sth up in a dictionary

consultorio s (de un médico, dentista) office (AmE), surgery (pl -ries) (BrE)

consumidor, -a s consumer

consumir v **1** (comprar) to buy: *No consumen productos importados.* They don't buy imported products. **2** (referido a combustibles) to use: *Este coche consume mucha gasolina.* This car uses a lot of gas. **3** (comer) to eat: *Deberíamos consumir más pescado.* We should eat more fish. | **consumir antes de...** best before...

consumismo s consumerism

consumista adj consumerist, materialistic

consumo s **1** (de productos, de combustible) consumption: *Aumentó el consumo de alcohol.* Consumption of alcohol has increased. **2** (en economía) spending: *medidas para estimular el consumo* measures to stimulate spending **consumo mínimo** minimum charge

contabilidad s (disciplina, materia) accountancy

contactar v to contact, to get in touch with **contactarse** v **contactarse con alguien** to contact sb, to get in touch with sb: *No pudieron contactarse con ella.* They couldn't contact her./ They couldn't get in touch with her.

contacto s **1** (relación, comunicación) **ponerse en contacto con alguien** to get in touch with sb, to contact sb: *Ponte en contacto con él.* Get in touch with him. | *Me puse en contacto con un abogado.* I contacted a lawyer. | **poner a alguien en contacto con alguien** to put sb in touch with sb: *Me puso en contacto con una muchacha holandesa.* He put me in touch with a Dutch girl. | **tener contacto con alguien/estar en contacto con alguien** to be in touch with sb, to have contact with sb **2** (roce) contact **3** (de una batería, etc.) contact **4** (enchufe) socket

contado s **1 pagar al contado** to pay cash: *Pagamos al contado.* We paid cash. | **comprar algo al contado** to pay cash for sth **2 precio de contado** cash price

contador, -a s accountant

contados, -as adj **1** very few: *en contadas ocasiones* on very few occasions **2 con los minutos contados** with minutes to spare

contagiar v **1 contagiarle un resfriado/las paperas etc. a alguien** to give sb a cold/mumps etc.: *Me contagió el sarampión.* She gave me the measles. **2 me has contagiado el miedo/los nervios etc.** you've made me scared/nervous etc.

contagiarse v to get, to catch: *Se contagió los hongos en la alberca.* She got athlete's foot at the swimming pool./She caught athlete's foot at the swimming pool. | **contagiarse (algo) de alguien** to get sth from sb, to catch sth from sb: *Me contagié de Roxi.* I got it from Roxi./I caught it from Roxi.

contagioso, -a adj **1** (enfermedad) contagious, infectious **2** (risa) infectious

contaminación s **1** (del medio ambiente) pollution **2** (del agua potable, de alimentos) contamination **contaminación ambiental** environmental pollution

contaminado, -a adj **1** (medio ambiente, río) polluted **2** (agua potable, alimentos) contaminated

contaminar v **1** (el medio ambiente, un río) to pollute **2** (el agua potable, los alimentos) to contaminate

contar v **1** (decir los números) to count: *Sabe contar hasta diez.* He can count up to ten. **2** (dinero, objetos) to count: *¿Contaste el dinero?* Have you counted the money? **3** (relatar) to tell: **contarle algo a alguien** to tell sb sth: *Le contó un secreto.* She told him a secret. | *Cuéntanos un cuento.* Tell us a story. | *Me contó lo de Natalia.* She told me about Natalia. | **¿qué cuentas?** how are things? **4** (incluir) to count: *A mí no me cuentes.* Don't count me. **5** (valer) to count: *La actitud es lo que cuenta.* It's your attitude that counts. **6 contar con alguien** to count on sb: *Sabes que puedes contar con nosotros.* You know you can count on us. ▶ El imperativo se traduce por **you can count on me/us**, etc.: *Cuenta conmigo para lo que necesites.* You can count on me for anything you need. **7 contar con algo** to count on sth: *Cuento con tu ayuda.* I'm counting on your help.

contemporáneo, -a *adjetivo & sustantivo*
■ *adj* contemporary
■ *s* contemporary (pl -ries)

contenedor *s* **1** (para basura) dumpster (AmE), skip (BrE) **2** (para transporte) container

contener *v* **1** (tener) to contain: *La leche contiene calcio.* Milk contains calcium. **2 contener a alguien** to hold sb back: *No podían contener a la porra.* They could not hold back the fans. **3 contener la respiración** to hold your breath | **contener la risa** to stop yourself laughing: *No pudo contener la risa.* He couldn't stop himself laughing. | **contener las lágrimas** to hold back the tears **4 contener una epidemia** to contain an epidemic

contenerse *v* to control yourself: *No me pude contener y le grité.* I couldn't control myself and I shouted at her.

contenido *s* **1** (de un recipiente) contents *pl* **2** (de una carta, un artículo) contents *pl* **3 contenido graso/vitamínico** fat/vitamin content

contento, -a *adj* happy: *Está contenta de ser parte del equipo.* She's happy to be part of the team.

contestación *s* answer, reply (pl -plies)

contestadora *s* **contestadora (de teléfono)** answering machine

contestar *v* **1** (una pregunta) to answer: *No me contestaste la pregunta.* You didn't answer my question. **2** (una carta, un mail) to answer, to reply to: *¿Te contestó el mail?* Did he answer your e-mail?/Did he reply to your e-mail? **3** (el teléfono) to answer: *Nunca contesta el teléfono.* She never answers the phone. | *No contestan.* There's no answer. **4** (con insolencia) to answer back: *¡No me contestes!* Don't answer me back!

contigo *pron* with you: *Voy contigo.* I'm coming with you. | *Contigo es simpática.* She's nice to you. | **contigo mismo -a** with yourself

continente *s* continent

contingencia *s* **contingencia (ambiental)** smog alert | **entrar en contingencia** to go onto smog alert: *A las 15:30 entramos en contingencia.* We went onto smog alert at 15:30.

continuación *s* **1 a continuación (a)** (después) then: *A continuación le indicó que se sentara.* Then he told her to sit down. **(b)** (en un texto) below: *el texto que se reproduce a continuación* the text reproduced below **2** (de una película) sequel **3** (de un programa) next part **4** (de una calle) continuation

continuar *v* to continue | **continuar haciendo algo** to continue doing sth, to continue to do sth: *Continuó hablando.* He continued speaking. | *Continúa subiendo la temperatura.* The temperature continues to rise.

continuo, -a *adj* **1** (muy frecuente) constant, continual **2** (ininterrumpido) continuous

contorno *s* outline

contra *preposición & sustantivo*
■ *prep* **1** (indicando oposición) against: *Jugaron contra Italia.* They played against Italy. | **en contra (de algo)** against (sth): *12 votos a favor y 15 en contra* 12 votes for and 15 against | **en contra de ella/de nosotros etc.** against her/us etc. **2** (indicando contacto o dirección) against: *Ponlo contra la pared.* Put it against the wall. ▶ El verbo puede exigir el uso de otra preposición: *Chocamos contra un poste.* We crashed into a post.
■ *s* **1** (desventaja) disadvantage ▶ ver **pro** **2 llevarle la contra a alguien (a)** (en una conversación) to contradict sb **(b)** (hacerlo enojar) to annoy sb: *Lo hace para llevarme la contra.* He does it to annoy me.

contraataque *s* counter-attack

contrabajo *s* double bass

contrabandista *s* smuggler

contrabando *s* **1** (actividad) smuggling: *medidas para frenar el contrabando* measures to curb smuggling | *contrabando de armas* gun-running | **cigarrillos/relojes etc. de contrabando** smuggled cigarettes/watches etc. | **entrar/pasar algo de contrabando** to smuggle sth in: *Entraron las cámaras de contrabando.* They smuggled the cameras in. **2** (lo contrabandeado) contraband

contradecir *v* (a una persona) to contradict
contradecirse *v* **1** (uno mismo) to contradict yourself **2** (dos o más personas, versiones) to contradict each other

contradicción *s* contradiction

contradictorio, -a *adj* contradictory

contraer *v* **1** (una enfermedad) to contract **2** (un músculo) to contract **3** (una deuda) to incur
contraerse *v* **1** (metal, madera) to contract **2** (persona) to tense up **3** (músculo) to contract

contraluto *s* contralto, alto

contraluz *s* **a contraluz** against the light

contrario, -a *adjetivo & sustantivo*
■ *adj* **1 lo contrario (de algo)** the opposite (of sth): *Yo digo algo y él dice lo contrario.* I say one thing and he says the opposite. | *Fue lo contrario de lo que esperaba.* It was the opposite of what I expected. **2 de lo contrario** otherwise: **3 todo lo contrario (a)** the complete opposite: *Ella es simpática pero el novio es todo lo contrario.* She is nice but her boyfriend is the

complete opposite. **(b)** (como respuesta) on the contrary: *–Así no te gusta la idea. –Todo lo contrario, me parece genial.* "So you don't like the idea." "On the contrary, I think it's brilliant."
4 (sentido, dirección) opposite
5 (punto de vista, opinión) opposing
6 (rival) opposing: *el equipo contrario* the opposing team
■ **contrario** *s* **1** al/por el contrario on the contrary: *Al contrario, lo pasé muy bien.* On the contrary, I had a really good time.
2 (en deportes) opponent
contraseña *s* password
contrastar *v* contrastar (con algo) to contrast (with sth)
contraste *s* **1** (diferencia) contrast **2** (en una pantalla de TV) contrast
contratar *v* contratar a alguien **(a)** (a un empleado) to hire sb: *la empresa que lo contrató* the firm that hired him **(b)** (a un cantante, un futbolista) to sign sb: *Los contrató una discográfica inglesa.* They were signed by an English record company.
contrato *s* contract
contribuir *v* **1** contribuir con algo to contribute sth: *Contribuyó con $200.* She contributed $200. **2** contribuir al éxito de algo to contribute to the success of sth | contribuir a hacer algo to help to do sth, to help do sth
contribuyente *s* taxpayer
control *s* **1** (dominio) control: *Todo está bajo control.* Everything is under control. | tener control sobre algo to have control over sth | perder el control **(a)** (de un vehículo) to lose control **(b)** (enojarse) to lose control (of yourself) **2** (de un aparato) control | control (remoto) remote (control): *¿Dónde está el control de la video?* Where's the remote for the video? **3** (inspección) control: *Estén listos para el control de pasaportes.* Be ready to go through passport control. | llevar el control de algo to keep a check on sth
control antidoping drug test, dope test
control de calidad quality control
controlador aéreo, controladora aérea *s* air traffic controller
controlar *v* **1** (dominar, manejar) to control **2** (regular) to control
controlarse *v* (dominarse) to control yourself: *Contrólate, por favor.* Please control yourself.
convalidar *v* (un título) to validate
convencer *v* **1** convencer a alguien (de algo/de que) to convince sb (of sth/that): *La convencí de que teníamos razón.* I convinced her that we were right. **2** convencer a alguien (de/para que haga algo) to persuade sb (to do sth): *Lo convencí para que me prestara el coche.* I persuaded him to lend me the car. **3** no me convence la tela/el color etc. I'm not sure about the material/the color etc.

convencerse *v* to be convinced: *Al final me convencí de que me decía la verdad.* In the end I was convinced that he was telling me the truth.
convencido, -a *adj* estar convencido -a (de algo) to be sure (about sth) | estar convencido -a de que to be convinced (that), to be sure (that): *Estoy convencida de que me mintió.* I'm convinced that he lied to me.
conveniente *adj* **1** (aconsejable) ser conveniente to be a good idea, to be advisable ► to be advisable es más formal: *Es conveniente esperar unos días.* It's a good idea to wait a few days./It's advisable to wait a few days. **2** (cómodo) convenient: *¿A qué hora es más conveniente para usted?* What time is most convenient for you?
convenio *s* agreement
convenir *v* **1** (ser aconsejable) to be advisable, to be a good idea ► to be a good idea es menos formal: *Conviene reservar antes.* It's advisable to make a reservation. | *No te conviene comprar ése.* It's not a good idea to buy that one. **2** (ser beneficioso) to be convenient: *El horario no me conviene.* The times aren't very convenient for me. | *Haz lo que te convenga.* Do whatever is convenient for you.
convento *s* **1** (de religiosas) convent **2** (de religiosos) monastery (pl -ries)
conversación *s* conversation: *una conversación telefónica* a telephone conversation
conversar *v* conversar (sobre algo) to talk (about sth)
convertible *s* convertible
convertir *v* **1** convertir algo/a alguien en algo to turn sth/sb into sth: *La serie lo convirtió en un actor famoso.* The series turned him into a famous actor. **2** convertir dólares a libras/gramos a onzas etc. to convert dollars into pounds/grams into ounces etc.
convertirse *v* **1** convertirse en algo to become sth, to turn into sth ► to turn into sth o to turn to sth se usan cuando el cambio es repentino o inesperado o cuando afecta a la esencia de algo o alguien: *Se convirtió en estrella de rock.* He became a rock star. | *Todo lo que tocaba se convertía en oro.* Everything he touched turned to gold. **2** convertirse al hinduismo/catolicismo etc. to convert to Hinduism/Catholicism etc.
convexo, -a *adj* convex
convidar *v* convidarle a alguien de algo to share sth with sb: *Juan me convidó de su refresco.* Juan shared his drink with me. | convidarle algo a alguien to offer sb sth: *Nos convidó un café.* He offered us a cup of coffee.
convivir *v* **1** to live together: *Queremos convivir en paz.* We want to live together in peace. | convivir con alguien to live with sb
convocar *v* convocar a una asamblea/una huelga etc. to call a meeting/a strike etc. | convocar a elecciones to call elections

i ¿No estás seguro de si se usa **make** o **do**? Mira las entradas **hacer**, **make** y **do**.

coñac s brandy (pl -dies)

cooperación s co-operation

cooperar v **1** to cooperate, to help **2** **cooperar en algo** to help with sth **3** **cooperar con alguien** to work together with sb

coordinador, -a s co-ordinator

copa sustantivo & sustantivo plural
■ s **1** (recipiente, contenido) glass (pl -sses): *¿Cuál es tu copa?* Which is your glass? ▶ **glass** significa tanto *vaso* como *copa* **2** (premio) cup: *Ganaron la copa.* They won the cup. **3** (de un árbol) top **4** (de un sombrero) crown **5** (de un brasier) cup
■ **copas** s pl La baraja española no es muy conocida en el mundo anglosajón. Para explicar qué son las copas di *It's one of the four suits in the Spanish pack of cards.*

¿a glass of wine o a wine glass?

a glass of wine/a glass of sherry, etc. hacen referencia a una copa llena de vino, jerez, etc. o a su contenido. Para hablar de una copa para vino, jerez, etc., que puede estar vacía, se dice **a wine glass/a sherry glass**, etc.:

¿Quieres una copa de vino? Would you like a glass of wine? | *Rompí una de las copas de coñac.* I broke one of the brandy glasses.

---

copia s copy (pl -pies) | **hacer una copia de algo** to make a copy of sth

copiar v **1** (transcribir) to copy: *Lo copié del pizarrón.* I copied it from the blackboard. **2** (imitar) to copy **3** (en un examen) to copy, to cheat: *Lo cacharon copiando.* He was caught copying./He was caught cheating.

copiloto s **1** (en un avión) co-pilot **2** (en un coche de carreras) co-driver **3** (persona que va mirando el mapa, etc.) navigator

copión, -ona s copycat

copo s **copo (de nieve)** snowflake

coquetear v **coquetear con alguien** to flirt with sb

coraje s **1** (enojo, rabia) anger **2** **me/le etc. da coraje** it makes me/her etc. mad: *Me da coraje ver cómo tratan a los animales.* It makes me mad the way they treat animals. | **¡qué coraje!** what a pain!, it makes you mad! | **hacer un coraje** to make a real effort not to lose your temper **3** (agallas, empuje) guts pl: *Al equipo le falta coraje.* The team doesn't have any guts.

coral s coral: *arrecifes de coral* coral reefs | **una pulsera/un collar de coral** a coral bracelet/necklace

corazón sustantivo & sustantivo plural
■ s **1** (órgano) heart: *Sufre del corazón.* She has heart trouble. **2** (sentimientos) heart: *No tienes corazón.* You have no heart. | **me/te etc. rompe el corazón** it breaks my/your etc. heart: *Verlo así me rompe el corazón.* It breaks my heart to see

him like this. | **de (todo) corazón** from the bottom of your heart: *Te lo deseo de todo corazón.* I want it for you from the bottom of my heart. **3** (de una manzana) core **4** (de una alcachofa) heart
■ **corazones** s pl (en cartas) hearts

corazonada s hunch (pl -ches): *Tuve la corazonada de que me iba a llamar.* I had **a hunch** he was going to call me.

corbata s tie: *Vino de corbata.* He came wearing a tie.
corbata de moño bow tie

corchea s eighth note (AmE), quaver (BrE)

corcho s **1** (de una botella) cork **2** (material) cork

corcholata s bottle top

cordel s string

cordero s (animal y carne) lamb

cordial adjetivo & sustantivo
■ adj **1** friendly **2** **un cordial saludo** (en una carta) kind regards
■ s middle finger

cordillera s mountain range: *la cordillera de Los Andes* the Andes

córdoba s (moneda) cordoba

cordón s (de policías, manifestantes, etc.) cordon
cordón umbilical umbilical cord

coreografía s choreography

córnea s cornea

corneta s (instrumento) bugle

cornisa s ledge, cornice

corno s (instrumento) horn
corno inglés English horn (AmE), cor anglais (BrE)

coro s **1** (grupo) choir: *el coro del colegio* the school choir **2** (pieza musical, estribillo) chorus (pl -ses)

corona s **1** (de un monarca) crown | **la Corona** the Crown **2** (para una muela) crown **3** (funeraria) wreath

coronación s coronation

coronar v **1** (a un monarca) to crown **2** (en ajedrez) to queen

coronel s colonel

corpulento, -a adj heavy-set, heavily built

corral s **1** (para ovejas, cerdos) pen, (para caballos) corral, (para gallinas) yard **2** (para niños) playpen

correa s **1** (del reloj) strap, band (AmE): *Le cambié la correa al reloj.* I changed the strap on my watch./I changed the band on my watch. **2** (para un perro) leash (AmE), lead (BrE): *Ponle la correa.* Put his leash on. **3** (de una máquina) belt: *la correa del ventilador* the fan belt

corrección s **1** (rectificación) correction **2** (de un examen, un trabajo, etc.) grading (AmE), marking (BrE)

---

correcto, -a adj **1** (respuesta, decisión) correct, right: *Ésa es la respuesta correcta.* That is the correct answer./That is the right answer. | **lo correcto** the right thing: *Creo que hice lo correcto.* I think I did the right thing. **2** (cortés, amable) correct

corredizo, -a adj ▶ ver **puerta**

corredor, -a s **1** (deportista) runner **2** (en automovilismo) driver, racing driver
corredor -a de bolsa stockbroker **corredor -a de seguros** insurance broker

corredor s (pasillo) corridor

corregir v **1** (un examen, un trabajo) to grade (AmE), to mark (BrE): *¿Ya corrigió las pruebas?* Have you graded the tests yet? **2** (un error, una falta) to correct: *Corregí las faltas de ortografía.* I corrected the spelling mistakes. **3** (a una persona) to correct: *Corrígeme si me equivoco.* Correct me if I'm wrong.

correo s **1** (edificio) post office: *¿Sabe dónde queda el correo?* Do you know where the post office is? **2** (servicio) mail, mail service (AmE), post, postal service (BrE) | **mandar algo por correo** to send sth through the mail, to mail sth (AmF), to send sth by post, to post sth (BrE): *Mandé el paquete por correo.* I mailed the package. **3 correo (electrónico)** e-mail: *¿Recibiste mi correo?* Did you get my e-mail? | *Ingrese su dirección de correo electrónico.* Enter your e-mail address.

correr v **1** (moverse rápido) to run: *Tuve que correr para llegar a tiempo.* I had to run to get there in time. | **salir corriendo** to run off: *Salieron corriendo cuando vieron a mi papá.* They ran off when they saw Dad. **2** (como ejercicio) to run, to jog | **ir/salir a correr** to go running/jogging: *Voy a correr todos los días.* I go running every day. **3** (ir apurado) to rush: *Fui corriendo a llamar al médico.* I rushed to call the doctor. | **salir corriendo para un lugar** to rush off somewhere: *Salimos corriendo para el aeropuerto.* We rushed off to the airport. **4** (manejar rápido) to go fast, to drive fast: *No corras tanto.* Don't go so fast. **5** (mover) **correr algo** to move sth over: *¿Puedes correr la mesa un poquito?* Can you move the table over a little? | *Corre el sillón para allá.* Move the chair over that way. ▶ ver **cortina 6** (de un trabajo) to fire, to sack (BrE) **7** (de una fiesta, la casa de alguien, etc.) **correr a alguien** to throw sb out: *Los corrieron del bar.* They were thrown out of the bar. | *El padre lo corrió de la casa.* His father threw him out. **8** (calle) to run: *Soriano corre paralela a San José.* Soriano runs parallel to San José. **9** (río) to flow **10** ▶ **correr peligro, correr el riesgo,** etc. están tratadas bajo el sustantivo correspondiente

correrse v **1** (moverse) to move over: *Córrete, no veo nada.* Move over, I can't see a thing. | *Me corrí para que pasara.* I moved aside so that she could get past. **2** (tinta, color) to run | **se me/te etc. corrió el rímel** my /your etc. mascara ran

correspondencia s (cartas) correspondence

corresponder v **1** (cuando se trata de derechos) **me corresponde la mitad/me corresponden dos** etc. I'm entitled to half/I'm entitled to two etc.: *Le corresponde un 50% de las ganancias.* He's entitled to 50% of the profits. ▶ En contextos más coloquiales se usa el verbo **to get**: *A ti te corresponde una sola.* You only get one. **2** (cuando se trata de obligaciones) ver ejemplos: *Te corresponde a ti decírselo.* You're the one who should tell her. | *No me corresponde a mí pedir perdón.* It's not up to me to apologize. **3** (ser parte de) **corresponder a algo** to belong to sth, to be part of sth: *Esta ficha no corresponde a este juego.* This piece doesn't belong in this set./ This piece isn't part of this set. **4 hacer algo como corresponde** to do sth properly: *¡Siéntate y come como corresponde!* Sit down and eat properly!

correspondiente adj **1** (adecuado) appropriate: *Ponga una cruz en la casilla correspondiente.* Put a cross in the appropriate box. **2** (relativo) **correspondiente a algo** for sth: *el pago correspondiente al mes de enero* the payment for January | *el código correspondiente a cada país* the code for each country **3** (paralelo) corresponding

corresponsal s correspondent

corrida s **corrida (de toros)** bullfight

corriente sustantivo & adjetivo
- s **1** (electricidad) power, electricity: *No hay corriente.* There's no power./There's no electricity. | **me/le etc. dio (la) corriente** I/he etc. got a shock off it | **corriente (eléctrica)** (electric) current **2** (de agua) current: *Los arrastró la corriente.* The current swept them away. **3 corriente (de aire)** draft (AmE), draught (BrE): *Aquí hay corriente.* There's a draft in here./It's drafty in here. **4 al corriente (de algo)** (informado) informed (about sth), up to date (on sth): *Mi hija me tiene al corriente.* My daughter keeps me informed/up to date. | *En dos días me pongo al corriente.* I'll get up to date in a couple of days./I'll catch up in a couple of days. | *Está al corriente de todo lo que pasa en el pueblo.* He knows everything that's going on in the village. **5 estar al corriente en algo** (estar al día) to be up to date with sth: *Estamos al corriente en los pagos.* We're up to date with the payments. **6** seguirle la corriente a alguien (to play along with sb, to humor sb (AmE), to humour sb (BrE)
- adj **1** (vulgar) vulgar, rude **2** (de poca calidad) poor-quality **3** (normal, no especial) ordinary: *el lector corriente* the ordinary reader **4** (frecuente) common: *una situación corriente* a common situation ▶ ver **común, cuenta**

corrupción s corruption

corrupto, -a adj corrupt

cortada s (herida) cut: *una cortada profunda* a deep cut | *Me hice una cortada en la frente.* I cut my forehead.

cortado, -a adj **1** (echado a perder) **estar cortada (a)** (leche) to be sour, to be off **(b)** (mayonesa) to be curdled **2** (bloqueado) **estar cortado -a** (calle) to be closed off

cortar v **1** (con un cuchillo, con tijeras, etc.) to cut: *Corte por la línea de puntos.* Cut along the dotted line. | **cortar algo en tajadas/rebanadas** to slice sth: *Corte el pan en rebanadas.* Slice the bread. ► ver **césped, pelo, uña 2 cortar la luz/el gas etc.** to cut the electricity/the gas etc. off: *No pagaron la cuenta y les cortaron el gas.* They didn't pay the bill and their gas was cut off. ► La traducción es diferente si es un corte momentáneo: *Cortaron el agua para arreglar el caño.* They turned the water off to repair the pipe. **3** (censurar) to cut: *Tuvo que cortar varias escenas.* He had to cut several scenes. **4 cortar una calle** to close a street off | **cortar el tránsito** to close the road(s) to traffic **5** (jugando a las cartas) to cut

cortarse v **1** (lastimarse) to cut yourself: *Me corté con un vidrio.* I cut myself on a piece of glass. | **cortarse el dedo/el pie etc.** to cut your finger/foot etc.: *Se cortó la mano.* She cut her hand. **2 se cortó (la comunicación)** I was/we were etc. cut off **3 se cortó la luz** there was a power outage (AmE), there was a power cut (BrE) **4** (leche) to go sour, to go off **5** (mayonesa) to curdle

corte *sustantivo masculino & sustantivo femenino*
■ s masc **1 corte (de pelo)** haircut: *¿Cuánto cobran el corte?* How much do they charge for a haircut? **2** (herida) ► ver **cortada**
corte de luz power outage (AmE), power cut (BrE): *Hubo un corte de luz.* There was a power outage.
■ s fem **1** (de un monarca) court **2** (tribunal) court

cortés adj polite

cortesía s courtesy, politeness: *Se rió por cortesía.* He laughed **out of courtesy.**

corteza s **1** (de un árbol) bark **2** (del pan) crust **3** (del queso) rind
corteza cerebral cerebral cortex **la corteza terrestre** the earth's crust

cortina s (de tela) curtain | **correr las cortinas** to draw the curtains
cortina de humo smokescreen

corto, -a *adjetivo & sustantivo*
■ adj **1** (en longitud) short: *una falda corta* a short skirt | *una niña de pelo corto* a girl with short hair | **me/te etc. queda corto -a** it's too short on me/you etc.: *El vestido le queda corto.* The dress is too short on her. **2** (en duración) short: *La reunión fue corta.* The meeting was short. **3 estar/andar corto -a de algo** to be short of sth: *Ando corto de tiempo.* I'm short of time. **4 me quedé corto -a con la cerveza/la**

comida etc. I didn't buy enough beer/I didn't make enough food etc.
corto -a de vista near-sighted (AmE), short-sighted (BrE)
■ **corto** s ► ver **cortometraje**

short

long

cortocircuito s short circuit
cortometraje s short (movie) (AmE), short (film) (BrE)

cosa s **1** (objeto, tarea, asunto) thing: *Compré muchas cosas.* I bought lots of things. | *Tengo muchas cosas que hacer.* I have a lot of things to do. | *¿Cómo van las cosas?* How are things going? **2 una cosa** something: *Tengo que decirte una cosa.* I have something to tell you. | *Me pasó una cosa espantosa.* Something terrible happened to me. **3 hacer las cosas de la casa** to do the housework **4 la cosa es que** the thing is: *La cosa es que no tiene dinero.* The thing is he doesn't have any money. **5 cualquier cosa** (si es necesario) Usa una oración con *if*: *Cualquier cosa, llámame.* If you have any problems/if you need anything, call me. **6 no sea cosa que (a)** (por si) in case: *Llévate un suéter, no sea cosa que haga frío.* Take a sweater in case it's cold. **(b)** (para que no): *Explícale bien, no sea cosa que se enoje.* Explain it to him clearly, so he doesn't get angry. **7 no ser gran cosa** to be nothing special: *La película no es gran cosa.* The movie is nothing special. **8 esto es cosa de tu hermano/de Betty etc.** this was your brother's/Betty's etc. idea: *Seguro que esto es cosa de Daniel.* I bet this was Daniel's idea.

cosecha s harvest
cosechar v to harvest

coser v **1** to sew: *No sé coser.* I can't sew. | **coser un botón** to sew a button on: *¿Me coses este botón?* Can you sew this button on for me? **2 coser a máquina** ver ejemplos: *Cosió el dobladillo a máquina.* He stitched the hem on the machine. | *¿Sabes coser a máquina?* Can you use a sewing machine? **3 coserle una herida a alguien** to stitch sb's wound up: *Le cosieron la herida.* They stitched his wound up.

cosmético, -a *adjetivo & sustantivo*
■ adj cosmetic
■ **cosmético** s cosmetic

cosquillas s pl **tener cosquillas** to be ticklish: *¿Tienes cosquillas?* Are you ticklish? | **hacerle cosquillas a alguien** to tickle sb: *¡No me hagan cosquillas!* Don't tickle me! | *Le hice cosquillas en los pies.* I tickled her feet.

costa s **1** coast: *un pueblo de la costa* a town on the coast/a coastal town **2** **a costa mía/tuya etc.** at my/your etc. expense: *Odio que se diviertan a costa mía.* I hate them having a laugh at my expense. | **a costa de alguien** at sb's expense: *a costa del consumidor* at the consumer's expense | **vivir a costa de alguien** to live off sb: *Todos viven a costa del abuelo.* They all live off their grandfather. **3** **a toda costa** at all costs

costado s side: *Me duele este costado.* This side hurts.: *Hay una puerta al costado.* There's a door at the side.

costal s sack: *un costal de papas de 50 kg* a 50 kilo sack of potatoes

costar v **1** (valer) to cost: *Éste cuesta $150.* This one costs $150./This one is $150. | *¿Cuánto cuesta la entrada?* How much do the tickets cost?/How much are the tickets? | *Me costó $50.* It cost me $50. | *¿Cuánto te costó el CD?* How much did the CD cost you? | **costar caro/barato** to be expensive/cheap: *¡Me costó baratísima!* It was really cheap! **2** **cuesta entender/decidir etc.** it's hard to understand/decide etc. | **me cuesta el francés/la matemática etc.** I find French/math etc. hard: *Me cuesta levantarme temprano.* I **find** it hard to get up early. | *Le costó entender por qué.* He **found** it hard to understand why. **3** **¿qué te cuesta?** go on!: *Préstamelo ¿qué te cuesta?* Lend it to me, go on!

Costa Rica s Costa Rica

costarricense *adjetivo & sustantivo*
■ *adj* Costa Rican
■ *s* Costa Rican | **los costarricenses** (the) Costa Ricans

costear v **1** (ir por la costa) to go along the coast: *Vas costeando todo el trayecto.* You go along the coast for the whole journey. **2** (valer la pena) to be worth it: *Si tengo que pagar el flete, no me costea.* If I have to pay a delivery charge, it's not worth it.
costearse v **costearse los estudios/un viaje etc.** to pay for your studies/a trip etc.

costilla s **1** (del cuerpo) rib **2** (de res) T-bone steak

costo s cost
costo de (la) vida cost of living

costoso, -a *adj* costly, expensive

costra s (de una herida) scab

costumbre s **1** (de una persona) habit | **tener la costumbre de hacer algo** to be in the habit of doing sth: *No tengo la costumbre de tomar café.* I'm not in the habit of drinking coffee./I don't usually drink coffee. | *Tiene la mala costumbre de entrar sin tocar.* He has this bad habit of coming in without knocking. | **como de costumbre** as usual **2** (de una sociedad) custom: *Se adaptó bien a las costumbres locales.* She adapted well to the local customs.

costura s **1** (en una prenda) seam: *Se está descosiendo la costura.* The seam's coming undone. **2** (actividad) sewing: *clases de costura* sewing lessons

costurera s seamstress (pl -sses)

costurero s (caja) sewing box

cotidiano, -a *adj* everyday, daily: *la vida cotidiana* everyday life/daily life

cotorrear v **1** (platicar) to chat **2** **cotorrearse a alguien** to pull sb's leg, to take the mickey out of sb (BrE)

cotorro, -a *adj* **1** (película, libro, etc.) funny, amusing **2** (persona) fun (to be with)

cotorro s **1** parrot **2** **hablar como cotorro** to talk nineteen to the dozen

coyote s coyote

crack s **1** (campeón) star **2** (droga) crack

cráneo s skull

cráter s crater

crayola® s wax crayon

creación s creation

creador, -a s creator

crear v **1** to create **2** **crear problemas** to create problems | **crearle problemas a alguien** to create problems for sb, to cause sb problems

creativo, -a *adj* creative

crecer v **1** (persona, animal, planta, uñas, etc.) to grow: *Marita ha crecido mucho este año.* Marita has grown a lot this year. | *Te ha crecido muchísimo el pelo.* Your hair has really grown. **2** **dejarse crecer el pelo** to grow your hair, to let your hair grow: *Me voy a dejar crecer el pelo.* I'm going to grow my hair./I'm going to let my hair grow. | **dejarse crecer la barba** to grow a beard: *Se dejó crecer la barba.* He grew a beard. **3** (desocupación, inflación) to increase **4** (río) to rise

creciente *adj* growing: *el creciente interés por los temas ecológicos* the growing interest in ecological issues

crecimiento s growth

credencial s **1** **credencial (de elector)** (voter's) ID card **2** (de un club, una asociación) card **3** (de una biblioteca) card, library card
credencial de socio -a membership card

crédito s **1** (préstamo) loan: *Pidió un crédito para comprarse un coche.* She applied for a loan to buy a car. **2** (en una tienda) credit: *Tengo crédito en la librería.* I have credit at the bookstore. | **comprar algo a crédito** to buy sth on credit **3** (en la universidad) credit **4** **no doy/no daba etc. crédito** I can't/couldn't etc/ believe it

credo s **1** (creencias) creed **2** (oración) **el Credo** the Creed

crédulo, -a *adj* gullible

creencia s belief

creer v **1** (pensar) to think: *Yo creía que me iban a invitar.* I thought they were going to invite me. | *–¿La vas a ver hoy? –No creo.* "Are you going to see her today?" "I don't think so." ▶ Fíjate que en los siguientes ejemplos es el verbo **to think** que se pone en negativo: *Creo que no están.* I don't think they're in. | *Cree que no va a poder venir.* She doesn't think she'll be able to come. **2 creerle a alguien** to believe sb: *No me creyó.* He didn't believe me. **3** (tener fe) **creer en algo/alguien** to believe in sth/sb: *Creen en la reencarnación.* They believe in reincarnation. | *¿Tú crees en Dios?* Do you believe in God?
 creerse v **1** (aceptar como cierto) to believe: *Se creyó todo lo que le dije.* He believed everything I told him. | *¡Te crees cualquier cosa!* You'd believe anything! **2** (considerarse) to think: *¿Quién te crees que eres?* Who do you think you are? | *Se cree la dueña.* She thinks she owns the place.

creído, -a adj conceited

crema s **1 crema (de leche)** cream **2** (cosmético) cream | **color crema** cream: *cortinas color crema* cream curtains
 crema chantilly whipped cream ▶ La crema batida se suele servir sin azúcar en los países anglosajones **crema de rasurar** shaving cream **crema limpiadora** cleansing cream **crema humectante, crema hidratante** moisturizer, moisturizing cream **crema pastelera** crème pâtissière

crematorio s crematorium (pl -ria o -riums)

crepa s crepe

cresta s **1** (de un gallo) comb **2** (de plumas) crest

creyente adjetivo & sustantivo
 ■ adj **ser creyente** to believe in God
 ■ s believer

cría s **1** (animal) ver ejemplos: *una cría de pingüino* a baby penguin | *una hembra con sus crías* a female with her young **2** (camada) **la cría** the young, the litter **3 tener cría** La traducción depende del tipo de animal: *La perra tuvo cría.* The dog had puppies. | *¿Tu gata ya tuvo cría?* Has your cat had kittens yet? **4** (actividad) breeding, rearing ▶ **breeding** implica que se hace para mejorar la raza: *la cría de caballos* horse breeding

criar v **1 criar a alguien** to bring sb up: *Me criaron mis abuelos.* My grandparents brought me up./I was brought up by my grandparents. **2** (animales) to keep: *Crían patos y gallinas.* They keep ducks and hens. ▶ Cuando se trata de mejorar la raza, se usa **to breed**: *Cría caballos de polo.* He breeds polo horses.
 criarse v to grow up, to be brought up: *Me crié en el campo.* I grew up in the country./I was brought up in the country.

crimen s **1** (asesinato) murder: *el lugar del crimen* the murder scene **2** (delito grave) crime **3 el crimen** (la delincuencia) crime: *el crimen organizado* organized crime

crimen de guerra war crime **crimen de lesa humanidad** crime against humanity

criminal adj & s criminal
 criminal de guerra war criminal

crisis s crisis (pl crises): *El país está en crisis.* The country is in crisis.
 crisis de identidad identity crisis

cristal s **1** (material) crystal | **un jarrón/una copa de cristal** a crystal vase/glass **2** (de anteojos) lens (pl lenses) **3** (en química) crystal
 cristal líquido liquid crystal

cristianismo s **el cristianismo** Christianity

cristiano, a adj & s Christian

Cristo s Christ

criterio s **1** (principio) criterion (pl criteria): *Unifiquemos criterios.* Let's agree on our criteria. **2** (opinión) view, opinion: *No compartimos su criterio.* We don't share his view.

crítica s **1** (ataque) criticism ▶ **criticism** es incontable y no tiene plural: *Recibieron más críticas que elogios.* They got more criticism than praise. **2** (artículo sobre una película, etc.) review: *Le hicieron buenas críticas.* It had good reviews. **3 la crítica** (los críticos) the critics: *la reacción de la crítica* the reaction of the critics
 crítica literaria literary criticism

criticar v to criticize

crítico, -a sustantivo & adjetivo
 ■ s critic: *Es crítico de cine.* He's a movie critic.
 ■ adj critical

crol s crawl | **nadar de crol** to do the crawl

crónica s (periodística) report, article

crónico, -a adj chronic

cronológico, -a adj chronological

cronómetro s stopwatch (pl -ches)

croqueta s **1** (de pollo, de atún, etc.) croquette **2** (para animales) (pet food) pellet

cruce s **1** (de calles, carreteras) crossroads (pl -roads) **2** (acción) crossing
 cruce peatonal, cruce de peatones (a) (en una calle) pedestrian crossing, crosswalk (AmE), zebra crossing (BrE) **(b)** (puente) footbridge

crucero s **1** (de calles, carreteras) crossroads (pl -roads): *un crucero peligroso* a dangerous crossroads **2 crucero (ferroviario)** grade crossing (AmE), level crossing (BrE) **3** (viaje) cruise | **hacer un crucero** to go on a cruise **4** (barco para viajes de placer) cruise ship **5** (buque de guerra) cruiser

crucificar v to crucify

crucifijo s crucifix (pl -xes)

crucigrama s crossword | **hacer un crucigrama** to do a crossword

cruda s (por haber bebido mucho) hangover: *Se levantó con una cruda terrible.* She woke up with a terrible hangover.

crudo, -a *adjetivo & sustantivo*
- **adj** **1** (sin cocinar) raw: *Comen pescado crudo.* They eat raw fish. **2** (poco cocido) underdone, not properly cooked **3** (invierno) harsh **4** (tras una borrachera) **andar/estar crudo -a** to have a hangover **5 la cruda realidad** the harsh reality
- **crudo** *s* (petróleo) crude oil

cruel *adj* cruel

crueldad *s* **1** cruelty (pl -ties) **2 ser una crueldad** to be cruel

crujido *s* **1** (de la madera, de una puerta) creak ▶ Si se trata de *crujidos* continuos, se usa **creaking** **2** (de la nieve, la grava) crunch ▶ Si se trata de *crujidos* continuos, se usa **crunching**

crujiente *adj* **1** (galleta) crisp **2** (pan) crusty **3** (manzana) crunchy

crujir *v* **1** (madera, puerta) to creak **2** (nieve, grava) to crunch

crustáceo *s* crustacean

cruz *s* cross (pl -sses)
cruz esvástica swastika **la Cruz Roja** the Red Cross

cruzado, -a *adj* **1 con los brazos cruzados** with your arms folded, with your arms crossed: *Estaba sentado con los brazos cruzados.* He was sitting with his arms folded. | **con las piernas cruzadas** with your legs crossed **2 un saco/un traje cruzado** a double-breasted jacket/suit **3 un tiro cruzado** an angled shot

cruzar *v* **1** (atravesar) to cross: *Mira antes de cruzar.* Look before you cross. **2 cruzar las piernas** to cross your legs | **cruzar los brazos** to cross your arms | **cruzar los dedos** (para tener suerte) to cross your fingers **3** (marcar con una cruz) to put a cross next to
cruzarse *v* **1 cruzarse con alguien** to bump into sb: *¿No te cruzaste con Ale?* Didn't you bump into Ale? **2** (desencontrarse) to pass each other: *Se deben haber cruzado.* You must have passed each other. **3 se me cruzó un coche/una bicicleta etc.** a car/a bike etc. pulled out in front of me: *Se le cruzó una moto.* A motorcycle pulled out in front of her.

cuaderno *s* exercise book, notebook

cuadra *s* block: *Está a dos cuadras de aquí.* It's two blocks from here.

cuadrado, -a *adjetivo & sustantivo*
- **adj** **1** (referido a la forma) square **2 metro/kilómetro etc. cuadrado** square meter/kilometer etc. (AmE), square metre/kilometre etc. (BrE): *Tiene 60 metros cuadrados.* It measures 60 square meters. **3** (robusto, fuerte) muscly, hefty **4** (de mentalidad estrecha) narrow-minded
- **cuadrado** *s* **1** (figura geométrica) square **2** (de un número) square: *22 al cuadrado* 22 squared/the square of 22

cuadrangular *s* (en beisbol) home run

cuadriculado, -a *adj* (papel, hoja) squared

cuadrito ▶ ver **cuadro 2**

cuadro *s* **1** (en la pared) picture: *un cuadro de la Virgen* a picture of the Virgin ▶ Si se trata de una pintura, se dice **painting**: *un cuadro de Picasso* a painting by Picasso **2** (cuadrado) square | **a/de cuadros, a/de cuadritos** checked: *una camisa a cuadros* a checked shirt **3** (esquema) table: *Ver cuadro 3.* See Table 3.

cuadro sinóptico diagram

cual *pron* ▶ ver recuadro en página 514

cuál *pron* what: *¿Cuál es la diferencia?* What's the difference?: *¿Cuál es tu nombre?* What's your name? ▶ Cuando las posibles respuestas son limitadas, se usa **which** o **which one**: *¿Cuál de los tres te gusta más?* Which of the three do you like best? | *–Vi la película. –¿Cuál?* "I saw the movie." "Which one?"

cualidad *s* **1** (virtud) good quality (pl -ties): *Tiene muchas cualidades.* She has many good qualities. **2** (característica) quality (pl -ties)

cualquier *adj* any: *Puede llegar en cualquier momento.* He could arrive at any moment. | *–¿Qué le digo? –Cualquier cosa, no importa.* "What shall I tell him?" "Anything, it doesn't matter." ▶ ver **cosa, manera**

cualquiera *adjetivo & pronombre*
- **adj** (no importa cuál) any: *Dame un papel cualquiera.* Give me any piece of paper. ▶ Cuando el negativo se usa para expresar que algo o alguien es especial, se traduce por **not just any**: *Hoy no es un día cualquiera.* Today is not just any day.
- **pron** ▶ ver recuadro en página 514

cuando *conj* **1** (en el momento que) when: *Cuando llegué, llovía.* It was raining when I arrived. | *Avísame cuando termines.* Let me know when you've finished. **2 de cuando en cuando/de vez en cuando** every now and again, from time to time: *Me llama de cuando en cuando.* He calls me every now and again./He calls me from time to time.

cuándo *pron* when: *¿Cuándo es el examen?* When's the exam? | *Todavía no sabemos cuándo llegan.* We still don't know when they are arriving. ▶ ver **desde, hasta**

cuanto, -a *adjetivo, pronombre & conjunción*
- **adj & pron unos cuantos/unas cuantas** quite a few: *Vinieron unas cuantas personas.* Quite a few people came. | *Dame unas cuantas.* Give me quite a few.
- **conj** **1** La estructura equivalente a las comparaciones que empiezan con *cuanto más* o *cuanto menos* es **the + comparativo, the + comparativo**: *Cuanto antes, mejor.* The sooner, the better. | *Cuanto más lo piensas, peor es.* The more you think about it, the worse it is. | *Cuanto menos hable, mejor.* The less he talks, the better. **2 en cuanto** as soon as: *En cuanto termine nos vamos.* As soon as I'm finished we'll go. **3 cuanto antes** as soon as possible: *Ven cuanto antes.* Come as soon as possible./Come as soon as you can.

cual

1 *lo cual* se traduce por **which**:

Está cansada, lo cual era de esperarse. She's tired, which is only to be expected.

2 *el cual, la cual, los cuales* y *las cuales* se pueden traducir por **whom** si se trata de personas y por **which** en los demás casos. Pero estos relativos son muy formales en inglés, sobre todo **whom**. La primera traducción de cada ejemplo muestra una alternativa menos formal, sin relativo y con la preposición al final si la hay:

un hombre al cual todos admiran a man everybody admires/a man whom everybody admires | *una profesora de la cual aprendí mucho* a teacher I learned a lot from/a teacher from whom I learned a lot | *medidas con las cuales no están de acuerdo* measures they don't agree with/measures with which they don't agree

3 *tal cual* está tratado en *tal*.

cualquiera *pronombre*

1 Cuando se refiere a personas en general, se traduce por **anyone** o **anybody**:

Le puede pasar a cualquiera. It can happen to anyone.

Pero si se trata de sólo dos personas, la traducción es **either**:

–¿Quiere hablar con mi mamá o con mi papá? –Con cualquiera (de los dos). "Do you want to speak to Mom or Dad?" "To either (of them)."

Para expresar *una persona nada especial*, se dice **just anyone**:

Yo no salgo con cualquiera. I don't go out with just anyone.

2 Cuando se refiere a cosas en general, se traduce por **any** o **any one**:

cualquiera de esos libros any of those books/any one of those books

Pero si se trata de sólo dos cosas, la traducción es **either**:

–¿El viejo o el nuevo? –Cualquiera. "The old one or the new one?" "Either."

cuánto, -a *adj & pron* ► ver recuadro

cuarenta *número* forty | **los (años) cuarenta** the forties

cuaresma *s* Lent

cuarta *s* (en la caja de cambios) fourth, fourth gear

cuartel *s* (militar) barracks *pl*
   cuartel general headquarters *sing*

cuarto *s* **1** (habitación) room **2** (al dar la hora) quarter | **las cuatro/cinco etc. y cuarto** a quarter after four/five etc. (AmE), a quarter past four/five etc. (BrE): *Son las 3 y cuarto.* It's a quarter

cuánto -a

1 EN PREGUNTAS

Usa **how much** si te refieres a un sustantivo en singular y **how many** si a uno en plural:

¿Cuánto café queda? How much coffee is there left? | *¿Cuántas niñas hay en tu clase?* How many girls are there in your class? | *–Necesito unos alfileres. –¿Cuántos?* "I need some pins." "How many?"

Guíate por el sustantivo inglés y no por el español:

¿Cuánta gente vino? How many people came? Usa **how much** si se trata de dinero:

¿Cuánto le debo? How much do I owe you? | *No sé cuánto cuesta.* I don't know how much it is.

Usa **how long** si se trata de tiempo:

¿Cuánto tiempo te vas a quedar? How long are you going to stay? | *¿Cuánto falta para comer?* How long is it till dinner? | *¿Cuántos años hace que viven aquí?* How long have you been living here?

2 EN EXCLAMACIONES (= what a lot)

¡Cuánta gente! What a lot of people! | *¡Cuánta comida!* What a lot of food!
La traducción es diferente si se trata de tiempo:

¡Cuánto tiempo sin verte! I haven't seen you for such a long time! | *¡Cuánto tardaste!* You took such a long time!

after three./It's a quarter past three. | **un cuarto para las seis/siete etc.** a quarter of six/seven etc. (AmE), a quarter to six/seven etc. (BrE) **3** (cuarta parte) quarter: *un cuarto de jamón/un cuarto de kilo de jamón* a quarter of a kilo of ham
   cuarto creciente first quarter **cuarto de hora** quarter of an hour: *un cuarto de hora* a quarter of an hour | *tres cuartos de hora* three quarters of an hour **(cuarto de) baño** bathroom **cuarto de huéspedes** guest room **cuarto de servicio** maid's room **cuarto menguante** last quarter **cuartos de final** *s pl* quarter-finals

cuarto, -a *número* **1** fourth **2** **la cuarta parte** a quarter: *la cuarta parte de los alumnos* a quarter of the students

cuarzo *s* quartz

cuate, -ta **1** (tipo) **cuate** se traduce por **guy** pero no hay un término coloquial paralelo a **cuata**. Usa **woman** o, si es joven, **girl**: *Es un cuate muy extraño.* He's a very strange guy. | *Sale con una cuata más grande que él.* He's going out with an older woman. **2** (amigo) pal, buddy (pl -ddies) (AmE), mate (BrE) **3** (gemelo) twin

cuatro *número* **1** (número, cantidad) four **2** (en fechas) fourth

cuatrocientos, -as *número* four hundred

Cuba s Cuba

cubano, -a *adjetivo & sustantivo*
■ *adj* Cuban
■ s Cuban | **los cubanos** (the) Cubans

cubeta s (para agua) bucket

cúbico, -a *adj* cubic

cubierta s 1 (de un barco) deck | **en cubierta** on deck 2 (de un libro) cover

cubierto, -a *adj* 1 (tapado) **cubierto -a de algo** covered with sth: *Las calles estaban cubiertas de hojas.* The streets were covered with leaves. 2 (cielo) overcast

cubierto s 1 (para comer) Las palabras **silverware** (en inglés americano) y **cutlery** (en inglés británico) son incontables y significan *cubiertos*. Para referirse a un *cubierto* se usa **a piece of silverware, a piece of cutlery,** o su nombre específico (**knife, spoon** o **fork**): *Pon los cubiertos.* Put out the cutlery. | *Faltan dos cubiertos del juego.* There are two pieces of silverware missing from the set. 2 (en un restaurante) cover charge: *Cobran $25 el cubierto.* There's a $25 cover charge.

fork
knife
spoon

cubilete s shaker

cubitera s (para hielo) ice tray

cubito o **cubito de hielo** s ice cube

cubo s 1 (cuerpo geométrico) cube 2 (en matemáticas) **al cubo** cubed: *21 al cubo* 21 cubed 3 **el cubo del elevador** the elevator shaft (AmE), the lift shaft (BrE)

cubreboca s (face) mask

cubrir v 1 (tapar) to cover: *Lo cubrió con una cobija.* She covered him with a blanket. 2 (seguro) to cover: *¿Lo cubre el seguro?* Is it covered by the insurance? 3 **cubrir los gastos/los costos** to cover your expenses/costs

cucaracha s cockroach (pl -ches)

cuchara s 1 (cubierto) spoon 2 (cucharada) spoonful

cucharada s spoonful

cucharadita s teaspoonful

cucharita s 1 (cubierto) teaspoon 2 (cucharadita) teaspoonful

cucharón s ladle

cuchichear v to whisper

cuchilla s (de una licuadora, etc.) blade

cuchillo s knife (pl knives)

cucurucho s paper cone

cuello s 1 (de una persona) neck 2 (de una camisa, un saco, etc.) collar 3 (de una botella) neck

cuello en V V-neck **cuello redondo** round neck **cuello de tortuga** turtleneck (AmE), polo neck (BrE)

cuenca s (de un río) basin

cuenta s 1 (factura) bill: *la cuenta del gas* the gas bill 2 (en un restaurante) check (AmE), bill (BrE): *¿Nos trae la cuenta, por favor?* Can we get the check please?/Can we have the bill please? 3 (en aritmética) math problem (AmE), sum (BrE) | **hacer una cuenta** to do a math problem (AmE), to do a sum (BrE) | **hacer/sacar la cuenta (de algo)** to work sth out: *Todavía no hemos hecho la cuenta.* We haven't worked it out yet. | **perder la cuenta (de algo)** to lose count (of sth): *Perdí la cuenta otra vez.* I've lost count again. 4 **darse cuenta (de algo)** to notice (sth), to realize (sth) ► **to notice** se usa cuando se trata de algo visual: *Me teñí el pelo y ni se dio cuenta.* I dyed my hair and he didn't even notice: *Al rato me di cuenta de quién era.* After a while I realized who it was. | *Se dio cuenta de que había metido la pata.* He realized he had put his foot in it. | **tener/tomar algo en cuenta** to take sth into account, to bear sth in mind ► En oraciones imperativas se suele usar **bear in mind**: *No tuvieron en cuenta el clima.* They didn't take the climate into account. | *Ten en cuenta que todavía es joven.* Bear in mind that he's still young. 5 **hacer algo por cuenta** to do sth on your own: *Lo hice por mi cuenta.* I did it on my own. 6 (en un banco) account

cuenta regresiva countdown **cuenta corriente** checking account (AmE), current account (BrE) **cuenta de ahorros** savings account

cuento s 1 (narración) story (pl -ries): *¿Me cuentas un cuento, mami?* Tell me a story, mom. ► En literatura se usa **short story**: *un cuento de Rulfo* a short story by Rulfo 2 (mentira) story (pl -ries)

cuento de hadas fairy tale

cuerda *sustantivo & sustantivo plural*
■ s 1 (mecate) rope 2 (soga) rope 3 **cuerda (de saltar)** jump rope (AmE), skipping rope (BrE) | **saltar la cuerda** to jump rope, to skip rope (AmE), to skip (BrE) 4 (de una raqueta) string 5 (de una guitarra, un violín) string 6 **de cuerda** clockwork: *un juguete de cuerda* a clockwork toy | **darle cuerda a algo** to wind sth up: *Dale cuerda al reloj.* Wind the clock up. 7 **estar en la cuerda floja** to be walking on a tightrope
■ **cuerdas** s pl (instrumentos) strings
cuerdas vocales vocal chords

cuerdo, -a *adj* sane

cuerno s 1 (de un toro) horn 2 (de un ciervo) antler 3 (o **cuernito**) (pan dulce) croissant 4 (instrumento) horn 5 **ponerle los cuernos a alguien** to be unfaithful to sb

cuero s 1 leather | **una chamarra/una falda de cuero** a leather jacket/skirt 2 **en cueros** stark naked 3 (mujer atractiva) stunner: *Está hecha* *un cuero.* She's a stunner. **4** (hombre atractivo) hunk

cuero cabelludo scalp

cuerpo s **1** (de una persona, un animal) body (pl -dies): *loción para el cuerpo* body lotion **2** (cadáver) body (pl -dies) **3** (en física) body (pl -dies)

cuerpo diplomático diplomatic corps **cuerpo de bomberos** fire department (AmE), fire brigade (BrE)

cuervo s raven

cuesta s **1** hill | **cuesta arriba/abajo** uphill/downhill: *Tuvimos que empujar el auto cuesta arriba.* We had to push the car uphill. **2 llevar algo a cuestas** to carry sth on your back

cuestión s **1** (asunto) matter: *Eso es otra cuestión.* That's another matter. **2 la cuestión es** the thing is: *La cuestión es que no tengo dinero.* The thing is, I don't have any money. **3 es cuestión de gustos/tiempo etc.** it's a matter of taste/time etc. | **es cuestión de practicar/tener paciencia etc.** it's a question of practicing/being patient etc. **4 en cuestión de segundos/minutos etc.** in a matter of seconds/minutes etc.

cuestionario s questionnaire

cuete sustantivo & adjetivo
■ s **1** (buscapié, paloma, etc.) firework **2** (borrachera) **agarrar un cuete** to get loaded (AmE), to get pissed (BrE) | **traer un cuete** to be loaded (AmE), to be pissed (BrE)
■ adj (borracho) loaded (AmE), pissed (BrE)

cueva s cave

cuidado sustantivo & interjección
■ s **1 (tener) cuidado con algo** (to be) careful with sth: *¡Cuidado con ese cuchillo!* Careful with that knife! | *Ten cuidado con ese jarrón.* Be careful with that vase. ▶ A menudo se dice **watch out** para advertir a alguien de un peligro que puede no haber notado: *Cuidado con el escalón.* Watch out for the step. **2 con cuidado** carefully: *Lávalo con cuidado.* Wash it carefully.
cuidados intensivos intensive care
■ **¡cuidado! interj** careful!: *¡Cuidado! ¡Está caliente!* Careful! It's hot!

cuidadoso, -a adj careful

cuidar v **1 cuidar a un niño/un enfermo** to take care of a child/a sick person, to look after a child/a sick person **2 cuidar algo** (los libros, la ropa) to take care of sth: *No cuida los juguetes.* He doesn't take care of his toys. | **cuidarle algo a alguien** to watch sth for sb: *Cuídame la bicicleta un segundo.* Can you watch my bike for me for a minute?
cuidarse v to look after yourself, to take care of yourself: *¡Cuídate!* Look after yourself!/Take care! | *Tiene que cuidarse con la comida.* He has to be careful what he eats.

culata s (de un arma) butt

culebra s (animal) snake

culpa s **1** fault: *Es culpa mía.* It's my fault. | **tienes/tuvo etc. la culpa** it's your/it was his etc. fault: *La culpa la tuvieron ellos.* It was their fault. | *¿Quién tuvo la culpa?* Whose fault was it? | *Tú tienes la culpa de todo.* It's all your fault. | **echarle la culpa (de algo) a alguien** to blame sb (for sth): *Le echaron la culpa de todo a Pedro.* They blamed Pedro for everything. **2 por culpa de algo/alguien** because of sth/sb: *Llegamos tarde por su culpa.* We were late because of him. | *Fue por culpa del tránsito.* It was because of the traffic.

culpable adjetivo & sustantivo
■ adj guilty: *Me siento culpable.* I feel guilty.
■ s (de un delito) culprit

culpar v **culpar a alguien (de algo)** to blame sb (for sth): *Me culparon de todo.* They blamed me for everything.

cultivar v **1** (cereales, plantas) to grow **2 cultivar la tierra** to farm the land

cultivo s **1** (producto) crop **2** (acción de cultivar) **el cultivo de papas/cereales etc.** potato/cereal etc. growing

culto, -a adjetivo & sustantivo
■ adj cultured
■ **culto** s **1 el culto a la belleza/al cuerpo etc.** the cult of beauty/of the body etc. **2 una película/un músico etc. de culto** a cult movie/musician etc. **3** (práctica religiosa) worship

cultura s **1** (civilización) culture **2** (conocimientos) culture
cultura general general knowledge

cultural adj cultural

cumbia s cumbia

cumbre s **1** (de una montaña) summit **2** (reunión) summit, summit meeting

cumpleaños s birthday: *¡Feliz cumpleaños!* Happy birthday! | *Mañana es mi cumpleaños.* Tomorrow is my birthday. | **una fiesta/un regalo de cumpleaños** a birthday party/present

cumplido, -a adj **1** (puntual) punctual **2** (atento) polite

cumplir v **1 cumplir ocho/quince etc. años** to be eight/fifteen etc. ▶ Se usa la misma traducción que para *tener ocho/quince años etc.*: *Se fue de casa cuando cumplió 18 años.* He left home when he was 18. | *Mañana cumplo 12 años.* I'm going to be 12 tomorrow. | *¿Cuántos años cumples?* How old are you? **2** (una promesa) to keep: *No cumpliste tu promesa.* You didn't keep your promise. **3 cumplir una orden** to carry out an order **4** (una condena) to serve **5** (hacer lo debido) to do your part: *Yo ya he cumplido.* I've done my part. **6 cumplir con su deber** to do your duty

cumplirse v **1** (sueño, deseo) to come true: *Se me cumplió el sueño.* My dream came true. **2** (referido a aniversarios, etc.): *Hoy se cumple un año de su muerte.* He died a year ago today.

cuna s **1** (cama) crib (AmE), cot (BrE) **2** (que se puede mecer) cradle

cuneta s (al lado de la carretera) shoulder (AmE), hard shoulder (BrE)

cuñado, -a s **cuñado** brother-in-law (pl brothers-in-law) | **cuñada** sister-in-law (pl sisters-in-law)

cuota s **1** (pago) payment: *cuota mensual* monthly payment **2** (de un club) membership fee

cupón s voucher

cura *sustantivo masculino & sustantivo femenino*
■ *s masc* priest
■ *s fem* (tratamiento) cure: *una enfermedad que no tiene cura* a disease for which there's no cure

curandero, -a s healer

curar v **1** (una enfermedad) to cure **2** (una herida) to dress
curarse v to get better, to recover: *cuando te cures* when you get better/when you recover | **curarse de algo** to get over sth: *Ya se curó de la neumonía.* She's gotten over the chicken pox.

curiosidad s **1** (deseo de saber) curiosity: *Fui por curiosidad.* I went out of curiosity. | **tener curiosidad por hacer algo** to be curious to do sth: *Tenía mucha curiosidad por ver dónde vivían.* I was very curious to see where they lived. | **me/le etc. da curiosidad** I'm/she's etc. curious **2** (hecho curioso) curiosity (pl -ties)

curioso, -a *adj* **1** (metiche) nosy: *No seas curioso.* Don't be nosy. **2** (inquieto) inquisitive: *Siempre he sido muy curioso.* I've always been very inquisitive. **3** (extraño) odd, curious: *Qué curioso ¿no?* Isn't that odd?

curita® s Band-Aid® (AmE), plaster (BrE): *Ponte una curita.* Put a Band-Aid on it.

curriculum o **curriculum vitae** s résumé (AmE), CV (BrE)

cursar v **1** (una carrera) to study: *Está cursando medicina.* She's studying medicine. **2** (una materia) to study: *Voy a cursar tres materias este trimestre.* I'm going to study three subjects this term.

cursi *adj* tacky, twee (BrE)

cursiva s **en cursiva** in italics

curso s **1** (clases) course: *un curso de francés* a French course **2** (año académico) year: *la inauguración de los cursos* the start of the academic year
curso intensivo crash course, intensive course: *un curso intensivo de inglés* a crash course in English/an intensive course in English

cursor s cursor

curul s seat

curva s **1** (en una carretera) bend: *una curva cerrada* a sharp bend | **tomar una curva** to take a bend **2** (línea) curve

curvo, -a *adj* curved

custodia s **1** (de un niño) custody **2** (de una persona importante) security staff

custodiar v to guard

cutis s skin: *una crema para cutis graso* a cream for oily skin ▶ Cuando se habla de la calidad del cutis, se usa **complexion**: *un cutis perfecto/un cutis delicado* a perfect complexion/a delicate complexion

cuyo, -a *adj* **1** (hablando de una persona) whose: *un actor cuyo nombre no recuerdo* an actor whose name I forget **2** (hablando de una cosa): *un informe cuyo contenido no fue revelado* a report, the contents of which were not made public

D, d *s* D, d ► ver "Active Box" **letras del alfabeto** en **letra**

dado *sustantivo, adjetivo & conjunción*
- *s* dice (pl dice) | **tirar/echar los dados** to throw the dice
- *adj* **en un momento dado** at a given moment
- **dado que** *conj* since, given that

dálmata *s* dalmatian

dama *sustantivo & sustantivo plural*
- *s* **1** (mujer, señora distinguida) lady (pl -dies) | **damas y caballeros** ladies and gentlemen **2** (en juegos de cartas) queen **3** (en el juego de las damas) king
- **damas** *s pl* (juego) checkers (AmE), draughts (BrE) | **jugar damas** to play checkers (AmE), to play draughts (BrE)
- **damas chinas** Chinese checkers (AmE), Chinese chequers (BrE)

danés, -esa *adjetivo & sustantivo*
- *adj* Danish
- *s* (persona) Dane | **los daneses** (the) Danes
- **danés** *s* (idioma) Danish

danza *s* dance

daño *s* **hacerse daño** to hurt yourself: *Me caí pero no me hice daño.* I fell but I didn't hurt myself. | **hacerse daño en el hombro/la rodilla** etc. to hurt your shoulder/knee etc.: *Me hice daño en el codo.* I hurt my elbow. | **hacerle daño a alguien** to hurt sb

daños y perjuicios *s pl* damages

dar *v* **1** (entregar, comunicar) to give: *Me dio $50.* He gave me $50. | *Le di la llave a Pablo.* I gave Pablo the key./I gave the key to Pablo. | *¿Me das tu teléfono?* Can you give me your phone number?/Can I have your phone number? | *Todavía no le han dado la noticia.* They still haven't told her the news. **2** (aplicar) to give: *Dele una mano de pintura.* Give it a coat of paint. **3** (una película, una obra) Se usa una construcción con **on**: *¿Dónde la dan?* Where's it on?/Where are they showing it? | *¿Qué dan hoy en canal 7?* What's on channel 7 today? **4** (adjudicar) (un premio, una beca) to award **5** **darle a un botón/una tecla** to press a button/a key | **darle a una pelota** to hit a ball: *Dale fuerte.* Hit it hard. **6** **dar a la calle/al mar** etc. to look onto the street/the sea etc.: *El cuarto da al jardín.* The room looks onto the garden. **7** **a todo lo que da** **(a)** (a todo volumen) full blast: *Tenía el radio a todo lo que daba.* She had the radio on full blast. **(b)** (a toda velocidad) at full speed:

Iban por la carretera a todo lo que daba el coche. They were driving along the road at full speed. **darse** *v* **1** **darse contra una puerta/un poste** etc. to bump into a door/a lamp-post etc. **2** **se las da de intelectual/de experto** etc. he likes to think he's an intellectual/an expert etc. ► *dar clases, dar miedo, darse un golpe,* etc. están tratados bajo el sustantivo o adjetivo correspondiente

dardo *s* dart | **jugar (a los) dardos** to play darts

dátil *s* date

dato *s* information ► **information** es incontable y en muchos casos equivale a *datos: Aquí tiene los datos que me pidió.* Here's the information you asked for. | *¿Quién te dio el dato?* Who told you?/Who gave you the information? ► *datos* también puede traducirse por **data**, que es una palabra más técnica: *los datos almacenados en la computadora* the data stored on the computer ► ver **banco, base**

datos personales *s pl* details, personal details

d.C. (= **después de Cristo**) AD: *en el 300 d.C.* in 300 AD

de *prep* ► ver recuadro

debajo *adverbio & preposición*
- *adv* underneath: *Pon un plato debajo.* Put a plate underneath it. | **por debajo de** below, under: *Si está por debajo de los once pesos, conviene comprar.* If it's under eleven pesos, it's worth buying. | *Jugó muy por debajo de lo que se esperaba de él.* He played well below people's expectations of him. | *por debajo de la media* below average
- **debajo de** *prep* **1** under: *debajo de la cama* under the bed **2** **por debajo del 20%/de los 25 grados** etc. below 20%/25 degrees etc.: *temperaturas por debajo de 0°* temperatures below 0°

debate *s* debate

deber *verbo & sustantivo*
- *v* **1** ► El verbo auxiliar está tratado en el recuadro **2** (dinero, un favor) to owe: *Me debes $30.* You owe me $30. | *Le debo el regalo de cumpleaños.* I owe him a birthday present.
  deberse *v* **deberse a algo** to be due to sth: *Esto se debe al agujero de ozono.* This is due to the hole in the ozone layer. | **¿a qué se debe?** what is the reason for?: *¿A qué se debe la demora?* What's the reason for the delay?/Why is it late?
- *s* duty (pl -ties): *Cumplió con su deber.* He did his duty.

debido, -a *adjetivo & preposición*
- *adj* **con el debido respeto** with all due respect | **hacer algo como es debido** to do sth well
- **debido a** *prep* because of: *El partido se suspendió debido a la lluvia.* The game was canceled because of the rain.

débil *adj* (persona) weak ► ver **punto**

debilidad *s* **1** (física, de carácter) weakness **2** (fuente de placer) weakness (pl -sses): *El chocolate es mi debilidad.* Chocolate is my weakness.

de

1 PERTENENCIA

Si se trata de algo que pertenece a una persona, se usa el nombre del poseedor seguido de **'s**:

los amigos de César César's friends | *la bufanda de la niña* the girl's scarf

Si el sustantivo termina en s se usa sólo el apóstrofe:

las calificaciones de sus alumnos her students' grades | *el coche de Luis* Luis' car

Si se trata de algo que es parte de un objeto, *de* no se traduce y el objeto se menciona antes que la parte:

la ventana del baño the bathroom window | *la pantalla de la computadora* the computer screen

2 TEMA

El tema se menciona antes y *de* no se traduce:

una clase de ballet a ballet class | *una película de terror* a horror film

3 MATERIAL

El material se menciona antes y *de* no se traduce:

una vaso de plástico a plastic cup | *una chamarra de cuero* a leather jacket

4 PROCEDENCIA, ORIGEN (= from)

Soy de Guayaquil. I'm from Guayaquil. | *¿De dónde eres?* Where are you from?

5 CONTENIDO (= of)

un vaso de agua a glass of water

6 CON SUPERLATIVOS (= in)

el país más grande del mundo the largest country in the world | *el muchacho más guapo del colegio* the best-looking boy in the school

7 PERTENENCIA A UN GRUPO (= of)

uno de los niños one of the children | *la mejor de sus canciones* the best of their songs

8 CARACTERÍSTICA

una muchacha de pelo corto a girl **with** short hair | *ése de barba* that guy **with** a beard | *la mujer de chamarra negra* the woman **in** the black jacket

9 AUTORÍA (= by)

una canción de los Beatles a song by the Beatles

10 OCUPACIÓN (= as)

Trabaja de mesera. She works as a waitress.

11 DESDE (= from)

La clase es de 9 a 11. The class is from 9 o'clock to 11 o'clock. | *¿Cuánto se tarda de Miami a Orlando?* How long does it take to get from Miami to Orlando?

deber *verbo auxiliar*

1 SUPOSICIÓN

EN ORACIONES AFIRMATIVAS (= must)

Debe (de) tener unos 30 años. She must be about 30. | *Ya se debe (de) haber ido.* He must have left by now.

EN ORACIONES NEGATIVAS

No debe (de) ser muy difícil. It can't be very difficult. | *No debe (de) haber entendido nada.* He probably didn't understand a word./I bet he didn't understand a word.

2 OBLIGACIÓN

usa **must** si la oración está en presente y **should** si está en condicional o en pasado:

Es algo que debemos tener en cuenta. It is something we must take into account. | *Deberías llamarla.* You should call her. | *Me debiste haber avisado.* You should have told me.

debutar *v* to make your debut: *Debutó en televisión en 1991.* He made his debut on television in 1991.

década *s* decade | **la década de los ochenta/del sesenta etc.** the eighties/the sixties etc.

decadencia *s* **1** (proceso) decline | **estar en (plena) decadencia** to be in (total) decline **2** (estado decadente) decadence

decaído, -a *adj* **estar/andar decaído -a** to be feeling low

decano, -a *s* dean

decapitar *v* to behead

decena *s* **1** ten: *Se venden por decena.* They're sold in tens. **2** (en aproximaciones) **decenas de casos/veces etc.** dozens of cases/times etc.

decente *adj* **1** (aceptable) decent: *un sueldo decente* a decent salary **2** (honesto) decent

decepción *s* disappointment | **me llevé/se llevó etc. una decepción** I was disappointed/she was disappointed etc.

decepcionar *v* to disappoint: *Su reacción me decepcionó.* I was disappointed by his reaction.

decidido, -a *adj* **1** (seguro) **estar decidido -a** to have made up your mind: *No estoy muy decidida.* I haven't quite made up my mind. **2** (empeñado) **estar decidido -a a hacer algo** to be determined to do sth: *Está decidida a conseguir la beca.* She's determined to get the scholarship. **3** (resuelto) decisive: *una niña muy decidida* a very decisive girl

decidir *v* to decide: *¿Qué has decidido?* What have you decided? | **decidir hacer algo** to decide to do sth

decidirse *v* to make up your mind: *Vamos, decídete.* Come on, make up your mind.

decimal *adj & s* decimal

décimo, -a *número* tenth

decimoctavo, -a *número* eighteenth

decimocuarto, -a *número* fourteenth

decimonoveno, -a *número* nineteenth

decimoprimero, -a *número* eleventh

decimoquinto, -a *número* fifteenth

decimoséptimo, -a *número* seventeenth

decimosexto, -a *número* sixteenth

decimotercero, -a *número* thirteenth

decir *v* ► ver recuadro

decisión *s* decision | **tomar una decisión** to make/take a decision: *Tienes que tomar una decisión.* You have to make a decision.

decisivo, -a *adj* **1** (papel, factor) decisive **2** (momento) crucial

declaración *s* **1** (a la prensa) statement **2** (anuncio oficial) declaration **3 tomarle declaración a alguien** (policía) to take a statement from sb | **prestar declaración (a)** (ante la policía) to make a statement **(b)** (en un juicio) to give evidence

declaración de guerra declaration of war

declaración de independencia declaration of independence

declarar *v* **1** (en la aduana) to declare: *¿Tiene algo que declarar?* Do you have anything to declare? **2** (ante un juez) to testify **3 declarar a alguien culpable/inocente** to find sb guilty/innocent **4 declararle la guerra a alguien** to declare war on sb

declararse *v* **declararse culpable/inocente** to plead guilty/not guilty

decodificador *s* decoder

decoración *s* **1** (de una casa, un bar, etc.) decor: *La decoración es muy moderna.* The decor is very modern. **2** (acción de decorar) decoration

decoración de interiores interior design, interior decoration

decorado *s* (en teatro, cine, etc.) set

decorador, -a *s* (de interiores)

decorar *v* to decorate

decorativo, -a *adj* decorative

dedal *s* thimble

dedicación *s* dedication

dedicar *v* **1 dedicarle algo a alguien** to dedicate sth to sb: *Me dedicó la canción.* He dedicated the song to me. **2 dedicarle tiempo a algo/alguien** to devote time to sth/sb

dedicarse *v* **dedicarse a (hacer) algo** ver ejemplos: *¿A qué te dedicas?* What do you do?/What do you do for a living? | *Se dedica al periodismo.* He's a journalist. | *Me dedico a diseñar páginas web.* I design web pages.

dedicatoria *s* dedication

dedo *s* **1** (de la mano) finger: *Me corté el dedo.* I cut my finger. **2** (del pie) toe

dedo anular ring finger **dedo cordial/del corazón** middle finger **dedo gordo (a)** (del pie) big toe **(b)** (de la mano) thumb **dedo índice** forefinger **dedo meñique** little finger

---

<table>
<tr><td>**decir**</td></tr>
</table>

1 La traducción puede ser **to say** o **to tell**.

Si no se indica a quién se le dice algo, se usa **to say**:

¿Qué dijiste? What did you say? | *No dije nada.* I didn't say anything. | *¿Cómo se dice "queso" en francés?* How do you say "cheese" in French?

Si se indica a quién se le habla, se usa **to tell**:

Me dijo que venía. She told me she was coming.

También se puede usar **to say**, pero seguido de **to**:

Eso no es lo que me dijo a mí. That's not what she said to me./That's not what she told me.

decir la verdad y *decir mentiras* siempre se traducen con *to tell*:

Dije la verdad. I told the truth. | *No digas mentiras.* Don't tell lies.

2 ÓRDENES

Dice que lo esperemos. He says to wait for him. | *Mi mamá dijo que no tocaras eso.* My mom said not to touch that. | **decirle a alguien que haga algo** to tell sb to do sth: *Dile que espere.* Tell her to wait. | *¡Te dije que me dejes en paz!* I told you to leave me alone!

3 APODAR (= to call)

Le dicen el Chicho. They call him Chicho.

4 EXPRESIONES

querer decir to mean: *¿Qué quiere decir "obsoleto"?* What does "obsolete" mean? | *No quise decir eso.* I didn't mean that. | **¿qué dices?/¿qué dice?** how are things?: *¿Qué dices, Julio?* How are things, Julio? | **digo** I mean: *Hay dos, digo, tres.* There are two, I mean, three. | **dicho sea de paso** by the way: *Dicho sea de paso, qué feo es el novio.* By the way, isn't her boyfriend ugly? | **es decir** that is/that is to say: *El 28, es decir, a fin de mes.* The 28th, that is (to say), at the end of the month. | **estamos en lo dicho** that's agreed then/OK then

deducir *v* to deduce

defecto *s* **1** (de una persona) fault: *Todos tenemos defectos.* We all have our faults. **2** (de una cosa) defect: *un defecto de fabricación* a manufacturing defect ► Se usa **fault** si se trata de defectos mecánicos o técnicos y **flaw** para referirse a un defecto en una tela o tejido.

defecto físico physical defect

defectuoso, -a *adj* faulty, defective

defender *v* to defend: *Los amigos fueron a defenderlo.* His friends went to defend him. ► En el sentido de sacar la cara por alguien, se usa **to stick up for sb**: *Tú siempre lo defiendes.* You always stick up for him.

ⓘ ¿Quieres más información sobre los **verbos modales**? Hay una explicación en el apartado de gramática.

defenderse v **1** (protegerse) to defend yourself | **defenderse de algo/alguien** to defend yourself against sth/sb **2** (arreglárselas) to get by: *No hablo francés tan bien como ella, pero me defiendo.* I don't speak French as well as she does, but I get by. | *No es un gran jugador pero se defiende.* He's not a great player but he's not bad.

defensa *sustantivo femenino, sustantivo masculino & femenino & sustantivo plural*
■ *s fem* **1** (protección) defense (AmE), defence (BrE): *la defensa de los derechos de la mujer* the defense of women's rights | *la defensa del medio ambiente* the protection of the environment | **en defensa propia** in self-defense **2** (de un equipo deportivo) defense (AmE), defence (BrE) **3** (en un juicio) defense (AmE), defence (BrE) **4** (de un coche) bumper
■ *s masc & fem* **1** (en futbol) defender: *Juega de defensa.* He's a defender. **2** (en basquetbol) guard
■ **defensas** *s pl* defenses (AmE), defences (BrE): *Tiene las defensas bajas.* Her defenses are low.

defensivo, -a *adj* **1** defensive **2** **estar/ponerse a la defensiva** to be/go on the defensive: *Enseguida se puso a la defensiva.* He immediately went on the defensive.

defensor, -a *s* defender: *un defensor de la democracia* a defender of democracy ▶ ver **abogado**

defeño, -a *s* **defeño** man from Mexico City | **defeña** woman from Mexico City | **los defeños** the people of Mexico City

deficiencia *s* deficiency (pl -cies)

deficiente *adjetivo & sustantivo*
■ *adj* **1** inadequate: *una alimentación deficiente* an inadequate diet **2** **deficiente en algo** deficient in sth: *una dieta deficiente en vitamina A* a diet that is deficient in vitamin A
■ *s* (también **deficiente mental**) mentally handicapped person

definición *s* **1** (de una palabra) definition **2** (de una imagen) definition

definir v to define

definitivamente *adv* (para siempre) for good: *Dejó la música definitivamente.* He's given up music for good.

definitivo, -a *adj* **1** (respuesta) definite *No me dio una respuesta definitiva.* She didn't give me a definite answer. **2** (versión, solución) final, definitive **3** **en definitiva** in short

deforestación *s* deforestation

deforme *adj* deformed

defraudar v (decepcionar) to disappoint: *La película me defraudó.* I was disappointed by the movie.

degenerado, -a *s* **1** (pervertido sexual) pervert **2** (mala persona) degenerate

dejar v ▶ ver recuadro en página 522
dejarse v **1** **dejarse la barba/los bigotes etc.** to grow a beard/mustache etc.: *Se está dejando la barba.* He's growing a beard. **2** **se dejó ganar/engañar etc.** she let herself be beaten/be cheated etc., she let him/them etc. beat her/cheat her etc.: *Me dejé convencer.* I let myself be persuaded. | *Se dejó besar.* He let her kiss him. **3** **dejarse de tonterías** to stop being silly

del contracción de **de+el** ▶ ver **de**

delantal *s* (de cocina) apron

delante *preposición & adverbio*
■ *prep* **delante de algo/alguien** in front of sth/sb: *Le gritó delante de todos.* He shouted at her in front of everybody. | *No te sientes delante de mí.* Don't sit in front of me.
■ *adv* **por delante** **(a)** (en el tiempo) ahead: *Tienes toda la vida por delante.* You have your whole life ahead of you. **(b)** (en el espacio) at the front: *La falda cierra por delante.* The skirt fastens at the front. | **llevarse algo/a alguien por delante** to walk into sth/sb: *Me llevé la puerta por delante.* I walked into the door.

delantera *s* **1** (en futbol) forwards *pl*, strikers *pl* (BrE) **2** **llevar la delantera** to be in the lead

delantero, -a *sustantivo & adjetivo*
■ *s* (en deporte) forward
■ *adj* **el asiento delantero/las ruedas delanteras etc.** the front seat/the front wheels etc.

delegación *s* **1** (grupo de delegados) delegation **2** **delegación (de policía)** police station, precinct (AmE) **3** (municipio) municipal district

delegado, -a *s* representative

deletrear v to spell

delfín *s* dolphin

delgado, -a *adj* **1** (persona) thin, slim ▶ **slim** tiene connotaciones positivas y no se usa, por ejemplo, para decir que alguien está demasiado delgado **2** (pared, labios, lámina, etc.) thin

delicado, -a *adj* **1** (tema, situación) delicate **2** (tela, objeto) delicate **3** (persona, facciones) delicate

delicioso, -a *adj* delicious

delincuencia *s* crime: *la lucha contra la delincuencia* the fight against crime

delincuente *s* criminal

delirar v **1** (por la fiebre) to be delirious **2** (decir incoherencias) to talk nonsense

delito *s* crime | **cometer un delito** to commit a crime

delta *s* (en geografía) delta

demanda *s* **1** (en economía) demand: *la demanda de este tipo de producto* the **demand** for this type of product **2** (en derecho) lawsuit | **presentar una demanda contra alguien** to bring a lawsuit against sb, to sue sb **3** (exigencia) demand

demandar v **1** **demandar a alguien por algo** to sue sb for sth: *Los demandó por calumnias.* She sued them for libel. **2** (exigir) to demand

---

i ¿No estás seguro del significado de alguna **abreviatura**? Mira la lista de abreviaturas en el interior de la cubierta.

dejar

1 Si buscas el sentido de *permitir* o *dejar de hacer algo*, mira más abajo. Los demás usos de *dejar* se traducen por **to leave**:

Deja la llave en el cajón. Leave the key in the drawer. | *Dejaste la luz encendida.* You left the light on. | *El marido la dejó.* Her husband left her. | *¡Déjame tranquila!* Leave me alone! | *El abuelo le dejó mucho dinero.* His grandfather left him a lot of money.

Fíjate en las preposiciones en los siguientes ejemplos:

Le dejó el bebé a la vecina. She **left** the baby with her neighbor. | *Déjale un poco de jugo a tu hermano.* **Leave** some juice for your brother. | *¿Lo dejamos para otro día?* Should we **leave** it for another day?

Cuando alguien te lleva en coche, taxi, etc. y te deja en un lugar **they drop you off**:

Déjeme en la esquina, por favor. Just drop me off on the corner, please.

2 PERMITIR (= to let)

Dejé correr el agua. I let the water run. | *Déjame ver.* Let me see. | *Deja que te explique.* Let me explain.

Cuando la oración es negativa, se suele usar **won't let** o **wouldn't let**:

Mis padres no me dejan ir. My parents won't let me go. | *Yo quise ayudar pero no me dejaron.* I wanted to help but they wouldn't let me.

3 PARAR DE HACER ALGO (= to stop doing sth)

¡Deja de gritar! Stop shouting! | *Dejó de fumar.* He stopped smoking./He gave up smoking.

demás *adjetivo & pronombre*
- **adj** other: *Las demás canciones son malísimas.* The other songs are terrible./The rest of the songs are terrible.
- **pron 1 todo lo demás** everything else: *Yo me encargo de todo lo demás.* I'll take care of everything else. **2 lo demás** the rest: *Lo demás no es importante.* The rest isn't important. **3 las/los demás (a)** (el resto) the others: *Esperemos a los demás.* Let's wait for the others. **(b)** (el prójimo) other people: *Nunca piensa en los demás.* He never thinks of other people. **4 por lo demás** apart from that: *Por lo demás no hay problema.* Apart from that there's no problem.

demasiado, -a *adjetivo, pronombre & adverbio*
- **adj & pron** Usa **too much** si es singular y **too many** si es plural: *demasiado ruido* too much noise | *demasiado trabajo* too much work | *demasiados coches* too many cars | *demasiados turistas* too many tourists | *Aquí hay demasiada gente.* There are too many people here.

- **demasiado** *adv* **1 demasiado grande/lejos/caro -a** etc. too big/far/expensive etc.: *Vas demasiado rápido.* You're going too fast. **2 comer/fumar** etc. **demasiado** to eat/to smoke etc. too much: *Te preocupas demasiado.* You worry too much. | **trabajar demasiado** to work too hard

democracia *s* democracy (pl -cies)

demócrata *adjetivo & sustantivo*
- **adj** democratic
- **s** democrat ▶ Se escribe con mayúscula cuando se refiere a un miembro del partido demócrata de EU

democrático, -a *adj* democratic

demoler *v* to demolish

demonio *s* **1** devil **2 ser un demonio** (niño) to be a little devil **3 del demonio/de los mil demonios** ver ejemplos: *Pasamos un susto del demonio* We had the fright of our lives. | *En la tribuna se organizó una bronca de los mil demonios.* All hell broke loose in the stands. | *–¿Cómo te fue? –¡Del demonio!* "How did you get on?" "It was terrible!" | **¡me lleva el demonio!** oh hell!: *¡Me lleva el demonio! ¡Me robaron la cartera!* Oh hell! My wallet has been stolen! **4 saber/oler a demonios** to taste/smell disgusting **5 ¿qué/cómo demonios...? (a)** (expresando enojo) what/how the hell...?: *¿Qué demonios están haciendo aquí?* What the hell are you doing here? **(b)** (expresando sorpresa) what/how on earth...?: *¿Cómo demonios nos encontraste?* How on earth did you find us?

demora *s* delay: *Se disculpó por la demora.* He apologised for the delay.

demorar *v* **1** (tardar) to take: *Demoraste mucho.* You took a long time. | *¿Cuánto se demora en avión?* How long does it take by plane? | **demoré diez minutos/una hora** etc. **en hacer algo** it took me ten minutes/an hour etc. to do sth: *Demoramos cuarenta minutos en llegar a casa.* It took us forty minutes to get home. **2** (retrasar) **demorar a alguien** to hold sb up, to delay sb: *No te quiero demorar.* I don't want to hold you up./I don't want to delay you.

demorarse *v* **1** (tardar) to be slow: *¡Cómo se demora esa niña!* How slow that girl is! | *No te demores.* Don't be long. | **demorarse en hacer algo** to take too long to do sth, to be too slow in doing sth **2** (retrasarse) to be delayed: *Se demoraron por el tránsito.* They were delayed because of the traffic.

demostración *s* **1** (de cómo se hace algo) demonstration | **hacer una demostración de algo** to give a demonstration of sth, to demonstrate sth **2** (muestra) show: *una demostración de fuerza* a show of strength **3** (en ciencia) proof

demostrar *v* **1** (probar) to prove: *Demuéstrales que eres capaz de hacerlo.* Prove to them that you're capable of doing it. **2** (mostrar) to show: *No demuestra sus sentimientos.* He doesn't show his feelings.

densidad *s* **1** (de un material) density **2** (de la vegetación) thickness

densidad de población population density

denso, -a *adj* thick

dentadura *s* teeth *pl*: *Tiene una dentadura buenísima.* She has excellent teeth.

dentadura postiza false teeth, dentures *pl*

dental *adj* dental

dentífrico *s* toothpaste

dentista *s* dentist | **ir al dentista** to go to the dentist: *Odio ir al dentista.* I hate going to the dentist.

dentro *adverbio & preposición*
■ *adv* **1** inside: *Abre el cajón y dime qué hay dentro.* Open the drawer and tell me what's inside.
2 **aquí/ahí dentro** in here/in there: *Ponlo aquí dentro.* Put it in here.
3 **por dentro** inside: *Por dentro se moría de coraje.* Inside, he was furious.
■ **dentro de** *prep* **1** **dentro de una hora/dos semanas etc.** in an hour/in two weeks etc.: *Se casan dentro de dos meses.* They are getting married in two months. | *No lo vamos a ver hasta dentro de mucho tiempo.* We're not going to see him for a long time. | **dentro de poco (tiempo)** soon: *Se mudan dentro de poco.* They are moving soon.
2 **dentro de la caja/del edificio etc.** inside the box/inside the building etc.
3 **dentro de lo posible** as far as I/you etc. can: *Trato de llamarla todos los días, dentro de lo posible.* I try to phone her every day, as far as I can.

denuncia *s* **1** (de un robo, etc.) report | **hacer/ presentar una denuncia (de algo)** to report sth: *Hizo la denuncia del robo del coche.* She reported the theft of the car. **2** **presentar una denuncia contra alguien** to report sb

denunciar *v* to report: *Denunciaron el robo a la policía.* They reported the theft to the police.

departamento *s* **1** (sección) department **2** (vivienda) apartment, flat (BrE): *un departamento con dos recámaras* a two-bedroom apartment

dependencia *s* **1** (subordinación) **dependencia (de algo)** dependence on sth **2** (sección) department

depender *v* **1** **depender de algo** to depend on sth: *Depende del tamaño.* It depends on the size. | **depender de qué/cómo etc.** to depend how/ how etc.: *Depende de cómo lo quieras.* It depends how you want it. | **depende** it depends: *–¿Qué vas a hacer? –No sé, depende.* "What are you going to do?" "I don't know, it depends."
2 **depender de alguien** (económica o emocionalmente) to be dependent on sb: *Como no trabaja, depende de sus padres.* Since he doesn't have a job, he is dependent on his parents.

dependiente, -a *s* (en una tienda) salesclerk (AmE), shop assistant (BrE)

depilarse *v* **1** (con cera) **depilarse las piernas/ las axilas etc.** to have your legs/your underarms etc. waxed, to wax your legs/underarms etc. ▶ La segunda traducción implica que lo hace uno mismo: *Me fui a depilar las piernas.* I went to have my legs waxed. **2** (con pinza) **depilarse las cejas** to pluck your eyebrows

deporte *s* **1** sport | **hacer deporte** to do sports: *No hace deporte.* She doesn't do any sports. **2** **por deporte** for fun: *Juega por deporte.* He plays for fun.

deportes acuáticos *s pl* water sports

deportes náuticos *s pl* water sports

surfing

windsurfing

canoeing

sailing

deportista *sustantivo & adjetivo*
■ *s* (mujer) sportswoman (pl -women), (varón) sportsman (pl -men)
■ *adj* sporty

deportivo, -a *adjetivo & sustantivo*
■ *adj* **1** **un evento deportivo** a sporting event | **un periodista deportivo** a sports journalist **2** **espíritu deportivo** sporting spirit
■ **deportivo** *s* (coche) sports car

depositar *v* **depositar dinero/un cheque** to deposit money/a check (AmE), to pay money/a cheque in (BrE): *Quisiera depositar este cheque.* I'd like to deposit this check. | *Depositó el dinero en mi cuenta.* He deposited the money into my account.

depósito *s* **1** (de dinero) deposit: *Me pidieron un depósito.* They asked me for a deposit. | **hacer un depósito de $500/$2,000 etc.** (en el banco) to deposit $500/$2,000 etc. (AmE), to pay in $500/ $2,000 etc. (BrE) **2** (almacén) warehouse **3** (de agua, gasolina) tank

depredador, -a *adjetivo & sustantivo*
■ *adj* predatory
■ *s* predator

depresión *s* depression

deprimente *adj* depressing

deprimir *v* to depress: *Este clima me deprime.* This climate depresses me.

deprimirse *v* to get depressed

deprisa *adv* quickly

derecha *s* **1** **la derecha** (la mano) your right hand: *Escribe con la derecha.* He writes with his right hand. **2** **a la derecha** on the right: *la primera calle a la derecha* the first street on the right | **dar vuelta a la derecha** to turn right | **a la derecha de algo** to the right of sth: *Está a la derecha de la puerta.* It's to the right of the door. | **a la derecha de alguien** on sb's right: *Estaba sentada a la derecha de Viviana.* She was sitting on Viviana's right. | **el/la de la derecha** the one on the right: *El de la derecha es mi primo.* The one on the right is my cousin. | **de derecha a izquierda** from right to left **3** (en política) right: *el candidato de la derecha* the candidate of the right | **de derecha** right-wing: *un partido de derecha* a right-wing party

derecho, -a *adjetivo, sustantivo & adverbio*
▪ *adj* **1** (mano, pie, etc.) right: *Se lastimó la mano derecha.* He hurt his right hand.
2 en el/del lado derecho on the right-hand side **3** (recto, no torcido) straight: *Siéntense derechos.* Sit up straight. | *Puso el cuadro derecho.* She put the picture straight.
▪ **derecho** *s* **1** (de una persona, un ciudadano, etc.) right: *los derechos de la mujer* women's rights | **el derecho a algo** the right to sth: *el derecho a la educación* the right to education | **tener derecho a hacer algo** to have the right to do sth: *No tienes derecho a abrirle las cartas.* You don't have the right to open her letters. | **tener derecho a algo** to be entitled to sth: *Tenemos derecho a una explicación.* We're entitled to an explanation. | **¿con qué derecho lees mis cartas/me hablas así etc.?** what right do you have to read my letters/talk to me like that etc.?
2 (de una tela, una prenda) **el derecho** the right side
3 (disciplina) law: *Estudia derecho.* She's studying law.
derechos humanos *s pl* human rights
▪ **derecho** *adv* straight: *Me fui derecho a la cama.* I went straight to bed. | *Siga derecho por esta calle.* Carry straight on down this street.

deriva *s* **a la deriva** adrift: *El barco iba a la deriva.* The boat was adrift.

dermatólogo, -a *s* dermatologist

derramar *v* (líquido) to spill
derramarse *v* to get spilled, to get spilt: *Se derramó la leche.* The milk got spilled.

derrame *s* **1** (de petróleo) spill **2 derrame (cerebral)** brain hemorrhage (AmE), brain haemorrhage (BrE)

derrapar *v* **1** to skid: *Derrapó al dar la vuelta.* It skidded as it turned the corner. **2 llegar derrapando** to get there at the last possible moment

derretir *v* to melt
derretirse *v* to melt

derribar *v* **1** (un gobierno) to overthrow **2** (un edificio) to demolish **3 derribar un avión** to bring a plane down **4 derribar una puerta** to break a door down **5 derribar a alguien** to knock sb down

derrocar *v* to overthrow

derrochar *v* (dinero, recursos) to waste

derrota *s* defeat

derrotar *v* to defeat

derrumbarse *v* to collapse

desabrigado, -a *adj* **estar desabrigado -a** not to be wearing enough clothes | **salir desabrigado -a** to go out without enough clothes on

desabrochar *v* to undo
desabrocharse *v* **1** (camisa, falda) to come undone: *Se desabrochó el botón.* The button came undone. **2 desabrocharse la camisa/la falda etc.** to undo your shirt/your skirt etc.

desactivar *v* **1** (una alarma) to deactivate **2** (una bomba) to defuse

desafiar *v* **1** (retar) **desafiar a alguien (a hacer algo/a que haga algo)** to dare sb (to do sth), to challenge sb (to do sth): *Me desafió a que lo probara.* He dared me to try it. | *Te desafío a correr una carrera.* I challenge you to a race. **2** (el peligro, la muerte) to defy **3** (no obedecer) **desafiar a alguien/la autoridad de alguien** to defy sb/sb's authority

desafinado, -a *adj* out of tune

desafinar *v* (al cantar) to sing out of tune, (al tocar un instrumento) to play out of tune

desafío *s* challenge

desagradable *adj* unpleasant

desagradecido, -a *adj* ungrateful

desagüe *s* wastepipe

desahogarse *v* **1** (cuando se tiene rabia) to vent your anger: *Se desahoga gritándole al gato.* She vents her anger by shouting at the cat. **2** (cuando se está triste): *Déjala que llore y se desahogue.* Let her cry and she'll feel better.

desalentador, -a *adj* discouraging

desalentar *v* to discourage
desalentarse *v* to get discouraged

desalojar *v* **1** (un edificio) to evacuate: *Los bomberos desalojaron el edificio.* The firefighters evacuated the building. **2** (a un ocupante, un huelguista) to remove **3** (a un inquilino) to evict

desamarrar *v* (un nudo) to untie, (a una persona) to untie | **desamarrar un animal** to untie an animal, to let an animal loose
desamarrarse *v* **1** (paquete, nudo) to come undone: *Ten cuidado, se te desamarraron los zapatos.* Careful, your shoelaces have come undone. **2** (persona) to get free, (animal) to get loose

desamparado, -a *adj* defenseless (AmE), defenceless (BrE)

desangrado, -a *adj* **morir desangrado -a** to bleed to death

desanimado, -a *adj* downhearted

desanimar *v* to discourage
desanimarse *v* to get discouraged

desaparecer *v* to disappear: *Desapareció mi cuaderno.* My notebook has disappeared.

desaparición *s* disappearance

desapercibido, -a *adj* **pasar desapercibido -a** to go unnoticed

desaprovechar *v* **1** (una oportunidad) to waste, to miss **2** (material, espacio) to waste

---

ⓘ ¿Quieres información sobre las diferencias entre los **artículos** en inglés y en español? Lee la explicación en el apartado de gramática.

desarmador s screwdriver

desarmar v **1** desarmar un juguete/un teléfono/un aparato to take a toy/a telephone/a piece of equipment apart **2** desarmar un motor to strip an engine down **3** (quitarle las armas a) to disarm

desarme s disarmament

desarrollado, -a adj developed

desarrollar v **1** (los músculos, la inteligencia) to develop **2** (un producto) to develop
desarrollarse v (acontecimiento, acción) to take place: *La acción se desarrolla en Cali.* The action takes place in Cali.

desarrollo s development

desastre s **1** disaster: *un desastre ecológico* an environmental disaster | *La fiesta fue un desastre.* The party was a disaster. **2** ser un desastre (referido a una persona) to be hopeless

desastroso, -a adj awful: *Tus notas son desastrosas.* Your grades are awful. ▶ Existe también el adjetivo **disastrous**, que se usa sobre todo con sustantivos como **results, consequences** y **effects**

desatar v ▶ ver **desamarrar**

desatascar v (un desagüe, el inodoro) to unblock

desatornillar v to unscrew

desayunar v to have breakfast: *¿Has desayunado?* Have you had breakfast? | desayunar huevos/cereales etc. to have eggs/cereal etc. for breakfast: *¿Qué desayunaste?* What did you have for breakfast?

desayuno s breakfast: *¿Qué tomas de desayuno?* What do you have for breakfast?

desbaratar v desbaratarle los planes a alguien to spoil sb's plans
desbaratarse v **1** (coche) to be a write-off, (juguete, edificio) to be completely destroyed, (chícharos, lentejas) to be ruined **2** (banda, organización terrorista) to be broken up

descafeinado, -a adj decaffeinated

descalificar v (de una competencia) to disqualify: *Nos descalificaron.* We were disqualified.

descalzarse v to take your shoes off

descalzo, -a adj barefoot: *No andes descalza.* Don't go around barefoot./Don't go around in your bare feet.

descansar v **1** (de una actividad) to rest, to take a break: *Necesito descansar un rato.* I need to rest for a while. **2** que descanses sleep well **3** descansar la vista/los ojos to rest your eyes

descansillo s landing

descanso s **1** (reposo) rest ▶ Existe también la palabra **break**, que implica una interrupción de lo que se estaba haciendo: *Necesito un descanso.* I need a rest./I need a break. | *Se tomó unos días de descanso.* She took a few days off. **2** (de la escalera) landing

descapotable adj & s convertible

descarado, -a adj **1** (atrevido) ser descarado -a to have some nerve, to be cheeky (BrE) **2** (desvergonzado) shameless **3** una mentira descarada a barefaced lie

descarga s **1** (de mercancías) unloading: *zona de carga y descarga* loading and unloading area **2** recibir una descarga (eléctrica) to get an electric shock

descargado, -a adj **1** (batería) dead, flat (BrE) **2** (celular) estar descargado -a to need recharging

descargar v (un camión, un arma) to unload
descargarse v (batería) to go dead, to go flat (BrE)

descaro s tener el descaro de hacer algo to have the nerve to do sth

descarrilamiento s derailment

descarrilarse v to derail, to be derailed

descartar v descartar una idea/una sugerencia etc. to rule out an idea/a suggestion etc.: *Yo no descartaría esta posibilidad.* I wouldn't rule out that possibility.

descendencia s descendants pl

descender v **1** (en un ránking) to drop: *Descendió al tercer lugar.* He dropped to third place. **2** (de una categoría a otra) to be relegated: *Van a descender a tercera división.* They're going to be relegated to the third division. **3** (provenir) descender de alemanes/italianos etc. to be of German/Italian etc. descent | descender de alguien to be descended from sb **4** (temperatura) to drop, to fall

descendiente s descendant | ser descendiente de alemanes/italianos etc. to be of German/Italian etc. descent | ser descendiente de alguien to be descended from sb: *Es descendiente del famoso compositor.* He's descended from the famous composer.

descenso s **1** (de una montaña, en un avión) descent: *Vamos a iniciar el descenso.* We are about to begin our descent. **2** irse al descenso (en deportes) to be relegated **3** (referido a cifras, temperaturas) un descenso de algo a fall in sth, a drop in sth: *un descenso de las temperaturas* a drop in temperatures/a fall in temperatures

descifrar v **1** (un mensaje) to decode **2** (un código) to decipher **3** (un misterio) to solve

descolgar v **1** descolgar un cuadro/un espejo to take a picture/a mirror down **2** descolgar el teléfono to pick up the phone | dejar el teléfono descolgado to leave the phone off the hook

descolorido, -a adj faded

descomponerse v **1** (vehículo, electrodoméstico) to break down **2** (leche, carne) to go bad (AmE), to go off (BrE) **3** (cadáver) to decompose

descompuesto, -a adj el refrigerador/el televisor etc. está descompuesto the refrigerator/the TV etc. isn't working, the refrigerator/the

TV etc. has broken down | **el elevador/el teléfono está descompuesto** the elevator/the phone is out of order

desconectar v to disconnect
desconectarse v **1** (de Internet) to disconnect **2** (del trabajo) to switch off **3 desconectarse de alguien** to lose touch with sb: *Me fui desconectando de mis compañeras.* I gradually lost touch with my classmates.

desconfiado, -a adj distrustful, suspicious

desconfianza s suspicion

desconfiar v **desconfiar de algo/alguien** to be suspicious of sth/sb: *Desconfía de todo el mundo.* He is suspicious of everyone./He doesn't trust anyone.

descongelar v **1** (un pollo, un pastel, etc.) to defrost **2** (un refrigerador) to defrost
descongelarse v (alimentos) to defrost

desconocido, -a adjetivo & sustantivo
■ adj **1** (actor, escritor, motivo) unknown **2** (lugar, ciudad) unfamiliar
■ s stranger

descontar v **1** (de un precio) **descontarle el 10%/el 20% etc. a alguien** to give sb a 10%/a 20% etc. discount: *Me descontaron el 15%.* I was given a 15% discount. **2** (del sueldo) to deduct: *Te lo descuentan del sueldo.* They deduct it from your salary. **3** (de un puntaje) **descontar un punto/dos puntos etc.** to take one point/two points etc. off, to deduct one point/two points etc. **4** (en un partido de futbol) **descontar dos/tres etc. minutos** to add on two/three etc. minutes for stoppages

descontrolarse v to lose control

descortés adj rude

descoserse v **1** (costura) to come undone, to come unstitched **2** (botón) to come off **3** (pantalón, falda) to come unstitched at the seams

descremado, -a adj **leche descremada** skim milk (AmE), skimmed milk (BrE)

describir v to describe

descripción s description

descubierto, -a adj **1** (cara) uncovered **2** (cabeza) bare, uncovered

descubridor, -a s discoverer

descubrimiento s discovery (pl -ries): *el descubrimiento de América* the discovery of America

descubrir v **1** (enterarse de) to find out, to discover: *Descubrí que era mentira.* I found out that it was a lie. **2** (un lugar, un fenómeno) to discover: *La penicilina se descubrió en 1950.* Penicillin was discovered in 1950. **3 descubrir a alguien** to find sb out: *Nos van a descubrir.* They're going to find us out.

descuento s (del precio) discount: *un descuento del 20%* a 20% discount | *Lo compró con descuento.* He bought it **at a discount**. | **hacerle descuento a alguien** to give sb a discount: *Me hizo el 10% de descuento.* She gave me a 10% discount.

descuidado, -a adj **1** (edificio, jardín) neglected **2** (negligente) careless

descuidar v to neglect: *No descuidaron ni un detalle.* They didn't neglect a single detail.
descuidarse v (distraerse) ver ejemplos: *Si te descuidas, te puedes perder.* If you aren't careful, you can get lost. | *Se descuidó un minuto y le robaron la cámara.* His attention strayed for a moment and his camera got stolen.

descuido s **1** ver ejemplos: *En un descuido le robaron la maleta.* She took her eye off her suitcase for a second and somebody stole it. | *En un descuido de la madre, se escapó y se cayó al agua.* His mother took her eye off him for a moment and he ran off and fell in the water. **2** (olvido) oversight

desde preposición & adverbio
■ prep ▶ ver recuadro
■ adv **desde luego** of course

desear v **1 desearle algo a alguien** to wish sb sth: *Te deseo suerte.* I wish you luck. | *Les deseo lo mejor.* I wish you all the best. **2 estoy deseando que llegue mi cumpleaños/que empiecen las vacaciones etc.** I can't wait for my birthday/for vacation etc., I'm really looking forward to my birthday/to vacation etc. | **estar deseando hacer algo** to be looking forward to sth: *Estoy deseando volver a verlo.* I'm looking forward to seeing him again. **3 ¿qué desea?** (en una tienda) what can I help you with?, what would you like?

desechable adj **1** (pañal, plato, jeringa) disposable **2** (envase) non-returnable **3** (cámara) single-use **4** (teléfono) throwaway, disposable

desechar v **1** (una idea) to reject **2** (botar) **desechar algo** to throw sth away

desechos s pl waste sing: *desechos industriales* industrial waste

desembarcar v (pasajeros) to disembark

desembocadura s **1** (de un río) mouth **2** (de una calle) end

desembocar v **1** (río) **desembocar en el Pacífico/el Amazonas etc.** to flow into the Orinoco/the Amazon etc. **2** (calle) **desembocar en la avenida/la calle 54 etc.** to come out onto the avenue/54th Street etc.

desempacar v to unpack

desempatar v ver ejemplos: *Jugaron otro partido para desempatar.* They played a deciding game. | *Desempataron en el último minuto.* They broke the deadlock in the last minute.

desempate s **producirse el desempate**: *En el último minuto se produjo el desempate.* The deadlock was broken in the final minute. | **jugar el desempate** to play a decider

desde

1 LUGAR (= from)

Desde aquí se ve mejor. You can see better from here. | *Vine corriendo desde la playa.* I ran all the way from the beach. | **desde... hasta...** from... to...: *la carretera que va desde San José Iturbide hasta Santa Catarina* the road that runs from San José Iturbide to Santa Catarina

2 TIEMPO (= since)

Ha cambiado mucho desde que se casó. He's changed a lot since he got married.

Cuando en español el verbo va en presente, en inglés va en el **present perfect** o el **present perfect continuous**:

No lo veo desde el viernes. I haven't seen him since Friday. | *Toca la guitarra desde que tenía cinco años.* She has been playing the guitar since she was five.

En oraciones afirmativas *desde hace* equivale a *for*:

Estudio inglés desde hace tres años. I've been learning English for three years.

EXPRESIONES

desde... hasta... from... to.../from... until...: *Me quedé desde el 31 hasta el 8.* I stayed from the 31st through the 8th./I stayed from the 31st until the 8th. | **¿desde cuándo ...?** how long ...?: *¿Desde cuándo la conoces?* How long have you known her? | *¿Desde cuándo vas a yoga?* How long have you been going to yoga? ▶ El uso irónico se traduce por **since when**: *¿Desde cuándo te interesa la política?* Since when have you been interested in politics?

3 VARIEDAD (= from)

Hay entradas desde $50. There are tickets from $50. | **desde... hasta...** from... to...: *Venden desde coches hasta relojes.* They sell everything from cars to watches.

desempeñar v **1** (un cargo) to hold **2** (un papel) to play
  desempeñarse v **1** (trabajar) **desempeñarse como docente/periodista etc.** to work as a teacher/journalist etc. **2** (desenvolverse) **desempeñarse bien** to do well

desempleado, -a *adjetivo & sustantivo*
  ▪ *adj* unemployed
  ▪ *s* unemployed person (pl unemployed people): *miles de desempleados* thousands of unemployed people | **los desempleados** the unemployed

desempleo s unemployment: *Hay mucho desempleo.* There's a lot of unemployment.

desenchufar v to unplug

desenfocado, -a *adj* out of focus

desengaño s disappointment | **llevarse un desengaño** to be disappointed

desenredar v **desenredarle el pelo a alguien** to untangle sb's hair
  desenredarse v **desenredarse el pelo** to untangle your hair

desentenderse v **desentenderse de algo** to wash your hands of sth: *Se desentendió del asunto.* He washed his hands of the affair.

desenterrar v **desenterrar algo** to dig sth up

desentonar v **1** (al cantar) to sing out of tune **2** (no combinar) no to go, to look out of place

desenvolver v (un paquete) to unwrap

deseo s wish (pl wishes): *Pide un deseo.* Make a wish.

desequilibrado, -a *adj* unbalanced

desertar v **1** (del ejército) to desert **2** (de un partido, una organización) to defect **3** (de los estudios, de una carrera) to drop out

desértico, -a *adj* **un clima/un paisaje desértico** a desert climate/landscape

desesperación s desperation: *Lo hizo por desesperación.* He did it out of desperation. | **¡qué desesperación!** it is/was etc. so frustrating!

desesperado, -a *adj* desperate | **estar desesperado -a** to be desperate: *Está desesperado porque no consigue trabajo.* He's desperate because he can't find a job. | **estar desesperado -a por hacer algo** to be desperate to do sth: *Están desesperados por vender la casa.* They're desperate to sell the house.

desesperante *adj* exasperating

desesperar v Para decir que algo te desespera, usa los adjetivos **exasperating** o **frustrating**: *Me desespera que no entiendan.* It's exasperating that they don't understand. | *Me desespera no poder hacer nada por él.* I find it frustrating that I can't do anything for him.
  desesperarse v **1** (angustiarse) to get exasperated, to get frustrated **2** (perder las esperanzas) to despair: *No te desesperes.* Don't despair.

desfiladero s gorge

desfilar v **1** (modelos) ver ejemplos: *Desfilaron más de 50 modelos.* Over 50 models took part in the show. | *Van a desfilar en traje de baño.* They'll be modeling swimsuits./They'll be going down the catwalk in swimsuits. **2** (soldados) to parade

desfile s **1** desfile (de modelos) (fashion) show **2** (de soldados) parade

desgarrarse v **desgarrarse un músculo/un ligamento** to tear a muscle/a ligament

desgarre s (en un músculo) torn muscle, (en un ligamento) torn ligament | **sufrir un desgarre** to tear a muscle/to tear a ligament: *Sufrió un desgarre en el muslo.* He tore a thigh muscle.

desgastado, -a *adj* worn

desgastar v to wear down
  desgastarse v to wear down: *La pieza se va desgastando con el uso.* The part wears down with use.

desgracia s **1** (tragedia) tragedy (pl -dies) |
¡**qué desgracia!** how terrible! **2** (mala suerte)
misfortune: *Tiene la desgracia de estar casada
con él.* She has the misfortune of being married
to him. **3 por desgracia** unfortunately: *Por
desgracia, me vio.* Unfortunately, he saw me.

desgraciado, -a s **1** (persona mala) swine:
Los desgraciados no me pagaron. The swines
didn't pay me. **2** (persona infeliz) **un pobre
desgraciado/una pobre desgraciada** a poor devil

deshabitado, -a adj **1** (casa) empty, unoc-
cupied **2** (pueblo, isla) uninhabited

deshacer v **1** (un nudo) to undo **2 deshacer
la maleta** to unpack **3** (romper) to wreck, to
smash up: *Se dio de frente contra un poste y
deshizo el coche.* He crashed head-on into a post
and wrecked the car.
deshacerse v **1** (nudo, trenza) to come
undone: *Se te ha deshecho la trenza.* Your braid
has come undone. **2** (desintegrarse) to disintegrate: *Lo tocas y se deshace.* If you touch it it
disintegrates. **3** (disolverse) to dissolve
4 deshacerse de algo/alguien to get rid of sth/
sb: *Te tienes que deshacer de todos estos trastos
viejos.* You have to get rid of all this old junk.

deshecho, -a adj **1** (paquete, nudo) undone
2 (persona) (extenuado) exhausted, (destruido
emocionalmente) devastated

deshielo s thaw

deshilachado, -a adj frayed

deshincharse v **se me ha deshinchado la
cara/la rodilla etc.** the swelling in my face/on my
knee etc. has gone down

deshonesto, -a adj dishonest

deshuesadero s scrapyard

desierto, -a adjetivo & sustantivo
■ adj (ciudad, calle) deserted
■ **desierto** s desert

designar v to appoint: *Fue designado director.*
He was appointed director.

desigual adj **1** (variable) erratic, uneven: *Fue
un partido muy desigual.* It was a very erratic
game. **2** (diferente) unequal

desigualdad s inequality (pl -ties): *la desigualdad social* social inequality

desilusión s disappointment: *¡Qué desilusión!*
What a disappointment! | **llevarse una desi-
lusión** to be disappointed: *Nos llevamos una
gran desilusión.* We were terribly disappointed.

desilusionado, -a adj disappointed

desilusionar v to disappoint
desilusionarse v to be disappointed: *Me de-
silusioné cuando lo vi.* I was disappointed when I
saw it.

desinfectante s disinfectant

desinfectar v to disinfect

desinflarse v (llanta, globo) to go down

desintegrarse v **1** (materia, objeto) to disintegrate **2** (grupo, familia) to break up

desinterés s **1** (falta de interés) lack of interest **2** (generosidad) unselfishness

desinteresado, -a adj (generoso) unselfish

deslave s landslide

desleal adj **1** (persona) disloyal **2** (competencia) unfair

deslizarse v **1** (hacia abajo) to slide: *Se desli-
zaron por la pendiente.* They slid down the hill.
2 (al bailar, patinar) to glide

deslumbrante adj dazzling

deslumbrar v to dazzle

desmayarse v to faint: *Casi me desmayo.* I
nearly fainted.

desmayo s **sufrir un desmayo** to faint

desmentir v (una noticia, un rumor) to deny

desmenuzar v **1** (pan, bizcocho) to crumble
2 (pollo) to shred

desmontar v **1** (una máquina, un librero, un
armario) to dismantle, to take apart **2** (un
motor) to strip **3** (de un caballo) to dismount

desnudarse v to get undressed, to take your
clothes off

desnudo, -a adjetivo & sustantivo
■ adj **1** (persona) naked **2** (pies, hombros) bare
■ **desnudo** s **1** (en pintura) nude **2** (en cine)
nude scene

desnutrido, -a adj malnourished

desobedecer v (una orden, a una persona) to
disobey: *No me desobedezcas.* Don't disobey me.

desobediente adj disobedient

desocupado, -a adjetivo & sustantivo
■ adj **1** (desempleado) unemployed: *Hay mucha
gente desocupada.* There are a lot of unemployed
people. **2** (asiento) free: *¿Está desocupado?* Is
this free?
■ s unemployed person (pl unemployed people):
miles de desocupados thousands of unemployed
people | **los desocupados** the unemployed

desodorante s deodorant

desorden sustantivo & sustantivo plural
■ s (en una casa, un cuarto, etc.) mess: *¡Qué desorden!* What a mess!
■ **desórdenes** s pl **1** (disturbios) disturbances:
desórdenes callejeros disturbances on the streets
2 (en medicina, psiquiatría) disorders

desordenado, -a adj (casa, cuarto, persona)
messy (AmE), untidy (BrE): *Soy muy desordenado.* I'm very messy.

desordenar v **desordenar algo** to mess sth up:
Desordenaron todo. They messed everything up.

desorganizado, -a adj disorganized

desorientado, -a adj **1** (en el espacio) **estar
desorientado -a** to get turned around (AmE), to
have lost your bearings (BrE): *Estoy desorien-
tada. ¿Dónde queda el aeropuerto?* I've got
turned around. Which way is the airport?
2 (sin saber qué hacer) confused

ⓘ ¿Quieres información sobre las diferencias entre los **posesivos** en inglés y en español? Lee la explicación en el apartado de gramática.

desorientar v to confuse
desorientarse v to lose your bearings: *Me desorienté cuando salí del metro.* I lost my bearings when I came out of the subway.

despabilado, -a adj **1** (vivo, avispado) bright, sharp **2** (completamente despierto) wide awake

despacho s **1** (oficina) office **2** (en una casa) study (pl -dies)

despacio adv (lento) slowly: *¿Puede hablar más despacio?* Can you speak more slowly?

despectivo, -a adj (actitud, tono) contemptuous

despedida s **1** (adiós) goodbye: *No me gustan las despedidas.* I don't like goodbyes./I don't like saying goodbye. **2 una fiesta/una cena etc. de despedida** a farewell party/dinner etc.
despedida de soltera girls' night out (AmE), hen night (BrE) **despedida de soltero** stag night

despedir v **1 despedir a alguien** (decirle adiós) to see sb off: *La fuimos a despedir al aeropuerto.* We went to the airport to see her off. **2 despedir a alguien** (del trabajo) to dismiss sb, to lay sb off ► **to dismiss** implica mala conducta por parte del empleado. Si se trata de despidos por falta de trabajo o dificultades de la empresa, se usa **to lay off**: *Los despidieron a todos.* They were all dismissed./They were all laid off. **3 salir despedido -a (a)** (hacia adelante) to be thrown forward **(b)** (por el aire) to be thrown into the air
despedirse v to say goodbye: *Nos despedimos en la estación.* We said goodbye at the station. | **despedirse de alguien** to say goodbye to sb: *¿Te despediste de Paula?* Did you say goodbye to Paula?

despegar v **1 despegar algo (de algo)** to get sth off (sth): *No puedo despegar la calcomanía de la ventana.* I can't get the decal off the window. **2** (avión) to take off
despegarse v (cromo, etiqueta, foto) to come off

despegue s (de un avión) takeoff

despeinado, -a adj estoy/estaba etc. **despeinado -a** my hair is/was etc. messy (AmE), my hair is/was etc. untidy (BrE): *Siempre anda despeinado.* His hair's always messy.

despeinar v **despeinar a alguien** to mess sb's hair up
despeinarse v to mess your hair up: *Te despeinaste.* You've messed your hair up. | *Me despeiné con el viento.* The wind messed my hair up.

despejado, -a adj (cielo, noche) clear

despejar v **1** (un lugar) to clear: *Despejen la entrada, por favor.* Clear the entrance, please. **2** (en futbol) **despejar (el balón/el centro)** to clear (the ball/the cross) **3** (una incógnita) to find the value of
despejarse v **1** (hablando del tiempo) to clear up: *Se está despejando.* It's clearing up. **2** (persona) to clear your head: *Salí un rato para despejarme.* I went out for a bit to clear my head.

despensa s (en una casa) larder

desperdiciar v **1** (papel, material) to waste **2** (una ocasión, una oportunidad) to waste, to miss

desperdicio s waste: *un desperdicio de tiempo* a waste of time

desperezarse v to stretch

despertador s alarm, alarm clock: *No sonó el despertador.* The alarm clock didn't go off. | *Pon el despertador a las 7.* Set the alarm for 7 o'clock.

despertar v **despertar a alguien** to wake sb up: *Despiértame a las 8.* Wake me up at 8.
despertarse v to wake up: *Yo me despierto temprano.* I wake up early.

despido s dismissal, lay-off ► **dismissal** implica que hubo mala conducta o no se respetó el contrato. Cuando es por falta de trabajo o dificultades de la empresa, se habla de **lay-off**

despierto, -a adj awake: *¿Estás despierta?* Are you awake?

despilfarrar v to squander

despistado, -a adj **1** (distraído) **ser despistado -a** to be absent-minded: *Es un poco despistado.* He's rather absent-minded. **2** (confundido) **estar despistado -a** to be confused, to be disoriented

despistar v **1** (desorientar) to confuse: *un plan para despistar al enemigo* a plan to confuse the enemy **2** (hacerle perder la pista a) **despistar a alguien** to throw sb off the scent: *Las huellas despistaron a la policía.* The prints threw the police off the scent.
despistarse v to get mixed up: *Me despisté y terminé en otro lado.* I got mixed up and ended up somewhere else.

desplazar v (suplantar) to replace: *Desplazó a Sampras del primer puesto.* He replaced Sampras at the top of the rankings. ► Al referirse a nuevos productos, ideas, etc. se suele usar **to supersede**, frecuentemente en la voz pasiva: *El DVD está desplazando al video.* Video is being superseded by DVD.
desplazarse v (persona) to get around: *Tiene dificultad para desplazarse.* He has problems getting around.

desplegar v **1** (un mapa) to spread out, to unfold **2** (una bandera) to unfurl **3** (tropas) to deploy **4 desplegar las alas** to spread your wings

despoblado, -a adj **1** (deshabitado) uninhabited **2** (con pocos habitantes) underpopulated

despreciable adj (persona, actitud) despicable

despreciar v **1** (mirar por encima del hombro a) to look down on **2** (considerar despreciable) to despise

desprecio s **1** (desdén) contempt | **sentir desprecio por alguien** to feel contempt for sb **2** (ofensa) **hacerle un desprecio a alguien** to snub sb

desprenderse v **1** (soltarse) to come off: *Se desprendió la etiqueta.* The label came off. **2 desprenderse de algo** **(a)** (deshacerse de algo) to part with sth: *No me quiero desprender de estos juguetes.* I don't want to part with these toys. **(b)** (soltar algo) to let go of sth: *No se desprendió de su muñeca.* She never let go of her doll.

desprestigiar v to discredit

desprevenido, -a adj **agarrar/tomar a alguien desprevenido -a** to catch sb unawares

desproporcionado, -a adj **1** disproportionate **2 tiene las manos desproporcionadas/los pies desproporcionados etc.** his hands/feet etc. are out of proportion

después adv & conj **1** (más tarde) later: *Después te llamo.* I'll call you later. | *varios años después* several years later **2** (a continuación) then: *Después se puso a cantar.* Then she started singing. ▶ Para expresar después de algo que ya se mencionó también se puede usar **afterwards**: *La ceremonia es a las siete y después hay una fiesta.* The ceremony is at seven and afterwards there's a party./The ceremony is at seven, then there's a party. **3 después de algo** after sth: *Te veo después de la clase.* I'll see you after class. | **después de hacer algo** after doing sth: *No conviene nadar después de comer.* It's not advisable to swim after eating. | **después de desayunar/comer/cenar** after breakfast/lunch/dinner: *¿Qué hicieron después de cenar?* What did you do after dinner? | **después de que** after: *Llegaron después de que hablé contigo.* They arrived after I spoke to you. **4** (en el espacio) **después del banco/del puente etc.** after the bank/the bridge etc. **5** (expresando turno) **después de alguien** after sb: *¿Quién está después del señor?* Who's after this gentleman? **6** (también, luego) then: *Después tienes éstos de $50.* Then you have these at $50. **7 después de todo** after all: *Después de todo, es mi casa.* It's my house, after all.

desquitarse v to get even, to get your own back

destacado, -a adj **1** (artista, científico) prominent, distinguished **2** (rol) prominent

destacar v **1** (poner de relieve) to stress, to highlight **2** (o **destacarse**) (sobresalir) to stand out: *Se destaca entre las demás jugadoras.* She **stands out from** the rest of the players. | **destacarse/destacar por algo** to be noted for sth: *No se destaca por su sentido del humor.* He's not noted for his sense of humor.

destapador s bottle opener

destapar v **1** (un frasco, una cacerola) to take the lid off, to open **2** (una botella) to take the top off, to open **3** (a alguien que está acostado) to take the covers off **4** (una tubería, un fregadero) to unblock
destaparse v (en la cama) to throw the covers off

destartalado, -a adj dilapidated

desteñir v Si una prenda destiñe al lavarla y mancha otras prendas, se usa **to run**, generalmente con el color como sujeto: *Lávalo con agua fría para que no destiña.* Wash it in cold water so the color doesn't run.
desteñirse v to fade: *una camisa negra desteñida* a faded black shirt: *Se destiñe al lavarlo con agua caliente.* It fades if you wash it in hot water.

destinatario, -a s (de una carta) addressee

destino s **1** (de un viaje) destination: *cuando llegaron a su destino* when they arrived at their destination **2 con destino a** ver ejemplos: *los pasajeros con destino a Lima* passengers traveling to Lima | *Salieron con destino a Cuba.* They left for Cuba. **3** (referido al curso de los acontecimientos) fate, destiny (pl -nies): *las vueltas del destino* the quirks of fate

destituir v **destituir a alguien** to remove sb from office

destreza s skill
destreza manual manual dexterity

destrozado, -a adj **1** (anímicamente) devastated: *Quedó destrozada con la noticia.* She was devastated by the news. **2** (arruinado, roto) ruined

destrozar v **1** (destruir) to destroy: *El huracán destrozó medio pueblo.* The hurricane destroyed half the town. **2** (arruinar) to ruin: *Destrozó los zapatos jugando futbol.* He ruined his shoes playing soccer. **3** (romper a propósito) to smash up: *Destrozaron la habitación del hotel.* They smashed up the hotel room. **4** (emocionalmente) to devastate: *La enfermedad del hijo la tenía destrozada.* She was devastated by her son's illness. | **destrozarle la vida a alguien** to ruin sb's life | **destrozarle el corazón a alguien** to break sb's heart

destrozos s pl damage sing: *La inundación causó grandes destrozos.* The flood caused a lot of damage.

destrucción s destruction

destructivo, -a adj destructive

destruir v to destroy

desvalido, -a adj (anciano, niño) helpless

desvalijar v **1 desvalijar una casa/una tienda** to clean a house/a store out: *Otra vez les desvalijaron la tienda.* Their store was cleaned out again. **2 desvalijar a alguien** to rob sb of everything he/she etc. has: *La desvalijaron en el tren.* She was robbed of everything she had on the train. **3 desvalijar un coche** to steal everything from a car

desván s attic

desvelarse v **1** La traducción depende de si ya estabas durmiendo o no: *Tomé café y me desvelé.* I had some coffee and it kept me awake. | *Se despertó con el ruido y se desveló.* The noise woke him up and he couldn't get back to sleep.

2 se desvela por sus hijos/por él etc. she'll do anything for her children/for him etc.

desventaja s disadvantage | **estar en desventaja** to be at a disadvantage

desvestir v to undress

desvestirse v to undress, to get undressed

desviación s detour (AmE), diversion (BrE)

desviar v (el tránsito, un vuelo) to divert, (una pelota) to deflect, (un golpe) to ward off, to parry

desviarse v **1** (vehículo, conductor) to turn off **2** (barco, avión) to go off course **3 desviarse del tema** to go off the subject

detalladamente adv in detail

detallado, -a adj detailed

detalle s **1** (pormenor) detail: Se fija en todos los detalles. He notices every detail. ▶ ver **lujo 2** (de un cuadro) detail **3** (atención, gesto) nice thought, nice gesture

detallista adj **1** (atento) thoughtful **2** (minucioso) particular, meticulous

detectar v to detect

detective s detective: un detective privado a private detective

detector s detector

detector de mentiras lie detector **detector de metales** metal detector

detención s **1** (arresto) arrest **2** (encarcelamiento) detention

detener v **1** (arrestar) to arrest: Lo detuvieron en el aeropuerto. He was arrested at the airport. **2** (parar) to stop: No podían detener el fuego. They couldn't stop the fire.

detenerse v (parar) to stop: Se detuvo en el semáforo. She stopped at the traffic light.

detenidamente adv carefully

detenido, -a adjetivo & sustantivo
■ adj **estar detenido -a** to be under arrest
■ s En inglés se usa el verbo to **arrest**: Hubo más de 40 detenidos. More than 40 people were arrested.

detergente s **1** (para lavar la ropa) detergent, laundry detergent (AmE), washing powder (BrE) **2** (para lavar los platos) dishwashing liquid (AmE), washing-up liquid (BrE)

deteriorarse v to deteriorate

determinado, -a adj (cierto) certain: Deben cumplir con determinados requisitos. They must fulfill certain requirements.

determinar v **1** (precisar) to establish, to determine: Están tratando de determinar si fue o no un accidente. They are trying to establish whether or not it was an accident. **2** (causar) to cause

detestar v to hate, to detest | **detestar hacer algo** to hate doing sth, to detest doing sth

detrás preposición & adverbio
■ prep **1 detrás de algo (a)** (en el espacio) behind sth: Se escondió detrás de la puerta. He hid behind the door. **(b)** (en una secuencia) after sth: Dijo una tontería detrás de la otra.

She said one stupid thing after another. **(c)** (indicando responsabilidad o causa) behind sth: ¿Quién está detrás de todo esto? Who's behind all this?

2 detrás de mí/él etc. behind me/him etc.: Quédate detrás de mí. Stay behind me.

3 estar detrás de algo/alguien to be after sth/sb

■ adv behind: El perro venía detrás. The dog came behind. | **por detrás** from behind: Si la ves por detrás, parece una muchacha joven. Looking at her from behind, you'd think she was a young girl.

deuda s **1** debt: Tiene muchas deudas. He has a lot of debts./He is heavily in debt. **2 estar en deuda con alguien** to be indebted to sb

deuda externa foreign debt

devaluación s devaluation

devaluar v to devalue

devaluarse v (moneda) to fall

devastador, -a adj devastating

devoción s **1** (admiración) great admiration | **sentir devoción por algo/alguien** to be a great admirer of sth/sb **2** (cariño) devotion | **sentir devoción por alguien** to be devoted to sb **3** (en religión) devotion

devolución s **1** (de dinero) refund: Exigió la devolución del dinero. He demanded a refund of the money. **2** (de una compra): Estas prendas no tienen devolución. These garments cannot be exchanged or returned./No refunds are given on these garments. **3** (de una pertenencia) return

devolver v **1 devolverle algo a alguien** to give sth back to sb, to give sb sth back: Le tengo que devolver este CD a Lucía. I have to give this CD back to Lucía. | ¿Te devolví aquellos $50? Did I give you back that $50? | No me quisieron devolver el dinero. They wouldn't give me my money back./They wouldn't give me a refund. | **devolver un libro a la biblioteca** to take a book back to the library, to return a book to the library **2** (vomitar) to be sick: Devolvió en el coche. She was sick in the car. **3** (un favor) to return

devorar v to devour

devorarse v **1** (comida) **devorarse algo** to devour sth, to wolf sth down: Se devoraron el pastel de fresas. They devoured the strawberry cake. **2** (un libro) to devour

devoto, -a adjetivo & sustantivo
■ adj devout
■ s (aficionado) devotee: los devotos de la ópera devotees of opera

DF s (= Distrito Federal) Mexico City: los habitantes del DF the people of Mexico City

día s **1** (24 horas) day: Mayo tiene 31 días. May has 31 days. | ¿Qué día es hoy? What day is it today? | **todos los días** every day: Lo veo todos *los días.* I see him every day. | **todo el día** all day: *Estuvo todo el día aquí.* He was here all day. | **un día sí y un día no** every other day: *Me llama un día sí y un día no.* She calls me every other day. | **al día siguiente** the following day: *Se fueron al día siguiente.* They left the following day. | **al día** a day: *Trabaja ocho horas al día.* She works eight hours a day. | **el otro día** the other day: *Lo conocí el otro día.* I met him the other day. | **de un día para (el) otro** overnight: *Cambió de idea de un día para el otro.* She changed her mind overnight. | **estar/mantenerse al día** to be/keep up to date: *Estamos al día con el trabajo.* We're up to date with our work. | *Es difícil mantenerse al día con las computadoras.* It's difficult to keep up to date with computers. ► ver "Active Box" **días de la semana 2** (hablando del tiempo) day: *¡Qué bonito día!* What a lovely day! | *un día nublado* a cloudy day **3** (claridad) daylight: *La asaltaron en pleno día.* They attacked her in broad daylight. | **de día** in the daytime: *Prefiero manejar de día.* I prefer driving in the daytime. | *Duerme de día.* He sleeps during the day./He sleeps in the daytime. | *¿Ya es de día?* Is it morning yet? **4** (en fechas) No se traduce al inglés: *Llegan el día 3 de junio.* They arrive on June 3rd. **5 buenos días** good morning

día de la Madre Mother's Day **Día de los Inocentes** El equivalente del Día de los Inocentes en los países anglosajones es **April Fools' Day**, que se celebra el 1 de abril **día del Padre** Father's Day **día de Muertos** All Souls' Day **día del Trabajo** En EU el día del Trabajo se conoce como **Labor Day** y se celebra el primer lunes de septiembre. En Gran Bretaña el **May Day bank holiday** marca **International Workers' Day** **día festivo/feriado** national holiday (AmE), bank holiday (BrE) **día hábil/laborable** working day

diabetes *s* diabetes

diabético, -a *adj & s* diabetic

diablito *s* **1** (para tomar electricidad) Si quieres explicar qué es un diablito, di *it's a device used for illegally connecting to the public electricity supply* **2** (para transportar cosas) hand truck

diablo *s* **1** devil | **el Diablo** the Devil **2** (niño travieso) little devil **3 mandar a alguien al diablo** to tell sb to go to hell | **¡vete al diablo!** go to hell! | **¡me lleva el diablo!** oh hell!: *¡Me lleva el diablo! ¡Me volvieron a robar!* Oh hell! I've been robbed again! **4** (en preguntas): *¿Qué diablos es esto?* What the hell is this? | *¿Dónde diablos lo pusiste?* Where did you put it?

diadema *s* **1** (para sujetar el pelo) hair band **2** (corona) tiara

diagnosticar *v* to diagnose | **diagnosticarle algo a alguien** to diagnose sb with sth, to diagnose sb as having sth: *Le diagnosticaron diabetes.* She was diagnosed with diabetes./She was diagnosed as having diabetes.

Los ejemplos de este **Active Box** son una guía para ayudarte a construir oraciones que hablan de los días de la semana. Recuerda que en inglés los días de la semana llevan mayúscula.

Se fue el lunes por la mañana.	She left Monday morning.
¿Qué hicieron el viernes por la noche?	What did you do Friday night?
Nos vemos el miércoles.	See you **on** Wednesday.
Mi mamá no trabaja los sábados.	My mom doesn't work **on** Saturdays.
el periódico del miércoles	**Wednesday's** paper
El examen es el martes que viene.	The exam is next Tuesday.
Salimos todos los viernes.	We go out every Friday.
Se reúnen cada dos jueves.	They meet every other Thursday.
Llegan no este martes sino el siguiente.	They are arriving a week **from** Tuesday.
La fiesta no fue el sábado pasado sino el anterior.	The party was **the** Saturday **before** last.
Mi cumpleaños es este domingo en ocho.	My birthday is **the** Sunday **after next**.

diagnóstico *s* diagnosis

diagonal *adjetivo & sustantivo*
■ *adj* diagonal
■ *s* (línea) diagonal line, diagonal | **en diagonal** diagonally: *Cruzamos en diagonal.* We crossed diagonally.

diagrama *s* diagram

diálogo *s* **1** (en un libro, una película, etc.) dialogue **2** (conversación) conversation

diamante *sustantivo & sustantivo plural*
■ *s* diamond | **un anillo/un collar de diamantes** a diamond ring/necklace
■ **diamantes** *s pl* (en cartas) diamonds

diamantina *s* **1** (para usar sobre papel) glitter **2** (cosmético) body glitter

diámetro *s* diameter

diapositiva *s* slide

diario *sustantivo & adjetivo*
■ *s* **1** (periódico) newspaper: *Lo leí en el diario.* I read it in the newspaper. **2** (memorias) diary (pl -ries): *el diario de Anna Frank* the diary of Anne Frank
■ **diario, -a** *adj* **1** (cotidiano) daily, everyday: *la*

vida diaria daily life/everyday life **2** (por día) a day: *Trabaja ocho horas diarias.* He works eight hours a day.

diarrea *s* diarrhea (AmE), diarrhoea (BrE)

dibujante *s* (hombre) draftsman (pl -men) (AmE), draughtsman (pl -men) (BrE), (mujer) draftswoman (pl -women) (AmE), draughtswoman (pl -women) (BrE)
　dibujante de historietas cartoonist

dibujar *v* to draw: *Me encanta dibujar.* I love drawing.

dibujo *s* **1** (obra) drawing: *¡Qué bonito dibujo!* What a lovely drawing! | **hacer un dibujo de algo** to draw sth **2** (actividad) drawing: *Toma clases de dibujo.* He goes to drawing lessons. ▶ El nombre de la asignatura es **art**: *Mañana tenemos dibujo.* We have art tomorrow. **3** (estampado) design
　dibujos animados *s pl* cartoons

diccionario *s* dictionary (pl -ries) | **buscar algo en el diccionario** to look sth up in the dictionary: *Tuve que buscar tres palabras en el diccionario.* I had to look three words up in the dictionary.
　diccionario bilingüe bilingual dictionary

dicho *participio & sustantivo*
　■ *participio* **mejor dicho** rather, or rather: *Es tarde, mejor dicho, tardísimo.* It's late, or rather, very late.
　■ *s* saying: *como dice el dicho* as the saying goes

diciembre *s* December ▶ ver "Active Box" **meses** en **mes**

dictado *s* (en la escuela) dictation

dictador, -a *s* dictator

dictadura *s* dictatorship
　dictadura militar military dictatorship

dictar *v* to dictate: *El profesor nos dictó el poema.* The teacher dictated the poem **to** us.

didáctico, -a *adj* (programa, juguete) educational

diecinueve *número* **1** (número, cantidad) nineteen **2** (en fechas) nineteenth

dieciocho *número* **1** (número, cantidad) eighteen **2** (en fechas) eighteenth

dieciséis *número* **1** (número, cantidad) sixteen **2** (en fechas) sixteenth

diecisiete *número* **1** (número, cantidad) seventeen **2** (en fechas) seventeenth

diente *s* **1** (de persona, animal) tooth (pl teeth): *Me rompí un diente.* I broke a tooth. | *Tiene los dientes chuecos.* His teeth are crooked. | **cepillarse los dientes** to brush your teeth: *¿Te cepillaste los dientes?* Have you brushed your teeth? | **se me/le etc. cayó un diente** I/he etc. lost a tooth, one of my/his etc. teeth came out: *Todavía no se le han caído los dientes.* He hasn't lost his baby teeth yet. **2** (de un peine) tooth (pl teeth)

diente de ajo clove of garlic **diente de leche** baby tooth (pl teeth) (AmE), milk tooth (pl teeth) (BrE) **dientes postizos** *s pl* false teeth, dentures

diesel *s & adj* diesel: *un motor diesel* a diesel engine

diestro, -a *adj* (que usa la mano derecha) right-handed

dieta *s* **1** (régimen) diet | **estar a dieta** to be on a diet: *Estoy a dieta.* I'm on a diet | **ponerse a dieta** to go on a diet **2** (alimentación) diet: *una dieta equilibrada* a balanced diet

dietético, -a *adj* **alimentos dietéticos** diet foods | **bebidas dietéticas** diet drinks

diez *número* **1** (número, cantidad) ten **2** (en fechas) tenth

diferencia *s* **1** (desigualdad) difference: *¿Qué diferencia hay entre estos dos?* What's the difference between these two? | *No hay mucha diferencia de precio.* There's not much difference in the price. **2** **a diferencia de** unlike: *A diferencia de su mamá, Marita es muy alta.* Unlike her mother, Marita is very tall. **3** **la diferencia** (el resto) the difference: *Quédate con la diferencia.* You keep the difference.

diferenciar *v* **1** to differentiate between, to distinguish between: *Todavía no diferencia los colores.* He still can't differentiate between colors. **2** **diferenciar algo/a alguien de algo/alguien** to make sth/sb different from sth/sb, to differentiate sth/sb from sth/sb: *¿Qué los diferencia de otras bandas de rock?* What differentiates them from other rock bands?
　diferenciarse *v* **¿en qué se diferencia... de...?** how is... different from...?, what's the difference between... and...?: *¿En qué se diferencia su estilo del de los Beatles?* How is their style different from that of the Beatles?/What's the difference between their style and that of the Beatles?

diferente *adj* **1** (distinto) different **2** **diferente a/de** different from: *Este CD es muy diferente al primero.* This CD is very different from the first one. ▶ Existen también las estructuras **different than**, frequente en el inglés americano oral, y **different to**, muy común en el inglés británico oral **3** **diferentes** (varios) different: *Usaron diferentes tipos de madera.* They used different types of wood.

diferido, -a *adj* **pasar/transmitir algo diferido** to show a recording of sth: *Lo transmiten en vivo a las 5 y diferido a las 9.* It is being broadcast live at 5 and a recording will be shown at 9.

difícil *adj* **1** difficult, hard: *El examen fue muy difícil.* The exam was very difficult./The exam was very hard. | *Es muy difícil de entender.* It's very difficult to understand./It's very hard to understand. **2** (improbable) unlikely: *Lo veo difícil.* I think it's unlikely./I don't think it's very likely.

a difficult game
(chess)

an easy game
(dominoes)

dificultad s **1** (problema) problem: *Tienen dificultades económicas.* They have financial problems. | *La dificultad está en recordar todos los pasos.* The difficult thing is remembering all the steps. **2 respirar/caminar etc. con dificultad** to have difficulty breathing/walking etc.

difundir v **1** (hablando de noticias) **difundir algo** to make sth public: *Se difundió la versión oficial.* The official version was made public. ▶ Si la difusión se hace por radio o TV, se usa **to broadcast** y si en la prensa escrita, **to publish**: *Los medios difundieron la noticia rápidamente.* The media were quick to broadcast the news./The media were quick to publish the news. **2** (hablando de las ideas, la obra de alguien) to disseminate

difunto, -a *adjetivo & sustantivo*
■ *adj* late: *su difunta madre* his late mother
■ *s* **el difunto/la difunta** the deceased

digerir v (un alimento) to digest

digestión s digestion | **hacer la digestión** to digest (your food)

digital *adj* digital

dignarse v **dignarse hacer algo** to deign to do sth: *Ni se dignó contestar.* He didn't even deign to reply.

dignidad s dignity

digno, -a *adj* **1** (salario, vivienda) decent **2** (actitud) honorable (AmE), honourable (BrE) **3 ser digno -a de respeto/admiración etc.** to be worthy of respect/admiration etc., to deserve respect/admiration etc.: *una actuación digna de un Oscar* a performance worthy of an Oscar | **ser digno -a de verse** to be worth seeing | **es digno de lástima/compasión** he is to be pitied

dije s **1** (para pulsera) charm **2** (para colgar del cuello) pendant

dilatarse v **1** (metal) to expand **2** (pupila) to dilate **3** (tardarse) to be long: *No te dilates, que ya está la comida.* Don't be long, lunch is ready.

diluir v **1** (un líquido) to dilute **2** (pintura) to thin **3** (un polvo, una pastilla) to dissolve

diluviar v to pour, to pour with rain

diluvio s deluge
el Diluvio Universal the Flood

dimensión *sustantivo & sustantivo plural*
■ *s* (magnitud) dimension: *en tres dimensiones* in three dimensions/in 3-D
■ **dimensiones** *s pl* **1** (de un cuarto, un terreno,

etc.) dimensions, size **2** (de un problema, una tragedia, etc.) magnitude

diminutivo s diminutive

diminuto, -a *adj* tiny, minute

dimitir v to resign

Dinamarca s Denmark

dinámica s dynamics *sing*

dinámico, -a *adj* (persona) dynamic

dinamita s dynamite

dinastía s dynasty (pl -ties)

dineral s **costar/gastar un dineral** to cost/to spend a fortune

dinero s money: *No tengo dinero.* I don't have any money./I haven't got any money. | *Me pidió dinero.* He asked me for (some) money. | **andar/estar mal de dinero** to be short of money

dinosaurio s dinosaur

dios *sustantivo masculino & sustantivo masculino & femenino*
■ *s masc* **1** Dios God: *¿Crees en Dios?* Do you believe in God? **2 gracias a Dios** thank God: *Está bien, gracias a Dios.* She's all right, thank God. **3 ¡por Dios!** for God's sake!: *¡Basta, por Dios!* That's enough, for God's sake! **4 ¡Dios mío!** **(a)** (para expresar sorpresa) (Good) God! **(b)** (para expresar angustia) my God! **5 ¡Dios nos libre!** God forbid!, heaven forbid!
■ **dios, -a** *s masc & fem* dios god | **diosa** goddess (pl -sses): *la diosa Afrodita* the goddess Aphrodite

dióxido s dioxide: *dióxido de carbono* carbon dioxide

diploma s diploma

diplomacia s **1** (actividad, carrera) diplomacy **2** (conjunto de diplomáticos) diplomatic corps **3** (tacto) diplomacy

diplomado s **1** (curso) diploma (course): *los requisitos para inscribirse al diplomado* the requirements for enrolling on the diploma course **2** (título) diploma: *Tiene el diplomado en edición de la UNAM.* She has a diploma in publishing from Mexico University.

diplomático, -a *adjetivo & sustantivo*
■ *adj* **1** (cargo, relaciones, servicio) diplomatic **2** (en el trato) diplomatic
■ *s* diplomat

diptongo s diphthong

diputado, -a s

> El cargo equivalente al de diputado en EU es el de **Representative** y en Gran Bretaña el de **Member of Parliament** o **MP**. Para referirse a un diputado de otro país se usa **deputy**, cuyo plural es **deputies**.

dique s dyke

dirección s **1** (domicilio) address (pl -sses): *¿Cuál es tu dirección?* What's your address? **2** (sentido) direction: *en dirección oeste* in a westerly direction | *Iban en dirección a Cancún.*

They were going toward Cancun. **3** (oficina del director) principal's office (AmE), head teacher's office (BrE): *Lo mandaron a la dirección.* He was sent to the principal's office. **4** (de un vehículo) steering **5** (en cine, teatro) direction **dirección de e-mail, dirección electrónica** e-mail address

direccional s turn signal (AmE), indicator (BrE) | **poner la direccional** to signal (AmE), to indicate (BrE)

directamente *adv* **1** (derecho) straight: *Lo llevaron directamente al hospital.* He was taken straight to the hospital. **2** (sin intermediarios) directly: *La orden viene directamente del Presidente.* The order comes directly from the president.

directiva s board (of directors)

directivo, -a s director

directo, -a *adj* **1** (camino, ruta, vuelo) direct: *¿Cuál es la ruta más directa?* What is the most direct route? **2** (contacto, comunicación) direct: *No tengo contacto directo con él.* I'm not in direct contact with him. **3** un **tren directo** a through train, a direct train **4** (lenguaje) direct, (respuesta) straight **5 en directo** live: *¿Lo dan en directo?* Are they showing it live? | *una entrevista en directo* a live interview

director, -a s **1** (de una escuela) principal (AmE), head (BrE), head teacher (BrE) **2** (de una empresa) director **3** (de una institución) director **4** (de cine, teatro) director **5** (de una publicación) editor **6** (de una orquesta) conductor **director -a técnico -a** head coach (pl -ches) (AmE), manager (BrE)

directorio s **1 directorio (telefónico)** (telephone) directory | **buscar un número en el directorio** to look up a number in the directory **2** (de una empresa, un banco) board, board of directors: *una junta de directorio* a board meeting **3** (en computación) directory (pl -ries)

dirigente s leader

dirigir v **1** (una empresa, una institución) to manage, to run **2** (una publicación) to edit, to be the editor of **3** (una película, una obra de teatro) to direct **4** (una carta) to address: *La carta está dirigida a ti.* The letter is addressed to you. **5** (un debate) to chair, (un partido político) to lead, to be the leader of **dirigirse** v **1** (hablar) **dirigirse a alguien** to speak to sb **2** (ir) **dirigirse a** to head for: *Se dirigió a la sala de juntas.* He headed for the meeting room.

discapacitado, -a *adjetivo & sustantivo*
■ *adj* disabled
■ s disabled person | **los discapacitados** disabled people, the disabled: *los derechos de los discapacitados* the rights of disabled people/the rights of the disabled

disciplina s **1** (normas) discipline **2** (científica, etc.) discipline

discípulo, -a s disciple

disc jockey s disc jockey

disco *sustantivo masculino & sustantivo femenino*
■ *s masc* **1** (de música) record: *el mejor disco de Bob Dylan* Bob Dylan's best record ▶ Si se trata de un compacto se dice **CD**: *Le regalé un disco.* I gave her a CD. | **poner un disco** to put a CD on, to put a record on | **grabar un disco** (para una discográfica) to make a record **2** (en computación) disk **3** (en atletismo) discus (pl -ses) **disco compacto** compact disc, CD **disco duro, disco rígido** hard disk **disco flexible** diskette, floppy disk
■ *s fem* (discoteca) club

discográfica s record company (pl -nies)

discográfico, -a *adj* **la industria discográfica** the record industry | **una compañía discográfica** a record company

discoteca s club

discreción s discretion | **con discreción** discreetly, tactfully

discreto, -a *adj* **1** (persona) discreet **2** (color) discreet **3** (traje, vestido) sober

discriminación s discrimination | **discriminación de/contra alguien** discrimination against sb

discriminar v **discriminar (a alguien)** to discriminate (against sb): *Los discriminan porque son diferentes.* They discriminate against them because they're different.

disculpa s **1** apology (pl -gies): *Le debo una disculpa.* I owe you an apology. **2 pedirle disculpas a alguien** to say you're sorry, to apologize to sb: *Pídele disculpas.* Say you're sorry./Apologize to him.

disculpar v **disculpa/disculpe (a)** (para pedir perdón) sorry, I'm sorry: *Discúlpame, no te vi.* Sorry, I didn't see you. **(b)** (al abordar a alguien) excuse me: *Disculpe ¿tiene hora?* Excuse me, do you have the time? **disculparse** v **disculparse (por algo)** to apologize (for sth): *Se disculpó por la demora.* She apologized for the delay. | **disculparse con alguien** to apologize to sb: *¿Te disculpaste con Sandra?* Did you apologize to Sandra?

discurso s speech (pl -ches) | **dar/pronunciar un discurso** to give/make a speech

discusión s **1** (pelea) argument: *Tuvimos una discusión terrible.* We had a terrible argument. **2** (debate) discussion

discutir v **1** (pelearse) to argue: *No discutamos más.* Let's not argue any more. | **discutir por algo** to argue about sth: *Discutieron por dinero.* They argued about money./They had an argument about money. **2** (cuestionar) to question: *Nadie se atreve a discutir sus órdenes.* No one dares to question his orders. | *Me discute todo.* She questions everything I say. **3** (debatir) to discuss: *Se discutieron varios temas.* Several issues were discussed.

disecar v (un animal) (para conservarlo) to stuff

disectar v (un animal) to dissect

diseñador, -a s designer
diseñador -a de modas fashion designer
diseñador -a gráfico -a graphic designer

diseñar v to design

diseño s design
diseño de modas fashion design **diseño gráfico** graphic design

disfraz s **1** (para divertirse) costume: *un disfraz de vampiro* a vampire costume | *Me puse el disfraz.* I put the costume on. ▶ ver **fiesta**
2 (para ocultarse) disguise

disfrazado, -a adj **1** (para divertirse) in costume (AmE), in fancy dress (BrE): *Estaban todos disfrazados.* They were all in costume. | **disfrazado -a de algo** dressed up as sth: *Iba disfrazado de vaca.* He was dressed up as a cow.
2 (para ocultarse) in disguise | **disfrazado -a de algo** disguised as sth: *Entró al país disfrazado de mujer.* He entered the country disguised as a woman.

disfrazarse v **disfrazarse (de algo)** **(a)** (para divertirse) to dress up (as sth): *Me voy a disfrazar de Superman.* I'm going to dress up as Superman. **(b)** (para ocultarse) to disguise yourself (as sth): *Se disfrazaron de monjas.* They disguised themselves as nuns.

disfrutar v **disfrutar (de) algo** to enjoy sth: *Disfrutaron mucho del viaje.* They really enjoyed the trip. | **disfrutar haciendo algo** to enjoy doing sth: *Disfruta viéndolo jugar.* She enjoys watching him play.

disgustar v to upset

disgusto s **llevarse un disgusto** to be upset: *Mi mamá se llevó un disgusto enorme.* My mom was really upset. | **darle un disgusto a alguien** to upset sb

disimulado, -a adj **1** (persona) discreet: *Trata de ser más disimulado.* Try to be a little more discreet./Try not to make it so obvious.
2 **hacerse el disimulado/la disimulada** to play the innocent: *No te hagas la disimulada.* Don't play the innocent with me.

disimular v (ocultar) ver ejemplos: *No sabe disimular.* He's no good at hiding things. | *No podía disimular los nervios.* She couldn't hide the fact that she was nervous.

disimulo s **1** **con disimulo** discreetly: *Miró el reloj con disimulo.* He looked at his watch discreetly./He looked at his watch, hoping nobody would notice. **2** **sin ningún disimulo** quite blatantly: *Mienten sin ningún disimulo.* They lie quite blatantly.

diskette s floppy disk

dislocarse v **dislocarse el tobillo/el hombro etc.** to dislocate your ankle/your shoulder etc.

disminución s drop: *una disminución de los ingresos* a **drop in** income

disminuir v **1** (reducirse) to drop: *Ha disminuido el número de accidentes de tránsito.* The number of road accidents has dropped. | **disminuir un 10%/un 5% etc.** to drop by 10%/5% etc. **2** **disminuir la velocidad** to reduce your speed, to slow down

disolvente s solvent

disolver v **1** (en un líquido) to dissolve **2** (una manifestación) to break up
disolverse v **1** (en un líquido) to dissolve **2** (manifestación) to break up

disparar v **1** (un arma, un tiro) to fire: *Dispararon tres veces.* They fired three times. **2** **dispararle (a alguien)** Cuando se le dispara a alguien, se usa **to shoot** si se acierta y **to shoot at** o **to fire at** si no se acierta: *Le dispararon por la espalda.* They shot him from behind./They shot at him from behind. | *¡No dispares!* Don't shoot! | **disparar contra alguien** to fire at sb, to fire on sb: *Dispararon contra los manifestantes.* They fired at the demonstrators./They fired on the demonstrators. **3** (en futbol) to shoot **4** (invitar) ver ejemplos: *Me disparó el cine y las palomitas.* He paid for the movie and the popcorn. | *Yo disparo los cafés.* The coffees are on me.
dispararse v (precios) to shoot up, to rocket

disparate s **decir disparates** to talk nonsense, to talk rubbish (BrE) | **hacer un disparate** to do something stupid

disparejo, -a adj **1** (no plano) uneven: *La cancha está muy despareja.* The playing field is very uneven. **2** (desigual) uneven: *Te dejaron las patillas disparejas.* They've cut your sideburns unevenly. **3** (referido a una competencia) unequal, unevenly matched: *Va a ser un partido muy disparejo.* It's going to be a very unequal game.

disparo s shot

dispersar v (a un grupo de manifestantes, etc.) to disperse, to break up

disponer v **1** **disponer de tiempo/dinero etc.** to have time/money etc. **2** (colocar) to arrange: *Dispuso las piezas sobre la mesa.* She arranged the pieces on the table.
disponerse v **disponerse a hacer algo** to be about to do sth

disponible adj available

dispositivo s device

dispuesto, -a adj **estar dispuesto -a a hacer algo** to be prepared to do sth: *No estoy dispuesto a aceptarlo.* I'm not prepared to accept it.

distancia s distance: *¿Qué distancia hay entre Cuzco y Lima?* What's the distance between Cuzco and Lima? | *¿a qué distancia está?* how far is it?: *¿A qué distancia está de la estación?* How **far** is it **from** the station? | **a una distancia de 50 m/100 km etc.** at a distance of 50 m/100 km etc.

distinción s (diferencia) distinction | **hacer una distinción** to make a distinction | **no hacer distinciones** to make no distinction

distinguir v **1** (diferenciar) **distinguir cosas/a personas** to tell things/people apart: *Me cuesta distinguir a los gemelos.* I find it hard to tell the twins apart. | **no distingo una cosa de otra/entre una cosa y otra** I can't tell one thing from another, I can't tell the difference between one thing and another: *No distingue un coche de otro.* He can't tell one car from another./He can't tell the difference between one car and another. **2** (ver) **distinguir algo** to make sth out: *No distingo el número del autobús.* I can't make out the number on the bus.

distinguirse v **distinguirse de algo/alguien** to stand out from sth/sb: *un barrio que se distingue de los demás* an area that stands out from the rest | **distinguirse por algo** to be noted for sth: *Estas aves se distinguen por su plumaje.* These birds are noted for their plumage.

distinto, -a adj **1** (diferente) different: *Las dos hermanas son muy distintas.* The two sisters are very different. | **distinto -a a/de** different from: *Es muy distinta a la mamá.* She's very different from her mom. | *La dieta de los japoneses es muy distinta de la nuestra.* The Japanese diet is very different from ours. ▶ Existe también **different to**, pero es menos frecuente que **different from**. En inglés americano también se usa **different than 2 distintos -as** (varios) various: *Hay distintas formas de hacerlo.* There are various ways of doing it.

distracción s **1** (entretenimiento) entertainment ▶ Este sustantivo es incontable y por lo tanto no tiene plural: *Necesita un poco de distracción.* He needs some entertainment. | *Aquí no hay muchas distracciones.* There isn't much entertainment around here. **2** (falta de atención) *En un momento de distracción lo perdí de vista.* I was distracted for a moment and lost sight of him.

distraer v **1** (apartar la atención de) to distract **2** (entretener) **distraer a alguien** to keep sb amused: *Puse la televisión para distraer a los niños.* I put the TV on to keep the kids amused.

distraerse v **1** (desconcentrarse) to get distracted: *Se distrae con facilidad.* He gets distracted easily./He's easily distracted. **2** (entretenerse) to keep yourself amused: *Se distrae haciendo crucigramas.* He keeps himself amused doing crossword puzzles.

distraído, -a adj **1** (como característica permanente) absent-minded: *Soy muy distraída.* I'm very absent-minded. | *un niño distraído* an absent-minded boy **2 estar distraído -a** not to be paying attention: *Últimamente está muy distraído en clase.* He hasn't been paying attention in class lately. ▶ La traducción del ejemplo siguiente muestra una alternativa muy frecuente en

el lenguaje hablado: *Perdóname, estaba distraído.* Sorry, I wasn't paying attention./Sorry, I was miles away.

distribución s **1** (reparto) distribution **2** (de las habitaciones en una casa) layout

distribuir v **1** (alimentos, folletos, dinero) to distribute: *El dinero se distribuyó entre varias obras benéficas.* The money was distributed among several charities. **2** (tareas) to allocate **3** (mercaderías, productos) to distribute **4** (ubicar) to arrange

distrito s district
distrito electoral district (AmE), constituency (pl -cies) (BrE) **Distrito Federal** Mexico City

disturbio s riot

diurex s Scotch tape® (AmE), Sellotape® (BrE)

diversión s **1** (disfrute) **hacer algo por diversión** to do sth for fun: *Compone canciones por diversión.* He composes songs for fun. **2** (actividad recreativa) form of entertainment: *su diversión favorita* his favorite form of entertainment ▶ *diversiones* se puede traducir por el sustantivo incontable **entertainment**: *No hay diversiones para los niños.* There is no entertainment for the children./There is nothing for the children to do.

diversos, -as adj various

divertido, -a adj **1** (entretenido) fun: *un juego divertido* a fun game | **estar muy divertido -a** to be great fun: *La fiesta estuvo muy divertida.* The party was great fun. **2** (cómico) funny: *una anécdota divertida* a funny anecdote ▶ ver abajo

---

¿funny o fun?

funny sólo se aplica a lo que te hace reír como chistes, incidentes, personas, etc.

Una fiesta, un juego, unas vacaciones, son **fun** y no **funny**.

---

divertir v (entretener) **me/le etc. divierte hacer algo** I enjoy/he enjoys etc. doing sth: *Me divierte jugar con los pequeños.* I enjoy playing with the little ones.

divertirse v to have a good time, to enjoy yourself: *¿Te divertiste?* Did you have a good time?/Did you enjoy yourself? | *¡Que se diviertan!* Have a good time!/Enjoy yourselves!

dividir v to divide | **dividir algo entre/por algo** to divide sth by sth: *Tienes que dividir cien entre cuatro.* You have to divide a hundred by four.

dividirse v **1 dividirse algo** to split sth: *Se dividieron el premio entre los cuatro.* They split the prize between the four of them. **2 dividirse en grupos/equipos** to split up into groups/teams

divino, -a *adj* divine

divisa *sustantivo & sustantivo plural*
- *s* currency (pl -cies)
- **divisas** *s pl* (moneda extranjera) foreign currency *sing*

división *s* **1** (operación matemática) division | **hacer una división** to do a division **2** (en deportes) division: *Han ascendido a primera división.* They've been promoted to the first division. **3** (separación) division

divorciado, -a *adjetivo & sustantivo*
- *adj* divorced: *Sus padres están divorciados.* Her parents are divorced.
- *s* divorcee

divorciarse *v* to get divorced | **divorciarse de alguien** to divorce sb

divorcio *s* divorce

dizque *adverbio & adjetivo*
- *adv* supposedly: *Estaba dizque estudiando.* He was supposedly studying. | *Murió dizque de pena.* They say he died of grief.
- *adj* so-called: *los dizque representantes del pueblo* the so-called representatives of the people

do *s* C

dobladillo *s* hem

doblado, -a *adj* (referido a películas) dubbed

doblaje *s* dubbing

doblar *v* **1** (un papel, una carta, etc.) to fold | **doblar algo en dos/cuatro etc.** to fold sth in two/four etc. **2** (una camisa, una sábana, etc.) to fold **3** **doblar las piernas/las rodillas etc.** to bend your legs/your knees etc.: *Dobla el brazo.* Bend your arm. **4** (una película) to dub: *Está doblada al español.* It's **dubbed into** Spanish. **5** (duplicar) to double
doblarse *v* **1** (curvarse) to bend **2** (multiplicarse por dos) to double **3** (en el dominó) to put down a double

doble *adjetivo, sustantivo masculino, sustantivo masculino & femenino & sustantivo plural*
- *adj* double: *un whisky doble* a double whiskey **doble ciudadanía** *s* dual nationality **doble falta** *s* (en tenis) double fault **doble sentido** *s* (de algo que se dice) double meaning: *un chiste de doble sentido* a joke with a double meaning
- *s masc* **1** **el doble** twice as much: *Me costó el doble.* It cost me twice as much. | **el doble de dinero/de tiempo etc.** twice as much money/time etc.: *Necesito el doble de tiempo.* I need twice as much time. | *Tiene el doble de edad que ella.* He's twice her age. | **el doble de largo/rápido etc.** twice as long/fast etc.: *Esta computadora es el doble de rápido que la otra.* This computer is twice as fast as the other one. **2** (en basquet) **(hacer un) doble** (to score a) two-pointer
- *s masc & fem* **1** (persona parecida) double **2** (en el cine) stand-in, double
- **dobles** *s pl* (en tenis) doubles

doce *número* **1** (número, cantidad) twelve **2** (en fechas) twelfth

doceavo, -a *número* twelfth

docena *s* dozen: *una docena de rosas* a dozen roses ▶ **dozen** se usa en singular aunque se hable de varias docenas: *dos docenas de huevos* two dozen eggs | *Los venden por docena.* They sell them **by the dozen.**

docencia *s* teaching: *Quiere dedicarse a la docencia.* She wants to go into teaching.

docente *s* teacher

doctor, -a *s* **1** (en medicina) doctor: *Llamemos al doctor.* Let's call the doctor. | *Lo atendió la Doctora Lecue.* He was seen by Doctor Lecue. **2** (en otras carreras) **ser doctor -a en algo** to have a PhD in sth: *Es doctora en lingüística.* She has a PhD in linguistics.

doctorado *s* PhD | **hacer un doctorado (en algo)** to do a PhD (in sth)

documentación *s* **1** (de una persona) papers *pl* **2** (de un vehículo) documents *pl*, papers *pl* **3** (sobre un tema) material

documental *s* documentary (pl -ries) | **un documental sobre algo** a documentary on/about sth

documentar *v* to check in: *Hay que documentar dos horas antes del vuelo.* You have to check in two hours before the flight. | **documentar el equipaje** to check your luggage in

documento *s* document

dólar *s* dollar

doler *v* ▶ ver recuadro

dolor *s* **1** (físico) pain: *El dolor era insoportable.* The pain was unbearable. ▶ El sustantivo **ache**, que indica un dolor continuo, se usa sobre todo en los compuestos que aparecen más abajo **2** (pena) grief, sorrow
dolor de cabeza headache: *Tengo un dolor de cabeza terrible.* I have a terrible headache. | *¿Tienes algo para el dolor de cabeza?* Do you have anything for **a headache**? **dolor de estómago** stomach ache **dolor de garganta** sore throat **dolor de muelas** toothache **dolor de oídos** earache

doloroso, -a *adj* **1** (inyección, tratamiento) painful **2** (experiencia, recuerdo) painful

domador, -a *s* tamer

domar *v* **1** (un león, un tigre) to tame **2** **domar un caballo** to break a horse in

doméstico, -a *adj* domestic

domicilio *s* address (pl -sses) | **servicio a domicilio** (de un supermercado, etc.) home delivery | **entregar/repartir a domicilio** to do home deliveries
domicilio particular home address

dominante *adj* **1** (referido a una persona) domineering **2** (que destaca) dominant **3** (ideología, clase social) dominant **4** (gen) dominant

doler

1 La traducción general es **to hurt**:

¿La inyección duele? Does the shot hurt? Para dolores continuos y no muy fuertes se usa **to ache**. Tanto **to hurt** como **to ache** se suelen usar sin complemento, es decir, *me*, *le*, etc. no se traducen:

Me duele cuando me jalas el pelo. It hurts when you pull my hair. | *Le duelen los pies.* His feet ache. | *Ya no le duele.* It doesn't hurt any more. | *Me duele todo el cuerpo.* My whole body aches.

2 Fíjate que hay traducciones especiales para ciertos dolores específicos:

me duele la cabeza I have a headache: *Le dolía horriblemente la cabeza.* She had a terrible headache. | **me duele la muela** I have a toothache: *No pude dormir porque me dolía una muela.* I couldn't sleep because I had a toothache. | **me duele el estómago/la barriga** I have a stomach ache/a tummy ache | **me duele el oído** I have an earache | **me duele la garganta** I have a sore throat: *¿Te duele la garganta?* Do you have a sore throat?

3 **to hurt** también se usa para dolores no físicos:

Me duele que digas eso. It hurts to hear you say that.

dominar *v* **1** (conocer bien) **dominar el francés/el inglés etc.** to have a very good command of French/English etc.: *Domina el español.* She has a very good command of Spanish. | **dominar un tema** to be an expert on a subject **2** (a una persona) to dominate: *El novio la dominaba.* Her boyfriend dominated her. **3** **dominar una situación** to be in control of a situation

domingo *s* **1** (día) Sunday **2** (que se da a un niño) pocket money: *¿Cuánto te dan de domingo?* How much pocket money do you get? ▶ ver "Active Box" **días de la semana** en **día** **Domingo de Pascua/Resurrección** Easter Sunday **Domingo de Ramos** Palm Sunday

dominicano, -a *adjetivo & sustantivo*
■ *adj* Dominican
■ *s* Dominican | **los dominicanos** (the) Dominicans

dominio *s* **1** (de un idioma, un tema) command: *Tiene un buen dominio del inglés.* He has a good command of English. **2** (control) control

dominó *s* dominoes *sing*: *un partido de dominó* a game of dominoes | **jugar dominó** to play dominoes

don *s* gift: *un don natural para las lenguas* a natural gift for languages

dona *s* doughnut, donut

donador, -a *s* donor: *un donador de órganos* an organ donor

donar *v* **1** (sangre, un órgano) to donate **2** (dinero) to donate

donativo *s* **hacer un donativo** to make a donation

donde *pron* **1** where: *el lugar donde nació Bolívar* the place where Bolívar was born | *Lo volví a poner donde lo encontré.* I put it back where I found it. | **el lugar de donde vienen/hacia donde van etc.** the place they come from/they are going to etc. ▶ Se usa **wherever** cuando se quiere indicar que no importa el lugar: *Siéntate donde quieras.* Sit wherever you like. **2** (si) if: *Donde vuelvas a llegar a estas horas, no te abro.* If you get back this late again, I'm not opening the door.

dónde *pron* where: *¿Dónde vives?* Where do you live? | *No sé dónde puse las llaves.* I don't know where I put my keys. | *¿De dónde es?* Where's he from? | *¿De dónde sacaste ese libro?* Where did you get that book from? | *¿Por dónde queda Cancún?* Whereabouts is Cancun? | *¿Por dónde tenemos que ir?* Which way do we have to go?

dorado, -a *adj* **1** (de color oro) **botones/zapatos etc. dorados** gold buttons/shoes etc. ▶ También existe **golden**, que es literario y se usa para referirse al color de la arena, del cabello, etc. **2** **época dorada** golden age

dormido, -a *adj* **1** **estar dormido -a** to be asleep: *Estaba medio dormida.* She was half asleep. **2** **quedarse dormido -a** **(a)** (conciliar el sueño) to fall asleep: *Se quedó dormida enseguida.* She fell asleep right away. **(b)** (no despertarse) to oversleep: *Me quedé dormido y llegué tarde al colegio.* I overslept and was late for school. **3** **tengo la pierna dormida/el pie dormido etc.** my leg's asleep/my foot's asleep etc. (AmE), my leg's gone to sleep/my foot's gone to sleep etc. (BrE)

asleep   awake

dormir *v* to sleep: *¿Cómo dormiste?* How did you sleep? | *Que duermas bien.* Sleep well. ▶ Para decir que alguien está durmiendo, es más frecuente usar **to be asleep**: *No hagas ruido, están todos durmiendo.* Don't make any noise, they're all asleep. | **irse a dormir** to go to bed: *Me fui a dormir temprano.* I went to bed early. | **quedarse a dormir** to stay the night: *Me quedé a dormir en la casa de Marta.* I stayed the night at Marta's.

dormirse *v* **1** (conciliar el sueño) to fall asleep: *Se durmió en clase.* He fell asleep in class. **2** (no despertarse a tiempo) to oversleep: *Me* *dormí y llegué tarde.* I overslept and arrived late. **3 se me ha dormido la mano/pierna etc.** my hand's asleep/my leg's asleep etc. (AmE), my hand's gone to sleep/my leg's gone to sleep etc. (BrE)

dormitorio *s* dormitory (pl -ries)

dorso *s* **1** (en natación) backstroke: *Nada de dorso.* She swims backstroke. | *los 100 metros de dorso* the 100 meters backstroke **2** (de un sobre, una hoja) back **3** (de la mano) back

dos *número* **1** (número, cantidad) two: *Tienen dos hijos.* They have two children. | **las dos manos/los dos zapatos etc.** both hands/both shoes etc.: *Se rompió las dos piernas.* He broke both legs. | **los dos/las dos** both (of them): *Me gustan los dos.* I like both of them./I like both. | **ninguno de los dos/ninguna de las dos** neither (of them): *Ninguno de los dos quiso venir.* Neither of them wanted to come. ▶ Cuando el verbo va en negativo, se usa **either** en lugar de **neither**: *No compró ninguno de los dos.* She didn't buy either of them. **2** (en fechas) second **dos puntos** colon

doscientos, -as *número* two hundred

dosis *s* dose

Dr. (= **doctor**) Dr.: *el Dr. Garrido* Dr. Garrido

Dra. (= **doctora**) Dr.: *la Dra. Sánchez* Dr. Sánchez

dragón *s* dragon

drama *s* **1** (situación triste) plight: *el drama de los refugiados* the plight of the refugees **2** (obra teatral) play **3** (película) drama

dramático, -a *adj* **1** (terrible) terrible **2** (emocionante) dramatic **3** (relacionado con el teatro) **una obra dramática** a play | **un autor dramático** a playwright

driblar *v* to dribble | **driblar a alguien** to dribble past sb

droga *s* **1** (narcótico) drug **2** (en medicina) drug
droga blanda soft drug **droga dura** hard drug

drogadicción *s* drug addiction

drogadicto, -a *s* drug addict

drogar *v* to drug
drogarse *v* to take drugs

dromedario *s* dromedary (pl -ries)

duda *s* **1** (interrogante) question: *Si tienes alguna duda, pregúntame.* If you have any questions, just ask me. **2** (incertidumbre) doubt: *No tengo ninguna duda.* I have no doubt whatsoever. | **no cabe duda de que** there is no doubt that | **poner algo en duda** to question sth **3 por si las dudas** just in case: *Llévate el paraguas por si las dudas.* Take your umbrella just in case.

dudar *v* (tener dudas sobre) to doubt: *–¿Te parece que vendrán? –Lo dudo.* "Do you think they'll come?" "I doubt it." | **dudar de algo** to doubt sth: *Nadie duda de su talento.* Nobody doubts his talent. | **dudar (de) que** to doubt (that): *Dudo que ~iera ir.* I doubt that she'll want to go.

dudoso, -a *adj* **1** dubious, questionable: *gente de dudosa reputación* people with a dubious reputation **2 estar dudoso -a (a)** (incierto) doubtful: *Está dudoso que haya sido penalty.* It's doubtful it was a penalty. **(b)** (indeciso) unsure, undecided: *No sé si comprarlo, estoy dudoso.* I don't know whether to buy it, I can't decide.

duelo *s* **1** (luto) mourning | **estar de duelo** to be in mourning **2** (combate) duel | **batirse a duelo** to fight a duel

duende *s* pixie, elf (pl elves)

dueño, -a *s* owner

dueto *s* **1** (de actores, músicos) duo: *el dueto de Laurel y Hardy* the Laurel and Hardy duo **2** (en música) duet ▶ ver **dúo**

dulce *adjetivo & sustantivo*
■ *adj* **1** (referido al gusto) sweet: *Está demasiado dulce.* It's too sweet. **2** (persona, voz, sonrisa) sweet ▶ ver **agua**
■ *s* (golosina) piece of candy (AmE), sweet (BrE): *¿Quieres un dulce?* Do you want a piece of candy?

dulcería *s* **1** (tienda) candy store (AmE), sweet shop (BrE) **2** (en una tienda departamental) confectionery department

duna *s* dune

dúo *s* **1** (en música) duet: *un dúo de guitarras* a guitar duet | **cantar a dúo** to sing a duet **2** (de actores, músicos) duet ▶ ver **dueto**

duodécimo, -a *número* twelfth

dúplex *s* duplex (AmE), semi-detached house (BrE)

duque, -esa *s* **duque** duke | **duquesa** duchess (pl -sses)

duración *s* length | **de dos horas/tres meses etc. de duración** two-hour/three-month etc.: *un documental de 40 minutos de duración* a 40-minute documentary

duradero, -a *adj* lasting

durante *prep* ▶ ver recuadro

durar *v* **1** (objeto, situación) to last: *Estas pilas duran más.* These batteries last longer. | **durar mucho** to last a long time, to last: *Son caros pero duran mucho.* They're expensive but they last a long time./They're expensive but they last. | **durar poco** not to last, not to last long: *La relación duró poco.* Their relationship didn't last long./Their relationship didn't last. **2** (clase, película, reunión) **durar una hora/dos semanas etc.** to be an hour/two weeks etc. long, to last an hour/two weeks etc.: *El curso duró seis meses.* The course was six months long./The course lasted six months. | *La entrevista duró una hora.* The interview lasted an hour./The interview was an hour long. | *¿Cuánto dura la película?* How long is the movie?/How long does the movie last? ▶ Para expresar que algo dura demasiado, se suele usar **to go on for**: *Las juntas duran horas.* The meetings go on for hours.

durante

1 Se traduce por **during** cuando significa *en el transcurso de* un evento o un periodo:

durante las vacaciones during the vacation | *No tengo tiempo durante la semana.* I don't have time during the week.

2 Se traduce por **for** cuando se refiere a una cantidad de tiempo:

Lo esperé durante horas. I waited for him for hours. | *Vivimos allí durante tres años.* We lived there for three years.

3 La traducción de *durante todo el/durante toda la* depende de si se trata de un período o un evento:

durante todo el mes/toda la tarde etc. all month/all afternoon etc.: *Está abierto durante todo el año.* It's open all year./It's open all year round.

| **durante toda la guerra/la película etc.** all through the war/the movie etc., throughout the war/the movie etc.: *Hablaron durante toda la película.* They talked all through the movie./They talked throughout the movie.

durazno *s* **1** (fruta) peach (pl -ches) **2** (árbol) peach tree

dureza *s* **1** (de un material) hardness **2** (en el trato) severity, harshness | **con dureza** severely, harshly **3** (callosidad) callus

duro, -a *adjetivo & adverbio*

■ *adj* **1** (material, asiento, cama) hard: *La cama es un poco dura.* The bed is a little hard. **2** (carne) tough: *La carne estaba durísima.* The meat was really tough. **3** (pan) stale **4** (difícil) (trabajo) hard, tough, (situación) tough **5** (severo) (persona, crítica, castigo) severe, harsh | **ser/estar duro -a con alguien** to be hard on sb: *Creo que estuviste demasiado dura con él.* I think you were too hard on him.

■ *duro adv* **1** (trabajar, estudiar) hard: *Trabajamos muy duro.* We worked very hard. **2** **estar duro y duro con algo** to be dead set on sth: *Está duro y duro con que le compre un coche.* He's dead set on me buying him a car.

hard

soft

E, e s E, e ▶ ver "Active Box" **letras del alfabeto** en **letra**

ébano s ebony

echar v **1** (tirar) to throw: *¿A quién le toca echar los dados?* Whose turn is it to throw the dice? | **echar algo a la basura** to throw sth away **2** (poner) **echarle sal/azúcar etc. a algo** to put salt/sugar etc. in sth: *¿Le echaste sal?* Did you put any salt in it? | *Hay que echarle gasolina al coche.* We need to put some gas in the car./We need to fill up with gas. **3** (expeler) **echar humo** to smoke: *Los restos todavía echaban humo.* The remains were still smoking. | **echar lava** to spew out lava | **echar chispas** to send out sparks, to throw off sparks **4** (correr) **echar a alguien** to throw sb out: *Los echaron del bar.* They were thrown out of the bar. **5 echar a correr** to start running, to break into a run: *En cuanto lo vieron, echaron a correr.* As soon as they saw him, they started running. **6 echar de menos algo/a alguien** to miss sth/sb: *Echa de menos a su mamá.* She misses her mother. **7 echarle un ojo a algo** to keep an eye on sth: *Échale un ojo a tu hermanito.* Keep an eye on your little brother. ▶ Expresiones como *echar un volado*, *echarle la culpa a alguien* etc., están tratadas bajo **volado, culpa**, etc.

echarse v **1** (tirarse) **echarse al agua/a la alberca etc.** to jump into the water/the swimming pool etc. | **echársele encima a alguien** to leap on sb: *Se le echó encima y le pegó.* He leapt on her and hit her. **2** (tumbarse) to lie down: *¡Échate!* Down! **3 echarse a llorar** to start crying, to burst into tears | **echarse a reír** to start laughing, to burst out laughing **4 echarse a perder** (fruta, carne) to go bad, to go off (BrE): *La fruta se echó a perder.* The fruit went bad. **5 echarse para atrás** to back out: *Pensaba ir sola, pero me eché para atrás.* I was planning to go on my own but then I backed out. **6** (ponerse) **echarse perfume/crema/bloqueador etc.** to put some perfume/cream/sunblock etc. on **7** (romper) to break **8 echárselas de galán/de intelectual etc.** to make yourself out to be God's gift to women/an intellectual etc.

eclipse s eclipse

eco s echo (pl echoes)

ecografía s scan, ultrasound (AmE) | **hacerse una ecografía** to have a scan, to have an ultrasound (AmE) ▶ **scan** también se usa para referirse a otros tipos de estudio. El término técnico para especificar que se trata de una ecografía es **ultrasound scan**

ecología s ecology

ecológico, -a adj **1** (equilibrio, desastre) ecological **2** (producto) environmentally friendly

ecologista adjetivo & sustantivo
■ adj environmental, ecological
■ s environmentalist, ecologist

economía s **1** (de un país) economy (pl -mies) **2** (disciplina) economics *sing*
economía de mercado market economy

económico, -a adj **1** (problemas, recursos, situación) financial: *Tienen problemas económicos.* They have financial problems. **2** (crisis, política, prosperidad) economic **3** (barato) cheap, inexpensive **4** (que gasta poco) (coche, sistema de calefacción) economical

economista s economist

ecuación s equation

Ecuador s (país) Ecuador

ecuador s **el ecuador** (la línea) the equator

ecuatoriano, -a adjetivo & sustantivo
■ adj Ecuadorean
■ s Ecuadorean | **los ecuatorianos** (the) Ecuadoreans

edad s **1** (de una persona) age: *Tenemos la misma edad.* We're the same age. | *A tu edad yo ya trabajaba.* At your age I was already working. | **gente de mi/tu etc. edad** people my/your etc. age: *No había niños de mi edad.* There weren't any children my age. | **¿qué edad tiene/tienes etc.?** how old is he?/how old are you? etc. | **un hombre de 25/30 etc. años de edad** a man of 25/30 etc.: *Ramiro, de 26 años de edad, es abogado.* Ramiro, who is 26, is a lawyer. ▶ ver **mayor, menor, tercero 2** (en la historia) age **3 estar en edad de hacer algo** (ser lo suficientemente mayor) to be old enough to do sth: *Está en edad de vivir solo.* He's old enough to live alone. | **no estar en edad de hacer algo** (ser demasiado mayor) to be too old to do sth: *Ya no está en edad de usar bikini.* She's too old to wear a bikini.
edad de jubilación retirement age **edad de oro** golden age **la Edad Media** the Middle Ages pl

edecán s conference usher, assistant

edición s **1** (de un libro, un festival, un programa) edition: *Ya ha salido la nueva edición.* The new edition has already come out. **2** (de un disco: puesta en venta) release **3** (de un disco: versión) version, edition **4** (acción de editar) editing

edificio s **1** (construcción) building: *un edificio público* a public building **2 edificio (de departamentos)** (apartment) building (AmE), block (of flats) (BrE): *Vivo en ese edificio.* I live in that building.

editar v **1** (publicar) to publish **2** (revisar, corregir) to edit **3** (un programa, una película) to edit

editor, -a s **1** (que publica) publisher **2** (que revisa) editor

editorial *sustantivo femenino & sustantivo masculino*
- **s fem** (empresa) publishing house, publishing company
- **s masc** (en un periódico) editorial

edredón s **1** (que va sobre las cobijas) eiderdown, comforter (AmE) **2** (que se usa en lugar de cobijas) duvet, comforter (AmE)

educación s **1** (enseñanza) education **2** (modales) manners: *Es una falta de educación.* It's bad manners.

educación a distancia correspondence course (AmE), distance learning (BrE) **educación especial** special education **educación física** physical education **educación sexual** sex education **educación superior/universitaria** higher/university education

educado, -a *adj* polite, well-mannered

educar v **1** (instruir) to educate: *Los educaron en los mejores colegios.* They were educated at the best schools. **2** (criar) **educar a alguien** to bring sb up: *No sabe educar a sus hijos.* She doesn't know how to bring up her children.

educativo, -a *adj* **1** (programa, juego) educational **2 el sistema educativo** the education system

EE. UU. s ▶ ver **EU**

efectivo *adjetivo & sustantivo*
- **adj** (sistema, remedio) effective
- **s** cash: *¿Efectivo o tarjeta?* Cash or credit card? | **en efectivo** in cash: *Pagó el boleto en efectivo.* She paid for the ticket in cash. | **$100/$200 etc. en efectivo** $100/$200 etc. cash: *un premio de $2000 en efectivo* a prize of $2000 cash/a cash prize of $2000

efecto s **1** (consecuencia) effect: *los efectos nocivos del alcohol* the harmful effects of alcohol | **hacerle efecto a alguien** to have effect on sb: *El calmante no le hizo efecto.* The painkiller had no effect on him. | **surtir efecto** to work **2** (impresión) impression: *Me causó mal efecto.* He made a bad impression on me. **3** (en tenis) spin: *La tiró con efecto.* She put some spin on it.

el efecto invernadero the greenhouse effect **efecto secundario** side effect **efectos de sonido** s pl sound effects **efectos especiales** s pl special effects **efectos personales** s pl personal effects

efervescente *adj* (pastilla) effervescent

eficacia s effectiveness

eficaz *adj* (método, medida, remedio) effective

eficiencia s efficiency

eficiente *adj* efficient

egoísmo s selfishness

egoísta *adjetivo & sustantivo*
- **adj** (actitud, persona) selfish
- **s ser un/una egoísta** to be very selfish

egresado, -a s **1** (de la universidad) graduate: *Es egresada de la UNAM.* She's a graduate of the UNAM. **2** (de la secundaria) high-school graduate (AmE), school leaver (BrE)

egresar v **1** (de la universidad) to graduate **2** (de la secundaria) to graduate (AmE), to leave school (BrE): *los que egresaron en 1999* those who graduated in 1999/those who left school in 1999

eh *interj* **1** (al hacer pausas) umm: *Se llama... eh...Tina, creo.* Her name is... umm... Tina, I think. **2 ¿eh? (a)** (en advertencias) OK?: *Cuídalo ¿eh?* Take care of it, OK? **(b)** (cuando no se oyó algo) sorry?: *¿Eh? ¿Me hablabas?* Sorry? Were you talking to me? **3** (para atraer la atención de alguien) ¡eh! hey!, excuse me!

ej. (= ejemplo/por ejemplo) e.g.

eje s **1** (de un vehículo) axle **2** (de un cuerpo) axis (pl axes) **3 eje (vial)** expressway, urban motorway (BrE)

eje de las abscisas x-axis **eje de las ordenadas** y-axis

ejecución s execution

ejecutar v **1** (en computación) to run, to execute **2** (a una persona) to execute **3 ejecutar una orden/un plan** to carry out an order/a plan | **ejecutar un clavado/un salto** to perform a dive/a jump

ejecutivo, -a *adjetivo & sustantivo*
- **adj** executive ▶ ver **poder**
- **s** executive

ejemplar *sustantivo & adjetivo*
- **s 1** (de un libro, una revista) copy (pl -pies) **2** (de un animal, un árbol) specimen
- **adj un padre/hijo etc. ejemplar** a model father/son etc.

ejemplo s **1** (muestra) example: *¿Puede dar un ejemplo?* Can you give an example? | **por ejemplo** for example: *Ésta, por ejemplo, es barata.* This one, for example, is cheap. **2** (modelo de conducta) **dar (un) buen/mal ejemplo** to set a good/bad example | **seguir el ejemplo de alguien** to follow sb's example

ejercer v **1** (referido a profesiones) to practice (AmE), to practise (BrE): *Es arquitecto, pero no ejerce.* He's an architect, but he doesn't practice. | **ejercer la medicina/la abogacía** to practice medicine/law **2** (un derecho) to exercise **3** (poder, presión) to exert

ejercicio s **1** (de lengua, de piano, etc.) exercise: *¿Has hecho los ejercicios de matemáticas?* Have you done the math exercises? **2** (físico) exercise: *un ejercicio para fortalecer los muslos* an exercise to strengthen your thighs | **hacer ejercicio** to get exercise: *No haces ejercicio.* You don't get any exercise.

---

i ¿Quieres más información sobre los **verbos modales**? Hay una explicación en el apartado de gramática.

ejército s army (pl -mies) | **entrar en el ejército** to join the army

ejido s Si quieres explicar qué es un ejido, di *it's a form of cooperative agricultural property holding. The term ejido can refer both to the piece of land and to the cooperative that manages it.*

ejote s green bean

el, la art ► ver recuadro

él pron **1** (como sujeto) he: *Me lo dijo él.* He told me. ► Pero tras el verbo **to be** se usa **him**: *Fue él.* It was him. **2** (tras preposiciones) him: *Se lo di a él.* I gave it to him. | *Voy a ir con él.* I'm going with him. | *¿Has recibido carta de él?* Have you had a letter from him? ► Cuando **de él** significa *suyo* se traduce por **his**: *¿Estos CDs son de él?* Are these CDs his? **3** (en comparaciones) him: *Tú eres más alto que él.* You're taller than him. | *Nadie juega como él.* Nobody plays like him. **4** (referido a cosas) it

elaborar v **1** (un informe) to prepare, to write **2** (un producto) to make, to produce **3 elaborar un plan/un proyecto** to draw up a plan/to put together a project

elástico, -a adjetivo & sustantivo
■ adj elastic
■ **elástico** s (de una prenda) elastic

elección sustantivo & sustantivo plural
■ s **1** (opción, decisión) choice: *Fue una mala elección.* It was a bad choice. | **a elección** ver ejemplos: *El premio es un CD a elección.* The prize is a CD of your choice. | *El color es a elección.* You can choose the color. **2** (por votación) election: *la elección de Ramos como presidente* the election of Ramos as president
■ **elecciones** s pl elections pl, election sing | **llamar/convocar a elecciones** to call an election, to call elections
elecciones generales general election
elecciones legislativas legislative elections
elecciones primarias/internas primaries/internal elections

electorado s electorate

electoral adj **sistema/reforma electoral** electoral system/reform | **resultados electorales** election results | **campaña electoral** election campaign ► ver **distrito**

electricidad s electricity

electricista s electrician

eléctrico, -a adjetivo & sustantivo
■ adj **1** (luz, corriente, estufa, guitarra, cocina) electric **2** (instalación, artefacto) electrical: *aparatos eléctricos* electrical appliances ► ver **escalera, silla**
■ **eléctrico** s **1** (mecánico) auto-electrician **2** (taller) auto-electrician's

electrocutarse v to get electrocuted

electrodoméstico s electrical appliance

electrónica s electronics sing

electrónico, -a adj electronic ► ver **buzón, correo**

---

el/la

1 La traducción es **the** salvo en los casos que se señalan más abajo:

¿Dónde está el gato? Where's the cat? | *Te espero en el restaurante.* I'll wait for you in the restaurant.

2 No se usa **the** en los siguientes casos:
Cuando se habla de algo en general:

Me gusta el chocolate. I like chocolate. | *No me interesa la política.* I'm not interested in politics. | *El kiwi tiene vitamina C.* Kiwis contain vitamin C.

Con títulos:

Llamó el Sr. Lagos. Mr. Lagos phoned. | *Ésta es la Dra. Ramallo.* This is Dr. Ramallo.

Con la hora y los días de la semana y otras expresiones de tiempo:

Es la una. It's one o'clock. | *¿Vienes el sábado?* Are you coming on Saturday? | *el mes pasado* last month | *la semana que viene* next week
En algunas construcciones con el verbo *tener*:

Tiene el pelo corto. She has short hair. | *Tiene la nariz pequeña.* She has a small nose.

3 Con partes del cuerpo y objetos personales se usa un posesivo:

Lávate la cara. Wash your face. | *Se olvidó el celular.* She forgot her cell phone.

4 En construcciones sin sustantivo se usa **the one**:

Pruébate el más grande. Try the bigger one on. | *Me gusta la de madera.* I like the wooden one. | *Nora es la de la derecha.* Nora's the one on the right.
A menos que haya un posesivo:

El de Juan es el modelo nuevo. Juan's is the new model. | *La mía está rota.* Mine is broken.

---

elefante, -a s elephant

elegancia s elegance

elegante adj **1** (persona) elegant: *una mujer muy elegante* a very elegant woman | **estar muy elegante** to look very elegant: *Estaba muy elegante.* She looked very elegant. **2** (restaurante, zona) stylish

elegir v **1** (escoger) to choose: *Elige tú la película.* You choose the movie. | *Puedes elegir entre estos tres.* You can choose among these three. **2** (por votación) to elect: *Lo eligieron delegado.* They elected him as their representative.

elemental adj (curso, nivel) elementary

elemento s **1** (componente) element **2** (en química) element

elevado, -a adj **1** (alto) high **2 tres elevado al cuadrado/al cubo** three squared/cubed | **tres elevado a la quinta/sexta etc. (potencia)** three to the power of five/six etc.

elevador s elevator (AmE), lift (BrE)

elevar v **1** (aumentar) to raise **2** (en matemáticas) **elevar un número al cuadrado/al cubo** to square/cube a number | **elevar un número a la cuarta/a la quinta** etc. to raise a number to the power of four/five etc.

elevarse v (globo) to rise, (avión) to climb

eliminar v **1** (en deportes) **eliminar a un equipo/a un jugador** to knock a team/a player out: *Quedó eliminada en los cuartos de final.* She was knocked out in the quarterfinals. **2** (un olor, una mancha, un problema, etc.) to eliminate, to get rid of **3** (hormigas, cucarachas, etc.) to kill, to get rid of

eliminatoria s **1** (en una carrera) heat **2** (serie de partidos) qualifying round **3** (partido) qualifying game, qualifying match (BrE)

ella pron **1** (como sujeto) she: *Me lo regaló ella.* She gave it to me. ► Pero tras el verbo **to be** se usa **her**: *Fue ella.* It was her. **2** (tras preposiciones) her: *Es para ella.* It's for her. | *Recibí un e-mail de ella.* I had an e-mail from her. ► Pero cuando **de ella** significa *suyo* se traduce por **her** o **hers**: *el hermano de ella* her brother | *Ese libro no es de ella.* That book isn't hers. **3** (en comparaciones): *Él es más joven que ella.* He is younger than her. | *La hermana no es como ella.* Her sister isn't like her. **4** (referido a cosas) it

ellos, -as pron **1** (como sujeto) they: *Me lo mandaron ellas.* They sent it to me. | *Ellos no saben nada.* They don't know anything. ► Pero tras el verbo **to be** se usa **them**: *Deben de haber sido ellos.* It must have been them. **2** (tras preposiciones) them: *Las cervezas son para ellos.* The beers are for them. | *Me despedí de ellos.* I said goodbye to them. ► Pero cuando **de ellos -as** significa *suyo(s)* se traduce por **their** o **theirs**: *Ésa es la casa de ellos.* That's their house. | *Las azules son de ellos.* The blue ones are theirs. **3** (en comparaciones): them: *Ustedes ganan más que ellos.* You earn more than them. | *Tú no eres como ellos.* You're not like them.

elogiar v to praise | **elogiarle algo a alguien** to compliment sb on sth: *Me elogiaron el dibujo.* They complimented me on my picture.

elogio s un *elogio* se traduce por **a compliment** pero el plural *elogios* se traduce por **praise**: *No es una crítica sino un elogio.* It isn't a criticism, it's a compliment. | *Recibió muchos elogios.* He received a lot of praise.

elote s **1** (granos) sweetcorn, corn (AmE) **2** (mazorca) corncob

e-mail o **email** s **1** (sistema) e-mail: *¿Tienes e-mail?* Do you have e-mail? | **mandarle algo a alguien por e-mail** to e-mail sb sth: *Le mandé la receta por e-mail.* I e-mailed the recipe to him. **2** (mensaje) e-mail: *Le mandé un e-mail.* I sent her an e-mail.

embajada s embassy (pl -ssies)

embajador, -a s ambassador

embalse s reservoir

embarazada adjetivo & sustantivo
■ adj pregnant | **quedar embarazada** to get pregnant | **estar embarazada de tres/cinco etc. meses** to be three/five etc. months pregnant
■ s pregnant woman (pl women)

embarazo s pregnancy (pl -cies)

embarazoso, -a adj embarrassing

embarcar v **1** (en un avión) to board: *¿Por qué puerta embarcas?* Which gate are you boarding through? **2** (en un barco) to join the ship, to board the ship: *la gente que embarcó en Montevideo* the people who joined the ship in Montevideo | *Estábamos esperando para embarcar.* We were waiting to board the ship. **3** (mercaderías) to load

embargo s **1 sin embargo** however: *Sin embargo, no todos están de acuerdo.* However, not everyone agrees. | **y sin embargo** but it/he etc. still: *No lo habíamos ensayado y sin embargo salió bien.* We hadn't rehearsed it, but it still went well. **2** (económico, de armamentos, etc.) embargo (pl -goes) | **levantar un embargo** to lift an embargo **3** (de bienes) seizure

embarque s boarding

embestir v **1** (vehículo) to hit, to smash into: *El camión embistió a un coche.* The truck hit a car./The truck smashed into a car. **2** (animal) to charge

emborracharse v to get drunk

emboscada s ambush (pl -shes) | **tenderle una emboscada a alguien** to lay an ambush for sb

embotellamiento s traffic jam

embrión s embryo (pl -os)

embrujado, -a adj haunted: *una casa embrujada* a haunted house

embudo s funnel

emergencia s emergency (pl -cies): *en caso de emergencia* in case of emergency

emigración s **1** (a otro país) emigration **2** (del campo a la ciudad, etc.) migration **3** (de animales) migration

emigrante s emigrant

emigrar v **1** (a otro país) to emigrate: *Emigraron a España.* They emigrated to Spain. **2** (del campo a la ciudad, etc.) to migrate **3** (aves) to migrate

emisión s **1** (de radio, TV) broadcast **2** (de gases, líquidos, etc.) emission **3** (de monedas, bonos, etc.) issue

emisora s **1** (de radio) radio station **2** (de televisión) TV station

emitir v **1** (en radio, TV) to broadcast **2** (sonido, luz) to emit

emoción s **1** (cuando se está conmovido) emotion: *Lloraba de la emoción.* She was crying with emotion. **2** (expectativa, interés) excitement: *Al partido le faltó emoción.* The game lacked

i ¿Se dice *I arrived in Miami* o *I arrived to Miami*? Mira la entrada **arrive**.

excitement. | **¡qué emoción!** how exciting! | **hacérsela de emoción a alguien** to keep sb on tenterhooks

emocionado, -a *adj* emotional: *El novio estaba muy emocionado.* The bridegroom was very emotional.

emocionante *adj* **1** (apasionante) exciting: *un partido emocionante* an exciting game **2** (conmovedor) moving: *un momento emocionante* a moving moment

emocionar *v* to move ▶ **to move** se suele usar en la voz pasiva: *Lo que dijo me emocionó.* I was moved by what she said.

emocionarse *v* to be moved: *Se emocionó cuando le dieron el premio.* She was moved when she received the prize.

empacar *v* to pack

empalagar *v* **el merengue/la miel etc. me empalaga** I find meringue/honey etc. too sweet: *¿No te empalaga ese postre?* Don't you find that dessert too sweet?

empalagoso, -a *adj* sickly sweet

empanada *s* **1** La palabra *empanada* se usa en inglés para una empanada salada, pero si tienes que explicar qué es, di *it's a pastry filled with chicken, corn, etc.*: *una empanada de pollo* a chicken empanada **2** (dulce) turnover: *una empanada de manzana* an apple turnover

empanizar *v* (carne, verduras) to coat in breadcrumbs

empañado, -a *adj* (vidrio, anteojos) steamed up

empañarse *v* to steam up

empapado, -a *adj* soaking wet: *Estaba empapado.* He was soaking wet.

empapar *v* to soak, to drench: *Pasó un coche y me empapó de arriba abajo.* A car went past and soaked me./A car went past and drenched me. ▶ **to soak** no se usa en el siguiente tipo de contexto: *Empapó el colchón.* He got the mattress soaking wet./He drenched the mattress.

empaparse *v* to get soaked: *Salí sin paraguas y me empapé.* I went out without my umbrella and got soaked.

empaque *s* **1** (envoltura) packaging **2** (de una llave de agua) washer **3** (de una cafetera, licuadora, etc.) (rubber) seal

emparejar *v* **1** (un terreno, una superficie) to make level **2** (el pelo, el fleco) to make even **3 emparejar un partido/el marcador** to level the scores

emparejarse *v* to catch up

empatado, -a *adj* **1** (en futbol, basquetbol, etc.) **estar/ir empatados -as** to be tied (AmE), to be level (BrE) | **van empatados -as uno a uno/dos a dos etc.** they're tied one one/two two etc. (AmE), it's one all/two all etc. (BrE) **2** (en juegos): *Iban empatados hasta la última pregunta.* The scores were even until the last question.

empatar *v* **1** (al dar el resultado) to tie (AmE), to draw (BrE): *Empatamos 1 a 1.* We tied 1–1. | *Empatamos con los de sexto.* We tied with the sixth graders. **2** (durante el partido) to even the scores (AmE), to level the scores (BrE): *Empató a los diez minutos.* He evened the scores after ten minutes. **3** (en una votación) to tie

empate *s* **1** (en futbol, basquetbol, etc.) tie (AmE), draw (BrE): *Lograron el empate con un penal.* They got a tie thanks to a penalty./They tied thanks to a penalty. **2** (en una votación) tie

empedrado, -a *adjetivo & sustantivo*
■ *adj* cobbled
■ **empedrado** *s* cobbles *pl*

empeine *s* instep

empeñado, -a *adj* **estar empeñado -a en hacer algo** to be determined to do sth: *Está empeñado en conseguir ese puesto.* He's determined to get that job. ▶ Para expresar que se trata de algo que te parece ridículo, puedes decir *He's got it into his head to do sth/She's got it into her head to do sth*: *Está empeñada en comprarse otro perro.* She's got it into her head to buy another dog.

empeñar *v* to pawn: *Empeñó todas sus joyas.* She pawned all her jewelry.

empeñarse *v* **empeñarse en hacer algo** to insist on doing sth: *Se empeñó en pagarlo todo.* She insisted on paying for everything.

empeño *s* determination: *Lo consiguió gracias a su empeño.* She got it thanks to her determination. | **poner empeño en algo** to put a lot of effort into sth

empeorar *v* **1** (volverse peor) to get worse: *El tiempo está empeorando.* The weather's getting worse. **2 empeorar algo** to make sth worse: *Vas a empeorar las cosas si se lo dices.* You're going to make things worse if you tell her.

emperador, emperatriz *s* **emperador** emperor | **emperatriz** empress (pl -sses)

empezar *v* **1** (clase, partido, etc.) to start, to begin: *La clase empieza a las 10.* The class starts at 10 o'clock./The class begins at 10 o'clock. | *¿A qué horas empieza la película?* What time does the movie start?/What time does the movie begin? **2** (palabra, canción) to begin, to start: *palabras que empiezan con "e"* words that begin with an "e"/words that start with an "e" **3** (un trabajo, una actividad, un libro) to start: *Mañana empiezo francés.* I start French classes tomorrow. | *¿Cuándo empezaste la dieta?* When did you start your diet? **4** (una botella, un paquete) to start, to open: *Empieza otra botella.* Start another bottle./Open another bottle. **5 empezar a hacer algo** to start doing sth, to start to do sth: *Empieza a pelar las papas.* Start peeling the potatoes./Start to peel the potatoes. | *Me empecé a reír.* I started laughing./I started to laugh. | **empezar a llover/nevar etc.** to start raining/snowing etc.: *Empezó a hacer frío.* It started getting cold. **6 empezar haciendo algo** to start off doing sth: *Empezó trabajando de cartero*. He started off working as a mailman.

empinado, -a *adj* steep

empleado, -a *s* **1** (de una empresa, del estado) employee **2** (en una tienda) salesclerk (AmE), shop assistant (BrE)
empleado -a de banco bank employee
empleado -a de oficina office worker

emplear *v* **1** (dar trabajo a) to employ: *Emplean a más de 150 trabajadores*. They employ more than 150 workers. **2** (contratar) **emplear a alguien** to take sb on: *Van a emplear más gente*. They are going to take on more people. **3** (utilizar) to use

empleo *v* **1** (puesto) job: *Tiene un buen empleo*. She has a good job. **2** (trabajo en general) work, employment ► **employment** es formal: *gente buscando empleo* people looking for work/people looking for employment | **estar sin empleo** to be out of work **3** (utilización) use

empresa *s* company (pl -nies), firm
empresa multinacional multinational, multinational company (pl -nies)

empresario, -a *s* **empresario** businessman (pl -men) | **empresaria** businesswoman (pl -women)

empujar *v* **1** (físicamente) to push: *¡No empujen!* Stop pushing! | *Tuvimos que empujar el coche*. We had to push the car. **2** (instigar) to push: *Me empujó para que me presentara al concurso*. She pushed me to enter the competition.

pull

push

empuje *v* drive: *Le falta empuje*. He lacks drive.

empujón *s* **1** **darle un empujón a alguien** to push sb: *Me dio un empujón*. He pushed me. **2** **a empujones** ver ejemplos: *Entraron a los empujones*. They shoved their way in. | *Lo metieron en el coche a empujones*. They shoved him into the car.

en *prep* ► ver recuadro

enamorado, -a *adj* **estar enamorado -a (de alguien)** to be in love (with sb): *Estamos muy enamorados*. We are very much in love. | *Estoy enamorado de ella*. I'm in love with her.

---

en

1 LUGAR
ADENTRO DE (= in)
Ponlo en el cajón. Put it in the drawer. | *Alejo está en el baño*. Alejo's in the bathroom.
SOBRE (= on)
Déjamelo en el escritorio. Leave it on my desk. | *Échate en el sofá*. Lie down on the sofa.
CIUDAD, PAÍS, REGIÓN (= in)
en Londres in London | *en Chile* in Chile | *en el sur* in the south
OTROS LUGARES
Está en casa. She's at home. | *Vive en el tercer piso*. He lives on the third floor. | *Ya estábamos en el tren/en el avión*. We were already on the train/on the plane.
Cuando se piensa en un lugar no como un edificio sino como el sitio donde se realiza determinada actividad, se usa **at** y no **in**:
Está en la oficina/en el teatro/en el club. He's at the office/at the theater/at the club.
Con algunos sustantivos se omite el artículo:
Estábamos en el colegio/la iglesia. We were at school/at church.

2 TIEMPO
AÑOS, MESES, ESTACIONES (= in)
en 1987 in 1987 | *en octubre* in October | *en invierno* in winter
DURANTE
Siempre nos reunimos en Navidad. We always get together at Christmas. | *en las vacaciones* during vacation
DENTRO DE (= in)
El avión sale en una hora. The plane's leaving in an hour.
TIEMPO INVERTIDO (= in)
Lo hice en cinco minutos. I did it in five minutes.

3 MODO, MEDIO, FORMATO (= in)
No salgas en camisón. Don't go out in your nightgown. | *Viene en tres tamaños*. It comes in three sizes. | *Escríbelo en inglés*. Write it in English. | *La canción está en MP3*. The song is in MP3 format.

4 MEDIO DE TRANSPORTE
FORMA DE VIAJAR (= by)
en autobús by bus | *en tren* by train | *en metro* by subway | *Vinimos en coche*. We came by car./We drove. | *Fuimos en avión*. We flew./We went by plane.

5 Para expresar posición, se usa **in** en el caso de coches y **on** en el caso de trenes, aviones, autobuses, etc.:
Lo dejé en el coche. I left it in the car. | *Ya estábamos en el tren*. We were already on the train.

ℹ ¿Quieres información sobre las diferencias entre los **artículos** en inglés y en español? Lee la explicación en el apartado de gramática.

enamorarse *v* **enamorarse (de alguien)** to fall in love with sb: *Se enamoró perdidamente de ella.* He fell madly in love with her.

enano, -a *s* **1** (persona) dwarf (pl dwarfs o dwarves) ▶ Muchas personas consideran que **dwarf** es un término ofensivo **2** (en los cuentos) dwarf (pl dwarfs o dwarves)
enano de jardín garden gnome

encabezado *s* **1** (en un periódico, una revista) headline **2** (en un documento) heading

encabezamiento *s* (de una carta) heading

encabezar *v* **1** (una lista, un ránking) to be top of: *El tema "Luna" encabeza el ránking de esta semana.* "Luna" is top of this week's charts **2** (una marcha, un desfile) to head **3** (una sublevación) to lead

encadenar *v* to chain

encajar *v* to fit, to go in: *Esta pieza encaja aquí.* This piece fits here./This piece goes in here.

encaje *s* lace

encandilar *v* to dazzle

encantado, -a *adj* **1** (feliz) delighted: *Está encantada con su nueva casa.* She's delighted with her new house. **2** (en presentaciones) pleased to meet you: *–Ésta es mi tía. –Encantada.* "This is my aunt." "Pleased to meet you." **3** (hechizado) enchanted: *una casa encantada* an enchanted house

encantador, -a *adj* lovely, charming

encantar *v* **1** (gustar) Se traduce usando el verbo **to love** con la persona como sujeto: *Le encanta el chocolate.* She loves chocolate. | *Antes me encantaba patinar.* I used to love skating. **2** (hechizar) **encantar a alguien** to cast a spell on sb

encanto *s* **1 ser un encanto** (persona) to be charming: *Es un encanto.* She's charming. **2** (atractivo) charm: *No me pude resistir a sus encantos.* I couldn't resist his charms.

encapricharse *v* **encapricharse con algo** Usa la frase *to get it into your head that...* Guíate por los ejemplos: *Se encaprichó con una laptop.* She's got it into her head that she has to have a laptop. | *Se encaprichó con que la falda tenía que ser negra.* She got it into her head that the skirt had to be black.

encapuchado, -a *adj* hooded

encarcelar *v* to imprison

encargado, -a *adjetivo & sustantivo*
■ *adj* **(estar) encargado -a de algo** (to be) in charge of sth, (to be) responsible for sth ▶ La traducción con **responsible** es más formal: *Está encargado de juntar el dinero.* He's in charge of collecting the money.
■ *s* **(ser) el encargado/la encargada de algo** (to be) in charge of sth, (to be) responsible for sth ▶ La traducción con **responsible** es más formal: *el encargado de seguridad* the person in charge of security/the person responsible for security |

Ella es la encargada de organizar el recital. She's in charge of organizing the concert./She's responsible for organizing the concert.

encargar *v* **1** (en una tienda) (flores, comida, un libro, etc.) to order: *Encarguemos unas pizzas.* Let's order some pizzas. **2 encargarle algo a alguien (a)** (pedirle que lo compre) to ask sb to get sth for you: *Me encargó unos libros de arte.* She asked me to get some art books for her. **(b)** (pedirle que lo haga) to ask sb to do sth: *Me encargó que no dejara entrar a nadie.* He asked me not to let anybody in.
encargarse *v* **1 encargarse de algo/alguien** to take care of sth/sb: *Yo me encargo de la comida.* I'll take care of the food. ▶ A veces no se traduce: *Encárgate de avisarles a los demás.* You let the others know. **2 encargarse de que alguien haga algo** to make sure (that) sb does sth: *Se encargó de que nadie se aburriera.* He made sure that nobody got bored.

encargo *s* **1 por encargo** to order: *Sólo los hacemos por encargo.* We only make them to order. **2** (que se le hace a un amigo) **hacerle un encargo a alguien** to ask sb to get sth for you: *Me hicieron miles de encargos.* Lots of people asked me to get things for them. **3** (tarea, recado) **hacer un encargo** to run an errand

encariñarse *v* **encariñarse con algo/alguien** to become very attached to sth/sb

encendedor *s* lighter

encender *v* **1 encender la luz/la televisión etc.** to turn the light/the TV etc. on: *Enciende la luz.* Turn the light on. **2** (un cigarrillo, una vela, el fuego) to light

encendido, -a *adjetivo & sustantivo*
■ *adj* **estar encendido -a (a)** (luz, aparato) to be on: *La calefacción no está encendida.* The heating isn't on. **(b)** (cigarrillo, vela, fuego) to be lit: *Las velas estaban encendidas.* The candles were lit. ▶ **lit** siempre va en el predicado. Si no, se dice **lighted**: *una vela encendida* a lighted candle
■ **encendido** *s* (de un coche) ignition

encerar *v* (un piso de madera) to polish, (un coche) to wax

encerrar *v* **encerrar a alguien (a)** (con llave) to lock sb in **(b)** (sin llave) to shut sb in: *Encerré al perro en la cocina.* I shut the dog in the kitchen.
encerrarse *v* **1** (con llave) to lock yourself in: *Corrió a encerrarse en el baño.* She ran and locked herself in the bathroom. **2** (sin llave) to shut yourself in: *Me encerré en mi recámara a estudiar.* I shut myself in my room to study.

encestar *v* (en basquetbol) to score

enchilada *s* Si quieres explicar qué es una enchilada, di *It's a tortilla filled with meat and covered with tomato and chili sauce*

enchinarse v **1** (el pelo) to curl: *Quiero enchinarme el pelo.* **2 se me enchinó la piel/el cuero** I got goosebumps (AmE), I got goosepimples (BrE)

enchufar v **enchufar algo** to plug sth in: *Enchufa el televisor.* Plug the TV in.

enchufe s **1** (de un aparato) plug: *el enchufe de la plancha* the **plug on** the iron **2** (en la pared) socket, outlet (AmE)

encía s gum

enciclopedia s encyclopedia, encyclopaedia (BrE)

encima preposición & adverbio
▪ **prep 1 encima de algo/alguien** on sth/sb, on top of sth/sb: *encima del televisor* on the television/on top of the television
2 estar encima de alguien **(a)** (para que haga algo) to keep on at sb: *Hay que estar encima de él para que estudie.* You have to keep on at him to study. **(b)** (controlando) to keep a close watch on sth/sb: *Está encima de los empleados.* He keeps a close watch on the staff.
3 estar por encima de algo to come before sth: *Mis hijos están por encima de todo.* My children come before everything else.
4 estar por encima de alguien to be above sb: *Se cree que está por encima de los demás.* He thinks he's above everyone else.
▪ **adv 1** (además) not only that: *Hacía frío y encima llovía.* It was cold, and not only that, it was raining.
2 (arriba) on top: *Se puso dos suéters encima.* She put on two sweaters on top.
3 por encima (por arriba) on top: *Espolvoréalo con azúcar por encima.* Sprinkle some sugar on top. | **leer/mirar etc. algo por encima** to have a quick look at sth: *Leyó el periódico por encimita.* He had a quick look at the newspaper.
4 quitarse algo/a alguien de encima to get rid of sth/sb: *No me lo podía quitar de encima.* I couldn't get rid of him.

encino s holm oak (pl holm oaks)

encoger o **encogerse** v to shrink: *Este tipo de tela encoge.* This kind of material shrinks. | *Lo lavé en la lavadora y se encogió.* I washed it in the machine and it shrank.

encontrar v **1** (hallar) to find: *No encuentro mi cartera.* I can't find my wallet. **2** (considerar) to find: *Lo encuentro muy arrogante.* I find him very arrogant.
encontrarse v **1** (hallar) to find: *Me la encontré en la calle.* I found it in the street. **2** (reunirse) to meet: *¿Por qué no nos encontramos en la puerta del restaurante?* Why don't we meet outside the restaurant? **3 encontrarse con alguien (a)** (por casualidad) to meet sb, to bump into sb: *Se encontró con un amigo en el avión.* He met a friend of his on the plane./He bumped into a friend of his on the

plane. **(b)** (habiendo hecho un arreglo) to meet up with sb: *Me encontré con Daniela para charlar.* I met up with Daniela for a chat. **4** (sentirse) to feel: *No me encuentro muy bien.* I don't feel very well. **5** (descubrir) **encontrarse con que** to discover that, to find that: *Se encontró con que le habían robado el coche.* He discovered that his car had been stolen.

encorvado, -a adj ser/estar **encorvado -a** to have a stoop | **caminar encorvado -a** to walk with a stoop

encuadernar v to bind

encubrir v **encubrir a alguien** to cover up for sb

encuentro s **1** (de personas) meeting **2** (en deportes) game, match (pl -ches BrE)

encuesta s survey, poll

enderezar v to straighten
enderezarse v to straighten up, to stand up straight

endeudarse o **endrogarse** v to get into debt

endivia o **endibia** s endive, chicory (BrE)

endrogado, -a adj **estar endrogado (con alguien)** to be heavily in debt (to sb): *Está endrogado con su suegro.* He's heavily in debt to his father-in-law.

endrogarse v to get into debt

endulzar v to sweeten

endurecer v to harden
endurecerse v **1** (material) to go hard **2** (persona) to harden

enemigo, -a sustantivo & adjetivo
▪ s enemy (pl -mies)
▪ adj **el ejército enemigo** the enemy army | **un país enemigo** an enemy country

enemistarse v **enemistarse (con alguien)** to fall out (with sb)

energía s **1** (en física) energy: *una fuente de energía* a source of energy **2** (fuerza, capacidad) energy: *una pérdida de tiempo y energía* a waste of time and energy
energía eléctrica electricity **energía nuclear** nuclear power/nuclear energy **energía solar** solar power/solar energy

enérgico, -a adj **1** (actitud, tono) firm **2** (discurso, defensa) forceful **3** (movimiento, gesto) energetic

enero s January ▸ ver "Active Box" **meses** en **mes**

enésimo, -a adj **1** (vez) umpteenth: *Te lo repito por enésima vez.* This is the umpteenth time I've told you. **2** (en matemáticas) nth: *un número elevado a la enésima potencia* a number raised to the nth power

énfasis s emphasis | **poner (el) énfasis en algo** to emphasize sth

enfatizar v to emphasize, to stress

enfermarse *v* to get sick (AmE), to fall ill: *No pudo venir porque se enfermó.* He couldn't come because he got sick.

enfermedad *s* illness (pl -sses), disease ▶ ver abajo

> **¿illness o disease?**
>
> Cuando se habla de una enfermedad sin darle un nombre específico, se puede usar tanto **illness** como **disease**. **Disease** es más frecuente cuando la enfermedad es contagiosa:
>
> *una enfermedad muy grave* a very serious illness/a very serious disease | *una enfermedad infecciosa/contagiosa* an infectious/ contagious disease
>
> Cuando se especifica a qué parte del cuerpo afecta, se suele usar **disease**, que a veces equivale a *enfermedades*:
>
> *una enfermedad de la piel* a skin disease | *las enfermedades del corazón* heart disease
>
> En los siguientes contextos se usa **illness**:
>
> *una enfermedad mental* a mental illness | *una enfermedad terminal* a terminal illness
>
> Cuando se habla de contraer o contagiarse una enfermedad, se usa **disease**:
>
> *Contrajo la enfermedad en un viaje al Amazonas.* She caught the disease on a trip to the Amazon.
>
> Para referirse al tiempo que uno está enfermo o al estado de estar enfermo, se usa **illness**:
>
> *Murió ayer tras una corta enfermedad.* She died yesterday after a short illness. | *No pudo asistir por razones de enfermedad.* She wasn't able to attend because of illness.

enfermería *s* **1** (lugar) infirmary (pl -ies) **2** (disciplina) nursing

enfermero, -a *s* nurse

enfermo, -a *adjetivo & sustantivo*
■ *adj* sick, ill ▶ ver abajo
■ *s* **1** Si mencionas la enfermedad que tiene, guíate por estos ejemplos: *un enfermo de sida* an AIDS sufferer/a man who has AIDS | *una enferma de cáncer* a cancer sufferer/a woman who has cancer | *los enfermos terminales/ mentales* people who are terminally/mentally ill
2 Desde el punto de vista de un médico o de un hospital *un enfermo* es **a patient**: *El doctor salió a visitar a un enfermo.* The doctor has gone out to visit a patient. | *la sala de los enfermos de sida* the AIDS patients' ward
3 Para hablar de enfermos en general, usa **sick people**: *Trabaja como voluntaria cuidando enfermos.* She does voluntary work looking after sick people.

> **¿ill o sick?**
>
> Delante de un sustantivo se usa **sick**:
>
> *un niño enfermo* a sick child | *animales enfermos* sick animals
>
> *estar enfermo -a* se dice **to be sick** en inglés americano y **to be ill** en inglés británico:
>
> *Está muy enfermo.* He's very sick./He's very ill.
>
> *gravemente enfermo -a* siempre es **seriously ill**:
>
> *Su madre estaba gravemente enferma.* His mother was seriously ill.

enfocar *v* **1** (un tema, un problema) to approach **2** (en cine y fotografía) to focus: *No enfocaste bien.* You didn't focus well. | **enfocar algo** to focus on sth: *La cámara enfocó el collar de la actriz.* The camera focused on the actress's necklace.

enfoque *s* (de un tema, un problema) approach (pl -ches) | **enfoque (de algo)** approach (to sth)

enfrenón *s* screech of brakes | **darse un enfrenón** to slam the brakes on

enfrentarse *v* **1** (equipos deportivos) to meet, to play each other | **enfrentarse a/con alguien** to meet sb, to play sb: *Se enfrentan al equipo chileno este fin de semana.* They meet the Chilean team this weekend./They play the Chilean team this weekend. **2** (boxeadores) to fight: *Se enfrentan por el título mundial.* They are fighting for the world championship. | **enfrentarse a/con alguien** to fight sb **3** (hacerle frente a) **enfrentarse a/con algo** to face up to sth: *Tuvo que enfrentarse con la realidad.* He had to face up to reality. **4** (con violencia) **enfrentarse con alguien** to clash with sb: *Los huelguistas se enfrentaron con la policía.* The strikers clashed with the police.

enfrente *preposición & adverbio*
■ *prep* **1 enfrente de algo (a)** (del otro lado de la calle) opposite sth, across the road from sth: *Vive enfrente de la florería.* She lives opposite the florist./She lives across the road from the florist. **(b)** (de la misma acera) in front of sth: *Plantamos un árbol enfrente de la casa.* We planted a tree in front of the house.
2 enfrente de alguien (a) (delante) in front of sb: *Lo dijo enfrente de todos.* She said it in front of everybody. **(b)** (cara a cara) facing sb: *Estaba sentado enfrente de nosotros.* He sat facing us.
■ *adv* (del otro lado de la calle) across the road: *Voy enfrente a comprar un chicle.* I'm going across the road to get some gum. | *La biblioteca está enfrente.* The library is across the road. | **justo enfrente** right opposite, directly opposite: *Hay un banco justo enfrente.* There's a bank right opposite.

enfriar v dejar enfriar algo to let sth cool down: *Hay que dejar enfriar el motor.* You have to let the engine cool down. ► Cuando no se quiere que algo se enfríe, se usa **to let sth get cold**: *No dejes enfriar la sopa.* Don't let the soup get cold.
enfriarse v to get cold

enfurecer v enfurecer a algn to make sb furious
enfurecerse v to get furious

enganchar v enganchar algo a algo (con un gancho) to hook sth onto sth
engancharse v **1** (quedar atrapado) to get caught: *El anzuelo se enganchó en la red.* The hook got caught in the net. **2** (con la droga, el cigarro, etc.) **engancharse (con algo)** to get hooked (on sth)

enganche s (primer pago) deposit, down payment

engañar v **1** (mentirle a) to fool: *Nos engañó a todos.* He fooled us all. ► También existe **to deceive**, que se usa en contextos más formales **2** (ser infiel a) **engañar a alguien** to cheat on sb: *La engañó con su mejor amiga.* He cheated on her with her best friend.

engordar v **1** (aumentar de peso) to put on weight: *Ha engordado mucho.* He's put on a lot of weight. | **engordar un kilo/tres kilos etc.** to put on a kilo/three kilos etc.: *Engordó seis kilos en dos meses.* He put on six kilos in two months. **2** (referido a alimentos) to be fattening: *Las verduras no engordan.* Vegetables aren't fattening.

engrapadora s stapler
engrapar v to staple

engrasar v **1** (con aceite) to oil: *Engrasó las bisagras de la puerta.* He oiled the door hinges. **2** (con grasa) to grease
engrasarse v me engrasé las manos/la ropa etc. my hands/clothes etc. got greasy

engreído, -a adjetivo & sustantivo
- *adj* big-headed
- *s* big-head

enhebrar v to thread

enjabonarse v enjabonarse la cara/las manos etc. to soap your face/your hands etc.

enjambre s swarm

enjuagar v (la ropa, los platos etc.) to rinse
enjuagarse v enjuagarse la boca/el pelo etc. to rinse your mouth/your hair etc.

enlatado, -a adj canned, tinned (BrE)

enlodado, -a adj muddy | estar/quedar enlodado -a **(a)** (tapete, zapatos, etc.) to be/get covered in mud, to be/get muddy **(b)** (camino, cancha) to be/get muddy

enloquecer v **1** enloquecer a alguien (hacer que se vuelva loco) to drive sb crazy, to drive sb (BrE): *Me estás enloqueciendo con tantas preguntas.* You're driving me crazy with all these questions. **(b)** (fascinar) *Los animales me enloquecen.* I'm crazy about animals. **2** (o **enloquecerse**) (volverse loco) to go crazy, to go mad (BrE)

enmarcar v (una lámina, una foto) to frame

enmedio también **en medio** adv in the middle: *Tú ponte enmedio.* You stand in the middle. | enmedio del partido in the middle of the game | *Estaba enmedio de las dos muchachas.* He was in between the two girls.

enojado, -a adj estar enojado -a **(con alguien)** to be angry (with sb), to be mad (at sb) (AmE), to be cross (with sb) (BrE) ► **to be cross** y **to be mad** expresan un enojo menos serio que **to be angry**. Puedes estar **mad** o **cross** con tu hermano porque te rompió la bicicleta, una madre puede estar **mad** o **cross** con un niño desobediente, etc. pero se usa **angry** cuando se trata de algo más serio

enojarse v enojarse **(con alguien)** to get angry (with sb), to get mad (at sb) (AmE), to get cross (with sb) (BrE) ► Ver nota en **enojado**: *No te enojes conmigo.* Don't get angry with me.

enojo s anger

enorme adj huge, enormous

huge

tiny

enredadera s creeper, climbing plant

enredado, -a adj (pelo, lana) tangled: *Tiene el pelo enredado.* Her hair is tangled.

enredar v **1** (lana, pelo, etc.) to tangle: *El gato me enredó la lana.* The cat tangled my wool./The cat tangled up my wool. **2** (enrollar) (una manguera, un cable) to wind up **3** (complicar) to complicate, to make complicated: *No enredes más las cosas.* Don't make things any more complicated.
enredarse v (pelo, lana, hilo) to get tangled up: *Se me enredó el pelo.* My hair has gotten tangled up.

enriquecer v (en sentido no material) to enrich
enriquecerse v (hacerse rico) to get rich

enrollar v **1** enrollar una alfombra/un periódico etc. to roll up a carpet/a newspaper etc. **2** (un cable, una manguera) to coil

ensalada s salad: *una ensalada de lechuga y tomate* a lettuce and tomato salad
ensalada de frutas fruit salad

ensaladera s salad bowl

ensanchar v **1** (una calle, una carretera) to widen **2** ensanchar una falda/un vestido to let out a skirt/a dress
ensancharse v (calle) to widen

ensangrentado, -a adj covered in blood: *Tenía la cara ensangrentada.* His face was covered in blood. ▶ Para referirse a telas y prendas de ropa se usa **bloodstained**: *un pañuelo ensangrentado* a bloodstained handkerchief

ensayar v (para un espectáculo) to rehearse

ensayo s **1** (de un espectáculo) rehearsal: *Mañana tengo ensayo.* I have a rehearsal tomorrow. **2** (en literatura) essay **3** (en futbol americano) touchdown **4** (prueba) test | **ensayo y error** trial and error
ensayo general dress rehearsal

enseguida, en seguida adv immediately, right away: *Enseguida la reconocí.* I recognized her immediately./I recognized her right away. ▶ Ejemplos típicos que se traducen de forma diferente: *Enseguida vuelvo.* I'll be right back. | *Enseguida termino.* I won't be a minute. | *Enseguida voy.* I'll be right there.

enseñanza s **1** (acción de enseñar) teaching: *la enseñanza de las lenguas extranjeras* the teaching of foreign languages **2** (sistema educativo) education: *la reforma de la enseñanza* the reform in education
enseñanza primaria/secundaria primary/ secondary education

enseñar v **1** to teach: *Enseña inglés.* He teaches English. | *Enséñame esa canción.* Teach me that song. | **enseñarle a alguien a hacer algo** to teach sb (how) to do sth: *Le está enseñando a nadar.* She's teaching him to swim. | *Me enseñó a bailar salsa.* He taught me how to dance the salsa. **2** (mostrar) to show: *Me enseñó su colección de timbres.* He showed me his stamp collection.

ensillar v to saddle

ensordecedor, -a adj un ruido ensordecedor/ una música ensordecedora

ensuciar v ensuciar algo to get sth dirty: *¡Estás ensuciando todo!* You're getting everything dirty!/You're making a mess!
ensuciarse v to get dirty: *No te ensucies.* Don't get dirty. | **ensuciarse el vestido/los pantalones etc.** to get your dress/your pants etc. dirty: *Me ensucié la camisa.* I got my shirt dirty. | **ensuciarse la ropa de helado/chocolate etc.** to get ice cream/chocolate etc. on your clothes: *Se ensució la corbata de salsa.* He got sauce on his tie.

entender v **1** (una explicación, un idioma) to understand: *Perdón, no entendí.* Sorry, I didn't understand. **2** (a una persona) to understand: *Nadie me entiende.* Nobody understands me. **3** entender de algo to know about sth: *No entiendo nada de futbol.* I don't know anything about soccer.
entenderse v (dos o más personas) to understand each other

enterado, -a adj estar enterado -a (de algo) to know (sth): *Está enterado de todo.* He knows everything. | *¿Ya estás enterada?* Have you heard?

enterarse v **1** (referido a una noticia) enterarse (de algo) to hear (about sth): *Me enteré ayer.* I heard yesterday. | *¿Te has enterado de lo de Ana?* Have you heard about Ana? **2** (descubrir) to find out: *Si se entera, me mata.* If he finds out, he'll kill me.

enternecedor, -a adj touching, moving

entero, -a adj **1** (completo) whole: *un año entero* a whole year | *Se tomó la botella entera.* He drank the whole bottle. **2** leche entera whole milk, full-cream milk (BrE) **3** (número) whole

enterrar v **1** (bajo tierra) to bury: *Lo enterraron junto a su esposa.* He was buried next to his wife. **2** (clavar) (un puñal, un cuchillo) to bury, (las uñas) to dig: *Le enterró las uñas en el cuello.* She dug her nails into his neck.

entierro s funeral ▶ Existe el término **burial**, que significa acción de enterrar, pero para referirse a la ceremonia se suele usar **funeral**

entonces adv **1** (para introducir una consecuencia) then: *–No quiero ir. –Entonces no vayas.* "I don't want to go." "Don't go then." | *¿Entonces qué hago?* What should I do then? **2** (en ese momento) then: *Yo entonces tenía seis años.* I was six then.

entrada s **1** (de un lugar) entrance: *La entrada está a la vuelta.* The entrance is around the corner. | *Te espero en la entrada del restaurante.* I'll wait for you outside the restaurant. **2** (para un espectáculo) ticket: *¿Cuánto cuesta la entrada?* How much are the tickets? **3** (acción de entrar) entry: *"Prohibida la entrada"* "No entry" **4** (primer plato) appetizer (AmE), starter (BrE): *¿Qué vas a pedir de entrada?* What are you going to have as a starter? **5** (en beisbol) inning **6** (en futbol: ataque) tackle

entrar v **1** (pasar adentro) to come in, to go in ▶ ver recuadro en página 556 **2** entramos (al colegio) a las ocho/las nueve etc. school starts at eight/nine etc. | entrar (a trabajar) to start work: *Los lunes entran más tarde.* They start work later on Mondays. **3** (caber) to go in: *Estos libros no entran.* These books won't go in. | *Aquí ya no entra nada más.* There's no room for anything else in here. **4** esta falda/este vestido etc. no me entra I can't get into this skirt/ this dress etc.: *Estos pantalones no me entran.* I can't get into these pants. **5** (meterse) ver ejemplos: *Cierra la puerta, entra frío.* Shut the door, it's getting cold in here. | *Abre la ventana para que entre aire.* Open the window to let some air in. | *Me entró arena en el ojo.* I got some sand in my eye. **6** no me/le etc. entra I can't get it into my head/he can't get it into his head etc.: *Se lo he dicho mil veces pero no le entra.* I've told him a thousand times, but he just can't get it into his head. **7** (ser admitido) **entrar a un colegio/a la universidad etc.** to get into a school/into a university etc. | **entrar a una empresa/una organización etc.** to join a company/an organization etc.: *Entró a la empresa en 1999.* He joined the company in 1999. | **entrar como algo** to start as sth: *Entró como vendedor.* He started as a salesman. **8** **me entró frío/sueño etc.** I started feeling cold/sleepy etc. **9** (participar) **entrarle a un torneo/un partido etc.** to compete in a tournament/to join in a game etc. | **no entrarle a algo** not to be into sth: *Yo a la mota no le entro.* I'm not into smoking pot. **10** (empezar a comer) **éntrale/éntrenle** tuck in: *Éntrenle, que si no se les va a enfriar.* Tuck in, or it'll get cold. | *Tú éntrale a tu sopa.* You make a start on your soup.

¿to go in o to come in?

En general se usa **to go in** si la persona que habla está afuera y **to come in** si está adentro:

Entra sin hacer ruido. Go in quietly. | *Entré por la puerta de atrás.* I came in through the back door. | *La vi entrar a su casa.* I saw her **go into** his house.

Para pedir permiso para entrar a alguien que está adentro se usa **to come in**. Si se le pregunta a alguien que está afuera, se usa **to go in**:

¿Puedo entrar? May I come in?/May I go in? Para expresar dificultad se usa **to get in**:

Entraron por la ventana del baño. They got in through the bathroom window.

---

entre *preposición & conjunción*
- **prep** ▶ ver recuadro
- **conj** La estructura equivalente a las comparaciones que empiezan con *entre más* o *entre menos* es **the + comparativo, the + comparativo**: *Entre más lo piensas, peor es.* The more you think about it, the worse it is. | *Entre menos hable, mejor.* The less he talks, the better.

entreabierto, -a *adj* **1** (puerta) ajar **2** (ventana) half-open

entreacto *s* intermission

entrecerrado, -a *adj* (ojos) half-closed

entrega *s* **1** (de premios en una ceremonia) awards ceremony: *la entrega de premios de MTV* the MTV awards ceremony **2** (de mercancías) delivery (pl -ries)

entregar *v* **1** (dar) **entregarle algo a alguien** to give sb sth, to hand sth to sb: *Le entregó la carta al gerente.* He gave the manager the letter./He handed the letter to the manager. **2** (un trabajo escrito, la tarea) **entregar algo** to hand sth in: *¿Cuándo hay que entregar el trabajo?* When does the project have to be handed in? **3** **entregarle un premio a alguien** to present sb with a prize:

1 PUNTO INTERMEDIO (= between)
Siéntate entre Inés y Ana. Sit between Inés and Ana. | *Cuesta entre $25 y $30.* It costs between $25 and $30. | *Es entre azul y verde.* It's somewhere between blue and green.

2 COOPERACIÓN (= between)
Lo hicimos entre los tres. We did it between the three of us. | *Lo pagamos entre todos.* We shared the cost between all of us.

3 RELACIÓN (= between)
No hay nada entre él y yo. There's nothing between him and me.

4 PERTENENCIA A UN GRUPO (= among)
Tu dibujo estaba entre los mejores. Your drawing was among the best. | *Eso es común entre la gente mayor.* That is common among old people.

5 INTERCALADO CON (= in among)
Estaba entre tus papeles. It was in among your papers.

6 DISTRIBUCIÓN
Si es entre dos personas, se usa **between**. Si es entre más, **among**:
Repártanse la pizza entre los dos. Share the pizza between you. | *Reparte los dulces entre los niños.* Share the candy out among the children.

7 SUMA DE ELEMENTOS
Entre el regalo y las flores gasté un montón. What with the present and the flowers, I spent a lot of money. | *Entre todos éramos más de veinte.* Altogether there were more than twenty of us.

8 EN DIVISIONES (= divided by)
Cien entre cuatro es igual a veinticinco. A hundred divided by four is twenty five.

Le entregaron el premio en una ceremonia especial. He was presented with the prize at a special ceremony. **4** (mercancías) to deliver **5** (a un delincuente, un rehén) **entregar a alguien** to hand sb over

entregarse *v* (a una autoridad) to give yourself up: *Se entregó a la policía.* He gave himself up to the police.

entrenador, -a *s* **1** (de un atleta, un tenista, etc.) trainer, coach **2** (de un equipo) coach (pl -ches) (AmE), manager (BrE)
entrenador -a personal personal trainer

entrenamiento *s* **1** (sesión) training session: *Hoy tengo entrenamiento.* I have got a training session today. **2** (acción) training

entrenar *v* **1** (a un atleta, un tenista, etc.) to train, to coach **2** (a un equipo) to coach: *Entrena al equipo infantil.* He coaches the children's team. **3** (hacer ejercicio) to train:

Entreno dos veces por semana. I train twice a week.

entrenarse *v* to train

entrepaño *s* (anaquel) shelf (pl shelves)

entretanto o **entre tanto** *adv* in the meantime

entretener *v* **entretener a alguien** (divertir) to keep sb amused

   entretenerse *v* to keep yourself amused: *Me entretengo haciendo solitarios.* I keep myself amused playing solitaire.

entretenido, -a *adj* entertaining: *un programa entretenido* an entertaining program | **ser/no ser muy entretenido -a** to be a lot of fun/not to be much fun: *Este juego no es muy entretenido.* This game isn't much fun.

entretenimiento *s* entertainment

entrevista *s* **1** (en los medios) interview | **hacerle una entrevista a alguien** to interview sb: *Le hicieron una entrevista en la televisión.* She was interviewed on TV. **2** (para un trabajo) interview: *Llegó tarde a la entrevista.* He was late for the interview.

entrevistado, -a *s* interviewee

entrevistador, -a *s* interviewer

entrevistar *v* (en los medios, para un trabajo) to interview: *Me entrevistó el director.* I was interviewed by the director.

entristecer *v* **me/nos etc. entristece** it makes me/us etc. sad: *Me entristece verla así.* It makes me sad to see her like that. ▶ También existe **to sadden**, que se usa en contextos más formales: *La noticia lo entristeció mucho.* The news made him very sad./The news saddened him greatly.

entrometerse *v* to interfere | **entrometerse en algo** to meddle in sth, to interfere in sth: *No te entrometas en sus asuntos.* Don't meddle in her affairs.

entrometido, -a *adjetivo & sustantivo*
- *adj* **ser entrometido -a** to be a busybody, to be nosy
- *s* busybody, nosy parker (BrE)

entusiasmado, -a *adj* **estar entusiasmado -a (con algo)** to be excited (about sth): *Estoy muy entusiasmada con el viaje.* I'm really excited about the trip.

entusiasmar *v* Usa **to be excited about** con la persona como sujeto: *No me entusiasma mucho la idea.* I'm not very excited about the idea.

   entusiasmarse *v* **entusiasmarse (con algo)** to get excited (about sth): *Se entusiasmó con el plan.* She got excited about the plan.

entusiasmo *s* enthusiasm

entusiasta *adjetivo & sustantivo*
- *adj* enthusiastic
- *s* enthusiast

envase *s* **1** (botella vacía) empty bottle ▶ En plural se suele usar **empties**: *¿Dónde guardas los envases?* Where do you keep the empties?/Where do you keep the empty bottles?

2 (de un producto) El término general es **container**. Se usa **jar** para referirse a un frasco de vidrio, **carton** para un envase de cartón y **tub** para los de margarina

envase no retornable non-returnable container/bottle etc.

envejecer *v* **1** (hacerse viejo) to get old, to grow old: *Le da miedo envejecer.* He's afraid of getting old./He's afraid of growing old. **2** (referido al aspecto físico) to age: *Había envejecido mucho.* She had aged a lot.

envenenar *v* to poison

enviado, -a *s* **1** (corresponsal) correspondent **2** (en política) envoy

enviar *v* to send | **enviar algo por barco/por avión** to send sth by sea/by air

envidia *s* envy, jealousy: *No podía ocultar su envidia.* He couldn't conceal his envy./He couldn't conceal his jealousy. | **¡qué envidia!** I'm so envious!/I'm so jealous! | **darle envidia a alguien** ver ejemplos: *¿No te da envidia?* Aren't you envious?/Aren't you jealous? | *Me dio un poco de envidia.* I was a little envious./I was a little jealous. | **tenerle envidia a alguien** to be jealous of sb, to be envious of sb: *Me tienen envidia.* They're jealous of me./They're envious of me. | **morirse de envidia** to be green with envy: *¿Te vas a Río? ¡Me muero de envidia!* You're off to Rio? I'm green with envy!

envidioso, -a *adjetivo & sustantivo*
- *adj* envious
- *s* En inglés se usa el adjetivo y se suele expresar qué es lo que se envidia: *Es un envidioso.* He's so envious of other people./He's so envious of what other people have, etc.

enviudar *v* to be widowed

envoltura *s* **1** (de un regalo) wrapping **2** (de una golosina) wrapper

envolver *v* **envolver algo** to wrap sth, to wrap sth up: *Lo envolví en papel de periódico.* I wrapped it in newspaper./I wrapped it up in newspaper. | **envolver algo para regalo** to gift-wrap sth: *¿Se lo envuelvo para regalo?* Do you want me to gift-wrap it for you?

enyesado, -a *adj* in a cast (AmE), in plaster (BrE): *Tengo el brazo enyesado.* My arm is in a cast. | *Había una niña con la pierna enyesada.* There was a girl with her leg in a cast.

enyesar *v* **enyesarle el brazo/la pierna etc. a alguien** to put sb's arm/leg etc. in a cast (AmE), to put sb's arm/leg etc. in plaster (BrE): *Me enyesaron el brazo.* They put my arm in a cast.

epicentro *s* epicenter (AmE), epicentre (BrE)

epidemia *s* epidemic: *una epidemia de cólera* a cholera epidemic

epilepsia *s* epilepsy

epiléptico, -a *adj & s* epileptic

episodio *s* episode

época s **1** (período) time: *En aquella época se podía vivir con poco dinero.* At that time you didn't need much money to live on./In those days you didn't need much money to live on. **2** (del año) time of year: *Hace frío en esta época.* It's cold at this time of year. **3** (histórica) times *pl*, era ► **times** se usa con adjetivos (**in Victorian/medieval times**). **era** es más formal y puede usarse tanto con adjetivos como con sustantivos (**the Clinton era, the Victorian era**): *en la época de la colonia* in colonial times/in the colonial era | *en la época de la dictadura* during the dictatorship **4 traje de época** period costume | **película de época** historical movie (AmE), historical film (BrE)

equilátero, -a *adj* equilateral

equilibrado, -a *adj* **1** (persona) well-balanced **2** (dieta) balanced

equilibrio s **1** balance: *el equilibrio ecológico* the ecological balance **2 perder el equilibrio** to lose your balance | **mantener el equilibrio** to keep your balance

equilibrista s tightrope walker

equipado, -a *adj* equipped: *La casa está bien equipada.* The house is well-equipped. | *un coche equipado con lector de CD* a car fitted with a CD player/a car equipped with a CD player

equipaje s luggage: *¿Tienes mucho equipaje?* Do you have a lot of luggage? ► ver **exceso**
equipaje de mano hand luggage

equipo s **1** (en deportes) team: *el equipo de voleibol del colegio* the school volleyball team **2** (de profesionales o técnicos) team: *el equipo médico* the medical team **3 trabajar en equipo** to work as a team
equipo de buceo diving gear **equipo de música/sonido** sound system

equitación s riding, horseback riding (AmE), horse riding (BrE) | **hacer equitación** to ride

equivalente *adj & s* equivalent: *Costó el equivalente a $100.* It cost the equivalent of $100.

equivaler *v* **equivaler a algo** to be equivalent to sth

equivocación s mistake | **por equivocación** by mistake: *Tomó otro tren por equivocación.* He took another train by mistake.

equivocado, -a *adj* **1 estar equivocado -a** to be wrong, to be mistaken ► **mistaken** es un poco más formal que **wrong**: *Creo que estás equivocado.* I think you're wrong./I think you're mistaken. **2** (al llamar por teléfono): –*¿Está Luis?* –*No, está equivocado.* "Is Luis there?" "No, you have the wrong number."

equivocarse *v* **1** (cometer un error) to make a mistake: *Cualquiera se puede equivocar.* Anyone can make a mistake. | *Te equivocaste, es el rojo.* You're wrong, it's the red one. | **equivocarse de puerta/de número etc.** to get the wrong door/to dial the wrong number etc.: *Se equivocó de tren.* He got on the wrong train. **2** (estar equivocado)

to be wrong, to be mistaken ► **mistaken** es algo más formal que **wrong**: *Con Juan te equivocaste.* You were wrong about Juan. | *Creo que se equivoca.* I think you're mistaken.

era s era, age: *la era de Internet* the Internet era/the age of the Internet
la era cristiana the Christian era **la era espacial** the space age

erección s erection

erizo s **1** hedgehog **2 erizo (de mar)** sea urchin

erosión s erosion

erosionar *v* to erode
erosionarse *v* to be eroded

erótico, -a *adj* erotic

erradicar *v* to eradicate

errata s misprint

erróneo, -a *adj* incorrect

error s mistake ► También existe **error**, que se usa en contextos más formales o técnicos | **cometer un error** to make a mistake
error de ortografía spelling mistake

eructar *v* to burp, to belch ► **to burp** es más coloquial

eructo s burp, belch ► **burp** es más coloquial

erupción s **1** (en la piel) rash **2** (de un volcán) eruption

escala s **1** (en un viaje) stopover: *Volamos a Nueva York con escala en Miami.* We flew to New York with a stopover in Miami. | *un vuelo sin escalas* a non-stop flight/a direct flight | **hacer escala en (a)** (avión) to stop over in: *El avión hizo escala en Lima.* The plane stopped over in Lima. **(b)** (barco) to call at **2** (serie jerárquica) scale: *en una escala de uno a diez* on a scale of one to ten **3** (en música) scale **4** (proporción) scale | **dibujar algo a escala** to draw sth to scale
escala de Richter Richter scale **escala de valores** scale of values **escala técnica** refueling stop (AmE), refuelling stop (BrE)

escalada s climb: *una escalada difícil* a difficult climb

escalar *v* (una montaña) to climb

escalera s **1** (de un edificio) stairs *pl*, staircase ► En general, con verbos de movimiento se usa **stairs**. Si se trata de describir la estructura se usa **staircase**: *una escalera de mármol* a marble staircase | *una escalera de madera* a wooden staircase | **bajar/subir las escaleras** to go down/up the stairs: *Ten cuidado al bajar las escaleras.* Careful as you go down the stairs. | **bajar/subir las escaleras corriendo** to run down/up the stairs | **bajar/subir por las escaleras** to take the stairs, to walk up/down the stairs: *Tuvimos que subir por las escaleras.* We had to take the stairs./We had to walk up the stairs. | **caerse por las escaleras** to fall down the stairs **2** (portátil) **ladder** es una escalera que se apoya en la pared y **stepladder** o **steps** una escalera de tijera. **steps** es un sustantivo plural que sólo se usa en inglés británico: *¿Dónde está la escalera?* Where's the stepladder?/Where are the steps?

escalera de caracol spiral staircase
escalera eléctrica escalator

escalofrío s **1** (de frío o fiebre) shiver ▶ A menudo se usa el verbo to **shiver**: *Tiene escalofríos.* He's shivering. | *Me dio un escalofrío.* I shivered. **2** (de miedo) shiver (of fear): *Sintió un escalofrío.* She felt a shiver (of fear).

escalón s **1** (fijo, en un edificio) step: *Cuidado con el escalón.* Careful of the step. **2** (de una escalera portátil) rung

escama s (de animal) scale

escandalizarse v to be shocked

escándalo s **1** (alboroto) racket | **armar escándalo** to make a racket: *Llegaron armando escándalo.* They arrived making a racket. **2** (quejas, protestas) **armar un escándalo** to make a scene: *Armó un escándalo terrible.* He made a terrible scene. **3** (asunto escandaloso) scandal | **¡es un escándalo!** it's outrageous!

escandinavo, -a adj & s Scandinavian

escáner s scanner

escaparse v **1** (de la cárcel, de una jaula, etc.) to escape: *Un león se escapó ayer del zoológico.* A lion escaped from the zoo yesterday. **2** (salir corriendo) to run off, to run away: *No dejes que se escape el perro.* Don't let the dog run off. **3 escaparse de su/la casa** to run away from home: *Se escapó de la casa a los dieciséis años.* He ran away from home when he was sixteen. **4** (secreto) **se me/le etc. escapó** I/he etc. let it slip: *Se me escapó lo de la fiesta sorpresa.* I let it slip about the surprise party. **5 se me/le etc. escapó una carcajada** I/he etc. couldn't help laughing | **se me/le etc. escapó un eructo** I/he etc. burped **6** (pasar desapercibido) **no se te/le etc. escapa nada** you don't/he doesn't etc. miss a thing

escape s **1** (de un coche) exhaust (pipe) **2** (de la cárcel, etc.) escape **3** (pérdida) leak: *un escape de gas* a gas leak

escarabajo s beetle

escarbar v **escarbar (en) la tierra/la arena** to dig in the earth/the sand
escarbarse v **escarbarse los dientes** to pick your teeth

escarcha s frost

escarlatina s scarlet fever

escasez s shortage: *la escasez de petróleo* the shortage of oil/the oil shortage

escaso, -a adj **1** (recursos, información, conocimientos) limited: *una persona de escasos recursos* a person of limited means **2 estar/andar escaso -a de algo** to be short of something: *Estaba escaso de dinero.* He was short of money. **3 a escasos diez centímetros/cinco días etc.** just ten centimeters/five days etc. away: *una*

casa a escasos metros de la playa a house just a few meters away from the beach

escena s **1** (de una obra, una película) scene: *una escena cómica* a funny scene **2 hacer/ montar una escena** to make a scene: *Me hizo una escena de celos.* He made a jealous scene. **3** (escenario) **entrar en/salir a escena** to go on stage | **poner una obra en escena** to stage a play **4** (situación) scene: *escenas de la vida cotidiana* scenes of daily life **5** (lugar) scene: *la escena del crimen* the scene of the crime

escenario s **1** (en un teatro, etc.) stage | **subir al escenario** to go up onto the stage: *Subió al escenario para recibir el premio.* She went up onto the stage to receive the award. **2** (lugar) scene: *el escenario del crimen* the scene of the crime

escéptico, -a adjetivo & sustantivo
- adj skeptical (AmE), sceptical (BrE)
- s skeptic (AmE), sceptic (BrE)

esclavitud s slavery

esclavo, -a s slave

escoba s **1** (de paja) broom **2** (tipo cepillo) brush (pl -shes) **3** (de bruja) broomstick

escobeta s scrub brush (pl -shes) (AmE), scrubbing brush (pl -shes) (BrE)

escocés, -esa adjetivo & sustantivo
- adj **1** (de Escocia) Scottish ▶ También existe el adjetivo **Scots**, que los escoceses prefieren en ciertos contextos (a **Scots** woman, a **Scots** miner, etc.). **Scotch** hoy en día se usa casi exclusivamente para referirse al whisky **2** (a cuadros) tartan ▶ ver **falda**
- s (persona) **escocés** Scot, Scotsman (pl -men) | **escocesa** Scot, Scotswoman (pl -women) | **los escoceses** the Scots
- **escocés** s (idioma) Scots

Escocia s Scotland

escoger v to choose: *No sé cuál escoger.* I don't know which one to choose. | *Tienes que escoger uno de esta lista.* You have to choose one from this list.

escolar adjetivo & sustantivo
- adj **el año/el reglamento escolar** the school year/ the school rules | **las vacaciones escolares** the school vacation (AmE), the school holidays (BrE) | **edad escolar** school age: *un niño en edad escolar* a child of school age
- s (niño) schoolgirl, (niña) schoolboy ▶ Para referirse a escolares en general se usa **schoolchildren**: *Muchos escolares visitan el museo.* Many schoolchildren visit the museum.

escolta sustantivo masculino & femenino & sustantivo femenino
- s masc & fem (guardaespaldas) bodyguard
- s fem guard: *la escolta presidencial* the presidential guard | **escolta policial** police escort

escoltar v to escort

escombros s pl rubble

---

i ¿No estás seguro del significado de alguna **abreviatura**? Mira la lista de abreviaturas en el interior de la cubierta.

esconder v to hide: *Escondió la carta debajo del libro.* She hid the letter under the book. | **esconderse** v to hide: *Me escondí debajo de la cama.* I hid under the bed. | **esconderse de alguien** to hide from sb

escondida s **1 jugar a las escondidas** to play hide-and-seek **2 a escondidas** in secret: *Fuman a escondidas.* They smoke in secret. | *Se ve con él a escondidas de sus padres.* She's seeing him behind her parents' back.

escondite s (lugar) hiding place

escopeta s shotgun

escorpión s **1** (alacrán) scorpion **2** (o **Escorpión**) (en el zodíaco) Scorpio: *Mariana es (de) Escorpión.* Mariana's a Scorpio.

escotado, -a adj low-cut: *un vestido escotado* a low-cut dress

escote s **1** (de una prenda de vestir) neckline: *un escote cuadrado* a square neckline | *un escote grande* a low neckline **2** (de una persona) chest | **escote en V** V-neck: *un vestido con escote en V* a V-neck dress/a dress with a V-neck

escribir v **1** (persona) to write: *Escribe con la derecha.* She writes with her right hand. | **escribirle a alguien** to write to sb: *Te escribiré todos los días.* I'll write to you every day. | **escribir a máquina** to type: *No sabe escribir a máquina.* She can't type. | **escribir algo a mano** to write sth by hand: *Tuve que escribir la carta a mano.* I had to write the letter by hand. **2** (hablando de la ortografía) to spell: *¿Cómo se escribe tu apellido?* How do you spell your surname? | *Se escribe con K.* It's spelled with a K. **3** (bolígrafo, lápiz) to write: *Este bolígrafo no escribe.* This ballpoint doesn't write.

escribirse v (tener correspondencia) to write to each other: *Se escribieron durante muchos años.* They wrote to each other for many years.

escrito, -a adjetivo & sustantivo
■ adj written: *una prueba escrita* a written test | **una carta escrita a mano/a máquina** a handwritten/typed letter | **por escrito** in writing: *Tenemos que presentar las conclusiones por escrito.* We have to present our conclusions in writing.
■ **escrito** s (documento) document

escritor, -a s writer

escritorio s **1** (mueble) desk **2** (en computación) desktop

escritura s **1** (acción de escribir) writing **2** (sistema) script: *la escritura cuneiforme* cuneiform script **3** (de una propiedad) deed **4 las Sagradas Escrituras** the Holy Scriptures

escuadra s **1** (útil) set square **2** (de buques) squadron

escuadrón s **1** (de caballería) squadron **2** (del ejército) troop **3** (de aviones) squadron

escuchar v **1** (con atención) to listen: *¡Escucha!* Listen! | **escuchar algo/a alguien** to listen to sth/sb: *Escucha lo que te digo.* Listen to what

I'm saying. | *Nunca escucho la radio.* I never listen to the radio. **2** (oír) to hear: *¿Escuchaste eso?* Did you hear that? ▶ ver también **oír**

escudo s **1** (arma) shield **2** (insignia) emblem **3** (que se lleva en la solapa, etc.) badge

escuela s **1** (institución, edificio) school: *A esta hora está en la escuela.* She's at school at this time of day. | **ir a la escuela** to go to school: *¿A qué escuela vas?* Which school do you go to? **2** (tendencia) school: *la escuela florentina de arte* the Florentine school of art **3** (facultad) faculty (pl -ties), school

escuela de manejo driving school **escuela particular** private school **escuela primaria** elementary school (AmE), primary school (BrE) **escuela pública** public school (AmE), state school (BrE) ▶ En Gran Bretaña **public school** es un tipo de colegio privado **escuela secundaria** secondary school **escuela técnica** technical college

escuincle, -a s kid: *Ya tienen cinco escuincles.* They have five kids now.

esculcar v to go through: *No me esculques los bolsillos.* Don't go through my pockets.

escultor, -a s sculptor

escultura s sculpture

escupir v to spit | **escupir a alguien** to spit at sb: *Me escupió.* He spat at me. | *Me escupió la cara.* He spat in my face. | **escupir algo** to spit sth out

escurridor s **1** (para platos) dish rack **2** (colador) colander

escurrir v **1** (los platos, la verdura) to drain: *Deja escurrir los platos.* Leave the plates to drain. | *Poner la espinaca en un colador para que escurra.* Drain the spinach in a colander. **2 escurrir la ropa** to wring the washing out

escurrirse v **1** (resbalarse) to slip: *El jarrón se me escurrió de las manos.* The vase slipped out of my hand. **2** (escaparse) to slip away: *Se escurrió entre la multitud.* He slipped away into the crowd.

ese, -a adjetivo & pronombre
■ adj that: *Dame ese libro.* Give me that book. | *Ese día estaba en mi casa.* I was at home that day. ▶ ver también **esos**
■ pron ▶ ver **ése -a**

ése, -a pron that one: *–¿Cuál te gusta? –Ésa.* "Which one do you like?" "That one." | *El novio es ése que está ahí.* Her boyfriend is that one over there. ▶ ver también **ésos**

esencia s **1** (lo fundamental) essence | **en esencia** essentially **2** (extracto) essence: *esencia de vainilla* vanilla essence

esencial adj essential | **lo esencial es** the main thing is: *Lo esencial es no ponerse nervioso.* The main thing is not to get nervous.

esfera s **1** (en geometría) sphere **2** (ámbito) sphere

esforzarse *v* to make an effort, to try hard: *Se esfuerza por ser amable con ella.* He makes an effort to be nice to her./He tries hard to be nice to her. | **esforzarse más** to make more of an effort, to try harder: *Tienes que esforzarte más.* You have to make more of an effort./You have to try harder.

esfuerzo *s* **1** effort | **hacer un esfuerzo/hacer esfuerzos** (tratar) to try: *Hagan un esfuerzo por venir.* Try to come. | *Hacía esfuerzos para no dormirse.* He was trying hard not to fall asleep. | **hacer esfuerzos** (físicamente) to exert yourself: *El médico le recomendó que no hiciera esfuerzos.* The doctor advised her not to exert herself. **2** (intento) attempt

esgrima *s* fencing | **practicar esgrima** to fence

esguince *s* sprain | **hacerse un esguince en el tobillo/la rodilla** to sprain your ankle/to twist your knee

eslogan *s* slogan

esmalte *s* **1** (barniz) enamel **2** (de los dientes) enamel

esmalte de uñas nail polish, nail varnish (BrE)

esmeralda *s* (piedra) emerald | **un collar/un anillo de esmeraldas** an emerald necklace/ring

esmerarse *v* **esmerarse (en hacer algo)** to try hard (to do sth), to take great care (to do sth): *Me esmeré en hacer buena letra.* I tried hard to write neatly./I took great care to write neatly.

esnórquel *s* snorkel

esnorquelear *v* to snorkel | **ir a esnorquelear** to go snorkelling

eso *pron* **1** that: *No digas eso.* Don't say that. | *Eso está mal.* That's wrong. | *¿Qué es eso de que no vas a ir?* What's all this about you not going? **2** **por eso** that's why: *Se esfuerza mucho, por eso le va bien.* She tries hard, that's why she does well. **3** **a eso de las dos/las seis etc.** at around two o'clock/six o'clock etc.: *Nos encontramos a eso de las ocho.* We met at around eight. **4** **y eso que** even though: *Todavía extraña su pueblo. Y eso que hace años que vive acá.* She still gets homesick, even though she's lived here for years. **5** **en eso** just then: *En eso los oí entrar.* Just then I heard them come in. **6** **eso es** that's right **7** **¿y con eso qué?** so what?

esófago *s* esophagus (AmE), oesophagus (BrE)

esos, -as *adjetivo & pronombre*
■ *adj* those: *Me gustan esos zapatos.* I like those shoes. | *¿Puedo comer una de esas galletas?* Can I have one of those cookies?
■ *pron* ▶ ver **ésos -as**

ésos, -as *pron* those: –*¿Te gustan estos zapatos?* –*Prefiero ésos.* "Do you like these shoes?" "I prefer those." | *Ésas sí son mis amigas.* Those are my friends.

espacial *adj* **vuelo espacial** space flight | **sonda espacial** space probe | **un viaje espacial** a journey into space ▶ ver **estación, nave**

espacio *s* **1** (lugar) room, space: *Necesito más espacio.* I need more room./I need more space. | *Ocupa demasiado espacio.* It takes up too much room. **2** (entre palabras, líneas) space: *Deja un espacio después de la coma.* Leave a space after the comma. | *una página a doble espacio* a double-spaced page **3** (en astronomía) **el espacio** space: *la conquista del espacio* the conquest of space **4** **espacio (en blanco)** blank: *Rellenar los espacios en blanco.* Fill in the blanks.

espada *sustantivo & sustantivo plural*
■ *s* sword
■ **espadas** *s pl* (en naipes) La baraja española no es muy conocida en el mundo anglosajón. Para explicar qué son las espadas di *It's one of the four suits in the Spanish deck of cards*

espaguetis *s pl* spaghetti *sing*

espalda *s* (parte del cuerpo) back: *Me duele la espalda.* My back hurts. | **darle la espalda a alguien** to sit/stand with your back to sb: *No le des la espalda a María.* Don't stand with your back to María. | **de espaldas a alguien** with your back to sb: *Estaba de espaldas a mí.* He had his back to me. | **de espaldas** (boca arriba) on your/my etc. back: *Duermo de espaldas.* I sleep on my back. | **a espaldas de alguien** behind sb's back: *Lo hizo a sus espaldas.* He did it behind her back.

espantapájaros *s* scarecrow

espanto *s* **1** (aparición, fantasma) ghost: *una película de espantos* a scary movie **2** (miedo) fright **3** (horror) horror | **¡qué espanto!** how awful!

espantoso, -a *adj* **1** (muy feo) terrible, hideous: *Ese peinado te queda espantoso.* That hairstyle looks terrible on you. **2** (que asusta) horrible, horrific: *Tuve un sueño espantoso.* I had a horrible dream. **3** (usado para enfatizar) terrible: *un dolor de cabeza espantoso* a terrible headache ▶ Delante de un adjetivo, usa el adverbio **really**: *Hace un frío espantoso.* It's really cold.

España *s* Spain

español, -a *adjetivo & sustantivo*
■ *adj* Spanish
■ *s* Spaniard | **los españoles** the Spanish, Spaniards
■ **español** *s* (idioma) Spanish

esparcir *v* to scatter
esparcirse *v* to scatter

espárrago *s* asparagus spear ▶ Para traducir el plural, usa el sustantivo incontable **asparagus**: *Me encantan los espárragos.* I love asparagus.

espátula *s* spatula

especia *s* spice

especial *adj* **1** (particular, diferente) special: *una ocasión especial* a special occasion **2** (específico) special: *una dieta especial para el acné* a special diet for people with acne **3** **en especial** especially: *Me gusta la música, en especial la tecno.* I like music, especially techno.

ⓘ Hay una lista de **términos gramaticales** en el interior de la cubierta.

especialidad s specialty (pl -ties) (AmE), speciality (pl -ties) (BrE): *Nuestra especialidad son los pasteles.* Cakes are our specialty.

especialista s **1** (profesional) specialist **2 especialista en arte/computación** etc. art/computer etc. expert

especializarse v **especializarse en algo** to specialize in sth: *Quisiera especializarme en biotecnología.* I would like to specialize in biotechnology.

especialmente adv **1** (sobre todo) especially, particularly: *Hay muchos extranjeros, especialmente italianos.* There are a lot of foreigners, especially Italians. **2** (específicamente) specially: *Está pensado especialmente para jóvenes.* It's specially designed for young people.

especie s **1** (clase, tipo) kind, sort: *una especie de sopa fría* a kind of cold soup **2** (en biología, etc.) species (pl species): *una especie en peligro* an endangered species

especificar v to specify

específico, -a adj specific

espectacular adjetivo & sustantivo
■ adj (actuación, show, puesta de sol) spectacular, impressive ▶ En el sentido coloquial de *muy bueno*, *muy lindo*, etc. usa **fantastic** o **wonderful**: *Tienen una casa espectacular.* They have a fantastic house.
■ s billboard (AmE), hoarding (BrE)

espectáculo s **1** (de cine, teatro, etc.) show **2** (escena, número) scene | **dar/hacer/montar un espectáculo** to make a scene: *Ella siempre tiene que dar su espectáculo.* She always has to make a scene.

espectador, -a s **1** (en un cine, en un teatro) member of the audience ▶ Para traducir el plural se usa **audience**: *Había muchos espectadores.* There was a big audience./There were a lot of people in the audience. | *Los espectadores aplaudieron al terminar la obra.* The audience clapped at the end of the play. **2** (de televisión) viewer **3** (en un encuentro deportivo) spectator

especulador, -a s speculator

especular v to speculate

espejismo s mirage

espejo s mirror | **mirarse al/en el espejo** to look at yourself in the mirror: *Se pasa el día mirándose en el espejo.* He spends the whole day looking at himself in the mirror.

espejo retrovisor rearview mirror

espera s wait: *una larga espera* a long wait | **estar a la espera de algo** to be waiting for sth | **quedo en la espera de tus noticias** I look forward to hearing from you

esperanza s hope | **tener esperanzas/la esperanza de hacer algo** to hope to do sth, to have hopes of doing sth: *Tengo esperanzas de ganar el partido.* I hope to win the match./I have hopes of winning the match. | **perder las esperanzas (de hacer algo)** to give up hope (of doing sth): *No*

pierdas las esperanzas. Don't give up hope. | *Perdieron todas las esperanzas de encontrarlo con vida.* They gave up all hope of finding him alive.

esperanza de vida life expectancy

esperar v **1** (aguardar) to wait: *Esperó hasta las 11.* He waited until 11 o'clock. | *Espera un minuto.* Wait a minute. | **esperar a alguien** to wait for sb: *Lo esperé hasta el mediodía.* I waited for him until noon. | *Hace media hora que la estoy esperando.* I've been waiting for her for two hours. ▶ Para decir dónde te vas a encontrar con alguien, usa el verbo **to meet**: *Te espero en la taquilla.* I'll meet you at the ticket office. | **esperar el autobús/el tren** etc. to wait for the bus/the train etc.: *Estaba esperando el tren.* I was waiting for the train. | **esperar a que** to wait until: *Espere a que se apague la luz roja.* Wait until the red light goes out. **2** (desear) to hope: *Espero que mis padres no se enojen.* I hope my parents won't be angry. | *Espero que estés bien.* I hope you are well. | *Espero que me contestes pronto.* I look forward to hearing from you. | **esperar hacer algo** to hope to do sth: *Espero verte pronto.* I hope to see you soon. | *Espero conseguir boletos.* I hope I can get tickets./I hope to be able to get tickets. | **espero que sí** I hope so: *–¿Aprobaste? –Espero que sí.* "Have you passed?" "I hope so." | **espero que no** I hope not: *–¿Viene Marita? –Espero que no.* "Is Marita coming?" "I hope not." **3** (imaginar, prever) to expect: *Fue más fácil de lo que esperaba.* It was easier than I expected. | *Se espera mal tiempo para los próximos días.* Bad weather is expected for the next few days. **4 esperar un bebé** to be expecting a baby: *Está esperando su segundo hijo.* She's expecting her second child.

esperarse v (imaginar, prever) to expect: *Me esperaba otra cosa.* I was expecting something else.

esperma s sperm

espeso, -a adj **1** (salsa, chocolate) thick **2** (neblina, niebla) thick **3** (bosque, vegetación) dense

espía s spy (pl spies)

espiar v to spy: *Espiaba para los rusos.* He was spying for the Russians. | **espiar a alguien** to spy on sb: *No espíes a los vecinos.* Don't spy on the neighbors.

espiga s ear: *una espiga de trigo* an ear of corn

espina s **1** (de pescado) bone: *Tiene muchas espinas.* It has a lot of bones. **2** (de una planta) thorn: *Me pinché con una espina.* I pricked myself on a thorn.

espina dorsal spine, backbone

espinaca o **espinacas** s spinach

espinilla s **1** (punto negro) blackhead **2** (parte de la pierna) shin

espionaje s spying, espionage

espiral s (objeto) spiral

espiritismo *s* spiritualism | **una sesión de espiritismo** a seance

espíritu *s* spirit
el Espíritu Santo the Holy Spirit

espiritual *adj* spiritual

espolvorear *v* to sprinkle, to dust: *Espolvorear el pastel con azúcar.* Sprinkle the cake with sugar./Dust the cake with sugar.

esponja *s* sponge

esponjoso, -a *adj* fluffy, light

espontáneo, -a *adj* spontaneous

esposas *s pl* handcuffs | **ponerle las esposas a alguien** to handcuff sb

esposo, -a *s* **esposo** husband | **esposa** wife (pl wives)

espuela *s* spur

espuma *s* **1** (de jabón) lather, foam | **hacer espuma** to lather: *Este jabón no hace espuma.* This soap doesn't lather. **2** (de un líquido) froth **3** (de una ola) surf: *la espuma del mar* the surf

esquelético, -a *adj* terribly thin

esqueleto *s* **1** skeleton **2 estar hecho -a un esqueleto/ser un esqueleto** to be as thin as a rake, to be all skin and bone

esquema *s* **1** (resumen) summary (pl -ries) **2** (diagrama) diagram

esquí *s* **1** (deporte) skiing | **hacer esquí** to go skiing: *Hicimos esquí en Aspen.* We went skiing in Aspen. **2** (tabla) ski: *Necesito esquíes nuevos.* I need some new skis.
esquí acuático water skiing: *Hace esquí acuático.* She goes water skiing. **esquí de fondo** cross-country skiing, Nordic skiing

snowboarding
skiing

esquiador, -a *s* skier

esquiar *v* to ski | **ir a esquiar** to go skiing

esquimal *s & adj* Inuit ▶ Existe el término **Eskimo**, pero muchas personas lo consideran ofensivo

esquina *s* **1** (entre dos calles) corner: *Te espero en la esquina.* I'll meet you on the corner. | *la panadería de la esquina* the bakery on the corner **2** (ángulo) corner: *la esquina de la mesa* the corner of the table

esquivar *v* **1** (un obstáculo) to avoid **2** (un golpe) to dodge **3** (a una persona) to avoid

esquizofrénico, -a *adj & s* schizophrenic

estabilidad *s* stability

estable *adj* stable

establecer *v* **1** (determinar) to establish: *Están tratando de establecer la hora del crimen.* They are trying to establish the time of the murder. **2** (dictaminar) to lay down, to state: *Es lo que establece la Constitución.* It is what is laid down in the Constitution. **3** (un contacto, una comunicación) to establish **4** (un régimen, un gobierno) to establish **5 establecer una comparación** to draw a comparison
establecerse *v* to settle: *Se establecieron en la capital.* They settled in the capital.

establo *s* stable

estaca *s* **1** (de una tienda de campaña) peg **2** (palo) stake

estación *s* **1** (del año) season: *las cuatro estaciones* the four seasons ▶ ver "Active Box" **estaciones del año 2** (de tren, de metro) station: *Este tren para en todas las estaciones.* This train stops at every station. **3 estación (de radio)** (radio) station
estación de bomberos fire station **estación espacial** space station

estacionamiento *s* **1** (para muchos coches) parking lot (AmE), parking garage (AmE), car park (BrE) ▶ **parking lot** se usa para un estacionamiento al aire libre y **parking garage** para uno cubierto: *Hay un estacionamiento en la esquina.* There's a parking lot on the corner. **2** (lugar libre) parking place: *No encontré estacionamiento.* I couldn't find a parking place. **3** (acción de estacionar) parking

estacionar o **estacionarse** *v* to park: *"Prohibido estacionar(se)"* "No parking"

estacionómetro *s* parking meter

estadio *s* (de futbol, atletismo, etc.) stadium (pl -s o stadia)
estadio de beisbol ballpark

estadística *sustantivo & sustantivo plural*
■ *s* (disciplina) statistics *sing*
■ **estadísticas** *s pl* (datos) statistics *pl*: *según las últimas estadísticas* according to the latest statistics

estado *s* **1** (condición, situación) state: *el estado de la cancha* the state of the field/the condition of the field **2 estar en mal estado (a)** (referido a alimentos) to be bad, to be off (BrE): *El pescado estaba en mal estado.* The fish was bad. **(b)** (referido a calles, edificios) to be in bad condition **3** (o **Estado**) (órgano de gobierno) state **4** (división territorial) state: *el estado de Michoacán* the state of Michoacan
estado civil marital status **estado de ánimo** state of mind **estado de bienestar** welfare state **estado de emergencia/excepción** state of emergency

Active Box: estaciones del año

Los ejemplos de este **Active Box** son una guía para ayudarte a construir oraciones que hablan de las estaciones del año

Este verano nos vamos de viaje.	We're going away next summer.
Me encanta Nueva York en otoño.	I love New York in the fall/autumn.
En invierno no voy a la playa.	I don't go to the beach in the winter.
Fuimos a Cuba el verano pasado.	We went to Cuba last summer.
Se conocieron en la primavera de 2003.	They first met in the spring of 2003.

Estados Unidos *s pl* El nombre oficial del país es the **United States of America**, pero es mucho más frecuente hablar de the **States**, **America** o the **U.S.**: *Vive en Estados Unidos.* He lives in the States./He lives in America./He lives in the U.S.

Estados Unidos Mexicanos *s pl* United States of Mexico

estadounidense *adjetivo & sustantivo*
■ *adj* American, US: *una empresa estadounidense* an American company/a US company
■ *s* American | **los estadounidenses** (the) Americans

estafa *s* fraud

estafador, -a *s* swindler ▶ Si se trata de un hombre, es frecuente el uso de **conman**, cuyo plural es **conmen**. También existe **con artist**, que es coloquial

estafar *v* to swindle, to defraud ▶ **to defraud** es más formal o más técnico: *Nos estafaron.* They swindled us. | *Estafó a sus socios.* He defrauded his partners. | **estafarle algo a alguien** to swindle sb out of sth, to defraud sb of sth: *Le estafaron como quinientos mil pesos.* They swindled him out of nearly five hundred thousand pesos.

estallar *v* **1** (bomba, granada) to go off, to explode **2** (guerra) to break out

estallido *s* **1** (explosión) explosion **2** (de una guerra) outbreak

estampa también **estampita** *s* **1** (coleccionable,) (picture) card, (autoadherible) sticker **2** (religiosa) picture

estampado, -a *adjetivo & sustantivo*
■ *adj* patterned: *una blusa estampada* a patterned blouse
■ **estampado** *s* pattern, print

estancado, -a *adj* **1** (agua) stagnant **2** **estar estancado -a** **(a)** (economía) to be stagnant, to be at a standstill **(b)** (negociaciones) to be in deadlock, to be at an impasse **(c)** (reformas) to be at a standstill

estándar *adj & s* standard

estanque *s* **1** (en un parque, un jardín) pond **2** (para la cría de peces, etc.) tank

estante *s* **1** (mueble) set of shelves, shelving unit **2** (repisa) shelf (pl shelves)

estar *v* ▶ ver recuadro en página 562

estatal *adj* **una empresa estatal** a state-owned company | **un canal de televisión estatal** a state television channel | **un empleado estatal** a civil servant, a public-sector employee | **una escuela estatal** a public school (AmE), a state school (BrE) ▶ En Gran Bretaña **public school** es un tipo de colegio privado

estatua *s* statue

estatura *s* height: *un hombre de mediana estatura* a man of medium height

este¹, -a *adjetivo & pronombre*
■ *adj* this: *Nos gusta mucho esta casa.* We like this house very much. | *¿Me prestas este libro?* Can I borrow this book? ▶ ver también **estos**
■ *pron* ▶ ver **éste -a**

este² *sustantivo & adjetivo*
■ *s* east, East ▶ ver "Active Box" **puntos cardinales** en **punto**
■ *adj* east, eastern

éste, -a *pron* this one: *–¿Cuál te gusta? –Ésta.* "Which one do you like?" "This one." | *Mi hermano es éste que está al lado de la novia.* This one's my brother, the one next to the bride. ▶ ver también **éstos**

estela *s* **1** (de un avión) trail, vapor trail (AmE), vapour trail (BrE) **2** (de una lancha, etc.) wake

estéreo *adjetivo & sustantivo*
■ *adj* stereo: *La televisión es estéreo.* The television is stereo.
■ *s* (equipo de música) stereo

estéril *s* **1** (persona) sterile **2** (suelo, terreno) infertile

esterilizar *v* to sterilize

esternón *s* breastbone ▶ El término técnico es **sternum**

estético, -a *adj* esthetic (AmE), aesthetic ▶ ver **cirugía**

estiércol *s* (abono) manure

estilista *s* hair stylist

estilo *s* **1** (característica personal) style: *Los dos jugadores tienen distintos estilos.* The two players have different styles. **2** (en arte) style: *el estilo neoclásico* the neoclassical style | *muebles de estilo colonial* colonial-style furniture **3** **algo por el estilo** something like that **4** (en natación) stroke: *Te enseñan a nadar en todos los estilos.* They teach you how to swim all the different strokes. **5** (clase, distinción) style

estilo de vida lifestyle **estilo directo** direct speech **estilo indirecto** reported speech, indirect speech **estilo libre** freestyle

estar

▶ **VERBO**

1 En general equivale a **to be**

Aquí están las llaves. Here are the keys. | *¿Cómo está tu hermana?* How's your sister? | *Ayer estuvimos en el club.* We were at the club yesterday. | *El pollo estaba riquísimo.* The chicken was delicious. | **¿está Inés/el señor Obes etc.?** is Inés?/Mr. Obes etc. in? | **estar parado -a/sentado -a/acostado -a** to be standing/sitting/lying | **¿has estado en Perú/la nueva discoteca etc.?** have you been to Peru/the new club etc.?: *Nunca estuve en la casa de Gabi.* I've never been to Gabi's. | **estar con paperas/sarampión etc.** to have the mumps/measles etc.

2 A veces el uso de *estar* en lugar de *ser* expresa un estado temporal o el resultado de un proceso por oposición a una característica permanente. Los siguientes ejemplos ilustran cómo se expresa esa idea en inglés:

Estás muy elegante. You look very sharp. | *La novia estaba muy linda.* The bride looked lovely. | *Los niños están altísimos.* The children have gotten really tall. | *Está muy delgada.* She's looking very thin./She's lost a lot of weight.

▶ **VERBO AUXILIAR**

estar haciendo algo to be doing sth: *Está leyendo una revista.* She's reading a magazine. | **está lloviendo/nevando etc.** it's raining/snowing etc. | **estar por hacer algo** to be about to do sth: *Justo estaba por llamarte.* I was just about to phone you.

estimado, -a *adj* (en cartas) dear: *Estimada Sra:* Dear Madam,

estimulante *adjetivo & sustantivo*
■ *adj* stimulating
■ *s* stimulant

estimular *v* **1** (a una persona) to encourage, to stimulate **2** (la exportación, una inversión) to encourage

estímulo *s* encouragement

estirado, -a *adj* **1** (creído) snooty: *Son muy estirados.* They're really snooty. **2** (piernas, brazos) stretched out

estirar *v* **1** (los brazos, las piernas) to stretch: *No hay espacio para estirar las piernas.* There's no room to stretch your legs. | **estirar el cuello** to crane your neck **2** **estirar el dinero/el sueldo etc.** to make the money/your salary etc. go further **3** **estirar una sábana/un mantel** to smooth a sheet/a tablecloth out
estirarse *v* **1** (suéter) to stretch **2** (para alcanzar algo) to stretch **3** (crecer) to shoot up

estirón *s* **dar un estirón** to shoot up

esto *pron* this: *¿Qué es esto?* What's this? | *¡Esto es muy divertido!* This is really funny! | *Esto de tener dos exámenes en un día no es justo.* This business of having two exams in one day just isn't fair.

estofado *s* stew

estómago *s* stomach: *Me duele el estómago.* I have (a) stomach ache. | *Tengo el estómago revuelto.* I feel a little nauseous.

estoperol *s* (adorno) stud: *una chamarra de cuero con estoperoles* a leather jacket with studs

estorbar *v* to be in the way: *Esa silla ahí estorba.* That chair's in the way there. | **estorbar a alguien** to be in sb's way: *¿Te estorban los niños?* Are the kids in your way?

estornudar *v* to sneeze

estornudo *s* sneeze

estos, -as *adjetivo & pronombre*
■ *adj* these: *Mira estas fotos.* Look at these photos. | *¿Me pongo estos zapatos?* Should I put these shoes on?
■ *pron* ▶ ver **éstos -as**

éstos, -as *pron* these: *–¿Cuáles son tus guantes? –Éstos.* "Which are your gloves?" "These." | *Éstas son mis tías.* These are my aunts.

estrafalario, -a *adj* (ropa, ideas) outlandish

estragos *s pl* **hacer/causar estragos** to wreak havoc: *La tormenta causó estragos en todo el país.* The storm wreaked havoc all over the country.

estrangular *v* to strangle: *Murió estrangulada.* She was strangled. | *Me dieron ganas de estrangularlo.* I felt like strangling him.

estrategia *s* strategy (pl -gies)

estratégico, -a *adj* strategic

estrechar *v* **estrechar una falda/una camisa etc.** to take in a skirt/a shirt etc.
estrecharse *v* (carretera, río) to narrow, to get narrower

estrecho, -a *adjetivo & sustantivo*
■ *adj* **1** (calle, pasillo) narrow **2** (falda, pantalón) tight **3** (relación, vínculo) close
■ **estrecho** *s* strait, straits *pl*: *el Estrecho de Magallanes* the Straits of Magellan/the Magellan Strait

estrella *s* **1** (en el cielo) star **2** (de cine, de futbol, etc.) star **3** (que indica categoría) star: *un hotel de cinco estrellas* a five-star hotel **4 ver (las) estrellas** to see stars: *Vi estrellas cuando el dentista me puso la inyección.* I saw stars when the dentist gave me the injection.
estrella de cine movie star, film star (BrE)
estrella de mar starfish **estrella fugaz** shooting star

estrellado, -a *adj* **un cielo estrellado/una noche estrellada** a starry sky/a starry night: *El cielo estaba estrellado.* The sky was filled with stars.

estrellarse v to crash: *Se estrelló un avión en la selva.* A plane crashed in the jungle. | **estrellarse contra algo** to crash into sth, to smash into sth: *Iba borracho y se estrelló contra un árbol.* He was drunk and crashed into a tree./He was drunk and smashed into a tree.

estremecerse v to shiver: *Se estremeció de frío.* He shivered with cold.

estrenar v **1 estrenar una falda/unos jeans etc.** to wear a new skirt/a new pair of jeans etc., to wear a skirt/a pair of jeans etc. for the first time: *Estoy estrenando zapatos.* I'm wearing new shoes. **2** (una película) to release: *Todavía no se ha estrenado en México.* It hasn't been released in Mexico yet. ▶ Al hablar de la función de gala se dice **to premiere**: *Se estrenó en Nueva York el mes pasado.* It premiered in New York last month./It was premiered in New York last month. **3** (una obra de teatro) Usa el verbo **to open** con la obra como sujeto: *¿Cuándo estrenan el musical?* When does the musical open?

estreno s **1** (de una película) premiere: *la noche del estreno de la película* the night of the movie premiere **2** (de una obra teatral) opening night: *Fuimos al estreno.* We went to the opening night.

estreñido, -a adj constipated

estreñimiento s constipation

estrés s stress

estresado, -a adj **estar/andar muy estresado -a** to be stressed out

estresante adj stressful

estría s (en la piel) stretch mark

estribillo s chorus (pl -ses)

estribo s **1** (para montar) stirrup **2** (de un vehículo) step **3** (de una moto) footrest **4 perder los estribos** to lose your temper

estricto, -a adj strict: *un profesor muy estricto* a very strict teacher

estridente adj **1** (ruido, música) raucous, strident **2** (color) loud, garish

estrofa s verse

estropajo s **1** (para lavarse) loofah **2** (para los trastes) scouring pad

estructura s structure

estruendo s **1** (de algo que se cae) crash **2** (de maquinaria, una explosión, un volcán en erupción) roar

estuario s estuary (pl -ries)

estuche s (para lentes, guitarra, lápices, etc.) case

estudiante s student: *Es estudiante de leyes.* He's a law student.

estudiar v **1** to study: *Tengo que estudiar para la prueba.* I have to study for the test. | *Estudia psicología.* She's studying psychology. | *Tienes que estudiar más.* You have to work harder. **2** (asistir a clases) Se usa el verbo **to go**: *Estudia en un colegio bilingüe.* She goes to a bilingual school. | **dejar de estudiar (a)** (en el

colegio) to leave school: *Dejó de estudiar a los quince años.* She left school when she was fifteen. **(b)** (en la universidad) to drop out of college (AmE), to drop out of university (BrE)

estudio sustantivo & sustantivo plural
■ s **1** (de cine, televisión) studio **2** (en una casa) study (pl -dies): *Papá está en su estudio.* Dad's in his study. **3** (investigación) study (pl -dies): *un estudio sobre el calentamiento global* a study on global warming **4** (análisis médico) test | **hacerse un estudio** to have a test done: *Se está haciendo unos estudios.* She's having some tests done.

estudio de grabación recording studio
■ **estudios** s pl studies: *Quiere dejar los estudios.* She wants to give up her studies. ▶ **Studies** se suele referir a los estudios superiores

estudios primarios/secundarios primary school/secondary school education

estudioso, -a adj Existe el adjetivo **studious** pero no es tan frecuente como *estudioso* en español. Mira las alternativas: *Mi hermano es muy estudioso.* My brother works very hard./My brother is a very good student.

estufa s stove (AmE), cooker (BrE)

estufa a gas gas stove (AmE), gas cooker (BrE)
estufa eléctrica electric stove (AmE), electric cooker (BrE)

estupidez s **1** (que se dice) ¡qué estupidez! what a stupid thing to say! | **decir una estupidez** to say something stupid | **decir estupideces** to talk nonsense: *¡Déjate de decir estupideces!* Stop talking nonsense! **2** (que se hace) ¡qué estupidez! what a stupid thing to do! | **ser una estupidez** to be stupid: *Es una estupidez hacerlo de nuevo.* It's stupid to do it over again. | **hacer una estupidez** to do something stupid

estúpido, -a adjetivo & sustantivo
■ adj stupid
■ s **ser un estúpido/una estúpida** to be a stupid idiot

etapa s stage | **por etapas** in stages

etc. etc.

eternidad s **1 una eternidad** (mucho tiempo) ages: *Tardó una eternidad en abrir la puerta.* He took ages to open the door. | *Diez minutos pueden parecer una eternidad.* Ten minutes can feel like an eternity. **2** (perpetuidad) eternity

eterno, -a adj eternal

ética s ethics sing

ético, -a adj ethical

etiqueta s **1** (en un cuaderno, una botella, etc.) label **2** (de una prenda) label | **la etiqueta del precio** the price tag **3** (protocolo) etiquette | **vestirse de etiqueta** to wear formal dress

étnico, -a adj ethnic

EU s (= Estados Unidos) U.S.A., U.S.: *en EU* in the U.S.A. /in the U.S.

eucalipto s eucalyptus (pl -ses)

Eucaristía s **la Eucaristía** the Eucharist

eufórico, -a adj ecstatic, euphoric

Europa s Europe

europeo, -a adj & s European

eutanasia s euthanasia

evacuar v to evacuate: *Tuvieron que evacuar el edificio.* They had to evacuate the building.

evadir v to evade

evadirse v to take your mind off things: *Fui al cine para evadirme.* I went to the movies to take my mind off things. | **evadirse de la realidad** to escape from reality

evaluación s **1** (valoración) assessment **2** (prueba) test: *la evaluación de mitad de año* the midyear test

evaluar v to assess

evangelio s gospel: *el evangelio según San Mateo* the gospel according to Saint Matthew

evaporación s evaporation

evaporarse v to evaporate

evasión s (escape) escape: *una evasión de la realidad* an escape from reality
evasión fiscal, **evasión de impuestos** tax evasion

evasiva s **contestar con evasivas** not to give a straight answer

evidencia s **1** evidence **2 poner algo en evidencia** to show sth | **poner a alguien en evidencia** to show sb up

evidente adj obvious: *Es evidente que hay un problema.* It's obvious there's a problem./There's obviously a problem.

evitar v **1** (impedir) to avoid: *Para evitar problemas, le voy a hablar.* To avoid any trouble, I'll talk to her. | **evitar que alguien haga algo** to prevent sb doing sth, to prevent sb from doing sth: *No pudimos evitar que se enterara.* We couldn't prevent him finding out. | **no puedo/no puede etc. evitar hacer algo** I /he etc. can't help doing sth: *No puedo evitar ponerme rojo.* I can't help blushing. **2** (eludir) to avoid: *Eviten las expresiones demasiado coloquiales.* Avoid expressions which are too colloquial. | **evitar hacer algo** to avoid doing sth: *Evita mencionar a su ex novia.* Avoid mentioning his ex-girlfriend. **3** (a una persona) to avoid: *Si puede, me evita.* He avoids me if he can.

evolución s **1** (cambio, desarrollo) development: *la evolución del país* the country's development **2** (en biología) evolution

evolucionar v **1** (transformarse, desarrollarse) to change, to evolve **2** (en biología) to evolve

ex o **ex-** prefijo ex-: *mi ex novio/novia* my ex-boyfriend/ex-girlfriend ▶ También se usa **former** cuando se habla de cargos: *el ex presidente del Paraguay* the former president of Paraguay/ the ex-president of Paraguay

exacto, -a *adjetivo & interjección*
■ *adj* **1** (preciso) exact: *Necesitamos las medidas exactas.* We need the exact measurements. | *Llegué en el momento exacto en que empezaba.* I

arrived just as it was starting. **2** (sin errores) accurate: *una descripción exacta* an accurate description | *No es del todo exacto.* It isn't completely accurate. **3** (idéntico) identical ▶ ver **ciencia**

■ **exacto** *interj* (that's) right, exactly: *–O sea que son parientes. –Exacto.* "So they're related." "That's right."

exageración s exaggeration

exagerado, -a adj **1** (referido a personas) **no seas exagerado -a** don't exaggerate | **eres/es etc. muy exagerado -a** you're/he's/she's etc. always exaggerating | **¡qué exagerado -a!** you're/he's etc. always exaggerating! **2** (gesto, reacción) exaggerated

exagerar v to exaggerate

examen s exam, examination ▶ **examination** es más formal: *Tengo examen de francés.* I have a French exam. | *¿Cómo te fue en el examen?* How did your exam go? | **presentar/hacer (un) examen** to take an exam, to do an exam: *Hay que presentar un examen.* You have to take an exam./You have to do an exam. | *los alumnos que van a presentar examen en julio* students who are taking the exam in July/students who are doing the exam in July | **aprobar/pasar un examen** to pass an exam | **reprobar un examen** to fail an exam
examen de admisión entrance examination **examen de manejo** driving test **examen extraordinario** makeup exam (AmE), resit (BrE) **examen final** final exam **examen médico** medical checkup

examinar v **1** (a un paciente, una herida) to examine | **examinarle la vista a alguien** to test sb's eyesight **2** (a un estudiante) to examine **3** (analizar) (una propuesta, una situación, etc.) to study

excavadora s digger

excavar v **1** (un túnel, un pozo) to dig **2** (en arqueología) to excavate

excelente adj excellent

excéntrico, -a adj eccentric

excepción s exception: *una excepción a la regla* an **exception to** the rule | **hacer una excepción** to make an exception: *Por hoy voy a hacer una excepción.* I'm going to make an exception just for today. | **sin excepción** without exception: *Esto se aplica a todos los alumnos sin excepción.* This applies to all students without exception. | **a/con excepción de** except: *todos a excepción de Juan* everyone except Juan

excepcional adj exceptional: *un jugador excepcional* an exceptional player

excepto prep except, except for: *Hice todos los ejercicios excepto el último.* I did all the exercises except the last one./I did all the exercises except for the last one.

exceso s excess (pl -sses)
exceso de equipaje excess baggage **exceso de velocidad** speeding: *un accidente causado por exceso de velocidad* an accident caused by speeding

excitar v **1** (poner nervioso) **el café/el té etc. me excita** coffee/tea etc. stops me sleeping **2** (sexualmente) to arouse

excitarse v **1** (ponerse nervioso) to get overexcited **2** (sexualmente) to get aroused

exclamación s exclamation ▶ ver **signo**

exclamar v to exclaim

excluir v to exclude | **excluir a alguien de algo** to exclude sb from sth: *La excluyen de sus juegos.* They exclude her from their games. | *Lo excluyeron del equipo.* He was dropped from the team.

exclusivo, -a adj exclusive

excursión s trip: *una excursión a los lagos* a trip to the lakes | **ir(se)/salir de excursión** to go on a trip: *Nos fuimos de excursión al Desierto de los Leones.* We went on a trip to Desierto de los Leones.

excursionismo s hiking

excursionista s **1** (turista) tourist **2** (que practica el excursionismo) hiker

excusa s (pretexto, justificación) excuse: *Siempre tiene una excusa para todo.* He always has an excuse for everything. | *¿Qué excusa me vas a dar hoy?* What's your excuse today? | *Puso la excusa de que estaba ocupado.* His excuse was that he was busy. | **con la excusa de** on the pretext that: *Volvió a entrar con la excusa de que se había olvidado del paraguas.* She came back in on the pretext that she had left her umbrella behind.

excusado s toilet **jalarle al excusado** to flush the toilet | **echar algo al excusado** to flush sth down the toilet

exentar v **1 exentar una materia** to be exempt from taking an exam in a subject | **exentar a un alumno** to exempt a student from taking an exam **2** (de un pago, un impuesto, un requisito, etc.) **exentar a alguien de algo** to exempt sb from sth | **exentar un producto/un servicio de algo** to make a product/a service exempt from sth

exento, -a adj **1 quedar exento -a en geografía/física etc.** to be exempt from taking the geography/physics etc. exam **2 exento -a de impuestos** tax-free

exhibición s **1** (espectáculo) display: *una exhibición de patinaje artístico* a figure skating display **2** (exposición) exhibition

exhibicionista s **1** (que quiere llamar la atención) exhibitionist **2** (en sentido sexual) flasher

exhibir v **1** (exponer) to exhibit: *la sala donde se exhiben los objetos* the room where the pieces are exhibited/the room where the pieces are on display **2** (mostrar) to show **3** (una película) to screen

exigente adj demanding: *un profesor exigente* a demanding teacher

exigir v **1** (esperar de alguien) **exigir mucho/demasiado** to be very/too demanding, to expect a lot/too much: *El profesor nos exige demasiado.* The teacher is too demanding./The teacher expects too much of us. **2** (reclamar) (una respuesta, una disculpa, etc.) to demand: *Exijo que me devuelvan el dinero.* I demand that you give me my money back. **3** (requerir) to require, to call for: *Exige mucha concentración.* It requires a lot of concentration./It calls for a lot of concentration.

exiliado, -a adjetivo & sustantivo
■ adj (escritor, político) exiled | **estar exiliado -a** to be in exile: *Estuvieron exiliados en España.* They were in exile in Spain.
■ s exile: *un exiliado político* a political exile

exiliarse v to go into exile

exilio s exile | **en el exilio** in exile

existencia sustantivo & sustantivo plural
■ s existence
■ **existencias** s pl stock sing, stocks pl

existir v **1** (ser real) to exist: *Los fantasmas no existen.* Ghosts don't exist./There's no such thing as ghosts. **2** (haber) **existe/existen** there is/there are: *Existen otras posibilidades.* There are other possibilities.

éxito s **1** (buen resultado) success (pl -sses): *El desfile fue un éxito.* The fashion show was a success. | **tener éxito** to be successful: *Tuvo mucho éxito en España.* She was very successful in Spain. | **no tener éxito (a)** (no ser exitoso) not to be successful **(b)** (al tratar de hacer algo) not to succeed, to be unsuccessful: *Lo intentamos, pero no tuvimos éxito.* We tried but we didn't succeed./We tried but we were unsuccessful. **2** (disco, película) hit: *el último éxito de la banda* the band's latest hit

exitoso, -a adj successful

exótico, -a adj exotic

expectación s sense of expectancy, interest

expectativa sustantivo & sustantivo plural
■ s **1** (inquietud) expectation: *un clima de mucha expectativa* an atmosphere of great expectation **2** (espera) **estar a la expectativa de algo** to be waiting to hear sth: *Estaba a la expectativa del resultado del estudio.* She was waiting to hear the test result.
expectativa de vida life expectancy
■ **expectativas** s pl **1** (perspectivas) prospects: *la falta de expectativas* the lack of prospects **2** (esperanzas) expectations: *No creemos falsas expectativas.* Let's not create false expectations. | **tener expectativas** to have hopes: *No tengo muchas expectativas.* I don't have very high hopes.

expedición s **1** (viaje) expedition: *una expedición al Polo Sur* an expedition to the South Pole **2** (personas) expedition: *La expedición llegó a la cima.* The expedition reached the summit.

---

expensas *s* **a expensas de algo/alguien** at the expense of sth/at sb's expense | **vivir a expensas de algo/alguien** to live off sth/sb: *Viven a expensas del estado.* They live off the state.

experiencia *s* **1** (de trabajo) experience: *No tiene experiencia.* He has no experience. | *un empleado con mucha experiencia* a very experienced worker | *Tiene experiencia en informática.* She has experience with computers. **2** (vivencia) experience: *una experiencia inolvidable* an unforgettable experience | *Es algo que sabe por experiencia propia.* It's something he knows from his own experience.

experimentado, -a *adj* experienced

experimental *adj* experimental

experimentar *v* **1** (hacer experimentos) to experiment **2** (sentimientos, sensaciones) to experience **3** (cambios) to undergo

experimento *s* experiment | **hacer un experimento** to do an experiment: *Hicimos un experimento de química.* We did a chemistry experiment.

experto, -a *sustantivo & adjetivo*
■ *s* expert | **un experto/una experta en algo** an expert on sth: *una experta en el tema* an expert on the subject
■ *adj* expert: *Es un cocinero experto.* He's an expert cook. | **ser experto -a en algo** to be an expert on sth

explicación *s* explanation | **darle una explicación a alguien** to give sb an explanation

explicar *v* **explicarle algo a alguien** to explain sth to sb: *¿Me explicas este ejercicio?* Could you explain this exercise to me? | *Le expliqué que no era posible.* I explained to her that it wasn't possible.
explicarse *v* **1** (comprender) to understand: *No me explico por qué me fue tan mal.* I can't understand why I did so badly. **2** (hacerse entender) to explain yourself: *Se explicó mal.* He didn't explain himself very well. | *¿Me explico?* Is that clear?

explorador, -a *s* **1** (persona) explorer **2** (en computación) browser

explorar *v* to explore

explosión *s* (de una bomba) explosion | **hacer explosión** to explode
explosión demográfica population explosion

explosivo, -a *adjetivo & sustantivo*
■ *adj* explosive
■ **explosivo** *s* explosive

explotar *v* **1** (estallar) to explode: *Explotó el tanque de combustible.* The fuel tank exploded. ▶ Cuando se trata de bombas, es más frecuente usar to go off: *La bomba no explotó.* The bomb didn't go off. **2** (a una persona) to exploit: *Explotan a sus empleados.* They exploit their workers. **3** (recursos naturales) to exploit

exponer *v* **1** (obras de arte) to exhibit: *Expone en la Galería Zurbarán.* She exhibits at the Galería Zurbarán. **2** (objetos en una vitrina, etc.) to display **3** (un tema, un plan) to present, to explain **4** **exponer algo al sol/aire etc.** to expose sth to sunlight/the air etc.: *No exponer directamente al sol.* Do not expose to direct sunlight.
exponerse *v* **exponerse a algo** **(a)** (arriesgarse) to risk sth: *Se expuso a que lo echaran.* He risked being fired. **(b)** (a rayos, radiaciones) to expose yourself to sth | **exponerse al sol** to expose your skin to the sun: *No se exponga al sol al mediodía.* Don't expose your skin to the midday sun.

exportación *s* export

exportador, -a *adjetivo & sustantivo*
■ *adj* **un país exportador de petróleo** an oil-exporting country | **un país exportador de vino/carne etc.** a country that exports wine/meat etc.
■ *s* exporter

exportar *v* **1** (vender al extranjero) to export **2** (en computación) to export

exposición *s* **1** (de obras de arte) exhibition **2** (de un tema, de un plan) presentation **3** **exposición al calor/al sol etc.** exposure to heat/to the sun etc.

expresar *v* (preocupación, una opinión etc.) to express
expresarse *v* to express yourself: *Me cuesta expresarme en inglés.* I find it hard to express myself in English.

expresión *s* expression

expresivo, -a *adj* expressive

express *adjetivo & sustantivo*
■ *adj* (tren, autobús) express: *Hay un tren express a las 10.* There's an express train at 10 o'clock.
■ *s* **1** (tren, autobús) express (pl -sses): *el express de las 10* the 10 o'clock express **2** (café) espresso

exprimidor *s* **1** (manual) lemon squeezer **2** (eléctrico) juicer, juice extractor

exprimir *v* **1** (una naranja, un limón) to squeeze **2** (la ropa, una jerga) to wring, to wring out **3** (un grano) to squeeze

expulsar *v* **1** (a un alumno) to expel: *Lo han expulsado de tres colegios.* He has been expelled from three schools. **2** **expulsar a un jugador** to send a player off: *Lo expulsaron en el primer tiempo.* He was sent off in the first half.

expulsión *s* **1** (de la escuela) expulsion **2** (en deportes) sending-off (pl sendings-off)

exquisito, -a *adj* (comida, sabor) delicious

éxtasis *s* **1** (estado) ecstasy **2** (droga) ecstasy

extender *v* **1** **extender los brazos/las piernas** to stretch your arms/your legs out **2** (un plazo, un contrato) to extend: *El plazo se extendió hasta mañana.* The deadline has been extended until tomorrow. **3** **extender una sábana/un mantel** to spread a sheet/a tablecloth out **4** (untar) to

spread: *Extienda la salsa de jitomate sobre la masa.* Spread the tomato sauce over the dough.
5 (las alas) to spread
extenderse *v* **1** (en el espacio) to stretch: *La llanura se extiende hasta la cordillera.* The plain stretches as far as the mountains. **2** (en el tiempo) to go on **3** (fuego, incendio) to spread
extensión *s* **1** (superficie) area: *¿Qué extensión tiene el terreno?* What is the area of the plot of land? | *un parque de gran extensión* a very large park **2** (de un texto) length **3** (de teléfono) extension: *¿Me comunica a la extensión 123?* Can I have extension 123, please?
extenso, -a *adj* **1** (texto, poema) lengthy **2** (conocimientos) extensive **3** (en el espacio) extensive, vast **4** (en el tiempo) long
exterior *adjetivo & sustantivo*
■ *adj* (de afuera) (pared, aspecto) external: *la parte exterior* the outside ► ver **comercio**
■ *s* **1** (extranjero) **vivir/trabajar en el exterior** to live/to work abroad | **viajar al exterior** to travel abroad **2** **el exterior** (de un edificio) the outside: *Están pintando el exterior del museo.* The outside of the museum is being painted.
exterminar *v* **1** (una plaga, insectos) to exterminate **2** **exterminar a la población/una tribu etc.** to wipe out the population/a tribe etc.
externo, -a *adj* external: *un módem externo* an external modem | *fuerzas externas* external forces ► ver **deuda**
extinción *s* extinction: *una especie en peligro de extinción* an endangered species/a species in danger of extinction
extinguidor *s* **extinguidor (de incendios)** fire extinguisher
extra *adjetivo & sustantivo*
■ *adj* **1** (adicional) extra: *He tenido muchos gastos extra este mes.* I've had a lot of extra expenses this month. ► ver **hora** **2** **de calidad extra** superior quality, top-quality
■ *s* (actor, actriz) extra
extraer *v* **1** (un diente, una muela) to extract **2** (información, datos) to extract: *Tienen que extraer la información del texto.* You need to extract the information from the text. **3** (petróleo) to extract, (agua) to draw
extraescolar *adj* out-of-school

extranjero, -a *adjetivo & sustantivo*
■ *adj* foreign: *una lengua extranjera* a foreign language
■ *s* **1** (persona) foreigner **2** **vivir/trabajar en el extranjero** to live/to work abroad | **viajar al extranjero** to travel abroad
extrañar *v* **1** (sentir nostalgia) to be homesick: *Volvió antes porque extrañaba.* She came back early because she was homesick. | **extrañar algo/a alguien** to miss sth/sb: *Te extraño mucho.* I really miss you. **2** (sorprender) **me extraña (que)** I'm surprised: *No me extraña.* I'm not surprised. | *Me extraña que no estén.* I'm surprised they're not in.
extrañarse *v* to be surprised: *No te extrañes si vuelve a hacerlo.* Don't be surprised if he does it again. | *¿De qué te extrañas?* Why are you so surprised?
extraño, -a *adjetivo & sustantivo*
■ *adj* **1** (referido a una situación) odd, strange: *¡Qué extraño!* How odd! | *Es extraño que no haya llegado.* It's strange she hasn't arrived. **2** (referido a personas) strange: *Es una mujer extraña.* She's a strange woman.
■ *s* stranger: *No hables con extraños.* Don't talk to strangers.
extraordinario, -a *adjetivo & sustantivo*
■ *adj* **1** (fuera de lo común) extraordinary: *un talento extraordinario* an extraordinary talent **2** (buenísimo) outstanding: *una película extraordinaria* an outstanding movie **3** (reunión, asamblea, edición) extraordinary
■ *s* ► ver **examen**
extraterrestre *adjetivo & sustantivo*
■ *adj* extraterrestrial
■ *s* alien, extraterrestrial
extremidades *s pl* extremities
extremo, -a *adjetivo, sustantivo & sustantivo masculino & femenino*
■ *adj* (de grado máximo) extreme: *extrema pobreza* extreme poverty
extrema derecha *s* extreme right **extrema izquierda** *s* extreme left **Extremo Oriente** *s* Far East
■ *extremo* *s* **1** (punta) end: *el extremo norte del país* the northern end of the country **2** (en la actitud) extreme: *¡Pasas de un extremo al otro!* You go from one extreme to the other!
■ *extremo* *s masc & fem* (en futbol) winger
extrovertido, -a *adj & s* extrovert

F, f s F, f ► ver "Active Box" **letras del alfabeto** en **letra**

fa s (nota musical) F

fábrica s factory (pl -ries): *una fábrica de muebles* a furniture factory ► *una fábrica de cerveza es* a brewery y *una fábrica de papel* a paper mill

fabricación s manufacture | **de fabricación mexicana/colombiana etc.** made in Chile/Colombia etc., Chilean-made/Colombian-made etc.
fabricación en serie mass production

fabricante s manufacturer

fabricar v to manufacture, to make | **fabricar algo en serie** to mass produce sth

fábula s **1** (relato) fable **2** un **pueblito/una casa etc. de fábula** a fairytale village/a dream house etc. | *Le falla la memoria.* His memory's **estar de fábula** to be fantastic, to be fabulous: *El partido estuvo de fábula.* The game was fantastic.

fabuloso, -a adj fantastic, fabulous

facha s look: *No me gusta la facha del novio.* I don't like the look of her boyfriend. | *Con estas fachas no puedo salir.* I can't go out looking like this. | **tener facha de algo** to look like sth

fachada s (de un edificio) façade

fácil adj (sencillo) easy: *Este ejercicio es más fácil.* This exercise is easier. | **ser fácil de hacer/usar etc.** to be easy to do/to use etc.: *El programa es fácil de instalar.* The program is easy to install.

facilidad s **1** con **facilidad** easily **2** tener **facilidad para los idiomas/la música etc.** to be good at languages/music etc. | **tener facilidad de palabra** to have a way with words

factor s factor

factura s (cuenta) bill: *la factura del teléfono* the telephone bill

facultad s **1** (o **Facultad**) (dentro de una universidad) faculty (pl -ties): *la Facultad de Ingeniería* the Faculty of Engineering ► En el nombre de algunas facultades se usa **school**: *la Facultad de Medicina/Arquitectura* the School of Medicine/Architecture **2** (universidad) college (AmE), university (BrE): *Lo conocí en la facultad.* I met him in college/at university.

fagot s bassoon

faisán s pheasant

faja s **1** (prenda interior) girdle **2** (de un vestido, un uniforme) sash

fajo s (de billetes) wad

falda s **1** (prenda de vestir) skirt **2** (de una montaña) side
falda escocesa **(a)** (de mujer) tartan skirt **(b)** (de hombre) kilt **falda pantalón** culottes pl

falla s **1** (en una máquina, un sistema, etc.) fault: *una falla en el motor* an engine fault **2** (error) mistake: *Perdimos por una falla de la defensa.* We lost because of a mistake by the defense.

fallar v **1** (salir mal) to fail: *El plan falló.* The plan failed. **2** (funcionar mal) to go wrong: *Empezó a fallar el motor.* The engine started to go wrong. | *Le falla la memoria.* His memory's failing. **3** (errar) to miss: *Falló el penal.* He missed the penalty. **4** **fallarle a alguien** to let sb down: *No me falles.* Don't let me down.

fallecer v to pass away

fallo s **1** (veredicto) verdict **2** (decisión sobre un punto específico) ruling

falluca s contraband | **cigarros/relojes de falluca** contraband cigarettes/watches: *Todo lo que venden es (de) falluca.* Everything they sell is contraband.

falluquero, -a s dealer in contraband

falsificación, -a s forgery (pl -ries)

falsificar v to forge

falso, -a adj **1** (dinero, billete) counterfeit **2** (documento, pasaporte) forged, false **3** (perla, brillante) fake **4** (persona) two-faced: *Es muy falso.* He's really two-faced. **5** (sonrisa) false **6** (no cierto) false
falsa alarma s false alarm

falta s **1** (inasistencia) absence: *tres faltas no autorizadas* three unauthorized absences | *Tienes tres faltas.* You've been absent three times. | **ponerle falta a alguien** to mark sb absent: *Me puso falta.* She marked me absent. **2** **falta (de ortografía)** (spelling) mistake: *Tiene faltas de ortografía.* He makes spelling mistakes. **3** (carencia) lack: *la falta de recursos* the lack of resources ► En contextos más coloquiales se usan construcciones con **not enough**: *No lo terminé por falta de tiempo.* I didn't finish it because I didn't have enough time. **4** **hacer falta** Se usan construcciones con **to need**: *Hace falta otra silla.* We need another chair. | *Hacían falta medicamentos.* Medicine was needed. | **no hace falta** there's no need: *No hace falta gritar.* There's no need to shout. | *No hace falta que llames.* There's no need for you to call. | **me/te etc. hace falta** I/you etc. need: *Me hace falta una maleta.* I need a suitcase. **5** **sin falta** without fail: *el sábado sin falta* on Saturday without fail **6** (en futbol) foul **7** (en tenis) fault **8** **ser una falta de educación** to be rude
falta personal (en basquetbol) personal foul

faltar v ► ver recuadro

fama s **1** fame **2** **tener fama de (ser) algo** to have a reputation for being sth: *Tiene fama de tacaño.* He's got a reputation for being stingy.

faltar

1 NO ESTAR (= to be missing)
Espera, falta Luis. Wait a minute, Luis is missing./Wait a minute, Luis is not here. | *A este libro le faltan varias hojas.* There are several pages missing from this book./This book has several pages missing. | *Me falta una media.* I'm missing a sock.

2 NO HABER SUFICIENTE
Se usan construcciones con **not enough**:
Faltan sillas. There aren't enough chairs. | *Faltaba espacio.* There wasn't enough space. | *Me faltó tiempo.* I didn't have enough time. | **le falta sal/pimienta etc.** it needs more salt/pepper etc.

3 QUEDAR
faltan cuatro días/tres semanas etc. para there are four days/three weeks etc. to go until: *Faltan dos días para el examen.* There are two days to go until the exam./The exam is two days away. | **me faltan diez minutos/dos meses etc. para** I have ten minutes/two months etc. to go before: *Le falta un año para recibirse.* He has one year to go before he graduates. | **falta poco/mucho** Ver ejemplos: *Falta poco para las vacaciones.* It's not long until the vacation. | *Falta mucho para mi cumpleaños.* My birthday's a long way off. | *¿Falta mucho para que llegue Martín?* Will Martín be here soon? | *¿Te falta mucho?* Will you be long? | *Me falta poco para terminar.* I've nearly finished.

4 QUEDAR POR HACER
Se usan construcciones con **still have to**:
Falta lavar los platos. We still have to wash the dishes. (O: You still have to etc., I still have to etc.) | *Me falta el último ejercicio.* I still have to do the last exercise.

5 NO ASISTIR
faltar (a clase) to be absent (from school): *Otra vez faltó Laura.* Laura was absent again. | *¿Por qué faltaste?* Why didn't you come?

3 tener mala/buena fama to have a bad/good name, to have a bad/good reputation

familia s family (pl -lies)

familiar *adjetivo & sustantivo*
■ *adj* **1** (de la familia) **una reunión/tradición familiar** a family gathering/tradition **2** (referido al tamaño) family-size: *Viene en tamaño familiar.* It comes in a family-size pack. **3** (conocido) familiar **4** (lenguaje) colloquial
■ *s* relative: *un familiar suyo* a relative of hers

famoso, -a *adjetivo & sustantivo*
■ *adj* famous: *una actriz famosa* a famous actress | **hacerse famoso -a** to become famous
■ *s* celebrity (pl -ties)

fan s fan

fanático, -a *adjetivo & sustantivo*
■ *adj* **1** (aficionado) **ser fanático -a de algo** to be crazy about sth: *Es fanática de Asterix.* She's crazy about Asterix. **2** (de una ideología o religión) fanatical
■ *s* **1** (aficionado) fan **2** (de una ideología o religión) fanatic

fantasía s **1** (imaginación) fantasy (pl -sies): *un mundo de fantasía* a fantasy world **2** (en literatura) fantasy: *Le gustan las novelas de fantasía.* He likes fantasy fiction. **3** **joyas de fantasía** costume jewelery (AmE), costume jewellery (BrE)

fantasma s ghost

fantástico, -a *adj* fantastic

farmacéutico, -a *sustantivo & adjetivo*
■ *s* pharmacist, chemist (BrE)
■ *adj* pharmaceutical

farmacia s **1** (tienda) pharmacy (pl -cies), drugstore (AmE), chemist's (BrE): *¿Hay una farmacia por aquí?* Is there a pharmacy around here? **2** (estudios) pharmacy

faro s **1** (en la costa) lighthouse **2** (de un vehículo) headlight

farol s **1** (de la calle) streetlight **2** (de papel) lantern

fascículo s installment (AmE), instalment (BrE)

fascinante *adj* fascinating

fascinar v **me fascina bailar/el chocolate etc.** I love dancing/chocolate etc.

fascismo s fascism

fascista *adj & s* fascist

fase s stage, phase

fastidiar v to annoy: *Lo hace para fastidiar a su hermano.* She does it to annoy her brother.

fastidio s nuisance, pain | **¡qué fastidio!** what a nuisance!, what a pain!

fatal *adj* **1** (mortal) fatal: *Las consecuencias podrían ser fatales.* The consequences could be fatal. **2** (muy grave) terrible: *un error fatal* a terrible mistake

fatiga s fatigue, tiredness

faul s foul

fauna s fauna

favor s **1** **por favor** please: *Dos cafés, por favor.* Two cups of coffee, please. **2** (que se le hace a alguien) favor (AmE), favour (BrE): *Te debo un favor.* I owe you a favor. | **hacerle un favor a alguien** to do sb a favor: *¿Me haces un favor?* Will you do me a favor? | **pedirle un favor a alguien** to ask sb a favor: *¿Te puedo pedir un favor?* Can I ask you a favor? **3** **a favor** in favor: *diez votos a favor* ten votes in favor | **a favor de (hacer) algo** in favor of (doing) sth: *Yo estoy a favor de ir en tren.* I'm in favor of going on the train. | **estar a favor de alguien** to support sb: *Están todos a favor de ella.* They all support her.

favorable *adj* favorable (AmE), favourable (BrE): *una respuesta favorable* a favorable reply | *Hubo 42 votos favorables.* There were 42 votes in favor.

favorecer *v* **1** (sentar bien) to suit: *Ese color te favorece.* That color suits you. **2** (beneficiar) to favor (AmE), to favour (BrE)

favorito, -a *adjetivo & sustantivo*
■ *adj* favorite (AmE), favourite (BrE): *Es mi programa favorito.* It's my favorite program.
■ *s* favorite (AmE), favourite (BrE): *Es el favorito del torneo.* He's the favorite to win the tournament.

fax *s* **1** (documento) fax (pl -xes) | **mandarle/enviarle un fax a alguien** to fax sb, to send sb a fax: *Dile que me mande un fax para avisarme.* Tell him to fax me to let me know./Tell him to send me a fax to let me know. **2** (aparato) fax, fax machine | **mandar algo por fax** to fax sth: *Mándale los datos por fax.* Fax the information to her.

fe *s* **1** faith: *la fe cristiana* the Christian faith **2** **tener fe en algo/alguien** to have faith in sth/sb: *Tengo mucha fe en él.* I have a lot of faith in him. | **tenerle fe a alguien** to have faith in sb **3** **de buena/mala fe** in good/bad faith: *Lo hizo de buena fe.* He did it in good faith.

febrero *s* February ▶ ver "Active Box" **meses** en **mes**

fecha *sustantivo & sustantivo plural*
■ *s* **1** date: *¿Qué fecha es hoy?/¿A qué fecha estamos?* What's the date today?/What date is it today? | *Atrasaron la fecha del examen.* They postponed the date of the exam. **2** **hasta la fecha** to date: *No ha habido problemas hasta la fecha.* There haven't been any problems to date. **fecha de caducidad (a)** (de un alimento) sell-by date **(b)** (de un medicamento) expiration date (AmE), expiry date (BrE) **fecha de nacimiento** date of birth
■ **fechas** *s pl* (época) **en/por estas fechas** around this time

fecundación *v* fertilization **fecundación in vitro** in vitro fertilization

federación *s* **1** (de estados, países) federation **2** (en deportes) federation

federal *adj* federal

felicidad *sustantivo & interjección*
■ *s* happiness
■ **¡felicidades!** *interj* **1** (por un logro) congratulations! **2** (por un cumpleaños) happy birthday! **3** (en Navidad) merry Christmas! **4** (en Año Nuevo) happy New Year!

felicitación *sustantivo & interjección*
■ *s* **una carta de felicitación** a congratulatory letter | **una tarjeta de felicitación** a greeting card
■ **¡felicitaciones!** *interj* **1** (por un logro) congratulations!: *¡Felicitaciones por el examen!* Congratulations on your exam! **2** (por un cumpleaños) happy birthday!

felicitar *v* **1** (por un logro) to congratulate: *Llamó para felicitarla.* He phoned to congratulate you. | **te/lo etc. felicito** congratulations: *Los felicito, tocaron muy bien.* Congratulations, you played very well. | **felicitar a alguien por algo** to congratulate sb on sth: *La felicitaron por su actuación.* They congratulated her on her performance. **2** (por un cumpleaños) **felicitar a alguien** to wish sb a happy birthday: *Llámalo para felicitarlo.* Call him and wish him a happy birthday.

feliz *adj* **1** happy: *Estoy muy feliz aquí.* I'm very happy here. | *¡Que sean felices!* I hope you'll be happy! **2** **¡feliz Año (Nuevo)!** happy New Year! | **¡feliz cumpleaños!** happy birthday! | **¡feliz Navidad!** merry Christmas!

femenil *adj* **equipo/torneo etc. femenil** women's team/championship etc., laidies' team/championship etc.: *la selección femenil de voleibol* the national women's volleyball team | **la policía femenil** female police officers, women police officers

femenino, -a *adjetivo & sustantivo*
■ *adj* **1** (en biología) female **2** (referido al aspecto, la actitud) feminine **3** **revistas femeninas** women's magazines **4** (en tenis) **los dobles femeninos** the women's doubles **5** (en gramática) feminine
■ **femenino** *s* (en gramática) feminine

feminismo *s* feminism

feminista *adj & s* feminist

fenomenal *adj* amazing, fantastic: *Fue un gol fenomenal.* It was an amazing goal.

fenómeno *sustantivo & adverbio*
■ *s* **1** (suceso) phenomenon (pl phenomena): *los fenómenos naturales* natural phenomena **2** (hablando de una persona) **ser un fenómeno** to be fantastic: *Es un fenómeno para los números.* She's fantastic with numbers.
■ *adv* great: *–¿Entonces a las 8? –Fenómeno.* "See you at 8 then?" "Great."

feo, -a *adjetivo & adverbio*
■ *adj* **1** (edificio, pueblo, objeto) ugly: *un jarrón muy feo* a very ugly vase **2** (persona, nariz, etc.) ugly: *Tiene una boca muy fea.* She has a very ugly mouth. ▶ También existe plain, que es más suave: *Es fea de cara.* She has a plain face. **3** (olor, sabor) nasty **4** **es feo hacer eso/hablar así etc.** (no está bien) it isn't nice to do that/to talk like that etc. **5** **ponerse feo -a (a)** (hablando de una situación) to get unpleasant: *La cosa se empezó a poner fea.* Things started to get nasty/unpleasant. **(b)** (hablando del tiempo) to cloud over: *Se está poniendo feo.* It's clouding over.
■ *adv* **1** **saber feo** to taste nasty: *Esta medicina sabe feo.* This medicine tastes nasty. | **oler feo** to smell bad, to have a nasty smell **2** **contestarle feo a alguien** to be rude to sb: *No le contestes feo a tu abuelita.* Don't be so rude to your grandma./Don't talk to your

grandma like that. **3 sentirse feo** to give you a nasty feeling: *Cuando rascan el pizarrón se siente feo.* It gives you a nasty feeling when they scrape the blackboard. | *Se siente feo que te traten así.* It leaves a nasty taste in the mouth when they treat you like that. **4 estar/verse feo** to look bad: *Se va a ver feo que no te quedes a la cena.* It will look bad if you don't stay for dinner.

féretro s coffin, casket (AmE)

feria s **1** (exposición) fair: *la feria del libro* the book fair **2** (dinero) cash: *Ellos sí que tienen feria.* They're not short of cash. | *Necesito (una) feria para comprar los libros.* I need some cash to buy the books. **3** (cambio) change, small change: *No traigo feria para la propina.* I don't have any change for the tip. | **y feria** a bit over: *Cuesta mil pesos y feria.* It costs a bit over a thousand pesos.

feroz adj **1** (lucha, competencia, ataque) fierce **2 tener un hambre feroz** to be ravenous **3** (animal) ferocious, fierce

ferretería s **1** (tienda) hardware store, ironmonger's (BrE) **2** (productos) hardware, ironmongery (BrE)

ferrocarril s railroad (AmE), railway (BrE): *las vías del ferrocarril* the railroad tracks

ferrocarrilero, -a *adjetivo & sustantivo*
■ *adj* **un accidente ferrocarrilero** a rail accident | **un obrero ferrocarrilero** a railroad worker (AmE), a railway worker (BrE)
■ *s* railroad worker (AmE), railway worker (BrE)

ferry s ferry (pl -rries)

fértil, -a adj fertile

fertilidad s fertility

festejar v to celebrate: *Vamos a festejar.* Let's celebrate.

festival s festival: *un festival de rock* a rock festival

feto s fetus (pl -ses) (AmE), foetus (pl -ses) (BrE)

fianza s **1** (para salir de la cárcel) bail | **bajo fianza** on bail: *Salió bajo fianza.* He was released on bail. **2** (depósito) deposit

fiar v **1** to give credit: *No fiamos.* We don't give credit. | **fiarle algo a alguien** to let sb have sth on credit: *Nos fió las cervezas.* She let us have the beers on credit. **2 ser de fiar** to be trustworthy: *Ese tipo no es de fiar.* That guy isn't trustworthy./That guy isn't to be trusted.
fiarse v **fiarse de alguien** to trust sb: *Te puedes fiar de ella.* You can trust her.

fibra s **1** (material) fiber (AmE), fibre (BrE): *fibras naturales/sintéticas* natural/man-made fibers **2** (para tallar trastes, etc.) scouring pad, scourer
fibra de vidrio fiberglass (AmE), fibreglass (BrE) **fibra óptica** optical fiber (AmE), optical fibre (BrE)

ficción s fiction ▶ ver **ciencia**

ficha s **1** (de damas) checker (AmE), draught (BrE) **2** (de dominó) domino (pl dominoes) **3** (de otros juegos de mesa) counter **4** (en el casino) chip **5** (para máquinas tragamonedas, etc.) token **6** (con datos) index card

fichar v **1** (referido a jugadores de futbol, etc.) to sign: *Fichó con un equipo italiano.* He signed for an Italian team. | *Ficharon a tres argentinos para la próxima temporada.* They've signed three Argentinians for next season. **2** (a un delincuente) to open a file on

fichero s **1** (mueble) filing cabinet **2** (caja) card index box (pl -xes)

fidelidad s **1** (de una persona) loyalty, faithfulness ▶ **faithfulness** se usa cuando se trata de una relación amorosa **2** (de una copia) faithfulness ▶ ver **alto**

fideo s noodle

fiebre s (temperatura) fever: *Ya le ha bajado la fiebre.* His fever has come down. | *Por la noche le subió la fiebre.* In the evening his fever got worse. | **tener fiebre** to have a fever, to have a temperature: *Tiene mucha fiebre.* She has a high fever./She has a high temperature. | *Tiene 40 grados de fiebre.* He has a fever of 40 degrees./He has a temperature of 40 degrees. | **tomarle la fiebre a alguien** to take sb's temperature

fiel *adjetivo & sustantivo plural*
■ *adj* faithful, loyal | **ser fiel a algo** to be faithful to sth: *Es fiel a sus ideas.* She is faithful to her ideas. | **ser(le) fiel a alguien** to be loyal to sb, to be faithful to sb ▶ **faithful** se usa cuando se trata de una relación amorosa
■ **fieles** *s pl* believers | **los fieles** the faithful

fiera s wild animal, beast

fiero, -a adj (feroz) fierce

fierro s **1** (hierro) iron **2** (pieza de metal) piece of metal

fiesta s **1** party (pl -ties): *La invité a la fiesta.* I invited her to the party. | **hacer una fiesta** to have a party, to throw a party: *Vamos a hacer una fiesta para celebrarlo.* We're going to have a party to celebrate./We're going to throw a party to celebrate. **2 estar de fiesta** to be celebrating, to be in a party mood **3 un vestido de fiesta** an evening dress **4** (día festivo) national holiday (AmE), bank holiday (BrE): *El lunes es fiesta.* Monday is a national holiday.
fiesta de cumpleaños birthday party **fiesta de disfraces** costume party (AmE), fancy dress party (BrE) **fiesta de quince años** Los quince años no son un cumpleaños especial en las culturas anglosajonas. Si quieres explicar qué es una fiesta de quince años, puedes decir *it's a special party held to celebrate a a girl turning fifteen*

figura s **1** (cuerpo, silueta) figure: *Se preocupa por su figura.* She worries about her figure. **2** (representación) figure: *una figura de cera* a

wax figure **3** (persona importante) figure
figura geométrica geometric shape

figurar v (estar) to be: *La isla no figura en el mapa.* The island isn't on the map.
figurarse v to imagine

fijar v **1** (una fecha, una hora) to fix, to set: *Todavía no han fijado la fecha del examen.* They haven't fixed a date for the exam yet. **2 fijar la vista/la mirada en algo** to fix your gaze on sth **3 fijar la atención (en algo)** to concentrate (on sth) **4** (un objetivo, un límite) to set
fijarse v **1 fijarse en algo (a)** (notarlo) to notice sth: *Se fija en todo.* He notices everything. **(b)** (prestarle atención) to watch sth: *Fíjate en lo que estás haciendo.* Watch what you're doing. **2** (mirar) **fijarse en alguien** to look at sb: *Ni se fijó en ella.* He didn't even look at her.

fijo, -a adj **1** (que no se mueve) fixed: *un punto fijo* a fixed point **2 un trabajo/un empleo fijo** a permanent job **3 tener la mirada/la vista fija en algo/alguien** to be staring at sth/sb **4** (domicilio) fixed: *No tiene domicilio fijo.* He has no fixed abode.

fila s **1** (de asientos) row: *en la primera fila* in the front row **2** (de personas, de cosas) line: *el último de la fila* the last one in the line | **formar/hacer (una) fila** to get in a line: *Formen fila.* Get in a line. | **en fila india** in single file: *Caminaban en fila india.* They were walking in single file. **3** (de una tabla) row

filatelia s stamp collecting ▶ También existe **philately** que es más formal

fildeador, -a s outfielder

filete s **1** (corte de carne) filet (AmE), fillet (BrE) **2** (rebanada de carne) steak: *un filete de res* a beef steak **3** (rebanada de pescado) filet (AmE), fillet (BrE): *un filete de lenguado* a sole filet

filmar s to film: *Papá filmó mi fiesta.* Dad filmed my party. | **filmar una película** to make/to shoot a movie (AmE), to make/to shoot a film (BrE)

filo s edge, cutting edge | **tener filo** to be sharp: *No tiene filo.* It isn't very sharp.

filoso, -a adj sharp

filosofía s philosophy (pl -phies)

filósofo, -a s philosopher

filtrar v **1** (un líquido) to filter **2** (información) to leak: *Filtró la información a la prensa.* He leaked the information to the press.
filtrarse v **1** (un líquido) to seep in, to seep out ▶ Se usa **seep in** cuando el líquido entra a un lugar y **seep out** cuando sale: *El agua se filtraba por una grieta.* The water was seeping in/out through a crack. **2** (luz, ruidos) to filter in: *La luz del sol se filtraba por las persianas.* The sunlight filtered in through the shutters.

filtro s filter
filtro solar sunscreen

fin s **1** (término) end: *el fin del mundo* the end of the world | *la fiesta de fin de curso* the end-of-year party | **a fin de mes/año** at the end of the month/year: *Se casan a fin de mes.* They're getting married at the end of the month. | **a fines de agosto/de 1996 etc.** at the end of August/of 1996 etc. **2** (de un cuento, una película, etc.) end: *"Fin"* "The End" **3 al/por fin** at last: *¡Por fin llegaste!* You've gotten here at last! **4 al fin y al cabo** after all: *Al fin y al cabo no es tan difícil.* After all it isn't so difficult. **5 en fin** anyway: *En fin ¿a quién le importa?* Anyway, who cares? **6** (objetivo) goal: *Su único fin era llamar la atención.* Her only goal was to attract attention. | *El fin no justifica los medios.* The end does not justify the means. | **con el fin de hacer algo** in order to do sth
fin de año New Year's Eve: *¿Dónde vas a pasar el fin de año?* Where are you going to spend New Year's Eve? **fin de semana** weekend: *Nos vemos el fin de semana.* I'll see you this weekend. | *Vinieron a pasar el fin de semana.* They came for the weekend.

final sustantivo masculino, sustantivo femenino & adjetivo
■ s **masc** (término) end: *Nos quedamos hasta el final.* We stayed till the end. ▶ Al hablar de cómo es el final de un libro, una película, etc., se usa **ending**: *Tiene un final muy triste.* It has a very sad ending. | **al final del partido/de la clase etc.** at the end of the game/the class etc. | **al final** in the end: *Al final me quedé en casa.* In the end I stayed at home. | **a finales de** at the end of
■ s **fem** final
■ adj final: *el toque final* the final touch

finalista s finalist

financiar v to finance, to fund

finés, -esa ▶ ver **finlandés**

fingir v to pretend: *Fingió que dormía.* He pretended to be asleep.

finlandés, -esa adjetivo & sustantivo
■ adj Finnish
■ s (persona) Finn | **los finlandeses** (the) Finns
■ **finlandés** s (idioma) Finnish

Finlandia s Finland

fino, -a adj **1** (delgado) (tela, papel, dedos, bigote) thin, (pelo, polvo) fine: *Tiene los labios finos.* She has thin lips. **2** (de calidad) (vino, ropa, mueble) fine **3** (refinado) (persona) polite, (gustos) refined **4 tener el oído/el olfato fino** to have a very good sense of hearing/sense of smell

finta s **1** (en futbol) fake (AmE), dummy (BrE) **2** (en boxeo) feint

fintar v to fake (AmE), to dummy (BrE)

firma s **1** (escrita) signature **2** (acción) signing: *Hoy es la firma del contrato.* Today is the signing of the contract. **3** (empresa) company (pl -nies)

firmar v to sign

firme adj **1** (estricto) firm: *Se mantuvo firme.* She stood firm. | **ponerse firme** to put your foot down: *Mi mamá se puso firme.* My mother put her foot down. **2** (mano, paso, trazo) firm **3** (estable) (escalera, mesa) steady, (superficie) firm: *La escalera no está firme.* The ladder isn't steady. **4** **en firme** definite: *No hay nada en firme.* There's nothing definite. **5** ¡firme/firmes! attention! ▶ ver **tierra**

fiscal sustantivo & adjetivo
■ s district attorney (AmE), public prosecutor (BrE)
■ adj ▶ ver **evasión**

fisgonear v **fisgonear (en algo)** to nose around (in sth)

física s physics sing

físico, -a adjetivo, sustantivo masculino & femenino & sustantivo masculino
■ adj physical ▶ ver **educación**
■ s masc & fem (científico) physicist
■ **físico** s masc **tener buen físico** **(a)** (hablando de un hombre) to have a good physique **(b)** (hablando de una mujer) to have a good figure

fisioterapeuta s physiotherapist

fisioterapia s physiotherapy

flaco adj (persona, cara, piernas) thin, slim ▶ **slim** tiene connotaciones positivas y no se usa, por ejemplo, para decir que alguien está demasiado flaco. **skinny** a veces tiene connotaciones negativas: *Es alto y flaco.* He's tall and thin./He's tall and slim. | *Está muy flaco.* He's too thin./He's too skinny. | *Está más flaca.* She's lost weight.

flamenco s **1** (animal) flamingo **2** (música) flamenco **3** (idioma) Flemish

flan s crème caramel

flash s flash (pl -shes)

flauta s flute
flauta dulce recorder **flauta traversa** flute, transverse flute

flautista s flautist

flecha s **1** (arma) arrow **2** (indicación) arrow

fleco sustantivo & sustantivo plural
■ s bangs pl (AmE), fringe (BrE): *Tiene fleco.* She has bangs.
■ **flecos** s pl fringes

flexible adj flexible

flojear v to laze around

flojera s **tener flojera** to feel lazy | **me/le etc. da flojera** I/she etc. doesn't feel like it: *Los lunes me da mucha flojera levantarme.* I never feel like getting up on Mondays.

flojo, -a adj **1** (suelto) loose: *un tornillo flojo* a loose screw **2** (perezoso) lazy **3** (mediocre) poor: *Tu prueba estaba bastante floja.* Your test was pretty poor. | **estar flojo -a en una materia/un tema** to be weak in a subject/on a subject ▶ ver también **cuerda**

flor s (planta) flower: *un ramo de flores* a bunch of flowers | **estar en flor** to be in flower ▶ Cuando se trata de un árbol frutal también se usa

in blossom: *un naranjo en flor* an orange tree in blossom/an orange tree in flower

flowers
daffodil
rose
tulip
gladiolus
sunflower

flora s flora

florecer v **1** (árbol) to flower, to blossom **2** (planta) to flower **3** (arte, industria, actividad) to flourish

florería s flower shop, florist (AmE), florist's (BrE)

florero s vase

flota s fleet

flotador s **1** (tabla) float **2** (alrededor del brazo) armband

flotar v to float

flote s **1** **mantenerse a flote** to stay afloat **2** **salir a flote** to pull through: *El equipo salió a flote.* The team pulled through.

fluidez s fluency | **con fluidez** fluently: *Habla inglés con fluidez.* She speaks English fluently.

flúor s **1** (en odontología) fluoride **2** (en química) fluorine

fluorescente adj fluorescent

fobia s phobia | **tenerle fobia a algo** to have a phobia about sth: *Les tiene fobia a las cucarachas.* He has a phobia about cockroaches.

foca s seal

foco s **1** (de luz) bulb, light bulb: *Se quemó el foco.* The light bulb's gone. **2** (para iluminar monumentos, escenarios, etc.) spotlight **3** (en cine y fotografía) **fuera de foco** out of focus: *Esta foto está fuera de foco.* This photo is out of focus. | **en foco** in focus **4** **el foco de atención** the center of attention, the focus of attention

fogata s campfire

fólder s folder

folklore o **folclore** s **1** (música) folk music **2** (baile) folk dance **3** (tradición) folklore

folklórico -a o **folclórico -a** adj **música/danza folklórica** folk music/dancing

folleto *s* Si es de una sola página, se llama **flyer** o **leaflet**. Si tiene varias páginas es un **booklet**, pero si tiene forma de revista, con fotos, etc., como por ejemplo los de las agencias de viajes, se dice **brochure**

fondo *sustantivo & sustantivo plural*
■ *s* **1** (del mar, de un pozo, de una caja) bottom **2** (de una calle, un corredor) end: *Está al fondo a la derecha.* It's **at the end** on the right.
3 (de una habitación) back: *El piano está al fondo de la sala.* The piano is **at the back** of the hall.
4 (de un cuadro, una escena, un diseño) background: *flores rojas sobre un fondo blanco* red flowers on a white background
5 una limpieza/un repaso a fondo a thorough clean/revision | **una investigación/un análisis a fondo** an in-depth investigation/analysis | **limpiar algo a fondo** to give sth a good clean, to clean sth thoroughly
6 en el fondo deep down: *En el fondo se quieren mucho.* Deep down they're very fond of each other.
7 (de dinero) fund
8 (prenda interior) slip
fondo común kitty (pl -tties): *Hicieron un fondo común para comprar las bebidas.* They all put money into a kitty to buy the drinks.
■ **fondos** *s pl* funds: *Están recaudando fondos para una nueva iglesia.* They are raising funds for a new church.

fonética *s* phonetics *sing*

forense *s* forensic scientist

forestal *adj* **un incendio/una reserva forestal** a forest fire/reserve

forma *s* **1** (contorno) shape: *piedras de distintas formas* stones of different shapes | *una caja en forma de corazón* a heart-shaped box
2 (modo) way: *su forma de pensar* his way of thinking | *Ésa es su forma de ser.* That's just the way he is. | **no hay/no hubo forma** there's/there was no way: *No hay forma de que me haga caso.* There's no way he'll take any notice of me. | *No hubo forma de que entendiera.* There was no way to make him understand. **3** (formulario) form: *una forma de solicitud de empleo* a job application form | **llenar una forma** to fill in/out a form
4 estar en forma to be in shape, to be fit: *Se nota que está en forma.* You can see that she's in shape./You can see that she's fit. **5 de forma que** so that: *Se lo dijo al oído, de forma que nadie pudiera escuchar.* She whispered it in his ear, so that nobody could hear. | **de todas formas** anyway: *Gracias de todas formas.* Thanks anyway.

formación *s* **1** (para un oficio, una profesión) training: *su formación de soldado* his training as a soldier **2** (educación) education: *una buena formación artística* a good artistic education **3** (creación) formation

formal *adj* **1** (ropa, lenguaje, ocasión) formal **2** (serio, de confianza) responsible, reliable

formar *v* **1** (crear) to form: *Formaron un equipo de trabajo.* They formed a work team. **2 formado -a por** (constituido por) made up of: *Una molécula está formada por átomos.* A molecule is made up of atoms. **3** (preparar) to train: *Ha formado a muchos músicos jóvenes.* He has trained a lot of young musicians.
formarse *v* **1** (crearse) to form: *Se formaron unas nubes negras.* Some black clouds formed. **2** (educarse) to be educated: *Se formó en los mejores colegios.* He was educated at the best schools.

formato *s* **1** (forma) format **2** (formulario) form | **llenar un formato** to fill in/out a form

fórmula *s* **1** (en ciencias) formula (pl -lae) **2 la fórmula de la felicidad** the recipe for happiness | **la fórmula del éxito** the formula for success **3** (convención) expression: *las fórmulas de cortesía* polite expressions
Fórmula 1 Formula 1: *una carrera de Fórmula 1* a Formula 1 race

formulario *s* form: *Ya he llenado el formulario.* I've already filled out the form.

forrar *v* **1** (un libro, un álbum, etc.) to cover: *Lo forró con papel azul.* He covered it with blue paper. **2** (una prenda de vestir, una caja, etc.) to line: *un abrigo forrado de piel* a fur-lined coat

forro *s* **1** (de un libro, un cuaderno, etc.) cover **2** (de una prenda de ropa, una caja, etc.) lining

fortalecer *v* to strengthen
fortalecerse *v* to get stronger

fortaleza *s* **1** (moral) strength of character **2** (edificio) fortress (pl -sses)

fortuna *s* **1** (dinero) fortune: *Hizo una fortuna en la bolsa.* He made a fortune on the stock market. **2** (suerte) **por fortuna** fortunately, luckily

forzado, -a *adj* forced: *una sonrisa forzada* a forced smile

forzar *v* **1** (obligar) to force | **forzar a alguien a hacer algo** to force sb to do sth: *No pueden forzarme a hablar.* They can't force me to talk. **2** (una cerradura, una puerta) to force **3 forzar la vista** to strain your eyes

fosa *s* **1** (tumba) grave **2** (hoyo) pit
fosa común common grave **fosa séptica** septic tank **fosas nasales** *s pl* nostrils

fosforescente *adj* (referido a colores) fluorescent

fósil *s* fossil

foso *s* **1** (zanja) ditch (pl -ches) **2** (de un castillo) moat **3 el foso (de la orquesta)** the (orchestra) pit

foto *s* photo, picture: *la foto de mi novio* the photo of my boyfriend/the picture of my boyfriend | **sacar/tomar una foto** to take a photo, to take a picture: *Saqué muchas fotos.* I took a lot of photos. | **sacarle/tomarle una foto a alguien** to take sb's photo, to take sb's picture: *Quiero sacarles una foto a las niñas.* I want to take the girls' photo./I want to take a picture of the girls. | **sacarse/tomarse una foto** to have your photo taken, to have your picture taken: *Nos sacamos una foto todos juntos.* We had our photo taken all together.

foto tamaño pasaporte passport photo

fotocopia s photocopy (pl -pies) | **sacarle una fotocopia a algo** to photocopy sth

fotocopiadora s photocopier

fotocopiar v to photocopy

fotogénico, -a adj photogenic

fotografía s **1** (arte, técnica) photography **2** (foto) photograph

fotografiar v to photograph

fotográfico, -a adj photographic

fotógrafo, -a s photographer

frac s tail coat | **estar de frac** to be wearing tails

fracasar v to fail

fracaso s failure

fracción s **1** (parte) fraction: *una fracción de segundo* a fraction of a second **2** (en matemática) fraction

fractura s fracture

fracturarse v **fracturarse una pierna/la cadera etc.** to fracture a leg/your hip etc.

fragancia s scent

frágil adj **1** (objeto) fragile **2** (salud) delicate

fragmento s **1** (de un objeto) fragment **2** (de un texto) extract: *Leímos un fragmento del cuento.* We read an extract from the story.

fraile s friar

frambuesa s raspberry (pl -rries)

francamente adv frankly

francés, -esa adjetivo & sustantivo
- **adj** French
- **s** (persona) **francés** Frenchman (pl -men) | **francesa** Frenchwoman (pl -women) | **los franceses** the French
- **francés** s (idioma) French

Francia s France

franco, -a adj **1** (sincero) frank: *Sé franca conmigo.* Be frank with me. **2** (evidente) marked: *un franco deterioro* a marked deterioration

franela s **1** (tela) flannel | **una camisa/unos pantalones de franela** a flannel shirt/a pair of flannel trousers **2** (para limpiar) cloth, (para quitar el polvo) dustcloth (AmE), duster (BrE)

franja s **1** (raya) stripe **2** (zona) **una franja de tierra** a strip of land | **la franja costera** the coastal area

frasco s **1** (de alimentos envasados) jar: *un frasco de mermelada* a jar of jam ▶ Si se trata de un frasco vacío no se dice **a jar of jam** sino a **jam jar 2** (de perfume, jarabe) bottle

frase s **1** (oración) sentence **2** (sin verbo conjugado) phrase

frase hecha set phrase

fraude s fraud

frecuencia s frequency (pl -cies) | **con frecuencia** frequently

frecuencia modulada FM, frequency modulation

frecuente adj **1** (común) common: *un error muy frecuente* a very common mistake **2** (que sucede a menudo) frequent: *frecuentes inundaciones* frequent floods

fregadero s sink, kitchen sink: *Deja las tazas en el fregadero.* Leave the cups in the sink.

fregado, -a adj **estar fregado -a (a)** (persona) to be in a bad way **(b)** (aparato, coche) to be busted (AmE), to have had it (BrE) **(c)** (situación) to be really awkward

fregar v **1** (lavar) to wash, to scrub **2** (molestar) to pester: *¡Deja ya de fregarme!* Stop pestering me!/Stop being such a pain! **3** (arruinar) **fregarle los planes/la noche etc. a alguien** to ruin sb's plans/evening etc. **4** (perjudicar) **fregar a alguien** to wreck things for sb, to mess things up for sb: *Se pasó a la competencia y nos fregó a todos.* She went over to the competition and wrecked things for us.

fregarse v **1 2** (descomponerse) (coche, aparato) to break down | **se fregó la lavadora/la computadora** the washing machine/the computer's broken down, the washing machine's/the computer's busted (AmE) **3** (arruinarse) ver ejemplos: *¡Se fregaron todos los planes de la playa!* That's wrecked all our plans to go to the beach! | *Cuando llegaron sus amigos, se fregó la cosa.* When his friends arrived, they ruined everything. **4** (aguantarse): *¡Y si no estás de acuerdo, te friegas!* And if you don't agree, that's tough! **5 ¡no (la) friegues!** (para expresar sorpresa) you're kidding!

freidora s deep-fat fryer

freír v to fry

frenar v to brake

freno sustantivo & sustantivo plural
- **s** (de un coche, de una bicicleta) brake
  freno de mano emergency brake (AmE), handbrake (BrE) *Puso el freno de mano.* He put the emergency brake on.
- **frenos** s pl (para los dientes) braces (AmE), brace sing (BrE)

frente sustantivo femenino, sustantivo masculino & preposición
- **s fem** (parte del rostro) forehead: *Tiene la frente ancha.* She has a high forehead.
- **s masc 1** (parte delantera) front: *el frente del edificio* the front of the building | **pasar al frente** to go to the front: *La profesora me hizo pasar al frente.* The teacher made me go to the front. | **dar un paso al frente** to take a step forward

2 de frente ver ejemplos: *Le daba el sol de frente.* The sun was shining in his face. | *Chocaron de frente contra una camioneta.* They crashed head-on into a van.

3 frente a frente face to face: *Es hora de hablar frente a frente.* It's time we talked face to face.
4 estar al frente de algo to head up sth: *Está al frente de la empresa.* She heads up the company.
5 (en meteorología) front | **hacerle frente a la realidad/a un problema etc.** to face reality/a problem etc.
6 (militar) front
7 (político) front
■ **frente a prep 1** (delante de) in front of: *Está todo el día sentado frente a la televisión.* He sits in front of the television all day.
2 (de cara a) facing: *Estaba sentado frente a ella.* He was sitting facing her./He was sitting opposite her. | *una casa frente al mar* a house facing the sea

fresa *sustantivo & adjetivo*
■ **s** (fruta) strawberry (pl -rries)
■ **adj** shallow

fresco, -a *adjetivo & sustantivo*
■ **adj 1** (hablando del tiempo) Usa **cool** cuando está agradablemente fresco y **chilly** cuando hace bastante frío: *Aquí en la sombra está más fresco.* It's cooler here in the shade. | *Está bastante fresco, llévate un suéter.* It's pretty chilly, take a sweater.
2 (hablando de bebidas) cold
3 (hablando de alimentos) fresh: *Este pescado no está fresco.* This fish is not fresh.
4 (hablando de pintura) wet: *La pintura todavía está fresca.* The paint is still wet.
5 (poco abrigado) light: *un vestido fresco* a light dress
6 (noticia) fresh
7 (descansado) fresh: *Estoy más fresca en la mañana.* I feel fresher in the morning.
■ **fresco s 1** Usa **cool** para referirte a una temperatura agradable y **chill** cuando hace frío: *al fresco de la mañana* in the cool of the morning | **hace fresco** it's chilly | **tomar el fresco** to get some fresh air
2 (pintura) fresco (pl -coes)

frialdad *s* (indiferencia) coldness | **tratar a alguien con frialdad** to treat sb coldly

frijol *s* bean: *frijoles refritos* refried beans | *Compra un kilo de frijol.* Buy a kilo of beans.
frijol de soya soya bean

frío, -a *adjetivo & sustantivo*
■ **adj 1** (referido a la temperatura) cold: *un invierno muy frío* a very cold winter | *La comida estaba fría.* The food was cold. **2** (hablando de una persona, su mirada, etc.) cold: *Es un hombre frío.* He's a cold man.
■ **frío s** cold: *No soporta el frío.* He can't stand the cold. | **hace frío** it's cold: *Hacía mucho frío.* It was very cold. | **tener frío** to be cold: *¿Tienes frío?* Are you cold? | **morirse de frío** to freeze to death: *Con esa ropa te vas a morir de frío.* You're going to freeze to death in those clothes.

hot

cold

friolento, -a *adj* **ser muy friolento -a** to really feel the cold: *Vivi es muy friolenta.* Vivi really feels the cold.

frito, -a *adjetivo & sustantivo plural*
■ **adj** fried: *cebolla frita* fried onion ▶ ver **papa**
■ **fritos s pl** fried food: *Le prohibieron comer fritos.* He was told not to eat fried food.

frontera *s* (entre países) border: *la frontera con Brasil* the border with Brazil ▶ También existe **frontier** que es más formal

frontón *s* **1** (deporte) pelota | **jugar frontón** to play pelota **2** (cancha) pelota court

frotar *v* to rub
frotarse *v* to rub yourself: *Frótate con la toalla.* Rub yourself with the towel. | **frotarse las manos/los ojos** to rub your hands/your eyes

fruncir *v* (tela) to gather

frustración *s* frustration

frustrado, -a *adj* **1** (referido a una persona) frustrated: *Se siente muy frustrado.* He feels very frustrated. **2** **un actor frustrado/una bailarina frustrada etc.** a frustrated actor/ballet dancer etc.

fruta *s* fruit: *Me encanta la fruta.* I love fruit. ▶ Para referirse a una pera, una manzana, etc. se dice **a piece of fruit**: *A mediodía come un yogurt y una fruta.* She has a yogurt and a piece of fruit for lunch.

frutas secas *s pl* (higos, ciruelas, etc.) dried fruit

frutería *s* **1** (tienda) fruit store (AmE), fruiterer's, greengrocer's (BrE) **2** (puesto) fruit stall

frutero *s* fruit bowl

fruto *s* **1** (de una planta) fruit **2** (resultado) fruit: *el fruto de años de trabajo* the fruit of years of work **3** **dar frutos** to bear fruit

fuchi *interj* ugh!, yuck!

fucsia *adj & s* fuchsia ▶ ver "Active Box" **colores** en **color**

fuego *s* **1** (sustancia) fire: *Tardaron tres días en apagar el fuego.* It took them three days to put the fire out. | **prenderle fuego a algo** to set fire to sth: *Lo roció con gasolina y le prendió fuego.* He sprinkled gasoline on it and set fire to it. | **prenderse fuego** to catch fire **2** (de un fogón, de la chimenea) fire **3** (en cocina) heat: *Quita la leche del fuego.* Take the milk off the heat. | **a fuego lento/vivo** over a low/high heat **4** (para un cigarro) light: *¿Me das fuego?* Can you give me a light? **5** (en los labios) cold sore **6** (de armas) **abrir fuego** to open fire | **¡fuego!** fire!

fuegos artificiales *s pl* fireworks

fuente *s* **1** (de agua) fountain **2** (origen) source: *una fuente de inspiración* a source of inspiration **3** (para servir) serving dish, platter

fuera *adverbio, preposición & interjección*
■ *adv* **1** outside
2 (en tenis, etc.) out
3 **por fuera** on the outside: *Era verde por fuera.* It was green on the outside.
■ **fuera de** *prep* **1** (un lugar) out of: *Está fuera del país.* He's out of the country.
2 (excepto) apart from: *Fuera de unos rasguños, no se hizo nada.* He wasn't hurt, apart from a few grazes.
3 **fuera de lo común/normal** unusual: *una persona fuera de lo común* an unusual person
4 **fuera de peligro** out of danger
5 **fuera de lugar/juego** offside: *Estaba en fuera de juego.* He was offside.
6 **fuera de combate** out of action
■ **¡fuera!** *interj* (get) out!

fuerte *adjetivo, adverbio & sustantivo*
■ *adj & adv* ▶ ver recuadro
■ *s* **1** (fortaleza) fort **2** (especialidad) forte: *La historia no es mi fuerte.* History is not my forte.

fuerza *sustantivo, interjección & sustantivo plural*
■ *s* **1** (energía) strength | **tener fuerza** to be strong: *Hay que tener mucha fuerza para levantarlo.* You have to be very strong to lift it. | **tener fuerza en las piernas/los brazos etc.** to have strong legs/arms etc. | **con fuerza** hard: *Jala con fuerza.* Pull hard.
2 **hacer fuerza** La traducción depende del tipo de esfuerzo que se haga. Si se trata de empujar algo, es **to push hard**, si de jalar de algo, **to pull hard**, etc.: *Tienes que hacer mucha fuerza.* You have to push really hard./You have to pull really hard etc.
3 (en física) force
4 (del viento) strength
5 **a/por la fuerza** (obligado) by force: *Se lo llevaron a la fuerza.* They took him away by force. | **a fuerza** ver ejemplos: *A fuerza quieren que estudie medicina.* They're determined that he should study medicine. | *A fuerza hay que ir a la cena.* We can't get out of going to the dinner. | **a fuerza de hacer algo** by doing sth: *Lo aprendí a fuerza de repetirlo.* I learned it by repeating it over and over again. | **a fuerza de sacrificios/economías etc.** by making sacrifices/by economizing etc.
fuerza aérea air force **fuerza de gravedad** force of gravity **fuerza de voluntad** willpower: *Hay que tener fuerza de voluntad para dejar de fumar.* You have to have willpower to give up smoking.

---

fuerte

▶ **ADJETIVO**

1 PERSONA (= strong)
un niño muy fuerte a very strong boy | *Tienes que ser fuerte.* You have to be strong.

2 BIEN PREPARADO

3 VOLUMEN (= loud)
La música está demasiado fuerte. The music's too loud. | **poner algo más fuerte** to turn sth up: *Pon la televisión más fuerte que no oigo.* Turn the TV up, I can't hear.

4 DOLOR (= bad, intense)
un dolor de cabeza muy fuerte a very bad headache

5 OLOR, SABOR (= strong)
un fuerte olor a ajo a strong smell of garlic

6 ABRAZO (= big)
Me dio un fuerte abrazo. He gave me a big hug.
El equivalente de un fuerte abrazo al final de una carta es love.

7 MONEDA (= strong)
una divisa fuerte a strong currency

8 LLUVIA, NEVADA (= heavy)
las fuertes lluvias de la semana pasada last week's heavy rains

9 VIENTO (= strong)

10 GOLPE, PATADA (= hard)

▶ **ADVERBIO**

1 LLOVER (= hard)
Estaba lloviendo fuerte. It was raining hard.

2 HABLAR, GRITAR (= loud)
No griten tan fuerte. Don't shout so loud. | *Habla más fuerte, que no te oigo.* Speak up, I can't hear you.

3 PATEAR, EMPUJAR (= hard)
Empuja fuerte. Push hard.

4 AGARRARSE, ABRAZAR (= tight)
Agárrate bien fuerte. Hold on really tight.

■ **¡fuerza!** *interj* come on!, you can do it!
■ **fuerzas** *s pl* **1** (energía) strength *sing*: *Me quedé sin fuerzas.* I don't have any strength left. | **recuperar fuerzas** to get your strength back
2 (militares) forces
fuerzas armadas *s pl* armed forces

fuga *s* **1** (huida) escape | **darse a la fuga** to flee **2** (de agua, gas) leak
fuga de capitales flight of capital **fuga de cerebros** brain drain

fugarse *v* to escape: *Se fugaron de la cárcel.* They escaped from prison.

fugaz *adj* **una visita fugaz** a fleeting visit | **un encuentro fugaz** a very brief meeting
▶ ver **estrella**

---

i ¿No sabes cómo pronunciar una determinada palabra? Consulta el recuadro de **símbolos fonéticos** en el interior de la cubierta.

fugitivo, -a s & adj fugitive

fulano, -a s so-and-so | **fulano de tal** so-and-so, what's-his-name/what's-her-name

fulminante adj **1** (efecto, reacción) instant, instantaneous **2** (infarto, ataque) massive **3** (mirada) withering

fumador, -a s smoker | **la zona de no fumadores** the no-smoking area

fumar v to smoke | **prohibido fumar** no smoking | **fumar en pipa** to smoke a pipe | **dejar de fumar** to give up smoking: *Mi papá ha dejado de fumar.* My dad's given up smoking.

función s **1** (en un cine) showing **2** (en un teatro, un circo) performance **3** (de una persona) job: *Su función es ayudar a los clientes.* Her job is to help the clients. | **cumplir con sus funciones** to carry out your duties **4** (de un aparato, un órgano, etc.) function
función de gala gala performance

funcionamiento s **1** (de una máquina, un órgano) working **2** (de una institución, una empresa) running

funcionar v **1** (máquina, plan) to work: *¿Cómo funciona?* How does it work? | **funcionar con pilas** to run off batteries **2** **no funciona** (en un cartel) out of order

funcionario s (empleado) employee, official
funcionario -a público -a government employee, civil servant

funda s **1** (de una almohada) pillowcase **2** (de un almohadón, un sillón) cover **3** (de una guitarra) case **4** (de una raqueta) cover **5** (de una pistola) holster **6** (de un disco) sleeve, jacket (AmE)

fundación s **1** (institución) foundation **2** (acción de fundar) founding

fundador, -a s founder

fundamental adj fundamental, essential | **lo fundamental** the most important thing

fundar v to found

fundido, -a adj (metal) molten: *hierro fundido* molten iron

fundir v (un metal) to melt
fundirse v **1** (fusible) to blow **2** (foco) to go **3** (televisión) to burn out **4** (empresas) to merge

fúnebre adj (color, aspecto, ambiente) funereal

funeral s funeral

funeraria s funeral home (AmE), undertaker's (BrE)

funicular s (cabina) cable car

furia s fury | **estar/ponerse hecho -a una furia** to be/to get in a rage

furioso, -a adj furious: *Se puso furioso cuando lo vio.* He was furious when he saw it.

fusible s fuse: *Se fundió un fusible.* A fuse has blown.

fusil s rifle

fusilar v to shoot: *Lo fusilaron.* He was shot.

fusión s **1** (de empresas, instituciones) merger **2** (de elementos, ideas, etc.) fusion

futbol s soccer (AmE), football (BrE) ► ver abajo
futbol americano football (AmE), American football (BrE)

futbolista s soccer player (AmE), footballer (BrE)

futbolito s **1** (juego mecánico) foosball (AmE), table football (BrE) **2** (deporte) five-a-side, five-a-side soccer (AmE), five-a-side football (BrE)

futuro sustantivo & adjetivo
■ s **1** (tiempo que va a venir) future: *nuestros planes para el futuro*

ball

soccer uniform (AmE)/ football strip (BrE)

soccer

¿football o soccer?

En inglés americano **football** significa *futbol americano*, en cambio en inglés británico **football** es la palabra más frecuente para referirse a nuestro futbol.

un partido de futbol se dice **a soccer game** en inglés americano y **a football match** en inglés británico. Un partido informal entre amigos es **a game of soccer/football**

jugar futbol es **to play soccer/football**

our plans for the future **2** (posibilidad de éxito) future | **tener mucho futuro** to have a great future **3** (en gramática) future
■ adj mi **futura esposa/nuestro futuro presidente etc.** my future wife/our future president etc. ► *futura esposa* también se puede traducir por **wife-to-be** y *futuro esposo* por **husband-to-be**
futura mamá s mother-to-be

G, g s G, g ▸ ver "Active Box" **letras del alfabeto** en **letra**

g (= **gramo**) g

gabacho, -a *adjetivo & sustantivo*
- **adj** gringo, Yankee: *un estudiante gabacho* a gringo student
- **s** gringo, Yank (BrE): *La playa está llena de gabachos.* The beach is full of gringos.

gabardina s raincoat

gabinete s (de ministros) cabinet

gacela s gazelle

gacho, -a *adjetivo & adverbio*
- **adj** terrible, awful: *Le dieron una tranquiza bien gacha.* He got a terrible thrashing. | **estar gacho -a** to be terrible, to be awful: *Estuvo gacho: un muerto y siete heridos.* It was terrible: one dead and seven injured.
- **adv** **portarse gacho** to be nasty | **sentirse gacho** to feel really annoyed | **ganarle gacho a alguien** to thrash sb: *Nos ganaron gacho: 5 – 0.* They thrashed us: 5-0. | **perder gacho** to be thrashed: *Perdieron gacho y contra las reservas.* They were thrashed, and by the reserves as well. | **¡qué gacho!** what a bummer!

gachupín, -ina s Spaniard

gaita s (instrumento) bagpipes *pl*

gajo s (de una naranja, mandarina) segment

gala s **1** **función/cena de gala** gala performance/dinner **2** **ir/vestirse de gala** to wear formal dress | **uniforme de gala** full-dress uniform

galaxia s galaxy (pl -xies)

galería s (en un teatro, cine) gallery (pl -ries) | **galería de arte** art gallery (pl -ries)

Gales s Wales

galés, - esa *adjetivo & sustantivo*
- **adj** Welsh
- **s** (persona) **galés** Welshman (pl -men) | **galesa** Welshwoman (pl -women) | **los galeses** the Welsh
- **galés** s (idioma) Welsh

galgo s greyhound

gallego, -a *adjetivo & sustantivo*
- **adj** **1** (de Galicia) Galician **2** (español) Spanish
- **s** **1** (de Galicia) Galician **2** (español) Spaniard
- **gallego** s (idioma) Galician

galleta s **1** (dulce) cookie (AmE), biscuit (BrE) **2** (salada) cracker

gallina *sustantivo femenino, sustantivo masculino & femenino & adjetivo*
- **s fem** (ave) hen ▸ ver **carne, piel**
- **s masc & fem** (cobarde) chicken
- **adj** chicken: *No seas gallina.* Don't be chicken.

gallinero s henhouse

gallito s (en bádminton) shuttlecock, birdie (AmE)

gallo s **1** (ave) cockerel, rooster (AmE), cock (BrE) **2** (al cantar) false note **3** (serenata) serenade | **ir de gallo** to go serenading | **llevarle gallo a alguien** to serenade sb: *Le llevó gallo a su novia.* He serenaded his girlfriend.

galón s **1** (medida) gallon **2** (en uniformes) stripe

galopar s to gallop

galope s gallop | **a galope** at a gallop

gama s range: *una variada gama de artículos* a wide range of articles

gana s ▸ ver recuadro en página 580

ganadería s **1** (actividad) cattle farming, livestock farming **2** (lugar, instalaciones) cattle farm, livestock farm, (en Estados Unidos) cattle ranch

ganado s **1** **ganado (vacuno/bovino)** cattle **2** (en general) livestock
ganado equino horses *pl* **ganado ovino** sheep *pl* **ganado porcino** pigs *pl*

ganador, -a *sustantivo & adjetivo*
- **s** winner
- **adj** **la película ganadora/el número ganador** etc. the winning movie/number etc.

ganancia s profit

ganar v **1** (en competencias, concursos, etc.) to win: *Ganaron el partido.* They won the game. | *¿Quién va ganando?* Who's winning? | *Ganamos tres a uno.* We won three-one. | *la película que ganó el Óscar* the Oscar-winning movie | **ganarle a alguien (a algo)** to beat sb (at sth): *¡Te gané!* I beat you! | *Siempre me gana al tenis.* He always beats me at tennis. **2** (trabajando) to earn: *Gana un buen sueldo.* She earns a good salary. **3** (referido a negocios, empresas) to make a profit: *No ganaron mucho el año pasado.* They didn't make much profit last year. **4** (en juegos de azar, apuestas) to win: *Ganó la apuesta.* He won the bet. **5** (conseguir) to gain: *No ganó nada con eso.* He didn't gain anything by doing that.
ganarse v **1** **ganarse la vida** to earn one's living: *Se gana la vida como maestro.* He earns his living as a teacher. **2** **ganarse a alguien** to win sb over: *Enseguida se la ganó.* He won her over right away. | **ganarse el amor/el respeto** etc. **de alguien** to win sb's love/respect etc.

gancho s **1** (garfio) hook: *Cuélgalo del gancho.* Hang it on the hook. **2** (para colgar ropa en un closet) hanger **3** (en boxeo) hook **4** (en basquetbol) hook shot

gana

1 CON EL VERBO "TENER"

tener ganas de salir/escuchar música etc. to feel like going out/listening to music etc.: *No tenía ganas de estudiar.* I didn't feel like studying. | *–¿Vienes? –No tengo ganas.* "Are you coming?" "I don't feel like **it**." | **tener ganas de vomitar** to feel nauseous (AmE), to feel sick (BrE) | **tener ganas de ir al baño** to need to go to the bathroom

2 CON EL VERBO "DAR"

te dan ganas de pegarle/matarlo etc. you feel like hitting him/killing him etc.: *Cuando dice eso te dan ganas de matarlo.* When he says that, you feel like killing him. | **me dieron ganas de llorar/de verlo etc.** I felt like crying/seeing it etc.: *De repente me dieron ganas de comer chocolate.* I suddenly felt like eating chocolate. | **no me/le etc. da la gana** I don't /she doesn't etc. feel like it: *No fui porque no me dio la gana.* I didn't go because I didn't feel like it. | **hace lo que le da la gana/haces lo que te da la gana etc.** he does exactly what he wants/you do exactly what you want etc.: *Lo dejan hacer lo que le da la gana.* They let him do exactly what he wants. | *Haz lo que te dé la gana.* Do as you please./Do what you want.

3 OTRAS EXPRESIONES

de buena gana: *Lo hizo de buena gana.* He did it willingly. | *De buena gana me iría con ella si pudiera.* I'd gladly go with her if I could. | **de mala gana** reluctantly | **con/sin ganas**: *Se reía con ganas.* She laughed wholeheartedly. | *Me lo comí sin ganas.* I ate it without being hungry. | **no me pude aguantar las ganas de pegarle/de reírme etc.** I couldn't stop myself hitting him/laughing etc. | **hace lo que se le pega la gana/haces lo que se te pega la gana etc.** he does exactly what he wants/you do exactly what you want etc. | **echarle ganas** to put some effort into it | **traerle ganas a algo** to have your eye on sth: *Le trae ganas a una raqueta de grafito.* He has his eye on a graphite racket. | **traerle ganas a alguien**: *Me traía ganas desde hace tiempo, por eso me reprobó.* He'd had it in for me for a long time, that's why he failed me. | *Le traía ganas a Ángeles, pero ella nunca me hizo caso.* I had my eye on Ángeles, but she never took any notice of me. | **¡qué ganas de verte/de conocerlo etc.!** I'm dying to see you/to meet him etc.! | **¡qué ganas de que lleguen las vacaciones/de que sea viernes etc.!** I can't wait till vacation/till Friday etc.! | **me quedé/te quedaste etc. con las ganas de hacer algo** I/you etc. never got to do sth: *Me quedé con las ganas de ir.* I never got to go.

gandalla *adjetivo & sustantivo*

■ *adj* **ser gandalla** to be a bully: *Es medio gandalla.* He's a bit of a bully.

■ *s* bully (pl -llies)

ganga *s* bargain

ganso, -a *s* (ave) goose (pl geese) ▶ **goose** es el término genérico. Para referirse específicamente a un macho se dice **gander**

garabato *s* **1** (dibujo) scribble, doodle ▶ **doodle** es el tipo de garabato que se hace distraídamente, por ejemplo mientras uno habla por teléfono | **hacer garabatos** to scribble, to doodle **2** (escritura) scrawl: *Firmó con un garabato.* He signed with a scrawl.

garage *s* garage

garantía *sustantivo & sustantivo plural*

■ *s* **1** (de algo comprado) guarantee: *Tiene un año de garantía.* It has a year's guarantee. | **estar en garantía** to be under guarantee **2** (seguridad) guarantee: *No le puedo dar ninguna garantía.* I can't give you any guarantee.

■ **garantías** *s pl* **garantías (constitucionales/individuales)** constitutional rights: *Exigimos el respeto de las garantías constitucionales.* We demand that constitutional rights be upheld.

garantizar *v* to guarantee

garbanzo *s* chickpea, garbanzo bean (AmE)

garganta *s* throat: *Me duele la garganta.* I have a sore throat.

gargantilla *s* choker, necklace

gárgaras *s* **hacer gárgaras** to gargle

garra *sustantivo & sustantivo plural*

■ *s* **1** (de un león, tigre) claw **2** (de un ave de rapiña) talon **3** (fuerza, empuje) spirit | **sacar la garra** to show what you're made of

■ **garras** *s pl* **ir hecho -a una garra** to look really scruffy, to look a real mess: *Para ser la boda de su hijo iba hecho una garra.* Considering it was his son's wedding, he looked really scruffy. | **hecho -a garras (a)** (referido a la ropa) torn to shreds, in tatters: *Llegó con el ojo morado y la camisa hecha garras.* He got back with a black eye and his shirt torn to shreds. **(b)** (cansado, etc.) pooped (AmE), shattered (BrE): *Terminaron hechos garras.* They were pooped by the time they'd finished.

garrapata *s* tick

garrocha *s* pole ▶ ver **salto**

garza *s* heron

gas *sustantivo & sustantivo plural*

■ *s* **1** (combustible) gas (pl -ses) **2** (de una bebida) fizz

gas lacrimógeno tear gas

■ **gases** *s pl* **1** (en el intestino) gas *sing* (AmE), wind *sing* (BrE): *Las lentejas me producen gases.* Lentils give me gas. **2** (emanaciones) fumes: *gases tóxicos* toxic fumes

gasa *s* **1** (para curaciones) dressing **2** (tela) chiffon

gasolina *s* gasoline, gas (AmE), petrol (BrE) | **ponerle/echarle gasolina al auto** to get some gas (AmE), to get some petrol (BrE) | **cargar gasolina** to fill up with gas (AmE), to fill up with petrol (BrE)

gasolina normal regular gasoline (AmE), three-star petrol (BrE) **gasolina sin plomo, gasolina verde** unleaded gasoline (AmE), unleaded petrol (BrE) **gasolina súper** premium gasoline (AmE), four-star petrol (BrE)

gasolinería o **gasolinera** s gas station (AmE), petrol station (BrE)

gastado, -a *adj* worn, worn out ► **worn out** no se usa con **very**: *Estos zapatos están muy gastados.* These shoes are badly worn. | *una chaqueta vieja y gastada* an old, worn-out jacket

gastar *v* **1** (referido a dinero) to spend: *Estamos gastando demasiado.* We're spending too much. | **gastar dinero/$100 etc. en algo** to spend money/$100 etc. on sth: *Gasta mucho en ropa.* She spends a lot on clothes. **2** (consumir) to use: *No gastes tanta electricidad.* Don't use so much electricity. | *Me vas a gastar las pilas.* You'll run down the batteries. ► ver **broma**

gastarse *v* (referido a dinero) to spend | **gastarse el dinero/los ahorros etc. en algo** to spend your money/savings etc. on sth: *Se gastó todos los ahorros en un monitor nuevo.* He spent all his savings on a new monitor.

gasto s expense: *Compartimos los gastos.* We share the expenses. | **correr con todos los gastos** to pay for everything
gasto público public expenditure **gastos de envío** s pl postage and handling (AmE), postage and packing (BrE)

gastritis s gastritis

gatear *v* to crawl

gatillo s trigger | **apretar el gatillo** to pull the trigger

gato, -a *sustantivo masculino & femenino & sustantivo masculino*
■ **s masc & fem 1** cat ► **cat** es el término que se usa para referirse tanto a un gato como a una gata. En contextos en los que se quiere especificar el sexo, se usa **tom-cat** o **tom** para referirse a un macho y **female cat** o **female** para referirse a una hembra: *¿Es gato o gata?* Is it a tom or a female? ► *gatito* se dice **kitten 2 aquí hay gato encerrado** there's something fishy going on here
gato siamés Siamese cat
■ **gato** *s masc* (herramienta) jack

gaveta s drawer

gaviota s seagull

gay *adj & s* gay

gel s (para el pelo) gel
gel de baño (a) (para la regadera) shower gel **(b)** (para la tina) bath gel

gelatina s **1** (postre) Jello® (AmE), jelly (pl -llies) (BrE): *gelatina de limón* lemon Jello **2** (sustancia) gelatine

gemelo, -a *sustantivo & adjetivo*
■ **s** twin
gemelos -as idénticos -as identical twins
■ *adj* **mi hermano gemelo/hermana gemela** my twin brother/sister

gemido s moan, groan

Géminis s Gemini: *Soy Géminis.* I'm a Gemini.

gen o **gene** s gene

genealógico, -a ► ver **árbol**

generación s generation: *una computadora de última generación* a latest-generation computer

general *adjetivo & sustantivo*
■ *adj* **1** general: *un tema de interés general* a subject of general interest **2 en general (a)** (sin entrar en detalles) in general: *Estoy hablando en general.* I'm talking in general. | *Le gustan los animales en general.* He likes animals in general. **(b)** (generalmente) usually: *En general, me levanto tarde.* I usually get up late. **3 por lo general** usually ► ver **elección, ensayo**
■ *s* (militar) general

generalizar *v* to generalize: *No hay que generalizar.* You shouldn't generalize.

género s **1** (masculino o femenino) gender **2** (en clasificaciones biológicas) genus (pl genera) **3** (literario, musical) genre **4** (tela) material
el género humano humankind, the human race

generoso, -a *adj* generous | **ser generoso -a con alguien** to be generous to sb

genética s genetics *sing*

genético, -a *adj* genetic

genial *adj* brilliant: *Estuviste genial.* You were brilliant. | *una idea genial* a brilliant idea | **pasarla genial** to have a great time

genio s **1** (persona) genius (pl -ses): *¡Eres un genio!* You're a genius! **2 tener mal genio** to have a bad temper, to be bad-tempered: *Tengo muy mal genio.* I have a terrible temper. **3 estar/ponerse de mal genio** to be in a bad mood/to get into a mood: *Esta mañana está de mal genio.* He's in a bad mood this morning.

genital *adjetivo & sustantivo plural*
■ *adj* genital
■ **genitales s pl** genitals

gente s ► ver recuadro en página 582

geografía s geography

geología s geology

geometría s geometry

geranio s geranium

gerente s manager
gerente de banco bank manager **gerente de personal/de ventas** personnel/sales manager

germen s (bacteria, virus) germ
germen de trigo wheatgerm

gerundio s present participle

gestión *sustantivo & sustantivo plural*
■ **s 1** (gobierno) administration **2** (de una empresa) management
■ **gestiones s pl** (trámites) procedure: *las gestiones para conseguir la visa* the procedure for getting a visa | *Tuve que hacer muchas gestiones*

ⓘ Hay una lista de **términos gramaticales** en el interior de la cubierta.

gente

1 En general se traduce por **people**.

people es un sustantivo plural y por lo tanto se usa con verbos en plural, con **many** y no con **much**, etc.:

Había demasiada gente. There were too many people.

Cuando se refiere a las personas en general **people** se usa sin artículo:

cuando la gente está ocupada when people are busy | *el nivel de vida de la gente* people's standard of living

Cuando se refiere a un grupo determinado de personas, va con artículo:

la gente que conocí en el viaje the people I met on the trip

2 Para decir *toda la gente* usa **everyone** o **everybody**:

Llamé a toda la gente del equipo. I called everyone on the team.

3 La expresión *como la gente* se traduce por **decent**:

una comida como la gente a decent meal

4 Cuando *gente* se usa en lugar de persona:

Lo recuerdo como una gente muy cariñosa. I remember him as a very affectionate person. | *Soy una gente trabajadora.* I'm hard-working.

---

para conseguir el certificado. I had to do a lot of paperwork to get the certificate.

gesto *s* **1** gesture: *un gesto cariñoso* an affectionate gesture ▶ Los gestos característicos de una persona se llaman **mannerisms**: *Tiene los mismos gestos que el abuelo.* He has the same mannerisms as his grandfather. **2 hacerle un gesto a alguien (para que haga algo)** to gesture to sb (to do sth) **3 comunicarse por gestos** to communicate using sign language

gigante *adjetivo & sustantivo*
■ *adj* gigantic
■ *s* (personaje) giant

gimnasia *s* **1** (ejercicio) exercise: *una clase de gimnasia* an exercise class ▶ También existe **gymnastics** pero sólo se usa a nivel de competencias o para referirse a especialidades | **hacer gimnasia** to exercise: *Hace gimnasia todos los días.* She exercises every day. **2** (en la escuela): *Hoy tuvimos gimnasia.* We had gym today.
gimnasia artística gymnastics **gimnasia correctora** remedial gymnastics

gimnasio *s* gym: *¿Cuándo vas al gimnasio?* When do you go to the gym?

gimnasta *s* gymnast

ginebra *s* gin

ginecólogo, -a *s* gynecologist (AmE), gynaecologist (BrE)

gira *s* tour: *su última gira por Europa* their last European tour | **estar/irse de gira** to be/to go on tour: *Se fueron de gira por Latinoamérica.* They went on tour in Latin America.

girar *v* **1** (planeta, astro, disco) to revolve **2 girar alrededor de/en torno a algo** (conversación) to revolve around sth

girasol *s* sunflower

giratoria ▶ ver **puerta**

giro *s* **1** (vuelta) turn **2 giro (postal)** money transfer
giro bancario bank draft, banker's draft

gis *s* **1** (trozo, barra) piece of chalk: *un gis blanco* a piece of white chalk **2** (material) chalk: *Lo escribieron con gis.* They wrote it in chalk.

gitano, -a *sustantivo & adjetivo*
■ *s* gypsy (pl -sies)
■ *adj* *una canción/tradición gitana* a gypsy song/tradition

glaciar *s* glacier

glándula *s* gland

global *adj* **1** (de todo el mundo) global: *el calentamiento global* global warming **2** (de conjunto) overall: *una visión global del tema* an overall view of the subject

globalización *s* globalization

globo *s* **1** (de goma) balloon: *Se me reventó el globo.* My balloon burst. **2** (para volar) balloon
globo terráqueo globe

glóbulo *s* blood cell, cell
glóbulo blanco white corpuscle **glóbulo rojo** red corpuscle

gloria *s* (fama) glory

glorieta *s* traffic circle (AmE), roundabout (BrE)

glotón, -ona *sustantivo & adjetivo*
■ *s* glutton
■ *adj* greedy

gobernador, -a *s* governor

gobernante *adjetivo & sustantivo*
■ *adj* *el partido/la clase gobernante* the ruling party/class
■ *s* leader, government leader

gobernar *v* (presidente, partido) to govern: *Gobernó el país entre 1983 y 1989.* He governed the country between 1983 and 1989.

gobierno o **Gobierno** *s* government, Government

goggles *s pl* (para nadar) goggles

gol *s* goal: *Perdimos por 2 goles a 1.* We lost by 2 goals to 1. | **anotar/meter/hacer un gol** to score, to score a goal: *Nos metieron un gol en el último minuto.* They scored against us in the last minute.
gol de cabeza headed goal **gol en contra** own goal

goleador, -a *s* **1** goal-scorer **2** (o **máximo goleador**) top goal-scorer

golear *v* to thrash: *Los goleamos por 8 a 0.* We thrashed them 8-0.

golf s golf | **jugar golf** to play golf

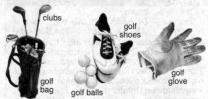

clubs
golf shoes
golf glove
golf bag
golf balls

golfo s gulf: *el golfo de México* the Gulf of Mexico

golondrina s swallow

golosina s piece of candy (AmE), sweet (BrE)

goloso, -a adj ser goloso -a to have a sweet tooth

golpe s **1** (que recibe una persona): blow: *Los golpes en la cabeza pueden ser peligrosos.* Blows to the head can be dangerous. | **darse un golpe en la cabeza/rodilla etc.** to bang your head/knee etc. | **agarrarse a golpes** to start hitting each other: *Se agarraron a golpes en el recreo.* They started hitting each other at recess. | **matar a alguien a golpes** to beat sb to death **2** (que se le da a un objeto) **darle un golpe a algo** to bang sth: *Le di un golpe a la televisión y se arregló.* I banged the TV and that fixed it. **3** (ruido) bump, knock **4** (disgusto, desgracia) blow: *Fue un golpe tremendo para ella.* It was a terrible blow for her. **5** golpe (de estado) coup (d'état) | golpe (militar) (military) coup **6** de golpe (de repente) suddenly: *De golpe me acordé.* I suddenly remembered. **7** (en golf) shot

golpear v **1** (a la puerta) to knock: *Están golpeando a la puerta.* Someone's knocking at the door. **2** (pegarle a) (un objeto) to hit: *Tienes que golpear la pelota con el bat.* You have to hit the ball with the bat., (una persona) to hit: *Se metieron a la cancha y golpearon al árbitro.* They went onto the field and hit the referee. **3** (dar golpes en) to bang on: *¿Quién está golpeando la pared?* Who's banging on the wall?

golpearse v **1** to hit yourself: *¿Te golpeaste?* Did you hit yourself? **2** golpearse el dedo/la cabeza etc. to hit your finger/head etc.: *Se golpeó el dedo con el martillo.* He hit his finger with the hammer.

golpiza s beating: *Le dieron tal golpiza que lo dejaron irreconocible.* They gave him such a beating he was almost unrecognizable./They beat him up so badly he was almost unrecognizable.

goma s **1** goma (de borrar) eraser, rubber (BrE) ▶ eraser se usa poco en inglés británico **2** (material) rubber | guantes/suelas de goma rubber gloves/soles **3** (en beisbol) mound **4** mandar a alguien a la goma to tell sb to get lost: *¡Mándalo a la goma! ¿Quién es él para pedirte explicaciones?* Tell him to get lost! Why should you have to explain things to him?

5 goma (de pegar) glue **6** goma (elástica) rubber band, elastic band (BrE)

goma de mascar chewing gum

gordo, -a adjetivo & sustantivo
■ adj **1** (referido a personas, animales) fat: *Soy más gordo que él.* I'm fatter than him. | *Este pantalón me hace ver gorda.* These trousers make me look fat. ▶ La palabra **plump** es más suave que **fat**: *una niña gordita* a plump little girl ▶ **he's fat** se puede interpretar como **es gordo**. Si lo que quieres decir es que *está gordo*, que ha engordado, usa **he's put on weight**: *Está muy gordo.* He has put on a lot of weight. **2** (grueso) thick: *un libro muy gordo* a very thick book **3** me cae gordo -a I can't stand him/her ▶ ver **dedo**
■ s No hay un sustantivo equivalente en inglés. Usa a **fat man, a fat boy, a fat woman**, etc. Para referirse a los gordos en general se dice **fat people**
■ adj **gordo** s (de la lotería) big prize: *el gordo de Navidad* the big prize in the Christmas lottery

gorila s gorilla

gorra s **1** cap **2** de gorra for free: *Viajamos de gorra.* We traveled for free.

gorra de baño (a) (para la regadera) shower cap **(b)** (para nadar) swimming cap

gorrión s sparrow

gorro s **1** hat | un gorro de lana a woolen hat (AmE), a woollen hat (BrE) **2** (de bebé) bonnet **3** (harto) estar hasta el gorro de algo/alguien to be up to here with sth/sb (AmE), to have had it up to here with sth/sb (BrE) | me/nos etc. tiene hasta el gorro I'm/we're etc. up to here (AmE), I've/we've etc. had it up to here (BrE): *Me tiene hasta el gorro con el mismo cuento.* I'm up to here with him, it's the same story the whole time. **4** (de beber) estar/ponerse/terminar hasta el gorro to be/to get/to end up smashed, to be/to get/to end up plastered: *Yo me fui a las 9 y ya estaban hasta el gorro.* I left at 9 and they were already smashed.

gorrón, -ona s scrounger, free-loader

gorronear v to scrounge, to freeload | gorronearle algo a alguien to scrounge sth from sb, to bum sth from sb (AmE), to scrounge sth off sb (BrE)

gota s **1** (de lluvia, sangre, etc.) drop **2** (de transpiración) bead **3** (remedio para los ojos, los oídos, etc.) drop **4** ser la gota que colma el vaso to be the last straw

gotear v **1** (llave de agua) to drip: *Esta llave gotea.* This faucet drips. **2** (lloviznar) to spit, to spit with rain: *Está goteando.* It's spitting./It's spitting with rain.

gotera s Existe el sustantivo **leak**, pero es más frecuente usar el verbo con el techo como sujeto: *La casa tiene goteras.* The roof leaks.

gótico, -a adj Gothic

gozar v **1** gozar de algo to enjoy sth: *Goza de buena salud.* She enjoys good health. **2** gozar haciendo algo to delight in doing sth

grabación s recording: *una grabación de 1968* a recording from 1968/a 1968 recording

grabado s **1** (obra) print **2** (técnica) engraving

grabadora s tape recorder

grabar v **1** (una canción, un álbum) to record: *Están grabando un nuevo álbum.* They are recording a new album. **2** (una conversación, una entrevista) to record **3** (pasar a un cassette) to tape: *¿Me grabarías este CD?* Would you tape this CD for me? **4** (en video) to tape, to record: *Quiero grabar el partido de esta noche.* I want to tape tonight's game./I want to record tonight's game. **5** (en metal) to engrave

gracia *sustantivo, interjección & sustantivo plural*
■ **s 1** (comicidad) **me/le etc. hace gracia** I think/ she thinks etc. it's funny: *No me hace ninguna gracia.* I don't think it's at all funny. | **no me hace ninguna gracia hacer algo** I'm not at all enthusiastic about doing sth: *No me hace ninguna gracia estudiar en verano.* I'm not at all enthusiastic about studying during the summer. | **tener gracia para contar chistes** to be good at telling jokes **2** (cosa divertida) funny thing: *Todos se ríen de sus gracias.* Everyone laughs at the funny things he does.
■ **gracias** *interj & s pl* ▶ ver recuadro

gracioso, -a *adjetivo & sustantivo*
■ **adj** funny: *un chiste muy gracioso* a very funny joke | *No me parece nada gracioso.* I don't think it's at all funny. | *Tu hermano es muy gracioso.* Your brother is very funny.
■ **s** (bromista) joker: *¿Quién fue el gracioso que se comió mi postre?* Who's the joker who ate my dessert? | **hacerse el gracioso/la graciosa** to try to be funny

grado s **1** (de temperatura) degree: *El agua hierve a 100 grados centígrados.* Water boils at 100 degrees centigrade. | **hace diez/treinta etc. grados** it's ten/thirty etc. degrees **2** (nivel) degree: *quemaduras de tercer grado* third-degree burns **3** (universitario) degree: *grado de maestría* master's (degree) **4 en mayor o menor grado** to a greater or lesser extent **5** (de un ángulo) degree: *un ángulo de treinta grados* a thirty-degree angle

graduación s graduation

graduarse v **1** to graduate | **graduarse en ingeniería/ciencias políticas etc.** to graduate in engineering/political science etc., to get a degree in engineering/political science etc. | **graduarse de médico/abogado etc.** to qualify as a doctor/lawyer etc. **2 graduarse la vista** to get your eyes tested

gráfica s graph | **hacer una gráfica** to draw a graph

gráfica de barras bar chart **gráfica de sectores** pie chart

gráfico, -a *adjetivo, sustantivo & sustantivo plural*
■ **adj** graphic ▶ ver diseño
■ **gráfico** s ▶ ver gráfica
■ **gráficos** s pl graphics

gramática s grammar

gramo s gram

gran ▶ ver grande

Gran Bretaña s Britain, Great Britain

> **Gran Bretaña** comprende tres países: Inglaterra, Escocia y Gales (**England, Scotland and Wales**). Junto con Irlanda del Norte (**Northern Ireland**) forma el Reino Unido (**the United Kingdom**). **Great Britain** es un término bastante formal y se da más que nada en contextos políticos. En el uso diario, la gente dice **Britain**.

grande *adjetivo & sustantivo*
■ **adj 1** (referido al tamaño) large, big: *–Una coca-cola. –¿Grande o pequeña?* "A Coke, please." "Large or small?" | *Tu perro es más grande que el mío.* Your dog's bigger than mine. | *el cuarto más grande de la casa* the biggest room in the house/the largest room in the house | **me/te etc. queda grande** it's too big for me/you etc.: *Estos zapatos me quedan grandes.* These shoes are too big for me.
2 (referido a la cantidad) large: *un gran número de errores* a large number of mistakes
3 (referido a la edad: en comparaciones) El comparativo es **older** y el superlativo **oldest**: *Es más grande que yo.* She's older than me. | *Soy la más grande de la clase.* I'm the oldest in the class. ▶ También existen **elder** y **eldest**, que tienen restricciones de uso ▶ ver nota en **elder, eldest**
4 (mayor, adulto) grown-up: *Tienen hijos grandes.* They have grown-up children. ▶ Pero hablando con un niño se dice **a big boy/girl**: *No hagas eso, ya eres grande.* Don't do that, you're a big boy/a big girl now. | **cuando sea/seas etc. grande** when he grows up/you grow up etc.: *¿Qué quieres ser cuando seas grande?* What do you want to be when you grow up? | **de grande** as an adult: *Empecé a tocar la guitarra de grande.* I started playing the guitar as an adult.
5 (referido a la importancia, calidad) great: *una gran amiga mía* a great friend of mine

gran danés Great Dane

■ **s** (adulto) grown-up: *Los niños se sentaron con los grandes.* The children sat with the grown-ups

granero *s* barn

granizar *v* to hail: *Está granizando.* It's hailing.

granizo *s* hail: *Cayó granizo.* It hailed.

granja *s* (en el campo) farm | **vivir/trabajar en una granja** to live/work on a farm | **granja (lechera)** (dairy) farm

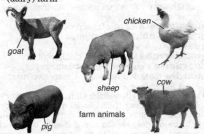

chicken

goat

sheep

cow

pig

farm animals

granjero, -a *s* farmer

grano *s* **1** (de trigo, arroz, etc.) grain | **un grano de café** a coffee bean | **un grano de pimienta** a peppercorn **2** (de arena) grain **3** (en la piel) pimple, spot (BrE): *¡No te aprietes los granos!* Don't squeeze your pimples! | *Tiene la cara llena de granos.* He has a really pimply face. | **me/le etc. salió un grano** I/he etc. got a pimple

grapa *s* (para papeles) staple

grasa *s* **1** (de los animales, vegetales) fat: *Se come la grasa del filete.* He eats the fat on the steak. | *carne con mucha grasa* very fatty meat | *Tiene que consumir menos grasas.* You have to cut down on fatty foods. **2** (suciedad) grease: *una mancha de grasa* a grease stain **3** **grasa (para zapatos)** (shoe) polish | **darles grasa a los zapatos** to shine your shoes, to polish your shoes **4** (para una máquina) oil

graso, -a *adj* **1** (pelo) greasy **2** (piel) oily **3** (carne) fatty

grasoso, -a *adj* greasy

gratis *adjetivo & adverbio*
■ *adj* free: *entradas gratis* free tickets
■ *adv* **viajar/entrar etc. gratis** to travel/get in etc. for free: *Comimos gratis.* We ate for free.

gratuito, -a *adj* (gratis) free: *La entrada es gratuita.* Entrance is free.

grava *s* gravel: *un camino de grava* a gravel track

grave *adjetivo & sustantivo plural*
■ *adj* **1** (referido a un enfermo) seriously ill: *los enfermos graves* seriously ill patients | *Hay muchos heridos graves.* Many people have been seriously injured. | **estar grave** to be seriously ill **2** (enfermedad, herida) serious **3** (situación, crisis) serious: *La situación es grave.* The situation is serious. **4** (voz, sonido) deep: *Tiene una voz muy grave.* He has a very deep voice. **5** **una palabra grave** a word which is stressed on the penultimate syllable

■ **graves** *s pl* **los graves** the bass: *Baja un poco los graves.* Turn the bass down a little.

gravedad *s* **1** (importancia) seriousness **2** (en física) gravity

Grecia *s* Greece

gremio *s* **1** (sector de actividad) industry (pl -ries): *el gremio de la construcción* the construction industry **2** (grupo de profesionales) ver ejemplos: *el gremio de los docentes* the teaching profession/teachers | *el gremio de los taxistas* taxi drivers **3** (sindicato) union, labor union (AmE), trade union (BrE)

griego, -a *adjetivo & sustantivo*
■ *adj* Greek
■ *s* Greek | **los griegos** (the) Greeks
■ **griego** *s* (idioma) Greek

grieta *s* crack

grillo *s* cricket

gringo, -a *sustantivo & adjetivo*
■ *s* gringo, Yank (BrE)
■ *adj* gringo, Yankee

gripa *s* (o **gripe**) (influenza) flu | **tener gripa** to have the flu, to have flu (BrE)

gris *adjetivo & sustantivo*
■ *adj* **1** (referido al color) gray (AmE), grey (BrE) **2** (día, tarde) gray (AmE), grey (BrE)
■ *s* (color) gray (AmE), grey (BrE) ▶ ver "Active Box" **colores** en **color**

gritar *v* **1** to shout: *Oímos que alguien gritaba.* We could hear somebody shouting. ▶ Cuando se grita para pedir ayuda, se puede usar **shout** o **cry**: *Gritaba pidiendo ayuda.* She was crying for help./She was shouting for help. **2** **gritarle a alguien (a)** (con enojo) to shout at sb: *No le grites.* Don't shout at her. **(b)** (para decirle algo) to shout to sb: *Les grité pero no me oyeron.* I shouted to them but they didn't hear me. | *Nos gritó que tuviéramos cuidado.* She shouted to us to be careful. **3** **gritar de dolor/horror etc.** to scream with pain/horror etc.

grito *s* **1** shout: *Oí un grito fuerte.* I heard a loud shout. ▶ Para decir *gritos* se suele usar **shouting**: *Tus gritos se oían desde la esquina.* I could hear your shouting from the corner. **2** **pegar un grito (de dolor/alegría etc.)** to cry out (in pain/with happiness etc.): *Pegó un grito y cayó al suelo.* He cried out and fell to the ground. | *Cuando se lo dije pegó un grito de alegría.* When I told him, he cried out with happiness. **3** **pegarle un grito a alguien (a)** (para decirle algo) to give sb a shout: *Te pego un grito cuando termine.* I'll give you a shout when I'm finished. **(b)** (para regañarlo) to shout at sb: *El padre le pegó un grito y se calló.* His father shouted at him and he shut up. **4** **pedir algo a gritos** to scream for sth: *La porra pedía a gritos que volviera.* The fans were screaming for him to come back on. **5** **hablar a gritos** to shout: *Hay tanto ruido que tienes que hablar a gritos.* It's so noisy that you have to shout. **6** **el Grito** Si quieres explicar qué es la ceremonia del Grito, di *it's the annual ceremony held on September 15th* which re-enacts the priest Miguel Hidalgo's call to arms in 1810 that started Mexico's war of independence against the Spanish

grosella s redcurrant
grosella negra blackcurrant

grosería s **1** (que se dice o se hace) **ser una grosería** to be rude: *Es una grosería irse sin despedirse.* It's rude to leave without saying goodbye. | **¡qué grosería!** how rude! **2** (mala palabra) swearword **3** (de una persona) rudeness

grosero, -a adjetivo & sustantivo
■ adj rude
■ s **ser un grosero/una grosera** to be very rude

grosor s thickness | **10 mm/20 cm etc. de grosor** 10 mm/20 cm etc. thick: *una tabla de 3 cm de grosor* a 3 cm thick board

grúa s **1** (para vehículos mal estacionados) tow truck: *Una grúa se llevó el coche.* The car was towed away. **2** (para vehículos averiados) tow truck (AmE), breakdown truck (BrE) **3** (en una obra, en el puerto) crane

grueso, -a adj thick: *Pedí una cobija más gruesa.* I asked for a thicker blanket. | **cortar algo grueso** to cut sth in thick slices ▶ ver **intestino**

thick

thin

grumo s lump | **salsa/puré etc. con grumos** lumpy sauce/mash etc.

gruñido s **1** (de un perro) growl **2** (de un cerdo) grunt **3** (de una persona) grunt

gruñir v **1** (perro) to growl **2** (cerdo) to grunt **3** (persona) to grumble

gruñón, -ona adjetivo & sustantivo
■ adj grumpy
■ s grump

grupo s **1** (de personas, animales, cosas) group | **trabajar en grupo** to work in groups, to work in a group ▶ La segunda traducción se usa cuando hay un solo grupo | **dividirse en grupos** to split up into groups: *Nos dividimos en grupos de cinco.* We split up into groups of five. **2** (de pop, rock etc.) group, band
grupo sanguíneo blood group

gruta s **1** (natural) cave **2** (artificial) grotto

guácala interj ugh!, yuck!

guacamaya s (ave) macaw

guacamole s guacamole

guaje s **hacerse guaje** to pretend not to notice, to pretend you don't know: *Siempre se hace guaje con la cuenta.* He always pretends not to notice when it's time to pay the bill. | **hacer guaje a alguien** to rip sb off

guajolote s turkey

guante s glove

guantera s glove compartment

guapo, -a adj (físicamente) (hombre) good-looking, handsome, (mujer) pretty, good-looking | **estar muy guapo -a/guapísimo -a (a)** (hombre) to look really handsome, to look really nice **(b)** (mujer) to look lovely, to look really nice: *La novia estaba muy guapísima.* The bride looked lovely.

guardabosques s **1** (en una propiedad) gamekeeper **2** (en un parque nacional) ranger, forest ranger

guardacostas s coastguard cutter

guardaespaldas s bodyguard

guardar v ▶ ver recuadro

guardarropa s (habitación) cloakroom

guardería s **guardería (infantil)** nursery:

guardia sustantivo femenino & sustantivo masculino & femenino
■ s fem **1** (turno de trabajo) shift: *una guardia de 12 horas* a 12-hour shift | **hacer guardia/estar de guardia (a)** (médico) to be on duty, to be on call ▶ **to be on duty** implica que el médico está en el hospital, la clínica, etc. **to be on call** significa que se lo puede llamar para consultas, emergencias, etc.: *¿Quién está de guardia?* Who's the doctor on duty? **(b)** (policía, soldado) to be on duty **2** (conjunto de personas) guard
■ s masc & fem **1** (de un banco, un edificio, etc.) guard, security guard **2** (en basquetbol) guard

guarida s **1** (de animales) den, lair **2** (de ladrones) hideout

guarura s bodyguard

Guatemala s Guatemala

guatemalteco, -a adjetivo & sustantivo
■ adj Guatemalan
■ s Guatemalan | **los guatemaltecos** (the) Guatemalans

guayaba s guava

güero, -a adj **1** (pelo) blonde, blond **2** (persona) (de tez blanca) fair-skinned, (de pelo rubio) fair-haired

guerra s war | **estar en guerra** to be at war | **declararle la guerra a alguien** to declare war on sb

guerrero, -a s warrior

guerrilla s **1** (grupo) guerrilla group **2** (tipo de lucha) guerrilla warfare

guerrillero, -a s guerrilla

gueto s ghetto

güey adjetivo & sustantivo
■ adj (tonto) silly, daft
■ s guy, bloke (BrE)

guía sustantivo masculino & femenino & sustantivo femenino
■ s masc & fem (persona) guide | **guía (turístico -a)** (tourist) guide
■ s fem **1** (libro) guide: *los hoteles en la guía* the hotels in the guide **2** (orientación) guide: *Lo usé de guía.* I used it as a guide./I used it for guidance.

guiar verbo & verbo
■ v to guide
■ **guiarse** v to be guided: *Se guió por su intuición.* He was guided by his intuition.

guardar

1 PONER EN SU LUGAR

guardar algo to put sth away: *Guarden sus libros.* Put your books away. | *Guarden todo que vamos a comer.* Put everything away, we're going to eat.

2 PONER

guardar algo en el bolsillo/en un cajón etc. to put sth in your pocket/in a drawer etc.: *Guardó las llaves en la bolsa.* She put the keys in her purse. | *¿Dónde guardo los cuchillos?* Where should I put the knives?

3 TENER (= to keep)

Lo guarda en el closet. She keeps it in her closet | *Lo guardé de recuerdo.* I kept it as a souvenir. | *Guardo los dibujos de cuando era niña.* I still have the pictures I did when I was a girl. | **guardar un secreto** to keep a secret

4 RESERVAR (= to save)

Te guardé un poco de sopa. I saved you some soup. | *¿Me guardas el lugar?* Would you save my place for me?

guiñar *v* **guiñarle un ojo a alguien** to wink at sb

guiño *s* **hacerle un guiño a alguien** to wink at sb

guión *s* **1** (para unir o separar palabras) hyphen **2** (para señalar pausa, en diálogos) dash (pl -shes) **3** (de una película, un programa) script

guionista *s* scriptwriter

guisado *sustantivo & adjetivo*
■ *s* stew
■ *adj* stewed

guitarra *s* guitar | **tocar la guitarra** to play the guitar

guitarra eléctrica electric guitar

guitarrista *s* guitarist

gusano *s* **1** (como nombre genérico) worm ▶ Los gusanos cortos que se encuentran en la fruta o en la carne en descomposición y los que se usan en la pesca se llaman **maggots 2** (de mariposa) caterpillar

gusano de seda silkworm

gustar *v* ▶ ver recuadro

gusto *s* **1** (preferencia) taste: *Tenemos los mismos gustos en música.* We have the same taste in music. **2 para mi gusto** La traducción depende de si se trata o no de comida: *Para mi gusto, está demasiado salado.* It's too salty for my taste. | *La película es demasiado violenta para mi gusto.* The movie is too violent for my liking. **3 tener buen/mal etc. gusto** (hablando de la capacidad de apreciar) to have good/bad etc. taste: *Tiene muy buen gusto para vestirse.* She has very good taste in clothes./She has very good dress sense. | *Tienen muy mal gusto.* They have terrible taste. | **de mal gusto** (referido a una broma, un chiste) in bad taste: *Es una broma de muy mal gusto.* It's a joke that's

gustar

1 Se usa el verbo **to like** con la persona a quien le gusta algo como sujeto de la oración:

me gusta el chocolate/le gustan los helados etc. I like chocolate/she likes ice cream etc.: *¿Te gusta la ciencia ficción?* Do you like science fiction? | *A mi hermano le gusta el beisbol.* My brother likes baseball. | *A Susi no le gusta el ajo.* Susi doesn't like garlic.

2 Para decir que algo te gusta mucho usa **I really like...** o **I love...**:

Me gusta mucho esta canción. I really like this song./I love this song. | **I like... very much** suena un poco más formal: *Me gusta mucho tu poema.* I like your poem very much.

3 Para decir que algo te gusta más que otra cosa, usa **I prefer... (to...)** o **I like... better (than...)**:

Nos gusta más el azul. We prefer the blue one./We like the blue one better. | *Me gusta más el tenis que el golf.* I prefer tennis to golf./I like tennis better than golf.

4 Cuando va seguido de un infinitivo, se suele usar el gerundio en inglés aunque el infinitivo también es posible. Tras **would** siempre se usa el infinitivo:

¿Te gusta jugar ajedrez? Do you like playing chess? | *A mi papá le gusta escuchar música mientras trabaja.* My dad likes listening to music while he works./My dad likes to listen to music while he works. | *¿Te gustaría ir con nosotros?* Would you like to come with us?

5 Cuando va seguido de **que** + subjuntivo se usa **to like sb to do sth**:

Le gusta que lleguemos temprano. She likes us to get there early. | *Me gustaría que vinieras.* I'd like you to come.

Cuando no se especifica quién realiza la acción, se usa la voz pasiva:

A los gatos les gusta que los acaricien. Cats like being stroked. | *No le gusta que le digan la verdad.* She doesn't like being told the truth.

in very bad taste. **4** (placer, satisfacción) pleasure: *Da gusto verlos tan contentos.* It's a pleasure to see them so happy./It's lovely to see them so happy. | *¡Qué gusto verte!* How lovely to see you! **5 mucho gusto** (en presentaciones formales) pleased to meet you: *–Soy el nuevo coordinador. –Mucho gusto.* "I'm the new coordinator." "Pleased to meet you." **6 darse un gusto** to treat yourself: *Me di el gusto de ir en primera.* I treated myself to traveling first class. **7 estar a gusto (a)** (con alguien) to feel at ease, to feel comfortable: *No está a gusto con ellos.* He doesn't feel at ease with them./He doesn't feel comfortable with them. **(b)** (en un lugar) to be happy, to feel at home

H, h s H, h ▸ ver "Active Box" **letras del alfabeto** en **letra**

haba s fava bean (AmE), broad bean (BrE)

haber v ▸ ver recuadro

hábil adj (político, jugador, maniobra, jugada) skillful (AmE), skilful (BrE) | **ser hábil para algo** to be good at sth: *Es muy hábil para lograr lo que quiere.* She's very good at getting what she wants. ▸ ver **día**

habilidad s skill | **tener habilidad para algo** to be good at sth

habilidoso, -a adj **1** (para trabajos manuales, etc.) good with your hands **2** (jugador) skillful (AmE), skilful (BrE)

habitación s room: *¿Tienen habitaciones con baño?* Do you have any rooms with a bath? | *una casa con muchas habitaciones* a house with a lot of rooms

habitación doble double room **habitación individual, habitación simple** single room

habitante s inhabitant ▸ Para traducir el plural es frecuente el uso de **population**: *El país tiene alrededor de tres millones de habitantes.* The country has around three million inhabitants./The country has a population of around three million. | *los habitantes de las zonas rurales* people living in rural areas/the rural population

habitar v **1** (vivir en, ocupar) to live in: *las aves que habitan la zona* the birds that live in the area | *¿Esta casa está habitada?* Does anyone live in this house?/Is this house inhabited? ▸ La traducción con **inhabited** es más formal **2** (vivir) to live: *La mayoría de los aymaras habita en Bolivia.* Most of the Aymara people live in Bolivia.

hábitat s habitat

hábito s **1** (costumbre) habit: *malos hábitos* bad habits | **tener el hábito de hacer algo** to be in the habit of doing sth | **adquirir el hábito de hacer algo** to get into the habit of doing sth **2** (de un monje, una monja) habit

habla s **1** (lengua) **un país de habla hispana/inglesa etc.** a Spanish-speaking/an English-speaking etc. country **2** (capacidad) speech

hablante s speaker: *¿Cuántos hablantes de español hay en el mundo?* How many Spanish speakers are there in the world?

hablar v **1** (conversar, comunicarse) to talk: *Tenemos que hablar.* We have to talk. | *No hables tan fuerte.* Don't talk so loudly. | **hablarle a**

alguien/**hablar con alguien** to talk to sb: *Te tengo que hablar./Tengo que hablar contigo.* I have to talk to you. | *¿Con quién estabas hablando?* Who were you talking to? | **hablar de algo/alguien** to talk about sth/sb: *No hablamos de ellos.* We didn't talk about them. | *Hablemos de tus calificaciones.* Let's talk about your grades. **2** (referido a la capacidad) to talk: *Empezó a hablar al año y medio.* He started talking when he was a year and a half old. **3** (referido a un idioma) to speak: *¿Hablas ruso?* Do you speak Russian? | *Se habla español.* Spanish spoken here. | **hablarle a alguien en inglés/francés etc.** to speak to sb in English/French etc.: *Nos habló en inglés.* He spoke to us in English. **4** (por teléfono) ver ejemplos: *Estoy hablando por teléfono.* I'm on the phone. | *Quisiera hablar con Lara, por favor./¿Podría hablar con Lara, por favor?* Could I speak to Lara, please? | *¿Quién habla?* Who's calling? | *Hola, habla Vicky.* Hello, it's Vicky here. **5** (tratar) to discuss: *Lo hablé con mis compañeros.* I discussed it with my classmates./I talked it over with my classmates. **6 hablar bien de alguien** to speak highly of sb: *Hablan muy bien de ella.* People speak very highly of her. | *Me habló muy bien de ti.* He spoke very highly of you. | **hablar mal de alguien** to criticize sb: *No hables mal de tus amigos.* Don't criticize your friends.

hablarse v (dirigirse la palabra) to speak to each other, to talk to each other: *No nos hablamos.* We're not speaking to each other./We're not talking to each other.

---

haber

1 EXISTIR, ESTAR, SUCEDER

Usa **there** seguido del verbo **to be** en singular o plural según el sustantivo inglés:

Hay una carta para ti. There's a letter for you. | *Hay dos o tres cosas que tenemos que hablar.* There are two or three things we need to talk about. | *Había mucha gente esperando.* There were lots of people waiting. | *Hubo un accidente.* There was an accident. | *Hubo inundaciones.* There were floods. | *Va a haber problemas.* There's going to be trouble. | *¿qué hay/qué hubo?* how are things?/what's new? Para traducir *no hay de qué,* mira la nota acerca de *de nada* en **nada**

2 EN LOS TIEMPOS COMPUESTOS (= to have)

Hemos terminado por hoy. We've finished for today. | *No te había visto.* I hadn't seen you. | *Te lo habría dicho.* I would have told you.

3 NECESIDAD, OBLIGACIÓN

Se usa la voz pasiva o un sujeto concreto:

Hay que arreglarlo. It needs to be fixed./We have to fix it. | *Hay que hacer este ejercicio.* We have to do this exercise. | *Hay que usar el mouse.* You have to use the mouse.

---

hacer v ▶ ver recuadro
hacerse v **1 hacerse una torta/una falda etc.**
to make yourself a sandwich/a skirt etc.: *Me hice un bistec.* I made myself a steak.
▶ ver **análisis, chequeo, permanente 2** (volverse) to become: *Se quiere hacer cura.* He wants to become a priest. | *Se hicieron famosos con esa canción.* They became famous with that song.
3 hacerse el dormido/la distraída etc. to pretend to be asleep/not to notice etc. ▶ ver **sordo, tonto 4** (cocinarse) to cook: *Se hace en diez minutos.* It cooks in ten minutes.

hacha s ax (pl axes) (AmE), axe (BrE)

hacia prep **1** (para indicar dirección) toward, towards: *Íbamos hacia la costa.* We were heading toward the coast. ▶ En inglés hay maneras especiales de decir **hacia arriba/hacia afuera** etc.: *La arrojó hacia arriba/hacia abajo.* He threw it **up/down.** | *Empújalo hacia afuera/hacia adentro.* Push it **out/in.** | *Caminen hacia adelante/hacia atrás.* Walk forwards/backwards. **2** (para indicar tiempo aproximado) **hacia las diez/las ocho etc.** around ten o'clock/eight o'clock etc.: *Llegaremos hacia las seis.* We'll arrive around six o'clock. | **hacia fines de mayo/principios del verano etc.** around the end of May/the beginning of summer etc.: *Se construyó hacia fines del siglo XIX.* It was built around the end of the 19th century.

hacienda s farm, ranch (pl -ches) ▶ **ranch** sugiere un establecimiento ganadero americano o australiano

hada s fairy (pl -ries)
hada madrina fairy godmother

halcón s falcon

hallazgo s discovery (pl -ries)

hamaca s (para echarse) hammock

hambre s **1 tener hambre** to be hungry: *Tengo mucha hambre.* I'm very hungry. **2 morirse de hambre (a)** (tener ganas de comer) to be starving: *Me muero de hambre. ¿Está lista la comida?* I'm starving. Is lunch ready? **(b)** (estar en la miseria) to live in poverty: *Los jubilados se están muriendo de hambre.* Retirees are living in poverty. **(c)** (literalmente) to die of starvation: *La gente se moría de hambre por la sequía.* People were dying of starvation because of the drought. **3** (falta de alimentos) hunger: *Cada vez hay más hambre en el país.* Hunger is more and more common in this country.

hamburguesa s hamburger: *Una hamburguesa con papas fritas, por favor.* A hamburger and French fries, please.
hamburguesa con queso cheeseburger
hamburguesa de pollo chicken burger

hámster s hamster

handball s handball | **jugar handball** to play handball

harapo s rag

---

1 Hay dos verbos ingleses que traducen *hacer* según el contexto: **to do** y **to make**. Sus usos están ilustrados abajo. Las frases como *hacer un favor, hacer daño*, etc. están tratadas bajo el sustantivo correspondiente.

2 ACTOS, ACTIVIDADES (= to do)

¿Qué vas a hacer esta noche? What are you doing tonight? | *¿Tu papá qué hace?* What does your dad do?

3 UN VESTIDO, UNA COMIDA, UN PRODUCTO (= to make)

Me hizo un pantalón. She made me a pair of pants. | *Hice sopa de verduras.* I made some vegetable soup.

4 UN DIBUJO, UN EJERCICIO (= to do)

Te hice un dibujo. I've done you a drawing.

5 UNA CASA, UN EDIFICIO (= to build)

Están haciendo una casa de dos pisos. They're building a two-story house.

UNA COMPOSICIÓN, UNA REDACCIÓN (= to write)

6 DINERO (= to make)

Hizo mucho dinero el año pasado. He made a lot of money last year.

7 TIEMPO TRANSCURRIDO

hace diez minutos que se fue/que lo vi he left/I saw him ten minutes ago: *Hace muchos años que murió.* He died many years ago. | **hace una hora que espero/que llueve** I've been waiting/it's been raining for an hour: *Hace meses que trabajo ahí./Trabajo ahí desde hace meses.* I've been working there for months. | **hace una semana que no lo veo/que no me llama** I haven't seen him/he hasn't phoned me for a week

8 RECORRER (= to do)

Hicimos todo el camino a pie. We did the whole trip on foot.

9 EXPRESIONES

hacer de comer/cenar etc.: *¿Qué hiciste de comer?* What did you make for lunch? | **hacer reír/pensar etc. a alguien** to make sb laugh/think etc.: *Lo hizo repetir el ejercicio.* I made him do the exercise again. | **hacer bien** to do you/her etc. good: *Hace bien tomarse unas vacaciones.* It does you good to take a vacation. | **hacer mal:** *Hace mal tomar el sol al mediodía.* Sunbathing at lunchtime is bad for you. | **hacerla de algo:** *La hizo de San José en la pastorela.* He played Joseph in the Nativity play. | *Me tocó hacerla de nana.* I had to be nanny. | **hizo como que no sabía/no oía etc.** he pretended he didn't know/he couldn't hear etc. | **no le hace** it doesn't matter

---

harina s (de trigo) flour
harina de maíz cornmeal **harina integral** whole wheat flour (AmE), wholemeal flour (BrE)

---

i ¿Quieres más información sobre los **verbos modales**? Hay una explicación en el apartado de gramática.

hartarse v 1 (aburrirse) **hartarse (de algo/ alguien)** to get fed up (with sth/sb): *Me harté y me fui.* I got fed up and left. | *Se está hartando del novio.* She's getting fed up with her boyfriend. | **hartarse de hacer algo** to get fed up (with) doing sth: *Se hartó de esperar.* She got fed up waiting. 2 **comer hasta hartarse** to stuff yourself

harto, -a *adjetivo & adverbio*
■ adj 1 (aburrido) **estar harto -a (de algo)** to be fed up (with sth): *Estoy harta de tus mentiras.* I'm fed up with your lies. | **estar harto -a de hacer algo** to be fed up with doing sth: *Estamos hartos de ir siempre al mismo lugar.* We're fed up with going to the same place all the time. | **me tienes/tiene etc. harto -a** I'm fed up with you/ him etc. 2 (mucho) **harto dinero/hartas fotos etc.** loads of money/loads of photos etc.
■ **harto** *adv* 1 (muy) really: *una historia harto triste* a really sad story 2 (mucho) a lot: *Me gustó harto.* I liked it a lot./I really liked it.

hasta *preposición & adverbio*
■ prep 1 (referido al tiempo) until: *Te espero hasta las 10.* I'll wait for you until 10 o'clock. | *Me enteré/No me enteré hasta abril.* I didn't find out until April. ▶ En algunas regiones el negativo se omite en el ejemplo español anterior (*Me enteré hasta abril*) pero sigue siendo necesario en inglés. | **hasta que (lleguen/que entiendas etc.** until they arrive/you understand etc. | **¿hasta cuándo...?** how long...?: *¿Hasta cuándo estarás en Londres?* How long are you going to be in London? | **hasta ahora** so far: *Hasta ahora, nadie ha contestado.* Nobody has replied so far. 2 (referido al espacio) ver ejemplos: *¿Hasta dónde vas?* How far are you going? | *Desde aquí hasta mi casa son 10 minutos.* From here to my house it takes 10 minutes. | *El agua me llegaba hasta las rodillas.* The water came up to my knees. | *La falda le llega hasta los tobillos.* The skirt is ankle-length on her. | *Me llevó hasta mi casa.* He took me home. 3 (referido a la cantidad) up to: *Puedo gastar hasta diez pesos.* I can spend up to ten pesos. 4 **hasta luego** see you, see you later | **hasta mañana** see you tomorrow | **hasta el lunes/martes etc.** see you on Monday/Tuesday etc.
■ adv (incluso) even: *Sabe hasta un poco de ruso.* She even knows a little Russian.

haya s (árbol, madera) beech (pl -ches)

hebilla s (de un cinturón, zapato, etc.) buckle

hechicero, -a s 1 (mago) **hechicero** wizard | **hechicera** witch (pl -ches) 2 (de una tribu) witch doctor

hechizar v to cast a spell on: *La bruja lo hechizó.* The witch cast a spell on him.

hechizo s spell

hecho, -a *adjetivo & sustantivo*
■ adj 1 **hecho -a a mano** handmade 2 **un vestido bien hecho/mal hecho** a well-made/ badly-made dress | **un trabajo bien hecho/mal**

hecho a good job/a bad job 3 (convertido en) ver ejemplos: *Está hecho un tonto desde que la conoció.* He's been acting silly since he met her. | *Tu hija está hecha toda una mujer.* Your daughter looks so grown-up! | *Dejaron todo hecho un caos.* They left everything in a real mess. ▶ ver **frase**
■ **hecho** s 1 (realidad) fact: *el hecho de que no hayan llamado* the fact that they haven't phoned 2 (suceso) event: *una versión diferente de los hechos* a different version of events 3 (acto) action 4 **de hecho** (en realidad) in fact

hectárea s hectare

helada s frost

helado, -a *adjetivo & sustantivo*
■ adj 1 (muy frío) freezing: *Estoy helada.* I'm freezing. | *No me voy a bañar porque el agua está helada.* I'm not going for a swim because the water is freezing. | *Tengo los pies helados.* My feet are frozen. | *Esta casa está helada.* This house is freezing. 2 **me/lo/la etc. dejó helado -a** (de la sorpresa, etc.) I/he/she etc. was stunned: *La noticia me dejó helado.* I was stunned by the news. | **quedarse helado -a** (de la sorpresa, etc.) to be stunned: *Me quedé helado cuando me enteré.* I was stunned when I found out.
■ **helado** s ice cream: *¿Te gusta el helado de chocolate?* Do you like chocolate ice cream? ▶ Para hablar de *un helado* se dice **an ice cream cone** en inglés americano y **an ice cream** en inglés británico: *un helado de fresa* a strawberry ice cream cone

helar v 1 (referido al tiempo) **heló/va a helar etc.** there was a frost/there's going to be a frost etc. 2 (congelar) to freeze
helarse v 1 (sentir mucho frío) to freeze: *Me estoy helando.* I'm freezing. | **se me heló la nariz/se me helaron los pies etc.** my nose/feet etc. froze 2 (lago, río) to freeze, to freeze over

helecho s fern

hélice s (de avión, barco) propeller

helicóptero s helicopter

hembra adj & s female: *¿Es macho o hembra?* Is it a male or a female? | *un avestruz hembra* a female ostrich

hemisferio s hemisphere

hemorragia s hemorrhage (AmE), haemorrhage (BrE)

hepatitis s hepatitis

herbívoro, -a *adjetivo & sustantivo*
■ adj herbivorous
■ s herbivore

heredar v 1 (recibir) (bienes, dinero, etc.) to inherit: *Heredó una fortuna.* She inherited a fortune. | *Heredé una casa de mis abuelos.* I inherited a house from my grandparents. 2 (referido a características familiares) ver ejemplos: *Heredó los ojos verdes de su madre.* He has his mother's green eyes. | *¿De quién heredó ese carácter?* Who did he get that temperament from? **3** (referido a ropa usada, juguetes, etc.) **estos zapatos los heredé de mi hermano/mi hermana etc.** these shoes were handed down from my brother/my sister etc.: *Hereda toda la ropa del primo.* All his clothes are handed down from his cousin. **4** (dejar) (bienes, dinero) to leave: *Su tío le heredó un departamento en el centro.* Her uncle left her an apartment in the center of town. **5** (transmitir) (características familiares) *Su padre le heredó el talento musical.* She has her father's musical talent.

heredero, -a *s* heir: *Yo soy la única heredera.* I'm the only heir. ▶ Para referirse a una mujer que va a heredar mucho dinero se usa **heiress** (plural **heiresses**): *Es la heredera de una gran fortuna.* She's the heiress to a large fortune.

hereditario, -a *adj* hereditary

herencia *s* inheritance

herida *s* wound
  herida de bala bullet wound

herido, -a *adjetivo & sustantivo*
▪ *adj* **1** (en un accidente) injured: *Cinco niños resultaron heridos.* Five children were injured. **2** (de arma) wounded: *un hombre herido de bala* a wounded man/a man with a bullet wound **3** (emocionalmente) hurt: *Se sintió herida por lo que dijiste.* She was hurt by what you said.
▪ *s* **1** (en un accidente) injured person ▶ El plural suele ser **injured**: *Hubo dos muertos y doce heridos.* There were two dead and twelve injured. | *el hospital donde fueron tratados los heridos* the hospital where the injured were treated **2** (de arma) wounded person: *Llevaban a un herido en camilla.* They were carrying a wounded man on a stretcher. ▶ El plural suele ser **wounded**: *los muertos y los heridos* the dead and wounded

herir *v* **1** (con un arma) to wound: *Lo hirieron en la cabeza.* He was wounded in the head. **2** (emocionalmente) to hurt

hermanastro, -a *s* **hermanastro** stepbrother | **hermanastra** stepsister

hermano, -a *s* **1** (pariente) **hermano** brother: *Éste es mi hermano.* This is my brother. | *mi hermano mayor* my older brother | **hermana** sister: *Tengo cuatro hermanas.* I have four sisters. | *mi hermana del medio* my middle sister | **hermanos** (varones y mujeres) brother(s) and sister(s): *¿Tienes hermanos?* Do you have any brothers or sisters? ▶ También existe **siblings** que es más formal: *Pablo y Belén son hermanos.* Pablo and Belén are brother and sister./Pablo and Belén are siblings. **2** (de una orden religiosa) **hermano** brother: *el hermano Miguel* brother Miguel | **hermana** sister: *la hermana Teresa* sister Teresa

hermético, -a *adj* (envase, cierre) airtight

hermoso, -a *adj* beautiful

hermosura *s* beauty (pl -ties)

héroe *s* hero (pl -roes)

heroína *s* **1** (mujer) heroine **2** (droga) heroin

herradura *s* horseshoe

herramienta *s* tool

saw   hammer   screwdriver   chisel

herrero, -a *s* blacksmith

hervir *v* **1** to boil **2** **el café/la sopa etc. está hirviendo** (demasiado caliente) the coffee/soup etc. is boiling hot

heterosexual *adj & s* heterosexual

hibernar *v* to hibernate

hidratante *adj* moisturizing

hidrato de carbono *s* carbohydrate

hidrógeno *s* hydrogen

hiedra *s* ivy

hielo *s* ice

hiena *s* hyena

hierba *s* **1** (aromática, medicinal) herb **2** (césped) grass **3** (marihuana) pot

hierbabuena *s* mint

hierro *s* **1** (metal) iron | **un portón/un candado de hierro** an iron gate/padlock **2** **una salud de hierro** an iron constitution **3** (elemento químico) iron **4** (en golf) iron

hígado *s* **1** (en anatomía) liver **2** (como alimento) liver

higiene *s* hygiene

higiénico, -a *adj* hygienic ▶ ver **papel**

higo *s* fig

higuera *s* fig tree

hijastro, -a *s* **hijastro** stepson | **hijastra** stepdaughter | **hijastros** (varones y mujeres) stepchildren

hijo, -a *s* **hijo** son | **hija** daughter | **hijos** (varones y mujeres) children: *mi hija Vera* my daughter Vera | *¿Cuántos hijos tienes?* How many children do you have? | *sus hijos Martín y Pablo* her sons Martín and Pablo
  hijo -a adoptivo -a adopted child ▶ Se usa **adopted son** para referirse específicamente a un varón y **adopted daughter** a una mujer **hijo -a de papá** rich kid **hijo -a único -a** only child: *Soy hija única.* I'm an only child.

híjole o **híjoles** *interj* jeez! (AmE), blimey! (BrE): *¡Híjole! ¿Qué te pasó?* Jeez! What happened to you?

hilera *s* row

hilo *s* **1** (para coser) thread: *Siempre llevo aguja e hilo en la maleta.* I always have a needle and thread in my case. | *un carrete de hilo negro* a reel of black thread **2** **seguir/perder el hilo de la conversación etc.** to follow/to lose the thread of a conversation etc.: *Me cuesta seguir el hilo*

*ⓘ ¿Se dice I arrived in Miami o I arrived to Miami? Mira la entrada **arrive**.*

del relato. I'm finding it difficult to follow the thread of the story.
hilo dental dental floss

himno s **1** himno (nacional) national anthem: *Cantamos el himno.* We sang the national anthem. **2** (cántico) hymn

hincapié s **hacer hincapié en algo** to emphasize sth: *Hicimos hincapié en nuestra experiencia.* We emphasized our experience.

hinchado, -a adj swollen

hincharse v to swell up | **se me hinchó la rodilla/el tobillo etc.** my knee/my ankle etc. swelled up

hinchazón s swelling

hindú adj & s Hindu

hinduismo s Hinduism

hinojo s fennel

hípico, -a adj **club hípico** riding club | **concurso hípico** showjumping competition

hipnotizar v **1** (por hipnosis) to hypnotize **2** (por atracción) to mesmerize

hipo s hiccups pl | **tener hipo** to have hiccups, to have the hiccups

hipocresía s hypocrisy

hipócrita adjetivo & sustantivo
■ adj hypocritical
■ s hypocrite

hipódromo s racetrack (AmE), racecourse (BrE)

hipopótamo s hippopotamus (pl -muses o -mi)

hipoteca s mortgage | **pedir una hipoteca** to take out a mortgage

hipótesis s hypothesis (pl -theses)

hippie o **hippy** adj & s hippie, hippy (pl -ppies)

hisopo s (de algodón) Q-tip® (AmE), cotton bud (BrE)

hispano, -a adjetivo & sustantivo
■ adj Spanish: *países de habla hispana* Spanish-speaking countries
■ s **1** (latinoamericano residente en EU) Hispanic: *el voto de los hispanos* the Hispanic vote **2** (español) Spaniard

hispanohablante adjetivo & sustantivo
■ adj Spanish-speaking
■ s Spanish speaker

histérico, -a adjetivo & sustantivo
■ adj hysterical | **ponerse histérico -a** to get hysterical: *No te pongas histérico.* There's no need to get hysterical.
■ s (persona muy nerviosa) **es un histérico/una histérica** he/she gets hysterical about things

historia s **1** (disciplina, asignatura) history: *el profesor de historia* the history teacher **2** (narración) story (pl -ries) **3** (chisme) story (pl -ries)
historia clínica medical history

historiador, -a s historian

histórico, -a adj **1** (referido a la historia) historical: *un hecho histórico* a historical fact **2** (memorable) historic: *un triunfo histórico* a historic victory

hobby s hobby (pl -bbies): *¿Tienes algún hobby?* Do you have a hobby? | *Mi hobby es coleccionar monedas.* I collect coins as a hobby.

hocico s (de un perro) muzzle, snout, (de un cerdo) snout, (de un gato) nose

hockey s hockey | **jugar hockey** to play hockey: *En el colegio juego hockey.* I play hockey at school.
▶ ver nota del lado inglés
hockey sobre hielo ice hockey, hockey (AmE)
hockey sobre pasto field hockey (AmE), hockey (BrE)
hockey sobre patines roller hockey

helmet— hockey gloves hockey stick ice skates

hogar s **1** (casa, familia) home | **sin hogar** homeless: *niños sin hogar* homeless children **2** (chimenea) fireplace

hogareño, -a adj **una persona/una mujer hogareña** a home-loving person/woman | **ser hogareño -a** to be a homebody

hoguera s bonfire

hoja s **1** **hoja (de papel)** sheet of paper: *¿Me das otra hoja?* Can I have another sheet of paper? | *Me quedé sin hojas.* I ran out of paper. **2** (de un libro, un periódico) page **3** (de un árbol, una planta) leaf (pl leaves) **4** (de un cuchillo, una navaja) blade
hoja de rasurar razor blade **hoja de cálculo** spreadsheet

hojalatería s **hojalatería y pintura** body shop

hojaldre s puff pastry

hojear v **hojear un libro/una revista etc.** to leaf through a book/a magazine etc.: *Estaba hojeando el periódico.* I was leafing through the newspaper. ▶ Si se hace rápidamente, se usa **to flick through**: *Sólo tuve tiempo de hojear el libro.* I only had time to flick through the book.

hojuelas de maíz s pl cornflakes

hola interj hello: *¡Hola! ¿Cómo estás?* Hello! How are you?

Holanda s Holland

holandés, -esa adjetivo & sustantivo
■ adj Dutch
■ s **holandés** Dutchman (pl -men) | **holandesa** Dutch woman (pl women) | **los holandeses** the Dutch, Dutch people
■ **holandés** s (idioma) Dutch

holgazán, -ana *adjetivo & sustantivo*
- *adj* lazy
- *s* **ser un holgazán/una holgazana** to be a lazy-bones, to be a layabout (BrE)

holgazanear *v* to laze around

holocausto *s* holocaust

hombre *s* **1** (persona de sexo masculino) man (pl men) **2** (ser humano) **el hombre** man: *la aparición del hombre en la Tierra* the appearance of man on the Earth
hombre lobo werewolf (pl -wolves) **hombre rana** frogman (pl -men)

hombrera *s* shoulder pad

hombro *s* shoulder | **encogerse de hombros** to shrug, to shrug your shoulders

homenaje *s* **1** (tributo) tribute | **rendirle homenaje a alguien** to pay tribute to sb | **en homenaje a alguien** in honor of sb (AmE), in honour of sb (BrE) **2** (acto) En inglés hay que especificar de qué tipo de acto se trata: *Le están preparando un homenaje al director.* They're preparing a dinner/reception/ceremony in honor of the director.

homicidio *s* murder ▶ También existe el término **homicide**, que es más frecuente en inglés americano. El término **manslaughter** corresponde a la figura jurídica del homicidio no premeditado. | **cometer un homicidio** to commit murder

homosexual *adj & s* homosexual

hondo, -a *adj* (alberca, río) deep ▶ ver **plato**

Honduras *s* Honduras

hondureño, -a *adjetivo & sustantivo*
- *adj* Honduran
- *s* Honduran | **los hondureños** (the) Hondurans

honestidad *s* honesty

honesto, -a *adj* honest

hongo *sustantivo & sustantivo plural*
- *s* **1** (comestible) mushroom: *una salsa de hongos* a mushroom sauce **2** (en términos científicos) fungus (pl -gi)
- *hongos* *s pl* (en los pies) athlete's foot: *Tengo hongos.* I have athlete's foot.

honor *s* **1** (reputación, integridad) honor (AmE), honour (BrE): *el honor de la familia* the family's honor | *un hombre de honor* a man of honor **2** (privilegio) honor (AmE), honour (BrE): *Sería un honor para mí.* It would be an honor. | **tener el honor de hacer algo** to have the honor of doing sth **3** **en honor de alguien** in honor of sb | **en mi/su etc. honor** in my/their etc. honor

honorario, -a *adjetivo & sustantivo plural*
- *adj* honorary
- *honorarios* *s pl* fees

honradez *s* honesty

honrado, -a *adj* honest

hora *s* **1** (sesenta minutos) hour: *Tuve que esperar dos horas.* I had to wait two hours. **2** (parte del día) time: *¿Qué hora es?* What time is it? | *¿A qué hora te levantas?* What time do you get up? | **a altas horas de la madrugada/**

noche in the small hours: *Volvieron a altas horas de la madrugada.* They got back in the small hours. | **¡a buena hora me lo dices/nos informan etc.!** now you tell me!/now they let us know! etc. | **a estas horas** by now: *A estas horas ya deben de estar en Francia.* They should be in France by now. **3** (momento) time: *Es hora de ir a la cama.* It's time for bed./It's bedtime. | **la hora del recreo** recess (AmE), break time (BrE): *Es la hora del recreo.* It's recess. | **a la hora de comer/de cenar** at lunchtime/at dinnertime | **a última hora** at the last moment: *A última hora cambió de idea.* She changed her mind at the last moment. | **no veo la hora de verla/terminar esto etc.** I can't wait to see her/to finish this etc. | **es hora de que empecemos/te vayas etc.** it's time we started/you left etc.: *Es hora de que tomen una decisión.* It's time they made a decision. | **¡ya era hora!** and about time too!: *–He terminado. –¡Ya era hora!* "I've finished." "And about time too!" **4** (con el médico, etc.) appointment
hora pico rush hour **horas extra** *s pl* overtime *sing*

horario *s* **1** (de clases, de transportes) schedule (AmE), timetable (BrE): *Nos han cambiado el horario.* They've changed our schedule. | *¿Tienes el horario?* Do you have the schedule? **2** **horario (de trabajo)** hours, working hours: *¿Qué horario tienes?* What hours do you work? **3** (de una oficina, un comercio) business hours *pl*: *¿Qué horario tienen los bancos?* What business hours do the banks keep? **4** (referido a espectáculos): *Mira el horario de la película.* Look to see what times the movie's showing.

horca *s* **la horca** the gallows

horizontal *adj* horizontal

horizonte *s* horizon

hormiga *s* ant

hormigueo *s* pins and needles *pl*

hormiguero *s* ants' nest ▶ El montículo que se puede ver en el suelo se llama **anthill** ▶ ver **oso**

horno *s* **1** (para cocinar) oven | **pollo/cordero al horno** roast chicken/lamb | **papas al horno (a)** (peladas, con aceite, etc.) roast potatoes **(b)** (sin pelar) baked potatoes | **manzanas/pescado al horno** baked apples/fish **2** **ser un horno** to be like an oven: *Este cuarto es un horno en verano.* This room is like an oven in the summer. **3** (para cerámica) kiln **4** (en la industria) furnace
horno microondas microwave oven

horóscopo *s* horoscope

horrible *adj* **1** (trágico, tremendo) terrible, awful: *Le pasó algo horrible.* Something terrible happened to her. | *¡Qué horrible que te hagan eso!* What a terrible thing for them to do to you! **2** (referido al tiempo) terrible, awful: *El tiempo estaba horrible.* The weather was terrible./The weather was awful. | **hace un frío/calor horrible**

it's horribly cold/hot: *Hacía un frío horrible.* It was horribly cold. **3** (muy feo) awful, terrible: *Estás horrible con ese sombrero.* You look awful in that hat. **4** (muy malo) terrible: *Hacen un café horrible.* Their coffee is terrible.

horror *sustantivo, sustantivo plural & adverbio*
- **s** horror: *Siento horror de sólo pensarlo.* Just thinking about it fills me with horror. | **¡qué horror!** how terrible!, how awful!: *¡Qué horror que te digan eso!* How awful for someone to say that to you! | **ser un horror** to be terrible, to be awful: *Fue un horror.* It was terrible. | *Ese sombrero es un horror.* That hat is awful.
- **horrores** *s pl* (cosas horribles) horrors: *los horrores de la guerra* the horrors of war
- **horrores** *adv* **sufrir horrores** to suffer terribly: *Sufrieron horrores con el divorcio de sus padres.* They suffered terribly when their parents divorced. | **lo/las etc. extraño horrores** I miss him/them etc. terribly | **me/le etc. cuesta horrores hacer algo** I find it terribly hard/he finds it terribly hard etc. to do sth: *Me cuesta horrores entenderle.* I find it terribly hard to understand him.

horroroso *adj* **1** (muy feo) hideous: *un vestido horroroso* a hideous dress **2** (referido al tiempo) terrible, awful **3** (trágico, tremendo) horrific: *las horrorosas imágenes que vimos por televisión* the horrific images we saw on television

hortaliza *s* vegetable

hospital *s* hospital: *¿Hay algún hospital cerca?* Is there a hospital anywhere near? | *Trabaja en el hospital.* She works at the hospital. | *¿En qué hospital está internado?* Which hospital is he in? | *Tuvimos que llevarla al hospital.* We had to take her to the hospital.

hospitalidad *s* hospitality

hospitalizar *v* **hospitalizar a alguien** to hospitalize sb, to admit sb to hospital

hostia *s* **1** (consagrada) host **2** (antes de consagrarla) wafer, communion wafer

hot cake *s* pancake

hot dog *s* hot dog

hotel *s* hotel

hotelería *s* (carrera, profesión) hotel and restaurant management

hoy *adv* **1** today: *¿Qué día es hoy?* What day is it today? | *Hoy nos vamos de excursión.* We're going on a trip today. | **por hoy** for today: *Por hoy hemos terminado.* We've finished for today. | **el periódico/las noticias de hoy** today's paper/news **2** (nuestros días) today | **la música/el cine de hoy** the music/the cinema of today | **hoy (en) día** these days: *Hoy en día nadie usa máquina de escribir.* No one uses a typewriter these days. | **de hoy en ocho** a week today

hoyo *s* **1** (en la tierra, en la arena) hole, pit | **hacer/cavar un hoyo** to dig a hole, to dig a pit **2** (en una media, un pantalón) hole **3** (en un camino, una carretera) pothole **4** (en golf) hole

huacal *s* **1** (para verduras, frutas, etc.) crate **2** (para transportar perros, gatos, etc.) pet carrier

huachinango *s* red snapper

huarache *s* sandal

hueco, -a *adjetivo & sustantivo*
- **adj** hollow
- **hueco** *s* **1** (hoyo) hole **2** (lugar vacío) space: *un hueco entre dos piedras* a space between two rocks

huelga *s* strike: *una huelga de docentes* a teachers' strike | **ponerse en huelga** to go on strike | **estar en huelga** to be on strike
huelga de hambre hunger strike **huelga general** general strike

huelguista *s* striker

huella *s* **1** (de pies, calzado) footprint: *Hay unas huellas junto a la ventana.* There are some footprints by the window. **2** (de un animal) track: *las huellas de un puma* the tracks of a puma **3** (de un vehículo) track
huella digital fingerprint

huérfano, -a *adjetivo & sustantivo*
- **adj** orphaned: *un hogar para niños huérfanos* a home for orphaned children | **ser huérfano -a** to be an orphan | **quedarse huérfano -a** to be orphaned: *Se quedó huérfano cuando tenía seis años.* He was orphaned when he was six.
- **s** orphan

huerta *s* **1** (para explotación comercial) truck farm (AmE), market garden (BrE) **2** (para consumo familiar) vegetable garden: *Estos jitomates son de nuestra huerta.* These tomatoes are from our vegetable garden.

huerto *s* **1** (de verduras) vegetable garden **2** (de árboles frutales) orchard

hueso *s* **1** (en anatomía) bone **2** **estar en los huesos** to be all skin and bone **3** (de una ciruela, un durazno, una aceituna) pit (AmE), stone (BrE) **4** (referido a un trabajo) cushy job | **agarrar hueso** to get a cushy job

huésped *s* guest ▶ ver **cuarto**

huevo *s* (de ave, tortuga, etc.) egg: *Compró una docena de huevos.* She bought a dozen eggs. | **poner un huevo** to lay an egg
huevo de pascua Easter egg **huevo duro** hard-boiled egg **huevo estrellado** fried egg **huevos a la mexicana** *s pl* Si quieres explicar en qué consiste este platillo, di *it's scrambled eggs with onions, chilli and tomato* **huevos rancheros** *s pl* Si quieres explicar en qué consiste este platillo, di *it's fried eggs with Mexican tomato sauce served on a fried tortilla* **huevos revueltos** *s pl* scrambled eggs **huevo tibio, huevo pasado por agua** soft-boiled egg, boiled egg (BrE)

huida *s* escape

huipil *s* ▶ Si quieres explicar qué es un huipil, di *it's a traditional, colorfully embroidered top worn by indigenous women of Mexico and Central America*

ⓘ ¿Quieres estudiar vocabulario por temas? Consulta el **minidiccionario ilustrado**.

huir v to escape | **huir de alguien** to escape from sb: *Logró huir de la policía.* He managed to escape from the police. | **huir de la cárcel** to escape from prison | **huir del país** to flee the country

hule s rubber | **guantes/suelas de hule** rubber gloves/soles ▶ ver **bota**
hule espuma foam rubber

humanidad *sustantivo & sustantivo plural*
■ s **1** **la humanidad** (los seres humanos) humanity, mankind: *un crimen contra la humanidad* a crime against humanity **2** (compasión) humanity
■ **humanidades** s pl (literatura, historia, etc.) humanities

humanitario, -a *adj* humanitarian

humano, -a *adjetivo & sustantivo*
■ *adj* **1** (del hombre) human: *el conocimiento humano* human knowledge ▶ ver también **derecho, ser** **2** (solidario, comprensivo) humane: *una sociedad más humana* a more humane society
■ s human, human being

humedad s **1** (en una pared, el techo) damp: *una mancha de humedad* a damp stain **2** (hablando del tiempo) humidity

húmedo, -a *adj* **1** damp **2** humid ▶ ver abajo

¿damp o humid?

un poco mojado [=damp]

Las sábanas todavía están húmedas. The sheets are still damp.

referido a una vivienda [=damp]

Esta casa es muy húmeda. This house is very damp.

hablando del clima [=humid]

un clima muy húmedo a very humid climate | *un país muy húmedo* a very humid country

---

humilde *adj* **1** (en lo económico) humble: *una casa humilde* a humble house | *una familia humilde* a poor family/a humble family **2** (modesto) modest: *No seas tan humilde.* Don't be so modest.

humillación s humiliation

humillante *adj* humiliating

humo *sustantivo & sustantivo plural*
■ s **1** (de algo que se quema) smoke **2** (de un vehículo) fumes pl
■ **humos** s pl **tener/darse humos** to put on airs: *Tiene muchos humos.* She really puts on airs. | **se te/le etc. subieron los humos** you've/he's etc. gotten conceited | **bajarle los humos a alguien** to take sb down a peg or two

humor s **1** (estado de ánimo) mood | **de buen/mal humor** in a good/bad mood: *Hoy está de buen humor.* She's in a good mood today. | **no estar de humor para algo** not to be in the mood for sth: *No estoy de humor para salir.* I'm not in the mood for going out. | **poner a alguien de mal humor** to put sb in a bad mood **2** (humorismo) humor (AmE), humour (BrE) | **una película/un programa de humor** a comedy | **un libro de humor** a humorous book
humor negro black humor (AmE), black humour (BrE)

humorista s **1** (de historietas) cartoonist **2** (actor) comedian, (actriz) comedienne

hundido, -a *adj* (barco) sunken

hundir v **1** (un barco, una flota) to sink **2** (arruinar) (un negocio, a un comerciante, etc.) to destroy: *Han hundido al país.* They have destroyed the country./They have ruined the country.
hundirse v **1** (barco) to sink: *Se hundió frente a la costa de Florida.* It sank off the Florida coast. **2** (piso, techo) to collapse **3** (empresa) to fold, to go bust

huracán s hurricane

huso horario s time zone

I, i *s* I, i ▶ ver "Active Box" **letras del alfabeto** en **letra**

iceberg *s* iceberg

ícono o **icono** *s* icon

ida *s* **1** (viaje) **la ida** the trip there, the outward trip ▶ **the outward trip** es más formal: *La ida se me hizo más larga que la vuelta.* The trip there seemed to take much longer than the journey back. | **a la ida** on the way there: *A la ida vamos a parar en San Fernando.* On the way there we'll stop in San Fernando. **2** (en transportes) one-way ticket (AmE), single ticket (BrE): *Dos de ida a Monterrey, por favor.* Two one-way tickets to Monterrey, please. | **ida y vuelta** round-trip ticket (AmE), return ticket (BrE): *Saca de ida y vuelta.* Get a round-trip ticket.

idea *sustantivo & sustantivo plural*
■ *s* **1** (ocurrencia) idea: *Tengo una idea.* I have an idea. | **se me/le etc. ocurrió una idea** I/he etc. had an idea **2** (noción, conocimiento) idea: *Tienes una idea equivocada de lo que significa estudiar.* You have the wrong idea about what studying means. **3** ¡**(no tengo) ni idea!** (I have) no idea! | **no tener ni idea de cuánto cuesta/de cómo se hace etc.** to have no idea how much it costs/how it's done etc.: *No tengo ni idea de dónde vive.* I have no idea where he lives. **4** (intención) idea: *La idea es empezar mañana mismo.* The idea is to start tomorrow. | **cambiar de idea** to change your mind: *He cambiado de idea.* I've changed my mind.
■ **ideas** *s pl* (creencias) ideas

ideal *adj & s* ideal

idealista *adjetivo & sustantivo*
■ *adj* idealistic
■ *s* idealist

idéntico, -a *adj* identical: *Son idénticos.* They're identical. | **ser idéntico -a a algo** to be identical to sth: *Su bicicleta es idéntica a la mía.* Her bike is identical to mine. | **ser idéntico -a a alguien** **(a)** (físicamente) to look just like somebody: *Es idéntico a Antonio Banderas.* He looks just like Antonio Banderas. **(b)** (en la manera de ser) to be just like somebody: *Eres idéntica a tu madre.* You're just like your mother.

identidad *s* identity (pl -ties)

identificado -a *adj* **sentirse identificado -a con alguien** to identify with sb: *Me siento totalmente identificada con el personaje de la hija.* I identify completely with the character of the daughter.

identificar *v* to identify
identificarse *v* **1** (darse a conocer) to identify yourself **2** **identificarse con alguien** to identify with sb

ideología *s* ideology (pl -gies)

idioma *s* language: *¿Cuántos idiomas hablas?* How many languages do you speak?

idiota *adjetivo & sustantivo*
■ *adj* stupid
■ *s* idiot

idiotez *s* **1** (que se dice) ¡**qué idiotez!** what a stupid thing to say! | **decir una idiotez** to say something stupid | **decir idioteces** to talk nonsense: ¡*Déjate de decir idioteces!* Stop talking nonsense! **2** (que se hace) ¡**qué idiotez!** what a stupid thing to do! | **ser una idiotez** to be stupid: *Es una idiotez hacerlo de nuevo.* It's stupid to do it over again. | **hacer una idiotez** to do something stupid

ídolo, -a *s* idol: *un ídolo del futbol* a football idol

iglesia *s* **1** (edificio) church (pl -ches) **2** (o **Iglesia**) (institución) church ▶ ver **casarse**

ignorancia *s* ignorance

ignorante *adjetivo & sustantivo*
■ *adj* ignorant
■ *s* ignoramus (pl -ses)

ignorar *v* **1** **ignorar a alguien** to ignore sb: *Me ignoró completamente.* He totally ignored me. **2** (desconocer) not to know

igual *adjetivo, adverbio, sustantivo masculino & femenino & sustantivo masculino*
■ *adj* **1** (idéntico) the same: *Los dos dibujos son iguales.* The two drawings are the same. | *Necesito dos sobres iguales.* I need two envelopes the same. | *Tengo uno igual a éste.* I have one the same as this.
2 **ser igual a/que algo** to be the same as sth: *El walkman de Sofía es igual al mío.* Sofia's Walkman is the same as mine. | **ser igual a/que alguien** to be just like sb: *Es igual que mi madre.* She's just like my mother. | **ser iguales de edad/tamaño etc.** to be the same age/size etc.: *Somos iguales de altura.* We're the same height.
3 (en operaciones matemáticas) Para traducir *ser igual a* usa **is** o **equals**: *3 por 2 es igual a 6.* 3 times 2 is 6./3 times 2 equals 6. | *4 más 5 es igual a 9.* 4 plus 5 is 9./4 plus 5 equals 9.
4 **quince/treinta/cuarenta iguales** (en tenis) fifteen/thirty/forty all
■ *adv* **1** **da igual** it doesn't matter: *Da igual, no te preocupes.* It doesn't matter, don't worry. | **me/te etc. da igual** I/you etc. don't mind: *–¿Fruta o helado? –Me da igual.* "Fruit or ice cream?" "I don't mind."
2 (de la misma manera) the same: *Yo pienso igual que tú.* I think the same as you.
3 (de todos modos) still: *No tengo hambre pero igual lo quiero probar.* I'm not hungry but I still want to try it.
4 **ser igual de caros/feos etc.** to be equally expensive/ugly etc. | **eres igual de tonto**

-a/culpable etc. que... you're just as stupid/just as much to blame etc. as...
■ *s masc & fem* equal: *Te habla de igual a igual.* He talks to you as an equal.
■ *s masc* (signo matemático) equal sign (AmE), equals sign (BrE)

igualado, -a *adj* fresh, sassy (AmE), cheeky (BrE)

igualdad *s* equality | **la igualdad entre los sexos** equality between the sexes
igualdad de derechos equal rights *pl*
igualdad de oportunidades equal opportunities *pl*

igualmente *adv* (como respuesta) the same to you: *–Feliz Navidad. –Gracias, igualmente.* "Merry Christmas!" "Thank you, and the same to you." | *–Que la pasen bien. –Igualmente.* "Have a good time." "The same to you."/"You too."

iguana *s* iguana

ilegal *adj* illegal

ilegítimo, -a *adj* (hijo) illegitimate

ilimitado, -a *adj* unlimited

iluminación *s* lighting: *un cuarto con buena iluminación* a room with good lighting/a well-lit room

iluminar *v* (una calle) to light, (un edificio) to illuminate: *Es una calle bien iluminada.* It's a well-lit street.

ilusión *s* **1** (sueño) dream: *Tiene la ilusión de trabajar en Hollywood.* Her dream is to work in Hollywood. **2** (esperanza) hope **3 hacerse ilusiones** to get your hopes up: *No te hagas ilusiones.* Don't get your hopes up. **4** (alegría) ver ejemplos: *Me mandó unas flores para mi cumpleaños. Me hizo mucha ilusión.* He sent me some flowers for my birthday. I was really thrilled. | *No sabes la ilusión que me hace que regreses.* You don't know how much I'm looking forward to you coming home.
ilusión óptica optical illusion

ilusionado, -a *adj* **estar ilusionado -a con algo** to be excited about sth: *Está muy ilusionada con su fiesta de cumpleaños.* She's very excited about her birthday party.

ilustración *s* illustration

ilustrar *v* (con dibujos, pinturas, etc.) to illustrate

imagen *s* **1** (apariencia) image: *un cambio de imagen* a change of image **2** (de una figura pública) image **3** (de un televisor) picture: *La imagen se ve borrosa.* The picture is fuzzy. **4** (en la mente) picture: *la imagen mental que tenía de él* the mental picture I had of him **5** (en un espejo) reflection **6** (en computación) image **7** (estatua) image: *una imagen de la Virgen* an image of the Virgin **8** (en literatura) image

imaginación *s* imagination: *Tiene mucha imaginación.* She has a vivid imagination.

imaginar *v* to imagine
imaginarse *v* **1** (suponer) to imagine: *–Estoy muy contenta. –¡Me imagino!* "I'm very happy." "I

can imagine!" | *¡Me imagino que no se lo habrás dicho!* I hope you didn't tell her! **2 me lo imaginaba gordo/alto etc.** I imagined him to be fat/tall etc.: *Me la imaginaba distinta.* I imagined her differently./I had a different mental picture of her. | *No me lo imagino trabajando en una oficina.* I can't imagine him working in an office.

imaginario, -a *adj* imaginary

imán *s* magnet

imbécil *adjetivo & sustantivo*
■ *adj* stupid
■ *s* idiot

imeca *s* (= índice metropolitano de la calidad del aire) Si quieres explicar qué es el Imeca di *It's a measure of air quality in Mexican cities.*

imitación *s* **1** (de una persona) impression: *Hace muy buenas imitaciones.* He does very good impressions. **2** (hablando de un reloj, un modelo, etc.) imitation ▶ Cuando el reloj, etc. está hecho con el fin de engañar al comprador, se usa **fake**: *Es una imitación.* It's an imitation./It's a fake. | *Venden relojes de imitación.* They sell imitation watches.

imitar *v* **1** (parodiar) to do an impression of: *Imita muy bien a la directora.* She does a very good impression of the principal. **2** (copiar) to copy: *Imita a la hermana en todo.* She copies everything her sister does.

impaciente *adj* impatient | **estar impaciente por hacer algo** to be impatient to do sth: *Estoy impaciente por saber quién ganó.* I'm impatient to know who won.

impacto *s* **1** (impresión) impact | **causar impacto** to make an impact: *Lo que dijo causó mucho impacto.* What he said made quite an impact. **2** (colisión) impact

impar *adj* odd: *un número impar* an odd number

imparcial *adj* impartial, unbiased

impecable *adj* **1** (muy limpio) spotless: *La casa estaba impecable.* The house was spotless. **2** (referido a la ropa) immaculate: *una impecable camisa blanca* an immaculate white shirt | **estar impecable** to be immaculately dressed: *Siempre está impecable.* She's always immaculately dressed. **3** (perfecto) impeccable: *Habla un inglés impecable.* He speaks impeccable English.

impedir *v* **impedirle la entrada a alguien** to stop sb going in: *Nos impidió la entrada.* He stopped us going in./He wouldn't let us in. | **impedirle el paso a alguien** to block sb's way: *La policía nos impidió el paso.* The police blocked our way./The police wouldn't let us through. | **impedirle a alguien hacer algo/impedir que alguien haga algo** to prevent sb from doing sth, to stop sb doing sth ▶ **to prevent** es más formal: *La enfermedad le impidió seguir con las clases de ballet.* The illness prevented her from continuing with her ballet lessons. | *No pudimos impedir que se lo dijera.* We couldn't stop her telling him.

imperativo, -a *adjetivo & sustantivo*
- *adj* (en gramática) imperative
- **imperativo** *s* (en gramática) imperative

imperfecto, -a *adjetivo & sustantivo*
- *adj* **1** (en gramática) imperfect **2** (no perfecto) imperfect
- **imperfecto** *s* (en gramática) imperfect

imperialismo *s* imperialism

imperialista *adj* imperialist

imperio *s* empire

impermeable *adjetivo & sustantivo*
- *adj* (tela, pintura) waterproof
- *s* (prenda) raincoat

impersonal *adj* **1** (en gramática) impersonal **2** (no personal) impersonal

implicar *v* **1** **implicar a alguien en algo** to involve sb in sth | **estar implicado -a (en algo)** to be involved (in sth) **2** (significar) to mean: *Eso implica que nos tenemos que levantar a las cinco.* That means we have to get up at five.

imponer *v* **1** (una tarea) to set **2** (una multa, un castigo, silencio) to impose
imponerse *v* to assert your authority

importación *s* **1** importation **2** **artículos/productos de importación** imported goods/products

importado, -a *adj* imported

importador, -a *s* importer

importancia *s* importance | **un tema/un acontecimiento etc. de gran importancia** a very important issue/event etc. | **darle importancia a algo** to attach importance to sth: *No le des tanta importancia.* Don't attach so much importance to it. | **quitarle importancia a algo** to play sth down: *El presidente le quitó importancia a este hecho.* The president played this down. | **no tiene importancia** it doesn't matter, it's not important

importante *adj* **1** important: *Es un examen muy importante.* It's a very important exam. | *una mujer muy importante* a very important woman | *Tengo que decirte algo muy importante.* I have something very important to tell you. | *Es muy importante que aprendas inglés.* It's very important that you learn English. | **lo importante es** the main thing is: *Lo importante es que te mejores.* The main thing is that you get better. | **ser importante para algo/alguien** to be important for sth/to sb: *La música es muy importante para mí.* Music is very important to me. **2** (cantidad, número) considerable

importar *v* **1** **no importa** it doesn't matter: *–¡Perdimos el tren! –No importa.* "We've missed the train!" "It doesn't matter." | *No importa que no esté perfecto.* It doesn't matter if it's not perfect. **2** **no me/le etc. importa** **(a)** (para expresar indiferencia) I don't/she doesn't etc. care: *–Está enojada contigo. –No me importa.* "She's angry with you." "I don't care." | *No le importa lo que digan los demás.* She doesn't care what other people say. **(b)** (para expresar que no hay

problema) I don't/she doesn't etc. mind: *–Tienes que volver mañana. –No me importa.* "You have to come back tomorrow." "I don't mind." | *No me importa hacerlo sola.* I don't mind doing it on my own. | **lo que me/le etc. importa** ver ejemplos: *Lo único que le importa es el futbol.* The only thing he cares about is soccer. | *Lo que me importa es aprobar la materia.* What matters to me is passing the subject. **3** **¿(y) a ti qué te importa?** (it's) none of your business: *–¿Con quién hablabas? –¿Y a ti qué te importa?* "Who were you talking to?" "(It's) none of your business." | **¿(y) a mí qué me importa?** what do I care? **4** **¿te/le importa...?** (fórmula de cortesía) do you mind...?: *¿Le importa si me siento aquí?* Do you mind if I sit here? | *¿Te importaría cerrar la ventana?* Would you mind closing the window? **5** (de otro país) to import: *Importan mucha fruta de Brasil.* They import a lot of fruit from Brazil. **6** (en informática) to import

imposible *adj* **1** impossible: *Me resulta imposible creerlo.* I find it impossible to believe. | **es imposible que esté listo -a/que lo sepa etc.** it can't possibly be ready/he can't possibly know etc. | **hacer lo imposible** to do everything you can: *Voy a hacer lo imposible para aprobar.* I'm going to do everything I can to pass. **2** (referido a una persona) impossible: *¡Eres imposible!* You're impossible!

impotente *adj* **1** (incapaz) **sentirse impotente** to feel powerless **2** (sexualmente) impotent

imprenta *s* **1** (taller) print shop (AmE), printer's (BrE) **2** (máquina) printing press

imprescindible *adj* essential

impresión *s* **1** (sensación, efecto) **causarle una buena/mala impresión a alguien** to make a good/bad impression on sb: *No sé si le causé buena impresión.* I don't know if I made a good impression on him. **2** **me/te etc. da la impresión de que...** I/you etc. get the impression (that)...: *Me dio la impresión de que no le gustó.* I got the impression you didn't like it. ▶ Para referirse al futuro se usa **I/you etc. get the feeling (that)**...: *Me da la impresión de que no van a venir.* I get the feeling that they aren't going to come. | **tener la impresión de que...** to have the feeling (that)...: *Tengo la impresión de que me olvidé de algo.* I have the feeling I've forgotten something. **3** (fuerte) shock: *Se desmayó de la impresión.* She fainted from the shock.

impresionante *adj* **1** (admirable) amazing: *Fue un recital impresionante.* It was an amazing concert. | *Es impresionante cómo ha mejorado.* It's amazing how much he has improved. **2** (muy grande) enormous: *una cantidad impresionante de gente* an enormous number of people **3** (que produce shock) horrific: *un accidente impresionante* a horrific accident

impresionar *v* **1** (causar una mala impresión a) to shock: *Nos impresionó verla tan flaca.* We were shocked to see her looking so thin. | *La* *noticia lo impresionó mucho.* He was very shocked **at** the news. **2** (causar admiración) to impress: *Quedamos muy impresionados con Roma.* We were very impressed with Rome.

impresionarse *v* **1** (sentir admiración) to be impressed | **impresionarse con algo** to be impressed with sth, to be impressed by sth **2** (sufrir shock) to be shocked: *Se impresionó al verlo tan desfigurado.* She was shocked to see how disfigured he was.

impreso, -a *adj* printed

impresora *s* printer
  impresora color color printer (AmE), colour printer (BrE) **impresora de inyección de tinta** ink-jet printer **impresora láser** laser printer

imprevisible *adj* unpredictable

imprevisto, -a *adjetivo & sustantivo*
  ▪ *adj* **1** (inesperado) unexpected **2** (para lo cual no se tomaron precauciones) unforeseen
  ▪ *s* **surgió un imprevisto** something unexpected came up

imprimir *v* to print

improvisar *v* to improvise

imprudente *adj* rash: *No seas tan imprudente.* Don't be so rash. ▶ Cuando se trata de la forma de manejar, se usa **reckless**: *Es muy imprudente para manejar.* He's a very reckless driver.

impuesto *s* tax (pl taxes) | **pagar los impuestos** to pay your taxes
  impuesto al valor agregado ▶ ver **IVA**

impulsar *v* **1 impulsar a alguien a hacer algo (a)** (animar) to encourage sb to do sth: *Sus padres la impulsaron a seguir estudiando.* Her parents encouraged her to carry on studying. **(b)** (estimular) to drive sb to do sth: *La situación los impulsó a irse del país.* The situation drove them to leave the country. **2** (hacer mover) to propel

impulsivo, -a *adj* impulsive

impulso *s* impulse

impureza *s* impurity (pl -ties)

inaccesible *adj* **1** (referido a un lugar) inaccessible **2** (referido a precios) unaffordable **3** (referido a una persona) inaccessible

inagotable *adj* inexhaustible

inalámbrico, -a *adjetivo & sustantivo*
  ▪ *adj* wireless, cordless
  ▪ **inalámbrico** *s* (teléfono) cordless telephone

inauguración *s* opening

inaugurar *v* **1** (un hospital, un colegio) to open, to inaugurate **2** (una exposición, etc.) to open

incapacidad *s* **1** (falta de capacidad) inability **2** (en el trabajo) **estar de incapacidad** to be on sick leave | **estar de incapacidad por maternidad** to be off sick: *Hace más de un mes que está de incapacidad.* He's been on sick leave for more than a month. | *Está de incapacidad por maternidad.* She's on maternity leave.

incapaz *adj* **ser incapaz de hacer algo (a)** (no tener capacidad) to be incapable of doing sth: *Es incapaz de entenderlo.* He's incapable of understanding it. **(b)** (no tener voluntad) Usa la construcción **can't be bothered/couldn't be bothered**: *Es incapaz de ayudarme.* She can't be bothered to help me. | *Fue incapaz de llamarla.* He couldn't be bothered to phone her.

incendiar *v* to set fire to: *Le incendiaron la tienda.* They set fire to his store.
  incendiarse *v* **1** (quedar destruido) (edificio, bosque) to be burned down: *Se incendió una gran parte del bosque.* A large part of the forest was burned down. **2** (prenderse fuego) to catch fire: *Pudieron impedir que se incendiara la casa de al lado.* They were able to stop the house next door from catching fire.

incendio *s* fire: *Hubo un incendio en el colegio.* There was a fire in the school. | **apagar un incendio** to put a fire out: *No pudieron apagar el incendio.* They were unable to put the fire out.

incentivo *s* incentive

incertidumbre *s* uncertainty

incidente *s* (contratiempo, conflicto) incident

inclinación *s* **1** (tendencia, afición) inclination: *Tiene inclinaciones artísticas.* She has artistic inclinations./She has artistic leanings. **2** (pendiente, dirección) inclination **3** (de la cabeza) nod

inclinado, -a *adj* **1** (torre, poste) leaning: *la torre inclinada de Pisa* the leaning tower of Pisa | **estar inclinado -a hacia un lado** to lean to one side | **estar inclinado -a sobre algo/alguien** to be leaning over sth/sb **2 sentirse inclinado -a a hacer algo** to feel inclined to do sth **3 una superficie inclinada** a sloping surface | **un plano inclinado** an inclined plane

inclinar *v* **1 inclinar la cabeza (a)** (bajarla) to lower your head **(b)** (hacia un lado) to tilt your head **2** (un objeto) **inclinar algo hacia un lado/hacia atrás/hacia adelante** to tilt sth to one side/back/forward
  inclinarse *v* **1** (doblar el cuerpo) to lean over: *Se inclinó para mirarlo de cerca.* She leaned over to have a closer look at it. | **inclinarse hacia adelante** to lean forward **2 inclinarse por hacer algo** to be inclined to do sth: *Me inclino por ir en avión.* I'm inclined to go by plane.

incluido, -a *adj* included: *una habitación con desayuno incluido* a room with breakfast included | **unas vacaciones con todo incluido** an all-inclusive vacation

incluir *v* **1** (comprender) to include: *El precio no incluye el desayuno.* The price does not include breakfast. **2** (poner) to include: *Me han incluido en el equipo.* I've been included in the team.

inclusive *adv* **1** including: *Tenemos tiempo hasta el 6 inclusive.* We have up to and including the 6th. | **del 3 al 10 de junio/del número 5 al 20**

---

i ¿No estás seguro de si se usa **make** o **do**? Mira las entradas **hacer, make** y **do**.

etc. **inclusive** from June 3rd to June 10th/from number 5 to number 20 etc. inclusive **2** ▶ ver **incluso**

incluso adv even: *Les gustó a todos, incluso al profesor.* Everyone liked it, even the teacher. | *Se lo contó incluso a sus padres.* She even told her parents.

incógnito s de **incógnito** incognito: *Vino de incógnito.* He came incognito.

incoloro, -a adj colorless (AmE), colourless (BrE)

incómodo, -a adj **1** (sillón, cama) uncomfortable: *una cama muy incómoda* a very uncomfortable bed **2 estar incómodo -a** to be uncomfortable: *Estoy muy incómoda en esta silla.* I'm very uncomfortable in this chair. **3 sentirse incómodo -a** to feel uncomfortable: *Me sentía incómoda entre tanta gente importante.* I felt uncomfortable among so many important people. **4** (situación) awkward

incompatible adj incompatible

incompleto, -a adj incomplete

incomprensible adj incomprehensible

inconsciente *adjetivo, sustantivo masculino & femenino & sustantivo masculino*
- **adj 1** (sin conocimiento) unconscious: *Estuvo inconsciente unos minutos.* She was unconscious for a few minutes. **2** (involuntario) (movimiento, reacción) unconscious **3** (imprudente) irresponsible: *¡No seas tan inconsciente!* Don't be so irresponsible!
- **s masc & fem** ser un/una inconsciente to be very irresponsible
- **s masc** (en psicología) el inconsciente the unconscious

inconveniente s **1** (problema, obstáculo) problem: *Cualquier inconveniente, llámame.* Any problem, give me a call. | **surgió un inconveniente/surgieron inconvenientes** a problem came up/there were problems **2 no tener (ningún) inconveniente en hacer algo (a)** (objeción) to have no objection to doing sth: *No tengo inconveniente en prestarle mi bicicleta.* I have no objection to lending him my bicycle. **(b)** (problema) to have no problem doing sth: *No tuve ningún inconveniente en llegar aquí.* I had no problem getting here. **3** (desventaja) disadvantage: *Tiene el inconveniente de que consume mucha gasolina.* It has the disadvantage of using a lot of gas.

incorporar v (agregar) to add
incorporarse v **incorporarse a algo** (ingresar en algo) to join sth: *Se incorporó a un grupo de teatro.* He joined a theater group.

incorrecto, -a adj (equivocado, erróneo) incorrect, wrong ▶ **incorrect** es más formal

incrédulo, -a *adjetivo & sustantivo*
- **adj** skeptical (AmE), sceptical (BrE)
- **s** skeptic (AmE), sceptic (BrE)

increíble adj **1** (de no creer) incredible, unbelievable: *¡Parece increíble!* It seems incredible! **2** (excepcional) amazing: *un músico increíble* an amazing musician

incubadora s incubator

incurable adj (enfermedad) incurable

indecente adj **1** (escote, bikini) indecent **2** (gesto, palabra) obscene

indeciso, -a adj **1** indecisive: *Es muy indecisa.* She's very indecisive. **2 estar indeciso -a** not to be able to make up your mind: *Estoy indeciso.* I can't make up my mind.

indefenso, -a adj defenseless (AmE), defenceless (BrE): *Me sentía indefensa.* I felt defenseless.

indefinido, -a adj **1** (período, tiempo) indefinite **2** (impreciso, vago) indeterminate: *Es de un color indefinido.* It's an indeterminate color. **3** (en gramática) indefinite

indemnización s compensation

independencia s independence

independiente adj **1** (persona) independent **2** (país) independent **3** (trabajador) self-employed, freelance

independizarse v **1** (persona) to become independent **2** (país) to gain independence, to become independent

indestructible adj indestructible

indeterminado, -a adj **1** (tiempo, período) indefinite **2** (número, cantidad) indeterminate

India o **la India** s India

indicación *sustantivo & sustantivo plural*
- **s por indicación médica** on medical advice: *Tiene que guardar reposo por indicación médica.* She has to rest on medical advice.
- **indicaciones** s pl **1** (para ir a un lugar) directions: *Seguí sus indicaciones.* I followed his directions. **2** (instrucciones) instructions: *Seguimos las indicaciones del manual.* We followed the instructions in the manual. **3** (consejos) advice *sing*

indicado, -a adj **1** (adecuado, apropiado) **el lugar indicado/la persona indicada etc.** the right place/the right person etc.: *Me parece que no es el momento indicado.* I don't think it's the right moment. | **no es el momento más indicado/la persona más indicada etc.** it's not the best time/she's not the best person etc. **2** (señalado) specified: *la dirección indicada en el aviso* the address (specified) in the advertisement

indicar v **1** (señalar) to show, to indicate: *Me indicó la puerta roja.* He showed me the red door./He indicated the red door. | *Una flecha indica el camino.* An arrow points the way. **2** (marcar) to mark: *Indicar la respuesta correcta con una cruz.* Mark the correct answer with a cross. **3** (explicar) to explain: *Me indicó cómo hacerlo.* He explained to me how to do it. **4** (aconsejar) to advise: *El profesor me indicó que leyera este libro.* The teacher advised me to read this book.

ⓘ ¿No sabes cómo pronunciar una determinada palabra? Consulta el recuadro de **símbolos fonéticos** en el interior de la cubierta.

indicativo, -a *adjetivo & sustantivo*
- *adj* (en gramática) indicative
- **indicativo** *s* (en gramática) indicative

índice *s* **1** (dedo) forefinger **2** (de un libro, documento) index (pl -xes): *Búscalo en el índice.* Look it up in the index. **3** (tasa) rate: *el índice de desempleo* the rate of unemployment **índice de mortalidad** mortality rate **índice de natalidad** birth rate

indicio *s* (señal) indication, sign

Índico *s* **el (océano) Índico** the Indian Ocean

indiferencia *s* indifference

indiferente *s* (insensible) indifferent | **ser indiferente a algo** to be indifferent to sth | **me/le etc. es indiferente** I don't/she doesn't etc. mind, it makes no difference to me/her etc.

indígena *adjetivo & sustantivo*
- *adj* (población, lengua, civilización) indigenous: *las comunidades indígenas de América* the indigenous communities of America
- *s* native ▶ Para traducir *los indígenas* usa **the indigenous people.** El uso de **the natives** puede resultar ofensivo: *los indígenas del Amazonas* the indigenous people of the Amazon

indigestión *s* indigestion

indignado, -a *adj* indignant | **estar indignado -a** to be indignant, to be incensed | **estar indignado -a por algo** to be indignant at sth, to be incensed at sth: *Estaban indignados por la decisión.* They were indignant at the decision./They were incensed at the decision.

indignar *v* to incense: *Me indigna la injusticia.* Injustice incenses me.
indignarse *v* to be incensed: *El profesor se indignó cuando se enteró.* The teacher was incensed when he found out.

indio, -a *adjetivo & sustantivo*
- *adj* (de América, de la India) Indian ▶ ver abajo
- *s* (de América, de la India) Indian | **los indios** (the) Indians ▶ Muchas personas consideran que el uso de **Indian** para refirse a los aborígenes de América es ofensivo y prefieren usar **Native American**

indirecta *s* hint: *No captó la indirecta.* He didn't take the hint. | **echarle/soltarle una indirecta a alguien** to drop sb a hint: *Le eché una indirecta pero no se dio por aludida.* I dropped her a hint but she didn't take it.

indirecto, -a *adj* **1** (no directo) indirect **2** (en gramática) indirect

indiscreción *s* indiscretion

indiscreto, -a *adj* **1** (referido a personas) indiscreet, tactless **2** (pregunta, palabra, mirada) indiscreet

indiscutible *adj* indisputable

indispensable *adj* **1** indispensable **2** **es indispensable que** it is essential that: *Es indispensable que vengas.* It is essential that you

come. **3** **lo indispensable** the absolute essentials: *Llévate lo indispensable.* Take only the absolute essentials./Take only what is absolutely necessary.

indispuesto, -a *adj* **estar indispuesto -a** to be unwell

individual *adjetivo & sustantivo plural*
- *adj* **1** (habitación, asiento, cama) single **2** (derechos, libertades) individual
- **individuales** *s pl* (en tenis) singles

individuo *s* **1** (hombre) man (pl men): *un individuo de unos 50 años* a man about 50 years old **2** (persona en general) individual

indocumentado, -a *sustantivo & adjetivo*
- *s* person without identity papers
- *adj* without identity papers

indudable *adj* **es indudable que** there's no doubt that: *Es indudable que lo sobornaron.* There's no doubt he was bribed.

indulto *s* pardon

industria *s* industry (pl -tries)

industrial *adjetivo & sustantivo*
- *adj* industrial
- *s* industrialist

inédito, -a *adj* **1** (obra, libro) unpublished **2** (tema, canción) unreleased **3** (sin precedentes) unprecedented

ineficaz *adj* ineffective

ineficiente *adj* inefficient

inercia *s* **1** **hacer algo por inercia** to do sth out of inertia: *Siguió en ese trabajo por inercia.* She stayed in that job out of inertia. **2** (en física) inertia

inesperado, -a *adj* unexpected

inestable *adj* **1** (tiempo) changeable **2** (trabajo, economía) unstable **3** (persona) unstable

inevitable *adj* inevitable

inexperto, -a *adj* inexperienced

infancia *s* childhood | **amigos -as/recuerdos de la infancia** childhood friends/memories

infantería *s* infantry

infantil *adj* **1** **un programa/una revista infantil** a children's program/a comic book (AmE), a children's programme/a comic (BrE) **2** **las enfermedades infantiles** childhood diseases **3** (referido a personas y su comportamiento) childish: *No seas tan infantil.* Don't be so childish. | *una reacción infantil* a childish reaction

infarto *s* heart attack: *Tuvo un infarto.* She had a heart attack.

infección *s* infection

infeccioso, -a *adj* infectious

infectar *v* **1** (a una persona) to infect **2** (un archivo, un programa) to infect
infectarse *v* to get infected: *Se le infectó la herida.* Her wound got infected.

infeliz *adj* (desdichado) unhappy

inferior *adj* **1** (más bajo) lower: *la parte inferior* the lower part | *en un nivel inferior* at a lower level **2** el labio/la mandíbula inferior the lower lip/jaw **3** (no bueno) inferior: *un producto de calidad inferior* an inferior quality product **4** (en cantidad) inferior a below: *un sueldo inferior a $8000* a salary below $8000 **5** (hablando de una persona) sentirse inferior (a alguien) to feel inferior (to sb): *Se siente inferior a sus compañeros.* He feels inferior to his classmates.

infiel *adj* unfaithful | serle infiel a alguien to be unfaithful to sb

infierno *s* hell | irse al infierno to go to hell

infinidad *s* infinidad de veces/casos etc. many times/cases etc.: *Se lo he dicho infinidad de veces.* I've told him many times.

infinitivo *s* infinitive

infinito, -a *adjetivo & sustantivo*
- *adj* infinite
- infinito *s* infinity

inflación *s* inflation

inflamable *adj* flammable

inflamación *s* swelling, inflammation | tener una inflamación en la rodilla/el pie etc. to have a swollen knee/foot etc.

inflamarse *v* (tobillo, rodilla, etc.) to swell up, to become inflamed: *Se me inflamó el tobillo.* My ankle swelled up.

inflar *v* **1** inflar algo (a) (un globo) to blow sth up (b) (una llanta, un balón, un colchón de hule) to inflate sth **2** inflar el precio de algo to inflate the price of sth

influencia *s* influence | tener influencia en/sobre algo/alguien to have an influence on sth/sb: *Tuvo mucha influencia en sus contemporáneos.* He had a great influence on his contemporaries. ► Se usa la preposición over cuando se trata de poder, control: *Tiene demasiada influencia sobre él.* She has too much influence over him.

influir *v* influir en algo/alguien to influence sth/sb: *Eso no influyó en mi decisión.* That did not influence my decision. | influir mucho en algo/alguien to have a big influence on sth/sb: *Influyó mucho en los músicos de su generación.* She had a big influence on the musicians of her generation.

información *s* **1** (datos) information: *Necesitamos más información.* We need more information. **2** (en los medios) news *sing*: *Y ahora, la información deportiva.* And now, the sports news. **3** (o Información) (en el servicio telefónico) information (AmE), directory assistance (AmE), directory enquiries (BrE) **4** (en una estación, un centro comercial, etc.) information desk: *Primero vaya a información.* Go to the information desk first.

informal *adj* **1** (ropa) casual **2** (lenguaje, plática, comida) informal

informar *v* informar a alguien (de algo) to inform sb (about sth): *Tenemos que informar a sus padres.* We have to inform his parents. | *No me informaron del cambio.* I wasn't informed about the change. | me/te etc. informaron mal I was/you were etc. misinformed

informarse *v* ver ejemplos: *Infórmese llamando a este número.* For more information, call this number. | *Infórmate bien antes de ir.* Make sure you get all the information before you go. | *¿Te has informado sobre los vuelos?* Have you found out about the flights?

informática *s* information technology ► También se usa mucho la abreviatura IT, que se lee letra por letra. La carrera universitaria se llama computer science o computer studies. | un curso de informática a computer course

informático, -a *adj* un programa informático/una red informática etc. a computer program/a computer network etc.

informativo, -a *adjetivo & sustantivo*
- *adj* una campaña informativa/un folleto informativo etc. an information campaign/an information leaflet etc. ► ver boletín
- informativo *s* el informativo the news *sing*: *el informativo de las ocho* the eight o'clock news

informe *sustantivo & sustantivo plural*
- *s* report: *un informe médico* a medical report
- informes *s pl* (información) details: *informes en el 0800* for more details, call 0800

infracción *s* offense (AmE), offence (BrE): *una infracción de tránsito* a traffic offense

in fraganti *adv* sorprender/agarrar a alguien in fraganti to catch sb red-handed

infrarrojo, -a *adj* infrared

infusión *s* herbal tea | una infusión de menta a mint tea

ingeniarse *v* ingeniárselas para hacer algo to manage to do sth: *Se las ingenió para conseguir entradas.* She managed to get tickets.

ingeniería *s* engineering
ingeniería civil civil engineering ingeniería electrónica electronic engineering ingeniería industrial industrial engineering

ingeniero, -a *s* engineer
ingeniero -a agrónomo -a agronomist ingeniero -a civil civil engineer ingeniero -a de sonido sound engineer ingeniero -a electrónico -a electronic engineer ingeniero -a industrial industrial engineer

ingenio *s* **1** (gracia, agudeza) wit **2** (inventiva) ingenuity

ingenioso, -a *adj* **1** (solución, idea) ingenious **2** (persona) witty

ingenuo, -a *adjetivo & sustantivo*
- *adj* naive
- *s* ser un ingenuo/una ingenua to be very naive

Inglaterra s England

> **¿England, Britain, Great Britain o United Kingdom?**
>
> Inglaterra es uno de los tres países que forman Gran Bretaña (**Great Britain** o **Britain**). Los otros dos son Escocia (**Scotland**) y Gales (**Wales**). Gran Bretaña e Irlanda del Norte forman el Reino Unido (**the United Kingdom**).

ingle s groin

inglés, -esa adjetivo & sustantivo
- **adj** English
- **s** **1** (persona) **inglés** Englishman (pl -men) | **inglesa** Englishwoman (pl -women) | **los ingleses** the English **2 a la inglesa** (referido a un bistec) rare
- **inglés** s (idioma) English: *¿Hablas inglés?* Do you speak English? | *Está escrito en inglés.* It's written in English.

> **¿English o British?**
>
> No uses **English** para referirte a personas, ciudades, etc. que no son de Inglaterra. La gente de Escocia o de Gales es **British** pero no **English**. Lee la nota en *Inglaterra*.

ingrediente s ingredient

ingresar v **1** **ingresar en el ejército/en una organización** to join the army/an organization **2** **ingresar a la universidad** to start at college (AmE), to start at university (BrE) **3** **ingresar al hospital** to be admitted to the hospital (AmE), to be admitted to hospital (BrE) **4** (en computación, etc.) to enter: *Ingrese su código.* Enter your PIN number. **5** (una tarjeta) to insert

ingreso s **1** (o **ingresos**) (entrada de dinero) income sing: *un ingreso mensual de $8000* a monthly income of $8000 **2** (a un país, a un recinto) entry: *Le prohibieron el ingreso al país.* He was refused entry **into** the country. **3** (a una organización) entry: *el ingreso de otros países al Alca* the entry of other countries **into** the FTAA **4** (a un hospital) admission

inhalador s inhaler

inhalar v to inhale

inhibido, -a adj inhibited

inhibir v to inhibit
inhibirse v to get inhibited

inhumano, -a adj inhuman

inicial adj & s initial

iniciar v to start
iniciarse v to start

iniciativa s initiative | **tomar la iniciativa** to take the initiative

inicio s **1** (comienzo) start **2** (en informática) start: *Haga clic en "inicio".* Click on "start".

insignia s badge

injusticia s injustice: *la injusticia social* social injustice | **es/fue etc. una injusticia** it's/it was etc. unfair

injusto, -a adj unfair | **ser injusto -a con alguien** to be unfair to sb: *No seas injusta con él.* Don't be unfair to him.

inmaduro, -a adj immature

inmediato, -a adj **1** immediate **2 de inmediato** immediately, right away, straightaway (BrE): *Vino de inmediato.* She came immediately.

inmenso, -a adj **1** (enorme) huge **2 la inmensa mayoría** the vast majority

inmigración s immigration

inmigrante s immigrant

inmigrar v to immigrate

inmobiliaria s real estate agency (pl -cies) (AmE), estate agent's (BrE)

inmoral adj immoral

inmortal adj immortal

inmóvil adj still | **permanecer/quedarse inmóvil** to stand absolutely still, to stand motionless

inmundo, -a adj (comida, olor) disgusting

inmutarse v **no se inmutó/ni se inmutaron etc.** he/they etc. didn't bat an eyelid

innato, -a adj innate

innecesario, -a adj unnecessary

innovación s innovation

innovador, -a adj innovative

innumerable adj countless

inocencia s **1** (no culpabilidad) innocence **2** (ingenuidad) innocence

inocentada s Si quieres explicar qué es una inocentada, di *it's a practical joke played on somebody on 28th December, similar to an April Fool*

inocente adjetivo & sustantivo
- **adj** **1** (no culpable) innocent **2** (ingenuo) naive
- **s** innocent person (pl innocent people)

inofensivo, -a adj harmless

inolvidable adj unforgettable

inoportuno, -a adj **1** (visita) untimely **2** (comentario, intervención) ill-timed **3** (persona) **eres/es etc. muy inoportuno -a** you always pick/he always picks etc. the wrong moment

inoxidable ► ver **acero**

inquietar v to worry
inquietarse v to worry: *No te inquietes.* Don't worry.

inquieto, -a adj **1** (preocupado) worried **2** (activo, curioso) inquisitive **3** (movedizo) restless, fidgety

inquilino, -a s tenant

inscribir v **1** (en un curso, etc.) to enroll (AmE), to enrol (BrE): *Sus padres lo inscribieron en un curso de computación.* His parents enrolled him in a computer course. **2** **inscribir a alguien para un torneo etc.** to put sb's name down for a tournament etc.: *Su madre la inscribió para el torneo de* *ajedrez.* Her mother put her name down for the chess tournament. **3** (en un registro) to register **inscribirse** *v* **1** (en un curso) to enroll (AmE), to enrol (BrE): *Se inscribió en un curso de inglés.* He enrolled in an English course. **2 inscribirse en un concurso** to enter a competition **3 inscribirse para un examen** to register for an exam **4 inscribirse en un torneo** to sign up for a tournament, to put your name down for a tournament

inscripción *s* **1** (para un curso) enrollment (AmE), enrolment (BrE): *¿Cuándo es la inscripción?* When is enrollment? | *¿Cuánto cuesta la inscripción?* How much does it cost to enroll? **2** (para un examen) registration

insecticida *s* insecticide

insecto *s* insect

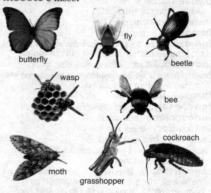

butterfly

fly

beetle

wasp

bee

cockroach

moth

grasshopper

inseguridad *s* **1** insecurity: *la inseguridad laboral* job insecurity **2 inseguridad (ciudadana/pública)** En inglés se suele hablar directamente de la delincuencia en las calles o **street crime**: *Está aumentando la inseguridad en el DF.* Street crime is increasing in Mexico City./ Mexico City is becoming less safe.

inseguro, -a *adj* **1** (persona) insecure: *Es muy inseguro.* He's very insecure. **2** (ciudad, barrio) unsafe

insensible *adj* (en lo afectivo) insensitive | **ser insensible a algo** to be insensitive to sth: *Es insensible a los problemas de los demás.* She is insensitive to other people's problems.

inseparable *adj* inseparable

insignificante *adj* **1** (suma, cantidad) insignificant **2** (diferencia) insignificant **3** (detalle) small

insinuar *v* **1** (sugerir) to hint: *Me insinuó que no era el momento oportuno.* He hinted to me that it wasn't the right moment. **2** (algo negativo) to insinuate: *¿Qué estás insinuando?* What are you insinuating?

insípido, -a *adj* (sin sabor) tasteless

insistente *adj* **1** (reclamo, pedido) repeated **2** (persona) insistent

insistir *v* **1** (diciendo algo) to insist: *–¿Por qué no te quedas a cenar? –Ya que insistes...* "Why don't you stay for lunch?" "Well, if you insist…" ► Para expresar irritación ante la insistencia de alguien, usa **to go on about sth**: *Me volvió a insistir con el tema de la fiesta.* He started going on about the party again. | *¡No insistas más!* Don't go on about it! | **insistir en hacer algo** to insist on doing sth: *Insiste en llamarme Pocha.* He insists on calling me Pocha. | **insistir en que** to insist (that): *Ella insiste en que es verdad.* She insists that it's true. | *Insistieron en que me quedara a dormir.* They insisted that I should stay the night. **2** (haciendo algo) to keep trying: *Insiste/Sigue insistiendo hasta que contesten.* Keep trying until they answer.

insolación *s* sunstroke | **me/le etc. dio (una) insolación** I/he etc. got sunstroke

insomnio *s* insomnia | **estar con insomnio/ tener insomnio** to have insomnia

insoportable *adj* unbearable: *Su hermana es insoportable.* His sister is unbearable. | *Hace un calor insoportable.* It's unbearably hot.

inspección *s* inspection

inspector, -a *s* inspector

inspiración *s* inspiration

inspirar *v* **inspirarle confianza/respeto a alguien** to inspire sb with confidence/respect: *Tu dentista no me inspira confianza.* Your dentist doesn't inspire me with confidence. | *La pobre niña inspira lástima.* You have to feel sorry for the poor girl.

inspirarse *v* **inspirarse en algo/alguien** to be inspired by sth/sb

instalación *sustantivo & sustantivo plural*
■ *s* (acto) installation
■ **instalaciones** *s pl* (de un club, un hotel, etc.) facilities: *El club tiene muy buenas instalaciones.* The club has very good facilities.
instalación eléctrica electrical installation

instalar *v* (una cocina) to install, to put in, (una computadora) to set up
instalarse *v* **1** (establecerse) to settle: *Se instalaron en el norte del país.* They settled in the north of the country. **2** (mudarse) to move: *Nos vamos a instalar en Pando.* We're going to move to Pando.

instantáneo, -a *adj* (inmediato) instant ► ver **café**

instante *s* moment: *Lo vi hace un instante.* I saw him a moment ago. | *En ese instante se cortó la luz.* Just at that moment there was a power outage. | **al instante** right away: *Me lo dieron al instante.* They gave it to me right away.

instinto *s* instinct: *el instinto materno* the maternal instinct | **por instinto** instinctively

institución *s* institution

instituto s **1** (organismo) institute: *el Instituto Cervantes* the Cervantes Institute **2** (escuela) school

instrucción *sustantivo & sustantivo plural*

■ s **1** (orden) instruction **2** (educación) education: *una persona sin instrucción* a person with no education

■ **instrucciones** *s pl* (indicaciones) instructions

instructor, -a s instructor

instrumento s **1** (musical) instrument: *instrumentos de viento/cuerda/percusión* wind/string/percussion instruments | **tocar un instrumento** to play an instrument: *Sabe tocar varios instrumentos.* She can play several instruments. **2** (herramienta) tool **3** (de laboratorio) instrument

instrumento de trabajo tool

insuficiente *adj* insufficient

insultar *v* to insult

insultarse *v* to insult each other

insulto s insult

intacto, -a *adj* **1** (sin daño) intact | **conservarse/mantenerse intacto -a** to remain intact: *El edificio se mantiene intacto.* The building remains intact. **2** (sin probar) untouched: *Dejó el café intacto.* She left her coffee untouched.

integrado, -a *adj* **integrado -a por** made up of: *El DF está integrado por dieciséis delegaciones.* Mexico City is made up of sixteen municipal districts.

integral *adj* **1** (harina, pan) whole wheat (AmE), wholemeal (BrE) **2** (arroz) brown

integrar *v* **1** (componer) to make up: *los políticos que integran la comisión* the politicians who make up the committee **2** (formar parte de) to form part of: *Fue elegido para integrar el equipo.* He was chosen to form part of the team. **3** (culturas, razas) to integrate

integrarse *v* **1** (incorporarse) to fit in: *Se ha integrado muy bien en la clase.* He has fitted in very well in the class. **2** (en una cultura, un ambiente) to integrate: *No hacen esfuerzos por integrarse.* They make no effort to integrate.

intelectual *adj & s* intellectual

inteligencia s intelligence

inteligencia artificial artificial intelligence

inteligente *adj* intelligent

intemperie s **a la intemperie** out in the open: *Pasamos la noche a la intemperie.* We spent the night out in the open.

intención s **1** intention: *Vino con la intención de ayudar.* She came with the intention of helping. **2 tener (la) intención de hacer algo/tener intenciones de hacer algo** to intend to do sth: *Tiene intenciones de hacer un Master en Estados Unidos.* He intends to do a Master's degree in the States. **3 tener buenas intenciones** to mean well: *Tiene buenas intenciones.* He means well. **4 no lo dijo/hizo etc. con mala intención** he/she etc. didn't mean to upset anyone

intencionado, -a *adj* **bien intencionado -a** well-meaning: *una persona bien intencionada* a well-meaning person | **mal intencionado -a** malicious

intensidad s intensity (pl -ties)

intensivo, -a *adj* intensive: *un curso intensivo de inglés* an intensive English course
▶ ver **cuidado, terapia**

intenso, -a *adj* **1** (frío, calor) intense **2** (dolor) intense, acute **3** (color, luz) intense **4** (olor) strong **5** (vida) intense

intentar *v* to try: *He intentado varias veces.* I've tried several times. | **intentar hacer algo** to try to do sth: *Intentaré llegar temprano.* I'll try to arrive early. | **intenta/intentemos etc. que...** try/let's try etc. to make sure that...: *Intenta que no te vean.* Try to make sure they don't see you.

intento s attempt: *Lo consiguió al primer intento.* He managed to do it on the first attempt. | **un intento de fuga/sucidio etc.** an attempted escape/suicide etc.

intercambiar *v* **1** (ideas, opiniones) to exchange **2** (timbres, estampas, etc.) to swap, to trade (AmE)

intercambio s **1** (estudiantil) exchange: *Se fue a Washington en un intercambio.* He went to Washington on an exchange. **2** (de ideas, opiniones) exchange

interés *sustantivo & sustantivo plural*

■ s **1** (curiosidad) interest: *Escuchó con mucho interés.* He listened with great interest. | **tener interés en/por (hacer) algo** to be interested in (doing) sth: *Tienen interés por conocerte.* They're interested in meeting you. | **no tener interés en (hacer) algo** not to be interested in (doing) sth: *No tengo ningún interés en ver esa película.* I'm not the slightest bit interested in seeing that movie. | **perder el interés (en/por algo)** to lose interest (in sth)

2 (en finanzas) interest: *Te cobran un 5% de interés.* They charge you 5% interest.

3 por interés (por conveniencia) out of self-interest: *Me ayudó por interés.* He helped me out of self-interest.

■ **intereses** *s pl* **1** (de una persona, un grupo) interests: *los intereses de las multinacionales* the interests of the multinationals

2 (en finanzas) interest *sing*: *los intereses de la deuda externa* the interest on the foreign debt

interesado, -a *adj* **1** interested | **estar interesado -a en (hacer) algo** to be interested in (doing) sth: *Estaba interesada en nuestro proyecto.* She was interested in our project. **2 es/eres etc. muy interesado -a** he always acts/you always act etc. out of self-interest

interesante *adj* interesting: *Parece una idea interesante.* It seems like an interesting idea. | *¡Qué interesante!* That's interesting!

interesar *v* **me/le etc. interesa (algo)** I'm/he's etc. interested (in sth): *Me interesa muchísimo el tema.* I'm very interested in the subject. | *Me* *interesaría saber cuánto cuesta.* I'd be interested to know how much it costs.

interesarse *v* **interesarse por algo** to be interested in sth: *La gente no se interesa mucho por estos temas.* People aren't very interested in these subjects.

interferencia *s* (en radio, teléfono) interference: *Hay mucha interferencia.* There's a lot of interference.

interfón *s* intercom (AmE), entryphone (BrE): *Llama por el interfón y yo bajo.* Call me on the intercom and I'll come down.

interior *sustantivo, sustantivo plural & adjetivo*
■ *s* **1** (de un país) **el interior** the interior: *Viaja mucho por el interior.* He travels a lot in the interior. **2 en el interior (del edificio/de la tienda etc.)** inside (the building/the store etc.): *Había mucha gente en el interior.* There were a lot of people inside. **3** (de una persona) **en mi/su etc. interior** deep down: *En su interior estaba arrepentido.* Deep down he was sorry.
■ **interiores** *s pl* (en cine) studio takes ▶ ver **decoración**
■ *adj* **1** (de adentro) **la parte interior de algo** the inside of sth | **un bolsillo interior** an inside pocket | **una habitación interior** an inner room, an inside room **2 política interior** domestic policy ▶ ver **comercio, ropa**

interjección *s* interjection

intermediario, -a *s* (mediador) intermediary (pl -ries)

intermedio, -a *adjetivo & sustantivo*
■ *adj* intermediate: *un curso de nivel intermedio* an intermediate level course
■ **intermedio** *s* **por intermedio de algo/alguien** through sth/sb: *Lo conocí por intermedio de Pedro.* I met him through Pedro.

interminable *adj* **1** endless **2 se me/le etc. hizo interminable** it seemed to go on forever: *La clase se me hizo interminable.* The class seemed to go on forever.

internacional *adj* international

internado, -a *adjetivo & sustantivo*
■ *adj* (en un hospital) **estar internado -a** to be in the hospital (AmE), to be in hospital (BrE): *Estará internada una semana.* She'll be in the hospital for a week. | *¿Dónde está internada tu abuela?* Which hospital is your grandmother in?
■ **internado** *s* (colegio) boarding school

internar *v* (en un hospital, etc.) to admit ▶ **to admit** es bastante formal. Mira las alternativas que muestran los ejemplos: *Lo internaron el jueves.* He was admitted (to the hospital) on Thursday./He went into the hospital on Thursday. | *Tuvieron que internarlo de urgencia.* He had to be rushed to the hospital.

Internet *s* the Internet: *¿Tienes Internet?* Are you on the Internet? | **bajar algo de Internet** to download sth from the Internet: *Este programa se puede bajar de Internet.* This program can be downloaded from the Internet. | **conectarse a**

Internet (a) (por primera vez) to get connected to the Internet, to get on-line (b) (regularmente) to get on the Internet, to go on the Internet: *No puedo conectarme a Internet.* I can't get on the Internet. | **navegar por Internet** to surf the Net: *Se pasa horas navegando por Internet.* He spends hours surfing the Net. | **buscar algo en Internet** to look sth up on the Internet

interno, -a *adjetivo & sustantivo*
■ *adj* **1** (problema, comunicación) internal **2** (órgano, hemorragia) internal **3** (módem) internal **4** (patio) inner, interior
■ *s* **1** (alumno) boarder **2** (médico) intern (AmE), houseman (pl -men) (BrE) **3** (en una cárcel) inmate

interpretación *s* **1** (de un texto, un hecho, un sueño) interpretation: *una interpretación muy subjetiva* a very subjective interpretation **2** (de un personaje) portrayal: *una magnífica interpretación de Hamlet* a magnificent portrayal of Hamlet **3** (de una pieza musical) rendition **4** (traducción simultánea) interpreting

interpretar *v* **1** (un hecho, un texto, un sueño) to interpret **2** (a un personaje) to play **3** (una obra musical, una canción) to perform

intérprete *s* **1** (actor, músico) performer **2** (traductor) interpreter

interrogación ▶ ver **signo**

interrogar *v* **1** (a un detenido) to question, to interrogate ▶ **to interrogate** implica una actitud más agresiva: *La interrogaron durante más de seis horas.* She was interrogated for over six hours. **2** (a un testigo) to question

interrogatorio *s* **1** (de un detenido) questioning, interrogation ▶ **interrogation** implica una actitud más agresiva. **questioning** no se puede usar precedido de a: *Lo sometieron a un largo interrogatorio.* He was subjected to lengthy questioning./He was subjected to a long interrogation. **2** (de un testigo) questioning

interrumpir *v* **1** (a una persona) to interrupt: *No me interrumpas.* Don't interrupt me. **2** (una conversación, una clase, una actividad) to interrupt **3** (el tráfico) to hold up **4** (un programa de televisión, de radio) to interrupt **5 interrumpir un viaje/unas vacaciones** to cut short a trip/a vacation

interrupción *s* interruption | **sin interrupción** without interruption

interruptor *s* switch (pl -ches)

intervalo *s* interval

intervenir *v* **1** (actuar) to intervene: *Juan tuvo que intervenir para separarlos.* Juan had to intervene to separate them. **2** (tomar parte) **intervenir en una conversación/un debate** to take part in a conversation/a debate: *Nunca interviene en clase.* He never participates in class. **3** (un teléfono) to tap

---

i ¿Quieres estudiar vocabulario por temas? Consulta el **minidiccionario ilustrado**.

intestino s intestine | **cáncer de intestino** bowel cancer

intestino delgado small intestine **intestino grueso** large intestine

intimidad s (privacidad) privacy: *Aquí no tengo intimidad.* I don't have any privacy here. | **en la intimidad** in private

íntimo, -a adj **1** (amigo) close: *Es una amiga íntima.* She's a close friend. **2** (tema, asunto) private: *No me gusta hablar de cosas íntimas.* I don't like talking about private things. **3** (ambiente) intimate **4** (fiesta) small **5** (diario) private

intolerante adj intolerant

intoxicación s **1** (causada por alimentos) food poisoning **2** (causada por drogas, gases, etc.) intoxication

intoxicarse v (por consumir alimentos en mal estado) to get food poisoning

intriga s suspense | **quedarse con la intriga** to be left in suspense | **dejar a alguien con la intriga** to leave sb in suspense

intrigar v me/te etc. **intriga** I'm/you're etc. intrigued: *Me intriga saber quién lo hizo.* I'm intrigued to know who did it.

introducción s introduction

introducir v **1** (un cambio, una medida) to introduce **2** (meter) to insert: *Introduzca dos monedas de un peso.* Insert two one-peso coins. **3** (datos, información) to input, to enter

introvertido, -a adj introverted

intruso, -a s intruder

intuición s intuition | **tengo la intuición de que...** I have a feeling that...

inundación s flood

inundar v to flood

inundarse v **1** (casa, campos, etc.) to flood: *Se nos inundó la cocina.* The kitchen flooded. **2** (motor) to flood

inútil adjetivo & sustantivo

■ adj (cosa, persona) useless | **es inútil (insistir/que te quejes etc.)** it's no use (going on about it/complaining etc.): *Fue inútil.* It was no use. | *Es inútil apurarse ahora.* It's no use rushing now.

■ s ser un/una inútil to be useless

invadir v to invade

inválido, -a adjetivo & sustantivo

■ adj **1** (erróneo) (argumento, razones) invalid **2** (persona) disabled

■ s disabled person (pl disabled people)

invasión s **1** invasion **2** (de terrenos) illegal occupation

inventar v to invent

inventarse v to make up: *Me inventé una excusa.* I made up an excuse.

invento s (descubrimiento) invention

inventor, -a s inventor

invernadero s greenhouse ▶ ver **efecto**

inversión s investment

inverso, -a adj **1** en sentido inverso in the opposite direction | **en orden inverso** in reverse order | **hacer el camino inverso** to go back the way you came **2** a la inversa the other way around

invertir v **1** (dinero) to invest **2** invertir el orden de algo to reverse the order of sth

investigación s **1** (policial) investigation **2** (científica) research

investigador, -a s researcher

investigar v **1** (averiguar) to investigate: *La policía está investigando los motivos del crimen.* The police are investigating the motives for the crime. **2** (a una persona, una empresa) lo/los etc. están investigando he is/they are etc. under investigation, he is/they are etc. being investigated **3** (estudiar) **investigar (sobre) algo** to carry out research into sth

invierno s winter ▶ ver "Active Box" **estaciones del año** en **estación**

invisible adj invisible

invitación s **1** (acción) invitation: *No acepté su invitación.* I didn't accept his invitation. **2** (tarjeta) invitation

invitado, -a sustantivo & adjetivo

■ s guest: *Los invitados empezaron a llegar a las diez.* The guests started arriving at ten. | **la lista de invitados** the guest list

■ adj estar invitado -a to be invited: *–¿Vas a ir a la fiesta? –No estoy invitada.* "Are you going to the party?" "I'm not invited."

invitar v **1** (a una fiesta, a una cena, etc.) to invite: *Nos invitó a su cumpleaños.* She invited us to her birthday party. | **invitar a alguien a salir** to ask sb out: *No se animó a invitarla a salir.* He couldn't pluck up the courage to ask her out. | *Me ha invitado a ir al cine con él.* He's asked me to go to the movies with him. **2** (pagar) to pay: *Yo invito.* I'm paying.

involuntario, -a adj involuntary

inyección s injection | **darle/ponerle una inyección a alguien** to give sb an injection

ir verbo & verbo auxiliar

■ v ▶ ver recuadro en página 608

irse v (de un lugar) to leave: *Se fueron temprano.* They left early. | *Se fue de su casa.* She left home.

■ v aux ir a [+ infinitivo] to be going to [+ infinitivo] *Le voy a decir la verdad.* I'm going to tell him the truth. | *Nos íbamos a reunir el viernes.* We were going to meet on Friday.

Irlanda s Ireland

irlandés, -esa adjetivo & sustantivo

■ adj Irish

■ s (persona) **irlandés** Irishman (pl -men) | **irlandesa** Irishwoman (pl -women) | **los irlandeses** the Irish

■ **irlandés** s (idioma) Gaelic, Irish

ironía s irony (pl -nies)

irónico, -a adj ironic

irracional adj irrational

ir verbo

1 DIRIGIRSE (= to go)

¿Adónde vas? Where are you going? | *Este tren no va al aeropuerto.* This train doesn't go to the airport. | **ir al dentista, al médico etc.** to go to the dentist, the doctor etc. | **ir por algo/alguien** to go and get sth/sb: *Tengo que ir por mi hermana a la escuela.* I have to go get my sister from school.

Las construcciones **ir en avión, ir en bicicleta**, etc. están tratadas bajo el sustantivo correspondiente.

2 ACUDIR (= to come)

–¡Tomás! –¡Voy! "Tomás!" "(I'm) coming!"

3 CAMINO, CARRETERA

la carretera que va a León the road to León

4 MARCHAR

¿Cómo va todo? How are things going? | **irle bien/mal a alguien**: *–¿Cómo te va? –Bien.* "How are you?" "Fine." | *–¿Cómo te fue en el examen? –Más o menos.* "How did the exam go?" "So-so."

5 EN DEPORTES, JUEGOS

–¿Cómo van? –2 a 0. "What's the score?" "Two-zero." | *El equipo del colegio va en primero.* The school team is in the lead.

6 APOYAR

irle a algo/alguien to support sth/sb: *Le va al Toluca.* He supports Toluca.

7 EN UNA LECTURA, UN TRABAJO

ir en: *–¿En dónde vas? –Estoy leyendo el primer capítulo.* "How far have you gotten?" "I'm reading the first chapter." | *Ya va en el último ejercicio.* He's already on the last exercise.

8 UBICACIÓN (= to go)

Estos libros van aquí. These books go here.

9 MODO

El tren iba lleno. The train was full. | *Va siempre muy maquillada.* She always wears a lot of make-up.

10 VESTIR

ir de traje/de negro etc. to wear a suit/to wear black etc.: *Iba de largo.* She wore a long dress.

11 COMBINAR

ir (bien) con to go (well) with: *El naranja no va con el rojo.* Orange doesn't go with red.

12 EXPRESIONES

vaya a saber who knows?: *Vaya a saber por qué lo hizo.* Who knows why he did it? | **¡qué le vamos/vas a hacer!** what can we/you do about it? | **vamos** come on | **vamos a ver**: *Vamos a ver, ¿qué pasó?* Now then, what happened? | *Vamos a ver qué hicieron.* Let's see what they've done.

irreal *adj* unreal

irregular *adj* irregular: *un verbo irregular* an irregular verb

irresponsable *adjetivo & sustantivo*
- *adj* irresponsible: *una actitud irresponsable* an irresponsible attitude
- *s* **ser un/una irresponsable** to be very irresponsible

irritar *v* **1** (enojar) to irritate **2** (causar ardor) to irritate

irritarse *v* **1** (enojarse) to get irritated: *Su tía se irritó mucho con él.* His aunt got very irritated with him. **2** (piel, ojos, etc.) to get irritated: *Se me irritaron los ojos.* My eyes got irritated.

irrompible *adj* unbreakable

isla *s* island: *Viven en una isla en el Caribe.* They live on an island in the Caribbean.

las Islas Británicas the British Isles

> **¿island o isle?**
>
> **island** es la traducción de *isla* en la mayoría de los contextos. **isle** sólo se usa en los nombres de algunas islas o en lenguaje literario.

Islam *s* Islam

islámico, -a *adj* Islamic

itacate *s* Si quieres explicar qué es un itacate di *it's a package of food left over from a meal, that your host gives you to take home*

Italia *s* Italy

italiano, -a *adjetivo & sustantivo*
- *adj* Italian
- *s* (persona) Italian | **los italianos** (the) Italians
- **italiano** *s* (idioma) Italian

itinerario *s* route

IVA *s* sigla de **Impuesto al Valor Agregado** VAT

izquierda *s* **1 la izquierda** (la mano) your left hand: *Escribe con la izquierda.* He writes with his left hand. **2 a la izquierda** on the left: *la primera calle a la izquierda* the first street on the left | **dar vuelta a la izquierda** to turn left | **a la izquierda de algo** to the left of sth: *Está a la izquierda de la puerta.* It's to the left of the door. | **a la izquierda de alguien** on sb's left: *Se sentó a la izquierda de Marta.* She sat on Marta's left. | **el/la de la izquierda** the one on the left: *El de la izquierda es mi tío.* The one on the left is my uncle. | **de izquierda a derecha** from left to right **3** (en política) left: *La izquierda se opuso.* The left objected. | **de izquierda** left-wing: *un partido de izquierda* a left-wing party

no left turn

straight ahead

turn right

izquierdo, -a *adj* **1** (mano, pie, etc.) left: *Se lastimó el pie izquierdo.* She hurt her left foot. **2 en el/del lado izquierdo** on the left-hand side

J, j s J, j ► ver "Active Box" **letras del alfabeto** en **letra**

jabalí s wild boar

jabalina s javelin

jabón s soap: *Se lavó las manos con agua y jabón*. He washed his hands with soap and water.
jabón de tocador toilet soap **jabón en polvo** laundry detergent (AmE), washing powder (BrE)

jabonera s soap dish (pl -shes)

jacket s (para una muela) crown

jactarse v to brag | **jactarse de algo** to brag about sth

jaguar s jaguar

jalado, -a adj **jalado -a (de los pelos)** far-fetched: *El argumento es un poco jalado de los pelos*. The argument is a bit far-fetched.

jalar v **1** (tirar) **jalar (de) algo** to pull sth: *No me jales el pelo*. Don't pull my hair.: *Me jalaba del brazo con desesperación*. He was tugging desperately at my arm. **2** (agarrar) to take: *Jaló una silla y se sentó a escuchar*. He took a chair and sat down to listen./He pulled up a chair and sat down to listen. **3** (funcionar) to work: *Esta impresora ya no jala*. This printer doesn't work any more. **4** **jalar parejo** to pull together: *Tenemos que jalar parejo para lograrlo*. We have to pull together to achieve it.

jalea s jelly (pl jellies)
jalea real royal jelly

jalón s **1** **arrancar algo de un jalón** to rip sth off: *Me arranqué la curita de un jalón*. I ripped the Band-Aid off. **2** **leerse algo de un jalón** to read sth in one go | **dormir ocho/nueve etc. horas de un jalón** to sleep through for eight/nine etc. hours
jalón de orejas *darle un jalón de orejas a alguien* to give sb a talking-to

jalonearse v to jerk

jamaica s (flor) hibiscus

jamás adv never: *Jamás pierde la paciencia*. He never loses his patience.

jamón s ham: *una torta de jamón* a ham sandwich
jamón dulce, jamón cocido cooked ham **jamón serrano** cured ham

Japón s Japan

japonés, -esa adjetivo & sustantivo
■ adj Japanese
■ s (persona) **japonés** Japanese man (pl men) | **japonesa** Japanese woman (pl women) | **los japoneses** the Japanese
■ **japonés** s (idioma) Japanese

jaque s check
jaque mate checkmate

jaqueca s migraine: *Tenía unas jaquecas terribles*. She had terrible migraines.

jarabe s syrup: *jarabe para la tos* cough syrup

jardín s **1** (en lugar público) garden **2** (de una casa) yard (AmE), garden (BrE): *Estaban jugando en el jardín*. They were playing in the yard. **3** **los jardines** (en beisbol) the outfield
jardín botánico botanical garden **jardín central/derecho/izquierdo** (en beisbol) center/right/left field **jardín de niños** nursery school **jardín trasero** backyard **jardín zoológico** zoo

jardinería s gardening

jardinero, -a s **1** gardener **2** (en beisbol) outfielder

jarra s pitcher (AmE), jug (BrE): *una jarra de agua* a pitcher of water

jarro s mug

jarrón s vase

jaula s cage

jazmín s jasmine

jazz s jazz: *una banda de jazz* a jazz band

jeans s pl (pantalón) jeans: *Me puse jeans y una camisa*. I put on some jeans and a T-shirt.

jefe, -a s **1** (en el trabajo) boss (pl bosses) **2** (de un partido, un sindicato) leader **3** (de una tribu) chief
Jefe de Estado head of state **jefe de policía** chief of police, police chief (AmE), chief constable (BrE)

jengibre s ginger

jerarquía s hierarchy (pl -chies)

jerez s sherry (pl -rries)

jerga s **1** (lenguaje) jargon: *la jerga médica* medical jargon **2** (trapo para limpiar) cloth **3** (trapo para el piso) floorcloth

jeringa s syringe

jeroglífico s (escritura) hieroglyph (pl hieroglyphics)

Jesucristo s Jesus Christ

Jesús s Jesus: *el niño Jesús* the baby Jesus

jicote s hornet

jinete, -a s rider

jirafa s giraffe

jitomate s tomato (pl -toes) | **una ensalada/una salsa de jitomates** a tomato salad/sauce

jockey s jockey

jocoque s curd

jonrón s home run

jornada s (día) day: *la noticia más importante de la jornada* the most important news of the day **jornada laboral** working day

joroba s hump

jorobado, -a *adjetivo & sustantivo*
- *adj* hunchbacked
- *s* hunchback

joto s (en las cartas) jack

joven *adjetivo & sustantivo*
- *adj* young: *Es muy joven todavía.* He's still very young. | *Mi mamá es más joven que mi papá.* My mother is younger than my father.
- *s* (varón) young man (pl men), (mujer) girl, young woman (pl women): *un joven de 18 años* a young man of 18 | *Es un lugar ideal para los jóvenes.* It's an ideal place for young people.

joya s (alhaja) piece of jewelry (AmE), piece of jewellery (BrE): *una joya muy valiosa* a very valuable piece of jewelry ► **a jewel** significa **una piedra preciosa.** Para hablar de joyas en general se usa **jewelry** (o **jewels** si son muy valiosas): *Le robaron todas las joyas.* All her jewelry was stolen. | *las joyas de la corona* the crown jewels

bracelet

necklace
ring

earring

joyería s (comercio) jewelry store (AmE), jeweller's (BrE)

joyero, -a *sustantivo masculino & femenino & sustantivo masculino*
- *s masc & fem* (persona) jeweler (AmE), jeweller (BrE)
- **joyero** *s masc* (caja) jewelry box (pl -xes) (AmE), jewellery box (BrE)

jubilación s **1** (dinero) pension: *Cobra una buena jubilación.* She gets a good pension. **2** (condición) retirement: *Ya está pensando en su jubilación.* He's already thinking about his retirement.

jubilado, -a *adjetivo & sustantivo*
- *adj* retired: *Está jubilada.* She is retired.
- *s* retiree (AmE), pensioner (BrE)

jubilarse *v* to retire

judaísmo s Judaism

judío, -a *adjetivo & sustantivo*
- *adj* Jewish
- *s* Jew

judo s judo: *Es campeón de judo.* He's a judo champion.

juego s **1** (actividad recreativa) game: *Jugamos a un juego muy divertido.* We played a fun game. **2** (partido) game, match (BrE): *Vimos el juego por televisión.* We saw the game on television. **3** (por dinero) **el juego** gambling: *El juego le arruinó la vida.* Gambling ruined his life. **4** (en tenis, squash, etc.) game: *Va ganando por dos juegos a uno.* She's winning two games to

one. **5** (conjunto) set: *un juego de sábanas* a set of bedlinen | *un juego de té* a tea set **6 hacer juego** to match: *El pantalón y la camisa no hacen juego.* The pants and the shirt don't match. | **hacer juego con algo** to match sth **7 estar en juego** to be at stake: *Está en juego tu futuro.* Your future is at stake. **8 los juegos (a)** (tobogán, columpios, etc.) the swings: *Quiere ir a los juegos.* He wants to go to the swings. **(b)** (en un parque de diversiones) the rides

juego de azar game of chance **juego de cartas** card game **juego de la oca** Si quieres explicar qué es el juego de la oca, di *it's a board game similar to "chutes and ladders"* **juego de mesa** board game **juego de palabras** play on words **juego de video** video game **juego limpio** fair play **Juegos Olímpicos** s pl Olympic Games **juego sucio** foul play

board games
chinese checkers
checkers (AmE)/ draughts (BrE)

chutes and ladders (AmE)/ snakes and ladders (BrE)
chess

juerga s **andar/irse de juerga** to be out/to go out on the town, to be out/to go out partying

jueves s Thursday ► ver "Active Box" **días de la semana** en **día**
Jueves Santo Holy Thursday, Maundy Thursday (BrE)

juez, jueza s judge
juez de línea (a) (hombre) linesman (pl -men) **(b)** (mujer) lineswoman (pl -women) **juez de silla** umpire

jugada s **1** (en futbol, basquet, etc.) play (AmE), move (BrE): *la mejor jugada del primer tiempo* the best play of the first half **2** (en ajedrez) move

jugador, -a s **1** (de un deporte o juego) player: *un jugador de futbol* a soccer player **2** (que tiene el vicio del juego) gambler

jugar *v* **1** (realizar una actividad recreativa) to play: *Jugaron juntos toda la tarde.* They played together all afternoon. | **jugar cartas/ajedrez etc.** to play cards/chess etc. **2** (hablando de deportes) to play | **jugar futbol/basquet etc.** to play soccer/basketball etc.: *Juega tenis muy bien.* He plays tennis very well. | **jugar contra/con alguien** to play sb: *México juega contra Colombia el domingo.* Mexico plays Colombia on Sunday. **3** (por dinero) to gamble: *Sale todas las noches a jugar.* He goes out gambling every night. | **jugar ruleta/pócar etc.** to play roulette/poker etc. **4** (apostar) to bet: *Le jugó todo al 27.* He bet everything on number 27. **5** (referido al turno en un juego) En ajedrez o damas se dice **to move**, en otros juegos de mesa **to play**: *¿Ya has jugado?* Have you moved yet?/Have you played yet? | *Me toca jugar a mí.* It's my turn./It's my go. **6 jugar limpio** to play fair | **jugar sucio** to play dirty

jugarse v **1** (apostar) **jugarse algo** to gamble sth away: *Se jugó el dinero de la herencia.* He gambled away his inheritance. **2** (arriesgar) **jugarse la vida/el empleo etc.** to risk your life/your job etc., to put your life/your job etc. at risk | **jugársela** to risk everything

jugo s (de fruta) juice: *jugo de naranja* orange juice

jugoso, -a adj (carne, fruta) juicy

juguete s toy | **un coche/una pistola etc. de juguete** a toy car/gun etc.

juguetería s toy shop, toy store

juicio s **1** (en derecho) trial **2** (opinión) **a mi/su etc. juicio** in my/her etc. opinion | **a juicio de alguien** in sb's opinion **3 perder el juicio** to go crazy ▶ ver **muela**

julio s July ▶ ver "Active Box" **meses** en **mes**

jungla s jungle

junio s June ▶ ver "Active Box" **meses** en **mes**

junta s **1** (reunión) meeting | **hacer una junta** to hold a meeting **2** (comisión) committee **3 junta (militar)** military junta **4** (unión) joint

juntar v **1** (poner en contacto) **juntar las manos/dos mesas etc.** to put your hands/two tables etc. together: *Juntamos las dos camas.* We put the two beds together. | **juntar algo con algo** to put sth and sth together: *No juntes tus lápices con los míos.* Don't put your pencils together with mine. **2** (reunir) (firmas, alimentos, etc.) to collect: *Están juntando alimentos para los damnificados por las inundaciones.* They are collecting food for the flood victims. **3** (ahorrar) **juntar dinero para algo** to save up for sth: *Estoy juntando dinero para un DVD.* I'm saving up for a DVD. | **juntar el dinero para algo** to get the money together for sth: *Ya han juntado el dinero para el viaje.* They've already gotten the money together for the trip. **4 juntar a familiares/amigos -as etc.** to get relatives/friends etc. together: *Decidieron juntar a toda la familia para Navidad.* They decided to get the whole family together for Christmas. **5** (coleccionar) to collect: *Junta monedas antiguas.* He collects old coins.

juntarse v **1** (reunirse) to get together: *Nos juntamos a jugar cartas.* We get together to play cards. | **juntarse con alguien (a)** (tener trato con) to mix with sb: *No te juntes con ellos.* Don't mix with them. **(b)** (en determinada ocasión) to get together with sb: *Me junté con Carmen para hacer el trabajo.* I got together with Carmen to do the assignment. **2** (acercarse) to move close together: *Júntense más.* Move closer together.

junto, -a adjetivo & adverbio
■ adj together: *Fuimos juntos a la fiesta.* We went to the party together. | *Las mesas están demasiado juntas.* The tables are too close together.
■ adv **junto a** next to: *Se sentó junto a ella.* He sat next to her. | **junto con** (together) with

Júpiter s Jupiter

jurado s **1** (en un juicio) jury (pl -ries) **2** (en un concurso) panel, panel of judges

juramento s oath | **prestar juramento** to take an oath | **bajo juramento** under oath

jurar v **1** to swear: *Me juró que era verdad.* He swore to me that it was true. | *No fui yo, te lo juro.* It wasn't me, I swear. **2 jurar bandera** to swear allegiance to the flag **3 tenérsela jurada a alguien** to have it in for sb

jurídico, -a adj legal: *el sistema jurídico* the legal system

justamente adv **1** (precisamente) precisely: *Es justamente por eso que queremos ir.* That is precisely why we want to go. | *Fue ella, justamente, la que quiso hacerlo así.* It was precisely her who wanted to do it like this. **2** (casualmente) just: *Justamente estaba por llamarte.* I was just about to call you.

justicia s **1** (equidad) justice | **se hizo/se hará justicia** justice was done/will be done **2 la justicia** (el sistema) the law

justificar v **1** (una actitud, un gasto) to justify **2** (fundamentar) to give reasons for: *Justificar la respuesta.* Give reasons for your answer.

justificarse v to justify what you do: *No intentes justificarte* Don't try to justify what you did.

justo, -a adjetivo & adverbio
■ adj **1** (apropiado, exacto) **en el momento justo/a la hora justa etc.** just at the right moment/time etc.: *Llegamos en el momento justo.* We arrived just at the right moment. **2** (apenas suficiente) **el dinero/tiempo justo** just enough money/time: *Tengo el dinero justo para el autobús.* I have just enough money for the bus. **3** (de acuerdo con la justicia) fair: *un castigo justo* a fair punishment | *No es justo.* It's not fair. **4** (ajustado) (pantalones, falda) tight
■ **justo** adv **1** (precisamente) precisely: *Es justo por eso que estoy preocupada.* That's precisely why I'm worried. | **justo en ese momento/cuando...** just at that moment/just when...: *justo cuando estaba por salir* just as I was about to go out **2** (apenas) just: *Alcanzó justo.* It was just enough.

juventud s **1** (edad) youth: *Jugaba tenis en su juventud.* She played tennis when she was young./She played tennis in her youth. **2** (los jóvenes) young people: *la juventud de hoy* young people today/the youth of today

juzgado s court

juzgar v **1** (en derecho) to try **2** (evaluar) to judge: *Tiene la costumbre de juzgar a la gente.* He is in the habit of judging people.

ⓘ ¿No sabes cómo pronunciar una determinada palabra? Consulta el recuadro de **símbolos fonéticos** en el interior de la cubierta.

K, k s K, k ▶ ver "Active Box" **letras del alfabeto** en **letra**

karaoke s karaoke

karate s karate | **hacer karate** to do karate

kayac s **1** (embarcación) kayak **2** (actividad) kayaking

kermés o **kermesse** s fête: *la kermés de la escuela* the school fête

kg (= **kilogramo**) kg

kilo s kilo

kilogramo s kilogram

kilometraje s El equivalente de *kilometraje* en los países que usan millas es **mileage**

kilómetro s kilometer (AmE), kilometre (BrE)

kimono s kimono

kinder s nursery school

kinesiólogo, -a s physiotherapist

kiosco s ▶ ver **quiosco**

kiwi s **1** (fruta) kiwi, kiwi fruit **2** (ave) kiwi

kleenex® s tissue, Kleenex® (pl -xes)

km (= **kilómetro**) km

knock out s knockout

K.O. (= **knock out**) KO

koala s koala (bear)

kotex® s sanitary napkin (AmE), sanitary towel (BrE)

L, l s L, l ▶ ver "Active Box" **letras del alfabeto** en **letra**

l (= **litro**) l

la *artículo, pronombre & sustantivo*
- **art** ▶ ver recuadro en **el**
- **pron** ▶ ver recuadro; el plural **las** está tratado junto con **los**
- **s** (nota musical) A

laberinto s **1** (de calles, pasillos, etc.) labyrinth, maze **2** (en un parque) maze

---

la *pronombre*

1 CUANDO NO SE REFIERE A PERSONAS (= it)
¿La vas a comprar? Are you going to buy it?

2 CUANDO SE REFIERE A "ELLA" (= her)
La llevé a su casa. I took her home.
El pronombre no se usa en inglés cuando está presente el complemento al que se refiere:
A Mercedes no la vi. I didn't see Mercedes.

3 CUANDO SE REFIERE A "USTED" (= you)
¿La puedo ayudar? Can I help you?

---

labio s lip | **pintarse los labios** to put some lipstick on: *Se pintó los labios.* She put some lipstick on.

laborable *adj* ▶ ver **día**

laboral *adj* **el mundo laboral** the world of work | **el mercado laboral** the labor market (AmE), the labour market (BrE) | **problemas laborales** labor problems (AmE), labour problems (BrE)

laboratorio s laboratory (pl -ries)

laca s (para el pelo) hairspray

lacio, -a *adj* straight: *Tiene el pelo lacio.* She has straight hair.

lacrimógeno *adj* ▶ ver **gas**

LADA o **clave Lada** s (= **Larga Distancia Automática**) area code (AmE), dialling code (BrE)

lado s **1** (para expresar posición) **a mi/tu etc. lado** next to me/you etc., beside me/you etc.: *Estaba a mi lado.* She was next to me./She was beside me. | **al lado de algo/alguien** next to sth/sb: *Se sentó al lado de su mamá.* He sat next to his mother. | *La escuela queda al lado del parque.* The school is next to the park. ▶ Cuando se trata de edificios que están uno junto al otro, se usa **next door**: *Viven al lado de mi casa/de la iglesia.* They live next door to me/to the church. | **la casa/la tienda de al lado** the house/store next door | **en/por algún lado** somewhere: *Lo dejé en algún lado.* I left it somewhere. | **en/a otro lado** somewhere else: *Váyanse a otro lado.* Go somewhere else. | **a/por etc. ningún lado** Se usa **anywhere** con un verbo en negativo. | *No lo encuentro por ningún lado.* I can't find it anywhere. ▶ El uso de **nowhere** (con un verbo en afirmativo) es más enfático: *No vamos a ningún lado.* We aren't going anywhere./We're going nowhere. **2** (del cuerpo, de la cara) side | **de lado** on your side: *Acuéstate de lado.* Lie down on your side. | **darle a alguien** por su lado to humor sb (AmE), to humour sb (BrE), to play along with sb **3** (parte) side: *el lado fresco de la casa* the cool side of the house | **a un lado/al otro lado** on one side/on the other side: *A un lado están las habitaciones, al otro, los baños.* The rooms are on one side and the bathrooms on the other. **4** (en geometría) side **5** (en comparaciones) **al lado de algo/alguien** compared to sth/sb: *Al lado de Diego es altísimo.* Compared to Diego he's very tall. **6 por un lado... por otro (lado)** on the one hand... on the other (hand): *Por un lado es útil, pero por otro no sé si vale lo que cuesta.* On the one hand it's useful, but on the other I'm not sure it's worth the money.

ladrar v to bark

ladrido s bark ▶ **A bark** se usa para traducir *un ladrido.* El plural *ladridos* se traduce por **barking**: *Los ladridos se oían desde lejos.* You could hear the barking from a long way off.

ladrillo s brick: *una pared de ladrillos* a brick wall

ladrón¹, -ona s

¿thief, burglar o robber?

El término general es **thief**, cuyo plural es **thieves**:

el ladrón que le robó la cámara the thief who stole her camera | *No pudieron atrapar a los ladrones.* They couldn't catch the thieves.

Para referirse a la persona que entra a una casa a robar se usa **burglar**:

Entraron ladrones y les desvalijaron la casa. Burglars broke into their house and stole everything.

Para referirse a la persona que asalta un banco o una tienda se usa **robber**:

Los ladrones amenazaron a la cajera. The robbers threatened the cashier.

---

ladrón² s (enchufe) adaptor, trailing socket (BrE)

lagaña s Usa **sleep**, que es un sustantivo incontable y no puede ir precedido de **a**: *Tienes una lagaña.* You have a little sleep in your eye. | *Tienes lagañas.* You have sleep in your eyes.

lagartija s **1** (animal) small lizard **2** (ejercicio) push-up (AmE), press-up (BrE)

lagarto s lizard

lago s lake ▶ Cuando se trata del nombre de un lago, en inglés se omite el artículo: *el Lago Titicaca* Lake Titicaca

lágrima s tear: *Se le llenaron los ojos de lágrimas.* His eyes filled with tears.

laguna s **1** (de agua dulce) lake **2** (de agua salada, junto al mar) lagoon **3** (en la memoria) **tener lagunas** to have memory lapses | **se me/le etc. hizo una laguna** my/his etc. mind went blank **4** (en los conocimientos) gap

lambiscón, -ona s bootlicker

lamentable adj **1** (que se lamenta) regrettable: *un lamentable error* a regrettable mistake **2 en un estado lamentable** in a terrible state: *La casa quedó en un estado lamentable.* The house was left in a terrible state. **3** (vergonzoso) disgraceful: *El desempeño del equipo fue lamentable.* The team's performance was disgraceful.

lamentar v **1** (en disculpas) **lo lamento** I'm sorry: *Dijo que lo lamentaba mucho.* He said he was very sorry. **2** (arrepentirse) to be sorry ▶ También existe **to regret** que es más formal: *Ahora lamento habérselo dicho.* Now I'm sorry I told her./Now I regret having told her.
lamentarse v **1** (quejarse) **lamentarse (de algo)** to complain (about sth) **2** (arrepentirse) to be sorry: *Es tarde para lamentarse.* It's too late to be sorry.

lamer v lick: *El perro le lamió la mano.* The dog licked his hand.

lámina s **1** (ilustración) illustration **2** (de metal) sheet

lámpara s (de interior) lamp
lámpara de escritorio desk lamp **lámpara de pie** floor lamp, standard lamp (BrE)

lana s **1** (fibra) wool | **un suéter/unos guantes de lana** a woolen sweater/a pair of woolen gloves (AmE), a woollen sweater/a pair of woollen gloves (BrE) **2** (dinero) dough, cash: *¿Me prestas una lana?* Can you lend me some dough? | *No traigo nada de lana.* I don't have any cash on me.

lancha s motorboat
lancha de motor motorboat **lancha salvavidas** lifeboat

langosta s **1** (crustáceo) lobster **2** (insecto) locust

langostino s jumbo shrimp (AmE), king prawn (BrE)

lanza s spear

lanzamiento s **1** (de un nuevo producto, un nuevo modelo) launch, (de un disco) release **2** (de un satélite, un misil) launch **3** (desalojo) eviction **4** (de una bomba) dropping **5** (en beisbol) pitch
lanzamiento de bala shot put **el lanzamiento de disco** the discus **el lanzamiento de jabalina** the javelin **el lanzamiento de martillo** the hammer

lanzar v **1** (una pelota, una piedra) to throw **2** (un misil, un satélite) to launch **3** (un producto) to launch **4 lanzar un grito/una carcajada** to shout out/to burst out laughing
lanzarse v **1** to throw yourself: *Se lanzó al agua.* He threw himself into the water. **2 lanzársele a alguien** to make a pass at sb, to hit on sb (AmE) **3** (ir) to go: *¿Quién se lanza por los refrescos?* Who's going for the drinks?

lapicero s (portaminas) mechanical pencil (AmE), propelling pencil (BrE)

lápida s gravestone

lápiz s (de mina o grafito) pencil | **lápices de colores** colored pencils (AmE), coloured pencils (BrE), crayons (BrE)
lápiz de labios, lápiz labial lipstick **lápiz delineador, lápiz para ojos** eyeliner (pencil)

largar v (una carrera) to start
largarse v (irse) to beat it, to clear off (BrE)

---

largo, -a *adjetivo & sustantivo*
- **adj 1** (en longitud) long: *Tiene el pelo largo.* She has long hair. | **me/te etc. queda largo -a** it's too long on me/you etc.: *La falda te queda larga.* The skirt's too long on you. **2** (en duración) long: *un largo viaje* a long trip **3 a la larga** eventually: *A la larga, te acostumbras.* You get used to it eventually. | **a lo largo del camino/del pasillo etc.** along the road/the corridor etc.: *Caminamos a lo largo de la costa.* We walked along the coast. | **a lo largo de la historia/de su vida etc.** throughout history/his life etc. **4 tengo/tiene etc. para largo** I'm/he's etc. going to be a long time | **esto va para largo** this could go on for a long time
- **largo** *s* (longitud) length | **¿cuánto tiene/mide de largo?** how long is it? | **tiene/mide dos metros etc. de largo** it's 2 meters etc. long: *Mide 80 centímetros de largo.* It's 80 centimeters long.

las *art & pron* ▶ ver recuadro en **los**

lasaña *s* lasagne

láser *s* laser ▶ ver **impresora, rayo**

lástima *s* **1 ser una lástima** to be a shame, to be a pity: *Es una lástima que se tengan que ir ahora.* It's a shame you have to go now./It's a pity you have to go now. | **¡qué lástima!** what a shame!, what a pity!: *¡Lástima que no trajiste la cámara!* What a shame you didn't bring the camera!/What a pity you didn't bring the camera! | **tenerle lástima a alguien** to feel sorry for sb: *Les tengo mucha lástima.* I feel very sorry for them. **2 dar lástima** ver ejemplos: *Su aspecto daba lástima.* It was sad to see him looking like that. | *Da lástima tirar tanta comida.* It's a shame to throw out so much food. | *La pobre niña me da lástima.* I feel sorry for the poor girl. | *Me dio mucha lástima no poder ir.* I was very sad not to be able to go.

lastimar *v* **1** (emocionalmente) to hurt: *No quiso lastimarte.* She didn't mean to hurt you. **2** (físicamente) to hurt: *¡Me lastimaste!* You hurt me!
lastimarse *v* to hurt yourself: *Me lastimé.* I hurt myself. | **lastimarse la pierna/la mano etc.** to hurt your leg/your hand etc.

lata *s* **1** (de bebida) can: *Una lata de limonada, por favor.* A can of lemonade, please. **2** (de conserva) can, tin (BrE): *una lata de sardinas* a can of sardines | **atún/duraznos etc. de lata** canned tuna/peaches etc., tinned tuna/peaches etc. (BrE) **3** (material) tin | **un techo/un envase etc. de lata** a tin roof/container etc. **4** (cosa molesta o aburrida) drag, pain: *Es una lata.* It's a drag./It's a pain. | **dar lata** to be a nuisance, to be a pain: *¡Ya dejen de dar lata!* Stop being a nuisance!/Stop being a pain! | **darle lata a alguien** to pester sb: *¡Deja de darle lata a tu hermanita!* Stop pestering your little sister! | **me/le etc. da la lata hacer algo** it's a drag having to do sth: *Me da la lata hacer estos ejercicios.* It's a drag having to do these exercises.

lateral *adjetivo & sustantivo*
- **adj puerta/entrada lateral** side door/entrance
- **s 1** (en fútbol) **el lateral derecho/izquierdo** the right/left back **2** (de una avenida) service road, frontage road (AmE)

latido *s* beat: *los latidos de su corazón* his heartbeat

látigo *s* whip

latín *s* Latin

latino, -a *adjetivo & sustantivo*
- **adj 1** (en sentido amplio) Latin: *los países latinos* Latin countries **2** (de Latinoamérica) Latin American
- **s** Latin American ▶ Para referirse a un latinoamericano que vive en EU también se usa **Latino**

Latinoamérica *s* Latin America

latinoamericano, -a *adj & s* Latin American

latir *v* **1** (corazón) to beat: *El corazón me latía muy fuerte.* My heart was beating very fast. **2** (parecer) **me late que...** I get the feeling that...: *Me late que gana el 7.* I get the feeling number seven's going to win. **3** (parecer bien) ver ejemplos: *–¿Nos tomamos una cerveza? –Me late.* "Shall we have a beer?" "Fine./OK." | *¿Les late que el fin de semana nos vayamos a Cuernavaca?* How about going to Cuernavaca at the weekend?/What do you say we go to Cuernavaca at the weekend?

latitud *s* latitude

latoso, -a *adjetivo & sustantivo*
- **adj 1** (fastidioso) **ser latoso -a** to be a pain: *Sus niños son muy latosos.* Their children are a real pain. **2** (que aburre) boring
- **s ser un latoso/una latosa** to be a pain

laurel *s* **1** (árbol) bay tree **2** (en cocina) bay leaves *pl*

lava *s* lava

lavabo *s* sink (AmE), washbasin (BrE)

lavadero *s* **1** (habitación) laundry room, utility room **2** (en la cocina) sink, kitchen sink

lavado *s* (tarea) washing: *Yo me ocupo del lavado y el planchado de la ropa.* I take care of the washing and ironing.
lavado de cerebro brainwashing **lavado de dinero** money laundering **lavado en seco** dry-cleaning

lavadora *s* washing machine
lavadora de platos/trastes dishwasher

lavanda *s* lavender

lavandería *s* **1** (que brinda servicio de lavado) **2** (de autoservicio) **lavandería (automática)** laundromat® (AmE), launderette (BrE) **3** (en un hotel) **servicio de lavandería** laundry service

lavar *v* to wash: *Le lavé el coche a mi papá.* I washed my dad's car. | **lavar los trastes/los platos** to wash the dishes, to do the dishes (AmE), to do the washing up (BrE) | **lavar la ropa** to do the laundry (AmE), to do the washing (BrE) | **lávese en seco** dry clean only | **lavar dinero** to launder money

---

i ¿Se dice *I arrived in Miami* o *I arrived to Miami*? Mira la entrada **arrive**.

lavarse v **lavarse las manos/la cara** etc. to wash your hands/face etc.: *Lávate las manos antes de comer.* Wash your hands before you eat. | **lavarse la cabeza** to wash your hair: *Me tengo que lavar la cabeza.* I have to wash my hair. | **lavarse los dientes** to brush your teeth: *Lávate los dientes antes de acostarte.* Brush your teeth before you go to bed.

laxante s laxative

lazo s **1** (nudo decorativo) bow **2** (cinta) ribbon **3** (para atrapar potros, etc.) lasso (pl lassoes o lassos) **4** (vínculo) tie **5** (cuerda) rope

le pron ► ver recuadro; **les** es una entrada aparte

leal adj **1** (amigo) loyal **2** (a principios, ideales) **ser leal a algo** to be faithful to sth **3** (animal) faithful: *un perro leal* a faithful dog

lección s **1** (parte de un libro) lesson: *Se aprendió la lección de memoria.* She learned the lesson by heart. | **tomarle la lección a alguien** to test sb on the lesson: *¿Me tomas la lección?* Will you test me on the lesson? **2** (clase) lesson: *una lección de piano* a piano lesson **3** (enseñanza) lesson: *Que esto te sirva de lección.* Let this be a lesson to you.

leche s milk: *un vaso de leche* a glass of milk **leche chocolatada** chocolate milk **leche condensada** condensed milk **leche descremada** skim milk (AmE), skimmed milk (BrE) **leche en polvo** powdered milk

lechuga s lettuce

lechuza s owl

lector, -a s reader

lectura s reading: *Su hobby es la lectura.* Her hobby is reading.

leer v **1** to read: *Le gusta leer novelas policiacas.* He likes reading detective stories. | *No sabe leer.* He can't read. | **leer en voz alta** to read aloud **2** **leerle el pensamiento/la mente a alguien** to read sb's mind: *Me leíste el pensamiento.* You read my mind.

legal adj legal

legumbres s pl **1** (lentejas, garbanzos, etc.) pulses **2** (verduras en general) vegetables

lejano, -a adj **1** un pariente lejano a distant relative **2** un país lejano/una ciudad lejana a far-off country/city **3** en un futuro lejano in the distant future
el Lejano Oeste the Far West **el Lejano Oriente** the Far East

lejía s bleach

lejos adv **1** (en el espacio) far: *¿Está lejos?* Is it far? ► En frases afirmativas se usa **a long way**, excepto con **too**: *Está bastante lejos.* It's quite a long way. | *Es demasiado lejos para ir caminando.* It's too far to walk. | *¿Estamos lejos del aeropuerto?* Are we **far from** the airport? | *Viven lejos del centro.* They live **a long way from** the town center. **2 a lo lejos** in the distance: *A lo lejos se ven las montañas.* You can see the mountains in the distance. **3 de/desde lejos** from a distance **4 ir demasiado lejos** to go too far: *Esta vez fue demasiado lejos.* He's gone too

---

le

1 Usos principales:
CUANDO SE REFIERE A "ÉL" (= him)
Le dije la verdad. I told him the truth.
CUANDO SE REFIERE A "ELLA" (= her)
Pregúntale dónde vive. Ask her where she lives.
CUANDO SE REFIERE A "USTED" (= you)
¿Quién le dijo eso? Who told you that?
CUANDO NO SE REFIERE A PERSONAS (= it)
Le dieron una mano de pintura. They gave it a coat of paint.

2 El pronombre no se usa en inglés cuando está presente el complemento al que se refiere:
Le pedí dinero a mi papá. I asked my dad for some money. | *Le mandé un e-mail a Laura.* I sent Laura an e-mail.

3 Ten en cuenta que algunos verbos ingleses requieren el uso de preposiciones (**to him/to her/for him/for her** etc.). En otros casos, en inglés se usa un posesivo en lugar del artículo. Siempre te conviene mirar en la entrada correspondiente al verbo, buscar por ejemplo *escribir, sacar*, etc.:
Le escribí ayer. I wrote **to her** yesterday. | *Le saqué una foto.* I took a photo **of him**. | *Se le mojó el pelo.* **His** hair got wet. | *A Marita se le murió la abuela.* **Marita's** grandmother died.

---

far this time. **5 llegar lejos** to go far: *Si sigues así, no vas a llegar muy lejos.* You won't get very far if you carry on like that. **6 de lejos** by far: *Pablo es, de lejos, el mejor en matemática.* Pablo is by far the best at math.

lengua s **1** (parte del cuerpo) tongue | **sacarle la lengua a alguien** to stick your tongue out at sb: *Carlos me sacó la lengua.* Carlos stuck his tongue out at me. | **con la lengua de fuera** puffing and panting ► ver **punta 2** (idioma) language
lengua materna mother tongue

lenguado s sole

lenguaje s language

lengüeta s **1** (del zapato) tongue **2** (de un instrumento musical) reed

lente sustantivo & sustantivo plural
■ s lens (pl -ses)
■ **lentes** s pl glasses: *Tengo que usar lentes para leer.* I have to wear glasses for reading.
lentes de contacto contact lenses: *Usa lentes de contacto.* She wears contact lenses. **lentes oscuros, lentes de sol** sunglasses: *Se puso lentes oscuros.* He put some sunglasses on.

lenteja s lentil

lento, -a adjetivo & adverbio
■ adj slow: *un lento proceso* a slow process ► ver **cámara**
■ **lento** adv slowly: *Camina muy lento.* He walks very slowly.

---

leña s firewood

Leo s Leo: *Soy Leo.* I'm a Leo.

león, -ona s **león** lion | **leona** lioness (pl -sses) |
león marino s sea lion

leopardo s leopard

leotardo s leotard

les pron ▶ ver recuadro; **le** es una entrada aparte

lesbiana s lesbian

lesión s injury (pl -ries): *Sufrió lesiones leves.* He
suffered minor injuries.

lesionado, -a adj injured

lesionarse v to injure yourself

letra sustantivo & sustantivo plural

■ s **1** (del alfabeto) letter: *una palabra de cinco
letras* a five-letter word ▶ ver "Active Box"
letras del alfabeto 2 (caligrafía) handwriting:
Tiene buena letra. She has neat handwriting.
3 (de una canción) words pl, lyrics pl
▶ **words** es más coloquial: *Se aprendió la letra de
memoria.* He learned the words by heart.
▶ ver **pie**
letra cursiva, letra de imprenta print **letra
mayúscula** capital letter **letra minúscula**
small letter

■ **letras** s pl **1** (carrera, disciplina) arts, humanities: *Quiere estudiar letras.* He wants to study
arts./He wants to study humanities. **2** (literatura) literature sing

letrero s sign
letrero luminoso illuminated sign

leucemia s leukemia (AmE), leukaemia (BrE)

levadura s yeast

levantar v **1** (alzar, elevar) to lift: *Levantó la tapa
de la caja.* She lifted the lid of the box. | *Entre los
dos pudimos levantar el baúl.* We managed to lift
the trunk between the two of us. | *Levanté la
persiana.* I pulled the blind up. | **levantar la
mano (a)** (en el colegio) to put your hand
up **(b)** (para llamar la atención de alguien, para
pegarle, etc.) to raise your hand: *¡No me levantes la
mano!* Don't raise your hand to me! | **levantar los
brazos/las cejas** to raise your arms/eyebrows |
levantar la vista to look up **2** (recoger) **levantar
algo** to pick sth up: *Levanten esos papeles.* Pick
those papers up. | **levantar a alguien en brazos** to
pick sb up **3** (construir) **levantar una pared/un
edificio** to put up a wall/a building: *Levantaron un
multifamiliar de 20 pisos.* They put up a 20-story
apartment building. **4 levantar la mesa** to clear
the table ▶ ver **ánimo, voz**

levantarse v **1** (de la cama) to get up: *Mañana
me tengo que levantar temprano.* I have to get up
early tomorrow. **2** (pararse) to get up: *No se
levantó de la silla en toda la tarde.* He didn't get up
out of his chair all afternoon. **3 levantarse de la
mesa** to leave the table ▶ Cuando se trata de
niños se puede decir también **to get down (from the
table)**: *Pidió permiso para levantarse de la mesa.*
He asked permission to leave the table./He asked
if he could get down from the table.

---

les

1 Usos principales:
CUANDO SE REFIERE A **"ELLOS"** O **"ELLAS"** (= them)

No les dije nada. I didn't tell them anything. |
Pregúntales dónde viven. Ask them where
they live.
CUANDO SE REFIERE A **"USTEDES"** (= you)

¿Quién les dijo eso? Who told you that?
CUANDO SE REFIERE A OBJETOS (= them)

Les dimos una mano de pintura. We gave
them a coat of paint.

2 El pronombre no se usa en inglés cuando está
presente el complemento al que se refiere:

Les pedí ayuda a mis padres. I asked my
parents for help. | *Les mandé un e-mail a mis
primos.* I sent my cousins an e-mail.

3 Ten en cuenta que algunos verbos ingleses
requieren el uso de preposiciones (**to them/to
you/for them/for you** etc.). En otros casos, en
inglés se usa un posesivo en lugar del artículo. Siempre te conviene mirar la entrada
correspondiente al verbo, buscar por ejemplo
escribir, sacar, etc.:

Les voy a escribir la semana que viene. I'm
going to write **to them** next week. | *Les saqué
muchas fotos.* I took lots of photos **of them**. | *Se
les había muerto el abuelo.* **Their** grandfather
had died. | *A los Rovira se les dañó la computa-
dora.* **The Rovira**s' computer broke down.

Active Box: letras del alfabeto

Los ejemplos de este **Active Box** son una guía
para ayudarte a construir oraciones que
hablan de las letras.

f de "fuego"	f for "fuego"
¿Se escribe con dos tes?	Is that with a double t?
Piensa en una pala-bra que empiece con x.	Think of a word that begins with x.
"Zurdo" se escribe con z.	"Zurdo" is spelled with a z.
Unicef se escribe con mayúscula.	Unicef is written with a capital U.

leve adj **1** (aumento, ascenso) slight: *un leve
ascenso de la temperatura* a slight rise in temperature **2** (herida, lesión) minor **3** (temblor,
aroma) faint

léxico s vocabulary (pl -ries)

ley s law
ley seca Si quieres explicar qué es la ley seca, di
it's a ban on alcohol sales

leyenda s legend

libélula s dragonfly (pl -flies)

ⓘ ¿Quieres información sobre las diferencias entre los **artículos** en inglés y en español? Lee la explicación en el apartado de gramática.

liberación s **1** (de un dominio) liberation: *la liberación femenina* women's liberation **2** (de rehenes, presos) release

liberal *adjetivo & sustantivo*
■ *adj* **1** (en política) liberal **2** (tolerante) liberal
■ s (en política) liberal

liberar v **1** (a un preso, un rehén) to release **2** (un país, una ciudad) to liberate
liberarse v **1** (de una tiranía, de la opresión) to free yourself | **luchar por liberarse** to fight for your freedom **2** **liberarse de una preocupación/una obligación** to free yourself of a worry/an obligation

libertad s **1** freedom **2** **dejar/poner a alguien en libertad** to set sb free, to release sb | **salir en libertad** to be released
libertad condicional parole **libertad de prensa** freedom of the press

Libra s Libra: *Soy Libra.* I'm a Libra./I'm a Libran.

libra s **1** (unidad de peso) pound **2** (moneda) pound | **libra esterlina** pound, pound sterling ▶ **pound sterling** sólo se usa en contextos formales o técnicos

libramiento s **1** (que evita la entrada a una ciudad o un pueblo) beltway (AmE), ring road (BrE) **2** (para evitar una obra) detour, diversion (BrE)

librarse v **librarse de hacer algo** (de algo que no se quiere hacer) to get out of doing sth: *¿Cómo te libraste de ir a la conferencia?* How did you get out of going to the lecture? | **librarse de algo** (de algo desagradable) to escape sth: *Se libró de que lo castigaran.* He escaped punishment. | *Se libró de una muerte segura.* He escaped certain death.

libre *adj* **1** (independiente) free: *Eres libre de hacer lo que quieras.* You're free to do what you want. **2** (no preso) free: *Lo dejaron libre.* They set him free. **3** (no ocupado) free: *¿Está libre este asiento?* Is this seat free? **4** (sin ocupaciones) free: *¿Qué haces en tu tiempo libre?* What do you do in your free time? | **tener el día libre** to have the day off **5** **libre de impuestos** tax-free ▶ ver **aire, lucha, tiro**

librería s bookstore (AmE), bookshop (BrE) ▶ En inglés existe la palabra **library** pero significa *biblioteca.*

librero, -a *sustantivo*
■ s (persona) bookseller
■ **librero** s (mueble) bookcase: *Regresa el diccionario al librero.* Put the dictionary back in the bookcase.

libreta s notebook
libreta de ahorros savings account passbook

libro s book
libro de bolsillo paperback **libro de consulta** reference book **libro de cuentos** (para niños) storybook **libro de texto** textbook

licencia s **1** (del trabajo) leave: *licencia sin goce de sueldo* unpaid leave | **estar de licencia** to be on leave **2** (de un producto) license (AmE), licence (BrE)
licencia de manejar, licencia de manejo driver's license (AmE), driving licence (BrE)

licenciado, -a s graduate: *Es licenciada en psicología.* She has a degree in psychology./She's a psychology graduate.

licenciatura s degree: *Está haciendo una licenciatura en Bellas Artes.* She's doing a degree in fine art.

licor s liqueur

licuado s milk shake, smoothie: *un licuado de durazno* a peach milk shake

licuadora s blender

líder s leader

liebre s hare

liendre s nit

liga s **1** (asociación) league **2** (de medias) garter

ligamento s ligament

ligar v **irse/salir a ligar** to go out to pick girls/men etc. up, to go out on the pull (BrE): *Los sábados nos íbamos a ligar a Coyoacán.* Saturdays we used to go to Coyoacán to pick girls up.
ligarse v **ligarse a alguien** to score with sb (AmE), to get off with sb (BrE): *Se ligó a la muchacha más bonita de la fiesta.* He scored with the prettiest girl at the party.

ligero, -a *adjetivo & adverbio*
■ *adj* **1** (liviano) light: *una maleta ligera* a light suitcase **2** **tener el sueño ligero** to be a light sleeper **3** (fresco) light: *un vestido ligero* a light dress **4** (referido a alimentos) light: *una comida ligera* a light lunch **5** (leve) (acento, dolor, tartamudeo) slight **6** (rápido) fast
■ **ligero** *adv* **1** (rápido) fast: *Camina un poco más ligero.* Walk a little faster. **2** (liviano) **comer/cenar etc. ligero** to have a light meal/dinner etc.

light *adj* **1** **un refresco light** a diet soft drink | **mayonesa light** low-calorie mayonnaise **2** **cigarros light** low-tar cigarettes

ligue s **1** **andar de ligue** to be on the make, to be out on the pull (BrE) | **irse de ligue** to go out to pick girls/men etc. up, to go out on the pull (BrE): *Nos fuimos de ligue al billar.* We went to the pool hall to pick guys up. **2** (hombre) man, (mujer) chick (AmE), bird (BrE): *Llegó con su nuevo ligue.* She arrived with her new man.

lija s sandpaper ▶ **sandpaper** es un sustantivo incontable y no puede ir precedido de a: *Necesito una lija.* I need some sandpaper./I need a piece of sandpaper. | **pasarle una lija a algo** to sand sth down

lijar v **lijar algo** to sand sth down

lila s **1** (flor) lilac **2** (color) lilac ▶ ver "Active Box" **colores** en **color**

lima s **1** (herramienta) file **2** (fruto) sweet lime, sweet lemon
lima de uñas nail file
limar v to file
limarse v to file: *Se limó las uñas.* She filed her nails.
limitación s limitation
limitado, -a s **1** (restringido) limited **2** (intelectualmente) limited
limitar v **1** (restringir) to limit **2 limitar con Brasil/Colombia etc.** to have a border with Brazil/Colombia etc.: *México limita al norte con Estados Unidos.* Chile has a border with Argentina to the east.
límite s **1** (máximo) limit: *el límite de velocidad* the speed limit **2** (de un territorio) boundary (pl -ries)
limón s lime | **jugo/helado de limón** lime juice/ice cream
limonada s lemonade
limonero s lemon tree
limosna s **pedir limosna** to beg: *Vimos muchos niños pidiendo limosna.* We saw many children begging.
limpiador s **limpiador (del parabrisas)** windshield wiper (AmE), windscreen wiper (BrE)
limpiaparabrisas s windshield wiper (AmE), windscreen wiper (BrE)
limpiar v **1** (sacar la suciedad) to clean: *Tengo que limpiar mi cuarto.* I have to clean my room. **2** (con un trapo, un pañuelo) to wipe: *¿Puedes limpiar la mesa, por favor?* Can you wipe the table, please? **3 limpiar en seco** to dry clean: *"Limpiar en seco"* "Dry clean only"
limpiarse v **limpiarse la boca/la nariz etc.** to wipe your mouth/nose etc.: *Se limpió la boca con la servilleta.* He wiped his mouth on his napkin.
limpieza s **1 hacer la limpieza** to do the cleaning **2** (cualidad de limpio) cleanliness
limpio, -a adjetivo & adverbio
■ adj **1** (sin suciedad) clean: *ropa limpia* clean clothes **2 pasar algo en limpio** to copy sth out neatly (AmE), to copy sth out in neat (BrE): *Tenemos que pasar las respuestas en limpio.* We have to copy the answers out neatly.
■ **limpio** adv **jugar limpio** to play fair

clean

dirty

lince s lynx (pl -xes)
lindo, -a adj **1** (referido a la personalidad de alguien, su amabilidad) nice: *Se ofreció a ayudarme. -¡Qué linda!* She offered to help me. She's so nice! **2** (bonito) pretty: *un lindo bebé* a pretty

baby **3** (agradable) nice: *Fue una velada muy linda.* It was a very nice evening. **4 se divirtieron de lo lindo** they had lots of fun | **nos aburrrimos/trabajaron de lo lindo** we were really bored/they worked really hard
línea s **1** (raya) line: *Tracen una línea recta.* Draw a straight line. | **en línea recta** in a straight line **2** (renglón) line: *No escriban más de diez líneas.* Don't write more than ten lines. **3** (de teléfono) line: *La línea está ocupada.* The line is busy. **4** (de autobús) route **5** (de metro, tren) line **6** (en Internet) **en línea** online: *Se puede hacer compras en línea.* You can shop online. | *una enciclopedia en línea* an online encyclopedia **7 guardar la línea** to keep trim: *Hace gimnasia para guardar la línea.* She does exercises to keep trim. **8** (de productos) line: *una nueva línea de cosméticos* a new line of cosmetics
línea aérea airline **línea de salida** starting line **línea de meta** finish line (AmE), finishing line (BrE) **línea punteada** dotted line
lingüística s linguistics sing
lino s **1** (tela) linen | *una chaqueta de lino/unos pantalones de lino* a linen jacket/a pair of linen pants **2** (planta) flax
linterna s flashlight (AmE), torch (BrE)
lío s **1** (problema) problem | **meterse en líos/en un lío** to get into trouble: *Siempre se están metiendo en líos.* They're always getting into trouble. | **se armó/se va a armar etc. un lío** there was trouble/there's going to be trouble etc. **2 armarse un lío** (confundirse) to get mixed up: *Me armé un lío con tantos números.* There were so many numbers I got mixed up.
liquidación s (en una tienda) sale: *Lo compré en una liquidación.* I bought it in a sale. | *La mayoría de las tiendas están de liquidación.* Most of the stores are having sales.
liquidar v **1** (en una tienda) **liquidar los artículos de tocador/los zapatos etc.** to sell off toiletries/shoes etc.: *Están liquidando la ropa de invierno.* They're selling off their winter clothes./Their winter clothes are on sale. **2** (pagar) **liquidar una deuda/un préstamo** to pay off a debt/a loan **3** (matar) to kill **4** (a un empleado) **liquidar a alguien** to pay sb off
líquido, -a adjetivo & sustantivo
■ adj (no sólido) liquid
■ **líquido** s liquid
lirio s iris (pl -ses)
lirón s **dormir como un lirón** to sleep like a log
liso, -a adj **1** (sin dibujos) (tela, corbata, falda, etc.) plain: *Se puso una camisa blanca lisa.* He put on a plain white shirt. **2** (superficie) smooth
lista s **1** (enumeración) list: *Hizo una lista de todo lo que necesitaba.* She made a list of everything she needed. | *la lista del mandado* the shopping list | *No estás en la lista.* You're not on the list. **2** (de alumnos) roll (AmE), register (BrE) | **pasar lista** to take roll (AmE), to take the register (BrE): *El profesor pasó lista.* The teacher took roll.

lista de espera waiting list **lista de precios** price list **lista negra** blacklist

listo, -a adj **1** (inteligente) bright | **pasarse de listo -a** to try to be too clever **2** (preparado) ready: *La comida está lista.* Lunch is ready. | *Estoy lista para salir.* I'm ready to go out. | *¿Tienes todo listo para mañana?* Did you get everything ready for tomorrow? **3** ¡**en sus marcas, listos, fuera!** on your marks, get set, go!, get ready, get set, go! (AmE)

listón s (cinta) ribbon

literal adj literal

literatura s literature: *la literatura inglesa* English literature

litro s liter (AmE), litre (BrE)

llaga s ulcer: *Tengo una llaga en la boca.* I have a mouth ulcer.

llama s **1** (de fuego) flame | **en llamas** in flames: *El edificio estaba en llamas.* The building was in flames. **2** (animal) llama

llamada s **llamada (telefónica)** (phone) call: *Tengo que hacer una llamada.* I need to make a call.

llamada de larga distancia long distance call **llamada local** local call **llamada por cobrar** collect call (AmE), reversed charges call (BrE)

llamado o **llamamiento** s appeal

llamar v **1** (para que alguien venga) to call: *Ya he llamado a la mesera.* I've already called the waitress. | *Llama a los niños que el desayuno está listo.* Call the children. Breakfast is ready. **2** (por teléfono) to call, to phone ▶ En inglés británico también es muy frecuente el uso del verbo **to ring** y de la expresión **to give sb a ring**: *Llámame mañana.* Call me tomorrow./Ring me tomorrow. | *Te llamo más tarde.* I'll phone you later./I'll give you a ring later. | **llamar a la ambulancia/a los bomberos/a la policía** to call an ambulance/the fire department/the police **3** (con determinado nombre) to call: *La llamaron Juana.* They called her Juana. | *Mi nombre es Victoria, pero todos me llaman Vicky.* My name is Victoria, but everyone calls me Vicky. **4** **llamar a la puerta** to knock at the door: *Alguien llamó a la puerta.* Somebody knocked at the door. ▶ ver **atención**

llamarse v to be called: *¿Cómo se llama esta playa?* What's this beach called?/What's the name of this beach? ▶ Las traducciones con **name** son muy frecuentes, sobre todo cuando se trata de personas | **me llamo/se llama etc. Elena** my name's Elena/her name's Elena etc. | **¿cómo te llamas/se llama etc.?** what's your name/what's her name etc.?: *¿Cómo se llama tu hermano?* What's your brother's name?/What's your brother called?

llamativo, -a adj striking, eye-catching: *un color llamativo* a striking color/an eye-catching color

llano s (llanura) plain

llanta sustantivo & sustantivo plural
▪ s **1** (de un coche, etc.) tire (AmE), tyre (BrE) **2** (para el agua) rubber ring
llanta de refacción spare wheel
▪ **llantas** s pl (en la cintura) spare tire (AmE), spare tyre (BrE)

llanto s crying

llanura s plain

llave s **1** (de la cerradura) key: *las llaves de la casa/del coche* the house keys/the car keys | *la llave de este cajón/de la puerta de calle* the key to this drawer/the front door key | **cerrar una puerta/un cajón con llave** to lock a door/a drawer: *La puerta estaba cerrada con llave.* The door was locked. | **cerrar con llave** to lock up: *No se te olvide cerrar con llave.* Don't forget to lock up. **2** **llave (de agua)** faucet (AmE), tap (BrE) **3** (del gas) tap: *¿Cerraste la llave del gas?* Did you turn off the gas tap? **4** (herramienta) wrench (pl -ches) (AmE), spanner (BrE)
llave de paso (del agua) stopcock **llave de sol/de fa** treble/bass clef **llave inglesa** monkey wrench (pl -ches) (AmE), adjustable spanner (BrE)

llavero s keyring

llegada s arrival: *Anunciaron la llegada del vuelo.* They announced the arrival of the plane.

llegar v **1** (a un lugar) to arrive: *Acaba de llegar.* He's just arrived./He's just gotten here. ▶ *llegar a* se dice **to arrive in** cuando se trata de llegar a un país o una ciudad y **to arrive at** cuando se trata de llegar a una casa, un aeropuerto, una estación, etc. También es muy frecuente, sobre todo en el lenguaje hablado, el uso de **to get to**: *El avión llega a Río a las siete.* The plane arrives in Río at seven o'clock./The plane gets to Rio at seven o'clock. | *cuando llegamos al hospital* when we arrived at the hospital/when we got to the hospital ▶ *llegar de* se dice **to get back from** o **to arrive from**, que es más formal: *¿Cuándo llegan tus padres de Europa?* When do your parents get back from Europe? | *Llegaron del colegio empapados.* They were soaked when they got back from school./They were soaked when they arrived home from school. **2** **llegar tarde/temprano etc.** to be late/early etc., to arrive late/early etc.: *Llegamos diez minutos tarde.* We were ten minutes late./We arrived ten minutes late. | *Llegamos a tiempo para la película.* We were in time for the movie./We arrived in time for the movie. ▶ **to arrive** no se puede usar en el siguiente contexto: *¿Por qué llegas tan tarde?* Why are you so late? **3** **llegar primero/segundo etc. (a)** (a un lugar) to be the first/second etc. to arrive: *Nosotros llegamos primero.* We were the first to arrive. **(b)** (en una carrera) to be first/second etc.: *Javier llegó segundo.* Javier was second. **4** **no me llegó tu e-mail/el cheque etc.** I never got your e-mail/the check etc. | *¿te llegaron los libros/te llegó mi carta etc.?* did you get the books/my letter etc.? **5** (primavera, vacaciones, etc.) to come: *Por fin llegó la primavera.* Spring has come at last./Spring is here at last. **6** (alcanzar) **llegar a algo** to reach sth: *La temperatura llegó a los 40 grados.* The temperature reached 40 degrees. | *cuando llegaron a la cumbre* when they reached the summit | **llegar a un acuerdo/una decisión etc.** to reach an agreement/a decision etc. ▶ ver **conclusión** **7** **llegar a ser/hacer algo** ver ejemplos: *Llegó a ser el mejor de la clase.* He came to be the best in the class. | *Llegó a tener una cadena de hoteles.* He ended up owning a chain of hotels. | *Quiero llegar a jugar profesionalmente.* I want to get to play professionally. **8** (ir, venir) **llegarle a (hacer) algo** ver ejemplos: *¿Le llegamos al reven de la prepa?* What about going to the school hop? | *Si quieren llegarle a comer, los esperamos.* If you want to come and eat with us, we'll wait for you. **9** (servirse) **llégale/lléguenle** help yourself/help yourselves: *Lléguenle a los tacos antes de que se enfríen.* Help yourselves to tacos before they get cold.

llenar v **1** (un recipiente) to fill: *No llenes demasiado la cacerola.* Don't fill the pan too full. | **llenar algo de algo** to fill sth with sth: *Llenó el vaso de agua.* He filled the glass with water. **2** **llenar una forma/unformulario** to fill out a form, to fill in a form: *No sé cómo llenar esta forma.* I don't know how to fill out this form. **3** (cubrir) **llenar algo de algo** to cover sth with sth: *Llenaron las paredes de carteles.* They covered the walls with posters. **4** (referido a alimentos) to be filling: *La ensalada no llena.* Salad isn't filling.
llenarse v **1** (un lugar, un recipiente) to fill up: *El teatro se llenó.* The theater filled up. | **llenarse de algo** to fill with sth: *El cuarto se llenó de humo.* The room filled with smoke. **2** (cubrirse) **llenarse de algo** to get covered with sth: *El pan se llenó de hormigas.* The bread got covered with ants. **3** (de comida) to fill yourself up: *Se llenaron comiendo caramelos.* They filled themselves up eating candy.
lleno, -a adj **1** (lugar, recipiente) full: *La casa está llena de niños.* The house is full of children. | *No se habla con la boca llena.* Don't talk with your mouth full. **2** (cubierto) **lleno -a de algo** covered in sth: *una mesa llena de papeles* a table covered in papers **3** (satisfecho) **estar lleno -a** Se puede usar **to be full** pero una fórmula más cortés es **to have had enough**: *No, gracias. Estoy lleno.* No thanks. I'm full./No thanks. I've had enough. **4** **dedicarse de lleno a (hacer) algo** to dedicate yourself totally to (doing) sth ▶ ver **luna**

llevar v ▶ ver recuadro
llevarse v **1** (irse con) to take: *No te lleves mi celular.* Don't take my cell phone. **2** (un susto, una sorpresa) to get: *Me llevé un susto tremendo.* I got a terrible fright. **3** (al hacer una cuenta) to carry: *Tres por cuatro doce, llevo una.* Three fours are twelve, carry one. **4** **llevarse bien**

(con alguien) to get along (with sb), to get on (with sb) (BrE): *¿Te llevas bien con tu prima?* Do you get along with your cousin?/Do you get along well with your cousin? | **llevarse mal (con alguien)** not to get along (with sb), not to get on (with sb) (BrE): *Se llevan muy mal.* They don't get along at all./They don't get along very well at all.

llorar v to cry: *¿Por qué lloras?* Why are you crying? | **llorar por algo** to cry over sth: *Llora por cualquier cosa.* He cries over the slightest thing. | **echarse/ponerse a llorar** to start crying, to start to cry: *Se echó a llorar.* She started crying./She started to cry.
llorón, -ona adjetivo & sustantivo
■ adj ser muy **llorón -ona** to cry a lot
■ s cry baby: *Eres una llorona.* You're a cry baby.
llover v to rain: *Está lloviendo.* It's raining.
lloviznar v to drizzle
lluvia s rain: *No salgas con esta lluvia.* Don't go out in this rain.
lluvia ácida acid rain
lluvioso, -a adj rainy: *una tarde fría y lluviosa* a cold, rainy afternoon
lo pron & art ▶ ver recuadro; el pronombre **los** es una entrada aparte
lobo, -a s wolf (pl wolves)
lobo marino sea lion
local adjetivo & sustantivo
■ adj **1** (del lugar) local **2** **el equipo local** **(a)** (el de la zona) the local team: *Juega en el equipo local.* He plays for the local team. **(b)** (el que juega en su propio campo) home team: *Ganó el equipo local.* The home team won. | **jugar de local** to play at home: *Hoy jugamos de local.* We're playing at home today. ▶ ver **anestesia**
■ s (de un comercio) premises pl: *Necesitan un local más grande.* They need bigger premises.
local de videojuegos video arcade
localidad s **1** (entrada) ticket: *¿Quedan localidades para la función de esta noche?* Are there any tickets left for tonight's performance? **2** (asiento) seat: *Las localidades son numeradas.* The seats are numbered. **3** (pueblo, población) town
loción s (líquido) lotion
locker s locker
loco, -a adjetivo & sustantivo
■ adj **1** crazy, mad (BrE) | **volverse loco -a** to go crazy, to go mad (BrE) **2** (insensato) silly: *No seas loca.* Don't be silly. **3** **estar loco -a por alguien** to be crazy about sb, to be mad about sb (BrE) **4** **no lo invito/no se lo presto etc. ni loco -a** there's no way I'm inviting him/lending it to her etc.: *Yo no me meto en el agua ni loca.* There's no way I'm getting in the water. | **¡ni loco -a!** (como respuesta) no way!: *-¿La vas a llamar? -¡Ni loco!* "Are you going to phone her?" "No way!" **5** **me/lo etc. vuelven loco -a** (para

llevar

1 En la mayoría de los contextos, la traducción es **to take**:

No te olvides de llevar el pasaporte. Don't forget to take your passport. | *Tengo que llevar a Emilia al médico.* I have to take Emilia to the doctor. | *Llévale esto a la maestra.* Take this to your teacher. | *Tengo que llevar la video a arreglar.* I have to take the video to be fixed.

Usa **to bring** cuando vas a llevar algo al lugar donde vas a ver a la persona con quien estás hablando:

El domingo te llevo las fotos. I'll bring you the photos on Sunday. | *Yo puedo llevar un pastel.* I can bring a cake.

2 Cuando el énfasis está en la acción de transportar, se usa **to carry**:

Me ayudó a llevar las maletas. He helped me carry the suitcases. | *Tengo que llevar todo esto al colegio todos los días.* I have to carry all this to school every day.

3 Con cantidades de tiempo, se usa **to take**:

Me llevó horas decidirme. It took me hours to decide. | *La tarea me llevó toda la tarde.* It took me all afternoon to do my homework. | *No lleva mucho tiempo.* It doesn't take long.

4 Con el sentido de *haber estado* o *haber hecho*, en inglés se usan los tiempos perfectos:

Llevo una hora esperando. I've been waiting for an hour. | *Lleva días sin hablarme.* He hasn't spoken to me for days. | *Llevamos tres años en este país.* We've been in this country for three years. | **llevo escritas tres hojas/llevo leídos dos libros etc.** I've written three pages/I've read two books etc.

5 EN EDAD

me lleva un mes/dos años etc. he's a month/two years etc. older than me: *Le llevo tres años a mi hermana.* I'm three years older than my sister.

6 COMPRAR

Voy a llevar el verde. I'll take the green one. | *¿Qué va a llevar?* What can I get you?

7 CURSAR

llevar una materia to do a subject/to take a subject: *Este año vamos a llevar literatura mexicana.* This year we're going to do Mexican literature.

8 INGREDIENTES

lleva huevos/mantequilla etc. it has eggs/butter etc. in it: *La salsa lleva crema.* The sauce has cream in it.

9 ROPA, ALHAJAS, LENTES

llevar algo (puesto -a) to be wearing sth: *Llevaba puesto unos jeans negros.* He was wearing black jeans.

lo

▶ PRONOMBRE

1 CUANDO NO SE REFIERE A PERSONAS (= it)

Me lo regaló. She gave it to me.
Con algunos verbos, *lo* no se traduce:
No lo sé. I don't know.

2 CUANDO SE REFIERE A "ÉL" (= him)

No lo conozco. I don't know him.
El pronombre no se usa en inglés cuando está presente el complemento al que se refiere:
A Esteban no lo voy a invitar. I'm not going to invite Esteban.

3 CUANDO SE REFIERE A "USTED" (= you)

¿Lo puedo ayudar? Can I help you?

▶ ARTÍCULO

1 Cuando **lo** va seguido de un adjetivo o un posesivo, en inglés se usa una frase con **thing(s)**:

Lo barato dura poco. Cheap things don't last long. | *Lo curioso es que nadie se dio cuenta.* The funny thing is nobody noticed. | *Lo de Pedro ponlo aquí.* Put Pedro's things here.

2 Cuando va seguido de *que*:

lo que what: *No sabe lo que quiere.* He doesn't know what he wants. | *Haz lo que puedas.* Do what you can.

EN COMPARACIONES

de lo que than: *Es más difícil de lo que crees.* It's more difficult than you think.

3 CUÁN (= how)

lo difícil que es/lo caro -a que salió etc. how difficult it is/how expensive it worked out etc.: *No tienes idea de lo creída que es.* You can't imagine how big-headed she is.

4 EN OTRAS EXPRESIONES COMPARATIVAS

lo más pronto posible/lo más rápido que pude etc. as soon as possible/as quickly as I could etc.: *Grité lo más fuerte que pude.* I shouted as loud as I could.

5 EL ASUNTO

¿Te has enterado de lo de Javier? Have you heard about Javier? | *Lo de ayer fue horrible.* What happened yesterday was terrible.

indicar que algo gusta mucho) I am/he is etc. crazy about them, I am/he is etc. mad about them (BrE): *Los animales me vuelven loca.* I'm crazy about animals. **6 volver loco -a a alguien** to drive sb crazy, to drive sb mad (BrE): *Me vas a volver loca con tanto ruido.* You're going to drive me crazy with all this noise.
■ s **1** **loco** madman (pl -men) | **loca** madwoman (pl -women) | **los locos** crazy people, crazy men **2** **hacerse el loco/la loca** (fingir) to pretend you didn't hear/see etc.: *No te hagas la loca.* Don't pretend you didn't hear.

locomotora s locomotive, engine (BrE)

locura s **1** (enajenación) madness: *un ataque de locura* a fit of madness **2** (insensatez) **¡qué locura!** that's crazy! | **ser una locura** to be crazy: *Es una locura salir con este temporal.* It's crazy to go out in this weather. | **hacer una locura/locuras** to do something crazy/stupid: *No hagas locuras.* Don't do anything stupid. **3** **me/le etc. gusta con locura** I/she etc. is crazy about sth, I/she etc. is mad about sth (BrE): *Le gusta con locura el chocolate.* She is crazy about chocolate. | **lo/las etc. quiero con locura** I absolutely adore him/them etc.

locutor, -a s presenter: *La locutora se equivocó de nombre.* The presenter got the wrong name. ▶ Al dar la profesión de alguien se usa **broadcaster**: *Es locutor de radio.* He's a radio broadcaster.

lodo s mud | **llenar el piso/el tapete de lodo** to get mud all over the floor/the carpet

lógica s logic

lógico, -a adj **1** (normal) understandable: *Fue una reacción lógica.* It was an understandable reaction. | *Es lógico que esté enojada.* It's understandable that she's angry. **2** (relativo a la lógica) logical

logo o **logotipo** s logo

lograr v **1** **lograr hacer algo** to manage to do sth: *Logré convencer a mis padres.* I managed to persuade my parents. | **lograr que alguien haga algo** to manage to get sb to do sth: *Logramos que la profesora postergara la prueba.* We managed to get the teacher to postpone the test. **2** (conseguir) to get, to achieve: *Logré lo que quería.* I got what I wanted. | *Lograron su objetivo.* They achieved their objective.

logro s achievement

loma s hill

lombriz s earthworm, worm

lomo s **1** (de un animal) back **2** (de un libro) spine

lona s **1** (tela) canvas | **un bolso/una tienda de lona** a canvas bag/deckchair **2** (para la playa) mat

lonchera s lunch box (pl -xes)

longitud s **1** (largo) length: *la longitud de la pista* the length of the track | **¿cuánto tiene/mide de longitud?** how long is it? | **tiene/mide dos metros/50 km de longitud** it's two meters/50 km long: *Tiene 15 metros de longitud.* It's 15 meters long. **2** (en geografía) longitude: *Está a 73°50' de longitud oeste.* It's at 73°50' west. **longitud de onda** wave length

lonja s **1** (de jamón, queso etc.) slice, (de tocino) slice (AmE), rasher (BrE) **2** (en la cintura) roll of fat

loro s **1** (ave) parrot **2** (persona habladora) chatterbox **3** **hablar como un loro** to talk nonstop: *Habla como un loro.* She talks nonstop. **4** **repetir algo como un loro** to repeat sth parrot-fashion: *No repitas como un loro todo lo que digo.* Don't just repeat everything I say parrot-fashion.

los, las art & pron ▶ ver recuadro

losa s **1** (del piso) flagstone **2** (de una tumba) gravestone

lote s (terreno) plot, plot of land, lot (AmE): *Tenemos un lote en Cuernavaca.* We have a plot of land in Cuernavaca.

lotería s **1** (sorteo) lottery (pl -ries) | **jugar a la lotería** to do/play the lottery: *Nunca juego a la lotería.* I never do the lottery./I never play the lottery. **2** (premio) lottery | **sacarse la lotería** to win the lottery: *Si me sacara la lotería, me compraría una casa en el campo.* If I won the lottery, I would buy a house in the country. **3** (de cartones) bingo | **jugar a la lotería** to play bingo

loza s **1** (platos, tazas, etc.) crockery: *Compré loza nueva.* I bought some new crockery. **2** (material) stoneware | **unos platos/unas tazas de loza** stoneware plates/cups

lucha s struggle: *la lucha armada* armed struggle: *la lucha contra el cáncer* the **fight against** cancer | *la lucha por los derechos de los trabajadores* the **struggle for** workers' rights **lucha libre** freestyle wrestling

luchador, -a adjetivo & sustantivo
■ adj **ser muy luchador -a** to have a real fighting spirit
■ s **1** (deportista) wrestler **2** (persona que se esfuerza) fighter

luchar v **1** to fight: *Tenemos que luchar contra la corrupción.* We must **fight against** corruption. | *Luchan por sus ideales.* They **fight for** their ideals. **2** (en deporte) to wrestle

luciérnaga s (insecto) firefly (pl -flies), lightning bug (AmE)

lucir v **1** (referido al aspecto) to look: *Luce muy juvenil.* She looks very young. **2** (ropa) to wear: *Lucía un precioso vestido negro.* She was wearing a beautiful black dress.
lucirse v **1** (presumir) to show off: *Le gusta lucirse con el coche de su papá.* He likes showing off in his dad's car. **2** (destacarse) to excel yourself: *Se lució en la prueba.* She excelled herself in the test. | **lucirse con algo** to excel yourself with sth: *Te luciste con el pastel.* You excelled yourself with the cake.

luego adv **1** (más tarde) later: *Luego nos vemos.* I'll see you later. **2** (a continuación) then: *Se agrega la harina y luego la leche.* You add the flour and then the milk. **3** (en el espacio) then: *Primero está el teatro y luego la biblioteca.* First there's the theater and then the library. ▶ ver **hasta**

lugar s **1** (sitio, ubicación) place: *¡Qué lindo lugar!* What a nice place! | *Déjalo en su lugar.* Leave it in its place./Leave it where it is. | *Guárdame un lugar.* Save me a place. | *Tiene que estar en algún lugar.* It has to be somewhere. | *No hay ningún lugar más lindo.* There's **nowhere** nicer./There **isn't anywhere** nicer. **2** (espacio) room: *No hay más lugar.* There's no

los/las

ARTÍCULO

1 La traducción es **the** salvo en los casos que se señalan más abajo:

Nos comimos las fresas/los chocolates. We ate the strawberries/the chocolates.

2 No se usa **the** en los siguientes casos: Cuando se habla de algo en general:

No me gustan los videojuegos. I don't like video games. | *Las naranjas tienen vitamina C.* Oranges contain vitamin C.

Con los días de la semana:

Los lunes juego squash. I play squash on Mondays.

En algunas construcciones con el verbo *tener*:

Tiene las orejas muy grandes. He has very big ears.

3 Con partes del cuerpo y objetos personales se usa un posesivo:

Se depila las cejas. She plucks her eyebrows. | *Me puse los zapatos nuevos.* I wore my new shoes.

4 En construcciones sin sustantivo se usa **the ones**:

¿Me muestras las azules? Can I see the blue ones? | *Las grandes son más caras.* The big ones are more expensive.

A menos que haya un posesivo:

Los de Hugo son mejores. Hugo's are better.

PRONOMBRE

1 CUANDO NO SE REFIERE A PERSONAS (= them)

Los tengo en casa. I've got them at home. El pronombre no se usa en inglés cuando está presente el complemento al que se refiere:

Los vasos los guardamos aquí. We keep the glasses here.

2 CUANDO SE REFIERE A "ELLOS" O "ELLAS" (= them)

No los conozco. I don't know them. | *Las llevé al parque.* I took them to the park.

3 CUANDO SE REFIERE A "USTEDES" (= you)

¿Las puedo ayudar? Can I help you?

more room. **3 en lugar de algo/alguien** instead of sth/sb: *Se puede usar aceite en lugar de mantequilla.* You can use oil instead of butter. | **en lugar de hacer algo** instead of doing sth: *En lugar de ir a Costa Rica fuimos a Cuba.* Instead of going to Costa Rica we went to Cuba. **4 en mi/tu etc. lugar** in my/your etc. place: *Ponte en mi lugar.* Put yourself in my place. | **yo en tu lugar** if I were you: *Yo en tu lugar, no se lo prestaba.* If I were you, I wouldn't lend it to him. **5 en primer/segundo etc. lugar** (en una enumeración) firstly/secondly etc., first/second etc.: *En primer lugar, son buenas para la salud.* Firstly,

they're good for your health./First, they're good for your health. | *En segundo lugar, son ricas.* Secondly, they taste good./Second, they taste good. | **llegar en primer/segundo etc. lugar** to be first/second etc.: *Llegué en segundo lugar.* I was second. | *Quedaron en último lugar.* They were last. **6 tener lugar** to take place: *La ceremonia tendrá lugar el próximo domingo.* The ceremony will take place next Sunday.

lugar de nacimiento place of birth

lujo s **1** luxury (pl -ries) | **darse el lujo de hacer algo** to allow yourself the luxury of doing sth: *Me di el lujo de ir en taxi.* I allowed myself the luxury of taking a taxi. | *Y todavía se dio el lujo de llevarse mi coche.* And as if that weren't enough, he had the gall to take my car. | **un coche/un hotel etc. de lujo** a luxury car/hotel etc. **2 con lujo de detalles** in great detail: *Me lo contó con lujo de detalles.* He told me in great detail.

lujoso, -a *adj* luxurious

luminoso, -a *adj* (habitación, casa) bright

luna s **1** (satélite) moon **2 estar en la luna** to be miles away

luna creciente waxing moon **luna de miel** honeymoon **luna llena** full moon **luna menguante** waning moon **luna nueva** new moon

lunar adjetivo & sustantivo

■ *adj* **eclipse/año lunar** lunar eclipse/year

■ *s* **1** (en la piel) mole: *Tiene un lunar en la mejilla.* She has a mole on her cheek. **2** (en una tela) polka dot: *un pañuelo rojo con lunares blancos* a red handkerchief with white polka dots

lunch s Si quieres explicar qué es el lunch, di *it's a light, mid-morning meal, especially one eaten at school or work*

lunes s Monday ▶ ver "Active Box" **días de la semana** en **día**

lupa s magnifying glass (pl -sses)

luto s mourning: *un día de luto* a day of mourning | **de luto** in mourning: *Estamos de luto.* We're in mourning.

luz sustantivo & sustantivo plural

■ *s* **1** (dispositivo) light: *No dejes la luz del baño prendida.* Don't leave the bathroom light on. | **prender/encender la luz** to turn the light on | **apagar la luz** to turn the light off **2** (claridad) light: *Esta habitación tiene poca luz.* This room gets very little light. | *No me tapes la luz.* Don't stand in my light. **3** (corriente eléctrica) electricity: *Estamos sin luz.* We don't have any electricity. | *Nos cortaron la luz.* Our electricity has been cut off. **4 a la luz del sol/de la luna** in the sunlight/in the moonlight

luz de bengala sparkler

■ **luces** *s pl* **1** (en el pelo) highlights **2** (inteligencia) **tener pocas luces** to be not very bright, to be a bit dim (BrE)

luces altas/largas high beams (AmE), headlights on full/main beam (BrE)

M, m s (letra) M, m ▶ ver "Active Box" **letras del alfabeto** en **letra**

m (= **metro**) m

macabro, -a adj macabre

macarrones s pl (pasta) macaroni sing

maceta s (para plantas) pot, plant pot

machacar v **1** (ajo) to crush, (nueces) to grind **2** (repetir, insistir) **machacarle algo a alguien** to go on about sth: *¡Ya no me lo machaques más!* Stop going on about it!

machete s (cuchillo) machete

machetearse v **machetearse algo** to go over sth again and again: *Se lo machetea hasta que se lo aprende.* She goes over it again and again until she learns it.

machismo s sexism, male chauvinism

machista adjetivo & sustantivo
▪ adj sexist, chauvinist
▪ s sexist, male chauvinist

macho adjetivo & sustantivo
▪ adj **1** (de sexo masculino) male: *¿Es macho o hembra?* Is it male or female? **2** (viril) macho: *Se cree muy macho.* He thinks he's very macho.
▪ s male

macizo, -a adjetivo & sustantivo
▪ adj (sólido) solid: *Es de oro macizo.* It's solid gold.
▪ **macizo** s (de montañas) massif

madeja s skein

madera s **1** (material) wood ▶ Para referirse a gran cantidad de madera para la construcción, se usa **lumber** (AmE) **timber** (BrE) | **una silla/mesa de madera** a wooden chair/table **2** (pedazo) piece of wood: *Pásame esa madera.* Pass me that piece of wood. **3** **ser de madera** (referido al material) to be made of wood: *El mango es de madera.* The handle is made of wood.

madrastra s stepmother

madre s **1** (mamá) mother: *¿Cómo está tu madre?* How is your mother? **2** (monja) mother **madre soltera** single mother **madre superiora** mother superior

madriguera s burrow

madrina s **1** (de bautismo) godmother **2** (de casamiento) En el mundo anglosajón no hay madrinas de casamiento. Si quieres explicarle a alguien el rol de la madrina, di *she is the woman, usually the groom's mother, who accompanies him during the wedding ceremony* ▶ ver **hada**

madrugada s **a las dos/tres etc. de la madrugada** at two/three etc. in the morning | **hasta la madrugada** until the early hours of the morning | **de madrugada** early in the morning: *Salieron de madrugada.* They left early in the morning.

madrugar v to get up early: *Mañana tenemos que madrugar.* We have to get up early tomorrow.

madurar v **1** (persona) to mature **2** (fruto) to ripen

maduro, -a adj **1** (fruto) ripe **2** (referido a las actitudes, etc.) mature: *Es una niña muy madura.* She's a very mature girl. **3** (de edad) mature

maestría s (curso) master's degree, master's

maestro, -a s **1** (docente) teacher: *Mi papá es maestro.* My dad's a teacher. **2** (referido al grado universitario) **ser maestro -a en algo** to have a master's degree in sth: *Es maestro en ciencias.* He has a master's degree in science.

mafia s mafia

magia s (práctica) magic: *un truco de magia* a magic trick | **hacer magia** to do magic: *Sabe hacer magia.* He can do magic.
magia negra black magic

mágico, -a adj **1** (fórmula, poción) magic **2** (palabras) magic **3** (poderes, mundo) magical ▶ ver **varita**

magnético, -a adj magnetic

magnífico, -a adj **1** (actuación, espectáculo) wonderful, magnificent **2** (idea, plan) marvelous (AmE), marvellous (BrE)

mago, -a s **1** (en un espectáculo) magician ▶ ver **rey 2** (mago (hechicero) wizard: *el mago Merlín* the wizard Merlin

maicena®, maizena® s cornstarch (AmE), cornflour (BrE)

mail s (mensaje) e-mail: *Le mandé un mail.* I sent her an e-mail.

maíz s corn (AmE), maize (BrE): *granos de maíz* grains of corn ▶ ver también **harina**
maíz palomero popcorn

Majestad s **Su Majestad** Your/Her/His Majesty ▶ Para dirigirse a una monarca se dice **Your Majesty**. Para referirse a una reina se usa **Her Majesty** y **His Majesty** para referirse a un rey

mal adverbio, adjetivo & sustantivo
▪ adv & adj **1** (insatisfactoriamente) **cantar/tocar/pintar etc. mal** to sing/play/paint etc. badly: *Dormí muy mal.* I slept very badly. | *Me fue mal en el examen.* I did badly in the exam. | **mal vestido -a/mal pagado -a etc.** badly dressed/paid etc.: *un trabajo mal hecho* a badly done job **2** (incorrecto, incorrectamente) wrong: *Lo hice mal.* I did it wrong. | *Está mal escrito.* It's spelled wrong. | *Está mal hacer eso.* It's wrong to do that. **3** (desagradablemente) **oler/sonar mal** to smell/sound bad **4** (insuficientemente) **ve/oye mal** her sight/her hearing is bad **5 estar mal (a)** (de salud) to be sick (AmE), to be ill

(BrE) **(b)** (anímicamente) to be/feel down: *Estoy mal desde que nos peleamos.* I've been down since we had that argument./I've felt down since we had that argument. **6 no está mal** (de aspecto, de calidad) he/it etc. isn't bad: *–¿Qué te parece? –No está mal.* "What do you think? 'It's not bad." **7 ir de mal en peor** to go from bad to worse ▶ *caer mal, llevarse mal, sentirse mal*, etc. se tratan bajo el verbo correspondiente **8** ▶ ver **malo**

■ s **1 el mal** evil: *el bien y el mal* good and evil/right and wrong **2** (enfermedad) illness: *un mal incurable* an incurable illness **3** (daño) harm: *No le deseo ningún mal.* I don't wish him any harm. **4 hacerse mal** to hurt yourself | *los fritos/los mariscos etc.* me hacen mal fried food/shellfish etc. doesn't agree with me: *Me hicieron mal los mejillones.* The mussels didn't agree with me. **5 tomarse algo a mal** to take sth the wrong way: *No te lo tomes a mal.* Don't take it the wrong way. ▶ ver **menos**

malaria s (enfermedad) malaria

malcriar v to spoil

maldición s (maleficio) curse

maldito, -a adj (para expresar disgusto) wretched: *¡Esta maldita computadora!* This wretched computer!

malecón s jetty (pl -tties), harbor wall (AmE), harbour wall (BrE)

maleducado, -a adjetivo & sustantivo
■ adj rude, bad-mannered
■ s **ser un maleducado/una maleducada** to be very rude: *Eres un maleducado.* You're very rude.

malentendido s misunderstanding

maleta s (de viaje) suitcase, case (BrE) | **hacer/ empacar la(s) maleta(s)** to pack: *¿Ya has hecho las maletas?* Have you packed yet? | **desempacar/desarmar la(s) maleta(s)** to unpack

maletín s briefcase

malgastar v **1** (dinero, el sueldo) to waste **2** (tiempo) to waste

malhumorado, -a adj **1** (como estado pasajero) **estar malhumorado -a** to be in a bad mood **2** (como característica permanente) bad-tempered

malinchista adj & s Si quieres explicar el significado de esta palabra, di *a malinchista is someone who prefers everything foreign to things produced in Mexico*

mallas s pl tights

mallones s pl leggings

malo, -a adjetivo & sustantivo
■ adj ▶ ver recuadro en página 626
    mala hierba s weed **mala palabra** s swear word: *Dice muchas malas palabras.* He uses a lot of swear words. **mala pasada** s dirty trick: *jugarle una mala pasada a alguien* to play a dirty trick on sb **malos tratos** s pl abuse *sing*
■ s (en una película) baddy (pl -ddies) ▶ Cuando se trata de un hombre, también se usa mucho **bad**

guy: *un actor que siempre hace de malo* an actor who always plays the bad guy

malpensado, -a adj & s ser muy malpensado -a/ser un -a malpensado -a **(a)** (pensar mal de los demás) to have a suspicious mind **(b)** (pensar en obscenidades) to have a dirty mind

malteada s (malted) milk shake, malt (AmE)

maltratar v **maltratar a alguien** to treat sb badly

malvado, -a adjetivo & sustantivo
■ adj wicked
■ s **ser un malvado/una malvada** to be wicked

malvavisco s marshmallow

mama s breast

mamá s mom (AmE), mum (BrE): *Mi mamá es doctora.* My mom's a doctor.

mamar v **darle de mamar a un bebé** to feed a baby, to breastfeed a baby ▶ **to feed a baby** también significa darle la mamila o darle de comer. Para aclarar se usa el verbo **to breastfeed**: *Le está dando de mamar.* She's breastfeeding him.

mameluco s bodysuit, Babygro® (BrE)

mamey s **1** mamey sapote, marmalade plum **2** mammee apple

mamífero s mammal

mamila s bottle, baby's bottle | **tomar la mamila** to have a bottle

manada s **1** (de caballos, elefantes) herd **2** (de lobos, perros) pack **3 ir en manada** to go around in a pack

mánager s (de un equipo de beisbol) coach (pl -ches)

manantial s spring

mancha s **1** (de aceite, sangre, etc.) stain **2** (de un animal) patch (pl -ches)

manchar v **1 manchar algo** to get sth dirty **2 el aceite/el vino etc. mancha** oil/wine etc. stains: *No te preocupes, no mancha.* Don't worry, it doesn't stain. **3 ¡no manches!/¡no manchen!** you're kidding!
    mancharse v **mancharse la camisa/los pantalones etc.** to get your shirt/your pants etc. dirty

manco, -a adj ser manco -a **(a)** (de mano) to have only one hand **(b)** (de brazo) to have only one arm | **quedarse manco -a (a)** (de mano) to lose a hand **(b)** (de brazo) to lose an arm

mancuernas o **mancuernillas** s & pl cuff links

mandado, -a adjetivo & sustantivo
■ adj **1** (irrespetuoso) rude, cheeky (BrE) **2** (desconsiderado) **ser mandado -a** to take advantage
■ **mandado** s **1** (compras) **el mandado** the shopping: *No le alcanza ni para el mandado.* She doesn't even have enough for the shopping. | **hacer el mandado** to do the shopping | **ir al mandado** to go and do the shopping **2** (recado, encargo) errand | **hacer un mandado** to do an errand, to run an errand: *Salió a hacerle un*

---

malo, -a *adjetivo*

1 La traducción **bad** es válida en la mayoría de los contextos:

Es muy mal alumno. He's a very bad student. | *Tengo malas noticias.* I have some bad news. | *Es malo para la salud.* It's bad for your health.

2 EXCEPCIONES

Referido a personas egoístas o severas, se usa **mean**:

No seas mala y déjame ir. Don't be mean, let me go.

Si se trata de niños traviesos, se usa **naughty**:

¡No seas malo! Don't be naughty!

Cuando significa *enfermo* se traduce por **sick** en inglés americano e **ill** en inglés británico:

No pude venir porque estaba malo. I couldn't come because I was sick. | **ponerse malo -a** to get sick (AmE), to be taken ill (BrE): *No vino a trabajar porque se puso malo.* He didn't come to work because he got sick.

3 EXPRESIONES

lo malo es que the thing is (that): *Lo malo es que queda muy lejos.* The thing is it's a long way from here. | **¿qué tiene de malo?** what's wrong with that? | **¿qué tiene de malo decir la verdad/que no le guste el futbol etc.?** what's wrong with telling the truth/him not liking soccer etc.?: *¿Qué tiene de malo querer ser famoso?* What's wrong with wanting to be famous?

---

mandado a su abuelita. He went out to do an errand for his grandma.

mandamiento *s* commandment

mandar *v* **1** (enviar) to send: *Le mandé un e-mail.* I sent him an e-mail. **2** (hacer ir) to send: *Nos mandaron a todos a casa.* They sent us all home. | *Lo mandaron a comprar el periódico.* They sent him to buy the newspaper. **3** (tener el mando) to be in charge: *Aquí mando yo.* I'm in charge here. **4** (arrojar) to send, to put: *Mandó la pelota afuera.* He put the ball out of play. **5** (ordenar) to tell: *Yo hago lo que me mandan.* I do what I'm told. | **mandar a alguien que haga algo** to tell sb to do sth **6 mandar (a) hacer algo** to have sth done: *Mandé a arreglar la televisión.* I had the TV fixed. | *Mandaron pintar la casa.* They had the house painted. **7 mande (a)** (dígame) yes?, what is it?: *–Quisiera hacer una pregunta. –Mande.* "I'd like to ask a question." "Yes?"/"What is it?" **(b)** (para pedir que se repita algo) pardon?, excuse me? (AmE): *–Es un coleóptero. –¿Mande?* "It's a coleopteran." "Pardon?"

mandarse *v* (pasarse) to overdo it: *No te mandes, deja algo para los demás.* Don't overdo it, leave some for the others. | *Se mandó con el*

regalo: un viaje a Europa. She was extremely generous with the present: a trip to Europe.

mandarina *s* mandarin

mandíbula *s* jaw

mando *s* **1** (autoridad) **tener el mando** to be in charge | **tomar el mando** to take charge **2** (en el ámbito militar) command | **estar al mando de una flotilla/de cinco mil hombres etc.** to be in command of a fleet/of five thousand soldiers etc.

mandón, -ona *adjetivo & sustantivo*

■ *adj* bossy: *Mi hermana es muy mandona.* My sister is very bossy.

■ *s* bossyboots: *Mi hermana es una mandona.* My sister's a bossyboots.

manecilla *s* (de un reloj) hand

manejar *v* **1** (conducir) to drive: *¿Sabes manejar?* Can you drive? **2** (una máquina, una herramienta) to operate: *¿Quién sabe operar la cámara?* Who knows how to operate the camera? **3** (un diccionario, una enciclopedia) to use **4** (una tienda, una empresa) to manage

manejarse *v* **1** (arreglarse) to manage: *Nos tuvimos que manejar con poco dinero.* We had to manage with very little money. **2 manejarse (bien) en inglés/francés etc.** to get by (all right) in English/French etc.: *¿Puedes manejarte in inglés?* Can you get by in English?

manera *s* **1** way: *la mejor manera de aprender un idioma* the best way to learn a language | *Me gusta su manera de vestirse.* I like the way she dresses. | **a mi/tu etc. manera** my/your etc. way: *Lo voy a hacer a mi manera.* I'm going to do it my way. | **de esta/esa manera** this way/that way, like this/like that **2 de cualquier manera/de todas maneras** (igual) anyway: *De cualquier manera, no lo voy a comprar.* I'm not going to buy it, anyway. | *De todas maneras, ya está terminado.* It's finished, anyway. **3 de ninguna manera** (como respuesta) I wouldn't hear of it! | **de ninguna manera lo voy a permitir/voy a acceder etc.** there is no way that I am going to allow it/agree etc. **4 no hay manera** there's no way **5 ¡qué manera de...!** con ejemplos: *¡Qué manera de llover!* Look at that rain! | *¡Qué manera de comer la de ese niño!* That boy sure can eat!

manga *s* **1** (de prenda de vestir) sleeve | **una blusa/un vestido sin mangas** a sleeveless blouse/dress | **una camisa de manga corta/de manga larga** a short-sleeved/long-sleeved shirt | **en mangas de camisa** in my/your etc. shirt sleeves **2** (tiras cómicas) manga comic strip

mango *s* **1** (de una herramienta, una sartén) handle **2** (fruta) mango **3** (mujer atractiva) stunner, babe, (hombre) hunk, babe (AmE)

mangonear *v* **mangonear a alguien** to boss sb around

manguera *s* hose

---

manía s **1 tener muchas manías** to have a lot of funny little ways | **tener la manía de hacer algo** to have the funny habit of doing sth: *Tengo la manía de tocarme el pelo.* I have the funny habit of touching my hair. **2 tenerle manía a alguien** to have it in for sb: *La directora me tiene manía.* The principal has it in for me. | **tenerle manía a algo** to have a thing about sth: *Les tengo manía a los lentes de contacto.* I have a thing about contact lenses.

maniático, -a adjetivo & sustantivo
■ adj fussy
■ s **ser un maniático/una maniática de algo** to be obsessed with sth: *Es un maniático del orden.* He's obsessed with tidiness.

manicomio s mental hospital

manicure s manicure | **hacerse manicure** to have a manicure

manifestación s (de protesta) demonstration

manifestante s demonstrator

manifestar v **1** (expresar) to express **2** (mostrar) to show
manifestarse v **1** (declararse) **manifestarse a favor/en contra de algo** to declare your support for sth/your opposition to sth **2** (hacer una manifestación) to demonstrate

manija s handle

maniobra s (con un vehículo, etc.) maneuver (AmE), manoeuvre (BrE)

maniobrar v to maneuver (AmE), to manoeuvre (BrE)

manipular v **1** (una noticia, las opiniones) to manipulate **2** (a una persona) to manipulate

maniquí s dummy (pl -mmies)

manjar s (delicia) delicacy (pl -cies)

mano s **1** (parte del cuerpo) hand: *Me voy a lavar las manos.* I'm going to wash my hands. | *Tienes las manos sucias.* Your hands are dirty. | **darle la mano a alguien (a)** (tomar de la mano) to hold sb's hand: *Dame la mano.* Hold my hand. **(b)** (como saludo) to shake hands with sb: *Le dio la mano a mi papá.* He shook hands with my dad. | **darse la mano** to shake hands | **¡arriba las manos!** hands up! ▶ ver **levantar 2 a mano** usado en las siguientes expresiones | **hecho -a a mano** (muebles, etc.) handmade | **tejido -a/cosido -a/bordado -a a mano** hand-knitted/hand-sewn/hand-embroidered | **escrito -a a mano** handwritten | **coser algo a mano** to sew sth by hand | **escribir algo a mano** to write sth (out) by hand | **lavar algo a mano** to hand-wash sth **3 tener algo a mano** to have sth handy **4** (lado) **a mano derecha/izquierda** on the right/left: *la primera puerta a mano izquierda* the first door on the left **5 ropa/una bicicleta etc. de segunda mano** second-hand clothes/a second-hand bicycle etc. **6 echarle la/una mano a alguien** to help sb out, to give sb a hand **7 agarrar a alguien con las manos en la masa** to catch sb red-handed **8 se me/le etc.**

pasó la mano I/he etc. overdid it: *Se me pasó la mano con la sal.* I overdid the salt. | *Se te pasó la mano con el castigo; no era para tanto.* You went too far punishing him like that; it wasn't that serious. **9** (de pintura) coat **10** (en futbol) handball **11** (en juegos de cartas) hand: *en la primera mano* on the first hand | **eres/es etc. mano** it's your/his etc. lead

mano de obra labor (AmE), labour (BrE) *mano de obra barata* cheap labor

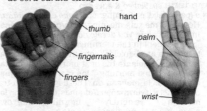

hand
thumb
palm
fingernails
fingers
wrist

manopla s (de beisbol) baseball glove, baseball mitt

mansión s mansion

manso, -a adj (animal) tame

manta s blanket

manteca s **1** (grasa) fat **2 manteca (de cerdo)** lard

mantel s tablecloth

mantener v **1** (dar alimento a) to support: *Tiene que mantener a cinco hijos.* She has five children to support. **2** (en un estado, una situación, una posición) to keep: *Lo mantuve cerrado.* I kept it closed. | *Mantengan los brazos en alto.* Keep your arms up. | **mantener la calma** to keep calm **3** (afirmar) to maintain
mantenerse v **1** (en una situación, un estado) to keep, to stay: *Manténganse derechos.* Keep straight. | *Tomé un montón de café para mantenerme despierto.* I drank loads of coffee to stay awake. | **mantenerse en forma** to keep fit: *Salgo a correr para mantenerme en forma.* I go running to keep fit. **2** (pagarse los gastos) to support yourself: *El sueldo no me alcanza para mantenerme.* I don't earn enough money to support myself.

mantenimiento s maintenance

mantequilla s butter
mantequilla de cacahuate peanut butter

manual sustantivo & adjetivo
■ s (libro) manual
■ adj manual ▶ ver **trabajo**

manualidades s pl handicrafts | **hacer manualidades** to do handicrafts

manubrio s (de una bicicleta) handlebars pl

manzana s **1** (fruta) apple **2** (de casas) block | **dar una vuelta a la manzana** to go around the block
manzana de Adán Adam's apple

manzanilla s **1** (planta) camomile **2** (infusión) camomile tea

manzano s apple tree

maña sustantivo & sustantivo plural
- s **darse maña para algo** to be good at sth
- **mañas** s pl **1 tener muchas mañas (a)** (caprichos) to be very finicky **(b)** (costumbres) to have a lot of funny little ways **2** (astucias) tricks: *Te conozco las mañas.* I know your tricks.

mañana sustantivo & adverbio
- s (parte del día) morning: *Me llamó esta mañana.* He called me this morning. | **en/por la mañana** in the morning: *Voy al colegio en/por la mañana.* I go to school in the morning. | **a las 2/9 etc. de la mañana** at 2/9 (o'clock) etc. in the morning | **a la mañana siguiente** the next morning | **a media mañana** at mid-morning | **los martes/domingos etc. en/por la mañana** on Tuesday/Sunday etc. mornings | **ayer/mañana/el lunes etc. en/por la mañana** yesterday morning/tomorrow morning/on Monday morning etc.
- adv (el día después de hoy) tomorrow: *Mañana es viernes.* Tomorrow is Friday. | *¿Qué día es mañana?* What day is it tomorrow? | **¡hasta mañana!** see you tomorrow! | **el día de mañana** in the future | **mañana en/por la mañana** tomorrow morning | **mañana en/por la tarde** tomorrow afternoon/evening ► ver nota en **tarde** | **mañana en/por la noche** tomorrow evening/night ► ver nota en **noche** | **la fiesta/la reunión etc. de mañana** the party/the meeting etc. tomorrow ► ver **pasado**

mañoso, -a adj **1** (habilidoso) handy, good with your hands **2** (tramposo) crafty, sly

mapa s map

mapamundi s map of the world

maqueta s (de un edificio, una ciudad) model

maquiladora s Si quieres explicar qué es una maquiladora di *it's an assembly plant, usually owned by a foreign multinational, close to the Mexico/US border*

maquillaje s make-up: *No uso maquillaje.* I don't wear make-up.

maquillar v **maquillar a alguien** to make sb up | **maquillarse** v to put make-up on: *Me maquillo sólo cuando salgo.* I only put make-up on when I go out. | *No se maquilla.* She doesn't wear make-up. ► Al hablar de una ocasión en particular, se usa el posesivo: *Todavía no me he maquillado.* I haven't put my make-up on yet.

máquina s **1** (aparato) machine **2 escribir a máquina** to type | **coser algo a máquina** to sew sth on the machine, to machine-sew sth | **lavar algo a máquina** to machine-wash sth **3** (dispensador automático) machine
máquina de coser sewing machine **máquina de escribir** typewriter **máquina tragamonedas** slot machine, fruit machine (BrE)

maquinaria s machinery

maquinista s engineer (AmE), train driver, engine driver (BrE)

mar s sea: *el Mar Caribe* the Caribbean Sea ► Como lugar de vacaciones, se traduce por **seaside**: *Prefiero ir al mar.* I prefer to go to the seaside.

maratón s marathon

maravilla s **ser una maravilla** to be amazing: *¡Es una maravilla!* It's amazing! | **¡qué maravilla de mujer/casa etc.!** what an amazing woman/house etc.!

maravilloso, -a adj wonderful

marca s **1** (de productos de limpieza, alimentos, cosméticos, cigarros) brand: *Compra una marca conocida.* Buy a well-known brand. **2** (de computadoras, coches, electrodomésticos) make: *¿De qué marca es el coche de tu papá?* What make is your dad's car? **3** (cicatriz) mark **4** (en deportes) record
marca patito non-brand, Mickey Mouse brand: *una computadora marca patito* a non-brand computer **marca registrada** registered trademark

marcador s **1** (resultado deportivo) score, (pizarra) scoreboard **2** (puesto en futbol) marker **3** (para escribir) felt-tip pen, marker, marker pen (BrE) | **marcador (de textos)** highlighter **4** (de temperatura, carga de la batería, etc.) indicator | **marcador (de kilometraje)** odometer (AmE), mileometer (BrE)

marcar v **1** (al teléfono) to dial: *¿Marcaste bien el número?* Have you dialed the number correctly? **2** (señalar) to mark: *Marca la respuesta correcta con una cruz.* Mark the correct answer with a cross. **3** (un gol) to score **4** (a un jugador) to mark

marcha s **1** (manifestación) march (pl -ches): *una marcha por la paz* a peace march **2** (composición musical) march (pl -ches): *la marcha nupcial* the wedding march **3** (deporte) walk **4 decidir algo sobre la marcha** to decide sth as you go along **5 estar en marcha (a)** (coche, moto) to be running **(b)** (proyecto, plan) to be underway **6 poner algo en marcha (a)** (un plan, un proyecto) to set sth in motion **(b)** (un coche, un motor) to start sth

marchar v **1** (soldados) to march **2** (hacer el servicio militar) to do your military service: *Este año me toca marchar.* I have to do my military service this year.

marchitarse v to wither

marchito, -a adj (flor, planta) withered

marciano, -a adj & s Martian

marco s **1** (para un cuadro, foto) frame **2** (de una puerta, ventana) frame **3** (portería) goal, goalmouth, (palo) goalpost

marea s tide | **está subiendo/bajando la marea** the tide is coming in/going out
marea alta high tide **marea baja** low tide

mareado, -a adj estar/sentirse mareado -a **(a)** (por la altura, por dar vueltas) to be/feel dizzy: *Estaba mareada.* I was dizzy./I felt dizzy. **(b)** (por haber tomado alcohol) to be tipsy **(c)** (con ganas de vomitar) to feel sick, to feel nauseous (AmE): *Estoy mareada.* I feel sick. ► Hay traducciones especiales si estás en un coche (**I feel carsick**), un barco (**I feel seasick**) y un avión (**I feel airsick**)

marear v (confundir) **marear a alguien (a)** (confundirlo, agobiarlo): *Cállate ya, que me mareas.* Shut up, you're making me all confused. **(b)** (hacer sentir mal): *El olor de la pintura me marea.* The smell of paint makes me queasy.

marearse v **1** (por dar vueltas, por mirar para abajo, etc.) to get dizzy **2** (con ganas de vomitar) to feel sick, to feel nauseous (AmE): *Me empecé a marear.* I started to feel sick. ► Hay traducciones especiales para marearse en un vehículo (**to get carsick**), en un barco (**to get seasick**) y en un avión (**to get airsick**): *Se marea en el coche.* She gets carsick. | *Si te sientas en cubierta, no te mareas.* If you sit on deck, you don't get seasick.

maremoto s underwater earthquake

mareo s **1** sentí/sintió etc. un mareo I/she etc. felt dizzy **2** Si los mareos se sufren al viajar, se habla de **travel sickness** (o bien **car sickness**, **sea sickness** o **air sickness** según se viaje en auto, barco o avión).

marfil s ivory | **una caja/una figura de marfil** an ivory box/figure

margarina s margarine

margarita s daisy (pl -sies)

margen sustantivo masculino & sustantivo femenino
■ **s masc 1** (en un texto) margin | **dejar margen** to leave a margin | **al margen** in the margin **2** **dejar a alguien al margen (de algo)** leave sb out (of sth) | **quedarse/mantenerse al margen (de algo)** to keep out (of sth) **3** **margen (de ganancias)** (profit) margin
margen de error margin of error
■ **s fem** (de un río) bank

marginado, -a adjetivo & sustantivo
■ **adj** marginalized, deprived
■ **s los marginados** the deprived, the underclass

mariachi sustantivo & adjetivo
■ **s** mariachi
■ **adj** clueless

marica sustantivo & adjetivo
■ **s 1** (homosexual) queer ► Así como marica, esta palabra puede resultar ofensiva **2** (cobarde, miedoso) wimp
■ **adj 1** (homosexual) queer ► Así como marica, esta palabra puede resultar ofensiva **2** (cobarde, miedoso) wimpy

marido s husband

mariguana s marijuana

mariguano, -a sustantivo & adjetivo
■ **s** dopehead
■ **adj estar mariguano -a** to be high on marijuana

marina s (conjunto de barcos) fleet **marina de guerra** navy (pl -vies) **marina mercante** merchant navy

marinero, -a s sailor

marino, -a adjetivo & sustantivo
■ **adj 1** brisa marina/aire marino sea breeze/sea air **2** fauna marina marine life ► ver azul
■ **marino s** navy officer ► Cuando se trata de un oficial de la marina mercante, se dice **a merchant navy officer** o **an officer in the merchant navy**

marioneta s puppet

mariposa s **1** (insecto) butterfly (pl -flies) | **mariposa de la luz, mariposa nocturna** moth **2** (estilo de natación) butterfly | **nadar de mariposa** to do the butterfly

mariscos s pl seafood sing: *Me encantan los mariscos.* I love seafood.

lobster — clams — mussel — prawn — oysters — squid

marítimo, -a adj transporte/puerto marítimo sea transportation/port

mármol s (material) marble | **una mesa/una columna de mármol** a marble table/column

maroma o **marometa** s somersault

marqués, -esa s marqués marquis (pl -ses) | **marquesa** marchioness (pl -sses)

marrano, -a s (animal) pig ► Éste es el término genérico. También existe **hog**, más común en inglés americano. Para referirse a una hembra se dice **sow**

marrón adj & s brown ► ver "Active Box" **colores** en **color**

Marte s Mars

martes s Tuesday ► ver "Active Box" **días de la semana** en **día**

martillo s hammer

marxismo s Marxism

marzo s March ► ver "Active Box" **meses** en **mes**

más adverbio, adjetivo, preposición & sustantivo
■ **adv & adj** ► ver recuadro en página 630
■ **prep** plus: *Dos más dos son cuatro.* Two plus two is four.
■ **s** (o **signo de más**) plus sign

más *adverbio y adjetivo*

1 MAYOR CANTIDAD, MAYOR NÚMERO (= more)

Sírvete más. Have some more. | *Necesito más dinero.* I need more money. | *¿quieres más?* Would you like some more? | **más de dos años/más de diez** more than two years/more than ten; over two years/over ten: *Hay más de dos millones de desocupados.* There are over two million unemployed.

2 COMPARATIVOS

Usa **more** delante de un adjetivo o adverbio largo (de dos o más sílabas). Con adjetivos o adverbios cortos, se agrega **-er**. Los de dos sílabas terminados en y se consideran cortos:

Es más inteligente que el hermano. He's more intelligent than his brother. | *Tiene más suerte que tú.* She's luckier than you. | **me gusta más** I prefer it: *Me gusta más el otro.* I prefer the other one.

3 SUPERLATIVOS

Usa **most** delante de un adjetivo o adverbio largo (de dos o más sílabas). Con adjetivos o adverbios cortos, se agrega **-est**. Los de dos sílabas terminados en y se consideran cortos:

Éste es el más caro. This is the most expensive one. | *la juguetería más grande del mundo* the largest toy store in the world | *la parte más fácil del libro* the easiest part of the book

Pero cuando sólo hay dos elementos, la traducción es como para los comparativos:

la más responsable/la más alta de las dos the more responsible/the taller of the two

4 CON CIERTOS PRONOMBRES

alguien/nadie/algo más somebody/nobody/ something else | **¿quién/qué/dónde más?** who/what/where else?: *¿Necesitas algo más?* Do you need anything else? | *No vino nadie más.* Nobody else came.

5 CON "NO"

no... más nunca más: not... again: *No lo vi más.* I never saw him again. | **no... más** ya no: not... anymore: *No te quiero más.* I don't love you anymore.

6 EXCLAMACIONES

¡Es más tonto! He's so stupid!

7 EXPRESIONES

a lo más at (the) most: *Tiene a lo más 200 páginas.* It's 200 pages at the most. | **de lo más elegante/inteligente etc.** very elegant/ intelligent etc.: *un niño de lo más simpático* a very nice boy | **de más:** *Hice sándwiches de más por si acaso.* I made extra sandwiches just in case. | **más bien** pretty: *Es más bien caro.* It's pretty expensive. | **más o menos** more or less: *Somos más o menos de la misma edad.* We are more or less the same age. | *–¿Cómo andas? –Más o menos.* "How are you?" "So-so."

masa *s* **1** (para pan, pizza) dough **2** (para empanadas, pays, etc.) pastry **3** (para pasteles) batter (AmE), mixture (BrE) **4** (en física) mass **5** **en masa** en masse

masaje *s* massage | **darle un masaje a alguien** to give sb a massage: *¿Me das un masaje?* Would you give me a massage? | *Me dio un masaje en la espalda* He gave me a back massage.

mascada *s* scarf (pl scarves), headscarf (pl -scarves), headsquare (BrE)

mascar *v* to chew

máscara *s* **1** (para disfrazarse) mask **2** (para protegerse) mask

mascota *s* **1** (animal) pet **2** (símbolo) mascot: *la mascota de los mundiales de futbol* the World Cup mascot

masculino, -a *adjetivo & sustantivo*

■ *adj* **1** (en biología) male **2** (referido al aspecto, la actitud) masculine **3** (para o de hombres) **moda/ropa masculina** men's fashion/clothes | **los dobles masculinos** the men's doubles **4** (en gramática) masculine

■ **masculino** *s* (en gramática) masculine

masticar *v* to chew

mástil *s* **1** (de una bandera) flagpole **2** (de una vela) mast

matadero *s* slaughterhouse, abbatoir

matado, -a *adjetivo & sustantivo*

■ *adj* ser matado -a **(a)** (ser muy estudioso) to be a grind (AmE), to be a nerd (AmE), to be a swot (BrE): *No seas tan matada.* Don't be such a grind. **(b)** (implicar mucho trabajo) to wear you out, to be a slog: *El negocio es bueno pero muy matado.* You can make a lot of money in this business, but it really wears you out.

■ *s* grind (AmE), nerd (AmE), swot (BrE)

matanza *s* **1** (de animales) slaughter **2** (de personas) massacre

matar *v* to kill: *¡Te voy a matar!* I'm going to kill you! | **matar a alguien a tiros** to shoot sb dead: *Lo mataron a tiros.* They shot him dead.

matarse *v* **1** (en un accidente) to be killed: *Se mató con la moto.* He was killed on his motor-cycle. **2** (suicidarse) to kill yourself **3** (hacer un gran esfuerzo) to knock yourself out: *Se mató para entrar al equipo.* She really knocked herself out to get onto the team. | **me maté estudiando/ cocinando etc.** I knocked myself out studying/ cooking etc.

matasellos *s* postmark

mate *s* **1** (en ajedrez) mate, checkmate **2** **darle mate a algo** (terminarlo) to polish sth off: *Entre los dos le dieron mate a la botella.* They polished the bottle off between the two of them. **3** **darle mate a alguien** (matarlo) to bump sb off

matemáticas *s* mathematics *sing*, math (AmE), maths *sing* (BrE) ▶ **mathematics** es un poco más formal

matemático, -a *adjetivo & sustantivo*
- **adj** (cálculo, problema) mathematical
- **s** mathematician

materia *s* **1** (asignatura) subject: *¿Cuál es tu materia preferida?* What's your favorite subject? **2** (tema, asunto) subject: *un especialista en la materia* an expert on the subject **3** (sustancia) matter
materia prima raw material

material *sustantivo & adjetivo*
- **s** **1** (materia) material: *un material resistente* a tough material **2** (información) material: *Me falta material para el trabajo.* I don't have enough material for my project.
- **adj** material

materialista *adjetivo, sustantivo masculino & femenino & sustantivo masculino*
- **adj** materialistic
- **s masc & fem** ser un/una materialista to be very materialistic

materia *s masc* **1** (camión) truck, lorry (pl -rries) (BrE) **2** (conductor) truck driver, lorry driver (BrE)

maternidad *s* **1** (hospital) maternity hospital **2** (sala) maternity ward **3** (hecho de ser madre) maternity

materno, -a *adj* **1** (abuelo, tío, etc.) maternal: *su abuela materna* his maternal grandmother **2** mi/su etc. lengua materna/idioma materno my/her etc. mother tongue: *El español es mi lengua materna.* Spanish is my mother tongue. **3** (sentimiento, amor) maternal

matiz *s* **1** (de un color) shade **2** (de una palabra, una expresión) nuance

matón *s* (provocador) thug

matraca *s* rattle

matricularse *v* matricularse (en algo) (a) (en un curso) to register (for sth), to enroll (in sth) (AmE), to enrol (on sth) (BrE) (b) (en la universidad, en un colegio) to register (at sth), to enroll (in sth) (AmE), to enrol (at sth) (BrE)

matrimonio *s* **1** (institución, estado) marriage | contraer matrimonio to get married **2** (pareja) couple

matriz *s* **1** (en matemáticas) matrix (pl matrices) **2** (en anatomía) womb

maullar *v* to miaow, to meow (AmE)

máximo, -a *adjetivo & sustantivo*
- **adj** maximum: *la temperatura máxima* the maximum temperature/the highest temperature | *el máximo goleador del campeonato* the highest scorer in the championship
- **máximo** *s* **1** maximum: *un máximo de dos horas* a maximum of two hours **2 como máximo** at most: *Tendrá 20 años como máximo.* He must be 20 at most. **3 esforzarse al máximo** to try your hardest | **poner el volumen al máximo** to turn the volume right up

maya *adj & s* Mayan

mayo *s* May ▶ ver "Active Box" meses en mes

mayonesa *s* mayonnaise

mayor *adjetivo, pronombre & sustantivo*
- **adj & pron** ▶ ver recuadro en página 632
- **s** **1** (adulto) adult, grown-up ▶ grown-up es el término que usan los niños o que usa un adulto al dirigirse a un niño: *una película sólo para mayores* an adults-only movie | *No interrumpas a los mayores.* Don't interrupt when grown-ups are speaking. **2** (grado militar) major
mayor de edad adult: *Tiene que estar acompañado de un mayor de edad.* He must be accompanied by an adult. ▶ En contextos legales u oficiales se usa **adult** pero en otros casos se hace referencia a la edad en que se alcanza la mayoría de edad (18 años en la mayoría de los estados de EU y en Gran Bretaña): *Sólo dejan entrar a los mayores de edad.* They only let you in if you're over 18.

mayordomo *s* (de una casa) butler

mayoreo *s* vender/comprar al mayoreo to sell/to buy in bulk, to sell/to buy wholesale

mayoría *s* **1 la mayoría de la gente/de mis amigos etc.** most people/most of my friends etc.: *La mayoría de las veces se equivoca.* Most of the time he gets it wrong. ▶ En lenguaje formal también se usa **the majority of**: *en la mayoría de los casos* in most cases/in the majority of cases **2** (en una votación) majority (pl -ties)
mayoría de edad ▶ En contextos legales u oficiales, se usa **age of majority** pero en otros casos se hace referencia a la edad en que se alcanza la mayoría de edad (18 años en la mayoría de los estados de EU y en Gran Bretaña): *llegar a/alcanzar la mayoría de edad* to turn 18

mayúscula *adjetivo & sustantivo*
- **adj** capital
- **s** capital letter | **escribir algo con mayúscula** to write sth with a capital letter: *En inglés los nombres de los meses se escriben con mayúscula.* In English the names of months are written with a capital letter. | **escribir algo en mayúsculas** to write sth in capitals

mazapán *s* marzipan

mazo *s* **1** (de naipes) deck (AmE), pack (BrE) **2** (herramienta) mallet

me *pron* ▶ ver recuadro en página 632

mear *v* to pee
mearse *v* to wet yourself

mecánica *s* mechanics *sing*: *un curso de mecánica* a course in mechanics

mecánico, -a *adjetivo & sustantivo*
- **adj** mechanical
- **s** mechanic

mecanismo *s* mechanism

mecanografía *s* typing

mecate *s* **1** (delgado) string **2** (grueso) rope

mecedora *s* rocking chair

mecer *v* (a un bebé) to rock
mecerse *v* (en una mecedora) to rock

mayor *adjetivo & pronombre*

1 EN EDAD

COMPARATIVO (= older)

También existe **elder** que es más formal y no se puede usar con **than**:

mi hermano mayor my older brother/my elder brother | *Es mayor que tú.* She's older than you.

SUPERLATIVO (DE MÁS DE DOS) (= oldest)

También existe **eldest** que es más formal:

el hijo mayor the oldest son/the eldest son | *el mayor de la clase* the oldest in the class/the eldest in the class | *el mayor de los primos* the oldest of the cousins/the eldest of the cousins

SUPERLATIVO (DE DOS) (= older)

También existe **elder** que es más formal:

mi hermana mayor my older sister/my elder sister | *El mayor es casado.* The older/elder of the two is married. | **ser mayor de edad** to be over 18 | **ser mayor de 18/21 etc.** to be over 18/21 etc. | **los mayores de 18/21 etc.** over 18s/over 21s etc.

DE EDAD AVANZADA

Usa **elderly** si la persona es anciana y **older** si es de edad madura:

una señora mayor an elderly lady/an older lady | *Mi abuela es muy mayor.* My grandmother's very elderly.

2 MÁS ALTO

COMPARATIVO (= higher)

un mayor número de casos a higher number of cases | *un número mayor que cinco* a number above five/a number higher than five

SUPERLATIVO (= highest)

Tuvieron el mayor número de votos. They got the highest number of votes.

3 MÁS GRANDE (= biggest)

Ése es uno de los mayores peligros. That is one of the biggest dangers.

4 PRINCIPAL, MÁS IMPORTANTE (= largest/biggest)

el mayor exportador mundial de carne the world's largest exporter of meat | **la mayor parte de algo** most of sth: *La mayor parte del tiempo está sin hacer nada.* Most of the time, she doesn't do anything.

5 EN MÚSICA (= major)

6 EN COMERCIO

vender/comprar al por mayor to sell/buy wholesale

mecha *sustantivo & sustantivo plural*
- **s 1** (de una vela) wick **2** (de un explosivo) fuse
- **mechas s pl** (pelo) hair *sing*: *Me jaló de las mechas.* He pulled my hair.

mechón s lock: *un mechón de pelo* a lock of hair

me

1 Como complemento directo o indirecto, la traducción es **me**:

¿No me viste? Didn't you see me? | *¿Me pasas la sal?* Could you pass me the salt?

El pronombre aparece sólo una vez en la oración inglesa:

Me eligieron a mí. They chose me.

Ten en cuenta que algunos verbos ingleses requieren el uso de preposiciones (**to me/for me** etc.). En otros casos, en inglés se usa un posesivo en lugar del artículo. Siempre te conviene mirar la entrada correspondiente al verbo, buscar por ejemplo *escribir*, *sacar*, etc.:

Me escribe todos los meses. He writes **to me** every month. | *Me sacó una foto.* He took a picture **of me**. | *Se me ha dañado la computadora.* **My** computer has broken. | *Me robaron el coche.* **My** car was stolen.

2 Si tiene valor reflexivo, a veces se traduce por **myself**:

Me he cortado. I've cut myself. | *Me compré un vestido precioso.* I bought myself a lovely dress.

Pero los verbos pronominales tienen diferentes traducciones. Busca *arrepentirse*, *peinarse*, etc.

medalla s medal

medalla de bronce **(a)** (objeto) bronze medal **(b)** (persona) bronze medalist (AmE), bronze medallist (BrE) **medalla de oro** **(a)** (objeto) gold medal **(b)** (persona) gold medalist (AmE), gold medallist (BrE) **medalla de plata** **(a)** (objeto) silver medal **(b)** (persona) silver medalist (AmE), silver medallist (BrE)

media *sustantivo & sustantivo plural*
- **s 1** (hasta el muslo) stocking **2** (al dar la hora) **las dos/las cuatro etc. y media** two thirty/four thirty etc., half past two/half past four etc. **3** (promedio) average: *la media de edad* the average age
- **medias s pl** (hasta la cintura) pantyhose *sing* (AmE), tights (BrE): *Me compré unas medias negras.* I bought some black pantyhose./I bought a pair of black pantyhose. | **se me/te etc. fueron las medias** my/your etc. pantyhose have run (AmE), I've got a ladder in my tights/you've got a ladder in your tights etc. (BrE)

mediados **1 a mediados de** around the middle of: *Se va a mediados de enero.* She's leaving around the middle of January. | *Llámame a mediados de semana.* Call me around the middle of the week. **2 para mediados de** for the middle of: *Lo necesito para mediados del mes que viene.* I need it for the middle of next month. **3 hasta mediados de** until the middle of: *No vuelvo hasta mediados del año que viene.* I won't be back until the middle of next year.

mediano, -a adj **1** (hablando de tamaño) medium-sized | **un coche/camión mediano** a medium-sized car/truck **2 de mediana estatura/de estatura mediana** of average height: *Es de estatura mediana.* He's of average height. **3 de mediana edad** middle-aged: *un hombre de mediana edad* a middle-aged man

medianoche s midnight | **a medianoche** at midnight

mediante prep ver ejemplos: *Mediante este procedimiento se obtienen mejores resultados.* You get better results using this procedure. | *Se sujeta mediante cuatro tornillos.* It is held in place by four screws. | *Pudieron adquirirlo mediante un préstamo.* They were able to buy it by taking out a loan.

medicamento s medicine

medicina s **1** (ciencia, carrera) medicine **2** (medicamento) medicine

médico, -a adjetivo & sustantivo
■ adj **tratamiento médico** medical treatment | **un chequeo médico** a (medical) check-up | **una receta médica** a (doctor's) prescription
■ s doctor: *Tengo que ir al médico.* I have to go to the doctor.

medida s **1** (dimensión) measurement: *¿Tienes las medidas?* Do you have the measurements? | **tomar las medidas** to take the measurements: *Tomé las medidas de la cocina.* I took the measurements of the kitchen. | **tomarle la medida a alguien** to take sb's measurements | **a la medida** to measure: *un vestido (hecho) a la medida* a made-to-measure dress **2** (unidad) measure: *la tabla de pesos y medidas* the table of weights and measures **3** (disposición) measure: *Tienen que tomar medidas para proteger el medio ambiente.* They must take measures to protect the environment. **4 a medida que** as: *Anota los nombres a medida que vayan llegando.* Write their names down as they arrive.

medieval adj medieval

medio, -a adjetivo, adverbio, sustantivo & sustantivo plural
■ adj **1 medio kilo/media página/media manzana** etc.: *a media cuadra de aquí* half a block from here | **dos/tres etc. y medio -a** two/three etc. and a half: *Tardó tres horas y media.* It took him three and a half hours. | **un paquete de medio kilo/un cartón de medio litro etc.** a half-kilo package/a half-liter carton etc. (AmE), a half-kilo packet/a half-litre carton etc. (BrE)
2 a media mañana/tarde mid-morning/mid-afternoon: *Tenemos un recreo largo a media mañana.* We have a long recess mid-morning.
3 (promedio) average: *la temperatura media* the average temperature
4 hacer algo a medias (a) (entre dos): *Lo compramos a medias.* We bought it between us. **(b)** (no por completo) to half-do sth: *Lo escuché a medias.* I half-listened to him.

▶ ver **clase**

■ **medio** adv **1** (por la mitad) half: *una botella medio vacía* a half-empty botttle
2 (no completamente) half: *Estaba medio dormida cuando me llamaste.* I was half asleep when you called me.
3 (un poco) pretty, quite: *Empezó medio tarde.* It started pretty late./It started quite late.

■ **medio** s **1** (centro) middle: *el carril/el cuarto del medio* the middle lane/the middle room | **en medio (a)** (en el centro) in the middle: *un pastel de chocolate con crema en medio* a chocolate cake with cream in the middle **(b)** (estorbando) in the way: *Siempre está en medio.* He is always in the way. | **en medio de algo** in the middle of sth: *en medio de la mesa* in the middle of the table | *En medio de la fiesta se apagó la luz.* In the middle of the party the lights went out.
2 (manera) way | **por todos los medios** by every possible means: *Trató de convencerme por todos los medios.* She tried to persuade me by every possible means.
3 (entorno) environment: *el medio urbano/rural* the urban/rural environment

■ **medios** s pl **1** (o **medios de comunicación**) media
2 (recursos económicos) **carecer de/tener medios para hacer algo** to lack/to have the means to do sth

el medio ambiente the environment **medio de transporte** s means of transportation (AmE), means of transport (BrE) **medio hermano** s half-brother **media hermana** s half-sister **Medio Oriente** s the Middle East

radio

television

newspaper

mediocampista s midfielder

mediocre adj mediocre

mediodía s noon, midday | **al mediodía** at noon, at midday

medir v **1** (tomar la medida de) to measure: *Necesito algo para medirlo.* I need something to measure it with. **2 ¿cuánto mides/mide etc.?** how tall are you/is he etc.? | **mide/mido etc. 1 metro 65** he's/I'm etc. 1 meter 65 tall **3 ¿cuánto mide de largo/ancho etc.?** how long/wide etc. is it?: *¿Cuánto mide de alto el cerco?* How high is the fence? | **mide dos metros de largo/ancho etc.** it's two meters long/wide etc.

medirse v **medirse unos zapatos/un abrigo etc.** to try some shoes/a coat etc. on

meditar v **1 meditar algo** to think sth over: *Medítalo bien antes de contestar.* Think it over before replying. | **meditar sobre algo** to think about sth **2** (como ejercicio espiritual) to meditate

Mediterráneo s **el (mar) Mediterráneo** the Mediterranean (Sea)

ℹ️ ¿Quieres una lista de frases útiles para hablar de ti mismo? Consulta la **guía de comunicación** al final del libro.

mediterráneo, -a adj Mediterranean

médula s marrow

médula espinal spinal cord **médula ósea** bone marrow

mejilla s cheek: *Le di un beso en la mejilla.* I gave her a kiss on the cheek.

mejillón s mussel

mejor adj & adv **1** (comparativo) better: *Se siente mejor.* He's feeling better. | **mejor(...) que** better(...) than: *Juega mucho mejor que yo.* He plays much better than I do. | *Es mejor alumno que el hermano.* He's a better student than his brother. **2** (superlativo) best: *Sacó la mejor nota.* She got the best grade. | *Es el que la conoce mejor.* He's the one who knows her best. | **el/la mejor... de** the best... in: *el mejor jugador del país* the best player in the country | *la mejor escena de la película* the best scene in the movie | *el mejor libro que he leído en mi vida/la mejor película que he visto en mi vida etc.* the best book I've ever read/the best movie I've ever seen etc. | **lo mejor** the best thing: *Es lo mejor que podía pasar.* It's the best thing that could have happened. | *Lo mejor de todo es que es gratis.* The best thing of all is that it's free. **3 hacer algo lo mejor posible** to do sth the best you can, to do sth as well as you can: *Lo hice lo mejor posible.* I did it the best I could./I did it as well as I could. **4 a lo mejor está enfermo/no le gusta etc.** maybe he's sick/maybe he doesn't like it etc., he may be sick/he may not like it etc.: *A lo mejor vengo.* Maybe I'll come./I may come **5 mejor dicho** or rather **6 mejor espera/hazlo ahora etc.** why don't you wait/why don't you do it now etc.?

mejora s improvement: *una mejora en los resultados* an improvement in the results

mejorar v **1** (progresar, hacer mejor) to improve **2** (referido a la salud) to get better

mejorarse v to get better: *cuando me mejore* when I get better | *¡Que te mejores!* Get well soon!

mejoría s improvement

melancólico, -a adj **1** (persona, carácter) gloomy **2** (mirada, canción) sad

Melate® s Si quieres explicar qué es el Melate, di *it's a state-organized lottery in which players choose their preferred six out of 47 numbers*

melena s **1** (de una persona) hair **2** (de un león) mane

mellizo, -a adj twin

melodía s tune

melón s melon

membrillo s quince: *mermelada/jalea de membrillo* quince jam/jelly

memoria sustantivo & sustantivo plural

■ s **1** (de una persona) memory (pl -ries) | **tener buena/mala memoria** to have a good/bad memory | **hacer memoria** to try to remember **2** (de una computadora) memory **3** **aprender/**

saber algo de memoria to learn/know sth by heart

■ **memorias** s pl (libro) memoirs

memorizar v to memorize

mencionar v to mention

mendigar v to beg

mendigo, -a s beggar

menear v **1** (la cola) to wag: *El perro meneaba la cola.* The dog was wagging its tail. **2 menear la cabeza (a)** (para negar) to shake your head **(b)** (para afirmar) to nod your head **(c)** (con tristeza, desazón) to shake your head **3** (revolver) to stir

menopausia s menopause

menor adjetivo, pronombre & sustantivo

■ **adj & pron** ► ver recuadro

■ s (también **menor de edad**) En contextos legales u oficiales se usa **minor** pero en otros casos se hace referencia a la edad en que se alcanza la mayoría de edad (18 años en la mayoría de los estados de EU y en Gran Bretaña): *No dejan entrar a menores.* They don't allow you in if you're under 18.

menos adverbio, adjetivo, preposición & sustantivo

■ **adv & adj** ► ver recuadro

■ **prep 1** (excepto) except: *Fuimos todos menos Gabriel.* We all went except Gabriel. **2** (para dar la hora) **las diez menos veinte/las cuatro menos cuarto etc.** twenty to ten/a quarter of four etc. (AmE), twenty to ten/(a) quarter to four etc. (BrE): *Son las cinco menos diez.* It's ten to five. **3** (en matemáticas) minus: *¿Cuánto es 57 menos 15?* What's 57 minus 15?

■ s (o **signo de menos**) minus sign

mensaje s message: *¿Puedo dejarle un mensaje?* Can I leave a message for him?

mensajero, -a s messenger ► ver **paloma**

menso, -a adjetivo & sustantivo

■ **adj** stupid, daft (BrE)

■ s idiot

menstruación s **1** (cada mes) period **2** (proceso) menstruation

mensual adj **1** (que se repite cada mes) monthly: *una cuota mensual* a monthly installment **2** (que dura un mes) monthly: *un abono mensual* a monthly ticket

mensualidad s **1 monthly allowance** es el dinero que se le pasa mensualmente a alguien para sus gastos. Pero si se trata del dinero que se le pasa a un ex-cónyuge, entonces se llama **alimony** en EU y **maintenance** en Gran Bretaña. **2** (de un curso, etc.) monthly fee **3** (de un club) monthly membership fee **4** (para un servicio) monthly payment **5** (de un crédito, una compra) monthly installment (AmE), monthly instalment (BrE) | **comprar algo en mensualidades** to buy sth in monthly installments

menta s (planta, esencia) mint | **un caramelo de menta** a mint | **un té/una hoja de menta** a mint tea/leaf | **chicle de menta** mint chewing gum

menor *adjetivo & pronombre*

1 EDAD
COMPARATIVO (= younger)
Es menor que yo. He's younger than me./He's younger than I am.
SUPERLATIVO (DE MÁS DE DOS) (= youngest)
el hijo menor the youngest son | *el menor de la clase* the youngest in the class | *el menor de los hermanos* the youngest of the brothers
SUPERLATIVO (DE DOS) (= younger)
la menor de las dos niñas the younger of the two girls | *mi hermano menor* my younger brother | **ser menor de edad** to be under age/to be under 18 | **ser menor de 18/21 etc.** to be under 18/21 etc. | **los menores de 18/21 etc.** under 18s/under 21s etc.

2 MÁS BAJO
COMPARATIVO (= lower)
un número menor de casos a lower number of cases | *un número menor que cinco* a number below five/a number lower than five | *a un precio menor* at a lower price
SUPERLATIVO (= lowest)
el menor número de votos the lowest number of votes

3 MÁS MÍNIMO (= slightest)
No hizo el menor esfuerzo. He didn't make the slightest effort. | *No tiene la menor importancia.* It's not in the least important.

4 INSIGNIFICANTE (= minor)
un problema menor a minor problem

5 EN MÚSICA (= minor)

mental *adj* **1** *un enfermo/una enfermedad mental* a mental patient/illness **2** *un cálculo mental* a mental calculation ▶ *cálculo mental* usado como sustantivo incontable, se traduce por **mental arithmetic**: *un ejercicio de cálculo mental* a mental arithmetic exercise

mentalidad *s* mentality (pl -ties): *una mentalidad de otra época* a mentality from another era | **tener una mentalidad abierta** to have an open mind | **tener una mentalidad cerrada/estrecha** to have a closed mind

mente *s* **1** mind **2 tener algo en mente** to have sth in mind

mentir *v* to lie | **mentirle a alguien** to lie to sb: *No le mientas.* Don't lie to him.

mentira *s* **1** lie: *¡Eso es mentira!* That's a lie!/That's not true! | **decir una mentira** to tell a lie: *No digas mentiras.* Don't tell lies. **2 parece mentira** it's hard to believe: *Parece mentira que haya pasado tanto tiempo.* It's hard to believe it's been so long. | **aunque parezca mentira** believe it or not: *Aunque parezca mentira, es más barato.* Believe it or not, it's cheaper.
mentira piadosa white lie

menos *adverbio & adjetivo*

1 MENOR CANTIDAD, MENOR NÚMERO, COMPARATIVOS
La traducción es **less**, pero delante de un sustantivo inglés en plural se suele usar **fewer**:
Sírveme un poco menos. Give me a little less. | *Tengo menos tiempo que tú.* I have less time than you. | *Vino menos gente que la semana pasada.* Fewer people came than last week. | *Fue menos doloroso de lo que me imaginaba.* It was less painful than I had imagined. | *Llevan menos materias que nosotros.* They have fewer subjects than us. | *Éramos menos de 30.* There were fewer than 30 of us. | *Tardó menos de una hora.* She took less than an hour.

2 SUPERLATIVOS
La traducción es **least**, pero delante de un sustantivo inglés en plural se suele usar **fewest**:
Es el menos difícil. It's the least difficult. | *Eso es lo menos importante.* That's the least important thing. | *la composición con menos faltas* the essay with fewest mistakes

3 ESPECIALMENTE (= especially)
No tengo ganas de ir, menos con este tiempo. I don't feel like going, especially in this weather.

4 EXPRESIONES
a menos que unless: *A menos que te apures, vas a perder el avión.* Unless you hurry, you're going to miss the plane. | **de menos**: *Me diste tres pesos de menos.* You've given me three pesos too little. | *Hay cuatro sillas de menos.* There are four chairs missing./We need four more chairs. | **¡menos mal!** just as well!: *¡Menos mal que lo encontraste!* Just as well you found it! | **nada menos** no less: *Me felicitó nada menos que el presidente.* I was congratulated by the President no less. | **por lo menos/al menos** at least: *Por lo menos podrías ayudarme.* At least you could help me. | **hacer menos a alguien** to look down on sb

mentirijillas *s* **un revólver de mentirijillas** a pretend gun

mentiroso, -a *sustantivo & adjetivo*
■ *s* liar: *Eres un mentiroso.* You're a liar.
■ *adj* **ser (muy) mentiroso -a** to tell (a lot of) lies

mentón *s* chin

menú *s* **1** (de comidas) menu: *¿Me podría alcanzar el menú?* Could you pass me the menu? **2** (en informática) menu
menú del día set menu **menú turístico** tourist menu

menudeo *s* **vender/comprar al menudeo** to sell/buy retail

ⓘ ¿Quieres más información sobre los **verbos modales**? Hay una explicación en el apartado de gramática.

menudo, -a *adjetivo & sustantivo*
- *adj* **1 a menudo** often: *Salimos juntas a menudo.* We often go out together. **2** (persona) slight: *un niño menudito* a slight child
- **menudo** s (platillo) tripe

meñique s little finger

mercado s **1** (lugar) market: *Lo compré en el mercado.* I bought it in the market. **2** (en economía) market
  mercado común common market **mercado de valores** stock exchange **mercado negro** black market **mercado sobre ruedas** street market

mercadotecnia s marketing

mercancía s goods pl, merchandise

mercería s notions store (AmE), haberdashery (pl -ries) (BrE)

Mercurio s Mercury

mercurio s mercury

merecer v to deserve: *Merecías aprobar.* You deserved to pass.
  merecerse v to deserve: *Te lo mereces.* You deserve it.

merecido, -a *adjetivo & sustantivo*
- *adj* deserved | **tener algo (bien) merecido** to (thoroughly) deserve sth
- **merecido** s **recibir su merecido** to get what you deserve

merendar v to have an afternoon snack

merengue s (en repostería) meringue

meridiano s meridian: *el meridiano de Greenwich* the Greenwich meridian

merienda s afternoon snack: *Compra algo para la merienda.* Buy something for an afternoon snack.

mérito s **1 hacer méritos** to be on your best behavior (AmE), to be on your best behaviour (BrE): *Está haciendo méritos para que lo dejen ir.* He's on his best behavior hoping that he'll be allowed to go. **2 tener mucho mérito** to be commendable, to be admirable: *Tiene mucho mérito que lo haya hecho sin ayuda.* It's commendable that he did it without any help.

merluza s hake

mermelada s **1** (de ciruela, de frambuesa, etc.) jam **2** (de naranja, limón, etc.) marmalade

mero, -a *adjetivo, adverbio & sustantivo*
- *adj* **1** (puro) mere: *el mero hecho de haber mentido* the mere fact of having lied | *Mira, la mera verdad es que no tengo dinero.* Look, to be totally honest I don't have any money. **2** (justo) ver ejemplos: *En la mera esquina está la librería.* The bookstore is right on the corner. | *A la mera hora se echó para atrás.* At crunch time he backed out.
  el mero mero/la mera mera the boss, the head honcho (AmE)
- **mero** *adv* **1 ya mero (a)** (por poco) nearly: *Ya mero y me caigo.* I nearly fell. **(b)** (pronto) soon: *Ya mero se hace de noche.* It'll be dark

soon. | *Ya mero nos vamos.* We're just about to leave./We're leaving soon. | *Ya mero terminan las clases.* It's almost the end of term. **2 aquí mero/allí mero** right here/right there
- **mero** s (pescado) grouper

mes s month: *el mes de enero* the month of January ▶ ver "Active Box" **meses** | **dentro de un mes** within a month | **el mes pasado** last month | **el mes que viene** next month | **dos/tres etc. veces por mes** twice/three times etc. a month | **al mes de comprarlo/de llegar etc.** a month after he bought it/I arrived etc.

mesa s table: *la mesa de la cocina* the kitchen table | *Nos sentamos a la mesa.* We sat down at the table. | **¡a la mesa!** lunch/dinner is ready! | **poner la mesa** to set the table, to lay the table | **levantar/recoger la mesa** to clear the table
  mesa de billar billiard table **mesa de centro** coffee table **mesa redonda** round-table discussion

mesero, -a s **mesero** waiter | **mesera** waitress (pl -sses)

meseta s (en geografía) tableland

mestizo, -a s man/woman etc. of mixed race

meta s **1** (objetivo) goal **2** (en automovilismo, atletismo, etc.) finish line (AmE), finishing line (BrE) **3** (en futbol) goal, goalmouth

metáfora s metaphor

metal s metal | **un botón/una puerta de metal** a metal button/door

metálico, -a *adj* **1 un sonido metálico** a metallic sound **2 un objeto metálico** a metal object

meteorito s meteorite

meteorológico, -a *adj* **un mapa/un satélite etc. meteorológico** a weather map/satellite etc.

meter v **1** (poner) to put: *¿Dónde metiste mis lápices?* Where have you put my pencils? | *Mete tus cosas en esta caja.* Put your things in this box. **2** (involucrar) to involve: *No lo metas en tus problemas.* Don't involve him in your problems. | *¡Mira el lío en el que me metiste!* Look at the mess you've gotten me into! **3 meter un gol/dos goles** to score a goal/two goals | **meterle un gol a alguien** to score a goal against sb **4** (echarle ganas) **meterle** to go for it: *Si le metemos, seguro terminamos.* If we really go for it, I'm sure we can finish. | **meterle al acelerador** to put your foot down, to step on it **5 meter a alguien en la cárcel** to put sb in prison

meterse v **1 meterse en un cuarto/en el baño etc.** to go into a room/into the bathroom etc.: *Se mete en el baño y se pasa horas.* She goes into the bathroom and stays in there for hours. | **meterse en la cama** to get into bed: *Me metí en la cama a ver televisión.* I got into bed to watch TV. | **meterse en el agua/en la tina etc.** to get into the water/into the tub etc.: *No pienso meterme en el agua.* I don't intend to get into the water. **2 meterse las manos en**

Active Box: meses

Los ejemplos de este **Active Box** son una guía para ayudarte a construir oraciones que hablan de los meses. Recuerda que en inglés los nombres de los meses se escriben con mayúscula.

Las elecciones serán en julio.	The elections will be in July.
Nos mudamos aquí en mayo de este año.	We moved here **last** May.
Se casan en septiembre.	They are getting married **next** September.
El festival se hace todos los años en diciembre.	The festival takes place **every** December.
Nació el 8 de febrero.	He was born **on Feb-ruary 8th**.

En inglés británico, también se puede escribir **on 8th February** en el último ejemplo. Al hablar, se dice **on February eighth** o, en inglés británico, **on the eighth of February**.

los bolsillos to put your hands in your pockets **3 se me/le etc. metió algo en el ojo** I got something in my eye/she got something in her eye etc. | **se me/le etc. metió una piedrita en el zapato** I got a stone in my shoe/he got a stone in his shoe etc. **4 se me/le etc. metió en la cabeza que...** I got it into my head/she got it into her head etc. that ...: *Cuando se te mete algo en la cabeza...* When you get something into your head... **5** (entrometerse) to interfere **6** (involucrarse) **meterse en un lío/problemas etc.** to get into a jam/into trouble etc. **7 meterse con alguien** to pick on sb: *No te metas conmigo.* Don't pick on me.

metiche *adjetivo & sustantivo*
■ *adj* nosy
■ *s* busybody (pl -dies), nosy parker (BrE)

método *s* **1** (sistema, organización) method **2** (de enseñanza) method

metralleta *s* sub-machine gun

métrico, -a *adj* metric

metro *s* **1** (unidad) meter (AmE), metre (BrE) **2** (medio de transporte) metro, subway (AmE), underground (BrE) ▶ Al metro de Londres también se le llama **the tube** | **fuimos/vino etc. en metro** we went/he came etc. on the subway (AmE), we went/he came etc. on the underground (BrE) **3** (para medir) tape measure

metro cuadrado square meter **metro cúbico** cubic meter **los 100 metros lisos** the 100 meters

mexicano, -a *adjetivo & sustantivo*
■ *adj* Mexican
■ *s* Mexican | **los mexicanos** (the) Mexicans

México *s* Mexico

mezcla *s* **1** (de sustancias, alimentos) mixture **2** (de colores, estilos) combination **3** (de cafés, tés, etc.) blend **4** (de razas, clases) mixture

mezclar *v* (juntar) to mix: *Mezcle los ingredientes.* Mix the ingredients. | **mezclar algo con algo** to mix sth up with sth: *No mezcles mis CDs con los tuyos.* Don't mix my CDs up with yours.

mezclarse *v* **1** (involucrarse) **mezclarse en algo** to get mixed up in sth **2** (alternar) **mezclarse con alguien** to mix with sb

mezclilla *s* (tela) denim: *una falda de mezclilla* a denim skirt

mezquita *s* mosque

mi *adjetivo & sustantivo*
■ *adj* my: *mi profesora* my teacher | *mis padres* my parents
■ *s* (nota musical) E

mí *pron* **1** (no reflexivo) me: *¿Esto es para mí?* Is this for me? | *Dámelo a mí.* Give it to me. **2** (reflexivo) myself: *Me río de mí misma.* I laugh at myself.

miau *s* miaow, meow (AmE) | **hacer miau** to miaow, to meow (AmE)

microbio *s* germ, microbe

microbús *s* minibus

microchip *s* microchip

micrófono *s* microphone

microondas *s* (horno) microwave

microscopio *s* microscope

miedo *s* **1** (temor) **tener miedo** to be fright-ened, to be scared: *Tengo mucho miedo.* I'm very frightened./I'm very scared. | **tenerle miedo a algo/alguien** to be afraid of sth/sb: *No le tiene miedo a nada.* She's not afraid of anything. | *Me tiene miedo.* She's afraid of me. | **me/te etc. da miedo** I'm/you're etc. scared: *Me da miedo la oscuridad.* I'm scared of the dark. | *Me da miedo ir sola.* I'm scared to go on my own. | **¡qué miedo!** how frightening!, how scary! | **estar muerto -a de miedo** to be scared to death ▶ El sustantivo **fear** se usa en contextos como to shake with fear (*temblar de miedo*) **2** (preocu-pación) **tengo miedo de llegar tarde/perderme etc.** I'm worried (that) I'll be late/I'll get lost etc., I'm afraid (that) I'll be late/I'll get lost etc.: *Tenía miedo de cortarme.* I was worried I would cut myself./I was afraid I would cut myself. | **tengo miedo de que se enoje/se entere etc.** I'm worried he'll get angry/he'll find out etc., I'm afraid he'll get angry/he'll find out etc. **3 por miedo a equivocarme/llegar tarde etc.** because I was afraid of being wrong/of being late etc.: *Me callé por miedo a equivocarme.* I didn't say any-thing because I was afraid of being wrong.

miedoso, -a *adjetivo & sustantivo*
■ *adj* **ser muy miedoso -a** to be easily frightened
■ *s* coward

miel *s* honey
miel de maple maple syrup

miembro s **1** (de una asociación, un grupo) member | **ser miembro de algo** to be a member of sth: *Era miembro de una organización terrorista.* He was a member of a terrorist organization. | **hacerse miembro de algo** to become a member of sth **2** (del cuerpo) limb

mientras *conjunción & adverbio*
■ *conj* **1** (al mismo tiempo que) while: *¿Quieres sentarte mientras esperas?* Do you want to sit down while you wait? **2** (con tal que) as long as: *Mientras lo hagas, no importa cuándo.* As long as you do it, I don't mind when it is. **3** **mientras que** (para marcar oposición) whereas, while: *A mí me gusta el tenis mientras que a él le gusta el squash.* I like tennis whereas he likes squash.
■ *adv* (o **mientras tanto**) in the meantime: *Y mientras (tanto) ¿qué hago?* And in the meantime, what am I supposed to do?

miércoles s Wednesday ▶ ver "Active Box" **días de la semana** en **día**
miércoles de ceniza Ash Wednesday

mil *número* thousand: *tres mil pesos* three thousand pesos

milagro s **1** miracle: *Es un milagro.* It's a miracle. | **hacer milagros** to work miracles **2** **no me maté/no me vio etc. de milagro** it was a miracle I wasn't killed/he didn't see me etc.

milenio s millennium (pl -nnia)

milímetro s millimeter (AmE), millimetre (BrE)

militar *adjetivo & sustantivo*
■ *adj* **la disciplina militar/un golpe militar** military discipline/a military coup ▶ ver **servicio**
■ *s* **1** (oficial) Se usa **an army officer**, **a naval officer** o **an air force officer** según la rama de las fuerzas armadas a que pertenezca **2** **los militares** (las fuerzas armadas) the military

milla s mile

millón *número* million: *tres millones de habitantes* three million inhabitants

millonario, -a *adjetivo & sustantivo*
■ *adj* **ser millonario -a** to be a millionaire: *Sus padres son millonarios.* His parents are millionaires. | **un empresario millonario/una empresaria millonaria** a millionaire businessman/businesswoman | **un contrato millonario** a contract worth millions
■ *s* millionaire ▶ Existe **millionairess** para referirse a una mujer, pero actualmente se usa poco

milpa s cornfield

mimar *v* to spoil

mimbre s wicker | **una silla/un cesto de mimbre** a wicker chair/basket

mímica s mime | **hacer mímica** to mime

mimo s (actor) mime artist

mina s **1** (de un lápiz) lead **2** (de carbón, plata, etc.) mine **3** (explosivo) mine

mineral *adjetivo & sustantivo*
■ *adj* mineral ▶ ver **agua**
■ *s* mineral

minero, -a s miner

miniatura s miniature | **un barco/avión en miniatura** a miniature ship/airplane

minifalda s miniskirt

mínimo, -a *adjetivo & sustantivo*
■ *adj* **1** minimum: *la temperatura mínima* the minimum temperature | **hacer lo mínimo** to do the bare minimum | **en lo más mínimo** Se usa **the least bit** en oraciones pasivas y **in the slightest** en oraciones activas: *No me preocupa en lo más mínimo.* I'm not the least bit worried./It doesn't worry me in the slightest. **2** (insignificante) minimal: *Las diferencias son mínimas.* The differences are minimal.
■ *mínimo* s minimum: *un mínimo de una hora por día* a minimum of an hour a day | **como mínimo** at least: *Como mínimo, tiene 15 años.* He's at least 15. | **al mínimo** to the minimum: *Redujeron los gastos al mínimo.* They cut spending to the minimum.

ministerio s (también **Ministerio**) ministry (pl -tries) ▶ El equivalente de un ministerio en EU y Gran Bretaña es un **Department**. Por ejemplo **the Department of Health** se ocupa de la salud pública. Pero se usa **ministry** para hablar de los ministerios de otros países. Algunos ministerios tienen nombres especiales (ver abajo).
Ministerio del Interior En EU no hay ministerio equivalente. Para hablar del Ministerio del Interior de otro país se dice **the Ministry of the Interior** El equivalente británico se conoce como **the Home Office** **Ministerio de Relaciones Exteriores** El equivalente en EU se conoce como **the Department of State**. En Gran Bretaña se llama **the Foreign Office**. Para hablar del Ministerio de Relaciones Exteriores de otro país se dice **the Foreign Ministry**.

ministro, -a s minister ▶ El cargo equivalente en EU y Gran Bretaña es **Secretary**. Por ejemplo **the Secretary of Defense** en EU y **the Defence Secretary** en Gran Bretaña son los responsables de los asuntos de defensa. Sin embargo, para referirse al ministerio equivalente en otro país se usa **the Minister of Defense/Defence**. Algunos ministros tienen títulos especiales (ver abajo). ▶ ver **primer ministro** en **primero**
ministro -a del Interior En EU no hay cargo equivalente. Para hablar del ministro del Interior de otro país se dice **the Minister of the Interior** El equivalente británico es **the Home Secretary** **ministro -a de Relaciones Exteriores** En EU el equivalente es **the Secretary of State** y en Gran Bretaña **the Foreign Secretary**. Para hablar del ministro de Relaciones Exteriores de otro país se dice **the Foreign Minister**.

minoría s **1** minority (pl -ties): *las minorías étnicas* the ethnic minorities **2** **estar en minoría** to be in the minority: *No podemos ganar, estamos en minoría.* We can't win, we're in the minority.

i Hay una lista de **términos gramaticales** en el interior de la cubierta.

minucioso, -a *adj* **1** (persona) meticulous **2** (informe, descripción) detailed

minúscula *adjetivo & sustantivo*
- *adj* con "a"/"c" etc. **minúscula** with a small "a"/"c" etc.
- *s* small letter | **escribir algo con minúscula** to write sth with a small letter | **escribir algo en minúsculas** to write sth in small letters

minusválido, -a *adjetivo & sustantivo*
- *adj* disabled
- *s* disabled person ▶ Para hablar de los minusválidos en general se dice **the disabled**

minuto *s* minute: *Espera un minuto.* Wait a minute.

mío, -a *pronombre & adjetivo*
- *pron* el **mío/la mía** etc. mine: *Éste es tu paraguas. El mío es azul.* This is your umbrella. Mine is blue.
- *adj* mine: *Los chocolates son míos.* The chocolates are mine. | **una amiga mía/un tío mío** etc. a friend of mine/an uncle of mine etc.: *unos amigos míos que viven en Londres* some friends of mine who live in London

miope *adj* nearsighted, short-sighted (BrE)

mirada *s* **1** **echarle una mirada a algo** to have a look at sth: *¿Le echas una mirada a esta carta?* Could you have a look at this letter? **2** (forma de mirar) **tener una mirada triste/inexpresiva** to have a sad/an expressionless look on your face

mirar *v* **1** mirar algo/a alguien to look at sth/sb: *Miraba el reloj cada cinco minutos.* He looked at his watch every five minutes. | *Me estaba mirando.* He was looking at me. | *¿Qué miran?* What are you looking at? | **mirar fijamente a alguien** to stare at sb: *Me estaba mirando fijamente.* He was staring at me. | **miren qué bonito/ mira qué grande** etc. isn't that pretty?/look how big it is etc.: *Mira qué muchacha tan guapa.* What a pretty girl!/Isn't she a pretty girl? **2** ¡mira quién habla! look who's talking! **3** (buscar) to look: *Mira en el primer cajón.* Look in the top drawer. **4** (comprobar) to make sure: *Mira que las ventanas estén cerradas.* Make sure the windows are shut.

mirarse *v* **1** mirarse en el espejo/al espejo to look at yourself in the mirror: *Me miré en el espejo.* I looked at myself in the mirror. **2** (dos o más personas) to look at each other: *Todos se miraron sorprendidos.* They all looked at each other in surprise.

mirlo *s* blackbird

misa *s* mass (pl masses): *la misa de 12* the 12 o'clock mass | *¿A qué hora es la misa?* What time is mass? | **ir a misa** to go to mass

miserable *adj* **1** un sueldo/una cantidad **miserable** a pathetic salary/amount **2** (muy pobre) destitute **3** (triste, deprimente) wretched

miseria *s* **1** (pobreza) poverty | **en la miseria** in poverty: *Viven en la miseria.* They live in poverty. **2** (cantidad mínima) **una miseria** a pittance: *Gana una miseria.* He earns a pittance.

misil *s* missile

misión *s* mission

misionero, -a *s* missionary (pl -ries)

mismo, -a *adjetivo, pronombre & adverbio*
- *adj & pron* **1** (igual) el mismo nombre/la misma dirección etc. the same name/the same address etc.: *Son del mismo color.* They are the same color. | *Nacimos el mismo día.* We were born on the same day. | **el mismo/la misma** the same one: *Es el mismo que vimos ayer.* It's the same one we saw yesterday. | **el mismo/la misma... que** the same... as: *Tenía el mismo vestido que yo.* She had the same dress as me. | *Fuimos al mismo lugar que el año pasado.* We went to the same place as last year. | *Eligió la misma que yo.* He chose the **same one** as me.
  2 **lo mismo** the same: *Cuesta lo mismo ir en tren que en avión.* It costs the same to go by train as to fly. | *Me pasó lo mismo.* The same thing happened to me. | **me/le** etc. **da lo mismo** it's all the same to me/him etc.: *A mí me da lo mismo.* It's all the same to me./I don't mind. | *Le da lo mismo ir hoy que mañana.* It's all the same to him if he goes today or tomorrow.
  3 (para intensificar) **lo vi yo mismo -a/lo llevó ella misma** etc. I saw it myself/she took it herself etc.: *Tú misma me lo contaste.* You told me yourself. | **por eso mismo** that's precisely why: *Por eso mismo tienes que ayudarla.* That's precisely why you have to help her.
- **mismo** *adv* **acá mismo/ahí mismo** right here/ right there: *Lo puse ahí mismo.* I put it right there. | **ahora/ya mismo** right away, right now: *Ahora mismo lo llamo.* I'll phone him right away. | *¡Ven aquí ahora mismo!* Come here right now!/ Come here this minute! | **hoy/mañana** etc. **mismo** ver ejemplos: *Mañana mismo lo termino.* I'll finish it tomorrow, without fail. | *La operan hoy mismo.* She's being operated on today. | *Me enteré hoy mismo.* I found out just today./I only found out today.

misterio *s* mystery (pl -ries) | **una historia/una novela de misterio** a mystery story/novel

misterioso, -a *adj* mysterious

mitad *s* **1** (parte) half (pl halves): *las dos mitades* the two halves | **la mitad** half: *Dale la mitad.* Give him half. | *Queda más de la mitad.* There's over half left. | **la mitad de la gente/de las veces** etc. half the people/half the time etc.: *La mitad de las copas están rotas.* Half the glasses are broken. **2** (centro) middle: *No vayas por la mitad de la calle.* Don't drive down the middle of the road. | **partir/cortar** etc. **algo a/por la mitad** to cut sth in half: *Corta la manzana por la mitad.* Cut the apple in half. **3** **a mitad de precio** half-price: *Lo compré a mitad de precio.* I bought it half-price. **4** **a mitad de camino** halfway: *a mitad de camino entre Zacatecas y Campeche* halfway between Zacatecas and Campeche ▶ Se dice **halfway there** si no se menciona el lugar: *Hay un restaurante muy bueno*

---

a mitad de camino. There's a very good restaurant halfway there. **5 a la mitad del año/de la película** etc. halfway through the year/the movie etc.: *Tenemos vacaciones a la mitad del año.* We have a vacation halfway through the year.

mitín s (manifestación) rally (pl -llies)

mito s **1** (historia) myth **2** (persona) legend: *un mito del rock* a rock legend

mitología s mythology

mitote s **1** (alboroto festivo) **armar/organizar un mitote** to organize a huge celebration | **se armó un mitote** there were wild celebrations: *Hubieras visto el mitote que se armó.* You should have seen the celebrations. **2** (escándalo) **se armó el mitote** there was uproar, there was a huge commotion | **armar un mitote** to kick up a row, to make a commotion

mixto, -a adj **1** (de distintos elementos) mixed: *una ensalada mixta* a mixed salad **2** (para ambos sexos) mixed: *una escuela mixta* a mixed school

mochar v **mochar algo** to chop sth off: *La máquina por poco le mocha el dedo.* The machine nearly chopped his finger off. | *Esa escena la mocharon.* They cut that scene.

mocharse v **mocharse con algo** to bribe sb with sth: *Nos mochamos con una lana para que nos dejaran entrar.* We bribed them with some cash so they'd let us in. | **mocharse con alguien** to bribe sb: *Te tienes que mochar con el portero.* You have to bribe the doorman.

mochila s (que se lleva a la espalda) La mochila que se usa para ir a acampar se llama **backpack** en inglés americano y **rucksack** en inglés británico. La que lleva un niño al colegio se llama **backpack** en ambas variedades.

mocos s pl snot | **tener mocos** to have a snotty nose | **sonarse los mocos**

moda s **1** fashion: *el mundo de la moda* the world of fashion **2 un restaurante/una playa etc. de moda** a fashionable restaurant/beach etc. | **un cantante/una actriz etc. de moda** a singer/actress etc. who is much in demand at the moment | **estar de moda** to be in fashion: *¿Esos zapatos están de moda?* Are those shoes in fashion? | **ponerse de moda** to become fashionable: *Se puso de moda en los años '60.* It became fashionable in the 60s. | **pasado -a de moda** old-fashioned: *un vestido pasado de moda* an old-fashioned dress

modales s pl manners: *No tienes modales.* You have no manners.

modelo sustantivo masculino & femenino, sustantivo masculino & adjetivo

■ **s masc & fem 1** (maniquí) model: *Quiero ser modelo.* I want to be a model **2** (de un pintor, escultor) model

■ **s masc 1** (ejemplo a imitar) model: *Usa esta carta como modelo.* Use this letter as a model.

▶ Si se trata de una persona, se dice **role model**: *Siempre tuvo a su hermano mayor como modelo.*

His older brother was always a role model for him. **2** (de prenda de vestir) style, design: *¿Tienen algún otro modelo?* Do you have any other styles?/Do you have any other designs? | *un modelo exclusivo* an exclusive design **3** (de coche, moto) model: *Éste es el último modelo.* This is the latest model.

■ adj **una alumna/un padre** etc. **modelo** a model student/father etc.

módem s modem

moderado, -a adj **1** (temperatura, clima) moderate **2** (persona, partido) moderate

modernizar v (una institución, un sistema) to modernize

moderno, -a adj **1** (contemporáneo, de hoy en día) modern: *la vida moderna* modern life **2** (referido a personas) La traducción depende de si es en cuanto a las ideas y actitudes (**modern**) o el aspecto, la forma de vestir, etc. (**trendy, cool**). **3** (de moda) fashionable

modestia s modesty | **modestia aparte** even if I do say so myself: *Me quedó muy rico, modestia aparte.* It was delicious, even if I do say so myself.

modesto, -a adj modest

modificar v **1** (cambiar, transformar) to modify **2** (en gramática) to modify

modista s dressmaker

modisto s fashion designer

modo sustantivo & sustantivo plural

■ **s 1** (manera) way: *su modo de pensar* her way of thinking: *el mejor modo de hacerlo* the best way to do it | **a mi/tu** etc. **modo** my/your etc. way: *Deja que lo haga a su modo.* Let him do it his way. | **de este/ese modo** like this/like that: *No grites de ese modo.* Don't shout like that! **2 de todos modos** (igual) anyway: *De todos modos voy a ir.* I'm going, anyway. **3 ni modo (a)** (no importa) never mind **(b)** (no importa tanto) it's not crucial **(c)** (qué remedio) that's too bad **4 de cualquier modo (a)** (sin poner atención) any which way (AmE), any old how (BrE): *Lo hiciste de cualquier modo.* You did it any which way. **(b)** (sea como sea) anyway, in any case: *De cualquier modo, no hubiéramos podido ir.* We wouldn't have been able to go anyway. **5 de ningún modo lo voy a permitir/lo voy a aceptar** etc. there's no way I'm going to allow it/I'm going to agree to it etc. **6** (en gramática) mood

■ **modos** s pl **de buenos/malos modos** nicely/rudely: *Pídemelo de buenos modos.* Ask me nicely.

mofle s **1** (silenciador) muffler (AmE), silencer (BrE) **2** (tubo) exhaust

moho s mold (AmE), mould (BrE) | **tener moho** to be moldy (AmE), to be mouldy (BrE)

mojado, -a adj wet: *La ropa aún está mojada.* The clothes are still wet.

mojar v **1** (accidentalmente) **mojar algo** to get sth wet: *¡Me mojaste!* You've gotten me wet! **2** (voluntariamente) to wet: *Moja el trapo antes de usarlo.* Wet the cloth before you use it. **3** (una galleta, el pan, etc.) to dip: *Le gusta mojar las galletas en la leche.* He likes to dip his cookies in his milk.
mojarse v **1** to get wet: *¡Mira cómo te mojaste!* Just look how wet you got! **2 mojarse la cara/los labios etc.** to wet your face/your lips etc.: *Se mojó la cara.* He wet his face. **3 se me/le etc. mojó el pelo** my/her etc. hair got wet: *Se me mojaron los zapatos.* My shoes got wet.

molcajete s mortar

molde s **1** (en cocina) Se usa **mold** (**mould** en inglés británico) si es de vidrio, plástico, cerámica, etc. y **tin** si es de metal:: *un molde para gelatina* a jelly mold | *un molde para bizcocho/pan* a sponge tin/a loaf tin | *Vierta la mezcla en un molde enmantequillado.* Pour the mixture into a greased mold/tin. **2** (en costura) pattern **3** (para figuras, estatuas, etc.) mold (AmE), mould (BrE)

mole s **1** Si quieres explicar qué es el mole, di *it's a sauce based on chilis, sesame seeds, tomatoes, peanuts and chocolate or pumpkin seeds. It can also be a chicken dish with this sauce.* **2 es mi/tu etc. mero mole** it's my/your etc. pet subject, it's my/your etc. thing: *La historia del rock es su mero mole.* The history of rock music is his pet subject. | **darle a alguien en su mero mole** to get sb on to his/her pet subject

molécula s molecule

moler v **1** (café, pimienta, trigo) to grind **2** (carne) to grind (AmE), to mince (BrE) **3** (molestar) to be a pain, to go on **4 moler a alguien a palos** to beat sb up

molestar v **1** (a alguien que está ocupado, etc.) to bother, to disturb: *¿Te molesto?* Am I disturbing you?/Am I bothering you? | *Mamá no se siente bien. No la molesten.* Mom's not feeling well. Don't bother her. ▶ Cuando no se expresa a quién se molesta, se usa **to be a nuisance**: *Déjate de molestar.* Stop being a nuisance. **2** (ruido, olor, humo, etc.) to bother: *¿Te molesta la música?* Does the music bother you? | **¿te/le etc. molesta si...?** do you mind if... ?: *¿Te molesta si abro la ventana?* Do you mind if I open the window? **3** (causar disgusto) to upset: *Me molesta que me hables así.* It upsets me when you speak to me like that.
molestarse v **1 no se moleste/no te molestes etc.** don't worry: *No te molestes, me puedo servir yo.* Don't worry, I can help myself. **2 ni se molestó en llamar/avisar etc.** he didn't even bother to phone/to let us know etc.

molestia s **1** (incomodidad) **perdone la molestia** I'm sorry to bother you: *Perdone la molestia pero necesito hablar con usted.* I'm sorry to bother you but I need to talk to you. | **no es ninguna molestia** it's no trouble at all | **si no es**

molestia if it's not too much trouble **2 tomarse la molestia de hacer algo** to take the trouble to do sth: *Se tomó la molestia de ir a verlos.* He took the trouble to go and see them. **3 tener/sentir una molestia** to feel some discomfort

molesto, -a adj **1** (que fastidia) annoying: *un ruido muy molesto* a very annoying noise **2 estar molesto -a** to be upset: *Está muy molesto por lo que le dijiste.* He's very upset about what you said to him.

molido, -a adj **1** (café, pimienta) ground **2** (persona) **estar molido -a** to be beat (AmE), to be shattered (BrE) ▶ ver **carne**

molinillo s Si quieres explicar qué es un molinillo, di *it's a wooden kitchen utensil for frothing hot chocolate*

molino s **1** (para convertir grano en harina) mill **2** (para moler café, especias) grinder, mill **3** (para moler carne) grinder (AmE), mincer (BrE)
molino de viento windmill

momento sustantivo & interjección
■ s **1** (período, lapso) moment: *Me voy a quedar sólo un momento.* I'm only going to stay for a moment. | *El país atraviesa momentos difíciles.* The country is going through difficult times. | **en un momento** (referido al futuro) in a moment: *En un momento termino.* I'll be finished in a moment. | **por el momento**, también **de momento** for the moment **2** (instante puntual) **en este momento** right now, at the moment: *En este momento estoy ocupada.* I'm busy right now. | **en ese momento** at that moment: *En ese momento llegó Gabriela.* At that moment Gabriela arrived. | **a último momento** at the last moment | **de un momento a otro** at any moment | **en el momento** (inmediatamente) right away: *Si no lo hago en el momento, se me olvida.* If I don't do it right away, I forget. **3** (ocasión) moment: *los mejores momentos de mi vida* the best moments of my life **4 el actor/la película del momento** the actor/the movie of the moment | **la noticia del momento** the big news story of the day
■ **¡momento!** interj just a minute!

momia s mummy (pl -mmies)

monaguillo s altar boy

monarca s monarch

monarquía s monarchy (pl -chies)

monasterio s monastery (pl -ries)

moneda s **1** (pieza) coin: *una moneda de 25 centavos* a 25 cent coin **2** (unidad monetaria) currency (pl -cies): *La única moneda que aceptan es el dólar.* The only currency they take is dollars.

monedero s change purse (AmE), purse (BrE)

monitor s (de computadora) monitor

monitos s pl **1** (historietas) comic strips, funnies (AmE) **2** (dibujos animados) cartoons

monja s nun

monje s monk

mono, -a s monkey

mono de peluche stuffed animal (AmE), soft toy (BrE)

monólogo s monologue

monopolio s monopoly (pl -lies)

monótono, -a adj monotonous

monóxido de carbono s carbon monoxide

monstruo s **1** (de ficción) monster **2** (persona extraordinaria) genius (pl -ses): *un monstruo del futbol* a soccer genius

montaje s **1** (de una máquina, un coche) assembly **2** (en cine) montage

montaña s mountain: *Escalaron la montaña.* They climbed the mountain.

montaña rusa roller coaster: *Quiero subir a la montaña rusa.* I want to go on the roller coaster.

montañoso, -a adj mountainous

montar v **1** (a caballo) to ride: *No sabe montar.* He can't ride. **2** **montar un espectáculo/una obra** to put on a show/a play | **montar una empresa/un negocio** to set up a company/a business ▶ También existe to **establish a company/a business** que es más formal | **montar una campaña/un operativo** to mount a campaign/an operation **3** **montar guardia** to keep guard

montarse v **montarse a/en un caballo** to get on a horse

monte s **1** (de árboles) woodland **2** (de arbustos) scrubland **3** (montaña) mountain ▶ **mount** se usa sólo en los nombres de algunas montañas como **Mount Everest** y **Mount Sinai**

montón s **1** **un montón de algo/montones de algo** (gran cantidad) a load of sth/loads of sth, a lot of sth/lots of sth: *Tengo un montón de deberes.* I have a load of homework. **2** (pila) pile: *un montón de papeles* a pile of papers **3** **una modelo/un músico del montón** a very average model/musician

monumento s monument

moño s bow | **hacer un moño** to tie a bow

mora s (fruta) blackberry (pl -rries)

morado, -a adjetivo & sustantivo

■ adj

■ **morado** s (color) ▶ ver "Active Box" **colores** en color

moral adjetivo & sustantivo

■ adj moral

■ s **1** (valores espirituales) morality: *la moral cristiana* Christian morality **2** (ánimo) morale: *Tiene la moral muy baja.* Her morale is very low.

moraleja s moral

mordaza s gag | **ponerle una mordaza a alguien** to gag sb

mordedura s bite

morder v **1** to bite: *¿Muerde?* Does he bite? **2** (tratándose de sobornos) **morder a alguien** to get sb to pay you off, to extract a bribe from sb: *Me mordieron porque me pasé el alto.* I had to pay

the guy off because I went through a red light.

morderse v **morderse las uñas/la lengua** etc. to bite your nails/your tongue etc.

mordida s **1** (trozo) bite | **darle una mordida de algo a alguien** to give sb a bite of sth **2** (soborno) bribe, backhander (BrE)

mordisco s (acción de morder) **darle/pegarle un mordisco a algo** to take a bite of sth

moreno, -a adjetivo & sustantivo

■ adj **una muchacha morena/un hombre moreno** etc. a dark-skinned girl/a dark-skinned man etc. | **ser moreno -a** to be dark-skinned

■ s **moreno** dark-skinned man/boy | **morena** dark-skinned woman/girl

moretón s bruise

moribundo, -a adj **un soldado/un hombre** etc. **moribundo** a dying soldier/man etc. | **estar moribundo -a** to be dying

morirse v **1** (o **morir**) to die: *cuando ella (se) murió* when she died | **morir(se) de un infarto/de cáncer** etc. to die of a heart attack/of cancer etc. **2** (usado para dar énfasis) **morirse por algo** to be dying for sth, to be dying to have sth: *Se muere por una consola.* He's dying to have a game console. | **morirse por alguien** to be crazy about sb: *Se muere por tu hermana.* He's crazy about your sister. | **morirse de ganas de hacer algo** to be dying to do sth ▶ *morirse de hambre/de frío/de risa* etc. aparecen bajo *hambre, frío, risa,* etc.

moronga s blood sausage (AmE), black pudding (BrE)

morralla s (small) change: *¿Tienes morralla?* Do you have any (small) change?

morsa s (animal) walrus (pl -ses)

mortadela s mortadella

mortal adjetivo & sustantivo

■ adj **1** (que causa la muerte) fatal: *una dosis mortal* a fatal dose **2** (no inmortal) mortal: *los seres mortales* mortal beings ▶ ver **pecado**

■ s mortal

mosaico s **1** (baldosa) tile | **un piso/un patio de mosaicos** a tiled floor/patio **2** (obra, diseño) mosaic: *un mosaico romano* a Roman mosaic

mosca s **1** (insecto) fly (pl flies) **2** **por si las moscas** just in case **3** **¿qué mosca te/le** etc. **picó?** what's up with you/her etc.?: *¿Qué mosca le picó que no saluda?* What's up with him? He didn't say hello.

mosco s mosquito (pl -oes pl -os)

mosquito s mosquito (pl -toes o -tos): *Me picó un mosquito.* I've been bitten by a mosquito.

mostaza s mustard

mostrador s counter

mostrar v **1** (hacer ver) to show: *¿Me puede mostrar el rojo, por favor?* Can you show me the red one, please? **2** (demostrar) to show: *¿Me muestras cómo se hace?* Can you show me how to do it? **3** (manifestar) (interés, valentía, etc.) to show

mota s (mariguana) dope, grass, pot

motivar v (incentivar) to motivate

motivo s (causa) reason: *Tengo mis motivos.* I have my reasons. | **el motivo de algo** the reason for sth: *¿Cuál fue el motivo de la demora?* What was the reason for the delay? | **hacer algo sin (ningún) motivo** to do sth for no reason | **(un) motivo/motivos para hacer algo** (a) reason/reasons to do sth: *Está buscando un motivo para quedarse.* She's looking for a reason to stay. | *Yo no tengo motivo para quejarme.* I have no reason to complain.

moto s motorcycle, motorbike (BrE) | **andar en moto** to ride a motorcycle
moto acuática jet-ski

motociclismo s motorcycling

motociclista s motorcyclist

motocross s motocross | **hacer motocross** to do motocross

motor s **1** (de un coche, una moto, etc.) engine **2** (de una lavadora, una máquina de coser, etc.) motor **3** (de un refrigerador) compressor

mouse s mouse

mover v **1** (cambiar de lugar) to move: *Vamos a tener que mover la mesa.* We're going to have to move the table. | *No muevas ninguna ficha.* Don't move any of the pieces. | *Te toca mover.* It's your turn to move. **2** (agitar) to move: *Deja de mover la pierna.* Stop moving your leg.
moverse v **1** to move: *¡No te muevas!* Don't move! **2 no moverse de un lugar** not to move from somewhere: *No se muevan de aquí.* Don't move from here. **3 ¡muévete/muévanse!** get a move on!: *¡Muévete, que empieza a llover!* Get a move on, it's starting to rain! **4 se me/te etc. mueve un diente** I/you etc. have a loose tooth

movida s **1** (amante) lover **2** (asunto ilícito) racket, fraud

movido, -a adj **1** (agitado) hectic: *Tuve un día muy movido.* I had a very hectic day. **2 estar/salir movida** (foto) to be blurred/to come out blurred

móvil s **1** (adorno) mobile **2** (motivo) motive: *el móvil del crimen* the motive for the crime

movimiento s **1** (cambio de posición o lugar) movement: *un movimiento de la mano* a movement of the hand **2** (de un tren, un coche, etc.) motion: *El movimiento del tren me da sueño.* The motion of the train makes me sleepy. | **ponerse en movimiento** to pull out: *El tren se puso en movimiento.* The train pulled out. | **estar en movimiento** to be moving **3 una calle/una zona etc. de mucho movimiento** a very busy street/area etc. **4** (político, social, artístico) movement **5** (de una obra musical) movement

muchacha s (trabajadora doméstica) maid

muchacho, -a s (chico) **muchacho** boy | **muchacha** girl

muchedumbre s crowd

mucho, -a adj, pron & adv ▶ ver recuadro

▶ ADJETIVO & PRONOMBRE

1 GRAN CANTIDAD (DE) (= a lot (of), many, much)

2 a lot of se puede usar en la mayoría de los contextos, tanto con sustantivos contables como incontables:

Perdieron mucho dinero. They lost a lot of money. | *Tienen muchos problemas.* They have a lot of problems.

3 Se usa en preguntas cuando se espera una respuesta afirmativa. (De lo contrario, se usa **much** o **many**):

¿Había mucha gente? Were there a lot of people there?
Cuando el sustantivo no está presente, se usa **a lot**:

Hay mucho por hacer. There's a lot to be done.
tener mucha hambre, hacer mucho frío, etc. tienen traducciones especiales:

Tengo mucho calor/mucho sueño/mucha sed. I'm very hot/very tired/very thirsty. | *Hace mucho frío/calor.* It's very cold/very hot.

4 much y **many** se usan en oraciones negativas e interrogativas, **much** con sustantivos incontables y **many** con sustantivos contables:

No tenemos mucho tiempo. We don't have much time. | *No tiene muchos amigos.* She doesn't have many friends. | *¿Recibiste muchos regalos?* Did you get many presents? En oraciones afirmativas, **many** y sobre todo **much** son más formales que **a lot of**:

Mucha gente piensa que… Many people think that… | *Hubo mucha polémica.* There was much controversy.

5 mucho (tiempo) se traduce por **a long time**:

Hace mucho tiempo que no lo veo. I haven't seen him for a long time. | *Se fueron hace mucho.* They left a long time ago.

▶ ADVERBIO

1 CON VERBOS (= a lot)

Los precios han subido mucho. Prices have gone up a lot. | *Me gusta mucho.* I like it a lot./I like it very much.

2 CON COMPARATIVOS (= much, a lot)

Me siento mucho mejor. I feel much better./I feel a lot better. | *Es mucho más alto.* He's much taller./He's a lot taller.

3 EXPRESIONES

mucho antes long before: *Se fueron mucho antes que nosotros.* They left long before we did. | **mucho después** much later: *Me enteré mucho después.* I found out much later | **como mucho** at most: *Nos quedaremos diez días, como mucho.* We'll stay for ten days at most.

---

mudanza s move ▶ ver **camión**

ℹ ¿Quieres información sobre las diferencias entre los **posesivos** en inglés y en español? Lee la explicación en el apartado de gramática.

mudarse v **mudarse (de casa)** to move (house): *¿Cuándo te mudas?* When are you moving? | **mudarse a Lima/al campo etc.** to move to Lima/to the country etc.: *Nos queremos mudar a una casa más grande.* We want to move to a larger house. | **mudarse de cuarto/de oficina etc.** to move to a different room/office etc.

mudo, -a *adjetivo & sustantivo*
■ *adj* **1** (que no puede hablar) mute ▶ Existe el término **dumb** pero algunas personas consideran que es ofensivo **2 una película muda** a silent movie (AmE), a silent film (BrE) **3** (que no se pronuncia) silent: *En "lamb" la "b" es muda.* The 'b' in 'lamb' is silent. **4 quedarse mudo -a** (del susto, del asombro, etc.) to be speechless: *Me quedé muda cuando la vi.* I was speechless when I saw her.
■ *s* mute

mueble s piece of furniture: *un mueble antiguo* a piece of antique furniture ▶ *muebles* se traduce por **furniture**, que es un sustantivo incontable: *los muebles de la recámara* the bedroom furniture | *una habitación con muy pocos muebles* a room without much furniture

mueca s **1** (de dolor) grimace **2** (de burla) **hacer muecas** to make faces

muela s tooth (pl teeth) | **me/le etc. duele una muela** I have/she has etc. a toothache | **sacarse una muela** to have a tooth out
muela del juicio wisdom tooth (pl teeth)

muelle s **1** (en un puerto) quay **2** (resorte) spring

muerte s **1** (fallecimiento) death ▶ ver **condenar, pena 2 odiar a alguien a muerte** to hate sb's guts **3 un bar/un hotel de mala muerte** a dive, a grotty bar/hotel (BrE)
muerte súbita (en tenis) tiebreaker, tiebreak: *ganar en muerte súbita* to win on a tiebreaker

muerto, -a *adjetivo & sustantivo*
■ *adj* **1** (sin vida) dead: *un pájaro muerto* a dead bird | *Estaba muerta.* She was dead. **2 estar muerto -a de frío/calor** to be freezing cold/to be boiling | **estar muerto -a de miedo** to be frightened to death | **estar muerto -a de risa** to be laughing your head off | **estar muerto -a de sed/de sueño** to be terribly thirsty/tired **3** (muy cansado) beat (AmE), shattered (BrE): *¡Estoy muerto!* I'm beat! ▶ ver **naturaleza, punto**
■ *s* Para hablar de muertos o de los muertos en general se dice **(the) dead**. Si se trata de un cadáver se usa **a dead body**: *los vivos y los muertos* the living and the dead ▶ En contextos como el siguiente, es más frecuente usar el verbo: *Hubo más de 20 muertos en los disturbios.* More than 20 people died in the riots.

muestra s **1** (señal, manifestación) sign: *una muestra de cariño* a sign of affection | **dar muestras de algo** to show signs of sth **2** (de una tela, un producto) sample **3** (para analizar) sample: *muestras de ADN* DNA samples

mugir v to moo

mugre s **1** (suciedad) filth, grime ▶ **grime** implica suciedad que se ha ido acumulando a lo largo de mucho tiempo **2** (cosa de poca calidad) **ser una mugre** to be a piece of junk (AmE), to be rubbish (BrE): *Esta pluma es una mugre.* This pen is a piece of junk.

mugriento, -a *adj* filthy

mugroso, -a *adj* **1** (sucio) filthy, grimy ▶ ver nota en **mugre 2** (para expresar desprecio) dirty

mujer s **1** (persona de sexo femenino) woman (pl women) **2** (esposa) wife (pl wives)

mula s **1** (animal) mule **2** (en dominó) double: *la mula de cuatros* the double four

mulato, -a s man/woman etc. of mixed race

muleta s **1** (para caminar) crutch (pl -ches) | **andar/caminar con muletas** to be on crutches **2** (para torear) Si quieres explicar qué es la muleta, di *it's a stick with a piece of red material hanging from it, used in the later stages of a bullfight*

multa s fine | **ponerle una multa a alguien** to fine sb: *Me pusieron una multa.* I was fined.

multifamiliar s (apartment) building (AmE), block (of flats) (BrE): *Vivo en ese multifamiliar.* I live in that building.

multimillonario, -a *adjetivo & sustantivo*
■ *adj* **ser multimillonario -a** to be a multimillionaire | **un contrato multimillonario** a contract worth millions
■ *s* multimillionaire

multinacional *adj* multinational

multiplicación s multiplication

multiplicar v to multiply | **multiplicar cinco por tres/dos por ocho etc.** to multiply five by three/two by eight etc.
multiplicarse v to multiply

multitud s **1** (de personas) crowd: *Se perdió entre la multitud.* She disappeared among the crowd. **2 una multitud de casos/ocasiones etc.** many cases/occasions etc.

mundial *adjetivo & sustantivo*
■ *adj* **una gira mundial** a world tour | **el campeón mundial** the world champion
■ *s* (de futbol) World Cup: *el Mundial '86* the 1986 World Cup

mundo s **1** (planeta) world: *el río más ancho del mundo* the widest river in the world | *Hizo un viaje alrededor del mundo.* She went on a round-the-world trip. | *todas las naciones del mundo* all the countries in the world **2 nada del otro mundo** nothing special: *La canción no es nada del otro mundo.* The song is nothing special. **3 por nada del mundo** for anything: *No bailaría con él por nada del mundo.* I wouldn't dance with him for anything. **4 todo el mundo (a)** (referido a personas) everyone, everybody: *Todo el mundo lo sabe.* Everyone knows./Everybody knows. **(b)** (referido a lugares) ver ejemplos: *Ha viajado por todo el mundo.*

She has traveled all over the world. | *artistas de todo el mundo* artists from all around the world **5** (ambiente) world: *el mundo de los negocios* the world of business | *el mundo del espectáculo* show business

municipal *adj* **la biblioteca municipal** the local library | **el gobierno municipal** the town council ▶ Si se trata de una ciudad grande, se usa **the city council** | **un empleado municipal** a council worker

municipio *s* **1** (división administrativa) municipality (pl -ties) **2** (edificio) city hall (AmE), town hall (BrE)

muñeca *s* **1** (parte del cuerpo) wrist **2** (juguete) doll

muñeco *s* (juguete) doll ▶ Las figuras que representan personajes históricos o de una serie de TV, etc., se llaman **figures**
  muñeco de nieve snowman (pl -men) **muñeco de peluche** soft toy, stuffed animal (AmE) **muñeco de trapo** cuddly toy

muñequera *s* wristband

mural *s* mural

muralla *s* wall

murciélago *s* bat

murmullo *s* (de voces) murmur

murmurar *v* **1** (para que no te oigan) to whisper: *Estuvieron murmurando todo el examen.* They were whispering all through the exam. **2** (entre dientes) to mutter: *Murmuró algo, pero no le entendí.* He muttered something but I didn't understand him.

muro *s* wall

músculo *s* muscle

musculoso, -a *adj* **1** (referido a una persona) muscular **2** (brazo, pierna) muscular

museo *s* **1** (de historia, ciencias, etc.) museum **2** (de arte) gallery (pl -ries)

musgo *s* moss (pl -sses)

música *s* music: *Está escuchando música en su cuarto.* He's in his room listening to music. | **música ambiental** piped music **música clásica** classical music **música de fondo** background music **música en vivo** live music

singing   playing   dancing

musical *adj* & *s* musical

músico, -a *s* musician

muslo *s* **1** (de una persona) thigh **2** (de pollo, pavo, etc.) leg

musulmán, -ana *adj* & *s* Muslim

mutuo, -a *adj* mutual: *Lo decidieron de mutuo acuerdo.* They decided by mutual agreement.

muy *adv* **1** very: *Estamos muy contentos.* We're very happy. | *Me acosté muy tarde.* I went to bed very late. | **el muy estúpido/la muy terca etc.** the silly fool/the stubborn so-and-so etc.: *La muy ingenua le creyó.* The naive fool believed him. **2** (demasiado) too: *Estos zapatos me quedan muy apretados.* These shoes are too tight. | **muy joven/cansado -a etc. para hacer algo** too young/tired etc. to do sth: *Ahora es muy tarde para salir.* It's too late to go out now.

N, n s N, n ► ver "Active Box" **letras del alfabeto** en **letra**

nabo s turnip

nácar s mother-of-pearl | **un rosario/un collar de nácar** a mother-of-pearl rosary/necklace

nacer v **1** (persona) to be born: *Nació en Monclova.* He was born in Monclova. | *¿En qué año naciste?* What year were you born? **2** (gato, perro) to be born **3** (pollito, patito) to hatch **4** (planta) to sprout **5** (río) to rise

nacimiento s (de una persona, un animal) birth | **es ciego/sordo etc. de nacimiento** he was born blind/deaf etc. | **es colombiana/mexicana etc. de nacimiento** she is Colombian/Mexican etc. by birth

nación s nation

nacional adj **1** (bandera, himno, etc.) national **2** (producto) En inglés se suele mencionar el país: *Compre productos nacionales.* Buy Colombian/Peruvian etc. goods. | *una banda nacional* a Mexican/Bolivian etc. band | *la industria nacional* Venezuelan/Chilean etc. industry **3** (mercado, vuelo) domestic

nacionalidad s nationality (pl -ties)

Naciones Unidas s United Nations

naco, -a adjetivo & sustantivo
■ adj (de mal gusto) tacky, common
■ s pleb

nada pron, adv & s ► ver recuadro

nadador, -a s swimmer

nadar v to swim: *No sabe nadar.* She can't swim. | **ir a nadar** to go swimming: *Voy a nadar tres veces por semana.* I go swimming three times a week. ► ver **dorso, mariposa** , etc.

nadie pron ► ver recuadro

nado s **cruzar un río/un lago etc. a nado** to swim across a river/a lake etc.
nado de dorso backstroke **nado de mariposa** butterfly **nado de pecho** breaststroke **nado libre** free style

naftalina s mothballs pl

naipe s card, playing card

nalga s (parte del cuerpo) buttock

nalgada s smack on the bottom | **darle unas nalgadas a alguien** to spank sb, to smack sb's bottom

nana s nanny (pl -nnies)

naranja sustantivo & adjetivo
■ s **1** (fruta) orange **2** (color) orange
■ adj orange ► ver "Active Box" **colores** en **color**

---

nada

► **PRONOMBRE** (= nothing)

1 La traducción es o bien **nothing** o bien **anything** acompañado de un negativo. Las palabras como **without** se consideran negativos:

–¿Qué pasó? –Nada. "What happened?" "Nothing." | *No había nada para comer.* There was nothing to eat./There wasn't anything to eat. | *sin hacer/decir nada* without saying/doing anything

2 Para responder a un agradecimiento, el equivalente de *de nada* es **that's OK** o **that's all right**. **You're welcome** es más formal y más frecuente en inglés americano. Si le das las gracias a la persona que te atendió en un comercio, probablemente te conteste **thank you**.

3 Otras expresiones:

casi nada: *No comió casi nada.* She hardly ate anything. | *No me queda casi nada de dinero.* I have hardly any money left. | **nada de:** *Nada de lo que ha dicho es verdad.* None of what he said is true. | *No tengo nada de hambre.* I'm not at all hungry. | *No queda nada de leche.* There's no milk left at all. | **nada de nada:** *No entendí nada de nada.* I didn't understand anything at all. | **nada más:** *–¿Algo más? –Nada más, gracias.* "Anything else?" "No, that's all, thanks." | *No pidió nada más.* He didn't ask for anything else. | *Estuvimos una semana nada más.* We were only there for a week. | **nada más llegaron/nada más empezamos etc.** as soon as they arrived/as soon as we started etc.: *Nada más llegó, empezó a quejarse.* As soon as he arrived, he started complaining. | **nada menos que:** *Se ganó nada menos que un millón de dólares.* She won a million dollars, no less. | **no tener nada que ver** to have nothing to do with it: *Eso no tiene nada que ver.* That has nothing to do with it. | *No tuvieron nada que ver con el robo.* They had nothing to do with the robbery. | **para nada** not at all: *–¿Te gustó? –Para nada.* "Did you like it?" "No, not at all." | *No hace frío, para nada.* It's not at all cold. | **no servir para nada:** *¡No sirves para nada!* You're useless! | *Lo que hicimos no sirvió para nada.* What we did was no use at all. | **y nada que...:** *Lo repite una y otra vez y nada que se lo aprende.* He repeats it over and over but he still can't learn it. | **llora/se ofende etc. por nada** he cries/he takes offense etc. for no reason at all

► **ADVERBIO** (= at all)
No está nada bien She isn't at all well.

► **SUSTANTIVO**
quedar en la nada to come to nothing

---

naranjo s orange tree

narcotraficante s drug trafficker

narcotráfico s drug trafficking

---

nadie

1 La traducción es o bien **no one/nobody** o bien **anyone/anybody** acompañado de un negativo. Las palabras como **without** se consideran negativos:
Nadie se dio cuenta. No one realized. | *No vimos a nadie.* We didn't see anyone./We saw no one. | *¿Nadie quiere ir?* Doesn't anyone want to go?

2 *Nadie más* se traduce por **no one else/nobody else** pero si hay otro negativo se usa **anyone else/anybody else**:
No ha llamado nadie más. No one else has phoned. | *No se lo digas a nadie más.* Don't tell anybody else.

narigón, -ona *adj* **ser narigón -ona** to have a big nose | *un niño narigón/una mujer narigona* etc. a boy/a woman etc. with a big nose

nariz *s* nose | **sonarse la nariz** to blow your nose

narrador, -a *s* narrator

nata *s* (en la leche) skin

natación *s* swimming

natillas *s* vanilla pudding

nativo, -a *adj* native: *una hablante nativa de inglés* a native speaker of English

nato, -a *adj* **un deportista/un actor nato** a born sportsman/actor

natural *adj* **1** (fenómeno, recursos, productos) natural **2** (fruta, verdura) fresh **3** **es natural que esté preocupado/triste etc.** it's natural that he should be worried/sad etc., it's only normal that he should be worried/sad etc.

naturaleza *s* **1 la naturaleza** nature: *un amante de la naturaleza* a nature lover **2** (tipo, clase) nature: *problemas de esa naturaleza* problems of that nature **3** (temperamento) nature **4 por naturaleza** by nature, naturally: *Son agresivos por naturaleza.* They are aggressive by nature./They are naturally aggressive.

naturaleza muerta still life (pl still lifes)

naturalidad *s* **actuar/hablar etc. con naturalidad** to act/talk etc. naturally

naufragar *v* **1** (nave) to be wrecked **2** (persona) to be shipwrecked

naufragio *s* shipwreck

náufrago, -a *s* Se usa **castaway** para referirse a la vida de un náufrago en una isla desierta, etc. Hablando del momento del naufragio, la operación de rescate, etc. se usa **shipwrecked sailor, shipwreck victim**, etc.: *Lograron rescatar a diez náufragos.* They were able to rescue ten of the shipwrecked people/the shipwreck victims.

náuseas *s pl* nausea *sing* ▶ **nausea** es un término formal o técnico | **sentir/tener náuseas** to feel sick, to feel nauseous (AmE) | **me/le etc. dio náuseas** it made me/him etc. feel sick, it made me/him etc. feel nauseous (AmE)

navaja *s* **1** (herramienta) army knife (pl knives) **2** (arma) knife (pl -knives)
navaja automática switchblade (AmE), flick knife (pl knives) (BrE)

nave *s* **1** (embarcación) ship **2 nave (espacial)** spaceship **3** (en arquitectura) nave

navegar *v* **1** (en una embarcación) to sail | **ir a navegar** to go sailing **2** (en Internet) to surf

Navidad *s* Christmas: *¡Feliz Navidad!* Merry Christmas! | *regalos de Navidad* Christmas presents ▶ ver **árbol**

neblina *s* mist | **hay/había neblina** it is/it was misty

necesario, -a *adj* **1 los conocimientos/los recursos etc. necesarios** the necessary knowledge/resources etc.: *No tiene la experiencia necesaria.* She doesn't have the necessary experience. | *Tómense todo el tiempo necesario.* Take as much time as you need. **2 ser necesario** ver ejemplos: *Llámame sólo si es absolutamente necesario.* Call me only if it is absolutely necessary. | *¿Es necesario que vayamos todos?* Do we all need to go? | *Va a ser necesario que vengas una hora antes.* You're going to have to come an hour earlier. | **no es necesario que vengas/que me quede etc.** you don't need to come/I don't need to stay etc.: *No es necesario que lo hagas de nuevo.* You don't need to do it again. **3 lo necesario** ver ejemplos: *Tenemos todo lo necesario.* We have everything we need. | *La reunión duró más de lo necesario.* The meeting lasted longer than necessary.

necesidad *sustantivo & sustantivo plural*
▪ *s* **1** (requerimiento, urgencia) need: *las necesidades básicas de la población* the basic needs of the population | *Sentí la necesidad de abrazarlo.* I felt the need to hug him. | **tener necesidad de algo** to need sth: *Tienen necesidad de ropa y medicamentos.* They need clothing and medicine. **2 no hay necesidad de hacer algo** there's no need to do sth: *No hay necesidad de salir tan temprano.* There's no need to leave so early. | **no hay necesidad de que venga Juan/de que Susi se quede etc.** there's no need for Juan to come/for Susi to stay etc. **3 por necesidad** out of necessity: *Roban por necesidad.* They steal out of necessity. **4** **un artículo/un servicio etc. de primera necesidad** an essential item/service etc. **5** (cosa necesaria) necessity (pl -ties): *Un celular no es una necesidad.* A cell phone is not a necessity.
▪ **necesidades** *s pl* **1 pasar necesidades** to suffer hardship **2 hacer sus necesidades** **(a)** (persona) to go to the bathroom **(b)** (animal) to do its business

necesitar *v* to need: *Necesito ayuda.* I need help. | *Para viajar se necesita tener dinero.* You need money in order to travel. | **necesito que me acompañes/que me hagas un favor etc.** I need you to come with me/to do me a favor etc.: *¿Necesitas que haga algo?* Do you need me to do anything? | **no necesitas gritar/quedarte etc.** there's no need for you to shout/to stay etc.

nectarina s nectarine

negar v **1** (lo contrario de afirmar) to deny: *Nadie lo puede negar.* No one can deny it. **2** (lo contrario de conceder) to refuse: *Le negaron el acceso al país.* He was refused entry to the country.

negarse v **negarse a hacer algo** to refuse to do sth: *Se negó a responder.* She refused to reply.

negativo, -a adjetivo & sustantivo
- **adj** negative: *No seas tan negativo.* Don't be so negative. | *una respuesta negativa* a refusal | *un número negativo* a negative number
- **negativo** s (de fotos) negative: *He perdido los negativos.* I've lost the negatives.

negociación s negotiation

negociar v to negotiate

negocio sustantivo & sustantivo plural
- **s 1** (transacción) deal: *Es un excelente negocio.* It's an excellent deal. | **hacer un buen/excelente etc. negocio** to do well/extremely well etc.: *Creo que hicimos un buen negocio con la venta.* I think we did well out of the sale. **2** (ramo de actividad) business: *el negocio de la música* the music business **3** (empresa) business
- **negocios** s pl business sing: *No soy buena para los negocios.* I'm no good at business. | **un viaje/ una junta de negocios** a business trip/meeting

negro, -a adjetivo, sustantivo masculino & sustantivo masculino & femenino
- **adj** (referido al color) black: *una camisa negra* a black shirt ▶ ver **caja**
- **s masc** (color) black ▶ ver "Active Box" **colores** en **color**
- **s masc, fem** (persona) black person ▶ Para referirse a los negros en general, se dice **black people** o **blacks** o se menciona el grupo étnico particular: **African Americans, Afro-Caribbean people**, etc.: *los derechos de los negros* the rights of black people/the rights of blacks

neocelandés -esa o **neozelandés -esa** adjetivo & sustantivo
- **adj** from New Zealand, of New Zealand: *el paisaje neocelandés* the landscape of New Zealand/ the New Zealand landscape
- **s** New Zealander | **los neocelandeses** (the) New Zealanders

Neptuno s Neptune

nervio sustantivo & sustantivo plural
- **s 1** (del cuerpo) nerve **2** (de la carne) sinew
- **nervios** s pl **1** nerves: *un sedante para calmarle los nervios* a tranquilizer to calm her nerves | *Me sudaban las manos de los nervios.* My hands were sweaty because I was so nervous. | **me/le etc. dio un ataque de nervios** I/he etc. became hysterical **2** **ponerle los nervios de punta a alguien** to get on sb's nerves: *Ese ruido me pone los nervios de punta.* That noise is getting on my nerves.

nervioso, -a adj nervous: *Estoy muy nerviosa.* I'm very nervous. | **ponerse nervioso -a** to get nervous: *Me pongo muy nerviosa en los exámenes.* I get very nervous in exams. | **poner nervioso -a a alguien** to make sb nervous: *Me pusiste nerviosa.* You made me nervous.

neto, -a adj **peso neto/ganancia neta** net weight/net profit: *Gana 800 pesos netos.* He earns 800 pesos net./He earns 800 pesos after tax.

neumonía s pneumonia

neurólogo, -a s neurologist

neutral adj neutral

neutro, -a adj **1** (color, sustancia) neutral **2** (en gramática) neuter

nevada s snowfall

nevar v to snow: *Aquí nunca nieva.* It never snows here.

nevería s ice-cream parlor (AmE), ice-cream parlour (BrE)

ni conj ▶ ver recuadro

Nicaragua s Nicaragua

nicaragüense adjetivo & sustantivo
- **adj** Nicaraguan
- **s** Nicaraguan | **los nicaragüenses** (the) Nicaraguans

nicotina s nicotine

nido s nest

---

ni

1 Se traduce por **even** acompañado de un negativo:

No quiero ni verlo. I don't even want to see him. | *No tuve tiempo ni de desayunar.* I didn't even have time for breakfast. | **ni siquiera** not even: *Ni siquiera sé cómo se llama.* I don't even know what his name is. | *No me compró ni siquiera un ramo de flores.* She didn't even buy me a bunch of flowers.

2 *ni... ni* se traduce por **neither... nor** o por **either... or** acompañado de un negativo:

No es ni gorda ni flaca. She's neither fat nor thin. | *No se lo dije ni a Luis ni a Daniel.* I didn't tell either Luis or Daniel.

Se puede omitir **either** y decir simplemente **I didn't tell Luis or Daniel. I told neither Luis nor Daniel** es más enfático o formal.

3 El uso enfático de *ni un/ni una...* se traduce por **not a single...**:

No metieron ni un gol. They didn't score a single goal.

4 Cuando **ni que** se usa para expresar asombro o enojo, se puede traducir por **anyone would think** seguido de un verbo en pasado:

¡Ni que hubieras visto un fantasma! Anyone would think you'd seen a ghost! | *¡Ni que fueras millonario!* Anyone would think you were a millionaire!

---

niebla s fog: *Hay mucha niebla.* There's a lot of fog./It's very foggy.

nieto, -a s **nieto** (varón) grandson (cuando no se especifica el sexo) grandchild (pl -children) | **nieta** granddaughter | **nietos** (varones y mujeres) grandchildren

nieve s **1** (fenómeno meteorológico) snow **2** (helado) sorbet: *nieve de limón* lemon sorbet

ningún ▶ ver **ninguno**

ninguno, -a adj & pron ▶ ver recuadro

niñera s nanny (pl -nnies)

niñez s childhood

niño, -a *sustantivo & adjetivo*
■ s **1** (no adulto) **niño** (varón) boy, (cuando no se especifica el sexo) child (pl -children) | **niña** girl | **niños** (varones y mujeres) children: *un niño de cinco años* a five-year-old boy/a five-year-old child | *¡Niños, a almorzar!* Time for lunch, children! **2** (hijo) **niño** son | **niña** daughter | **niños** (varones y mujeres) children: *Tiene tres niños.* She has three children.

niño -a de la calle street child (pl children) **niño -a prodigio** child prodigy (pl child prodigies)
■ *adj* **1** (pequeño) young, small **2 de niño -a** when I/he etc. was little: *De niña quería ser bailarina.* When I was little I wanted to be a ballet dancer.

NIP s (= **número de identificación personal**) PIN, PIN number

nitrógeno s nitrogen

nivel s **1** (altura) level: *Está a 2,000 metros sobre el nivel del mar.* It's 2,000 meters above sea level. **2** (calidad) level: *Todos tienen el mismo nivel.* They're all at the same level. | *Tiene muy buen nivel de inglés.* Her English is very good.

nivel de vida standard of living

no adv & s ▶ ver recuadro en página 650

noble *adjetivo & sustantivo*
■ *adj* **1** (bueno, generoso) noble **2** (de la aristocracia) noble
■ s (hombre) nobleman (pl -men), (mujer) noblewoman (pl -women): *los nobles* the nobility

nocaut s knockout

noche s En inglés se usa **evening** cuando se habla de actividades o sucesos que empiezan entre las seis y las ocho y las nueve aproximadamente. **night** es la noche propiamente dicha: *La veo todas las noches en la clase de informática.* I see her every evening at our computer class. | *No pude dormir en toda la noche.* I couldn't sleep all night. | **a las ocho/diez etc. de la noche** at eight/ten etc. in the evening: *Llegaron a las diez de la noche.* They arrived at ten in the evening. ▶ Si se considera que es tarde, se dice **at ten o'clock at night** | **en/por la noche** in the evening: *En la noche fuimos a una fiesta.* In the evening we went to a party. | **mañana/ol sábado etc. en/por la noche** tomorrow evening/Saturday evening etc., tomorrow night/Saturday night etc.: *Siempre salimos los viernes por la noche.* We always go out on Friday evening./We always go

ninguno -a

ADJETIVO

La traducción es o bien **no** o bien **any** acompañado de un negativo. Las palabras como **without** se consideran negativos:

No hay ningún peligro. There's no danger./There isn't any danger. | *sin ningún problema* without any problem

A veces en inglés el sustantivo va en plural:

No fuimos a ningún recital. We didn't go to any concerts. | *No tiene ninguna mancha.* It doesn't have any stains.

PRONOMBRE

1 De dos personas o cosas:
La traducción es o **neither** o **either** acompañado de un negativo:

Les escribí a Pedro y a Mary pero ninguno me contestó. I wrote to Pedro and to Mary but neither of them answered.

En el siguiente ejemplo, el uso de **neither** es más enfático o formal:

No leí ninguno de los artículos. I didn't read either of the articles./I read neither of the articles.

2 De más de dos personas o cosas:
La traducción es o **none** o **any** acompañado de un negativo:

Tengo tres bolígrafos pero ninguno funciona. I have three pens but none of them work.

En el siguiente ejemplo, el uso de **none** es más enfático o formal:

No conozco a ninguno de tus amigos. I don't know any of your friends./I know none of your friends.

---

out on Friday night. | **esta noche** tonight, this evening: *¿Qué vas a hacer esta noche?* What are you doing tonight?/What are you doing this evening? | **de noche** at night: *No me gusta volver sola de noche.* I don't like coming home on my own at night. | **hacerse de noche** to get dark: *Se hizo de noche.* It got dark. | **buenas noches (a)** (al llegar a un lugar) good evening **(b)** (al despedirse) goodnight

Nochebuena s Christmas Eve

noción *sustantivo & sustantivo plural*
■ s (idea) notion, sense: *No tienen noción del tiempo.* They have no notion of time./They have no sense of time.
■ **nociones** s pl (conocimientos) **tener nociones de algo** to have a basic knowledge of sth | **aprender las nociones básicas de algo** to learn the basics of sth

nocivo, -a *adj* harmful

nocturno, -a adj **1 servicio/tren nocturno** night service/train | **visita/salida nocturna** night-time visit/departure **2 animal nocturno** nocturnal animal ▶ ver **vida**

---

no

ADVERBIO

1 Para dar una respuesta negativa, se usa **no**:
–*¿Te gusta? –No.* "Do you like it?" "No."
Por lo general se completa la respuesta de la siguiente manera:
–*¿Te gusta? –No.* "Do you like it?" "No, I don't." | *–¿Sabes nadar? –No.* "Can you swim?" "No, I can't."

2 Cuando modifica a cualquier elemento de la oración, se traduce por **not**, frecuentemente contraído a **n't** cuando se trata de la negación de un verbo. Si el verbo no es ni auxiliar ni modal, se usa el auxiliar **to do**:
No siempre. Not always. | *No todos están de acuerdo.* Not everyone agrees. | *No está en el cajón.* It isn't in the drawer. | *No me gusta el café.* I don't like coffee. | *No puedo abrirlo.* I can't open it.

3 Cuando no tiene valor negativo:
¿No me llevas? Could you take me, please?

4 En la expresión **¿a que no...** ?
¿A que no sabes quién llamó? You'll never guess who called. | *¿A que no te animas a saltar?* I bet you don't dare jump.

5 El uso de **¿no?** al final de la oración está tratado en la entrada **question tag**. *no bien* está tratado en *bien* y *no obstante* en *obstante*

SUSTANTIVO (= no)
un no rotundo a resounding no

nogal s **1** (árbol) walnut tree **2** (madera) walnut

nómade o **nómada** *adjetivo & sustantivo*
■ *adj* nomadic
■ *s* nomad

nomás *adv* **1** (sólo) only, just: *Ya nomás faltan cinco minutos.* There are only five minutes to go./There are just five minutes to go. **2** (para expresar que no hay problema) ver ejemplos: *Nomás pasas y te sientas.* Go straight in and sit down. | *Si quieres más, nomás te sirves.* If you want some more, just help yourself. | *Déjalo ahí, nomás.* Just leave it there. **3** **así nomás** (de cualquier manera) any which way (AmE), any old how (BrE): *Esto está hecho así nomás.* This has been done any which way. **4** **nomás (que) (a)** (tan pronto como) as soon as: *Nomás llegó se fue a dormir.* As soon as he got back he went to bed. **(b)** (sólo que) only, just: *Estoy bien, nomás que un poco cansado.* I'm fine, only I'm a little tired./I'm fine, just a little tired.

nombrar *v* **1** **nombrar a alguien presidente/gerente etc.** to appoint sb (as) president/manager etc.: *La nombraron delegada del curso.* She was appointed (as) student representative. **2** (mencionar) to mention: *Ni me lo nombres.* Don't even mention him.

nombre s **1** (de una persona, un lugar, una cosa) name: *No recuerdo el nombre del pueblo.* I can't remember the name of the town. | *¿Qué nombre le van a poner?* What are they going to call him?/What name are they going to give him? **2 a nombre de alguien** in sb's name: *La casa está a nombre de Lucía.* The house is in Lucía's name. | *una reservación a nombre de Correa* a reservation in the name of Correa **3** **en nombre de alguien** on behalf of sb: *Le hicimos un regalo en nombre de todos.* We gave him a present on behalf of everyone. **4** (sustantivo) noun
nombre de pila first name **nombre propio** proper noun

nómina s (de sueldos) payroll

nopal s (cactus, fruto) prickly pear

noquear *v* **noquear a alguien** to knock sb out

noreste o **nordeste** *sustantivo & adjetivo*
■ *s* northeast
■ *adj* northeast, northeastern

norma s rule

normal *adjetivo & sustantivo feminino*
■ *adj* **1** (común) normal: *una persona normal* a normal person **2** (frecuente) common, usual: *Es normal que haya tráfico a esta hora.* It's common for there to be traffic at this time. **3 lo normal** ver ejemplos: *Me cansé más de lo normal.* I got more tired than normal./I got more tired than usual. | *No sucedió nada fuera de lo normal.* Nothing out of the ordinary happened.
■ *s fem* **la Normal** teacher training college

noroeste *sustantivo & adjetivo*
■ *s* northwest
■ *adj* northwest, northwestern

norte *sustantivo & adjetivo*
■ *s* north, North
■ *adj* north, northern ► ver "Active Box" **puntos cardinales** en **punto**

Norteamérica s **1** (América del Norte) North America **2** (EU) America ► ver nota en **Estados Unidos**

norteamericano, -a *adj & s* **1** (de Norteamérica) North American **2** (de EU) American

Noruega s Norway

noruego, -a *adjetivo & sustantivo*
■ *adj* Norwegian
■ *s* (persona) Norwegian | **los noruegos** (the) Norwegians
■ **noruego** s (idioma) Norwegian

nos *pron* ► ver recuadro

nosotros, -as *pron* **1** (como sujeto) we: *Nosotros no estamos de acuerdo.* We don't agree. ► Pero tras el verbo **to be** se usa **us**: *Fuimos nosotros, mamá.* It was us, mom. **2** (tras preposiciones) us: *Nos lo regaló a nosotras.* He gave it to us. | *Siéntate con nosotros.* Sit with us. | *Se reían de nosotros.* They were laughing at us. **3** (en comparaciones) us: *Tienen más dinero que nosotros.* They have more money than us. | *Es más joven que nosotras.* She's younger than us.

nostalgia s homesickness

nos

1 Como complemento directo o indirecto, la traducción general es **us**:

Llámanos mañana. Call us tomorrow. | *Nos dio su dirección particular.* He gave us his home address.

El pronombre aparece sólo una vez en la oración inglesa:

Nos eligieron a nosotras. They chose us.

Ten en cuenta que algunos verbos ingleses requieren el uso de preposiciones (**to us/for us** etc.). En otros casos, en inglés se usa un posesivo en lugar del artículo. Siempre te conviene mirar la entrada correspondiente al verbo, buscar por ejemplo *escribir, tomar,* etc.:

Nos escribe todos los meses. He writes **to us** every month. | *Nos tomó una foto.* He took a picture **of us**. | *Se nos ha descompuesto la impresora.* **Our** printer has broken down. | *Nos robaron el coche.* **Our** car was stolen.

2 Si tiene valor recíproco, se traduce por **each other**:

Nos queremos mucho. We love each other very much. | *Nos llamamos todos los días.* We call each other every day.

3 Si tiene valor reflexivo, a veces se traduce por **ourselves**:

No nos tenemos que echar la culpa de lo que pasó. We shouldn't blame ourselves for what happened.

Pero nota que los verbos pronominales tienen diferentes traducciones. Busca *arrepentirse, peinarse,* etc.

nota *s* **1** (anotación) note | **tomar notas** to take notes **2** (mensaje) note: *Déjale una nota.* Leave him a note. **3** (en música) note
nota roja crime report

notable *adj* **1** (destacado) outstanding, remarkable **2** (que se nota enseguida) marked: *el notable parecido entre los hermanos* the marked resemblance between the brothers

notar *v* **1** (darse cuenta de) to notice: *¿Notaste la cara que puso?* Did you notice the face she made? | **se nota que está cansada/que no le gusta etc.** you can tell she's tired/she doesn't like it etc.: *No se notó.* You couldn't tell./It didn't show. | *Se les notaba el aburrimiento.* You could tell they were bored. **2** (encontrar) **te noto nervioso -a/triste etc.** you seem nervous/sad etc.

noticia *sustantivo & sustantivo plural*

■ *s* **1** (novedad) news ▶ **news** es un sustantivo incontable y no puede ir precedido de **a** ni tiene plural. Sí se usa con **some** y **any**. Mira los ejemplos: *¿Escuchaste la noticia?* Have you heard the news? | *una noticia maravillosa* some wonderful news/a wonderful **piece of news** | *Tengo una buena noticia para ti.* I have **some** good news for you. | *¿Hay noticias?* Is there **any** news? | **dar la/una noticia** ver

ejemplos: *Acaban de dar la noticia.* They've just announced it. | *Tengo una noticia que darte.* I have something to tell you./I have some news to tell you. | *¿Quién le va a dar la noticia?* Who's going to tell her? ▶ Si se trata de una mala noticia, también se dice *Who's going to break the news to her?* **2 no tengo/tenemos etc. noticias de alguien** I/we etc. haven't heard from sb: *¿Tienes noticias de Paco?* Have you heard from Paco? | *Hace tiempo que no tenemos noticias de ellos.* We haven't heard from them for a long time.

■ **noticias** *s pl* (noticiero) news *sing*: *Pon las noticias.* Put the news on.

noticiero *s* news *sing*: *el noticiero de las ocho* the eight o'clock news | *Lo vi en el noticiero.* I saw it on the news.

notificar *v* **notificarle algo a alguien** to notify sb of sth

novatada *s* **1** (en la universidad) Si quieres explicar qué son las novatadas di *it's the practice of playing tricks on new students, similar to hazing in some US colleges and high schools* **2** (error de principiante) beginner's mistake

novato, -a *s* novice, beginner, rookie (AmE)

novecientos, -as *número* nine hundred

novedad *s* **1** (noticia) news ▶ Ver nota en *noticia: –¿Alguna novedad? –No, ninguna novedad.* "Any news?" "No, no news." | *Tengo novedades.* I have some news. **2** (algo nuevo) novelty (pl -ties): *Internet ya dejó de ser novedad.* The Internet isn't a novelty any more. **3** (cambio) change: *Todo sigue igual, sin novedades.* Everything is the same, there's no change.

novela *s* **1** (narración) novel **2** (telenovela) soap opera
novela policíaca detective novel

novelista *s* novelist

noveno, -a *adjetivo & sustantivo*
■ *adj* ninth
■ **noveno** *s* ninth

noventa *número* ninety

noviembre *s* November ▶ ver "Active Box" **meses** en **mes**

novillo *s* young bull

novio, -a *s* **1** (pareja) **novio** boyfriend | **novia** girlfriend: *¿Tienes novio?* Do you have a boyfriend? | *Son novios desde hace dos años.* They've been going out together for two years. | **andar/estar de novios** to be going out together: *No sabía que andaban de novios.* I didn't know they were going out together. ▶ Cuando los novios están comprometidos, se usa **fiancé** para referirse al novio y **fiancée** para referirse a la novia **2** (en una boda) **novio** groom, bridegroom | **novia** bride | **los novios** the bride and groom: *La novia estaba preciosa.* The bride looked beautiful.

nube *s* cloud | **estar/vivir en las nubes** to be/to live in a world of your own: *Vive en las nubes.* She lives in a world of her own.

nublado, -a *adj* (referido al cielo, día) cloudy: *Está nublado.* It's cloudy.

i *¿Se dice* on the table *o* in the table*? Mira la entrada* **en**.

nuca *s* back of the neck

nuclear *adj* nuclear

núcleo *s* **1** (de un átomo, una oración) nucleus (pl nuclei) **2** (parte fundamental) core **3** (grupo) group, circle

nudillo *s* knuckle

nudo *s* **1** (atadura) knot | **hacer/deshacer un nudo** to tie/undo a knot **2** **tener un nudo en la garganta** to have a lump in your throat **3** (en náutica) knot

nuera *s* daughter-in-law (pl daughters-in-law)

nuestro, -a *adjetivo & pronombre*

■ *adj* our: *nuestro país* our country | *nuestros padres* our parents | *una amiga nuestra/unos amigos nuestros* a friend of ours/some friends of ours

■ *pron* **el nuestro/la nuestra** etc. ours: *Éstos son los de ustedes. Los nuestros son azules.* These are yours. Ours are blue.

Nueva Zelanda o **Nueva Zelandia** *s* New Zealand

nueve *número* **1** (número, cantidad) nine **2** (en fechas) ninth

nuevo, -a *adj* **1** new: *¿Tu bicicleta es nueva?* Is your bike new? | *Hay un niño nuevo en mi clase.* There's a new boy in my class. **2** **de nuevo** (otra vez) again: *Empecemos de nuevo.* Let's start again. **3** **como nuevo -a** as good as new: *Estoy como nueva después de la siesta.* I feel as good as new after that nap. ▶ ver **año, luna**

nuez *s* El fruto de cáscara rugosa, también conocido como *nuez de Castilla* se llama **walnut** en inglés. El de cáscara lisa se llama **pecan nut**. La palabra **nut** se usa para referirse a cualquier fruto seco (almendra, avellana, etc.).

nuez de la India cashew nut **nuez moscada** nutmeg

nulo, -a *adj* (ninguno) no: *un objeto de escaso o nulo valor* an object of little or no value

numerar *v* to number

número *s* **1** (dígito) number **2** (en gramática) number **3** (de zapatos) size: *¿De qué número calzas?* What size do you take? **4** (cantidad) number: *un gran número de turistas* a large number of tourists **5** (de una revista) issue

número confidencial PIN, PIN number **número de teléfono** telephone number, phone number: *¿Cuál es tu número de teléfono?* What's your phone number? **número impar** odd number **número par** even number **número primo** prime number **número romano** Roman numeral

numeroso, -a *adj* **1** **un grupo numeroso/una clase numerosa** a large group/a large class **2** **numerosos -as** (muchos) many

nunca *adv* ▶ ver recuadro

nutria *s* **1** (americana) coypu **2** (europea) otter

nutrición *s* nutrition

nutrir *v* to nourish

nutritivo, -a *adj* nutritious

nylon *s* nylon | **ropa interior/medias de nylon** nylon underwear/stockings

Ñ, ñ *s* Esta letra no existe en el alfabeto inglés ▶ ver "Active Box" **letras del alfabeto** en **letra**

ñáñaras *s pl* **me dan ñáñaras/siento ñáñaras** it sets my teeth on edge

ñoño, -a *adjetivo & sustantivo*

■ *adj* drippy, swotty (BrE)

■ *s* drip, boring swot (BrE)

O, o s O, o ▶ ver "Active Box" **letras del alfabeto** en **letra**

o conj or: ¿Vienes o prefieres quedarte? Are you coming or would you rather stay here? | **o ... o** either ... or: Quiero ser o médico o biólogo. I want to be either a doctor or a biologist. | O me dejan jugar o me voy. Either you let me play or I'm going.

obedecer v **1** (cumplir) to obey: No obedece a nadie. He doesn't obey anybody. **2** (responder) to respond: Quería correr pero las piernas no le obedecían. He wanted to run but his legs wouldn't respond.

obediente adj obedient

obispo s bishop

objetivo, -a adjetivo & sustantivo
- **adj** objective: Tienes que ser más objetivo. You have to be more objective.
- **objetivo** s **1** (finalidad) objective, aim: Su único objetivo es ganar. Her only objective is to win./Her only aim is to win. **2** (blanco) target **3** (de una cámara) lens (pl -ses)

objeto s **1** (cosa) object **2** (finalidad) purpose, object **3 ser (el) objeto de algo** to be the victim of sth, to be subjected to sth: Fueron objeto de malos tratos. They were the victims of ill treatment./They were subjected to ill treatment.
objeto directo direct object **objeto indirecto** indirect object **objetos perdidos** s pl lost property

obligación s duty: Es obligación de los padres. It is the parents' duty. | **tener (la) obligación de hacer algo** to be obliged to do sth | **cumplir con sus obligaciones** to do your duty, to fulfill your obligations (AmE), to fulfil your obligations (BrE) | **ser obligación** to be obligatory | **hacer algo por obligación** to do sth out of obligation

obligado, -a adj obliged | **estar/sentirse obligado -a a hacer algo** to be/to feel obliged to do sth

obligar v to make: Viene porque lo obligan. He comes because they make him. | **obligar a alguien a hacer algo** to make sb do sth: Me obligó a hablar. He made me talk. ▶ También existe **to oblige sb to do sth** que es más formal

obligatorio, -a adj compulsory: Es obligatorio usar el cinturón de seguridad. It's compulsory to wear a seat belt.

oboe s oboe

obra s **1** (pintura, escultura, libro) work: las obras completas de Borges the complete works of Borges **2 obra (de teatro)** play: una obra de Ibsen a play by Ibsen **3** (conjunto de creaciones) work: la vida y la obra de Beethoven the life and work of Beethoven **4** (lugar en construcción) building site **5** (acción) deed ▶ ver **mano**
obra de arte work of art **obra maestra** masterpiece

obrero, -a s worker

obsequio s gift

observación s **1** (examen) observation | **en observación** under observation: Lo dejaron en observación. He was kept under observation. **2** (comentario) remark, comment | **hacerle una observación a alguien** to make a comment to sb: Me hizo varias observaciones. He made several comments to me. ▶ También existe **to make an observation to sb** que es formal

observador, -a adjetivo & sustantivo
- **adj** observant
- **s** observer

observar v **1** (mirar detenidamente) to watch: Me observaba sin decir una palabra. He watched me without saying a word. **2** (advertir) to observe: No se observó ningún cambio. No change was observed. **3** (examinar) to observe: Observamos el cielo con un telescopio. We observed the sky using a telescope.

observatorio s observatory (pl -ries)

obsesión s obsession | **tener obsesión por/con algo** to be obsessed with sth: Tiene obsesión por el orden. He is obsessed with tidiness.

obsesionado, -a adj **estar obsesionado -a con algo/alguien** to be obsessed with sth/sb: Está obsesionado con esa muchacha. He's obsessed with that girl.

obsesionar v **lo obsesiona/la obsesiona** etc. he/she etc. is obsessed with: Lo obsesiona todo lo que tenga que ver con el futbol. He's obsessed with everything to do with soccer.
obsesionarse v **obsesionarse con algo** to become obsessed with sth: Se obsesionó con los videojuegos. He became obsessed with video games.

obsesivo, -a adjetivo & sustantivo
- **adj** obsessive
- **s ser un obsesivo/una obsesiva de la limpieza/la salud** etc. to be obsessed with cleanliness/your health etc.

obstáculo s obstacle | **ponerle obstáculos a algo/alguien** to put obstacles in the way of sth/in sb's way: Nos han puesto muchos obstáculos. They have put a lot of obstacles in our way.

obstante no obstante (sin embargo) however: Envié el cheque hace dos meses. No obstante, aún no he recibido el pedido. I sent the check two months ago. However, I still have not received the order.

obtener v **1** obtener información/permiso etc. to get information/permission etc., to obtain information/permission etc. ▶ **to obtain** es más formal: *el partido que obtuvo la mayoría de los votos* the party which got the majority of the votes/the party which obtained the majority of the votes **2** obtener un premio to win a prize

obvio, -a adj (evidente) obvious: *La respuesta es obvia.* The answer is obvious. | *Es obvio que te quiere.* It's obvious that he loves you.

oca s goose (pl geese) ▶ ver **juego**

ocasión s **1** (momento) time: *En ocasiones como ésta, extraño a mi familia.* At times like this I miss my family. **2** (circunstancia) occasion: *Iba vestida para la ocasión.* She was dressed for the occasion. | **tener (la) ocasión de hacer algo** to get the chance to do sth: *Si tienes la ocasión de volver, no dejes de visitarme.* If you get the chance to come back, make sure you come and visit me. | *No tuve ocasión de verla.* I didn't get the chance to see her.

occidental adj western: *la costa occidental* the western coast/the west coast ▶ Se suele escribir con mayúscula cuando se refiere a occidente como una entidad cultural: *la cultura occidental* Western culture

occidente s **1** (oeste) west **2** Occidente (conjunto de países) the West

océano s ocean
el océano Atlántico the Atlantic Ocean **el océano Índico** the Indian Ocean **el océano Pacífico** the Pacific Ocean

ochenta número eighty

ocho **1** (número, cantidad) eight **2** (en fechas) eighth

ochocientos, -as número eight hundred

ocio s spare time | **en mis/tus etc. ratos de ocio** in my/your etc. spare time

octavo, -a adjetivo & sustantivo
■ adj eighth
los octavos de final the last sixteen
■ octavo s eighth

octubre s October ▶ ver "Active Box" **meses** en **mes**

ocultar v to hide | **ocultarle algo a alguien** to hide sth from sb: *Le ocultaron lo que había pasado.* They hid what had happened from him.
ocultarse v to hide

oculto, -a adj hidden

ocupación s **1** (profesión) occupation: *nombre, dirección y ocupación* name, address and occupation **2** (tarea) **tener muchas ocupaciones** to have lots of things to do **3** (de un territorio, una ciudad) occupation **4** (de una fábrica, de la universidad, etc.) occupation

ocupado, -a adj **1** (atareado) busy: *Es una persona muy ocupada.* He's a very busy person. | **estar ocupado -a (con algo)** to be busy (with sth): *Van a estar ocupados con los preparativos de la fiesta.* They are going to be busy with

preparations for the party. **2** (referido a asientos) **estar ocupado -a** to be taken: *¿Este asiento está ocupado?* Is this seat taken? **3** (referido a la línea telefónica) **estar/dar ocupado** to be busy (AmE), to be engaged (BrE) **4** (referido al baño) occupied, engaged (BrE): *Está ocupado.* It's occupied./There's somebody in there.

ocupar v **1** ocupar lugar/espacio to take up room/space: *Esta mesa ocupa demasiado espacio.* This table takes up too much space./This table takes up too much room. **2** (un territorio, una ciudad) to occupy **3** (una fábrica, la universidad, etc.) to occupy **4** ocupa el cargo de gerente/rectora etc. she holds the position of manager/vice-chancellor etc.

ocuparse v **1** ocuparse de (hacer) algo to take care of (doing) sth: *Yo me ocupo de la comida.* I'll take care of the food. **2** ocuparse de alguien to take care of sb, to look after sb: *¿Quién se ocupa del bebé?* Who's taking care of the baby?

ocurrencia s **1** (dicho gracioso) witty remark | ¡tiene/tienes etc. cada ocurrencia! he says/you say etc. the funniest things! **2** (idea) idea | ¡qué ocurrencia! what an idea!

ocurrir v to happen: *Podría ocurrir algo peor.* Something worse could happen. | *¿Qué ocurrió?* What's happened? | *Ha ocurrido un accidente.* There has been an accident.
ocurrirse v se me/le etc. ocurrió una idea I've/he's etc. had an idea: *A Lucas se le ocurrió una idea brillante.* Lucas had a brilliant idea. | se me/le etc. ocurrió que... I/he etc. thought that...: *Se me ocurrió que mejor comprábamos vasos de plástico.* I thought that it would be better to buy plastic cups. | ¿se te ocurre cómo/dónde etc.? can you think how/where etc.?: *¿A alguien se le ocurre cómo arreglar esto?* Can anyone think how we can fix this? | ¡ni se te ocurra! don't even think about it!: *¡Ni se te ocurra contárselo a Sara!* Don't even think about telling Sara!

odiar v to hate: *Odio el queso.* I hate cheese. | **odiar hacer algo** to hate doing sth: *Odio levantarme tan temprano.* I hate getting up so early.

odio s hatred | **tenerle odio a algo/alguien** to hate sth/sb

odioso, -a adj horrible

oeste sustantivo & adjetivo
■ s west, West
■ adj west, western ▶ ver "Active Box" **puntos cardinales** en **punto**

ofender v to offend: *No quise ofender a nadie.* I didn't mean to offend anyone.
ofenderse v to take offense (AmE), to take offence (BrE): *Se ofendió.* He took offense.

ofensa s insult

oferta s **1** (ofrecimiento) offer: *Recibió una oferta para jugar en el extranjero.* He has received an offer to play abroad. | **hacerle una oferta a alguien** to make sb an offer: *Me hicieron una oferta muy atractiva.* They've made me a very interesting offer. **2** (producto más barato) offer: *Tienen muy buenas ofertas*. They have some very good offers. | **de/en oferta** on special offer, on offer: *Está de oferta*. It's on special offer./It's on offer. | *Hay varios libros en oferta*. There are several books on special offer. **3** (en economía) supply: *la oferta y la demanda* supply and demand

oficial *adjetivo & sustantivo*
■ *adj* official: *la versión oficial* the official version
■ *s* officer: *un oficial del ejército* an army officer

oficialismo *s* el **oficialismo** the ruling party

oficina *s* **1** (lugar de trabajo) office: *Mi mamá está en la oficina*. My mom's at the office./My mom's at work. | *en horario de oficina* during office hours **2** (sección de una institución) office: *Tiene que ir a la oficina de personal*. You have to go to the personnel office.

oficina de correos post office **oficina de información** information office **oficina de turismo** tourist office

oficinista *s* office worker

oficio *s* **1** (trabajo manual) trade: *Su padre le enseñó el oficio*. His father taught him the trade. **2** (profesión) job: *¿Cuál es su oficio?* What is his job?

ofrecer *v* to offer: *Ofrecieron una recompensa de mil dólares*. They have offered a thousand dollar reward. | *¿Qué te puedo ofrecer?* What can I offer you?

ofrecerse *v* **ofrecerse (a/para hacer algo)** to offer (to do sth): *Se ofreció a cuidar a los niños*. She offered to look after the children.

oftalmólogo, -a *s* ophthalmologist

oído *s* **1** (parte del cuerpo) ear: *Tápate los oídos*. Put your hands over your ears. | **al oído** in my/her etc. ear: *Se lo dije al oído*. I said it in his ear. **2 de oído** by ear: *Toca el piano de oído*. He plays the piano by ear. **3 ser todo -a oídos** to be all ears **4 tener oído** (musical) to have a good ear: *Tiene mucho oído*. He has a very good ear. | *No tengo oído*. I have no ear for music. | **tener oído para la música/los idiomas etc.** to have a good ear for music/languages etc. **5 (sentido del) oído** (sense of) hearing: *Los perros tienen el oído muy desarrollado*. Dogs have a highly developed sense of hearing.

oír *v* **1** (percibir) to hear: *Oímos unos ruidos raros*. We heard some strange noises. ▶ Cuando se expresa si alguien puede oír o no en un momento específico, se añade el verbo **can** o **could**: *No oigo nada*. I can't hear anything. | *¿Me oían desde el fondo?* Could you hear me from the back? ▶ Fíjate en la diferencia entre **I didn't hear anything** (no oí nada) y **I couldn't hear anything** (no oía nada) | **oír hablar de algo/alguien** to hear of sth/sb: *Jamás oí hablar de él*. I've never heard of him. **3** (escuchar) to listen to: *Le gusta oír música*. He likes to listen to music. | *No me estás oyendo*. You aren't listening to me. **4 oye/oiga** excuse me: *¡Oiga, espere, su cambio!* Excuse me, wait, here's your change! | *Oye, no te mandes*. Hey, don't overdo it.

ojal *s* buttonhole

ojalá *interj* **1** Usa el verbo **to hope** para expresar deseos para el futuro: *¡Ojalá puedas venir!* I hope you can come! | *¡Ojalá no se enteren!* I hope they don't find out! **2** Usa **to wish** en los casos en que te gustaría que las cosas fueran o hubieran sido diferentes. Fíjate en el tiempo del verbo que sigue a **to wish**: *¡Ojalá lo supiera!* I wish I knew! | *¡Ojalá lo hubiera comprado!* I wish I had bought it!

ojear *v* **ojear un libro/una revista** to flick through a book/a magazine

ojeras *s pl* **tener ojeras** to have dark rings under your eyes: *Tenía unas ojeras terribles*. She had terrible dark rings under her eyes.

ojo *s* **1** (parte de la cara) eye: *Tiene los ojos verdes*. She has green eyes. | *Cierra los ojos*. Close your eyes. **2** (cuidado) **mucho ojo** be careful: *Mucho ojo, hay muchos carteristas*. Be careful, there are a lot of pickpockets around. **3** (de una aguja) eye **4** (criterio) **tener (buen) ojo para algo** to have an eye for sth: *Tiene ojo para los negocios*. He has an eye for business. **5** (en otras expresiones) **a ojo (de buen cubero)** ver ejemplos: *A ojo, no creo que te salga en más de 500 pesos*. At a guess, I'd say it won't be more than 500 pesos. | *Hice el pastel a ojo*. I made the cake without measuring out the ingredients. | **echarle un ojo a algo** to take a look at sth, to have a look at sth: *Échale un ojo al arroz, no se vaya a pasar*. Take a look at the rice in case it's overcooked. | **tenerle echado el ojo a algo/alguien** to have your eye on sth/sb: *Le tengo echado el ojo a un DVD con cinco bocinas*. I have my eye on a DVD with five speakers. | **en un abrir y cerrar de ojos** in a flash | **no pegar el ojo** not to sleep a wink | **poner los ojos en blanco** to roll your eyes | **quedarse con el ojo cuadrado** to be absolutely amazed: *Me quedé con el ojo cuadrado cuando se puso a tocar el piano*. I was absolutely amazed when he started playing the piano. | **salir en/costar un ojo de la cara** to cost an arm and a leg, to cost a bomb (BrE): *La operación le salió en un ojo de la cara*. The operation cost her an arm and a leg. | **írsele los ojos a alguien**: *Se le iban los ojos detrás de las muchachas*. They couldn't keep their eyes off the girls.

ojo de la cerradura keyhole **ojo morado** black eye: *Le dejé el ojo morado*. I gave him a black eye.

ola *s* **1** (del mar) wave: *Me revolcó una ola*. A wave knocked me over. **2** (de atentados, protestas, etc.) wave

ola de calor heatwave **ola de frío** cold spell

óleo *s* oil | **pintar al óleo** to paint in oils | **un cuadro al óleo** an oil painting

oler *v* **1** (percibir) to smell: *¡Qué bien huele!* It smells good! ▶ Cuando se expresa si alguien puede o no sentir un olor en un momento específico, se añade el verbo **can** o **could**: *Yo no huelo nada*. I can't smell anything. | *Se olía la sopa desde afuera*. You could smell the soup from outside. **2** (tener olor) **oler a algo** to smell of sth: *La casa huele a humedad*. The house smells of damp.

olerse *v* (sospechar) to have a feeling: *Me huelo que están planeando algo.* I have a feeling they're planning something.

olfato *s* **1** (sentido del) olfato sense of smell: *Los perros tienen muy buen olfato.* Dogs have a very good sense of smell. **2 tener olfato para los negocios** to have a nose for business

olimpiada *s* **las Olimpiadas** the Olympics, the Olympic Games

olímpico, -a *adj* **un deporte olímpico** an Olympic sport | **la campeona olímpica** the Olympic champion ▶ ver **juego**

oliva *s* ▶ ver **aceite**

olivo *s* (árbol) olive tree | **una rama de olivo** an olive branch

olla *s* pot

   olla express pressure cooker

olmo *s* (árbol) elm

olor *s* smell: *¡Qué olor tan horrible!* What a horrible smell! | **tener olor a ajo/a naftalina etc.** to smell of garlic/of mothballs etc. | **tener olor a podrido/a humedad etc.** to smell rotten/damp etc.: *Toda la ropa tenía olor a humedad.* All the clothes smelled damp.

olvidar *v* to forget

   olvidarse *v* **1** (no recordar) to forget | **se me olvidó algo/me olvidé de algo** (de una contraseña, un número, una fecha) I've forgotten sth: *Se me olvidó la combinación.* I 've forgotten the combination. ▶ Cuando se trata de olvidarse de la existencia de algo, se usa **to forget about sth**: *No te olvides de la reunión.* Don't forget about the meeting. | *Se me había olvidado lo de tu alergia.* I had forgotten about your allergy. | **olvidarse de alguien** to forget about sb: *Ya se ha olvidado de él.* She's already forgotten about him. | **se me olvidó hacer algo/me olvidé de hacer algo** I forgot to do sth: *Se me olvidó comprar el pan.* I forgot to get the bread. | *No te olvides de llamarla.* Don't forget to call her. **2** (dejar) **se me olvidó el paraguas/el abrigo etc.** I left my umbrella/my coat etc. behind: *Se me olvidaron las fotos en casa.* I left the photos at home.

olvido *s* (descuido) oversight: *Fue simplemente un olvido.* It was just an oversight.

ombligo *s* navel, belly button (pl belly buttons)

omelette *s* omelet, omelette: *omelette de queso* cheese omelet

omitir *v* **omitir algo** to leave sth out: *No omitió ningún detalle.* He didn't leave out a single detail. ▶ También existe **to omit sth** que es formal | **omitir hacer algo** to fail to do sth: *Omitió mencionar que el servicio no estaba incluido.* He failed to mention that service was not included.

omóplato *s* shoulder blade

once *número* **1** (numero, cantidad) eleven **2** (en fechas) eleventh

onda *s* **1** (en el pelo) wave **2** (en el agua) ripple **3** (en física) wave **4 buena onda/mala onda** ver ejemplos: *Su familia es muy buena onda.* Her family are really great./Her family are really cool. | *Me pareció un lugar mala onda.* That place gave me bad vibes. **5 ¿qué onda?** ver ejemplos: *¿Qué onda, güey?* How's things, buddy?/How's it going, buddy? | *¿Qué onda con la fiesta?* How was the party? | *¿Qué onda con Daniela?* How's it going with Daniela? **6 ¡qué buena onda!** great! | **¡qué mala onda!** what a bummer! **7 agarrarle la onda a algo** to get the hang of sth: *Luego luego le agarré la onda.* I soon got the hang of it. **8 me/lo etc. saca de onda** it really bugs me/him etc.: *Me saca de onda que te hable así.* It really bugs me when he speaks to you like that.

   onda corta short wave **onda expansiva** shock wave **onda larga** long wave

ondulado, -a *adj* **1** (pelo) wavy **2** (terreno) undulating

ONU *s* (= **Organización de las Naciones Unidas**) **la ONU** the UN

opaco, -a *adj* **1** (no transparente) opaque **2** (no brillante) dull

opción *s* (elección) option

ópera *s* opera

operación *s* **1** (en medicina) operation: *una operación de apéndice* an appendix operation **2** (en finanzas, negocios) transaction **3** (en matemática) operation **4** (militar) operation

operador, -a *s* operator

operar *v* (en medicina) to operate: *Los médicos decidieron operar.* The doctors decided to operate. | **operar a alguien** Se puede decir **to operate on sb** pero es más frecuente la expresión **to have an operation** con la persona operada como sujeto: *Lo van a operar.* He's going to have an operation./They are going to operate on him. | *Me tienen que operar.* I have to have an operation. | **operar a alguien de algo/operarse de algo** Fíjate en las traducciones para distintos tipos de operaciones: *Lo operaron de las amígdalas/del apéndice.* He had his tonsils out/his appendix out. | *La van a operar del corazón.* She is going to have heart surgery. | *Mi abuela se operó de cataratas/de una hernia.* My grandmother had a cataract operation/a hernia operation.

   operarse *v* (en medicina) to have an operation | **operarse de algo** ver nota arriba

operativo *s* operation: *un operativo de seguridad/de rescate* a security/rescue operation

opinar *v* **1** (pensar) to think: *Opino lo mismo que tú.* I think the same as you./I share your opinion. **2** (dar su opinión) to express your opinion: *Prefiero no opinar.* I prefer not to express my opinion.

opinión *s* opinion | **cambiar de opinión** to change your mind: *¿Por qué has cambiado de opinión?* Why have you changed your mind? | **en mi/su etc. opinión** in my/his etc. opinion: *¿Qué sería lo mejor en tu opinión?* What would be the best thing, in your opinion?

   la opinión pública public opinion

opio *s* (droga) opium

oponer v **oponer resistencia** to put up resistance
oponerse v to object | **oponerse a algo** (a) (declarar la oposición, interponerse) to oppose sth: *Se opusieron a la propuesta.* They opposed the proposal. (b) (estar en contra de) to be opposed to sth, to be against sth: *Sus padres se oponían a que trabajara.* Her parents were opposed to her working./Her parents were against her working.

oportunidad s chance, opportunity (pl -ties): *Le dieron otra oportunidad.* They gave her another chance. | *Aproveché la oportunidad para pedirle que me devolviera el libro.* I took the opportunity to ask him to return the book. | **en más de una oportunidad** on more than one occasion: *Se lo he dicho en más de una oportunidad.* I've told him on more than one occasion.

oportuno, -a adj timely: *una visita muy oportuna* a very timely visit | *Llegó en el momento oportuno.* He arrived at just the right moment.

oposición s **1** (resistencia, rechazo) **oposición (a algo)** opposition (to sth): *Hubo mucha oposición a la medida.* There was a lot of opposition to the measure. **2 la oposición** (en política) the opposition

opresión s oppression

oprimir v **1** (someter) (a un pueblo) to oppress **2** (una tecla, un botón) to press

optar v to choose | **optar por hacer algo** to choose to do sth: *Opté por quedarme callada.* I chose to keep quiet.

optativo, -a adj (materia, curso) optional

óptica s **1** (tienda) optician's: *Fui a buscar los anteojos a la óptica.* I went to the optician's to get my glasses. **2** (disciplina) optics sing **3** (punto de vista) viewpoint: *la óptica infantil* a child's viewpoint

óptico, -a adj optical ▶ ver **fibra, ilusión**

optimismo s optimism: *Tenía mucho optimismo.* He was full of optimism.

optimista adjetivo & sustantivo
■ adj optimistic
■ s optimist

optometrista s optometrist (AmE), optician (BrE): *Tengo que ir al optometrista.* I have to go to the optometrist.

opuesto, -a adj **1** (dirección, sentido, extremo) opposite: *Iba en sentido opuesto.* She was going in the opposite direction. | **lo opuesto de algo** the opposite of sth: *Hizo lo opuesto de lo que prometió.* He did the opposite of what he promised. **2** (contradictorio) **versiones/opiniones opuestas** conflicting versions/views

oración s **1** (en gramática) sentence **2** (plegaria) prayer | **rezar una oración** to say a prayer

orador, -a s speaker

oral adj oral

órale interj **1** (para expresar sorpresa) wow!: *¡Órale, les ganaron 5 – 0!* Wow! They beat them 5 – 0! **2** (para expresar acuerdo) OK, all right: *–¿Vamos al cine? –Órale.* "Shall we go to the movies?" "OK." **3** (para animar a alguien) come on!: *¡Órale! ¡Sí puedes!* Come on! You can do it!

orangután s orangutan

órbita s **1** (de un planeta) orbit | **en órbita** in orbit **2** (del ojo) socket

orden sustantivo masculino & sustantivo femenino
■ s masc **1** (organización) order | **mantener el orden** to keep order | **en orden** (a) (sin problemas) in order: *Todo está en orden.* Everything's in order. (b) (ordenado) neat, tidy: *Su cuarto estaba limpio y en orden.* His room was neat and clean./His room was clean and tidy. (c) (de modo ordenado) in an orderly fashion: *Salieron callados y en orden.* They came out in silence and in an orderly fashion. **2** (secuencia) **en/por orden alfabético/cronológico** in alphabetical/chronological order: *Nos llamaron por orden alfabético.* They called us out in alphabetical order. | **en orden ascendente/descendente** in ascending/descending order | **en/por orden de importancia/preferencia** etc. in order of importance/preference etc.
■ s fem **1** (mandato) order: *Le encanta dar órdenes.* She loves giving orders. | **darle una orden a alguien** to give sb an order | **cumplir/obedecer una orden** to carry out/obey an order: *Yo estoy cumpliendo órdenes.* I'm carrying out/obeying orders. | **tener orden de hacer algo** to have orders to do sth, to have been ordered to do sth: *Tengo orden de no dejarlo pasar.* I have orders not to let you pass./I have been ordered not to let you pass. | **por orden de alguien** on sb's orders, by order of sb: *Por orden de nuestro capitán no se permite el paso.* By order of the captain, no one is allowed through. **2** (en un restaurante) order | **tomarle la orden a alguien** to take sb's order: *¿Nos puede tomar la orden?* Can you take our order, please?/Can we order, please? **3** (judicial) warrant: *una orden de cateo* a search warrant **4** (religiosa) order

ordenado, -a adj **1** (referido a personas) neat, tidy: *No soy muy ordenado.* I'm not very neat./I'm not very tidy. **2** (en orden) neat, tidy: *¡Qué ordenado tienes tu cuarto!* Isn't your room neat!/Isn't your room tidy!

ordenar v **1** (poner en orden) **ordenar el cuarto/los juguetes etc.** to straighten up your room/to put away your toys etc., to tidy (up) your room/to tidy away your toys etc.: *Tengo que ordenar mi escritorio.* I have to straighten up my desk./I have to tidy my desk. **2 ordenar algo alfabéticamente/cronológicamente** to put sth in alphabetical/chronological order **3** (dar una orden) to order: *El juez ordenó el cierre de la discoteca.* The judge ordered the closure of the club. | **ordenarle a alguien que haga algo** to order sb to do sth **4** (encargar, pedir) to order: *Ordené dos tortas de pollo.* I ordered two chicken sandwiches.

ordeñar v to milk

ordinario, -a *adjetivo & sustantivo*
- *adj* **1** (referido a personas) **rude** expresa grosería, mientras que **common** indica falta de refinamiento en los modales: *¡No seas ordinario!* Don't be rude! | *gente muy ordinaria* very common people **2** (gesto, expresión) rude **3** (de mala calidad) cheap, poor-quality: *Es de una tela muy ordinaria.* It's made of very cheap material. **4** (habitual) ordinary
- **s ser un ordinario/una ordinaria** to be very rude, to be very common ▶ ver nota en el adjetivo

orégano *s* oregano

oreja *s* ear: *Tiene orejas grandes.* He has big ears.

orfanatorio o **orfelinato** *s* children's home

orgánico, -a *adj* organic: *Compra productos orgánicos.* He buys organic produce.

organismo *s* **1** (en biología) organism: *organismos unicelulares* single-cell organisms **2** (cuerpo) **ser bueno -a/malo -a para el organismo** to be good/bad for the system **3** (organización) organization: *organismos de derechos humanos* human rights organizations

organización *s* **1** (orden, planeamiento) organization: *falta de organización* lack of organization **2** (entidad) organization
organización de beneficencia charity

organizador, -a *sustantivo & adjetivo*
- **s** organizer
- *adj* **el comité organizador/la entidad organizadora** the organizing committee/body

organizar *v* **1** to organize **2 organizar un escándalo/un numerito/un mitote etc.** to kick up a fuss, to make a scene
organizarse *v* (persona) to get organized: *Tengo que organizarme.* I have to get organized.

órgano *s* **1** (del cuerpo) organ **2** (instrumento musical) organ

orgullo *s* **1** (satisfacción) pride: *Habla de ella con orgullo.* He talks about her with pride. | *El premio lo llenó de orgullo.* Winning the prize made him very proud. **2** (engreimiento) pride

orgulloso, -a *adj* **1** (satisfecho) proud | **estar orgulloso -a de algo/alguien** to be proud of sth/sb **2** (creído) proud: *Es muy orgullosa.* She's very proud.

orientación *s* **1** (consejo) guidance **2** (de una casa, una habitación) **tener orientación norte/sur etc.** to face north/south etc. **3** (especialización) specialization

orientado, -a *adj* **1** (referido a casas, habitaciones) **estar orientado -a hacia el norte/el sur etc.** to face north/south etc. **2** (dirigido, enfocado) **orientado -a a hacer algo** aimed at doing sth: *políticas orientadas a fomentar el desarrollo* policies aimed at promoting development

oriental *adjetivo & sustantivo*
- *adj* **1** (del este) eastern: *la costa oriental* the eastern coast/the east coast **2** (de los países asiáticos) Eastern, Asian: *la cultura oriental* Eastern culture/Asian culture

- **s** (de un país asiático) Existe el sustantivo **Oriental**, pero algunas personas lo consideran ofensivo. Usa **an Asian** o **a man/woman from the Far East**, etc.

orientar *v* **1** (aconsejar) **orientar a alguien** to give sb (some) guidance: *Me quería orientar.* She wanted to give me some guidance. **2** (para llegar a un lugar) to give directions to: *Nos orientó un taxista.* A taxi driver gave us directions. **3** (colocar) to turn: *Orienta la antena hacia la pared.* Turn the antenna toward the wall.
orientarse *v* (ubicarse) to find one's way: *No me oriento en la oscuridad.* I can't find my way in the dark.

oriente *s* **1** (este) east **2 Oriente** (conjunto de países) the East

origen *s* **1** (principio, causa) cause: *el origen del problema* the cause of the problem | **dar origen a algo** to give rise to sth **2** (procedencia) origin: *colonos de origen europeo* colonists of European origin | *Es de origen humilde.* He comes from a humble background. **3** (de una tradición, una costumbre) origin

original *adjetivo & sustantivo*
- *adj* **1** (novedoso) original: *un vestido muy original* a very original dress **2** (de origen, primitivo) original: *No es el texto original.* It's not the original text.
- **s** original: *Hicieron tres copias del original.* They made three copies of the original.

orilla *s* **1** (del mar) shore: *Caminamos por la orilla.* We walked along the shore. | **a la orilla del mar** on the seashore: *Estaban jugando a la orilla del mar.* They were playing on the seashore. **2** (de un río) bank | **a la orilla del río** on the riverbank, on the banks of the river: *Comieron a la orilla del río.* They ate on the riverbank. **3** (de un camino) side, edge

orillarse *v* to pull over: *La camioneta negra, oríllese a la derecha.* The black van, pull over on the right, please. | *Me orillé para contestar una llamada.* I pulled over to answer a phone call.

orina *s* urine

orinar *s* to urinate
orinarse *v* to wet yourself

oro *sustantivo & sustantivo plural*
- **s** (metal) gold | **un anillo/un reloj de oro** a gold ring/watch | **un anillo/un reloj bañado en oro** a gold-plated ring/watch
- **oros** *s pl* La baraja española no es muy conocida en el mundo anglosajón. Para explicar qué son los oros di *it's one of the four suits in the Spanish deck of cards.*

orozuz *s* licorice

orquesta *s* **1** (de música clásica) orchestra **2** (de jazz) band

orquídea *s* orchid

ortiga *s* nettle

ortografía *s* spelling: *Le corrigió la ortografía.* She corrected his spelling. | *Tiene muy buena ortografía.* She's very good at spelling.
▶ ver **falta**

---

i ¿Quieres más información sobre los **verbos modales**? Hay una explicación en el apartado de gramática.

oruga s (de un insecto) caterpillar

orzuela s split ends pl

oscilar v **1** (temperatura, precio, etc.) **oscilar entre algo y algo** to range between sth and sth: *Las edades oscilan entre 15 y 18 años.* Their ages range between 15 and 18 years old. **2** (péndulo) to swing

oscuras a oscuras in the dark: *Se quedaron charlando a oscuras.* They stayed there chatting in the dark. | **quedar a oscuras** to be left in darkness: *El lugar quedó a oscuras.* The place was left in darkness. | **dejar un lugar a oscuras** to leave somewhere in darkness: *El apagón dejó medio Coyoacán a oscuras.* The power outage left half of Coyoacán in darkness.

oscurecer v **1** (anochecer) to get dark: *En verano oscurece más tarde.* In summer it gets dark later. **2** (volver más oscuro) to darken

oscurecerse v (cielo) to grow dark, (pelo, madera, cuero) to get darker: *Se me ha oscurecido el pelo.* My hair has gotten darker.

oscuridad s darkness: *la oscuridad del túnel* the darkness of the tunnel | **en la oscuridad** in the dark | **tenerle miedo a la oscuridad** to be afraid of the dark

oscuro, -a adj **1** (referido al color) dark: *Lo pintaron de rojo oscuro.* They painted it dark red. | *Tenía puesta una falda oscura.* She was wearing a dark skirt. **2** (sin luz) dark: *una noche oscura* a dark night | **estar oscuro** to be dark: *Son las seis y ya está oscuro.* It's six o'clock and it's already dark.

oso, -a s **1** (animal) bear **2 hacer el oso /hacer un oso** to make a fool of yourself | **ser un oso** to be a devil of a job: *Cobrar esa factura fue todo un oso.* I had a devil of a job getting that invoice paid.

oso de peluche teddy bear **la Osa Mayor** the Great Bear **oso hormiguero** anteater **oso panda** panda **oso polar** polar bear

ostión s oyster

ostra s oyster

OTAN s (= **Organización del Tratado del Atlántico Norte**) **la OTAN** NATO

otoño s fall (AmE), autumn (BrE) ▶ ver "Active Box" **estaciones del año** en **estación**

otorgar s **1** (un premio, una beca) to award: *Le otorgaron una medalla.* He was awarded a medal. **2** (un permiso, un crédito, asilo) to grant: *El banco no les otorgó el préstamo.* The bank did not grant them the loan.

otro, -a adj & pron ▶ ver recuadro

ovalado, -a adj oval

ovario s ovary (pl -ries)

oveja s **1** sheep (pl sheep) ▶ Éste es el término genérico. El específico para referirse a una hembra es **ewe 2 la oveja negra (de la familia)** the black sheep (of the family)

overol s **1** (con mangas) coveralls pl (AmE), overalls pl (BrE) **2** (con peto) bib overalls pl (AmE), dungarees pl (BrE)

---

otro -a

▶ **ADJETIVO**

1 PRECEDIDO DE ARTÍCULO O POSESIVO (= other)

el otro guante the other glove | *tu otra abuela* your other grandmother | *los otros platos* the other plates | *mis otras amigas* my other friends

2 SIN ARTÍCULO NI POSESIVO

Se usa **another** con un sustantivo contable en singular y **other** con uno en plural:

¿Quieres otro café? Would you like another cup of coffee? | *la gente de otros países* people from other countries

Pero si el sustantivo plural va precedido de un número, se usa **another**:

Vinieron otras tres niñas. Another three girls came./Three other girls came. | *¿Tienes otras dos monedas?* Do you have another two coins?

3 *otra cosa, otra persona, otro lado*, etc. tienen traducciones especiales:

Te voy a contar otra cosa. I'll tell you something else. | *Pregúntale a otra persona.* Ask someone else. | *Ponlo en otro lado.* Put it somewhere else.

En el interrogativo y el negativo se usa **anything else, anyone else**, etc.

▶ **PRONOMBRE**

1 OBJETOS

La traducción depende de si el pronombre va o no precedido de artículo, y de si está en singular o en plural:

Me gusta más el otro. I like the **other one** better. | *Las otras son más baratas.* The **others** are cheaper./The **other ones** are cheaper. | *¿Quieres otro?* Do you want **another one**? | *Éstos no me gustan. ¿Tienes otros?* I don't like these. Do you have any **others**?

2 PERSONAS

Uno se quiere ir y el otro se quiere quedar. One of them wants to go and the **other one** wants to stay. | *Los otros se fueron temprano.* The **others** left early. | *La dejó por otra.* He left her for **someone else**.

---

ovillo s **1** ball: *un ovillo de lana* a ball of wool **2 hacerse un ovillo** to curl up into a ball

ovni s (= **objeto volador no identificado**) UFO

oxidado, -a adj rusty

oxidarse v **1** (metal) to rust: *Se oxidó el cuchillo.* The knife rusted. **2** (manzana, aguacate) to discolor (AmE), to discolour (BrE)

oxígeno s oxygen

oyente s (de radio) listener: *el llamado de una oyente* the telephone call from a listener

ozono s ozone ▶ ver **agujero, capa**

P, p s P, p ▶ ver "Active Box" **letras del alfabeto** en **letra**

pabellón s **1** (en un hospital) wing, block **2** (en una cárcel) wing, block **3** (en una exposición, una feria) pavilion

pachanga s **1** (fiesta) party, (pl -ties) rave-up (BrE): *¿Qué tal estuvo la pachanga?* How was the party? **2** (desorden) **ser una pachanga** to be total chaos: *Para entrar al concierto fue una pachanga.* It was total chaos getting in to the concert.

pacheco, -a adjetivo & sustantivo
■ *adj* stoned
■ *s* junkie

paciencia s patience | **tener paciencia** to be patient: *Tiene mucha paciencia con ella.* He's very patient with her. | **perder la paciencia** to lose patience: *Nunca pierde la paciencia.* He never loses patience. | **se me/le etc. acabó la paciencia** I've/he's etc. lost patience

paciente sustantivo & adjetivo
■ *s* patient: *Está atendiendo a un paciente.* He's with a patient.
■ *adj* patient

Pacífico s el **(océano) Pacífico** the Pacific (Ocean)

pacífico, -a adj peaceful

pacifista adj & s pacifist

pacto s pact | **hacer un pacto** to make a pact

padrastro s **1** (familiar) stepfather **2** (junto a una uña) hangnail

padre sustantivo, adjetivo & adverbio
■ *s* **1** (papá) father: *el padre de Lucía* Lucía's father **2 padres** (padre y madre) parents: *Mis padres están divorciados.* My parents are divorced. **3** (sacerdote) Father: *el padre Andrés* Father Andrés
■ *adj* (estupendo) great, fantastic, neat (AmE): *una fiesta bien padre* a really great party | *–Nos pagan el viaje y la estancia. –¡Qué padre!* "They're paying the travel and accommodation costs." "Fantastic!"
■ *adv* really well: *Bailan bien padre.* They dance really well./They are terrific dancers. | *Este coche se maneja padre.* This car's great to drive.

padrenuestro s Lord's Prayer | **rezar el padrenuestro** to say the Lord's Prayer | **tres/cuatro etc. padrenuestros** (como penitencia) three/four etc. Our Fathers

padrino sustantivo & sustantivo plural
■ *s* **1** (de bautismo) godfather **2** (de casamiento) En el mundo anglosajón no hay padrinos de casamiento. Si quieres explicarle a alguien el rol del padrino, di: *he is the man, usually the father of the bride, who walks her up the aisle*
■ **padrinos** *s pl* (padrino y madrina de bautismo) godparents

paella s paella

pagado, -a adj ver ejemplos: *Ya está todo pagado.* Everything's been paid for. | *un viaje con todos los gastos pagados* a trip with all expenses paid

pagano, -a adj & s pagan

pagar v **1** (una cuenta, la renta, una suma de dinero) to pay: *Le pagué $500.* I paid him $500. | *Se fue sin pagar.* He left without paying. **2** (hablando de algo que se compra) **pagar algo** to pay for sth: *Tenemos que pagar las bebidas.* We have to pay for the drinks. **3 pagar en efectivo/con tarjeta/con cheque** to pay cash/by credit card/by check: *¿Se puede pagar con tarjeta?* Can I pay by credit card? **4** (a un empleado) to pay: *¿Cuánto te pagan?* How much do they pay you? | *Todavía no me han pagado.* I still haven't been paid. **5** (referido a favores) **pagarle algo a alguien** to repay sb for sth: *¿Cómo te puedo pagar esto?* How can I repay you for this? **6 me las pagarás/pagará etc.** you'll/he'll etc. pay for this

página s page: *Está en la primera página.* It's on the first page.

las páginas amarillas® the Yellow Pages®

pago s (de un sueldo, una mensualidad) payment | **en un pago/en dos pagos etc.** in one payment/in two payments etc.

pago inicial deposit, down payment

país s country (pl -tries)

paisaje s scenery ▶ **scenery** es un sustantivo incontable y no puede ir precedido de a: *¡Qué precioso paisaje!* What lovely scenery! | *Paramos para admirar el paisaje.* We stopped to admire the scenery. ▶ También existe **landscape**, que se usa para referirse a las características geográficas del paisaje: *un paisaje de montaña* a mountain landscape | *Pinta paisajes.* She paints landscapes.

Países Bajos s pl **los Países Bajos** the Netherlands

paja s **1** (material) straw | **un sombrero de paja** a straw hat | **un techo de paja** a thatched roof **2** (en un examen, un discurso) padding, waffle (BrE)

pájaro s **1** bird **2 matar dos pájaros de un tiro** to kill two birds with one stone

pájaro carpintero woodpecker

pala s **1** (para cavar) spade **2** (para recoger tierra, nieve, etc.) shovel **3** (de un remo) blade **4** (frontón) racquetball

pala mecánica excavator

ⓘ ¿Se dice *I arrived in Miami* o *I arrived to Miami?* Mira la entrada **arrive**.

palabra s **1** (término) word: *una palabra de seis letras* a six-letter word **2** (promesa) word: *Te doy mi palabra.* I give you my word. | **cumplir con su palabra** to keep your word **3** (en una junta, etc.) **pedir la palabra** to ask to speak | **darle la palabra a alguien** to hand over to sb **4 tener la última palabra** to have the last word **5 dirigirle la palabra a alguien** to speak to sb **6 en pocas palabras** in a nutshell **7 dejar a alguien con la palabra en la boca** to leave sb in mid-sentence ▶ ver **malo**

palacio s palace: *el palacio de Buckingham* Buckingham Palace

paladar s (parte de la boca) palate, roof of the mouth

palanca s **1** (instrumento) lever: *Baja la palanca.* Push the lever down. | **hacer palanca con algo** to use sth as a lever: *Hizo palanca con un cuchillo.* He used the knife as a lever. **2** (o **palancas**) (influencia) connections *pl*
palanca de velocidades gearshift (AmE), gear stick, gear lever (BrE)

palangana s bowl, washbowl

palco s **1** (en un teatro) box (*pl* -xes) **2** (tribuna) stand

paleta s **1** (golosina) **lollipop 2 paleta helada** Popsicle® (AmE), ice lolly (*pl* -llies) (BrE) **3** (de pintor) palette

paliacate s bandanna

pálido, -a adj **1** (referido a personas) pale: *Estás pálida.* You look pale. | **ponerse pálido -a** to go pale: *Se puso pálido cuando se enteró.* He went pale when he heard. **2** (referido a colores) pale: *un vestido rosa pálido* a pale pink dress **3** (luz, resplandor) pale

palillo s **1** (para los dientes) toothpick **2** (para comida oriental) chopstick
palillos chinos (juego) spillikins

palito s ▶ ver **palillo 2**

paliza s **1** (golpes) **darle/ponerle una paliza a alguien (a)** (a un niño) to smack sb: *Les dio una paliza a los dos.* She smacked them both. **(b)** (a un adulto) to beat sb up: *Le dieron una paliza terrible.* They beat him up very badly. **2** (derrota) thrashing: *¡Qué paliza les dimos!* We gave them a real thrashing!

palma s **1** (de la mano) palm **2 conocer algo como la palma de la mano** to know sth like the back of your hand: *Conoce la zona como la palma de su mano.* He knows the area like the back of his hand. **3** (árbol) palm tree

palmada s **1** (suave) pat: *Me dio una palmada en la espalda.* He gave me a pat on the back./He patted me on the back. **2** (para marcar el compás, etc.) clap | **dar una palmada** to clap your hands: *Cuando yo dé una palmada, vuelvan a sus lugares.* When I clap my hands, go back to your places.

palmera s palm tree

palmitos s *pl* hearts of palm

palo s **1** (trozo de madera) stick: *Le pegó con un palo.* He hit her with a stick. **2** (madera) **una pata de palo** a wooden leg **3** (poste de la portería) post, goalpost: *La pelota pegó en el palo.* The ball hit the goalpost. **4** (de hockey) hockey stick **5** (de golf) club **6 moler a alguien a palos** to beat sb black and blue **7** (en las cartas) suit

paloma s **1** (ave) pigeon es la paloma común y **dove** una paloma blanca **2** ▶ ver **palomita**
paloma de la paz dove of peace **paloma mensajera** carrier pigeon

palomilla s gang

palomita s **1** (signo, marca) check (AmE), tick (BrE): *Marca las respuestas correctas con una palomita.* Put a check by the correct answers./Check the correct answers. **2** (en futbol) diving header
palomitas de maíz popcorn

palomitas o **palomitas de maíz** s *pl* popcorn *sing*

palpar v to feel: *Palpó el sobre para ver qué contenía.* He felt the envelope to see what it had in it.

paludismo s malaria

pan s **1** bread ▶ **bread** es un sustantivo incontable. Para referirse a *un pan* se dice **a loaf** o **a loaf of bread**. *Un bolillo* es **a roll** o **a bread roll**: *¿Queda pan?* Is there any bread left? | *Hice pan.* I made some bread. | *dos panes* two loaves (of bread) | *¿Me pasas un pan?* Could you pass me a roll? ▶ Lo mismo se aplica a los sustantivos que aparecen más abajo. *Un pan blanco, un pan integral*, etc. se traducen por **a white loaf, a wholewheat loaf**, etc. **2 ser pan comido** to be a piece of cake **3 venderse como pan caliente** to sell like hot cakes
pan Bimbo®, pan de caja packaged sliced bread **pan blanco** white bread **pan con mantequilla** bread and butter **pan dulce** pastries *pl*: *Desayunamos chocolate con pan dulce.* We had hot chocolate and pastries for breakfast. **pan integral** wholewheat bread (AmE), wholemeal bread (BrE) **pan molido** breadcrumbs *pl* **pan negro** brown bread **pan tostado** toast: *Desayuno café con pan tostado.* I have coffee and toast for breakfast. | *un pan tostado* a piece of toast

pana s (rayada) corduroy | **una falda/un saco de pana** a corduroy skirt/jacket | **unos pantalones de pana** a pair of corduroy pants (AmE), a pair of corduroy trousers (BrE), a pair of cords

panadería s bakery (*pl* -ries), baker's (BrE)

panadero, -a s baker

panal s honeycomb

Panamá s Panama

panameño, -a adjetivo & sustantivo
■ adj Panamanian
■ s Panamanian | **los panameños** (the) Panamanians

pancarta s banner

páncreas s pancreas

panda s panda

pandero s tambourine

pandilla s **1** (de amigos) gang, crowd **2** (de delincuentes) gang

pánel s **1** (de expertos, etc.) panel: *los miembros del pánel* the members of the panel **2** (de madera, etc.) panel
pánel de control control panel

panfleto s pamphlet

panga s ferry (pl -rries)

pánico s panic | **tenerle pánico a algo/alguien** to be terrified of sth/sb: *Les tenía pánico a las arañas.* She was terrified of spiders. | **me da pánico viajar en avión/quedarme encerrada etc.** I'm terrified of flying/of getting locked in etc.

panorama s (situación) outlook: *un panorama optimista* an optimistic outlook

panqué s **1** (grande) cake **2** (individual) muffin

pantaletas s pl panties, knickers (BrE)

pantalla s **1** (de cine, televisión, computadora) screen **2** (de una lámpara) shade, lampshade

pantalón o **pantalones** s pants pl (AmE), trousers pl (BrE) ▶ *un pantalón* se dice **(some) pants** o **a pair of pants**: *un pantalón de lino* a pair of linen pants | *Se compró un pantalón beige.* He bought some beige pants./He bought a pair of beige pants. | *Tenía puesto un pantalón negro.* He was wearing black pants. ▶ ver **falda**
pantalones acampanados s pl flared pants (AmE), flared trousers (BrE) **pantalones de mezclilla** s pl jeans

pantano s marsh (pl -shes), swamp

pantanoso, -a adj marshy, swampy

pantera s panther

pantimedias s pl pantyhose *sing* (AmE), tights (BrE)

pantorrilla s calf (pl calves)

pants s pl **1** (conjunto deportivo) sweatsuit (AmE), tracksuit (BrE) **2** (pantalones) sweatpants (AmE), tracksuit bottoms (BrE), jogging bottoms (BrE)

pantufla s slipper

panza s stomach, belly (pl -llies) | **tener panza** to have a big stomach, to have a big belly

pañal s diaper (AmE), nappy (pl -ppies) (BrE) | **cambiarle los pañales/el pañal a un bebé** to change a baby's diaper (AmE), to change a baby's nappy (BrE)

paño s **1** (trapo) cloth **2 en paños menores** in your undies: *Estaban en paños menores.* They were in their undies. **3** (tela) woolen cloth (AmE), woollen cloth (BrE) | **un abrigo/pantalón de paño** a woolen coat/woolen pants
paño de cocina dish towel (AmE), tea towel (BrE)

pañuelo s handkerchief (pl -chieves)
pañuelo desechable Kleenex® (pl Kleenex) tissue

Pap ▶ ver **Papanicolau**

papa o **Papa** s Pope

papa s (tubérculo) potato (pl -toes)
papas fritas s pl potato chips (AmE), crisps (BrE) **papas a la francesa** s pl French fries (AmE), chips (BrE)

papá s dad, daddy (pl -ddies)

papacito o **papasote** s sweetie, honey

papada s double chin | **tener papada** to have a double chin

papagayo s (ave) parrot

papalote s (juguete) kite | **volar un papalote** to fly a kite

Papanicolau s Pap smear (AmE), smear test (BrE)

papaya s papaya, pawpaw

papel s **1** (material) paper: *Se acabó el papel.* The paper's run out. | *una flor/un avión de papel* a paper flower/airplane **2** (hoja) sheet of paper, (pedazo) piece of paper: *Lo escribí en un papel.* I wrote it down on a piece of paper. **3** (de un dulce) wrapper **4** (rol) role, part | **hacer el papel de alguien** to play the part/role of sb
papel aluminio tinfoil, aluminum foil (AmE), aluminium foil (BrE) **papel crepé** crepe paper **papel cuadriculado** graph paper **papel de baño, papel higiénico** toilet paper **papel de estraza, papel kraft** brown paper **papel maché** papier-maché **papel para regalo** wrapping paper **papel periódico** newspaper **papel tapiz** wallpaper

papelero s wastepaper basket

paperas s pl mumps *sing*

papi s dad, daddy (pl -ddies)

paquete s **1** (bulto) package, parcel: *Traía muchos paquetes.* He was carrying a lot of packages. **2** (de cigarrillos) pack (AmE), packet (BrE) **3** (de arroz, dulces, galletas, etc.) packet (BrE) ▶ En inglés americano se suele especificar el tipo de paquete: **a bag of rice, a bag/box of candy, a bag/box of cookies**, etc. **4** (turístico) package: *El paquete incluye el pasaje aéreo.* The package includes the airfare.

par *sustantivo & adjetivo*
■ s **1** (de guantes, zapatos, etc.) pair: *un par de botas* a pair of boots **2** (dos o tres, etc.) **un par de horas/días etc.** a couple of hours/days etc.: *La vimos un par de veces.* We saw her a couple of times. **3 estar abierto -a de par en par** to be wide open
■ adj ▶ ver **número**

para prep ▶ ver recuadro

parabólica s satellite dish (pl -shes)

parabrisas s windshield (AmE), windscreen (BrE)

---

para

1 La traducción **for** es válida en muchos contextos:

Esto es para ti. This is for you. | *Lo necesito para mañana.* I need it for tomorrow. | *¿Para qué lo quieres?* What do you want it for? | *Fumar es malo para la salud.* Smoking is bad for your health. | *Es muy alta para su edad.* She's very tall for her age.

2 OPINIONES

para mí/para Juan etc.: *Para mí que se olvidó.* I think he must have forgotten. | *Para él, es preciosa.* As far as he's concerned, she's beautiful./He thinks she's beautiful.

3 DIRECCIÓN

No mires para arriba/abajo. Don't look up/down. | *Ven para adentro.* Come inside. | *Estaba mirando para afuera.* She was looking out.

4 SEGUIDO DE INFINITIVO

para hacer algo to do sth: *Estoy listo para empezar.* I'm ready to start. | *Me llamó para invitarme.* He phoned to invite me. | **para no hacer algo** so as not to do sth: *No puse música para no despertarte.* I didn't put any music on so as not to wake you up.

5 AL DAR LA HORA

veinte para las diez/cinco para las cuatro etc. twenty to ten/five of four etc. (AmE),twenty to ten/five to four etc. (BrE): *Son diez para las cinco.* It's ten of five. (AmE)/It's ten to five. (BrE)

6 PARA QUE (= so that)

Te lo digo para que lo pienses. I'm telling you so you can think about it. | *Envuélvelo para que no se rompa.* Wrap it up so that it doesn't break.

Si no hay que introducir un nuevo sujeto, también se usa un infinitivo:

Te pago para que me ayudes. I pay you to help me. | *Ponlo cerca del fuego para que se seque.* Put it near the fire so it can dry./Put it near the fire to dry.

paracaídas s parachute | **tirarse en paracaídas** to parachute

paracaidista s parachutist

parada s **1** (del camión) (bus) stop: *Me bajo en la próxima parada.* I'm getting off at the next stop. **2** (indicación) **hacerle la parada a un camión** to put your hand out for a bus to stop | **hacerle la parada a un taxi** to flag down a taxi **3** (acción de detenerse) **hacer una parada** to make a stop: *Hicimos una parada para comer.* We made a stop to eat.

parado, -a adj **1** (de pie) **estar parado -a** to be standing: *Estaba parado en la esquina.* He was standing on the corner. ▶ Se usa **to be on your**

feet cuando el énfasis está en el cansancio: *Estoy todo el día parada.* I'm on my feet all day. | **viajar parado -a** to stand: *Tuve que viajar parada.* I had to stand. **2** (levantado) **tengo/tienes etc. el pelo parado** my/your etc. hair is sticking up | **el perro tiene/tenía las orejas paradas** the dog has/ had its ears pricked **3** (sin funcionar) **estar parado -a (a)** (reloj) to have stopped: *El reloj de la cocina está parado.* The kitchen clock has stopped. **(b)** (fábrica, economía) to be at a standstill

paragolpes s bumper

paraguas s umbrella

Paraguay o **el Paraguay** s Paraguay

paraguayo, -a adjetivo & sustantivo
- adj Paraguayan
- s Paraguayan | **los paraguayos** (the) Paraguayans

paraíso s **1** **el paraíso**, o **el Paraíso** paradise: *Adán y Eva en el Paraíso* Adam and Eve in Paradise **2** (lugar hermoso) paradise

paralela sustantivo & sustantivo plural
- s (línea) parallel line
- **paralelas** s pl (en gimnasia) parallel bars

paralelo, -a adjetivo & sustantivo
- adj parallel | **paralelo -a a algo** parallel to sth: *Corre paralela a la avenida principal.* It runs parallel to the main street.
- **paralelo** s (en geografía) parallel

parálisis s **1** (afección) paralysis (pl -ses) **2** (estancamiento) paralysis

paralítico, -a adjetivo & sustantivo
- adj **ser/quedar paralítico -a** to be paralyzed (AmE), to be paralysed (BrE): *Quedó paralítico.* He was left paralyzed.
- s paralyzed person (AmE), paralysed person (BrE) ▶ Para referirse a los paralíticos en general se dice **paralyzed people**

paralizar v to paralyze (AmE), to paralyse (BrE)
paralizarse v (ciudad, obras) to come to a standstill

parapente s paragliding | **hacer parapente** to go paragliding

parar v **1** (detenerse) to stop: *El autobús no para aquí.* The bus doesn't stop here. **2** (detener) to stop: *Me paró para preguntarme por ti.* He stopped me to ask after you. **3** **parar de hacer algo** to stop doing sth: *No paró de llover en todo el día.* It didn't stop raining all day. | *Ese tipo no para de hablar.* That guy doesn't stop talking. **4** ¡ya **párale/párenle!** stop it! **5** **ir a parar al hospital/a la cárcel etc.** to end up in the hospital/in jail etc.

pararse v **1** (ponerse de pie) to stand up: *Se paró para saludarme.* He stood up to greet me. **2** (levantarse de la cama) to get up: *Se para muy temprano.* She gets up very early. **3** (detenerse) to stop: *Me paré a mirar un cuadro.* I stopped to look at a painting. **4** (dejar de funcionar) to stop: *Se paró el motor.* The engine stopped./The engine stalled. | **se me paró el reloj/el coche** my watch/the car's engine stopped

pararrayos s lightning rod (AmE), lightning conductor (BrE)

parásito s **1** (organismo) parasite **2** (persona) parasite

parcela s (terreno) plot, plot of land

parche s **1** (remiendo) patch (pl -ches) **2** (en un ojo) patch (pl -ches)

parchís s Parcheesi® (AmE), ludo (BrE) | **jugar parchís** to play ludo

parcial adj (reforma, vista, eclipse) partial

parecer v ▶ ver recuadro
  parecerse v **1** (en el aspecto) to be alike: *No se parecen en nada.* They are not at all alike. | **parecerse a algo/alguien** to look like sth/sb: *Te pareces a tu mamá.* You look like your Mom. **2** (en la personalidad) to be alike: *En eso nos parecemos.* We're both alike in that respect. | **parecerse a alguien** to be like sb: *No se parece al hermano.* He isn't like his brother.

parecido, -a adj **1** (cuando se refiere a personas) **ser parecidos -as** to be alike: *Son hermanas pero no son muy parecidas.* They're sisters but they aren't very alike. | **ser parecido -a a alguien (a)** (en el aspecto físico) to look like sb: *Eres muy parecida a Lisi.* You look a lot like Lisi. **(b)** (en la personalidad) to be like sb: *En eso es muy parecido a mí.* He's very much like me in that respect. **2** (cuando no se refiere a personas) similar: *Tienen gustos parecidos.* They have similar tastes. | *Todas sus películas son parecidas.* All his movies are alike./All his movies are similar. | **parecido -a a algo** similar to sth: *Éste es parecido al otro.* This one is similar to the other one. **3** **algo parecido** ver ejemplos: *Era miel o algo parecido.* It was honey, or something like that. | *Trabaja en algo parecido a publicidad.* He works in something like advertising.

pared s wall

pareja s **1** (dos personas) couple: *una pareja con un niñito* a couple with a little boy | **tener pareja** to have a partner **2** (compañero o compañera) partner: *Silvia vino con su pareja.* Silvia came with her partner. **3** (en un baile, un juego) couple

parejo, -a adj **1** (regular) even: *Este borde no está parejo.* This edge isn't even. **2** (partido, torneo) even: *Fue un partido muy parejo.* It was a very even game. **3** **poner parejo -a a alguien (a)** (regañarlo) to tear sb off a strip **(b)** (pegarle) to clobber sb **(c)** (derrotarlo) to thrash sb, to wipe the floor with sb **4** (imparcial) fair

paréntesis s (signo de puntuación) parenthesis (pl -ses), bracket (BrE) | **entre paréntesis** in parentheses, in brackets (BrE): *Ponlo entre paréntesis.* Put it in parentheses.

pariente, -a s relative: *Tengo parientes en Italia.* I have relatives in Italy.

---

parecer

1 La traducción general es **to seem**:
  Parece ridículo volver a hacerlo. It seems ridiculous to do it again. | *Parece saber lo que quiere.* He seems to know what he wants.

2 Si se trata de algo que estamos oyendo o viendo, también se usan **to sound** y **to look**:
  Lo que dice parece interesante. What he says sounds interesting. | *De afuera parece enorme.* It looks huge from the outside.

3 Cuando hay un sustantivo en el predicado se usa **to look like**, **to sound like** o **to seem (like)**:
  Pareces un payaso. You look like a clown. | *Parece una buena idea.* It sounds like a good idea. | *Esto parece mayonesa.* This looks like mayonnaise. | *Parece buen tipo.* He seems like a nice guy./He seems a nice guy.

4 En impresiones personales:
  me/le etc. parece I think/he thinks etc.: *Me parece un poco caro.* I think it's a bit expensive. | *Me parece que ya se ha ido.* I think he's already left. | *¿Qué te pareció Cuba?* What did you think of Cuba?

5 En impresiones impersonales:
  parece que it seems (that): *Parece que no hay más entradas.* It seems there are no tickets left.
  También se puede usar el adverbio **apparently**:
  Parece que ella lo dejó. Apparently she's left him.

---

parir v (mujer) to give birth

parlamentario, -a adj parliamentary

parlamento o **Parlamento** s parliament

parlanchín, -ina ▶ ver **platicador**

paro s **1** (huelga) strike | **estar en paro** to be on strike: *Los maestros están en paro.* The teachers are on strike. **2** **hacerle el paro a alguien** to cover for sb, to help sb out
  paro cardíaco cardiac arrest **paro general** general strike

parpadear v to blink

párpado s eyelid

parque s park
  parque de beisbol baseball stadium **parque de diversiones** amusement park, funfair (BrE) **parque nacional** national park

parquet s parquet floor

parquímetro s parking meter

parra s vine

párrafo s paragraph

parrilla s **1** (para asar al aire libre) barbecue | **pollo/pescado a la parrilla** barbecued chicken/fish, grilled chicken/fish, broiled chicken/fish (AmE) **2** (con quemadores) hob **3** (que protege

el radiador de un coche) grille, grill (AmE) **4** (para el equipaje) roof-rack
parrilla de salida starting grid

parrillada s mixed grill

parroquia s parish, parish church

parte sustantivo femenino & sustantivo masculino
■ **s fem** **1** (porción) part: *Córtala en tres partes.* Cut it into three parts. | **la tercera/cuarta etc. parte** a third/a fourth etc.: *Pagó sólo la cuarta parte.* He only paid a fourth. | *más de tres cuartas partes de la población* over three fourths of the population | **la mayor parte de algo** most of sth: *la mayor parte del tiempo* most of the time **2** (episodio, capítulo) part: *¿Viste la primera parte?* Did you see the first part? **3** (de un texto, una obra, etc.) part: *Esa parte no la entendí.* I didn't understand that part. | *Me encantó la parte de la carrera.* I loved the race scene./I loved the part where they have a race. **4** (lugar) part: *en otras partes de la ciudad* in other parts of the city | **en/por todas partes** everywhere | **no lo encuentro en/por ninguna parte** I can't find it anywhere | **en/por cualquier parte** anywhere: *Deja sus cosas por cualquier parte.* He leaves his things anywhere. | **en alguna parte** somewhere: *Tiene que estar en alguna parte.* It has to be somewhere. **5** (en un conflicto) party (pl -ties): *un acuerdo entre las partes* an agreement between the parties concerned **6** (en expresiones) **de parte de alguien** ver ejemplos: *¿De parte de quién?* Who's calling, please? | *Díselo de parte mía.* Tell him from me. | *Vino de parte de Susana.* Susana sent him. | **estar/ponerse de parte de alguien** to be on/to take sb's side: *Se puso de parte de Nico.* He took Nico's side. | *Ella siempre está de parte del hermano.* She's always on her brother's side. | **en parte** To a certain extent: *En parte tiene razón.* To a certain extent, he's right. | **por mi/tu etc. parte** for my/your etc. part: *Yo, por mi parte, no estoy de acuerdo.* For my part, I don't agree. | **por otra parte** on the other hand | **formar parte de algo** (persona) to be a member of sth: *No forma parte del equipo.* He isn't a member of the team.
■ **s masc** (informe) report | **dar parte de enfermo** to call in sick
parte médico medical report

partera s midwife (pl -wives)

participación s (en una actividad) participation

participante s **1** (en un concurso) contestant **2** (en una carrera) competitor **3** (en un debate) participant

participar v to take part, to participate
▶ **to participate** es más formal: *Todos tienen que participar.* Everyone has to take part./Everyone has to participate.

participio s participle
participio pasado past participle

partícula s particle

particular adj **1** (privado) private: *una profesora particular* a private tutor **2** (propio, específico) particular: *Tiene rasgos particulares que lo distinguen de los otros.* It has particular features which distinguish it from the others. **3** (raro, especial) unusual: *Tiene una voz muy particular.* She has a very unusual voice.

partida s **1** (de ajedrez) game **2** (de mercadería) consignment **3** (de dinero) allocation
partida de nacimiento birth certificate

partidario, -a adjetivo & sustantivo
■ **adj ser partidario -a de (hacer) algo** to be in favor of (doing) sth (AmE), to be in favour of (doing) sth (BrE)
■ **s** (de una persona, una ideología) supporter

partido s **1** (en deportes) game, match (pl -ches) (BrE): *¿Cómo estuvo el partido?* How was the game? | *un partido de basquetbol* a basketball game **2** (de cartas) game: *un partido de póker* a game of poker **3** (político) party (pl -ties): *un partido de izquierda* a left-wing party **4** **tomar partido por alguien** to take sb's side: *Tomó partido por ella.* He took her side.
partido amistoso friendly (pl -lies)

partir v **1** (romper) to break: *Lo partió en dos.* He broke it in two. **2** (cortar) to cut: *Vamos a partir el pastel.* We're going to cut the cake. **3** (irse) to leave **4 a partir de hoy/del 3 de marzo etc.** from today/from March 3rd etc.: *Está abierto a partir de las 9.* It's open from nine o'clock.

partirse v (romperse) to break: *Se partió con el peso.* It broke under the weight. | *Se partió en mil pedazos.* It smashed to pieces. | **partirse la nariz/un diente** to break your nose/a tooth

parto s **1** (nacimiento) birth, delivery (pl -ries) **2** (incluyendo el trabajo de parto) labor (AmE), labour (BrE): *un parto difícil* a difficult labor

pasa s raisin

pasable adj passable

pasada s **1 de pasada** **(a)** (al pasar) in passing: *Me lo dijo de pasada.* He told me in passing. **(b)** (al ir a otro lado) ver ejemplos: *Vino un rato de pasada.* He popped in for a while since he was passing (by). | *Compramos el periódico de pasada.* We bought the paper while we were at it. **2** (limpieza) wipe: *Dale una pasada a la mesa.* Give the table a wipe.

pasadizo s passage

pasado, -a adjetivo & sustantivo
■ **adj 1 el mes pasado/el año pasado/el lunes pasado etc.** last month/last year/last Monday etc.: *Lo vi la semana pasada.* I saw him last week. **2 pasado mañana** the day after tomorrow **3** (en mal estado) bad (AmE), off (BrE): *Este yogur está pasado.* This yogurt is bad. **4** (cocinado de más) overcooked: *Este arroz está pasado.* This rice is overcooked. **5** (drogado) stoned: *Estaban todos bien pasados.* They were all really stoned.
■ **pasado s 1** (época anterior) past **2** (en gramática) past tense

pasador s hairpin, bobby pin

pasaje s ticket: *¿Cuánto sale el pasaje?.* How much is the ticket? | *Ya sacamos los pasajes.* We've bought our tickets. | **un pasaje a Cancún/Santo Domingo etc.** a ticket to Cancún/Santo Domingo etc.
  pasaje de ida one-way ticket, single (ticket) (BrE) **pasaje de ida y vuelta** round-trip ticket (AmE), return (ticket) (BrE)

pasajero, -a s passenger

pasamanos s handrail

pasamontañas s balaclava

pasaporte s passport: *Tiene pasaporte italiano.* He has an Italian passport. | **sacar el pasaporte** to get your passport

pasar v ▶ ver recuadro
  pasarse v **1** (seguir de largo) to go too far: *Ésta es Hidalgo, ya te pasaste.* This is Hidalgo, you've gone too far. **2 se me pasó de sal/de picante etc.** I overdid the salt/the chili etc. **3** (cocinarse de más) to overcook: *Se pasó el arroz.* The rice has overcooked. **4 pasarse una hora/el día etc. haciendo algo** to spend an hour/the whole day etc. doing sth: *Se pasa el día durmiendo.* He spends the whole day sleeping. | **pasársela haciendo algo** ver ejemplos: *Se la pasó bostezando.* She didn't stop yawning. | *Me la pasé comiendo.* I spent the whole time eating. | *¡Te la pasas viendo la tele!* You're always watching TV! **5** (acabarse) **se me pasó el dolor/la fiebre etc.** the pain/my fever etc. has gone: *Ya se le pasó el mal humor.* She's not in a bad mood any more. | *Se le pasó la borrachera.* He has sobered up.

pasatiempo s hobby (pl -bbies)

Pascua o **pascua** s **1** (de resurrección) Easter | **¡felices Pascuas!** happy Easter! **2** (fiesta judía) Passover

pase s **1** (de una pelota) pass (pl -sses): *un pase perfecto* a perfect pass **2** (a otro club) transfer: *Pagaron millones por el pase.* They paid millions for the transfer. **3** (entrada) pass (pl -sses)
  pase de abordar boarding card

pasear v **1** (caminando) to walk, (en bicicleta) to ride, (en coche) to drive: *Paseamos un rato por el centro.* We walked around the town center for a while. | *Estuvimos paseando toda la tarde.* We rode around all afternoon./We drove around all afternoon. | **ir/salir a pasear (a)** (caminando) to go for a walk **(b)** (en bicicleta) to go for a ride **(c)** (en coche) to go for a drive **2 sacar a pasear a un perro** to take a dog out for a walk

paseo s (caminando) walk, (en bicicleta) ride, (en coche) drive: *un paseo por el parque* a walk in the park | *un paseo por la costa* a ride along the coast/a drive along the coast | **ir a dar un paseo/salir de paseo (a)** (caminando) to go for a walk **(b)** (en bicicleta) to go for a ride **(c)** (en coche) to go for a drive

pasillo s **1** (en una casa, un edificio,etc.) corridor **2** (en un teatro, un avión) aisle

pasión s passion

pasivo, -a adj passive ▶ ver **voz**

paso s **1** (al caminar) step: *Caminé unos pasos y me senté.* I walked a few steps and sat down. | **dar un paso** to take a step: *Dio un paso atrás.* He took a step backward. | **a un paso/unos pasos de algo** just down the road from sth: *Está a un paso de aquí.* It's just down the road from here. | **paso a paso** step by step **2** (de baile) step: *¿Sabes este paso?* Do you know this step? **3** (en la vida) step: *Es un paso importante.* It's a big step. **4** (velocidad) rate: *A este paso no terminaremos ni mañana.* At this rate we won't even finish tomorrow. | **a paso de tortuga** at a snail's pace **5** (lugar para pasar) ver ejemplos: *¡Abran paso, por favor!* Make way, please! | *Está cortado el paso.* The road is cut off. | **abrirse paso** to make your way: *Se abrió paso hasta la primera fila.* He made his way to the front row. **6** (transcurso) con el paso de los días etc. as the days etc. go/went by **7** (acción de pasar) ver ejemplos: *No permiten el paso de camiones.* They don't allow trucks to go through. | *el paso de la corriente* the flow of the current | **estar de paso** to be passing through: *Estoy de paso, nomás.* I'm just passing through. | **de paso (a)** (de camino) on your way: *Me queda de paso.* It's on my way. **(b)** (ya que estás, ya que estamos, etc.) while you're/we're etc. at it: *De paso, trae el periódico.* Get the newspaper while you're at it.
  paso a desnivel overpass (AmE), flyover (BrE)
  paso de peatones crosswalk (AmE), pedestrian crossing (BrE)

pasta s **1** (fideos, ravioles, etc.) pasta **2** (mezcla espesa) paste
  pasta de dientes toothpaste

pastel sustantivo & adjetivo
■ s **1** (dulce) cake: *un pastel de coco* a coconut cake **2** (salado) pie: *un pastel de carne* a meat pie ▶ Un **pie** salado puede ir cubierto de masa o de puré de papas, etc. Si lleva masa sólo abajo, se conoce como **tart** o **quiche** **3** (para pintar) pastel
  pastel de boda(s) wedding cake **pastel de cumpleaños** birthday cake
■ adj (color, tono) pastel

pastelería s (tienda) bakery (pl -ries) (AmE), cake shop (BrE)

pastilla s **1** (medicamento) pill, tablet **2** (dulce) piece of candy (AmE), sweet (BrE)
  pastilla de menta mint

pills

capsules

pasto s grass

pasar

1 ENTRAR (= to come in)

¿Puedo pasar? Can I come in?

2 CIRCULAR (= to go by)

Pasó un niño en bicicleta. A boy went by on his bike. | **pasar a buscar a alguien** to come by and get sb

3 La expresión *pasar por un lugar* tiene los siguientes significados:

EN UN TRAYECTO (= to go past somewhere)

Ese camión pasa por mi casa. That bus goes past my house.

DE VISITA (= to drop in somewhere, to call in somewhere)

Ayer pasé por la casa de Ale. I **dropped in at** Ale's yesterday./I **called in at** Ale's yesterday. | *Pasó por la casa a ver a mi mamá.* He **dropped by** to see my mom.

PARA COMPRAR ALGO, RECOGER ALGO, ETC. (= to stop at, to call in at)

Tengo que pasar por la farmacia. I have to stop at the drugstore.

ATRAVESAR (= to go through)

No va a pasar por la puerta. It won't go through the door. | **pasar a buscar a alguien** to come by and get sb

4 IR MÁS ALLÁ DE (= to go past)

¿Ya pasamos Dolores? Have we gone past Dolores?

5 OCURRIR (= to happen)

| *¿qué te/le etc. pasó?* what happened to you/him etc.? | *¿qué te/le etc. pasa?* what's the matter with you/her etc.?

6 TRANSCURRIR (= to go by)

Ya pasaron dos meses. Two months have already gone by./It's already been two months.

7 TERMINAR

Ya pasó lo peor. The worst is over.

8 EL TIEMPO, LAS VACACIONES, ETC. (= to spend)

Pasé dos meses en Acapulco. I spent two months in Acapulco. | **pasarla bien/mal etc.** to have a good/tough etc. time | **ir pasándola** to get by

9 DAR (= to pass)

| *Pásale el libro a Jorge.* Pass the book to Jorge, please./Pass Jorge the book, please.

10 POR TELÉFONO

¿Me pasas a Laura? Can you put Laura on?

11 EN LOS ESTUDIOS, EN DEPORTES

Pasó a tercero. He's in third grade now. (AmE)/He's in year three now. (BrE) | *Pasaron a primera división.* They went up to the first division. | **pasar de año/nivel etc.** to move up to the next year/level etc.

pasar

12 COPIAR (= to copy)

13 ALGO POR UNA SUPERFICIE

Le pasé un trapo a la mesa. I wiped the table with a cloth | *Le pasó la mano por el pelo.* She ran her hand through his hair.

14 UNA PELÍCULA, UN PROGRAMA (= to show)

Pasan una de Spielberg. They're showing a Spielberg movie.

15 APROBAR (= to pass)

Pasaron todos. They all passed.

16 EXPRESIONES

hacerse pasar por alguien to pretend to be sb: *Se hizo pasar por médico.* He pretended to be a doctor. | **me pasa el rock/le pasan los deportes extremos etc.** I'm really into rock music/he's really into extreme sports etc. | **yo paso:** *–Hay café hecho. –Yo paso.* "There's coffee made." "Not for me, thanks." | *–¿Quién viene a la alberca? –Yo paso.* "Who's coming to the pool?" "I'm going to give it a miss."

pastor, -ora s **1** (religioso) minister
▶ En algunas iglesias protestantes se usa **pastor**
2 (de ovejas) **pastor** shepherd | **pastora** shepherdess (pl -sses)

pastor alemán German shepherd, Alsatian

pata s **1** (de un mueble) leg **2** (extremidad de un animal, un insecto) leg **3** (pie de un animal) paw **4** (de pollo) leg **5** (pie de una persona) foot (pl feet) | **ir/venir a pata** to walk | **meter la pata** to put your foot in it: *Siempre mete la pata.* He's always putting his foot in it. | **patas (para) arriba** upside down: *Estaba todo patas para arriba.* Everything was upside down.

pata de palo wooden leg **patas de gallo** s pl crow's feet

patada s **1** **darle una patada a algo/alguien** to kick sth/sb: *Me dio una patada.* He kicked me. | *Le di una patada a la mesa.* I kicked the table. **2** **a las patadas** very badly: *Se llevan a las patadas.* They get along very badly. | **correr/sacar a alguien a patadas** to kick sb out: *Nos corrieron a patadas.* They kicked us out. **3** (descarga) shock: *¡Me dio una patada!* I got a shock off it! **4** **sentirse de la patada** to feel rotten | **me fue/le fue etc. de la patada** I/they etc. did terribly, it was awful **5** (en natación) kick

patalear v **1** (en el agua) to kick **2** (en un berrinche) to stamp your feet

pataleta s (berrinche) tantrum: *Hizo una pataleta.* He had a tantrum.

paté s paté

patear v to kick

patente s (de un invento) patent

paternal adj fatherly

paterno, -a adj **abuelo paterno/abuela paterna** paternal grandfather/paternal grandmother: *mi abuela paterna* my paternal grandmother/my grandmother on my father's side

patilla s (del pelo) sideburn

patín s **1** (para patinar) skate ▶ Éste es el término general. **roller skate** especifica que se trata de un patín con ruedas y **ice skate** que es para patinar sobre hielo. *patín en línea* se dice **Roller-blade**, que es marca registrada, o **in-line skate 2** ir/venir a patín to walk: *Nos tuvimos que venir a patín desde la escuela.* We had to walk all the way home from school.
patín del diablo scooter

patinador, -a s skater

patinaje s skating
patinaje artístico figure skating **patinaje sobre hielo** ice skating

patinar v **1** (con patines) to skate ▶ Éste es el término general. **to rollerskate** indica que se hace con patines de ruedas y **to ice skate** que se hace sobre hielo. Patinar con patines en línea se dice **to rollerblade** | ir a patinar to go skating ▶ También puede ser **to go rollerskating/ice skating/ rollerblading**: *Fuimos a patinar al parque.* We went rollerskating in the park./We went roller-blading in the park. **2 le/te etc. patina (el coco)** she has/you have etc. a screw loose
patinarse v **1** (moto, coche, etc.) to skid: *El camión se patinó y nos chocó.* The truck skidded and crashed into us. **2** (persona) to slip: *Me patiné y casi me caigo.* I slipped and nearly fell over.

patineta s skateboard | **andar en patineta** to skateboard

patio s **1** (de una casa) patio **2** (de una escuela) schoolyard

patito s duckling

pato, -a s **1** (ave) duck **2 hacerse pato** to pretend not to notice, to pretend you haven't seen/heard etc. | **hacer pato a alguien** to pull a fast one on sb

patria s Existe el término **homeland**, que tiene fuertes connotaciones emotivas. En muchos contextos se puede usar **my own country/his own country** etc.: *Pudieron regresar a su patria.* They were able to go back to their own country. | **morir por la patria** to die for your country

patrimonio s assets pl
patrimonio artístico artistic heritage
patrimonio cultural cultural heritage
patrimonio natural natural heritage

patriota adjetivo & sustantivo
▪ adj patriotic
▪ s patriot

patriotismo s patriotism

patrocinador, -a s sponsor

patrocinar v to sponsor

patrón, -ona sustantivo masculino & femenino & sustantivo masculino
▪ s masc & fem **1** (jefe) boss (pl -sses) **2** (santo) patron saint
▪ **patrón** s masc (en costura) pattern

patrulla s **1** (coche) police car **2** (grupo de policías, soldados, etc.) patrol
patrulla de caminos highway patrol (AmE), motorway police (BrE)

patrullar v to patrol

pausa s **1** (al hablar, al leer) pause | **hacer una pausa** to pause **2** (intervalo) break, short break | **una pausa de 15/20 etc. minutos** a 15-minute/ 20-minute etc. break

pauta s (indicación, guía) guideline

pavimento s road surface, pavement (AmE)

pavo s (ave, carne) turkey
pavo real peacock

pay s Un pay que lleva masa arriba y abajo es un **pie**. Si sólo lleva masa abajo, se le llama **tart**. Un pay dulce de queso es un **cheesecake**

payasada s **1** (tontería) **hacer payasadas** to clown around **2** (farsa) farce

payaso, -a s clown

paz s **1** (entre naciones, etc.) peace: *esfuerzos para lograr la paz* efforts to achieve peace **2** (tranquilidad) peace and quiet: *Necesito un poco de paz.* I need a bit of peace and quiet. | **dejar a alguien en paz** to leave sb alone: *¡Déjame en paz!* Leave me alone! **3 hacer las paces** to make up: *Finalmente hicieron las paces.* They made up in the end. **4 quedar en paz** to be quits

P.D. (= posdata) P.S.

peatón s pedestrian

peatonal adjetivo & sustantivo
▪ adj **una calle/un puente peatonal** a pedestrian street/bridge
▪ s pedestrian street

peca s freckle

pecado s sin
pecado mortal mortal sin **pecado original** original sin **pecado venial** venial sin

pecador, -a s sinner

pecar v **1** to sin **2 pecar de modesto -a/soberbio -a etc.** to be too modest/proud etc.

pecera s **1** (rectangular) fish tank **2** (redonda) goldfish bowl

pecho s **1** (tórax) chest **2** (seno de una mujer) breast | **darle el pecho al bebé** to breastfeed the baby, to feed the baby ▶ ver nota en **mamar 3** (en natación) breaststroke | **nadar de pecho** to swim breaststroke **4 tomarse algo a pecho (a)** (ofenderse) to take sth to heart **(b)** (con responsabilidad) to take sth seriously

pechuga s breast

pecoso, -a adj freckly

peda s ▶ ver **pedo 2**

pedal s **1** (de la bicicleta) pedal **2** (del coche) pedal **3** (de un piano) pedal

pedalear v to pedal

pedante adjetivo & sustantivo
■ adj pretentious
■ s pretentious person (pl pretentious people)

pedazo s **1** (trozo) piece: *Necesito un pedazo de cable.* I need a piece of wire. **2** (en insultos) ¡pedazo de animal/bruto etc.! you stupid idiot/jerk etc.!

pediatra s pediatrician (AmE), paediatrician (BrE)

pedido s (petición) request | **un pedido de ayuda/información etc.** a request for help/information etc. | **a pedido de alguien** at sb's request: *Hubo una reunión a pedido de los padres.* There was a meeting at the parents' request. | **hacerle un pedido a alguien** to ask sb something: *Quiero hacerte un pedido.* I want to ask you something.

pedir v **1** **pedirle algo a alguien** to ask sb for sth: *Me pidió dinero.* He asked me for money. | *Me ha pedido ayuda.* He has asked me for help. | **pedir permiso** to ask permission: *¿Por qué no me pediste permiso?* Why didn't you **ask my** permission? | **pedirle un favor a alguien** to ask sb a favor (AmE), to ask a favour (BrE): *¿Te puedo pedir un favor?* Can I ask you a favor? **2** **pedirle perdón/disculpas a alguien** to say sorry to sb, to apologize to sb ▶ **to apologize** es más formal: *Pídele perdón a Sofi.* Say sorry to Sofi. | *Ni siquiera me pidió disculpas.* He didn't even say sorry to me./He didn't even apologize to me. **3** **pedirle a alguien que haga algo** to ask sb to do sth: *Me pidió que le cuidara al perro.* She asked me to look after her dog. **4** **pedir $100/$250 etc. por algo** to ask $100/$250 etc. for sth: *¿Cuánto pide por la moto?* How much is he asking for the motorcycle? **5** (en un restaurante) to order: *¿Me pides un café?* Can you order me a cup of coffee? | **pedir la cuenta** to ask for the check (AmE), to ask for the bill (BrE) **6** (mendigar) **pedir (limosna)** to beg: *Hay mucha gente pidiendo.* There are a lot of people begging./There are a lot of beggars.

pedo sustantivo & adjetivo
■ s **1** (flatulencia) fart | **echarse un pedo** to fart **2** (o **peda**) (borrachera) **ponerse/agarrarse un pedo** to get smashed, to get pissed (BrE)
■ adj smashed, pissed (BrE) | **ponerse pedo** to get smashed, to get pissed (BrE)

pedrada s ver ejemplos: *Lo rompió de una pedrada.* He threw a stone at it and broke it. | *Le tiraron una pedrada desde el balcón.* They threw a stone at her from the balcony. | *Los corrieron de la cancha a pedradas.* They threw stones at them and chased them off the field.

pegajoso, -a adj **1** (superficie, mano) sticky **2** (música) catchy

pegamento s glue

pegar v **1** (golpear) to hit: *La pelota pegó en el travesaño.* The ball hit the bar. **2** **pegarle a alguien** to hit sb: *¡No me pegues!* Don't hit me! | *Le pegó en el ojo.* She hit him in the eye. ▶ Se usa **to beat sb** cuando se trata de algo habitual y violento: *El padre le pega.* His father beats him. **3** (dar, asestar) **pegarle una cachetada a alguien** to slap sb's face: *Se volteó y le pegó una cachetada.* She turned around and slapped his face. | **pegarle una patada a alguien** to kick sb: *Le pegó una patada en la espinilla.* She kicked him in the shin. | **pegarle un puñetazo a alguien** to punch sb ▶ ver también **gana, grito, salto, tiro 4** (adherir) to stick: *Pegó la foto en la pared.* He stuck the photo on the wall. **5** (contagiar) **pegarle algo a alguien** to give sb sth: *Me pegó el sarampión.* She gave me the measles. **6** (combinar) to go together: *Esos colores no pegan.* Those colors don't go together. | **pegar con algo** to go with sth: *No pega con esos zapatos.* It doesn't go with those shoes. **7** (en computación) to paste

pegarse v **1** (golpearse) **pegarse en el codo/la cabeza etc.** to hit your elbow/your head etc. | **pegarse con/contra algo** (llevárselo por delante) to bump into sth: *Me pegué con la punta de la mesa.* I bumped into the corner of the table. **2** (adherirse) to stick: *Se pegó al fondo de la olla.* It stuck to the bottom of the pan. | *Se han pegado las hojas.* The pages have stuck together. | **pegársele a alguien** (persona) to latch on to sb: *Siempre se me pega ese pesado.* That bore always latches on to me. | **se me pegó la canción** I can't get the song out of my head **3** **pegarse un susto** to be scared: *Me pegué un susto tremendo.* I was very scared.

peinado, -a adjetivo & sustantivo
■ adj **está/estaba etc. bien peinado** his hair is/was etc. neat and tidy
■ **peinado** s hairstyle: *un peinado moderno* a modern hairstyle | **hacerse un peinado** (en la peluquería) to get your hair done

peinar v **peinar a alguien** **(a)** (con peine) to comb sb's hair: *¿Quieres que te peine?* Do you want me to comb your hair? **(b)** (con cepillo) to brush sb's hair **(c)** (en una peluquería) to do sb's hair: *Me peinó Alejandro.* Alejandro did my hair.

peinarse v **1** (con peine) to comb your hair: *Salí sin peinarme.* I went out without combing my hair. **2** (con cepillo) to brush your hair

peine s comb

pelado, -a adj **1** **tengo la nariz pelada/tienes los hombros pelados etc.** my nose is peeling/your shoulders are peeling etc. **2** (referido a fruta) peeled

pelar v **1** (una fruta, una papa) to peel **2** (camarones, langostinos) to shell, to peel **3** (rapar) **pelar a alguien** to shave sb's hair off, to shave sb's head **4** (hacerle caso a) **no pelar a alguien** not to take notice of sb: *Está triste porque Teresa no lo pela.* He's sad because Teresa doesn't take any notice of him. | **pelar a alguien**

to pay attention to sb **5** (dejar sin dinero) **pelar a alguien** to clean sb out

pelarse *v* **1** (por haber tomado mucho sol) to peel: *Me estoy pelando.* I'm peeling. **2** (raparse) to shave your head, to shave your hair off **3** (escaparse) to hightail it, to take off, to scarper (BrE) **4** (morirse) to kick the bucket, to snuff it (BrE)

pelea *s* **1** (discusión) argument: *Tuvimos una pelea.* We had an argument. **2** (a golpes) fight: *Se armó una pelea.* There was a fight.

pelearse *v* **1** (discutir) to argue: *Se pelean todo el tiempo.* They're always arguing. | **pelearse con alguien** to have an argument with sb, to fall out with sb: *Se peleó con el novio.* She had an argument with her boyfriend./She fell out with her boyfriend. **2** (a golpes) to fight: *¡No se peleen más!* Stop fighting! | **pelearse con alguien** to have a fight with sb: *Me pelée con un niño en el club.* I had a fight with a boy at the club. **3 pelearse por algo** **(a)** (discutiendo) to argue over sth: *No se peleen por la comida.* Don't argue over the food. **(b)** (a golpes) to fight over sth: *Se pelearon por una muchacha.* They fought over a girl.

peleonero, -a *adj* **1** (que se mete en peleas) **ser peleonero -a** to be always fighting: *Era muy peleonero en la escuela.* He was always fighting at school. **2** (que discute mucho) argumentativo

pelícano *s* pelican

película *s* movie, film (BrE): *¿A qué horas pasan la película?* What time is the movie on?
película de acción action movie, action film (BrE) **película de ciencia ficción** science fiction movie, science fiction film (BrE) **película muda** silent movie, silent film (BrE) **película de suspenso** thriller **película de terror** horror movie, horror film (BrE)

peligro *s* danger | **hay/no hay peligro de algo** there is a danger of sth/there is no danger of sth: *No hay peligro de que vuelva a pasar.* There is no danger of it happening again. | **fuera de peligro** out of danger | **ser un peligro** to be dangerous: *Ese escalón es un peligro.* That staircase is dangerous. | **correr peligro** to be in danger: *Su vida no corre peligro.* Her life is not in danger. | **correr (el) peligro de hacer algo** to run the risk of doing sth: *Corre (el) peligro de contagiarse.* He runs the risk of catching it.

peligroso, -a *adj* dangerous | **es peligroso hacer algo** it's dangerous to do sth: *¿Es peligroso ir de noche?* Is it dangerous to go at night?

pelirrojo, -a *adjetivo & sustantivo*
■ *adj* red-haired
■ *s* Existe el sustantivo **redhead**, que se usa más que nada para referirse a mujeres. Para hablar de *un pelirrojo* usa **a man/boy/guy with red hair**: *un pelirrojo de bigotes* a man with red hair and a mustache | *Lo vi con una pelirroja.* I saw him with a redhead.

pellizcar *v* to pinch: *No me pellizques.* Don't pinch me.

pellizco *s* pinch (pl -ches) | **darle un pellizco a alguien** to pinch sb: *Me dio un pellizco en el brazo.* He pinched my arm.

pelo *s* **1** (de una persona) hair: *Se tiñó el pelo de negro.* He dyed his hair black. | **cortarse el pelo** to have your hair cut: *¿Te cortaste el pelo?* Have you had your hair cut? | **tener el pelo largo/corto** to have long/short hair: *Mi novio tiene el pelo largo.* My boyfriend has long hair. ▶ La traducción es diferente si no se trata de una descripción: *Tienes el pelo larguísimo.* Your hair's really long. **2 tomarle el pelo a alguien** to pull sb's leg: *¿Me están tomando el pelo?* Are you pulling my leg? **3 se te ponen/se me pusieron etc. los pelos de punta** it sends shivers down your spine/it sent shivers down my spine etc. **4 de pelos** great, fantastic: *Su nuevo disco está de pelos.* Their new album is great. **5 por un pelo** by the skin of your teeth: *Se salvó por un pelo.* He escaped by the skin of his teeth. **6** (de un animal) fur

pelón, -ona *adj* **1** (sin pelo) bald **2** (rapado) **dejar pelón -ona a alguien** to scalp sb **3** (difícil, complicado) tricky, difficult

pelota *s* **1** (para jugar) ball: *una pelota de golf/de tenis* a golf ball/a tennis ball **2 echarle la pelota a alguien** to pass the buck to sb **3 hacerse pelotas** to get all mixed up
pelota vasca pelota

pelotón *s* **1** (en ciclismo) bunch, peloton **2** (en las fuerzas armadas) squad
pelotón de fusilamiento firing squad

peluca *s* wig

peluche *s* un muñeco/un conejo etc. de peluche a cuddly toy/rabbit etc., a stuffed animal/rabbit etc. (AmE) ▶ ver **oso**

peludo, -a *adj* **1** (persona, piernas) hairy **2** (animal) furry, hairy

peluquería *s* salon (AmE), hairdresser's (BrE)

peluquero, -a *s* hairdresser

peluquín *s* toupee

pelusa *s* **1** (de suciedad) fluff ▶ **fluff** es un sustantivo incontable. Para decir *una pelusa* usa **a piece of fluff** o **a bit of fluff**: *Hay un montón de pelusa debajo del sofá.* There's a load of fluff under the sofa. | *Aquí tienes una pelusita.* You have a bit of fluff here. **2** (de un durazno, etc.) down

pena *s* **1** (tristeza) **sentir pena (por algo)** to be/to feel sad (about sth): *Sentimos mucha pena por lo que pasó.* We are very sad about what has happened. **2** (vergüenza) **me/le etc. da pena** I'm/he's etc. embarrassed: *Le da mucha pena pedir dinero prestado.* She's too embarrassed to ask to borrow money. | **pasar mucha pena** to be very embarrassed | **hacerle pasar pena a alguien** to embarrass sb: *No nos hagas pasar pena delante de ellos, por favor.* Don't embarrass us in front of them, please. | **¡qué pena!** **(a)** (cuando se está avergonzado) how embarrassing!: *¡Qué pena! Saqué la peor calificación de la clase!* How embarrassing! I got the worst grade in the class! **(b)** (para disculparse) I'm so sorry!: *¡Qué pena! ¡Se me olvidó llamarte!* I'm so sorry! I forgot to call you! **3** (lástima) **ser una pena** to be a shame, to be a pity: *Es una pena que nos tengamos que ir.* It's a shame we have to go./It's a pity we have to go. | **¡qué pena!** what a shame!, what a pity! | **dar pena** ver ejemplos: *Daba pena verla llorar así.* It was sad to see her cry like that. | *Me da pena tirarlo.* It seems a pity to throw it away./It seems a shame to throw it away. **4 vale/merece la pena** it's worth it: *No vayas, no vale la pena.* Don't go, it isn't worth it. | **vale/merece la pena hacer algo** it's worth doing sth: *No merece la pena arreglarlos.* It isn't worth repairing them. **5** (castigo) sentence

la pena de muerte capital punishment, the death penalty

penal *s* ▶ ver **pénalti**

pénalti o **penalty** *s* (en futbol) penalty (pl -ties) | **parar un pénalti** to save a penalty | **tirar un pénalti** to take a penalty | **irse a pénaltis** to be decided on penalties: *El partido se fue a pénaltis.* The game was decided on penalties.

pendejo, -a *adjetivo & sustantivo*
■ *adj* dumb, thick (BrE)
■ *s* jerk

pendiente *adjetivo & sustantivo*
■ *adj* **1 estar pendiente de algo** ver ejemplos: *Está pendiente del teléfono.* He's waiting for the phone to ring. | *No estés tan pendiente de lo que dicen los demás.* Don't be so concerned about what other people say. **2 estar/quedar pendiente** (asunto, problema) to be/to be left outstanding: *Eso todavía está pendiente.* That is still outstanding. | **tener un asunto pendiente/unos asuntos pendientes** to have some unfinished business: *Tiene unos asuntos pendientes que tratar con él.* She has some unfinished business to sort out with him. **3 estar al pendiente** to keep an eye out | **estar con el pendiente** to feel a bit worried | **tener a alguien con el pendiente** to keep sb waiting for news
■ *s* (declive, cuesta) slope

pene *s* penis (pl -ses)

penetrar *v* to penetrate | **penetrar en un edificio/una fortaleza etc.** to get into a building/a fortress etc. | **penetrar en territorio enemigo** to advance into enemy territory

penicilina *s* penicillin

península *s* peninsula

penique *s* penny ▶ ver nota en **penny**

penitencia *s* penance | **hacer penitencia** to do penance

penoso, -a *adj* **1** (tímido) shy **2** (embarazoso) embarrassing **3** (triste) sad, painful

pensamiento *s* **1** (lo que se piensa) thought: *pensamientos claros* clear thoughts | **adivinarle el pensamiento a alguien** to read sb's mind **2** (ideología) thinking: *el pensamiento marxista* Marxist thinking **3** (flor) pansy (pl -sies)

pensar *v* **1** (razonar) to think: *Piensa antes de contestar.* Think before you answer. | **pensar en algo/alguien** to think of sth/sb: *Ella piensa en todo.* She thinks of everything. | *Piensa en el futuro.* Think of the future. | *Sólo piensa en sí misma.* She only thinks of herself. ▶ Cuando no está presente la idea de considerar, de tener en cuenta, se usa **to think about sth/sb**: *¡Tú no piensas más que en la comida!* You think about nothing but food! | *Justo estaba pensando en ti.* I was just thinking about you. **2 pensarlo** to think about it: *Bueno, lo pensaré.* All right, I'll think about it. **3** (opinar, creer) to think: *¿Tú qué piensas?* What do you think? | *–¿Viene Leo? –Pienso que sí.* "Is Leo coming?" "I think so." **4 pensar hacer algo** to intend to do sth: *No pienso llamarlo.* I don't intend to call him.

pensativo, -a *adj* **estar muy pensativo -a** to be deep in thought

pensión *s* **1** (residencia) guesthouse **2** (dinero) pension

pentagrama *s* stave

penúltimo, -a *adjetivo & pronombre*
■ *adj* second to last, last but one (BrE), penultimate ▶ **penultimate** es formal: *Llegó penúltimo.* He came second to last. | *la penúltima hoja* the second to last page
■ *pron* **ser el penúltimo/la penúltima** to be second to last, to be last but one (BrE): *Era la penúltima de la fila.* She was second to last in the line.

peón *s* **1 peón (agrícola)** worker, farm worker **2 peón (de albañil)** construction worker, labourer (BrE) **3** (en ajedrez) pawn

peor *adj & adv* **1** (comparativo) worse: *Hoy me siento peor.* I feel worse today. | **peor (...) que** worse (...) than: *Sacaste peores calificaciones que yo.* You got worse grades than me. | *Se portó peor que nunca.* He behaved worse than ever. **2** (superlativo) worst: *¿Cuál fue tu peor calificación?* Which was your worst grade? | *Es el que peor canta.* He's the one who sings worst. | **el/la peor... del mundo/de la ciudad etc.** the worst... in the world/the city etc.: *Es la peor actriz del mundo.* She is the worst actress in the world. | **el/la peor... del año/del día etc.** the worst... of the year/the day etc.: *Es el peor momento de mi vida.* This is the worst moment of my life. | **el peor libro que he leído en mi vida/la peor canción que he escuchado en mi vida etc.** the worst book I've ever read/the worst song I've ever heard etc. **3 ya ha pasado lo peor/pensé lo peor etc.** the worst is over/I feared the worst etc. | **lo peor es que...** the worst thing is...: *Lo peor es que ni siquiera pidió perdón.* The worst thing is she didn't even say sorry. **4 ser de lo peor** to be terrible: *¿Lo dejaste plantado? Eres de lo peor.* You stood him up? You're terrible.

pepinillo *s* gherkin

pepino *s* **1** cucumber **2 me/te etc. importa un pepino** I/you etc. couldn't care less: *Me importa un pepino lo que diga la vecina.* I couldn't care less what my neighbor says.

pepita *s* **1** (de uva, naranja, etc.) seed (AmE), pip (BrE) **2** (de oro) nugget

pequeño, -a *adj* **1** (en tamaño) small: *Se dividieron en pequeños grupos.* They split up into small groups. **2** (en edad) little, small: *cuando tú eras pequeña* when you were little/ when you were small **3** (en importancia) small: *Hay un pequeño problema.* There's a small problem.

pera *s* (fruta) pear

peral *s* pear tree

perchero *s* **1** (de pared) coat rack: *Cuélgalo en el perchero.* Hang it on the coat rack. **2** (de pie) coat stand

percibir *v* **1** (notar) to perceive **2** (referido a remuneraciones) to receive

percusión *s* percussion: *instrumentos de percusión* percussion instruments

perdedor, -a *sustantivo & adjetivo*
- *s* loser: *Es mala perdedora.* She's a bad loser.
- *adj* **el equipo/el caballo etc. perdedor** the losing team/horse etc.

perder *v* **1** (un lápiz, dinero, etc.) to lose: *Siempre pierdo las llaves.* I'm always losing my keys. **2** (un partido, un campeonato) to lose: *–¿Cómo salieron? –Perdimos.* "How did you do?" "We lost." | *Perdieron 3 a 2.* They lost 3-2. | **perder por un gol/dos puntos etc.** to lose by a single goal/by two points etc. **3** (un autobús, un tren, etc.) to miss: *Apúrate o perderás el avión.* Hurry up or you'll miss the plane. **4 perder (el) tiempo** to waste time: *No podemos perder más tiempo.* We can't waste any more time. ▶ El énfasis está en lo inútil de lo que se está haciendo, se usa **to waste your time**: *Está perdiendo el tiempo con ese muchacho.* She's wasting her time with that boy. | *No pierdas el tiempo tratando de arreglarlo.* Don't waste your time trying to fix it. **5 el balde/la pluma etc. pierde** the bucket/pen etc. leaks, the bucket/pen etc. has a leak | **la tubería pierde agua/la pluma pierde tinta etc.** water is leaking from the pipe/ ink is leaking from the pen etc. ▶ ver **echarse, esperanza**

perderse *v* **1** (extraviarse) to get lost: *Llegué tarde porque me perdí.* I was late because I got lost. | **se me/le etc. perdió algo** I/he etc. lost sth: *Se me ha perdido el lápiz.* I've lost my pen. **2** (una película, una fiesta, una oportunidad) to miss: *No te pierdas la segunda parte.* Don't miss part two.

pérdida *s* **1** (de dinero, de pertenencias) loss (pl -sses): *pérdidas multimillonarias* losses running into millions **2** (en sentido no material) loss (pl -sses): *una pérdida de identidad* a loss of identity **3 (ser) una pérdida de tiempo** (to be) a waste of time **4** (de gas, líquido) leak

perdido, -a *adj* **1** (extraviado) lost: *un niño perdido* a lost child | **dar algo por perdido** to give sth up for lost **2** (en una clase, etc.) lost: *Estoy perdida en inglés.* I'm completely lost in English. **3 (ya) de perdida** at least: *Ya de perdida déjame invitarte una cerveza.* Let me at least buy you a beer. **4 una bala perdida** a stray bullet ▶ ver **objeto**

perdiz *s* partridge

perdón *sustantivo & interjección*
- *s* **pedir perdón (por algo)** to apologize (for sth): *Pidió perdón por lo que había hecho.* She apologized for what she had done. | **pedirle perdón (por algo) a alguien** to apologize to sb (for sth): *Le pedí perdón por el error.* I apologized to her for the mistake. ▶ **to say sorry to sb** es frecuente en contextos más coloquiales: *Pídele perdón a tu hermana.* Say sorry to your sister.
- *interj* **1** (para disculparse) sorry: *¡Perdón! No te vi.* Sorry! I didn't see you there. | **perdón por llegar tarde/perdón que te interrumpa etc.** I'm sorry I'm late/I'm sorry to interrupt etc. ▶ **I'm sorry** a menudo se omite en el lenguaje hablado **2** (para llamar la atención) excuse me: *Perdón ¿tiene hora?* Excuse me, do you have the time? **3** (cuando no se oyó bien) sorry?, excuse me? (AmE): *Perdón ¿qué dijo?* Excuse me? what did you say?

perdonar *v* **1 perdona/perdone (a)** (para disculparse) (I'm) sorry ▶ **I'm** a menudo se omite en el lenguaje hablado **(b)** (para llamar la atención) excuse me | **perdonen que interrumpa/ perdona que te moleste etc.** (I'm) sorry to interrupt/(I'm) sorry to bother you etc.: *Perdona que insista, pero...* Sorry to go on about this, but... | **perdonar a alguien** to forgive sb: *Nunca lo voy a perdonar.* I'll never forgive him. | *No le perdona que le haya mentido.* She can't forgive the fact that he lied to her. **2 perdonarle un castigo/una deuda etc. a alguien** to let sb off a punishment/a debt etc.: *Me perdonó los diez pesos.* He let me off the ten pesos. | **le/les etc. perdonó la vida** she spared his life/their lives etc.

peregrinación *s* pilgrimage | **ir en peregrinación** to go on a pilgrimage: *Fueron en peregrinación a la Villa.* They went on a pilgrimage to la Villa.

peregrino, -a *s* pilgrim

perejil *s* parsley

perenne *adj* perennial

pereza *s* (cualidad) laziness: *La pereza no es uno de sus defectos.* Laziness isn't one of her faults. | **¡qué pereza!** I'm feeling so lazy! | **me/le etc. da pereza hacer algo** I don't/she doesn't etc. feel like doing sth: *Me da pereza salir ahora.* I don't feel like going out now. ▶ La expresión **don't/ didn't feel like it** se usa cuando se decide no hacer lo que se tenía que hacer: *Íbamos a ir pero nos dio pereza.* We were going to go, but we just didn't feel like it.

perezoso, -a *adj* lazy

perfección *s* perfection | **a la perfección** perfectly: *Habla inglés a la perfección.* She speaks English perfectly./She speaks perfect English. | *Te conozco a la perfección.* I know exactly what you're like.

perfeccionar *v* **1** (un idioma) to improve **2** (una técnica, un arte) to perfect

perfecto, -a *adj* perfect: *Fue un día perfecto.* It was a perfect day.

perfil *s* **1** (vista de costado) profile: *Tiene un lindo perfil.* She has a beautiful profile. | **de perfil** ver ejemplos: *La veía de perfil.* I could see her profile. | *Ponte de perfil.* Stand with your side facing me. | *una foto de perfil* a photo taken from the side **2** (referido a la manera de actuar) **mantener (un) perfil bajo** to keep a low profile

perfumado, -a *adj* (vela, pañuelo) scented

perfumarse *v* to put some perfume on: *Se perfumó y salió.* She put some perfume on and went out.

perfume *s* **1** (cosmético) eau de toilette ► También existe **perfume** que se usa para un perfume más concentrado y sólo cuando es para mujeres: *un perfume francés* a French perfume | *Le regalé un perfume.* I gave her some perfume. | **ponerse un poco de perfume** to put some perfume on | **usar perfume** to wear perfume **2** (de una flor, etc.) scent: *¡Qué rico perfume!* What a lovely scent!

perfumería *s* perfumery (pl -ries)

perico *s* **1** (ave) parakeet | **hablar como perico** to talk a mile a minute (AmE), to talk nineteen to the dozen (BrE) **2** (herramienta) monkey wrench (pl -ches)

periférico *s* beltway (AmE), ring road (BrE)

periódico, -a *adjetivo & sustantivo*
■ *adj* periodic
■ **periódico** *s* (diario) newspaper

periodismo *s* journalism

periodista *s* journalist
periodista deportivo sports journalist

periodo *s* **1** (lapso) period: *un periodo de tres meses* a three-month period | *un periodo de prueba* a trial period **2** (menstruación) period

perjudicar *v* to damage, to harm: *Perjudica la industria textil nacional.* It damages the country's textile industry./It has a detrimental effect on the country's textile industry. | *No la quiere perjudicar.* He doesn't want to harm her chances./He doesn't want her to lose out. | **salir perjudicado -a** to lose out: *Es el cliente el que sale perjudicado.* It's the customer who loses out.

perjudicial *adj* damaging

perla *s* pearl | **un collar/una pulsera de perlas** a pearl necklace/bracelet
perla natural natural pearl **perla cultivada** cultured pearl

permanecer *v* to remain: *Permaneció callado.* He remained silent.

permanente *adjetivo & sustantivo*
■ *adj* permanent
■ *s* perm | **hacerse (un) permanente** to have a perm

permiso *s* **1** (autorización) permission: *Tengo permiso de la profesora.* The teacher has given me permission. | **pedir permiso (para hacer algo)** to ask permission (to do sth): *Pidió permiso para ir al baño.* He asked permission to go to the bathroom. | **darle permiso a alguien (para hacer algo)** to give sb permission (to do sth): *Su papá le dio permiso para salir.* Her dad gave her permission to go out. **2** **con permiso (a)** (para abrirse paso) excuse me **(b)** (para entrar a un lugar) may I come in? **3** (en el trabajo) **estar de permiso** to be on leave | **pedir dos días/un mes etc. de permiso** to ask for two days'/a month's etc. leave **4** (documento) **permit** se usa para referirse a un documento oficial. Si te refieres a una autorización dada por escrito, por ejemplo para salir del colegio durante el horario de clase, usa **written permission**, que es incontable: *Necesita un permiso.* He needs written permission.
permiso de trabajo work permit **permiso de residencia** residence permit

permitido, -a *adj* **estar permitido -a** to be allowed: *Aquí no está permitido acampar.* Camping isn't allowed here./You aren't allowed to camp here.

permitir *v* **permitirle a alguien hacer algo/permitir que alguien haga algo** to let sb do sth, to allow sb to do sth: *No permitas que te hable así.* Don't let him talk to you like that./Don't allow him to talk to you like that. | *Nos permitieron salir más temprano.* They allowed us to leave early./They let us leave early. | **¿me permite (pasar)?** excuse me, please | **¿me permite el teléfono?** could I use your phone, please? | **no se permite acampar/fumar etc.** camping/smoking etc. is not allowed ► **no camping/no smoking** es lo que aparecería en un cartel | **si el tiempo lo permite** weather permitting: *El partido se va a jugar el domingo si el tiempo lo permite.* The game will be played on Sunday, weather permitting.

pero *conjunción & sustantivo*
■ *conj* **1** (para marcar oposición) but: *Es lindísimo, pero muy caro.* It's really nice, but very expensive. | *Ella fue, pero yo no.* She went, but I didn't. **2** El uso de *pero* para expresar enojo, etc. no tiene equivalente en inglés: *¡Pero por favor, ten un poco de cuidado!* Be careful, will you! | *Pero ¿por qué no me avisaste?* Why didn't you tell me, for heaven's sake?

■ **s** (objeción) objection: *No puso ni un pero.* He didn't raise any objection.

perpendicular *adj* **perpendicular a algo** at right angles to sth, perpendicular to sth ► **perpendicular** se usa en geometría y en contextos técnicos: *una calle perpendicular a la avenida* a street which crosses the avenue at right angles

perpetua ► ver **cadena**

perplejo, -a *adj* **quedarse perplejo -a** to be perplexed, to be puzzled: *Se quedó perpleja.* She was perplexed./She was puzzled.

perrera *s* **1** (lugar) dog pound **2** (vehículo) dogcatcher's van

perrilla *s* stye, sty (pl styes): *Me salió una perrilla.* I got a stye.

perrito *s* (cachorrito) puppy (pl -ppies)

perro *s* **1** (animal) dog ► **dog** es el término que se usa para referirse tanto a un perro como a una perra. En contextos en que es importante saber el sexo, se usa **bitch** para referirse a una hembra **2 se llevan/llevaban etc. como perro y gato** they fight/they fought etc. like cat and dog **3 una vida de perros** a dog's life | **un humor de perros** a foul mood

perro callejero stray, stray dog **perro guardián** guard dog **perro guía** guide dog **perro salchicha** dachshund ► También existe **sausage dog** que es más coloquial

persecución *s* **1** (ideológica, religiosa) persecution **2** (física) chase: *una escena de persecución* a chase scene ► Cuando se menciona a quién se persigue, se dice **pursuit**: *Iban en persecución del ladrón.* They were in pursuit of the thief.

perseguir *v* **1** (tratar de atrapar) to chase: *un perro persiguiendo a un gato* a dog chasing a cat ► También existe **to pursue** que es más formal **2** (seguir con insistencia) **perseguir a alguien** to follow sb around: *Nos perseguía por todos lados.* He kept following us around. **3** (acosar) to pester: *La perseguía para que saliera con él.* He kept pestering her to go out with him. **4** (por razones ideológicas) to persecute

persiana *s* (de enrollar) blind, (de láminas) (Venetian) blind

persignarse *v* to cross yourself

persistente *adj* persistent

persona *s* **1** (ser humano) person (pl people): *Es la persona indicada.* He's the right person. | *un grupo de seis o siete personas* a group of six or seven people ► **person** se usa menos en inglés que *persona* en español. Fíjate en los ejemplos: *Es muy buena persona.* He's very nice. | *Hay una persona que quiere hablar contigo.* There's somebody who wants to talk to you. | *Entrevistaron a todas las personas que lo habían visto ese día.* They interviewed everybody who had seen him that day. **2 en persona** in person: *Quiso felicitarla en persona.* He wanted to congratulate her in person. ► Cuando se trata de ver a alguien famoso, se usa **in the flesh**: *Lo vi en persona.* I saw him in the flesh. **3** (gramatical) person: *la tercera persona* the third person

persona mayor (a) (adulto) grown-up **(b)** (anciano) elderly person (pl elderly people)

personaje *s* character: *el personaje principal* the main character

personal *adjetivo & sustantivo*
■ *adj* personal
■ *s* (empleados) staff

personalidad *s* **1** (carácter) personality (pl -ties) | **tener personalidad** to have character | **tener mucha personalidad** to have a strong personality: *Tiene mucha personalidad.* She has a strong personality. **2** (del mundo del espectáculo, de la moda, etc.) celebrity (pl -ties) **3** (del mundo de la política, la ciencia, etc.) important figure

personalmente *adv* **1** (en persona) in person: *Tengo que ir personalmente.* I have to go in person. **2** (al expresar opiniones, etc.) personally: *Personalmente, creo que es un disparate.* Personally, I think it's crazy.

perspectiva *s* **1** (punto de vista) perspective: *Míralo desde otra perspectiva.* Look at it from a different perspective. **2** (de un dibujo, cuadro) perspective: *Le falta perspectiva.* It's not in perspective. **3** (de futuro) prospect: *perspectivas de trabajo* job prospects

persuadir *v* to persuade

persuasivo, -a *adj* persuasive

pertenecer *v* **1** (ser propiedad de) **pertenecer a algo/alguien** to belong to sth/sb: *Esos terrenos pertenecen al Estado.* That land belongs to the State. **2** (ser integrante de) to be a member of, to belong to: *Pertenecen a un grupo terrorista.* They are members of a terrorist organization./ They belong to a terrorist organization.

perteneciente *adj* **perteneciente a algo/alguien (a)** (propiedad de) belonging to sth/sb: *tierras pertenecientes a la Corona* land belonging to the Crown **(b)** (miembro de) from: *niños pertenecientes a diferentes colegios* children from different schools

Perú o el Perú *s* Peru

peruano, -a *adjetivo & sustantivo*
■ *adj* Peruvian
■ *s* Peruvian | **los peruanos** (the) Peruvians

perverso, -a *adj* evil, wicked

pesa *s* weight ► Las que se sostienen una en cada mano para fortalecer los músculos de los brazos, etc. se llaman **dumbbells** | **hacer pesas** to do weight training

pesadilla *s* nightmare: *Tuve una pesadilla horrible.* I had a horrible nightmare.

pesado, -a *adjetivo & sustantivo*
■ *adj* **1** (de mucho peso) heavy: *Esta maleta está pesadísima.* This suitcase is really heavy. **2** (fastidioso, molesto) **ser pesado -a** to be a pain,

to be a pain in the neck: *No seas tan pesada.* Stop being such a pain./Stop being such a pain in the neck. **3** (en música) **música pesada/rock pesado** metal: *una banda de rock pesado* a metal band **4** (referido a comidas) heavy: *una comida pesada* a heavy meal | **me/le etc. cayó pesado -a** it didn't agree with me/him etc.: *Me cayó pesado el mole.* The mole didn't agree with me. **5 tener el sueño pesado** to be a heavy sleeper **6** (aburrido) (clase, película) boring **7** (trabajoso) hard: *Es un trabajo pesado* It's hard work. | *Se nos hizo pesado subir la cuesta.* It was hard work climbing the hill.
- **s** (persona fastidiosa) pain, pain in the neck: *Es un pesado.* He's a pain./He's a pain in the neck.

light

heavy

pésame s **darle el pésame a alguien** to offer sb your condolences | **mi más sentido pésame** my deepest sympathies

pesar *verbo & sustantivo*
- **v 1 pesar 100 gramos/50 kilos etc.** to weigh 100 grams/50 kilos etc.: *¿Cuánto pesas?* How much do you weigh? | *Pesa tres kilos.* It weighs three kilos. **2** (algo o a alguien en una balanza) to weigh: *Pesemos las maletas.* Let's weigh the suitcases. **3** (ser muy pesado) to be heavy: *Este bolso no pesa nada.* This bag isn't at all heavy.
pesarse *v* to weigh yourself: *Se pesa todos los días.* She weighs herself every day.
- **s 1** (dolor, tristeza) sorrow **2 a pesar de eso/de la lluvia etc.** in spite of that/of the rain etc.: *A pesar de los nervios, cantó bien.* He sang well, in spite of his nerves. | *A pesar de todo, la pasamos bien.* In spite of everything, we had a good time. | **a pesar de estar cansado/de que lo sabía etc.** even though he was tired/he knew etc., although he was tired/he knew etc.: *a pesar de que nunca lo había visto* even though I'd never seen him/although I'd never seen him

pesca s fishing | **ir/salir de pesca** to go fishing

pescadería s fish market (AmE), fishmonger's (BrE)

pescado s **1** (como alimento) fish (pl fish): *No come pescado.* She doesn't eat fish. **2** (vivo) fish (pl fish): *pescaditos de colores* goldfish

pescador, -a s (hombre) fisherman (pl -men), (mujer) fisherwoman (pl -women) ▶ Para el pescador que pesca por hobby se dice también **angler**

pescar *v* **1** (una trucha, una corvina, etc.) to catch | **ir/salir a pescar** to go fishing **2** (una pulmonía, un resfrío, etc.) to catch **3** (a alguien in fraganti) to catch: *La pescaron copiándose.* She was caught copying.
pescarse *v* (una pulmonía, un virus) to catch

pescuezo s neck

pese a *prep* **pese a todo/a las críticas etc.** despite everything/the criticism etc.: *El partido se jugó pese a la lluvia.* The game went ahead despite the rain. | **pese a que no vinieron/no hubo tiempo etc.** despite the fact that they didn't come/that there was no time etc., even though they didn't come/there was no time etc.

pesero o **pesera** s minibus (pl -ses)

pesimismo s pessimism

pesimista *adjetivo & sustantivo*
- **adj** pessimistic
- **s** pessimist

pésimo, -a *adjetivo & adverbio*
- **adj** terrible: *La película es pésima.* The movie is terrible.
- **pésimo** *adv* terribly: *Te portaste pésimo.* You behaved terribly.

peso s **1** (de un objeto, una persona) weight | **¿qué peso tiene?** how much does it weigh? | **bajar de peso, perder peso** to lose weight: *Ha bajado mucho de peso.* She's lost a lot of weight. | **subir de peso, ganar peso** to put on weight: *Creo que he subido de peso.* I think I've put on weight. **2** (carga) ver ejemplos: *No lleves tanto peso.* Don't carry so much. | *Es mucho peso para mí.* It's too heavy for me. **3** (moneda) peso: *¿Tienes cinco pesos?* Do you have five pesos? | **no tengo ni un peso** I don't have a single penny **4 me quité/te quitaste etc. un peso de encima** that's a weight off my/your etc. mind

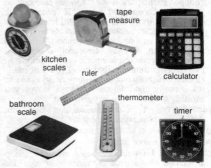

tape measure

kitchen scales

ruler

calculator

bathroom scale

thermometer

timer

pestaña s eyelash (pl -shes)
pestañear *v* to blink

peste s **1** (epidemia) plague **2** (mal olor) stink: *¡Qué peste!* What a stink!

pesticida s pesticide

pestillo s **1** (cerrojo) bolt | **echar el pestillo** to bolt the door/gate etc. **2** (parte de una cerradura) latch (pl -ches)

petaca s (maleta) suitcase

pétalo s petal

petróleo s oil

petróleo s kerosene (AmE), paraffin (BrE)

petrolero, -a adj **una empresa petrolera/un pozo petrolero** an oil company/an oil well | **un barco petrolero** an oil tanker

pez s fish (pl fish)
pez de colores tropical fish **pez espada** swordfish

shark

tropical fish

goldfish

salmon

pezón s nipple

pezuña s hoof (pl hooves o hoofs)

pianista s pianist

piano s piano: *Julia sabe tocar el piano.* Julia can play the piano.
piano de cola grand piano

piar v **1** (pájaro) to chirp, to tweet **2** (pollito) to cheep

picada s **caer en picada (a)** (avión) to nose-dive **(b)** (precios, acciones) to plummet

picado, -a adj **1** **ajo/perejil etc. picado** chopped garlic/parsley etc.: *Agregue una cebolla picada.* Add a chopped onion. **2** (cariado) bad: *Tiene todos los dientes picados.* All his teeth are bad. ▶ También se puede decir **all his teeth have cavities** que es más formal o técnico **3** (referido al mar) rough **4** (muy interesado) ver ejemplos: *Me quedé picado con la novela que me prestaste.* I've really gotten into that novel you lent me. | *Es una serie muy buena. Siempre te deja picado.* It's a really good series. It always leaves you wanting to know what happens next.

picadura s **1** (de un mosquito, una víbora) bite **2** (de una abeja, una avispa) sting

picante adj hot: *una salsa picante* a hot sauce

picaporte s door handle

picar v **1** (cebolla, perejil, etc.) to chop **2** (comer) ver ejemplos: *¿Quieren picar algo?* Do you want some nibbles?/Do you want some munchies? | *Trajeron algo para picar.* They brought some nibbles./They brought some munchies. **3** (mosquito, víbora) to bite: *Me picó un mosquito.* I was bitten by a mosquito. **4** (abeja, avispa) to sting: *¿Dónde te picó?* Where did it sting you? **5** (dar picazón) to tickle, to be itchy: *Esta lana pica.* This wool tickles./This wool is itchy. | **me pica la cabeza/le pica la espalda etc.** my head/his back etc. itches **6** (pelota) to bounce: *Picó justo en la línea.* It bounced right on the line. **7** (quemar) **el sol pica/picaba muchísimo** the sun is/was really hot **8** (estar picoso) to be hot **9** (pez) to bite

picarse v **1** (entusiasmarse) **picarse con algo** to really get into sth **2** (por corrosión) to go rusty

picas s pl (en cartas) spades

picnic s picnic | **ir de picnic** to go for a picnic

pico s **1** (de un pájaro) beak **2** (de una montaña) peak **3** (con la hora, edades, cantidades) **son las tres/las cinco etc. y pico** it's after three/five etc. | **tiene 30 y pico/40 y pico etc.** he's 30 something/40 something etc. | **éramos 20 y pico/50 y pico etc.** there were 20 odd of us/50 odd of us etc. **4** **cerrar el pico** (callarse) to shut up: *¿Por qué no cierras el pico?* Why don't you shut up? **5** (herramienta) pick ▶ ver **hora**

picor s (picazón) itch (pl -ches) | **tengo picor en los ojos/la pierna etc.** my eyes are itchy/my leg is itchy etc.

picoso, -a adj hot: *una salsa picosa* a hot sauce

pie s **1** (de una persona) foot (pl feet): *Quita los pies del sillón.* Take your feet off the couch. **2 a pie** Existe la expresión **on foot** pero más frecuentemente se usa el verbo **to walk**: *Vinieron a pie.* They walked here./They came on foot. | *Es demasiado lejos para ir a pie.* It's too far to walk. **3 de pie** standing: *Había mucha gente de pie.* There were a lot of people standing. | **ponerse de pie** to stand up **4 hago/no hace etc. pie** I can/he can't etc. touch the bottom **5 buscarle tres pies al gato** to make things difficult **6 seguir en pie (a)** (plan) to be still on: *El plan sigue en pie.* The plan is still on. **(b)** (propuesta) to stand: *No sé si la propuesta sigue en pie.* I don't know if the offer still stands. **7 levantarse con el pie izquierdo** to get up on the wrong side of the bed (AmE), to get out of bed on the wrong side (BrE) **8 no tener ni pies ni cabeza** to make no sense whatsoever: *Lo que dice no tiene ni pies ni cabeza.* What he's saying makes no sense whatsoever. **9 al pie de la letra (a)** (exactamente) to the letter: *Sigan las instrucciones al pie de la letra.* Follow the instructions to the letter. **(b)** (literalmente) literally: *Se lo tomó al pie de la letra.* He took it literally. **10** (de una lámpara) base **11** (de una montaña) foot **12** (de una página) foot

pie plano (que no tiene curvatura en la planta) | **tener pie plano** to have flat feet/to be flat-footed

piedad s (compasión) mercy | **tener piedad de alguien** to have pity on sb: *Tengan piedad de los niños.* Have pity on the children.

piedra s (material, pedazo) stone | **una casa/una pared de piedra** a stone house/wall
piedra pómez pumice stone **piedra preciosa** precious stone

piel s **1** (de una persona) skin: *Tiene la piel suave.* She has smooth skin. | **tener (la) piel de gallina** (por el frío) to have goose bumps | **se me/le etc. pone la piel de gallina** (por el miedo, la impresión) I get/he gets etc. goose bumps **2** (mink, etc.) fur: *piel de zorro* fox fur | *un abrigo/un gorro de piel* a fur coat/hat **3** (de tigre, león, etc.) skin: *Tenían una piel de tigre en el piso.* They had a tiger skin on the floor. **4** (cuero) leather | **zapatos de piel** leather shoes **5** (de duraznos, uvas, jitomates) skin
piel roja redskin, Red Indian ▸ Estos términos sólo se usan en novelas y películas del oeste y hoy en día resultarían ofensivos, al igual que *piel roja* en español

pierna s leg: *Se rompió una pierna.* He broke his leg.

pieza s **1** (dormitorio) bedroom: *Cada uno tiene su pieza.* They each have their own bedroom. **2** (de un coche, una máquina) part: *Tuve que cambiarle algunas piezas.* I had to replace a few parts. **3** (de un rompecabezas, un juego, etc.) piece: *Falta una pieza.* There's a piece missing. **4** (objeto, obra) piece: *Es una pieza única.* It's a unique piece.

pijama s pajamas *pl* (AmE), pyjamas *pl* (BrE): *una pijama de seda* silk pajamas | *Compró una pijama azul.* He bought a pair of blue pajamas.

pila s **1** (batería) battery (pl -ries): *Cámbiale las pilas.* Change the batteries. | **un radio/un juguete de pila(s)** a battery-operated radio/toy **2** (montón) pile: *una pila de libros* a pile of books **3** **una pila de algo** (gran cantidad) loads of sth, lots of sth: *Tengo una pila de cosas que hacer.* I have loads of things to do. **4** **ponerse las pilas** to get your act together, to knuckle down: *Tienen que ponerse las pilas y empezar de nuevo.* They have to get their act together and start again./They have to knuckle down and start again.
pila bautismal, pila de bautismo (baptismal) font **pila de agua bendita** stoup

pilar s **1** (columna) pillar **2** (sostén) mainstay

píldora s pill | **la píldora (anticonceptiva)** the (contraceptive) pill

pilón s **1** (de regalo) **darle algo a alguien de pilón** to throw in sth extra for free ▸ En inglés no se menciona el complemento indirecto: *Me dio unos dulces de pilón.* He threw in a few extra pieces of candy for free. **2** **de pilón** on top of that, as well

piloncillo s brown sugar

pilotear s **1** (un avión) to fly, to pilot **2** (un coche de carreras) to drive

piloto *sustantivo & adjetivo*
■ s **1** (de avión) pilot **2** (de un coche de carreras) driver **3** (de un calentador, una estufa, etc.) pilot light
piloto automático automatic pilot
■ *adj* **un plan/un proyecto piloto** a pilot plan/project

pimentón s paprika

pimienta s pepper
pimienta blanca white pepper **pimienta negra** black pepper

pimiento o **pimiento morrón** s pepper

pin s pin

pincel s **1** (para pintar) brush (pl -shes), paintbrush (pl -shes) **2** (para maquillarse) brush (pl -shes)

pinchar v (un globo, una burbuja) to burst
pincharse v **1** (con una aguja, etc.) to prick yourself | **pincharse el dedo/la mano etc.** to prick your finger/hand etc. **2** (globo) to burst

pinche *adj* damn: *Pinche radio, otra vez se le fue la onda.* This damn radio, the station's gone again. | *¡Pinche güey!* Stupid jerk! | *¡Pinche suerte! ¡Otra vez me tocó pagar la cuenta!* Just my rotten luck! I got landed with the check again!

ping pong s table tennis, Ping-Pong®

pingüino s penguin

pino s **1** (árbol) pine, pine tree **2** (madera) pine | **una mesa/un ropero de pino** a pine table/wardrobe **3** (en boliche) pin

pinta s **1** (aspecto) Se usan construcciones con **to look** o **to look like**: *La carne tiene buena pinta.* The meat looks good. | *¡No vas a ir con esa pinta!* You're not going out looking like that! | *Mira la pinta de Fede con ese sombrero.* What does Fede look like with that hat on! | **tener pinta de algo** to look like sth: *Tiene pinta de policía.* He looks like a cop. **2** **irse de pinta** to cut class (AmE), to play hooky (AmE), to skive off school (BrE): *Nos fuimos de pinta a la feria de Chapultepec.* We cut class and went to the fair at Chapultepec.

pinta s graffiti: *paredes cubiertas de pintas* walls covered in graffiti ▸ **graffiti** es incontable. Para referirse a una pinta hay que usar **a piece of graffiti**

pintado, -a *adj* **1** **estar pintado -a de azul/blanco etc.** to be painted blue/white etc.: *Está todo pintado de blanco.* It's all painted white. **2** (maquillado) made up: *Tenía los ojos pintados.* He was wearing eye make-up.

pintar v **1** (una pared, un mueble, un cuadro) to paint: *Tenemos que pintar la cocina.* We need to paint the kitchen. | *Pinta al óleo.* He paints in oils. | **pintar algo de blanco/verde etc.** to paint sth white/green etc.: *Pinté la puerta de rojo.* I painted the door red. **2** (colorear) **pintar algo** to color sth in (AmE), to colour sth in (BrE): *Dibujó una vaca y la pintó.* She drew a cow and colored it in.

pintarse v (maquillarse) to put make-up on, to put some make-up on: *Sólo me pinto quando voy a una fiesta.* I only put make-up on when I go to a party. | *Píntate un poco.* Put some make-up on. | *No se pinta.* She doesn't wear make-up. | ▶ A menudo se usa el posesivo: *Me tengo que pintar.* I have to put my make-up on. | **pintarse los ojos** to put eye make-up on, to put some eye make-up on | **pintarse los labios** to put lipstick on, to put some lipstick on | **pintarse las uñas** to put some nail polish on

pinto, -a adj **poner pinto -a (y regado -a) a alguien** to tear sb off a strip

pintor, -a s **1** (de paredes) painter, decorator **2** (artista) painter, artist

pintoresco, -a adj picturesque

pintura s **1** (producto) paint: *Dale una mano de pintura.* Give it a coat of paint. **2** (arte) painting: *la pintura moderna* modern painting **3** (cuadro) painting: *una pintura de Frida Kahlo* a painting by Frida Kahlo

painting kit | brushes | paints | easel

pinza sustantivo & sustantivo plural
■ s **1** (para tender ropa) clothespin (AmE), clothes peg (BrE) **2** (en la ropa) dart **3** (de un cangrejo, una langosta) pincer
■ **pinzas** s pl **1** (herramienta) pliers **2** (de cejas) tweezers **3** (de cocina) tongs

piña s **1** (fruta) pineapple **2** (de un pino) pine cone

piñata s En inglés americano se usa la palabra *piñata* pero si quieres explicar en qué consiste, di *it's a decorated paper container filled with candy and small toys and hung in the air at parties for children to try and break open by hitting it with sticks*

piñón s **1** (fruta seca) pine nut **2** (de una bicicleta) sprocket wheel

piojo s louse (pl lice) | **tener piojos** to have lice

pionero, -a s pioneer

pipa s **1** (para fumar) pipe | **fumar (en) pipa** to smoke a pipe **2** (camión cisterna) tanker

pipeta s (de laboratorio) pipette

pipí s pee | **hacer pipí** to pee, to have a pee: *Tengo ganas de hacer pipí.* I need to pee./I need to have a pee.

pique s **1 irse a pique (a)** (barco) to sink **(b)** (proyecto) to fall through, to fail **(c)** (negocio) to go under **2** (rivalidad) rivalry

piquete s **1** (de una abeja, una avispa) sting **2** (de un mosco, una víbora) bite **3** (con una aguja, etc.) prick **4** (con el dedo) prod, poke **5** (de bebida alcohólica) shot

pirado, -a adj crazy, out of your mind

pirámide s pyramid

pirarse v to go out of your mind

pirata sustantivo & adjetivo
■ s **1** (corsario) pirate **2** (de software, discos) pirate
■ adj **una copia pirata** a pirate copy | **un disco/una edición pirata** a pirate album/edition, a bootleg album/edition

piropo s compliment ▶ **compliment** se usa cuando se conoce a la persona que recibe el piropo y ella se siente halagada. Pero los piropos que se dicen por la calle no son comunes en la cultura anglosajona | **decirle un piropo a alguien** to pay sb a compliment ▶ El equivalente cultural de decirle un piropo a alguien por la calle es **to whistle at sb** (silbarle a alguien)

pirueta s pirouette | **hacer piruetas** to do pirouettes

pirulí s Popsicle® (AmE), lollipop (BrE)

pis s ▶ ver **pipí**

pisada s (huella) footprint, print

pisar v **1** (caminar sobre) to step on, to tread on: *Pisé un chicle.* I stepped on some chewing gum. ▶ Si se trata de cosas como barro, etc., se dice **to step in** o **to tread in**: *Has pisado caca de perro.* You stepped in some dog mess. | **pisar a alguien** to step on sb's foot: *¡Me pisaste!* You stepped on my foot! **2 pisar el freno/el acelerador** to put your foot on the brake/accelerator **3** (ir a, venir a) to set foot in: *No volveré a pisar tu casa.* I'll never set foot in your house again.

Piscis s Pisces: *Es Piscis.* He's a Pisces./He's a Piscean.

piso s **1** (suelo) floor: *Se sentó en el piso.* He sat down on the floor. **2** (de un edificio) floor: *Vivo en el primer piso.* I live on the first floor. ▶ Mira la nota en **floor** | **una casa de dos pisos/un edificio de diez pisos** a two-story house/a ten-story building (AmE), a two-storey house/a ten-storey building (BrE)

pisotear v **1** (pisar) **pisotear algo** to trample over sth: *No pisoteen las plantas.* Don't trample over the plants. **2** (maltratar) **pisotear a alguien** to walk all over sb: *No te dejes pisotear.* Don't let them walk all over you.

pisotón s **darle un pisotón a alguien** to step on sb's foot: *¡Me diste un pisotón!* You stepped on my foot!

pista s **1** (indicio) clue: *Dame una pista.* Give me a clue. **2** (rastro) **estar tras/sobre la pista de alguien** to be on sb's trail | **seguirle la pista a alguien** to be on sb's trail **3 pista (de aterrizaje)** runway **4 pista (de atletismo)** track **5 pista (de baile)** dance floor **6 pista (de carreras)** track, racetrack **7 pista (de esquí)** slope, ski slope **8 pista (de patinaje)** (skating) rink **9** (en electrónica, computación) track

pistache s pistachio

pistola s **1** gun: *Me apuntó con una pistola.* She aimed a gun at me. ▶ También existe **pistol** que es un poco más formal o técnico **2** (secadora de pelo) hairdryer

pistola de agua water pistol

pitar v **1** (tetera, olla express) to whistle **2** (tren) to whistle **3** (tocar el silbato) to blow your whistle | **pitarle a alguien** to blow your whistle at sb **4** **pitarle un pénalty/una falta a alguien** to award a penalty/a foul against sb **5** (fungir como árbitro) to referee | **pitar un partido/una final etc.** to referee a game/a final etc., to referee a match/a final etc. (BrE) **6** (tocar el claxon) to sound your horn, to honk your horn

pitcher s pitcher

pito s **1** (silbato) whistle | **tocar el pito** to blow your whistle **2** **entre pitos y flautas** what with one thing and another: *Entre pitos y flautas habremos gastado cien pesos.* What with one thing and another we must have spent a hundred pesos. **3** **me/le etc. importa un pito** I/she etc. couldn't care less

pizarrón s board, blackboard: *Borra el pizarrón.* Wipe the board. | *Lo escribió en el pizarrón.* She wrote it up on the blackboard. | **pasar/salir al pizarrón** to go up to the blackboard

pizca s **1** (de sal) pinch (pl -ches) *Agregar una pizca de sal.* Add a pinch of salt. **2** (de azúcar, pimienta, etc.) little bit: *Necesita una pizca de azúcar.* It needs a little bit of sugar in it.

pizza s pizza

pizzería s pizzeria, pizza place

placa *sustantivo & sustantivo plural*
■ s **1** (de metal) plate **2** (de vidrio) sheet **3** (con una inscripción) plaque: *una placa conmemorativa* a commemorative plaque **4** (del coche) license plate (AmE), number plate (BrE) **5** (de un policía) badge

placa dental plaque **placa de video** video card **placa de sonido** sound card **placa de red** network card

■ s pl **placas** s pl license plate (AmE), number plate (BrE)

placer s pleasure: *Ha sido un placer conocerla.* It's been a pleasure to meet you.

plaga s plague

plagado, -a adj **estar plagado -a de niños/ turistas etc.** to be swarming with children/ tourists etc. | **estar plagado -a de errores** to be full of mistakes

plagiar v **1** (copiar) to plagiarize **2** (secuestrar) to kidnap

plagio s **1** (copia) **ser un plagio de algo** to be a copy of sth: *Es un plagio de una canción de Diamond.* It's a copy of a song by Diamond. **2** (delito de copiar) plagiarism **3** (secuestro) kidnap, kidnapping

plan s plan | **tener planes** to have plans: *No tengo planes para esta noche.* I don't have any plans for tonight. | **cambiar de planes** to change your plans: *Cambié de planes a último momento.* I changed my plans at the last minute.

plan de estudios syllabus (pl syllabuses o syllabi)

plana ▶ ver **primero**

plancha s **1** (para planchar) iron **2** (lámina) sheet: *una plancha de acero* a sheet of steel **3** (para cocinar) griddle: *pescado a la plancha* grilled fish **4** (en futbol) **hacerle/ponerle una plancha a alguien** to trip sb

plancha de vapor steam iron

planchar v (un pañuelo, vestido) to iron: *Odio planchar camisas.* I hate ironing shirts. ▶ Para prendas que se planchan con un paño húmedo se usa el verbo **to press**: *¿Me planchas los pantalones?* Could you press my pants for me? ▶ **planchar** en el sentido de ocuparse de la tarea doméstica se dice **to do the ironing**: *En casa plancha mi esposo.* In our house it's my husband who does the ironing.

planeador s glider

planear v **1** (planificar) to plan: *Están planeando una fiesta.* They're planning a party. **2** (avión, ave) to glide

planeta s planet: *seres de otro planeta* beings from another planet

planets

planificación s planning

planificar v to plan

planilla s ticket

plano, -a *adjetivo & sustantivo*
■ adj **1** (superficie) flat **2** **de plano** ver ejemplos: *Yo de plano no entiendo.* I just don't understand. | *¿De plano no quieres ir?* Do you definitely not want to go? | *Rechazaron la oferta de plano.* They flatly rejected the offer. ▶ ver **pie**
■ plano s **1** (de una casa) plan **2** (de una ciudad, del metro) map **3** (aspecto, nivel) level | **en el plano personal/profesional etc.** personally/ professionally etc.: *Le va muy bien en el plano profesional.* Things are going very well for him professionally. **4** (en cine) shot: *un plano del protagonista* a shot of the star **5** (en geometría) plane ▶ ver **primer** en **primero**

planta s **1** (vegetal) plant: *Me regaló una planta.* She gave me a plant. **2** (fábrica, instalación) plant: *una planta de energía eléctrica* a power plant

planta baja first floor (AmE), ground floor (BrE)

Vive en la planta baja. She lives on the first floor. **planta del pie** sole of your foot

plantación *s* plantation

plantado, -a *adj* **1 dejar plantado -a a alguien** to stand sb up: *Me dejó plantado.* She stood me up. **2** (sembrado) **un campo plantado de soya/trigo etc.** a field planted with soy/wheat etc.

plantar *v* **1** (plantas, árboles, etc.) to plant: *Plantaron trigo.* They planted wheat. **2 plantarle una cachetada a alguien** to give sb a slap in the face | **plantarle un beso a alguien** to give sb a kiss, to kiss sb **3** (no acudir a una cita) **plantar a alguien** to stand sb up: *Nos plantó.* She stood us up.

plantear *v* **1** (mencionar) (un tema, un asunto) to outline: *Plantearon una posible solución.* They outlined a possible solution. | **plantearle algo a alguien** to raise sth with sb: *Le planteamos la cuestión al profesor.* We raised the issue with the teacher. **2** (crear) **plantear un problema** to pose a problem: *Esto nos plantea un serio problema.* This poses a serious problem for us.

plantearse *v* **1** (considerar) to consider: *Se planteó estudiar cine.* He considered studying film. | *Nos planteamos si valía la pena.* We asked ourselves whether it was worth the trouble. **2** (surgir) (problema, dificultad) to arise, to come up: *Se nos ha planteado un nuevo problema.* A new problem has arisen./A new problem has come up.

plantel *s* **1** (de jugadores) squad: *Estaba todo el plantel entrenando.* The whole squad was training. **2** (de una escuela o universidad) block, complex (pl -xes)

plantilla *s* **1** (de los zapatos) insole **2** (en computación) template

plantón *s* **1 darle plantón a alguien** to stand sb up: *Me volvió a dar plantón.* He stood me up again. **2** (de protesta) demonstration

plástico, -a *adjetivo & sustantivo*
- *adj* ► ver **cirugía**
- *s* (material) plastic | **un balde/una bolsa de plástico** a plastic bucket/bag

plastificar *v* **1** (un documento) to laminate: *Lo hice plastificar.* I had it laminated. **2** (el piso) to varnish

plastilina® *s* Play-Doh®, Plasticine® (BrE) | **un muñequito de plastilina** a Play-Doh figure/a figure of Play-Doh

plata *s* (metal) silver | **una bandeja/una pulsera de plata** a silver tray/bracelet | **una bandeja/una pulsera bañada en plata** a silver-plated tray/bracelet

plataforma *s* **1** (tarima) platform **2** (de los zapatos) platform: *zapatos de plataforma* platform shoes **3** (de un partido político) platform
plataforma continental continental shelf (pl shelves) **plataforma petrolífera** oil rig

plátano *s* **1** (fruta) banana **2** (árbol frutal) banana tree **3** (árbol ornamental) plane tree
plátano macho plantain

platea *s* (en un teatro) orchestra (AmE), stalls *pl* (BrE)

plateado, -a *adj* **un botón plateado/una hebilla plateada** a silver button/buckle

plática *s* **1** (conversación) talk **2** (conferencia) talk

platicador, -a *adjetivo & sustantivo*
- *adj* talkative, chatty
- *s* chatterbox (pl -xes)

platicar *v* **1** (conversar) to talk, to chat | **platicar sobre/acerca de algo** to talk about sth | **platicar con alguien** to talk to sb **2** (contar) **platicarle algo a alguien** to tell sb sth

platillo *s* **1** (comida) dish (pl -shes): *un platillo mexicano* a Mexican dish **2** (de una batería) cymbal
platillo volador flying saucer

platino *s* (metal) platinum | **un anillo/un alambre de platino** a platinum ring/wire

plato *s* **1** (utensilio) plate: *Rompió un plato.* He broke a plate. | **lavar los platos** to do the dishes (AmE), to wash up (BrE) **2** (porción) plate: *Me comí dos platos de arroz.* I ate two plates of rice. **3** (parte de una comida) course: *El primer plato era sopa.* The first course was soup.
plato de postre dessert plate **plato extendido** dinner plate **plato fuerte, plato central** main course **plato hondo, plato sopero** soup dish

platón *s* serving dish (pl -shes)

playa *s* beach (pl -ches): *Me gusta bajar a la playa temprano.* I like to go down to the beach early. | *No había nadie en la playa.* There was nobody **on the beach.** | *Pasamos todo enero en la playa.* We spent the whole of January **at the beach.**

playera *s* T-shirt

plaza *s* **1** (espacio público) square: *la plaza del pueblo* the town square **2** (puesto de trabajo) vacancy (pl -cies): *una plaza de recepcionista* a vacancy for a receptionist **3 un coche de cuatro/cinco etc. plazas** a four-seater/five-seater etc. car
plaza de toros bullring

plazo *s* **1** ver ejemplos: *Tienes plazo hasta el lunes.* You have until Monday | *El plazo vence el 31.* The deadline is the 31st. | *Nos dieron un plazo de diez días.* They gave us ten days. **2 a largo/corto plazo (a)** (cuando modifica a un sustantivo) long-term/short-term: *un objetivo a largo plazo* a long-term objective **(b)** (con valor adverbial) in the long/short term: *A largo plazo, puede traer problemas.* In the long term, it may cause problems. **3** (pago parcial) installment (AmE), instalment (BrE): *los plazos del coche* the **installments on** the car | **a plazos** in installments (AmE), in instalments (BrE): *Lo compré a plazos.* I paid for it in installments.

plazo fijo fixed-term account

plegable adj una silla/una mesa plegable a folding chair/table

pleno, -a adj **1** en pleno invierno/plena noche in the middle of winter/the night: *Salió a caminar en plena tormenta.* He went out for a walk in the middle of the storm. | **en pleno centro** right in the center of town (AmE), right in the (town) centre (BrE) | **a plena luz del día** in broad daylight **2** (completo) full: *en pleno uso de sus facultades mentales* in full possession of his faculties

plomero, -a s plumber

plomo s lead | un caño/una pesa de plomo a lead pipe/weight

pluma s **1** (para escribir) **pluma (atómica)** ballpoint pen **2** (de ave) feather | **un almohadón/una almohada de plumas** a feather cushion/pillow

pluma fuente fountain pen

plumero s feather duster

plumón s (de punta fina) felt-tip pen, (de punta gruesa) marker, (resaltador de textos) highlighter

plural sustantivo & adjetivo
■ s plural: *¿Cuál es el plural de "child"?* What is the plural of "child"? | **la primera/segunda/tercera persona del plural** the first/second/third person plural | **en plural** in the plural
■ adj un adjetivo/un pronombre plural a plural adjective/pronoun

Plutón s Pluto

plutonio s plutonium

población s **1** (habitantes) population: *la población mundial* the world's population **2** (lugar) Usa **town** si es grande y **village** si es pequeña: *poblaciones rurales* rural villages

pobre adjetivo & sustantivo
■ adj **1** (sin dinero) poor: *los barrios más pobres de la ciudad* the poorest areas of the city **2** (que da lástima) poor: *¡Pobre Ana!* Poor Ana! | **¡pobre!/¡pobres!** poor thing!/poor things!: *–Se rompió un brazo. –¡Pobre!* "She broke her arm." "Poor thing!" **3** (mediocre) poor: *una actuación muy pobre* a very poor performance
■ s los pobres the poor: *ayuda para los pobres* aid for the poor

pobreza s poverty | **vivir en la pobreza** to live in poverty

pócar s poker

pocho, -a adj **1** (que vive en EU) Mexican-American **2** (americanizado) Americanized

pocilga s pigsty (pl -sties)

poco, -a adjetivo, pronombre & adverbio
■ adj & pron ▶ ver recuadro
■ poco adv ▶ ver recuadro

podadora s podadora (de pasto) lawnmower

podar v (un árbol, una planta) to prune, (el pasto)

---

poco

▶ **ADJETIVO**

Se usa **little** con sustantivos incontables y **few** con sustantivos contables, pero es muy frecuente usar los negativos **not much** y **not many**, como muestran los ejemplos:

Hay muy poca leche. There's very little milk. | *Quedan muy pocos boletos.* There are very few tickets left. | *Hay poco tráfico.* There isn't much traffic. | *Había poca gente.* There weren't many people there.

▶ **PRONOMBRE**

1 Se usa **a little** cuando sustituye a sustantivos incontables y **a few** cuando reemplaza a contables, pero es muy frecuente usar los negativos **not much** y **not many**, como muestran los ejemplos:

No me gustó la pizza y comí poca. I didn't like the pizza and I only had a little/I didn't have very much. | *Sírvete una sola porque hay pocas.* Just take one because there are only a few/there aren't very many.

2 Cuando *poco* significa *no mucho tiempo* se traduce por construcciones con **not long**:

Lo vi hace poco. I saw him not long ago./I saw him recently. | *Falta poco para Navidad.* It's not long till Christmas. | *Tardaste poco.* You didn't take long. | **dentro de poco** soon: *Dentro de poco es mi cumpleaños.* It's my birthday soon.

3 OTRAS EXPRESIONES

a poco: *–Nos sacamos la lotería. –¡A poco!* "We won the lottery." "Wow!" | *¿A poco no la quieres? ¡Te la estoy regalando!* What do you mean, you don't want it? I'm giving it to you for free! | *¿A poco es tuyo?* Is it really yours? | **por poco me caigo/me mata etc.** I nearly fell/he nearly killed me etc.: *No fue gol por poco.* It was very nearly a goal. | **poco a poco:** *Poco a poco se fueron haciendo amigos.* Gradually they became friends. | *Lo fue haciendo poco a poco.* He did it gradually./He did it little by little. | **un poco** a little/a bit: *¿Me das un poco?* Can I have a little?/Can I have a bit? | *Comí un poco de arroz.* I had a little rice./I had a bit of rice. | *Quédate un poco más.* Stay a little longer./Stay a bit longer.

▶ **ADVERBIO**

1 Cuando modifica a un verbo, se suele traducir por **not much**:

Voy poco al teatro. I don't go to the theater much. | *Estudié muy poco para la prueba.* I didn't revise much for the test.

2 Cuando modifica a un adjetivo, se suele traducir por **not very** o por un adjetivo negativo:

Es poco comunicativo. He isn't very communicative. | *una muchacha poco atractiva* a rather unattractive girl | *Es muy poco saludable.* It's very unhealthy.

ⓘ ¿Quieres más información sobre los **verbos modales**? Hay una explicación en el apartado de gramática.

poder *verbo, sustantivo & sustantivo plural*
- *v* ▶ ver recuadro
- *s* **1** (influencia, fuerza) power: *el poder de la prensa* the power of the press **2** (control, gobierno) power: *Los revolucionarios tomaron el poder.* The revolutionaries seized power. **3 estar en poder de alguien (a)** (ciudad, país, etc.) to be held by sb: *La ciudad estaba en poder de los alemanes.* The city was held by the Germans. **(b)** (documento, cuadro, etc.) to be in the hands of sb: *El documento está en poder del FBI.* The document is in the hands of the FBI. **4** (para actuar en nombre de una persona) power of attorney
el poder ejecutivo the executive branch (AmE), the executive (BrE) **el poder judicial** the judiciary **el poder legislativo** the legislature
- **poderes** *s pl* (mágicos, extrasensoriales, etc.) powers: *Usó sus poderes.* She used her powers.

poderoso, -a *adj* **1** (que tiene poder) powerful: *un empresario muy poderoso* a very powerful businessman | *los países poderosos* the major powers **2** (fuerte, efectivo) powerful: *un poderoso insecticida* a powerful insecticide **3** (ejército, flota) mighty

podrido, -a *adj* rotten: *una manzana podrida* a rotten apple

poema *s* poem

poesía *s* **1** (poema) poem: *una poesía de Machado* a poem by Machado **2** (género) poetry: *Le encanta la poesía.* She loves poetry.

poeta *s* poet

poético, -a *adj* poetic

poetisa *s* poet

póker *s* **1** (juego) poker **2** (jugada en póker y dados) four of a kind | **un póker de ases** four aces

polaco, -a *adjetivo & sustantivo*
- *adj* Polish
- *s* Pole | **los polacos** (the) Poles
- **polaco** *s* (idioma) Polish

polar *adj* **el clima/la zona polar** the polar climate/region ▶ ver **círculo**, **oso**

polea *s* pulley

polémica *s* controversy (pl -sies)

polémico, -a *adj* controversial

polen *s* pollen

policía *sustantivo masculino & femenino & sustantivo femenino*
- *s masc & fem* (hombre) policeman (pl -men), (mujer) policewoman (pl -women) ▶ Se usa **officer** o **police officer** si no se sabe o no se quiere especificar el sexo: *Dos policías se bajaron del auto.* Two police officers got out of the car.
- *s fem* **la policía** (cuerpo) the police: *Llamó a la policía.* He called the police. ▶ El verbo que sigue a **the police** va en plural: *La policía andaba tras él.* The police were after him.

---

poder

1 POSIBILIDAD, CAPACIDAD, PERMISO, PEDIDOS

Usa el modal **can** en el presente y **could** en el pasado y el condicional:

No puedo terminarlo hoy. I can't finish it today. | *Podríamos ir a la alberca.* We could go swimming. | *No podía caminar tan rápido.* I couldn't walk that fast. | *¿Puedo sentarme aquí?* Can I sit here? | *¿Me podría decir la hora?* Could you tell me the time, please?

En otros tiempos se usa **to be able to**:

No podrá venir. She won't be able to come. | *Hace tres meses que no puede jugar.* He hasn't been able to play for three months.

Para expresar un logro en el pasado, se usa **to manage to** o **to be able to**:

Lo pude arreglar. I managed to fix it./I was able to fix it. | *¿Pudiste entenderlo?* Did you manage to understand it?/Were you able to understand it?

Para pedir o dar permiso también se puede usar **may**, que es un poco más formal:

¿Puedo pasar? May I come in? | **no se puede/no se podía hacer algo** you aren't allowed/you weren't allowed etc. to do sth: *No se puede pisar el césped.* You aren't allowed to walk on the grass. | *No se podía hablar durante las comidas.* You weren't allowed to talk during meals.

2 SUPOSICIONES, CONJETURAS

Usa el modal **can** en el presente y **could** en el pasado:

No puede estar muy lejos. It can't be very far away. | *No podía/no pudo haber sido ella.* It couldn't have been her. | **puede ser** maybe: *–¿Estará enojada? –Puede ser.* "Do you think she's angry?" "Maybe." | *Puede ser que venga.* He may come./Maybe he'll come. | *Puede ser que no haya entendido.* She may not have understood./Maybe she didn't understand. | **¡no puede ser!** that's impossible!

3 EXPRESIONES

no poder más: *Espera, no puedo más.* Wait, I can't go on./Wait, I'm exhausted. | *–¿Quieres helado? –No, gracias. No puedo más.* "Would you like some ice cream?" "No thanks, I'm full." | **no puedo/no puede etc. con algo** I/he etc. can't deal with sth: *No puede con el trabajo.* She can't deal with the work. | **a más no poder**: *Nos reíamos a más no poder.* We laughed until we cried. | *Se divirtieron a más no poder.* They had the most incredible time.

---

policial *adjetivo & sustantivo*
- *adj* **protección/custodia etc. policial** police protection/custody etc.
- *s* (novela) detective story (pl -ries)

polígono s polygon
   polígono de tiro **(a)** (para amateurs) shooting range **(b)** (del ejército) firing range
polilla s moth
política s **1** (actividad, ciencia) politics sing: *Se va a dedicar a la política.* She's going to go into politics. **2** (estrategia, medidas) policy (pl -cies): *Es la política de la empresa.* It is company policy.
político, -a adjetivo & sustantivo
   ■ *adj* **1** (referido a la política) political: *un partido político* a political party **2** (referido a los parientes) ver ejemplos: *mi familia política* my in-laws | *mi tío político* my uncle by marriage | *Es mi primo político.* He's married to my cousin.
   ■ s politician: *un político joven* a young politician
pollito s chick
pollo s chicken: *pollo al horno* roast chicken
polluelo, -a s chick
polo s **1** (en geografía) pole **2** (en física) pole: *el polo negativo* the negative pole | **son polos opuestos** (dos personas) they're poles apart **3** (deporte) polo
   el Polo Norte the North Pole **el Polo Sur** the South Pole
Polonia s Poland
polución s pollution
polvo s **1** (tierra, suciedad) dust: *Los muebles estaban cubiertos de polvo.* The furniture was covered in dust. **2** (en química, medicina, etc.) powder ▸ ver **leche** **3** (para maquillarse) face powder | **ponerse polvo** to powder your face **4 estar hecho -a polvo** to be beat (AmE), to be shattered (BrE) | **hacer polvo a alguien (a)** (derrotarlo) to wipe the floor with sb, to make mincemeat of sb **(b)** (causarle mucha pena) to leave sb totally devastated
   polvo de hornear, también **polvo Royal®** baking powder
pólvora s gunpowder
pomada s **1** cream, ointment **2 hacer pomada algo** to wreck sth, to ruin sth: *A él no le pasó nada, pero el coche lo hizo pomada.* He wasn't hurt, but the car was a write-off. | **hacer pomada a alguien** to wipe the floor with sb, to make mincemeat of sb sb
pomo s **1** (de una puerta, un cajón) knob **2** (tubo) tube
pompa s **1** (burbuja) bubble: *pompas de jabón* soap bubbles **2** (solemnidad) pomp **3** (nalga) bottom, backside
   pompas fúnebres s pl funeral parlor (AmE), undertaker's (BrE)
pompis s bottom, backside
pómulo s **1** (parte de la cara) cheek: *Se puso rubor en los pómulos.* She put some blush on her cheeks. **2** (hueso) cheekbone: *Tiene los pómulos salientes.* He has prominent cheekbones.
ponchadura s flat (AmE), flat tire (AmE), puncture (BrE)

ponchar v **1** to have a flat (AmE), to have a flat tire (AmE), to have a puncture (BrE) **2** (en beisbol) **ponchar a alguien** to strike sb out
poncharse v **1** (una llanta) to get a flat (AmE), to get a puncture (BrE): *Se nos ponchó la llanta en la carretera y por poco chocamos.* We got a flat on the highway and we nearly crashed. **2** (en beisbol) to strike out

poner v ▸ Expresiones como *ponerse de acuerdo, ponerse colorado, poner la mesa,* etc. están tratadas bajo *acuerdo, colorado, mesa,* etc. **1** (colocar, agregar) to put: *¿Dónde pusiste las llaves?* Where have you put the keys? | *No le puse sal a la ensalada.* I didn't put any salt in the salad. | *Puso la olla al fuego.* He put the pot on to heat. **2** (escribir) to put: *Pon tu nombre aquí.* Put your name here. | *Puse lo que se me ocurrió.* I put the first thing that came into my mind. **3** (referido a un nombre): *¿Qué nombre le pusieron?* What did they call him? | *Le vamos a poner Juana.* We're going to call her Juana. **4 poner el radio/la televisión etc.** to put the radio/the TV etc. on: *Pon música.* Put some music on. **5 poner el despertador a las siete/las ocho etc.** to set the alarm for seven/eight etc. o'clock **6** (instalar) **poner calefacción/aire acondicionado etc.** to have heating/air conditioning etc. put in **7** (aportar) ver ejemplos: *Cada uno puso cinco pesos.* Everyone gave five pesos. | *Yo pongo las bebidas.* I'll supply the drinks. **8** (abrir) **poner una librería/un café etc.** to open a bookstore/a cafe etc. **9** (al manejar) **poner primera/segunda** to put the car in first gear/second gear: *Puse primera para subir la cuesta.* I put the car in first gear to go up the hill. **10** (volver) **poner triste/contento -a etc. a alguien** to make sb sad/happy etc.: *Me has puesto nerviosa.* You've made me nervous. **11** (suponer) **ponle que...** suppose...: *Ponle que no viene.* Suppose she doesn't come. **12** (huevos) to lay: *La gallina puso un huevo.* The hen laid an egg.
ponerse v **1** (colocarse) En inglés hay que usar un verbo específico para cada manera de colocarse: **to sit, to stand,** etc.: *Ponte derecho.* Sit up straight. | *Se puso delante de mí.* He stood in front of me. | *Pónganse todos juntos así les saco una foto.* Stand close together and I'll take a picture. **2 ponerse la camisa/los anteojos etc.** to put your shirt/your glasses etc. on: *Se puso el abrigo y se fue.* She put her coat on and left. | *Ponte los zapatos.* Put your shoes on. ▸ Cuando lo importante es la ropa y no la acción de ponérsela, se usa **to wear**: *¿Qué te vas a poner para la fiesta?* What are you going to wear to the party? | *Me voy a poner el vestido negro.* I'm going to wear my black dress. **3 ponerse triste/contento -a etc.** to be sad/happy etc.: *Se puso contento cuando se lo dije.* He was happy when I told him. | *No te pongas nerviosa.* Don't be nervous. | *Se va a poner furioso.* He's going to be furious. **4 ponerse a hacer algo** to start doing sth: *Apenas llegué, me puse a trabajar.* I

started working as soon as I arrived. | *Se puso a gritar como loca.* She started shouting her head off. **5** (sol) to set: *¿A qué hora se pone el sol?* What time does the sun set?

pony *s* pony (pl -nies)

popa *s* stern

popis o **popoff** *adj* posh

popote *s* (para beber) straw

popular *adj* **1** (conocido, apreciado) popular: *un cantante muy popular* a very popular singer **2** (del pueblo) popular: *la cultura popular* popular culture | *la voluntad popular* the will of the people

popularidad *s* popularity

por *preposición & pronombre*
- **prep** Expresiones como *por teléfono, por escrito, pasar por un lugar,* etc. están tratadas bajo *teléfono, escrito, pasar,* etc. ▶ ver recuadro
- **por qué pron**: *¿Por qué me mentiste?* Why did you lie to me? | *–No me gustó. –¿Por qué?* "I didn't like it." "Why?"/"Why not?" | *¿Por qué no pedimos una pizza?* Why don't we order a pizza? | *No entiendo por qué no quieres ir.* I can't understand why you don't want to go.

porcelana *s* porcelain | **un plato/una figura de porcelana** a porcelain plate/figure

porcentaje *s* percentage

porción *s* portion

pornografía *s* pornography

pornográfico, -a *adj* pornographic

poro *s* **1** (en la piel) pore **2** (vegetal) leek

porque *conj* because: *Llegué tarde porque perdí el tren.* I was late because I missed the train. | *–¿Por qué lo hiciste? –Porque sí.* "Why did you do it?" "Just because."

porqué *s* reason | **el porqué de algo** the reason for sth

porquería *sustantivo & sustantivo plural*
- **s** **1** (cosa de mala calidad) **ser una porquería** to be garbage (AmE), to be a load of rubbish (BrE): *El libro me pareció una porquería.* I thought the book was garbage. **2** (acto malintencionado) dirty trick | **hacerle una porquería a alguien** to play a dirty trick on sb
- **porquerías** *s pl* (comida chatarra) garbage *sing* (AmE), rubbish *sing* (BrE): *Comes muchas porquerías.* You eat a lot of garbage.

porra *sustantivo & sustantivo plural*
- **s** **1** (seguidores, aficionados) supporters *pl*, fans *pl*: *Las porras de los dos equipos se enfrentaron a golpes.* There was a fight between the supporters of the two teams. **2** (de apoyo) chant: *la porra del equipo* the team's chant **3** (de reconocimiento) cheer: *¡Una porra para el cocinero!* Three cheers for the cook!
- **porras** *s pl* **echarle porras a alguien** (en

deporte) to cheer sb on: *Fuimos a echarle porras al equipo del colegio.* We went to cheer the school team on.

porrista *s* **1** (de un equipo) fan **2** (animadora) cheerleader

portaaviones *s* aircraft carrier

portada *s* **1** (de una revista) (front) cover **2** (de un libro) cover **3** (de un disco) sleeve

portaequipajes *s* (en el techo de un coche) roof rack

portafolio o **portafolios** *s* briefcase

portal *s* (en Internet) portal

portarse *v* to behave: *¿Cómo se portaron?* How did they behave? | *Se portó como un tonto.* He behaved like an idiot. | **portarse bien** to behave, to behave yourself: *Si no nos portamos bien, nos van a echar.* If we don't behave, they're going to throw us out. | **¡pórtate/pórtense bien!** behave!, behave yourself/yourselves! | **portarse bien con alguien** to be good to sb: *Se portaron muy bien con nosotros.* They were very good to us. | **portarse mal** to misbehave: *No puedes ir porque te has portado mal.* You can't go because you've misbehaved. | **portarse mal con alguien** to treat sb badly: *Me he portado muy mal contigo.* I've treated you very badly.

portátil *adj* **una grabadora/un radio portátil** a portable tape recorder/radio

portavoz *s* (hombre) spokesman (pl -men), (mujer) spokeswoman (pl -women) ▶ Si no se sabe o no se quiere especificar el sexo, se usa **spokesperson** (cuyo plural puede ser **spokespersons** o **spokespeople**)

portazo *s* **cerrar la puerta de un portazo** to slam the door | **dar un portazo** to slam the door

portería *s* **1** (en deportes) goal **2** (vivienda del portero) superintendent's apartment (AmE), caretaker's flat (BrE)

portero, -a *s* **1** super (AmE), caretaker (BrE) ▶ Las traducciones anteriores son válidas para quien se ocupa de la limpieza y mantenimiento de un edificio de departamentos. La persona que atiende la puerta de un hotel, etc. es el **doorman** **2** (en deportes) goalkeeper

portorriqueño, -a *adj & s* ▶ ver **puertorriqueño**

Portugal *s* Portugal

portugués, -esa *adjetivo & sustantivo*
- **adj** Portuguese
- **s** (persona) **portugués** Portuguese man (pl men) | **portuguesa** Portuguese woman (pl women) | **los portugueses** the Portuguese
- **portugués** *s* (idioma) Portuguese

porvenir *s* future

posar *v* (para una foto, un retrato) to pose **posarse** *v* (ave) to perch

posdata *s* postscript

pose *s* **1** (postura) pose **2** (actitud fingida) pose | **estar siempre haciendo poses** to be always posing

por *preposición*

1 LUGAR

Iba caminando por la calle. She was walking down the street./She was walking along the street. | *Lo busqué por todos lados.* I've looked for it everywhere. | *Tiene que estar por aquí.* It must be around here somewhere. | *Viajamos por todo el país.* We traveled all over the country.

2 CAUSA

Me regañaron por llegar tarde. I was told off for being late. | *Se suspendió por la lluvia.* It was called off because of the rain.

3 MEDIO

por correo by mail | *por radio/televisión* on the radio/on television

4 MODO

por orden alfabético in alphabetical order | *Agrúpalos por tamaño/por color.* Group them by size/by color.

5 CAMBIO, REEMPLAZO

Cambié la pulsera por un collar. I exchanged the bracelet for a necklace. | *Consiguió el boleto por $500.* He got the ticket for $500. | *Yo firmé por ella.* I signed for her.

6 SENTIMIENTOS (= for)

lo que siento por ti what I feel for you

7 POR LO QUE RESPECTA A

por mí/por ella etc. as far as I'm concerned/as far as she's concerned etc.: *Por mí, hagan lo que quieran.* You can do what you like, as far as I'm concerned.

8 FINALIDAD

Lo hizo por ayudar. He did it to help. | *Haría cualquier cosa por ti.* I'd do anything for you.

9 PROPORCIÓN

uno por persona one per person | *cien kilómetros por hora* a hundred kilometers an hour | *1,200 bits por segundo* 1,200 bits per second

10 DURACIÓN (= for)

Estuvo fuera por tres semanas. He was away for three weeks.

11 EN MATEMÁTICAS

Dos por tres es seis. Two times three is six. | **multiplicar/dividir por cinco etc.** to multiply/to divide by five etc.

12 AGENTE

escrito -a/compuesto -a etc. por alguien written/composed etc. by sb

13 AUNQUE

por más que...: *Por más que insistas, no voy a ir.* No matter how much you insist, I'm not going. | *Por más que traté, no lo pude arreglar.* I tried my best but I couldn't fix it.

poseer *v* **1 2** (referido a cualidades, características) to have **3** (referido a propiedades inmobiliarias) to own

posesivo, -a *adj* **1** (celoso) possessive **2** (en gramática) possessive

posibilidad *s* possibility (pl -ties): *Hay varias posibilidades.* There are several possibilities. | **posibilidad/posibilidades de algo** ver ejemplos: *No todos tienen la posibilidad de viajar.* Not everyone has the chance to travel. | *Hay posibilidades de que ganen.* It's possible they could win./They have a chance of winning.

posible *adj* **1** possible: *una posible solución* a possible solution | *¿Es posible cambiar la fecha de regreso?* Is it possible to change the date of the return trip? | **es posible que vaya/gane etc.** she may go/win etc.: *Es posible que cambie de opinión.* He may change his mind. | *Es posible que vayamos a bailar.* We may go dancing. **2** **hice/hizo etc. todo lo posible** I did everything I could/he did everything he could etc.: *Va a hacer todo lo posible para ayudarnos.* She's going to do everything she can to help us. **3** **en lo posible** as far as possible: *Evite, en lo posible, usar lenguaje técnico.* Avoid using technical language, as far as possible. **4** **lo antes/mejor etc. posible** Usa la estructura as... as: *Ven lo más pronto posible.* Come as soon as you can. | *Trató de hacerlo lo mejor posible.* She tried to do it as well as she could. | *Gastó lo menos posible.* He spent as little as possible.

posición *s* **1** (postura) position | **estar en posición horizontal/vertical** to be horizontal/vertical **2** (en un orden) place: *Llegó en tercera posición.* She finished in third place./She came third. **3** (punto de vista) position

positivo, -a *adj* **1** positive: *una actitud positiva* a positive attitude **2** **dar/salir positivo -a** to be positive: *El análisis dio positivo.* The test was positive.

posponer *v* to postpone

pospretérito *s* conditional

postal *sustantivo & adjetivo*
- *s* postcard
- *adj* **servicio/trabajador -a postal** postal service/worker ▶ ver **código**

poste *s* **1** (de madera, hormigón, etc.) post ▶ Los de los cables de teléfono se llaman **telegraph poles** o **telephone poles** **2** (de una portería de futbol) post: *La pelota pegó en el poste.* The ball hit the post.

póster *s* poster

postergar *v* to postpone

posterior *adj* **1** (en el tiempo) subsequent: *un descubrimiento posterior* a subsequent discovery | **posterior a algo** after sth: *el día posterior a su renuncia* the day after he resigned **2** **en la parte posterior (de algo)** at the back (of sth): *una ventana en la parte posterior de la casa* a window at the back of the house

postigo s shutter

postizo, -a adj false ▶ ver **dentadura, diente**

postre s dessert, pudding (BrE) | **de postre** for dessert, for pudding (BrE): *¿Qué hay de postre?* What's for dessert?

chocolate cake

strawberry tart

donut

ice cream

apple pie

postularse v **postularse a la presidencia** to run for president | **postularse como candidato** to run as a candidate

postura s **1** (posición) position: *una postura muy incómoda* a very uncomfortable position **2** (punto de vista) position: *Tu postura no es clara.* Your position isn't clear.

potable ▶ ver **agua**

potencia s **1** (fuerza) power **2** (país poderoso) power: *una gran potencia mundial* a major world power **3** (en matemática) **a la quinta/décima etc. potencia** to the power of five/ten etc. **4 ser un asesino/un delincuente en potencia** to be a potential murderer/criminal

potente adj powerful

potrillo s foal

potro, -a s *sustantivo masculino & femenino & sustantivo masculino*

■ s masc & fem potro (macho) colt, (sin especificar el sexo) young horse | **potra** filly (pl -llies)

■ potro s masc (en gimnasia) horse, vaulting horse

pozo s **1** (hoyo) hole: *Se cayó en un pozo.* She fell down a hole. | **hacer un pozo** to dig a hole: *Hicimos un pozo en la arena.* We dug a hole in the sand. **2** (de agua, de petróleo) well: *un pozo de petróleo* an oil well **3** (en juegos de cartas) pile

práctica *sustantivo & sustantivo plural*

■ s **1** (entrenamiento) practice: *Necesito un poco más de práctica.* I need a little more practice. **2** (opuesto a teoría) practice | **en la práctica** in practice: *En la práctica es más complicado.* In practice it's more complicated. | **poner algo en práctica** to put sth into practice: *Puso en práctica lo que había aprendido.* She put what she had learned into practice. **3** (costumbre) practice

■ **prácticas** s pl (de profesorado) student teaching (AmE), teaching practice (BrE) | **hacer las prácticas** to do your student teaching, to do your teaching practice: *Hizo las prácticas en mi colegio.* She did her student teaching at my school.

prácticamente adv practically: *Es prácticamente imposible.* It's practically impossible.

practicar v **1** (ejercitar) to practice (AmE), to practise (BrE): *Quiero ir para practicar el inglés.* I want to go so that I can practice my English. **2 practicar un deporte** to do a sport: *¿Qué deportes practicas?* What sports do you do? | *Ahí puedes practicar todo tipo de deportes acuáticos.* You can do all sorts of water sports there. ▶ También existe **to practice** en inglés americano y **to practise** en inglés británico, que son más formales. Si se menciona el nombre del deporte, la traducción cambia: *Practica la natación.* He goes swimming./He swims. | *Practico el surf.* I go surfing./I surf. | *Practican el golf.* They play golf. **3 practicar la medicina/la abogacía** to practice medicine/law (AmE), to practise medicine/law (BrE) **4 practicarle una operación a alguien** to perform an operation on sb

práctico, -a adj practical

precaución s **por precaución** as a precaution, to be on the safe side ▶ **to be on the safe side** es más coloquial: *Tomó el medicamento por precaución.*/He took the medicine as a precaution./He took the medicine to be on the safe side. | **tener la precaución de hacer algo** to take the precaution of doing sth: *Tuve la precaución de sacarle una fotocopia.* I took the precaution of making a photocopy. | **con precaución** carefully: *Circule con precaución.* Drive carefully. | **tomar precauciones** to take precautions: *Tomamos las precauciones necesarias.* We took the necessary precautions.

preceder v **preceder a algo** to precede sth

precio s price: *el precio del petróleo* the price of oil | **¿qué precio tiene?** how much is it?: *¿Qué precio tiene esta camisa?* How much is this shirt? | **a precio de costo** at cost price

precioso, -a adj beautiful, lovely ▶ **piedra**

precipicio s precipice

precipitado, -a adj (decisión, respuesta) hasty

precipitarse v **1** (al actuar) to be hasty: *No te precipites.* Don't be hasty./Don't rush into things. **2** (caerse) to plunge: *El camión se precipitó por el acantilado.* The truck plunged over the cliff.

precisamente adv precisely: *Eso es precisamente lo que iba a decir.* That's precisely what I was going to say. | *¿Tiene que ser precisamente ahora?* Does it have to be right now?

precisar v **1** (necesitar) **precisar de algo** to need sth: *Se precisa de mucha paciencia para trabajar con niños.* You need a lot of patience to work with children. **2** (especificar) to specify

precisión s (exactitud) precision | **con precisión** precisely

preciso, -a adj **1** (exacto) precise: *en ese preciso instante* at that precise moment | *Tienes que ser más preciso.* You have to be more precise. **2 es preciso esperar/ponerse de acuerdo etc.** you must wait/reach an agreement etc. | **es preciso que lo sepa/que esté presente etc.** he must be told/be present etc.

precolombino, -a *adj* pre-Columbian

precoz *adj* **1** (niño) precocious **2 diagnóstico precoz** early diagnosis | **vejez precoz** premature aging (AmE), premature ageing (BrE)

predecir *v* to predict | **predecirle el futuro a alguien** to tell sb's fortune

predicado *s* predicate

predominante *adj* predominant

preescolar *adjetivo & sustantivo*
■ *adj* **educación preescolar** preschool education
■ *s* preschool, kindergarten, nursery school

prefabricado, -a *adj* prefabricated

prefacio *s* preface

preferencia *s* **1** (predilección) preference: *su preferencia por la música tecno* his preference for techno music | **tiene preferencia por María/ los niños etc.** María is her favorite/the boys are her favorite etc. (AmE), María is her favourite/ the boys are her favourite etc. (BrE) **2** (prioridad) **darle preferencia a algo/alguien** to give priority to sth/sb | **tener la preferencia** (en el tránsito) to have right of way, to have priority

preferible *adj* **preferible a algo** preferable to sth: *Cualquier cosa es preferible a pasar la semana con ellos.* Anything is preferable to spending the week with them. | **es preferible esperar/volver etc.** it would be better to wait/go back etc. | **es preferible que vengas mañana/que te quedes etc.** it would be better if you came tomorrow/if you stayed etc.

preferido, -a *adjetivo & sustantivo*
■ *adj* favorite (AmE), favourite (BrE): *Es mi comida preferida.* It's my favorite dish.
■ *s* favorite (AmE), favourite (BrE): *la preferida de la maestra* the teacher's favorite

preferir *v* ▶ ver recuadro

prefijo *s* prefix (pl -xes)

pregunta *s* question | **hacer una pregunta** to ask a question: *¿Puedo hacer una pregunta?* Can I ask a question? | **hacerle una pregunta a alguien** to ask sb a question: *Le hizo una pregunta impertinente.* He asked her an impertinent question. | **¿Te puedo hacer una pregunta?** Can I ask you something?/Can I ask you a question?

preguntar *v* (indagar) to ask: *Voy a preguntar dónde está la biblioteca.* I'm going to ask where the library is. | **preguntarle algo a alguien** to ask sb sth: *Me preguntó quién era.* She asked me who I was. | *Pregúntame lo que quieras.* Ask me whatever you want. | **preguntar por algo** to ask about sth: *Fui a preguntar por los cursos de inglés.* I went to ask about the English courses. | **preguntar por alguien (a)** (para verlo, hablar con él, etc.) to ask for sb: *Preguntan por Juan.* Somebody is asking for Juan. **(b)** (para saber cómo está, etc.) to ask after sb: *Me preguntó por ti.* He asked after you.

preguntarse *v* to wonder: *Me pregunto qué habrá pasado.* I wonder what has happened.

---

preferir

1 La traducción general es **to prefer** aunque también son frecuentes frases con **to like ... better**:

Prefiero el azul. I prefer the blue one./I like the blue one better. | *Prefiero esta profesora a la del año pasado.* I prefer this teacher to the one we had last year./I like this teacher better than the one we had last year.

2 Cuando va seguido de un verbo, la traducción depende de si se trata de preferencias generales o una ocasión determinada:

PREFERENCIAS GENERALES

Prefiero comer temprano. I prefer to have lunch early. | *Prefiere viajar de noche.* He prefers to travel at night.

EN UNA OCASIÓN DETERMINADA

prefiero quedarme/esperar etc. I'd rather stay/ wait etc.: *Prefiero ir en tren.* I'd rather go by train. | *Los niños prefieren ir a la playa.* The children would rather go to the beach. | **prefiero que te quedes/que me acompañes etc.** I'd rather you stayed/you came with me etc./ I'd prefer you to stay/come with me etc.: *Prefiero que no lo invites.* I'd rather you didn't invite him./I'd prefer you not to invite him. | *¿Prefieres que te espere aquí?* Would you rather I waited here?/Would you prefer me to wait here? | *Preferiría que no fumaras en la casa.* I'd rather you didn't smoke in the house./I'd prefer you not to smoke in the house.

3 Cuando *preferir* se usa en el pretérito para expresar una decisión, se traduce por **to choose**:

Prefirieron quedarse en casa. They chose to stay at home.

---

prehispánico, -a *adj* pre-hispanic

prehistórico, -a *adj* prehistoric

prejuicio *s* prejudice: *prejuicios raciales/ religiosos* racial/religious prejudices | **tener prejuicios** to be prejudiced: *Tiene muchos prejuicios.* He's very prejudiced.

prejuicioso, -a *adj* prejudiced

prematuro, -a *adj* premature

premiado, -a *adj* **1 una novela premiada** a prize-winning novel | **una película premiada** an award-winning movie | **una actriz premiada/un escritor premiado** an award-winning actress/ writer **2 el número premiado** the winning number

premiar *v* **premiar a alguien (a)** (darle un premio, un galardón, etc.) to give sb an award: *Lo premiaron por segunda vez.* He was given an award for the second time./He received an award for the second time. **(b)** (recompensarlo) to reward sb: *Lo premiaron con un ascenso.* They rewarded him with a promotion. | **premiar un**

libro/una película etc. to give an award to a book/a movie etc., to award a prize to a book/a movie etc.

premio s **1** (galardón) prize, award | **darle un premio a alguien** to award sb a prize: *Le dieron un premio por su actuación.* He was awarded a prize for his performance. **2** (en la lotería) prize
premio de consolación consolation prize

prenda s **prenda (de vestir)** garment: *prendas de invierno* winter garments
prendas de lana s pl woolens (AmE), woollens (BrE) **prendas íntimas** s pl underwear *sing*

prendedor s (alhaja) brooch (pl -ches)

prender v **1 prender la luz/el televisor etc.** to turn the light/the television etc. on, to switch the light/the television etc. on: *Prende el radio.* Turn the radio on./Switch the radio on. **2** (un cigarro, el fuego) to light: *Prendió un cigarro.* He lit a cigarette. **3 prenderle fuego a algo** to set fire to sth: *Le prendieron fuego al granero.* They set fire to the barn **4** (empezar a arder) to catch: *Esta madera no prende.* This wood won't catch. **5** (echar raíces) to take: *El esqueje prendió enseguida.* The cutting soon took.

prendido, -a adj **1** (animado) ver ejemplos: *La fiesta estuvo super prendida.* The party was a real humdinger. | *Es un cuate bien prendido.* He's a real live wire. **2** (enojado) mad

prensa s **1 la prensa (a)** (los periodistas, los medios de comunicación) the press **(b)** (los periódicos) the newspapers, the papers **2** (aparato) press (pl -sses) ▶ ver **conferencia**
prensa amarillista gutter press, tabloids

preocupación s worry (pl -rries): *Tiene muchas preocupaciones.* He has a lot of worries. ▶ Cuando el énfasis no está en la ansiedad sino en lo que a uno le importa o le interesa, se usa **concern**: *Ésa es mi mayor preocupación en este momento.* That is my biggest concern at the moment. ▶ **concern** también se usa cuando se trata de una preocupación compartida por mucha gente: *Crece la preocupación por la salud del presidente.* There is growing concern over the president's health.

preocupado, -a adj **estar preocupado -a (por algo/alguien)** to be worried (about sth/sb), to be concerned (about sth/sb) ▶ **to be concerned** es más formal: *Estoy preocupada por la abuela.* I'm worried about Grandma.

preocupante adj worrying

preocupar v **1** (inquietar) to worry ▶ También existe **to concern** que es más formal: *No se lo dije para no preocuparla.* I didn't tell her because I didn't want to worry her. | **me/le dice.** **preocupa** I'm/he's etc. worried ▶ También se puede decir **I'm/he's etc. concerned** pero es más formal: *Nos preocupa que no hayan vuelto todavía.* We're worried that they haven't come back yet./We're concerned that they haven't come back yet. | *Me preocupan sus calificaciones.* I'm worried about his grades./I'm concerned about

his grades. **2** (importar) **lo que me/le etc. preocupa** what I'm/she's etc. bothered about, what I'm/she's etc. concerned about: *Lo único que le preocupa es el dinero.* All he's bothered about is money./The only thing he's concerned about is money.

preocuparse v (inquietarse) to worry: *No te preocupes.* Don't worry. | **preocuparse por algo/ alguien** to worry about sth/sb: *Se preocupa por cualquier cosa.* She worries about the slightest thing.

prepa s ▶ ver **preparatoria**

preparación s **1** (trabajo anterior) preparation: *Llevó meses de preparación.* It took months of preparation./It took months to prepare. **2** (conocimientos) **tener mucha preparación** to be well qualified

preparado, -a adj **1** (listo) ready: *Ya está todo preparado.* Everything's ready. **2** (para un examen, una entrevista) well prepared: *Están muy bien preparados.* They are very well prepared.

preparador, -a s preparador -a (físico -a) trainer

preparar v to prepare: *Está preparando el informe.* She's preparing the report. | **preparar la comida/el desayuno etc.** to make lunch/ breakfast etc., to fix lunch/breakfast etc. (AmE): *¿Quién va a preparar el desayuno?* Who's going to make breakfast?

prepararse v to get ready: *Prepárate que nos vamos enseguida.* Get ready, we're leaving in a minute. | **prepararse para algo (a)** (arreglarse) to get ready for sth: *Nos estábamos preparando para la fiesta.* We were getting ready for the party. **(b)** (para un examen, un partido) to prepare for sth: *Se está preparando para el examen de inglés.* She's preparing for her English exam. **(c)** (anímicamente) to prepare yourself for sth: *Prepárense para una sorpresa.* Prepare yourselves for a surprise.

preparativos s pl preparations | **los preparativos de la boda/la fiesta etc.** preparations for the wedding/party etc.

preparatoria s La preparatoria mexicana equivale aproximadamente al **senior high school** americano y a los **A Levels** británicos

preposición s preposition

presa s **1** (de caza) prey **2** (construcción) reservoir

presagio s omen | **un buen/mal presagio** a good/bad omen

prescindir v **prescindir de algo/alguien** to do without sth/sb: *No puedo prescindir de mis amigos.* I can't do without my friends.

presencia s **1** (asistencia) presence | **en presencia de alguien** in front of sb: *Lo dijo en presencia de todos.* He said it in front of everybody. ▶ En contextos formales se usa **in the presence of sb**: *Debe firmarse en presencia de dos testigos.* It must be signed in the presence of two witnesses.

2 (aspecto) **buena presencia** a nice appearance: *Piden buena presencia.* They want someone with a nice appearance.

presenciar *v* to witness

presentación *s* **1** (aspecto) presentation: *La presentación es muy importante.* Presentation is very important. **2** (de una persona) introduction: *una carta de presentación* a letter of introduction | **hacer las presentaciones** to do the introductions **3** (de un libro, un producto) launch (pl -ches) **4** (acción de exponer) presentation | **hacer una presentación** to give a presentation: *Tengo que hacer una presentación del proyecto.* I have to give a presentation on the project.

presentador, -a *s* (de un concurso, etc.) presenter, (de un noticiero)

presentar *v* **1 presentarle alguien a alguien** to introduce sb to sb: *Me presentó a sus padres.* She introduced me to her parents. | *¿Cuándo me vas a presentar a tu novio?* When are you going to introduce me to your boyfriend? | **te presento a Gabi/Matías etc.** this is Gabi/Matías etc.: *Te presento a mi amiga Viviana.* This is my friend Viviana. ▶ **I'd like you to meet...** es un poco más formal: *Le presento al Sr. López.* I'd like you to meet Mr. López. **2** (un documento) to submit: *¿Hasta cuándo puedo presentar la solicitud?* How long do I have to submit the application?/When does the application have to be in by? **3** (una propuesta, un plan) to put forward, to present: *Van a presentar un nuevo plan.* They are going to present a new plan./They are going to put forward a new plan. **4** (un libro, un producto) to launch **5** (un programa, el informativo) to present **6** (una queja) to make ▶ ver **renuncia**

presentarse *v* **1 presentarse (a un examen)** to take an exam: *No me voy a presentar.* I'm not going to take the exam. **2 presentarse a las elecciones** to run for election **3** (aparecer) to turn up

presente *adjetivo, sustantivo & interjección*
■ *adj* **1 estar presente** La espresión **to be present** es bastante formal. Si el contexto no es formal, usa **to be here/there**: *No estuvo presente en la reunión.* He wasn't present at the meeting. | *Yo no estaba presente cuando lo dijo.* I wasn't there when he said it. | *Estamos todos presentes.* We're all here. **2 tener algo presente** to bear sth in mind, to remember sth: *Lo tendré presente para la próxima vez.* I'll bear it in mind for next time./I'll remember it next time. **3** (actual) present: *en el momento presente* at the present moment
■ *s* **1** (momento actual) present **2** (tiempo verbal) **el presente** the present, the present tense
■ **¡presente!** *interj* here!: —*¿Pedro Carmona?* —*¡Presente!* "Pedro Carmona?" "Here!"

presentimiento *s* **tener el presentimiento de que...** to have a feeling that...: *Tengo el presentimiento de que me va a llamar.* I have a feeling that he's going to call me.

preservativo *s* condom

presidente, -a *s* **1** (de un país, un gobierno) president **2** (de una organización, un club, etc.) Se usa **chairman** (plural **chairmen**) para referirse a un hombre. Para referirse a una mujer existe el término **chairwoman** (plural **chairwomen**) pero es más frecuente el uso de **chairperson** o **chair**, que no hacen distinción de género. En inglés americano se usa **president** cuando se trata del presidente o la presidenta de una empresa.

presión *s* **1** (sobre una persona, un gobierno, etc.) pressure: *Tengo muchas presiones.* I'm under a lot of pressure. **2 presión (arterial)** blood pressure | **tener la presión alta/baja** to have high/low blood pressure **3 presión (atmosférica)** atmospheric pressure: *Hay baja presión.* The atmospheric pressure is low.

presionar *v* **1 presionar a alguien (para que haga algo)** to pressure sb (to do sth): *No la presiones.* Don't pressure her. | *Me presionan para que se lo diga.* They're pressuring me to tell him. **2** (un botón, una tecla) to press

preso, -a *adjetivo & sustantivo*
■ *adj* **estar preso -a** to be in prison: *Estuvo tres años preso.* He was in prison for three years. | **poner/meter preso -a a alguien** to put sb in prison | **llevar preso -a a alguien** to arrest sb
■ *s* prisoner
preso -a político -a political prisoner

prestado, -a *adj* **1 le pedí prestado el mapa/el martillo etc.** I asked if I could borrow his map/his hammer etc., I borrowed his map/his hammer etc. ▶ Con la primera traducción no estás diciendo si te lo prestó o no: *Le pedí prestada la bicicleta y me dijo que no.* I asked if I could borrow his bike and he said no. | *Le pedí prestada la bicicleta y me fui hasta la playa.* I borrowed his bike and rode down to the beach. | *¿Por qué no le pides la chaqueta prestada a Roberto?* Why don't you ask Roberto if you can borrow his jacket? | *No me pidas más dinero prestado.* Don't ask me to lend you any more money. **2 la tienda/la maleta etc. es prestada** we've borrowed the tent/the suitcase etc.: *El disfraz era prestado.* She had borrowed the costume.

préstamo *s* loan | **pedir un préstamo** to ask for a loan ▶ También existe **to apply for a loan** que es más formal | **darle/concederle un préstamo a alguien** to give sb a loan

prestar *v* **1** to lend: *Le presté el dinero que necesitaba.* I lent them the money he needed. ▶ Es muy frecuente el uso del verbo **to borrow**, sobre todo al pedir algo prestado. El sujeto de **to borrow** es la persona que pide algo prestado: *¿Me prestas este CD?* Can I borrow this CD? | *Le presté el coche a Leo.* I lent Leo the car./Leo borrowed my car. | *Pídele que te preste el diccionario.* Ask him if you can borrow his dictionary. **2** ▶ ver **atención**
prestarse *v* **1 nos prestamos la ropa/los libros etc.** we borrow each other's clothes/books

etc. **2 se presta a malentendidos/a confusión**
etc. it lends itself to misunderstandings/
confusion etc.

prestigio s prestige | **un profesional/una univer-
sidad etc. de prestigio** a prestigious
professional/university etc.

presumir v **1** (hacer alarde) to show off | **pre-
sumir de algo** to boast about sth: *Presume de que
su papá tiene muchas influencias.* She boasts
about her dad having a lot of influential friends.
2 (exhibir con orgullo) to show off | **presumirle
algo a alguien** to show off sth to sb: *Nos presu-
mió su nueva computadora.* He showed off his
new computer to us. **3** (suponer) to presume,
to assume

presupuesto s **1** (dinero disponible) budget:
Me pasé del presupuesto. I went over my budget.
2 (para un trabajo) estimate: *Le pedí un presupuesto al carpintero.* I asked the carpenter for an
estimate. **3** (plan de gastos) budget: *Les apro-
baron el presupuesto.* Their budget has been
approved.

pretender v **1** (querer) to expect: *No sé qué es lo
que pretenden.* I don't know what they expect. |
pretender algo de alguien to expect sth of sb: *No
pueden pretender eso de nosotros.* They can't
expect that of us. **2** (intentar) **pretender hacer
algo** to try to do sth: *los objetivos que pretenden
alcanzar* the objectives they are trying to achieve

pretensiones s pl **tener pretensiones** to be pretentious: *Tiene muchas pretensiones.* She's very
pretentious. | **sin pretensiones** unpretentious:
una película sin pretensiones an unpretentious
movie

pretérito s
el pretérito indefinido the simple past **el
pretérito perfecto** the present perfect

pretexto s **con el pretexto de** on the pretext of:
Entró con el pretexto de llevarle un café. She went
in on the pretext of taking him a coffee. | **un
pretexto para hacer algo** an excuse for doing sth:
Siempre tiene algún pretexto para no estudiar. She
always has some excuse for not studying.

prevención s (de una enfermedad, un accidente)
prevention

prevenir v (una enfermedad, un accidente) to
prevent: *un producto para prevenir las caries* a
product to prevent tooth decay

preventiva s yellow light (AmE), amber (BrE):
Me pasé la preventiva. I ran a yellow light./I
went through on amber.

prever v to anticipate: *No previmos que pudiera
pasar esto.* We didn't anticipate this happening.

previo, -a adj **1** previous: *Piden experiencia
previa.* They require previous experience.
2 sin previo aviso without warning: *Se presentó
sin previo aviso.* He turned up without warning.

previsible adj predictable

previsto, -a adj **1 estar previsto -a** to be
planned: *Su visita está prevista para mañana.*
Her visit is planned for tomorrow. | *Todo salió
como estaba previsto.* Everything turned out as
planned. **2 tener algo previsto -a** to have sth
planned: *Tienen previstos varios viajes.* They
have several trips planned. | **tener previsto
hacer algo** to plan to do sth

primaria s elementary education (AmE), primary education (BrE): *Hizo toda la primaria en el
mismo colegio.* She did all of her elementary
education at the same school. | *Todavía está en
primaria.* She's still in elementary school.

primario, -a adj **1 un color primario** a primary color (AmE), a primary colour (BrE) **2 las
necesidades primarias** the basic needs
▶ ver **enseñanza, escuela**

primavera s spring ▶ ver "Active Box" **estaciones del año** en **estación**

primer ▶ ver **primero**

primera s **1** (velocidad) first gear: *Pon primera.* Put it in first gear./Put it in first. **2** (en
un avión, tren) first class: *Éste es el vagón de
primera.* This is the first-class car. | **viajar en
primera** to travel first class **3** (en futbol) **primera (división)** First Division: *Juega en primera.*
He plays in the First Division. **4 a la primera**
at the first attempt: *Lo hizo bien a la primera.*
She did it all right at the first attempt.

En el futbol británico, la división más alta
se llama **the Premier League** (en Escocia
the Scottish Premier League). La categoría
siguiente a ésta es **the First Division**, que
equivale a la segunda de otros países.

primero, -a número & adverbio
■ **número** first: *la primera vez* the first time | *Fue
la primera en darse cuenta.* She was the first one
to realize. | **salir/llegar etc. (de) primero -a** to
come first | **ser el primero/la primera de la clase**
to be top of the class ▶ La fecha *May 1st* se lee
May first en inglés americano y **May the first** en
inglés británico. En nombres de monarcas, **first** va
precedido de **the** en inglés: **Charles I** se lee
Charles the first
■ **primero** adv first: *Primero me quiero lavar las
manos.* I want to wash my hands first. | *Primero
leamos las instrucciones.* Let's read the instructions first.
primera clase s first class: *Me gustaría viajar
en primera clase.* I'd like to travel first class.
primera dama s First Lady **primera fila** s
front row: *Nos sentamos en primera fila.* We sat
in the front row. **primera plana** s front page
primer ministro/primera ministra s Prime
Minister **primeros auxilios** s pl first aid
primer plano s close-up

primitivo, -a *adj* **1** (en historia) primitive: *el hombre primitivo* primitive man **2** (poco evolucionado) primitive: *una tribu primitiva* a primitive tribe **3** (original, originario) original: *los primitivos habitantes de la zona* the original inhabitants of the area

primo, -a *sustantivo & adjetivo*
■ *s* cousin: *Somos primos.* We're cousins.
   primo -a hermano -a first cousin **primo -a segundo -a** second cousin
■ *adj* ▶ ver **materia, número**

princesa *s* princess (pl -sses) | **la Princesa Ana** Princess Anne

principal *adj* **1** main: *el principal problema* the main problem **2** **lo principal** the main thing: *Lo principal es que estás bien.* The main thing is that you're all right.

príncipe *sustantivo & sustantivo plural*
■ *s* prince | **el Príncipe Carlos** Prince Charles
   príncipe azul Prince Charming ▶ Se usa sin artículo y generalmente sin posesivo: *Sigue esperando a su príncipe azul.* She's still waiting for Prince Charming. **príncipe heredero** crown prince
■ **príncipes** *s pl* (príncipe y princesa) **los príncipes** the prince and princess

principiante, -a *s* beginner

principio *s* **1** (inicio) beginning: *Empieza por el principio.* Start at the beginning. | **a principios de mes/año etc.** at the beginning of the month/year etc. | **al principio** (en un primer momento) at first: *Al principio no me gustaba.* I didn't like it at first. | **al principio (de la película/del cuento etc.)** at the beginning (of the movie/the story etc.) | **desde el principio** from the beginning **2** **en principio** in principle: *En principio, llegan mañana.* In principle, they're arriving tomorrow. **3** (ideal, valor) principle: *una persona sin principios* somebody without principles | **por principio** on principle: *No pienso hacerlo por principio.* I don't intend to do it on principle. **4** (concepto fundamental) law: *el principio de inercia* the law of inertia

prioridad *s* priority (pl -ties) | **darle prioridad a algo** to give sth priority

prisa *sustantivo & sustantivo plural*
■ *s* **a/de prisa** fast: *No leas tan a prisa que no entiendo nada.* Don't read so fast, I can't understand a thing. | **de prisa y corriendo** in a rush: *Lo hice de prisa y corriendo.* I did it in a rush. | *Salimos de prisa y corriendo para la estación.* We rushed off to the station. | **tener prisa** to be in a hurry: *Tengo mucha prisa.* I'm in a great hurry. | **darse prisa** to hurry, to hurry up: *Date prisa o llegaremos tarde.* Hurry up or we'll be late. | **correr prisa** to be urgent | **meterle prisa a alguien** to hurry sb
■ **prisas** *s pl* (apremio) ver ejemplos: *Con las prisas se me olvidó el boleto.* In the rush I forgot my

ticket. | *No me salió muy bien, todo por las prisas.* It didn't come out very well, all because I was in a hurry.

prisión *s* prison | **condenar a alguien a tres/siete etc. años de prisión** to sentence sb to three/seven etc. years in prison

prisionero, -a *s* prisoner
   prisionero -a de guerra prisoner of war

privado, -a *adj* **1** (íntimo) private | **en privado** in private: *Necesito hablar con usted en privado.* I need to talk to you in private. **2** (colegio, clínica) private ▶ ver **detective**

privilegiado, -a *adjetivo & sustantivo*
■ *adj* **1** (aventajado) privileged: *las clases privilegiadas* the privileged classes **2** (extraordinario) exceptional: *un cerebro privilegiado* an exceptional mind
■ *s* **ser un privilegiado/una privilegiada** to be very privileged | **los privilegiados** the privileged

privilegio *s* privilege

pro *sustantivo & sustantivo plural*
■ *s* **en pro de** for: *su trabajo en pro de la paz* their work for peace
■ **pros** *s pl* **los pro(s) y los contra(s)** the pros and cons

proa *s* bow

probabilidad *s* **1** (chance) chance: *¿Hay alguna probabilidad?* Is there any chance? | **tener pocas/muchas probabilidades** to have little chance/a good chance: *Tiene muchas probabilidades de ser seleccionado.* He has a good chance of being selected. | *¿Qué probabilidades tiene?* What are his chances? **2** (en matemáticas) probability (pl -ties)

probable *adj* **ser/parecer probable** to be/to seem likely | **ser/parecer poco probable** to be/to seem unlikely ▶ Cuando *es probable* se usa como respuesta, se traduce por *probably*: *–¿Se van de viaje? –Es probable.* "Are you going away?" "Probably." | **es probable que venga/gane etc.** she'll probably come/win etc., she's likely to come/win etc.: *Es probable que llueva.* It will probably rain./It's likely to rain. | *Es muy probable que vuelva a suceder.* It's very likely to happen again./It'll very probably happen again. | *Es probable que no haya entendido.* He probably didn't understand. | **lo más probable es que vuelva/que se haya olvidado etc.** he'll most likely come back/he most likely forgot etc.: *Lo más probable es que ya lo tenga.* He most likely has it already.

probador *s* fitting room

probar *v* **1** (una comida, una bebida) Se dice **to try** cuando se trata de probar algo por primera vez y **to taste** cuando se prueba algo para ver cómo está: *Nunca probé el faisán.* I've never tried pheasant. | *Prueba la salsa a ver qué te parece.* Taste the sauce and see what you think. **2** (intentar) to try: *Probemos de nuevo.* Let's try again. | **probar haciendo algo** to try doing sth: *Probemos poniéndole crema.* Let's try adding some cream. | **probar (a) hacer algo** to try doing sth: *Prueba a hacerlo otra vez.* Try doing it again. **3** (demostrar) to prove: *Nunca probaron esa teoría.* That theory has never been proved. **4** (un aparato) (para ver cómo funciona) **probar algo** to try sth out: *Pruébalo antes de comprarlo.* Try it out before you buy it.

probarse *v* probarse una falda/unos anteojos etc. to try on a skirt/a pair of glasses etc.: *¿Me puedo probar estos pantalones?* Can I try on these pants?

probeta *s* test tube

problema *s* **1** (dificultad, inconveniente) problem: *Tengo un serio problema.* I have a serious problem. | *No hay problema.* There's no problem. | ▶ Es frecuente el uso de **trouble**, que es un sustantivo incontable: *El problema es que queda muy lejos.* The trouble is it's a long way away. | *Hice los ejercicios sin ningún problema.* I did the exercises without any trouble. | *Tuve muchos problemas para llegar.* I had a lot of trouble getting here. **2 hacerse problema** to worry: *No te hagas problema.* Don't worry. **3** (en matemáticas) problem

procedente *adj* **procedente de** from: *un avión procedente de Nueva York* a plane from New York

proceder *v* **proceder de Italia/Japón etc.** to come from Italy/Japan etc.

procedimiento *s* procedure

prócer *s* national hero (pl -roes)

procesador *s* **1** processor **2 procesador (de alimentos)** food processor
procesador de textos word processor

procesar *v* **1** (a una persona) to try **2** (información) to process **3** (un material, una sustancia) to process

procesión *s* procession

proceso *s* **1** (evolución) process (pl -sses): *un proceso de cambio* a process of change **2** (judicial) proceedings *pl*

procurar *v* **procurar hacer algo** to try to do sth: *Procura comer menos y hacer más ejercicio.* Try to eat less and take more exercise. | *Procura no olvidarte.* Try not to forget. | **procurar que...** to try to make sure (that)...: *Procura que no te vean.* Try to make sure they don't see you.

prodigio ▶ ver **niño**

producción *s* **1** (en la industria) production: *la producción de carbón/petróleo* coal/oil production | *un aumento/descenso de la producción* an increase/a fall in production **2** (en agricultura) production: *la producción de cereales* cereal production **3** (de una película, un programa de televisión) production

producir *v* **1** (país, empresa) to produce: *un país que produce trigo* a country that produces wheat **2** (elaborar, crear) to produce: *El páncreas produce insulina.* The pancreas produces insulin. **3** (causar) to cause: *Produjo muchos*

problemas. It caused a lot of problems. **4** (en cine, televisión) to produce

producto *s* **1** (lo producido) product: *productos de mala calidad* poor-quality products **2** (resultado) **ser el producto de algo** to be the product of sth: *el producto de nuestro esfuerzo* the product of our efforts
producto interno bruto gross domestic product **producto de belleza** beauty product
productos agrícolas *s pl* farm produce *sing*

productor, -a *sustantivo & adjetivo*
■ *s* **1** (en cine, televisión, etc.) producer **2** (en la industria, agricultura) producer
■ *adj* **un país productor de petróleo** an oil-producing country, a country that produces oil

proeza *s* feat: *Fue toda una proeza.* It was quite a feat.

profesión *s* profession

profesional *adjetivo & sustantivo*
■ *adj* **1** (no amateur) professional: *un jugador profesional* a professional player **2** (en la manera de actuar) professional: *Es muy profesional.* He's very professional.
■ *s* **1** (médico, abogado, etc.) professional **2** (persona no amateur) professional

profesionista *s* professional

profesor, -a *s* **1** (en la escuela) teacher: *la profesora de inglés* the English teacher **2** (en la universidad) ▶ ver nota en **professor 3** (de natación, tenis, etc.) coach (pl -ches)

profesorado *s* **1** (de un país) teachers *pl*: *mejoras salariales para el profesorado* increased pay for teachers **2** (de una institución educativa) faculty (AmE), teaching staff (BrE)

profeta *s* prophet

profundidad *s* **1** (de un lago, una alberca) depth | **tener 30 centímetros/10 metros etc. de profundidad** to be 30 centimeters/10 meters etc. deep | **¿qué profundidad tiene?** how deep is it? **2 estudiar/analizar algo en profundidad** to study/to analyze sth in depth

profundo, -a *adj* **1** (alberca, río) deep: *Es un río poco profundo.* It's not a very deep river. **2** (herida, corte) deep **3** (sueño) deep | **tener el sueño profundo** to be a heavy sleeper **4** (tristeza) deep, profound **5** (amor) deep **6** (pensamiento) profound **7** (conocimientos) in-depth

programa *s* **1** (de televisión, radio) program (AmE), programme (BrE): *un programa de MTV* an MTV program **2** (en informática) program: *un programa de hojas de cálculo* a spreadsheet program **3** (de una materia) syllabus (pl syllabuses o syllabi): *el programa de matemáticas* the math syllabus **4 programa (de estudios)** syllabus (pl syllabi) **5** (de actividades) schedule: *un programa muy apretado* a very busy schedule **6** (folleto) program (AmE), programme (BrE) **7** (de una lavadora, un lavavajillas) program (AmE), programme (BrE)
programa de concursos game show

programación s **1** (en informática) programming: *un curso de programación* a programming course **2** (de televisión, radio) programs *pl* (AmE), programmes *pl* (BrE)

programador, -a s programmer

programar v **1** (una lavadora, una videocasetera) to program (AmE), to programme (BrE) **2** (en informática) to program

progresar v to make progress: *Está progresando mucho en matemáticas.* She's making a lot of progress in math.

progreso s progress ▶ **progress** es un sustantivo incontable y no tiene plural: *los enormes progresos de la ciencia y la técnica* the great progress in science and technology | **hacer progresos** to make progress: *Está haciendo muchos progresos en el colegio.* She's making a lot of progress at school.

prohibido, -a adj **1 estar prohibido -a** to be forbidden, to be prohibited: *Está prohibido el uso de teléfonos celulares.* The use of cellphones is forbidden./The use of cell phones is prohibited. ▶ En contextos menos formales se usan expresiones con **not to be allowed**: El sujeto puede ser tanto la persona como lo que está prohibido: *Está prohibido comer aquí.* You aren't allowed to eat in here./Eating isn't allowed in here. | **"prohibido fumar"** "no smoking" | **"prohibido estacionar"** "no parking" **2** (libro, partido político, etc.) banned: *una droga prohibida* a banned drug

prohibir v to forbid: *Te prohíbo que lo llames.* I forbid you to call him. | *Le prohibieron salir.* They forbade him to go out. ▶ **to forbid** es bastante formal y enfático. A menudo se usa **not to allow (sb to do sth)** o **to tell (sb not to do sth)**: *Nos han prohibido jugar futbol en el recreo.* We aren't allowed to play soccer during recess. | *El médico le prohibió el alcohol.* The doctor told him not to drink alcohol. | **prohibir algo** (mediante una ley, una disposición) to ban sth, to prohibit sth: *Prohibieron la pirotecnia en las calles.* They have banned/prohibited the setting off of fireworks in the streets.

prójimo s **el amor al prójimo** love for your fellow human beings | **ayudar al prójimo** to help others

prólogo s preface

prolongar v **1** (un plazo, un curso, etc.) to extend: *Prolongaron el plazo de inscripción.* They have extended the enrollment period. **2 prolongarle la vida a alguien** to prolong sb's life

prolongarse v (en el tiempo) to go on: *La fiesta se prolongó hasta la madrugada.* The party went on until the early hours of the morning.

promedio s **1** (media) average | **un promedio de siete horas/cinco kilos etc.** an average of seven hours/five kilos etc.: *Duermo un promedio de siete horas diarias.* I sleep an average of seven hours a day. | **como/en promedio** on average: *Corre diez kilómetros por semana, como promedio.* He runs ten kilometers a week on average.

2 (de calificaciones) average grade (AmE), average mark (BrE) | **tener un promedio de 7/7.5 etc.** to have a average grade of 7/7.5 etc.

promesa s (acción) promise | **hacer/cumplir una promesa** to make/to keep a promise

prometedor, -a adj promising

prometer v (dando su palabra) to promise | **prometer hacer algo** to promise to do sth: *Prometió ayudarlos.* He promised to help them. | **prometerle algo a alguien** to promise sb sth: *Me prometió que lo iba a hacer hoy.* He promised me that he was going to do it today. | *Te lo prometo.* I promise.

prometido, -a s **prometido** fiancé | **prometida** fiancée

promoción s **1** (publicidad) promotion **2** (oferta) promotion: *una promoción especial* a special promotion | **en promoción** on special offer: *Está en promoción.* It's on special offer. **3** (grupo de alumnos) class: *la promoción 2003* the class of 2003 | *Son de la misma promoción.* They graduated in the same year.

promocionar v (hacer publicidad de) to promote

promover v (fomentar) (el desarrollo, las buenas relaciones) to promote, (una revuelta, la violencia) to instigate

pronombre s pronoun

pronosticar v **1** (referido al estado del tiempo) to forecast: *Han pronosticado lluvia.* They have forecast rain./Rain is forecast. **2** (un resultado, un suceso) to predict

pronóstico s **1 pronóstico (del tiempo)** (weather) forecast: *¿Has oído el pronóstico?* Have you heard the forecast? **2** (de un resultado, un suceso) prediction **3** (en medicina) prognosis

pronto adv **1** (en poco tiempo) soon: *Vuelvan pronto.* Come back soon. **2** (rápido) quick: *¡Ven aquí, pronto!* Come here, quick! **3 de pronto** suddenly: *De pronto se puso a llorar.* She suddenly started crying. **4 ¡hasta pronto!** see you soon!

pronunciación s pronunciation: *Tiene muy buena pronunciación.* His pronunciation is very good.

pronunciar v **1** (referido a una lengua) to pronounce: *¿Cómo se pronuncia tu apellido?* How do you pronounce your last name? **2 pronunciar un discurso** to make a speech | **pronunciar unas palabras** to say a few words

propaganda s **1** (publicidad) Se usa **advertising** para la propaganda comercial y **propaganda** para la propaganda política que se considera deshonesta, tendenciosa: *Gastan millones en propaganda.* They spend millions on advertising. | *una campaña de propaganda destinada a sembrar el terror* a propaganda campaign aimed at spreading terror | **hacerle propaganda a algo** (a un producto, etc.) to advertise sth: *Le hacen mucha propaganda por la televisión.* They advertise it a lot on television. **2** (que se recibe por correo) junk mail, (que se recibe por e-mail) spam ▶ Ambos términos indican que la propaganda es indeseada.

propagarse v to spread

propiedad s **1** (posesión) **ser propiedad de alguien** to be sb's property: *Es propiedad del colegio.* It is the school's property. | **ser de mi/su etc. propiedad** to be my/his etc. property: *Esto es de mi propiedad.* This is my property. **2** (casa, terreno) property (pl -ties) **3** (característica, cualidad) property (pl -ties)

propiedad privada private property

propietario, -a s owner

propina s tip | **dejarle propina a alguien** to leave sb a tip: *Le dejaron cinco dólares de propina.* They left her a five dollar tip. | **darle propina a alguien** to give sb a tip

propio, -a adj **1** (de uno) **con mis propios ojos/en mi propia casa etc.** with my own eyes/in my own house etc.: *Cada niño tiene su propia recámara.* Each of the children has his or her own bedroom. | *Se lo dijo en su propia cara.* She said it to his face. | **tener casa propia/coche propio** to have a house of your own/a car of your own **2 ser propio de alguien** to be typical of sb: *Hablar mal de todos es muy propio de ella.* Running everybody down is typical of her. ▶ ver **amor, defensa, nombre**

proponer v (un plan, una idea) to suggest: *Propongo que vayamos en mi coche.* I suggest we go in my car. ▶ También existe **to propose** que es más formal | **proponerle algo a alguien** to suggest sth to sb: *Te voy a proponer una cosa.* I'm going to suggest something to you. | *Me propuso que estudiáramos juntos.* He suggested that we study together./He suggested that we should study together. ▶ **that** se puede omitir, sobre todo en el lenguaje hablado: *Me propuso que me quedara en su casa.* He suggested I stay at his house. ▶ También existe **to propose sth to sb** que es más formal: *Nos propuso viajar todos juntos.* He proposed that we all travel together.

proponerse v **proponerse hacer algo** to make up your mind to do sth: *Esta vez, me he propuesto estudiar mucho.* This time, I've made up my mind to work hard. | *Se propuso dejar de fumar y lo logró.* He made up his mind to give up smoking and he did it. | **logré lo que me propuse/logró lo que se propuso etc.** I achieved what I set out to do/she achieved what she set out to do etc.

proporción sustantivo & sustantivo plural
■ s (relación) proportion | **en proporción** in relative terms: *En proporción, ganaba más antes.* I was earning more before, in relative terms. | **en proporción a algo** in proportion to sth, proportional to sth: *La violencia crece en proporción directa a las injusticias sociales.* Violence increases in direct proportion to the degree of social injustice./The increase in violence is directly proportional to the degree of social injustice.

■ **proporciones** s pl proportions: *un edificio de grandes proporciones* a building of large proportions

proporcional adj proportionate | **ser directamente/inversamente proporcional a algo** to be directly/inversely proportional to sth

proporcionar v **proporcionarle algo a alguien** to provide sb with sth: *Nos proporcionaron toda la información necesaria.* They provided us with all the necessary information.

proposición s (propuesta) proposal | **hacerle una proposición a alguien** to propose sth to sb

propósito s **1 a propósito (a)** (en forma deliberada) on purpose, deliberately: *Lo hizo a propósito.* He did it on purpose. **(b)** (por cierto) by the way: *A propósito ¿cómo estuvo el concierto?* By the way, how was the concert ? **2** (motivo) purpose: *¿Cuál es el propósito de su visita?* What is the purpose of your visit? | **con el propósito de hacer algo** with the intention of doing sth: *Se fue a la ciudad con el propósito de conseguir trabajo.* She went to the city with the intention of finding work. **3** (intención) intention: *Tiene buenos propósitos.* His intentions are good. | **tener el propósito de hacer algo** to intend to do sth, to intend doing sth: *Tiene el propósito de viajar a Europa cuando termine la carrera.* He intends to travel to Europe when he finishes his degree.

propuesta s proposal

prórroga s (de un plazo) extension: *Nos dieron una prórroga.* They've given us an extension.

prosa s prose

próspero, -a adj prosperous

prostituta s prostitute

protagonista s **1** (de un cuento, una novela) main character: *El protagonista es un niño de 11 años.* The main character is an 11-year old boy. **2** (de una película, obra de teatro) **ser el protagonista** to play the lead: *¿Quién es la protagonista?* Who plays the female lead?

protagonizar v (una película, una obra de teatro) to star in, to play the lead in

protección s protection

proteger v to protect | **proteger a alguien de algo** to protect sb from sth

protegerse v **protegerse de algo** to protect yourself from sth

proteína s protein

protesta s protest

protestante adjetivo & sustantivo
■ adj **ser protestante** to be a Protestant
■ s Protestant

protestar v **1** (quejarse) to complain | **protestar por algo** (quejarse) to complain about sth: *Siempre protesta por la comida.* He always complains about the food. **2** (mostrar desacuerdo) to protest | **protestar contra algo** to protest against sth

prototipo s **1** (modelo, símbolo) archetype | **es el prototipo del buen alumno/del italiano buen mozo etc.** he is the archetypal good student/ handsome Italian etc. **2** (de un coche, una computadora, etc.) prototype

provecho s **1 sacar provecho de algo/sacarle provecho a algo** ver ejemplos: *No saqué ningún provecho del curso.* I didn't get any benefit from the course. | *Tienes que sacarle provecho a esta oportunidad.* You have to make the most of this opportunity. **2 ¡buen provecho!** bon appetit!

proveedor, -a s supplier | **proveedor (de Internet)** (Internet) Service Provider, ISP

proveer v **proveer a alguien de algo** to supply sb with sth
proveerse v **proveerse de todo lo necesario** to get everything you need

proverbio s proverb

provincia s **1 (la) provincia** (por oposición a la capital) the provinces **2** (división territorial) province

provinciano, -a adj provincial

provisional adj provisional

provocar v **1** (causar) to cause: *la bacteria que provoca el cólera* the bacterium that causes cholera **2** (molestar) to provoke: *No provoques a tu hermana.* Don't provoke your sister.

proximidad sustantivo & sustantivo plural
■ s nearness
■ **proximidades** s pl **en las proximidades del estadio/de la estación etc.** in the vicinity of the stadium/the station etc.

próximo, -a adj (siguiente) next: *Bájese en la próxima estación.* Get off at the next station. | *En el próximo semáforo dé vuelta a la derecha.* Turn right at the next traffic lights. ▶ Cuando se refiere al tiempo se omite el artículo **the**: *La próxima clase hay prueba.* There's a test next class. | *Eso lo dejamos para la próxima vez.* We'll leave that for next time. | **el próximo lunes/martes etc.** next Monday/Tuesday etc. | **el próximo año/mes etc.** next year/month etc.: *Vamos a esperar hasta el próximo año.* We're going to wait until next year.

proyección s **1** (de una película) showing **2** (de diapositivas) show

proyectar v **1** (una película, unas diapositivas) to show **2** (una imagen) to project **3** (una sombra) to cast **4** (planear) to plan: *el viaje que habían proyectado juntos* the trip they had planned together **5** (en arquitectura) to design

proyectil s missile

proyecto s **1** (plan) plan: *¿Qué proyectos tienes para el año que viene?* What are your plans for next year? **2** (trabajo) project: *el equipo que trabaja en este proyecto* the team working on this project
proyecto de ley bill

proyector s **1** (de cine, de diapositivas) projector **2** (lámpara) spotlight **3 proyector (de transparencias)** overhead projector

prudencia s **1** (cuidado) **hacer algo con prudencia** to do sth carefully: *Manejen con prudencia.* Drive carefully. **2** (sensatez) good sense, prudence ▶ **prudence** es más formal

prudente adj **1** (sensato) sensible, prudent ▶ **prudent** es más formal: *Es una decisión prudente.* It's a sensible decision. **2** (cauto) reasonable: *Espere un tiempo prudente.* Wait a reasonable length of time.

prueba s **1** (examen) test: *Mañana tenemos prueba de historia.* Tomorrow we have a history test. **2** (en un juicio) piece of evidence: *Encontraron una nueva prueba.* They found a new piece of evidence. ▶ El plural *pruebas* se traduce por el sustantivo incontable **evidence**: *No hay pruebas de que sea culpable.* There is no evidence that he's guilty. | *Tenemos pruebas contra él.* We have evidence against him. **3** (testimonio, indicio) **ser prueba de algo** to be proof of sth: *Esto es prueba de que algo anda mal.* This is proof that something is wrong. | **una prueba de amistad/cariño** proof of your friendship/ affection ▶ **proof** es un sustantivo incontable y no tiene plural: *Se lo di como una prueba de amistad.* I gave it to her as proof of my friendship. **4** (en deportes) event **5** (experimento, ensayo) test: *una prueba de laboratorio* a laboratory test **6 a prueba** on trial: *Lo tienen a prueba.* He's on trial. | **a prueba de balas** bulletproof | **a prueba de ladrones** burglar-proof | **poner algo a prueba** (una teoría, conocimientos, etc.) to test sth: *No pongas a prueba mi paciencia.* Don't try my patience.
prueba de ADN DNA test **prueba de embarazo** pregnancy test **prueba de sonido** sound test **prueba nuclear** nuclear test

psicoanálisis s psychoanalysis

psicología s psychology

psicológico, -a adj psychological

psicólogo, -a s psychologist

psiquiatra s psychiatrist

psiquiatría s psychiatry

psiquiátrico u **hospital psiquiátrico** s psychiatric hospital

pubertad s puberty

publicación s **1** (escrito) publication **2** (acción) publication

publicar v **1** (un libro, un artículo) to publish **2** (una noticia) to publish

publicidad s **1** (que hace una empresa o institución) advertising: *Tienen que invertir en publicidad.* They have to invest in advertising. | **hacer publicidad** to advertise: *Hacen publicidad en los periódicos.* They advertise in the papers. | **hacerle publicidad a algo** to advertise sth **2** (estudios) advertising: *Estudia publicidad.* She's studying

publicista advertising. ▶ ver **agencia 3** (difusión) publicity: *un escándalo que tuvo mucha publicidad* a scandal that received a lot of publicity

publicista s **1** (de una agencia de publicidad) creative **2** (de un cantante, una estrella) publicist

publicitario, -a adj ▶ ver **campaña**

público, -a adjetivo & sustantivo
■ adj **1** (de la comunidad) **el transporte público/la salud pública** public transportation/public health (AmE), public transport/public health (BrE) **2** (estatal) **la deuda pública** the national debt | **el sector público** the public sector | **un organismo público** a government body **3** (conocido por todos) **un personaje público** a public figure ▶ ver **administración, colegio, escuela, relación, teléfono**
■ **público** s **1** (en un cine, teatro) audience **2** (de un espectáculo deportivo) crowd **3 en público** in public: *No le gusta hablar en público.* She doesn't like speaking in public. **4 el público** (la gente en general) the public | **abierto/cerrado al público** open/closed to the public

pudrirse v (hablando de alimentos) to go bad: *Se pudrieron las naranjas.* The oranges went bad. ▶ También se puede decir **to go rotten**, o, si se trata de fruta que se pudre en los árboles o cosechas que se pudren en los campos, **to rot**

pueblo s **1 el pueblo** (la gente) the people: *un gobierno elegido por el pueblo* a government elected by the people | *el pueblo mexicano* the Mexican people **2** (localidad) Se usa **village** para referirse a una localidad rural pequeña y **town** para una más grande **3** (nación) people: *todos los pueblos del mundo* all the peoples of the world

puente s **1** (sobre un río, etc.) bridge **2** (sobre una carretera, una avenida) bridge, overpass (AmE), flyover (BrE) **3** (en odontología) bridge **4** (entre días feriados) si quieres explicar qué es un puente, di **it's a working day falling between two public holidays, which you take off to have a long weekend. 5 el puente (de mando)** (de un barco) the bridge
puente aéreo shuttle service: *el puente aéreo Buenos Aires-Montevideo* the Buenos Aires-Montevideo shuttle service **puente colgante** suspension bridge **puente levadizo** drawbridge

puerco, -a sustantivo & adjetivo
■ s **1** (animal) pig ▶ Éste es el término genérico. También existe **hog**, más común en inglés americano. Para referirse a una hembra se dice **sow 2** (persona sucia) dirty pig
■ adj **1** (sucio) disgusting: *¡No seas tan puerca!* Don't be so disgusting! **2** (malo) nasty
■ **puerco** s (carne) pork: *No come puerco.* He doesn't eat pork.

puerta s (de una casa, un coche, etc.) door | **en la puerta** (de una casa) at the door: *Te espero en la puerta.* I'll wait for you at the door. | **en la puerta del restaurante/del teatro etc.** outside the restaurant/theater etc.: *Quedamos en encontrarnos en la puerta del hospital.* We agreed to meet outside the hospital. | **tocar la puerta/llamar a la puerta** to knock at the door
puerta corrediza sliding door **puerta de entrada** front door **puerta giratoria** revolving door

puerto s **1** (de mar, de río) port **2** (de una computadora) port

Puerto Rico s Puerto Rico

puertorriqueño, -a adjetivo & sustantivo
■ adj Puerto Rican
■ s Puerto Rican: *los puertorriqueños* (the) Puerto Ricans

pues conj **1** (para indicar consecuencia) then: *¿Estás lista? Pues vámonos.* Are you ready? Let's go, then. **2** (para expresar vacilación, enfatizar, etc.) ver ejemplos: *¿Dónde? ¡Pues no lo sé!* "Where?" "I don't know!" | *Pues mira, no está nada mal.* Well look, it's not bad at all. **3** (para indicar causa) because

puesta s **puesta (en escena)** production
puesta a punto tune-up: *Este coche necesita una puesta a punto.* This car needs a tune-up. **puesta de sol** sunset

puesto, -a adjetivo, sustantivo & conjunción
■ adj **1** traer/tener algo puesto (vestido, alhajas, etc.) to be wearing sth, to have sth on: *¿Qué traía puesto?* What was she wearing?/What did she have on? | *Tenía puesto el collar que le regalé.* She was wearing the necklace I gave her. | **tener/traer los lentes puestos** to have your glasses on | **con el sombrero puesto/los guantes puestos etc.** with your hat on/your gloves on etc.: *Se fue a la cama con los zapatos puestos.* She went to bed with her shoes on. **2 la mesa está/estaba puesta** the table is/was set
■ **puesto** s **1** (empleo) job: *Tiene muy buen puesto.* He has a very good job. **2** (en un mercado, una feria) stall **3** (en un equipo de futbol, basquetbol, etc.) position: *¿En qué puesto juegas?* What position do you play? **4** (lugar) place: *¡Todos a sus puestos!* Everyone to their places!
puesto de periódicos newsstand, newspaper kiosk
■ **puesto que** conj since

puf sustantivo & interjección
■ s (para sentarse) pouffe
■ **¡puf!** interj **1** (de asco) ugh!, yuck! **2** (de cansancio) phew!

pulcro, -a adj **1** (limpio) clean **2** (ordenado) neat

pulga s flea: *Me picó una pulga.* I've been bitten by a flea.

pulgada s inch (pl -ches): *un monitor de 17 pulgadas* a 17-inch monitor

pulgar s thumb

pulir v to polish
pulirse v **pulirse con algo** to excel yourself with sth: *Se pulió con los arreglos florales.* She excelled herself with the flower arrangements.

pulmón s lung

pulmonía s pneumonia

pulpa s pulp

pulpo s octopus (pl -ses)

pulque s Si quieres explicar qué es el pulque, di **it's an alcoholic drink based on fermented agave or maguey juice**

pulsar v **1** (una tecla, un botón) to press **2** (un timbre) to ring, to press **3** (referido a las cuerdas de un instrumento) to pluck

pulsera s **1** (brazalete) bracelet **2** (de un reloj) strap, band

pulso s **1** (latidos) pulse | **tomarle el pulso a alguien** to take sb's pulse **2** (firmeza) **tener buen pulso** to have a steady hand

puma s puma

punk adj & s punk

punta s **1** (de un cuchillo, un zapato) point **2** (de un lápiz) point | **sacarle punta a un lápiz** to sharpen a pencil **3** (de la lengua, de un dedo, de la nariz) tip | **lo tengo/lo tenía etc. en la punta de la lengua** it's/it was etc. on the tip of my tongue **4** (de una soga, un hilo) end **5** (de un pañuelo, una sábana) corner **6** (de un lugar) end: *Está en la otra punta del edificio.* It's at the other end of the building. | *Se sentó en la otra punta de la mesa.* He sat down at the far end of the table. | **de punta a punta (a)** (de un extremo al otro) from one end to the other: *Recorrí la isla de punta a punta.* I traveled across the island from one end to the other. **(b)** (de principio a fin) from start to finish **7** (en un campeonato, un torneo) first place: *Hay tres equipos en la punta.* There are three teams sharing first place.

puntada s **1** (al coser) stitch (pl -ches) **2** (ocurrencia) witty remark

puntaje s **1** (en una evaluación, un concurso) score: *un puntaje muy bajo* a very low score **2** (en deportes) score: *la gimnasta con el puntaje más alto* the gymnast with the highest score

puntapié s kick | **darle un puntapié a algo/alguien** to kick sth/sb

puntería s **tener buena/mala puntería** to be a good/bad shot

puntiagudo, -a adj pointed

puntilla s **1** (de lapicero) refill **2** (encaje) lace edging

puntitas s pl **de puntitas** on tiptoe: *Entró de puntitas, con los zapatos en la mano.* She tiptoed in with her shoes in her hand.

punto s **1** (marca, señal) dot: *El barco parecía un punto en el horizonte.* The ship looked like a dot on the horizon. **2** (al final de una oración) period (AmE), full stop (BrE), (de la "i", la "j", de una abreviatura) dot: *punto com* dot com ▶ ver **dos 3** (lugar) place: *en muchos puntos del país* in many places in the country **4** (en un examen, etc.) point, mark (BrE): *¿Cuántos puntos vale esta pregunta?* How many points is this question worth? | *Me descontó puntos por las faltas de ortografía.* She took marks

off because I made spelling mistakes. **5** (en un torneo, juego, etc.) point: *Ganamos por tres puntos.* We won by three points. | **ganar por puntos** to win on points **6** (cuestión, ítem) point: *En ese punto discrepamos.* We disagree on that point. **7** (en geometría) point **8** (en una herida) stitch (pl -ches): *Mañana me quitan los puntos.* I'm having the stitches out tomorrow. **9 en su punto** just right: *El arroz está en su punto.* The rice is just right. **10 estar a punto de hacer algo (a)** (estar por hacer algo) to be about to do sth: *Estaba a punto de salir.* I was about to go out. **(b)** (hablando de algo que casi sucedió): *Estuve a punto de decirle que sí.* I nearly said yes to her. **11 las tres/cuatro etc. en punto** exactly three/four etc. o'clock: *Son las nueve en punto.* It's exactly nine o'clock. ▶ También existe **on the dot** que es más coloquial: *Llegaron a las siete en punto.* They arrived at seven o'clock on the dot. **12 y punto** and that's that: *Haz lo que yo digo y punto.* You do what I say and that's that. **13 hasta cierto punto** up to a point: *Hasta cierto punto tiene razón.* He's right, up to a point. **14 batir claras a punto de turrón** to beat egg whites until they are stiff

punto cardinal cardinal point ▶ ver "Active Box" **puntos cardinales** en página 698 **punto débil** weak point **punto de ebullición** boiling point **punto de vista** point of view: *Desde mi punto de vista...* From my point of view... **punto muerto** (en la caja de velocidades) neutral **punto negro** (en la piel) blackhead **punto y aparte** new paragraph **punto y coma** semi-colon **punto y seguido** period (AmE), full stop (BrE) **puntos suspensivos** s pl ellipsis sing ▶ En lenguaje hablado se suele usar **dot, dot, dot**: *Dejé la frase con puntos suspensivos.* I ended the sentence with dot, dot, dot.

puntuación s **1** (de un texto) punctuation **2** (en una prueba, un concurso) score: *una puntuación muy baja* a very low score **3** (en deportes) score: *la gimnasta con la puntuación más alta* the gymnast with the highest score ▶ ver **signo**

puntual adj punctual: *Es muy puntual.* He's very punctual. | *Trata de ser puntual.* Try to be punctual./Try to be on time.

puntualidad s punctuality

punzada s (dolor) stabbing pain

puñado s handful: *un puñado de sal* a handful of salt

puñal s dagger

puñalada s **1 darle una puñalada a alguien** to stab sb | **matar a alguien a puñaladas** to stab sb to death **2** (herida) stab wound

puñetazo s punch (pl -ches) | **darle un puñetazo a alguien (en el estómago/la nariz etc.)** to punch sb (in the stomach/on the nose etc.)

puño s **1** (mano cerrada) fist **2** (de una manga) cuff **3** (de un bastón) handle **4** (de una espada) hilt

pupila s (del ojo) pupil

---

i ¿Se dice *on the table* o *in the table*? Mira la entrada **en.**

Active Box: puntos cardinales

Los ejemplos de este **Active Box** son una guía para ayudarte a construir oraciones que hablan de los puntos cardinales.

la costa oeste	the west coast
un pueblo del norte del país	a town in the north of the country
Iban hacia el este.	They were heading east.
Queda al sur de la ciudad.	It is to the south of the city.

pupilente *s* contact lens: *Usa pupilentes.* She wears contact lenses.

pupitre *s* desk ▶ El mueble del aula se llama **desk** pero mira cómo se traducen estos ejemplos *Me siento en el último pupitre del salón.* | *mi compañero de pupitre* the boy who sits next to me in class

puré *s* **1** (de papas) mashed potato **2** puré de calabaza/zanahorias etc. pumpkin/carrot etc. purée

pureza *s* purity

purgatorio *s* (o **Purgatorio**) (en religión) **el Purgatorio** Purgatory

purificar *v* to purify

purificarse *v* to purify yourself

puritano, -a *adjetivo & sustantivo*
■ *adj* puritanical
■ *s* puritan

puro, -a *adjetivo, adverbio & sustantivo*
■ *adj* **1** (no contaminado o mezclado) pure: *agua pura* pure water | *Es de algodón puro.* It's pure cotton. | *un fox terrier puro* a purebred fox terrier **2** (solamente) **había puras mujeres/puros niños etc.** there were only women/children etc.: *Somos puras niñas en la clase.* There are only girls in our class. **3** (para enfatizar) ver ejemplos: *Es la pura verdad.* It's the honest truth. | *Es puro cuento.* It's completely untrue. | *Lo vi de pura casualidad.* I saw it by pure chance.
■ *adv* **de puro egoísta/cansado -a etc.** out of sheer selfishness/exhaustion etc.: *Lo creyó de puro ingenuo.* He believed it out of sheer naivety.
■ **puro** *s* (cigarro) cigar
pura sangre *s* thoroughbred

púrpura *s* purple

pus *s* pus

Q, q s Q, q ▶ ver "Active Box" **letras del alfabeto** en **letra**

que¹ conj ▶ ver recuadro

que² pron ▶ ver recuadro en página 700

qué pron, adj & adv **1** (en preguntas directas e indirectas) what: *¿Qué dijo?* What did she say? | *No sé qué decirle.* I don't know what to say to her. | *¿De qué color es?* What color is it? | *No sé qué año era.* I don't know what year it was. ▶ Cuando la gama de opciones es limitada, se usa **which** en lugar de **what**: *¿Qué color prefiere?* Which color do you prefer? | *Me preguntó de qué sabor lo quería.* She asked me which flavor I wanted. ▶ Fíjate en la posición de la preposición en los ejemplos siguientes: *¿De qué se ríen?* What are you laughing **at**? | *Le pregunté para qué era.* I asked him what it was **for**. **2 ¿qué?** (a) (para pedir que se repita lo dicho) sorry?, pardon?: *¿Qué? No te oí bien.* Sorry? I didn't hear you. **(b)** (para expresar incredulidad) what?: *–Se casa Paola. –¿Qué?* "Paola's getting married." "What?" **3 ¿a qué estamos hoy?** what's the date today?, what date is it today? **4 ¿qué tan grande/alto -a etc.?** how big/tall etc.?: *¿Qué tan larga es la alberca?* How long is the pool? **5 ¿y qué?** (para expresar indiferencia) so what?: *–Ya es tarde. –¿Y qué?* "It's late." "So what?" **6 ¿qué tal?** how are you?: *Hola ¿qué tal?* Hello, how are you? | *¿qué tal la película/la fiesta etc.?* how was the movie/the party etc.?: *¿Qué tal el libro? ¿Te gusta?* How's the book? Are you enjoying it? **7** (en exclamaciones) ▶ Se usa **what a** cuando hay un sustantivo singular, **what** cuando hay un sustantivo plural y **how** cuando hay sólo un adjetivo: *¡Qué casualidad!* What a coincidence! | *¡Qué bonito vestido!* What a nice dress! | *¡Qué flores más preciosas!* What beautiful flowers! | *¡Qué mala suerte!* What bad luck!/How unlucky! | *¡Qué chistoso!* How funny!

quebrada s gorge

quebrado, -a adjetivo & sustantivo
■ adj **1** (fundido) bankrupt: *una empresa quebrada* a bankrupt company | *está quebrado/están quebrados etc.* he's gone bankrupt/they've gone bankrupt etc. **2** (pelo) wavy
■ **quebrado** s (en matemáticas) fraction

quebrar v **1** (romper) to break **2** (arruinarse) to go bankrupt: *Nuestro negocio quebró.* Our business went bankrupt. **3** (girar) **quebrar a la derecha/izquierda** to turn right/left

que *conjunción*

1 Cuando introduce una proposición, se traduce por **that**, que se suele omitir en el lenguaje hablado:
Creo que tiene razón. I think (that) he's right. | *Dijo que hacía frío.* She said (that) it was cold.

2 Con verbos que expresan deseos, pedidos o sugerencias, se usan construcciones con infinitivo:
Quiero que vengas. I want you to come. | *Me pidió que me quedara.* She asked me to stay. | *Me aconsejó que esperara.* She advised me to wait.
Siempre conviene consultar la entrada del verbo.

3 Cuando introduce deseos y órdenes:
Que te mejores. I hope you get better soon. | *Que te vaya bien en el examen.* Good luck in the exam. | *Los que quieran ir, que levanten la mano.* All those who want to go, raise your hands. | *Si no le gusta, que se vaya.* If he doesn't like it, he can leave. | *Que se queden aquí, si prefieren.* They can stay here if they prefer.

4 Cuando expresa razón:
Abrígate, que hace frío. Wrap up warm. It's cold out. | *Cuidado, que te puedes caer.* Be careful you don't fall.

5 En comparaciones (= than)
Es más lindo que el otro. It's nicer than the other one. | *Come más que yo.* He eats more than I do. | **más de lo que creía/menos de lo que dijiste etc.** more than I thought/less than you said etc.

6 Cuando expresa consecuencia, se traduce por **that**, que se suele omitir en el lenguaje hablado:
Estaba tan cansada que me quedé dormida. I was so tired (that) I fell asleep.

quebrarse v (romperse) to break | **quebrarse una pierna/un brazo etc.** to break a leg/an arm etc.: *Se quebró la pierna derecha.* She broke her right leg.

quedar v **1** (haber todavía) **queda muy poco pan/quedan tres huevos etc.** there's very little bread left/there are three eggs left etc.: *No queda leche.* There's no milk left | **nos queda muy poco pan/nos quedan tres huevos etc.** we have very little bread left/we have three eggs left etc.: *Me quedan treinta pesos.* I have thirty pesos left./I've got thirty pesos left. **2** (faltar) ver ejemplos: *¿Queda todo esto por planchar?* Is there still all this to be ironed? | *Todavía nos quedan cuatro días para salir de vacaciones.* There's still four days to go before we go on vacation. **3** (estar situado) to be: *Queda muy cerca de aquí.* It's very near here. **4** (hablando de planes, arreglos) ver

1 Cuando es sujeto, se traduce por **who** si se refiere a personas y por **which** o **that** si se refiere a cosas:

la niña que vino ayer the girl who came yesterday | *la novela que ganó el premio* the novel which/that won the prize

2 Cuando es complemento, generalmente se omite aunque se puede traducir por **that** si se refiere a cosas:

Éste es el CD que me prestaste. This is the CD (that) you lent me. | *Ése es el muchacho que me gusta.* That's the boy I like.

Fíjate en la posición de la preposición en los siguientes ejemplos:

el programa del que hablábamos the program we were talking **about** | *la muchacha con la que sale* the girl he goes out **with**

El uso de **who** o **whom** para referirse a personas (que está explicado en las entradas correspondientes), es característico del lenguaje muy formal.

3 otras expresiones

lo que dijo/lo que te mostré etc. what he said/what I showed you etc.: *Haz lo que quieras.* Do what you want./Do whatever you want.

ejemplos: *¿A qué horas quedaron?* What time did you arrange to meet? | *¿Al final en qué quedaron?* What did you decide in the end? | *Quedamos en ir por ellos.* We said we would go and pick them up. **5** (hablando del tamaño de la ropa) to fit: *Te queda perfecto.* It fits you perfectly. | *Esto no me queda bien.* This doesn't fit me. | *¿Cómo te queda?* Does it fit you? | **me queda chico -a/grande** etc. it's too small/big etc. for me: *Esos pantalones te quedan cortos.* Those pants are too short for you. **6** (hablando del aspecto) to look: *Queda horrible pintado de verde.* It looks terrible painted green. | **te queda bien/feo -a** etc. it suits you/it doesn't suit you etc., it looks good on you/it doesn't look good on you etc. | *Me parece que me queda mal.* I don't think it suits me. | *No le queda bien el negro.* Black doesn't suit her. **7** (hablando de resultados) ver ejemplos: *El pastel te quedó muy rico.* The cake was delicious. | *Las cortinas le quedaron muy bien.* The curtains she made looked very good. | *El coche quedó destrozado.* The car was written off. | *El edificio quedó en ruinas.* The building was left in ruins. **8 quedar bien/mal** (referido al comportamiento) ver ejemplos: *Lo hace para quedar bien con la familia.* He does it to make a good impression on the family. | *Me hizo quedar mal.* He showed me up. | *Tengo que ir, no quiero quedar mal con Inés.* I have to go, I don't think I want to upset Inés. | **quedé como un egoísta/una estúpida** etc. I ended up looking really selfish/looking like an idiot etc. **9** (terminar) ver ejemplos: *¿Dónde nos quedamos en la clase pasada?* How far did we get in the last

class? | *Nos quedamos en el último capítulo.* We got as far as the last chapter.

quedarse *v* **1** (permanecer) to stay: *Vayan, yo me quedo.* You go, I'm staying. | *Quédate aquí.* Stay here. | **quedarse a hacer algo** ver ejemplos: *Se quedaron a cenar.* They stayed for dinner. | *¿Te quieres quedar a dormir?* Would you like to stay the night? | *Se quedó a ver el programa conmigo.* He stayed to watch the program with me. **2 quedarse haciendo algo** ver ejemplos: *Me quedé toda la noche estudiando.* I spent the whole night studying. | *Se quedó mirándome.* She stood there watching me. | *Se quedó arreglando la bicicleta.* He stayed behind fixing his bike. **3** (en determinado estado) **quedarse triste/preocupado -a** etc. to be sad/worried etc.: *Se quedó contenta con el resultado.* She was pleased with the result. | **quedarse calvo -a/sordo-a** etc. to go bald/deaf etc.: *Se está quedando ciego.* He's going blind. ▶ ver **embarazada, tranquilo 4 quedarse con algo/quedarse algo (a)** (conservarlo) to keep sth: *Quédatelo si quieres.* Keep it if you like. | *Se quedó con mi libro.* She kept my book. **(b)** (elegirlo) to choose sth: *No sé con cuál quedarme.* I don't know which one to choose. **5** (seguir teniendo) **quedarse con hambre/sed** to be still hungry/thirsty: *¿Te quedaste con hambre?* Are you still hungry? **6 quedarse sin algo** to run out of sth: *Nos quedamos sin café.* We've run out of coffee.

quedito *adv* **1** (con poco volumen) quietly: *Hablen quedito.* Talk quietly. **2** (con poca fuerza) softly, gently

quehacer *s* housework, household chores *pl*: *El quehacer lo hace mi marido.* My husband does the housework.

queja *s* complaint | **presentar una queja** to make a complaint

quejarse *v* to complain | **quejarse de/por algo** to complain about sth: *No te puedes quejar de la calificación.* You can't complain about your grade. | *Deja de quejarte por todo.* Stop complaining about everything. | **quejarse con alguien** to complain to sb: *Se fue a quejar con la directora.* He went and complained to the manager.

quejido *s* (de dolor) groan

quemado, -a *adj* **1** (por el fuego o el calor) burned, burnt: *La comida está quemada.* The food's burned. | *Hay olor a plástico quemado.* I can smell burnt plastic. | *Huele a quemado.* I can smell burning. **2 el fusible está quemado** the fuse has blown **3** (bronceado) tanned **4** (por exceso de sol) sunburned, sunburnt: *Tienes la nariz muy quemada.* Your nose is very sunburned.

quemador *s* (de una estufa) burner (AmE), ring (BrE)
quemador de CDs CD burner

quemadura s burn | **una quemadura de primer/segundo/tercer grado** a first-degree/second-degree/third-degree burn
quemaduras de sol *pl* sunburn: *una crema para las quemaduras de sol* a cream for sunburn

quemar *v* **1** (con fuego, calor, etc.) to burn: *Quemé el mantel con el cigarro.* I burned the tablecloth with my cigarette. **2** (con un líquido caliente) to scald **3** (estar muy caliente) to be really hot: *La arena quema.* The sand's really hot./The sand burns your feet. ▶ Si se trata de un líquido, se dice **to be very hot**: *Cuidado, la leche quema.* Be careful, the milk's very hot. **4 quemar grasas/calorías** to burn off fat/calories: *ejercicios para quemar calorías* exercises that burn off calories **5** (un CD) to burn
quemarse *v* **1** (persona) (con fuego, con un objeto caliente) to burn yourself, (con un líquido caliente) to scald yourself: *Me quemé con el vapor.* I scalded myself in the steam. | **quemarse la mano/el brazo etc. (a)** (con fuego, con un objeto caliente) to burn your hand/arm etc.: *Me quemé el brazo con la plancha.* I burned my arm on the iron. **(b)** (con un líquido caliente) to scald your hand/arm etc. **2** (por exceso de sol) to get sunburnt, to get burnt: *Ponte bloqueador para no quemarte.* Put some sunscreen on so you don't get burnt. | **me quemé los hombros/la nariz etc.** my shoulders/nose etc. got burnt, my shoulders/nose etc. got sunburnt **3** (broncearse) to tan, to get a tan: *Se quema enseguida.* She tans very quickly. | *Me quemé trabajando en el jardín.* I got a tan working in the garden. | **me quemé la espalda/las piernas etc.** my back/my legs etc. tanned, I got a tan on my back/my legs etc. **4** (mantel, camisa, etc.) to get burnt: *Se me quemó el puño de la camisa.* My shirt cuff got burnt. **5** (ser destruido por el fuego) (casa, edificio, bosque) to burn down: *Se quemó todo en el incendio.* It completely burned down in the fire. **6** (pollo, pan tostado, papas) to burn: *Se me quemó el pastel.* The cake burnt. **7** (fusible) to blow

quemarropa un disparo a quemarropa a shot at point-blank range | **dispararle a alguien a quemarropa** to fire at sb at point-blank range

querer *v* **1** (desear) to want: *Quiere un helado.* He wants an ice cream cone. | *Queremos ir a la playa.* We want to go to the beach. | *Quería quedarse.* He wanted to stay. | **querer que alguien haga algo** to want sb to do sth: *Quiero que vengas.* I want you to come. | *Quería que pasara a buscarla.* She wanted me to go and pick her up. ▶ Para ejemplos en el pretérito, ver abajo **2** (en ofrecimientos y pedidos) Se usan construcciones con **want** en lenguaje coloquial y con **would like** en lenguaje más formal: *¿Quieres café?* Would you like some coffee?/Do you want some coffee? | *¿Qué quieren hacer este fin de semana?* What do you want to do this weekend?/What would you like to do this weekend? | *¿Quieres empezar tú, Mechi?* Do you want to start, Mechi?/Would you

like to start, Mechi? | *Quisiera hablar con Jimena.* I'd like to speak to Jimena. **3 sin querer** ver ejemplos: *Perdón, fue sin querer.* Sorry, it was an accident. | *Lo rompí sin querer.* I accidentally broke it. | *Lo ofendí sin querer.* I unintentionally offended him./I offended him without meaning to. | **queriendo** on purpose: *Lo hiciste queriendo.* You did it on purpose. **4 como/cuando/lo que etc. quieras** however/whenever/whatever etc. you like: *–¿Qué hacemos? –Lo que quieras.* "What do you want to do?" "Whatever you like." | *Cuando quieras nos vamos.* We can go whenever you want. **5 querer decir** to mean: *¿Qué quiere decir "skirt"?* What does "skirt" mean? | *¿Qué quieres decir con eso?* What do you mean by that? **6** (amar) to love: *Te quiero.* I love you.
quererse *v* to love each other: *Se quieren mucho.* They love each other very much.

> Usado en el pretérito **querer** a veces significa *tratar de* en el afirmativo y *rehusarse a* en el negativo y en estos casos tiene traducciones diferentes
>
> *Quisieron engañarnos.* They tried to deceive us. | *No me quiso ayudar.* She refused to help me./She wouldn't help me.

querido, -a *adj* **1** (amado) dear: *un amigo muy querido* a very dear friend **2** (en cartas, etc.) dear: *Querido diario:* Dear diary, ▶ ver **ser**

quesadilla s Si quieres explicar qué es una quesadilla, di *it's a folded tortilla filled with cheese, mushrooms, etc. and served hot*

queso s cheese | **una torta/un suflé de queso** a cheese sandwich/soufflé
queso crema cream cheese **queso rallado** grated cheese

quetzal s (moneda) quetzal

quicio s **1 sacar a alguien de quicio** to drive sb crazy, to drive sb mad (BrE): *Su reacción me sacó de quicio.* Her reaction drove me crazy./Her reaction infuriated me. **2 estar fuera de quicio** to be furious, to be hopping mad

quiebra s bankruptcy (pl -cies) | **en quiebra** bankrupt: *Están en quiebra.* They're bankrupt.

quien *pron* **1** (tras una preposición) Se suele omitir en inglés hablado. Fíjate en la posición de las preposiciones en los siguientes ejemplos: *el muchacho con quien salía* the boy she used to go out **with** | *las personas de quienes te hablé* the people I talked to you **about** ▶ En inglés formal, se puede usar **whom** en las estructuras anteriores. Su uso está explicado en **who** y **who 2** (como sujeto) who: *Es usted quien tiene que decidir.* It's you who has to decide. ▶ Cuando lo precede un negativo, se usa una construcción con **no one** o **nobody**, o una construcción con verbo negativo y **anyone** o **anybody**: *No hay quien le gane.* Nobody can beat him. | *No tengo quien me lleve.* I don't have anyone to take me. **3** (cualquier persona) whoever: *Sea quien sea, es un imbécil.* He's an idiot, whoever he is. | *Dile a quien quieras.* Tell whoever you like.

quién *pron* **1** (en preguntas directas e indirectas y en exclamaciones) who: *¿Quién es?* Who is it? | *No sabe quiénes van.* She doesn't know who's going. | *–¿Qué quiere? –¡Quién sabe!* "What does he want?" "Who knows!" ▶ Fíjate en la posición de la preposición en los ejemplos siguientes: *¿De quién están hablando?* Who are they talking about? | *Pregúntale para quién es.* Ask him who it's for. ▶ En inglés formal, se puede usar **whom** en las estructuras anteriores. Su uso está explicado en **whom** y **who 2** de quién/quiénes whose: *¿De quién es este lápiz?* Whose is this pencil? | *No sabía de quién era.* She didn't know whose it was.

quienquiera *pron* whoever

quieto, -a *adj* (sin moverse) still | **estarse/quedarse quieto -a** to keep still

> No confundas **still** con **quiet**, que quiere decir *callado*.

quihubo o **quihúbole** *interj* **1** (como saludo) hi: *Quihubo, ¿cómo estás?* Hi, how's things? **2** (expresando sorpresa) hey!: *¡Quihubo! ¿Y mi cartera?* Hey! Where's my purse?

quilate *s* karat (AmE), carat (BrE) | **oro de 18/24 etc. quilates** 18-karat gold/24-karat etc. gold

quilla *s* keel

química *s* chemistry

químico, -a *adjetivo & sustantivo*
■ *adj* chemical
■ *s* chemist: *Es químico.* He's a chemist.

quince *número* **1** (número, cantidad) fifteen **2** (en fechas) fifteenth

quinceañero, -a *s* (adolescente) teenager

quincena *s* **1** (período) two weeks *pl*, fortnight (BrE): *la segunda quincena de enero* the second two weeks in January **2** (salario) bi-weekly paycheck (AmE), fortnight's wages (BrE)

quiniela *s* sports lottery (pl -ries) (AmE), (football) pools *pl* (BrE)

quinientos, -as *número* five hundred

quinto, -a *número & sustantivo*
■ *número* fifth
■ *s* **1** (quinta parte) fifth **2** ni un quinto/sin un quinto ver ejemplos: *No tienen ni un quinto.* They're flat broke. | *No traigo ni un quinto.* I don't have a dime on me. | *Nos dejaron sin un quinto en el hipódromo.* We got cleaned out at the racetrack.

quiosco *s* **1** (en un parque, una plaza) shelter, (para orquesta) bandstand **2** (de periódicos) newsstand, newspaper kiosk

quirófano *s* operating room (AmE), operating theatre (BrE)

quirúrgico, -a *adj* surgical

quisquilloso, -a *adj* **1** (susceptible) touchy: *No seas tan quisquillosa.* There's no need to be so touchy. **2** (exigente) fussy

quitamanchas *s* stain remover

quitar *v* **1** (retirar) La traducción depende de dónde está lo que se quita: *Quita los pies de la mesa.* Take your feet off the table. | *Quitemos todos los cuadros.* Let's **take** all the pictures **down.** | *Tuvimos que quitar la alfombra.* We had to **take** the carpet **up.** **2** quitarle algo a alguien to take sth (away) from sb: *Le quité el cuchillo porque se podía cortar.* I took the knife away from him because he could have cut himself. | *No le quites el juguete a Lorena.* Don't take Lorena's toy from her. | quitarle el abrigo/los zapatos etc. a alguien to take sb's coat/shoes off | quitarle algo a algo La traducción depende de lo que se quita: *Quítale el precio al libro.* Take the price off the book. | *No le puedo quitar la mancha a la camisa.* I can't get the stain out of the shirt. **3** (restar) quitarle algo a algo to take sth away from sth, to subtract sth from sth: *A eso quítale 15.* Take 15 away from that./Subtract 15 from that. **4** (referido al hambre, a la sed, etc.) ver ejemplos: *El café no quita la sed/el hambre.* Coffee doesn't quench your thirst/stop you feeling hungry. | *La aspirina me quitó el dolor.* The aspirin took the pain away. **5** quitando (excluyendo) apart from: *Quitando unas ardillas, no vimos ningún otro animal.* We didn't see any animals apart from a few squirrels.

quitarse *v* **1** quitarse los zapatos/el abrigo etc. to take your shoes/coat etc. off: *¿Por qué no te quitas la chamarra?* Why don't you take your jacket off? **2** (desaparecer) se me quitó el miedo/se le quitó el dolor etc. I stopped being afraid/the pain went (away) etc.: *No se me quita la tos.* I can't get rid of this cough./I can't shake off this cough. **3** (mancha) to come out: *No se quitaron las manchas.* The stains didn't come out. **4** (moverse) quítate de ahí/de en medio etc. get away from there/get out of the way etc.

quizás o **quizá** *adv* maybe, perhaps: *Quizás fue un error.* Maybe it was a mistake./Perhaps it was a mistake. ▶ Esta idea se expresa a menudo con el modal **may**: *Quizás venga con la novia.* He may bring his girlfriend. | *Quizás lo haya hecho a propósito.* She may have done it on purpose.

ⓘ ¿Quieres una lista de frases útiles para hablar de ti mismo? Consulta la **guía de comunicación** al final del libro.

R, r s R, r ▶ ver "Active Box" **letras del alfabeto** en **letra**

rábano o **rabanito** s **1** radish (pl -shes) **2** me/te etc. importa un rábano I/you etc. couldn't care less: *Me importa un rábano lo que piensen ustedes.* I couldn't care less what you think.

rabia s **1** me/le etc. da rabia ver ejemplos: *Me da rabia que se salga siempre con la suya.* It annoys me that he always gets his own way. | *Me dio rabia que no me contestara.* I was annoyed that he didn't answer. | ¡qué rabia! how annoying! **2** (enfermedad) rabies *sing*

rabino, -a s rabbi

rabioso, -a adj un perro rabioso a rabid dog

rabo s **1** (de un animal) tail **2** (de una manzana, pera, etc.) stalk

racha s **1** (de enfermedades, accidentes) spate, (de éxitos, derrotas) string | una racha de buena/mala suerte a run of good/bad luck | estar pasando por una buena/mala racha to be going through a good/bad patch | tener una racha ganadora/perdedora to be on a winning/losing streak **2** racha (de viento) gust (of wind)

racial adj racial

racimo s (de uvas) bunch (pl -ches)

ración s (de comida) serving, portion

racional adj rational

racismo s racism

racista adj & s racist

radar s radar

radiación s radiation

radiactividad s radioactivity

radiactivo, -a adj radioactive

radiador s **1** (de un coche) radiator **2** (para calefacción) radiator

radiante adj **1** (día, luz) bright | hay/había un sol radiante it's/it was beautifully sunny **2** (referido a personas) (sonrisa, cara) radiant | estar radiante de felicidad to be glowing with happiness

radical adjetivo & sustantivo
■ adj (cambio, medida) radical
■ s (en química) radical

radicar v **1** radicar en algo to lie in sth: *Su importancia radica en que es un punto estratégico.* Its importance lies in the fact that it is a strategic point. **2** radicar en Barcelona/Costa Rica etc. to settle in Barcelona/Costa Rica etc.

radio sustantivo masculino & sustantivo femenino
■ s masc o fem **1** (aparato) radio: *Prende el radio.* Switch the radio on. **2** (sistema) radio | en/por el radio on the radio: *Lo oí en el radio.* I heard it on the radio.
■ s masc **1** (de una circunferencia) radius (pl radii) | en un radio de 10/20 kilómetros within a 10/20 kilometer radius **2** (en química) radium

radioaficionado, -a s radio ham

radiografía s X-ray | hacerse una radiografía to have an X-ray: *Me tengo que hacer una radiografía.* I have to have an X-ray.

ráfaga s **1** ráfaga (de viento) gust (of wind) **2** una ráfaga de ametralladora a burst of machine-gun fire

raído, -a adj **1** (deshilachado) frayed **2** (gastado) threadbare

raíz s **1** (de una planta) root: *las raíces del árbol* the roots of the tree **2** (origen) root **3** a raíz de algo as a result of sth
raíz cuadrada square root raíz cúbica cube root

raja s **1** (en un vaso, una pared, etc.) crack **2** (de chile) slice, sliver **3** (de canela) stick

rajar v **1** (cortar) to cut **2** (rayar) to scratch **3** (ir con el chisme) to tell, to spill the beans: *Yo creo que alguien rajó.* I think someone told on us.
rajarse v **1** (taza, plato, etc.) to crack **2** (echarse para atrás) to back out, to get cold feet | yo me rajo count me out: *Si van a dormir allá, yo me rajo.* If you're going to spend the night there, count me out.

rallado, -a adj (zanahoria, chocolate, queso) grated ▶ ver **coco**

rallador s grater

ralladura s
ralladura de limón grated lemon rind ralladura de naranja grated orange peel

rallar v to grate: *Ralla el queso.* Grate the cheese.

RAM s RAM

rama s **1** (de un árbol) branch (pl -ches) **2** (de una ciencia) branch (pl -ches) **3** andarse/irse por las ramas to wander off the point: *Siempre se va por las ramas.* He always wanders off the point.

ramo s **1** (de flores) bunch (pl -ches): *un ramo de rosas* a bunch of roses ▶ Para un arreglo más elaborado, se usa **bouquet**: *el ramo de la novia* the bride's bouquet **2** (en la industria) industry (pl -ries), (en el comercio) business (pl -sses): *el ramo textil* the textile industry

rampa s ramp

rana s frog

ranchería s Si quires explicar qué es di *it's small, isolated settlement*

ranchero, -a sustantivo & adjetivo
■ s (hacendado) rancher, farmer
■ adj shy ▶ ver **huevo**

---

rancho s (establecimiento) farm, ranch (pl -ches)
▶ **ranch** sugiere un establecimiento ganadero americano o australiano

rancio, -a adj **1** (mantequilla, aceite) rancid | **saber a rancio** to taste rancid **2** (pan) stale **3** oler a rancio to smell musty

rango s (jerarquía) rank

ranking o **ránking** s **1** (en deportes) rankings pl **2** (en música) chart

ranura s slot

rap s rap, rap music | **cantar rap** to rap

rapar v **rapar a alguien** to cut sb's hair really short
  raparse v to have your hair cut really short

rape s **al rape** really short: *Me gusta llevar el pelo al rape.* I like my hair really short.

rapidez s speed: *la rapidez de las comunicaciones vía Internet* the speed of communication via the Internet | **con rapidez** quickly

rápido, -a adjetivo, adverbio, interjección & sustantivo plural
  ■ **adj 1** (de corta duración): quick: *Dale una revisada rápida.* Have a quick look at it. **2** (veloz) fast: *un coche muy rápido* a very fast car
  ■ **rápido** adv quickly: *Vino muy rápido.* She came really quickly. | *No comas tan rápido.* Don't eat so fast./Don't eat so quickly.
  ■ **¡rápido!** interj quickly!, hurry up!
  ■ **rápidos** s pl rapids

fast

slow

raptar v to kidnap

rapto s (secuestro) kidnapping

raptor s kidnapper

raqueta s **1** (de tenis, squash, etc.) racket, racquet **2** (de ping pong) paddle (AmE), bat (BrE)

rareza s **1** (de una persona) quirk: *Estoy acostumbrada a sus rarezas.* I'm used to his quirks. **2** (cosa poco común) rarity (pl -ties): *Este disco es una rareza.* This record is a rarity.

raro, -a adj **1** (extraño) strange, odd: *Pablo es medio raro.* Pablo's a little strange./Pablo's a little odd. | *un vestido raro* a strange/an odd dress | *¡Qué raro que no vino!* It's strange that she didn't come./It's odd that she didn't come. **2** (poco frecuente) rare: *Son raros los casos de ese tipo.* Cases like that are rare. | **es raro que llueva/nieve etc.** it rarely rains/snows etc. | **rara vez** rarely: *Lo veo muy rara vez.* I very rarely see him.

rascacielos s skyscraper

rascar v **1** (cuando algo pica) to scratch: *¿Me rascas la espalda?* Can you scratch my back for me? **2** (arañar) to scratch: *El perro está rascando la puerta para que lo dejen entrar.* The dog's scratching the door to be let in.
  rascarse v to scratch | **rascarse la cabeza/la nariz etc.** to scratch your head/nose etc.

rasgado, -a adj **ojos rasgados** almond-shaped eyes

rasgar v to tear
  rasgarse v to tear

rasgo sustantivo & sustantivo plural
  ■ s (característica) characteristic: *¿Cuáles son los rasgos del Romanticismo?* What are the characteristics of Romanticism? | *los rasgos de la personalidad* personality traits
  ■ **rasgos** s pl **1** (de la cara) features: *Tiene rasgos delicados.* She has delicate features. **2 a grandes rasgos** ver ejemplos: *Me lo explicó a grandes rasgos.* She explained it to me in broad terms. | *Se agrupan, a grandes rasgos, en tres categorías.* Broadly speaking, they are grouped into three categories.

rasguñar v to scratch

rasguño s scratch (pl -ches)

raspar v **1** (con cuchillo, espátula, etc.) to scrape | **raspar la pintura/el barro etc.** (para quitarlo) to scrape the paint/the mud etc. off **2** (picar, arañar) (barba) to scratch, (tela) to be rough
  rasparse v to graze yourself: *Me raspé con la pared.* I grazed myself on the wall. | **rasparse el codo/la rodilla etc.** to graze your elbow/knee etc.

raspón s graze

rastras a rastras **(a)** (atrás) in tow: *Siempre anda con los niños a rastras.* She always has the kids in tow. **(b)** (por la fuerza) Usa el verbo **to drag**: *Irás aunque te tenga que llevar a rastras.* You're going even if I have to drag you there.

rastrear v **rastrear algo/a alguien** to track sth/sb down

rastrillo s **1** (herramienta) rake **2** (para rasurarse) razor

rastro s **1** (pista) trail: *Le perdimos el rastro.* We lost his trail. **2** (señal) sign: *No había rastros de violencia.* There were no signs of violence. | *Desapareció sin dejar rastro.* She disappeared without trace.

rasuradora s **rasuradora (eléctrica)** (electric) razor, (electric) shaver

rata s **1** (animal) rat **2** swine

ratero, -a s thief (pl thieves) ▶ Quien le roba la cartera a alguien es un **pickpocket**

rato s while: *Salió hace un rato.* She went out a while ago. | *Te llamo dentro de un rato.* I'll call you in a while. | *Quédate un rato conmigo.* Stay with me for a while. | **a cada rato** every five minutes: *La llama a cada rato.* He calls her every five minutes. | **al rato** after a while: *Al rato volvió con un amigo.* After a while, he returned with a friend. | **tengo/tienen etc. para rato** I'm going/they're going etc. to be some time | **pasar el rato** to pass the time | **a ratos** ver ejemplos: *Llovía a ratos.* It rained on and off. | *A ratos me quedaba dormida.* I kept nodding off. | *A ratos salía el sol.* The sun came out from time to time.

ratón s **1** (animal) mouse (pl mice) **2** (en computación) mouse (pl mouses o mice) **3** **el ratón** En los países anglosajones el personaje imaginario que deja dinero a cambio de un diente es **the tooth fairy**

ravioles s pl ravioli ▶ En inglés el verbo que sigue a **ravioli** puede ir tanto en singular como en plural: *Los ravioles estaban fríos.* The ravioli was/were cold.

raya s **1** (línea) line | **hacer una raya** to draw a line | **unas cortinas/una camisa etc. a rayas** striped curtains/a striped shirt etc. **2** (en el pelo) part (AmE), parting (BrE): *Traes chueca la raya.* Your part's not straight. | **hacerse la raya en medio/de lado** to part your hair in the middle/on one side **3** (signo ortográfico) dash (pl -shes) **4** (del pantalón) crease **5** (pez) ray

rayado, -a adj **1** (a rayas) (tela, suéter, etc.) striped **2** (disco) scratched

rayar v (el piso, un mueble) to scratch

rayarse v (disco, anteojos) to get scratched

rayitos s pl (en el pelo) highlights | **hacerse rayitos** to have highlights put in

rayo s **1** (durante una tormenta) lightning ▶ **lightning** es un sustantivo incontable. No tiene plural ni puede ir precedido de **a**. Tambien existe **bolt of lightning** que se usa en contextos más literarios o técnicos: *Cayó un rayo en el árbol.* The tree was hit by lightning./The tree was hit by a bolt of lightning. | *Cayeron varios rayos en la zona.* Lightning struck several times in the area. **2** (de luz) ray

rayo láser laser beam **rayos ultravioleta** s pl ultraviolet rays **rayos X** s pl X-rays

raza s **1** (hablando de seres humanos) race **2** (de un perro, un gato, etc.) breed: *¿De qué raza es?* What breed is it? | **un perro/un gato de raza** a pedigree dog/cat

razón s **1** **tener razón** to be right: *Tienes razón, no debería habérselo dicho.* You're right, I shouldn't have told her. | *Tienen razón en estar enojados.* They're right to be annoyed. | **darle la razón a alguien** to say sb is right: *Al final me dio la razón.* In the end he said I was right./In the end he admitted I was right. **2** (causa) reason: *Por alguna razón me llamó.* She called you for some reason. | **¡con razón...!** no wonder...!: *¡Con razón me parecía conocido!* No wonder I thought I recognized him! **3** (cordura) **perder la razón** to lose your mind | **hacer entrar en razón a alguien** to make sb see reason **4** (capacidad de pensar) reason

razonable adj reasonable

razonamiento s reasoning

razonar v **1** (pensar) to think **2** (fundamentar) to give reasons for: *Razonar la respuesta.* Give reasons for your answer.

re s (nota musical) D

reacción s reaction

reaccionar v to react: *¿Cómo reaccionó?* How did he react?

reactor s **1** (para la producción de energía) reactor **2** (avión) jet

reactor nuclear nuclear reactor

real adj **1** (de la realidad) real: *el mundo real* the real world | *en la vida real* in real life | *Es una historia real.* It's a true story. **2** (de la realeza) royal

realidad s **1** reality (pl -ties): *Tienes que aceptar la realidad.* You have to accept reality. **2 en realidad** actually: *En realidad, es bastante caro.* It's actually pretty expensive. **3** **hacerse realidad** to come true: *Sus fantasías se hicieron realidad.* Her dreams came true.

realidad virtual virtual reality

realismo s realism

realista adj realistic

realizado, -a s **sentirse realizado -a** to feel fulfilled

realizar v **1** (un festival, un congreso) to hold: *El festival se realizó en Viña del Mar.* The festival was held in Viña del Mar. **2** (un viaje) to make **3** (una operación, un experimento) to perform **4** (un trabajo) to do **5** **realizar una investigación/una encuesta** to carry out an inquiry/a survey **6** (un sueño, una fantasía) to fulfill (AmE), to fulfil (BrE)

realmente adv really: *No se sabe qué pasó realmente.* Nobody knows what really happened.

reanimar v **reanimar a alguien 1** (alegrarlo) to cheer sb up: *La noticia me reanimó.* The news cheered me up. **(b)** (tras un desmayo) to bring sb around (AmE), to bring sb round (BrE): *No lo podían reanimar.* They couldn't bring him around. ▶ También existe **to revive sb** que es más formal

reanimarse v (alegrarse) to cheer up

reata s (de saltar) jump rope (AmE), skipping rope (BrE) | **brincar la reata** to jump rope (AmE), to skip (BrE)

rebaja s **1** (descuento) **hacerle (una) rebaja a alguien** to give sb a discount | **pedir rebaja** to ask for a discount **2** (reducción) cut: *una rebaja en los salarios* a wage cut

rebajado, -a adj reduced: *entradas a precios rebajados* reduced-price tickets

rebajar v (un precio, un producto) to reduce: *Han rebajado toda la ropa de invierno.* They've reduced all the winter clothes. | *Me lo rebajó a $1500.* He reduced it to $1500. | **rebajarle el 10%/el 20% etc. a alguien** to give sb 10%/20% etc. off, to take 10%/20% etc. off

rebajarse *v* **rebajarse a hacer algo (a)** (adoptar una actitud poco digna) to stoop to doing sth **(b)** (humillarse) to lower yourself to doing sth

rebanada *s* **1** (de pan, jamón) slice **2** (de tocino) rasher

rebaño *s* **1** (de ovejas) flock **2** (de cabras, ganado) herd

rebasar *v* **1** (a un coche, a un corredor) to overtake: *Lo rebasó en la última curva.* He overtook him on the last bend. **2** (cierta medida) to be over: *Rebasa los tres metros de alto.* It's over three meters high. **3** (cierta velocidad) to go over: *Rebasó los 200 km por hora.* He went over 200 km an hour.

rebelarse *v* to rebel | **rebelarse contra algo** to rebel against sth

rebelde *adjetivo & sustantivo*
▪ *adj* **1** (espíritu, joven) rebellious ▸ Para referirse a un niño que no hace lo que se le dice, etc., se usa **disobedient 2 un grupo/ejército rebelde** a rebel group/army
▪ *s* rebel

rebelión *s* rebellion

rebobinar *v* to rewind

rebosar *v* to overflow

rebotar *v* **1** (pelota) to bounce: *Esta pelota no rebota.* This ball doesn't bounce. ▸ Cuando la pelota rebota en la dirección desde donde venía, se usa **to rebound**: *Rebotó en el palo.* It rebounded off the post. **2** (cheque) to bounce **3** (e-mail) to bounce

rebozo *s* shawl, wrap

rebuscado, -a *adj* (argumento) far-fetched, (lenguaje) over-elaborate

rebuznar *v* to bray

recado *s* message: *No está. ¿Quiere dejarle algún recado?* She's not in. Do you want to leave a message?

recaer *v* **1** (responsabilidad, peso) **recaer sobre alguien** to fall on sb **2** (en una enfermedad) to suffer a relapse

recaída *s* relapse | **tener una recaída** to suffer a relapse

recalcar *v* to stress

recalentar *v* (comida) to reheat
recalentarse *v* (motor) to overheat

recámara *s* bedroom: *Ésta es la recámara de los niños.* This is the children's bedroom. | *una casa con dos recámaras* a two-bedroomed house

recamarera *s* (en un hotel) chambermaid

recapacitar *v* to reconsider ▸ También existe **to think again** que es más coloquial: *Espero que recapacites.* I hope you will reconsider./I hope you will think again.

recargable *adj* rechargeable

recargado, -a *adj* (estilo, decoración) ornate

recargar *v* (apoyar) **recargar algo en algo** to lean sth against sth: *Recarga la escalera en la pared.* Lean the ladder against the wall. | *Recargué la cabeza en el respaldo de la silla.* Rest your head on the seat back.
recargarse *v* **recargarse en/contra algo** to lean on/against sth: *Se recargó en el mostrador.* He leaned on the counter.

recargo *s* surcharge | **un recargo de $100/del 10% etc.** a $100/10% etc. surcharge | **sin recargo** with no surcharge

recaudación *s* **1** (dinero) takings *pl*: *la recaudación del día* the day's takings **2** (acción) collection

recaudar *v* to collect

recepción *s* **1** (en un hotel, una oficina) reception **2** (ceremonia, fiesta) reception

recepcionista *s* receptionist

recesión *s* recession

receta *s* **1** (de cocina) recipe | **la receta de algo** the recipe for sth: *¿Me das la receta de la sopa de cebolla?* Can you give me the recipe for the onion soup? **2** (de medicamentos) prescription: *El doctor me hizo una receta.* The doctor wrote me out a prescription. | **con receta** on prescription: *Te lo venden sólo con receta.* They'll only sell it to you on prescription.

recetar *v* to prescribe | **recetarle algo a alguien** to prescribe sb sth: *Me recetó un calmante muy fuerte.* She prescribed me a very powerful painkiller.

rechazar *v* (una propuesta, una solicitud) **rechazar algo** to turn sth down, to reject sth: *Rechazaron nuestra propuesta.* They turned down our proposal./They rejected our proposal. | *una oferta que no pude rechazar* an offer I couldn't refuse | **rechazar una invitación** to turn down an invitation

rechazo *s* **1** (de una persona) rejection | **me causa/provoca rechazo** I find him/it etc. disagreeable **2** (de una propuesta, de una oferta) rejection

rechinar *v* **1** (puerta) to creak, to squeak **2** (violín) to screech **3 rechinar los dientes** to grind your teeth: *No rechines los dientes.* Don't grind your teeth. | **me/le etc. rechinan los dientes** I grind my teeth/he grinds his teeth etc.

rechinido *s* **1** (de una puerta) creaking, squeaking **2** (de un violín) screeching

recibidor *s* hall

recibir *v* **1** (una carta, un e-mail, etc.) to get, to receive ▸ **to get** es más frecuente en el lenguaje hablado: *¿Recibiste la postal que te mandé?* Did you get the postcard I sent you? **2** (a una persona) (ir a esperar) to meet, (darle la bienvenida a) to welcome, (atender) to see: *Fueron a recibirnos al aeropuerto.* They came to meet us at the airport. | *La recibió con un abrazo.* She welcomed her with a hug. | *El gerente no quiso recibirme.* The manager refused to see me.

ⓘ ¿Se dice *I arrived in Miami* o *I arrived to Miami*? Mira la entrada **arrive**.

3 (un regalo) to get, to receive ▶ **to receive** es más formal: *¿Recibiste muchos regalos?* Did you get many presents? **4** (un golpe, una amenaza) to receive **5** (un diploma, un honor) to receive **6 recibir un premio** to be awarded a prize
recibirse *v* to graduate: *Me recibo a fin de año.* I graduate at the end of this year. | **recibirse de médico/abogada etc.** to qualify as a doctor/lawyer etc.: *Se recibió de psicóloga.* She qualified as a psychologist.

recibo *s* **1** (comprobante de pago) receipt: *Conserve el recibo.* Keep the receipt **2** (de teléfono, luz, etc.) bill: *¿Pagaste el reibo de la luz?* Have you paid the electricy bill?

reciclar *v* to recycle

recién *adv* ▶ ver recuadro
recién casado -a *s los recién casados* the newlyweds **recién nacido -a** *s* newborn baby (pl -bies)

reciente *adj* recent

recipiente *s* container

recital *s* (de música) recital: *un recital de piano* a piano recital | **dar un recital** to give a recital

recitar *v* (una poesía, la lección) to recite

reclamación *s* (queja) complaint

reclamar *v* **1** (quejarse) to complain: *Fui a la tienda a reclamar.* I went to the store to complain. **2** (exigir) to demand: *Reclamamos justicia.* We demand justice. **3** (pedir) to claim: *Los indígenas reclaman sus tierras.* The indigenous people are claiming their land.

reclinable *adj* **un asiento/un respaldo reclinable** a reclining seat/seat back

reclinar *v* **1** (un asiento) to recline **2** (la cabeza) to lay: *Reclinó su cabeza sobre mi hombro.* He laid his head on my shoulder.

recobrar *v* ▶ ver **conocimiento, recuperar**

recogedor *s* dustpan

recoger *v* **1** (del suelo) **recoger algo** to pick sth up: *Recojan todos los juguetes.* Pick all your toys up. **2** (flores) to pick **3** (ir por) **recoger algo/a alguien** to pick sth/sb up: *Lo puede pasar a recoger cuando quiera.* You can come and pick it up whenever you want. | *Nos recogieron en taxi.* They picked us up in a taxi. **4** (información, opiniones) to collect **5** (ordenar) to tidy up | **recoger la mesa** to clear the table
recogerse *v* **recogerse el pelo** Si se trata de hacerse un chongo, se usa **to put your hair up**, si de una cola de caballo, **to tie your hair back**

recogido, -a *adj* **1** Para referirse al pelo se dice **up** si es en un chongo y **tied back** si se trata de una cola de caballo: *Usa el pelo recogido.* She wears her hair up./She wears her hair tied back. **2** (adoptado) adopted

recomendación *s* **1** (consejo) recommendation | **por recomendación de alguien** on sb's recommendation: *Lo leí por recomendación de*

recién

1 CON PARTICIPIOS

pan recién hecho freshly baked bread | *huevos recién puestos* fresh eggs | *una silla recién pintada* a newly painted chair | *"recién pintado"* "wet paint" | *Está recién operada.* She's just had an operation. | *Tiene 18 años recién cumplidos.* He's just turned 18. | *Estaba recién bañado.* I had just taken a bath.

2 ACCIONES RECIENTES

recién comí/terminé etc. I've just eaten/finished etc. | **recién se levanta/se entera etc.** he's just gotten up/found out etc. | **recién habíamos salido/llegado etc.** we had just left/arrived etc.
A menudo se agrega **only** para enfatizar: *Recién había salido.* I had only just left.

una amiga. I read it on a friend's recommendation. **2** (para un trabajo) recommendation: *una carta de recomendación* a letter of recommendation

recomendar *v* **1 recomendarle un hotel/un libro etc. a alguien** to recommend a hotel/a book etc. to sb: *María me recomendó este restaurante.* María recommended this restaurant to me. | *Me recomendaron a una profesora de inglés buenísima.* I was recommended an excellent English teacher. **2** (aconsejar) **recomendarle a alguien que haga algo** to advise sb to do sth: *Me recomendó que no tomara sol.* He advised me not to sunbathe. **3** (para un trabajo) to recommend

recompensa *s* reward | **ofrecer una recompensa** to offer a reward: *Ofrecen una recompensa de diez mil dólares.* They are offering a ten thousand dollar reward.

reconciliarse *v* to be reconciled: *Sus padres se reconciliaron.* His parents were reconciled. | **reconciliarse con alguien** to make up with sb: *Ya me reconcilié con mis amigos.* I've made up with my friends.

reconfortante *adj* conforting

reconfortar *v* to confront

reconocer *v* **1** (identificar) to recognize: *No la reconocí.* I didn't recognize her. **2** (admitir) to admit: *Reconozco que me equivoqué.* I admit I made a mistake. **3** (a un hijo) to recognize

reconocimiento *s* **reconocimiento (médico) (a)** (para un trabajo) medical (examination), medical **(b)** (de rutina) (medical) checkup

reconstruir *v* **1** (un edificio, una ciudad) to rebuild **2** (un hecho, una escena) to reconstruct

récord *s* record | **romper un récord** to break a record: *Rompió el récord de salto de longitud.* He broke the long jump record. | **tener un récord** to hold a record | **un récord en jabalina/salto de altura etc.** a javelin/high jump record etc.

recordar v **1** to remember: *No recuerdo dónde fue.* I can't remember where it was. | **recordar haber hecho algo** to remember having done sth: *No recordaba haberlo leído.* He did not remember having read it. | **si mal no recuerdo** if I remember correctly **2 recordarle a alguien que haga algo** to remind sb to do sth: *Recuérdale que compre el pan.* Remind him to get the bread. | **recordarle a alguien que...** to remind sb that...: *Me recordó que tenía que llamarte.* She reminded me that I had to call you. **3 me/le etc. recuerda a...** it reminds me/him etc. of...: *Me recuerda a su tío.* He reminds me of his uncle.

recorrer v **1** (viajar por) **recorrer un país/una zona** to travel around a country/an area: *Queremos recorrer Nueva Inglaterra.* We want to travel around New England. **2** (visitar, pasear por) **recorrer una ciudad/un barrio** to visit a city/a neighborhood (AmE), to visit a city/a neighbourhood (BrE) | **recorrer una exposición/un museo** to go around an exhibition/a museum: *Recorrí todo el barrio buscando un correo.* I went all over the neighborhood looking for a post office. | *No se puede recorrer la ciudad en una mañana.* You can't visit the whole city in one morning. **3** (referido a distancias) to do: *Recorrió los 10 km a pie.* He did the 10 km on foot. ▶ También existe **to cover** que es más formal

recorrido s (de un tren, autobús) route

recortar v **1 recortar una foto/un artículo** to cut out a photo/an article: *Recortamos fotos de revistas para hacer un collage.* We cut out photos from magazines to make a collage. **2 recortarle el pelo a alguien** to trim sb's hair **3 recortar los gastos/un presupuesto** to cut costs/a budget

recorte s **1** (de periódico, de revista) clipping (AmE), cutting (BrE): *una carpeta llena de recortes de periódicos* a file full of newspaper clippings **2** (referido a gastos) cut

recostarse v to lie down: *Se recostó en el sofá.* He lay down on the sofa.

recreo s (en la escuela) recess (pl -sses) (AmE), break (BrE): *un recreo de 20 minutos* a 20-minute recess: *En el recreo juegan futbol.* They play soccer at recess.

recta s (en geometría) straight line
recta final home straight

rectangular adj rectangular

rectángulo s rectangle

recto, -a adjetivo & sustantivo
■ adj (línea, camino) straight ▶ ver **ángulo**
■ **recto** s rectum

rector, -a s (de universidad) president (AmE), vice-chancellor (BrE)

recuadro s box (pl -xes)

recuerdo sustantivo & sustantivo plural
■ s **1** (en la memoria) memory (pl -ries): *No tengo ningún recuerdo de esa época.* I have no memory

of that time. ▶ El uso en plural es más frecuente: *Tengo un mal recuerdo de ese día.* I have bad memories of that day. **2** (objeto) souvenir | **de recuerdo** as a souvenir: *Lo guardé de recuerdo.* I kept it as a souvenir.

■ **recuerdos** s pl **mandarle recuerdos a alguien** to send your regards to sb: *Mi mamá te manda recuerdos.* My mother sends her regards. | **dale mis recuerdos a Pedro/a los niños etc.** give my regards to Pedro/to the children etc.

recuperar v **1** (dinero, bienes, territorios) to recover **2** (la memoria, la vista) to recover **3** (referido al tiempo) to make up: *Tengo que recuperar los días que falté a clase.* I have to make up the days I missed school. **4** (referido a un estado de ánimo) to regain

recuperarse v **recuperarse (de una enfermedad/una operación etc.)** to recover (from an illness/an operation etc.): *Esperemos que se recupere pronto.* Let's hope she recovers soon. | **recuperarse de un susto** to get over a fright

recurrir v **1 recurrir a alguien** to turn to sb: *No sé a quién recurrir.* I don't know who to turn to. ▶ Cuando se trata de los servicios de un profesional, se dice **to enlist the services of sb**: *Tuvieron que recurrir a un abogado.* They had to enlist the services of a lawyer. **2 recurrir a la violencia/la fuerza** to resort to violence/force

recurso sustantivo & sustantivo plural
■ s option: *No te queda otro recurso.* You have no other option. | **como último recurso** as a last resort
■ **recursos** s pl **1** (de un país, una empresa) resources **2** (de una persona) means
recursos humanos, Recursos Humanos human resources, Human Resources **recursos naturales** natural resources

red s **1** (en informática) network | **estar en red** to be networked: *Nuestras computadoras están en red.* Our computers are networked. | **la red**, o **la Red** (Internet) the web: *Lo encontré en la red.* I found it on the web. **2** (para pescar) net **3** (en tenis) net **4** (de espías, de agentes) network **5** (de comercios, sucursales) network

redacción s **1** (trabajo escrito) essay: *¿Qué sacaste en la redacción?* What did you get for your essay? | **una redacción sobre algo** an essay on sth: *una redacción sobre el medio ambiente* an essay on the environment **2** (de un periódico) editorial department **3** (expresión, lenguaje) ver ejemplos: *La redacción es pésima.* It is very badly written. | *Tiene mala redacción.* She can't write.

redactar v to write: *Redacta muy bien.* She writes very well.

redactor, -a s editor

redada s raid: *una redada policial* a police raid

redonda s **1 en 100 m/5 km etc. a la redonda** within a 100-meter/5-kilometer etc. radius ▶ Cuando las distancias son menos precisas, se dice **for several blocks/miles etc. around**: *No había un árbol en varios kilómetros a la redonda.*

ⓘ ¿Quieres información sobre las diferencias entre los **artículos** en inglés y en español? Lee la explicación en el apartado de gramática.

refugiado

There wasn't a tree for miles around. **2** (en música) whole note (AmE), semibreve (BrE)

redondear v **redondear algo (a)** (para arriba) to round sth up **(b)** (para abajo) to round sth down: *Lo redondeó a cien pesos.* He rounded it down to a hundred pesos. | *Digamos diez pesos, para redondear.* Call it a round ten pesos.

redondel s circle

redondo, -a adj **1** (circular) round: *una cara redonda* a round face **2 viaje redondo** round trip: *El viaje redondo le sale en mil dólares.* The round trip will cost you a thousand dollars. | **boleto redondo** round-trip ticket (AmE), return ticket (BrE) **3** (excelente) great: *un negocio redondo* a great deal **4 en números redondos** in round numbers **5 caer redondo -a/redondito -a** to fall right into it: *Cayó redondito en la trampa.* He fell right into the trap.
▶ ver **mesa**

reducción s reduction

reducir v **1** (disminuir) to reduce | **reducir algo a algo** to reduce sth to sth: *Redujeron el número de empleados a 4.000.* They reduced the number of employees to 4,000. | **reducir algo en un 30%/50% etc.** to reduce sth by 30%/50% etc. **2 reducir la velocidad** to reduce your speed

reducirse v (disminuir) to go down: *Se redujo el número de pacientes.* The number of patients went down. | **reducirse en un 30%/10% etc.** to go down by 30%/10% etc.

reelegir v to reelect

reembolso s **enviar algo contra reembolso** to send sth cash on delivery

reemplazar v **1 reemplazar algo (con/por algo)** to replace sth (with sth): *Reemplazar el sustantivo por un pronombre.* Replace the noun with a pronoun. **2 reemplazar a alguien (a)** (de forma permanente) to replace sb: *la actriz que la reemplazó* the actress who replaced her **(b)** (temporalmente) to stand in for sb: *Estoy reemplazando a un profesor enfermo.* I'm standing in for a teacher who's off sick.

reencarnación s reincarnation

reencuentro s reunion

refacción s (pieza de repuesto) part, spare part

referencia sustantivo & sustantivo plural
■ s reference | **hacer referencia a algo** to refer to sth | **con referencia a algo** with reference to sth: *Con referencia a su carta del 15 de diciembre...* With reference to your letter of December 15...
■ **referencias** s pl (para un trabajo) references

referéndum s referendum (pl referenda o referendums)

referente adj **todo lo referente a algo** everything related to sth | **en lo referente a algo** ver ejemplos: *Es muy responsable en lo referente al trabajo.* When it comes to work, he's very responsible./As far as work is concerned, he's very responsible. | *Es un experto en lo referente a este tema.* He's an expert on this subject.

referirse v **referirse a algo/alguien** to refer to sth/sb: *¿A quién te refieres?* Who are you referring to?

refinería s refinery (pl -ries)

reflejar v to reflect
reflejarse v to be reflected: *Su cara se reflejaba en el agua.* Her face was reflected in the water.

reflejo sustantivo & sustantivo plural
■ s **1** (imagen) reflection **2** (brillo) glint: *el reflejo del sol* the glint of the sunlight
■ **reflejos** s pl (reacciones) reflexes: *Tiene muy buenos reflejos.* He has very good reflexes.

reflexionar v to think: *Actúa sin reflexionar.* He acts without thinking. | *Tienes que reflexionar.* You must think about it. | **reflexionar sobre algo** to think about sth ▶ También existe **to reflect on sth** que es más formal

reforestación s reforestation

reforma s **1** (de un sistema, una ley) reform **2 hacer reformas en una casa/en la cocina etc.** to do a house up/to do the kitchen up etc., to carry out improvements to a house/the kitchen etc. ▶ La traducción con **improvements** es más formal | **necesitar reformas** to need doing up ▶ También existe **to need improvements** que es más formal

reforma agraria agrarian reform

reformar v **1 reformar una casa/el baño etc.** to do up a house/a bathroom etc., to carry out improvements to a house/the bathroom etc. ▶ La traducción con **improvements** es más formal: *Van a reformar su casa.* They are going to do their house up. **2** (una ley, un sistema) to reform

reformatorio s juvenile correction facility (AmE), young offenders' institution (BrE)

reforzar v **1** (hacer más fuerte o sólido) to reinforce **2** (hacer más intenso o eficaz) to increase: *Reforzaron la seguridad en los aeropuertos.* They have increased security at airports.

refrán s saying: *como dice el refrán* as the saying goes

refrescante adj refreshing

refrescar v **1** (referido a la temperatura) to get cooler: *Por la noche refrescó bastante.* It got a lot cooler when night fell. **2 refrescarle la memoria a alguien** to refresh sb's memory
refrescarse v to cool off: *Me voy al agua a refrescarme un poco.* I'm going for a swim to cool off a bit.

refresco s drink, soft drink: *Tomemos un refresco.* Let's have a drink.

refrigerador s refrigerator, fridge

refuerzo sustantivo & sustantivo plural
■ s reinforcement
■ **refuerzos** s pl reinforcements

refugiado, -a s refugee

refugiarse v **1** (por razones políticas, ideológicas, etc.) to take refuge: *Se refugiaron en la embajada.* They took refuge in the embassy. **2 refugiarse del viento/de la lluvia etc.** to shelter from the wind/rain etc.

refugio s (protección) shelter
refugio de montaña mountain refuge
refugio nuclear nuclear shelter

refunfuñar v to grumble

regadera s **1** (para bañarse) shower **2** (para regar) watering can

regaderazo s shower: *un regaderazo rápido* a quick shower | **darse/echarse un regaderazo** to take a shower (AmE), to have a shower (BrE)

regalado, -a adj **1** (muy barato) **estar regalado -a** to be a steal | **los tenían/los compró etc. regalados** they/he etc. got them for next to nothing, they/he etc. got them dirt cheap **2** (referido a exámenes, pruebas) **estar regalado -a** to be a piece of cake

regalar v **1 regalarle algo a alguien** to give sb sth: *Mis abuelos me regalaron una bicicleta.* My grandparents gave me a bicycle. | *¿Qué te regaló tu novio?* What did your boyfriend give you? ▶ Cuando no mencionas a quien hace el regalo, usa el verbo **to get** (recibir): *¿Qué te regalaron para tu cumpleaños?* What did you get for your birthday? **2** (cuando no se dice a quién) **regalar algo** to give sth away: *Tenía muchos libros de cuentos pero los regalé todos.* I had lots of story books but I gave them all away.

regalo s present | **hacerle un regalo a alguien** to give sb a present: *Le quiero hacer un regalo.* I want to give her a present. | **de regalo** as a present: *Te he traído unas flores de regalo.* I've brought you some flowers as a present. ▶ Hablando de productos comerciales, se usa el adjetivo **free**: *Viene con un afiche de regalo.* You get a free poster with it. ▶ ver **papel**

regañar v **regañar a alguien (por algo)** to tell sb off (for sth): *Nos regañaron por romper la ventana.* We were told off for breaking the window.

regar v **1** to water: *Tengo que regar las plantas.* I have to water the plants. **2 regarla** to put your foot in it: *Me parece que la regué.* I think I put my foot in it.

regata s regatta

regatear v to haggle | **regatear el precio** to haggle over the price

régimen s **1** (dieta) diet **2** (gobierno) regime

regimiento s regiment

región s region

regional adj regional

registrar v **1** (examinar) to search: *Le registraron la casa.* They searched his house. **2** (despachar) **registrar las maletas/el equipaje** to check in your luggage **3** (inscribir) (una firma, un nombre comercial, etc.) to register

registrarse v **1** (en un hotel) to check in: *Tengo que registrarme.* I have to check in. **2** (inscribirse) to register

registro s **1** (libro) register **2 llevar un registro de algo** to keep a record of sth **3** (forma de expresarse) register: *un registro formal* a formal register
registro civil registry (pl -ries) (AmE), registry office (BrE)

regla s **1** (útil) ruler: *¿Me prestas la regla?* Can I borrow your ruler? **2** (norma) rule: *las reglas del juego* the rules of the game | **en regla** in order: *Tengo todos los papeles en regla.* All my papers are in order. **3** (menstruación) period: *Tenía la regla.* She had her period.

reglamentario, -a adj **el uniforme reglamentario/la pelota reglamentaria etc.** the regulation uniform/ball etc.: *un campo de tamaño reglamentario* a regulation size field

reglamento s rules pl: *el reglamento de la escuela* the school rules

regresar v **1** (devolver) **regresarle algo a alguien** to give sth back to sb: *Te los regreso mañana.* I'll give them back to you tomorrow./ I'll give you them back tomorrow. | **regresar algo a su lugar** to put sth back (in its place) | **regresar los libros a la biblioteca** to take your library books back, to take your books back to the library **2** (volver) to return: *Regresaron a sus hogares.* They returned to their homes.

regresarse v (volver) to return: *Se regresaron en barco.* They returned by boat.

regreso s (vuelta) return: *el viaje de regreso* the return trip | **estar de regreso (de Europa/las vacaciones etc.)** to be back (from Europe/your vacation etc.) | **a mi/tu etc. regreso** when I/you etc. get back: *A mi regreso lo discutimos.* We'll talk about it when I get back.
regreso a clases Si quieres explicar qué significa *it's the return to school for a new term*: *Ya compré todo lo que necesito para el regreso a clases.* I've already bought everything I need for the new term.

regular adjetivo, adverbio & verbo
■ *adj & adv* **1** (no muy bien, no muy bueno) ver ejemplos: *La redacción me salió regular.* I didn't do the essay very well. | *Como cantante es regular.* He's not a great singer. ▶ Como respuesta se usa **so-so**: *-¿Cómo te fue? -Regular.* "How did it go?" "So-so." **2** (en gramática) regular **3** (siguiendo un ritmo fijo) regular: *a intervalos regulares* at regular intervals
■ *v* to regulate

regularidad s regularity | **con regularidad** regularly

rehabilitación s rehabilitation

rehacer v **rehacer algo** to do sth again: *Tengo que rehacer el trabajo.* I have to do the work again.

rehén s hostage: *Tomaron a los niños como rehenes.* They took the children hostage.

rehilete s pinwheel (AmE), windmill (BrE)

rehusar o **rehusarse** v rehusar (algo), rehusarse (a algo) to refuse (sth): *No pudimos rehusar su pedido.* We couldn't refuse his request. | rehusar hacer algo, rehusarse a hacer algo to refuse to do sth: *Rehusó hablar conmigo.* He refused to speak to me.

reina s **1** (monarca) queen **2** (en las cartas, el ajedrez) queen ▶ ver **abeja**

reinar v to reign

reiniciar v (una computadora) to reboot

reino s kingdom
    el reino animal the animal kingdom **el reino vegetal** the vegetable kingdom, the plant kingdom

Reino Unido s **el Reino Unido** the United Kingdom, the UK ▶ ver nota en **United Kingdom**

reír v to laugh | **hacer reír a alguien** to make sb laugh: *Tu hermano me hace reír mucho.* Your brother really makes me laugh.
    reírse v to laugh: *Se rieron a carcajadas.* They laughed their heads off. | reírse de algo to laugh at sth, to laugh about sth: *¿De qué te ríes?* What are you laughing at?/What are you laughing about? | reírse de alguien to laugh at sb: *No te rías de mí.* Don't laugh at me.

reivindicar v **reivindicar un atentado** to claim responsibility for an attack

reja s **1** (de barras verticales) railings pl: *Pusieron una reja nueva en el jardín.* They have put up some new railings in the garden. **2** (de barras cruzadas) grille **3 tras las rejas** behind bars

rejilla s **1** (de una coladera) drain cover **2** (de ventilación, del radiador de un vehículo) grille

relación *sustantivo & sustantivo plural*
▪ **s** **1** (entre temas, ideas, etc.) connection: *Este incidente no tiene ninguna relación con el otro.* This incident has no connection with the other one. **2** (entre personas) relationship: *Tiene una mala relación con sus padres.* Her relationship with her parents isn't good. **3 con relación a/en relación con (a)** (con respecto a) with regard to: *Te quería hacer un comentario con relación a tu trabajo.* I wanted to say something to you with regard to your work. **(b)** (en comparación con) compared to: *En relación con el año pasado, estamos peor.* Compared to last year, we're worse off.
▪ **relaciones s pl 1** relations: *las relaciones entre los dos países* relations between the two countries | **tener buenas/malas relaciones con alguien** to be on good/bad terms with sb: *Tiene buenas relaciones con su jefe.* He is on good terms with his boss. **2 tener relaciones** (sexuales) to have sex
    relaciones públicas public relations
    relaciones sexuales sexual relations

relacionado, -a adj **relacionado -a con algo** connected with sth, related to sth: *Esto está relacionado con lo que hablamos ayer.* This is

connected with what we were talking about yesterday./This is related to what we were talking about yesterday. ▶ En lenguaje hablado se usa más **to do with sth**: *Le fascina todo lo relacionado con los animales.* He is fascinated by anything to do with animals.

relacionar v to relate
    relacionarse v **1** (estar relacionado) relacionarse con algo to be connected to sth, to be related to sth: *Este caso se relaciona con los anteriores.* This case is connected to the earlier ones./This case is related to the earlier ones. **2 relacionarse con alguien** ver ejemplos: *Allí se relacionó con otros escritores sudamericanos.* There he mixed with other South American writers./There he came into contact with other South American writers. | *Daniela se relaciona bien con las otras niñas.* Daniela relates well to the other girls.

relajación s (de los músculos, etc.) relaxation | **hacer relajación** to relax

relajar v to relax
    relajarse v to relax

relajo s **1** (confusión) **ser un relajo** to be chaos: *Cuando llegamos al aeropuerto, aquello era un relajo.* It was chaos at the airport when we got there. | **se armó un relajo espantoso** all hell broke loose **2** (desorden) mess **3 echar relajo (a)** (perder el tiempo) to fool around **(b)** (hacer tonterías) to fool around

relamerse v to lick your lips

relámpago s flash of lightning: *Fue un relámpago.* It was a flash of lightning. ▶ El plural *relámpagos* se traduce por el sustantivo incontable **lightning**: *Llovió con truenos y relámpagos.* It rained and there was thunder and lightning.

relatar v **1** (contar) to tell | **relatarle un cuento/una anécdota a alguien** to tell sb a story/an anecdote **2 relatar un partido** to commentate on a game

relativamente adv relatively

relatividad s relativity

relativo, -a adj **1** (no absoluto) relative **2** (bastante) **de relativa importancia/urgencia** relatively important/urgent | **con relativa facilidad** relatively easily **3 todo lo relativo a algo** everything to do with sth: *Todo lo relativo a la fiesta ya está listo.* Everything to do with the party is ready now.

relato s **1** (cuento) story (pl -ries): *un libro de relatos* a story book **2** (de un hecho) account: *el relato de su viaje* the account of his journey

relevante adj relevant

relevo s (sustituto) relief ▶ ver **carrera**

relieve s **poner algo de relieve** to highlight sth

religión s religion

religioso, -a adj religious: *un colegio religioso* a religious school

relinchar v to neigh

rellenar v **1** (un pollo, una berenjena, un jitomate) to stuff **2** (un pastel) to fill
relleno, -a *adjetivo & sustantivo*
■ *adj* **1** (pollo, jitomate, berenjena) stuffed: *jitomates rellenos* stuffed tomatoes | **relleno -a de algo** stuffed with sth: *aceitunas rellenas de anchoa* olives stuffed with anchovies **2** (pastel, galletas, chocolate) **relleno -a de algo** filled with sth: *galletas rellenas de chocolate* chocolate-filled coookies
■ **relleno** s **1** (para pollo, jitomates, berenjenas) stuffing **2** (de un pastel, una galleta) filling **3** (de un cojín, un colchón) stuffing
reloj s **1** (de pared, de mesa) clock **2** **reloj (de pulsera)** watch (pl -ches):
Tienes el reloj atrasado. Your watch is slow.
3 **trabajar contra reloj** to work against the clock **reloj de sol** sun dial **reloj despertador** alarm clock

watch — date — face — strap — hand

reluciente *adj* **1** (referido al pelo, la piel) shiny **2** (referido a metales) gleaming **3** **reluciente (de limpio -a)** sparkling (clean), spotless: *Tiene la casa reluciente de limpia.* Her house is sparkling clean./Her house is spotless.
relucir v **1** (pelo, zapatos, estrellas) to shine **2** (metales) to gleam **3** **sacar a relucir algo** to bring sth up: *Sacó a relucir el tema de la herencia.* She brought the subject of the inheritance up.
remangarse v **remangarse la camisa/el suéter etc.** to roll your sleeves up | **remangarse los pantalones** to roll your pants up (AmE), to roll your trousers up (BrE)
remar v **1** (en bote) to row **2** (en canoa, kayak) to paddle
rematar v **1** (en deportes) to shoot: *Remató a la portería.* He shot at goal. **2** (subastar) to auction: *Van a rematar la casa.* The house is going to be auctioned. | **se remató en $200/$3.000 etc.** it was sold for $200/$3,000 etc. **3** (vender muy barato) **rematar algo** to sell sth off: *Están rematando todo.* They're selling everything off. **4** (terminar de matar) **rematar a alguien** to finish sb off
remate s **1** (en deportes) shot: *un remate a la portería* a shot at goal **2** (subasta) auction
remediar v **1** (solucionar) to solve, to put right **2** (evitar) **no lo pude/pudo etc. remediar** I/she etc. couldn't help it
remedio s **1** (medicamento) medicine: *¿Tomaste el remedio?* Have you taken your medicine? **2** (cura, tratamiento) remedy (pl -dies): *un remedio casero* a home remedy **3** (solución) solution: *La situación ya no tiene remedio.* There's no solution to the situation. **4** **no hay**

más remedio que hacer algo, no tengo/tenemos etc. más remedio que hacer algo I/we etc. have no choice but to do sth: *No hay más remedio que decírselo.* We have no choice but to tell him. | *No tuvo más remedio que aceptar.* She had no choice but to accept.
remendar v **1** (poniendo remiendos, etc.) to mend **2** (zurciendo) to darn
remiendo s (de tela, cuero) patch (pl -ches)
remitente s **1** (persona) sender **2** (datos) return address
remo s **1** (de un bote) oar **2** (de un kayak, una canoa) paddle **3** (deporte) rowing: *un club de remo* a rowing club
remojado, -a *adj* **remojado -a en algo** soaked in sth: *pan remojado en leche* bread soaked in milk
remojo s **poner/dejar algo en remojo** to put/to leave sth to soak: *Puse las lentejas en remojo.* I put the lentils to soak.
remolcar v to tow
remolino s **1** (en el pelo) cowlick **2** (de viento) swirl: *Un remolino le levantó la falda.* A swirl of wind blew her skirt up. **3** (en el agua) eddy (pl eddies)
remolque s (detrás de un coche, un camión) trailer
remontar v **1** **remontar un río** to sail/row etc. up a river **2** **remontar vuelo** to take off
remontarse v **remontarse a algo** to go back to sth
remorder v ► ver **conciencia**
remordimiento s remorse ► **remorse** es un sustantivo incontable y no tiene plural. Equivale tanto a *remordimiento* como a *remordimientos* | **tener/sentir remordimientos (de conciencia)** to feel remorse, to have a guilty conscience: *No tiene remordimientos.* She doesn't feel any remorse./She doesn't have a guilty conscience.
remoto, -a *adj* (lugar, posibilidad) remote ► ver **control**
remover s **remover la tierra** to turn the earth over | **remover los escombros** to go through the rubble | **remover una ensalada** to toss a salad
renacentista *adj* **un pintor/una obra renacentista** a Renaissance painter/work
Renacimiento s **el Renacimiento** the Renaissance
renacuajo s tadpole
rencor s resentment | **guardarle rencor a alguien (por algo)** to bear a grudge against sb (for sth): *No le guardo rencor por lo que me hizo.* I don't bear a grudge against him for what he did to me.
rencoroso, -a *adj* resentful
rendición s surrender
rendido, -a *adj* exhausted
rendija s gap
rendimiento s performance

rendir v **1** (hablando de alimentos, artículos de limpieza, etc.) **rendir (mucho)** to go a long way: *El arroz rinde mucho.* Rice goes a long way. | *Así rinde más.* It goes further this way. | **rinde dos platos/tres porciones etc.** there is enough for two people/three servings etc. **2 me/le etc. rindió la mañana** I/he etc. got a lot done in the morning: *Con este calor, el día no me rinde.* It's so hot I can't get anything done. **3 no me/le etc. rinde el sueldo** my/his etc. salary doesn't go far enough: *No le rinde nada lo que gana.* The money he earns doesn't go far enough. **4** (referido a una persona, un equipo) to perform: *El equipo no rindió lo que esperaban.* The team didn't perform as well as expected. **5 rendir cuentas (de algo)** to account (for sth): *Rindió cuentas de todo lo que gastó.* He accounted for everything he spent. | *No tengo que rendirle cuentas a nadie.* I don't have to account to anyone. **6 rendirle homenaje a alguien** to pay tribute to sb: *Sus fans le rindieron homenaje.* His fans paid tribute to him.

rendirse v **1** (darse por vencido) to give up: *No lo sé. Me rindo.* I don't know. I give up. **2** (ejército) to surrender

renegar v **1 renegar de algo** to turn your back on sth: *No va a renegar de sus ideas.* She's not going to turn her back on her ideas. ▶ También existe **to renounce sth**, que es más formal **2** (refunfuñar) to grumble

renglón s line: *Tenemos que dejar un renglón después del título.* We have to leave a line after the title.

reno s reindeer (pl -deer)

renovable adj renewable

renovación s **1** (de un contrato, un documento) renewal: *la renovación del pasaporte* the renewal of the passport **2** (de un edificio, una casa) renovation, refurbishment

renovar v **1** (un documento, un contrato) to renew **2** (una casa, un edificio) to renovate, to refurbish

renta s **1** (alquiler) rent: *¿Cuánto pagas de renta?* How much is your rent?/What rent do you pay? **2** (ingreso) income | **vivir de (las) rentas** to live off your private income

rentable adj profitable: *Es un negocio rentable.* It's a profitable business.

rentar v ▶ ver recuadro

renuncia s resignation | **entregar/presentar la renuncia** to hand in your resignation: *Vengo a entregar mi renuncia.* I've come to hand in my resignation.

renunciar v **1** (dimitir) to resign: *Si no me aumentan, renuncio.* If they don't give me a raise, I'll resign. | **renunciar a su cargo/puesto** to resign from your position **2 renunciar a una herencia/un premio** to give up an inheritance/a prize: *Voy a renunciar a mi parte.* I'm going to give up my share. ▶ También existe **to relinquish**, que es formal

---

rentar

1 Cuando quien renta es el inquilino o el usuario:

UNA VIVIENDA (= to rent)

El verano pasado rentamos una casa en Pinamar. Last summer we rented a house in Pinamar.

UNA BICICLETA, UN COCHE, UN TRAJE (= to rent (AmE), to hire (BrE))

UN VIDEO, UN DVD (= to get out, to rent)

¿Rentamos una película para esta noche? Shall we rent a video/get a video out for tonight?

2 Cuando quien renta es el propietario:

UNA VIVIENDA (= to rent out, to let, BrE)

Me fui a vivir con mis padres y renté el departamento. I moved in with my parents and rented out my apartment. | *Se renta.* For rent. (AmE)/To let. (BrE)

COCHES, BICICLETAS, TRAJES (= to rent out, AmE, to hire out, BrE)

VIDEOS, DVDS (= to rent out)

---

reñido, -a adj close: *un partido muy reñido* a very close game

reojo **mirar algo/a alguien de reojo** to look at sth/sb out of the corner of your eye: *La miraba de reojo.* He was looking at her out of the corner of his eye.

reparación s (arreglo) repair | **estar en reparación** to be under repair

repartidor, -a s **1** (de un supermercado, una tienda) Usa **delivery man**, **delivery girl**, etc. **2 repartidor -a (de periódicos)** Usa **paper boy** o **paper girl** si se trata de un joven. No hay equivalente en inglés cuando se trata de un adulto.

repartir v **1** (distribuir) **repartir algo** to hand sth out: *El profesor repartió las fotocopias.* The teacher handed out the photocopies. ▶ También existe **to distribute**, que es más formal **2** (dividir) **repartir algo** to split sth: *Repartió su dinero entre sus hijos.* He split his money between his children. **3** (asignar) to assign: *Repartió los papeles de la obra.* She assigned the different parts in the play. **4** (periódicos, mercadería) to deliver **5** (en juegos de cartas) to deal: *Reparte tres cartas a cada uno.* Deal three cards to each person. | *¿Quién reparte?* Whose deal is it?

repartirse v **repartirse algo** to share sth out between you: *Se repartieron el dinero.* They shared the money out between them./They divided the money between them.

reparto s **1** (de mercaderías) delivery (pl -ries) **2** (en partes) distribution **3** (elenco) cast **reparto a domicilio** home delivery (pl -ries)

repasar v **1** (volver a estudiar) to review (AmE), to revise (BrE): *Todavía me falta repasar todo.* I still have to review it all. **2** (volver a mirar) to check: *Quisiera repasar estas cuentas.* I'd like to check these figures.

repaso s **1** (para un examen, etc.) review (AmE), revision (BrE) | **hacer repaso** to review (AmE), to revise (BrE): *Hoy hicimos repaso.* We reviewed today. | **hacer un repaso de algo** to review sth (AmE), to revise sth (BrE): *Hicieron un repaso de todo el programa.* They reviewed the whole syllabus. **2** (de control, inspección) check

repelar v to complain, to moan | **repelar por algo** to moan about sth: *Por todo repelan.* They moan about everything.

repelente s **repelente de insectos/moscos** insect/mosquito repellent

repente de repente (repentinamente) suddenly: *De repente se cortó la luz.* Suddenly the electricity went off.

repentino, -a adj sudden

repercusión s repercussion

repercutir v **repercutir en algo** to have repercussions on sth

repertorio s repertoire

repetición s **1** (de una pregunta, un hecho, etc.) repetition **2** (de una jugada) replay: *No pasaron la repetición.* They didn't show the replay.

repetir v **1** (volver a decir) to repeat: *¿Me repites la pregunta?* Could you repeat the question for me? **2** (volver a hacer) **repetir algo** to do sth again: *Me dijo que lo repitiera.* He told me to do it again. **3** (un grado, un año) to repeat: *Repitió quinto grado.* He repeated fifth grade. **4** (en una comida) to have a second helping: *¿Puedo repetir?* Can I have a second helping? | **repetir pollo/el postre etc.** to have a second helping of chicken/dessert etc.

repetirse v to repeat itself: *La historia se repite.* History repeats itself. | **¡que no se repita!** don't let it happen again!

repetitivo, -a adj repetitive

repisa adj (estante) shelf (pl shelves) ▶ Tienen nombres específicos en inglés la repisa de encima de una chimenea (**mantelpiece**) y la que está debajo de una ventana (**windowsill**)

repleto, -a adj **1** repleto -a (de gente) packed (with people): *El estadio estaba repleto.* The stadium was packed. **2** (de cosas) crammed: *una maleta repleta de ropa* a suitcase crammed with clothes

repollo s cabbage

reponer v **1** (algo que falta, que se ha usado) to replace **2** **reponer fuerzas/energías** to get your strength back **3** **reponer una serie de TV** to show a TV series again | **reponer una película** to show a movie again | **reponer una obra de teatro** to put on a play again

reponerse v to recover | **reponerse de algo** **(a)** (de una sorpresa, un problema) to get over sth: *No puede reponerse de la derrota.* She can't get over the defeat. **(b)** (de una enfermedad) to recover from sth, to get over sth

reportaje s **1** (artículo periodístico) article, feature **2** (en TV, radio) report: *un reportaje sobre la situación en Venezuela* a report on the situation in Venezuela

reportar v **1** (un robo, un accidente, etc.) to report: *Sus familiares lo reportaron como desaparecido.* His family reported his disappearance **2** **reportar a alguien (a la dirección)** to report sb (to the principal) (AmE), to report sb (to the head) (BrE): *Lo reportaron porque volvió a llegar tarde.* He was reported to the principal because he was late again. **3** (en la prensa) to report

reportarse v to send word: *Se reportó desde Mérida, todo bien.* We've had word from Mérida, everything's OK.

reporte s **1** (disciplinario) warning **2** (informe) report

reportero, -a s reporter

reposar v (en cocina) to stand | **dejar reposar algo** to let sth stand: *Deje reposar la mezcla cinco minutos.* Let the mixture stand for five minutes.

reposo s **1** rest | **hacer reposo** to rest: *Le dijo que hiciera reposo.* He told her to rest. **2** (en cocina) **dejar algo en reposo** to let sth stand

repostería s **1** (actividad) En inglés hay que usar una frase verbal: *Me gusta la repostería.* I like making cakes and desserts. **2** (productos) En inglés hay que nombrar productos específicos: *Tienen muy buena repostería.* They do very good cakes and desserts.

represalia s reprisal | **tomar represalias** to take reprisals

representación s **1** **en representación de algo/alguien** ver ejemplos: *Vengo en representación de mis compañeros.* I'm here on behalf of my colleagues. | *Lo mandaron en representación de la ciudad.* They sent him to represent the city. **2** (de una obra) performance

representante s **1** (delegado) representative **2** (de artistas) agent **3** **representante (de grupo/de clase)** (group/class) representative

representar v **1** (un papel) to play: *Representó el papel del mago.* He played the part of the wizard. **2** **representar una obra** to put a play on: *Representaron la obra en todo el país.* They put the play on all over the country. **3** (a una persona, una organización) to represent **4** (aparentar) to look: *No representa la edad que tiene.* He doesn't look his age. **5** (ser la imagen de, simbolizar) to represent: *El rojo representa el peligro.* Red represents danger. **6** (mostrar, describir) to depict: *Este libro lo representa como un tirano despiadado.* This book depicts him as a ruthless tyrant. **7** (significar) to represent

represión s repression
represión policial police crackdown

reprimido, -a adjetivo & sustantivo

■ **adj** repressed: *Es muy reprimida.* She's very repressed.

■ **s** **ser un reprimido/una reprimida** to be very repressed

reprimir v **1** (una manifestación, una rebelión) to suppress **2** (a manifestantes, huelguistas) to break up

reprobar v (hablando de un examen, una materia) to fail: *Reprobé otra vez.* I failed again. | *Voy a reprobar química si no estudio.* I'm going to fail chemistry if I don't do some work. | **me reprobaron en francés/lo reprobaron en historia etc.** I failed French/he failed history etc.

reprochar v **reprocharle algo a alguien** to reproach sb for sth: *Me reprochó que no la había llamado.* She reproached me for not calling her.
reprocharse v **reprocharse algo** to reproach yourself for sth: *Todavía me lo reprocho.* I still reproach myself for it.

reproche s reproach (pl -ches)

reproducción s reproduction

reproducir v to reproduce
reproducirse v to reproduce

reptil s reptile

república s republic

República Dominicana s **la República Dominicana** the Dominican Republic

republicano, -a adj & s republican

repudiar v to condemn: *Repudiamos el atentado terrorista de ayer.* We condemn yesterday's terrorist attack.

repudio s condemnation

repuesto s **1** (para un bolígrafo, una pluma) refill: *¿Tendrá un repuesto para esta pluma?* Do you have a refill for this pen? **2** **un lápiz/un par de calcetines etc. de repuesto** a spare pencil/pair of socks etc.

repugnante adj disgusting: *un olor repugnante* a disgusting smell ▶ **repugnant** es más formal y suele usarse de personas, acciones, etc. que son moralmente repugnantes

reputación s reputation: *Tiene reputación de ser honesto.* He has a reputation for being honest. | **tener buena/mala reputación** to have a good/bad reputation

requesón s cottage cheese

requisito s requirement | **cumplir con los requisitos (para algo)** to meet the requirements (for sth)

res s **1** (animal) animal ▶ El plural *reses* se traduce por **cattle** cuando no se especifica un número y por **head of cattle** cuando sí: *las reses afectadas por la aftosa* the cattle affected by foot and mouth disease | *Tienen 650 reses.* They have 650 head of cattle. **2** (o **carne de res**) beef

resaltar v **1** (destacarse) to stand out: *El rojo resalta sobre el fondo gris.* The red stands out against the gray background. | **hacer resaltar algo** to highlight sth **2** (enfatizar) to emphasize

resbaladilla s (en un parque) slide

resbaladizo, -a v slippery

resbalarse v **1** to slip: *Se resbaló en el piso mojado.* She slipped on the wet floor. **2** **se le resbala** he/she doesn't care: *Hace como se le resbala, pero está muy triste.* She pretends not to care, but she's very unhappy.

resbalón s **dar un resbalón** to slip

resbaloso -a adj **1** (piso, etc.) slippery **2** (persona) flirty

rescatar v **1** (salvar) to rescue: *Los rescataron a tiempo.* They were rescued in time. **2** (al hacer una valoración) ver ejemplos: *Lo que rescato es la actitud de la gente.* What I think was good was the attitude of the people. | *¿El libro tiene algo que se pueda rescatar?* Is there anything good you can say about the book?

rescate s **1** (dinero) ransom: *un rescate de un millón de dólares* a million-dollar ransom **2** (salvataje) rescue: *un operativo de rescate* a rescue operation

reseco adj **1** (piel, labios) very dry: *Tengo los labios resecos.* My lips are very dry. **2** (tierra) parched

reserva sustantivo & sustantivo plural

■ **s** **1** (territorio preservado) reserve: *una reserva ecológica* a nature reserve **2** (equipo) reserves pl, reserve team **3** (jugador) reserve **4** **de reserva** spare: *Trae una raqueta de reserva.* Bring a spare racket. **5** (de gasolina) reserve (tank)

■ **reservas** s pl **1** (de bienes, recursos, etc.) serves: *reservas de petróleo* oil reserves **2** (de nutrientes, etc.) reserves

reservación s **1** (en un restaurante, un hotel, etc.) reservation: *¿Tienen reservación?* Do you have a reservation?/Have you booked? | **hacer una reservación** to make a reservation: *Puedes hacer la reservación por Internet.* You can make the reservation over the Internet. **2** (territorio) reservation

reservado, -a adj **1** (mesa, habitación) reserved: *Esta mesa está reservada.* This table is reserved. **2** (en cuanto a la personalidad) reserved: *Es muy reservada.* She's very reserved.

reservar v to make a reservation: *¿Llamaste para reservar?* Have you phoned to make a reservation? ▶ También existe el verbo **to book**, con el cual se suele especificar el complemento: **Have you phoned to book a table/a room etc.?** | **reservar mesa/una habitación etc.** to book a table/a room etc.: *Reservé mesa para las 9.* I've booked a table for 9 o'clock.

resfriado, -a adjetivo & sustantivo

■ **adj estoy/está etc. resfriado -a** I have/he has etc. a cold, I've got/he's got etc. a cold: *Estaba muy resfriada.* She had a very bad cold.

■ **resfriado** s cold: *Tengo un resfriado espantoso.* I have a horrible cold.

---

i ¿No sabes cómo pronunciar una determinada palabra? Consulta el recuadro de **símbolos fonéticos** en el interior de la cubierta.

resfriarse v to catch a cold

residencia s **1** (en un país) residence **2** (casa) residence **3** (en la carrera de medicina) residency (pl -cies) (AmE), internship (AmE), time as a houseman (BrE)
residencia de ancianos old people's home

residencial adj residential

residuos s pl waste sing ▶ Se usa la palabra **litter** para referirse a los residuos que se arrojan en lugares públicos: "*No arroje residuos*" "No litter"/ "Don't drop litter"
residuos nucleares nuclear waste **residuos tóxicos** toxic waste

resignación s resignation

resignarse v **resignarse (a algo)** to resign yourself (to sth): *Al final me resigné.* In the end I resigned myself. ▶ En oraciones negativas se suele usar **to accept**: *El pobre no se resigna.* The poor guy can't accept it. | **resignarse a hacer algo** to resign yourself to doing sth: *Me resigné a hacer lo que mis padres querían.* I resigned myself to doing what my parents wanted.

resistencia s **1** (oposición) resistance: *resistencia a la autoridad* resistance to authority **2** resistencia (física) stamina: *Tiene mucha resistencia.* He has a lot of stamina.

resistente adj (material) tough | **ser resistente al agua/al calor** to be water-resistant/heat-resistant | **una planta/una especie resistente al frío** a hardy plant/species

resistir v (aguantar) to take: *¿Resiste tanto peso?* Can it take that much weight? | *No va a resistir otra operación.* He won't be able to take another operation. ▶ También existe **to withstand** que es más formal | **resistir la tentación** (de hacer algo) to resist (the) temptation (to do sth)
resistirse v **resistirse a hacer algo** to find it hard to do sth: *Se resiste a aceptar la verdad.* He finds it hard to accept the truth.

resolución s (de una imagen) resolution: *un monitor de alta resolución* a high-resolution monitor

resolver v **1** (un problema, un caso) to solve: *El caso nunca se resolvió.* The case was never solved. **2** (decidir) to decide: *¿Qué resolviste?* What have you decided? | **resolver hacer algo** to decide to do sth: *Al final resolví dejarlo como estaba.* In the end I decided to leave it as it was.

resorte s spring

resortera s slingshot (AmE), catapult (BrE)

respaldar v **1** (una propuesta, a una persona) to support, to back **2** (un archivo, un documento) to back up

respaldo s **1** (apoyo) support, backing **2** (de un asiento) back **3** (en computación) back-up

respectivo, -a adj respective

respecto **1** **con respecto a algo** about sth: *¿Qué dice el informe con respecto a la zona?* What does the report say about the area? ▶ También existe **with regard to sth**, que es más formal: *la posición del comité con respecto a este asunto* the committee's position with regard to this matter **2** **al respecto** about it: *No quiero escuchar ni una palabra al respecto.* I don't want to hear a single word about it./I don't want to hear a single word about the subject.

respetable adj respectable

respetar v **1** (sentir respeto por) to respect **2** (una regla, una ley) to obey: *No respetó las reglas del juego.* He didn't obey the rules of the game.

respeto s respect: *Se ganó el respeto de los compañeros.* He earned the respect of his colleagues. | **el respeto a la tradición/a los mayores etc.** respect for tradition/for your elders etc. | **tenerle respeto a alguien** to have respect for sb: *No le tienen respeto.* They have no respect for him. | **faltarle al respeto a alguien** to be disrespectful to sb: *¡No me faltes al respeto!* Don't be disrespectful to me!

respetuoso, -a adj respectful | **ser respetuoso -a con alguien** to treat sb with respect

respingado, -a adj tener (la) nariz respingada to have a turned-up nose, to have a snub nose

respiración s breathing | **contener la respiración** to hold your breath
respiración artificial artificial respiration **respiración de boca a boca** mouth-to-mouth resuscitation ▶ También existe **the kiss of life**, que es más coloquial: *Le hicieron respiración de boca a boca.* He was given mouth-to-mouth resuscitation./He was given the kiss of life.

respirar v to breathe | **respirar hondo** to breathe deeply: *Respire hondo.* Breathe deeply. | **respirar por la boca/la nariz** to breathe through your mouth/nose

resplandor s **1** (del sol) glare, brightness **2** (de una luz) gleam

responder v **1** (una pregunta, a una persona) to answer: *Responda las siguientes preguntas.* Answer the following questions. | *No me respondió.* He didn't answer me. | **responder que...** to reply that...: *Respondió que no le interesaba.* He replied that he wasn't interested. | **responder a una carta/una invitación** to reply to a letter/an invitation, to answer a letter/an invitation **2** (reaccionar) to respond: *Respondieron con una huelga.* They responded with a strike.

responsabilidad s responsibility (pl -ties)

responsabilizar v **responsabilizar a alguien (de algo)** to hold sb responsible (for sth)

responsable adjetivo & sustantivo
■ adj **1** (serio) responsible: *Es muy responsable.* He's very responsible. **2** (culpable) ser/sentirse responsable (de algo) to be/to feel responsible (for sth): *Me siento responsable de lo que pasó.* I

feel responsible for what happened. | **hacerse responsable de algo** to accept responsibility for sth

■ *s* **1** (de un delito) **el responsable del secuestro/del robo** etc. the kidnapper/the robber etc. ► Si no se especifica de qué, se usa **the person responsible** o, si se trata de un acto de vandalismo, **the culprit**: *Están buscando a los responsables.* They are looking for the people responsible./They are looking for the culprits. **2** (encargado) **el responsable del departamento/de seguridad** etc. the person in charge of the department/of security etc.

respuesta *s* **1** (a una pregunta, a una persona) reply (pl -lies), answer: *Su respuesta me sorprendió.* I was surprised by his reply. **2** (en un ejercicio) answer: *Elija la respuesta correcta.* Choose the correct answer. **3** (reacción) response: *una respuesta positiva* a positive response

resta *s* subtraction | **hacer una resta** to do a subtraction problem

restablecer *v* (relaciones) to re-establish | **restablecer el orden/el equilibrio** to restore order/the balance

restar *v* **1** (en matemáticas) to subtract: *Ya aprendió a restar.* He's already learned to subtract. | **restarle algo a algo** to take sth away from sth, to subtract sth from sth: *A eso réstale 15.* Take 15 away from that./Subtract 15 from that. **2** (quedar) to remain: *lo que resta del año* what remains of the year

restaurante *s* restaurant: *¿Hay algún restaurante por aquí?* Is there a restaurant near here?

restaurar *v* (un cuadro, un mueble, etc.) to restore

restiramiento facial *s* facelift

resto *sustantivo & sustantivo plural*

■ *s* **1** rest: *el resto del mundo* the rest of the world | *¿Dónde está el resto?* Where is the rest? **2** **echar el resto** to give it your all: *Los muchachos echaron el resto en el segundo tiempo.* The boys gave it their all in the second half.

■ **restos** *s pl* (sobras) leftovers: *Comimos los restos.* We ate the leftovers.

restregar *v* (la ropa, el piso) to scrub

restregarse *v* **restregarse los ojos/las manos** to rub your eyes/your hands

resucitar *v* **1** (en religión) to rise, to rise from the dead: *Resucitó al tercer día.* He rose again on the third day. | **resucitar a alguien** to raise sb from the dead **2** (en medicina) to resuscitate

resultado *s* **1** (de un examen, un análisis, etc.) result: *¿Cuándo te dan los resultados?* When do you get the results? **2** (efecto) result: *Es el resultado de mucho esfuerzo.* It is the result of a great deal of effort. | **dar resultado** to work: *El truco dio resultado.* The trick worked.

resultar *v* **1** (funcionar) to work: *El plan no resultó.* The plan didn't work. **2** **me resulta difícil/interesante** etc. I find it difficult/

interesting etc.: *Me resulta más fácil hacerlo sola.* I find it easier to do it on my own. **3** **resulta más caro -a/más barato -a** it works out more expensive/cheaper: *Resulta más caro comprarlos de a uno.* It works out more expensive to buy them individually. **4** **resultó ser pariente de ella/amigo de Loli** etc. he turned out to be related to her/a friend of Loli's etc. | **ahora resulta que...** now it seems...: *Ahora resulta que yo tengo la culpa.* Now it seems it's my fault. **5** (para introducir un relato) **resulta que...** so...: *Resulta que entro al bar y ...* So, I go into the bar and...

resumen *s* **1** (síntesis) summary (pl -ries) | **hacer un resumen de algo** to do a summary of sth, to summarize sth: *Hagan un resumen del texto.* Do a summary of the text./Summarize the text. **2** **en resumen** in short: *En resumen, no pude hacer nada.* In short, I couldn't do anything.

resumir *v* to summarize

resurrección *s* resurrection

retacar *v* (una maleta, una bolsa) to cram full, (un lugar, un local) to pack out, to cram

retacarse *v* to stuff yourself: *Se retacaron de chocolates.* They stuffed themselves with chocolates.

retazo *s* (de una tela) piece of material ► También se usa **remnant** para referirse al trozo que queda de una pieza de tela y que se vende a precio de saldo

retén *s* checkpoint

retener *v* **1** (recordar) to remember **2** **retener a alguien** to hold on to sb: *Hace cualquier cosa por retenerlo.* She'll do anything to hold on to him.

retina *s* retina

retirado, -a *adj* **1** (jubilado) retired **2** (lugar) remote

retirar *v* **1** (una propuesta, una oferta) to withdraw **2** (dinero) to withdraw: *Quisiera retirar $100 de mi cuenta.* I'd like to withdraw $100 from my account. **3** (alejar) **retirar la mesa/la cama** etc. **de la pared** to move the table/bed etc. away from the wall **4** (un ejército) to withdraw

retirarse *v* **1** (jubilarse) to retire: *Se retiró a los 60.* He retired at 60. **2** **retirarse (de un torneo/un campeonato** etc.**)** to pull out (of a tournament/a championship etc.), to withdraw (from a tournament/a championship etc.)

retiro *s* **1** (jubilación) retirement **2** (de dinero) withdrawal **3** (espiritual) retreat

reto *s* (desafío) challenge

retoque *s* touching-up | **darle los últimos retoques a algo** to put the finishing touches to sth

retorcer *v* **1** (un alambre, un pañuelo, etc.) to twist | **retorcerle el brazo/la muñeca** etc. **a alguien** to twist sb's arm/wrist etc. **2** **retorcer**

la ropa lavada/un trapo mojado to wring the washing out/a wet cloth out

retorcerse v **retorcerse de dolor** to writhe in pain

retornable *adj* returnable: *un envase no retornable* a non-returnable bottle

retorno s (regreso) return

retortijón s stomach cramp: *Tengo retortijones.* I have stomach cramps.

retrasado, -a *adj* **1** (tren, avión) **estar/ir retrasado -a** to be running late: *Todos los trenes iban retrasados.* All the trains were running late. **2** (en el estudio, en el trabajo) **ir retrasado -a (con algo)** to be behind (with sth): *Vamos un poco retrasados.* We're a little behind. **3** (mentalmente) backward

retrasar v **retrasar un reloj** to put a clock/watch back: *Hoy tenemos que retrasar el reloj una hora.* Clocks have to be put back one hour today.

retrasarse v **1** (llegar tarde) to be late: *Me retrasé por culpa del tráfico.* I was late because of the traffic. **2** (en el trabajo, los estudios) to get behind: *Nos retrasamos con el trabajo.* We got behind with the work.

retraso s **1** (demora) delay: *Perdón por el retraso.* I'm sorry about the delay. | **llegar/salir etc. con retraso** to arrive/leave etc. late: *Siempre empiezan con retraso.* They always start late. | *Llegaron con una hora de retraso.* They arrived an hour late. **2** (en el trabajo) **tener un retraso de un mes/dos meses etc.** to be one month/two months etc. behind schedule **3 retraso (mental)** backwardness **4** (referido al desarrollo de un país, etc.) backwardness

retrato s **1** (pintura) portrait **2** (foto) portrait, photograph

retrato hablado composite®, identikit picture (BrE)

retroceder v **1** (ir hacia atrás) to go back **2** (en valor) to fall: *El peso retrocedió cinco centavos ante el dólar.* The peso fell five cents against the dollar. **3** (en una clasificación deportiva) to go down

retrovisor ▶ ver **espejo**

retumbar v **1** (música, trueno) to resound **2** (voz, pasos) to echo

reumatismo s rheumatism

reunión s (social) get-together, gathering: *Sólo lo veo en las reuniones familiares.* I only see him at family get-togethers./I only see him at family gatherings. ▶ **reunion** se usa para referirse a reuniones de personas que hace tiempo que no se ven, especialmente ex-compañeros o familiares: *¿Fuiste a la reunión de ex-alumnos?* Did you go to the school reunion? ▶ Si se trata de una fiesta, usa **party**: *Voy a hacer una reunión para festejar mi cumpleaños.* I'm going to have a party for my birthday.

reunir v **1** reunir a un grupo de alumnos/a los miembros de un equipo etc. to get a group of students/the members of a team etc. together: *Nos reunió antes del partido.* He got us together before the game. **2** reunir datos/información to gather information **3** reunir ciertas condiciones/ciertos requisitos etc. to meet certain conditions/requirements etc.: *No reúne los requisitos para el puesto.* He does not meet the requirements for the position.

reunirse v to meet: *Nos vamos a reunir a las 7.* We're going to meet at 7. | **reunirse con alguien** to meet sb: *Se reunió con nosotros para conversar sobre el tema.* He met us to talk about the issue.

revalidar v (un título universitario, etc.) to validate

revancha s **1** (en box) rematch (pl -ches), (en futbol, basquet, etc.) rematch (pl -ches), return game: *La revancha es el mes que viene.* The rematch is next month. | *un partido de revancha* a return match **2** (en juegos de cartas, de mesa, etc.) ver ejemplo: *Te juego la revancha./Te juego un partido de revancha.* Let's play another game to see if you can get even. ▶ Si quien habla es el perdedor, diría Let's play another game to see if I can get even **3** (desquite) **tomarse la revancha** to get back at sb: *Quería tomarse la revancha.* He wanted to get back at her/me etc.

revelar v **1** (una foto, una película) to develop: *Llevé los rollos a revelar.* I took the films to be developed. | *¿Cuánto cuesta revelar un rollo?* How much does it cost to have a roll of film developed? **2** (un secreto) to reveal

reventa s (de entradas) ver ejemplos: *Queda expresamente prohibida su reventa.* Resale prohibited. | *Las compré en la reventa.* I bought them from a scalper.

reventar v **1** (una llanta, un globo, etc.) to burst **2** (por comer) to burst: *Si no dejas de comer vas a reventar.* If you don't stop eating you'll burst. **3 me/te etc. revienta** it makes me/you etc. mad: *Me revienta que nos traten como a niños.* It makes me mad when they treat us like children.

reventarse v to burst: *Se reventaron las tuberías.* The pipes burst. | *Se me reventó la ampolla.* My blister burst.

reventón s party (pl -ties), rave-up (BrE)

reverencia s **a bow** es una inclinación de la cabeza o de la parte superior del cuerpo, mientras que **a curtsy** es el tipo de reverencia que hace una mujer poniendo un pie delante del otro y doblando las rodillas | **hacer una reverencia** to bow, to curtsy ▶ ver nota arriba

reversa s **meter reversa** to put the car/truck etc. into reverse

reversible *adj* reversible

reverso s **1** (de una moneda, medalla) reverse **2** (de un papel) back

---

i ¿Quieres pedir una hamburguesa en inglés? Consulta la **guía de comunicación** al final del libro.

revés s **1 al revés (a)** (con lo de adentro para afuera) inside out: *Tienes el suéter puesto al revés.* You have your sweater on inside out. **(b)** (con lo de atrás para adelante) backwards, back to front (BrE): *Se puso los pantalones al revés.* She put her pants on backwards. **(c)** (con lo de arriba hacia abajo) upside down: *El cuadro está al revés.* The picture is upside down. **(d)** (al contrario) the other way around: *Es al revés: él le pegó a ella.* It's the other way around: he hit her. **(e)** (mal): *Entiende todo al revés.* He always gets everything back to front. **2 salir al revés** to go wrong: *Nos salió todo al revés.* It all went wrong for us./Nothing went right for us. **3** (en tenis) backhand **4** (de una tela) wrong side **5** (contratiempo) setback

revisar v **1** (un texto, una prueba antes de entregarla, etc.) **revisar algo** to check sth over, to look through sth **2** (un coche, una máquina) **revisar algo** to check sth over **3** (a un paciente) to examine **4** (registrar) **revisarle el bolso/la maleta** etc. **a alguien** to search sb's bag/suitcase etc.: *Me revisaron la maleta.* They searched my suitcase.

revisión s **1** (de un texto, un examen) check: *Me falta una última revisión.* I need to do one last check. **2 revisión (médica) (a)** (para un trabajo) medical (examination) **(b)** (de rutina) (medical) checkup **3** (de un vehículo) service

revista s **1** (publicación) magazine: *una revista de modas* a fashion magazine ▶ Se usa **journal** para referirse a publicaciones científicas, profesionales, etc.: *una revista de medicina* a medical journal **2** (espectáculo) **revista (musical)** revue

revistero s magazine rack

revivir v (recordar) to relive: *Le hizo revivir el pasado.* It made him relive the past.

revolotear v to fly around

revolución s **1** (en política) revolution **2** (cambio brusco) revolution **3** (en mecánica) revolution

revolucionar v to revolutionize

revolucionario, -a adjetivo & sustantivo
▪ **adj 1** (en política, sociedad) revolutionary **2** (innovador) revolutionary
▪ **s** revolutionary (pl -ries)

revolver v **1** (un café, una salsa) to stir, (una ensalada) to toss **2** (buscando algo) **revolver todos los cajones/los clósets** etc. to go through all the drawers/the closets etc. | **revolver toda la casa** to turn the whole house upside down **3** (curioseando) **revolverle el escritorio/los cajones** etc. **a alguien** to rummage through sb's desk/drawers etc.: *¿Quién me ha estado revolviendo los papeles?* Who's been rummaging through my papers? **4 me/le** etc. **revuelve el estómago** it turns my/her etc. stomach

revólver s revolver

revuelto, -a adj **tienes/tiene** etc. **el pelo revuelto** your/his etc. hair is messy, your/his etc. hair is untidy (BrE) ▶ ver **estómago**, **huevo**

rey sustantivo & sustantivo plural
▪ **s 1** (monarca) king **2** (en las cartas, el ajedrez) king
▪ **reyes** s pl (rey y reina) **los reyes** the king and queen
▪ **Reyes** s pl (festejo) Epiphany, Twelfth Night **los Reyes Magos** the Three Wise Men, the Three Kings ▶ ver abajo

En el mundo anglosajón no se celebra el día de Reyes de la misma manera que en nuestros países. El calendario religioso es el mismo, pero no es tradicional recibir regalos ese día sino el día de Navidad. Si quieres explicar nuestra tradición, di *We have the tradition that the Three Kings bring people presents on Twelfth Night (January 6th), the day when the Three Wise Men brought gifts for the baby Jesus.*

rezar v to pray | **rezar por algo/alguien** to pray for sth/sb | **rezar un padrenuestro/un avemaría** etc. to say the Lord's Prayer/a Hail Mary etc.

ribera s bank

rico, -a adjetivo & sustantivo
▪ **adj 1** (adinerado) rich: *una familia rica* a rich family **2** (hablando de comida) nice: *El pollo estaba muy rico.* The chicken was very nice./The chicken was delicious.
▪ **s los ricos** the rich, rich people: *la brecha entre los ricos y los pobres* the gap between the rich and the poor

ridiculez s **ser una ridiculez** to be ridiculous, to be absurd: *Es una ridiculez tratar de ocultárselo.* It is ridiculous to try and hide it from him. | **decir ridiculeces** to talk nonsense: *No digas ridiculeces.* Don't talk nonsense. | **¡qué ridiculez!** that's ridiculous!

ridiculizar v to ridicule

ridículo, -a adjetivo & sustantivo
▪ **adj** ridiculous: *Me parece ridículo.* It seems ridiculous to me.
▪ **s** ridicule: *Le tiene miedo al ridículo.* She's frightened of ridicule. | **hacer el ridículo** to make a fool of yourself | **dejar/poner a alguien en ridículo** to make sb look ridiculous | **quedar en ridículo** to look ridiculous

riego s **1** (de cultivos) irrigation **2** (de una planta, del césped) watering

riel s **1** (de una cortina) rail **2** (de ferrocarril) rail

riendas s pl reins | **tomar las riendas de algo** to take charge of sth, to take control of sth | **llevar las riendas de algo** to be in charge of sth, to be at the helm of sth

riesgo s (peligro) risk | **correr el riesgo de...** to run the risk of...: *Corremos el riesgo de perder el tren.* We run the risk of missing the train.

rifa s raffle: *Nos lo ganamos en una rifa.* We won it in a raffle.

rifar v to raffle: *Vamos a rifar diez CDs.* We're going to raffle ten CDs.

rifle s rifle

rigidez s **1** (de un material) rigidity **2** (de una persona) inflexibility

rígido, -a adj **1** (referido a un material) rigid **2** (estricto, severo) inflexible

riguroso, -a adj **1** (análisis, estudio) rigorous **2** (clima) harsh

rima s rhyme

rimar v to rhyme

rímel o **rimmel** s mascara | **ponerse rímel** to put mascara on | **usar rímel** to wear mascara

rin s (de una rueda) rim

rincón s **1** (esquina) corner: *Hay una lámpara en el rincón.* There's a lamp in the corner. **2** (lugar) ver ejemplos: *Busqué por todos los rincones.* I looked everywhere. | *Conoce cada rincón del país.* She knows every corner of the country. | *Cada rincón de la casa me recuerda al abuelo.* Everywhere I look in the house it reminds me of granddad.

rinoceronte s rhino, rhinoceros (pl -ses o rhinoceros)

riña s **1** (pelea) fight: *una riña callejera* a street fight **2** (discusión) row, argument

riñón sustantivo & sustantivo plural
- **s 1** (órgano) kidney **2** (como alimento) kidney
- **riñones s pl** (zona lumbar) lower back

río s river: *Comimos a orillas del río.* We ate by the banks of the river.

riqueza s **1** (dinero, bienes) wealth
▶ **wealth** no tiene plural y equivale tanto a *riqueza* como a *riquezas* **2** (abundancia) richness

risa s Para describir la manera de reírse, se usa **laugh**: *Tiene una risa contagiosa.* She has an infectious laugh. ▶ Cuando *risas* se refiere al sonido, se traduce por **laughter**: *Se oían las risas de los niños.* You could hear the children's laughter. | **¡qué risa!** what a laugh! | **me/te etc. da risa** it makes me/you etc. laugh: *Me da risa que digas eso.* It makes me laugh that you say that. | *Me dio mucha risa cuando lo vi.* It really made me laugh when I saw it./I thought it was very funny when I saw it. | **me/te etc. dio risa** I/you etc. couldn't help laughing, I/you etc. got the giggles: *Me dio risa cuando se cayó.* I couldn't help laughing when he fell down. | **morirse de risa** to crack up

ritmo s **1** (compás) rhythm | **al ritmo de algo** in time to sth: *Se movía al ritmo de los tambores.* He was moving in time to the drums. | **seguir el ritmo** to follow the rhythm **2** (velocidad) rate

rito s ritual

rival adj & s rival

rivalidad s rivalry (pl -ries)

rizo s curl

robar v ▶ ver recuadro

roble s **1** (árbol) oak | **estar/ser fuerte como un roble** to be as strong as an oak **2** (madera) oak

robo s **1** robbery (pl -ries) **2** burglary (pl -ries) **3** theft ▶ ver abajo

robo a mano armada armed robbery

¿robbery, burglary o theft?

robbery se usa para robos en bancos o tiendas:

el coche que habían usado para el robo the car they had used for the robbery

burglary se usa cuando alguien entra a robar a una casa, una oficina, etc.:

En este barrio hay muchos robos. There are a lot of burglaries in this area.

theft se usa en los demás casos:

Denunciaron el robo de la bicicleta. They reported the theft of the bicycle.

¡Es un robo! en el sentido de estafa se dice **It's daylight robbery!** o **It's a rip-off!**

---

robot s robot

robusto, -a adj robust

roca s rock

roce s (enfrentamiento) clash (pl -shes) | **tener un roce con alguien** to clash with sb: *Tuvo varios roces con el jefe.* He clashed with his boss several times.

rociar v to spray

rocío s dew

rocoso, -a adj rocky

rodada s wheel size: *una bicicleta rodada 24* a bike with a 24-inch wheel

rodaja s slice: *una rodaja de piña* a slice of pineapple

rodaje s (de una película) shooting

rodar v **1** (moverse) to roll: *Se tiraban rodando por la cuesta.* They rolled down the hill. **2** (filmar) to shoot

rodear v **1** (ponerse alrededor de) to surround: *La policía rodeó la casa.* The police surrounded the house. **2 la gente que te/lo etc. rodea** the people around you/him etc. **3** (desviar) to make a detour

rodeo s **1 dar un rodeo** to make a detour: *Dimos un rodeo porque había mucho lodo.* We made a detour because it was very muddy. **2 andarse con rodeos** to beat around the bush (AmE), to beat about the bush (BrE) | **déjate de rodeos** stop beating around the bush **3** (doma) rodeo

---

ⓘ ¿Se dice on the table *o* in the table*? Mira la entrada* **en**.

robar

1 La traducción general es **to steal**:

Lo atraparon robando. He was caught stealing. | **robarle algo a alguien** to steal sth from sb: *Le había robado el dinero a una compañera.* She had stolen the money from a classmate.

Cuando no se especifica el sujeto, es frecuente usar la siguiente estructura:

le robaron la bicicleta/el walkman etc. he had his bike/his Walkman etc. stolen: *Les habían robado la cámara.* They had had their camera stolen.

2 robarle a alguien, cuando no se especifica qué, se dice **to rob sb**, generalmente usado en la voz pasiva:

¡Me han robado! I've been robbed! | *–Me costó $50. –¡Te robaron!* "It cost me $50." "You were robbed!"

3 Cuando un ladrón entra a robar a un edificio, se usa el verbo **to burglarize** en inglés americano y **to burgle** en inglés británico:

Nos han robado dos veces desde que vivimos aquí. We've been burglarized twice since we've lived here. | *Habían entrado a robar al colegio.* The school had been burglarized.

4 robar un banco se dice **to rob a bank**:

Estaban planeando robar un banco. They were planning to rob a bank.

5 En juegos, *robar una carta* se dice **to pick up a card**.

rodilla s knee: *Me lastimé la rodilla.* I hurt my knee. | **estar de rodillas** to be kneeling (down): *Estaba de rodillas.* I was kneeling (down). | *Estaban rezando de rodillas.* They were on their knees praying. | **ponerse de rodillas** to kneel (down) | **te lo pido/se lo pidió etc. de rodillas** I beg you/she begged him etc. | **pedirle a alguien de rodillas que haga algo** to beg sb to do sth: *Te pido de rodillas que me escuches.* I beg you to listen to me.

rodillera s knee pad

rodillo s **1** (de cocina) **rodillo (de amasar)** rolling pin **2** (para pintar) roller, paint roller **3** (de un mecanismo) roller

roedor s rodent

rogar v **1** (en fórmulas de cortesía): *Le ruego que me perdone.* Please forgive me. | *Les ruego que se callen.* I'd really appreciate it if you'd be quiet. **2** (suplicar) to beg: *Le rogó que se quedara.* She begged him to stay. **3 roguemos que no llueva/que no se dé cuenta etc.** let's hope it doesn't rain/he doesn't realize etc. **4 hacerse (del) rogar** to play hard to get: *Le gusta hacerse del rogar.* She likes playing hard to get. **5** (rezar) to pray: *Le rogaba a Dios que el niño se mejorara.* She prayed to God that the child would get better.

rojizo, -a adj reddish

rojo, -a adjetivo & sustantivo

■ adj **1** red | **ponerse rojo -a** (de vergüenza) to blush, to turn red (AmE), to go red (BrE) **2** (referido al punto de cocción de la carne) rare ▶ ver **tarjeta**

■ **rojo** s red ▶ ver "Active Box" **colores** en **color**

rollo s **1** (de papel) roll **2** (de fotos) roll of film, film (BrE) **3** (de alambre) coil **4** (de película) reel **5** (de un padre, un profesor) lecture, talking-to: *Nos echó un rollo porque llegamos tarde.* He gave us a lecture for arriving late./He gave us a talking-to for arriving late. **6 ser puro rollo** to be meaningless verbiage, to be just waffle (BrE)

rollo de papel de baño toilet roll

romance s romance

romántico, -a adj & s romantic

rombo s diamond: *un diseño de rombos* a diamond pattern ▶ El término **rhombus** (plural **rhombuses**) sólo se usa en geometría

romero s rosemary

rompecabezas s jigsaw, jigsaw puzzle | **armar un rompecabezas** to do a jigsaw

rompeolas s breakwater

romper v **1** (una taza, un juguete, un aparato) to break: *Rompí un plato sin querer.* I accidentally broke a plate. | *¡Me has roto la cámara!* You've broken my camera! **2** (un papel, una tela) to tear: *El gato ha roto la cortina.* The cat has torn the curtain. ▶ Cuando se rompe algo en varios pedazos, se usa **to tear sth up**: *Rompió la carta.* She tore up the letter. **3 romper con alguien** to split up with sb: *Rompió con su novio.* She split up with her boyfriend. **4** (una promesa) to break: *Rompiste tu promesa.* You broke your promise. **5** (olas) to break

romperse v **1** (taza, vaso, etc.) to break: *Se me rompieron los lentes.* My glasses broke. **2 romperse un brazo/una pierna etc.** to break your arm/leg etc.: *Se rompió un brazo jugando al rugby.* He broke his arm playing rugby. | **se le rompió el brazo/la pierna etc.** she broke her arm/leg etc. **3** (tela, papel) to tear: *Se le rompió la falda.* Her skirt tore.

rompevientos s windbreaker (AmE), windcheater (BrE)

ron s rum

roncar v to snore

roncha s Una roncha de la varicela, el sarampión, etc. es un **spot**. Si la causó una picadura, es un **bump**. Si se produjo por una alergia, se llama **hive**. | **me/le etc. salió una roncha** I/he etc. got a bump (AmE), I/he etc. came up in a bump (BrE) | **me/le etc. salieron ronchas** I/he etc. came out in spots/in hives ▶ Cuando no se sabe o no se especifica la causa de las ronchas, se dice **I/he etc. came out in a rash**

ronco, -a *adj* **1** (de mucho gritar, por estar enfermo) **estar ronco -a** to be hoarse | **quedarse ronco -a** to lose your voice **2** (al describir la voz de alguien) husky: *una cantante de voz ronca* a singer with a husky voice

ronda *s* **1** (de vigilancia) patrol **2** (de un torneo, campeonato) round: *Perdieron en la primera ronda.* They lost in the first round. **3** (de negociaciones) round **4** (de bebidas) round: *Nos invitó otra ronda de cerveza a todos.* She bought another round of beers for us all.

rondar *v* **1** (merodear) to lurk around: *Hay alguien rondando afuera.* There's someone lurking around outside. **2 me/le etc. anda rondando la idea de...** to be thinking of...: *Me anda rondando la idea de comprarme una moto.* I'm thinking of buying a motorbike.

ronquido *s* snore: *un ronquido fuertísimo* a very loud snore ▶ **ronquidos** se suele traducir por el sustantivo incontable **snoring**: *No pude dormir con tus ronquidos.* I couldn't sleep because of your snoring.

ronronear *v* to purr

ropa *s* clothes *pl*: *Me tengo que comprar ropa.* I need to buy some clothes. | **ponerse la ropa** to put your clothes on, to get dressed: *Ponte la ropa.* Put your clothes on./Get dressed. | **quitarse la ropa** to take your clothes off, to get undressed
ropa blanca linen **ropa de abrigo** warm clothes (pl) **ropa de cama** bed linen **ropa interior** underwear

ropero *s* (armario) wardrobe, closet (AmE)

rosa *adjetivo & sustantivo*
■ *adj* pink
■ *s* **1** (flor) rose **2** (color) pink ▶ ver "Active Box" **colores** en **color**

rosado, -a *adj* pink

rosal *s* rose bush (pl -shes)

rosario *s* (objeto, oración) rosary (pl -ries) | **rezar un rosario** to say a rosary

rosca *s* **1** (de un tornillo, una tuerca) thread | **una tapa/un tapón de rosca** a screw top | **hacerse rosca** to back out | **pasarse de rosca** to try to be too clever **2** (para comer) Un **donut** es una rosca dulce frita. Un **bagel** es un tipo de pan en forma de rosca. Para explicar que algo tiene forma de rosca, di que es **ring-shaped**
rosca de Reyes Si quieres explicar qué es la rosca de Reyes, di *it's a ring-shaped cake eaten at Epiphany on 6th January*

rosticería *s* Si quieres explicar qué es una rosticería di *it's a store that sells hot spit-roasted chickens*

rostizado, -a *adj* spit-roasted: *pollo rostizado* spit-roasted chicken

rostro *s* (cara) face

rotación *s* rotation

roto, -a *adj* (taza, plato, etc.) broken: *Ten cuidado con los vidrios rotos.* Careful of the broken glass. ▶ Para otros tipos de objetos, la traducción varía. Guíate por los ejemplos: *Tenía los zapatos rotos.* His shoes were worn out. | *Esta falda tiene el zíper roto.* The zipper's gone on this skirt. | *Tenía el pantalón roto en la rodilla.* His pants were torn at the knee. | *El sobre estaba roto.* The envelope was torn.

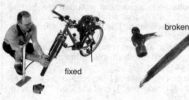

fixed

broken

rótulo *s* sign

rotundo, -a *adj* **1 un éxito rotundo** a huge success | **un fracaso rotundo** a total failure **2 un "no" rotundo** an emphatic "no"

rozar *v* **1** (tocar) ver ejemplos: *La pelota pasó rozando el poste.* The ball shaved the post. | *Su mano rozó la mía.* Her hand brushed against mine. | *El coche pasó rozándonos.* The car just scraped past us. **2** (dejando una marca) to scratch **3** (lastimar) to graze **4** (referido a la ropa) to rub, to rub your neck: *El cuello de la camisa le rozaba.* The collar of his shirt was rubbing (his neck).
rozarse *v* (bebé) to get diaper rash (AmE), to get nappy rash (BrE)

rubeola, rubéola *s* German measles *sing*

rubí *s* ruby (pl -bies)

rubio, -a *adjetivo & sustantivo*
■ *adj* **1** (pelo) fair, blond, blonde: *Tiene el pelo rubio.* He has fair hair./He has blond hair. | *Se tiñó de rubio.* She dyed her hair blonde. **2** (persona) fair-haired, blond, blonde: *una muchacha rubia* a fair-haired girl/a blonde girl | *Es rubio.* He has fair hair./He has blond hair. ▶ **fairhaired** y **fair** sólo se usan para el color natural del pelo ▶ ver **tabaco**
■ *s* El sustantivo **blond** usado para referirse a un hombre de pelo rubio es algo formal. Más frecuentemente se habla de **a man with fair hair, a fair-haired man, a man with blond hair** o **a blond man**. Sin embargo, la palabra **blonde** sí se usa en lenguaje hablado para referirse a una mujer rubia: *una rubia preciosa* a beautiful blonde | *Le gustan los rubios.* She likes blond men./She likes fair-haired men.

rubor *s* (maquillaje) blusher

ruco, -a *sustantivo & adjetivo*
■ *s* oldie
■ *adj* old, decrepit

rueda s **1** (de un vehículo, un engranaje) wheel: *las ruedas de la bicicleta* the bicycle wheels **2** (llanta) tire (AmE), tyre (BrE) **3 marchar sobre ruedas** to go smoothly

rueda de la fortuna Ferris wheel (AmE), big wheel (BrE)

ruedo s (de toros) ring, bullring

rugido s roar

rugir v **1** (león, etc.) to roar **2 me/le etc. rugen las tripas** my/his etc. tummy's rumbling

ruido s noise | **hacer ruido** to make a noise: *Hizo un ruido raro.* It made a funny noise. | *No hagan tanto ruido.* Don't make so much noise. | *No hagas ruido que tu papá está durmiendo.* Don't make a noise, your dad's asleep. | *Este motor hace mucho ruido.* This engine is very noisy./This engine makes a lot of noise.

ruidoso, -a adj noisy

ruina sustantivo & sustantivo plural
- s **1** (perdición) ruin: *El juego fue su ruina.* Gambling was the ruin of him. **2 estar en la ruina** to be ruined
- **ruinas** s pl ruins: *las ruinas de Pompeya* the ruins of Pompeii | **estar en ruinas** to be in ruins

ruiseñor s nightingale

ruleta s roulette | **jugar a la ruleta** to play roulette

ruleta rusa Russian roulette

rulo s (para rizar el pelo) curler, roller

rumba s (género) rumba

rumbo s **ir con rumbo a...** to be bound for...: *El barco iba con rumbo a Lisboa.* The ship was bound for Lisbon. | **salir rumbo a...** to set off for...: *Partieron rumbo a la ciudad.* They set off for town. | **caminar sin rumbo fijo** to wander aimlessly

rumor s rumor (AmE), rumour (BrE) | **corren/corrían rumores de que...** there are/there were rumors that...

rumorarse v **se rumora que...** it is rumored that... (AmE), it is rumoured that... (BrE)

rural adj rural

Rusia s Russia

ruso, -a adjetivo, sustantivo & sustantivo
- **adj** Russian
- **s** Russian | **los rusos** (the) Russians
- **ruso** s (idioma) Russian

rústico, -a adj rustic

ruta s (recorrido) route

rutina s routine | **una visita/un procedimiento de rutina** a routine visit/procedure

S, s s S, s ► ver "Active Box" **letras del alfabeto** en **letra**

sábado s Saturday ► ver "Active Box" **días de la semana** en **día**

sábana s sheet: *Tengo que cambiar las sábanas.* I have to change the sheets.

saber v **1** (referido a conocimientos, información) to know: *No sé.* I don't know. | *Él sabe la respuesta.* He knows the answer. | *No sabe qué hacer.* She doesn't know what to do. | **saber mucho/no saber nada de algo** to know a lot/ not to know anything about sth: *No sé nada de ese tema.* I don't know anything about this subject. | *Sabe mucho de computación* He knows a lot about computers. | **saber poco de algo** not to know much about sth: *Sabemos poco de lo que pasó.* We don't know much about what happened. **2** (referido a habilidades adquiridas) **sé cantar/manejar/nadar etc.** I can sing/drive/swim etc.: *No sabe andar en bicicleta.* She can't ride a bike. | *Me dijo que sabía tocar la guitarra.* He told me he could play the guitar. **3** (enterarse de) to hear: *Llámame apenas sepas algo.* Call me as soon as you hear anything. | **saber (algo) de alguien** Se usan las construcciones to have heard from sb o to have had news from sb: *¿Has sabido algo de Sergio?* Have you heard from Sergio?/Have you had any news from Sergio? **4** (en expresiones) **que yo sepa** as far as I know: *Que yo sepa no.* Not as far as I know. | *Que yo sepa, no tiene novia.* As far as I know, he doesn't have a girlfriend. | **¿yo qué sé?** how should I know?: *–¿Adónde fue? –¿Y yo qué sé?* –Where did he go?–How should I know? | **vaya (usted) a saber/vete (tú) a saber** who knows: *Vaya a saber qué le habrá dicho.* Who knows what he told her. | **quién sabe** who knows: *Quién sabe por qué lo hizo.* Who knows why he did it. | **para que lo sepas** for your information: *Yo no tuve nada que ver, para que lo sepas.* For your information, I had nothing to do with it. | **¡sepa (la bola)!** no idea! **5** (tener sabor) to taste: *¡Sabe muy bueno!* It tastes really good! | **saber a algo** to taste of sth: *Sabía a vinagre.* It tasted of vinegar.

sabio adj wise

sabor s La traducción general es **taste**, pero si se trata de la variedad de gustos en que viene un producto comercial, se usa **flavor** (o **flavour** en inglés británico): *un sabor desagradable* an unpleasant taste | *¿Qué sabores hay?* What flavors are there? ► Para hablar del gusto específico de una fruta, una especia, etc. se puede usar tanto **taste** como **flavor**: *el delicioso sabor de la piña madura* the delicious taste of ripe pineapple/the delicious flavor of ripe pineapple | **caramelos con sabor a fresa/un yogur con sabor a coco etc.** strawberry-flavored candy/a coconut-flavored yoghurt etc. (AmE), strawberry-flavoured sweets/a coconut-flavoured yogurt etc. (BrE) | **tener sabor a ajo/café etc.** to taste of garlic/coffee etc.

sabroso, -a adj **1** (comida) tasty **2** (chisme) juicy

sacacorchos s corkscrew

sacapuntas s pencil sharpener: *¿Me prestas el sacapuntas?* Can I borrow your pencil sharpener?

sacar v ► ver recuadro

sacarse v **1** (hablando de premios) to win: *Se sacó la lotería.* He won the lottery. | *Se sacaron el primer premio.* They won first prize. **2** **¡sácate/sáquense!** **(a)** get out (of here)!: *¡Sácate de aquí, perro condenado!* Get out, you stupid dog! | *Sáquense todos al jardín.* Go out into the yard, all of you. **(b)** (expresando inconformidad) forget it!: *Sácate, yo no voy, hace mucho frío.* Forget it, I'm not going, it's too cold.

sacarina s saccharin

sacerdote s priest

saco s **1** (de tela) jacket: *Vino de saco y corbata.* He came in a jacket and tie. **2** (bolsa) bag: *un saco de papas* a bag of potatoes

sacrificar v **1** (renunciar a) **sacrificar algo** to give sth up: *Sacrificó su carrera por la familia.* She gave up her career for the sake of her family. **2** **sacrificar un animal** (porque está enfermo, etc.) to put an animal down: *Tuvieron que sacrificar al caballo.* The horse had to be put down.

sacrificarse v to make sacrifices

sacrificio s **1** (privación) sacrifice: *Lo logró con mucho sacrificio.* It took a great deal of sacrifice to achieve it. | **hacer sacrificios** to make sacrifices **2** (a los dioses) sacrifice

sacudida s **1** (acción de sacudir) **darle una sacudida a algo** to shake sth **2** (en un temblor) tremor: *La primera sacudida se sintió a las siete de la mañana.* The first tremor happened at seven in the morning.

sacudir v **1** (agitar) to shake: *El viento sacudía las ramas.* The wind shook the branches. | *Sacudió la cabeza.* He shook his head. **2** (quitar el polvo) to dust

sacudirse v **sacudirse el saco/la ropa etc.** to brush your coat/clothes etc. off

sádico, -a adjetivo & sustantivo
■ **adj** sadistic
■ **s** sadist

sacar

1 DE ADENTRO DE ALGO

sacar algo (de algo) to take sth out (of sth): *Sacó la cartera.* He took out his wallet. | *Saqué a pasear al perro.* I took the dog out for a walk. | *¿Sacaste la basura?* Have you put the garbage out? | *Sacó los libros de la mochila.* He took the books out of his backpack. | **sacar la lengua/la mano** to stick your tongue/your hand out: *No me saques la lengua.* Don't stick your tongue out at me. | *Sacó la mano por la ventanilla.* She stuck her hand out of the window.

2 RETIRAR, PONER EN OTRO LUGAR

La traducción depende de dónde está lo que se saca:

Saca al gato de la cama. **Get** the cat **off** the bed. | *Sacaron todos los cuadros.* They **took** all the pictures **down**. | *Sacamos la alfombra antes de la fiesta.* We **took** the carpet **up** before the party.

3 EXTRAER

Me tienen que sacar una muela. I have to have a tooth out. | *Le sacaron sangre.* They took some blood.

4 CONSEGUIR (= to get)

¿De dónde sacaste eso? Where did you get that? | *¿De dónde sacó el dinero?* Where did he get the money from? | *Todavía no ha sacado el pasaporte.* He still hasn't gotten his passport.

5 CALIFICACIONES (= to get)

Siempre saca buenas calificaciones. She always gets good grades. | *¿Qué sacaste en el examen?* What did you get on your exam?

6 PREMIOS (= to win)

Sacaron el primer premio. They won first prize.

7 PONER EN VENTA, EN CIRCULACIÓN

sacar un producto/un timbre nuevo etc. to bring out a product/a new stamp etc.

8 EN TENIS, VOLEY (= to serve)

9 EN FUTBOL (= to kick off)

10 PEDIR

sacar a bailar a alguien to ask sb to dance

11 *sacar un tema/una foto/una mancha* etc. están tratados bajo *tema, foto, mancha,* etc.

Sagitario s Sagittarius: *Es (de) Sagitario.* He's a Sagittarius./He's a Sagittarian.

sagrado, -a adj (lugar, ciudad) sacred
el Sagrado Corazón the Sacred Heart **la Sagrada Familia** the Holy Family **las Sagradas Escrituras** s pl the Holy Scriptures

sal s **1** salt: *¿Me pasas la sal?* Could you pass the salt, please? **2 echarle la sal a algo/alguien** to put a jinx on sth/sb

sales de baño s pl bath salts **sal de mesa** table salt **sal de cocina** cooking salt

sala s **1** (habitación) room: *la sala de lectura* the reading room **2** (en un hospital) ward: *Está en la sala de pediatría.* She's in the pediatric ward. **3** (de cine) screen: *La dan en la sala 2.* It's on screen 2.

sala de abordar gate, departure lounge **sala de chat** chatroom **sala de espera** waiting room **sala de estar** living room **sala de operaciones** ▶ ver **quirófano**

salado, -a adj **1** (con demasiada sal) salty: *La carne está muy salada.* The meat is very salty. **2** (que no es dulce) salty (AmE), savoury (BrE): *Prefiero las cosas saladas.* I prefer salty things./I prefer things that aren't sweet. **3** (con sal) **maníes salados** salted peanuts **4 estar salado -a** to be jinxed ▶ ver **agua**

salami s salami

salario s Se usa **wage** o **wages** para referirse al salario que se paga por hora, día o semana por un trabajo manual. Lo que se le paga mensualmente a un empleado, un profesional, etc. se llama **salary**. El término **pay** es más general.

salario mínimo minimum wage

salchicha s (para hot dogs) frankfurter, wiener (AmE)

salchichonería s delicatessen

saldo s **1** (en una tienda) clearance item: *saldos de la temporada anterior* clearance items from the previous season **2** (de una cuenta bancaria) balance **3** (resultado) ver ejemplos: *El incendio dejó un saldo de ocho muertos.* The fire left eight people dead./The death toll in the fire was eight. | *La pelea terminó con un saldo de 15 detenidos.* The fight ended with a total of 15 arrests.

salero s salt shaker (AmE), salt cellar (BrE)

salida s **1 a la salida** La traducción depende de si se refiere a un lugar (**outside/at the school gate**, etc.) o al término de una actividad (**after school/after work**, etc.): *Nos vemos a la salida.* I'll see you outside. | *A la salida del colegio me fui a la casa de Pablo.* After school I went to Pablo's. | *Me estaba esperando a la salida del trabajo.* She was waiting for me after work./She was waiting for me outside the office. **2** (de un avión) departure: *la salida del vuelo AA056* the departure of flight AA056 **3** (lugar para salir) exit, way out: *¿Dónde está la salida?* Where's the exit?/Where's the way out? **4** (solución) solution: *No hay otra salida.* There's no other solution. **5** (en una carrera) start

salida de emergencia emergency exit **salida del sol** sunrise

salir v ▶ ver recuadro en página 726

salirse v **1** (irse) **salirse del cine/del estadio etc.** to leave the movie theater/the stadium etc. **2** (líquido, gas) to leak out (cafetera, pluma) to leak **3** (desprenderse) to come off: *Se salió la pintura.* The paint came off. | *Se me salió el botón.* My button came off. | *Se le salió la tapa.* The lid came off. **4** (de ciertos límites) **salirse de**

la **carretera** to go off the road | **salirse de la cancha** to go out of play

saliva s saliva | **gastar saliva** to waste your breath

salmón s **1** (pescado) salmon **2** (color) salmon-pink ▶ ver "Active Box" **colores** en **color**
salmón ahumado smoked salmon

salón s **1** (en una escuela) classroom **2 salón** (de belleza) beauty salon
salón de actos assembly hall

salpicadera s wing, fender (AmE)

salpicar v **1** (con agua) to splash: *¡Me estás salpicando!* You're splashing me! **2 salpicar algo con lodo/de sangre etc.** to splatter sth with mud/blood etc.

salpicarse v **salpicarse la camisa con vino/el vestido con aceite etc.** to get wine on your shirt/oil on your dress etc.

salpullido s rash (pl -shes) | **me/le etc. salió (un) salpullido** I/he etc. came out in a rash

salsa s **1** (para las comidas) sauce **2** (baile) salsa
salsa blanca white sauce **salsa de tomate** tomato sauce

saltamontes s grasshopper

saltar v (brincar) to jump: *Saltó y cachó la pelota.* He jumped and caught the ball. | *Salté del trampolín más alto.* I jumped from the top board. ▶ Saltar en un solo pie se dice **to hop** | **saltar un muro/una valla etc.** to jump over a wall/a fence etc.: *Iban saltando los charcos.* They were jumping over the puddles. ▶ ver también **reata**

saltarse v (sin querer) to miss, (a propósito) to skip: *Te saltaste un párrafo.* You missed a paragraph. | *Sáltate un renglón.* Skip a line.

hop

jump

skip

salto s (brinco) jump | **dar/pegar un salto** to jump: *Pegó un salto impresionante.* He jumped incredibly high./He jumped an incredible distance. | *Daba saltos de alegría.* She was jumping for joy. | **levantarse de un salto** to jump up | **subirse a un muro/a una mesa etc. de un salto** to jump onto a wall/a table etc. | **bajarse de un muro/de una mesa etc. de un salto** to jump off a wall/a table etc.
salto de altura high jump **salto de garrocha** pole vault **salto de longitud** long jump

salud *sustantivo & interjección*

■ s health | **ser bueno -a/malo -a para la salud** to be good/bad for your health | **estar bien/mal de salud** to be in good/poor health

■ **¡salud!** *interj* **1** (cuando se brinda) cheers! **2** (cuando alguien estornuda) bless you!

saludable *adj* healthy

saludar v **1** (en general) to say hello: *Pasó sin saludar.* He walked past without saying hello. ▶ Si te refieres a la forma de saludar, usa **to greet**: *Se*

---

salir

1 IR/VENIR AFUERA (= to go out/to come out)

No salgas sin paraguas. Don't go out without an umbrella. | *Salió a recibirnos.* She came out to welcome us. | **salir al jardín/al balcón etc.** to go out into the backyard/onto the balcony etc.: *Salí al jardín a ver si venía.* I went out into the backyard to see if he was coming. | **salir de una casa/un cuarto etc.** to come out of a house/a room etc., to go out of a house/a room etc.

2 IRSE (= to leave)

Salieron temprano para la costa. They left early for the coast. | **salir del colegio/del trabajo etc.** to leave school/work etc.: *Salimos de Mazatlán a las cuatro.* We left Mazatlán at four o'clock.

3 COMO ESPARCIMIENTO, EN PAREJA (= to go out)

¿Salimos el sábado? Do you want to go out on Saturday? | *Está saliendo con Ricky.* She's going out with Ricky.

4 RESULTAR

La fiesta salió bien. The party went well. | *Salió parecida al padre.* She takes after her father. | *El postre se salió muy rico.* The dessert was delicious. | **salir bien/mal en un examen** to pass/to fail an exam

5 REFERIDO A LOGROS

no me sale el ejercicio/el crucigrama etc. I can't do the exercise/the crossword etc.: *¿Te salió el crucigrama?* Did you do the crossword?

6 SURGIR (= to come out)

Salía agua por todos lados. Water was coming out everywhere. | **salirle algo a alguien:** *Me salió un grano.* I have a pimple. | *Le salía sangre de la herida.* The wound was bleeding.

7 APARECER

Ya salió el número de agosto. The August edition is out now. | *Salió en la portada de la revista.* She was on the cover of the magazine. | **salir de Macbeth/de princesa etc.** to play (the part of) Macbeth/the princess etc.

8 MANCHAS (= to come out)

No creo que salga. I don't think it will come out.

9 SOL, ESTRELLAS (= to come out)

No salió el sol. The sun didn't come out.

10 COSTAR (= to be)

¿En cuánto sale? How much is it? | *Me salió carísimo.* It was really expensive. | *Le salió en cien pesos.* It cost him a hundred pesos.

11 DECIR

salir con algo to say sth: *¡Ahora no me salgas con eso!* Don't say that now!

---

saludaron con un beso. They greeted each other with a kiss. | **saludar a alguien con la mano** to wave to sb: *Lo saludé con la mano desde el tren.* I waved to him from the train. **2** (en una carta) **lo saludo atentamente/saludamos a Ud. atentamente** sincerely (yours) (AmE), yours sincerely (BrE)

saludo s **1** (mándale) **saludos a Pedro/a tu mamá etc.** say hello to Pedro/to your mother etc. for me, give my regards to Pedro/to your mother etc. ▶ La segunda traducción es más formal | **te manda saludos mi hermano/Gustavo etc.** my brother/Gustavo etc. sends his regards **2** (acto de saludar) greeting: *No me devolvió el saludo.* He didn't return my greeting.

salvación s **1** (espiritual) salvation **2** (de un riesgo, un peligro) salvation

Salvador s **El Salvador** El Salvador

salvadoreño, -a *adjetivo & sustantivo*
■ *adj* Salvadoran (AmE), Salvadorean (BrE)
■ *s* Salvadoran (AmE), Salvadorean (BrE) | **los salvadoreños** (the) Salvadorans (AmE), (the) Salvadoreans (BrE)

salvaje *adjetivo & sustantivo*
■ *adj* **1** (animal) wild **2** (tribu) savage
■ *s* (persona violenta) animal: *Son unos salvajes.* They are animals.

wild

tame

salvar v to save: *Lo salvaron los bomberos.* The firemen saved him. | **salvarle la vida a alguien** to save sb's life: *Le salvé la vida.* I saved his life.

salvarse v **1** (de un peligro) to survive: *Me salvé de casualidad.* I survived by pure chance. **2** (de un castigo): *Se salva porque estoy de buen humor.* I'll let her off because I'm in a good mood.

salvavidas s **1** (llanta de hule) life belt ▶ ver **bote, chaleco 2** (persona) life guard

salvo *adv* **1** except: *Vinieron todos salvo Nicolás.* They all came except Nicolás. | **salvo que llueva/que haya huelga etc.** unless it rains/there's a strike etc.: *No vayas, salvo que te paguen.* Don't go unless they pay you. **2 estar a salvo** to be safe

San *adj* **San Pedro/Pablo etc.** St. Peter/Paul etc.

sanatorio s hospital

sanción s **1** (en deportes) suspension | **recibir una sanción** to be suspended **2** (castigo) punishment **3** (de una ley) sanction

sancionar v **1** (a un jugador) to suspend **2** (una ley) to sanction

sandalia s sandal

sandía s watermelon

sandwich s sandwich (pl -ches): *un sandwich de jamón y queso* a ham and cheese sandwich

sangrar v to bleed | **me sangra la nariz/el dedo etc.** my nose/my finger etc. is bleeding

sangre s blood | **me/le etc. sale sangre de la nariz** my/his etc. nose is bleeding | **donar sangre** to give blood | **a sangre fría** in cold blood | **sangre azul** blue blood

sangriento, -a *adj* bloody

sangrón, -ona *adj* **1** (persona) mean, nasty **2** (chiste) unfunny, not funny

sano, -a *adj* **1** (persona, vida, dieta) healthy | **sano -a y salvo -a** safe and sound **2** (bueno para la salud) good for you: *No es sano comer tanta carne.* It isn't good for you to eat so much meat. **3** (en sentido moral) wholesome: *una manera sana de divertirse* a wholesome form of enjoyment

Santa Claus s Santa Claus, Father Christmas (BrE)

santo, -a *adjetivo & sustantivo*
■ *adj* **1** (sagrado) holy: *un lugar santo* a holy place ▶ ver **espíritu 2** (con un nombre) Saint: *Santa Catalina* Saint Catherine
■ *s* **1** (de la iglesia) saint **2** (persona buena) saint: *Esa muchacha es una santa.* That girl is a saint.

sapo s toad

saque s **1** (en tenis, voley) serve **2** (en futbol) (al iniciarse el juego) kick-off, (después de un gol) kick-off, (desde el arco) goal kick, (desde el costado) throw-in

saquear v **1** (una tienda) to loot **2** (un pueblo, una ciudad) to loot ▶ También existe **to sack** que se usa en contextos históricos

saqueo s **1** (de una tienda) looting **2** (de un pueblo, una ciudad) looting ▶ También existe **sack** que se usa en contextos históricos

sarampión s measles *sing*

sarape s serape

sarcástico *adj* sarcastic

sardina s sardine

sargento s sergeant

sarta s **una sarta de estupideces/tonterías** a load of nonsense | **una sarta de mentiras** a string of lies

sartén s frying pan

sastre s tailor

satélite s satellite ▶ ver **vía**

satín s satin | **un camisón/un vestido de satín** a satin nightgown/dress

satisfacción s satisfaction ▶ **satisfaction** es un sustantivo incontable y no puede ir precedido de **a**: *Le dio una gran satisfacción recibir el premio.* It gave her great satisfaction to receive the award.

satisfacer v **1** (contentar) to please: *Tratamos de satisfacer al cliente.* We try to please the customer. | *Esa explicación no me satisface.* I'm not satisfied with that explanation. **2** (un deseo, una necesidad) to satisfy **3** (requisitos) to meet

satisfactorio, -a *adj* satisfactory

satisfecho, -a *adj* **1** (por haber comido) **gracias, estoy satisfecho -a** thank you, I've had enough **2 estar satisfecho -a con algo**

(a) (conforme) to be satisfied with sth **(b)** (contento) to be pleased with sth

Saturno s Saturn

sauce s willow
   sauce llorón weeping willow

savia s sap

saxo o **saxofón** s sax, saxophone

sazonar v to season

se *pron* ▶ ver recuadro

secador s (para los trastes) dish towel (AmE), tea towel (BrE)

secadora s **1** (para la ropa) dryer, tumble dryer **2 secadora (de pelo)** hairdryer: *¿Me prestas la secadora?* Can I borrow your hairdryer?

secar v **1** (los trastes) to dry, to wipe **2** (el piso, la ropa) to dry
   secarse v **1** (persona) to dry yourself: *Sécate con la toalla.* Dry yourself with the towel. | **secarse la cara/el pelo etc.** to dry your face/hair etc.: *Sécate el pelo antes de salir.* Dry your hair before you go out. **2** (ropa, pintura) to dry: *Esta camisa se seca enseguida.* This shirt dries very quickly. **3** (planta) to dry up: *Se secó la azalea.* The azalea has dried up.

sección s **1** (en una empresa, una tienda) department: *Trabaja en la sección de juguetes.* She works in the toy department. **2** (en un periódico) section: *la sección de deportes* the sports section
   Sección Amarilla® Yellow Pages®

seco, -a *adj* **1** (ropa, toalla) dry: *Tu camisa ya está seca.* Your shirt is already dry. **2** (piel, pelo) dry: *Tengo la piel muy seca.* My skin is very dry. **3** (pollo, pastel) **estar/quedar seco -a** to be/to turn out dry **4** (persona) cold: *Es un tipo muy seco.* He's very cold. | **estuvo muy seco conmigo/con nosotros etc.** he was very brusque with me/us etc. **5** (clima) dry **6** (ruido, golpe) sharp **7 frenar/parar en seco** to brake sharply/to stop dead | **parar a alguien en seco** to stop sb in their tracks ▶ ver **fruta**

wet

dry

---

se

1 COMPLEMENTO INDIRECTO

se lo di/expliqué/mandé etc. se traduce por **I gave it to him/I explained it to him/I sent it to him** etc. si significa *a él.* Si significa *a ella, a ellos/ellas* o *a usted/ustedes* se traduce por **to her, to them** o **to you.** El complemento indirecto sólo aparece una vez en la oración inglesa:

Sólo se lo presto a mis amigos. I only lend it to my friends. | *No se lo muestres a Laura.* Don't show it to Laura.

2 REFLEXIVO

Diferentes verbos reflexivos tienen diferentes traducciones. Busca el verbo que te interesa (*acordarse, caerse,* etc.):

No se acuerda. He can't remember. | *Se cayó de la mesa.* It fell off the table.

Sólo en algunos casos se usan los pronombres **himself, herself, themselves, yourself** o **yourselves** según se trate de *él, ella, ellos/ellas, usted* o *ustedes*:

Se cortó otro pedazo de pastel. He cut himself another piece of cake. | *Cuidado, se puede lastimar.* Careful, you might hurt yourself.

3 RECÍPROCO (= each other)

Se miraron. They looked at each other. | *No se soportan.* They can't stand each other.

4 PASIVO

Se usa la construcción **to be + participio**:

Se tradujo a varios idiomas. It was translated into several languages. | *Se vendió a los pocos días.* It was sold a few days later.

5 IMPERSONAL

Antes se vivía bien aquí. You used to be able to live well here. | *¿Se festeja el carnaval en Inglaterra?* Do people celebrate Carnival in England? | *No se sabe qué pasó.* Nobody knows what happened.

6 EN INSTRUCCIONES

Se usa el imperativo o el sujeto **you**:

Se corta por la línea de puntos. Cut along the dotted line./You cut along the dotted line. | *¡No se le grita así a la gente!* Don't shout at people like that!/You don't shout at people like that!

---

secretaría s **1** (donde se hacen trámites) admin office ▶ También existe **administration office** que es más formal **2** (también **Secretaría**) (en el gobierno) ministry (pl -tries) ▶ El equivalente de una secretaría en EU y Gran Bretaña es un **Department**. Por ejemplo **the Department of Health** se ocupa de la salud pública. Pero se usa **ministry** para hablar de las secretarías de otros países. Algunas secretarías estadounidenses y británicas tienen nombres especiales:

Secretaría de Gobernación ▶ En EU no hay secretaría equivalente. Para hablar de la Secretaría de Gobernación o su equivalente en otros países se dice **the Ministry of the Interior**. El equivalente británico se conoce como **the Home Office**. **Secretaría de Relaciones Exteriores** ▶ El equivalente en EU se conoce como **the Department of State**. En Gran Bretaña se llama **the Foreign Office**. Para hablar de la Secretaría de Relaciones Exteriores de otro país se dice **the Foreign Ministry**

secretario, -a s **1** (de una organización, de un ejecutivo, etc.) secretary (pl -ries) **2** (también **Secretario -a**) minister ▶ El cargo equivalente en EU y Gran Bretaña es **Secretary**. Por ejemplo **the Secretary of Defense** en EU y **the Defence Secretary** en Gran Bretaña son los responsables de los asuntos de defensa. Sin embargo, para referirse al funcionario equivalente en otros países se usa **the Minister of Defense/Defence**. Algunos secretarios estadounidenses y británicos tienen títulos especiales:
secretario -a de Gobernación ▶ En EU no hay cargo equivalente. Para hablar del secretario de Gobernación o su equivalente en otros países se dice **the Minister of the Interior**. El equivalente británico es **the Home Secretary**. **secretario -a de Relaciones Exteriores** ▶ En EU el equivalente es **the Secretary of State** y en Gran Bretaña **the Foreign Secretary**. Para hablar del secretario de Relaciones Exteriores de otro país se dice **the Foreign Minister**

secreto, -a adjetivo & sustantivo
■ *adj* secret: *un código secreto* a secret code
■ **secreto** s secret: *Es un secreto.* It's a secret. | **contarle un secreto a alguien** to tell sb a secret | **en secreto** in secret

secta s sect

sector s **1** (de la economía) sector: *el sector industrial* the industrial sector **2** (de la sociedad) sector: *los sectores de menores recursos* the poorest sectors **3** (zona) area

secuencia s sequence

secuestrador, -a s kidnapper

secuestrar v **1** (a una persona) to kidnap **2** (un avión) to hijack

secuestro s **1** (de una persona) kidnapping **2** (de un avión) hijacking

secundaria s **1** (estudios) secondary education, high school (AmE), secondary school (BrE): *¿Cuándo terminas la secundaria?* When do you finish your secondary education?/When do you finish high school? **2** (escuela) high school (AmE), secondary school (BrE)

secundario, -a adj secondary

sed s **1** tener sed to be thirsty: *Tenía mucha sed.* I was very thirsty. **2** dar sed to make you thirsty: *Las papas fritas me dieron sed.* The fries made me thirsty. **3** (necesidad de beber)

thirst: *Murieron de sed.* They died of thirst. | *No te quita la sed.* It doesn't quench your thirst.

seda s silk | **un pañuelo/un vestido de seda** a silk scarf/dress
seda natural natural silk

sedante s sedative

sede s **1** (de un evento) site, venue (BrE): *la sede del Mundial* the site of the World Cup | **ser la sede del Mundial/de las Olimpiadas etc.** to host the World Cup/the Olympic Games etc. **2** (de una institución) headquarters *sing*: *la sede del club/del partido* the club/party headquarters

seducir v **1** (conquistar) to seduce: *Trató de seducirla.* He tried to seduce her. **2** (atraer) to tempt: *Me seduce la idea.* I'm tempted by the idea.

seductor, -a adj **1** (persona, mirada, voz) seductive **2** (propuesta, oferta) tempting

seguido, -a adjetivo & adverbio
■ *adj* **1** (consecutivo) **tres días seguidos/cuatro veces seguidas etc.** three days in a row/four times in a row etc. ▶ También existe **consecutive** que es más formal: *Es el cuarto partido seguido que gana.* It's the fourth game in a row that he's won./It's the fourth consecutive game that he's won. | *Pasaron tres camiones seguidos.* Three buses came one after the other. **2 seguido -a de algo/alguien, seguido -a por algo/alguien** followed by sth/sb: *Entró seguido de su amigo.* He came in followed by his friend.
■ **seguido** *adv* (con frecuencia) often: *Vamos bastante seguido al teatro.* We go to the theater fairly often. | **¿qué tan seguido...?** how often...?: *¿Qué tan seguido van al club?* How often do you go to the club?

seguir v **1** (ir detrás de) to follow: *Te sigo en la bicicleta.* I'll follow you on my bike. **2** (una carrera) to study: *¿Qué piensas seguir?* What are you planning to study? | *Sigue abogacía.* She's studying law. **3** (venir después) to follow: *Lee lo que sigue.* Read what follows. **4** (referido a explicaciones, conversaciones) to follow: *¿Me sigues?* Do you follow me? **5** (instrucciones, un consejo) to follow: *Seguí tu consejo.* I followed your advice. **6** (continuar con una actividad) **seguir haciendo algo** to carry on doing sth: *Siguieron cantando.* They carried on singing. | **seguir con algo** to carry on with sth: *Sigue con el relato.* Carry on with the story. | **seguir adelante (con algo)** to go ahead (with sth): *Siguieron adelante con el plan.* They went ahead with the plan. **7** (continuar por un camino) to go on: *Siga por esta calle.* Go on down this street. | *Seguimos hasta Taxco.* We carried on as far as Taxco. **8** (continuar en un estado, un lugar) **sigue enferma/enojada/en Chicago etc.** she's still sick/angry/in Chicago etc.:

*ⓘ ¿Se dice I arrived in Miami o I arrived to Miami? Mira la entrada **arrive**.*

Sigo sin entender. I still don't understand. | –¿*Como sigue Manuel?* –*Está mejor.* "How's Manuel?" "He's better." **9** (ser el próximo) to be next: ¿*Quién sigue?* Who's next?

según *preposición, conjunción & adverbio*

■ **prep & conj** **1** (de acuerdo con) according to: *Según Iván, el examen es el lunes.* According to Iván, the test is on Monday. | **según parece** apparently: *Según parece, se van a separar.* Apparently, they're going to separate. **2** (dependiendo de) depending on: *según lo que te diga* depending on what he tells you ▶ En respuestas se usa **it depends**: –¿*Te vas a quedar?* –*Según cómo me sienta.* "Are you going to stay?" "It depends how I feel."

■ **adv** (depende) it depends: –¿*Te parece bien?* – *Según.* "Do you think it's OK?" "Well, it depends."

segunda *s* **1** (velocidad) second gear: *Mete segunda.* Put it into second gear. **2** (en transportes) second class ▶ El equivalente en los ferrocarriles estadounidenses es **coach class** y en los británicos **standard class**. En las líneas aéreas estadounidenses se usa **coach class** o **tourist class** y en las británicas **economy class** o **tourist class**: *Saqué pasajes en segunda.* I got coach-class tickets. | **viajar en segunda** to travel second class/standard class/economy class etc. ▶ ver nota arriba **3 de segunda** ver ejemplos: *Nos sentimos ciudadanos de segunda.* We feel like second-class citizens. | *Le dieron un papel de segunda.* He was given a secondary role. | *jitomates de segunda* grade 2 tomatoes

segundo, -a *número & sustantivo*

■ **número** second

■ **segundo** *s* **1** (momento) second: *Espera un segundo.* Wait a second./Wait a moment. | *Lo hizo en un segundo.* He did it in no time at all. **2** (unidad de tiempo) second

seguramente *adv* (seguro) La traducción depende del grado de seguridad que se quiera expresar. La segunda traducción del ejemplo expresa mayor probabilidad que la primera: *Seguramente iremos a la playa.* We'll probably go to the beach./We'll most probably go to the beach.

seguridad *s* **1** (certeza) certainty: *No hay seguridad de que pueda jugar.* There's no certainty that he'll be able to play. | **con seguridad** for certain: *No sabemos con seguridad a qué hora llegan.* We don't know for certain what time they are arriving. | *No se lo sé decir con seguridad.* I can't tell you for certain. ▶ La traducción es diferente cuando sigue una frase con que: *Con seguridad que ya se fueron.* They must have left by now. | *Con seguridad que te preguntan por qué.* They're bound to ask you why. | *Con seguridad que no se da cuenta.* I'm sure he won't notice. **2** (falta de peligro) safety: *Por su seguridad, use el cinturón.* For your safety, please use your seatbelt. ▶ ver **cinturón 3** (contra delitos)

security: *medidas de seguridad* security measures **4 seguridad (en sí mismo -a)** self confidence: *Le falta seguridad.* She lacks self confidence.

seguridad social social security **seguridad vial** road safety

seguro, -a *adjetivo, adverbio & sustantivo*

■ **adj** **1 estar seguro -a** to be sure: –¿*Era ella?* – *Sí, estoy seguro.* "Was it her?" "Yes, I'm sure." | **estar seguro -a de algo** to be sure of sth: *No estoy segura de nada.* I'm not sure of anything. | **estar seguro -a de que...** to be sure that... ▶ **that** a menudo se omite: *Estoy segura de que me va a llamar.* I'm sure he's going to phone me. **2** (sin riesgo) safe: ¿*Es seguro salir a esta hora?* Is it safe to go out at this time? | **sentirse seguro -a** to feel safe **3 seguro -a (de sí mismo -a)** self-confident **4** (definitivo) definite: *una fecha segura* a definite date **5** (fiable) reliable: *un método anticonceptivo seguro* a reliable contraceptive method

■ **seguro** *adv* **(de) seguro que no viene/que no apruebas** etc. I bet he won't come/you'll pass etc. | **¡seguro que sí!** of course! | **¡seguro que no!** of course not!

■ **seguro** *s* **1** (del coche, contra incendios, etc.) insurance ▶ **insurance** es incontable y no se puede usar con **a** ni en plural. Para hablar de *un seguro* se dice **an insurance policy** o simplemente **insurance**: *Sacó un seguro de vida.* He took out life insurance. **2** (traba) safety catch **3** (alfiler de seguridad) safety pin

seguro de desempleo unemployment benefit **seguro de vida** life insurance ▶ **insurance** es incontable. Mira la nota arriba.

seis *número* **1** (número, cantidad) six **2** (en fechas) sixth **3 me dejó/los dejé** etc. **de a seis** I was/they were etc. amazed: *Nos dejaron de a seis, juegan rebien.* We were amazed, they play really well.

seiscientos, -as *número* six hundred

selección *s* **1** (equipo) team: *la selección alemana* the German team | **la Selección (Nacional)** Usa el nombre del país: *Juega en la Selección.* He plays for Mexico/Colombia etc. **2** (elección) selection: *una buena selección de textos* a good selection of texts

seleccionar *v* to select

sellar *v* **1** (con un sello de goma) to stamp **2** (una carta) to seal **3** (una puerta) to seal

sello *s* **1** (en un documento, una carta) stamp **2** (utensilio de goma) stamp **3 sello (discográfico)** (record) label

selva *s* jungle: *Talaron parte de la selva.* They cut down part of the jungle. | **la selva (tropical)** the (tropical) rainforest

semáforo *s* lights *pl*, traffic lights *pl*: *Dé vuelta a la derecha en el semáforo.* Turn right at the lights. | *En la esquina hay un semáforo.* There are some traffic lights on the corner. | **el semá-foro estaba en rojo/verde/amarillo** the traffic lights were red/green/yellow (AmE), the traffic lights were on red/green/amber (BrE) | **pasar un semáforo en rojo** to go through a red light

semana s week: *Llovió toda la semana.* It rained all week. | **la semana que viene** next week | **la semana pasada** last week | **una vez/dos veces etc. por semana** once/twice etc. a week: *Voy al gimnasio tres veces por semana.* I go to the gym three times a week. ▶ ver **fin**

Semana Santa En el calendario religioso se habla de **Holy Week** pero al hablar de las vacaciones se dice **the spring break**. En inglés británico se usa también **Easter** o **the Easter holiday** *¿Adónde van en Semana Santa?* Where are you going for the spring break?

semanal *adj* **1** (edición, reunión) weekly **2** (por semana) **tres/cuatro etc. horas semanales** three/four etc. hours a week

sembrar *v* **1** (semillas, campos) to sow **2** (plantas) to plant

semejante *adj* **1** (para enfatizar) **semejante estupidez/grosería etc.** such a stupid thing/such rudeness etc.: *¿Cómo se te ocurre decir semejante estupidez?* How could you say such a stupid thing? | *Nunca haría algo semejante.* She would never do anything like that. **2** (parecido) **semejante a algo** similar to sth

semen s semen

semifinal s semifinal

semifinalista s semifinalist

semilla s seed: *semillas de ajonjolí* sesame seeds ▶ A las de las uvas, las manzanas, etc. se les llama **pips**

seminario s **1** (curso) seminar **2** (para formación de sacerdotes) seminary (pl -ries)

senado s senate

senador, -a s senator

sencillez s **1** (ausencia de complicación) simplicity **2** (sobriedad) simplicity **3** (de una persona) unassuming manner: *Me gustó su sencillez.* I liked his unassuming manner.

sencillo, -a *adjetivo & sustantivo*
- *adj* **1** (fácil) simple: *un ejercicio muy sencillo* a very simple exercise **2** (sobrio) simple: *un vestido sencillo* a simple dress **3** (referido a personas) unassuming: *un hombre muy sencillo* a very unassuming man
- **sencillo** s (disco) single

senda s path

seno s (de mujer) breast

sensación s **1** (percepción física, sentimiento) feeling: *una sensación de cansancio* a feeling of tiredness **2** **me/le etc. da la sensación de que...** I have/he has etc. the feeling that...: *Me da la sensación de que ya he estado aquí.* I have the feeling that I 've been here before. **3** (éxito)

sensation: *la sensación del verano pasado* the sensation of last summer | **causar sensación** to cause a sensation: *La obra causó sensación.* The play caused a sensation.

sensacional *adj* sensational

sensato, -a *adj* sensible: *una decisión sensata* a sensible decision

sensibilidad s **1** (física) feeling: *No tiene sensibilidad en los dedos.* He has no feeling in his fingers. **2** (emotiva) sensitivity

sensible *adj* **1** (emotiva o físicamente) sensitive: *un niño muy sensible* a very sensitive boy | *para piel sensible* for sensitive skin | **ser sensible a algo** to be sensitive to sth: *Es muy sensible a las críticas.* He's very sensitive to criticism. | *El dispositivo es sensible al menor movimiento.* The device is sensitive to the slightest movement. **2** (que se siente) noticeable: *un sensible aumento de la temperatura* a noticeable increase in temperature

sensual *adj* sensual

sentada s **de una sentada** at one sitting, in one go: *Me lo leí de una sentada.* I read it at one sitting.

sentadilla s squat

sentado, -a *adj* **1** **estar sentado -a** to be sitting: *Estaba sentada a mi lado.* She was sitting beside me. | **me quedé/se quedó etc. sentado** I/he etc. didn't get up: *Quédense sentados, por favor.* Please don't get up. ▶ En lenguaje formal se dice **Please remain seated.** **2** **dar algo por sentado** to take sth for granted: *No podemos dar nada por sentado.* We can't take anything for granted. | *Dio por sentado que íbamos.* She took it for granted that we were going.

sentar *v* **1** (a una persona) to sit: *Lo sentaron al lado de Merche.* They sat him beside Merche. **2** (hablando del aspecto) **te sienta bien/mal etc.** it suits you/it doesn't suit you etc.: *No le sienta bien el negro.* Black doesn't suit her. | *Te sienta fantástico el vestido.* You look great in that dress. **3** **me sentó mal lo que me dijo/lo que hizo etc.** I was upset by what he said/what he did etc. **4** **el café/el vino etc. me sienta mal** coffee/wine etc. doesn't agree with me **5** **la siesta me sentó bien/unas vacaciones te sentarán bien etc.** the nap did me good/a vacation will do you good etc.: *Me sentó bien el cambio de clima.* The change of climate did me good.

sentarse *v* **1** (dejar de estar parado) to sit down: *Siéntate, por favor.* Sit down, please. | *Me senté a escribirle un e-mail.* I sat down to write her an e-mail. ▶ Cuando el énfasis no está en la acción de sentarse, a menudo se omite **down**: *Siéntate a mi lado.* Sit next to me. | *Como hacía calor, nos sentamos afuera.* Since it was hot, we sat outside. **2** (incorporarse) to sit up: *Se sentó para tomar la medicina.* She sat up to take her medicine.

sit

stand

sentencia s (judicial) sentence | **dictar sentencia** to pass sentence

sentenciar v sentenciar a alguien a diez/veinte etc. años de prisión to sentence sb to ten/twenty etc. years in prison

sentido s **1 tener sentido (a)** (ser útil, lógico) ver ejemplos: *No tiene sentido seguir insistiendo.* There's no point in carrying on trying. | *¿Tiene sentido perder más tiempo con esto?* Is there any point in wasting more time on this?/Is it worth wasting any more time on this? **(b)** (tener significado) to make sense: *Las instrucciones no tienen sentido.* The instructions don't make sense. **2** (aspecto) **en ese/este sentido** in that/this respect: *En ese sentido es mejor el nuestro.* In that respect ours is better. | **en cierto sentido** in a sense | **en el sentido de que...** in the sense that... **3** (dirección) direction: *Chocó con un camión que iba en sentido contrario.* He collided with a truck that was heading in the other direction. | **una calle de un solo sentido** a one-way street | **una calle de doble sentido** a two-way street **4** (significado) sense: *en el sentido estricto de la palabra* in the strict sense of the word | *en sentido literal/figurado* in the literal/figurative sense **5** (conocimiento) **perder/recobrar el sentido** to lose/regain consciousness | **estar sin sentido** to be unconscious **6** (vista, oído, etc.) sense: *los cinco sentidos* the five senses **sentido común** common sense, sense: *No tiene el más mínimo sentido común.* He doesn't have an ounce of common sense. **sentido de la orientación** sense of direction **sentido del humor** sense of humor (AmE), sense of humour (BrE) *No tiene sentido del humor.* He doesn't have a sense of humor.

sentimental adj **1** (referido a personas) sentimental **2** (valor, razones) sentimental **3** (problema) emotional **4 ponerse sentimental** to get sentimental

sentimiento s feeling: *un sentimiento de culpa* a feeling of guilt | **herir los sentimientos de alguien** to hurt sb's feelings

sentir v **1** (referido a emociones) to feel: *No sabes el alivio que sentí.* You can't imagine the relief I felt. | *lo que siento por ti* what I feel for you ▶ Con algunos sustantivos las traducciones varían: *Sintió mucho miedo.* She was very afraid. | *Sentí una gran alegría.* I was very happy. **2** (referido a sensaciones físicas) to feel: *Sintió algo frío en la espalda.* He felt something cold on his back. ▶ Con algunos sustantivos las traducciones varían: *¿No sientes frío?* Aren't you cold? | *Empezó a sentir sueño.* He began to feel sleepy. **3** (palpar, tocar) to feel: *Siente lo suave que es.* Feel how soft it is. **4** (presentir) **sentir que...** to have a feeling that...: *Sentía que esto iba a pasar.* I had a feeling that this was going to happen. **5** (lamentar) **lo siento** I'm sorry | **siento mucho lo que pasó/lo de tu abuelo etc.** I'm very sorry about what happened/about your grandpa etc.: *Sentí mucho no poder ir a verte.* I was very sorry not to be able to go and see you.

sentirse v **1** (en un estado) to feel: *Me siento fantástico.* I feel terrific. | *¿Te sientes mejor?* Are you feeing better? | *Laura se siente mal.* Laura's not feeling well. **2** (considerarse) to feel: *Se siente superior.* He feels superior. | *Nos sentimos culpables.* We feel guilty. **3** (ofenderse) to be hurt, to be offended: *Se sintió porque no la invitaron.* She was hurt/offended because they didn't invite her.

sentón s **caerse de sentón/darse un sentón** to fall on your backside

seña s **1** (gesto, ademán) signal | **entenderse/comunicarse por señas** to understand each other/to communicate by sign language | **hacerle señas a alguien** (para que haga algo) to gesture to sb, to signal to sb: *Nos hizo señas de que lo siguiéramos.* He gestured to us to follow him./He signaled to us to follow him. **2** (marca) mark: *Hizo una seña en el margen.* He put a mark in the margin.

señal s **1** (indicio) sign: *Eso es señal de que está contento.* That's a sign that he's happy. | **en señal de protesta** in protest **2** (gesto, seña) signal **3** (de tránsito) sign: *No respeta las señales.* He doesn't obey the signs. **4** (de una contestadora) tone: *Deje su mensaje después de la señal.* Please leave your message after the tone. **5** (en televisión, cable, etc.) signal: *No recibimos bien la señal.* We don't get a very good signal./We don't get very good reception. **la señal de la cruz** the sign of the cross **señales de humo** s pl smoke signals

señalar v **1** (mostrar, indicar) **señalar algo** to point sth out: *Quiero señalar un par de cosas.* I want to point out a couple of things. **2 señalar algo/a alguien con el dedo** to point at sth/sb: *Me señaló con el dedo.* She pointed at me. **3** (marcar) to mark: *Lo señaló con una cruz.* He marked it with a cross.

Señor s el Señor/Nuestro Señor (Dios) the Lord/ Our Lord

señor s ▶ ver recuadro

Señora s Nuestra Señora (la Virgen) Our Lady

señora s ▶ ver recuadro en página 734

señorita s ▶ ver recuadro en página 734

separado, -a adj **1** (referido al estado civil) separated: *Es separado.* He's separated. | **estar separado -a de alguien** to be separated from sb: *Está separado de su mujer.* He's separated from his wife. **2** (vidas, camas, mesas) separate: *Duermen en cuartos separados.* They sleep in separate rooms. **3 por separado** separately

separar v **1** (estar en medio de) to separate: *El río separa las dos ciudades.* The river separates the two cities. **2** (dividir) **separar algo de algo** to separate sth from sth: *Separe la yema de la clara.* Separate the yolk from the white. **3** (alejar) to separate: *Quiso separarlos y le dieron un golpe.* He tried to separate them and got punched. | **separar algo de algo** to move sth away from sth: *Separa el pupitre de la pared.* Move the desk away from the wall.

separarse v **1** (pareja) to split up ▶ Si se trata de un matrimonio, también se dice **to separate**: *Sus padres se separaron.* Her parents have split up./Her parents have separated. | **separarse de alguien** to split up with sb: *Me separé de Luis.* I split up with Luis. **2** (banda, grupo musical) to split up: *¿Cuándo se separaron los Beatles?* When did the Beatles split up? **3** (dividirse, alejarse) ver ejemplos: *Nos separamos al entrar y no los volví a ver.* We split up as we went in and I didn't see them again. | *No nos separamos en toda la noche.* We were together all evening.

separo s cell

septiembre s September ▶ ver "Active Box" **meses** en **mes**

séptimo, -a número & sustantivo
■ *número* seventh
■ **séptimo** s (séptima parte) seventh

sepultar v to bury

sequía s drought

ser *verbo & sustantivo*
■ v ▶ ver recuadro en página 734
■ s being: *seres extraterrestres* extraterrestrial beings
ser humano human being **ser querido** loved one **ser vivo** living being

serenarse v to calm down

serenata s serenade | **cantarle una serenata a alguien** to serenade sb

sereno, -a *adjetivo & sustantivo*
■ *adj* calm
■ **sereno** s (persona) night watchman (pl -men)

serial adj ▶ ver **asesino**

serie s **1** (de televisión) Si se trata de una sola historia dividida en capítulos se usa **serial**. Si cada capítulo tiene principio y fin, se dice **series**

---

2 (conjunto) series (pl series): *una serie de problemas* a series of problems **3 producir algo en serie** to mass-produce sth **4** (de beisbol) series (pl series)

seriedad s **1** (responsabilidad) ver ejemplos: *Hagan las cosas con seriedad.* You must do things responsibly. | *Trabaja con seriedad.* He is very responsible in his work. | **tomarse algo con seriedad** to take sth seriously **2** (de un problema) seriousness **3** (de una empresa) reliability

serio, -a adj **1 en serio** ver ejemplos: *–Ganamos. –¿En serio?* "We won." "Really?" | *¿Me lo dices en serio?* Are you serious? | *Te llamó, en serio.* He called you, honestly. | *Tienes que ponerte a estudiar en serio.* You have to get down to some serious studying. | **tomarse algo en serio** to take sth seriously **2** (no risueño) serious: *una niña muy seria* a very serious girl | *¿Por qué estás tan serio?* Why are you so serious? **3** (grave) serious: *Por suerte, no fue nada serio.* Luckily, it wasn't serious. **4** (responsable, confiable) serious

sermón s **1** (de un padre, un profesor) lecture, talking-to: *Nos echó un sermón porque llegamos tarde.* He gave us a lecture for arriving late./He gave us a talking-to for arriving late. **2** (en la iglesia) sermon

seropositivo, -a adj (referido al VIH) HIV positive

serpiente s snake

serrucho s

---

señora

1 Para hablar de una mujer se usa **lady** (plural **ladies**) o **woman** (plural **women**). **lady** es más cortés:

la señora que vive enfrente the lady who lives opposite

2 Delante de un apellido se usa **Mrs.** (que se pronuncia /'mɪsəz/), aunque muchas mujeres hoy en día prefieren el uso de **Ms.** (que se pronuncia /mɪz/), que no hace distinción de estado civil:

la señora Matta Mrs. Matta/Ms. Matta

3 En lenguaje formal, para dirigirse a una mujer sin usar su apellido, se usa **Madam**:

Estimada señora: Dear Madam: | *¿La están atendiendo, señora?* Are you being served, Madam?

Para dirigirse a un grupo de mujeres, se dice **ladies**:

Señoras y Señores Ladies and gentlemen

Para llamar la atención de alguien en lenguaje menos formal, se usa **excuse me**:

Señora, aquí no se puede fumar. Excuse me, smoking is not allowed here.

4 En el sentido de *esposa* se traduce por **wife**:

la señora de José José's wife

5 Para referirse a la persona que hace la limpieza, se dice **cleaning lady** (plural **cleaning ladies**)

señorita

1 Delante de un apellido se usa **Miss**, aunque muchas mujeres hoy en día prefieren el uso de **Ms.** (que se pronuncia /mɪz/) que no hace distinción de estado civil:

la señorita Cobo Miss Cobo/Ms. Cobo

2 Algunos niños usan **Miss** para dirigirse a su profesora (no para hablar de ella), pero lo más frecuente es usar su nombre:

¿Con lápiz, señorita? In pencil, Miss?/In pencil, Miss Gómez/Mrs. Smith etc.? | *Nos lo dijo la señorita.* The teacher told us./Miss Gómez/Mrs. Smith etc. told us.

3 **Miss** no se suele usar para dirigirse a una persona o hablar de ella sin usar su nombre, o con nombres de pila:

la señorita Claudia Claudia/Miss Gómez | *Señorita, se le cayó esto.* Excuse me, you've dropped this. | *¿Puedes atender a esa señorita?* Could you serve that lady?

---

servicio *sustantivo & sustantivo plural*

■ **s** 1 (de una persona, una empresa) service: *¿El servicio está incluido?* Is service included? | *un buen servicio de trenes* a good train service 2 (en tenis, voleibol) serve 3 (que se le hace a un coche) service 4 **al servicio de alguien** at

ser *verbo*

1 La traducción es **to be** en la mayoría de los contextos:

Es alto y moreno. He's tall and dark-haired. | *Hoy es martes.* Today is Tuesday. | *La fiesta fue en la casa de Alicia.* The party was at Alicia's. | *Soy yo, ábreme.* It's me, open the door. | *Somos amigas.* We're friends.

Delante de un sustantivo singular hay que usar artículo:

Es arquitecta. She's an architect. | *Es madre de dos hijos.* She's the mother of two children.

2 Fíjate en las siguientes estructuras:

¿cómo es tu novio/tu casa etc.? what's your boyfriend/your house etc. like?: *¿Cómo era el hotel?* What was the hotel like? | **me es difícil/imposible etc.** it's difficult/impossible etc. for me: *Le fue imposible venir antes.* It was impossible for her to come earlier. | **somos cinco/ocho etc.** there are five/eight etc. of us: *Eran como veinte.* There were about twenty of them. | **es de Lara/era de mi abuelo etc.** it's Lara's/it was my grandpa's etc., it belongs to Lara/it belonged to my grandpa etc.: *Los CD son de mi primo.* The CDs belong to my cousin./The CDs are my cousin's. | **es de Chile/de Londres etc.** he's from Chile/from London etc., he comes from Chile/from London etc.: *¿De dónde eres?* Where are you from?/Where do you come from? | **es de madera/de metal etc.** it's made of wood/metal etc.

3 Otras expresiones:

o sea: *O sea que te perdiste.* So you got lost./In other words, you got lost. | *los dueños de la tienda, o sea los Correa* the owners of the store, that is to say the Correas | *No es que no me guste, o sea...* It isn't that I don't like it, I mean... | **es para matarlo/para llorar etc.**: *¿Eso hizo? Es para matarlo.* He did that? He should be shot. | *Era como para llorar.* It made you want to cry. | **es que...**: *Es que no me gusta.* The thing is I don't like it. | **a no ser que** unless: *Quédatelo, a no ser que prefieras éste.* Keep it, unless you prefer this one. | **de no ser por**: *De no ser por ella, me quedaría.* If it weren't for her, I would stay. | *De no ser por tu ayuda, no hubiera ganado.* If it hadn't been for your help, I wouldn't have won. | **no vaya a ser que**: *Díselo, no vaya a ser que se enoje.* Tell him, he might get mad otherwise. | **sea lo que sea** whatever it is

---

sb's service: *Estamos a su servicio.* We are at your service. 5 **servicio (doméstico)** domestic service

servicio a domicilio home delivery (service) **servicio militar** military service **servicio secreto** secret service **servicio social** community work

■ **servicios** *s pl* 1 (ayuda, trabajo) services: *Nos*

---

ofreció sus servicios. He offered us his services.
2 (rubro) services | **el sector servicios** the service sector **3** **servicios (de inteligencia)** intelligence services

servilleta s napkin, serviette (BrE)
servilleta de papel paper napkin

servir v **1** (ser útil) **servir para algo** ver ejemplos: *¿Para qué sirve esto?* What's this for? | *Este abrelatas no sirve para nada.* This can opener is useless. | *No sirve para las manchas de aceite.* It doesn't work on oil stains. | *Sirvió para que se diera cuenta.* It was useful to make her realize. | *¿Esto te sirve para algo?* Is this any use to you? | **este martillo/este destornillador etc. no sirve** this hammer/this screwdriver etc. is no use | **esto no me/le etc. sirve** this is no use to me/him etc.: *Tu regla no me sirve, necesito una más larga.* Your ruler's no use. I need a longer one. | **servir de algo** ver ejemplos: *Esto puede servir de tapa.* We can use this as a lid. | *Nos va a servir de excusa.* We'll use it as an excuse. | *Que te sirva de lección.* Let that be a lesson to you. | *¿De qué sirve llorar?* What's the use of crying? **2** (referido a comida, bebidas) to serve: *¿Quién sirve?* Who's going to serve? | *Sirvieron champán.* They served champagne. ▶ *Cuando se trata de verter una bebida en un vaso, una copa, etc., se usa* **to pour**: *Me sirvió otro whisky.* He poured me another whiskey. **3** (tener capacidad) **no sirvo para los deportes/para mentir etc.** I'm no good at sports/at lying etc. **4** (atender, ayudar) to serve: *la mesera que nos sirvió* the waitress who served us | *¿En qué los puedo servir?* What can I do for you? **5** (en las Fuerzas Armadas) to serve

servirse v (referido a comida, bebidas) to help yourself: *Sírvanse, por favor.* Please help yourselves. | **servirse algo** to help yourself to sth: *Sírvete más papas.* Help yourself to more potatoes. | *Sírvanse algo para tomar.* Help yourselves to something to drink. ▶ *Cuando se trata de verter una bebida en un vaso, una copa, etc., se usa* **to pour**: *Me serví otro vaso de jugo.* I poured myself another glass of juice.

sesenta *número* sixty

sesión s **1** (reunión) session: *una sesión del Congreso* a session of Congress **2** (de cine) showing: *¿A qué horas empieza la primera sesión?* What time is the first showing?

seso s **1** (cerebro, inteligencia) brains pl: *Tiene poco seso.* He doesn't have much in the way of brains. | **devanarse los sesos** to rack your brains | **volarle a alguien la tapa de los sesos** to blow sb's brains out **2** (en cocina) brains pl

setecientos, -as *número* seven hundred

setenta *número* seventy

seudónimo s pseudonym

severo, -a adj **1** (estricto) (persona) strict, (tono, sanción) severe: *Sus padres son muy severos.* Her parents are very strict. **2** (clima) harsh

sexista adj sexist

sexo s **1** (masculino, femenino) sex (pl sexes) **2** (relaciones sexuales) **tener sexo** to have sex

sexto, -a *número & sustantivo*
▪ *número* sixth
▪ **sexto** s (sexta parte) sixth

sexual adj sexual ▶ ver **educación, relación**

sexualidad s sexuality

sexy adj sexy

shampoo s shampoo

short s shorts pl, pair of shorts: *Traía puesto un short azul.* He was wearing blue shorts./He was wearing a pair of blue shorts.

sí *conjunción & sustantivo*
▪ *conj* **1** (condicional) if: *Si no te gusta, lo puedes cambiar.* If you don't like it, you can change it. | *Si lo supiera, te lo diría.* If I knew, I would tell you. | *Si me hubieras pedido, te habría ayudado.* If you had asked me, I would have helped you. **2** (en interrogativas indirectas) if, whether: *Le pregunté si estaba cansado.* I asked him if he was tired./I asked him whether he was tired. **3** (con opciones, alternativas) whether: *No sabía si irse o quedarse.* He didn't know whether to go or stay. **4** **si no** (de otra manera) otherwise: *Estudia, si no, no aprobarás.* Study hard, otherwise you're not going to pass. **5** **como si supiera/pudiera etc.** as if he knew/could etc.: *Me miraba como si me quisiera decir algo.* She was looking at me as if she wanted to tell me something **6** **si (por lo menos)** if only: *¡Si me hubieras avisado!* If only you'd told me! **7** (en sugerencias) what if: *¿Y si le cuentas la verdad?* What if you tell him the truth? **8** (en protestas) but: *¡Si me lo prometiste!* But you promised!
▪ s (nota musical) B

sí *adverbio, sustantivo & pronombre*
▪ *adv & s* ▶ ver recuadro en página 736
▪ *pron* **1** (singular) **sí mismo -a** La traducción es **himself** cuando se refiere a *él*, **herself** a *ella*, **yourself** a *usted* y **itself** cuando no se refiere a personas: *Se dio cuenta por sí mismo.* He realized by himself. | *Se ríe de sí misma.* She laughs at herself. | *El argumento en sí mismo no es interesante.* The plot is not interesting in itself. **2** (plural) **sí mismos -as** La traducción es **themselves** cuando se refiere a *ellos/ellas*, se trate o no de personas, y **yourselves** cuando se refiere a

ustedes: *No piensan más que en sí mismos.* They only think of themselves. **3 dar de sí** to stretch

siamés, -a *adjetivo & sustantivo*
- **adj** (gato) Siamese
- **s 1** (hermano) Siamese twin **2** (gato) Siamese cat

sida o **SIDA** s AIDS *sing*: *Tiene sida.* He has AIDS. | **el sida** Aids

sidra s cider

siembra s sowing

siempre *adverbio & conjunción*
- **adv 1** always: *Siempre está de buen humor.* He's always in a good mood. | *Siempre viene solo.* He always comes on his own. ▶ ver recuadro en **always 2 como siempre** as usual: *Sacó la mejor nota, como siempre.* She got the best grade, as usual. | **el lugar/la hora etc. de siempre** the usual place/time etc.: *Salió con el tema de siempre.* He started on the usual topic of conversation. | **quedarse/irse etc. para siempre** to stay/go etc. for good, to stay/go etc. forever: *Le dije adiós para siempre.* I said goodbye to her for good./I said goodbye to her forever.
- **siempre que** *conj* **1** (cada vez que) whenever: *Siempre que la veo, está con Luis.* Whenever I see her, she's with Luis. | *Trato de ayudarla siempre que puedo.* I try to help her whenever I can. **2** (también **siempre y cuando**) as long as: *El partido es el sábado, siempre y cuando no llueva.* The game is on Saturday, as long as it doesn't rain.

sierra s **1** (cadena montañosa) mountain range, mountains *pl*: *¿Conoces la sierra Tarahumara?* Do you know the Tarahumara mountain range?/Do you know the Tarahumara mountains? **2 la sierra** (zona de montañas) the mountains: *Les gusta vacacionar en la sierra.* They like going to the mountains on vacation. **3** (herramienta) saw

siesta s siesta, nap | **dormir la siesta** to have a siesta, to take a nap: *Está durmiendo la siesta.* He's having a siesta./He's taking a nap.

siete *número* **1** (número, cantidad) seven **2** (en fechas) seventh

sigla s acronym | **ser la sigla de algo** to be the acronym for sth

siglo *sustantivo & sustantivo plural*
- **s** (cien años) century (pl -ries): *el siglo XXII* the 22nd century ▶ En inglés se usan números arábigos ordinales para los siglos. El ejemplo anterior se lee **the twenty-second century**
- **siglos** *s pl* (mucho tiempo) ages: *Hace siglos que viven aquí.* They've lived here for ages.

significado s meaning ▶ También es común el uso del verbo **to mean**: *¿Cuál es el significado de esta palabra?* What is the meaning of this word?/What does this word mean?

---

sí *adverbio & sustantivo*

1 AFIRMACIÓN (= yes)
–¿Tienes frío? –Sí. "Are you cold?" "Yes."
A menudo se repite el auxiliar o modal en la respuesta:
–¿Tienes frío? –Sí. "Are you cold?" "Yes, I am." | *–¿Terminó? –Sí.* "Has she finished? –Yes, she has. | **decir que sí** to say yes

2 Para sustituir a una cláusula, en inglés se usa un auxiliar o un modal:
¿No quieres? Yo sí. Don't you want any? I do. | *Yo no puedo ir pero tú sí.* I can't go but you can. | **creo que sí** I think so

3 Para enfatizar, en inglés se usan distintos recursos:
–No puedes. –Sí que puedo. "You can't." "Oh yes, I can!" | *Ellos sí que tienen problemas.* They really do have problems. | *Sí que lo vi.* I did see him. | **¡eso sí que no!** absolutely not! | **eso sí** but: *Eso sí, cuídamelo mucho.* But take good care of it.

---

significar v **1** (querer decir) to mean: *¿Qué significa "DOS"?* What does "DOS" mean? **2** (tener importancia) to mean: *Lo material no significa nada para él.* Material things mean nothing to him.

signo s **1** (símbolo, representación) sign: *el signo de más* the plus sign **2** (señal) sign: *Es un signo de egoísmo.* It's a sign of selfishness. **3 signo (del zodiaco)** sign (of the zodiac), (star) sign | **¿de qué signo eres/es etc.?** what sign are you/is he etc.?

signo de admiración, también **signo de exclamación** exclamation point (AmE), exclamation mark (BrE) **signo de interrogación** también **signo de pregunta** question mark **signo de puntuación** punctuation mark

siguiente *adj* following: *al día siguiente* the following day/the next day | *Hagan los siguientes ejercicios:...* Do the following exercises:...

sílaba s syllable

silbar v to whistle | **silbar a alguien** (en señal de desaprobación) to boo sb ▶ En los países anglosajones se suele silbar (**to whistle**) para expresar aprobación

silbatina s booing ▶ ver nota en **silbar**

silbato s whistle | **tocar el silbato** to blow the whistle: *El árbitro tocó el silbato para dar comienzo al partido.* The referee blew the whistle to start the game.

silbido s **1** (de una persona) whistle: *¿Oíste ese silbido?* Did you hear that whistle? **2** (del viento) whistling

silencio s **1** (falta de ruido) silence | **¡silencio!** silence! | **en silencio** in silence | **guardar silencio** to keep silent **2** (en música) rest

silencioso, -a *adj* quiet

---

silla s chair: *Siéntate en esa silla.* Sit on that chair.

silla de montar saddle **silla de ruedas** wheelchair **silla eléctrica** electric chair

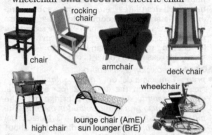

rocking chair

chair

armchair

deck chair

wheelchair

high chair

lounge chair (AmE)/ sun lounger (BrE)

sillón s **1** (para una persona) armchair, chair | **en un sillón** in an armchair, in a chair: *Estaba dormido en su sillón.* He was asleep in his armchair. **2** (sofá) couch, sofa | **en el sillón** on the sofa

silueta s **1** (figura) figure: *Hace dieta para mantener la silueta.* She diets to keep her figure. **2** (contorno) outline ▶ Cuando se ve a contraluz, se usa **silhouette**

silvestre adj wild

simbolizar v to symbolize, to be a symbol of

símbolo s symbol: *el símbolo de la paz* the symbol of peace

simétrico, -a adj symmetrical

similar adj similar | **ser similar a algo** to be similar to sth

simio s ape

simpatía s **1** tener/sentir simpatía por alguien to like sb: *Todos tienen mucha simpatía por ella.* Everyone likes her very much. | *No sentía ninguna simpatía por él.* She didn't like him at all. **2** (de una persona) warmth, friendliness: *su gran simpatía* her great warmth

simpático, -a adj nice: *Es un niño muy simpático.* He's a very nice boy.

simpatizante s supporter: *los simpatizantes del ex dictador* supporters of the ex-dictator

simpatizar v **simpatizar (con alguien)** to hit it off (with sb): *Simpatizó con ella de entrada.* He hit it off with her from the start. | **no me/le etc. simpatiza** I don't/he doesn't etc. like her

simple adj **1** (sencillo) simple: *Es un ejercicio muy simple.* It's a very simple exercise. **2** (nada más que) **fue un simple comentario/una simple pregunta etc.** it was just a comment/just a question etc. **3** (no compuesto) (oración, sustancia) simple

simplificar v to simplify

simultáneo, -a adj simultaneous

sin prep **1** without: *Me encontré ahí sin dinero y sin pasaje.* I found myself there without money and without a ticket. ▶ Muchas veces, en lugar de usar **without**, se usa un verbo en negativo: *Toma el café sin azúcar.* He doesn't take sugar in his coffee. | *Tiene que comer sin sal.* He shouldn't have salt in his food. | **sin hablar/quejarse etc.** without speaking/complaining etc. | **sin que él se entere/se dé cuenta etc.** without him finding out/realizing etc.: *Se fue sin que nadie la viera.* She left without anyone seeing her. **2** **está sin hacer/pintar etc.** it hasn't been done/painted etc.: *La ropa está sin planchar.* The ironing hasn't been done. | **estar sin trabajo** to be out of work **3** **sin embargo** ▶ ver **embargo**

sinagoga s synagogue

sinceramente adv **1** (para serte sincero) to be honest with you: *Sinceramente, no tengo ganas de ir.* To be honest with you, I don't feel like going. **2** (con sinceridad) (hablar) sincerely

sinceridad s sincerity

sincero, -a adj sincere | **para serte sincero -a** to be honest with you: *Para serte sincera, yo no sé qué hacer.* To be honest with you, I don't know what to do.

sincronizar v to synchronize

sindicato s union, labor union (AmE), trade union (BrE)

síndrome s syndrome

síndrome de abstinencia withdrawal symptoms **síndrome de Down** Down's syndrome

sinfonía s symphony (pl -nies)

singular adj & s singular: *El verbo está en singular.* The verb is in the singular./The verb is singular.

siniestro, -a adj sinister

sino conj (para mostrar contraposición) but: *No es azul sino verde.* It's not blue but green. ▶ En lenguaje menos formal se diría: **It isn't blue, it's green** o **It's green, not blue** | **no sólo... sino (también)...** not only... (but) also...: *Invitamos no sólo a nuestros amigos sino también a los de los niños.* We invited not only our friends but also the children's. ▶ Cuando **not only** va seguido de una frase verbal, se invierte el orden de sujeto y verbo. Si el verbo no es ni auxiliar ni modal, se usa el auxiliar **to do**: *No sólo es guapo, sino también muy simpático.* Not only is he good-looking, he's also very nice. | *No sólo me indicó el camino sino que además me acompañó.* Not only did he show me the way, he also went with me. | **¿quién sino tú/Pedro etc.?** who else but you/Pedro etc.?

sinónimo, -a *sustantivo & adjetivo*
- **sinónimo** s synonym
- *adj* synonymous

sintáctico, -a adj syntactical

sintaxis s syntax

síntesis s summary (pl -ries) | **en síntesis** in short

sintético, -a *adj* **1** (fibra, material, cuero) synthetic **2** (breve) concise

sintetizador *s* synthesizer

síntoma *s* symptom

sintonizar *v* **sintonizar una estación de radio** to tune in to a radio station

siquiera *adv* **ni siquiera** not even: *Ni siquiera me miró.* He didn't even look at me. | **sin siquiera** without without even: *Se fue sin siquiera despedirse.* He went without even saying goodbye. | **tan siquiera** at least: *Tan siquiera nos avisó.* At least she let us know.

sirena *s* **1** (en cuentos infantiles) mermaid, (personaje mitológico) siren **2** (alarma) siren

sirvienta *s* maid
sirvienta de planta live-in maid **sirvienta de entrada por salida** maid who lives out

sistema *s* system ▶ ver **analista**
sistema métrico decimal metric system **sistema operativo** operating system **sistema solar** solar system

sitio *s* **1** (espacio) room: *No hay más sitio.* There's no more room. **2** (lugar concreto) place: *Puso cada cosa en su sitio.* She put everything in its place. **3 sitio (web)** site, website **4** (militar) siege
sitio de taxis taxi stand, cabstand (AmE), taxi rank (BrE)

situación *s* situation

situarse *v* (novela, obra) to be set: *La novela se sitúa a fines del siglo XIX.* The novel is set at the end of the 19th century.

smog *s* smog

smoking *s* tuxedo (AmE), dinner jacket (BrE)

sobaco *s* armpit

sobornar *v* to bribe

soborno *s* **1** (delito) bribery: *Fue acusado de soborno.* He was accused of bribery. **2** (dinero) bribe: *Se negó a aceptar el soborno.* He refused to accept the bribe.

sobra *sustantivo & sustantivo plural*
■ *s* **hay tiempo/lugar etc. de sobra** there's plenty of time/space etc., there's more than enough time/space etc.: *Había comida de sobra para todos.* There was plenty of food for everyone. | **saber algo de sobra** to know sth full well: *Saben de sobra que está mal.* They know full well that it's wrong.
■ **sobras** *s pl* leftovers: *Se llevó las sobras para el perro.* He took the leftovers for the dog.

sobrar *v* **1** (quedar) **sobró mucha comida/tela etc.** there was a lot of food/material etc. left over: *No sobró nada de bebida.* There wasn't any drink left over. | **me sobró papel/dinero etc.** I had some paper/some money etc. left over: *Le sobraron cincuenta pesos.* He had fifty pesos left over. **2 sobra comida/tela etc. (a)** (hay más que suficiente) there's plenty of food/material etc., there's more than enough food/material etc. **(b)** (hay demasiada) there's too much food/

material etc. | **sobran sillas/platos etc. (a)** (hay más que suficientes) there are plenty of chairs/plates etc., there are more than enough chairs/plates etc. **(b)** (hay demasiados) there are too many chairs/plates etc. | **me sobra una entrada/le sobran dos copias etc.** I have a spare ticket/he has two spare copies etc.: *Le sobran un par de kilos.* He is a couple of kilos overweight. | **le sobran motivos/argumentos etc.** he has plenty of reasons/arguments etc.

sobre *preposición & sustantivo*
■ *prep* **1** (encima de) on: *Lo dejó sobre el escritorio.* He left it on the desk. **2** (por encima de) over: *un puente sobre el río* a bridge over the river | *Se puso una cobija sobre las piernas.* She put a blanket over her legs. **3** (acerca de) about: *No habló sobre eso.* He didn't talk about that. **4 sobre todo (a)** (ante todo) above all: *Sobre todo, me gustaron las playas.* Above all, I liked the beaches. **(b)** (especialmente) especially: *Llovió mucho, sobre todo en el sur.* It rained a lot, especially in the south.
■ *s* **1** (para cartas, etc.) envelope: *Sacó la carta del sobre.* She took the letter out of the envelope. **2** (de azúcar, aspirina, etc.) sachet, (de sopa) packet

sobrecargo *s* flight attendant

sobredosis *s* overdose

sobreentenderse *v* **se sobreentiende/se sobreentendía** it goes/it went without saying

sobremesa *s* si quieres explicar qué es la **sobremesa** di **it's when people sit around the table chatting after a meal**

sobrenatural *adj* supernatural

sobrenombre *s* nickname

sobrentenderse *v* ▶ ver **sobreentenderse**

sobrepasar *v* (exceder) to exceed: *Su fortuna sobrepasa los diez millones.* His fortune exceeds ten million.

sobresaliente *adj* outstanding

sobresalir *v* **1** (distinguirse) to stand out: *un diseñador que sobresale por su originalidad* a designer who stands out because of his originality | **sobresalir en deportes/idiomas etc.** to excel at sports/languages etc. **2** (elevarse) to rise up: *La cúpula sobresale entre los techos de la ciudad.* The dome rises up from among the rooftops of the city. **3** (de una superficie vertical) to stick out: *Sobresale unos dos centímetros.* It sticks out a couple of centimeters. ▶ También existen **to protrude**, que es más formal, y **to jut out**, que implica algo muy pronunciado

sobresaltar *v* **sobresaltar a alguien** to make sb jump ▶ También existe **to startle sb** que es más formal: *El timbre me sobresaltó.* The bell made me jump./The bell startled me.
sobresaltarse *v* to jump: *Me sobresalté al oír el ruido.* I jumped when I heard the noise.

sobreviviente *s* survivor

sobrevivir v to survive: *No sobrevivió nadie.* Nobody survived. | **sobrevivir a alguien** to outlive sb: *Sobrevivió a sus hijos.* She outlived her children. ▶ También existe **to survive sb** que es más formal | **sobrevivir a algo** to survive sth: *Sobrevivió a las dos guerras.* He survived the two wars.

sobrino, -a s **sobrino** nephew | **sobrina** niece | **sobrinos** (varones y mujeres) nephews and nieces: *¿Cuántos sobrinos tienes?* How many nephews and nieces do you have?

sobrio, -a adj **1** (color, decoración) restrained **2** (opuesto a ebrio) sober

sociable adj sociable

social adj social ▶ ver **asistente, ciencia**

socialismo s socialism

socialista adj & s socialist

sociedad s **1** (comunidad) society (pl -ties): *la sociedad europea* European society **2** (organización, agrupación) society (pl -ties): *una sociedad cultural* a cultural society **3** (empresa) company (pl -nies)
sociedad anónima public corporation (AmE), public limited company (BrE)

socio, -a s **1** (de un club, una biblioteca, etc.) member: *Soy socia de su club de fans.* I'm a member of his fan club./I belong to his fan club. | **hacerse socio -a (de algo)** to join (sth): *Se hizo socia de la biblioteca.* She joined the library. **2** (en negocios) partner

sociología s sociology

sociólogo, -a s sociologist

socket s light socket

socorro sustantivo & interjección
■ s help | **pedir socorro** to call for help
■ **¡socorro!** interj help!

sofá s sofa
sofá cama sofa-bed

sofisticado, -a adj sophisticated

sofocante adj **hace/hacía un calor sofocante** it is/was stifling

sofocar v **1 sofocar un incendio** to put out a fire | **sofocar las llamas** to smother the flames **2 sofocar una revuelta/una protesta** to put down a revolt/a protest
sofocarse v (de calor) to suffocate: *Me estoy sofocando.* I'm suffocating.

software s software ▶ **software** es un sustantivo incontable y no puede ir precedido de **a**: *Requiere un software especial.* It requires special software.

soga s **1** (cuerda) rope **2 estar con la soga al cuello** to be in deep trouble

sol s **1** (astro) sun | **hacer sol** to be sunny: *Hoy hace mucho sol.* It's very sunny today. | **una mañana/tarde de sol** a sunny morning/afternoon | **al sol** in the sun: *No te pongas al sol a mediodía.* Don't go out in the sun at noon. | *No lo dejes al sol.* Don't leave it in the sun. **2 tomar el sol** to sunbathe: *Estaban tomando el*

sol en la playa. They were sunbathing on the beach. ▶ ver **lentes, puesta, reloj, salida 3** (nota musical) G

solamente adv only: *La vi solamente una vez.* I only saw her once. | *Tenía solamente tres años.* She was only three.

solapa s **1** (de una prenda de ropa) lapel **2** (de la cubierta de un libro) flap

solar adjetivo & sustantivo
■ adj **eclipse/radiación solar** solar eclipse/radiation
■ s (terreno) piece of land, lot (AmE)

soldado s soldier

soldar v **1** (con estaño) to solder **2** (con soplete, al arco, etc.) to weld **3** (hueso) to knit together
soldarse v (hueso) to knit together

soleado, -a adj sunny

soledad s **1** (sentimiento) loneliness: *No soporta la soledad.* He can't stand the loneliness. **2** (hecho de estar solo) **me gusta/no me gusta la soledad** I like/I don't like being alone

soler v **1** (en el presente) **suele venir por la mañana/levantarse temprano etc.** she usually comes in the morning/gets up early etc.: *No solemos salir durante la semana.* We don't usually go out during the week. **2** (en el pasado) **solían verse a menudo/trabajar juntos etc.** they used to see each other often/work together etc.: *Solíamos ir de vacaciones con ellos.* We used to go on vacation with them.

solicitar v to request: *Solicitó que le permitieran hacer el examen más tarde.* He requested to be allowed to take the exam later. | *Solicite información al 111.* For information, dial 111. | **solicitar un trabajo/una beca etc.** to apply for a job/a scholarship etc.

solicitud s **1** (formulario) application form: *Tengo que llenar la solicitud.* I have to fill out the application form. **2** (pedido) application

solidaridad s solidarity

solidificarse v to solidify

sólido, -a adjetivo & sustantivo
■ adj **1** (no líquido) solid **2** (relación) stable **3** (conocimientos, principios) sound
■ **sólido** s solid

solista sustantivo & adjetivo
■ s soloist
■ adj **un álbum/una carrera solista** a solo album/career

solitario, -a adjetivo & sustantivo
■ adj (vida, lugar) solitary
■ **solitario** s **1** (juego de cartas) solitaire (AmE), patience (BrE) | **hacer un solitario** to have a game of solitaire (AmE), to have a game of patience (BrE) | **hacer solitarios** to play solitaire (AmE), to play patience (BrE) **2** (en joyería) solitaire

sollozar v to sob

solo, -a *adjetivo & sustantivo*

■ *adj* **1** (sin compañía) alone, on your own: *Vino solo.* He came alone./He came on his own. | **hablar solo -a** to talk to yourself: *¿Está hablando sola?* Is she talking to herself? | **a solas** alone: *Tengo que hablar contigo a solas.* I have to talk to you alone. **2** (que anhela compañía) lonely: *Se siente muy solo.* He feels very lonely. **3** (sin ayuda) by yourself: *Lo hicimos nosotros solos.* We did it by ourselves. **4 es para mí/ti etc. solo -a** it's just for me/you etc. | **tener algo para uno solo -a** to have sth to yourself: *Vas a tener un cuarto para ti solo.* You're going to have a room to yourself. | *Teníamos toda la playa para nosotros solos.* We had the whole beach to ourselves. **5** (referido a bebidas, comidas) **café/té solo** black coffee/tea | **leche sola** milk with nothing in it | **un whisky solo** a neat whiskey **6** (único) ver ejemplos: *Lo vimos una sola vez.* We only saw him once. | *Puso una sola condición.* He said there was just one condition. | *Hay un solo problema.* There's only one problem./There's just one problem. | **no compré ni un solo libro/no sacó ni una sola foto** etc. I didn't buy a single book/he didn't take a single photo etc.

■ **solo** *s* (en música) solo: *un solo de batería* a drum solo

sólo *adv* only, just: *La fiesta es sólo para socios.* The party is for members only./The party is just for members. | *Sólo quería hacerte una pregunta.* I only wanted to ask you something./I just wanted to ask you something. | **me río/me dan escalofríos** etc. **de sólo pensarlo** just thinking about it makes me laugh/shudder etc. | **sólo que...** it's just that...: *Me gustaría ir, sólo que estoy cansada.* I'd like to go, it's just that I'm tired. | **tan sólo** ver ejemplos: *Tenía tan sólo 14 años.* She was only 14. | *Tan sólo te pido que me la cuides mucho.* All I ask is that you really look after it.

soltar *v* **1** (dejar de agarrar) **soltar (algo/a alguien)** to let go (of sth/sb): *¡Suelta eso!* Let go of that! | *¡Suéltame!* Let go of me! **2** (dejar libre) (a un sospechoso) to release: *Lo soltaron por falta de pruebas.* He was released for lack of evidence. | **soltar a un perro (a)** (quitarle la correa) to let a dog off the leash **(b)** (dejarlo salir) to let a dog out **3** (dar) **soltar una carcajada** to burst out laughing | **soltar un suspiro** to let out a sigh, to sigh | **soltar un grito** to let out a cry, to cry out

soltarse *v* **1** (dejar de agarrarse) **soltarse (de algo)** to let go of sth: *No se quería soltar de mi mano.* She wouldn't let go of my hand. **2** (liberarse) to get free: *Forcejeó para soltarse.* He struggled to get free. **3 soltarse el pelo** to let your hair down **4** (desinhibirse) ver ejemplos: *Ya se soltó un poco más con el alemán.* He's become a bit more confident in German now. | *Es tímido y le cuesta soltarse.* He's shy and he finds it hard to relax with people. **5** (cuerda,

nudo) to come undone: *Se soltó la cuerda y se cayó la hamaca.* The rope came undone and the hammock fell down.

soltero, -a *adjetivo & sustantivo*

■ *adj* single | **quedarse soltero -a** to stay single ▶ ver **despedida, madre**

■ *s* **soltero** single man (pl men) | **soltera** single woman (pl women) | **los solteros** (solteros y solteras) single people, singles

solterón, -ona *s* **solterón** confirmed bachelor | **solterona** spinster

soltura *s* **1** (al expresarse) fluency | **hablar con soltura** to speak fluently **2** (al moverse) ease

solución *s* **1** (de un problema) solution | **una solución a algo** a solution to sth: *Le encontramos una solución al problema.* We found a solution to the problem. **2** (de un juego, un crucigrama) solution **3** (de un sólido en un líquido) solution

solucionar *v* to solve

solucionarse *v* ver ejemplos: *Ya se va a solucionar.* It will soon get sorted out. | *El problema se solucionó solo.* The problem sorted itself out.

solvente *s* solvent

sombra *s* **1** (lugar sin sol) shade: *Nos sentamos en la sombra.* We sat down in the shade. | **a la sombra (de algo)** in the shade (of sth) **2** (silueta proyectada) shadow: *la sombra de Peter Pan* Peter Pan's shadow **3 no es ni la sombra de lo que fue** he's a shadow of his former self **4 hacerle sombra a alguien** to put sb in the shade: *Nadie le hace sombra.* Nobody can put him in the shade. **5** (para ojos) eyeshadow

sombrero *s* hat | **ponerse/quitarse el sombrero** to put your hat on/to take your hat off

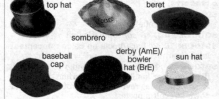

top hat   beret

sombrero

baseball cap   derby (AmE)/ bowler hat (BrE)   sun hat

sombrilla *s* **1** (para la playa) beach umbrella **2** (en un café, un restaurante) sunshade

someter *v* **1** **someter algo/a alguien a algo** to subject sth/sb to sth: *Fue sometido a humillaciones.* He was subjected to humiliation. **2 someter algo a (una) votación** to put sth to the vote **3** (dominar) to subjugate

someterse *v* **someterse a un tratamiento/una operación** to have treatment/an operation, to undergo treatment/an operation ▶ **to undergo** es más formal y sugiere algo más doloroso o de mayor importancia

somnífero *s* sleeping pill

sonaja *s* rattle

sonámbulo, -a *adjetivo & sustantivo*
- *adj* ser sonámbulo -a to walk in your sleep
- *s* sleepwalker

sonar *v* **1** (timbre, campana) to ring: *Está sonando el teléfono.* The phone's ringing. **2** (música, instrumento) to sound: *¡Qué bien suena esa guitarra!* That guitar sounds really good! **3** (resultar conocido) **me suena el nombre/el título etc.** the name/title etc. rings a bell, the name/title etc. sounds familiar: *¿Te suena esta canción?* Does this song ring a bell?/ Does this song sound familiar?

sonarse *v* **1** sonarse la nariz to blow your nose **2** sonarse a alguien **(a)** (pegarle) to hit sb **(b)** (ganarle) to beat sb

sonata *s* sonata

sondeo *s* poll
sondeo de opinión opinion poll

sonido *s* sound

sonoro, -a *adj* ► ver **banda**

sonreír *v* to smile | **sonreírle a alguien** to smile at sb: *Me sonrió.* He smiled at me.

sonriente *adj* una cara/una niña sonriente a smiling face/girl

sonrisa *s* smile

sonrojarse *v* to blush

soñador, -a *s* dreamer

soñar *v* **1** (al dormir) to dream: *Soñé que me casaba.* I dreamed that I was getting married. | *¿Qué soñaste?* What did you dream about? | **soñar con algo/alguien** to dream about sth/sb **2** (desear) **soñar (con) algo** to dream of sth: *Esto es lo que siempre he soñado.* This is what I've always dreamed of. | *Sueña con viajar a Europa.* She dreams of traveling to Europe. **3** soñar despierto -a to daydream

sopa *s* soup: *Tómate la sopa.* Eat your soup. | **sopa de arroz/pollo etc.** rice/chicken etc. soup

sopear *v* sopear el pan en el café/el chocolate etc. to dunk your bread in your coffee/hot chocolate etc.

soplar *v* **1** (con la boca) to blow | **soplarle a la sopa/al té etc.** to blow on your soup/your tea etc. | **soplarles a las velitas** to blow out the candles **2** (aire, brisa) to blow: *Soplaba un aire fresco.* A cool breeze was blowing. | **sopla/soplaba mucho viento** it is/was very windy **3** (decir) **soplarle (la respuesta) a alguien** to whisper the answer to sb

soplarse *v* soplarse una ceremonia/un sermón etc. to sit through a ceremony/a sermon etc.: *Nos soplamos todos los discursos al rayo del sol.* We sat through all the speeches in the heat of the sun.

soplido *s* apagar las velitas de un soplido to blow the candles out in one go

soplo *s* **1** (en el corazón) murmur **2** (de aire) puff

soplón, -ona *s* **1** (de la maestra, los padres) snitch (pl -ches), tattletale (AmE) **2** (de la policía, las autoridades) informer

soportar *v* **1** (tolerar) **no soporto este calor/ este ruido etc.** I can't stand this heat/this noise etc., I can't bear this heat/this noise etc.: *¿Cómo puedes soportar este ruido?* How can you stand this noise?/How can you bear this noise? **2** (sostener) to support: *Puede soportar un peso de cien kilos.* It can support a weight of one hundred kilos.

soprano *s* soprano

sorbo *s* sip

sordera *s* deafness

sórdido, -a *adj* sordid, squalid

sordo, -a *adjetivo & sustantivo*
- *adj* **1** (referido a personas) deaf | **quedarse sordo -a** to go deaf: *Se quedó sordo muy joven.* He went deaf when he was very young. **2** (ruido, sonido) dull
- *s* **1** (persona) deaf person ► Para referirse a los sordos en general se usa **deaf people** o **the deaf 2** hacerse el sordo/la sorda to pretend you didn't hear: *No te hagas la sorda.* Don't pretend you didn't hear.

sordomudo, -a *adjetivo & sustantivo*
- *adj* ser sordomudo -a to be a deaf-mute
- *s* deaf-mute

sorprendente *adj* surprising

sorprender *v* (causarle sorpresa a) to surprise: *Ya nada me sorprende.* Nothing surprises me anymore. | **me sorprende que no lo sepas/que no le guste etc.** I'm surprised you don't know/he doesn't like it etc. | **me sorprendió su habilidad/su actitud etc.** I was surprised at her skill/her attitude etc.: *Nos sorprendió que Pepe no estuviera.* We were surprised Pepe wasn't there.

sorprenderse *v* to be surprised: *No se sorprendan si viene con otra muchacha.* Don't be surprised if he comes with another girl.

sorpresa *s* surprise: *¡Qué sorpresa!* What a surprise! | **llevarse una sorpresa** to get a surprise: *Se llevó una sorpresa cuando me vio.* He got a surprise when he saw me. | **tomar a alguien por/de sorpresa** to take sb by surprise: *Me tomó por sorpresa con esa pregunta.* He took me by surprise with that question. | **caerle a alguien de sorpresa** to drop in on sb unannounced

sortear *v* **1** (un televisor, un viaje, etc.) to raffle: *Sortean una bicicleta.* They're raffling a bicycle. **2** salir sorteado -a to be drawn: *¿Qué número salió sorteado?* What number was drawn? **3** sortear el primer/tercer etc. premio to make the draw for the first/third etc. prize: *Van a sortear el último premio.* They are going to make the draw for the final prize.

sorteo *s* **1** (rifa) raffle, draw: *Me lo gané en un sorteo.* I won it in a raffle./I won it in a draw. **2** (acción de sortear) draw: *el próximo sorteo de la lotería* the next lottery draw | *el sorteo de los grupos del Mundial* the draw for the World Cup groups | **por sorteo** by drawing lots: *Los cargos se asignan por sorteo.* The positions are assigned by drawing lots.

sortija s ring: *una sortija de esmeraldas* an emerald ring

soso, -a *adj* **1** (sin sabor) tasteless, bland **2** (sin sal) **la sopa está sosa/las papas están sosas etc.** the soup needs/the potatoes need etc. more salt **3** (aburrido) (persona, película, etc.) dull, boring

sospecha s suspicion

sospechar v **1** to suspect: *Sospecho que ya se fue.* I suspect he has already left. **2 sospechar de alguien** to suspect sb: *Sospecha de su novio.* She suspects her boyfriend.

sospecharse v **ya me/se etc. lo sospechaba** I/he etc. thought as much: *–Nos mintió. –Ya me lo sospechaba.* "He lied to us." "I thought as much."

sospechoso, -a *adjetivo & sustantivo*
■ *adj* suspicious: *una actitud sospechosa* a suspicious attitude
■ s suspect: *Es el principal sospechoso.* He is the chief suspect.

sostén s (prenda interior) bra

sostener v **1** (agarrar, tener) to hold: *Sostenme esto un momento.* Hold this for me a moment. **2** (soportar) to support: *Las vigas sostienen el techo.* The beams support the roof. **3** (referido a opiniones, ideas) to maintain

sostenerse v **1 sostenerse de algo** to hold on to sth: *Sostente de la baranda.* Hold on to the banister. **2 sostenerse en pie** to stand

sostenido *adj* **mi/fa etc. sostenido** E/F etc. sharp

sotana s cassock

sótano s basement ▶ Cuando se usa para guardar cosas se le llama **cellar**

soya s soy (AmE), soya (BrE)

sport *adj* casual: *una camisa sport* a casual shirt | **estar (vestido -a) de sport** to be casually dressed

spray s **1** (aerosol) spray **2** (para el pelo) hairspray

squash s squash | **jugar squash** to play squash

Sr. (= señor) Mr. ▶ ver recuadro en **señor**

Sra. (= señora) Mrs., Ms. ▶ ver recuadro en **señora**

Srta. (= señorita) Miss, Ms. ▶ ver recuadro en **señorita**

su *adj* **1** (de él) his: *Me prestó sus libros.* He lent me his books. **2** (de ella) her: *Está en su escritorio.* It's on her desk. **3** (de ellos, ellas) their: *Ése es su gato.* That's their cat. | *los problemas y sus soluciones* the problems and their solutions **4** (de usted, ustedes) your: *¿Dónde están sus maletas?* Where are your suitcases? **5** (de una cosa, un animal) its ▶ Si se conoce el sexo del animal y se le tiene afecto, se usa **his** o **her**: *una leona con sus cachorros* a lioness with her cubs |

el banco y sus clientes the bank and its customers **6** (de alguien indefinido) their: *Que cada uno lleve sus cosas.* Each person should take their own things.

suave *adj* **1** (al tacto) soft: *Tiene la piel suave.* She has soft skin. **2** (referido a comidas y bebidas) Se usa **mild** cuando significa no picante, **delicate** cuando significa delicado y **smooth** cuando se habla de un vino, licor, etc. **3** (música) soft, (voz) Se usa **gentle** cuando significa dulce, delicada y **soft** cuando significa no fuerte **4** (calmante) mild **5** (brisa) gentle **6** (carne) tender **7** (pan) soft **8** **¡suave!** (expresando agrado, conformidad) cool!

suavidad s **1** (de la piel, de una tela) softness **2** (de una voz) softness, gentleness ▶ ver nota en **suave**

suavizar v **1** (las manos, la piel, etc.) to soften **2** (la ropa, el pelo) to condition

subasta s auction

subcampeón, -ona s runner-up (pl runners-up): *Salimos subcampeones.* We were runners-up.

subdesarrollado, -a *adj* **un país subdesarrollado** a developing country, an underdeveloped country ▶ Actualmente se prefiere la primera traducción.

subdesarrollo s underdevelopment

súbdito, -a s subject

sube y baja o **subibaja** s seesaw, teeter-totter (AmE)

subida s **1** (pendiente) slope: *una subida pronunciada* a steep slope | **En subida** uphill: *El camino iba en subida.* The path went uphill. **2** (ascenso) ascent: *la subida de la montaña* the ascent of the mountain **3** (de precios, etc.) rise

subir v **1** (ir hacia arriba) to go up, to come up ▶ Se usa **to come up** cuando el movimiento es hacia el hablante: *Subió a dormir.* He went up to bed. | *Sube, estoy en mi cuarto.* Come up, I'm in my room. | **subir la escalera** to go up the stairs, to come up the stairs: *Subió la escalera y tocó a la puerta.* He went up the stairs and knocked at the door. ▶ Se usa **to come up the stairs** cuando el movimiento es hacia el hablante. Cuando implica dificultad, se usa **to get up the stairs**: *Le cuesta subir escaleras.* She has difficulty getting up stairs. | **subir por las escaleras** to walk up: *Tuvimos que subir por las escaleras.* We had to walk up. | *Subimos los cinco pisos por las escaleras.* We walked up the five floors. | **subir una cuesta/montaña etc.** to go up a hill/mountain etc., to come up a hill/mountain etc. ▶ Se usa **to come up** cuando el movimiento es hacia el hablante: *Sube la cuesta y verás nuestra casa a la izquierda.* Come up the hill and you will see our house on the left. ▶ Cuando se pone énfasis en el grado de dificultad, se usa **to climb**: *Tardamos un día en subir la montana.* It took us a whole day to climb the mountain. **2** (a un autobús, un tren etc.) ▶ ver **subirse 3** (precios, fiebre, temperaturas) to go up: *Ha subido la leche.* The price of milk has gone up./Milk has gone up. | *Le subió la fiebre.* His temperature went up. **4 subirle a la radio/la música etc.** to turn the radio/music etc. up | **subirle la voz a alguien** to raise your voice to sb: *¡No me subas la voz!* Don't raise your voice to me! **5 subir de peso** to put on weight | **subir un kilo/medio kilo etc.** to put on a kilo/half a kilo etc. **6 subir algo al ático/tu recámara etc.** to take sth up to the attic/to your bedroom etc.: *Subí las maletas a la habitación.* I took the suitcases up to the room. **7 subir los precios** to put your prices up, to raise your prices: *Los comerciantes suben los precios en temporada.* Storekeepers put their prices up during the high season. | **subirle el sueldo a alguien** to give sb a (pay) raise (AmE), to give sb a (pay) rise (BrE): *Me subieron el sueldo.* They gave me a raise. **8 subir algo (a Internet)** to upload sth (to the Internet): *Puedes subir fotos a tu sitio.* You can upload photos to your website.

subirse *v* **1 subirse a una mesa/un muro etc.** to get up onto a table/a wall etc.: *Se subió a la silla.* He got up onto the chair. ► Si implica dificultad, se usa **to climb onto sth** | **subirse a un árbol** to climb a tree: *No se suban al sauce.* Don't climb the willow tree. **2 subirse (a un tren/un autobús)** to get on (a train/a bus): *Se subió en Loreto.* He got on at Loreto. | **subirse (a un coche/un taxi)** to get in (a car/a taxi): *Se subió y bajó la ventanilla.* She got in and opened the window. | **subirse a un caballo/una bicicleta** to get on a horse/a bicycle **3 subirse los calcetines/el pantalón etc.** to pull your socks/pants etc. up (AmE), to pull your socks/trousers etc. up (BrE) | **subirse el cierre** to do your zipper up (AmE), to do your zip up (BrE)

subjetivo, -a *adj* subjective

subjuntivo *s* subjunctive

sublevarse *s* to rebel | **sublevarse contra alguien** to rebel against sb

submarino, -a *adjetivo & sustantivo*
■ *adj* **el mundo submarino/la fauna submarina** the underwater world/the underwater fauna ► ver **caza**
■ **submarino** *s* submarine

subrayar *v* **1** (con una línea) to underline: *Subráyalo en azul.* Underline it in blue. **2** (enfatizar, afirmar) to emphasize

subsidio *s* subsidy (pl -dies)

subsistir *v* to survive

subterráneo, -a *adj* **un río/pasillo subterráneo** an underground river/passageway

subtítulo *s* **1** (de una película) subtitle **2** (de un texto) sub-heading

suceder *v* **1** (pasar, ocurrir) to happen: *Que no vuelva a suceder.* Don't let it happen again. | *No te preocupes, suele suceder.* Don't worry, these things happen. **2 suceder a alguien (en algo)** to succeed sb (in sth): *Lo sucedió en el cargo.* She succeeded him in the post.

sucesión *s* **1** (serie) succession: *una sucesión de imágenes* a succession of images **2** (a un trono, a un cargo) succession

sucesivamente *adv* **y así sucesivamente** and so on

suceso *s* event: *un trágico suceso* a tragic event

sucesor, -a *s* successor

suciedad *s* dirt

sucio, -a *adjetivo & adverbio*
■ *adj* **1** (no limpio) dirty: *Tienes las manos sucias.* Your hands are dirty. **2** (deshonesto) **negocios sucios** shady business **3 versión en sucio** draft version, rough version | **hacer algo en sucio** to do sth in rough: *Hazlo primero en sucio.* Do it in rough first. ► ver **juego**
■ **sucio** *adv* **jugar/pelear sucio** to play/fight dirty

sucursal *s* branch (pl -ches)

sudadera *s* (suéter) sweatshirt

Sudamérica *s* South America

sudamericano, -a *adjetivo & sustantivo*
■ *adj* South American
■ *s* South American | **los sudamericanos** (the) South Americans

sudar *v* to sweat: *Le sudaban las manos.* His hands were sweating.

sudeste *sustantivo & adjetivo*
■ *s* southeast
■ *adj* southeast, southeastern

sudoeste *sustantivo & adjetivo*
■ *s* southwest
■ *adj* southwest, southwestern

sudor *s* sweat

sudoroso, -a *adj* sweaty

Suecia *s* Sweden

sueco, -a *adjetivo & sustantivo*
■ *adj* Swedish
■ *s* Swede | **los suecos** (the) Swedes
■ **sueco** *s* (idioma) Swedish

suegro, -a *s* **suegro** father-in-law (pl fathers-in-law) | **suegra** mother-in-law (pl mothers-in-law) | **suegros** (suegro y suegra) in-laws, mother- and father-in-law

suela *s* sole: *botas con suela de hule* rubber-soled boots

sueldo *s* **1** (de un empleado) salary (pl -ries) ► ver **aumento** **2** (de un obrero) wages *pl* ► ver nota en **salario**

suelo *s* **1 el suelo (a)** (de una habitación) the floor **(b)** (en el exterior) the ground: *No dejen todo tirado en el suelo.* Don't leave everything lying around on the floor/ground. **2** (de un país) soil: *en suelo peruano* on Peruvian soil

suelto, -a *adjetivo & sustantivo*
■ *adj* **1** (referido al pelo) ver ejemplos: *Tenía el pelo suelto.* She was wearing her hair loose. | *Le queda mejor el pelo suelto.* She looks better with her hair down. **2** (libre, no encerrado) **andar suelto -a** to be on the loose: *Estos delincuentes andan sueltos.* These criminals are on the loose.

| **estar suelto -a** (perro) to be loose, to be off the leash ► **to be off the leash** significa que no tiene la correa puesta | **dejar el perro suelto** to let the dog loose, to let the dog off the leash ► ver nota arriba **3** (referido a la ropa) loose-fitting: *un vestido suelto* a loose-fitting dress **4** (no sujeto) loose: *unas hojas sueltas* some loose sheets of paper **5** (no empacado, por separado) in bulk (AmE), loose (BrE): *¿Tiene galletas sueltas?* Do you have cookies in bulk? | *Venden cigarros sueltos.* They sell single cigarettes. **6 estar/ andar suelto -a (del estómago)** to have an upset stomach

■ **suelto** s (dinero) change: *¿Tienes suelto?* Do you have change?

sueño s **1** (ganas de dormir) **tener sueño** to be sleepy: *Tengo mucho sueño.* I'm very sleepy. | **me/te etc. da sueño** it makes me/you etc. sleepy: *Mirar televisión me da sueño.* Watching TV makes me sleepy. | **echarse un sueñito** to have a little sleep, to have a snooze **2** (lo que se sueña) dream: *Tuve un sueño muy raro.* I had a very strange dream. **3** (deseo, ilusión) dream: *un sueño hecho realidad* a dream come true

suerte *sustantivo & interjección*

■ s **1** luck: *Es cuestión de suerte.* It's a question of luck. | **tener suerte/no tener suerte** to be lucky/to be unlucky: *Tuve mucha suerte.* I was very lucky. | *El pobre no tiene nada de suerte.* The poor guy is very unlucky. | **tener buena/ mala suerte** to be lucky/unlucky | **tener la suerte de** to be lucky enough to: *Tuvo la suerte de conocerlo.* She was lucky enough to meet him. | **desearle suerte a alguien** to wish sb luck: *Deséame suerte para mañana.* Wish me luck for tomorrow. | **ser una suerte** to be lucky: *Fue una suerte que no vinieras.* It was lucky you didn't come. **2 ¡qué suerte que...! (a)** (qué buena suerte) it was lucky...: *¡Qué suerte que lo encontraste!* It was lucky you found it. **(b)** (menos mal) it's a good thing...: *¡Qué suerte que me avisaste!* It's a good thing you told me! **3 por suerte** fortunately, luckily: *Por suerte no se dio cuenta.* Fortunately/Luckily she didn't realize. **4 probar suerte** to try your luck: *¿Quieres probar suerte?* Do you want to try your luck?

■ **¡suerte!** *interj* good luck!

suéter s **1** (cerrado) sweater | **ponerse/ quitarse el suéter** to put your sweater on/to take your sweater off **2** (abierto, con botones) cardigan

suficiente *adj & pron* enough: *Hay suficiente comida.* There's enough food. | *Es suficiente, gracias.* That's enough, thanks. | *No compren más, tenemos suficientes.* Don't buy any more, we have enough.

sufrimiento s suffering

sufrir v **1** (padecer) to suffer: *La hizo sufrir.* He made her suffer. **2 sufre del hígado/de los riñones** he has liver/kidney problems | **sufre del corazón** he has a heart condition, he has heart

trouble **3 sufrir un accidente** to have an accident **4 sufrir una derrota** to suffer a defeat **5 sufrir cambios** to undergo changes

sugerencia s suggestion | **hacer una sugerencia** to make a suggestion: *¿Puedo hacer una sugerencia?* Can I make a suggestion?

sugerir v **1 sugerirle algo a alguien** to suggest sth to sb ► El complemento indirecto se suele omitir: *Hizo lo que le sugerí.* He did what I suggested./He did as I suggested. **2 sugerir que...** ver ejemplos: *Sugiero que sigamos mañana.* I suggest we continue tomorrow. | *Sugirió que esperáramos un par de días.* He suggested we wait a few days./He suggested we should wait a few days. | **sugerirle a alguien que haga algo** ver ejemplos: *Te sugiero que se lo preguntes.* I suggest you ask him. | *Me sugirió que le cambiara el título.* He suggested I change the title./He suggested I should change the title.

sugestionado, -a *adj* **está sugestionado -a con que...** he's gotten it into his head/she's gotten it into her head that...: *Está sugestionada con que es un mal presagio.* She's gotten it into her head that it's a bad omen.

sugestionar v **sugestionar a alguien** to put ideas into sb's head

sugestionarse v to get an idea in your head

suicidarse v to commit suicide, to kill yourself

suicidio s suicide

Suiza s Switzerland

suizo, -a *adjetivo & sustantivo*

■ *adj* Swiss

■ s Swiss | **los suizos** the Swiss

sujetar v **1** (agarrar) to hold: *Sujeta esto.* Hold this. **2** (asegurar) **sujetar algo** to hold sth in place, to hold sth in position: *las correas que sujetan la carga* the straps that hold the load in place/the straps that hold the load in position ► Existen términos más específicos, dependiendo de lo que se usa para sujetar: *Sujeta los papeles con un clip.* Clip the papers together. | *Lo sujetó con alfileres.* He pinned it in place. | *Se sujeta a la pared con tornillos.* It is screwed to the wall. | **sujetar algo a algo** to fasten sth to sth

sujetarse v (agarrarse) to hold on: *Sujétate fuerte.* Hold on tight.

sujeto, -a *adjetivo & sustantivo*

■ *adj* **1** (seguro) secure: *Quedó bien sujeto.* It was very secure./It was well secured. **2** (fijo) **sujeto -a a la pared/a la puerta etc.** fastened to the wall/the door etc. ► Existen términos más específicos, dependiendo de lo que se usa para sujetar: **screwed to the wall** (tornillos), **taped to the door** (cinta adhesiva), etc. **3 estar sujeto -a a cambios/aumentos etc.** to be subject to change/ price increases etc.

■ **sujeto** s (en gramática) subject

suma s **1** (cálculo) addition: *Esta suma está mal.* This addition isn't right. | *Haz la suma con la calculadora.* Add it up on your calculator. **2 suma (de dinero)** sum (of money), amount (of money): *sumas inferiores a los mil pesos* sums of less than a thousand pesos/amounts of less than a thousand pesos

sumamente *adv* extremely

sumar *v* **1** (en matemáticas) to add up: *Está aprendiendo a sumar.* He's learning to add up. | **sumar dos más dos/54 más 32 etc.** to add two and two/54 and 32 etc. **2** (dar un total de) to add up to: *Los gastos suman más de $500.* The costs add up to more than $500.

sumergir *v* to immerse
sumergirse *v* to submerge

suministrar *v* to supply | **suministrarle algo a alguien** to supply sb with sth: *No nos suministraron toda la información.* They didn't supply us with all the information.

súper *sustantivo & adverbio*
■ *s* (supermercado) supermarket
■ *adv* really: *Estoy súper contento.* I'm really happy.

superar *v* **1** (un problema, un obstáculo) to overcome **2** (ganarle a) to beat: *Superó a su rival.* He beat his rival.
superarse *v* to better yourself: *Estudia para superarse.* She is studying to better herself.

superficial *adj* **1** (frívolo) superficial **2** (herida, cortada) superficial

superficie *s* **1** (del mar, de una mesa, etc.) surface: *El buzo salió a la superficie.* The diver came up to the surface. **2** (área) area: *una superficie de 20 metros cuadrados* an area of 20 square meters

superior *adjetivo & sustantivo*
■ *adj* **1** (mejor) **superior (a algo)** better (than sth): *El libro es muy superior a la película.* The book is much better than the movie. ▶ También existe **superior (to sth)** que es más formal **2** (mayor, más alto) **superior (a algo)** higher (than sth): *precios superiores a los normales* higher prices than normal ▶ Con números se usa también **above:** *cualquier número superior a diez* any number higher than ten/any number above ten **3** (de más arriba) **el labio/la mandíbula superior** the upper lip/jaw | **la parte superior** the top, the upper part ▶ **the upper part** es más formal
■ *s* superior: *Habló con sus superiores.* He spoke to his superiors.

supermercado *s* supermarket

superpoblado, -a *adj* (ciudad) overcrowded, (país, área) overpopulated

superstición *s* superstition

supersticioso, -a *adj* superstitious

supervisar *v* to supervise

suplemento *s* **1** (de un periódico, una revista) supplement **2** (de vitaminas, minerales) supplement

suplente *adjetivo & sustantivo*
■ *adj* **1 un profesor/una maestra suplente** a substitute teacher (AmE), a sub (AmE), a supply

teacher (BrE) **2 un jugador suplente** a substitute, a sub
■ *s* **1** (maestro, profesora) substitute teacher (AmE), sub (AmE), supply teacher (BrE) | **el suplente de nuestro profesor/del Sr. Sosa** the teacher standing in for our teacher/for Mr. Sosa **2** (jugador) substitute, sub

suplicar *v* **te lo suplico** I beg you | **suplicarle a alguien que haga algo** to beg sb to do sth: *Le supliqué que me escuchara.* I begged him to listen to me.

suponer *v* **1** (imaginar) to suppose, to imagine: *Supongo que ya se lo ha dicho.* I suppose he's already told you./I imagine he's already told you. | **supongo que sí** I suppose so | **supongo que no** I suppose not, I don't suppose so **2 se supone que viene a las cuatro/que empezamos mañana etc.** he's supposed to come at four/we're supposed to start tomorrow etc.: *Se supone que no tienes que mirar.* You're not supposed to look. **3** (implicar) to involve: *Supone mucho trabajo extra.* It involves a lot of extra work./It means a lot of extra work.

suposición *s* supposition

supositorio *s* suppository (pl -ries)

suprimir *v* **1** (en un texto) to omit: *Suprimieron varios párrafos.* They omitted several paragraphs. **2** (gastos) to cut out

supuesto, -a *adj* **1 por supuesto** of course: *–¿Me ayudas? –Por supuesto.* "Can you help me?" "Of course." | *Por supuesto que voy.* Of course I'm going. | **por supuesto que no** of course not **2** (presunto) alleged: *el supuesto asesino* the alleged murderer **3 en el supuesto caso de que no venga/de que se pierda etc.** if he doesn't come/if he should get lost etc.

sur *sustantivo & adjetivo*
■ *s* south, South
■ *adj* south, southern ▶ ver "Active Box" **puntos cardinales** en **punto**

sureste *sustantivo & adjetivo*
■ *s* southeast
■ *adj* southeast, Southeastern

surf *s* surfing: *Es campeón de surf.* He's a surfing champion. | **hacer surf** to surf | **ir a hacer surf** to go surfing

surfer *s* surfer

surgir *v* **1** (problema, tema) to come up: *Surgió un problema.* A problem has come up. **2 surgir de algo** to come from sth: *¿De dónde surgió la idea?* Where did the idea come from?

suroeste *sustantivo & adjetivo*
■ *s* southwest
■ *adj* southwest, southwestern

surtido, -a *adjetivo & sustantivo*
■ *adj* **1** (variado) assorted: *chocolates surtidos* assorted chocolates **2** (abastecido) **una librería/una juguetería etc. bien surtida** a well-stocked bookstore/toystore

■ **surtido** s (stock) selection: *Tienen un gran surtido de raquetas.* They have a wide selection of rackets.

surtir v ► ver **efecto**

susceptible adj touchy: *No seas tan susceptible.* Don't be so touchy.

suscribirse v **suscribirse (a una revista)** to subscribe (to a magazine)

suscripción s **suscripción (a algo)** subscription (to sth)

suspender v **1** (cancelar) (un viaje, un recital, etc.) to cancel: *Suspendieron la boda.* The wedding was canceled. ► Si algo se suspende temporalmente después de haber comenzado, se usa **to suspend**. Si se trata de una postergación, se usa **to postpone**: *Hubo que suspender el partido.* The game had to be suspended. **2** (sancionar) to suspend: *Lo suspendieron por quince días.* He was suspended for two weeks. **3** (reprobar) to fail

suspenso s suspense: *una película de suspenso* a thriller | **dejar a alguien en suspenso** to leave sb in suspense

suspirar v to sigh

suspiro s sigh: *un suspiro de alivio* a sigh of relief

sustancia s substance

sustantivo s noun

sustitución s **en sustitución de algo/alguien** as a substitute for sth/sb: *Entró en sustitución de López.* He came on as a substitute for López.

sustituir v **1** to replace: *Y el DVD después será sustituido por otra cosa.* And later the DVD will be replaced by something else. | **sustituir la mantequilla por aceite/el azúcar por miel etc.** to substitute oil for the butter/honey for the sugar etc., to replace the butter with oil/the sugar with

honey etc. **2 sustituir a alguien (a)** (provisoriamente) to stand in for sb: *Lucas va a sustituir a Diego.* Lucas will stand in for Diego. **(b)** (permanentemente) to replace: *Ella lo va a sustituir cuando se jubile.* She is going to replace him when he retires.

sustituto, -a sustantivo & adjetivo
■ **s 1** (provisorio) substitute **2** (permanente) replacement
■ **adj madre/familia sustituta** foster mother/family

susto s fright | **darle un susto a alguien** to frighten sb, to give sb a fright: *Me diste un susto tremendo.* You really frightened me./You gave me a real fright. | **darse un susto** to get a fright: *¡Qué susto que me di!* What a fright I got!

susurrar v to whisper: *Le susurró algo al oído.* He whispered something in her ear.

susurro s whisper

sutil adj subtle

suyo, -a adjetivo & pronombre
■ **adj** (de él) his, (de ella) hers, (de usted, de ustedes) yours, (de ellos/ellas) theirs: *Señor Cano, esto es suyo.* Mr. Cano, this is yours. | *Blanca dice que este CD es suyo.* Blanca says this CD is hers. ► La construcción **un amigo suyo/una colega suya** etc. se traduce por **a friend of his/a colleague of yours** etc., según signifique *de él, de usted,* etc.: *Estaban con unos parientes suyos.* They were with some relatives of theirs.
■ **pron 1 el suyo/la suya etc. (a)** (de él) his **(b)** (de ella) hers **(c)** (de usted, ustedes) yours **(d)** (de ellos, ellas) theirs: *¿Me presta el suyo?* Could you lend me yours? | *Luis ya se llevó los suyos.* Luis has already taken his. **2 está/están etc. haciendo de las suyas** she's up to her usual tricks/they're up to their usual tricks etc.

T, t s T, t ▸ ver "Active Box" **letras del alfabeto** en **letra**

tabaco s tobacco

tabaco oscuro dark tobacco **tabaco rubio** Virginia tobacco

taberna s bar

tabla sustantivo & sustantivo plural

■ s **1** (de madera) board: *Esta tabla puede servir de mesa.* We can use this board as a table. ▸ **plank** es una tabla larga y más gruesa, como las que se usan para andamios, etc. **floorboard** es una de las tablas del piso **2** (lista, índice) table: *Escriban los datos en una tabla.* Put the data in a table. **3 tabla (de multiplicar)** (times) table, (multiplication) table: *No sabe las tablas.* He doesn't know his tables. | **la tabla del dos/tres etc.** the two-times/three-times etc. table

tabla de picar chopping board **tabla de posiciones** table **tabla de surf** surfboard **tabla de windsurf** sailboard

■ **tablas** s pl (en ajedrez) draw | **quedar tablas** to draw

tableada adj (falda) pleated

tablero s **1** (de un juego) board: *un tablero de ajedrez* a chessboard **2 tablero (de mandos)** (a) (de un vehículo) dashboard (b) (de un avión) instrument panel **3 tablero (de anuncios)** bulletin board (AmE), noticeboard (BrE) **4** (de dibujo) drawing board

tableta s (de un medicamento) tablet

tablilla s (de chocolate) bar

tablón s plank

tacaño, -a adjetivo & sustantivo

■ adj mean

■ s miser

tachar v **1 tachar una palabra/un nombre etc.** to cross out a word/a name etc.: *Tachó lo que había escrito.* She crossed out what she had written. **2** (calificar) **tachar a alguien de algo** to call sb sth: *Lo tacharon de ignorante.* They called him ignorant.

tache s (en un escrito) crossing out (pl crossings out)

tachuela s thumbtack (AmE), drawing pin (BrE)

taco s **1** (alimento) taco | **echarse un taco** to have a taco **2** (de billar) cue **3** (de un zapato de futbol) cleat (AmE), stud (BrE)

tacón sustantivo & sustantivo plural

■ s (de un zapato) heel | **zapatos/sandalias etc. de tacón alto** high-heeled shoes/sandals etc. |

zapatos/sandalias etc. de tacón bajo low-heeled shoes/sandals etc., flat shoes/sandals etc.

■ **tacones** s pl high heels: *No usa tacones.* She doesn't wear high heels. | *No sabe caminar con tacones.* She can't walk in high heels.

táctica s tactics pl: *Decidieron cambiar de táctica.* They decided to change tactics.

tacto s **1** (sentido) touch | **al tacto** to the touch: *Es muy suave al tacto.* It's very smooth to the touch. **2** (cuidado, delicadeza) tact: *Demostró una gran falta de tacto.* She showed a great lack of tact. | **tener tacto** to be tactful

tajada s **1** (de carne, de melón, etc.) slice **2** (parte correspondiente) share | **sacar tajada** to get your share: *Él sacó la mejor tajada.* He got the biggest share.

tajo s (corte) cut: *Tenía un tajo en la frente.* He had a cut on his forehead./He had a gash on his forehead. ▸ **gash** (plural **gashes**) implica un tajo grande o profundo | **hacerse un tajo** to cut yourself: *Se hizo un tajo con el cuchillo.* He cut himself with the knife. | **hacerse un tajo en el dedo/la mano etc.** to cut your finger/your hand etc., to gash your finger/your hand etc.

tal adverbio & adjetivo

■ adv **1 ¿qué tal (está) Susi/tu hermano etc.?** how's Susi/your brother etc.?: *¿Qué tal están tus abuelos?* How are your grandparents? | **¿qué tal es la profe nueva/el novio de Ana etc.?** what's the new teacher/Ana's boyfriend etc. like?: *¿Qué tal es esa discoteca?* What's that club like? | **hola ¿qué tal?** hello, how are you? **2 tal vez** maybe, perhaps: *Tal vez lo sepas.* Maybe you know. **3 tal como me lo había imaginado/tal como dijo Pedro etc.** (del mismo modo que) just as I had imagined/just as Pedro said etc. **4 con tal de** ver ejemplos: *Es capaz de cualquier cosa con tal de llegar a ser famoso.* He is capable of anything if it helps him to become famous. | *No importa cuándo, con tal de que me lo devuelvas.* I don't mind when, just as long as you return it.

■ adj **1** (semejante) **tal cosa/de tal modo etc.** such a thing/in such a way etc.: *Nunca lo había visto en tal estado.* I'd never seen him in such a state. **2 un tal Iván/una tal Laura etc.** someone called Iván/Laura etc.: *Te llamó un tal Gabriel.* Someone called Gabriel telephoned for you. **3 ser tal para cual** to be two of a kind

taladrar v to drill a hole in

taladro s drill

talar v **talar un árbol** to cut down a tree

talco s talcum powder

talento s (cualidad) talent | **un escritor/una cantante etc. de talento** a talented writer/singer etc. | **tener talento para algo** to have a talent for sth

talentoso, -a adj talented

talla s size: *¿Tiene una talla más grande?* Do you have a larger size? | **¿qué talla usas/usa etc.?** what size do you/does she etc. take?, what size do you/does she etc. wear?: *¿Qué talla usa tu hermano?* What size does your brother take/wear?

tallar v **1** (madera) to carve **2** (piedra) to sculpt **3** (una piedra preciosa) to cut **4** (la ropa, el piso, etc.) to scrub

tallarines s pl tagliatelle *sing*

taller s **1 taller (mecánico)**, o, **taller de reparaciones** garage: *Llevó el coche al taller.* He took the car to the garage. **2** (de un carpintero, etc.) workshop **3** (literario, de teatro, etc.) workshop: *un taller de teatro* a theater workshop **4** (de un pintor, escultor, etc.) studio

tallo s stem

talón s **1** (del pie, de una media) heel **2** (de un cheque) counterfoil

talonario o **talonario de cheques** s checkbook (AmE), chequebook (BrE)

tamal s tamal

tamaño s size: *Quiero un tamaño más grande.* I want a larger size. ▸ *de* no se traduce en los siguientes ejemplos: *¿De qué tamaño es?* What size is it? | *Es del tamaño de una nuez.* It's the size of a walnut. | *Son del mismo tamaño.* They are the same size.
tamaño familiar family-size: *un envase de tamaño familiar* a family-size pack **tamaño natural** *una estatua en tamaño natural* a life-sized statue

también adv ▸ ver recuadro

tambor s **1** (instrumento) drum **2** (de una lavadora) drum **3** (de un arma) drum

tampax® s tampon

tampoco adv ▸ ver recuadro

tampón s tampon

tan adj & adv **1** La traducción depende de si hay o no un sustantivo y de si éste es singular o plural, contable o incontable. Guíate por lo siguiente: **tan despacio/tan aburrido -a etc. (que...)** so slowly/so boring etc. (that...) ▸ **that** se suele omitir en el lenguaje hablado: *Era tan aburrido que me dormí.* It was so boring (that) I went to sleep. | **un muchacho tan bueno/dulce etc. (que...)** such a good/sweet etc. boy (that...): *¡Pasamos un día tan lindo!* We had such a nice day! | *Tenía un sabor tan horrible que casi vomito.* It had such a horrible taste that I was nearly sick. | **unas flores tan preciosas/un tiempo tan fabuloso etc. (que...)** such beautiful flowers/such wonderful weather etc. (that...): *¡Tocan tan linda música!* They play such nice music! **2** (en exclamaciones) La traducción depende de si el sustantivo es singular, plural, contable o incontable. Guíate por lo siguiente: **¡qué muchacho tan tonto/alto etc.!** what a silly/tall etc. boy! | **¡qué tiempo tan precioso/horrible etc.!** what beautiful/terrible

etc. weather! | **¡qué ideas tan raras/ridículas etc.!** what strange/ridiculous etc. ideas! **3** (en comparaciones) **tan... como...** as... as...: *Es tan buen mozo como el hermano.* He's as good-looking as his brother. | *No es tan caro como dicen.* It's not as expensive as people say.

---

también

1 Se puede traducir por **too**, **also** o **as well**. Guíate por los siguientes ejemplos. Fíjate en la posición del adverbio en la oración:

Yo también estoy cansada. I'm tired **too**./I'm tired **as well**. | *¿Juan también vino?* Did Juan come **too**?/Did Juan come **as well**? | *También habla francés.* She speaks French **too**./She speaks French **as well**./She **also** speaks French.

She (Mary) also speaks French significa que antes se dijo algo acerca de Mary, como **Mary speaks German** o **Mary is a good cook**, etc. Si antes se dijo algo acerca de otra persona, como por ejemplo **Peter speaks French**, entonces di **Mary speaks French as well** o **Mary speaks French too**.

2 Las respuestas como *yo también/Pablo también* etc., se traducen usando **so** seguido por un modal o auxiliar y el sujeto. Si el verbo de la oración no es modal ni auxiliar, se usa la forma correspondiente de **to do**:

Yo estoy aburrida y Gabriel también. I'm bored and so is Gabriel. | *–Carmen sabe nadar. –Yo también.* "Carmen can swim." "So can I." | *–Ellos jugaron muy bien. –¡Nosotros también!* "They played very well." "So did we!" | **y también:** no wonder...: *Y también, con lo que le dijiste...* No wonder, after what you said to him...

---

tampoco

1 Se traduce por **either** con un verbo en negativo:

A mí tampoco me gusta. I don't like it either. | *¿Tú tampoco quieres ir?* Don't you want to go either? | *Mi hermana tampoco aprobó.* My sister didn't pass either.

2 Las respuestas como *yo tampoco/Lucía tampoco* etc., se traducen usando **neither** o **nor** seguido por un modal o auxiliar y el sujeto. Si el verbo de la oración no es modal ni auxiliar, se usa la forma correspondiente de **to do**:

Elena no estaba y Pedro tampoco. Elena wasn't there and neither was Pedro. | *–Yo no puedo ir. –Nosotros tampoco.* "I can't go." "Neither can we!" | *–Tú no sabías. –¡Tú tampoco!* "You didn't know." "Neither did you!"

tanda s **1** (grupo) group: *la primera tanda de invitados* the first group of guests **2** (serie) series (pl series): *Pasaron una tanda de temas de los 80.* They played a series of 80's tracks.

tangerina s tangerine

tanque s **1** (de agua, etc.) tank **2 tanque (de gasolina)** (gas) tank (AmE), (petrol) tank (BrE): *El tanque estaba lleno.* The tank was full. | *Llena el tanque.* Fill it up. **3** (de guerra) tank

tantear v **1** (con las manos) to feel your way: *Iba tanteando en la oscuridad.* He felt his way along in the darkness. **2** (para obtener información) **tantear a alguien** to sound sb out: *La voy a tantear a ver si es posible.* I'll sound her out to see if it can be done.

tanto, -a *adjetivo, pronombre, adverbio & sustantivo*
■ *adj & pron* ▶ ver recuadro
■ **tanto** *adv* **1** (con verbos) **tanto... (que...)** so much... (that...): *¡Come tanto!* He eats so much! | *Habla tanto que te marea.* He talks so much that he makes you dizzy. **2** (mucho tiempo): *¡Hace tanto que no lo veo!* It's such a long time since I saw him! | *No tardó tanto.* She didn't take that long. **3** (tan seguido) that often: *No voy tanto al cine.* I don't go to the movies that often.
■ **tanto** s **1** (gol) goal **2** (en basquetbol, squash, etc.) point **3 al tanto de algo** up to date with sth: *Ya estoy al tanto de todo.* I'm up to date with everything. | *Tenme al tanto de lo que pasa.* Keep me up to date with what is happening. **4 un tanto así** this much: *Me falta un tanto así para terminar el libro.* I have about this much to go to finish the book. | *Córtame un tanto así.* Cut me off about this much.

tapa s **1** (de una caja, una olla, etc.) lid **2** (de un libro) cover | **un libro de tapas duras/blandas** a hardback/softback book **3** (de una muela) filling

tapado, -a *adj* **1** (tubo, desagüe) blocked, blocked up **2 tengo la nariz tapada/los oídos tapados** my nose is blocked/my ears are blocked

tapar v **1** (con una sábana, un mantel, etc.) to cover: *Lo tapé con una sábana.* I covered it with a sheet. **2** (una caja, una cacerola) to put the lid on **3** (una botella) to put the top on **4** (referido a obstruir la visión, la luz, etc.) ver ejemplos: *Córrete que me estás tapando.* Move over a little, you're blocking my view. | *No me tapes el televisor.* Don't stand in front of the television. **5** (en la cama) **tapar a alguien** to tuck sb in

taparse v **1 taparse la boca/la cara etc.** to cover your mouth/your face etc.: *Se tapó la cara con las manos.* She covered her face with her hands. **2** (en la cama) ver ejemplos: *Me tapé con una manta.* I covered myself up with a blanket. | *Tápate que hace frío.* It's cold, pull

---

tanto -a   *adjetivo & pronombre*

1 GRAN CANTIDAD DE (= so much/so many)
Usa **much** si el sustantivo inglés es singular y **many** si es plural:

¡Ganó tanto dinero! He won so much money! | *No sabía que tenían tantos problemas.* I didn't know they had so many problems.

A veces se usa **this much/this many** o **that much/that many**:

Te pedí un par de revistas, no hacía falta traer tantas. I asked you for a couple of magazines, there was no need to bring this many. | *Engorda mucho, no le des tanto.* It's very fattening, don't give him that much.

2 TANTO QUE, TANTO COMO

tanto -a... que... so much/so many... (that)...: *Tienen tanto dinero que viajan siempre en primera.* They have so much money that they always travel first class. | *Había tanta gente que no pudimos entrar.* There were so many people there that we couldn't get in. | **tanto -a... como...** as much/as many... as...: *Necesito tanto como ella.* I need as much as her. | *No tiene tantos amigos como tú.* She doesn't have as many friends as you.

3 Ten en cuenta que si en inglés no se usa un sustantivo sino un adjetivo, la traducción es **so** (o **as...as** si es *tanto... como...*):

¡Hace tanto calor! It's so hot! | *Tiene tanta suerte que siempre gana algo.* She's so lucky that she always wins something. | *No tengo tanto frío como ayer.* I'm not as cold as yesterday.

4 EXPRESIONES

por lo tanto therefore: *No terminaste la tarea. Por lo tanto no sales.* You haven't finished your homework. Therefore you aren't going out. | **a las tantas de la noche** very late at night | **a las tantas de la madrugada** in the early hours of the morning | **no es para tanto** it's not that bad: *No llores, no es para tanto.* Don't cry. It's not that bad.

---

up the blankets. **3** (tubo, desagüe) to get blocked: *Se tapó el excusado.* The toilet got blocked. **4 se me tapó la nariz/se me taparon los oídos** my nose/ears got blocked

tapete s **1** (grande) carpet **2** (pequeño) rug **3** (para limpiarse los pies) doormat

tapia s **1** (muro) wall **2 ser/estar más sordo -a que una tapia** to be as deaf as a post

tapicería s **1** (taller) upholsterer's **2** (de un coche) upholstery

tapiz s tapestry (pl -ries)

tapizar v **1** (cuarto, pared) to wallpaper **2** (coche, sillón) to upholster

tapón s **1** (de la tina, el fregadero, etc.) plug **2** (corcho) cork **3** (en basquetbol) block **4** (de un coche) hubcap **5** (para los oídos) earplug
tapón de rosca screw top

taquete s Rawl® (AmE), Rawlplug® (BrE)

taquigrafía s shorthand

taquilla s **1** (en un teatro, un cine) box office **2** (en un estadio, una estación) ticket office

tarado, -a adjetivo & sustantivo
■ adj stupid
■ s idiot

tarántula s tarantula

tararear v to hum

tardar v **1** (determinada cantidad de tiempo) to take: *¿Cuánto tarda el autobús en llegar a Chihuahua?* How long does the bus take to get to Chihuahua? | **¿cuánto tardó/tardaste etc.?** how long did it take him/you etc.?: *¿Cuánto tardaste en terminarlo?* How long did it take you to finish it? | **tardé una hora/dos horas etc. en hacer algo** it took me an hour/two hours etc. to do sth: *Tardó diez minutos en arreglarlo.* It took him ten minutes to fix it. **2** (cuando implica mucho tiempo) to be long: *No tardes./No tardes mucho.* Don't be long. | **tardar en hacer algo** to take a long time to do sth: *El autobús tarda bastante en llegar.* The bus takes quite a long time to get there. | *Tardaron en devolvérmelo.* They took a long time to give it back to me. **3** **a más tardar** at the latest: *Llegaremos a las nueve, a más tardar.* We'll arrive at nine at the latest.

tarde sustantivo & adverbio
■ s (parte del día) Se dice **afternoon** para referirse a la primera parte de la tarde. A partir de aproximadamente las seis, se usa **evening**: *una linda tarde de verano* a nice summer afternoon/a nice summer evening | *Tomamos el sol toda la tarde.* We sunbathed all afternoon. | **a las dos/seis etc. de la tarde** at two o'clock in the afternoon/at six o'clock in the evening etc. | **en/por la tarde** in the afternoon/in the evening: *En la tarde hace los deberes.* In the evening, he does his homework. | **ayer/mañana/el lunes etc. en/por la tarde** yesterday/tomorrow/ Monday etc. afternoon, yesterday/tomorrow/ Monday etc. evening: *Nos reunimos todos los martes por la tarde.* We meet every Tuesday afternoon/evening. | **buenas tardes** good afternoon, good evening
■ adv **1** (lo opuesto de temprano) late: *Se levantan tarde.* They get up late. | *Apúrate que es tarde.* Hurry up, it's late. | **llegar tarde** to be late: *Vamos a llegar tarde.* We're going to be late. | *Llegamos tarde al colegio.* We were late for school. | **se está haciendo tarde** it's getting late | **se me/le etc. hizo tarde** it got late: *Se me hizo tarde y no pude ir al supermercado.* It got

late and I couldn't go to the supermarket. **2** **tarde o temprano** sooner or later: *Tarde o temprano se va a dar cuenta.* Sooner or later he's going to realize.

tarea s **1** (de la escuela) homework: *¿Tienes tarea?* Do you have any homework? | **hacer la tarea** to do your homework: *Me olvidé de hacer la tarea.* I forgot to do my homework. **2** (trabajo) task, job: *una tarea muy sencilla* a very simple task **3** (función, deber) job: *Tu tarea es cuidar a los chiquitos.* Your job is to take care of the children.
las tareas domésticas s pl the housework, the household chores

tarima s platform

tarjeta s **1** (personal, de felicitaciones, etc.) card **2** **tarjeta (de crédito)** credit card: *¿Puedo pagar con tarjeta?* Can I pay by credit card?
tarjeta amarilla yellow card: *El árbitro le sacó la tarjeta amarilla.* The referee showed him the yellow card. **tarjeta de débito** debit card **tarjeta de navidad** Christmas card **tarjeta roja** red card

tarro s **1** (para café) mug **2** (para cerveza) glass (pl -sses) **3** (frasco) jar: *un tarro de mayonesa* a jar of mayonnaise

tarta s tart

tartamudear v to stammer

tartamudo, -a adjetivo & sustantivo
■ adj **ser tartamudo -a** to have a stammer: *Es tartamuda.* She has a stammer. | **una niña tartamuda/un hombre tartamudo** a girl/a man with a stammer
■ s Existe el término **stammerer** pero es más técnico. Si quieres hablar de *un tartamudo* usa **a boy/man etc. who stammers**

tasa s (índice) rate: *la tasa de mortalidad* the mortality rate
tasa de desempleo unemployment rate **tasa de interés** interest rate **tasa de mortalidad** mortality rate **tasa de natalidad** birthrate

tasar v to value: *Tasaron el cuadro en $10,000.* The painting was valued at $10,000.

tatarabuelo, -a s **tatarabuelo** great-great-grandfather | **tatarabuela** great-great-grandmother | **tatarabuelos** (tatarabuelo y tatarabuela) great-great-grandparents

tatuaje s tattoo | **hacerse un tatuaje** to have a tattoo done: *Se hizo un tatuaje en el brazo.* She had a tattoo done on her arm.

taurino, -a adj **la temporada taurina** the bullfighting season | **el mundo taurino** the world of bullfighting

Tauro s Taurus: *Soy Tauro.* I'm a Taurus./I'm a Taurean.

taxi s cab, taxi: *Vino en taxi.* She came by taxi.

taxista s cab driver, taxi driver

ⓘ ¿Quieres más información sobre los **verbos modales**? Hay una explicación en el apartado de gramática.

taza s **1** (recipiente) cup: *Se me rompió una de las tazas.* I broke one of the cups. **2** (contenido) cup: *Tomamos una taza de té.* We had a cup of tea. **3** (del excusado) toilet, toilet bowl

---

¿a cup of coffee o a coffee cup?

A cup of coffee/a cup of tea hacen referencia a una taza llena de café o té o a su contenido. Para hablar de una taza para café o té, que puede estar vacía, se dice **a coffee cup/a teacup**

Me ofreció una taza de café. She offered me a cup of coffee. | *Me lo sirvió en una taza de té.* She served it in a teacup.

cup

mug

tazón s bowl

te *pron* ▶ ver recuadro

té s tea: *No me gusta el té.* I don't like tea.
  té con leche tea (with milk) ▶ En Gran Bretaña el té se sirve con leche a menos que se especifique lo contrario **té con limón** lemon tea **té de hierbas** herbal tea **té helado** iced tea

teatro s **1** (edificio, espectáculo) theater (AmE), theatre (BrE) **2** (arte dramático) drama: *En el colegio hacemos teatro.* We do drama at school. ▶ ver **obra**

techo s **1** (exterior) roof **2** (cielorraso) ceiling **3 los sin techo** the homeless

tecla s key

teclado s keyboard

teclear v to type, to key in: *Teclee su contraseña.* Type your password./Key in your password.

técnica s **1** (tecnología) technology (pl -gies) **2** (método, destreza) technique

técnico, -a *adjetivo & sustantivo*
■ *adj* technical ▶ ver **director, escuela**
■ *s* **1** (persona que arregla electrodomésticos, etc.) engineer **2** (en una fábrica, un laboratorio, etc.) technician **3** ▶ ver **director**
  técnico -a de sonido sound engineer

tecnología s technology (pl -gies)
  tecnología de punta cutting-edge technology

tecolote s owl

teja s tile

tejado s roof

tejer v **1** (con agujas) to knit: *¿Sabes tejer?* Can you knit?/Do you know how to knit? **2** (en un telar) to weave **3** (araña) to spin

---

te

1 Como complemento directo o indirecto, la traducción general es **you**:

No te veo. I can't see you. | *Te mandé un mail.* I sent you an e-mail.
El pronombre aparece sólo una vez en la oración inglesa:
Te lo pedí a ti. I asked you.
Ten en cuenta que algunos verbos ingleses requieren el uso de preposiciones (**to me/for me** etc.). En otros casos, en inglés se usa un posesivo en lugar del artículo. Consulta siempre la entrada correspondiente al verbo.

¿Te escribió Luis? Has Luis written **to you**? | *Te quiero sacar una foto.* I want to take a picture **of you**. | *¿Se te ha perdido el reloj?* Have you lost **your watch**? | *¡Te han robado la bicicleta!* **Your bike** has been stolen!

2 Si tiene valor reflexivo, a veces se traduce por **yourself**:

¿Te lastimaste? Did you hurt **yourself**? | *Esto es para que te compres lo que quieras.* This is for you to buy whatever you want.
Pero los verbos pronominales tienen diferentes traducciones. Busca *arrepentirse, peinarse*, etc.

---

tejido s **1** (labor) knitting: *¿Dónde dejé el tejido?* Where did I leave my knitting? **2** (tela) material, fabric ▶ **fabric** es más formal o más técnico **3** (en anatomía) tissue

tejocote s Mexican hawthorn

tejón s **1** (mustélido) badger **2** (prociónido) coati

tela s material, fabric ▶ **fabric** es más formal o más técnico: *¿Cuánta tela necesitamos?* How much material do we need? ▶ Se usa **cloth** para decir que algo es de tela y no de cuero, plástico, etc.: *una bolsa/una gorra de tela* a cloth bag/cap

telaraña o **tela de araña** s Se dice **spiderweb** en inglés americano y **spider's web** en inglés británico para referirse a la que la araña acaba de tejer y **cobweb** para la que se ve en un techo sucio, etc.: *El ático está lleno de telarañas.* The attic is full of cobwebs.

tele s **1** (televisión) **la tele** TV, the telly (BrE) | **en la tele** on TV, on the telly (BrE): *¿Qué dan en la tele?* What's on TV?/What's on the telly? | **ver (la) tele** to watch TV, to watch the telly (BrE) **2** (televisor) TV, telly (pl -llies) (BrE)

telecomunicaciones s *pl* telecommunications

teleférico s cable car

telefonear v to telephone, to phone

telefonista s telephone operator

---

teléfono s **1** (aparato, sistema) telephone, phone ▶ **phone** es más frecuente en el lenguaje hablado: *El teléfono está descompuesto.* The telephone isn't working. | **hablar por teléfono (con alguien)** ver ejemplos: *Estuvo horas hablando por teléfono con Lara.* She was on the phone to Lara for hours. | *Se pasa el día hablando por teléfono.* She spends all day on the phone. | *No me gusta hablar por teléfono.* I don't like talking on the phone. | **contestar el teléfono** to answer the phone | **llamar a alguien por teléfono** to call sb, to phone sb: *Llámame por teléfono.* Call me./Phone me. **2** (número) phone number: *¿Me das tu teléfono?* Can you give me your phone number?

teléfono celular cell phone (AmE), mobile (phone) (BrE) **teléfono inalámbrico** cordless phone **teléfono público** pay phone

telegrama s telegram

telenovela s soap opera

teleobjetivo s telephoto lens

telepatía s telepathy

telera s roll, bread roll

telescopio s telescope

televidente s viewer

televisión s **1** (medio) television: *Vamos a salir por televisión.* We're going to be on television. | *Lo vi en televisión.* I saw it on TV. | **ver la televisión** to watch television, to watch TV **2** (aparato) television, TV | **prender/apagar la televisión** to turn the television on/to turn the television off, to turn the TV on/to turn the TV off

telón s curtain: *Cayó/subió el telón.* The curtain came down/went up.

tema s **1** (asunto) subject: *¿Cómo surgió el tema?* How did the subject come up? | **cambiar de tema** to change the subject | **sacar un tema** to bring a subject up: *¿Quién sacó el tema?* Who brought the subject up? **2** (de una asignatura) topic: *¿Qué temas entran en el examen?* What topics does the exam cover? **3** (canción) track: *el primer tema del CD* the first track on the CD **4** (en arte, literatura) theme

temario s list of topics

temblar v **1** (de frío, por la fiebre) to shiver | **temblar de frío** to shiver with cold **2** (de miedo, de nervios, etc.) to tremble, to shake | **temblar de miedo** to tremble with fear: *Abrí la puerta temblando de miedo.* I opened the door, trembling with fear. | **me tiemblan las piernas/las manos etc.** my legs/hands etc. are shaking **3** (casa, tierra) to shake

temblor s **temblor (de tierra)** earth tremor

temer v **1 temerle a algo/alguien** to fear sth/sb, to be afraid of sth/sb **2 temer por algo/alguien** to fear for sth/sb: *Temían por su vida.* They feared for their lives.

temerse v **me temo que no puedo/que no aprobó etc.** I'm afraid I can't/he didn't pass etc.

temible adj fearsome

temor s fear | **por temor a algo** for fear of sth: *No fui por temor a perderme.* I didn't go for fear of getting lost.

temperatura s **1** (del ambiente) temperature: *Hace una temperatura de veinte grados.* The temperature is twenty degrees. **2** (del cuerpo) temperature | **tener temperatura** to have a temperature | **tomarle la temperatura a alguien** to take sb's temperature

tempestad s storm

templado, -a adj (clima) mild, temperate ▶ **temperate** es más técnico

templo s temple: *un templo griego* a Greek temple | *un templo budista* a Buddhist temple ▶ **temple** no se suele usar para referise a una iglesia cristiana

temporada s **1** (en turismo, moda, espectáculos) season: *la temporada primavera-verano* the spring-summer season | **en temporada** (turística) during the high season: *Es difícil conseguir pasajes en temporada.* It's difficult to get tickets during the high season. **2** (de futbol) season: *los campeones de esta temporada* this season's champions

temporada alta high season **temporada baja** low season

temporal sustantivo & adjetivo
■ s storm
■ adj temporary

temprano adv early: *Me acosté temprano.* I went to bed early. | *Llegó más temprano que de costumbre.* She arrived earlier than usual.

tenaz adj determined, tenacious

tenazas s pl **1** (herramienta) pliers: *Necesito unas tenazas.* I need a pair of pliers./I need some pliers. **2** (de un crustáceo) pincers

tendencia s **1** (propensión) tendency (pl -cies) | **tener tendencia a engordar/deprimirse etc.** to have a tendency to put on weight/to get depressed etc. **2** (corriente) trend: *Es una tendencia mundial.* It is a worldwide trend. **3** (en moda) trend: *las últimas tendencias de la moda* the latest fashion trends

tender v **1 tender la ropa (a)** (al aire libre) to hang the laundry out (AmE), to hang the washing out (BrE) **(b)** (adentro) to hang the laundry up to dry (AmE), to hang the washing up to dry (BrE) **2 tender la cama** to make the bed: *Todavía no ha tendido la cama.* She hasn't made her bed yet. **3 tenderle una trampa a alguien** to set a trap for sb **4 tender a hacer algo** to tend to do sth

tenderse v to lie down: *Se tendió en la cama a leer el periódico* She lay down on the bed to read the newspaper.

tendero, -a s storekeeper (AmE), shopkeeper (BrE)

tendón s tendon

tenedor s fork

i ¿Se dice *I arrived in Miami* o *I arrived to Miami*? Mira la entrada **arrive**.

tener *verbo & verbo auxiliar*
■ *v* ▶ ver recuadro
■ **tener que** *v aux* **1** (para expresar obligación, necesidad) to have to: *Lo tuvimos que arreglar.* We had to fix it. ▶ Es frecuente, sobre todo en inglés británico, el uso de **to have got** to en el presente: *Tenemos que estar ahí a las ocho.* We have to be there at eight o'clock./We've got to be there at eight o'clock. ▶ **to have got to** no usa el auxiliar **to do** para formar el negativo y el interrogativo: *No tengo que hacerlo hoy.* I don't have to do it today./I haven't got to do it today. | *¿Te tienes que quedar?* Do you have to stay?/Have you got to stay? **2** Para hacer recomendaciones también se usan los modales **must**, **should** y **ought to**: *Tienes que escuchar este CD.* You must listen to this CD./You have to listen to this CD. | *Tienen que ir a verla.* You should go and see her./You ought to go and see her. **3** Para hacer conjeturas o expresar certeza se usa el modal **must**: *Tiene que estar acá.* It must be here. | *Tienes que haberla visto.* You must have seen her.

teniente *s* lieutenant

tenis *s* **1** (deporte) tennis | **jugar tenis** to play tennis **2** (zapato) tennis shoe, sneaker (AmE), trainer (BrE): *¿Cuánto cuestan esos tenis?* How much are those tennis shoes? | **tenis (de lona)** canvas shoe
tenis de mesa table tennis

tennis

racket (AmE)/racquet (BrE)

sneakers (AmE)/trainers (BrE)

tenista *s* tennis player
tenor *s* (cantante) tenor
tensión *s* **1** (entre personas, en el ambiente) tension: *un clima de mucha tensión* a very tense atmosphere **2** (estrés) stress: *Estamos todos con mucha tensión.* We are all under a lot of stress. **3** (en electricidad) voltage
tenso, -a *adj* **1** (referido a una persona, un ambiente) tense: *Estás demasiado tensa.* You're too tense. **2** (referido a una cuerda, a un cable) taut **3** (referido a un músculo) tensed
tentación *s* temptation | **tener la tentación de hacer algo** to be tempted to do sth: *Tuve la tentación de decírselo.* I was tempted to tell her.
tentáculo *s* tentacle
tentador, -a *adj* tempting
tentar *v* **1** to tempt: *¡No me tientes!* Don't tempt me! | *La idea me tienta.* I'm tempted by the idea. **2** (tocar, palpar) to feel, to touch
teñir *v* (una prenda de ropa, el pelo) to dye | **teñir algo de azul/verde etc.** to dye sth blue/green etc.: *Voy a teñir este vestido de negro.* I'm going

---

tener *verbo*

1 **to have** es la traducción en la mayoría de los contextos:

Tienen mucho dinero. They have a lot of money. | *La semana pasada tuvimos dos pruebas.* We had two tests last week. | *Tuvo una niña.* She had a little girl.

En el presente a menudo se usa **to have got** en lugar de **to have** en el lenguaje hablado, sobre todo en inglés británico:

Tengo tres hermanas. I have three sisters./I've got three sisters. | *Tenemos la tarde libre.* We have the afternoon off./We've got the afternoon off.

to have got no usa el auxiliar **to do** para formar el negativo y el interrogativo:

No tengo bicicleta. I haven't got a bike./I don't have a bike. | *¿Tienes perro?* Have you got a dog?/Do you have a dog?

Fíjate que en inglés hay que usar el artículo indefinido en los siguientes contextos:

Tiene coche/celular/computadora. He has a car/ a cell phone/ a computer.

Sin embargo, no se usa el artículo definido en los siguientes ejemplos:

Tiene el pelo lacio. She has straight hair. | *Tengo la piel muy delicada.* I've got very delicate skin.

2 EXCEPCIONES

EDAD

Tengo catorce años. I'm fourteen years old. | *¿Cuántos años tiene Juan?* How old is Juan?

ALGUNAS SENSACIONES

Tengo sed/hambre/frío. I'm thirsty/hungry/cold. | *Teníamos mucho calor.* We were very hot.

ALGUNAS CONSTRUCCIONES CON ADJETIVOS O PARTICIPIOS

Tienes las uñas sucias/los pantalones rotos. Your nails are dirty/Your pants are torn. | *Tenía los zapatos embarrados.* His shoes were covered in mud.

MEDIDAS

Tiene varios metros de largo. It's several meters long. | *¿Cuánto tiene de ancho?* How wide is it?

3 EXPRESIONES

tener que ver: *Eso no tiene nada que ver.* That has nothing to do with it./That's got nothing to do with it. | *¿Y eso qué tiene que ver?* What does that have to do with it?/What's that got to do with it? | *¡qué tiene?* what's wrong with that?: –*Se levantó a las once.* –*¿Y qué tiene?* "He got up at eleven o'clock." "And what's wrong with that?"

to dye this dress black. | **teñirle el pelo a alguien de rubio/negro etc.** to dye sb's hair blonde/black etc.

teñirse v me teñí/se tiñó etc. (el pelo) I dyed my hair/she dyed her hair etc. | me teñí (el pelo) de rubio/negro etc. I dyed my hair blonde/black etc.

teorema s theorem

teoría s theory (pl -ries) | en teoría in theory

teórico, -a adj theoretical

tepache s Si quieres explicar qué es el tepache, di it's a drink made from fermented pineapple juice, sugar and water

tequila s tequila

terapeuta s therapist

terapia s 1 (psicoterapia) therapy | hacer terapia to be in therapy, to have therapy 2 (tratamiento de una enfermedad) treatment: Respondió bien a la terapia. She responded well to the treatment.
terapia de grupo group therapy terapia intensiva intensive care

tercer ▶ ver tercero

tercera s (de la caja de velocidades) third gear: Puse la tercera. I put it into third gear.

tercero número third
la tercera edad s senior citizens pl personas de la tercera edad senior citizens el Tercer Mundo s the Third World

tercio s third

terciopelo s velvet | un vestido/una falda de terciopelo a velvet dress/skirt

terco, -a adjetivo & sustantivo
■ adj stubborn
■ s ser un terco/una terca to be very stubborn

terminación s (de una palabra) ending

terminal adjetivo, sustantivo femenino & sustantivo masculino & femenino
■ adj una enfermedad terminal a terminal illness | un enfermo/una enferma terminal a terminally-ill patient
■ s fem 1 terminal (de autobuses) bus station (AmE), coach station (BrE) 2 (de un aeropuerto) terminal
■ s masc & fem (en informática) terminal

terminar v 1 (acabar) to finish: ¿Cuándo terminan las clases? When does school finish? | las palabras que terminan en "r" words that end in "r" | terminar de hacer algo to finish doing sth: Cuando termines de hacer la tarea, podemos salir. When you finish doing your homework, we can go out. 2 terminar haciendo algo to end up doing sth: Terminé yendo sola. I ended up going on my own. | terminar por hacer algo to end up doing sth: Terminó por aceptar. She ended up accepting./She accepted in the end. | terminar en el hospital/en el suelo etc. to end up in the hospital/on the ground etc.: Terminaron todos en la estación de policía. They all ended up at the police station. 3 terminar con algo ver ejemplos: ¡Terminen ya con esa discusión! Stop arguing! | Termino con esto y te ayudo. I'll finish this, then I'll help you. | Hay que terminar con la corrupción. We have to put an end to corruption.

terminarse v 1 (consumirse) se terminó el azúcar/la leche there isn't any sugar/milk left | se terminaron las galletas/los chocolates there aren't any cookies/chocolates left: Se habían terminado las servilletas. There weren't any napkins left. | Se está terminando el papel higiénico. There isn't much toilet paper left./We're running out of toilet paper. | se me/le etc. terminó el dinero I/he etc. ran out of money 2 (acabarse) se terminaron las vacaciones/se terminó la fiesta etc. the vacation is over/the party's over etc.

termo s Thermos® flask, Thermos®

termómetro s thermometer | ponerle el termómetro a alguien to take sb's temperature

ternera s (carne) veal

ternero, -a s (animal) calf (pl calves)

ternura s tenderness | con ternura tenderly

terrateniente s landowner

terraza s 1 (balcón) balcony (pl -nies) 2 (de un bar) outside seating area: No hay lugar en la terraza. There's no room outside. 3 (en agricultura) terrace

terremoto s earthquake

terreno s 1 (parcela) plot of land: Compraron un terreno. They bought a plot of land. 2 (suelo, tierra) land: terreno fértil fertile land 3 (orografía) terrain: el terreno irregular de la zona the irregular terrain of the area 4 (ámbito) field: el terreno de la ciencia the field of science
terreno baldío vacant lot (AmE), plot of (waste ground) (BrE) terreno de juego field, pitch (pl -ches) (BrE)

terrible adj 1 (uso enfático) terrible: un dolor terrible a terrible pain | tengo un cansancio/un sueño etc. terrible I'm terribly tired/sleepy etc. 2 (muy malo) terrible: Ha sido un día terrible. It's been a terrible day. 3 (referido a un niño) ser terrible to be a little terror 4 (trágico) (accidente, situación) terrible

territorio s territory (pl -ries) | en todo el territorio nacional throughout the country

terrón s (de azúcar) lump

terror s 1 terror | me/le etc. da terror I'm/he's etc. terrified of it: Las arañas le dan terror. He's terrified of spiders. | tenerle terror a algo/alguien to be terrified of sth/sb: Los niños le tienen terror al director. The children are terrified of the principal. 2 una película/una novela de terror a horror movie/story

terrorismo s terrorism

terrorista adjetivo & sustantivo
■ adj un atentado/una organización terrorista a terrorist attack/organization
■ s terrorist

tesis s (para un título universitario) thesis (pl -ses)

tesorero, -a s treasurer

tesoro s treasure ▶ treasure es un sustantivo incontable y no puede ir precedido de a: Encontraron un tesoro. They found some treasure.

ℹ ¿Quieres información sobre las diferencias entre los **artículos** en inglés y en español? Lee la explicación en el apartado de gramática.

testamento s will | **hacer testamento** to make a will ▶ ver **antiguo**

testarudo, -a adj stubborn

testículo s testicle

testigo s **1** (de un crimen, un accidente, etc.) witness (pl -sses) **2 ser testigo de algo** to witness sth

tetera s **1** (para hacer té) teapot **2** (para hervir agua) kettle

texto s text

ti pron **1** (no reflexivo) you: *Esto es para ti.* This is for you. **2** (reflexivo) yourself: *¿Te estás riendo de ti mismo?* Are you laughing at yourself?

tianguis s (de alimentos, etc.) market: *Los lunes hay tianguis.* There is a market on Mondays.

tibio, -a adj warm

tiburón s shark

ticket s (recibo, boleta) receipt: *Conserve el ticket.* Keep your receipt.

tiempo sustantivo & sustantivo plural

▪ s **1** (minutos, horas, años, etc.) time: *Todavía hay tiempo.* There's still time. | **tener tiempo para algo/para hacer algo** to have time for sth/to do sth: *No tengo tiempo para tonterías.* I don't have time for nonsense. | *No tiene tiempo para ver la televisión.* He doesn't have time to watch television. | **todo el tiempo** all the time: *Me llama todo el tiempo.* She keeps calling me all the time. | **ahorrar/perder tiempo** to save/waste time | **me/le etc. llevó mucho tiempo** it took me/her etc. a long time

2 hace tiempo que vive aquí/trabaja en Dallas etc. he's been living here/working in Dallas etc. for a long time | **hace tiempo que no lo veo/no voy a la iglesia etc.** I haven't seen him/I haven't been to church etc. for a long time: *Hace tiempo que no nos viene a ver.* He hasn't been to see us for a long time. | *Hacía tiempo que no veía una película tan buena.* I hadn't seen such a good movie for a long time. | **fue/pasó etc. hace tiempo** it was/it happened etc. a long time ago | **¿cuánto tiempo hace que...?** how long is it since...?: *¿Cuánto tiempo hace que se cambiaron?* How long is it since they moved away? | *¿Cuánto tiempo hace que no los ves?* How long is it since you've seen them?

3 a tiempo on time: *Lo entregué a tiempo.* I handed it in on time. | **estar a tiempo** to have time: *Todavía estamos a tiempo.* We still have time. | **estar a tiempo de hacer algo** to be still in time to do sth: *Estás a tiempo de llamarlo.* You're still in time to call him. | **poner el reloj a tiempo** to set your watch to the right time

4 al poco tiempo soon after: *Murió al poco tiempo.* He died soon after. | **al mismo tiempo** at the same time: *No hablen todos al mismo tiempo.* Don't all talk at the same time.

5 hacer tiempo to while away the time: *Me fui a tomar un café para hacer tiempo.* I went for a coffee to while away the time.

6 (hablando del clima) weather: *Tuvimos un tiempo malísimo.* We had awful weather.

7 (referido a bebidas) **al tiempo** at room temperature, unchilled: *un agua mineral al tiempo* a mineral water at room temperature/an unchilled mineral water

8 (de un partido) half: *en el primer tiempo* in the first half

9 (de un verbo) tense

▪ **tiempos** s pl (época) times | **en tiempos de guerra/paz etc.** in times of war/peace etc. | **en los últimos tiempos** recently

tiempo de reposición, tiempo de descuento injury time, stoppage time **tiempo libre** free time: *¿Qué te gusta hacer en tu tiempo libre?* What do you like to do in your free time? **tiempo extra** overtime (AmE), extra time (BrE) **tiempo fuera** time out

tienda s **1** store (AmE), shop (BrE) | **ir de tiendas** to go shopping: *En lo que ustedes van de tiendas nosotros vemos el partido.* While you go shopping, we'll watch the game. **2 tienda (de campaña)** tent | **montar una tienda (de campaña)** to put up a tent

tienda de abarrotes grocery store (AmE), grocer's (BrE) **tienda de deportes** sporting goods store (AmE), sports shop (BrE) **tienda departamental** department store **tienda de regalos** gift shop

tierno, -a adj **1** (no duro) tender: *Esta carne es muy tierna.* This meat is very tender. **2** (referido a personas) sweet

tierra sustantivo & sustantivo plural

▪ s **1** (materia) soil, earth: *la tierra de las macetas* the soil in the flowerpots/the earth in the flowerpots | **un camino/una calle de tierra** a dirt track/road **2** (suelo) soil: *Esta tierra es muy fértil.* This soil is very fertile. **3** (por oposición a mar, aire) land: *un viaje por tierra* a journey by land/an overland journey **4** (polvo) dust: *Los libros estaban llenos de tierra.* The books were covered in dust. **5** (o **Tierra**) (planeta) **la tierra/la Tierra** the Earth **6** (país, lugar natal) homeland

tierra caliente tropical lowlands pl **tierra firme** dry land **tierra fría** the highlands pl

▪ **tierras** s pl (terrenos) land sing: *Tuvieron que vender sus tierras.* They had to sell their land.

tieso, -a adj stiff

tifón s typhoon

tigre, -esa s **tigre** tiger | **tigresa** tigress (pl -sses)

tijeras s scissors pl: *Estas tijeras no cortan nada.* These scissors don't cut. | **una tijera** a pair of scissors: *¿Tienes unas tijeras?* Do you have a pair of scissors?

tila s lime tea

tilde s **1** (acento) accent: *"Examen" no lleva tilde.* "Examen" doesn't have an accent (on it). **2** (de la "ñ") tilde

tiliches *s pl* junk *sing*, odds and ends: *Deberías tirar todos estos tiliches.* You should throw all that junk out.

timbal *s* (instrumento) kettledrum | **los timbales** the timpani

timbre *s* **1** (de correos) stamp **2** bell | **tocar el timbre** to ring the bell

tímido, -a *adj* shy

timón *s* (de un barco) rudder

tímpano *s* (del oído) eardrum

tina *s* (de baño) bathtub (AmE), bath (BrE)

tinta *s* ink | **escribir algo con tinta** to write sth in ink: *Lo escribió con tinta roja.* She wrote it in red ink.

tinta china Indian ink

tinto *s* (vino) red wine

tintorería *s* dry cleaner's

tío, -a *s* tío uncle | tía aunt | tíos (tío y tía) aunt and uncle: *Vivo con mis tíos.* I live with my aunt and uncle. | **el tío Carlos/la tía Marta etc.** Uncle Carlos/Aunt Marta etc.

típico, -a *adj* **1** (característico) typical: *Es típico de él llegar tarde.* It's typical of him to be late. **2** (tradicional) traditional: *el traje típico de la región* the traditional regional costume

tipo *s* (clase) kind: *Es el tipo de libro que me gusta.* It's the kind of book I like. | **todo tipo de gente/problemas etc.** all kinds of people/problems etc.: *Puedes hacer todo tipo de deportes.* You can do all kinds of sports. | **no es mi/su etc. tipo** he isn't my/her etc. type

tipo, -a *s* tipo se traduce por **guy** pero no hay un término coloquial paralelo para **tipa**. Usa **woman** o **girl**: *Es un tipo muy raro.* He's a very strange guy. | *Sale con una tipa mayor.* He's going out with an older woman.

tira *sustantivo femenino & sustantivo masculino & femenino*
- *s fem* **1** (de tela, papel) strip **2** (de cuero) strap **3** **la tira** (la policía) the cops
- *s masc & fem* (policía) cop

tiradero *s* **1** tiradero (de basura) garbage dump (AmE), (rubbish) tip (BrE), rubbish dump (BrE) **2** (revoltijo, desorden) total mess, tip (BrE): *La cocina era un tiradero.* The kitchen was a total mess.

tirado, -a *adj* tirado -a en el suelo/la cama etc. lying on the floor/the bed etc.: *Se pasa el día tirada en el sofá.* She spends the whole day lying on the sofa. | *No dejes el abrigo tirado en el suelo.* Don't leave your coat lying on the ground. ▶ Cuando significa desparramado, se dice lying around: *Tienes la ropa tirada por todas partes.* Your clothes are lying around all over the place.

tirador, -a *s* (persona) **tirador** marksman (pl -men) | **tiradora** markswoman (pl -women) | **ser un buen tirador/una buena tiradora** to be a good shot

tiraje *s* **1** (de un periódico) circulation **2** (de un libro) print run

tirano, -a *s* tyrant

tirante *adjetivo & sustantivo*
- *adj* **1** (referido a cuerdas, cables) taut **2** (referido a relaciones, ambientes) tense
- *s* (de una prenda femenina) strap

tirantes *s pl* (para pantalones) suspenders (AmE), braces (BrE)

tirar *v* ▶ ver recuadro

tirarse *v* (lanzarse, arrojarse) **tirarse al agua/al río etc.** to jump into the water/the river etc., to dive into the water/the river etc. ▶ **to dive** se usa si se hace de cabeza | **tirarse de un cuarto piso/por la ventana etc.** to jump from the fourth floor/out of the window etc.

tiritar *v* to shiver | **tiritar de frío** to shiver with cold

tiro *s* **1** (disparo) shot | **pegarle un tiro a alguien** to shoot sb | **pegarse un tiro** to shoot yourself **2** (en futbol, basquet) shot **3** **me/le etc. salió el tiro por la culata** the plan backfired on me/him etc. **4** **ni a tiros** (there's) no way: *Ni a tiros llegamos antes de las 4.* There's no way we'll get there before 4.

tiro al blanco target shooting **tiro con arco** archery **tiro de esquina** corner **tiro libre (a)** (en futbol) free kick **(b)** (en basquet) free throw

tirón *s* **1** (acción) **darle un tirón a algo** to pull sth | **arrancar algo de un tirón** to rip sth off: *Me arranqué la curita de un tirón.* I ripped the Band-Aid off. **2** **leerse algo de un tirón** to read sth in one go | **dormir ocho/nueve etc. horas de un tirón** to sleep through for eight/nine etc. hours

tiroteo *s* (entre dos bandos, dos personas) shoot-out: *Lo hirieron en un tiroteo.* He was wounded in a shoot-out.

títere *sustantivo & sustantivo plural*
- *s* puppet
- *títeres s pl* puppet show

titipuchal *s* **un titipuchal de algo** loads of sth: *Tiene un titipuchal de dinero.* He has loads of money.

titular *sustantivo masculino, sustantivo masculino & femenino & verbo*
- *s masc* (en un periódico) headline
- *s masc & fem* **1** (de la cuenta/del pasaporte etc.) the account-holder/passport-holder etc. **2** (en deportes) first-team player
- *v* (una novela, un poema, etc.) to call, to name

titularse *v* **1** (tener como título) to be called: *¿Cómo se titula la obra?* What's the play called? **2** to graduate: *Se tituló de la Universidad de Monterrey.* She graduated from the University of Monterrey. | **titularse de sociólogo -a/físico -a etc.** to graduate in sociology/physics etc., to get a degree in sociology/physics etc.

título *s* **1** (de una novela, película) title **2** (en deportes) title **3** (diploma) qualification | **título (universitario)** (university) degree

tlacuache *s* possum

tlapalería *s* hardware store, ironmonger's (BrE)

tirar *verbo*

1 ARROJAR (= to throw)

2 **tirarle algo a alguien** se dice **to throw sb sth** o **to throw sth to sb** cuando significa pasárselo y **to throw sth at sb** cuando se hace para agredir:

Le tiré las llaves. I threw him the keys./I threw the keys to him. | *Le tiró una piedra/un jitomate.* She threw a stone/a tomato at him.

3 DESHACERSE DE

tirar algo (a la basura) to throw sth away: *No me vayas a tirar estos papeles.* Don't throw these papers away. | *Tira esto a la basura.* Throw this away./Throw this in the garbage.

4 MALGASTAR (= to waste)

No tires el dinero en eso. Don't waste your money on that./Don't throw your money away on that.

5 DEMOLER

tirar algo to knock sth down: *Van a tirar el edificio.* They're going to knock the building down.

6 DISPARAR

tirar un tiro/dos tiros etc. to fire a shot/two shots etc.

7 EXPLOSIVOS

tirar una bomba to drop a bomb | **tirar cohetes/petardos** to set off rockets/firecrackers

8 EN JUEGOS

Tiré un as. I played an ace. | *¿A quién le toca tirar los dados?* Whose turn is it to throw the dice?

9 EN DESCRIPCIONES

azul tirando a verde/marrón tirando a rojo etc. greenish blue/reddish brown etc.

toalla *s* **1** (para secarse) towel **2** **tirar la toalla** to throw in the towel **3** **toalla (femenina)** sanitary napkin (AmE), sanitary towel (BrE)

toallero *s* towel rail

tobillera *s* **1** (venda) ankle support **2** (calcetín) ankle sock

tobillo *s* ankle

tobogán *s* (en una alberca) chute, water slide

tocadiscos *s* record player

tocar *v* **1** (con las manos) to touch: *¡No toques nada!* Don't touch anything! ▶ Cuando se trata de palpar, se dice **to feel**: *Tócalo a ver si está seco.* Feel it and see if it's dry. **2** (referido a instrumentos, música) to play: *Esta noche tocamos.* We're playing tonight. | *Toca muy bien el saxo.* He plays the sax very well. | *Tocaron el himno nacional.* They played the national anthem. **3** (hablando de turnos) **tocarle a alguien (hacer algo)** to be sb's turn (to do sth): *Me toca a mí.* It's my turn. | *¿A quién le toca*

cocinar? Whose turn is it to do the cooking? **4** (en suerte, en un reparto) **me tocó el pedazo más pequeño/el cuarto más grande etc.** I got the smallest piece/the biggest room etc.: *Me tocó un cuarto con balcón.* I got a room with a balcony. | *¿Qué profesora te tocó?* Which teacher did you get? **5** (un timbre, una campana) to ring: *Toqué tres veces el timbre.* I rang the bell three times. **6** **tocar el claxon** to sound your horn, to honk your horn: *Todos tocaban el claxon.* Everybody was sounding their horns. **7** (estar en contacto con) to be touching: *La mesa toca la pared.* The table is touching the wall. **8** **tocar un tema** **(a)** (sacarlo) to bring a subject up **(b)** (tratarlo) to touch on a subject: *Tocamos varios temas.* We touched on various subjects.

tocayo, -a *s* **es tocayo -a mío -a/tuyo -a etc.** he/she has the same name as me/you etc.

tocino *s* bacon

todavía *adv* ▶ ver recuadro

todo, -a *adj & pron* ▶ ver recuadro en página 758

toldo *s* awning

tolerar *v* **1** (a una persona) **no lo/la etc. tolero** I can't stand him/her etc. **2** (una actitud, un comportamiento) to tolerate: *Hay que tolerar las opiniones de los demás.* We must tolerate other people's opinions./We must be tolerant of other people's opinions.

toma *s* (en cine, TV) take: *Vamos a repetir la toma.* We're going to do the take again.

toma de agua fire hydrant **toma de corriente** socket, power point, outlet (AmE)

tomada de pelo o **tomadura de pelo** *s* joke

tomar *v* ▶ ver recuadro en página 758

tomate *s* tomate **(verde)** tomatillo, husk tomato (pl -toes)

todavía

1 TIEMPO

CON NEGATIVO (= yet)

Todavía no he terminado. I haven't finished yet. | *Todavía no ha pagado la cuenta.* She hasn't paid the bill yet.

El ejemplo anterior también se puede traducir por **She still hasn't paid the bill**, que sugiere que ya debería haberla pagado.

SIN NEGATIVO (= still)

Todavía estoy esperando. I'm still waiting. | *¿Todavía estás aquí?* Are you still here?

2 COMPARACIONES (= even)

Esta banda es todavía mejor. This band is even better.

3 IGUAL (= still)

¿Lo llevan en coche y todavía se queja? He gets taken by car and still he complains?

todo -a

▶ ADJETIVO

1 LA TOTALIDAD DE, CON SUSTANTIVOS CONTABLES EN SINGULAR

toda la torta/toda la casa etc. the whole cake/ the whole house etc.: *Se comieron toda la pizza.* They ate the whole pizza. | **todo el día/toda la semana etc.** the whole day/week etc.; all day/week etc.

La traducción con **whole** es más enfática:

Se quedó todo el día. She stayed all day. | *Me pasé toda la semana estudiando.* I spent the whole week studying.

2 LA TOTALIDAD DE, CON SUSTANTIVOS EN PLURAL O SUSTANTIVOS INCONTABLES (= all)

Ganamos todos los partidos. We won all the games. | *Todos los muebles son antiguos.* All the furniture is antique.

3 CADA

todos los días/las semanas etc. every day/ week etc.: *Lo veo todos los domingos.* I see him every Sunday.

▶ PRONOMBRE

1 SINGULAR (= all)

Cómetelo todo. Eat it all up.

Cuando *todo* significa *todas las cosas* se traduce por **everything**

todo lo que compré/lo que te dije everything I bought/I told you | *Todo estaba sucio.* Everything was dirty.

2 REFERIDO A UN SUSTANTIVO PLURAL (= all)

Cuenta las fichas a ver si están todas. Count the chips to make sure they're all there. | *A todas les gusta el mismo muchacho.* They all like the same boy. | **estar todo sucio/todo roto etc.** to be all dirty/broken etc.: *Tengo los zapatos todos mojados.* My shoes are all wet.

3 EXPRESIONES

de todo: *Sabe hacer de todo.* He can do a little of everything. | *Venden de todo.* They sell all kinds of things. | *Come de todo.* He'll eat anything. | *Tiene de todo.* She has everything. | **del todo** totally: *No está del todo convencida.* She isn't totally convinced. | **con todo y todo** even then: *Le entregué todos los trabajos y con todo y todo me reprobó.* I handed in all the assignments but even then he failed me. | **con todo y...**: *Con todo y sus influencias fue a dar al bote* In spite of all his connections he ended up in jail. | *Con todo y que le pedimos permiso luego nos castigó.* Even though we asked permission, he punished us afterwards.

4 *sobre todo* está tratado en *sobre*

tomillo *s* thyme

tomo *s* volume

tonel *s* barrel

tomar, tomarse

1 UN CAMIÓN, UN AUTOBÚS, ETC. (= to take)

Tomamos un taxi. We took a cab.

2 ASIR

toma/tomen here you are: *Toma, te lo presto.* Here you are, you can borrow it. | *Tomen, les regalo esto.* Here you are, you can have this.

3 BEBIDAS, ALIMENTOS, MEDICINAS

Tienes que tomar mucha agua. You must drink a lot of water. | *Me tomé dos vasos de leche.* I drank two glasses of milk./I had two glasses of milk. | *Tómate una aspirina.* Take an aspirin. | **tomar algo**: *¿Quieres tomar algo?* Do you want a drink? | *Salimos a tomar algo.* We went out for a drink. | **tomar/tomarse un helado** to have an ice cream cone | **tomar el desayuno/el té** to have breakfast/tea | **tomar/ tomarse la sopa** to eat your soup

4 CLASES (= to take)

Está tomando clases de piano. She's taking piano lessons.

5 UNA NOTICIA, ETC. (= to take)

¿Cómo lo tomaron? How did they take it? | *Se lo tomó muy bien/muy mal.* He took it very well/very badly.

6 VACACIONES, TIEMPO (= to take)

Voy a tomarme unas vacaciones. I'm going to take a vacation. | *Tómate un par de días para decidirlo.* Take a couple of days to think about it. | **tomarse un día libre** to take a day off | **tomarla con alguien** to take against sb: *El profesor la tomó conmigo.* The teacher took against me.

7 CONSIDERAR

No me gusta que me tomen por idiota. I don't like being taken for a fool.

8 Frases como **tomar medidas**, **tomar una decisión**, etc. están tratadas bajo el sustantivo correspondiente.

tonelada *s* ton ▶ ver nota en **ton**

tónico *s* tonic

tono *s* **1** (de un color) shade **2** (de un sonido, una voz) tone: *No me hables en ese tono.* Don't talk to me in that tone of voice. **3** (del teléfono) tone: *Espera a oír el tono.* Wait till you hear the tone. | *No hay tono.* The line is dead.

tontería *s* **decir tonterías** to talk nonsense | **decir una tontería** to say something silly | **hacer una tontería** to do something silly | **¡qué tontería!** how silly! | **es/fue una tontería** it's/it was really silly

tonto, -a *adjetivo & sustantivo*
- *adj* silly, stupid
- *s* fool | **hacerse el tonto/la tonta** to act like a fool

toparse v toparse con alguien to bump into sb: *Me topé con Leo en el supermercado.* I bumped into Leo at the supermarket. | **toparse con algo** to come across sth: *Recorriendo la Web, me topé con esta página.* I came across this page when I was surfing the Web.

tope s **1** (límite) limit: *el tope de edad* the age limit **2** (para una puerta) doorstop **3** (cabezazo) **darse un tope con algo/alguien** to bump into sth/sb: *Me di un tope con el marco de la puerta.* I bumped into the doorframe. | **darle un tope a alguien** to headbutt sb | **darse topes (contra la pared)** to kick yourself: *Estaba que se daba topes contra la pared.* He was kicking himself. **4** (para el tráfico) speed bump

topo s mole

toque s **1** (detalle) touch (pl -ches): *un toque de humor* a touch of humor **2** (eléctrico) shock: *Me dio un toque cuando lo enchufé.* I got a shock when I plugged it in. **3** (cigarro de mariguana) joint
toque de queda curfew

tórax s thorax (pl -xes)

torcer v **torcerle el brazo/la muñeca etc. a alguien** to twist sb's arm/wrist etc.: *Me torció el brazo.* He twisted my arm.
torcerse v **me torcí el tobillo/se torció la muñeca etc.** I twisted my ankle/he twisted his wrist etc.

torcido, -a adj crooked: *Tiene la nariz torcida.* He has a crooked nose.

torear v to fight | **torear un novillo/un toro etc.** to fight a young bull/a bull etc.

torero s bullfighter

tormenta s storm

tornado s tornado (pl -does)

torneo s tournament

tornillo s **1** screw **2** **le/te etc. falta un tornillo** he has/you have etc. a screw loose

torno s **1** (de un carpintero) lathe **2** (de un alfarero) wheel, potter's wheel **3** (de un dentista) drill

toro sustantivo & sustantivo plural
■ s bull
■ **toros** s pl **los toros** bullfighting: *¿Te gustan los toros?* Do you like bullfighting? | *El domingo vamos a ir a los toros.* We're going to the bullfight on Sunday.

toronja s grapefruit (pl grapefruit)

torpe adj clumsy

torre s **1** (de un castillo, etc.) tower **2** **darle en la torre a alguien** to mess things up for sb **3** (en ajedrez) rook, castle
torre de control control tower

torso s torso

torta s roll, sandwich (pl -ches): *Llévate una torta para el recreo.* Take a roll to have at recess.

tortícolis s **tener tortícolis** to have a stiff neck

tortilla s tortilla: *una tortilla de trigo* a wheat tortilla
tortilla de papas, tortilla (a la) española potato omelet, Spanish omelet

tortuga s **1** (de tierra) tortoise **2** (de mar) turtle **3** (pequeña, de agua dulce) terrapin **4** **a paso de tortuga** at a snail's pace

tortoise   turtle

tortura s torture | **ser una tortura** to be torture: *Esta música es una tortura.* This music is torture.

torturar v **1** (físicamente) to torture **2** (mentalmente) to torment

tos s cough | **tener tos** to have a cough: *Tengo mucha tos.* I have a bad cough.

toser v to cough

tostada s Si quieres explicar qué es una tostada, di *it's a fried tortilla topped with meat, prawns etc. and sauce*

tostador s toaster

tostar v to toast

total adjetivo, sustantivo & adverbio
■ adj **1** número/costo total total number/cost: *El costo total fue superior a lo previsto.* The total cost was higher than anticipated. | *El precio total es de $1.000.* Altogether it comes to $1,000. **2** un fracaso/un éxito total a total failure/a complete success
■ s **1** **en total** altogether: *En total éramos unas veinte personas.* There were about twenty of us altogether. **2** (resultado) total: *Escribe el total aquí.* Write the total here. **3** **el total de los alumnos/las exportaciones/la población** all of the students/all exports/the whole population: *Representa el 30% del total de las exportaciones nacionales.* It represents 30% of all the country's exports. **4** **un total de setenta/cien etc.** a total of seventy/one hundred etc.
■ adv **1** (después de todo) after all: *Total, no tienes nada que hacer.* After all, you don't have anything to do. **2** (en resumen) basically: *Total, que no está listo, que preguntemos mañana.* Basically, it's not ready. They said to ask tomorrow.

tóxico, -a adj toxic

traba s (impedimento) obstacle: *La edad puede ser una traba.* Age can be an obstacle. | **ponerle trabas a algo/alguien** to put obstacles in the way of sth/in sb's way

trabajador, -a adjetivo & sustantivo
■ adj hard-working
■ s worker

trabajar v to work: *¿Dónde trabaja?* Where does he work? | *Trabaja en una librería.* He works in a bookstore. | **trabajar de/como algo** to work as sth: *Está trabajando de taxista.* He's working as a cab driver. | **trabajar en publicidad/diseño etc.** to work in advertising/design etc. | **trabajar mucho/tanto** to work very hard/so hard

trabajo s **1** (empleo) job: *No tiene trabajo.* She doesn't have a job. ► En los siguientes contextos también se puede usar **work**, que es un sustantivo incontable y no puede ir precedido de **a**: *Está buscando trabajo.* He's looking for a job./He's looking for work. | *Todavía no consigue trabajo.* She still hasn't found a job./She still hasn't found work. | **me quedé/se quedó etc. sin trabajo** I lost my job/he lost his job etc. | **estar sin trabajo** to be out of work **2** (esfuerzo) **dar/costar trabajo** to be hard work: *Cuesta trabajo empezar de nuevo.* It's hard work starting all over again. | *Da trabajo planchar esta camisa.* Ironing this shirt is hard work. | **me/le etc. da trabajo** I find/he finds etc. it hard: *Le cuesta trabajo entenderlo.* She finds it hard to understand. | **me dio trabajo hacerlo/pintarlo etc.** it was hard work making it/painting it etc.: *Nos dio mucho trabajo convencerlo.* It was very hard work persuading him. **3** (lugar) **el trabajo** work: *Está en el trabajo.* She's at work. | *Te paso a buscar al trabajo.* I'll pick you up from work. **4** (tarea) job: *Hizo un buen trabajo.* He did a very good job. **5** (para la escuela) project | **un trabajo sobre algo** a project on sth

trabajos forzados s pl hard labor (sing) *AmE,* hard labour (sing) *BrE* **trabajos manuales** s pl handicrafts

trabalenguas s tongue twister

tractor s tractor

tradición s tradition

tradicional adj traditional

traducción s translation | **hacer una traducción** to do a translation | **una traducción del español al inglés** a translation from Spanish into English

traducir v to translate | **traducir del inglés al español** to translate from English into Spanish

traductor, -a s translator

traer v **1** (trasladar) to bring: *¿Trajiste el cepillo de dientes?* Did you bring your toothbrush? | *¿Quién te trajo?* Who brought you? | **traerle algo a alguien** to bring sb sth: *Te traje un ramo de flores.* I've brought you a bunch of flowers. **2** (causar) **traer beneficios** to bring benefits | **traer problemas** to cause problems **3** (contener) to have: *El libro trae un glosario al final.* The book has a glossary at the end. **4** **traerla con/contra alguien** to have it in for sb: *El profesor la trae conmigo.* The teacher has it in for me.

traficante s dealer
traficante de armas arms dealer **traficante de drogas** drug dealer

traficar v **traficar con/en algo** to deal in sth, to traffic in sth

tráfico s **1** (tránsito) traffic: *Hay mucho tráfico.* There's a lot of traffic. **2** (comercio) trade: *el tráfico ilegal de armas* the illegal arms trade | *el tráfico de drogas* drug trafficking

tragar v **1** (referido a bebidas y comidas) to swallow: *Me duele cuando trago.* It hurts when I swallow.: *Tragué agua mientras nadaba.* I swallowed some water while I was swimming. **2** (aguantar, soportar) **no lo/los etc. trago** I can't stand him/them etc.
tragarse v **1** (referido a bebidas y comidas) to swallow: *Me lo tragué entero.* I swallowed it whole. **2** (una historia, un cuento) to fall for: *No me lo tragué.* I didn't fall for it.

tragedia s tragedy (pl -dies)

trágico, -a adj tragic

trago s **1** (sorbo) sip: *¿Me das un trago de tu jugo?* Can I have a sip of your juice? | **tomarse algo de un trago** to drink sth in one go **2** (bebida alcohólica) drink: *¿Quieres un trago?* Do you want a drink?

traición s **1** (a un amigo, a los principios, etc.) betrayal, treachery ► **treachery** es un sustantivo incontable y no puede ir precedido de **a**: *Fue una traición.* It was treachery./It was a betrayal. **2** **traición (a la patria)** treason

traicionar v to betray

traicionero, -a adj (río, aguas) treacherous

traidor, -a s traitor

tráiler s **1** (camión) semitrailer (AmE), articulated lorry (pl -rries) (BrE) **2** (de una película) trailer

trailero, -a s trucker (AmE), lorry driver (BrE)

traje s **1** (conjunto) suit **2** (de un país, de época) costume
traje de baño **(a)** (de mujer) swimsuit, swimming costume (BrE) **(b)** (de hombre) trunks pl, swimming trunks pl

trama s (de un relato) plot

tramar v (un plan, una venganza) to plot: *¿Qué están tramando?* What are you plotting?/What are you up to?

trámite s ver ejemplos: *El trámite es complicado.* It is a complicated procedure. | *El trámite es personal.* It is something you have to do in person. | **hacer trámites** ver ejemplos: *Estamos haciendo los trámites para conseguir la ciudadanía italiana.* We're going through the process to get Italian citizenship. ► Cuando la idea es de excesiva burocracia, se usa **red tape** o **paperwork**. Ambos son incontables y no se usan en plural: *Tuve que hacer muchos trámites.* I had to go through a lot of red tape./I had to fill in a lot of paperwork.

tramo s **1** (de una carretera, una calle) stretch (pl -ches) **2** (de una escalera) flight

trampa s **1** (engaño) trap | **caer en una trampa** to fall into a trap | **hacer trampa** to cheat | **tenderle una trampa a alguien** to lay a trap for sb **2** (para cazar) trap | **poner una trampa** to set a trap

trampolín s board, diving board | **aventarse/ tirarse de un trampolín** to dive off a diving board: *Nos aventamos del trampolín más alto.* We dove off the top board.

tramposo, -a *adjetivo & sustantivo*
■ *adj* ser tramposo -a to be a cheat
■ *s* cheat

trancazo s **1** (golpe) blow | **darle/soltarle un trancazo a alguien** to sock one | **agarrar a alguien a trancazos** to lay into sb, to start punching sb **2** **darse un trancazo** (en un coche) to have a smash-up **3** (golpe anímico) blow: *Fue un trancazo del que nunca se recuperó.* It was a blow from which he never recovered.

tranquilidad s (calma) peace and quiet: *Necesito un poco de tranquilidad.* I need a little peace and quiet. | **ser una tranquilidad** to be reassuring: *Es una tranquilidad saber que están con mi madre.* It is reassuring to know that they are with my mother. | **con tranquilidad** calmly | **mantener la tranquilidad** to keep calm

tranquilizante s (sedante) tranquilizer (AmE), tranquillizer (BrE)

tranquilizar *v* tranquilizar a alguien **(a)** (a alguien que está agitado, nervioso) to calm sb down: *No pude tranquilizarla.* I couldn't calm her down. **(b)** (a alguien que está preocupado) ver ejemplos: *La noticia los tranquilizó.* The news reassured them. | *Me tranquiliza saber que no está enojada conmigo.* It's reassuring to know that she isn't angry with me.

tranquilizarse *v* to calm down: *¡Tranquilízate!* Calm down!

tranquilo, -a *adj* **1** (hombre, mujer) calm, (bebé) quiet | **estar tranquilo -a** ver ejemplos: *No voy a estar tranquila hasta que me llame.* I won't be able to relax until he calls me. | *Estábamos lo más tranquilas escuchando música.* We were relaxing listening to music. | *¿Estás más tranquila?* Are you feeling calmer now? | **quédate tranquilo -a** don't worry: *Quédate tranquilo que yo me ocupo.* Don't worry, I'll see to it. | **me quedé/se quedó etc. más tranquilo -a** I/he etc. felt happier **2** **déjalo tranquilo/déjala tranquila etc.** leave him/her etc. alone: *¡Déjame tranquila!* Leave me alone! **3** **hacer algo tranquilo -a** ver ejemplos: *Habla tranquila que nadie oye.* You can speak freely, no one can hear. | *Es temprano, podemos desayunar tranquilos.* It's early. We can have a relaxed breakfast. | *Vamos a mi cuarto así podemos estudiar tranquilos.* Let's go up to my room so we can study in peace. **4** (barrio, calle, playa) quiet **5** (referido al mar, el agua) calm

transa *sustantivo & adjetivo*
■ *s* ver ejemplos: *Estaban todos metidos en la transa.* They were all involved in the scam. | *Sus*

transas son del dominio público. His dirty deals are public knowledge. | *mafias que viven de la transa* gangsters who make a living from bribery and corruption | *La pelea fue una transa.* The fight was a fix.
■ *adj* ser muy transa to be crooked, to be bent (BrE): *Es un árbitro bien transa.* That referee's as crooked as they come.

transar *v* transar a alguien *to* con sb | **transarle algo a alguien** ver ejemplos: *Me transaron los CDs que llevaba en el coche.* They swiped the CDs I had in the car. | *Me transaron cincuenta pesos al darme el cambio.* They did me out of fifty pesos when they gave me the change.

transbordador s ferry (pl -rries)

transbordador espacial space shuttle

transbordar *v* (en el metro) to change, (en un aeropuerto) to change planes

transbordo s **hacer transbordo** **(a)** (en el metro) to change **(b)** (en un aeropuerto) to change planes: *Tenemos que hacer transbordo en París.* We have to change planes in Paris.

transcurrir *v* **1** (tiempo, días, etc.) to pass: *Habían transcurrido varios días.* Several days had passed. **2** (acción) to take place **3** (viaje) to go off: *La primera parte del viaje transcurrió sin inconvenientes.* The first part of the trip went off without any problems.

transferencia o **transferencia bancaria** s transfer, bank transfer | **hacer una transferencia** to make a transfer

transferir *v* (dinero) to transfer

transformador s transformer

transformar *v* **1** (convertir) **transformar algo en algo** to transform sth into sth: *Transformaron al país en una potencia industrial.* They transformed the country into an industrial power. ► Cuando se trata de transformar algo para un uso diferente, se usa **to convert sth into sth**: *Transformé el cuarto en oficina.* I've converted the room into an office. **2** (cambiar de forma radical) **transformar algo** to transform sth: *Las computadoras han transformado nuestra forma de vida.* Computers have transformed the way we live.

transformarse *v* **1** (convertirse) **transformarse en algo/alguien** to turn into sth/sb: *La rana se transformó en príncipe.* The frog turned into a prince. **2** (cambiar) to change completely: *Se le transformó la cara.* Her expression changed completely.

transfusión s **transfusión (de sangre)** (blood) transfusion

transitivo, -a *adj* transitive

tránsito s **1** traffic: *Hay mucho tránsito.* There's a lot of traffic. **2** **en tránsito** in transit: *Estoy en tránsito.* I'm in transit.

transmisión s **1** (de un programa) broadcast **2** (de una enfermedad) transmission

transmitir *v* **1** (por radio, televisión) to broadcast: *Lo transmiten en directo.* They're broadcasting it live. ▶ Si es por televisión, también se puede decir **They're showing it live. 2** (una enfermedad) to transmit

transparencia *s* **1** (cualidad) transparency **2** (para proyectar) transparency (pl -cies), slide

transparentarse *v* **1** (ser transparente) **este vestido/esta blusa etc. se transparenta** you can see through this dress/this blouse etc. **2** (verse) **se te transparenta el brasier/los calzones etc.** your bra shows through your dress/your panties show through your pants etc.

transparente *adj* **1** (referido a una tela, una prenda de vestir) see-through **2** (agua, vidrio) transparent

transplante ▶ ver **trasplante**

transportador *s* (para medir ángulos) protractor

transportar *v* to transport

transporte *s* (de pasajeros) transportation (AmE), transport (BrE), (de mercaderías) transportation, transport ▶ ver **medio**
transporte público public transportation (AmE), public transport (BrE)

tranvía *s* streetcar (AmE), tram (BrE)

trapeador *s* **1** (trapo) floor cloth **2** (con mango) mop

trapear *v* to wipe, to mop

trapecio *s* (en un circo) trapeze

trapecista *s* trapeze artist

trapo *s* **1** (para limpiar en general) cloth, (franela) dustcloth (AmE), duster (BrE) | **pasarle un trapo a algo (a)** (un trapo húmedo) to give sth a wipe: *Pásale un trapo a la mesa.* Give the table a wipe. **(b)** (para quitar el polvo) to dust sth: *Voy a pasarles un trapo a los muebles.* I'm going to dust the furniture. **2** (pedazo de tela) rag
trapo de (la) cocina dish towel (AmE), tea towel (BrE)

tras *prep* (después de) after: *un día tras otro* day after day

trasero, -a *adjetivo & sustantivo*
■ *adj* **la puerta trasera/el asiento trasero** the back door/the back seat | **la parte trasera de la casa/del coche etc.** the back of the house/the car etc.
■ **trasero** *s* (de una persona) bottom, backside

trasladar *v* **1** (mudar) to move: *Piensan trasladar la empresa a Cuernavaca.* They are thinking of moving/relocating the company to Cuernavaca. **2** (llevar) to take: *Los accidentados fueron trasladados al hospital.* The injured were taken to the hospital. **3** (a un empleado) to transfer

traslado *s* **1** (mudanza) move **2** (de un empleado) transfer

trasnochar *v* to stay up late

trasplante *s* (de un órgano) transplant: *un trasplante de riñón* a kidney transplant

traste *sustantivo & sustantivo plural*
■ *s* (de una guitarra) fret
■ **trastes** *s pl* (de la cocina) dishes, pots and pans | **lavar los trastes** to wash the dishes

trastorno *s* (de salud) disorder

tratado *s* treaty (pl -ties)

tratamiento *s* (en medicina) treatment

tratar *v* **1** (intentar) **tratar de hacer algo** to try to do sth: *Estoy tratando de ahorrar.* I'm trying to save up. | **tratar de que...** to try and make sure (that)...: *Traten de que alcance para todos.* Try and make sure there's enough to go around. **2** (referido a la forma de proceder) to treat: *Nos trataron muy bien.* They treated us very well. **3** (calificar) **tratar a alguien de idiota/ignorante etc.** to call sb stupid/ignorant etc. **4 tratar con alguien** to deal with sb: *Tiene que tratar con todo tipo de gente.* She has to deal with all sorts of people. **5** (a un paciente, una enfermedad) to treat **6 tratar a alguien de tú/usted** to use the "tú"/"usted" form when talking to sb: *Quiere que la traten de usted.* She wants them to use the "usted" form when they talk to her. **7** (un tema, un problema) to treat

tratarse *v* **1 tratarse de algo (a)** (ser sobre) to be about sth: *¿De qué se trata?* What's it about? **(b)** (ser lo que se pretende) to be a question of sth: *No se trata de vengarse, sino de castigar a los culpables.* It's not a question of getting revenge but of punishing those responsible. **2** (socialmente) **tratarse con alguien** to have contact with sb: *No se trata con sus primos.* She doesn't have any contact with her cousins.

trato *s* **1** (pacto) deal | **hacer un trato** to make a deal: *Hagamos un trato.* Let's make a deal. | *¡Trato hecho!* It's a deal! **2** (tratamiento) treatment: *el trato que recibimos* the treatment we received ▶ ver **malo**

trauma *s* trauma

través a través de (a) (por medio de) through: *Nos enteramos a través de un amigo de Pablo.* We found out through a friend of Pablo's. **(b)** (atravesando) through: *Fuimos a través del bosque.* We went through the forest.

travesti *s* transvestite

travesura *s* prank | **hacer una travesura** to play a prank: *No paran de hacer travesuras.* They're always playing pranks. ▶ El plural también se puede traducir por el sustantivo incontable **mischief**: *No hagas más travesuras.* Don't get up to any more mischief.

travieso, -a *adj* naughty

trayecto *s* **1** (viaje) trip, journey (BrE): *Durmió durante todo el trayecto.* She slept throughout the trip. | **en el trayecto** on the way **2** (de un autobús) route

trébol *sustantivo & sustantivo plural*
■ *s* (planta) clover: *un trébol de cuatro hojas* a four-leaf clover
■ **tréboles** *s pl* (en cartas) clubs

trece *número* **1** (número, cantidad) thirteen **2** (en fechas) thirteenth

trecho *s* stretch (pl -ches); *Ese trecho lo hicimos en bicicleta.* We cycled that stretch. | **un buen trecho** a fair distance, a fair way

tregua *s* truce

treinta *número* **1** (número, cantidad) thirty **2** (en fechas) thirtieth

tremendo, -a *adj* **1** (terrible) terrible: *un dolor tremendo* a terrible pain **2** (extraordinario, enorme) tremendous: *Hicimos un esfuerzo tremendo.* We made a tremendous effort. **3** (referido a niños) very naughty | **ser tremendo -a** to be very naughty, to be a real handful

tren *s* train: *el tren de las 10* the 10 o'clock train | *¿A qué horas sale el tren?* What time does the train leave? | **en tren** by train: *Vamos a ir en tren.* We're going by train. | **tomar un tren** to take a train, to catch a train ▶ **to catch** pone el énfasis en el momento de tomar el tren o en el hecho de no perderlo: *Tomamos un tren que no paraba ahí.* We took a train that didn't stop there. | *A ver si podemos tomar el tren de las 8.* Let's see if we can catch the 8 o'clock train. | **perder un tren** to miss a train: *No quiero perder el tren.* I don't want to miss the train.
tren bala high-speed train **tren de aterrizaje** undercarriage **tren de carga** freight train, goods train (BrE)

trenza *s* braid (AmE), plait (BrE): *Antes usaba trenzas.* I used to wear my hair in braids. | **hacerse trenzas/una trenza** to braid your hair (AmE), to plait your hair (BrE) | **hacerle trenzas/una trenza a alguien** to braid sb's hair (AmE), to plait sb's hair (BrE)

trepar *v* to climb
treparse *v* **treparse a un árbol** to climb a tree: *Nos trepamos a la higuera.* We climbed the fig tree. | **treparse al techo/a un muro** to climb up onto the roof/a wall

tres *número* three

trescientos, -as *número* three hundred

triangular *adj* triangular

triángulo *s* triangle

tribu *s* tribe

tribuna *s* (en un estadio) stand

tribunal *s* **1** (de justicia) court **2** (de un examen) panel

triciclo *s* tricycle

trigo *s* wheat

trigonometría *s* trigonometry

trillizos, -as *s pl* triplets

trimestral *adj* quarterly

trimestre *s* **1** (tres meses) quarter: *el último trimestre del año* the last quarter of the year **2** (en la enseñanza) term

trinchera *s* trench (pl -ches)

trineo *s* El trineo grande, tirado por caballos o renos, se llama **sleigh**; el más pequeño, tirado por perros, **sled**. El que usan los niños para jugar en la nieve, se llama **sled** en inglés americano y **sled** o **sledge** en inglés británico.

trío *s* trio

tripas *s pl* **1** (estómago) stomach, tummy *sing* **2** (vísceras) innards

triple *sustantivo & adjetivo*
■ *s* **el triple (que alguien)** three times as much (as sb): *Ella gana el triple.* She earns three times as much. | *Tú comes el triple que yo.* You eat three times as much as me. | **el triple de dinero/de trabajo etc.** three times as much money/work etc. | **el triple de gente/alumnos etc.** three times as many people/students etc: *Tienen el triple de alumnos.* They have three times as many students. | **el triple de alto -a/rápido -a etc.** three times as high/fast etc.
■ *adj* triple

tripulación *s* crew

triques *s pl* junk *sing*, odds and ends

triste *adj* **1** (película, noticia, etc.) sad | **estar triste** to be sad: *Está muy triste.* He's very sad. | **ponerse triste** to be sad: *Se puso muy triste cuando se enteró.* She was very sad when she heard about it. **2** (hablando de lugares) gloomy: *una ciudad triste* a gloomy city

happy

sad

tristeza *s* sadness | **me/le etc. da tristeza** it saddens me/him etc.: *Me da tristeza verlo así.* It saddens me to see him like that.

triunfar *v* **1** (ganar) to triumph | **triunfar sobre alguien** to defeat sb: *Triunfaron sobre los visigodos.* They defeated the Visigoths. | **triunfar sobre algo/alguien** to triumph over sth/sb: *La violencia no pudo triunfar sobre la fe.* Violence could not triumph over faith. **2** (tener éxito) to succeed: *Vamos a triunfar.* We are going to succeed. | *una banda que también ha triunfado en Europa* a band who have also been successful in Europe

triunfo *s* **1** (victoria) victory (pl -ries) **2** (éxito) success (pl -sses) **3** (en naipes) trump

trofeo *s* trophy (pl -phies)

trombón *s* trombone

tromba *s* **1** (de un elefante) trunk **2** (de un avión) nose **3** (instrumento) horn

trompeta *s* trumpet

trompetista s trumpet player

trompo s top, spinning top

tronar v **1** (haber truenos) to thunder: *Estuvo tronando toda la noche.* It thundered all night./ There was thunder all night. **2** (al estallar) (cohete) to go off, (globo) to go bang **3** (hacer estallar) (un globo) to burst, (un cohete) to let off **4** (dejar de funcionar) ▶ ver **tronarse 5** (terminar una relación) **tronar (con alguien)** to split up (with sb), to break up (with sb): *Tronamos hace un mes.* We split up a month ago. | *Tina tronó con Jorge.* Tina's split up with Jorge./Tina's broken up with Jorge. **6** (reprobar) to fail: *Troné geografía.* I failed geography. | *El de química me tronó.* The chemistry teacher failed me.

tronarse v **1** (dejar de funcionar) to break: *Se tronó el módem.* The modem's broken. **2 tronárselas** to smoke pot, to smoke dope: *Yo creo que se las truena.* I think he smokes pot.

tronco s **1** (de un árbol) trunk **2** (trozo de madera) log **3** (parte del cuerpo) torso **4 dormir como un tronco** to sleep like a log

trono s **1** (asiento) throne **2** (cargo) **el trono** the throne: *el heredero del trono* the heir to the throne

tropa s troop

tropezarse v to trip, to trip up: *Se tropezó y se cayó.* He tripped and fell. | **tropezarse con una piedra/una rama etc.** to trip over a stone/a branch etc. | **tropezarse con el escalón** to trip on the step

tropical adj tropical

trópico s **1** (región) tropics pl: *la vegetación del trópico* the vegetation in the tropics/tropical vegetation **2** (línea) tropic

el trópico de Cáncer/Capricornio the tropic of Cancer/Capricorn

trotar v **1** (correr como ejercicio) to jog **2** (caballo) to trot

trote s trot | **ir al trote** to trot

trozo s piece

trucha s trout (pl trout)

truco s **1** (de magia) trick | **hacer un truco** to do a trick **2** (método) trick: *Tengo un truco muy bueno para sacar manchas de tinta.* I know a really good trick for getting ink stains out.

trueno s thunder ▶ **thunder** es un sustantivo incontable y traduce tanto *truenos* como *trueno*, pero no puede ir precedido de **a**: *¿Eso fue un trueno o un avión?* Was that thunder or a plane? | *Le asustan los truenos.* She's frightened of thunder.

tu adj your: *Éste es tu lápiz.* This is your pencil. | *Vi a tus padres.* I saw your parents.

tú pron you

tubería s pipe

tubo s **1** (cilindro) tube **2** (caño) pipe **3** (de dentífrico, etc.) tube **4** (para el pelo) curler, roller

tubo de ensayo test tube **tubo de escape** exhaust, exhaust pipe

tuerca s nut

tuerto, -a adj **ser tuerto -a** to be blind in one eye

tulipán s tulip

tumba s grave ▶ También existe la palabra **tomb**, que implica algún tipo de construcción y no simplemente una fosa

tumbar v **1 tumbar algo/a alguien (a)** (a propósito) to knock sth/sb down: *Tumbamos la pared para agrandar la cocina.* We knocked the wall down to make the kitchen bigger. **(b)** (accidentalmente) to knock sth/sb over: *La fuerza del viento me tumbó.* The force of the wind knocked me over. **2 el catarro/la gripa etc. me tumbó** I was laid low with a cold/the flu etc.

tumbarse v to lie down, to stretch out

tumor s tumor (AmE), tumour (BrE)

tuna s prickly pear

túnel s tunnel

tupido, -a adj (vegetación) dense, (cejas) bushy

turbante s turban

turbio, -a adj **1** (líquido) cloudy ▶ Se usa **muddy** si se trata de agua con lodo, por ejemplo la de un río **2** (asunto, negocio) shady

turismo s tourism: *Viven del turismo.* They make their living from tourism.

turista s tourist

turístico, -a adj **una atracción/una zona turística** a tourist attraction/area | **un centro turístico** a tourist center (AmE), a tourist centre (BrE)

turnarse v to take turns | **turnarse para hacer algo** to take turns to do sth: *Nos turnamos para usar la computadora.* We take turns to use the computer.

turno s **1** (en un juego, una cola) turn: *Es tu turno.* It's your turn. **2** (en el trabajo) shift: *Hago el turno de la noche.* I work the night shift.

turquesa adjetivo & sustantivo
▪ adj turquoise
▪ s **1** (color) turquoise **2** (piedra) turquoise ▶ ver "Active Box" **colores** en **color**

turrón s El turrón es muy conocido en el mundo anglosajón. Si quieres explicar qué es, di *it's a type of nougat sold in slabs or bars, usually eaten at Christmas*

tutear v **tutear a alguien** to use the "tú" form when talking to sb: *Quiere que la tuteemos.* She wants us to use the "tú" form when we talk to her.

tutearse v to use the "tú" form when talking to each other

tutor, -a s (de un menor) guardian

tuyo, -a pronombre & adjetivo
▪ pron **el tuyo/la tuya etc.** yours: *El tuyo es el verde.* Yours is the green one. | *Los tuyos están rotos.* Yours are broken.
▪ adj yours: *Estos libros son tuyos.* These books are yours. | **una amiga tuya/un tío tuyo etc.** a friend of yours/an uncle of yours etc.: *Conocí a un amigo tuyo.* I met a friend of yours.

U, u s U, u ▶ ver "Active Box" **letras del alfabeto** en **letra**

ubicación s **1** (de un edificio, un terreno, etc.) location: *un hotel con buena ubicación* a hotel in a good location **2** (disposición) position: *la ubicación de las piezas en el tablero* the position of the pieces on the board

ubicado, -a adj (en un lugar) located: *Está ubicado en el centro de la ciudad.* It is located downtown. | **bien/mal ubicado -a** well/badly situated: *La casa está muy bien ubicada.* The house is very well situated.

ubicar v **1** (identificar, reconocer) to place: *Perdóname, pero no te ubico.* Sorry, I can't place you. **2** (localizar) to locate: *No lo podemos ubicar por ningún lado.* We can't locate him anywhere. **3** (poner, colocar) to place, to put: *Ubicó las piezas sobre el tablero.* He placed the pieces on the board. **4** (saber dónde está) **¿ubicas la farmacia/la biblioteca etc.?** do you know where the drugstore/the library etc. is?
ubicarse v **1** (orientarse) to find your way around: *Me ubiqué enseguida en París.* I soon found my way around in Paris. **2** (ponerse, colocarse) En inglés se suele especificar **to sit** si es sentarse o **to stand** si es pararse: *Se ubicó en la primera fila.* He sat in the front row.

úlcera s ulcer

últimamente adv lately: *Últimamente siempre está de mal humor.* He's always in a bad mood lately.

último, -a adjetivo & pronombre
■ **adj 1** (final) last: *Me comí la última galleta.* I ate the last cookie. | *Es la última puerta a la derecha.* It's the last door on the right. **2** (de arriba de todo) **el último piso** the top floor **3** (de abajo de todo) **el último cajón** the bottom drawer **4** (de atrás de todo) **la última fila** the back row **5** **a última hora/a último momento** at the last minute: *Se decidió a última hora.* He decided at the last minute. **6** **por última vez** last: *¿Cuándo lo viste por última vez?* When did you last see him? **7** (más reciente) latest: *las últimas noticias* the latest news
■ **pron 1** **el último/la última** the last one: *Éste es el último.* This is the last one. | *Se llevaron las últimas.* They took the last ones. **2** **ser el último/la última de la clase** to be bottom of the class **3** **al último** at the last minute **4** **por último** finally

ultrasonido s **1** (examen) scan, ultrasound scan: *Según el ultrasonido es niña.* According to the scan it's a girl. **2** (técnica) ultrasound

umbilical adj ▶ ver **cordón**

umbral s threshold

un, -a artículo & adjetivo
■ **art** a: *Me puse una chamarra/un suéter.* I put on a jacket/a sweater. ▶ Delante de un sonido vocálico se usa **an**: *una manzana* an apple | *una hora* an hour ▶ Delante de sustantivos como **uniform** y **university** se usa **a** porque su primer sonido no es vocálico
■ **adj** ▶ ver **uno, unos**

undécimo, -a número eleventh

único, -a adjetivo & pronombre
■ **adj 1** (solo) only: *Es el único amigo que tiene.* He's the only friend she has. ▶ ver **hijo** **2** (excepcional) unique: *Fue una experiencia única.* It was a unique experience.
■ **pron** **el único/la única** the only one: *Fue el único que vino.* He was the only one who came. | *Son las únicas, no tengo más.* They're the only ones, I don't have any more. | **lo único** the only thing: *lo único que dijo* the only thing she said

unidad s **1** (unión) unity: *Hay falta de unidad.* There is a lack of unity. **2** (medida) unit: *una unidad de tiempo* a unit of time **3** (en matemáticas) unit **4** (en un libro de texto) unit **5** **unidad (habitacional)** housing development

unido, -a adj **1** (referido a relaciones personales) close: *una familia muy unida* a very close family **2** (para lograr un fin) united: *Unidos venceremos.* United we will overcome.

uniforme sustantivo & adjetivo
■ **s** uniform: *Se puso el uniforme del colegio.* He put on his school uniform. | **de uniforme** in uniform: *un soldado de uniforme* a soldier in uniform
■ **adj 1** (igual) uniform **2** (constante) constant

unión s **1** (conjunto) combination: *la unión de varios elementos* the combination of various elements **2** (juntura) joint: *Pierde agua por la unión.* It's leaking from the joint. **3** (entre personas) unity
la Unión Europea the European Union

unir v **1** (piezas, objetos) to join: *Tienes que unir las dos partes.* You have to join the two parts. **2** (acercar afectivamente) **unir a una pareja/una familia etc.** to bring a couple/family etc. closer together: *El bebé los unió mucho más.* The baby brought them much closer together. **3** (relacionar) **la amistad/la relación que nos une** the friendship/the relationship which unites us
unirse v (para lograr un objetivo) to join forces: *Se unieron para derrotar al enemigo común.* They joined forces to defeat the common enemy. | **unirse a algo/alguien** to join sth/sb

unitalla adj one-size-fits-all, one-size: *una gorra unitalla* a one-size-fits-all hat

universal adj **1** (general) universal: *el voto universal* universal suffrage **2** (mundial) **historia/ literatura universal** world history/literature | **de fama universal** world-famous

universidad s university (pl -ties)

universitario, -a adjetivo & sustantivo

■ **adj un alumno/un curso etc. universitario** a college student/course etc. (AmE), a university student/course etc. (BrE)

■ **s** college student (AmE), university student (BrE)

universo s universe

uno, -a número, adjetivo, pronombre & pronombre

■ **número** one: *Queda una sola galleta.* There's only one cookie left. | *Quiero uno, no dos.* I want one, not two. | *el siglo I antes de Cristo* the first century BC

■ **adj & pron** (alguno) one: *un día de éstos* one of these days | *Elige uno, el que quieras.* Choose one, whichever one you want. | **de a uno -a** one at a time: *Entraron de a uno.* They came in one at a time. | **uno -a por uno -a** one by one: *Los revisó uno por uno.* He checked them one by one.

■ **pron** (para generalizar o referirse a sí mismo) you, one ▶ **one** es muy formal: *cuando uno pierde a un ser querido* when you lose a loved one/when one loses a loved one

unos, -as adjetivo, pronombre & adjetivo

■ **adj & pron** (algunos) some: *unas semanas antes* some weeks before | *Unos vienen y otros van.* Some are arriving and others are leaving.

■ **adj** (en aproximaciones) around: *Había unas dos mil personas.* There were around two thousand people there.

untar v to spread: *Untó el pan con mayonesa.* She spread mayonnaise on the bread./She spread the bread with mayonnaise.

uña s **1** nail: *Se me quebró una uña.* I've broken a nail. | **uña de la mano** fingernail | **uña del pie** toenail: *Córtate las uñas de los pies.* Cut your toenails. | **comerse/morderse las uñas** to bite your nails | **hacerse las uñas (a)** (uno mismo) to do your nails **(b)** (en un salón de belleza, etc.) to have your nails done, to have a manicure **2 ser uña y carne** to be inseparable

uña enterrada o **uña encarnada** ingrown toenail (AmE), ingrowing toenail (BrE)

uranio s uranium

Urano s Uranus

urbanismo s city planning (AmE), town planning (BrE)

urbanista s city planner (AmE), town planner (BrE)

urbano, -a adj urban: *el transporte urbano* urban transportation

urgencia s **1** (premura, apuro) urgency: *la urgencia de la situación* the urgency of the situation | **con urgencia** urgently: *Lo necesitan con urgencia.* They need it urgently. **2** (emergencia) emergency (pl -cies): *un caso de urgencia* an emergency **3 urgencias** (en un hospital) ER (AmE), A & E (BrE), casualty (BrE) ▶ **ER** y **A & E** se pronuncian leyendo los nombres de cada letra.

ER es la sigla de **Emergency Room** y **A & E** de **Accident and Emergency**

urgente adj **1** urgent: *un mensaje urgente* an urgent message **2** (referido a envíos) special delivery: *Envíelo como urgente.* Send it (by) special delivery.

urna s **1** (para votar) ballot box (pl -xes) **2** (para cenizas) urn

urraca s magpie

Uruguay o **el Uruguay** s Uruguay

uruguayo, -a adjetivo & sustantivo

■ **adj** Uruguayan

■ **s** Uruguayan | **los uruguayos** (the) Uruguayans

urzuela s split ends pl

usado, -a adj **1** (de segunda mano) **libros usados/ropa usada** second-hand books/clothes | **coches usados** used cars/second-hand cars **2** (utilizado) used: *un sistema muy usado* a much-used system **3** (gastado) worn

usar v **1** (utilizar, emplear) to use: *¿Qué método usaste?* What method did you use? **2** (ropa, accesorios, perfume) to wear: *Nunca usa faldas.* She never wears skirts. **3 usar barba/bigote** to have a beard/a mustache **4** (referido a la moda) **se usa el negro/la falda corta etc.** black is in fashion/short skirts are in fashion etc.: *Se vuelven a usar los sombreros.* Hats are back in fashion. | *Eso ya no se usa.* That's not in fashion anymore.

uso s **1** (utilización) use: *instrucciones de uso* instructions for use **2** (de la ropa, de accesorios, etc.) wear: *Este saco casi no tiene uso.* This jacket has had very little wear./This jacket has hardly been worn. | *El uso del cinturón de seguridad es obligatorio.* It is obligatory to wear a seatbelt. **3 hacer uso de algo** to make use of sth

usted pron you

ustedes pron you

usual adj usual ▶ Para traducir una frase negativa es más normal usar **unusual** con verbo afirmativo: *No es usual ver algo así.* It's unusual to see something like that.

usuario, -a s user

utensilio s utensil

útero s uterus, womb

útil adjetivo & sustantivo plural

■ **adj** useful: *Me resultó sumamente útil.* I found it very useful. | **¿en qué puedo serle útil?** how can I help you?

■ **útiles** s pl (para la escuela) ver ejemplos: *Lleva los útiles en una mochila.* He carries his school things in a backpack. | *Voy a comprar los útiles.* I'm going to buy the things I need for school.

utilidad sustantivo & sustantivo plural

■ **s** use: *No le veo la utilidad.* I don't see the use of it.

■ **utilidades** s pl (ganancias) profits

utilizar v to use

utopía s utopia

uva s grape: *un racimo de uvas* a bunch of grapes **uva blanca** white grape **uva negra** black grape **uva pasa** raisin

V, v s V, v ► ver "Active Box" **letras del alfabeto** en **letra**

vaca s **1** (animal) cow **2** (de dinero) **hacer una vaca (a)** (para gastos comunes) to put money into a kitty **(b)** (para comprar un regalo) to have a collection

vacacionar v to vacation, to spend your vacation (AmE), to holiday, to spend your holidays (BrE): *Siempre vacacionan en Ixtapa.* They always vacation in Ixtap.

vacaciones s pl vacation *sing* (AmE), holidays (BrE): *las vacaciones de verano* the summer vacation | **ir/irse de vacaciones** to go on vacation (AmE), to go on holiday (BrE): *¿Adónde fueron de vacaciones?* Where did you go on vacation?

vacacionista s vacationer (AmE), holiday-maker (BrE)

vacante *sustantivo & adjetivo*
■ s vacancy (pl -cies): *No hay vacantes.* There are no vacancies.
■ *adj* vacant: *El puesto está vacante.* The post is vacant.

vaciar v to empty
vaciarse v to empty

vacilar v **1** (bromear) to kid, to kid around: *Lo dije por vacilar.* I was just kidding. | **vacilar a alguien** to pull sb's leg, to tease sb: *¡Ya no me estés vacilando!* Stop pulling my leg! **2** (dudar) to hesitate
vacilarse v **vacilarse a alguien** to pull sb's leg

vacío, -a *adjetivo & sustantivo*
■ *adj* **1** (recipiente, habitación, cine) empty: *La botella está vacía.* The bottle is empty. **2** (vida, persona) empty: *una vida vacía* an empty life
■ **vacío** s **1 el vacío (a)** (el abismo) the void: *Se cayó al vacío.* He fell into the void. **(b)** (la nada) space: *Miraba al vacío.* He was staring into space. **2** (en física) vacuum | **café/té etc. envasado al vacío** vacuum-packed coffee/tea etc.

empty

full

vacuna s vaccine | **la vacuna contra el sarampión/la tos ferina etc.** the vaccine for measles/whooping cough etc. | **ponerse/darse una vacuna** to have a vaccination: *Se puso la vacuna contra la hepatitis.* He had a hepatitis vaccination.

vacunar v to vaccinate
vacunarse v to have a vaccination

vacuno, -a *adj* ► ver **ganado**

vagabundo, -a s tramp, hobo (AmE)

vagina s vagina

vago, -a *adjetivo & sustantivo*
■ *adj* **1** (haragán) lazy: *No seas vago.* Don't be lazy. **2** (poco preciso) vague: *Las instrucciones eran muy vagas.* The instructions were very vague.
■ s Usa **lazy man/lazy boy**, etc.: *los vagos de la clase* the lazy students in the class

vagón s **vagón (de pasajeros)** (passenger) car (AmE), (passenger) carriage (BrE): *el vagón de primera clase* the first-class car
vagón de carga freight car (AmE), goods wagon (BrE)

vainilla s (sabor, esencia) vanilla: *helado de vainilla* vanilla ice cream

vajilla s **1** (platos, tazas etc.) crockery, dishes pl: *Lavó toda la vajilla.* He washed all the crockery./He washed all the dishes. **2** (juego de platos) dinner service

vale s voucher: *un vale por dos helados* a voucher for two ice cream cones

valenciana s cuff (AmE), turn-up (BrE)

valentía s courage

valer v **1** (tener determinado valor) to be worth: *Cada respuesta vale cinco puntos.* Each answer is worth five points. **2** (costar) to cost: *¿Cuánto vale la entrada?* How much do the tickets cost?/How much are the tickets? **3** (ser válido) to count: *Ese saque no vale.* That serve doesn't count. | *No vale tocar la pelota con la mano.* It doesn't count if you touch the ball with your hand. **4 más vale decirle la verdad/que nos apuremos etc.** we'd better tell him the truth/hurry up etc. **5 me vale/le vale etc.** I/he etc. couldn't care less: *Me vale lo que piense ella.* I couldn't care less what she thinks. | *Me vale gorro que sea el hijo del director.* I don't give a damn if he's the principal's son. ► ver **pena**
valerse v **1 valerse de algo** to use sth **2** (estar permitido) **no se vale copiar/pisar la raya etc.** you're not allowed to copy/to go over the line etc. | **¡no se vale!** it's not fair!

válido, -a *adj* valid: *promoción válida hasta fin de mes* offer valid until the end of the month

valiente *adj* brave

valioso, -a *adj* valuable

valla s **1** (en atletismo) hurdle **2** (cerca) fence

valle s valley

valor *sustantivo & sustantivo plural*
- **s 1** (monetario, sentimental, etc.) value | **por valor de miles de pesos/de dos millones de dólares etc.** worth thousands of pesos/two million dollars etc. **2** (valentía) courage | **armarse de valor** to pluck up courage
- **valores s pl 1** (morales) values **2** (pertenencias) valuables

valorar *v* **1** (apreciar) to value, to appreciate: *Valoro mucho nuestra amistad.* I really value our friendship. **2** (tasar) to value: *Valoraron el cuadro en U$10,000.* The painting was valued at U$10,000.

vals *s* waltz (pl -zes): *¿Sabes bailar el vals?* Can you dance the waltz?

válvula *s* valve

vamos *interj* ▶ ver recuadro en **ir**

vampiro *s* **1** (personaje) vampire **2** (animal) vampire, vampire bat

vandalismo *s* vandalism

vándalo, -a *s* vandal

vanidad *s* vanity

vanidoso, -a *adj* vain

vano en vano in vain: *Todo fue en vano.* It was all in vain.

vapor *s* **1** (de agua) steam | **cocinar algo al vapor** to steam sth **2** (emanación) vapor (AmE), vapour (BrE): *vapores tóxicos* toxic vapors **3** (embarcación) steamship

vaquero *sustantivo & sustantivo plural*
- **s** (persona) cowboy
- **vaqueros s pl** (prenda) jeans pl

vara *s* stick

variable *adjetivo & sustantivo*
- **adj 1** (horario, precio) ver ejemplo: *Tenemos un horario variable.* Our schedule varies. **2** (carácter) moody, changeable **3** (tiempo) changeable
- **s** variable

variar *v* (ser diferente) to vary: *El precio varía según el modelo.* The price varies according to the model. | **para variar** (proponiendo un cambio) for a change: *¿Por qué no vamos a bailar a otro lado para variar?* Why don't we go dancing somewhere else for a change?

varicela *s* chickenpox: *Tiene varicela.* She has chickenpox.

variedad *s* variety (pl -ties): *Tenemos una gran variedad de platos.* We have a wide variety of dishes.

varios, -as *adjetivo & pronombre*
- **adj 1** (más de uno) several: *Tengo varios libros sobre el tema.* I have several books on the subject. **2** (diversos) various
- **pron** several: *Se probó varios pero ninguno le gustó.* She tried on several but didn't like any of them.

varita o **varita mágica** *s* magic wand

varón *sustantivo & adjetivo*
- **s** boy: *Tuvo un varón.* She had a boy.
- **adj** male: *su primer hijo varón* her first male child

vasija *s* vessel

vaso *s* **1** (recipiente, contenido) glass (pl -sses): *Rompí un vaso.* I've broken a glass. | *¿Me trae un vaso de agua, por favor?* Could I have a glass of water, please? | **un vaso de plástico/papel** a plastic/paper cup **2** (en anatomía) vessel **vaso sanguíneo** blood vessel

vecindad *s* (conjunto de viviendas) tenement

vecindario *s* **1** (personas) residents pl, neighborhood (AmE), neighbourhood (BrE) **2** (lugar) neighborhood (AmE), neighbourhood (BrE)

vecino, -a *sustantivo & adjetivo*
- **s** neighbor (AmE), neighbour (BrE): *una vecina mía* a neighbor of mine
- **adj** **un país vecino** a neighboring country (AmE), a neighbouring country (BrE)

vegetación *s* vegetation

vegetal *sustantivo & adjetivo*
- **s** vegetable: *¿Es un animal o un vegetal?* Is it an animal or a vegetable?
- **adj grasas/aceites vegetales** vegetable fats/oils ▶ ver **reino**

vegetariano, -a *adj & s* vegetarian: *una dieta vegetariana* a vegetarian diet | **ser vegetariano -a** to be a vegetarian

vehículo *s* **1** (coche, tren, etc.) vehicle **2** (de una enfermedad) carrier

veinte *número* **1** (número, cantidad) twenty **2** (en fechas) twentieth

vejez *s* old age

vejiga *s* bladder

vela *s* **1** (para iluminar) candle | **prender/apagar una vela** to light a candle/to blow out a candle **2** (de un barco) sail **3** **pasar la noche en vela** to have a sleepless night

velador *s* night watchman (pl -men)

veladora *s* candle

velear *v* to sail | **ir a velear** to go sailing

velero *s* sailboat (AmE), sailing boat (BrE)

veleta *s* weathervane

vello *s* hair: *vello facial* facial hair

velo *s* veil: *el velo de la novia* the bride's veil

velocidad *s* speed: *la velocidad del sonido* the speed of sound | *¿A qué velocidad vamos?* What speed are we traveling at? | **a toda velocidad** ver ejemplos: *El coche huyó a toda velocidad.* The car made off at full speed./The car made off at top speed. | *Terminamos la tarea a toda velocidad.* We finished our homework as fast as we could.

velocista *s* sprinter

velódromo *s* velodrome

velorio *s* wake

veloz *adj* fast

vena *s* vein

venado s **1** (animal) deer (pl deer) **2** (carne) venison

vencedor, -a sustantivo & adjetivo
- s **1** (en una guerra) victor **2** (en una competencia) winner
- adj **1** el ejército vencedor the victorious army **2** el equipo vencedor the winning team

vencer v **1** vencer a alguien **(a)** (en un deporte) to beat sb, to defeat sb: *Cali venció a su rival 2 a 1.* Cali beat their rivals 2-1. **(b)** (en una batalla, una guerra) to defeat sb **2** (salir vencedor) to be victorious: *Venció el ejército aliado.* The allied army was victorious. **3** (o vencerse) (garantía, documento) to expire: *Ya se venció la garantía.* The guarantee has expired. | se me venció el pasaporte/la licencia etc. my passport/driver's license etc. has expired **4** (pago, devolución, etc.) to be due **5** me venció el sueño/el cansancio sleep/tiredness overcame me

vencido, -a adj **1** darse por vencido -a to give up **2** (referido a garantías, documentos) estar vencido -a to have expired

venda s bandage

vendar v **1** to bandage | tenía el pie vendado/la mano vendada etc. my foot/hand etc. was bandaged **2** vendarle los ojos a alguien to blindfold sb

vendaval s gale: *Soplaba un vendaval.* It was blowing a gale.

vendedor, -a s **1** (en general) vendedor salesman (pl -men) | vendedora saleswoman (pl -women) **2** (en un comercio) sales assistant: *Es vendedora en una juguetería.* She's a sales assistant in a toystore.

vendedor -a ambulante hawker

vender v **1** (un producto) to sell: *Vendimos el bote.* We sold the boat. | venderle algo a alguien to sell sth to sb, to sell sb sth: *Le vendí una entrada a Matías.* I sold a ticket to Matías. | vender algo a $20/$300 etc. to sell sth at $20/$300 etc. | vender algo por docena/por kilo etc. to sell sth by the dozen/by the kilo etc. **2** "se vende" "for sale" | se vende en todas las librerías/en todos los quioscos etc. it is on sale in all bookstores/at all newsstands etc.

veneno s **1** (sustancia venenosa) poison **2** (de una serpiente) venom

venenoso, -a adj poisonous

venezolano, -a adjetivo & sustantivo
- adj Venezuelan
- s Venezuelan | los venezolanos (the) Venezuelans

Venezuela s Venezuela

venganza s revenge ▶ ver nota en **vengarse**

vengarse v to get your revenge: *Me voy a vengar de lo que me hizo.* I'm going to get back at him for what he did to me./I'm going to get my revenge for what he did to me. ▶ El uso de **revenge** implica que se trata de una ofensa seria,

de sentimientos fuertes | vengarse de alguien to get your revenge on sb, to get back at sb

venir v ▶ ver recuadro en página 770

venta s **1** sale: *la venta del departamento* the sale of the apartment **2** estar en venta to be for sale | poner algo en venta to put sth up for sale | estar a la venta to be on sale: *Ya está a la venta en librerías.* It's on sale in bookstores now. | salir a la venta to go on sale | de venta available, on sale: *de venta en almacenes de prestigio* available in quality stores

ventaja s **1** (beneficio) advantage **2** (en una carrera, una competencia) head start: *Te doy ventaja.* I'll give you a head start. | llevarle ventaja a alguien to have an advantage over sb: *Me lleva mucha ventaja.* He has quite an advantage over me.

ventana s window: *Miró por la ventana.* She looked out of the window.

ventanilla s **1** (de un vehículo) window: *Se asomó por la ventanilla.* He leaned out of the window. **2** (en un banco, una oficina) window

ventilación s ventilation

ventilador s fan: *Prende el ventilador.* Switch the fan on.

ventilar v (una habitación, una casa) to air
ventilarse v **1** (habitación, casa) to air **2** (persona) salir a ventilarse to go out for some fresh air

ventrílocuo, -a s ventriloquist

Venus s Venus

ver v ▶ ver recuadro en página 770
verse v **1** (socialmente) to see each other: *Se ven muy seguido.* They see each other quite often. | *Adiós, nos vemos el sábado.* Bye, see you on Saturday. **2** no se pueden ver they can't stand each other **3** se te ve el sostén/el tirante etc. your bra/your strap etc. is showing: *Se le vieron las pantaletas.* You could see her panties. **4** (imaginarse) to see yourself: *Ya se ve en las pasarelas.* She can already see herself on the catwalk. **5** (parecer) to look: *Te ves un poco triste.* You look a little sad. **6** eso está por verse that remains to be seen **7** (en una situación) to find yourself: *Me vi en una situación muy violenta.* I found myself in a very awkward situation.

verano s summer ▶ ver "Active Box" estaciones del año en estación

verbo s verb

verdad s **1** truth | decir la verdad to tell the truth | ser verdad to be true: *Era verdad que tenía novia.* It was true that he had a girlfriend. **2** de verdad (real) real: *Son brillantes de verdad.* They are real diamonds. | decir algo de verdad ver ejemplos: *¿Me lo dices de verdad?* Do you really mean it? | *Me tiene harta, te lo digo de verdad.* I'm fed up with him, seriously. **3** la verdad,... to be honest,...: *La verdad, no te queda*

venir

1 En la mayoría de los contextos se traduce por **to come**:

Ven aquí. Come here. | *Ahí viene el tren.* Here comes the train. | *Vino con su madre.* He came with his mother. | *Me vino a buscar.* He came to get me. | *Viene en varios colores.* It comes in several colors. | *Viene del latín.* It comes from Latin.

2 Cuando va acompañado de un adjetivo, se usa el verbo **to be**:

Vengo muerta de hambre. I'm starving. | *Vino contenta del examen.* She was pleased when she got back from the exam.

3 Cuando significa *volver* se traduce por **to come back** o **to be back**:

Fue y vino en una hora. He went and came back within an hour. | *Ya vengo.* I'll be back in a moment.

4 Cuando significa **sobrevenir**:

me vino hambre/sueño I started feeling hungry/tired: *Me vino un dolor de cabeza terrible.* I got a terrible headache. | *Le vino la menstruación.* She started her period.

5 EXPRESIONES

el martes/la semana etc. que viene next Tuesday/next week etc.: *Se casan el mes que viene.* They're getting married next month. | **me viene bien/mal** it's convenient/it's not convenient for me: *¿Te viene bien el viernes?* Is Friday convenient for you?/Is Friday OK for you? | *Tu regalo me vino muy bien.* Your present was just what I needed. | **no me vengas con excusas/cuentos etc.** I don't want to hear any excuses/stories etc.: *Ahora no me vengas con quejas.* Don't start complaining now./I don't want any complaints now. | **venir haciendo algo** to have been doing sth: *Lo vengo diciendo desde hace meses.* I've been saying that for months. | **viene a ser lo mismo/el equivalente de algo etc.** it's the same/the equivalent of sth etc.: *Viene a ser lo mismo pero en negro.* It's the same but in black. | **¿a qué viene...?** what's with...?: *¿A qué viene esa cara?* What's with the long face?

6 *venirse abajo* está tratado en *abajo*

ver *verbo no pronominal*

1 En la mayoría de los contextos se traduce por **to see**:

Ayer vi a tu primo. I saw your cousin yesterday. | *Yo ya había visto la película.* I'd already seen the movie. | *¿Cuándo nos vas a venir a ver?* When are you going to come and see us? | *Ve a ver qué pasa.* Go and see what's going on. | *No te vi entrar.* I didn't see you come in. Cuando expresa la posibilidad de ver, se añade el verbo **can** o **could**:

No veo muy bien sin lentes. I can't see very well without my glasses. | *No se veía nada.* You couldn't see a thing.

2 Cuando significa *mirar* (la televisión/un programa) se dice **to watch**:

Estaban viendo la tele. They were watching TV. | *¿Vemos el partido?* Shall we watch the game?

3 Cuando significa *notar* o *considerar* se usan construcciones con **to think** o **to look**:

Lo veo cansado. I think he looks tired./He looks tired. | *No veo mal que salga sola con él.* I don't think there's anything wrong with her going out on her own with him. | *No le veo la gracia.* I don't think it's funny.

4 EXPRESIONES

no lo/la etc. puedo ver I can't stand him/her etc.: *No puedo ver a ese tipo.* I can't stand that guy. | **a ver:** *A ver si puedes.* Let's see if you can. | *¿A ver qué compraste?* Can I see what you've bought? | **vamos a ver/veremos** we'll see: *Vamos a ver cuando llegue Mario.* We'll see when Mario gets here. | **¿viste?/¿vio?/¿vieron?** you see?: *¿Vieron? Tenía razón.* You see? I was right. | **ya veo:** *Ya veo a qué te refieres.* I see what you mean. | *–Se me ensució. –Sí, ya veo.* "It got dirty." "So I see." | **¡vas/van a ver!:** *¡Van a ver cuando los agarre!* They're going to get it when I get hold of them! | **hay que ver:** *Hay que ver lo contento que está.* He's so happy! | *¡Hay que ver lo que le dijo!* The things he said to her!

5 *tener que ver* está tratado en *tener*

---

bien. To be honest, it doesn't suit you. ▶ El uso de *¿verdad?* al final de la oración está tratado en la entrada **question tag**

verdadero, -a *adj* **1** (real, verídico) true: *La historia es verdadera.* The story is true. | *Ésa no es la verdadera razón.* That isn't the true reason./That isn't the real reason. **2** (para enfatizar) real: *Fue un verdadero desastre.* It was a real disaster.

verde *adjetivo & sustantivo*

■ *adj* **1** (referido al color) green **2** (referido a frutas) unripe: *ciruelas verdes* unripe plums |

estar verde not to be ripe **3** (con vegetación, parques, etc.) green: *las zonas verdes de la ciudad* the green areas of the city

■ *s* **1** (color) green **2** (en política) green, Green: *los verdes* the Greens ▶ ver "Active Box" **colores** en **color**

verdura *s* vegetable: *frutas y verduras* fruit and vegetables | *sopa de verduras* vegetable soup

vergonzoso, -a *adj* **1** (tímido) shy **2** (actitud, comportamiento) disgraceful, shameful: *Lo que has hecho es vergonzoso.* What you have done is disgraceful./What you have done is shameful.

---

i Las 2,000 palabras más importantes en inglés están señaladas en el texto.

vergüenza s **1** ¡qué vergüenza! it is/was etc. so embarrassing!: *¡Qué vergüenza! ¡No supe contestar ni una pregunta!* It was so embarrassing! I couldn't answer a single question. **2** me/le etc. da vergüenza **(a)** (de haberse portado mal, etc.) I am/he is etc. ashamed: *Me da vergüenza lo que hice.* I'm ashamed of what I've done. | *Debería darte vergüenza.* You should be ashamed of yourself. **(b)** (de timidez) I am/he is etc. embarrassed: *Me da vergüenza preguntarle.* I'm too embarrassed to ask her. **3** pasar vergüenza to be embarrassed | hacerle pasar vergüenza a alguien to embarrass sb: *No me hagas pasar vergüenza delante de todos.* Don't embarrass me in front of everyone.

verificación s (de un vehículo) exhaust emissions test

verificar v **1** (una información, un dato) to verify, to check **2** (un coche) to do an exhaust emissions test on

verruga s wart

versión s **1** (de un hecho) version: *Dieron versiones contradictorias.* They gave conflicting versions. **2** (de una película, un libro) version **3** (de un programa de computación) version

verso s **1** (de un poema, una canción) verse **2** (género literario) verse: *Está escrito en verso.* It's written in verse.

vértebra s vertebra (pl -brae)

vertebral ▶ ver columna

vertical *adjetivo & sustantivo*
■ *adj* vertical
■ *s* (línea) vertical line

vértigo s tener vértigo/sufrir de vértigo to suffer from vertigo | me/le etc. da vértigo it makes me/him etc. feel dizzy: *Me da vértigo mirar para abajo.* Looking down makes me feel dizzy.

vestíbulo s **1** (de un teatro) foyer **2** (de una vivienda) hall, hallway

vestido, -a *adjetivo & sustantivo*
■ *adj* dressed: *Estaba vestida de sport.* She was dressed in casual clothes./She was wearing casual clothes. | *¿Estás vestida?* Are you dressed?/Do you have your clothes on?
■ **vestido** s dress (pl -sses)
vestido de noche evening dress **vestido de novia** wedding dress **vestido largo** long dress

vestidor s **1** (en un estadio) locker room (AmE), dressing room (BrE) **2** (en un gimnasio, una alberca) locker room (AmE), changing room (BrE) **3** (en una vivienda) dressing room

vestir v **1** (ponerle ropa a) to dress: *Vistió al bebé.* He dressed the baby. **2** (usar determinada ropa) ▶ ver vestirse 2

vestirse v **1** (ponerse ropa) to get dressed, to dress: *Nos estábamos vistiendo.* We were getting dressed./We were dressing. **2** (usar determinada ropa) to dress: *Se viste muy bien.* She

dresses really well. | vestirse de blanco/negro etc. to wear white/black etc., to dress in white/black etc.

vestuario s **1** (de una obra de teatro, etc.) costumes pl **2** (ropa) renovar el vestuario to update your wardrobe

veterinaria s veterinary medicine, veterinary science: *Estudia veterinaria.* He's studying veterinary medicine.

veterinario, -a s vet ▶ También existen términos más formales: **veterinarian** (en inglés americano) y **veterinary surgeon** (en inglés británico)

vez s **1** (ocasión, momento) time: *Esta vez trata de portarte bien.* Try and behave this time. | *La próxima vez que lo vea, se lo digo.* Next time I see him, I'll tell him. **2** ▶ En inglés hay formas especiales de decir una vez (**once**) y dos veces (**twice**): *La vi una sola vez.* I only saw her once. | *Ya te lo dije mil veces.* I've told you a thousand times. | una vez (que) once: *Una vez que termines, avísame.* Let me know once you finish. **3** (en expresiones de frecuencia) a veces sometimes: *A veces la veo en el club.* I sometimes see her at the club. | de vez en cuando occasionally: *De vez en cuando me trae flores.* Occasionally he brings me flowers. **4** alguna vez (en preguntas) Se usa **ever** con los tiempos compuestos: *¿Alguna vez fuiste a esquiar?* Have you ever been skiing? **5** otra vez **(a)** (nuevamente) again: *Ahí viene otra vez.* Here he comes again. **(b)** (otra ocasión) another time: *Eso lo dejamos para otra vez.* We'll leave that for another time. **6** había una vez once upon a time **7** a la vez (al unísono) all at once **8** cada vez (en cada ocasión) every time: *Me lo recuerda cada vez que lo veo.* He reminds me about it every time I see him. | cada vez más more and more: *Cada vez lo quiero más.* I love him more and more. | cada vez más feo -a/más gordo -a etc. uglier and uglier/fatter and fatter etc.: *Está cada vez más delgada.* She's getting thinner and thinner. **9** de una buena vez/de una vez por todas once and for all **10** a mi/tu etc. vez in turn **11** en vez de instead of: *He traído sidra en vez de vino.* I've brought cider instead of wine. **12** hacer las veces de algo to serve as sth: *El colchón hace las veces de sofá.* The mattress serves as a couch.

vía *sustantivo & preposición*
■ *s* **1** (del ferrocarril) track, railroad track (AmE), railway track (BrE): *Cruzaron la vía.* They crossed the track. **2** (modo, camino) ver ejemplos: *por la vía de la violencia* through violence | *por la vía diplomática* through diplomatic channels | **(por) vía aérea** by air **3** en vías de algo in the process of sth: *Está en vías de solucionarse.* It's in the process of being resolved. | *países en vías de desarrollo* developing countries | la **Vía Láctea** the Milky Way
■ *prep* via: *Se transmitió vía satélite.* It was broadcast via satellite.

viajar *v* to travel: *Siempre viajan en primera clase.* They always travel first class. | **viajar en coche/avión** etc. to travel by car/plane etc.

viaje *s* **1** trip: *un viaje al exterior* a trip abroad | *Se ganaron un viaje a Miami.* They won a trip to Miami. ► También existe el término **journey**, que se usa para referirse a viajes largos o difíciles y sobre todo en contextos literarios: *un viaje a través del desierto* a journey across the desert ► **travel**, que es incontable, se puede usar para referirse a la actividad de viajar | *Los viajes amplían los horizontes.* Travel broadens the mind. ► **voyage** se usa para hablar de un viaje largo o difícil por mar: *los viajes de Colón* the voyages of Columbus | **irse de viaje** to go on a trip | **¡buen viaje!** have a good trip!
viaje de negocios business trip **viaje de placer** pleasure trip, vacation (AmE), holiday (BrE)

viajero, -a *s* traveler (AmE), traveller (BrE)

víbora *s* snake
víbora de cascabel rattlesnake

vibrar *v* to vibrate

vicepresidente, -a *s* vice-president

viceversa *adv* vice-versa

vicio *s* bad habit, vice ► **vice** se usa ya sea para referirse a algo verdaderamente inmoral o humorísticamente: *Es mi único vicio.* It's my only vice.

vicioso, -a *adj* **ser vicioso -a** to have bad habits ► ver **círculo**

víctima *s* victim | **ser víctima de algo** to be a victim of sth: *Fue víctima de un asalto a mano armada.* He was the victim of an armed robbery.

victoria *s* victory (pl -ries)

vid *s* vine

vida *s* **1** (existencia) life (pl lives) | **¿qué es de tu/su** etc. **vida?** how are you?/how is he? etc. | **llevar una vida activa/difícil** etc. to lead an active life/a hard life etc. | **conocer a alguien/ser amigo -a de alguien de toda la vida** to have known sb/to have been friends with sb for years | **en la vida** (nunca) never: *En la vida se lo hubiera imaginado.* She would never have imagined it. **2** **ganarse la vida** to earn your living **3** **¡toda la vida!** (sin duda) : *–Yo prefiero ir a Oaxaca. –¡Toda la vida!* "I'd rather go to Oaxaca." "No contest!" | *Yo prefiero, toda la vida, un buen tequila que un ron o un brandy.* I'd rather have a good tequila every time than rum or brandy. **4** (vitalidad) life: *una muchacha llena de vida* a girl who is full of life
vida nocturna nightlife

video *sustantivo masculino & sustantivo femenino*
■ *s masc* **1** (grabación) video: *Vimos el video de la fiesta.* We watched the video of the party. **2** (sistema) video: *Ya ha salido en video.* It's already out on video.
■ *s fem* ► ver **videocasetera**

videocasetera *s* VCR, video (BrE): *No sé programar la videocasetera.* I don't know how to program the VCR.

videoclip *s* video, music video

videoclub *s* video store (AmE), video shop (BrE)

videojuego *s* video game

vidrio *s* **1** (material) glass: *Es de vidrio.* It's made of glass. | **un plato/una fuente** etc. **de vidrio** a glass plate/dish etc. **2** (trozo de vidrio) piece of glass ► **broken glass**, que es incontable, se usa para traducir *vidrios rotos*: *Cuidado con los vidrios rotos.* Be careful of the broken glass. **3** (de una ventana) window pane

viejo, -a *adjetivo & sustantivo*
■ *adj* (persona, ropa, casa, etc.) old: *Tiene una computadora muy vieja.* He has a very old computer.
■ *s* **viejo** old man (pl men) | **vieja** old woman (pl women) ► Para referirse a los viejos en general se usa **old people**

young

old

viento *s* wind: *Soplaba un viento fuerte.* A strong wind was blowing. | **hace/hacía viento** it's/it was windy

vientre *s* **1** stomach, abdomen ► **abdomen** es más formal o más técnico **2** (útero) womb

viernes *s* Friday ► ver "Active Box" **días de la semana** en **día**
Viernes Santo Good Friday

viga *s* **1** (de madera) beam **2** (de metal) girder

vigésimo, -a *número* twentieth

vigilante *sustantivo & adjetivo*
■ *s* security guard
■ *adj* vigilant

vigilar *v* to watch

VIH *s* (= virus de inmunodeficiencia humana) **ser VIH positivo** to be HIV positive

villancico *s* Christmas carol

vinagre *s* vinegar

vinagreta *s* vinaigrette

vínculo *s* **1** (lazo) bond **2** (en computación) link: *un vínculo a otra página* a link to another page

vino *s* wine: *¿Quieres vino?* Would you like some wine? | *Trajo una botella de vino.* He brought a bottle of wine.

vino blanco white wine **vino de la casa** house wine **vino rosado** rosé **vino tinto** red wine

viñedo s vineyard

violación s **1** (de una persona) rape **2** (de una ley, una regla) violation

violador, -a s rapist

violar v **1** (a una persona) to rape **2** (una ley) to break

violencia s violence

violento, -a adj **1** (persona, animal, actitud etc.) violent **2** (incómodo) awkward

violeta adjetivo & sustantivo
■ adj purple
■ s **1** (flor) violet **2** (color) purple ▶ ver "Active Box" **colores** en **color**

violín s violin

violinista s violinist

violonchelista s cellist

violonchelo s cello

virgen adjetivo & sustantivo
■ adj **1** (referido a una persona) **ser virgen** to be a virgin **2** (cassette) blank **3** (tierra, selva) virgin
■ s **la Virgen (María)** the Virgin Mary

Virgo s Virgo: *Soy (de) Virgo.* I'm a Virgo.

virtual adj virtual ▶ ver **realidad**

virtud s virtue

viruela s smallpox

virus s **1** (de una enfermedad) virus (pl -ses) **2** (en informática) virus (pl -ses)

visa s visa

visera s **1** (de una gorra) peak **2** (sola) eye shade **3** (en un coche) sun visor

visibilidad s visibility

visible adj visible

visión s **1** (vista) sight **2** (intuición) vision **3** (opinión) view **4** (alucinación) vision | **ver visiones** to see things: *Estás viendo visiones.* You're seeing things.

visita s **1** (acción) visit: *Gracias por la visita.* Thank you for your visit. | **estar de visita** to be visiting: *¿Viven acá o están de visita?* Do you live here or are you visiting? **2** (persona) visitor | **tener visitas** to have visitors: *No entré porque vi que tenían visita.* I didn't go in because I could see they had visitors.

visitante s **1** (en deportes) **jugar de visitante** to play away from home, to play on the road (AmE) | **ganar de visitante** to win away, to win on the road (AmE) | **los visitantes** the away team **2** (persona) visitor

visitar v to visit: *Los fuimos a visitar.* We went to visit them./We went to see them.

víspera s **la víspera del examen/de la boda etc.** the day before the exam/the wedding etc. | **en vísperas de su partida/de las elecciones etc.** just before his departure/the elections etc., on

the eve of his departure/of the elections etc. ▶ **on the eve of** implica que se trata del día anterior

vista s **1** (sentido) sight | **perder la vista** to lose your sight | **ser corto -a de vista** to be near-sighted (AmE), to be short-sighted (BrE) **2** (panorama) view: *Hay una vista preciosa.* There is a lovely view. | **con vista al mar/a las montañas** etc. with a sea view/with a view toward the mountains etc. **3** (mirada) **bajar/levantar la vista** to look down/up: *Bajó la vista.* He looked down. **4 a la vista** visible **5 hacerse de la vista gorda** to turn a blind eye: *El profesor se hizo de la vista gorda.* The teacher turned a blind eye. **6 salta/saltaba a la vista que...** it is/it was obvious that... **7 perder algo/a alguien de vista** to lose sight of sth/sb | **perderse de vista** to be lost from sight **8 en vista de las circunstancias/de lo que pasó** etc. in view of the circumstances/of what has happened etc. | **en vista de que...** in view of the fact that...

vistazo s **echarle un vistazo a algo** to have a quick look at sth

visto, -a adj **1 estar mal visto/no estar bien visto** to be frowned upon **2 está visto que...** it's clear that...: *Está visto que no lo vamos a poder convencer.* It's clear that we aren't going to persuade him. **3 por lo visto** apparently, from the look of things ▶ Usa **apparently** cuando te basas en lo que otra persona te dijo y **from the look of things** cuando te basas en lo que tú mismo puedes ver: *Por lo visto no van a venir.* Apparently they are not coming. | *Por lo visto te gusta el rock.* From the look of things you like rock music.

visto bueno s approval: *darle el visto bueno a alguien* to give sb your approval

vital adj **1** (muy importante) vital | **de vital importancia** of vital importance **2** (con vitalidad) dynamic

vitamina s vitamin

vitral s stained-glass window

viudo, -a sustantivo & adjetivo
■ s viudo widower | viuda widow
■ adj ser viudo -a to be a widower/a widow | **quedarse viudo -a** to be widowed: *Se quedó viuda muy joven.* She was widowed at an early age.

viva interj ¡viva! hooray! | ¡viva Pedro/María etc.! three cheers for Pedro/María! etc.

víveres s pl provisions

vivienda s **1** (casa, departamento, etc.) home **2** (alojamiento) housing: *problemas de vivienda* housing problems

vivir v **1** (en un lugar, un tiempo) to live: *Vive en Londres.* He lives in London. | *Vivió en el siglo XVIII.* She lived in the 18th century. | *Viven juntos.* They live together. **2** (estar vivo) to be alive: *No sé si vive todavía.* I don't know if she's still alive. **3** (subsistir) to survive: *Les alcanza* *justo para vivir.* They have just enough to survive. | **vivir de algo** to live off sth: *¿De qué viven?* What do they live off? **4** (experimentar) to live through: *Vivimos una experiencia única.* We lived through a unique experience. **5 vive durmiendo/cantando etc.** he does nothing but sleep/sing etc.: *Vive hablándome de ti.* He does nothing but talk about you.

vivo, -a *adj* **1** (con vida) living: *Tiene pocos parientes vivos.* He has few living relatives. | **estar vivo -a** to be alive | **vivo -a o muerto -a** dead or alive **2** (inteligente, despierto) clever **3 un recital/una actuación en vivo** a live concert/performance | **transmitir/pasar algo en vivo** to broadcast sth live **4** (color) bright

vocabulario *s* vocabulary (pl -ries) | **ampliar el vocabulario** to expand your vocabulary

vocación *s* sense of vocation | **tener vocación (de algo)** to have a vocation (for sth)

vocacional *s* technical college

vocal *s* **1** (letra) vowel **2** (de una asociación) member ▶ ver **cuerda**

vodka *s* vodka

volado, -a *s* **echar un volado** to toss a coin, to flip a coin: *Echemos un volado para decidir.* Let's toss a coin to decide. ▶ También se puede decir **Let's toss for it**, que es más coloquial

volante *s* **1** (de un coche) steering wheel | **estar/ir al volante** to be driving, to be at the wheel **2** (folleto) leaflet: *Repartía volantes.* He was handing out leaflets.

volar *v* **1** (ave, avión, persona, tiempo) to fly: *El avión volaba muy bajo.* The plane was flying very low. | *¡Cómo vuela el tiempo!* Doesn't time fly! **2 hacer algo volando** ver ejemplos: *Hizo la tarea volando para salir a jugar.* He rushed through his homework so that he could go out to play. | *Tuvimos que salir volando.* We had to dash off. **3** (hacer explotar) **volar algo** to blow sth up

volarse *v* **1** (papeles, hojas) to blow away: *Los papeles se volaron con el viento.* The papers blew away in the wind. **2** (robar) to swipe, to nick (BrE): *Me volaron la cartera en el camión.* They swiped my purse in the bus.

volcán *s* volcano (pl volcanoes o volcanos)

volea *s* volley

voleibol, también **volibol** *s* volleyball | **jugar al voleibol** to play volleyball

voltaje *s* voltage

voltear *v* **1** (invertir) **voltear algo** to turn sth over: *Voltea el bistec.* Turn the steak over. **2 voltear la página** to turn the page **3 voltear un suéter/un vestido etc. del revés** to turn a sweater/a dress etc. inside out **4 voltear a la derecha/a la izquierda** to turn right/left

voltearse *v* **1** (darse la vuelta) to turn around, to turn round (BrE): *Se volteó para ver quién era.* She turned around to see who it was. **2** (vehículo) to overturn

voltereta *s* somersault

voltio *s* volt

volumen *s* **1** (de un sonido, un ruido) volume | **a todo volumen** full blast: *La música estaba a todo volumen.* The music was on full blast. **2** (tamaño) size | **de gran volumen** large: *un paquete de gran volumen* a large-sized package/a very large package **3** (en física) volume **4** (de una enciclopedia, una obra) volume

voluntad *s* **1** (tenacidad) will: *una voluntad de hierro* a will of iron | *Lo hice por mi propia voluntad.* I did it of my own free will. **2** (deseo) wishes *pl*: *Quiero respetar su voluntad.* I want to respect his wishes. | **lo dijo/lo hizo sin voluntad de ofender** he didn't mean to offend anyone ▶ ver **fuerza**

voluntario, -a *adjetivo & sustantivo*
■ *adj* voluntary
■ *s* volunteer

volver *v* **1** (ir/venir de nuevo) to go back/to come back: *Vuelvan pronto.* Come back soon. | *Tuve que volver a mi casa solo.* I had to go back home on my own. ▶ A menudo se usan **to be back** y **to get back** para expresar la idea de estar/llegar de vuelta: *Ya vuelvo.* I'll be back shortly. | *¿A qué horas vuelven del colegio?* What time do they get back from school? | **volviendo del trabajo/del colegio etc.** on the way back from work/school etc. **2 volver a hacer algo** to do sth again: *No volví a verlo nunca más.* I never saw him again. | *No vuelvas a hacerlo.* Don't do it again. **3 volver (el estómago)** to be sick: *Volvió el estómago en el coche.* He was sick in the car. | *Los caballitos me dieron ganas de volver.* The merry-go-round made me feel sick. **4 volver en sí** to come to, to come around (AmE), to come round (BrE)

volverse *v* **1** (regresar) to go back **2** (voltearse) to turn around, to turn round (BrE): *Se volvió y nos vio.* She turned around and saw us. **3** (convertirse en) **volverse egoísta/tacaño -a etc.** to become selfish/mean etc.: *Me volví más tolerante.* I became more tolerant. ▶ ver **loco**

vomitar *v* to be sick, to vomit ▶ **to vomit** es más formal | **tener ganas de vomitar** to feel sick, to feel nauseous (AmE): *Tengo ganas de vomitar.* I feel sick. | **vomitar algo** to bring sth up: *Vomité todo lo que había comido.* I brought up everything I had eaten.

votación *s* vote: *Perdimos la votación.* We lost the vote. | **someter algo a votación** to put sth to a vote

votar *v* **1** (emitir un voto) to vote | **votar por alguien** to vote for sb: *¿Por quién vas a votar?* Who are you going to vote for? | **votar a favor de/en contra de algo** to vote for/against sth | **voto por ir a bailar/quedarnos en casa etc.** I say we should go out dancing/stay home etc. **2** (una ley) to pass

voto s **1** (en elecciones) vote: *Ganamos por 50 votos*. We won by 50 votes. **2** (promesa) **hacer votos de castidad/pobreza** to take a vow of chastity/poverty

voz s **1** voice **2** **en voz alta** out loud: *Léelo en voz alta*. Read it out loud. | **en voz baja** ver ejemplos: *¡Shhh! ¡Hablen en voz baja!* Shhh! Keep your voices down! | *Me lo dijo en voz baja*. She told me in a low voice. **3** **levantarle la voz a alguien** to raise your voice to sb
voz activa active voice **voz pasiva** passive voice

vuelo s **1** (de un avión) flight: *Son doce horas de vuelo*. It's a twelve-hour flight. | *¿A qué horas sale tu vuelo?* What time does your flight leave? **2** (de un ave) flight **3** (de una falda) **tener mucho vuelo** to be very full
vuelo chárter charter flight **vuelo espacial** space flight **vuelo internacional** international flight

vuelta s **1** **darle la vuelta a algo** to turn sth over: *Dale la vuelta al filete*. Turn the steak over. | **darse (la) vuelta** **(a)** (girar) to turn around, to turn round (BrE): *Se dio (la) vuelta para mirarla*. He turned around to look at her. **(b)** (en posición horizontal) to turn over: *Date (la) vuelta. Estás roncando*. Turn over. You're snoring. | **dar la vuelta al mundo** to go around the world, to go round the world (BrE) **2** **ir/salir a dar una vuelta** **(a)** (caminando) to go for a walk **(b)** (en coche) to go for a drive **(c)** (en bicicleta) to go for a ride **3** **a la vuelta** **(a)** (de la esquina) just

around the corner, just round the corner (BrE): *Hay un banco a la vuelta de mi casa*. There's a bank just around the corner from my house. **(b)** (al regresar) when I/we etc. get back: *A la vuelta platicamos*. We can talk when we get back. | *Te llamo a la vuelta de las vacaciones*. I'll call you when I get back from vacation. **4** **de vuelta** **(a)** (de nuevo) again: *Tienes que hacerlo de vuelta*. You've got to do it again. **(b)** (de regreso) back: *el camino de vuelta* the way back | *Quiero estar de vuelta en casa a las 4*. I want to be back home by 4 o'clock. | *la vuelta de los exiliados* the return of the exiles **6** (en una carrera) lap
vuelta ciclista tour, cycle race **vuelta de campana** (de un vehículo) *El coche dio tres vueltas de campana*. The car turned over three times. **dar una vuelta de campana** (de una embarcación) to capsize **vuelta olímpica** lap of honor (AmE), lap of honour (BrE)

vuelto s change: *Me dio mal el vuelto*. He gave me the wrong change.

vulcanizadora s tire store (AmE), tyre shop (BrE)

vulcanizar v to repair, to vulcanize

vulgar adj **1** (grosero) vulgar: *palabras vulgares* vulgar words **2** (común) ordinary: *un vulgar empleado de oficina* an ordinary office worker **3** (al censurar a alguien) common: *El tipo es un vulgar ladrón*. The man is a common thief.

ⓘ ¿Se dice *I arrived in Miami* o *I arrived to Miami*? Mira la entrada **arrive**.

W, w *s* W, w ▸ ver "Active Box" **letras del alfabeto** en **letra**

wafle o **waffle** *s* waffle

walkie-talkie *s* walkie-talkie

walkman *s* Walkman®

waterpolo *s* water polo

whisky *s* whiskey, whisky (pl -kies) ▸ Para referirse al whisky escocés es frecuente usar **scotch**

windsurf *s* windsurfing | **ir a hacer windsurf** to go windsurfing

X, x *s* X, x ▸ ver "Active Box" **letras del alfabeto** en **letra**

xenofobia *s* xenophobia

xilófono *s* xylophone

Y, y *s* Y, y ▸ ver "Active Box" **letras del alfabeto** en **letra**

y *conj* **1** (copulativa) and: *Tengo un hermano y una hermana.* I have a brother and a sister. ▸ En inglés no se usa una conjunción sino una coma entre dos adjetivos que preceden a un sustantivo, salvo si se trata de colores: *Tiene el pelo*

largo y lacio. She has long, straight hair. | *la camiseta azul y roja del equipo* the team's red and blue shirt **2** (al dar la hora) **la una/las cuatro etc. y media** one thirty/four thirty etc., half past one/half past four etc. | **las dos/las diez etc. y cuarto** quarter after two/ten etc. (AmE), quarter past two/ten etc. (BrE) | **las once y diez/las siete y veinte etc.** ten after eleven/ twenty after seven etc. (AmE), ten past eleven/ twenty past seven etc. (BrE) **3** (en numerales) ver ejemplos: *noventa y ocho* ninety eight | *cuarenta y cuatro* forty four **4** (en preguntas) ver ejemplos: *Yo no voy ¿y tú?* I'm not going, what about you? | *¿Y cómo llegaste?* So how did you get here? | *¿Y si se hubieran perdido?* And what if they had gotten lost? | *¿y qué?* so what?: *Me equivoqué ¿y qué?* I made a mistake! So what?

ya *adverbio & conjunción*
■ *adv* ▸ ver recuadro
■ **ya que** *conj* (dado que): *Ya que estás aquí, te voy a mostrar algo.* Since you're here, I'm going to show you something.

yacimiento *s* **1** (de minerales) deposit **2** (en arqueología) site
yacimiento petrolífero oilfield

yarda *s* yard

yate *s* yacht

yegua *s* mare

yema *s* **1** (del huevo) yolk, egg yolk **2 la yema del dedo** the tip of your finger

yerba *s* ▸ ver **hierba**

yerbabuena *s* mint

yerno *s* son-in-law (pl sons-in-law)

yeso *s* **1** (para un hueso roto) plaster **2** (en construcción) plaster

yo *pron* **1** I: *Yo me quedo.* I'm staying. ▸ Tras el verbo **to be** y en comparaciones se suele usar **me**: *Soy yo.* It's me. | *Es más alta que yo.* She's taller than me. | *Sabes más que yo.* You know more than I do./You know more than me. **2 yo que tú** if I were you: *Yo que tú, no iba.* If I were you, I wouldn't go.

yodo *s* iodine

yoga *s* yoga | **hacer yoga** to do yoga

yoghurt o **yogurt** *s* yogurt, yoghurt: *un yoghurt de vainilla* a vanilla yogurt
yoghurt líquido drinking yogurt **yoghurt descremado** low-fat yogurt **yoghurt entero** full-fat yogurt

yonqui *s* junkie

yoyo *s* yo-yo

ya *adverbio*

1 Se traduce por **already** cuando se refiere al presente o al pasado y la oración no es negativa ni interrogativa:

Ya se lo he dicho. I've already told him. | *Ya habíamos visto las fotos.* We had already seen the photos. | *Ya tiene tres nietos.* She already has three grandchildren. | *Ya lo sabemos.* We already know.

Fíjate que **already** normalmente va detrás de los modales o auxiliares pero delante de los demás verbos. Sin embargo, cuando expresa sorpresa, puede ir al final de la oración:

¡Ya se lo comió! He's eaten it already!

2 En oraciones interrogativas se suele traducir por **yet**, que va al final de la oración:

¿Ya has terminado? Have you finished yet? Cuando expresa sorpresa, se traduce por **already**, también usado al final de la oración:

¿Ya estás cansada? Are you tired already?

3 En oraciones negativas se usa **any more** con un verbo en negativo:

Ya no te quiero. I don't love you any more. | *Ya no viven más aquí.* They don't live here any more.

4 El uso de **no longer** con un verbo en afirmativo es más enfático o más formal:

El señor Galindo ya no trabaja aquí. Mr. Galindo no longer works here.

5 Cuando significa ahora:

Ya vienen para aquí. They're on their way. | *Ya voy.* I'm coming. | *Quiero que lo hagas ya.* I want you to do it right now. | *Sí, ya entiendo.* Yes, I understand.

6 Cuando se refiere al futuro:

Ya te lo diré algún día. I'll tell you some day. | *Ya aprenderá.* He'll learn. | *Ya salgo.* I'll be out in a minute. | *Ya veremos.* We'll see.

yudo *s* judo | **hacer yudo** to practice judo (AmE), to practise judo (BrE)

Z, z *s* Z, z ▶ ver "Active Box" **letras del alfabeto** en **letra**

zacate *s* **1** (para el baño) loofah **2** (para los trastes) scourer **3** (forraje) hay

zafar *v* (desatorar) to free, to get out

zafarse *v* **1** (soltarse) (persona) to free yourself, to get free, (pieza) to come off **2** (hablando de una obligación o compromiso) **me zafé/no me pude zafar etc.** I got out of it/I couldn't get out of it etc. | **zafarse de algo** to get out of sth: *No me pude zafar de ir a la junta.* I couldn't get out of going to the meeting. **3 se me zafó el hombro/el codo etc.** I dislocated my shoulder/my elbow etc. **4 se le/te etc. zafó un tornillo** he's/you've etc. got a screw loose **5 ¡(yo) zafo!** ver ejemplos: *Yo zafo, le toca ir a otro.* There's no way I'm going, it's somebody else's turn. | *Si van a acampar, yo zafo.* If you're going camping, count me out.

zafiro *s* sapphire

zambullida *s* **darse una zambullida** to have a dip

zambullirse *v* to dive: *Nos zambullimos en la alberca.* We dived into the pool.

zanahoria *s* carrot | **ensalada/sopa de zanahoria** carrot salad/soup

zancadilla *s* **ponerle una zancadilla a alguien** to trip sb up

zanco *s* stilt

zancudo *s* mosquito (pl -tos o -toes): *Me picaron los zancudos.* I've been bitten by mosquitos.

zángano, -a *sustantivo masculino & femenino & sustantivo masculino*
■ *s masc & fem* (persona) **ser un zángano/una zángana** to be a lazybones, to be a layabout (BrE)
■ **zángano** *s masc* (insecto) drone

zanja *s* ditch (pl -ches)

zapatería *s* shoe store (AmE), shoe shop (BrE)

zapatero, -a *s* Existe el término **cobbler**, pero es anticuado. Existen muy pocos zapateros tradicionales en los países anglosajones. Los zapatos se arreglan en tiendas que también hacen copias de llaves, etc.: *Tengo que llevar las botas al zapatero.* I have to take my boots to be repaired.

zapato *s* shoe

zapato de futbol soccer cleat (AmE), football boot (BrE) **zapato de piso** flat shoe **zapato de tacón** high-heeled shoe

zarape *s* ▶ ver **sarape**

zarpa *s* paw

zarpar *v* (barco) to set sail

zarzamora *s* (fruta) blackberry (pl -rries)

zigzaguear *v* to zigzag

zinc *s* zinc | **un techo/una plancha de zinc** a zinc roof/sheet

zíper, zipper *s* zipper (AmE), zip (BrE) | **subirse el zíper** to do your zipper up (AmE), to do your zip up (BrE): *Súbeme el zíper, por favor.* Can you do my zipper up, please? | *Se subió el zíper de la falda.* She did up the zipper on her skirt. | **bajarse el zíper** to undo your zipper (AmE), to undo your zip (BrE): *No me puedo bajar el zíper.* I can't undo my zipper.

zócalo s (plaza) main square

zoclo s (de una pared) baseboard (AmE), skirting board (BrE)

zodiaco o **zodíaco** s zodiac

zona s **1** (área) area: *En esta zona no hay tiendas.* There are no stores in this area. | *una zona industrial/comercial* an industrial area/a business area | *la zona norte del país* the north of the country **2** (en cuanto al clima) zone: *una zona templada* a temperate zone **3** (en un torneo, campeonato) group

zoológico s zoo

zopilote s vulture, black vulture

zorra s **1** (animal) fox (pl -xes) ► Éste es el término genérico. Para referirse específicamente a una hembra se usa **vixen 2** (piel) fox fur

zorrillo s skunk

zueco s clog

zumbar v **1** (abeja, mosca) to buzz **2** *me/le etc. zumban los oídos* my/his etc. ears are ringing | *le deben estar zumbando los oídos* (cuando se habla mal de alguien) his/her ears must be burning **3** *zumbar(se) a alguien* to thrash sb: *Se lo zumbaron en la primera ronda.* He was thrashed in the first round. | *Nos zumbaron bien y bonito.* We were well and truly thrashed.

zumbido s **1** (de un insecto) buzzing **2** (en los oídos) ringing

zurcir v to darn

zurdo, -a *adjetivo & sustantivo*
■ *adj* left-handed ► Si te refieres a un futbolista zurdo, usa **left-footed**
■ *s* left-handed person (pl people)

zurra s thrashing | *darle una zurra a alguien* to thrash sb

APÉNDICES

GUÍA DE GRAMÁTICA

En esta sección encontrarás información sobre distintos aspectos de la gramática del inglés que pueden ayudarte a entender mejor lo que escuches o leas y también a hablar y escribir más correctamente.

¿Cómo se usan los artículos?

El inglés tiene, como el español, dos clases de artículo: el definido (*the*) y el indefinido (*a* o *an*). En general, los artículos se usan en inglés igual que en español, salvo en estos casos:

▶ Cuando hablamos **en general**, en inglés **no se usa ningún artículo**:

People think we are sisters.	*La gente cree que somos hermanas.*
Alcohol is bad for your health.	*El alcohol es malo para la salud.*
Children need a lot of attention.	*Los niños necesitan mucha atención.*
Students must be here at 8 a.m.	*Los alumnos deben estar aquí a las 8.*

▶ Cuando hablamos de **partes del cuerpo** o **prendas de vestir**, en inglés se usa el **posesivo**:

*She took off **her** shoes.*	*Se quitó los zapatos.*
*Have you washed **your** face?*	*¿Te lavaste la cara?*
*I brushed **my** teeth.*	*Me lavé los dientes.*
*Put on **your** coat.*	*Ponte el abrigo.*
***Her** face was swollen.*	*Tenía la cara hinchada.*

▶ Cuando usamos **expresiones de tiempo** con *last* y *next*, no se usa el artículo en inglés:

I saw Tom last week.	*Vi a Tom la semana pasada.*
The party is next Saturday.	*La fiesta es el sábado que viene.*
He went to Miami last year.	*Fue a Miami el año pasado*

¿Cómo se usan los posesivos?

▶ En inglés, los adjetivos posesivos **no cambian en singular y plural**. Este cuadro muestra cómo hay una sola forma en inglés para las formas del singular y el plural en español:

español	inglés
mi - mis	my
tu - tus	your
su – sus (de usted)	your
su – sus (de ella)	her
su – sus (de él)	his
nuestro/a – nuestros/as	our
su – sus (de ustedes)	your
su – sus (de ellas/ellos)	their

▶ Entonces, aunque el sustantivo sea plural en inglés, el adjetivo posesivo queda igual:

my **cat** → my **cats**   Give me **your** book. → Give me **your** books.

Pertenencia, parte, material

En español, usamos la preposición de para indicar que

▶ algo **pertenece** a una persona o un lugar
En la oración *El libro es de Laura*, la preposición *de* indica pertenencia.

En inglés, cuando el poseedor es una persona **no se usa preposición**, sino que se usa la construcción con **apóstrofe** y **s**:

That is Anna's room.	Ése es el cuarto de Ana.
my grandmother's house	la casa de mi abuela

A veces también se usa cuando se trata de lugares (*Sydney's new airport*).

▶ algo es **parte** de una cosa o de un lugar
En la frase *la ventana de la cocina*, la preposición *de* indica parte.

En inglés, en muchos de estos casos **no se usa preposición**, sino que se dice primero el todo y después la parte:

the kitchen window
1   2

la ventana de la cocina
2   1

I have it in my coat pocket.
1   2

Lo tengo en la bolsa del abrigo.
2   1

▶ algo está hecho o construido con cierto **material**
En la frase *una corbata de seda*, la preposición *de* indica material.

En inglés, en muchos de estos casos **no se usa preposición**, sino que se dice primero el material y después el objeto:

a glass door
1   2

una puerta de vidrio
2   1

He gave her a pearl necklace.
1   2

Le regaló un collar de perlas.
2   1

Los números

cardinales		ordinales	
1	one	1st	first
2	two	2nd	second
3	three	3rd	third
4	four	4th	fourth
5	five	5th	fifth
6	six	6th	sixth
7	seven	7th	seventh
8	eight	8th	eighth
9	nine	9th	ninth
10	ten	10th	tenth
11	eleven	11th	eleventh
12	twelve	12th	twelfth
13	thirteen	13th	thirteenth
14	fourteen	14th	fourteenth
15	fifteen	15th	fifteenth
16	sixteen	16th	sixteenth
17	seventeen	17th	seventeenth
18	eighteen	18th	eighteenth
19	nineteen	19th	nineteenth
20	twenty	20th	twentieth
21	twenty-one	21st	twenty-first
25	twenty-five	25th	twenty-fifth
30	thirty	30th	thirtieth
40	forty	40th	fortieth
50	fifty	50th	fiftieth
60	sixty	60th	sixtieth
70	seventy	70th	seventieth
80	eighty	80th	eightieth
90	ninety	90th	ninetieth
100	a/one hundred	100th	hundredth
101	a/one hundred and one	101st	hundred and first
130	a/one hundred and thirty	130th	hundred and thirtieth
200	two hundred	200th	two hundredth
1,000	a/one thousand	1,000th	thousandth
3,000	three thousand	3,000th	three thousandth
10,000	ten thousand	10,000th	ten thousandth
100,000	a/one hundred thousand	100,000	hundred thousandth
1,000,000	a/one million	1,000,000th	millionth

▶ Cuando se escribe una cifra en letras, va un **guión** entre la decena y la unidad: *twenty-one*, *forty-six*, *fifty-two*.

▶ Cuando se dice o se escribe en letras una cifra entre cien y mil, se usa **and** después de la centena: *three hundred and five*, *six hundred and twenty-eight*, *one hundred and fifty*.

▶ En inglés, como en español mexicano, se usa la **coma** para marcar las posiciones de mil y de millón: *2,904*, *340,000*, *1,500,000*

▶ En inglés, como en español mexicano, el **punto** separa la unidad de los decimales: *0.5*, *40.25*.

▶ Cuando se da un **número de teléfono**, se dice cada número por separado: *4521 2373* se dice *four-five-two-one, two-three-seven-three*; *65 1469* se dice *six-five, one-four-six-nine*. Si un número se repite, se usa la palabra *double*: *55 1932* se dice *double five, one-nine-three-two*.

▶ Al leer un número de varias cifras, **cero** se dice *zero*. En inglés británico también se suele decir *oh*, como si fuera la letra **o**. El número *4801* se puede leer *four eight zero one* o, en inglés británico también *four eight oh one*. En matemáticas se dice *zero* o *nought*. En resultados deportivos se dice *nothing* o *zero* en inglés americano y *nil* en inglés británico. En tenis se usa *love*.

▶ Cuando se trata de **años** a partir del mil, se dicen los dos primeros números como una sola cifra, y después los otros dos también como una sola cifra: *1814* se dice *eighteen fourteen*, *1993* se dice *ninteen ninety-three*. En los años del *01* al *09* se usa *oh* para el cero, como en *1906*: *nineteen-oh-six*. Sin embargo, a partir del año *2000* (*two thousand*), los años se dicen como números normales: *2001* se dice *two thousand and one*, *2002* se dice *two thousand and two*, etc.

▶ Cuando se trata de **fechas**, hay tres formas de escribirlas:

> 5th March
> 5 March
> March 5th

Cualquiera de estas formas se lee de dos maneras: *the fifth of March* o *March the fifth*. En inglés americano, cuando se expresan las fechas con números, el orden es mes-día-año: *12/9/2002* indica el 9 de diciembre. En inglés británico, en cambio, el orden es igual que en español, indicando día-mes-año: *12/9/2002* indica el 12 de septiembre.

▶ Cuando se trata de reyes o papas, se usa el artículo *the*, que no aparece escrito: *Henry VIII* se lee *Henry **the** Eighth*, *John Paul II* se lee *John Paul **the** Second*.

▶ Cuando se trata de siglos, se usan los números ordinales y no se usan números romanos en la escritura; para referirse al siglo XIX, se escribe *the 19th century* y se lee *the nineteenth century*.

Sustantivos contables e incontables

▶ ¿Cuál es la diferencia entre un sustantivo como *anillo* y un sustantivo como *sal*? Podemos decir *Se puso tres anillos*, pero no **Le puso tres sales a la comida*. No decimos **Tengo que comprar un alcohol*, sino *Tengo que comprar alcohol*. Los sustantivos como *sal* o *alcohol*, que no representan unidades que se puedan contar, se llaman **sustantivos incontables**, y hay muchos en español: *agua, barro, arena, alegría, silencio* son algunos ejemplos. En general, son los sustantivos que se refieren a **sustancias**, **cualidades** o **ideas abstractas**.

▶ En inglés también existen sustantivos contables e incontables y, como en español, también se usan de diferente manera. Se puede decir *I bought a book*, pero no **I bought a sugar*. Hay que decir *I bought sugar*, o *I bought some sugar*. Tampoco se pueden usar números con sustantivos incontables como *water, fire, salt, music* o *love*.

▶ Hay algunos sustantivos que son **incontables en inglés pero no en español**: por ejemplo, *news, furniture, advice*. Entonces, para referirse a una noticia, un mueble o un consejo se dice *a **piece of** news, a **piece of** furniture, a **piece of** advice*. En estos casos, en el diccionario hay una nota que explica las diferencias entre el inglés y el español.

Sustantivos con función adjetiva

▶ En inglés, se suele usar el sustantivo con valor de adjetivo, caracterizando a otro sustantivo:

> **Christmas** tree
> **movie** theater
> **school** year
> **shoe** store
> **space** shuttle
> **summer** vacation

▶ En español, esta estructura puede equivaler a:

un sustantivo seguido de un adjetivo

> school year — año **escolar**
> space shuttle — transbordador **espacial**

un sustantivo seguido de una frase preposicional

> Christmas tree — árbol **de navidad**
> summer vacation — vacaciones **de verano**

o un sustantivo

> movie theater — **cine**
> shoe store — **zapatería**

El sujeto obligatorio

▶ En español, muchas veces no expresamos el sujeto de una oración:

  Estoy cansado.   *Tiene dos hermanas.*

En inglés, el **sujeto** es **obligatorio** en la oración:

I'm *tired.*   **He** *has two sisters.*
I saw the film and **it's** *really good.* *I like Helen because* **she's**
                                            good fun

▶ En español, las oraciones referidas al **clima** no tienen sujeto:

  Hacía calor.   *Está lloviendo otra vez.*

En inglés, el sujeto *it* es **obligatorio** en estos casos:

It *was hot.*   **It's** *raining again.*

Posición de los adverbios

▶ En español, podemos ubicar los adverbios entre el verbo y el objeto o
después del objeto:

  Lea **atentamente** *el texto.*   *Lea el texto* **atentamente.**

En inglés, los **adverbios** van **después del objeto**:

  NO *Read carefully the text.*   SÍ *Read the text carefully.*

  NO *He hit hard the ball.*   SÍ *He hit the ball hard.*

  NO *I don't like very much football.* SÍ *I don't like football very much.*

▶ En inglés, los adverbios que indican **frecuencia** suelen ir **antes del verbo
principal**:

  I usually go there on Saturdays.
       1   2

  She is always asking silly questions.
            1   2

  We never saw him again.
        1   2

Verbos irregulares

En inglés hay muchos verbos irregulares. En este diccionario, en las entradas correspondientes a estos verbos está la información sobre sus formas irregulares (pasado y participio). A continuación presentamos una lista de los verbos irregulares más comunes en inglés, para facilitar la consulta.

Verbo	Pasado	Participio
awake	awoke	awoken
be	was, were	been
bear	bore	borne
become	became	become
begin	began	begun
bend	bent	bent
blow	blew	blown
break	broke	broken
bring	brought	brought
build	built	built
buy	bought	bought
catch	caught	caught
choose	chose	chosen
come	came	come
do	did	done
draw	drew	drawn
drink	drank	drunk
drive	drove	driven
eat	ate	eaten
fall	fell	fallen
feel	felt	felt
fight	fought	fought
find	found	found
fly	flew	flown
forget	forgot	forgotten
forgive	forgave	forgiven
get	got	gotten
give	gave	given
go	went	gone
grow	grew	grown
have	had	had
hear	heard	heard
hide	hid	hidden, hid
hold	held	held
keep	kept	kept
know	knew	known
lay	laid	laid
lead	led	led

Verbo	Pasado	Participio
leave	left	left
lend	lent	lent
let	let	let
lie¹	lay	lain
lose	lost	lost
make	made	made
mean	meant	meant
meet	met	met
pay	paid	paid
put	put	put
read	read	read
ride	rode	ridden
ring	rang	rung
rise	rose	risen
run	ran	run
say	said	said
see	saw	seen
sell	sold	sold
send	sent	sent
set	set	set
shake	shook	shaken
shine	shone	shone
shoot	shot	shot
show	showed	shown
sing	sang	sung
sit	sat	sat
sleep	slept	slept
speak	spoke	spoken
spend	spent	spent
stand	stood	stood
steal	stole	stolen
strike	struck	struck
swim	swam	swum
take	took	taken
teach	taught	taught
tear	tore	torn
tell	told	told
think	thought	thought
throw	threw	thrown
wake	woke	woken
wear	wore	worn
win	won	won
write	wrote	written

GUÍA DE GRAMÁTICA

¿Qué son los verbos modales?

▶ Se llaman verbos modales los verbos como *can, may, must, would* o *should*, que se usan con otros verbos para agregar un **significado de posibilidad, obligación, deseo, cortesía**, etc. Para saber más sobre el significado de cada uno de los modales, búscalos en el diccionario. Encontrarás notas con explicaciones y ejemplos.

▶ Los verbos modales tienen **la misma forma** para todas las personas (*I can do it, She can have it*), es decir que *he/she/it* en estos casos no tienen la forma de presente con *–s*.

▶ Los verbos modales **no** tienen forma en *–ing* ni forma en *–ed*

¿Qué son los *phrasal verbs*?

▶ Los *phrasal verbs* son construcciones formadas por **un verbo y una partícula** como *out, off, away, back*, etc. El conjunto formado por el verbo y la partícula tiene un **significado especial**, diferente del significado del verbo solo. El verbo *put* significa en general *poner*, pero el phrasal verb *put out*, en la oración *He put out the fire*, significa *apagar*.

▶ Los *phrasal verbs* pueden ser **transitivos** o **intransitivos**, es decir que pueden tener objeto directo o no. En la oración *The plane is taking off = El avión está despegando*, *to take off* es un *phrasal verb* intransitivo. En la oración *I have to give back the book = Tengo que devolver el libro*, *give back* es un *phrasal verb* transitivo (*the book* es el objeto directo).

▶ Algunos *phrasal verbs* se pueden usar con o sin objeto directo: *to make up = maquillarse, to make somebody up =* maquillar a alguien.

▶ Algunos *phrasal verbs* transitivos son **separables**. Se puede poner el objeto directo en **dos posiciones**: después del *phrasal verb* completo (*He took off his shoes*) o entre el verbo y la partícula (*He took his shoes off*). Si el objeto directo es un pronombre –*me, it, them, her, him*, etc.–, siempre va entre el verbo y la partícula: *He took them off*.

▶ Otros *phrasal verbs* transitivos, en cambio, son **inseparables**. Con estos verbos, el objeto directo va siempre detrás de la partícula, incluso cuando son pronombres: *Who's looking after the children?, I'll see to it*. Para saber si un *phrasal verb* transitivo es separable o no, consulta la entrada del diccionario, donde se muestra cómo funciona.

GUÍA DE ASPECTOS CULTURALES

En esta sección hay información sobre distintos aspectos de la vida y las costumbres en Estados Unidos y Gran Bretaña. Esta información puede ayudar a comprender mejor lo que pasa en programas de televisión o películas y la información que aparece en libros o revistas en inglés.

Estados Unidos

Sistema político

Democracia con sistema presidencialista. Estados Unidos está formado por 50 estados, que comparten un gobierno federal. Además de la constitución nacional, que es común a todos los estados, cada estado tiene su constitución, y a veces hay diferencias entre los estados en cuestiones de seguridad, salud o educación. Se elige presidente cada cuatro años, con posibilidad de una reelección. El Congreso (**Congress**) está formado por dos cámaras, la de diputados o representantes (**House of Representatives**) y la de senadores (**Senate**).

Sistema educativo

La educación es obligatoria entre los 6 y los 14 ó 16 años, según el estado donde se viva. La escuela primaria (**elementary school**) dura seis años, desde los seis hasta los once años. La enseñanza media consta de un ciclo de dos años (**junior high school**) seguido por otro de cuatro años (**high school**). Los alumnos que quieren ir a la universidad dan un examen llamado **SAT** en el último año de la secundaria.

Transporte

Estados Unidos tiene una importante red de trenes (**Amtrak**) que conecta pueblos y ciudades. Una opción más barata para los viajes interurbanos son los autobuses (**Greyhound buses**). Las ciudades más importantes, como Nueva York o Boston, tienen también metro (**subway**), y algunas ciudades, como San Francisco, tienen tranvías (**streetcars**).

Moneda

La unidad monetaria es el dólar (**dollar**). La centésima parte del dólar es el centavo (**cent**). A la moneda de un centavo se la llama **penny**, a la de cinco, **nickel**, a la de diez, **dime** y a la de veinticinco, **quarter**. En lenguaje informal, *a buck* es un dólar.

Deportes

Uno de los deportes más populares en Estados Unidos es el beisbol (**baseball**). Los equipos profesionales forman una asociación de la que dependen dos ligas, la **American League** y la **National League**. Los campeones de estos torneos juegan entre sí los **World Series** para definir el campeón nacional. Otro de los deportes más populares es el futbol americano (**football**). La liga de futbol americano (**National Football League** o **NFL**) organiza dos campeonatos (llamados **conferences**); los campeones de cada uno de esos campeonatos juegan el partido final de la temporada, llamado **Super Bowl**. El básquet (**basketball**) también es muy practicado en Estados Unidos, donde los partidos de la **NBA (National Basket Association)** son un evento importante. El futbol, llamado **soccer** en inglés americano, no es tan popular en Estados Unidos.

Tallas

* Para la ropa de mujer y de hombre, se usa una numeración especial. Para mujer, las tallas son 6 (más o menos una 28), 8 (más o menos una 30), 10 (más o menos una 32), etc. Para hombre, las tallas son 30 (más o menos una 30), 32 (más o menos una 32), etc. También es común en algunas prendas la indicación **S** (**small**, es decir pequeño), **M** (**medium**, mediano), **L** (**large**, grande) o **XL** (**extra large**, muy grande). Otras prendas vienen en talla única, **OS** (**one size**).
* Para los zapatos de mujer y de hombre también se usa una numeración especial. Para mujer, los números son 5 (23), $5\frac{1}{2}$ (23.5), 6 (24), etc. Para hombre, los números son 7 (25), $7\frac{1}{2}$(25.5), 8 (26), etc.

Pesos y medidas

* La unidad de peso es la libra (**pound**), que equivale a unos 460 gramos. Esta medida se usa tanto para referirse a frutas, objetos, etc., como para hablar del peso de las personas. Una persona que pesa *111 pounds* pesa unos 51 kilos.
* Para hablar de la altura de cosas y personas se usan la pulgada (**inch**, unos 2.5 cm) y el pie (**foot**, que equivale a 12 inches, más o menos 30 cm): *He is six feet tall = Mide un metro ochenta.*
* Para hablar del ancho, el largo y la longitud también se usan, además de la pulgada y el pie, la yarda (**yard**, unos 91 cm), y la milla (**mile**, más o menos 1.6 km). Si en la carretera se indica 50 como velocidad máxima, se refiere a *50 mph* (fifty miles per hour, es decir 80 km/h).
* Para hablar de la capacidad, se suelen usar medidas como la pinta (**pint**, un poco menos de medio litro) y el galón (**gallon**, un poco menos de 4 litros). La pinta es la medida habitual para bebidas como la cerveza o la leche. La gasolina suele medirse por galones. Algunas de estas medidas tienen valores diferentes en Gran Bretaña.

Gran Bretaña

Países que forman Gran Bretaña

Inglaterra (**England**), Escocia (**Scotland**) y Gales (**Wales**) son los tres países que integran la mayor de las Islas Británicas (**British Isles**). El Reino Unido (**the United Kingdom**), que es el estado político, está formado por estos tres países más Irlanda del Norte (**Northern Ireland**).

Sistema político

Monarquía parlamentaria. El parlamento es la institución más importante. Se compone de dos cámaras, la Cámara de los Lores (**the House of Lords**) y la Cámara de los Comunes (**the House of Commons**). La Cámara de los Lores, que está en proceso de reforma, está integrada por miembros de la nobleza, obispos y otras personas notables. Los ciudadanos votan solamente los miembros de la Cámara de los Comunes, que es la más importante. El gobierno está conducido por el Primer Ministro (**the Prime Minister**), que es el líder del partido que más representación tiene en la Cámara de los Comunes. Las elecciones generales son como máximo cada cinco años.

Sistema educativo

La educación es obligatoria entre los 5 y los 16 años, y se divide en **primary school** (hasta los once años) y **secondary school** (hasta los dieciséis). La escuela primaria se compone de tres años de **infant school** y cuatro años de **junior school**. Al terminar el ciclo obligatorio, se pueden hacer dos años de **sixth form,** hasta los 18 años. Al cabo de estos dos años, los estudiantes pueden rendir exámenes que evalúan su conocimiento en algunas materias. Es necesario aprobar estos exámenes, que se llaman **A levels**, para estudiar en una universidad.

Transporte

En Gran Bretaña uno de los medios de transporte más utilizados es el tren (**train**). Mucha gente usa el tren para viajar de su casa al trabajo, ya que es muy común vivir en un pueblo o ciudad pequeña y trabajar en una ciudad grande. Además del tren, hay autobuses interurbanos (**coaches**) que conectan las distintas poblaciones. La ciudad de Londres tiene una red de metro muy extendida, así que el metro (**the underground** o **the tube,** como también se lo llama) es uno de los medios de transporte más populares en la ciudad. También son típicos de Londres los autobuses rojos de dos pisos (**double-deckers**).

Moneda

La unidad monetaria es la libra (**pound**). La centésima parte de la libra es el penique (**penny**, plural **pence**). Es muy común abreviar *pence* como p y decir *ten p* en lugar de *ten pence*. En lenguaje informal, *a quid* es una libra, *a fiver* es un billete de cinco libras y *a tenner* es un billete de diez libras.

Deportes

El deporte más popular de Gran Bretaña es el futbol (**football**). Los clubes de futbol juegan en una liga organizada en cuatro divisiones (**Premier League, First Division, Second Division** y **Third Division**). El campeonato más importante es la **FA Cup** (la Copa de la FA), uno de los eventos deportivos de mayor relevancia para los británicos. Otro deporte popular es el **rugby**, que tiene dos variantes: el **Rugby League** (jugado por equipos de trece jugadores) y el **Rugby Union** (jugado por equipos de quince jugadores). Este último es el que se juega en campeonatos internacionales, como el **Six Nations Tournament** (Torneo de las Seis Naciones). El **cricket**, también popular en Gran Bretaña, se juega sólo en verano. Los partidos pueden durar desde un día hasta cinco días, según el tipo de torneo.

Tallas

* Para la ropa de mujer y de hombre, se usa una numeración especial. Para mujer, las tallas son 8 (más o menos una 28), 10 (más o menos una 30), 12 (más o menos una 32), etc. Para hombre, las tallas son 30 (más o menos una 30), 32 (más o menos una 32), etc. También es común en algunas prendas la indicación **S** (**small**, es decir pequeño), **M** (**medium**, mediano), **L** (**large**, grande) o **XL** (**extra large**, muy grande). Otras prendas vienen en talla única, **OS** (**one size**).
* Para los zapatos de mujer y de hombre también se usa una numeración especial. Para mujer, los números son $3\frac{1}{2}$(23), 4 (23.5), $4\frac{1}{2}$(24), etc. Para hombre, los números son 6 (25), $6\frac{1}{2}$(25.5), 7 (26), etc.

Pesos y medidas

* Aunque para la mayoría de las cosas se ha adoptado el sistema métrico, todavía se suelen usar algunas medidas del antiguo sistema imperial. Por ejemplo, una unidad de peso muy usada para referirse a frutas, carne, etc. es la libra (**pound**), que equivale a unos 460 gramos. Para hablar del peso de las personas se usa **stone**, que equivale a 14 libras (6.35 kg) y la onza (1 **ounce** = 28.35 g). Una persona que pesa *8 stone* pesa casi 51 kilos.
* Para hablar de la altura de cosas y personas se usan la pulgada (**inch**, unos 2.5 cm) y el pie (**foot**, que equivale a 12 inches, más o menos 30 cm): *He is six feet tall = Mide un metro ochenta*.
* Para hablar del ancho, el largo y la longitud también se usan, además de la pulgada y el pie, la yarda (**yard**, unos 90 cm), y la milla (**mile**, más o menos 1.6 km). Cuando un letrero en la carretera dice *London 50*, indica que Londres está a 50 millas (*fifty miles*, es decir 80 km).
* Para hablar de la capacidad, se suelen usar medidas como la pinta (**pint**, apenas más de medio litro) y el galón (**gallon**, unos 4.5 litros). La pinta es la medida habitual para bebidas como la cerveza o la leche. La gasolina suele medirse por galones.

GUÍA PARA COMUNICARSE

En esta sección hay vocabulario y frases que pueden ayudar a comunicarse en distintas situaciones.

Para hablar de ti mismo

Me llamo Laura/Pablo.	My name's Laura/Pablo.
Tengo 14 años.	I'm fourteen years old.
Tengo un hermano y una hermana.	I have a brother and a sister.
Soy el/la menor.	I'm the youngest.
Estoy en sexto año/grado.	I'm in sixth grade (AmE)/in year 6 (BrE).
Tengo un perro.	I have a dog.
Soy del América/del Pumas/de Chivas.	I'm an America/a Pumas/a Chivas fan.
Vivo en Morelia/Toluca.	I live in Morelia/Toluca.
Estoy estudiando inglés.	I'm learning English.

Para hablar de tus gustos

Me gusta jugar futbol.	I like to play football
Me encanta ir a bailar.	I love to go clubbing.
No me gusta levantarme temprano.	I don't like getting up early.
Detesto este programa.	I hate this program.
Me fascinan los juegos de computadora.	I'm mad about computer games.
Prefiero el tenis al básquet.	I prefer tennis to basketball.
Me gustan más las canciones viejas.	I like the old songs better.

Para hablar de tu país

México limita al norte con Estados Unidos.	Mexico borders on the USA to the north.
Jalapa es la capital de Veracruz.	Jalapa is the capital of Veracruz.
México limita al sur con Guatemala.	Mexico borders on Guatemala to the south.
Ciudad de México está a más de 2,000 metros de altitud sobre el nivel del mar.	Mexico City is more than 2,000 meters above sea level.
En el norte de México hay muchas fábricas.	In North Mexico there are many factories.
En el sur del país hay una extensa selva virgen.	In the south of the country there's a vast area of virgin forest.
Cancún es un centro vacacional en el Caribe.	Cancún is a holiday resort in the Caribbean.
Las ruinas de Chichén Itzá están en Yucatán.	The ruins of Chichén Itzá are in Yucatán.
Acapulco es una bahía sobre el Pacífico.	Acapulco is a bay on the Pacific.

Para hablar de la escuela

Estoy en sexto.	I'm in sixth grade (AmE)/ in year 6 (BrE).
No me gustan las matemáticas.	I don't like Math (AmE)/ Maths (BrE).
Mi materia preferida es física.	My favourite subject is Physics.
Voy a la escuela en la mañana.	I go to school in the morning.
Voy a una escuela de gobierno.	I go to a public school (AmE)/ state school (BrE).
Me faltan dos años para terminar la secundaria.	I have two years to go before I finish high school.
Juego en el equipo de la escuela.	I play in the school team.
Voy en camión a la escuela.	I go to school by bus.

Para hablar de ropa

Esta chamarra me queda grande.	This jacket is too big for me.
El pantalón no combina con la camisa.	The pants (AmE)/trousers (BrE) don't go with the shirt.
Te queda bien ese vestido.	That dress looks nice on you.
Me gustan los jeans negros.	I like black jeans.
Usa ropa de marca.	He wears designer clothes.
una camisa floreada/lisa/a cuadros	a flowery/plain/checked shirt
una camisa de mangas cortas/largas	a short/long-sleeved shirt
un suéter con cuello redondo/en V	a round/V neck sweater (AmE)/ a round/V neck jumper (BrE)

▶ Para saber sobre las tallas de la ropa y los números del calzado en Estados Unidos y Gran Bretaña, mira la sección **Tallas** en la **Guía de aspectos culturales**.

Para hablar de deportes

¿Viste el partido anoche?	Did you watch the game last night?
¡Fue falta!	That was a foul!
Ganaron el campeonato.	They won the championship.
Entrenamos dos veces por semana.	We train twice a week.
Soy la capitana del equipo.	I'm captain of the team.
Mañana es la semifinal.	Tomorrow's the semifinal.
Quedó en segundo lugar en los cien metros.	She came second in the one hundred metres.

▶ Para saber sobre los deportes más importantes en Estados Unidos y Gran Bretaña, mira la sección **Deportes** en la **Guía de aspectos culturales**.

Para hablar del clima

Hace frío/calor.	It's cold/hot.
Está lloviendo.	It's raining.
Está nublado.	It's cloudy.
Hacía/Había mucho sol.	It was very sunny.
Nevó todos los días.	It snowed every day.
Hace dos grados bajo cero.	It's two degrees below zero.

Para hablar de la salud

Me duele la cabeza.	I have a headache.
No me siento bien.	I'm not feeling well.
Estoy mareado/mareada.	I feel dizzy.
Me duele la garganta.	I have a sore throat.
Estás muy acatarrado/acatarrada.	You have a bad cold.
Le duele la panza.	She has a stomach ache.
¿Tienes una aspirina?	Do you have an aspirin?
Tiene fiebre.	He has a temperature.

Para saludar

Hola, ¿cómo estás?	Hello/Hi, how are you?
Bien, ¿y tú?	I'm fine/all right, and you?
¿Qué hay/hubo?	How are things?
¡Chao!	Bye!
¡Nos vemos!	See you!
Hasta luego.	See you later.
¡Cuídate!	Take care!
Buenos días.	Good morning.
Buenas tardes.	Good afternoon/ Good evening.
Buenas noches.	Good night.

Para agradecer, disculparse, pedir permiso, etc.

Gracias.	Thank you./Thanks.
De nada.	You're welcome.
Perdón.	I'm sorry.
No fue nada.	That's all right.
Permiso, por favor.	Excuse me.
¿Cómo dijiste?/¿Qué?	Pardon?/Sorry?
Perdón, no entendí.	Sorry, I didn't catch that.
¿Puede hablar más lento, por favor?	Can you speak more slowly, please?
¿Está libre este asiento?	Is this seat free?
Disculpe, ¿esto es suyo?	Excuse me, is this yours?

Exclamaciones

de dolor	¡Ay!	Ouch!
de asco	¡Aj!/¡Puaj!	Ugh!/Yuck!
ante algo rico	¡Mmm!	Yum!
para llamar la atención	¡Eh!	Hey!

En una tienda

Puedes decir ...	
How much is this shirt?	¿Cuánto cuesta esta camisa?
I need a bigger size.	Necesito una talla más grande.
May I try this on?	¿Me puedo probar esto?
Where are the changing rooms?	¿Dónde están los probadores?
I'd like to see those sandals.	Quería ver esas sandalias.
Can I have a look around?	¿Puedo mirar un poco?
Do you take credit cards?	¿Aceptan tarjetas de crédito?

Vas a escuchar...	
It comes in black, red and beige.	Viene en negro, rojo y beige.
That is $30.	Son $30.
I don't have it in your size.	No lo tengo en su talla.
She can change it if she doesn't like it.	Lo puede cambiar si no le gusta.

▶ Para saber sobre las tallas de la ropa y los números del calzado en Estados Unidos y Gran Bretañas, mira la sección **Tallas** en la **Guía de aspectos culturales**.

▶ Para saber sobre el dinero que se usa en Gran Bretaña y Estados Unidos, mira la sección **Moneda** en la **Guía de aspectos culturales**.

En la calle

Puedes decir...	
Can you tell me the way to ...?	¿Me puede indicar cómo llegar a...?
Do you know where the station is?	¿Sabe dónde está la estación?
Is this the right way to Richmond?	¿Por aquí voy bien para Richmond?
Which is the nearest subway (AmE)/tube (BrE) station?	¿Qué estación de metro está más cerca?
Excuse me, is this Neal Street?	Disculpe, ¿esta es la calle Neal?

Vas a escuchar...	
Go straight on.	Siga derecho.
Turn left at the lights.	Doble a la izquierda en el semáforo.
It's on the next street.	Está en la próxima cuadra.
You have to cross the park.	Tiene que cruzar el parque.

▶ Para saber sobre los medios de transporte que se usan en Estados Unidos y Gran Bretaña, mira la sección **Transporte** en la **Guía de aspectos culturales**.

GUÍA PARA COMUNICARSE

En un restaurante o un café

Puedes decir...	
Two Cokes, please.	Dos cocas, por favor.
How much is the hamburger?	¿Cuánto cuesta la hamburguesa?
Sparkling water for me, please.	Para mí, agua con gas.
Where is the restroom (AmE)/ toilet (BrE)?	¿Dónde está el baño?
Can I have the check (AmE)/ bill (BrE), please?	La cuenta, por favor.
Can we pay separately?	¿Podemos pagar por separado?

Vas a escuchar...	
Have you booked?	¿Tienen reservación?
This way, please.	Por aquí, por favor.
It comes with fries (AmE)/ chips (BrE).	Viene con papas fritas.
Do you want it for here or to go?	¿Es para comer aquí o para llevar?

El café	
café negro/solo	black coffee
café cortado	coffee with a dash of milk
café con leche	white coffee
café expreso	espresso
El desayuno	
pan tostado	toast
mantequilla	butter
mermelada	jam
yogur	yoghurt
jamón	ham
huevos	eggs
jugo de naranja	orange juice

La carne	
carne (de res)	beef
pollo	chicken
cerdo	pork
salchichas	sausages
filete/bistec	steak
bien jugoso	rare
término medio	medium
bien cocido	well done

Los pescados y mariscos

filete de pescado empanizado	battered fish
salmón	salmon
lenguado	sole
camarones	prawns
langostinos	shrimps (AmE)/ prawns (BrE)
almejas	clams
calamares	squid
mejillones	mussels

Las verduras

jitomate	tomato
lechuga	lettuce
zanahoria	carrot
papa	potato
cebolla	onion
pimiento	pepper
pepino	cucumber
aguacate	avocado

Las papas

papas al horno	roast potatoes, jacket potatoes (con cáscara)
papas fritas	fries (AmE)/chips (BrE)
puré	mashed potatoes

Otros alimentos

sopa	soup
ensalada	salad
arroz	rice
pasta	pasta
frijoles	beans
pizza	pizza

Los postres

ensalada de frutas	fruit salad
helado	ice cream
flan	crème caramel
fresas con crema	strawberries and cream
pastel de manzana	apple pie
arroz con leche	rice pudding

▶ Para saber sobre el dinero que se usa en Estados Unidos y Gran Bretaña, mira la sección **Moneda** en la **Guía de aspectos culturales**.

GUÍA PARA COMUNICARSE

En la clase

Puedes decir...

How do you pronounce *thought*?	¿Cómo se pronuncia *thought*?
Can you spell it?	¿Lo puede deletrear?
What's the meaning of *frame*?	¿Qué quiere decir *frame*?
Could you repeat that, please?	¿Puede repetir, por favor?
I don't understand.	No entiendo.
I couldn't do exercise 3.	No pude hacer el ejercicio 3.
May I go to the bathroom?	¿Puedo ir al baño?
Do we have to write that down?	¿Hay que escribir eso?
What did he give as homework?	¿Qué dejó de tarea?
We've already done this exercise.	Este ejercicio ya lo hicimos.

Vas a escuchar...

Open the book on page 25.	Abran el libro en la página 25.
Do exercises 4 and 5 as homework.	Hagan los ejercicios 4 y 5 de tarea.
Work in pairs.	Trabajen en parejas.

En la estación de tren

Puedes decir...

Is this the train to Cambridge?	¿Éste es el tren que va a Cambridge?
What time is the next train to Boston?	¿A qué hora sale el próximo tren a Boston?
A round-trip (AmE)/return ticket (BrE) to Richmond, please.	Ida y vuelta a Richmond, por favor.
Where is platform 3?	¿Dónde está el andén 3?
I'm a student. Do I get a discount?	Soy estudiante. ¿Tengo descuento?
Can I have a timetable?	¿Me da un folleto con los horarios?

Vas a escuchar...

It's $6.20, please.	Son $6.20, por favor.
Here's your change.	Aquí tiene el cambio.
Next train calls at Tipton, Maple End ...	El próximo tren para en Tipton, Maple End ...
Tickets, please.	Boletos, por favor.

▶ Para saber sobre el dinero que se usa en
Estados Unidos y Gran Bretaña, mira la sección
Moneda en la **Guía de aspectos culturales**.

En el aeropuerto

Puedes decir...	
What time is check-in?	¿A qué hora es el check-in?
Can I take this as hand luggage?	¿Puedo llevar esto como equipaje de mano?
How much weight may I carry?	¿Cuánto peso puedo llevar?
It's just this suitcase.	Es esta maleta nomás.
Vas a escuchar...	
Let me see your passport, please.	Muéstreme su pasaporte, por favor.
Window or aisle seat?	¿Ventanilla o pasillo?
You board at gate 4 at 7.45.	Embarca por la puerta 4 a las 7:45.
Boarding card, please.	Pase de abordar, por favor.
Flight 301 for London is now boarding at gate 5.	El vuelo 301 con destino a Londres está embarcando por la puerta 5.

En la farmacia

Puedes decir...	
I need something for this cold.	Necesito algo para el catarro.
Do you have any cough mixture?	¿Tiene algún jarabe para la tos?
Do I need a prescription for this?	¿Para esto necesito receta?
Can you recommend something for insect bites?	¿Me recomienda algo para las picaduras/los piquetes de insecto?
I'm allergic to ...	Soy alérgico/alérgica a ...
Remedios	
aspirin	aspirina(s)
vitamin C tablets	comprimidos de vitamina C
rubbing alcohol (AmE)/ surgical spirit (BrE)	alcohol
bandaid (AmE)/ plaster (BrE)	curita
painkiller	analgésico

Por teléfono

Puedes decir...	
Hello! Is Sofia there, please?	¡Hola! ¿Está Sofía, por favor?
Can I speak to Diego, please?	¿Puedo hablar con Diego, por favor?
Could I leave a message for her?	¿Le podría dejar un mensaje?
Could you tell him Pablo called?	¿Le puede decir que lo llamó Pablo?
Vas a escuchar...	
Sofia speaking.	Habla Sofía.
Who's calling?	¿De parte de quién?
One moment please.	Un momento, por favor.
He's not here now. Can I take a message?	No está en este momento. ¿Le quiere dejar un mensaje?
Wrong number.	Número equivocado.

E-MAIL E INTERNET

E-mail

▶ Los e-mails generalmente son más cortos que las cartas y en ellos se suele usar un lenguaje más informal.

▶ Se puede encabezar un mensaje como se empieza una carta (*Dear Pam*), pero también se puede poner sólo *Pam*, o comenzar directamente con el mensaje, especialmente cuando se contesta un e-mail.

▶ Ver abajo un típico mensaje de e-mail en inglés:

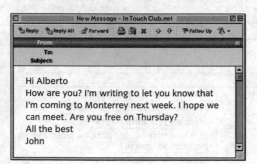

Vocabulario de e-mails

To	Para
From	De
Cc	Cc
Subject	Tema
Attachment	Archivo adjunto
Address book	Libreta de direcciones
Send	Enviar
Reply	Responder
Forward	Reenviar
Delete	Eliminar

Cómo leer las direcciones de e-mail

En inglés, para decir el símbolo @ (arroba) se usa *at*, para el punto (.) se usa *dot* y para el guión (-) se dice *hyphen*.

Por ejemplo, la dirección editor.diccionario-pocket@pearson.com se leería "editor dot diccionario hyphen pocket at pearson dot com".

Internet

Para usar Internet (**the Internet**) se necesita un navegador (**browser**), como el Internet Explorer, Netscape Navigator, etc. Para entrar a un sitio (**site**) o una página web (**Web page**), hace falta estar conectado (**online**).

Vocabulario de Internet

back	atrás
forward	siguiente
home page	página de inicio
link	vínculo
online	conectado -a
offline	desconectado -a

user name	nombre de usuario
password	contraseña
to download	bajar/descargar
to refresh	actualizar
to search	buscar
web page	página web

GUÍA PARA COMUNICARSE